Nungesser

Treatment of the English–German entries

…ing room *n* Esszimmer …	Blue headwords.
…od [gʊd] **I.** *adj* <better, best> …	Keywords highlighted.
…fer <-rr-> [rɪˈfɜːʳ] **I.** *vt* ① **the patient was ~red to a specialist** der Patient wurde an einen Facharzt überwiesen; …	Phrases and example sentences.
flexible [ˈfleksɪbl̩] *adj* biegsam; *(fig)* flexibel; **~ working hours** gleitende Arbeitszeit	A swung dash substitutes the headword in phrases.
bark¹ [bɑːk] *n no pl (part of tree)* [Baum]rinde *f* **bark²** [bɑːk] **I.** *n (animal cry)* Bellen *nt* **II.** *vi* bellen	Homographs marked with superscript numbers.
tar [tɑːʳ] **I.** *n no pl* Teer *m,* Asphalt *m* **II.** *vt* <-rr-> *road* teeren	Grammatical structuring of entries with Roman numerals.
china [ˈtʃaɪnə] *n no pl* ① *(porcelain)* Porzellan *nt* ② *(tableware)* Geschirr *nt*	Semantic structuring of entries with Arabic numerals.
cooker [ˈkʊkəʳ] *n* BRIT *(stove)* Herd *m*	Phonetic transcription.
mouse <*pl* mice> [maʊs] *n* Maus *f* **go** [gəʊ] **I.** *vi* <goes, went, gone>	Irregu…
	…n:
major [ˈmeɪdʒəʳ] **I.** *adj* … bedeutend; *(main)* Haup…	
artery [ˈɑːtəri] *n* ① ANA… ② TRANSP Hauptverkehrsad…	
garbage [ˈgɑːbɪdʒ] *n no pl* A… …bish) Müll *m a. fig*	…egional labels
gent [dʒent] *n (hum fam) short for* **gentleman** Gentleman *m*	• Style, age and rhetorical labels
raise [reɪz] … **II.** *vt* heben; *anchor* lichten; *child* aufziehen; *drawbridge* hochziehen; *eyebrow* hochziehen; …	• Typical context partners
head [hed] **I.** *n* … ▸ **to have one's ~ in the clouds** in höheren Regionen schweben; …	Separate phrase section for idioms. Guide words are underlined for ease of consultation.

Zu deinem Schulwörterbuch erhältst du kostenlos einmalig die PONS Schülerwörterbuch-App!

PONS SCHÜLER-WÖRTERBUCH APP ZUM BUCH

Deine Wörterbuch-App steht bereit!

- Schlage bequem jedes Wort in der Wörterbuch-App nach.
- Finde dein Wort und höre es an – so trainierst du die englische Aussprache.
- Die Verben meistern: Alle englischen Verbformen auf einen Blick.
- Lerne die nachgeschlagenen Wörter mit dem Vokabeltrainer gleich mit.
- Funktioniert 100 % offline.
- Unbegrenzte Laufzeit, natürlich kostenfrei*.

So installierst du deine Wörterbuch-App

Laden im App Store

JETZT BEI Google Play

1. Gehe in den App Store oder Google Play Store.
2. Lade dir die *„PONS Schule Bibliothek“* auf dein Smartphone oder Tablet.
3. Schalte dein PONS Schülerwörterbuch Englisch mit diesem Code frei:

DP54D1-36587-63879-76431

4. Mehr Informationen zur Wörterbuch-App findest du unter www.pons.de/schulwörterbuch-englisch

* Bei Verwendung der App gelten die Nutzungsbedingungen, die du auch unter www.pons.de/schulwörterbuch-englisch einsehen kannst.

Inhalt

Contents

Tipps zur Benutzung deines Wörterbuchs

Tips on using your dictionary

Die richtige Übersetzung zu finden, ist nicht so schwer, wie du vielleicht denkst. Dein Wörterbuch kann dir dabei eine große Hilfe sein. Vorausgesetzt natürlich, du weißt, wie du all die Informationen, die darin stecken, richtig nutzen kannst. Dabei helfen dir diese Tipps.

Was ist ein Stichwort?

Stichwörter nennt man die fett gedruckten blauen Wörter, mit denen jeder Wörterbucheintrag beginnt. Alle Stichwörter sind alphabetisch geordnet.

Wenn du ein Wort suchst, helfen dir die blauen Wörter in der oberen Ecke auf jeder Seite. So erkennst du auf einen Blick, welche Wörter genau auf der jeweiligen Seite stehen.

Gruppen von Stichwörtern

Um möglichst viele Wörter in deinem Wörterbuch unterzubringen, haben wir zusammengesetzte Wörter, deren erster Wortteil gleich ist und die alphabetisch aufeinander folgen, in Gruppen zusammengefasst.

racing bicycle, *fam* **racing bike** *n* Rennrad *nt* **racing car** *n* Rennwagen *m* **racing driver** *n* Rennfahrer(in) *m(f)*

Kaffeehaus *nt* coffee-house **Kaffeekanne** *f* coffeepot **Kaffeelöffel** *m* coffee spoon **Kaffeemaschine** *f* coffee machine **Kaffeepad** <-s, -s> [-pɛt] *nt* coffee pod **Kaffeepause** *f* coffee break **Kaffeetasse** *f* coffee cup

take off, take on, take out: Dies sind sogenannte Phrasal Verbs. Es handelt sich dabei um feste Verbindungen von Verb und Adverb oder Präposition, und du findest sie immer am Ende des Eintrags für das Grundverb in einer eigenen Gruppe zusammengefasst. Damit du das richtige Phrasal Verb gleich findest, haben wir jedes Stichwort mit einer Raute markiert und gänzlich ausgeschrieben.

◆ **take after** *vi* **to ~ after sb** nach jdm kommen
◆ **take along** *vt* mitnehmen
◆ **take apart** *vt* auseinandernehmen
◆ **take away** *vt* wegnehmen; …

Ein Wort, mehrere Wortarten

Manche Wörter kommen z. B. als Verb und als Substantiv vor. In diesem Wörterbuch findest du oft unterschiedliche Wortarten in einem Eintrag. Die Wortarten haben wir innerhalb des Eintrags mit einer blauen römischen Ziffer voneinander getrennt, damit du sie gut unterscheiden kannst.

cuddle [ˈkʌdl] I. *n* [liebevolle] Umarmung; **to give sb a ~** jdn umarmen II. *vi* kuscheln

strikt [ʃtrɪkt] I. *adj* strict II. *adv* strictly; **~ gegen etw** *akk* **sein** to be totally against sth

Ein Wort, mehrere Bedeutungen

Viele Wörter haben mehr als nur eine Bedeutung oder Verwendungsart. Klar, dass diese dann auch unterschiedlich übersetzt werden müssen. Die Ziffern ❶, ❷, ❸, ❹ usw. zeigen dir an, welche Bedeutung oder Verwendung an der jeweiligen Stelle behandelt wird. In manchen Einträgen findest du zusätzlich hinter der Ziffer eine schräg gedruckte Angabe, die dir helfen soll, noch besser zu verstehen, um welche Bedeutung es sich handelt.

terror [ˈterəʳ] *n* ❶ *no pl (great fear)* schreckliche Angst ❷ *(political violence)* Terror *m*; **war on ~** Bekämpfung *f* des Terrorismus

Genuss <-es, Genüsse> [gəˈnʊs] *m* ❶ *(Freude)* delight ❷ *kein pl (geh: das Zusichnehmen)* consumption ❸ *(das Genießen)* enjoyment; **etw mit ~ tun** to do sth with relish

Zusätzlich helfen dir Sachgebietsangaben, die richtige Übersetzung zu finden. Diese sind immer in Kapitälchen gedruckt.

artery ['ɑːtᵊri] *n* ❶ ANAT Arterie *f* ❷ TRANSP Hauptverkehrsader *f*

Träger <-s, -> *m* ❶ *meist pl* MODE strap ❷ BAU girder

Weißt du, was die Abkürzungen ANAT oder BAU bedeuten? Wenn du unsicher bist, kannst du einen Blick in die Liste der Abkürzungen werfen. Dort findest du eine Erklärung für alle Abkürzungen, die wir in diesem Wörterbuch benutzen.

Ein Wort, mehrere Wörterbucheinträge

Es gibt auch Wörter mit mehreren, sehr unterschiedlichen Bedeutungen. Wenn du z. B. von einer Bank sprichst, könntest du die Sitzgelegenheit oder das Geldinstitut meinen. In solchen Fällen führen wir jede Bedeutung als gesondertes Stichwort auf und kennzeichnen sie mit der hochgestellten Ziffer.

grave[1] [greɪv] *n* Grab *nt;* ▸ **to have one foot in the ~** mit einem Bein im Grab stehen

grave[2] [grɑːv] *adj face, music* ernst; *(bad) news* schlimm; *(worrying) conditions* bedenklich; *decision* schwerwiegend; *mistake* gravierend

Bank[1] <-, Bänke> [baŋk] *f* bench; *(im Garten)* [garden] seat; *(in Schule)* desk

Bank[2] <-, -en> [baŋk] *f* FIN bank; **auf der ~** in the bank; **ein Konto bei einer ~ haben** to have an account with a bank

Redewendungen

Sagt jemand „das ist eine schöne Bescherung“, sind nicht unbedingt tolle Geschenke gemeint. Im Deutschen machen solche Redewendungen natürlich keine Probleme. Aber wenn es ans Fremdsprachenlernen geht, können sie zu einer echten Herausforderung werden. Die Kunst besteht nämlich darin herauszufinden, unter welchem Stichwort man die betreffende Redewendung findet. Auch in deinem Wörterbuch haben wir viele Redewendungen aufgenommen. Sie sind jeweils durch das Symbol ▸ gekennzeichnet. Wenn du nun wissen möchtest, wie man eine bestimmte Redewendung übersetzt, überlege dir am besten, welches das wichtigste Wort der Wendung ist und schlage dann unter diesem Stichwort nach.

laugh [lɑːf] **I.** *n* ❶ *(sound)* Lachen *nt kein pl* … ❷ *(fig fam: scorn)* **to ~ at sb** sich über jdn lustig machen ▸ **to ~ in sb's face** jdn auslachen; **to ~ one's head off** *(fam)* sich totlachen; **no ~ing matter** nicht zum Lachen

Bescherung <-, -en> *f* giving of Christmas presents ▸ **eine schöne ~!** *(ironisch)* this is a nice mess!; **da haben wir die ~!** *(ironisch)* what did I tell you!

Wörter ohne direkte Übersetzung

Es gibt immer wieder Wörter oder Wendungen, die nur in einer Sprache vorkommen und für die es daher auch keine genauen Übersetzungen gibt. Damit du dennoch verstehen kannst, um was es geht, geben wir in solchen Fällen eine ungefähre Übersetzung an, markiert durch das Zeichen „≈“.

Manchmal ist es auch sinnvoll, den Ausdruck zu erklären statt zu übersetzen. Solche Erklärungen sind in schräger Schrift gedruckt.

sixth form *n* BRIT SCH ≈ Oberstufe *f (die letzten zwei Schuljahre, die mit der Ablegung der A levels abgeschlossen werden)*

Abitur <-s, *selten* -e> [abiˈtuːɐ̯] *nt school examination, approximately equivalent to the British A level/American SAT exam;* [**das**] **~ machen** ≈ to do [one's] A-levels

Besonders wichtige Wörter

Im englisch-deutschen Teil deines Wörterbuches findest du immer wieder Stichwörter, die farbig unterlegt sind. Dies sind Wörter, die man oft benutzt und die daher besonders wichtig sind. Wenn du dir diese Wörter gut merkst, ist das schon fast die halbe Miete.

hungry ['hʌŋgri] *adj* hungrig *a. fig;* **to go ~** hungern; **to be ~** Hunger haben

mom [mɑːm] *n* AM Mama *f*

Unregelmäßige Wortformen

Im Englischen und im Deutschen gibt es Wörter mit unregelmäßigen Formen. Diese können z. B. auftreten, wenn man

- ein Wort steigert
- einen Satz in der Vergangenheit bilden will
- von der Mehrzahl (dem Plural) spricht

Diese unregelmäßigen Steigerungs-, Verb- und Pluralformen findest du in spitzen Klammern „< >“.

good [gʊd] **I.** *adj* <better, best> ① gut; *weather* schön; …

go [gəʊ] **I.** *vi* <goes, went, gone> …

sheep <*pl* -> [ʃiːp] *n* Schaf *nt;* …

groß <größer, größte> [groːs] …

laufen <läuft, lief, gelaufen> …

Mann <-[e]s, Männer> …

Wichtige Symbole im Wörterbucheintrag

Um dein Wörterbuch so handlich wie möglich zu machen, setzen wir an manchen Stellen Symbole ein. Sie sparen Platz und liefern dir wichtige Informationen. Dies sind die Symbole, denen du beim Nachschlagen häufig begegnen wirst:

<table>
<tr><th>Symbol</th><th>Umschreibung des Symbols</th></tr>
<tr><td>~</td><td>steht in Anwendungsbeispielen und Redewendungen für das ganze, unveränderte Stichwort.</td></tr>
<tr><td>|</td><td>kennzeichnet trennbare deutsche Verben wie z. B. an|strahlen oder zu|winken.</td></tr>
</table>

Sprachgebrauch

Natürlich sprichst du mit deinen Freunden anders als z. B. mit deinem Lehrer. Bei einem Vorstellungsgespräch sollte man sich gut ausdrücken können, aber wenn man so richtig sauer auf jemanden ist, rutscht einem auch schon mal ein vulgäres Schimpfwort heraus. All dies fasst man unter Sprachgebrauch zusammen.

Die folgende Tabelle zeigt dir, welche Bezeichnungen zum Sprachgebrauch in deinem Wörterbuch vorkommen.

Sprachgebrauch	Umschreibung des Sprachgebrauchs
approv	bezeichnet aufwertende Wörter und Ausdrücke, die zeigen, dass der Sprecher eine positive Einstellung gegenüber einer Person oder Sache hat.
derb	bezeichnet im Deutschen stark umgangssprachlichen, saloppen Sprachgebrauch oder Wörter, die als vulgär gelten und daher tabu sind.
emph	bezeichnet emphatischen Sprachgebrauch.
euph	bezeichnet verhüllenden Sprachgebrauch; statt des eigentlichen Worts wird stellvertretend dieser beschönigende Ausdruck gebraucht.
fam	bezeichnet umgangssprachlichen Sprachgebrauch, wie er zwischen Familienmitgliedern und Freunden in zwangloser Unterhaltung verwendet wird.
fam!	bezeichnet im Englischen stark umgangssprachlichen, saloppen Sprachgebrauch oder Wörter, die als vulgär gelten und daher tabu sind.
form	bezeichnet im Englischen gehobenen Sprachgebrauch, sowohl in der gesprochenen als auch in der geschriebenen Sprache.
fig	bezeichnet übertragenen Sprachgebrauch; das Wort oder die Wendung dient – in einem übertragenen Sinn – als Bild für das, was man ausdrücken will.
geh	bezeichnet im Deutschen gehobenen Sprachgebrauch, sowohl in der gesprochenen als auch in der geschriebenen Sprache.
hum	bezeichnet scherzhaften Sprachgebrauch.
iron	bezeichnet ironischen Sprachgebrauch.
liter	bezeichnet literarischen Sprachgebrauch, wie er nur in Romanen vorkommt.
pej	bezeichnet abwertenden Sprachgebrauch; der Sprecher drückt damit seine abschätzige Haltung aus.

Sprachgebrauch	Umschreibung des Sprachgebrauchs
pej!	bezeichnet im Englischen einen beleidigenden Sprachgebrauch.
poet	bezeichnet im Englischen poetischen Sprachgebrauch.
prov	bezeichnet ein Sprichwort.
sl	bezeichnet stark umgangssprachlichen, saloppen Sprachgebrauch.
vulg	bezeichnet Wörter, die als vulgär gelten und daher tabu sind.

Regionale Angaben

Wie auch im Deutschen, werden manche englische Wörter oder Schreibweisen nur in bestimmten Regionen verwendet. Diese Wörter und Ausdrücke erkennst du an den besonderen Markierungen, die entweder neben dem Stichwort oder neben einer bestimmten Wendung stehen. Die folgende Tabelle zeigt dir, welche Bezeichnungen zum regionalen Sprachgebrauch in deinem Wörterbuch vorkommen.

Regionalbezeichnung	Der Ausdruck wird in diesem Land/ in dieser Region benutzt:
AM	USA
AUS	Australien
BRD	Bundesrepublik Deutschland
BRIT	Großbritannien
CAN	Kanada
NENG	Nordengland
NORDD	Norddeutschland
ÖSTERR	Österreich
SA	Südafrika
SCHWEIZ	Schweiz
SCOT	Schottland
SÜDD	Süddeutschland

Außerdem bezeichnet die Abkürzung DIAL Ausdrücke, die regional begrenzt sind.

Viel Spaß mit deinem Wörterbuch wünscht dir deine

PONS-Redaktion

Liste der Lautschriftzeichen
List of phonetic symbols

Damit du immer weißt, wie die Wörter, die du in deinem Wörterbuch nachschlägst, ausgesprochen werden, steht hinter dem Stichwort in eckigen Klammern die Lautschrift.

In den folgenden Tabellen findest du alle Zeichen des Lautschriftalphabets. Hier wird jedem Zeichen ein Beispielwort zugeordnet, das den jeweiligen Laut enthält.

	[æ]	cat, man, matter
matt, Katze	[a]	
	[ɑː]	father, farm
	[ɒ] (BRIT)	pot, bottom
bitter, Mutter	[ɐ]	
Uhr, Flur	[ɐ̯]	
Chanson	[ã]	
Gourmand	[ãː]	
	[ɑ̃ː]	croissant
heiß, Kaiser	[ai]	
	[aɪ]	ride, my
Haus	[au]	
	[aʊ]	house, about
Ball	[b]	big
ich, Licht	[ç]	
dicht	[d]	dad
Gin, Job	[ʤ]	edge, juice
Etage	[e]	pet, best
Beet, Mehl	[eː]	
Nest, Wäsche	[ɛ]	
wählen	[ɛː]	
	[ɜː]	bird, berth
timbrieren	[ɛ̃]	
Teint	[ɛ̃ː]	fin de siècle
	[ᵊ]	hidden, sudden

halte, Katze	[ə]	Africa, potato
	[ʌ]	bust, cup, multi
	[eɪ]	rate
	[eə] (BRIT)	there, hair
Fett, viel	[f]	fast, safe
Geld	[g]	gold
Hut	[h]	hello
Bitte, sitzen	[ɪ]	kitten, sit
Vitamin	[i]	academy, forty
Abschied, Bier	[iː]	read, meet
Studie	[i̯]	
	[ɪə] (BRIT)	here, beer
ja	[j]	yellow
Kohl, Computer	[k]	cat, king
Quadrat	[kv]	
	[kw]	queen
Last	[l]	little
Nebel	[l̩]	little
Meister	[m]	month, name
nett	[n]	nice, sand
sprechen	[n̩]	
Ring, blinken	[ŋ]	ring, rink, bingo
Oase	[o]	
Boot, drohen	[oː]	
loyal	[o̯]	
Post	[ɔ]	
	[ɔː]	caught, ought
	[əʊ] (BRIT)	boat, rode
	[oʊ] (AM)	tuxedo
Annonce, Fonds	[õː]	
	[ɔ̃]	restaurant
Ökonomie	[ø]	
Öl	[øː]	
Götter	[œ]	

	[ɔɪ]	boy, noise, royal
Mäuse, Schleuse	[ɔy]	
Papst	[p]	pat
Pfeffer	[pf]	
Rad	[r]	right
	[ɾ] (BRIT)	bitter
	[ɚ] (AM)	bitter
Rast, besser, heiß	[s]	soft
Schaum, sprechen, Chef	[ʃ]	shift
Test, treu	[t]	fat, take
	[t̬] (AM)	better
Zaun	[ts]	
Matsch, Tschüss	[tʃ]	chip, patch
	[θ]	think, bath
	[ð]	father, bathe
zunächst	[u]	
Hut	[uː]	continue, moose, lose
aktuell	[u̯]	
Mutter	[ʊ]	book, put
pfui	[ui]	
	[ʊə] (BRIT)	moor
wann, Vase	[v]	vitamin
	[w]	wish, why
Schlauch	[x]	loch
Fix, Axt, Lachs	[ks]	
amüsant, Büro	[y]	
Süden, Typ	[yː]	
Etui	[y̆]	
füllen	[ʏ]	
Hase, sauer	[z]	zebra, jazz
Genie	[ʒ]	pleasure
Knacklaut	ʔ	glottal stop
Hauptbetonung	ˈ	primary stress
Nebenbetonung	ˌ	secondary stress

Liste der Abkürzungen

List of abbreviations

Um dein Wörterbuch so handlich wie möglich zu machen, setzen wir an manchen Stellen Symbole oder Abkürzungen ein. Sie sparen Platz und liefern dir wichtige Informationen. In dieser Tabelle findest du alle Symbole und Abkürzungen, die in deinem Wörterbuch vorkommen.

	Zeichen und Abkürzungen	Symbols and Abbreviations
►	phraseologischer Block	phrase block
|	trennbares Verb	separable verb
=	Kontraktion	contraction
≈	entspricht etwa	comparable to
–	Sprecherwechsel in einem Dialog, Deutsch	change of speaker in a dialogue, German
—	Sprecherwechsel in einem Dialog, Englisch	change of speaker in a dialogue, English
®	Warenzeichen	trade mark
a.	auch	also
abbrev, Abk	Abkürzung	abbreviation
acr	Akronym	acronym
adj	Adjektiv	adjective
ADMIN	Verwaltung	administration
adv	Adverb	adverb
AEROSP	Raum- und Luftfahrt	aerospace
AGR	Landwirtschaft	agriculture
akk	Akkusativ	accusative
Akr	Akronym	acronym
AM	amerikanisches Englisch	American English
ANAT	Anatomie	anatomy
approv	aufwertend	approving
ARCHEOL	Archäologie	archeology
ARCHIT	Architektur	architecture
ART	Kunst	art
art	Artikel	article
ASTROL	Astrologie	astrology
ASTRON	Astronomie	astronomy

	Zeichen und Abkürzungen	Symbols and Abbreviations
attr	attributiv	attributive
AUS	australisches Englisch	Australian English
AUTO	Auto	automobile
aux vb	Hilfsverb	auxiliary verb
AVIAT	Luftfahrt	aviation
BAHN	Eisenbahnwesen	railway
BAU	Bauwesen	construction
BERGB	Bergbau	mining
bes	besonders	especially
BIOL	Biologie	biology
BÖRSE	Börse	stock exchange
BOT	Botanik	botany
BOXING	Boxen	boxing
BRD	Binnendeutsch	German of Germany
BRIT	britisches Englisch	British English
CAN	kanadisches Englisch	Canadian English
CARDS	Karten	cards
CHEM	Chemie	chemistry
CHESS	Schach	chess
childspeak	Kindersprache	children's language
COMM	Handel	business
comp	komparativ	comparative
COMPUT	Informatik	computing
conj	Konjunktion	conjunction
dat	Dativ	dative
dated	veraltend	dated
def	bestimmt	definite
dekl	dekliniert	declined
dem	demonstrativ	demonstrative
derb	derb	coarse language
DIAL	dialektal	dialect
dim	Diminutiv	diminutive
ECOL	Ökologie	ecology
ECON	Wirtschaft	economics
ELEC, ELEK	Elektrizität	electricity

	Zeichen und Abkürzungen	Symbols and Abbreviations
emph	emphatisch	emphatic
esp	besonders	especially
etw	etwas	something
EU	Europäische Union	European Union
euph	euphemistisch	euphemistic
f	Feminin	feminine
fam	umgangssprachlich	informal
fam!	stark umgangssprachlich	very informal
FASHION	Mode	fashion
FBALL	Fußball	football
fem	Feminin	feminine
fig	bildlich	figurative
FILM	Film, Kino	film, cinema
FIN	Finanzen	finance
FOOD	Kochkunst	food and cooking
form	förmlicher Sprachgebrauch	formal language
FOTO	Fotografie	photography
geh	gehobener Sprachgebrauch	formal language
gen	Genitiv	genitive
GEOG	Geografie	geography
GEOL	Geologie	geology
HANDEL	Handel	business
HIST	Geschichte	history
hist	historisch	historical
HORT	Gartenbau	gardening
hum	scherzhaft	humorous
HUNT	Jagd	hunting
imp	Imperfekt	imperfect tense
impers	unpersönliches Verb	impersonal use
indef	unbestimmt	indefinite
INET	Internet	internet
infin	Infinitiv	infinitive
INFORM	Informatik	computing
interj	Interjektion	interjection
interrog	fragend	interrogative

	Zeichen und Abkürzungen	Symbols and Abbreviations
iron	ironisch	ironic
irreg	unregelmäßig	irregular
JAGD	Jagd	hunting
jd, jdn, jdm	jemand, jemanden, jemandem	somebody
jds	jemandes	somebody's
JOURN	Presse	journalism
JUR	Jura	law
KARTEN	Karten	cards
KOCHK	Kochkunst	food and cooking
konj	Konjunktion	conjunction
KUNST	Kunst	art
LAW	Jura	law
LING	Linguistik	linguistics
LIT	Literatur	literature
liter	literarisch	literary
LUFT	Luftfahrt	aviation
m	Maskulin	masculine
MATH	Mathematik	mathematics
MECH	Mechanik	mechanics
MED	Medizin	medicine
MEDIA	Medien	media
METEO	Meteorologie	meteorology
MIL	Militär	military
MIN	Bergbau, Mineralogie	mining, mineralogy
MODE	Mode	fashion
MUS	Musik	music
NAUT	Seefahrt	navigation
NENG	Nordenglisch	Northern English
NORDD	Norddeutsch	Northern German
nt	Neutrum	neuter
NUCL, NUKL	Kernphysik	nuclear physics
NZ	Englisch aus Neuseeland	New Zealand English
o	oder	or
ÖKOL	Ökologie	ecology
ÖKON	Wirtschaft	economics

	Zeichen und Abkürzungen	Symbols and Abbreviations
old	veraltet	old
onomat	lautmalerisch	onomatopoeic
ORN	Vogelkunde	ornithology
ÖSTERR	österreichisches Deutsch	Austrian German
part	Partizip/Partikel	participle/particle
pej	abwertend	pejorative
pej!	beleidigend	offensive
pers	Personal(pronomen)	personal (pronoun)
pers.	Person	person
PHARM	Pharmazie	pharmacy
PHOT	Fotografie	photography
PHYS	Physik	physics
pl	Plural	plural
POL	Politik	politics
poss	possessiv	possessive
pp	Partizip Perfekt	past participle
präd, pred	prädikativ	predicative
pron	Pronomen	pronoun
prov	Sprichwort	proverb
PSYCH	Psychologie	psychology
pt	erste Vergangenheit	past tense
PUBL	Verlagswesen	publishing
RADIO	Rundfunk	radio broadcasting
RAIL	Eisenbahnwesen	railway
RAUM	Raumfahrt	space flight
refl	reflexiv	reflexive
reg	regelmäßig	regular
rel	relativ	relative
REL	Religion	religion
s.	siehe	see
S.	Sache	thing
SA	südafrikanisches Englisch	South African English
sb	jd, jdn, jdm	somebody
sb's	jemandes	somebody's
SCH	Schule	school

	Zeichen und Abkürzungen	Symbols and Abbreviations
SCHACH	Schach	chess
SCHWEIZ	schweizerisches Deutsch	Swiss German
SCI	Naturwissenschaften	natural science
SCOT	Schottisch	Scottish
sing	Einzahl	singular
SKI	Skifahren	skiing
sl	salopp, Slang	slang
SOCIOL	Soziologie	sociology
spec	fachsprachlich	specialist term
SPORT, SPORTS	Sport	sports
sth	etwas	something
STOCKEX	Börse	stock exchange
SÜDD	Süddeutsch	Southern German
superl	superlativ	superlative
TECH	Technik	technology
TELEC, TELEK	Nachrichtentechnik	telecommunications
TENNIS	Tennis	tennis
THEAT	Theater	theatre
TOURIST	Tourismus	tourism
TRANSP	Transport und Verkehr	transportation
TV	Fernsehen	television
TYPO	Buchdruck	typography
UNIV	Universität	university
usu	gewöhnlich	usually
vb	Verb	verb
veraltend	veraltend	dated
veraltet	veraltet	old
VERLAG	Verlagswesen	publishing
vi	intransitives Verb	intransitive verb
vr	reflexives Verb	reflexive verb
vt	transitives Verb	transitive verb
vulg	vulgär	vulgar
ZOOL	Zoologie	zoology

Aa

A

A, a <*pl* -'s> [eɪ] *n* ❶ A *nt*, a *nt* ❷ MUS A *nt*, a *nt*; ~ **flat** As *nt*, as *nt*; ~ **sharp** Ais *nt*, ais *nt*; ~ **major** A-Dur *nt*; ~ **minor** a-Moll *nt* ❸ *(school mark)* ≈ Eins *f*; **to get** [**an**] ~ eine Eins schreiben ▶ **from** ~ **to Z** von A bis Z

a [eɪ, ə], *before vowel* **an** [æn, ᵊn] *art indef* ❶ ein(e); **this is ~ very mild cheese** dieser Käse ist sehr mild; **she's ~ teacher** sie ist Lehrerin ❷ *after neg* **not** ~ kein(e); **there was not ~ person to be seen** es war niemand zu sehen ❸ *(per)* **three times ~ day** dreimal täglich

abandon [ə'bændən] **I.** *vt* ❶ *(leave)* verlassen; *baby* aussetzen ❷ *(leave behind)* zurücklassen; *car* stehen lassen **II.** *n no pl* **with** ~ mit Leib und Seele

abbey ['æbi] *n* Abtei[kirche] *f*

abbreviation [əˌbriːvi'eɪʃᵊn] *n* Abkürzung *f*

ability [ə'bɪləti] *n* ❶ Fähigkeit *f* ❷ *(talent)* Talent *nt*; **someone of her ~** jemand mit ihrer Begabung

able ['eɪbl̩] *adj* ❶ <more *or* better able, most *or* best able> **to be ~ to do sth** etw tun können ❷ <abler *or* more able, ablest *or* most able> *(clever)* talentiert; *mind* fähig

aboard [ə'bɔːd] *adv, prep (on plane, ship)* an Bord; *(on train)* im Zug; **all ~!** *(on train, bus)* alles einsteigen!

Aborigine [ˌæbə'rɪdʒᵊni] *n* [australischer] Ureinwohner/[australische] Ureinwohnerin, Aborigine *m*; **~s** *pl* Aborigines *pl*

abort [ə'bɔːt] *vt* ❶ *fetus* abtreiben; *pregnancy* abbrechen ❷ *(stop)* abbrechen

abortion [ə'bɔːʃᵊn] *n* Abtreibung *f*

about [ə'baʊt] **I.** *prep* ❶ über *+akk*; **anxiety ~ the future** Angst *f* vor der Zukunft; **what's that book ~?** worum geht es in dem Buch? ❷ *(affecting)* gegen *+akk* ❸ *after vb (expressing movement)* **to wander ~ the house** im Haus herumlaufen ❹ BRIT *(fam: in the process of)* **while you're ~ it** wo Sie gerade dabei sind ▶ **how ~ sb/sth?** wie wäre es mit jdm/etw? **II.** *adv* ❶ *(approximately)* ungefähr; **~ eight** [**o'clock**] [so] gegen acht [Uhr] ❷ *(almost)* fast ❸ *(barely)* **we just ~ made it** wir haben es gerade noch [so] geschafft ❹ *esp* BRIT *(around)* herum; **there's a lot of flu ~ at the moment** im Moment geht die Grippe um; **up and ~** auf den Beinen ❺ *esp* BRIT *(in the area)* hier ❻ *(intending)* **we're just ~ to have supper** wir wollen gerade zu Abend essen ▶ **that's ~ all** [*or* **it**] das wär's

above [ə'bʌv] **I.** *prep* ❶ *(over)* über *+dat*; *(with movement)* über *+akk* ❷ *(greater than)* über *+akk* ❸ *(superior to)* **to be ~ criticism** über jede Kritik erhaben sein ❹ *(more importantly than)* **~ all** vor allem ▶ **that's ~ me** das ist mir zu hoch **II.** *adv* ❶ *(on higher level)* oberhalb ❷ *(overhead)* **from ~** von oben ❸ *(earlier in text)* oben; **see ~** siehe oben **III.** *adj* obige(r, s); **the ~ address** die oben genannte Adresse **IV.** *n* **the ~** *(thing)* das Obengenannte

abracadabra [ˌæbrəkə'dæbrə] *interj* Abrakadabra

abroad [ə'brɔːd] *adv* im Ausland; **to go ~** ins Ausland fahren; **from ~** aus dem Ausland

abrupt [ə'brʌpt] *adj* abrupt

abruptly [ə'brʌptli] *adv* ❶ *(suddenly)* abrupt, unvermittelt, plötzlich ❷ *(brusquely)* schroff

abseiling ['æbseɪlɪŋ] *n no pl esp* BRIT, AUS *(in rock climbing)* Abseilen *nt*

absence ['æbsᵊn(t)s] *n* Abwesenheit *f*;

A

(from school, work) Fehlen *nt;* **in the ~ of sth** in Ermangelung einer S. *gen*

absent I. *adj* ['æbsᵊnt] ① abwesend; **to be ~ from work/school** auf der Arbeit/in der Schule fehlen ② *(distracted)* [geistes]abwesend **II.** *vt* [æb'sent] **to ~ oneself** sich zurückziehen

absolute [ˌæbsə'lu:t] *adj* absolut

absolutely [ˌæbsə'lu:tli] *adv* absolut; **you're ~ right** Sie haben vollkommen Recht; **~ no idea** überhaupt keine Ahnung

absorb [əb'zɔ:b, -sɔ:b] *vt* ① *(soak up)* aufnehmen ② **to be ~ed in sth** in etw *akk* vertieft sein

abstinent ['æbstɪnənt] *adj* enthaltsam, abstinent

abstract I. *adj* ['æbstrækt] abstrakt **II.** *n* ['æbstrækt] Zusammenfassung *f*

absurd [əb'zɜ:d, -'sɜ:d] *adj* absurd; **don't be ~!** sei nicht albern!

abundant [ə'bʌndənt] *adj* reichlich

abuse I. *n* [ə'bju:s] ① *(affront)* **[verbal] ~** Beschimpfung[en] *f[pl];* **a term of ~** ein Schimpfwort *nt* ② *no pl (maltreatment)* Missbrauch *m;* **child ~** Kindesmissbrauch *m;* **mental/physical ~** psychische/körperliche Misshandlung **II.** *vt* [ə'bju:z] ① *(verbally)* beschimpfen ② *(maltreat)* missbrauchen

abusive [ə'bju:sɪv] *adj (insulting)* beleidigend

acacia [ə'keɪʃə] *n* Akazie *f*

academic [ˌækə'demɪk] **I.** *adj* akademisch; **~ year** Studienjahr *nt* **II.** *n* Akademiker(in) *m(f)*

academically [ˌækə'demɪkli] *adv* wissenschaftlich; **to be ~ gifted** intellektuell begabt sein

academy [ə'kædəmi] *n* ① Akademie *f* ② *esp* AM, SCOT [höhere] Schule

accelerate [ək'seləreɪt] *vi* ① beschleunigen ② *(increase)* zunehmen

accent ['æksᵊnt] *n* ① LING Akzent *m* ② *(stress)* Betonung *f*

accept [ək'sept] *vt* annehmen, akzeptieren; *award* entgegennehmen; **do you ~ credit cards?** kann man bei Ihnen mit Kreditkarte zahlen?

acceptable [ək'septəbl̩] *adj* akzeptabel (**to** für)

acceptance [ək'septən(t)s] *n* ① Annahme *f; of idea* Zustimmung *f* ② *(positive answer)* Zusage *f* ③ *(recognition)* Anerkennung *f*

access ['ækses] **I.** *n* Zugang *m; (to room, building)* Zutritt *m;* **"~ only"** BRIT „Anlieger frei" **II.** *vt* COMPUT *data* zugreifen auf +*akk*

accession [ək'seʃᵊn] *n no pl* Antritt *m;* POL *(to the EU)* Beitritt *m;* **~ talks** Beitrittsgespräche

accessory [ək'sesᵊri] *n* ① FASHION Accessoire *nt* ② *(equipment)* Zubehör *nt*

accident ['æksɪdᵊnt] *n* ① Unfall *m; train, plane* Unglück *nt;* **~ and emergency unit** Notaufnahme *f* ② *(without intention)* **sorry, it was an ~** tut mir leid, es war keine Absicht; **by ~** aus Versehen

accidental [ˌæksɪ'dentᵊl] *adj* ① *(unintentional)* unbeabsichtigt ② *(chance)* zufällig

accidentally [ˌæksɪ'dentᵊli] *adv* ① *(unintentionally)* versehentlich ② *(by chance)* zufällig

accommodate [ə'kɒmədeɪt] *vt* ① *(have room for)* unterbringen ② *(help)* entgegenkommen

accommodation [əˌkɒmə'deɪʃᵊn] *n* Unterkunft *f*

accompany <-ie-> [ə'kʌmpəni] *vt* begleiten

accord [ə'kɔ:d] **I.** *n (treaty)* Vereinbarung *f;* ► **of one's own ~** von sich aus **II.** *vt* gewähren

according to [ə'kɔ:dɪŋ] *prep* ① nach +*dat;* **~ the laws of physics** nach den Regeln der Physik; **did it all go ~ plan?** verlief alles nach Plan? ② *(depending on)* entsprechend +*dat*

account [ə'kaʊnt] *n* ① *(description)* Bericht *m;* **by all ~s** nach allem, was man so hört ② *(bank service)* Konto *nt* (**with** bei) ③ *(records)* **~s** *pl* [Ge-

A

schäfts]bücher *pl;* **to keep the ~s** die Buchhaltung machen ④ *no pl (consideration)* **to take into ~** berücksichtigen ⑤ *(reason)* **on ~ of** aufgrund *+gen;* **on my/her/his ~** meinet-/ihret-/seinetwegen

accountant [ə'kaʊntənt] *n* [Bilanz]buchhalter(in) *m(f)*

account manager *n* Kundenbetreuer(in) *m(f)*

accurate ['ækjərət] *adj* genau

accurately ['ækjərətli] *adv* genau; *(correctly)* richtig

accusation [ˌækjʊ'zeɪʃən] *n* ① *(charge)* Anschuldigung *f;* LAW Anklage *f* (**of** wegen); **to make an ~ against sb** jdn beschuldigen ② *(accusing)* Vorwurf *m*

accuse [ə'kju:z] *vt* **to ~ sb** [**of sth**] jdn [wegen einer S. *gen*] anklagen, jdn [einer S. *gen*] beschuldigen

accusingly [ə'kju:zɪŋli] *adv look* anklagend; *say* vorwurfsvoll

ace [eɪs] **I.** *n* Ass *nt;* **~ reporter** Starreporter(in) *m(f)* **II.** *adj (fam)* klasse

ache [eɪk] **I.** *n* Schmerz[en] *m[pl];* **~s and pains** Wehwehchen *pl* **II.** *vi* schmerzen; **I'm ~ing all over** mir tut alles weh

achieve [ə'tʃi:v] *vt* erreichen; *fame* erlangen; *success* erzielen

achievement [ə'tʃi:vmənt] *n* Leistung *f*

aching ['eɪkɪŋ] *adj* schmerzend *attr*

acid ['æsɪd] **I.** *n* ① CHEM Säure *f* ② *(sl: LSD)* Acid *nt* **II.** *adj* CHEM sauer; *stomach* übersäuert

acknowledge [ək'nɒlɪdʒ] *vt* ① *(admit)* zugeben ② *(respect)* anerkennen; **he was generally ~d to be an expert** er galt allgemein als Experte ③ *(reply to) greeting* erwidern

acoustically [ə'ku:stɪkəli] *adv* akustisch

acoustics [ə'ku:stɪks] *n + sing vb* Akustik *f*

acquaintance [ə'kweɪntən(t)s] *n* Bekannte(r) *f(m)*

acquire [ə'kwaɪəʳ] *vt* erwerben; *habit* annehmen; *knowledge* sich *dat* aneignen

acrobatics [ˌækrə'bætɪks] *n* Akrobatik *f*

across [ə'krɒs] **I.** *prep* über *+akk o dat;* **~ town** am anderen Ende der Stadt; **~ the street** auf der gegenüberliegenden Straßenseite **II.** *adv* ① *(to other side)* hinüber; *(from other side)* herüber ② *(wide)* breit; *of circle* im Durchmesser

acrylic [ə'krɪlɪk] *n no pl (fibre)* Acryl *nt*

act [ækt] **I.** *n* ① *(deed)* Tat *f,* Handlung *f;* **~ of aggression** Angriff *m;* **~ of kindness** Akt *m* der Güte; **~ of terrorism** Terrorakt *m;* **to catch sb in the ~** jdn auf frischer Tat ertappen ② *(of a play)* Akt *m* **II.** *vi* ① *(take action)* handeln; *(proceed)* vorgehen; **to ~ [up]on sb's advice** jds Rat befolgen ② *(function)* fungieren ③ *(be an actor)* Schauspieler/Schauspielerin sein **III.** *vt* spielen

action ['ækʃən] *n* ① *(activeness)* Handeln *nt; (proceeding)* Vorgehen *nt; (measures)* Maßnahmen *pl;* **out of ~** außer Gefecht; **to put into ~** in die Tat umsetzen; **to take ~** etwas unternehmen ② *(act)* Handlung *f* ③ *(combat)* Einsatz *m* ④ *(movement)* Bewegung *f* ⑤ *no pl (function)* **out of ~** außer Betrieb

activation [ˌæktɪ'veɪʃən] *n no pl* Aktivierung *f; of alarm* Auslösen *nt*

active ['æktɪv] *adj* aktiv; *children* lebhaft

activewear ['æktɪvweəʳ] *n no pl* Activewear *f*

activity [æk'tɪvəti] *n* ① *(activeness)* Aktivität *f* ② *no pl (liveliness)* Lebhaftigkeit *f* ③ *usu pl (pastime)* Aktivität *f*

actor ['æktəʳ] *n* Schauspieler *m*

actress <*pl* -es> ['æktrəs] *n* Schauspielerin *f*

actual ['æktʃuəl] *adj* eigentlich

> **Übersetzungstipp**
>
> Nicht verwechseln mit *aktuell – topical!*

actually ['æktʃuəli] *adv* ① *(in fact)* eigentlich ② *(really)* wirklich; **did you ~**

A

say that? hast du das tatsächlich gesagt?

acute [ə'kjuːt] *adj* ❶ *(serious)* akut; *difficulties* ernst; *pain* heftig ❷ MATH *angle* spitz

acuteness [ə'kjuːtnəs] *n no pl (severity)* Ernsthaftigkeit *f*; *of illness* Akutheit *f*; *of pain* Intensität *f*

ad [æd] *n (fam) short for* **advertisement** Anzeige *f*; *(on TV)* Werbespot *m*

AD [ˌeɪ'diː] *adj abbrev of* **Anno Domini** n. Chr.

adapt [ə'dæpt] *vt* anpassen (**to** an)

adaptability [əˌdæptə'bɪləti] *n no pl* Anpassungsfähigkeit *f* (**to/for** an +*akk*)

add [æd] *vt* ❶ hinzufügen ❷ MATH addieren ❸ *(contribute)* beitragen

◆ **add up** I. *vi* ❶ *(total)* **to ~ up to sth** sich auf etw *akk* belaufen ❷ *(make sense)* **it doesn't ~ up** es macht keinen Sinn II. *vt* addieren

addict ['ædɪkt] *n* Süchtige(r) *f(m)*; **drug ~** Drogenabhängige(r) *f(m)*; **to become an ~** süchtig werden

addicted [ə'dɪktɪd] *adj* süchtig (**to** nach)

addiction [ə'dɪkʃᵊn] *n no pl* Sucht *f* (**to** nach)

addition [ə'dɪʃᵊn] *n* ❶ Zusatz *m* ❷ *no pl (adding)* Addition *f* ❸ *(furthermore)* **in ~** außerdem

additional [ə'dɪʃᵊnᵊl] *adj* zusätzlich; **~ charge** Aufpreis *m*

additive ['ædɪtɪv] *n* Zusatz *m*

address I. *n* <*pl* -es> [ə'dres] ❶ Adresse *f* ❷ *(speech)* Rede *f* (**to** an) II. *vt* [ə'dres] ❶ *(write address)* adressieren ❷ *(direct) remark* richten (**to** an)

address book *n* Adressbuch *nt*

addressee [ˌædres'iː] *n* Empfänger(in) *m(f)*

adequate ['ædɪkwət] *adj* ausreichend

adequately ['ædɪkwətli] *adv* ❶ *(sufficiently)* ausreichend ❷ *(barely sufficiently)* zulänglich

adhesive [əd'hiːsɪv] I. *adj* haftend; **~ plaster** Heftpflaster *nt* II. *n no pl* Klebstoff *m*

adjective ['ædʒɪktɪv] *n* Adjektiv *nt*

adjournment [ə'dʒɜːnmənt] *n* ❶ *(temporary stop)* Unterbrechung *f* ❷ *no pl (until another day)* Verschiebung *f* ❸ LAW *(until another day)* Vertagung *f*

adjust [ə'dʒʌst] I. *vt* ❶ *(change)* anpassen ❷ *(tailor)* umändern II. *vi* **to ~ to sth** sich an etw *akk* anpassen

admin ['ædmɪn] *n short for* **administration** *n*

administration [ədˌmɪnɪ'streɪʃᵊn] *n* ❶ *no pl* Verwaltung *f* ❷ AM *(government)* Regierung *f*

admiration [ˌædmə'reɪʃᵊn] *n* ❶ *(respect)* Bewunderung *f* (**for** für), Hochachtung *f geh* (**for** für)

admire [əd'maɪəʳ] *vt* bewundern

admirer [əd'maɪərəʳ] *n* ❶ *(with romantic interest)* Verehrer(in) *m(f)* ❷ *(supporter)* Anhänger(in) *m(f)*

admission [əd'mɪʃᵊn] *n* ❶ *(entering)* Eintritt *m*; *(acceptance)* Zutritt *m* ❷ *(price)* Eintrittspreis *m* ❸ *(acknowledgment)* Eingeständnis *nt*

admit <-tt-> [əd'mɪt] *vt* ❶ *(acknowledge)* zugeben ❷ *(allow entrance)* hineinlassen

adolescent [ˌædə'lesᵊnt] I. *adj* jugendlich II. *n* Jugendliche(r) *f(m)*

adopt [ə'dɒpt] *vt* ❶ adoptieren ❷ *(put into practice)* annehmen; **to ~ a pragmatic approach** pragmatisch herangehen ❸ *(select)* auswählen

adopted [ə'dɒptɪd] *adj* adoptiert, Adoptiv-; **~ child** Adoptivkind *nt*

adoption [ə'dɒpʃᵊn] *n* ❶ Adoption *f* ❷ *no pl (taking on)* Annahme *f*

adorable [ə'dɔːrəbl] *adj* entzückend

adore [ə'dɔːʳ] *vt* über alles lieben

adrenalin(e) [ə'drenəlɪn] *n* Adrenalin *nt*

adrenalin junkie *n* Adrenalinjunkie *m* *(jd, der den ständigen Nervenkitzel braucht)* **adrenalin sport** *n* Adrenalinsport *m*

adult ['ædʌlt, ə'dʌlt] I. *n* Erwachsene(r) *f(m)* II. *adj (grown-up)* erwachsen

advance [əd'vɑːn(t)s] I. *vi* ① *(make progress)* Fortschritte machen ② *(move forward)* sich vorwärtsbewegen II. *vt* ① *(develop)* voranbringen ② *money* vorstrecken III. *n* ① Vorrücken *nt* ② *(progress)* Fortschritt *m* IV. *adj* ~ **booking** Reservierung *f*
advanced [əd'vɑːn(t)st] *adj* ① *(in skills)* fortgeschritten ② *(in development)* fortschrittlich
advantage [əd'vɑːntɪdʒ] *n* Vorteil *m;* **to take ~ of sb** *(pej)* jdn ausnutzen; **to take ~ of sth** etw nutzen
adventure [əd'ventʃəʳ] *n* Abenteuer *nt*
adventurous [əd'ventʃᵊrəs] *adj* abenteuerlich; *(daring)* abenteuerlustig
adverb ['ædvɜːb] *n* Adverb *nt*
advertise ['ædvətaɪz] I. *vt* Werbung machen für II. *vi* werben; *(in a newspaper)* inserieren
advertisement [əd'vɜːtɪsmənt] *n* Werbung *f;* *(in a newspaper)* Anzeige *f;* **TV** ~ Werbespot *m*
advertising ['ædvətaɪzɪŋ] *n* Werbung *f*
advice [əd'vaɪs] *n* Rat[schlag] *m;* **to take legal ~** sich juristisch beraten lassen; **to take sb's ~** jds Rat[schlag] *m* befolgen
advise [əd'vaɪz] I. *vt* ① beraten; **to ~ sb to do sth** jdn raten, etw zu tun; **to ~ sb against sth** jdm von etw *dat* abraten ② *(inform)* informieren (**of** über) II. *vi* raten

advice / advise
Beachte den Unterschied:
advice mit ‚c' ist ein Substantiv. Es ist nicht zählbar: *Steven took my advice and bought a bike. Liz gave me a useful piece of advice.*
advise mit ‚s' ist ein Verb: *Donna advised him to go to Birmingham. I'd strongly advise against buying it.*

adviser [əd'vaɪzəʳ] *n* Berater(in) *m(f)*
aerial ['eəriəl] I. *adj* ~ **photograph** Luftaufnahme *f* II. *n* Antenne *f*
aeroplane ['eərə(ʊ)pleɪn] *n* Flugzeug *nt*
aerosol ['eərəsɒl] *n* Aerosol *nt*
affair [ə'feəʳ] *n* ① *(matter, event)* Angelegenheit *f;* **foreign ~s** *pl* Außenpolitik *f* ② *(scandal, relationship)* Affäre *f*
affect [ə'fekt] *vt* **to ~ sb/sth** sich auf jdn/etw auswirken; *(concern)* jdn/etw betreffen
affectedly [ə'fektɪdli] *adv* *(pej)* affektiert *pej,* gekünstelt *pej*
affection [ə'fekʃᵊn] *n no pl* Zuneigung *f* (**for** zu)
affectionate [ə'fekʃᵊnət] *adj* liebevoll
affectionately [ə'fekʃᵊnətli] *adv* liebevoll, zärtlich
afford [ə'fɔːd] *vt* sich *dat* leisten
afraid [ə'freɪd] *adj* ① *(frightened)* verängstigt; **to** [**not**] **be ~** [**of**] [keine] Angst haben [vor +*dat*]; **to be ~ that …** befürchten, dass … ② *(expressing regret)* **I'm ~ not/so** leider nicht/ja
Africa ['æfrɪkə] *n* Afrika *nt*
African ['æfrɪkən] I. *n* Afrikaner(in) *m(f)* II. *adj* afrikanisch
African American [ˌæfrɪkənə'merɪkən] *n* Afroamerikaner(in) *m(f)*
after ['ɑːftəʳ] I. *prep* ① *(later time)* nach +*dat;* [**a**] **quarter ~ six** AM [um] Viertel nach Sechs ② *(in pursuit of)* **to be ~ sb/sth** hinter jdm/etw her sein ③ *(following)* nach +*dat;* **~ you!** nach Ihnen! ④ *(result of)* nach +*dat;* **~ what he did to me, …** nach dem, was er mir angetan hat, … ⑤ **~ all** *(in spite of)* trotz II. *conj* nachdem III. *adv* danach; **shortly ~** kurz darauf
afternoon [ˌɑːftə'nuːn] *n* Nachmittag *m;* **good ~!** guten Tag!; **this ~** heute Nachmittag
afternoon tea *n no pl* BRIT [Nachmittags]tee *m*
afterwards ['ɑːftəwədz] *adv* *(later)* später; *(after something)* danach
again [ə'gen, əgeɪn] *adv* wieder; *(one*

more time) noch einmal; **~ and ~** immer wieder; **what's her name ~?** wie ist nochmal ihr Name?

against [əˈgen(t)st] **I.** *prep* gegen *+akk;* **~ one's better judgement** wider besseres Wissen **II.** *adv* gegen; **only 14 voted ~** es gab nur 14 Gegenstimmen

age [eɪdʒ] **I.** *n* ① Alter *nt;* **he's about your ~** er ist ungefähr so alt wie du; **to be 45 years of ~** 45 [Jahre alt] sein; **at your ~** in deinem Alter ② *(era)* Zeitalter *nt;* **in this day and ~** heutzutage ③ *(long time)* **~s** Ewigkeiten **II.** *vi* ① altern ② FOOD reifen **III.** *vt* ① FOOD *also wine* reifen lassen ② *(make look older)* älter machen

age bracket *n* Altersgruppe *f,* Altersklasse *f*

aged[1] [ˈeɪdʒd] *adj* **a boy ~ 12** ein zwölfjähriger Junge; **children ~ 8 to 12** Kinder [im Alter] von 8 bis 12 Jahren

aged[2] [ˈeɪdʒɪd] **I.** *adj* alt **II.** *n* **the ~** *pl* die alten Menschen *pl*

age-group [ˈeɪdʒˌgruːp] *adj attr, inv* ① SPORTS Altersklasse *f;* **he won an ~ medal at the championship** er gewann bei den Jahrgangsmeisterschaften eine Medaille ② SOCIOL Alterszugehörigkeit *f*

agency [ˈeɪdʒᵊn(t)si] *n* ① *(private business)* Agentur *f;* **estate/travel ~** Makler-/Reisebüro *nt* ② *(of government)* Behörde *f; (of public administration)* Dienststelle *f*

agenda [əˈdʒendə] *n* ① *(for a meeting)* Tagesordnung *f* ② *(for action)* Programm *nt;* **to have a hidden ~** geheime Pläne haben

agent [ˈeɪdʒᵊnt] *n* ① *(representative)* [Stell]vertreter(in) *m(f); (for artists)* Agent(in) *m(f)* ② *(of a secret service)* Agent(in) *m(f)*

aggression [əˈgreʃᵊn] *n no pl* Aggression *f*

aggressive [əˈgresɪv] *adj* aggressiv

aggressively [əˈgresɪvli] *adv* aggressiv

aggressiveness [əˈgresɪvnəs] *n no pl* Aggressivität *f,* Angriffslust *f*

aggressor [əˈgresəʳ] *n* Angreifer(in) *m(f)*

agile [ˈædʒaɪl] *adj* geschickt; **to have an ~ mind** geistig beweglich sein

agitated [ˈædʒɪteɪtɪd] *adj* aufgeregt, beunruhigt

ago [əˈgəʊ] *adv* **a year ~** vor einem Jahr; **[not] long ~** vor [nicht] langer Zeit; **as long ~ as 1924** schon 1924; **how long ~ was that?** wie lange ist das her?

agony [ˈægəni] *n* ① Todesqualen *pl;* **to be in ~** große Schmerzen leiden ② *(fig)* **to be in an ~ of indecision/suspense** von qualvoller Unentschlossenheit/Ungewissheit geplagt werden; **oh, the ~ of defeat!** was für eine schmachvolle Niederlage!

agoraphobia [ˌægᵊrəˈfəʊbiə] *n no pl* Platzangst *f,* Agoraphobie *f fachspr*

agree [əˈgriː] **I.** *vi* ① *(have same opinion)* zustimmen; **I don't ~** ich bin anderer Meinung; **to ~ with sb** mit jdm einer Meinung sein ② *(consent to)* zustimmen; **~d!** einverstanden! ③ *food* **to ~ with sb** jdm [gut] bekommen ④ *(match up)* übereinstimmen **II.** *vt* **to ~ sth** mit etw *dat* einverstanden sein

agreed [əˈgriːd] *adj* ① *pred (of one opinion)* einig; **are we all ~ on that?** sind alle damit einverstanden? ② *(accepted)* akzeptiert; **it's generally ~ that ...** es ist eine allgemein anerkannte Tatsache, dass ... ③ *(pre-arranged)* vereinbart

agreement [əˈgriːmənt] *n* ① *no pl (same opinion)* Übereinstimmung *f;* **to reach an ~** zu einer Einigung kommen; **to be in ~ with sb** mit jdm übereinstimmen ② *(arrangement)* Vereinbarung *f*

agriculturally [ˌægrɪˈkʌltʃᵊrᵊli] *adv* landwirtschaftlich

agriculture [ˈægriˈkʌltʃəʳ] *n no pl* Landwirtschaft *f*

ahead [əˈhed] *adv* ① *(in front)* vorn; **the road ~** die Straße vor uns; **to put sb ~**

jdn nach vorne bringen ② *(more advanced)* **to be way ~ of sb** jdm um einiges voraus sein

aid [eɪd] **I.** *n* ① *no pl (assistance)* Hilfe *f;* **in ~ of** zugunsten *+gen* ② *(helpful tool)* [Hilfs]mittel *nt;* **hearing ~** Hörgerät *nt* **II.** *vt* helfen *+dat*

Aids, **AIDS** [eɪdz] *n acr for* **acquired immune deficiency syndrome** Aids *nt*

aim [eɪm] **I.** *vi* ① *(point)* zielen (**at** auf) ② *(try for a time)* **to ~ for 7.30/next week** 7.30 Uhr/nächste Woche anpeilen **II.** *vt* ① *(point)* **to ~ sth at sb/sth** mit etw *dat* auf jdn/etw zielen ② *(direct at) remark* richten (**at** an) **III.** *n* ① *no pl (skill)* Zielen *nt;* **her ~ is good/bad** sie kann gut/schlecht zielen ② *(goal)* Ziel *nt*

aimlessly [ˈeɪmləsli] *adv* ziellos

air [eəʳ] **I.** *n* ① *no pl* Luft *f;* **by ~** mit dem Flugzeug; **to be [up] in the ~** *(fig)* in der Schwebe sein ② *no pl* TV, RADIO Äther *m;* **to be taken off the ~** *programme* abgesetzt werden; *station* den Sendebetrieb einstellen; **on [the] ~** auf Sendung **II.** *vt* ① *(ventilate)* lüften; *clothes* auslüften [lassen] ② *(express)* äußern ③ AM *(broadcast)* senden **III.** *vi* ① AM TV, RADIO gesendet werden ② *(ventilate)* auslüften

air-conditioned *adj* klimatisiert **air conditioning, AC** *n no pl* ① *(process)* Klimatisierung *f* ② *(plant)* Klimaanlage *f;* **to have ~** mit einer Klimaanlage ausgestattet sein; **to turn the ~ down/up** die Klimaanlage niedriger/höher stellen

aircraft <*pl* -> *n* Luftfahrzeug *nt* **airfield** *n* Flugplatz *m* **air force** *n* Luftwaffe *f*, Luftstreitkräfte *pl* **air hostess** *n* BRIT, AUS *(dated)* Stewardess *f* **airline** *n* Fluggesellschaft *f* **airmail I.** *n no pl* Luftpost *f* **II.** *vt* per Luftpost schicken **airmiles** *n pl* AVIAT Bonusmeilen **airplane** *n* AM *see* **aeroplane** **airport** *n* Flughafen *m* **air rage** *n* Randale *f* im Flugzeug **air terminal** *n* [Air]terminal *nt* **air ticket** *n* Flugschein *m* **airtight** *adj* luftdicht; *(fig)* hieb- und stichfest

aisle [aɪl] *n* Gang *m; of church* Seitenschiff *nt*

alabaster [ˈæləbæstəʳ] *n no pl* Alabaster *m*

alarm [əˈlɑːm] **I.** *n* ① *no pl (worry)* Angst *f* ② *(signal)* Alarm *m* ③ *(alarm clock)* Wecker *m* **II.** *vt* ① *(worry)* beunruhigen ② *(warn of danger)* alarmieren

alarm clock *n* Wecker *m*

alarmed [əˈlɑːmd] *adj* beunruhigt, besorgt; *(frightened)* erschrocken; **please don't be ~** bitte erschrecken Sie nicht [*o* bleiben Sie ruhig]

alarmingly [əˈlɑːmɪŋli] *adv (worryingly)* beunruhigend[erweise]; *(frighteningly)* beängstigend[erweise]

alarmism [əˈlɑːmɪzᵊm] *n no pl* Schwarzmalerei *f*

Alaska [əˈlæskə] *n* Alaska *nt*

Albania [ælˈbeɪniə] *n* Albanien *nt*

Albanian [ælˈbeɪniən] **I.** *n* ① *(person)* Albaner(in) *m(f)* ② *(language)* Albanisch *nt* **II.** *adj* albanisch

album [ˈælbəm] *n* Album *nt*

alcohol [ˈælkəhɒl] *n no pl* Alkohol *m*

alcoholic [ˌælkəˈhɒlɪk] **I.** *n* Alkoholiker(in) *m(f)* **II.** *adj person* alkoholsüchtig; *drink* alkoholisch

alert [əˈlɜːt] **I.** *adj* ① *(mentally)* aufgeweckt ② *(watchful)* wachsam; *(attentive)* aufmerksam **II.** *n* ① *(alarm)* Alarmsignal *nt;* **red ~** höchste Alarmstufe ② *no pl (period of watchfulness)* Alarmbereitschaft *f* **III.** *vt* **to ~ sb to sth** ① *(notify)* jdn auf etw *akk* aufmerksam machen ② *(warn)* jdn vor etw *dat* warnen

A level [ˈeɪlevᵊl] *n* BRIT ≈ Abitur *nt*

A level

Schüler und Schülerinnen in England, Wales und Nordirland legen zur Beendigung der höheren Schul-

A

bildung Abschlussprüfungen, die **A levels** (Advanced levels), ab. Die meisten Schüler wählen drei Prüfungsfächer. Die Kurse schließen in der Regel an *GCSE*-Kurse der gleichen Fachbereiche an und dauern in der Regel zwei Jahre. Wer seine A levels erfolgreich mit dem von den Universitäten festgelegten Notendurchschnitt ablegt, wird zu einem Hochschulstudium zugelassen.

algorithm ['ælgərɪðəm] *n* Algorithmus *m*

alien ['eɪliən] I. *adj* ❶ *(foreign)* ausländisch ❷ *(strange)* fremd II. *n* ❶ *(foreigner)* Ausländer(in) *m(f)* ❷ *(from space)* Außerirdische(r) *f(m)*

alike [ə'laɪk] I. *adj* ❶ *(identical)* gleich ❷ *(similar)* ähnlich II. *adv* ❶ *(similarly)* gleich; **to look ~** sich *dat* ähnlich sehen ❷ *(both)* gleichermaßen

alive [ə'laɪv] *adj* ❶ lebendig, lebend; **to be ~** leben, am Leben sein; **to keep sb ~** jdn am Leben erhalten ❷ *(aware)* **to be ~ to sth** sich *dat* einer S. *gen* bewusst sein

all [ɒːl] I. *adj* ❶ + *pl n (every one of)* alle; **~ her children** alle ihre Kinder; **of ~ the stupid things to do!** das ist ja wohl zu blöd!; **on ~ fours** auf allen Vieren; **~ the people** alle [Leute]; **why her, of ~ people?** warum ausgerechnet sie?; **~ the others** alle anderen ❷ + *sing n (the whole [amount] of)* der/die/das ganze; **~ her life** ihr ganzes Leben; **~ the time** die ganze Zeit; **~ week** die ganze Woche; **for ~ her money** trotz ihres ganzen Geldes ❸ + *sing n (every type of)* jede(r, s); **people of ~ ages** Menschen jeden Alters ❹ *(the greatest possible)* all; **in ~ honesty** ganz ehrlich; **with ~ due respect, …** bei allem Respekt, …; **in ~ probability** aller Wahrscheinlichkeit nach; **she denied ~ knowledge of him** sie stritt ab, irgendetwas über ihn zu wissen; **beyond ~ doubt** jenseits allen Zweifels II. *pron* ❶ *(every one)* alle; **we saw ~ of them** wir haben [sie] alle gesehen; **the best of ~** der Beste von allen; **~ but one of the pupils took part** bis auf einen Schüler nahmen alle teil ❷ *(everything)* alles; **tell me ~ about it** erzähl mir alles darüber; **first of ~** zuerst; **most of ~** am meisten; **most of ~, I'd like to be …** aber am liebsten wäre ich …; **~ in one** alles in einem; **to give one's ~** alles geben; **and ~** *(fam)* und all dem; **what with the fog and ~** bei dem Nebel und so; **~ I want is to be left alone** ich will nur in Ruhe gelassen werden; **~ it takes is a bit of luck** man braucht nur etwas Glück; **that's ~ I need right now** das hat mir jetzt gerade noch gefehlt; **for ~ I care, ….** von mir aus …; **for ~ I know, …** soviel ich weiß … ❸ *(for emphasis)* **at ~** überhaupt; **nothing at ~** überhaupt nichts; **not at ~, it was a pleasure** keine Ursache, es war mir ein Vergnügen ► **and ~** *(sl: as well)* auch; **get one for me and ~** bring mir auch einen; **~ in ~** alles in allem; **~ told** insgesamt; **~'s well that ends well** *(prov)* Ende gut, alles gut III. *adv* ❶ *(entirely)* ganz; **it's ~ about money these days** heutzutage geht es nur ums Geld; **she's been ~ over the world** sie war schon überall auf der Welt; **~ along** die ganze Zeit; **to be ~ over** aus und vorbei sein; **to be ~ for doing sth** ganz dafür sein, etw zu tun; **he's ~ talk** er ist nur ein Schwätzer; **to be ~ ears** ganz Ohr sein ❷ **~ the …** umso …; **~ the better!** umso besser!; **not ~ that …: he's not ~ that important** so wichtig ist er nun auch wieder nicht; **~ but** fast ❸ *(for emphasis)* **now don't get ~ upset about it** nun reg dich doch nicht so [furchtbar] darüber auf; **that's ~ very well, but …** das ist ja schön und gut, aber …; **~ too …** nur zu … ❹ SPORTS *(to both sides)* **it's three ~** es steht drei zu drei; **15 ~** 15 beide

allegation [æləˈgeɪʃᵊn] *n* Behauptung *f;* **to make an ~ against sb** jdn beschuldigen

allege [əˈledʒ] *vt* behaupten

alleged [əˈledʒd] *adj* angeblich

allegedly [əˈledʒɪdli] *adv* angeblich

allergic [əˈlɜːdʒɪk] *adj* allergisch (**to** gegen)

allergy [ælədʒi] *n* Allergie *f* (**to** gegen); **dust/sun ~** Staub-/Sonnenallergie *f*

alleviation [əˌliːviˈeɪʃᵊn] *n no pl* Verminderung *f; of pain* Linderung *f*

alley [ˈæli] *n* Gasse *f*

allied [ˈælaɪd] *adj (united)* verbündet; MIL alliiert

alliteration [ˌəlɪtəˈreɪʃᵊn] *n no pl* Alliteration *f,* Stabreim *m*

allocate [ˈæləkeɪt] *vt* zuteilen

allot <-tt-> [əˈlɒt] *vt* zuteilen; *time* vorsehen

allotment [əˈlɒtmənt] *n* ① *(assignment)* Zuteilung *f,* Verteilung *f* ② BRIT *(plot of land)* Schrebergarten *m*

allow [əˈlaʊ] **I.** *vt (permit)* erlauben; *access* gewähren; *goal* anerkennen; **~ me** erlauben Sie ▸ **to ~ sb a free hand** jdm freie Hand lassen **II.** *vi* **if time ~s** wenn die Zeit es zulässt

allowance [əˈlaʊən(t)s] *n* ① *(permitted amount)* Zuteilung *f;* **entertainment ~** Aufwandsentschädigung *f* ② *(for student)* Ausbildungsbeihilfe *f* ③ *esp* AM *(pocket money)* Taschengeld *nt*

all right **I.** *adj (OK)* in Ordnung; *(approv fam: very good)* nicht schlecht *präd* **II.** *interj* ① *(in agreement)* o.k., in Ordnung ② BRIT *(fam: greeting)* **~, John?** na wie geht's, John?

allude [əˈluːd] *vi* **to ~ to sth** auf etw *akk* anspielen

ally [ˈælaɪ] *n* Verbündete(r) *f(m);* HIST Alliierte(r) *m*

almond [ˈɑːmənd] *n* Mandel *f*

almost [ˈɔːlməʊst] *adv* fast

alone [əˈləʊn] *adj, adv* allein; **to leave sb ~** jdn in Ruhe lassen

along [əˈlɒŋ] **I.** *prep* entlang; **the trees ~ the river** die Bäume entlang dem Fluss; **~ the way** unterwegs **II.** *adv* **to bring ~** mitbringen; **all ~** die ganze Zeit; **~ with** [zusammen] mit

alongside [əˌlɒŋˈsaɪd] **I.** *prep* neben *+dat* **II.** *adv* daneben

aloofness [əˈluːfnəs] *n no pl* Distanziertheit *f*

aloud [əˈlaʊd] *adv* laut

alphabet [ˈælfəbet] *n* Alphabet *nt*

alphabetical [ælfəˈbetɪkᵊl] *adj* alphabetisch

Alps [ælps] *n pl* **the ~** die Alpen

already [ɔːlˈredi] *adv* schon, bereits

Alsace-Lorraine [ælˌsæslɒˈreɪn] *n* Elsass-Lothringen *nt*

also [ˈɔːlsəʊ] *adv* ① *(too)* auch ② *(furthermore)* außerdem

altar [ˈɔːltəʳ] *n* Altar *m*

alter [ˈɔːltəʳ] **I.** *vt* ändern **II.** *vi* sich ändern

alteration [ˌɔːltəˈreɪʃᵊn] *n* Änderung *f*

alternate **I.** *vi* [ˈɔːltəneɪt] abwechseln **II.** *adj* [ɔːlˈtɜːnət] ① *(by turns)* abwechselnd ② *(alternative)* alternativ

alternately [ɔːlˈtɜːnətli] *adv* abwechselnd, im Wechsel

alternative [ɔːlˈtɜːnətɪv] **I.** *n* Alternative *f* (**to** zu) **II.** *adj* alternativ; **~ date** Ausweichtermin *m*

alternatively [ɔːlˈtɜːnətɪvli] *adv* statt dessen

although [ɔːlˈðəʊ] *conj* obwohl

altitude [ˈæltɪtjuːd] *n* Höhe *f*

altogether [ˌɔːltəˈgeðəʳ] *adv* ① *(completely)* völlig ② *(in total)* insgesamt

always [ˈɔːlweɪz] *adv* ① *(at all times)* immer ② *(as last resort)* immer noch

am [æm, əm] *1st pers sing of* **be**

a.m. [ˌeɪˈem] *abbrev of* **ante meridiem: at 6 ~** um sechs Uhr morgens

amateurishly [ˈæmətᵊrɪʃli] *adv (pej)* dilettantisch *pej*

amaze [əˈmeɪz] *vt* erstaunen; **to be ~d by sth** über etw *akk* verblüfft sein

amazed [əˈmeɪzd] *adj* erstaunt, ver-

A

blüfft

amazing [ə'meɪzɪŋ] *adj* ❶ *(very surprising)* erstaunlich ❷ *(excellent)* toll

amazingly [ə'meɪzɪŋli] *adv* erstaunlich, unglaublich; ~ **enough** erstaunlicherweise

ambassador [æm'bæsədəʳ] *n* Botschafter(in) *m(f)* (**to** in)

ambassadress <*pl* -es> [æm'bæsəd:rəs] *n* *(dated)* ❶ *(female ambassador)* Botschafterin *f* ❷ *(wife of ambassador)* Gattin *f* eines Botschafters

ambience ['æmbɪən(t)s] *n no pl* Ambiente *nt*

ambiguously [æm'bɪgjʊːəsli] *adv* zweideutig; *(not clearly)* unklar

ambition [æm'bɪʃᵊn] *n* ❶ *no pl (wish to succeed)* Ehrgeiz *m* ❷ *(aim)* Ambition[en] *f[pl]*

ambulance ['æmbjələn(t)s] *n* Krankenwagen *m*

ambush ['æmbʊʃ] **I.** *vt* **to be ~ed** aus dem Hinterhalt überfallen werden **II.** *n* Überfall *m* aus dem Hinterhalt

America [ə'merɪkə] *n* Amerika *nt*

American [ə'merɪkən] **I.** *adj* amerikanisch **II.** *n* Amerikaner(in) *m(f)*

American vs British English

Es gibt im **American English** ein paar Unterschiede in der Schreibweise zum **British English**:
Die meisten Wörter, die im britischen Englisch mit **-our** enden, hören im amerikanischen Englisch mit **-or** auf: *colour – color*. Bei einigen Verben, besonders solchen, die mit **l** oder **p** enden, wird im britischen Englisch in den Formen mit **-ed** und **-ing** das l bzw. p verdoppelt, im amerikanischen Englisch jedoch nicht: *kidnapped – kidnaped; travelling – traveling*. Viele Wörter, die im britischen Englisch mit **-re** aufhören, werden im amerikanischen Englisch dagegen mit **-er** geschrieben: *centre – center; theatre – theater*. Ein weiterer Unterschied besteht darin, dass das Amerikanische gerne Wörter verkürzt: *axe → ax; catalogue → catalog; cheque → check; doughnut → donut*.

amicably ['æmikəbl̩i] *adv* freundlich; **to settle a dispute ~** einen Streit gütlich beilegen

ammunition [ˌæmjə'nɪʃᵊn] *n no pl* Munition *f;* ~ **depot/dump** Munitionslager *nt*

amnesia [æm'niːzɪə] *n* Amnesie *f*

among [ə'mʌŋ], **amongst** [ə'mʌŋst] *prep* BRIT ❶ *(between)* unter +*dat;* ~ **friends** unter Freunden; **talk about it ~ yourselves** besprecht es mal unter euch; **they discussed it ~ themselves** sie besprachen es untereinander; **to divide up/distribute sth ~ sb/sth** etw unter jdm/etw aufteilen/verteilen ❷ *(as part of)* ~ **her talents are singing and dancing** zu ihren Talenten zählen Singen und Tanzen; [**just**] **one ~ many** [nur] eine(r, s) von vielen ❸ *(in midst of)* zwischen +*akk o dat,* inmitten *gen;* **he fled/stood ~ the trees** er flüchtete zwischen die Bäume/stand zwischen den Bäumen; **a house ~ the hills** ein Haus in den Bergen; **to hide ~ sth** sich in etw *dat* verstecken ❹ *(in addition to)* zusätzlich zu +*dat;* ~ **other things** unter anderem; ~ **others** unter anderen

amount [ə'maʊnt] **I.** *n* Menge *f* **II.** *vi* ❶ *(add up to)* **to ~ to sth** sich auf etw *akk* belaufen ❷ *(be successful)* **he'll never ~ to much** er wird es nie zu etwas bringen

ample <-r, -st> ['æmpl̩] *adj* ❶ *(plentiful)* reichlich ❷ *(large)* groß

amply ['æmpli] *adv* reichlich

amuse [ə'mjuːz] **I.** *vt* amüsieren **II.** *vi* unterhalten

amused [ə'mjuːzd] *adj* amüsiert; **to**

A

keep oneself ~ sich *dat* die Zeit vertreiben; **to be ~ at sth** sich über etw *akk* amüsieren
amusing [ə'mju:zɪŋ] *adj* amüsant; **that's** [**not**] **very ~** das ist [nicht] sehr witzig
an [æn, ᵊn] *art indef* ein(e) *(unbestimmter Artikel vor Vokalen oder stimmlosem h); see also* **a**
analyse ['ænᵊlaɪz] *vt* analysieren
analysis <*pl* -ses> [ə'næləsɪs, *pl* -si:z] *n* ❶ Analyse *f* ❷ PSYCH [Psycho]analyse *f;* ▶ **in the final ~** letzten Endes
analytically [ˌænə'lɪtɪkᵊli] *adv* analytisch
analyze *vt* AM *see* **analyse**
anatomically [ˌænə'tɒmɪkᵊli] *adv* anatomisch
ancestor ['ænsestəʳ] *n* Vorfahr[e](in) *m(f)*
ancestress <*pl* -es> ['ænsestrəs] *n* Ahnin *f,* Vorfahrin *f*
anchor ['æŋkəʳ] **I.** *n* Anker *m* **II.** *vt* verankern **III.** *vi* ankern
ancient ['eɪn(t)ʃᵊnt] *adj* alt; *(fam: very old)* uralt; **~ Rome** das antike Rom
and [ænd, ənd] *conj* und; **four hundred ~ twelve** vierhundert[und]zwölf; **more ~ more** immer mehr; **~ so on** und so weiter
Andorran [æn'dɔ:rən] **I.** *n* Andorraner(in) *m(f)* **II.** *adj* andorranisch
angel ['eɪndʒᵊl] *n* Engel *m*
anger ['æŋgəʳ] **I.** *n no pl* Ärger *m* (**at** über); *(fury)* Wut *f* (**at** auf) **II.** *vt* ärgern; *(more violently)* wütend machen
angle ['æŋgl̩] *n* ❶ Winkel *m;* **at an ~ of 20°** in einem Winkel von 20° ❷ *(perspective)* Blickwinkel *m*
Anglican ['æŋglɪkən] **I.** *adj* anglikanisch **II.** *n* Anglikaner(in) *m(f)*
angrily ['æŋgrɪli] *adv* verärgert, zornig
angry ['æŋgri] *adj (annoyed)* verärgert; *(stronger)* zornig
animal ['ænɪmᵊl] *n* Tier *nt*
animated ['ænɪmeɪtɪd] *adj* ❶ *discussion* lebhaft ❷ **~ film** [Zeichen]trickfilm *m*
animatedly ['ænɪmeɪtɪdli] *adv* lebhaft
ankle ['æŋkl̩] *n* [Fuß]knöchel *m*
anniversary [ænɪ'vɜ:sᵊri] *n* Jahrestag *m;* **~ party** Jubiläumsparty *f*
announce [ə'naʊn(t)s] *vt* bekannt geben; *result* verkünden
announcement [ə'naʊn(t)smənt] *n* Bekanntmachung *f; (on train, at airport)* Durchsage *f; (on radio)* Ansage *f;* **to make an ~ about sth** etw mitteilen
announcer [ə'naʊn(t)səʳ] *n* [Radio-/Fernseh]sprecher(in) *m(f)*
annoy [ə'nɔɪ] *vt* ärgern
annoyed [ə'nɔɪd] *adj* verärgert
annoying [ə'nɔɪɪŋ] *adj* ärgerlich
annoyingly [ə'nɔɪɪŋli] *adv* ❶ *(irritatingly)* störend ❷ *(to one's annoyance)* **~** [**enough**] ärgerlicherweise
annual ['ænjuəl] *adj* jährlich; **~ income** Jahreseinkommen *nt*
annually ['ænjuəli] *adv* [all]jährlich
anonymous [ə'nɒnɪməs] *adj* anonym
anonymously [ə'nɒnɪməsli] *adv* anonym
another [ə'nʌðəʳ] **I.** *adj* ❶ *(one more)* noch eine(r, s) ❷ *(similar to)* ein zweiter/zweites/eine zweite; **the Gulf War could have been ~ Vietnam** der Golfkrieg hätte ein zweites Vietnam sein können ❸ *(not the same)* ein anderer/anderes/eine andere; **that's ~ story** das ist eine andere Geschichte **II.** *pron no pl* ❶ *(different one)* ein anderer/eine andere/ein anderes; **one way or ~** irgendwie ❷ *(additional one)* noch eine(r, s); **one piece after ~** ein Stück nach dem anderen ❸ *(each other)* **one ~** einander
ansafone®, **ansaphone®** ['ɑ:n(t)səfəʊn] *n* BRIT Anrufbeantworter *m*
answer ['ɑ:n(t)səʳ] **I.** *n* ❶ Antwort *f* (**to** auf); **there was no ~** *(telephone)* es ist keiner rangegangen ❷ MATH Ergebnis *nt;* **~ to a problem** Lösung *f* eines Problems **II.** *vt* beantworten; *door* öffnen; **to ~ the telephone** ans Telefon gehen; **to ~ sb** jdm antworten **III.** *vi* antworten; **nobody ~ed** *(telephone)* es ist keiner rangegangen

A

answerphone ['ɑːn(t)səfəʊn] *n* BRIT Anrufbeantworter *m*
ant [ænt] *n* Ameise *f*
antagonist [æn'tægənɪst] *n* Antagonist(in) *m(f)*, Gegner(in) *m(f)*
Antarctic [æn'tɑːktɪk] **I.** *n* **the ~** die Antarktis **II.** *adj* antarktisch; **~ expedition** Antarktisexpedition *f*; **~ Ocean** südliches Eismeer
antenna [æn'tenə] *n* ❶ <*pl* -nae> *of an insect* Fühler *m* ❷ <*pl* -s> *(aerial)* Antenne *f*
antibiotic [-baɪ'ɒtɪk] **I.** *n* Antibiotikum *nt* **II.** *adj* antibiotisch
anti-carcinogenic [ˌæntɪˌkɑːsɪnə(ʊ)'dʒenɪk] *adj* krebshemmend
anticipation [ænˌtɪsɪ'peɪʃᵊn] *n* Erwartung *f*
anticlockwise *adv* BRIT, AUS gegen den Uhrzeigersinn
antidote ['æntɪdəʊt] *n* Gegenmittel *nt*
antique [æn'tiːk] **I.** *n* Antiquität *f*; **~ dealer** Antiquitätenhändler(in) *m(f)* **II.** *adj* antik
antiquity [æn'tɪkwəti] *n* ❶ *no pl (ancient times)* Altertum *nt* ❷ **antiquities** *pl* Altertümer
antisocial *adj* unsozial
antisocial behaviour *n* Erregung *f* öffentlichen Ärgernisses; **~ order** gerichtliche Verfügung wegen Erregung öffentlichen Ärgernisses
anti-spam *adj* COMPUT anti-Spam-
anxiety [æŋ'zaɪəti] *n no pl* Sorge *f*, Angst *f*
anxious ['æŋ(k)ʃəs] *adj* ❶ *(concerned)* besorgt ❷ *(eager)* bestrebt; **to be ~ for sth** ungeduldig auf etw *akk* warten
anxiously ['æŋ(k)ʃəsli] *adv* ❶ *(with concern)* besorgt ❷ *(eagerly)* sehnsüchtig; **~ awaited** sehnsüchtig erwartet
any [eni, əni] **I.** *adj* ❶ *(in questions, conditional)* [irgend]ein(e); **do you have ~ brothers and sisters?** haben Sie Geschwister?; **if it's of ~ help [at all]** wenn das irgendwie hilft ❷ *(with negative)* **I haven't [got] ~ money** ich habe kein Geld ❸ *(every)* jede(r, s); **~ time** jederzeit ❹ *(with pl n)* irgendwelche; **~ number** beliebig viele; **~ old** jede(r, s) x-beliebige **II.** *pron* ❶ *(one of many)* eine(r, s); **do you have ~ [at all]?** haben Sie [überhaupt] welche? ❷ *(some of a quantity)* welche(r, s); **hardly ~** kaum etwas ❸ *(with negative)* **I haven't seen ~ of his films** ich habe keinen seiner Filme gesehen; **don't you have ~ at all?** haben Sie denn überhaupt keine? ❹ *(each)* jede(r, s); **~ of the cars** jedes der Autos ❺ *(replacing pl n)* irgendwelche; **~ will do** egal welche **III.** *adv* ❶ *(at all)* überhaupt; **if I have to stay here ~ longer, …** wenn ich noch länger hierbleiben muss, …; **are you feeling ~ better?** fühlst du dich [denn] etwas besser? ❷ *(expressing termination)* **not ~ longer/more** nicht mehr
anybody ['eniˌbɒdi] *pron* ❶ *(each person)* jede(r, s) ❷ *(someone)* jemand; **~ else for coffee?** möchte noch jemand Kaffee? ❸ *(no one)* **not ~** niemand ❹ *(unimportant person)* **he's not just ~** er ist nicht irgendwer **anyhow** ['enihaʊ] *adv* ❶ *(in any case)* sowieso ❷ *(in a disorderly way)* irgendwie **anyone** ['eniwʌn] *pron see* **anybody** **anything** ['eniθɪŋ] *pron* ❶ *(each thing)* alles ❷ *(something)* **is there ~ I can do to help?** kann ich irgendwie helfen?; *(in shop)* **~ else?** darf es noch was sein?; **does it look ~ like an eagle?** sieht das einem Adler irgendwie ähnlich? ❸ *(nothing)* **not ~** nichts ▸ **not for ~ [in the world]** um nichts in der Welt **anyway** ['eniweɪ], AM *a.* **anyways** ['eniweɪz] *adv (fam)* ❶ *(in any case)* sowieso; **what's he doing there ~?** was macht er dort überhaupt? ❷ *(well)* jedenfalls; **~!** na ja!
anywhere ['eni(h)weəʳ] *adv* ❶ *(in any place)* überall; **~ else** irgendwo anders ❷ *(some place)* irgendwo; **I'm not getting ~** ich komme einfach nicht weiter

apart [əˈpɑːt] *adv* ❶ *(not together)* auseinander; **to live ~** getrennt leben ❷ *after n (to one side)* **joking ~** Spaß beiseite ❸ *(except for)* **~ from** abgesehen von
apartment [əˈpɑːtmənt] *n* Wohnung *f*
ape [eɪp] **I.** *n* [Menschen]affe *m;* ▶ **to go ~** *(sl)* ausflippen **II.** *vt* nachahmen
apologize [əˈpɒlədʒaɪz] *vi* sich entschuldigen (**to** bei)
apology [əˈpɒlədʒi] *n* Entschuldigung *f;* **to make an ~** um Entschuldigung bitten; **you owe him an ~** du musst dich bei ihm entschuldigen; **please accept our apologies** wir bitten vielmals um Entschuldigung
app [æp] *n* INET App *f*
appal <-ll->, AM *usu* **appall** [əˈpɔːl] *vt* entsetzen; **to be ~led by sth** über etw *akk* entsetzt sein
appalling [əˈpɔːlɪŋ] *adj* entsetzlich
apparatus [ˌæpəˈreɪtəs] *n* ❶ *no pl (equipment)* [**piece of**] **~** Gerät *nt* ❷ *(system)* Apparat *m*
apparent [əˈpærənt] *adj* offensichtlich; **for no ~ reason** aus keinem ersichtlichen Grund
apparently [əˈpærəntli] *adv (evidently)* offensichtlich; *(it seems)* anscheinend
appeal [əˈpiːl] **I.** *vi (attract)* **to ~ to sb/sth** jdn/etw reizen; *(aim to please)* jdn/etw ansprechen **II.** *n* ❶ *(attraction)* Reiz *m* ❷ *(protest formally)* Einspruch einlegen (**against** gegen); **court of ~** Berufungsgericht *nt* ❸ *(request)* Appell *m;* **~ for donations** Spendenaufruf *m*
appealing [əˈpiːlɪŋ] *adj* attraktiv
appear [əˈpɪəʳ] *vi* ❶ *(become visible)* erscheinen ❷ *(seem)* scheinen; **to ~ [to be] calm** ruhig erscheinen; **so it ~s** sieht ganz so aus
appearance [əˈpɪərən(t)s] *n* ❶ *(instance of appearing)* Erscheinen *nt;* *(on TV, theatre)* Auftritt *m;* **to make an ~** auftreten ❷ *no pl (looks)* Aussehen *nt* ❸ *(outward aspect)* **~s** *pl* äußerer [An]schein ▶ **to all ~s** AM allem Anschein nach
appendicitis [əˌpendɪˈsaɪtɪs] *n* Blinddarmentzündung *f*
appendix [əˈpendɪks, *pl* -dɪsiːz] *n* ❶ <*pl* -es> *(body part)* Blinddarm *m* ❷ <*pl* -dices *or* -es> *(in book)* Anhang *m*
appetite [ˈæpɪtaɪt] *n* Appetit *m*
applaud [əˈplɔːd] **I.** *vi* Beifall klatschen **II.** *vt* **to ~ sb** jdm applaudieren
applause [əˈplɔːz] *n no pl* [**a round of**] **~** Applaus *m;* **loud ~** tosender Beifall
apple [ˈæpl̩] *n* Apfel *m*
apple juice *n* Apfelsaft *m* **apple sauce** *n no pl* Apfelmus *nt*
appliance [əˈplaɪən(t)s] *n* Gerät *nt*
applicant [ˈæplɪkənt] *n* Bewerber(in) *m(f)* (**for** für)
application [ˌæplɪˈkeɪʃən] *n* ❶ *for a job* Bewerbung *f* (**for** um); *for a permit* Antrag *m* (**for** auf) ❷ *no pl (process of requesting)* Anfordern *nt;* **on ~** auf Anfrage
apply <-ie-> [əˈplaɪ] **I.** *vi* ❶ *(formally request)* **to ~ [to sb] [for sth]** *(for a job)* sich [bei jdm] [um etw *akk*] bewerben ❷ *(pertain)* gelten; **to ~ to** betreffen **II.** *vt* ❶ *(put on)* anwenden (**to** auf) ❷ *(use)* **to ~ the brakes** bremsen; **to ~ common sense** sich des gesunden Menschenverstands bedienen
appoint [əˈpɔɪnt] *vt employee* einstellen; **to ~ sb [as] sth** jdn zu etw *dat* ernennen
appointment [əˈpɔɪntmənt] *n* ❶ *no pl (being selected)* Ernennung *f* (**as** zu) ❷ *(official meeting)* Verabredung *f;* **dental ~** Zahnarzttermin *m;* **by ~ only** nur nach Absprache
appointment book *n* Terminbuch *nt*
appreciate [əˈpriːʃieɪt] **I.** *vt* ❶ *(value)* schätzen; **I'd ~ it if …** könnten Sie … ❷ *(understand)* Verständnis haben für; **to ~ that …** verstehen, dass … **II.** *vi* **to ~ in value** im Wert steigen
appreciative [əˈpriːʃiətɪv] *adj* ❶ *(grateful)* dankbar (**of** für) ❷ *(showing ap-*

A

preciation) anerkennend

apprehensive [ˌæprɪˈhen(t)sɪv] *adj* besorgt

apprentice [əˈprentɪs] **I.** *n* Auszubildende(r) *f(m)*; **~ carpenter** Tischlerlehrling *m* **II.** *vt* **to be ~d to sb** bei jdm in die Lehre gehen

apprenticeship [əˈprentɪsʃɪp] *n* ① *(training)* Ausbildung *f*; **to do an ~** eine Lehre machen ② *(period of training)* Lehrzeit *f*

approach [əˈprəʊtʃ] **I.** *vt* ① *(come closer)* **to ~ sb/sth** sich jdm/etw nähern; **it's ~ing lunchtime** es geht auf Mittag zu ② *(ask)* **to ~ sb** jdn ansprechen (**about** auf) **II.** *vi* sich nähern **III.** *n* ① *(coming)* Nähern *nt*; **at the ~ of winter ...** wenn der Winter naht, ... ② *(preparation to land)* [Lande]anflug *m* ③ *(appeal)* Herantreten *nt*; **to make an ~ to sb** an jdn herantreten ④ *(proposal)* Vorstoß *m*; **to make an ~ to sb** sich an jdn wenden

approachability [əˌprəʊtʃəˈbɪləti] *n* Zugänglichkeit *f*

approaching [əˈprəʊtʃɪŋ] *adj attr* herannahend

appropriate [əˈprəʊpriət] *adj* ① *(suitable)* angemessen, passend ② *(relevant)* entsprechend

appropriately [əˈprəʊpriətli] *adv* passend; *answer, speak* angemessen; *comment* treffend

appropriateness [əˈprəʊpriətnəs] *n no pl* Angemessenheit *f*

approval [əˈpruːvᵊl] *n* ① *(praise)* Anerkennung *f* ② *(consent)* Zustimmung *f*

approve [əˈpruːv] **I.** *vi* ① *(agree with)* **to ~ of sth** etw *dat* zustimmen ② *(like)* **to ~/not ~ of sb** etwas/nichts von jdm halten **II.** *vt (permit)* genehmigen; *(consent)* billigen

approximate *adj* [əˈprɒksɪmət] ungefähr; **the ~ cost will be about $600** die Kosten belaufen sich auf ca. 600 Dollar; **~ number** [An]näherungswert *m*

approximately [əˈprɒksɪmətli] *adv* ungefähr

apricot [ˈeɪprɪkɒt] *n* Aprikose *f*, Marille *f* ÖSTERR

April [ˈeɪprᵊl] *n* April *m*; *see also* **February**

apron [ˈeɪprən] *n* Schürze *f*

apt [æpt] *adj* ① *(appropriate)* passend; *remark* treffend ② *(likely)* **to be ~ to do sth** dazu neigen, etw zu tun

aquarium <*pl* -s *or* -ria> [əˈkweəriəm, *pl* -riə] *n* Aquarium *nt*

Aquarius [əˈkweəriəs] *n* Wassermann *m*

aquatic [əˈkwætɪk] *adj* aquatisch; **~ plant** Wasserpflanze *f*

Arab [ˈærəb] *n* Araber(in) *m(f)*

Arabia [əˈreɪbiə] *n no pl* Arabien *nt*

Arabian [əˈreibiən] *adj* arabisch

Arabic [ˈærəbɪk] **I.** *n* Arabisch *nt* **II.** *adj* arabisch

arbitrarily [ˌɑːbɪˈtreᵊrᵊli] *adv* willkürlich

arcade [ɑːˈkeɪd] *n* Arkade *f*; **[shopping]** ~ [Einkaufs]Passage *f*

arch[1] [ɑːtʃ] **I.** *n* Bogen *m*; **~ of the foot** Fußgewölbe *nt* **II.** *vi* sich wölben

arch[2] [ɑːtʃ] *adj* verschmitzt

archaeologist [ˌɑːkiˈɒlədʒɪst] *n* Archäologe, Archäologin *m, f*

archaeology [ˌɑːkiˈɒlədʒi] *n* Archäologie *f*

arched [ɑːtʃt] *adj* gewölbt; **~ window** Bogenfenster *nt*

archetypal [ˌɑːkɪˈtaɪpᵊl] *adj* urbildlich, archetypisch; **an ~ English gentleman** ein vorbildlicher englischer Gentleman

architect [ˈɑːkɪtekt] *n* Architekt(in) *m(f)*

architectural [ˌɑːkɪˈtektʃᵊrᵊl] *adj* architektonisch; **~ plan** Bauplan *m*

architecture [ˈɑːkɪtektʃəʳ] *n* Architektur *f*

Arctic [ˈɑːktɪk] *n* **the ~** die Arktis

Arctic Circle *n* nördlicher Polarkreis

ardently [ˈɑːdᵊntli] *adv* leidenschaftlich

are [ɑːʳ] *see* **be**

area [ˈeəriə] *n* ① *(region)* Gebiet *nt*; **~ of the brain** Hirnregion *f* ② *(surface measure)* Fläche *f*; **~ of a circle**

Kreisfläche *f* ③ *(approximately)* **in the ~ of …** ungefähr …

area code *n* AM, AUS *(dialling code)* Vorwahl *f*

arena [əˈri:nə] *n* Arena *f*

argue [ˈɑ:gju:] *vi* ① *(disagree)* [sich] streiten ② *(reason)* argumentieren; **to ~ against/for sth** sich gegen/für etw *akk* aussprechen

argument [ˈɑ:gjəmənt] *n* ① Auseinandersetzung *f* ② *(case)* Argument *nt*

argumentation [ˌɑ:gjəmenˈteɪʃᵊn] *n no pl* Argumentation *f*

argy-bargy [ˌɑ:dʒiˈbɑ:dʒi] *n no pl* BRIT *(fam)* Geplänkel *nt fam*

arid [ˈærɪd] *adj* dürr; **~ climate** Trockenklima *nt*

Aries [ˈeəri:z] *n* ASTROL Widder *m*

arise <arose, arisen> [əˈraɪz] *vi* sich ergeben; **should the need ~, …** sollte es notwendig werden, …

arisen [əˈrɪzᵊn] *pp of* **arise**

aristocracy [ˌærɪˈstɒkrəsi] *n + sing/pl vb* Aristokratie *f*

aristocrat [ˈærɪstəkræt] *n* Aristokrat(in) *m(f)*

arithmetic I. *n* [əˈrɪθmətɪk] Arithmetik *f* II. *adj* [ˌærɪθˈmetrɪk] arithmetisch

arithmetically [ˌærɪθˈmetrɪkᵊli] *adv* arithmetisch

ark [ɑ:k] *n (boat)* Arche *f;* **Noah's ~** die Arche Noah

arm[1] [ɑ:m] *n* ANAT, GEOG Arm *m;* **on one's ~** am Arm ▸ **to cost an ~ and a leg** Unsummen kosten

arm[2] [ɑ:m] I. *vt* ① *(supply with weapons)* bewaffnen; **to ~ oneself** *(fig)* sich wappnen ② *(prime) bomb* scharfmachen II. *n* **~s** *pl* Waffen *pl;* **under ~s** kampfbereit

armadillo [ˌɑ:məˈdɪləʊ] *n* Gürteltier *nt*

armament [ˈɑ:məmənt] *n* ① *usu pl (weapons)* Waffen *pl* ② *no pl (process of arming)* Aufrüstung *f*

armchair *n* Sessel *m*

armed [ɑ:md] *adj* bewaffnet

arming [ˈɑ:mɪŋ] *n* Bewaffnung *f*

armour, AM **armor** [ˈɑ:məʳ] *n no pl* ① HIST Rüstung *f;* **suit of ~** Panzerkleid *nt* ② *(tanks)* Panzerfahrzeuge *pl;* **~ plate** Panzerplatte *f*

armoured [ˈɑ:məd] *adj* gepanzert; **~ car** Panzer[späh]wagen *m*

armpit *n* Achselhöhle *f*

army [ˈɑ:mi] *n* Armee *f;* **the ~** das Heer; **in the ~** beim Militär

aroma [əˈrəʊmə] *n* Duft *m*

aromatherapy [ərəʊməˈθerəpi] *n* Aromatherapie *f*

aromatic [ˌærə(ʊ)ˈmætɪk] *adj* aromatisch

arose [əˈrəʊz] *pt of* **arise**

around [əˈraʊnd] I. *adv* ① *(round)* herum; **to get ~ to doing sth** endlich dazu kommen, etw zu tun; **to show sb ~** jdn herumführen ② *(round about)* rundum; **to [have a] look ~** sich umsehen ③ *(in different directions)* umher; **to wave one's arms ~** mit den Armen [herum]fuchteln; **to get ~** herumkommen ④ *(nearby)* in der Nähe; **will you be ~ next week?** bist du nächste Woche da? ▸ **see you ~** bis demnächst mal II. *prep* ① um *+akk;* **all ~ the house** um das ganze Haus herum; **from all ~ the world** aus aller Welt; **to stand ~** herumstehen ② *(approximately)* ungefähr; **~ 12:15** um ungefähr 12.15 Uhr

arousal [əˈraʊzᵊl] *n no pl* sexuelle Erregung

arouse [əˈraʊz] *vt* ① *(stir)* erwecken ② *(sexually excite)* erregen

arrange [əˈreɪndʒ] I. *vt* ① *(organize)* arrangieren; *date* vereinbaren ② *(put in order)* ordnen II. *vi* festlegen; **to ~ to do sth** etw vereinbaren; **to ~ for sb to do/have sth** etw für jdn organisieren

arrangement [əˈreɪndʒmənt] *n* ① *(preparations)* **~s** *pl* Vorbereitungen *pl* ② *(agreement)* Abmachung *f;* **to come to an ~** zu einer Übereinkunft kommen ③ ART, MUS Arrangement *nt;* **an ~ of dried flowers** ein Gesteck *nt* von Trockenblumen

arrest [əˈrest] I. *vt* verhaften II. *n* Ver-

A

haftung *f*
arrival [əˈraɪvᵊl] *n* ❶ *(at a destination)* Ankunft *f* ❷ *(person)* Ankommende(r) *f(m)*; **new ~** Baby *nt*
arrive [əˈraɪv] *vi bus etc.* ankommen; *baby, mail, season* kommen; **to ~ at a town** in einer Stadt eintreffen
arrogance [ˈærəgən(t)s] *n* Arroganz *f*
arrogant [ˈærəgənt] *adj* arrogant
arrogantly [ˈærəgəntli] *adv* arrogant
arrow [ˈærəʊ] *n* Pfeil *m*
arse [ɑːs] BRIT, AUS **I.** *n (vulg)* Arsch *m*; ▶ **move your ~!** beweg dich! **II.** *vi (vulg)* **to ~ about** herumblödeln
arsehole *n* BRIT, AUS *(vulg)* Arschloch *nt vulg*
arsenal [ˈɑːsᵊnᵊl] *n* [Waffen]arsenal *nt*
arson [ˈɑːsᵊn] *n* Brandstiftung *f*
arsonist [ˈɑːsᵊnɪst] *n* Brandstifter(in) *m(f)*
art [ɑːt] *n* Kunst *f*; **~s and crafts** Kunsthandwerk *nt*; **the ~s** *pl* die Kunst
artery [ˈɑːtᵊri] *n* ❶ ANAT Arterie *f* ❷ TRANSP Hauptverkehrsader *f*
artfully [ˈɑːtfᵊli] *adv* geschickt
arthritis [ɑːˈθraɪtɪs] *n* Gelenkentzündung *f*
artichoke [ˈɑːtɪtʃəʊk] *n* Artischocke *f*
article [ˈɑːtɪkl] *n* ❶ Artikel *m*; **~ of value** Wertgegenstand *m* ❷ LAW Paragraph *m*
articulate **I.** *adj* [ɑːˈtɪkjələt] ❶ *person* redegewandt ❷ *speech* verständlich **II.** *vt* [ɑːˈtɪkjʊleɪt] ❶ *(express)* aussprechen ❷ *(pronounce)* artikulieren
artificial [ˌɑːtɪˈfɪʃᵊl] *adj* künstlich; **~ colour[ing]** Farbstoff *m*; **~ flavouring** Geschmacksverstärker *m*
artificially [ˌɑːtɪˈfɪʃᵊli] *adv* künstlich
artist [ˈɑːtɪst] *n* Künstler(in) *m(f)*
artistic [ɑːˈtɪstɪk] *adj* künstlerisch
artistically [ɑːˈtɪstɪkli] *adv* künstlerisch
artwork *n no pl* Illustrationen *pl*
as [æz, əz] **I.** *conj* ❶ *(while)* während ❷ *(in the way that, like)* wie; **do ~ I say!** mach, was ich sage!; **~ it happens** rein zufällig; **~ if** als ob; **~ if!** wohl kaum! ❸ *(because)* weil ▶ **~ for …** was … betrifft; **~ to …** was … angeht **II.** *prep* als; **~ a child** als Kind; **speaking ~ a mother, …** als Mutter …; **the news came ~ no surprise** die Nachricht war keine Überraschung; **dressed ~ a banana** als Banane verkleidet **III.** *adv* ❶ *(in comparisons)* wie; **[just] ~ … ~ …** [genau]so … wie …; **if you play ~ well ~ that, …** wenn du so gut spielst, … ❷ *(indicating an extreme)* **~ tall ~ 8 ft** bis zu 8 Fuß hoch; **~ little ~** nur
asbestos [æsˈbestɒs] *n* Asbest *m*
ASBO, asbo [ˈæzbəʊ] *n acr for* **antisocial behaviour order** gerichtliche Verfügung wegen Erregung öffentlichen Ärgernisses
ascend [əˈsend] **I.** *vt* hinaufsteigen **II.** *vi* aufsteigen; **Christ ~ed into heaven** Christus ist in den Himmel aufgefahren
ascent [əˈsent] *n* ❶ *(upward movement)* Aufstieg *m* ❷ *(slope)* Anstieg *m*
ash¹ [æʃ] *n* Asche *f*; **~es** *pl* Asche *f kein pl*; **to reduce to ~es** völlig niederbrennen
ash² [æʃ] *n (tree)* Esche *f*
ashamed [əˈʃeɪmd] *adj* **to be ~ [of sb/sth]** sich [für jdn/etw] schämen; **to be ~ of oneself** sich schämen
ashore [əˈʃɔːʳ] *adv* an Land
ashtray *n* Aschenbecher *m*
Asia [ˈeɪʃə] *n* Asien *nt*
Asian [ˈeɪʃᵊn] **I.** *n* Asiate, Asiatin *m, f* **II.** *adj* asiatisch
aside [əˈsaɪd] **I.** *adv* zur Seite; **to take sb ~** jdn beiseitenehmen; **to leave sth ~** etw [weg]lassen; **to put ~ some money** etwas Geld beiseitelegen **II.** *n* Nebenbemerkung *f*
ask [ɑːsk] **I.** *vt* ❶ fragen; **to ~ a question** eine Frage stellen ❷ *(request) favour* bitten [um]; **she ~ed me for help** sie bat mich, ihr zu helfen ❸ *(demand a price)* verlangen; **how much are they ~ing for the car?** was wollen sie für das Auto haben? ❹ *(expect)* **that's ~ing a lot!** Sie verlangen eine ganze Menge! **II.** *vi* ❶ *(request in-*

formation) fragen; **you may well ~** gute Frage; **to ~ about sb** nach jdm fragen ❷ *(request)* bitten ❸ *(wish)* **to ~ for sth** sich *dat* etw wünschen ❹ *(fig: take a risk)* **to be ~ing for sth** etw geradezu herausfordern
asking ['ɑːskɪŋ] *n* **it's yours for the ~** du kannst es gerne haben
asleep [e'sliːp] *adj* **to be ~** schlafen; **to fall ~** einschlafen
asparagus [ə'spærəgəs] *n* Spargel *m*
aspirin ['æspᵊrɪn] *n* Aspirin *nt*
ass <*pl* -es> [æs] *n* Esel *m*
assault [ə'sɔːlt] **I.** *n* Angriff *m* (**on** auf) **II.** *vt* angreifen
assemble [ə'sembl̩] **I.** *vi* sich versammeln **II.** *vt* zusammenbauen
assembly [ə'sembli] *n* ❶ *(gathering)* Versammlung *f* ❷ TECH Montage *f*; **~ line** Fließband *nt*
assent [ə'sent] *n* Zustimmung *f*
assertive [ə'sɜːtɪv] *adj* **to be ~** Durchsetzungsvermögen zeigen
assess [ə'ses] *vt* ❶ *(evaluate)* einschätzen ❷ *(tax)* **to be ~ed** *person* steuerlich geschätzt werden
assessment [ə'sesmənt] *n* ❶ *of damage* Schätzung *f* ❷ *of tax* Veranlagung *f* ❸ SCH, UNIV Einstufung *f*
asset ['æset] *n* ❶ *(good quality)* Pluspunkt *m* ❷ *(valuable person)* Bereicherung *f*; *(useful thing)* Vorteil *m* ❸ COMM **~s** *pl* Vermögenswerte *pl*
asshole *n* AM *(vulg: arsehole)* Arschloch *nt vulg*
assignment [ə'saɪnmənt] *n* Aufgabe *f*
assist [ə'sɪst] *vt, vi* helfen (**with** bei)
assistance [ə'sɪstᵊn(t)s] *n* Hilfe *f*
assistant [ə'sɪstᵊnt] **I.** *n* Assistent(in) *m(f)*; *(in shop)* Verkäufer(in) *m(f)* **II.** *adj manager* stellvertretend
association [əˌsəʊʃi'eɪʃᵊn] *n* ❶ *(organization)* Vereinigung *f* ❷ *no pl (involvement)* Verbundenheit *f*; **in ~ with** in Verbindung mit ❸ *(mental connection)* Assoziation *f*
assorted [ə'sɔːtɪd] *adj* gemischt
assortment [ə'sɔːtmənt] *n* Sortiment *nt*
assume [ə'sjuːm] *vt* ❶ *(regard as true)* annehmen ❷ *(adopt)* annehmen ❸ *(take on)* **to ~ office** sein Amt antreten
assuming [ə'sjuːmɪŋ] *adj* anmaßend
assumption [ə'sʌm(p)ʃᵊn] *n* Annahme *f*; **on the ~ that …** wenn man davon ausgeht, dass …
assurance [ə'ʃʊərᵊn(t)s] *n* ❶ *(self-confidence)* Selbstsicherheit *f* ❷ *(promise)* Zusicherung *f*
assure [ə'ʃʊəʳ] *vt* ❶ *(confirm certainty)* zusichern; **to ~ oneself of sth** sich *dat* etw sichern ❷ *(promise)* **to ~ sb of sth** jdm etw zusichern
asthma ['æsθmə] *n* Asthma *nt*
asthmatic [æsθ'mætɪk] **I.** *n* Asthmatiker(in) *m(f)* **II.** *adj* asthmatisch
astonish [ə'stɒnɪʃ] *vt* erstaunen
astonished [ə'stɒnɪʃt] *adj* erstaunt (**at** über +*akk*)
astonishing [ə'stɒnɪʃɪŋ] *adj* erstaunlich
astonishment [ə'stɒnɪʃmənt] *n* Erstaunen *nt*; **to stare in ~** verblüfft starren
astoundingly [ə'staʊndɪŋli] *adv* erstaunlich
astrology [ə'strɒlədʒi] *n* Astrologie *f*
astronaut ['æstrənɔːt] *n* Astronaut(in) *m(f)*
astronomer [ə'strɒnəməʳ] *n* Astronom(in) *m(f)*
astronomy [ə'strɒnəmi] *n* Astronomie *f*
astutely [ə'stjuːtli, AM *esp* ə'stuːt-] *adv* schlau
asylum [ə'saɪləm] *n* Asyl *nt*; **~ seeker** Asylbewerber(in) *m(f)*
asymmetry [eɪ'səmetri] *n* Asymmetrie *f*
at [æt, ət] *prep* ❶ *(in location of)* an +*dat*; **~ the baker's** beim Bäcker; **~ home** zu Hause; **~ the museum** im Museum; **the man ~ number twelve** der Mann in Nummer zwölf; **~ work** bei der Arbeit ❷ *(during time of)* **~ the election** bei der Wahl; **~ Christmas** an Weihnachten; **~ the weekend** am Wochenende; **~ 10:00** um 10:00 Uhr; **~ the moment** im Moment; **~ this**

A

stage bei diesem Stand; **~ the time** zu diesem Zeitpunkt; **~ the same time** *(simultaneously)* zur gleichen Zeit ❸ *(to amount of)* **~ a distance of 50 metres** auf eine Entfernung von 50 Metern; **~ 50 kilometres per hour** mit 50 km/h; **~ a rough guess** grob geschätzt ❹ *(in state of)* **~ play** beim Spielen; **~ war** im Krieg; **~ his happiest** am glücklichsten ❺ *after adj (in reaction to)* über *+akk;* **~ the thought of** bei dem Gedanken an *+akk* ❻ *(in response to)* **~ that** daraufhin ❼ *(in ability to)* bei *+dat;* **good ~ maths** gut in Mathematik ❽ *after vb (repeatedly do)* an *+dat;* **to be ~ sth** mit etw *dat* beschäftigt sein ▸ **~ all** überhaupt; **not ~ all** *(polite response)* gern geschehen; *(definitely not)* keineswegs; **~ that** noch dazu

ate [et, eɪt] *pt of* **eat**

atheist [ˈeɪθiɪst] **I.** *n* Atheist(in) *m(f)* **II.** *adj* atheistisch

athlete [ˈæθliːt] *n* Athlet(in) *m(f)*

athletic [æθˈletɪk] *adj* athletisch, sportlich; **~ club** Sportclub *m;* **~ shorts** kurze Sporthose

atishoo [əˈtɪʃuː] *interj* BRIT hatschi

Atlantic [ətˈlæntɪk] *n* **the ~ [Ocean]** der Atlantik

atlas <*pl* -es> [ˈætləs] *n* Atlas *m*

atmosphere [ˈætməsfɪəʳ] *n* Atmosphäre *f a. fig*

atom [ˈætəm] *n* PHYS Atom *nt*

atrocious [əˈtrəʊʃəs] *adj* grässlich; *weather, food* scheußlich

attach [əˈtætʃ] **I.** *vt* ❶ *(fix)* befestigen (**to** an) ❷ *(connect)* verbinden (**to** mit) ❸ *(send as enclosure)* **to ~ sth [to sth]** etw [etw *dat*] beilegen ❹ *(assign)* **to be ~ed to sth** etw *dat* zugeteilt sein ❺ *(associate) conditions* knüpfen (**to** an) **II.** *vi* **no blame ~es to you** dich trifft keine Schuld

attachment [əˈtætʃmənt] *n* ❶ *(fondness)* Sympathie *f* ❷ *no pl (assignment)* **he is on ~ to the War Office** er ist dem Kriegsministerium unterstellt ❸ COMPUT Anhang *m*

attack [əˈtæk] **I.** *n* ❶ *(assault)* Angriff *m* (**on** auf) ❷ *(bout)* Anfall *m* **II.** *vt* angreifen; *criminal* überfallen **III.** *vi* angreifen

attempt [əˈtem(p)t] **I.** *n* Versuch *m;* **make an ~** versuchen **II.** *vt* versuchen

attend [əˈtend] **I.** *vt* ❶ *(be present at)* besuchen; **to ~ a funeral/wedding** zu einer Beerdigung/Hochzeit gehen ❷ *(care for)* [ärztlich] behandeln **II.** *vi (be present)* teilnehmen

attendance [əˈtendᵊn(t)s] *n* ❶ *(being present)* Anwesenheit *f* ❷ *(number of people present)* Besucherzahl *f*

attendant [əˈtendᵊnt] *n* Aufseher(in) *m(f); (in swimming pool)* Bademeister(in) *m(f);* **flight ~** Flugbegleiter(in) *m(f);* **museum ~** Museumswärter(in) *m(f)*

attention [əˈten(t)ʃᵊn] *n* ❶ *(notice)* Aufmerksamkeit *m;* **~!** Achtung!; **may I have your ~, please?** dürfte ich um Ihre Aufmerksamkeit bitten?; **to pay ~ to sb** jdm Aufmerksamkeit schenken ❷ *(care)* Pflege *f* ❸ *(in letters)* **for the ~ of** zu Händen von

attentively [əˈtentɪvli] *adv* ❶ *(caringly)* fürsorglich ❷ *(taking notice)* aufmerksam; **to listen ~** aufmerksam zuhören

attentiveness [əˈtentɪvnəs] *n no pl* ❶ *(care)* Fürsorglichkeit *f* ❷ *(listening)* Aufmerksamkeit *f*

attic [ˈætɪk] *n* Dachboden *m;* **in the ~** auf dem Dachboden

attitude [ˈætɪtjuːd] *n* Haltung *f;* **to take the ~ that …** die Meinung vertreten, dass …

attorney [əˈtɜːrni] *n* AM Anwalt, Anwältin *m, f*

attract [əˈtrækt] *vt* anziehen

attraction [əˈtrækʃᵊn] *n* ❶ *no pl* PHYS Anziehungskraft *f* ❷ *no pl (between people)* Anziehung *f;* **she felt an ~ to him** sie fühlte sich zu ihm hingezogen ❸ *(entertainment)* Attraktion *f*

attractive [əˈtræktɪv] *adj* attraktiv

attractiveness [əˈtræktɪvnəs] *n no pl*

Attraktivität *f; of view, countryside* Reiz *m*
atypical [ˌeɪˈtɪpɪkəl] *adj* untypisch (**of** für +*akk*)
auction [ˈɔːkʃən] **I.** *n* Auktion *f,* Versteigerung *f;* **to put sth up for ~** etw zur Versteigerung anbieten; **to be sold at ~** versteigert werden **II.** *vt* **to ~ [off]** versteigern
audible [ˈɔːdəbl̩] *adj* hörbar
audibly [ˈɔːdəbli] *adv* hörbar
audience [ˈɔːdiən(t)s] *n + sing/pl vb* Publikum *nt;* THEAT Besucher *pl;* TV Zuschauer *pl*
audio [ɔːdiəʊ] *adj* Ton-, Hör-, Audio-; **~ tape** Tonband *nt;* **~ frequency** Tonfrequenz *f;* **~ book** Hörbuch *nt;* **~ tour** [*or* **guide**] Audioguide *m;* **~ file** COMPUT Audiodatei *f*
auditorium <*pl* -s *or* -ria> [ˌɔːdɪˈtɔːriəm, *pl* -riə] *n* THEAT Zuschauerraum *m*
August [ˈɔːgəst] *n* August *m; see also* **February**
aunt [ɑːnt] *n* Tante *f*
austerity [ɒsˈterəti] *n* Kargheit *f;* **~ measures** POL, ECON Sparmaßnahmen *pl*
Australia [ɒsˈtrəɪliə] *n* Australien *nt*
Australian [ɒsˈtrəɪliən] **I.** *n* Australier(in) *m(f)* **II.** *adj* australisch
Austria [ˈɒstriə] *n* Österreich *nt*
Austrian [ˈɒstriən] **I.** *n* ❶ *(person)* Österreicher(in) *m(f)* ❷ *(dialect)* Österreichisch *nt* **II.** *adj* österreichisch
authentic [ɔːˈθentɪk] *adj* authentisch
author [ˈɔːθər] *n* Schriftsteller(in) *m(f)*
authoress <*pl* -es> [ˈɔːθəres] *n* Autorin *f*
authority [ɔːˈθɒrəti] *n* ❶ *no pl (right of control)* Autorität *f;* **in ~** verantwortlich ❷ *no pl (permission)* Befugnis *f;* **to have the ~ to do sth** befugt/bevollmächtigt sein, etw zu tun ❸ *(expert)* **an ~ on microbiology** eine Autorität auf dem Gebiet der Mikrobiologie ❹ *(organization)* Behörde *f;* **the authorities** *pl* die Behörden *pl*
authorization [ˌɔːθəraɪˈzeɪʃən] *n* Genehmigung *f*
authorize [ˈɔːθəraɪz] *vt* genehmigen; **to ~ sb** jdn bevollmächtigen
authorized [ˈɔːθəraɪzd] *adj* bevollmächtigt; **to be ~ to do sth** berechtigt sein, etw zu tun; **"~ personnel only"** „Zutritt nur für Befugte"
autobiography [ˌɔːtəbaɪˈɒgrəfi] *n* Autobiografie *f*
autograph [ˈɔːtəgrɑːf] *n* Autogramm *nt*
automatic [ˌɔːtəˈmætɪk] *adj* automatisch; **~ rifle** Selbstladegewehr *nt;* **~ washing machine** Waschautomat *m*
automatically [ˌɔːtəˈmætɪkəli] *adv* automatisch
automobile [ˈɔːtəmə(ʊ)biːl] *n esp* AM Auto *nt*
autopilot [ˈɔːtəʊpaɪlət] *n* Autopilot *m*
autumn [ˈɔːtəm] *n* Herbst *m;* **in [the] ~** im Herbst; **~ term** Wintersemester *nt*
autumnal [ɔːˈtʌmnəl] *adj* herbstlich; **~ colours** Herbstfarben *pl*
availability [əˌveɪləˈbɪləti] *n no pl* Verfügbarkeit *f;* ECON Lieferbarkeit *f*
available [əˈveɪləbl̩] *adj* ❶ *(free for use)* verfügbar; **to make ~** zur Verfügung stellen ❷ ECON erhältlich; *(in stock)* lieferbar
avalanche [ˈævəlɑːn(t)ʃ] *n* Lawine *f*
avatar [ævətɑːr] *n* INET Avatar *m*
avenger [əˈvendʒər] *n* Rächer(in) *m(f)*
avenue [ˈævənjuː] *n* Avenue *f*
average [ˈævərɪdʒ] **I.** *n* Durchschnitt *m;* **on ~** im Durchschnitt; **[to be] [well] above/below ~** [weit] über/unter dem Durchschnitt [liegen] **II.** *adj* durchschnittlich; **~ income** Durchschnittseinkommen *nt;* **~ person** Otto Normalverbraucher *m* **III.** *vt* im Durchschnitt betragen; **to ~ 40 hours a week** durchschnittlich 40 Stunden pro Woche arbeiten
avian flu [ˈeɪviən-] *n* Vogelgrippe *f*
aviation [ˌeɪviˈeɪʃən] *n* Luftfahrt *f;* **~ industry** Flugzeugindustrie *f*
avocado <*pl* -s *or* -es> [ˌævəˈkɑːdəʊ] *n*

A

A

Avocado *f*

avoid [ə'vɔɪd] *vt* vermeiden

await [ə'weɪt] *vt* erwarten; **long ~ed** lang ersehnt

awake [ə'weɪk] **I.** *vi* <awoke *or* AM *a.* awaked, awoken *or* AM *a.* awaked> aufwachen, erwachen **II.** *vt* <awoke *or* AM *a.* awaked, awoken *or* AM *a.* awaked> ① [auf]wecken ② *(fig: rekindle)* wieder erwecken **III.** *adj* wach; **wide ~** hellwach

award [ə'wɔːd] **I.** *vt damages* zusprechen; *grant* gewähren **II.** *n* Auszeichnung *f*

award-winning [ə'wɔːdwɪnɪŋ] *adj attr* preisgekrönt

aware [ə'weəʳ] *adj* ① *(knowing)* **to be ~ of sth** sich *dat* einer S. *gen* bewusst sein; **not that I'm ~ of** nicht, dass ich wüsste ② *(physically sensing)* **to be ~ of sb/sth** jdn/etw [be]merken

away [ə'weɪ] **I.** *adv* ① weg; **to be ~ on business** geschäftlich unterwegs sein; **five miles ~ [from here]** fünf Meilen [von hier] entfernt; **~ from each other** voneinander entfernt ② *(all the time)* **we danced the night ~** wir tanzten die ganze Nacht durch; **to be laughing ~** ständig am Lachen sein **II.** *adj* SPORTS auswärts; **~ game** Auswärtsspiel *nt;* **~ team** Gastmannschaft *f*

awesome ['ɔːsəm] *adj* ① *(impressive)* beeindruckend ② AM *(sl: very good)* spitze

awful ['ɔːfᵊl] *adj* ① furchtbar; **what an ~ thing to say!** das war aber gemein von dir! ② *(great)* außerordentlich; **an ~ lot** eine riesige Menge

awfully ['ɔːfᵊli] *adv* furchtbar; **not ~ good** nicht besonders gut

awkward ['ɔːkwəd] *adj* ① *(difficult)* schwierig ② *(embarrassing)* peinlich; **to feel ~** sich unbehaglich fühlen

awkwardly ['ɔːkwədli] *adv* ① *(inconveniently)* ungünstig ② *(feeling embarrassed)* verlegen ③ *(clumsily)* ungeschickt

awoke [ə'wəʊk] *pt of* **awake**

awoken [ə'wəʊkᵊn] *pp of* **awake**

axe, AM **ax** [æks] *n* Axt *f*

axle ['æksḷ] *n* Achse *f*

Bb

B
B <*pl* -'s>, **b** <*pl* -'s> [biː] *n* ❶ B *nt,* b *nt; see also* **A 1** ❷ MUS H *nt,* h *nt;* **~ flat** B *nt,* b *nt;* **~ sharp** His *nt,* his *nt* ❸ *(school mark)* ≈ Zwei *f,* ≈ gut

b¹ *n* AM *abbrev of* **billion** Mrd.

b² *n abbrev of* **born** geb.

babbling ['bæblɪŋ] **I.** *adj attr* ❶ *(muttering nonsense)* stammelnd ❷ *(of water)* plätschernd **II.** *n* Geplapper *nt*

baby ['beɪbi] **I.** *n* Baby *nt;* **to have a ~** ein Baby bekommen; **the ~ of the family** das Nesthäkchen **II.** *adj* klein; **~ carrots** Babymöhren *pl;* **~ food** Babynahrung *f*

baby carriage *n* AM Kinderwagen *m*

babysitter *n* Babysitter(in) *m(f)*

bachelor ['bætʃᵊləʳ] *n* ❶ Junggeselle *m* ❷ UNIV Bachelor-Absolvent(in) *m(f)*

bachelorette party [bætʃᵊlə'ret-] *n* AM Junggesellinnenabschiedsparty *f*

bachelor party *n* AM Junggesellenabschiedsparty *f*

back [bæk] **I.** *n* ❶ *(of body)* Rücken *m;* **~ to ~** Rücken an Rücken ❷ *(not front) of building, page* Rückseite *f; of car* Heck *nt; of chair* Lehne *f; (seat[s] in car)* Rücksitz[e] *m[pl]* ❸ FBALL Verteidiger(in) *m(f);* ▸ **at the ~ of one's mind** im Hinterkopf **II.** *adj* ❶ <back-most> *(rear)* **~ door** Hintertür *f;* **~ pocket** Gesäßtasche *f* ❷ *(of body)* **~ pain** Rückenschmerzen *pl* **III.** *adv* ❶ *(to previous place)* [wieder] zurück; **I'll be ~** ich komme wieder ❷ *(to past)* **as far ~ as I can remember** so weit ich zurückdenken kann **IV.** *vt* ❶ *(support)* unterstützen; **to ~ a horse** auf ein Pferd setzen ❷ *(drive)* **she ~ed the car into the garage** sie fuhr rückwärts in die Garage **V.** *vi car* zurücksetzen

◆ **back away** *vi* **to ~ away from sb/sth** vor jdm/etw zurückweichen

◆ **back down** *vi* nachgeben

◆ **back onto** *vi* **to ~ onto sth** hinten an etw *akk* [an]grenzen

◆ **back out** *vi* einen Rückzieher machen *fam;* **to ~ out from a contract** von einem Vertrag zurücktreten, aus einem Vertrag aussteigen *fam*

◆ **back up** *vt* ❶ *(support)* unterstützen; *(confirm)* bestätigen ❷ COMPUT *data, files* sichern ❸ *(reverse) car, lorry* zurücksetzen

background ['bækgraʊnd] *n* ❶ Hintergrund *m;* **~ noise** Geräuschkulisse *f* ❷ SOCIOL Herkunft *f* ❸ **with a ~ in ...** mit Erfahrung in ...

backing ['bækɪŋ] *n* Unterstützung *f*

backpack I. *n* Rucksack *m* **II.** *vi* mit dem Rucksack reisen **backpacker** *n* Rucksackreisende(r) *f(m)*

backpedal *vi* ❶ rückwärtstreten ❷ *(fig)* zurückrudern *fam,* einen Rückzieher machen *fam* (**on** bei *+dat*)

backside *n (fam)* Hintern *m*

backup ['bækʌp] **I.** *n* ❶ *(support)* Unterstützung *f,* Hilfe *f* ❷ COMPUT Sicherung *f,* Backup *nt* **II.** *n modifier* ❶ *(emergency)* **~ plan** Notplan, m ❷ COMPUT **~ file** Sicherungskopie *f;* **~ server** Ausweichserver *m*

backward ['bækwəd] **I.** *adj* ❶ *(facing rear)* rückwärts gewandt; **a ~ step** ein Schritt nach hinten ❷ *(slow in learning)* zurückgeblieben **II.** *adv see* **backwards**

backwardness ['bækwədnəs] *n no pl* Rückständigkeit *f*

backwards ['bækwədz] *adv* ❶ *(towards the back)* nach hinten; **to walk ~ and forwards** hin- und hergehen ❷ *(into past)* zurück

backyard *n* ❶ BRIT *(courtyard)* Hinterhof *m* ❷ AM *(back garden)* Garten *m* hinter dem Haus

bacon ['beɪkᵊn] *n* [Schinken]speck *m;* ~ **and eggs** Eier *pl* mit Speck

bacteria [bæk'tɪəriə] *n pl of* **bacterium** Bakterien *pl*

bacterial [bæk'tɪəriᵊl] *adj* bakteriell, Bakterien-

bacteriological [bæk,tɪəriə'lɒdʒɪkᵊl] *adj* bakteriologisch

bacteriology [bæk,tɪəri'ɒlədʒi] *n no pl* Bakteriologie *f*

bad <worse, worst> [bæd] *adj* schlecht; *dream* böse; *smell* übel; *cold* schlimm; ~ **at maths** schlecht in Mathe; ~ **luck** Pech *nt;* **too** ~ zu schade

badge [bædʒ] *n* Abzeichen *nt;* **police** ~ Polizeimarke *f*

badger ['bædʒəʳ] *n* Dachs *m*

badly <worse, worst> ['bædli] *adv* schlecht; ~ **hurt** schwer verletzt

badminton ['bædmɪntən] *n* Badminton *nt,* Federball *m*

bafflement ['bæfl̩mənt] *n no pl* Verblüffung *f*

bag [bæg] **I.** *n* ① Tasche *f;* *(sack)* Sack *m;* **plastic** ~ Plastiktüte *f;* *(handbag)* Handtasche *f;* *(travelling bag)* Reisetasche *f* ② *(skin)* **to have ~s under one's eyes** Ringe unter den Augen haben ③ BRIT, AUS *(fam)* **~s of …** jede Menge … **II.** *vt* <-gg-> eintüten

baggage ['bægɪdʒ] *n no pl* Gepäck *nt;* **excess** ~ Übergepäck *nt*

baggage car *n* AM, AUS Gepäckwagen *m*
baggage check *n* Gepäckkontrolle *f*
baggage claim *n* Gepäckausgabe *f*

bagpipes *n pl* Dudelsack *m*

baguette [bæ'gət] *n* Baguette *f o nt*

bail [beɪl] **I.** *n* Kaution *f;* **to grant** ~ die Freilassung gegen Kaution gewähren; **to stand** ~ **for sb** für jdn [die] Kaution stellen **II.** *vt* **to** ~ **sb** jdn gegen Kaution freilassen

bait [beɪt] *n* Köder *m a. fig;* **to take the** ~ anbeißen

bake [beɪk] **I.** *vi* ① *(cook)* backen ② *(fam)* **it's baking outside** draußen ist es wie im Backofen **II.** *vt* [im Ofen] backen

baker ['beɪkəʳ] *n* Bäcker(in) *m(f)*

bakery ['beɪkᵊri] *n* Bäckerei *f*

baking ['beɪkɪŋ] *n no pl* Backen *nt*

balance ['bælən(t)s] **I.** *n* ① *no pl* Gleichgewicht *nt a. fig* ② FIN Kontostand *m;* ~ **of trade** Handelsbilanz *f* **II.** *vt* ① *(compare)* abwägen ② *(keep steady)* balancieren **III.** *vi* ① *(a. fig: keep steady)* das Gleichgewicht halten ② FIN ausgeglichen sein

balcony ['bælkəni] *n* Balkon *m*

bald [bɔːld] *adj* glatzköpfig; **to go** ~ eine Glatze bekommen

baldy ['bɔːldi] *n (pej fam)* Glatzkopf *m fam*

bale [beɪl] **I.** *n* Ballen *m* **II.** *vt* bündeln

ball [bɔːl] *n* ① Ball *m* ② *(ball-shaped) of wool* Knäuel *m o nt; of dough* Kugel *f;* **to crush paper into a** ~ Papier zusammenknüllen ③ *(dance)* Ball *m*

ballet ['bæleɪ] *n no pl* Ballett *nt*

balloon [bə'luːn] **I.** *n* Ballon *m* **II.** *vi* **to** ~ **out** sich aufblähen

ballot ['bælət] **I.** *n (election)* Geheimwahl *f;* **second** ~ zweiter Wahlgang *f* **II.** *vi* abstimmen **III.** *vt* abstimmen lassen (**on** über)

ballroom *n* Ballsaal *m*

balsam ['bɔːlsəm] *n no pl* Balsam *m*

bamboo [bæm'buː] *n* Bambus *m*

ban [bæn] **I.** *n* Verbot *nt;* ~ **on smoking** Rauchverbot *nt* **II.** *vt* <-nn-> **to** ~ **sth** etw verbieten; **to** ~ **sb** jdn ausschließen

banana [bə'nɑːnə] *n* Banane *f*

band [bænd] *n* ① *of metal, cloth* Band *nt* ② *(range)* Bereich *m;* **age** ~ Altersgruppe *f* ③ MUS Band *f*

bandage ['bændɪdʒ] **I.** *n* Verband *m* **II.** *vt limb* bandagieren; *wound* verbinden

bandit ['bændɪt] *n* Bandit(in) *m(f)*

bang [bæŋ] **I.** *n* ① *(loud sound)* Knall *m* ② *(blow)* Schlag *m* ③ *pl* AM **~s** *(fringe)* [kurzer] Pony **II.** *adv (precisely)* genau; ~ **in the middle of the road** mitten auf der Straße **III.** *interj* **~!** Peng! **IV.** *vi door* knallen **V.** *vt (hit)* zuschlagen; **to**

~ the phone down den Hörer auf die Gabel knallen
bank[1] [bæŋk] **I.** *n* ① *of a river* Ufer *nt* ② **~ of fog** Nebelbank *f* **II.** *vi* AVIAT in die Querlage gehen
bank[2] [bæŋk] **I.** *n* FIN Bank *f;* **to break the ~** die Bank sprengen **II.** *vi* **to ~ with sb** bei jdm ein Konto haben
bank account *n* Bankkonto *nt* **bank balance** *n* Kontostand *m* **bank code** *n* BRIT Bankleitzahl *f* **bank holiday** *n* ① BRIT öffentlicher Feiertag ② AM Bankfeiertag *m*
banking ['bæŋkɪŋ] *n* Bankwesen *nt;* **to be in ~** bei einer Bank arbeiten
banknote *n* Banknote *f*
banner ['bænəʳ] *n* ① *(sign)* Transparent *nt* ② *(flag)* Banner *nt*
bar [bɑːʳ] **I.** *n* ① *(long rigid object)* Stange *f* ② *(in shape of bar) of chocolate* Riegel *m* ③ *(obstacle)* Hemmnis *nt* ④ *(for drinking)* Lokal *nt,* Bar *f,* Theke *f* **II.** *vt* <-rr-> ① *(fasten)* verriegeln ② *(obstruct)* blockieren
barbecue ['bɑːbɪkjuː] **I.** *n* Grillparty *f* **II.** *vt* grillen
barbed [bɑːbd] *adj* ① *hook, arrow* mit Widerhaken ② *(fig: hurtful)* bissig
barber ['bɑːbəʳ] *n* [Herren]friseur *m*
bare [beəʳ] **I.** *adj* ① *(unclothed)* nackt; **in ~ feet** barfuß ② *(uncovered) branch* kahl ③ *(empty)* leer ④ *(basic)* **the ~ essentials** das Allernotwendigste **II.** *vt* entblößen; **to ~ one's soul to sb** jdm sein Herz ausschütten
barefoot, barefooted *adj, adv* barfuß
barely ['beəli] *adv* ① *(hardly)* kaum ② *(scantily)* karg
bareness ['beənəs] *n of a person* Nacktheit *f; of a landscape* Kargheit *f*
bargain ['bɑːgɪn] **I.** *n* ① *(agreement)* Handel *m* ② *(good buy)* guter Kauf; **a real ~** ein echtes Schnäppchen; **~ counter** Sonderangebotstisch *m* **II.** *vi (negotiate)* [ver]handeln; *(haggle)* feilschen (**for** um)
bargain price *n* Sonderpreis *m*
barge [bɑːdʒ] **I.** *n* Lastkahn *m* **II.** *vi* **to ~ into sb** jdn anrempeln
barhopping *n no pl esp* AM Kneipentour *f*
barium [beəriəm] *n no pl* CHEM Barium *nt*
bark[1] [bɑːk] *n no pl (part of tree)* [Baum]rinde *f*
bark[2] [bɑːk] **I.** *n (animal cry)* Bellen *nt* **II.** *vi* bellen
barley ['bɑːli] *n no pl* Gerste *f*
barmaid *n* Bardame *f* **barman** *n* Barmann *m*
barn [bɑːn] *n* Scheune *f*
barn owl *n* ORN Schleiereule *f*
barrel ['bærəl] *n* ① *(container)* Fass *nt* ② *(measure)* Barrel *nt* ③ *of a gun* Lauf *m*
barrier ['bæriəʳ] *n* Barriere *f; (man-made)* Absperrung *f*
barring ['bɑːrɪŋ] *prep* ausgenommen; **~ any unexpected delays** wenn es keine unerwarteten Verspätungen gibt
barrister ['bærɪstəʳ] *n* BRIT, AUS Rechtsanwalt, -anwältin *m, f*
base[1] [beɪs] **I.** *n* ① Basis *f; of a column* Sockel *m; of a mountain* Fuß *m* ② *(main location)* Hauptsitz *m* ③ *(main ingredient)* Hauptbestandteil *m* ④ CHEM Base *f* **II.** *vt* **to be ~d on sth** auf etw *dat* basieren
base[2] *adj* ① *(immoral)* niederträchtig ② *(menial)* niedrig
baseball *n* Baseball *m o nt*
basement ['beɪsmənt] *n (living area)* Untergeschoss *nt; (cellar)* Keller *m;* **~ flat** Souterrainwohnung *f*
bash [bæʃ] **I.** *n* <*pl* -es> ① *(blow)* [heftiger] Schlag ② BRIT *(sl)* Versuch *m* **II.** *vi* **to ~ into sth** mit etw *dat* zusammenstoßen **III.** *vt (fam)* **to ~ sb** jdn verhauen
bashfulness ['bæʃfᵊlnəs] *n no pl (in general)* Schüchternheit *f*
basic ['beɪsɪk] *adj* ① *(fundamental)* grundlegend; **~ vocabulary** Grundwortschatz *m;* **the ~s** *pl* die Grundlagen *pl* ② *(very simple)* [sehr] einfach
basically ['beɪsɪkᵊli] *adv* im Grunde

basin ['beɪsᵊn] *n* Schüssel *f; (washbasin)* Waschbecken *nt*

basis <*pl* bases> ['beɪsɪs] *n* Basis *f;* **to be the ~ for sth** als Grundlage für etw *akk* dienen; **on a regular ~** regelmäßig

basket ['bɑːskɪt] *n* Korb *m*

basketball *n* Basketball *m*

Basle ['bɑːzᵊl] *n* GEOG Basel *nt*

bat¹ [bæt] *n (animal)* Fledermaus *f;* ▶ [as] **blind as a ~** blind wie ein Maulwurf

bat² [bæt] *vt* **to ~ one's eyelashes** mit den Wimpern klimpern; **to not ~ an eyelid** *(fig)* nicht mal mit der Wimper zucken

bat³ [bæt] **I.** *n* SPORTS Schläger *m;* ▶ [**right**] **off the ~** AM prompt **II.** *vi, vt* <-tt-> SPORTS schlagen

bath [bɑːθ] **I.** *n* ❶ *(tub)* [Bade]wanne *f* ❷ *(water)* Bad[ewasser] *nt;* **to run** [**sb**] **a ~** [jdm] ein Bad einlassen ❸ *(washing)* Bad *nt;* **to give sb a ~** jdn baden; **to have a ~** ein Bad nehmen **II.** *vi, vt* [sich] baden

bathe [beɪð] **I.** *vi* ❶ BRIT *(swim)* schwimmen ❷ AM *(bath)* ein Bad nehmen **II.** *vt* MED baden; **to ~ one's eyes** ein Augenbad machen **III.** *n no pl* Bad *nt*

bathing ['beɪðɪŋ] *n no pl* Baden *nt;* **to go ~** baden gehen

bathing cap *n* Bademütze *f* **bathing costume** *n* BRIT, AUS *(dated)*, AM **bathing suit** *n* Badeanzug *m* **bathing trunks** *n pl* Badehose *f*

bathrobe *n* Bademantel *m* **bathroom** *n* Bad[ezimmer] *nt;* **to go to the ~** AM, AUS auf die Toilette gehen **bathtub** *n* Badewanne *f*

batik [bæt'iːk] **I.** *n no pl* Batik *m o f* **II.** *adj attr* Batik-

batsman *n* Schlagmann *m*

batter¹ ['bætəʳ] FOOD **I.** *n* [Back]teig *m* **II.** *vt* panieren

batter² ['bætəʳ] **I.** *n* SPORTS Schlagmann *m* **II.** *vt* **to ~ sb** jdn verprügeln **III.** *vi* schlagen

battery ['bætᵊri] *n* Batterie *f*

battery-operated, **battery-powered** *adj* batteriebetrieben

battle ['bætl] **I.** *n* Kampf *m;* **in ~** im Kampf; **~ of wills** Machtkampf *m;* ▶ **to fight a losing ~** auf verlorenem Posten kämpfen **II.** *vi* kämpfen *a. fig*

battlefield *n*, **battleground** *n* ❶ Schlachtfeld *nt* ❷ *(fig)* Reizthema *nt* **battleship** *n* Schlachtschiff *nt*

be <was, been> [biː, bi] *vi + n/adj* ❶ *(describes)* sein; **what is that?** was ist das?; **she's a doctor** sie ist Ärztin; **to ~ from a country** aus einem Land kommen ❷ *(calculation)* **two and two is four** zwei und zwei ist vier; **these books are 50p each** diese Bücher kosten jeweils 50p ❸ *(timing)* **to ~ late** zu spät kommen ❹ *(location)* sein; *town, country* liegen; **the keys are in that box** die Schlüssel befinden sich in der Schachtel ❺ *(take place)* stattfinden; **the meeting is next Tuesday** die Konferenz findet am nächsten Montag statt ❻ *(expresses future)* **we are** [**going**] **to visit Australia in the spring** im Frühling reisen wir nach Australien; *(in conditionals)* **if I were you, I'd …** an deiner Stelle würde ich … ❼ *(impersonal use)* **is it true that …?** stimmt es, dass …? ❽ *(expresses imperatives)* **~ quiet or I'll …!** sei still oder ich …! ❾ *(expresses continuation)* **while I'm eating** während ich beim Essen bin; **it's raining** es regnet ❿ *(expresses passive)* **to ~ asked** gefragt werden ▶ **far ~ it from me to …** nichts liegt mir ferner, als …; **so ~ it** so sei es

beach [biːtʃ] *n* <*pl* -es> Strand *m;* **on the ~** am Strand

bead [biːd] *n* ❶ Perle *f* ❷ REL **~s** *pl* Rosenkranz *m*

beak [biːk] *n* Schnabel *m*

beam [biːm] **I.** *n* ❶ *(light)* [Licht]strahl *m;* **full ~** Fernlicht *nt* ❷ *(timber)* Balken *m* **II.** *vi* strahlen; **to ~ at sb** jdn anstrahlen

bean [biːn] *n* Bohne *f;* **baked ~s** Boh-

nen *pl* in Tomatensoße, Baked Beans *pl* ▶ **full** of ~s putzmunter
bear[1] [beəʳ] *n (animal)* Bär *m*
bear[2] <bore, borne> [beəʳ] **I.** *vt* ❶ *(carry)* tragen; *gifts* mitbringen ❷ *(endure)* ertragen; **to not be able to ~ the suspense** die Spannung nicht aushalten ❸ *(keep)* **I'll ~ that in mind** ich werde das berücksichtigen ❹ *(give birth to)* gebären; **his wife bore him a son** seine Frau schenkte ihm einen Sohn **II.** *vi (tend)* **to ~ right** sich rechts halten
beard [bɪəd] *n* Bart *m*
bearing ['beəʳɪŋ] *n* ❶ NAUT Peilung *f;* **~s** *pl (position)* Lage *f kein pl;* **to get one's ~s** *(fig)* sich zurechtfinden ❷ *no pl (deportment)* Benehmen *nt* ❸ *(relevance)* **to have no ~ on sth** für etw *akk* belanglos sein
beat [bi:t] **I.** *n* ❶ *(throb)* Schlag *m* ❷ *no pl (act)* Schlagen *nt* ❸ *no pl* MUS Takt *m* ❹ *usu sing (police patrol)* Runde *f* **II.** *vt* <beat, beaten> ❶ *(hit)* schlagen; **to ~ sth** gegen/auf etw *akk* schlagen; *carpet* [aus]klopfen ❷ FOOD schlagen ❸ *(defeat)* besiegen; **to ~ sb to sth** jdm bei etw *dat* zuvorkommen ▶ **~ it!** hau ab! **III.** *vi* <beat, beaten> *(throb)* schlagen; *heart also* klopfen
◆ **beat up** *vt* verprügeln
beaten ['bi:tᵊn] *adj* geschlagen
beautiful ['bju:tɪfᵊl] *adj* schön
beauty ['bju:ti] *n* ❶ *no pl* Schönheit *f* ❷ *no pl (attraction)* **the ~ of our plan ...** das Schöne an unserem Plan ... ▶ **~ is in the eye of the beholder** *(prov)* über Geschmack lässt sich [bekanntlich] streiten
beaver ['bi:vəʳ] **I.** *n* Biber *m* **II.** *vi (fam)* **to ~ away** schuften
became [bɪ'keɪm] *pt of* **become**
because [bɪ'kɒz] **I.** *conj* ❶ weil, da; **that's ~ ...** es liegt daran, dass ... ❷ *(fam: for)* denn ▶ **just ~!** [einfach] nur so! **II.** *prep* **~ of** wegen *+gen*
beckon ['bekᵊn] *vi* winken *a. fig*
become <became, become> [be'kʌm] **I.** *vi* werden; **this species almost became extinct** diese Art wäre fast ausgestorben; **what became of ...?** was ist aus ... geworden?; **to ~ interested in sb/sth** anfangen, sich für jdn/etw zu interessieren **II.** *vt* werden; **she wants to ~ an actress** sie will Schauspielerin werden

Übersetzungstipp
Nicht verwechseln mit *bekommen – to receive, to get!*

bed [bed] *n* ❶ *(furniture)* Bett *nt;* **to get out of ~** aufstehen; **to go to ~** zu [*o* ins] Bett gehen; **to put sb to ~** jdn ins Bett bringen ❷ *(flower patch)* Beet *nt*
bed and breakfast *n* Übernachtung *f* mit Frühstück; **~ place** Frühstückspension *f*
bedclothes *n pl* Bettzeug *nt kein pl*
bedding ['bedɪŋ] **I.** *n no pl* ❶ *(bedclothes)* Bettzeug *nt; (straw for animals)* [Ein]streu *f* ❷ GEOL Schichtung *f,* Lagerung *f* **II.** *adj attr, inv* **~ plant** Beetpflanze *f,* Freilandpflanze *f*
bedroom *n* Schlafzimmer *nt*
bedside table *n* Nachttisch *m*
bedsit, bedsitter *n* BRIT Einzimmerappartement *nt*
bedtime *n* Schlafenszeit *f;* **it's ~** Zeit fürs Bett!; **it's long past your ~** du solltest schon längst im Bett sein
bed-wetter ['bedwetəʳ] *n* PSYCH Bettnässer(in) *m(f)*
bee [bi:] *n* Biene *f;* ▶ **to have a ~ in one's bonnet** einen Tick haben; **to be a busy ~** fleißig wie eine Biene sein
beech [bi:tʃ] *n* Buche *f*
beef [bi:f] *n* Rindfleisch *nt;* **minced** [*or* AM **ground**] **~** Rinderhack[fleisch] *nt*
bee-keeper *n* Imker(in) *m(f)*
been [bi:n] *pp of* **be**
beer [bɪəʳ] *n* Bier *nt*
beetle ['bi:tḷ] *n* Käfer *m*

B

B

beetroot ['bi:tru:t] *n* BRIT Rote Bete

before [bɪ'fɔ:ʳ] **I.** *prep* ❶ *(earlier)* vor *+dat;* ~ **long** in Kürze ❷ *(in front of)* vor *+dat; (with movement)* vor *+akk;* **the letter K comes ~ L** der Buchstabe K kommt vor dem L **II.** *conj* ❶ *(at previous time)* bevor; **just ~ …** kurz bevor … ❷ *(rather than)* ehe ❸ *(until)* bis; **not ~** erst wenn **III.** *adv (earlier)* zuvor, vorher; **have you been to Cologne ~?** waren Sie schon einmal in Köln? **IV.** *adj after n* zuvor; **the day ~, it had rained** tags zuvor hatte es geregnet

beforehand [bɪ'fɔ:hænd] *adv* vorher

befuddled [bɪ'fʌd|d] *adj* verwirrt

beg <-gg-> [beg] **I.** *vt* bitten; **I ~ your pardon** entschuldigen Sie bitte **II.** *vi* ❶ *(seek charity)* betteln (**for** um) ❷ *(request)* **to ~ of sb** jdn anflehen

began [bɪ'gæn] *pt of* **begin**

beggar ['begəʳ] **I.** *n* ❶ *(poor person)* Bettler(in) *m(f)* ❷ *+ adj esp* BRIT **little ~** kleiner Schlingel *m* **II.** *vt* ▶ **to ~ belief** [einfach] unglaublich sein

begging ['begɪŋ] *n no pl* Betteln *nt*

begin <-nn-, began, begun> [bɪ'gɪn] *vt, vi* anfangen, beginnen; **to ~ school** in die Schule kommen; **to ~ work** mit der Arbeit beginnen; **she was ~ning to get angry** sie wurde allmählich wütend; **I'll ~ by welcoming our guests** zuerst werde ich unsere Gäste begrüßen; **to ~ again** neu anfangen

beginner [bɪ'gɪnəʳ] *n* Anfänger(in) *m(f)*

beginning [bɪ'gɪnɪŋ] *n* ❶ *(starting point)* Anfang *m; (in time)* Beginn *m;* **at the ~** am Anfang ❷ *(origin)* **~s** *pl* Anfänge *pl*

begun [bɪ'gʌn] *pp of* **begin**

behalf [bɪ'hɑ:f] *n no pl* **on ~ of sb** *(speaking for)* im Namen einer Person; *(as authorized by)* im Auftrag von jdm

behave [bɪ'heɪv] **I.** *vi people* sich verhalten; **to ~ badly/well** sich schlecht/gut benehmen **II.** *vt* **to ~ oneself** sich [anständig] benehmen

behaviour, AM **behavior** [bɪ'heɪvjəʳ] *n of a person* Benehmen *nt,* Verhalten *nt;* **to be on one's best ~** sich von seiner besten Seite zeigen

behind [bɪ'haɪnd] **I.** *prep* hinter *+dat; (with movement)* hinter *+akk;* **~ the wheel** hinterm Lenkrad **II.** *adv* hinten; **to walk ~ [sb]** hinter [jdm] hergehen **III.** *adj* ❶ *(in arrears)* im Rückstand ❷ *(slow)* **to be [a long way] ~** [weit] zurück sein

being ['bi:ɪŋ] **I.** *n* ❶ *(creature)* Wesen *nt* ❷ *(existence)* Dasein *nt* **II.** *adj* **for the time ~** vorerst

Belarus [belə'ru:s] *n* Belarus *nt,* Weißrussland *nt*

Belarusian [ˌbelə'rʌʃᵊn] **I.** *n* Belarusse, Belarussin *m, f* **II.** *adj* belarussisch

belatedly [bɪ'leɪtɪdli] *adv* verspätet, nachträglich

Belgian ['beldʒən] **I.** *n* Belgier(in) *m(f)* **II.** *adj* belgisch

Belgium ['beldʒəm] *n* Belgien *nt*

Belgrade [bel'greɪd] *n* Belgrad *nt*

belief [bɪ'li:f] *n* ❶ *(faith)* Glaube *m kein pl* (**in** an); **to be beyond ~** [einfach] unglaublich sein ❷ *(view)* Überzeugung *f;* **it is my firm ~ that …** ich bin der festen Überzeugung, dass …

believe [bɪ'li:v] **I.** *vt* ❶ *(presume true)* glauben; **~ [you] me!** du kannst mir glauben!; **~ it or not** ob du es glaubst oder nicht ❷ *(pretend)* **to make ~ [that] …** *(pretend)* so tun, als ob … **II.** *vi* ❶ *(be certain of)* glauben (**in** an) ❷ *(have confidence)* **to ~ in sb** auf jdn vertrauen ❸ *(think)* glauben

bell [bel] *n* ❶ *(for ringing)* Glocke *f* ❷ *(signal)* Läuten *nt kein pl,* Klingeln *nt kein pl* ▶ **[as] clear as a ~** *(pure)* glasklar; **sth rings a ~ [with sb]** etw kommt jdm bekannt vor

bellboy *n* [Hotel]page *m*

belligerently [bə'lɪdʒᵊrəntli] *adv nation* kämpferisch; *person* aggressiv

belly ['beli] *n (fam)* Bauch *m*

belong [bɪ'lɒŋ] *vi* ❶ gehören; **who does this ~ to?** wem gehört das? ❷ *(should be)* **he ~s in jail** er gehört

ins Gefängnis; **you don't ~ here** Sie haben hier nichts zu suchen
belongings [bɪ'lɒŋɪŋz] *n pl* Hab und Gut *nt kein pl*
below [bɪ'ləʊ] **I.** *adv* ❶ *(lower)* unten ❷ *(on page)* unten; **see ~** siehe unten **II.** *prep* unter *+dat; (with movement)* unter *+akk;* **~ average** unter dem Durchschnitt
belt [belt] **I.** *n* ❶ *(for waist)* Gürtel *m* ❷ *(conveyor)* Band *nt* ❸ *(area)* **green ~** Grüngürtel *m;* ▸ **to tighten one's ~** den Gürtel enger schnallen **II.** *vt (fam: hit)* hauen
bench <*pl* -es> [bentʃ] *n* ❶ Bank *f* ❷ BRIT POL die Regierungsbank; **the opposition ~es** die Oppositionsbank
bend [bend] **I.** *n (in a road)* Kurve *f; (in a pipe)* Krümmung *f* **II.** *vi* <bent, bent> ❶ *(turn) road* biegen; **to ~ forwards** sich vorbeugen ❷ *(be flexible)* sich biegen; *tree* sich neigen **III.** *vt* verbiegen
◆ **bend down** *vi* sich niederbeugen
bending ['bendɪŋ] *n no pl* Bücken *nt*
beneath [bɪ'ni:θ] **I.** *prep* unter *+dat; (with movement)* unter *+akk;* **to be ~ sb** *(lower rank than)* unter jdm stehen; **~ contempt** verachtenswert **II.** *adv* unten
benefit ['benɪfɪt] **I.** *n* ❶ *(advantage)* Vorteil *m,* Nutzen *m* ❷ BRIT *(welfare payment)* Beihilfe *f;* **housing ~** Wohngeld *nt;* **unemployment ~** Arbeitslosengeld *nt;* **to be on ~[s]** Sozialhilfe bekommen **II.** *vi* **to ~ from sth** von etw *dat* profitieren **III.** *vt* **to ~ sb/sth** jdm/etw nutzen
benevolent [bɪ'nevᵊlənt] *adj (approv)* gütig
benevolently [bɪ'nevᵊləntli] *adv* gütig
bent [bent] **I.** *pt, pp of* **bend II.** *n (inclination)* Neigung *f;* **a [natural] ~ for sth** einen [natürlichen] Hang zu etw *dat* **III.** *adj* ❶ *(curved)* umgebogen; *wire* verbogen; *person* gekrümmt ❷ *(determined)* **to be [hell] ~ on [doing] sth** zu etw *dat* [wild] entschlossen sein ❸ *esp* BRIT *(sl: corrupt)* korrupt
Bernese [bɜ:'ni:z] **I.** *n* Berner(in) *m(f)* **II.** *adj* Berner; **~ Alps** Berner Alpen *pl*

B

berry ['beri] *n* Beere *f*
berth [bɜ:θ] **I.** *n* ❶ *(bed)* NAUT [Schlaf]koje *f* ❷ *(for ship)* Liegeplatz *m* **II.** *vt, vi* festmachen
beside [bɪ'saɪd] *prep* ❶ *(next to)* neben *+dat; (with movement)* neben *+akk;* **right ~ sb** genau neben jdm ❷ *(irrelevant to)* **~ the point** nebensächlich
besides [bɪ'saɪdz] **I.** *adv* außerdem; **many more ~** noch viele mehr **II.** *prep (in addition to)* außer *+dat*
best [best] **I.** *adj superl of* **good** ❶ *(finest)* **the ~ …** der/die/das beste …; **~ regards** viele Grüße ❷ *(most favourable)* **what's the ~ way to the station?** wie komme ich am besten zum Bahnhof? ❸ *(most)* **the ~ part of sth** der Großteil einer S. *gen* **II.** *adv superl of* **well** am besten; **to do as one thinks ~** tun, was man für richtig hält **III.** *n no pl* ❶ *(finest person, thing)* **the ~** der/die/das Beste ❷ *(most favourable)* **all the ~!** *(fam)* alles Gute! ▸ **to make the ~ of things** das Beste daraus machen
bet [bet] **I.** *n* Wette *f;* **to place a ~ on sth** auf etw *akk* wetten **II.** *vt, vi* <-tt-, bet, bet> wetten; **I ~ you £25 that …** ich wette mit dir um 25 Pfund, dass … ▸ **you ~!** *(fam)* das kannst du mir aber glauben!
better ['betəʳ] **I.** *adj comp of* **good** ❶ *(superior)* besser; **it's ~ that way** es ist besser so ❷ *(healthier)* besser; **I'm much ~ now** mir geht's schon viel besser **II.** *adv comp of* **well** ❶ besser; *like* lieber; **or ~ still …** oder noch besser … ❷ *(to a greater degree)* mehr; **she is much ~-looking** sie sieht viel besser aus ▸ **to get the ~ of sb** über jdn die Oberhand gewinnen **III.** *vt* verbessern; **to ~ oneself** *(improve social position)* sich verbessern
between [bɪ'twi:n] **I.** *prep* zwischen *+dat; (with movement)* zwischen

+*akk;* ~ **times** in der Zwischenzeit; ~ **you and me** unter uns gesagt **II.** *adv* [in-]~ dazwischen

B

beware [bɪ'weəʳ] *vi, vt* sich in Acht nehmen (**of** vor); ~**!** Vorsicht!

beyond [bi'ɒnd] **I.** *prep* ① *(on the other side of)* jenseits +*gen* ② *(after)* nach +*dat* ③ *(further than)* über +*akk;* **to see ~ sth** über etw *akk* hinaus sehen ④ *(surpassing)* **to be ~ question** außer Frage stehen; **damaged ~ repair** irreparabel beschädigt **II.** *adv (in space)* jenseits; *(in time)* darüber hinaus; **to go far ~ sth** etw bei weitem übersteigen

bi [baɪ] *(sl)* **I.** *adj* bi *sl* **II.** *n* Bisexuelle(r) *f(m)*

biathlon [baɪ'æθlən] *n* Biathlon *nt*

Bible ['baɪbl̩] *n* Bibel *f*

bicycle ['baɪsɪkl̩] *n* Fahrrad *nt;* **by ~** mit dem Fahrrad

bid[1] <-dd-, bid, bid> [bɪd] *vt (form)* ① *(greet)* **to ~ sb farewell** jdm Lebewohl sagen ② *(old: command)* **to ~ sb [to] do sth** jdn etw tun heißen

bid[2] [bɪd] **I.** *n* ① *(offer)* Angebot *nt; (at an auction)* Gebot *nt* ② *(attempt)* Versuch *m* **II.** *vi, vt* <-dd-, bid, bid> bieten

big <-gg-> [bɪg] *adj* ① *(of size, amount)* groß; *meal* üppig; *tip* großzügig; **the ~ger the better** je größer desto besser ② *(significant)* bedeutend; *decision* schwerwiegend; **when's the ~ day?** wann ist der große Tag? ▸ **a ~ fish in a small pond** der Hecht im Karpfenteich

bike [baɪk] **I.** *n* ① *(fam: bicycle)* [Fahr]rad *nt;* **by ~** mit dem [Fahr]rad ② *(motorcycle)* Motorrad *nt* **II.** *vi* mit dem Fahrrad fahren

bike shed *n esp* BRIT Fahrradschuppen *m*

bikini [bɪ'ki:ni] *n* Bikini *m*

bilingual [baɪ'lɪŋgwəl] *adj* zweisprachig; ~ **secretary** Fremdsprachensekretär(in) *m(f)*

bill[1] [bɪl] **I.** *n* ① *(invoice)* Rechnung *f;* **could we have the ~, please?** zahlen bitte! ② AM *(bank note)* Geldschein *m;* **[one-]dollar ~** Dollarschein *m* ③ *(placard)* Plakat *nt* **II.** *vt* **to ~ sb** jdm eine Rechnung ausstellen

bill[2] [bɪl] *n of bird* Schnabel *m*

billboard *n* Reklamefläche *f*

billiards ['bɪliədz] *n no pl* Billard *nt*

billion ['bɪliən] *n* Milliarde *f*

billionaire [ˌbɪliə'neəʳ] *n esp* AM Milliardär(in) *m(f)*

bin [bɪn] *n* ① BRIT, AUS *(for waste)* Mülleimer *m* ② *(for storage)* Behälter *m*

bind [baɪnd] **I.** *n (fam)* ① **to be [a bit of] a ~** [ziemlich] lästig sein ② **to be in a bit of a ~** in der Klemme stecken **II.** *vi* <bound, bound> binden **III.** *vt* <bound, bound> ① **to ~ sb** jdn fesseln (**to** an); **to ~ sth** etw festbinden (**to** an) ② **to ~ sb to secrecy** jdn zum Stillschweigen verpflichten

binding ['baɪndɪŋ] **I.** *n no pl* ① *(covering)* Einband *m* ② *(act)* Binden *nt* ③ *(on ski)* Bindung *f* **II.** *adj* verbindlich

binoculars [bɪ'nɒkjələz] *n pl* **[a pair of] ~** [ein] Fernglas *nt*

biodiversity *n* Artenvielfalt *f*

biological [ˌbaɪə'lɒdʒɪkəl] *adj* biologisch

biologically [ˌbaɪə'lɒdʒɪkəli] *adv* biologisch

biologist [baɪ'ɒlədʒɪst] *n* Biologe(in) *m(f)*

biology [baɪ'ɒlədʒi] *n* Biologie *f*

biometric [baɪə(ʊ)metrɪk] *adj* biometrisch; ~ **passport** biometrischer Reisepass **biometrics** [baɪə(ʊ)'metrɪks] *n* Biometrie *f* **bioweapon** *n* Biowaffe *f*

birch [bɜ:tʃ] *n* <*pl* -es> Birke *f*

bird [bɜ:d] *n* ① Vogel *m;* ~ **life** Vogelwelt *f* ② *(fam: young female)* Biene *f;* ▸ **to know about the ~s and bees** *(euph)* aufgeklärt sein

bird flu *n* Vogelgrippe *f*

birth [bɜ:θ] *n* ① Geburt *f;* **date/place of ~** Geburtsdatum *nt* Geburtsort *m;* **to give ~ to a child** ein Kind zur Welt bringen ② *no pl (parentage)* Abstam-

mung *f*
birth control *n* Geburtenkontrolle *f;* **~ pill** Antibabypille *f*
birthday ['bɜːθdeɪ] *n* Geburtstag *m;* **happy ~ [to you]!** alles Gute zum Geburtstag!
biscuit ['bɪskɪt] *n* ❶ BRIT, AUS Keks *m* ❷ AM Brötchen *nt*
bishop ['bɪʃəp] *n* ❶ REL Bischof *m* ❷ CHESS Läufer *m*
bit[1] [bɪt] *n (fam)* ❶ *(small piece)* Stück *nt;* **a ~ of advice** ein Rat *m;* **~s of glass** Glasscherben *pl* ❷ *(part)* Teil *m; of a film, story* Stelle *f* ❸ *(a little)* **a ~** ein bisschen ❹ *(rather)* **a ~** ziemlich ❺ *(short time)* **I'm just going out for a ~** ich gehe mal kurz raus ❻ *pl* BRIT **~s and pieces** Krimskrams *m*
bit[2] [bɪt] *vt, vi pt of* **bite**
bit[3] [bɪt] *n (for horses)* Trense *f;* ▶ **to get the ~ between one's teeth** sich an die Arbeit machen
bit[4] [bɪt] *n (drill)* Bohrer[einsatz] *m*
bit[5] [bɪt] *n* COMPUT Bit *nt*
bitch [bɪtʃ] **I.** *n* ❶ *(female dog)* Hündin *f* ❷ *(pej sl)* Miststück *nt* ❸ *(fig sl: bad situation)* Mist *m;* **what a ~!** so ein Mist! **II.** *vi (pej sl)* **to ~ about sb** über jdn ablästern
bite [baɪt] **I.** *n* ❶ *(using teeth)* Biss *m;* **~ mark** Bisswunde *f;* **to have a ~ to eat** *(fam)* eine Kleinigkeit essen ❷ *no pl (pungency)* Schärfe *f* **II.** *vt, vi* <bit, bitten> beißen; **to ~ one's nails** an seinen Nägeln kauen
bitten ['bɪtᵊn] *vt, vi pp of* **bite**
bitter ['bɪtəʳ] *adj* <-er, -est> bitter
black [blæk] **I.** *adj* schwarz *a. fig;* **~ and blue** grün und blau **II.** *n* Schwarz *nt* **III.** *vt (darken)* schwarz färben
blackberry ['blækbᵊri] *n* Brombeere *f* **blackbird** *n* Amsel *f* **blackboard** *n* Tafel *f* **blackcurrant** [ˌblæk'kʌrᵊnt] *n* schwarze Johannisbeere **blackout** ['blækaʊt] *n* ❶ *(unconsciousness)* Ohnmachtsanfall *m* ❷ ELEC [Strom]ausfall *m* **black pudding** *n* BRIT Blutwurst *f* **Black Sea** *n* Schwarzes Meer
blacksmith *n* [Huf]schmied *m*
blade [bleɪd] **I.** *n* Klinge *f;* **~ of grass** Grashalm *m;* **~ of an oar** Ruderblatt *nt* **II.** *vi* SPORTS *(fam)* bladen
blame [bleɪm] **I.** *vt* **to ~ sb/sth for sth** jdm/etw die Schuld an etw *dat* geben **II.** *n no pl (guilt)* Schuld *f;* **where does the ~ lie?** wer hat Schuld?; **to take the ~** die Schuld auf sich nehmen
blamelessly ['bleɪmləsli] *adv* untadelig
bland [blænd] *adj* fade; *(fig)* vage; **~ diet** Schonkost *f*
blank [blæŋk] **I.** *adj* ❶ leer; **~ space** Leerraum *m;* **the screen went ~** das Bild fiel aus ❷ *(without emotion)* ausdruckslos ❸ *(complete)* **~ refusal** glatte Ablehnung **II.** *n (empty space)* Leerstelle *f;* ▶ **to draw a ~** kein Glück haben **III.** *vt* **to ~ out** ausstreichen
blanket ['blæŋkɪt] **I.** *n* [Bett]decke *f; (fig)* Decke *f* **II.** *vt* bedecken **III.** *adj* umfassend; *coverage* ausführlich
blast [blɑːst] **I.** *n* ❶ *(explosion)* Explosion *f* ❷ *(noise)* **a ~ of music** ein Schwall *m* Musik; **~ of a whistle** Pfeifton *m;* **at full ~** in voller Lautstärke **II.** *interj (fam!)* verdammt! **III.** *vt (explode)* sprengen
bleach [bliːtʃ] **I.** *vt* bleichen **II.** *n* <*pl* -es> *(chemical)* Bleichmittel *nt; (for hair)* Blondierungsmittel *nt*
bleak [bliːk] *adj* öde; *(fig)* trostlos
bleakness ['bliːknəs] *n no pl* ❶ *(dreariness)* Kargheit *f* ❷ *(hopelessness)* Trostlosigkeit *f*
bled [bled] *pt, pp of* **bleed**
bleed [bliːd] **I.** *vi* <bled, bled> bluten ▶ **my heart ~s** *(iron)* mir blutet das Herz **II.** *vt* <bled, bled> **to ~ sb dry** *(fig)* jdn [finanziell] bluten lassen
bleeding ['bliːdɪŋ] *adj* BRIT *(fam!)* verdammt
blend [blend] **I.** *n* Mischung *f* **II.** *vt* [miteinander] vermischen **III.** *vi* ❶ **to ~ with sb/sth** zu jdm/etw passen ❷ **to ~ into sth** mit etw *dat* verschmelzen

blessing ['blesɪŋ] *n* Segen *m;* ▶ **to be a ~ in disguise** sich im Nachhinein als Segen erweisen

blew [blu:] *pt of* **blow**

blind [blaɪnd] **I.** *n* ① *(for window)* Jalousie *f;* **roller ~** Rollo *nt* ② *(people)* **the ~** *pl* die Blinden *pl* **II.** *vt* **~ed by tears** blind vor Tränen **III.** *adj (sightless)* blind; **to go ~** blind werden **IV.** *adv* blind; **~ drunk** stockbetrunken

blindfolded ['blaɪn(d)fəʊldɪd] **I.** *adj* **to be ~** die Augen verbunden haben **II.** *adv (fig)* **to do sth ~** etw mit verbundenen Augen tun

blindly ['blaɪndli] *adv* ① *(without seeing)* blind ② *(fig: without plan)* ziellos; *(without purpose)* sinnlos

blink [blɪŋk] **I.** *vt* **to ~ one's eyes** mit den Augen zwinkern; **without ~ing an eye** ohne mit der Wimper zu zucken **II.** *vi* ① *of eye* blinzeln ② *(of a light)* blinken; **to ~ left/right** links/rechts anzeigen **III.** *n* Blinzeln *nt;* ▶ **to be on the ~** *(fam)* kaputt sein

Übersetzungstipp
Nicht verwechseln mit *blinken* (Blinkzeichen geben) – *to indicate!*

blinkers ['blɪŋkəz] *n pl esp* BRIT Scheuklappen *pl*

blister ['blɪstəʳ] **I.** *n* Blase *f* **II.** *vt* Blasen hervorrufen auf +*dat* **III.** *vi skin* Blasen bekommen

blizzard ['blɪzəd] *n* Schneesturm *m*

block [blɒk] **I.** *n* ① *(solid lump)* Block *m;* **~ of wood** Holzklotz *m* ② SPORTS **~s** *pl* Startblock *m* ③ BRIT *(building)* Hochhaus *nt;* **~ of flats** Wohnblock *m* ④ *esp* AM, AUS *(part of neighbourhood)* [Häuser]block *m* **II.** *vt* blockieren; *artery, pipeline* verstopfen; *exit, passage* versperren

◆**block off** *vt* [ver]sperren

blocked [blɒkt] *adj entrance, road* gesperrt; *pipe, nose* verstopft; **~ artery** Arterienverschluss *m*

blog [blɒg] INET **I.** *n* Blog *nt o m,* Internettagebuch *nt* **II.** *vt, vi* bloggen

blogger ['blɒgəʳ] *n* INET Blogger(in) *m(f)*

blogging ['blɒgɪŋ] *n no pl, no art* INET Bloggen *nt*

blogosphere ['blɒgəsfɪəʳ] *n* INET Blogwelt *f*

bloke [bləʊk] *n* Kerl *m*

blond(e) [blɒnd] **I.** *adj* blond **II.** *n (person)* Blonde(r) *f(m)*

blood [blʌd] **I.** *n no pl* Blut *nt;* ▶ **in cold ~** kaltblütig; **~ is thicker than water** *(prov)* Blut ist dicker als Wasser **II.** *vt* [neu] einführen

blood pressure *n no pl* Blutdruck *m*

blood test *n* Bluttest *m*

bloody ['blʌdi] **I.** *adj* ① *(with blood)* blutig ② BRIT, AUS *(fam!: emphasis)* verdammt; **~ hell!** *(in surprise)* Wahnsinn!; *(in anger)* verdammt [nochmal]! **II.** *adv* BRIT, AUS *(fam!)* verdammt; **~ marvellous** großartig *a. iron;* **to be ~ useless** zu gar nichts taugen

bloom [blu:m] **I.** *n no pl* Blüte *f;* **to come into ~** aufblühen **II.** *vi* blühen

blossom ['blɒsᵊm] **I.** *n no pl* [Baum]blüte *f* **II.** *vi* blühen *a. fig*

blouse [blaʊz] *n* Bluse *f*

blow[1] [bləʊ] **I.** *vi* <blew, blown> ① *wind* wehen; **the window blew open** das Fenster wurde aufgeweht ② *(exhale)* blasen ③ *(break) fuse* durchbrennen ④ *(fam: leave)* abhauen **II.** *vt* <blew, blown> ① blasen; *wind* wehen; **to ~ one's nose** sich *dat* die Nase putzen ② *(destroy)* **we blew a tyre** uns ist ein Reifen geplatzt

blow[2] [bləʊ] *n (hit)* Schlag *m;* **to come to ~s over sth** sich wegen einer S. *gen* prügeln

◆**blow away** *vt wind* wegwehen

◆**blow off I.** *vt* ① *(remove)* wegblasen ② *(rip off)* wegreißen **II.** *vi* weggeweht werden

◆**blow over I.** *vi* ① *(fall)* umstürzen ② *(stop) storm* sich legen ③ *(fig) argument, trouble* sich beruhigen **II.** *vt* umwerfen

◆**blow up** I. *vi* ① *(come up) storm* [her]aufziehen ② *(explode)* explodieren II. *vt* ① *(inflate)* aufblasen ② *(enlarge)* vergrößern

blown [bləʊn] *vt, vi pp of* **blow**

blue [blu:] I. *adj* <-r, -st> ① *(colour)* blau ② *(fam)* ~ **movie** Pornofilm *m;* ▶ **once in a** ~ **moon** alle Jubeljahre einmal II. *n* Blau *nt*

blueberry ['blu:bᵊri] *n* Heidelbeere *f*

blue-sky *adj* ~ **thinking** zukunftsorientiertes Denken

blunder ['blʌndəʳ] I. *n* schwer[wiegend]er Fehler II. *vi* ① *(make a mistake)* einen groben Fehler machen ② *(act clumsily)* **to** ~ **[about]** [herum]tappen; **to** ~ **into sth** in etw *akk* hineinplatzen

blunt [blʌnt] I. *adj* ① stumpf ② *(outspoken)* direkt II. *vt* ① stumpf machen ② *(fig) enthusiasm* dämpfen

blurred [blɜ:d] *adj* verschwommen

blush [blʌʃ] I. *vi* erröten II. *n* ① *(red face)* Erröten *nt kein pl;* **to spare sb's ~es** jdn nicht verlegen machen ② AM *(blusher)* Rouge *nt*

blustery ['blʌstᵊri] *adj weather* stürmisch

board [bɔ:d] I. *n* ① Brett *nt; (blackboard)* Tafel *f; (notice board)* schwarzes Brett ② + *sing/pl vb* ADMIN Behörde *f;* ~ **of directors** Vorstand *m* ③ *no pl* **full** ~ Vollpension *f;* **half** ~ Halbpension *f* ④ TRANSP **on** ~ an Bord *a. fig* II. *vt* ① **to** ~ **up** mit Brettern vernageln ② *plane, ship* besteigen III. *vi* ① TOURIST wohnen *(als Pensionsgast)* ② AVIAT **flight BA345 is now ~ing at Gate 2** Flug BA345 ist zum Einstieg bereit – die Passagiere werden gebeten, sich zu Ausgang 2 zu begeben

boarding card *n* BRIT Bordkarte *f* **boarding house** *n* Pension *f* **boarding school** *n* Internat *nt*

boast [bəʊst] I. *vi (pej)* prahlen; **to** ~ **about sth** mit etw *dat* angeben II. *n (pej)* großspurige Behauptung

boaster ['bəʊstəʳ] *n (pej)* Angeber(in) *m(f) pej fam*

boastful ['bəʊstfᵊl] *adj (pej)* großspurig; **to be** ~ prahlen

boat [bəʊt] *n* Boot *nt; (large)* Schiff *nt;* **to travel by** ~ mit dem Schiff fahren ▶ **to miss the** ~ den Anschluss verpassen; **to push the** ~ **out** BRIT ganz groß feiern; **to be in the same** ~ im selben Boot sitzen

boating ['bəʊtɪŋ] *n no pl* Bootfahren *nt;* ~ **lake** See *m* mit Wassersportmöglichkeiten

bobby ['bɒbi] *n* BRIT *(dated fam)* Polizist(in) *m(f)*

body ['bɒdi] *n* ① Körper *m;* ~ **and soul** mit Leib und Seele ② + *sing/pl vb (organized group)* Gruppe *f;* **advisory** ~ beratendes Gremium; **governing** ~ Leitung *f* ③ *(corpse)* Leiche *f; (of an animal)* Kadaver *m* ④ *(substance) of hair* Fülle *f; of wine* Körper *m,* Gehalt *m;* ▶ **over my dead** ~ nur über meine Leiche

bodyguard *n* Bodyguard *m*

bog [bɒg] *n* ① *(wet ground)* Sumpf *m* ② BRIT, AUS *(sl)* Klo *nt*

◆**bog down** *vt* **to be ~ged down** stecken bleiben

Bohemia [bəʊ'hi:miə] *n no pl* Böhmen *nt*

boil [bɔɪl] I. *n no pl* kochen; **to let sth come to the** ~ etw aufkochen lassen II. *vi* ① FOOD kochen; **the kettle's ~ed!** das Wasser hat gekocht! ② CHEM den Siedepunkt erreichen ③ *(fig fam: angry)* **to** ~ **with rage** vor Wut kochen ④ *(fig fam)* **I'm ~ing** ich schwitze mich zu Tode III. *vt* ① *(heat)* kochen ② *(bring to boil)* zum Kochen bringen

◆**boil away** *vi* verkochen

◆**boil down** I. *vi sauce* einkochen ▶ **it all ~s down to ...** es läuft auf ... hinaus II. *vt* ① *sauce* einkochen ② *(fig: condense)* zusammenfassen

boiler ['bɔɪləʳ] *n* Boiler *m*

boiling ['bɔɪlɪŋ] *adj* ① *(100 °C)* kochend ② *(extremely hot)* sehr heiß; **I'm ~** ich komme um vor Hitze; ~ [**hot**] **weather** unerträgliche Hitze

B

boisterous ['bɔɪstᵊrəs] *adj* ① *(rough)* wild ② *(exuberant)* übermütig

boisterously ['bɔɪstᵊrəsli] *adv* ① *(noisily)* laut ② *(exuberantly)* übermütig

bold [bəʊld] *adj* ① *(brave)* mutig; **to take a ~ step** ein Wagnis eingehen ② *colour* kräftig; **~ brush strokes** kühne Pinselstriche; **printed in ~ type** fett gedruckt ▸ **as ~ as brass** frech wie Oskar

boldly ['bəʊldli] *adv* ① *(bravely)* mutig ② *(defiantly)* keck

Bolivian [bə'lɪviən] **I.** *n* Bolivianer(in) *m(f)* **II.** *adj* bolivianisch

bollocking ['bɒləkɪŋ] *n* BRIT *(vulg)* Standpauke *f fam*

Bolshevik ['bɒlʃəvɪk] *n* Bolschewik *m*

Bolshevism ['bɒlʃəvɪzᵊm] *n no pl* Bolschewismus *m*

bolt [bəʊlt] **I.** *vi* ① *(move quickly)* rasen ② *(run away)* ausreißen **II.** *vt* ① *(gulp down)* **to ~ sth** ○ [**down**] etw hinunterschlingen ② *(fix)* **to ~ sth on**[**to**] **sth** etw mit etw *dat* verbolzen **III.** *n* ① **~ of lightning** Blitz[schlag] *m* ② *(screw)* Schraubenbolzen *m*

bomb [bɒm] **I.** *n* Bombe *f;* **unexploded ~** Blindgänger *m;* ▸ **to go like a ~** ein Bombenerfolg sein **II.** *vt* bombardieren

bomber ['bɒməʳ] *n* ① *(plane)* Bomber *m* ② *(person)* Bombenleger(in) *m(f)*

bombing ['bɒmɪŋ] *n* MIL Bombardierung *f;* *(terrorist attack)* Bombenanschlag *m*

bone [bəʊn] *n* ① ANAT Knochen *m;* *of fish* Gräte *f* ② *no pl (material)* Bein *nt;* **made of ~** aus Bein ▸ **to be a bag of ~s** nur noch Haut und Knochen sein; **to work one's fingers to the ~** sich abrackern

bonfire ['bɒnfaɪəʳ] *n* Feuer *nt;* **~ night** *am 5. November gefeierter Jahrestag der Vereitelung des Sprengstoffanschlags auf die Houses of Parliament 1605*

bonnet ['bɒnɪt] *n* ① *(hat)* Mütze *f* ② BRIT, AUS AUTO Motorhaube *f*

bonsai ['bɒnsaɪ] *n* Bonsai *m;* **~ tree** Bonsaibaum *m*

bony ['bəʊni] *adj* knochig

boo [bu:] **I.** *interj (fam)* ① *(to surprise)* huh ② *(to show disapproval)* buh **II.** *vi* buhen

boogie ['bu:gi] *(dated)* **I.** *vi (fam)* shaken *fam* **II.** *n (fam)* Schwof *m sl;* **I enjoy a good ~ from time to time** ich schwinge immer mal wieder gern das Tanzbein

book [bʊk] **I.** *n* ① Buch *nt* ② *pl* FIN **the ~s** die [Geschäfts]bücher *pl* ▸ **to do sth by the ~** etw nach Vorschrift machen **II.** *vt* ① *(reserve)* buchen; **to ~ sth for sb** etw für jdn reservieren ② *(by policeman)* verwarnen **III.** *vi* buchen, reservieren; **to ~ into a hotel** in ein Hotel einchecken; **to be fully ~ed** ausgebucht sein

◆**book in** **I.** *vi esp* BRIT einchecken **II.** *vt* **to ~ sb** ○ **in** für jdn ein Hotel buchen

◆**book up** *vi* buchen; **to be ~ed up** ausgebucht sein

booking ['bʊkɪŋ] *n* Reservierung *f;* **advance ~s** Vorreservierung[en] *f[pl];* **a block ~** eine Gruppenreservierung; **to make a ~** etw buchen

booking office *n* Kasse *f (im Kino, Theater)*

bookkeeping *n no pl* Buchhaltung *f*

bookmaker *n* Buchmacher(in) *m(f)*

bookseller *n* Buchhändler(in) *m(f)*

bookshelf *n* Bücherregal *nt* **bookshop** *n* Buchgeschäft *nt* **bookstore** *n* AM Buchgeschäft *nt*

boom¹ [bu:m] ECON **I.** *vi* florieren **II.** *n* Boom *m,* Aufschwung *m*

boom² [bu:m] **I.** *n* Dröhnen *nt kein pl* **II.** *vi* **to ~** [**out**] dröhnen

boot [bu:t] **I.** *n* ① *(footwear)* Stiefel *m* ② *(fam: kick)* Stoß *m;* **to give sb the ~** *(fig)* jdn hinauswerfen ③ BRIT

AUTO *(for luggage)* Kofferraum *m;* AM AUTO *(wheel clamp)* Wegfahrsperre *f;* ▸ **to get too big for one's ~s** hochnäsig werden **II.** *vt (fam)* einen Tritt versetzen; **to be ~ed off sth** achtkantig aus etw *dat* fliegen
◆ **boot out** *vt (fam)* rausschmeißen
booth [bu:ð, bu:θ] *n* Kabine *f; (in a restaurant)* Sitzecke *f*
bootleg *adj* ❶ *(sold illegally)* geschmuggelt ❷ *(illegally made)* illegal hergestellt; ~ **alcohol** schwarz gebrannter Alkohol; ~ **CDs** Raubpressungen *pl*
booty ['bu:ti] *n* AM *(sl)* Hintern *m*
bootylicious ['bu:tilɪʃəs] *adj* AM *(sl)* zum Reinbeißen *fam; butt* knackig
booze [bu:z] *n (fam)* ❶ *no pl (alcohol)* Alk *m;* **to be off the ~** nicht mehr trinken ❷ *(activity)* **to go out on the ~** auf Sauftour gehen
booze-up ['bu:zʌp] *n (fam)* Besäufnis *nt sl*
boozing ['bu:zɪŋ] *n no pl* Trinken *nt*
border ['bɔ:dəʳ] **I.** *n* ❶ *(frontier)* Grenze *f* ❷ *(edge)* Begrenzung *f* **II.** *vt* ❶ *(be or act as frontier)* grenzen an *+akk* ❷ *(bound)* begrenzen
border control *n* Grenzkontrolle *f*
borderline [bɔ:dəˡlaɪn] **I.** *n usu sing* Grenze *f* **II.** *adj* ❶ Grenz-; ~ **fence** Grenzzaun *m* ❷ *(fig)* Grenz-; ~ **case** Grenzfall *m;* **to be a ~ failure/pass** knapp durchfallen/durchkommen
bore¹ [bɔ:ʳ] *pt of* **bear**
bore² [bɔ:ʳ] **I.** *n* ❶ *(thing)* langweilige Sache; **what a ~** wie langweilig ❷ *(person)* Langweiler(in) *m(f)* **II.** *vt* langweilen
bore³ [bɔ:ʳ] **I.** *vt* bohren **II.** *vi* **to ~ through/into** durchbohren
bored [bɔ:d] *adj* gelangweilt
boredom ['bɔ:dəm] *n no pl* Langeweile *f*
boring ['bɔ:rɪŋ] *adj* langweilig
born [bɔ:n] *adj* geboren; **I was ~ in April** ich bin im April geboren; **she's a Dubliner ~ and bred** sie ist eine waschechte Dublinerin; **English-~** in England geboren
borne [bɔ:n] *vi pt of* **bear**
boron ['bɔ:rɒn] *n no pl* CHEM Bor *nt*
borough ['bʌrə] *n* Verwaltungsbezirk *m;* **the London ~ of Westminster** die Londoner Stadtgemeinde Westminster
borrow ['bɒrəʊ] **I.** *vt* leihen; **to ~ a book from a library** ein Buch aus einer Bibliothek ausleihen **II.** *vi* Geld leihen

borrow / lend
Beachte den Unterschied:
Wenn man sich etwas von jemandem ausleiht, benutzt man das Verb **to borrow**: *Can I borrow your umbrella? He borrowed £20 from his friend.*
Möchte man dagegen ausdrücken, dass man etwas an jemanden verleiht, benutzt man das Verb **to lend**: *Sita lent Jenny her mobile phone. Where's your bike? – I lent it to Sam.*

borrowed ['bɒrəʊd] *adj* ausgeliehen
Bosnia-Herzegovina *n* Bosnien-Herzegowina *nt* **Bosnia-Herzegovinian** [ˌbɒzniəˌhɜ:tsəgə(ʊ)'vi:nɪən] *adj* bosnisch-herzegowinisch
Bosnian ['bɒzniən] **I.** *adj* bosnisch **II.** *n* Bosnier(in) *m(f)*
bosom ['bʊzᵊm] *n usu sing* ❶ *(breasts)* Busen *m* ❷ *(fig)* **in the ~ of one's family** im Schoß der Familie
boss [bɒs] **I.** *n* Chef(in) *m(f);* **to be one's own ~** sein eigener Herr sein **II.** *vt (fam)* **to ~ sb [about]** jdn herumkommandieren
botanical [bə'tænɪkᵊl] *adj* botanisch
both [bəʊθ] **I.** *adj, pron* beide; **~ sexes** Männer und Frauen; **would you like milk or sugar or ~?** möchtest du Milch oder Zucker oder beides?; **a picture of ~ of us** ein Bild von uns beiden

II. *adv* **I felt ~ happy and sad at the same time** ich war glücklich und traurig zugleich; **~ men and women** sowohl Männer als auch Frauen

bother ['bɒðəʳ] I. *n no pl* ① *(effort)* Mühe *f; (work)* Aufwand *m;* **it is no ~ [at all]!** [überhaupt] kein Problem!; **to not be worth the ~** kaum der Mühe wert sein ② *(trouble)* Ärger *m;* **to get oneself into a spot of ~** sich in Schwierigkeiten bringen ③ BRIT *(nuisance)* **to be a ~** lästig sein II. *vi* **don't ~!** lass nur!; **shall I wait? — no, don't ~** soll ich warten? — nein, nicht nötig; **you needn't have ~ed** du hättest dir die Mühe sparen können III. *vt* ① *(worry)* beunruhigen; **it ~ed me that I hadn't done anything** es ließ mir keine Ruhe, dass ich nichts getan hatte; **what's ~ing you?** was hast du? ② *(concern)* **it doesn't ~ me** das macht mir nichts aus; **I'm not ~ed about what he thinks** es ist mir egal, was er denkt ③ *(disturb)* stören; **I'm sorry to ~ you, but …** entschuldigen Sie bitte [die Störung], aber … ④ *(annoy)* belästigen; **my tooth is ~ing me** mein Zahn macht mir zu schaffen

bottle ['bɒtl̩] I. *n (container)* Flasche *f;* **baby's ~** Fläschchen *nt;* **a ~ of milk** eine Flasche Milch II. *vt (put into bottles)* abfüllen

bottle bank *n* BRIT Altglascontainer *m*

bottled ['bɒtl̩d] *adj* in Flaschen abgefüllt; **~ beer** Flaschenbier *nt*

bottom ['bɒtəm] I. *n* ① *(lowest part)* Boden *m;* **pyjama ~s** Pyjamahose *f;* **at the ~ of the page** am Seitenende; **rock ~** *(fig)* Tiefststand *m;* **the ~ of the sea** der Meeresgrund; **at the ~ of the stairs** am Fuß der Treppe; **from top to ~** von oben bis unten; **to sink to the ~** auf den Grund sinken; **to start at the ~** ganz unten anfangen ② *(end)* **at the ~ of the garden** im hinteren Teil des Gartens; **at the ~ of the street** am Ende der Straße ③ ANAT Hinterteil *nt* II. *adj* untere(r, s); **the ~ shelf** das unterste Regal III. *vi* ECON **to ~ out** seinen Tiefstand erreichen

bought [bɔːt] *vt pt of* **buy**

bouillon ['buːjõ(ŋ)] *n* FOOD Bouillon *f*

boulder ['bəʊldəʳ] *n* Felsbrocken *m*

bounce [baʊn(t)s] I. *n* ① *ball* Aufprall ② *(vitality)* Schwung *m* ③ AM *(fam: eject, sack)* **to give sb the ~** jdn hinauswerfen II. *vi* ① *ball* aufspringen ② *(move up and down)* hüpfen ③ FIN *(fam) cheque* platzen III. *vt* aufspringen lassen

bouncer ['baʊn(t)səʳ] *n* Rausschmeißer *m*

bound[1] [baʊnd] I. *vi (leap)* springen II. *n (leap)* Sprung *m*

bound[2] [baʊnd] *vt usu passive (border)* **to be ~ed by sth** von etw *dat* begrenzt werden

bound[3] [baʊnd] *adj* **where is this ship ~ for?** wohin fährt dieses Schiff?; **to be ~ for success** *(fig)* auf dem besten Weg sein, erfolgreich zu sein

bound[4] [baʊnd] I. *pt, pp of* **bind** II. *adj* ① *(certain)* **she's ~ to come** sie kommt ganz bestimmt; **to be ~ to happen** zwangsläufig geschehen; **it was ~ to happen** das musste so kommen ② *(obliged)* verpflichtet

boundary ['baʊndᵊri] *n* Grenze *f*

bourgeoisie [ˌbɔːʒwɑːˈziː] *n + sing/pl vb* ① *(middle class)* Bürgertum *nt;* **petty ~** Kleinbürgertum *nt* ② *(capitalist class)* **the ~** die Bourgeoisie

bout [baʊt] *n* Anfall *m;* **a ~ of coughing** ein Hustenanfall *m;* **drinking ~** Trinkgelage *nt*

bow[1] [bəʊ] *n* ① *(weapon)* Bogen *m;* **~ and arrow** Pfeil und Bogen ② *(knot)* Schleife *f*

bow[2] [baʊ] I. *vi* sich verbeugen (**to** vor); **to ~ to public pressure** *(fig)* sich öffentlichem Druck beugen II. *vt* **to ~ one's head** den Kopf senken III. *n* ① *(bending over)* Verbeugung *f;* **to take a ~** sich [unter Applaus] verbeugen ② NAUT Bug *m;* **in the ~[s]** im Bug

bowl[1] [bəʊl] *n* ① *(dish)* Schüssel *f; (shal-*

lower) Schale *f;* **a ~ of soup** eine Tasse Suppe ② AM **the B~** das Stadion

bowl² [bəʊl] SPORTS **I.** *vi* ① *(in cricket)* werfen ② *(tenpins)* bowlen; *(skittles)* kegeln **II.** *vt* SPORTS ① *(bowling, cricket)* werfen ② *(cricket: dismiss)* **to ~ sb** jdn ausschlagen **III.** *n* Kugel *f;* **~s** + *sing vb* BRIT Bowls *pl*

bowler [ˈbəʊləʳ] *n* ① *(cricket)* Werfer(in) *m(f)* ② *(bowls)* Bowlsspieler(in) *m(f)*

bowling [ˈbəʊlɪŋ] *n no pl* ① *(tenpins)* Bowling *nt* ② *(in cricket)* Werfen *nt;* **to open the ~** den ersten Wurf machen

bowling alley *n (tenpin)* Bowlingbahn *f; (skittles)* Kegelbahn *f* **bowling green** *n* Rasenfläche *f* für Bowls

bow tie [bəʊˈtaɪ] *n* FASHION Fliege *f*

box¹ [bɒks] **I.** *n* ① *(container)* Kiste *f; out of cardboard* Karton *m; of cigars, matches* Schachtel *f* ② FBALL *(fam)* Strafraum *m* **II.** *vt* **to ~ sth [up]** etw [in einen Karton] verpacken

box² [bɒks] *n (tree)* Buchsbaum *m*

box³ [bɒks] **I.** *vi* boxen **II.** *vt* **to ~ sb** gegen jdn boxen **III.** *n* **to give sb a ~ on the ears** jdm eine Ohrfeige geben

boxer [ˈbɒksəʳ] *n* ① *(dog)* Boxer *m* ② *(person)* Boxer(in) *m(f)*

boxing [ˈbɒksɪŋ] *n no pl* Boxen *nt*

Boxing Day *n* BRIT, CAN zweiter Weihnachtsfeiertag, 26. Dezember

boxing gloves *n pl* Boxhandschuhe *pl* **boxing match** *n* Boxkampf *m*

box number *n* Chiffre[nummer] *f* **box office** *n* Kasse *f (im Kino, Theater)*

boy [bɔɪ] **I.** *n* Junge *m;* ▶ **the big ~s** die Großen; **the ~s in blue** die Polizei; **~s will be ~s** Jungs sind nun mal so **II.** *interj* **[oh] ~!** Junge, Junge!

boy band *n* Boygroup *f* **boyfriend** *n* Freund *m* **boy scout** *n* Pfadfinder *m*

bra [brɑː] *n* BH *m*

brace [breɪs] **I.** *n* ① *(for teeth)* Zahnspange *f* ② BRIT, AUS *(for trousers)* **~s** *pl* Hosenträger *pl* ③ *esp* AM *(callipers)* **~s** *pl* Stützapparat *m* **II.** *vt* ① *(prepare for)* **to ~ oneself for sth** sich auf etw *akk* vorbereiten ② *(support)* [ab]stützen

bracelet [ˈbreɪslət] *n* Armband *nt*

brag <-gg-> [bræg] *vi, vt* **to ~ [about sth]** [mit etw *dat*] prahlen

Braille [breɪl] *n no pl* Blindenschrift *f*

brain [breɪn] *n* ① *(organ)* Gehirn *nt;* **~s** *pl* [Ge]hirn *nt* ② *(intelligence)* Verstand *m;* **~s** *pl* Intelligenz *f kein pl;* **to have ~s** Grips haben ③ *(fam: intelligent person)* heller Kopf; **the best ~s** die fähigsten Köpfe ▶ **to have sth on the ~** immer nur an etw *akk* denken

brake [breɪk] **I.** *n* Bremse *f* **II.** *vi* bremsen; **to ~ hard** scharf bremsen

bran [bræn] *n no pl* Kleie *f*

branch [brɑːn(t)ʃ] **I.** *n* ① *(of a bough)* Zweig *m; (of the trunk)* Ast *m* ② *esp* AM **~ of a river** Flussarm *m* ③ *(local office)* Zweigstelle *f* **II.** *vi (fig)* sich gabeln

◆**branch off** **I.** *vi* sich verzweigen **II.** *vt* **to ~ off a subject** vom Thema abkommen

branch office *n* Filiale *f*

brand [brænd] **I.** *n* ① *(product)* Marke *f;* **own ~** Hausmarke *f* ② *(mark)* Brandzeichen *nt* **II.** *vt (fig, pej)* **to be ~ed [as] sth** als etw gebrandmarkt sein

brand new *adj* [funkel]nagelneu *fam*

brandy [ˈbrændi] *n* Weinbrand *m*

brass [brɑːs] *n* ① *(metal)* Messing *nt* ② *(engraving)* Gedenktafel *f (aus Messing)*

brass band *n* Blaskapelle *f*

brassiere [ˈbræsɪəʳ] *n (dated form)* Büstenhalter *m*

brave [breɪv] **I.** *adj* mutig ▶ **to put on a ~ face** sich *dat* nichts anmerken lassen **II.** *vt* trotzen

bravely [ˈbreɪvli] *adv* mutig

brawl [brɔːl] **I.** *n* [lautstarke] Schlägerei **II.** *vi* sich [lautstark] schlagen

bray [breɪ] **I.** *vi donkey* schreien **II.** *n* [Esels]schrei *m*

brazenness [ˈbreɪzᵊnnəs] *n no pl* Dreistigkeit *f*

bread [bred] *n no pl* Brot *nt*

breadcrumb *n* Brotkrume *f;* **~s** *pl (for coating food)* Paniermehl *nt kein pl;* **to coat with ~s** panieren

break [breɪk] **I.** *n* ① *(fracture)* Bruch *m* ② *(gap)* Lücke *f* ③ *(escape)* Ausbruch *m;* **to make a ~** ausbrechen ④ *(interruption)* Unterbrechung *f; esp* BRIT SCH Pause *f;* **coffee ~** Kaffeepause *f;* **commercial ~** *on TV, the radio* Werbung *f;* **a short ~ in Paris** ein Kurzurlaub in Paris ▶ **give me a ~!** hör auf [damit]! **II.** *vt* <broke, broken> ① *(shatter)* zerbrechen; *(damage)* kaputtmachen; *window* einschlagen; **to ~ one's arm** sich *dat* den Arm brechen; **to ~ a tooth** sich *dat* einen Zahn abbrechen ② *(momentarily interrupt)* unterbrechen; *fall* abfangen ③ *(put an end to)* brechen ④ *(violate) agreement* verletzen ⑤ *(tell) news* **to ~ sth to sb** jdm etw mitteilen **III.** *vi* <broke, broken> ① *(stop working)* kaputtgehen; *(collapse)* zusammenbrechen; *(shatter)* zerbrechen ② *(interrupt)* **shall we ~ [off] for lunch?** machen wir Mittagspause? ③ *(change in voice)* **the boy's voice is ~ing** der Junge ist [gerade] im Stimmbruch ④ *dawn, day* anbrechen ⑤ *news* bekannt werden ▶ **to ~ loose** sich losreißen

◆**break down I.** *vi* ① *(stop working)* stehen bleiben ② *marriage* scheitern **II.** *vt* ① *(force open)* aufbrechen ② CHEM aufspalten

◆**break in I.** *vi* ① *(enter by force)* einbrechen ② *(interrupt)* unterbrechen **II.** *vt* ① *(condition) shoes* einlaufen ② *(tame)* zähmen

◆**break into** *vi* ① *(forcefully enter)* einbrechen in +*akk* ② *(start doing sth)* **to ~ into applause** in Beifall ausbrechen

◆**break off I.** *vt* ① *(separate forcefully)* abbrechen ② *engagement* lösen **II.** *vi* abbrechen

◆**break out** *vi* ① *(escape)* ausbrechen ② *(begin)* ausbrechen; *storm* losbrechen ③ **to ~ out in a rash** einen Ausschlag bekommen; **I broke out in a cold sweat** mir brach der kalte Schweiß aus

◆**break up I.** *vt* ① *(end)* beenden ② *(split up)* aufspalten; *gang, monopoly* zerschlagen **II.** *vi* ① *(end relationship)* sich trennen ② *(come to an end)* enden; *marriage* scheitern ③ *(fall apart)* auseinandergehen; *coalition* auseinanderbrechen ④ SCH **when do you ~ up?** wann beginnen bei euch die Ferien? ⑤ *(laugh)* loslachen ⑥ *esp* AM *(be upset)* zusammenbrechen

breakable ['breɪkəbl̩] *adj* zerbrechlich

break-dance *vi* Breakdance tanzen

break-dancing *n no pl* Breakdance *m*

breakdown *n* ① *(collapse)* Zusammenbruch *m* ② AUTO Panne *f* ③ *(list)* Aufgliederung *f* ④ PSYCH [Nerven]zusammenbruch *m*

breakdown lorry *n* BRIT Abschleppwagen *m* **breakdown service** *n* Abschleppdienst *m*

breakfast ['brekfəst] **I.** *n* Frühstück *nt;* **to have ~** frühstücken **II.** *vi (form)* frühstücken

breast [brest] *n* Brust *f; (bust)* Busen *m;* ▶ **to make a clean ~ of sth** etw gestehen

breast-feed <-fed, -fed> *vi, vt* stillen

breaststroke *n no pl* Brustschwimmen *nt;* **to do [the] ~** brustschwimmen

breath [breθ] *n* ① *(air)* Atem *m; (act of breathing in)* Atemzug *m;* **bad ~** Mundgeruch *m;* **out of ~** außer Atem; **to take sb's ~ away** jdm den Atem rauben; **to waste one's ~** in den Wind reden ② *no pl (wind)* **a ~ of air** ein Hauch *m*

breathable ['bri:ðəbl̩] *adj* ① *(of air)* das Atmen zulassend ② *(of clothes)* luftdurchlässig

breathalyze ['brethəlaɪz] *vt* **to ~ sb** jdn pusten lassen

breathe [bri:ð] **I.** *vi* atmen; **to ~ again/**

more easily *(fig)* [erleichtert] aufatmen ▸**to ~ down sb's neck** jdm im Nacken sitzen **II.** *vt* *(exhale)* [aus]atmen; **to ~ a sigh of relief** erleichtert aufatmen
breathing ['bri:ðɪŋ] *n no pl* Atmung *f*
breathing apparatus *n* Sauerstoffgerät *nt*
breathless ['breθləs] *adj* atemlos
breathlessly ['breθləsli] *adv* außer Atem, atemlos
breathtaking *adj* atemberaubend
breed [bri:d] **I.** *vt* <bred, bred> züchten **II.** *vi* <bred, bred> sich fortpflanzen **III.** *n* ① *(of animal)* Rasse *f* ② *(fam: of person)* Sorte *f;* **to be a dying ~** einer aussterbenden Gattung angehören
breeze [bri:z] **I.** *n* Brise *f* **II.** *vi* **to ~ through sth** etw spielend schaffen
brewery ['bru:əri] *n* Brauerei *f*
bribe [braɪb] **I.** *vt* bestechen **II.** *n* Bestechung *f;* **to take a ~** sich bestechen lassen
bribery ['braɪbəri] *n no pl* Bestechung *f*
brick [brɪk] *n* Backstein *m*
bride [braɪd] *n* Braut *f*
bridegroom ['braɪdgrʊm, -gru:m] *n* Bräutigam *m*
bridesmaid *n* Brautjungfer *f*
bridge [brɪʤ] **I.** *n* ① Brücke *f* ② *(of glasses)* Brillensteg *m* ③ *(on ship)* Kommandobrücke *f* **II.** *vt* **to ~ sth** über etw *akk* eine Brücke schlagen; *(fig) gap* etw überwinden
bridle ['braɪdl̩] **I.** *n* Zaumzeug *nt* **II.** *vt* aufzäumen **III.** *vi* **to ~ at sth** sich über etw *akk* entrüsten
bridle path, bridleway *n* Reitweg *m*
brief [bri:f] **I.** *adj* kurz; **to be ~** sich kurz fassen; **in ~** kurz gesagt **II.** *n* ① BRIT, AUS *(instructions)* Anweisungen *pl* ② *pl* **~s** *pl (underpants)* Slip *m* **III.** *vt* informieren
briefcase ['bri:fkeɪs] *n* Aktentasche *f*
briefing ['bri:fɪŋ] *n* [Einsatz]besprechung *f*
briefly ['bri:fli] *adv* kurz

bright [braɪt] **I.** *adj* ① *(light: shining)* hell; *(blinding)* grell ② *(vivid)* **~ blue** strahlend blau ③ *(intelligent)* intelligent; *child* aufgeweckt ④ *(promising)* viel versprechend **II.** *n* AM AUTO **~s** *pl* Fernlicht *nt*

Übersetzungstipp

Nicht verwechseln mit *breit* - *wide, broad!*

brighten ['braɪtən] **I.** *vt* **to ~ [up]** ↻ **sth** ① *(make brighter)* etw heller machen ② *(make look more cheerful)* etw auflockern; *room* freundlicher machen ③ *(make more promising)* etw verbessern; **to ~ sb's life** Freude in jds Leben bringen **II.** *vi* **to ~ [up]** ① *(become cheerful)* fröhlicher werden; *face* sich *akk* aufhellen ② *(become more promising) prospects* besser werden; *weather* sich *akk* aufklären, aufheitern
brightly ['braɪtli] *adv* ① *(not dimly)* hell; **the sun is shining ~** die Sonne strahlt ② *(vividly)* leuchtend; **~ coloured** knallbunt ③ *(cheerfully)* fröhlich, heiter
brilliant ['brɪliənt] **I.** *adj* ① *(brightly shining) colour, eyes* leuchtend ② *(clever) person* hoch begabt ③ BRIT *(fam: excellent)* hervorragend **II.** *interj* BRIT *(fam)* toll!
brilliantly ['brɪliəntli] *adv* ① *(with great skill)* meisterhaft ② *(extremely brightly)* leuchtend *attr*
bring <brought, brought> [brɪŋ] *vt* ① *(convey)* mitbringen; **to ~ sth to sb's attention** jdn auf etw *akk* aufmerksam machen ② *(cause to come/happen)* bringen; **her screams brought everyone running** durch ihre Schreie kamen alle zu ihr gerannt ③ *(force)* **to ~ oneself to do sth** sich [dazu] durchringen, etw zu tun
◆**bring about** *vt* ① *(cause)* verursachen ② *(achieve)* **to have been**

brought about by sth durch etw *akk* zustande gekommen sein

◆ **bring along** *vt* mitbringen

◆ **bring back** *vt* zurückbringen

◆ **bring down** *vt* ① *(fetch down)* herunterbringen ② *(make fall over)* zu Fall bringen ③ *(reduce)* senken ▶ **to ~ the house down** einen Beifallssturm auslösen

◆ **bring forward** *vt* vorverlegen

◆ **bring in** *vt* ① *(fetch in)* hereinbringen; *harvest* einbringen ② *(earn)* [ein]bringen

◆ **bring on** *vt* *(cause to occur)* herbeiführen; MED verursachen; **you brought it on yourself** du bist selbst schuld

◆ **bring out** *vt* ① *(fetch out)* herausbringen ② BRIT, AUS *(encourage)* **to ~ sb out** jdm die Hemmungen nehmen ③ *(reveal)* zum Vorschein bringen

◆ **bring round** *vt* *esp* BRIT *(fetch round)* mitbringen

◆ **bring up** *vt* ① *(carry up)* heraufbringen ② *(rear)* großziehen; **a well brought-up child** ein gut erzogenes Kind ③ *(mention)* zur Sprache bringen; **to ~ sth up for discussion** etw zur Diskussion stellen ▶ **to ~ up the rear** das Schlusslicht bilden

Britain ['brɪtᵊn] *n* Großbritannien *nt*

Britannia [brɪ'tænjə] *n no pl* [allegorische] Britannia; *(fig)* Britannien *nt*

British ['brɪtɪʃ] **I.** *adj* britisch **II.** *n pl* **the ~** die Briten *pl*

British Empire *n* **the ~** das britische Empire

Briton ['brɪtᵊn] *n* Brite(in) *m(f)*

broad [brɔːd] **I.** *adj* ① *(wide)* breit ② *(obvious)* **a ~ hint** ein Wink *m* mit dem Zaunpfahl ③ *(general)* allgemein ④ *(wide-ranging)* weitreichend ⑤ *(strong)* *accent, grin* breit **II.** *n* AM *(sl)* Tussi *f*

broadband ['brɔːdbænd] INET, TELEC **I.** *n* Breitband *nt;* *(internet connection)* DSL-Anschluss *m;* **we switched to ~** wir haben auf DSL umgestellt **II.** *adj* Breitband-; **~ internet** DSL *nt*

broad bean *n* dicke Bohne

broadcast ['brɔːdkɑːst] **I.** *n* Übertragung *f;* *(programme)* Sendung *f* **II.** *vi, vt* <broadcast, broadcast> senden, übertragen; **to ~ sth live** etw live ausstrahlen

broadly ['brɔːdli] *adv* ① *(widely)* breit ② *(generally)* allgemein; **~ speaking, …** ganz allgemein gesehen, …

broadminded *adj (approv)* tolerant

broadness ['brɔːdnəs, AM *also* 'brɑːd-] *n no pl* Weite *f;* *of accent, grin* Breite *f*

broccoli ['brɒkᵊli] *n no pl* Brokkoli *m*

brochure ['brəʊʃəʳ] *n* Broschüre *f*

broke [brəʊk] **I.** *pt of* **break** **II.** *adj (fam)* pleite

broken ['brəʊkᵊn] **I.** *pp of* **break** **II.** *adj* ① *arm* gebrochen; *bottle* zerbrochen; **~ glass** Glasscherben *pl* ② **in ~ English** in gebrochenem Englisch

broken-down *adj* kaputt **broken-hearted** *adj* untröstlich

brolly ['brɒli] *n* BRIT, AUS *(fam)* Schirm *m*

bronze [brɒnz] *n* Bronze *f*

brooch <*pl* -es> [brəʊtʃ] *n* Brosche *f*

brooding ['bruːdɪŋ] *adj* beunruhigend; *silence* drückend

broom [bruːm, brʊm] *n* Besen *m*

broomstick ['bruːmstɪk, 'brʊm-] *n* Besenstiel *m*

broth [brɒθ] *n no pl* Brühe *f*

brother ['brʌðəʳ] **I.** *n* Bruder *m;* **~s and sisters** Geschwister *pl;* **~s in arms** Waffenbrüder *pl* **II.** *interj (fam)* Mann!

brother-in-law <*pl* brothers-in-law> *n* Schwager *m*

brought [brɔːt] *pp, pt of* **bring**

brown [braʊn] **I.** *n* Braun *nt* **II.** *adj* braun

brown bread *n no pl locker gebackenes Brot aus dunklerem Mehl, etwa wie Mischbrot* **brown paper** *n no pl* Packpapier *nt* **brown rice** *n no pl* ungeschälter Reis

browse [braʊz] **I.** *vi* ① **to ~ through a magazine** eine Zeitschrift durchblättern ② **to ~ [around a shop]** sich [in einem Geschäft] umsehen **II.** *n no pl* ① **to have a ~ around** sich umsehen ② **to have a ~ through a magazine** eine Zeitschrift durchblättern

bruise [bru:z] **I.** *n* ① blauer Fleck ② *(on fruit)* Druckstelle *f* **II.** *vt* **to ~ one's arm** sich am Arm stoßen **III.** *vi* einen blauen Fleck bekommen; *fruit* Druckstellen bekommen

bruised [bru:zd] *adj (injured)* geprellt; **to be battered and ~** grün und blau sein

brush [brʌʃ] **I.** *n* <*pl* -es> ① *(for hair, cleaning)* Bürste *f*; *(for painting)* Pinsel *m* ② *no pl (act)* Bürsten *nt;* **to give sth a ~** etw abbürsten ③ *(encounter)* Zusammenstoß *m;* **to have a ~ with the law** mit dem Gesetz in Konflikt geraten **II.** *vt* ① *(clean)* abbürsten; **to ~ one's hair** sich *dat* die Haare bürsten ② *(touch lightly)* leicht berühren **III.** *vi* **to ~ against** streifen

◆**brush aside** *vt* ① *(move aside)* wegschieben ② *thing* abtun

◆**brush away** *vt* ① *(wipe)* wegwischen ② *(dismiss)* [aus seinen Gedanken] verbannen

◆**brush off** *vt* ① *(remove with brush)* abbürsten ② *(ignore) person* abblitzen lassen; *thing* zurückweisen

◆**brush up** **I.** *vi* **to ~ up on sth** etw auffrischen **II.** *vt* auffrischen

brush-off *n no pl* **to get the ~ from sb** von jdm einen Korb bekommen; **to give sb the ~** jdm eine Abfuhr erteilen

brusquely ['bru:skli] *adv* schroff, brüsk

Brussels ['brʌsᵊlz] *n no pl* Brüssel *nt*

Brussel(s) sprout *n* Rosenkohl *m kein pl*, Kohlsprosse *f* ÖSTERR

brutal ['bru:tᵊl] *adj* brutal

brutally ['bru:tᵊli] *adv* brutal *a. fig;* **to be ~ honest with sb** jdm die ungeschminkte Wahrheit sagen

bubble ['bʌbl̩] **I.** *n* Blase *f;* **to blow a ~** eine Seifenblase machen **II.** *vi* kochen *a. fig; coffee, stew* brodeln; *boiling water, fountain* sprudeln; *champagne* perlen

◆**bubble over** *vi* **to ~ over with sth** vor etw *dat* [über]sprudeln

bubble bath *n* Schaumbad *nt* **bubble gum** *n* Bubble Gum® *m*

bubbly ['bʌbl̩i] **I.** *n no pl (fam)* Schampus *m* **II.** *adj* ① *drink* sprudelnd ② *person* temperamentvoll

bucket ['bʌkɪt] *n* ① *(pail)* Eimer *m* ② *(fam: large amounts)* **~s** *pl* Unmengen *pl*

bucketful <*pl* -s> *n* Eimer *m*

buckle ['bʌkl̩] **I.** *n* Schnalle *f* **II.** *vt belt* [zu]schnallen

buck up **I.** *vi (fam)* ① *(cheer up)* [wieder] Mut fassen; **~ up!** Kopf hoch! ② *(hurry up)* sich beeilen **II.** *vt* **to ~ sb up** jdn aufmuntern [*o* aufheitern] ▶ **to ~ one's ideas up** sich zusammenreißen

bud [bʌd] *n* Knospe *f;* **to be in ~** Knospen haben

Buddhism ['bʊdɪzᵊm] *n* Buddhismus *m*

Buddhist ['bʊdɪst] **I.** *n* Buddhist(in) *m(f)* **II.** *adj* buddhistisch

buddy ['bʌdi] *n* AM *(fam)* Kumpel *m*

budge [bʌdʒ] **I.** *vi* ① *(move)* sich [vom Fleck] rühren ② *(change mind)* nachgeben; **to ~ from sth** von etw *dat* abrücken **II.** *vt* ① *(move)* [von der Stelle] bewegen ② *(cause to change mind)* umstimmen

budgerigar ['bʌdʒᵊrɪgɑ:ʳ] *n* Wellensittich *m*

budget ['bʌdʒɪt] **I.** *n* Budget *nt;* **the B~** der öffentliche Haushalt[splan] **II.** *vi* **to ~ for sth** etw [im Budget] vorsehen **III.** *adj* preiswert; **~ travel** Billigreisen *pl*

buffalo <*pl* -> ['bʌfᵊləʊ] *n* Büffel *m*

buffet[1] ['bʊfeɪ, 'bʌ-] *n* Büfett *nt*

buffet[2] ['bʌfɪt] *vt* [heftig] hin und her bewegen

buffet car *n esp* BRIT ≈ Speisewagen *m*

bug [bʌg] **I.** *n* ① *(insect)* **~s** *pl* Ungeziefer *nt kein pl;* **bed ~** Bettwanze *f* ② COMPUT Bug *m* ③ *(listening device)* Wanze *f* **II.** *vt* <-gg-> ① *(install bugs)* verwanzen ② *(fam: annoy)* **to ~ sb**

[**about sth**] jdm [mit etw *akk*] auf die Nerven gehen; **stop ~ging me!** hör auf zu nerven!

B

bugger ['bʌgəʳ] **I.** *n* BRIT, AUS *(vulg)* Scheißkerl *m;* **poor ~** *(sl)* armes Schwein ▸ **it's got ~ all to do with you!** BRIT, AUS *(vulg)* das geht dich einen Dreck an! **II.** *interj* BRIT, AUS *(vulg)* **~!** Scheiße! **III.** *vt* BRIT, AUS *(sl: ruin)* ruinieren
◆ **bugger off** *vi (sl)* abhauen

buggy ['bʌgi] *n* ❶ BRIT *(pushchair)* Buggy *m* ❷ AM *(pram)* Kinderwagen *m*

build [bɪld] **I.** *n no pl* Körperbau *m* **II.** *vt* <built, built> ❶ *(construct)* bauen; *building also* errichten ❷ *(fig)* aufbauen **III.** *vi* <built, built> ❶ *(construct)* bauen ❷ *(increase)* zunehmen
◆ **build up** **I.** *vt* aufbauen **II.** *vi (increase)* zunehmen; *traffic* sich verdichten

builder ['bɪldəʳ] *n* Bauarbeiter(in) *m(f)*

building ['bɪldɪŋ] *n* Gebäude *nt*

building site *n* Baustelle *f* **building society** *n* BRIT, AUS Bausparkasse *f*

built [bɪlt] *pp, pt of* **build**

built-in ['bɪltɪn] *adj* eingebaut; **~ cupboard** Einbauschrank *m*

built-up ['bɪltʌp] *adj* ❶ *area* verbaut ❷ *shoes* erhöht

bulb [bʌlb] *n* ❶ BOT Zwiebel *f* ❷ ELEC [Glüh]birne *f*

Bulgaria [bʌl'geəriə] *n* Bulgarien *nt*

Bulgarian [bʌl'geəriən] **I.** *adj* bulgarisch **II.** *n* ❶ *(person)* Bulgare, -in *m, f* ❷ *(language)* Bulgarisch *nt*

bulky ['bʌlki] *adj person* massig; *object* sperrig

bull [bʊl] *n* Stier *m,* Bulle *m;* ▸ **like a ~ in a china shop** wie ein Elefant im Porzellanladen; **to take the ~ by the horns** den Stier bei den Hörnern packen

bulldog *n* Bulldogge *f* **bulldozer** ['bʊldəʊzəʳ] *n* Bulldozer *m*

bullet ['bʊlɪt] *n* Kugel *f;* **~ hole** Einschussloch *nt;* **~ wound** Schusswunde *f;* ▸ **to bite the ~** in den sauren Apfel beißen; **to give sb the ~** jdn feuern

bulletin board *n* schwarzes Brett

bullfight *n* Stierkampf *m* **bullshit** *(fam!)* **I.** *n no pl* Schwachsinn *m* **II.** *vi* <-tt-> Scheiß erzählen

bully ['bʊli] **I.** *n* Rabauke *m;* **you're a big ~** du bist ein ganz gemeiner Kerl **II.** *vt* <-ie-> tyrannisieren

bum [bʌm] **I.** *n* ❶ *(good-for-nothing)* Penner *m* ❷ *esp* BRIT, AUS *(fam: bottom)* Hintern *m* **II.** *adj (pej fam)* mies; **~ rap** AM ungerechte Behandlung **III.** *vt* <-mm-> *(fam)* **to ~ sth off sb** etw von jdm schnorren

bumblebee ['bʌmb|biː] *n* Hummel *f*

bump [bʌmp] **I.** *n* ❶ *(on head)* Beule *f; (in road)* Unebenheit *f* ❷ *(thud)* Bums *m;* **to go ~** rumsen **II.** *vt* ❶ AUTO zusammenstoßen mit *+dat* ❷ **to ~ one's head** sich am Kopf stoßen **III.** *vi* **to ~ along** entlangrumpeln

bumper ['bʌmpəʳ] *n* Stoßstange *f*

bumpy ['bʌmpi] *adj* holp[e]rig; *flight, ride* unruhig

bun [bʌn] *n* ❶ *(pastry)* [rundes] Gebäckstück ❷ *esp* AM *(bread roll)* Brötchen *nt*

bunch <*pl* -es> [bʌn(t)ʃ] **I.** *n* ❶ *(group) of flowers* Strauß *m; of people* Haufen *m;* **~ of keys** Schlüsselbund *m;* **a whole ~ of problems** jede Menge Probleme ❷ *(wad)* **in a ~** aufgebauscht **II.** *vt* bündeln **III.** *vi* sich bauschen

bundle ['bʌndl] **I.** *n* Bündel *nt;* **a ~ of nerves** *(fig)* ein Nervenbündel **II.** *vt* **to ~ sb into the car** jdn ins Auto verfrachten

bung [bʌŋ] **I.** *n esp* BRIT Pfropfen *m* **II.** *vt* ❶ *esp* BRIT **to be ~ed up** verstopft sein ❷ *esp* BRIT, AUS *(fam: throw)* schmeißen

bunk [bʌŋk] **I.** *n* ❶ *(in boat)* Koje *f* ❷ *(part of bed)* **bottom/top ~** unteres/oberes Bett *(eines Etagenbetts)* ▸ **to do a ~** BRIT, AUS [heimlich] abhauen **II.** *vi (fam)* **to ~** [**down**] sich aufs Ohr legen

bunk bed *n* Etagenbett *nt*

bunny ['bʌni] *n (childspeak)* Häschen *nt*

bureau <*pl* -x *or* AM, AUS *usu* -s> ['bjʊərəʊ] *n* ❶ *(government department)* Amt *nt*, Behörde *f* ❷ AM *(office)* [Informations]büro *nt* ❸ BRIT *(desk)* Sekretär *m* ❹ AM *(chest of drawers)* Kommode *f*

bureaucratically [ˌbjʊərəʊ'krætɪkᵊli] *adv* bürokratisch

burger ['bɜːgəʳ] *n (fam) short for* **hamburger** [Ham]burger *m*

burger bar *n* Imbissstube *f*

burglar ['bɜːgləʳ] *n* Einbrecher(in) *m(f)*

burglary ['bɜːglᵊri] *n* Einbruch[diebstahl] *m*

burgle ['bɜːgl̩] *vt* BRIT, AUS einbrechen in; **they were ~d** bei ihnen wurde eingebrochen

burgundy ['bɜːgᵊndi] **I.** *n* ❶ *(wine)* Burgunder *m* ❷ *(colour)* Burgunderrot *nt* **II.** *adj* burgunderrot

Burma ['bɜːmə] *n no pl* GEOG, HIST Burma *nt*

burn [bɜːn] **I.** *n* ❶ *(injury)* Verbrennung *f* ❷ *(damage)* Brandfleck *m* **II.** *vi* <burnt, burnt> ❶ *(be in flames)* brennen; *house* in Flammen stehen ❷ FOOD anbrennen ❸ *(sunburn)* einen Sonnenbrand bekommen **III.** *vt* <burnt, burnt> ❶ *(damage with heat)* verbrennen ❷ FOOD anbrennen lassen ❸ *(sunburn)* **to be ~t** einen Sonnenbrand haben

◆**burn down** **I.** *vt* abbrennen **II.** *vi building* niederbrennen

◆**burn out** **I.** *vi* ❶ *fire, candle* herunterbrennen ❷ *rocket* ausbrennen ❸ AM *(fam: reach saturation)* **to ~ out on sth** etw schnell überhaben **II.** *vt* ❶ *(stop burning)* **the candle ~t itself out** die Kerze brannte herunter ❷ *(person)* **to ~ [oneself] out** sich völlig verausgaben

◆**burn up** **I.** *vi* verbrennen **II.** *vt calories* verbrauchen

burning ['bɜːnɪŋ] **I.** *adj* ❶ *(on fire)* brennend; *face* glühend ❷ *(controversial) issue* heiß diskutiert; *question* brennend **II.** *n no pl* **there's a smell of ~** es riecht verbrannt

burnout *n* ❶ *no pl (exhaustion)* Erschöpfung ❷ AM *(pej: person)* ausgebrannter Mensch

burnt [bɜːnt] **I.** *vt, vi pt, pp of* **burn** **II.** *adj (completely)* verbrannt; *(partly) food* angebrannt

burp [bɜːp] **I.** *n* Rülpser *m; of a baby* Bäuerchen *nt* **II.** *vi* rülpsen *fam; baby* ein Bäuerchen machen

burrow ['bʌrəʊ] **I.** *n* Bau *m* **II.** *vt* graben

burst [bɜːst] **I.** *n* **~ of laughter** Lachsalve *f*; **~ of speed** Spurt *m* **II.** *vi* <burst, burst> ❶ *(explode)* platzen ❷ *(fig)* **to be ~ing to do sth** darauf brennen, etw zu tun ❸ *(be full) suitcase* zum Bersten voll sein; **to be ~ing with curiosity** vor Neugier platzen **III.** *vt* <burst, burst> zum Platzen bringen

◆**burst in** *vi* herein-/hineinstürzen; **to ~ in on sb** bei jdm hereinplatzen; **to ~ in on a meeting** in eine Versammlung hineinplatzen

◆**burst out** *vi* ❶ *(hurry out)* herausstürzen ❷ *(commence)* **to ~ out crying/laughing** in Tränen/Gelächter ausbrechen

bury <-ie-> ['beri] *vt person* begraben; *thing* vergraben

bus [bʌs] **I.** *n* <*pl* -es> [Omni]bus *m*; **to go by ~** mit dem Bus fahren **II.** *vt* <-ss-> mit dem Bus befördern **III.** *vi* <-ss-> mit dem Bus fahren

bus driver *n* Busfahrer(in) *m(f)*

bush <*pl* -es> [bʊʃ] *n* ❶ Busch *m*; **in the ~es** im Gebüsch ❷ *(fig)* **~ of hair** [dichtes] Haarbüschel ▶ **to beat about the ~** um den heißen Brei herumreden

bushy ['bʊʃi] *adj* buschig

business <*pl* -es> ['bɪznɪs] *n* ❶ *no pl (commerce)* Handel *m*; **on ~** beruflich ❷ *no pl (sales volume)* Geschäft *nt*; **how's ~?** was machen die Geschäfte? ❸ *(profession)* Branche *f*; **what line of ~ are you in?** in welcher Branche sind Sie tätig? ❹ *no pl (matter)* Angelegenheit *f;* **that's none of your ~** das geht dich nichts an ▶ **to get down to ~** zur Sache kommen; **to be ~ as usual** den gewohnten Gang gehen

business card *n* Visitenkarte *f* **business hours** *n pl* Geschäftszeiten *pl*

businesslike *adj* geschäftsmäßig, sachlich

businessman *n* Geschäftsmann *m; (leader)* Manager *m; (entrepreneur)* Unternehmer *m* **business model** *n* Geschäftsmodell *nt* **business trip** *n* Dienstreise *f,* Geschäftsreise *f* **businesswoman** *n* Geschäftsfrau *f; (leader)* Managerin *f; (entrepreneur)* Unternehmerin *f*

busker ['bʌskər] *n* Straßenmusikant(in) *m(f)*

bus service *n* Busverbindung *f* **bus station** *n* Busbahnhof *m* **bus stop** *n* Bushaltestelle *f*

bust[1] [bʌst] *n* ① *(statue)* Büste *f* ② *(breasts)* Büste *f*

bust[2] [bʌst] **I.** *n* ① *(recession)* [wirtschaftlicher] Niedergang ② *(sl: police raid)* Razzia *f* **II.** *adj (fam)* ① *(broken)* kaputt ② *(bankrupt)* **to go ~** Pleite machen **III.** *vt* <bust, bust> *(fam)* kaputtmachen

bust-up ['bʌstʌp] *n* BRIT, AUS *(fam)* Krach *m*

busy ['bɪzi] *adj* ① *(occupied)* beschäftigt; **I'm very ~ this week** ich habe diese Woche viel zu tun ② *(active) day* arbeitsreich; **I've had a ~ day** ich hatte heute viel zu tun

but [bʌt, bət] **I.** *conj* ① *(although, however)* aber; **~ then I'm no expert** ich bin allerdings keine Expertin ② *(except)* als ③ *(rather)* sondern; **not only ... ~ also ...** nicht nur ..., sondern auch ... **II.** *prep* außer *+dat;* **last ~ one** vorletzte(r, s); **anything ~** alles außer; **nothing ~ trouble** nichts als Ärger **III.** *adv (form: only)* nur ▶ **~ for** bis auf; **~ then [again]** *(on the other hand)* andererseits; *(after all)* schließlich

butcher ['bʊtʃər] **I.** *n* Metzger(in) *m(f)* **II.** *vt* schlachten

butt [bʌt] **I.** *n* ① *of rifle* Kolben *m; of cigarette* Stummel *m* ② AM *(sl)* Hintern *m;* **to get off one's ~** seinen Hintern in Bewegung setzen **II.** *vt* **to ~ sb/sth** jdm/etw einen Stoß mit dem Kopf versetzen **III.** *vi person* mit dem Kopf stoßen

butter ['bʌtər] **I.** *n no pl* Butter *f* **II.** *vt* mit Butter bestreichen

butter-dish *n* Butterdose *f*

butterfly ['bʌtəflaɪ] *n* Schmetterling *m*

button ['bʌtən] **I.** *n* ① *(on clothes)* Knopf *m* ② TECH Knopf *m;* **to push a ~** auf einen Knopf drücken ③ AM *(badge)* Button *m* **II.** *vt* zuknöpfen ▶ **to ~ it** den Mund halten

buy [baɪ] **I.** *n* Kauf *m* **II.** *vt* <bought, bought> ① **to ~ sb sth** jdm etw kaufen; **to ~ sth from sb** jdm etw abkaufen ② *(fam: believe)* abkaufen

◆**buy back** *vt* zurückkaufen

◆**buy off** *vt* kaufen

◆**buy out** *vt company* aufkaufen; *person* auszahlen

◆**buy up** *vt* aufkaufen

buyer ['baɪər] *n* Käufer(in) *m(f); (as job)* Einkäufer(in) *m(f)*

buzz [bʌz] **I.** *vi bee, buzzer* summen; **my head was ~ing** mir schwirrten alle möglichen Gedanken durch den Kopf; **the room was ~ing with conversation** das Zimmer war von Stimmengewirr erfüllt **II.** *vt (telephone)* anrufen **III.** *n* <*pl* -es> ① *of a bee, buzzer* Summen *nt; of a fly* Brummen *nt;* **~ of conversation** Stimmengewirr *nt* ② *(call)* **to give sb a ~** jdn anrufen

◆**buzz around** *vi* herumschwirren

◆**buzz off** *vi (fam!)* abzischen

buzzer ['bʌzər] *n* Summer *m*

by [baɪ] **I.** *prep* ① *(beside)* bei *+dat,* an *+dat;* **come and sit ~ me** komm und setz dich zu mir ② **~ the arm** am Arm; **~ the hand** bei der Hand ③ *(not later than)* bis; **~ 14 February** [spätestens] bis zum 14.02.; **~ now** inzwischen

④ *(during)* bei *+dat;* ~ **candlelight** bei Kerzenlicht; ~ **day** tagsüber ⑤ *(happening progressively)* **day ~ day** Tag für Tag ⑥ *(agent)* von *+dat;* **a painting ~ Picasso** ein Gemälde von Picasso ⑦ *(by means of)* durch *+akk,* mit *+dat;* ~ **train** mit dem Zug; ~ **chance** durch Zufall; ~ **contrast** im Gegensatz ⑧ *(according to)* nach *+dat,* von *+dat;* ~ **birth** von Geburt; ~ **law** dem Gesetz nach ⑨ *(quantity)* ~ **the hour** stundenweise; ~ **the metre** *am Meter* ⑩ *(margin)* um *+akk;* **to go up ~ 20%** um 20 % steigen ⑪ MATH **8 divided ~ 4 equals 2** 8 geteilt durch 4 ist 2 **II.** *adv* ① *(past)* vorbei; **time goes ~ so quickly** die Zeit vergeht so schnell ② **close ~** ganz in der Nähe ▸ ~ **and large** im Großen und Ganzen

bye [baɪ] *interj,* **bye-bye** [ˌbaɪ'baɪ] *interj (fam)* tschüs

bypass I. *n* ① TRANSP Umgehungsstraße *f* ② MED Bypass *m* **II.** *vt (detour)* umfahren

by-product *n* Nebenprodukt *nt; (fig)* Begleiterscheinung *f*

Byzantine [bɪ'zæntaɪn] *adj* ① *(pej) explanations, procedures* hoch kompliziert ② ARCHIT **B~** byzantinisch

Byzantium [bɪ'zæntiəm] *n no pl* HIST Byzanz *nt*

Cc

C <*pl* -'s>, **c** <*pl* -'s> [siː] *n* ① C *nt,* c *nt; see also* **A 1** ② MUS C *nt,* c *nt;* ~ **flat** Ces *nt,* ces *nt;* ~ **sharp** Cis *nt,* cis *nt* ③ *(school mark)* ≈ Drei *f,* ≈ befriedigend

C ① *after n abbrev of* **Celsius** C ② *abbrev of* **cancer: the Big ~** *(fam)* Krebs *m*

cab [kæb] *n* ① *(of a truck)* Führerhaus *nt* ② *(taxi)* Taxi *nt*

cabbage ['kæbɪdʒ] *n* Kohl *m kein pl*

cabbie *n,* **cabby** ['kæbi] *n, esp* AM **cab-driver** *n* Taxifahrer(in) *m(f)*

cabin ['kæbɪn] *n* ① *(on ship)* Kabine *f* ② *(wooden house)* Hütte *f*

cabinet ['kæbɪnət] *n* ① *(storage place)* Schrank *m* ② *+ sing/pl vb* POL Kabinett *nt*

cable ['keɪbl̩] **I.** *n* ① ELEC [Leitungs]kabel *nt,* Leitung *f* ② *no pl* TV Kabelfernsehen *nt* **II.** *vt* TV **to be ~d** verkabelt sein

cable car *n* Seilbahn *f*

cable television, **cable TV** *n no pl* Kabelfernsehen *nt*

cab rank *n* Taxistand *m*

cactus <*pl* -es> ['kæktəs, *pl* -taɪ] *n* Kaktus *m*

cadmium ['kædmiəm] *n no pl* Kadmium *nt,* Cadmium *nt*

café, **cafe** ['kæfeɪ] *n* Café *nt*

cafeteria [ˌkæfə'tɪəriə] *n* Cafeteria *f*

caffein(e) ['kæfiːn] *n no pl* Koffein *nt*

cage [keɪdʒ] *n* Käfig *m*

cake [keɪk] **I.** *n* Kuchen *m; (layered)* Torte *f;* **fish ~** Fischfrikadelle *f;* **potato ~** Kartoffelpuffer *m;* ▸ **a piece of ~** *(fam)* ein Klacks *m* **II.** *vt* **~d with mud** dreckverkrustet

calcium ['kælsiəm] *n no pl* Kalzium *nt*

calculate ['kælkjəleɪt] **I.** *vt* berechnen **II.** *vi* **to ~ [on sth]** [mit etw *dat*] rechnen

calculation [ˌkælkjə'leɪʃᵊn] *n* MATH Berechnung *f; (estimate)* Schätzung *f*

calculator ['kælkjəleɪtəʳ] *n* Rechner *m*

calendar ['kæləndəʳ] *n* Kalender *m*

calf <*pl* calves> [kɑːf, *pl* kɑːvz] *n*

① *(animal)* Kalb *nt* ② ANAT Wade *f*

call [kɔːl] **I.** *n* ① *(on the telephone)* [Telefon]anruf *m,* [Telefon]gespräch *nt;* **to give sb a ~** jdn anrufen ② *(visit)* Besuch *m* ③ *(shout)* Ruf *m;* **a ~ for help** ein Hilferuf *m* ④ *no pl (form: need)* Grund *m* **II.** *vt* ① *(on the telephone)* anrufen; *(by radio)* rufen ② *(name)* nennen; **what's that actor ~ed again?** wie heißt dieser Schauspieler nochmal? ③ *(shout)* rufen ④ *(summon)* rufen; **to ~ a doctor** einen Arzt kommen lassen ⑤ *(give orders for)* *meeting* einberufen; *strike* ausrufen **III.** *vi* ① *(telephone)* anrufen; **who's ~ing, please?** wer ist am Apparat? ② *(drop by)* vorbeischauen ③ *(shout)* rufen

◆**call at** *vi* ① *(visit)* **to ~ at sth** bei etw *dat* vorbeigehen ② *town, station* halten (**at** in)

◆**call for** *vi* ① *(collect)* abholen ② *(shout)* **to ~ for sb** nach jdm rufen; **to ~ for help** um Hilfe rufen

◆**call in I.** *vt (ask to come)* [herein]rufen **II.** *vi* ① RADIO anrufen ② *(drop by)* **to ~ in on sb** bei jdm vorbeischauen

◆**call off** *vt (cancel)* absagen; *(stop)* abbrechen

◆**call on** *vi* ① *(appeal to)* **to ~ on sb to do sth** jdn dazu auffordern, etw zu tun ② *(visit)* **to ~ on sb** bei jdm vorbeischauen

◆**call out I.** *vt* ① *(shout)* rufen; **to ~ out ⊂ sth to sb** jdm etw zurufen ② *(summon)* **to ~ out the fire brigade** die Feuerwehr alarmieren **II.** *vi* rufen

◆**call up** *vt* ① *esp* AM *(telephone)* anrufen ② COMPUT aufrufen

call box *n* BRIT Telefonzelle *f* **call diversion** *n no pl* Rufumleitung *f*

caller ['kɔːlər] *n* ① *(on telephone)* Anrufer(in) *m(f)* ② *(visitor)* Besucher(in) *m(f)*

callously ['kæləsli] *adv* herzlos, ungerührt

callus <*pl* -es> ['kæləs] *n* MED [Horn]schwiele *f*

calm [kɑːm] **I.** *adj* ruhig **II.** *n* ① *(calmness)* Ruhe *f* ② METEO Windstille *f;* **the ~ before the storm** die Ruhe vor dem Sturm **III.** *vt* beruhigen

◆**calm down** *vi, vt* beruhigen; **~ down!** beruhige dich!

calmly ['kɑːmli] *adv* ruhig, gelassen

calorie ['kæləri] *n* Kalorie *f;* **high in ~s** kalorienreich; **~-reduced** kalorienreduziert

camcorder ['kæm,kɔːdər] *n* Camcorder *m*

came [keɪm] *vi pt of* **come**

camel ['kæməl] *n* Kamel *nt;* **~ hair** Kamelhaar *nt*

camellia [kə'miːliə] *n* BOT Kamelie *f*

Camembert ['kæməmbeər] *n usu no pl* Camembert *m*

camera ['kæmərə] *n* Kamera *f;* **to be on ~** vor der Kamera stehen

camp[1] [kæmp] **I.** *n* ① *(encampment)* [Zelt]lager *nt;* **summer ~** Sommerlager *nt* ② MIL [Feld]lager *nt;* **refugee ~** Flüchtlingslager *nt* **II.** *vi* **to ~ [out]** zelten

camp[2] [kæmp] **I.** *n no pl* Manieriertheit *f* **II.** *adj* ① *(pej: theatrical)* manieriert ② *(effeminate)* tuntenhaft **III.** *vt* **to ~ sth ⊂ up** bei etw *dat* zu dick auftragen

campaign [kæm'peɪn] **I.** *n* ① *(action)* Kampagne *f* (**for/against** für/gegen) ② **[election] ~** Wahlkampf *m* ③ MIL Feldzug *m* **II.** *vi* kämpfen

camper ['kæmpər] *n* ① *(person)* Camper(in) *m(f)* ② *(vehicle)* Wohnmobil *nt*

campfire *n* Lagerfeuer *nt*

camping ['kæmpɪŋ] *n no pl* Camping *nt;* **to go ~** zelten gehen

campsite *n* Campingplatz *m*

campus ['kæmpəs] *n* Campus *m;* **on ~** auf dem Campus

can[1] [kæn] **I.** *n* ① Dose *f,* Büchse *f* ② AM *(fam: toilet)* Klo *nt;* ▶ **to have to carry the ~** BRIT die Sache ausbaden müssen **II.** *vt food* eindosen

can[2] <could, could> [kæn, kən] *aux vb*

(be able to) können; *(be allowed to)* dürfen; ~ **you hear me?** hörst du mich?; **you can't park here** hier dürfen Sie nicht parken; **I couldn't see anything** ich konnte nichts sehen; **who ~ blame her?** wer will es ihr verdenken?

> **can / could / may**
>
> Beachte den Unterschied:
> Mit den Modalverben **can, could** und **may** bittet man um Erlaubnis. **Can** und **could** sind am gebräuchlichsten, wobei could etwas förmlicher ist: *Can I stay up late tonight? Can/Could I have some more cake, please?*
> Mit **may** bittet man sehr höflich bzw. sehr formell um Erlaubnis: *May I have some more cake, please?*

Canada [ˈkænədə] *n no pl* Kanada *nt*
Canadian [kəˈneɪdiən] **I.** *n* Kanadier(in) *m(f)* **II.** *adj* kanadisch
canal [kəˈnæl] *n* Kanal *m*
canalize [ˈkænᵊlaɪz] *vt* **to ~ sth** etw kanalisieren
cancel <BRIT -ll-> [ˈkæn(t)sᵊl] *vt* ❶ *(call off)* absagen ❷ *(remove from schedule)* streichen ❸ *(undo)* stornieren
cancellation [ˌkæn(t)sᵊlˈeɪʃᵊn] *n* ❶ *(calling off)* Absage *f* ❷ *(from schedule)* Streichung *f* ❸ *(undoing)* Stornierung *f*
cancer [ˈkæn(t)səʳ] *n no pl* Krebs *m*; ~ **of the stomach** Magenkrebs *m*; ~ **check-up** Krebsvorsorgeuntersuchung *f*
cancerous [ˈkæn(t)sᵊrəs] *adj* krebsartig
cancer screening *n no pl* Krebsvorsorgeuntersuchung *f*
candid [ˈkændɪd] *adj* offen; ~ **camera** versteckte Kamera
candidate [ˈkændɪdət] *n* POL, SCH Kandidat(in) *m(f)*
candle [ˈkændl̩] *n* Kerze *f*
candlelight *n no pl* Kerzenlicht *nt*; ~ [*or* **candlelit**] **dinner** Abendessen bei Kerzenschein *nt* **candlestick** *n* Kerzenständer *m*
candy [ˈkændi] *n* ❶ *no pl (sugar)* Kandiszucker *m* ❷ AM *(sweets)* Süßigkeiten *pl*
cane [keɪn] **I.** *n* ❶ *no pl (of plant)* Rohr *nt*; ~ **basket** Weidenkorb *m* ❷ *(stick)* Stock *m* **II.** *vt* [mit einem Stock] züchtigen
cane chair *n* Rohrstuhl *m*
canned [kænd] *adj* ❶ *(in cans)* ~ **tomatoes** Dosentomaten *pl* ❷ MEDIA ~ **music** Musik *f* aus der Konserve
cannon [ˈkænən] **I.** *n* MIL Kanone *f* **II.** *vi* **to ~ into sb** mit jdm zusammenprallen
cannot [ˈkænɒt] *aux vb* **we ~ but succeed** wir können nur gewinnen
canoe [kəˈnuː] *n* Kanu *nt*
can opener *n* Dosenöffner *m*
can't [kɑːnt] *(fam)* = **cannot**
canteen [kænˈtiːn] *n* Kantine *f*
canton [ˈkæntɒn] *n* ADMIN Kanton *m*
canyon [ˈkænjən] *n* Schlucht *f*
cap [kæp] **I.** *n* ❶ *(hat)* Mütze *f* ❷ *(top)* Verschlusskappe *f* ❸ *(limit)* Obergrenze *f* ❹ BRIT *(contraceptive)* Pessar *nt*; ▸ **to put on one's thinking ~** scharf nachdenken **II.** *vt* <-pp-> ❶ *(limit)* begrenzen ❷ *(cover)* bedecken; *teeth* überkronen
capable [ˈkeɪpəbl̩] *adj* fähig; **to be ~ of doing sth** in der Lage sein, etw zu tun
capacity [kəˈpæsəti] *n* ❶ *(available space)* Fassungsvermögen *nt* ❷ *no pl (ability)* Fähigkeit *f*; **mental ~** geistige Fähigkeiten *pl* ❸ *no pl (maximum)* Kapazität *f*; **full to ~** absolut voll
cape[1] [keɪp] *n* Kap *nt*; **the C~ of Good Hope** das Kap der guten Hoffnung; ~ **Horn** Kap Hoorn
cape[2] [keɪp] *n* Umhang *m*
capital [ˈkæpɪtᵊl] *n* ❶ *(city)* Hauptstadt *f* ❷ *(letter)* Großbuchstabe *m*
capital crime *n* Kapitalverbrechen *nt*
capitalist [ˈkæpɪtᵊlɪst] **I.** *n* Kapita-

C

list(in) *m(f)* **II.** *adj* kapitalistisch
capital letter *n* Großbuchstabe *m* **capital punishment** *n no pl* Todesstrafe *f*
Capricorn ['kæprɪkɔːn] *n no art, no pl* ASTROL Steinbock *m*

C

capsize [kæp'saɪz] *vi* NAUT kentern
capsule *n (Verpackung)* Dosierkapsel *f*
captain ['kæptɪn] **I.** *n* Kapitän(in) *m(f)* **II.** *vt* anführen; MIL befehligen
captivating ['kæptɪveɪtɪŋ] *adj (approv)* faszinierend, bezaubernd; ~ **smile** einnehmendes Lächeln
captive ['kæptɪv] **I.** *n* Gefangene(r) *f(m)* **II.** *adj* gefangen
captivity [kæp'tɪvəti] *n no pl* Gefangenschaft *f*
capture ['kæptʃəʳ] **I.** *vt* ❶ *(take prisoner)* gefangen nehmen; *police* festnehmen ❷ *(take possession)* einnehmen **II.** *n of a person* Gefangennahme *f*; *(by police)* Festnahme *f*; *of a city* Einnahme *f*
car [kɑːʳ] *n* ❶ *(vehicle)* Auto *nt,* Wagen *m;* **by** ~ mit dem Auto; ~ **rental service** Autovermietung *f* ❷ RAIL Waggon *m* ❸ *(in airship, balloon)* Gondel *f*
caravan ['kærəvæn] *n* BRIT Wohnwagen[anhänger] *m*
carbon ['kɑːbᵊn] *n* Kohlenstoff *m*
carbonated ['kɑːbᵊneɪtɪd] *adj* kohlensäurehaltig
carbon dioxide *n no pl* Kohlendioxid *nt* **carbon emissions** *n pl* CO_2-Ausstoß *m* **carbon footprint** *n* CO_2-Fußabdruck *m,* CO_2-Bilanz *f*
carboniferous [ˌkɑːbə'nɪfᵊrəs] *adj* GEOL kohlehaltig
carbon monoxide *n no pl* Kohlenmonoxid *nt*
car-boot sale *n* BRIT *privater Flohmarkt, bei dem der Kofferraum als Verkaufsfläche dient*
carcinogenic [ˌkɑːsɪnə(ʊ)'dʒenɪk] *adj* Krebs erregend
card [kɑːd] *n* ❶ *no pl (material)* Pappe *f,* Karton *m* ❷ *(piece of paper)* Karte *f; (postcard)* [Post]karte *f,* Ansichtskarte *f;* **birthday** ~ Geburtstagskarte *f* ❸ *(game)* [Spiel]karte *f;* **[game of]** ~**s** Kartenspiel *nt* ❹ *(for paying)* Karte *f;* **phone** ~ Telefonkarte *f* ❺ *(official document)* **identity** ~ Personalausweis *m;* ▶ **to play one's ~s right** geschickt vorgehen
cardamom ['kɑːdəməm], BRIT *a.* **cardamum,** AM *a.* **cardamon** *n* Kardamom *m o nt*
cardboard *n no pl* Pappe *f;* ~ **box** [Papp]karton *m*
cardiac ['kɑːdiæk] *adj* ~ **arrest** Herzstillstand *m*
cardigan ['kɑːdɪgən] *n* Strickjacke *f*
cardiogram ['kɑːdiə(ʊ)græm] *n* MED Kardiogramm *nt*
cardiologist [ˌkɑːdi'ɒlədʒɪst] *n* MED Kardiologe, Kardiologin *m, f*
cardiology [ˌkɑːdi'ɒlədʒi] *n no pl* MED Kardiologie *f*
cardiovascular [ˌkɑːdiə(ʊ)'væskjʊləʳ] *adj* kardiovaskulär *fachspr,* Herz-Kreislauf-
cardphone *n* Kartentelefon *nt*
care [keəʳ] **I.** *n* ❶ *no pl (looking after)* Betreuung *f; (in hospital)* Versorgung *f;* **in** ~ in Pflege; **to take good ~ of sth** etw schonen; ~ **of ...** zu Händen von ... ❷ *no pl (caution)* **take ~ you don't fall!** pass auf, dass du nicht hinfällst!; **to drive with** ~ umsichtig fahren ❸ *(worry)* Sorge *f* **II.** *vi* ❶ *(be concerned)* betroffen sein; **I couldn't ~ less** das ist mir völlig egal; **who ~s?** wen interessiert das schon? ❷ *(look after)* **to ~ for sb** sich um jdn kümmern **III.** *vt* **sb does not ~ whether ...** jdm ist es egal, ob ...
career [kə'rɪəʳ] *n* ❶ *(profession)* Beruf *m;* ~**s office** BRIT Berufsberatung *f* ❷ *(working life)* Karriere *f,* Laufbahn *f*
carefree *adj* sorgenfrei
careful ['keəfᵊl] *adj* ❶ *(cautious)* vorsichtig; **to be ~ with sth** mit etw *dat* vorsichtig umgehen; **to be ~ [that] ...** darauf achten, dass ... ❷ *(meticulous)* sorgfältig; *analysis* umfassend

carefully ['keəfəli] *adv* ❶ *(cautiously)* vorsichtig ❷ *(painstakingly)* sorgfältig, gewissenhaft; **to listen** ~ aufmerksam zuhören
careless ['keələs] *adj* ❶ *(lacking attention)* unvorsichtig ❷ *(unthinking)* unbedacht ❸ *(not painstaking)* nachlässig
carelessly ['keələsli] *adv* ❶ *(without attention)* leichtsinnig, unvorsichtig ❷ *(negligently)* nachlässig ❸ *(thoughtlessly)* gedankenlos
caretaker *n* BRIT Hausmeister(in) *m(f)*
car ferry *n* Autofähre *f*
cargo ['kɑːgəʊ] *n no pl* Fracht *f;* ~ **plane** Transportflugzeug *nt*
car hire *n no pl esp* BRIT Autovermietung *f;* ~ **company** Autoverleih *m*
carnival ['kɑːnɪvəl] *n* ❶ *(festival)* Volksfest *nt* ❷ *(pre-Lent)* Karneval *m*
carol ['kærəl] *n* [**Christmas**] ~ Weihnachtslied *nt*
carol singer *n* Sternsinger(in) *m(f)* **carol-singing** *n no pl* Weihnachtssingen *nt*
car park *n* BRIT, AUS Parkplatz *m*
carpenter ['kɑːpəntər] *n* Schreiner(in) *m(f)*
carpet ['kɑːpɪt] *n* Teppich *m a. fig; (fitted)* Teppichboden *m*
carriage ['kærɪdʒ] *n* ❶ *(horse-drawn)* Kutsche *f* ❷ BRIT RAIL Personenwagen *m*
carriageway *n* BRIT Fahrbahn *f*
carrier bag *n* BRIT [Plastik]tüte *f*
carrot ['kærət] *n* Karotte *f*
carry <-ie-> ['kæri] **I.** *vt* ❶ *(bear)* tragen *a. fig;* **to ~ sth around** etw mit sich *dat* herumtragen; **to be carried downstream** flussabwärts treiben ❷ *(transport)* transportieren ❸ *(have, incur)* **all cigarette packets ~ a warning** auf allen Zigarettenpäckchen steht eine Warnung ❹ *(transmit)* MED übertragen; ELEC leiten **II.** *vi (reach) sound* zu hören sein
◆ **carry on I.** *vt* ❶ *(continue)* fortführen; ~ **on the good work!** weiter so! ❷ *(conduct)* führen **II.** *vi (continue)* weitermachen
◆ **carry out** *vt* ❶ hinaus-/heraustragen ❷ *(perform)* durchführen
◆ **carry through** *vt* ❶ *(sustain)* durchbringen ❷ *(complete)* durchführen
cart [kɑːt] **I.** *n* ❶ *(pulled vehicle)* Wagen *m* ❷ AM *(supermarket trolley)* Einkaufswagen *m* **II.** *vt (fam)* schleppen
carton ['kɑːtən] *n* Karton *m*
cartoon [kɑː'tuːn] *n* ❶ *(drawing)* Cartoon *m o nt* ❷ FILM Zeichentrickfilm *m*
cartridge ['kɑːtrɪdʒ] *n (for ink, ammunition)* Patrone *f*
carve [kɑːv] **I.** *vt* ❶ *(cut a figure)* schnitzen ❷ FOOD tranchieren **II.** *vi* tranchieren
carving ['kɑːvɪŋ] *n no pl* ART *(art of cutting)* Bildhauerei *f; of wood* Schnitzen *nt*
case[1] [keɪs] *n* ❶ *(situation, instance)* Fall *m;* **in ~ of an emergency** im Notfall; **in most ~s** meistens; **in ~ …** falls … ❷ LAW [Rechts]fall *m;* **murder** ~ Mordfall *m* ❸ LING Fall *m;* **to be in the accusative** ~ im Akkusativ stehen
case[2] [keɪs] *n* ❶ *(suitcase)* Koffer *m* ❷ *(packaging plus contents)* Kiste *f* ❸ *(small container)* Schatulle *f* ❹ TYPO **written in upper** ~ groß geschrieben
case[3] [keɪs] *vt (fam)* **to ~ the joint** sich *dat* den Laden mal ansehen
cash [kæʃ] *n no pl* Bargeld *nt*
◆ **cash in** *vi* **to ~ in on sth** von etw *dat* profitieren
cash card *n esp* BRIT Geldautomatenkarte *f* **cash dispenser** *n* BRIT Geldautomat *m*
cashier [kæʃ'ɪər] *n* Kassierer(in) *m(f)*
cashless ['kæʃləs] *adj* bargeldlos
cashpoint *n* BRIT Geldautomat *m,* Bankomat *m* SCHWEIZ, ÖSTERR
casserole ['kæsərəʊl] *n* ❶ *(pot)* Schmortopf *m* ❷ *(stew)* ≈ Eintopf *m*
cassette [kə'set] *n* Kassette *f*
cassette recorder *n* Kassettenrecor-

C

der *m*

cast [kɑːst] **I.** *n* ❶ + *sing/pl vb* THEAT, FILM Besetzung *f* ❷ *(moulded object)* [Ab]guss *m* ❸ *(plaster)* Gips[verband] *m* **II.** *vt* <cast, cast> ❶ *(throw)* werfen *a. fig; fishing line* auswerfen ❷ *(allocate roles)* **to ~ sb in a role** jdm eine Rolle geben

◆**cast off** NAUT **I.** *vt* losmachen **II.** *vi* ablegen

C

castle [ˈkɑːsl̩] *n* ❶ *(fortress)* Burg *f; (mansion)* Schloss *nt* ❷ CHESS Turm *m*

castor sugar *n* Streuzucker *m*

casual [ˈkæʒjuəl] *adj* ❶ *(not planned)* zufällig ❷ *(offhand)* beiläufig ❸ *(informal)* lässig; *clothes* leger ❹ *(irregular)* gelegentlich; **~ sex** Gelegenheitssex *m*

casualty [ˈkæʒjuəlti] *n* ❶ *(accident victim)* [Unfall]opfer *nt; (dead person)* Todesfall *m* ❷ *no pl* BRIT *(hospital department)* Unfallstation *f*

cat [kæt] *n* Katze *f;* ▶ **to rain ~s and dogs** wie aus Eimern schütten

catalogue [ˈkætəlɒg] **I.** *n* Katalog *m* **II.** *vt* katalogisieren

catalyst [ˈkætəlɪst] *n* Katalysator *m*

catalytic [ˌkætəˈlɪtɪk] *adj* katalytisch; **~ converter** Katalysator *m*

catastrophe [kəˈtæstrəfi] *n* Katastrophe *f*

catastrophic [ˌkætəˈstrɒfɪk] *adj* katastrophal

catastrophically [ˌkætəˈstrɒfɪkəli] *adv* katastrophal

catch [kætʃ] **I.** *n* <*pl* -es> ❶ *(ball)* Fang *m;* **good ~!** gut gefangen! ❷ *(fish)* Fang *m kein pl* ❸ *no pl (trick)* Haken *m;* **what's the ~?** wo ist der Haken? **II.** *vt* <caught, caught> ❶ *(intercept)* fangen; *person* auffangen ❷ *(grab)* ergreifen ❸ *(capture) person* ergreifen; *(arrest)* festnehmen; *animal* fangen ❹ *(surprise)* erwischen; **have I caught you at a bad time?** komme ich ungelegen?; **to ~ oneself doing sth** sich bei etw *dat* ertappen ❺ MED **to ~ sth from sb** sich bei jdm mit etw *dat* anstecken; **to ~ a cold** sich erkälten ❻ **to ~ sth in sth** etw in etw *akk* einklemmen; **to get caught on sth** an etw *dat* hängen bleiben ❼ *bus, train* nehmen ❽ *attention* erregen ❾ *(burn)* **to ~ fire** Feuer fangen **III.** *vi* <caught, caught> *(entangle)* sich in etw *dat* verfangen; **to ~ on sth** an etw *dat* hängen bleiben ❸ *(ignite)* Feuer fangen; *engine* zünden

◆**catch on** *vi (fam)* ❶ *(become popular)* sich durchsetzen ❷ *(understand)* kapieren

◆**catch out** *vt* BRIT ❶ *(detect)* ertappen ❷ *(trick)* hereinlegen

◆**catch up I.** *vi* **to ~ up with** einholen *a. fig* **II.** *vt* ❶ *(reach)* **to ~ sb up** jdn einholen ❷ *usu passive* **to get caught up [in sth]** sich [in etw *dat*] verfangen

catcher [ˈkætʃəʳ] *n* Fänger(in) *m(f)*

catching [ˈkætʃɪŋ] *adj* ansteckend

catchup [ˈkætʃʌp, ˈketʃ-] *n* AM FOOD *see* **ketchup**

catechism [ˈkætəkɪzəm] *n* Katechismus *m; (fig)* Fragenkatalog *m*

categorically [ˌkætəˈgɒrɪkəli] *adv* kategorisch

category [ˈkætəgəri] *n* Kategorie *f*

catering [ˈkeɪtərɪŋ] *n no pl* ❶ *(trade)* Catering *nt* ❷ *(service)* Cateringservice *m*

caterpillar [ˈkætəpɪləʳ] *n* Raupe *f*

catharsis <*pl* -ses> [kəˈθɑːsɪs] *n* Katharsis *f*

cathedral [kəˈθiːdrəl] *n* Kathedrale *f,* Dom *m*

catheter [ˈkæθɪtəʳ] *n* Katheter *m*

Catholic [ˈkæθəlɪk] **I.** *n* Katholik(in) *m(f)* **II.** *adj* katholisch

cattle [ˈkætl̩] *n pl* Rinder *pl;* **200 head of ~** 200 Stück Vieh

Caucasus [ˈkɔːkəsəs, AM *esp*ˈkɑː-] *n* **the ~** der Kaukasus

caught [kɔːt] *pt, pp of* **catch**

cauliflower [ˈkɒliflaʊəʳ] *n* Blumenkohl *m*

causally [ˈkɔːzəli, AM *esp*ˈkɑː-] *adv (form)* kausal

'cause [kəz] *conj (sl) short for* **because**

cause [kɔːz] **I.** *n* ① *(of effect)* Ursache *f;* ~ **of death** Todesursache *f* ② *no pl (reason)* Grund *m;* ~ **for concern** Anlass *m* zur Sorge ③ *(object of support)* Sache *f;* **a good** ~ ein guter Zweck **II.** *vt* verursachen; **to** ~ **trouble** Unruhe stiften

caution [ˈkɔːʃən] **I.** *n* ① *no pl (carefulness)* Vorsicht *f;* **with [great]** ~ [sehr] umsichtig ② BRIT *(legal warning)* Verwarnung *f* **II.** *vt (form)* ① *(warn)* **to** ~ **sb [against sth]** jdn [vor etw *akk*] warnen ② *esp* BRIT, AUS *(warn officially)* verwarnen

cautious [ˈkɔːʃəs] *adj* vorsichtig

cautiously [ˈkɔːʃəsli, AM *esp* ˈkɑː-] *adv* vorsichtig; *(circumspectly)* umsichtig

cave [keɪv] **I.** *n* Höhle *f* **II.** *vi* BRIT, AUS Höhlen erforschen

cavern [ˈkævən] *n* Höhle *f*

CCTV [ˌsiːsiːtiːˈviː] *n abbrev of* **closed-circuit television** Überwachungskamera *f*

CD [ˌsiːˈdiː] *n abbrev of* **compact disc** CD *f*

CD player *n* CD-Spieler *m* **CD-ROM** [ˌsiːdiːˈrɒm] *n abbrev of* **compact disc read-only memory** CD-ROM *f;* ~ **drive** CD-ROM-Laufwerk *nt* **CD writer** *n* CD-Brenner *m*

cease [siːs] *(form)* **I.** *vi* aufhören **II.** *vt* beenden; *fire* einstellen

ceasefire *n* Waffenruhe *f*

ceilidh [ˈkeɪli] *n esp* SCOT, IRISH *Veranstaltung, bei der man ausgelassen typisch schottische/irische Tänze tanzt, Lieder singt und Geschichten erzählt*

ceiling [ˈsiːlɪŋ] *n* [Zimmer]decke *f*

celeb [səˈleb] *n short for* **celebrity** Berühmtheit *f*

celebrate [ˈseləbreɪt] *vi, vt* feiern

celebration [ˌseləˈbreɪʃən] *n* Feier *f;* **cause for** ~ Grund *m* zum Feiern; **in** ~ zur Feier

celebrity [səˈlebrəti] *n* berühmte Persönlichkeit

celery [ˈseləri] *n no pl* [Stangen]sellerie *m o* ÖSTERR *a. f*

cell [sel] *n* Zelle *f*

cellar [ˈselər] *n* Keller *m*

cellist [ˈtʃelɪst] *n* Cellist(in) *m(f)*

cello <*pl* -s> [ˈtʃeləʊ] *n* Cello *nt*

cellophane® [ˈseləfeɪn] *n no pl* Cellophan® *nt*

cell phone *n esp* AM Mobiltelefon *nt,* Handy *nt,* Natel *nt* SCHWEIZ; ~ **cover/case/pouch** Handyhülle *f,* Natelhülle *f* SCHWEIZ

cellular [ˈseljələr] **I.** *adj* zellular **II.** *n* AM Handy *nt*

Celt [kelt] *n* Kelte *m,* Keltin *f*

cement [sɪˈment] **I.** *n no pl* Zement *m* **II.** *vt (with concrete)* betonieren; *(with cement)* zementieren; **to** ~ **up** zumauern

cemetery [ˈsemətəri] *n* Friedhof *m*

cent [sent] *n* Cent *m;* **to not be worth a** ~ keinen Pfifferling wert sein

centenary [senˈtiːnəri], AM **centennial** [senˈteniəl] *n* Hundertjahrfeier *f;* ~ **celebrations** Feierlichkeiten *pl* zum hundertsten Jahrestag

center *n, vt* AM *see* **centre**

centigrade [ˈsentɪgreɪd] *n no pl* Celsius

centilitre, AM **centiliter** [ˈsentɪliːtər] *n* Zentiliter *m*

centimetre, AM **centimeter** [ˈsentɪmiːtər] *n* Zentimeter *m*

central [ˈsentrəl] *adj* ① *(in the middle)* zentral ② *(paramount)* wesentlich

Central America *n* Mittelamerika *nt,* Zentralamerika *nt* **Central American** **I.** *adj* mittelamerikanisch **II.** *n* Mittelamerikaner(in) *m(f)*

centralism [ˈsentrəlɪzəm] *n no pl* POL Zentralismus *m*

central locking *n no pl* Zentralverriegelung *f*

centrally [ˈsentrəli] *adv* zentral; **to be** ~ **heated** Zentralheizung haben; **to be** ~ **located** zentral liegen

centre [ˈsentər] **I.** *n* ① Zentrum *nt; of chocolates* Füllung *f;* **to be the** ~ **of attention** im Mittelpunkt der Aufmerksamkeit stehen ② POL Mitte *f;* **left of** ~

C

Mitte links **II.** *vi* **to ~ upon sth** sich um etw *akk* drehen

centrifuge [ˈsentrɪˈfjuːdʒ] *n* MED, TECH Zentrifuge *f fachspr,* Schleuder *f*

century [ˈsen(t)ʃᵊri] *n (period)* Jahrhundert *nt;* **turn of the ~** Jahrhundertwende *f*

CEO [ˌsiːiːˈəʊ] *n abbrev of* **chief executive officer** Generaldirektor(in) *m(f)*

ceramics [səˈræmɪks] *n* ① *+ sing vb (art)* Keramik *f* ② *pl (ceramic objects)* Keramiken *pl,* Töpferwaren *pl* ③ *+ sing vb (process)* Töpfern *nt*

cereal [ˈsɪəriəl] *n* ① Getreide *nt* ② *(for breakfast)* Frühstückszerealien *pl (Cornflakes etc.)*

ceremonially [ˌserɪˈməʊniəli] *adv* feierlich

ceremony [ˈserɪməni] *n* Zeremonie *f,* Feier *f*

certain [ˈsɜːtᵊn] *adj* ① *(sure)* sicher; *(unavoidable)* bestimmt; **to feel ~** sicher sein; **to make ~ [that ...]** darauf achten[, dass ...]; **for ~** ganz sicher ② *(limited)* gewiss; **to a ~ extent** in gewissem Maße ③ *(particular)* **at a ~ age** in einem bestimmten Alter

certainly [ˈsɜːtᵊnli] *adv* ① *(surely)* sicher[lich]; *(without a doubt)* gewiss ② *(of course)* [aber] selbstverständlich; **~ not** auf [gar] keinen Fall

certificate [səˈtɪfɪkət] *n (official document)* Urkunde *f; (attestation)* Bescheinigung *f;* **medical ~** ärztliches Attest; **marriage ~** Trauschein *m*

certify <-ie-> [ˈsɜːtɪfaɪ] *vt* bescheinigen; **to ~ sb [as] dead** jdn für tot erklären

Chad [tʃæd] *n no pl* Tschad *m*

chain [tʃeɪn] **I.** *n* ① Kette *f* ② *(fig: series)* Reihe *f; of mishaps* Verkettung *f;* **fast food ~** [Schnell]imbisskette *f* **II.** *vt* **to ~ [up]** [an]ketten

chain-smoker *n* Kettenraucher(in) *m(f)*

chair [tʃeəʳ] *n* ① *(seat)* Stuhl *m;* **easy ~** Sessel *m* ② *(head)* Vorsitzende(r) *f(m)* ③ AM **the ~** der elektrische Stuhl

chair lift *n* Sessellift *m*

chairman *n* Vorsitzende(r) *m* **chairperson** *n* Vorsitzende(r) *f(m)* **chairwoman** *n* Vorsitzende *f*

chalice [ˈtʃælɪs] *n* Kelch *m*

chalk [tʃɔːk] **I.** *n no pl* ① *(type of stone)* Kalkstein *m* ② *(for writing)* Kreide *f;* ▸ **as alike as ~ and cheese** grundverschieden **II.** *vt* mit Kreide schreiben/zeichnen

challenge [ˈtʃælɪndʒ] **I.** *n* Herausforderung *f;* **to find sth a ~** etw schwierig finden **II.** *vt* ① *(ask to compete)* herausfordern ② *(call into question)* in Frage stellen

challenging [ˈtʃælɪndʒɪŋ] *adj* [heraus]fordernd

champ [tʃæmp] **I.** *n short for* **champion** Champion *m* **II.** *vi, vt* [geräuschvoll] kauen ▸ **to ~ at the bit** vor Ungeduld fiebern

champagne [ʃæmˈpeɪn] *n* Champagner *m;* **~ brunch** Sektfrühstück *nt*

champion [ˈtʃæmpiːən] **I.** *n* SPORTS Champion *m;* **boxing ~** Boxchampion *m;* **world ~** Weltmeister(in) *m(f)* **II.** *vt* verfechten; **to ~ a cause** für eine Sache eintreten

championship [ˈtʃæmpiːənʃɪp] *n* SPORTS Meisterschaft *f*

chance [tʃɑːn(t)s] **I.** *n* ① *no pl (luck)* Zufall *m;* **by ~** zufällig ② *(prospect)* Chance *f;* **~s of survival** Überlebenschancen *pl;* **no ~!** BRIT *(fam)* niemals! ③ *(risk)* Risiko *nt;* **to take no ~s** kein Risiko eingehen **II.** *vt (fam)* riskieren ▸ **to ~ one's arm** es riskieren

chancellery [ˈtʃɑːn(t)sᵊlᵊri] *n* ① *(place)* Kanzleramt *nt* ② *(position)* Amt *nt* des Kanzlers, Kanzlerschaft *f* ③ AM *(office)* Amtszimmer *nt* [einer Botschaft/eines Konsulats]

chancellorship [ˈtʃɑːnsᵊləʃɪp] *n no pl* ① POL *(office of chancellor)* Kanzleramt *nt* ② BRIT POL Amt *nt* des Finanzministers ③ REL, ADMIN Rechtsstelle *f* des Bischofs

change [tʃeɪndʒ] **I.** *n* ① *(alteration)* [Ver]änderung *f;* **~ of pace** Tempowechsel *m* ② *no pl (substitution)*

Wechsel *m;* **a ~ of clothes** Kleidung *f* zum Wechseln 3 *no pl (variety)* Abwechslung *f* 4 *no pl (coins)* Kleingeld *nt; (money returned)* Wechselgeld *nt;* **could you give me ~ for 50 dollars?** *(return all)* könnten Sie mir 50 Dollar wechseln?; **to have the correct ~** es passend haben 5 TRANSP **to have to make several ~s** mehrmals umsteigen müssen **II.** *vi* 1 *(alter)* sich [ver]ändern; *traffic light* umspringen 2 *(substitute, move)* **to ~ [over] to sth** zu etw *dat* wechseln 3 TRANSP umsteigen; **all ~!** alle aussteigen! 4 *(dress)* sich umziehen **III.** *vt* 1 *(make different)* [ver]ändern; *(transform)* verwandeln; **to ~ one's mind** seine Meinung ändern 2 *(exchange, move)* wechseln; *(in a shop)* umtauschen (**for** gegen); **to ~ places with sb** mit jdm den Platz tauschen 3 *baby* [frisch] wickeln; **to ~ one's clothes** sich umziehen 4 *(money)* wechseln; **could you ~ a £20 note?** *(return all)* könnten Sie mir 20 Pfund wechseln? 5 TRANSP **to ~ planes** das Flugzeug wechseln; **to ~ buses/trains** umsteigen

change machine *n* [Geld]wechselautomat *m*

changeover *n usu sing* Umstellung *f* (**to** auf)

changing [ˈtʃeɪndʒɪŋ] *adj* wechselnd

channel [ˈtʃænəl] **I.** *n* 1 RADIO, TV Programm *nt;* **on ~ five** im fünften Programm; **cable ~** Kabelkanal *m* 2 *(waterway)* [Fluss]bett *nt; (artificial)* Kanal *m;* **the [English] C~** der Ärmelkanal 3 *(means)* Weg *m;* **through the usual ~s** auf dem üblichen Weg **II.** *vt* <BRIT -ll-> *(direct)* leiten; **to ~ one's energies into sth** seine Energien in etw *akk* stecken

Channel Tunnel *n no pl* **the ~** der [Ärmel]kanaltunnel

chaos [ˈkeɪɒs] *n no pl* Chaos *nt*

chaotic [keɪˈɒtɪk] *adj* chaotisch

chaotically [keɪˈɒtɪkəli] *adv* chaotisch

chap[1] [tʃæp] *n* BRIT *(fam)* Typ *m*

chap[2] <-pp-> [tʃæp] *vi skin* aufspringen

chap[3] *n abbrev of* **chapter** Kap.

chapel [ˈtʃæpəl] *n* 1 Kapelle *f* 2 *(service)* Andacht *f*

chapped [tʃæpt] *adj* aufgesprungen; *(rough)* spröde

chapter [ˈtʃæptər] *n* Kapitel *nt*

character [ˈkærəktər] *n* 1 *no pl* Charakter *m;* **to be similar in ~** sich *dat* im Wesen ähnlich sein 2 LIT [Roman]figur *f*

characteristic [ˌkærəktərˈɪstɪk] **I.** *n* 1 charakteristisches Merkmal 2 AVIAT, NAUT *(signal)* Kennung *f* **II.** *adj* charakteristisch; **to be ~ of sth** typisch für etw *akk* sein

charge [tʃɑːdʒ] **I.** *n* 1 *(cost)* Gebühr *f;* **for an extra ~** gegen Aufpreis; **free of ~** kostenlos 2 LAW Anklage *f* (**of** wegen) 3 *no pl (responsibility)* Verantwortung *f;* **she's in ~ of the department** sie leitet die Abteilung 4 *no pl* ELEC Ladung *f;* **to put on ~** BRIT aufladen **II.** *vi* 1 eine Gebühr verlangen 2 ELEC laden 3 *(attack)* [vorwärts]stürmen; **~!** vorwärts! **III.** *vt* 1 berechnen; **we were not ~d [for it]** wir mussten nichts [dafür] bezahlen 2 LAW **to ~ sb [with sth]** jdn [wegen einer S. *gen*] anklagen 3 ELEC aufladen 4 *(tense, emotional)* **a highly ~d atmosphere** eine hochgradig geladene Atmosphäre

charge card *n* [Kunden]kreditkarte *f*

charging cable *n* Ladekabel *nt* **charging station** *n* Ladestation *f; (for electric vehicles)* Stromtankstelle *f*

charitably [ˈtʃærɪtəbli] *adv* großzügig

charity [ˈtʃærɪti] *n* 1 *no pl (generosity)* Barmherzigkeit *f* 2 *no pl* **to donate sth to ~** etw für wohltätige Zwecke spenden 3 *(organization)* Wohltätigkeitsorganisation *f*

charity shop *n* BRIT *Laden, in dem gespendete, meist gebrauchte Waren verkauft werden, um Geld für wohltätige Zwecke zu sammeln*

charm [tʃɑːm] **I.** *n no pl* Charme *m*

II. *vt* bezaubern
charming ['tʃɑːmɪŋ] *adj* bezaubernd
charmingly ['tʃɑːmɪŋli] *adv* reizend, charmant

C

chart [tʃɑːt] **I.** *n* ❶ *(visual)* Diagramm *nt;* NAUT Karte *f* ❷ *pl* **the ~s** *pl* die Charts **II.** *vt (plot)* aufzeichnen
charter flight *n* Charterflug *m*
chase [tʃeɪs] **I.** *n* ❶ *(pursuit)* Verfolgungsjagd *f;* **to give ~ to sb** jdm hinterherrennen ❷ HUNT Jagd *f* **II.** *vi* **to ~ around** herumhetzen **III.** *vt* ❶ *(pursue)* verfolgen ❷ *(scare away)* **to ~ away** vertreiben
chat [tʃæt] **I.** *n* ❶ *(informal conversation)* Unterhaltung *f;* **to have a ~** plaudern ❷ *no pl (gossip)* Gerede *nt* **II.** *vi* <-tt-> ❶ *(talk informally)* plaudern ❷ COMPUT chatten
◆**chat up** *vt (fam)* **to ~ up** ⊂ **sb** jdn anmachen *fam*
chatter ['tʃætəʳ] **I.** *n* Geschwätz *nt* **II.** *vi* ❶ *(converse)* plaudern; **to ~ away** endlos schwätzen; **to ~ on** unentwegt reden ❷ *teeth* klappern
chauvinistically [ˌʃəʊvɪ'nɪstɪkəli] *adv* *(pej)* chauvinistisch
cheap [tʃiːp] *adj* billig *a. fig; (reduced)* ermäßigt ▶ **~ and cheerful** BRIT, AUS gut und preiswert; **~ and nasty** BRIT, AUS billig und schäbig
cheat [tʃiːt] **I.** *n* ❶ *(person)* Betrüger(in) *m(f)* ❷ *(fraud)* Täuschung *f* **II.** *vi* betrügen **III.** *vt (treat dishonestly)* täuschen
check[1] [tʃek] **I.** *n* ❶ *(inspection)* Kontrolle *f* ❷ *(look)* **to take a quick ~** schnell nachsehen ❸ *no pl (restraint)* Kontrolle *f* ❹ *(pattern)* Karo[muster] *nt* ❺ CHESS Schach *nt* **II.** *vt* ❶ *(inspect)* überprüfen ❷ CHESS Schach bieten **III.** *vi* ❶ *(examine)* nachsehen, nachschauen *bes* SÜDD, ÖSTERR, SCHWEIZ ❷ *(consult)* **to ~ with sb** bei jdm nachfragen
check[2] [tʃek] *n* ❶ AM *see* **cheque** ❷ AM, SCOT *(bill)* Rechnung *f*
◆**check in I.** *vi (at airport)* einchecken; *(at hotel)* sich anmelden **II.** *vt (at airport)* abfertigen; *(at hotel)* anmelden
◆**check off** *vt* abhaken
◆**check out I.** *vi* sich abmelden **II.** *vt* ❶ *(investigate)* untersuchen ❷ *(sl: observe)* **~ it out!** schau dir bloß mal das an!
◆**check up** *vt* **to ~ up on** ❶ *(monitor)* überprüfen ❷ *(research)* Nachforschungen anstellen über +*akk*
checkbook *n* AM Scheckheft *nt*
checkers ['tʃekəʳz] *n + sing vb (draughts)* Damespiel *nt*
check-in counter, check-in desk *n* Abfertigungsschalter *m*
checking *n no pl* AM gebührenfreie [Scheck]abbuchung
checking account *n* AM Girokonto *nt*
check-in time *n* Eincheckzeit *f*
checklist *n* Checkliste *f* **checkmate** CHESS **I.** *n no pl* Schachmatt *nt* **II.** *vt* schachmatt setzen **checkout** *n* Kasse *f*
check room *n* AM ❶ *(for coats)* Garderobe *f* ❷ *(for luggage)* Gepäckaufbewahrung *f*
check-up *n* MED Untersuchung *f*
cheek [tʃiːk] *n* ❶ *(of face)* Backe *f* ❷ *no pl (impertinence)* Frechheit *f;* **to give sb ~** frech zu jdm sein
cheekily ['tʃiːkɪli] *adv* frech, dreist
cheeky ['tʃiːki] *adj* frech
cheer [tʃɪəʳ] **I.** *n* ❶ *(cheering)* Jubel *m* ❷ *no pl (joy)* Freude *f* **II.** *vi* **to ~ for sb** jdn anfeuern
◆**cheer up I.** *vi* bessere Laune bekommen; **~ up!** Kopf hoch! **II.** *vt* aufmuntern
cheerful ['tʃɪəfəl] *adj (happy, bright)* fröhlich; **in a ~ mood** gut gelaunt
cheerio ['tʃɪəriəʊ] *interj* BRIT *(fam)* tschüs[s]
cheerleader *n* Cheerleader *m*
cheerless ['tʃɪələs] *adj* düster, trüb; *(joyless)* freudlos
cheese [tʃiːz] *n no pl* Käse *m;* **~ sandwich** Käsebrot *nt*
cheesecake *n* Käsekuchen *m*
cheetah ['tʃiːtə] *n* Gepard *m*

chef [ʃef] *n* Koch *m,* Köchin *f*

> **Übersetzungstipp**
> Nicht verwechseln mit *Chef* – *boss!*

chemical [ˈkemɪk^{ə}l] **I.** *n* Chemikalie *f* **II.** *adj* chemisch; ~ **industry** Chemieindustrie *f*
chemically [ˈkemɪk^{ə}li] *adv* chemisch
chemist [ˈkemɪst] *n* ① *(scientist trained in chemistry)* Chemiker(in) *m(f)* ② *(pharmacist)* Apotheker(in) *m(f)* ③ BRIT, AUS *(shop)* **~'s** *Drogerie, in der man auch Medikamente erhält*
chemistry [ˈkemɪstri] *n no pl* ① Chemie *f a. fig;* ~ **lab[oratory]** Chemiesaal *m* ② *(make-up)* chemische Zusammensetzung
chemistry set *n* Chemiekasten *m*
cheque [tʃek] *n* Scheck *m* (**for** über)
cheque account *n* Girokonto *nt,* Scheckkonto *nt* **chequebook** *n* Scheckheft *nt* **cheque card** *n* Scheckkarte *f*
cherry [ˈtʃeri] *n* Kirsche *f*
chess [tʃes] *n no pl* Schach[spiel] *nt*
chessboard *n* Schachbrett *nt*
chest [tʃest] *n* ① ANAT Brust *f* ② *(furniture)* Truhe *f*
chestnut *n* Kastanie *f;* **hot ~** heiße [Ess]kastanie; **horse ~** Rosskastanie *f*
chew [tʃuː] **I.** *n* **to have a ~ on sth** auf etw *dat* herumkauen **II.** *vt, vi* kauen; **to ~ one's fingernails** an den Nägeln kauen ▸ **to bite off more than one can ~** sich zu viel zumuten
chewing gum *n no pl* Kaugummi *m o nt*
chick [tʃɪk] *n* ① *(baby chicken)* Küken *nt; (young bird)* [Vogel]junges *nt* ② *(sl: young woman)* Mieze *f,* Schnecke *f*
chicken [ˈtʃɪkɪn] **I.** *n* ① *(farm bird)* Huhn *nt* ② *no pl (meat)* Hähnchen *nt* ③ *(pej sl: coward)* Angsthase *m* **II.** *adj (pej sl)* feige
◆**chicken out** *vi (pej sl)* **to ~ out of [doing] sth** vor etw *dat* kneifen
chickenpox *n* Windpocken *pl*
chick lit *n (fam)* Chick Lit *f (Frauenromane für trendige, erfolgreiche Mittzwanziger- bis Mittdreißigerinnen)*
chief [tʃiːf] **I.** *n* ① *(head of organization)* Chef(in) *m(f)* ② *(leader of people)* Führer(in) *m(f)* **II.** *adj* ① *(main)* **~ reason** Hauptgrund *m* ② *(head)* **~ minister** Ministerpräsident(in) *m(f)*
chiefly [ˈtʃiːfli] *adv* hauptsächlich
child <*pl* -dren> [tʃaɪld, *pl* tʃɪldr^{ə}n] *n* Kind *nt*
child abuse *n no pl* Kindesmisshandlung *f; (sexually)* Kindesmissbrauch *m*
childbirth *n no pl* Geburt *f*
childhood [ˈtʃaɪldhʊd] *n no pl* Kindheit *f*
childish [ˈtʃaɪldɪʃ] *adj (pej)* kindisch
childishly [ˈtʃaɪldɪʃli] *adv (pej)* kindisch
childishness [ˈtʃaɪldɪʃnəs] *n no pl* kindisches Benehmen
childless [ˈtʃaɪldləs] *adj* kinderlos
childminder *n* Tagesmutter *f* **childproof** *adj* kindersicher
children [ˈtʃɪldrən] *n pl of* **child**
Chilean [ˈtʃɪliən] **I.** *n* Chilene, Chilenin *m, f* **II.** *adj* chilenisch
chili <*pl* -es> [ˈtʃɪli] *n esp* AM *see* **chilli**
chill [tʃɪl] **I.** *n* ① *no pl (coldness)* Kühle *f* ② *(illness)* **to catch a ~** sich erkälten **II.** *adj (liter: cold)* kalt **III.** *vi* ① abkühlen; **~ed to the bone** ganz durchgefroren ② *esp* AM *(fam: relax)* chillen *sl* **IV.** *vt* [ab]kühlen [lassen]
◆**chill out** *vi esp* AM *(sl)* ① *(relax)* sich entspannen ② *(calm down)* chillen *sl;* **~ out!** reg dich doch mal ab! *fam*
chilli <*pl* -es> [ˈtʃɪli] *n* Chili *m*
chill-out [ˈtʃɪlaʊt] *adj attr room, area* Ruhe-
chilly [ˈtʃɪli] *adj* kühl *a. fig;* **to feel ~** frösteln
chimney [ˈtʃɪmni] *n* Schornstein *m; (of factory)* Schlot *m*
chimpanzee [ˌtʃɪmp^{ə}nˈziː] *n* Schimpan-

se *m*

chin [tʃɪn] *n* Kinn *nt*

china ['tʃaɪnə] *n no pl* ① *(porcelain)* Porzellan *nt* ② *(tableware)* Geschirr *nt*

China ['tʃaɪnə] *n no pl* China *nt*

Chinese <*pl* -> [tʃaɪ'ni:z] **I.** *n* ① *(person)* Chinese(in) *m(f);* **the ~** *pl* die Chinesen ② *no pl (language)* Chinesisch *nt* ③ *no pl (food)* chinesisches Essen **II.** *adj* chinesisch

Chinese cabbage *n* Chinakohl *m*

chip [tʃɪp] **I.** *n* ① *(broken-off piece)* Splitter *m* ② *(crack)* ausgeschlagene Ecke; **this cup has got a ~ in it** diese Tasse ist angeschlagen ③ BRIT *(fried potato)* **~s** *pl* Pommes [frites] *pl;* **fish and ~s** Fisch und Chips ④ AM *(crisp)* Chip *m* ⑤ COMPUT Chip *m* **II.** *vt* <-pp-> abschlagen; *(break off)* abbrechen **III.** *vi* <-pp-> [leicht] abbrechen

chipper ['tʃɪpəʳ] *adj (fam)* aufgekratzt *fam,* munter

chippy ['tʃɪpi] *n* BRIT *(fam)* Frittenbude *f*

chiropractor ['kaɪ(ə)rə(ʊ),præktəʳ] *n* Chiropraktiker(in) *m(f)*

chirpily ['tʃɜ:pɪli] *adv* munter, fröhlich

chocolate ['tʃɒkᵊlət] *n* ① *no pl (substance)* Schokolade *f;* **~ biscuit** Schokoladenkeks *m;* **~ mousse** Mousse *f* au chocolat ② *(sweet)* Praline *f*

chocolate crispies [-'krɪspiz] *n pl* Schokoplätzchen *pl*

choice [tʃɔɪs] **I.** *n* ① *no pl (selection)* Wahl *f;* **it's your choice!** du hast die Wahl! ② *no pl* **a wide ~ of sth** eine reiche Auswahl an etw *dat* ▶ **to be spoilt for ~** die Qual der Wahl haben **II.** *adj (top quality)* erstklassig

choir [kwaɪəʳ] *n* Chor *m;* **~ stalls** Chorgestühl *nt*

choke [tʃəʊk] **I.** *n no pl* AUTO Choke *m* **II.** *vt* ① *(suffocate)* ersticken ② *(blocked)* **to be ~d** verstopft sein **III.** *vi (have problems breathing)* keine Luft bekommen; **to ~ to death** ersticken; **to ~ on sth** sich an etw *dat* verschlucken

cholesterol [kə'lestᵊrɒl] *n no pl* Cholesterin *nt;* **~ level** Cholesterinspiegel *m*

choose <chose, chosen> [tʃu:z] **I.** *vt* [aus]wählen **II.** *vi (select)* wählen, aussuchen; **to ~ to do sth** es vorziehen, etw zu tun

chop [tʃɒp] **I.** *vt* <-pp-> ① *(cut)* **to ~ sth** ⊂ [**up**] etw klein schneiden; *wood* etw hacken ② *(reduce)* kürzen **II.** *n* ① *(meat)* Kotelett *nt* ② *(hit)* Schlag *m* ③ *esp* BRIT, AUS *(fam)* **to get the ~** gefeuert werden

◆**chop down** *vt* fällen

◆**chop off** *vt* abhacken

chopper ['tʃɒpəʳ] *n* ① *(sl: helicopter)* Hubschrauber *m* ② BRIT *(for meat)* Hackmesser ③ *(sl: motorcycle)* Chopper *m*

chopping board *n* Hackbrett *nt*

chopstick *n usu pl* [Ess]stäbchen *nt*

chord [kɔ:d] *n* Akkord *m;* ▶ **to strike a ~ with sb** jdn berühren *fig*

chore [tʃɔ:ʳ] *n* **to do the ~s** die Hausarbeit erledigen

choreographic [,kɒriəʊ'græfɪk] *adj* choreografisch

chorus ['kɔ:rəs] *n* <*pl* -es> ① *(refrain)* Refrain *m* ② + *sing/pl vb (group of singers)* Chor *m*

chose [tʃəʊz] *pt of* **choose**

chosen [tʃəʊzᵊn] **I.** *pp of* **choose** **II.** *adj (selected)* [aus]gewählt, ausgesucht; **the ~ people** REL das auserwählte Volk

Christ [kraɪst] **I.** *n* Christus *m* **II.** *interj (sl)* **~ almighty!** Herrgott noch mal!

christen ['krɪsᵊn] *vt* ① *(give name to)* taufen ② *(use for first time)* einweihen

christening ['krɪsᵊnɪŋ] *n* Taufe *f*

Christian ['krɪstʃən] **I.** *n* Christ(in) *m(f)* **II.** *adj* christlich

Christianity [,krɪsti'ænɪti] *n no pl* Christentum *nt*

Christian name *n esp* BRIT Vorname *m*

Christmas <*pl* -es> ['krɪs(t)məs] *n* Weihnachten *nt;* **Happy ~!** Frohe Weihnachten!

Christmas carol *n* Weihnachtslied *nt*

Christmas Day *n* erster Weihnachtsfeiertag **Christmas Eve** *n* Heiligabend *m;* **on ~** Heiligabend **Christmas pudding** *n* BRIT Plumpudding *m* **Christmas tree** *n* Weihnachtsbaum *m*

chronic [ˈkrɒnɪk] *adj* ① *(continual)* chronisch ② BRIT, AUS *(fam: extremely bad)* furchtbar

chronicler [ˈkrɒnɪkləʳ] *n* Chronist(in) *m(f)*

chronological [ˌkrɒnəˈlɒdʒɪkᵊl] *adj* chronologisch

chronologically [ˌkrɒnəˈlɒdʒɪkᵊli] *adv* chronologisch

chronometer [krɒnˈɒmɪtəʳ] *n* Zeitmesser *m*

chrysanthemum [krɪˈsæn(t)θəməm] *n* Chrysantheme *f*

chuck [tʃʌk] **I.** *n* BRIT *(fam)* Schnucki *nt* **II.** *vt* *(fam)* ① *(throw)* schmeißen ② *(end a relationship)* **to ~ sb** mit jdm Schluss machen
◆ **chuck out** *vt (fam)* wegschmeißen

chucking-out time [ˌtʃʌkɪŋˈaʊttaɪm] *n (fam) of pub* Polizeistunde *f*

chuckle [tʃʌkl̩] **I.** *n* Gekicher *nt kein pl* **II.** *vi* in sich *akk* hineinlachen

Chunnel [ˈtʃʌnᵊl] *n (fam)* **the ~** der Kanaltunnel

church <*pl* -es> [tʃɜːtʃ] *n* Kirche *f;* **to go to ~** in die Kirche gehen; **~ wedding** kirchliche Trauung

churchyard *n* Friedhof *m*

cider [ˈsaɪdəʳ] *n no pl* Apfelwein *m*

cigar [sɪˈgɑːʳ] *n* Zigarre *f*

cigarette [ˌsɪgᵊrˈet] *n* Zigarette *f;* **~ end** Zigarettenstummel *m*

ciggie, ciggy [ˌsɪgi] *n (sl: cigarette)* Fluppe *f sl*

cine-camera *n* Filmkamera *f*

cinema [ˈsɪnəmə] *n* Kino *nt*

circle [ˈsɜːkl̩] **I.** *n* Kreis *m;* **to go round in ~s** sich im Kreis drehen *a. fig;* **vicious ~** Teufelskreis *m* **II.** *vt* ① *(draw)* umkringeln ② *(walk)* umkreisen **III.** *vi* kreisen

circlet [ˈsɜːklət] *n* Reif *m*

circuit [ˈsɜːkɪt] *n* ① ELEC Schaltsystem *nt* ② SPORTS Rennstrecke *f;* **to do a ~** eine Runde drehen ③ *(circular route)* Rundgang *m* ④ *(sequence of events)* Runde *f*

circulation [ˌsɜːkjəˈleɪʃᵊn] *n no pl* MED [Blut]kreislauf *m*

circumstance [ˈsɜːkəmstæn(t)s] *n* Umstände *pl;* **to be a victim of ~[s]** ein Opfer der Verhältnisse sein; **in these ~s** unter diesen Umständen

circumvention [ˌsɜːkəmˈven(t)ʃᵊn] *n no pl of a rule* Umgehung *f*

circus [ˈsɜːkəs] *n* ① Zirkus *m a. fig* ② BRIT *(in city)* [runder] Platz

citizen [ˈsɪtɪzᵊn] *n* [Staats]bürger(in) *m(f)*

citric acid *n* Zitronensäure *f*

citrus [ˈsɪtrəs] *n* <*pl* -> Zitrusgewächs *nt;* **~ fruit** Zitrusfrucht *f*

city [ˈsɪti] *n* ① [Groß]stadt *f* ② **the C~** BRIT das Londoner Banken- und Börsenviertel

city hall *n* AM Rathaus *nt;* **C~** Stadtverwaltung *f*

civil [ˈsɪvᵊl] *adj* ① *(non-military)* zivil ② *(courteous)* höflich

civil court *n* Zivilgericht *nt*

civilian [sɪˈvɪliən] **I.** *n* Zivilist(in) *m(f)* **II.** *adj* **~ population** Zivilbevölkerung *f*

civilization [ˌsɪvᵊlaɪˈzeɪʃᵊn] *n* Zivilisation *f*

civilized [ˈsɪvᵊlaɪzd] *adj* zivilisiert; *(polite)* höflich; *(good taste)* kultiviert

civilly [ˈsɪvᵊli] *adv* höflich, zuvorkommend

civil marriage *n* Zivilehe *f; (ceremony)* Ziviltrauung *f* **civil rights** *n pl* Bürgerrechte *pl* **civil servant** *n* [Staats]beamte(r) *m,* [Staats]beamtin *f* **civil service** *n* öffentlicher Dienst **civil union** *n* gleichgeschlechtliche Ehe **civil war** *n* Bürgerkrieg *m*

claim [kleɪm] **I.** *n* ① *(assertion)* Behauptung *f* ② *(demand for money)* Forderung *f* **II.** *vt* ① *(assert)* behaupten ② *(declare ownership)* auf etw *akk* Anspruch erheben ③ *(require)* in Anspruch nehmen ④ *(demand in writing)* beantragen **III.** *vi* seine Ansprüche geltend machen; **to ~ for sth** etw fordern

clap [klæp] **I.** *n* ❶ Klatschen *nt;* **to give sb a ~** jdm applaudieren ❷ *(noise)* Krachen *nt;* **~ of thunder** Donner[schlag] *m* **II.** *vt* <-pp-> **to ~ one's hands** in die Hände klatschen; **to ~ sb** jdm Beifall klatschen ▶ **to ~ eyes on** [erstmals] zu sehen bekommen **III.** *vi* <-pp-> [Beifall] klatschen; **to ~ along** mitklatschen

C

clarify <-ie-> ['klærɪfaɪ] *vt* klarstellen

clarity ['klærəti] *n no pl* Klarheit *f*

clash [klæʃ] **I.** *vi* ❶ *(come into conflict)* zusammenstoßen ❷ *(compete against)* aufeinandertreffen ❸ *(contradict)* im Widerspruch stehen **II.** *n* <*pl* -es> ❶ *(hostile encounter)* Zusammenstoß *m* ❷ *(contest)* Aufeinandertreffen *nt* ❸ *(conflict)* Konflikt *m*

clasp [klɑːsp] **I.** *n* ❶ *(firm grip)* Griff *m* ❷ *(fastening device)* Verschluss *m* **II.** *vt* umklammern

class [klɑːs] **I.** *n* <*pl* -es> ❶ + *sing/pl vb* *(pupils)* [Schul]klasse *f* ❷ *(lesson)* [Unterrichts]stunde *f;* SPORTS Kurs[us] *m* ❸ + *sing/pl vb* AM *(graduates)* Jahrgang *m* **II.** *adj* erstklassig **III.** *vt* einstufen

classic ['klæsɪk] **I.** *adj* klassisch **II.** *n* Klassiker *m*

classical ['klæsɪkəl] *adj* klassisch

Classicism ['klæsɪsɪzəm] *n no pl* Klassik *f;* ARCHIT Klassizismus *m*

classics ['klæsɪks] *n* + *sing vb* Altphilologie *f*

classified ['klæsɪfaɪd] *adj* geheim; **to be ~** unter Verschluss stehen

classify <-ie-> ['klæsɪfaɪ] *vt* klassifizieren

classmate *n* Klassenkamerad(in) *m(f)*

classroom *n* Klassenzimmer *nt*

classy ['klɑːsi] *adj* erstklassig; **she's a really ~ lady** die Frau hat Klasse

clause [klɔːz] *n* ❶ *(part of sentence)* Satzglied *nt* ❷ *(in a contract)* Klausel *f*

claw [klɔː] **I.** *n* Kralle *f* **II.** *vt* [zer]kratzen

clay [kleɪ] *n no pl (earth)* Lehm *m; (for pottery)* Ton *m*

clean [kliːn] **I.** *adj* ❶ *(not dirty)* sauber ❷ *joke* anständig **II.** *adv* glatt; **the thief got ~ away** der Dieb ist spurlos verschwunden **III.** *vt* *(remove dirt)* sauber machen; *car* waschen; *shoes, teeth, windows* putzen; *wound* reinigen; **to ~ sth off** etw abwischen **IV.** *vi* sich reinigen lassen **V.** *n* **to give sth a [good] ~** etw [gründlich] sauber machen

◆**clean out** *vt* ❶ *(clean thoroughly)* [gründlich] sauber machen; *(with water)* auswaschen ❷ **to be completely ~ed out** *(fam)* völlig blank sein

◆**clean up I.** *vt* sauber machen; *building* reinigen; **to ~ up the mess** aufräumen **II.** *vi* ❶ *(tidy)* aufräumen; **to ~ up after sb** jdm hinterherräumen ❷ *(fam: make profit)* absahnen

cleaner ['kliːnəʳ] *n* ❶ *(person)* Reinigungskraft *f* ❷ *no pl (substance)* Reiniger *m*

cleaner's *n* + *sing vb,* **cleaners** ['kliːnəz] *n pl* Reinigung *f*

cleaning lady, cleaning woman *n* Putzfrau *f*

cleanness ['kliːnnəs] *n no pl* Sauberkeit *f*

cleanskin *n* Nichtvorbestrafte(r) *f(m)*

clean-up *n* Reinigung *f*

clear [klɪəʳ] **I.** *adj* ❶ *(understandable)* klar; *(definite)* eindeutig; *signs* deutlich; **as ~ as a bell** glockenhell ❷ *(obvious)* klar; **to be ~ about sth** sich *dat* über etw *akk* im Klaren sein ❸ *conscience* rein ❹ *liquid* klar ❺ *(away from)* **to keep ~** sich fernhalten ▶ **all ~** die Luft ist rein **II.** *n* **to be in the ~** außer Verdacht sein **III.** *adv* ❶ *(away from)* **stand ~ of the doors** *(in underground)* bitte zurückbleiben ❷ *(distinctly)* **loud and ~** klar und deutlich **IV.** *vt* ❶ *(remove doubts)* klären ❷ *(remove obstruction)* [weg]räumen; **to ~ one's throat** sich räuspern ❸ *(empty)* ausräumen; *building* räumen; *table* abräumen ❹ *(complete)* erledigen ⑤ *(give permission)* genehmigen ▸ **to ~ the decks** klar Schiff machen **V.** *vi* ① *(delete)* löschen ② *(become transparent)* sich klären ③ *(weather)* sich [auf]klären; *fog* sich auflösen

◆ **clear away I.** *vt* wegräumen **II.** *vi* abräumen

◆ **clear off** *vi (fam)* verschwinden

◆ **clear out** *vt* ausräumen; *attic* entrümpeln

◆ **clear up I.** *vt* ① *(explain)* klären ② *(clean)* aufräumen **II.** *vi* ① *(tidy)* aufräumen; **to ~ up after sb** hinter jdm herräumen ② *(stop raining)* aufhören zu regnen; *(brighten up)* sich aufklären

clearance ['klɪər^{ə}n(t)s] *n no pl* ① *(act of clearing)* Beseitigung *f;* **slum ~ programme** Slumsanierungsprogramm *nt* ② *(space)* Spielraum *m*

clearance sale *n* Räumungsverkauf *m*

clearly ['klɪəli] *adv* ① *(distinctly)* klar, deutlich ② *(obviously)* offensichtlich

clementine ['kleməntiːn, AM *esp*-taɪn] *n* Klementine *f*

clergy ['klɜːdʒi] *n + pl vb* **the ~** die Geistlichkeit; **to join the ~** Geistliche(r) werden

cleric ['klerɪk] *n* Kleriker(in) *m(f)*

clerical staff *n + sing/pl vb* Büropersonal *nt* **clerical work** *n no pl* Büroarbeit *f*

clerk [klɑːk] *n* Büroangestellte(r) *f(m);* AM *(hotel receptionist)* Empfangschef *m*/Empfangsdame *f*

clever <-er, -est> ['klevə^{r}] *adj* ① *(intelligent)* klug, schlau *fam* ② *(skilful)* geschickt

cleverly ['klev^{ə}li] *adv* klug; *(skilfully)* geschickt

click [klɪk] **I.** *n* ① *(sound)* Klicken *nt* ② COMPUT Klick *m* **II.** *vt, vi* [an]klicken

client ['klaɪənt] *n* Kunde *m,* Kundin *f;* LAW Klient(in) *m(f)*

cliff [klɪf] *n* Klippe *f*

climate ['klaɪmət] *n* Klima *nt a. fig;* **change of ~** Klimawechsel *m;* **to move to a warmer ~** in wärmere Gegenden ziehen

climate change *n no pl* Klimaveränderung *f* **climate change levy** *n* BRIT Klimaschutzabgabe *f (Abgabe auf den Stromverbrauch im nicht-privaten Sektor)*

climax ['klaɪmæks] **I.** *n* Höhepunkt *m* **II.** *vi* ① *(reach a high point)* einen Höhepunkt erreichen; **to ~ in sth** in etw *dat* gipfeln ② *(achieve orgasm)* einen Orgasmus haben

climb [klaɪm] **I.** *n* ① *(ascent)* Aufstieg *m a. fig* ② AVIAT Steigflug *m* ③ *(increase)* Anstieg *m* (**in** +*gen*) **II.** *vt (ascend)* **to ~ [up] a hill** auf einen Hügel [hinauf]steigen; **to ~ [up] the stairs** die Treppe hochgehen **III.** *vi* ① *(ascend)* [auf]steigen *a. fig* ② *(get into)* hineinklettern (**into** in); **he ~ed into his suit** er stieg in seinen Anzug

◆ **climb down** *vi (descend)* heruntersteigen; *(from a tree)* herunterklettern (**from** von)

climber ['klaɪmə^{r}] *n* ① *(mountaineer)* Bergsteiger(in) *m(f); of rock faces* Kletterer *m,* Kletterin *f* ② *social, professional* Aufsteiger(in) *m(f)*

climbing ['klaɪmɪŋ] *n no pl (ascending mountains)* Bergsteigen *nt; (ascending rock faces)* Klettern *nt*

cling <clung, clung> [klɪŋ] *vi* ① *(hold tightly)* [sich] klammern (**to** an); **~ on!** halt dich fest! ② *(stick)* kleben

clingfilm *n no pl* BRIT Frischhaltefolie *f*

clinic ['klɪnɪk] *n* Klinik *f*

clinically ['klɪnɪk^{ə}li] *adv* klinisch

clip^{1} [klɪp] **I.** *n (fastener)* Klipp *m; (for wires)* Klemme *f;* **hair ~** [Haar]spange *f;* **paper ~** Büroklammer *f* **II.** *vt* <-pp-> **to ~ together** zusammenklammern

clip^{2} [klɪp] **I.** *n* ① *(trim)* Schneiden *nt* ② FILM Ausschnitt *m* **II.** *vt* <-pp-> ① *(trim) dog* trimmen; *sheep* scheren; *nails* schneiden ② *(fig: reduce)* verkürzen

clipboard *n* Klemmbrett *nt*

cloak [kləʊk] **I.** *n* Umhang *m* **II.** *vt* verhüllen; **to be ~ed in secrecy** geheim gehalten werden

cloakroom *n* ① *(for coats)* Garderobe *f* ② BRIT *(public toilet)* Toilette *f*

clock [klɒk] **I.** *n* Uhr *f;* **to run against the ~** auf Zeit laufen; **round the ~** rund um die Uhr **II.** *vt* ① *(measure speed)* **the police ~ed him doing 90 mph** die Polizei blitzte ihn mit 145 km/h ② *(fam: strike)* **to ~ sb [one]** jdm eine kleben

clock radio *n* Radiowecker *m* **clock tower** *n* Uhrenturm *m* **clockwork** *n no pl* Uhrwerk *nt;* **everything is going like ~** alles läuft wie am Schnürchen; **~ toy** Spielzeug *nt* zum Aufziehen; **regular as ~** pünktlich wie ein Uhrwerk

clog [klɒg] **I.** *n* Holzschuh *m* **II.** *vi, vt* <-gg-> **to ~ [up]** verstopfen

clone [kləʊn] **I.** *n* Klon *m* **II.** *vt* klonen

close¹ [kləʊs] **I.** *adj* ① *(near)* nah[e]; **to be ~ to sth** in der Nähe einer S. *gen* liegen ② *(intimate)* eng; **to be ~ to sb** jdm [sehr] nahestehen ③ *(almost equal)* knapp; **~ race** Kopf-an-Kopf-Rennen *nt* ④ *(exact)* genau; **to keep a ~ eye on sth** etw gut im Auge behalten ⑤ *(almost)* **~ to …** nahezu … ▶ **that was a ~ call!** das war knapp! **II.** *adv (near)* nahe; **please come ~r** kommen Sie doch näher!; **to come ~ to tears** den Tränen nahekommen; **~ by** in der Nähe; **from ~ up** aus der Nähe; **~ together** dicht beieinander **III.** *n* BRIT Hof *m; (in street names) Straßenname für Sackgassen*

close² [kləʊz] **I.** *vt* ① *(shut)* schließen; *book, door, mouth* zumachen ② *(end)* abschließen; *bank account* auflösen **II.** *vi* ① *(shut) wound* sich schließen; *door, lid* zugehen ② *(shut down)* schließen ③ *(end)* zu Ende gehen **III.** *n no pl* Ende *nt,* Schluss *m;* **to bring sth to a ~** etw beenden
◆**close down** *vi* schließen
◆**close in** *vi darkness* hereinbrechen; **to ~ in on sb** sich jdm nähern
◆**close off** *vt* absperren
◆**close up I.** *vi* ① *(shut) flower, oyster, wound* sich schließen ② *(move nearer) people* zusammenrücken **II.** *vt* [ab]schließen

closed [kləʊzd] *adj* geschlossen, zu

closely ['kləʊsli] *adv* ① *(near)* dicht ② *(intimately)* eng ③ *(carefully)* sorgfältig

closet ['klɒzɪt] *n esp* AM [Wand]schrank *m*

close-up *n* Nahaufnahme *f*

closing ['kləʊzɪŋ] **I.** *adj* abschließend; **~ speech** Schlussrede *f* **II.** *n* ① *(bringing to an end)* Beenden *nt kein pl* ② *(end of business hours)* Geschäftsschluss *m*

closing date *n* Schlusstermin *m; (for competition)* Einsendeschluss *m* **closing-down sale** *n* Räumungsverkauf *m* **closing time** *n (for shop)* Ladenschluss *m; (of pub)* Sperrstunde *f*

closure ['kləʊʒəʳ] *n of institution* Schließung *f; of street* Sperrung *f*

clot [klɒt] **I.** *n* MED **[blood] ~** [Blut]gerinnsel *nt* **II.** *vi* <-tt-> gerinnen

cloth [klɒθ] *n* ① *no pl (material)* Tuch *nt* ② *(for cleaning)* Lappen *m*

clothes [kləʊ(ð)z] *n pl* Kleider *pl; (collectively)* Kleidung *f kein pl*

clothes-hanger *n* Kleiderbügel *m* **clothes line** *n* Wäscheleine *f*

clothing ['kləʊðɪŋ] *n no pl* Kleidung *f*

clotting ['klɒtɪŋ] *n no pl* BIOL, CHEM Gerinnung *f,* Koagulierung *f*

cloud [klaʊd] **I.** *n* Wolke *f; of insects* Schwarm *m;* ▶ **every ~ has a silver lining** *(prov)* jedes Unglück hat auch sein Gutes; **to be under a ~** keinen guten Ruf haben **II.** *vt issue* verschleiern

cloudburst *n* Wolkenbruch *m*

cloudless ['klaʊdləs] *adj* wolkenlos

cloudy ['klaʊdi] *adj weather* bewölkt; *liquid* trüb

clown [klaʊn] **I.** *n* ① *(entertainer)* Clown *m* ② *(funny person)* Kasper *m*

II. *vi* **to ~ around** herumalbern

cloying ['klɔɪɪŋ] *adj (liter)* ❶ *(pej: too sweet)* übermäßig süß ❷ *(pej: insincerely sweet)* süßlich; **her ~ manner** ihr süßliches Gehabe

club [klʌb] **I.** *n* ❶ *(group)* Klub *m*, Verein *m* ❷ SPORTS *(implement)* Schläger *m* ❸ CARDS Kreuz *nt* ❹ *(disco)* Klub *m* **II.** *vt* <-bb-> einknüppeln auf +*akk*; **to ~ to death** erschlagen

clubbing ['klʌbɪŋ] *n no pl* **to go ~** in die Disko gehen, clubben gehen *sl*

clue [klu:] *n* ❶ *(evidence)* Hinweis *m*; *(hint)* Tipp *m* ❷ *(idea)* Ahnung *f*; **I haven't a ~!** [ich habe] keine Ahnung!

clumsily ['klʌmzɪli] *adv* unbeholfen

clumsy ['klʌmzi] *adj (bungling)* ungeschickt; *(ungainly)* klobig

clung [klʌŋ] *pp, pt of* **cling**

cluster ['klʌstəʳ] **I.** *n* Bündel *nt*; *of people* Traube *f*; *of gems* Büschel *nt*; **~ of stars** Sternhaufen *m* **II.** *vi* **to ~ around sth** sich um etw *akk* scharen

clutch [klʌtʃ] **I.** *vi* sich klammern (**at** an) **II.** *vt* umklammern **III.** *n* ❶ *usu sing* AUTO Kupplung *f*; **to let the ~ out** auskuppeln ❷ *(control)* **to fall into the ~es of sb** jdm in die Klauen fallen

clutter ['klʌtəʳ] **I.** *n no pl* Durcheinander *nt* **II.** *vt* durcheinanderbringen

coach [kəʊtʃ] **I.** *n* ❶ BRIT *(private bus)* Reisebus *m*; **by ~** mit dem Bus ❷ *(railway carriage)* [Eisenbahn]wagen *m* ❸ *(teacher)* SPORTS Trainer(in) *m(f)* **II.** *vt* SPORTS trainieren

coaching ['kəʊtʃɪŋ] *n no pl* SPORTS Training *nt*

coal [kəʊl] *n* Kohle *f*; ▶ **to carry ~s to Newcastle** Eulen nach Athen tragen

coal mine *n* Kohlenbergwerk *nt* **coal miner** *n* Bergmann *m*

coarse [kɔ:s] *adj* ❶ *(rough)* grob ❷ *(vulgar)* derb

coast [kəʊst] **I.** *n* Küste *f*; **off the ~** vor der Küste; **on the west ~** an der Westküste ▶ **the ~ is clear** die Luft ist rein **II.** *vi* dahinrollen; **to ~ [along]** mühelos vorankommen

coastal ['kəʊstᵊl] *adj* **~ region** Küstenregion *f*

coastguard *n* Küstenwache *f* **coastline** *n no pl* Küste[nlinie] *f*

C

coat [kəʊt] **I.** *n* ❶ *(outer garment)* Mantel *m* ❷ *(animal's fur)* Fell *nt* **II.** *vt* überziehen; **to ~ with breadcrumbs** panieren

coat hanger *n* Kleiderbügel *m*

coax [kəʊks] *vt* **to ~ sb into doing sth** jdn dazu bringen, etw zu tun

cobweb ['kɒbweb] *n* Spinnennetz *nt*

co-citizen [kəʊ'sɪtɪzᵊn] *n* verantwortungsbewusster Mitbürger, verantwortungsbewusste Mitbürgerin *m, f*

cock [kɒk] **I.** *n* ❶ *(male chicken)* Hahn *m* ❷ *(vulg: penis)* Schwanz *m* **II.** *adj* ORN männlich **III.** *vt ears* spitzen

cockerel ['kɒkᵊrᵊl] *n* junger Hahn

cockpit ['kɒkpɪt] *n* Cockpit *nt*

cocktail ['kɒkteɪl] *n* Cocktail *m*

cock-up ['kɒkʌp] *n (sl)* Schlamassel *m*; **what a ~!** so ein Mist!

cocky ['kɒki] *adj (fam)* großspurig

cocoa ['kəʊkəʊ] *n no pl* Kakao *m*

coconut ['kəʊkənʌt] *n* Kokosnuss *f*

coconut milk *n* Kokosmilch *f*

cod <*pl* -> [kɒd] *n* Kabeljau *m*

code [kəʊd] **I.** *n* ❶ *(ciphered language)* Kode *m* ❷ LAW Kodex *m* **II.** *vt* chiffrieren

co-defendant *n* LAW Mitbeklagte(r) *f(m)*

code name *n* Deckname *m* **code number** *n* Kodenummer *f* **code word** *n* Kennwort *nt*

coding ['kəʊdɪŋ] *n* Kodierung *f*

co-driver ['kəʊdraɪvəʳ] *n* Beifahrer(in) *m(f)*

co-ed [ˌkəʊ'ed] *adj* SCH *(fam)* gemischt

co-education [ˌkəʊedʒu:'keɪʃᵊn] *n no pl* Koedukation *f*

coffee ['kɒfi:] *n* Kaffee *m*; **~ to go** Kaffee zum Mitnehmen

coffee bar *n* Café *nt* **coffee break** *n* Kaffeepause *f* **coffee cup** *n* Kaffeetasse *f* **coffee-grinder** *n* Kaffeemühle *f* **coffee machine** *n* Kaffeemaschine *f*

C

coffee maker *n* Kaffeemaschine *f;* **bean to cup** ~ Kaffeevollautomat *m* **coffee pod** *n* *(Verpackung)* Kaffeepad *nt* **coffee pot** *n* Kaffeekanne *f* **coffee shop** *n* Café *nt*

coffin ['kɒfɪn] *n* Sarg *m*

cognac ['kɒnjæk] *n* Cognac *m*

cognate ['kɒgneɪt] LING **I.** *adj* [ur]verwandt (**with** mit +*dat*) **II.** *n* verwandtes Wort

cohabit [kəʊ'hæbɪt] *vi* *(form)* zusammenleben

coil [kɔɪl] **I.** *n* ❶ *(wound spiral)* Rolle *f* ❷ *(contraceptive)* Spirale *f* **II.** *vi* sich winden

coin [kɔɪn] **I.** *n* Münze *f* **II.** *vt* ▶ **to ~ a phrase** … ich will mal so sagen …

coin-box telephone *n* Münzfernsprecher *m*

coincidence [kəʊ'ɪn(t)sɪdᵊn(t)s] *n* Zufall *m;* **by ~** durch Zufall

coitus ['kəʊɪtəs] *n no pl* *(form)* Geschlechtsverkehr *m*

cola ['kəʊlə] *n* Cola *f o nt fam*

cold [kəʊld] **I.** *adj* kalt; **as ~ as ice** eiskalt; **I'm ~** mir ist kalt ▶ **to get ~ feet** kalte Füße bekommen **II.** *n* ❶ *(low temperature)* Kälte *f* ❷ MED Erkältung *f,* Schnupfen *m*

cold-blooded [ˌkəʊld'blʌdɪd] *adj* kaltblütig **cold-hearted** *adj* kaltherzig

coleslaw ['kəʊlslɔː] *n no pl* Krautsalat *m*

collaborate [kə'læbᵊreɪt] *vi* ❶ zusammenarbeiten (**on** an) ❷ *(with enemy)* kollaborieren

collapse [kə'læps] **I.** *vi* ❶ *(fall down)* *things, buildings* einstürzen; *people* zusammenbrechen ❷ *(fail)* zusammenbrechen; *enterprise* zugrunde gehen; *government* zu Fall kommen; *talks* scheitern **II.** *n* ❶ *(act of falling down)* Einsturz *m* ❷ *(failure)* Zusammenbruch *m* ❸ MED Kollaps *m*

collapsible [kə'læpsɪbl] *adj* zusammenklappbar

collar ['kɒləʳ] *n* Kragen *m;* *(for animals)* Halsband *nt*

colleague ['kɒliːg] *n* [Arbeits]kollege(in) *m(f)*

collect ['kɒ'lekt] **I.** *adj* AM TELEC **~ call** R-Gespräch *nt* **II.** *vi* *(gather)* sich versammeln; *(accumulate)* sich ansammeln **III.** *vt* ❶ *(gather)* einsammeln; *money, stamps* sammeln ❷ *(pick up)* abholen

collect call *n* AM R-Gespräch *nt*

collection [kə'lekʃᵊn] *n* ❶ *of money, objects* Sammlung *f;* *(in church)* Kollekte *f* ❷ *of people* Ansammlung *f* ❸ FASHION Kollektion *f*

collector [kə'lektəʳ] *n* Sammler(in) *m(f)*

college ['kɒlɪdʒ] *n* ❶ *(school)* ≈ Gymnasium *nt;* *(privately funded)* Kolleg *nt* ❷ *(university)* Universität *f,* Hochschule *f;* **art ~** Kunstakademie *f;* **to go to ~** studieren

collide [kə'laɪd] *vi* zusammenstoßen

collision [kə'lɪʒᵊn] *n* Zusammenstoß *m*

colloquial [kə'ləʊkwiəl] *adj* umgangssprachlich; **~ language** Umgangssprache *f*

colonel ['kɜːnᵊl] *n* Oberst *m*

colonnade [ˌkɒlə'neɪd] *n* ARCHIT Säulengang *m,* Kolonnade *f geh*

colony ['kɒləni] *n* Kolonie *f*

colour, AM **color** ['kʌləʳ, AM -ɚ] *n* ❶ Farbe *f;* **what ~ is her hair?** was hat sie für eine Haarfarbe? ❷ *(skin colour)* Hautfarbe *f;* ▶ **to pass with flying ~s** glänzend abschneiden **II.** *vt* ❶ *(change colour of)* färben ❷ *(distort)* beeinflussen **III.** *vi face* rot werden

colour blind *adj* farbenblind

coloured, AM **colored** ['kʌləd, AM -ɚd] *adj* farbig; **~ pencil** Buntstift *m*

Coloured, AM **Colored** *n* *(dated: person of dark-skinned race)* Farbige(r) *f(m)*

colour-fast *adj* farbecht

colourful ['kʌləfᵊl] *adj* ❶ *(full of colour)* *paintings* farbenfroh; *clothing* bunt ❷ *(interesting)* [bunt] schillernd; *past* bewegt

colourfully, AM **colorfully** ['kʌləfᵊli] *adv* ❶ *(with colours)* bunt ❷ *(vividly)* lebendig; *(interestingly)* schillernd

colouring ['kʌlərɪŋ] *n no pl* ❶ *(com-

plexion) Gesichtsfarbe *f* ② *(chemical)* Farbstoff *m*

colourless [ˈkʌlələs] *adj* farblos

colour scheme *n* Farbzusammenstellung *f*

column [ˈkɒləm] *n* ① *(pillar)* Säule *f* ② MIL Kolonne *f* ③ *(article)* Kolumne *f*

comb [kəʊm] **I.** *n* Kamm *m* **II.** *vt* ① *hair* kämmen ② *(search thoroughly)* durchkämmen

combination [ˌkɒmbɪˈneɪʃᵊn] *n* Kombination *f* (**of** aus)

combine [kəmˈbaɪn] **I.** *vt* verbinden **II.** *vi* sich verbinden

combined [kəmˈbaɪnd] *adj* vereint; **~ total** Gesamtsumme *f*

come [kʌm] *vi* <came, come> ① *(move towards)* kommen; **~ here a moment** kommst du mal einen Moment [her]? ② *(arrive)* ankommen; **has she ~ yet?** ist sie schon da? ③ *(accompany someone)* mitkommen ④ *(originate from)* stammen; **the train came from Glasgow** der Zug kam aus Glasgow; **where do you ~ from?** wo kommst du her? ⑤ *(have priority)* **to ~ before sth** wichtiger als etw sein ⑥ *(fam: have orgasm)* kommen *fam* ⑦ *(be, become)* **to ~ under the pressure** unter Druck geraten; **to ~ loose** sich [ab]lösen; *door* aufgehen; **nothing came of it** daraus ist nichts geworden ▶ **~ again?** [wie] bitte?

◆**come about** *vi* passieren

◆**come across** **I.** *vi* ① *feelings* zum Ausdruck kommen ② *(create an impression)* wirken **II.** *vt (by chance)* **to ~ across sb** jdm [zufällig] begegnen; **to ~ across sth** [zufällig] auf etw *akk* stoßen

◆**come along** *vi* ① *(hurry)* **~ along!** jetzt komm [endlich]! ② *(go too)* mitgehen, mitkommen ③ *(progress)* Fortschritte machen

◆**come apart** *vi* auseinanderfallen

◆**come around** *vi see* **come round**

◆**come at** *vi* **to ~ at sb** auf jdn losgehen; **the ball was coming straight at me** der Ball kam genau auf mich zu

◆**come away** *vi* ① *(leave)* weggehen ② *(become detached)* sich lösen

◆**come back** *vi* ① *(return)* zurückkommen ② *(be remembered)* wieder einfallen ③ *artist* ein Come-back haben

◆**come by** *vi* ① *(visit)* vorbeikommen ② *(obtain)* kriegen

◆**come down** *vi* ① *(fall)* fallen; *trousers* rutschen ② *(collapse)* einstürzen ③ *(become less)* sinken ④ *(amount to)* hinauslaufen (**to** auf) ⑤ *(be taken ill)* **to ~ down with sth** sich *dat* etw eingefangen haben

◆**come forward** *vi* sich melden

◆**come in** *vi* ① *(enter)* hereinkommen; **do ~ in** komm doch rein; **~ in!** herein! ② *(arrive)* ankommen; *ship* einlaufen; *train* einfahren; *plane* landen ③ *(become fashionable)* in Mode kommen ④ + *adj (be)* **to ~ in handy** gelegen kommen ⑤ *(play a part)* **and that's where you ~ in** und hier kommst du dann ins Spiel ⑥ *(be subjected to)* **to ~ in for criticism** Kritik hervorrufen

◆**come off** *vi* ① *(fam: succeed)* klappen ② *(take place)* stattfinden ③ *(end up)* abschneiden ④ *(stop taking)* **to ~ off sth** mit etw *dat* aufhören ▶ **~ off it!** *(fam)* nun mach mal halblang!

◆**come on** *vi* **~ on!** *(impatient)* komm jetzt!; *(encouraging)* komm schon!; *(annoyed)* jetzt hör aber auf!

◆**come out** *vi* ① *sun, person* herauskommen ② *(be released) book* herauskommen, erscheinen; *film* anlaufen ③ *(become known)* bekannt werden ④ *(reveal homosexuality)* sich outen ⑤ *(end up)* **to ~ out top/the winner** Beste(r)/Sieger(in) werden; **your painting has ~ out really well** Ihr Gemälde ist wirklich gut geworden ⑥ *(express opinion)* **to ~ out in favour of/against sth** sich für/gegen etw *akk* aussprechen ⑦ *(fade) stain* herausgehen

◆**come over** *vi* ① *(to a place)* [her]überkommen ② *(change point of*

C

view) überwechseln
◆**come round** *vi esp* BRIT, AUS ❶ *(visit sb's home)* vorbeikommen ❷ *(regain consciousness)* [wieder] zu sich kommen ❸ *(change one's mind)* seine Meinung ändern; **to ~ round to sb's point of view** sich jds Standpunkt anschließen
◆**come through** *vi* ❶ *(survive)* durchkommen ❷ BRIT, AUS *results, visa* eintreffen; *call* eingehen
◆**come to** *vi* ❶ *(regain consciousness)* [wieder] zu sich kommen ❷ *(amount to)* sich belaufen auf *+akk* ❸ *(reach)* **what is the world coming to?** wo soll das alles nur hinführen?; **it'll ~ to me later** es wird mir schon noch einfallen; **he won't ~ to any harm** ihm wird nichts passieren; **it ~s to the same thing** das läuft auf dasselbe raus; **to ~ to the conclusion …** zu dem Schluss kommen, dass …; **to have ~ to a decision** eine Entscheidung getroffen haben; **to ~ to nothing** zu nichts führen; **to ~ to the point** zum Punkt kommen ❹ *(concern)* **when it ~s to travelling …** wenn's ums Reisen geht, …
◆**come under** *vi* ❶ *(be listed under)* stehen unter *+dat;* **soups ~ under 'starters'** Suppen sind als Vorspeisen aufgeführt ❷ *(subject to)* **to ~ under fire** unter Beschuss geraten
◆**come up** *vi* ❶ *(to higher place)* hochkommen; *sun, moon* aufgehen ❷ *(be mentioned)* aufkommen; *topic* angeschnitten werden; *name* erwähnt werden ❸ *(happen)* passieren ❹ **to ~ up for sale** zum Verkauf stehen ❺ *(become vacant) job* frei werden ❻ *(on TV)* **coming up next on BBC 2 …** und auf BBC 2 sehen Sie als Nächstes … ❼ *(of plants)* herauskommen
◆**come upon** *vi* **to ~ upon sth** [zufällig] auf etw *akk* stoßen; **to ~ upon sb** [zufällig] jdm begegnen
◆**come up with** *vi (think of)* **to ~ up with an idea** eine Idee haben; **to ~ up with a solution** eine Lösung finden; **to ~ up with a plan** einen Plan entwickeln

comedian [kə'miːdiən] *n* Komiker(in) *m(f)*
comedy ['kɒmədi] *n* Komödie *f*
comet ['kɒmɪt] *n* Komet *m*
comfort ['kʌm(p)fət] **I.** *n* ❶ *no pl (comfortable feeling)* Bequemlichkeit *f* ❷ *no pl (consolation)* Trost *m* ❸ *(pleasurable things in life)* **~s** *pl* Komfort *m kein pl* **II.** *vt* trösten
comfortable ['kʌm(p)ftəbl] *adj* ❶ *(offering comfort)* bequem; *house, room* komfortabel ❷ *(at ease)* **to be ~** sich wohl fühlen; **are you ~?** sitzt du bequem?; **to feel ~ with sth** mit etw *dat* zufrieden sein
comfortably ['kʌm(p)ftəbli] *adv* ❶ *(in a comfortable manner)* bequem ❷ *(easily)* leicht ❸ FIN **they are ~ off** es geht ihnen [finanziell] gut; **to live ~** sorgenfrei leben
comforting ['kʌm(p)fətɪŋ] *adj word* tröstend
comfy ['kʌm(p)fi] *adj (fam)* bequem
comic ['kɒmɪk] **I.** *n* ❶ *(magazine)* Comicheft *nt* ❷ *(professional comedian)* Komiker(in) *m(f)* **II.** *adj* komisch
comic book *n* AM Comicbuch *nt* **comic strip** *n* Comic *m (in einer Zeitung)*
coming ['kʌmɪŋ] **I.** *adj (next)* kommend; *(approaching)* herannahend; **this ~ Friday** nächsten Freitag **II.** *n no pl (arrival)* Ankunft *f*
comma [ˌkɒmə] *n* Komma *nt*
command [kə'mɑːnd] **I.** *vt* ❶ *(order)* **to ~ sb** jdm einen Befehl geben ❷ MIL **to ~ sth** den Oberbefehl über etw *akk* haben; *company* leiten ❸ *(form: inspire)* gebieten **II.** *vi* Befehle erteilen **III.** *n* ❶ *(order)* Befehl *m* ❷ *no pl (authority)* Kommando *nt;* **to be in ~ of** befehligen; **to be at sb's ~** *(hum)* jdm zur Verfügung stehen
commemorate [kə'meməreɪt] *vt* gedenken *+gen*
commemorative [kə'memᵊrətɪv] *adj*

~ **issue** Gedächtnisausgabe *f;* ~ **plaque** Gedenktafel *f*

comment ['kɒment] **I.** *n* Kommentar *m* **II.** *vi* einen Kommentar abgeben; **to ~ on sth** sich zu etw *dat* äußern

commentary ['kɒmentᵊri] *n* Kommentar *m* (**on** zu)

commentate ['kɒmənteɪt] *vi* TV, RADIO **to ~ on sth** etw kommentieren

commentator ['kɒmənteɪtəʳ] *n* Kommentator(in) *m(f)*

commercial [kə'mɜːʃᵊl] **I.** *adj* ❶ *(relating to commerce)* kaufmännisch ❷ *(profit-orientated)* kommerziell **II.** *n* Werbespot *m*

commercially [kə'mɜːʃᵊli] *adv* ❶ *(on the market)* kommerziell, geschäftlich ❷ *(for public consumption)* auf dem Markt; ~ **available** im Handel erhältlich

commission [kə'mɪʃᵊn] **I.** *vt (order)* **to ~ sth** etw in Auftrag geben; **to ~ sb [to do sth]** jdn beauftragen[, etw zu tun] **II.** *n* ❶ *(order)* Auftrag *m* ❷ *+ sing/pl vb (investigative body)* Kommission *f* ❸ *(system of payment)* Provision *f* ❹ *no pl* **out of ~** *machine* außer Betrieb

commit <-tt-> [kə'mɪt] **I.** *vt* ❶ *(carry out)* begehen ❷ *(bind) money* bereitstellen; **to ~ oneself to sth** sich etw *dat* voll und ganz widmen ❸ *(entrust)* **to ~ sth to memory** sich *dat* etw einprägen **II.** *vi (bind oneself)* **to ~ to sth** sich auf etw *akk* festlegen

committee [kə'mɪti] *n + sing/pl vb* Ausschuss *m,* Komitee *nt*

common ['kɒmən] **I.** *adj* <-er, -est> ❶ *(often encountered)* üblich, gewöhnlich ❷ *(normal)* normal ❸ *(shared)* gemeinsam; **by ~ consent** mit allgemeiner Einwilligung; **in ~** gemeinsam ❹ ZOOL, BOT gemein **II.** *n* Gemeindeland *nt*

common room *n* BRIT SCH Gemeinschaftsraum *m*

Commons ['kɒmənz] *n + sing/pl vb* BRIT POL **the ~** das Unterhaus

common sense *n no pl* gesunder Menschenverstand; **a ~ approach** ein praktischer Ansatz

Commonwealth ['kɒmənwelθ] **I.** *n (Commonwealth of Nations)* **the ~** das Commonwealth **II.** *adj* Commonwealth-; **the ~ Games** die Commonwealth-Spiele *pl*

communicate [kə'mjuːnɪkeɪt] **I.** *vt (pass on)* mitteilen; *feeling, message* rüberbringen **II.** *vi (give information)* kommunizieren; **to ~ with one's hands** sich mit den Händen verständigen

communication [kəˌmjuːnɪ'keɪʃᵊn] *n no pl* ❶ *(being in touch)* Kommunikation *f;* ~ **gap** Informationslücke *f* ❷ *(passing on) of ideas* Vermittlung *f* ❸ *(form: thing communicated)* Mitteilung *f*

communism ['kɒmjənɪzᵊm] *n no pl* Kommunismus *m*

community [kə'mjuːnəti] *n* Gemeinde *f,* Gemeinschaft *f;* **Muslim ~** muslimische Gemeinde; **the business ~** die Geschäftswelt

community centre *n* Gemeindezentrum *nt*

commute [kə'mjuːt] **I.** *n (fam)* Pendelstrecke *f* **II.** *vi* pendeln

commuter [kə'mjuːtəʳ] *n* Pendler(in) *m(f)*

compact **I.** *adj* [kəm'pækt] kompakt **II.** *vt* [kəm'pækt] *(form: by a person)* festtreten **III.** *n* ['kɒmpækt] ❶ *(cosmetics)* Puderdose *f* ❷ AM, AUS AUTO Kompaktwagen *m*

compact disc *n* Compact Disc *f*

companion [kəm'pænjən] *n* Begleiter(in) *m(f); (associate)* Gefährte, -in *m, f*

company ['kʌmpəni] *n* ❶ COMM Firma *f,* Unternehmen *nt;* **Adams and C~** Adams & Co. ❷ *no pl (companionship)* Gesellschaft *f;* **to keep sb ~** jdm Gesellschaft leisten ❸ THEAT Schauspieltruppe *f*

comparable ['kɒmpᵊrəbl̩] *adj* vergleichbar (**to/with** mit)

C

C

comparative [kəm'pærətɪv] **I.** *n* Komparativ *m* **II.** *adj* ❶ *(involving comparison)* vergleichend ❷ *(relative)* relativ
comparatively [kəm'pærətɪvli] *adv* ❶ *(relatively)* verhältnismäßig ❷ *(by comparison)* im Vergleich
compare [kəm'peəʳ] **I.** *vt* ❶ vergleichen (**to/with** mit); **to ~ notes on sth** *(fig)* Meinungen über etw *akk* austauschen ❷ LING steigern **II.** *vi* vergleichbar sein; **to ~ favourably** vergleichsweise gut abschneiden **III.** *n no pl (liter)* **beyond ~** unvergleichlich
comparison [kəm'pærɪsᵊn] *n* Vergleich *m;* **by ~ with** verglichen mit; **to draw a ~** einen Vergleich anstellen; **there's no ~!** das ist gar kein Vergleich!
compartment [kəm'pɑːtmənt] *n* RAIL [Zug]abteil *nt,* Coupé *nt* ÖSTERR
compass <*pl* -es> ['kʌmpəs] *n* ❶ *(for showing direction)* Kompass *m* ❷ *(for drawing circles)* Zirkel *m*
compassion [kəm'pæʃᵊn] *n no pl* **to feel ~ for sb** Mitleid mit jdm haben; **with ~** voller Mitgefühl
compassionate [kəm'pæʃᵊnət] *adj* mitfühlend
compatible [kəm'pætɪbl] *adj* ❶ **to be ~** zusammenpassen ❷ COMPUT, MED kompatibel ❸ *(consistent)* vereinbar
compel <-ll-> [kəm'pel] *vt* **to feel ~led** [**to do sth**] sich gezwungen sehen[, etw zu tun]
compendium <*pl* -s *or* -dia> [kəm'pendiəm, *pl* -diə] *n* Handbuch *nt,* Kompendium *nt geh*
compensate ['kɒmpənseɪt] **I.** *vt* [finanziell] entschädigen **II.** *vi* kompensieren
compensation [ˌkɒmpən'seɪʃᵊn] *n no pl* Entschädigung[sleistung] *f*
compete [kəm'piːt] *vi* **to ~** [**with sb**] [gegen jdn] kämpfen (**for** um)
competent ['kɒmpɪtᵊnt] *adj (capable)* fähig; *(qualified)* kompetent
competently ['kɒmpɪtᵊntli] *adv* gekonnt
competition [ˌkɒmpə'tɪʃᵊn] *n no pl* Konkurrenz *f,* Wettbewerb *m*
competitive [kəm'petɪtɪv] *adj* ❶ *(characterized by competition)* konkurrierend; *(eager to compete)* kampfbereit; **~ sports** Leistungssport *m* ❷ COMM konkurrenzfähig
competitor [kəm'petɪtəʳ] *n* ❶ *(participant)* [Wettbewerbs]teilnehmer(in) *m(f)* ❷ COMM Konkurrent(in) *m(f)*
compile [kəm'paɪl] *vt list* erstellen; *facts* zusammentragen
complain [kəm'pleɪn] *vi* klagen, sich beklagen (**about/of** über); **stop ~ing!** hör auf zu jammern!
complainant [kəm'pleɪnənt] *n* LAW ❶ *(complainer)* Beschwerdeführer(in) *m(f)* ❷ *(plaintiff)* Kläger(in) *m(f)*
complaint [kəm'pleɪnt] *n* Klage *f;* MED *a.* Beschwerde *f*
complete [kəm'pliːt] **I.** *vt* ❶ *(add what is missing)* vervollständigen; *form* [vollständig] ausfüllen ❷ *(finish)* fertig stellen; *course* absolvieren **II.** *adj* ❶ *(with nothing missing)* vollständig; **the ~ works of Shakespeare** Shakespeares gesammelte Werke ❷ *(including)* **~ with** inklusive ❸ *(total)* absolut; *stranger, surprise* völlig
completely [kəm'pliːtli] *adv* völlig; **~ certain** absolut sicher
completion [kəm'pliːʃᵊn] *n no pl* Fertigstellung *f;* **on ~ of the project** nach Abschluss des Projekts
complex **I.** *adj* ['kɒmpleks] komplex; *(complicated)* kompliziert **II.** *n* <*pl* -es> ['kɒmpleks] ❶ ARCHIT Komplex *m;* **shopping ~** Einkaufszentrum *nt* ❷ PSYCH Komplex *m* (**about** wegen)
complexion [kəm'plekʃᵊn] *n* Teint *m;* **clear ~** reine Haut; **healthy ~** gesunde Gesichtsfarbe ▶ **to put a different ~ on sth** etw in einem anderen Licht erscheinen lassen
complexity [kəm'pleksəti] *n* ❶ *no pl (intricacy)* Komplexität *f* ❷ *(complication)* Kompliziertheit *f*

complicate ['kɒmplɪkeɪt] *vt* [noch] komplizierter machen

complicated ['kɒmplɪkeɪtɪd] *adj* kompliziert

complication [ˌkɒmplɪ'keɪʃən] *n* Komplikation *f*

compliment ['kɒmplɪmənt] **I.** *n* Kompliment *nt;* **my ~s to the chef!** mein Kompliment an die Köchin!; **to pay sb a ~** jdm ein Kompliment machen **II.** *vt* **to ~ sb** jdm ein Kompliment machen

complimentary [ˌkɒmplɪ'mentəri] *adj* ① *(expressing a compliment)* schmeichelhaft ② *(free)* **~ ticket** Freikarte *f*

comply [kəm'plaɪ] *vi* sich fügen; **to ~ with the regulations** die Bestimmungen erfüllen

component [kəm'pəʊnənt] *n* [Bestand]teil *m*

compose [kəm'pəʊz] **I.** *vi* komponieren **II.** *vt* ① MUS komponieren ② LIT verfassen; *letter* aufsetzen ③ *(comprise)* **to be ~d of sth** aus etw *dat* bestehen

composer [kəm'pəʊzəʳ] *n* Komponist(in) *m(f)*

composition [ˌkɒmpə'zɪʃən] *n* ① MUS Komposition *f* ② *(essay)* Aufsatz *m* ③ *(make-up)* Zusammenstellung *f;* CHEM Zusammensetzung *f*

composure [kəm'pəʊʒəʳ] *n no pl* Fassung *f*

compound¹ [kəm'paʊnd] *vt* verschlimmern

compound² ['kɒmpaʊnd] **I.** *n* ① *(combination)* Mischung *f* ② CHEM Verbindung *f* **II.** *adj* zusammengesetzt

comprehend [ˌkɒmprɪ'hend] *vi, vt* begreifen, verstehen

comprehensibility [ˌkɒmprɪhen(t)sə'bɪləti] *n no pl* Verständlichkeit *f*

comprehensibly [ˌkɒmprɪ'hen(t)səbli] *adv* verständlich

comprehensive [ˌkɒmprɪ'hen(t)sɪv] **I.** *adj* umfassend; *answer* ausführlich **II.** *n* BRIT Gesamtschule *f*

> **Comprehensive school**
> In Großbritannien heißt eine Gesamtschule für 11- bis 18-jährige Schüler **comprehensive school**. Diese Gesamtschulen wurden in den sechziger Jahren eingeführt, um das selektive System von **grammar schools** (Gymnasien) und den ehemaligen **secondary modern schools** abzulösen. Somit sollten allen Kindern die gleichen Möglichkeiten gewährleistet werden. Ca. 90% der britischen Schüler, die sich auf einer weiterführenden Schule befinden, besuchen eine **comprehensive school**.

compromise ['kɒmprəmaɪz] **I.** *n* Kompromiss *m;* **to reach a ~** zu einem Kompromiss gelangen **II.** *vi* Kompromisse eingehen

compulsion [kəm'pʌlʃən] *n no pl* Zwang *m*

compulsorily [kəm'pʌlsərəli] *adv* zwangsweise

compulsory [kəm'pʌlsəri] *adj* obligatorisch; **~ retirement** Zwangspensionierung *f;* **~ subject** Pflichtfach *nt*

computer [kəm'pjuːtəʳ] *n* Computer *m*

computer game *n* Computerspiel *nt* **computer graphics** *n + sing/pl vb* Computergrafik *f* **computer programmer** *n* Programmierer(in) *m(f)*

con¹ [kɒn] *(fam)* **I.** *vt* <-nn-> **to ~ sb** jdn reinlegen; **to ~ sb out of sth** jdm etw abluchsen **II.** *n* Schwindel *m kein pl*

con² [kɒn] *n usu pl (fam)* **the pros and ~s** das Pro und Kontra

concealed [kən'siːld] *adj* verborgen, versteckt

concede [kən'siːd] **I.** *vt* ① *(acknowledge)* zugeben; **to ~ defeat** sich geschlagen geben ② SPORTS *goal* kassieren **II.** *vi* sich geschlagen geben

C

conceited [kən'si:tɪd] *adj* eingebildet

concentrate ['kɒn(t)sᵊntreɪt] **I.** *vi* ① *(focus one's thoughts)* sich konzentrieren ② *(come together)* sich sammeln **II.** *vt* konzentrieren; **to ~ one's mind on sth** sich auf etw *akk* konzentrieren **III.** *n* Konzentrat *nt*

concentrated ['kɒn(t)sᵊntreɪtɪd] *adj* konzentriert

concentration [ˌkɒn(t)sᵊn'treɪʃᵊn] *n* ① *no pl (mental focus)* Konzentration *f* (**on** auf); **to lose [one's] ~** sich nicht mehr konzentrieren können ② *(accumulation)* Konzentrierung *f*

concept ['kɒnsept] *n* ① *(abstract idea)* Vorstellung *f* ② *(plan)* Entwurf *m*

concern [kən'sɜ:n] **I.** *n* ① *(interest)* Anliegen *nt* ② *(worry)* Sorge *f*, Besorgnis *f* (**about** um) ③ *(business)* Angelegenheit *f*; **that's none of your ~** das geht dich nichts an ④ COMM Unternehmen *nt*; **industrial ~** Industriekonzern *m* **II.** *vt* ① *(apply to, be sb's business)* angehen; **as far as I'm ~ed** was mich betrifft ② *(take an interest in)* **to ~ oneself with sth** sich mit etw *dat* befassen

concerned [kən'sɜ:nd] *adj* ① *pred (involved)* betroffen ② *(worried)* **to be ~ [about sb]** [um jdn] besorgt sein; **to be ~ [about sth]** [wegen einer S. *gen*] beunruhigt sein; **I'm a bit ~ about your health** ich mache mir Gedanken um deine Gesundheit

concerning [kən'sɜ:nɪŋ] *prep* bezüglich *+gen*

concert ['kɒnsət] *n* Konzert *nt*; **in ~** live

concession [kən'seʃᵊn] *n* ① Zugeständnis *nt*; **as a ~** als Ausgleich ② *(admission of defeat)* Eingeständnis *nt* [einer Niederlage]

conclude [kən'klu:d] **I.** *vi* enden, schließen **II.** *vt* ① *(finish)* [ab]schließen ② *(determine)* beschließen ③ *(infer)* **to ~ [from sth] that …** [aus etw *dat*] schließen, dass …

concluding [kən'klu:dɪŋ] *adj* abschließend; **~ remark** Schlussbemerkung *f*

conclusion [kən'klu:ʒᵊn] *n* ① *(end)* Abschluss *m*; *of a story* Schluss *m*; **in ~** zum Abschluss ② *(decision)* **to reach a ~** zu einem Entschluss gelangen ③ *(inference)* Schluss *m*, Schlussfolgerung *f*

conclusive [kən'klu:sɪv] *adj* ① *(convincing)* schlüssig ② *(decisive)* eindeutig

concordance [kən'kɔ:dᵊn(t)s] *n* LIT Konkordanz *f fachspr*, Übereinstimmung *f*

concrete ['kɒŋkri:t] **I.** *n no pl* Beton *m* **II.** *adj* ① *path* betoniert ② *proof* eindeutig **III.** *vt* betonieren; **to ~ over** zubetonieren

concurrently [kən'kʌrᵊntli] *adv* gleichzeitig

concussion [kən'kʌʃᵊn] *n no pl* Gehirnerschütterung *f*

condemn [kən'dem] *vt* ① verurteilen; *(fig)* verdammen ② *(declare unsafe)* für unbrauchbar erklären

condensation [ˌkɒnden'seɪʃᵊn] *n* ① *no pl (process)* Kondensation *f* ② *no pl (droplets)* Kondenswasser *nt*

condensed milk *n no pl* Kondensmilch *f*, Dosenmilch *f*

condescending [ˌkɒndɪ'sendɪŋ] *adj* herablassend

condescendingly [ˌkɒndɪ'sendɪŋli] *adv* gönnerhaft

condition [kən'dɪʃᵊn] **I.** *n* ① *(state)* Zustand *m* ② MED Leiden *nt* ③ *(circumstances)* **~s** *pl* Bedingungen *pl* ④ *(stipulation)* Bedingung *f*; **on the ~ that …** unter der Bedingung, dass … **II.** *vt (train)* konditionieren

conditional [kən'dɪʃᵊnᵊl] **I.** *adj* bedingt; **to be ~ [up]on sth** von etw *dat* abhängen **II.** *n* LING **the ~** der Konditional

conditioned [kən'dɪʃᵊnd] *adj* konditioniert; *(accustomed)* anerzogen

conditioner [kən'dɪʃᵊnəʳ] *n no pl (for hair)* Pflegespülung *f*

condom ['kɒndɒm] *n* Kondom *nt*

conduct **I.** *vt* [kən'dʌkt] ① *(carry out)* durchführen; *negotiations* führen ② *(direct)* leiten; *orchestra* dirigieren ③ ELEC leiten ④ *(form: behave)* **to ~**

oneself sich benehmen **II.** *vi* [kən'dʌkt] MUS dirigieren **III.** *n* ['kɒndʌkt] *no pl* ❶ *(behaviour)* Benehmen *nt* ❷ *(form: management)* Führung *f*

conductivity [ˌkɒndʌk'tɪvəti] *n no pl* ELEC Leitfähigkeit *f*

conductor [kən'dʌktəʳ] *n* ❶ MUS Dirigent(in) *m(f)* ❷ BRIT *(on bus)* Schaffner(in) *m(f)*

cone [kəʊn] *n* ❶ MATH Kegel *m;* **traffic ~** Leitkegel *m* ❷ FOOD **ice cream ~** Eistüte *f*

conference ['kɒnfᵊrᵊn(t)s] *n* Konferenz *f,* Tagung *f* (**on** über); **in ~** in einer Besprechung

conference call *n* Konferenzschaltung *f*

confess [kən'fes] *vi, vt* ❶ *(admit)* zugeben; **to ~ to sth** etw gestehen ❷ REL beichten

confession [kən'feʃᵊn] *n* ❶ *(admission)* Geständnis *nt* ❷ REL Beichte *f*

confide [kən'faɪd] **I.** *vt* gestehen; **to ~ [to sb] that ...** jdm anvertrauen, dass ... **II.** *vi* **to ~ in sb** sich jdm anvertrauen

confidence ['kɒnfɪdᵊn(t)s] *n* ❶ *no pl (trust)* Vertrauen *nt;* **in ~** im Vertrauen ❷ *(secrets)* **~s** *pl* Vertraulichkeiten *pl* ❸ *no pl (self-assurance)* Selbstvertrauen *nt*

confident ['kɒnfɪdᵊnt] *adj* ❶ *(certain)* zuversichtlich ❷ *(self-assured)* selbstbewusst

confidential [ˌkɒnfɪ'dən(t)ʃᵊl] *adj* vertraulich; **to keep sth ~** etw für sich behalten

confidentiality [ˌkɒnfɪdən(t)ʃi'æləti] *n no pl* Vertraulichkeit *f*

confidentially [ˌkɒnfɪ'dən(t)ʃᵊli] *adv* vertraulich

confirm [kən'fɜːm] **I.** *vt* ❶ *(verify)* bestätigen ❷ *(strengthen)* **to ~ sb's faith** jdn in seinem Glauben bestärken **II.** *vi* bestätigen

confirmation [ˌkɒnfə'meɪʃᵊn] *n* ❶ *(verification)* Bestätigung *f* ❷ REL *(Catholic)* Firmung *f; (Protestant)* Konfirmation *f*

confiscate ['kɒnfɪskeɪt] *vt* beschlagnahmen

confiscation [ˌkɒnfɪ'skeɪʃᵊn] *n* Beschlagnahme *f; of property* Einziehung *f*

conflict **I.** *n* ['kɒnflɪkt] *(clash)* Konflikt *m;* **~ of interests** Interessenskonflikt *m* **II.** *vi* [kən'flɪkt] **to ~ with sth** im Widerspruch zu etw *dat* stehen

conflicting [kən'flɪktɪŋ] *adj* widersprüchlich; *claims* entgegengesetzt

conform [kən'fɔːm] *vi* sich einfügen; *(agree)* übereinstimmen

confront [kən'frʌnt] *vt* ❶ *(face)* **to ~ sth** sich etw *dat* stellen ❷ *(compel to deal with)* konfrontieren

confuse [kən'fjuːz] *vt* ❶ *(perplex)* verwirren ❷ *(complicate)* [noch] verworrener machen

confused [kən'fjuːzd] *adj* ❶ *people* verwirrt, durcheinander ❷ *situation* verworren

confusedly [kən'fjuːzɪdli] *adv* verwirrt

confusing [kən'fjuːzɪŋ] *adj* verwirrend

confusion [kən'fjuːʒᵊn] *n no pl* ❶ *(perplexity)* Verwirrung *f* ❷ *(disorder)* Durcheinander *nt;* **to be in ~** durcheinander sein

congested [kən'dʒestɪd] *adj* ❶ TRANSP überfüllt ❷ MED verstopft

congestion charge *n* City-Maut *f*

congratulate [kən'grætʃʊleɪt] *vt* **to ~ sb [on sth]** jdm [zu etw *dat*] gratulieren

congratulations [kəngrætʃʊ'leɪʃᵊnz] *n pl* Glückwünsche *pl;* **~!** [herzlichen] Glückwunsch!, gratuliere!; **~s on your graduation/promotion!** herzlichen Glückwunsch zur bestandenen Prüfung/zur Beförderung!

congregation [ˌkɒŋgrɪ'geɪʃᵊn] *n + sing/pl vb* REL [Kirchen]gemeinde *f*

congress ['kɒŋgres] *n* Kongress *m;* **C~** AM POL der Kongress

congressman *n* [Kongress]abgeordnete(r) *m* **congresswoman** *n* [Kongress]abgeordnete *f*

conifer ['kɒnɪfəʳ] *n* Nadelbaum *m*

C

C

conjure ['kʌndʒəʳ] **I.** *vi* zaubern **II.** *vt* hervorzaubern
conjurer ['kʌndʒᵊrəʳ] *n* Zauberkünstler(in) *m(f)*
conjuring trick *n* Zaubertrick *m*
conjuror *n see* **conjurer**
conker ['kɒŋkəʳ] *n* BRIT Rosskastanie *f*
con man *n (pej)* Schwindler *m*
connect [kə'nekt] **I.** *vi* ❶ *(plug in)* **to ~ [up] to sth** an etw *akk* angeschlossen werden ❷ *(form network)* **to ~ with sth** Anschluss an etw *akk* haben **II.** *vt* ELEC verbinden (**to/with** mit); *(plug in)* anschließen (**to/with** an)
connected [kə'nektɪd] *adj pred* ❶ *(joined together)* verbunden (**to/with** mit); *(plugged in)* angeschlossen (**to/with** an) ❷ *(related, being family)* verwandt (**to** mit) ❸ *(having to do with)* in Zusammenhang stehen, zusammenhängen (**to/with** mit)
connecting [kə'nektɪŋ] *adj* **~ door** Verbindungstür *f;* **~ flight** Anschlussflug *m*
connection [kə'nekʃᵊn] *n* ❶ *no pl (joining, link)* Verbindung *f* (**to/with** mit); ELEC Anschluss *m* (**to** an); **to get a ~** TELEC [zu jdm] durchkommen ❷ TRANSP Verbindung *f* ❸ *(reference)* **in that/this ~** in diesem Zusammenhang
conquer ['kɒŋkəʳ] *vt land* erobern; *mountain* bezwingen; **to ~ sb** jdn besiegen
conscience ['kɒn(t)ʃᵊn(t)s] *n* Gewissen *nt;* **to do sth with a clear ~** ruhigen Gewissens etw tun
conscientious [ˌkɒn(t)ʃi:'en(t)ʃəs] *adj* ❶ *(thorough)* gewissenhaft ❷ *(moral)* **on ~ grounds** aus Gewissensgründen
conscious ['kɒn(t)ʃəs] *adj* ❶ MED **to be [fully] ~** bei [vollem] Bewusstsein sein ❷ *(deliberate)* bewusst ❸ *(aware)* bewusst; **fashion ~** modebewusst
consciousness ['kɒn(t)ʃəsnəs] *n no pl* Bewusstsein *nt a. fig;* **to lose ~** das Bewusstsein verlieren
conscription [kən'skrɪpʃᵊn] *n no pl* MIL Wehrpflicht *f*
consecutive [kən'sekjʊtɪv] *adj days, months* aufeinanderfolgend; *numbers* fortlaufend
consent [kən'sent] *(form)* **I.** *n no pl* Zustimmung *f;* **age of ~** ≈ Ehemündigkeitsalter *nt;* **by mutual ~** im gegenseitigen Einverständnis **II.** *vi* **to ~ to sth** etw *dat* zustimmen; **to ~ to do sth** einwilligen, etw zu tun
consequence ['kɒn(t)sɪkwən(t)s] *n* ❶ *(result)* Folge *f;* **in ~** folglich ❷ *no pl (significance)* Bedeutung *f;* **nothing of [any] ~** nichts Besonderes
consequent ['kɒn(t)sɪkwənt] *adj* daraus folgend

Übersetzungstipp
Nicht verwechseln mit *konsequent* - *consistent!*

consequently ['kɒn(t)sɪkwəntli] *adv* folglich
conservation [ˌkɒn(t)sə'veɪʃᵊn] *n no pl (protection)* Schutz *m;* **~ area** Naturschutzgebiet *nt*
conservative [kən'sɜ:vətɪv] **I.** *adj* ❶ *(in dress, opinion)* konservativ ❷ BRIT POL **C~** konservativ **II.** *n* BRIT POL **C~** Konservative(r) *f(m);* **the C~ Party** die Konservative Partei
conservatory [kən'sɜ:vətri] *n* Wintergarten *m*
consider [kən'sɪdəʳ] *vt* ❶ *(contemplate)* sich *dat* überlegen; **to ~ doing sth** daran denken, etw zu tun ❷ *(look at)* betrachten; *(think of)* denken an +*akk;* **all things ~ed** alles in allem ❸ *(regard as)* **to ~ sth [to be] sth** etw für etw *akk* halten; **~ it done!** schon erledigt!
considerable [kən'sɪdᵊrəbl̩] *adj* erheblich, beträchtlich
considerably [kən'sɪdᵊrəbli] *adv* erheblich, beträchtlich; *(rather)* ziemlich
considerate [kən'sɪdᵊrət] *adj* rücksichtsvoll
consideration [kənˌsɪdᵊr'eɪʃᵊn] *n* ❶ *no*

pl (thought) Überlegung *f;* **after careful ~** nach reiflicher Überlegung ❷ *no pl (account)* **to take into ~** berücksichtigen ❸ *(factor)* Gesichtspunkt *m*
considered [kən'sɪdəd] *adj opinion* wohl überlegt
considering [kən'sɪdᵊrɪŋ] **I.** *prep* **~ how/what ...** wenn man bedenkt, wie/was ... **II.** *conj* **~ that ...** dafür, dass ...
consist [kən'sɪst] *vi (comprise)* **to ~ of sth** aus etw *dat* bestehen
consistent [kən'sɪstᵊnt] *adj* ❶ *(steady)* beständig; *improvement* ständig ❷ *effort* konsequent
consistently [kən'sɪstᵊntli] *adv* ständig
console **I.** *vt* [kən'səʊl] trösten **II.** *n* ['kɒnsəʊl] *(control desk)* Schaltpult *nt*
consonant ['kɒn(t)sᵊnənt] *n* Konsonant *m*
conspicuously [kən'spɪkju:əsli] *adv (noticeably)* auffallend; *(clearly visible)* deutlich sichtbar
conspiratorial [kən,spɪrə'tɔ:rɪəl] *adj* verschwörerisch
constable ['kʌn(t)stəbl̩] *n* BRIT Polizist(in) *m(f)*
constant ['kɒn(t)stənt] **I.** *n* MATH Konstante *f* **II.** *adj (continuous)* ständig; *(unchanging)* gleich bleibend; MATH konstant
constantly ['kɒn(t)stəntli] *adv* ständig
construct [kən'strʌkt] *vt* ❶ *(build)* bauen, errichten ❷ *(develop) theory* entwickeln; *essay* aufbauen
construction [kən'strʌkʃᵊn] *n* ❶ *no pl (act of building)* Bau *m;* **~ site** Baustelle *f;* **under ~** im Bau ❷ *(how sth is built)* Bauweise *f* ❸ *(object)* Konstruktion *f*
constructively [kən'strʌktɪvli] *adv* konstruktiv *geh;* **use your energy a bit more ~** setz mal deine Energie etwas sinnvoller ein
consul ['kɒn(t)sᵊl] *n* Konsul(in) *m(f)*
consulate ['kɒn(t)sjulət] *n* Konsulat *nt*
consult [kən'sʌlt] **I.** *vi* sich beraten **II.** *vt* ❶ *(ask)* **to ~ sb [about sth]** jdn [bezüglich einer S. *gen*] um Rat fragen; *doctor, lawyer, specialist* konsultieren ❷ *(look at) dictionary* nachschlagen in *+dat; diary, list* nachsehen in *+dat; oracle* befragen
consultant [kən'sʌltᵊnt] *n* ❶ *(adviser)* Berater(in) *m(f)* ❷ BRIT MED Facharzt, -ärztin *m, f*
consulting [kən'sʌltɪŋ] *adj* beratend
consume [kən'sju:m] *vt* ❶ *(eat, drink)* konsumieren ❷ *(obsess)* **to be ~d by envy/jealousy** vor Neid/Eifersucht [fast] vergehen
consumer [kən'sju:məʳ] *n* Verbraucher(in) *m(f)*
consumerist [kən'sju:merɪst] *adj (pej)* Konsum-
contact ['kɒntækt] **I.** *n* ❶ *no pl (communication)* Kontakt *m,* Verbindung *f;* **I'll get in ~ with him** ich melde mich bei ihm ❷ *(person)* **business ~s** Geschäftskontakte *pl;* **to have ~s** Beziehungen haben ❸ *no pl (touch)* Kontakt *m* **II.** *vt* **to ~ sb** sich mit jdm in Verbindung setzen
contact lens *n* Kontaktlinse *f*
contagious [kən'teɪdʒəs] *adj* ansteckend *a. fig*
contain [kən'teɪn] *vt* ❶ *(hold, include)* enthalten ❷ *(limit)* in Grenzen halten
container [kən'teɪnəʳ] *n* ❶ Behälter *m* ❷ TRANSP Container *m*
contaminate [kən'tæmɪneɪt] *vt* verunreinigen
contemporary [kən'tempᵊrᵊri] **I.** *n* Zeitgenosse, -in *m, f* **II.** *adj* zeitgenössisch
contempt [kən'tem(p)t] *n no pl* ❶ *(scorn)* Verachtung *f;* **beneath ~** unter aller Kritik ❷ LAW **~ [of court]** Missachtung *f* [des Gerichts]
contemptuously [kən'tem(p)tʃuəsli] *adv* verächtlich, geringschätzig
content¹ ['kɒntent] *n* ❶ *(what is inside)* Inhalt *m* ❷ *(amount contained)* Gehalt (**of** an)
content² [kən'tent] **I.** *adj* zufrieden; **to be [not] ~ to do sth** etw [nicht] gerne tun **II.** *vt* **to ~ oneself with sth** sich

mit etw *dat* zufrieden geben **III.** *n no pl* **to one's heart's ~** nach Herzenslust

contented [kən'tentɪd] *adj* zufrieden

contentedly [kən'tentɪdli] *adv* zufrieden

contentedness [kən'tentɪdnəs] *n no pl* Zufriedenheit *f*

contentious [kən'ten(t)ʃəs] *adj* umstritten

contentment [kən'tentmənt] *n no pl* Zufriedenheit *f;* **with ~** zufrieden

contents ['kɒntents] *n pl* Inhalt *m*

contest **I.** *n* ['kɒntest] ① *(event)* Wettbewerb *m* ② *a.* POL Wettstreit *m* (**for** um) ▶ **no ~** ungleicher Kampf **II.** *vt* [kən'test] ① *(compete for)* kämpfen um +*akk* ② POL kandidieren für +*akk* ③ *(dispute)* bestreiten

contestant [kən'testᵊnt] *n* ① *(in a competition)* Wettbewerbsteilnehmer(in) *m(f)* ② POL Kandidat(in) *m(f)*

context ['kɒntekst] *n* Kontext *m,* Zusammenhang *m*

continent ['kɒntɪnent] *n* ① *(land)* Kontinent *m,* Erdteil *m* ② *no pl* **the C~** Kontinentaleuropa *nt*

continental [ˌkɒntɪ'nentᵊl] **I.** *adj* ① kontinental; **~ breakfast** kontinentales Frühstück ② *(European)* europäisch **II.** *n* Europäer(in) *m(f)*

contingency [kən'tɪndʒᵊn(t)si] *n (form)* Eventualität *f*

continual [kən'tɪnjuəl] *adj* ständig, andauernd

continually [kən'tɪnjuəli] *adv* ständig, [an]dauernd

continuation [kənˌtɪnju'eɪʃᵊn] *n no pl* Fortsetzung *f*

continue [kən'tɪnju] **I.** *vi* ① *(persist)* andauern; *(go on)* weitergehen; *(in an activity)* weitermachen; **to ~ doing/to do sth** weiter[hin] etw tun; **to ~ with sth** mit etw *dat* weitermachen ② *(remain)* bleiben; **to ~ in office** weiter[hin] im Amt bleiben ③ *(resume)* weitergehen; **to ~ with sth** mit etw *dat* weitermachen **II.** *vt* ① *(keep up, carry on)* fortführen; *an action* weitermachen mit +*dat* ② *(resume)* fortsetzen

continuous [kən'tɪnjuəs] *adj* ① *(permanent)* ununterbrochen; *(steady)* stetig ② LING **~ form** Verlaufsform *f*

continuously [kən'tɪnjuəsli] *adv (permanently)* dauernd, ständig, ununterbrochen; *(steadily)* kontinuierlich *geh,* stetig

contour line *n* GEOG Höhenlinie *f*

contraception [ˌkɒntrə'sepʃᵊn] *n no pl* [Empfängnis]verhütung *f*

contraceptive [ˌkɒntrə'septɪv] **I.** *n* Verhütungsmittel *nt* **II.** *adj* empfängnisverhütend; **~ pill** [Antibaby]pille *f*

contract[1] ['kɒntrækt] **I.** *n* Vertrag *m;* **to be under ~** [**to sb**] [bei jdm] unter Vertrag stehen **II.** *vt* vertraglich vereinbaren

contract[2] [kən'trækt] **I.** *vi* ① *(shrink)* sich zusammenziehen ② LING **to ~ to sth** zu etw *dat* verkürzt werden **II.** *vt* ① *(tense)* zusammenziehen ② LING verkürzen

contraction [kən'trækʃᵊn] *n* ① *no pl of a muscle* Kontraktion *f* ② *of the uterus* Wehe *f*

contradict [ˌkɒntrə'dɪkt] *vt* widersprechen

contradiction [ˌkɒntrə'dɪkʃᵊn] *n* Widerspruch *m* (**of** gegen); **a ~ in terms** ein Widerspruch in sich

contrariness [kən'treərɪnəs] *n no pl (argumentativeness)* Widerspruchsgeist *m; (obstinacy)* Eigensinn *m*

contrary[1] ['kɒntrᵊri] **I.** *n no pl* **the ~** das Gegenteil; **on the ~** ganz im Gegenteil **II.** *adj (opposite)* entgegengesetzt; **~ to** [**all**] **expectations** wider Erwarten

contrary[2] [kən'treəri] *adj (argumentative)* widerspenstig

contrast **I.** *n* ['kɒntrɑːst] *(difference)* Gegensatz *m,* Kontrast *m* (**to/with** zu); **by ~** im Gegensatz **II.** *vt* [kən'trɑːst] **to ~ sth with sth** etw etw *dat* gegenüberstellen **III.** *vi* [kən'trɑːst] kontrastieren

contribute [kən'trɪbju:t, BRIT *a.* 'kɒntrɪbju:t] **I.** *vt money, food* beisteuern; *ideas* beitragen **II.** *vi* ❶ *(give)* etwas beisteuern (**towards** zu) ❷ *(pay in)* einen Beitrag leisten, zuzahlen

contribution [ˌkɒntrɪ'bju:ʃᵊn] *n* Beitrag *m; (to charity)* Spende *f*

control [kən'trəʊl] **I.** *n* ❶ *no pl* Kontrolle *f; of a country* Gewalt *f; of a company* Leitung *f;* **to be in ~ of sth** etw unter Kontrolle haben; **ball ~** SPORTS Ballführung *f;* **passport ~** Passkontrolle *f* ❷ TECH Schalter *m,* Regler *m;* **volume ~** Lautstärkeregler *m* ❸ *(steering)* **to take over the ~s** die Steuerung übernehmen ❹ *(base)* **~ [room]** Zentrale *f* **II.** *vt* <-ll-> ❶ *(direct)* kontrollieren; *car* steuern ❷ *(limit)* regulieren ❸ *emotions* beherrschen

controlling [kən'trəʊlɪŋ] *n no pl* ❶ *(discipline)* Controlling *nt* ❷ *(manipulation)* Steuerung *f*

control tower *n* Kontrollturm *m*

controversial [ˌkɒntrə'vɜ:ʃᵊl] *adj* umstritten

controversy [kən'trɒvəsi, 'kɒntrəvɜ:si] *n* Kontroverse *f*

convenience [kən'vi:niən(t)s] *n* ❶ *no pl (comfort)* Annehmlichkeit *f;* **at your ~** wenn es Ihnen passt ❷ *(device)* Annehmlichkeit *f;* **with all modern ~s** mit allem Komfort

convenient [kən'vi:niənt] *adj* ❶ *(useful)* zweckmäßig; *(suitable)* günstig; **it is [very] ~ that ...** es ist [sehr] praktisch, dass ... ❷ *date, time* passend; **if it's ~ for you** wenn es Ihnen passt ❸ *(beneficial)* **to be ~ for sb** jdm gelegen kommen

convent ['kɒnvənt] *n* [Nonnen]kloster *nt*

convention [kən'ven(t)ʃᵊn] *n* ❶ *(custom)* Brauch *m; (social code)* Konvention *f* ❷ *(agreement)* Abkommen *nt; of human rights* Konvention *f* ❸ *(conference)* Konferenz *f;* **~ centre** Tagungszentrum *nt*

conventional [kən'ven(t)ʃᵊnᵊl] *adj* konventionell; **~ medicine** Schulmedizin *f*

conventionally [kən'venʃᵊnᵊli] *adv* konventionell

conversation [ˌkɒnvə'seɪʃᵊn] *n* Gespräch *nt,* Unterhaltung *f;* **telephone ~** Telefongespräch *nt;* **to get into ~ with sb** mit jdm ins Gespräch kommen; **to make ~** Konversation machen

converse[1] [kən'vɜ:s] *vi (form)* sich unterhalten

converse[2] ['kɒnvɜ:s] *(form)* **I.** *n* **the ~** das Gegenteil **II.** *adj* gegenteilig

conversion [kən'vɜ:ʃᵊn] *n* ❶ *no pl (change of form or function)* Umwandlung *f* (**into** in) ❷ REL Konversion *f* ❸ *(changing beliefs or opinions)* Wandel *m*

conversion rate *n* Umrechnungskurs *m;* **euro to national currency ~s** Umrechnungskurse *pl* zwischen dem Euro und den nationalen Währungseinheiten

convert **I.** *n* ['kɒnvɜ:t] REL Bekehrte(r) *f(m),* Konvertit(in) *m(f);* **to become a ~ to Islam** zum Islam übertreten **II.** *vi* [kən'vɜ:t] ❶ REL übertreten ❷ *(change in function)* sich verwandeln lassen **III.** *vt* [kən'vɜ:t] ❶ REL *(a. fig)* bekehren ❷ *(change in form or function)* **to ~ sth [into]** etw umwandeln [in +*akk*]; ARCHIT etw umbauen [zu +*dat*] ❸ *(calculate)* umrechnen

convertible [kən'vɜ:tɪbl̩] **I.** *n* Kabrio[lett] *nt,* Cabrio[let] *nt* **II.** *adj* FIN konvertierbar

convict **I.** *n* ['kɒnvɪkt] Strafgefangene(r) *f(m)* **II.** *vi* [kən'vɪkt] auf schuldig erkennen **III.** *vt* [kən'vɪkt] verurteilen

conviction [kən'vɪkʃᵊn] *n* ❶ *(judgement)* Verurteilung *f* (**for** wegen); **previous ~s** Vorstrafen *pl* ❷ *(belief)* Überzeugung *f*

convince [kən'vɪn(t)s] *vt* überzeugen (**of** von)

C

convinced [kən'vɪn(t)st] *adj* *(persuaded)* überzeugt (**of** von +*dat*)
convincing [kən'vɪn(t)sɪŋ] *adj* überzeugend
convincingly [kən'vɪn(t)sɪŋli] *adv* überzeugend; **to argue very ~ in favour of sth** mit großer Überzeugung für etw *akk* sprechen
convulsive [kən'vʌlsɪv] *adj* Krampf-, krampfartig; *movement* krampfhaft
cook [kʊk] **I.** *n* Koch *m,* Köchin *f;* ▶ **too many ~s spoil the broth** *(prov)* viele Köche verderben den Brei **II.** *vi* ① *(make meals)* kochen ② *(in water)* kochen; *fish, meat* garen **III.** *vt* ① *(make)* kochen ② *(heat)* kochen
cookbook *n* Kochbuch *nt*
cooked [kʊkt] *adj* gekocht; **a ~ meal** eine warme Mahlzeit
cooker ['kʊkəʳ] *n* BRIT *(stove)* Herd *m*
cookery ['kʊkᵊri] **I.** *n* *no pl* *(cooking)* Kochen *nt* **II.** *adj* **~ course** Kochkurs *m*
cookery book *n* BRIT, AUS Kochbuch *nt*
cookie ['kʊki] *n* *esp* AM *(biscuit)* Keks *m;* ▶ **tough ~s!** AM Pech gehabt!
cooking ['kʊkɪŋ] **I.** *n* *no pl* *(act)* Kochen *nt;* **to do the ~** kochen **II.** *adj* **~ book** Kochbuch *nt;* **~ foil** BRIT Alufolie *f*
cool [ku:l] **I.** *adj* ① *(cold, calm, unfriendly)* kühl ② *(clothing)* luftig ③ *(trendy, great)* geil *sl* **II.** *interj* *(fam)* cool *sl,* geil *sl* **III.** *n* *no pl* ① *(cold)* Kühle *f;* **to stay in the ~** im Kühlen bleiben ② *(calm)* Ruhe *f* **IV.** *vi* *(lose heat)* abkühlen (**to** auf) **V.** *vt* ① *(make cold)* kühlen ② *(sl: calm down)* [**just**] **~ it!** reg dich ab!
coolant ['ku:lənt] *n* MECH Kühlflüssigkeit *f,* Kühlmittel *nt*
cooperate [kəʊ'ɒpᵊreɪt] *vi* ① *(help)* kooperieren ② *(act jointly)* zusammenarbeiten
cooperation [ˌkəʊɒpə'reɪʃᵊn] *n* *no pl* ① *(assistance)* Kooperation *f* ② *(joint work)* Zusammenarbeit *f*
cooperative [kəʊ'ɒpᵊrətɪv] **I.** *n* Genossenschaft *f,* Kooperative *f* **II.** *adj* ① *attr* ECON genossenschaftlich, kooperativ ② *(willing)* hilfsbereit, kooperativ
coordinate **I.** *n* [kəʊ'ɔ:dɪnət] *usu pl* MATH Koordinate *f* **II.** *vi* [kəʊ'ɔ:dɪneɪt] ① *(act jointly)* zusammenarbeiten ② *(match)* zusammenpassen **III.** *vt* [kəʊ'ɔ:dɪneɪt] koordinieren; *operations, schedules* aufeinander abstimmen
coordination [kəʊˌɔ:dɪn'eɪʃᵊn] *n* *no pl* ① *(coordinating)* Koordination *f;* *of operations, schedules also* Abstimmung *f* ② *(cooperation)* Zusammenarbeit *f* ③ *(dexterity)* Sinn *m* für Koordination
cop [kɒp] **I.** *n* ① *(fam: police officer)* Bulle *m* ② *no pl* BRIT *(sl)* **to not be much ~** nicht besonders gut sein **II.** *vt* <-pp-> BRIT, AUS *(sl)* **to ~ it** *(be in trouble)* dran sein
cope [kəʊp] *vi* zurechtkommen; **to ~ with a problem** ein Problem bewältigen
copper ['kɒpəʳ] *n* ① *no pl* *(metal)* Kupfer *nt* ② BRIT *(sl: coins)* **~s** *pl* Kleingeld *nt kein pl*
co-production [ˌkəʊprə'dʌkʃᵊn] *n* Koproduktion *f*
copy ['kɒpi] **I.** *n* ① *(duplicate)* Kopie *f;* **a true ~** eine originalgetreue Kopie ② *(issue)* Exemplar *nt;* **hard ~** COMPUT [Computer]ausdruck *m* ③ *no pl* PUBL Manuskript *nt;* **clean ~** Reinschrift *f* **II.** *vt* <-ie-> ① *(duplicate)* kopieren; **~ [down]** *from text* abschreiben ② *(imitate)* *person* nachmachen **III.** *vi* <-ie-> ① *(imitate)* nachahmen ② *(in school)* abschreiben
copycat **I.** *n* *(pej fam)* Nachmacher(in) *m(f)* **II.** *adj* imitiert
copyright ['kɒpiraɪt] **I.** *n* Copyright *nt,* Urheberrecht *nt* **II.** *vt* urheberrechtlich schützen
coral ['kɒrəl] *n* *no pl* Koralle *f*
coral reef *n* Korallenriff *nt*
cord [kɔ:d] **I.** *n* ① *(for parcel)* Schnur *f* ② ANAT *(umbilical cord)* Nabelschnur *f* ③ *(trousers)* **~s** *pl* Cordhose *f* **II.** *adj* **~ jacket** Cordjacke *f*

cordiality [ˌkɔːdiˈæləti] *n* ❶ *no pl (friendliness)* Herzlichkeit *f* ❷ *(pleasant remarks)* **cordialities** *pl* Freundlichkeiten *pl*
cordless [ˈkɔːdləs] *adj* schnurlos
cordon [ˈkɔːdᵊn] **I.** *n* Kordon *m* **II.** *vt* **to ~ off** ↻ **sth** etw absperren
corduroy [ˈkɔːdjərɔɪ] *n* ❶ *no pl (material)* Cordsamt *m* ❷ *(trousers)* **~s** *pl* Cordhose *f*
core [kɔːʳ] **I.** *n* ❶ *of apple* Kerngehäuse *nt* ❷ *(fig)* Kern *m;* **shocked to the ~** bis ins Mark erschüttert ❸ GEOL **~ [sample]** Bohrprobe *f* ❹ ELEC *of cable* Seele *f* **II.** *adj* zentral **III.** *vt* entkernen
core subject *n* SCH Hauptfach *nt*
cork [kɔːk] **I.** *n* ❶ *no pl (material)* Kork *m* ❷ *(stopper)* Korken *m* **II.** *vt* zukorken
corkscrew *n* Korkenzieher *m*
corn¹ [kɔːn] *n* ❶ *no pl* BRIT *(cereal in general)* Getreide *nt;* **field of ~** Kornfeld *nt* ❷ *no pl* AM, AUS *(maize)* Mais *m;* **~ on the cob** Maiskolben *m*
corn² [kɔːn] *n* MED Hühnerauge *nt*
corncob *n* Maiskolben *m*
corner [ˈkɔːnəʳ] **I.** *n* ❶ Ecke *f;* *of table* Kante *f;* **to cut a ~** eine Kurve schneiden ❷ SPORTS Eckball *m;* ▶ **to cut ~s** *(financially)* Kosten sparen; *(in procedure)* das Verfahren abkürzen **II.** *adj* **~ table** Ecktisch *m* **III.** *vt (trap)* in die Enge treiben
cornflakes *n pl* Cornflakes *pl*
corny [ˈkɔːni] *adj (fam: sentimental)* kitschig
coronary [ˈkɒrənᵊri] **I.** *n* Herzinfarkt *m* **II.** *adj* koronar
coronation [ˌkɒrəˈneɪʃᵊn] *n* Krönung[szeremonie] *f*
corporal [ˈkɔːpᵊrᵊl] *n* Unteroffizier *m*
corporation [ˌkɔːpᵊrˈeɪʃᵊn] *n* BRIT COMM öffentlich-rechtliche Körperschaft; AM [Kapital]gesellschaft *f*
corpse [kɔːps] *n* Leiche *f*
corpulence [ˈkɔːpjʊlən(t)s] *n no pl* Korpulenz *f*
corpulent [ˈkɔːpjʊlənt] *adj (euph)* korpulent
correct [kəˈrekt] **I.** *vt* korrigieren **II.** *adj (accurate, proper)* korrekt; **that is ~** das stimmt
correction [kəˈrekʃᵊn] *n* ❶ *(change)* Korrektur *f* ❷ *no pl (improvement)* Verbesserung *f*
correction fluid *n no pl* Korrekturflüssigkeit *f*
corrections *n pl* AM LAW *(form)* erzieherische Strafmaßnahmen
correctly [kəˈrektli] *adv* korrekt, richtig
correspond [ˌkɒrɪˈspɒnd] *vi* ❶ *(be equivalent of)* entsprechen (**to** *+dat*) ❷ *(write)* korrespondieren
correspondence [ˌkɒrɪˈspɒndən(t)s] *n no pl (letter-writing)* Korrespondenz *f;* **to be in ~ with sb** mit jdm in Briefwechsel stehen
correspondent [ˌkɒrɪˈspɒndənt] *n* ❶ *(of letters)* Briefeschreiber(in) *m(f)* ❷ *(journalist)* Berichterstatter(in) *m(f)*
correspondingly [ˌkɒrɪˈspɒndɪŋli] *adv* entsprechend
corridor [ˈkɒrɪdɔːʳ] *n* Flur *m;* AVIAT Korridor *m*
corrugated [ˈkɒrəgeɪtɪd] *adj iron, cardboard* gewellt
corrupt [kəˈrʌpt] **I.** *adj (dishonest)* korrupt **II.** *vt* ❶ *(debase ethically)* korrumpieren ❷ *(change)* entstellen ❸ COMPUT **~ed file** fehlerhafte Datei
corruption [kəˈrʌpʃᵊn] *n* ❶ *no pl (action) of moral standards* Korruption *f* ❷ *no pl (dishonesty)* Unehrenhaftigkeit *f*
cosily [ˈkəʊzɪli] *adv* gemütlich
cosine [ˈkəʊsaɪn] *n* MATH Kosinus *m*
cosmetic [kɒzˈmetɪk] **I.** *n* Kosmetik *f;* **~s** *pl* Kosmetika *pl* **II.** *adj* kosmetisch *a. fig*
cosmetically [kɒzˈmetɪkli] *adv* kosmetisch
Cossack [ˈkɒsæk] **I.** *n* Kosak(in) *m(f)* **II.** *adj* Kosaken-
cost [kɒst] **I.** *vt* <cost, cost> kosten; **drinking and driving ~s lives** Trunkenheit am Steuer fordert Menschenle-

ben **II.** *n* ❶ *(price)* Preis *m,* Kosten *pl* **(of** für); **at no ~ to** ohne Kosten für +*akk* ❷ *(fig)* Aufwand *m kein pl;* **at all ~[s]** um jeden Preis

C

co-star [ˌkəʊ'stɑːʳ] **I.** *n* einer der Hauptdarsteller; **to be sb's ~** neben jdm die Hauptrolle spielen **II.** *vt, vi* <-rr-> **to ~ [with] sb** neben jdm die Hauptrolle spielen

costly ['kɒstli] *adj* kostspielig

cost of living *n no pl* Lebenshaltungskosten *pl*

costume ['kɒstjuːm] *n* ❶ *(national dress)* Tracht *f;* **national ~** Landestracht *f* ❷ *(decorative dress)* Kostüm *nt;* **to wear a witch ~** als Hexe verkleidet sein

cosy ['kəʊzi] **I.** *adj* gemütlich, behaglich; *(nice and warm)* mollig warm; *atmosphere* heimelig; *relationship* traut **II.** *n* **egg ~** Eierwärmer *m*

cot[1] [kɒt] *n* MATH *abbrev of* **cotangent** cot *m*

cot[2] [kɒt] *n* ❶ BRIT *(baby's bed)* Kinderbett *nt* ❷ AM *(camp bed)* Feldbett *nt*

cotangent [ˌkəʊ'tændʒənt] *n* MATH Kotangens *m*

cottage ['kɒtɪdʒ] *n* Cottage *nt;* **thatched ~** [kleines] Landhaus mit Stroh-/Reetdach

cottage cheese *n no pl* Hüttenkäse *m*

cotton ['kɒtᵊn] **I.** *n (material, plant)* Baumwolle *f* **II.** *adj* **~ shirt** Baumwollhemd *nt* **III.** *vi (fam: understand)* **to ~ on [to sth]** [etw] kapieren

cotton wool *n no pl* BRIT Watte *f;* ▸ **to wrap sb in ~** BRIT jdn in Watte packen

couch [kaʊtʃ] **I.** *n* <*pl* -es> Couch *f* **II.** *vt* formulieren

couchette [kuː'ʃet] *n* BRIT RAIL Liege *f (in einem Schlafwagen)*

couch potato *n (fam)* Fernsehglotzer(in) *m(f)*

cough [kɒf] **I.** *n* Husten *m;* **to give a ~** *(as warning)* hüsteln **II.** *vi, vt* husten

◆**cough up** *vt* husten

cough medicine *n no pl,* **cough mixture** *n* BRIT Hustensaft *m* **cough sweet** *n* Hustenbonbon *nt*

could [kʊd, kəd] *pt, subjunctive of* **can**

couldn't ['kʊdᵊnt] = **could not** *see* **can**

council ['kaʊn(t)sᵊl] *n + sing/pl vb* Rat *m;* **local ~** Gemeinderat *m*

council estate *n* BRIT Siedlung *f* mit Sozialwohnungen **council flat, council house** *n* BRIT Sozialwohnung *f* **Council of Europe** *n* Europarat *m*

counsel ['kaʊn(t)sᵊl] **I.** *vt* <BRIT -ll- *or* AM *usu* -l-> empfehlen; **to ~ sb against sth** jdm von etw *dat* abraten **II.** *n* ❶ *no pl (form: advice)* Rat[schlag] *m* ❷ *(lawyer)* Anwalt *m,* Anwältin *f*

counselling ['kaʊn(t)sᵊlɪŋ] *n no pl* psychologische Betreuung; **to be in ~** in Therapie sein

counsellor, AM **counselor** ['kaʊn(t)sᵊləʳ, AM -ɚ] *n* ❶ *(advisor)* Berater(in) *m(f);* **financial ~** Finanzberater(in) *m(f);* **marriage [guidance] ~** Eheberater(in) *m(f)* ❷ AM *(lawyer)* Anwalt, Anwältin *m, f*

count[1] [kaʊnt] *n* Graf *m*

count[2] [kaʊnt] **I.** *n* ❶ *(totalling up)* Zählung *f;* **on the ~ of three** bei drei ❷ *(measured amount)* [An]zahl *f;* **final ~** Endstand *m;* **on all ~s** in allen [Anklage]punkten **II.** *vt* ❶ *(number)* zählen; **~ [off]** abzählen ❷ *(consider)* **to ~ oneself lucky** sich glücklich schätzen **III.** *vi* zählen; **that's what ~s** darauf kommt es an

◆**count off** *vi* AM abzählen

◆**count out I.** *vi* ❶ BRIT *(number off aloud)* abzählen ❷ BOXING auszählen **II.** *vt (fam)* **~ me out!** ohne mich!

countable ['kaʊntəbl̩] *adj* LING zählbar

countdown ['kaʊntdaʊn] *n* Countdown *m* **(to** +*gen*)

counter ['kaʊntəʳ] **I.** *n* ❶ *(service point)* Theke *f;* **[kitchen] ~** AM [Küchen]arbeitsplatte *f;* **over the ~** rezeptfrei ❷ *(person)* Zähler(in) *m(f)* **II.** *vt arguments* widersprechen **III.** *adv* entgegen; **to run ~ to sth** etw *dat* zuwiderlaufen

counterattack I. *n* Gegenangriff *m* **II.** *vt*

im Gegenzug angreifen **counterclockwise** *adj* AM *(anticlockwise)* gegen den Uhrzeigersinn
counterfeit ['kaʊntəfɪt] **I.** *adj* gefälscht; **~ money** Falschgeld *nt* **II.** *vt* fälschen **III.** *n* Fälschung *f*
counterfeiter ['kaʊntəfɪtəʳ] *n* Fälscher(in) *m(f)*
counterfoil *n* BRIT FIN [Kontroll]abschnitt *m*
counterproductive *adj* kontraproduktiv
countess <*pl* -es> ['kaʊntɪs] *n* Gräfin *f*
countless ['kaʊntləs] *adj* zahllos
country ['kʌntri] **I.** *n* ❶ *(nation)* Land *nt;* **~ of origin** Herkunftsland *nt;* **native ~** Heimat *f* ❷ *no pl (population)* **the ~** das Volk; **the whole ~** das ganze Land ❸ *no pl (rural areas)* **the ~** das Land; **in the ~** auf dem Land ❹ *no pl (land)* Gebiet *nt;* **rough ~** urwüchsige Landschaft **II.** *adj* **~ life** Landleben *nt*
countryside *n no pl* Land *nt; (scenery)* Landschaft *f*
county ['kaʊnti] *n* ❶ BRIT Grafschaft *f;* **C~ Antrim** die Grafschaft Antrim ❷ AM [Verwaltungs]bezirk *m*
county council *n + sing/pl vb* BRIT Grafschaftsrat *m* **county court** *n + sing/pl vb* ≈ Amtsgericht *nt* **county town** *n* BRIT Hauptstadt *f* einer Grafschaft
couple ['kʌpl̩] **I.** *n* ❶ *no pl (a few)* **a ~ of ...** ein paar ...; **every ~ of days** alle paar Tage; **in a ~ more minutes** in wenigen Minuten; **another ~ of ...** noch ein paar ... ❷ *+ sing/pl vb (two people)* Paar *nt* **II.** *vt* ❶ RAIL kuppeln (**to** an) ❷ *usu passive (put together)* **to be ~d with sth** mit etw *dat* verbunden sein
coupon ['ku:pɒn] *n* ❶ *(voucher)* Coupon *m,* Gutschein *m* ❷ BRIT **football/pools ~** Totoschein *m*
courage ['kʌrɪdʒ] *n no pl* Mut *m;* ▶ **to get some __Dutch__ ~** sich *dat* Mut antrinken
courageous [kə'reɪdʒəs] *adj* mutig
courgette [kɔ:'ʒet] *n esp* BRIT Zucchini *f*
courier ['kʊriəʳ] *n* ❶ *(delivery person)* Kurier(in) *m(f)* ❷ *(tour guide)* Reiseführer(in) *m(f)*
course [kɔ:s] *n* ❶ *(of aircraft, ship)* Kurs *m;* **on ~** auf Kurs; *(fig)* auf dem [richtigen] Weg ❷ *(of road)* Verlauf *m; (of river, history, justice)* Lauf *m* ❸ *(way of acting)* **~ [of action]** Vorgehen *nt;* **the best ~** das Beste ❹ *(certainly)* **of ~** natürlich ❺ *(series of classes)* Kurs *m;* **to go on a ~** BRIT einen Kurs besuchen ❻ MED **~ [of treatment]** Behandlung *f;* **to put sb on a ~ of sth** jdn mit etw *dat* behandeln ❼ SPORTS Bahn *f,* Strecke *f;* **[golf] ~** Golfplatz *m* ❽ *(part of meal)* Gang *m;* ▶ **in __due__ ~** zu gegebener Zeit
court [kɔ:t] **I.** *n* ❶ *(judicial body)* Gericht *nt;* **to go to ~** vor Gericht gehen ❷ *(room)* Gerichtssaal *m;* **to appear in ~** vor Gericht erscheinen ❸ *(playing area)* [Spiel]platz *m;* **squash ~** Squashcourt *m* ❹ *(of king, queen)* Hof *m;* **at ~** bei Hof **II.** *vt* ❶ *(dated: woo)* umwerben ❷ *(ingratiate oneself)* hofieren **III.** *vi* ein Liebespaar sein
courteously ['kɜ:tiəsli] *adv* höflich
courtesan [ˌkɔ:tɪ'zæn] *n (liter)* Kurtisane *f*
courtesy ['kɜ:təsi] *n no pl (politeness)* Höflichkeit *f;* **to have the [common] ~ to do sth** so höflich sein, etw zu tun ▶ **[by] ~ __of__ sb** *(thanks to)* dank jdm
courtesy bus *n* BRIT kostenfreier Bus
courthouse *n* AM Gerichtsgebäude *nt*
courtly ['kɔ:tli] *adj* galant *geh;* **~ love** LIT höfische Liebe
courtroom *n* Gerichtssaal *m* **courtyard** *n* Hof *m; (walled-in)* Innenhof *m;* **in the ~** auf dem Hof
cousin ['kʌzᵊn] *n* Cousin *m,* Cousine *f*
cover ['kʌvəʳ] **I.** *n* ❶ *(covering)* Abdeckung *f; (of flexible plastic)* Plane *f; (for bed)* [Bett]decke *f* ❷ *(sheets)* **the ~s** *pl* das Bettzeug ❸ *(of a book)* Einband *m; of a magazine* Titelseite *f* ❹ *(envelope)* **under separate ~** mit

getrennter Post ⑤ *no pl (shelter)* Schutz *m;* **under ~** überdacht; **under ~ of darkness** im Schutz der Dunkelheit ⑥ *(concealing true identity)* Tarnung *f;* **to blow sb's ~** jdn enttarnen ⑦ *no pl (substitute)* Vertretung *f;* **to provide ~ for sb** jdn vertreten **II.** *vt* ① *(put over)* bedecken; **~ed in mud** voller Schlamm ② *(to protect)* abdecken; **they ~ed him with a blanket** sie deckten ihn mit einer Decke zu ③ *(to hide)* verdecken ④ *(be enough for)* decken; **will that ~ it?** wird das reichen? ⑤ *(insure)* versichern (**against/for** gegen) ⑥ MIL **I've got you ~ed!** meine Waffe ist auf Sie gerichtet!; **~ me!** gib mir Deckung! ▸ **to ~ one's back** sich absichern; **to ~ one's tracks** seine Spuren verwischen **III.** *vi* **to ~ well** *paint* gut decken

◆**cover for** *vi* **to ~ for sb** ① *(do sb's job)* jds Arbeit übernehmen ② *(make excuses)* jdn decken

◆**cover over** *vt* **the sky was ~ed over with clouds** der Himmel war mit Wolken bedeckt

◆**cover up I.** *vt* ① *(protect)* **to ~ [oneself] up** sich bedecken ② *(hide)* verdecken **II.** *vi* alles vertuschen; **to ~ up for sb** jdn decken

coverage ['kʌvərɪdʒ] *n no pl* ① *(reporting)* Berichterstattung *f* (**of** über); **a lot of media ~** ein großes Medienecho ② *(dealing with)* Behandlung *f*

cover charge *n (in a restaurant)* Kosten *pl* für das Gedeck

covered ['kʌvəd] *adj* ① *(roofed over)* überdacht; **~ wagon** Planwagen *m* ② *(insured)* versichert

covering ['kʌvərɪŋ] *n* Bedeckung *f;* **floor ~** Bodenbelag *m*

covering letter *n* BRIT Begleitbrief *m*

cover-up *n* Vertuschung *f*

cow [kaʊ] *n* Kuh *f a. pej*

coward ['kaʊəd] *n* Feigling *m;* **moral ~** Duckmäuser *m*

cowboy *n* Cowboy *m* **cowshed** *n* Kuhstall *m*

cozy *adj* AM *see* **cosy**

CPU [ˌsiːpiː'juː] *n* COMPUT *abbrev of* **central processing unit** CPU *f*

crab [kræb] **I.** *n* Krebs *m* **II.** *vi* <-bb-> *(fam)* nörgeln

crack [kræk] **I.** *n* ① *(fissure)* Riss *m* ② *(narrow space)* Ritze *f;* **to open sth [just] a ~** etw [nur] einen Spalt öffnen ③ *(sharp noise) of a breaking branch* Knacken *nt; of a rifle* Knall *m* ④ *(joke)* **a cheap ~** ein schlechter Witz ⑤ *(fam: attempt)* Versuch *m;* **to have a ~ at sth** etw [aus]probieren ▸ **at the ~ of dawn** im Morgengrauen **II.** *vt* ① *(break)* **to ~ sth** einen Sprung in etw *akk* machen ② *(open)* **to ~ sth ↻ [open]** etw aufbrechen; *bottle* aufmachen ③ *(solve)* knacken; **I've ~ed it!** ich hab's! ▸ **to ~ a joke** einen Witz reißen **III.** *vi* ① *(break)* [zer]brechen ② *(break down)* zusammenbrechen; *relationship* zerbrechen ③ *(make noise) ice, thunder* krachen ▸ **to get ~ing** *(fam)* loslegen

◆**crack up I.** *vi (fam: find sth hilarious)* lachen müssen **II.** *vt* ① *(assert)* **to ~ sth up to be sth** etw als etw herausstellen ② *(fam: amuse)* zum Lachen bringen

cracked [krækt] *adj* rissig; *cup, glass* gesprungen

cracker ['krækər] *n* ① *(biscuit)* Kräcker *m* ② *(firework)* Kracher *m* ③ BRIT *(fam: attractive person)* **[s]he's a real ~** er/sie ist einfach umwerfend

crackers ['krækəz] *adj (fam)* verrückt

crackle ['krækl] **I.** *vi* knistern *a. fig; telephone line* knacken **II.** *n (on a telephone line)* Knacken *nt; of fire also* Prasseln *nt*

cradle ['kreɪdl] **I.** *n* ① *(baby's bed)* Wiege *f a. fig* ② *(framework)* Gerüst *nt (für Reparaturarbeiten)* **II.** *vt* [sanft] halten

craft [krɑːft] **I.** *n* ① <*pl* -> *(ship)* Schiff *nt* ② *(trade)* Handwerk *nt kein pl* ③ *(handmade objects)* **~s** *pl* Kunsthandwerk *nt kein pl* **II.** *vt* kunstvoll fertigen; **a cleverly ~ed poem** ein geschickt verfasstes Gedicht

craftily ['krɑːftɪli] *adv* schlau; *(with guile)* arglistig, hinterhältig

craftsman *n* gelernter Handwerker; **master ~** Handwerksmeister *m*

craftsperson <*pl* -s *or* craftspeople> *n* Handwerker(in) *m(f)*

crafty ['krɑːfti] *adj* schlau

cram <-mm-> [kræm] **I.** *vt* stopfen **II.** *vi* büffeln *fam*

cramp [kræmp] **I.** *n* [Muskel]krampf *m* **II.** *vt* einengen ▶ **to ~ sb's style** jdn nicht zum Zug kommen lassen

crane [kreɪn] **I.** *n* ① *(device)* Kran *m* ② *(bird)* Kranich *m* **II.** *vt* **to ~ one's neck** den Hals recken **III.** *vi* **to ~ forward** sich vorbeugen

crank [kræŋk] **I.** *n (fam: eccentric)* Spinner(in) *m(f)*; **~ call** Juxanruf *m* **II.** *vt* ankurbeln

crap [kræp] **I.** *vi* <-pp-> *(fam!)* kacken **II.** *n usu sing (vulg)* Scheiße *f a. fig;* **to have** [*or* AM **take**] **a ~** kacken **III.** *adj (fam!)* mies

crappy ['kræpi] *adj (fam!)* Scheiß-

crash [kræʃ] **I.** *n* <*pl* -es> ① *(accident)* Unfall *m* ② *(noise)* Krach *m kein pl* **II.** *vi* ① *(accident) driver, car* verunglücken; *plane* abstürzen ② *(hit)* **to ~ into sth** auf etw *akk* aufprallen ③ *(collide with)* **to ~ into sth** mit etw *dat* zusammenstoßen ④ *(make loud noise) cymbals, thunder* donnern; **to ~ against sth** gegen etw *akk* knallen ⑤ COMPUT abstürzen **III.** *vt* ① *(damage in accident)* zu Bruch fahren; *plane* eine Bruchlandung machen ② *(fam: gatecrash)* **to ~ a party** uneingeladen zu einer Party kommen

crash course *n* Intensivkurs *m,* Crashkurs *m* **crash diet** *n* radikale Abmagerungskur, Crashdiät *f* **crash helmet** *n* Sturzhelm *m* **crash-land** *vi* bruchlanden **crash-landing** *n* Bruchlandung *f*

crassly ['kræsli] *adv* krass, grob; **to behave ~** sich sehr rüde benehmen

crate [kreɪt] **I.** *n (open box)* Kiste *f; (for bottles)* [Getränke]kasten *m* **II.** *vt* **to ~** [**up**] in eine Kiste einpacken

crater ['kreɪtəʳ] *n* Krater *m*

crawl [krɔːl] **I.** *vi* ① *(go on all fours)* krabbeln ② *(move slowly)* kriechen ③ *(fam: be obsequious)* kriechen ④ *(be overrun)* **to be ~ing with sth** von etw *dat* wimmeln **II.** *n no pl* ① *(slow pace)* **to move at a ~** im Schneckentempo fahren ② *(style of swimming)* Kraulen *nt;* **to do the ~** kraulen

crayon ['kreɪɒn] **I.** *n* Buntstift *m;* **wax ~s** Malkreiden *pl* **II.** *vt* **to ~** [**in**] ⭘ **sth** etw [mit Buntstift] ausmalen **III.** *vi* [mit Buntstift] malen

craze [kreɪz] *n* Mode[erscheinung] *f,* Fimmel *m pej;* **~ for sth** Begeisterung *f* für etw *akk*

crazy ['kreɪzi] **I.** *adj* verrückt (**about** nach) **II.** *n* AM *(sl)* Verrückte(r) *f(m)*

creak [kriːk] **I.** *vi furniture* knarren **II.** *n of furniture* Knarren *nt*

creaky ['kriːki] *adj (squeaky) door* quietschend; *furniture* knarrend

cream [kriːm] **I.** *n* ① *no pl* FOOD Sahne *f,* Obers *nt* ÖSTERR; **~ cake** Sahnetorte *f* ② *(cosmetic)* Creme *f* ③ *no pl (colour)* Creme *nt* **II.** *adj* cremefarben **III.** *vt* ① *(beat)* cremig rühren; **~ed potatoes** Kartoffelpüree *nt* ② *(apply lotion)* eincremen

cream cheese *n* [Doppelrahm]frischkäse *m*

creamy ['kriːmi] *adj* ① *(smooth)* cremig ② *(off-white)* cremefarben

crease [kriːs] **I.** *n (fold)* [Bügel]falte *f; of a hat* Kniff *m* **II.** *vt* zerknittern

create [kri'eɪt] *vt* ① *(make)* erschaffen ② *(cause)* erzeugen; *impression* erwecken

creation [kri'eɪʃᵊn] *n* ① [Er]schaffung *f; (founding)* Gründung *f* ② *(product)* Produkt *nt;* FASHION Kreation *f* ③ REL Schöpfung *f*

creative [kri'eɪtɪv] *adj* kreativ, schöpferisch; **~ ability** Kreativität *f*

creatively [kri'eɪtɪvli] *adv* kreativ, schöp-

C

ferisch, einfallsreich
creator [kri'eɪtəʳ] *n* Schöpfer(in) *m(f)*
creature ['kriːtʃəʳ] *n* ① *(being)* Kreatur *f,* Wesen *nt;* **living ~s** Lebewesen *pl* ② *(person)* Kreatur *f,* Geschöpf *nt;* **~ of habit** Gewohnheitstier *nt*
crèche [kreʃ] *n* ① BRIT, AUS *(nursery)* Kinderkrippe *f* ② AM *(for orphans)* Waisenhaus *nt*
credibility [ˌkredə'bɪləti] *n no pl* Glaubwürdigkeit *f*
credit ['kredɪt] **I.** *n* ① *no pl (recognition, praise)* Anerkennung *f; (respect)* Achtung *f;* **to be a ~ to sb** jdm Ehre machen ② *no pl (reliance)* Glaube[n] *m;* **to give sb ~ for sth** jdm etw zutrauen ③ *no pl* COMM Kredit *m;* **on ~** auf Kredit ④ FIN Haben *nt;* **in ~** im Plus ► [**give**] **~ where ~'s due** *(prov)* Ehre, wem Ehre gebührt **II.** *vt* ① *(attribute)* zuschreiben ② *(believe)* glauben ③ FIN gutschreiben
credit card *n* Kreditkarte *f*
crediting ['kredɪtɪŋ] *n no pl* FIN Kreditierung *f*
creditworthy *adj* kreditwürdig
creep [kriːp] **I.** *n (fam)* ① *(unpleasant person)* Mistkerl *m* ② *(unpleasant feeling)* **the ~s** *pl* das Gruseln *kein pl;* **I get the ~s when ...** es gruselt mich immer, wenn ... **II.** *vi* <crept, crept> ① kriechen; *water* steigen ② *(fig)* **tiredness crept over her** die Müdigkeit überkam sie
◆**creep up** *vi* ① *(increase steadily)* [an]steigen ② *(sneak up on)* sich anschleichen *a. fig* (**behind/on** an)
creepy ['kriːpi] *adj (fam)* grus[e]lig, schaurig
cremate [krɪ'meɪt] *vt* verbrennen
cremation [krɪ'meɪʃᵊn] *n* Einäscherung *f*
crematorium <*pl* -s> [ˌkremə'tɔːriəm] *n,* AM **crematory** ['kriːmətɔːri] *n* Krematorium *nt*
crept [krept] *pp, pt of* **creep**
crest [krest] **I.** *n* ① *(peak)* Kamm *m;* **~ of a mountain** Bergrücken *m;* **~ of a roof** Dachfirst *m* ② ZOOL Kamm *m* ③ *(insignia)* Emblem *nt;* **family ~** Familienwappen *nt* **II.** *vt hill* erklimmen
Cretan ['kriːtᵊn] *adj* GEOG, HIST kretisch
crew [kruː] *n + sing/pl vb* AVIAT, NAUT Crew *f,* Besatzung *f;* **ambulance/lifeboat ~** Rettungsmannschaft *f;* **ground ~** Bodenpersonal *nt*
crew cut *n* Bürstenschnitt *m*
crib [krɪb] **I.** *n* ① AM *(cot)* Gitterbett *nt* ② *(fam: plagiarized work)* Plagiat *nt* **II.** *vt, vi* <-bb-> *(pej fam)* abschreiben
cricket[1] ['krɪkɪt] *n* ZOOL Grille *f*
cricket[2] ['krɪkɪt] *n no pl* SPORTS Kricket *nt*
crime [kraɪm] *n* ① *(illegal act)* Verbrechen *nt* ② *no art, no pl (criminality)* Kriminalität *f*
criminal ['krɪmɪnᵊl] **I.** *n* Verbrecher(in) *m(f)* **II.** *adj* ① *(illegal)* verbrecherisch; *behaviour* kriminell; **~ act** Straftat *f;* **~ court** Strafgericht *nt* ② *(fig)* schändlich
crimson ['krɪmzᵊn] **I.** *n no pl* Purpur[rot] *nt* **II.** *adj* purpurrot
cringe [krɪndʒ] *vi (feel uncomfortable)* schaudern; **to make sb ~** jdn schaudern lassen; **to ~ with embarrassment** es furchtbar peinlich finden
cringeworthy ['krɪndʒwɜːði] *adj (fam)* oberpeinlich
crippled *adj* verkrüppelt; **to be ~ with debt** *(fig)* von Schulden erdrückt werden
crisis <*pl* crises> [kraɪsɪs, *pl* -siːz] *n* Krise *f;* **to be in ~** in einer Krise stecken; **a ~ situation** eine Krisensituation; **energy ~** Energiekrise *f;* **migrant** [*or* **refugee**] **~** Flüchtlingskrise *f*
crisp [krɪsp] **I.** *adj* ① *(hard and brittle)* knusprig; *snow* knirschend ② *(firm and fresh) apple, lettuce* knackig ③ *(stiff and smooth) paper, tablecloth* steif **II.** *n* ① BRIT *(potato crisp)* Chip *m;* **burnt to a ~** verkohlt ② AM *(crumble)* Obstdessert *nt*
crispbread *n* Knäckebrot *nt*
critic ['krɪtɪk] *n* Kritiker(in) *m(f)*

critical ['krɪtɪkᵊl] *adj* ① *(judgemental)* kritisch; **to be ~ of sb** an jdm etwas auszusetzen haben ② *(crucial)* entscheidend ③ MED kritisch

critically ['krɪtɪkᵊli] *adv* ① *(in an evaluating way)* kritisch; *(by the critics)* **the ~ acclaimed film ...** der Film, der von den Kritikern hochgelobt wurde, ...; *(negatively)* missbilligend ② *(gravely)* bedenklich; **to be ~ ill** schwer krank sein

criticism ['krɪtɪsɪzᵊm] *n* Kritik *f*

criticize ['krɪtɪsaɪz] I. *vt* kritisch beurteilen; **to ~ sb/sth for sth** jdn/etw wegen einer S. *gen* kritisieren II. *vi* kritisieren

croak [krəʊk] I. *vi crow, person* krächzen; *frog* quaken II. *vt* krächzen

Croat ['krəʊæt] *n* ① *(person)* Kroate, Kroatin *m, f* ② *(language)* Kroatisch *nt kein pl*

Croatia [krəʊ'eɪʃə] *n* Kroatien *nt*

Croatian [krəʊ'eɪʃᵊn] I. *adj* kroatisch II. *n* ① *(person)* Kroate, Kroatin *m, f* ② *(language)* Kroatisch *nt*

crockery ['krɒkəri] *n no pl* Geschirr *nt*

crocodile <*pl* -> ['krɒkədaɪl] *n* ZOOL Krokodil *nt;* **~ skin** Krokodilleder *nt*

cronyism ['krəʊniɪzᵊm] *n no pl (esp pej)* Vetternwirtschaft *f pej*

crook [krʊk] I. *n* ① *(fam: rogue)* Gauner *m* ② *usu sing (curve)* Beuge *f* II. *adj* AUS *(fam)* ① *(ill)* krank; **to be ~ with a cold** erkältet sein ② *(annoyed)* **to go ~ at sb** auf jdn wütend werden III. *vt arm* beugen

crooked ['krʊkɪd] *adj* ① *(fam: dishonest)* unehrlich ② *(not straight)* krumm; **the picture's ~** das Bild hängt schief

crop [krɒp] I. *n* ① *(plant)* Feldfrucht *f; (harvest)* Ernte *f* ② *(fig: group)* Gruppe *f* II. *vt* <-pp-> ① AM *(plant)* bestellen ② *sheep, horses* abgrasen

◆**crop up** *vi (fam)* auftauchen; **something's ~ped up** es ist etwas dazwischengekommen

crop top *n* FASHION bauchfreies Top

cross [krɒs] I. *n* ① Kreuz *nt a. fig* ② *(hybrid)* Kreuzung *f; (fig)* Mittelding *nt* (**between** zwischen) ③ FBALL Flanke *f;* BOXING Cross *m* II. *adj* verärgert; **to get ~ with sb** sich über jdn ärgern III. *vt* ① *(cross over)* überqueren; *(also on foot) bridge, road* gehen über +*akk; border* passieren ② FBALL flanken ③ *(place crosswise)* [über]kreuzen ④ BRIT, AUS *cheque* zur Verrechnung ausstellen ⑤ REL **to ~ oneself** sich bekreuz[ig]en ▸ **to ~ one's mind** jdm einfallen IV. *vi* ① *(intersect)* sich kreuzen ② *(traverse a road)* die Straße überqueren; *(on foot)* über die Straße gehen

◆**cross off** *vt* streichen [von +*dat*]

◆**cross out** *vt* **to ~ out ↔ sth** etw ausstreichen

◆**cross over** I. *vi* hinübergehen; *(on boat)* übersetzen II. *vt* überqueren

cross-channel *adj ferry* Kanal-

cross-country I. *adj* **~ race** Geländerennen *nt;* **~ skiing** Langlauf *m* II. *adv* ① *(across a country)* quer durchs Land ② *(across countryside)* querfeldein

cross-examination *n* Kreuzverhör *nt;* **under ~** im Kreuzverhör **cross-examine** *vt* **to ~ sb** jdn ins Kreuzverhör nehmen *a. fig* **cross-eyed** *adj* schielend; **to be ~** schielen **cross-generational** [ˌkrɒsdʒenə'reɪʃᵊnᵊl] *adj appeal, interest, event* für alle Altersgruppen; **will it have ~ appeal?** wird es alle Altersgruppen ansprechen?

crossing ['krɒsɪŋ] *n (place to cross)* Übergang *m; (crossroads)* [Straßen]kreuzung *f;* **pedestrian ~** Zebrastreifen *m*

cross-legged [ˌkrɒs'legd] I. *adj* **in a ~ position** mit gekreuzten Beinen II. *adv* **to sit ~** im Schneidersitz [da]sitzen **cross-purposes** *n pl* ▸ **to be talking at ~** aneinander vorbeireden **cross-reference** *n* Querverweis *m* (**to** auf) **crossroads** <*pl* -> *n* Kreuzung *f; (fig)* Wendepunkt *m;* **at a ~** am Scheideweg **crosswalk** *n* AM Fußgängerübergang *m* **crossword** *n* Kreuzworträtsel *nt*

crouch [kraʊtʃ] **I.** *n usu sing* Hocke *f* **II.** *vi* sich kauern

crow [krəʊ] **I.** *n* Krähe *f;* ▸ **as the ~ flies** [in der] Luftlinie **II.** *vi* <crowed, crowed> ❶ *(cry) cock* krähen ❷ *(exult) person* triumphieren

crowd [kraʊd] **I.** *n sing/pl vb* ❶ *(throng)* [Menschen]menge *f;* SPORTS, MUS Zuschauermenge *f* ❷ *(fam: clique)* Clique *f;* **a bad ~** ein übler Haufen ❸ *no pl (fig)* **the ~** die [breite] Masse **II.** *vt* ❶ *(fill) stadium* füllen ❷ *(fam: pressure)* **to ~ sb** jdn [be]drängen **III.** *vi* **to ~ into sth** sich in etw *akk* hineindrängen

◆ **crowd out** *vt* herausdrängen

crowded [ˈkraʊdɪd] *adj* überfüllt; *timetable* übervoll; **~ out** *(fam)* gerammelt voll

crown [kraʊn] **I.** *n* ❶ *(of a monarch) a.* FIN Krone *f;* **~ of thorns** Dornenkrone *f* ❷ *(top of head)* Scheitel *m; (of hill)* Kuppe *f* **II.** *vt* ❶ krönen; *teeth* überkronen; **to ~ sb world champion** jdn zum Weltmeister krönen ❷ *(fam: hit on head)* **to ~ sb** jdm eins überziehen ▸ **to ~ it all** BRIT, AUS *(iron)* zur Krönung des Ganzen

crucial [ˈkruːʃᵊl] *adj (decisive)* entscheidend (**to** für)

crucifix [ˈkruːsɪfɪks] *n* Kruzifix *nt*

crucifixion [ˌkruːsəˈfɪkʃᵊn] *n* Kreuzigung *f*

crucify [ˈkruːsɪfaɪ] *vt* kreuzigen; *(fig fam)* verreißen

cruciverbalist [ˌkruːsəˈvɜːbᵊlɪst] *n* Kreuzworträtselfan *m*

crude [kruːd] **I.** *adj* ❶ *(rudimentary)* primitiv ❷ *(unsophisticated)* plump ❸ *(vulgar)* derb ❹ *(unprocessed)* roh **II.** *n* Rohöl *nt*

crudely [ˈkruːdli] *adv* ❶ *(in a rudimentary way)* primitiv; **~ drawn** grob umrissen ❷ *(rudely)* rüde; **to behave ~** sich ungehobelt benehmen

cruel <BRIT -ll-> [ˈkruːəl] *adj (deliberately mean)* grausam; *remark* gemein ▸ **to be ~ to be kind** *(prov)* jdm beinhart die Wahrheit sagen

cruelly [ˈkruːəlli] *adv* grausam

cruelty [ˈkruːəlti] *n* Grausamkeit *f* (**to** gegen); **an act of ~** eine grausame Tat; **~ to children** Kindesmisshandlung *f*

cruise [kruːz] **I.** *n* Kreuzfahrt *f* **II.** *vi* ❶ *(take a cruise)* eine Kreuzfahrt machen; *ship* kreuzen ❷ *(fam: drive around aimlessly)* herumfahren **III.** *vt (sl)* **to ~ the bars** in den Bars aufreißen gehen

crumb [krʌm] **I.** *n* ❶ Krümel *m,* Brösel *m o* ÖSTERR *a. nt; of bread also* Krume *f* ❷ *(fig)* **a small ~ of comfort** ein kleiner Trost; **a ~ of hope** ein Funke[n] *m* Hoffnung **II.** *interj* BRIT, AUS **~s!** ach du meine Güte! **III.** *vt* AM panieren

crumble [ˈkrʌmbl̩] **I.** *vt* zerkrümeln; *(break into bits)* zerbröckeln **II.** *vi* ❶ *(disintegrate)* zerbröckeln ❷ *(fig) empire* zerfallen; *opposition* [allmählich] zerbrechen **III.** *n* BRIT *mit Streuseln überbackenes Obstdessert*

crumbly [ˈkrʌmbli] *adj food* krümelig; *stone* bröckelig

crummy [krʌmi] *adj (fam)* mies, unterirdisch *pej fam*

crumple [ˈkrʌmpl̩] **I.** *vt* zerknittern; *paper* zerknüllen **II.** *vi (become dented)* eingedrückt werden

crunch [krʌntʃ] **I.** *n* ❶ *usu sing (noise)* Knirschen *nt kein pl* ❷ *no pl (fam: difficult situation)* Krise *f;* ▸ **when it comes to the ~** wenn es darauf ankommt **II.** *vi* ❶ *gravel, snow* knirschen ❷ FOOD **to ~ on sth** geräuschvoll in etw *akk* beißen

crush [krʌʃ] **I.** *vt* ❶ *(compress)* zusammendrücken; *(causing serious damage)* zerquetschen; MED [sich *dat*] etw quetschen ❷ FOOD zerdrücken ❸ *(defeat)* vernichten; *hopes* zunichtemachen **II.** *n* ❶ *(fam: crowd)* Gedränge *nt* ❷ *(temporary infatuation)* **to have a ~ on sb** in jdn verknallt sein ❸ *no pl (drink)* Fruchtsaft *m* mit zer-

stoßenem Eis
crush barrier *n* BRIT Absperrung *f*
crushing ['krʌʃɪŋ] *adj* schrecklich; *blow* hart
crust [krʌst] *n* Kruste *f*
crusty ['krʌsti] *adj bread* knusprig
crutch [krʌtʃ] *n* ① MED Krücke *f* ② ANAT, FASHION Unterleib *m; of trousers* Schritt *m*
cry <-ie-> [kraɪ] **I.** *n* ① *no pl (act of shedding tears)* Weinen *nt* ② *(loud emotional utterance)* Schrei *m; (shout also)* Ruf *m* ③ *(appeal)* Ruf *m* (**for** nach); **~ for help** Hilferuf *m* ④ ZOOL, ORN Schreien *nt kein pl* **II.** *vi* weinen (**for** nach) **III.** *vt (shed tears)* weinen; **to ~ oneself to sleep** sich in den Schlaf weinen
◆**cry off** *vi (fam)* einen Rückzieher machen
◆**cry out** **I.** *vi* ① *(shout)* aufschreien ② *(protest)* [lautstark] protestieren ▸ **for ~ing out loud** *(fam)* verdammt nochmal! **II.** *vt* rufen; *(scream)* schreien
crying ['kraɪɪŋ] **I.** *n no pl* Weinen *nt; (screaming)* Schreien *nt* **II.** *adj* dringend ▸ **it's a ~ shame that …** es ist jammerschade, dass …
crystal ['krɪstᵊl] **I.** *n* ① CHEM Kristall *m* ② *no pl (glass)* Kristallglas *nt* **II.** *adj* CHEM kristallin
cub [kʌb] *n* ZOOL Junge[s] *nt*
Cuban ['kju:bən] **I.** *adj* kubanisch **II.** *n* Kubaner(in) *m(f)*
cube [kju:b] **I.** *n* ① *(shape)* Würfel *m* ② MATH Kubikzahl *f* **II.** *vt* MATH hoch drei nehmen; **2 ~d equals 8** 2 hoch 3 ist 8
cubic ['kju:bɪk] *adj* ① MATH **~ metre** Kubikmeter *m* ② *(cube-shaped)* würfelförmig
cubicle ['kju:bɪkl̩] *n* Kabine *f*
cubism ['kju:bɪzᵊm] *n no pl* ART Kubismus *m*
cubist ['kju:bɪst] ART **I.** *n* Kubist(in) *m(f)* **II.** *adj* kubistisch
cuboid ['kju:bɔɪd] *adj* quaderförmig
cuckoo ['kʊku:] **I.** *n* ORN Kuckuck *m* **II.** *adj (fam)* übergeschnappt
cuckoo clock *n* Kuckucksuhr *f*
cucumber ['kju:kʌmbəʳ] *n* [Salat]gurke *f;* ▸ **to be [as] cool as a ~** immer einen kühlen Kopf behalten
cuddle ['kʌdl̩] **I.** *n* [liebevolle] Umarmung; **to give sb a ~** jdn umarmen **II.** *vi* kuscheln
cue [kju:] **I.** *n* ① THEAT Stichwort *nt; (fig a.)* Zeichen *nt* ② *(billiards)* Queue *nt o* ÖSTERR *a. m;* ▸ **[right] on ~** wie gerufen **II.** *vt* **to ~ in** ↻ **sb** jdm das Stichwort geben
cuff [kʌf] **I.** *n* ① *(of sleeve)* Manschette *f* ② AM, AUS *(of trouser leg)* [Hosen]aufschlag *m* ③ *(fam)* LAW **~s** *pl* Handschellen *pl* **II.** *vt* **to ~ sb** ① *(strike)* jdm einen Klaps geben ② *(fam: handcuff)* jdm Handschellen anlegen
cuff link *n* Manschettenknopf *m*
cul-de-sac <*pl* -s> ['kʌldəsæk] *n* Sackgasse *f a. fig*
culprit ['kʌlprɪt] *n* Schuldige(r) *f(m); (hum)* Missetäter(in) *m(f)*
cultivate ['kʌltɪveɪt] *vt* ① AGR anbauen ② *(fig form)* entwickeln
cultural ['kʌltʃᵊrᵊl] *adj* kulturell; **~ exchange** Kulturaustausch *m*
culturally ['kʌltʃᵊrᵊli] *adv* kulturell; **~ diverse** multikulturell
culture ['kʌltʃəʳ] **I.** *n* Kultur *f* **II.** *vt* BIOL züchten
cultured ['kʌltʃəd] *adj* kultiviert
cunning ['kʌnɪŋ] **I.** *adj idea* raffiniert; *person also* schlau **II.** *n no pl (ingenuity)* Cleverness *f*
cunningly ['kʌnɪŋli] *adv (slyly)* schlau; *(ingeniously)* geschickt
cup [kʌp] **I.** *n* ① *(container)* Tasse *f; (of paper, plastic)* Becher *m* ② SPORTS Pokal *m;* **the World C~** der Weltcup ③ *(part of bra)* Körbchen *nt; (size)* Körbchengröße *f;* ▸ **that's [just]/not my ~ of tea** das ist genau/nicht gerade mein Fall **II.** *vt* <-pp-> **to ~ one's hands** mit den Händen eine Schale bilden

C

cupboard ['kʌbəd] *n* Schrank *m,* Kasten *m* ÖSTERR
cupcake *n* FOOD Muffin *m*
cup final *n* Pokalendspiel *nt,* Cupfinale *nt*
cupful <*pl* -s> ['kʌpfʊl] *n* Tasse *f*
cuppa ['kʌpə] *n* BRIT *(fam)* Tasse *f* Tee
cup tie *n* Pokalspiel *nt* **cup winner** *n* SPORTS Pokalsieger(in) *m(f)*
curb [kɜːb] **I.** *vt* zügeln; *expenditure* senken; *inflation* bremsen **II.** *n* ❶ *(control)* Beschränkung *f;* **to put a ~ on sth** etw zügeln ❷ AM *(kerb)* Randstein *m*
cure [kjʊəʳ] **I.** *vt* heilen *a. fig* (**of** von); *cancer* besiegen **II.** *n* ❶ *(remedy)* [Heil]mittel *nt* (**for** gegen) ❷ *no pl (recovery)* Heilung *f*
curfew ['kɜːfjuː] *n* Ausgangssperre *f;* **what time is the ~?** wann ist Sperrstunde?
curiosity [ˌkjʊəri'ɒsəti] *n* ❶ *no pl (desire to know)* Neugier[de] *f* ❷ *(object)* Kuriosität *f*
curious ['kjʊəriəs] *adj* ❶ *(inquisitive)* neugierig ❷ *(peculiar)* seltsam
curiously ['kjʊəriəsli] *adv* ❶ *(with curiosity)* neugierig ❷ *(strangely)* seltsamerweise, merkwürdigerweise
curl [kɜːl] **I.** *n* ❶ *(loop of hair)* Locke *f* ❷ *(spiral)* Kringel *m* **II.** *vi (of hair)* sich locken; **does your hair ~ naturally?** hast du Naturlocken?; **to ~ up** sich zusammenrollen **III.** *vt* **to ~ oneself into a ball** sich zusammenrollen; **to ~ one's hair** sich *dat* Locken drehen; **to ~ sth [round sth]** etw [um etw *akk*] herumwickeln
curler ['kɜːləʳ] *n* Lockenwickler *m*
curly ['kɜːli] *adj leaves* gewellt, gekräuselt; *hair also* lockig
currant ['kʌrᵊnt] *n* Korinthe *f*
currency ['kʌrᵊn(t)si] *n* ❶ *(money)* Währung *f;* **[foreign] ~** Devisen *pl* ❷ *no pl (acceptance)* [weite] Verbreitung *f;* **to gain ~** sich verbreiten
current ['kʌrᵊnt] **I.** *adj* gegenwärtig; *issue* aktuell; **in ~ use** gebräuchlich **II.** *n* ❶ *(of air, water)* Strömung *f* ❷ ELEC Strom *m*
current account *n* BRIT Girokonto *nt*
currently ['kʌrᵊntli] *adv* zur Zeit
curriculum <*pl* -la> [kə'rɪkjələm, *pl* -lə] *n* Lehrplan *m;* **to be on the ~** auf dem Lehrplan stehen
curriculum vitae <*pl* -s> [-'viːtaɪ] *n* Lebenslauf *m*
curry ['kʌri] FOOD **I.** *n* Curry *nt o m;* **hot ~** scharfes Curry **II.** *vt* <-ie-> als Curry zubereiten
curse [kɜːs] **I.** *vi* fluchen **II.** *vt* verfluchen **III.** *n* Fluch *m;* **to put a ~ on sb** jdn verwünschen
cursor ['kɜːsəʳ] *n* COMPUT Cursor *m*
curt [kɜːt] *adj (pej)* schroff, barsch; **to be ~ with sb** zu jdm kurz angebunden sein
curtailment [kɜː'teɪlmənt] *n* Beschränkung *f*
curtain ['kɜːtᵊn] *n* ❶ Vorhang *m;* **[net] ~** Gardine *f* ❷ *(fig)* Schleier *m,* Vorhang *m*
curtly ['kɜːtli] *adv* barsch, schroff
curve [kɜːv] **I.** *n* ❶ *of a figure, vase* Rundung *f; of a road* Kurve *f* ❷ MATH Kurve *f* **II.** *vi river, road* eine Kurve machen **III.** *vt* biegen
curved [kɜːvd] *adj* gebogen, geschwungen
curvy ['kɜːvi] *adj* kurvenreich; *line* krumm
cushion ['kʊʃᵊn] **I.** *n* ❶ *(pillow)* Kissen *nt,* Polster *m* ÖSTERR ❷ *(fig: buffer)* Polster *nt o* ÖSTERR *a. m;* **~ of air** Luftkissen *nt* **II.** *vt* dämpfen *a. fig*
cushy ['kʊʃi] *adj (pej fam)* bequem; *job* ruhig
custard ['kʌstəd] *n no pl* ≈ Vanillesoße *f*
custody ['kʌstədi] *n no pl* ❶ *(guardianship)* Obhut *f;* LAW Sorgerecht *nt* (**of** für) ❷ *(detention)* Haft *f*
custom ['kʌstəm] *n* ❶ *(tradition)* Brauch *m,* Sitte *f* ❷ *no pl (usual behaviour)* Gewohnheit *f* ❸ *no pl (patronage)* Kundschaft *f*
customer ['kʌstəməʳ] *n* ❶ *(buyer, pa-*

tron) Kunde, -in *m, f;* **regular ~** Stammkunde, -in *m, f* ② *(fam: person)* Typ *m*

customer service *n usu pl* Kundendienst *m kein pl;* **~ officer** Kundenbetreuer(in) *m(f)*

customs ['kʌstəmz] *n pl* Zoll *m*

customs declaration *n* FIN Zollerklärung *f* **customs documents** *n pl* Zollpapiere *pl* **customs dues**, **customs duties** *n pl* Zollabgaben *pl* **customs officer**, **customs official** *n* Zollbeamte(r), -beamtin *m, f*

cut [kʌt] **I.** *n* ① *(act)* Schnitt *m;* **my hair needs a ~** mein Haar muss geschnitten werden ② *(piece of meat)* Stück *nt* ③ *(fit)* [Zu]schnitt *m; of shirt, trousers* Schnitt *m* ④ *(wound)* Schnittwunde *f* ⑤ *(decrease)* Senkung *f;* **~ in interest rates** Zinssenkung *f* ⑥ *in film* Schnitt *m; in book* Streichung *f* **II.** *adj* ① *(removed)* abgeschnitten; *(sliced) bread* [auf]geschnitten; **~ flowers** Schnittblumen *pl* ② *glass, jewel* geschliffen **III.** *interj* FILM **~!** Schnitt! **IV.** *vt* <-tt-, cut, cut> ① *(slice)* schneiden (**in** in); *bread* aufschneiden ② *(sever)* durchschneiden ③ *(trim)* [ab]schneiden; **to ~ sb's hair** jdm die Haare schneiden ④ *(decrease) costs* senken; *prices* herabsetzen ⑤ *(abridge) film* kürzen; *scene* herausschneiden; **to ~ short** abbrechen ⑥ COMPUT ausschneiden ▸ **to ~ it [a bit] fine** [ein bisschen] knapp kalkulieren **V.** *vi* <-tt-, cut, cut> ① *knife* schneiden ② *(slice easily)* sich schneiden lassen ▸ **to ~ to the chase** AM *(fam)* auf den Punkt kommen

◆**cut across** *vi* ① *(to other side)* hinüberfahren ② *(take short cut)* durchqueren; **to ~ across country** querfeldein fahren

◆**cut back I.** *vt* ① HORT zurückschneiden ② FIN kürzen **II.** *vi* ① *(return)* zurückgehen ② *(reduce)* **to ~ back on sth** etw kürzen

◆**cut down I.** *vt* ① *(fell)* umhauen ② *(reduce)* einschränken; *labour force* abbauen ③ *(abridge)* kürzen ▸ **to ~ sb down to size** jdn in seine Schranken verweisen **II.** *vi* **to ~ down on smoking** das Rauchen einschränken

◆**cut in I.** *vi* ① *(interrupt)* unterbrechen ② AUTO einscheren; **to ~ in in front of sb** jdn schneiden **II.** *vt* **to ~ sb in** ① *(share with)* jdn [am Gewinn] beteiligen ② *(include)* jdn teilnehmen lassen; **shall we ~ you in?** willst du mitmachen?

◆**cut into** *vi* ① *(slice)* anschneiden ② *(interrupt)* unterbrechen

◆**cut off** *vt* ① *(remove)* abschneiden; **to ~ sth off sth** etw von etw *dat* abschneiden ② *(silence)* unterbrechen ③ *(disconnect)* unterbinden; *electricity* abstellen ④ *(isolate)* abschneiden; **to ~ oneself off** sich zurückziehen

◆**cut out I.** *vt* ① *(excise)* herausschneiden ② *(from paper)* ausschneiden ③ *(fam: desist)* aufhören mit +*dat;* **~ it out!** hör auf damit! ④ *(block) light* abschirmen ⑤ *(exclude)* ausschließen **II.** *vi* ① *(stop operating)* sich ausschalten; *plane's engine* aussetzen ② AM AUTO ausscheren; **to ~ out of traffic** plötzlich die Spur wechseln ③ AM *(depart)* sich davonmachen

◆**cut up** *vt* ① *(slice)* zerschneiden; *food for a child* klein schneiden ② *(injure)* **to ~ up** ⊂ **sb** jdm Schnittwunden zufügen ③ *(fig: sadden)* schwer treffen; **to be ~ up [about sth]** [über etw *akk*] zutiefst betroffen sein

cutback ['kʌtbæk] *n* Kürzung *f*

cute <-r, -st> [kju:t] *adj* süß, niedlich

cutlass <*pl* -es> ['kʌtləs] *n* Entermesser *nt*

cutlery ['kʌtl[ə]ri] *n no pl* Besteck *nt*

cutlet ['kʌtlət] *n* Kotelett *nt*

cutoff ['kʌtɒf] **I.** *n* ① *(limit)* Obergrenze *f* ② *(stop)* Beendigung *f* **II.** *adj* **~ date** Endtermin *m*

cutout ['kʌtaʊt] **I.** *n* ① *(shape)* Ausschneidefigur *f* ② *(stereotype)* **cardboard** ~ [Reklame]puppe *f* **II.** *adj* ausgeschnitten

cut-price **I.** *adj* *clothes* herabgesetzt; ~ **store** Billigladen *m* **II.** *adv* zu Schleuderpreisen **cut-rate** *adj attr* zu verbilligtem Tarif; ~ **offer** Billigangebot *nt*

D

cutting ['kʌtɪŋ] **I.** *n* ① JOURN Ausschnitt *m* ② HORT Ableger *m* **II.** *adj* *comment* scharf

CV [ˌsiː'viː] *n* BRIT *abbrev of* **curriculum vitae** Lebenslauf *m*

cyberpet ['saɪbəpet] *n* virtuelles Haustier

cyclamen ['sɪkləmən] *n* Alpenveilchen *nt,* Zyklame *f* ÖSTERR, SCHWEIZ

cycle[1] ['saɪkl] *short for* **bicycle** **I.** *n* [Fahr]rad *nt* **II.** *vi* Rad fahren

cycle[2] ['saɪkl] *n* Zyklus *m;* ~ **of life** Lebenskreislauf *m*

cycling ['saɪklɪŋ] *n no pl* Radfahren *nt;* SPORTS Radrennsport *m*

cyclist ['saɪklɪst] *n* Radfahrer(in) *m(f)*

cylinder ['sɪlɪndəʳ] *n* AUTO, MATH Zylinder *m*

cylindrical [sə'lɪndrɪkᵊl] *adj* zylindrisch

cymbal ['sɪmbᵊl] *n usu pl* Beckenteller *m;* ~**s** Becken *pl*

cynically ['sɪnɪkᵊli] *adv (pej)* zynisch

Cypriot ['sɪpriət] **I.** *n* Zypriot(in) *m(f)* **II.** *adj* zypr[iot]isch

Cyprus ['saɪprəs] *n no pl* Zypern *nt*

Czech [tʃek] **I.** *n* ① *(person)* Tscheche, -in *m, f* ② *no pl (language)* Tschechisch *nt* **II.** *adj* tschechisch

Czechoslovakia [ˌtʃekə(ʊ)slə(ʊ)'vækiə] *n no pl (hist)* die Tschechoslowakei

Czech Republic *n no pl* **the** ~ die Tschechische Republik

Dd

D <*pl* -'s>, **d** <*pl* -'s> [diː] *n* D *nt,* d *nt;* ~ **flat** Des *nt,* des *nt;* ~ **sharp** Dis *nt,* dis *nt; see also* **A 1**

dachshund ['dæksᵊnd] *n* Dackel *m,* Dachshund *m*

dad [dæd] *n (fam)* Papa *m*

daddy ['dædi] *n (fam)* Papi *m*

daffodil ['dæfədɪl] *n* Osterglocke *f*

daft [dɑːft] *adj (fam)* doof

dagger ['dægəʳ] *n* Dolch *m;* ▶ **to look ~s at sb** jdn mit Blicken durchbohren

dahlia ['deɪliə] *n* Dahlie *f*

daily ['deɪli] **I.** *adj, adv* täglich **II.** *n* Tageszeitung *f*

dairy ['deəri] **I.** *n* Molkerei *f* **II.** *adj* Molkerei-

daisy ['deɪziː] *n* Gänseblümchen *nt*

dam [dæm] **I.** *n* [Stau]damm *m* **II.** *vt* <-mm-> stauen

damage ['dæmɪdʒ] **I.** *vt* [be]schädigen; *reputation* schaden +*dat* **II.** *n no pl* Schaden *m* (**to** an)

damaged ['dæmɪdʒd] *adj* ① *(destroyed)* beschädigt ② *(injured)* verletzt

damaging ['dæmɪdʒɪŋ] *adj* ① *(destroying)* schädlich ② *(disadvantageous)* *evidence, remark* nachteilig

damn [dæm] **I.** *interj (fam)* ~ [**it**]! verdammt! **II.** *adj (fam)* verdammt, Scheiß- *pej derb;* ~ **fool** Vollidiot *m* **III.** *vt* verdammen; *(curse)* verfluchen **IV.** *adv (fam)* verdammt

damp [dæmp] **I.** *adj* feucht **II.** *n no pl* BRIT, AUS Feuchtigkeit *f*

damson ['dæmzᵊn] *n* Haferpflaume *f,* Damaszenerpflaume *f*

dance [dɑːn(t)s] **I.** *vi, vt* tanzen **II.** *n* Tanz *m*

dancer ['dɑːn(t)səʳ] *n* Tänzer(in) *m(f)*

dancing ['dɑːn(t)sɪŋ] *n no pl* Tanzen *nt*
dandelion ['dændɪlaɪən] *n* Löwenzahn *m*
dandruff ['dændrʌf] *n no pl* [Kopf]schuppen *pl*
dandy ['dændi] **I.** *n* Dandy *m* **II.** *adj (dated)* ❶ *(overly stylish)* geschniegelt *hum* ❷ *esp* AM *(very good)* **that's just ~!** das ist großartig!
Dane [deɪn] *n* Däne, Dänin *m, f*
danger ['deɪndʒəʳ] *n* Gefahr *f;* **~! keep out!** Zutritt verboten! Lebensgefahr!
dangerous ['deɪndʒᵊrəs] *adj* gefährlich
dangerously ['deɪndʒᵊrəsli] *adv* gefährlich
Danish ['deɪnɪʃ] **I.** *n* ❶ *no pl* Dänisch *nt* ❷ **the ~** *pl* die Dänen **II.** *adj* dänisch
Danish pastry *n* Blätterteiggebäck *nt*
Danube ['dænjuːb] *n no pl* **the ~** die Donau
dare [deəʳ] **I.** *vt* herausfordern; **I ~ you!** trau dich! **II.** *vi* **to ~ [to] do sth** es wagen, etw zu tun ▶ **~ I say [it], but …** ich wage zu behaupten, dass …; **who ~s wins** *(prov)* wer wagt, gewinnt **III.** *n* Mutprobe *f;* **it's a ~!** sei kein Frosch!
daring ['deərɪŋ] **I.** *adj* kühn; *crime* dreist; *(provocative)* verwegen **II.** *n no pl* Kühnheit *f*
daringly ['deərɪŋli] *adv* ❶ *(bravely)* wagemutig, kühn ❷ *(provocatively)* herausfordernd, provozierend
dark [dɑːk] **I.** *adj* dunkel; *(gloomy)* düster; **~ blue** dunkelblau; **in ~est Peru** im tiefsten Peru **II.** *n no pl* **the ~** die Dunkelheit ▶ **to keep sb in the ~** jdn im Dunkeln lassen
darkness ['dɑːknəs] *n no pl* Dunkelheit *f; (night)* Finsternis *f*
darling ['dɑːlɪŋ] **I.** *n* Liebling *m* **II.** *adj attr* entzückend
dart [dɑːt] **I.** *n* Pfeil *m;* SPORTS Wurfpfeil *m;* **~s** + *sing vb* Darts *nt* **II.** *vi* flitzen
dash [dæʃ] **I.** *n* <*pl* -es> ❶ *(rush)* Hetze *f;* **to make a ~ for the door** zur Tür stürzen ❷ **a ~ of salt** eine Prise Salz ❸ *(punctuation)* Gedankenstrich *m* **II.** *vi* sausen; **I've got to ~** ich muss fort; **to ~ off** davonjagen
dashboard *n* Armaturenbrett *nt*
dastardly ['dæstədli] *adj (liter)* hinterhältig; **~ deeds** Gemeinheiten *pl*
data ['deɪtə] *n pl + sing/pl vb* Daten *pl* D
database *n* Datenbank *f* **data mining** *n no pl* COMPUT Extrahieren *nt* von Informationen aus großen Datenbeständen
data processing *n no pl* Datenverarbeitung *f*
date¹ [deɪt] **I.** *n* ❶ Datum *nt;* **to be out of ~** überholt sein; **to ~** bis heute ❷ *(appointment)* Termin *m; (meet)* Verabredung *f; (romantic)* Rendezvous *nt,* Date *nt sl;* **it's a ~!** abgemacht!; **to make a ~** sich verabreden **II.** *vt* **to ~ sb** mit jdm gehen **III.** *vi* ❶ *(go out)* miteinander gehen ❷ *(originate)* **to ~ from sth** auf etw *akk* zurückgehen; *tradition* aus etw *dat* stammen
date² [deɪt] *n (fruit)* Dattel *f*
dated ['deɪtɪd] *adj* überholt
dating agency *n* Partnermittlung *f* **dating service** *n* Partnermittlung *f;* **online** [*or* **internet**] **~** Partnerbörse *f*
dating site *n* Partnerbörse *f*
dative ['deɪtɪv] **I.** *n no pl* **the ~** der Dativ **II.** *adj* **the ~ case** der Dativ
daughter ['dɔːtəʳ] *n* Tochter *f*
daughter-in-law <*pl* daughters-> *n* Schwiegertochter *f*
dawn [dɔːn] **I.** *n no pl* [Morgen]dämmerung *f;* **at [the break of] ~** im Morgengrauen **II.** *vi* anbrechen
day [deɪ] *n* Tag *m;* **ten ~s from now** heute in zehn Tagen; **from one ~ to the next** *(suddenly)* von heute auf morgen; *(in advance)* im Voraus; **one ~** eines Tages; **some ~** irgendwann [einmal]; **~ in, ~ out** tagaus, tagein; **the ~ after tomorrow** übermorgen; **the ~ before yesterday** vorgestern; **to this ~** bis heute; **these ~s** *(recently)* in letzter Zeit; *(nowadays)* heutzutage; *(at the moment)* zurzeit;

one of these ~s eines Tages; *(soon)* demnächst [einmal]; *(some time or other)* irgendwann [einmal] ▶ **any ~** jederzeit; **to call it a ~** Schluss machen [für heute]; **at the end of the ~** *(in the final analysis)* letzten Endes; *(eventually)* schließlich

D

daylight *n no pl* Tageslicht *nt;* **in broad ~** am helllichten Tag[e] ▶ **to see ~** [allmählich] klar sehen **day nursery** *n* Kindertagesstätte *f* **day return** *n* BRIT Tagesrückfahrkarte *f* **day shift** *n* Tagschicht *f* **daytime** *n no pl* Tag *m;* **in the ~** tagsüber **day trip** *n* Tagesausflug *m*

daze [deɪz] **I.** *n no pl* Betäubung *f;* **in a ~** ganz benommen **II.** *vt* **to be ~d** wie betäubt sein

dazzle ['dæzl̩] **I.** *vt* blenden **II.** *n no pl* Glanz *m*

dazzling ['dæzl̩ɪŋ] *adj* blendend *attr; diamond* funkelnd *attr; smile* strahlend *attr; success* glänzend *attr*

dazzlingly ['dæzl̩ɪŋli] *adv* funkelnd; **to smile ~ at sb** *(fig)* jdn strahlend anlächeln

dead [ded] **I.** *adj* ❶ tot; *(extinct)* ausgestorben; *fire, match, volcano* erloschen; *telephone* tot; **~ body** Leiche *f;* **to shoot sb ~** jdn erschießen ❷ *(numb)* taub; **to go ~** einschlafen ❸ *(dull)* tot; *party* öde ❹ *(fig fam: tired)* schlapp; **~ on one's feet** zum Umfallen müde **II.** *adv* ❶ *(fam: totally)* absolut; **~ certain** todsicher; **~ drunk** stockbetrunken; **~ easy** kinderleicht; **~ silent** totenstill ❷ *(exactly)* **~ on five o'clock** Punkt fünf; **~ on time** auf die Minute genau ▶ **to stop ~ in one's tracks** auf der Stelle stehen bleiben

dead centre *n* die genaue Mitte **dead-end I.** *n* Sackgasse *f;* **to come to a ~** in einer Sackgasse enden **II.** *adj* ❶ **~ street** Sackgasse *f* ❷ *(fig)* aussichtslos **deadening** ['dedᵊnɪŋ] *adj* betäubend *attr* **deadline** *n* Deadline *f*

deadly ['dedli] *adj* ❶ tödlich; **~ enemies** Todfeinde *pl;* **in ~ earnest** todernst ❷ *(pej fam)* todlangweilig ▶ **the seven ~ sins** die sieben Todsünden *pl*

deaf [def] *adj* taub; *(partially)* schwerhörig; **to be ~ to sth** *(fig)* taube Ohren für etw *akk* haben ▶ [**as**] **~ as a post** stocktaub

deaf aid *n* BRIT Hörgerät *nt*

deafen ['defᵊn] *vt* taub machen; *(fig)* betäuben

deafening ['defᵊnɪŋ] *adj* ohrenbetäubend

deaf-mute *n* Taubstumme(r) *f(m)*

deafness ['defnəs] *n no pl* Taubheit *f; (partial)* Schwerhörigkeit *f*

deal¹ [diːl] *n no pl* **a great ~** eine Menge

deal² [diːl] **I.** *n* ❶ *(business)* Geschäft *nt,* Deal *m sl;* **to do a ~ with sb** mit jdm ein Geschäft abschließen; **to make sb a ~** jdm ein Angebot machen ❷ *(agreement)* Abmachung *f;* **it's a ~** abgemacht ❸ *(treatment)* **a fair/raw ~** eine faire/ungerechte Behandlung ❹ CARDS **it's your ~** du gibst ▶ **big ~!** [*or* **what's the big ~?**] *(fam)* was solls? **II.** *vi* <-t, -t> ❶ CARDS geben ❷ *(sl: sell drugs)* dealen **III.** *vt* <-t, -t> ❶ **to ~** [**out**] verteilen ❷ *esp* AM *(sell)* **to ~ sth** mit etw *dat* dealen

◆**deal with** *vi* ❶ *(handle)* sich befassen mit ❷ *(treat)* handeln von ❸ *(do business)* Geschäfte machen mit

dealer ['diːləʳ] *n* Händler(in) *m(f); of drugs* Dealer(in) *m(f)*

dealt [delt] *pt, pp of* **deal**

dean [diːn] *n* Dekan(in) *m(f)*

dear [dɪəʳ] **I.** *adj* ❶ lieb; *sweet* süß; **D~ Jane** Liebe Jane ❷ *(form: costly)* teuer **II.** *interj* **~ me!** du liebe Zeit!; **oh ~!** du meine Güte! **III.** *n* Schatz *m;* **my ~**[**est**] [mein] Liebling *m*

dearly ['dɪəli] *adv* von ganzem Herzen; **to pay ~** teuer bezahlen

death [deθ] *n* der Tod; *(casualty)* Tote(r) *f(m);* **to be bored to ~** sich zu Tode langweilen ▶ **to be at ~'s door** an der Schwelle des Todes stehen

deathbed *n* Totenbett *nt;* **to be on**

one's ~ auf dem Sterbebett liegen **death certificate** *n* Sterbeurkunde *f* **death penalty** *n* Todesstrafe *f* **death threat** *n* Morddrohung *f*

debasement [dɪ'beɪsmənt] *n no pl* ❶ *(degradation)* Herabsetzung *f* ❷ *(loss of meaning)* Entwertung *f*; *loss of morals* Verfall *m*

debate [dɪ'beɪt] **I.** *n* Debatte *f*; **to be open to** ~ sich [erst] noch erweisen müssen **II.** *vt, vi* debattieren

debit ['debɪt] *vt* abbuchen

debt [det] *n* Schuld *f*; **out of** ~ schuldenfrei; **to be in sb's** ~ *(fig)* in jds Schuld stehen

decade ['dekeɪd, dɪ'keɪd] *n* Jahrzehnt *nt*

decaf ['diːkæf] *adj (fam) abbrev of* **decaffeinated**

decaffeinated [dɪ'kæfɪneɪtɪd] *adj* koffeinfrei; *coffee* entkoffeiniert

decay [dɪ'keɪ] **I.** *n no pl* Verfall *m*; BIOL Verwesung *f*; BOT Fäulnis *f*; **dental** ~ Zahnfäule *f*; **to fall into** ~ verfallen **II.** *vi* verfallen; BIOL verwesen

deceased [dɪ'siːst] *(form)* **I.** *n* <*pl* -> **the** ~ der/die Verstorbene/die Verstorbenen *pl* **II.** *adj* verstorben

deceitfully [dɪ'siːtfᵊli] *adv* hinterlistig, [be]trügerisch

deceive [dɪ'siːv] *vt* betrügen; **to** ~ **oneself** sich [selbst] täuschen

December [dɪ'sembəʳ] *n* Dezember *m*; *see also* **February**

decent ['diːsᵊnt] *adj (acceptable)* anständig; *(good)* nett; *(appropriate)* angemessen; **to do the** ~ **thing** das [einzig] Richtige tun

decently ['diːsᵊntli] *adv* mit Anstand

decentralized [ˌdiː'sentrᵊlaɪzd] *adj* dezentralisiert *geh*

deceptive [dɪ'septɪv] *adj* täuschend

deceptively [dɪ'septɪvli] *adv* ❶ *(misleadingly)* irrig, täuschend ❷ *(deceitfully)* trügerisch

decide [dɪ'saɪd] **I.** *vi* sich entscheiden (**on** für); **to** ~ **to do sth** beschließen [*o* sich entschließen], etw zu tun **II.** *vt* entscheiden

decimal ['desɪmᵊl] *n* Dezimalzahl *f*; ~ **point** Komma *nt*

decision [dɪ'sɪʒᵊn] *n* Entscheidung *f* (**about/on** über); **to make a** ~ eine Entscheidung fällen

decisive [dɪ'saɪsɪv] *adj* bestimmend; *(firm)* entschlossen; *battle* entscheidend

decisively [dɪ'saɪsɪvli] *adv* ❶ *(crucially)* entscheidend, maßgeblich ❷ *(firmly)* **to act** ~ entschlossen handeln

deck [dek] **I.** *n* ❶ Deck *nt*; **below** ~**s** unter Deck; **on** ~ an Deck ❷ *esp* AM, AUS Veranda *f* ❸ ~ **of cards** Spiel *nt* Karten ▸ **to clear the** ~**s** klar Schiff machen **II.** *vt* **to** ~ **sth** [**out**] etw [aus]schmücken

deckchair *n* Liegestuhl *m*; *(on ship)* Deckchair *m*

declaration [ˌdeklə'reɪʃᵊn] *n* Erklärung *f*; ~ **of war** Kriegserklärung *f*; **to make a** ~ eine Erklärung abgeben

declare [dɪ'kleəʳ] *vt* verkünden; ECON deklarieren; **to** ~ **one's love for sb** jdm eine Liebeserklärung machen; **to** ~ **war on sb** jdm den Krieg erklären

declared [dɪ'kleəd] *adj* erklärt

declension [dɪ'klen(t)ʃᵊn] *n* LING ❶ *(grammatical class)* Fall *m*, Kasus *m fachspr* ❷ *no pl (grammatical system)* Deklination *f fachspr*

decline [dɪ'klaɪn] **I.** *n* Rückgang *m*; *(deterioration)* Verschlechterung *f* **II.** *vi* nachlassen; *(drop)* abfallen **III.** *vt* ablehnen

decorate ['dekəreɪt] *vt* dekorieren; *(paint)* streichen; *(wallpaper)* tapezieren

decoration [ˌdekə'reɪʃᵊn] *n* Dekoration *f*; *(for Christmas tree)* Schmuck *m kein pl*

decoratively ['dekᵊrətɪvli] *adv* dekorativ

decorator ['dekᵊreɪtəʳ] *n* BRIT Maler(in) *m(f)*

decrease **I.** *vi* [dɪ'kriːs, 'diːkriːs] zurückgehen **II.** *vt* [dɪ'kriːs, 'diːkriːs] reduzieren **III.** *n* ['diːkriːs] Abnahme *f*; *quantity*

Rückgang *m;* **on the ~** rückläufig

decriminalization [diːˌkrɪmɪnᵊlaɪˈzeɪʃᵊn] *n no pl* Legalisierung *f*

decruit [diːˈkruːt] *vt (euph)* entlassen

dedicate [ˈdedɪkeɪt] *vt* widmen; **to ~ sth to sb** jdm etw widmen; **to ~ oneself to sth** sich etw *dat* widmen

deduct [dɪˈdʌkt] *vt* abziehen

deduction [dɪˈdʌkʃᵊn] *n* ① Abzug *m* ② *(inference)* Schlussfolgerung *f*

deed [diːd] *n* Tat *f;* **dirty ~s** Drecksarbeit *f;* **evil ~** Untat *f*

deep [diːp] *adj, adv* tief; **the snow was 1 m ~** der Schnee lag einen Meter hoch; **to take a ~ breath** tief Luft holen; **with ~ regret** mit großem Bedauern; **~ blue/red** tiefblau/dunkelrot

deepening [ˈdiːpᵊnɪŋ] *adj* tiefer werdend *attr*

deep-freeze *n* Tiefkühlschrank *m; (chest)* Tiefkühltruhe *f* **deep-fry** *vt* frittieren

deeply [ˈdiːpli] *adv* ① tief ② *(very)* äußerst; **~ insulted** zutiefst getroffen; **to ~ regret sth** etw sehr bereuen

deepness [ˈdiːpnəs] *n* Tiefe *f*

deer *<pl ->* [dɪəʳ] *n* Hirsch *m; (roe)* Reh *nt*

defeat [dɪˈfiːt] **I.** *vt* besiegen; *team* schlagen; *hopes* zerschlagen **II.** *n* Niederlage *f*

defect[1] **I.** *adj* fehlerhaft; *(flawed)* defekt **II.** *n* [ˈdiːfekt] Fehler *m; (flaw)* Defekt *m*

defect[2] [dɪˈfekt] *vi* POL überlaufen (**to** in)

defective [dɪˈfektɪv] *adj* fehlerhaft; *(flawed)* defekt

defence [dɪˈfen(t)s] *n* Verteidigung *f;* SPORTS Abwehr *f;* **in my ~** zu meiner Verteidigung

defend [dɪˈfend] *vt, vi* verteidigen; **to ~ oneself** sich wehren

defendant [dɪˈfendənt] *n* Angeklagte(r) *f(m)*

defender [dɪˈfendəʳ] *n* ① Beschützer(in) *m(f)* ② SPORTS Verteidiger(in) *m(f)*

defense *n esp* AM *see* **defence**

defensive [dɪˈfen(t)sɪv] **I.** *adj* defensiv **II.** *n* Defensive *f;* **to be on the ~** in der Defensive sein

defensively [dɪˈfen(t)sɪvli] *adv* defensiv

deferentially [ˌdefᵊˈren(t)ʃᵊli] *adj* respektvoll

define [dɪˈfaɪn] *vt* definieren (**by** über)

definite [ˈdefɪnət] **I.** *adj* sicher; *answer* klar; *decision* definitiv; *improvement* eindeutig; **there's nothing ~ yet** es steht noch nichts fest; **to be ~ about sth** sich *dat* einer S. *gen* sicher sein **II.** *n (fam)* **she's a ~ for the Olympic team** sie wird auf jeden Fall in der Olympiamannschaft dabei sein

definitely [ˈdefɪnətli] *adv* eindeutig; *(firmly)* endgültig; **we're ~ going** wir gehen auf jeden Fall

definition [ˌdefɪˈnɪʃᵊn] *n* ① Definition *f* ② *no pl (distinctness)* Schärfe *f;* **to lack ~** unscharf sein

definitively [dɪˈfɪnətɪvli] *adv* definitiv *geh*

defrost [diːˈfrɒst] *vt* auftauen; *fridge* abtauen

deftness [ˈdeftnəs] *n no pl* Geschicklichkeit *f*

degrading [dɪˈgreɪdɪŋ] *adj* erniedrigend, entwürdigend

degree [dɪˈgriː] *n* ① Maß *nt; (extent)* Grad *m;* **by ~s** nach und nach ② UNIV Abschluss *m;* **to do a ~ in sth** etw studieren

degree course *n Studiengang, der mit einem „bachelor's degree" abschließt*

dehumidifier [ˌdiːhjuːˈmɪdɪfaɪəʳ] *n* Entfeuchter *m*

dehydrated [ˌdiːhaɪˈdreɪtɪd] *adj* ausgetrocknet

de-ice [ˌdiːˈaɪs] *vt* enteisen

delay [dɪˈleɪ] **I.** *vt* aufhalten; *(postpone)* verschieben **II.** *n* Verzögerung *f;* TRANSP Verspätung *f;* **without ~** unverzüglich

delayed [dɪˈleɪd] *adj attr flight, train* verspätet; *reaction* verzögert

delegate **I.** *n* [ˈdelɪgət] Delegierte(r) *f(m)* **II.** *vt* [ˈdelɪgeɪt] als Vertreter/Vertreterin [aus]wählen; **to ~ sth to sb**

etw auf jdn übertragen

delegation [ˌdelɪ'geɪʃᵊn] *n* Delegation *f*

delete [dɪ'liːt] *vt* streichen (**from** aus); COMPUT löschen

delete key *n* COMPUT Löschtaste *f*

deli ['deli] *n (fam) short for* **delicatessen** Feinkostgeschäft *nt*

deliberate **I.** *adj* [dɪ'lɪbᵊrət] bewusst; *(careful)* vorsichtig **II.** *vi* [dɪ'lɪbəreɪt] *(form)* [gründlich] nachdenken

delicacy ['delɪkəsi] *n* ① Delikatesse *f* ② *no pl (discretion)* Feingefühl *nt* ③ *no pl of health* Zerbrechlichkeit *f*

delicate ['delɪkət] *adj* ① empfindlich; *china* zerbrechlich; ~ **cycle** Feinwaschgang *m* ② *(tricky)* heikel

delicatessen [ˌdelɪkə'tesᵊn] *n* Feinkostgeschäft *nt*

delicious [de'lɪʃəs] *adj* köstlich

deliciously [de'lɪʃəsli] *adv* köstlich, lecker

delight [dɪ'laɪt] **I.** *n* Freude *f;* **in** ~ vor Freude **II.** *vi* **to** ~ **in sth** Vergnügen bei etw *dat* empfinden

delighted [dɪ'laɪtɪd] *adj* hocherfreut; **to be** ~ **at** [*or* **by**] [*or* **with**] **sth** von etw *dat* begeistert sein; **I'd be** ~ **to come** ich komme sehr gerne

delightful [dɪ'laɪtfᵊl] *adj* wunderbar

delirious [dɪ'lɪriəs] *adj* ① im Delirium *nach n* ② *(happy)* **to be** ~ [**with sth**] außer sich [vor etw *dat*] sein

deliver [dɪ'lɪvəʳ] **I.** *vt* liefern; *(by post)* zustellen; *baby* zur Welt bringen; *by midwife* entbinden; *blow* geben; *speech* halten **II.** *vi* liefern; **to** ~ **on sth** etw einhalten

delivery [dɪ'lɪvᵊri] *n* ① Lieferung *f; of mail* Zustellung *f;* ~ **time** Lieferzeit *f;* **on** ~ bei Lieferung ② *(birth)* Entbindung *f*

delivery room *n* Kreißsaal *m*

delivery van *n* Lieferwagen *m*

delouse [diː'laʊs] *vt* **to** ~ **an animal** ein Tier entlausen

de luxe [dɪ'lʌks] *adj* Luxus-

demagogic [ˌdemə'gɒgɪk] *adj* demagogisch

demand [dɪ'mɑːnd] **I.** *vt* verlangen; *(need)* erfordern **II.** *n* ① Forderung *f* (**for** nach); **on** ~ auf Verlangen ② *(need)* Bedarf *m;* COMM Nachfrage *f;* **in** ~ gefragt

dementia [dɪmentʃa] *n* MED, PSYCH Demenz *f;* **to suffer from** ~ an Demenz *dat* erkrankt sein; **senile** ~ Altersdemenz *f*

democracy [dɪ'mɒkrəsi] *n* Demokratie *f*

democrat ['deməkræt] *n* ① Demokrat(in) *m(f)* ② AM POL **D~** Demokrat(in) *m(f)*

democratic [ˌdemə'krætɪk] *adj* demokratisch; **the D~ Party** AM die Demokratische Partei

democratically [ˌdemə'krætɪkᵊli] *adv* demokratisch

demolish [dɪ'mɒlɪʃ] *vt* ① *building* abreißen; *wall* einreißen ② *(defeat)* zunichtemachen

demon ['diːmən] *n* Dämon *m*

demonize ['diːmənaɪz] *vt* **to** ~ **sb** jdn verteufeln

demonstrate ['demənstreɪt] **I.** *vt* ① zeigen; *operation* vorführen ② *(prove)* nachweisen **II.** *vi* demonstrieren

demonstration [ˌdemən'streɪʃᵊn] *n* ① Demonstration *f,* Vorführung *f* ② *(protest)* Demo[nstration] *f*

demonstratively [dɪ'mɒn(t)strətɪvli] *adv* offen

demonstrator ['demənstreɪtəʳ] *n* Vorführer(in) *m(f); (protester)* Demonstrant(in) *m(f)*

demote [dɪ'məʊt] *vt* zurückstufen; MIL degradieren

den [den] *n* ① *(lair)* Bau *m* ② *(playhouse)* Verschlag *m* ③ *(room)* Bude *f*

denim ['denɪm] **I.** *n* ① *no pl* Denim® *m o nt* ② *(fam)* **~s** *pl* Jeans *pl* **II.** *adj* Jeans-

Denmark ['denmɑːk] *n* Dänemark *nt*

dense <-r, -st> [den(t)s] *adj* dicht

density ['den(t)sɪti] *n* Dichte *f*

dent [dent] **I.** *n* Delle *f* **II.** *vt* einbeulen

dental ['dentᵊl] *adj* Zahn-

dentist ['dentɪst] *n* Zahnarzt, -ärztin *m, f*

dentistry ['dentɪstri] *n no pl* Zahnmedizin *f*

dentures ['den(t)ʃəz] *n pl* [Zahn]prothese *f*

deny <-ie-> [dɪ'naɪ] *vt* abstreiten; *accusation* zurückweisen; **to ~ sth to sb** jdm etw verweigern; **to ~ oneself sth** sich *dat* etw versagen

deodorant [di'əʊdᵊrᵊnt] *n* Deo[dorant] *nt*

depart [dɪ'pɑːt] **I.** *vi* fortgehen; *plane* abfliegen; *ship* ablegen; *train* abfahren **II.** *vt* **to ~ this life** aus diesem Leben scheiden

departed [dɪ'pɑːtɪd] *(form)* **I.** *adj* verstorben **II.** *n* <*pl* -> **the ~** der/die Verstorbene/die Verstorbenen *pl*

department [dɪ'pɑːtmənt] *n* UNIV Institut *nt;* COMM Abteilung *f;* ADMIN Amt *nt*

department store *n* Kaufhaus *nt*

departure [dɪ'pɑːtʃəʳ] *n* Abreise *f; (leaving)* Abschied *m; plane* Abflug *m; ship* Ablegen *nt*

departure gate *n* Flugsteig *m* **departure lounge** *n* Abflughalle *f*

depend [dɪ'pend] *vi* ① **that ~s** kommt darauf an; **to ~ on sb/sth** von jdm/etw abhängig sein ② *(rely)* **to ~ [up]on sb/sth** sich auf jdn/etw verlassen

dependant [dɪ'pendənt] *n* [finanziell] abhängige(r) Angehörige(r) *f(m)*

dependent [dɪ'pendənt] *adj* ① **to be ~ [up]on sth** von etw *dat* abhängen ② *(relying)* abhängig (**on** von); *(for goodwill, help)* angewiesen (**on** auf +*akk*)

deplorable [dɪ'plɔːrəbl̩] *adj* beklagenswert; *conditions* erbärmlich

deploy [dɪ'plɔɪ] *vt* einsetzen

deployment [dɪ'plɔɪmənt] *n no pl* Einsatz *m*

deport [dɪ'pɔːt] *vt* ausweisen; *prisoner* deportieren

deportation [ˌdɪpɔː'teɪʃᵊn] *n* Ausweisung *f,* Abschiebung *f*

deportee [ˌdɪpɔː'tiː] *n* Abgeschobene(r) *f(m); (awaiting deportation)* Abzuschiebende(r) *f(m)*

deposit [dɪ'pɒzɪt] **I.** *vt* ① *(put)* absetzen ② *(pay)* einzahlen; *first instalment* anzahlen; *(as security)* als Sicherheit hinterlegen **II.** *n* ① Bodensatz *m; of ore* Vorkommen *nt* ② *(security)* Kaution *f; (on bottle)* Pfand *nt*

depress [dɪ'pres] *vt* ① *(deject)* deprimieren ② *price* drücken

depressed [dɪ'prest] *adj* deprimiert (**at/over** wegen); ECON heruntergekommen

depressing [dɪ'presɪŋ] *adj* deprimierend

depression [dɪ'preʃᵊn] *n* ① *no pl* Depression *f;* **to suffer from ~** unter Depressionen leiden ② ECON Wirtschaftskrise *f*

deprive [dɪ'praɪv] *vt* **to ~ sb of sth** jdm etw entziehen

depth [depθ] *n* Tiefe *f;* **in the ~ of winter** mitten im tiefsten Winter ▶ **to be out of one's ~** für jdn zu hoch sein

deputy ['depjətiː] **I.** *n* Stellvertreter(in) *m(f)* **II.** *adj attr* stellvertretend

deregulate [diː'regjuːleɪt] *vt* **to ~ sth** etw deregulieren

derelict ['derəlɪkt] *adj* verlassen; **to lie ~** brachliegen

derive [dɪ'raɪv] **I.** *vt* gewinnen; **sb ~s pleasure from doing sth** etw bereitet jdm Vergnügen **II.** *vi* **to ~ from sth** sich von etw *dat* ableiten [lassen]

descend [dɪ'send] **I.** *vi* ① hinuntersteigen; *steps* herunterführen ② *(fall)* herabsinken ③ *(originate)* abstammen **II.** *vt* hinuntersteigen

descendant [dɪ'sendənt] *n* Nachkomme *m*

descent [dɪ'sent] *n* ① Abstieg *m kein pl; of plane* [Lande]anflug *m* ② *no pl (ancestry)* Abstammung *f*

describe [dɪ'skraɪb] *vt* beschreiben; *(detailed)* schildern

description [dɪ'skrɪpʃᵊn] *n* Beschreibung *f;* **of every ~** jeglicher Art

desert[1] [dɪ'zɜːt] **I.** *vi* desertieren **II.** *vt* verlassen

desert² [ˈdezət] *n* Wüste *f;* ~ **island** verlassene Insel
deserve [dɪˈzɜːv] *vt* verdienen; **what have I done to ~ [all] this?** womit habe ich das verdient?
design [dɪˈzaɪn] **I.** *vt* ❶ entwerfen; *layout* gestalten ❷ **to be ~ed for sb/sth** für jdn/etw konzipiert sein **II.** *n* ❶ Entwurf *m; (model)* Bauart *f* ❷ *no pl (art)* Design *nt* ❸ *(intentions)* **~s** *pl* Absichten *pl*
designer [dɪˈzaɪnəʳ] *n* Designer(in) *m(f);* ~ **jeans** Designerjeans *f*
desire [dɪˈzaɪəʳ] **I.** *vt* wünschen; *(covet)* begehren **II.** *n* Verlangen *nt; (stronger)* Sehnsucht *f; (sexual)* Begierde *f*
desk [desk] *n* Schreibtisch *m; (counter)* Schalter *m*
desk lamp *n* Schreibtischlampe *f*
desolate [ˈdesᵊlət] *adj* niedergeschlagen; *fate* trostlos
desolated [ˈdesᵊleɪtᵊd] *adj* untröstlich
despair [dɪˈspeəʳ] **I.** *n no pl* Verzweiflung *f;* **in** ~ verzweifelt **II.** *vi* verzweifeln (**at** an)
despairing [dɪˈspeərɪŋ] *adj* verzweifelt
despairingly [dɪˈspeərɪŋli] *adv* verzweifelt, hoffnungslos
desperate [ˈdespᵊrət] *adj* verzweifelt; *(great)* dringend; **I'm in a ~ hurry** ich habe es wahnsinnig eilig
desperately [ˈdespᵊrətli] *adv* ❶ *(in a desperate manner)* verzweifelt ❷ *(extremely)* äußerst
desperation [ˌdespᵊˈreɪʃᵊn] *n no pl* Verzweiflung *f;* **in** ~ aus Verzweiflung
despicably [dɪˈspɪkəbli] *adv* verachtenswert, abscheulich
despite [dɪˈspaɪt] *prep* trotz *+gen*
despondency [dɪˈspɒndən(t)si] *n no pl* Niedergeschlagenheit *f*
despot [ˈdespɒt] *n* Despot *m*
despotic [deˈspɒtɪk] *adj* despotisch
despotically [deˈspɒtɪkli] *adv* despotisch
despotism [ˈdespətɪzᵊm] *n no pl* Despotismus *m geh,* Tyrannei *f*
dessert [dɪˈzɜːt] *n* Nachtisch *m*
dessertspoon *n (small)* Dessertlöffel *m; (larger)* Esslöffel *m*
destination [ˌdestɪˈneɪʃᵊn] *n* Ziel *nt; of journey* Reiseziel *nt; of letter* Bestimmungsort *m*
destroy [dɪˈstrɔɪ] *vt* zerstören; *(utterly)* vernichten; *(kill)* auslöschen; *pet* einschläfern; *reputation* ruinieren
destruction [dɪˈstrʌkʃᵊn] *n no pl* Zerstörung *f;* **mass** ~ Massenvernichtung *f*
destructively [dɪˈstrʌktɪvli] *adv* zerstörerisch
detach [dɪˈtætʃ] *vt* abnehmen; *(permanently)* abtrennen
detached [dɪˈtætʃt] *adj* abgelöst; **to become ~** sich ablösen; ~ **house** Einzelhaus *nt*
detail [ˈdiːteɪl] **I.** *n* ❶ Detail *nt,* Einzelheit *f;* **further ~s** nähere Informationen; **to go into ~** ins Detail gehen ❷ *(triviality)* Kleinigkeit *f* **II.** *vt* ❶ *(explain)* ausführlich erläutern ❷ *(specify)* einzeln aufführen
detailed [ˈdiːteɪld] *adj* detailliert; *(comprehensive)* ausführlich
detain [dɪˈteɪn] *vt* ❶ in Haft nehmen ❷ *(form: delay)* aufhalten
detainee [ˌdɪteɪˈniː] *n* Häftling *m*
detect [dɪˈtekt] *vt* ❶ *(catch in act)* ertappen ❷ *(discover)* entdecken; *disease* feststellen; *mine* aufspüren
detective [dɪˈtektɪv] *n* Kriminalbeamte(r) *f(m),* Kriminalbeamte [*o* -in] *f; (private)* [Privat]detektiv(in) *m(f)*
detective novel *n* Kriminalroman *m,* Krimi *m fam*
detention centre, AM **detention home** *n* Jugendstrafanstalt *f*
detergent [dɪˈtɜːdʒᵊnt] *n* Reinigungsmittel *nt*
deteriorate [dɪˈtɪəriᵊreɪt] *vi* sich verschlechtern; *sales* zurückgehen; *(disintegrate)* verfallen
determination [dɪˌtɜːmɪˈneɪʃᵊn] *n no pl* Bestimmung *f; (resolve)* Entschlossenheit *f*
determine [dɪˈtɜːmɪn] *vt* ❶ *(decide)* entscheiden; **to ~ that …** beschließen,

D

dass … ❷ *(find out)* ermitteln; **to ~ that …** feststellen, dass …
determined [dɪˈtɜːmɪnd] *adj* entschlossen; **she is ~ that …** sie hat es sich in den Kopf gesetzt, dass …
determinedly [dɪˈtɜːmɪndli] *adv* entschlossen

D

determiner [dɪˈtɜːmɪnəʳ] *n* Bestimmungswort *nt*
detest [dɪˈtest] *vt* verabscheuen
detour [ˈdiːtʊəʳ] *n* Umweg *m*
detox [ˈdiːtɒks] **I.** *n short for* **detoxification** Entzug *m* **II.** *vi short for* **detoxify**
detoxify <-ie-> [ˌdiːˈtɒksɪfaɪ] *vt* entgiften; *(from substance abuse)* Entzug machen
deuce [djuːs] *n* ❶ AM *(cards, dice)* Zwei *f* ❷ TENNIS Einstand *m*
devastating [ˈdevəsteɪtɪŋ] *adj* ❶ verheerend ❷ *(fam: overwhelming)* umwerfend
devastatingly [ˈdevəsteɪtɪŋli] *adv* ❶ *(destructively)* entsetzlich ❷ *(overwhelmingly)* wahnsinnig *fam*
develop [dɪˈveləp] **I.** *vi* sich entwickeln (**into** zu); *potential* sich entfalten **II.** *vt* entwickeln; *habit* annehmen
developing [dɪˈveləpɪŋ] *adj* sich entwickelnd
development [dɪˈveləpmənt] *n no pl* Entwicklung *f*
device [dɪˈvaɪs] *n* ❶ Gerät *nt;* **incendiary ~** Brandsatz *m* ❷ *(method)* **stylistic ~** Stilmittel *nt;* **literary ~** literarischer Kunstgriff
devil [ˈdevᵊl] *n* Teufel(in) *m(f); (fig fam)* alter Fuchs; **cheeky ~** Frechdachs *m;* **lucky ~** Glückspilz *m*
devious [ˈdiːviəs] *adj* verschlagen; *plan* krumm
deviousness [ˈdiːviəsnəs] *n no pl* Verschlagenheit *f,* Hinterhältigkeit *f*
devoted [dɪˈvəʊtɪd] *adj* begeistert; *fan, friend* treu; *servant* ergeben
devotion [dɪˈvəʊʃᵊn] *n no pl* Ergebenheit *f; (dedication)* Hingabe *f* (**to** an); *(affection)* Liebe *f; of admirer* Verehrung *f*
devout [dɪˈvaʊt] *adj* fromm; *(fig)* [sehr] engagiert; *hope, wish* sehnlich
devoutly [dɪˈvaʊtli] *adv* streng religiös; **a ~ Catholic family** eine streng katholische Familie; **to pray ~** *(sincerely)* andächtig beten
dew [djuː] *n no pl* Tau *m*
dewy [ˈdjuːi, AM *esp* ˈduːi] *adj* ❶ *(covered with dew)* taufeucht; *morning* taufrisch ❷ *(moist) skin* feucht
diabetes [ˌdaɪəˈbiːtiːz] *n no pl* Diabetes *m,* Zuckerkrankheit *f*
diabetic [ˌdaɪəˈbetɪk] **I.** *n* Diabetiker(in) *m(f)* **II.** *adj* zuckerkrank
diabolical [ˌdaɪəˈbɒlɪkᵊl] *adj (fam)* schrecklich
diabolically [ˌdaɪəˈbɒlɪkᵊli] *adv (fam)* schrecklich
diagnose [ˈdaɪəgnəʊz] *vt* diagnostizieren; *fault* feststellen
diagnosis <*pl* -ses> [ˌdaɪəgˈnəʊsɪs, *pl* -siːz] *n* ❶ Diagnose *f; of a problem* Beurteilung *f;* **to make a ~** eine Diagnose stellen
diagonal [daɪˈægᵊnᵊl] **I.** *adj* diagonal **II.** *n* Diagonale *f*
diagram [ˈdaɪəgræm] *n* schematische Darstellung; MATH Diagramm *nt*
diagrammatically [ˌdaɪəgrəˈmætɪkli] *adv* schematisch, diagrammatisch
dial [daɪəl] **I.** *n of clock* Zifferblatt *nt; of instrument, radio* Skala *f; of telephone* Wählscheibe *f* **II.** *vi, vt* <BRIT -ll- *or* AM *usu* -l-> wählen
dialect [ˈdaɪəlekt] *n* Dialekt *m*
dialer [ˈdaɪəlɐ] *n* INET Einwahlprogramm *nt,* Dialer *m*
dialling [ˈdaɪəlɪŋ] *n no pl* Wählen *nt*
dialling code *n* BRIT Vorwahl *f*
dialogue, AM **dialog** [ˈdaɪəlɒg] *n* Dialog *m*
dial-up number *n* INET Einwahlnummer *f*
diameter [daɪˈæmətəʳ] *n* Durchmesser *m*
diamond [ˈdaɪəmənd] *n* Diamant *m;*

MATH Raute *f;* **~s** *pl* CARDS Karo *nt*

diaper [ˈdaɪəpəʳ] *n* AM Windel *f*

diarrhoea, AM **diarrhea** [ˌdaɪəˈrɪə] *n no pl* Durchfall *m*

diary [ˈdaɪəriː] *n* Tagebuch *nt; (schedule)* [Termin]kalender *m*

dice [daɪs] **I.** *n* <*pl* -> Würfel *m; (game)* Würfelspiel *nt;* **to roll the ~** würfeln ▶ **no ~!** AM *(fam)* kommt [überhaupt] nicht in Frage! **II.** *vi* würfeln ▶ **to ~ with death** mit seinem Leben spielen

dick [dɪk] *n* ① BRIT *(vulg)* Idiot *m* ② *(vulg: penis)* Schwanz *m*

dictate [dɪkˈteɪt] **I.** *vt* ① *(command)* befehlen ② *(recite)* diktieren **II.** *vi* **to ~ to sb** jdm Vorschriften machen

dictation [dɪkˈteɪʃᵊn] *n* Diktat *nt*

dictator [dɪkˈteɪtəʳ] *n* ① *(a. fig)* Diktator *m* ② *(reciter)* Diktierende(r) *f(m)*

dictatorship [dɪkˈteɪtəʃɪp] *n* Diktatur *f*

dictionary [ˈdɪkʃᵊnᵊri] *n* Wörterbuch *nt*

did [dɪd] *pt of* **do**

didactically [daɪˈdæktɪkli] *adv (a. pej)* didaktisch, belehrend, schulmeisterlich *pej*

didn't [ˈdɪdᵊnt] = **did not** *see* **do**

die¹ [daɪ] *n* ▶ **the ~ is cast** die Würfel sind gefallen

die² <-y-> [daɪ] *vi* ① sterben (**of** an); *(end)* vergehen ② *(fam: not work)* kaputtgehen; *battery* leer werden ▶ **to ~ hard** nicht totzukriegen sein

◆ **die away** *vi* schwinden; *sobs* nachlassen; *echo* verhallen

◆ **die down** *vi* leiser werden; *rain, wind* schwächer werden; *storm* sich legen

◆ **die out** *vi* aussterben

diesel [ˈdiːzᵊl] *n no pl* Diesel[kraftstoff] *m;* **to run on ~** mit Diesel fahren

diet [daɪət] **I.** *n* ① Nahrung *f; (controlled)* Diät *f;* **on a ~** auf Diät ② *(scheme)* Diät *f,* Schlankheitskur *f* **II.** *vi* Diät halten

dietary fibre *n no pl* Ballaststoffe *pl*

differ [ˈdɪfəʳ] *vi* sich unterscheiden; *(not agree)* verschiedener Meinung sein

difference [ˈdɪfᵊrᵊn(t)s] *n* Unterschied *m; (margin)* Differenz *f; (remainder)* Rest *m; (disagreement)* Meinungsverschiedenheit *f;* **~ in quality** Qualitätsunterschied *m*

different [ˈdɪfᵊrᵊnt] *adj* ① anders *präd,* andere(r, s) *attr; opinions* unterschiedlich; **something ~** etwas anderes ② *(unusual)* ungewöhnlich

differently [ˈdɪfᵊrentli] *adv* verschieden, unterschiedlich

difficult [ˈdɪfɪkᵊlt] *adj* schwierig; *person* anspruchsvoll; *situation* heikel

difficulty [ˈdɪfɪkᵊlti] *n* Schwierigkeit *f; (trouble)* Problem *nt;* **with ~** mit Mühe

diffuse I. *adj* [dɪˈfjuːs] ① *(spread out) community* [weit] verstreut; **~ light** diffuses Licht Streulicht *nt* ② *(verbose)* weitschweifig; *prose, speech* langatmig **II.** *vi* [dɪˈfjuːz] *(disperse)* sich verbreiten; *gas* sich ausbreiten **III.** *vt* [dɪˈfjuːz] **to ~ sth** etw verbreiten

dig [dɪg] **I.** *n* Stoß *m;* **~ in the ribs** Rippenstoß *m; (fig: remark)* Seitenhieb *m* (**at** auf) **II.** *vi* <-gg-, dug, dug> graben (**for** nach) **III.** *vt* <-gg-, dug, dug> graben; ARCHEOL ausgraben

◆ **dig out** *vt* ausgraben

◆ **dig up** *vt* ① *(turn over)* umgraben ② *(remove)* ausgraben; ARCHEOL freilegen

digestion [dɪˈdʒestʃᵊn] *n* Verdauung *f*

digger [ˈdɪgəʳ] *n* Gräber(in) *m(f); (machine)* Bagger *m*

digicam [ˈdɪdʒɪkæm] *n short for* **digital camera** Digitalkamera *f*

digital [ˈdɪdʒɪtᵊl] *adj* digital; **~ camera** Digitalkamera *f;* **~ TV** Digitalfernsehen *nt*

digitally [ˈdɪdʒɪtᵊli] *adv* digital

digital radio *n no pl* Digital Radio *nt*

digitize [ˈdɪdʒɪtaɪz] *vt* digitalisieren

dignified [ˈdɪgnɪfaɪd] *adj* würdevoll

dignity [ˈdɪgnɪti] *n no pl* Würde *f;* **human ~** Menschenwürde *f*

digression [daɪˈgreʃᵊn] *n* Abschweifung *f,* Exkurs *m*

digs [dɪgz] *n + pl vb esp* BRIT *(fam)* [Stu-

denten]bude *f*
dike *n see* **dyke**
dilapidated [dɪˈlæpɪdeɪtɪd] *adj* heruntergekommen; *house also* verfallen
dilapidation [dɪˌlæpɪˈdeɪʃᵊn] *n no pl of house* Verfall *m,* Baufälligkeit *f*
diligently [ˈdɪlɪdʒᵊntli] *adv* sorgfältig, gewissenhaft
dilute [daɪˈluːt] **I.** *vt* verdünnen; *(fig)* abschwächen **II.** *adj* verdünnt
diluted [daɪˈluːtɪd] *adj esp* AM *juice* verdünnt; *soup, sauce* gestreckt
dim <-mm-> [dɪm] **I.** *adj* ❶ *(not bright)* trüb; *(poorly lit)* schumm[e]rig ❷ *(indistinct)* undeutlich ❸ *(dull)* matt **II.** *vt* abdunkeln **III.** *vi* dunkler werden
dimly [ˈdɪmli] *adv* ❶ *(not brightly)* schwach ❷ *(indistinctly)* undeutlich, unscharf ❸ *(vaguely)* **to remember sth** ~ sich dunkel an etw *akk* erinnern
din [dɪn] **I.** *n no pl* Lärm *m* **II.** *vt* **to ~ sth into sb** jdm etw einbläuen
dine [daɪn] *vi (form)* speisen
diner [ˈdaɪnəʳ] *n* ❶ Speisende(r) *f(m); (in restaurant)* Gast *m* ❷ AM *Restaurant am Straßenrand mit Theke und Tischen*
ding [dɪŋ] *interj* **~!** Ring!
dining room *n* Esszimmer *nt; (larger)* Speisesaal *m* **dining table** *n* Esstisch *m*
dinner [ˈdɪnəʳ] *n* ❶ Abendessen *nt; (lunch)* Mittagessen *nt;* **~'s ready!** das Essen ist fertig!; **to go out for ~** essen gehen; **to have ~** zu Abend/Mittag essen ❷ *(formal meal)* Diner *nt*
dinner jacket *n* Smoking *m* **dinner lady** *n* BRIT SCH *servierende Aufseherin an Schulen* **dinner party** *n* Abendgesellschaft *f* [mit Essen] **dinner service**, **dinner set** *n* Tafelservice *nt* **dinner table** *n* Esstisch *m; (at formal event)* Tafel *f*
dinosaur [ˈdaɪnəsɔːʳ] *n* Dinosaurier *m*
dioptre, AM **diopter** [daɪˈɒptəʳ] *n* Dioptrie *f*
dip [dɪp] **I.** *n* ❶ [kurzes] Eintauchen *kein pl* ❷ *(sauce)* Dip *m* **II.** *vi* <-pp-> ❶ *(go down)* [ver]sinken; *(lower)* sich senken ❷ *(decline)* fallen; *profits* zurückgehen **III.** *vt* <-pp-> ❶ [ein]tauchen; *(put into)* [hinein]stecken; *(in sauce)* [ein]tunken ❷ *(lower)* senken
diploma [dɪˈpləʊmə] *n* Diplom *nt*
diplomat [ˈdɪpləmæt] *n* Diplomat(in) *m(f)*
diplomatic [ˌdɪpləˈmætɪk] *adj* diplomatisch
diplomatically [ˌdɪpləˈmætɪkli] *adv* diplomatisch
direct [dɪˈrekt] **I.** *adj, adv* direkt; **~ flight** Direktflug *m;* **~ route** kürzester Weg **II.** *vt* ❶ *(control)* leiten; *traffic* regeln ❷ *(order)* anweisen ❸ *(aim)* richten (**at** an); *attention* lenken (**at** auf) ❹ **to ~ sb to sth** jdm den Weg zu etw *dat* zeigen **III.** *vi* THEAT, FILM Regie führen
direct debit *n no pl* BRIT, CAN Einzugsermächtigung *f*
direction [dɪˈrekʃᵊn] *n* ❶ Richtung *f;* **sense of ~** Orientierungssinn *m* ❷ *no pl (supervision)* Leitung *f;* FILM, TV, THEAT Regie *f* ❸ **~s** *pl* Anweisungen *pl*
directly [dɪˈrektli] **I.** *adv* direkt; **I'll be with you ~** ich bin gleich bei Ihnen; **~ after/before** unmittelbar danach/davor **II.** *conj* sobald
director [dɪˈrektəʳ] *n of company* Direktor(in) *m(f); (board member)* Mitglied *nt* des Verwaltungsrats; FILM, THEAT Regisseur(in) *m(f)*
directory [dɪˈrektᵊri] *n* Telefonbuch *nt; (list)* Verzeichnis *nt;* **business ~** Branchenverzeichnis *nt*
directory enquiries *n pl* BRIT [Telefon]auskunft *f kein pl*
dirt [dɜːt] *n no pl* ❶ Schmutz *m,* Dreck *m;* **covered in ~** ganz schmutzig ❷ *(soil)* Erde *f* ❸ **to dig for ~** nach Skandalen suchen
dirty [ˈdɜːti] **I.** *adj* ❶ schmutzig *a. fig; language* vulgär ❷ *(fam: nasty)* gemein; *liar* dreckig **II.** *adv* **to play ~** unfair spielen; **to talk ~** sich vulgär ausdrücken **III.** *vt* beschmutzen **IV.** *n no pl* BRIT, AUS *(fam)* ▶ **to do the ~ on sb**

jdn [he]reinlegen
disability [ˌdɪsəˈbɪləti] *n* Behinderung *f*
disabled [dɪˈseɪbl̩d] **I.** *adj* behindert; **~ person** Behinderte(r) *f(m)* **II.** *n* **the ~** *pl* die Behinderten
disadvantage [ˌdɪsədˈvɑːntɪdʒ] *n* Nachteil *m; (state)* Benachteiligung *f;* **at a ~** im Nachteil
disagree [ˌdɪsəˈɡriː] *vi* nicht übereinstimmen; *(quarrel)* eine Auseinandersetzung haben; *(with plan, decision)* nicht einverstanden sein; **to ~ with sb** mit jdm uneinig sein
disagreement [ˌdɪsəˈɡriːmənt] *n* ❶ *no pl* Uneinigkeit *f* ❷ *(argument)* Meinungsverschiedenheit *f* (**over** um/über) ❸ *no pl (discrepancy)* Diskrepanz *f*
disappear [ˌdɪsəˈpɪəʳ] *vi* verschwinden; *species* aussterben; **to ~ into thin air** sich in Luft auflösen
disappearance [ˌdɪsəˈpɪərᵊn(t)s] *n no pl* Verschwinden *nt; (extinction)* Aussterben *nt*
disappoint [ˌdɪsəˈpɔɪnt] *vt* enttäuschen
disappointed [ˌdɪsəˈpɔɪntɪd] *adj* enttäuscht (**at/about** über/**in/with** mit)
disappointedly [ˌdɪsəˈpɔɪntɪdli] *adv* enttäuscht
disappointing [ˌdɪsəˈpɔɪntɪŋ] *adj* enttäuschend; **how ~!** so eine Enttäuschung!
disappointment [ˌdɪsəˈpɔɪntmənt] *n* Enttäuschung *f*
disapprove [ˌdɪsəˈpruːv] *vi* dagegen sein; **to ~ of sth** etw missbilligen; **to ~ of sb** jdn ablehnen
disapproving [ˌdɪsəˈpruːvɪŋ] *adj* missbilligend
disapprovingly [ˌdɪsəˈpruːvɪŋli] *adv* missbilligend
disarmingly [dɪsˈɑːmɪŋli] *adv* entwaffnend
disaster [dɪˈzɑːstəʳ] *n* Katastrophe *f;* **the evening was a complete ~** der Abend war der totale Reinfall; **~ area** Katastrophengebiet *nt*
disastrous [dɪˈzɑːstrəs] *adj* katastrophal; *(fateful)* verhängnisvoll
disbelief [ˌdɪsbɪˈliːf] *n no pl* Unglaube *m;* **in ~** ungläubig
disc [dɪsk] *n* Scheibe *f;* MED Bandscheibe *f; (CD)* CD *f;* COMPUT Diskette *f*
discard [dɪˈskɑːd] *vt* wegwerfen; *coat, hat* ablegen
disciple [dɪˈsaɪpl̩] *n* Anhänger(in) *m(f); (of Jesus)* Jünger *m*
discipline [ˈdɪsəplɪn] **I.** *n* Disziplin *f* **II.** *vt* ❶ **to ~ oneself** sich disziplinieren ❷ *(punish)* bestrafen
disciplined [ˈdɪsəplɪnd] *adj* diszipliniert, ordentlich
disc jockey *n* Diskjockey *m*
disco [ˈdɪskəʊ] *n short for* **discotheque** Disco *f*
discomfort [dɪˈskʌm(p)fət] *n no pl* Beschwerden *pl* (**in** mit); *(uneasiness)* Unbehagen *nt*
disconcerting [ˌdɪskənˈsɜːtɪŋ] *adj* beunruhigend; *(unnerving)* irritierend
disconnect [ˌdɪskəˈnekt] *vt* trennen; *utilities* abstellen
disconnected [ˌdɪskəˈnektɪd] *adj* ❶ [ab]getrennt; *utilities* abgestellt ❷ *(incoherent)* zusammenhang[s]los
disconnection [ˌdɪskəˈnekʃᵊn] *n* Unterbrechung *f,* Trennung *f*
discontinue [ˌdɪskənˈtɪnjuː] *vt* abbrechen; *product* auslaufen lassen; *service* einstellen
discount I. *n* [ˈdɪskaʊnt] Rabatt *m* **II.** *vt* [dɪˈskaʊnt] ❶ *(ignore)* unberücksichtigt lassen; *possibility* nicht berücksichtigen ❷ *(reduce)* reduzieren
discourage [dɪˈskʌrɪdʒ] *vt* ❶ entmutigen ❷ **to ~ sth** von etw *dat* abraten
discourse *n* [ˈdɪskɔːs] *(form)* ❶ *no pl (communication)* Diskurs *m geh* ❷ *(lecture)* Vortrag *m*
discover [dɪˈskʌvəʳ] *vt* entdecken; *(find)* finden; *(find out)* herausfinden
discovery [dɪˈskʌvᵊri] *n* Entdeckung *f*
discreet [dɪˈskriːt] *adj* diskret; *(tactful)* taktvoll; *colour, pattern* dezent
discreetly [dɪˈskriːtli] *adv* diskret
discrepancy [dɪˈskrepᵊn(t)si] *n (form)*

D

Diskrepanz *f*
discretion [dɪ'skreʃᵊn] *n no pl* Diskretion *f;* **to leave sth to sb's ~** etw in jds Ermessen *nt* stellen; **at sb's ~** nach jds Ermessen *nt*
discriminate [dɪ'skrɪmɪneɪt] *vi, vt* unterscheiden; **to ~ against sb** jdn diskriminieren

discriminating [dɪ'skrɪmɪneɪtɪŋ] *adj* kritisch; *palate* fein
discrimination [dɪˌskrɪmɪ'neɪʃᵊn] *n no pl* ❶ *(bias)* Diskriminierung *f* ❷ *(taste)* [kritisches] Urteilsvermögen
discus <*pl* -es> ['dɪskəs] *n* Diskus *m; (event)* Diskuswerfen *nt*
discuss [dɪ'skʌs] *vt* besprechen; *(debate)* diskutieren
discussion [dɪ'skʌʃᵊn] *n* Diskussion *f;* **to be open to/under ~** zur Diskussion stehen; **~ group** Diskussionsrunde *f*
disease [dɪ'zi:z] *n* Krankheit *f*
diseased [dɪ'zi:zd] *adj* krank
disembark [ˌdɪsɪm'bɑ:k] *vi* von Bord gehen
disgrace [dɪs'greɪs] **I.** *n no pl* Schande *f;* **to bring ~ on sb/sth** Schande über jdn/etw bringen **II.** *vt* **to ~ sb** Schande über jdn bringen
disgraceful [dɪs'greɪsfᵊl] *adj* schändlich; *conduct* skandalös
disgracefully [dɪs'greɪsfᵊli] *adv* schändlich
disguise [dɪs'gaɪz] **I.** *vt* verbergen; *voice* verstellen; **to ~ oneself** sich verkleiden **II.** *n* Verkleidung *f; (mask)* Maske *f*
disguised [dɪs'gaɪzd] *adj* verkleidet, maskiert; **with barely ~ anger** mit kaum verhülltem Ärger
disgust [dɪs'gʌst] **I.** *n no pl* Ekel *m; (indignation)* Empörung *f* (**at** über); **in ~** empört **II.** *vt* anwidern
disgusting [dɪs'gʌstɪŋ] *adj* widerlich; *(unacceptable)* empörend
disgustingly [dɪs'gʌstɪŋli] *adv* widerlich, ekelhaft
dish [dɪʃ] *n* <*pl* -es> ❶ Schale *f;* TELEC Schüssel *f;* AM *(plate)* Teller *m* ❷ **the ~es** *pl* das Geschirr *kein pl;* **to do the ~es** [ab]spülen ❸ *(meal)* Gericht *nt;* **side ~** Beilage *f*
◆**dish out** *vt* ❶ großzügig verteilen (**to** an); **to ~ out punishment to sb** jdn [be]strafen; **to ~ it out** austeilen ❷ *(serve)* servieren
◆**dish up** *(fam)* **I.** *vt* auftischen **II.** *vi* anrichten
dishcloth *n* Geschirrtuch *nt*
dishonest [dɪ'sɒnɪst] *adj* unehrlich
dishonestly [dɪ'sɒnɪstli] *adv* auf unehrliche Art und Weise; **to act ~** unredlich handeln
dishwasher *n* Geschirrspülmaschine *f; (person)* Tellerwäscher(in) *m(f)*
disillusioned [dɪsɪ'lu:ʒᵊnd] *adj* desillusioniert
disinfection [ˌdɪsɪn'fekʃᵊn] *n no pl* Desinfizierung *f*
disintegrate [dɪ'sɪntɪgreɪt] *vi* zerfallen; *(fig)* zerbrechen
disjointed [dɪs'dʒɔɪntɪd] *adj* zusammenhanglos
disk [dɪsk] *n* ❶ COMPUT Diskette *f;* **~ drive** Laufwerk *nt* ❷ AM *see* **disc**
disk drive *n* COMPUT Laufwerk *nt;* **floppy ~** Diskettenlaufwerk *nt*
diskette [dɪ'sket] *n* Diskette *f*
dislike [dɪs'laɪk] **I.** *vt* nicht mögen; **to ~ doing sth** etw nicht gern tun **II.** *n* Abneigung *f* (**of** gegen)
dislocate ['dɪslə(ʊ)keɪt] *vt* **to ~ sth** sich *dat* etw ausrenken
disloyalty [dɪ'slɔɪəlti] *n no pl* Illoyalität *f* (**to** gegenüber +*dat*)
dismantling [dɪs'mæntlɪŋ] *n no pl* Abbau *m*
dismiss [dɪs'mɪs] *vt* ❶ *(ignore)* abtun; *idea* aufgeben ❷ *(send away)* wegschicken ❸ *(sack)* entlassen ❹ LAW *case* einstellen
dismissal [dɪs'mɪsᵊl] *n* ❶ *no pl (disregard)* Abtun *nt* ❷ *(the sack)* Entlassung *f* (**from** aus) ❸ LAW *of case* Abweisung *f*
disobedience [ˌdɪsə(ʊ)'bi:diən(t)s] *n no pl* Ungehorsam *m* (**to** gegenüber)

disobedient [ˌdɪsə(ʊ)ˈbiːdiənt] *adj* ungehorsam; **to be ~ to sb** jdm nicht gehorchen
disobey [ˌdɪsə(ʊ)ˈbeɪ] **I.** *vt* nicht befolgen; **to ~ sb** jdm nicht gehorchen **II.** *vi* ungehorsam sein
disorder [dɪˈsɔːdəʳ] *n* ❶ *no pl* Unordnung *f;* **to retreat in ~** sich ungeordnet zurückziehen ❷ MED [Funktions]störung *f;* **circulatory ~** Kreislaufstörung *f* ❸ *no pl (riot)* Aufruhr *m;* **civil ~** Bürgerunruhen *pl*
disorderly [dɪˈsɔːdəli] *adj* unordentlich; *(unruly)* aufrührerisch
disorganized [dɪˈsɔːgənaɪzd] *adj* schlecht organisiert; *person* unordentlich
disorientation [dɪsˌɔːrɪənˈteɪʃᵊn] *n no pl* Richtungslosigkeit *f,* Desorientierung *f*
disparagement [dɪˈspærɪdʒmənt] *n no pl* Herabsetzung *f*
disparagingly [dɪˈspærɪdʒɪŋli] *adv* geringschätzig, verächtlich; **to speak ~ of sb/sth** abschätzig über jdn/etw sprechen
dispassionately [dɪˈspæʃᵊnətli] *adv* nüchtern, sachlich
dispenser [dɪˈspensəʳ] *n* Automat *m*
display [dɪˈspleɪ] **I.** *vt* ❶ *(on board)* aushängen; *(in shop window)* auslegen ❷ *(demonstrate)* zeigen; *(flaunt)* zur Schau stellen **II.** *n* ❶ *(in shop)* Auslage *f* ❷ *(performance)* Vorführung *f; (demonstration)* Demonstration *f* ❸ COMPUT Display *nt*
display window *n* Schaufenster *nt*
displeasure [dɪsˈpleʒəʳ] *n no pl* Missfallen *nt* (**at** über)
disposable [dɪˈspəʊzəbl̩] **I.** *adj* ❶ **~ nappy** Wegwerfwindel *f;* **~ razor** Einwegrasierer *m* ❷ *(available)* verfügbar **II.** *n* **~s** *pl* Wegwerfartikel *pl*
dispossession [ˌdɪspəˈzeʃᵊn] *n no pl (form)* Enteignung *f*
disproportion [ˌdɪsprəˈpɔːʃᵊn] *n no pl (form)* Missverhältnis *nt*
dispute **I.** *vt, vi* [dɪˈspjuːt] [be]streiten **II.** *n* [dɪˈspjuːt, ˈdɪspjuːt] Streit *m;* **that is open to ~** darüber lässt sich streiten; **to be in ~ over sth** über etw *akk* streiten
disputed [dɪˈspjuːtɪd] *adj* ❶ *(controversial)* umstritten ❷ LAW angefochten
disqualification [dɪˌskwɒlɪfɪˈkeɪʃᵊn] *n* Ausschluss *m;* SPORTS Disqualifikation *f*
disqualify <-ie-> [dɪˈskwɒlɪfaɪ] *vt* ausschließen; SPORTS disqualifizieren; **to ~ sb from driving** jdm den Führerschein entziehen
disquieting [dɪˈskwaɪətɪŋ] *adj (form)* beunruhigend
disrespect [ˌdɪsrɪˈspekt] **I.** *n no pl* Respektlosigkeit *f* (**for** gegenüber) **II.** *vt* AM *(fam)* beleidigen
disrespectful [ˌdɪsrɪˈspektfᵊl] *adj* respektlos
disrupt [dɪsˈrʌpt] *vt* stören
disruption [dɪsˈrʌpʃᵊn] *n* ❶ Unterbrechung *f* ❷ *no pl* Störung *f*
disruptive [dɪsˈrʌptɪv] *adj* störend; **~ influence** Störelement *nt; (person)* Unruhestifter *m*
dissatisfaction [dɪsˌsætɪsˈfækʃᵊn] *n no pl* Unzufriedenheit *f*
dissatisfied [dɪsˈsætɪsfaɪd] *adj* unzufrieden
dissenting [dɪˈsentɪŋ] *adj opinion* abweichend *attr;* **~ group** Splittergruppe *f;* **~ voice** Gegenstimme *f*
dissolve [dɪˈzɒlv] **I.** *vi* sich auflösen; **to ~ in[to] giggles** loskichern **II.** *vt* [auf]lösen; *(annul)* auflösen
dissuade [dɪˈsweɪd] *vt* abbringen (**from** von)
distance [ˈdɪstᵊn(t)s] **I.** *n* ❶ *(route)* Strecke *f* ❷ *(measure)* Entfernung *f;* **[with]in shouting ~** in Rufweite ❸ *no pl (remoteness)* Ferne *f;* **from a ~** von weitem ❹ *(fig: aloofness)* Distanz *f kein pl* **II.** *vt* **to ~ oneself** sich distanzieren
distant [ˈdɪstᵊnt] *adj* fern; *(aloof)* unnahbar
distasteful [dɪˈsteɪstfᵊl] *adj* abscheulich
distillery [dɪˈstɪlᵊri] *n* Brennerei *f*

D

distinct [dɪˈstɪŋ(k)t] *adj* ① verschieden; **to be ~ from sth** sich von etw *dat* unterscheiden ② *(clear)* deutlich

distinctive [dɪˈstɪŋ(k)tɪv] *adj* charakteristisch

distinguish [dɪˈstɪŋgwɪʃ] **I.** *vi* unterscheiden **II.** *vt* ① unterscheiden; *(positively)* abheben ② *(discern)* ausmachen [können]

distinguished [dɪˈstɪŋgwɪʃt] *adj* ① hervorragend; *person* von hohem Rang *nach n;* **to be ~ for sth** sich durch etw *akk* auszeichnen ② *(stylish)* distinguiert

distort [dɪˈstɔːt] *vt* verzerren; *(fig)* verdrehen

distorted [dɪˈstɔːtɪd] *adj* ① *face* entstellt; *parts of the body* verformt ② *(fig)* verzerrt; **to have a ~ image of sth** ein völlig verzerrtes Bild von etw *dat* haben

distract [dɪˈstrækt] *vt* ablenken

distracted [dɪˈstræktɪd] *adj* verwirrt; *(worried)* besorgt

distress [dɪˈstres] **I.** *n* *no pl* *(pain)* Leid *nt; (anguish)* Kummer *m; (despair)* Verzweiflung *f; (exhaustion)* Erschöpfung *f; (emergency)* Not *f* **II.** *vt* quälen

distressed [dɪˈstrest] *adj* ① bekümmert; *(shocked)* erschüttert (**at** über) ② *(in difficulties)* **to be ~** in Not sein

distressing [dɪˈstresɪŋ] *adj* erschreckend; *(painful)* schmerzlich

distribute [dɪˈstrɪbjuːt, BRIT *a.* ˈdɪstrɪ-] *vt* verteilen; *goods* vertreiben; **widely ~d** weit verbreitet

distribution [ˌdɪstrɪˈbjuːʃᵊn] *n* *no pl* ① *(sharing)* Verteilung *f* ② *(scattering)* Verbreitung *f* ③ ECON Vertrieb *m*

district [ˈdɪstrɪkt] *n* Gebiet *nt; (municipal)* Bezirk *m*

district attorney *n* AM Staatsanwalt, Staatsanwältin *m, f* **district council** *n* BRIT Bezirksamt *nt*

distrust [dɪˈstrʌst] **I.** *vt* misstrauen +*dat* **II.** *n* *no pl* Misstrauen *nt* (**of** gegen)

distrustful [dɪˈstrʌstfᵊl] *adj* misstrauisch (**of** gegen)

disturb [dɪˈstɜːb] **I.** *vt* stören; *(worry)* beunruhigen; *(disarrange)* durcheinanderbringen **II.** *vi* **"do not ~"** „bitte nicht stören"

disturbance [dɪˈstɜːbᵊn(t)s] *n* ① *no pl* Belästigung *f* ② *(distraction)* Störung *f*

disturbed [dɪˈstɜːbd] *adj* beunruhigt; PSYCH [geistig] verwirrt

disused [dɪsˈjuːzd] *adj* ungenutzt; *building* leer stehend; *warehouse* stillgelegt

ditch [dɪtʃ] **I.** *n* <*pl* -es> Graben *m* **II.** *vt* *(fam)* wegwerfen; **to ~ sb** jdm den Laufpass geben

dither [ˈdɪðəʳ] **I.** *n* *no pl* **in a ~** ganz aufgeregt **II.** *vi* schwanken

ditto [ˈdɪtəʊ] *adv* dito; *(me too)* ich auch

diuretic [ˌdaɪjʊəˈretɪk] MED **I.** *n* harntreibendes Mittel, Diuretikum *nt fachspr* **II.** *adj* harntreibend, diuretisch *fachspr;* **~ effect** harntreibende Wirkung

dive [daɪv] **I.** *n* ① [Kopf]sprung *m; of plane* Sturzflug *m; of prices* [Preis]sturz *m;* **to take a ~** fallen ② *(dash)* **to make a ~ for sth** einen [Hecht]sprung nach etw *dat* machen ③ *(setback)* **to take a ~** einen Schlag erleiden **II.** *vi* <dived *or* AM dove, dived *or* AM dove> einen Kopfsprung ins Wasser machen; *plane, bird* einen Sturzflug machen; *(underwater)* tauchen

diver [ˈdaɪvəʳ] *n* ① Taucher(in) *m(f)* ② *(bird)* Taucher *m*

diverse [ˈdaɪvɜːs] *adj* ① *(varied)* vielfältig ② *(unalike)* unterschiedlich

diversion [daɪˈvɜːʃᵊn] *n* ① *(rerouting)* Verlegung *f* ② *(distraction)* Ablenkung *f*

divert [daɪˈvɜːt] *vt* ① *(reroute)* verlegen; *traffic* umleiten; *funds* anders einsetzen ② *(distract)* ablenken

divide [dɪˈvaɪd] **I.** *n* *(gulf)* Kluft *f; (boundary)* Grenze *f;* AM *(watershed)* Wasserscheide *f* **II.** *vt* teilen; *(share)* aufteilen; MATH teilen (**by** durch);

(separate) trennen; *(disunite)* spalten **III.** *vi* sich teilen; MATH dividieren
◆**divide off** *vt* [ab]teilen
◆**divide up** **I.** *vt* aufteilen **II.** *vi* sich teilen

divided [dɪ'vaɪdɪd] *adj* uneinig

dividend ['dɪvɪdend] *n* Dividende *f*; *(fig)* **to pay ~s** sich bezahlt machen

divinely [dɪ'vaɪnli] *adv* göttlich, himmlisch

diving ['daɪvɪŋ] *n no pl* Tauchen *nt;* **to go ~** tauchen gehen

diving board *n* Sprungbrett *nt*

division [dɪ'vɪʒᵊn] *n* ❶ *no pl* Verteilung *f; (breakup)* Teilung *f* ❷ *(section)* Teil *m* ❸ MATH Division *f* ❹ *(department)* Abteilung *f;* MIL Division *f; (league)* Liga *f*

divorce [dɪ'vɔːs] **I.** *n* Scheidung *f* **II.** *vt* ❶ **to ~ sb** sich von jdm scheiden lassen ❷ **to ~ oneself from sth** sich von etw *dat* trennen

divorced [dɪ'vɔːst] *adj* geschieden

divorcee [dɪ'vɔːsiː] *n* Geschiedene(r) *f(m)*

DIY [ˌdiːaɪ'waɪ] *n no pl* BRIT, AUS *abbrev of* **do-it-yourself** Heimwerken *nt*

dizzy ['dɪzi] *adj* ❶ schwindlig; *height* Schwindel erregend; **~ spells** Schwindelanfälle *pl* ❷ *(fam: silly)* einfältig

DNA [ˌdiːen'eɪ] *n no pl abbrev of* **deoxyribonucleic acid** DNS *f*

do <does, did, done> [duː] **I.** *aux vb* ❶ *(negating verb)* **Tony ~esn't like olives** Tony mag keine Oliven; **I ~n't smoke** ich rauche nicht; **it ~esn't matter** das macht nichts ❷ *(forming question)* **~ you like children?** magst du Kinder?; **did he see you?** hat er dich gesehen? ❸ *(emphasizing)* **~ come to our party** ach komm doch zu unserer Party; **can I come? — please ~!** kann ich mitkommen? — aber bitte! ❹ *(replacing verb)* **she runs faster than he ~es** sie läuft schneller als er; **who did this? — I did!/didn't!** wer hat's getan? — ich!/ich nicht! ❺ *(requesting affirmation)* **you don't know, ~ you?** Sie wissen es nicht, stimmt's? **II.** *vt* ❶ machen; **just ~ it!** mach's einfach!; **that was a stupid thing to ~** das war dumm!; **what does your father ~?** was macht dein Vater beruflich?; **to ~ the cooking/shopping** kochen/einkaufen; **to ~ the dishes** das Geschirr abspülen ❷ *(solve)* lösen; **to ~ sums** rechnen ❸ *(mimic)* nachmachen ❹ *(fam: cheat)* übers Ohr hauen **III.** *vi* ❶ *(behave)* **to ~ well to do sth** gut daran tun, etw zu tun; **~ as I ~** mach's wie ich; **~ as you're told** tu, was man dir sagt ❷ *(fare)* **sb is ~ing badly/fine** jdm geht es schlecht/gut; **mother and baby are ~ing well** Mutter und Kind sind wohlauf ❸ *(fam: finish)* **have you done [with it]?** bist du fertig [damit]? ❹ *(suffice)* **that'll ~** das ist o.k. so; **will £10 ~?** reichen 10 Pfund?; **this kind of behaviour just won't ~!** so ein Verhalten geht einfach nicht an! ▸**how do you ~?** *(form: as introduction)* angenehm; **that will ~** jetzt reicht's aber!

do / make

Beachte den Unterschied:
Das Verb **to do** wird in der Regel verwendet, wenn man über Arbeit oder Tätigkeiten spricht: *Can you do the shopping for me? Jane did some decorating at the weekend.* Auch wenn die Tätigkeit nicht genau benannt wird, z. B. im Zusammenhang mit den Wörtern *thing*, *something*, *nothing*, *anything*, *everything*, *what* verwendet man **to do**: *Do something! What shall we do today? I love doing nothing on Sundays.*
Um zu beschreiben, dass etwas hergestellt, gebaut oder geschaffen wird, benutzt man in der Regel **to make**: *Let's make a plan. Jo*

made some delicious muffins. Did you make that skirt yourself?

◆ **do down** *vt* schlechtmachen
◆ **do in** *vt (sl)* kaltmachen; **to ~ oneself in** sich umbringen

D

◆ **do up** *vt* ❶ *(close)* zumachen; *shoes* zubinden; *zip* zuziehen; **to ~ up one's hair** sich *dat* die Haare hochstecken ❷ *(adorn)* herrichten ❸ *(dress)* **to ~ oneself up** sich zurecht machen
◆ **do with** *vi* ❶ BRIT *(fam: need)* brauchen ❷ *(deal with)* **it's to ~ with sth** es handelt sich um etw *akk*
◆ **do without** *vi* auskommen ohne; *(prefer not)* verzichten auf

doc [dɒk] *n (fam) short for* **doctor** Arzt, Ärztin *m, f*

dock¹ [dɒk] **I.** *n* Dock *nt;* AM *(pier)* Kai *m;* **the ~s** *pl* die Hafenanlagen *pl* **II.** *vi* anlegen **III.** *vt* eindocken; AEROSP aneinanderkoppeln

dock² [dɒk] *n no pl esp* BRIT **to be in the ~** auf der Anklagebank sitzen

dock³ [dɒk] *vt* kürzen (**by** um)

doctor ['dɒktəʳ] **I.** *n* ❶ Arzt, Ärztin *m, f;* **~'s office** AM Arztpraxis *f;* **at the ~'s** beim Arzt/bei der Ärztin ❷ *(academic)* Doktor *m;* **D~ of Medicine/Philosophy** Dr. med./Dr. phil. **II.** *vt* ❶ *(falsify)* fälschen ❷ *(poison)* vergiften ❸ AM mit Alkohol versetzen

doctorate ['dɒktᵊrət] *n* Doktor[titel] *m*

document ['dɒkjəmənt] **I.** *n* Dokument *nt;* **travel ~s** Reisepapiere *pl* **II.** *vt* dokumentieren

documentary [ˌdɒkjə'mentᵊri] *n* Dokumentarfilm *m* (**on** über), Doku *f fam*

docusoap ['dɒkju:səʊp] *n* Doku-Soap *f*

doddle ['dɒdl] *n no pl* BRIT *(fam)* **to be a ~** ein Kinderspiel sein

dodge [dɒdʒ] **I.** *vt, vi* ausweichen; *(evade)* sich entziehen; *the draft* sich drücken vor **II.** *n (fam)* Trick *m*

dodgy ['dɒdʒi] *adj* BRIT, AUS *(fam)* zweifelhaft; *(dishonest)* unehrlich; *weather* unbeständig

does [dʌz, dəz] *vt, vi, aux vb 3rd pers sing of* **do**

doesn't [dʌzᵊnt] = **does not** *see* **do I, II**

dog [dɒg] **I.** *n* ❶ Hund *m;* **good ~!** braver Hund! ❷ *pl (fam)* **the ~s** das Hunderennen ❸ *(fam)* **the [dirty] ~!** der [gemeine] Hund! **II.** *vt* <-gg-> ständig verfolgen; *(beset)* begleiten

dog collar *n* Hundehalsband *nt; (fam: of vicar)* Halskragen *m* [eines Geistlichen]

doggedly ['dɒgɪdli] *adj* beharrlich

doggedness ['dɒgɪdnəs] *n no pl* Beharrlichkeit *f*

dog walker *n* Hundeausführer(in) *m(f)*

doing ['du:ɪŋ] *n* ❶ *no pl* **to be sb's ~** jds Werk sein ❷ *pl* **~s** Tätigkeiten *pl*

do-it-yourself [ˌdu:ɪtjɔ:'self] *n no pl see* **DIY**

dole [dəʊl] **I.** *n* **the ~** Arbeitslosengeld *nt* **II.** *vt* **to ~ out** sparsam austeilen (**to** an)

doll [dɒl] **I.** *n* ❶ Puppe *f* ❷ *(fam: woman)* Puppe *f* **II.** *vt* **to ~ oneself up** sich herausputzen

dollar ['dɒləʳ] *n* Dollar *m*

dolly ['dɒli] *n* Püppchen *nt;* FILM Dolly *m*

dolphin ['dɒlfɪn] *n* Delfin *m*

dome [dəʊm] *n* Kuppel *f*

domed [dəʊmd] *adj* gewölbt, kuppelförmig; **~ ceiling** Kuppeldach *nt*

domestic [də'mestɪk] *adj* ❶ *(household)* häuslich; **~ work** Hausarbeit *f* ❷ ECON, POL inländisch; **~ airline** Inlandsfluggesellschaft *f;* **~ market** Binnenmarkt *m;* **~ policy** Innenpolitik *f;* **~ product** einheimisches Produkt

domestic violence *n* Gewalt *f* in der Familie

dominate ['dɒmɪneɪt] **I.** *vt* beherrschen; PSYCH dominieren; **they ~d the rest of the match** sie gingen für den Rest des Spiels in Führung **II.** *vi* dominieren

Dominican Republic *n* Dominikanische Republik

donate [də(ʊ)'neɪt] *vt, vi* spenden (**to** für)

donation [də(ʊ)ˈneɪʃᵊn] *n* ❶ [Geld]spende *f; (endowment)* Stiftung *f;* **~s to political parties** Parteispenden *pl* ❷ *no pl* Spenden *nt*
done [dʌn] *pp of* **do**
donkey [ˈdɒŋki] *n* Esel *m*
donor [ˈdəʊnəʳ] *n* Spender(in) *m(f); (for large sums)* Stifter(in) *m(f)*
don't [dəʊnt] = **do not** *see* **do I, II**
doodle [ˈduːdl̩] **I.** *vi* vor sich *akk* hinkritzeln **II.** *n* Gekritzel *nt kein pl*
door [dɔːʳ] *n* ❶ Tür *f;* **at the ~** an der Tür; **out of ~s** im Freien; **two ~s away** zwei Häuser weiter; **to close the ~ on sth** *(fig)* etw ausschließen
doorbell *n* Türklingel *f* **doorman** *n* Portier *m* **doormat** *n* ❶ Fußmatte *f,* Fußabstreifer *m bes* SÜDD ❷ *(fig, pej: person)* Waschlappen *m* **doorstep** *n* Türstufe *f;* **right on the ~** *(fig)* direkt vor der Haustür **doorway** *n* [Tür]eingang *m;* **in the ~** in der Tür
dork [dɔːk] *n* AM, AUS *(pej sl)* Trottel *m pej fam*
dormitory [ˈdɔːmɪtᵊri] *n* Schlafsaal *m*
dosage [ˈdəʊsɪdʒ] *n* Dosis *f*
dose [dəʊs] *n* Dosis *f;* **in small ~s** in kleinen Mengen

Übersetzungstipp
Nicht verwechseln mit *Dose* – *box, tin!*

dosser [ˈdɒsəʳ] *n* BRIT *(pej fam)* Penner(in) *m(f); (idler)* Faulenzer(in) *m(f)*
dot [dɒt] **I.** *n* Punkt *m; (on material)* Tupfen *m;* **at eight o'clock on the ~** Punkt acht Uhr **II.** *vt* <-tt-> *usu passive* **to be ~ted with sth** mit etw *dat* übersät sein
dotcom [ˈdɒtkɒm] *n* INET Dotcom-Unternehmen *nt,* Internetfirma *f*
dotted line [ˌdɒtɪdˈ-] *n* gepunktete [*o* punktierte] Linie; **to sign on the ~** unterschreiben
double [ˈdʌbl̩] **I.** *adj* ❶ doppelt; *(two-part)* Doppel-; **his salary is ~ what I get** sein Gehalt ist doppelt so hoch wie meins; **~ the price** doppelt so teuer; **~ door[s]** Flügeltür *f* ❷ **to lead a ~ life** ein Doppelleben führen; **to have a ~ meaning** doppeldeutig sein **II.** *adv* doppelt so viel; **to charge sb ~** jdm das Doppelte berechnen; **to see ~** doppelt sehen; **bent ~** in gebückter Haltung; **he was bent ~** er krümmte sich vor Lachen/Schmerz **III.** *n* ❶ *no pl* das Doppelte; *(whisky, gin)* Doppelte(r) *m* ❷ *(twin)* Doppelgänger(in) *m(f); (stuntman)* Double *nt* ❸ **~s** *pl* Doppel[spiel] *nt;* **mixed ~s** gemischtes Doppel ▸ **at the ~** im Eiltempo; **~ or quits** doppelt oder nichts **IV.** *vt* verdoppeln **V.** *vi* sich verdoppeln
◆ **double back** *vi* kehrtmachen
◆ **double up** *vi* ❶ sich krümmen ❷ *flatmates* sich *dat* ein Zimmer teilen
double bass *n* Kontrabass *m* **double bed** *n* Doppelbett *nt* **double-check** *vt (again)* noch einmal überprüfen; *(in two ways)* zweifach überprüfen **double-cross I.** *vt* **to ~ sb** mit jdm ein falsches Spiel treiben **II.** *n* <*pl* -es> Doppelspiel *nt* **double-decker** *n* Doppeldecker *m* **double-glazing** *n no pl* Doppelverglasung *f* **double-park** *vt, vi* in der zweiten Reihe parken
doubt [daʊt] **I.** *n* ❶ *no pl* Zweifel *m* (**about** an); **no ~** zweifellos; **without [a] ~** ohne jeden Zweifel ❷ **~s** *pl* Bedenken *pl* **II.** *vt (question)* anzweifeln; *witness* nicht glauben; *(distrust)* misstrauen; *evidence* Zweifel haben an +*dat;* **to ~ that …** bezweifeln, dass …; **to ~ whether …** zweifeln, ob …
doubtful [ˈdaʊtfᵊl] *adj* zweifelnd; *(uncertain)* unsicher; *(unlikely)* fraglich; **to be ~ about sth** über etw *akk* im Zweifel sein; **to be ~ whether …** zweifelhaft sein, ob …
doubtless [ˈdaʊtləs] *adv* sicherlich
dough [dəʊ] *n* ❶ Teig *m* ❷ *no pl esp* AM *(sl: money)* Knete *f*

doughnut ['doʊnʌt] *n* [Berliner] Pfannkuchen *m*
dove[1] [dʌv] *n* [weiße] Taube
dove[2] [doʊv] *vi* AM *pt of* **dive**
down[1] [daʊn] I. *adv* ① *(to lower)* hinunter/herunter; *(at lower)* unten; **~ here/there** hier/dort unten ② *(not up)* nach unten; **head ~** mit dem Kopf nach unten ③ *(away from centre)* außerhalb; **he has a house ~ by the harbour** er hat ein Haus draußen am Hafen ④ *(fam: unlucky)* unten; **to be ~ on one's luck** eine Pechsträhne haben; **to kick sb when he's ~** jdn treten, wenn er schon am Boden liegt ⑤ *(ill)* **to be ~ with sth** an etw *dat* erkrankt sein; **she's ~ with flu** sie liegt mit einer Grippe im Bett; **to come ~ with sth** etw kriegen ⑥ *(less)* **he was only $50 ~** er hatte erst 50 Dollar verloren; **to get the price ~** den Preis drücken ⑦ *(onwards)* **from the mayor ~** angefangen beim Bürgermeister ⑧ *(on paper)* **to have sth ~ in writing** etw schriftlich haben; **to get sb ~ for sth** jdn für etw *akk* vormerken ⑨ *(in advance)* als Anzahlung; **to pay £100 ~** 100 Pfund anzahlen ⑩ *(attributable)* **to be ~ to sth** auf etw *akk* zurückzuführen sein; **to be ~ to sb** jds Sache sein; **it's all ~ to you now** nun ist es an Ihnen II. *prep* ① hinunter/herunter; **up and ~ the stairs** die Treppe rauf und runter; **~ the sink** in den Abfluss; **to come/go ~ the mountain** den Berg herunter-/hinuntersteigen ② *(along)* entlang; **her hair reached ~ her back** ihre Haare bedeckten ihren ganzen Rücken; **~ the river** flussabwärts ③ **~ the centuries** die Jahrhunderte hindurch; **~ the generations** über Generationen hinweg III. *adj* <more down, most down> *(fam)* down *fam* IV. *vt* ① *(knock down)* zu Fall bringen; BOXING niederschlagen; *(shoot down)* abschießen ② *(drink)* hinunterkippen V. *n* **we've had our ups and ~s** wir haben schon Höhen und Tiefen durchgemacht VI. *interj* **~ with taxes!** weg mit den Steuern!; **~ with the dictator!** nieder mit dem Diktator!
down[2] [daʊn] *n no pl* Daunen *pl;* **~ quilt** Daunendecke *f*
downfall *n* Untergang *m; of government* Sturz *m; (cause)* Ruin *m;* **drinking was his ~** das Trinken hat ihn ruiniert
downhearted *adj* niedergeschlagen
downhill I. *adv* bergab; **to go ~** heruntergehen; *road, path* bergab führen II. *adj* **it's all ~ from here** von hier geht es nur noch bergab; **to be ~ [all the way]** leichter werden **downlighter** *n* Lampe *f* mit Lichtaustritt nach unten **download** *vt* COMPUT herunterladen (**to** auf) **down payment** *n* Anzahlung *f* **downpour** *n* Regenguss *m,* Platzregen *m*
downright *adj, adv* ausgesprochen; *lie* glatt; *nonsense* komplett
downstairs I. *adv* die Treppe hinunter; **there's a man ~** unten steht ein Mann II. *adj (one floor down)* im unteren Stockwerk *nach n; (on ground floor)* im Erdgeschoss *nach n;* **there's a ~ bathroom** unten gibt es ein Badezimmer **downstream** I. *adv* stromabwärts II. *adj* stromabwärts gelegen **down-to-earth** *adj* nüchtern **downtown** *n no pl, no art* AM die Innenstadt
downward ['daʊnwəd] *adj* nach unten [gerichtet]; **to be on a ~ trend** sich im Abwärtstrend befinden
downwards ['daʊnwədz] *adv* nach unten, hinunter; **~ down** Abwärtstrend *m*
doze [dəʊz] I. *n* Nickerchen *nt;* **to have a ~** ein Nickerchen machen II. *vi* dösen
dozen ['dʌzᵊn] *n* Dutzend *nt;* **half a ~** ein halbes Dutzend; **two ~ people** zwei Dutzend Leute ▶ **to talk nineteen to the ~** reden wie ein Wasserfall
drab <-bb-> [dræb] *adj* trist; *colours* trüb
draft [drɑːft] I. *n* ① Entwurf *m;*

rough ~ Rohentwurf *m* ② *no pl (conscript)* Einberufung *f* **II.** *adj* ① ~ **contract** Vertragsentwurf *m* ② *(conscription)* Einberufungs- **III.** *vt* ① entwerfen; *bill* verfassen ② **to ~ sb into the army** jdn zum Wehrdienst einberufen

drafting ['drɑːftɪŋ] *n no pl* ECON, FIN Verfassen *nt*, Formulieren *nt*

drafty *adj* AM *see* **draughty**

drag [dræg] **I.** *n no pl* ① **a ~ on sb** ein Klotz an jds Bein ② *(fam)* **what a ~!** so'n Mist! *sl* ③ *(fam: clothes)* Fummel *m* **II.** *vt* <-gg-> ① ziehen; **to ~ one's heels** schlurfen; *(fig)* sich *dat* Zeit lassen ② *(force)* schleifen; **I don't want to ~ you away** ich will dich hier nicht wegreißen; **to ~ sth out of sb** etw aus jdm herausbringen; **to ~ the truth out of sb** jdm die Wahrheit entlocken ③ *(involve)* **to ~ sb into sth** jdn in etw *akk* hineinziehen **III.** *vi* <-gg-> ① schleifen ② *(proceed)* sich [da]hinziehen; **to ~ to a close** schleppend zu Ende gehen

◆**drag behind** *vi* trödeln

◆**drag down** *vt* ① herunterziehen; **to ~ sb down with one** jdn mit sich *dat* reißen ② *(depress)* zermürben

◆**drag on** *vi* sich [da]hinziehen

◆**drag out** *vt* in die Länge ziehen

◆**drag up** *vt (fam)* wieder ausgraben

dragon ['drægən] *n* ① Drache *m* ② *(pej: woman)* Drachen *m* ③ AUS *(lizard)* Eidechse *f*

dragonfly *n* Libelle *f*

drain [dreɪn] **I.** *n* ① Rohr *nt; (under sink)* Abflussrohr *nt; (at roadside)* Gully *m;* **to be down the ~** *(fig)* für immer verloren sein ② *(plumbing)* **~s** *pl* Kanalisation *f* ③ *(strain)* Belastung *f* (**on** für) **II.** *vt* ① entwässern; *vegetables* abgießen; *noodles, rice* abtropfen lassen ② *(tire)* [völlig] auslaugen **III.** *vi* ① *(flow)* ablaufen ② *(dry)* abtropfen

◆**drain away** *vi* ablaufen; *(fig)* [dahin]schwinden

◆**drain off** *vt* abgießen; *noodles, rice* abtropfen lassen

drained [dreɪnd] *adj* erschöpft; **you look completely ~** du siehst total erledigt aus *fam*

draining board ['dreɪnɪŋ-] *n* Abtropfbrett *nt*

drainpipe *n* Regenrohr *nt; (for sewage)* Abflussrohr *nt*

drama ['drɑːmə] **I.** *n* ① *no pl* Schauspielkunst *f* ② Drama *nt;* **television ~** Fernsehspiel *nt* **II.** *adj* ~ **critic** Theaterkritiker(in) *m(f);* ~ **school** Schauspielschule *f*

dramatic [drəˈmætɪk] *adj* dramatisch; *(theatrical)* theatralisch; ~ **irony** tragische Ironie; ~ **poetry** dramatische Dichtung

dramatically [drəˈmætɪkəli] *adv* ① *(relating to the theatre)* schauspielerisch ② *(pej: exaggeratedly)* theatralisch *pej* ③ *(strikingly)* dramatisch

dramedy ['dræmədi] *n* AM *Film oder Fernsehserie, deren Handlung als Komödie angelegt ist*

drank [dræŋk] *pt of* **drink**

drastic ['dræstɪk] *adj* drastisch; *change* radikal

drastically ['dræstɪkli] *adv* drastisch, rigoros

draught [drɑːft] **I.** *n* ① [Luft]zug *m kein pl;* **there's a ~** es zieht; **to sit in a ~** im Zug sitzen ② *no pl* **on ~** vom Fass ③ BRIT, AUS **~s** *pl* Damespiel *nt* **II.** *adj* ~ **beer** Fassbier *nt;* ~ **animal** Zugtier *nt*

draughty ['drɑːfti] *adj* zugig

draw [drɔː] **I.** *n* ① Unentschieden *nt;* **to end in a ~** unentschieden enden ② *of lots* Verlosung *f* **II.** *vt* <drew, -n> ① zeichnen; *line* ziehen; **I ~ the line there** *(fig)* da ist bei mir Schluss ② *(depict)* darstellen ③ *(pull)* ziehen; *money* abheben; *water* holen; **to ~ a [deep] breath** [tief] Luft holen; **to ~ the curtains** die Vorhänge zuziehen/aufziehen ④ *(attract)* anlocken; *anger, attention* auf sich *akk* ziehen ⑤ **to ~ sb into sth** jdn in etw *akk* hineinziehen ⑥ *(select)* ziehen; **to ~ lots for sth** um etw

D

akk losen **III.** *vi* <drew, -n> ❶ zeichnen ❷ *(move)* **to ~ closer** sich nähern; **to ~ alongside sth** mit etw *dat* gleichziehen; **to ~ apart** sich voneinander trennen; **to ~ away** wegfahren ❸ *(approach)* **to ~ to a close** zu Ende gehen; **to ~ near[er]** näher rücken ❹ SPORTS unentschieden spielen; **they drew 1–1** sie trennten sich 1:1 unentschieden

D

◆**draw aside** *vt* zur Seite ziehen; *person* beiseitenehmen

◆**draw in I.** *vi* ❶ *train* einfahren; *car* anhalten ❷ *days* kürzer werden **II.** *vt* ❶ *(involve)* hineinziehen ❷ **to ~ in a [deep] breath** [tief] Luft holen

◆**draw off** *vt* ❶ *liquid* ablassen ❷ *gloves* ausziehen

◆**draw out I.** *vt* ❶ herausziehen; *money* abheben ❷ *(prolong)* in die Länge ziehen ❸ *(lure)* aus der Reserve locken **II.** *vi* ❶ *train* ausfahren ❷ *(lengthen)* länger werden

◆**draw up I.** *vt* ❶ aufsetzen; *agenda, list, syllabus* aufstellen; *guidelines* festlegen; *plan* entwerfen ❷ *(pull up)* heranziehen; **~ up a chair!** hol dir doch einen Stuhl! **II.** *vi car* vorfahren; *train* einfahren

drawback *n* Nachteil *m*

drawer[1] ['drɔːʳ] *n* Schublade *f;* **chest of ~s** Kommode *f*

drawer[2] ['drɔːəʳ] *n* Zeichner(in) *m(f); (issuer)* Aussteller(in) *m(f)*

drawing ['drɔːɪŋ] *n* ❶ *no pl* Zeichnen *nt* ❷ Zeichnung *f*

drawing board *n* Zeichenbrett *nt;* **to go back to the ~** *(fig)* noch einmal von vorn anfangen **drawing pin** *n* BRIT, AUS Reißzwecke *f* **drawing room** *n (form)* Wohnzimmer *nt*

drawn [drɔːn] **I.** *pp of* **draw II.** *adj* ❶ *(tired)* abgespannt ❷ **~ game** Unentschieden *nt*

dread [dred] **I.** *vt* sich fürchten vor *+dat;* **to ~ doing sth** [große] Angst haben, etw zu tun **II.** *n no pl* Furcht *f;* **to live in ~ of sth** in [ständiger] Angst vor etw *dat* leben; **to fill sb with ~** jdn mit Angst und Schrecken erfüllen

dreadful ['dredfəl] *adj* schrecklich; *quality* miserabel; **I feel ~** ich fühle mich scheußlich

dreadfully ['dredfəli] *adv* schrecklich; *(very)* furchtbar; **he was ~ upset** er hat sich furchtbar aufgeregt; **I'm ~ sorry** es tut mir schrecklich leid

dream [driːm] **I.** *n* Traum *m;* **to have a ~ [about sth]** [von etw] träumen; **to be in a ~** vor sich *akk* hinträumen; **in your ~s!** du träumst wohl! **II.** *adj* Traum- **III.** *vi, vt* <dreamt *or* dreamed, dreamt *or* dreamed> träumen; **~ on!** *(iron)* träum [nur schön] weiter!

◆**dream up** *vt* sich *dat* ausdenken

dreamt [drem(p)t] *pt, pp of* **dream**

dreariness [drɪərɪnəs] *n no pl* ❶ *(depressing quality)* Trübseligkeit *f pej* ❷ *(monotony)* Eintönigkeit *f*

dreary [drɪəri] *adj* trostlos; *day* trüb; *(monotonous)* eintönig

drench [dren(t)ʃ] *vt* durchnässen; **~ed to the skin** nass bis auf die Haut; **~ed in sweat** schweißgebadet

dress [dres] **I.** *n* <*pl* -es> ❶ Kleid *nt* ❷ *no pl (clothing)* Kleidung *f* **II.** *vi* sich anziehen **III.** *vt* ❶ **to ~ sb/oneself** jdn/sich anziehen ❷ *salad* anmachen ❸ *(bandage)* verbinden

◆**dress down I.** *vi* sich leger anziehen **II.** *vt* zurechtweisen

◆**dress up I.** *vi* sich fein anziehen; *(disguise)* sich verkleiden **II.** *vt* verkleiden; *(improve)* verschönern

dress circle *n* erster Rang

dressing ['dresɪŋ] *n* ❶ *no pl* Anziehen *nt* ❷ *(for salad)* Dressing *nt* ❸ *(bandage)* Verband *m*

dressing gown *n* Bademantel *m* **dressing table** *n* Frisierkommode *f*

dress rehearsal *n* THEAT Generalprobe *f*

drew [druː] *pt of* **draw**

dribble ['drɪbl̩] **I.** *vi* ❶ *(trickle)* tropfen; *baby* sabbern ❷ SPORTS dribbeln **II.** *vt* dribbeln mit **III.** *n* ❶ *no pl* Sabber *m*

② SPORTS Dribbling *nt kein pl*

dried [draɪd] **I.** *pt, pp of* **dry** **II.** *adj* getrocknet; **~ flowers** Trockenblumen *pl;* **~ fruit** Dörrobst *nt*

drift [drɪft] **I.** *vi* treiben; *balloon* schweben; *mist, clouds* ziehen; *snow* angeweht werden; **to ~ out to sea** aufs offene Meer hinaustreiben; **to ~ along** *(fig)* sich treiben lassen; **to ~ away** *people* davonschlendern **II.** *n* ① Strömen *nt; of snow* Verwehung *f; (trend)* Trend *m* ② **to catch** [*or* **get**] **sb's ~** verstehen, was jd sagen will

◆**drift apart** *vi* einander fremd werden

◆**drift off** *vi* einschlummern

drill¹ [drɪl] **I.** *n* Bohrer *m* **II.** *vt, vi* bohren; **to ~ through sth** etw durchbohren

drill² [drɪl] **I.** *n* ① Übung *f;* MIL Drill *m* ② *(fam)* **what's the ~?** wie wird das gemacht?; **to know the ~** wissen, wie es geht **II.** *vi* exerzieren

drilling ['drɪlɪŋ] *n no pl* Bohren *nt*

drink [drɪŋk] **I.** *n* ① Getränk *nt; (swallow)* Schluck *m;* **can I get you a ~?** kann ich Ihnen etwas zu trinken bringen?; **who's buying the ~s?** wer gibt die Runde aus?; **to have a ~** etwas trinken ② *no pl* **smelling of ~** mit einer [Alkohol]fahne **II.** *vi, vt* <drank, drunk> trinken; **to ~ and drive** unter Alkoholeinfluss fahren; **I'll ~ to that** darauf trinke ich; **he ~s like a fish** er säuft wie ein Loch

◆**drink in** *vt* [begierig] in sich *akk* aufnehmen

drinkable ['drɪŋkəbl] *adj* trinkbar

drink-driving *n no pl* BRIT, AUS Trunkenheit *f* am Steuer

drinker ['drɪŋkəʳ] *n* Trinker(in) *m(f)*

drinking water *n no pl* Trinkwasser *nt*

drip [drɪp] **I.** *vi* <-pp-> tropfen; *(in single drops)* tröpfeln **II.** *vt* <-pp-> [herunter]tropfen lassen; **to ~ blood** Blut verlieren **III.** *n* ① *no pl* Tropfen *nt; of rain* Tröpfeln *nt* ② *(drop)* Tropfen *m* ③ MED Tropf *m;* **to be on a ~** am Tropf hängen

dripping ['drɪpɪŋ] **I.** *adj* ① tropfend; **to be ~** tropfen ② *(wet)* klatschnass ③ *(hum, iron)* **to be ~ with sth** über und über mit etw *dat* behängt sein **II.** *adv* **~ wet** klatschnass **III.** *n* Schmalz *nt*

drive [draɪv] **I.** *n* ① Fahrt *f;* **to go for a ~** eine Spazierfahrt machen; **a day's ~** eine Tagesfahrt; **an hour's ~ away** eine Autostunde entfernt ② *no pl (energy)* Tatkraft *f; (vigour)* Schwung *m* ③ *no pl* PSYCH Trieb *m* ④ *(campaign)* Aktion *f;* **economy ~** Sparmaßnahmen *pl* ⑤ COMPUT Laufwerk *nt;* **hard ~** Festplatte *f* **II.** *vt* <drove, -n> ① fahren; **to ~ a bus** einen Bus lenken; *(as job)* Busfahrer(in) *m(f)* sein ② *(force on)* antreiben; **the wind drove the snow into my face** der Wind wehte mir den Schnee ins Gesicht; **to ~ sb from sth** jdn aus etw *dat* vertreiben; **he was ~n by greed** Gier bestimmte sein Handeln; **to ~ oneself too hard** sich *dat* zu viel zumuten ③ *engine* antreiben **III.** *vi* <drove, -n> ① fahren; **to learn to ~** den Führerschein machen ② *rain, snow* peitschen; *clouds* jagen

drive / ride

Beachte den Unterschied:
Drive wird für Autos, LKWs, Busse und Züge verwendet: *Ella drives a blue sports car. Jim is learning to drive a bus.*
Ride dagegen wird für Fahrräder, Motorräder, Motorroller und Pferde verwendet: *I saw Nuri riding a large grey horse. Please don't ride your bike on the pavement.*

◆**drive at** *vi* **what are you driving at?** worauf wollen Sie [eigentlich] hinaus?

D

◆**drive off** **I.** *vt (expel)* vertreiben; *(repel)* zurückschlagen **II.** *vi* wegfahren ◆**drive out** **I.** *vt* hinausjagen; *(fig)* austreiben **II.** *vi* hinausfahren/herausfahren ◆**drive up** **I.** *vt* hochtreiben **II.** *vi* vorfahren; **to ~ up to a ramp** an eine Rampe heranfahren

D

driven ['drɪvᵊn] **I.** *pp of* **drive** **II.** *adj* ❶ *(ambitious)* ehrgeizig ❷ *(powered)* angetrieben ▶ **as pure as the ~ snow** so unschuldig wie ein Engel

driver ['draɪvəʳ] *n* ❶ Fahrer(in) *m(f); of train* Führer(in) *m(f)* ❷ *(golf)* Driver *m*

driver's license *n* AM Führerschein *m*

driving ['draɪvɪŋ] **I.** *n no pl* Fahren *nt;* **drunk ~** Trunkenheit *f* am Steuer **II.** *adj* ❶ **~ conditions** Straßenverhältnisse *pl* ❷ *rain* peitschend ❸ *(motivating)* treibend

driving ban *n* Fahrverbot *nt* **driving force** *n no pl* treibende Kraft **driving instructor** *n* Fahrlehrer(in) *m(f)* **driving lesson** *n* Fahrstunde *f;* **~s** *pl* Fahrunterricht *m* **driving licence** *n* BRIT Führerschein *m* **driving test** *n* Fahrprüfung *f*

drizzle ['drɪzl] **I.** *n no pl* Nieselregen *m; (small amount)* ein paar Spritzer **II.** *vi* nieseln

droop [druːp] *vi* ❶ schlaff herunterhängen; *flowers* die Köpfe hängen lassen ❷ *(tire)* schlapp werden

drop [drɒp] **I.** *n* ❶ *(vertical)* Gefälle *nt; (difference)* Höhenunterschied *m* ❷ *(decrease)* Rückgang *m* ❸ *of liquid* Tropfen *m;* **~s of paint** Farbspritzer *pl;* **~ by ~** tropfenweise ❹ *(fam: drink)* Schluck *m* ❺ *(sweet)* **fruit ~** Fruchtbonbon *nt;* ▶ **at the ~ of a hat** im Handumdrehen; **a ~ in the ocean** ein Tropfen *m* auf den heißen Stein **II.** *vt* <-pp-> ❶ fallen lassen; *(lower)* senken; *anchor* [aus]werfen; *bomb, leaflets* abwerfen; **to ~ a bombshell** *(fig)* eine Bombe platzen lassen ❷ *(fam: send)* **to ~ sb a line** jdm ein paar Zeilen schreiben ❸ *(dismiss)* entlassen; *team player* ausschließen (**from** aus) ❹ *(give up)* aufgeben; **let's ~ the subject** lassen wir das Thema; **to ~ everything** alles stehen und liegen lassen ❺ *(abandon)* fallen lassen ❻ *(omit)* weglassen ▶ **to let it ~ that ...** beiläufig erwähnen, dass ...; **to ~ sb right in it** jdn [ganz schön] reinreiten **III.** *vi* <-pp-> ❶ *(descend)* [herunter]fallen; *(lower)* sinken; *jaw* herunterklappen; *curtain* fallen; *prices, level* fallen ❷ *(fam: tire)* umfallen; **to be fit to ~** zum Umfallen müde sein; **~ dead!** *(fam)* scher dich zum Teufel!

◆**drop behind** *vi* zurückfallen ◆**drop down** *vi* herunterfallen; **to ~ down dead** tot umfallen ◆**drop in** *vi (fam)* vorbeischauen (**on** bei) ◆**drop off** **I.** *vt (fam) parcel* abliefern; *passenger* absetzen **II.** *vi* ❶ abfallen ❷ *(decrease)* zurückgehen; *wane* nachlassen ❸ *(fam: sleep)* einschlafen ◆**drop out** *vi* ausscheiden; *(from society)* aussteigen

dropout *n* ❶ [Studien]abbrecher(in) *m(f); (from school)* Schulabgänger(in) *m(f)* ❷ *(nonconventional)* Aussteiger(in) *m(f)*

drought [draʊt] *n* Dürre[periode] *f*

drove [drəʊv] *pt of* **drive**

drown [draʊn] **I.** *vt* ertränken; **to be ~ed** ertrinken ▶ **to ~ one's sorrows** seinen Kummer ertränken **II.** *vi* ertrinken

drowsy ['draʊzi] *adj* schläfrig; *(after waking)* verschlafen

drug [drʌg] **I.** *n* ❶ Medikament *nt* ❷ *(narcotic)* Droge *f,* Rauschgift *nt;* **to be on ~s** Drogen nehmen ❸ *(fig)* Droge *f* **II.** *vt* <-gg-> **to ~ sb** jdm Beruhigungsmittel verabreichen; *(secretly)* jdn unter Drogen setzen

drug addict *n* Drogensüchtige(r) *f(m)* **drug addiction** *n no pl* Drogenabhängigkeit *f* **drugstore** *n* AM Drogerie *f*

drum [drʌm] **I.** *n* ❶ Trommel *f;* **~s** *pl (kit)* Schlagzeug *nt* ❷ **~ of hooves**

Pferdegetrappel *nt* ③ *(vat)* Trommel *f;* **oil ~** Ölfass *nt* **II.** *vi* <-mm-> trommeln; *(on drum kit)* Schlagzeug spielen; **to ~ on sth** auf etw *akk* trommeln **III.** *vt* <-mm-> **to ~ one's fingers [on the table]** [mit den Fingern] auf den Tisch trommeln; **to ~ sth into sb** jdm etw einhämmern

drummer ['drʌməʳ] *n* Trommler(in) *m(f); (on drum kit)* Schlagzeuger(in) *m(f)*

drunk [drʌŋk] **I.** *adj* ① betrunken; *(fig)* trunken; **~ driving** Trunkenheit *f* am Steuer; **blind ~** stockbetrunken; **to get ~** sich betrinken **II.** *n* Betrunkene(r) *f(m)* **III.** *vt, vi pp of* **drink**

drunkenly ['drʌŋkᵊnli] *adv* betrunken

dry [draɪ] **I.** *adj* <-ier, -iest *or* -er, -est> trocken; **as ~ as a bone** knochentrocken; **to go ~** austrocknen ▸ **to run ~** unproduktiv werden **II.** *vt* <-ie-> trocknen; *fruit, meat* dörren; *dishes, face* abtrocknen; *(dry out)* austrocknen; **to ~ oneself** sich abtrocknen **III.** *vi* <-ie-> trocknen; *(dry up)* abtrocknen

◆ **dry up I.** *vi* austrocknen; *well* versiegen; *liquid* trocknen; *(towel)* abtrocknen; *(fig) funds* schrumpfen **II.** *vt* austrocknen; *dishes* abtrocknen

dry cleaner's *n* Reinigung *f*

dryer ['draɪəʳ] *n* [Wäsche]trockner *m; (for hair)* Fön *m; (overhead)* Trockenhaube *f*

dry land *no pl n* Festland *nt*

DSL [ˌdi:es'el] *n* INET, TELEC *acr for* **digital subscriber line** DSL *kein art*

dual ['dju:əl] *adj* doppelt; *(different)* zweierlei; **~ ownership** Miteigentümerschaft *f;* **~ role** Doppelrolle *f*

dual carriageway *n* BRIT ≈ Schnellstraße *f*

dub <-bb-> [dʌb] *vt* ① **to ~ sb a knight** jdn zum Ritter schlagen ② *(call)* nennen ③ synchronisieren; **to ~ into English** ins Englische übersetzen

dubious ['dju:biəs] *adj* fragwürdig; *(unsure)* unsicher; **to be/feel ~ about whether …** bezweifeln, ob …

duchess <*pl* -es> ['dʌtʃɪs] *n* Herzogin *f*

duck[1] [dʌk] *n* ① Ente *f* ② *no pl* BRIT *(fam)* Schätzchen *nt;* ▸ **to take to sth like a ~ to water** bei etw *dat* gleich in seinem Element sein

duck[2] [dʌk] **I.** *vi* **to ~ [down]** sich ducken; **to ~ under water** [unter]tauchen; **to ~ out of sight** sich verstecken **II.** *vt* ① **to ~ one's head** den Kopf einziehen; **to ~ one's head under water** den Kopf unter Wasser tauchen ② *(evade)* ausweichen +*dat*

due [dju:] **I.** *adj* ① fällig; **~ date** Fälligkeitstermin *m* ② **sb is ~ sth** jdm steht etw zu ③ **with ~ care** mit der nötigen Sorgfalt; **after ~ consideration** nach reiflicher Überlegung; **with [all] ~ respect** bei allem [gebotenen] Respekt ④ **when's the next bus ~ [to arrive/leave]?** wann kommt/fährt der nächste Bus?; **their baby is ~ soon** sie erwarten ihr Baby bald; **when are you ~?** wann ist es denn so weit?; **in ~ course** zu gegebener Zeit ⑤ **~ to sth** wegen [*o* auf Grund] einer S. *gen;* **to be ~ to sb/sth** jdm/etw zuzuschreiben sein **II.** *n* ① **to give sb his/her ~** jdm Gerechtigkeit widerfahren lassen ② **~s** *pl (fees)* Gebühren *pl; (debts)* Schulden *pl* **III.** *adv* **~ north** genau nach Norden

dug [dʌg] *pt, pp of* **dig**

duke [dju:k] *n* Herzog *m*

dull [dʌl] **I.** *adj* langweilig; *colour* glanzlos; *sound* dumpf; *weather* trüb; **as ~ as ditchwater** stinklangweilig **II.** *vt* schwächen; *pain* betäuben

duly ['dju:li] *adv* gebührend; *(expectedly)* wie erwartet

dumb [dʌm] *adj* ① *(mute)* stumm ② *esp* AM *(fam)* dumm

dumbstruck *adj* sprachlos

dummy ['dʌmi] **I.** *n* ① Schaufensterpuppe *f; (crash test dummy)* Dummy *m;* **to stand there like a stuffed ~** *(fam)* wie ein Ölgötze dastehen ② *(substi-*

tute) Attrappe *f* ③ BRIT, AUS *(for baby)* Schnuller *m* **II.** *adj (duplicate)* nachgemacht; *(false)* falsch; ~ **run** Probelauf *m* **III.** *vi* AM *(fam)* **to ~ up** dichthalten

dump [dʌmp] **I.** *n* Müll[ablade]platz *m; (fig, pej: messy place)* Dreckloch *nt; (badly run place)* Sauladen *m* **II.** *vt* ① *(offload)* abladen; **where can I ~ my coat?** wo kann ich meinen Mantel lassen? ② *(fam: abandon)* fallen lassen; *(unwanted)* loswerden; *suitor* den Laufpass geben

dumping [ˈdʌmpɪŋ] *n no pl* ECON Dumping *nt*

dumpling [ˈdʌmplɪŋ] *n* Knödel *m*, Kloß *m*

dune [djuːn] *n* Düne *f*

dungarees [ˌdʌŋgəˈriːz] *n pl* BRIT Latzhose *f;* AM Jeans[hose] *f*

dungeon [ˈdʌndʒən] *n* Verlies *nt*

duplicate I. *vt* [ˈdjuːplɪkeɪt] *(copy)* eine zweite Anfertigung machen von +*dat; (repeat)* noch einmal machen **II.** *adj* [ˈdjuːplɪkət] ~ **key** Zweitschlüssel *m* **III.** *n* [ˈdjuːplɪkət] Duplikat *nt; of document* Zweitschrift *f;* **in ~** in zweifacher Ausfertigung

duplication [ˌdjuːplɪˈkeɪʃən, AM *esp*ˌduː-] *n no pl* Verdoppelung *f*

durable [ˈdjʊərəbl̩] *adj* strapazierfähig; *(long-lived)* dauerhaft

duration [ˌdjʊ(ə)ˈreɪʃən] *n no pl* Dauer *f; of film* Länge *f;* **for the ~** bis zum Ende

during [ˈdjʊərɪŋ] *prep* während +*gen*

dusk [dʌsk] *n no pl* [Abend]dämmerung *f;* ~ **is falling** es dämmert; **after/at ~** nach/bei Einbruch der Dunkelheit

dust [dʌst] **I.** *n no pl* Staub *m;* ► **to bite the ~** ins Gras beißen; **to eat sb's ~** AM von jdm abgehängt werden **II.** *vt* ① *(clean)* abstauben ② *(sprinkle)* bestäuben **III.** *vi* Staub wischen

dustbin *n* BRIT Mülltonne *f* **dustcart** *n* BRIT Müllwagen *m* **dust cover** *n (for furniture)* Schonbezug *m; (for devices)* Abdeckhaube *f; (on book)* Schutzumschlag *m*

duster [ˈdʌstəʳ] *n* Staubtuch *nt;* **feather ~** Staubwedel *m*

dust jacket *n* Schutzumschlag *m* **dustman** *n* BRIT Müllmann *m* **dustpan** *n* Schaufel *f*

dusty [ˈdʌsti] *adj* staubig; *objects* verstaubt

Dutch [dʌtʃ] **I.** *adj* niederländisch **II.** *n* ① *no pl* Niederländisch *nt* ② **the ~** *pl* die Niederländer **III.** *adv* **to go ~** getrennte Kasse machen

dutifully [ˈdjuːtɪfəli] *adv* pflichtbewusst

duty [ˈdjuːti] *n* ① *no pl* Pflicht *f;* **out of ~** aus Pflichtbewusstsein ② *(task)* Aufgabe *f,* Pflicht *f* ③ *no pl (work)* Dienst *m;* **on/off ~** im/nicht im Dienst ④ *(revenue)* Zoll *m* (**on** auf); **customs duties** Zollabgaben *pl*

duty-free I. *adj* zollfrei **II.** *n* **~s** *pl* zollfreie Waren

duvet [ˈdjuːveɪ, ˈduː-] *n* Steppdecke *f,* Daunendecke *f*

DVD [ˌdiːviːˈdiː] *n abbrev of* **digital video disc** DVD *f*

DVD player *n* DVD-Player *m* **DVD-ROM** [diːviːˌdiːˈrɒm] *n abbrev of* **digital versatile disc read-only memory** DVD-ROM *f*

dwarf [dwɔːf] **I.** *n* <*pl* -s *or* dwarves> Zwerg(in) *m(f)* **II.** *vt* überragen; *(fig)* in den Schatten stellen

dwindling [ˈdwɪndl̩ɪŋ] *adj* schwindende(r, s) *attr geh,* Schwund-, abnehmende(r, s) *attr; number* sinkende(r, s)

dye [daɪ] **I.** *vt* färben **II.** *n* Färbemittel *nt*

dying [ˈdaɪɪŋ] *adj* sterbend; *(fig)* aussterbend

dyke [daɪk] *n* ① Deich *m; (channel)* [Abfluss]graben *m* ② *(fam)* Lesbe *f*

dynamic [daɪˈnæmɪk] *adj* dynamisch

dynamically [daɪˈnæmɪkli] *adv* dynamisch

dynamite [ˈdaɪnəmaɪt] *n no pl* Dynamit *nt*

d'you [dʒuː, djuː, dʒə, djə] *(fam)* = **do you** *see* **do**

Ee

E *<pl -'s>*, **e** *<pl -'s>* [iː] *n* E *nt,* e *nt;* ~ **flat** Es *nt,* es *nt;* ~ **sharp** Eis *nt,* eis *nt; see also* **A 1**
E *n no pl abbrev of* **east** O
each [iːtʃ] *adj, pron* jede(r, s); ~ **other** einander; ~ **and every one** jede(r, s) Einzelne; **500 miles ~ way** 500 Meilen in eine Richtung; **give the kids one piece ~** gib jedem Kind ein Stück
eager <-er, -est> [ˈiːgəʳ] *adj* begierig (**for** auf); *(enthusiastic)* eifrig; **to be ~ to do sth** etw unbedingt tun wollen
eagerly [ˈiːgəli] *adv* ① *(hungrily)* [be]gierig ② *(enthusiastically)* eifrig ③ *(expectantly)* **to be ~ awaited** mit Spannung erwartet werden
eagle [ˈiːgl̩] *n* Adler *m*

Übersetzungstipp
Nicht verwechseln mit *Igel – hedgehog!*

ear¹ [ɪəʳ] *n* Ohr *nt;* **from ~ to ~** von einem Ohr zum anderen ▶ **to be all ~s** ganz Ohr sein; **to keep one's ~s open** die Ohren offen halten; **sb's ~s are burning** jdm klingen die Ohren; **to close one's ~s to sth** etw ignorieren
ear² [ɪəʳ] *n* AGR Ähre *f*
earache *n no pl* Ohrenschmerzen *pl*
earl [ɜːl] *n* Graf *m*
earlier [ˈɜːliəʳ] **I.** *adj comp of* **early** früher **II.** *adv comp of* **early** früher; **~ on [today]** vorhin; **~ [on] this week/year** vor ein paar Tagen/Monaten
earliest [ˈɜːliɪst] **I.** *adj superl of* **early**: **the ~ …** der/die/das früheste …; **at the ~ possible date** sobald wie [irgend] möglich **II.** *adv superl of* **early** zuerst; **at the ~** frühestens
earlobe *n* Ohrläppchen *nt*
early <-ier, -iest> [ˈɜːli] *adj, adv* früh; *(premature)* vorzeitig; *(in time)* [früh]zeitig; *(prompt)* schnell; **~ payment appreciated** um baldige Zahlung wird gebeten; **the ~ hours** die frühen Morgenstunden; **she is in her ~ thirties** sie ist Anfang dreißig; **in the ~ afternoon** am frühen Nachmittag; **at an ~ age** in jungen Jahren; **from an ~ age** von klein auf; **to have an ~ lunch** früh zu Mittag essen
earn [ɜːn] *vt* verdienen; *(yield)* einbringen
earnings [ˈɜːnɪŋz] *n pl* Einkommen *nt; of business* Ertrag *m*
earphones *n pl* Kopfhörer *m* **earpiece** *n* Hörer *m* **earring** *n* Ohrring *m* **earshot** *n no pl* **[with]in/out of ~** in/außer Hörweite
earth [ɜːθ] **I.** *n no pl* ① die Erde; **who/where/why on earth …** wer/wo/warum um alles in der Welt … ② *(soil)* Erde *f* ③ BRIT, AUS ELEC Erdung *f;* ▶ **to charge /cost the ~** BRIT ein Vermögen verlangen/kosten **II.** *vt* BRIT erden
earthly [ˈɜːθli] *adj* irdisch; *(fam: possible)* möglich; **to not have an ~ chance [of doing sth]** *(fam)* nicht die geringste Chance haben[, etw zu tun]
earthquake *n* Erdbeben *nt*
ease [iːz] **I.** *n no pl* Leichtigkeit *f;* **to be at ~** sich wohl fühlen; **[stand] at ~!** MIL rührt euch!; **to put sb at [their] ~** jdm die Befangenheit nehmen **II.** *vt* ① *pain* lindern; *tension* lösen ② **she ~d the lid off** sie löste den Deckel behutsam ab
◆**ease off** *vi* nachlassen; **to ~ off [at work]** [auf der Arbeit] kürzertreten
◆**ease up** *vi* ① nachlassen; **to ~ up on the accelerator** vom Gas gehen; **to ~ up on sb** zu jdm weniger streng sein

❷ *(relax)* sich entspannen

easily ['iːzɪli] *adv* leicht; *(effortlessly)* mühelos; **to win ~** spielend gewinnen; **to be ~ the ...** + *superl* bei weitem der/die/das ... sein

east [iːst] **I.** *n no pl* Osten *m;* **the E~** der Osten; **the Near/Middle/Far ~** der Nahe/Mittlere/Ferne Osten; **to the ~ of sth** östlich einer S. *gen;* **from/to the ~** von/nach Osten **II.** *adj* östlich; **~ wind** Ostwind *m* **III.** *adv* ostwärts, nach Osten; **to face ~** nach Osten liegen

Easter ['iːstəʳ] *n no art* Ostern *nt;* **at ~** an Ostern

Easter Day *n* Ostersonntag *m* **Easter egg** *n* Osterei *nt*

easterly ['iːstᵊli] **I.** *adj* östlich **II.** *n* Ostwind *m*

eastern ['iːstᵊn] *adj* östlich; *(Asian)* orientalisch; **the ~ seaboard** AM die Ostküste

eastward ['iːstwəd] **I.** *adj* östlich, nach Osten *nach n* **II.** *adv* ostwärts, nach Osten

easy <-ier, -iest> ['iːzi] **I.** *adj* leicht, einfach; *(effortless)* mühelos; *(trouble-free)* angenehm; *(comfortable)* bequem; *conscience* ruhig; **as ~ as anything** kinderleicht; **~ money** leicht verdientes Geld; **to not feel ~ about sth** sich bei etw *dat* nicht wohl fühlen; **I'm ~** *(fam)* mir ist es egal; **~ on the ear/eye** angenehm für das Ohr/Auge **II.** *adv* **~ does it!** immer langsam!; **take it ~!** immer mit der Ruhe! ▶ **~ come, ~ go** *(fam)* wie gewonnen, so zerronnen **III.** *interj (fam)* locker

easy-going *adj* unkompliziert **easy-peasy** [ˌiːzi'piːzi] *adj* BRIT *(fam)* babyleicht *fam*

eat <ate, eaten> [iːt] *vt, vi* essen; *animal* fressen; **to ~ breakfast** frühstücken; **to ~ lunch/supper** zu Mittag/Abend essen ▶ **you are what you ~** *(prov)* der Mensch ist, was er isst; **I'll ~ my hat if ...** ich fresse einen Besen, wenn ...; **~ your heart out** platz rug vor Neid; **what's ~ing you?** was bedrückt dich?

◆**eat out** *vi* essen gehen

eaten ['iːtᵊn] *pp of* **eat**

eating disorder *n* Essstörung *f*

e-bike ['iːbaɪk] *n abbrev of* **electric bike** E-Bike *nt,* Elektrofahrrad *nt*

e-book ['iːbʊk] *n abbrev of* **electronic book** E-Book *nt*

e-book reader *n* E-Book-Reader *m,* E-Reader *m*

e-car ['iːkɑːʳ] *n abbrev of* **electric car** Elektroauto *nt*

echo ['ekəʊ] **I.** *n* <*pl* -es> Echo *nt; (fig)* Anklang *m* (**of** an) **II.** *vi* [wider]hallen **III.** *vt* *(copy)* wiedergeben; *(reflect)* widerspiegeln

eclipse [ɪ'klɪps] **I.** *n* ❶ Finsternis *f;* **~ of the sun** Sonnenfinsternis *f* ❷ *no pl (fig)* Niedergang *m* **II.** *vt* verfinstern

eco-friendly <more eco-friendly, most eco-friendly> *adj* umweltfreundlich

ecolabel **I.** *n* Umweltetikett *nt* **II.** *vt* mit einem Umweltetikett versehen

ecological [ˌiːkə'lɒdʒɪkᵊl] *adj* ökologisch; **~ disaster** Umweltkatastrophe *f*

ecologically [ˌiːkə'lɒdʒɪkᵊli] *adv* ökologisch; **~ friendly** umweltfreundlich; **~ harmful** umweltschädlich

ecology [iː'kɒlədʒi] *n no pl* Ökologie *f*

e-commerce *n no pl* E-Commerce *m*

economic [ˌiːkə'nɒmɪk] *adj* ökonomisch, wirtschaftlich; **~ aid** Wirtschaftshilfe *f;* **~ downturn** Konjunkturabschwächung *f;* **~ forecast** Wirtschaftsprognose *f*

economical [ˌiːkə'nɒmɪkᵊl] *adj* wirtschaftlich, ökonomisch; *(thrifty)* sparsam; **to be ~ with the truth** mit der Wahrheit hinter dem Berg halten

economically [ˌiːkə'nɒmɪkᵊli] *adv* ❶ *(thriftily)* sparsam ❷ POL, ECON ökonomisch; **to be ~ viable** wirtschaftlich überlebensfähig sein

economics [ˌiːkə'nɒmɪks] *n pl + sing vb* Wirtschaftswissenschaft[en] *f[pl]*

economist [ɪ'kɒnəmɪst] *n* Wirtschaftswissenschaftler(in) *m(f)*

economy [ɪ'kɒnəmi] *n* Wirtschaft *f; (thriftiness)* Sparsamkeit *f kein pl;* **to make economies** Einsparungen machen

economy class *n* Economyclass *f*

ecosystem ['i:kəʊ-] *n* Ökosystem *nt*

ecstasy ['ekstəsi] *n (sl: drug)* Ecstasy *f o nt*

Ecuador ['ekwədɔ:ʳ] *n no pl* Ekuador *nt,* Ecuador *nt*

Ecuadorean [ˌekwə'dɔ:riən] *adj* ecuadorianisch

edge [edʒ] **I.** *n* ❶ Rand *m; of lake* Ufer *nt; of table* Kante *f;* **at the ~ of the road** am Straßenrand ❷ *(blade)* Schneide *f; (sharp side)* Kante *f* ❸ *no pl (sharpness)* Schärfe *f* ❹ **to be on ~** nervös sein **II.** *vt* **to ~ one's way forwards** sich langsam vorwärtsbewegen **III.** *vi* **to ~ forward** langsam voranrücken

edging ['edʒɪŋ] *n* Umrandung *f; of a dress* Borte *f; of a lawn* Einfassung *f*

edible ['edɪbḷ] *adj* essbar; **~ mushroom** Speisepilz *m*

edict ['i:dɪkt] *n (form)* Edikt *nt hist* Erlass *m*

editing ['edɪtɪŋ] *n no pl* ❶ *of a text* Bearbeiten *nt,* Redigieren *nt* ❷ *of a film* Schneiden *nt*

edition [ɪ'dɪʃᵊn] *n* Ausgabe *f; (broadcast)* Folge *f*

editor ['edɪtəʳ] *n* Redakteur(in) *m(f); (issuer)* Herausgeber(in) *m(f);* **sports ~** Sportredakteur(in) *m(f)*

editorial [ˌedɪ'tɔ:riəl] **I.** *n* Leitartikel *m* **II.** *adj* redaktionell; **~ staff** + *sing/pl vb* Redaktion *f*

editorially [ˌedɪ'tɔ:riəli] *adv* redaktionell

educable ['edʒʊkəbḷ] *adj* einer Bildung zugänglich

educate ['edʒʊkeɪt] *vt* erziehen, ausbilden; **to be ~d at Oxford/Eton** in Oxford auf die Uni/in Eton zur Schule gehen

educated ['edʒʊkeɪtɪd] *adj* gebildet; **to make an ~ guess** eine fundierte Vermutung äußern

education [ˌedʒʊ'keɪʃᵊn] *n no pl* Bildung *f; (training)* Ausbildung *f; (system)* Erziehungswesen *nt*

Education in England

Schüler in England beginnen im Alter von etwa 5 Jahren ihre Schulausbildung. **Compulsory education** (die Schulpflicht) beläuft sich derzeit auf insgesamt 11 Jahre. Ab 2013 erhöht sich allerdings das **school-leaving age** (Schulabgangsalter) von derzeit 16 auf 17 Jahre und ab 2015 sogar auf 18 Jahre. Kinder besuchen momentan 7 Jahre lang die **primary school** (Grundschule) und verbringen anschließend weitere 5 bis 7 Jahre auf der **secondary school** (weiterführende Schule), je nachdem, ob sie **A levels** (das Abitur) machen oder nicht.

educational [ˌedʒʊ'keɪʃᵊnᵊl] *adj* pädagogisch; **~ background** schulischer Werdegang; **~ film** Lehrfilm *m*

educationally [ˌedʒʊ'keɪʃᵊnᵊli] *adv* pädagogisch, erzieherisch

eerie <-r, -st> ['ɪəri] *adj* unheimlich

eerily ['ɪərɪli] *adv* unheimlich

effect [ɪ'fekt] **I.** *n* ❶ Auswirkung *f* (**on** auf), Folge *f* (**on** für) ❷ *no pl (influence)* Einfluss *m* (**on** auf); **to come into ~** in Kraft treten; **to take ~** wirken ❸ *(result)* Wirkung *f; (success)* Erfolg *m;* **to good ~** mit Erfolg ❹ *no pl (esp pej)* **for ~** aus Effekthascherei **II.** *vt* bewirken

effective [ɪ'fektɪv] *adj (competent)* fähig; *(efficacious)* wirksam, effektiv; *(real)* tatsächlich; *(operative)* gültig; *(striking)* effektvoll

efficient [ɪ'fɪʃᵊnt] *adj* leistungsfähig; *person* tüchtig; *(economical)* wirtschaftlich

efficiently [ɪ'fɪʃᵊntli] *adv* effizient *geh*

effort ['efət] *n* Mühe *f,* Anstrengung *f;* **to make an ~** *(physically)* sich anstrengen; *(mentally)* sich bemühen; **a poor ~** eine schwache Leistung
effortless ['efətləs] *adj* mühelos; *grace* natürlich
effortlessly ['efətləsli] *adv* mühelos, ohne Anstrengung
E
effusively [ɪ'fjuːsɪvli] *adv (form)* überschwänglich
egg [eg] **I.** *n* Ei *nt; (cell)* Eizelle *f;* [**half**] **a dozen ~s** ein [halbes] Dutzend Eier ▶ **to be left with ~ on one's face** dumm dastehen; **a bad ~** ein Gauner *m* **II.** *vt* **to ~ sb on** jdn anstacheln
eggshell *n* Eierschale *f*
egoist ['iːgəʊɪst] *n* Egoist(in) *m(f)*
ego surf *vi* ego-surfen *(in Internetsuchmaschinen den eigenen Namen eingeben)*
ego surfing *n* Ego-Surfen *nt*
eight [eɪt] **I.** *adj* acht; **there are ~ of us** wir sind [zu] acht; **~ times** achtmal; **one in ~** [**people**] jeder Achte; **a boy of ~** ein achtjähriger Junge; **at ~** [**o'clock**] um acht [Uhr]; [**at**] **about ~** [**o'clock**] gegen acht [Uhr]; **half past ~** halb neun; **at ~ thirty** um halb neun, um acht Uhr dreißig **II.** *n* Acht *f*
eighteen [eɪ'tiːn] **I.** *adj* achtzehn; *see also* **eight** **II.** *n* Achtzehn *f; see also* **eight**
eighth [eɪtθ] **I.** *adj* achte(r, s); **the ~ person** der/die Achte; **every ~ person** jeder Achte; **in ~ place** an achter Stelle; **the ~ largest ...** der/die/das achtgrößte ... **II.** *n* ❶ Achtel *nt* ❷ *no pl* **the ~** der/die/das Achte; **the ~** [**of the month**] der 8./Achte [des Monats]
eightieth ['eɪtiəθ] **I.** *adj* achtzigste(r, s); *see also* **eighth** **II.** *n* ❶ Achtzigstel *nt* ❷ **the ~** der/die/das Achtzigste; *see also* **eighth**
eighty ['eɪti] **I.** *adj* achtzig; *see also* **eight** **II.** *n* Achtzig *f;* **in one's eighties** in den Achtzigern; **the eighties** *pl* die achtziger Jahre; **in the eighties** *(temperature)* um die 30 Grad Celsius warm; *see also* **eight**
Éire ['eərə] *n* Éire *nt*
either ['aɪðəʳ, 'iː-] **I.** *conj* **~ ... or ...** entweder ... oder ... **II.** *adv* + *neg* **she doesn't/hasn't ~** sie auch nicht; **it's really good and not very expensive ~** es ist wirklich gut – und nicht einmal sehr teuer **III.** *adj* eine(r, s) [von beiden]; **~ person** jede(r) der beiden; **on ~ side** auf beiden Seiten; **~ way** so oder so **IV.** *pron no pl* **~ of you** eine(r) von euch beiden
ejection [ɪ'dʒekʃᵊn] *n no pl* ❶ *(kicking out) of a person* Hinauswurf *m* ❷ TECH Auswerfen *nt;* AVIAT *of a pilot* Hinausschleudern *nt*
elastic [ɪ'læstɪk] **I.** *adj* elastisch **II.** *n* elastisches Material; *(rubber)* Gummi *m o nt*
elbow ['elbəʊ] **I.** *n* Ellbogen *m; of pipe, river* Knie *nt; of road, river* Biegung *f* **II.** *vt* **to ~ sb** jdm mit dem Ellbogen einen Stoß versetzen
elderly ['eldᵊli] **I.** *adj* ältere(r, s) *attr,* ältlich **II.** *n* **the ~** *pl* ältere Menschen
elect [ɪ'lekt] *vt* wählen (**to** in); **to ~ to do sth** sich [dafür] entscheiden, etw zu tun
election [ɪ'lekʃᵊn] *n* Wahl *f*
electric [ɪ'lektrɪk] *adj* elektrisch; **~ blanket** Heizdecke *f;* **~ guitar** E-Gitarre *f;* **~ motor** Elektromotor *m*
electrical [ɪ'lektᵊrɪkᵊl] *adj* elektrisch; **~ device** Elektrogerät *nt*
electric bike *n* Elektrofahrrad *nt*
electric car *n* Elektroauto *nt*
electric engine *n* Elektromotor *m*
electrician [ˌelɪk'trɪʃᵊn, ˌiːlek'-] *n* Elektriker(in) *m(f)*
electricity [ˌelɪk'trɪsəti, ˌiːlek'-] *n no pl* Elektrizität *f,* [elektrischer] Strom; **heated/powered by ~** elektrisch beheizt/angetrieben
electromagnetic *adj* elektromagnetisch
electronic [ˌelek'trɒnɪk, ˌiːlek'-] *adj* elektronisch
electronically [ˌelek'trɒnɪkli, ˌiːlek'-] *adv* elektronisch

electronics [ˌelek'trɒnɪks, ˌiːlek'-] *n* + *sing/pl vb* Elektronik *f*
elegant ['elɪgᵊnt] *adj* elegant
elegantly ['elɪgᵊntli] *adv* elegant
element ['elɪmənt] *n* Element *nt*
elementary [ˌelɪ'mentᵊri] *adj* elementar; *mistake* grob; ~ **course** Grundkurs *m;* ~ **education** AM Elementarunterricht *m*
elementary school *n* AM Grundschule *f*

US school system

Im amerikanischen Schulsystem beginnen die Schüler mit der **elementary school** (1.–6./8. Klasse). In manchen Gegenden geht man nach der *sixth grade* (6. Klasse) schon in eine andere Schule, die **junior high school** (7.–9. Klasse) heißt. Danach besuchen die Schüler 3 Jahre lang die **high school**. In Gegenden ohne **junior high school** geht man dagegen nach 8 Jahren **elementary school** direkt zur **high school**, die dann mit der *ninth grade* (9. Klasse) anfängt. Die Schule endet für alle Schüler nach der *twelfth grade* (12. Klasse).

elephant ['elɪfənt] *n* Elefant *m*
elevator ['elɪveɪt̬əʳ] *n* AM Aufzug *m*
eleven [ɪ'levᵊn] **I.** *adj* elf; *see also* **eight** **II.** *n* Elf *f; see also* **eight**
eleventh [ɪ'levᵊnθ] **I.** *adj* elfte(r, s); *see also* **eighth** **II.** *n* Elftel *nt;* **the** ~ der/die/das Elfte; *see also* **eighth**
eligible ['elɪdʒəbl̩] *adj* ❶ **to be** ~ in Frage kommen ❷ *(entitled)* berechtigt (**for** zu); ~ **to vote** wahlberechtigt
eliminate [ɪ'lɪmɪneɪt] *vt* beseitigen; *(exclude)* ausschließen; **to be ~d** SPORTS ausscheiden
eloquence ['eləkwən(t)s] *n* Sprachgewandtheit *f*
else [els] *adv* ❶ **anywhere** ~ irgendwo anders; **everybody** ~ alle anderen; **everything** ~ alles andere; **everywhere** ~ überall sonst; **how/who/why** ~ **...?** wie/wer/warum sonst ...?; **why** ~ **would he come?** warum sollte er denn sonst kommen? ❷ **anything ~?** sonst noch etwas?; **no, thank you, nothing** ~ nein danke, das ist alles; **nobody/nothing** ~ sonst niemand/nichts; **somewhere** ~ noch woanders ❸ *(otherwise)* sonst; **or ~!** *(fam)* sonst gibt's was!
elsewhere ['els(h)weəʳ] *adv* woanders
email ['iːmeɪl] **I.** *n abbrev of* **electronic mail** E-Mail *f* **II.** *vt* **to ~ sb sth** jdm etw mailen
email address *n* E-Mail-Adresse *f*
embark [ɪm'bɑːk, em'-] *vi* sich einschiffen
embarrass [ɪm'bærəs] *vt* in Verlegenheit bringen
embarrassed [ɪm'bærəst] *adj* verlegen; **to feel** ~ verlegen sein; **I feel so** ~ [**about it**] das ist mir so peinlich
embarrassing [ɪm'bærəsɪŋ] *adj* peinlich
embarrassment [ɪm'bærəsmənt] *n* Peinlichkeit *f; (feeling)* Verlegenheit *f*
embassy ['embəsi] *n* Botschaft *f*
embolism ['embəlɪzᵊm] *n* MED Embolie *f*
embrace [ɪm'breɪs, em'-] **I.** *vt* umarmen **II.** *n* Umarmung *f*
embroider [ɪm'brɔɪdəʳ, em'-] *vi, vt* sticken; *cloth* besticken
emerald ['emᵊrᵊld] *n* Smaragd *m*
emerge [ɪ'mɜːdʒ, iː'-] *vi* ❶ *(exit)* herauskommen (**from** aus) ❷ *(surface)* auftauchen (**from** aus) ❸ *(fig: become known)* sich herausstellen
emergency [ɪ'mɜːdʒən(t)si, iː'-] *n* ❶ Notfall *m;* POL Notstand *m;* **in case of** ~ im Notfall; **state of** ~ Ausnahmezustand *m* ❷ ~ **room** Notaufnahme *f*
emerging *adj attr problem* auftauchend; *market* aufstrebend
emigrate ['emɪgreɪt] *vi* auswandern; *refugee* emigrieren
emirate ['emɪrət] *n* Emirat *nt;* **the**

E

United Arab E~s die Vereinigten Arabischen Emirate
emit <-tt-> [ɪ'mɪt, iː-] *vt* abgeben; *fumes, smoke, cry* ausstoßen; *gas, odour* verströmen
emoticon [ɪ'məʊtɪkɒn] *n* INET Emoticon *nt*
emotion [ɪ'məʊʃən] *n* Gefühl *nt*
emotional [ɪ'məʊʃənəl] *adj* ① emotional; *decision* gefühlsmäßig ② PSYCH seelisch
emotionally [ɪ'məʊʃənəli] *adv* emotional
emotionless [ɪ'məʊʃənləs] *adj* emotionslos; *face* ausdruckslos
emperor ['empərər] *n* Kaiser *m*
emphasis <*pl* -ses> ['em(p)fəsɪs] *n* Betonung *f*
emphasize ['em(p)fəsaɪz] *vt* betonen
emphatic [ɪm'fætɪk, em'-] *adj* nachdrücklich; *denial* entschieden
empire ['empaɪər] *n* Imperium *nt*
employ [ɪm'plɔɪ] *vt* beschäftigen; *new staff* einstellen; **to ~ sb to do sth** jdn beauftragen, etw zu tun
employable [ɪm'plɔɪəbl] *adj* ① *(to be hired)* vermittelbar ② *(usable) method, technique* anwendbar, verwendbar
employed [ɪm'plɔɪd] **I.** *adj* beschäftigt, erwerbstätig; **he is not gainfully ~** er ist nicht erwerbstätig; **self-~** selbstständig **II.** *n* ECON, FIN **the ~** *pl* die Arbeitnehmer
employee [ɪm'plɔɪiː] *n* Angestellte(r) *f(m)*; *(statistical)* Arbeitnehmer(in) *m(f)*; **~s** *pl* Personal *nt*; *(statistical)* Arbeitnehmer *pl*
employer [ɪm'plɔɪər] *n* Arbeitgeber(in) *m(f)*
employment [ɪm'plɔɪmənt] *n no pl* ① *no pl* Beschäftigung *f*; *(of new staff)* Anstellung *f*; **level of ~** Beschäftigungsgrad *m*; **in ~** erwerbstätig; **out of ~** erwerbslos ② *(job)* Beruf *m*
empress <*pl* -es> ['emprəs] *n* Kaiserin *f*
emptiness ['em(p)tɪnəs] *n no pl* Leere *f*
empty ['em(p)ti] **I.** *adj* leer; *house* leer stehend; *castle* unbewohnt **II.** *vt* <-ie-> [ent]leeren; *(pour)* schütten **III.** *vi* <-ie-> sich leeren
empty-handed *adv* mit leeren Händen
enable [ɪ'neɪbl] *vt* ① **to ~ sb to do sth** jdm ermöglichen, etw zu tun ② COMPUT aktivieren
enchanted [ɪn'tʃɑːntɪd] *adj (delighted)* entzückt; *(bewitched)* verzaubert
enchanting [ɪn'tʃɑːntɪŋ] *adj* bezaubernd
enchantingly [ɪn'tʃɑːntɪŋli] *adv* bezaubernd
enclose [ɪn'kləʊz] *vt* umgeben; *(in letter)* beilegen
enclosed [ɪn'kləʊzd] *adj (separated)* abgegrenzt; *(by fence)* eingezäunt
enclosure [ɪn'kləʊʒər] *n* eingezäuntes Grundstück; *(for animals)* Gehege *nt*; *(in letter)* Anlage *f*
encode [ɪn'kəʊd] *vt* kodieren
encore ['ɒŋkɔːr] *n* Zugabe *f*; **for an ~** als Zugabe; *(fig)* obendrein
encounter [ɪn'kaʊntər] **I.** *vt (experience)* stoßen auf +*akk*; *(meet)* [unerwartet] treffen **II.** *n* Begegnung *f*
encourage [ɪn'kʌrɪdʒ] *vt* ermutigen; **to ~ sb to do sth** jdn [dazu] ermuntern, etw zu tun
encouragement [ɪn'kʌrɪdʒmənt] *n no pl* Ermutigung *f*; *(urging)* Ermunterung *f*
encouraging [ɪn'kʌrɪdʒɪŋ] *adj* ermutigend
encouragingly [ɪn'kʌrɪdʒɪŋli] *adv* ermutigend
encumbrance [ɪn'kʌmbrən(t)s] *n (burden)* Belastung *f*; *of debts* Last *f*
encyclop(a)edia [ɪnsaɪklə'piːdiə] *n* Lexikon *nt*
end [end] **I.** *n* ① Ende *nt*; *(completion)* Schluss *m*; **to come to an ~** zu Ende gehen; **without ~** unaufhörlich ② *usu pl (aims)* Ziel *nt*; ▸ **to go off the deep ~** hochgehen; **the ~ justifies the means** *(prov)* der Zweck heiligt die Mittel; **to make ~s meet** mit seinem Geld zurechtkommen **II.** *vt* been-

den ▸ **to ~ it all** Selbstmord begehen **III.** *vi* enden

◆ **end up** *vi* enden; **to ~ up teaching** schließlich Lehrer/Lehrerin werden

endanger [ɪn'deɪndʒəʳ] *vt* gefährden; **~ed species** vom Aussterben bedrohte Art

ending ['endɪŋ] *n* Ende *nt; of a day* Abschluss *m; of a book, story* Ausgang *m;* LING Endung *f;* **happy ~** Happyend *nt*

endless ['endləs] *adj* endlos; *(innumerable)* unzählig

endlessly ['endləsli] *adv (infinitely)* endlos; *(incessantly)* unaufhörlich

endorsement [ɪn'dɔːsmənt] *n* Billigung *f;* FIN Indossament *nt*

endoscopy [en'dɒskəpi] *n* MED Endoskopie *f*

endurance [ɪn'djʊərᵊn(t)s] *n no pl* Durchhaltevermögen *nt*

endure [ɪn'djʊəʳ] *vt* ertragen; *(suffer)* erleiden

enemy ['enəmi] **I.** *n* Feind(in) *m(f)* **II.** *adj* feindlich

energetic [ˌenə'dʒetɪk] *adj* voller Energie *nach n*

energy ['enədʒi] *n no pl* Energie *f;* **sources of ~** Energiequellen *pl*

energy-saving *adj* Energiespar-; **~ bulb** Energiesparlampe

engage [ɪn'geɪdʒ] **I.** *vt* ❶ anstellen; *actor* engagieren; **to ~ a lawyer** sich *dat* einen Anwalt nehmen ❷ **to ~ sb in a conversation** jdn in ein Gespräch verwickeln ❸ *(use)* einschalten; **to ~ the clutch** einkuppeln **II.** *vi* **to ~ in sth** sich an etw *dat* beteiligen

engaged [ɪn'geɪdʒd] *adj* ❶ beschäftigt; *phone, toilet* besetzt ❷ *fiancé* verlobt (**to** mit); **the ~ couple** die Verlobten *pl*

Übersetzungstipp

Nicht verwechseln mit *engagiert – committed, involved!*

engagement [ɪn'geɪdʒmənt] *n* Verabredung *f; (to marry)* Verlobung *f* (**to** mit)

engaging [ɪn'geɪdʒɪŋ] *adj* bezaubernd; *manner* einnehmend

engine ['endʒɪn] *n* Motor *m; of plane* Triebwerk *nt; of train* Lok[omotive] *f*

engineer [ˌendʒɪ'nɪəʳ] **I.** *n* ❶ Ingenieur(in) *m(f);* MIL Pionier *m* ❷ AM *of train* Lok[omotiv]führer(in) *m(f)* **II.** *vt* konstruieren

engineering [ˌendʒɪ'nɪəʳɪŋ] *n no pl* Technik *f,* Ingenieurwissenschaft *f;* [**mechanical**] **~** Maschinenbau *m*

England ['ɪŋglənd] *n* England *nt*

English ['ɪŋglɪʃ] **I.** *n* ❶ *no pl* Englisch *nt;* **the King's/Queen's ~** die englische Hochsprache ❷ **the ~** *pl* die Engländer **II.** *adj* englisch; **~ department** UNIV Institut *nt* für Anglistik

enhancement [ɪn'hɑːn(t)smənt] *n (improvement)* Verbesserung *f; (increase)* Steigerung *f*

enigmatically [ɪ'nɪgmætɪkᵊli] *adv* rätselhaft

enjoy [ɪn'dʒɔɪ] *vt* genießen; **did you ~ the film?** hat dir der Film gefallen?; **to ~ good health** sich guter Gesundheit erfreuen; **to ~ oneself** sich amüsieren; **~ yourself!** viel Spaß!

enjoyable [ɪn'dʒɔɪəbḷ] *adj* angenehm; *(entertaining)* unterhaltsam

enjoyment [ɪn'dʒɔɪmənt] *n no pl* Vergnügen *nt,* Spaß *m* (**of** an)

enlarge [ɪn'lɑːdʒ] **I.** *vt* vergrößern; *(expand)* erweitern **II.** *vi* ❶ sich vergrößern ❷ **to ~ on sth** sich zu etw *dat* ausführlich äußern

enlargement [ɪn'lɑːdʒmənt] *n* Vergrößerung *f; (expanding)* Erweiterung *f*

enormous [ɪ'nɔːməs] *adj* enorm, riesig; *(overwhelming)* gewaltig

enormously [ɪ'nɔːməsli] *adv* enorm, ungeheuer

enough [ɪ'nʌf] **I.** *adj* genug; **that should be ~** das dürfte reichen; **just ~ room** gerade Platz genug **II.** *adv* ❶ genug; **are you warm ~?** ist es dir warm genug? ❷ *(quite)* **he seems nice ~** er scheint so weit recht nett zu sein; **curiously ~** seltsamerweise **III.** *interj* **~!** jetzt reicht es aber! **IV.** *pron no pl* ❶ genug; **there's ~ for everybody** es ist für alle genug da; **there's not quite ~** es reicht nicht ganz ❷ *(too much)* **that is quite ~** das ist mehr als genug

E

enquire [ɪnˈkwaɪəʳ] *vi* sich erkundigen (**about/after** nach); **'~ within'** ‚Näheres im Geschäft'; **to ~ into sth** etw untersuchen

enquiring [ɪnˈkwaɪəʳɪŋ] *adj* fragend; **~ mind** forschender Geist

enquiringly [ɪnˈkwaɪəʳɪŋli] *adv* fragend

enquiry [ɪnˈkwaɪəri] *n* ❶ Anfrage *f*, Erkundigung *f;* **on ~** auf Anfrage ❷ *(investigation)* Untersuchung *f;* **to make enquiries** Nachforschungen anstellen

enraged [ɪnˈreɪdʒd] *adj* wütend

enraptured [ɪnˈræptʃəd] *adj (liter)* entzückt, hingerissen; **to be ~ by sth** von etw *dat* entzückt sein

enrichment [ɪnˈrɪtʃmənt] *n no pl* Bereicherung *f; of food, soil* Anreicherung *f*

enrol <-ll->, AM *usu* **enroll** [ɪnˈrəʊl, AM enˈroʊl] **I.** *vi* sich *akk* einschreiben (**at** an *+dat*); *student also* sich immatrikulieren; *recruit* sich *akk* melden; **to ~ for** [*or* **in**] **a course** sich *akk* für einen Kurs anmelden **II.** *vt student* aufnehmen; *worker* einstellen; *recruit* anwerben

enslavement [ɪnˈsleɪvmənt] *n no pl* Versklavung *f*

en suite bathroom *n* angeschlossenes Badezimmer

ensure [ɪnˈʃɔːʳ] *vt* sicherstellen; *(warrant)* garantieren

enter [ˈentəʳ] **I.** *vt* ❶ hineingehen in *+akk; building, room* betreten; *phase* eintreten in *+akk; (penetrate)* eindringen in *+akk* ❷ *data* eingeben ❸ *(join)* beitreten *+dat;* **to ~ the priesthood** Priester werden **II.** *vi* ❶ hereinkommen; THEAT auftreten ❷ **to ~ for sth** sich für etw *akk* [an]melden

entering [ˈentərɪŋ] *n no pl* ECON, FIN Eintragung *f*

enter key *n* COMPUT Eingabetaste *f*

enterprise [ˈentəpraɪz] *n* ❶ Unternehmen *nt;* **private ~** Privatwirtschaft *f* ❷ *no pl (initiative)* Unternehmungsgeist *m*

enterprising [ˈentəpraɪzɪŋ] *adj* unternehmungslustig; *(ingenious)* einfallsreich

entertain [ˌentəˈteɪn] **I.** *vt* ❶ unterhalten ❷ *(invite)* zu sich einladen; *diners* bewirten **II.** *vi* Gäste haben

entertainer [entəˈteɪnəʳ] *n* Entertainer(in) *m(f)*

entertaining [ˌentəˈteɪnɪŋ] **I.** *adj* unterhaltsam **II.** *n no pl* **to do a lot of ~** häufig Gäste/Freunde bewirten

entertainingly [ˌentəˈteɪnɪŋli] *adv* unterhaltsam, eine unterhaltsame Komödie

entertainment [ˌentəˈteɪnmənt] *n* Unterhaltung *f*

enthusiasm [ɪnˈθjuːziæzᵊm] *n* Begeisterung *f*

enthusiastic [ɪnˈθjuːziæstɪk] *adj* begeistert (**about** von); **to become ~ about sth** sich für etw *akk* begeistern

enthusiastically [ɪnˈθjuːziæstɪkᵊli] *adv* begeistert

enticing [ɪnˈtaɪsɪŋ] *adj* verlockend

entire [ɪnˈtaɪəʳ] *adj* ganz; *(complete)* vollständig

entirely [ɪnˈtaɪəʳli] *adv* ganz; **to agree ~** völlig übereinstimmen

entitled [ɪnˈtaɪtl̩d] *adj* berechtigt; **~ to vote** wahlberechtigt

entrance[1] [ˈentrən(t)s] *n* ❶ Eingang *m; (road)* Einfahrt *f* ❷ *no pl (entering)* Eintritt *m;* THEAT Auftritt *m*

entrance[2] [ɪnˈtrɑːn(t)s] *vt* entzücken

entrance fee *n* Eintritt *m; (for competition)* Teilnahmegebühr *f* **entrance form** *n* Antragsformular *nt; (for competition)* Teilnahmeformular *nt* **entrance hall** *n* Eingangshalle *f*

entrancing [ɪnˈtrɑːn(t)sɪŋ] *adj* bezaubernd, hinreißend

entrant [ˈentrənt] *n* Teilnehmer(in) *m(f)*

entrepreneur [ˌɒntrəprəˈnɜːʳ] *n* Unternehmer(in) *m(f)*

entrepreneurship [ˌɒntrəprəˈnɜːrʃɪp] *n* Unternehmertum *nt*

entrust [ɪnˈtrʌst] *vt* **to ~ sth to sb** jdm etw anvertrauen

entry [ˈentri] *n* ❶ *(entering)* Eintritt *m; (by car)* Einfahrt *f; (into country)* Einreise *f; (into activity)* Aufnahme *f* ❷ *(entrance)* Eingang *m; (road)* Einfahrt *f*

entry fee *n* Eintritt *m* **entry form** *n* Antragsformular *nt; (for competition)* Teilnahmeformular *nt*

envelope [ˈenvələʊp] *n* [Brief]umschlag *m*

envious [ˈenviəs] *adj* neidisch (**of** auf)

enviously [ˈenviəsli] *adv* neidisch; **to look ~ at sth** etw voller Neid betrachten

environment [ɪnˈvaɪ(ə)rᵊnmənt] *n* ❶ *no pl* **the ~** die Umwelt ❷ *(surroundings)* Umgebung *f*

environmental [ɪnˌvaɪ(ə)rᵊnˈmentᵊl] *adj* Umwelt-; **negative ~ impact** Umweltbelastung *f*

envy [ˈenvi] **I.** *n no pl* Neid *m* (**of** auf) ▶ **to be green with ~** grün vor Neid sein **II.** *vt* <-ie-> **to ~ sb sth** jdn um etw *akk* beneiden

episode [ˈepɪsəʊd] *n* ❶ *(part of story)* Folge *f* ❷ *(event)* Episode *f*

equal [ˈiːkwəl] **I.** *adj* ❶ gleich; **of ~ size** gleich groß; **~ in volume** vom Umfang her gleich; **~ status** Gleichstellung *f* ❷ **to be ~ to a task** einer Aufgabe gewachsen sein **II.** *n* Gleichgestellte(r) *f(m)*; **to have no ~** unübertroffen sein

equalize [ˈiːkwᵊlaɪz] **I.** *vt* gleichmachen; *pressure* ausgleichen **II.** *vi* BRIT, AUS SPORTS den Ausgleich erzielen

equalizer [ˈiːkwəlaɪzəʳ] *n* BRIT, AUS Ausgleichstor *nt*

equally [ˈiːkwəli] *adv* ebenso; **~ good** gleich gut; **to contribute ~** gleichermaßen beitragen

equator [ɪˈkweɪtəʳ] *n no pl* [**on the**] **~** [am] Äquator *m*

equip <-pp-> [ɪˈkwɪp] *vt* ausstatten; *(specialized)* ausrüsten

equipment [ɪˈkwɪpmənt] *n no pl* Ausstattung *f; (specialized)* Ausrüstung *f*

equivalent [ɪˈkwɪvᵊlənt] **I.** *adj* äquivalent, entsprechend; **to be ~ to sth** etw *dat* entsprechen **II.** *n* Äquivalent *nt* (**for/of** für), Entsprechung *f*

erase [ɪˈreɪz] *vt* entfernen; *(with rubber)* ausradieren

eraser [ɪˈreɪzəʳ] *n esp* AM Radiergummi *m*

e-reader [ˈiːriːdəʳ] *n abbrev of* **electronic reader** E-Reader *m,* E-Book-Reader *m*

erect [ɪˈrekt] **I.** *adj* aufrecht; *penis* erigiert **II.** *vt* errichten

erosion [ɪˈrəʊʒᵊn] *n no pl* Erosion *f*

erotic [ɪˈrɒtɪk] *adj* erotisch

erratic [erˈæːtɪk] *adj* sprunghaft

error [ˈerəʳ] *n* Fehler *m,* Irrtum *m;* **~ of judgment** Fehleinschätzung *f;* **in ~** aus Versehen

erupt [ɪˈrʌpt] *vi* ausbrechen; *(fig)* explodieren; **to ~ into violence** gewalttätig werden

eruption [ɪˈrʌpʃᵊn] *n* Ausbruch *m*

escalator [ˈeskəleɪtəʳ] *n* Rolltreppe *f*

escape [ɪˈskeɪp, esˈ-] **I.** *vi* ❶ fliehen (**from** vor *+dat*); *(successfully)* entkommen *+dat; convict* ausbrechen ❷ *(avoid harm)* [mit dem Leben] davonkommen; **to ~ unhurt** unverletzt bleiben **II.** *vt prison* fliehen aus *+dat; kidnapper* entkommen *+dat; danger* fliehen vor *+dat; harm* entgehen *+dat* **III.** *n* ❶ Flucht *f* (**from** aus); **~ route** Fluchtweg ❷ *no pl (evasion)* Entkommen *nt;* **there's no ~** daran führt kein Weg vorbei; **to have a narrow ~** gerade noch davongekommen sein

escort I. *vt* [ɪˈskɔːt, esˈ-] eskortieren; MIL Geleitschutz geben *+dat;* **to ~ sb to safety** jdn in Sicherheit bringen **II.** *n* [ˈeskɔːt] ❶ Begleiter(in) *m(f),* Begleitung *f* ❷ *no pl (guard)* Eskorte *f,*

E

Begleitschutz *m;* **police ~** Polizeieskorte *f;* **under police ~** unter Polizeischutz
e-seller *n* INET Internethändler *m*
especially [ɪ'speʃəli, es'-] *adv* besonders; **I chose this ~ for you** ich habe das extra für dich ausgesucht; **I like dogs, ~ Dalmatians** Ich liebe Hunde, besonders Dalmatiner

E

Esperanto [ˌespər'æntəʊ] *n no pl* Esperanto *nt*
espresso [es'presəʊ] *n* Espresso *m*
espresso machine *n* Espressomaschine *f*
essay ['eseɪ] *n* Aufsatz *m*
essential [ɪ'sen(t)ʃəl] **I.** *adj* ❶ unbedingt erforderlich; *vitamins* lebenswichtig ❷ *(basic)* essenziell; **~ component** Grundbestandteil *m* **II.** *n* **the ~s** *pl* das Wesentliche *kein pl;* **the ~s of Spanish** die Grundzüge des Spanischen
essentially [ɪ'sen(t)ʃəli] *adv* im Grunde [genommen]
establish [ɪ'stæblɪʃ, es'-] *vt* ❶ *(found)* gründen ❷ *(secure)* **to ~ order** für Ordnung sorgen ❸ *(discover) reason* feststellen
establishment [ɪ'stæblɪʃmənt, es'-] *n* ❶ Unternehmen *nt;* **educational ~** Bildungseinrichtung *f* ❷ *no pl* **the ~** das Establishment
estate [ɪ'steɪt, es'-] *n* ❶ Gut *nt;* **country ~** Landgut *nt* ❷ BRIT *(buildings)* Siedlung *f;* **housing ~** [Wohn]siedlung *f*
estate agent *n* BRIT Immobilienmakler(in) *m(f)*
estimable ['estɪməbl̩] *adj (form)* bewundernswert, schätzenswert
estimate **I.** *vt* ['estɪmeɪt] [ein]schätzen **II.** *n* ['estɪmət] Schätzung *f;* ECON Kostenvoranschlag *m;* **at a rough ~** grob geschätzt
estimated ['estɪmeɪtɪd] *adj* geschätzt; *(expected)* voraussichtlich; **~ figure** Schätzung *f*
Estonia [es'təʊniə] *n* Estland *nt*
Estonian [es'təʊniən] **I.** *adj* estnisch **II.** *n* ❶ *(person)* Este, Estin *m, f* ❷ LING Estnisch *nt*
estrange [ɪ'streɪndʒ, es'-] *vt* **to ~ sb from sb/sth** jdn jdm/etw entfremden
estrangement [ɪ'streɪndʒmənt, es'-] *n* Entfremdung *f* (**from** von +*dat*)
estuary ['estjʊəri] *n* Flussmündung *f*
et cetera [ɪt'setərə] *adv* und so weiter
eternal [ɪ'tɜːnəl] *adj* ewig; *(fam: persistent)* endlos; **~ flame** ewiges Licht
eternally [ɪ'tɜːnəli] *adv* ewig; *(fam: persistently)* unaufhörlich
eternity [ɪ'tɜːnəti] *n no pl* Ewigkeit *f;* **for all ~** bis in alle Ewigkeit
ether ['iːθər] *n no pl* Äther *m*
Ethernet ['iːθərnet] *n* COMPUT Ethernet *nt*
ethical ['eθɪkəl] *adj* ethisch
ethically ['eθɪkəli] *adv* ethisch; **~ sourced** *product* aus fairem Handel
Ethiopia [ˌiːθi'əʊpiə] *n no pl* Äthiopien *nt*
Ethiopian [ˌiːθi'əʊpiən] **I.** *n* Äthiopier(in) *m(f)* **II.** *adj* äthiopisch
ethnic ['eθnɪk] *adj* ethnisch; **the ~ Chinese** die Volkschinesen; **~ costumes** Landestrachten *pl*
ethnologist [eθ'nɒlədʒɪst] *n* Ethnologe, Ethnologin *m, f*
ethnology [eθ'nɒlədʒi] *n no pl* Ethnologie *f*
e-time *n (fam)* Onlinezeit *f*
etymological [ˌetɪmə'lɒdʒɪkəl] *adj* LING etymologisch
Eucharist ['juːkərɪst] *n no pl* REL Eucharistie *f*
euro ['jʊərəʊ] *n* Euro *m*
euro crisis *n* Eurokrise *f*
Europe ['jʊərəp] *n no pl* Europa *nt*
European [ˌjʊərə'piən] **I.** *adj* europäisch **II.** *n* Europäer(in) *m(f)*
European Union *n no pl* Europäische Union
Eurovision ['jʊərəʊvɪʒən] *n no pl,* + *sing/pl vb* Eurovision *f*
eurozone *n* Eurozone *f,* Euroländer *pl*
Eurozone *n* Eurozone *f*
evacuate [ɪ'vækjueɪt] *vt* evakuieren;

area, building räumen
evaluate [ɪˈvæljueɪt] *vt* bewerten; *results* auswerten; *person* beurteilen
evaporate [ɪˈvæpᵊreɪt] **I.** *vi* verdampfen **II.** *vt* verdampfen lassen
even [ˈiːvᵊn] **I.** *adv* ❶ *(unexpectedly)* **~ Chris was there** selbst Chris war da ❷ *(indeed)* sogar; **not ~** [noch] nicht einmal ❸ **~ if ...** selbst wenn ...; **~ so** trotzdem ❹ + *comp* **~ colder** noch kälter **II.** *adj* ❶ *(level)* eben; *row* gerade ❷ *(equal)* gleich [groß]
◆ **even out I.** *vt* ausgleichen **II.** *vi* sich ausgleichen; *prices* sich einpendeln
◆ **even up** *vt* ausgleichen
evening [ˈiːvnɪŋ] *n* Abend *m;* **have a nice ~** schönen Abend!; **all ~** den ganzen Abend; **on Friday ~s** freitagabends
evening class *n* Abendkurs *m* **evening dress** *n* ❶ Abendkleid *nt* ❷ *no pl* **to wear ~** Abendkleidung tragen
evenly [ˈiːvᵊnli] *adv* ❶ gleichmäßig; **to be ~ matched** einander ebenbürtig sein ❷ *(placidly)* gelassen
event [ɪˈvent] *n* ❶ Ereignis *nt;* **series of ~s** Reihe *f* von Vorfällen; **sporting ~** Sportveranstaltung *f* ❷ *(case)* Fall *m;* **in the ~ that ...** falls ...
even-tempered *adj* ausgeglichen
eventful [ɪˈventfᵊl] *adj* ereignisreich
eventual [ɪˈventʃuəl] *adj* **this led to her ~ dismissal** das führte schließlich [*o* letzten Endes] zu ihrer Entlassung; **nobody could guess the ~ outcome** niemand ahnte, wie es schließlich [*o* letzten Endes] ausgehen würde

Übersetzungstipp
Nicht verwechseln mit *eventuell* – *possible, possibly!*

eventuality [ɪˌventʃuˈæləti] *n* Eventualität *f;* **in that ~** in diesem Fall
eventually [ɪˈventʃuəli] *adv* schließlich; *(some day)* irgendwann
ever [ˈevəʳ] *adv* ❶ je[mals]; **nothing ~ happens** es ist nie was los; **to hardly ~ do sth** etw so gut wie nie tun; **as good as ~** so gut wie eh und je; **worse than ~** schlimmer als je zuvor ❷ **happily ~ after** glücklich bis ans Ende ihrer Tage; **as ~** wie gewöhnlich; **~ since ...** seitdem ... ❸ **the first ~ performance** die allererste Darbietung ❹ **how ~ could you ...?** wie kannst du nur ...?; **what ~ have you done?** was hast du bloß getan?; **am I ~!** und wie!
every [ˈevri] *adj* ❶ jede(r, s) ❷ **~ bit as ... as ...** genauso ... wie ...; **to have ~ chance** die besten Chancen haben; **~ which way** AM in alle Richtungen
everybody [ˈevriˌbɒdi] *pron indef,* + *sing vb* jede(r); **~ but Jane** alle außer Jane; **~ else** alle anderen **everyday** *adj attr* alltäglich; **~ life** Alltagsleben *nt*
everyone [ˈevriwʌn] *pron* jede(r)

everyone / every one
Beachte den Unterschied:
everyone kann nur für Personen gebraucht werden: *Everyone has gone home.*
every one dagegen bedeutet jede Person oder jede Sache. Es wird mit **of** benutzt, und es muss ein Substantiv folgen: *Every one of the students passed the exam.*
Wurde das Substantiv bereits vorher genannt, kann **every one** auch allein stehen: *His books are great. I've read every one.*

everything [ˈevriθɪŋ] *pron indef* alles; **money isn't ~** Geld ist nicht alles; **how's ~?** wie stehts?; **and ~** und allem drum und dran **everywhere** [ˈevri(h)weəʳ] *adv* überall; **~ else** überall sonst; **to travel ~** überallhin reisen
evidence [ˈevɪdᵊn(t)s] *n no pl* ❶ Beweis[e] *m[pl];* **to find no ~ of sth** keinen Anhaltspunkt für etw *akk* ha-

E

ben; **on the ~ of** im Hinblick auf *+akk* ❷ *(at court)* Beweisstück *nt;* **written ~** schriftliches Beweismaterial; **to give ~** aussagen (**on** über */* **against** gegen)

evident ['evɪdᵊnt] *adj* offensichtlich; **to be ~ to sb** jdm klar sein; **to be ~ in sth** in etw *dat* zu erkennen sein

evil ['i:vᵊl] **I.** *adj* böse **II.** *n* Übel *nt; (personification)* das Böse; **good and ~** Gut und Böse; **the lesser of two ~s** das kleinere von zwei Übeln

evilly ['i:vᵊli] *adv* böse

ewe [ju:] *n* Mutterschaf *nt;* **~'s milk** Schafsmilch *f*

ex <*pl* -es> [eks] *n (fam: lover)* Ex-Freund(in) *m(f); (spouse)* Ex-Mann, Ex-Frau *m, f*

ex- [eks] *in compounds* ehemalig; **~husband** Ex-Mann *m;* **~wife** Ex-Frau *f*

exact [ɪg'zækt] *adj* genau; *science* exakt

exactly [ɪg'zæktli] *adv* genau; **~!** ganz genau!; **~ the same** genau dasselbe; **not ~** eigentlich nicht, nicht gerade

exaggerate [ɪg'zædʒᵊreɪt] *vt, vi* übertreiben

exaggerated [ɪg'zædʒᵊreɪtɪd] *adj* übertrieben

exaggeration [ɪg,zædʒᵊr'eɪʃᵊn] *n* Übertreibung *f;* **that's a bit of an ~** das ist ein bisschen übertrieben

exam [ɪg'zæm] *n* Prüfung *f*

examination [ɪg,zæmɪ'neɪʃᵊn] *n* ❶ Prüfung *f;* UNIV Examen *nt pl* ❷ *(investigation)* Untersuchung *f; (verification)* Überprüfung *f;* **to be under ~** untersucht werden ❸ *(medical)* Untersuchung *f;* **to undergo a medical ~** sich ärztlich untersuchen lassen

examine [ɪg'zæmɪn] *vt* ❶ prüfen ❷ *(check up)* untersuchen

example [ɪg'zɑ:mpl] *n* Beispiel *nt;* **for ~** zum Beispiel; **to make an ~ of sb** an jdm ein Exempel statuieren

exasperating [ɪg'zæspᵊreɪtɪŋ] *adj* ärgerlich

excavate ['ekskəveɪt] **I.** *vt* ausheben **II.** *vi* baggern

excavation [,ekskə'veɪʃᵊn] *n* Ausheben *nt*

exceed [ɪk'si:d] *vt* überschreiten

exceedingly [ɪk'si:dɪŋli] *adv* äußerst

excel <-ll-> [ɪk'sel] **I.** *vi* sich auszeichnen; **to ~ at sth** sich bei etw *dat* hervortun **II.** *vt* **to ~ oneself** sich selbst übertreffen

excellence ['eksᵊlᵊn(t)s] *n no pl* Vorzüglichkeit *f; of performance* hervorragende Qualität

excellent ['eksᵊlᵊnt] *adj* ausgezeichnet; *quality, reputation* hervorragend; **taste** auserwählt

excellently ['eksᵊlᵊntli] *adv* ausgezeichnet

except [ɪk'sept] **I.** *prep* **~ [for]** außer *+dat* **II.** *conj* **what can I do ~ wait?** was kann ich tun außer warten?; **~ that** außer dass; **I would come ~ that I haven't the time** ich würde gerne kommen, doch ich habe [*o* ich habe nur] keine Zeit **III.** *vt (form)* ausschließen; **present company ~ed** Anwesende ausgenommen

excepting [ɪk'septɪŋ] *prep* außer *+dat;* **not ~ …** … nicht ausgenommen; **always ~ …** natürlich mit Ausnahme von …

exception [ɪk'sepʃᵊn] *n* Ausnahme *f;* **without ~** ausnahmslos; **to take ~ to sth** Anstoß *m* an etw *dat* nehmen; **with the ~ of** mit Ausnahme von

exceptional [ɪk'sepʃᵊnᵊl] *adj* außergewöhnlich

exceptionally [ɪk'sepʃᵊnᵊli] *adv* außergewöhnlich; *(outstandingly)* ungewöhnlich

excerpt ['eksɜ:pt] *n* Auszug *m* (**from** aus)

excess [ɪk'ses, ek-] **I.** *n* <*pl* -es> ❶ *no pl* Übermaß *nt* (**of** an) ❷ *(surplus)* Überschuss *m* (**of** an); **in ~ of** mehr als **II.** *adj attr* **~ amount** Mehrbetrag *m;* **~ charge** Zusatzgebühr *f;* **~ fare** Zuschlag *m;* **~ fat** überschüssiges Fett

excess baggage *n no pl* Übergepäck *nt*

excessive [ɪk'sesɪv, ek-] *adj* übermäßig; *claim* übertrieben
excessively [ɪk'sesɪvli, ek-] *adv* übermäßig; ~ **high salaries** überzogene Gehälter
exchange [ɪks'tʃeɪndʒ, eks-] **I.** *vt* austauschen; *in shop* umtauschen (**for** gegen); **to ~ words** einen Wortwechsel haben **II.** *n* ❶ *(trade)* Tausch *m;* **in ~** dafür ❷ FIN Währung *f;* **foreign ~** Devisen *pl;* **rate of ~** Wechselkurs *m* ❸ *(interchange)* Wortwechsel *m;* **~ of blows** Schlagabtausch *m;* **~ of fire** Schusswechsel *m;* **~ of letters** Briefwechsel *m*
exchange control *n* FIN Devisenbewirtschaftung *f* **exchange student** *n* SCH Austauschschüler(in) *m(f);* UNIV Austauschstudent(in) *m(f)*
excise [ek'saɪz] *vt* entfernen
excitable [ɪk'saɪtəbḷ, ek-] *adj* erregbar
excite [ɪk'saɪt, ek-] *vt* begeistern; *(stimulate)* erregen
excited [ɪk'saɪtɪd, ek-] *adj* aufgeregt; *(thrilled)* begeistert (**about** von)
excitedly [ɪk'saɪtɪdli, ek-] *adv* aufgeregt; **to talk ~** erregt sprechen
excitement [ɪk'saɪtmənt, ek-] *n* Aufregung *f;* **in a state of ~** in heller Aufregung
exciting [ɪk'saɪtɪŋ, ek-] *adj* aufregend; *story* spannend
exclamation [ˌekskləˈmeɪʃᵊn] *n* Ausruf *m*
exclude [ɪks'klu:d, eks-] *vt* ausschließen
excluding [ɪks'klu:dɪŋ, eks-] *prep* ausgenommen *+gen*
exclusive [ɪks'klu:sɪv, eks-] **I.** *adj* ❶ *(excluding)* ausschließlich; *(select)* exklusiv; **for the ~ use of ...** nur für ... bestimmt; **~ interview** Exklusivinterview *nt* ❷ *(sole)* einzig **II.** *n* Exklusivbericht *m*
excretion [ɪk'skri:ʃᵊn, ek-] *n (form)* ❶ *(matter)* Exkret *nt fachspr* ❷ *no pl (act)* Ausscheidung *f*
excruciating [ɪk'skru:ʃieɪtɪŋ, ek-] *adj* schmerzhaft; *pain* fürchterlich; *(fig)* qualvoll
excursion [ɪk'skɜ:ʃᵊn, eks-] *n* Ausflug *m;* **to go on an ~** einen Ausflug machen
excusable [ɪk'skju:zəbḷ, ek-] *adj* entschuldbar
excuse **I.** *vt* [ɪk'skju:z, ek-] ❶ *(pardon)* entschuldigen; *(ignore)* hinwegsehen über *+akk;* **~ me!** entschuldigen Sie bitte!, Entschuldigung!; **~ me?** wie bitte?; **to ~ sb [for] sth** jdm etw entschuldigen ❷ *(exempt)* befreien (**from** von) **II.** *n* [ɪk'skju:s, ek-] Entschuldigung *f;* *(lame)* Ausrede *f;* **to make an ~** sich entschuldigen
execute ['eksɪkju:t] *vt* ❶ *(form)* durchführen ❷ *(kill)* hinrichten
execution [ˌeksɪ'kju:ʃᵊn] *n* ❶ *no pl* Durchführung *f;* **to put sth into ~** etw ausführen ❷ *(killing)* Hinrichtung *f*
executive [ɪg'zekjətɪv, eg-] **I.** *n* leitender Angestellter/leitende Angestellte; **advertising ~** Werbemanager(in) *m(f);* **junior/senior ~** untere/höhere Führungskraft **II.** *adj attr* **~ committee** [geschäftsführender] Vorstand; **~ council** Ministerrat *m;* **~ decisions** Führungsentscheidungen *pl*
exempt [ɪg'zempt, eg-] **I.** *vt* befreien; *conscript* freistellen **II.** *adj* befreit; **~ from duty** zollfrei
exemption [ɪg'zempʃᵊn, eg-] *n no pl* Befreiung *f;* *of conscript* Freistellung *f;* **~ from taxes** Steuerfreiheit *f*
exercise ['eksəsaɪz] **I.** *vt* ❶ trainieren ❷ *(form)* üben; *authority, control* ausüben **II.** *vi* trainieren **III.** *n* ❶ Bewegung *f;* *(training)* Übung *f;* **outdoor ~** Bewegung *f* im Freien; **to do ~s** Gymnastik machen; **to do leg ~s** Beinübungen machen; **to take ~** sich bewegen ❷ *(practice)* Übung *f;* SCH, UNIV Aufgabe *f* **IV.** *adj attr* **~ class** Fitnessklasse *f;* **~ video** Übungsvideo *nt*
exercise book *n* Heft *nt*
exert [ɪg'zɜ:t, eg-] *vt* ausüben; **to ~ oneself** sich anstrengen
exertion [ɪg'zɜ:ʃᵊn, eg-] *n no pl* Aus-

übung *f*

exfoliate [eks'fəʊlieɪt] *vt* **to ~ sth** etw abrubbeln; **to ~ one's face** ein Peeling machen

exfoliation [eksˌfəʊli'eɪʃᵊn] *n no pl* Peeling *nt*

exhale [eks'heɪl] *vt, vi* ausatmen

E

exhaust [ɪg'zɔ:st, eg-] **I.** *vt* **1** ermüden; **to ~ oneself** sich strapazieren **2** *(use up)* erschöpfen **II.** *n* Abgase *pl*

exhausted [ɪg'zɔ:stɪd, eg-] *adj* erschöpft

exhausting [ɪg'zɔ:stɪŋ, eg-] *adj* anstrengend

exhaustion [ɪg'zɔ:stʃᵊn, eg-] *n no pl* Erschöpfung *f*

exhaustively [ɪg'zɔ:stɪvli, eg-, AM *esp* -'zɑ:st-] *adv* erschöpfend

exhaust pipe *n* Auspuffrohr *nt*

exhibit [ɪg'zɪbɪt, eg-] **I.** *n* Ausstellungsstück *nt; (evidence)* Beweisstück *nt* **II.** *vt* ausstellen

exhibition [ˌeksɪ'bɪʃᵊn] *n* Ausstellung *f* (**about** über +*akk*)

exhibitor [ɪg'zɪbɪtəʳ, eg-] *n* Aussteller(in) *m(f)*

exhilarate [ɪg'zɪlᵊreɪt, eg'-] *vt* **1** **to ~ sb** *(thrill)* jdn berauschen **2** *(energize) brisk air* jdn beleben

exhilarating [ɪg'zɪlᵊreɪtɪŋ, eg'-] *adj* berauschend

exhilaration [ɪgˌzɪlᵊr'eɪʃᵊn, egˌ-] *n no pl* Hochgefühl *nt*

exist [ɪg'zɪst, eg'-] *vi* **1** existieren; **if such a thing ~s** wenn es so etwas gibt **2** *(live)* leben (**on** von)

existence [ɪg'zɪstᵊn(t)s, eg'-] *n* **1** *no pl* Existenz *f;* **to be in ~** existieren; **to come into ~** entstehen **2** *(life)* Leben *nt*

existential [ˌegzɪ'sten(t)ʃᵊl] *adj* BIOL existenziell *fachspr*

existing [ɪg'sɪstɪŋ, eg-] *adj* existierend; *rules* gegenwärtig; *(available)* vorhanden

exit ['eksɪt, 'egz-] **I.** *n* **1** Ausgang *m; (road)* Ausfahrt *f,* Abfahrt *f* **2** *(departure)* Weggehen *nt* **II.** *vt* verlassen **III.** *vi* hinausgehen

exit visa *n* Ausreisevisum *nt*

exoneration [ɪgˌzɒnə'reɪʃᵊn, eg-] *n no pl* Entlastung *f; from duty, task* Entbindung *f*

exorbitant [ɪg'zɔ:bɪtᵊnt, eg-] *adj* überhöht

exotic [ɪg'zɒtɪk, eg-] *adj* exotisch; *(fig)* fremdländisch

exotically [ɪg'zɒtɪkᵊli, eg-] *adv* exotisch

expand [ɪk'spænd, ek-] **I.** *vi* zunehmen; ECON expandieren **II.** *vt* erweitern

expansion [ɪk'spæn(t)ʃᵊn, ek-] *n no pl* Erweiterung *f;* ECON Expansion *f*

expatriate *(form)* **I.** *n* [ɪk'spætriət, ek'-] [ständig] im Ausland Lebende(r) *f(m);* **German ~** im Ausland lebende(r) Deutsche(r); **~ community** Ausländergemeinde *f* **II.** *vt* [ɪk'spætrieɪt, ek'-] ausbürgern

expatriation [ɪkˌspætri'eɪʃᵊn, ek'-] *n* LAW Ausbürgerung *f*

expect [ɪk'spekt, ek-] *vt* **1** erwarten; **that was to be ~ed** das war zu erwarten; **I ~ed as much** damit habe ich gerechnet; **to ~ sb to do sth** erwarten, dass jd etw tut **2** *(fam: suppose)* glauben; **I ~ so/not** ich denke schon/nicht

expectant [ɪk'spektᵊnt, ek-] *adj* erwartungsvoll; *mother* werdend

expectantly [ɪk'spektᵊntli] *adv* erwartungsvoll; **to wait ~** gespannt warten

expectation [ˌekspek'teɪʃᵊn] *n* Erwartung *f;* **to have great ~s for sb/sth** große Erwartungen in jdn/etw setzen

expedition [ˌekspɪ'dɪʃᵊn] *n* Expedition *f;* MIL Feldzug *m;* **shopping ~** Einkaufstour *f*

expel <-ll-> [ɪk'spel, ek-] *vt* **1** ausschließen (**from** aus); *from country* ausweisen (**from** aus) **2** *(force out)* vertreiben (**from** aus)

expenditure [ɪk'spendɪtʃəʳ, ek-] *n* **1** *no pl* Ausgabe *f;* **~ of time** Zeitaufwand *m* **2** *(sum)* Ausgaben *pl,* Aufwendungen *pl* (**on** für)

expense [ɪk'spen(t)s, ek-] *n* **1** [Un]kosten *pl,* Ausgaben *pl;* **at great ~** mit großen Kosten; **to go to great ~** sich in Unkosten stürzen; **at one's own ~** auf eigene Kosten ② *(fig)* **at sb's ~** auf jds Kosten *pl;* **at the ~ of sth** auf Kosten einer S. *gen* ③ *(reimbursed money)* **~s** *pl* Spesen *pl,* Auslagen *pl*

expense account *n* Spesenrechnung *f*

expensive [ɪk'spen(t)sɪv, ek-] *adj* teuer; *hobby* kostspielig; **to be an ~ mistake for sb** jdn teuer zu stehen kommen

experience [ɪk'spɪəriən(t)s, ek-] **I.** *n* Erfahrung *f* **(in/of** in *+dat*)**; from my own ~** aus eigener Erfahrung ▶ **to put sth down to ~** etw als Erfahrung abbuchen **II.** *vt* erleben; *(endure)* kennen lernen

experienced [ɪk'spɪəriən(t)st, ek-] *adj* erfahren; *eye* geschult; **more ~** mit mehr Erfahrung *nach n*

experiment I. *n* [ɪk'sperɪmənt, ek-] Experiment *nt;* **by ~** durch Ausprobieren **II.** *vi* [ɪk'sperɪment] experimentieren; **to ~ on sb/sth** an jdm/etw Versuche machen

experimental [ɪkˌsperɪ'mentᵊl, ekˌ-] *adj* experimentell; **for ~ purposes** zu Versuchszwecken

expert ['ekspɜːt] **I.** *n* Experte, Expertin *m, f,* Fachmann, -frau *m, f;* LAW Sachverständige(r) *f(m)* **II.** *adj* ① fachmännisch; *(skilled)* erfahren ② *(excellent)* ausgezeichnet; *liar* perfekt; **to be ~ at sth** sehr gut in etw *dat* sein

expire [ɪk'spaɪəʳ] *vi* ablaufen; *contract* auslaufen

expiry [ɪk'spaɪ(ə)ri] *n no pl* Ablauf *m;* **before/on the ~ of sth** vor/nach Ablauf einer S. *gen*

explain [ɪk'spleɪn, ek'-] **I.** *vt* erklären; *(clarify)* erläutern; *(justify)* begründen **II.** *vi* eine Erklärung geben; **I just can't ~** ich kann es mir einfach nicht erklären; **let me ~** lassen Sie es mich erklären

explainable [ɪk'spleɪnəbl̩, ek'-] *adj* erklärlich

explanation [ˌeksplə'neɪʃᵊn, ek'-] *n* Erklärung *f; (clarification)* Erläuterung *f;* **to give [sb] an ~ for sth** [jdm] etw erklären; **in ~** als Erklärung **(of** für)

explicitly [ɪk'splɪsɪtli, ek'-] *adv* ① *(precisely)* **to tell sb sth ~** jdm etw ausdrücklich sagen ② *(outspokenly)* unverhohlen

explode [ɪk'spləʊd, ek'-] **I.** *vi* explodieren; *tyre* platzen; **to ~ in anger** vor Wut platzen **II.** *vt* sprengen; *bomb* zünden

exploit I. *n* ['eksplɔɪt] Heldentat *f* **II.** *vt* [ɪk'splɔɪt, ek'-] ausbeuten

exploitation [ˌeksplɔɪ'teɪʃᵊn] *n no pl* Ausbeutung *f*

exploiter [ɪk'splɔɪtəʳ, ek'-] *n (pej)* Ausbeuter(in) *m(f) pej*

exploration [ˌeksplə'reɪʃᵊn] *n* ① Erforschung *f; specific* Erkundung *f* ② *(examination)* Untersuchung *f* **(of** von)

exploratory [ɪk'splɒrətᵊri, ek-] *adj* **~ expedition** Forschungsexpedition *f;* **~ talks** Sondierungsgespräche *pl*

explore [ɪk'splɔːʳ, ek'-] **I.** *vt* erforschen; *(specific)* erkunden **II.** *vi* sich umschauen; **to go exploring** auf Erkundung[stour] gehen

explorer [ɪk'splɔːʳəʳ, ek'-] *n* Forscher(in) *m(f)*

explosion [ɪk'spləʊʒᵊn, ek'-] *n* Explosion *f;* **~ of anger** Wutausbruch *m*

explosive [ɪk'spləʊsɪv, ek'-] **I.** *adj* explosiv; *issue, situation* [hoch] brisant; **~ force** Sprengkraft *f;* **to have an ~ temper** zu Wutausbrüchen neigen **II.** *n* Sprengstoff *m*

explosively [ɪk'spləʊsɪvli, ek'-] *adv* ① *(by blowing up)* explosiv ② *(fig)* **to react ~** explodieren, heftig reagieren

export I. *vt* [ɪk'spɔːt, ek'-] exportieren **II.** *n* ['ekspɔːt, ek'-] Export *m;* **for ~** für den Export

exposed [ɪk'spəʊzd, ek'-] *adj* freigelegt; *(unprotected)* ungeschützt; *position* exponiert; **~ to rain** dem Regen ausgesetzt

exposure [ɪk'spəʊʒəʳ, ek'-] *n* ① *no pl*

Aussetzung *f;* *to weather* Ausgesetztsein *nt;* *(contact)* Kontakt *m* (**to** mit); ~ **to radiation** Bestrahlung *f* ❷ *no pl of fraud* Entlarvung *f* ❸ PHOT Belichtung *f*

exposure meter *n* PHOT Belichtungsmesser *m*

E

express [ɪk'spres, ek'-] **I.** *vt* ausdrücken; *(utter)* aussprechen; **to ~ oneself** sich ausdrücken **II.** *adj* ❶ Express-; **by ~ delivery** per Eilzustellung ❷ **for the ~ purpose** eigens zu dem Zweck **III.** *adv* per Express **IV.** *n* ❶ Express[zug] *m* ❷ *no pl* **by ~** per Eilboten

expression [ɪk'spreʃᵊn, ek'-] *n* ❶ Ausdruck *m;* *(utterance)* Äußerung *f;* **freedom of ~** Freiheit *f* der Meinungsäußerung ❷ *(facial)* [Gesichts]ausdruck *m;* **to have a glum ~** ein mürrisches Gesicht machen

expressionless [ɪk'spreʃᵊnləs, ek'-] *adj* ausdruckslos

expressive [ɪk'spresɪv, ek'-] *adj* ausdrucksvoll; *voice* ausdrucksstark; **to be ~ of sth** etw ausdrücken

expressly [ɪk'spresli, ek'-] *adv* ausdrücklich

expressway *n* AM, AUS Schnellstraße *f*

expulsion [ɪk'spʌlʃᵊn, ek'-] *n no pl* Ausschluss *m* (**from** aus); *from country* Ausweisung *f* (**from** aus)

exquisite [ɪk'skwɪzɪt, ek'-] *adj* exquisit; ~ **timing** ein ausgeprägtes Zeitgefühl

exquisitely [ɪk'skwɪzɪtli, ek'-] *adv (beautifully)* vorzüglich; ~ **crafted** kunstvoll angefertigt; ~ **furnished** geschmackvoll eingerichtet

extend [ɪk'stend, ek'-] **I.** *vt* ❶ *(stretch)* ausstrecken ❷ *(prolong)* verlängern ❸ *aerial* ausfahren ❹ *(expand)* erweitern **II.** *vi* sich erstrecken; *over time* sich hinziehen; **to ~ beyond sth** über etw *akk* hinausgehen

extendable [ɪk'stendəbḷ, ek'-] *adj* ❶ *(prolongable) contract, deadline* verlängerbar ❷ *(telescopic)* ausziehbar; ~ **ladder** Ausziehleiter *f*

extended [ɪk'stendɪd, ek'-] *adj* verlängert; *(detailed)* umfassend; ~ **family** Großfamilie *f*

extension [ɪk'sten(t)ʃᵊn, ek'-] *n* ❶ *no pl (stretching)* Ausstrecken *nt* ❷ *(lengthening)* Verlängerung *f;* ~ **table** Ausziehtisch *m* ❸ *(prolonging)* Verlängerung *f* ❹ *no pl (expansion)* Erweiterung *f,* Vergrößerung *f* ❺ *(annexe)* Erweiterungsbau *m* (**to** an)

extension cord *n* AM, AUS Verlängerungskabel *nt*

extensive [ɪk'sten(t)sɪv, ek'-] *adj* ❶ ausgedehnt; *bombing* schwer ❷ *(far-reaching)* weitreichend; *(detailed)* ausführlich

extent [ɪk'stent, ek'-] *n* ❶ *no pl* Größe *f,* Ausdehnung *f;* *(length)* Länge *f;* *(range)* Umfang *m;* *(quantity)* Ausmaß *nt* ❷ *(degree)* Grad *m kein pl,* Maß *nt kein pl;* **to a certain ~** in gewissem Maße; **to the same ~ as ...** in gleichem Maße wie ...; **to some ~** bis zu einem gewissen Grad; **to such an ~** dermaßen; **to that ~** in diesem Punkt, insofern

external [ɪk'stɜːnᵊl, ek'-] *adj* ❶ äußerlich; ~ **appearance** Aussehen *nt* ❷ *(from outside)* äußere(r, s) ❸ *(foreign)* auswärtig; ~ **affairs** Außenpolitik *f*

extinct [ɪk'stɪŋkt, ek'-] *adj* ❶ ausgestorben; *empire, people* untergegangen ❷ *(inactive)* erloschen; **to become ~** erlöschen

extinguish [ɪk'stɪŋgwɪʃ, ek'-] *vt* [aus]löschen

extort [ɪk'stɔːt, ek'-] *vt* erpressen (**out of/from** von)

extortion [ɪk'stɔːʃᵊn, ek'-] *n no pl* Erpressung *f;* **that's sheer ~!** das ist ja Wucher!

extortionate [ɪk'stɔːʃᵊnət, ek'-] *adj* ❶ übermäßig; **that's ~!** das ist ja Wucher!; ~ **prices** Wucherpreise *pl* ❷ *(using force)* erpresserisch

extra ['ekstrə] **I.** *adj* zusätzlich; ~ **time/money** mehr Zeit/Geld; ~ **charge**

Aufschlag *m;* **to take ~ care** besonders vorsichtig sein **II.** *adv* ❶ mehr; **to charge/pay ~** einen Aufpreis verlangen/bezahlen ❷ *(especially)* besonders

extra charge *n* Zuschlag *m*

extract **I.** *vt* [ɪk'strækt, ek'-] ❶ [heraus]ziehen (**from** aus); *bullet* entfernen; *tooth* ziehen ❷ *(obtain)* gewinnen (**from** aus); *oil* fördern **II.** *n* ['ekstrækt] ❶ *(excerpt)* Auszug *m* (**from** aus) ❷ *(concentrate)* Extrakt *m*

extraction [ɪk'strækʃᵊn, ek'-] *n* ❶ *no pl* Herausziehen *nt; of bullet* Entfernen *nt; of tooth* [Zahn]ziehen *nt* ❷ *(obtainment)* Gewinnung *f*

extramarital [ˌekstrə'mærɪtᵊl] *adj* außerehelich

extraordinarily [ɪk'strɔːdᵊnᵊrᵊli] *adv (remarkably)* außerordentlich; *(unusually)* ungewöhnlich; *(positive)* ungemein

extraordinary [ɪk'strɔːdᵊnᵊri] *adj* außerordentlich

extra time *n no pl* BRIT, AUS SPORTS [Spiel]verlängerung *f;* **to play ~** nachspielen

extravagant [ɪk'strævəgənt] *adj* extravagant; *(luxurious)* üppig

extravagantly [ɪk'strævəgəntli] *adv* ❶ *(luxuriously)* verschwenderisch; *(flamboyantly)* extravagant; **to live ~** ein aufwändiges Leben führen ❷ *(wastefully)* verschwenderisch; **he spends his money ~** er gibt sein Geld mit vollen Händen aus

extreme [ɪk'striːm] **I.** *adj* äußerste(r, s); *difficulties, weather* extrem; *(radical also)* radikal **II.** *n* Extrem *nt;* **to drive sb to ~s** jdn zum Äußersten treiben; **in the ~** äußerst

extremely [ɪk'striːmli] *adv* äußerst; **I'm ~ sorry** es tut mir außerordentlich leid

eye [aɪ] **I.** *n* Auge *nt; (eyelet)* Öse *f; of needle* Öhr *nt;* **a black ~** ein blaues Auge; **as far as the ~ can see** so weit das Auge reicht ▶ **to cry one's ~s out** sich *dat* die Augen ausheulen; **to have ~s in the back of one's head** seine Augen überall haben; **to keep an ~ out for sb/sth** nach jdm/etw Ausschau halten; **to make ~s at sb** jdm [schöne] Augen machen; **to see ~ to ~ with sb on sth** mit jdm einer Meinung über etw *akk* sein; **with one's ~s shut** mit geschlossenen Augen; **an ~ for an ~, a tooth for a tooth** *(prov)* Auge um Auge, Zahn um Zahn; **to turn a blind ~ [to sth]** [bei etw] beide Augen zudrücken **II.** *adj attr* Augen-

eyebrow *n* Augenbraue *f* **eye contact** *n no pl* **to make ~ [with sb]** Blickkontakt [mit jdm] aufnehmen **eyelash** *n* Wimper *f* **eyelid** *n* Augenlid *nt* **eyeliner** *n no pl* Eyeliner *m* **eye-opener** *n* **to be an ~ for sb** jdm die Augen öffnen; *(startling)* für jdn alarmierend sein **eye shadow** *n no pl* Lidschatten *m* **eyesight** *n no pl* Sehvermögen *nt;* **bad/good ~** schlechte/gute Augen; **failing ~** nachlassende Sehkraft **eyesore** *n* Schandfleck *m* **eyestrain** *n no pl* Überanstrengung *f* der Augen **eyetooth** *n* Augenzahn *m; (fig)* **I'd give my eyeteeth for that** ich würde alles darum geben ▶ **to cut one's eyeteeth** AM erwachsen werden **eyewitness** *n* Augenzeuge, -zeugin *m, f*

e-zine ['iːziːn] *n* Internetmagazin *nt*

E

Ff

F <*pl* -'s>, **f** <*pl* -'s> [ef] *n* F *nt,* f *nt;* ~ **flat** Fes *nt,* fes *nt;* ~ **sharp** Fis *nt,* fis *nt; see also* **A 1**
fabric ['fæbrɪk] *n no pl* Stoff *m*

Übersetzungstipp
Nicht verwechseln mit *Fabrik* – *factory!*

fabulous ['fæbjələs] *adj* fabelhaft
fabulously ['fæbjələsli] *adv* fabelhaft, sagenhaft, toll *fam;* ~ **rich** unvorstellbar reich; ~ **wealthy** unglaublich wohlhabend
face [feɪs] **I.** *n* ❶ Gesicht *nt;* **with a happy/smiling** ~ mit strahlender Miene; ~ **down/up** mit dem Gesicht nach unten/oben; **north** ~ Nordseite *f* ❷ *no pl (reputation)* **to lose/save** ~ das Gesicht verlieren/wahren ❸ *no pl* **in the** ~ **of sth** angesichts einer S. *gen* ▶ **to disappear off the** ~ **of the earth** wie vom Erdboden verschluckt sein; **to put on a brave** ~ gute Miene zum bösen Spiel machen **II.** *vt* ❶ sich zuwenden *+dat* ❷ *(point)* [hin] zeigen zu; *room, window* [hinaus]gehen auf *+akk* ❸ *(confront)* sich gegenübersehen *+dat; (deal with)* sich stellen *+dat;* **let's** ~ **it** machen wir uns doch nichts vor; **to** ~ **criticism** Kritik ausgesetzt sein ❹ *(bear)* ertragen ▶ **to** ~ **the music** für die Folgen geradestehen **III.** *vi* blicken; **to** ~ **backwards/downwards/east/forwards** nach hinten/unten/Osten/vorne zeigen; **to** ~ **south/west** *room, window* nach Süden/Westen [hinaus]gehen
◆ **face up I.** *vi* **to** ~ **up to sth** etw *dat* ins Auge sehen **II.** *vi* nach oben zeigen
facecloth *n* Waschlappen *m* **face-mapping** *n* Face-Mapping *nt (automatische Gesichtserkennung)*
facility [fə'sɪlɪti] *n* ❶ *no pl* Leichtigkeit *f* ❷ *esp* AM *(equipment)* Einrichtung *f;* [**toilet**] **facilities** Toiletten *pl*
fact [fækt] *n* ❶ *no pl* Wirklichkeit *f* ❷ *(truth)* Tatsache *f;* **the** ~ [**of the matter**] **is that …** Tatsache ist, dass …
factor ['fæktəʳ] *n* Faktor *m*
factory ['fæktᵊri] *n* Fabrik *f*
factually ['fæktʃʊəli] *adv* sachlich; ~ **correct** sachlich korrekt
faculty ['fækᵊlti] *n* ❶ UNIV Fakultät *f* ❷ *(ability)* Fähigkeit *f*
fade [feɪd] **I.** *vi* verblassen; *(abate)* nachlassen; *(disappear)* FILM, TV ausgeblendet werden **II.** *vt* ausbleichen
◆ **fade away** *vi courage, hope* schwinden; *memories* verblassen; *beauty* verblühen
faded ['feɪdɪd] *adj carpet, wallpaper* ausgeblichen; *colour* verblichen; *memory* verblasst; *beauty* verblüht
fag [fæg] *n* ❶ BRIT, AUS *(fam: cigarette)* Kippe *f* ❷ *esp* AM *(pej sl: homosexual)* Schwule(r) *m*
Fahrenheit ['færᵊnhaɪt, AM *also* 'fer-] *n* Fahrenheit *nt*
fail [feɪl] **I.** *vi* ❶ versagen; SCH, UNIV durchfallen; *attempt, plan* scheitern; **if all else ~s** zur Not; **to** ~ **to do sth** versäumen, etw zu tun ❷ *(weaken)* nachlassen; **my courage ~ed** der Mut verließ mich; **to be ~ing fast** im Sterben liegen **II.** *vt* ❶ durchfallen bei; **to** ~ **sb** jdn durchfallen lassen ❷ **my courage ~ed me** mich verließ der Mut; **words** ~ **me** mir fehlen die Worte **III.** *n* ▶ **without** ~ auf jeden Fall
failed [feɪld] *adj attr person, marriage* gescheitert; *writer also* erfolglos; *attempt* fehlgeschlagen
failing ['feɪlɪŋ] **I.** *adj* ~ **eyesight** Seh-

schwäche *f;* **in the ~ light** in der Dämmerung **II.** *n* Schwäche *f* **III.** *prep* mangels +*gen;* **~ that** ansonsten

failure ['feɪljəʳ] *n* ❶ *no pl* Scheitern *nt,* Versagen *nt;* **~ rate** Durchfallquote *f;* **to end in ~** scheitern ❷ *(flop)* Misserfolg *m;* **an utter ~** ein totaler Reinfall; **crop ~** Missernte *f*

faint [feɪnt] **I.** *adj* undeutlich; *light, smile, voice* matt; *hope, sound, suspicion* leise; **to bear a ~ resemblance to sb** jdm ein wenig ähnlich sehen **II.** *vi* ohnmächtig werden

fair¹ [feəʳ] **I.** *adj* ❶ fair; *wage* angemessen; *(just also)* gerecht (**to** gegenüber); *(legitimate)* berechtigt; **you're not being ~** das ist unfair; **~ enough!** *(fam: approved)* na schön!; *(agreed)* dagegen ist nichts einzuwenden!; **one's ~ share** sein Anteil *m* ❷ *(large)* ziemlich; **it was a ~ amount** es war ziemlich viel ❸ *(good)* ziemlich gut; **to have a ~ idea that ...** sich *dat* ziemlich sicher sein, dass ... ❹ *skin* hell; **to have ~ hair** blond sein **II.** *adv* fair

fair² [feəʳ] *n* Jahrmarkt *m; (trade, industry)* Messe *f;* **craft ~** Kunsthandwerkmarkt *m*

fairground *n* Rummelplatz *m*

fairly ['feəli] *adv* ❶ ziemlich; **~ recently** vor kurzem ❷ *(justly)* fair ▶ **~ and <u>squarely</u>** einzig und allein

fairy ['feəri] *n* Fee *f*

fairy tale *n* Märchen *nt*

faith [feɪθ] *n* ❶ *no pl* Vertrauen *nt* (**in** zu); **to keep ~ with sb/sth** jdm/etw gegenüber Wort halten; **to put one's ~ in sb/sth** auf jdn/etw vertrauen ❷ REL Glaube *m* (**in** an)

faithful ['feɪθfᵊl] **I.** *adj* treu; REL gläubig **II.** *n* **the ~** *pl* die Gläubigen *pl*

faithfully ['feɪθfᵊli] *adv* treu; **to promise ~** hoch und heilig versprechen; **Yours f~** BRIT, AUS mit freundlichen Grüßen

fake [feɪk] **I.** *n* Fälschung *f; (imitation)* Attrappe *f* **II.** *adj* **~ leather** Kunstleder *nt;* **~ tan** Solariumsbräune *f* **III.** *vt* fälschen; *(pretend)* vortäuschen

fall [fɔːl] **I.** *n* ❶ Fall *m; (harder)* Sturz *m;* **to have a nasty ~** schwer stürzen ❷ *no pl (descent)* Fallen *nt;* **the rise and ~ of the tide** Ebbe und Flut ❸ [**heavy**] **~s of rain/snow** [heftige] Regen-/Schneefälle ❹ *no pl (decrease)* Rückgang *m* (**in** +*gen*); **~ in value** Wertverlust *m* ❺ *no pl (defeat) of a city* Einnahme *f; of a dictator, regime* Sturz *m* ❻ AM *(autumn)* Herbst *m* ❼ *(waterfall)* **~s** *pl* Wasserfall *m;* [**the**] **Niagara F~s** die Niagarafälle **II.** *adj attr* AM **~ colours** Herbstfarben *pl* **III.** *vi* <fell, fallen> ❶ fallen; *(harder)* stürzen; **to ~ under a bus** unter einen Bus geraten; **to ~ to one's death** in den Tod stürzen ❷ **his hair fell around his shoulders** sein Haar fiel ihm auf die Schulter ❸ *(descend)* fallen ❹ *(slope)* [steil] abfallen ❺ *(decrease)* sinken ❻ *(be defeated)* gestürzt werden; **to ~ to sb** jdm in die Hände fallen ❼ **to ~ asleep** einschlafen; **to ~ ill** krank werden; **to ~ into debt** sich verschulden; **to ~ in love** sich verlieben

◆**fall back** *vi* zurückweichen; **to ~ back on sth/sb** auf etw *akk* zurückgreifen/auf jdn zurückkommen

◆**fall behind** **I.** *vi* ❶ zurückfallen ❷ *(achieve less)* zurückbleiben; SCH hinterherhinken **II.** *vt* ❶ zurückfallen hinter +*akk* ❷ *(achieve less)* zurückbleiben hinter +*dat*

◆**fall down** *vi* ❶ hinunterfallen; *(topple)* hinfallen; *(collapse)* einstürzen; **to be ~ing down** *house* abbruchreif sein ❷ *(fail)* **to ~ down on sth** mit etw *dat* scheitern

◆**fall for** *vt* **to ~ for sb** sich in jdn verlieben; **to ~ for sth** auf etw *akk* hereinfallen

◆**fall in** *vi* ❶ hineinfallen; *(collapse)* einstürzen ❷ **to ~ in behind sb** hinter jdm herlaufen; **to ~ in with sb** sich jdm anschließen

◆**fall out** *vi* ❶ herausfallen; *teeth, hair*

F

ausfallen 2 *(quarrel)* **to ~ out** [**with sb**] sich [mit jdm] [zer]streiten

◆**fall over** *vi* hinfallen; *(harder)* stürzen; *object* umfallen; *(harder)* umstürzen

◆**fall through** *vi* scheitern; *plan* ins Wasser fallen

◆**fall to** *vi* 1 *(liter)* **to ~ to doing sth** beginnen, etw zu tun 2 **to ~ to sb** jdm zufallen

F

fallen [ˈfɔːlən] *adj* 1 abgefallen; *tree* umgestürzt; **~ leaves** Laub *nt* 2 *(overthrown)* gestürzt

false [fɔːls] *adj* falsch; *imprisonment* unrechtmäßig; *optimism* trügerisch; **~ start** Fehlstart *m*

familiar [fəˈmɪliəʳ] *adj* 1 vertraut; **this looks ~ to me** das kommt mir irgendwie bekannt vor; **to be ~ with sth/sb** etw/jdn kennen 2 *(informal)* vertraulich; **to be on ~ terms** [**with sb**] [mit jdm] befreundet sein

family [ˈfæmᵊli] *n* Familie *f;* **a ~ of four** eine vierköpfige Familie

family doctor *n* Hausarzt, Hausärztin *m, f* **family name** *n* Familienname *m* **family tree** *n* Familienstammbaum *m*

famine [ˈfæmɪn] *n* Hungersnot *f*

famous [ˈfeɪməs] *adj* berühmt ▶ **~ last words** wer's glaubt, wird selig!

famously [ˈfeɪməsli] *adv* 1 bekanntermaßen 2 *(fam)* **to get on ~** sich blendend verstehen

fan¹ [fæn] *n* Fan *m; (admirer)* Bewunderer, Bewunderin *m, f;* **I'm a great ~ of your work** ich schätze Ihre Arbeit sehr

fan² [fæn] **I.** *n* Fächer *m; (electrical)* Ventilator *m* **II.** *vt* <-nn-> anfachen; **to ~ oneself** sich *dat* Luft zufächeln

fanatic [fəˈnætɪk] **I.** *n* 1 Fanatiker(in) *m(f)* 2 *(enthusiast)* **fellow ~** Mitbegeisterte(r) *f(m);* **fitness ~** ein Fitnessfan *m* **II.** *adj* fanatisch

fanatically [fəˈnætɪkᵊli] *adv* fanatisch, extrem

fan club *n + sing/pl vb* Fanclub *m*

fancy [ˈfæn(t)si] **I.** *vt* <-ie-> *esp* BRIT 1 wollen 2 **to ~ sb** jdn attraktiv finden; *(sexually)* etwas von jdm wollen 3 *(pej)* **to ~ oneself** sich *dat* toll vorkommen 4 **~** [**that**]**!** stell dir das [mal] vor!; **~ seeing you here!** na, so was! du hier! **II.** *n no pl* 1 Vorliebe *f;* **to take a ~ to sth/sb** Gefallen an etw/jdm finden 2 *(whim)* Laune *f;* **when the ~ takes him** wenn ihm gerade danach ist **III.** *adj* 1 aufwändig; *pattern* ausgefallen; *car* schick 2 *(whimsical)* versponnen 3 *(fam: expensive)* **~ restaurant** Nobelrestaurant *nt;* **~ foods** Delikatessen *pl*

fancy-free *adj* sorglos

fantastic [fænˈtæstɪk] *adj (fam)* toll *fam; (huge)* enorm; **a ~ idea** eine Superidee *fam*

fantastically [fænˈtæstɪkᵊli] *adv* 1 *(extremely)* unwahrscheinlich *fam,* unglaublich *pej* 2 *(fam: wonderfully well)* ganz wunderbar; **everything's going ~** es läuft alles ausgesprochen gut

fanzine [ˈfænziːn] *n* Fanmagazin *nt*

FAQ [ˌeferˈkjuː, fæk] *n + sing vb* INET *abbrev of* **frequently asked questions** FAQ

far <farther *or* further, farthest> [fɑːʳ] **I.** *adv* 1 weit; **how much further is it?** wie weit ist es denn noch?; **as ~ as the eye can see** so weit das Auge reicht 2 *(in time)* weit; **~ in the future** in ferner Zukunft; **lunch isn't ~ off** wir essen bald zu Mittag 3 *(in progress)* weit; **as ~ as I can** soweit es mir möglich ist; **as ~ as possible** so oft wie möglich 4 *(much)* weit, viel; **I'd ~ rather ...** ich würde viel lieber ...; **~ better/nicer** viel besser/netter ▶ **~ and away** mit Abstand; **sb will go ~** jd wird es zu etwas bringen **II.** *adj* fern; **in the ~ distance** in weiter Ferne; **at the ~ end** am anderen Ende; **on the ~ bank** am gegenüberliegenden Ufer ▶ **so ~ so good** so weit, so gut

fare [feəʳ] *n* Fahrpreis *m*
Far East *n no pl* **the ~** der Ferne Osten
farewell [ˌfeə'wel] **I.** *interj (form)* leb/lebt/leben Sie wohl! **II.** *n* Abschied *m*
far-fetched *adj* weit hergeholt
farm [fɑːm] **I.** *n* Bauernhof *m;* **chicken ~** Hühnerfarm *f;* **health ~** Schönheitsfarm *f;* **trout ~** Forellenzucht *f* **II.** *vt* bebauen
farmer ['fɑːməʳ] *n* Bauer, Bäuerin *m, f*
farmhouse *n* Bauernhaus *nt;* **~ cheese** Bauernkäse *m*
farming ['fɑːmɪŋ] *n no pl* Ackerbau und Viehzucht
far-off *adj* fern; *(remote)* [weit] entfernt
far-sighted *adj* weitsichtig
fart [fɑːt] *(fam!)* **I.** *n* Furz *m* **II.** *vi* furzen
farther ['fɑːðəʳ] *comp of* **far I.** *adv* weiter; **how much ~ is it?** wie weit ist es noch? **II.** *adj* ① **at the ~ end** am anderen Ende ② *(additional)* weitere(r, s)
farthest ['fɑːðɪst] *superl of* **far** *adj, adv* am weitesten; **the ~ place** der am weitesten entfernte Ort
fascinate ['fæsɪneɪt] *vt* faszinieren
fascinated ['fæsɪneɪtɪd] *adj* fasziniert
fascinating ['fæsɪneɪtɪŋ] *adj* faszinierend
fascism *n no pl* Faschismus *m*
fashion ['fæʃᵊn] **I.** *n* ① Mode *f;* **in ~** in Mode; **in the latest ~** nach der neuesten Mode ② *(clothes)* **~s** *pl* Mode *f* **II.** *vt* ausarbeiten
fashionable ['fæʃᵊnəbḷ] *adj* modisch; **to be/become ~** in Mode sein/werden; **~ restaurant** Schickerialokal *nt*
fashionably ['fæʃᵊnəbli] *adv* modisch; **to be ~ dressed** modisch gekleidet sein
fashion conscious *adj* modebewusst
fashionista ['fæʃᵊnistə] *n (sl)* Modefreak *m sl* **fashion model** *n* Model *nt*
fast[1] [fɑːst] **I.** *adj* ① schnell; **to be a ~ reader/runner** schnell lesen/laufen ② *clock* **to be ~** vorgehen ③ *(firm)* fest; **to make sth ~** [**to sth**] etw [an etw *dat*] festmachen **II.** *adv* ① schnell ② *(firmly)* fest; **to be ~ asleep** tief schlafen
fast[2] [fɑːst] **I.** *vi* fasten **II.** *n* Fastenzeit *f;* **to break one's ~** das Fasten brechen
fasten ['fɑːsᵊn] **I.** *vt* ① schließen; **to ~ one's seat belt** sich anschnallen ② *(secure)* befestigen (**to** an) **II.** *vi* sich schließen lassen
fastener ['fɑːsᵊnəʳ] *n* Verschluss *m;* **zip ~** Reißverschluss *m*
fastening ['fɑːsᵊnɪŋ] *n* Verschluss *m*
fat [fæt] **I.** *adj* <-tt-> ① dick, fett ② *(thick)* dick ③ *(fam: little)* **~ chance we've got** da haben wir ja Mordschancen *iron* **II.** *n* Fett *nt*
fatal ['feɪtᵊl] *adj* tödlich; *(disastrous)* fatal; **~ blow** Todesstoß *m*
fatality [fə'tæləti] *n* Todesopfer *nt*
fatally ['feɪtᵊli] *adv* tödlich; **~ ill** sterbenskrank
fate [feɪt] *n* Schicksal *nt;* ► **a ~ worse than death** eine Unerfreulichkeit
fated ['feɪtɪd] *adj* vom Schicksal bestimmt
father ['fɑːðəʳ] *n* Vater *m;* **on one's ~'s side** väterlicherseits; **like ~, like son** wie der Vater, so der Sohn
Father Christmas *n esp* BRIT der Weihnachtsmann
father-in-law <*pl* fathers-> *n* Schwiegervater *m*
fatso <*pl* -s *or* -es> ['fætsəʊ] *n (pej, hum fam)* Dickerchen *nt*
fatty ['fæti] **I.** *adj* fett[haltig]; **~ tissue** Fettgewebe *nt* **II.** *n (pej fam)* Dickerchen *nt*
faucet ['fɑːsɪt] *n* AM *(tap)* Wasserhahn *m*
fault [fɔːlt] *n* ① *no pl* Schuld *f;* **it's all your ~** das ist ganz allein deine Schuld; **it's your own ~** du bist selbst schuld daran; **to find ~ with sb/sth** etwas an jdm/etw auszusetzen haben ② *(weakness)* Fehler *m;* **she was generous to a ~** sie war zu großzügig; **his/her main ~** seine/ihre größte Schwäche ③ *(defect)* Fehler *m; (disruption)* Störung *f*

fault / mistake / error
Beachte den Unterschied:
Verwende **fault**, um zu sagen, wer an etwas Schuld hat oder für etwas Böses verantwortlich ist: *It's my fault Peter had an accident.*
Verwende **mistake** oder **error**, um auszudrücken, dass etwas falsch ist. Der Begriff ‚error' ist dabei etwas förmlicher als ‚mistake': *Lina only made two mistakes in the test.*

F

faultless [ˈfɔːltləs] *adj* fehlerfrei; *performance also* fehlerlos
faulty [ˈfɔːlti] *adj* defekt; *(unsound)* fehlerhaft
faux [fəʊ] *adj* künstlich; *leather* Kunst-
favor AM *see* **favour**
favorable *adj* AM *see* **favourable**
favorite AM *see* **favourite**
favour [ˈfeɪvəʳ] **I.** *n* ① *no pl (approval)* **in ~ of** für; **to be in ~** dafür sein; **all those in ~, …** alle, die dafür sind, … ② *no pl (advantage)* **in ~ of** für; **to have sth in one's ~** etw als Vorteil haben; **the wind was in our ~** der Wind war günstig für uns ③ *(kind act)* Gefallen *m kein pl;* **~s** Gefälligkeiten ▶ **do me a ~!** BRIT *(fam)* tu mir einen Gefallen! **II.** *vt* ① *(prefer)* vorziehen ② *(approve)* gutheißen; **to ~ doing sth** es gutheißen, etw zu tun
favourable [ˈfeɪvᵊrəbl̩] *adj (approving)* positiv; *(advantageous)* günstig (**to** für); **to view sth in a ~ light** etw mit Wohlwollen betrachten
favourably, AM **favorably** [ˈfeɪvᵊrəbli] *adv* ① *(approvingly)* positiv, wohlwollend; **to be ~ disposed towards sb** jdm gewogen sein *geh* ② *(pleasingly)* **to compare ~ with sb/sth** im Vergleich zu jdm/etw gut abschneiden; **to impress sb ~** jdn positiv beeindrucken ③ *(advantageously)* vorteilhaft, günstig; **things didn't turn out ~ for us** die Dinge entwickelten sich nicht in unserem Sinn
favourite **I.** *adj attr* Lieblings- **II.** *n* Liebling *m; (contestant)* Favorit(in) *m(f)*
fax [fæks] **I.** *n* <*pl* -es> Fax *nt* **II.** *vt* faxen
fax machine *n* Fax[gerät] *nt*
fear [fɪəʳ] **I.** *n* ① *no pl* Angst *f;* **in ~ of one's life** in Todesangst ② **~s for sb's safety** Sorge *f* um jds Sicherheit; **sb's worst ~s** jds schlimmste Befürchtungen **II.** *vt* ① fürchten; **nothing to ~** nichts zu befürchten ② *(form: regret)* **to ~ [that] …** [be]fürchten, dass … **III.** *vi* **to ~ for sb/sth** sich *dat* um jdn/etw Sorgen machen
feared [fɪəd] *adj* gefürchtet
fearful [ˈfɪəfᵊl] *adj* ängstlich; **~ of causing a scene, …** aus Angst, eine Szene auszulösen, …
fearfulness [ˈfɪəfᵊlnəs] *n no pl* Ängstlichkeit *f*
fearlessly [ˈfɪələsli] *adv* furchtlos, unerschrocken
fearlessness [ˈfɪələsnəs] *n no pl* Furchtlosigkeit *f*
feast [fiːst] **I.** *n* Festessen *nt;* **~ day** [kirchlicher] Festtag **II.** *vi* schlemmen; **to ~ on sth** sich an etw *dat* gütlich tun
feasting [ˈfiːstɪŋ] *n no pl* Schlemmerei *f*
feather [ˈfeðəʳ] *n* Feder *f;* ▶ **a ~ in sb's cap** etwas, worauf jd stolz sein kann; **as light as a ~** federleicht
feature [ˈfiːtʃəʳ] **I.** *n* ① Merkmal *nt,* Kennzeichen *nt;* **special ~** Besonderheit *f* ② *(trait)* **~s** *pl* Gesichtszüge *pl* ③ *(film)* Spielfilm *m;* **double ~** zwei Spielfilme *pl* in einem **II.** *vt* ① aufweisen ② *(star)* **featuring sb** mit jdm in der Hauptrolle ③ *(report)* **to ~ sth** über etw *akk* groß berichten **III.** *vi* vorkommen; **to ~ high on the list** ganz oben auf der Liste stehen
feature film *n* Spielfilm *m*
February [ˈfebruᵊri] *n* Februar *m;* **in the middle of ~** Mitte Februar; **last/next/this ~** vergangenen/kommenden/diesen Februar; **in/during ~** im

Februar
fed[1] [fed] *pt, pp of* **feed**
fed[2] [fed] AM *(fam)* I. *adj inv short for* **federal** II. *n no pl, + sing/pl vb short for* **Federal Reserve Board**
federal [ˈfedᵊrᵊl] *adj* föderativ; **~ republic** Bundesrepublik *f;* **at ~ level** auf Bundesebene
fed up *adj (fam)* **to be ~** die Nase voll haben
fee [fiː] *n* Gebühr *f; of lawyer* Honorar *nt;* **legal ~s** Rechtskosten *pl*
feeble <-r, -st> [ˈfiːbl̩] *adj* schwach; *attempt* müde; *joke, excuse* lahm
feebly [ˈfiːbli] *adv* schwach
feed [fiːd] I. *n no pl* Futter *nt; for baby* Mahlzeit *f* II. *vt* <fed, fed> ① *animal, baby, invalid* füttern; **to ~ sb** jdm zu essen geben; **to ~ oneself** *baby* allein essen ② *(nourish)* ernähren; **that's not going to ~ ten people** das reicht nicht für zehn Personen III. *vi* <fed, fed> *animal* weiden; *baby* gefüttert werden; *river* **to ~ into sth** in etw *akk* münden
◆**feed in** *vt* COMPUT eingeben
◆**feed off, feed on** *vi* **to ~ off** [*or* **on**] **sth** sich von etw *dat* ernähren
feeding bottle *n* Fläschchen *nt*
feel [fiːl] I. *vt* <felt, felt> ① fühlen; *one's age* spüren; **to ~ the cold/heat** unter der Kälte/Hitze leiden; **to ~ nothing for sb** für jdn nichts empfinden ② **how do you ~ about it?** was hältst du davon?; **to ~ that …** der Meinung sein, dass … II. *vi* <felt, felt> ① *+ adj* **my eyes ~ sore** meine Augen brennen; **to ~ foolish** sich *dat* dumm vorkommen; **to ~ better/ill** sich besser/krank fühlen; **to ~ free to do sth** etw ruhig tun ② **to ~ for sb** mit jdm fühlen ③ *+ adj (seem)* scheinen ④ *(search)* tasten (**for** nach); **to ~ along sth** etw abtasten ⑤ *(want)* **to ~ like sth** zu etw *dat* Lust haben; **to ~ like doing sth** Lust haben, etw zu tun III. *n no pl* ① Berühren *nt* ② **the ~ of wool** das Gefühl von Wolle ③ *(talent)* Gespür *nt*
◆**feel about** *vi* tasten (**for** nach *+dat*)
feeling [ˈfiːlɪŋ] *n* ① Gefühl *nt* (**of** *+gen*); **dizzy ~** Schwindelgefühl *nt;* **to cause bad ~** [*or* AM **~s**] böses Blut verursachen; **~ for language** Sprachgefühl *nt* ② *(opinion)* Ansicht *f* (**about/on** über); **what are your ~s about …?** wie denken Sie über …?
feet [fiːt] *n pl of* **foot**
feigned [feɪnd] *adj* vorgetäuscht; **~ indifference** gespielte Gleichgültigkeit
fell[1] [fel] *pt of* **fall**
fell[2] [fel] I. *vt* fällen; *(knock down)* niederstrecken II. *adj* ▸ **at** [*or* **with**] **one ~ swoop** auf einen Streich
fellow [ˈfeləʊ] I. *n* ① *(fam)* Kerl *m* ② BRIT *(scholar)* Fellow *m* II. *adj attr* **~ citizen** Mitbürger(in) *m(f);* **~ countryman** Landsmann *m,* Landsmännin *f;* **~ countrymen** Landsleute *pl;* **~ student** Kommilitone *m,* Kommilitonin *f;* **~ sufferer** Leidensgenosse *m,* Leidensgenossin *f*
fellow passenger *n* Mitreisende(r) *f(m)*
felt[1] [felt] *pt, pp of* **feel**
felt[2] [felt] *n no pl* Filz *m*
felt-tip (pen) *n* Filzstift *m*
female [ˈfiːmeɪl] I. *adj* weiblich II. *n* Frau *f; (animal)* Weibchen *nt*
feminine [ˈfemɪnɪn] I. *adj* feminin, weiblich II. *n* LING Femininum *nt*
feminist [ˈfemɪnɪst] I. *n* Feminist(in) *m(f)* II. *adj* feministisch
fence [fen(t)s] I. *n* Zaun *m;* SPORTS Hindernis *nt;* ▸ **to sit on the ~** neutral bleiben II. *vi* fechten
fencer [ˈfen(t)səʳ] *n* Fechter(in) *m(f)*
fencing [ˈfen(t)sɪŋ] *n no pl* ① SPORTS Fechten *nt* ② *(barrier)* Einzäunung *f*
fend [fend] I. *vi* **to ~ for oneself** für sich selbst sorgen II. *vt* **to ~ off sb/sth** jdn/etw abwehren
feral [ˈferᵊl] *adj animals* wild [geworden], ungezähmt
ferocious [fəˈrəʊʃəs] *adj* wild; *(violent)* heftig
ferry [ˈferi] I. *n* Fähre *f;* **by ~** mit der Fähre II. *vt* <-ie-> **to ~ sb/sth**

[**across**] jdn/etw übersetzen; **to ~ sb about** *(fig)* jdn herumfahren

fertile [ˈfɜːtaɪl] *adj* fruchtbar; *imagination* lebhaft

fertility clinic *n* Befruchtungsklinik *f*, Fertilitätsklinik *f*

fertilizer [ˈfɜːtɪlaɪzəʳ] *n* Dünger *m*

fervently [ˈfɜːvəntli] *adv (form)* inbrünstig

F

festival [ˈfestɪvəl] *n* Festival *nt; (day)* Fest *nt;* **the Salzburg F~** die Salzburger Festspiele *pl*

festive [ˈfestɪv] *adj* festlich; **~ mood** Feststimmung *f*

festivity [fesˈtɪvəti] *n* **festivities** *pl* Feierlichkeiten *pl*

fetch [fetʃ] **I.** *vt* holen; *(sell for)* erzielen **II.** *vi* **~!** bring [es] her!

fetching [ˈfetʃɪŋ] *adj* schick

fête [feɪt] **I.** *n* BRIT, AUS Fest *nt;* **church/school/village ~** Kirchen-/Schul-/Dorffest *nt* **II.** *vt usu passive* **to ~ sb** jdn feiern

fetishism [ˈfetɪʃɪzəm] *n no pl* Fetischismus *m*

feudalism [ˈfjuːdəlɪzəm] *n no pl* Feudalismus *m*

fever [ˈfiːvəʳ] *n* Fieber *nt kein pl;* **to have a ~** Fieber haben; **a ~ of excitement** *(fig)* fieberhafte Erregung; **at ~ pitch** *(fig)* fieberhaft

feverish [ˈfiːvərɪʃ] *adj* fiebrig; *(frantic)* fieberhaft

feverishly [ˈfiːvərɪʃli] *adv* fieberhaft, hektisch

few [fjuː] **I.** *adj* ❶ *(some)* **every ~ days** alle paar Tage; **a ~** ein paar, einige; **quite a ~** ziemlich viele ❷ *(not many)* wenige; **~er people were there today** heute waren weniger Menschen da; **not a ~ readers** nicht wenige Leser; **as ~ as ...** nur ... ▶ **to be ~ and far between** dünn gesät sein **II.** *pron* ❶ *(some)* **a ~ of these** ein paar von diesen; **a ~ of us** einige von uns ❷ *(not many)* wenige; **~ can do that** nur wenige können das; **the ~ who came ...** die paar Leute, die kamen, ... **III.** *n* **the ~** *pl* ❶ *(elite)* die Auserwählten ❷ *(minority)* die Minderheit

fiancé [fiˈɑ̃ː(n)seɪ] *n* Verlobte(r) *m*

fiancée [fiˈɑ̃ː(n)seɪ] *n* Verlobte *f*

fickleness [ˈfɪklnəs] *n no pl* ❶ *(moodiness)* Launenhaftigkeit *f* ❷ *(lack of loyalty)* Untreue *f*

fiction [ˈfɪkʃən] *n no pl* Erzählliteratur *f;* **~ writer** Prosaschriftsteller(in) *m(f)*

fiddle [ˈfɪdl] **I.** *n (fam)* ❶ Fidel *f* ❷ BRIT Betrug *m kein pl;* **to be on the ~** krumme Dinger drehen ▶ [**as**] **fit as a ~** kerngesund; **to play second ~ to sb** in jds Schatten *m* stehen **II.** *vt (fam)* frisieren **III.** *vi* **to ~ with sth** ❶ *(finger)* an etw *dat* herumfummeln ❷ *(tinker)* an etw *dat* herumbasteln

fidget [ˈfɪdʒɪt] **I.** *n* ❶ Zappelphilipp *m* ❷ **to have/get the ~s** *pl* zapp[e]lig sein/werden **II.** *vi* zappeln

field [fiːld] **I.** *n* ❶ *(meadow)* Wiese *f; (pasture)* Weide *f; (for crops)* Feld *nt,* Acker *m;* SPORTS Spielfeld *nt* ❷ *(discipline)* Gebiet *nt;* ▶ **to leave the ~ clear for sb** jdm das Feld überlassen **II.** *vi* SPORTS als Fänger(in) *m(f)* spielen **III.** *vt ball* fangen

fielder [ˈfiːldəʳ] *n* Feldspieler(in) *m(f)*

fiendishly [ˈfiːndɪʃli] *adv* teuflisch

fierce [fɪəs] *adj* wild; *attack, competition* scharf; *debate* hitzig; *fighting* erbittert; *winds* tobend

fiercely [ˈfɪəsli] *adv* ❶ *(hostilely)* wild ❷ *(very)* extrem; *(intensely)* ausgesprochen, äußerst

fifteen [fɪfˈtiːn] **I.** *adj* fünfzehn; *see also* **eight** **II.** *n* Fünfzehn *f; see also* **eight**

fifteenth [fɪfˈtiːnθ] **I.** *adj* fünfzehnte(r, s); *see also* **eighth** **II.** *n* Fünfzehntel *nt;* **the ~** der/die/das Fünfzehnte; *see also* **eighth**

fifth [fɪfθ] **I.** *adj* fünfte(r, s); *see also* **eighth** **II.** *n* Fünftel *nt;* **the ~** der/die/das Fünfte; *see also* **eighth** **III.** *adv* fünftens; *see also* **eighth**

fiftieth [ˈfɪftiəθ] **I.** *adj* fünfzigste(r, s); *see also* **eighth** **II.** *n* Fünfzigstel *nt;* **the ~** der/die/das Fünfzigste; *see also*

eighth III. *adv* fünfzigstens; *see also* **eighth**

fifty ['fɪfti] I. *adj* fünfzig; *see also* **eight** II. *n* Fünfzig *f;* *(banknote)* Fünfziger *m; see also* **eight**

fig[1] [fɪg] *n* Feige *f*

fig[2] [fɪg] I. *n abbrev of* **figure** Abb. *f* II. *adj abbrev of* **figurative** fig.

fight [faɪt] I. *n* ❶ Kampf *m* (**against** gegen/**for** um); *(brawl)* Rauferei *f;* *(with fists)* Schlägerei *f* II. *vi* <fought, fought> ❶ kämpfen; *(brawl)* sich raufen; **to ~ with sb** mit jdm kämpfen ❷ *(quarrel)* sich streiten (**about/over** um) III. *vt* <fought, fought> kämpfen gegen *+akk;* *(in boxing)* boxen gegen *+akk;* *battle* schlagen; *crime, fire* bekämpfen

◆**fight back** *vi* zurückschlagen; *(defend oneself)* sich zur Wehr setzen

◆**fight off** *vt* abwehren; *reporter* abwimmeln; *flames* bekämpfen

fighter ['faɪtə^{r}] *n* Kämpfer(in) *m(f);* *(plane)* Kampfflugzeug *nt*

fighting ['faɪtɪŋ] I. *n no pl* Schlägereien *pl* II. *adj* kämpferisch

figure ['fɪgə^{r}] I. *n* Figur *f;* *(person)* Gestalt *f;* MATH Ziffer *f;* *(numeral)* Zahl *f;* **he is good at ~s** er ist ein guter Rechner; **double/single ~s** zweistellige/einstellige Zahlen II. *vt* AM voraussehen III. *vi* ❶ **that ~s** das hätte ich mir denken können ❷ AM *(count on)* **to ~ on sth** mit etw *dat* rechnen

◆**figure out** *vt* herausfinden; MATH ausrechnen; *(understand)* begreifen

figurine ['fɪgjəriːn] *n* ART Figurine *f fachspr,* Statuette *f*

file[1] [faɪl] I. *n* [Akten]hefter *m;* COMPUT Datei *f;* *(database)* Akte *f* (**on** über); **to keep a ~ on sb/sth** eine Akte über jdn/etw führen II. *vt* ablegen, abheften; *(submit)* abgeben III. *vi* **to ~ for sth** auf etw *akk* klagen; **to ~ for divorce** die Scheidung beantragen

file[2] [faɪl] I. *n* Reihe *f;* **in single ~** im Gänsemarsch II. *vi* nacheinander gehen

file[3] [faɪl] I. *n* Feile *f* II. *vt* feilen; **to ~ one's nails** sich *dat* die Nägel feilen; **to ~ down** abfeilen

filing cabinet *n* Aktenschrank *m*

filings ['faɪlɪŋz] *n pl (particles)* [Feil]späne *pl;* **iron ~** Eisenspäne *pl*

Filipino [ˌfɪlɪ'piːnəʊ] I. *adj* philippinisch II. *n* <*pl* -s> Philippiner(in) *m(f),* Filipino, Filipina *m, f,* Bewohner(in) *m(f)* der Philippinen

fill [fɪl] I. *n* **to drink/eat one's ~** seinen Durst stillen/sich satt essen; **to have one's ~ of sth** genug von etw *dat* haben II. *vt* ❶ füllen; *tooth* plombieren; *vacuum, gap* schließen ❷ *(pervade)* erfüllen III. *vi* sich füllen

◆**fill in** I. *vt* ❶ *(inform)* informieren (**on** über) ❷ *(seal)* [aus]füllen; *cracks* zuspachteln II. *vi* einspringen (**for** für *+akk*)

◆**fill out** I. *vt* ausfüllen II. *vi* sich ausdehnen

◆**fill up** I. *vt* voll füllen; *car* voll tanken; **to ~ up ◯ sb** jdn satt bekommen; **to ~ oneself up** sich voll stopfen II. *vi* sich füllen; *(fuel)* das Auto [voll] tanken

fillet ['fɪlɪt] I. *n* Filet *nt* II. *vt* filetieren; *fish* entgräten

filling ['fɪlɪŋ] I. *n* Füllmasse *f;* *(for teeth)* Füllung *f;* FOOD Füllung *f* II. *adj* sättigend

filling station *n* Tankstelle *f*

film [fɪlm] I. *n* ❶ Film *m* ❷ *(layer)* Schicht *f;* **~ of oil** Ölfilm *m* II. *vt, vi* filmen, drehen

filming ['fɪlmɪŋ] *n no pl* ❶ *(making of a film)* Dreharbeiten *pl* ❷ *(making into a film)* **the ~ of a book** die Verfilmung eines Buchs

film star *n* Filmstar *m*

filter ['fɪltə^{r}] I. *n* Filter *m* II. *vt* filtern; *(fig)* selektieren III. *vi* ❶ *(pervade)* dringen (**into** in) ❷ BRIT AUTO **to ~ left/right** sich links/rechts einordnen

filter lane *n* BRIT Abbiegespur *f*

filthy ['fɪlθi] I. *adj* ❶ dreckig *fam* ❷ *look* vernichtend; **he was in a ~ mood** er hatte furchtbare Laune ❸ BRIT scheußlich; ~ **weather** Schmuddelwetter *nt* **II.** *adv (fam)* furchtbar; ~ **rich** stinkreich

fin [fɪn] *n* Flosse *f*

final ['faɪnᵊl] **I.** *adj* ❶ letzte(r, s); **in the ~ analysis** letzten Endes; ~ **chapter** Schlusskapitel *nt;* ~ **result** Endergebnis *nt* ❷ *(decisive)* endgültig; **that's ~!** und damit basta! **II.** *n* ❶ Endspiel *nt,* Finale *nt* ❷ BRIT UNIV **~s** *pl* [Schluss]examen *nt;* **to take one's ~s** Examen machen

finalist ['faɪnᵊlɪst] *n* Finalist(in) *m(f)*

finalize ['faɪnᵊlaɪz] *vt* zum Abschluss bringen; *(agree)* endgültig festlegen

finally ['faɪnᵊli] *adv* schließlich; *(expressing relief)* endlich; *(in conclusion)* abschließend, zum Schluss

finance ['faɪnæn(t)s] **I.** *n* ❶ *no pl* Finanzwirtschaft *f* ❷ *(funds)* Geldmittel *pl;* **~s** Finanzen *pl* **II.** *vt* finanzieren

financial [faɪ'næn(t)ʃᵊl] *adj* finanziell, Finanz-

financially [faɪ'næn(t)ʃᵊli] *adv* finanziell; ~ **weak** kapitalschwach

financier [faɪ'næn(t)siəʳ] *n* ❶ *(expert)* Finanzexperte, -expertin *m, f* ❷ *(capitalist)* Geldgeber(in) *m(f),* Finanzier *m*

financing ['faɪnæn(t)sɪŋ] *n* Finanzierung *f*

find [faɪnd] **I.** *n* Fund *m; (person)* Entdeckung *f* **II.** *vt* <found, found> finden; **to ~ what/where/who ...** herausfinden, was/wo/wer ...; **she was found unconscious** sie wurde bewusstlos aufgefunden; **to ~ oneself alone** auf einmal allein sein; **to ~ sb guilty** jdn für schuldig erklären; **to ~ that ...** feststellen, dass ...; *(realize)* sehen, dass ... **III.** *vi* ► **seek and you shall ~** *(prov)* wer such[e]t, der findet

◆ **find out I.** *vt* herausfinden; *(detect)* erwischen **II.** *vi* dahinterkommen; **to ~ out about sb/sth** *(get information)* sich über jdn/etw informieren; *(learn)* über jdn/etw etwas erfahren

finder ['faɪndəʳ] *n* Finder(in) *m(f);* ► **~s keepers[, losers weepers]** wers findet, dem gehörts

fine[1] [faɪn] **I.** *adj* ❶ in Ordnung *präd;* **seven's ~ by me** sieben [Uhr] passt mir gut ❷ *(excellent)* glänzend; *food* ausgezeichnet; *wine* erlesen; **the ~st pianist** der beste Pianist ❸ *(iron)* schön ❹ **the ~r points** die Feinheiten *pl;* **not to put too ~ a point on it, ...** um ganz offen zu sein, ... **II.** *adv* fein, [sehr] gut

fine[2] [faɪn] **I.** *n* Geldstrafe *f* **II.** *vt* zu einer Geldstrafe verurteilen

fine art *n no pl,* **fine arts** *n pl* die schönen Künste

finely ['faɪnli] *adv* fein; ~ **tuned** fein eingestellt; ~ **ground** fein gemahlen

finger ['fɪŋgəʳ] **I.** *n* Finger *m;* ► **to give sb the ~** AM jdm den Stinkefinger zeigen; **to lay a ~ on sb** jdm ein Haar krümmen; **to be all ~s and thumbs** BRIT, AUS zwei linke Hände haben **II.** *vt* anfassen; **to ~ the strings** in die Saiten greifen

fingernail *n* Fingernagel *m* **fingerprint I.** *n* Fingerabdruck *m* **II.** *vt* **to ~ sb** jdm die Fingerabdrücke abnehmen **fingertip** *n* Fingerspitze *f;* ► **to have sth at one's ~s** etw perfekt beherrschen

finish ['fɪnɪʃ] **I.** *n* Ende *nt; of race* Endspurt *m; (finishing line)* Ziel *nt;* **close ~** Kopf-an-Kopf-Rennen *nt;* ► **a fight to the ~** ein Kampf *m* bis zur Entscheidung **II.** *vi* enden, aufhören; *(conclude)* schließen; **have you quite ~ed?** *(iron)* bist du endlich fertig? **III.** *vt* beenden; *(complete)* fertig stellen; *(stop)* aufhören; **I ~ work at 5 p.m.** ich mache um 5 Uhr Feierabend; **to have ~ed doing sth** mit etw *dat* fertig sein

◆ **finish off I.** *vt* ❶ fertig stellen ❷ *(make nice)* den letzten Schliff geben ❸ *food* aufessen; *drink* austrinken **II.** *vi* abschließen

◆ **finish up I.** *vi* ❶ *(stop work)* fertig werden ❷ **to ~ up drunk** am Ende betrunken sein; **to ~ up in hospital** im

Krankenhaus landen **II.** *vt* aufessen
◆ **finish with** *vt* fertig sein mit; *person* Schluss machen mit
finished ['fɪnɪʃt] *adj* ❶ fertig (**with** mit); **the ~ product** das Endprodukt ❷ *(crafted)* **beautifully ~** wunderbar bearbeitet ❸ *(used up)* verbraucht ❹ *(tired)* erschöpft; *(ruined)* erledigt
Finland ['fɪnlənd] *n* Finnland *nt*
Finnish ['fɪnɪʃ] **I.** *n* Finnisch *nt* **II.** *adj* finnisch; **the ~ people** die Finnen
fir [fɜːʳ] *n* Tanne *f*
fir cone *n* BRIT Tannenzapfen *m*
fire ['faɪəʳ] **I.** *n* ❶ *no pl* Feuer *nt; (dangerous)* Brand *m;* **~!** Feuer!; **~ damage** Brandschaden *m;* **to be on ~** brennen, in Flammen stehen; **to play with ~** mit dem Feuer spielen; **gas ~** Gasofen *m;* **open ~** offener Kamin ❷ *no pl* MIL Feuer *nt,* Beschuss *m;* **to be/come under ~** beschossen werden; *(fig)* unter Beschuss geraten ❸ *no pl (fervour)* Feuer *nt* **II.** *vt* ❶ *(bake)* brennen ❷ *(shoot)* abfeuern; **to ~ a gun at sb/sth** auf jdn/etw schießen ❸ *(sack)* feuern **III.** *vi* feuern, schießen (**at** auf)
◆ **fire away** *vi* losschießen
◆ **fire off** *vt* abfeuern
firearm *n* Schusswaffe *f* **fire brigade** *n* BRIT Feuerwehr *f* **fire department** *n* AM Feuerwehr *f* **fire engine** *n* Feuerwehrauto *nt* **fire escape** *n (stairs)* Feuertreppe *f; (ladder)* Feuerleiter *f* **fire extinguisher** *n* Feuerlöscher *m* **firefighter** *n* Feuerwehrmann, -frau *m, f* **fireman** *n* Feuerwehrmann *m* **fireplace** *n* Kamin *m* **fireproof** *adj* feuerfest **firewoman** *n* Feuerwehrfrau *f* **firewood** *n no pl* Brennholz *nt* **firework** *n* Feuerwerkskörper *m;* **~s** *pl (display)* Feuerwerk *nt*
firm[1] [fɜːm] *n* Firma *f*
firm[2] [fɜːm] **I.** *adj* fest; *basis* sicher; **to be a ~ believer in sth** fest an etw *akk* glauben **II.** *adv* fest; **to stand ~** standhaft bleiben
firmly ['fɜːmli] *adv* ❶ *(securely, strongly)* fest, sicher; **to be attached/held ~** gut befestigt sein; **to shake sb's hand ~** jdm kräftig die Hand schütteln; **to say sth ~** etw mit Entschiedenheit sagen; **to reprimand sb ~** jdn entschieden zurechtweisen ❷ *(resolutely)* fest, bestimmt; **to believe ~ that …** fest glauben, dass …
first [fɜːst] **I.** *adj* erste(r, s); **~ thing tomorrow** morgen als Allererstes; **the ~ ever** *(fam)* der/die/das Allererste ▶ **~ among equals** Primus inter pares; **~ things ~** eins nach dem anderen **II.** *adv* ❶ zuerst; **~ of all** zu[aller]erst; **~ off** *(fam)* erst [einmal] ❷ *(before others)* als Erste(r, s); **head ~** mit dem Kopf voraus ▶ **~ come ~ served** *(prov)* wer zuerst kommt, mahlt zuerst; **~ and foremost** vor allem; **~ and last** in erster Linie **III.** *n* ❶ **the ~** der/die/das Erste ❷ **at ~** anfangs; **from the [very] ~** von Anfang an ❸ *no pl* AUTO der erste Gang
first aid *n* erste Hilfe; **to give sb ~** jdm erste Hilfe leisten; **~ box** Verbandskasten *m* **first-class I.** *adj* ❶ **~ compartment** Erste-Klasse-Abteil *nt;* **~ mail** bevorzugt beförderte Post ❷ *(wonderful)* erstklassig **II.** *adv* erster Klasse
firstly ['fɜːs(t)li] *adv* erstens
first name *n* Vorname *m* **first night** *n* THEAT Premiere *f* **first-rate** *adj* erstklassig
fish [fɪʃ] **I.** *n* <*pl* -> Fisch *m;* ▶ **to have bigger ~ to fry** Wichtigeres zu tun haben; **to be a small ~ in a big pond** nur einer von vielen sein; **like a ~ out of water** wie ein Fisch auf dem Trockenen **II.** *vi* fischen; *(with rod)* angeln
fishbone *n* [Fisch]gräte *f* **fishcake** *n* Fischfrikadelle *f*
fisherman *n* Fischer *m;* SPORTS Angler *m*
fish finger *n* Fischstäbchen *nt*
fishing ['fɪʃɪŋ] *n no pl* Fischen *nt; (with rod)* Angeln *nt;* **~ for compliments** Suche *f* nach Komplimenten; **~ for information** Informationssuche *f*
fishmonger *n* BRIT Fischhändler(in) *m(f)*

F

fissionable ['fɪʃənəbl̩, AM *also*-ʒ-] *adj* spaltbar, spaltfähig

fist [fɪst] *n* Faust *f*

fit¹ [fɪt] *n* Anfall *m;* **to be in ~s of laughter** sich kaputtlachen; **in a ~ of generosity** in einer Anwandlung von Großzügigkeit ▸ **in ~s and starts** sporadisch

fit² [fɪt] I. *adj* <-tt-> ① geeignet; **~ for human habitation** bewohnbar; **that's all he's ~ for** das ist alles, wozu er taugt ② *(able)* fähig; **~ to travel** reisetauglich; **~ to work** arbeitsfähig ③ *(appropriate)* angebracht; **do what you think ~** tun Sie, was Sie für richtig halten ④ *(worthy)* würdig; **to be not ~ to be seen** sich nicht sehen lassen können II. *n no pl* Sitz *m;* **these shoes are a good ~** diese Schuhe passen gut III. *vt* <fits, fitting, fitted *or* AM *a.* fit> ① *(be appropriate)* **to ~ sb/sth** sich für jdn/etw eignen ② *(correspond with)* entsprechen *+dat;* **the punishment should always ~ the crime** die Strafe sollte immer dem Vergehen angemessen sein ③ **to ~ sth to sth** etw etw *dat* anpassen ④ *(clothes)* **to ~ sb** jdm passen IV. *vi* <fits, fitting, fitted *or* AM *a.* fit> passen; *clothes also* sitzen; **to ~ into sth** in etw *akk* hineinpassen

◆ **fit in** I. *vi (get on well)* sich einfügen; *(conform)* dazupassen II. *vt* einschieben

◆ **fit out** *vt* ausstatten; *(specifically)* ausrüsten

fitness ['fɪtnəs] *n no pl* Fitness *f; (ability)* Eignung *f*

fitted ['fɪtɪd] *adj clothes* maßgeschneidert; **~ kitchen** BRIT Einbauküche *m;* **to be ~ for sth** sich für etw *akk* eignen

fitting ['fɪtɪŋ] I. *n* ① **~s** *pl* Ausstattung *f;* **bathroom ~s** Badezimmereinrichtung *f* ② *of clothes* Anprobe *f* II. *adj* passend; **it is ~ that ...** es schickt sich, dass ...

five [faɪv] I. *adj* fünf; *see also* **eight** II. *n* ① Fünf *f;* **~ o'clock shadow** nachmittäglicher Stoppelbart; *see also* **eight** ② *(fam)* **to take ~** sich *dat* eine kurze Pause genehmigen

fiver ['faɪvər] *n* BRIT *(fam)* Fünfpfundnote *f;* AM Fünfdollarschein *m*

fix [fɪks] I. *n* ① *(fam)* Klemme *f;* **to be in a ~** in der Klemme sitzen ② *(sl: drugs)* Schuss *m,* Fix *m* II. *vt* ① *(fasten)* befestigen, festmachen; **to ~ sth to sth** etw an etw *dat* anbringen ② *(decide)* festlegen; *rent, price* festsetzen ③ *(repair)* reparieren ④ *(concentrate)* richten (**on** auf) ⑤ *(stare)* fixieren

◆ **fix up** *vt* ① *(supply)* **to ~ up ↻ sb** jdn versorgen ② *(arrange)* **to ~ up ↻ sth** etw arrangieren ③ *(fam: mend)* in Ordnung bringen

fixed [fɪkst] *adj* fest; *gaze* starr; **~ charges** Fixkosten *pl*

fixture ['fɪkstʃər] *n* ① **bath ~s** Badezimmerarmaturen *pl;* **to be a permanent ~** *(fig, hum)* zum [lebenden] Inventar gehören ② BRIT, AUS SPORTS [Sport]veranstaltung *f;* **~ list** Spielplan *m*

flabbiness ['flæbɪnəs] *n no pl (pej fam: lack of firmness)* Schlaffheit *f; of arms, thighs* Wabbeligkeit *f*

flag [flæg] I. *n* Fahne *f; (national)* Flagge *f* II. *vt* <-gg-> *(signal)* **to ~ [down]** anhalten III. *vi* <-gg-> *enthusiasm* abflauen; *interest* nachlassen

flagging *adj attr* AM nachlassend, erlahmend *geh;* **~ sales** Absatzrückgang *m*

flamboyance [flæm'bɔɪən(t)s] *n no pl* ① *(extravagance)* Extravaganz *f* ② *(showiness)* Grellheit *f*

flame [fleɪm] I. *n* Flamme *f;* **to be/go up in ~s** in Flammen stehen/aufgehen; **to burst into ~s** in Brand geraten II. *vi* brennen; *(fig)* glühen

flan [flæn] *n* Obsttorte *f; (savoury) Pastete mit Käse oder Schinken*

flannel ['flænəl] *n* ① *no pl* Flanell *m* ② BRIT *(facecloth)* Waschlappen *m* ③ **~s** *pl* Flanellhose *f*

flap [flæp] I. *vt* <-pp-> **to ~ one's wings** mit den Flügeln schlagen II. *vi*

<-pp-> ① flattern; *wings* schlagen ② **to ~ about** nervös auf und ab laufen **III.** *n* ① Flattern *nt* ② **pocket ~** Taschenklappe *f;* **~ of skin** Hautlappen *m* ③ *(fam)* **in a ~** schrecklich aufgeregt

flare [fleəʳ] **I.** *n* ① Leuchtkugel *f* ② *(of trousers)* Schlag *m;* **~s** *pl* Schlaghose *f* **II.** *vi* aufflammen **III.** *vt* **to ~ one's nostrils** die Nasenflügel aufblähen

flash [flæʃ] **I.** *n* <*pl* -es> ① [Licht]blitz *m; (glint)* [Auf]blitzen *nt kein pl; (explosion)* Stichflamme *f;* **~ of lightning** Blitz *m* ② **~ of anger/temper** Wut-/Temperamentsausbruch *m;* **~ of inspiration** Geistesblitz *m* ③ *(moment)* Augenblick *m* ④ PHOT Blitz *m;* **to use [a] ~** mit Blitzlicht fotografieren ▸ **like a ~** blitzartig; **a ~ in the pan** ein Strohfeuer *nt* **II.** *adj (pej fam)* protzig **III.** *vt* ① *light* aufleuchten lassen; **to ~ sb** *motorist* jdm Lichthupe geben ② *(look)* zuwerfen **IV.** *vi* ① blitzen; AUTO die Lichthupe betätigen; **lightning ~ed** es blitzte ② *(appear)* kurz auftauchen; *thought* schießen; **my whole life ~ed before me** mein ganzes Leben lief im Zeitraffer vor mir ab ③ *(fam)* **to ~ [at sb]** sich [jdm] exhibitionistisch zeigen

flash flood *n* flutartige Überschwemmung

flashlight *n* Blitzlicht *nt;* AM *(torch)* Taschenlampe *f*

flashy ['flæʃi] *adj* protzig

flask [flɑ:sk] *n* Flachmann *m; (thermos)* Thermosflasche; CHEM Kolben *m*

flat[1] [flæt] **I.** *adj* <-tt-> flach; *surface* eben; *(stale)* schal; BRIT, AUS *battery* leer; *tyre* platt ▸ **and that's ~** und dabei bleibt es **II.** *adv* <-tt-> flach; *(levelly)* platt; **to fall ~ on one's face** der Länge nach hinfallen ▸ **to fall ~** *attempt* scheitern; *joke* nicht ankommen; *performance* durchfallen; **in no time ~** in Sekundenschnelle **III.** *n* flache Seite; *(ground)* Ebene *f;* **mud ~s** *pl* Sumpfebene *f;* **salt ~s** *pl* Salzwüste *f*

flat[2] [flæt] *n* BRIT, AUS [Etagen]wohnung *f;* **~s** *pl* Wohnblock *m*

flat rate [flæt'reɪt] *n* ① FIN Pauschalsatz *m* ② INET Flatrate *f*

flats [flæts] *n pl* FASHION flache Schuhe

flatscreen *n* Flatscreen *m*

flatter[1] ['flætəʳ] *vt* schmeicheln *+dat;* **don't ~ yourself!** bilde dir ja nichts ein!

flatter[2] ['flætəʳ] *adj comp of* **flat**

F

flattered ['flætəd] *adj* geschmeichelt; **to be ~** sich geschmeichelt fühlen

flattery ['flætᵊri] *n no pl* Schmeicheleien *pl* ▸ **~ will get you nowhere** mit Schmeicheleien erreicht man nichts

flavor AM *see* **flavour**

flavour ['fleɪvəʳ] **I.** *n* [Wohl]geschmack *m,* Aroma *nt; (specific)* Geschmacksrichtung *f,* Sorte *f; (fig)* Anflug *m* **II.** *vt* würzen

flea [fli:] *n* Floh *m;* ▸ **to send sb away with a ~ in their ear** jdm eine Abfuhr erteilen

fled [fled] *vi, vt pp, pt of* **flee**

flee <fled, fled> [fli:] **I.** *vi* fliehen (**from** vor); *(seek safety)* flüchten; **to ~ abroad** [sich] ins Ausland flüchten **II.** *vt country* fliehen aus *+dat; danger* fliehen vor *+dat*

fleecy ['fli:si] *adj* ① *(towel)* flauschig ② *(of fleece)* [Schaf]fell-; **~ lining** Fellfutter *nt*

fleeting ['fli:tɪŋ] *adj* flüchtig; *beauty* vergänglich; **~ visit** Kurzbesuch *m*

Fleming ['flemɪŋ] *n* Flame, Flämin *m, f*

flesh [fleʃ] *n no pl* Fleisch *nt; of fruit* [Frucht]fleisch *nt;* ▸ **to be [only] ~ and blood** auch [nur] ein Mensch sein; **one's own ~ and blood** sein eigen[es] Fleisch und Blut; **to have one's pound of ~** seinen vollen Anteil bekommen

fleshy ['fleʃi] *adj* ① *(plump)* beleibt ② *fruit* fleischig, saftig

flew [flu:] *vi, vt pp, pt of* **fly**

flex [fleks] **I.** *vt* beugen; *muscles* [an]spannen; **to ~ one's muscles** *(fig)* seine Muskeln spielen lassen **II.** *vi* sich beugen; *muscles* sich [an]spannen **III.** *n* [Anschluss]kabel *nt*

flexible ['fleksɪbl̩] *adj* biegsam; *(fig)* flexibel; ~ **working hours** gleitende Arbeitszeit

flexitime ['fleksitaɪm] *n no pl* Gleitzeit *f;* **to work** ~ gleitende Arbeitszeit haben

F

flick [flɪk] **I.** *n* ❶ *(blow)* [kurzer] Schlag ❷ *(movement)* kurze Bewegung; *of switch* Klicken *nt* ❸ *(fam: film)* Streifen *m* **II.** *vt* ❶ einen [leichten] Schlag versetzen +*dat* ❷ *whip* schnalzen mit; **to ~ channels** *(fam)* durch die Kanäle zappen; **to ~ sth on/off** etw an-/ausknipsen

flight [flaɪt] *n* ❶ *(flying)* Flug *m;* **to take** ~ auffliegen; **in** ~ im Flug ❷ *(fleeing)* Flucht *f;* **to put sb to** ~ jdn in die Flucht schlagen ❸ + *sing/pl vb (group)* Schwarm *m; of migrating birds* [Vogel]zug *m; of aircraft* [Flieger]staffel *f* ❹ **a** ~ [**of stairs**] eine Treppe ❺ **a ~ of fancy** ein geistiger Höhenflug

flight attendant *n* Flugbegleiter(in) *m(f)*

flimsy ['flɪmzi] *adj* instabil; *clothing* dünn

fling [flɪŋ] **I.** *n* [mit Schwung ausgeführter] Wurf; *(fig)* ausgelassene Zeit; **to have a ~ with sb** mit jdm etwas haben **II.** *vt* <flung, flung> werfen; **to ~ open** aufreißen; **to ~ oneself at sb/sth** sich auf jdn/etw stürzen; *(fig)* sich jdm an den Hals werfen; **to ~ oneself into sth** *(fig)* sich in etw *akk* stürzen
◆**fling out** *vt (fam)* ausrangieren; *person* rausschmeißen

flip [flɪp] **I.** *vt* <-pp-> *switch* drücken; *(turn over)* umdrehen; *coin* werfen ▶**to ~ one's lid** ausflippen **II.** *vi* <-pp-> ❶ **to ~** [**over**] sich [schnell] [um]drehen; *vehicle* sich überschlagen ❷ *(sl)* ausflippen **III.** *n* ❶ *(throw)* Werfen *nt* ❷ *(movement)* Ruck *m*

flip-flop® *n* Badelatsche *f*

flipper ['flɪpəʳ] *n* [Schwimm]flosse *f*

flirt [flɜːt] **I.** *vi* flirten **II.** *n* **she's a dreadful ~** sie kann das Flirten nicht lassen

float [fləʊt] **I.** *n* ❶ *(for fishing)* [Kork]schwimmer *m* ❷ *(vehicle)* Festzugswagen *m;* **milk** ~ Milch[ausliefer]wagen *m* **II.** *vi* schwimmen; *(drift)* treiben; *(fig)* schweben; **to ~ through one's mind** jdm in den Sinn kommen **III.** *vt* treiben lassen; ECON *business* gründen
◆**float off** *vi* wegtreiben; *(in air)* davonschweben

flock [flɒk] **I.** *n* + *sing/pl vb* Herde *f; of people* Schar *f; of birds also* Schwarm *m* **II.** *vi* sich scharen; **to ~ to sth** zu etw *dat* in Scharen kommen

flood [flʌd] **I.** *n* ❶ Überschwemmung *f,* Hochwasser *nt kein pl;* **the F~** REL die Sintflut ❷ *(fig)* Flut *f;* **to be in ~s of tears** von Tränen überströmt sein ❸ *(tide)* ~ [**tide**] Flut *f* **II.** *vt* überschwemmen; *room* unter Wasser setzen; *(engine)* absaufen lassen **III.** *vi* überschwemmt werden, unter Wasser stehen

flooding ['flʌdɪŋ] *n no pl* Überschwemmung *f*

floodlight *n* Scheinwerfer *m; (light)* Flutlicht *nt;* **under ~s** bei Flutlicht

floor [flɔːʳ] *n* ❶ [Fuß]boden *m; (area)* Bereich *m;* **factory** ~ Fabrikhalle *f* ❷ *(storey)* Stock *m,* Etage *f;* **on the third** ~ im dritten Stock

Übersetzungstipp

Nicht verwechseln mit *Flur* – *hall, corridor!*

floorboard *n* Diele *f*

flop [flɒp] **I.** *vi* <-pp-> sich fallen lassen; *(fail)* ein Flop sein; *performance* durchfallen **II.** *n* ❶ *no pl* Plumps *m* ❷ *(failure)* Flop *m*

floppy ['flɒpi] **I.** *adj* schlaff; *hair* [immer

wieder] herabfallend; ~ **ears** Schlappohren *pl;* ~ **hat** Schlapphut *m* **II.** *n* COMPUT *(fam)* Floppy[disk] *f*

Florence ['flɒrᵊn(t)s] *n no pl* Florenz *nt*

florist ['flɒrɪst] *n* Florist(in) *m(f);* **~'s** Blumengeschäft *nt*

flour ['flaʊəʳ] *n no pl* Mehl *nt*

flow [fləʊ] **I.** *vi* fließen; *air, light, warmth* strömen; **the beer was ~ing** das Bier floss in Strömen; **the conversation began to ~** die Unterhaltung kam in Gang **II.** *n usu sing* Fluss *m;* ~ **of ideas/information** Ideen-/Informationsfluss *m;* ~ **of traffic** Verkehrsfluss *m;* ▸ **to go against /with the ~** gegen den/mit dem Strom schwimmen; **in full** ~ voll in Fahrt

flowchart, **flow diagram** *n* Flussdiagramm *nt*

flower ['flaʊəʳ] **I.** *n* Blume *f; (blossom)* Blüte *f;* **to be in** ~ blühen **II.** *vi* blühen

flowerbed *n* Blumenbeet *nt*

flown [fləʊn] *vi, vt pp of* **fly**

flu [flu:] *n no pl short for* **influenza** Grippe *f*

fluctuating ['flʌktʃueɪtɪŋ] *adj* ECON, FIN schwankend

fluent ['flu:ənt] *adj language* fließend; *rhetoric* gewandt; **to be ~ in a language** eine Sprache fließend beherrschen

fluently ['flu:əntli] *adv speak, write* flüssig; *speak a foreign language* fließend

fluffy ['flʌfi] *adj feathers* flaumig; *pillows* flaumig weich; ~ **toy** Kuscheltier *nt*

fluid ['flu:ɪd] **I.** *n* Flüssigkeit *f;* **bodily ~s** Körpersäfte *pl* **II.** *adj* flüssig; *(fig: changeable)* veränderlich

fluke [flu:k] *n usu sing (fam)* Dusel *m fam;* **by some amazing** ~ durch einen glücklichen Zufall

flung [flʌŋ] *pp, pt of* **fling**

fluorocarbon [ˌflɔ:rə(ʊ)'kɑ:bᵊn] *n* CHEM Fluorkohlenwasserstoff *m*

flush [flʌʃ] **I.** *vi* ❶ *(blush)* erröten (**with** vor) ❷ *(empty)* spülen; **the toilet won't ~** die Spülung geht nicht **II.** *vt* spülen

fluster ['flʌstəʳ] **I.** *vt* nervös machen **II.** *n no pl* **in a ~** nervös

flustered ['flʌstəd] *adj* nervös, aufgeregt; **to look ~** einen gehetzten Eindruck machen

flute [flu:t] *n* Flöte *f*

fly [flaɪ] **I.** *vi* <flew, flown> ❶ fliegen; **he flew across the Atlantic** er überflog den Atlantik; **we flew from Heathrow** wir flogen von Heathrow ab ❷ **I must ~** ich muss mich sputen; **the door flew open** die Tür flog auf **II.** *vt* <flew, flown> fliegen **III.** *n* Fliege *f;* ▸ **the ~ in the ointment** das Haar in der Suppe; **to be a ~ on the wall** Mäuschen sein

◆**fly away** *vi* wegfliegen; *plane, pilot* abfliegen

◆**fly off** *vi* wegfliegen; *plane, pilot* abfliegen; **she flew off to India** sie flog nach Indien

◆**fly out** *vi* ausfliegen; **he's ~ing out to Australia** er fliegt nach Australien

flyer *n* Flugblatt *nt,* Werbezettel *m*

flying ['flaɪɪŋ] *n no pl* Fliegen *nt*

flying visit *n* Stippvisite *f fam*

flyover *n* BRIT *(bridge)* Überführung *f;* AM *(flight)* Luftparade *f* **fly-tip I.** *vi* illegal Müll abladen **II.** *n* illegaler Müllplatz

foam [fəʊm] **I.** *n no pl* Schaum *m; (plastic)* Schaumstoff *m* **II.** *vi* schäumen ▸ **to be ~ing at the mouth** vor Wut schäumen

focus <*pl* -es> ['fəʊkəs, *pl* -saɪ] **I.** *n* Mittelpunkt *m,* Brennpunkt *m;* **to be the ~ of attention** im Mittelpunkt stehen; **in/out of ~** scharf/nicht scharf eingestellt **II.** *vi* <-s- *or* -ss-> ❶ sich konzentrieren (**on** auf) ❷ *(see)* klar sehen **III.** *vt* <-s- *or* -ss-> konzentrieren (**on** auf); *camera, telescope* scharf einstellen (**on** auf)

fog [fɒg] *n* Nebel *m*

foggy ['fɒgi] *adj* neblig ▸ **to not have the foggiest** [**idea**] keine blasse Ahnung haben

foil[1] [fɔɪl] *n* Folie *f*

foil² [fɔɪl] *vt* **to ~ sth** etw verhindern; **to ~ sb** jdn vereiteln; **~ed again!** *(hum)* wieder mal alles umsonst!

fold [fəʊld] **I.** *n* Falte *f* **II.** *vt* ❶ falten (**into** zu); *letter* zusammenfalten; *arms* verschränken ❷ *(wrap)* einwickeln **III.** *vi* zusammenklappen

folder ['fəʊldəʳ] *n* Mappe *f;* COMPUT Ordner *m*

F

folding ['fəʊldɪŋ] *adj attr* **~ bed** Klappbett *nt;* **~ door** Falttür *f*

folk music *n no pl* Folk *m*

folks [fəʊks] *n pl* ❶ *(fam: form of address)* Leute *pl fam* ❷ *esp* AM *(parents)* **the ~** die Eltern *pl*

folk song *n* Volkslied *nt*

follow ['fɒləʊ] **I.** *vt* ❶ folgen *+dat; (pursue)* verfolgen ❷ *(happen next)* **to ~ sth** auf etw *akk* folgen ❸ *(succeed)* **to ~ sb** jdm nachfolgen ❹ *(imitate)* **to ~ sb** es jdm gleichtun; **to ~ sth** etw nachmachen; **~ that!** mach mir das erst mal nach! ❺ *(obey)* befolgen; *guidelines* sich halten an *+akk* **II.** *vi* folgen; *(result)* sich ergeben (**from** aus)

◆ **follow on** *vi* nachkommen; *fact* sich [aus etw *dat*] ergeben

◆ **follow up I.** *vt* weiterverfolgen; **he ~ed up his act with** [*or* **by**] **a song** er schloss seine Nummer mit einem Lied ab **II.** *vi* **she ~ed up with a song** zum Schluss sang sie ein Lied

following ['fɒləʊɪŋ] **I.** *adj* folgend **II.** *n* ❶ **the ~** *(persons)* folgende Personen; *(objects)* Folgendes ❷ *(fans)* Anhänger *pl*

fond [fɒnd] *adj* ❶ **to be ~ of sb/sth** jdn/etw gern mögen; **to be ~ of doing sth** etw gern machen ❷ *attr (naive) hope* kühn; *belief* allzu zuversichtlich

fondue ['fɒndju:] *n* Fondue *nt*

food [fu:d] *n no pl* Essen *nt;* **baby ~** Babynahrung *f;* ▶ **~ for __thought__** Stoff *m* zum Nachdenken

food intolerance *n* Lebensmittelunverträglichkeit *f* **food poisoning** *n no pl* Lebensmittelvergiftung *f* **food processor** *n* Küchenmaschine *f*

fool [fu:l] **I.** *n* Dummkopf *m; (jester)* [Hof]narr *m;* **he's no ~** er ist nicht blöd; **to play the ~** herumalbern; **to make a ~ of sb/oneself** jdn/sich lächerlich machen; **to be nobody's ~** nicht blöd sein ▶ **more ~ __you__** BRIT selber schuld **II.** *adj attr (fam)* blöd **III.** *vt* täuschen; **to ~ sb into doing sth** jdn [durch einen Trick] dazu bringen, etw zu tun ▶ **__you__ could have ~ed me** das kannst du mir nicht weismachen

foolish ['fu:lɪʃ] *adj* töricht

foolishly ['fu:lɪʃli] *adv* töricht, törichterweise

foolishness ['fu:lɪʃnəs] *n no pl* Dummheit *f;* **it is ~ to do sth** es ist dumm, etw zu tun

foot [fʊt] *n* <*pl* feet> ❶ Fuß *m;* **to be [back/quick] on one's feet** [wieder/schnell] auf den Beinen sein; **to leap to one's feet** aufspringen; **to put one's feet up** die Füße hochlegen; **at sb's feet** zu jds Füßen; **on ~** zu Fuß ❷ <*pl* foot *or* feet> *(length)* Fuß *m (= 0,348 Meter)* ❸ *(base)* Fuß *m;* **at the ~ of the bed** am Fußende des Betts; **at the ~ of the page** am Seitenende ▶ **to put one's __best__ ~ forward** sich anstrengen; **to have a ~ in both __camps__** auf beiden Seiten beteiligt sein; **__my__ ~!** so ein Quatsch!; **to __rush__ sb off his/her feet** jdn beschäftigen; **to __think__ on one's feet** eine schnelle Entscheidung treffen; **to be __under__ sb's feet** zwischen jds Füßen herumlaufen; **to never put a ~ __wrong__** nie einen Fehler machen

football ['fʊtbɔ:l] *n* ❶ *no pl* Fußball *m; (American football)* Football *m* ❷ *(ball)* Fußball/Football *m*

footballer ['fʊtbɔ:ləʳ] *n* BRIT Fußballspieler(in) *m(f);* AM Footballspieler(in) *m(f)*

footbridge *n* Fußgängerbrücke *f* **footpath** *n* Fußweg *m* **footprint** *n* Fußabdruck *m*

for [fɔ:ʳ, fəʳ] **I.** *conj* denn **II.** *prep* ❶ *(intended)* für ❷ *(respecting)* **that's too**

strong ~ me das ist mir zu stark; **luckily ~ me** zu meinem Glück; **that's children ~ you!** so sind Kinder eben!; **a cheque ~ £100** ein Scheck über 100 Pfund; **~ rent/sale** zu vermieten/verkaufen; **I feel sorry ~ her** sie tut mir leid; **as ~ me** was mich betrifft ③ *(with time, distance)* **he was jailed ~ twelve years** er musste für zwölf Jahre ins Gefängnis; **I'm just going out ~ a bit** ich gehe mal kurz raus; **~ Christmas** zu Weihnachten; **to practise ~ half an hour** eine halbe Stunde üben; **~ the moment** im Augenblick; **~ the time being** für den Augenblick; **~ the first time** zum ersten Mal ④ *(purpose)* **what's that ~?** wofür ist das?; **what did you do that ~?** wozu hast du das getan?; **~ your information** zu Ihrer Information ⑤ *(reason)* **he apologized ~ being late** er entschuldigte sich wegen seiner Verspätung; **he's only in it ~ the money** er tut es nur wegen des Geldes; **not ~ a million dollars** um nichts in der Welt; **~ various reasons** aus verschiedenen Gründen

for / since
Beachte den Unterschied:
for (seit) wird für Zeiträume gebraucht. Es gibt an, wie lange etwas andauert: *We have lived here for three years. Ben waited for two hours before going home.*
since (seit) wird bei genauen Zeitangaben gebraucht: *Ben has been waiting since two o'clock. We have lived here since 2002.*

forbade [fəˈbæd] *pt of* **forbid**
forbearance [fɔːˈbeərən(t)s] *n no pl (dated form)* Nachsicht *f,* Geduld *f*
forbid <-dd-, forbade, forbidden> [fəˈbɪd] *vt* **to ~ sb sth** jdm etw verbieten
forbidden [fəˈbɪdᵊn] **I.** *adj* verboten **II.** *pp of* **forbid**
force [fɔːs] **I.** *n* ① *no pl* Kraft *f; (intensity)* Stärke *f; of blow* Wucht *f* ② *no pl (violence)* Gewalt *f;* **by ~** mit Gewalt ③ *(group)* Truppe *f;* **police ~** Polizei *f;* **Air F~** Luftwaffe *f;* **to join ~s** sich zusammentun **II.** *vt* zwingen; **to ~ a smile** gezwungen lächeln; **to ~ one's way** sich *dat* seinen Weg bahnen; **to ~ sth on sb** jdm etw aufzwingen; **to ~ sth into sth** etw in etw *akk* [hinein]zwängen
forced [fɔːst] *adj* ① **~ marriage** Zwangsehe *f;* **~ labour** Zwangsarbeit *f;* **~ landing** Notlandung *f* ② *smile* gezwungen
forceful [ˈfɔːsfᵊl] *adj* kraftvoll; *personality* stark
forcefully [ˈfɔːsfᵊli] *adv* kraftvoll; **to argue ~** überzeugend argumentieren
forearm [ˈfɔːʳɑːm] *n* Unterarm *m*
forecast [ˈfɔːʳkɑːst] **I.** *n* Prognose *f; (of weather)* [Wetter]vorhersage *f* **II.** *vt* <-cast *or* -casted, -cast *or* -casted> vorhersagen; **to ~ that/what/who …** prophezeien, dass/was/wer …
foreground *n* Vordergrund *m*
forehand *n* Vorhand *f;* **on the ~** mit der Vorhand
forehead [ˈfɒrɪd] *n* Stirn *f*
foreign [ˈfɒrɪn] *adj* ① *(from abroad)* ausländisch; **~ countries** Ausland *nt kein pl* ② *(with abroad)* **~ policy** Außenpolitik *f;* **~ travel** Auslandsreise *f* ③ *(alien)* fremd; **~ body** Fremdkörper *m*
foreigner [ˈfɒrɪnəʳ] *n* Ausländer(in) *m(f)*
foreign exchange *n no pl* Devisen *pl*
foreign language *n* Fremdsprache *f*
Foreign Office *n no pl* BRIT Außenministerium *nt*
forename *n (form)* Vorname *m*
forest [ˈfɒrɪst] *n* Wald *m;* **the Black F~** der Schwarzwald
forester [ˈfɒrɪstəʳ] *n* Förster(in) *m(f)*
forestry [ˈfɒrɪstri] *n no pl* Forstwirt-

schaft *f*
foretaste ['fɔːteɪst] *n usu sing* Vorgeschmack *m*
forever [fə'revəʳ] *adv* ❶ ewig ❷ *(fam)* **to be ~ doing sth** etw ständig machen
foreword *n* Vorwort *nt*
forgave [fə'geɪv] *n pt of* **forgive**
forge [fɔːdʒ] **I.** *n* Schmiede *f* **II.** *vt* schmieden; *(copy)* fälschen
F
forgery ['fɔːdʒᵊri] *n* ❶ Fälschung *f* ❷ *no pl (crime)* Fälschen *nt*
forget <-got, -gotten> [fə'get] *vt, vi* vergessen; **not ~ting** nicht zu vergessen; **to ~ the past** die Vergangenheit ruhen lassen
forgetful [fə'getfᵊl] *adj* vergesslich
forgetfulness [fə'getfᵊlnəs] *n no pl* Vergesslichkeit *f*
forgivable [fə'gɪvəbḷ] *adj* verzeihlich
forgive <-gave, -given> [fə'gɪv] *vt* **to ~ sb [for] sth** jdm etw verzeihen; **~ me, but …** Entschuldigung, aber …
forgot [fə'gɒt] *pt of* **forget**
forgotten [fə'gɒtᵊn] **I.** *pp of* **forget** **II.** *adj* vergessen
fork [fɔːk] **I.** *n* Gabel *f; (division)* Gabelung *f; (road)* Abzweigung *f;* **~s** *pl of bicycle* [Rad]gabel *f* **II.** *vi* ❶ *(divide)* sich gabeln ❷ *(turn)* **to ~ left** nach links abzweigen
forked [fɔːkt] *adj* gegabelt; *tongue* gespalten; **~ lightning** Linienblitz *m*
form [fɔːm] **I.** *n* ❶ Art *f; of disease* Erscheinungsbild *nt; of energy* Typ *m;* **art ~** Kunstform *f;* **life ~** Lebensform *f* ❷ *no pl (manifestation)* Form *f,* Gestalt *f* ❸ *(paper)* Formular *nt;* **application ~** Bewerbungsbogen *m;* **entry ~** Anmeldeformular *m* ❹ *(shape)* Form *f; of a person* Gestalt *f* ❺ *no pl (fitness)* Form *f,* Kondition *f;* **to be in good ~** [gut] in Form sein ❻ BRIT SCH *(class)* Klasse *f; (year)* Jahrgangsstufe *f* **II.** *vt* ❶ formen (**into** zu); *(arrange)* bilden ❷ *(set up)* gründen; *committee, government* bilden **III.** *vi* sich bilden; *idea* Gestalt annehmen; **to ~ into sth** sich zu etw *dat* formen
formal ['fɔːmᵊl] *adj (ceremonious)* formell; *(serious, official)* offiziell, förmlich; *(nominal)* formal; **~ dress** Gesellschaftskleidung *f*
formality [fɔː'mæləti] *n* ❶ *no pl (decorum)* Förmlichkeit *f* ❷ Formalität *f;* **to be [just] a ~** [eine] [reine] Formsache sein
format ['fɔːmæt] **I.** *n* Format *nt* **II.** *vt* <-tt-> formatieren
formation [fɔː'meɪʃᵊn] *n* ❶ *no pl* Bildung *f* ❷ GEOL, MIL Formation *f*
former ['fɔːməʳ] **I.** *adj attr* ehemalig **II.** *n* **the ~** der/die/das Erstere
formless ['fɔːmləs] *adj* formlos
formula <*pl* -s> ['fɔːmjələ, *pl* -liː] *n* Formel *f; (food)* Babymilchpulver *nt*
fort [fɔːt] *n* Fort *nt;* ▶ **to hold the ~** die Stellung halten
forth [fɔːθ] *adv* **back and ~** vor und zurück; **to go ~** hinausgehen; **to pace back and ~** auf und ab gehen; **to ride ~** losreiten ▶ **[and so on] and so ~** und so weiter [und so fort]
forthcoming [ˌfɔːθ'kʌmɪŋ] *adj* ❶ bevorstehend; *book, film* in Kürze erscheinend ❷ *(available)* verfügbar; **to be ~** *money* zur Verfügung gestellt werden
forthright ['fɔːθraɪt] *adj* direkt
fortieth ['fɔːtiəθ] **I.** *adj* vierzigste(r, s); *see also* **eighth** **II.** *n* Vierzigstel *nt;* **the ~** der/die/das Vierzigste; *see also* **eighth**
fortnight ['fɔːtnaɪt] *n* BRIT, AUS zwei Wochen, vierzehn Tage; **a ~ on Monday** Montag in zwei Wochen; **in a ~['s time]** in zwei Wochen
fortunate ['fɔːtʃᵊnət] *adj* glücklich; **to be ~** Glück haben; **it is ~ [for sb] that …** es ist [jds] Glück, dass …
fortunately ['fɔːtʃᵊnətli] *adv* zum Glück; **~ for him** zu seinem Glück
fortune ['fɔːtʃuːn] *n* ❶ *(money)* Vermögen *nt* ❷ *no pl (form)* Schicksal *nt;* **stroke of good ~** Glücksfall *m;* **good/ill ~** Glück/Pech *nt;* **to tell sb's ~** jds Schicksal vorhersagen
fortune teller *n* Wahrsager(in) *m(f)* **for-**

tune-telling *n* Wahrsagerei *f*
forty ['fɔ:ti] I. *adj* vierzig; *see also* **eight** II. *n* Vierzig *f*; *see also* **eight**
forward ['fɔ:wəd] I. *adv (to front)* nach vorn[e]; *(onwards)* vorwärts; **to lean ~** sich vorlehnen II. *adj* vordere(r, s); **~ movement** Vorwärtsbewegung *f*; **~ planning** Vorausplanung *f* III. *n* Stürmer(in) *m(f)* IV. *vt* weiterleiten (**to** an); **"please ~"** „bitte nachsenden"
forwarding address *n* Nachsendeadresse *f*
forwards ['fɔ:wədz] *adv see* **forward**
foster ['fɒstəʳ] I. *vt child* aufziehen; *relations* pflegen II. *vi* ein Kind in Pflege nehmen
foster child *n* Pflegekind *nt* **foster father** *n* Pflegevater *m* **foster mother** *n* Pflegemutter *f*
fought [fɔ:t] *pt, pp of* **fight**
foul [faʊl] I. *adj* verpestet; *air* stinkend; *(disgusting)* abscheulich; *smell* faul; *(unpleasant)* fürchterlich; **to be ~ to sb** fies zu jdm sein II. *n* Foul *nt* (**on** an) III. *vt* verschmutzen; SPORTS foulen
foul-mouthed *adj* unflätig
found[1] [faʊnd] *pt, pp of* **find**
found[2] [faʊnd] *vt* gründen
foundation [ˌfaʊn'deɪʃən] *n* ❶ Fundament *nt*; **to be without ~** *(fig)* jeglicher Grundlage entbehren ❷ *no pl (establishing)* Gründung *f* ❸ *(organization)* Stiftung *f*
founder ['faʊndəʳ] *n* Gründer(in) *m(f)*
fountain ['faʊntɪn] *n* Brunnen *m*; *(spray)* Schwall *m*; **~ of water** Wasserstrahl *m*
fountain pen *n* Füllfederhalter *m*
four [fɔ:ʳ] I. *adj* vier; *see also* **eight** II. *n* Vier *f*; *see also* **eight**
fourteen [ˌfɔ:'ti:n] I. *adj* vierzehn; *see also* **eight** II. *n* Vierzehn *f*; *see also* **eight**
fourteenth [ˌfɔ:'ti:nθ] I. *adj* vierzehnte(r, s) II. *n* Vierzehntel *nt*; **the ~** der/die/das Vierzehnte; *(date)* der Vierzehnte; *see also* **eighth**
fourth [fɔ:θ] I. *adj* vierte(r, s); *see also* **eighth** II. *n* Viertel *nt*; **the ~** der/die/das Vierte; *(date)* der Vierte; *see also* **eighth** III. *adv* viertens; *see also* **eighth**
fox [fɒks] *n* Fuchs *m*
foyer ['fɔɪeɪ] *n* Foyer *nt*
fracture ['fræk(t)ʃəʳ] I. *vt, vi* brechen; **to ~ one's leg** sich *dat* das Bein brechen II. *n* Bruch *m*
fragile ['frædʒaɪl] *adj* zerbrechlich; *(ailing)* schwach
fragment ['frægmənt] *n* Splitter *m*; *of talk* Brocken *m fam*
frame [freɪm] I. *n* Rahmen *m*; *of picture* [Bilder]rahmen *m*; **~s** *pl of glasses* Brillengestell *nt* II. *vt (put in)* einrahmen; *(enclose)* umrahmen
frame-up *n (fam)* abgekartetes Spiel
France [frɑ:n(t)s] *n no pl* Frankreich *nt*
frank [fræŋk] *adj* aufrichtig; **to be ~ [with you]** ehrlich gesagt
frankfurter ['fræŋkfɜ:təʳ] *n* Frankfurter *f*
frankness ['fræŋknəs] *n no pl* Offenheit *f*
frantic ['fræntɪk] *adj* verrückt (**with** vor); *(hectic)* hektisch
frantically ['fræntɪkəli] *adv* ❶ *(wildly)* wie wild *fam* ❷ *(desperately)* verzweifelt; **to be ~ busy** im Stress sein; **to work ~** hektisch arbeiten
fraud [frɔ:d] *n no pl* Betrug *m*
fray [freɪ] I. *vi* ausfransen; *(fig)* anspannen II. *n* Auseinandersetzung *f*; **to enter** [*or* **join**] **the ~** sich einmischen
frayed [freɪd] *adj* ❶ *edges* ausgefranst ❷ *nerves* angespannt; *temper* gereizt
freak [fri:k] I. *n* etwas Außergewöhnliches; *(person)* Missgeburt *f*; **a ~ of nature** eine Laune der Natur II. *vi (fam)* ausflippen
freaky ['fri:ki:] *adj (fam)* irre *fam*
freckle ['frekl̩] *n usu pl* Sommersprosse *f*
free [fri:] I. *adj* frei; **~ of charge** kostenlos; **~ ticket** Freikarte *f*; **~ speech** Redefreiheit *f*; **~ time** Freizeit *f*; **to be ~ of sb/sth** jdn/etw los sein; **to be ~ [to**

do sth] Zeit haben[, etw zu tun] ▸ **~ and easy** locker **II.** *adv* frei, gratis; **~ of charge** kostenlos; **for ~** gratis, umsonst **III.** *vt* befreien (**from** von); *prisoner* freilassen

freecycle *vt* freecyceln *(etw durch einen unentgeltlichen Onlineservice tauschen)* **freecycling** *n* Freecycling *nt*

freedom ['fri:dəm] *n* Freiheit *f;* **~ of choice** Wahlfreiheit *f;* **~ of the city** Ehrenbürgerschaft *f*

free kick *n* Freistoß *m*

freelance ['fri:lɑ:n(t)s] **I.** *n* Freiberufler(in) *m(f)* **II.** *adj, adv* freiberuflich

freelancer ['fri:lɑ:n(t)səʳ] *n* Freiberufler(in) *m(f)*

freely ['fri:li] *adv* frei; *(unobstructedly)* ungehindert; *(frankly)* offen

free-range *adj* **~ eggs** Eier *pl* aus Freilandhaltung **freestyle** *n no pl* Freistil *m* **freeway** *n* AM, AUS Autobahn *f* **free will** *n no pl* freier Wille; **to do sth of one's own ~** etw aus freien Stücken tun

freeze [fri:z] **I.** *n* Frost *m;* **big ~** harter Frost **II.** *vi* <froze, frozen> ❶ *water* gefrieren; **to ~ solid** festfrieren ❷ *(feel cold)* [sehr] frieren; **to ~ to death** erfrieren ❸ *impers* **it's freezing** es friert **III.** *vt* <froze, frozen> gefrieren lassen

freezer ['fri:zəʳ] *n* Gefrierschrank *m;* **chest/upright ~** Gefriertruhe *f*/Gefrierschrank *m*

freezing ['fri:zɪŋ] **I.** *adj* frostig; **it's/I'm ~** es/mir ist eiskalt **II.** *n no pl (0°C)* **above/below/near ~** über/unter/nahe dem Gefrierpunkt

freight [freɪt] **I.** *n no pl* Frachtgut *nt; (transport)* Fracht *f;* **to send sth by ~** etw als Fracht senden **II.** *adv* als Fracht

freighter ['freɪtəʳ] *n (ship)* Frachter *m; (plane)* Frachtflugzeug *nt*

French [fren(t)ʃ] **I.** *adj* französisch; **~ people** [die] Franzosen *pl* **II.** *n* ❶ *no pl* Französisch *nt;* **~ lesson** Französischstunde *f* ❷ **the ~** *pl* die Franzosen

French fries, **French fried potatoes** *n pl* Pommes frites *pl* **Frenchman** *n* Franzose *m* **French window** *n usu pl* Verandatür *f* **Frenchwoman** *n* Französin *f*

frequent I. *adj* ['fri:kwənt] häufig; **~ flyer** Vielflieger(in) *m(f)* **II.** *vt* [frɪ'kwent] häufig besuchen

frequently ['fri:kwəntli] *adv* häufig

fresh [freʃ] *adj* frisch; **~ snow** Neuschnee *m;* **~ start** Neuanfang *m;* **~ water** Süßwasser *nt;* **~ from the oven** ofenfrisch; **to get a breath of ~ air** frische Luft schnappen

freshen ['freʃᵊn] **I.** *vt drink* auffüllen; *make-up* auffrischen **II.** *vi* frischer werden; *wind* auffrischen

freshly ['freʃli] *adv* ❶ *(newly)* frisch; **~ baked bread** frisch gebackenes Brot ❷ METEO *(strongly)* kräftig

fricassee [ˌfrɪkə'si:] *n* Frikassee *nt*

friction ['frɪkʃᵊn] *n no pl* Reibung *f; (disagreement)* Reiberei[en] *f[pl]*

Friday ['fraɪdeɪ] *n* Freitag *m; see also* **Tuesday**

fridge [frɪdʒ] *n (fam)* Kühlschrank *m*

fried [fraɪd] *adj* gebraten; **~ chicken** Brathähnchen *nt*

fried egg *n* Spiegelei *nt*

friend [frend] *n* Freund(in) *m(f);* **to be ~s [with sb]** [mit jdm] befreundet sein; **to make ~s [with sb]** sich [mit jdm] anfreunden

friendliness ['frendlɪnəs] *n no pl* Freundlichkeit *f*

friendly ['frendli] **I.** *adj* freundlich (**with** zu); *(pleasant)* angenehm; **~ match** Freundschaftsspiel *nt* **II.** *n* BRIT Freundschaftsspiel *nt*

friendship ['fren(d)ʃɪp] *n* Freundschaft *f*

frieze [fri:z] *n* ARCHIT Fries *m*

fright [fraɪt] *n* ❶ *no pl* Angst *f;* **to take ~ [at sth]** [vor etw *dat*] Angst bekommen ❷ *usu sing* Schrecken *m;* **to get a ~** erschrecken; **to give sb a ~** jdn erschrecken

frighten ['fraɪtᵊn] *vt* Angst machen *+dat;* **to ~ sb to death** jdn zu Tode erschrecken

frightened ['fraɪtᵊnd] *adj* **to be ~ of sb/sth** vor jdm/etw *dat* Angst haben

frightening ['fraɪtᵊnɪŋ] *adj* Furcht erregend

frightful ['fraɪtfᵊl] *adj* entsetzlich; *(extreme)* schrecklich, furchtbar

fringe [frɪndʒ] **I.** *n* ❶ Franse *f;* BRIT, AUS *(hair)* Pony *m* ❷ BRIT ART **the ~** die Alternativszene **II.** *vt usu passive* umgeben **III.** *adj attr* **~ benefits** Zusatzleistungen *pl;* **~ medicine/theatre** BRIT Alternativmedizin *f*/Alternativtheater *nt*

frisk [frɪsk] **I.** *vi* **to ~ [about]** herumtollen **II.** *vt* abtasten (**for** nach)

frizz [frɪz] **I.** *vt, vi hair* kräuseln **II.** *n no pl* ❶ *(usu pej: curly state)* Krause *f* ❷ *(curly hairstyle)* Kraushaar *nt*

fro [frəʊ] *adv* **to and ~** hin und her

frock [frɒk] *n* Kleid *nt;* **posh ~** BRIT *(hum)* Ausgehkleid *nt*

frog [frɒg] *n* Frosch *m;* ▶ **to have a ~ in one's throat** einen Frosch im Hals haben

from [frɒm, frəm] *prep* ❶ *(off)* von; *(out of)* aus ❷ *(based on)* **~ here** von hier [aus]; **~ her own experience** aus eigener Erfahrung ❸ *(leaving)* von ❹ *(after)* von; **~ tomorrow** ab morgen ❺ *(originating)* aus ❻ *(separated)* **a mile ~ home** eine Meile von zu Hause entfernt ❼ *(belonging)* **who is the card ~?** von wem ist die Karte? ❽ *(made of)* aus ❾ *(deducted)* **3 ~ 16 is 13** 16 minus 3 ist 13 ❿ *(due to)* **he died ~ his injuries** er starb an seinen Verletzungen

front [frʌnt] **I.** *n* ❶ Vorderseite *f; of building* Front *f;* **to lie on one's ~** auf dem Bauch liegen; **from the ~** von vorne ❷ *(area)* **the ~** der vordere Bereich; **at the ~** vorn[e] ❸ *(ahead)* **in ~** vorn[e]; **in ~ of** vor *+akk o dat* ❹ *(advance)* **up ~** im Voraus ❺ **to put on a bold ~** kühn auftreten ❻ *(activity)* Front *f;* **on the domestic ~** an der Heimfront **II.** *adj attr* vorder[st]e(r, s); **~ garden** Vorgarten *m* **III.** *vt* ❶ *(head)* vorstehen *+dat* ❷ TV moderieren

front door *n* Vordertür *f; of house* Haustür *f* **front page** *n* Titelseite *f;* **to make the ~** auf die Titelseite kommen

frost [frɒst] **I.** *n* Frost *m;* **12 degrees of ~** 12 Grad minus **II.** *vt* AM *cake* glasieren

frosty ['frɒsti] *adj* frostig; *(iced)* vereist

froth [frɒθ] **I.** *n no pl* ❶ Schaum *m* ❷ *(esp pej: entertainment)* seichte Unterhaltung ▶ **to <u>get</u> into a ~** durchdrehen *fam* **II.** *vi* schäumen; **to ~ at the mouth** *dog* Schaum vor dem Mund haben; *(be angry)* vor Wut schäumen **III.** *vt* **to ~ sth [up]** etw aufschäumen

frown [fraʊn] **I.** *vi* die Stirn runzeln; *(in thought)* nachdenklich die Stirn runzeln; **to ~ at sb/sth** jdn/etw missbilligend ansehen **II.** *n* Stirnrunzeln *nt kein pl;* **~ of disapproval** missbilligender Blick

froze [frəʊz] *pt of* **freeze**

frozen [frəʊzᵊn] **I.** *pp of* **freeze II.** *adj* gefroren; *food* [tief]gefroren; **~ food** Tiefkühlkost *f*

fructose ['frʌktəʊs] *n no pl* Fruchtzucker *m,* Fructose *f fachspr*

fruit [fru:t] *n* Frucht *f;* *(collectively)* Obst *nt*

fruitcake *n no pl* Früchtebrot *nt*

frustrated [frʌs'treɪtɪd] *adj* frustriert

frustration [frʌs'treɪʃᵊn] *n* Frustration *f;* **to work off one's ~** seinen Frust abreagieren

fry [fraɪ] **I.** *vt, vi* <-ie-> braten **II.** *n pl* Brut *f;* ▶ **<u>small</u> ~** kleine Fische; *(person)* kleiner Fisch

frying pan ['fraɪɪŋ-] *n* Bratpfanne *f*

fuck [fʌk] *(vulg)* **I.** *n* Fick *m* **II.** *interj* Scheiße! **III.** *vt* ❶ vögeln; **go ~ yourself!** verpiss dich! ❷ **~ that idea** scheiß auf diese Idee; **~ you!** leck mich am Arsch! **IV.** *vi* ficken; *(confuse)* **to ~ with sb** jdn verscheißern

◆ **fuck off** *vi (vulg sl)* sich *akk* verpissen *sl*

F

fuel ['fjuːəl] I. *n* Brennstoff *m; (for engines)* Treibstoff *m* II. *vt* <BRIT -ll- *or* AM *usu* -l-> ① **to be ~led [by sth]** [mit etw] betrieben werden ② *(fig)* nähren; *resentment* schüren

full [fʊl] I. *adj* voll (**of** von); *(sated)* satt; *(detailed)* vollständig; *life* ausgefüllt; **~ of surprises/tears** voller Überraschungen/Tränen; **look ~ of hatred** hasserfüllter Blick; **to be ~ of sth** *(keen)* von etw *dat* ganz begeistert sein; **to be ~ of oneself** eingebildet sein; **with one's mouth ~** mit vollem Mund; [**at**] **~ speed** mit voller Geschwindigkeit; **~ steam ahead** Volldampf voraus II. *adv* voll; *(directly)* direkt III. *n* **in ~** zur Gänze; **to the ~** bis zum Äußersten

fullback *n* Außenverteidiger(in) *m(f); (at end of field)* Schlussspieler(in) *m(f)*

full moon *n* Vollmond *m* **full stop** *n* ① BRIT, AUS *(punctuation)* Punkt *m* ② *(halt)* **to come to a ~** zum Stillstand kommen ③ BRIT **I'm not going, ~** ich gehe nicht und damit Schluss **full-time** I. *adj* ganztägig; **~ job** Vollzeitbeschäftigung *f;* **~ score** Endstand *m* II. *adv* ganztags **full time** *n* SPORTS Spielende *nt*

fully ['fʊli] *adv* völlig; *(in detail)* detailliert; **~ booked** ausgebucht

fume [fjuːm] I. *n usu pl* **~s** Abgase *pl* II. *vi* vor Wut schäumen

fun [fʌn] I. *n no pl* Spaß *m;* **it was good ~** es hat viel Spaß gemacht; **that sounds like ~** das klingt gut; **what ~!** super!; **to be full of ~** immer unternehmungslustig sein; **to spoil sb's ~** jdm den Spaß verderben ▸ **~ and <u>games</u>** das reine Vergnügen II. *adj* <-nn-> *(fam)* lustig

function ['fʌŋ(k)ʃən] I. *n* ① *(task) of person* Aufgabe *f; of thing* Funktion *f* ② *(party)* Empfang *m,* Veranstaltung *f* II. *vi* funktionieren; **to ~ as sth** *(thing)* als etw dienen; *(person)* als etw fungieren

functioning ['fʌŋ(k)ʃənɪŋ] *adj attr* funktionsfähig

fund [fʌnd] I. *n* Fonds *m;* **disaster ~** Notfonds *m;* **~s** *pl* [finanzielle] Mittel; **to allocate ~s** Gelder bewilligen II. *vt* finanzieren; **privately ~ed** frei finanziert

fundamental [ˌfʌndə'mentəl] *adj* grundlegend; *difference* wesentlich; *question* entscheidend

funeral ['fjuːnərəl] *n* Beerdigung *f*

funeral parlour *n* Bestattungsunternehmen *nt*

funfair *n* BRIT Vergnügungspark *m; (temporary)* Rummelplatz *m*

funnel ['fʌnəl] I. *n* Trichter *m; (on ship)* Schornstein *m* II. *vt* <, BRIT -ll- *or* AM *usu* -l-> zuleiten III. *vi* fließen

funny ['fʌni] I. *adj* lustig; *(odd)* komisch; *(shady)* verdächtig; **~ business** krumme Sachen II. *adv (fam)* komisch

fur [fɜːr] I. *n* ① *no pl* Fell *nt* ② *(processed)* Pelz *m;* ▸ **the ~ <u>flies</u>** die Fetzen fliegen II. *vi* <-rr-> **to ~ up** *kettle* verkalken

furious ['fjʊəriəs] *adj* ① [sehr] wütend; *argument* heftig ② *(intense)* heftig; **at a ~ pace** in rasender Geschwindigkeit; **fast and ~** rasant

furiously ['fjʊəriəsli] *adv* ① *(angrily)* wütend; **to quarrel ~** sich heftig streiten ② *(intensely)* heftig

furnish ['fɜːnɪʃ] *vt* ① *room* einrichten ② *(supply)* liefern; **to ~ sb with sth** jdn mit etw *dat* versorgen

furnished ['fɜːnɪʃt] *adj* möbliert

furnishing ['fɜːnɪʃɪŋ] *n no pl* Einrichtung *f*

furniture ['fɜːnɪtʃər] *n no pl* Möbel *pl;* **piece of ~** Möbelstück *nt;* **to be part of the ~** *(fig)* zum Inventar gehören

furry ['fɜːri] *adj* pelzig; *(longer)* wollig

further ['fɜːðər] I. *adj comp of* **far** ① weiter [entfernt] ② *(additional)* weiter; **until ~ notice** bis auf weiteres II. *adv comp of* **far** ① weiter; **a bit ~ on** [noch] etwas weiter ② *(greater)* weiter; **~ and ~** [immer] weiter; **to take sth ~** mit etw *dat* weitermachen

❸ *(more)* [noch] weiter; **I have nothing ~ to say** ich habe nichts mehr zu sagen; **to not go any ~** nicht weitergehen **III.** *vt* fördern; **to ~ sb's interests** jds Interessen förderlich sein

furthest [ˈfɜːðɪst] **I.** *adj superl of* **far** am weitesten entfernte(r, s); *(fig)* extremste(r, s) **II.** *adv superl of* **far** am weitesten; **that's the ~ I can see** weiter [entfernt] erkenne ich nichts mehr

furtively [ˈfɜːtɪvli] *adv (secretly)* heimlich; *(slyly)* verschlagen *pej;* **to glance ~** verstohlen blicken

fuse [fjuːz] **I.** *n* Sicherung *f; of bomb* Zündvorrichtung *f;* ► **sb has a short ~** jd wird schnell wütend **II.** *vi* ❶ BRIT **the lights have ~d** die Sicherungen der Lampen sind durchgebrannt ❷ *(join)* sich vereinigen; **to ~ together** miteinander verschmelzen **III.** *vt* BRIT **to ~ sth** die Sicherung einer S. *gen* zum Durchbrennen bringen

fuse box *n* Sicherungskasten *m*

fuss [fʌs] **I.** *n* [übertriebene] Aufregung; *(attention)* Getue *nt pej;* **to make a ~** einen Aufstand machen; **to make a ~ about sth** um etw *akk* viel Aufhebens machen **II.** *vi* **to ~ with sth** [hektisch] an etw *dat* herumhantieren **III.** *vt* **stop ~ing me!** lass mich doch in Ruhe!

fussy [ˈfʌsi] *adj* pingelig; *(overdone)* überladen

future [ˈfjuːtʃəʳ] **I.** *n usu sing* ❶ Zukunft *f;* **plans for the ~** Zukunftspläne *pl;* **at some point in the ~** irgendwann einmal; **in the near ~** in naher Zukunft ❷ LING **~ [tense]** Futur *nt;* **~ perfect** Futur II *nt* **II.** *adj attr* zukünftig; **for ~ reference** zur späteren Verwendung

fuze *n, vt, vi* AM *see* **fuse**

fuzzy [ˈfʌzi] *adj* flaumig; *(frizzy)* wuschelig; **my head is so ~** ich bin ganz benommen

G

Gg

G <*pl* -'s>, **g** <*pl* -'s> [dʒiː] *n* ❶ G *nt,* g *nt; see also* **A 1** ❷ MUS G *nt,* g *nt;* **~ flat** Ges *nt,* ges *nt;* **~ sharp** Gis *nt,* gis *nt*

g[1] [dʒiː] *n* <*pl* -> *abbrev of* **gram** g

g[2] [dʒiː] *n* <*pl* -'s> PHYS *abbrev of* **gravitational acceleration** g

gage *n, vt* AM *see* **gauge**

gain [geɪn] **I.** *n* ❶ *no pl* Zunahme *f kein pl; in speed* Erhöhung *f kein pl* ❷ *(profit)* Gewinn *m* **II.** *vt* gewinnen; *access, entry* sich *dat* verschaffen **III.** *vi* ❶ zunehmen; *prices, numbers* [an]steigen ❷ *(profit)* profitieren

gal[1] [gæl] *n* AM *(hum fam: girl)* Mädchen *nt,* Mädl *nt fam*

gal[2] <*pl* - *or* -s> *n abbrev of* **gallon**

gala [ˈgɑːlə] *n* ❶ Gala *f* ❷ BRIT *(competition)* Sportfest *nt*

gale [geɪl] *n* Sturm *m;* **~-force wind** Wind *m* mit Sturmstärke

gallantry [ˈgæləntri] *n* ❶ *no pl (chivalry)* Zuvorkommenheit *f* ❷ *no pl (courage)* Tapferkeit *f*

gallery [ˈgælᵊri] *n* Galerie *f*

Gallic [ˈgælɪk] *adj (hist)* ❶ *(of Gaul)* gallisch ❷ *(typically French)* [sehr] französisch

gallon [ˈgælən] *n* Gallone *f;* **imperial/US ~** britische/amerikanische Gallone; **~s of sth** *(fig)* Unmengen *pl* von [*o* an] etw *dat*

gallop [ˈgæləp] **I.** *vi* galoppieren **II.** *n usu sing* Galopp *m;* **to break into a ~**

in Galopp verfallen

gamble ['gæmbl] **I.** *n usu sing* Risiko *nt;* **to take a ~** ein Risiko eingehen **II.** *vi* ① [um Geld] spielen; **to ~ on dogs/horses** auf Hunde/Pferde wetten ② *(risk)* **to ~ on sth** sich auf etw *akk* verlassen; **to ~ that ...** sich darauf verlassen, dass ...

gambling ['gæmblɪŋ] *n no pl* das Glücksspiel

game[1] [geɪm] **I.** *n* ① Spiel *nt;* **what's your ~?** *(fig fam)* was soll das?; **to play ~s with sb** *(fig)* mit jdm spielen ② *(at school)* **~s** *pl* Sport *m;* ▶ **the ~ is up** das Spiel ist aus **II.** *adj* bereit

game[2] [geɪm] *n no pl* Wild *nt;* **big ~** Großwild *nt*

gammon ['gæmən] *n no pl* BRIT leicht geräucherter Schinken

gang [gæŋ] **I.** *n* Gruppe *f; of criminals* Bande *f* **II.** *vi* **to ~ up** sich zusammentun

gangway **I.** *n* ① Landungsbrücke *f* ② BRIT *(aisle)* [Durch]gang *m* **II.** *interj* *(fam)* **~!** Platz da!

gaol [dʒeɪl] *n* BRIT *(dated) see* **jail**

gap [gæp] *n* ① Lücke *f a. fig* ② *(in time)* Pause *f* ③ *(difference)* Unterschied *m;* **age ~** Altersunterschied *m*

gap year *n* Gap-Year *nt (ein freies Jahr, oft zwischen Schule und Studienantritt)*

garage ['gærɑːʒ] **I.** *n* ① Garage *f* ② *(repair)* [Kfz-]Werkstatt *f* ③ BRIT *(dealer)* Autohändler(in) *m(f)* **II.** *vt* in die Garage stellen

garbage ['gɑːbɪdʒ] *n no pl* AM, AUS *(rubbish)* Müll *m a. fig*

garbage can *n* AM, CAN *(dustbin)* Mülleimer *m* **garbage collector** *n* AM, CAN *(dustman)* Müllmann *m fam,* Kehrichtmann *m* SCHWEIZ

garden ['gɑːdən] **I.** *n* Garten *m;* **back ~** Garten *m* hinter dem Haus; **front ~** Vorgarten *m;* **~s** *pl* Gartenanlage *f,* Gärten *pl* **II.** *vi* im Garten arbeiten

gardener ['gɑːdənər] *n* Gärtner(in) *m(f)*

gardening ['gɑːdənɪŋ] *n no pl* Gartenarbeit *f; (discipline)* Gartenpflege *f;* **~ tools** Gartengeräte *pl*

gargle ['gɑːgl] **I.** *vi* gurgeln **II.** *n no pl* Gurgeln *nt*

garlic ['gɑːlɪk] *n no pl* Knoblauch *m*

garnet ['gɑːnɪt] *n* Granat *m*

gas [gæs] **I.** *n* <*pl* -es> ① Gas *nt;* **natural ~** Erdgas *nt* ② *no pl* AM *(fam: petrol)* Benzin *nt;* **to get ~** tanken **II.** *vt* <-ss-> vergasen **III.** *vi* <-ss-> *(fam)* quatschen

gas cooker *n* BRIT Gasherd *m; (smaller)* Gaskocher *m* **gas fire** *n* BRIT Gasofen *m*

gash [gæʃ] **I.** *n* <*pl* -es> *(injury)* [tiefe] Schnittwunde; *(tear)* [tiefer] Schlitz **II.** *vt* aufschlitzen; **to ~ sth open** *leg, arm* sich *dat* etw aufreißen; *head, knee, elbow* sich *dat* etw aufschlagen

gasman *n* BRIT *(fam)* Gasableser(in) *m(f)*

gasoline ['gæsəliːn] *n* AM Benzin *nt;* **~ tax** Kraftstoffsteuer *f*

gasp [gɑːsp] **I.** *vi* ① *(pant)* keuchen; *(inhale)* tief einatmen ② *(speak)* nach Luft ringen ③ BRIT *(fam)* **to be ~ing for sth** großes Verlangen nach etw *dat* haben **II.** *n* **he gave a ~ of amazement** ihm blieb vor Überraschung die Luft weg

gas pipe *n* Gasleitung *f* **gas pump** *n* AM Zapfsäule *f* **gas ring** *n* BRIT Gaskocher *m* **gas station** *n* AM Tankstelle *f* **gas station operator** *n* AM, CAN Tankwart(in) *m(f)* **gas stove** *n* Gasherd *m; (smaller)* Gaskocher *m*

gassy ['gæsi] *adj* kohlensäurehaltig

gastroenteritis [ˌgæstrəʊˌentə'raɪtɪs] *n no pl* MED Magen-Darm-Katarrh *m*

gastropub [ˌgæstrəʊpʌb] *n* BRIT *Lokal, das die traditionelle Atmosphäre eines Pubs mit einer anspruchsvollen Küche kombiniert*

gasworks *n + sing vb* Gaswerk *nt*

gate [geɪt] *n* ① Tor *nt; (at airport)* Flugsteig *m,* Gate *nt; (to garden, courtyard)* Pforte *f* ② *(spectators)* Zuschauerzahl *f* ③ *no pl (money)* Einnahmen *pl*

gateau <*pl* -x> ['gætəʊ] *n esp* BRIT Torte *f*

gatecrash *vt (fam)* **to ~ sb's party** bei jdm [he]reinplatzen *fam* **gatecrasher** *n (fam)* un[ein]geladener Gast **gatekeeper** *n* Pförtner(in) *m(f)* **gate money** *n no pl* BRIT, AUS Einnahmen *pl (aus Eintrittskartenverkäufen)* **gateway** *n* ❶ Eingangstor *nt* ❷ *(fig)* Tor *nt*

gather ['gæðəʳ] **I.** *vt* ❶ *(collect)* sammeln ❷ *(hold)* **to ~ sb in one's arms** jdn in die Arme nehmen ❸ *(pleat)* kräuseln ❹ *(gain)* **to ~ speed** schneller werden ❺ *(understand)* verstehen **II.** *vi* sich sammeln; *crowd* sich versammeln

gathering ['gæðᵊrɪŋ] **I.** *n* Versammlung *f;* **family ~** Familientreffen *nt* **II.** *adj clouds, storm* heraufziehend; *darkness* zunehmend

gauge [geɪdʒ] **I.** *n* ❶ *(meter)* Messgerät *nt* ❷ *(bore)* Durchmesser *m* ❸ RAIL Spurweite *f* **II.** *vt* ❶ *(measure)* messen ❷ *(judge)* beurteilen; *(estimate)* [ab]schätzen

gauze [gɔːz] *n no pl* Gaze *f*

gave [geɪv] *pt of* **give**

gay [geɪ] *adj* schwul, gay; **~ bar** Schwulenlokal *nt;* **~ scene** Schwulenszene *f;* **~ marriage** gleichgeschlechtliche Ehe Homo-Ehe *fam*

gaze [geɪz] **I.** *vi* starren; **to ~ at sb/sth** jdn/etw anstarren **II.** *n* Blick *m*

GB¹ [ˌdʒiːˈbiː] *n no pl abbrev of* **Great Britain** GB

GB² [ˌdʒiːˈbiː] *n* <*pl* -> *abbrev of* **Gigabyte** GB *nt*

GCSE *n* BRIT *abbrev of* **General Certificate of Education** *Abschluss der Sekundarstufe*

GCSE

Das **GCSE**, das früher **O level** (**Ordinary level**) hieß, ist die Prüfung, die Schüler im Alter von 16 Jahren in England, Wales und Nordirland ablegen. Sie entspricht in etwa dem Realschulabschluss. Die meisten Schüler legen die Prüfung in acht bis zehn Fächern ab, obwohl es durchaus möglich ist, weniger oder mehr Fächer zu wählen. Je nach Schule gibt es verschiedene **core subjects** (Pflichtfächer), in denen jeder Schüler geprüft wird. Darunter sind in der Regel Englisch, Mathematik, Naturwissenschaften und ggf. eine Fremdsprache. In Schottland heißt diese Prüfung **Standard Grade**.

gear [gɪəʳ] **I.** *n* ❶ Gang *m;* **to change** [*or* AM **shift**] **~s** schalten; **~s** *pl* Getriebe *nt; of bicycle* Gangschaltung *f* ❷ *no pl (fig)* **to step up a ~** einen Gang zulegen ❸ *no pl (equipment)* Ausrüstung *f; (clothes)* Kleidung *f* **II.** *vt* ausrichten (**to** auf)

gearbox *n* Getriebe *nt* **gear stick**, AM **gearshift** *n* Schalthebel *m,* Schaltknüppel *m*

gem [dʒem] *n* Edelstein *m; (fig)* **a ~ of a car** ein klasse Auto

Gemini ['dʒemɪnaɪ, -niː] *n* ASTROL Zwillinge *pl*

gene [dʒiːn] *n* Gen *nt*

general ['dʒenᵊrᵊl] **I.** *adj* allgemein; **~ impression** Gesamteindruck *m;* **~ meeting** Vollversammlung *f;* **as a ~ rule** im Allgemeinen **II.** *n* General(in) *m(f)*

general delivery *n no pl* AM **"~"** „postlagernd" **general election** *n* Parlamentswahlen *pl*

generally ['dʒenᵊrᵊli] *adv* ❶ *(usually)* normalerweise, im Allgemeinen ❷ **to be ~ available** der Allgemeinheit zugänglich sein; **~ speaking** im Allgemeinen

General Post Office *n* Hauptpost *f* **general practitioner** *n* Arzt, Ärztin *m, f* für Allgemeinmedizin, praktischer Arzt/praktische Ärztin

G

general strike *n* Generalstreik *m*

generate ['dʒenᵊreɪt] *vt* ❶ erzeugen; *jobs* schaffen ❷ MATH, LING generieren

generation [ˌdʒenə'reɪʃᵊn] *n* Generation *f*

generator ['dʒenᵊreɪtəʳ] *n* Generator *m; (fig)* **~ of new ideas** Ideenlieferant(in) *m(f)*

generous ['dʒenᵊrəs] *adj* großzügig

generously ['dʒenᵊrəsli] *adv* ❶ *(kindly)* großzügig[erweise] ❷ *(amply)* großzügig; **to be ~ cut** groß[zügig] geschnitten sein; **to tip ~** reichlich Trinkgeld geben

G

genetic [dʒə'netɪk] *adj* genetisch; **~ disease** Erbkrankheit *f;* **~ engineering** Gentechnik *f*

genetically [dʒə'netɪkᵊli] *adv* genetisch; **~ engineered** gentechnisch verändert

geneticist [dʒə'netɪsɪst] *n* Genetiker(in) *m(f)*

genital ['dʒenɪtᵊl] *adj attr* Genital-; **~ organs** Geschlechtsorgane *pl*

genitalia [ˌdʒenɪ'teɪliə] *n pl,* **genitals** ['dʒenɪtᵊlz] *n pl* Geschlechtsorgane *pl*

genius <*pl* -es> ['dʒiːniəs, *pl* -niaɪ] *n* ❶ Genie *nt* ❷ **to have a ~ for sth** eine [besondere] Gabe für etw *akk* haben

genocidal [ˌdʒenə'saɪdᵊl] *adj* völkermordähnlich; **to be ~** einem Völkermord gleichen

genocide ['dʒenəsaɪd] *n no pl* Völkermord *m*

gent [dʒent] *n (hum fam) short for* **gentleman** Gentleman *m*

gentle ['dʒentl] *adj* sanft; *(loving)* zart; *exercise* leicht; **to be ~ with sb** behutsam mit jdm umgehen

gentleman ['dʒentlmən] *n* ❶ Gentleman *m* ❷ *(man)* Herr *m;* **ladies and gentlemen** *(to audience)* meine Damen und Herren; **~'s club** Herrenklub *m*

gently ['dʒentli] *adv* sanft; *(carefully)* vorsichtig; **to break the news ~ to sb** jdm etw schonend beibringen

genuine ['dʒenjuɪn] *adj* ❶ *(real)* echt ❷ *(sincere)* ehrlich

genuinely ['dʒenjuɪnli] *adv* ❶ *(truly)* wirklich ❷ *(sincerely)* aufrichtig; **to ~ believe that …** ernsthaft glauben, dass …

genus <*pl* -nera> ['dʒenəs, *pl* -ᵊrə] *n* BIOL Gattung *f*

geocaching ['dʒiːə(ʊ)kæʃɪŋ] *n* Geocaching *nt*

geography [dʒiː'ɒgrəfi, 'dʒɒg-] *n no pl* Geographie *f;* SCH Erdkunde *f;* **physical ~** Geophysik *f*

geologist [dʒiː'ɒlədʒɪst] *n* Geologe, Geologin *m, f*

geology [dʒiː'ɒlədʒi] *n no pl* Geologie *f*

Georgia ['dʒɔːdʒə] *n* ❶ *(European country)* Georgien *nt* ❷ *(US state)* Georgia *nt*

Georgian ['dʒɔːdʒən] **I.** *adj* ❶ *(of Republic)* georgisch ❷ *(of US state)* in/aus/von Georgia ❸ *(style)* georgianisch **II.** *n* ❶ *(native)* Georgier(in) *m(f); (language)* georgische Sprache ❷ *(native of US state)* Einwohner aus Georgia

germ [dʒɜːm] *n* Keim *m,* Bakterie *f;* **to spread ~s** Keime verbreiten

German ['dʒɜːmən] **I.** *n* ❶ Deutsche(r) *f(m)* ❷ *no pl (language)* Deutsch *nt* **II.** *adj* deutsch

German measles *n + sing vb* Röteln *pl*

German shepherd *n* Schäferhund *m*

Germany ['dʒɜːməni] *n* Deutschland

germicidal [ˌdʒɜːmɪ'saɪdᵊl] *adj* keimtötend

gerund ['dʒerᵊnd] *n* LING Gerundium *nt*

gesture ['dʒestʃəʳ] **I.** *n* Geste *f;* **a ~ of defiance** eine trotzige Geste **II.** *vi* deuten (**to** auf)

get <got, got> [get] **I.** *vt* ❶ *(obtain)* erhalten ❷ *(receive)* bekommen ❸ *(experience)* erleben; **we don't ~ much snow here** hier schneit es nicht sehr viel ❹ *(deliver)* **to ~ sth to sb** jdm etw bringen ❺ *(fam: contract)* sich *dat* holen; **to ~ the flu** sich *dat* die Grippe einfangen ❻ *(fetch)* **can I ~ you a drink?** möchtest du was trinken? ❼ **to ~ a train** einen Zug nehmen; *(catch)* einen Zug erwischen *fam* ❽ *(earn)* verdienen ⑨ *(fam: answer)* **to ~ the door** aufmachen ⑩ *(induce)* **to ~ sb/sth to do sth** jdn/etw dazu bringen, etw zu tun ⑪ + *pp (cause to be)* **to ~ sth confused** etw verwechseln ⑫ *(understand)* verstehen; **to ~ the message** [es] kapieren **II.** *vi* ① + *adj (become)* werden; **~ well soon!** gute Besserung!; **to ~ used to sth** sich an etw *akk* gewöhnen ② + *adv (reach)* kommen ③ *(have chance)* **to ~ to do sth** die Möglichkeit haben, etw zu tun ④ *(must)* **to have got to do sth** etw machen müssen

◆**get across** *vt* verständlich machen

◆**get along** *vi* ① *see* **get on II 1, 2** ② *(hurry)* weitermachen

◆**get around** *vi* ① *see* **get round I** ② *see* **get about**

◆**get at** *vi* ① *(fam: imply)* **to ~ at sth** auf etw *akk* hinauswollen *fam* ② BRIT, AUS *(fam: criticize)* **to ~ at sb** jdn kritisieren ③ *(reach)* **to ~ at sth** an etw *akk* rankommen *fam*

◆**get away** *vi* ① *(leave)* fortkommen, wegkommen ② *(escape)* **to ~ away [from sb]** [vor jdm] flüchten, [jdm] entkommen ③ *(fam)* **~ away [with you]!** ach, hör auf! ④ *(succeed)* **to ~ away with sth** mit etw *dat* durchkommen

◆**get back I.** *vt* zurückholen; *strength* zurückgewinnen **II.** *vi* zurückkommen

◆**get behind** *vi* ① *(support)* unterstützen ② *(be late)* in Rückstand geraten

◆**get by** *vi* **to ~ by [on/with sth]** [mit etw *dat*] auskommen

◆**get down I.** *vt* ① *(remove)* runternehmen **(from/off** von) ② *(depress)* fertigmachen **II.** *vi* ① *(descend)* herunterkommen **(from/off** von) ② *(bend down)* sich runterbeugen

◆**get in I.** *vt* ① hereinholen ② *word* einwerfen ③ *(fam: find time for)* reinschieben **II.** *vi* ① hineingehen ② *(arrive)* ankommen

◆**get into** *vi* ① **to ~ into sth** in etw *akk* [ein]steigen ② *(affect)* **what's got into you?** was ist in dich gefahren?

◆**get off I.** *vi* ① *(exit)* aussteigen ② *(dismount)* absteigen ③ *(sleep)* **to ~ off [to sleep]** einschlafen ④ *(unscathed)* davonkommen **II.** *vt* ① *(send)* versenden ② *(remove)* nehmen von ③ LAW freibekommen

◆**get on I.** *vt* anziehen; *hat* aufsetzen **II.** *vi* ① *(be friends)* sich verstehen ② BRIT *(manage)* vorankommen ③ *(age)* alt werden

◆**get on with** *vt* ① *(have good relationship)* **to ~ on with sb** sich mit jdm verstehen ② *(continue)* **to ~ on with sth** mit etw weitermachen

◆**get out I.** *vi* ① *news* herauskommen ② AM **~ out [of here]!** ach komm! **II.** *vt* ① *(fetch)* herausbringen **(of** aus) ② *(remove)* herausbekommen

◆**get over I.** *vi* ① **to ~ over sth** über etw hinwegkommen ② **to ~ sth over [with]** etw hinter sich *akk* bringen **II.** *vt idea* rüberbringen

◆**get round I.** *vi* ① *news* sich verbreiten ② *(do)* **to ~ round to [doing] sth** es schaffen, etw zu tun **II.** *vt (evade) the law* umgehen

◆**get through I.** *vi* ① *(make understood)* **to ~ through to sb that/how ...** jdm klarmachen, dass/wie ... ② *on phone* zu jdm durchkommen **II.** *vt* ① *(use up)* aufbrauchen ② *(finish)* erledigen

◆**get together** *vi* sich treffen

◆**get up I.** *vt* ① *(climb)* hinaufsteigen ② *(organize)* zusammenstellen **II.** *vi* aufstehen

get-together *n (fam)* Treffen *nt*

Ghana ['gɑːnə] *n* Ghana *nt*

Ghanaian [gɑː'neɪən] **I.** *adj* ghanaisch **II.** *n* Ghanaer(in) *m(f)*

ghastly ['gɑːstli] *adj* ① *(fam: frightful)* schrecklich, fürchterlich ② *(unpleasant, unwell)* grässlich, scheußlich

gherkin ['gɜːkɪn] *n* Essiggurke *f*

ghost [gəʊst] *n* Geist *m;* **~ of the past** Gespenst *nt* der Vergangenheit ▶ **to give up the ~** den Geist aufgeben

ghostly ['gəʊstli] *adj* ① geisterhaft

❷ *(eerie)* gespenstisch
GI¹ [ˌdʒiːˈaɪ] *n (fam)* MIL GI *m*
GI² [ˌdʒiːˈaɪ] *n abbrev of* **glycaemic index** glykämischer Index
giant [ˈdʒaɪənt] **I.** *n* Riese *m a. fig* **II.** *adj* riesig
giddy [ˈgɪdi] *adj* schwind[e]lig
gift [gɪft] *n* ❶ Geschenk *nt a. fig* ❷ *(donation)* Spende *f* ❸ *(talent)* Talent *nt*

Übersetzungstipp
Nicht verwechseln mit *Gift* – *poison!*

G

gifted [ˈgɪftɪd] *adj* begabt; *(artistic)* begnadet
gig [gɪg] **I.** *n* Gig *m* **II.** *vi* <-gg-> auftreten
gigantic [dʒaɪˈgæntɪk] *adj* gigantisch
giggle [ˈgɪgḷ] **I.** *vi* kichern (**at** über) **II.** *n* ❶ Gekicher *nt kein pl;* **to get/have [a fit of] the ~s** einen Lachanfall bekommen ❷ *no pl* BRIT, AUS *(fam)* **to do sth for a ~** etw zum Spaß machen
gimmick [ˈgɪmɪk] *n* ❶ *(trick)* Trick *m* ❷ *(attraction)* Attraktion *f*
gimmicky [ˈgɪmɪki] *adj* marktschreierisch
gin [dʒɪn] *n* Gin *m*
ginger [ˈdʒɪndʒəʳ] **I.** *n no pl* ❶ Ingwer *m* ❷ *(colour)* gelbliches Braun **II.** *adj* gelblich braun
gingerbread *n no pl* Lebkuchen *m*
gipsy *n esp* BRIT *(pej) see* **gypsy**
giraffe <*pl* -s> [dʒɪˈrɑːf] *n* Giraffe *f*
girl [gɜːl] *n* Mädchen *nt*
girlfriend *n* Freundin *f* **Girl Guide** *n* BRIT *(dated)* Pfadfinderin *f*
give [gɪv] **I.** *vt* <gave, given> ❶ **to ~ sb sth** jdm etw geben; *(as present)* jdm etw schenken; *(donate)* jdm etw spenden; **what gave you that idea?** wie kommst du denn auf die Idee?; **to ~ sb a cold** jdn mit seiner Erkältung anstecken; **to ~ sb encouragement** jdn ermutigen ❷ *(emit)* **to ~ a cry/groan** aufschreien/aufstöhnen ❸ *(produce) result, number* ergeben; *warmth* spenden ❹ *(admit)* **I'll ~ you that** das muss man dir lassen **II.** *vi* <gave, given> ❶ *(donate)* spenden (**to** für) ❷ *(yield)* nachgeben; *bed* federn **III.** *n no pl* Nachgiebigkeit *f;* **to [not] have much ~** [nicht] sehr nachgeben
◆**give away** *vt freebie* verschenken ❷ *(reveal)* **to ~ the game away** alles verraten
◆**give back** *vt* zurückgeben (**to** +*dat*)
◆**give in I.** *vi* ❶ *(yield)* nachgeben (**to** +*dat*); **to ~ in to temptation** der Versuchung erliegen ❷ *(surrender)* aufgeben **II.** *vt* abgeben; *document* einreichen
◆**give off** *vt* abgeben; *smell, smoke* ausströmen
◆**give out I.** *vi* ❶ *(run out)* ausgehen; *energy* zu Ende gehen ❷ *(fail)* versagen **II.** *vt* ❶ *(distribute)* verteilen (**to** an) ❷ *(announce)* verkünden
◆**give over I.** *vt* ❶ **to ~ sth over [to sb]** [jdm] etw übergeben ❷ **to be ~n over to sth** für etw *akk* beansprucht werden **II.** *vi* BRIT *(fam)* ❶ *(stop)* aufhören ❷ *(doubt)* **they've doubled your salary? ~ over!** sie haben wirklich dein Gehalt verdoppelt?!
◆**give up I.** *vi* aufgeben **II.** *vt* ❶ *(quit)* aufgeben; *habit* ablegen; **to ~ up doing sth** mit etw *dat* aufhören ❷ *(surrender)* **to ~ oneself up [to the police]** sich [der Polizei] stellen
given [ˈgɪvᵊn] **I.** *n* gegebene Tatsache; **to take sth as a ~** etw als gegeben annehmen **II.** *adj* ❶ *(certain)* gegeben ❷ *(specified)* festgelegt ❸ *(tend)* **to be ~ to doing sth** gewöhnt sein etw zu tun, zu etw *dat* neigen **III.** *pp of* **give** **IV.** *prep* **~ sth** angesichts einer S. *gen*
giver [ˈgɪvəʳ] *n* Spender(in) *m(f)*
glacier [ˈglæsiəʳ] *n* Gletscher *m*
glad <-dd-> [glæd] *adj pred* froh; **to be ~ about sth** sich über etw *akk* freuen; **to be ~ for sb** sich für jdn freuen
gladly [ˈglædli] *adv* gern[e]

glamorous ['glæmᵊrəs] *adj* glamourös

glance [glɑːn(t)s] **I.** *n* Blick *m;* **at first ~** auf den ersten Blick; **to see at a ~** mit einem Blick erfassen **II.** *vi* **to ~ at sth** auf etw *akk* schauen; **to ~ up [from sth]** [von etw *dat*] aufblicken

glare [gleəʳ] **I.** *n* ① *(look)* wütender Blick ② *no pl (light)* grelles Licht **II.** *vi* ① *(look)* **to ~ [at sb]** [jdn an]starren ② *(shine)* blenden

glass [glɑːs] *n* ① *no pl* Glas *nt;* **pane of ~** Glasscheibe *f* ② *(cup)* Glas *nt;* **a ~ of water** ein Glas *nt* Wasser

glasses ['glɑːsɪz] *n pl (spectacles)* **[a pair of]** ~ eine Brille

glasshouse *n* Gewächshaus *nt*

glaucoma [glɔː'kəʊmə] *n no pl* grüner Star, Glaukom *nt fachspr*

glazed [gleɪzd] *adj* ① *(shiny)* glänzend; **~ finish** Glanzappretur *f* ② *(fitted with glass) doors* verglast ③ *(dull) expression, look* glasig ④ FOOD *(coated in glazed sugar)* glasiert

glazier ['gleɪziəʳ] *n* Glaser(in) *m(f)*

glide [glaɪd] **I.** *vi* ① hingleiten ② *(fly)* gleiten **II.** *n* Gleiten *nt kein pl*

glider ['glaɪdəʳ] *n* Segelflugzeug *nt*

gliding ['glaɪdɪŋ] *n no pl* Segelfliegen *nt;* **to take sb ~** mit jdm Segelfliegen gehen

glimmer ['glɪməʳ] **I.** *vi* schimmern **II.** *n* Schimmer *m kein pl;* **~ of light** Lichtschimmer *m*

glimpse [glɪm(p)s] **I.** *vt* flüchtig sehen **II.** *n* [kurzer/flüchtiger] Blick

glint [glɪnt] **I.** *vi* glitzern **II.** *n* Glitzern *nt*

glisten ['glɪsᵊn] *vi* glitzern, glänzen

gloat [gləʊt] *vi* sich hämisch freuen; **to ~ over sth** sich an etw *dat* weiden

global ['gləʊbᵊl] *adj* ① global ② *(entire)* umfassend ▸ **to go ~** *(fam)* auf den Weltmarkt vorstoßen, weltweit Bedeutung erlangen

globalization [gləʊbᵊlaɪ'zeɪʃᵊn] *n* Globalisierung *f*

globally ['gləʊbᵊli] *adv* ① *(worldwide)* global ② *(generally)* allgemein

global warming *n* Erderwärmung *f*

globe [gləʊb] *n* ① **the ~** die Erde; **to circle the ~** die Welt umreisen ② *(map)* Globus *m*

globetrotter *n* Globetrotter(in) *m(f)*

glockenspiel ['glɒkᵊnʃpiːl] *n* MUS Glockenspiel *nt*

gloomy ['gluːmi] *adj* ① düster ② *(dismal)* trostlos; *thoughts* trübe; **to be ~ about sth** für etw *akk* schwarzsehen

glorious ['glɔːriəs] *adj* ① glorreich ② *(splendid)* prachtvoll

glory ['glɔːri] *n* ① *no pl (honour)* Ruhm *m* ② *(splendour)* Herrlichkeit *f,* Pracht *f* ③ *no pl* REL Ehre *f;* ▸ **~ be!** Gott sei Dank!

glossy ['glɒsi] **I.** *adj* glänzend; **~ paper** Hochglanzpapier *nt* **II.** *n* ① Hochglanzmagazin *nt* ② AM, AUS *(picture)* [Hoch]glanzabzug *m*

glove [glʌv] *n usu pl* Handschuh *m;* **rubber ~s** Gummihandschuhe *pl;* **to fit like a ~** wie angegossen passen

glove compartment *n* Handschuhfach *nt*

glow [gləʊ] **I.** *n no pl* Leuchten *nt; of lamp, sun* Scheinen *nt; of cigarette, sunset* Glühen *nt* **II.** *vi* ① leuchten ② *(red hot)* glühen

glucose ['gluːkəʊs] *n no pl* Traubenzucker *m*

glue [gluː] **I.** *n* Klebstoff *m* **II.** *vt* kleben; **to ~ sth on** etw ankleben; **to ~ sth together** etw zusammenkleben

glue stick *n* Klebestift *m*

gluten ['gluːtᵊn] *n* Gluten *nt*

gluten intolerance *n* Glutenunverträglichkeit *f*

gnaw [nɔː] **I.** *vi* nagen *a. fig* (**on/[away] at** an) **II.** *vt* ① **to ~ sth** an etw *dat* kauen ② *(fig)* **to be ~ed by guilt** von Schuld geplagt *sein*

go [gəʊ] **I.** *vi* <goes, went, gone> ① *(proceed)* gehen; *vehicle* fahren; *plane* fliegen; **you ~ first!** geh du zuerst!; **to ~ towards sb/sth** auf jdn/etw zugehen; **to ~ home** nach Hause gehen ② *(travel)* reisen; **to ~ by bike**

G

mit dem Fahrrad fahren; **to ~ on [a] holiday** in Urlaub gehen; **to ~ to Italy** nach Italien fahren; **to ~ on a journey** [*or* **trip**] verreisen, eine Reise machen; **to ~ by plane** fliegen; **to ~ abroad** ins Ausland gehen ③ *(disappear)* verschwinden; **where have my keys ~ne?** wo sind meine Schlüssel hin?; **to ~ missing** verschwinden ④ *(leave)* gehen; **the bus has ~ne** der Bus ist schon weg; **to let ~ of sth** etw loslassen ⑤ *(attend)* **to ~ to a concert** ins Konzert gehen; **to ~ to the doctor** zum Arzt gehen ⑥ + *adj (become)* werden; **the line has ~ne dead** die Leitung ist tot; **I went cold** mir wurde kalt; **to ~ to sleep** einschlafen ⑦ + *adj (be)* **to ~ hungry** hungern ⑧ *(turn out)* **how did your party ~?** und, wie war deine Party?; **how are things ~ing?** und, wie läuft's?; **things have ~ne well** es ist gut gelaufen; **to ~ from bad to worse** vom Regen in die Traufe kommen; **to ~ wrong** schieflaufen ⑨ *(pass)* vergehen; **only two days to ~** nur noch zwei Tage ⑩ *(begin)* **one, two, three, ~!** eins, zwei, drei, los! ⑪ *(belong)* hingehören; **where do you want that to ~?** wo soll das hin? ⑫ *(be awarded)* **to ~ to sb** an jdn gehen; *property* auf jdn übergehen ⑬ *(extend)* gehen; **the meadow ~es down to the stream** die Weide erstreckt sich bis hinunter zum Bach ⑭ *(function) watch* gehen; **to get sth ~ing** etw in Gang bringen; **to keep a fire ~ing** ein Feuer am Brennen halten ⑮ *(have recourse)* gehen; **to ~ to the police** zur Polizei gehen ⑯ *(match)* **to ~ with sth** [zu etw] passen ⑰ *(fit)* **five ~es twice into ten** fünf geht zweimal in zehn; **will that ~ into the suitcase?** wird das in den Koffer passen? ⑱ *(be sold)* weggehen; **to ~ to sb** an jdn gehen; **to be ~ing cheap** billig zu haben sein ⑲ *(sound)* machen; **there ~es the bell** es klingelt; **with sirens ~ing** mit heulender Sirene ⑳ *(accepted)* **anything ~es** alles ist erlaubt **II.** *aux vb future tense* **to be ~ing to do sth** etw tun werden **III.** *vt* <goes, went, gone> ① *(become)* **my mind went a complete blank** ich hatte voll ein Brett vorm Kopf! ② *(fam: say)* **she ~es to me: I never want to see you again!** sie sagt zu mir: ich will dich nie wieder sehen! **IV.** *n* <*pl* -es> ① *(turn)* **it's Stuart's ~ now** jetzt ist Stuart dran; **can I have a ~?** darf ich mal? ② *(attempt)* Versuch *m;* **at one ~** auf einen Schlag ③ *no pl (energy)* Antrieb *m;* **full of ~** voller Elan ④ *(fam: activity)* **it's all ~ here** hier ist immer was los ⑤ **to have a ~ at sb** *(criticize)* jdn runtermachen; *(attack)* über jdn herfallen ▶ **from the word ~** von Anfang an

◆**go about I.** *vi* ① herumlaufen; *(with car)* herumfahren; **to ~ about in groups** in Gruppen herumziehen ② *(be in circulation) rumour, illness* herumgehen **II.** *vt* ① *(treat) problem* angehen ② **to ~ about one's business** seinen Geschäften nachgehen

◆**go after** *vi* **to ~ after sb** ① *(follow)* nach jdm gehen ② *(chase)* jdn verfolgen

◆**go against** *vi* **to ~ against sb** ① *(disfavour)* zu jds Ungunsten *pl* ausgehen ② *(disobey)* sich jdm widersetzen

◆**go ahead** *vi* ① vorgehen; *(in vehicle)* vorausfahren ② *(proceed)* vorangehen; *(speak)* losschießen

◆**go along** *vi* ① entlanggehen; *(in vehicle)* entlangfahren ② *(progress)* weitergehen ③ *(accompany)* mitgehen ④ *(agree)* **to ~ along with sth** etw zustimmen

◆**go around** *vi* ① *(move around)* **they went around Europe for two months** sie reisten zwei Monate lang durch Europa ② *(move in a curve)* herumgehen um +*akk; vehicle* herumfahren um +*akk* ③ *(be in circulation) rumour, illness* herumgehen ④ *(be enough)* **there won't be enough**

soup to ~ around die Suppe wird nicht für alle reichen

◆**go at** *vi* 1 *(attack)* **to ~ at sb** auf jdn losgehen; *(fig: eat ravenously)* **to ~ at sth** über etw *akk* herfallen 2 *(work)* **to ~ at it** loslegen

◆**go away** *vi* weggehen; *(in vehicle)* wegfahren; **~ away!** geh weg!

◆**go back** *vi* 1 zurückgehen; **to ~ back to sb** zu jdm zurückkehren 2 *(revert)* **to ~ back to sth** auf etw *akk* zurückgreifen; **to ~ back to doing sth** wieder mit etw *dat* anfangen 3 *(reverse)* zurückgehen

◆**go beyond** *vi* **to ~ beyond sth** 1 *(pass)* an etw *dat* vorübergehen 2 *(exceed)* über etw *akk* hinausgehen

◆**go by** *vi* 1 vorbeigehen 2 *(of time)* vergehen 3 AM *(visit)* **to ~ by sb** bei jdm vorbeischauen

◆**go down** *vi* 1 *(descend)* hinuntergehen; *(follow)* entlanggehen; *sun, moon* untergehen 2 *(lessen, deteriorate)* nachlassen; **to ~ down in sb's opinion** in jds Ansehen sinken 3 *(beaten)* unterliegen; **to ~ down fighting** kämpfend untergehen 4 *(sicken)* **to ~ down with the flu** die Grippe bekommen

◆**go for** *vi* 1 *(fetch)* holen 2 *(try)* **~ for it!** nichts wie ran! 3 *(attack)* **to ~ for sb** auf jdn losgehen 4 *(apply)* **that ~es for me too** das gilt auch für mich

◆**go in** *vi* 1 hineingehen 2 *(fit)* hineinpassen 3 *worker* arbeiten gehen 4 *(hide)* **as soon as the sun ~es in, …** sobald es sich bewölkt, … 5 *(cooperate)* **to ~ in with sb** sich mit jdm zusammentun

◆**go into** *vi* 1 **to ~ into sth** in etw *akk* gehen 2 *(crash)* **to ~ into sth** in etw *akk* hineinfahren 3 *(check)* **to ~ into sth** etw erörtern 4 **to ~ into action** in Aktion treten; **to ~ into detail** ins Detail gehen; **to ~ into effect** in Kraft treten; **to ~ into journalism** Journalist/Journalistin werden; **to ~ into reverse** in den Rückwärtsgang schalten; **to ~ into a trance** in Trance [ver]fallen

◆**go off** *vi* 1 weggehen; THEAT abgehen 2 *light* ausgehen 3 *alarm* losgehen 4 *bomb* hochgehen

◆**go on** *vi* 1 weitergehen; *vehicle* weiterfahren; **to ~ on ahead** vorausgehen 2 *(extend)* sich erstrecken 3 *(continue)* weitermachen; **I can't ~ on** ich kann nicht mehr; **to ~ on trying** es weiter versuchen 4 *(criticize)* **to ~ on at sb** an jdm herumnörgeln 5 *(happen)* passieren; **what's ~ing on here?** was geht denn hier vor? 6 *(start)* anfangen; **to ~ on a diet** auf Diät gehen; **to ~ on the dole** stempeln gehen; **to ~ on strike** in den Streik treten; **to ~ on tour** auf Tournee gehen 7 *lights* angehen 8 *(encouraging)* **~ on, have another drink** na komm, trink noch einen

◆**go out** *vi* 1 [hinaus]gehen; **to ~ out to work** arbeiten gehen; **to ~ out shopping** einkaufen gehen 2 *(emigrate)* auswandern 3 *(visit)* ausgehen; **to ~ out for a meal** essen gehen 4 *(date)* **to ~ out with sb** mit jdm gehen 5 *fire* ausgehen 6 *tide* zurückgehen; **when the tide ~es out** bei Ebbe

◆**go over** *vi* 1 *(cross)* hinübergehen; *(in vehicle)* hinüberfahren 2 *(visit)* **to ~ over to sb** zu jdm rübergehen 3 *(change)* **to ~ over to sth** zu etw *dat* übergehen; **to ~ over to the enemy** zum Feind überlaufen 4 *(be received)* **to ~ over [well]** [gut] ankommen

◆**go through** *vi* 1 durchgehen 2 *(experience)* durchmachen 3 *(be approved)* *plan* durchgehen 4 *(use up)* aufbrauchen

◆**go together** *vi* zusammenpassen

◆**go under** *vi* 1 untergehen 2 *(fail)* scheitern

◆**go up** *vi* 1 hinaufgehen; *(climb)* hinaufsteigen 2 *(increase)* steigen; **everything is ~ing up!** alles wird teurer! 3 *(approach)* **to ~ up to sb/sth**

G

auf jdn/etw zugehen ④ *(extend)* **to ~ up to sth** [bis] zu etw *dat* hingehen
◆**go with** *vt* ① *(accompany)* **to ~ with sb** mit jdm mitgehen; **to ~ with sth** zu etw *dat* gehören ② *(be associated with)* **to ~ with sth** mit etw *dat* einhergehen
◆**go without** *vi* **to ~ without sth** ohne etw *akk* auskommen

go-ahead ['gəʊəhed] **I.** *n no pl* Erlaubnis *f* (**for** zu); **to give the ~** grünes Licht geben **II.** *adj* BRIT, AUS fortschrittlich

G

goal [gəʊl] *n* ① Ziel *nt* ② SPORTS Tor *nt*

goalkeeper, *fam* **goalie** ['gəʊli] *n* Tormann, Torfrau *m, f*

goat [gəʊt] *n* Ziege *f;* **~'s milk** Ziegenmilch *f;* ▸ **to get sb's ~** jdn auf die Palme bringen

goatee [gəʊ'ti:] *n* Spitzbart *m*

gob [gɒb] *n* ① BRIT, AUS *(sl: mouth)* Maul *nt sl;* **shut your ~!** halt's Maul! *sl* ② AM *(fam: lump)* Klumpen *m*

go-between ['gəʊbɪˌtwi:n] *n* Vermittler(in) *m(f)*

god [gɒd] *n* Gott *m;* **~ of war** Kriegsgott *m*

godchild *n* Patenkind *nt* **goddaughter** *n* Patentochter *f*

goddess <*pl* -es> ['gɒdes] *n* Göttin *f;* **screen ~** [Film]diva *f*

godfather *n* ① *(godparent)* Patenonkel *m*, Pate *m* ② *(mafia)* Pate *m* **godmother** *n* Patentante *f*, Patin *f;* **fairy ~** gute Fee **godparent** *n* Pate, Patin *m, f* **godsend** *n (fam)* Gottesgeschenk *nt* **godson** *n* Patensohn *m*

goes [gəʊz] *3rd pers sing of* **go**

goggle-box *n* BRIT *(fam)* Glotze *f*

going ['gəʊɪŋ] **I.** *n* ① Gehen *nt* ② *(departure)* Weggang *m* ③ *(conditions)* **rough ~** ungünstige Bedingungen **II.** *adj* **to get/keep sth ~** etw in Gang bringen/halten

goings-on *n pl* Vorfälle *pl*

gold [gəʊld] *n* Gold *nt;* ▸ **[as] good as ~** mustergültig

gold coin *n* Goldmünze *f*

golden ['gəʊldᵊn] *adj* golden *a. fig;* **~ brown** goldbraun

goldfish *n* Goldfisch *m* **gold medal** *n* Goldmedaille *f* **goldmine** *n* Goldmine *f; (fig)* Goldgrube *f*

golf [gɒlf] **I.** *n no pl* Golf *nt;* **a round of ~** eine Runde Golf; **~ cart** Golfwagen *m* **II.** *vi* Golf spielen

golf ball *n* Golfball *m* **golf club** *n* ① Golfschläger *m* ② + *sing/pl vb (members)* Golfclub *m* **golf course** *n* Golfplatz *m*

golfer ['gɒlfəʳ] *n* Golfer(in) *m(f)*

golf links *n pl* AM Golfplatz *m;* BRIT Golfplatz *m* an der Küste

gone [gɒn] **I.** *pp of* **go** **II.** *prep* BRIT **it's just ~ ten o'clock** es ist kurz nach zehn Uhr **III.** *adj* ① *(missing)* weg ② *(dead)* tot; **to be pretty far ~** beinahe tot sein

good [gʊd] **I.** *adj* <better, best> ① gut; *weather* schön; **~ morning/night** guten Morgen/gute Nacht; **have a ~ day!** schönen Tag noch!; **to have a ~ time** [viel] Spaß haben; **to do a ~ job** gute Arbeit leisten; **it's a ~ job [that] …** zum Glück … ② *(kind)* **it was very ~ of you to help us** es war sehr lieb von dir, uns zu helfen ③ *(thorough)* gut; **to have a ~ laugh** ordentlich lachen ④ *(substantial)* beträchtlich; **to make ~ money** gutes Geld verdienen ⑤ *(reliable)* **to be [as] ~ as one's word** vertrauenswürdig sein ⑥ **as ~ as …** *(almost)* so gut wie … ▸ **it's as ~ as it gets** besser wird's nicht mehr **II.** *adv* ① AM *(fam: well)* gut ② *(fam: thoroughly)* gründlich **III.** *n no pl* ① Gute *nt;* **~ and evil** Gut und Böse; **to be up to no ~** nichts Gutes im Schilde führen; **the ~** *pl* die Guten *pl* ② *(benefit)* Wohl *nt;* **for the ~ of his health** seiner Gesundheit zuliebe

good / well
Beachte den Unterschied:
Well und **good** haben dieselbe

Bedeutung, aber Ersteres ist ein Adverb, während good ein Adjektiv ist. Benutze daher **good**, um ein Substantiv näher zu beschreiben: *He's a good footballer. I like this programme, it's good.* Benutze dagegen **well**, um eine Tätigkeit zu beschreiben: *He plays the guitar well. She speaks English well.*

goodbye, AM *a.* **goodby** I. *interj* [gʊ(d)ˈbaɪ] auf Wiedersehen; **to wave ~** zum Abschied winken II. *n* [gʊdˈbaɪ] Abschied *m;* **to say one's ~s** sich verabschieden

good-for-nothing I. *n* Taugenichts *m* II. *adj* nichtsnutzig **Good Friday** *n* Karfreitag *m* **good-humoured**, AM **good-humored** [ˌgʊdˈhjuːməd] *adj* ❶ *(cheerful)* fröhlich ❷ *(good-natured)* gutmütig **good-looking** *adj* <more good-looking, most good-looking> gut aussehend **good-natured** *adj* gutmütig

goodness [ˈgʊdnəs] I. *n no pl* ❶ *(virtue)* Tugendhaftigkeit *f* ❷ *(kindness)* Freundlichkeit *f,* Güte *f* ❸ *of food* Wertvolle(s) *nt* ❹ *(for emphasis)* **~ knows** weiß der Himmel; **thank ~** Gott sei Dank II. *interj* **my ~!** [ach du] meine Güte

goods [gʊdz] I. *n pl* Waren *pl,* Güter *pl;* **sports ~** Sportartikel *pl;* **stolen ~** Diebesgut *nt* II. *adj attr* BRIT **~ train** Güterzug *m*

good-sized *adj attr* [recht] groß **good-tempered** *adj* gutmütig

goody [ˈgʊdi] I. *n* tolle Sache; *(titbit)* Leckerbissen *m* II. *interj (usu childspeak)* spitze

google® [ˈguːgl̩] INET *(fam)* I. *vi* googeln® *(im Internet nach Informationen suchen)* II. *vt* im Internet nach etw *dat* suchen

goose [guːs] *n* <*pl* geese> Gans *f;* ▸ **to cook sb's ~** jdm die Suppe versalzen

gooseberry [ˈgʊzbəri] *n* Stachelbeere *f;* ▸ **to play ~** BRIT das fünfte Rad am Wagen sein

goose pimples *n pl,* **gooseflesh** *n no pl, esp* AM **goosebumps** *n pl* Gänsehaut *f kein pl*

gorge [gɔːdʒ] I. *n* Schlucht *f* II. *vi* sich vollessen III. *vt* **to ~ oneself on sth** sich mit etw *dat* vollstopfen

gorgeous [ˈgɔːdʒəs] *adj* ❶ herrlich, großartig; **the bride looked ~** die Braut sah zauberhaft aus ❷ *(fam: pleasant)* ausgezeichnet, fabelhaft

gorilla [gəˈrɪlə] *n* Gorilla *m a. fig*

gorse [gɔːs] *n no pl* Stechginster *m*

gory [ˈgɔːri] *adj* blutig; *film* blutrünstig

go-slow *n* BRIT Bummelstreik *m*

gospel [ˈgɒspəl] *n* **the ~** das Evangelium; *(fig)* Grundsätze *pl;* **to take sth as ~** etw für bare Münze nehmen

gossip [ˈgɒsɪp] I. *n* ❶ *no pl* Klatsch *m;* **idle ~** leeres Geschwätz ❷ *(pej: person)* Tratschbase *f* II. *vi* schwatzen

gossip column *n* Klatschspalte *f*

got [gɒt] *pt, pp of* **get**

Goth [gɒθ] *n* ❶ HIST Gote, Gotin *m, f* ❷ *no pl* MUS *(style of rock music)* **g~** Gothic *nt* ❸ *(pej: person)* **g~** Grufti *m*

gotten [ˈgɒtən] AM, AUS *pp of* **got**

govern [ˈgʌvən] *vt* POL regieren; *(province)* verwalten

government [ˈgʌvənmənt] *n* Regierung *f;* **local ~** Kommunalverwaltung *f;* **in ~** BRIT, AUS an der Regierung; **~ agency** Behörde *f;* **~ grant** staatlicher Zuschuss; **~ property** Staatseigentum *nt;* **~ spending** Staatsausgaben *pl;* **~ subsidy** Subvention *f*

GP [ˌdʒiːˈpiː] *n abbrev of* **general practitioner**

GPO [ˌdʒiːpiːˈəʊ] *n* BRIT *abbrev of* **General Post Office** Hauptpostamt *nt*

grab [græb] I. *n* Griff *m;* **to make a ~ for sth** nach etw *dat* greifen ▸ **to be up for ~s** zu haben sein II. *vt* <-bb-> ❶ [sich *dat*] schnappen; **to ~ hold of sth** etw festhalten ❷ **to ~ some sleep** [ein wenig] schlafen III. *vi* <-bb-> grapschen; **to ~ at sb** jdn begrapschen

G

grace [greɪs] *n* ❶ *no pl of movement* Grazie *f; of appearance* Anmut *f* ❷ *of behaviour* Anstand *m kein pl;* **social ~s** gesellschaftliche Umgangsformen ❸ *no pl (favour, mercy)* Gnade *f;* **to fall from ~** in Ungnade fallen ❹ *no pl (prayer)* Tischgebet *nt*

gracious ['greɪʃəs] **I.** *adj* ❶ *(kind)* liebenswürdig ❷ *(merciful)* gnädig **II.** *interj* [**good**] **~** [**me**]**!** [du] meine Güte!

graciously ['greɪʃəsli] *adv* ❶ *(kindly)* liebenswürdig, freundlich ❷ *(mercifully)* gütig, gnädig

grade [greɪd] **I.** *vt* ❶ SCH, UNIV benoten ❷ *(categorize)* einteilen **II.** *n* ❶ *(rank)* Rang *m* ❷ *of salary* Gehaltsstufe *f* ❸ *(of quality)* Qualität *f* ❹ AM *(gradient)* Neigung *f* ❺ AM *(class)* Klasse *f* ❻ SCH *(mark)* Note *f*

Grading systems

Das übliche **grading system** (Notensystem) der USA verwendet die Buchstaben A, B, C, D und F. A ist die beste Note und F (= **Fail**) bedeutet durchgefallen. Die Buchstaben können auch mit einem Plus oder Minus versehen werden. Wer eine A+ erhält, hat wirklich eine Superleistung erbracht.

Das Notenspektrum in Großbritannien erstreckt sich für **GCSEs** (≈ Realschulabschlussprüfung) von A* für die beste Note bis G, bzw. U für eine unbewertbare Leistung. Für **A levels** (≈ Abitur) werden nur Noten von A* bis E bzw. U vergeben.

gradual ['grædʒuəl] *adj* ❶ *(not sudden)* allmählich ❷ *(not steep)* sanft

gradually ['grædʒuəli] *adv* ❶ *(not suddenly)* allmählich ❷ *(not steeply)* sanft

graduate **I.** *n* ['grædʒuət] ❶ UNIV Absolvent(in) *m(f);* **~ student** Student(in) *m(f)* mit Universitätsabschluss ❷ AM SCH Schulabgänger(in) *m(f)* **II.** *vi* ['grædʒueɪt] ❶ UNIV einen akademischen Grad erwerben; **to ~ with honours** seinen Abschluss mit Auszeichnung machen ❷ AM SCH die Abschlussprüfung bestehen **III.** *vt* ['grædʒueɪt] ❶ *(calibrate)* einteilen ❷ AM *(award degree)* **to ~ sb** jdn graduieren

graduation [ˌgrædʒu'eɪʃən] *n* ❶ *no pl* SCH, UNIV *(completion)* [Studien]abschluss *m* ❷ *(ceremony)* Abschlussfeier *f*

grain [greɪn] *n* ❶ Korn *nt,* Körnchen *nt;* **~ of sand** Sandkorn *nt* ❷ *no pl (texture)* Maserung *f*

grainy ['greɪni] *adj* ❶ FOOD *sauce* klumpig ❷ PHOT, FILM [grob]körnig ❸ *wood* gemasert

gram [græm] *n* Gramm *nt*

grammar ['græmə^r] *n* Grammatik *f;* **to be bad ~** grammatikalisch falsch sein

grammar school *n* ❶ AM *(elementary school)* Grundschule *f* ❷ BRIT *(upper level school)* ≈ Gymnasium *nt*

gramophone ['græməfəʊn] *n (hist)* Grammophon *nt hist*

gran [græn] *n (fam) short for* **grandmother** Oma *f,* Omi *f*

granary bread *no pl,* **granary loaf** *n* BRIT ≈ Mehrkornbrot *nt*

grand [grænd] **I.** *adj* ❶ prächtig, großartig; **to make a ~ entrance** einen großen Auftritt haben ❷ *(fam: excellent)* großartig ❸ *(far-reaching)* **~ ambitions** große Pläne; **on a ~ scale** in großem Rahmen ❹ *(total)* **~ total** Gesamtsumme *f* **II.** *n* ❶ *<pl -> (fam: $/£1000)* Mille *f* ❷ *(piano)* Flügel *m*

grandad ['grændæd] *n (fam: grandfather)* Opa *m*

grandchild *n* Enkelkind *nt* **granddaughter** *n* Enkeltochter *f* **grandfather** *n* Großvater *m* **grandma** *n (fam)* Oma *f,* Omi *f* **grandmother** *n* Großmutter *f* **grandpa** *n (fam)* Opa *m,* Opi *f* **grandparent** *n* Großvater, Großmutter *m, f;* **~s** *pl* Großeltern *pl*

grand piano *n* [Konzert]flügel *m*

grandson *n* Enkel[sohn] *m*
grandstand *n* [Haupt]tribüne *f*
grand sum, **grand total** *n* Gesamtsumme *f*
grannie, **granny** ['græni] *n (fam)* Oma *f*, Omi *f*
grant [grɑːnt] I. *n* ① Zuschuss *m oft pl; (subsidy)* Subvention *f* ② UNIV Stipendium *nt* II. *vt* ① *(allow)* **to ~ sb sth** jdm etw gewähren; *favour* jdm etw erweisen ② *(confess)* zugeben; **~ed, ...** zugegeben, ...
granulated ['grænjəleɪtɪd] *adj* granuliert; **~ sugar** Kristallzucker *m*
grape [greɪp] *n* [Wein]traube *f;* **a bunch of ~s** eine [ganze] Traube
grapefruit <*pl* -> ['greɪpfruːt] *n* Grapefruit *f* **grape juice** *n* Traubensaft *m*
grapevine *n* Weinstock *m;* ▸ **sb hears sth on** [*or* **through**] **the ~** etw kommt jdm zu Ohren
graph [grɑːf] *n* Diagramm *nt,* Graph *m;* **bar** [*or* **block**] **~** Säulendiagramm *nt*
graphic ['græfɪk] *adj* ① grafisch ② *(vivid)* anschaulich; **in ~ detail** haarklein ③ ART **~ design** Grafikdesign *nt*
graphically ['græfɪkəli] *adv* ① *(using a graph)* grafisch ② *(vividly)* anschaulich, plastisch
graphics ['græfɪks] *n pl* Grafik *f*
grasp [grɑːsp] I. *n no pl* ① Griff *m;* **to be within sb's ~** *(fig)* zum Greifen nahe sein ② **to have a good ~ of a subject** ein Fach gut beherrschen II. *vt* [fest] [er]greifen; **to ~ sb by the arm** jdn am Arm fassen III. *vi* **to ~ at sth** nach etw *dat* greifen; **to ~ at the opportunity** *(fig)* die Gelegenheit beim Schopfe packen
grass <*pl* -es> [grɑːs] I. *n* ① Gras *nt* ② *no pl (fam: dope)* Grass *nt sl* II. *vi* BRIT, AUS *(sl)* singen; **to ~ on sb** jdn verpfeifen
grass court *n* Rasenplatz *m* **grasshopper** *n* Heuschrecke *f* **grass snake** *n* AM Grasnatter *f;* BRIT Ringelnatter *f*
grate¹ [greɪt] *n* ① Rost *m* ② *(hearth)* Kamin *m*
grate² [greɪt] I. *vi* ① kratzen ② *noise* in den Ohren wehtun; **to ~ on sb['s nerves]** jdm auf die Nerven gehen II. *vt* reiben
grateful ['greɪtfəl] *adj* dankbar
grater ['greɪtəʳ] *n* Reibe *f*
grating ['greɪtɪŋ] I. *n* Gitter *nt* II. *adj* knirschend
gratitude ['grætɪtjuːd] *n no pl* Dankbarkeit *f*
gratuity [grə'tjuːəti] *n* ① Trinkgeld *nt* ② AM *(bribe)* **illegal ~** Bestechungsgeld *nt*
grave¹ [greɪv] *n* Grab *nt;* ▸ **to have one foot in the ~** mit einem Bein im Grab stehen
grave² [grɑːv] *adj face, music* ernst; *(bad) news* schlimm; *(worrying) conditions* bedenklich; *decision* schwerwiegend; *mistake* gravierend
gravel ['grævəl] *n no pl* Kies *m;* **~ road** Schotterstraße *f*
gravel-pit *n* Kiesgrube *f*
gravestone *n* Grabstein *m* **graveyard** *n* Friedhof *m*
gravity ['grævəti] *n no pl* ① Schwerkraft *f* ② *(dignity)* Ernst *m*
gravy ['greɪvi] *n no pl* [Braten]soße *f*
gray *adj* AM *see* **grey**
graze¹ [greɪz] I. *n* Schürfwunde *f* II. *vt* streifen
graze² [greɪz] I. *vi* grasen, weiden II. *vt animals* weiden lassen; *meadow* abgrasen
grease [griːs] I. *n* Fett *nt;* **~ mark** Fettfleck *m* II. *vt* [ein]fetten; MECH schmieren ▸ **like ~d lightning** wie ein geölter Blitz
greaseproof paper *n* Pergamentpapier *nt; (for oven)* Backpapier *nt*
greasy ['griːsi] *adj* ① fettig; *food* fett ② *(fig)* schmierig
great [greɪt] I. *adj* ① *(big)* groß; **a ~ deal of money** eine Menge Geld; **to a ~ extent** im Großen und Ganzen ② *(famous)* groß ③ *(wonderful)* großartig, hervorragend, toll *fam;* **~!** *(iron fam)* na prima! II. *adv (fam)* **~ big** rie-

G

sengroß **III.** *n* Größe *f; (in titles)* **Alexander the ~** Alexander der Große
Great Britain *n* Großbritannien *nt*

Great Britain
Das Königreich England, das Königreich Schottland und das Fürstentum Wales bilden zusammen **Great Britain** (Großbritannien). Great Britain und Nordirland wiederum bilden zusammen den Staat **United Kingdom** (Vereinigtes Königreich). Der geografische Begriff **British Isles** (Britische Inseln) bezieht sich auf Großbritannien mit zahlreichen kleineren Inseln (wie z. B. die Hebriden, die Orkneyinseln, die Shetlandinseln, die Insel Man, die Scilly-Inseln, die Kanalinseln). Meistens wird auch Irland (sowohl die Republik Irland als auch Nordirland) dazugezählt.

G

Greater ['greɪtəʳ] *(in cities)* **~ London** Groß-London *nt*
great-grandchild *n* Urenkel(in) *m(f)* **great-grandparents** *n pl* Urgroßeltern *pl*
greatly ['greɪtli] *adv* sehr; **~ impressed** tief beeindruckt
greatness ['greɪtnəs] *n no pl* Bedeutsamkeit *f*
Greece [gri:s] *n* Griechenland *nt*
greed [gri:d] *n no pl* Gier *f* (**for** nach)
greedily ['gri:dɪli] *adv* gierig
greediness ['gri:dɪnəs] *n no pl* Gier *f*
greedy ['gri:di] *adj* gierig; *(covetous)* habgierig; **to be ~ for sth** *(fig)* gierig nach etw *dat* sein; **~-guts** + *sing vb* BRIT, AUS *(fam)* [kleiner] Vielfraß
Greek [gri:k] **I.** *n* ❶ Grieche(in) *m(f)* ❷ *(language)* Griechisch *nt;* **ancient ~** Altgriechisch *nt;* **modern ~** Neugriechisch *nt* **II.** *adj* griechisch
green [gri:n] **I.** *n* ❶ *no pl* Grün *nt* ❷ *(food)* **~s** *pl* Blattgemüse *nt kein pl* ❸ POL **G~** Grüne(r) *f(m)* **II.** *adj* grün; **~ issues** Umweltschutzfragen *pl;* **the G~ Party** BRIT POL die Grüne Partei
greenback *n (fam)* ❶ AM Dollar[schein] *m* ❷ *(frog)* Laubfrosch *m* **green belt** *n* Grüngürtel *m* **green card** *n* ❶ BRIT [internationale] Grüne [Versicherungs]karte ❷ AM Greencard *f Aufenthaltserlaubnis mit Arbeitsgenehmigung* **greengrocer** *n* BRIT Obst- und Gemüsehändler(in) *m(f);* **at the ~'s** im Obst- und Gemüseladen **greenhouse** *n* Gewächshaus *nt* **greenhouse effect** *n no pl* **~** Treibhauseffekt *m* **greenhouse gas** *n* Treibhausgas *nt*
Greenland ['gri:nlənd] *n* Grönland *nt* **Greenlander** ['gri:nləndəʳ] *n* Grönländer(in) *m(f)*
green pepper *n* grüne Paprikaschote
greet [gri:t] *vt* ❶ [be]grüßen; *(receive)* empfangen ❷ *(react)* reagieren; **the unions ~ed his decision with anger** die Gewerkschaften haben seine Entscheidung mit Zorn aufgenommen
greeting ['gri:tɪŋ] *n* Begrüßung *f;* **she smiled at me in ~** sie begrüßte mich mit einem Lächeln; **~s** *pl* Grüße *pl*
grenade [grə'neɪd] *n* Granate *f*
grew [gru:] *pt of* **grow**
grey [greɪ] **I.** *n no pl* Grau *nt* **II.** *adj* grau *a. fig; face* [asch]grau
greyhound *n* Windhund *m*
grid [grɪd] *n* ❶ Gitter *nt* ❷ *(lines)* Gitternetz *nt*
grief [gri:f] *n no pl* ❶ tiefe Trauer, Kummer *m* ❷ *(bother)* **to come to ~** *(fail)* scheitern; *(have an accident)* zu Schaden kommen ❸ **good ~!** du liebe Zeit!
grill [grɪl] **I.** *n* Grill *m; (barbecue)* [Grill]rost *m* **II.** *vt* ❶ grillen ❷ *(fam: interrogate)* ausquetschen
grim [grɪm] *adj* ❶ grimmig, verbissen ❷ *(unpleasant)* trostlos; **to feel ~** sich miserabel fühlen
grin [grɪn] **I.** *n* Grinsen *nt kein pl* **II.** *vi* grinsen ► **to ~ and bear it** gute Miene

zum bösen Spiel machen

grind [graɪnd] **I.** *n no pl (fam)* **the daily ~** der tägliche Trott; **to be a real ~** sehr mühsam sein **II.** *vt* <ground, ground> ① mahlen; AM, AUS *meat* fein hacken; **to ~ sth [in]to a powder** etw fein zermahlen ② *knife* schleifen
◆**grind down** *vt* ① abschleifen; *mill* zerkleinern ② *(wear)* abtragen ③ *(tyre)* zermürben
◆**grind out** *vt* ① *(produce)* ununterbrochen produzieren ② *cigarette* ausdrücken

grinding ['graɪndɪŋ] *adj noise* knirschend; *hardship* zermürbend ▸ **to come to a ~ halt** [*or* **standstill**] *car, machine* [quietschend] zum Stehen kommen; *(fig)* [endlich] aufhören

grindstone ['graɪn(d)stəʊn] *n* Schleifstein *m;* ▸ **to keep one's nose to the ~** sich [bei der Arbeit] ranhalten

grip [grɪp] **I.** *n* Griff *m kein pl a. fig;* **to keep a [firm] ~ on sth** etw festhalten **II.** *vt* <-pp-> ① packen ② *(fig)* packen; *(interest)* fesseln **III.** *vi* <-pp-> greifen

gristle ['grɪsl̩] *n no pl* Knorpel *m*

gristly ['grɪsl̩i] *adj* knorpelig

grit [grɪt] **I.** *n no pl* ① Splitt *m* ② *(fig: courage)* Schneid *m* **II.** *vt* <-tt-> ① streuen ② **to ~ one's teeth** die Zähne zusammenbeißen *a. fig*

gritter ['grɪtəʳ] *n* BRIT Streuwagen *m*

grizzly ['grɪzli] **I.** *adj* BRIT quengelig **II.** *n* Grizzlybär(in) *m(f)*

groan [grəʊn] **I.** *n* Stöhnen *nt kein pl* **II.** *vi* ① [auf]stöhnen; **to ~ inwardly** einen inneren Seufzer ausstoßen; **to ~ about sth** *(fig)* sich über etw *akk* beklagen ② *(creak)* ächzen

grocer ['grəʊsəʳ] *n* Lebensmittelhändler(in) *m(f)*

groceries ['grəʊsəriz] *n pl* Lebensmittel *pl*

grocery ['grəʊsəri] *n* Lebensmittelgeschäft *nt*

groggy ['grɒgi] *adj* angeschlagen

groin [grɔɪn] *n* Leiste *f*

groom [gruːm] **I.** *n* ① Bräutigam *m* ② *(keeper)* Pferdepfleger(in) *m(f)* **II.** *vt* **to ~ a horse** ein Pferd striegeln

groove [gruːv] *n* Rille *f*

groovy <-ie-> ['gruːvi] *adj (dated sl)* doll

gross[1] <*pl* -> [grəʊs] *n* Gros *nt;* **by the ~** en gros

gross[2] [grəʊs] **I.** *adj* ① grob ② *(ugly)* abstoßend; *(revolting)* ekelhaft **II.** *adj* **~ national product** Bruttosozialprodukt *nt* **III.** *vt* FIN brutto einnehmen

grotty <-ie-> ['grɒti] *adj* BRIT *(fam)* mies; *(soiled)* gammelig

grouchy ['graʊtʃi] *adj* griesgrämig

ground[1] [graʊnd] **I.** *n no pl* ① [Erd]boden *m,* Erde *f;* **to fall to the ~** zu Boden fallen; **to go to ~** *animal* in Deckung gehen ② *no pl (area)* [ein Stück] Land *nt;* **waste ~** brachliegendes Land; **to gain ~** MIL Boden gewinnen; *(fig)* an Boden gewinnen ③ **~s** *pl (environs)* Anlagen *pl* ④ SPORTS Platz *m,* [Spiel]feld *nt* ⑤ **~s** *pl (reasons)* Grund *m;* **~s for divorce** Scheidungsgrund *m* ⑥ AM ELEC Erde *f;* ▸ **to break new ~** bahnbrechend sein; *person* Neuland betreten **II.** *vt* ① **to be ~ed** *plane* nicht starten können ② NAUT auf Grund setzen; **to be ~ed** auflaufen

ground[2] [graʊnd] **I.** *vt pt of* **grind** **II.** *adj* gemahlen **III.** *n* **~s** *pl* [Boden]satz *m kein pl*

ground crew *n + sing/pl vb* AVIAT Bodenpersonal *nt kein pl* **ground floor** *n* Erdgeschoss *nt,* Parterre *nt;* **to live on the ~** parterre [*o* im Erdgeschoss] wohnen **ground frost** *n* Bodenfrost *m*

groundless ['graʊndləs] *adj* grundlos

ground staff *n no pl, + sing/pl vb* ① AVIAT Bodenpersonal *nt* ② SPORTS Wartungspersonal *nt*

group [gruːp] **I.** *n* ① *+ sing/pl vb* Gruppe *f;* **~s of four or five** Vierer- oder Fünfergruppen *pl;* **to get into ~s** sich in Gruppen zusammentun ② ECON Konzern *m* **II.** *vt* gruppieren **III.** *vi* sich gruppieren; **to ~ together** sich zusam-

G

mentun

group ticket *n* Sammelfahrschein *m;* TOURIST Gruppenticket *nt*

grovelling ['grɒvᵊlɪŋ] *adj* unterwürfig, kriecherisch *pej*

grow <grew, grown> [grəʊ] **I.** *vi* wachsen; **to ~ taller** größer werden; **to ~ to like sth** langsam beginnen, etw zu mögen **II.** *vt* ❶ **to ~ sth from seed** etw aus Samen ziehen ❷ **the male deer ~s large antlers** dem Hirsch wächst ein mächtiges Geweih

◆ **grow into** *vi* **to ~ into sth** in etw *akk* hineinwachsen; *(fig)* sich in etw *akk* eingewöhnen

◆ **grow out of** *vi* **to ~ out of sth** aus etw *dat* herauswachsen; *adult* für etw *akk* [schon] zu alt sein

◆ **grow up** *vi* ❶ erwachsen werden; **oh, ~ up!** wann wirst du endlich erwachsen? ❷ *(arise)* entstehen

growl [graʊl] **I.** *n* Knurren *nt kein pl* **II.** *vi* knurren; **to ~ at sb** jdn anknurren

grown [grəʊn] **I.** *adj attr* erwachsen; **fully ~** ausgewachsen **II.** *pp of* **grow**

grown-up ['grəʊnʌp] *(fam)* **I.** *n* Erwachsene(r) *f(m)* **II.** *adj* erwachsen

growth [grəʊθ] *n* ❶ *no pl* Wachstum *nt;* **~ industry** Wachstumsindustrie *f* ❷ *(plants)* Triebe *pl*

gruesome ['gru:səm] *adj* grausig, schauerlich

gruffly ['grʌfli] *adv* barsch

grumble ['grʌmbl̩] **I.** *n* Gemurre *nt kein pl* **II.** *vi* murren; **mustn't ~** ich kann nicht klagen

grumpily ['grʌmpɪli] *adv (fam)* grantig, mürrisch, übellaunig

grumpy <-ie-> ['grʌmpi] *adj (fam)* mürrisch, brummig, grantig

grunge [grʌndʒ] *n no pl* MUS, FASHION Grunge *m*

grunt [grʌnt] **I.** *n* Grunzen *nt kein pl;* **to give a ~** grunzen **II.** *vi* grunzen

guarantee [ˌgærᵊn'ti:] **I.** *n* Garantie *f;* **two-year ~** Garantie *f* auf 2 Jahre; **to be [still] under ~** [noch] Garantie haben; **money-back ~** Geldzurückgarantie *f* **II.** *vt* garantieren; **to ~ sb sth** jdm etw zusichern; **to ~ that …** gewährleisten, dass …

guard [gɑ:d] **I.** *n* ❶ Wache *f; (sentry)* Wach[t]posten *m;* **prison ~** AM Gefängniswärter(in) *m(f)* ❷ *(stance)* Deckung *f;* **to be on one's ~ [against sth]** *(fig)* [vor etw] auf der Hut sein ❸ *(device)* Schutz *m* **II.** *vt* ❶ bewachen; **heavily ~ed** scharf bewacht ❷ *(not tell)* für sich behalten; **closely ~ed secret** sorgsam gehütetes Geheimnis **III.** *vi* **to ~ against sth** sich vor etw *dat* schützen

guard dog *n* Wachhund *m* **guard duty** *n* Wachdienst *m;* **to be on ~ duty** Wachdienst haben

guardian ['gɑ:diən] *n* ❶ LAW Vormund *m* ❷ *(form: protector)* Hüter(in) *m(f)*

guard rail *n* [Schutz]geländer *nt*

Guatemalan [ˌgwætə'mɑ:lən] *adj* guatemaltekisch

gue(r)rilla [gə'rɪlə] *n* Guerilla *m,* Guerillakämpfer(in) *m(f);* **~ warfare** Guerillakrieg *m*

guess [ges] **I.** *n* <*pl* -es> Vermutung *f; (estimate)* Schätzung *f;* **you've got three ~es** dreimal darfst du raten; **lucky ~** Glückstreffer *m;* **to have a ~** raten ▸ **it's anyone's ~** weiß der Himmel **II.** *vi* ❶ raten; **how did you ~?** wie bist du darauf gekommen? ❷ *esp* AM *(suppose)* denken; *(suspect)* annehmen; **I ~ you're right** du wirst wohl Recht haben **III.** *vt* raten; *(estimate)* schätzen; **~ what?** stell dir vor!

guesstimate ['gestɪmət] **I.** *vt* grob schätzen **II.** *n* grobe Schätzung

guest [gest] **I.** *n* Gast *m;* ▸ **be my ~** nur zu! **II.** *vi* als Gaststar auftreten

guesthouse *n* Gästehaus *nt,* Pension *f*

guestroom *n* Gästezimmer *nt* **guest worker** *n* Gastarbeiter(in) *m(f)*

guidance ['gaɪdᵊn(t)s] *n no pl* ❶ Beratung *f; (direction)* [An]leitung *f;* **spiritual ~** geistiger Rat ❷ *(steering)* Steuerung *f*

guide [gaɪd] **I.** *n* ❶ Führer(in) *m(f)*; TOURIST Fremdenführer(in) *m(f)*; **tour ~** Reiseführer(in) *m(f)* ❷ *(book)* Reiseführer *m* ❸ *(hint)* Anhaltspunkt *m* **II.** *vt* ❶ **to ~ sb** jdn führen *a. fig* ❷ *(instruct)* anleiten ❸ *(steer)* führen; **the plane was ~d in to land** das Flugzeug wurde zur Landung eingewiesen

guided ['gaɪdɪd] *adj* ❶ geführt; **~ tour** Führung *f* ❷ *(steered)* [fern]gelenkt; **~ missile** Lenkflugkörper *m*

guide dog *n* Blindenhund *m*

guideline *n usu pl* Richtlinie *f*

guild [gɪld] *n + sing/pl vb* Gilde *f*; *of craftsmen* Innung *f*, Zunft *f*

guilder ['gɪldəʳ] *n* Gulden *m*

guillotine ['gɪləti:n] *n* ❶ Guillotine *f*, Fallbeil *nt*; **to go to the ~** unter der Guillotine sterben ❷ BRIT, AUS *(for paper)* Papierschneidemaschine *f*

guilt [gɪlt] *n no pl* Schuld *f*; **feelings of ~** Schuldgefühle *pl*

guiltily ['gɪltɪli] *adv* schuldbewusst

guilty <-ie-> ['gɪlti] *adj* schuldig; **~ conscience** schlechtes Gewissen; **to prove sb ~** jds Schuld *f* beweisen; **until proven ~** bis die Schuld erwiesen ist

guinea pig *n* Meerschweinchen *nt*

guitar [gɪ'tɑ:ʳ] *n* Gitarre *f*

guitarist [gɪ'tɑ:rɪst] *n* Gitarrist(in) *m(f)*

gulf [gʌlf] *n* ❶ Golf *m*; **the G~** der [Persische] Golf ❷ *(gap)* [tiefe] Kluft

gull [gʌl] *n* Möwe *f*

gullible ['gʌlɪbl̩] *adj* leichtgläubig

gully ['gʌli] *n* [enge] Schlucht *f*; *(drain)* Rinne *f*

gum¹ [gʌm] *n* ~[s] Zahnfleisch *nt kein pl*; **~ shield** Mundschutz *m*

gum² [gʌm] *n* ❶ *no pl* Gummi *nt*; *(on stamps etc.)* Gummierung *f* ❷ *(sweet)* **chewing ~** Kaugummi *m o nt*; **fruit ~** BRIT Fruchtgummi *m o nt* ❸ *(tree)* Gummibaum *m*

gun [gʌn] **I.** *n* ❶ [Schuss]waffe *f*; *(pistol)* Pistole *f*; *(rifle)* Gewehr *nt*; **big ~** Kanone *f*; *(fig)* hohes Tier ❷ SPORTS Startpistole *f*; **to jump the ~** einen Frühstart verursachen ❸ AM *(person)* Bewaffnete(r) *f(m)*; **hired ~** Auftragskiller(in) *m(f)* **II.** *vt* <-nn-> AM *(fam)* *engine* hochjagen

gunfight *n* Schießerei *f* **gunfire** *n* Schießerei *f*; *(of cannons)* Geschützfeuer *nt* **gunman** <*pl* -men> *n* Bewaffnete(r) *m* **gunpowder** *n no pl* Schießpulver *nt* **gunshot** *n* [Gewehr]schuss *m*; **~ wound** Schusswunde *f*

G

guru ['gʊru:] *n* Guru *m*

gusset ['gʌsɪt] *n* Zwickel *m*

gust [gʌst] **I.** *n* [Wind]stoß *m*, Bö[e] *f* **II.** *vi* böig wehen

gut [gʌt] **I.** *n* ❶ *(intestine)* Darm[kanal] *m* ❷ *(sl: abdomen)* Bauch *m* ❸ *(fam: courage)* **~s** *pl* Mumm *m kein pl* ❹ *(instincts)* **~ decision** Bauchentscheidung *f*; **~ feeling** Bauchgefühl *nt* ❺ **to bust a ~** sich abrackern **II.** *vt* <-tt-> *animal* ausnehmen

gutter ['gʌtəʳ] **I.** *n* Dachrinne *f*; *(on road)* Rinnstein *m* **II.** *vi flame* flackern

gutter press *n no pl* BRIT Sensationspresse *f*

guy [gaɪ] *n* ❶ *(fam)* Kerl *m*, Typ *m* ❷ *pl (fam: people)* **hi ~s!** hallo Leute!

guzzle ['gʌzl̩] *(fam)* **I.** *vt* in sich *akk* hineinstopfen; *drink* in sich *akk* hineinkippen **II.** *vi* schlingen

gym [dʒɪm] *n* ❶ *short for* **gymnastics** Turnen *nt kein pl* ❷ *short for* **gymnasium** Turnhalle *f*

gymnasium <*pl* -s> [dʒɪm'neɪziəm, *pl* -ziə] *n* Turnhalle *f*

gymnast ['dʒɪmnæst] *n* Turner(in) *m(f)*

gymnastics [dʒɪm'næstɪks] *n pl* Turnen *nt kein pl*; **mental ~** *(fig)* Gehirnakrobatik *f*

gym shoes *n pl* Turnschuhe *pl* **gym shorts** *n pl* Turnhose *f*

gypsy ['dʒɪpsi] *n (pej)* Zigeuner(in) *m(f) pej*

Hh

H <*pl* -'s>, **h** <*pl* -'s> [eitʃ] *n* H *nt,* h *nt; see also* **A 1**

h[1] *n abbrev of* **hour**[s] h; **at 0900 h** um 9h

h[2] *n abbrev of* **hand**[s] *Stockmaß für Pferde*

ha [hɑː] *interj (esp hum)* ah

haberdashery ['hæbədæʃəri] *n* ① BRIT *(sewing wares)* Kurzwaren *pl; (shop)* Kurzwarenladen *m* ② AM *(male clothing)* Herrenmode *f; (shop)* Herrenausstatter *m*

H

habit ['hæbɪt] *n* ① Gewohnheit *f;* **a bad ~** eine schlechte [An]gewohnheit ② *(fam: addiction)* **to have a heroin ~** heroinsüchtig sein

hack [hæk] **I.** *vt* ① hacken; **to ~ sth to pieces** etw zerstückeln ② COMPUT **to ~ sth** in etw *akk* eindringen **II.** *vi* ① **to ~ [away] at sth** auf etw *akk* einhacken ② COMPUT **to ~ into sth** in etw *akk* eindringen

hacking ['hækɪŋ] *n* ① *(breaking into computers)* Hacken *nt* ② BRIT *(horse-riding)* **to go ~** ausreiten, einen Ausritt machen

had [hæd, həd] **I.** *vt* ① *pt, pp of* **have** ② *(fam)* **to have ~ it** *(stop)* genug haben; *(fail)* kaputt sein **II.** *adj (fam)* **to be ~** [he]reingelegt werden

haddock <*pl* -> ['hædək] *n* Schellfisch *m*

hadn't ['hædənt] = **had not** *see* **have**

haemophilia, AM **hemophilia** [ˌhiːmə'fɪliə] *n no pl* MED Bluterkrankheit *f,* Hämophilie *f fachspr*

haemorrhage ['hemərɪdʒ] **I.** *n* [starke] Blutung **II.** *vi* [stark] bluten

haemorrhoids ['hemərɔɪdz] *n pl* Hämorrhoiden *pl*

haggle ['hægl̩] **I.** *vi* ① **to ~ [over sth]** [um etw *akk*] feilschen ② *(argue)* **to ~ over sth** [sich] über etw *akk* streiten **II.** *n* Gefeilsche *nt*

ha-ha ['hɑːhɑː] *n* [eingelassener] Begrenzungszaun

hail[1] [heɪl] *vt* ① [be]grüßen ② *(form: call)* zurufen; *taxi* rufen ③ *(acclaim)* **to ~ sb** jdm zujubeln

hail[2] [heɪl] **I.** *n no pl* Hagel *m;* **~ of bullets** Kugelhagel *m;* **~ of insults** Schwall *m* von Beschimpfungen **II.** *vi impers* **it's ~ing** es hagelt

hair [heər] *n* ① Haar *nt* ② *no pl (on head)* Haar *nt,* Haare *pl; (on body)* Behaarung *f;* **to do sb's ~** jdn frisieren ▸ **to let one's ~ down** sich gehen lassen; **to make sb's ~ stand on end** jdm die Haare zu Berge stehen lassen

hairbrush *n* Haarbürste *f* **hair conditioner** *n* Pflegespülung *f* **hair curler** *n* Lockenwickler *m* **haircut** *n* Haarschnitt *m,* Frisur *f;* **I need a ~** ich muss mal wieder zum Friseur; **to get a ~** sich *dat* die Haare schneiden lassen **hairdo** <*pl* -s> *n* [kunstvolle] Frisur **hairdresser** *n* Friseur(in) *m(f),* Friseuse *f;* **the ~'s** der Friseur[salon] **hairdressing salon** *n* Friseursalon *m* **hair-dryer**, **hair-drier** *n* Föhn *m,* Haartrockner *m; (with hood)* Trockenhaube *f* **hairgrip** *n* BRIT Haarklammer *f* **hairpiece** *n* Haarteil *nt* **hair-raising** *adj (fam)* haarsträubend **hairslide** *n* BRIT, AUS Haarspange *f* **hairspray** *n* Haarspray *nt* **hairstyle** *n* Frisur *f*

hairy <-ie-> ['heəri] *adj* ① haarig ② *(of hair)* aus Haar *nach n* ③ *(fig fam: risky)* haarig; *situation* brenzlig

Haiti ['heɪti] *n* Haiti *nt*

Haitian ['heɪʃən] **I.** *n* ① *(person)* Haitianer(in) *m(f)* ② *(language)* Haitianisch *nt* **II.** *adj* haitisch, haitianisch

hake <*pl* - *or* -s> [heɪk] *n* Seehecht *m*

half [hɑːf] **I.** *n* <*pl* **halves**> ① Hälfte *f;* **a**

kilo and a ~ eineinhalb Kilo; **~ an apple** ein halber Apfel; **~ the amount** der halbe Betrag; **by ~** um die Hälfte; **to cut sth in ~** etw halbieren ② BRIT *(fam: beer)* kleines Bier *(entspricht ca. 1/4 Liter)* ③ FBALL Läufer(in) *m(f)*; ▶ **given ~ a chance** wenn man die Möglichkeit hätte; **~ a second** BRIT einen Moment **II.** *adj* halbe(r, s); **~ [a] per cent** ein halbes Prozent **III.** *adv* ① **my little brother is ~ as tall as me** mein kleiner Bruder ist halb so groß wie ich ② *(almost)* fast ③ *(partially)* **~ asleep** halb wach ④ *(time)* **[at] ~ past nine** [um] halb zehn; **at ~ past on the dot** um Punkt halb

half-brother *n* Halbbruder *m* **half-dozen** *n* ein halbes Dutzend **half-hearted** *adj* halbherzig **half-price** *adj, adv* zum halben Preis **half-sister** *n* Halbschwester *f* **half-term** *n* Herbst-/Pfingstferien etc. *pl*

Half-term

Als **half-term** werden in Großbritannien kurze Ferien von meist einwöchiger Dauer bezeichnet, die in der Mitte eines Schultrimesters stattfinden. In einem Schuljahr gibt es üblicherweise drei: **autumn half-term** im Oktober bzw. November, **spring half-term** im Februar und **summer half-term** im Mai bzw. Juni.

half-time *n* Halbzeit *f*; *(break)* Halbzeitpause *f* **halfway** **I.** *adj* **at the ~ point of the race** nach der Hälfte des Rennens **II.** *adv* in der Mitte; **~ through dinner** mitten beim Abendessen; **~ decent** *(fig fam)* halbwegs anständig; **~ down [sth]** in der Mitte [einer S. *gen*]; **~ up** auf halber Höhe

half-yearly *adj, adv* halbjährlich

halibut <*pl* - *or* -s> [ˈhælɪbət] *n* Heilbutt *m*

hall [hɔːl] *n* ① *(lobby)* Korridor *m*, Diele *f*, Flur *m* ② *(building)* Halle *f*; *(public room)* Saal *m*; **town ~** Rathaus *nt* ③ UNIV **~ of residence** [Studenten]wohnheim *nt*

Halloween [ˌhæləʊˈwiːn] *n* Halloween *nt*

halo <*pl* -s> [ˈheɪləʊ] *n* Heiligenschein *m*; **~ of light** Lichtkranz *m*

halt [hɒlt] **I.** *n no pl* ① Stillstand *m*; **to come to a ~** zum Stehen kommen; **to grind to a ~** *(fig)* zum Erliegen kommen ② *(break)* Pause *f*; MIL Halt *m* **II.** *vt* zum Stillstand bringen; *fight* beenden **III.** *vi* ① zum Stillstand kommen ② *(break)* eine Pause machen; MIL Halt machen **IV.** *interj* halt

halve [hɑːv] **I.** *vt* halbieren **II.** *vi* sich halbieren

ham [hæm] **I.** *n no pl* Schinken *m* **II.** *adj attr* **~ sandwich** Schinkenbrot *nt* **III.** *vt* **to ~ it up** übertrieben darstellen

hamburger [ˈhæmˌbɜːgəʳ] *n* Hamburger *m*

hammer [ˈhæməʳ] **I.** *n* ① Hammer *m* ② SPORTS [Wurf]hammer *m*; **[throwing] the ~** das Hammerwerfen **II.** *vt* ① *nail* einschlagen; **to ~ sth into sb** *(fig)* jdm etw einhämmern ② *(fam: defeat)* **Germany ~ed Holland 6-1** Deutschland war Holland mit 6:1 haushoch überlegen

hammock [ˈhæmək] *n* Hängematte *f*

hamper[1] [ˈhæmpəʳ] *n* [Deckel]korb *m*; *(for gifts)* Geschenkkorb *m*

hamper[2] [ˈhæmpəʳ] *vt* behindern

hamster [ˈhæm(p)stəʳ] *n* Hamster *m*

hand [hænd] **I.** *n* ① Hand *f*; **by ~** von Hand; **~s up!** Hände hoch!; **~ in ~** auf allen vieren; **to hold sb's ~** jdm die Hand halten ② **at ~** *(present)* vorliegend; *(close)* in Reichweite; **to take sb in ~** sich *dat* jdn vornehmen; **on ~** zur Verfügung ③ *(help)* **would you like a ~?** soll ich Ihnen helfen? ④ *(worker)* Arbeiter(in) *m(f)* ⑤ *(on clock)* Zeiger *m* ⑥ CARDS **a ~ of poker** eine Run-

H

de Poker ▶ **to have one's ~s full** jede Menge zu tun haben; **many ~s make light work** *(prov)* viele Hände machen der Arbeit bald ein Ende **II.** *vt* **to ~ sb sth** jdm etw [über]geben ▶ **you've got to ~ it to sb** man muss es jdm lassen

◆ **hand back** *vt* zurückgeben

◆ **hand down** *vt* weitergeben

◆ **hand in** *vt* einreichen; *homework* abgeben

◆ **hand on** *vt* **to ~ sth ⊂ on** [**to sb**] etw [an jdn] weitergeben; *(bequeath)* [jdm] etw vererben

◆ **hand out** *vt* austeilen (**to** an); *homework, advice* geben (**to** +*dat*)

◆ **hand over** *vt* ① herüber-/hinüberreichen; *(present)* übergeben ② **to ~ sb over** [**to sb**] jdn [jdm] übergeben

◆ **hand round** *vt* BRIT herumreichen; *(distribute)* austeilen

handbag *n* Handtasche *f* **handbook** *n* Handbuch *nt*; **student ~** Vorlesungsverzeichnis *nt* **handbrake** *n* Handbremse *f* **handcuff I.** *vt* **to ~ sb** jdm Handschellen anlegen **II.** *n* **~s** *pl* Handschellen *pl*

handful ['hæn(d)fʊl] *n* ① Handvoll *f*; **a ~ of people** wenige Leute ② *no pl (person)* Nervensäge *f*

hand grenade *n* Handgranate *f*

handicap ['hændɪkæp] **I.** *n* ① Handicap *nt* ② *(dated: disability)* Behinderung *f* **II.** *vt* <-pp-> benachteiligen

handicapped ['hændɪkæpt] **I.** *adj (dated)* behindert; **~ people** Behinderte *pl*; **physically ~** körperlich behindert [*o* SCHWEIZ *a.* handikapiert] **II.** *n (dated)* **the ~** die Behinderten

handkerchief ['hæŋkətʃi:f] *n* Taschentuch *nt*

handle ['hændl] **I.** *n* Griff *m*; *(curved also)* Henkel *m*; *of door* Klinke *f*; ▶ **to fly off the ~** hochgehen **II.** *vt* ① *(manage)* schaffen ② *goods* befördern ③ *(touch)* anfassen

handlebars *n pl* Lenkstange *f*

hand luggage *n no pl* Handgepäck *nt*

handmade *adj* handgearbeitet; *paper* handgeschöpft **hand-picked** *adj* handverlesen *a. fig* **handrail** *n* Geländer *nt* **handshake** *n* Händedruck *m*

handsome ['hæn(d)səm] *adj* ① gut aussehend ② *(generous)* **a ~ sum** eine stolze Summe

handsomely ['hæn(d)səmli] *adv* ① *(attractively)* schön ② *(generously)* reichlich; **to tip ~** ein großzügiges Trinkgeld geben

handstand *n* Handstand *m kein pl*

handwriting *n no pl* Handschrift *f*

handwritten *adj* handgeschrieben

handy <-ie-> ['hændi] *adj* ① praktisch, geschickt SÜDD; *(easy to handle)* handlich ② *(useful)* nützlich; **to come in ~** [**for sb/sth**] [jdm/etw] gelegen kommen ③ *(near)* griffbereit; *place* in der Nähe *nach n*

hang [hæŋ] **I.** *n no pl* ① *of drapery* Fall *m*; *of clothes* Sitz *m* ② *(fig fam)* **to get the ~ of sth** bei etw *dat* den [richtigen] Dreh herausbekommen **II.** *vt* ① <hung, hung> *(mount)* aufhängen (**on** an) ② <hung, hung> *(decorate)* behängen ③ <hanged, hanged> *(kill)* [auf]hängen; **to ~ oneself** sich erhängen **III.** *vi* <hung, hung> ① hängen (**from** an); **to ~ down** herunterhängen ② *(rely)* **to ~** [**up**]**on sth** von etw abhängen ③ *(keep)* **to ~ onto sth** etw behalten ▶ **to ~ in there** am Ball bleiben

◆ **hang about** *vi* ① *(fam: idle)* herumtrödeln ② *(wait)* warten ③ BRIT *(fam)* **to ~ about with sb** [ständig] mit jdm zusammenstecken

◆ **hang back** *vi* ① *(be slow)* sich zurückhalten ② *(stay behind)* zurückbleiben

◆ **hang on** *vi* ① **to ~ on to sth** sich an etw *dat* festhalten ② *(fam: persist)* durchhalten ③ **~ on** [**a minute**] warte mal, einen Augenblick

◆ **hang out I.** *vt* heraushängen; *washing* aufhängen **II.** *vi* ① heraushängen ② *(sl: idle)* rumhängen ▶ **to let it all ~**

out die Sau rauslassen
◆**hang up** I. *vi* ① hängen ② *(end call)* auflegen II. *vt* aufhängen; *phone* auflegen
hanger ['hæŋəʳ] *n* [Kleider]bügel *m*
hang-gliding *n no pl* Drachenfliegen *nt*
hangover *n* Kater *m*
hankie, hanky ['hæŋki] *n (fam) short for* **handkerchief** Taschentuch *nt*
Hanover ['hænə(ʊ)vəʳ] *n* Hannover *kein art;* **the House of ~** *(hist)* das Haus Hannover
Hanseatic [ˌhæn(t)si'ætɪk] *adj* hanseatisch; **~ town** Hansestadt *f*
happen ['hæpᵊn] *vi* ① geschehen, passieren; *event* stattfinden; **what's ~ing?** was geht? ② *(by chance)* **to ~ to do sth** zufällig etw tun; **it just so ~s that …** wie's der Zufall will, … ③ *(actually)* **as it ~s** tatsächlich
happily ['hæpɪli] *adv* ① glücklich; *(cheerfully)* fröhlich ② *(willingly)* gern
happiness ['hæpɪnəs] *n no pl* Glück *nt; (contentment)* Zufriedenheit *f; (cheerfulness)* Fröhlichkeit *f*
happy <-ie-> ['hæpi] *adj* ① glücklich; *(contented)* zufrieden; *(cheerful)* fröhlich ② *(willing)* **to be ~ to do sth** etw gerne tun ③ *(in greetings)* **~ birthday** alles Gute zum Geburtstag; **a ~ New Year** ein glückliches neues Jahr
harbour, AM **harbor** ['hɑːbəʳ] I. *n* Hafen *m* II. *vt* ① **to ~ sb** jdm Unterschlupf gewähren ② *feelings* hegen
hard [hɑːd] I. *adj* ① hart; **[as] ~ as a rock** steinhart ② *(tough)* zäh, hart ③ *(difficult)* schwierig; **it's ~ to say** es ist schwer zu sagen ④ *(onerous)* anstrengend; **to be ~ work** harte Arbeit sein ⑤ *(severe)* hart; **~ luck!** [so ein] Pech! ⑥ *(unlucky)* **to be ~ on sb** hart für jdn sein II. *adv* ① hart; **to set ~** hart werden; *concrete* fest werden ② *(strongly)* fest[e], kräftig; **to rain ~** stark regnen; **to try ~** sich sehr bemühen
hardback I. *adj* gebunden II. *n* gebundenes Buch; **in ~** gebunden
hard-boiled *adj* hart gekocht **hard currency** *n* harte Währung **hard disk** *n* COMPUT Festplatte *f* **hard drug** *n* harte Droge
harden ['hɑːdᵊn] I. *vt* ① härten ② *(toughen) attitude* verhärten; **to ~ sb [to sth]** jdn [gegen etw *akk*] abhärten II. *vi* ① sich verfestigen, hart werden ② *(toughen)* sich verhärten
hardened ['hɑːdᵊnd] *adj* ① *(pej: not reformable)* starrsinnig; *attitude* verhärtet; **~ criminal** Gewohnheitsverbrecher(in) *m(f)* ② *(tough)* abgehärtet; **to become ~ to sth** sich an etw *akk* gewöhnen
hardening ['hɑːdᵊnɪŋ] *n no pl* ① *(process of making hard)* Härten *nt* ② *(fig: process)* Verhärten *nt; (result)* Verhärtung *f*
hard feelings *n pl* **no ~?** alles klar [zwischen uns/euch]?
hardly ['hɑːdli] *adv* kaum; **it's ~ my fault!** ich kann ja wohl kaum was dafür!; **~ ever** so gut wie nie
hard shoulder *n* BRIT befestigter Seitenstreifen **hard-wearing** *adj* strapazierfähig **hard-working** *adj* fleißig
hare [heəʳ] *n* <*pl* -s> [Feld]hase *m*
harm [hɑːm] I. *n no pl* Schaden *m;* **to mean no ~** es nicht böse meinen II. *vt* **to ~ sth** etw *dat* Schaden zufügen; **to ~ sb** jdm schaden
harmful ['hɑːmfᵊl] *adj* schädlich; *words* verletzend
harmless ['hɑːmləs] *adj* harmlos
harmlessly ['hɑːmləsli] *adv* harmlos
harmoniously [hɑː'məʊniəsli] *adv* harmonisch
harrow ['hærəʊ] I. *n* Egge *f* II. *vt* ① *(plough)* **to ~ sth** etw eggen ② *usu passive (fig)* **to ~ sb** jdn ängstigen
harsh [hɑːʃ] *adj* ① rau; *winter* streng ② *(severe)* hart; *(critical)* scharf; **to be ~ on sb** streng mit jdm sein
harshly ['hɑːʃli] *adv* ① *(rigorously)* hart; **to criticize sb/sth ~** jdn/etw scharf kritisieren; **to treat sb ~** streng mit

jdm sein ② *(brusquely)* barsch; **she spoke ~ to her children** sie redete in einem schroffen Ton mit ihren Kindern

harshness ['hɑːʃnəs] *n no pl* ① *(roughness)* Rauheit *f; of weather* Härte *f* ② *of colours, light* Grelle *f; of voice* Heiserkeit *f* ③ *(brusqueness)* Schroffheit *f*

harvest ['hɑːvɪst] **I.** *n* Ernte *f; (season)* Erntezeit *f* **II.** *vt* ernten

harvest festival *n* BRIT Erntedankfest *nt*

has [hæz, həz] *3rd pers sing of* **have**

has-been ['hæzbiːn] *n (fam)* ehemalige Größe

hashish ['hæʃɪʃ] *n no pl* Haschisch *nt*

hashtag ['hæʃtæg] *n* INET *(Twitter)* Haschtag

hasn't ['hæzᵊnt] = **has not** *see* **have**

hassle ['hæsl̩] *(fam)* **I.** *n* Mühe *f kein pl* **II.** *vt* schikanieren

haste [heɪst] *n no pl* Eile *f; (rush)* Hast *f;* **to make ~** sich beeilen; **in ~** hastig

hastily ['heɪstɪli] *adv* ① *(hurriedly)* eilig ② *(too quickly)* übereilt; *(without thinking)* voreilig; **to ~ add** schnell hinzufügen

hasty <-ie-> ['heɪsti] *adj* ① eilig, hastig ② *(rashly)* übereilt

hat [hæt] *n* Hut *m; (cap)* Mütze *f;* ▶ **~s off to sb** Hut ab vor jdm

hatch¹ <*pl* -es> [hætʃ] *n* ① Durchreiche *f* ② NAUT Luke *f;* ▶ **down the ~!** runter damit!

hatch² [hætʃ] **I.** *vi* schlüpfen **II.** *vt* ausbrüten *a. fig*

hatching ['hætʃɪŋ] *n no pl of eggs* Ausbrüten *nt; of plan, plot* Aushecken *nt*

hate [heɪt] **I.** *n* ① *no pl* Hass *m;* **~ mail** hasserfüllte Briefe *pl* ② *(thing)* **pet ~** Gräuel *nt* **II.** *vt* hassen; **to ~ sb's guts** jdn wie die Pest hassen

hated ['heɪtɪd] *adj* verhasst

hateful ['heɪtfᵊl] *adj (dated)* ① *(filled with hate) person* hasserfüllt; *(detesting, spiteful)* gemein ② *action, clothes, comment* abscheulich; *person* unausstehlich; **~ remarks** hässliche Bemerkungen

hatred ['heɪtrɪd] *n no pl* Hass *m* [**of/for** auf]

haul [hɔːl] **I.** *n* ① *usu sing* **to give a ~** [kräftig] ziehen ② *(catch)* Ausbeute *f* [**of** von/an] ③ *(distance)* Strecke *f;* **it was a long ~** *(fig)* es hat sich lange hingezogen **II.** *vt* ① ziehen; *(lug)* schleppen ② *goods* befördern

haunt [hɔːnt] **I.** *vt* ① **to ~ sth** in etw *dat* spuken; **to be ~ed by sth** von etw *dat* heimgesucht werden ② *memories* heimsuchen **II.** *n* Treffpunkt *m; (pub)* Stammlokal *nt*

have [hæv, həv] **I.** *aux vb* <has, had, had> ① *(forming past tenses)* **he has never been to Scotland before** er war noch nie zuvor in Schottland; **we had been swimming** wir waren schwimmen gewesen ② **to ~ sth done** etw tun lassen ③ *(must)* **to ~ [got] to do sth** etw tun müssen; **what time ~ we got to be there?** wann müssen wir dort sein? **II.** *vt* <has, had, had> ① **to ~ [got] sth** etw haben; **we're having a wonderful time in Venice** wir verbringen eine wundervolle Zeit in Venedig ② *(engage in) bath* nehmen; *nap, party, walk* machen; **to ~ a try** es versuchen ③ *(consume) food* essen; *cigarette* rauchen ④ *(receive)* erhalten; **okay, let's ~ it!** okay, her damit! ⑤ **to be having a baby** ein Baby bekommen ▶ **to ~ had it** *(be broken)* hinüber sein; *(be tired)* fix und fertig sein; *(be in trouble)* dran sein

◆**have around** *vt* **to ~ sth around** etw zur Hand haben; **to ~ sb around** jdn in der Nähe haben

◆**have off** *vt* BRIT, AUS *(vulg)* **to ~ it off [with sb]** es [mit jdm] treiben

◆**have on** *vt* ① *clothes* tragen ② BRIT *(fam: trick)* **to ~ sb on** jdn auf den Arm nehmen

◆**have out** *vt* ① *(remove)* sich *dat* herausnehmen lassen ② *(fam: argue)* **to ~ it out [with sb]** es [mit jdm] ausdiskutieren

◆**have over** *vt* **to ~ sb over** jdn zu

sich einladen
haven't ['hævᵊnt] = **have not** *see* **have**
hawk [hɔːk] *n* ❶ Habicht *m;* *(fig)* **to have eyes like a ~** Adleraugen haben ❷ POL Falke *m*
hay [heɪ] *n no pl* Heu *nt;* ▸ **to hit the ~** sich in die Falle hauen
hay fever *n no pl* Heuschnupfen *m* **haystack** *n* Heuhaufen *m*
hazard lights *n pl* AUTO Warnblinkanlage *f*
haze [heɪz] **I.** *n* ❶ Dunst[schleier] *m;* **heat ~** Hitzeflimmern *nt* ❷ *(fig)* Benommenheit *f* **II.** *vt* AM schikanieren
hazelnut *n* Haselnuss *f*
hazy ['heɪzi] *adj* ❶ dunstig, diesig ❷ **to be ~ about sth** sich nur vage an etw *akk* erinnern [können]
he [hiː, hi] **I.** *pron* er; *(some person)* er/sie/es **II.** *n* Er *m*
head [hed] **I.** *n* ❶ Kopf *m;* **~ over heels** Kopf über Hals; **to use one's ~** seinen Verstand benutzen ❷ *(unit)* **a ~** pro Kopf ❸ *no pl of a bed, table* Kopfende *nt; of a nail* Kopf *m* ❹ *(boss)* Chef(in) *m(f);* *(supervisor)* Leiter(in) *m(f);* **~ of state** Staatsoberhaupt *nt* ❺ BRIT SCH Schulleiter(in) *m(f)*, Rektor(in) *m(f)* ❻ *usu pl (coin)* **~s or tails?** Kopf oder Zahl? ▸ **to have one's ~ in the clouds** in höheren Regionen schweben; **to do sb's ~ in** BRIT *(fam)* jdm auf den Wecker gehen; **to be ~ over heels in love** bis über beide Ohren verliebt sein **II.** *adj attr* leitend **III.** *vt* ❶ *(lead)* anführen ❷ *(supervise)* leiten ❸ FBALL köpfen **IV.** *vi* gehen/fahren; **to ~ home** sich auf den Heimweg machen
◆**head back** *vi* zurückgehen; *in vehicle* zurückfahren
◆**head for** *vi* **to ~ for sth** auf etw *akk* zusteuern
◆**head off** **I.** *vt* ❶ *(intercept)* abfangen ❷ *(fig: avoid)* abwenden **II.** *vi* **to ~ off to[wards] sth** sich zu etw *dat* begeben
headache *n* Kopfschmerzen *pl;* *(fig)* Problem *nt* **headband** *n* Stirnband *nt* **head first** *adv* kopfüber **headlamp, headlight** *n* Scheinwerfer *m* **headline** *n* Schlagzeile *f*
headmaster *n* Schulleiter *m,* Rektor *m* **headmistress** *n* Schulleiterin *f,* Rektorin *f* **head office** *n* Zentrale *f* **head of state** <*pl* heads of state> *n* Staatsoberhaupt *nt*
head-on **I.** *adj* **~ collision** Frontalzusammenstoß *m* **II.** *adv* frontal; *(fig)* direkt
headphones *n pl* Kopfhörer *m* **headquarters** *n pl + sing/pl vb* Hauptsitz *m;* MIL Hauptquartier *nt*
headrest, head restraint *n* Kopfstütze *f* **headroom** *n no pl* lichte Höhe; *for ceiling* Kopfhöhe *f;* *(in cars)* Kopffreiheit *f* **headscarf** *n* Kopftuch *nt* **headset** *n* Headset *nt* **head start** *n* Vorsprung *m;* **to give sb a ~** jdm einen Vorsprung lassen
headteacher *n* Schulleiter(in) *m(f)*, Rektor(in) *m(f)* **head waiter** *n* Oberkellner *m*
headway *n no pl* **to make ~** [gut] vorankommen
heal [hiːl] **I.** *vt* heilen; *differences* beilegen **II.** *vi* heilen *a. fig*
healer ['hiːləʳ] *n* Heiler(in) *m(f)*
health [helθ] *n no pl* Gesundheit *f;* **your ~!** Pros[i]t!
health centre *n* Ärztehaus *nt* **health certificate** *n* Gesundheitszeugnis *nt* **health club** *n* Fitnessclub *m* **health food** *n* Reformkost *f* **health food shop,** AM **health food store** *n* Naturkostladen *m,* Bioladen *m* **health insurance** *n no pl* Krankenversicherung *f;* **~ company** Krankenkasse *f* **health service** *n* BRIT Gesundheitsdienst[e *pl*]; **the National Health Service** BRIT der staatliche Gesundheitsdienst **health visitor** *n* BRIT Krankenpfleger(in) *m(f)* der Sozialstation
healthy ['helθi] *adj* gesund *a. fig;* *(ample)* ordentlich; *(salubrious)* gesundheitsfördernd
heap [hiːp] **I.** *n* ❶ Haufen *m a. fig;* **to**

H

collapse in a ~ zu Boden sacken ❷ *(fam: lots)* **~s** **[of]** jede Menge [+*gen*] **II.** *vt* aufhäufen; *(fig)* **to ~ criticism on sb** massive Kritik an jdm üben

heaped [hi:pt] *adj* gehäuft; **a ~ teaspoon of sugar** ein gehäufter Teelöffel Zucker

hear <heard, heard> [hɪəʳ] **I.** *vt* ❶ hören; **to ~ sb do sth** hören, wie jd etw tut ❷ LAW *case* verhandeln **II.** *vi* hören (**about/of** von) ▶ **do you ~?** verstehst du/verstehen Sie?

heard [hɜ:d] *pt, pp of* **hear**

hearing ['hɪərɪŋ] *n* ❶ *no pl* Gehör *nt;* **hard of ~** schwerhörig ❷ *no pl (earshot)* **[with]in [sb's] ~** in [jds] Hörweite *f* ❸ *(examination)* Anhörung *f;* **disciplinary ~** Disziplinarverfahren *nt*

hearing aid *n* Hörgerät *nt*

heart [hɑ:t] *n* ❶ Herz *nt a. fig;* **to break sb's ~** jdm das Herz brechen; **with all one's ~** von ganzem Herzen ❷ *no pl (courage)* Mut *m;* **to lose ~** den Mut verlieren ❸ CARDS **~s** *pl* Herz *nt kein pl;* **queen of ~s** Herzdame *f;* ▶ **by ~** auswendig; **to have a change of ~** sich anders besinnen

heart attack *n* Herzanfall *m; (fatal)* Herzinfarkt *m* **heartbroken** *adj* todunglücklich, untröstlich **heartburn** *n no pl* Sodbrennen *nt*

heartlessness ['hɑ:tləsnəs] *n no pl* Unbarmherzigkeit *f*

heart-throb *n (fam)* Schwarm *m*

heat [hi:t] **I.** *n* ❶ *no pl* Wärme *f; (hotter)* Hitze *f* ❷ *no pl (fig)* **in the ~ of the moment** in der Hitze des Gefechts; **the ~ is on** es weht ein scharfer Wind ❸ SPORTS Vorlauf *m* **II.** *vt* erhitzen, heiß machen; *food* aufwärmen; *house, room* heizen **III.** *vi* warm werden

◆ **heat up I.** *vt* heiß machen; *food* aufwärmen **II.** *vi* warm werden

heated ['hi:tɪd] *adj* ❶ erhitzt; *room* geheizt ❷ *(emotional)* hitzig; **to get ~ about sth** sich über etw *akk* aufregen

heater ['hi:təʳ] *n* [Heiz]ofen *m,* Heizgerät *nt; (in car)* Heizung *f;* **water ~** Boiler *m*

heather ['heðəʳ] *n no pl* Heidekraut *nt*

heating ['hi:tɪŋ] *n no pl* ❶ Heizen *nt;* PHYS Erwärmung *f* ❷ *(device)* Heizung *f;* **~ engineer** Heizungsmonteur(in) *m(f)*

heatwave *n* Hitzewelle *f*

heaven ['hevᵊn] *n no pl* Himmel *m a. fig* ▶ **~ forbid!** Gott bewahre!; **good ~s!** du lieber Himmel!; **thank ~s!** Gott sei Dank!

heaviness ['hevɪnəs] *n no pl* ❶ *(weight)* Gewicht *nt,* Schwere *f; of movement* Schwerfälligkeit *f* ❷ *of a problem* Ausmaß *nt; of mood* Bedrücktheit *f* ❸ *(liter: sadness)* Niedergeschlagenheit *f;* **~ of heart** schweres Herz

heavy ['hevi] *adj* ❶ schwer ❷ *drinker, smoker, traffic* stark; **to be under ~ fire** unter schwerem Beschuss stehen ❸ *(fig: oppressive)* drückend; *weather* schwül ❹ *(hard)* schwierig; *breathing* schwer

heavyweight I. *n* Schwergewicht *nt a. fig* **II.** *adj* ❶ im Schwergewicht *nach n* ❷ *(weighty)* schwer

hectolitre, AM **hectoliter** ['helɪkɒptəʳ] *n* Hektoliter *m*

he'd[1] [hi:d] = **he had** *see* **have**

he'd[2] [hi:d] = **he would** *see* **will**[1]

hedge [hedʒ] **I.** *n* Hecke *f* **II.** *vt* ▶ **to ~ one's bets** nicht alles auf eine Karte setzen

hedgehog *n* Igel *m*

hedonistic [ˌhi:dᵊn'ɪstɪk, 'hed-] *adj* hedonistisch

heel [hi:l] **I.** *n* ❶ Ferse *f* ❷ *of shoe* Absatz *m;* **[high] ~s** *pl* Stöckelschuhe *pl* ▶ **down at ~** heruntergekommen **II.** *interj* **~!** bei Fuß! **III.** *vt* **to ~ a shoe** einen neuen Absatz auf einen Schuh machen ▶ **well ~ed** gut betucht

hegemony [hɪ'geməni] *n no pl* Hegemonie *f*

height [haɪt] *n* ❶ Höhe *f; of person*

[Körper]größe *f;* **to be 6 metres in ~** 6 Meter hoch sein; **~s** *pl* Höhen *pl;* **fear of ~s** Höhenangst *f* ❷ *(fig)* Höhepunkt *m;* **at the ~ of summer** im Hochsommer

heinous ['heɪnəs, 'hi:-] *adj (form)* abscheulich, grässlich

heir [eəʳ] *n* Erbe(in) *m(f);* **~ to the throne** Thronfolger(in) *m(f)*

heiress <*pl* -es> ['eəres] *n* Erbin *f*

heirloom ['eəlu:m] *n* Erbstück *nt*

held [held] *vt, vi pt, pp of* **hold**

helicopter ['helɪkɒptəʳ] *n* Hubschrauber *m*

Heligoland ['helɪgə(ʊ)lænd] *n no pl* Helgoland *nt*

heli-skiing *n* Heli-Skiing *nt fachspr (Skisportart, bei der der Skifahrer mit einem Hubschrauber auf den Berg geflogen wird)*

he'll[1] [hi:l] = **he will** *see* **will[1]**

he'll[2] [hi:l] = **he shall** *see* **shall**

hell [hel] **I.** *n no pl* ❶ *no art* Hölle *f;* **to go to ~** in die Hölle kommen ❷ *no art (fig fam)* **to ~ with it!** ich hab's satt!; **to make sb's life ~** jdm das Leben zur Hölle machen; **to raise ~** einen Höllenlärm machen ❸ *(fam: emphatic)* **a ~ of a lot** verdammt viel; **as cold as ~** saukalt ▸**to do sth for the ~ of it** etw aus reinem Vergnügen machen; **like ~** wie verrückt **II.** *interj* **oh ~!** Scheiße! *sl;* **~ no!** bloß nicht!

hello [hel'əʊ] **I.** *n* Hallo *nt;* **to say ~ to sb** jdn [be]grüßen **II.** *interj* hallo!

helmet ['helmət] *n* Helm *m*

help [help] **I.** *n no pl* Hilfe *f; (financial)* Unterstützung *f* **II.** *interj* **~!** Hilfe! **III.** *vi* helfen (**with** bei) **IV.** *vt* ❶ *(assist)* **to ~ sb** jdm helfen ❷ *(improve)* verbessern; *(alleviate)* lindern ❸ *(contribute)* **to ~ sth** zu etw beitragen ❹ *(prevent)* **I can't ~ it!** ich kann nichts dagegen machen!; **I can't ~ thinking that ...** ich denke einfach, dass ... ❺ *(take)* **to ~ oneself** sich bedienen; **to ~ oneself to sth** sich *dat* etw nehmen

◆**help out I.** *vt* **to ~ out** ⊂ **sb** jdm [aus]helfen **II.** *vi* aushelfen; **to ~ out with sth** bei etw *dat* helfen

helper ['helpəʳ] *n* Helfer(in) *m(f); (assistant)* Gehilfe, Gehilfin *m, f*

helpful ['helpfᵊl] *adj* hilfreich; *person* hilfsbereit; **I was only trying to be ~** ich wollte nur helfen

helpfulness ['helpfᵊlnəs] *n no pl of person* Hilfsbereitschaft *f; (usefulness) of tool, comment* Nützlichkeit *f*

helping ['helpɪŋ] **I.** *n* Portion *f;* **to take a second ~ [of sth]** sich *dat* etw noch einmal nehmen **II.** *adj attr* hilfreich; **to give sb a ~ hand** jdm helfen

helpless ['helpləs] *adj* hilflos; *(impotent)* machtlos; **to be ~ with laughter** sich vor Lachen kaum noch halten können

helplessly ['helpləsli] *adv (lacking help)* hilflos; *(weakly)* machtlos; **she laughed ~** sie hat sich halb totgelacht; **they were ~ drunk** sie waren völlig betrunken

helplessness ['helpləsnəs] *n no pl (lack of help)* Hilflosigkeit *f; (weakness)* Machtlosigkeit *f*

helpline *n* Notruf *m*

hen [hen] *n* Henne *f,* Huhn *nt*

hencoop, henhouse *n* Hühnerstall *m* **hen night** *n* Junggesellinnenabschiedsparty *f*

heptathlon [hep'tæθlɒn] *n* Siebenkampf *m*

her [hɜ:ʳ, həʳ] **I.** *pron pers* sie *akk,* ihr *dat;* **it was ~** sie war's **II.** *adj poss* ihr(e); *(ship, country, boat, car)* sein(e); **what's ~ name?** wie heißt sie? **III.** *n (fam)* Sie *f;* **is it a him or a ~?** ist es ein Er oder eine Sie?

herb [hɜ:b] *n* [Gewürz]kraut *nt meist pl;* **~ garden** Kräutergarten *m*

herbivore ['hɜ:bɪvɔ:ʳ] *n* Pflanzenfresser *m,* Herbivore *m fachspr*

herd [hɜ:d] **I.** *n + sing/pl vb* Herde *f; of wild animals* Rudel *nt;* **~ of cattle** Viehherde *f* **II.** *vt* treiben

here [hɪəʳ] **I.** *adv* hier; *(with movement)*

H

hierher/hierhin; **come ~!** komm [hier]her!; **give it ~!** *(fam)* gib mal her!; **~ they are!** da sind sie!; **~ comes the train** da kommt der Zug; **~ goes!** *(fam)* los geht's!; **~ and now** [jetzt] sofort; **from ~ on in** von jetzt an **II.** *interj* **~!** he!; **~, ...** na komm, ...

hero *<pl -es>* ['hɪərəʊ] *n* Held *m*

heroically [hɪ'rəʊɪkᵊli] *adv* heldenhaft, heroisch *geh;* **to die/fight ~** heldenhaft sterben/kämpfen

heroin ['herəʊɪn] *n* Heroin *nt*

heroine ['herəʊɪn] *n* Heldin *f*

H

heron *<pl -s>* ['herᵊn] *n* Reiher *m*

herring *<pl -s>* ['herɪŋ] *n* Hering *m*

hers [hɜːz] *pron pers* **it's ~** *(person or animal)* es gehört ihr; **a good friend of ~** eine gute Freundin von ihr

herself [hə'self] *pron refl* sich *dat o akk; (emph: personally)* selbst; **she told me ~** sie hat es mir selbst erzählt; **[all] by ~** ganz alleine

hertz *<pl ->* [hɜːts] *n* Hertz *nt*

he's[1] [hiːz] = **he is** *see* **be**

he's[2] [hiːz] = **he has** *see* **have**

hesitate ['hezɪteɪt] *vi* ① zögern; **don't ~ to call me** ruf mich einfach an ② *(falter)* stocken

hesitation [ˌhezɪ'teɪʃᵊn] *n no pl* Zögern *nt,* Unentschlossenheit *f*

heterosexual [ˌhetᵊrə(ʊ)'sekʃuᵊl] **I.** *adj* heterosexuell **II.** *n* Heterosexuelle(r) *f(m)*

heterosexuality [ˌhetᵊrə(ʊ)ˌsekʃu'æləti] *n no pl* Heterosexualität *f*

hexagon ['heksəgən] *n* Sechseck *nt*

hexagonal [hek'sægᵊnᵊl] *adv* sechseckig

hi [haɪ] *interj* hallo!

hibernate ['haɪbəneɪt] *vi* [seinen] Winterschlaf halten

hiccup ['hɪkʌp] **I.** *n* Schluckauf *m;* **to have the ~s** den Schluckauf haben **II.** *vi* schlucksen

hid [hɪd] *vt pt of* **hide**[2]

hidden ['hɪdᵊn] **I.** *vt pp of* **hide**[2] **II.** *adj* versteckt; *(secret)* heimlich

hide[1] [haɪd] *n* Haut *f a. fig; (with fur)* Fell *nt*

hide[2] [haɪd] **I.** *n* BRIT, AUS Versteck *nt* **II.** *vt* <hid, hidden> ① verstecken (**from** vor) ② *(keep secret)* verbergen (**from** vor) **III.** *vi* <hid, hidden> sich verstecken (**from** vor)

hide-and-seek *n no pl* Versteckspiel *nt;* **to play ~** Verstecken spielen

hierarchical [ˌhaɪ(ə)'rɑːkɪkᵊl] *adj* hierarchisch

hierarchically [ˌhaɪ(ə)'rɑːkɪkᵊli] *adv* hierarchisch

high [haɪ] **I.** *adj* ① hoch *präd,* hohe(r, s) *attr; marks* gut; *wind* stark; **of ~ rank** hochrangig; **~ in calories** kalorienreich ② *(drugged)* high **II.** *adv* ▶ **~ and low** überall **III.** *n* ① Höchststand *m* ② METEO Hoch *nt*

high chair *n* Hochstuhl *m* **high court** *n* oberstes Gericht

higher[1] ['haɪəʳ] **I.** *adj comp of* **high** höher; **to have ~ marks** bessere Noten haben; **to be destined for ~ things** zu Höherem berufen sein **II.** *n* SCOT **H~s** *schottische Hochschulreife* **III.** *adv comp of* **high**: **he lives ~ up the hill** er wohnt weiter oben am Berg; **she climbed ~ up the ladder** sie kletterte weiter die Leiter hoch; **this season our team is ~ up in the league** diese Saison steht unsere Mannschaft weiter oben in der Tabelle

higher[2] ['haɪəʳ] *n* SCOT *schottische Hochschulreife*

Higher

In Schottland ist die **Higher Grade** eine Prüfung, die Schüler in ihrem fünften Jahr einer weiterführenden Schule ablegen (d. h. im Alter von ca. 15–17 Jahren). Es ist möglich, nur in einem Fach geprüft zu werden, aber meistens versuchen Schüler mindestens fünf **Highers** abzulegen, da die meisten Universitäten zwischen drei und fünf erfolgreich bestandene Highers als Zulassung zum Studium vorschreiben.

higher education *n no pl* Hochschulbildung *f*
high heels *n pl* hohe Absätze; *(shoes)* hochhackige Schuhe
highjack *vt see* **hijack**
high jump *n no pl* Hochsprung *m* **highland** ['haɪlənd] *adj attr* Hochland-, hochländisch **highlands** ['haɪləndz] *n pl* Hochland *nt kein pl*
highlight **I.** *n* ❶ Höhepunkt *m* ❷ *(streak)* ~**s** *pl* Strähnchen *pl* **II.** *vt* ❶ hervorheben, unterstreichen ❷ *(dye)* **to have one's hair ~ed** sich *dat* Strähnchen machen lassen
highlighter *n* Textmarker *m*
highly ['haɪli] *adv* ~ **amusing** ausgesprochen amüsant; ~ **educated** hochgebildet
high-performance *adj* Hochleistungs- **high point** *n* Höhepunkt *m* **high-pressure** **I.** *adj* Hochdruck- **II.** *vt* AM unter Druck setzen **high-rise building** *n*, **high-rise flats** *n pl* BRIT Hochhaus *nt* **high school** *n* AM Highschool *f*

High school
In den USA haben Schüler einer **high school** und eines **college** bestimmte Bezeichnungen. In der 9. Klasse heißen sie **freshmen**, Schüler der 10. Klasse heißen **sophomores**, in der 11. Klasse heißen sie **juniors** und in der 12. Klasse werden sie **seniors** genannt.

high season *n* Hochsaison *f*
high-speed train *n* Hochgeschwindigkeitszug *m* **high-spirited** *adj* ausgelassen; *horse* temperamentvoll **high spirits** *n pl* Hochstimmung *f kein pl* **high street** *n* BRIT Haupt[einkaufs]straße *f* **high tea** *n* BRIT *frühes Abendessen bestehend aus einem gekochten Essen, Brot und Tee* **high-tension** *adj* Hochspannungs- **high tide** *n no pl* Flut *f;* **at ~** bei Flut **high water** *n no pl* Flut *f*
highway *n* AM, AUS Highway *m;* BRIT *(form)* Bundesstraße *f* **Highway Code** *n* BRIT **the ~** die Straßenverkehrsordnung
hijack ['haɪdʒæk] **I.** *vt* entführen; *(fig)* klauen *sl* **II.** *n* Entführung *f*
hijacker ['haɪdʒækəʳ] *n* Entführer(in) *m(f)*
hijacking ['haɪdʒækɪŋ] *n no pl* Entführung *f*
hike [haɪk] *n* ❶ Wanderung *f;* **to take a ~** *(fam)* abhauen **II.** *vi* wandern
hiker ['haɪkəʳ] *n* Wanderer, Wand[r]erin *m, f*
hiking ['haɪkɪŋ] *n no pl* Wandern *nt;* **to go ~** wandern gehen
hill [hɪl] *n* ❶ Hügel *m; (higher)* Berg *m* ❷ *(slope)* Steigung *f*
hillside *n* Hang *m* **hilltop** *n* Hügelkuppe *f* **hillwalking** *n no pl* BRIT Bergwandern *nt*
hilly ['hɪli] *adj* hügelig; *(steeper)* bergig
him [hɪm, ɪm] *pron object* ihn *akk,* ihm *dat;* **who? ~?** wer? der?; **that's ~ all right** das ist er in der Tat
himself [hɪm'self] *pron refl* sich *dat o akk; (emph: personally)* selbst; **[all] by ~** ganz alleine; **all to ~** ganz für sich
hindsight *n no pl* **in ~, with [the benefit of] ~** im Nachhinein
Hindu [hɪn'du:] **I.** *n* Hindu *m o f* **II.** *adj* hinduistisch
Hinduism ['hɪndu:ɪzᵊm] *n* Hinduismus *m*
hinged [hɪndʒd] *adj* mit einem Scharnier *nach n;* **to be ~** ein Scharnier haben
hint [hɪnt] **I.** *n* ❶ *usu sing (trace)* Spur *f* ❷ *(allusion)* Andeutung *f;* **he gave me no ~ that ...** er gab mir nicht den leisesten Wink, dass ... ❸ *(advice)* Hinweis *m,* Tipp *m* **II.** *vt* **to ~ that ...**

H

andeuten, dass … **III.** *vi* **to ~ at sth** auf etw *akk* anspielen; **to ~ that …** andeuten, dass …

hinterland ['hɪntəlænd] *n no pl (behind coast or river)* Hinterland *nt; (undeveloped land)* Entwicklungsland *nt*

hip [hɪp] **I.** *n* ❶ Hüfte *f;* **with a 38-inch ~** mit einer Hüftweite von 96 cm ❷ BOT Hagebutte *f* **II.** *adj* <-pp-> *(fam)* hip

hip-hop ['hɪphɒp] *n no pl* MUS, FASHION Hip-Hop *m*

hip-hugging *adj* eng anliegend *(an den Hüften)*

hippopotamus [ˌhɪpə'pɒtəməs], *fam* **hippo** ['hɪpəʊ] *n* Nilpferd *nt*

hire [haɪəʳ] **I.** *n no pl* Mieten *nt;* **'for ~'** ‚zu vermieten'; **car ~ business** BRIT Autoverleih *m* **II.** *vt* ❶ mieten; *dress* ausleihen ❷ *(employ)* einstellen

hire purchase *n* BRIT Ratenkauf *m;* **to buy something on ~** etw auf Raten kaufen

his [hɪz, ɪz] **I.** *pron pers* **it's ~** *(person or animal)* es gehört ihm, es ist seins; **some friends of ~** einige seiner Freunde **II.** *adj poss* sein(e); **what's ~ name?** wie heißt er?

hiss [hɪs] **I.** *vi* zischen; *(whisper)* fauchen; **to ~ at sb** jdn anfauchen **II.** *vt* ❶ *(utter)* fauchen ❷ *(disapprove)* **to ~ sb** jdn auszischen **III.** *n* <*pl* -es> Zischen *nt kein pl*

histamine ['hɪstəmiːn] *n* MED Histamin *nt*

historical [hɪ'stɒrɪkᵊl] *adj* geschichtlich, historisch; **~ accuracy** Geschichtstreue *f*

historically [hɪ'stɒrɪkᵊli] *adv* geschichtlich, historisch; **the film doesn't try to be ~ accurate** der Film versucht nicht, geschichtstreu zu sein

history ['hɪstᵊri] **I.** *n* ❶ *no pl* Geschichte *f;* **to go down in ~** in die Geschichte eingehen ❷ *(fig)* **sb is ~** jd ist fertig; **ancient ~** kalter Kaffee ❸ *usu sing (background)* Vorgeschichte *f*

hit [hɪt] **I.** *n* ❶ Schlag *m* ❷ *(shot)* Treffer *m;* **to suffer a direct ~** direkt getroffen werden ❸ *(success)* Hit *m;* **to be a [big] ~ with sb** bei jdm gut ankommen ❹ INET Besuch *m* einer Webseite ❺ COMPUT *(match)* Treffer *m* **II.** *vt* <-tt-, hit, hit> ❶ schlagen ❷ *button* drücken ❸ *(collide)* **to ~ sth** gegen etw *akk* stoßen; *car* gegen etw *akk* krachen *fam* ❹ *(shoot)* **to be ~** getroffen werden ❺ *(occur)* **to ~ sb** jdm auffallen **III.** *vi* ❶ **to ~ hard** kräftig zuschlagen; **to ~ at sb** nach jdm schlagen ❷ *(attack)* **to ~ at sb** jdn attackieren *a. fig*

◆**hit back** *vi* zurückschlagen; **to ~ back at sb** jdm Kontra geben

◆**hit off** *vt* **to ~ it off [with sb]** *(fam)* sich prächtig [mit jdm] verstehen

◆**hit on** *vi* ❶ *(think of)* kommen auf +*akk* ❷ AM *(sl: make sexual advances)* **to ~ on sb** jdn anmachen

◆**hit out** *vi* **to ~ out [at sb]** [auf jdn] einschlagen; *(fig)* [jdn] scharf attackieren

hit-and-run **I.** *n no pl* Fahrerflucht *f* **II.** *adj* unfallflüchtig; **~ accident** Unfall *m* mit Fahrerflucht

hitch [hɪtʃ] **I.** *n* <*pl* -es> Haken *m;* **to go off without a ~** reibungslos ablaufen **II.** *vt* ❶ festmachen (**to** an); *trailer* anhängen (**to** an) ❷ *(fam: hitch-hike)* **to ~ a lift** trampen, per Anhalter fahren **III.** *vi (fam)* trampen

hitcher ['hɪtʃəʳ] *n* Anhalter(in) *m(f),* Tramper(in) *m(f)*

hitch-hike *vi* per Anhalter fahren, trampen **hitch-hiker** *n* Anhalter(in) *m(f),* Tramper(in) *m(f)* **hitch-hiking** *n no pl* Trampen *nt*

hive [haɪv] *n* Bienenstock *m*

HM [ˌeɪtʃ'em] BRIT *abbrev of* **His Majesty('s), Her Majesty('s)** S. M.; *(Queen)* I. M.

hoar frost *n no pl* [Rau]reif *m*

hoarse [hɔːs] *adj* heiser

hoarsely ['hɔːsli] *adv* heiser

hoax [həʊks] **I.** *n* Täuschung *f;* **bomb ~** vorgetäuschte Bombendrohung **II.** *adj* *attr* vorgetäuscht **III.** *vt* [he]reinlegen; **to ~ sb into believing sth** jdm etw weismachen

hob [hɒb] *n* BRIT Kochfeld *nt*

hobble ['hɒbl̩] **I.** *vi* hinken, humpeln **II.** *n* Hinken *nt kein pl,* Humpeln *nt kein pl*

hobby ['hɒbi] *n* Hobby *nt*

hockey ['hɒki] *n no pl* Hockey *nt;* **~ stick** Hockeyschläger *m*

hocus-pocus [ˌhəʊkəs'pəʊkəs] *n no pl* Hokuspokus *m; (evil tricks)* fauler Zauber *fam*

hog [hɒg] **I.** *n* AM Schwein *nt;* BRIT Mastschwein *nt;* ▶ **to go the whole ~** Nägel mit Köpfen machen **II.** *vt* <-gg-> *(fam)* **to ~ sth** etw in Beschlag nehmen; **to ~ the road** die ganze Straße [für sich] beanspruchen

hoist [hɔɪst] **I.** *vt* hochheben; *flag, sail* hissen **II.** *n* Winde *f*

hold [həʊld] **I.** *n* ① Halt *m kein pl;* **to keep ~ of sth** etw festhalten; **to take ~** *(fig) fire, epidemic* übergreifen ② SPORTS Griff *m* (**on** an) ③ TELEC **to be on ~** in der Warteschleife sein ④ *(delay)* **to put sth on ~** etw auf Eis legen *fig* ⑤ NAUT, AVIAT Frachtraum *m* **II.** *vt* <held, held> ① **to ~ sb in one's arms** jdn in den Armen halten; **to ~ sth in place** etw halten ② *(carry)* [aus]halten, tragen ③ *(keep)* halten; **to ~ sb's attention** jdn fesseln ④ **~ it [right there]!** stopp!; **to ~ one's breath** die Luft anhalten ⑤ *(contain)* fassen; **the rack ~s 100 CDs** in den Ständer passen 100 CDs

◆ **hold back I.** *vt (stop)* aufhalten; *(impede)* hindern; *information* geheim halten; *tears* zurückhalten **II.** *vi* **to ~ back from doing sth** etw unterlassen

◆ **hold down** *vt* niederhalten; *levels, prices* niedrig halten

◆ **hold in** *vt* zurückhalten; *fear* unterdrücken; *stomach* einziehen

◆ **hold off I.** *vt* ① MIL abwehren ② *(defer)* verschieben **II.** *vi* warten; **the rain held off all day** es hat den ganzen Tag nicht geregnet

◆ **hold on** *vi* ① *usu passive* **to be held on by/with sth** mit etw *dat* befestigt sein ② *(continue)* durchhalten ③ *(wait)* **~ on!** Moment bitte!

◆ **hold out I.** *vt* ausstrecken; **to ~ out ↻ sth to sb** jdm etw hinhalten **II.** *vi (resist)* durchhalten; **to ~ out for sth** auf etw *dat* bestehen

◆ **hold over** *vt* ① *(defer)* aufschieben ② AM *(extend)* verlängern

◆ **hold to** *vi* **can I ~ you to that?** bleibst du bei deinem Wort?

◆ **hold together** *vi, vt* zusammenhalten

◆ **hold up** *vt* ① hochhalten; *hand* heben; **to be held up by sth** von etw *dat* gestützt werden ② *(delay)* aufhalten; **held up in the post** bei der Post liegen geblieben

holdall *n* BRIT Reisetasche *f*

holder ['həʊldəʳ] *n* ① Halter *m* ② *(owner)* Besitzer(in) *m(f);* **passport ~** Passinhaber(in) *m(f);* **record ~** Rekordhalter(in) *m(f)*

hold-up *n* ① *(crime)* Raubüberfall *m* ② *(delay)* Verzögerung *f* ③ **~s** *pl* halterlose Strümpfe *pl*

hole [həʊl] **I.** *n* ① Loch *nt a. fig; (den)* Bau *m;* **18-~ course** Golfplatz *m* mit 18 Löchern ② *(fig: fault)* Schwachstelle *f;* **to pick ~s [in sth]** [etw] kritisieren **II.** *vt* einlochen

holey ['həʊli] *adj* löchrig

holiday ['hɒlədeɪ] **I.** *n* ① BRIT, AUS Urlaub *m,* Ferien *pl;* **school ~s** Ferien *pl;* **to go on a skiing ~** Skiurlaub machen ② *(day)* Feiertag *m* **II.** *vi* BRIT, AUS Urlaub machen

holiday camp *n* BRIT, AUS Ferienlager *nt* **holiday course** *n* BRIT, AUS Ferienkurs *m* **holiday flat** *n* BRIT, AUS Ferienwohnung *f* **holiday house** *n* BRIT, AUS Ferienhaus *nt* **holidaymaker** *n* BRIT, AUS Urlauber(in) *m(f)* **holiday resort** *n* BRIT, AUS Urlaubsort *m*

Holland ['hɒlənd] *n no pl* Holland *nt*

hollow ['hɒləʊ] **I.** *adj* ① hohl; *cheeks*

eingefallen ② *(fig)* wertlos; *promise* leer **II.** *n* ① Senke *f* ② AM *(valley)* Tal *nt* **III.** *adv* hohl **IV.** *vt* **to ~ [out]** aushöhlen

holly ['hɒli] *n* Stechpalme *f*

holy ['həʊli] *adj* heilig ▸ **~ cow!** du heilige Scheiße!

Holy Communion *n* ① heilige Kommunion ② *(bread and wine)* heiliges Abendmahl

home [həʊm] **I.** *n* ① Zuhause *nt;* **to be away from ~** von zu Hause weg sein; **at ~** zu Hause, zuhause; **to leave ~** [von zu Hause] ausziehen; **to work from ~** zu Hause arbeiten ② *(house)* Haus *nt; (flat)* Wohnung *f;* **starter ~** erstes eigenes Heim ③ *(family)* Zuhause *nt kein pl* ④ *(institute)* Heim *nt;* **old people's ~** Altersheim *nt* ⑤ *(origin)* Heimat *f;* ▸ **~ sweet ~** *(prov)* trautes Heim, Glück allein **II.** *adv* ① *(at abode)* zu Hause, zuhause ÖSTERR, SCHWEIZ, daheim *bes* SÜDD, ÖSTERR, SCHWEIZ; *(to abode)* nach Hause, nachhause ÖSTERR, SCHWEIZ ② *(origin)* **to return ~** in seine Heimat zurückkehren **III.** *vi* **to ~ in on sth** genau auf etw *akk* zusteuern; *(fig)* [sich *dat*] etw herausgreifen

H

Homecoming

Homecoming ist in den USA ein wichtiges Fest an Colleges und Universitäten, das einmal im Jahr, meist im September oder Oktober stattfindet. An diesem Tag kehren **alumni** (ehemalige Studenten) für eine große Feier „nach Hause" an ihre alte Uni zurück. Zu den Feierlichkeiten zählen oft ein **homecoming game** (Football- oder Basketballspiel), eine **homecoming parade** (Parade) sowie ein Ball, bei dem eine beliebte Studentin zur **homecoming queen** gekürt wird.

home address *n* Heimatadresse *f,* Privatanschrift *f* **home help** *n* BRIT Haushaltshilfe *f* **homeland** *n* Heimat *f,* Heimatland *nt*

homeless ['həʊmləs] **I.** *adj* obdachlos; *(uprooted)* heimatlos **II.** *n* **the ~** *pl* die Obdachlosen *pl*

home-made *adj* hausgemacht; *cake* selbst gebacken; *jam* selbst gemacht **Home Office** *n + sing/pl vb* BRIT **the ~** das Innenministerium

homeopathy [həʊmi'ɒpəθi] *n no pl* Homöopathie *f*

homesick *adj* **to be ~** Heimweh haben **hometown** *n* AM Heimatstadt *f* **homework** *n no pl* Hausaufgaben *pl a. fig*

homily ['hɒmɪli] *n (pej)* Moralpredigt *f* (**on** über +*akk*)

homo ['həʊməʊ] **I.** *n (pej fam)* Homo *m* **II.** *adj (esp pej fam: of homosexuals)* homo *sl*

homosexual [ˌhəʊmə(ʊ)'sekʃuəl] **I.** *adj* homosexuell **II.** *n* Homosexuelle(r) *f(m)*

homosexuality [həʊmə(ʊ)sekʃu'æləti] *n* Homosexualität *f*

Honduran [hɒn'djʊərən] **I.** *n* Honduraner(in) *m(f)* **II.** *adj* honduranisch

honest ['ɒnɪst] *adj* ① ehrlich ② *(trusty)* redlich ③ *attr (correct)* ehrlich, ordentlich

honestly ['ɒnɪstli] **I.** *adv* ehrlich **II.** *interj* ① [ganz] ehrlich! ② *(disapproving)* also ehrlich!

honey ['hʌni] *n* ① *no pl* Honig *m* ② *esp* AM *(fam)* Schatz *m*

honeybee *n* [Honig]biene *f* **honeycomb** *n* Honigwabe *f; (wax)* Bienenwabe *f;* **~ pattern** Wabenmuster *nt*

honeymoon *n* Flitterwochen *pl*

honking ['hɒŋkɪŋ] *n* ① *(crying)* Schreien *nt;* **the ~ of geese** der Schrei der Gänse ② *(beeping)* Hupen *nt*

honor AM *see* **honour**

honorary ['ɒnᵊrəri] *adj* ehrenamtlich

honour ['ɒnəʳ] **I.** *n* ① *no pl* Ehre *f;* **word of ~** Ehrenwort *nt* ② *(award)* Auszeichnung *f* **II.** *vt* ① ehren ② *(ful-*

fil) erfüllen ③ FIN akzeptieren
honourably, AM **honorably** [ˈɒnᵊrəbli] *adv* ehrenhaft
honours degree *n* BRIT UNIV Examen *nt* mit Auszeichnung
hooch *n no pl* AM *(sl)* Fusel *m fam*
hood [hʊd] *n* ① *(cap)* Kapuze *f* ② *(mask)* Maske *f* ③ *(shield)* Haube *f* ④ AM *(bonnet)* [Motor]haube *f*
hoof [hu:f] **I.** *n* <*pl* hooves> Huf *m* **II.** *vt (fam)* **to ~ it** laufen
hook [hʊk] **I.** *n* Haken *m;* **to leave the phone off the ~** den Hörer neben das Telefon legen ▸ **to be off the ~** aus dem Schneider sein; **to let sb off the ~** jdn herauspauken **II.** *vt* ① **to ~ sth to sth** etw an etw *dat* festhaken ② **to ~ a fish** einen Fisch an die Angel bekommen
hookah [ˈhʊkə] *n* Huka *f (indische Wasserpfeife)*
hooked [hʊkt] *adj* ① hakenförmig; **~ nose** Hakennase *f* ② *(addicted)* abhängig ③ *(interested)* **to be ~** total begeistert sein; **to be ~ on sth** völlig besessen von etw *dat* sein
hooker [ˈhʊkəʳ] *n* ① AM, AUS *(fam)* Nutte *f* ② *(rugby)* Hakler(in) *m(f)*
hooligan [ˈhu:lɪgᵊn] *n* Hooligan *m*
hooray [hʊˈreɪ, hə-] *interj n* hurra
hoot [hu:t] **I.** *n* ① Hupen *nt kein pl* ② *of owl* Schrei *m* ③ *(outburst)* **to give a ~ of laughter** losprusten **II.** *vi* ① hupen ② *owl* schreien ③ **to ~ with laughter** in johlendes Gelächter ausbrechen **III.** *vt* **to ~ one's horn** auf die Hupe drücken
hoover® [ˈhu:vəʳ] BRIT, AUS **I.** *n* Staubsauger *m* **II.** *vt, vi* [staub]saugen
hop [hɒp] **I.** *vi* <-pp-> ① hüpfen; *hare* hoppeln ② SPORTS springen **II.** *vt* <-pp-> ① **to ~ sth** über etw *akk* springen ② BRIT *(fam)* **to ~ it** abhauen **III.** *n* ① Hüpfer *m* ② *(fam: trip)* [**short**] **~** [Katzen]sprung *m*
hope [həʊp] **I.** *n* Hoffnung *f;* **to live in ~** hoffen **II.** *vi* hoffen (**for** auf); **it's good news, I ~** hoffentlich gute Nachrichten
hopeful [ˈhəʊpfᵊl] **I.** *adj* zuversichtlich; **to be ~ of sth** auf etw *akk* hoffen **II.** *n usu pl* viel versprechende Personen
hopefully [ˈhəʊpfᵊli] *adv* ① *(in hope)* hoffnungsvoll ② *(it is hoped)* hoffentlich
hopeless [ˈhəʊpləs] *adj* hoffnungslos; *situation* aussichtslos
hopelessly [ˈhəʊpləsli] *adv* hoffnungslos; **he's ~ in love with her** er hat sich bis über beide Ohren in sie verliebt
hopelessness [ˈhəʊpləsnəs] *n no pl* Hoffnungslosigkeit *f*
hopping mad *adj (fam)* auf hundertachtzig; **to be ~ with sb** stinksauer auf jdn sein
horizon [həˈraɪzᵊn] *n* Horizont *m;* **on the ~** am Horizont; *(fig)* in Sicht
horizontal [ˌhɒrɪˈzɒntᵊl] **I.** *adj* horizontal, waag[e]recht **II.** *n no pl* **the ~** die Horizontale
horizontally [ˌhɒrɪˈzɒntᵊli] *adv* horizontal, waag[e]recht
hormonal [hɔ:ˈməʊnᵊl] *adj* hormonal, hormonell
hormone [ˈhɔ:məʊn] *n* Hormon *nt*
horn [hɔ:n] *n* ① Horn *nt* ② MUS Horn *nt* ③ *(beeper)* Hupe *f;* **to sound one's ~** *(fam)* auf die Hupe drücken
hornet [ˈhɔ:nɪt] *n* Hornisse *f*
horoscope [ˈhɒrəskəʊp] *n* Horoskop *nt*
horrible [ˈhɒrəbl̩] *adj* schrecklich; *(mean)* gemein
horribly [ˈhɒrəbli] *adv* ① *(shockingly)* schrecklich; **to go ~ wrong** entsetzlich schiefgehen ② *(unkindly)* gemein; **to behave ~** sich fürchterlich benehmen
horrid [ˈhɒrɪd] *adj (fam)* fürchterlich; *(mean)* gemein
horrified [ˈhɒrɪfaɪd] *adj* entsetzt; **to be ~ at** [*or* **by**] **sth** von etw *dat* völlig schockiert sein *fam*
horrify <-ie-> [ˈhɒrɪfaɪ] *vt* entsetzen
horrifying [ˈhɒrɪfaɪɪŋ] *adj* ① *(shocking) injuries, incidents* schrecklich; **~ conditions** entsetzliche Bedingungen ② *(un-*

pleasant) grauenhaft

horror ['hɒrəʳ] *n* Entsetzen *nt,* Grauen *nt* (**at** über); **in ~** entsetzt

horror-stricken, horror-struck *adj* von Entsetzen gepackt; **to watch ~** voller Entsetzen zusehen

horse [hɔːs] *n* Pferd *nt;* **~ and carriage** Pferdekutsche *f;* **to eat like a ~** fressen wie ein Scheunendrescher ▸ **to be a dark ~** BRIT sein Licht unter den Scheffel stellen; **to hold one's ~s** die Luft anhalten

horseback *n* **on ~** zu Pferd **horse chestnut** *n* Rosskastanie *f* **horseplay** *n no pl* wilde Ausgelassenheit **horsepower** *n* <*pl* -> Pferdestärke *f;* **10-~ engine** Motor *m* mit 10 PS **horse race** *n* Pferderennen *nt* **horse racing** *n* Pferderennsport *m;* **to go ~** zum Pferderennen gehen **horseshoe** *n* Hufeisen *nt*

hose [həʊz] *n* ① Schlauch *m* ② *pl* FASHION Strumpfwaren *pl*

Übersetzungstipp

Nicht verwechseln mit *Hose* – *trousers, pants!*

hospice ['hɒspɪs] *n* Hospiz *nt*

hospitable [hɒs'pɪtəbl] *adj* ① gastfreundlich; **to be ~ to[wards] sb** jdn gastfreundlich aufnehmen ② *(pleasant)* angenehm

hospitably [hɒs'pɪtəbli] *adv* gastfreundlich

hospital ['hɒspɪtᵊl] *n* Krankenhaus *nt,* Spital *nt* DIAL; **to have to go to ~** ins Krankenhaus müssen

hospitality [ˌhɒspɪ'tæləti] **I.** *n no pl* ① Gastfreundschaft *f* ② *(food)* Bewirtung *f* **II.** *adj attr* **~ suite** Gästelounge *f*

host[1] [həʊst] **I.** *n* ① Gastgeber(in) *m(f)* ② *(stager)* Veranstalter(in) *m(f)* ③ *(compère)* Showmaster(in) *m(f)* **II.** *adj attr* **~ country** Gastland *nt;* **~ family** Gastfamilie *f* **III.** *vt* ① *(stage)* ausrichten ② *compère* moderieren

host[2] [həʊst] *n usu sing* **a [whole] ~ of sth** jede Menge von etw *dat*

hostage ['hɒstɪdʒ] *n* Geisel *f;* **to take sb ~** jdn als Geisel nehmen

hostel ['hɒstᵊl] *n* Wohnheim *nt;* BRIT *(for homeless)* Obdachlosenheim *nt;* [**youth**] **~** Jugendherberge *f*

hostess [həʊstɪs] *n* <*pl* -es> Gastgeberin *f; (animator)* Animierdame *f; (on plane)* Stewardess *f*

host family *n* Gastfamilie *f*

hostile ['hɒstaɪl] *adj* ① feindselig ② *(difficult)* hart, widrig; *climate* rau ③ ECON, MIL feindlich

hot [hɒt] **I.** *adj* <-tt-> ① heiß; **she was ~** ihr war heiß ② *(spicy)* scharf ③ *(close)* **in ~ pursuit** dicht auf den Fersen ④ *(fam: good)* **to be ~ stuff** absolute Spitze sein; **~ tip** heißer Tipp ⑤ *(sl: sexy)* heiß ⑥ *(new)* heiß; **~ gossip** das Allerneueste **II.** *vt* <-tt-> **to ~ up** *engine* frisieren **III.** *vi* <-tt-> **to ~ up** *pace* sich steigern; *situation* sich verschärfen

hot dog *n* ① Wiener Würstchen *nt; (in roll)* Hotdog *m* ② AM, AUS *(fig fam: show-off)* Angeber(in) *m(f)*

hotel [hə(ʊ)'tel] *n* Hotel *nt*

hotel accommodation *n* ① *no pl* *(room)* Hotelzimmer *nt* ② AM **~s** *pl* Hotelunterkunft *f kein pl* **hotel bill** *n* Hotelrechnung *f*

hotelier [hə(ʊ)'telieɪ] *n (owner)* Hotelbesitzer(in) *m(f),* Hotelier *m*

hotel register *n* Gästebuch *nt* **hotel staff** *n + sing/pl vb* Hotelpersonal *nt*

hothead *n* Hitzkopf *m*

hot-headed *adj* hitzköpfig **hotplate** *n* Kochplatte *f; (for plate)* Warmhalteplatte *f* **hotshot** *n (fam)* Kanone *f* **hot spot** *n* ① *(disco)* heißer Schuppen ② *(conflict)* Krisenherd *m* ③ INET Zugangspunkt *m* zu einer drahtlosen Internetverbindung **hot stuff** *n no art, no pl* ① *(fam: skilful)* **to be ~** ein Ass sein ② *(sl: woman)* heiße Braut; *(man)* heißer Typ **hot-tempered** *adj* heißblütig **hot-water bottle** *n* Wärmflasche *f*

hound [haʊnd] I. *n* [Jagd]hund *m* II. *vt* jagen

hour [aʊəʳ] *n* Stunde *f;* **50 kilometres an ~** 50 Kilometer pro Stunde; **24 ~s a day** 24 Stunden am Tag; **~ after ~** Stunde um Stunde; **for ~s** stundenlang; **at all ~s** zu jeder Tages- und Nachtzeit; **opening ~s** Öffnungszeiten *pl*

hour hand *n* Stundenzeiger *m*

hourly ['aʊəli] *adj, adv* stündlich; **~ rate** Stundensatz *m*

house I. *n* [haʊs] ① Haus *nt;* **in the ~** im Hause; **on the ~** auf Kosten des Hauses; **to play to a full ~** THEAT vor vollem Haus spielen ② POL Kammer *f;* **H~ of Commons** BRIT Unterhaus *nt;* **H~ of Lords** BRIT Oberhaus *nt;* **H~ of Representatives** AM US-Abgeordnetenhaus *nt;* ▸ **to go all around the ~s** umständlich vorgehen II. *vt* [haʊz] **to ~ sb** jdn unterbringen; **to ~ sth** etw beherbergen

houseboat *n* Hausboot *nt*

household I. *n* Haushalt *m* II. *adj attr* **~ goods** Hausrat *m*

householder *n* Hauseigentümer(in) *m(f)*

housekeeper *n* Haushälter(in) *m(f)* **houseplant** *n* Zimmerpflanze *f* **house-trained** *adj* BRIT, AUS stubenrein **house-warming (party)** *n* Einweihungsparty *f* **housewife** <*pl* -ves> *n* Hausfrau *f* **housework** *n no pl* Hausarbeit *f*

housing ['haʊzɪŋ] *n* ① *no pl (living quarters)* Wohnungen *pl* ② *(casing)* Gehäuse *nt* **housing estate**, AM **housing development** *n* Wohnsiedlung *f*

hover ['hɒvəʳ] *vi* ① schweben; *hawk also* stehen ② *(fig)* **to ~ in the background** sich im Hintergrund herumdrücken

hovercraft <*pl* -> *n* Luftkissenboot *nt* **hoverport** *n* Anlegestelle *f* für Luftkissenboote

how [haʊ] I. *adv* wie; **~ far** wie weit; **~ much** wie viel; **~ are you?** wie geht es Ihnen?; **~ do you do?** *(greeting)* Guten Tag!; **~ come?** wie das?; **~ do you know that?** woher weißt du das?; **~ about it?** was meinst du?; **~ about a movie?** wie wäre es mit Kino?; **~ about that!** was sagt man dazu! II. *n* **the ~[s] and why[s]** das Wie und Warum

however [haʊ'evəʳ] I. *adv* ① + *adj* egal wie ② *(but)* jedoch II. *conj* wie auch immer; **~ you do it, ...** wie auch immer du es machst, ...

howl [haʊl] I. *n of animal, wind* Heulen *nt kein pl; of a person* Geschrei *nt kein pl;* **~s of protest** Protestgeschrei *nt* II. *vi* heulen

HP [ˌeɪtʃ'piː] *n* BRIT *(fam) abbrev of* **hire purchase**

HTML [ˌeɪtʃtiːem'el] *n no pl* COMPUT *abbrev of* **Hypertext Mark-up Language** HTML *nt*

HTTP [ˌeɪtʃtiːtiː'piː] *n* COMPUT *abbrev of* **Hypertext Transfer Protocol** HTTP *nt*

hubcap ['hʌbkæp] *n* Radkappe *f*

hug [hʌg] I. *vt* <-gg-> ① umarmen; **to ~ one's knees** seine Knie umklammern ② *(fig)* **the dress ~ged her body** das Kleid lag eng an ihrem Körper an; **to ~ the shore** sich dicht an der Küste halten II. *vi* <-gg-> sich umarmen III. *n* Umarmung *f;* **to give sb a ~** jdn umarmen

huge [hjuːdʒ] *adj* ① riesig; **~ success** Riesenerfolg *m* ② *(impressive)* gewaltig; *costs* immens

hum [hʌm] I. *vi* <-mm-> ① summen; **to ~ under one's breath** vor sich *akk* hinsummen ② brausen; *engine* brummen; *machine* surren; *insect* summen II. *vt* <-mm-> summen III. *n* Brausen *nt; of machine* Brummen *nt; of insect* Summen *nt*

human ['hjuːmən] I. *n* Mensch *m* II. *adj* menschlich; **~ chain** Menschenkette *f;* **~ relationships** zwischen-

H

menschliche Beziehungen

human being *n* Mensch *m*

humane [hju:ˈmeɪn] *adj* human

humanely [hju:ˈmeɪnli] *adv* human

humanly [ˈhju:mənli] *adv* menschlich; **to do everything ~ possible** alles Menschenmögliche tun

human resources *n pl* ① *+ sing vb (department)* Personalabteilung *f* ② *(staff)* Arbeitskräfte *pl* **human rights** *n pl* Menschenrechte *pl*

humbly [ˈhʌmbli] *adv* ① *(not proudly)* bescheiden; **to dress ~** sich einfach kleiden ② *(submissively)* demütig; **he ~ said that he was sorry** zerknirscht sagte er, dass es ihm leid täte

humid [ˈhju:mɪd] *adj* feucht

humidity [hju:ˈmɪdəti] *n no pl* [Luft]feuchtigkeit *f*

humiliate [hju:ˈmɪlieɪt] *vt* ① demütigen ② *(embarrass)* blamieren

humiliation [hju:ˌmɪliˈeɪʃᵊn] *n* Demütigung *f*

hummingbird [ˈhʌmɪŋbɜ:d] *n* Kolibri *m*

humor *n* AM *see* **humour**

humorous [ˈhju:mᵊrəs] *adj* lustig; *person* humorvoll

humour [ˈhju:məʳ] **I.** *n no pl* Humor *m*; **his speech was full of ~** seine Rede war voller Witz **II.** *vt* **to ~ sb** jdm seinen Willen lassen

hump [hʌmp] **I.** *n* ① kleiner Hügel; *(in road)* Buckel *m* ② *(on camel)* Höcker *m*; ► **sb has got the ~** jd ist sauer **II.** *vt (fam)* schleppen

humus [ˈhju:məs] *n no pl* HORT Humus *m*

hunched [ˈhʌntʃt] *adj* gekrümmt

hundred [ˈhʌndrəd] **I.** *n* ① <pl -> Hundert *f*; **eight ~** achthundert ② <pl -> *(speed)* **to drive a ~** hundert fahren ③ *(century)* **the eighteen ~s** das achtzehnte Jahrhundert ④ *(many)* **by the ~s** zu Hunderten; **~s of cars** Hunderte von Autos **II.** *adj* hundert; **a ~ and five** [ein]hundertfünf; **a ~ per cent** hundert Prozent; *(adjective)* hundertprozentig

hundredth [ˈhʌndrədθ] **I.** *n* ① Hundertste(r) *f(m)* ② *(fraction)* Hundertstel *nt* **II.** *adj* ① hundertste(r, s); **for the ~ time** zum hundertsten Mal ② *(in fraction)* hundertstel

hung [hʌŋ] **I.** *pt, pp of* **hang II.** *adj* **~ jury** *Jury, die zu keinem Mehrheitsurteil kommt*

Hungarian [hʌŋˈgeəriən] **I.** *n* ① Ungar(in) *m(f)* ② *no pl (language)* Ungarisch *nt* **II.** *adj* ungarisch

Hungary [ˈhʌŋgᵊri] *n no pl* Ungarn *nt*

hunger [ˈhʌŋgəʳ] **I.** *n no pl* Hunger *m a. fig*; **to die of ~** verhungern **II.** *vi* **to ~ after sth** nach etw *dat* hungern

hungry [ˈhʌŋgri] *adj* hungrig *a. fig*; **to go ~** hungern; **to be ~** Hunger haben

hunk [hʌŋk] *n* ① Stück *nt* ② *(fam: man)* **~ of a man** Bild *nt* von einem Mann

hunt [hʌnt] **I.** *n* ① Jagd *f* ② *(search)* Suche *f* **II.** *vt* ① jagen ② *(search)* **to ~ sb** Jagd auf jdn machen **III.** *vi* ① jagen ② *(search)* suchen; **to ~ through sth** etw durchsuchen

hunter [ˈhʌntəʳ] *n* ① Jäger(in) *m(f)* ② *(dog)* Jagdhund *m*

hunting [ˈhʌntɪŋ] *n no pl* das Jagen, die Jagd; **to go ~** auf die Jagd gehen

hurdle [ˈhɜ:dl̩] **I.** *n* Hürde *f a. fig*; SPORTS **~s** *pl* Hürdenlauf *m*; *(horseracing)* Hürdenrennen *nt*; **to fall at the first ~** [bereits] an der ersten Hürde scheitern **II.** *vt* überspringen

hurdler [ˈhɜ:dləʳ] *n* Hürdenläufer(in) *m(f)*

hurdle race *n* Hürdenlauf *m*; *(for horses)* Hürdenrennen *nt*

hurray [hʊˈreɪ, hə-] *interj n* hurra

hurricane [ˈhʌrɪkən] *n* Orkan *m*; *(tropical)* Hurrikan *m*; **~-force wind** orkanartiger Wind

hurricane warning *n* Orkanwarnung *f*

hurried [ˈhʌrid] *adj* hastig; *(rash)* überstürzt

hurriedly [ˈhʌridli] *adv* eilig, hastig; **a ~ arranged press conference** eine hastig einberufene Pressekonferenz

hurry [ˈhʌri] **I.** *n no pl* Eile *f;* **there's no [great]** ~ es hat keine Eile; **to leave in a** ~ hastig aufbrechen; **to need sth in a** ~ etw sofort brauchen **II.** *vi* <-ie-> sich beeilen; **there's no need to** ~ lassen Sie sich ruhig Zeit **III.** *vt* <-ie-> **to** ~ **sb** jdn hetzen

◆**hurry along** **I.** *vi* sich beeilen **II.** *vt* [zur Eile] antreiben; *process* beschleunigen

◆**hurry away**, **hurry off** **I.** *vi* schnell weggehen **II.** *vt* schnell wegbringen

◆**hurry on** *vi* weitereilen

◆**hurry up** **I.** *vi* sich beeilen; ~ **up!** beeil dich! **II.** *vt* zur Eile antreiben

hurt [hɜːt] **I.** *vi* <hurt, hurt> ① wehtun ② *(harm)* schaden *a. fig* **II.** *vt* <hurt, hurt> ① *(a. fig)* **to** ~ **sb** jdm wehtun; **to** ~ **oneself** sich verletzen ② *(harm)* **to** ~ **sb** jdm schaden; **to** ~ **sb's feelings** jds Gefühle verletzen **III.** *adj attr* ① verletzt ② *feelings* verletzt **IV.** *n* Schmerz *m; (injury)* Verletzung *f*

hurtful [ˈhɜːtfᵊl] *adj* verletzend

hurtle [ˈhɜːtl̩] **I.** *vi* rasen; **the boy came hurtling round the corner** der Junge kam um die Ecke geschossen **II.** *vt* **to** ~ **sth against sth** etw gegen etw *akk* schleudern

husband [ˈhʌzbən(d)] *n* Ehemann *m;* ~ **and wife** Mann und Frau

hush [hʌʃ] **I.** *n no pl* Stille *f;* **a bit of** ~ **now, please!** ein bisschen Ruhe jetzt, bitte! **II.** *interj* ~**!** pst! **III.** *vt* zum Schweigen bringen; *(soothe)* beruhigen

◆**hush up** *vt* vertuschen

husky[1] <-ie-> [ˈhʌski] *adj* ① *voice* rau ② *(strong)* kräftig [gebaut]

husky[2] [ˈhʌski] *n (dog)* Husky *m*

hustle [ˈhʌsl̩] **I.** *vt* ① treiben ② *(coerce)* **to** ~ **sb into doing sth** jdn [be]drängen, etw zu tun ③ AM *(fam: achieve)* [hartnäckig] erkämpfen **II.** *vi* unter Hochdruck arbeiten; **to** ~ **for business** sich fürs Geschäft abstrampeln **III.** *n* Gedränge *nt;* ~ **and bustle** geschäftiges Treiben

hustler [ˈhʌsləʳ] *n* Betrüger(in) *m(f)*

hut [hʌt] *n* Hütte *f*

hutch [hʌtʃ] *n* Käfig *m; (for rabbits)* Stall *m*

hyacinth [ˈhaɪəsɪn(t)θ] *n* Hyazinthe *f*

hybrid [ˈhaɪbrɪd] *adj* Hybrid-; ~ **engine** Hybridantrieb *m;* ~ **car** Hybridfahrzeug *nt*

hydrant [ˈhaɪdrᵊnt] *n* Hydrant *m*

hydroelectric [ˌhaɪdrəʊɪˈlektrɪk] *adj* hydroelektrisch; ~ **power station** Wasserkraftwerk *nt*

hydrogen [ˈhaɪdrədʒən] *n no pl* Wasserstoff *m*

hydrotherapy [ˌhaɪdrə(ʊ)ˈθerəpi] **I.** *n no pl* Wasserbehandlung *f,* Hydrotherapie *f fachspr* **II.** *adj* hydrotherapeutisch

hygiene [ˈhaɪdʒiːn] *n no pl* Hygiene *f;* **personal** ~ Körperpflege *f*

hygienic [haɪˈdʒiːnɪk] *adj* hygienisch

hymen [ˈhaɪmən] *n* Jungfernhäutchen *nt,* Hymen *nt o m fachspr*

hymn [hɪm] *n* ① Kirchenlied *nt* ② *(praise)* Hymne *f*

hymnal [ˈhɪmnᵊl] *n,* **hymnbook** [ˈhɪmbʊk] *n* Gesangbuch *nt*

hype [haɪp] **I.** *n no pl* Reklameaufwand *m;* **media** ~ Medienrummel *m* **II.** *vt* **to** ~ **sth** etw [in den Medien] hochjubeln

hypermarket *n* Verbrauchermarkt *m*

hyphen [ˈhaɪfᵊn] *n* Bindestrich *m*

hypnosis [hɪpˈnəʊsɪs] *n no pl* Hypnose *f;* **to be under** ~ sich in Hypnose befinden

hypnotherapy [ˌhɪpnə(ʊ)ˈθerəpi] *n no pl* MED Hypnotherapie *f*

hypnotist [ˈhɪpnətɪst] *n* Hypnotiseur(in) *m(f)*

hypnotize [ˈhɪpnətaɪz] *vt* hypnotisieren *a. fig*

hypocrite [ˈhɪpəkrɪt] *n* Heuchler(in) *m(f),* Scheinheilige(r) *f(m)*

hypocritically [ˌhɪpəˈkrɪtɪkᵊli] *adv* scheinheilig, heuchlerisch

hypothetical [ˌhaɪpə(ʊ)ˈθetɪkᵊl] *adj* hypothetisch

hysterectomy [ˌhɪstəˈrektəmi] *n* MED Hysterektomie *f*

hysterical [hɪˈsterɪkᵊl] *adj* ❶ hysterisch ❷ *(fam: funny)* ausgelassen heiter

I

I <*pl* -'s>, **i** <*pl* -'s> [aɪ] *n* I *nt*, i *nt*; *see also* **A 1**

I [aɪ] *pron pers* ich; ~ **for one …** ich meinerseits …; **accept me for what ~ am** nimm mich so, wie ich bin

Iberian [aɪˈbɪəriən] **I.** *n* ❶ *(person)* Iberer(in) *m(f)* ❷ *(language)* Iberisch *nt* **II.** *adj* iberisch; **the ~ Peninsula** die iberische Halbinsel

ice [aɪs] **I.** *n no pl* Eis *nt*; ▸ **to break the ~** das Eis zum Schmelzen bringen **II.** *vt* glasieren

Ice Age *n* Eiszeit *f* **iceberg** *n* Eisberg *m* **icebox** *n* ❶ BRIT *(freezer)* Eisfach *nt* ❷ AM *(fridge)* Kühlschrank *m* **ice cap** *n* Eiskappe *f (an den Polen)* **ice cream** *n* Eis *nt* **ice cube** *n* Eiswürfel *m*

iced [aɪst] *adj* eisgekühlt

ice hockey *n* Eishockey *nt* **ice lolly** *n* BRIT Eis *nt* am Stiel **ice pack** *n* Eisbeutel *m* **ice rink** *n* Schlittschuhbahn *f* **ice-skate** *vi* Schlittschuh laufen **ice-skating** *n no pl* Schlittschuhlaufen *nt*

icicle [ˈaɪsɪkḷ] *n* Eiszapfen *m*

icing [ˈaɪsɪŋ] *n* Zuckerguss *m*; ▸ **to be the ~ on the cake** [bloß] schmückendes Beiwerk sein

icing sugar *n* Puderzucker *m*

icon [ˈaɪkɒn] *n* ❶ *(a. fig)* Ikone *f* ❷ COMPUT Symbol *nt*

ICU [ˌaɪsiːˈjuː] *n abbrev of* **intensive care unit** Intensivstation *f*

icy [ˈaɪsi] *adj* ❶ vereist ❷ *(hostile)* frostig

I'd¹ [aɪd] = **I would** *see* **would**

I'd² [aɪd] = **I had** *see* **have**

ID [ˌaɪˈdiː] *n no pl abbrev of* **identification** ❶ *abbrev of* **ID card** ❷ COMPUT Kennzahl *f*

ID card *n* [Personal]ausweis *m*

idea [aɪˈdɪə, -ˈdiːə] *n* ❶ *(notion)* Vorstellung *f*; **whatever gave you that ~?** wie kommst du denn [bloß] darauf? ❷ *(purpose)* **the ~** der Zweck ❸ *(suggestion)* Idee *f*; **that's an ~!** *(fam)* das ist eine gute Idee! ❹ *(knowledge)* Begriff *m*; **to have no ~** *(fam)* keine Ahnung haben

ideal [aɪˈdɪəl, -ˈdiːəl] **I.** *adj* ideal **II.** *n* Ideal *nt*

identical [aɪˈdentɪkᵊl] *adj* identisch (**to** mit)

identically [aɪˈdentɪkᵊli] *adv* identisch

identification [aɪˌdentɪfɪˈkeɪʃᵊn] *n no pl* ❶ *of person* Identifizierung *f*; *of a problem, aims* Identifikation *f* ❷ *(papers)* Ausweispapiere *pl* ❸ TELEC, AVIAT ~ [**signal**] Kennung *f*

identification papers *n pl* Ausweispapiere *pl*

identifier [aɪdentɪˌfaɪəʳ] *n* ❶ *a.* COMPUT Identifikator *m*; **user ~** Benutzerkennung *f* ❷ *(mark)* Kennzeichen *nt*

identify <-ie-> [aɪˈdentɪfaɪ] **I.** *vt* ❶ *(recognize)* identifizieren ❷ *(name)* **to ~ sb** jds Identität feststellen ❸ *(associate)* **to ~ sb with sth** jdn mit etw *dat* assoziieren **II.** *vi* **to ~ with sb** sich mit jdm identifizieren

identity [aɪdentɪti] *n* ❶ Identität *f* ❷ TELEC Kennung *f*

identity card *n* [Personal]ausweis *m*

identity theft *n* SOCIOL Identitätsdiebstahl *m*
ideologically [ˌaɪdiəˈlɒdʒɪkəli] *adv* ideologisch
idiom [ˈɪdiəm] *n* ❶ *(phrase)* [idiomatische] Redewendung ❷ *(language)* Idiom *nt*
idiomatic [ˌɪdiə(ʊ)ˈmætɪk] *adj* idiomatisch
idiot [ˈɪdiət] *n (fam)* Idiot *m*
idiotic [ˌɪdiˈɒtɪk] *adj (fam)* idiotisch; *idea* hirnverbrannt
idiotically [ˌɪdiˈɒtɪkəli] *adv* idiotischerweise
idle [ˈaɪdl̩] **I.** *adj* faul **II.** *vi* ❶ *(laze)* faulenzen ❷ *engine* leerlaufen
idly [ˈaɪdli] *adv* ❶ *(not doing anything)* untätig; **to stand ~ by** untätig dabeistehen ❷ *(lazily)* faul, träge
idyllically [ɪˈdɪlɪkli] *adv* idyllisch
if *conj* ❶ *(in case)* wenn, falls; **even ~ …** selbst [dann,] wenn …; **~ …, then …** wenn …, dann … ❷ **~ I had only known!** hätte ich es nur gewusst! ❸ *(whether)* ob ❹ *(although)* wenn auch ▶ **~ anyone / anything etc.** wenn überhaupt; **barely / hardly … ~ at all** kaum …, wenn überhaupt; **~ ever** wenn [überhaupt] je[mals]; **… ~ not … …**, wenn nicht [sogar] …

If-Sätze

If-Sätze sind Nebensätze, die durch das Wort **if** (wenn, falls) eingeleitet werden. Sie stellen Bedingungen für eine andere Handlung, die im Hauptsatz steht. Dabei spielt es keine Rolle, ob der If-Satz vorne oder hinten steht. Steht der If-Satz vorne, wird er mit einem Komma vom Hauptsatz getrennt: *If the sun shines, we'll have a picnic*. Aber: *We'll have a picnic if the sun shines*.

igloo [ˈɪgluː] *n* Iglu *m o nt*
ignition [ɪgˈnɪʃən] *n* ❶ AUTO Zündung *f* ❷ *no pl (form: igniting)* Entzünden *nt*
ignition key *n* Zündschlüssel *m* **ignition switch** *n* Zündschalter *m*
ignorance [ˈɪgnərən(t)s] *n no pl* Unwissenheit *f*
ignorant [ˈɪgnərənt] *adj* unwissend; **to be ~ about sth** sich in etw *dat* nicht auskennen
ignore [ɪgˈnɔːr] *vt* ignorieren
I'll [aɪl] = **I will** *see* **will**
ill [ɪl] *adj* ❶ krank; **I feel ~** mir ist gar nicht gut; **to be critically ~** in Lebensgefahr schweben ❷ *(bad)* schlecht; *(harmful)* schädlich; **no ~ feeling!** Schwamm drüber!; **~ health** angegriffene Gesundheit
illegal [ɪˈliːgəl] **I.** *adj* illegal **II.** *n esp* AM *(fam)* Illegale(r) *f(m)*
illegally [ɪˈliːgəli] *adv* ungesetzlich, illegal; **to park ~** widerrechtlich parken
illegible [ɪˈledʒəbl̩] *adj* unleserlich
illegitimate [ˌɪlɪˈdʒɪtəmət] *adj* unehelich
illegitimately [ˌɪlɪˈdʒɪtəmətli] *adv* ❶ *(unauthorized)* unrechtmäßig[erweise] ❷ *child* unehelich
illiterate [ɪˈlɪtərət] **I.** *n* Analphabet(in) *m(f)* **II.** *adj* analphabetisch; *(ignorant)* ungebildet
ill-mannered *adj* unhöflich; *child* ungezogen
illness [ˈɪlnəs] *n* Krankheit *f*
illogical [ɪˈlɒdʒɪkəl] *adj* unlogisch
ill-timed *adj* ungelegen
illuminate [ɪˈluːmɪneɪt] *vt* erhellen; *(spotlight)* beleuchten
illumination [ɪˌluːmɪˈneɪʃən] *n no pl (form)* Beleuchtung *f*
illusion [ɪˈluːʒən] *n* Illusion *f*
illustrate [ˈɪləstreɪt] *vt* ❶ veranschaulichen ❷ *book* illustrieren
illustration [ˌɪləˈstreɪʃən] *n* Illustration *f*
I'm [aɪm] = **I am** *see* **be**
image [ˈɪmɪdʒ] **I.** *n* ❶ *(likeness)* Ebenbild *nt* ❷ *(picture)* Bild *nt* ❸ *(reputation)* Image *nt* **II.** *vt* **to ~ sth** sich *dat* etw vorstellen
imagery [ˈɪmɪdʒəri] *n no pl* Bildersprache

che *f*

imagination [ɪˌmædʒɪˈneɪʃᵊn] *n* Fantasie *f;* **lack of ~** Fantasielosigkeit *f;* **not by any stretch of the ~** beim besten Willen nicht

imaginative [ɪˈmædʒɪnətɪv] *adj* fantasievoll

imaginatively [ɪˈmædʒɪnətɪvli] *adv* fantasievoll

imagine [ɪˈmædʒɪn] *vt* ❶ **to ~ sth** sich *dat* etw vorstellen ❷ *(assume)* **to ~ sth** sich *dat* etw denken

imam [ɪˈmɑːm] *n (Islamic leader)* Imam *m,* Gelehrter *m* des Islams

imitate [ˈɪmɪteɪt] *vt* imitieren

imitation [ˌɪmɪˈteɪʃᵊn] **I.** *n* ❶ *no pl (mimicry)* Imitation *f* ❷ *(act)* Imitieren *nt* **II.** *adj attr (plastic)* künstlich; *jewel* unecht; **~ leather** Kunstleder *nt*

immaculate [ɪˈmækjələt] *adj* makellos

immaculately [ɪˈmækjələtli] *adv (approv)* perfekt, makellos

immature [ˌɪməˈtjʊəʳ,] *adj* ❶ unreif; *(childish)* kindisch *meist pej* ❷ *(unripe)* unreif; *(sexually)* nicht geschlechtsreif; *plan* unausgereift

immediate [ɪˈmiːdiət] *adj* ❶ umgehend ❷ *attr (near)* unmittelbar; **sb's ~ family** jds nächste Angehörige ❸ *(direct)* direkt

immediately [ɪˈmiːdiətli] **I.** *adv* ❶ sofort, gleich ❷ *(closely)* direkt, unmittelbar **II.** *conj* BRIT sobald

immense [ɪˈmen(t)s] *adj* riesig, enorm

immersion heater *n* Tauchsieder *m*

immigrant [ˈɪmɪgrənt] **I.** *n* Einwanderer(in) *m(f)* **II.** *adj attr* **~ population** Einwanderer *pl*

immigrate [ˈɪmɪgreɪt] *vi* einwandern

immigration [ˌɪmɪˈgreɪʃᵊn] *n no pl* ❶ Einwanderung *f* ❷ AM **~s** *pl* ≈ Grenzschutz *m (an Flughäfen)*

immoral [ɪˈmɒrᵊl] *adj* unmoralisch

immortal [ɪˈmɔːtᵊl] **I.** *adj* unsterblich; *life* ewig **II.** *n* Unsterbliche(r) *f(m)*

immune [ɪˈmjuːn] *adj pred* ❶ immun (**to** gegen/für) ❷ *(fig: safe)* sicher (**from** vor)

immunity [ɪˈmjuːnəti] *n no pl* ❶ Immunität *f* ❷ *(fig)* Unempfindlichkeit *f*

immunize [ˈɪmjənaɪz] *vt* immunisieren

immunodeficiency [ˌɪmjənə(ʊ)dɪˈfɪʃᵊn(t)si] *n* MED Immunschwäche *f*

impact **I.** *n* [ˈɪmpækt] *no pl* ❶ Aufprall *m; (force)* Wucht *f* ❷ *(fig: effect)* Auswirkung[en] *f[pl]* **II.** *vt* [ɪmˈpækt] *esp* AM, AUS beeinflussen **III.** *vi* [ɪmˈpækt] ❶ aufschlagen ❷ *esp* AM, AUS **to ~ on sth** etw beeinflussen

impartial [ɪmˈpɑːʃᵊl] *adj* unparteiisch

impartially [ɪmˈpɑːʃᵊli] *adv* unvoreingenommen

impassable [ɪmˈpɑːsəbl̩] *adj* unpassierbar

impatience [ɪmˈpeɪʃᵊn(t)s] *n no pl* Ungeduld *f*

impatient [ɪmˈpeɪʃᵊnt] *adj* ungeduldig (**with** gegenüber)

impatiently [ɪmˈpeɪʃᵊntli] *adv (eagerly)* ungeduldig; *(intolerantly)* ungehalten, unwillig

impeach [ɪmˈpiːtʃ] *vt* **to ~ sb for sth** jdn wegen einer S. *gen* anklagen

impeachment [ɪmˈpiːtʃmənt] *n* Amtsenthebungsverfahren *nt*

impeccably [ɪmˈpekəbli] *adv* makellos, perfekt

imperative [ɪmˈperətɪv] **I.** *adj* ❶ unbedingt erforderlich ❷ *(commanding)* gebieterisch **II.** *n* ❶ [Sach]zwang *m; (duty)* Verpflichtung *f* ❷ *no pl* LING **the ~** der Imperativ

imperfect [ɪmˈpɜːfɪkt] **I.** *adj* fehlerhaft; *(incomplete)* unvollkommen **II.** *n no pl* LING **the ~** das Imperfekt

imperfection [ˌɪmpəˈfekʃᵊn] *n* ❶ Fehler *m,* Mangel *m* ❷ *no pl (state)* Unvollkommenheit *f*

imperfectly [ɪmˈpɜːfɪktli] *adv (in a flawed way)* fehlerhaft; *(not finished)* unvollkommen; *(not sufficiently)* unzureichend

imperial [ɪmˈpɪəriəl] *adj* ❶ *(of an empire)* kaiserlich, imperialistisch *oft pej* ❷ *(measure)* **the ~ system** das bri-

tische System der Maße und Gewichte
impersonal [ɪmˈpɜːsᵊnᵊl] *adj* unpersönlich
impersonate [ɪmˈpɜːsᵊneɪt] *vt* imitieren
impertinent [ɪmˈpɜːtɪnənt] *adj* unverschämt
impertinently [ɪmˈpɜːtɪnəntli] *adv* unverschämt, frech
impetuous [ɪmˈpetʃuəs] *adj* impulsiv; *nature* hitzig
implant **I.** *n* [ˈɪmplɑːnt] Implantat *nt* **II.** *vt* [ɪmˈplɑːnt] ① einpflanzen ② *(fig)* einprägen
implausible [ɪmˈplɔːzəbl̩] *adj* unglaubwürdig
implausibly [ɪmˈplɔːzəbli] *adv* unglaubwürdig; **to be ~ stupid** unglaublich dumm sein
implement **I.** *n* [ˈɪmplɪmənt] Gerät *nt; (tool)* Werkzeug *nt* **II.** *vt* [ˈɪmplɪment] einführen; *(realize)* durchführen
implicate [ˈɪmplɪkeɪt] *vt* ① **to ~ sb in sth** jdn mit etw *dat* in Verbindung bringen ② *(imply)* andeuten
implication [ˌɪmplɪˈkeɪʃᵊn] *n* ① Verwicklung *f* ② *no pl (hint)* Implikation *f geh*
implore [ɪmˈplɔːʳ] *vt* anflehen
imploring [ɪmˈplɔːrɪŋ] *adj* flehend
imply <-ie-> [ɪmˈplaɪ] *vt* ① andeuten ② *(entail)* erfordern
impolite [ˌɪmpᵊˈlaɪt] *adj* unhöflich
impoliteness [ˌɪmpᵊˈlaɪtnəs] *n no pl* Unhöflichkeit *f*
import **I.** *vt, vi* [ɪmˈpɔːt] importieren (**from** aus) **II.** *n* [ˈɪmpɔːt] Import *m*
importance [ɪmˈpɔːtᵊn(t)s] *n no pl* ① Wichtigkeit *f* ② *(influence)* Bedeutung *f*
important [ɪmˈpɔːtᵊnt] *adj* ① wichtig ② *(influential)* bedeutend
importer [ˈɪmpɔːtəʳ] *n* Importeur(in) *m(f); (company)* Importeur *m; (country)* Importnation *f*
impose [ɪmˈpəʊz] **I.** *vt* durchsetzen; *order* verhängen; *law* verfügen **II.** *vi* **to ~ on sb** sich jdm aufdrängen
imposing [ɪmˈpəʊzɪŋ] *adj* beeindruckend, stattlich
imposition [ˌɪmpəˈzɪʃᵊn] *n* ① *no pl* Einführung *f* ② *(inconvenience)* Belastung *f*
impossibility [ɪmˌpɒsəˈbɪləti] *n* ① *no pl* Unmöglichkeit *f* ② *(thing)* Ding *nt* der Unmöglichkeit
impossible [ɪmˈpɒsəbl̩] **I.** *adj* ① unmöglich ② *(difficult)* ausweglos **II.** *n no pl* **the ~** das Unmögliche; **to ask the ~** Unmögliches verlangen
imposter, **impostor** [ɪmˈpɒstəʳ] *n* Hochstapler(in) *m(f)*
impotent [ˈɪmpətənt] *adj* ① machtlos ② *(sterile)* impotent
impound [ɪmˈpaʊnd] *vt* beschlagnahmen
impoverishment [ɪmˈpɒvᵊrɪʃmənt] *n no pl* Verarmung *f*
impractical [ɪmˈpræktɪkᵊl] *adj* unpraktisch; *(unfit)* untauglich
imprecise [ˌɪmprɪˈsaɪs] *adj* ungenau
imprecisely [ˌɪmprɪˈsaɪsli] *adv* ungenau
impress [ɪmˈpres] **I.** *vt* ① beeindrucken; **to be ~ed [by sb]** [von jdm] beeindruckt sein ② *(convince)* **to ~ sth on sb** jdn von etw *dat* überzeugen **II.** *vi* Eindruck machen, imponieren
impression [ɪmˈpreʃᵊn] *n* ① *(opinion)* Eindruck *m;* **to have/get the ~ that …** den Eindruck haben/bekommen, dass … ② *(feeling)* Eindruck *m;* **to make an ~ on sb** auf jdn Eindruck machen ③ *(copy)* Imitation *f*
impressionable [ɪmˈpreʃᵊnəbl̩] *adj* [leicht] beeinflussbar
impressive [ɪmˈpresɪv] *adj* beeindruckend
impressively [ɪmˈpresɪvli] *adv* beeindruckend
imprison [ɪmˈprɪzᵊn] *vt usu passive* inhaftieren
imprisonment [ɪmˈprɪzᵊnmənt] *n no pl* Haft *f*
improbability [ɪmˌprɒbəˈbɪləti] *n no pl* Unwahrscheinlichkeit *f*
improbable [ɪmˈprɒbəbl̩] *adj* unwahrscheinlich

improper [ɪm'prɒpəʳ] *adj* 1 falsch 2 *inappropriate* unpassend

improperly [ɪm'prɒpəʳli] *adv* 1 *(incorrectly)* nicht richtig; **to apply sth ~** etw unsachgemäß anwenden 2 *(inappropriately)* unangemessen; **to be dressed ~** unpassend angezogen sein

improve [ɪm'pruːv] **I.** *vt* verbessern **II.** *vi* besser werden, sich verbessern; **to ~ on sth** etw [noch] verbessern; **to ~ with age** mit dem Alter immer besser werden

improvement [ɪm'pruːvmənt] *n* 1 *(instance)* Verbesserung *f* 2 *no pl (activity)* Verbesserung *f*; **room for ~** Steigerungsmöglichkeiten *pl*

improvisation [ˌɪmprəvaɪ'zeɪʃᵊn] *n* Improvisation *f*

improvise ['ɪmprəvaɪz] *vt, vi* improvisieren

impudence ['ɪmpjədᵊn(t)s] *n no pl* Unverschämtheit *f*

impudent ['ɪmpjədᵊnt] *adj* unverschämt

impulse ['ɪmpʌls] *n* 1 *(urge)* *a.* ELEC Impuls *m* 2 *(motive)* Antrieb *m*

impulsive [ɪm'pʌlsɪv] *adj* impulsiv; *(spontaneous)* spontan

impunity [ɪm'pjuːnəti] *n no pl* Straflosigkeit *f*

impurity [ɪm'pjʊərəti] *n no pl* Verunreinigung *f*

in [ɪn] **I.** *prep* 1 *(located)* in; **to be ~ hospital** im Krankenhaus sein; **~ the street** auf der Straße 2 *after vb (into)* in; **to get ~ the car** ins Auto steigen 3 AM *(at)* auf; **Boris is ~ college** Boris ist auf dem College 4 *(part of)* in; **there are 31 days ~ March** der März hat 31 Tage 5 **~ anger** im Zorn; **difference ~ quality** Qualitätsunterschied *m*; **to be ~ [no] doubt** [nicht] zweifeln; **~ horror** voller Entsetzen; **to be ~ a hurry** es eilig haben; **to be ~ a good mood** guter Laune sein; **~ secret** heimlich 6 *(with)* **to pay ~ cash** [in] bar bezahlen; **~ writing** schriftlich 7 **~ German** auf Deutsch; **to speak ~ a loud voice** mit lauter Stimme sprechen 8 *(during)* **~ 1968** [im Jahre] 1968; **~ the end** am Ende; **~ March** im März; **~ the morning** morgens 9 *(within)* in; **~ record time** in Rekordzeit 10 *(active)* **she works ~ publishing** sie arbeitet bei einem Verlag 11 *(wearing)* **you look nice ~ green** Grün steht dir; **to be ~ disguise** verkleidet sein; **to be ~ uniform** Uniform tragen 12 *(result)* **~ conclusion** schließlich; **~ fact** tatsächlich 13 **~ doing so** dabei, damit 14 **he's about six foot ~ height** er ist ca. zwei Meter groß; **~ total** insgesamt 15 *(comparing)* pro; **one ~ ten people** jeder zehnte 16 *after vb* **to be interested ~ sth** sich für etw *akk* interessieren 17 *after n* **to have confidence ~ sb** jdm vertrauen **II.** *adv* 1 herein; **come ~!** herein!; **she was locked ~** sie war eingesperrt 2 *(arrived)* **the train got ~ very late** der Zug ist sehr spät eingetroffen 3 **to hand sth ~** etw abgeben ▶ **day ~, day out** tagein, tagaus **III.** *adj* 1 *pred (there)* da; *(at home)* zu Hause 2 *(trendy)* in 3 *pred (submitted)* **the application must be ~ by May 31** die Bewerbung muss bis zum 31. Mai eingegangen sein ▶ **to be ~ on sth** über etw *akk* Bescheid wissen

inability [ˌɪnə'bɪləti] *n no pl* Unfähigkeit *f*

inaccessible [ˌɪnək'sesəbl̩] *adj* unzugänglich

inaccurate [ɪn'ækjərət] *adj* ungenau

inactive [ɪn'æktɪv] *adj* untätig, inaktiv

inadequate [ɪn'ædɪkwət] *adj* unangemessen; **woefully ~** völlig unzulänglich; **to feel ~** Minderwertigkeitsgefühle haben

inadequately [ɪn'ædɪkwətli] *adv* unzureichend, nicht ausreichend

inadvertent [ˌɪnəd'vɜːtᵊnt] *adj* unachtsam

inadvertently [ˌɪnəd'vɜːtᵊntli] *adv (carelessly)* unachtsam; *(erroneously)* versehentlich

inadvisable [ˌɪnəd'vaɪzəbl̩] *adj* nicht empfehlenswert
inanimate [ɪ'nænɪmət] *adj* leblos
inappropriate [ˌɪnə'prəʊpriət] *adj* ungeeignet; *(inconvenient)* ungelegen
inarticulate [ˌɪnɑː'tɪkjələt] *adj* ❶ *(unclear)* undeutlich; *speech* zusammenhangslos ❷ *fear, worry* unausgesprochen
inattentive [ˌɪnə'tentɪv] *adj* unaufmerksam
inaudible [ɪ'nɔːdəbl̩] *adj* unhörbar
inauguration [ɪˌnɔːgjə'reɪʃ^ən] *n* ❶ *no pl* Eröffnung *f* ❷ *(induction)* Amtseinführung *f*
in-box *n* COMPUT Posteingangsordner *m*
inbuilt [ˌɪn'bɪlt] *adj* BRIT eingebaut
incapable [ɪn'keɪpəbl̩] *adj* unfähig
incense[1] ['ɪnsen(t)s] *n no pl* ❶ Räuchermittel *nt; (in church)* Weihrauch *m* ❷ *(smoke)* wohlriechender Rauch
incense[2] [ɪn'sen(t)s] *vt* empören
incentive [ɪn'sentɪv] **I.** *n* Anreiz *m* **II.** *adj attr* Vorteile bringend; ~ **discount** Treuerabatt *m*
incessantly [ɪn'ses^əntli] *adv* ununterbrochen, pausenlos; **to talk** ~ ununterbrochen reden
inch [ɪn(t)ʃ] **I.** *n* <*pl* -es> ❶ Zoll *m (2,54 cm)* ❷ *(distance)* **just ~es** ganz knapp **II.** *vi* sich [ganz] langsam bewegen
incident ['ɪn(t)sɪd^ənt] *n* ❶ [Vor]fall *m;* **isolated** ~ Einzelfall *m* ❷ *(story)* Begebenheit *f*
incidental [ˌɪn(t)sɪ'dent^əl] *adj* ❶ zufällig; *(in passing)* beiläufig ❷ *(related)* begleitend *attr,* verbunden
incidentally [ˌɪn(t)sɪ'dent^əli] *adv* ❶ *(by the way)* übrigens ❷ *(in passing)* nebenbei; *(accidentally)* zufällig
incinerator [ɪn'sɪn^əreɪtə^r] *n* Verbrennungsanlage *f*
incision [ɪn'sɪʒ^ən] *n* [Ein]schnitt *m*
incite [ɪn'saɪt] *vt* aufstacheln
inclination [ˌɪnklɪ'neɪʃ^ən] *n* ❶ Neigung *f,* Hang *m kein pl* ❷ *no pl (preference)* [besondere] Neigung
incline **I.** *vi* [ɪn'klaɪn] ❶ *(tend)* tendieren (**towards** zu) ❷ *(lean)* sich neigen **II.** *vt* [ɪn'klaɪn] **to be ~d to do sth** dazu neigen, etw zu tun **III.** *n* ['ɪnklaɪn] Neigung *f*
inclined [ɪn'klaɪnd] *adj* ❶ *pred* bereit; **to be ~ to agree** eher zustimmen ❷ *(sloped)* schief
include [ɪn'kluːd] *vt* beinhalten; *(add)* beifügen; **to ~ sb in sth** jdn in etw *akk* einbeziehen
including [ɪn'kluːdɪŋ] *prep* einschließlich
inclusion [ɪn'kluːʒ^ən] *n no pl* Einbeziehung *f*
inclusive [ɪn'kluːsɪv] *adj* ❶ einschließlich; **all-~ rate** Pauschale *f* ❷ *after n* **sth** ~ [bis] einschließlich etw *akk*
incoherently [ˌɪnkə(ʊ)'hɪər^əntli] *adv* zusammenhanglos, unzusammenhängend
income ['ɪŋkʌm] *n* Einkommen *nt; of company* Einnahmen *pl*
income support *n no pl* BRIT ≈ Sozialhilfe *f;* **to be on ~** ≈ Sozialhilfe bekommen **income tax** *n* Einkommensteuer *f*
incoming [ˌɪŋ'kʌmɪŋ] *adj attr* ankommend; ~ **call** [eingehender] Anruf
incomparable [ɪn'kɒmp^ərəbl̩] *adj* unvergleichbar
incomparably [ɪn'kɒmp^ərəbli] *adv (relatively) healthier* ungleich; *better* unvergleichlich; *(superlatively)* einmalig
incompatible [ˌɪnkəm'pætəbl̩] *adj* unvereinbar; COMPUT inkompatibel; **to be ~** *persons* nicht zusammenpassen
incompetent [ɪn'kɒmpɪt^ənt] **I.** *adj* inkompetent; **to be ~ for sth** für etw *akk* ungeeignet sein **II.** *n* Dilettant(in) *m(f)*
incompetently [ɪn'kɒmpɪt^əntli] *adv (pej)* inkompetent, stümperhaft *pej*
incomplete [ˌɪnkəm'pliːt] *adj* unvollständig
incompletely [ˌɪnkəm'pliːtli] *adv* unvollständig

I

incompleteness [ˌɪnkəm'pliːtnəs] *n no pl* Unvollständigkeit *f*

incomprehensible [ɪnˌkɒmprɪ'hen(t)səbl̩] *adj* unverständlich; *act* unbegreiflich

inconceivable [ˌɪnkən'siːvəbl̩] *adj* undenkbar; **it is ~ that ...** es ist unvorstellbar, dass ...

inconceivably [ˌɪnkən'siːvəbli] *adv* unvorstellbar, undenkbar

inconclusive [ˌɪnkən'kluːsɪv] *adj* nicht überzeugend; *results, test* ergebnislos

inconsequential [ɪnˌkɒn(t)sɪ'kwen(t)ʃᵊl] *adj* unlogisch; *(unimportant)* unbedeutend

inconsiderate [ˌɪnkən'sɪdᵊrət] *adj* rücksichtslos (**towards** gegenüber); *remark* taktlos

inconsiderately [ˌɪnkən'sɪdᵊrətli] *adv* rücksichtslos

inconsistent [ˌɪnkən'sɪstənt] *adj* ❶ widersprüchlich ❷ *(unsteady)* unbeständig

inconsolable [ˌɪnkən'səʊləbl̩] *adj* untröstlich

inconspicuous [ˌɪnkən'spɪkjuəs] *adj* unauffällig

inconvenience [ˌɪnkən'viːniən(t)s] **I.** *n no pl* Unannehmlichkeit[en] *f[pl]* **II.** *vt* **to ~ sb** jdm Unannehmlichkeiten bereiten

inconvenient [ˌɪnkən'viːniənt] *adj* ungelegen; *place* ungünstig [gelegen]; *doings, things* beschwerlich, lästig

incorrect [ˌɪn'kᵊrekt] *adj* falsch; *calculation* fehlerhaft; *(improper)* unkorrekt

incorrectly [ˌɪn'kᵊrektli] *adv (wrongly)* falsch; *behave* ungehörig

incorruptibility [ˌɪnkəˌrʌptə'bɪləti] *n no pl (lack of corruption)* Unbestechlichkeit *f; (virtuousness)* Integrität *f*

incorruptible [ˌɪnkə'rʌptəbl̩] *adj* unbestechlich; *(virtuous)* integer

increase **I.** *vi* [ɪn'kriːs] *(rise)* [an]steigen; *(intensify)* zunehmen **II.** *vt* [ɪn'kriːs] *(raise)* erhöhen; *(enlarge)* vergrößern **III.** *n* Anstieg *m,* Zunahme *f;* **~ in production** Steigerung *f* der Produktion; **to be on the ~** ansteigen

increased [ɪn'kriːst] *adj attr* erhöht, [an]gestiegen; *salary* gestiegen; *security* erhöht; *taxes* erhöht; *unemployment* gestiegen

incredible [ɪn'kredɪbl̩] *adj* ❶ unglaublich ❷ *(fam: good)* fantastisch

incrimination [ɪnˌkrɪmɪ'neɪʃᵊn] *n no pl* Beschuldigung *f,* Belastung *f;* **self-~** Selbstbezichtigung *f*

incrustation [ˌɪnkrʌs'teɪʃᵊn] *n* Verkrustung *f;* GEOL Inkrustation *f fachspr*

incubation period *n* Brut[zeit] *f; of disease* Inkubationszeit *f*

incur <-rr-> [ɪn'kɜːʳ] *vt* ❶ hinnehmen müssen; *debt* machen; *costs* haben ❷ **to ~ the anger of sb** jdn verärgern

incurable [ɪn'kjʊərəbl̩] *adj* unheilbar; *habit* nicht ablegbar

incurably [ɪn'kjʊərəbli] *adv* unheilbar; **to be ~ ill** unheilbar krank sein; *(fig)* unverbesserlich

indebted [ɪn'detɪd] *adj pred* ❶ *(obliged)* [zu Dank] verpflichtet ❷ *(owing)* verschuldet

indecent [ɪn'diːsᵊnt] *adj* ungehörig; *(unseemly)* unschicklich; *proposal* unsittlich

indecently [ɪn'diːsᵊntli] *adv* ❶ *(improper)* ungehörig; *(inappropriate)* unangemessen ❷ *(lewdly)* unanständig

indecision [ˌɪndɪ'sɪʒᵊn] *n no pl* Unentschlossenheit *f*

indecisive [ˌɪndɪ'saɪsɪv] *adj* unentschlossen; *(inconclusive)* unschlüssig

indecisively [ˌɪndɪ'saɪsɪvli] *adv* unentschlossen

indeed [ɪn'diːd] *adv* ❶ wirklich; *(actually)* tatsächlich ❷ *(affirming)* allerdings

indefinite [ɪn'defɪnət] *adj* ❶ unbestimmt ❷ *(vague)* unklar; *answer* nicht eindeutig

independence [ˌɪndɪ'pendən(t)s] *n no pl* Unabhängigkeit *f;* **I~ Day** AM Unabhängigkeitstag *m*

independent [ˌɪndɪ'pendənt] **I.** *adj* unabhängig (**from, of** von) **II.** *n* POL Parteilose(r) *f(m)*

independently [ˌɪndɪˈpendəntli] *adv* ❶ *(separately)* unabhängig ❷ *(self-reliantly)* selbstständig
in-depth [ˌɪnˈdepθ] *adj* gründlich; *investigation* eingehend
indescribable [ˌɪndɪˈskraɪbəbl̩] *adj* unbeschreiblich
indestructible [ˌɪndɪˈstrʌktəbl̩] *adj* unzerstörbar
index [ˈɪndeks] **I.** *n* ❶ <*pl* -es> Index *m*; *of sources* Quellenverzeichnis *nt* ❷ <*pl* -dices> *(measure)* Anzeichen *nt* (**of** für) **II.** *vt book* mit einem Verzeichnis versehen
index finger *n* Zeigefinger *m*
India [ˈɪndiə] *n* Indien *nt*
Indian [ˈɪndiən] **I.** *adj* ❶ *(of Indian sub-continent)* indisch ❷ *(often pej: of native Americans)* indianisch **II.** *n* ❶ *(of Indian descent)* Inder(in) *m(f)* ❷ *(often pej: native American)* Indianer(in) *m(f)*
indicate [ˈɪndɪkeɪt] **I.** *vt* ❶ zeigen; *gauge* anzeigen ❷ *(imply)* **to ~ sth** auf etw *akk* hindeuten **II.** *vi* BRIT blinken
indication [ˌɪndɪˈkeɪʃᵊn] *n* [An]zeichen *nt* (**of** für), Hinweis *m* (**of** auf)
indicative [ɪnˈdɪkətɪv] *adj* ❶ hinweisend *attr*; **to be ~ of sth** etw erkennen lassen ❷ LING indikativisch *fachspr*
indicator [ˈɪndɪkeɪtəʳ] *n* ❶ *(evidence)* Indikator *m fachspr*; *of fact, trend* deutlicher Hinweis ❷ BRIT *(light)* Blinker *m*, [Fahrt]richtungsanzeiger *m bes* SCHWEIZ ❸ *(gauge)* Anzeiger *m* ❹ BRIT *at airport, station* Anzeigetafel *f*
indices [ˈɪndɪsiːz] *n pl of* **index I 2**
indict [ɪnˈdaɪt] *vt* anklagen
indifference [ɪnˈdɪfᵊrən(t)s] *n no pl* Gleichgültigkeit *f* (**to[wards]** gegenüber)
indifferent [ɪnˈdɪfᵊrənt] *adj* ❶ gleichgültig (**to** gegenüber) ❷ *(middling)* [mittel]mäßig
indifferently [ɪnˈdɪfᵊrəntli] *adv* gleichgültig; **to behave ~ towards sb** sich jdm gegenüber gleichgültig verhalten
indigenous [ɪnˈdɪdʒɪnəs] *adj* [ein]heimisch
indigestible [ˌɪndɪˈdʒestəbl̩] *adj* schwer verdaulich; *(bad)* ungenießbar
indigestion [ˌɪndɪˈdʒestʃᵊn] *n no pl* Magenverstimmung *f*
indignant [ɪnˈdɪgnənt] *adj* empört (**at/about** über)
indignantly [ɪnˈdɪgnəntli] *adv* empört, entrüstet, aufgebracht, ungehalten *geh*
indignation [ˌɪndɪgˈneɪʃᵊn] *n no pl* Empörung *f* (**at/about** über)
indignity [ɪnˈdɪgnəti] *n* Demütigung *f*
indirect [ˌɪndɪˈrekt] *adj* indirekt; *(fig) benefits* mittelbar; **by ~ means** auf Umwegen
indirectly [ˌɪndɪˈrektli] *adv* indirekt, auf Umwegen; **he was acting ~ on my behalf** er handelte gemäß meiner indirekten Vollmacht
indiscreet [ˌɪndɪˈskriːt] *adj* indiskret; *(tactless)* taktlos (**about** in Bezug auf)
indiscretion [ˌɪndɪˈskreʃᵊn] *n no pl* Indiskretion *f*; *(tactlessness)* Taktlosigkeit *f*
indiscriminately [ˌɪndɪˈskrɪmɪnətli] *adv* ❶ *(without careful thought)* unüberlegt; *(uncritically)* unkritisch ❷ *(at random)* wahllos, willkürlich; *(not discriminating)* unterschiedslos, ohne [irgendwelche] Unterschiede zu machen
indispensable [ˌɪndɪˈspen(t)səbl̩] *adj* unentbehrlich (**for/to** für)
indissoluble [ˌɪndɪˈsɒljəbl̩] *adj* CHEM *substances* unlöslich, unauflösbar
indistinct [ˌɪndɪˈstɪŋ(k)t] *adj* ❶ undeutlich; *(blurred)* verschwommen ❷ *(vague)* verschwommen
indistinguishable [ˌɪndɪˈstɪŋgwɪʃəbl̩] *adj* nicht unterscheidbar
individual [ˌɪndɪˈvɪdʒuəl] **I.** *n* ❶ Einzelne(r) *f(m)*, Individuum *nt geh* ❷ *(special person)* [selbständige] Persönlichkeit **II.** *adj* ❶ *attr* einzeln ❷ *(particular)* individuell
Indo-European [ˌɪndə(ʊ),-] LING **I.** *adj* indoeuropäisch **II.** *n* ❶ *(proto-language)* Indoeuropäisch *nt* ❷ *(person)*

I

Indoeuropäer(in) *m(f)*

indoor [ˌɪnˈdɔːʳ] *adj attr* ❶ *(inside)* Innen-; ~ **plant** Zimmerpflanze *f* ❷ *(for use inside)* Haus-, für zu Hause *nach n*

indoors [ˌɪnˈdɔːz] *adv* herein, nach drinnen

induce [ɪnˈdjuːs] *vt* ❶ **to ~ sb to do sth** jdn dazu bringen, etw zu tun ❷ *(cause)* hervorrufen ❸ *abortion, birth, labour* einleiten

induction course *n* Einführungskurs *m*

indulge [ɪnˈdʌldʒ] **I.** *vt* ❶ *(satisfy)* **to ~ sth** etw *dat* nachgeben; **to ~ sb's every wish** jdm jeden Wunsch erfüllen ❷ *(spoil)* verwöhnen **II.** *vi (commit)* **to ~ in sth** in etw *dat* schwelgen

indulgent [ɪnˈdʌldʒənt] *adj* ❶ *(lenient)* nachgiebig (**towards** gegenüber) ❷ *(tolerant)* nachsichtig

industrial [ɪnˈdʌstriəl] *adj* industriell; ~ **action** Streikmaßnahmen *pl;* ~ **estate** Industriegelände *nt*

industrialist [ɪnˈdʌstriəlɪst] *n* Industrielle(r) *f(m)*

industrialization [ɪnˌdʌstriəlaɪˈzeɪʃᵊn] *n no pl* Industrialisierung *f*

industrialize [ɪnˈdʌstriəlaɪz] **I.** *vi* eine Industrie ansiedeln; *nation* zum Industriestaat werden **II.** *vt* industrialisieren

industriously [ɪnˈdʌstriəsli] *adv (hardworking)* fleißig; *(busily)* eifrig, emsig; **to work ~** fleißig arbeiten

industriousness [ɪnˈdʌstriəsnəs] *n no pl (diligence)* Fleiß *m; (being busy)* Eifrigkeit *f*, Emsigkeit *f*

industry [ˈɪndəstri] *n* ❶ *no pl* Industrie *f* ❷ *(sector)* Branche *f*

inebriated [ɪˈniːbrieɪtɪd] *adj (form)* betrunken; **in an ~ state** in betrunkenem Zustand

inedible [ɪˈnedɪbl̩] *adj* nicht essbar

ineffective [ˌɪnɪˈfektɪv] *adj* unwirksam

ineffectual [ˌɪnɪˈfektʃuᵊl] *adj* ineffektiv *geh*

inefficient [ˌɪnɪˈfɪʃᵊnt] *adj* ineffizient; *(person)* unfähig

inept [ɪˈnept] *adj* unbeholfen (**at** in); *(unskilled)* ungeschickt (**at** in)

inequality [ˌɪnɪˈkwɒləti] *n* Ungleichheit *f*

inescapable [ˌɪnɪˈskeɪpəbl̩] *adj* unvermeidlich; *fate* unentrinnbar

inevitable [ɪˈnevɪtəbl̩] **I.** *adj* ❶ unvermeidlich; *conclusion, result* zwangsläufig ❷ *(fam: predictable)* unvermeidlich **II.** *n no pl* **the ~** das Unvermeidbare *a. iron*

inevitably [ɪˈnevɪtəbli] *adv* unweigerlich, zwangsläufig

inexcusable [ˌɪnɪkˈskjuːzəbl̩] *adj* unverzeihlich

inexhaustible [ˌɪnɪgˈzɔːstəbl̩] *adj* unerschöpflich

inexpensive [ˌɪnɪkˈspen(t)sɪv] *adj* preisgünstig

inexperienced [ˌɪnɪkˈspɪəriən(t)st] *adj* unerfahren; **to be ~ in sth** mit etw *dat* nicht vertraut sein

inexplicable [ˌɪnɪkˈsplɪkəbl̩] *adj* unerklärlich

inexpressible [ˌɪnɪkˈspresəbl̩] *adj* unbeschreiblich; **sth is ~ in words** etw lässt sich nicht mit Worten beschreiben

infallible [ɪnˈfæləbl̩] *adj* unfehlbar

infamous [ˈɪnfəməs] *adj* ❶ berüchtigt ❷ *lie* infam *pej*

infancy [ˈɪnfən(t)si] *n* früh[est]e Kindheit

infant [ˈɪnfənt] **I.** *n* ❶ Säugling *m* ❷ BRIT, AUS *(child)* Kleinkind *nt* **II.** *adj attr* ~ **daughter** kleines Töchterchen; BRIT, AUS ~ **class** SCH erste/zweite Grundschulklasse

infantile [ˈɪnfəntaɪl] *adj (pej)* kindisch *meist pej*

infantry [ˈɪnfəntri] *n no pl, + sing/pl vb* **the ~** die Infanterie

infant school *n die ersten drei Klassen einer Grundschule für Kinder zwischen 4 und 7*

infatuated [ɪnˈfætjueɪtɪd] *adj* vernarrt (**with** in)

infect [ɪnˈfekt] *vt* infizieren *a. fig*

infection [ɪnˈfekʃᵊn] *n* Infektion *f*

infectious [ɪnˈfekʃəs] *adj* ansteckend

a. fig

inferior [ɪnˈfɪəriəʳ] *adj* ❶ minderwertig; *mind* unterlegen ❷ *rank* [rang]niedriger

inferiority complex *n* Minderwertigkeitskomplex *m*

inferno [ɪnˈfɜːnəʊ] *n* ❶ flammendes Inferno ❷ *(liter: hell)* Inferno *nt geh*

infertile [ɪnˈfɜːtaɪl] *adj* unfruchtbar

infest [ɪnˈfest] *vt* befallen (**with** von)

infidelity [ˌɪnfɪˈdeləti] *n* ❶ *no pl* Verrat *m* (**to** gegenüber/an) ❷ *(sexual)* **infidelities** *pl* Seitensprünge *pl*

infinite [ˈɪnfɪnət] **I.** *adj* ❶ unendlich; *space* unbegrenzt ❷ *(great)* grenzenlos; **to take ~ care** ungeheuer vorsichtig sein ❸ MATH unendlich **II.** *n* **the ~** die Unendlichkeit

infinitive [ɪnˈfɪnɪtɪv] **I.** *n* LING Infinitiv *m;* **to be in the ~** im Infinitiv stehen **II.** *adj attr* Infinitiv-; **~ form** Grundform *f,* Infinitiv *m*

infinity [ɪnˈfɪnəti] *n no pl* ❶ MATH das Unendliche ❷ *(immeasurability)* die Unendlichkeit

infirm [ɪnˈfɜːm] **I.** *adj* ❶ *(ill)* gebrechlich ❷ *(form: weak)* schwach **II.** *n* **the ~** *pl* die Kranken und Pflegebedürftigen

infirmary [ɪnˈfɜːmᵊri] *n* ❶ *(dated: hospital)* Krankenhaus *nt* ❷ AM *(room)* Krankenzimmer *nt*

inflame [ɪnˈfleɪm] *vt* ❶ *(stir up)* entfachen ❷ *(anger)* aufbringen; *(stronger)* erzürnen

inflammable [ɪnˈflæməbl̩] *adj* ❶ [leicht] entzündbar ❷ *(fig: touchy)* explosiv

inflammation [ˌɪnfləˈmeɪʃᵊn] *n* Entzündung *f*

inflammatory [ɪnˈflæmətᵊri] *adj* ❶ MED entzündlich, Entzündungs- ❷ *(provoking)* hetzerisch

inflatable [ɪnˈfleɪtəbl̩] **I.** *adj* aufblasbar; **~ boat** Schlauchboot *nt* **II.** *n esp* BRIT Schlauchboot *nt*

inflate [ɪnˈfleɪt] **I.** *vt* ❶ aufblasen ❷ *(exaggerate)* aufblähen *fig, pej* **II.** *vi* sich mit Luft füllen

inflated [ɪnˈfleɪtɪd] *adj* ❶ aufgeblasen ❷ *(exaggerated)* aufgebläht *fig, pej;* **to have an ~ idea of sth** eine übertriebene Vorstellung von etw *dat* besitzen ❸ ECON *price* überhöht

inflation [ɪnˈfleɪʃᵊn] *n no pl* ❶ ECON Inflation *f* ❷ *(filling)* Aufblasen *nt*

inflexible [ɪnˈfleksəbl̩] *adj (usu pej)* ❶ starr ❷ *(persistent)* unbeugsam

in-flight *adj attr* Bord-, während des Fluges *nach n*

influence [ˈɪnfluən(t)s] **I.** *n* ❶ Einfluss *m;* **to fall under sb's ~** unter jds Einfluss geraten ❷ *no pl (power)* Einfluss *m* (**on** auf) **II.** *vt* beeinflussen; **to be easily ~d** beeinflussbar sein

influential [ˌɪnfluˈen(t)ʃᵊl] *adj* einflussreich

influenza [ˌɪnfluˈenzə] *n no pl (form)* Grippe *f*

influx [ˈɪnflʌks] *n no pl* Zustrom *m* (**of** an); *of capital* Zufuhr *f* (**of** an)

info [ˈɪnfəʊ] *n (fam) short for* **information** Info *f*

inform [ɪnˈfɔːm] **I.** *vt* informieren **II.** *vi* **to ~ against/on sb** jdn anzeigen

informal [ɪnˈfɔːmᵊl] *adj* informell; *atmosphere, party* zwanglos; *meeting* inoffiziell

informally [ɪnˈfɔːmᵊli] *adv* ❶ *(not formally)* informell; *(casually)* zwanglos, ungezwungen; **to dress ~** sich leger kleiden ❷ *(not officially)* inoffiziell

informant [ɪnˈfɔːmənt] *n* Informant(in) *m(f)*

information [ˌɪnfəˈmeɪʃᵊn] *n* ❶ *no pl* Information *f;* **a piece of ~** eine Information; **a lot of/a little ~** viele/wenige Informationen ❷ *(enquiry desk)* Information *f* ❸ AM *(telephone operator)* Auskunft *f*

information science *n usu pl* Informatik *f kein pl* **information superhighway** *n* **the ~** die Datenautobahn, das Internet

informative [ɪnˈfɔːmətɪv] *adj* informativ

informer [ɪnˈfɔːməʳ] *n* Informant(in) *m(f)*

infrared [ˌɪnfrəˈred] *adj* infrarot

infrequent [ɪn'fri:kwənt] *adj* selten

infuriate [ɪn'fjʊərieɪt] *vt* wütend machen

ingeniously [ɪn'dʒi:niəsli] *adv* ausgeklügelt, genial, raffiniert

ingratitude [ɪn'grætɪtju:d] *n no pl* Undankbarkeit *f*

ingredient [ɪn'gri:diənt] *n* Zutat *f*

inhabit [ɪn'hæbɪt] *vt* bewohnen

inhabitable [ɪn'hæbɪtəbl̩] *adj* bewohnbar

inhabitant [ɪn'hæbɪtᵊnt] *n* Einwohner(in) *m(f); of building* Bewohner(in) *m(f)*

inhale [ɪn'heɪl] **I.** *vt* einatmen; *smoker* inhalieren **II.** *vi* einatmen

inherit [ɪn'herɪt] **I.** *vt* erben (**from** von); *(fig)* übernehmen (**from** von) **II.** *vi* erben

inheritance [ɪn'herɪtᵊn(t)s] *n* ① Erbe *nt kein pl* ② *no pl (inheriting)* Erben *nt*

inhibited [ɪn'hɪbɪtɪd] *adj* ① *(self-conscious)* gehemmt; **to be/feel ~** Hemmungen haben ② *(repressed)* **to be ~** verklemmt sein *fam*

inhibition [ˌɪn(h)ɪ'bɪʃᵊn] *n* ① *usu pl* Hemmung *f* ② *no pl (inhibiting)* Einschränken *nt*

inhospitable [ˌɪnhɒs'pɪtəbl̩] *adj* ① ungastlich ② *(unpleasant)* unwirtlich

inhuman [ɪn'hju:mən] *adj* unmenschlich

inhumane [ˌɪnhju:'meɪn] *adj* inhuman; *(barbaric)* barbarisch

initial [ɪ'nɪʃᵊl] **I.** *adj attr* anfänglich, erste(r, s) **II.** *n* Initiale *f*

initially [ɪ'nɪʃᵊli] *adv* anfangs, zunächst

initiation [ɪˌnɪʃi'eɪʃᵊn] *n* ① *no pl* Einleitung *f* ② *(introduction)* Einführung *f* (**into** in); *of a member* Aufnahme *f* (**into** in)

initiative [ɪ'nɪʃətɪv] *n no pl* ① [Eigen]initiative *f* ② *(power)* Initiative *f*

inject [ɪn'dʒekt] *vt* ① spritzen (**into** in); BRIT, AUS impfen (**against** gegen) ② *(fig)* **to ~ sth into sth** etw in etw *akk* [hinein]bringen

injection [ɪn'dʒekʃᵊn] *n* ① Spritze *f* ② TECH Einspritzung *f*

injure ['ɪndʒəʳ] *vt* ① *(hurt)* verletzen ② *(damage)* **to ~ sth** etw *dat* schaden

injured ['ɪndʒəd] **I.** *adj* verletzt **II.** *n* **the ~** *pl* die Verletzten *pl*

injury ['ɪndʒᵊri] *n* Verletzung *f*

injury time *n no pl* BRIT, AUS Nachspielzeit *f*

injustice [ɪn'dʒʌstɪs] *n* Ungerechtigkeit *f*

ink [ɪŋk] *n no pl* Tinte *f;* ART Tusche *f; (for pad)* Farbe *f*

inkjet printer *n* Tintenstrahldrucker *m*

inland **I.** *adj* ['ɪnlənd] *usu attr* ① *(national)* Binnen- ② *esp* BRIT ADMIN, ECON inländisch **II.** *adv* ['ɪnlænd] ins Landesinnere

Inland Revenue *n + sing/pl vb* BRIT, NZ **the ~** ≈ das Finanzamt

in-laws ['ɪnlɔ:z] *n pl* Schwiegereltern *pl*

inlet ['ɪnlet] *n* [schmale] Bucht; *of sea* Meeresarm *m*

in-liner ['ɪnlaɪnə], **in-line skate** *n usu pl* Inliner *m,* Inlineskate *m*

in-line skating *n no pl* Inlineskating *nt*

inmate ['ɪnmeɪt] *n* Insasse(in) *m(f);* **prison ~** Gefängnisinsasse(in) *m(f)*

inn [ɪn] *n* Gasthaus *nt*

inner ['ɪnəʳ] *adj usu attr* ① Innen-, innere(r, s) ② *(emotional)* innere(r, s); **~ feelings** tiefste Gefühle

innermost ['ɪnəmə(ʊ)st] *adj attr* ① innerste(r, s) ② *(secret)* geheimste(r, s), intimste(r, s)

inner tube *n* Schlauch *m*

inning ['ɪnɪŋ] *n* SPORTS ① AM *(baseball)* Inning *nt* ② BRIT *(cricket)* **~s** *+ sing vb* Durchgang *m,* Innings *nt fachspr*

innocence ['ɪnəsᵊn(t)s] *n no pl* Unschuld *f*

innocent ['ɪnəsᵊnt] **I.** *adj* ① unschuldig ② *(artless)* unschuldig ③ *(uninvolved)* unbeteiligt; **an ~ victim** ein unschuldiges Opfer **II.** *n* **to be an ~** naiv sein

innocently ['ɪnəsᵊntli] *adv* ① *(not maliciously)* arglos ② *(not criminally)* ohne böse Absicht

innovation [ˌɪnə(ʊ)'veɪʃᵊn] *n* ① Neuerung *f; (product)* Innovation *f* ❷ *no pl (improving)* [Ver]änderung *f*

innuendo *<pl -s>* [ˌɪnju'endəʊ] *n* ❶ *(insinuation)* Anspielung *f* (**about** auf) ❷ *(remark)* Zweideutigkeit *f*

inoculate [ɪ'nɒkjəleɪt] *vt* impfen (**against** gegen)

inoculation [ɪˌnɒkjə'leɪʃᵊn] *n* Impfung *f*

inoffensive [ɪnə'fen(t)sɪv] *adj* unauffällig

inoperable [ɪ'nɒpᵊrəbl̩] *adj* ❶ MED inoperabel ❷ *(not working)* nicht funktionsfähig

in-patient *n* stationärer Patient/stationäre Patientin

input ['ɪnpʊt] **I.** *n* ❶ *no pl (contribution)* Beitrag *m; (of work)* [Arbeits]aufwand *m* ❷ COMPUT, ELEC *(component)* Anschluss *m* ❸ *no pl* COMPUT *(data)* Input *m; (entering)* Eingabe *f* **II.** *vt* <-tt-, input, input> COMPUT eingeben; *(with scanner)* einscannen

inquest ['ɪŋkwest] *n* gerichtliche Untersuchung [der Todesursache]; *(fig)* Untersuchung *f*

inquire *vt, vi esp* AM *see* **enquire**

inquiring *adj esp* AM *see* **enquiring**

inquiringly *adv esp* AM *see* **enquiringly**

inquiry *n esp* AM *see* **enquiry**

inquisitive [ɪn'kwɪzətɪv] *adj* ❶ *(eager)* wissbegierig; *(curious)* neugierig ❷ *(prying)* neugierig

insane [ɪn'seɪn] *adj* ❶ geistesgestört ❷ *(fam: crazy)* verrückt

insanely [ɪn'seɪnli] *adv* wahnsinnig; ~ **jealous** krankhaft eifersüchtig

insanitary [ɪn'sænɪtᵊri] *adj* unhygienisch

inscription [ɪn'skrɪpʃᵊn] *n* Inschrift *f*

insect ['ɪnsekt] *n* Insekt *nt*

insecticide [ɪn'sektɪsaɪd] *n* Insektenvernichtungsmittel *nt*

insecure [ˌɪnsɪ'kjʊəʳ] *adj* unsicher

insensitive [ɪn'sen(t)sətɪv] *adj* ❶ *(tactless)* gefühllos ❷ *(unappreciative)* gleichgültig (**to** gegenüber) ❸ *usu pred (physically)* unempfindlich (**to** gegen)

inseparable [ɪn'sepᵊrəbl̩] *adj* ❶ untrennbar [miteinander verbunden] ❷ *(emotionally)* unzertrennlich

insert **I.** *vt* [ɪn'sɜːt] **to ~ sth [into sth]** ❶ etw [in etw *akk*] [hinein]stecken; *coins* etw [in etw *akk*] einwerfen ❷ *words* etw [in etw *akk*] einfügen **II.** *n* ['ɪnsɜːt] ❶ *(pages)* Werbebeilage[n] *f[pl]* ❷ *(shoe)* Einlage *f*

inset ['ɪnset] **I.** *n* ❶ *(inserted thing)* Einsatz *m* ❷ *(in map)* Nebenkarte *f; (in picture)* Nebenbild *nt* ❸ TYPO *(added page)* Einlage *f*, Beilage *f* **II.** *vt* <-set *or* -setted, -set *or* -setted> [ˌɪn'set] **to ~ sth [into sth]** ❶ *(insert)* etw [in etw *akk*] einsetzen; **a gold necklace ~ with rubies** eine Goldkette mit eingelassenen Rubinen ❷ TYPO etw [in etw *akk*] einfügen

inside [ˌɪn'saɪd] **I.** *n* ❶ *no pl* Innere *nt;* **from the ~** von innen ❷ *of hand, door* Innenseite *f; (lane)* Innenspur *f o f* **II.** *adv* ❶ *(in interior)* innen ❷ *(indoors)* innen; *(into)* hinein **III.** *adj attr* Innen-, innere(r, s) **IV.** *prep* ~ **sth** *(into)* in etw *akk* [hinein]; *(in)* in etw *dat*

insider [ɪn'saɪdəʳ] *n* Insider(in) *m(f)*

insidiously [ɪn'sɪdiəsli] *adv* heimtückisch

insight ['ɪnsaɪt] *n* ❶ Einsicht *f*, Einblick *m* (**into** in) ❷ *no pl (perceptiveness)* Verständnis *nt*

insignificant [ˌɪnsɪg'nɪfɪkᵊnt] *adj* ❶ *(trifling)* unbedeutend ❷ *(trivial)* belanglos ❸ *(undistinguished)* unbedeutend

insincere [ˌɪnsɪn'sɪəʳ] *adj* unaufrichtig; *(false)* falsch

insinuating [ɪn'sɪnjueɪtɪŋ] *adj (implying sth unpleasant)* boshaft, provozierend; *(implying sth salacious)* zweideutig

insist [ɪn'sɪst] **I.** *vi* ❶ *(demand)* bestehen ([**up**]**on** auf) ❷ **to ~ on doing sth** sich nicht von etw *dat* abbringen lassen **II.** *vt* **to ~ that …** fest behaupten, dass …

insistence [ɪn'sɪstᵊn(t)s] *n no pl* Bestehen *nt* (**on** auf)

insistent [ɪnˈsɪstᵊnt] *adj* beharrlich; *appeals, demands* nachdrücklich

insole [ˈɪnsəʊl] *n* Innensohle *f; (insert)* Einlegesohle *f*

insolent [ˈɪn(t)sᵊlənt] *adj* unverschämt

insolently [ˈɪn(t)sᵊləntli] *adv* unverschämt

insoluble [ɪnˈsɒljəbl̩] *adj* ❶ nicht löslich ❷ *puzzle* unlösbar

insomnia [ɪnˈsɒmniə] *n no pl* Schlaflosigkeit *f*

inspect [ɪnˈspekt] *vt* ❶ untersuchen ❷ *(officially)* kontrollieren

inspection [ɪnˈspekʃᵊn] *n* ❶ [Über]prüfung *f* ❷ *(official)* Kontrolle *f*

I

inspector [ɪnˈspektəʳ] *n* Inspektor(in) *m(f);* **tax ~** Steuerprüfer(in) *m(f)*

inspiration [ˌɪn(t)spᵊrˈeɪʃᵊn] *n* ❶ *no pl* Inspiration *f* ❷ *(source)* Inspiration *f*

inspire [ɪnˈspaɪəʳ] *vt* ❶ inspirieren ❷ *(cause)* **to ~ sth [in sb]** etw [bei jdm] hervorrufen

in spite of *prep* trotz *+gen;* **~ everything** trotz allem

install [ɪnˈstɔːl] *vt* installieren, anschließen; *bathroom, kitchen* einbauen

installation [ˌɪnstəˈleɪʃᵊn] *n* ❶ *no pl of machinery* Aufstellen *nt; of appliance, heating, plumbing* Installation *f; of kitchen, bathroom* Einbau *m; of telephone, washing machine* Anschluss *m* ❷ *(facility)* Anlage *f*

instalment, AM **installment** [ɪnˈstɔːlmənt] *n* ❶ *(part)* Folge *f* ❷ *(payment)* Rate *f*

instance [ˈɪn(t)stən(t)s] *n* ❶ Fall *m;* **in this ~** in diesem Fall ❷ **for ~** zum Beispiel

instant [ˈɪn(t)stənt] **I.** *n* ❶ *(moment)* Moment *m,* Augenblick *m* ❷ **the ~** sobald **II.** *adj* ❶ sofortige(r, s) ❷ *(processed)* **~ coffee** Pulverkaffee *m,* Instantkaffee *m*

instantly [ˈɪn(t)stəntli] *adv* sofort

instead [ɪnˈsted] **I.** *adv* stattdessen **II.** *prep* **~ of sth** [an]statt einer S. *gen*

instigator [ˈɪn(t)stɪgeɪtəʳ] *n* Initiator(in) *m(f); (inciter)* Anstifter(in) *m(f)*

instinct [ˈɪn(t)stɪŋ(k)t] *n* ❶ Instinkt *m;* **her first ~ was to shout** ihr erster Impuls war zu schreien ❷ *no pl (behaviour)* Instinkt *m*

instinctive [ɪnˈstɪŋ(k)tɪv] *adj* instinktiv; *(innate)* natürlich, angeboren

instinctively [ɪnˈstɪŋ(k)tɪvli] *adv* instinktiv

institute [ˈɪn(t)stɪtjuːt] **I.** *n* Institut *nt; (university)* Hochschule *f* **II.** *vt* ❶ *(set up)* einführen ❷ *(perform)* einleiten

institution [ˌɪn(t)stɪˈtjuːʃᵊn] *n* ❶ *no pl (setting up)* Einführung *f* ❷ *(building)* Heim *nt,* Anstalt *f* ❸ *(custom)* Institution *f*

instruct [ɪnˈstrʌkt] *vt* ❶ **to ~ sb in sth** jdm etw beibringen ❷ *(order)* anweisen

instruction [ɪnˈstrʌkʃᵊn] *n* ❶ *usu pl* Anweisung *f* ❷ *no pl (teaching)* Unterweisung *f* ❸ *(description)* **~s** *pl* Anleitung *f*

instruction book *n of computer* Handbuch *nt; of machine* Gebrauchsanweisung *f* **instruction leaflet** *n* Informationsblatt *nt; (for use)* Gebrauchsanweisung *f*

instructive [ɪnˈstrʌktɪv] *adj* lehrreich, aufschlussreich

instructor [ɪnˈstrʌktəʳ] *n* ❶ Lehrer(in) *m(f)* ❷ AM *(lecturer)* Dozent(in) *m(f)*

instrument [ˈɪnstrəmənt] *n* Instrument *nt*

instrumental [ˌɪn(t)strəˈmentᵊl] **I.** *adj* ❶ MUS instrumental ❷ *(influential)* förderlich **II.** *n* Instrumental[stück] *nt*

insufficient [ˌɪnsəˈfɪʃᵊnt] *adj* zu wenig *präd,* unzureichend

insufficiently [ˌɪnsəˈfɪʃᵊntli] *adv* ungenügend, unzureichend, unzulänglich

insular [ˈɪn(t)sjələʳ] *adj* ❶ *(parochial)* provinziell ❷ GEOG Insel-

insulate [ˈɪn(t)sjəleɪt] *vt* ❶ isolieren ❷ *(fig: shield)* [be]schützen (**from** vor)

insulating [ˈɪn(t)sjəleɪtɪŋ] *adj attr*

~ **tape** Isolierband *nt*

insulation [ˌɪn(t)sjəˈleɪʃᵊn] *n no pl* ❶ Isolierung *f* ❷ *(fig: protection)* Schutz *m*

insult I. *vt* [ɪnˈsʌlt] beleidigen II. *n* [ˈɪnsʌlt] Beleidigung *f;* **to be an ~ to sb** für jdn eine Beleidigung sein

insulting [ɪnˈsʌltɪŋ] *adj* beleidigend

insultingly [ɪnˈsʌltɪŋli] *adv* beleidigend; **the questions were ~ easy** die Fragen waren lächerlich einfach

insurance [ɪnˈʃʊərᵊn(t)s] *n no pl* ❶ Versicherung *f;* **to take out ~ [against sth]** sich [gegen etw *akk*] versichern ❷ *(payout)* Versicherungssumme *f* ❸ *(premium)* [Versicherungs]prämie *f*

insurance policy *n* ❶ Versicherungspolice *f* ❷ *(fig)* **as an ~** zur Sicherheit

insure [ɪnˈʃʊəʳ] I. *vt* versichern (**against** gegen) II. *vi* ❶ sich versichern (**with** bei) ❷ *(protect)* **to ~ against sth** sich gegen etw *akk* absichern

insured [ɪnˈʃʊəd] *adj* versichert

insurer [ɪnˈʃʊərəʳ] *n* Versicherer, Versicherin *m, f; (agent)* Versicherungsvertreter(in) *m(f)*

insurgent [ɪnˈsɜːdʒᵊnt] I. *n* ❶ *(rebel)* Aufständische(r) *f(m),* Aufrührer(in) *m(f)* ❷ AM POL *Parteimitglied, das sich der Parteidisziplin nicht beugt* II. *adj attr* aufständisch

intact [ɪnˈtækt] *adj usu pred* intakt

integrated [ˈɪntɪgreɪtɪd] *adj* einheitlich; **to be ~ into sth** in etw *akk* integriert sein

intellectual [ˌɪntᵊlˈektjuəl] I. *n* Intellektuelle(r) *f(m)* II. *adj* intellektuell, geistig

intelligence [ɪnˈtelɪdʒᵊn(t)s] *n no pl* ❶ Intelligenz *f* ❷ *+ sing/pl vb (department)* Geheimdienst *m* ❸ *+ sing/pl vb (information)* [nachrichtendienstliche] Informationen; **according to our latest ~** unseren letzten Meldungen zufolge

intelligence service *n* Geheimdienst *m*

intelligent [ɪnˈtelɪdʒᵊnt] *adj* klug, intelligent

intend [ɪnˈtend] *vt (plan)* beabsichtigen; **what do you ~ to do about it?** was willst du in der Sache unternehmen?; **to ~ no harm** nichts Böses wollen

intended [ɪnˈtendɪd] *adj* vorgesehen, beabsichtigt; LAW geplant

intense [ɪnˈten(t)s] *adj* ❶ intensiv; *odour* stechend; *cold* bitter; *desire, heat* glühend ❷ *(serious)* ernst

intensely [ɪnˈten(t)sli] *adv* ❶ *(extremely)* äußerst, ausgesprochen; **~ hot** extrem heiß; **to hate sb ~** jdn zutiefst hassen; **to love sb ~** jdn abgöttisch lieben ❷ *(strong emotion)* intensiv; **he spoke so ~ that …** er sprach mit solchem Nachdruck, dass …

intensity [ɪnˈten(t)səti] *n no pl* Stärke *f; of feelings* Intensität *f*

intensive [ɪnˈten(t)sɪv] *adj* intensiv

intensively [ɪnˈtensɪvli] *adv* intensiv

intent [ɪnˈtent] I. *n no pl* Absicht *f;* **with ~ to do sth** mit dem Vorsatz, etw zu tun II. *adj* ❶ *(absorbed)* aufmerksam ❷ *pred* **to be ~ on sth** auf etw *akk* versessen sein; **to be ~ on doing sth** fest entschlossen sein, etw zu tun

intention [ɪnˈten(t)ʃᵊn] *n* Absicht *f*

intentional [ɪnˈten(t)ʃᵊnᵊl] *adj* absichtlich

intentionally [ɪnˈten(t)ʃᵊnᵊli] *adv* absichtlich, mit Absicht

interactive [ˌɪntəʳˈæktɪv] *adj* interaktiv

interactive TV *n no pl* interaktives Fernsehen

intercept [ˌɪntəˈsept] *vt* abfangen

interception [ˌɪntəˈsepʃᵊn] *n* Abfangen *nt*

interchange I. *n* [ˈɪntətʃeɪndʒ] *(form)* Austausch *m;* **~ of ideas** Gedankenaustausch *m* II. *vt* [ˌɪntəˈtʃeɪndʒ] austauschen III. *vi* [ˌɪntəˈtʃeɪndʒ] wechseln

interchangeable [ˌɪntəˈtʃeɪndʒəbl] *adj* austauschbar; *word* synonym

intercity [ˌɪntəˈsɪti] I. *n* Intercity *m* II. *adj attr* **~ train** Intercityzug *m,* IC *m*

intercom [ˈɪntəkɒm] *n* [Gegen]sprechanlage *f*

I

interconnection [ˌɪntəkəˈnekʃᵊn] *n* Verbindung *f; of computers* Vernetzung *f;* **~ of cultures** Kulturaustausch *m*
intercourse [ˈɪntəkɔːs] *n no pl* [Geschlechts]verkehr *m*
interdisciplinary [ˌɪntəˈdɪsɪplɪnᵊri] *adj* fachübergreifend, interdisziplinär
interest [ˈɪntrəst] **I.** *n* ❶ Interesse *nt* (**in** an); *(hobby)* Hobby *nt;* **just out of ~** *(fam)* nur interessehalber; **to lose ~ in sb** das Interesse an jdm verlieren ❷ *no pl (importance)* Interesse *nt;* **to be of ~ to sb** für jdn von Interesse sein ❸ *no pl* FIN Zinsen *pl* **II.** *vt* interessieren
interested [ˈɪntrəstɪd] *adj* interessiert; **to be ~ in sth** sich für etw *akk* interessieren
interesting [ˈɪntrəstɪŋ] *adj* interessant
interestingly [ˈɪntrəstɪŋli] *adv* interessant, interessanterweise; **~ enough ...** interessanterweise ...
interfere [ˌɪntəˈfɪəʳ] *vi* ❶ *(meddle)* **to ~ [in sth]** sich [in etw *akk*] einmischen ❷ *(disturb)* **to ~ with sth** etw stören ❸ RADIO, TECH **to ~ with sth** etw überlagern
interference [ˌɪntəˈfɪərᵊn(t)s] *n no pl* ❶ *(meddling)* Einmischung *f* ❷ RADIO, TECH Störung *f*
interior [ɪnˈtɪəriəʳ] **I.** *adj attr* ❶ *(inside)* **~ design** Inneneinrichtung *f* ❷ *(country)* Inlands-, Binnen-; **~ minister** Innenminister(in) *m(f)* **II.** *n* ❶ Innere *nt* ❷ POL **the I~** das Innere; **the US I~ Department** das Amerikanische Innenministerium
interior designer *n* Innenarchitekt(in) *m(f)*
intermarriage [ˌɪntəˈmærɪdʒ] *n no pl* Mischehen *pl*
intermediate *adj* [ˌɪntəˈmiːdiət] ❶ *level* mittel ❷ *(between)* Zwischen-
intermission [ˌɪntəˈmɪʃᵊn] *n* Pause *f*
intermittent [ˌɪntəˈmɪtᵊnt] *adj* periodisch
intern **I.** *vt* [ɪnˈtɜːn] internieren **II.** *vi* [ɪnˈtɜːn] *esp* AM ein Praktikum absolvieren **III.** *n* [ˈɪntɜːn] *esp* AM Praktikant(in) *m(f)*
internal [ɪnˈtɜːnᵊl] *adj* innere(r, s); *(in company)* innerbetrieblich; *(in country)* Binnen-; *investigation, memo* intern
internally [ɪnˈtɜːnᵊli] *adv* innerlich; **not to be taken ~** nur zur äußeren Anwendung; **to develop sth ~** *(within company)* etw betriebsintern entwickeln
international [ˌɪntəˈnæʃᵊnᵊl] **I.** *adj* international; **~ flight** Auslandsflug *m* **II.** *n* BRIT SPORTS Nationalspieler(in) *m(f)*
internationally [ˌɪntəˈnæʃᵊnᵊli] *adv* international, weltweit
Internet [ˈɪntənet] *n* **the ~** das Internet; **to browse the ~** im Internet surfen; **on the ~** im Internet
Internet banking *n no pl* Internetbanking *nt*
interpersonal [ˌɪntəˈpɜːsᵊnᵊl] *adj* zwischenmenschlich; **~ skills** soziale Kompetenz
interphone *n* AM *see* **intercom**
interplay [ˈɪntəpleɪ] *n no pl* Zusammenspiel *nt* (**of** von)
Interpol [ˈɪntəpɒl] *n no art, + sing/pl vb* Interpol *f*
interpret [ɪnˈtɜːprɪt] **I.** *vt* ❶ interpretieren ❷ *(perform)* wiedergeben **II.** *vi* dolmetschen
interpretation [ɪntɜːprɪˈteɪʃᵊn] *n* ❶ *(explanation)* Interpretation *f; of rules* Auslegung *f* ❷ THEAT, LIT Interpretation *f*
interpreter [ɪnˈtɜːprɪtəʳ] *n* ❶ Interpret(in) *m(f)* ❷ *(translator)* Dolmetscher(in) *m(f)*
Inter-Rail® [ˌɪntəˈreɪl] **I.** *n* Interrail *nt* **II.** *vi* Interrail machen
interrelation [ˌɪntərɪˈleɪʃᵊn], **interrelationship** [ˌɪntərɪˈleɪʃᵊnʃɪp] *n* Wechselbeziehung *f,* Zusammenhang *m*
interrogate [ɪnˈterəgeɪt] *vt* verhören
interrogation [ɪnˌterəˈgeɪʃᵊn] *n* Verhör *nt*
interrogative [ˌɪntəˈrɒgətɪv] **I.** *n* LING Interrogativ *nt* **II.** *adj (word type)* in-

terrogativ *fachspr;* ~ **pronoun** Interrogativpronomen *nt fachspr,* Frage[für]wort *nt*
interrupt [ˌɪntəˈrʌpt] *vt, vi* unterbrechen
interruption [ˌɪntəˈrʌpʃən] *n* Unterbrechung *f*
intersection [ˌɪntəˈsekʃən] *n* Schnittpunkt *m*
interval [ˈɪntəvəl] *n* ❶ Abstand *m* ❷ *(section)* Abschnitt *m*
intervene [ˌɪntəˈviːn] *vi* ❶ *(step in)* einschreiten ❷ *(interrupt)* sich einmischen
intervening [ˌɪntəˈviːnɪŋ] *adj attr* dazwischenliegend *attr*
intervention [ˌɪntəˈven(t)ʃən] *n* Eingreifen *nt*
interview [ˈɪntəvjuː] **I.** *n* ❶ *(for job)* Vorstellungsgespräch *nt* ❷ *(on TV)* Interview *nt* (**with** mit) ❸ *(talk)* Unterredung *f* **II.** *vi (for job)* ein Vorstellungsgespräch führen; *(on TV)* ein Interview geben
interviewee [ˌɪntəvjuˈiː] *n* Interviewte(r) *f(m)*
interviewer [ˈɪntəvjuːəʳ] *n* Interviewer(in) *m(f)*
intestine [ɪnˈtestɪn] *n usu pl* Darm *m*
intimate¹ [ˈɪntɪmət] *adj* ❶ *(close)* eng, vertraut; *atmosphere* gemütlich ❷ *(detailed)* gründlich ❸ *(private)* intim
intimate² [ˈɪntɪmeɪt] *vt* andeuten
intimidate [ɪnˈtɪmɪdeɪt] *vt* einschüchtern
intimidation [ɪnˌtɪmɪˈdeɪʃən] *n no pl* Einschüchterung *f*
into [ˈɪntə, -tu] *prep* ❶ in; **to go ~ town** in die Stadt gehen ❷ *(fam)* **to be ~ sth** an etw interessiert sein ❸ *(involved in)* **he got ~ some trouble** er bekam einige Schwierigkeiten ❹ *(wear)* **I can't get ~ these trousers** ich komme nicht in diese Hose rein
intolerable [ɪnˈtɒlərəbl̩] *adj* unerträglich
intolerant [ɪnˈtɒlərənt] *adj* intolerant
intolerantly [ɪnˈtɒlərəntli] *adv* intolerant
intoxicating [ɪnˈtɒksɪkeɪtɪŋ] *adj* berauschend *a. fig*
intoxication [ɪnˌtɒksɪˈkeɪʃən] *n no pl* Rausch *m*
intransitive [ɪnˈtræn(t)sətɪv] LING **I.** *adj* intransitiv **II.** *n* Intransitivum *nt fachspr*
intricate [ˈɪntrɪkət] *adj* kompliziert; *plot* verschlungen; *question* verzwickt
intrigue **I.** *vt* [ɪnˈtriːg] faszinieren; *(arouse curiosity)* neugierig machen **II.** *vi* [ɪnˈtriːg] intrigieren **III.** *n* [ˈɪntriːg] Intrige *f* (**against** gegen)
intriguing [ɪnˈtriːgɪŋ] *adj* faszinierend
introduce [ˌɪntrəˈdjuːs] *vt* ❶ **to ~ sb [to sb]** jdn [jdm] vorstellen ❷ *(start)* einführen
introduction [ˌɪntrəˈdʌkʃən] *n* ❶ *(contact)* Vorstellung *f* ❷ *(starting)* Einführung *f* ❸ *(preface)* Einleitung *f*
introductory [ˌɪntrəˈdʌktəri] *adj* ❶ *(preliminary)* einleitend ❷ *(starting)* einführend
intrude [ɪnˈtruːd] *vi (meddle)* stören; **to ~ into sth** sich in etw *akk* einmischen
intruder [ɪnˈtruːdəʳ] *n* Eindringling *m; (thief)* Einbrecher(in) *m(f)*
intrusion [ɪnˈtruːʒən] *n (interruption)* Störung *f; (encroachment)* Verletzung *f;* MIL Einmarsch *m*
intrusive [ɪnˈtruːsɪv] *adj* aufdringlich
invade [ɪnˈveɪd] **I.** *vt* ❶ **to ~ a country** in ein Land einmarschieren ❷ *(fig)* **to ~ sb's privacy** jds Privatsphäre verletzen **II.** *vi* einfallen
invalid¹ [ˈɪnvəlɪd] **I.** *n* Invalide(r) *f(m)* **II.** *adj* invalide, körperbehindert
invalid² [ɪnˈvælɪd] *adj* ungültig
invalidation [ɪnˌvælɪˈdeɪʃən] *n no pl (nullification)* Ungültigkeitserklärung *f; of a decision* Aufhebung *f; verdict* Außerkraftsetzung *f; of results* Annullierung *f;* LAW Kraftloserklärung *f*
invaluable [ɪnˈvæljuəbl̩] *adj* unbezahlbar
invariable [ɪnˈveəriəbl̩] **I.** *adj* unveränderlich **II.** *n* ❶ LING *Substantiv, bei dem Singular und Plural gleich sind* ❷ MATH Konstante *f*

invasion [ɪnˈveɪʒᵊn] *n* ① Invasion *f* ② *(interference)* Eindringen *nt kein pl*

invent [ɪnˈvent] *vt* erfinden

invention [ɪnˈven(t)ʃᵊn] *n* ① Erfindung *f* ② *no pl (creativity)* Einfallsreichtum *m*

inventive [ɪnˈventɪv] *adj* einfallsreich; *skill* schöpferisch

inventor [ɪnˈventəʳ] *n* Erfinder(in) *m(f)*

inventory [ˈɪnvᵊntri] *n* ① ECON *(catalogue)* Inventar *nt* ② AM ECON *(stock)* [Lager]bestand *m* ③ ECON *(stock counting)* Inventur *f*

invest [ɪnˈvest] **I.** *vt* FIN investieren **II.** *vi* **to ~ in sth** [sein Geld] in etw *akk* investieren

investigate [ɪnˈvestɪgeɪt] *vt* untersuchen; *explore* erforschen

investigation [ɪnˌvestɪˈgeɪʃᵊn] *n* [Über]prüfung *f; (official)* Untersuchung *f; (by police)* Ermittlung *f*

investigator [ɪnˈvestɪgeɪtəʳ] *n* Ermittler(in) *m(f)*

investment [ɪnˈves(t)mənt] *n* ① *(investing)* Investierung *f;* **to make an ~** investieren ② FIN Investition *f* ③ FIN *(share)* Einlage *f*

investment fund *n* Investmentfonds *m*

investment trust *n* Investmentgesellschaft *f*

investor [ɪnˈvestəʳ] *n* [Kapital]anleger(in) *m(f)*

invigilate [ɪnˈvɪdʒəleɪt] *vt* BRIT, AUS SCH, UNIV **to ~ an examination** die Aufsicht bei einer Prüfung führen

invigilator [ɪnˈvɪdʒəleɪtəʳ] *n* BRIT, AUS SCH, UNIV Aufsicht *f*

invigorating [ɪnˈvɪgᵊreɪtɪŋ] *adj* ① stärkend; *climate* kräftigend ② *(fig: stimulating)* belebend

invincible [ɪnˈvɪn(t)səbl̩] *adj* ① unschlagbar ② *(inexorable)* unüberwindlich

invisible [ɪnˈvɪzəbl̩] *adj* ① unsichtbar ② *(hidden)* verborgen

invitation [ˌɪnvɪˈteɪʃᵊn] *n* ① Einladung *f* (**to** zu) ② *(incitement)* Aufforderung *f* (**to** zu)

invite I. *n* [ˈɪnvaɪt] *(fam)* Einladung *f* (**to** zu) **II.** *vt* [ɪnˈvaɪt] ① einladen; **to ~ sb to dinner** jdn zum Essen einladen ② *(request)* **to ~ sb to do sth** jdn auffordern, etw zu tun

◆ **invite in** *vt* **to ~ in** ↻ **sb** jdn hereinbitten

inviting [ɪnˈvaɪtɪŋ] *adj* ① einladend ② *(tempting)* verlockend

invitingly [ɪnˈvaɪtɪŋli] *adv* einladend, verlockend

invoice [ˈɪnvɔɪs] ECON **I.** *vt* **to ~ sb** jdm eine Rechnung ausstellen **II.** *n* [Waren]rechnung *f* (**for** für)

involuntarily [ɪnˈvɒləntᵊrᵊli] *adv* ① *(not by own choice)* unfreiwillig ② *(unintentionally)* unabsichtlich; **he ~ glanced again at his watch** wieder schaute er ungewollt auf die Uhr ③ MED *(automatically)* unwillkürlich; **to blink ~** unwillkürlich blinzeln

involuntary [ɪnˈvɒləntᵊri] *adj* unfreiwillig; *(coerced)* erzwungen

involve [ɪnˈvɒlv] *vt* ① *(include)* beinhalten; *(encompass)* umfassen ② *(affect)* betreffen ③ **sth ~s sb/sth** jd/etw ist an etw *dat* beteiligt ④ *usu passive* **to be ~d in sth** mit etw *dat* zu tun haben; **to be ~d with sb** mit jdm zu tun haben

involved [ɪnˈvɒlvd] *adj* ① *(intricate)* kompliziert; *story* verworren ② *after n (implicated)* **all persons ~** alle Beteiligten

inward [ˈɪnwəd] **I.** *adj* innere(r, s), innerlich **II.** *adv* einwärts, nach innen

inwardly [ˈɪnwədli] *adv* ① *(to inside)* nach innen ② *(internally)* innerlich, im Innern

inwards [ˈɪnwədz] *adv* ① *(to inside)* einwärts, nach innen ② *(spiritually)* im Innern

IOU [ˌaɪəʊˈjuː] *n (fam) abbrev of* **I owe you** Schuldschein *m*

IQ [ˌaɪˈkjuː] *n abbrev of* **intelligence quotient** IQ *m*

IRA [ˌaɪɑːˈreɪ] *n no pl, + sing/pl vb abbrev of* **Irish Republican Army:**

the ~ die IRA
Ireland [ˈaɪələnd] *n* Irland *nt*
Irish [ˈaɪ(ə)rɪʃ] **I.** *adj* irisch **II.** *n pl* **the ~** die Iren *pl*
Irishman *n* Ire *m* **Irishwoman** *n* Irin *f*
iris recognition *n no pl* Iriserkennung *f* *(zur Identifizierung einer Person)*
iron [ˈaɪən] **I.** *n* ❶ *no pl* Eisen *nt* ❷ *(appliance)* [Bügel]eisen *nt* ❸ *(golf)* Eisen *nt*, Eisenschläger *m* **II.** *adj* ❶ *(of iron)* **~ door** Eisentür *f* ❷ *(fig)* eisern **III.** *vt, vi* bügeln
Iron Age I. *n* Eisenzeit *f* **II.** *adj* eisenzeitlich **Iron Curtain** *n* POL *(hist)* **the ~** der Eiserne Vorhang
ironic [aɪ(ə)ˈrɒnɪk] *adj* ironisch
ironically [aɪ(ə)ˈrɒnɪkəli] *adv* ironisch; **~, ...** ironischerweise ...
ironing [ˈaɪənɪŋ] *n no pl* ❶ Bügeln *nt* ❷ *(laundry)* Bügelwäsche *f*
ironing board *n* Bügelbrett *nt*
irony [ˈaɪ(ə)rəni] *n no pl* Ironie *f*
irradiation [ɪˌreɪdiˈeɪʃən] *n no pl* MED, PHYS *(treatment)* Bestrahlung *f*
irrational [ɪˈræʃənəl] *adj* irrational
irrefutably [ˌɪrɪˈfjuːtəbli] *adv (form)* unwiderlegbar; **~ proven** eindeutig bewiesen; *(uncontestably)* unbestreitbar
irregular [ɪˈregjələr] *adj (erratic, intermittent)* unregelmäßig
irregularly [ɪˈregjələli] *adv* ❶ *(unsymmetrically)* unregelmäßig; *(shaped)* ungleichmäßig; **prices marked ~** uneinheitlich ausgezeichnete Preise ❷ *(intermittently)* **payments were made ~** Zahlungen wurden unregelmäßig geleistet
irrelevant [ɪˈreləvənt] *adj* belanglos, unerheblich
irreparable [ɪˈrepərəbl̩] *adj* irreparabel; *loss* unersetzlich
irreparably [ɪˈrepərəbli] *adv* irreparabel; **the ship has been ~ damaged** der an dem Schiff entstandene Schaden ist nicht behebbar
irreplaceable [ˌɪrɪˈpleɪsəbl̩] *adj* unersetzlich; *resources* nicht erneuerbar
irresistible [ˌɪrɪˈzɪstəbl̩] *adj* ❶ unwiderstehlich; *argument* schlagend ❷ *appearance* äußerst anziehend
irrespective [ˌɪrɪˈspektɪv] *adv (form)* **~ of sth** ohne Rücksicht auf etw *akk*
irresponsible [ˌɪrɪˈspɒn(t)səbl̩] *adj* unverantwortlich; *person* verantwortungslos
irresponsibly [ˌɪrɪˈspɒn(t)səbli] *adv (pej)* verantwortungslos, unverantwortlich
irreverent [ɪˈrevərənt] *adj* respektlos
irreversible [ˌɪrɪˈvɜːsəbl̩] *adj* nicht umkehrbar
irrevocably [ɪˈrevəkəbli] *adv* unwiderruflich, endgültig
irrigation [ˌɪrɪˈgeɪʃən] *n no pl* Bewässerung *f*; *of crops* Berieselung *f*
irritable [ˈɪrɪtəbl̩] *adj* reizbar
irritate [ˈɪrɪteɪt] *vt* [ver]ärgern
irritation [ˌɪrɪˈteɪʃən] *n* ❶ *no pl* Ärger *m* ❷ *(nuisance)* Ärgernis *nt* ❸ *(inflammation)* Reizung *f*
is [ɪz, z] *aux vb 3rd pers sing of* **be**
ISDN [ˌaɪesdiːˈen] *n* TELEC *abbrev of* **integrated services digital network** ISDN *nt*
Islam [ˈɪzlɑːm] *n no art, no pl* [der] Islam
Islamic [ɪzˈlɑːmɪk] *adj* REL islamisch
Islamist [ˈɪzləmɪst] **I.** *n* Islamist(in) *m(f)* **II.** *adj* islamistisch
island [ˈaɪlənd] *n* Insel *f a. fig*
islander [ˈaɪləndər] *n* Insulaner(in) *m(f)*
isn't [ɪzənt] = **is not** *see* **be**
isolate [ˈaɪsəleɪt] *vt* ❶ **to ~ sb/sth [from sb/sth]** jdn/etw [von jdm/etw] trennen ❷ **to ~ a substance** eine Substanz isolieren ❸ **to ~ a problem** ein Problem gesondert betrachten
isolated [ˈaɪsəleɪtɪd] *adj* ❶ *(outlying)* abgelegen ❷ *(solitary)* einsam [gelegen] ❸ *country* isoliert ❹ *(lonely)* einsam; **to feel ~** sich einsam fühlen
isolation [ˌaɪsəlˈeɪʃən] *n no pl* ❶ *(separation, loneliness)* Isolation *f* ❷ *of a hotel, lake* Abgelegenheit *f* ❸ *of village* Einsamkeit *f*

isolation ward *n* Isolierstation *f*
isosceles triangle [aɪˌsɒsəliːz'-] *n* gleichschenkliges Dreieck
ISP [ˌaɪes'piː] *n* COMPUT, INET *abbrev of* **Internet service provider** ISP *m*
issue ['ɪʃuː] **I.** *n* ❶ *(topic)* Thema *nt; (question)* Frage *f;* **side ~** Nebensache *f;* **to address an ~** ein Thema ansprechen; **to avoid the ~** [dem Thema] ausweichen; **to confuse an ~** etwas durcheinanderbringen; **to make an ~ of sth** etw aufbauschen; **to raise an ~** eine Frage aufwerfen ❷ *of periodical* Ausgabe *f* ❸ *no pl (copies)* Auflage *f* ❹ *no pl of goods, notes, stamps* Ausgabe *f;* **date of ~** *of a passport* Ausstellungsdatum *nt* **II.** *vt* ❶ *licence, permit* ausstellen; **to ~ banknotes** Banknoten in Umlauf bringen ❷ **to ~ an order to sb** jdm einen Befehl erteilen ❸ **to ~ sb with sth** jdn mit etw *dat* ausstatten
issuer ['ɪʃuːər] *n* Emittent *m,* Emissionshaus *nt; of a document* Aussteller(in) *m(f)*
it [ɪt] *pron* ❶ es *nom, akk,* ihm *dat; (of unspecified sex)* er/sie/es *nom,* ihn/sie/es *akk,* ihm/ihr/ihm *dat;* **a room with two beds in ~** ein Raum mit zwei Betten darin ❷ *(activity)* **stop ~!** hör auf [damit]! ❸ *(in time phrases)* **what time is ~?** wie spät ist es? ❹ *(in weather phrases)* **~'s raining** es regnet ❺ *subject (former)* es; **~'s no use** es hat keinen Sinn; **~'s a shame** es ist schade ❻ *(situation)* es; **~ appears that we have lost** mir scheint, wir haben verloren; **~ sounds an absolutely awful situation** das klingt nach einer schrecklichen Situation; **if ~'s convenient** wenn es Ihnen/dir passt; **they made a mess of ~** sie versauten es *sl* ❼ **that's ~!** das ist es! ❽ **to get ~** Probleme kriegen; **that's not ~** das ist es nicht ❾ **that's ~** das war's ❿ *(fam)* **to do ~** es treiben ▶ **go for ~!** ran!; **to have ~ in for sb** es auf jdn abgesehen haben; **this is ~** jetzt geht's los; **that's ~** das ist der Punkt
IT [ˌaɪ'tiː] *n no pl* COMPUT *abbrev of* **Information Technology** IT *f*
Italian [ɪ'tæliən] **I.** *n* ❶ Italiener(in) *m(f)* ❷ *(language)* Italienisch *nt* **II.** *adj* italienisch
italic [ɪ'tælɪk] *adj* kursiv
Italy ['ɪtəli] *n* Italien *nt*
itch [ɪtʃ] **I.** *n* <*pl* -es> ❶ Juckreiz *m;* **I've got an ~ on my back** es juckt mich am Rücken ❷ *(fig fam)* **to have an ~ for sth** wild auf etw *akk* sein *sl* **II.** *vi* ❶ jucken ❷ *(fig fam)* **to be ~ing to do sth** ganz wild darauf sein, etw zu tun; **she was ~ing to hit him** es juckte ihr in den Fingern, ihm eine runterzuhauen
itchy ['ɪtʃi] *adj* ❶ juckend; **I've got an ~ scalp** meine Kopfhaut juckt ❷ *clothes* kratzig
item ['aɪtəm] *n* ❶ Punkt *m; (in catalogue)* Artikel *m; (in account book)* Posten *m;* **~ of clothing** Kleidungsstück *nt;* **luxury ~** Luxusartikel *m;* **~ by ~** Punkt *m* für Punkt ❷ *(object of interest)* Anliegen *nt,* Gegenstand *m* ❸ *(fig fam: couple)* **are you two an ~, or just friends?** seid ihr beiden zusammen, oder seid ihr nur Freunde?
itinerary [aɪ'tɪnərəri] *n* ❶ *(course)* Reiseroute *f* ❷ *(outline)* Reiseplan *m*
it'll¹ ['ɪtəl] = **it will** *see* **will¹**
it'll² ['ɪtəl] = **it shall** *see* **shall**
ITN [ˌaɪtiː'en] *n no pl* BRIT *abbrev of* **Independent Televison News** *britischer Fernsehsender*
it's¹ [ɪts] = **it is** *see* **be**
it's² [ɪts] = **it has** *see* **have**
its [ɪts] *pron poss* sein(e)
itself [ɪt'self] *pron refl* ❶ sich [selbst] ❷ *(specifically)* **the shop ~ started 15 years ago** das Geschäft selbst öffnete vor 15 Jahren; **to be punctuality ~** die Pünktlichkeit in Person sein ❸ *(alone)* [**all**] **by ~** [ganz] allein
ITV [ˌaɪtiː'viː] *n no pl, no art* BRIT *abbrev of* **Independent Television** *englisches Privatfernsehen*

I've [aɪv] = **I have** *see* **have**
ivory ['aɪvəri] *n* ① *no pl* Elfenbein *nt* ② *(tusk)* Stoßzahn *m* ③ *(article)* Elfenbeinarbeit *f*
ivy ['aɪvi] *n* Efeu *m*

J j

J <*pl* -'s>, **j** <*pl* -'s> [dʒeɪ] *n* J *nt*, j *nt*; *see also* **A 1**
jab [dʒæb] **I.** *n* ① *(poke)* Stoß *m* ② BOXING Gerade *f* **II.** *vt* <-bb-> *(poke or prick)* stechen; **to ~ a finger at sb** auf jdn mit dem Finger tippen **III.** *vi* <-bb-> *(poke)* schlagen
jack [dʒæk] *n* ① AUTO Wagenheber *m* ② CARDS Bube *m*
◆**jack up I.** *vt* ① *(raise a heavy object)* hoch heben ② *(fig fam: raise)* erhöhen **II.** *vi (sl)* fixen *fam*
jacket ['dʒækɪt] *n* ① Jacke *f* ② *(of a book)* Schutzumschlag *m*
jacket potato *n* Folienkartoffel *f*
jackpot *n* Hauptgewinn *m*
jacuzzi®, **Jacuzzi®** [dʒə'ku:zi] *n* Whirlpool *m*
jaded ['dʒeɪdɪd] *adj* ① *(exhausted)* erschöpft ② *(dulled)* übersättigt
jagged ['dʒægɪd] *adj* gezackt; *cut, tear* ausgefranst; *(fig) nerves* angeschlagen
jail [dʒeɪl] **I.** *n* Gefängnis *nt* **II.** *vt* einsperren
jailer ['dʒeɪləʳ] *n* Gefängnisaufseher(in) *m(f)*
jailhouse *n esp* AM Gefängnis *nt*
jam[1] [dʒæm] *n* FOOD Marmelade *f*
jam[2] [dʒæm] **I.** *n* ① *(fam: awkward situation)* Klemme *f* ② *of traffic* Stau *m* **II.** *vt* <-mm-> ① *(block)* verklemmen ② *(cram inside)* [hinein]zwängen (**into** in) **III.** *vi* <-mm-> *(become stuck)* sich verklemmen
jam jar *n* Marmeladenglas *nt*
jam-packed *adj (fam) bus, shop* gerammelt voll
January ['dʒænjuəri] *n* Januar *m*, Jänner *m* ÖSTERR, SÜDD, SCHWEIZ; *see also* **February**
Japan [dʒə'pæn] *n* Japan *nt*
Japanese [ˌdʒæpən'i:z] **I.** *n* <*pl* -> ① *(person)* Japaner(in) *m(f)* ② *(language)* Japanisch *nt* **II.** *adj* japanisch
jar[1] [dʒɑ:ʳ] *n (of glass)* Glas[gefäß] *nt*; *(of clay, without handle)* Topf *m*
jar[2] [dʒɑ:ʳ] **I.** *vt* <-rr-> *(strike)* schleudern (**against** gegen) **II.** *vi* <-rr-> **to ~ on sb** jdm auf den Nerv gehen **III.** *n* *(sudden unpleasant shake)* Ruck *m*
javelin ['dʒævəlɪn] *n* Speer *m*; *(sport)* Speerwerfen *nt*
jaw [dʒɔ:] *n* Kiefer *m*; **upper ~** Oberkiefer *m*
jazz [dʒæz] *n no pl (music)* Jazz *m*; ▶ **and all that ~** *(pej fam)* und all so was
◆**jazz up** *vt (fig fam: brighten or enliven)* aufpeppen
jazzy ['dʒæzi] *adj* ① *(of or like jazz)* Jazz-, jazzartig ② *(fam) colours* knallig
jealous ['dʒeləs] *adj* ① *(resentful)* eifersüchtig (**of** auf) ② *(envious)* neidisch; **to be ~ of sb** auf jdn neidisch sein
jealously ['dʒeləsli] *adv* ① *(resentfully)* eifersüchtig ② *(enviously)* neidisch
jealousy ['dʒeləsi] *n* ① *(resentment)* Eifersucht *f* ② *no pl (envy)* Neid *m*
jeans [dʒi:nz] *n pl* Jeans[hose] *f*
jeep [dʒi:p] *n* Jeep *m*, Geländewagen *m*
jeer [dʒɪəʳ] **I.** *vt* ausbuhen *fam* **II.** *vi (comment)* spotten (**at** über) **III.** *n* höhnische Bemerkung
jelly ['dʒeli] *n* ① *(substance)* Gelee *nt*

② BRIT, AUS *(dessert)* Wackelpudding *m fam* ③ AM *(jam)* Gelee *m o nt*

jelly bean *n* [bohnenförmiges] Geleebonbon **jellyfish** *n* Qualle *f*

jerk [dʒɜːk] **I.** *n* ① *(sudden sharp movement)* Ruck *m* ② *esp* AM *(pej sl: a stupid person)* Trottel *m fam* **II.** *vi* zucken; **to ~ upwards** hochschnellen **III.** *vt (move sharply)* **to ~ sth** etw mit einem Ruck ziehen

jerky [ˈdʒɜːki] **I.** *adj movement* ruckartig **II.** *n no pl* AM luftgetrocknetes Fleisch

jersey [ˈdʒɜːzi] *n* ① *(garment)* Pullover *m* ② *(sports team shirt)* Trikot *nt*

Jesus, **Jesus Christ** [ˌdʒiːzəsˈkraɪst] **I.** *n no art, no pl* Jesus *m* **II.** *interj (pej sl)* Mensch! *fam*

J

jet¹ [dʒet] **I.** *n* ① AVIAT [Düsen]jet *m* ② *(thin stream)* Strahl *m* **II.** *vi* <-tt-> mit einem Jet fliegen, jetten *fam*

jet² [dʒet] *n no pl (gemstone)* Gagat *m*

jet fighter *n* Düsenjäger *m* **jet lag** *n no pl* Jetlag *m* **jet plane** *n* Düsenflugzeug *nt* **jet-propelled** *adj* mit Düsenantrieb *nach n;* **to be ~** einen Düsenantrieb haben **jet set** *n no pl (fam)* Jetset *m*

jetty [ˈdʒeti] *n* Pier *m*

Jew [dʒuː] *n* Jude *m,* Jüdin *f*

jewel [ˈdʒuːəl] *n* ① *(precious stone)* Edelstein *m,* Juwel *m o nt* ② *(fig)* Kostbarkeit *f*

jeweller, AM **jeweler** [ˈdʒuːələʳ] *n* Juwelier(in) *m(f)*

jewellery, AM **jewelry** [ˈdʒuːəlri] *n no pl* Schmuck *m*

Jewess <*pl* -es> [ˈdʒuːəs] *n (pej!)* Jüdin *f*

Jewish [ˈdʒuːɪʃ] *adj* jüdisch

jigsaw *n* ① *(mechanical)* Laubsäge *f* ② *(electric)* Stichsäge *f* ③ *(puzzle)* **~ [puzzle]** Puzzle[spiel] *nt*

jingle [ˈdʒɪŋgl] **I.** *vt bells* klingeln lassen; **to ~ coins** mit Münzen klimpern **II.** *vi bells* bimmeln **III.** *n* ① *no pl (metallic ringing) of bells* Bimmeln *nt* ② *(in advertisements)* Jingle *m*

job [dʒɒb] **I.** *n* ① *(employment)* Stelle *f;* **part-time ~** Teilzeitstelle *f;* **Saturday job** Samstagsjob *m;* **to be out of a ~** arbeitslos sein ② *(piece of work)* Arbeit *f;* *(task)* Aufgabe *f* ③ *no pl (duty)* Aufgabe *f* ④ *no pl (problem)* **it was quite a ~** das war gar nicht so einfach ▶ **to do the ~** den Zweck erfüllen **II.** *vt* <-bb-> ① AM *(fam: cheat)* **to ~ sb** jdn übers Ohr hauen ② STOCKEX **to ~ stocks** mit Aktien handeln **III.** *vi* <-bb-> ① *(do casual work)* jobben *fam* ② STOCKEX als Broker tätig sein

job application *n* Bewerbung *f* **job centre** *n* BRIT Arbeitsamt *nt* **job interview** *n* Bewerbungsgespräch *nt*

jockey [ˈdʒɒki] **I.** *n* Jockey *m* **II.** *vi* **to ~ for sth** um etw *akk* konkurrieren

jog [dʒɒg] **I.** *n no pl (run)* Dauerlauf *m;* **to go for a ~** joggen gehen *fam* **II.** *vi* <-gg-> joggen

jogger [ˈdʒɒgəʳ] *n* Jogger(in) *m(f)*

jogging [ˈdʒɒgɪŋ] *n no pl* Joggen *nt;* **to go [out] ~** joggen gehen

john [dʒɑːn] *n* AM, AUS *(fam: toilet)* Klo *nt fam*

join [dʒɔɪn] **I.** *vt* ① **to ~ sth [to sth]** etw [mit etw *dat*] verbinden; **to ~ sth together** etw zusammenfügen ② **to ~ sb** sich zu jdm gesellen ③ *a club, party* beitreten, Mitglied werden; **to ~ the army** Soldat werden ④ **to ~ sth** bei etw *dat* mitmachen; **let's ~ the dancing** lass uns mittanzen ⑤ **to ~ forces with sb** sich mit jdm zusammentun **II.** *vi* ① **to ~ [with sth]** sich [mit etw *dat*] verbinden ② **to ~ with sb in doing sth** sich mit jdm *dat* zusammenschließen, um etw zu tun **III.** *n (seam)* Verbindung[sstelle] *f,* Fuge *f*

joint [dʒɔɪnt] **I.** *adj* gemeinsam; **~ undertaking** Gemeinschaftsunternehmen *nt* **II.** *n* ① *(connection)* Verbindungsstelle *f* ② ANAT Gelenk *nt* ③ *(cannabis cigarette)* Joint *m sl*

joint account *n* Gemeinschaftskonto *nt*

joint efforts *n pl* gemeinsame Anstrengungen *pl*

jointly [ˈdʒɔɪntli] *adv* gemeinsam

joke [dʒəʊk] I. *n* ❶ *(action)* Spaß *m;* *(trick)* Streich *m;* *(amusing story)* Witz *m;* **to tell ~s** erzählen; **to get a ~** einen Witz kapieren; **to get beyond a ~** nicht mehr witzig sein ❷ *(fam: sth very easy)* Kinderspiel *nt* II. *vi* scherzen; **to be joking** Spaß machen; **you must be joking!** das meinst du doch nicht im Ernst!
joker ['dʒəʊkəʳ] *n* ❶ *(one who jokes)* Spaßvogel *m* ❷ CARDS Joker *m*
joking ['dʒəʊkɪŋ] I. *adj* scherzhaft II. *n no pl* Scherzen *nt;* **~ apart** Spaß beiseite
jokingly ['dʒəʊkɪŋli] *adv* im Scherz
jolly ['dʒɒli] I. *adj (happy, cheerful)* lustig; *evening* nett; *room* freundlich II. *adv* BRIT *(fam)* riesig; **I ~ well hope so!** das will ich doch hoffen!
jostle ['dʒɒsl̩] I. *vt* anrempeln; FBALL rempeln II. *vi* ❶ *(push)* [sich *akk*] drängeln *fam* ❷ **to ~ for sth** *business, influence* um etw *akk* konkurrieren
jostling ['dʒɒsl̩ɪŋ] I. *n no pl* ❶ *(pushing)* Gedränge *nt,* Drängelei *f* ❷ *(competition)* Gerangel *nt pej fam* (**for** um +*akk*) II. *adj (pushing)* sich drängelnd *attr; (pushy) crowd* aufdringlich *pej*
journal ['dʒɜːnəl] *n* ❶ *(periodical)* Zeitschrift *f* ❷ **to keep a ~** Tagebuch führen
journalism ['dʒɜːnəlɪzəm] *n no pl* Journalismus *m*
journalist ['dʒɜːnəlɪst] *n* Journalist(in) *m(f)*
journey ['dʒɜːni] *n* Reise *f;* **train ~** Zugfahrt *f*
joy [dʒɔɪ] *n (gladness)* Freude *f;* **to jump for ~** einen Freudensprung machen
joyful ['dʒɔɪfəl] *adj face, person* fröhlich
joyfully ['dʒɔɪfəli] *adv* fröhlich, vergnügt
joystick *n* Joystick *m*
jubilant ['dʒuːbɪlənt] *adj* glücklich; *crowd* jubelnd *attr*
jubilation [ˌdʒuːbɪ'leɪʃən] *n no pl* Jubel *m*
jubilee ['dʒuːbɪliː] *n* Jubiläum *nt*
Judaism ['dʒuːdeɪɪzəm] *n* Judentum *nt*
judge [dʒʌdʒ] I. *n* ❶ LAW Richter(in) *m(f)* ❷ *(at a competition)* Preisrichter(in) *m(f);* SPORTS Punktrichter(in) *m(f),* Kampfrichter(in) *m(f)* II. *vi* ❶ *(decide)* urteilen ❷ *(estimate)* schätzen III. *vt* ❶ *(decide)* beurteilen ❷ *(estimate)* schätzen ❸ *(rank)* einstufen
judg(e)ment ['dʒʌdʒmənt] *n* ❶ Urteil *nt;* **error of ~** Fehleinschätzung *f* ❷ *(discernment)* Urteilsvermögen *nt*
judo ['dʒuːdəʊ] *n no pl* Judo *nt*
jug [dʒʌg] *n* Kanne *f,* Krug *m*
juggernaut ['dʒʌgənɔːt] *n* ❶ *(heavy lorry)* Schwerlastwagen *m* ❷ *(overpowering institution)* Gigant *m*
juggle ['dʒʌgl̩] I. *vt* **to ~ sth** mit etw *dat* jonglieren II. *vi* ❶ *(fig, pej: manipulate)* etw manipulieren ❷ *(pej)* **to ~ with sth** mit etw *dat* herumspielen
juggler ['dʒʌgl̩əʳ] *n* Jongleur(in) *m(f)*
juice [dʒuːs] *n* ❶ *no pl (of fruit, vegetable)* Saft *m* ❷ *pl (liquid in meat)* [Braten]saft *m kein pl* ❸ *(sl: petrol)* Sprit *m fam*
juicy ['dʒuːsi] *adj* ❶ *(succulent)* saftig ❷ *(fam: bountiful)* saftig; *profit* fett ❸ *(fam: interesting) role, task* reizvoll ❹ *(fam: suggestive) details, scandal* pikant
jukebox ['dʒuːkbɒks] *n* Jukebox *f*
July [dʒʊ'laɪ] *n* Juli *m; see also* **February**
jumble sale *n* BRIT Flohmarkt *m; (for charity)* Wohltätigkeitsbasar *m*
jumbo ['dʒʌmbəʊ] I. *adj attr* Riesen- II. *n (fam)* Koloss *m;* AVIAT Jumbo *m*
jump [dʒʌmp] I. *n* ❶ *(leap)* Sprung *m* ❷ *(fig: rise)* Sprung *m; of prices, temperatures, value* [sprunghafter] Anstieg ❸ *(shock)* [nervöse] Zuckung; **to wake up with a ~** aus dem Schlaf hochfahren II. *vi* ❶ *(leap)* springen; **to ~ to one's feet** aufspringen ❷ *(rise)* sprunghaft ansteigen ❸ *(fig: change)* springen ❹ *(be startled)* einen Satz machen; **to make sb ~** jdn erschre-

J

cken ▶ **to ~ to conclusions** voreilige Schlüsse ziehen **III.** *vt* ① *(leap over)* überspringen ② *(skip) line, page, stage* überspringen ③ *esp* AM *(fam: attack)* überfallen

◆**jump in** *vi* hineinspringen; *(into vehicle)* einsteigen

◆**jump out** *vi* **to ~ out of sth** *bed, car, window* aus etw *dat* springen

◆**jump up** *vi* aufspringen

jumped-up [ˌdʒʌm(p)tˈʌp] *adj* BRIT *(pej fam)* aufgeblasen

jumper [ˌdʒʌmpəʳ] *n* ① *(person)* Springer(in) *m(f)* ② BRIT, AUS *(pullover)* Pullover *m*

jump leads *n pl* BRIT Starthilfekabel *nt*, Überbrückungskabel *nt*

jumpsuit *n* Overall *m*

jumpy [ˈdʒʌmpi] *adj (fam)* ① *(nervous)* nervös ② *(easily frightened)* schreckhaft

junction [ˈdʒʌŋkʃᵊn] *n (road)* Kreuzung *f*; *(motorway)* Autobahnkreuz *nt*

June [dʒuːn] *n* Juni *m*; *see also* **February**

jungle [ˈdʒʌŋgl̩] *n (a. fig)* Dschungel *m*

junior [ˈdʒuːniəʳ] **I.** *adj* ① *(younger)* junior *nach n* ② *attr* SPORTS Junioren-, Jugend- ③ *attr* SCH **~ college** AM Juniorencollege *nt (die beiden ersten Studienjahre umfassende Einrichtung)* **~ school** BRIT Grundschule *f* **II.** *n* ① *no pl esp* AM *(son)* Sohn *m* ② *(younger)* Jüngere(r) *f(m)* ③ *(low-ranking person)* unterer Angestellter/untere Angestellte

junk[1] [dʒʌŋk] *n no pl (worthless stuff)* Ramsch *m fam*

junk[2] [dʒʌŋk] *n* NAUT Dschunke *f*

junk food *n* Schnellgerichte *pl*; *(pej)* ungesundes Essen

junkie [ˈdʒʌŋki] *n (sl)* Fixer(in) *m(f) fam*; **fitness ~** *(hum)* Fitnessfreak *m*

junk shop *n* Trödelladen *m* **junkyard** *n* Schrottplatz *m*

juror [ˈdʒʊərəʳ] *n* Preisrichter(in) *m(f)*; LAW Geschworene(r) *f(m)*

jury [ˈdʒʊəri] *n + sing/pl vb* ① LAW **the ~** die Geschworenen *pl* ② *(competition)* Jury *f*; SPORTS Kampfgericht *nt*

just I. *adv* [dʒʌst, dʒəst] ① *(in a moment)* gleich; **we're ~ about to leave** wir wollen gleich los ② *(directly)* direkt, gleich ③ *(recently)* gerade [eben], [so]eben ④ *(now)* gerade; **to be ~ doing sth** gerade dabei sein, etw zu tun ⑤ *(exactly)* genau; **~ as I thought!** das habe ich mir schon gedacht!; **that's ~ it!** das ist es ja gerade!; **~ as well** ebenso gut; **~ as/when …** gerade in dem Augenblick als … ⑥ *(only)* nur, bloß *fam*; *(simply)* einfach; **~ for fun** nur [so] zum Spaß ⑦ *(barely)* gerade noch/mal; **~ in time** gerade noch rechtzeitig ⑧ *with imper* **~ imagine!** stell dir das mal vor!; **~ look at this!** schau dir das mal an!; **~ shut up!** halt mal den Mund! ▶ **that's ~ my luck** so etwas kann wirklich nur mir passieren; **~ a minute!** *(please wait)* einen Augenblick [bitte]!; *(as interruption)* Moment [mal]! **II.** *adj* [dʒʌst] ① *(fair)* gerecht (**to** gegenüber) ② *(justified) punishment* gerecht ▶ **to get one's ~ deserts** bekommen, was man verdient hat

justice [ˈdʒʌstɪs] *n* ① *(fairness)* Gerechtigkeit *f*; **to do sth ~** etw *dat* gerecht werden ② *(administration of the law)* Justiz *f*; **to bring sb to ~** jdn vor Gericht bringen

justify <-ie-> [ˈdʒʌstɪfaɪ] *vt* rechtfertigen; **to ~ oneself to sb** sich jdm gegenüber rechtfertigen

justly [ˈdʒʌstli] *adv* zu Recht; *act* gerecht

juvenile [ˈdʒuːvᵊnaɪl] **I.** *adj* ① *(youth)* Jugend-, jugendlich; **~ court** Jugendgericht *nt* ② *(pej: childish)* kindisch **II.** *n* Jugendliche(r) *f(m)*

Kk

K <*pl* -'s>, **k** <*pl* -'s> [keɪ] *n* K *nt*, k *nt*; *see also* **A 1**

K <*pl* -> *n* BRIT *(fam)* 1000 Pfund; AM, AUS 1000 Dollar

kangaroo <*pl* -s> [ˌkæŋgᵊrˈuː] *n* Känguru *nt*

karate [kəˈrɑːti] *n no pl* Karate *nt*; **~ chop** Karateschlag *m*

Kashmir [ˌkæʃˈmɪəʳ] *n no pl* Kaschmir *nt*

kayak [ˈkaɪæk] *n* Kajak *m o selten a. nt*

Kazakhstan [ˌkæzækˈstɑːn] *n* Kasachstan *nt*

keel [kiːl] **I.** *n* NAUT Kiel *m* **II.** *vi* **to ~ over** NAUT kentern

keen [kiːn] *adj* ① *(enthusiastic)* leidenschaftlich; *hunter* begeistert; **to be ~ on doing sth** etw leidenschaftlich gern tun; **to be ~ on sb** auf jdn scharf sein *sl* ② *(extreme) pain* stark; *competition* scharf; *desire* heftig; *interest* lebhaft ③ *(sharp) blade* scharf; *wind* schneidend; *noise, voice* schrill

keenly [ˈkiːnli] *adv* ① *(strongly)* stark; **to feel sth ~** etw sehr intensiv empfinden ② *(extremely)* ungemein, brennend; **to be ~ interested in sth** sich brennend für etw *akk* interessieren

keenness [ˈkiːnnəs] *n no pl* ① *(enthusiasm)* Begeisterung *f* (**for** für +*akk*) ② *(eagerness)* starkes Interesse; *(desire)* starker Wunsch ③ *(a. fig: sharpness)* Schärfe *f*

keep [kiːp] **I.** *n no pl* [Lebens]unterhalt *m* **II.** *vt* <kept, kept> ① *(hold onto)* behalten; *bills, receipts* aufheben; **to ~ one's sanity** sich geistig gesund halten ② *(have in particular place)* **he ~s a glass of water next to his bed** er hat immer ein Glas Wasser neben seinem Bett stehen ③ *(store)* aufbewahren ④ *(prevent)* **to ~ sb from doing sth** jdn davon abhalten, etw zu tun ⑤ *(maintain)* **to ~ one's balance** das Gleichgewicht halten; **to ~ sth under control** etw unter Kontrolle halten; **to ~ sb in mind** jdn im Gedächtnis behalten; **to ~ one's mouth shut** den Mund halten; **to ~ track of sth** etw im Auge behalten; **to ~ sb warm** jdn warm halten ⑥ *(own) animals* halten ⑦ *(stick to) appointment, treaty* einhalten ⑧ *(make records)* **to ~ a record of sth** über etw *akk* Buch führen ▶ **to ~ an eye out for sth** nach etw *dat* Ausschau halten **III.** *vi* <kept, kept> ① *(stay fresh) food* sich halten ② *(wait)* Zeit haben; **your questions can ~ until later** deine Fragen können noch warten ③ *(continue)* **don't stop, ~ walking** bleib nicht stehen, geh weiter; **don't ~ asking silly questions** stell nicht immer so dumme Fragen; **to ~ at sth** mit etw *dat* weitermachen ④ *(adhere to)* **to ~ to sth** an etw *dat* festhalten; *(not digress)* bei etw *dat* bleiben ▶ **how are you ~ing?** BRIT wie gehts dir so?

◆**keep away I.** *vi* **to ~ away [from sb]** sich [von jdm] fernhalten; **I just can't seem to ~ away from chocolate** *(hum)* irgendwie kann ich Schokolade einfach nicht widerstehen *fam* **II.** *vt* **to ~ sb away** jdn fernhalten

◆**keep back I.** *vi* zurückbleiben; *(stay at distance)* Abstand halten **II.** *vt* ① *(hold away)* zurückhalten ② *(prevent advance)* **to ~ back ⊂ sb** jdn aufhalten

◆**keep down I.** *vi* unten bleiben **II.** *vt* *(suppress)* unterdrücken

◆**keep in I.** *vt* ① *(detain)* dabehalten; *(at home)* jdn nicht aus dem Haus [gehen] lassen ② *(not reveal) emotions* zurückhalten **II.** *vi* **to ~ in with sb** sich gut mit jdm stellen

◆**keep off** I. *vi* wegbleiben; **"Wet cement, ~ off!"** „Frischer Zement, nicht betreten!"; **to ~ off alcohol** das Trinken lassen II. *vt* ① *(hold away)* **to ~ sb off sth** jdn von etw *dat* fernhalten ② *(protect from)* **to ~ off ◌ sth** etw abhalten

◆**keep on** I. *vi* ① *(continue)* **to ~ on doing sth** etw weiter[hin] tun ② *(pester)* **to ~ on at sb** jdm keine Ruhe lassen II. *vt* **to ~ on ◌ sth** *clothes* etw anbehalten

◆**keep out** *vi* draußen bleiben; **"Keep Out"** „Zutritt verboten"; **to ~ out of trouble** Ärger vermeiden

◆**keep together** *vi* ① *(stay in a group)* zusammenbleiben; *(remain loyal)* zusammenhalten ② MUS Takt halten

K

◆**keep up** I. *vt* ① *(hold up)* hoch halten; **these poles ~ the tent up** diese Stangen halten das Zelt aufrecht ② *(hold awake)* wach halten ③ *(continue doing)* fortführen; **~ it up!** [nur] weiter so! II. *vi* ① *(continue)* *noise, rain* andauern ② *(not fall behind)* **to ~ up with sb** mit jdm mithalten

keeper ['ki:pəʳ] *n of a shop* Inhaber(in) *m(f); of a zoo* Wärter(in) *m(f); of keys* Verwahrer(in) *m(f)*

keeping ['ki:pɪŋ] *n no pl* ① *(guarding)* Verwahrung *f* ② *(obeying)* Einhalten *nt;* **in ~ with an agreement** entsprechend einer Vereinbarung

keg beer *n no pl* Fassbier *nt*

kennel ['kenᵊl] *n* ① *(dog house)* Hundehütte *f* ② *(dog boarding)* Hundepension *f*

kept [kept] I. *vt, vi pt, pp of* **keep** II. *adj attr* ausgehalten; **he is a ~ man** er lässt sich aushalten

kerb [kɜ:b] *n* BRIT, AUS Randstein *m*

ketchup ['ketʃʌp] *n no pl* Ketchup *m o nt*

kettle ['ketḷ] *n* ① *(to boil water)* [Wasser]kessel *m; (cauldron)* [großer] Kessel; **to put the ~ on** Wasser aufsetzen ② *(kettledrum)* [Kessel]pauke *f*

key¹ [ki:] *n* GEOG [Korallen]riff *nt*

key² [ki:] I. *n* ① *(a. fig: for a lock)* Schlüssel *m* ② *(button) of a computer, piano* Taste *f; of a flute* Klappe *f* ③ *(to symbols)* Zeichenerklärung *f; (for solutions)* Lösungsschlüssel *m* ④ MUS Tonart *f;* **change of ~** Tonartwechsel *m;* **off ~** falsch II. *adj factor, industry, role* Schlüssel-; **~ contribution** Hauptbeitrag *m;* **~ decision** wesentliche Entscheidung; **~ witness** Kronzeuge(in) *m(f)*

Key stages

Das Schulsystem in England und Wales ist in insgesamt 6 **key stages** gegliedert: **foundation stage** (oder **key stage 0**) für Kinder im Vorschulalter, **key stage 1** für Kinder im Alter zwischen 5 und 7 (1. und 2. Klasse), **key stage 2** für Kinder zwischen 7 und 11 (3. bis 6. Klasse), **key stage 3** für Kinder zwischen 11 und 14 (7. bis 9. Klasse), **key stage 4** für Schüler zwischen 14 und 16 (10. und 11. Klasse) und **key stage 5** (häufiger bezeichnet als **sixth form**) für Schüler zwischen 16 und 18, die auf A levels oder vergleichbare Prüfungen hinarbeiten. Die Schulpflicht umfasst key stages 1 bis 4.

◆**key in** *vt* **to ~ in text** Text eingeben

keyboard I. *n* ① *(of a computer)* Tastatur *f;* *(of a piano)* Klaviatur *f* ② *(musical instrument)* Keyboard *nt* II. *vt, vi* tippen

keyhole *n* Schlüsselloch *nt*

key money *n no pl* Abstandsgeld *nt*

key ring *n* Schlüsselring *m*

kick [kɪk] I. *n* ① *(with foot)* [Fuß]tritt *m,* Stoß *m; (in sports)* Schuss *m;* **to give sth a ~** gegen etw *akk* treten ② *(exciting feeling)* Nervenkitzel *m;* **he gets a ~ out of that** das macht ihm einen Riesenspaß ③ *(trendy interest)*

Tick *m fam;* **he's on a religious ~** er ist [gerade] auf dem religiösen Trip *fam* **II.** *vt* ① *(with foot)* treten; *a ball* schießen; **to ~ oneself** *(fig)* sich in den Hintern beißen *fam* ② *(put)* **to ~ sth into high gear** etw auf Hochtouren bringen ③ *(get rid of) accent* ablegen; *habit* aufgeben ▶ **to ~ ass** AM *(fam!)* haushoch gewinnen; **to ~ the bucket** *(fam)* ins Gras beißen **III.** *vi* ① *(with foot)* treten (**at** nach) ② *esp* AM *(complain)* meckern *fam* (**about** über) ▶ **to be alive and ~ing** *(fam)* gesund und munter sein

◆**kick about**, **kick around I.** *vi (fam)* [he]rumliegen **II.** *vt (with foot)* **to ~ sth around** etw [in der Gegend] herumkicken *fam*

◆**kick away** *vt* wegstoßen

◆**kick back I.** *vt (with foot)* zurücktreten; *ball* zurückschießen **II.** *vi* AM *(fam: relax)* relaxen

◆**kick in I.** *vt door, window* eintreten **II.** *vi* ① *(start) approach, drug, measure* wirken ② *(to contribute)* **to ~ in for sth** einen Beitrag zu etw *dat* leisten

◆**kick off I.** *vi* beginnen; FBALL anstoßen **II.** *vt* beginnen

◆**kick out I.** *vt (throw out)* hinauswerfen **II.** *vi* **to ~ out against sth** sich mit Händen und Füßen gegen etw wehren

◆**kick up** *vi* **to ~ up dust** *(a. fig)* Staub aufwirbeln ▶ **to ~ up a fuss** einen Wirbel machen *fam*

kick-off *n* FBALL Anstoß *m*

kid [kɪd] **I.** *n (child)* Kind *nt;* AM, AUS *(young person)* Jugendliche(r) *f(m); (male)* Bursche *m; (female)* Mädchen *nt;* **~ sister** *esp* AM kleine Schwester **II.** *vi* <-dd-> *(fam)* Spaß machen; **just ~ding!** war nur Spaß!; **no ~ding?** ohne Scherz? **III.** *vt (fam)* **to ~ sb** jdn verulken; **you're ~ding me!** das ist doch nicht dein Ernst!

kidnap ['kɪdnæp] **I.** *vt* <-pp-> entführen **II.** *n no pl* Entführung *f;* LAW Menschenraub *m*

kidnapper ['kɪdnæpəʳ] *n* Entführer(in) *m(f)*

kidnapping ['kɪdnæpɪŋ] *n* Entführung *f;* LAW Menschenraub *m*

kidney ['kɪdni] *n* Niere *f;* **~ failure** Nierenversagen *nt;* **~ machine** künstliche Niere

kill [kɪl] **I.** *n no pl* ① *(of animal)* **a fresh ~** eine frisch geschlagene Beute ② HUNT [Jagd]beute *f;* ▶ **to go in for the ~** zum entscheidenden Schlag ausholen **II.** *vi* ① *(end life)* töten ② *(fig fam: hurt)* unheimlich wehtun ▶ **to be dressed to ~** todschick angezogen sein *fam* **III.** *vt* ① *(end life)* umbringen *a. fig;* **to ~ sb by strangling** jdn erwürgen ② *(destroy)* zerstören; **to ~ the taste of sth** einer S. *dat* den Geschmack [völlig] nehmen ③ *(spoil) fun, joke* [gründlich] verderben ④ *esp* AM *(fam: consume)* vernichten; *food* verputzen; *drink* leer machen; **to ~ a bottle of whiskey** eine Flasche Whiskey köpfen ⑤ *(fam: amuse)* **that story ~s me** diese Geschichte find ich zum Totlachen ⑥ *(fig fam: hurt)* **my shoes are ~ing me!** meine Schuhe bringen mich noch mal um! ⑦ *(fig fam: overtax)* **to ~ oneself doing sth** sich mit etw *dat* umbringen ▶ **to ~ two birds with one stone** *(prov)* zwei Fliegen mit einer Klappe schlagen

killer ['kɪləʳ] **I.** *n* ① *(person)* Mörder(in) *m(f); (thing)* Todesursache *f* ② *(agent)* Vertilgungsmittel *nt;* **weed ~** Unkrautvertilgungsmittel *nt* ③ *(fam: difficult thing)* **to be a ~** ein harter Brocken sein ④ *(good joke)* **to be a ~** zum Totlachen sein *fam* **II.** *adj* ① *attr (deadly)* tödlich; *heat, hurricane* mörderisch ② AM, AUS *(fam: excellent) car, job, party* Wahnsinns-

killer whale *n* Schwertwal *m*

kilo ['kiːləʊ] *n* Kilo *nt*

kilogramme, AM **kilogram** ['kɪləgræm] *n* Kilogramm *nt*

kilometre, AM **kilometer** [kɪ'lɒmɪtəʳ] *n* Kilometer *m*

kilt [kɪlt] *n* Kilt *m*

kin [kɪn] *n + pl vb* [Bluts]verwandte *pl;* **the next of ~** die nächsten Angehörigen

kind[1] [kaɪnd] *adj* ① *(generous, helpful)* nett; *(in a letter)* **with ~ regards** mit freundlichen Grüßen ② *(gentle)* **to be ~ to sth** etw schonen; **this shampoo is ~ to your hair** dieses Shampoo pflegt dein Haar auf schonende Weise

kind[2] [kaɪnd] **I.** *n* ① *(group)* Art *f;* **he's not that ~ of person** so einer ist der nicht *fam;* **to be one of a ~** einzigartig sein ② *(limited)* **I guess you could call this success of a ~** man könnte das, glaube ich, als so etwas wie einen Erfolg bezeichnen **II.** *adv* **~ of** irgendwie

kindly ['kaɪndli] **I.** *adj person* freundlich; *smile, voice* sanft **II.** *adv* ① *(in a kind manner)* freundlich ② *(please)* freundlicherweise; **you are ~ requested to leave the building** sie werden freundlich[st] gebeten, das Gebäude zu verlassen

kindness ['kaɪndnəs] *n <pl -es>* ① *no pl (attitude)* Freundlichkeit *f;* **out of ~** aus Gefälligkeit ② *(act)* Gefälligkeit *f*

king [kɪŋ] *n* König *m*

kingdom ['kɪŋdəm] *n* ① *(country)* Königreich *nt* ② *(area of control)* Reich *nt;* **the ~ of Heaven** das Reich Gottes; **animal ~** Tierreich *nt*

kingfisher *n* Eisvogel *m*

king-size(d) *adj* extragroß

kiosk ['kiːɒsk] *n* ① *(stand)* Kiosk *m* ② BRIT *(phone booth)* Telefonzelle *f*

kip [kɪp] *n no pl* BRIT, AUS *(fam)* Nickerchen *nt;* **to get some ~** sich mal eben aufs Ohr hauen

kipper ['kɪpə^{r}] *n* Bückling *m*

kiss [kɪs] **I.** *n <pl -es> (with lips)* Kuss *m;* **to give sb a ~** jdm einen Kuss geben **II.** *vi* [sich *akk*] küssen; **to ~ and make up** sich mit einem Kuss versöhnen **III.** *vt (with lips)* küssen (**on** auf); **to ~ sb goodnight** jdm einen Gutenachtkuss geben ▶ **~ my arse** *(fam!)* du kannst mich mal!

kit [kɪt] **I.** *n* ① *(set)* Ausrüstung *f; (for a model)* Bausatz *m;* **first aid ~** Verbandskasten *m* ② *(outfit)* Ausrüstung *f* ③ *esp* BRIT *(uniform)* Montur *f; (sl: clothes)* Klamotten *pl;* **to get one's ~ off** seine Klamotten ausziehen **II.** *vt <-tt-> usu passive esp* BRIT **to ~ out ↔ sb** jdn ausrüsten

kitchen ['kɪtʃɪn] *n* Küche *f*

kitchenette [ˌkɪtʃɪ'net] *n* Kochnische *f*

kitchen foil *n no pl* Alufolie *f*

kitchen unit *n* Küchenelement *nt (einer Einbauküche)*

kite [kaɪt] *n* Drachen *m*

kitten ['kɪt^{ə}n] *n* Kätzchen *nt*

kitty ['kɪti] *n* ① *(childspeak: kitten or cat)* Miezekatze *f;* **~, ~!** Miez, Miez! ② *(money)* gemeinsame Kasse

Kleenex® ['kliːneks] *n* Tempo[taschentuch]® *nt*

knack [næk] *n no pl* ① *(trick)* Kniff *m fam;* **to get the ~ of sth** herausfinden, wie etw geht *fam* ② *(talent)* Geschick *nt*

knackered ['nækəd] *adj pred* BRIT, AUS *(fam)* [fix und] fertig

knee [niː] **I.** *n* Knie *nt;* **on one's hands and ~s** auf allen vieren *fam;* **to put sb on one's ~** jdn auf den Schoß nehmen ▶ **to bring sb to their ~s** jdn in die Knie zwingen; **to go weak at the ~s** weiche Knie bekommen **II.** *vt* **to ~ sb** jdn mit dem Knie stoßen

kneecap *n* ① *(patella)* Kniescheibe *f* ② *(covering)* Knieschützer *m*

kneel <knelt, knelt> [niːl] *vi* knien; **to ~ before sb** vor jdm niederknien

knees-up *n* BRIT *(fam)* [ausgelassene] Party

knelt [nelt] *pt of* **kneel**

knew [njuː] *pt of* **know**

knickers ['nɪkə^{r}z] *n pl* ① BRIT *(underwear)* [Damen]schlüpfer *m* ② AM *(knickerbockers)* Knickerbocker[s] *pl* ▶ **to get one's ~ in a twist** BRIT, AUS *(hum fam: get angry)* sich aufregen; *(get worried)* den Kopf verlieren

knife [naɪf] **I.** *n <pl* knives> Messer *nt;*

▶ **to put the ~ into sb** jdm in den Rücken fallen; **to go under the ~** MED unters Messer kommen *fam* **II.** *vt* **to ~ sb** auf jdn einstechen

knight [naɪt] **I.** *n* ① *(title)* Ritter *m* ② CHESS Springer *m;* ▶ [a] **~ in shining armour** [ein] Ritter ohne Furcht und Tadel **II.** *vt* **to ~ sb** jdn zum Ritter schlagen

knit [nɪt] **I.** *n* ① *(stitch)* Strickart *f* ② *(clothing)* **~s** *pl* Stricksachen *pl* **II.** *vi* <knitted, knitted> ① *(with yarn)* stricken ② *(mend) broken bone* zusammenwachsen **III.** *vt* <knitted, knitted> *(with yarn)* stricken ▶ **to ~ one's brows** die Augenbrauen zusammenziehen [*o* Stirn runzeln]

◆**knit together** *vi* ① *(combine)* sich zusammenfügen ② *(mend) broken bone* zusammenwachsen

knitting [ˈnɪtɪŋ] *n no pl* ① *(action)* Stricken *nt* ② *(product)* Gestrickte(s) *nt*

knitting-needle *n* Stricknadel *f*

knitwear *n no pl* Stricksachen *pl*

knob [nɒb] *n* ① *(handle) of a cane* Knauf *m; of a door* Griff *m; of a bedhead* rundes Teil; *(dial)* Knopf *m* ② *(small amount)* Klümpchen *nt;* **a ~ of butter** ein Stückchen *nt* Butter ③ *esp* AM *(hill)* Kuppe *f*

knock [nɒk] **I.** *n* ① *(sound)* Klopfen *nt;* **there was a ~ on the door** es hat [an der Tür] geklopft ② *(blow)* Schlag *m;* **to be able to withstand ~s** stoßsicher sein ③ *(fig: setback)* Schlag *m;* **to take a ~** *(fam)* einen Tiefschlag erleiden; *(in confidence)* einen Knacks bekommen ④ *(fam: critical comment)* Kritik *f* **II.** *vi* ① *(strike noisily)* klopfen; **to ~ at the door** an die Tür klopfen ② *(collide with)* stoßen (**into/against** gegen) ③ *engine, pipes* klopfen ▶ **to ~ on wood** AM, AUS dreimal auf Holz klopfen **III.** *vt* ① *(hit)* **to ~ sth** gegen etw *akk* stoßen; **she ~ed the glass off the table** sie stieß gegen das Glas und es fiel vom Tisch ② *(blow)* **to ~ sb** jdm einen Schlag versetzen; **to ~ sb unconscious** jdn bewusstlos schlagen; **to ~ sb's self-esteem** *(fig)* jds Selbstbewusstsein anschlagen ③ *(drive, demolish)* **to ~ sth out of sb** jdm etw austreiben; **to ~ some sense into sb** jdn zur Vernunft bringen ④ *(fam: criticize)* **to ~ sb** jdn schlechtmachen ▶ **to ~ 'em dead** AM *(fam)* es jdm zeigen; **to ~ sth on the head** BRIT, AUS *(stop sth)* etw *dat* ein Ende bereiten; *(complete sth)* etw zu Ende bringen; **to ~ sb sideways** jdn umhauen *fam*

◆**knock about, knock around I.** *vi* *(fam)* *(be present) person* [he]rumhängen; *object, thing* [he]rumliegen; **to ~ about with sb** *esp* BRIT sich mit jdm [he]rumtreiben **II.** *vt* ① *(hit)* **to ~ sb about** jdn verprügeln ② *(play casually)* **to ~ a ball about** einen Ball hin- und herspielen

K

◆**knock back** *vt* *(fam)* ① *(drink quickly)* hinunterkippen; **to ~ a beer back** ein Bier zischen ② BRIT, AUS *(cost a lot)* **to ~ sb back** jdn eine [hübsche] Stange Geld kosten

◆**knock down** *vt* ① *(cause to fall)* umstoßen; *(with a car, motorbike, etc.)* umfahren ② *(demolish)* niederreißen ③ *(reduce) price* herunterhandeln ④ AM *(fam: earn)* **to ~ down a few thousand** ein paar Tausender kassieren

◆**knock off I.** *vt* ① *(cause to fall off)* hinunterstoßen; **to ~ sb off their pedestal** jdn von seinem Podest stoßen ② *(reduce a price)* [im Preis] herabsetzen ③ BRIT *(sl: steal)* klauen *fam* ④ *(fam: murder)* umlegen ⑤ *(fam: stop)* aufhören ⑥ AM *(fam: rob)* **to ~ off a bank** eine Bank ausräumen **II.** *vi* *(fam)* Schluss machen

◆**knock out** *vt* ① *(render unconscious)* **to ~ out ↻ sb** jdn bewusstlos werden lassen; *(in a fight)* jdn k.o. schlagen ② *(forcibly remove)* **to ~ out two teeth** sich *dat* zwei Zähne ausschlagen ③ *(eliminate)* ausschalten; **to**

be ~ed out of a competition aus einem Wettkampf ausscheiden ④ *(produce quickly)* hastig entwerfen; *draft, manuscript, story also* runterschreiben *fam* ⑤ *(fam: astonish and impress)* umhauen

◆**knock over** *vt* ① *(cause to fall)* umstoßen; *(with a bike, car)* umfahren ② AM *(rob a shop)* **to ~ over a shop** einen Laden ausräumen *fam*

◆**knock up** **I.** *vt* ① *(make quickly)* zusammenschustern *fam* ② BRIT, AUS *(fam: awaken)* aus dem Schlaf trommeln ③ *(sl: impregnate)* **to get ~ed up** sich schwängern lassen **II.** *vi* BRIT *(in a racket game)* ein paar Bälle schlagen

knockdown *adj attr* ① *(very cheap)* **~ price** Schleuderpreis *m fam* ② *(physically violent)* niederschmetternd; **~ blow** BOXING Niederschlag *m*

K

knocker [ˈnɒkəʳ] *n* Türklopfer *m*

knocking-off time *n no pl* Feierabend *m*

knockout **I.** *n* ① BRIT, AUS *(tournament)* Ausscheidungs[wett]kampf *m* ② BOXING Knock-out *m*, K.o. *m;* **to win sth by a ~** etw durch K.o. gewinnen ③ *(attractive person)* Knaller *m fam,* Wucht *f fam* **II.** *adj* ① BRIT, AUS *(elimination)* Ausscheidungs- ② BOXING **~ blow** Knock-out-Schlag *m fachspr;* K.-o.-Schlag *m; (fig)* Tiefschlag *m;* **to deal sb's hopes a ~ blow** jds Hoffnungen zunichtemachen ③ *(attractive)* umwerfend *fam*

knock-up *n usu sing* BRIT Einspielen *nt*

knot[1] [nɒt] **I.** *n* ① *(tied join)* Knoten *m* ② *(chignon)* [Haar]knoten *m;* ▸**to tie the ~** *(fam)* heiraten **II.** *vt* <-tt-> knoten; *a tie* binden

knot[2] [nɒt] *n* NAUT Knoten *m*

know [nəʊ] **I.** *vt* <knew, known> ① *(have information, knowledge)* wissen; *facts, results* kennen; **do you ~ where the post office is?** können Sie mir bitte sagen, wo die Post ist?; **that's worth ~ing** das ist gut zu wissen; **for all I ~** soweit ich weiß *fam;* **I knew it!** wusste ich's doch! *fam;* **to ~ how to drive a car** Auto fahren können; **to ~ sth by heart** etw auswendig können; **to ~ what one is doing** wissen, was man tut; **to let sb ~ sth** jdn etw wissen lassen ② *(be certain)* **to not ~ whether ...** sich *dat* nicht sicher sein, ob ... ③ *(be acquainted with)* **to ~ sb** jdn kennen; **she ~s Paris well** sie kennt sich in Paris gut aus; **to ~ sb personally** jdn persönlich kennen; **to get to ~ sb** jdn kennen lernen ④ *(have understanding)* verstehen; **do you ~ what I mean?** verstehst du, was ich meine? ▸**to ~ one's place** wissen, wo man steht; **to ~ the score** wissen, was gespielt wird **II.** *vi* <knew, known> ① *(have knowledge)* [Bescheid] wissen; **you never ~** man kann nie wissen; **as far as I ~** so viel ich weiß; **how should I ~?** wie soll ich das wissen?; **she didn't want to ~** sie wollte nichts davon wissen; **just let me ~, OK?** sag mir einfach Bescheid, OK? ② *(fam: understand)* begreifen; **"I don't ~," he said, "why can't you ever be on time?"** „ich begreife das einfach nicht", sagte er, „warum kannst du nie pünktlich sein?" ③ *(said to agree with sb)* **I ~** ich weiß ④ *(conversation filler)* **he's so boring and, you ~, sort of spooky** er ist so langweilig und, na ja, irgendwie unheimlich ▸**you ought to ~ better** du solltest es eigentlich besser wissen

know-all *n (pej fam)* Besserwisser(in) *m(f)*

knowingly [ˈnəʊɪŋli] *adv* ① *(meaningfully)* viel sagend ② *(with full awareness)* bewusst

knowledge [ˈnɒlɪdʒ] *n no pl* ① *(body of learning)* Kenntnisse *pl* (**of** in); **~ of French** Französischkenntnisse *pl;* **to have [no] ~ of sth** [keine] Kenntnisse über etw *akk* besitzen; **to have a thorough ~ of sth** ein fundiertes Wissen in etw *dat* besitzen ② *(acquired in-*

formation) Wissen *nt;* **to be common ~** allgemein bekannt sein ③ *(awareness)* Wissen *nt;* **to deny all ~ [of sth]** jegliche Kenntnis [über etw *akk*] abstreiten

knowledg(e)able ['nɒlɪdʒəbl̩] *adj (well informed)* sachkundig; *(experienced)* bewandert

known [nəʊn] **I.** *vt, vi pp of* **know** **II.** *adj* ① *(publicly recognized)* bekannt; **it is a well ~ fact that …** es ist allgemein bekannt, dass … ② *(understood)* bekannt; **no ~ reason** kein erkennbarer Grund

knuckle ['nʌkl̩] **I.** *n* ① ANAT [Finger]knöchel *m* ② *(cut of meat)* Hachse *f,* Haxe *f* SÜDD ③ AM *(knuckleduster)* **~s** *pl* Schlagring *m;* ▶ **to be near the ~** BRIT sich hart an der Grenze bewegen; *(joke)* ziemlich gewagt sein, grenzwertig sein *fam* **II.** *vi* **to ~ down** sich dahinterklemmen

kohl [kəʊl] *n no pl* Kajal *nt;* **~ pencil** Kajalstift *m*

Koran [kɒr'ɑːn] *n* **the ~** der Koran

Kosovo ['kɒsəvəʊ] *n no pl* Kosovo *m*

kudos ['kuːdoʊz] *n pl* Ansehen *nt kein pl*

L

L <pl -'s>, **l** <pl -'s> [el] *n* L *nt,* l *nt; see also* **A 1**

L *n* ① *abbrev of* **lake** ② FASHION *abbrev of* **large** L ③ BRIT AUTO *abbrev of* **learner**

l [el] *n* ① *abbrev of* **litre** l ② *abbrev of* **left** l.

lab [læb] *n short for* **laboratory** Labor *nt*

label ['leɪbᵊl] **I.** *n* ① *(on bottles)* Etikett *nt; (in clothes)* Schild[chen] *nt* ② *(brand name)* Marke *f; (company)* Plattenfirma *f* ③ *(set description)* Bezeichnung *f* **II.** *vt* <BRIT -ll- *or* AM *usu* -l-> *(affix labels)* etikettieren; *(mark)* kennzeichnen; *(write on)* beschriften

labor *n* AM *see* **labour**

laboratory [lə'bɒrətᵊri] *n* Labor[atorium] *nt;* **~ assistant** Laborant(in) *m(f)*

laboriously [lə'bɔːriəsli] *adv* mühsam, mühevoll

labour ['leɪbəʳ] **I.** *n* ① *(work)* Arbeit *f;* **manual ~** körperliche Arbeit ② *no pl (workers)* Arbeitskräfte *pl;* **skilled ~** ausgebildete Arbeitskräfte; **unskilled ~** ungelernte Arbeitskräfte ③ *no pl (childbirth)* Wehen *pl;* **to go into ~** Wehen bekommen **II.** *vi* ① *(do physical work)* arbeiten; **to do ~ing work** körperlich arbeiten ② *(work hard)* sich abmühen ③ *(do sth with effort)* **to ~** sich [ab]quälen; **to ~ on sth** sich mit etw *dat* abplagen

Übersetzungstipp
Nicht verwechseln mit *Labor – laboratory!*

Labour ['leɪbəʳ] **I.** *n* **the ~ Party** BRIT die Labour Partei *(sozialdemokratische Arbeiterpartei Großbritanniens)* **II.** *adj* zur Labour Partei gehörend

labour camp *n* Arbeitslager *nt*

labourer ['leɪbᵊrəʳ] *n* Hilfsarbeiter(in) *m(f)*

labour pains *n pl* MED Wehen *pl*

labour ward *n* Kreißsaal *m*

lace [leɪs] **I.** *n* ① *no pl (decorative cloth)* Spitze *f; (decorative edging)* Spitzenborte *f* ② *(cord)* Band *nt;* **shoe**

~s Schnürsenkel *pl bes* NORDD, Schuhbänder *pl* DIAL **II.** *vt (fasten) shoes* zubinden

lace-ups *n pl* Schnürschuhe *pl*

lack [læk] **I.** *n no pl* Mangel *m* (**of** an); **~ of confidence** mangelndes Selbstvertrauen **II.** *vt* **to ~ sth** etw nicht haben; **what we ~ is ...** was uns fehlt, ist ...

lad [læd] *n* ❶ BRIT, SCOT *(boy)* Junge *m* ❷ BRIT, SCOT *(a man's male friends)* **the ~s** die Kumpels *pl fam;* **come on, ~s, let's get started!** kommt, Jungs, lasst uns anfangen!

ladder ['lædəʳ] **I.** *n* ❶ *(device for climbing)* Leiter *f;* **to go up a ~** auf eine Leiter steigen ❷ *(hierarchy)* [Stufen]leiter *f* ❸ BRIT, AUS *(in stockings, tights)* Laufmasche *f* **II.** *vt* BRIT, AUS **to ~ tights** eine Laufmasche in eine Strumpfhose machen **III.** *vi* BRIT, AUS *stockings, tights* eine Laufmasche bekommen

L

laden ['leɪdᵊn] *adj* beladen

ladies ['leɪdiːz] *n pl + sing vb esp* BRIT **the ~** Damentoilette *f*

ladle ['leɪdl] **I.** *n* [Schöpf]kelle *f* **II.** *vt* **to ~ out the soup** die Suppe austeilen

lady ['leɪdi] *n* ❶ *(woman)* Frau *f; (more polite)* Dame *f;* **a ~ doctor** eine Ärztin; **old ~** alte Dame; **the ladies' room** die Damentoilette ❷ *(form: polite address)* **ladies and gentlemen!** meine [sehr verehrten] Damen und Herren!

ladybird, AM **ladybug** *n* Marienkäfer *m*

lager ['lɑːgəʳ] *n* ❶ *no pl (beer)* Lagerbier *nt* ❷ *(a portion of lager)* [helles] Bier; **a glass of ~** ein Helles *nt*

laid [leɪd] *pt, pp of* **lay**

lain [leɪn] *pp of* **lie**

lake [leɪk] *n* See *m*

lamb [læm] **I.** *n* ❶ *(young sheep)* Lamm *nt; (fig)* Schatz *m fam* ❷ *no pl (meat)* Lamm[fleisch] *nt;* **~ chop** Lammkotelett *nt* **II.** *vi* lammen

lambswool *n no pl* Lammwolle *f*

lamp [læmp] *n* Lampe *f;* **street ~** Straßenlaterne *f*

lamppost *n* Laternenpfahl *m*

lampshade *n* Lampenschirm *m*

land [lænd] **I.** *n* ❶ *no pl (not water)* Land *nt;* **to travel by ~** auf dem Landweg reisen ❷ *no pl (ground)* Land *nt; (soil)* Boden *m;* **agricultural ~** Ackerland *nt;* **piece/plot of ~** *(for building)* Grundstück *nt; (for farming)* Stück *nt* Land; **waste ~** Brachland *nt* ❸ *no pl (countryside)* **the ~** das Land ❹ *(particular area of ground)* Grundstück *nt;* **private ~** Privatbesitz *m;* **state ~[s]** AM staatlicher Grundbesitz ❺ *(country, region)* Land *nt;* ▶ **to see how the ~ lies** die Lage peilen **II.** *vi* ❶ AVIAT, AEROSP landen (**on** auf) ❷ NAUT *vessel* anlegen; *people* an Land gehen ❸ *(come down, fall)* landen; **to ~ on one's feet** auf den Füßen landen; *(fig)* [wieder] auf die Füße fallen **III.** *vt* ❶ *(bring onto land) plane* landen; *boat* an Land ziehen ❷ *(unload)* an Land bringen; *cargo* löschen; *passengers* von Bord [gehen] lassen; *troops* anlanden ❸ *(fam: obtain) contract, offer, job* an Land ziehen *fig* ❹ *(fam: burden)* **to ~ sb with sth** jdm etw aufhalsen; **to be ~ed with sb** jdn am Hals haben

landing ['lændɪŋ] *n* ❶ *(staircase space)* Treppenabsatz *m* ❷ *(aircraft touchdown, nautical landfall)* Landung *f;* **to make an emergency ~** notlanden ❸ SPORTS *(coming to rest)* Landung *f*

landing stage *n* Landungssteg *m*

landlady *n* ❶ *(house owner)* Hausbesitzerin *f; (of rented property)* Vermieterin *f* ❷ *(of pub or hotel)* [Gast]wirtin *f* ❸ *(of a boarding house)* Pensionswirtin *f*

landline *n* Festnetz *nt;* **to call sb on the ~** jdn vom Festnetz anrufen

landlord *n* ❶ *(house owner)* Hausbesitzer *m; (of rented property)* Vermieter *m* ❷ *(of pub or hotel)* [Gast]wirt *m* ❸ *(of boarding house)* Pensionswirt *m*

landowner *n* Grundbesitzer(in) *m(f)*

landscape **I.** *n* Landschaft *f* **II.** *adj attr*

Landschafts- **III.** *vt* [landschafts]gärtnerisch gestalten
landslide *n* ① GEOL Erdrutsch *m* ② POL Erdrutsch[wahl]sieg *m*
lane [leɪn] *n* ① *(narrow road)* Gasse *f*, enge Straße; **country** ~ schmale Landstraße ② *(marked strip)* [Fahr]spur *f*; SPORTS Bahn *f*; **cycle** ~ Fahrradweg *m*; **in the fast** ~ auf der Überholspur Spur
language ['læŋgwɪdʒ] *n* ① *(of nation)* Sprache *f*; **a foreign** ~ eine Fremdsprache; **sb's native** ~ jds Muttersprache ② *no pl (words)* Sprache *f*; *(style of expression)* Ausdrucksweise *f*; **bad** ~ Schimpfwörter *pl* ③ *(of specialist group)* Fachsprache *f*
lap¹ [læp] *n* Schoß *m*; ▶ **to live in the** ~ **of luxury** ein Luxusleben führen
lap² [læp] **I.** *n* ① SPORTS Runde *f* ② *(fig: stage)* Etappe *f* **II.** *vt* <-pp-> *(overtake)* überrunden **III.** *vi* ① *(in car racing)* eine Runde drehen ② *(project)* hängen **(over** über)
lap³ [læp] **I.** *vt* ① *(drink)* lecken, schlecken SÜDD, ÖSTERR ② *(hit gently)* *waves* [sanft] gegen etw *akk* schlagen **II.** *vi* **to** ~ **against sth** *waves* [sanft] gegen etw *akk* schlagen
lapse [læps] **I.** *n* ① *(mistake)* Versehen *nt*; *(moral)* Fehltritt *m*; ~ **of judgement** Fehleinschätzung *f* ② *no pl (of time)* Zeitspanne *f* **II.** *vi* ① *(fail)* *attention, concentration* abschweifen ② *(end)* ablaufen; *contract also* erlöschen ③ *(pass into)* **to** ~ **into sth** in etw *akk* verfallen; **to** ~ **into silence** in Schweigen verfallen
laptop (computer) *n* Laptop *m*
larch <*pl* -es> [lɑːtʃ] *n* Lärche *f*
lard [lɑːd] **I.** *n* *no pl* Schweineschmalz *nt* **II.** *vt (a. fig)* spicken
larder ['lɑːdəʳ] *n* Speisekammer *f*
large [lɑːdʒ] **I.** *adj* ① *(in size)* groß ② *(in quantity, extent)* groß, beträchtlich; **a** ~ **number of people** viele Menschen ③ *(hum or euph: fat)* wohlbeleibt ▶ **by and** ~ im Großen und Ganzen; ~**r than life** *(fig)* *person* aufgeschlossen **II.** *n (not caught)* **to be at** ~ auf freiem Fuß sein
largely ['lɑːdʒli] *adv* größtenteils
large-scale *adj esp attr* ① *(extensive)* umfangreich; ~ **producer** Großerzeuger *m* ② *(made large)* *map* mit großem Maßstab
lark¹ [lɑːk] *n (bird)* Lerche *f*
lark² [lɑːk] **I.** *n esp* BRIT *(fam: joke)* Spaß *m*; **for a** ~ aus Jux *fam* **II.** *vi (fam)* **to** ~ **about** herumblödeln
laser ['leɪzəʳ] *n* Laser *m*; ~ **beam** Laserstrahl *m*
lassi ['læsi] *n* Lassi *nt (Jogurtgetränk aus Indien)*
last¹ [lɑːst] *n (for shoemaker)* Leisten *m*
last² [lɑːst] **I.** *adj* ① *attr (after all the others)* **the** ~ **...** der/die/das letzte ...; **to arrive** ~ als Letzte(r) *f(m)* ankommen; **the** ~ **one** der/die/das Letzte; **she was the** ~ **one to arrive** sie kam als Letzte an ② *(lowest in order, rank)* letzte(r, s); **to be** ~ Letzte(r) *f(m)* sein; *(in a race, competition)* Letzte(r) *f(m)* werden ③ *attr (final, remaining)* letzte(r, s); **at the** ~ **minute** in letzter Minute ④ *attr (most recent, previous)* letzte(r, s); **the year before** ~ vorletztes Jahr ▶ **to have the** ~ **laugh** zuletzt lachen *fig (show everybody)* es allen zeigen **II.** *adv* ① *(most recently)* das letzte Mal, zuletzt ② *(after the others)* als Letzte(r, s); **until** ~ bis zuletzt ③ *(lastly)* zuletzt, zum Schluss; ~ **but not least** nicht zuletzt **III.** *n* <*pl* -> ① *(one after all the others)* **the** ~ der/die/das Letzte; **she was the** ~ **to arrive** sie kam als Letzte ② *(most recent, previous one)* **the** ~ der/die/das Letzte; **the** ~ **we heard from her, ...** als wir das letzte Mal von ihr hörten, ... ③ *(fam: end)* **to see the** ~ **of sth** *(fam)* etw nie wieder sehen müssen; **at** ~ endlich
last³ [lɑːst] **I.** *vi* ① *(go on for)* [an]dauern ② *(endure)* halten; *enthusiasm, intentions* anhalten **II.** *vt* *supplies* [aus]reichen

L

lasting ['lɑːstɪŋ] *adj* dauerhaft, andauernd; *impression* nachhaltig

lastly ['lɑːstli] *adv* schließlich

last-minute *adj* in letzter Minute *nach n;* ~ **booking** Last-Minute-Buchung *f*

last name *n* Nachname *m,* Familienname *m*

latch [lætʃ] **I.** *n* Riegel *m* **II.** *vi (fam: attach oneself to)* **to ~ on to sb** sich an jdn hängen

late [leɪt] **I.** *adj* <-r, -st> ① *(behind time)* verspätet *attr;* **to be ~** *bus, flight, train* Verspätung haben; *person* zu spät kommen, sich verspäten; **to be ~ for sth** zu spät zu etw *dat* kommen ② *(in the day)* spät; **let's go home, it's getting ~** lass uns nach Hause gehen, es ist schon spät ③ *attr (towards the end)* spät; **~ October** Ende Oktober; **~ summer** der Spätsommer ④ *attr (deceased)* verstorben **II.** *adv* <-r, -s> ① *(after the expected time)* spät; **the train arrived ~** der Zug hatte Verspätung; **Ann has to work ~ today** Ann muss heute Überstunden machen ② *(at an advanced time)* ~ **at night** am späten Abend; **~ in the evening** spät am Abend

latecomer *n* Nachzügler(in) *m(f)*

lately ['leɪtli] *adv* ① *(recently)* kürzlich, in letzter Zeit ② *(short time ago)* kürzlich, vor kurzer Zeit; **until ~** bis vor kurzem

later ['leɪtəʳ] **I.** *adj comp of* **late** ① *attr (at future time)* später ② *pred (less punctual)* später **II.** *adv comp of* **late** ① *(at later time)* später, anschließend; **see you ~!** bis später! ② *(afterwards)* später, danach

latest ['leɪtɪst] **I.** *adj superl of* **late** *(most recent)* **the ~ ...** der/die/das jüngste [*o* letzte] ...; **her ~ movie** ihr neuester Film **II.** *n* **have you heard the ~?** hast du schon das Neueste gehört? **III.** *adv* **at the** [**very**] **~** bis [aller]spätestens

Latin ['lætɪn] **I.** *n no pl* Latein *nt* **II.** *adj* ① LING lateinisch ② *(of Latin origin)* Latein-

Latin America *n* Lateinamerika *nt,* Südamerika *nt*

Latin American *attr,* **Latin-American** [ˌlætɪnə'merɪkᵊn] *adj pred* lateinamerikanisch

latter ['lætəʳ] **I.** *adj attr* ① *(second of two)* zweite(r, s) ② *(near the end)* spätere(r, s); **in the ~ part of the year** in der zweiten Jahreshälfte **II.** *pron* **the ~** der/die/das Letztere

Latvia ['lætviə] *n* Lettland *nt*

Latvian ['lætviən] **I.** *n* ① *(person)* Lette, Lettin *m, f* ② *(language)* Lettisch *nt* **II.** *adj* lettisch

laugh [lɑːf] **I.** *n* ① *(sound)* Lachen *nt kein pl* ② *(fam: amusing activity)* Spaß *m;* **to do sth for a ~** etw [nur] aus Spaß tun **II.** *vi* ① *(express amusement)* lachen; **to make sb ~** jdn zum Lachen bringen; **to ~ at sth** über etw lachen ② *(fig fam: scorn)* **to ~ at sb** sich über jdn lustig machen ▶ **to ~ in sb's face** jdn auslachen; **to ~ one's head off** *(fam)* sich totlachen; **no ~ing matter** nicht zum Lachen

◆ **laugh off** *vt* **to ~ off ⊂ sth** etw mit einem Lachen abtun

laughable ['lɑːfəbl] *adj* lächerlich *pej,* lachhaft *pej*

laughter ['lɑːftəʳ] *n no pl* Gelächter *nt,* Lachen *nt*

launch [lɔːn(t)ʃ] **I.** *n* ① *(introductory event)* Präsentation *f* ② *(boat)* Barkasse *f* ③ *(of boat)* Stapellauf *m; (of rocket, spacecraft)* Start *m* **II.** *vt* ① *ship* vom Stapel lassen; *missile, torpedo* abschießen; *rocket, spacecraft* starten ② *(begin something)* beginnen; **to ~ an attack** zum Angriff übergehen

laund(e)rette [ˌlɔːndᵊr'et] *n,* AM, AUS **laundromat®** ['lɔːndroʊmæt] *n* Waschsalon *m*

laundry ['lɔːndri] *n* ① *no pl (dirty clothes)* Schmutzwäsche *f* ② *no pl (washed clothes)* frische Wäsche ③ *(place)* Wäscherei *f*

laundry basket, AM *a.* **laundry hamper**

n Wäschekorb *m*

lavatory ['lævətᵊri] *n usu* BRIT Toilette *f;* **to go to the ~** auf die Toilette gehen

lavishly ['lævɪʃli] *adv* ① *(sumptuously)* üppig, prächtig; **~ furnished** luxuriös eingerichtet ② *(generously)* großzügig

law [lɔː] *n* ① *(rule)* Gesetz *nt* ② *no pl (legal system)* Recht *nt;* **to break the ~** das Gesetz brechen ③ *no pl* UNIV Jura *kein art* ▸ **the ~ of the jungle** das Gesetz des Stärkeren

law court *n* Gericht *nt*

lawfully ['lɔːfᵊli, AM *esp* 'lɑː-] *adv (form)* rechtmäßig

lawn [lɔːn] *n* Rasen *m*

lawnmower *n* Rasenmäher *m* **lawn tennis** *n no pl (form)* Rasentennis *nt*

lawsuit *n* Klage *f,* Prozess *m*

lawyer ['lɔɪəʳ] *n* Rechtsanwalt *m,* Rechtsanwältin *f*

laxative ['læksətɪv] **I.** *n* Abführmittel *nt* **II.** *adj attr* abführend

lay[1] [leɪ] *adj attr* ① *(not professional)* laienhaft ② *(not clergy)* weltlich, Laien-

lay[2] [leɪ] *pt of* **lie**

lay[3] [leɪ] **I.** *n (general appearance)* Lage *f* **II.** *vt* <laid, laid> ① *(spread)* legen (**on** auf) ② *(place)* **to ~ sth somewhere** etw irgendwohin legen ③ *(put down)* verlegen; **to ~ the foundations of a building** das Fundament für ein Gebäude legen ④ *the table* decken ⑤ *(deposit) egg* legen ⑥ *(wager)* setzen; **to ~ a bet on sth** auf etw *akk* wetten ▸ **to ~ hands on sb** Hand an jdn legen; **to ~ sth to rest** *fears, suspicions* etw beschwichtigen **III.** *vi* <laid, laid> *hen* [Eier] legen

◆ **lay down** *vt* ① *(place on a surface)* hinlegen (**on** auf) ② *(relinquish) weapons* niederlegen ③ *(decide on)* festlegen ▸ **to ~ down one's life for sb** sein Leben für jdn geben

◆ **lay into** *vi* ① *(fam)* **to ~ into sb** *(physically)* jdn angreifen; *(verbally)* jdn zur Schnecke machen ② *(eat heartily)* **to ~ into sth** etw verschlingen

◆ **lay off I.** *vt* ① **to ~ off** ↻ **sb** *(from work)* jdm kündigen ② **to ~ off sb** *(stop molesting)* jdn in Ruhe lassen **II.** *vi* aufhören

◆ **lay on** *vt* ① *(make available)* **to ~ on** ↻ **sth** für etw *akk* sorgen ② *(install) electricity* anschließen

◆ **lay out** *vt* ① *(arrange)* planen; *campaign* organisieren ② *(spread out) map* ausbreiten ③ *usu passive (design)* **to be laid out** angeordnet sein

◆ **lay up** *vt usu passive (fam)* **to be laid up [in bed] with flu** mit einer Grippe im Bett liegen

layabout *n (pej fam)* Faulenzer(in) *m(f)*

layer ['leɪəʳ] **I.** *n* ① *(of substance)* Schicht *f* ② *(fig: level) of bureaucracy* Stufe *f* **II.** *vt* **to ~ sth [with sth]** etw [abwechselnd mit etw *dat*] in Schichten anordnen

layout *n* ① *(plan) of building, house* Raumaufteilung *f* ② *(of written material)* Layout *nt*

layover *n* AM *(stopover)* Aufenthalt *m; (of plane)* Zwischenlandung *f*

lazy ['leɪzi] *adj* ① *(pej: unwilling to work)* faul ② *(relaxed)* müßig *geh*

lead[1] [led] *n* ① *no pl (metal)* Blei *nt;* **to contain ~** bleihaltig sein ② *(pencil filling)* Mine *f*

lead[2] [liːd] **I.** *n* ① THEAT, FILM Hauptrolle *f* ② *(connecting wire)* Kabel *nt;* **[battery] charger ~** Ladekabel *nt* ③ *no pl (front position)* Führung *f;* **to be in the ~** führend sein; SPORTS in Führung liegen ④ *(position in advance)* Vorsprung *m* **II.** *vt* <led, led> ① *(be in charge of)* führen; *discussion, inquiry* leiten ② *(guide)* führen ③ *(go in advance)* **to ~ the way** vorangehen ④ *(pej)* **to ~ sb to do sth** jdn dazu verleiten, etw zu tun; **to ~ sb to believe that …** jdn glauben lassen, dass … ⑤ ECON, SPORTS anführen **III.** *vi* <led, led> ① *(be in charge)* die Leitung innehaben ② *(be guide)* vorangehen ③ *(be directed towards)* führen

L

④ *(cause to develop, happen)* **to ~ to sth** zu etw *dat* führen

◆ **lead away** *vt* wegbringen; **he was led away by the police** er wurde von der Polizei abgeführt

◆ **lead off** **I.** *vt* ① *(initiate)* **to ~ off** ⊂ **sth** etw eröffnen ② *(take away)* **to ~ sb off** jdn wegführen **II.** *vi (perform first)* beginnen

◆ **lead on** **I.** *vi* vorangehen; *(in a car)* voranfahren **II.** *vt (pej)* **to ~ sb on** *(deceive)* jdm etw vormachen

◆ **lead up** *vi* hinführen (**to** zu); **what's this all ~ing up to?** was soll das Ganze?

leader [ˈliːdəʳ] *n* ① *(head)* Leiter(in) *m(f)*, Führer(in) *m(f)* ② *(first in competition)* Erste(r) *f(m)* ③ *(most successful)* Führende(r) *f(m)* ④ BRIT MUS *(of orchestra)* erster Geiger/erste Geigerin

leadership [ˈliːdəʃɪp] *n no pl* ① *(action of leading)* Führung *f* ② *(position)* Leitung *f*, Führung *f*, Führerschaft *f*

lead-free [ˈled-] *adj* bleifrei

leading [ˈliːdɪŋ] **I.** *adj attr* führend; **~ article** BRIT JOURN Leitartikel *m* **II.** *n no pl (guidance)* Führung *f*

lead singer [liːdˈ-] *n* Leadsänger(in) *m(f)*

lead story [liːdˈ-] *n* Aufmacher *m*

lead-up [liːdˈ-] *n* ① *(that which precedes)* Einleitung *f* (**to** zu +*dat*) ② *(time preceding)* Vorfeld *nt fig*; **in the ~ to the revolution, ...** in den Vorjahren der Revolution ...

leaf [liːf] **I.** *n* <*pl* leaves> [liːvz] *(part of plant)* Blatt *nt*; ▸ **to shake like a ~** wie Espenlaub zittern **II.** *vi (of book, periodical)* **to ~ through sth** etw durchblättern

leaflet [ˈliːflət] **I.** *n (for advertising)* Prospekt *m o* ÖSTERR *a. nt*; *(for instructions)* Merkblatt *nt*; *(for political use)* Flugblatt *nt*; *(brochure)* Broschüre *f* **II.** *vi (in street)* auf der Straße Prospekte verteilen; *(by mail)* per Post Werbematerial verschicken **III.** *vt* <-t-> Handzettel verteilen; *(by mail)* Handzettel irgendwohin verschicken; *(for advertising)* Werbematerial verteilen

leafy [ˈliːfi] *adj* ① *(of place)* belaubt ② HORT Blatt-, blattartig

league [liːg] *n* ① *(group)* Bund *m* ② *(esp pej: agreement to cooperate)* **to be in ~ with sb** mit jdm gemeinsame Sache machen ③ *(in competitive sport)* Liga *f*; **to be top of the ~** Tabellenführer sein

leak [liːk] **I.** *n* Leck *nt*; **a gas ~** eine undichte Stelle in der Gasleitung **II.** *vi container, surface, hose* undicht sein; *tap* tropfen; *tyre* Luft verlieren **III.** *vt* **to ~ sth** ① *(of container, surface)* verlieren; *gas, liquid* austreten lassen ② *(fig) confidential information* durchsickern lassen

leaky [ˈliːki] *adj* leck

lean¹ [liːn] **I.** *adj* ① *animal* mager; *person* schlank ② *meat* mager **II.** *n no pl* mageres Fleisch

lean² [liːn] **I.** *vi* <leant, leant> ① *(incline)* sich beugen; *(prop)* sich lehnen; **to ~ to the right** sich nach rechts lehnen; **to ~ forward** sich nach vorne lehnen ② *(fig: opinion)* neigen **II.** *vt* <leant, leant> lehnen (**on** auf)

◆ **lean over** *vi* **to ~ over sb** sich über jdn beugen

leant [lent] *vt, vi pt, pp of* **lean**

leap [liːp] **I.** *n* ① *(jump)* Sprung *m*; *(bigger)* Satz *m* ② *(fig: increase)* Sprung *m* (**in** bei) ③ *(fig: change)* **a ~ of faith** ein Sinneswandel *m* **II.** *vi* <leapt, leapt> ① *(jump)* springen ② *(rush)* **to ~ to sb's defence** zu jds Verteidigung eilen ③ *(be enthusiastic)* **to ~ with joy** vor Freude einen Luftsprung machen **III.** *vt* <leapt, leapt> **to ~ sth** über etw *akk* springen, etw überspringen

◆ **leap out** *vi* ① *(jump out)* herausspringen (**out of** aus) ② *(fig: grab attention)* **to ~ out at sb** jdm ins Auge springen

◆ **leap up** *vi* ① *(jump up)* aufspringen

② *(fig: increase)* in die Höhe schießen

leapt [lept] *vt, vi pt, pp of* **leap**

leap year *n* Schaltjahr *nt*

learn [lɜːn] **I.** *vt* <learnt *or* AM *usu* learned, learnt *or* AM *usu* learned> lernen; **to ~ how to do sth** lernen, wie man etw tut ▸ **to ~ sth by heart** etw auswendig lernen **II.** *vi* <learnt *or* AM *usu* learned, learnt *or* AM *usu* learned> ① *(master)* lernen (**about** über); **to ~ by one's mistakes** aus seinen Fehlern lernen ② *(become aware of)* **to ~ about sth** von etw *dat* erfahren

learner ['lɜːnəʳ] *n* ① *(one who's learning, training)* Lernende(r) *f(m)*; *(beginner)* Anfänger(in) *m(f)*; *(pupil)* Schüler(in) *m(f)* ② BRIT *(learner driver)* Fahrschüler(in) *m(f)*

L-plates

Wer in Großbritannien gerade das Autofahren lernt, muss am Fahrzeug sowohl vorne als auch hinten ein großes, rotes **L** anbringen. Damit sollen die anderen Verkehrsteilnehmer gewarnt werden, dass es sich um einen Fahrschüler handelt. Diese Schilder heißen **L-plates**.

learnt [lɜːnt] *vt, vi pt, pp of* **learn**

leaseholder *n of flat, house* Mieter(in) *m(f)*; *of equipment, vehicle* Leasingnehmer(in) *m(f)*

leash [liːʃ] **I.** *n (lead)* Leine *f* **II.** *vt dog* anleinen

least [liːst] **I.** *adv* am wenigsten; **the ~ little thing** die kleinste Kleinigkeit; **~ of all** am allerwenigsten **II.** *adj* geringste(r, s) **III.** *n* **the ~** das Geringste; **at ~** mindestens, wenigstens

leather ['leðəʳ] *n* ① *no pl (material)* Leder *nt* ② *(for polishing)* Lederlappen *m*

leave [liːv] **I.** *n no pl* ① *(departure)* Abreise *f* ② *(farewell)* Abschied *m* ③ *(vacation time)* Urlaub *m*; **to go on ~** in Urlaub gehen **II.** *vt* <left, left> ① *(depart from) place* verlassen; *(of train, ferry)* abfahren; **to ~ the station** aus dem Bahnhof abfahren ② *(go away permanently) one's husband/wife* verlassen; **to ~ home** von zu Hause weggehen; **to ~ work** aufhören zu arbeiten ③ *(not take away with)* [zurück]lassen ④ *(forget to take)* vergessen ⑤ *(let traces remain) footprints, stains* hinterlassen ⑥ *(cause to remain in a certain state)* **to ~ sb alone** jdn alleine lassen; **to ~ sth on** etw eingeschaltet lassen ⑦ *(not eat)* übrig lassen ⑧ *(put off doing)* lassen; **don't ~ it too late!** schieb es nicht zu lange auf! ▸ **to ~ sb alone** jdn in Ruhe lassen; **to ~ nothing/sth to chance** nichts/etw dem Zufall überlassen **III.** *vi* <left, left> [weg]gehen; *vehicle* abfahren; *plane* abfliegen

◆**leave behind** *vt* ① *(not take along)* zurücklassen ② *(leave traces)* hinterlassen

◆**leave off I.** *vt* ① *(omit)* auslassen; **to ~ sb off a list** jdn nicht in eine Liste aufnehmen ② *(not wear)* **to ~ one's coat off** seinen Mantel nicht anziehen **II.** *vi (fam)* aufhören; **to ~ off sth** mit etw *dat* aufhören

◆**leave on** *vt light, radio* anlassen

◆**leave out** *vt* auslassen

◆**leave over** *vt usu passive* **to be left over** übrig geblieben sein

leaving party *n* Abschiedsparty *f*

lecture ['lektʃəʳ] **I.** *n (formal speech)* Vortrag *m* (**on/about** über); UNIV Vorlesung *f* (**on** über) **II.** *vi* ① UNIV eine Vorlesung halten (**in/on** über) ② *(pej: criticize)* belehren (**about** über) **III.** *vt* **to ~ sb on sth** ① UNIV vor jdm über etw *akk* eine Vorlesung halten ② *(criticize)* jdm wegen einer S. *gen* eine Standpauke halten *fam*

lecturer ['lektʃᵊrəʳ] *n* ① *(speaker)* Redner(in) *m(f)* ② *(at university)* Dozent(in) *m(f)*

led [led] *pt, pp of* **lead**

leek [liːk] *n* Lauch *m*

left¹ [left] *pt, pp of* **leave**

left² [left] **I.** *n* ① *no pl (direction)* **from ~ to right** von links nach rechts ② *(left turn)* **to make a ~** [nach] links abbiegen ③ *(street on the left)* **the second ~** die zweite Straße links ④ *no pl (left side)* **the ~** die linke Seite; **on/to the ~** links ⑤ *no pl (political grouping)* **the ~** die Linke **II.** *adj* ① *(position, direction)* linke(r, s) ② *(political direction)* linke(r, s), linksgerichtet **III.** *adv (direction)* nach links; *(side)* links

left-hand *adj attr* ① *(on sb's left side)* linke(r, s) ② SPORTS **~ catch** mit links gefangener Ball **left-handed** *adj* ① *(of person)* linkshändig; **she is ~** sie ist Linkshänderin ② *attr (for left hand use)* Linkshänder- ③ *(turning to left) racetrack* linksläufig **left-hander** *n* ① *(person)* Linkshänder(in) *m(f)* ② *(hit)* Schlag *m* mit der Linken

left-luggage (office) *n* BRIT Gepäckaufbewahrung *f*

left-wing *adj* linksgerichtet, links *präd* **left wing** *n + sing/pl vb* **the ~** ① POL die Linke; **the ~ of the party** der linke Parteiflügel ② SPORTS der linke Flügel

leg [leg] *n* ① Bein *nt* ② *(meat)* Keule *f*, Schlegel *m* SÜDD, ÖSTERR ③ *(clothing part)* [Hosen]bein *nt* ④ *(segment)* Etappe *f*; ▶ **to give sb a ~ up** *(help to climb)* jdm hinaufhelfen; **to be on one's last ~s** auf dem letzten Loch pfeifen

legal [ˈliːgᵊl] *adj* ① *(permissible by law)* legal ② *(required by law)* gesetzlich [vorgeschrieben] ③ *(concerning the law)* rechtlich; **~ system** Rechtssystem *nt* ④ *(of courts)* gerichtlich; *(of lawyers)* juristisch

legally [ˈliːgᵊli] *adv* ① *(permissible by law)* legal ② *(required by law)* **~ obliged** gesetzlich verpflichtet ③ *(according to the law)* rechtmäßig

legalspeak *n (fam)* Juristenjargon *m fam*

leggings [ˈlegɪŋz] *n pl* Leggings *pl*

legitimately [lɪˈdʒɪtəmətli] *adv* ① *(legally)* legal, rechtmäßig ② *(justifiably)* gerechtfertigterweise, zu Recht

leisure centre, **leisure complex** *n* BRIT Freizeitcenter *nt*

leisurewear *n no pl* Freizeit[be]kleidung *f*

lemon [ˈlemən] **I.** *n* ① *(fruit)* Zitrone *f* ② *no pl (colour)* Zitronengelb *nt* **II.** *adj* **~ [yellow]** zitronengelb

lemonade [ˌleməˈneɪd] *n* Zitronenlimonade *f*

lemon juice *n* Zitronensaft *m* **lemon peel**, **lemon rind** *n* Zitronenschale *f* **lemon squash** *n* BRIT, AUS ① *no pl (concentrate)* Zitronensirup *m* ② *(drink)* Zitronensaftgetränk *nt*

lend <lent, lent> [lend] **I.** *vt (loan)* leihen ▶ **to ~ an ear to sb** jdm zuhören; **to ~ a hand** helfen **II.** *vi* **to ~ to sb** jdm Geld leihen; *bank* jdm Kredit gewähren

length [ˈleŋ(k)θ] *n* ① *no pl (measurement)* Länge *f*; **to be 2 metres in ~** 2 Meter lang sein ② *(piece)* Stück *nt* ③ *(winning distance)* Länge *f* [Vorsprung] ④ *no pl (duration)* Dauer *f*; **at ~** *(finally)* nach langer Zeit; *(in detail)* ausführlich

lengthen [ˈleŋ(k)θən] **I.** *vt* verlängern; *clothes* länger machen **II.** *vi* [immer] länger werden

leniently [ˈliːniəntli] *adv* nachsichtig, milde

lens <*pl* -es> [lenz] *n (optical instrument, part of eye)* Linse *f*; *(in camera, telescope also)* Objektiv *nt*; *(in glasses)* Glas *nt*

lent [lent] *vt, vi pt, pp of* **lend**

Lent [lent] *n no pl, no art* Fastenzeit *f*

lentil [ˈlentᵊl] *n* Linse *f*

Leo [ˈliːəʊ] *n* ASTRON, ASTROL Löwe *m*

leopard [ˈlepəd] *n* Leopard(in) *m(f)*

leotard [ˈliːətɑːd] *n* Trikot *nt*; *(for gymnastics also)* Turnanzug *m*

leprechaun [ˈleprəkɔːn] *n* Kobold *m*

leprechaun

Der **leprechaun** ist ein kleiner rothaariger Kobold aus der irischen Folklore, der ganz in Grün gekleidet ist. Er ist etwa so groß wie ein kleines Kind, wird jedoch oft als griesgrämiger alter Mann dargestellt. **Leprechauns** stellen gerne Unfug an, sind aber sehr fleißig und arbeiten meistens als Schuster. Sie sind Besitzer vergrabener Schätze.

lesbian ['lezbiən] **I.** *n* Lesbierin *f,* Lesbe *f* **II.** *adj* lesbisch

less [les] **I.** *adv comp of* **little** ❶ *(to a smaller extent)* weniger; **the ~ ... the better** je weniger ..., umso besser; **much ~ complicated** viel einfacher; **~ and ~** immer weniger ❷ *(not the least bit)* **~ than happy** nicht gerade glücklich **II.** *adj comp of* **little** *(smaller amount of)* weniger **III.** *pron indef (smaller amount)* weniger; **a lot ~** etwas weniger; **~ of a problem** ein geringeres Problem

less / fewer

Beachte den Unterschied:

Less wird vor unzählbaren Nomen und für Mengen gebraucht: *less time/money/food* .

Fewer wird für zählbare Dinge oder Personen gebraucht: *Fewer pupils learn Russian than French* .

lesser ['lesəʳ] *adj attr (smaller in amount)* geringer; **the ~ of two evils** das kleinere Übel

lesson ['lesᵊn] *n* ❶ *(teaching period)* Stunde *f;* **~s** *pl* Unterricht *m kein pl* ❷ *(from experience)* Lehre *f,* Lektion *f*

let [let] **I.** *n no pl esp* BRIT *(rent)* Vermietung *f* **II.** *vt* <-tt-, let, let> ❶ *(allow)* **to ~ sb do sth** jdn etw tun lassen ❷ *(give permission)* **to ~ sb do sth** jdn etw tun lassen ❸ *(in suggestions)* **~'s go out to dinner!** lass uns Essen gehen! ❹ *(when thinking, for examples)* **~'s see, ...** also, ...; **~ me think** Moment [mal], ... ❺ *esp* BRIT, AUS *(rent out)* vermieten

◆**let by** *vt* vorbeilassen

◆**let down** *vt* ❶ **to ~ down ↻ sb** *(disappoint)* jdn enttäuschen ❷ *(lower slowly)* **to ~ down ↻ sth** etw herunterlassen ▸ **to ~ one's hair down** sich gehen lassen

◆**let in** *vt* ❶ *(allow to enter)* hereinlassen; **to ~ oneself in** aufschließen ❷ *(allow to know)* **to ~ sb in on sth** jdn in etw *akk* einweihen

◆**let off** *vt* ❶ *(emit)* ausstoßen; *bad smell* verbreiten ❷ *(fire) gun* abfeuern; *bomb, fireworks* zünden ❸ *(not punish)* **you won't be ~ off next time** das nächste Mal wirst du nicht davonkommen

◆**let on I.** *vi (fam)* **to ~ on about sth [to sb]** [jdm] etwas von etw *dat* verraten **II.** *vt (fam)* **to ~ on that ...** *(divulge)* verraten, dass ...

◆**let out** *vt* ❶ *(release)* herauslassen; **I'll ~ myself out** ich finde selbst hinaus ❷ *(emit)* ausstoßen; **to ~ out a groan** [auf]stöhnen ❸ *(make wider) clothes* weiter machen

◆**let up** *vi (fam)* ❶ *(decrease)* aufhören; *rain also* nachlassen ❷ *(release)* **to ~ up on the accelerator** den Fuß vom Gas nehmen

let-down *n usu sing (fam)* Enttäuschung *f*

lethal ['liːθᵊl] *adj* tödlich

lethargically [lə'θɑːdʒɪkᵊli] *adv* lethargisch

letter ['letəʳ] *n* ❶ *(message)* Brief *m* (**from** von/**to** an); **a love ~** ein Liebesbrief *m;* **to inform sb by ~** jdn schriftlich verständigen ❷ *(of alphabet)* Buchstabe *m;* **in capital ~s** in Großbuchstaben

L

letterbox *n esp* BRIT, AUS Briefkasten *m*, Postkasten *m*

lettuce ['letɪs] *n* ❶ *no pl* BOT Lattich *m* ❷ FOOD Blattsalat *m; (with firm head)* Kopfsalat *m*

letup ['letʌp] *n no pl* Nachlassen *nt; (stoppage)* Aufhören *nt;* **there has been no ~ in the bombardment overnight** die Bombardierung wurde auch über Nacht nicht ausgesetzt

level ['levəl] **I.** *adj* ❶ *(horizontal)* horizontal, waag(e)recht ❷ *(flat)* eben ❸ *pred (at an equal height)* **to be ~ [with sth]** auf gleicher Höhe [mit etw *dat*] sein ❹ *pred esp* BRIT, AUS *(in a race)* gleichauf; *(equal on points)* punkt(e)gleich **II.** *n* ❶ *(quantity)* Niveau *nt; (height)* Höhe *f;* **at eye ~** in Augenhöhe; **above sea ~** über dem Meeresspiegel ❷ *(extent)* Ausmaß *nt* ❸ *(storey)* Stockwerk *nt;* **ground ~** Erdgeschoss *nt* ❹ *no pl (rank)* Ebene *f* **III.** *vt* <BRIT -ll- *or* AM *usu* -l-> *(flatten)* *ground* [ein]ebnen; *wood* [ab]schmirgeln

level crossing *n* BRIT, AUS Bahnübergang *m*

level-headed *adj* ❶ *(sensible)* vernünftig ❷ *(calm)* ruhig

lever ['li:vər] **I.** *n* ❶ TECH Hebel *m* ❷ *(fig: threat)* Druckmittel *nt* **II.** *vt* ❶ *(lift with a lever)* **to ~ sth up** etw aufstemmen ❷ *(move with effort)* **to ~ oneself [up]** sich hochstemmen

levying ['leviɪŋ] *n no pl* Erhebung *f*

liabilities [ˌlaɪə'bɪlətiz] *n pl* FIN Passiva *pl,* Schulden *pl*

liable ['laɪəbl̩] *adj* ❶ *(likely)* **to be ~ to do sth** Gefahr laufen, etw zu tun ❷ *(prone)* **to be ~ to sth** anfällig für etw *akk* sein

liar ['laɪər] *n* Lügner(in) *m(f)*

libel ['laɪbəl] LAW **I.** *n no pl* Verleumdung *f* **II.** *vt* <-ll-> verleumden

liberal ['lɪbərəl] **I.** *adj* ❶ *(tolerant)* liberal; *attitude, church, person also* tolerant, aufgeschlossen ❷ *(progressive)* liberal, fortschrittlich ❸ *(generous)* großzügig; *portion* groß **II.** *n* Liberale(r) *f(m)*

liberally ['lɪbərəli] *adv* großzügig, reichlich; **to give/donate ~** großzügig geben/spenden; **to tip ~** ein großzügiges Trinkgeld geben

liberation [ˌlɪbə'reɪʃən] *n no pl* Befreiung *f* (**from** von)

Liberian [laɪ'bɪəriən] **I.** *adj* liberisch **II.** *n* Liberier(in) *m(f)*

liberty ['lɪbəti] *n* ❶ *no pl (freedom)* Freiheit *f;* **to be at ~** frei sein ❷ *(incorrect behaviour)* **it's [a bit of] a ~** es ist [ein bisschen] unverschämt

Libra ['li:brə] *n* ASTRON, ASTROL Waage *f*

librarian [laɪ'breəriən] *n* Bibliothekar(in) *m(f)*

library ['laɪbrəri] **I.** *n* ❶ *(public)* Bibliothek *f,* Bücherei *f;* **public ~** Leihbücherei *f* ❷ *(private)* Bibliothek *f* **II.** *adj software, visit* Bibliotheks-; **~ book** Leihbuch *nt*

Libyan ['lɪbiən] **I.** *adj* libysch **II.** *n* Libyer(in) *m(f)*

licence, AM **license** ['laɪsən(t)s] *n (permit)* Genehmigung *f,* Erlaubnis *f; (formal permission)* Lizenz *f;* **driving ~** Führerschein *m*

license ['laɪsən(t)s] **I.** *n* AM *see* **licence** **II.** *vt* **to ~ sb to do sth** jdm die Lizenz erteilen, etw zu tun

licensed ['laɪsən(t)st] *adj* ❶ *(with official approval)* zugelassen ❷ BRIT *(serving alcohol)* **a ~ restaurant** ein Restaurant *nt* mit Schankerlaubnis

lick [lɪk] **I.** *n* ❶ *(with tongue)* Lecken *nt kein pl,* Schlecken *nt kein pl* ❷ *(fam: small quantity)* **a ~ of** ein wenig **II.** *vt (with tongue)* lecken; *plate* ablecken

lickety-split [ˌlɪkəti'-] *adv (fam)* blitzschnell; **I want that job done ~, okay?** das wird jetzt ruckzuck erledigt, klar?

lid [lɪd] *n* ❶ *(covering)* Deckel *m* ❷ *(eyelid)* Lid *nt*

lie[1] [laɪ] **I.** *vi* <-y-> *(tell untruth)* lügen; **to ~ about sth** *intentions, plans* falsche Angaben über etw *akk* machen; **to ~ about sb** über jdn die Unwahrheit erzählen; **to ~ to sb** jdn belügen **II.** *n* Lüge *f*

lie² [laɪ] **I.** *n* ❶ *no pl (position)* Lage *f* ❷ *no pl esp* BRIT, AUS *(shape)* **the ~ of the land** die Beschaffenheit des Geländes; *(fig)* die Lage; **to find out the ~ of the land** das Gelände erkunden; *(fig)* die Lage sondieren **II.** *vi* <-y-, lay, lain> ❶ *(be horizontal, resting)* liegen; **to ~ on one's back** auf dem Rücken liegen ❷ *(become horizontal)* sich hinlegen ❸ *(be in a particular state)* **to ~ in wait** auf der Lauer liegen ❹ *(remain)* liegen bleiben ❺ *(be situated)* liegen; **to ~ to the east of sth** im Osten einer S. *gen* liegen

◆**lie about**, **lie around** *vi* ❶ *(be situated)* herumliegen *fam* ❷ *(be lazy)* herumgammeln *fam*

◆**lie back** *vi* ❶ *(recline)* sich zurücklegen ❷ *(fig: relax)* sich entspannen

◆**lie down** *vi* sich hinlegen

◆**lie in** *vi* BRIT *(fam: stay in bed)* im Bett bleiben

lie-down *n* BRIT *(fam)* Schläfchen *nt*, Nickerchen *nt fam*

lie-in *n* BRIT *(fam)* **to have a ~** im Bett bleiben

life <*pl* lives> [laɪf, *pl* laɪvz] *n* ❶ *(existence)* Leben *nt;* **it's a matter of ~ and death!** es geht um Leben und Tod!; **to lose one's ~** ums Leben kommen; **to save sb's ~** jdm das Leben retten ❷ *no pl (quality, force)* Leben *nt;* **I love ~** ich liebe das Leben ❸ *no pl (living things collectively)* Leben *nt;* **plant ~** Pflanzenwelt *f* ❹ *no pl (mode or aspect of existence)* Leben *nt;* **family ~** Familienleben *nt* ❺ *no pl (energy)* Lebendigkeit *f;* **to be full of ~** vor Leben [nur so] sprühen; **to come to ~** lebendig werden *fig* ❻ *(human activities)* Leben *nt* ❼ *(biography)* Biografie *f* ❽ *(time until death)* Leben *nt;* **for ~** *friendship* lebenslang; **a job for ~** eine Stelle auf Lebenszeit ❾ *(duration) of device, battery* Lebensdauer *f; of contract* Laufzeit *f;* ▶ **to <u>frighten</u> the ~ out of sb** jdn zu Tode erschrecken; **<u>larger</u> than ~** *car, house* riesig; *person* energiegeladen und charismatisch; **<u>that's</u> ~!** so ist das Leben [eben]!

lifebelt *n* BRIT Rettungsring *m* **lifeboat** *n* Rettungsboot *nt* **lifeguard** *n (in baths)* Bademeister(in) *m(f); (on beach)* Rettungsschwimmer(in) *m(f)* **life insurance** *n no pl* Lebensversicherung *f* **life jacket** *n* Schwimmweste *f*

lifelike *adj* lebensecht; *imitation also* naturgetreu

life raft *n* Rettungsfloß *nt; (rubber dinghy)* Schlauchboot *nt* **lifesaver** *n* ❶ *(person)* [Lebens]retter(in) *m(f); (on beach)* Rettungsschwimmer(in) *m(f); (in baths)* Bademeister(in) *m(f)* ❷ *(fig fam: thing)* die Rettung **life-size(d)** *adj* in Lebensgröße *nach n,* lebensgroß **lifestyle** **I.** *n* Lebensstil *m* **II.** *adj magazine* Lifestyle- **lifetime** *n usu sing* ❶ *(time one is alive)* Lebenszeit *f;* **once in a ~** einmal im Leben ❷ *(time sth exists)* Lebensdauer *f kein pl* ❸ *(fig: long time)* **it seems like a ~** es kommt mir vor wie eine Ewigkeit; **to last a ~** *objects, devices* ein Leben lang halten; *memories, good luck* das ganze Leben [lang] andauern ▶ **the <u>chance</u> of a ~** eine einmalige Chance

L

lift [lɪft] **I.** *n* ❶ BRIT *(elevator)* Aufzug *m;* **to take the ~** den Aufzug nehmen ❷ *(for skiers)* Skilift *m* ❸ *(act of lifting)* [Hoch]heben *nt kein pl* ❹ *(increase)* Anstieg *m kein pl; (increase in amount)* Erhöhung *f* [eines Betrags] ❺ *(ride)* Mitfahrgelegenheit *f;* **to give sb a ~** jdn [im Auto] mitnehmen **II.** *vt* ❶ *(raise)* [hoch]heben; *(slightly)* anheben ❷ *(direct upward) eyes* aufschlagen ❸ *(increase) amount, prices, rates* erhöhen ❹ *usu passive (in surgery) face, breasts* straffen lassen ❺ *(dig up)* ausgraben **III.** *vi* ❶ *(be raised)* sich heben ❷ *(disperse) cloud, fog* sich auflösen ❸ *(become happier) mood* sich heben

◆**lift down** *vt* BRIT, AUS herunterheben

◆**lift off** *vi* ① *(leave the ground)* abheben ② *(come off)* sich hochheben lassen

◆**lift up** *vt* hochheben; **to ~ up a lid** einen Deckel hochklappen

lift-off *n* AEROSP Start *m,* Abheben *nt kein pl;* **we have ~** der Start ist erfolgt

light[1] [laɪt] **I.** *n* ① *no pl (brightness)* Licht *nt;* **is there enough ~?** ist es hell genug? ② *(light-giving thing)* Licht *nt; (lamp)* Lampe *f* ③ *no pl (fire)* Feuer *nt; (flame)* [Kerzen]flamme *f* ④ *no pl (daylight)* [Tages]licht *nt* ⑤ *usu pl (traffic light)* Ampel *f* **II.** *adj* ① *(bright)* hell ② *(pale)* hell; *(stronger)* blass- **III.** *vt* <lit, lit> ① *(illuminate)* erhellen ② *(guide with light)* leuchten

light[2] [laɪt] **I.** *adj* ① leicht ② *(for small loads)* Klein- ③ *(of food and drink)* leicht ④ *(low in intensity)* **it's only ~ rain** es nieselt nur ⑤ *(gentle)* leicht; *kiss* zart **II.** *adv* **to travel ~** mit leichtem Gepäck reisen

◆**light up I.** *vt* ① *hall, room* erhellen ② *cigar, cigarette, pipe* anzünden ③ *(make animated)* **to ~ up ↻ sb's eyes** jds Augen aufleuchten lassen **II.** *vi* ① *(become illuminated)* aufleuchten ② *(start smoking)* sich *dat* eine [Zigarette] anstecken *fam*

light bulb *n* Glühbirne *f*

lighten[1] ['laɪtᵊn] **I.** *vt* ① *(make less heavy)* leichter machen ② *(fig: make easier to bear)* erleichtern ③ *(fig: make less serious)* aufheitern **II.** *vi* ① *(become less heavy or severe)* leichter werden ② *(fig: cheer up)* bessere Laune bekommen

lighten[2] ['laɪtᵊn] **I.** *vi (become brighter)* heller werden, sich aufhellen **II.** *vt* **to ~ one's hair** sich *dat* die Haare heller färben

lighter ['laɪtəʳ] *n* Feuerzeug *nt*

light-headed *adj (faint)* benommen; *(dizzy)* schwind[e]lig **light-hearted** *adj (carefree)* sorglos, unbeschwert; *(happy)* heiter, fröhlich; **to take a ~ look at sth** etw mit einem Augenzwinkern betrachten

lighthouse *n* Leuchtturm *m*

lighting ['laɪtɪŋ] *n no pl* Beleuchtung *f; (equipment)* Beleuchtungsanlage *f*

lightly ['laɪtli] *adv* ① *(not seriously)* leichtfertig ② *(gently)* leicht; *(not much)* wenig ③ *(not deeply)* leicht ④ *(slightly)* leicht; **~ cooked vegetables** Gemüse, das nur ganz kurz gegart wird

lightning ['laɪtnɪŋ] METEO **I.** *n no pl* Blitz *m;* **thunder and ~** Blitz und Donner **II.** *adj attr* **~ quick** blitzschnell

lightning conductor, AM **lightning rod** *n* Blitzableiter *m a. fig*

lightweight I. *n* ① *no pl* SPORTS Leichtgewicht *nt* ② *(boxer)* Leichtgewichtler(in) *m(f)* ③ *(lightly built person)* Leichtgewicht *nt fam; (pej: lacking endurance)* Schwächling *m fam* **II.** *adj* ① *(weighing little)* leicht ② *(trivial)* trivial ③ *(pej: unimportant)* bedeutungslos

likable *adj* AM, AUS *see* **likeable**

like[1] [laɪk] **I.** *prep* ① *(similar to)* wie; **what does it taste ~?** wie schmeckt es?; **he looks ~ his brother** er sieht seinem Bruder ähnlich ② *after n (such as)* wie; **why are you talking to me ~ that?** warum sprichst du so mit mir? ▸**it looks ~ snow** es sieht nach Schnee aus; **that's more ~ it!** das ist schon besser! **II.** *conj (fam)* ① *(the same as)* wie; **let's go swimming in the lake ~ we used to** lass uns im See schwimmen gehen wie früher ② *(as if)* als ob; **she acts ~ she's the boss** sie tut so, als sei sie die Chefin **III.** *adj attr (similar)* ähnlich; **to be of [a] ~ mind** gleicher Meinung sein **IV.** *adv* ① *(sl: somehow)* irgendwie; **it was kind of funny ~** es war irgendwie schon komisch, ne [*o* SÜDD gell] ② *(sl: in direct speech)* **I was ~, "what are you**

guys doing here?" ich sagte nur, „was macht ihr hier eigentlich?"
like² [laɪk] **I.** *vt* ❶ *(enjoy)* mögen; **to ~ doing sth** etw gern tun ❷ *(want)* **whether you ~ it or not** ob es dir passt oder nicht; **would you ~ a drink?** möchten Sie etwas trinken? ❸ *(prefer)* **I ~ to get up early** ich stehe gerne früh auf **II.** *vi* **as you ~** wie Sie wollen **III.** *n* **~s** *pl* Neigungen *pl*
likeable ['laɪkəbl] *adj* liebenswert
likely ['laɪkli] **I.** *adj* <-ier, -iest> wahrscheinlich **II.** *adv* <more likely, most likely> **very ~** sehr wahrscheinlich; **not ~!** auf keinen Fall!
like-minded *adj* gleich gesinnt
likeness <*pl* -es> ['laɪknəs] *n* ❶ *(resemblance)* Ähnlichkeit *f* (**to** mit) ❷ *(semblance)* Gestalt *f* ❸ *(portrait)* Abbild *nt*
likewise ['laɪkwaɪz] *adv* ebenfalls, gleichfalls; **to do ~** es genauso machen
liking ['laɪkɪŋ] *n no pl* Vorliebe *f; (for person)* Zuneigung *f;* **to have a ~ for sth** eine Vorliebe für etw *akk* haben ▶ **for one's ~** für jds Geschmack
lilac ['laɪlək] **I.** *n* ❶ *(bush)* Flieder *m* ❷ *no pl (colour)* Lila *nt* **II.** *adj* lila
lily ['lɪli] *n* Lilie *f*
limb [lɪm] *n* Glied *nt;* **~s** Gliedmaßen *pl* ▶ **to risk life and ~ [to do sth]** Kopf und Kragen riskieren [um etw zu tun] *fam*
lime¹ [laɪm] **I.** *n no pl* GEOL Kalk *m* **II.** *vt* kalken
lime² [laɪm] *n (fruit)* Limette *f; (tree)* Limonenbaum *m*
lime³ [laɪm] *n (linden tree)* Linde *f*
limit ['lɪmɪt] **I.** *n* ❶ *(utmost point)* [Höchst]grenze *f;* **to overstep the ~** zu weit gehen ❷ *(boundary)* Grenze *f* ❸ *(of a person)* Grenze[n] *f[pl];* **to know one's ~s** seine Grenzen kennen ❹ *(restriction)* Beschränkung *f;* **age ~** Altersgrenze *f;* **weight ~** Gewichtsbeschränkung *f* ❺ *(speed)* [zulässige] Höchstgeschwindigkeit **II.** *vt* ❶ *(reduce)* einschränken ❷ *(restrict)* **to ~ oneself to sth** sich auf etw *akk* beschränken
limited ['lɪmɪtɪd] *adj* ❶ begrenzt, eingeschränkt ❷ BRIT **Smith and Jones L~** Smith and Jones GmbH
limiting ['lɪmɪtɪŋ] *adj* einschränkend *attr,* begrenzend *attr*
limp¹ [lɪmp] **I.** *vi* hinken; *(fig)* mit Müh und Not vorankommen **II.** *n no pl* Hinken *nt;* **to walk with a ~** hinken
limp² [lɪmp] *adj* ❶ *(not stiff)* schlaff; *cloth, material* weich ❷ *(weak)* schlapp; *efforts* halbherzig
limply ['lɪmpli] *adv* ❶ *(not stiffly)* schlaff; **he shook her hand ~** er gab ihr lasch die Hand ❷ *(weakly)* schlapp; **"...," she conceded ~** „...", sagte sie mit matter Stimme
line¹ [laɪn] **I.** *n* ❶ *(mark, contour, policy)* Linie *f;* **dividing ~** Trennungslinie *f* ❷ SPORTS Linie *f* ❸ *(wrinkle)* Falte *f* ❹ *(boundary)* Grenze *f* ❺ *(cord)* Leine *f* ❻ TELEC [Telefon]leitung *f;* **please hold the ~!** bitte bleiben Sie am Apparat! ❼ COMPUT **to go on ~** online gehen ❽ *(row of words)* Zeile *f* ❾ *(row of things, people)* Reihe *f* ❿ *esp* AM *(queue)* Schlange *f* ⓫ *(product type)* Sortiment *nt* **II.** *vt* ❶ *(mark) paper* linieren ❷ *(stand at intervals)* **to ~ the streets** die Straßen säumen *geh*
line² [laɪn] *vt* ❶ *(cover) clothing* füttern; *drawers* von innen auslegen ❷ *(fam: fill)* **to ~ one's pockets [with sth]** sich *dat* die Taschen [mit etw *dat*] füllen
◆**line up** **I.** *vt* ❶ *(put in row)* **to ~ up** ⊂ **sth** etw in einer Reihe aufstellen ❷ *(organize)* **have you got anyone ~d up to do the catering?** haben Sie jemanden für das Catering engagiert? **II.** *vi* ❶ *(stand in row)* sich [in einer Reihe] aufstellen ❷ AM *(wait)* sich anstellen
lined [laɪnd] *adj* ❶ *paper* liniiert, liniert ÖSTERR, SCHWEIZ ❷ *(wrinkled) face, hand, skin* faltig ❸ *curtains, garment* gefüttert
linen ['lɪnɪn] *n no pl* Leinen *nt;* **bed ~**

L

Bettwäsche *f*

line-up *n* ❶ *of performers* Besetzung *f;* **a star-studded ~ of guests** eine illustre Gästeschar ❷ SPORTS [Mannschafts]aufstellung *f;* AM *(in baseball)* Schlagreihenfolge *f,* Lineup *f fachspr* ❸ *esp* AM LAW Gegenüberstellung *f;* **police ~** polizeiliche Gegenüberstellung

lingua franca <*pl* -s> [ˌlɪŋgwəˈfræŋkə] *n* Verkehrssprache *f*

lining [ˈlaɪnɪŋ] *n* ❶ *(fabric)* Futter *nt; of coat, jacket* Innenfutter *nt; of dress, skirt* Unterrock *m* ❷ *of stomach* Magenschleimhaut *f; of brake* Bremsbelag *m*

link [lɪŋk] **I.** *n* ❶ *(connection)* Verbindung *f* (**between** zwischen); *(between people, nations)* Beziehung *f* (**between** zwischen) ❷ RADIO, TELEC Verbindung *f;* INET, COMPUT Link *m fachspr* ❸ TRANSP **rail ~** Bahnverbindung *f* **II.** *vt (connect)* verbinden **III.** *vi (connect)* sich zusammenfügen lassen

L

lion [ˈlaɪən] *n* ZOOL, ASTROL Löwe *m*

lioness <*pl* -es> [ˈlaɪənes] *n* Löwin *f*

lip [lɪp] *n* ❶ ANAT Lippe *f* ❷ *(rim)* Rand *m; of a pitcher, jug* Schnabel *m* ❸ *no pl (fam: cheek)* Unverschämtheiten *pl*

lip balm *n* Lippenpflege *f* **lip gloss** *n no pl* Lipgloss *m* **lip-read** <-read, -read> **I.** *vi* von den Lippen [*o* vom Mund] ablesen **II.** *vt* **to ~ sb** jdm von den Lippen ablesen; **to ~ words** Worte von den Lippen ablesen **lipstick** *n no pl* Lippenstift *m*

liqueur [lɪˈkjʊəʳ] *n* Likör *m*

liquid [ˈlɪkwɪd] **I.** *adj* ❶ *(water-like)* flüssig, Flüssig- ❷ *attr* CHEM verflüssigt ❸ FIN [frei] verfügbar **II.** *n* Flüssigkeit *f*

liquidize [ˈlɪkwɪdaɪz] *vt food* pürieren

liquidizer [ˈlɪkwɪdaɪzəʳ] *n* Mixgerät *nt,* Mixer *m fam*

lisp [lɪsp] **I.** *n no pl* Lispeln *nt* **II.** *vi, vt* lispeln

list¹ [lɪst] **I.** *n* Liste *f; (in books)* Namensverzeichnis *nt;* **shopping ~** Einkaufszettel *m* **II.** *vt* auflisten; **to be ~ed in the phone book** im Telefonbuch stehen

list² [lɪst] NAUT **I.** *vi* Schlagseite haben **II.** *n* Schlagseite *f*

listen [ˈlɪsᵊn] **I.** *vi* ❶ *(pay attention)* zuhören; **to ~ to sb** jdm zuhören; **~ to this!** hör dir das an! *fam;* **to ~ carefully** [ganz] genau zuhören; **to ~ to the radio** Radio hören ❷ *(pay heed)* zuhören; **don't ~ to them** hör nicht auf sie **II.** *interj* hör mal! **III.** *n no pl* **have a ~ to this!** hör dir das an!

◆**listen in** *vi (secretly)* mithören; *(without participating)* mitanhören; *(to radio)* hören

listener [ˈlɪsᵊnəʳ] *n* ❶ *(in a conversation)* Zuhörer(in) *m(f);* **to be a good ~** gut zuhören können ❷ *(to lecture, concert)* Hörer(in) *m(f)*

listlessly [ˈlɪs(t)ləsli] *adv* teilnahmslos, lustlos

listlessness [ˈlɪs(t)ləsnəs] *n no pl* Teilnahmslosigkeit *f;* MED Apathie *f*

lit [lɪt] *vi, vt pt, pp of* **light**

liter *n* AM *see* **litre**

literally [ˈlɪtᵊrᵊli] *adv* ❶ *(in a literal manner)* [wort]wörtlich ❷ *(actually)* buchstäblich; **quite ~** in der Tat ❸ *(fig fam: for emphasis)* echt

literature [ˈlɪtrətʃəʳ] *n no pl* ❶ *(written works)* Literatur *f;* **nineteenth-century ~** die Literatur des 19. Jahrhunderts ❷ *(specialist texts)* Fachliteratur *f* (**on/about** über) ❸ *(printed matter)* Informationsmaterial *nt*

Lithuania [lɪθjuˈeɪniə] *n* Litauen *nt*

Lithuanian [lɪθjuˈeɪniən] **I.** *n* ❶ *(person)* Litauer(in) *m(f)* ❷ *(language)* Litauisch *nt* **II.** *adj* litauisch

litre [ˈliːtəʳ] *n* Liter *m o nt;* **two ~s [of milk]** zwei Liter [Milch]; **per ~** pro Liter

litter [ˈlɪtəʳ] **I.** *n* ❶ *no pl (rubbish)* Müll *m,* Abfall *m* ❷ + *sing/pl vb* ZOOL Wurf *m* **II.** *vt* ❶ *(make untidy)* **dirty clothes ~ed the floor** dreckige Wäsche lag über den Boden verstreut

❷ *usu passive (fig: fill)* **to be ~ed with sth** mit etw *dat* übersät sein

little ['lɪtl̩] **I.** *adj* ❶ *(small)* klein; *(for emphasis)* richtige(r, s), kleine(r, s) ❷ *(young)* klein; **~ brother** kleiner Bruder ❸ *attr (short in distance)* kurz ❹ *attr (unimportant)* klein **II.** *adv* ❶ *(somewhat)* **a ~ ...** ein wenig ... ❷ *(hardly)* wenig; **~ more than an hour ago** vor kaum einer Stunde **III.** *pron sing* ❶ *(small quantity)* **a ~** ein wenig (**of** von) ❷ *(not much)* wenig; **as ~ as possible** möglichst wenig ❸ *(short time)* **it's a ~ after six** es ist kurz nach sechs

live[1] [laɪv] **I.** *adj* ❶ *attr (living)* lebend; **~ animals** echte Tiere ❷ RADIO, TV live; **~ broadcast** Liveübertragung *f* ❸ ELEC geladen; **~ wire** Hochspannungskabel *nt* **II.** *adv* RADIO, TV live

live[2] [lɪv] **I.** *vi* ❶ *(be alive)* leben; **will she ~?** wird sie überleben? ❷ *(spend life)* leben; **to ~ together** zusammenleben ❸ *(subsist)* leben (**by** von) ❹ *(have interesting life)* **to ~ a little** das Leben genießen ❺ *(reside)* wohnen **II.** *vt* **to ~ one's own life** sein eigenes Leben leben ▶ **to ~ a lie** mit einer Lebenslüge leben

◆**live off**, AM *a.* **live off of** *vi* ❶ *(depend)* **to ~ off sb** auf jds Kosten leben ❷ **to ~ off sth** *(support oneself) inheritance, pension* von etw *dat* leben; *(eat)* von etw *dat* leben

◆**live on** *vi* ❶ *(continue)* weiterleben; *tradition* fortbestehen ❷ *see* **live off 2**

◆**live through** *vi* überstehen; **to ~ through an experience** eine Erfahrung durchmachen

◆**live together** *vi* zusammenleben; *residents* zusammenwohnen

◆**live up to** *vi* **to ~ up to sb's expectations** jds Erwartungen gerecht werden

lively ['laɪvli] *adj* ❶ *(full of energy) city, child, street* lebhaft; *child, eyes, tune* munter ❷ *(bright) colour* hell ❸ *(lifelike)* lebendig ❹ *(brisk)* rege ❺ *(stimulating) discussion, style* lebhaft

liver ['lɪvəʳ] *n* FOOD, ANAT Leber *f*

liver sausage *n no pl*, AM, AUS **liverwurst** ['lɪvəwɜːst] *n* Leberwurst *f*

living ['lɪvɪŋ] **I.** *n* ❶ *usu sing (livelihood)* Lebensunterhalt *m* ❷ *no pl (lifestyle)* Lebensstil *m* ❸ *pl* **the ~** *(people)* die Lebenden *pl* **II.** *adj* ❶ *(alive)* lebend *attr;* **~ creatures** Lebewesen *pl* ❷ *(still used)* lebendig; *language* lebend

living conditions *n* Lebensbedingungen *pl* **living quarters** *n pl* Wohnbereich *m;* MIL Quartier *nt* **living room** *n* Wohnzimmer *nt*

lizard ['lɪzəd] *n* Eidechse *f*

load [ləʊd] **I.** *n* ❶ *(amount carried)* Ladung *f;* **with a full ~ of passengers** mit Passagieren [voll] besetzt ❷ *(burden)* Last *f* ❸ *(fam: lots)* **a ~ of work** ein Riesenberg an Arbeit ❹ *(fam: plenty)* **~s** jede Menge **II.** *adv pl (sl)* **~s better** tausendmal besser *fam* **III.** *vt* ❶ *(fill) gun also* laden; *container* beladen ❷ *(fig: burden)* aufladen **IV.** *vi* [ver]laden

◆**load up I.** *vt* aufladen; *container* beladen **II.** *vi* beladen

loaded ['ləʊdɪd] *adj* ❶ *(carrying sth)* beladen ❷ *(with ammunition)* geladen ❸ *(having excess)* überladen (**with** mit) ❹ *pred (fam: rich)* steinreich ❺ *pred esp* AM *(sl: drunk)* besoffen *fam*

loaf[1] <*pl* loaves> [ləʊf] *n* Brot *nt,* Brotlaib *m*

loaf[2] [ləʊf] *vi* faulenzen; **to ~ about** herumgammeln *fam*

loan [ləʊn] **I.** *n* ❶ *(money)* Kredit *m;* **to take out a ~** ein Darlehen aufnehmen ❷ *(object)* Leihgabe *f* ❸ *(act)* **to be on ~** geliehen sein **II.** *vt* leihen

lobby ['lɒbi] **I.** *n* ❶ ARCHIT Eingangshalle *f;* **hotel ~** Hotelfoyer *nt* ❷ POL Lobby *f* **II.** *vi* <-ie-> **to ~ against sth** seinen Einfluss [mittels eines Interessenverbandes] gegen etw *akk* geltend machen **III.** *vt* <-ie-> **to ~ sb [to do sth]** jdn beeinflussen [etw zu tun]

lobster ['lɒbstəʳ] *n* Hummer *m*

local ['ləʊkᵊl] **I.** *adj* ❶ *(neighbourhood)* hiesig, örtlich; **~ branch** Filiale *f; of a bank, shop* Zweigstelle *f* ❷ MED lokal **II.** *n* ❶ *usu pl (inhabitant)* Ortsansässige(r) *f(m)* ❷ BRIT *(fam: pub)* Stammkneipe *f*

local authority *n* BRIT *of community* Gemeindeverwaltung *f,* Kommunalverwaltung *f; of city* Stadtverwaltung *f,* städtische Behörden **local call** *n* Ortsgespräch *nt* **local election** *n* Kommunalwahl *f,* Gemeindewahl *f* SCHWEIZ **local government** *n* BRIT Stadtverwaltung *f*

locally ['ləʊkᵊli] *adv* am [*o* vor] Ort; **fruit and vegetables are grown ~** Obst und Gemüse werden hier in dieser Gegend angebaut; **~ produced** vor Ort hergestellt

local news *n + sing vb* Lokalnachrichten *pl* **local time** *n* Ortszeit *f*

L

locate [lə(ʊ)'keɪt] *vt* ❶ *(find)* ausfindig machen, orten ❷ *(situate)* **to be ~d** sich befinden; **to be centrally ~d** zentral liegen

location [lə(ʊ)'keɪʃᵊn] *n* ❶ *(place)* Lage *f; company* Standort *m* ❷ FILM Drehort *m;* **filmed on ~ in Austria** an Originalschauplätzen in Österreich gefilmt

loch [lɒk, SCOT lɒx] *n* SCOT ❶ *(lake)* See *m* ❷ *(fjord)* Meeresarm *m*

lock¹ [lɒk] *n (curl)* [Haar]locke *f*

lock² [lɒk] **I.** *n* ❶ *(fastening device)* Schloss *nt* ❷ NAUT Schleuse *f* ❸ *(in wrestling)* Fesselgriff *m* **II.** *vt* ❶ *(fasten)* abschließen ❷ *usu passive (entangle)* sich verhaken **III.** *vi* ❶ *(become secured)* schließen ❷ *(become fixed)* binden

◆**lock away** *vt* ❶ *(secure)* wegschließen ❷ *(for peace and quiet)* **to ~ oneself away [in one's office]** sich [in seinem Büro] einschließen

◆**lock out** *vt* aussperren

◆**lock up** **I.** *vt* ❶ *(shut, secure)* abschließen; *documents, money* wegschließen ❷ *(put in custody)* einsperren **II.** *vi* abschließen, zuschließen

lockable ['lɒkəbl̩] *adj* abschließbar, verschließbar

locker ['lɒkəʳ] *n* Schließfach *nt*

locksmith *n* Schlosser(in) *m(f)*

lodge [lɒdʒ] **I.** *n* ❶ *(house)* Hütte *f;* **gatekeeper's ~** Pförtnerhaus *nt* ❷ *(meeting place)* Loge *f* **II.** *vt* ❶ *(present formally) appeal, objection, complaint* einlegen ❷ *esp* BRIT, AUS *(form: store)* **to ~ sth with sb** etw bei jdm hinterlegen **III.** *vi* ❶ *(become fixed)* stecken bleiben ❷ *(form: reside)* logieren

lodger ['lɒdʒəʳ] *n* Untermieter(in) *m(f);* **to take in ~s** Zimmer [unter]vermieten

lodging ['lɒdʒɪŋ] *n* ❶ *no pl (form: accommodation)* Unterkunft *f* ❷ *esp* BRIT *(fam: rented room)* **~s** *pl* möbliertes Zimmer

lodging house *n* Pension *f*

loft [lɒft] **I.** *n* ❶ *(attic)* Speicher *m,* Estrich *m* SCHWEIZ; *(for living)* Dachwohnung *f,* Loft *m* ❷ *(gallery in church)* **choir ~** Empore *f (für den [Kirchen]chor)* **II.** *vt ball* hochschlagen (**over** über)

log¹ [lɒg] *n (fam) short for* **logarithm** Logarithmus *m*

log² [lɒg] **I.** *n* ❶ *(branch)* [gefällter] Baumstamm; *(tree trunk)* [Holz]block *m; (for fire)* [Holz]scheit *nt* ❷ *(record)* NAUT Logbuch *nt* ❸ *(systematic record)* Aufzeichnungen *pl* **II.** *vt* <-gg-> ❶ *(enter into record)* aufzeichnen; *phone calls* registrieren ❷ *forest* abholzen **III.** *vi* <-gg-> Bäume fällen

logical ['lɒdʒɪkᵊl] *adj* ❶ *(according to laws of logic)* logisch ❷ *(correctly reasoned)* vernünftig

lol [lɒl] INET *(sl)* ❶ *abbrev of* **laughing out loud** ich lach' mich tot ❷ *abbrev of* **lots of love** viele liebe Grüße

lollipop ['lɒlipɒp] *n* Lutscher *m,* ÖSTERR *a.* Schlecker *m,* Schleckstängel *m*

SCHWEIZ

lolly ['lɒli] *n* ❶ BRIT, AUS *(fam)* Lutscher *m* ❷ AUS, NZ *(boiled sweet)* Bonbon *m o nt*

London ['lʌndən] *n* London *nt*

lonely <-ier, -iest> ['ləʊnli] *adj* einsam; **to feel ~** sich einsam fühlen

loner ['ləʊnəʳ] *n (usu pej)* Einzelgänger(in) *m(f)*

long[1] [lɒŋ] **I.** *adj* ❶ *(in space)* lang; *(over great distance)* weit; *(elongated)* lang, länglich; *(fam: tall)* groß, lang *fam* ❷ *(in time)* lang; *(tedious)* lang[wierig] ❸ *(in scope)* lang; *book* dick ▶ **in the ~ run** auf lange Sicht [gesehen] **II.** *adv* ❶ *(for a long time)* lang[e]; **have you been waiting ~?** wartest du schon lange? ❷ *(at a distant time)* lange; **~ ago** vor langer Zeit ❸ *(after implied time)* lange; **how much ~er will it take?** wie lange wird es noch dauern? ❹ *(throughout)* **all night ~** die ganze Nacht [lang] ▶ **as ~ as ...** *(during)* solange ... **III.** *n no pl (long time)* eine lange Zeit; **it won't take ~** es wird nicht lange dauern ▶ **before [very] ~** schon [sehr] bald

long[2] [lɒŋ] *vi* sich sehnen (**for** nach)

long-distance I. *adj attr* ❶ *(between distant places)* Fern-, Weit-; **~ relationship** *Beziehung zwischen zwei weit voneinander entfernt wohnenden Partnern* ❷ SPORTS Langstrecken-; **~ race** Langstreckenlauf *m* **II.** *adv* **to travel ~** eine Fernreise machen **long-haired** <longer-, longest-> *adj* langhaarig; *animals* Langhaar-

longingly ['lɒŋɪŋli] *adv* sehnsüchtig, voll[er] Sehnsucht [*o* Verlangen]

longish ['lɒŋɪʃ] *adj (fam)* ziemlich lang

long jump *n* SPORTS ❶ *(sports discipline)* **the ~** *no pl* der Weitsprung ❷ *(action)* **~s** *pl* Weitsprünge *pl* **long-range** *adj* ❶ *(in distance)* Langstrecken- ❷ *(long-term)* langfristig **long-sighted** *adj* ❶ *(having long sight)* weitsichtig ❷ *esp* AM *(fig: having foresight)* vorausschauend **long-suffering** *adj* langmütig **long-term** *adj attr* langfristig; **~ memory** Langzeitgedächtnis *nt* **long vacation**, *fam* **long vac** *n* BRIT, AUS UNIV lange [Semester]ferien, Sommerferien *pl;* LAW Sommerpause *f* **long wave** *n* RADIO Langwelle *f* **long-winded** *adj* langatmig

loo [lu:] *n* BRIT, AUS *(fam)* Klo *nt;* **to need to go to the ~** aufs Klo [gehen] müssen

look [lʊk] **I.** *n* ❶ *usu sing (glance)* Blick *m;* **to have a ~ round** sich umsehen ❷ *(facial expression)* [Gesichts]ausdruck *m,* Miene *f* ❸ *no pl (examination)* Betrachtung *f;* **to have a ~ at sth** sich *dat* etw ansehen ❹ *no pl (search)* **to have a ~** nachsehen ❺ *no pl (appearance)* Aussehen *nt;* **~s** *pl* Aussehen *nt kein pl* ❻ FASHION Look *m;* ▶ **if ~s could kill** wenn Blicke töten könnten **II.** *interj (explanatory)* schau mal *fam* **III.** *vi* ❶ *(glance)* schauen; **to ~ away/the other way** wegsehen ❷ *(search)* suchen; *(in an encyclopaedia)* nachschlagen ❸ *(appear)* **she doesn't ~ her age** man sieht ihr ihr Alter nicht an; **to ~ tired** müde aussehen; **to ~ like sb** *(resemble)* jdm ähnlich sehen ❹ *(pay attention)* **~ where you're going!** pass auf, wo du hintrittst! **IV.** *vt* **to ~ sb in the eye** jdm in die Augen sehen ▶ **to ~ daggers at sb** jdn mit Blicken durchbohren

◆**look about** *vi* **to ~ about for sth** sich nach etw *dat* umsehen

◆**look after** *vi* ❶ *(glance)* nachsehen +*dat* ❷ *(take care of, be responsible for)* **to ~ after sb** sich um jdn kümmern ❸ *(keep an eye on)* **to ~ after sth** auf etw aufpassen

◆**look ahead** *vi* ❶ *(glance)* nach vorne sehen ❷ *(fig: plan)* vorausschauen

◆**look around** *vi see* **look round**

◆**look at** *vi* ❶ *(glance)* ansehen ❷ *(examine)* **to ~ at sth** sich *dat* etw ansehen ❸ *(regard)* **to ~ at sth** etw be-

L

trachten

◆**look away** *vi* wegsehen

◆**look back** *vi* ① *(glance)* zurückschauen ② *(remember)* zurückblicken (**on/at** auf)

◆**look down** *vi* ① *(glance)* nach unten sehen; **to ~ down at/on sb** zu jdm hinuntersehen ② *(fig: despise)* **to ~ down [up]on sb** auf jdn herabsehen

◆**look for** *vi* ① *(seek)* **to ~ for sb/sth** nach jdm/etw suchen; **to ~ for a job** Arbeit suchen ② *(anticipate)* **to ~ for sb/sth** jdn/etw erwarten

◆**look forward** *vi* ① *(glance)* nach vorne sehen ② *(anticipate, enjoy)* **to ~ forward to sth** sich auf etw *akk* freuen

◆**look in** *vi* ① *(glance)* hineinsehen ② *(visit)* **to ~ in [on sb]** bei jdm vorbeischauen *fam*

◆**look into** *vi* **to ~ into sth** ① *(glance)* in etw *akk* [hinein]sehen; **to ~ into sb's eyes/face** jdm in die Augen/ins Gesicht sehen ② *(examine)* etw untersuchen

◆**look on** *vi* ① *(glance)* betrachten ② *(regard)* **to ~ on sth with disquiet/favour** etw mit Unbehagen/Wohlwollen betrachten ▶ **to ~ on the bright side [of sth]** die positiven Seiten [einer S. *gen*] sehen

◆**look out** I. *vi* ① *(search, wait)* **to ~ out for sb** nach jdm Ausschau halten ② *(be careful)* aufpassen; **to ~ out for sb** sich vor jdm in Acht nehmen ③ *(care for)* **to ~ out for oneself** seine eigenen Interessen verfolgen II. *vt* BRIT **to ~ out ↻ sth** etw heraussuchen

◆**look over** I. *vi* **to ~ over sth** ① *(glance)* über etw *akk* blicken ② *(offer a view)* *window, room* auf etw *akk* [hinaus]gehen II. *vt* ① *(view)* besichtigen; *(inspect, survey)* inspizieren ② *(examine briefly)* durchsehen

◆**look round** *vi* BRIT, AUS ① *(glance)* sich umsehen ② *(search)* **to ~ round for sth** sich nach etw umsehen ③ *(examine)* **to ~ round sth** sich *dat* etw ansehen

◆**look through** *vi* ① *(glance)* **to ~ through sth** durch etw *akk* [hindurch]sehen; **to ~ through a window** aus einem Fenster sehen ② *(fig: ignore)* **to ~ [straight] through sb** [einfach] durch jdn hindurchschauen ③ *(peruse)* **to ~ through sth** etw durchsehen

◆**look to** *vi* ① *(consider)* **to ~ to sth** sich um etw *akk* kümmern; **to ~ to one's motives** seine Motive [genau] prüfen ② *(rely on)* **to ~ to sb** auf jdn bauen

◆**look up** I. *vi* ① *(glance)* **to ~ up at sb/sth** zu jdm/etw hinaufsehen; **to ~ up [from sth]** [von etw *dat*] aufsehen ② *(improve)* besser werden; *increase, rise* steigen II. *vt* ① *(fam: visit)* **to ~ up ↻ sb** bei jdm vorbeischauen ② *(search for)* nachschlagen

lookalike *n* Doppelgänger(in) *m(f)*

lookout *n* ① *(observation post)* Beobachtungsposten *m* ② *(person)* Wache *f* ③ *esp* BRIT *(fam: outlook)* Aussichten *pl* ④ *(be alert for)* **to keep a ~ [for sb]** [nach jdm] Ausschau halten

loop [luːp] I. *n* ① *(shape)* Schleife *f; of a string, wire* Schlinge *f* ② AVIAT Looping *m* ③ *(in skating)* Schleife *f* II. *vt* *(form into loop)* **~ the rope over the bar** schling das Seil um die Stange III. *vi* ① *(form a loop)* eine Schleife machen; *road, stream* sich schlängeln ② AVIAT einen Looping drehen

loose [luːs] I. *adj* ① *(not tight)* locker; *skin* schlaff; **~ cash/coins** Kleingeld *nt;* **~ sheets of paper** lose Blätter Papier; **to work itself ~** sich lockern ② *hair* offen ③ *(not confined)* frei ④ *(not exact)* ungefähr *attr; (not strict)* lose ⑤ *clothing* weit, locker ⑥ *(indiscreet)* **~ tongue** loses Mundwerk *fam* ▶ **to hang ~** AM *(sl)* cool bleiben II. *vt* *(untie)* *knot, rope* lösen

loosely [ˈluːsli] *adv* ① *(not tightly)* lose; **to hang ~** schlaff herunterhängen

2 *(not exactly)* ungefähr; ~ **speaking** grob gesagt 3 *(not strictly)* locker

loosen ['lu:sᵊn] I. *vt* 1 *(make less tight)* **to ~ one's collar** seinen [Hemd]kragen aufmachen 2 *policy, rules, muscles, grip* lockern II. *vi* sich lockern

looseness ['lu:snəs] *n no pl* 1 *(not tightness)* Lockerheit *f* 2 *of a quote, an estimate* Ungenauigkeit *f,* Vagheit *f* 3 *(laxity)* Lockerheit *f; of morals* Laxheit *f*

lord [lɔ:d] *n* 1 *(nobleman)* Lord *m* 2 *(ruler)* ~ **of the manor** Gutsherr *m; (fig)* Herr *m* im Haus 3 *(God)* **L~** Herr

Lord Mayor *n* BRIT Oberbürgermeister(in) *m(f)*

lorry ['lɒri] *n* BRIT Last[kraft]wagen *m;* ~ **driver** Lastwagenfahrer(in) *m(f)*

lose <lost, lost> [lu:z] I. *vt* 1 *(forfeit)* verlieren; **to ~ sth to sb** etw an jdn verlieren 2 *(through death)* **she lost her son in the fire** ihr Sohn ist beim Brand umgekommen 3 *usu passive* **to be lost** *things* verschwunden sein 4 *(waste) opportunity* versäumen 5 *watch, clock* **to ~ time** nachgehen 6 *(not find, not win)* verlieren 7 AM *(fam: get rid of)* abschütteln ▸ **to ~ heart** den Mut verlieren; **to ~ it** *(fam)* durchdrehen; **to ~ track** [**of sth**] *(not follow)* [etw *dat*] [geistig] nicht folgen können II. *vi* 1 *(be beaten)* verlieren (**to** gegen) 2 *(flop)* ein Verlustgeschäft sein 3 *(invest badly)* Verlust machen (**on** bei)

loser ['lu:zəʳ] *n* Verlierer(in) *m(f)*

loss <*pl* -es> [lɒs] *n* Verlust *m;* ▸ **to be at a ~** nicht mehr weiterwissen

lost [lɒst] I. *pt, pp of* **lose** II. *adj* 1 *(unable to find way)* **to be ~** sich verirrt haben; **to get ~** sich verirren 2 *(no longer to be found)* ~ **articles** abhanden gekommene Artikel; **to get ~** verschwinden 3 *pred (helpless)* **to feel ~** sich verloren fühlen 4 *(perished, destroyed) soldiers* gefallen ▸ **to be ~ on sb** nicht verstanden werden

lot [lɒt] I. *pron* 1 *(much, many)* **a ~** viel 2 *(everything)* **the ~** alles II. *adv (fam)* **a ~** viel; **thanks a ~!** vielen Dank!; **we go on holidays a ~** wir machen oft Urlaub III. *n* 1 + *sing/pl vb* BRIT, AUS *(group)* Trupp *m fam;* BRIT *(usu pej fam: group of people)* Haufen *m;* **are you ~ coming to lunch?** kommt ihr alle zum Essen? 2 *no pl (fate)* Los *nt geh* 4 *esp* AM, AUS *(land)* Stück *nt* Land; **parking ~** Parkplatz *m*

lottery ['lɒtᵊri] *n* Lotterie *f;* ~ **ticket** Lotterielos *nt*

loud [laʊd] I. *adj* 1 *(audible)* laut 2 *(pej: insistent)* [aufdringlich] laut 3 *(pej: garish)* auffällig II. *adv* laut; ~ **and clear** laut und deutlich

loudly ['laʊdli] *adv* 1 *(audibly)* laut; **to speak/talk ~** laut sprechen/reden 2 *(pej: insistently)* **to complain ~** sich lautstark beschweren 3 *(pej: garishly)* auffällig, grell, schrill; **to dress ~** sich auffällig anziehen

loudmouth *n (fam)* Großmaul *nt* **loudspeaker** *n* Lautsprecher *m*

lounge [laʊndʒ] I. *n* 1 *(public room)* Lounge *f; of hotel* Hotelhalle *f;* **departure ~** Abflughalle *f* 2 BRIT *(sitting room)* Wohnzimmer *nt* II. *vi* ~ [**about/around**] *(lie)* [faul] herumliegen; *(sit)* [faul] herumsitzen; *(stand)* [faul] herumstehen

lounge bar *n* BRIT *der vornehmere Teil eines Pubs* **lounge suit** *n* BRIT Straßenanzug *m*

lousy [laʊzi] *adj* 1 *(fam: bad)* lausig; *(very bad)* unterirdisch *pej fam;* ~ **weather** Hundewetter *nt* 2 *(meagre)* lausig 3 *pred (ill)* **to feel ~** sich hundeelend fühlen

lout [laʊt] *n (fam)* Flegel *m;* **lager ~s** BRIT *(pej)* Saufköpfe *pl derb*

loutish ['laʊtɪʃ] *adj (fam)* rüpelhaft

loutishness ['laʊtɪʃnəs] *n no pl (pej)* Pöbelhaftigkeit *f,* Rüpelhaftigkeit *f*

love [lʌv] I. *n* 1 *no pl (affection)* Liebe *f;* **to be in ~ with sb** in jdn verliebt sein; **to make ~ to sb** mit jdm schla-

L

fen ② *(interest)* Leidenschaft *f;* *(with activities)* Liebe *f;* **she has a great ~ of music** sie liebt die Musik sehr ③ *esp* BRIT *(fam: darling)* Schatz *m* ④ *no pl* TENNIS null **II.** *vt* *(be in love with)* lieben; *(greatly like)* sehr mögen

love letter *n* Liebesbrief *m* **love life** *n* Liebesleben *nt kein pl*

lovely ['lʌvli] *adj* ① *(beautiful)* schön; *house* wunderschön; **to look ~** reizend aussehen ② *(fam: pleasant)* wunderbar, herrlich; **how ~ to see you!** wie schön, dich zu sehen! ③ *(charming)* nett, liebenswürdig

lover ['lʌvəʳ] *n* ① *(person in love)* Liebende(r) *f(m)* ② *(sexual partner)* Liebhaber(in) *m(f);* **~s** *pl* Liebespaar *nt sing* ③ *(enthusiast)* Liebhaber(in) *m(f)* (**of** von)

lovesick *adj* **to be ~** Liebeskummer haben **love song** *n* Liebeslied *nt* **love story** *n* Liebesgeschichte *f*

L

loving ['lʌvɪŋ] *adj* *(feeling love)* liebend; *(showing love)* liebevoll

lovingly ['lʌvɪŋli] *adv* liebevoll, zärtlich

low¹ [ləʊ] **I.** *adj* ① *(in height)* niedrig; *neckline* tief; *slope* flach ② *(in number)* gering, wenig ③ *(depleted)* knapp ④ *(not loud)* leise; **~ groaning** verhaltenes Stöhnen ⑤ *(not high-pitched)* *voice* tief ⑥ *(not intense)* niedrig ⑦ *(not good)* *morale, visibility* schlecht; *quality* minderwertig; **to have a ~ opinion of sb** von jdm nicht viel halten ⑧ *(sad)* **in ~ spirits** niedergeschlagen; **to feel ~** niedergeschlagen sein **II.** *adv* ① *(in height)* niedrig; **to be cut ~** *dress, blouse* tief ausgeschnitten sein ② *(to a low level)* tief; **to turn the music ~er** die Musik leiser stellen ③ *(cheap)* billig **III.** *n* ① *(low level)* Tiefpunkt *m* ② METEO Tief *nt*

low² [ləʊ] **I.** *n* *(of cow)* Muhen *nt* **II.** *vi* *cow* muhen

low-budget *adj* *airline, holiday* Billig-; *film* mit kleinem Budget **low-calorie**, *fam* **low-cal** *adj* kalorienarm **low-cut** *adj* *dress* tief ausgeschnitten, mit tiefem Ausschnitt *nach n* **low-energy** *adj* energiesparend, Energiespar-; **~ bulb** Energiesparlampe *f*

lower¹ ['ləʊəʳ] **I.** *adj* ① *(less high)* niedriger; *(situated below)* untere(r, s), Unter- ② *(less in hierarchy)* *status, rank* niedere(r, s), untere(r, s) **II.** *vt* ① *(move downward)* herunterlassen; *arms, hands* senken; **to ~ one's eyes** die Augen niederschlagen ② *(decrease)* verringern; *voice* senken ③ *(demean)* **to ~ oneself to do sth** sich herablassen, etw zu tun **III.** *vi* sinken; *voice* leiser werden

lower² [laʊəʳ] *vi* *person* ein finsteres Gesicht machen; *light* dunkler werden; **~ing skies** verhangener Himmel

lowering ['ləʊᵊrɪŋ] *n no pl* Reduzierung *f;* **~ of prices** Preissenkung *f;* **~ of standards** Herabsetzung *f* von [Qualitäts]normen

low-maintenance *adj* pflegeleicht **low-necked** *adj* **~ dress** Kleid *nt* mit tiefem Ausschnitt **low-pressure** *adj* ① *(not stressful)* stressfrei ② *(not aggressive)* unaufdringlich ③ METEO **~ area** Tiefdruckgebiet *nt* **low season** *n* Nebensaison *f* **low tide** *n*, **low water** *n no pl* Niedrigwasser *nt; of sea* Ebbe *f*

low-wage job *n* Billigjob *m*

low-wage sector *n* Niedriglohnsektor *m*

loyal ['lɔɪəl] *adj* treu

loyally ['lɔɪəli] *adv* treu

Lucifer ['lu:sɪfəʳ] *n* Luzifer *m*

luck [lʌk] *n no pl* ① *(fortune)* Glück *nt;* **as ~ would have it** wie es der Zufall wollte; **just my ~!** Pech gehabt!; **no such ~!** *(fam)* schön wär's!; **bad ~ [on sb]** Pech *nt* [für jdn]; **to be in ~** Glück haben ② *(success)* Erfolg *m;* **any ~ with booking your flight?** hat es mit der Buchung deines Fluges geklappt?

luckily ['lʌkɪli] *adv* glücklicherweise; **~ for them** zu ihrem Glück

lucky ['lʌki] *adj* ① *(fortunate)* glücklich; **you ~ thing!** *(fam)* du Glückliche(r)!

③ *(bringing fortune)* Glück bringend, Glücks-

luggage ['lʌgɪdʒ] *n no pl* [Reise]gepäck *nt;* **a piece of ~** ein Gepäckstück *nt*

luggage rack *n esp* BRIT Gepäckablage *f; of a bicycle* Gepäckträger *m*

lukewarm [ˌlu:k'wɔ:m] *adj* ① *(tepid)* lau[warm] ② *(fig: not enthusiastic)* mäßig

luminous ['lu:mɪnəs] *adj* ① *(bright)* leuchtend *a. fig,* strahlend *a. fig* ② *(phosphorescent)* phosphoreszierend, Leucht- ③ *(brilliant)* genial

lump [lʌmp] **I.** *n* ① *(chunk)* Klumpen *m;* **three ~s of sugar** drei Stück Zucker ② *(sl: heap)* Haufen *m fam* ③ MED *(swelling)* Schwellung *f* **II.** *vt (combine)* **to ~ sth with sth** etw mit etw *dat* zusammentun *fam* **III.** *vi* FOOD *flour, sauce* klumpen

lump sugar *n no pl* Würfelzucker *m*

lump sum (**payment**) *n* Einmalzahlung *f;* **to pay sth in a ~** etw pauschal bezahlen

lumpy ['lʌmpi] *adj liquid* klumpig; *figure* plump; *person* pummelig

lunatic ['lu:nətɪk] **I.** *n* Irre(r) *f(m) pej derb;* MED Geistesgestörte(r) *f(m);* LAW [geistig] Unzurechnungsfähige(r) *f(m)* **II.** *adj* verrückt *fam o pej;* MED geistesgestört; LAW [geistig] unzurechnungsfähig

lunch [lʌn(t)ʃ] **I.** *n* <*pl* -es> ① *(mid-day meal)* Mittagessen *nt;* **to have ~** zu Mittag essen ② *(mid-day break)* Mittagspause *f;* **to be out to ~** in der Mittagspause sein ③ *(light meal)* Imbiss *m* **II.** *vi* zu Mittag essen; **to ~ on sth** etw zu Mittag essen

lunch break *n* Mittagspause *f*

luncheon ['lʌn(t)ʃən] *n (form)* Mittagessen *nt*

luncheon meat *n* Frühstücksfleisch *nt*

luncheon voucher *n* BRIT Essensmarke *f*

lunch hour *n* Mittagspause *f* **lunchtime** *n (midday)* Mittagszeit *f; (lunchbreak)* Mittagspause *f;* **at ~** mittags

lung [lʌŋ] *n* Lungenflügel *m;* **the ~s** *pl* die Lunge *sing*

lung cancer *n no pl* Lungenkrebs *m*

lurch[1] [lɜ:tʃ] *n* **to leave sb in the ~** jdn im Stich lassen

lurch[2] [lɜ:tʃ] **I.** *n* <*pl* -es> Ruck *m a. fig* **II.** *vi crowd, person* torkeln

Luxembourg ['lʌksᵊmbɜ:g] *n* Luxemburg *nt*

Luxembourger ['lʌksᵊmbɜ:gəʳ] *n* Luxemburger(in) *m(f)*

Luxembourgian [ˌlʌksᵊm'bɜ:giən] *n* Luxemburgisch *nt*

luxuriously [lʌg'ʒʊəriəsli] *adv* ① *(with luxuries)* luxuriös; **to furnish sth ~** etw prunkvoll ausstatten; **to live ~** auf großem Fuß leben ② *(self-indulgently)* genüsslich, genießerisch

luxury ['lʌkʃᵊri] *n* ① *no pl (self-indulgence)* Luxus *m* ② *(luxurious item)* Luxus[artikel] *m*

lying[1] ['laɪɪŋ] *vi present part of* **lie**

lying[2] ['laɪɪŋ] **I.** *adj attr* verlogen, lügnerisch **II.** *n no pl* Lügen *nt*

lyrics ['lɪrɪks] *n pl* [Lied]text *m*

Mm

M <*pl* -'s>, **m** <*pl* -'s> [em] *n* M *nt,* m *nt; see also* **A 1**

m I. *n* <*pl* -'s> ① *abbrev of* **metre** m ② *abbrev of* **mile** ③ *abbrev of* **million** Mill., Mio.

ma [mɑː] *n (fam)* Mama *f,* Mutti *f*

MA [ˌem'eɪ] *n abbrev of* **Master of Arts**

mac [mæk] *n esp* BRIT *(fam) short for* **macintosh** Regenmantel *m*

macaroni [ˌmækə'reʊni] *n no pl* Makkaroni *pl*

macaroon [ˌmækə'ruːn] *n* Makrone *f*

Macedonia [mæsɪ'dəʊniə] *n* Makedonien *nt,* Mazedonien *nt*

Macedonian [mæsɪ'dəʊniən] **I.** *n* Makedonier(in) *m(f),* Mazedonier(in) *m(f)* **II.** *adj* makedonisch, mazedonisch

machine [mə'ʃiːn] *n* Maschine *f;* **by ~** maschinell

machine gun *n* Maschinengewehr *nt*

machinery [mə'ʃiːnəri] *n no pl* Maschinen *pl*

mackerel <*pl* -s> ['mækərəl] *n* Makrele *f*

mackintosh ['mækɪntɒʃ] *n* BRIT Regenmantel *m*

mad <-dd> [mæd] *adj* ① *esp* BRIT *(fam)* verrückt *fam;* **to go ~** den Verstand verlieren ② *(frantic)* wahnsinnig *fam;* **I'm in a ~ rush** ich hab's wahnsinnig eilig; **like ~** wie verrückt

Madagascan [ˌmædə'gæskən] **I.** *adj* madagassisch **II.** *n* Madagasse, Madagassin *m, f*

madam ['mædəm] *n no pl (addressing)* gnädige Frau; *(in titles)* **M~ President** Frau Präsidentin; **Dear M~,** *(in letter)* Sehr geehrte gnädige Frau,

mad cow disease *n* Rinderwahnsinn *m*

maddening ['mædənɪŋ] *adj* äußerst ärgerlich; *habit* nervend; *(exasperating)* zum Verrücktwerden *präd*

made [meɪd] **I.** *pp, pt of* **make II.** *adj* **to have [got] it ~** es geschafft haben *fam*

Madeira [mə'dɪərə] *n* ① *no pl* GEOG Madeira *nt* ② *(cake)* **~ [cake]** ≈ Sandkuchen *m*

made-to-measure *adj* maßgeschneidert

made-up *adj* ① [frei] erfunden ② *face* geschminkt

madly ['mædli] *adv* wie verrückt

madness ['mædnəs] *n no pl* ① *no pl* Wahnsinn *m geh* ② *(folly)* Verrücktheit *f*

Madonna [mə'dɒnə] *n* REL Madonna *f*

mafia ['mæfiə] *n + sing/pl vb* Mafia *f*

mag [mæg] *n (fam) short for* **magazine** Blatt *nt*

magazine [ˌmægə'ziːn] *n* ① Zeitschrift *f* ② *(holder)* Magazin *nt*

maggoty ['mægəti] *adj* madig; **~ carcass** von Maden zerfressener Leichnam

magic ['mædʒɪk] **I.** *n no pl* Magie *f; (tricks)* Zaubertrick[s] *m[pl];* **to do ~** zaubern **II.** *adj* magisch, Zauber-; *(extraordinary) moment* zauberhaft **III.** *interj* BRIT *(fam)* großartig

magical ['mædʒɪkəl] *adj* magisch, Zauber-; *(extraordinary) moment* zauberhaft

magician [mə'dʒɪʃən] *n* Zauberer, Zauberin *m, f*

magistrate ['mædʒɪstreɪt] *n* **to appear before a ~** vor einem Schiedsgericht erscheinen

maglev ['mæglev] *n no pl short for* **magnetic levitation** magnetisches Schweben; **~ train** Magnet[schwebe]bahn *f*

magma ['mægmə] *n no pl* GEOL Magma *nt*

magnanimously [mæg'nænɪməsli] *adv* großzügig, großmütig *geh*

magnet ['mægnət] *n* Magnet *m*
magnetic [mæg'netɪk] *adj* magnetisch, Magnet-
magnificent [mæg'nɪfɪsᵊnt] *adj* wunderbar, großartig; **to look ~** wunderschön aussehen
magnificently [mæg'nɪfɪsᵊntli] *adv* *(well)* hervorragend; *(surprisingly well)* bewundernswert; **she seems to be coping ~** sie hält sich hervorragend
magnify <-ie-> ['mægnɪfaɪ] *vt* vergrößern
magpie ['mægpaɪ] *n* Elster *f*
mahogany [mə'hɒgᵊni] *n* ❶ *no pl* Mahagoni[holz] *nt* ❷ *(tree)* Mahagonibaum *m*
maid [meɪd] *n* Dienstmädchen *nt; (at hotel)* Zimmermädchen *nt*
maiden name *n* Mädchenname *m*
mail[1] [meɪl] AM **I.** *n no pl* Post *f;* **by ~** mit der Post **II.** *vt* einwerfen; *(at post office)* aufgeben
mail[2] [meɪl] *n no pl* Panzer *m;* **chain ~** Kettenpanzer *m*
mailbox *n* AM Briefkasten *m*
mailing list *n* Adressenliste *f*
mailman *n* AM Briefträger(in) *m(f),* Postbote, -botin *m, f*
mail-order catalogue *n* [Versand]katalog *m*
main [meɪn] **I.** *adj attr* Haupt-; **~ concern** wichtigstes Anliegen **II.** *n* ❶ *(pipe)* Hauptleitung *f; (cable)* Hauptkabel *nt* ❷ BRIT ELEC **the ~s** *pl* der Hauptschalter; *(for water, gas)* der Haupthahn ▸ **in the ~** im Allgemeinen
main course *n* FOOD Hauptgericht *nt,* Hauptgang *m* **mainframe** *n* Hauptrechner *m* **mainland I.** *n no pl* **the ~** das Festland **II.** *adj attr* **~ Britain** die britische Hauptinsel; **~ China** China *nt;* **~ Europe** europäisches Festland
mainly ['meɪnli] *adv* hauptsächlich
main road *n* Hauptstraße *f* **mainsail** *n* Hauptsegel *nt,* Großsegel *nt*
maintain [meɪn'teɪn] *vt* ❶ [bei]behalten; *blockade* aufrechterhalten; **to ~ the lead** in Führung bleiben; **to ~ a low profile** sich zurückhalten ❷ *(service)* instand halten
maintenance ['meɪntᵊnən(t)s] *n no pl* Beibehaltung *f,* Wahrung *f; of car, garden* Pflege *f; of building, monument* Instandhaltung *f; of machine* Wartung *f*
maison(n)ette [,meɪzᵊn'et] *n* BRIT Maiso[n]nette *f*
maize [meɪz] *n no pl esp* BRIT Mais *m*
majestically [mə'dʒestɪkli] *adv* majestätisch
majesty ['mædʒəsti] *n* ❶ *no pl* Herrlichkeit *f* ❷ [**Her/His/Your**] **M~** [Ihre/Seine/Eure] Majestät
major ['meɪdʒəʳ] **I.** *adj attr (important)* bedeutend; *(main)* Haupt-; *(serious)* schwer **II.** *n* ❶ MIL Major(in) *m(f)* ❷ AM, AUS UNIV Hauptfach *nt* **III.** *vi* UNIV **to ~ in biology** Biologie als Hauptfach studieren
majority [mə'dʒɒrəti] **I.** *n* ❶ + *sing/pl vb* Mehrheit *f; of cases* Mehrzahl *f;* **the ~ of the votes** die Stimmenmehrheit ❷ POL *(margin)* [Stimmen]mehrheit *f* **II.** *adj attr* POL Mehrheits-
make [meɪk] **I.** *n* ❶ Fabrikat *nt,* Marke *f* ❷ *(pej)* **to be on the ~** geldgierig sein **II.** *vt* <made, made> ❶ machen; *manufacture* herstellen; *coffee, soup* kochen; **to be made for sth** für etw *akk* [wie] geschaffen sein ❷ **she'll ~ a great mother** sie wird eine tolle Mutter abgeben ❸ + *vb* **to ~ sb laugh** jdn zum Lachen bringen ❹ **to ~ sb do sth** jdn zwingen, etw zu tun ❺ + *adj* **to ~ sb angry** jdn wütend machen; **to ~ sth public** etw veröffentlichen ❻ *(perform)* machen; **to ~ a call** anrufen; **to ~ an effort** sich anstrengen; **to ~ a promise** es versprechen; **to ~ a start** anfangen ❼ **five plus five ~s ten** fünf und fünf ist zehn ❽ *(earn)* verdienen ❾ **don't ~ too much of his grumpiness** gib nicht zu viel auf seine mürrische Art ❿ *(fam)* **to ~ the front page** auf die Titelseite kommen; **to ~ it** es schaffen ⓫ **that made my day!**

M

das hat mir den Tag gerettet!; **you've got it made!** du hast ausgesorgt!

◆ **make for, make towards** *vi* ① **to ~ for sth** auf etw *akk* zugehen; *driver* auf etw *akk* zufahren ② **Kant ~s for hard reading** Kant ist schwer zu lesen

◆ **make of** *vt* **I can't ~ anything of this book** ich verstehe dieses Buch nicht; **what do you ~ of his speech?** was hältst du von seiner Rede?

◆ **make off** *vi (fam)* ① abhauen ② **to ~ off with sth** etw mitgehen lassen *fam*

◆ **make out I.** *vi (fam)* ① zurechtkommen ② AM *(sl: have sex)* rummachen *sl* **II.** *vt* ① *(write)* ausschreiben; *cheque* ausstellen ② *(decypher)* entziffern

◆ **make over** *vt* ① LAW *(transfer ownership)* **to ~ over ↔ a business/house/land to sb** jdm ein Geschäft/Haus/Land überschreiben ② *esp* AM *(redo)* umändern

◆ **make up I.** *vt* ① *(invent)* erfinden ② *(prepare)* fertig machen; *bed* machen ③ **to ~ oneself up** sich schminken ④ *(make good)* wiedergutmachen; *deficit* ausgleichen ⑤ *usu passive* **to be made up of sth** aus etw *dat* bestehen ⑥ **to ~ up one's mind** sich entscheiden ⑦ **to ~ it up with sb** sich mit jdm versöhnen **II.** *vi* sich versöhnen

◆ **make up to** *vi* BRIT, AUS **to ~ up to sb** sich bei jdm lieb Kind machen *fam*

maker ['meɪkəʳ] *n* Hersteller(in) *m(f)*

make-up *n* ① *no pl (cosmetics)* Make-up *nt;* **to put on ~** sich schminken ② *(composition)* Zusammensetzung *f; (character)* Veranlagung *f*

malaria [mə'leəriə] *n no pl* Malaria *f*

Malayan [mə'leɪən] *adj* malaiisch

male [meɪl] **I.** *adj* männlich; **~ choir** Männerchor *m* **II.** *n* Mann *m; (animal)* Männchen *nt*

malevolence [mə'levᵊlən(t)s] *n no pl (evil quality)* Bosheit *f; (spitefulness)* Gehässigkeit *f*

malevolently [mə'levᵊləntli] *adv (liter: evil)* boshaft; *(spitefully)* gehässig

malformed [ˌmæl'fɔːmd] *adj* MED missgebildet

malfunction [ˌmæl'fʌŋ(k)ʃᵊn] **I.** *vi (not work properly)* nicht funktionieren; *(stop working)* ausfallen **II.** *n* Ausfall *m; of liver, kidney* Funktionsstörung *f*

malicious [mə'lɪʃəs] *adj* boshaft

maliciously [mə'lɪʃəsli] *adv* boshaft, niederträchtig

mall [mɔːl] *n (shops)* [große] Einkaufspassage; *(shopping centre)* [überdachtes] Einkaufszentrum

malnutrition [ˌmælnjuː'trɪʃᵊn] *n no pl* Unterernährung *f*

malpractice [ˌmæl'præktɪs] *n no pl (faulty work)* Berufsvergehen *nt; (criminal misconduct)* [berufliches] Vergehen

malt [mɔːlt] *n no pl* Malz *nt; (whisky)* Maltwhisky *m*

Malta ['mɔːltə] *n no pl* Malta *nt*

Maltese [mɔːl'tiːz] **I.** *adj* maltesisch **II.** *n* ① *(person)* Malteser(in) *m(f)* ② *(language)* Maltesisch *nt*

mammal ['mæmᵊl] *n* Säugetier *nt*

man [mæn] **I.** *n* <*pl* men> ① Mann *m;* **he's not a ~ to ...** er ist nicht der Typ, der ...; **men's clothing** Herrenkleidung *f;* **the men's [room]** die Herrentoilette; **to take sth like a ~** etw wie ein [richtiger] Mann ertragen ② *(person)* Mensch *m;* **every ~ for himself** jeder für sich; **ladies' ~** Frauenheld *m;* **the ~ in the street** der kleine Mann; **odd ~ out** Außenseiter *m* ③ *no pl, no art* **M~** der Mensch **II.** *interj (fam)* Mensch!, Mann! **III.** *vt* <-nn-> *(defend)* besetzen; *appliance* bedienen; *ship* bemannen

manage ['mænɪdʒ] **I.** *vt* ① leiten; *(control)* steuern; *(administer)* verwalten ② *(accomplish)* schaffen; **can you ~ 8 o'clock?** ginge es um 8 Uhr? ③ *(cope with)* zurechtkommen mit **II.** *vi* es schaffen; *(cope, survive)* zurechtkommen; **we'll ~!** wir schaffen das schon!; **to ~ on/without sth** mit etw *dat*/ohne etw *akk* auskommen

management ['mænɪdʒmənt] *n* ❶ *no pl* [Geschäfts]führung *f* ❷ + *sing/pl vb* *(managers)* Management *nt; of hospital, theatre* Direktion *f* ❸ *no pl (handling)* Umgang *m* (**of** mit); *of finances* Verwalten *nt*

management studies *n* + *sing/pl vb* Betriebswirtschaft[slehre] *f*

manager ['mænɪdʒəʳ] *n* Geschäftsführer(in) *m(f);* SPORTS Manager(in) *m(f);* **bank ~** Filialleiter(in) *m(f)* einer Bank

manageress <*pl* -es> [ˌmænɪdʒᵊrˈes] *n* Geschäftsführerin *f (in einem Laden oder Café)*

managing director *n* [Haupt]geschäftsführer(in) *m(f)*

mandarin ['mændᵊrɪn] *n* ❶ Mandarine *f* ❷ *(hist: official)* Mandarin *m*

manhunt *n* [Ring]fahndung *f; (after a criminal)* Verbrecherjagd *f*

manifesto <*pl* -s> [ˌmænɪ'festəʊ] *n* Manifest *nt*

manipulate [mə'nɪpjəleɪt] *vt* ❶ *(esp pej: manage cleverly)* geschickt mit jdm/etw umgehen; *(influence)* jdn/etw manipulieren ❷ *(with hands)* handhaben; *(adjust)* einstellen

mankind [mæn'kaɪnd] *n no pl* die Menschheit

manly ['mænli] *adj* männlich

man-made *adj* künstlich

manner ['mænəʳ] *n no pl* ❶ Art *f;* **in a ~ of speaking** sozusagen ❷ **~s** *pl* Manieren *pl;* **it's bad ~s to …** es gehört sich nicht, …

manoeuvre [mə'nu:vəʳ] **I.** *n* ❶ *usu pl (military exercise)* Manöver *nt* ❷ *(planned move)* Manöver *nt,* Operation *f* **II.** *vt* ❶ *(move)* **to ~ sth somewhere** etw irgendwohin manövrieren ❷ *(pressure sb)* **to ~ sb into a compromise** jdn geschickt zu einem Kompromiss zwingen **III.** *vi* ❶ *(move)* manövrieren ❷ MIL *(hold exercises)* Manöver abhalten

manor ['mænəʳ] *n* Landsitz *m*

manpower *n no pl* Arbeitskräfte *pl*

mansion ['mæn(t)ʃᵊn] *n* Villa *f; (of ancient family)* Herrenhaus *nt*

manslaughter *n no pl* Totschlag *m*

mantelpiece ['mæntᵊlpi:s] *n* Kaminsims *m o nt*

manual ['mænjuəl] **I.** *adj* Hand-; **~ dexterity** handwerkliches Geschick; **~ labour** körperliche Arbeit; **~ transmission** Schaltgetriebe *nt* **II.** *n* ❶ Handbuch *nt;* **training ~** Lehrbuch *nt* ❷ *(car)* Auto *nt* mit Gangschaltung

manually ['mænjuəli] *adv* manuell

manufacture [ˌmænjə'fæktʃəʳ] **I.** *vt* herstellen; *lies* erfinden **II.** *n no pl* Herstellung *f*

manufacturer [ˌmænjə'fæktʃᵊrəʳ] *n* Hersteller *m*

manufacturing [mænjə'fæktʃᵊrɪŋ] **I.** *adj* **~ industry** verarbeitende Industrie **II.** *n* Fertigung *f*

manure [mə'njʊəʳ] *n no pl* Dung *m*

manuscript ['mænjəskrɪpt] *n* ❶ *(author's script)* Manuskript *nt* ❷ *(handwritten text)* Manuskript *nt,* Handschrift *f*

many ['meni] **I.** *pron* viele; **as ~ as …** so viele wie …; **~ a/an …** manch ein/eine …; **~ a time** oft **II.** *n* **the ~** *pl* die Mehrheit *sing*

many / much

Beachte den Unterschied:
Many wird für zählbare Dinge, Tiere und Personen gebraucht: *Many people make that mistake .*
Much wird für nicht zählbare Dinge und Mengen gebraucht: *He has eaten too much ice-cream .*

map [mæp] *n* [Land]karte *f; of city* Stadtplan *m; (sketch)* Plan *m;* **road ~** Straßenkarte *f*

M

Übersetzungstipp
Nicht verwechseln mit *Mappe* – *folder, briefcase!*

marathon ['mærəθ^ə^n] *n* ❶ Marathon[lauf] *m;* ~ **runner** Marathonläufer(in) *m(f)* ❷ *(lengthy)* Marathon *nt fam*
marble ['mɑ:bl̩] *n* ❶ *no pl* Marmor *m* ❷ *(ball)* Murmel *f;* ▶ **to lose one's ~s** *(fam)* verrückt werden
march [mɑ:tʃ] **I.** *n* <*pl* -es> ❶ Marsch *m;* **a 20 km ~** ein Marsch *m* über 20 km; **to be on the ~** auf dem Marsch sein ❷ *(protest)* Demo[nstration] *f;* **to go on a ~** demonstrieren gehen **II.** *vi* marschieren **III.** *vt* **to ~ 12 miles** 12 Meilen marschieren; **to ~ sb off** jdn wegführen
March <*pl* -es> [mɑ:tʃ] *n* März *m; see also* **February**
M
margarine [ˌmɑ:dʒə'ri:n] *n no pl* Margarine *f*
margin ['mɑ:dʒɪn] *n* ❶ [Seiten]rand *m* ❷ *(amount)* Differenz *f;* ~ **of error** Fehlerspanne *f*
marina [mə'ri:nə] *n* Jachthafen *m*
marinate ['mærɪneɪt] *vt* marinieren
marine [mə'ri:n] **I.** *adj attr* Meeres-, See-; *(shipping)* Schiffs- **II.** *n* Marineinfanterist *m;* **the ~s** die Marineinfanterie
marital ['mærɪt^ə^l] *adj* ehelich, Ehe-; ~ **status** Familienstand *m*
mark [mɑ:k] **I.** *n* ❶ Fleck *m; (on skin)* Mal *nt; (scratch)* Kratzer *m* ❷ *(trait)* [Kenn]zeichen *nt* ❸ *(indication)* Zeichen *nt* ❹ *(on scale)* Markierung *f* ❺ *(signature)* Kreuz *nt* ❻ *(score)* **to get full ~s [for sth]** BRIT, AUS die Bestnote [für etw *akk*] erhalten ❼ *(target)* Ziel *nt;* **to hit the ~** [genau] ins Schwarze treffen **II.** *vt* ❶ *(stain)* schmutzig machen ❷ *usu passive (scar)* **he's ~ed for life** die Narben trägt er sein Leben lang ❸ *(indicate)* markieren ❹ *(label)* beschriften ❺ *(commemorate)* erinnern an +*akk* ❻ SCH zensieren; *pupil* benoten **III.** *vi* SCH Noten vergeben
◆ **mark down** *vt price* heruntersetzen; *pupil* eine schlechtere Note geben +*dat*
◆ **mark off** *vt (separate)* abgrenzen; *(delete)* durchstreichen
◆ **mark out** *vt* ❶ *(outline)* abstecken ❷ BRIT, AUS *(distinguish)* unterscheiden
◆ **mark up** *vt price* heraufsetzen; *shares* aufwerten
marker ['mɑ:kə^r^] *n* [Kenn]zeichen *nt,* Marke *f; (pen)* Filzstift *m*
market ['mɑ:kɪt] **I.** *n* Markt *m;* **job ~** Stellenmarkt *m;* **stock ~** Börse *f;* **the open ~** der freie Markt; **to put sth on the ~** etw auf den Markt bringen **II.** *vt* vermarkten; *(launch)* auf den Markt bringen
marketing ['mɑ:kɪtɪŋ] *n no pl* Marketing *nt,* Vermarktung *f*
marketplace *n* Marktplatz *m* **market research** *n no pl* Marktforschung *f*
market share *n* Marktanteil *m*
marking ['mɑ:kɪŋ] *n* ❶ **~s** *pl* Markierungen *pl* ❷ *no pl* SCH Korrigieren *nt*
markup ['mɑ:kʌp] *n* [Kalkulations]aufschlag *m*
marmalade ['mɑ:m^ə^leɪd] *n no pl* Orangenmarmelade *f*
marmot <*pl* - *or* -s> ['mɑ:mət] *n* ZOOL Murmeltier *nt*
marquee [mɑ:'ki:] *n* ❶ BRIT, AUS *(tent)* Festzelt *nt* ❷ AM *(canopy)* Vordach *nt*
marriage ['mærɪdʒ] *n (ceremony)* Heirat *f; (at church)* Trauung *f; (relationship)* Ehe *f* (**to** mit); **same-sex ~** gleichgeschlechtliche Ehe
marriage ceremony *n* Trauung *f* **marriage certificate** *n* Heiratsurkunde *f*
marriage guidance *n* BRIT, AUS Eheberatung *f;* ~ **office** Eheberatungsstelle *f*
married ['mærid] *adj* verheiratet; ~ **couple** Ehepaar *nt;* **to get ~ [to sb]** [jdn] heiraten
marry ['mæri] **I.** *vt* heiraten; *priest also*

trauen; *father* verheiraten (**to** mit) **II.** *vi* heiraten; **to ~ into wealth** in eine reiche Familie einheiraten

marsh *<pl* -es*>* [mɑːʃ] *n* Sumpf *m,* Sumpfland *nt*

marshy ['mɑːʃi] *adj* sumpfig

martial ['mɑːʃəl] *adj* Kriegs-; ~ **music** Militärmusik *f*

marvellous, AM **marvelous** ['mɑːvələs] *adj* wunderbar, großartig

marvellously ['mɑːvələsli] *adv* wunderbar, großartig; **to get on ~** sich großartig verstehen

mascara [mə'skɑːrə] *n no pl* Wimperntusche *f*

masculine ['mæskjəlɪn] *adj* männlich, maskulin

mash [mæʃ] **I.** *n* Brei *m;* BRIT *(fam: potatoes)* Kartoffelbrei *m* **II.** *vt* [zer]stampfen

mask [mɑːsk] **I.** *n* Maske *f* **II.** *vt* verbergen

masochist ['mɑːsəkɪst] *n* Masochist(in) *m(f)*

mass [mæs] **I.** *n* ① *usu sing* Masse *f;* **~ of dough** Teigklumpen *m;* **~ of rubble** Haufen *m* Schutt ② *usu sing (many)* Menge *f; (string)* Reihe *f;* **the ~ of the people** die breite Masse ③ PHYS Masse *f* **II.** *vi* sich ansammeln; *troops* aufmarschieren

massacre ['mæsəkəʳ] **I.** *n (killing)* Massaker *nt,* Blutbad *nt* **II.** *vt* ① *(kill)* massakrieren ② *(fig: defeat)* vernichtend schlagen

massage ['mæsɑː(d)ʒ] **I.** *n* Massage *f;* **to give sb a ~** jdn massieren; **to have a ~** sich massieren lassen; **~ parlour** *(for treatment)* Massagepraxis *f; (for sex)* Massagesalon *m* **II.** *vt* massieren

massive ['mæsɪv] *adj* riesig

mass media *n + sing/pl vb* **the ~** die Massenmedien *pl* **mass-produce** *vt* serienmäßig herstellen **mass unemployment** *n no pl* Massenarbeitslosigkeit *f*

mast [mɑːst] *n* [Schiffs]mast *m; (pole)* [Fahnen]mast *m*

master ['mɑːstəʳ] **I.** *n* ① Herr *m; (of dog)* Herrchen *nt;* **to be ~ of the situation** Herr der Lage sein ② *(expert)* Meister(in) *m(f);* **~ of disguise** Verwandlungskünstler(in) *m(f)* ③ *(instructor)* Lehrer *m;* BRIT SCH Lehrer *m* ④ *(copy)* Original *nt* ⑤ UNIV **~'s degree** Magister *m,* Master *m;* **M~ of Arts** Magister/Magistra Artium **II.** *vt skill* beherrschen; *(cope with)* meistern; *fears* überwinden

master bedroom *n* großes Schlafzimmer

masterfully ['mɑːstəfəli] *adv* ① *(with authority)* bestimmend, dominant ② *(skilfully)* meisterhaft, gekonnt

master key *n* Generalschlüssel *m*

masterpiece *n* Meisterwerk *nt*

mat [mæt] **I.** *n* Matte *f;* **a ~ of hair** dichtes Haar **II.** *vt* <-tt-> *usu passive* **to be ~ted with sth** mit etw *dat* bedeckt sein

match[1] *<pl* -es*>* [mætʃ] *n* Streichholz *nt*

match[2] [mætʃ] **I.** *n <pl* -es*>* ① *(game)* Spiel *nt* ② *usu sing (complement)* **to be a good ~** gut zusammenpassen ③ *(one of pair)* Gegenstück *nt* ④ *usu sing (equal)* ebenbürtiger Gegner/ebenbürtige Gegnerin (**for** für) **II.** *vi* zusammenpassen **III.** *vt* ① **to ~ sth** zu etw *dat* passen; **to ~ sth with sth** etw auf etw *akk* abstimmen ② *(equal)* gleichkommen *+dat*

matchbox *n* Streichholzschachtel *f*

matching ['mætʃɪŋ] *adj attr* [zusammen]passend

match point *n* TENNIS Matchball *m*

matchstick *n* Streichholz *nt;* **~ man** Strichmännchen *nt fam*

mate[1] [meɪt] **I.** *n* ① BRIT, AUS *(friend)* Freund(in) *m(f); (fam: addressing)* Kumpel *m* ② *(officer)* Schiffsoffizier *m;* **first/second ~** Erster/Zweiter Offizier **II.** *vi animals* sich paaren (**with** mit)

mate[2] [meɪt] CHESS **I.** *n* [Schach]matt *nt* **II.** *vt* [schach]matt setzen

material [mə'tɪəriəl] **I.** *n* ❶ Material *nt; (cloth)* Stoff *m;* **raw ~** Rohmaterial *nt* ❷ *(equipment)* **~s** *pl* Material *nt;* **writing ~s** Schreibzeug *nt* **II.** *adj* ❶ materiell; **~ damage** Sachschaden *m* ❷ *(important)* wesentlich

maternal [mə'tɜːnᵊl] *adj* ❶ *(motherly)* mütterlich, Mutter- ❷ *(of mother's family)* mütterlicherseits *nach n*

maternity [mə'tɜːnəti] *n no pl* Mutterschaft *f;* **~ clinic** Entbindungsklinik *f;* **~ clothes** Umstandskleidung *f kein pl;* **~ leave** Mutterschaftsurlaub *m;* **~ ward** Entbindungsstation *f*

maternity dress *n* Umstandskleid *nt*

math [mæθ] *n* AM *(fam) short for* **mathematics** Mathe *f*

mathematical [ˌmæθᵊm'ætɪkᵊl] *adj* mathematisch

mathematician [ˌmæθᵊmə'tɪʃᵊn] *n* Mathematiker(in) *m(f)*

mathematics [mæθᵊm'ætɪks] *n + sing vb* Mathematik *f*

maths [mæθs] *n + sing vb* BRIT, AUS *(fam) short for* **mathematics** Mathe *f*

matriculation [məˌtrɪkjə'leɪʃᵊn] *n* UNIV Immatrikulation *f*

matt, AM **matte** [mæt] *adj* matt

matter ['mætəʳ] **I.** *n* ❶ *no pl* Materie *f;* **printed ~** Gedrucktes *nt;* **reading ~** Lesestoff *m* ❷ *(affair)* Angelegenheit *f;* **the truth of the ~ is ...** in Wirklichkeit ...; **a ~ of urgency** etwas Dringendes ❸ *no pl (question)* **as a ~ of fact** eigentlich; **a ~ of time** eine Frage der Zeit ❹ *no pl* **it's no laughing ~** das ist nicht zum Lachen; **is anything the ~?** stimmt etwas nicht?; **what's the ~ with you?** was ist los mit dir?; **no ~ what/when ...** egal, was/wann ...; **subject ~** Thema *nt* **II.** *vi* **what does it ~?** was macht das schon?; **it doesn't ~** das ist egal

matter-of-fact *adj* sachlich; *(straightforward)* geradeheraus *präd*

mattress <*pl* -es> ['mætrəs] *n* Matratze *f*

mature [mə'tjʊəʳ] **I.** *adj* ❶ erwachsen; *animal* ausgewachsen; *(adult-like)* reif; *(ripe)* reif ❷ FIN fällig **II.** *vi* erwachsen werden; *(ripen)* [heran]reifen

maturity [məˌtjʊərəti] *n no pl* Erwachsensein *nt; (developed)* Reife *f*

maximum ['mæksɪməm] **I.** *adj attr* Höchst- **II.** *n* <*pl* -ima *or* -s> Maximum *nt* **III.** *adv* maximal

may <*3rd pers. sing* may, might, might> [meɪ] *aux vb* ❶ *(possibly)* können; **be that as it ~** wie dem auch [immer] sei ❷ *(be allowed)* dürfen, können ❸ *(wishing)* mögen; **~ she rest in peace** möge sie in Frieden ruhen *form*

May [meɪ] *n* Mai *m; see also* **February**

maybe ['meɪbi] **I.** *adv* vielleicht; *(approx.)* ungefähr **II.** *n* **to be a definite ~** [sehr] wahrscheinlich sein

mayor ['meəʳ] *n* Bürgermeister(in) *m(f)*

mayoress <*pl* -es> [ˌmeə'res] *n esp* BRIT Bürgermeisterin *f; (wife)* Frau *f* des Bürgermeisters

maypole *n* Maibaum *m*

maze [meɪz] *n* Irrgarten *m*

MD [ˌem'di] *n* AM, AUS *abbrev of* **Doctor of Medicine** Dr. med.

me [miː, mɪ] *pron object* mir *dat,* mich *akk;* **wait for ~!** warte auf mich!; **hi, it's ~** hallo, ich bins; **you have more than ~** du hast mehr als ich; **between you and ~** unter uns [gesagt] ▶ **goodness ~!** du lieber Himmel!

meadow ['medəʊ] *n* Wiese *f*

meal [miːl] *n* Mahlzeit *f;* **to go out for a ~** essen gehen

mean¹ [miːn] *adj* ❶ *esp* BRIT *(miserly)* geizig ❷ *(unkind)* gemein *fam* ❸ **he's no ~ cook** er ist kein schlechter Koch

mean² <meant, meant> [miːn] *vt* ❶ bedeuten; **no ~s no** nein heißt nein ❷ **what do you ~ by that?** was willst du damit sagen? ❸ **I ~ what I say** es ist mir ernst mit dem, was ich sage ❹ *(intend)* wollen; **he didn't ~ any harm** er wollte nichts Böses; **to ~ business** es ernst meinen; **to ~ well** es gut meinen

mean[3] [miːn] **I.** *n* Mittel *nt; (value)* Mittelwert *m* **II.** *adj* durchschnittlich
meaning ['miːnɪŋ] *n* Bedeutung *f;* **what is the ~ of this?** was soll das heißen?; **the ~ of life** der Sinn des Lebens; **to have ~ for sb** jdm etwas bedeuten

Übersetzungstipp
Nicht verwechseln mit *Meinung* – *opinion!*

meaningful ['miːnɪŋfəl] *adj* ❶ *(important)* bedeutsam, wichtig ❷ *(implying something)* bedeutungsvoll, viel sagend
meaningfully ['miːnɪŋfəli] *adv* bedeutsam, viel sagend
meaningless ['miːnɪŋləs] *n (without importance)* bedeutungslos; *(nonsensical)* sinnlos
meaninglessness ['miːnɪŋləsnəs] *n no pl* Bedeutungslosigkeit *f,* Sinnlosigkeit *f*
means *<pl ->* [miːnz] *n* ❶ Weg *m;* **ways and ~** Mittel und Wege; **~ of communication** Kommunikationsmittel *nt;* **~ of support** Einkommen *nt* ❷ *pl (income)* Geldmittel *nt pl;* **private ~** Privatvermögen *nt;* ► **a ~ to an end** ein Mittel *nt* zum Zweck
meant [ment] *pt, pp of* **mean**
meantime *n* **for/in the ~** vorerst/inzwischen
meanwhile [ˌmiːn'(h)waɪl] *adv* inzwischen
measles ['miːzl̩z] *n + sing vb* Masern *pl*
measure ['meʒəʳ] **I.** *n* ❶ Maß *nt,* Maßeinheit *f;* **~ of length** Längenmaß *nt* ❷ *(degree)* Maß *nt;* **in large ~** in hohem Maß ❸ *(instrument)* Messgerät *nt; (ruler)* Messstab *m* ❹ *(indicator)* Maßstab *m* **II.** *vt* [ab]messen **III.** *vi* messen
measurement ['meʒəmənt] *n* ❶ **chest ~** Brustumfang *m;* **sb's ~s** *pl* jds Maße *pl* ❷ *no pl (measuring)* Messung *f*
measuring jug *n* BRIT Messbecher *m* **measuring spoon** *n* Messlöffel *m* **measuring tape** *n* Messband *m*
meat [miːt] *n* Fleisch *nt; (fig)* Substanz *f*
meatball *n* Fleischklößchen *nt* **meat loaf** *n* Hackbraten *m*
mechanic [mɪ'kænɪk] *n* Mechaniker(in) *m(f)*
mechanical [mɪ'kænɪkəl] *adj* mechanisch; *walk also* automatisch; *(technical)* technisch
mechanically [mɪ'kænɪkəli] *adv* ❶ *(by machine)* maschinell ❷ *(without thinking)* mechanisch
mechanization [ˌmekənaɪ'zeɪʃən] *n* Mechanisierung *f*
medal ['medəl] *n* [Ehren]medaille *f,* Auszeichnung *f;* SPORTS Medaille *f*
medallist ['medəlɪst] *n* Medaillengewinner(in) *m(f)*
meddle ['medl̩] *vi* sich einmischen (**in** in); **to ~ with sth** sich mit etw *dat* abgeben
media ['miːdiə] *n* ❶ *pl of* **medium** ❷ *+ sing/pl vb* **the ~** die Medien *pl;* **in the ~** in den Medien; **~ coverage** Berichterstattung *f*
mediaeval *adj see* **medieval**
mediator ['miːdieɪtəʳ] *n* Vermittler(in) *m(f)*
medic ['medɪk] *n (fam)* ❶ Arzt, Ärztin *m, f* ❷ AM Sanitäter(in) *m(f)*
medical ['medɪkəl] **I.** *adj* medizinisch; **~ attention** ärztliche Behandlung **II.** *n (fam)* ärztliche Untersuchung; **to have a ~** sich ärztlich untersuchen lassen
medically ['medɪkəli] *adv* medizinisch
medication [ˌmedɪ'keɪʃən] *n* ❶ *no pl* Medikamente *pl;* **to be on ~ for sth** Medikamente gegen etw *akk* [ein]nehmen ❷ *(drug)* Medikament *nt;* **he was taken off the ~** das Medikament wurde bei ihm abgesetzt
medicine ['medsən] *n* ❶ *no pl* Medizin *f;* **to take [one's] ~** [seine] Medizin einnehmen ❷ *(drug)* Medikament *nt;* **cough ~** Hustenmittel *nt* ❸ *no pl (sci-*

M

ence) Medizin *f;* **to practise ~** den Arztberuf ausüben

medieval [ˌmedi'iːvəl] *adj* mittelalterlich

meditate ['medɪteɪt] *vi* nachdenken (**on** über *+akk*); *(spiritually)* meditieren

Mediterranean [ˌmedɪtər'eɪniən] **I.** *n* **the ~** das Mittelmeer **II.** *adj* mediterran; *looks* südländisch; **~ cooking** Mittelmeerküche *f*

medium ['miːdiəm] **I.** *adj* ❶ durchschnittlich; **of ~ height** von mittlerer Größe ❷ *steak* halb durch **II.** *n* <*pl* -s *or* -dia> Medium *nt,* Mittel *nt*

medium-dry *adj wine* halbtrocken **medium-size(d)** *adj* mittelgroß **medium wave** *n esp* BRIT Mittelwelle *f*

meet [miːt] **I.** *n* Sportveranstaltung *f;* BRIT *(fox hunt)* Jagdtreffen *nt (zur Fuchsjagd)* **II.** *vt* <met, met> ❶ *(by chance)* treffen, begegnen *+dat* ❷ *(by arrangement)* sich treffen mit *+dat* ❸ *(collect)* abholen ❹ **Peter, ~ Judith** Peter, darf ich dir Judith vorstellen? ❺ *(contact)* treffen auf *+akk;* **his eyes met hers** ihre Blicke trafen sich ❻ *(experience)* konfrontiert sein mit *+dat* ▸ **to ~ one's death** den Tod finden; **to make ends ~** über die Runden kommen **III.** *vi* <met, met> *(by chance)* sich begegnen; *(by arrangement)* sich treffen; **no, we haven't met** nein, wir kennen uns noch nicht

meeting ['miːtɪŋ] *n* ❶ Treffen *nt; (organized)* Versammlung *f; (conference)* Sitzung *f;* SPORTS Veranstaltung *f;* **chance ~** zufälliges Treffen

melodically [mə'lɒdɪkəli] *adv* melodisch

melodramatically [ˌmelə(ʊ)drə'mætɪkəli] *adv* melodramatisch

melon ['melən] *n* Melone *f*

melt [melt] **I.** *n* ❶ Schneeschmelze *f* ❷ AM *Sandwich mit geschmolzenem Käse* **II.** *vi* schmelzen; *(fig)* dahinschmelzen; **to ~ in the mouth** auf der Zunge zergehen **III.** *vt* schmelzen; *(fig)* erweichen

member ['membər] *n* Angehörige(r) *f(m); of club, party* Mitglied *nt;* BRIT **M~ of Parliament** Abgeordnete(r) *f(m)*

membership ['membəʃɪp] *n* ❶ *no pl* Mitgliedschaft *f* ❷ **the ~** *+ sing/pl vb* die Mitglieder *pl* ❸ *(fee)* Mitgliedsbeitrag *m*

membership card *n* Mitgliedsausweis *m*

memo[1] ['meməʊ] *n short for* **memorandum** Memo *nt*

memo[2] ['meməʊ] *vt* **to ~ sb** jdm ein Memo schicken

memo pad *n* Notizblock *m*

memorable ['memərəbl] *adj* denkwürdig; *(unforgettable)* unvergesslich

memorial [mə'mɔːriəl] *n* Denkmal *nt*

memorize ['meməraɪz] *vt* sich *dat* einprägen

memory ['meməri] *n no pl* Gedächtnis *nt* (**for** für); *(remembrance)* Andenken *nt;* COMPUT Speicher *m;* **loss of ~** Gedächtnisschwund *m;* **within living/sb's ~** soweit man/jd zurückdenken kann; **in ~ of** zum Gedenken an *+akk*

memory stick *n* COMPUT Memorystick *m*

men [men] *n pl of* **man**

menacing ['menɪsɪŋ] *adj attr* drohend

menacingly ['menɪsɪŋli] *adv* drohend

mend [mend] **I.** *n* Flickstelle *f;* ▸ **to be on the ~** *(fam)* auf dem Weg der Besserung sein **II.** *vt* reparieren; *torn clothes* ausbessern; *(fig: improve)* verbessern ▸ **to ~ fences** Unstimmigkeiten ausräumen; **to ~ one's ways** sich bessern **III.** *vi* gesund werden; *bone* heilen

men's toilet, AM **men's room** *n* Herrentoilette *f*

mental ['mentəl] *adj* geistig; *(psychological)* psychisch; **~ process** Denkprozess *m;* **~ illness** Geisteskrankheit *f*

mentally ['mentəli] *adv* geistig; *(psychologically)* psychisch

mention ['men(t)ʃᵊn] **I.** *n* ① Erwähnung *f; (honour)* lobende Erwähnung; **no ~ was made of sb/sth** jd/etw wurde nicht erwähnt; **to get a ~** erwähnt werden **II.** *vt* erwähnen; **don't ~ it!** gern geschehen!; **not to ~ ...** ganz zu schweigen von ...
menu ['menju:] *n* Speisekarte *f;* COMPUT Menü *nt*
meow *n, vi* AM *see* **miaow**
MEP [ˌemi:'pi:] *n* BRIT *abbrev of* **Member of the European Parliament**
merchant ['mɜ:tʃᵊnt] *n* Kaufmann *m,* Kauffrau *f*
merchant bank *n* Handelsbank *f* **merchant navy** *n* BRIT Handelsmarine *f*
mercilessly ['mɜ:sɪləsli] *adv* gnadenlos, erbarmungslos
mercy ['mɜ:si] *n no pl* Erbarmen *nt; (forgiveness)* Gnade *f;* **to beg for ~** um Gnade bitten
merely ['mɪəli] *adv* nur, bloß *fam*
merge [mɜ:dʒ] *vi* ① *(join)* zusammenkommen; *companies* fusionieren; *roads* zusammenlaufen ② *(fuse)* verschmelzen (**with/into** mit); **to ~ into each other** ineinander übergehen
merger ['mɜ:dʒəʳ] *n* Fusion *f*
merit ['merɪt] **I.** *n* ① *no pl* Verdienst *nt* ② *(quality)* Vorzug *m* ③ *(nature)* **on its own ~s** für sich *akk* betrachtet **II.** *vt* verdienen
merrily ['merᵊli] *adv (fam)* fröhlich, vergnügt
merry ['meri] *adj* ① fröhlich; **M~ Christmas** Frohe [*o* Fröhliche] Weihnachten ② BRIT *(fam: drunk)* angesäuselt
merry-go-round *n* Karussell *nt*
mess [mes] *n* <*pl* -es> *usu sing* Unordnung *f; (chaos)* Chaos *nt;* **you look a complete ~!** du siehst ja schlimm aus!; **to be in a ~** in Unordnung sein
message ['mesɪdʒ] *n* Nachricht *f; of advert* Botschaft *f;* **to deliver a ~ [to sb]** [jdm] eine Nachricht überbringen; **to get the ~** *(fam)* kapieren
messenger ['mesɪndʒəʳ] *n* Bote(in) *m(f)*
messy ['mesi] *adj* unordentlich; *person* schlampig; *(dirty)* schmutzig
met [met] *vt, vi pt of* **meet**
metal ['metᵊl] **I.** *n* Metall *nt;* **precious ~** Edelmetall *nt* **II.** *adj* aus Metall *nach n*
metaphor ['metəfəʳ] *n* Metapher *f* (**for** für)
meter[1] ['mi:təʳ] *n* Zähler *m; parking* Parkuhr *f; taxi* Taxameter *nt o m*
meter[2] *n* AM *see* **metre**
methadone ['meθədəʊn] *n no pl* Methadon *nt*
method ['meθəd] *n* ① Methode *f* ② *no pl* System *nt*
methodically [mə'θɒdɪkᵊli] *adv* methodisch, mit System
meticulously [mə'tɪkjələsli] *adv (approv)* bis ins kleinste Detail, akribisch *geh*
meticulousness [mə'tɪkjələsnəs] *n no pl (approv)* peinliche Genauigkeit, Akribie *f geh*
metre ['mi:təʳ] *n* ① Meter *m;* **the 100 ~s** der 100-Meter-Lauf ② *(poetic rhythm)* Metrum *nt*
metric ['metrɪk] *adj* metrisch
Metropolitan Police *n no pl* BRIT **the ~** die Londoner Polizei
metrosexual *adj* metrosexuell
mice [maɪs] *n pl of* **mouse**
mickey ['mɪki] *n* BRIT, AUS *(fam)* **to take the ~ out of sb** jdn aufziehen *fam*
microchip *n* Mikrochip *m*
microphone *n* Mikrofon *nt*
microscope ['maɪkrəskəʊp] *n* Mikroskop *nt;* **to put sth under the ~** *(fig)* etw unter die Lupe nehmen
microscopic [ˌmaɪkrə'skɒpɪk] *adj* ① *(fam: tiny)* winzig; **to look at sth in ~ detail** etw haargenau prüfen ② *(visible with microscope) algae, creature* mikroskopisch klein
microscopically [ˌmaɪkrə'skɒpɪkᵊli] *adv* ① *(fam: extremely)* winzig; **~ small** winzig klein ② *(in detail)* genauestens ③ *(under microscope)* mikroskopisch;

~ **visible** nur unter dem Mikroskop sichtbar

microwave **I.** *n* Mikrowelle *f;* *(oven also)* Mikrowellenherd *m* **II.** *vt* in der Mikrowelle erwärmen

mid- [mɪd] *in compounds* **in ~April** Mitte April; **in the ~80s** Mitte der achtziger Jahre; **temperatures in the ~20s** Temparaturen um 25 Grad; **he's in his ~thirties** er ist Mitte dreißig

midday *n no pl* Mittag *m;* **at ~** mittags

middle ['mɪdḷ] **I.** *n* ❶ Mitte *f;* *of fruit* Innere[s] *nt;* *of book, film* Mittelteil *m* ❷ **in the ~ of the night** mitten in der Nacht; **in the ~ of nowhere** *(fig)* am Ende der Welt ❸ *(between things)* Mitte *f;* **let's split the cost right down the ~!** lass uns die Kosten teilen! **II.** *adj attr* mittlere(r, s)

middle age *n no pl* mittleres Alter; **in ~** *after n* mittleren Alters **middle-aged** *adj* mittleren Alters *nach n* **Middle Ages** *n* **the ~** *pl* das Mittelalter **middle-class** *adj* Mittelstands-, mittelständisch; *(pej)* spießig **middle class** *n* ❶ *(with average income)* Mittelstand *m;* **lower/upper ~** unterer/gehobener Mittelstand ❷ *(as a whole)* **the ~** der Mittelstand **Middle East** *n* **the ~** der Nahe Osten **middle name** *n* zweiter Vorname **middle-of-the-road** *adj* gemäßigt; *(dull)* mittelmäßig

M

midfield *n* Mittelfeld *nt*

midge [mɪdʒ] *n* [kleine] Mücke

midnight *n no pl* Mitternacht *f;* **at ~** um Mitternacht

midsummer *n no pl* Hochsommer *m*

midterm **I.** *n no pl (mid-point) of political office* Halbzeit *f* der Amtsperiode; SCH Schulhalbjahr *nt;* UNIV Semesterhälfte *f* **II.** *adj* ~ **elections** Zwischenwahlen *pl*

midway [ˌmɪd'weɪ] *adj, adv* auf halbem Weg; **~ through the film** mitten im Film

midwife ['mɪdwaɪf] *n* Hebamme *f*

midwinter *n no pl* Mitte *f* des Winters; *(solstice)* Wintersonnenwende *f*

might¹ [maɪt] **I.** *pt of* **may** **II.** *aux vb* ❶ *(possibly)* **it ~ be dangerous** es könnte gefährlich sein; *(could)* **it ~ be Jane at the door** es könnte Jane sein an der Tür ❷ *(admitting)* **United ~ be an excellent team, but ...** United mag eine hervorragende Mannschaft sein, aber ... ❸ *esp* BRIT *(form: may)* **~ I ...?** dürfte ich [vielleicht] ...? ❹ *(form: suggesting)* **~ I make a suggestion?** dürfte ich vielleicht einen Vorschlag machen?

might² [maɪt] *n no pl* Macht *f;* *(strength)* Kraft *f;* MIL Stärke *f*

mighty ['maɪti] **I.** *adj* mächtig; *river, army* gewaltig **II.** *adv* AM *(fam)* sehr

migraine ['mi:greɪn] *n* Migräne *f*

mike [maɪk] *n (fam) short for* **microphone** Mikro *nt*

mild [maɪld] **I.** *adj person* sanft; *soap* schonend; *(lenient)* leicht; *drug* leicht; *food* mild **II.** *n no pl* BRIT *mild schmeckendes, dunkles Bier*

mildewed ['mɪldju:d, AM *esp*-du:d] *adj* verschimmelt; BOT von Mehltau befallen

mildly ['maɪldli] *adv* leicht; *speak, smile* sanft; **to put it ~** um es [mal] milde auszudrücken

mile [maɪl] *n* ❶ Meile *f;* **nautical ~** Seemeile *f;* **to be ~s away** meilenweit entfernt sein; **to be ~s from anywhere** völlig abgeschieden sein ❷ **to be ~s better** bei weitem besser sein; **to be a ~ off** meilenweit danebenliegen

mileage ['maɪlɪdʒ] *n no pl* ❶ *(petrol efficiency)* Kraftstoffverbrauch *m;* **he gets bad/good ~ from his car** sein Auto verbraucht viel/wenig Kraftstoff ❷ *(distance travelled)* Meilenstand *m*

military ['mɪlɪtri] *n pl* **the ~** das Militär

military academy *n* ❶ *(for cadets)* Militärakademie *f* ❷ AM *(for pupils) sehr strenge Privatschule* **military police** *n pl* **the ~** die Militärpolizei **military service** *n no pl* Wehrdienst *m*

milk [mɪlk] **I.** *n no pl* Milch *f;* *(in coco-*

nuts) Kokosmilch *f;* **goat's/sheep's ~** Ziegen-/Schafsmilch *f;* **full fat** [*or* AM **whole**] ~ Vollmilch *f;* **long-life ~** H-Milch *f;* **skimmed ~** entrahmte Milch **II.** *vt cow, goat* melken; *(exploit also)* schröpfen *fam;* **to ~ a story** JOURN eine Story ausschlachten

milk chocolate *n no pl* Milchschokolade *f*

milking barn *n* Melkstall *m* **milking machine** ['mɪlkɪŋ-] *n* Melkmaschine *f*

milkman *n* BRIT Milchmann *m* **milk powder** *n no pl* Milchpulver *nt* **milk shake** *n* Milchshake *m* **milk tooth** *n* Milchzahn *m*

milky ['mɪlki] *adj* ❶ mit Milch *nach n;* **~ coffee/tea** Milchkaffee/-tee *m* ❷ *glass, water* milchig

mill [mɪl] **I.** *n* Mühle *f; (factory)* Fabrik *f;* **cotton ~** Baumwollspinnerei *f* **II.** *vt* mahlen

millennium <*pl* -s> [mɪ'leniəm] *n* Jahrtausend *nt; (anniversary)* Jahrtausendfeier *f*

millepede ['mɪlɪpiːd] *n* Tausendfüßler *m*

miller ['mɪləʳ] *n* Müller(in) *m(f)*

milligramme, AM **milligram** ['mɪlɪgræm] *n* Milligramm *nt*

million ['mɪljən] *n* Million *f;* **eight ~** [**people**] acht Millionen [Menschen]; **half a ~** eine halbe Million

millionaire [ˌmɪljə'neəʳ] *n* Millionär *m*

millionairess <*pl* -es> [ˌmɪljəneə'res] *n* Millionärin *f*

mince [mɪn(t)s] **I.** *vt* hacken ► **to not ~** [**one's**] **words** kein Blatt vor den Mund nehmen **II.** *vi* trippeln **III.** *n no pl* BRIT, AUS Hackfleisch *nt*

mince pie *n* BRIT *kleines Törtchen mit Füllung aus Dörrobst und Gewürze, das traditionell in der Weihnachtszeit gegessen wird*

mincer ['mɪn(t)səʳ] *n* Fleischwolf *m*

mind [maɪnd] **I.** *n* ❶ Geist *m,* Verstand *m;* **frame of ~** seelische Verfassung; **to have a logical ~** logisch denken können; **to use one's ~** seinen Verstand gebrauchen ❷ *(sanity)* Verstand *m;* **to be out of one's ~** den Verstand verloren haben; **to drive sb out of his/her ~** jdn wahnsinnig machen ❸ *(thoughts)* Gedanken *pl;* **what's on your ~?** woran denkst du?; **to be in the back of sb's ~** in jds *dat* Hinterkopf sein; **to bear sth in ~** etw nicht vergessen; **bearing in ~ that …** angesichts der Tatsache, dass …; **to read sb's ~** jds Gedanken lesen ❹ **to know one's** [**own**] **~** wissen, was man will; **to make up one's ~** sich entscheiden ❺ **to give sb a piece of one's ~** jdm seine Meinung sagen; **to be of the same ~** der gleichen Meinung sein **II.** *vt* ❶ *(be careful of)* aufpassen auf *+akk;* **~ the step!** Vorsicht Stufe! ❷ *(care about)* sich kümmern um *+akk;* **don't ~ me** nimm keine Rücksicht auf mich; **don't ~ what she says** kümmere dich nicht darum, was sie sagt; **never ~ her!** vergiss sie doch einfach! ❸ *(make certain)* **~ that …** denk daran, dass … ❹ *(look after)* aufpassen auf *+akk* ❺ *(fam)* **do you ~ my smoking?** stört es Sie, wenn ich rauche? ► **to ~ one's p's and q's** sich gut benehmen; **~ you** allerdings **III.** *vi* ❶ *(care)* **I don't ~** das ist mir egal; **never ~!** [ist doch] egal!; **never ~, I'll do it myself!** vergiss es, ich mach's selbst! ❷ *(object)* etwas dagegen haben; **do you ~ if I …?** stört es Sie, wenn ich …?

mindlessness ['maɪn(d)ləsnəs] *n no pl* ❶ *(without consideration)* Gedankenlosigkeit *f* ❷ *(without a reason) of violence, destruction* Sinnlosigkeit *f*

mine[1] [maɪn] *pron poss* meine(r, s); **an old friend of ~** eine alte Freundin von mir

mine[2] [maɪn] **I.** *n* ❶ Bergwerk *nt; (fig: source)* Fundgrube *f;* **coal ~** Kohlengrube *f* ❷ *(bomb)* Mine *f* **II.** *vt* ❶ *(extract)* abbauen ❷ MIL verminen

minefield *n* Minenfeld *nt; (fig)* gefährliches Terrain

M

miner ['maɪnəʳ] *n* Bergarbeiter(in) *m(f)*
mineral ['mɪnᵊrᵊl] *n* ① *(inorganic substance)* Mineral *nt* ② *(when obtained by mining)* [Gruben]erz *nt,* Mineral *nt* ③ *(in nutrition)* Mineral *nt*
mineral water *n no pl* Mineralwasser *nt*
minestrone, **minestrone soup** [ˌmɪnɪ'strəʊni-] *n no pl* Minestrone *f*
mingle ['mɪŋgl̩] **I.** *vt* mischen **II.** *vi* sich untereinander vermischen; **to ~ with the guests** sich unter die Gäste mischen
minibus *n* Kleinbus *m* **minicab** *n* BRIT Kleintaxi *nt*
minimal ['mɪnɪmᵊl] *adj* minimal, Mindest-; **with ~ effort** mit möglichst wenig Anstrengung
minimally ['mɪnɪmᵊli] *adv* minimal
minimize ['mɪnɪmaɪz] *vt* ① *(reduce)* auf ein Minimum beschränken, minimieren ② *(underestimate)* schlechtmachen; **to ~ sb's concerns** jds Sorgen herunterspielen
minimum ['mɪnɪməm] **I.** *n* <*pl* -s> Minimum *nt;* **a ~ of 3 hours** mindestens 3 Stunden; **to keep sth to a ~** etw so niedrig wie möglich halten **II.** *adj* ① Mindest-; **~ requirements** Mindestanforderungen *pl* ② *(very low)* Minimal-
minimum wage *n* Mindestlohn *m*
mining ['maɪnɪŋ] **I.** *n no pl* Bergbau *m* **II.** *adj attr* Bergbau-
miniskirt *n* Minirock *m*
minister ['mɪnɪstəʳ] **I.** *n* Minister(in) *m(f); (diplomat)* Gesandte(r) *f(m); (priest)* Pfarrer(in) *m(f)* **II.** *vi* **to ~ to sb** jdm zu Diensten sein
ministry ['mɪnɪstri] *n* ① Ministerium *nt;* **~ of defence/transport** Verteidigungs-/Verkehrsministerium *nt* ② POL *(period)* Amtszeit *f* ③ *no pl (priesthood)* **the ~** der geistliche Stand
minor ['maɪnəʳ] **I.** *adj detail, criticism* nebensächlich; *character, plot* unbedeutend; *crime, violation* geringfügig; *official, supervisor* untergeordnet; **to be of ~ importance** von geringer Bedeutung sein **II.** *n* ① *(child)* Minderjährige(r) *f(m)* ② MUS Moll *nt;* **D ~** d-Moll ③ AM SPORTS **the ~s** *pl* die niedrigen Klassen **III.** *vi* AM, AUS UNIV **to ~ in biology** Biologie im Nebenfach studieren
minority [maɪ'nɒrəti] *n* Minderheit *f;* **in a ~ of cases** in wenigen Fällen; **a ~ of people** eine Minderheit; **to be in the ~** in der Minderheit sein
minster ['mɪnstəʳ] *n* Münster *nt*
mint[1] [mɪnt] **I.** *n* Münzanstalt *f;* **to make/cost a ~** *(fig fam)* einen Haufen Geld machen/kosten *fam* **II.** *vt* prägen **III.** *adj attr* nagelneu *fam;* **in ~ condition** in tadellosem Zustand
mint[2] [mɪnt] *n* ① *no pl* Minze *f* ② *(sweet)* Pfefferminz[bonbon] *nt*
minus ['maɪnəs] **I.** *prep* minus; **two ~ one equals one** zwei minus eins ist gleich eins **II.** *n* <*pl* -es> Minus *nt; (sign also)* Minuszeichen *nt* **III.** *adj attr* minus; **~ point** Minuspunkt *m*
minute[1] ['mɪnɪt] *n* Minute *f; (moment also)* Moment *m;* **[wait] just a ~!** *(for delay)* einen Moment noch!; *(in disbelief)* Moment mal!; **at any ~** jede Minute; **in a ~** gleich; **this ~** sofort; **at the last ~** in letzter Minute
minute[2] [maɪ'nju:t] *adj* winzig; **in ~ detail** bis ins kleinste Detail
minute hand *n* Minutenzeiger *m*
minutes ['mɪnɪts] *n pl* Protokoll *nt;* **to take the ~** Protokoll führen
miracle ['mɪrəkl̩] *n* Wunder *nt;* **by some ~** wie durch ein Wunder
miraculous [mɪ'rækjələs] *adj* wunderbar; **to make a ~ recovery** wie durch ein Wunder genesen
miraculously [mɪ'rækjələsli] *adv* wunderbarerweise, wie durch ein Wunder
mirror ['mɪrəʳ] **I.** *n* Spiegel *m; (fig: reflection)* Spiegelbild *nt* **II.** *vt* widerspiegeln
misbehave [ˌmɪsbɪ'heɪv] *vi adult* sich schlecht benehmen; *child* ungezogen sein

miscarriage [mɪ'skærɪdʒ] *n* Fehlgeburt *f;* ~ **of justice** Justizirrtum *m*
miscarry <-ie-> [mɪ'skæri] *vi* eine Fehlgeburt haben; *(fig: fail)* scheitern
mischief ['mɪstʃɪf] *n no pl* Unfug *m;* **to get up to ~** Unfug anstellen wollen; **to mean ~** Unfrieden stiften wollen
miscount **I.** *n* ['mɪskaʊnt] falsche Zählung; *of votes* falsche Auszählung **II.** *vi* [mɪ'skaʊnt] sich verzählen **III.** *vt* [mɪ'skaʊnt] falsch [ab]zählen; *votes* falsch auszählen
miser ['maɪzəʳ] *n* Geizkragen *m*
miserable ['mɪzᵊrəbl̩] *adj* ① *(unhappy)* unglücklich; **to feel ~** sich elend fühlen ② *attr (bad-tempered)* griesgrämig; *(repulsive)* unausstehlich ③ *(unpleasant)* schauderhaft ④ *(inadequate)* armselig
miserliness ['maɪzᵊlɪnəs] *n* Geiz *m*
misery ['mɪzᵊri] *n* ① *no pl (suffering)* Elend *nt,* Not *f* ② *no pl (unhappiness)* Jammer *m* ③ *(strain)* **miseries** *pl* Qualen *pl*
misfit ['mɪsfɪt] *n* Außenseiter(in) *m(f)*
misfortune [mɪs'fɔːtʃuːn] *n no pl (bad luck)* Pech *nt,* Unglück *nt*
mishap ['mɪshæp] *n* Unglück *nt,* Unfall *m,* Panne *f*
misjudge [mɪs'dʒʌdʒ] *vt* falsch einschätzen
mislead <-led, -led> [mɪ'sliːd] *vt* ① *(deceive)* täuschen, irreführen ② *(lead astray)* verführen, verleiten
misleading [mɪ'sliːdɪŋ] *adj* irreführend
misplace [mɪ'spleɪs] *vt* verlegen
misplaced [mɪ'spleɪst] *adj* ① *(fig: misdirected)* unangebracht; **to be ~** fehl am Platz[e] sein ② *(incorrectly positioned) comma, decimal point* falsch gesetzt
misprint ['mɪsprɪnt] *n* Druckfehler *m*
mispronounce [ˌmɪsprə'naʊn(t)s] *vt* falsch aussprechen
misread <-read, -read> [mɪs'riːd] *vt word, text* falsch lesen
miss[1] [mɪs] **I.** *n* <*pl* -es> ① Fehlschlag *m; (hit)* Fehltreffer *m; (shot)* Fehlschuss *m* ② BRIT, AUS *(fam: skip)* **to give sth a ~** etw auslassen **II.** *vi* ① *(not hit)* nicht treffen; *projectile also* danebengehen ② *(be unsuccessful)* fehlschlagen **III.** *vt* ① *(not hit)* nicht treffen ② *bus, train* verpassen ③ *(be absent)* verpassen ④ *opportunity* verpassen ⑤ *(avoid)* **I narrowly ~ed being run over** ich wäre fast überfahren worden ⑥ *(oversee)* nicht bemerken
miss[2] [mɪs] *n (woman)* Fräulein *nt; (title)* **M~ …** Fräulein [*o* Frau] …; **M~ America** Miss Amerika
◆**miss out** **I.** *vt (accidentally)* vergessen; *(deliberately)* auslassen **II.** *vi* zu kurz kommen; **you really ~ed out** da ist dir echt was entgangen *fam;* **to ~ out on sth** sich *dat* etw entgehen lassen
missile ['mɪsaɪl] *n* ① MIL Flugkörper *m,* Rakete *f* ② *(thrown object)* [Wurf]geschoss *nt*
missing ['mɪsɪŋ] *adj* verschwunden; *person* vermisst; *explorer* verschollen; **~ in action** [nach Kampfeinsatz] vermisst; **to report sb/sth ~** jdn/etw als vermisst melden
mission ['mɪʃᵊn] *n* ① *(task)* Einsatz *m,* Mission *f* ② *(goal)* Ziel *nt* ③ *(group sent)* Delegation *f*
missive ['mɪsɪv] *n (form)* Sendschreiben *nt geh veraltet (hum)* ellenlanger Brief *hum*
misspell <-spelt *or* AM -spelled, -spelt> [mɪs'spel] *vt* ① *(spell wrongly)* falsch buchstabieren ② *(write wrongly)* falsch schreiben
mist [mɪst] **I.** *n* [leichter] Nebel *m; (blur)* Schleier *m; (condensation)* Beschlag *m; (vapour)* Hauch *m;* **there was a ~ on the windows** die Fenster waren beschlagen **II.** *vi glass* [sich] beschlagen
mistake [mɪ'steɪk] **I.** *n* Fehler *m;* **there must be some ~** da kann etwas nicht stimmen; **to learn from one's ~s** aus seinen Fehlern lernen; **by ~** aus Versehen; **my ~** meine Schuld **II.** *vt* <-took, -taken> falsch verstehen;

there's no mistaking a Picasso ein Picasso ist unverwechselbar

mistaken [mɪˈsteɪkᵊn] **I.** *pp of* **mistake** **II.** *adj* irrtümlich; ~ **belief** Irrglaube *m;* ~ **identity** Personenverwechslung *f;* **to be** ~ sich irren (**about** in)

mistakenly [mɪˈsteɪkᵊnli] *adv* irrtümlich[erweise], fälschlich[erweise]; **to believe** ~ irrtümlich annehmen

Mister [ˈmɪstəʳ] *n* ❶ **Mister Brown** Herr Brown; ~ **Big** der große Chef ❷ *(a. iron, pej fam: addressing)* Meister *m,* Chef *m a. iron, pej fam;* **hey, ~!** he, Sie da! *fam;* **listen up, ~!** hör mal zu, mein Freund!

mistook [mɪˈstʊk] *pt of* **mistake**

mistreat [mɪsˈtriːt] *vt* misshandeln

mistreatment [mɪsˈtriːtmənt] *n* Misshandlung *f,* schlechte Behandlung

mistress <*pl* -es> [ˈmɪstrəs] *n* ❶ Herrin *f;* **the ~ of the house** die Frau des Hauses ❷ *(lover)* Geliebte *f* ❸ BRIT *(teacher)* **German** ~ Deutschlehrerin *f*

M

mistrust [mɪˈstrʌst] **I.** *n no pl* Misstrauen *nt* **II.** *vt* misstrauen +*dat*

mistrustful [mɪˈstrʌstfᵊl] *adj* misstrauisch (**of** gegenüber)

mistrustfully [mɪˈstrʌstfᵊli] *adv* misstrauisch, argwöhnisch

misty [ˈmɪsti] *adj* [leicht] neblig; *(blurred)* verschwommen

misunderstand <-stood, -stood> [ˌmɪsʌndəˈstænd] **I.** *vt* missverstehen **II.** *vi* sich irren

misunderstanding [ˌmɪsʌndəˈstændɪŋ] *n* Missverständnis *nt; (quarrel)* Meinungsverschiedenheit *f*

mitigating [ˈmɪtɪgeɪtɪŋ] *adj (form)* lindernd, mildernd; **to allow ~ circumstances** LAW mildernde Umstände zubilligen

mitten [ˈmɪtᵊn] *n* Fausthandschuh *m*

mix [mɪks] **I.** *n* Mischung *f; (ingredients)* Fertigmischung *f;* **bread** ~ Brotbackmischung *f;* **a ~ of people** eine bunt gemischte Gruppe **II.** *vi ingredients* sich mischen [lassen]; *colours* zusammenpassen; *(socialize)* unter Leute gehen; *host* sich unter die Gäste mischen **III.** *vt* [miteinander] [ver]mischen; *dough* anrühren; *drink* mixen; **to ~ love with toughness** Liebe und Strenge miteinander verbinden

◆ **mix in** *vt* untermischen

◆ **mix up** *vt (mistake)* verwechseln; *(muddle)* durcheinanderbringen

mixed [mɪkst] *adj* gemischt; ~ **blessing** kein reiner Segen

mixed bag *n no pl* **a** ~ eine bunte Mischung; **a ~ of people** alle möglichen Leute

mixture [ˈmɪkstʃəʳ] *n* ❶ Mischung *f; (liquid also)* Mixtur *f; of ingredients* Gemisch *nt;* **cough** ~ Hustensaft *m* ❷ *no pl* Mischen *nt*

mix-up *n* Durcheinander *nt;* AM *(fight)* Schlägerei *f*

MMR [ˌememəːʳ] *n* MED *abbrev of* **measles, mumps and rubella** MMR; ~ **jab** MMR-Impfung *f*

moan [məʊn] **I.** *n* Stöhnen *nt; (complaint)* Klage *f* **II.** *vi* stöhnen; *(complain)* klagen, jammern (**about** über +*akk*); **to ~ at sb** jdm etw vorjammern; **to ~ that …** darüber jammern, dass …

moaner [ˈməʊnəʳ] *n* Nörgler(in) *m(f)*

moaning [ˈməʊnɪŋ] *n* ❶ *(sound)* Stöhnen *nt,* Ächzen *nt* ❷ *(complaining)* Nörgelei *f,* Quengelei *f fam*

mobcast *n* Mobcast *m (mobil verteilte Podcasts)*

mobcasting *n no pl* mobile Verteilung von Podcasts

mobile [ˈməʊbaɪl] **I.** *adj* beweglich; *(flexible also)* wendig; *(motorized)* mobil; **to be** ~ ein Auto haben; ~ **canteen** Kantine *f* auf Rädern **II.** *n* ❶ Handy *nt* ❷ *(decoration)* Mobile *nt*

mobile phone *n esp* BRIT Mobiltelefon *nt,* Handy *nt,* Natel *nt* SCHWEIZ; ~ **cover/case/pouch** Handyhülle *f,* Natelhülle *f* SCHWEIZ

mobile service provider *n* TELEC Mobil-

funkanbieter *m*
mock [mɒk] **I.** *adj* ❶ *(fake)* nachgemacht; ~ **leather** Lederimitat *nt* ❷ *(practice)* Probe- **II.** *n* BRIT *(fam)* Probeexamen *nt* **III.** *vi, vt* spotten; **to ~ sb** jdn verspotten
mockingly [ˈmɒkɪŋli] *adv* spöttisch, höhnisch
modal [ˈməʊdᵊl] *adj* Modal-; ~ **verb** Modalverb *nt*
modal verb *n* Modalverb *nt*
mod con [ˌmɒdˈkɒn] *n* BRIT, AUS *short for* **modern convenience** moderner Komfort
mode [məʊd] *n* ❶ *(way)* Methode *f* ❷ TECH Modus *m*
model [ˈmɒdᵊl] **I.** *n* ❶ Modell *nt;* COMPUT Simulation *f* ❷ *(example)* Vorbild *nt; (perfect)* Muster *nt;* **the very ~ of sth** der Inbegriff von etw *dat* ❸ *(mannequin)* Model *nt; (for painter)* Modell *nt* ❹ *(version)* Modell *nt* **II.** *vt* <-ll-> ❶ modellieren; *(on computer)* simulieren ❷ *fashion* vorführen
modelling [ˈmɒdᵊlɪŋ] *n no pl* FASHION Modeln *nt*
modem [ˈməʊdəm] *n* Modem *nt*
moderate **I.** *adj* [ˈmɒdᵊrət] ❶ mittlere(r, s); *(slight)* leicht ❷ *(not excessive)* gemäßigt; *drinker, eater* mäßig ❸ POL gemäßigt **II.** *n* [ˈmɒdᵊrət] POL Gemäßigte(r) *f(m)* **III.** *vt* [ˈmɒdᵊreɪt] **to ~ one's voice** seine Stimme senken
moderately [ˈmɒdᵊrətli] *adv* mäßig; ~ **pleased/successful** einigermaßen zufrieden/erfolgreich; ~ **priced** preisgünstig
modern [ˈmɒdᵊn] *adj* modern; ~ **times** die Neuzeit
modernize [ˈmɒdᵊnaɪz] **I.** *vt* modernisieren **II.** *vi* modern werden
modest [ˈmɒdɪst] *adj* bescheiden
modestly [ˈmɒdɪstli] *adv* ❶ *(approv: without boastfulness)* bescheiden, zurückhaltend ❷ *(chastely)* dezent; **to dress ~** sich dezent kleiden ❸ *(not expensively)* ~ **priced** preisgünstig
modular [ˈmɒdjələʳ] *adj* modular, Modul-, Baukasten-; ~ **system** UNIV Kursmodulsystem *nt*
module [ˈmɒdjuːl] *n (unit)* Modul *nt,* Baustein *m*
moist [mɔɪst] *adj* feucht; *cake* saftig
moisten [ˈmɔɪsᵊn] *vt* anfeuchten
moisture [ˈmɔɪstʃəʳ] *n* Feuchtigkeit *f*
moisturizer [ˈmɔɪstʃᵊraɪzəʳ] *n* Feuchtigkeitscreme *f*
molar [ˈməʊləʳ] *n* Backenzahn *m*
mold *n, vi* AM *see* **mould²**
Moldova [mɒlˈdəʊvə] *n* Moldawien *nt*
Moldovan [mɒlˈdəʊvən], **Moldavian** [mɒlˈdeɪviən] **I.** *adj* moldawisch **II.** *n* ❶ *(person)* Moldawier(in) *m(f)* ❷ *(language)* Moldawisch *nt*
mole¹ [məʊl] *n* ZOOL Maulwurf *m*
mole² [məʊl] *n* ANAT [kleines] Muttermal
molehill [ˈməʊlhɪl] *n* Maulwurfshügel *m*
mom [mɑːm] *n* AM Mama *f*
moment [ˈməʊmənt] *n* Moment *m; (point in time)* Zeitpunkt *m;* **just a ~, please** nur einen Augenblick, bitte; **at any ~** jeden Augenblick; **in a ~** gleich; **the ~ of truth** die Stunde der Wahrheit
momentary [ˈməʊməntᵊri] *adj* kurz; *(transitory)* vorübergehend
monarch [ˈmɒnək] *n* Monarch(in) *m(f),* Herrscher(in) *m(f)*
monarchy [ˈmɒnəki] *n* Monarchie *f*
monastery [ˈmɒnəstᵊri] *n* [Mönchs]kloster *nt*
Monday [ˈmʌndeɪ] *n* Montag *m; see also* **Tuesday**
money [ˈmʌni] *n no pl* Geld *nt;* **short of ~** knapp bei Kasse *fam;* **to raise ~** Geld aufbringen ▸ **to be in the ~** in Geld schwimmen; **to be [not] made of ~** [k]ein Krösus sein
money-changer *n* [Geld]wechsler(in) *m(f); (device)* [tragbarer] Münzwechsler **money order** *n esp* AM, AUS Postanweisung *f*
monitor [ˈmɒnɪtəʳ] **I.** *n* ❶ *(screen)* Bildschirm *m,* Monitor *m;* **colour ~** Farbbildschirm *m,* Farbmonitor *m* ❷ POL

M

(observer) Beobachter(in) *m(f)* ③ *(device)* Anzeigegerät *nt*, Monitor *m* **II.** *vt* ① *(check)* beobachten, kontrollieren, überprüfen ② *(view, listen in on)* abhören

monitoring [ˈmɒnɪtᵊrɪŋ] *n no pl* Überwachung *f*, Aufsicht *f*; ~ **system** Überwachungssystem *nt*

monk [mʌŋk] *n* Mönch *m*

monkey [ˈmʌŋki] *n* Affe *m*; *(fam: child)* Schlingel *m*; ▶ **I don't give a ~'s [what] …** BRIT *(sl)* es interessiert mich einen Dreck [was] … *fam*

monograph [ˈmɒnəgrɑːf] *n* Monographie *f fachspr*, Einzeldarstellung *f*

monopolize [məˈnɒpᵊlaɪz] *vt* monopolisieren; **to ~ the conversation** das Gespräch an sich reißen

monorail [ˈmɒnə(ʊ)reɪl] *n* Einschienenbahn *f*

monotonously [məˈnɒtᵊnəsli] *adv* ① *(repetitiously)* immer wieder, unablässig ② *(without variation)* eintönig, monoton

monsoon [mɒnˈsuːn] *n* Monsun *m*; **the ~[s]** der Monsun *kein pl*

monster [ˈmɒn(t)stəʳ] **I.** *n* Ungeheuer *nt*; *(person also)* Scheusal *nt* **II.** *adj attr (fam: huge)* ungeheuer

monstrous [ˈmɒn(t)strəs] *adj* ungeheuer; *(outrageous)* ungeheuerlich; *(awful)* grässlich

Montenegrin [mɒntɪˈniːgrən] **I.** *adj* montenegrinisch **II.** *n* ① *(person)* Montenegriner(in) *m(f)* ② *(language)* Montenegrinisch *nt*

Montenegro [mɒntɪˈniːgrəʊ] *n* Montenegro *nt*

month [mʌn(t)θ] *n* Monat *m*; **to take a two ~ holiday** zwei Monate Urlaub nehmen; **a ~'s notice** eine einmonatige Kündigungsfrist

monthly [ˈmʌn(t)θli] **I.** *adj, adv* monatlich **II.** *n* Monatsschrift *f*

monument [ˈmɒnjəmənt] *n* Denkmal *nt*; *(memorial)* Mahnmal *nt*

mood *n* Laune *f*; **in a bad/good ~** gut/schlecht gelaunt; **to be in a talkative ~** zum Erzählen aufgelegt sein

moody [ˈmuːdi] *adj* missmutig; *(temperamental)* launisch

moon [muːn] **I.** *n* Mond *m*; **full ~** Vollmond *m*; **new ~** Neumond *m*; ▶ **to be over the ~ about sth** über etw *akk* überglücklich sein **II.** *vi* ① *(sl)* **to ~ [at sb]** [jdm] seinen nackten Hintern zeigen ② *(reminisce)* träumen (**over** von +*dat*)

moonlight **I.** *n no pl* Mondlicht *nt* **II.** *vi* <-lighted> *(fam)* schwarzarbeiten

moonlit *adj attr* mondhell; ~ **room** Zimmer *nt* im Mondlicht

moor[1] [mɔːʳ] *n* [Hoch]moor *nt*

moor[2] [mɔːʳ] NAUT **I.** *vt* vertäuen *fachspr* **II.** *vi* festmachen

mooring [ˈmɔːrɪŋ] *n* Anlegeplatz *m*; *(ropes)* **~s** *pl* Vertäuung *f fachspr*

moose <*pl* -> [muːs] *n* Elch *m*

Übersetzungstipp

Nicht verwechseln mit *Moos* – *moss!*

mop [mɒp] **I.** *n* Mopp *m*; **dish ~** BRIT Schwammtuch *nt* **II.** *vt* <-pp-> feucht wischen; **to ~ one's face/brow** sich *dat* den Schweiß vom Gesicht/von der Stirn wischen

moped [ˈməʊped] *n* Moped *nt*

moral [ˈmɒrᵊl] **I.** *adj* moralisch; *person also* anständig; **on ~ grounds** aus moralischen Gründen **II.** *n* ① **~s** *pl* Moralvorstellungen *pl* ② *(of story)* Moral *f*

morale [məˈrɑːl] *n no pl* Moral *f*; **~ is high/low** die Stimmung ist gut/schlecht

morally [ˈmɒrᵊli] *adv* moralisch, ethisch; **~ right/superior/wrong** moralisch richtig/überlegen/falsch

morbidly [ˈmɔːbɪdli] *adv* krankhaft

more [mɔːʳ] **I.** *adj comp of* **many, much** noch mehr; **two ~ days until Christmas** noch zwei Tage bis Weihnachten; **some ~ coffee?** noch etwas

Kaffee? **II.** *pron* mehr; ~ **and** ~ immer mehr; **is there any ~?** ist noch etwas da?; **all the ~ …** umso mehr …; **the ~ the merrier** je mehr desto besser; **no ~** nichts weiter; *(countable)* keine mehr **III.** *adv* ① *(forming comparatives)* ~ **beautiful/sensible** schöner/vernünftiger; ~ **importantly** wichtiger noch ② *(to a greater extent)* mehr; **to think ~ of sb** eine höhere Meinung von jdm haben; **we'll be ~ than happy to help** wir helfen sehr gerne ③ *(longer)* **to be no ~** *times* vorüber sein; **I don't do yoga any ~** ich habe mit Yoga aufgehört ④ *(rather)* eher; ~ **dead than alive** mehr tot als lebendig ► ~ **or** **less** mehr oder weniger; **that's ~ like it** schon besser; ~ **often than not** meistens

moreover [mɔːˈrəʊvəʳ] *adv (form)* ferner

morgue [mɔːg] *n esp* AM, AUS *(mortuary)* Leichen[schau]haus *nt*

morning [ˈmɔːnɪŋ] **I.** *n* Morgen *m;* **good ~!** guten Morgen!; **all ~** den ganzen Vormittag; **at four in the ~** um vier Uhr früh; **[from] ~ till night** von morgens bis abends; **tomorrow ~** morgen Vormittag; **yesterday ~** gestern Morgen **II.** *interj (fam)* Morgen!

morning-after pill *n* **the ~** die Pille danach **morning (news)paper** *n* Morgenzeitung *f* **morning sickness** *n no pl* morgendliche Übelkeit

moroseness [məˈrəʊsnəs] *n* Verdrießlichkeit *f*

mortal [ˈmɔːtᵊl] **I.** *adj* ① *(subject to death)* sterblich ② *(human)* menschlich, Menschen- ③ *(temporal)* irdisch **II.** *n (liter)* Sterbliche(r) *f(m);* **ordinary ~** *(hum)* Normalsterbliche(r) *f(m)*

mortality [mɔːˈtæləti] *n no pl* ① *(condition)* Sterblichkeit *f* ② *(character)* Vergänglichkeit *f*

mortgage [ˈmɔːgɪdʒ] **I.** *n* Hypothek *f;* **to pay off a ~** eine Hypothek tilgen **II.** *vt* hypothekarisch belasten

mortuary [ˈmɔːtʃuᵊri] *n* Leichen[schau]haus *nt*

mosaic [mə(ʊ)ˈzeɪɪk] *n* Mosaik *nt*

Moslem *adj, n see* **Muslim**

mosque [mɒsk] *n* Moschee *f*

mosquito <*pl* -es> [mɒsˈkiːtəʊ] *n* Moskito *m;* ~ **net** Moskitonetz *nt*

moss <*pl* -es> [mɒs] *n* Moos *nt*

most [məʊst] **I.** *pron* ① **the ~** am meisten; **at the [very] ~** [aller]höchstens ② *pl (majority)* **the ~** die Mehrheit ③ *(best)* **the ~** höchstens; **to make the ~ of sth** das Beste aus etw *dat* machen **II.** *adv* ① *(forming superlative)* **the ~ beautiful/sensible** der/die/das schönste/vernünftigste; **the ~ easily/rapidly** am leichtesten/schnellsten; **that's what I'm ~ afraid of** davor habe ich die meiste Angst ② *(form: extremely)* höchst; ~ **certainly** ganz bestimmt; ~ **likely** höchstwahrscheinlich; ~ **unlikely** höchst unwahrscheinlich ③ **at ~** höchstens; ~ **of all, I hope that …** ganz besonders hoffe ich, dass …

mostly [ˈməʊs(t)li] *adv* meistens; *(in the main)* größtenteils

MOT [ˌeməʊˈtiː] BRIT *(fam)* **I.** *n abbrev of* **Ministry of Transport** ① **the ~** das Verkehrsministerium ② *(test)* TÜV *m;* *(certificate)* TÜV-Bescheinigung *f* **II.** *vt* <MOT'd, MOT'd> *usu passive* **the car's been ~'d** das Auto hat den TÜV bestanden

motel [məʊˈtel] *n* Motel *nt*

moth [mɒθ] *n* Motte *f*

mothball **I.** *n* Mottenkugel *f* **II.** *vt* einmotten **moth-eaten** *adj* mottenzerfressen; *(outmoded)* verstaubt

mother [ˈmʌðəʳ] **I.** *n* Mutter *f;* ► **the ~ of all …** der/die/das allergrößte …; *(worst)* der/die/das Schlimmste aller *gen* …; **the ~ of all battles** die Mutter aller Schlachten; **the ~ of all storms** der Sturm der Stürme **II.** *vt* bemuttern

motherhood [ˈmʌðəhʊd] *n no pl* Mutterschaft *f*

mother-in-law <*pl* mothers-> *n* Schwiegermutter *f*

M

motherly ['mʌðəli] *adj (usu approv)* mütterlich; ~ **love** Mutterliebe *f*

mother tongue *n* Muttersprache *f*

motion ['məʊʃən] **I.** *n* ① *no pl (movement)* Bewegung *f,* Gang *m;* **in slow ~** in Zeitlupe; **to put sth in ~** etw in Gang bringen ② *(gesture)* Bewegung *f,* Zeichen *nt;* **~ of the hand/head** Hand-/Kopfbewegung *f* ③ POL *(proposal)* Antrag *m fachspr;* **to defeat a ~** einen Antrag ablehnen; **to pass a ~** einen Antrag annehmen **II.** *vt* **to ~ sb to do sth** jdn durch einen Wink auffordern, etw zu tun

motionless ['məʊʃənləs] *adj* bewegungslos, reg[ungs]los

motion picture *n* AM [Spiel]film *m*

motivate ['məʊtɪveɪt] *vt* ① *(provide with motive)* **what ~d their sudden change of heart?** was war der innere Anlass für ihren plötzlichen Sinneswandel?; **motivating force** treibende Kraft ② *(arouse interest)* anregen, anspornen; **to ~ sb to do sth** jdn dazu bewegen, etw zu tun

M

motivation [,məʊtɪ'veɪʃən] *n* ① *(reason)* Begründung *f,* Veranlassung *f* (**for** für) ② *no pl (drive)* Antrieb *m,* Motivation *f*

motive ['məʊtɪv] *n* Beweggrund *m* (**for** für); **ulterior ~** tieferer Beweggrund

motor ['məʊtər] **I.** *n* Motor *m; (engine also)* Triebwerk *nt;* BRIT *(fam: car)* Auto *nt* **II.** *adj attr* BRIT, AUS Auto- **III.** *vi* [Auto] fahren

motorbike *n (fam)* Motorrad *nt* **motorboat** *n* Motorboot *nt* **motor car** *n* BRIT Automobil *nt* **motorcycle** *n* Motorrad *nt* **motorcycling** *n no pl* Motorradfahren *nt* **motorcyclist** *n* Motorradfahrer(in) *m(f)*

motoring ['məʊtərɪŋ] **I.** *adj attr* BRIT Fahr-; ~ **offence** Verkehrsdelikt *nt* **II.** *n* Fahren *nt*

motorist ['məʊtərɪst] *n* Kraftfahrer(in) *m(f)*

motor racing *n* BRIT Autorennsport *m* **motor scooter** *n* Motorroller *m* **motor vehicle** *n* Kraftfahrzeug *nt* **motorway** *n* BRIT Autobahn *f*

motto <*pl* -s> ['mɒtəʊ] *n* Motto *nt*

mould[1] [məʊld] *n no pl* BOT Schimmel *m*

mould[2] [məʊld] **I.** *n* Form *f; (fig)* Typ *m;* **to be out of the same ~** sich *dat* gleichen wie ein Ei dem anderen **II.** *vt* formen; *(fig)* **to ~ sb into sth** jdn zu etw *dat* machen

mouldy ['məʊldi] *adj* verschimmelt; **to go ~** [ver]schimmeln

mound [maʊnd] *n* Haufen *m; (hill)* Hügel *m*

mount [maʊnt] **I.** *n* ① *(horse)* Pferd *nt* ② *of picture* Halterung *f* **II.** *vt* ① *(suspend)* aufhängen ② *(ascend)* hochsteigen ③ *(secure)* befestigen; **to ~ in a frame** rahmen **III.** *vi* ① *(grow)* wachsen ② *rider* aufsteigen

mountain ['maʊntɪn] *n* Berg *m;* **~s** Berge *pl; (group of mountains)* Gebirge *nt;* **~ chain** Bergkette *f*

mountain bike *n* Mountainbike *nt*

mountaineer [,maʊntɪ'nɪər] *n* Bergsteiger(in) *m(f)*

mountaineering [,maʊntɪ'nɪərɪŋ] *n no pl* Bergsteigen *nt*

mountainous ['maʊntɪnəs] *adj* gebirgig; *(fig)* riesig

mountain range *n* Gebirgszug *m*

mourn [mɔːn] **I.** *vi* trauern (**for** um) **II.** *vt* ① *(feel sorrow)* **to ~ sb/sth** um jdn/etw trauern ② *(fig: regret)* beklagen

mourner ['mɔːnər] *n* Trauernde(r) *f(m); (at a funeral)* Trauergast *m*

mouse <*pl* mice> [maʊs] *n* Maus *f*

mouse hole *n* Mauseloch *nt* **mouse potato** *n* COMPUT Computerhocker(in) *m(f)* **mousetrap** *n* Mausefalle *f*

moustache [mə'stɑːʃ] *n* Schnurrbart *m*

mouth [maʊθ] *n* ① Mund *m; of animal* Maul *nt;* **to have a big ~** ein großes Mundwerk haben *fam;* **to keep one's ~ shut** seinen Mund halten *fam* ② *(opening)* Öffnung *f; of river* Mündung *f*

mouthful ['maʊθfʊl] *n* Bissen *m; of drink* Schluck *m;* **a ~ of abuse** *(fam)* ein Schwall *m* Schimpfwörter

mouth organ *n* Mundharmonika *f*

mouthpiece *n* Mundstück *nt; of phone* Sprechmuschel *f* **mouth-to-mouth (resuscitation)** *n* Mund-zu-Mund-Beatmung *f* **mouthwash** *n* Mundwasser *nt* **mouth-watering** *adj* [sehr] appetitlich

move [mu:v] **I.** *n* ❶ *no pl* Bewegung *f;* **she made a sudden ~ towards me** plötzlich bewegte sie sich auf mich zu; **to be on the ~** unterwegs sein; **to make a ~** *(fam: leave)* sich auf den Weg machen ❷ *(step)* Schritt *m; (measure)* Maßnahme *f; (in games)* Zug *m;* CHESS [Schach]zug *m;* **it's your ~** du bist dran; **to make the first ~** den ersten Schritt tun ▸ **to get a ~ on** *(fam)* sich beeilen **II.** *vi* ❶ sich bewegen; *(go)* gehen; **no one ~d** keiner rührte sich; **keep moving!** bitte gehen Sie weiter!; **to ~ [out of the way]** aus dem Weg gehen ❷ **to ~ off a subject** das Thema wechseln ❸ *(progress)* vorankommen; **to ~ with the times** mit der Zeit gehen; **to ~ forward** Fortschritte machen ❹ *(tenant)* umziehen ❺ *(fam: hurry)* sich beeilen; **~!** nun mach schon! ❻ *(fam)* **to get moving** loslegen; **to get moving on sth** mit etw *dat* loslegen **III.** *vt* ❶ bewegen; *(put elsewhere)* woanders hinstellen; *(push elsewhere)* verrücken; *(clear)* wegräumen; *(rearrange)* umstellen ❷ *(reschedule)* verlegen ❸ *(transfer)* verlegen; **to ~ office** in ein anderes Büro ziehen ❹ *(affect)* **to ~ sb** jdn bewegen; **to ~ sb to tears** jdn zu Tränen rühren

◆**move about, move around I.** *vi* herumgehen; *(travel)* umherreisen; *tenant* oft umziehen **II.** *vt* [hin und her] bewegen; *(fam: worker)* oft versetzen

◆**move along I.** *vt crowd* zum Weitergehen bewegen; *car* vorbeiwinken **II.** *vi* weitergehen; *(run)* weiterlaufen; *(make room)* aufrücken

◆**move away I.** *vi* weggehen; *car* wegfahren; *tenant* wegziehen; **to ~ away from home** von zu Hause ausziehen **II.** *vt* wegräumen; *(push)* wegrücken

◆**move back I.** *vi (return)* zurückkommen; *(withdraw)* zurückweichen; **~ back!** zurücktreten! **II.** *vt (replace)* zurückstellen; *(push)* zurückschieben; *car* zurücksetzen

◆**move down I.** *vi* ❶ sich nach unten bewegen; *(slip)* runterrutschen *fam; (make room)* aufrücken ❷ *price* fallen ❸ SCH **to ~ down a class** AM eine Klasse zurückgestuft werden ❹ SPORTS absteigen **II.** *vt* nach unten bewegen; *(put lower)* nach unten stellen

◆**move in I.** *vi* ❶ *tenant* einziehen; **to ~ in with sb** zu jdm ziehen ❷ *(advance)* anrücken; **the painters are moving in next week** *(fam)* nächste Woche kommen die Maler; **to ~ in on a new market** sich auf einem neuen Markt etablieren **II.** *vt* ❶ *(push)* nach innen bewegen ❷ *troops* einsetzen

◆**move off I.** *vi* sich in Bewegung setzen; *(walk)* losgehen **II.** *vt* wegräumen

◆**move on I.** *vi* ❶ sich wieder auf den Weg machen; *(walk)* weitergehen ❷ *(progress)* sich weiterentwickeln; *employee* beruflich weiterkommen ❸ **to ~ on to sth** zu etw *dat* übergehen **II.** *vt crowd* zum Weitergehen auffordern; *driver* zum Weiterfahren auffordern

◆**move out I.** *vi* ❶ *troops* abziehen; *tenant* ausziehen (**of** aus +*dat*) ❷ *(cease)* **to ~ out [of sth]** sich [von etw *dat*] zurückziehen **II.** *vt* ❶ *(clear)* wegräumen ❷ *tenant* kündigen +*dat; troops* abziehen

◆**move over I.** *vi* ❶ aufrücken ❷ *(switch)* **to ~ over to sth** zu etw *dat* übergehen **II.** *vt* zur Seite räumen

◆**move up I.** *vi* ❶ *troops* aufrücken ❷ *(make room)* Platz machen **II.** *vt* nach oben bewegen; *(place higher)*

M

nach oben räumen

moved [muːvd] *adj pred* bewegt; ~ **to tears** zu Tränen gerührt

movement [ˈmuːvmənt] *n* ① Bewegung *f* ② *no pl (activity)* Bewegung *f; (tendency)* Tendenz *f* ③ MUS Satz *m*

mover [ˈmuːvəʳ] *n* ① *(sb or sth in motion)* **to be a good ~** sich gut bewegen können ② *(instigator)* Antragsteller(in) *m(f)*; **to be a key ~ [in sth]** [bei etw *dat*] eine Schlüsselrolle spielen

movie [ˈmuːviː] *n esp* AM, AUS *(film)* [Kino]film *m;* **the ~s** *pl* das Kino; **to be in the ~s** *(fam)* im Filmgeschäft sein

movie camera *n* Filmkamera *f* **movie star** *n* Filmstar *m* **movie theater** *n* AM Kino *nt*

moving [ˈmuːvɪŋ] **I.** *n no pl* Umziehen *nt* **II.** *adj* ① *attr* beweglich ② *attr (motivating)* Antriebs-; **the ~ force** die treibende Kraft ③ *(appealing)* bewegend

mow <mowed, mown> [məʊ] *vi, vt* mähen; *field* abmähen

mower [ˈməʊəʳ] *n* Rasenmäher *m; (for crops)* Mähmaschine *f*

mown [məʊn] **I.** *pp of* **mow** **II.** *adj* gemäht; *field* abgemäht

Mozambican [ˌməʊzæmˈbiːkən] **I.** *n* Mosambikaner(in) *m(f)* **II.** *adj* mosambikanisch

Mozambique [ˌməʊzæmˈbiːk] *n* Mosambik *nt*

MP [ˌemˈpiː] BRIT, CAN POL *abbrev of* **Member of Parliament**

MP3 [ˌempiːˈθriː] *n abbrev of* **MPEG (Motion Picture Experts Group) 1 Layer 3** MP3 *nt meist ohne art*

MP3 player *n* MP3-Player *m*

mph [ˌempiːˈeɪtʃ] *abbrev of* **miles per hour: to do 50 ~** 50 Meilen pro Stunde fahren *(eine Meile entspricht 1,56 km)*

Mr [ˈmɪstəʳ] *n no pl* **~ Brown** Herr Brown

Mrs [ˈmɪsɪz] *n no pl* **~ Brown** Frau Brown

Ms [ˌemˈes] *n no pl* **~ Brown** Frau Brown *(Alternativbezeichnung zu Mrs und Miss, die sowohl für verheiratete wie unverheiratete Frauen zutrifft)*

MS *n no pl abbrev of* **multiple sclerosis** MS *f*

much [mʌtʃ] **I.** *adj* <more, most> + *sing* viel; **how ~ ...?** wie viel ...?; **half/twice as ~** halb/doppelt so viel; [~] **too ~** [viel] zu viel **II.** *pron* ① *(relative amount)* viel; **this ~ is certain** so viel ist sicher; **half/twice as ~** halb/doppelt so viel; **however ~ you dislike her ...** wie unsympathisch sie dir auch sein mag, ... ② *(great deal)* viel; **my new stereo isn't up to ~** meine neue Anlage taugt nicht viel *fam* ③ *with neg (pej)* **he's not ~ to look at** er sieht nicht gerade umwerfend aus ④ *(larger part)* **~ of the day** der Großteil des Tages ⑤ *(be redundant)* **so ~ for ...** das wars dann wohl mit ... ⑥ *with interrog* **how ~ is it?** was kostet das? **III.** *adv* <more, most> ① *(greatly)* sehr; **~ to our surprise** zu unserer großen Überraschung; **to be not ~ good at sth** in etw *dat* nicht sehr gut sein ② *(nearly)* **~ the same** fast so ③ **I like him as ~ as you do** ich mag ihn genauso sehr wie du; **thank you very ~** herzlichen Dank ④ **I had expected as ~** so etwas hatte ich schon erwartet ⑤ **do you see ~ of her?** siehst du sie öfters? **IV.** *conj* **~ as I like you, ...** so gern ich dich auch mag, ...

◆**muck about, muck around** *(fam)* **I.** *vi* Unfug treiben; **to ~ about with sth** an etw *dat* herumfummeln **II.** *vt* **to ~ sb about** mit jdm umspringen[, wie es einem gefällt]; **stop ~ing me about!** sag mir endlich, was Sache ist!

◆**muck up** *vt* BRIT *(fam)* vermasseln; *exam* versieben

mucky [ˈmʊki] *adj* ① dreckig ② *(fam) joke* schlüpfrig

mud [mʌd] *n no pl* Schlamm *m;* ▸ **to drag sb's name through the ~** jds Namen in den Schmutz ziehen

muddle ['mʌdḷ] **I.** *n* Durcheinander *nt;* **to be/get in a ~** durcheinander sein/ durcheinandergeraten **II.** *vi* **to ~ along** vor sich *akk* hin wurs[ch]teln *fam*
muddled ['mʌdḷd] *adj* verworren
muddy ['mʌdi] **I.** *vt* schmutzig machen **II.** *adj* schlammig; *(dirty)* schmutzig
mudguard *n* Kotflügel *m; of bicycle* Schutzblech *nt* **mudpack** *n* Gesichtsmaske *f*
muesli ['mju:zli] *n no pl* Müsli *nt,* Müesli *nt* SCHWEIZ
muffled ['mʌfḷd] *adj attr* gedämpft, leise; *bells* umwickelt; **~ screams** erstickte Schreie
mug [mʌg] **I.** *n* Becher *m (mit Henkel)* **II.** *vt* <-gg-> überfallen und ausrauben
mugger ['mʌgəʳ] *n* [Straßen]räuber(in) *m(f)*
muggy ['mʌgi] *adv* schwül
mule [mju:l] *n* Maultier *nt*
multicoloured *adj* bunt
multilingual *adj* mehrsprachig
multimillionaire *n* Multimillionär(in) *m(f)*
multinational **I.** *n* multinationaler Konzern **II.** *adj* multinational
multiplayer ['mʌltipleɪəʳ] *adj attr computer game* Multiplayer-, für mehrere Spieler *nach n*
multiplication [ˌmʌltiplɪ'keɪʃᵊn] *n no pl* Multiplikation *f*
multiply <-ie-> ['mʌltiplaɪ] **I.** *vt* multiplizieren (**by** mit) **II.** *vi* sich vermehren; *(reproduce also)* sich fortpflanzen
multi-purpose *adj* Mehrzweck- **multistorey** *adj inv* mehrstöckig; **~ car park** BRIT Parkhaus *nt* **multi-tasking** **I.** *n* COMPUT Ausführen *nt* mehrerer Programme, Multitasking *nt* **II.** *adj attr (fig)* gleichzeitig mehreren Aufgaben nachkommend *attr;* **she is a hard-working, ~ singer, actor, dancer and producer** sie arbeitet hart und ist gleichzeitig Sängerin, Schauspielerin, Tänzerin und Produzentin

mum[1] [mʌm] *n (fam)* Mama *f*
mum[2] [mʌm] *adj (fam)* still; **to keep ~** den Mund halten
mumble ['mʌmbḷ] *vi, vt* nuscheln
mummy[1] ['mʌmi] *n (fam)* Mama *f,* Mami *f*
mummy[2] ['mʌmi] *n (corpse)* Mumie *f*
mumps [mʌmps] *n + sing vb* Mumps *m*
Munich ['mju:nik] *n* München *nt*
mural ['mjuərᵊl] **I.** *n* Wandgemälde *nt* **II.** *adj* Wand-
murder ['mɜ:dəʳ] **I.** *n* Mord *m,* Ermordung *f* (**of** an); **mass ~** Massenmord *m* **II.** *vt* ermorden; *(fig a.)* umbringen
murderer ['mɜ:dᵊrəʳ] *n* Mörder(in) *m(f)*
murderess ['mɜ:dᵊrɪs] *n* Mörderin *f*
murky ['mɜ:ki] *adj* düster; *night* finster
murmur ['mɜ:məʳ] **I.** *vi* murmeln; **to ~ about sth** *(complain)* wegen einer S. *gen* murren **II.** *vt* murmeln, raunen **III.** *n* Gemurmel *nt kein pl,* Raunen *nt kein pl;* **a ~ of agreement** ein zustimmendes Raunen
murmuring ['mɜ:mᵊrɪŋ] *n* ❶ *(low or indistinct sound)* Murmeln *nt* ❷ *usu pl (expression of dissatisfaction)* Gemurmel *nt kein pl* ❸ *usu pl (insinuation)* Andeutung *f*
muscle ['mʌsḷ] *n* Muskel *m; (fig: influence)* Stärke *f;* **to flex one's ~s** *(fig)* Stärke zeigen
Muscovite ['mʌskəvaɪt] *n* Moskowiter(in) *m(f) veraltend;* Moskauer(in) *m(f)*
muscular ['mʌskjələʳ] *adj* muskulös
museum [mju:'zi:əm] *n* Museum *nt*
mushroom ['mʌʃrʊm, -ru:m] *n* Pilz *m*
music ['mju:zɪk] *n no pl* Musik *f; (notes)* Noten *pl;* **classical ~** klassische Musik; **to put on ~** [etwas] Musik auflegen
musical ['mju:zikᵊl] **I.** *adj* musikalisch **II.** *n* Musical *nt*
musical box *n,* AM **music box** *n* Spieluhr *f*
musically ['mju:zikᵊli] *adv* musikalisch; **to be ~ gifted** musikalisch sein

M

musician [mjuːˈzɪʃᵊn] *n* Musiker(in) *m(f)*
music stand *n* Notenständer *m*
Muslim [ˈmʊslɪm] **I.** *n* Moslem(in) *m(f)*, Muslim(in) *m(f)* **II.** *adj* moslemisch, muslimisch
mussel [ˈmʌsᵊl] *n* [Mies]muschel *f*
must [mʌst] **I.** *aux vb* ❶ *(be obliged)* müssen; ~ **not** nicht dürfen ❷ *(be required)* müssen ❸ *(should)* **you ~ come and visit us** Sie sollten uns bald einmal besuchen kommen ❹ *(be certain to)* müssen; **you ~ be joking!** du machst wohl Witze! ❺ *(be necessary)* müssen; **you ~n't worry too much about it** jetzt mach dir deswegen nicht so viele Sorgen ❻ *(showing irritation)* müssen; **smoke if you ~ then** dann rauche, wenn es [denn] unbedingt sein muss **II.** *n no pl* **to be a ~** ein Muss *nt* sein; **this book is a ~!** dieses Buch muss man gelesen haben! **III.** *in compounds -see, -do* **this film is a ~-see** diesen Film muss man einfach gesehen haben

M

must / have to

Beachte den Unterschied:
Das Modalverb **must** und seine Ersatzform **have to** + *Infinitiv* haben im Gebrauch (nur im *present simple*) leicht unterschiedliche Bedeutungen. Bei **must** hat das Subjekt den eigenen Wunsch oder ein dringendes Bedürfnis, etwas zu tun: *I must repair the computer. We must invite Lisa.*
Bei **have to** kommt der Druck von außen. Die Person selbst möchte es vielleicht gar nicht tun, fühlt sich aber veranlasst zu handeln: *I have to repair the computer. We have to invite Lisa.*

mustache *n* AM *see* **moustache**
mustard [ˈmʌstəd] *n no pl* Senf *m*
must-have *adj attr (fam)* unentbehrlich
mustn't [ˈmʌsᵊnt] *short for* **must not** *short for* **must**
mutt [mʌt] *n esp* AM *(fam)* ❶ *(silly person)* Trottel *m pej fam* ❷ *(mongrel)* [Straßen]köter *m pej*
mutton [ˈmʌtᵊn] *n no pl* Hammel *m*, Hammelfleisch *nt*
mutual [ˈmjuːtʃuːəl] *adj* gegenseitig; *benefit* beiderseitig; **the feeling is ~** das [Gefühl] beruht auf Gegenseitigkeit
my [maɪ] **I.** *adj poss* mein(e); **my brother and sister** mein Bruder und meine Schwester; **one of my friends** einer meiner Freunde/eine meiner Freundinnen; **I've hurt my foot** ich habe mir den Fuß verletzt; **I need a car of ~ own** ich brauche ein eigenes Auto **II.** *interj* ach, oh; **~ ~** na, so was
myself [maɪˈself] *pron refl* ❶ *(direct object of verb)* mir *dat*, mich *akk*; **I caught sight of ~ in the mirror** ich sah mich im Spiegel; **muttering to ~** vor mich hin murmelnd ❷ *(emph form)* ich; **people like ~** Menschen wie ich ❸ *(emph)* **I wrote it ~** ich schrieb es selbst ❹ **I never get an hour to ~** ich habe nie eine Stunde für mich; **by ~** allein; **all by ~** ganz allein
mysterious [mɪˈstɪəriəs] *adj* geheimnisvoll; **in ~ circumstances** unter mysteriösen Umständen
mysteriously [mɪˈstɪəriəsli] *adv* geheimnisvollerweise; **she ~ disappeared one morning** eines Morgens verschwand sie auf mysteriöse Art und Weise
mystery [ˈmɪstᵊri] *n* Geheimnis *nt; (puzzle)* Rätsel *nt*; **that's a ~ to me** das ist mir schleierhaft
myth [mɪθ] *n* Mythos *m*; **creation ~** Schöpfungsmythos *m*
mythology [mɪˈθɒlədʒi] *n no pl* Mythologie *f*

Nn

N <*pl* -'s>, **n** <*pl* -'s> [en] *n* N *nt*, n *nt*; *see also* **A 1**
N *n no pl abbrev of* **north** N
n *n* MATH *(unknown number)* x
n/a, **NA** ❶ *abbrev of* **not applicable** entf. ❷ *abbrev of* **not available** nicht verfügbar
naff [næf] BRIT *adj (sl)* geschmacklos
nag¹ [næg] *n (horse)* [alte Schind]mähre
nag² [næg] **I.** *vi* <-gg-> [herum]nörgeln (**at** an) **II.** *vt* <-gg-> *(annoy)* **to ~ sb** jdn nicht in Ruhe lassen **III.** *n (fam)* Nervensäge *f*
nail [neɪl] **I.** *n* ❶ *(small metal spike)* Nagel *m* ❷ *(body part)* [Finger-/Zeh]nagel *m;* **to bite one's ~s** an den Fingernägeln kauen **II.** *vt (fasten)* nageln (**to** an)
nail-biting **I.** *n no pl* Nägelkauen *nt* **II.** *adj film* spannungsgeladen **nail clippers** *n pl* Nagelknipser *m* **nail file** *n* Nagelfeile *f* **nail polish** *n* Nagellack *m* **nail scissors** *n pl* Nagelschere *f* **nail varnish** *n* Nagellack *m*
naked ['neɪkɪd] *adj (a. fig)* nackt; *flame* offen
name [neɪm] **I.** *n* ❶ *(title)* Name *m;* **what's your ~?** wie heißen Sie?; **first ~** Vorname *m* ❷ *no pl (reputation)* Ruf *m;* **to give sb a good ~** jdm einen guten Ruf verschaffen **II.** *vt (call)* **they ~d their little boy Peter** sie nannten ihren kleinen Sohn Peter
nameplate *n of a person* Namensschild *nt*
nan [næn] *n (fam)* Omi *f*
nanny ['næni] *n* ❶ *(grandmother)* Oma *f* ❷ *(babyminder)* Kindermädchen *nt*
nap [næp] *n (short sleep)* Nickerchen *nt;* **to take a ~** ein Nickerchen machen
napkin ['næpkɪn] *n* Serviette *f*
nappy ['næpi] *n* Windel *f;* **disposable ~** Wegwerfwindel *f*
narcotic [nɑː'kɒtɪk] **I.** *n* Rauschgift *nt;* MED Narkotikum *nt* **II.** *adj* MED narkotisch
narrate [nə'reɪt] *vt* erzählen
narrator [nə'reɪtəʳ] *n* Erzähler(in) *m(f)*
narrow ['nærəʊ] **I.** *adj (thin)* eng, schmal **II.** *vt* verengen
narrow boat *n* Kanalboot *nt*
narrowly ['nærəʊli] *adv (barely)* knapp
narrow-minded *adj* engstirnig **narrow-mindedness** [-'maɪndɪdnəs] *n no pl* Engstirnigkeit *f*
narrowness ['nærəʊnəs] *n no pl* Enge *f*
nastily ['nɑːstɪli] *adv* gehässig, gemein; **to speak ~ to sb** gehässig zu jdm sein
nasty ['nɑːsti] *adj* ❶ *(bad)* scheußlich, widerlich; **to be ~ to sb** zu jdm gemein sein ❷ *(serious)* schlimm, böse
nation ['neɪʃᵊn] *n* ❶ *(country, state)* Nation *f*, Land *nt* ❷ *(people)* Volk *nt*
national ['næʃᵊnᵊl] **I.** *adj* ❶ *(of a nation) matter, organization* national; *flag, team, dish, hero* National-; **~ government** Landesregierung *f* ❷ *(particular to a nation)* Landes-, Volks- **II.** *n* Staatsangehörige(r) *f(m)*
National Assembly *n* Nationalversammlung *f;* **the ~ for Wales** *die walisische Nationalversammlung* **National Health Service** *n* BRIT staatlicher Gesundheitsdienst
nationality [ˌnæʃᵊn'æləti] *n* ❶ *(esp cultural)* Nationalität *f* ❷ *no pl (legal)* Staatsangehörigkeit *f*
nationwide **I.** *adv* landesweit, im ganzen Land **II.** *adj coverage, strike, campaign* landesweit
native ['neɪtɪv] **I.** *adj (of one's birth)* beheimatet; **~ language** Muttersprache *f* **II.** *n* Einheimische(r) *f(m)*
native American *n* amerikanischer Ur-

N

einwohner/amerikanische Ureinwohnerin

NATO, Nato ['neɪtəʊ] *n no pl, no art acr for* **North Atlantic Treaty Organization** NATO *f*

natty ['næti] *adj (fam: smart)* schick; **to be a ~ dresser** immer schick gekleidet sein; *tool, appliance* praktisch

natural ['nætʃᵊrᵊl] **I.** *adj* ❶ *(not artificial) flavour, ingredients, mineral water* natürlich; *colour, curls, dye, fertilizer* Natur- ❷ **to die of ~ causes** eines natürlichen Todes sterben **II.** *n (fam)* Naturtalent *nt*

natural childbirth *n no pl* natürliche Geburt **natural gas** *n no pl* Erdgas *nt* **natural history** *n no pl* Naturgeschichte *f*; *(as topic of study)* Naturkunde *f*

naturalist ['nætʃᵊrᵊlɪst] *n* Naturforscher(in) *m(f)*

naturally ['nætʃᵊrᵊli] *adv (of course)* natürlich; *(as expected)* verständlicherweise

N

naturalness ['nætʃᵊrᵊlnəs] *n no pl* Natürlichkeit *f*

natural resources *n pl* Bodenschätze *pl* **natural science** *n*, **natural sciences** *n pl* Naturwissenschaft *f* **natural selection** *n* natürliche Auslese

nature ['neɪtʃəʳ] *n no pl* ❶ *no art (natural environment)* Natur *f*; **to let ~ take its course** der Natur ihren Lauf lassen ❷ *(innate qualities)* Art *f*; **by ~** von Natur aus ❸ *(character)* Naturell *nt*, Art *f*

nature conservation *n no pl* Naturschutz *m* **nature lover** *n* Naturfreund(in) *m(f)* **nature reserve** *n* Naturschutzgebiet *nt* **nature study** *n no pl* Naturkunde *f* **nature trail** *n* Naturlehrpfad *m*

naturopath ['nætʃᵊrə(ʊ)pæθ] *n* Naturheilkundler(in) *m(f)*

naturopathy [nætʃər'ɒpəθi] *n* Naturheilkunde *f*

naught [nɔːt] *n* ❶ *no pl (liter: nothing)* Nichts *nt* ❷ AM, AUS *see* **nought**

naughty ['nɔːti] *adj* ❶ *(badly behaved) children* ungezogen ❷ *(hum fam: erotic)* unanständig

nautical mile *n* Seemeile *f*

naval ['neɪvᵊl] *adj* Marine-; **~ power** Seemacht *f*

navel ['neɪvᵊl] *n* ANAT Nabel *m*

navigate ['nævɪgeɪt] *vt, vi* navigieren

navigator ['nævɪgeɪtəʳ] *n* Navigator(in) *m(f)*

navy ['neɪvi] **I.** *n* ❶ *+ sing/pl vb (armed forces)* **the N~** die Marine ❷ *(colour)* Marineblau *nt* **II.** *adj* marineblau

NB [ˌen'biː] *adv no pl abbrev of* **nota bene** NB

near [nɪəʳ] **I.** *adj* ❶ *(close in space, time)* nahe; **where's the ~est phone box?** wo ist die nächste Telefonzelle? ❷ *(most similar)* **he rounded up the sum to the ~est dollar** er rundete die Summe auf den nächsten Dollar auf ❸ *attr (close to being)* **that's a ~ impossibility** das ist so gut wie unmöglich **II.** *adv* ❶ *(close in space/time)* nahe ❷ *(almost)* beinahe, fast **III.** *prep* ❶ *(in proximity to)* **~ [to]** nahe [bei] *+dat;* **do you live ~ here?** wohnen Sie hier in der Nähe? ❷ *(similar in quantity or quality)* **he's ~er 70 than 60** er ist eher 70 als 60 **IV.** *vt* **to ~ sth** sich etw *dat* nähern

nearby [ˌnɪə'baɪ] **I.** *adj* nahe gelegen **II.** *adv* in der Nähe

Near East *n* Naher Osten

nearly ['nɪəli] *adv* fast, beinahe

near miss *n (near-accident)* Beinaheunfall *m;* AVIAT Beinahezusammenstoß *m*

nearside BRIT, AUS **I.** *n* Beifahrerseite *f* **II.** *adj attr* auf der Beifahrerseite *nach n*

near-sighted *adj esp* AM kurzsichtig

neat [niːt] *adj* ❶ *(well-ordered)* ordentlich; **~ and tidy** sauber und ordentlich ❷ *(undiluted)* pur ❸ *esp* AM, AUS *(fam: very good)* toll, klasse

necessarily ['nesəsᵊrᵊli] *adv (consequently)* notwendigerweise; *(inevitably)* unbedingt

necessary ['nesəsᵊri] *adj* nötig, notwendig; **strictly ~** unbedingt nötig
necessity [nə'sesəti] *n no pl* Notwendigkeit *f*
neck [nek] *n* ❶ ANAT Hals; *(nape)* Nacken *m* ❷ FASHION Kragen *m;* ▶ **~ and ~** Kopf an Kopf
necklace ['nekləs] *n* [Hals]kette *f* **neckline** *n* Ausschnitt *m* **necktie** *n esp* AM Krawatte *f*
necrophilia [ˌnekrə(ʊ)'fɪliə] *n no pl* PSYCH Nekrophilie *f*
née [neɪ] *adj pred* geborene
need [ni:d] **I.** *n* ❶ *no pl (requirement)* Bedarf *m* (**for** an); **to be [badly] in ~ of sth** etw [dringend] brauchen ❷ *no pl (poverty, requiring help)* Not *f;* **children in ~** Kinder in Not **II.** *vt* ❶ *(require)* brauchen; **your trousers ~ washing** deine Hose müsste mal gewaschen werden ❷ *(must)* **to ~ to do sth** etw tun müssen **III.** *aux vb* ❶ BRIT *(must)* **~ you ask?** *(iron)* da fragst du noch? ❷ BRIT *(didn't have to)* **you ~n't have washed all the dishes** du hättest nicht das ganze Geschirr abwaschen müssen
needle ['ni:dl] **I.** *n* ❶ *(for sewing, injections)* Nadel *f;* **knitting ~** Stricknadel *f* **II.** *vt* ärgern
needless ['ni:dləs] *adj* unnötig; **~ to say ...** selbstverständlich ...
needlessly ['ni:dləsli] *adv* unnötig[erweise]; **to die ~** sinnlos sterben
needy ['ni:di] **I.** *adj (poor)* bedürftig, Not leidend *attr* **II.** *n* **the ~** *pl* die Bedürftigen *pl*
negation [nɪ'geɪʃᵊn] *n no pl* Verneinung *f*
negative ['negətɪv] **I.** *adj (all meanings)* negativ; **~ answer** ablehnende Antwort **II.** *n* ❶ *(negation)* Verneinung *f* ❷ PHOT Negativ *nt*
neglect [nɪ'glekt] *vt* vernachlässigen; **to ~ to do sth** [es] versäumen, etw zu tun
negligent ['neglɪdʒənt] *adj (careless)* nachlässig; LAW fahrlässig
negligently ['neglɪdʒəntli] *adv (carelessly)* nachlässig; LAW fahrlässig
negotiate [nɪ'gəʊʃieɪt] **I.** *vt (discuss)* aushandeln **II.** *vi* verhandeln (**for/on** über)
negotiation [nɪˌgəʊʃi'eɪʃᵊn] *n* Verhandlung *f*
negotiator [nɪ'gəʊʃieɪtəʳ] *n* Unterhändler(in) *m(f)*
neigh [neɪ] **I.** *n* Wiehern *nt kein pl* **II.** *vi* wiehern
neighbour, AM **neighbor** ['neɪbəʳ] **I.** *n* Nachbar(in) *m(f)* **II.** *vi* [an]grenzen (**on** an)
neighbourhood ['neɪbəhʊd] *n (district)* Viertel *nt; (people)* Nachbarschaft *f*
neighbouring ['neɪbᵊrɪŋ] *adj attr* benachbart, Nachbar-
neighbourly ['neɪbᵊli] *adj* gutnachbarlich
neither ['naɪðəʳ] **I.** *adv* ❶ *(not either)* weder; **~ ... nor ...** [**nor ...**] weder ... noch ... [oder ...] ❷ *(also not)* auch nicht **II.** *adj attr* keine(r, s) von beiden **III.** *pron (not either of two)* keine(r, s) von beiden **IV.** *conj* **~ ... nor ...** weder ... noch

N

neon ['niɒn] *n no pl* Neon *nt;* **~ lamp** Neonlampe *f;* **~ sign** Leuchtreklame *f*
neonatal [ˌniə(ʊ)'neɪtᵊl] *adj attr* Neugeborenen-; **~ care/unit** Neugeborenenpflege/-station *f*
neo-Nazi [ˌniə(ʊ)'nɑ:tsi] **I.** *n* Neonazi *m* **II.** *adj group, newspaper* neonazistisch
Nepal [nə'pɔ:l] *n* Nepal *nt*
Nepalese [ˌnepᵊl'iz] **I.** *adj* nepalesisch **II.** *n* <*pl* -> Nepalese, Nepalesin *m, f*
nephew ['nefju:] *n* Neffe *m*
nerve [nɜ:v] *n* ❶ ANAT Nerv *m* ❷ *no pl (courage)* Mut *m;* **to keep one's ~** die Nerven behalten ❸ *(nervousness)* **~s** *pl* Nervosität *f kein pl; (stress)* Nerven *pl* ❹ *(impudence)* Frechheit *f;* ▶ **to get on sb's ~s** *(fam)* jdm auf die Nerven gehen
nervous ['nɜ:vəs] *adj* nervös; *(anxious)* ängstlich; **to be ~ about sth** wegen einer S. *gen* nervös sein
nervousness ['nɜ:vəsnəs] *n no pl* Ner-

vosität *f*

nest [nest] **I.** *n* Nest *nt a. fig* **II.** *vi* nisten

nesting box *n esp* BRIT Nistkasten *m*

net[1] [net] **I.** *n* Netz *nt a. fig;* **fishing ~** Fischernetz *nt* **II.** *vt* <-tt-> ① *(catch)* **to ~ sth** *fish* etw mit einem Netz fangen ② *(fig: get)* **to ~ oneself sth** sich *dat* etw angeln

net[2] [net] **I.** *adj* FIN netto; **~ profit** Reingewinn *m nt* **II.** *vt (after tax)* netto verdienen

Net *n no pl* INET, COMPUT **the ~** das Netz

netball *n no pl* BRIT Korbball *m*

net curtain *n* Tüllgardine *f*

Netherlands ['neðələn(d)z] *n* **the ~** die Niederlande *pl*

netiquette ['netɪket] *n no pl* COMPUT Netiquette *f*

Netspeak *adj* COMPUT Internet-Jargon *m*

netting ['netɪŋ] *n no pl* Netzgewebe *nt*

nettle ['netl̩] *n* Nessel *f;* **stinging ~s** Brennnesseln *pl*

network [netˌwɜːk] **I.** *n* ① *(structure)* Netz[werk] *nt* ② *(fig: people)* Netz *nt* ③ TELEC [Kommunikations]netzwerk *nt;* **telephone ~** Telefonnetz *nt* ④ INET Netzwerk *nt;* **social ~** soziales Netzwerk, Social Network *nt* **II.** *vt (link) a.* COMPUT vernetzen (**to** mit) **III.** *vi* Kontakte knüpfen und nutzen, netzwerken *fam;* **to ~ with sb** mit jdm Kontakt knüpfen

networker *n* Networker(in) *m(f)*, Netzwerker(in) *m(f) fam*

networking ['netˌwɜːkɪŋ] *n no pl* ① *(making contacts)* Kontaktknüpfen *nt* ② COMPUT Vernetzen *nt*

neurotic [njʊə'rɒtɪk] **I.** *n* Neurotiker(in) *m(f)* **II.** *adj* neurotisch

neuter ['njuːtəʳ] **I.** *adj* sächlich; **~ noun** Neutrum *nt* **II.** *vt* **to ~ an animal** *male* ein Tier kastrieren; *female* ein Tier sterilisieren

neutral ['njuːtrᵊl] **I.** *adj* neutral **II.** *n* ① *(country)* neutrales Land ② *(gears)* Leerlauf *m;* **in ~** im Leerlauf

neutrality [njuː'træləti] *n no pl* Neutralität *f*

never ['nevəʳ] *adv* nie, niemals; **~ again!** nie wieder!; **~ mind!** mach' dir nichts draus! *fam*

never-ending *adj* endlos

nevertheless [ˌnevəðə'les] *adv* dennoch, nichtsdestoweniger

new [njuː] **I.** *adj* neu; **I'm ~ around here** ich bin neu hier **II.** *n no pl* **the ~** das Neue

newbie ['njuːbi] *n* COMPUT Anfänger(in) *m(f)*

newcomer *n (new arrival)* Neuankömmling *m; (novice)* Neuling *m*

newish ['njuːɪʃ] *adj (fam)* relativ neu

newly ['njuːli] *adv* kürzlich, neulich; **~ married** jung verheiratet

news [njuːz] *n no pl* ① *(new information)* Neuigkeit *f;* **to break the ~ to sb** jdm die schlechte Nachricht überbringen ② *(media)* Nachrichten *pl;* **to be in the ~** in den Schlagzeilen sein

news agency *n* Nachrichtenagentur *f* **newsagent** *n* BRIT, AUS ① *(shop)* Zeitschriftengeschäft *nt;* **at the ~'s** beim Zeitschriftengeschäft ② *(person)* Zeitungshändler(in) *m(f)* **newsflash** *n* Kurzmeldung *f* **news item** *n* Nachricht *f* **newsletter** *n* Rundschreiben *nt* **news magazine** *n* Nachrichtenmagazin *nt* **newspaper** *n* ① *(journal)* Zeitung *f;* **daily ~** Tageszeitung *f* ② *(material)* Zeitungspapier *nt* **newsreader** *n* BRIT, AUS Nachrichtensprecher(in) *m(f)* **newsreel** *n* Wochenschau *f* **newsroom** *n* Nachrichtenredaktion *f* **newsstand** *n* Zeitungsstand *m* **newsworthy** *adj* berichtenswert

New Year *n* Neujahr *nt kein pl;* **Happy ~** gutes neues Jahr

New Zealand [-'ziːlənd] *n* Neuseeland *nt* **New Zealander** [-'ziːləndəʳ] *n* Neuseeländer(in) *m(f)*

next [nekst] **I.** *adj* ① *(coming immediately after)* nächste(r, s); **this time ~ year** nächstes Jahr um diese Zeit; **~ month** nächsten Monat ② *(next* *in order, space)* nächste(r, s), folgende(r, s); **who's ~ please?** wer ist der/die Nächste? **II.** *adv* ❶ *(subsequently)* dann, gleich darauf; **so what happened ~?** was geschah als Nächstes? ❷ *(again)* das nächste Mal ❸ *(second)* zweit-; **the ~ best thing** die zweitbeste Sache ❹ *(to one side)* **~ to sth/sb** neben etw/jdm ▶ **what ~!** und was kommt dann? **III.** *n* **~ in line** der/die/das Nächste

next-door *adj attr buildings* nebenan *nach n; people* benachbart; *neighbour* direkt **next door I.** *adv* nebenan; **we live ~ to the airport** wir wohnen direkt neben dem Flughafen **II.** *adj pred buildings* nebenan *nach n* **next-gen** *adj (fam) short for* **next-generation** futuristisch **next of kin** *n + sing/pl vb* nächste(r) Angehörige(r)

next to *prep* neben *+akk o dat*

NHS [ˌenertʃˈes] *n* BRIT *abbrev of* **National Health Service**

nib [nɪb] *n* [Schreib]feder *f*

nibble [ˈnɪbl] **I.** *n* ❶ *(bite)* Bissen *m* ❷ *(snack)* **~s** *pl* BRIT *(fam)* Häppchen *pl* **II.** *vt* knabbern **III.** *vi* ❶ **to ~ at/on sth** an etw *dat* herumknabbern ❷ *(eat into)* **to ~ away at sth** an etw *dat* nagen *fig*

nice [naɪs] *adj* nett; *(pleasant)* schön, angenehm; **did you have a ~ holiday?** war es schön im Urlaub?; **~ work!** *(fam)* gute Arbeit!

nicely [ˈnaɪsli] *adv (pleasantly)* nett; *(well)* gut, nett; **that'll do ~** das reicht völlig

niche [niːʃ] *n* Nische *f*

nick [nɪk] **I.** *n* ❶ *(chip)* Kerbe *f* ❷ BRIT *(sl: prison)* **the ~** *no pl* der Knast *fam* **II.** *vt* ❶ *(chip)* einkerben; *(cut)* einschneiden ❷ BRIT, AUS *(fam: steal)* **to ~ sth** etw mitgehen lassen ❸ AM *(fam: cheat)* **to ~ sb** jdn abzocken *sl* **III.** *vi* BRIT, AUS *(sl)* **to ~ in/off** hinein-/davonhuschen

nickel [ˈnɪkl] *n* ❶ *no pl (metal)* Nickel *nt* ❷ AM *(coin)* Fünfcentstück *nt*

nickname [ˈnɪkneɪm] *n* Spitzname *m; (affectionate)* Kosename *m*

nicotine [ˈnɪkətiːn] *n no pl* Nikotin *nt*

niece *n* Nichte *f*

Nigerian [naɪˈdʒɪəriən] **I.** *adj* nigerianisch **II.** *n* Nigerianer(in) *m(f)*

niggling [ˈnɪglɪŋ] *adj attr* nagend *fig*

night [naɪt] *n* ❶ *(darkness)* Nacht *f;* **~ and day** Tag und Nacht; **at ~** nachts ❷ *(evening)* Abend *m;* **the other ~** neulich abends; **to have a ~ out** [abends] ausgehen; **by ~** abends

nightbird *n* BRIT Nachteule *f* **nightcap** *n* ❶ *(hat)* Schlafmütze *f* ❷ *(drink)* Schlaftrunk *m* **nightclothes** *n pl* Nachtwäsche *f kein pl; (pyjama)* Schlafanzug *m* **nightclub** *n* Nachtklub *m* **night cream** *n* Nachtcreme *f* **nightdress** *n* Nachthemd *nt* **nightfall** *n no pl* Einbruch *m* der Nacht **nightgown** *n* Nachthemd *nt*

nightie [ˈnaɪti] *n (fam)* Nachthemd *nt*

nightingale [ˈnaɪtɪŋgeɪl] *n* Nachtigall *f*

nightlife *n no pl* Nachtleben *nt* **nightlight** *n* Nachtlicht *nt*

nightly [ˈnaɪtli] **I.** *adv* jede Nacht **II.** *adj (each night)* [all]abendlich; *(nocturnal)* nächtlich

nightmare [ˈnaɪtmeəʳ] **I.** *n* Alptraum *m* **II.** *adj (fam) problems, scenario* alptraumhaft

night-nurse *n* Nachtschwester *f* **night-porter** *n* Nachtportier *m* **night safe** *n* BRIT Nachttresor *m* **night school** *n* Abendschule *f* **night shift** *n* Nachtschicht *f* **nightshirt** *n* [Herren]nachthemd *nt* **nightspot** *n (fam)* Nachtklub *m* **night storage heater** *n* BRIT Nachtspeicherofen *m* **night-time** *n* Nacht[zeit] *f* **night-watch** *n* Nachtwache *f* **night watchman** *n* Nachtwächter *m*

nil [nɪl] *n no pl (nothing)* Nichts *nt,* Null *f*

nimbly [ˈnɪmbli] *adv (usu approv: lithely)* flink, gewandt, behänd[e]; *(quick-witted)* schlagfertig

nine [naɪn] **I.** *adj* neun; **~ times out of**

N

ten in neun von zehn Fällen; *see also* **eight** **II.** *n* Neun *f; see also* **eight**
nineteen [ˌnaɪnˈtiːn] **I.** *n* Neunzehn *f; see also* **eight** **II.** *adj* neunzehn; *see also* **eight**
nineteenth [ˌnaɪnˈtiːn(t)θ] **I.** *n* ❶ *(after 18th)* Neunzehnte(r, s); *see also* **eighth** ❷ *(fraction)* Neunzehntel *nt; see also* **eighth** **II.** *adj* neunzehnte(r, s); *see also* **eighth** **III.** *adv* an neunzehnter Stelle
ninetieth [ˈnaɪntiəθ] **I.** *n* ❶ *(after 89th)* Neunzigste(r, s) ❷ *(fraction)* Neunzigstel *nt* **II.** *adj* neunzigste(r, s) **III.** *adv* an neunzigster Stelle
ninety [ˈnaɪnti] **I.** *n* Neunzig *f* **II.** *adj* neunzig
ninth [ˈnaɪn(t)θ] **I.** *n* ❶ *(after 8th)* Neunte(r, s) ❷ *(fraction)* Neuntel *nt* **II.** *adj* neunte(r, s) **III.** *adv* an neunter Stelle
nip [nɪp] **I.** *vt* <-pp-> beißen **II.** *vi* <-pp-> ❶ *(bite)* beißen ❷ BRIT, AUS *(fam: go quickly)* **to ~ along** entlangflitzen *fam;* **I ~ped round to Bill's to borrow some sugar** ich bin schnell zu Bill rübergegangen, um mir etwas Zucker zu borgen **III.** *n* ❶ *(pinch)* Kniff *m* ❷ *no pl* **there's a ~ in the air** es ist frisch
nipple [ˈnɪpl̩] *n* ❶ ANAT Brustwarze *f* ❷ *(of baby bottle)* Sauger *m*
nippy [ˈnɪpi] *adj* ❶ BRIT, AUS *(fam: quick)* schnell ❷ *(fam: cold)* kühl
nit [nɪt] *n* ZOOL Nisse *f*
nitpicking [ˈnɪtpɪkɪŋ] **I.** *adj (pej fam)* pingelig **II.** *n no pl (pej fam)* Krittelei *f*
nitrate [ˈnaɪtreɪt] *n* Nitrat *nt*
nitrogen [ˈnaɪtrədʒən] *n no pl* Stickstoff *m*
nitty-gritty [ˌnɪtiˈgrɪti] *n no pl (fam)* **to get down to the ~** zur Sache kommen
no [nəʊ, nə] **I.** *adj* ❶ *(not any)* kein(e); **~ one** keiner ❷ *(in signs)* **'~ parking'** ‚Parken verboten' ❸ *with gerund (impossible)* **there's ~ denying** es lässt sich nicht leugnen **II.** *adv (not at all)* nicht **III.** *n* <*pl* -es> *(negation)* Nein *nt kein pl; (refusal)* Absage *f* **IV.** *interj* ❶ *(refusal)* nein ❷ *(distress)* **oh ~!** oh nein!
No. *n,* **no.** <*pl* Nos. *or* nos.> *n abbrev of* **number** Nr.
Nobel prize [ˌnəʊbelˈ-] *n* Nobelpreis *m;* **~ winner** Nobelpreisträger(in) *m(f)*
nobility [nə(ʊ)ˈbɪləti] *n no pl* ❶ *+ sing/pl vb (aristocracy)* **the ~** der Adel ❷ *(character)* hohe Gesinnung
noble [ˈnəʊbl̩] **I.** *adj* ❶ *(aristocratic)* ad[e]lig ❷ *(estimable) ideals, motives, person* edel *geh,* nobel *geh* **II.** *n* Ad[e]lige(r) *f(m)*
nobleman *n* Ad[e]liger *m,* Edelmann *m hist*
nobody [ˈnəʊbədi] **I.** *pron indef pron, sing (no people)* niemand, keiner; **~ else** niemand anders **II.** *n* <*pl* -dies> *(sb of no importance)* Niemand *m*
no-confidence vote *n* Misstrauensvotum *nt*
nocturnal [nɒkˈtɜːnəl] *adj* nächtlich *attr,* Nacht-
nod [nɒd] **I.** *n usu sing* Nicken *nt kein pl* **II.** *vt* <-dd-> ❶ **to ~ one's head** mit dem Kopf nicken ❷ **to ~ a farewell to sb** jdm zum Abschied zunicken **III.** *vi* <-dd-> nicken
no-frills *adj* [schlicht und] einfach; **~ airline** Billig[flug]linie *f*
no-go area, AM **no-go zone** *n* verbotene Zone
noise [nɔɪz] *n* ❶ *no pl (loudness)* Lärm *m,* Krach *m* ❷ *(sound)* Geräusch *nt*
noise barrier *n* Lärmschutzwand *f*
noiseless [ˈnɔɪzləs] *adj breath, flight* geräuschlos, lautlos
noiselessly [ˈnɔɪzləsli] *adv* geräuschlos, lautlos
noise pollution *n no pl* Lärmbelästigung *f*
noisily [ˈnɔɪzɪli] *adv* geräuschvoll
noisy [ˈnɔɪzi] *adj* laut, lärmend
nomad [ˈnəʊmæd] *n* Nomade, Noma-

din *m, f; (fig)* Wandervogel *m hum*

nomadic [nə(ʊ)ˈmædɪk] *adj* nomadisch, Nomaden-

no-man's-land *n no pl* ❶ MIL Niemandsland *nt* ❷ *(limbo)* Schwebezustand *m*

nominate [ˈnɒmɪneɪt] *vt* ❶ *(propose)* nominieren ❷ *(appoint)* **to ~ sb [as] sth** jdn zu etw *dat* ernennen

nomination [ˌnɒmɪˈneɪʃᵊn] *n* ❶ *(proposal)* Nominierung *f* (**for** für) ❷ *(appointment)* Ernennung *f* (**to** zu)

nominative [ˈnɒmɪnətɪv] **I.** *n* **the ~** der Nominativ **II.** *adj* Nominativ-; **to be in the ~ case** im Nominativ stehen

nominee [ˌnɒmɪˈniː] **I.** *n* Kandidat(in) *m(f)* **II.** *adj attr* nominiert

non- [ˌnɒn] *in compounds* Nicht-, nicht-

non-aggression *n no pl* Gewaltverzicht *m;* **~ pact/treaty** Nichtangriffspakt *m* **non-alcoholic** *adj drink, beer* alkoholfrei **non-aligned** *adj* neutral; POL blockfrei **non-attendance** *n no pl (at school, a hearing)* Abwesenheit *f*

nonchalance [ˈnɒn(t)ʃᵊlən(t)s] *n no pl* Gleichgültigkeit *f*

nonchalant [ˈnɒn(t)ʃᵊlənt] *adj* gleichgültig

non-committal [ˌnɒnkəˈmɪtᵊl] *adj letter, tone* unverbindlich **non-compliance** *n no pl with an order* Nichtbeachtung *f; with a wish* Nichterfüllung *f*

non compos mentis [ˌnɒnˌkɒmpəsˈmentɪs] *adj pred* LAW nicht im Vollbesitz seiner geistigen Kräfte

non-deposit bottle *n* Einwegflasche *f*

nondescript [ˈnɒndɪskrɪpt] *adj person, building* unscheinbar

none [nʌn] **I.** *pron* ❶ *(not any)* keine(r, s); **~ of it matters anymore** das spielt jetzt keine Rolle mehr; **~ of the staff** + *sing/pl vb* keiner der Angestellten ❷ *(no person, no one)* **~ other than ...** kein Geringerer/keine Geringere als ... ▶ **to be second to ~** unvergleichlich sein **II.** *adv* kein bisschen; **~ too pleased** *(form)* nicht sonderlich erfreut

> **none of**
>
> Nach **none + of** kann entweder das Verb im Singular oder im Plural stehen. Der Singulargebrauch ist dabei etwas förmlicher: *None of my friends smokes* (= formell). *None of my friends smoke* (= informell). Gleiches gilt auch für die Indefinitpronomen **neither of, either of** und **any of**: *Neither of my brothers has been to the US.*

non-essential I. *adj* überflüssig, unnötig **II.** *n* unnötige Sache

nonetheless [ˌnʌnðəˈles] *adv* nichtsdestoweniger, trotzdem

non-event *n (fam) of party* Reinfall *m; in one's life* Enttäuschung *f* **non-existence** *n no pl* Nichtvorhandensein *nt* **non-existent** *adj* nicht vorhanden **non-fat** *adj food* fettfrei **non-fiction** *n no pl* Sachliteratur *f* **non-flammable** *adj material* nicht entflammbar **non-infectious** *adj disease* nicht ansteckend **non-iron** *adj* bügelfrei **non-member** *n* Nichtmitglied *nt* **non-negotiable** *adj* ❶ LAW *terms, conditions* nicht verhandelbar ❷ FIN *document, bill of exchange* nicht übertragbar

no-no <*pl* -es> *n (fam)* Unding *nt*

no-nonsense *adj attr person, manner* sachlich, nüchtern

non-polluting *adj by-product* ungiftig **nonprofit**, **non-profit-making** *adj* **~ organization** gemeinnützige Organisation **non-proliferation** *n no pl* POL Nichtverbreitung *f* **non-refundable** *adj payment* nicht zurückzahlbar **non-renewable resources** *n pl* nicht erneuerbare Energien *pl* **non-resident I.** *adj (non local)* auswärtig **II.** *n* Nichtortsansässige(r) *f(m)* **non-returnable** *adj bottle, can* Einweg-

nonsense [ˈnɒnsᵊn(t)s] **I.** *n no pl* Unsinn *m,* Quatsch *m* **II.** *adj attr* unsin-

N

nig, sinnlos
nonsensical ['nɒnsen(t)sɪkl̩] *adj idea, plan* unsinnig
non-shrink *adj material, clothing* einlaufsicher **non-smoker** *n* ① *(person)* Nichtraucher(in) *m(f)* ② BRIT *(fam: in train)* Nichtraucherabteil *nt* **non-starter** *n* ① SPORTS Nichtstartende(r) *f(m)* ② *(fam: idea)* Reinfall *m; (person)* Niete *f* **non-stick** *adj* antihaftbeschichtet **non-stop** I. *adj* Nonstop- II. *adv* nonstop **non-swimmer** *n* Nichtschwimmer(in) *m(f)* **non-taxable** *adj income* steuerfrei **non-toxic** *adj material, substance* ungiftig **non-verbal** *adj communication* nonverbal **non-violent** *adj protest* gewaltfrei
noodle ['nu:dl̩] I. *n* Nudel *f;* AM Pasta *f* II. *vi* AM *(fam)* herumpfuschen; **to ~ [around] with sth** mit etw *dat* herummachen
nookie, **nooky** ['nʊki] *n no pl (sl)* Sex *m fam*
noon [nu:n] *n no pl* Mittag *m;* **about ~** um die Mittagszeit
no one ['nəʊwʌn] *pron indef see* **nobody**
noose [nu:s] *n* Schlinge *f*
nope [nəʊp] *adv (sl)* nö *fam*
nor [nɔ:ʳ, nəʳ] *conj* ① *(and not)* noch; **neither ... ~ ...** weder ... noch ... ② *after neg esp* BRIT *(neither)* [und] ... auch nicht
norm [nɔ:m] *n* Norm *f*
normal ['nɔ:məl] I. *adj* normal; **as [is] ~** wie üblich II. *n no pl* Normalzustand *m;* **to return to ~** sich normalisieren
normality [nɔ:'mæləti] *n no pl* Normalität *f*
normalization [ˌnɔ:məlaɪ'zeɪʃən] *n no pl* Normalisierung *f*
normally ['nɔ:məli] *adv* ① *(usually)* normalerweise ② *(in a normal way)* normal
Norman ['nɔ:mən] HIST I. *adj* normannisch; **the ~ Conquest** der normannische Eroberungszug II. *n* Normanne *m,* Normannin *f*
Normandy ['nɔ:məndi] *n no pl* die Normandie
north [nɔ:θ] I. *n no pl* ① *(direction)* Norden *m;* **in the ~** im Norden ② *(region)* **the N~** BRIT *(North England)* Nordengland *nt;* AM der Norden, die Nordstaaten *pl* II. *adj* nördlich, Nord-; **~ of Manchester** nördlich von Manchester III. *adv* nordwärts
North America *n* Nordamerika *nt* **North American** I. *n* Nordamerikaner(in) *m(f)* II. *adj* nordamerikanisch **northeast** I. *n no pl* Nordosten *m* II. *adj* nordöstlich III. *adv* nordostwärts **northeastern** *adj attr* nordöstlich, Nordost-
northerly ['nɔ:ðəli] *adj* nördlich, Nord-
northern ['nɔ:ðən] *adj attr* nördlich
northerner ['nɔ:ðənəʳ] *n* BRIT Nordengländer(in) *m(f);* AM Nordstaatler(in) *m(f); (fig, hum)* Nordlicht *nt*
Northern Ireland *n* Nordirland *nt* **Northern Irish** I. *n* Nordirländer(in) *m(f)* II. *adj* nordirländisch
northernmost ['nɔ:ðənməʊst] *adj* nördlichste(r, s)
North Pole *n* **the ~** der Nordpol **North Sea** *n* **the ~** die Nordsee
northward ['nɔ:θwəd] I. *adj migration* nach Norden *nach n,* Nord-; **~ direction** nördliche Richtung II. *adv* nach Norden
northwest I. *n no pl* Nordwesten *m* II. *adj* nordwestlich, Nordwest-; **~ wind** Wind *m* von Nordwest III. *adv* nach Nordwesten
northwesterly *adj* nordwestlich, Nordwest-; **~ wind** Wind *m* aus Nordwest
Norway ['nɔ:weɪ] *n* Norwegen *nt*
Norwegian [nɔ:'wi:dʒən] I. *n* ① *(person)* Norweger(in) *m(f)* ② *no pl (language)* Norwegisch *nt* II. *adj* norwegisch, Norwegisch-
nose [nəʊz] I. *n* ① *(organ)* Nase *f* ② *(front)* Schnauze *f fam* ③ *no pl (smell)* Geruchssinn *m;* ▶ **to get up**

sb's ~ BRIT, AUS *(fam)* jdm auf den Wecker gehen; **on the ~** AM *(fam)* genau **II.** *vi* **to ~ forwards** sich vorsichtig vorwärtsbewegen
◆**nose about** *vi (fam)* herumstöbern *fam*
nosebag *n* Hafersack *m* **nosebleed** *n* Nasenbluten *nt* **nosedive I.** *n* AVIAT Sturzflug *m* **II.** *vi* AVIAT im Sturzflug heruntergehen **nose job** *n* MED *(fam)* Nasenkorrektur *f* **nose ring** *n* Nasenring *m*
nosey ['nəʊzi] *adj (pej)* neugierig
nosh [nɒʃ] **I.** *n no pl* BRIT, AUS *(sl: food)* Fressalien *pl fam* **II.** *vi* **to ~ on sth** etw futtern **III.** *vt* futtern *sl*
no-show I. *n* jd, der nicht erscheint; *(on flight)* No-show *m fachspr* **II.** *n modifier* **~ passenger** Fluggast, der nicht erscheint **no-smoking** *adj area* Nichtraucher-; **~ area** Nichtraucherzone *f*
nostalgia [nɒs'tældʒə] *n no pl* Nostalgie *f*
nostalgic [nɒs'tældʒɪk] *adj* nostalgisch
nostril ['nɒstrəl] *n of a person* Nasenloch *nt; of a horse* Nüster *f*
nosy ['nəʊzi] *adj (pej)* neugierig; **~ parker** *esp* BRIT *(pej fam)* neugierige Person
not [nɒt] *adv* nicht; **it's ~ unusual** das ist nicht ungewöhnlich; **it's a girl, ~ a boy** es ist ein Mädchen, kein Junge; **it's cold, isn't it?** es ist kalt, nicht [wahr]?; **I hope ~!** ich hoffe nicht!
notably ['nəʊtəbli] *adv (particularly)* insbesondere, vor allem
notarial [nəʊ'teəriəl] *adj* LAW notariell, Notariats-
notary (public) <*pl* -ies public> ['nəʊtəri] *n* Notar(in) *m(f)*
note [nəʊt] **I.** *n* ❶ *(record)* Notiz *f;* **to write sb a ~** jdm eine Nachricht hinterlassen ❷ *(attention)* **to take ~ of sth** von etw *dat* Notiz nehmen ❸ *(sound)* Ton *m* **II.** *vt (notice)* wahrnehmen; *(remark)* anmerken
◆**note down** *vt* **to ~ down ⊂ sth** sich *dat* etw notieren
notebook *n* ❶ *(book)* Notizbuch *nt* ❷ COMPUT Notebook *nt*
noted ['nəʊtɪd] *adj attr* bekannt (**for** für)
notepad *n* ❶ *(pad)* Notizblock *m* ❷ COMPUT Notepad *nt* **notepaper** *n no pl* Briefpapier *nt*
notes [nəʊts] *n pl* Notizen *pl;* **to speak from/without ~** vom Blatt/frei sprechen; **to take ~** [sich *dat*] Notizen machen
noteworthy ['nəʊt,wɜːði] *adj conclusions, results* beachtenswert; **nothing/something ~** nichts/etwas Besonderes
not-for-profit *adj organisation, company* nicht auf Gewinn ausgerichtet *attr*
nothing ['nʌθɪŋ] **I.** *pron indef* ❶ *(not anything)* nichts; **~ else** nichts weiter ❷ *(of no importance)* nichts; **~ much** nicht viel ❸ *(zero)* Null *f;* ► **[all] for ~** [vollkommen] umsonst; **there's ~ in it** es ist nichts dran **II.** *adj attr (fam) activity* belanglos **III.** *n (fam)* ❶ *(person)* Niemand *m* ❷ *(thing)* Unwichtigkeit *f* **IV.** *adv (not)* überhaupt nicht
nothingness ['nʌθɪŋnəs] *n no pl* ❶ *(emptiness)* Nichts *nt* ❷ *(worthlessness)* Bedeutungslosigkeit *f*
notice ['nəʊtɪs] **I.** *vt* ❶ *(see)* bemerken; *(catch)* mitbekommen; *(perceive)* wahrnehmen ❷ *(pay attention to)* beachten; **to ~ sb** *(become aware of)* auf jdn aufmerksam werden **II.** *n* ❶ *no pl (attention)* Beachtung *f;* **to take ~ of sb** von jdm Notiz nehmen ❷ *(poster)* Plakat *nt* ❸ *no pl (information in advance)* **to give sb ~** jdn [vorab] informieren; **at four days' ~** binnen vier Tagen
noticeable ['nəʊtɪsəbl̩] *adj improvement, increase* merklich
noticeably ['nəʊtɪsəbli] *adv* merklich, wahrnehmbar
noticeboard *n* Aushang *m,* Schwarzes Brett
notifiable ['nəʊtɪfaɪəbl̩] *adj disease*

meldepflichtig; *offence* anzeigepflichtig

notification [ˌnəʊtɪfɪˈkeɪʃᵊn] *n* Mitteilung *f*

notify <-ie-> [ˈnəʊtɪfaɪ] *vt* **to ~ sb [of sth]** jdn [über etw *akk*] unterrichten

notorious [nə(ʊ)ˈtɔːriəs] *adj temper, thief* notorisch

notoriously [nə(ʊ)ˈtɔːriəsli] *adv* notorisch; **~ difficult** bekanntlich schwierig

notwithstanding [ˌnɒtwɪθˈstændɪŋ] *(form)* **I.** *prep* ungeachtet +*gen* **II.** *adv* trotzdem **III.** *conj* **~ that ...** obwohl, ...

nougat [ˈnuːgɑː] *n no pl* Nougat *nt*

nought [nɔːt] *n* ① *esp* BRIT Null *f* ② *no pl see* **naught**

noun [naʊn] *n* Hauptwort *nt,* Substantiv *nt*

nourish [ˈnʌrɪʃ] *vt* ① *(feed)* ernähren ② *(form: cherish)* **to ~ ambitions** Ambitionen haben

nourishing [ˈnʌrɪʃɪŋ] *adj (healthy) food, drink* nahrhaft

novel[1] [ˈnɒvᵊl] *n (book)* Roman *m*

novel[2] [ˈnɒvᵊl] *adj (new)* neuartig; *way, approach, idea* neu

novelist [ˈnɒvᵊlɪst] *n* Romanautor(in) *m(f)*

novella <*pl* -s> [nə(ʊ)ˈvelə] *n* LIT Novelle *f*

novelty [ˈnɒvᵊlti] *n* ① *(new thing)* Neuheit *f* ② *no pl (newness)* Neuartigkeit *f* ③ *(trinket)* Krimskrams *m; (funny)* Scherzartikel *m*

November [nəʊˈvembəʳ] *n* November *m; see also* **February**

novice [ˈnɒvɪs] **I.** *n* ① *(learner)* Anfänger(in) *m(f)* ② REL Novize(in) *m(f)* **II.** *adj* ① *(learner) pilot, skier* unerfahren ② REL **~ monk/nun** Mönch *m*/Nonne *o f* in der Ausbildung

now [naʊ] **I.** *adv* ① *(at present)* jetzt; **until ~** bis jetzt ② *(at once)* **[right] ~** jetzt, sofort, gleich ③ *(soon)* **the puppies will be born any day ~** die Hundewelpen können jetzt jeden Tag zur Welt kommen ④ *(short time ago)* **just ~** gerade eben ⑤ *(after repetition)* **what do you want ~?** was willst du denn nun? ⑥ *(occasionally)* **[every] ~ and then** ab und zu **II.** *n* Jetzt *nt;* **by ~** mittlerweile; **from ~ on** ab sofort **III.** *conj* **~ [that] ...** jetzt, wo ... **IV.** *adj (fam: trendy, up to date)* in *präd,* aktuell

nowadays [ˈnaʊədeɪz] *adv* heutzutage

nowhere [ˈnəʊ(h)weəʳ] **I.** *adv* nirgends, nirgendwo **II.** *n* Nirgendwo *nt* **III.** *adj attr (fam)* ausweglos

noxious [ˈnɒkʃəs] *adj (form: toxic) chemicals, fumes* giftig

nozzle [ˈnɒzl̩] *n* Düse *f; of petrol pump* [Zapf]hahn *m*

nuance [ˈnjuːɑːn(t)s] *n* Nuance *f*

nubile [ˈnjuːbaɪl] *adj (hum)* [sehr] anziehend

nuclear [ˈnjuːkliəʳ] *adj* ① *(of energy)* Kern-, Atom- ② MIL nuklear, atomar; **~-free zone** atomwaffenfreie Zone ③ NUCL Kern-

nucleic acid [njuːˌkliːɪkˈ-] *n* Nukleinsäure *f*

nucleus <*pl* -clei> [ˈnjuːkliəs] *n* Kern *m*

nude [njuːd] **I.** *adj* nackt; **~ model** Aktmodel *nt* **II.** *n* ① ART Akt *m* ② *(nakedness)* **in the ~** nackt; **to swim in the ~** nackt schwimmen

nudge [nʌdʒ] **I.** *vt* ① *(push)* stoßen ② *(fig: urge)* **to ~ sb into sth** jdn zu etw *dat* drängen ③ *(approach)* **he must be nudging 60 now** er muss jetzt auch schon auf die 60 zugehen **II.** *n (push)* Schubs *m*

nudism [ˈnjuːdɪzᵊm] *n no pl* Freikörperkultur *f*

nudist [ˈnjuːdɪst] *n* Nudist(in) *m(f);* **~ beach** FKK-Strand *m*

nudity [ˈnjuːdəti] *n no pl* Nacktheit *f*

nugget [ˈnʌgɪt] *n* ① *(lump)* Klumpen *m* ② FOOD **chicken ~** Hähnchennugget *nt*

nuisance [ˈnjuːsᵊn(t)s] *n* ① *(pesterer)* Belästigung *f,* Plage *f* ② *(annoyance)* Ärger *m;* **what a ~!** wie ärgerlich!

nuke [nju:k] *(sl)* **I.** *vt* ❶ MIL atomar angreifen; *(fig: destroy)* zerstören ❷ *esp* AM, AUS *(in microwave)* warm machen **II.** *n* ❶ *(power station)* Atomkraftwerk *nt* ❷ *(bomb)* Atombombe *f*

null and void [nʌl] *adj* LAW null und nichtig

numb [nʌm] **I.** *adj* ❶ *limbs* taub; **~ with cold** taub vor Kälte ❷ *(torpid)* benommen; **to feel ~** sich benommen fühlen ❸ *(shocked)* **to be ~ with disbelief** ungläubig starren **II.** *vt* ❶ *limbs* taub machen ❷ *(fig)* **to be ~ed by sth** durch etw *akk* abgestumpft sein

number[1] ['nʌmbəʳ] **I.** *n* ❶ MATH Zahl *f* ❷ *no pl, + sing/pl vb (amount)* [An]zahl *f;* **for a ~ of reasons** aus vielerlei Gründen ❸ *(issue)* Ausgabe *f;* **back ~** frühere Ausgabe **II.** *vt (mark in series)* nummerieren

number[2] ['nʌməʳ] *adj comp of* **numb**

numbering ['nʌmbᵊrɪŋ] *n no pl* Nummerierung *f*

number plate *n* BRIT Nummernschild *nt*

numbness ['nʌmnəs] *n no pl of limbs* Taubheit *f*

numeracy ['nju:mᵊrəsi] *n no pl* MATH Rechnen *nt*

numeral ['nju:mᵊrᵊl] *n* Ziffer *f*

numerator ['nju:mᵊreɪtəʳ] *n* MATH Zähler *m*

numerical [nju:'merɪkl̩] *adj* numerisch; **in ~ order** in numerischer Reihenfolge

numeric keypad *n* COMPUT Ziffernblock *m*

numerous ['nju:mᵊrəs] *adj* zahlreich

nun [nʌn] *n* Nonne *f*

nunnery ['nʌnᵊri] *n (liter or dated)* [Nonnen]kloster *nt*

nurse [nɜ:s] **I.** *n* ❶ *(at hospital)* [Kranken]schwester *f; (male)* Krankenpfleger *m* ❷ *(nanny)* Kindermädchen *nt* **II.** *vt* ❶ *(care for)* pflegen ❷ *(heal)* [aus]kurieren

nursery ['nɜ:sᵊri] **I.** *n (crèche)* Kindergarten *m; (school)* Vorschule *f* **II.** *adj* Kinder-; **~ facilities** Betreuungsmöglichkeiten *pl* für Kleinkinder; **~ teacher** *(at crèche)* Kindergärtner(in) *m(f); (at school)* Vorschullehrer(in) *m(f)*

nursery rhyme *n* Kinderreim *m; (song)* Kinderlied *nt* **nursery school** *n* Vorschule *f* **nursery slopes** *n pl* BRIT Anfängerhügel *m*

nursing ['nɜ:sɪŋ] **I.** *n no pl* ❶ *(taking care)* [Kranken]pflege *f;* **to go into ~** Krankenpfleger(in) werden ❷ *(feeding)* Stillen *nt* **II.** *adj (caring)* Krankenpflege-; **~ profession** Krankenpflegeberuf *m*

nurture ['nɜ:tʃəʳ] **I.** *vt (form)* ❶ *(raise)* aufziehen ❷ *(encourage)* fördern **II.** *n no pl (upbringing)* Erziehung *f*

nut [nʌt] **I.** *n* ❶ *(fruit)* Nuss *f* ❷ TECH Mutter *f* ❸ *(fam: madman)* Bekloppte(r) *f(m) sl* ❹ *(fam: fool)* Verrückte(r) *f(m)* ❺ *(fam: head)* Schädel *m;* **to do one's ~** BRIT, AUS durchdrehen ▶ **a hard ~ to crack** *(problem)* eine harte Nuss **II.** *vt* <-tt-> *(fam)* **to ~ sb** jdm eine Kopfnuss geben

nutcracker *n* Nussknacker *m*

nutmeg ['nʌtmeg] *n* ❶ *(fruit)* Muskatnuss *f* ❷ *no pl (spice)* Muskat *m*

nutrient ['nju:triənt] **I.** *n* Nährstoff *m* **II.** *adj* ❶ FOOD Nährstoff- ❷ *(nourishing)* nahrhaft

nutrition [nju:'trɪʃᵊn] *n no pl* ❶ *(eating)* Ernährung *f;* **~ content** Nährstoffgehalt *m* ❷ *(science)* Ernährungswissenschaft *f*

nutritional [nju:'trɪʃᵊnᵊl] *adj* Ernährungs-; **~ supplement** Nahrungsergänzung *f;* **~ value** Nährwert *m*

nutritionist [nju:'trɪʃᵊnɪst] *n* Ernährungswissenschaftler(in) *m(f)*

nutritious [nju:'trɪʃəs] *adj* nährstoffreich; *(nourishing)* nahrhaft

nuts [nʌts] **I.** *n pl esp* AM *(fam!)* Eier *pl vulg* **II.** *adj pred* ❶ *(madly foolish)* **to be ~** verrückt sein ❷ *(angry)* **to go ~** ausrasten ❸ *(enthusiastic)* **to be ~ about sb** verrückt nach jdm sein

N

nutshell *n no pl* Nussschale *f;* ► **in a ~** kurz gesagt
nutter [ˈnʌtəʳ] *n* BRIT, AUS *(pej fam)* ❶ *(madman)* Verrückte(r) *f(m)* ❷ *(fool)* Spinner(in) *m(f)*
nutty [ˈnʌti] *adj* ❶ *(full of nuts)* mit vielen Nüssen *nach n* ❷ *(tasting like nuts) taste, aroma* nussig ❸ *(fam: enthusiastic)* **to be ~ about sb** ganz verrückt nach jdm sein
NVQ [enviːˈkjuː] *n abbrev of* **national vocational qualification** nationaler beruflicher Befähigungsnachweis

NVQ
Wenn sie die Schule verlassen, entscheiden sich manche britische Schüler für die **National Vocational Qualifications (NVQs)**. Das sind berufsorientierte Qualifikationen, die die Gesamtheit aller Kompetenzen, die für eine bestimmte Beschäftigung benötigt werden, beinhalten. Eine NVQ muss nicht innerhalb eines bestimmten Zeitraums abgelegt werden. Sie kann von Vollzeitangestellten absolviert werden oder auch von Schülern, die einen Teilzeitjob oder ein Praktikum machen. Die NVQs sind in fünf Stufen angelegt, die auf den für den Beruf notwendigen Fähigkeiten beruhen.

nylon [ˈnaɪlɒn] *n no pl* Nylon *nt*
nymph [nɪm(p)f] *n* Nymphe *f*
nymphomaniac [ˌnɪm(p)fə(ʊ)ˈmeɪniæk] *(pej)* **I.** *n* Nymphomanin *f* **II.** *adj* nymphomanisch

O o

O <*pl* -'s>, **o** <*pl* -'s> [əʊ] *n* O *nt*, o *nt*; *(blood)* O; *(zero)* Null *f*; *(in phone number)* null; *see also* **A 1**
oak [əʊk] **I.** *n* ❶ Eiche *f* ❷ *no pl (wood also)* Eichenholz *nt* **II.** *adj* aus Eichenholz *nach n; leaves* Eichen-
OAP [ˌəʊeɪˈpi] *n* BRIT *abbrev of* **old age pensioner**
oar [ɔːʳ] *n* Ruder *nt*
oasis <*pl* -ses> [əʊˈeɪsɪs] *n* Oase *f*
oat [əʊt] *n* **~s** *pl* Hafer *m;* **rolled ~s** *pl* Haferflocken *pl*
oath [əʊθ] *n* Eid *m; (curse)* Fluch *m;* **to be under ~** unter Eid stehen
OBE [ˌəʊbiːˈiː] *n* BRIT *abbrev of* **Order of the British Empire** britischer Verdienstorden
obedience [ə(ʊ)ˈbiːdiən(t)s] *n no pl* Gehorsam *m* (**to** gegenüber)
obedient [ə(ʊ)ˈbiːdiənt] *adj* gehorsam; *child, dog also* folgsam
obediently [ə(ʊ)ˈbiːdiəntli] *adv* gehorsam, folgsam; **to act ~** gehorsam sein
obese [ə(ʊ)ˈbiːs] *adj* fettleibig
obesity [ə(ʊ)ˈbiːsəti] *n* Fettleibigkeit *f*
obey [ə(ʊ)ˈbeɪ] *vt* gehorchen *+dat; order, rules* befolgen
object[1] [ˈɒbdʒɪkt] *n* ❶ Objekt *nt* ❷ *usu sing (aim)* Zweck *m;* ► **that is not the ~ of the exercise!** das ist nicht der Sinn der Sache!; **money is no ~** Geld spielt keine Rolle
object[2] [ɒbˈdʒekt] *vi* dagegen sein; **to ~ to sth** mit etw *dat* nicht einverstanden sein; *(stronger)* sich *dat* etw verbitten
objection [əbˈdʒekʃᵊn] *n* Einwand *m*
objective [əbˈdʒektɪv] **I.** *n* Ziel *nt; (lens)* Objektiv *nt* **II.** *adj* objektiv; *(actual)*

sachlich

objectively [əb'dʒektɪvli] *adv* ❶ *(impartially)* objektiv ❷ *(in fact)* sachlich

obligation [ˌɒblɪ'geɪʃᵊn] *n* Verpflichtung *f* (**to** gegenüber)

oblige [ə'blaɪdʒ] **I.** *vt* ❶ **to feel ~d to do sth** sich verpflichtet fühlen, etw zu tun ❷ *(please)* einen Gefallen erweisen *+dat* ❸ **much ~d!** herzlichen Dank! **II.** *vi* helfen

obligingly [ə'blaɪdʒɪŋli] *adv* entgegenkommenderweise, freundlicherweise, liebenswürdigerweise

oblong ['ɒblɒŋ] **I.** *n* Rechteck *nt* **II.** *adj* rechteckig

obscene [əb'siːn] *adj* obszön; *language* vulgär; *(immoral)* schamlos

obscure [əb'skjʊəʳ] **I.** *adj* ❶ *author, place, origins* unbekannt ❷ *reasons, comment, text* schwer verständlich **II.** *vt* ❶ *view* versperren ❷ *(make unclear)* unklar machen

observant [əb'zɜːvᵊnt] *adj* aufmerksam; *priest* praktizierend *attr*

observantly [əb'zɜːvᵊntli] *adv (approv)* aufmerksam

observation [ˌɒbzə'veɪʃᵊn] *n* ❶ *no pl (seeing, surveillance)* Beobachtung *f; by police* Überwachung *f* ❷ *(form: thought)* Überlegung *f*

observation tower *n* Aussichtsturm *m*

observation ward *n* Beobachtungsstation *f*

observatory [əb'zɜːvətri] *n* Observatorium *nt*

observe [əb'zɜːv] **I.** *vt* ❶ beobachten; *by police* überwachen ❷ *(form: notice)* bemerken ❸ *(form) ceasefire, neutrality* einhalten ❹ *(maintain)* **to ~ silence** Stillschweigen bewahren **II.** *vi* zusehen

observer [əb'zɜːvəʳ] *n* Beobachter(in) *m(f); (spectator)* Zuschauer(in) *m(f)*

obsess [əb'ses] *vt* verfolgen; **the idea of finding her real mother seemed to ~ her** sie schien von der Vorstellung besessen, ihre richtige Mutter zu finden

obsessed [əb'sest] *adj* **to be ~ed with sth/sb** von etw/jdm besessen sein

obsession [əb'seʃᵊn] *n* ❶ *(preoccupation)* Besessenheit *f* ❷ PSYCH *(distressing idea)* Zwangsvorstellung *f*

obsessive [əb'sesɪv] **I.** *adj* zwanghaft; **~ behaviour** Zwangsverhalten *nt* **II.** *n* Besessene(r) *f(m)*

obsolete ['ɒbsᵊliːt] *adj* veraltet; *design* altmodisch; *law* nicht mehr gültig

obstacle ['ɒbstəkḷ] *n* Hindernis *nt;* **~ race** Hindernisrennen *nt*

obstinate ['ɒbstɪnət] *adj* hartnäckig; *refusal* stur

obstinately ['ɒbstɪnətli] *adv* hartnäckig; **why do you always have to behave so ~?** warum musst du immer so stur sein?

obstruct [əb'strʌkt] *vt* ❶ blockieren; *pipe* verstopfen; *reform* im Wege stehen ❷ *(interfere)* **to ~ the course of justice** die Rechtsfindung behindern

obstruction [əb'strʌkʃᵊn] *n* Blockierung *f; of pipes* Verstopfung *f; of traffic* [Verkehrs]stau *m; of the law* Behinderung *f*

obtain [əb'teɪn] *vt* bekommen; *permission* erhalten; *access* sich *dat* verschaffen

obtainable [əb'teɪnəbḷ] *adj* erhältlich

obtrusiveness [əb'truːsɪvnəs] *n no pl* Aufdringlichkeit *f*

obvious ['ɒbviəs] *adj* offensichtlich; *displeasure* deutlich; *lie* offenkundig; **for ~ reasons** aus ersichtlichen Gründen

obviously ['ɒbviəsli] *adv* offensichtlich; *(visibly also)* sichtlich

occasion [ə'keɪʒᵊn] **I.** *n* Gelegenheit *f; (event)* Ereignis *nt; (opportunity)* Gelegenheit *f;* **on one ~** einmal **II.** *vt (form)* hervorrufen

occasional [ə'keɪʒᵊnᵊl] *adj* gelegentlich

occasionally [ə'keɪʒᵊnᵊli] *adv* gelegentlich

occupancy rate *n* Belegrate *f*

occupant ['ɒkjəpənt] *n* Bewohner(in) *m(f); (bearer)* Inhaber(in) *m(f)*

O

occupation [ˌɒkjəˈpeɪʃᵊn] *n* ❶ *(form)* Beruf *m;* *(pastime)* Beschäftigung *f* ❷ *no pl* MIL Besetzung *f*

occupied [ˈɒkjəpaɪd] *adj* ❶ besetzt; **~ territory** besetztes Gebiet; **the bathroom's ~** das Badezimmer ist besetzt; **are those seats ~?** sind die Sitzplätze dort schon belegt? ❷ *(preoccupied)* beschäftigt; **to keep sb ~** jdn beschäftigen

occupier [ˈɒkjəpaɪəʳ] *n* Bewohner(in) *m(f);* *(conqueror)* Besatzer(in) *m(f)*

occupy <-ie-> [ˈɒkjəpaɪ] *vt usu passive* ❶ *job* ausfüllen; *tenant* bewohnen; *room* belegen; *throne* innehaben; *troops* besetzen ❷ **to ~ oneself** sich beschäftigen

occur <-rr-> [əˈkɜːʳ] *vi* ❶ geschehen; *symptom* auftreten; *change* stattfinden ❷ *(exist)* vorkommen ❸ **to ~ to sb** jdm einfallen

occurrence [əˈkʌrᵊn(t)s] *n* ❶ Vorfall *m* ❷ *no pl* *(incidence)* Vorkommen *nt;* *disease* Auftreten *nt*

ocean [ˈəʊʃᵊn] *n* Meer *nt;* **Indian ~** Indischer Ozean

O

o'clock [əˈklɒk] *adv* **it's two ~** es ist zwei Uhr

octagon [ˈɒktəgən] *n* Achteck *nt*

October [ɒkˈtəʊbəʳ] *n* Oktober *m; see also* **February**

octopus <*pl* -es> [ˈɒktəpəs] *n* Tintenfisch *m;* *(large)* Krake *f*

odd [ɒd] **I.** *adj* ❶ merkwürdig; *person, thing also* eigenartig ❷ *attr shoes* einzeln ❸ MATH ungerade ❹ *attr* gelegentlich; **~ jobs** Gelegenheitsarbeit **II.** *n* **the ~s are [that] ...** es ist sehr wahrscheinlich, dass ... ▸ **against all [the] ~s** entgegen allen Erwartungen; **~s and ends** Krimskrams *m kein pl*

oddly [ˈɒdli] *adv* seltsam; **~ enough** merkwürdigerweise

oddness [ˈɒdnəs] *n no pl* Merkwürdigkeit *f,* Seltsamkeit *f*

odds-on *adj* sehr wahrscheinlich; *favourite* klar

odour [ˈəʊdəʳ] *n* Geruch *m;* **sweet ~** Duft *m*

odourless [ˈəʊdələs] *adj (form)* geruchlos

of [ɒv, əv] *prep* ❶ *after n* von +*dat;* **both ~ us** wir beide; **most ~ them** die meisten von ihnen; **a friend ~ mine** ein Freund von mir; **an admirer ~ Picasso** ein Bewunderer *m* Picassos; **the cause ~ the disease** die Krankheitsursache; **the colour ~ her hair** ihre Haarfarbe; **one ~ the cleverest** eine(r) der Schlauesten ❷ *after n* **I want a few minutes ~ quiet!** ich will ein paar Minuten Ruhe!; **cup ~ tea** Tasse *f* Tee; **drop ~ rain** Regentropfen *m;* **a litre ~ water** ein Liter *m* Wasser; **a lot ~ money** eine Menge Geld; **a piece ~ cake** ein Stück Kuchen ❸ *after n (done to)* **the destruction ~ the rain forest** die Zerstörung des Regenwalds ❹ *after n (expressing position)* **in the back ~ the car** hinten im Auto; **on the corner ~ the street** an der Straßenecke; **on the left ~ the picture** links auf dem Bild ❺ *after n* **the eleventh ~ March** der elfte März ❻ *after vb (concerning)* **speaking ~ sb/sth, ...** wo wir gerade von jdm/etw sprechen, ...; **I am certain ~ that** ich bin mir dessen sicher; **what ~ it?** na und? ❼ *after adj* **free ~ charge** kostenlos ❽ *(consisting)* aus +*dat* ❾ *(expressing cause)* **to die ~ sth** an etw *dat* sterben ❿ *(expressing age)* **he's a man ~ about 50** er ist um die 50 Jahre alt

off [ɒf] **I.** *prep* ❶ *(removed)* von +*dat* ❷ *after vb (leaving)* von +*dat; vehicle* aus +*dat; (descending)* hinunter [von +*dat*]; *(to sb)* herunter [von +*dat*] ❸ **~ the point** nicht relevant; **~ the record** nicht für die Öffentlichkeit bestimmt; **~ the subject** nicht zum Thema gehörend ❹ *(fam: stop liking)* **to be ~ one's food** keinen Appetit haben; **to go ~ sb/sth** jdn/etw nicht mehr mögen **II.** *adv* ❶ *(away)* **to run ~**

weglaufen; **to see sb ~** jdn verabschieden ② *(removed)* **to take ~** abnehmen; *coat* ausziehen ③ **to burn ~ ⇄ sth** etw verbrennen; **to kill ~ ⇄ sth** etw vernichten; **to pay ~ ⇄ sth** etw abbezahlen ④ **to shut ~ streets** Straßen sperren; **to fence sth ~** etw abzäunen ⑤ **to laugh sth ~** etw mit einem Lachen abtun **III.** *adj* ① **far ~** weit entfernt; *future also* weit weg ② *light* aus; *machine* aus[geschaltet]; *(not working)* außer Betrieb ③ *meeting* abgesagt; **to call sth ~** etw absagen ④ *(bad)* schlecht; *food also* verdorben; **to go ~** sich verschlechtern; *food* schlecht werden ⑤ **50% ~** 50 % reduziert; **to get money ~** Rabatt bekommen ⑥ *(free)* **to be ~** freihaben; **to have/take some time ~** einige Zeit freibekommen/freinehmen ⑦ **sb is badly/well ~** jdm geht es [finanziell] schlecht/gut **IV.** *n no pl* **to be ready for the ~** bereit zum Gehen sein

off-centre *adj* nicht in der Mitte *präd* **off-chance** *n* **on the ~** auf gut Glück **off-colour**, AM **off-color** *adj (sick)* unpässlich; *joke* schlüpfrig

offence [əˈfen(t)s] *n* ① Straftat *f;* **serious ~** schweres Vergehen ② *no pl (insult)* Beleidigung *f;* **no ~ intended** nimm es mir nicht übel; **to cause ~** Anstoß erregen; **to cause ~ to sb** *(hurt)* jdn kränken; *(insult)* jdn beleidigen ③ AM SPORTS Angriff *m*

offend [əˈfend] **I.** *vi* ① eine Straftat begehen ② *(form: infringe)* verstoßen (**against** gegen) **II.** *vt (insult)* beleidigen; *(hurt)* kränken; **to be easily ~ed** schnell beleidigt sein

offender [əˈfendəʳ] *n* [Straf]täter(in) *m(f)*

offense *n esp* AM *see* **offence**

offensive [əˈfen(t)sɪv] **I.** *adj* ① anstößig; **~ language** Anstoß erregende Ausdrucksweise ② *(attack)* Angriffs- **II.** *n* Angriff *m;* **to go on the ~** in die Offensive gehen; **to launch an ~** eine Offensive starten

offensively [əˈfen(t)sɪvli] *adv* beleidigend, kränkend; **to act ~** unverschämt sein; **to speak ~** sich beleidigend ausdrücken

offer [ˈɒfəʳ] **I.** *n* Angebot *nt* **II.** *vt* anbieten; *(provide)* bieten; *proposal* vorbringen; *congratulations* aussprechen; *incentive* geben **III.** *vi* sich bereit erklären

offhand **I.** *adj* gleichgültig; *(informal)* lässig **II.** *adv* ohne weiteres; **to quote sth ~** etw auf Anhieb angeben

office [ˈɒfɪs] *n* ① Büro *nt; (firm)* Geschäftsstelle *f; lawyer* Kanzlei *f;* BRIT POL **the Foreign/Home O~** das Außen-/Innenministerium ② POL *(position)* Amt *nt;* **to come into ~** sein Amt antreten

office block *n* BRIT, AUS Bürogebäude *nt* **office building** *n* Bürogebäude *nt* **office equipment** *n no pl* Büroeinrichtung *f* **office hours** *n pl* Geschäftszeit[en] *f[pl]*

officer [ˈɒfɪsəʳ] *n* Offizier(in) *m(f); (police)* Beamte(r), Beamtin *m, f,* Polizist(in) *m(f); (executive)* Referent(in); **~!** Herr Wachtmeister!

office staff *n + sing/pl vb* Büropersonal *nt* **office supplies** *n pl* Bürobedarf *m kein pl* **office worker** *n* Büroangestellte(r) *f(m)*

official [əˈfɪʃəl] **I.** *n* Beamte(r), Beamtin *m, f; (functionary)* Funktionär(in) *m(f); (referee)* Schiedsrichter(in) *m(f)* **II.** *adj* amtlich; *(authorized)* offiziell; **~ residence** Amtssitz *m*

officially [əˈfɪʃəli] *adv* offiziell

off-licence *n* BRIT Wein- und Spirituosengeschäft *nt* **off-peak** **I.** *adj phone call* außerhalb der Hauptsprechzeiten *nach n; electricity* Schwachlastzeit- **II.** *adv* außerhalb der Hauptsprechzeiten; *travel* außerhalb der Hauptsaison **off-putting** *adj* abschreckend; *appearance, manner* abstoßend; *experience* schrecklich **off season** *n* **the ~** die Nebensaison **offshore** **I.** *adj* küstennah; FIN Auslands- **II.** *adv* von der

O

Küste her; **to drop anchor/fish ~** vor der Küste ankern/fischen **offside** **I.** *adj, adv* abseits **II.** *n* Abseits *nt* **offside rule** *n* Abseitsregel *f*

off-white *n no pl* gebrochenes Weiß

often ['ɒfᵊn] *adv* oft; **it's not ~ that …** es kommt selten vor, dass …; **as ~ as not** meistens; **every so ~** gelegentlich

oh[1] [oʊ] *interj* ① *(to show surprise, disappointment, pleasure)* oh; **~ damn!** verdammt! *pej fam;* **~ dear!** oje!; **~ well** na ja; **~ yes?** ach ja? ② *(by the way)* ach, übrigens

oh[2] [əʊ] *n* BRIT *(in phone numbers)* Null *f*

OHP [ˌəʊeɪtʃ'piː] *n abbrev of* **overhead projector** Overheadprojektor *m*

oil [ɔɪl] **I.** *n* Öl *nt; (petroleum also)* Erdöl *nt; (food also)* Speiseöl; **suntan ~** Sonnenöl *nt; (paint)* **~s** *pl* Ölfarben *pl* **II.** *vt* ölen

oil change *n* Ölwechsel *m* **oil company** *n* Ölfirma *f* **oil-fired** *adj inv* ölbeheizt; *central heating* ölbetrieben **oil industry** *n* Ölindustrie *f,* Erdölindustrie *f* **oil level** *n* Ölstand *m* **oil painting** *n* Ölgemälde *nt* **oil pipeline** *n* Ölpipeline *f* **oil platform** *n* Ölplattform **oil-producing** *adj attr* [Erd]öl produzierend **oil rig** *n* Bohrinsel *f* **oilskin** *n* ① *no pl* Öltuch *nt* ② **~s** *pl* Ölzeug *nt kein pl* **oil slick** *n* Ölteppich *m* **oil tanker** *n* Öltanker *m* **oil well** *n* Ölquelle *f*

oily ['ɔɪli] *adj* ölig; *hair, skin* fettig; *objects* schmierig

oink [ɔɪŋk] *interj (fam)* grunz

ointment ['ɔɪntmənt] *n* Salbe *f*

OK, okay [ə(ʊ)'keɪ] *(fam)* **I.** *adj* ① *pred* okay; *person also* in Ordnung; **if it's ~ with you, …** wenn es dir recht ist, … ② *pred (middling)* nicht schlecht ③ **to be ~ about sth** mit etw *dat* einverstanden sein ④ **to be ~ for work** genug Arbeit haben ⑤ **to be an ~ guy** [*or* BRIT *a.* **bloke**] ein prima Kerl sein **II.** *interj* okay; **~ then** also gut **III.** *vt* **to ~ sth** zu etw *dat* sein Okay geben **IV.** *n* **to get the ~** das Okay bekommen; **to give [sth] the ~** das Okay [zu etw *dat*] geben **V.** *adv* gut

old [əʊld] **I.** *adj* ① alt; **5 years ~** 5 Jahre alt ② *attr (former)* ehemalig; *job* alt ③ *attr (fam: affectionate)* [gute(r)] alte(r) **II.** *n* **the ~** *pl* die Alten *pl;* **young and ~** Jung und Alt

old age *n no pl* Alter *nt* **old age pensioner** *n* BRIT, AUS Rentner(in) *m(f)* **old-fashioned** *adj* altmodisch **old people's home** *n* Seniorenheim *nt*

oligarchy ['ɒlɪgɑːki] *n* Oligarchie *f*

olive ['ɒlɪv] *n* Olive *f; (tree)* Olivenbaum *m;* **~ oil** Olivenöl *nt*

Olympic [ə(ʊ)'lɪmpɪk] *adj attr* olympisch; **~ champion** Olympiasieger(in) *m(f);* **~ stadium** Olympiastadion *nt*

omelet(te) ['ɒmlət] *n* Omelett *nt*

omit <-tt-> [ə(ʊ)'mɪt] **I.** *vt* auslassen; *(ignore)* übergehen **II.** *vi* **to ~ to do sth** es unterlassen, etw zu tun

omniscience [ɒm'nɪsiən(t)s] *n no pl* Allwissenheit *f*

omniscient [ɒm'nɪsiənt] *adj* allwissend

omnivore ['ɒmnɪvɔːʳ] *n* ZOOL Allesfresser *m*

on [ɒn] **I.** *prep* ① *(on top of)* auf *+dat; (to top of)* auf *+akk* ② *(contacting)* **to fall/lie ~ one's back** auf den/dem Rücken fallen/liegen ③ *(against)* **to hang ~ the wall** an die Wand hängen; **to trip ~ a cable** an einem Kabel hängen bleiben; **to stumble ~ sth** über etw *akk* stolpern ④ *(located)* **~ the beach** am Strand ⑤ *(from)* **to hang ~ the ceiling** von der Decke hängen ⑥ *(clothing)* **with shoes ~ his feet** mit Schuhen an den Füßen; **hat ~ head** mit dem Hut auf dem Kopf ⑦ *(about)* über *+akk* ⑧ **~ account of** wegen *+gen;* **~ purpose** absichtlich ⑨ **how many people are ~ your staff?** wie viele Mitarbeiter haben Sie?; **~ the team** im Team; **to sit ~ the board** Vorstandsmitglied sein ⑩ **don't be so hard ~ him!** sei nicht so streng mit ihm!; **to force one's will ~ sb** jdm seinen Willen aufzwingen ⑪ *(using)* **~ the phone** am Telefon; AUS, BRIT telefonisch erreichbar; **~ drums** am Schlagzeug ⑫ **to put sth down ~ paper** etw aufschreiben; **to come out ~ video** als Video herauskommen ⑬ **what are you doing ~ Friday?** was machst du am Freitag? ⑭ *(when)* **~ the count of three, start running!** bei drei lauft ihr los!; **~ receiving her letter** als ich ihren Brief erhielt ⑮ *(a far as)* **we were ~ page 42** wir waren auf Seite 42 ⑯ *(taking)* **to be ~ medication** Medikamente einnehmen ⑰ BRIT *(paid by)* **to be ~ sb** auf jdn gehen ⑱ *(powered)* **does this radio run ~ batteries?** läuft dieses Radio mit Batterien? ⑲ *(experiencing)* **he's out ~ a date** er hat gerade eine Verabredung; **to set sth ~ fire** etw anzünden ► **to <u>have</u> time ~ one's hands** noch genug Zeit haben; **<u>what</u> are you ~?** *(fam)* bist du noch bei Sinnen? **II.** *adv* ① *(in contact with)* **to screw sth ~** etw anschrauben ② *(on body)* an; **get your shoes ~!** zieh dir die Schuhe an!; **to have/try sth ~** etw anhaben/anprobieren; **with nothing ~** nackt ③ *(continued)* weiter; **the noise just went ~ and ~** der Lärm hörte gar nicht mehr auf; **he talked ~ and ~** er redete pausenlos ④ *(forwards)* vorwärts; **from that day ~** von diesem Tag an; **what are you doing later ~?** was hast du nachher vor? ⑤ *(scheduled)* **I've got nothing ~ next week** ich habe nächste Woche nichts vor ⑥ *(aboard)* **to get ~** einsteigen ► **to go ~ <u>about</u> sth** AUS, BRIT dauernd über etw *akk* reden; **to <u>hang</u> ~** warten; **that's <u>not</u> ~** BRIT, AUS *(fam)* das ist nicht in Ordnung; **~ and <u>off</u>** ab und zu; **to be ~ to <u>something</u>** *(fam)* etw spitz gekriegt haben; **<u>you're</u> ~!** abgemacht! *fam* **III.** *adj attr* ① *light* an; **to leave the light ~** das Licht anlassen; **to switch sth ~** etw einschalten; **~ switch** Einschalter *m* ② AM *(good)* gut

once [wʌn(t)s] **I.** *adv* ① einmal; **~ a week** einmal pro Woche; **~ and for all** ein für alle Mal; **~ again** wieder einmal; **~ or twice** ein paar Mal; **for ~** ausnahmsweise ② *(in the past)* früher; **~ upon a time ...** *(liter)* es war einmal ... ③ *(some point in time)* **~ more** noch einmal; **at ~** *(simultaneously)* auf einmal; *(immediately)* sofort **II.** *conj* sobald

oncoming [ˈɒnˌkʌmɪŋ] *adj attr* [heran]nahend; **~ traffic** Gegenverkehr *m*

one [wʌn] **I.** *n* ① eins; *(digit)* Eins *f*; *(size)* Größe eins; **a hundred and ~** einhundert[und]eins; **to be ~** eins sein; *see also* **eight** **II.** *adj* ① *attr* ein(e); **~ hundred/thousand/million** einhundert/eintausend/eine Million; *see also* **eight** ② *attr (single)* einzige(r, s) ③ *attr* **~ day** eines Tages; *(sometime)* irgendwann ④ **to be of ~ mind** einer Meinung sein; **~ and the same** ein und der-/die-/dasselbe ⑤ **~ [o'clock]** ein Uhr; **at ~** um eins **III.** *pron* ① eine(r, s); **one's loved ~s** seine Lieben; **~ by ~** nacheinander; **not a single ~** kein Einziger/keine Einzige/kein Einziges; **~ at a time** immer nur eine(r, s); **~ after another** eine/einer/eins nach der/dem anderen; **this/that ~** diese(r, s)/jene(r, s); **these/those ~s** diese/jene ② *(form)* man; *(I also)* ich/mich/mir; *(we also)* wir/uns ► **to get ~ <u>up</u> on sb** jdn übertrumpfen

one-piece (swimsuit) *n* Einteiler *m*

oneself [wʌnˈself] *pron refl* ① sich; *(myself)* selbst ② *(personally)* selbst; **to do sth for ~** etw selbst tun ③ *(alone)* **to have sth to ~** etw für sich haben; **to keep sth for ~** sich *dat* etw behalten; **[all] by ~** [ganz] alleine

one-way *adj* in einer Richtung *nach n*; *(fig)* einseitig; **~ street** Einbahnstraße *f*

ongoing [ˈɒnˌgəʊɪŋ] *adj* laufend *attr*, im Gang *präd*

onion [ˈʌnjən] *n* Zwiebel *f*

online [ˌɒnˈlaɪn] *adj, adv* online

O

online access *n* Internetzugang *m,* Onlinezugang *m* **online edition** *n* Onlineausgabe *f* **online order** *n* Onlinebestellung *f* **online ticket** *n* Onlineticket *nt*

onlooker [ˈɒnˌlʊkəʳ] *n* Zuschauer(in) *m(f); (after accident)* Schaulustige(r) *f(m)*

only [ˈəʊnli] **I.** *adj attr* einzige(r, s); **the ~ one** der/die/das Einzige; **the ~ thing** das Einzige; **the ~ way** die einzige Möglichkeit **II.** *adv* ❶ nur; **for members** ~ nur für Mitglieder ❷ *(just)* erst; **~ the other day** erst neulich; **~ just** gerade erst ❸ *(merely)* nur; **not ~ …, but also …** nicht nur …, sondern auch … ❹ **if ~ …** wenn nur … ▸ **you ~ live once** *(prov)* man lebt nur einmal **III.** *conj* ❶ aber; **he's a good athlete, ~ he smokes too much** er ist ein guter Sportler, bloß raucht er zu viel ❷ *(in addition)* **not ~ can she sing, she can act too** sie kann nicht nur singen, sie kann auch schauspielern

o.n.o. *adv* BRIT, AUS COMM *abbrev of* **or nearest offer** VHB

O

onside [ˌɒnˈsaɪd] *adj, adv* nicht abseits; **to be ~** nicht im Abseits stehen; **to bring sb ~** *(fig)* jdn auf seine Seite bringen

onto, **on to** [ˈɒntuː] *prep* auf +*akk;* **to get ~ a bus** in einen Bus einsteigen; **to get ~ a bike** auf ein Fahrrad [auf]steigen

onward [ˈɒnwəd] **I.** *adj attr* Weiter-; **~ and upward** steil nach oben **II.** *adv* weiter; **from that day ~** von diesem Tag an

oops [uːps] *interj (fam)* hoppla

open [ˈəʊpᵊn] **I.** *adj* ❶ offen; *bottle also* geöffnet; **wide ~** weit geöffnet; **to push sth ~** etw aufstoßen ❷ *pred shop* geöffnet ❸ *(unsettled)* offen ❹ *(not enclosed)* offen; **to be in the ~ air** an der frischen Luft sein; **on the ~ road** auf freier Strecke ❺ *(public)* offen ❻ *pred (frank)* offen (**with** zu +*dat)* ❼ **to have/keep an ~ mind** unvoreingenommen sein/bleiben; **to be ~ to sth** für etw *akk* offen sein ❽ *pred (exposed)* ungeschützt; **to be ~ to criticism** kritisierbar sein; **to be ~ to doubt** zweifelhaft sein ▸ **to be an ~ book** [wie] ein offenes Buch sein **II.** *n* ❶ *no pl* [**out**] **in the ~** draußen ❷ *no pl* **to bring sth out into the ~** etw publik machen; **to come out into the ~** ans Licht kommen ❸ *(competition)* **O~** [offene] Meisterschaft **III.** *vi* ❶ sich öffnen, aufgehen; *shop* öffnen; *new business* eröffnen; **to ~ onto sth** [direkt] zu etw *dat* führen ❷ *(start)* beginnen, anfangen **IV.** *vt* ❶ öffnen; *book* aufschlagen; *with lid* aufmachen; *business* eröffnen; *curtains* aufziehen ❷ *rally* eröffnen ▸ **to ~ sb's eyes to sb/sth** jdm die Augen über jdn/etw öffnen; **to ~ the floodgates** [**to sb/sth**] [jdm/etw] Tür und Tor öffnen *pej*

◆ **open out I.** *vi* ❶ sich ausbreiten; *(grow wider)* sich erweitern; *street, river* breiter werden; *flower* aufblühen ❷ *person* sich öffnen; **to ~ out to sb** sich jdm gegenüber öffnen **II.** *vt* **to ~ out** ⊂ **a map/newspaper** eine [Land]karte auseinanderfalten/eine Zeitung aufschlagen

◆ **open up I.** *vi shop* eröffnen; *person* sich öffnen **II.** *vt canal, pipe* passierbar machen; *(unlock)* aufschließen; *(expand)* erweitern

open-air *adj* im Freien *nach n;* **~ concert** Open-Air-Konzert *nt;* **~ stage** Freilichtbühne *f;* **~ swimming pool** Freibad *nt* **open-ended** *adj* mit offenem Ausgang *nach n; question* ungeklärt

opener [ˈəʊpᵊnəʳ] *n* Öffner *m; (remark)* Anfang *m;* **for ~s** AM *(fam)* für den Anfang

opening [ˈəʊpᵊnɪŋ] **I.** *n* ❶ *no pl* Öffnen *nt* ❷ *(inauguration)* Eröffnung ❸ *(hole)* Öffnung *f; (in traffic)* Lücke *f* ❹ *(opportunity)* günstige Gelegenheit ❺ *(introduction)* Einführung *f o f*

II. *adj attr* Anfangs-

opening bid *n* Eröffnungsgebot *nt* **opening hours** *n pl* Öffnungszeiten *pl* **opening night** *n* THEAT Premierenabend *m* **opening time** *n* Öffnungszeit *f*

openly ['əʊpᵊnli] *adv (frankly)* offen; *(publicly)* öffentlich

open-minded *adj* aufgeschlossen; *(unbiased)* unvoreingenommen **open sandwich** *n* belegtes Brot **Open University** *n no pl esp* BRIT ≈ die Fernuniversität

opera ['ɒpᵊrə] *n* Oper *f*

operate ['ɒpᵊreɪt] **I.** *vi* vorgehen; MIL operieren; *machine* funktionieren; *[criminal] mind* arbeiten **II.** *vt* bedienen; *(manage)* betreiben

operating ['ɒpᵊreɪtɪŋ] *adj attr* Dienst habend; MED Operations-

operation [,ɒpᵊr'eɪʃᵊn] *n* ❶ *no pl* Funktionsweise *f; (state)* Betrieb *m;* **to come into ~** *machine* in Gang kommen; *law, rule* in Kraft treten ❷ *(process)* Vorgang *m* ❸ *(activity)* Unternehmung *f;* MIL Operation *f* ❹ *(surgery)* Operation *f*

operationally [,ɒpᵊr'eɪʃᵊnᵊli] *adv* abwicklungstechnisch, die Durchführung betreffend

operator ['ɒpᵊreɪtəʳ] *n* ❶ Bediener(in) *m(f); (switchboard)* Telefonist(in) *m(f)* ❷ *(company)* Unternehmer(in) *m(f);* **tour ~** Reiseveranstalter(in) *m(f)* ❸ *(fam)* gewiefte Person; **smooth ~** Schlawiner *m fam*

opinion [ə'pɪnjən] *n* Meinung *f; (view)* Standpunkt *m* (**on** zu); **difference of ~** Meinungsverschiedenheit *f;* **popular ~** weit verbreitete Meinung; **public ~** die öffentliche Meinung; **just a matter of ~** reine Ansichtssache; **in my ~** meiner Meinung nach

opinion poll *n* Meinungsumfrage *f*

opponent [ə'pəʊnənt] *n* Widersacher(in) *m(f);* SPORTS Gegner(in) *m(f)*

opportunistically [,ɒpətju:'nɪstɪkᵊli] *adv* opportunistisch *geh*

opportunity [,ɒpə'tju:nəti] *n* Gelegenheit *f; (for advancement)* Möglichkeit *f;* **a window of ~** eine Chance; **at the earliest ~** bei der erstbesten Gelegenheit; **at every ~** bei jeder Gelegenheit

oppose [ə'pəʊz] *vt* ❶ ablehnen; *(resist)* sich widersetzen *+dat;* SPORTS antreten gegen *+akk* ❷ POL **to ~ sb** jds Gegenspieler(in) *m(f)* sein

opposed [ə'pəʊzd] *adj pred* ❶ *(against)* **to be ~ to sth** gegen etw *akk* sein ❷ *(contrary)* **as ~ to** im Gegensatz zu *+dat*

opposing [ə'pəʊzɪŋ] *adj attr* entgegengesetzt; *(conflicting)* einander widersprechend

opposite ['ɒpəzɪt] **I.** *n* Gegenteil **II.** *adj* gegenüberliegend; *direction* entgegengesetzt; *interests* gegensätzlich; **who owns that shop ~?** wem gehört der Laden gegenüber? **III.** *adv* gegenüber **IV.** *prep* gegenüber *+dat;* **to play ~ sb** *actor* jds Gegenrolle spielen

opposition ['ɒpə'zɪʃᵊn] *n* ❶ *no pl* Widerstand *m* (**to** gegen) ❷ *+ sing/pl vb* POL Opposition[spartei] *f;* **leader of the O~** Oppositionsführer(in) *m(f)* ❸ *(contrast)* Gegensatz *m* ❹ SPORTS Gegner(in) *m(f)*

O

oppressively [ə'presɪvli] *adv* ❶ *(harshly)* grausam, hart ❷ *(hard to bear)* bedrückend; **~ humid** drückend schwül

optically ['ɒptɪkᵊli] *adv* optisch

optician [ɒp'tɪʃᵊn] *n* Optiker(in) *m(f)*

optimism ['ɒptɪmɪzᵊm] *n no pl* Optimismus *m*

optimist ['ɒptɪmɪst] *n* Optimist(in) *m(f)*

optimistic ['ɒptɪmɪstɪk] *adj* optimistisch

optimistically ['ɒptɪmɪstɪkᵊli] *adv* optimistisch

optimization [,ɒptɪmaɪ'zeɪʃᵊn] *n no pl* Optimierung *f*

optimum ['ɒptɪməm] **I.** *n* <*pl* -tima *or* -s> Optimum *nt* **II.** *adj* optimal

option ['ɒpʃᵊn] *n* ❶ Wahl *f; (possibility)* Möglichkeit *f; (freedom)* Wahlmöglichkeit *f;* **to not be an ~** nicht in Frage kommen ② FIN Option *f*

optional ['ɒpʃᵊnᵊl] *adj* wahlfrei

optometrist [ɒp'tɒmətrɪst] *n esp* AM, AUS ≈ Optiker(in) *m(f)*

or [ɔːʳ] *conj* oder; *(otherwise)* sonst; **someone ~ other** [irgend]jemand; **either ... ~ ...** entweder...[,] oder; **not ... ~ ...** weder ... noch ...

oral ['ɔːrəl] **I.** *adj* oral; *(spoken)* mündlich **II.** *n* mündliche Prüfung

orally ['ɔːrəli] *adv* ① *(spoken)* mündlich ② *(with mouth)* oral; **to take a medicine ~** ein Medikament oral einnehmen

orange ['ɒrɪndʒ] **I.** *n* Orange *f; (colour)* Orange *nt* **II.** *adj* Orangen-; *(colour)* orange[farben]

orangeade [ˌɒrɪndʒ'eɪd] *n* BRIT Orangenlimonade *f*

orange juice *n no pl* Orangensaft *m*

orange peel *n* Orangenschale *f*

orbit ['ɔːbɪt] **I.** *n* ① Umlaufbahn *f; (circuit)* Umkreisung *f* ② ANAT Augenhöhle *f* **II.** *vi* kreisen **III.** *vt* umkreisen

orchard ['ɔːtʃəd] *n* Obstgarten *m*

O

orchestra ['ɔːkɪstrə] *n + sing/pl vb* Orchester *nt*

orchestra pit *n* Orchestergraben *m*

orchid ['ɔːkɪd] *n* Orchidee *f*

ordeal [ɔː'diːl] *n* Qual *f*

order ['ɔːdəʳ] **I.** *n* ① *no pl* Ordnung *f;* **to put sth in ~** etw ordnen ② *no pl (sequence)* Reihenfolge *f;* **word ~** Wortstellung *f* ③ *(command)* Befehl *m;* LAW Verfügung *f;* **doctor's ~s** ärztliche Anweisung ④ *(at restaurant)* Bestellung *f* ⑤ COMM Auftrag *m* ⑥ *no pl (discipline)* Disziplin *f;* **O~!** [**O~!**] Ruhe bitte!; **to be in ~** in Ordnung sein ⑦ *no pl* **to be in good ~** in einem guten Zustand sein; **"out of ~"** „außer Betrieb" ⑧ *no pl* **in ~ to do sth** um etw zu tun; **in ~ for ...** damit ... ⑨ *(type)* Art *f; (dimension)* **~** [**of magnitude**] Größenordnung *f;* **of the highest ~** von höchster Qualität ⑩ REL **to take holy ~s** die Weihen empfangen **II.** *vi* bestellen **III.** *vt (instruct)* anordnen; *(command)* befehlen; *(at restaurant)* bestellen; COMM bestellen

order form *n* Bestellformular *nt*

orders ['ɔːdəz] *n pl* ① LAW Rechtsverordnungen *pl* ② REL Weihen *pl;* **holy ~** heilige Weihen; **to take** [**holy**] **~** in den geistlichen Stand eintreten die Weihen empfangen

ordinal (**number**) ['ɔːdɪnᵊl] *n* Ordinalzahl *f*

ordinarily ['ɔːdᵊnᵊrᵊli] *adv* gewöhnlich, normalerweise

ordinary ['ɔːdᵊnᵊri] **I.** *adj* gewöhnlich **II.** *n* **the ~** das Übliche; **out of the ~** außergewöhnlich

Übersetzungstipp

Nicht verwechseln mit *ordinär – vulgar!*

ordnance ['ɔːdnən(t)s] *n no pl* MIL Geschütze *pl*

organ ['ɔːgən] **I.** *n* MUS Orgel *f;* ANAT Organ *nt; (fig: mouthpiece)* Organ *nt* **II.** *adj* Orgel-

organ donor *n* Organspender(in) *m(f)*

organic [ɔː'gænɪk] *adj* organisch; **~ fruits** Obst *nt* aus biologischem Anbau; **~ farming methods** biodynamische Anbaumethoden

organically [ɔː'gænɪkᵊli] *adv* organisch; AGR biologisch, biodynamisch; **~ grown** biologisch angebaut

organism ['ɔːgᵊnɪzᵊm] *n* Organismus *m*

organist ['ɔːgᵊnɪst] *n* Organist(in) *m(f)*

organization [ˌɔːgᵊnaɪ'zeɪʃᵊn] *n* ① *no pl* Organisation *f* ② *+ sing/pl vb (association)* Organisation *f* ③ *no pl (tidiness)* Ordentlichkeit *f* ④ *no pl (composition)* Anordnung *f*

organize ['ɔːgᵊnaɪz] *vt* ① organisieren; *(sort)* ordnen; *(prepare)* vorbereiten ② POL [politisch] organisieren

orgasm ['ɔːgæzᵊm] *n* Orgasmus *m*

oriental [ˌɔːri'entᵊl] *adj* orientalisch

orientation [ˌɔːriənˈteɪʃənn] *n* ① *no pl (being oriented)* Orientierung *f;* **to lose one's ~** die Orientierung verlieren ② *(tendency)* Ausrichtung *f;* **sexual ~** sexuelle Neigung ③ *(attitude)* Orientierung *f;* **political ~** politische Gesinnung

origin [ˈɒrɪdʒɪn] *n* ① Ursprung *m; of a river* Quelle *f;* **in ~** ursprünglich ② *(birthplace)* Herkunft *f kein pl; (ancestry also)* Abstammung *f kein pl;* **country of ~** *of a person* Herkunftsland *nt; of a product* Herstellerland *nt;* **safe country of ~** POL sicheres Herkunftsland

original [əˈrɪdʒɪnəl] **I.** *n* Original *nt* **II.** *adj* ursprünglich; *(unique)* originell; **is this an ~ Rembrandt?** ist das ein echter Rembrandt?; **the ~ version** die Originalversion

originally [əˈrɪdʒɪnəli] *adv* ursprünglich

ornament **I.** *n* [ˈɔːnəmənt] ① Schmuck *m;* **Christmas ~s** Weihnachtsschmuck *m; (figurine)* Figürchen *nt* ② *usu pl* MUS Ornament *nt* **II.** *vt* [ˈɔːnəment] dekorieren

ornately [ɔːˈneɪtli] *adv* kunstvoll

ornithology [ˌɔːnɪˈθɒlədʒi] *n no pl* Ornithologie *f*

orphan [ˈɔːfən] **I.** *n* Waise *f* **II.** *adj* Waisen- *f* **III.** *vt* **to be ~ed** [zur] Waise werden

orphanage [ˈɔːfənɪdʒ] *n* Waisenhaus *nt*

orthodontist [ˌɔːθə(ʊ)ˈdɒntɪst] *n* Kieferorthopäde, -orthopädin *m, f*

orthographically [ˌɔːθə(ʊ)ˈgræfɪkəli] *adv* orthographisch *geh*

Oscar [ˈɒskər] *n* FILM Oscar *m;* **~ winner** Oscar-Preisträger(in) *m(f)*

ostrich [ˈɒstrɪtʃ] **I.** *n* Strauß *m* **II.** *adj* Straußen-

other [ˈʌðər] **I.** *adj* ① andere(r, s); **there's no ~ way** anders geht es nicht; **some ~ time** ein anderes Mal; **in ~ words** mit anderen Worten ② **the ~ day** neulich; **the ~ evening** neulich abends ③ *(alternative)* andere(r, s); **one's ~ half** *(euph)* seine bessere Hälfte; **on the ~ hand** andererseits ④ **some man or ~** irgendein Mann; **some time or ~** irgendwann [einmal]; **somehow or ~** irgendwie **II.** *pron* **the ~** der/die/das andere; **one from the ~** voneinander; **one or the ~** eines davon; **one or [the] ~ of sth** eine(r, s) von etw *dat*

others [ˈʌðəz] *pron pl* andere; **any ~ for coffee?** noch jemand Kaffee?

otherwise [ˈʌðəwaɪz] **I.** *adv* sonst; *(differently)* anders; **to be ~ engaged** anderweitig zu tun haben **II.** *conj* andernfalls

OTT [ˌəʊtiːˈtiː] BRIT *(fam) abbrev of* **over the top: her outfit was a bit ~** also diesmal ist sie mit ihrem Outfit definitiv zu weit gegangen!

ottoman [ˈɒtə(ʊ)mən] *n* ① *(couch)* Ottomane *f* ② *(stool)* Polsterschemel *m (oft mit eingebauten Schubladen)*

ouch [aʊtʃ] *interj* aua, autsch

ought [ɔːt] *aux vb* ① **sb ~ to do sth** jd sollte etw tun; **we ~ not to have agreed** wir hätten nicht zustimmen sollen ② **ten minutes ~ to be enough time** zehn Minuten müssten eigentlich genügen

ounce [aʊn(t)s] *n* Unze *f*

our [aʊər] *adj poss* unser(e)

ours [aʊəz] *pron poss* unsere(r, s); **a friend of ~** ein Freund von uns

ourselves [aʊəˈselvz] *pron refl* ① *after vb, after prep* uns; **we enjoyed ~** wir hatten großen Spaß ② *(personally)* **we saw to it ~** wir haben es persönlich erledigt; **we invented it ~** wir erfanden das selbst ③ *(alone)* **to have sth [all] to ~** etw [ganz] für uns haben; **[all] by ~** [ganz] allein

out [aʊt] **I.** *adj pred* **to be ~** ① *(not there)* nicht da sein; *(not inside)* draußen sein; *(not at home)* nicht zu Hause sein; *(absent)* abwesend sein; *(travelling)* unterwegs sein; **to be ~ and about** unterwegs sein; **to be ~ on**

one's rounds seine Runde machen ② *flowers* blühen ③ *product* erhältlich sein ④ *(known)* heraus sein; *secret* gelüftet sein; [**the**] **truth will** ~ die Wahrheit wird ans Licht kommen ⑤ *(asleep)* schlafen; *(unconscious)* bewusstlos sein ⑥ *(finished)* aus sein ⑦ SPORTS *(not playing)* nicht [mehr] im Spiel sein; *(outside boundary)* im Aus sein ⑧ *light, TV* aus sein ⑨ *(unfashionable)* out sein ⑩ *homosexual* sich geoutet haben *fam* **II.** *adv* ① außen; *(not in room)* draußen; **"keep ~!"** „betreten verboten!"; **to keep sb/sth** ~ jdn/etw nicht hereinlassen ② *(outwards)* heraus; **get ~!** raus hier! *fam;* ~ **with it** heraus damit! *fam;* **to turn sth inside** ~ *clothes* etw auf links drehen ③ *(away from home)* **to eat** ~ auswärts essen; **to go** ~ ausgehen ④ *(extinguish)* **to put a fire** ~ ein Feuer löschen; **to cross sth** ~ etw ausstreichen ⑤ *(fully)* **burnt** ~ ausgebrannt; **tired** ~ völlig erschöpft; ~ **and away** AM bei weitem ⑥ *(aloud)* **to cry** ~ **in pain** vor Schmerzen aufschreien ⑦ *(finished)* **over and** ~ AVIAT Ende; **to die** ~ aussterben ⑧ **to knock sb** ~ jdn bewusstlos schlagen; **to pass** ~ in Ohnmacht fallen ⑨ **to open sth** ~ etw auseinanderfalten ⑩ *(at distant place)* ~ **at sea** auf See; ~ **west** im Westen **III.** *prep (fam)* aus +*dat;* **to run** ~ **the door** zur Tür hinausrennen

outboard (motor) *n* Außenbordmotor *m*

outbreak *n of a disease, hostilities, a war* Ausbruch *m*

outburst *n* Ausbruch *m;* **an ~ of anger** ein Wutanfall *m*

outcome *n* Ergebnis *nt*

outcry *n* lautstarker Protest (**over** gegen); **to provoke a public** ~ einen Sturm der Entrüstung in der Öffentlichkeit auslösen

outdated *adj* veraltet; *ideas, views* überholt

outdo <-did, -done> *vt* übertreffen

outdoor *adj* ~ **concert** Openairkonzert *nt;* ~ **sports** Sportarten *pl* im Freien

outdoors [ˌaʊtˈdɔːz] **I.** *n + sing vb* **in the great** ~ in der freien Natur **II.** *adv* im Freien

outer [ˈaʊtəʳ] *adj* Außen-; **one's ~ circle of friends** jds weiterer Bekanntenkreis

outermost [ˈaʊtəməʊst] *n attr* äußerste(r, s); *layer* oberst

outfit I. *n* ① Kleidung *f;* **cowboy** ~ Cowboykostüm *nt* ② *(equipment)* Ausrüstung *f* ③ *(fam: group)* Verein *m* **II.** *vt* <-tt-> ausrüsten (**with** mit +*dat*)

outgoing *adj* ① *(approv: extroverted)* kontaktfreudig ② *attr (retiring)* [aus]scheidend

outgrow <-grew, -grown> *vt* ① *(become too big for)* **to ~ sth** aus etw *dat* herauswachsen ② *(leave behind)* **to ~ sth** einer S. *gen* entwachsen

outing [ˈaʊtɪŋ] *n* ① Ausflug *m;* **to go on an** ~ einen Ausflug machen ② *(fam: appearance)* [öffentlicher] Auftritt ③ *no pl of homosexuals* Outing *nt*

outlaw [ˈaʊtlɔː] **I.** *n (criminal)* Bandit(in) *m(f); (fugitive from law)* Geächtete(r) *f(m)* **II.** *vt* für ungesetzlich erklären

outlet *n* ① *(exit)* Ausgang *m; for water* Abfluss *m; (chimney)* Abzug *m* ② COMM Fabrikverkaufsstelle *f*

outline I. *n* ① *(brief description)* Übersicht *f* (**of** über); *in novel-writing* Entwurf *m; (general summary)* Zusammenfassung *f* ② *(contour)* Umriss *m; against fading light* Silhouette *f* **II.** *vt* **to ~ sth** ① *(draw)* die Umrisse von etw *dat* zeichnen ② *(summarize)* etw [kurz] umreißen

outlook *n* Aussicht *f; (prospect also)* Aussichten *pl; (weather)* [Wetter]aussichten *pl*

outnumber *vt* zahlenmäßig überlegen sein; **to be ~ed** in der Unterzahl sein

out of *prep* ① *after vb (towards out-*

side) aus +*dat* ❷ *after vb o n (situated away from)* außerhalb +*gen;* **he is ~ town this week** er ist diese Woche nicht in der Stadt; **she is ~ the country until July 4th** sie hält sich bis zum 4. Juli außer Landes auf; **he's ~ the office at the moment** er ist zurzeit nicht an seinem [Arbeits]platz; **five miles ~ San Francisco** fünf Meilen außerhalb von San Francisco ❸ *after vb (taken from)* von +*dat;* **he copied his essay straight ~ a textbook** er schrieb seinen Aufsatz wörtlich aus einem Lehrbuch ab; **she had to pay for it ~ her own pocket** sie musste es aus der eigenen Tasche bezahlen ❹ *(excluded from)* aus +*dat;* **I'm glad to be ~ it** ich bin froh, dass ich das hinter mir habe; **giving up is ~ the question** Aufgeben kommt überhaupt nicht infrage ❺ *(spoken by)* aus +*dat;* **I couldn't get the secret ~ her** ich konnte ihr das Geheimnis nicht entlocken ❻ *(made from)* aus +*dat* ❼ *(motivated by)* aus +*dat* ❽ *after n (ratio of)* von +*dat;* **no one got 20 ~ 20 for the test** niemand bekam alle 20 möglichen Punkte für den Test ❾ *(without)* **they were ~ luck** sie hatten kein Glück [mehr]; **you're ~ time** Ihre Zeit ist um; **they had run ~ cash** sie hatten kein Bargeld mehr; **I'm sorry sir, we're ~ the salmon** tut mir leid, der Lachs ist aus; **[all] ~ breath** [völlig] außer Atem; **to be ~ work** arbeitslos sein ❿ *(beyond)* außer +*dat;* **the photo is ~ focus** das Foto ist unscharf; **he's been ~ touch with his family for years** er hat seit Jahren keinen Kontakt mehr zu seiner Familie; **get ~ the way!** aus dem Weg!; **~ order** außer Betrieb ▸ **to get ~ hand** außer Kontrolle geraten; **he must be ~ his mind!** er muss den Verstand verloren haben!; **~ place** fehl am Platz

out of date *pred*, **out-of-date** *adj attr* veraltet; *clothing* altmodisch

out of the way *pred*, **out-of-the-way** *adj attr* abgelegen

out-patient *n* ambulanter Patient/ambulante Patientin

outplay *vt* **to ~ sb** besser spielen als jd

output **I.** *n no pl* ECON Ausstoß *m;* COMPUT Ausgabe *f;* ELEC Leistung *f* **II.** *vt image, data* ausgeben

outrageous [ˌaʊtˈreɪdʒəs] *adj* empörend; *(unacceptable)* unerhört; *(unusual)* außergewöhnlich; *(exaggerated)* ungeheuerlich; *story also* unwahrscheinlich

outrageously [ˌaʊtˈreɪdʒəsli] *adv (terribly)* fürchterlich; *(unacceptably)* unverschämt, maßlos, haarsträubend; *(strangely)* außergewöhnlich; **~ funny** haarsträubend komisch; **to be ~ dressed** gewagt gekleidet sein; **to lie ~** schamlos lügen

outside **I.** *n* ❶ Außenseite *f;* **from the ~** von außen; **on the ~** äußerlich ❷ **on the ~** *ball* draußen **II.** *adj attr* ❶ Außen-; **~ seat** Sitz *m* am Gang ❷ **the world ~** die Welt draußen ❸ *(highest)* höchste(r, s) *attr* **III.** *adv* **to be ~** *(not inside)* draußen sein; *(not in building)* nicht im Gebäude sein; *(in open air)* im Freien sein **IV.** *prep* außerhalb (**of** von)

outsider [ˌaʊtˈsaɪdəʳ] *n* ❶ *(not a member)* Außenstehende(r) *f(m)* ❷ *(outcast)* Außenseiter(in) *m(f)* ❸ *(in sports)* Außenseiter(in) *m(f)*

outskirts [ˈaʊtskɜːts] *n pl* Stadtrand *m*

outstanding [ˌaʊtˈstændɪŋ] *adj* ❶ *(excellent)* außergewöhnlich; *effort, contribution* bemerkenswert ❷ *(clearly noticeable)* auffallend ❸ FIN *(unpaid)* ausstehend ❹ *problems* ungelöst

out there *adj pred* AM *(fam)* verrückt

outward [ˈaʊtwəd] **I.** *adj attr* Außen-; *(going out)* ausgehend; **~ flight** Hinflug *m* **II.** *adv* nach außen

outwardly [ˈaʊtwədli] *adv* nach außen hin

outwards [ˈaʊtwədz] *adv* nach außen

oven [ˈʌvᵊn] *n* [Back]ofen *m;* **microwave ~** Mikrowelle *f*

O

ovencloth *n* Topflappen *m*

oven glove, AM, AUS **oven mitt** *n* Topfhandschuh *m* **ovenproof** *adj* hitzebeständig **oven-ready** *adj* bratfertig; *pizza* backfertig

over ['əʊvəʳ] **I.** *adv pred* ❶ *(across)* hinüber; ~ **here** hier herüber; ~ **there** dort drüben ❷ **to turn ~** umdrehen ❸ **to fall ~** hinfallen; **to knock sth ~** etw umstoßen ❹ **to change ~ to sth** auf etw *akk* umsteigen *fam;* **to hand sth ~** etw übergeben ❺ **to be ~** vorbei sein; **to get sth ~ and done with** etw hinter sich *akk* bringen ❻ *(remaining)* übrig ❼ **to talk sth ~** etw durchsprechen **II.** *prep* ❶ *(moving across)* über *+akk; (spread across)* über *+dat* ❷ *(on other side)* über *+dat;* **the diagram is ~ the page** das Diagramm ist auf der nächsten Seite ❸ *(at above)* über *+dat; (to above)* über *+akk* ❹ *(everywhere)* [**all**] ~ [überall] in *+dat;* **all ~ the world** in der ganzen Welt ❺ *(during)* während *+gen;* ~ **the years** mit den Jahren ❻ *(greater)* über *+dat;* ~ **and above that** darüber hinaus ❼ *(using)* ~ **the phone** am Telefon ❽ *(past)* **is he ~ the flu yet?** hat er seine Erkältung auskuriert?

overall I. *n* ['əʊvᵊrɔːl] BRIT [Arbeits]kittel *m;* **~s** *pl* Overall *m* **II.** *adj* [ˌəʊvᵊr'ɔːl] *attr* Gesamt-; *majority* absolut **III.** *adv* [ˌəʊvᵊr'ɔːl] insgesamt

overbalance I. *vi* das Gleichgewicht verlieren **II.** *vt* aus dem Gleichgewicht bringen

overboard *adv* über Bord

overbook I. *vt usu passive* **to be ~ed** überbucht sein **II.** *vi* zu viele Buchungen vornehmen

overcast *adj* bedeckt

overcharge *vt, vi* zu viel berechnen; *battery* überlasten

overcoat *n* Mantel *m*

overcome <-came, -come> **I.** *vt* ❶ *(cope with)* bewältigen; *crisis, opposition, fear* überwinden ❷ *fumes, exhausts* von etw *dat* ohnmächtig werden **II.** *vi* siegen

overconfident *adj (extremely self-assured)* übertrieben selbstbewusst

overcrowded *adj* überfüllt; *(with things)* überladen; ~ **town** übervölkerte Stadt

overdo <-did, -done> *vt* ❶ *(overexert oneself)* **to ~ it** sich überanstrengen; *(overindulge)* es übertreiben ❷ *(exaggerate)* übertreiben ❸ *(overcook) in water* verkochen; *in oven* verbraten

overdone *adj* übertrieben; *potatoes* verkocht; *roast* verbraten

overdose I. *n* ['əʊvədəʊs] Überdosis *f* **II.** *vi* [ˌəʊvə'dəʊs] eine Überdosis nehmen

overdraft *n* Kontoüberziehung *f*

overdraw <-drew, -drawn> *vi, vt* überziehen

overdue *adj usu pred* überfällig

overestimate I. *n* [ˌəʊvᵊr'estɪmət] Überbewertung *f* **II.** *vt* [ˌəʊvᵊr'estɪmeɪt] ❶ *(value too highly)* überbewerten ❷ *(estimate too much)* überschätzen

overexcited *adj usu pred* ganz aufgeregt

overflow I. *n* ['əʊvəfləʊ] ❶ *no pl* Überlaufen *nt* ❷ *(liquid)* überlaufende Flüssigkeit ❸ *(outlet)* Überlauf *m* **II.** *vi* [ˌəʊvə'fləʊ] überlaufen **III.** *vt* [ˌəʊvə'fləʊ] zum Überlaufen bringen

overgrown *adj* überwuchert

overhead I. *n* ['əʊvəhed] ❶ **~s** *pl* BRIT, AUS laufende Geschäftskosten ❷ *(fam)* Overheadprojektor *m* **II.** *adj* ['əʊvəhed] *attr* ❶ Hoch-; ELEC oberirdisch ❷ *costs* laufend **III.** *adv* [ˌəʊvə'hed] in der Luft; **a plane circled ~** ein Flugzeug kreiste über uns

overhear <-heard, -heard> *vt* unabsichtlich belauschen

overheat I. *vt* überhitzen **II.** *vi* sich überhitzen; *motor also* heiß laufen

overjoyed [ˌəʊvə'dʒɔɪd] *adj pred* überglücklich (**at** über)

overland I. *adj* ['əʊvəlænd] *attr* Überland-; ~ **journey** Reise *f* auf dem Landweg **II.** *adv* [ˌəʊvə'lænd] auf dem

Landweg

overload **I.** *n* ['əʊv(ə)ləʊd] ① ELEC Überlast[ung] *f;* TRANSP Übergewicht *nt* ② *no pl (excess)* Überbelastung *f* **II.** *vt* [ˌəʊv(ə)l'əʊd] ① *vehicle* überladen ② COMPUT, ELEC überlasten

overlook [ˌəʊvə'lʊk] *vt* ① *(look out onto)* überblicken ② *(not notice)* übersehen; *(forget)* vergessen ③ *(disregard)* **to ~ sth** über etw *akk* hinwegsehen

overnight **I.** *adj* ① *attr* Übernachtungs-; **~ stay** Übernachtung *f* ② *(sudden)* ganz plötzlich; **~ success** Blitzerfolg *m* **II.** *adv* über Nacht

overpass *n* AM Überführung *f*

overpay <-paid, -paid> *vt person* überbezahlen; *commodity* zu viel bezahlen für +*akk*

overpopulated *adj* überbevölkert

overpowering *adj* überwältigend; *smell* durchdringend

overrate *vt* überbewerten

overreact *vi* überreagieren; **to ~ to sth** auf etw *akk* unangemessen reagieren

overreaction *n* Überreaktion *f* (**to** auf)

overriding **I.** *adj attr* vorrangig **II.** *n no pl* Fahren *nt* über das Fahrziel hinaus

overrun **I.** *n* Kostenüberschreitung *f* **II.** *vt* <-ran, -run> ① MIL *(occupy)* überrollen ② *(spread over)* sich in etw *dat* ausbreiten **III.** *vi* <-ran, -run> ① *(exceed time)* überziehen ② *(financially)* überschreiten

overseas **I.** *adj* ['əʊvəsiːz] *attr* Übersee-; **~ assignment** Auslandseinsatz *m* **II.** *adv* [ˌəʊvə'siːz] im Ausland

oversee [əʊvə'siː] *vt* überwachen

overshadow *vt* ① *(cast shadow over)* überschatten ② *(make insignificant)* in den Schatten stellen

oversight *n* ① *(mistake)* Versehen *nt* ② *no pl (form: surveillance)* Aufsicht *f*

oversleep *vi irreg* verschlafen

overspend *irreg* **I.** *vi* zu viel [Geld] ausgeben; **to ~ on a budget** ein Budget überschreiten **II.** *vt* überziehen; *budget* überschreiten

overstaffed *adj* überbesetzt

overstay *vt* **to ~ a visa** ein Visum überschreiten; **to ~ one's welcome** jds Gastfreundschaft *f* überbeanspruchen

overstep <-pp-> *vt* überschreiten ▶ **to ~ the mark** zu weit gehen

overtake *vt, vi irreg* überholen

overthrow *irreg* **I.** *n* ['əʊvəθrəʊ] ① *(removal from power)* Sturz *m* ② SPORTS *(in baseball, cricket)* zu weiter Wurf **II.** *vt* <-threw, -thrown> [ˌəʊvə'θrəʊ] *(topple)* stürzen; **to ~ the enemy** einen Gegner aus dem Weg räumen

overtime *n no pl* ① Überstunden *pl* ② AM SPORTS Verlängerung *f*

overturn **I.** *vi* umstürzen; *car* sich überschlagen **II.** *vt* umstoßen; *(reverse)* revidieren

overview *n* Überblick *m* (**of** über)

overweight **I.** *n* ['əʊvəˌweɪt] *no pl* AM Übergewicht *nt* **II.** *adj* [ˌəʊvə'weɪt] zu schwer; *person also* übergewichtig

overwhelming [ˌəʊvə'(h)welmɪŋ] *adj* überwältigend; *desire, need* unwiderstehlich

overwork **I.** *n* ['əʊvəwɜːk] *no pl* Überarbeitung *f* **II.** *vi* [ˌəʊvə'wɜːk] sich überarbeiten **III.** *vt* [ˌəʊvə'wɜːk] [mit Arbeit] überlasten

owe [əʊ] *vt* **to ~ sb sth** ① jdm etw schulden; **to ~ sb thanks** jdm zu Dank verpflichtet sein ② *(be indebted)* jdm etw verdanken

owing ['əʊɪŋ] **I.** *adj pred* ausstehend **II.** *prep* **~ to** aufgrund +*gen*

owl [aʊl] *n* Eule *f*

own [əʊn] **I.** *pron* **sb's ~** jds eigene(r, s); *(people)* seine Leute *fam;* **his time is his ~** er kann über seine Zeit frei verfügen ▶ **to be in a class of one's ~** eine Klasse für sich *akk* sein; [**all**] **on one's/its ~** [ganz] allein[e] **II.** *adj attr* eigene(r, s); **you'll have to make up your ~ mind** das musst du für dich alleine entscheiden ▶ **to do one's ~ thing** *(fam)* tun, was man will; **sb's ~ flesh and blood** jds eigen[es] Fleisch und Blut *geh* **III.** *vt* ① besitzen; **pri-**

vately ~ed im Privatbesitz ❷ *(form)* **to ~ that …** zugeben, dass … **IV.** *vi* *(form)* **to ~ to sth** etw eingestehen

owner ['əʊnəʳ] *n* Besitzer(in) *m(f)*

ownership ['əʊnəʃɪp] *n no pl* Besitz *m*

ox *<pl -en>* [ɒks] *n* Ochse *m*

oxen ['ɒksᵊn] *n pl of* **ox**

oxidize ['ɒksɪdaɪz] *vi, vt* oxidieren

oxtail soup *n* Ochsenschwanzsuppe *f*

oxygen ['ɒksɪdʒən] *n no pl* Sauerstoff *m;* **~ cylinder** Sauerstoffflasche *f;* **~ mask** Sauerstoffmaske *f*

oxygenate ['ɒksɪdʒəneɪt] *vt* **to ~ sth** etw mit Sauerstoff anreichern

oyster ['ɔɪstəʳ] *n* Auster *f;* ▶ **the world is sb's ~** jdm steht die Welt offen

Oz [ɒz] *n* BRIT, AUS *(fam)* Australien *nt*

ozone ['əʊzəʊn] *n no pl* ❶ Ozon *nt* ❷ *(fam)* saubere [frische] Luft

ozone layer *n* Ozonschicht *f*

Pp

P *<pl -'s>*, **p** *<pl -'s>* [piː] *n* p *nt*, P *nt; see also* **A 1**

p [piː] **I.** *n* ❶ *<pl -> abbrev of* **penny, pence** ❷ *<pl* pp*> abbrev of* **page** S. **II.** *adv* MUS *abbrev of* **piano** p

pa [pɑː] *n (fam or dated: father)* Papa *m*

p.a. [ˌpiː'eɪ] *adv abbrev of* **per annum** p.a.

PA [ˌpiː'eɪ] *n* ❶ *abbrev of* **personal assistant** pers. Ass. ❷ *abbrev of* **public address system**

P

pace [peɪs] **I.** *n* ❶ *(speed)* Tempo *nt;* **to set the ~** das Tempo vorgeben ❷ *(step)* Schritt *m;* **to keep ~ with sb/sth** mit jdm/etw Schritt halten **II.** *vt (walk up and down)* **he ~d the room nervously** er ging nervös im Zimmer auf und ab

pacemaker *n* ❶ SPORTS Schrittmacher(in) *m(f)* ❷ MED [Herz]schrittmacher *m*

Pacific [pə'sɪfɪk] **I.** *n no pl* **the ~** der Pazifik **II.** *adj* pazifisch, Pazifik-

pacifist ['pæsɪfɪst] **I.** *n* Pazifist(in) *m(f)* **II.** *adj* pazifistisch

pack [pæk] **I.** *n* ❶ *(backpack)* Rucksack *m; (bundle)* Bündel *nt* ❷ *(packet)* Packung *f* ❸ + *sing/pl vb (group)* Gruppe *f* **II.** *vi* ❶ *(for a journey)* packen ❷ *(fit in)* passen (**into** in) **III.** *vt* ❶ *(put into a container)* einpacken, verpacken ❷ *(fill) bag, suitcase, trunk* packen ❸ *(a. fig: cram)* voll packen (**with** mit); **to be ~ed [with people]** gerammelt voll [mit Leuten] sein *fam*

◆**pack in** *vt* ❶ *(put in)* einpacken; *(in units for sale)* abpacken ❷ *(cram in)* hineinstopfen ❸ *(fam: give up)* hinschmeißen

◆**pack up** *vt* ❶ *(put away)* zusammenpacken ❷ *(fam: give up)* hinschmeißen

package ['pækɪdʒ] **I.** *n* Paket *nt* **II.** *vt* verpacken

package deal *n* Pauschalangebot *nt*

package tour, BRIT *a.* **package holiday**, AM *a.* **package trip** *n* Pauschalurlaub *m*

packaging ['pækɪdʒɪŋ] *n no pl* ❶ *(materials)* Verpackungsmaterial *nt* ❷ *(activity)* Verpackung *f*

packet ['pækɪt] *n* Packung *f*, Schachtel *f;* **a ~ of crisps** eine Tüte Chips

packing ['pækɪŋ] *n no pl* ❶ *(action)* Packen *nt* ❷ *(protective wrapping)* Verpackung *f*

packing case, AM **packing box** *n* [Umzugs]karton *m*, [Umzugs]kiste *f*, [Zügel]kiste *f* SCHWEIZ

pad¹ [pæd] *vi* trotten; *(walk softly)* tappen

pad² [pæd] **I.** *n* ❶ *(cushioning material)* Polster *nt; (protector)* **knee ~** Knieschoner *m; (for shaping)* **shoulder ~** Schulterpolster *nt* ❷ *(of paper)* Block *m* ❸ AEROSP, AVIAT Abflug- und Landeplatz *m* ❹ *(fam: abode)* Bude *f* **II.** *vt* <-dd-> [aus]polstern

padded ['pædɪd] *adj* [aus]gepolstert; *envelope* gefüttert

padding ['pædɪŋ] *n no pl (protective material)* Polsterung *f*

paddle¹ ['pædḷ] **I.** *n* ❶ *(oar)* Paddel *nt* ❷ NAUT *(on paddle wheel)* Schaufel *f* **II.** *vt (row) boat* mit Paddeln bewegen **III.** *vi (row, swim)* paddeln

paddle² ['pædḷ] **I.** *n* Planschen *nt kein pl* **II.** *vi* planschen

paddling pool *n esp* BRIT, AUS Planschbecken *nt*

padlock ['pædlɒk] **I.** *n* Vorhängeschloss *nt* **II.** *vt* [mit einem Vorhängeschloss] verschließen

paediatrician [ˌpi:diə'trɪʃᵊn] *n* Kinderarzt, -ärztin *m, f*

paediatrics [ˌpi:di'ætrɪks] *n pl + sing vb* Kinderheilkunde *f*

paella [paɪ'elə] *n no pl* FOOD Paella *f*

page¹ [peɪdʒ] **I.** *n (single sheet)* Blatt *nt; (single side) a.* COMPUT Seite *f* **II.** *vi* ❶ *(read) book, magazine* durchblättern ❷ COMPUT **to ~ down** auf der Seite nach unten gehen

page² [peɪdʒ] **I.** *n (hotel worker)* Page *m* **II.** *vt (over loudspeaker)* ausrufen; *(by pager)* anpiepsen

pager ['peɪdʒəʳ] *n* Pager *m*

paid [peɪd] **I.** *pt, pp of* **pay** **II.** *adj attr* bezahlt ▶ **to put ~ to sth** BRIT, AUS etw zunichtemachen

pain [peɪn] **I.** *n* ❶ *(feeling)* Schmerz *m;* **a ~ in one's side** Schmerzen *pl* in der Seite ❷ *no pl (physical suffering)* Schmerz[en] *m[pl];* **to be in ~** Schmerzen haben **II.** *vt* **it ~s sb to do sth** es tut jdm leid, etw zu tun

painful ['peɪnfᵊl] *adj* ❶ *(causing physical pain)* schmerzhaft ❷ *(upsetting)* schmerzlich

painkiller *n* Schmerzmittel *nt*

painless ['peɪnləs] *adj* schmerzlos

painstakingly ['peɪnzˌteɪkɪŋli] *adv* [sehr] sorgfältig

paint [peɪnt] **I.** *n* ❶ *no pl (substance)* Farbe *f; (on car)* Lack *m* ❷ *(art colour)* **~s** *pl* Farben *pl* **II.** *vi* ❶ ART malen; **to ~ in oils** mit Ölfarben malen ❷ *(decorate rooms)* streichen **III.** *vt* ❶ *(make picture)* malen ❷ *nails* lackieren

paintbox *n* Malkasten *m* **paintbrush** *n* [Farb]pinsel *m*

painter ['peɪntəʳ] *n* ❶ *(artist)* [Kunst]maler(in) *m(f)* ❷ *(decorator)* Maler(in) *m(f);* **~ and decorator** Maler und Tapezierer

painting ['peɪntɪŋ] *n* ❶ *(picture)* Bild *nt* ❷ *no pl (art)* Malerei *f* ❸ *no pl (house decorating)* Streichen *nt*

paint stripper *n* Abbeizmittel *nt*

pair [peəʳ] *n* ❶ *(two items)* Paar *nt;* **a ~ of socks** ein Paar *nt* Socken ❷ *(two-part item)* Paar *nt;* **a ~ of glasses** eine Brille ❸ *+ sing/pl vb (two people, also couple)* Paar *nt;* **in ~s** paarweise

◆ **pair off** **I.** *vi* einen Partner/eine Partnerin finden **II.** *vt* **to ~ sb off [with sb]** jdn [mit jdm] verkuppeln *fam*

pajamas *n pl* AM *see* **pyjamas**

Pakistan [ˌpɑ:kɪ'stɑ:n] *n* Pakistan *nt*

Pakistani [ˌpɑ:kɪ'stɑ:ni] **I.** *n* Pakistani *m o f,* Pakistaner(in) *m(f)* **II.** *adj* pakistanisch

palace ['pælɪs] *n* Palast *m*

pale¹ [peɪl] **I.** *adj* blass **II.** *vi (go white)* bleich werden

pale² [peɪl] *n (post)* Pfosten *m;* ▶ **beyond the ~** indiskutabel

Palestine ['pæləstaɪn] *n* Palästina *nt*

Palestinian [ˌpælə'stɪniən] **I.** *n* Palästinenser(in) *m(f)* **II.** *adj* palästinensisch

palish ['peɪlɪʃ] *adj* blässlich; **the sky was a ~ blue** der Himmel war blassblau

palm¹ [pɑ:m] *n (tree)* Palme *f*

palm² [pɑ:m] *n (of hand)* Handfläche *f;* **to read sb's ~** jdm aus der Hand lesen

palmtop *n* COMPUT Palmtop *m*

palm tree *n* Palme *f*
pamphlet ['pæmflɪt] *n* [kleine] Broschüre *f*
pan [pæn] *n* Pfanne *f;* AM *(for oven cooking)* Topf *m*
pancake *n* Pfannkuchen *m*
panda ['pændə] *n* Panda *m*
pane [peɪn] *n* [Fenster]scheibe *f*
panic ['pænɪk] **I.** *n* Panik *f,* panische Angst; **to get in[to] a ~** in Panik geraten **II.** *vi* <-ck-> in Panik geraten
panic room *n* Panikraum *m*
pansy ['pænzi] *n* ① *(flower)* Stiefmütterchen *nt* ② *(pej fam: effeminate male)* Waschlappen *m*
pant [pænt] **I.** *vi* keuchen **II.** *n* Keuchen *nt kein pl*
panties ['pæntiz] *n pl (fam)* [Damen]slip *m*
pantomime ['pæntəmaɪm] *n* ① BRIT *(play)* *lustiges, hauptsächlich für Kinder bestimmtes Weihnachtsspiel* ② *(mime)* Pantomime *f*
pantry ['pæntri] *n* Vorratskammer *f*
pants [pænts] *n pl* [**a pair of**] **~s** *esp* BRIT [eine] Unterhose; AM [eine (lange)] Hose ▶ **to be caught with one's ~ down** *(fam)* auf frischer Tat ertappt werden; **to scare the ~s off sb** jdm einen Riesenschrecken einjagen
pantyhose *n pl* AM, AUS Strumpfhose *f*
panty liner *n* Slipeinlage *f*
paper ['peɪpəʳ] **I.** *n* ① *no pl (for writing)* Papier *nt;* **recycled ~** Altpapier *nt* ② *(newspaper)* Zeitung *f* ③ *(wallpaper)* Tapete *f* ④ *usu pl (document)* Dokument *nt* ⑤ *(credentials)* **~s** *pl* [Ausweis]papiere *pl* **II.** *vt* tapezieren
paperback *n* Taschenbuch *nt* **paper bag** *n* Papiertüte *f* **paper boy** *n* Zeitungsausträger *m* **paper case** *n* Papierbackförmchen *nt* **paper clip** *n* Büroklammer *f* **paper cup** *n* Pappbecher *m* **paper round**, AM **paper route** *n* Zeitungszustellung *f;* **to have a ~** Zeitungen austragen **paperwork** *n no pl* Schreibarbeit *f;* **to do ~** [den] Papierkram machen *fam*
paprika ['pæprɪkə] *n no pl* Paprika *m*
parachute ['pærəʃuːt] **I.** *n* Fallschirm *m* **II.** *vi* mit dem Fallschirm abspringen
parade [pə'reɪd] **I.** *n* ① *(procession)* Parade *f* ② MIL [Truppen]parade *f* **II.** *vi (walk in procession)* einen Umzug machen **III.** *vt* vorführen
paradise ['pærədaɪs] *n no pl* Paradies *nt;* **P~** das Paradies
paragraph ['pærəgrɑːf] *n* ① *(text)* Absatz *m* ② *(newspaper article)* [kurze] Zeitungsnotiz
Paraguayan [ˌpærə'gwaɪən] *adj* paraguayisch
parallel ['pærəlel] **I.** *adj* parallel **II.** *n* Parallele *f;* **without ~** ohnegleichen *f*
parallel bars *n pl (in gymnastics)* Barren *m*
parallelism ['pærəlelɪzᵊm] *n no pl* Parallelität *f*
parallelogram [ˌpærə'leləgræm] *n* Parallelogramm *nt*
Paralympic Games *n pl,* **Paralympics** [ˌpærə'lɪmpɪks] *n pl* **the ~** die Paralympischen Spiele *pl*
paralyse ['pærəlaɪz] *vt* BRIT, AUS ① MED *(a. fig)* lähmen ② *(bring to halt)* lahmlegen
paralysis <*pl* -ses> [pə'ræləsɪs] *n* Lähmung *f a. fig*
paralytic [ˌpærə'lɪtɪk] *adj* MED paralytisch, Lähmungs-
paralyze ['perəlaɪz] *vt* AM *see* **paralyse**
paramedic [ˌpærə'medɪk] *n* Sanitäter(in) *m(f)*
paratrooper ['pærəˌtruːpəʳ] *n* Fallschirmjäger(in) *m(f)*
parboil ['pɑːbɔɪl] *vt* **to ~ food** Lebensmittel kurz vorkochen *(um sie dann weiterzuverarbeiten)*
parcel ['pɑːsᵊl] **I.** *n (for mailing)* Paket *nt;* *(small parcel)* Päckchen *nt* **II.** *vt* <BRIT -ll-> einpacken
parcel office *n* BRIT Paketabfertigung *f* **parcel post** *n* Paketpost *f*
pardon ['pɑːdᵊn] **I.** *n no pl* LAW Begnadigung *f* **II.** *vt* ① *(forgive)* verzeihen, entschuldigen ② LAW begnadigen

III. *interj (apology)* **I beg your ~!** Entschuldigung!, tut mir leid!; *(request for repetition)* **~?** wie bitte?

parent ['peərᵊnt] **I.** *n* ① *of a child* Elternteil *m;* **~s** Eltern *pl;* **single ~** Alleinerziehende(r) *f(m)* ② *(parent company)* Muttergesellschaft *f* **II.** *vt* AM großziehen

parenthood ['peərᵊnthʊd] *n no pl* Elternschaft *f*

parish ['pærɪʃ] *n* REL [Pfarr]gemeinde *f*

Parisian [pə'rɪziən] **I.** *adj* Pariser, pariserisch **II.** *n* Pariser(in) *m(f)*

park [pɑːk] **I.** *n* ① *(for recreation)* Park *m* ② *esp* BRIT AUTO **car ~** [PKW-]Parkplatz *m* **II.** *vt* ① AUTO [ein]parken ② *(fig fam: position)* abladen; **to ~ oneself** sich [irgendwo] hinpflanzen **III.** *vi* parken

park-and-ride [ˌpɑːkən'raɪd] *n* Park-and-Ride-System *nt*

parking ['pɑːkɪŋ] *n no pl* ① *(action)* Parken *nt* ② *(space)* Parkplatz *m*

parking area *n* Parkplatz *m* **parking bay** *n* Parkbucht *f* **parking disc** *n* Parkscheibe *f* **parking light** *n* AM, AUS Standlicht *nt* **parking lot** *n esp* AM Parkplatz *m* **parking meter** *n* Parkuhr *f* **parking ticket** *n* Strafzettel *m* für unerlaubtes Parken

park keeper *n* BRIT Parkaufseher(in) *m(f)*

parkway *n* AM, AUS *(highway)* Autobahn *f*

parliament ['pɑːləmənt] *n no art, no pl (institution)* **P~** Parlament *nt;* **in P~** im Parlament

parrot ['pærət] **I.** *n (bird)* Papagei *m* **II.** *vt (pej)* nachplappern; **to ~ sb** jdn nachäffen

parsley ['pɑːsli] *n no pl* Petersilie *f*

parsnip ['pɑːsnɪp] *n* Pastinak *m*

part [pɑːt] **I.** *n* ① *(not the whole)* Teil *m;* **she's ~ of the family** sie gehört zur Familie; **in ~** teilweise ② *a.* TECH *(component)* Teil *nt;* **[spare] ~s** Ersatzteile *pl* ③ *(unit)* [An]teil *m* ④ FILM, TV Folge *f* ⑤ *usu pl* GEOG Gegend *f;* **in our/your ~ of the world** bei uns/Ihnen ⑥ THEAT *(a. fig)* Rolle *f* ⑦ *no pl (involvement)* Beteiligung *f* (**in** an); **to take ~ in sth** an etw *dat* teilnehmen ▶ **for my ~, …** was mich betrifft, … **II.** *adj attr* teilweise **III.** *vi (separate)* sich trennen **IV.** *vt (separate)* trennen (**from** von)

partially ['pɑːʃᵊli] *adv* teilweise

participant [pɑː'tɪsɪpᵊnt] *n* Teilnehmer(in) *m(f)*

participate [pɑː'tɪsɪpeɪt] *vi* teilnehmen

participation [pɑːˌtɪsɪ'peɪʃᵊn] *n no pl* Teilnahme *f* (**in** an)

participle [pɑː'tɪsɪpl] *n* Partizip *nt*

particular [pɑː'tɪkjələʳ] **I.** *adj* ① *attr (individual)* bestimmt ② *attr (special)* besondere(r, s) ③ *pred (fussy)* eigen; *(demanding)* anspruchsvoll **II.** *n (form) (information)* **~s** *pl* Einzelheiten *pl*

particularly [pɑː'tɪkjələli] *adv* besonders, vor allem

parting ['pɑːtɪŋ] **I.** *n* ① *(farewell)* Abschied *m; (separation)* Trennung *f* ② BRIT, AUS *of hair* Scheitel *m* **II.** *adj attr* Abschieds-; **~ shot** *(fig)* letztes [sarkastisches] Wort

partition [pɑː'tɪʃᵊn] **I.** *n* ① *no pl* POL Teilung *f* ② *(structure)* Trennwand *f* **II.** *vt* ① POL [auf]teilen ② *(divide)* [unter]teilen

partly ['pɑːtli] *adv* zum Teil, teils, teilweise

partner ['pɑːtnəʳ] **I.** *n* ① *(owner)* Teilhaber(in) *m(f); (in a law firm)* Sozius *m* ② *(accomplice)* **~ in crime** Komplize *m,* Komplizin *f* ③ *(spouse)* Ehepartner(in) *m(f); (unmarried)* [Lebens]partner(in) *m(f)* **II.** *vt* **to ~ sb** jds Partner sein

partnership ['pɑːtnəʃɪp] *n* Partnerschaft *f; (company)* [offene] Handelsgesellschaft

part of speech <*pl* parts - -> *n* LING Wortart *f*

part payment *n* Teilzahlung *f* **part-time** **I.** *adj* Teilzeit-, Halbtags-; **~ staff**

Teilzeitkräfte *pl* **II.** *adv* **to work ~** halbtags arbeiten

party ['pɑːti] **I.** *n* ① *(celebration)* Party *f* ② + *sing/pl vb* POL Partei *f* ③ + *sing/pl vb (group)* [Reise]gruppe *f;* **school ~** Schülergruppe *f;* **search ~** Suchtrupp *m* **II.** *vi* <-ie-> *(fam)* feiern

party-goer *n* Partygänger(in) *m(f)*

pass [pɑːs] **I.** *n* <*pl* -es> ① *(road)* Pass *m* ② SPORTS *(of a ball)* Pass *m,* Vorlage *f (für ein Tor)* ③ SCH, UNIV Bestehen *nt* einer Prüfung; *(grade)* „Bestanden" ④ *(permit)* Passierschein *m; (for public transport)* [Wochen-/Monats-/Jahres-]karte *f* **II.** *vt* ① *(go past)* **to ~ sb/sth** an jdm/etw vorbeigehen; *(in car)* an jdm/etw vorbeifahren ② *(overtake)* überholen ③ *(exceed)* **to ~ a limit** eine Grenze überschreiten ④ *(hand to)* **to ~ sth to sb** jdm etw geben ⑤ SPORTS **to ~ the ball** den Ball abgeben ⑥ *(succeed) exam, test* bestehen ⑦ *(of time)* **to ~ the time** sich *dat* die Zeit vertreiben **III.** *vi* ① *(move by)* vorbeigehen; *road* vorbeiführen; **to ~ unnoticed** unbemerkt bleiben ② *(overtake)* überholen ③ SPORTS *(of a ball)* zuspielen ④ SCH *(succeed)* bestehen

◆**pass away** *vi* ① *(euph: die)* entschlafen *geh* ② *anger* verrauchen

◆**pass off I.** *vt* ① *(hide)* abtun; **to ~ off one's embarrassment** seine Verlegenheit überspielen ② *(pretend)* **to ~ oneself off as sb** sich als jd ausgeben **II.** *vi* ① *(take place)* verlaufen ② *(fade)* nachlassen

◆**pass on I.** *vi (proceed)* fortfahren, weitermachen **II.** *vt* ① BIOL weitergeben (**to** an) ② *(forward) information, news* weitergeben

◆**pass out** *vi (faint)* in Ohnmacht fallen, bewusstlos werden

◆**pass through I.** *vi* durchreisen; **we were only ~ing through** wir waren nur auf der Durchreise **II.** *vt* **the cook ~ed the carrots through the mixer** der Koch pürierte die Karotten im Mixer

◆**pass up** *vt* **to ~ up ↔ sth** sich *dat* etw entgehen lassen

passage ['pæsɪdʒ] *n* ① *(narrow corridor)* Gang *m,* Flur *m;* **underground ~** Unterführung *f* ② *(long path)* Durchgang *m* ③ LIT *(excerpt)* [Text]passage *f;* MUS Stück *nt*

passbook *n* Sparbuch *nt*

passenger ['pæsᵊndʒəʳ] *n (on a bus, tube)* Fahrgast *m; (on a plane)* Passagier(in) *m(f); (on a train)* Reisende(r) *f(m); (in a car)* Mitfahrer(in) *m(f),* Insasse, Insassin *m, f*

passenger train *n* Personenzug *m*

passer-by <*pl* passers-> [ˌpɑːsə'baɪ] *n* Passant(in) *m(f)*

passing ['pɑːsɪŋ] *adj attr* ① *(going past) vehicle* vorbeifahrend; *person* vorbeikommend ② *glance, thought* flüchtig; **a ~ fancy** nur so eine Laune

passing place *n* Ausweichstelle *f*

passion ['pæʃᵊn] *n* Leidenschaft *f;* **to have a ~ for doing sth** etw leidenschaftlich gerne tun; **crime of ~** Verbrechen *nt* aus Leidenschaft

passionate ['pæʃᵊnət] *adj* leidenschaftlich

passionately ['pæʃᵊnətli] *adv* leidenschaftlich, begeistert; **to argue ~** heftig streiten; **to believe ~ in sth** mit allen Fasern seines Herzens an etw *akk* glauben

passive ['pæsɪv] **I.** *n no pl* LING Passiv *nt* **II.** *adj* ① *(inactive)* passiv ② *(indifferent)* teilnahmslos

passively ['pæsɪvli] *adv* passiv; *(indifferently)* teilnahmslos; *(without resisting)* widerstandslos

passivity [pæs'ɪvəti] *n no pl* Passivität *f; (apathy)* Teilnahmslosigkeit *f*

pass key *n* Hauptschlüssel *m*

pass mark *n* BRIT, AUS SCH, UNIV Ausreichend *nt (Mindestnote für das Bestehen einer Prüfung)*

passport ['pɑːspɔːt] *n* [Reise]pass *m; (fig)* Schlüssel *m* (**to** zu); **~ control** Passkontrolle *f;* **~ holder** [Reise]passinhaber(in) *m(f)*

password *n* FIN Kennwort *nt;* COMPUT Passwort *nt*

password-protected *adj* passwortgeschützt

past [pɑːst] **I.** *n no pl* ❶ *(not present)* Vergangenheit *f; (past life)* Vorleben *nt* ❷ LING Vergangenheit[sform] *f* **II.** *adj* ❶ *attr (preceding)* vergangen; **over the ~ two days** während der letzten beiden Tage ❷ *(over)* vorüber, vorbei **III.** *adv* **to go ~ sb** an jdm vorbeigehen; *vehicle* an jdm vorbeifahren **IV.** *prep* ❶ *(to other side)* an +*dat* ... vorbei; **to go ~** vorbeigehen ❷ *(after the hour of)* nach +*dat;* **it's quarter ~ five** es ist Viertel nach Fünf ❸ *(beyond)* **the meat was ~ the expiry date** das Fleisch hatte das Verfallsdatum überschritten

pasta ['pæstə] *n no pl* Nudeln *pl*

paste [peɪst] **I.** *n no pl* ❶ *(soft substance)* Paste *f* ❷ *(sticky substance)* Kleister *m* ❸ FOOD *(mixture)* Teig *m* **II.** *vt* ❶ *(affix)* kleben (**on**[**to**] auf) ❷ COMPUT einfügen

pasteurize [ˌpæstʃᵊraɪz] *vt* pasteurisieren

pastille ['pæstᵊl] *n* Pastille *f;* **fruit ~** Fruchtbonbon *m o nt;* **throat ~** Halspastille *f*

pastry ['peɪstri] *n* ❶ *no pl (dough)* [Kuchen]teig *m;* **shortcrust ~** Mürbeteig *m* ❷ *(cake)* Gebäckstück *nt*

pasty[1] ['pæsti] *n* BRIT, CAN (Teig)pastete *f*

pasty[2] ['peɪsti] *adj (pej) complexion* bleich, käsig *fam*

pat [pæt] **I.** *vt* <-tt-> tätscheln; **to ~ sb on the back** *(fig)* jdm auf die Schulter klopfen **II.** *n (tap)* [freundlicher] Klaps, Tätscheln *nt kein pl;* **a ~ on the back** *(fig)* ein [anerkennendes] Schulterklopfen

patch [pætʃ] **I.** *n* <*pl* -es> *(spot)* Fleck[en] *m;* **in ~es** stellenweise; **fog ~** Nebelfeld *nt* **II.** *vt (cover)* flicken ◆**patch up** *vt* ❶ *(repair)* zusammenflicken *fam* ❷ *(fig: conciliate) marriage* kitten *fam; quarrel* beilegen

patchy ['pætʃi] *adj* ❶ METEO ungleichmäßig; **~ cloud** stellenweise wolkig ❷ *(fig: inconsistent)* von sehr unterschiedlicher Qualität *nach n; (incomplete)* unvollständig

pâté ['pæteɪ] *n* Pastete *f*

paternal [pə'tɜːnᵊl] *adj* väterlich; **~ relatives** Verwandte *pl* väterlicherseits

paternity leave *n no pl* Vaterschaftsurlaub *m*

path [pɑːθ] *n* ❶ *(way)* Weg *m,* Pfad *m* ❷ *(direction)* Weg *m; of a bullet* Bahn *f* ❸ *(fig: course)* Weg *m*

pathetic [pə'θetɪk] *adj* ❶ *(heart-rending)* Mitleid erregend ❷ *(pej: pitiful)* jämmerlich; *attempt* kläglich

pathogen ['pæθə(ʊ)dʒən] *n* Krankheitserreger *m*

pathogenic [ˌpæθə(ʊ)'dʒenɪk] *adj* krankheitserregend, pathogen *fachspr*

pathologically [ˌpæθə'lɒdʒɪkli] *adv (abnormally)* krankhaft, pathologisch *fachspr;* **~ jealous** krankhaft eifersüchtig; **~ protective** überbeschützend

pathway *n* ❶ Weg *m a. fig* ❷ MED, BIOL Leitungsbahn *f*

patience ['peɪʃᵊn(t)s] *n no pl* ❶ Geduld *f* ❷ BRIT, AUS CARDS Patience *f*

patient ['peɪʃᵊnt] **I.** *adj* geduldig; **to be ~ with sb** mit jdm Geduld haben **II.** *n* MED Patient(in) *m(f)*

patio ['pætiəʊ] *n* ❶ *(courtyard)* Innenhof *m;* **on the ~** im Innenhof ❷ *(veranda)* Terrasse *f,* Veranda *f*

patisserie [pə'tiːsᵊri] *n* ❶ *(shop)* Konditorei *f,* Patisserie *f* ❷ *no pl (cakes)* feines Gebäck

patriotic [ˌpætri'ɒtɪk] *adj* patriotisch

patriotically [ˌpætri'ɒtɪkli, ˌpeɪ-] *adj* patriotisch

patrol [pə'trəʊl] **I.** *vi* <-ll-> patrouillieren **II.** *vt* <-ll-> **to ~ one's beat** *(police)* auf Streife sein; *(watchman)* seine Runde machen **III.** *n* Patrouille *f;* **highway ~** AM *Polizei, die die Highways überwacht*

P

patrol car *n* Streifenwagen *m* **patrol duty** *n* Streifendienst *m* **patrolman** *n* AM, AUS Streifenpolizist(in) *m(f)*

patronizing [ˈpætrᵊnaɪzɪŋ] *adj (pej)* herablassend

patronizingly [ˈpætrᵊnaɪzɪŋli] *adv* herablassend, gönnerhaft

pattern [ˈpætən] *n* ① *(structure, design)* a. ECON Muster *nt* ② FASHION *(for sewing)* Schnitt *m*

pause [pɔːz] **I.** *n* Pause *f* **II.** *vi speaker* innehalten; *(hesitate)* zögern; **to ~ for thought** eine Denkpause einlegen

pavement [ˈpeɪvmənt] *n* ① BRIT *(footway)* Gehsteig *m,* Bürgersteig *m* ② *no pl* AM, AUS *(road surface)* Asphalt *m*

pavilion [pəˈvɪljən] *n* ① BRIT SPORTS Klubhaus *nt* ② AM *(block)* Gebäudeflügel *m* ③ AM *(venue)* Pavillon *m*

paving stone *n esp* BRIT Pflasterstein *m*

paw [pɔː] **I.** *n* Pfote *f; of a big cat, bear* Pranke *f* **II.** *vt* ① *(scrape)* **to ~ the ground** scharren ② *(fam: touch)* begrabschen

pawn¹ [pɔːn] *n* CHESS Bauer *m*

pawn² [pɔːn] *vt* verpfänden

pawnbroker *n* Pfandleiher(in) *m(f)* **pawnshop** *n* Pfandleihe *f* **pawn ticket** *n* Pfandschein *m*

pay [peɪ] **I.** *n no pl (wages)* Lohn *m; (salary)* Gehalt *nt; of a civil servant* Bezüge *pl* **II.** *vt* <paid, paid> ① *(give)* [be]zahlen; *money* bezahlen ② *(deposit)* einzahlen (**into** auf) ③ *(give money to)* **to ~ sb** jdn bezahlen ④ *(bestow)* **to ~ attention** Acht geben **III.** *vi* <paid, paid> ① *(give money)* [be]zahlen ② *(be worthwhile)* sich auszahlen; **it ~s to do sth** es lohnt sich, etw zu tun

◆**pay back** *vt* ① *(give back)* zurückzahlen ② *(fig: for revenge)* **to ~ sb back for sth** jdm etw heimzahlen

◆**pay down** *vt* anzahlen

◆**pay in I.** *vi (to a scheme)* einzahlen **II.** *vt* einzahlen

◆**pay off I.** *vt (repay)* abbezahlen; *mortgage* tilgen **II.** *vi (fig fam)* sich auszahlen

◆**pay out I.** *vt* ① *(spend)* ausgeben ② *(give out)* aus[be]zahlen **II.** *vi* FIN **to ~ out [on a policy]** [be]zahlen

◆**pay up I.** *vi* [be]zahlen **II.** *vt* [vollständig] zurückzahlen

payable [ˈpeɪəbl] *adj attr* zahlbar; *(due)* fällig

pay-as-you-go *adj* ohne Vertragsbindung; *cell phone* prepaid

pay cheque *n* Lohnscheck *m* **pay day** *n no pl* Zahltag *m* **pay desk** *n* Kasse *f*

PAYE [ˌpiːeɪwaɪˈiː] *n no pl* BRIT *abbrev of* **pay as you earn**

payee [peɪˈiː] *n* Zahlungsempfänger(in) *m(f)*

payer [ˈpeɪəʳ] *n* Zahler(in) *m(f)*

paying [ˈpeɪɪŋ] *adj attr* zahlend

payment [ˈpeɪmənt] *n* ① *(sum)* Zahlung *f; (fig)* Lohn *m* ② *(act of paying)* Bezahlung *f*

payphone *n* Münzfernsprecher *m* **pay rise** *n* BRIT, AUS *(for blue-collar worker)* Lohnerhöhung *f; (for white-collar worker)* Gehaltserhöhung *f* **payslip** *n (for blue-collar worker)* Lohnzettel *m; (for white-collar worker)* Gehaltstreifen *m*

PC¹ [ˌpiːˈsiː] *n abbrev of* **personal computer** PC *m*

PC² [ˌpiːˈsiː] *n* BRIT *abbrev of* **police constable**

PC³ [ˌpiːˈsiː] **I.** *n abbrev of* **political correctness II.** *adj abbrev of* **politically correct**

PE [ˌpiːˈiː] *n no pl abbrev of* **physical education**

pea [piː] *n* Erbse *f*

peace [piːs] *n no pl* ① *(no war)* Frieden *m;* **to make ~** Frieden schließen ② *(social order)* Ruhe *f,* Frieden *m* ③ *(tranquillity)* **~ of mind** Seelenfrieden *m;* **~ and quiet** Ruhe und Frieden

peaceful [ˈpiːsfᵊl] *adj* friedlich; *nation also* friedfertig

peacefully [ˈpiːsfᵊli] *adv* friedlich; **to be able to sleep ~ again** wieder ruhig schlafen können; **to coexist ~** in Frieden miteinander leben

peacekeeping **I.** *n no pl* Friedenssicherung *f* **II.** *adj* Friedens-; ~ **force** Friedenstruppe *f* **peace settlement** *n* Friedensabkommen *nt*

peach [piːtʃ] **I.** *n* <*pl* -es> *(fruit)* Pfirsich *m; (tree)* Pfirsichbaum *m* **II.** *adj (colour)* pfirsichfarben

peacock ['piːkɒk] *n* Pfau *m*

peak [piːk] **I.** *n* Gipfel *m a. fig; of a curve, line* Scheitelpunkt *m;* **to reach a ~** den Höchststand erreichen **II.** *vi career* den Höhepunkt erreichen; *athletes* Höchstleistung erbringen; *figures, production, rates* den Höchststand erreichen **III.** *adj attr* ① *(busiest)* Haupt-; **~ hours** Stoßzeit *f* ② *(best, highest)* Spitzen-; **~ capacity** Auslastung *f;* **to reach ~** voll ausgelastet sein (**for** an); **~ productivity** maximale Produktivität

peanut ['piːnʌt] *n* ① *(nut)* Erdnuss *f;* **~ butter** Erdnussbutter *f* ② *(fam: very little)* **~s** *pl* Klacks *m;* **to pay ~s** einen Hungerlohn zahlen

pear [peəʳ] *n* Birne *f;* **~ tree** Birnbaum *m*

pearl [pɜːl] **I.** *n* ① *(jewel)* Perle *f;* **string of ~s** Perlenkette *f* ② *(fig: a drop)* Tropfen *m,* Perle *f;* ► **~ of wisdom** Weisheit *f* **II.** *adj* perlweiß

peasant ['pezᵊnt] *n* ① *(small farmer)* [Klein]bauer *m,* [Klein]bäuerin *f* ② *(pej! fam)* Bauer *m*

pebble ['pebl̩] *n* Kieselstein *m*

peck [pek] **I.** *n (quick kiss)* Küsschen *nt* **II.** *vt* ① *(bite)* **to ~ sb/sth** nach jdm/etw hacken ② *(kiss quickly)* **to ~ sb on the cheek** jdn flüchtig auf die Wange küssen **III.** *vi* ① picken; **to ~ at sth** *(with beak)* etw aufpicken; *(with pointed tool)* gegen etw *akk* hämmern ② *(nibble)* **to ~ at one's food** in seinem Essen herumstochern

peckish ['pekɪʃ] *adj* BRIT, AUS **to feel a bit ~** den kleinen Hunger verspüren

peculiar [pɪ'kjuːliəʳ] *adj* ① *(strange)* seltsam, merkwürdig ② *(nauseous)* unwohl; **to have a ~ feeling** sich eigenartig fühlen

pedal ['pedᵊl] **I.** *n* Pedal *nt* **II.** *vt* <BRIT, AUS -ll-> **to ~ a bicycle** Rad fahren **III.** *vi* <BRIT, AUS -ll-> Rad fahren; **she ~ed through the city** sie radelte durch die Stadt

pedal bin *n* Treteimer *m* **pedal boat** *n,* **pedalo** ['pedᵊləʊ] *n* Tretboot *nt*

pedantically [pɪ'dæntɪkᵊli] *adv* pedantisch

pedestrian [pɪ'destriən] *n* Fußgänger(in) *m(f);* **~ crossing** Fußgängerübergang *m*

pediatrician *n* AM *see* **paediatrician**

pedigree ['pedigriː] **I.** *n* ① *(genealogy)* Stammbaum *m* ② *(background)* Laufbahn *f* **II.** *adj dog, cattle, horse* reinrassig, mit Stammbaum *nach n*

pee [piː] *(fam)* **I.** *n no pl* ① *(urine)* Pipi *nt Kindersprache* ② *(act)* Pinkeln *nt;* **to have a ~** pinkeln gehen **II.** *vi* pinkeln *fam;* **to ~ in one's pants** in die Hose[n] machen **III.** *vt* **to ~ oneself** sich vollpinkeln

peek [piːk] **I.** *n (brief look)* flüchtiger Blick **II.** *vi* gucken *fam;* **to ~ into sth** in etw *akk* hineinspähen

peel [piːl] **I.** *n (skin of fruit)* Schale *f* **II.** *vt fruit* schälen **III.** *vi paint, rust, wallpaper* sich lösen; *skin* sich schälen

peeler ['piːləʳ] *n* Schäler *m*

peelings ['piːlɪŋz] *n pl* Schalen *pl*

peep¹ [piːp] **I.** *n* ① *(sound)* Laut *m;* **to not give a ~** keinen Laut von sich *dat* geben ② *(bird sound)* Piep[ser] *m;* **to make a ~** piepsen **II.** *vi* piepsen; **to ~ at sth/sb** etw/jdn anpiepsen

peep² [piːp] **I.** *n (look)* [verstohlener] Blick; **to have a ~ at sth** auf etw *akk* einen kurzen Blick werfen **II.** *vi (look)* **to ~ at sth/sb** verstohlen auf etw/jdn blicken; **to ~ into sth** einen Blick in etw *akk* werfen

peer¹ [pɪəʳ] *vi (look closely)* spähen; **to ~ over one's glasses** über die Brille schauen

peer² [pɪəʳ] *n* ① *(equal)* Gegenstück *nt;*

to have no ~s unvergleichlich sein ② BRIT *(noble)* Angehöriger *m* des britischen Hochadels; POL Peer *m*

peevishly ['pi:vɪʃli] *adv* mürrisch

peg [peg] **I.** *n* Haken *m;* **clothes ~** Wäscheklammer *f;* **to buy off the ~** *(fig)* von der Stange kaufen **II.** *vt* <-gg-> **to ~ sth** ① *(bind down)* etw mit Haken sichern ② *(hold at certain level)* etw fixieren

◆**peg out I.** *vt* ① *(hang out) washing* aufhängen ② *(mark)* **to ~ sth** ⊂ **out** etw markieren **II.** *vi* ① *(fig fam: die)* den Löffel abgeben ② *(stop working) machine* den Geist aufgeben

pejoratively [pɪ'dʒɒrətɪvli] *adv* abwertend

pelican ['pelɪkᵊn] *n* Pelikan *m*

pelt¹ [pelt] *n (animal skin)* Fell *nt;* *(fur)* Pelz *m*

pelt² [pelt] **I.** *vt (bombard)* **to ~ sb with sth** jdn mit etw *dat* bewerfen **II.** *vi* ① *impers (rain heavily)* **it's ~ing** es schüttet ② **to ~ across the yard** über den Hof rennen **III.** *n no pl* ▸ **to drive at full ~** mit Höchstgeschwindigkeit fahren

pen¹ [pen] **I.** *n (writing utensil)* Feder *f;* **ballpoint ~** Kugelschreiber *m;* **felt-tip ~** Filzstift *m* **II.** *vt* <-nn-> schreiben

P

pen² [pen] **I.** *n* ① *(enclosed area)* Pferch *m* ② AM *(fig sl: jail)* Knast *m fam* **II.** *vt* <-nn-> *usu passive* **to be ~ned** eingesperrt sein

penalty ['penᵊlti] *n* ① LAW Strafe *f;* **maximum ~** Höchststrafe *f* ② *(fig: punishment)* Strafe *f* ③ FBALL **to award a ~** einen Elfmeter geben

penalty area *n* Strafraum *m* **penalty clause** *n* [restriktive] Vertragsklausel **penalty kick** *n* SPORTS Strafstoß *m;* FBALL Elfmeter *m*

pence [pen(t)s] *n pl of* **penny**

pencil ['pen(t)sᵊl] **I.** *n* Bleistift *m;* **coloured ~** Farbstift *m;* **eyeliner ~** Eyelinerstift *m* **II.** *vt* <BRIT -ll-> mit Bleistift schreiben

pencil case *n* Federmäppchen *nt,* Federpennal *nt* ÖSTERR **pencil sharpener** *n* [Bleistift]spitzer *m* **pencil skirt** *n* enger Rock

pendant ['pendənt] *n* Anhänger *m;* **to wear a ~** eine Halskette mit Anhänger tragen

penfriend *n* BRIT, AUS Brieffreund(in) *m(f)*

penguin ['peŋgwɪn] *n* Pinguin *m*

penicillin [ˌpenɪ'sɪlɪn] *n* Penicillin *nt*

peninsula [pə'nɪn(t)sjələ] *n* Halbinsel *f*

penis <*pl* -es> ['pi:nɪs] *n* Penis *m*

penknife *n* Taschenmesser *nt*

penny <*pl* -nies> ['peni] *n* Penny *m;* ▸ **to be worth every ~** sein Geld wert sein

pen pal *n* Brieffreund(in) *m(f)*

pension ['pen(t)ʃᵊn] *n (retirement money)* Rente *f;* *(for civil servants)* Pension *f;* **to live on a ~** von der Rente leben

pensioner ['pen(t)ʃᵊnəʳ] *n* BRIT Rentner(in) *m(f);* *(civil servant)* Pensionär(in) *m(f)*

pension fund *n* Pensionskasse *f* **pension scheme** *n* BRIT, AUS Rentenversicherung *f*

pentagon ['pentəgᵊn] *n* ① MATH Fünfeck *nt* ② AM POL **the P~** das Pentagon

pentathlon [pen'tæθlɒn] *n* Fünfkampf *m*

penultimate [pə'nʌltɪmət] *(form) adj attr* vorletzte(r, s)

people ['pi:pl] *n* ① *pl (persons)* Leute *pl,* Menschen *pl;* **the right ~** die richtigen Leute ② *pl (comprising a nation)* Volk *nt* ③ *pl (ordinary citizens)* **the ~** das Volk, die breite Masse

people carrier *n* Minivan *m*

pepper ['pepəʳ] **I.** *n* ① *no pl (spice)* Pfeffer *m;* **black ~** schwarzer Pfeffer ② *(vegetable)* Paprika *f* **II.** *vt* ① *(add pepper)* pfeffern ② *(pelt)* **to ~ sb with sth** jdn mit etw *dat* bombardieren; **to be ~ed with mistakes** vor Fehlern strotzen

pepper mill *n* Pfeffermühle *f* **pepper-**

mint *n* ① *no pl (plant)* Pfefferminze *f* ② *(sweet)* Pfefferminz[bonbon] *nt*
pepper pot, AM **pepper shaker** *n* Pfefferstreuer *m*
pep talk *n* Motivationsgespräch *nt*
per [pɜːʳ, pəʳ] *prep* ① *(for a, in a)* pro; **~ person** pro Person ② *(through means of)* per; **~ fax** per Fax
per cent, AM **percent** [pəˈsent] **I.** *n* Prozent *nt* **II.** *adv* -prozentig; **I'm 100 ~ sure that ...** ich bin mir hundertprozentig sicher, dass ... **III.** *adj attr* **25/50 ~** 25-/50-prozentig
perceptively [pəˈseptɪvli] *adv* scharfsinnig; *(attentive)* aufmerksam, umsichtig; **to speak/write ~ on sth** etw kritisch beleuchten
perch[1] [pɜːtʃ] **I.** *n* <*pl* -es> ① *(for birds)* Sitzstange *f* ② *(high location)* Hochsitz *m* **II.** *vi* **to ~ on sth** auf etw *dat* sitzen **III.** *vt* **to ~ sth somewhere** etw auf etw *akk* stecken
perch[2] <*pl* -> [pɜːtʃ] *n (fish)* Flussbarsch *m*
percussion [pəˈkʌʃᵊn] *n no pl* Percussion *f*, Schlagzeug *nt*
perfect I. *adj* [ˈpɜːfɪkt] perfekt, vollkommen **II.** *vt* [pəˈfekt] perfektionieren **III.** *n* [ˈpɜːfɪkt] *no pl* LING Perfekt *nt;* **future ~** vollendete Zukunft; **past ~** Plusquamperfekt *nt*
perfection [pəˈfekʃᵊn] *n no pl* Perfektion *f*, Vollkommenheit *f*
perfectionism [pəˈfekʃᵊnɪzᵊm] *n no pl* Perfektionismus *m;* **obsessive ~** zwanghafter Perfektionismus
perfectly [ˈpɜːfɪktli] *adv* perfekt, vollkommen; **~ clear** absolut klar *fam;* **to be ~ honest ...** ehrlich gesagt, ...
perform [pəˈfɔːm] **I.** *vt* ① *(entertain)* vorführen; *play, opera* aufführen ② *(do)* **to ~ one's duty/a function** seine Pflicht/eine Funktion erfüllen; **to ~ a task** eine Aufgabe verrichten **II.** *vi* ① *(on stage)* auftreten ② *(function)* funktionieren; **to ~ poorly/well** schlecht/gut funktionieren ③ *(do, act)* **to ~ badly/well** schlecht/gut sein
performance [pəˈfɔːmən(t)s] *n* ① *(entertaining, showing)* Vorführung *f; of a play, opera, ballet, symphony* Aufführung *f; of a part* Darstellung *f; of a song, musical piece* Darbietung *f; (show, event)* Vorstellung *f;* **to put on a ~ of a play** ein Stück aufführen; **to give a ~** eine Vorstellung geben ② *(capability, effectiveness, level of achievement)* Leistung *f;* **high ~** hohe Leistung ③ *no pl (execution)* **the ~ of a task** die Erfüllung einer Aufgabe
performer [pəˈfɔːməʳ] *n (artist)* Künstler(in) *m(f); (actor)* Darsteller(in) *m(f)*
performing [pəˈfɔːmɪŋ] *adj attr* ① *animals* dressiert ② **~ party** LAW Leistende(r) *f(m)*
perfume I. *n* [ˈpɜːfjuːm] ① Parfüm *nt* ② *of a flower* Duft *m* **II.** *vt* [pəˈfjuːm] parfümieren
perfumery <*pl* -ries> [pəˈfjuːmᵊri] *n* ① *no pl (production of perfumes)* Parfümherstellung *f* ② *(shop)* Parfümerie *f*
perhaps [pəˈhæps, præps] *adv* ① *(maybe)* vielleicht; **~ so** ja, vielleicht ② *(about)* etwa, ungefähr
period [ˈpɪəriəd] **I.** *n* ① *(length of time)* Zeitspanne *f*, Periode *f;* **for a ~ of three months** für die Dauer von drei Monaten ② *(lesson)* Stunde *f* ③ *(time in life, history, development)* Zeit *f; (distinct time)* Zeitabschnitt *m; (phase)* Phase *f;* **incubation ~** Inkubationszeit *f* ④ *(fam: menstruation)* Periode *f* ⑤ AM LING *(a. fig: full stop)* Punkt *m* **II.** *adj* ① *(of an earlier period) chair, vase, drama* historisch ② *(concerning menstruation) cramps, pains* Menstruations-
periodically [ˌpɪəriˈɒdɪkᵊli] *adv* periodisch, in regelmäßigen Abständen
perishable [ˈperɪʃəbl̩] *adj* ① *food* [leicht] verderblich ② *(transitory)* vergänglich
perk[1] [pɜːk] *n* ① *(additional benefit)* Vergünstigung *f* ② *(advantage)* Vorteil *m*

P

perk[2] [pɜːk] **I.** *vt (fam)* **to ~ coffee** Kaffee machen **II.** *vi (fam)* durchlaufen

perm [pɜːm] **I.** *n (fam) short for* **permanent wave** Dauerwelle *f* **II.** *vt* **to ~ hair** Dauerwellen machen

permanent ['pɜːmᵊnənt] *adj* ❶ *(lasting indefinitely)* permanent, ständig; **~ abode** fester Wohnsitz ❷ *(continual)* ständig, permanent

permanently ['pɜːmᵊnəntli] *adv* ❶ *(all the time)* ständig, immer ❷ *(long term)* auf Dauer; **are you working here ~?** sind Sie hier fest angestellt?; **to damage sb's health ~** jds Gesundheit dauerhaft schädigen

permission [pə'mɪʃᵊn] *n no pl* Erlaubnis *f; (from an official body)* Genehmigung *f;* **with your ~, I'd like to ...** wenn Sie gestatten, würde ich gerne ...

permit **I.** *n* ['pɜːmɪt] Genehmigung *f;* **residence ~** Aufenthaltsgenehmigung *f;* **work ~** Arbeitserlaubnis *f* **II.** *vt* <-tt-> [pə'mɪt] ❶ *(allow, give permission)* gestatten, erlauben ❷ *(make possible)* **to ~ sb to do sth** jdm ermöglichen, etw zu tun **III.** *vi* [pə'mɪt] *(allow)* erlauben, gestatten; **weather ~ting** vorausgesetzt, das Wetter spielt mit

persecute ['pɜːsɪkjuːt] *vt usu passive* verfolgen; **to be ~d for sth** wegen einer S. *gen* verfolgt werden

persecution [ˌpɜːsɪ'kjuːʃᵊn] *n usu sing* Verfolgung *f;* **~ complex/mania** Verfolgungswahn *m*

persevere [ˌpɜːsɪ'vɪəʳ] *vi* nicht aufgeben, beharrlich bleiben; *(continue)* mit etw *dat* weitermachen

persist [pə'sɪst] *vi* ❶ *(continue to exist)* andauern; *cold, heat, rain* anhalten ❷ *(to not give up)* beharrlich bleiben ❸ *(continue)* **to ~ in doing sth** nicht aufhören, etw zu tun

persistent [pə'sɪstᵊnt] *adj* ❶ *(long lasting) difficulties* anhaltend ❷ *(constant)* unaufhörlich

persistently [pə'sɪstᵊntli] *adv* ständig, andauernd; **to knock ~ [on the door]** hartnäckig an die Tür klopfen; **to warn sb ~** jdn immer wieder warnen

person <*pl* people> ['pɜːsᵊn] *n* ❶ *(human)* Person *f,* Mensch *m;* **not a single ~ came** kein Mensch kam; **morning ~** Morgenmensch *m;* **people ~** geselliger Mensch ❷ LING *(verb form)* Person *f*

personal ['pɜːsᵊnᵊl] *adj* persönlich; **~ belongings** persönliches Eigentum; **~ data** Personalien *pl*

personality [ˌpɜːsᵊn'æləti] *n* ❶ *(character)* Persönlichkeit *f,* Charakter *m;* **to have a strong ~** eine starke Persönlichkeit sein ❷ *(celebrity)* **a ~** eine Persönlichkeit

personally ['pɜːsᵊnᵊli] *adv* persönlich

personification [pəˌsɒnɪfɪ'keɪʃᵊn] *n* LIT Personifizierung *f geh*

personnel [ˌpɜːsᵊn'el] *n* ❶ *pl (employees)* Personal *nt kein pl* ❷ *no pl (human resources department)* Personalabteilung *f*

perspective [pə'spektɪv] *n* Perspektive *f;* **~ on sth** Einschätzung *f* einer S. *gen;* **in ~** perspektivisch

perspire [pə'spaɪəʳ] *vi* schwitzen

persuade [pə'sweɪd] *vt (talk into)* überreden; *(convince)* überzeugen; **to ~ sb into sth** jdn zu etw *dat* überreden

persuasion [pə'sweɪʒᵊn] *n (talking into)* Überredung *f; (convincing)* Überzeugung *f*

persuasive [pə'sweɪsɪv] *adj* überzeugend

persuasiveness [pə'sweɪsɪvnəs] *n no pl* Überzeugungskraft *f*

perverse [pə'vɜːs] *adj (pej)* pervers

perversion [pə'vɜːʃᵊn] *n (pej)* ❶ *(unnatural behaviour)* Perversion *f* ❷ *(corruption)* Pervertierung *f geh;* **~ of justice** Rechtsbeugung *f*

pervert **I.** *n* ['pɜːvɜːt] *(pej)* ❶ *(sexual deviant)* Perverse(r) *f(m)* ❷ *(creepy person)* Perversling *m pej fam* **II.** *vt* [pə'vɜːt] *(pej)* ❶ *(corrupt)* verderben ❷ *(distort)* verdrehen

P

pessimism ['pesɪmɪzᵊm] *n* Pessimismus *m*
pessimist ['pesɪmɪst] *n* Pessimist(in) *m(f)*
pessimistic [ˌpesɪ'mɪstɪk] *adj* pessimistisch
pessimistically [ˌpesɪ'mɪstɪkᵊli] *adv* pessimistisch
pest [pest] *n* ❶ *(destructive animal)* Schädling *m* ❷ *(fig fam: annoying person)* Nervensäge *f fam; (annoying thing)* Plage *f*
pester ['pestəʳ] *vt* belästigen; **to ~ sb for sth** jdm mit etw *dat* keine Ruhe lassen
pesticide ['pestɪsaɪd] *n* Schädlingsbekämpfungsmittel *nt*
pet [pet] **I.** *n* ❶ *(animal)* Haustier *nt* ❷ *(pej: favourite)* Liebling **II.** *adj* ❶ *(animals)* Tier-; **~ cat** Hauskatze *f* ❷ *(favourite) project, theory* Lieblings- **III.** *vt* <-tt-> streicheln
petal ['petᵊl] *n* Blütenblatt *nt*
peter ['piːtəʳ] *vi* **to ~ out** zu Ende gehen; *conversation, interest* sich totlaufen
petition [pə'tɪʃᵊn] **I.** *n* ❶ *(signed document)* Petition *f* (**against** gegen/**for** für) ❷ LAW *(written request)* Gesuch *nt* **II.** *vi* ❶ *(start a written action)* **to ~ about sth** für etw *akk* Unterschriften sammeln ❷ LAW *(request formally)* **to ~ for sth** einen Antrag auf etw *akk* stellen **III.** *vt* **to ~ sb for sth** jdn um etw *akk* ersuchen *form*
petrol ['petrᵊl] *n no pl* BRIT, AUS Benzin *nt;* **unleaded ~** bleifreies Benzin
petrol can *n* BRIT, AUS Benzinkanister *m* **petrol engine** *n* BRIT, AUS Benzinmotor *m*
petroleum [pə'trəʊliəm] *n* Erdöl *nt*
petrol gauge *n* Benzinuhr *f* **petrol pump** *n* BRIT, AUS Zapfsäule *f; (nozzle)* Zapfhahn *m* **petrol station** *n* BRIT, AUS Tankstelle *f*
petticoat ['petɪkəʊt] *n (hist)* Unterrock *m; (stiff)* Petticoat *m*
petty ['peti] *adj (pej: insignificant)* unbedeutend; *(trivial)* trivial
pew [pjuː] *n* Kirchenbank *f*
pharmacist ['fɑːməsɪst] *n* Apotheker(in) *m(f)*
pharmacological [ˌfɑːməkə'lɒdʒɪkᵊl] *adj* pharmakologisch
pharmacologist [ˌfɑːmə'kɒlədʒɪst] *n* Pharmakologe, Pharmakologin *m, f*
pharmacy ['fɑːməsi] *n* ❶ *(store)* Apotheke *f* ❷ *no pl (course of study)* Pharmazie *f*
phase [feɪz] **I.** *n* Phase *f;* **developmental ~** Entwicklungsphase *f;* **moon ~** Mondphase *f;* **to go through a ~** eine Phase durchlaufen **II.** *vt usu passive (implement)* stufenweise durchführen; *(introduce)* stufenweise einführen
phat [fæt] *adj (sl: Black English: cool, hip)* krass *sl,* fett *sl*
PhD [ˌpiːeɪtʃ'diː] *n abbrev of* **Doctor of Philosophy** Dr., Doktor *m;* **~ student** Doktorand(in) *m(f)*
pheasant <*pl* -s> ['fezᵊnt] *n* Fasan *m*
philistine ['fɪlɪstaɪn] *(pej)* **I.** *n* Banause *m* **II.** *adj* banausisch
philosopher [fɪ'lɒsəfəʳ] *n* Philosoph(in) *m(f)*
philosophy [fɪ'lɒsəfi] *n no pl* Philosophie *f*
phisher ['fɪʃəʳ] *n* INET Phisher(in) *m(f) (Betrüger, der mit gefälschten E-Mails Passwörter und persönliche Benutzerdaten ausspioniert)*
phishing ['fɪʃɪŋ] *n* INET Phishing *nt (betrügerisches Ausspionieren von Passwörtern und persönlichen Benutzerdaten)*
phobia ['fəʊbiə] *n* Phobie *f*
phone [fəʊn] **I.** *n* Telefon *nt;* **to answer the ~** ans Telefon gehen; **to hang up the ~** auflegen; **to pick up the ~** abheben; **to speak [to sb] on the ~** [mit jdm] telefonieren; **on the ~** am Telefon **II.** *vt* anrufen **III.** *vi* telefonieren
◆ **phone back** *vt* zurückrufen
phone booth *n* Telefonzelle *f* **phone call** *n* Telefonanruf *m* **phonecard** *n*

P

Telefonkarte *f* **phone-in I.** *n Sendung, bei der sich das Publikum telefonisch beteiligen kann* **II.** *adj attr* ~ **programme** *Sendung mit telefonischer Publikumsbeteiligung* **phone number** *n* Telefonnummer *f*

phonetic [fə(ʊ)'netɪk] *adj* LING phonetisch

phonetically [fə(ʊ)'netɪkᵊli] *adv* LING phonetisch *fachspr*

phosphorescent [ˌfɒsfᵊr'esᵊnt] *adj* phosphoreszierend

photo ['fəʊtəʊ] *n short for* **photograph** Foto *nt*

photobomb *vt (fam)* **to ~ sb** jdm in die Aufnahme [*o* ins Bild] platzen; **I was** [*or* **got**] **~ed by a tourist** mir ist ein Tourist in die Aufnahme [*o* ins Bild] geplatzt **photocall** *n* Fototermin *m* **photocopier** *n* [Foto]kopierer *m* **photocopy I.** *n* [Foto]kopie *f* **II.** *vt* [foto]kopieren **photo-editing** *n* COMPUT, PHOT digitale Bildbearbeitung

photograph ['fəʊtəgrɑ:f] **I.** *n* Fotografie *f*, Foto *nt;* **aerial ~** Luftaufnahme *f;* **colour ~** Farbfotografie *f* **II.** *vt* fotografieren **III.** *vi* **to ~ well** gut auf Fotos aussehen

P

Übersetzungstipp

Nicht verwechseln mit *Fotograf* – *photographer!*

photograph album *n* Fotoalbum *nt*

photographer [fə'tɒgrəfəʳ] *n* Fotograf(in) *m(f)*

photographic [ˌfəʊtə'græfɪk] *adj* fotografisch; ~ **equipment** Fotoausrüstung *f*

photographically [ˌfəʊtə'græfɪᵊli] *adv* fotografisch

photography [fə'tɒgrəfi] *n no pl* Fotografie *f*

photojournalism *n no pl* Fotojournalismus *m* **photoshoot** *n* Fototermin *m*

photosynthesis *n* Photosynthese *f*

phrasal ['freɪzᵊl] *adj* LING Satz-; ~ **verb** Phrasal Verb *nt (Grundverb mit präpositionaler oder adverbialer Ergänzung)*

phrase [freɪz] **I.** *n (words)* Satz *m; (idiomatic expression)* Ausdruck *m* **II.** *vt* formulieren

phrase book *n* Sprachführer *m*

physical ['fɪzɪkᵊl] *adj* ① *(of the body) condition, strength* körperlich, physisch *geh;* **to have a ~ disability** körperbehindert sein ② *(sexual) contact, love* körperlich ③ *(material)* physisch

physical education *n no pl* SCH Sport[unterricht] *m*

physically ['fɪzɪkᵊli] *adv (concerning the body)* körperlich; ~ **disabled** körperbehindert

physician [fɪ'zɪʃᵊn] *n esp* AM *(GP)* Hausarzt, -ärztin *m, f*

physicist ['fɪzɪsɪst] *n* Physiker(in) *m(f)*

physics ['fɪzɪks] *n + sing vb* Physik *f*

physiotherapist [ˌfɪziə(ʊ)'θerəpɪst] *n esp* BRIT Physiotherapeut(in) *m(f) fachspr,* Krankengymnast(in) *m(f)* **physiotherapy** [ˌfɪziə(ʊ)'θerəpi] *n no pl esp* BRIT Physiotherapie *f fachspr*

pi [paɪ] *n no pl* MATH Pi *nt fachspr*

pianist ['pi:ənɪst] *n* Klavierspieler(in) *m(f); (professional)* Pianist(in) *m(f)*

piano [pi'ænəʊ] *n* Klavier *nt,* Piano *nt;* **to play** [**the**] ~ Klavier spielen; **at the ~** am Klavier; ~ **recital** Klavierkonzert *nt*

pick [pɪk] **I.** *n* ① *(choice)* Auswahl *f;* **to have first ~** die erste Wahl haben; **to take one's ~** sich *dat* etw aussuchen ② *+ sing/pl vb (best)* **the ~ of sth** das Beste ③ MUS Plättchen *nt* **II.** *vt* ① *(select)* aussuchen ② *(fam: start)* **to ~ a fight with sb** mit jdm einen Streit anzetteln ③ *(scratch)* **to ~ sth** an etw *dat* kratzen **III.** *vi* ① *(be choosy)* aussuchen ② *(toy with)* **to ~ at one's food** in seinem Essen herumstochern

◆ **pick on** *vi* **to ~ on sb** ① *(select)* jdn aussuchen ② *(victimize)* auf jdm he-

rumhacken
◆ **pick out** *vt* ❶ *(select)* aussuchen ❷ *(recognize)* erkennen ❸ *(highlight)* hervorheben
◆ **pick up** I. *vt* ❶ *(lift)* aufheben; **to ~ up the phone** [den Hörer] abnehmen ❷ *(learn)* aufschnappen ❸ *(collect)* abholen; **to ~ up passengers** Fahrgäste aufnehmen ❹ *(on radio) a signal* empfangen ❺ *(increase) speed* schneller werden II. *vi* ❶ *(improve)* sich bessern, besser werden ❷ *(resume)* **to ~ up where one left off** da weitermachen, wo man aufgehört hat
picket ['pɪkɪt] I. *n* ❶ *(striker)* Streikposten *m; (blockade)* Streikblockade *f* ❷ *(stake)* Palisade *f* II. *vt* **to ~ sth** vor etw *dat* Streikposten aufstellen III. *vi* demonstrieren
pickle ['pɪkḷ] I. *n* ❶ *no pl* [Mixed] Pickles *pl; (sauce)* Relish *nt* ❷ AM *(conserved gherkin)* saure Gurke II. *vt* einlegen

Übersetzungstipp
Nicht verwechseln mit *Pickel – pimple, spot!*

pickled ['pɪkḷd] *adj (preserved)* eingelegt
pickpocket *n* Taschendieb(in) *m(f)*
pickup *n* ❶ *(fam: collection)* Abholen *nt kein pl;* **we arranged a ten o'clock ~ to take Cathy to the station** wir verabredeten mit Cathy, dass wir sie um zehn Uhr abholen und zum Bahnhof bringen würden ❷ *(increase)* Ansteigen *nt kein pl,* Zunahme *f* ❸ *(van)* Kleintransporter *m*
picnic ['pɪknɪk] I. *n* Picknick *nt;* **to go on a ~** ein Picknick machen; **to be no ~** *(fig)* kein Spaziergang sein II. *vi* <-ck-> picknicken
picture ['pɪktʃəʳ] I. *n* ❶ *(painting, drawing)* Bild *nt* ❷ *(photograph)* Bild *nt,* Foto *nt;* **to take a ~** ein Foto machen ❸ *(on TV screen)* [Fernseh]bild *nt* ❹ *(film)* Film *m* ❺ *(cinema)* **the ~s** *pl* das Kino ❻ *(fig: impression)* Bild *nt;* ▶ **to get the ~** etw verstehen II. *vt* **to ~ sth** sich *dat* etw vorstellen; *(depict)* etw darstellen III. *vi* **to ~ to oneself how …** sich *dat* vorstellen, wie …
picture book *n* Bilderbuch *nt* **picture frame** *n* Bilderrahmen *m* **picture gallery** *n* [Kunst]galerie *f* **picture messaging** *n* Picture Messaging *nt* **picture postcard** *n* Ansichtskarte *f*
picturesquely [ˌpɪktʃəʳ'eskli] *adv* malerisch, pittoresk *geh*
pie [paɪ] *n* Pastete *f*
piece [piːs] I. *n* ❶ *(bit)* Stück *nt; (part)* Teil *nt o m; of bread* Scheibe *f; of cake* Stück *nt;* **a ~ of broken glass** eine Glasscherbe; **~ by ~** Stück für Stück ❷ *(item)* Stück *nt;* **~ of baggage** Gepäckstück *nt;* **~ of paper** Blatt *nt* Papier ❸ *(non-physical item)* **a ~ of advice** ein Rat *m;* **a ~ of information** eine Information ❹ MUS, THEAT Stück *nt,* Werk *nt;* ▶ **to be a ~ of cake** *(fam)* kinderleicht sein II. *vt* **to ~ together sth** etw zusammensetzen; *(reconstruct)* etw rekonstruieren
pier [pɪəʳ] *n* NAUT Pier *m o fachspr f,* Hafendamm *m; (landing stage)* Landungsbrücke *f*
pierce [pɪəs] I. *vt (make hole in)* durchstechen; *(more forceful)* durchstoßen; **to have ~d ears** Ohrlöcher haben II. *vi (drill)* **to ~ into sth** sich in etw *akk* bohren
pierced [pɪəst] *adj* durchstochen; *eyebrow, navel* gepierct *sl;* **to have ~ ears** Ohrlöcher haben
piercing ['pɪəsɪŋ] I. *adj* ❶ *(loud)* durchdringend; *(pej) voice also* schrill ❷ *(cold)* eisig ❸ *(penetrating) eyes, gaze, look* durchdringend II. *n no pl (body-piercing)* Piercing *nt*
piercingly ['pɪəsɪŋli] *adv* durchdringend
pig [pɪg] *n* ❶ Schwein *nt* ❷ *(fam: greedy person)* Vielfraß *m* ❸ *(pej fam: unpleasant or dirty person)*

P

Schwein *nt*
pigeon ['pɪdʒən] *n* Taube *f*
pigeon-hole **I.** *n* [Post]fach *nt,* Ablage *f* **II.** *vt (categorize)* **to ~ sb** jdn in eine Schublade stecken
piggyback **I.** *n* **to give sb a ~** jdn huckepack nehmen **II.** *vi* huckepack machen
piggy bank *n* Sparschwein *nt*
piglet ['pɪglət] *n* Ferkel *nt*
pigsty *n (a. fig, pej)* Schweinestall *m*
pigtail *n (hair)* Pferdeschwanz *m; (braided)* Zopf *m*
pile [paɪl] **I.** *n* ❶ *(stack)* Stapel *m; (heap)* Haufen *m* ❷ *(fam: large amount)* Haufen *m* **II.** *vt* stapeln (**on[to]** auf) **III.** *vi* ❶ *(fam: crowd into)* **to ~ onto the bus** sich in den Bus reindrücken ❷ *(collide)* **to ~ into sth** ineinanderrasen
◆**pile in** *vi* in etw *akk* [hinein]strömen; *(forcefully)* sich in etw *akk* [hinein]drängen
◆**pile on** *vt* anhäufen; **you're really piling it on with the compliments tonight** du bist ja heute Abend so großzügig mit Komplimenten
◆**pile up** **I.** *vi debts, problems* sich anhäufen; *(get more frequent)* sich häufen **II.** *vt* anhäufen
piles [paɪlz] *n pl (fam)* Hämorrhoiden *pl*
pile-up *n* Massenkarambolage *f*
pilgrimage ['pɪlgrɪmɪdʒ] *n* REL Pilgerfahrt *f*
pill [pɪl] *n* ❶ *(tablet)* Tablette *f* ❷ *(contraceptive)* **the ~** die Pille
pillar ['pɪləʳ] *n* ❶ *(column)* Pfeiler *m,* Säule *f* ❷ *(fig: mainstay)* Stütze *f*
pillar box *n* BRIT Briefkasten *m*
pillock ['pɪlək] *n* BRIT *(pej fam!)* Idiot(in) *m(f) fam;* **a complete ~** ein Volltrottel *m fam*
pillow ['pɪləʊ] *n* ❶ [Kopf]kissen *nt* ❷ AM *(cushion)* Kissen *nt*
pillowcase *n* [Kopf]kissenbezug *m*
pilot ['paɪlət] **I.** *n* ❶ AVIAT Pilot(in) *m(f);* NAUT Lotse, Lotsin *m, f* ❷ TV Pilotfilm *f* ❸ TECH *(pilot light)* Kontrolllampe *f* **II.** *vt* ❶ AVIAT, NAUT *aircraft* fliegen ❷ *(test)* **to ~ a project** ein Pilotprojekt durchführen **III.** *adj usu attr* Pilot-; **a ~ test** ein erster Test
pilot boat *n* Lotsenboot *nt* **pilot light** *n* ❶ *(monitoring light)* Kontrolllampe *f* ❷ *(flame)* Zündflamme *f* **pilot scheme** *n* BRIT, AUS Testreihe *f*
pilot's licence, AM **pilot's license** *n* Pilotenschein *m*
pimp [pɪmp] *n* Zuhälter *m*
pimple ['pɪmpl̩] *n* Pickel *m*
pin [pɪn] **I.** *n* ❶ *(sharp object)* Nadel *f;* **drawing ~** Reißzwecke *f* ❷ *(for clothing)* [Ansteck]nadel *f* **II.** *vt* <-nn-> ❶ *(attach with pin)* befestigen (**[up]on/to** an) ❷ *(hold firmly)* **she was ~ned under a fallen beam** sie saß unter einem heruntergefallenen Balken fest
◆**pin down** *vt* ❶ *(define exactly)* genau definieren ❷ *(make decide)* **to ~ down ↔ sb** jdn festnageln ❸ *(hold fast)* **to ~ down ↔ sb** jdn fest halten
◆**pin up** *vt* anstecken; **to ~ up a picture on the wall** ein Bild an die Wand hängen
PIN [pɪn] *n abbrev of* **personal identification number** PIN *f*
pinball machine *n* Flipper *m*
pinch [pɪn(t)ʃ] **I.** *vt* ❶ *(nip)* kneifen, zwicken *bes* SÜDD, ÖSTERR ❷ *(fam: steal)* klauen **II.** *vi* kneifen, zwicken **III.** *n* <*pl* -es> ❶ *(nip)* Kneifen *nt,* Zwicken *nt* ❷ *(small quantity) of salt* Prise *f*
pine[1] [paɪn] *n* ❶ *(tree)* Kiefer *f* ❷ *no pl (wood)* Kiefer *f,* Kiefernholz *nt* ❸ BRIT *(stone pine)* Pinie *f*
pine[2] [paɪn] *vi* sich vor Sehnsucht verzehren; **to ~ for sb** sich nach jdm sehnen
pineapple ['paɪnæpl̩] *n* Ananas *f*
pine cone *n* Kiefernzapfen *m;* BRIT *(of stone pine)* Pinienzapfen *m*
ping-pong ['pɪŋ,pɒŋ] *n (fam)* Pingpong *nt*

P

pink [pɪŋk] **I.** *n* Rosa *nt,* Pink *nt* **II.** *adj* rosa, pink
pinpoint **I.** *vt* [genau] feststellen **II.** *adj attr* sehr genau; ~ **accuracy** hohe Genauigkeit **III.** *n* winziger Punkt
pinstripe *n* ① *no pl (pattern)* Nadelstreifen *m* ② *(suit)* Nadelstreifenanzug *m*
pint [paɪnt] *n* ① *(measurement)* Pint *nt (0,568 l)* ② BRIT *(fam: beer)* ≈ eine Halbe
pioneer [ˌpaɪəˈnɪəʳ] **I.** *n* Pionier(in) *m(f)* **II.** *adj* Pionier-, bahnbrechend; *(innovative)* innovativ **III.** *vt* **to ~ sth** den Weg für etw *akk* bereiten
pip[1] [pɪp] *n* BOT Kern *m*
pip[2] [pɪp] *n usu pl esp* BRIT Piep *m*
pip[3] <-pp-> [pɪp] *vt* BRIT *(fam)* **to ~ sb** jdn [knapp] besiegen
pipe [paɪp] **I.** *n* ① TECH *(tube)* Rohr *nt* ② *(for smoking)* Pfeife *f* **II.** *vt (transport) gas, oil, water* leiten
pipeline *n* Pipeline *f;* **in the ~** *(fig)* in Planung
piper [ˈpaɪpəʳ] *n* Dudelsackspieler(in) *m(f)*
pipette [pɪˈpet] *n* Pipette *f,* Saugröhrchen *nt*
piquantly [ˈpiːkəntli] *adv* interessant, faszinierend; **to speak/talk ~ about sth** etw unterhaltsam erzählen
piracy [ˈpaɪ(ə)rəsi] *n no pl* ① *(at sea)* Piraterie *f,* Seeräuberei *f* ② *(of copyrights)* Raubkopieren *nt;* **software/video ~** Software-/Videopiraterie *f*
piranha <*pl* -s *or* -> [pɪˈrɑːnə] *n* Piranha *m*
pirate [ˈpaɪ(ə)rət] **I.** *n* ① Pirat(in) *m(f)* ② *(plagiarizer)* Raubkopierer(in) *m(f)* **II.** *adj attr video, CD* raubkopiert **III.** *vt* **to ~ sth** eine Raubkopie von etw *dat* machen
Pisces <*pl* -> [ˈpaɪsiːz] *n* ASTROL ① *no pl (sign)* Fische *pl* ② *(person)* Fisch *m*
piss [pɪs] *(fam!)* **I.** *n no pl* Pisse *f derb* ▶ **to take the ~ [out of sb]** BRIT jdn verarschen *derb* **II.** *vi* pissen *fam;* **~ off!** verpiss dich! **III.** *vt* **to ~ oneself** in die Hose machen; *(laugh)* sich *dat* vor Lachen in die Hosen machen
◆**piss about, piss around** BRIT, AUS **I.** *vi (fam!: be silly)* Blödsinn machen **II.** *vt (fam!)* **to ~ sb about** *(waste time)* jds Zeit *f* verschwenden
◆**piss off** **I.** *vi (fam!)* abhauen *fam;* **~ off!** verpiss dich! *derb* **II.** *vt* **to ~ sb off** jdn ankotzen *derb*
pissed [pɪst] *adj (fam!)* ① BRIT, AUS besoffen *fam* ② ~ **[off]** [stink]sauer
piss-up *n* BRIT, AUS *(fam!)* Besäufnis *nt*
pistachio [pɪˈstɑːʃiəʊ] *n* Pistazie *f*
piste [piːst] *n* Piste *f*
pistol [ˈpɪstᵊl] *n* Pistole *f*
piston [ˈpɪstᵊn] *n* Kolben *m*
pit[1] [pɪt] *n* ① *(in ground)* Grube *f; (scar)* Narbe *f* ② *(mine)* Bergwerk *nt*
pit[2] [pɪt] **I.** *n esp* AM *(stone)* Kern *m* **II.** *vt* <-tt-> ① FOOD entkernen ② **to ~ sth against sth** *products* etw gegen etw *akk* ins Rennen schicken
pitch[1] *n no pl (tar)* Pech *nt*
pitch[2] [pɪtʃ] **I.** *n* <*pl* -es> ① BRIT, AUS *(sports field)* [Spiel]feld *nt;* BRIT *(for camping)* [Zelt]platz *m* ② *(baseball throw)* Wurf *m* ③ *no pl* MUS Tonhöhe *f* ④ *no pl (persuasion)* **[sales] ~** [Verkaufs]sprüche *pl a. pej fam* **II.** *vt* ① *(throw)* werfen ② *(set up)* aufstellen; *tent* aufschlagen ③ *(target)* **to ~ sth at sb** etw auf jdn ausrichten **III.** *vi* SPORTS *(in baseball)* werfen; *(in cricket)* [auf den Boden] aufkommen
pitfall *n usu pl* Falle *f; of a language, subject* Hauptschwierigkeit *f*
pitifully [ˈpɪtifᵊli] *adv* ① *(distressingly)* bemitleidenswert; *(terribly)* erschreckend, fürchterlich ② *(despicably)* lächerlich, erbärmlich
pitilessly [ˈpɪtiləsli] *adv* erbarmungslos, unbarmherzig
pitta (bread) [ˈpɪtə] *n no pl* Pittabrot *nt*
pitter-patter [ˈpɪtəˌpætəʳ] **I.** *n no pl* Klopfen *nt; of feet, steps* Tapsen *nt* **II.** *vi* klopfen; *people, feet* tapsen
pity [ˈpɪti] **I.** *n no pl* ① *(compassion)* Mitleid *nt;* **to feel ~ for sb** mit jdm

P

Mitleid haben ② *(shame)* **what a ~!** wie schade! **II.** *vt* <-ie> **to ~ sb** Mitleid mit jdm haben

pityingly ['pɪtiɪŋli] *adv* mitleidig; *(condescendingly)* herablassend

pizza ['piːtsə] *n* Pizza *nt*

pizza place *n* Pizzeria *f*

place [pleɪs] **I.** *n* ① *(location)* Ort *m;* **~ of birth** Geburtsort *m;* **~ of work** Arbeitsplatz *m* ② *(position)* Stelle *f;* **if I were in your ~ ...** ich an deiner Stelle ... ③ *(home)* Wohnung *f;* **I'm looking for a ~ to live** ich bin auf Wohnungssuche ④ *(fig: position, rank)* Stellung *f* ⑤ *(instead of)* **in ~ of** stattdessen ⑥ *(proper position)* **to be in ~** an seinem Platz sein; *(fig: completed)* fertig sein; **to be out of ~** nicht an der richtigen Stelle sein ⑦ *(ranking)* Platz *m;* ▶ **in the first ~** zuerst **II.** *vt* ① *(position)* **to ~ sth somewhere** etw irgendwohin stellen; *(lay)* etw irgendwohin legen; **to ~ a bet on sth** auf etw *akk* wetten ② *(impose)* **to ~ a limit on sth** etw begrenzen ③ *(arrange for)* **to ~ sth at sb's disposal** jdm etw überlassen ④ *(burden)* **to ~ a strain on sb** jdn belasten

place mat *n* Set *nt o m,* Platzdeckchen *nt* **place name** *n* Ortsname *m*

plaice <*pl* -> [pleɪs] *n* Scholle *f*

Plaid Cymru [ˌplaɪd'kʌmri] *n no pl, + sing/pl vb walisische Nationalpartei*

plain [pleɪn] **I.** *adj* ① *(simple)* einfach; *(not flavoured)* natur *nach n;* **~ food** einfaches Essen ② *(uncomplicated)* einfach ③ *(clear)* klar, offensichtlich; **her meaning was ~** es war klar, was sie meinte **II.** *adv* ① *(simply)* ohne großen Aufwand ② *(fam: downright)* einfach **III.** *n (area of flat land)* Ebene *f*

plainly ['pleɪnli] *adv* ① *(simply)* einfach, schlicht ② *(clearly)* deutlich, klar

plait [plæt] *esp* BRIT **I.** *n (hair)* Zopf *m* **II.** *vt, vi* flechten

plan [plæn] **I.** *n* ① *(detailed scheme)* Plan *m* ② *(intention)* Plan *m,* Absicht *f;* **what are your ~s for this weekend?** was hast du dieses Wochenende vor? ③ *(drawing)* **~s** *pl* Pläne *pl* **II.** *vt* <-nn-> ① *(draft)* planen ② *(prepare)* vorbereiten ③ *(envisage)* planen ④ *(intend)* vorhaben **III.** *vi* ① *(prepare)* planen ② *(expect)* **to ~ on sth** mit etw *dat* rechnen

plane[1] [pleɪn] **I.** *n (aircraft)* Flugzeug *nt;* **to board the ~** das Flugzeug besteigen; **by ~** mit dem Flugzeug **II.** *vi (glide)* gleiten

plane[2] [pleɪn] *n* ① *(surface)* Fläche *f;* MATH Ebene *f* ② *(level)* Ebene *f*

plane[3] [pleɪn] **I.** *n (tool)* Hobel *m* **II.** *vt* hobeln; *(until smooth)* abhobeln

plane[4] [pleɪn] *n* BOT Platane *f*

planet ['plænɪt] *n* Planet *m;* **to be on a different ~** *(fig)* in einer anderen Welt sein

planetarium <*pl* -s> [ˌplænɪ'teəriəm] *n* Planetarium *nt*

plank [plæŋk] *n* ① *(timber)* Brett *nt,* Latte *f* ② *(fig: element)* Pfeiler *m*

planner ['plænəʳ] *n* Planer(in) *m(f)*

planning ['plænɪŋ] *n no pl* Planung *f;* **~ permission** Baugenehmigung *f;* **at the ~ stage** in der Planung[sphase]

plant [plɑːnt] **I.** *n* ① BOT Pflanze *f* ② *(factory)* Werk *nt,* Betrieb *m* **II.** *vt* ① *(put in earth)* pflanzen ② *(lodge)* platzieren; **to ~ oneself on the sofa** *(fam)* sich aufs Sofa pflanzen

plantation [ˌplæn'teɪʃᵊn] *n* ① *(estate)* Plantage *f* ② *(plants)* Pflanzung *f;* *(trees)* Schonung *f*

plaque [plɑːk, plæk] *n* ① *(plate)* Tafel *f;* **brass ~** Messingschild *nt* ② *no pl* MED [Zahn]belag *m*

plaster ['plɑːstəʳ] **I.** *n no pl* ① *(in building)* [Ver]putz *m* ② MED Gips[verband] *m* ③ BRIT *(for cuts)* Pflaster *nt* **II.** *vt* ① *(mortar)* verputzen ② *(fam: put all over)* vollkleistern

plaster cast *n* Gipsverband *m;* ART Gipsabguss *m*

plastered ['plɑːstəd] *adj pred (fam)* stockbesoffen; **to get ~** sich zusaufen

plastic [ˈplæstɪk] **I.** *n* ① *(material)* Plastik *nt kein pl* ② *(industry)* **~s** *pl* Kunststoffindustrie *f* ③ *no pl (fam: credit card)* Plastikgeld *nt* **II.** *adj* ① *(of plastic)* Plastik-; **~ bag** Plastiktüte *f;* **~ bullet** Gummigeschoss *nt* ② *(pej: artificial)* künstlich

plastic surgery *n no pl* Schönheitschirurgie *f*

plate [pleɪt] **I.** *n* ① *(dish)* Teller *m* ② *(panel)* Platte *f* ③ *(sign)* Schild *nt* ④ AUTO Nummernschild *nt;* **licence ~** Nummernschild *nt* **II.** *vt* überziehen

platform [ˈplætfɔːm] *n* ① *(elevated area)* Plattform *f;* *(raised structure)* Turm *m* ② *(on station)* Bahnsteig *m*

platinum [ˈplætɪnəm] *n no pl* Platin *nt*

platonic [pləˈtɒnɪk] *adj* platonisch

play [pleɪ] **I.** *n* ① *no pl (game, recreation)* Spiel *nt;* **to be at ~** spielen ② AM SPORTS *(move)* Spielzug *m* ③ THEAT [Theater]stück *nt* **II.** *vi* ① *(amuse oneself)* spielen ② SPORTS spielen; **to ~ in the match** am Spiel teilnehmen ③ THEAT spielen **III.** *vt* ① *(take part in)* spielen; **to ~ cards** Karten spielen ② *(compete against)* **to ~ sb** gegen jdn spielen ③ *(execute)* **to ~ a shot** schießen; *(in snooker)* stoßen ④ *(have)* **to ~ a part** eine Rolle spielen ⑤ THEAT, MUS spielen; **to ~ the lead** die Hauptrolle spielen ▸**to ~ one's cards right** geschickt taktieren; **to ~ the game** BRIT sich an die [Spiel]regeln halten

◆**play along I.** *vi* **to ~ along with it** gute Miene zum bösen Spiel machen; **to ~ along with sth** etw [zum Schein] mitmachen **II.** *vt (pej)* **to ~ sb along** jdn hinhalten

◆**play down** *vt* herunterspielen

◆**play off I.** *vi* **to ~ off for sth** um etw *akk* spielen **II.** *vt* **to ~ off** ⇄ **sb against sb** jdn gegen jdn ausspielen

◆**play on** *vi (exploit)* **to ~ on sth** etw ausnutzen

◆**play up I.** *vt* ① *(emphasize)* hochspielen ② BRIT *(fam: cause trouble)* **to ~ up** ⇄ **sb** jdm zu schaffen machen **II.** *vi (fam)* ① *(flatter)* **to ~ up to sb** sich bei jdm einschmeicheln ② BRIT *(misbehave)* sich danebenbenehmen *fam*

playboy *n (usu pej)* Playboy *m*

player [ˈpleɪəʳ] *n* ① Spieler(in) *m(f)* ② *(playback machine)* **CD ~** CD-Player *m;* **video ~** Videorecorder *m* ③ POL *(fam: participant)* **to be a ~** eine Rolle spielen

playful [ˈpleɪfᵊl] *adj* ① *(not serious)* spielerisch, scherzhaft ② *(frolicsome)* verspielt; **he was in a ~ mood** er war zum Spielen/Scherzen aufgelegt

playfully [ˈpleɪfᵊli] *adv* scherzhaft; *(in play)* spielerisch, im Spiel

playground *n* Spielplatz *m* **playgroup** *n* Spielgruppe *f;* *(kindergarten)* Kindergarten *m*

playing card [ˈpleɪɪŋ-] *n* Spielkarte *f* **playing field** *n* Sportplatz *m*

playmate *n* ① *(for child)* Spielkamerad(in) *m(f)* ② *(fam: for adult)* Geliebte(r) *f(m),* Gespiele, Gespielin *m, f iron* ③ *(in magazine)* Pin-up-Girl *nt*

play-off *n* Play-off *nt;* **~ game** Entscheidungsspiel *nt*

playpen *n* Laufstall *m* **playroom** *n* Spielzimmer *nt* **playschool** *n* BRIT Kindergarten *m*

playwright *n* Dramatiker(in) *m(f)*

plc [ˌpiːelˈsiː] *n esp* BRIT *abbrev of* **public limited company** AG *f*

plead <pleaded, pleaded> [pliːd] **I.** *vi* ① *(implore)* [flehentlich] bitten, flehen; **to ~ with sb [to do sth]** jdn anflehen[, etw zu tun] ② LAW *(as advocate)* plädieren ③ + *adj* LAW *(answer charge)* **to ~ guilty** sich schuldig bekennen **II.** *vt* ① *(claim)* behaupten; **to ~ insanity** auf Unzurechnungsfähigkeit plädieren ② *(argue for)* **to ~ sb's cause** jds Fall vortragen

pleadingly [ˈpliːdɪŋli] *adv* flehentlich

pleasant [ˈplezᵊnt] *adj* ① *(pleasing) day, experience, sensation, time* angenehm, schön ② *(friendly)* freundlich, liebenswürdig

pleasantly ['plezəntli] *adv* ① *(nicely)* freundlich, jdn freundlich behandeln ② *(causing pleasure)* angenehm; ~ **surprised** angenehm überrascht ③ *(nice-looking)* hübsch

please [pli:z] **I.** *interj* ① *(in requests)* bitte ② *(when accepting sth)* ja, bitte; **may I …? — ~ do** darf ich …? — selbstverständlich **II.** *vt (make happy)* **to ~ sb** jdm gefallen; **it ~s me to see …** es freut mich, … zu sehen **III.** *vi (be agreeable)* **eager to ~** [unbedingt] gefallen wollen

pleased [pli:zd] *adj* ① *(happy)* froh, erfreut; *(content)* zufrieden; **to be ~ about sth** sich über etw *akk* freuen ② *(willing)* **I'm only too ~ to help** ich helfe wirklich gerne

pleasing ['pli:zɪŋ] *adj* angenehm

pleasurable ['pleʒərəbl̩] *adj* angenehm

pleasure ['pleʒər] *n* ① *no pl (enjoyment)* Freude *f*, Vergnügen *nt;* **to give sb ~** jdm Freude bereiten ② *(source of enjoyment)* Freude *f*

pleasure boat *n* Vergnügungsdampfer *m*

pleat [pli:t] *n* Falte *f*

pleb [pleb] *n usu pl* BRIT *(pej fam) short for* **plebeian** Proll *m;* **the ~s** der Mob

P

plebby ['plebi] *adj* BRIT *(pej fam)* proletenhaft *pej*

plenty ['plenti] **I.** *n no pl (form: abundance)* Reichtum *m* **II.** *adv (fam)* **~ more** noch viel mehr; **she has ~ more ideas** sie hat noch viele Ideen **III.** *pron* ① *(more than enough)* mehr als genug; ~ **of money** viel Geld ② *(a lot)* genug; ~ **to do** viel zu tun; AM *(fam)* **this car cost me ~** dieses Auto hat mich eine Stange Geld gekostet

pliability [ˌplaɪə'bɪləti] *n no pl* Biegsamkeit *f; (fig) of personality* Fügsamkeit *f; (conformity)* Überangepasstheit *f*

pliers ['plaɪəz] *n pl* [**a pair of**] ~ [eine] Zange

plinth [plɪn(t)θ] *n* Plinthe *f*

plonk[1] [plɒŋk] *n no pl esp* BRIT, AUS *(fam: wine)* Gesöff *nt pej*

plonk[2] [plɒŋk] **I.** *n (fam: sound)* Ploppen *nt* **II.** *adv (fam)* dumpf knallend **III.** *vt (fam)* ① *(set down heavily)* **to ~ sth somewhere** etw irgendwo hinknallen ② *(sit heavily)* **to ~ oneself down on a sofa** sich auf ein Sofa plumpsen lassen

plonker ['plɒŋkər] *n* BRIT *(sl)* Blödmann *m fam,* Trottel *m fam*

plot [plɒt] **I.** *n* ① *(conspiracy)* Verschwörung *f* ② LIT *(storyline)* Handlung *f* ③ *(of land)* Parzelle *f* **II.** *vt* <-tt-> *(conspire)* [im Geheimen] planen *a. hum* **III.** *vi* <-tt-> **to ~ to do sth** *(a. hum)* planen, etw zu tun

plough [plaʊ] **I.** *n* Pflug *m* **II.** *vt* ① AGR pflügen ② *(move with difficulty)* **to ~ one's way through sth** sich *dat* seinen Weg durch etw *akk* bahnen **III.** *vi* ① AGR pflügen ② *(move with difficulty)* **to ~ through sth** sich durch etw *akk* durchkämpfen

ploughman's lunch *n* BRIT, AUS *Mittagessen, das aus Brot, Käse und Pickles besteht*

plow *n* AM *see* **plough**

pluck [plʌk] **I.** *n* Mut *m,* Schneid *m o* ÖSTERR *f fam* **II.** *vt* ① *(pick) fruit, flower* abpflücken ② *(remove) feathers* ausrupfen ③ *(remove from situation)* **to ~ sb from sth** jdn aus etw *dat* herausholen **III.** *vi* zupfen (**at** an)

plug [plʌg] **I.** *n* ① *(connector)* Stecker *m* ② *(socket)* Steckdose *f* ③ *(for basin, sink)* Stöpsel *m* ④ *(stopper)* Pfropfen *m* ⑤ *(fam: publicity)* Werbung **II.** *vt* <-gg-> ① *(stop up) hole, leak* stopfen ② *(publicize)* anpreisen
◆ **plug in I.** *vt* anschließen **II.** *vi (electrical device)* sich anschließen lassen

plughole *n* Abfluss *m*

plug-in *n* COMPUT Plug-in *nt (Erweiterung für ein existierendes Softwareprogramm)*

plum [plʌm] **I.** *n* ① *(fruit)* Pflaume *f* ② *(tree)* Pflaumenbaum *m* ③ *(colour)* Pflaumenblau *nt* **II.** *adj (colour)* pflaumenfarben

plumber ['plʌməʳ] *n* Klempner(in) *m(f),* Sanitär(in) *m(f)* SCHWEIZ
plumbing ['plʌmɪŋ] **I.** *n no pl* Wasserleitungen *pl* **II.** *adj attr* ~ **contractor** beauftragter Installateur/beauftragte Installateurin
plump [plʌmp] **I.** *adj (rounded)* rund; *(euph) person* füllig, mollig **II.** *vi* **to ~ for sth** sich für etw *akk* entscheiden **III.** *vt* **to ~ a cushion** ein Kissen aufschütteln
plunge [plʌndʒ] **I.** *n (drop)* Sprung *m; (fall, sharp decline)* Sturz *m,* Fall *m* **II.** *vi* ❶ *(fall)* stürzen (**into** in) ❷ *(dash)* stürzen (**into** in); **she ~d forward** sie warf sich nach vorne ❸ *(fig: begin abruptly)* **to ~ into sth** sich in etw *akk* [hinein]stürzen *fig* **III.** *vt* ❶ *(immerse)* **to ~ sth into sth** etw in etw *akk* eintauchen ❷ *(thrust)* **to ~ a dagger into sb** jdn mit einem Dolch stechen
pluperfect [ˌpluː'pɜːfɪkt] *n* LING **the ~** das Plusquamperfekt
plural ['plʊərəl] **I.** *n* **the ~** der Plural **II.** *adj* Plural-
plus [plʌs] **I.** *prep* plus +*dat* **II.** *n* <*pl* -es> Plus *nt kein pl fam;* MATH Pluszeichen *nt* **III.** *adj* ❶ *attr (above zero)* plus; ~ **two degrees** zwei Grad plus ❷ *(slightly better than)* **A ~** ≈ Eins plus *f*
plush [plʌʃ] **I.** *adj* ❶ *(luxurious)* exklusiv; ~ **restaurant** Nobelrestaurant *nt* ❷ *(made of plush)* Plüsch- **II.** *n* Plüsch *m*
plutonium [pluː'təʊniːəm] *n no pl* Plutonium *nt*
pm, p.m. [ˌpiː'em] *adv abbrev of* **post meridiem**: **eight ~** acht Uhr abends, zwanzig Uhr
PM [ˌpiː'em] *n* BRIT *abbrev of* **Prime Minister** Premierminister(in) *m(f)*
pneumonia [njuː'məʊniːə] *n no pl* Lungenentzündung *f*
poach[1] [pəʊtʃ] *vt* FOOD pochieren
poach[2] [pəʊtʃ] **I.** *vt* ❶ *(catch illegally)* wildern ❷ *(steal)* **to ~ sth** sich *dat* etw unrechtmäßig aneignen **II.** *vi* ❶ *(catch illegally)* wildern ❷ *(steal)* stehlen
PO box *n abbrev of* **Post Office Box**: **~ 3333** Postfach 3333
pocket ['pɒkɪt] **I.** *n* ❶ *(in clothing)* Tasche *f* ❷ *(on bag, in car)* Fach *nt* **II.** *vt* ❶ *(put in one's pocket)* in die Tasche stecken ❷ *(keep sth for oneself)* behalten ❸ SPORTS *(in snooker, billiards)* **to ~ a ball** einen Ball ins Loch spielen **III.** *adj (pocket-sized) calculator, knife, phone* Taschen-
pocketbook *n* AM ❶ *(woman's handbag)* Handtasche *f* ❷ *(paperback)* Taschenbuch *nt* **pocket-cam** *n short for* **pocket camera** Pocketkamera *f* **pocket knife** *n* Taschenmesser *nt* **pocket money** *n no pl* Taschengeld *nt*
podcast ['pɒdkɑːst] **I.** *n* INET Podcast *m* **II.** *vi* podcasten, einen Podcast erstellen **podcaster** ['pɒdkɑːstəʳ] *n* Podcaster(in) *m(f)* **podcasting** ['pɒdkɑːstɪŋ] *n no pl* Podcasten *nt*
podium <*pl* -dia> ['pəʊdiəm] *n* Podium *nt*
poem ['pəʊɪm] *n (a. fig)* Gedicht *nt*
poet ['pəʊɪt] *n* Dichter(in) *m(f)*
poetically [pəʊ'etɪkəli] *adv* dichterisch, poetisch
poetry ['pəʊɪtri] *n no pl* ❶ *(genre)* Dichtung *f,* Lyrik *f* ❷ *(poetic quality)* Poesie *f*
point [pɔɪnt] **I.** *n* ❶ *(sharp end)* Spitze *f* ❷ *(dot, punctuation mark)* Punkt *m* ❸ *(decimal point)* Komma ❹ *(particular time)* Zeitpunkt *m;* **at this ~ in time** zu dieser Zeit ❺ *(about to do)* **I was on the ~ of leaving him** ich war kurz davor, ihn zu verlassen ❻ **my ~ exactly** das sag ich ja *fam;* **ok, ~ taken** ok, ich hab schon begriffen *fam* ❼ *no pl (most important idea)* **the ~ is …** der Punkt ist nämlich der, …; **that's beside the ~!** darum geht es doch gar nicht! ❽ *(stage in process)* Punkt *m;* **from that ~ on …** von diesem Moment an …; **up to a ~** bis zu einem gewissen Grad **II.** *vi* ❶ *(with fin-*

P

ger) deuten, zeigen (**at/to** auf) ❷ *(be directed)* weisen; **to ~ west** nach Westen zeigen ❸ *(indicate)* hinweisen (**to** auf) **III.** *vt* ❶ *(aim)* **to ~ sth at sb** *weapon* etw [auf jdn] richten ❷ *(direct)* **to ~ sb in the direction of sth** jdm den Weg zu etw *dat* beschreiben

◆**point out** *vt* ❶ *(show)* **to ~ out** ↻ **sth** auf etw *akk* hinweisen; *(with finger)* etw zeigen ❷ *(inform)* **to ~ out that …** darauf aufmerksam machen, dass …

point-blank **I.** *adv* ❶ *(at very close range)* aus nächster Nähe ❷ *(bluntly)* geradewegs, unumwunden **II.** *adj attr* ❶ *(very close)* nah ❷ *(blunt)* unverhohlen

pointed [ˈpɔɪntɪd] *adj* ❶ *(with sharp point)* spitz ❷ *(emphatic)* pointiert *geh; criticism* scharf; *question* unverblümt

pointless [ˈpɔɪntləs] *adj* sinnlos, zwecklos

pointlessness [ˈpɔɪntləsnəs] *n no pl* Sinnlosigkeit *f*

point of view <*pl* points - -> *n* Ansicht *f*, Standpunkt *m*

pointy [ˈpɔɪnti] *adj* spitz

poison [ˈpɔɪzᵊn] **I.** *n* Gift *nt; (fig)* **to lace sth with ~** etw mit Gift präparieren **II.** *vt* **to poison sb/sth** jdn/etw vergiften

poison gas *n no pl* Giftgas *nt*

poisonous [ˈpɔɪzᵊnəs] *adj* ❶ *(containing poison)* giftig; **~ mushroom** Giftpilz *m* ❷ *(malicious)* giftig *fig*, boshaft

poker[1] [ˈpəʊkəʳ] *n (card game)* Poker *m o nt;* **a game of ~** eine Runde Poker

poker[2] [ˈpəʊkəʳ] *n (fireplace tool)* Schürhaken *m*

Poland [ˈpəʊlənd] *n* Polen *nt*

polar [ˈpəʊləʳ] *adj attr* ❶ *(near pole)* polar; **~ bear** Eisbär *m* ❷ *(opposite)* gegensätzlich, polar *geh*

pole[1] [pəʊl] *n* Stange *f; (pointed at one end)* Pfahl *m;* **flag~** Fahnenmast *m*

pole[2] [pəʊl] *n* ❶ GEOG, ELEC Pol *m;* **the North P~** der Nordpol ❷ *(extreme)* Extrem *nt;* **to be ~s apart** Welten voneinander entfernt sein

Pole [pəʊl] *n* Pole, Polin *m, f*

polecat [ˈpəʊlkæt] *n* BRIT *(wild cat)* Iltis *m*

Pole Star *n no pl* Polarstern *m*

police [pəˈliːs] **I.** *n + pl vb* ❶ *(force)* **the ~** die Polizei *kein pl* ❷ *(police officers)* Polizisten *mpl*, Polizistinnen *fpl* **II.** *vt* ❶ *(guard)* überwachen ❷ *(regulate)* kontrollieren ❸ AM MIL **to ~ sth** *an event* etw überwachen

Übersetzungstipp

Nicht verwechseln mit *Police – insurance policy!*

police car *n* Polizeiauto *nt* **police constable** *n* BRIT Polizeiwachtmeister(in) *m(f)* **police dog** *n* Polizeihund *m* **police force** *n no pl* **the ~** die Polizei **policeman** *n* Polizist *m* **police officer** *n* Polizeibeamte(r), -beamtin *m, f* **police raid** *n* Razzia *f* **police station** *n* Polizeiwache *f* **policewoman** *n* Polizistin *f*

policy[1] [ˈpɒləsi] *n* ❶ *(plan)* Programm *nt*, Strategie *f* ❷ *no pl* Politik *f;* **a change in ~** ein Richtungswechsel *m* in der Politik; **company ~** Firmenpolitik *f*

policy[2] [ˈpɒləsi] *n (in insurance)* Police *f*, Polizze *f* ÖSTERR

policyholder *n* Versicherungsnehmer(in) *m(f)* **policy number** *n* Versicherungsnummer *f*, Polizzennummer *f* ÖSTERR

polio [ˈpəʊliəʊ], **poliomyelitis** [ˌpəʊliə(ʊ)maɪəˈlaɪtɪs] *n (spec)* Kinderlähmung *f*

polish [ˈpɒlɪʃ] **I.** *n* ❶ *(substance)* Politur *f;* **shoe ~** Schuhcreme *f* ❷ *usu sing (act)* Polieren *nt kein pl* **II.** *vt (rub)* polieren

Polish [ˈpəʊlɪʃ] **I.** *n* Polnisch *nt* **II.** *adj* polnisch

politburo ['pɒlɪtˌbjʊərəʊ] *n (hist)* Politbüro *nt*

polite [pə'laɪt] *adj* ① *(courteous)* höflich ② *(cultured)* vornehm

politely [pə'laɪtli] *adv* höflich; ~ **but firmly** höflich aber bestimmt

politeness [pə'laɪtnəs] *n no pl* Höflichkeit *f*

political [pə'lɪtɪkᵊl] *adj* ① *(of politics)* politisch; ~ **leaders** politische Größen *pl* ② *esp* AM *(pej: tactical)* taktisch

politically [pə'lɪtɪkᵊli] *adv (of politics)* politisch; ~ **aware** politisch gebildet

politically correct *adj* politisch korrekt

politician [ˌpɒlɪ'tɪʃᵊn] *n* Politiker(in) *m(f)*

politics ['pɒlətɪks] *n pl* ① + *sing vb* Politik *f kein pl* ② + *pl vb (political beliefs)* politische Ansichten *pl* ③ + *sing vb (within group)* **office** ~ Büroklüngelei *f pej*

poll [pəʊl] **I.** *n* ① *(public survey)* Erhebung *f;* **an opinion** ~ eine Meinungsumfrage ② *(voting places)* **the ~s** *pl* die Wahllokale *pl* ③ *(result of vote)* [Wähler]stimmen *pl* **II.** *vt* ① *(canvass in poll)* befragen ② *(receive)* **the party ~ed 67% of the vote** die Partei hat 67 % der Stimmen erhalten

pollen ['pɒlən] *n no pl* Blütenstaub *m;* ~ **count** Pollenflug *m kein pl*

pollination [ˌpɒlə'neɪʃᵊn] *n no pl* BOT Bestäubung *f*

polling booth *n* BRIT, AUS Wahlkabine *f* **polling card** *n* BRIT, AUS Wahlbenachrichtigung *f form* **polling station** *n* BRIT, AUS Wahllokal *nt*

pollutant [pə'lu:tᵊnt] *n* Schadstoff *m*

pollute [pə'lu:t] *vt* ① *(contaminate)* verschmutzen ② *(fig: corrupt)* besudeln *fig, pej*

polluter [pə'lu:təʳ] *n* Umweltverschmutzer(in) *m(f)*

pollution [pə'lu:ʃᵊn] *n no pl (polluting)* Verschmutzung *f;* **environmental** ~ Umweltverschmutzung *f*

polo ['pəʊləʊ] *n* SPORTS Polo *nt*

polo neck *n* Rollkragen *m*

polystyrene [ˌpɒlɪ'staɪ(ə)ri:n] *n no pl* BRIT, AUS Styropor® *nt*

polytechnic [ˌpɒlɪ'teknɪk] *n esp* BRIT Fachhochschule *f*

polyunsaturated fats *n pl,* **polyunsaturates** [ˌpɒliʌn'sætʃᵊreɪts] *n pl* mehrfach ungesättigte Fettsäuren

pompous ['pɒmpəs] *adj* ① *(self-important)* selbstgefällig ② *(pretentious) language* geschraubt *pej*

pompously ['pɒmpəsli] *adv manner* aufgeblasen *pej; choice of words* geschraubt *pej*

pond [pɒnd] *n* ① *(body of water)* Teich *m* ② *(hum: Atlantic Ocean)* **the** ~ der große Teich

pong [pɒŋ] BRIT, AUS *(fam)* **I.** *n* Mief *m pej* **II.** *vi* **to ~ of sth** nach etw *dat* miefen *pej*

pony ['pəʊni] *n (small horse)* Pony *nt*

ponytail *n* Pferdeschwanz *m; (braided)* Zopf *m*

poodle ['pu:dl̩] *n* Pudel *m*

pool[1] [pu:l] **I.** *n* ① *(natural)* Tümpel *m* ② *(of liquid)* Lache *f;* ~ **of blood** Blutlache *f* ③ *(construction)* Becken *nt;* [**swimming**] ~ Schwimmbecken *nt* **II.** *vi liquid* sich stauen

pool[2] [pu:l] **I.** *n* ① *(supply)* Pool *m fachspr;* **gene** ~ Erbmasse *f* ② *no pl* SPORTS Poolbillard *nt;* **to shoot** ~ *esp* AM *(fam)* Poolbillard spielen ③ *pl* BRIT **the ~s** Toto *nt o m* **II.** *vt* zusammenlegen

poor [pɔ:ʳ] **I.** *adj* ① *(lacking money)* arm ② *(inadequate)* unzureichend, schlecht; *attendance* gering; **their French is still quite** ~ ihr Französisch ist noch ziemlich bescheiden; **to make a ~ job of sth** bei etw *dat* schlechte Arbeit leisten ③ *attr (deserving of pity)* arm **II.** *n* **the** ~ *pl* die Armen *pl*

poorly ['pɔ:li] **I.** *adv* ① *(not rich)* arm; **to be ~ off** arm [dran] sein *fam* ② *(inadequately)* schlecht **II.** *adj pred* **to feel** ~ sich schlecht fühlen

pop[1] [pɒp] **I.** *n no pl (music)* Pop *m* **II.** *adj attr* ① *(popular)* populär; ~ **concert** Popkonzert *nt;* ~ **singer** Popsän-

P

ger(in) *m(f)*; ~ **star** Popstar *m* ② *(a. pej: popularized)* populär

pop² [pɒp] *n esp* AM *(esp childspeak fam)* Papa *m*

pop³ [pɒp] **I.** *n* ① *(noise)* Knall *m* ② *no pl (fam: effervescent drink)* Brause *f* **II.** *adv* **to go ~** *(make noise)* einen Knall machen **III.** *vi* <-pp-> ① *(make noise)* knallen ② *(burst)* platzen ③ *(go quickly)* **to ~ out** hinausgehen; **to ~ over** vorbeikommen **IV.** *vt* <-pp-> ① *(burst)* platzen lassen ② *(put quickly)* ~ **the pizza in the oven** schieb die Pizza in den Ofen

◆ **pop up** *vi* ① *(appear unexpectedly)* auftauchen ② *(in pop-up book)* sich aufrichten

popcorn *n no pl* Popcorn *nt*

pope [pəʊp] *n* Papst *m*

popper [ˈpɒpəʳ] *n* BRIT *(fam)* Druckknopf *m*

poppy [ˈpɒpi] *n* Mohn *m kein pl,* Mohnblume *f*; ~ **seed** Mohnsamen *m*

Poppy Day *n* BRIT *Sonntag, der dem 11. November am nächsten kommt, an dem insbesondere der Gefallenen der beiden Weltkriege gedacht wird*

popular [ˈpɒpjələʳ] *adj* ① *(widely liked)* beliebt, populär; **to be ~ with sb** bei jdm beliebt sein ② *attr (not high-brow)* populär; **the ~ press** die Massenmedien *pl* ③ *attr (widespread)* weit verbreitet; **it is a ~ belief that ...** viele glauben, dass ...

popularity [ˌpɒpjəˈlærəti] *n no pl* Beliebtheit *f,* Popularität *f*

population [ˌpɒpjəˈleɪʃᵊn] *n* ① *usu sing (inhabitants)* Bevölkerung *f kein pl* ② *no pl (number of people)* Einwohnerzahl *f*; **a ~ of 1.2 million** 1,2 Millionen Einwohner ③ BIOL Population *f fachspr,* Bestand *m*; **the deer ~** der Hirschbestand

porcelain [ˈpɔːsᵊlɪn] *n no pl* Porzellan *nt*

porch <*pl* -es> [pɔːtʃ] *n* ① *(without walls)* Vordach *nt*; *(with walls)* Vorbau *m*; *of a church* Portal *nt* ② AM *(veranda)* Veranda *f*

porcupine [ˈpɔːkjəpaɪn] *n* Stachelschwein *nt*

pork [pɔːk] *n no pl* Schweinefleisch *nt*; ~ **chop** Schweinekotelett *nt*

pornographic [ˌpɔːnəˈɡræfɪk] *adj* pornografisch, Porno-

pornography [pɔːˈnɒɡrəfi] *n no pl* Pornografie *f*

porpoise [ˈpɔːpəs] *n* Tümmler *m*

porridge [ˈpɒrɪdʒ] *n no pl* Porridge *m o nt,* Haferbrei *m*; ~ **oats** Haferflocken *pl*

port¹ [pɔːt] *n* ① *(harbour)* Hafen *m* ② *(town)* Hafenstadt *f*

port² [pɔːt] *n no pl* AVIAT, NAUT Backbord *nt*

port³ [pɔːt] *n* COMPUT Anschluss *m,* Port *m fachspr*

port⁴ [pɔːt] *n no pl (wine)* Portwein *m*

portable [ˈpɔːtəbl̩] *adj* tragbar; ~ **radio** Kofferradio *nt*

Portakabin®, portacabin® *n* BRIT Wohncontainer *m*

porter [ˈpɔːtəʳ] *n* ① *(baggage-carrier)* Gepäckträger *m*; *(on expedition)* Träger *m* ② *esp* BRIT *(doorkeeper)* Portier *m,* Portiersfrau *f*

portfolio [ˌpɔːtˈfəʊliəʊ] *n* ① *(case)* Aktenmappe *f* ② *(of drawings, designs)* Mappe *f* ③ POL *(ministerial position)* Geschäftsbereich *m*

portion [ˈpɔːʃᵊn] **I.** *n* ① *(part)* Teil *m* ② *(share)* Anteil *m* ③ *(serving)* Portion *f* **II.** *vt* **to ~ out** ⊂ **sth** etw aufteilen

portrait [ˈpɔːtrɪt] *n* ① *(picture)* Porträt *nt,* Bildnis *nt*; **to paint a ~ of sb** jds Porträt malen ② *(fig: description)* Bild *nt*

portraitist [ˈpɔːtrɪtɪst] *n,* **portrait painter** *n* Porträtmaler(in) *m(f)*

portray [pɔːˈtreɪ] *vt* ① *(paint)* porträtieren ② *(describe)* darstellen

Portugal [ˈpɔːtʃəɡᵊl] *n* Portugal *nt*

Portuguese [ˌpɔːtʃəˈɡiːz] **I.** *n* ① <*pl* -> *(person)* Portugiese, Portugiesin *m, f* ② *no pl (language)* Portugiesisch *nt*

II. *adj* ❶ *(of Portugal)* portugiesisch ❷ *(of language) course, teacher* Portugiesisch-

pose [pəʊz] **I.** *n* ❶ *(bodily position)* Haltung *f*, Pose *f* ❷ *usu sing (pretence)* Getue *nt* **II.** *vi* ❶ *(adopt position)* posieren ❷ *(pretend)* **to ~ as sth** sich als etw ausgeben **III.** *vt (cause)* aufwerfen; **to ~ a threat to sb/sth** eine Bedrohung für jdn/etw darstellen

poser ['pəʊzəʳ] *n (fam)* ❶ *(problem)* schwierige Frage ❷ *(pej: person)* Angeber(in) *m(f)*

posh [pɒʃ] *(fam)* **I.** *adj* ❶ *(stylish)* vornehm, piekfein; **~ car** Luxusschlitten *m fam* ❷ *esp* BRIT *(upper-class)* vornehm; **a ~ woman** eine feine Dame **II.** *adv* BRIT *(fam)* vornehm; **she talks dead ~** sie spricht so furchtbar gestelzt

position [pə'zɪʃᵊn] **I.** *n* ❶ *(place)* Platz *m*, Stelle *f*; *building* Lage *f* ❷ *(appointed place)* Platz *m*; **to be in ~** an seinem/ihrem Platz sein ❸ *(in navigation)* Position *f*, Standort *m* ❹ *(posture)* Stellung *f*, Lage *f*; **sitting ~** sitzend ❺ *(rank)* Position *f*, Stellung *f* ❻ BRIT, AUS *(in race)* Platz *m* **II.** *vt* platzieren

positive ['pɒzətɪv] *adj* ❶ *(certain)* sicher, bestimmt; **to be ~ about sth** sich *dat* einer S. *gen* sicher sein ❷ *(optimistic)* positiv; *criticism* konstruktiv ❸ MED positiv

positively ['pɒzətɪvli] *adv* ❶ *(definitely)* bestimmt; *say, promise* fest ❷ *(optimistically)* positiv ❸ *(fam: completely)* völlig, absolut

possess [pə'zes] *vt* ❶ *(own, have)* besitzen ❷ LAW *(carry illegally)* [illegal] besitzen ❸ *(fam: cause)* **what ~ed you?** was ist denn [bloß] in dich gefahren? ❹ *usu passive (control)* **to be ~ed by demons/the Devil** von Dämonen/vom Teufel besessen sein

possession [pə'zeʃᵊn] *n* ❶ *no pl (having)* Besitz *m*; **to be in sb's ~** sich in jds *dat* Besitz befinden ❷ *usu pl (something owned)* Besitz *m kein pl* ❸ *no pl* SPORTS **to gain ~** in Ballbesitz gelangen

possessive [pə'zesɪv] *adj* ❶ *(not sharing)* eigen ❷ *(jealous)* besitzergreifend; **he's very ~ towards his wife** was seine Frau angeht, ist er sehr besitzergreifend ❸ LING *(showing possession)* possessiv

possibility [ˌpɒsə'bɪləti] *n* ❶ *(event or action)* Möglichkeit *f*; **there is every ~ that …** es ist sehr wahrscheinlich, dass … ❷ *no pl (likelihood)* Möglichkeit *f*, Wahrscheinlichkeit *f*; **there's a ~ that …** es kann sein, dass … ❸ *(potential)* **possibilities** *pl* Möglichkeiten *pl*

possible ['pɒsəbl̩] *adj* ❶ *usu pred (feasible)* möglich; **it's just not ~** das ist einfach nicht machbar; **as soon as ~** so bald wie möglich ❷ *(that could happen)* möglich, vorstellbar

possibly ['pɒsəbli] *adv* ❶ *(feasibly)* **to do all that one ~ can** alles Menschenmögliche tun ❷ *(perhaps)* möglicherweise, vielleicht; **very ~** durchaus möglich

post [pəʊst] **I.** *n* ❶ *(pole)* Pfosten *m*, Pfahl *m*; **wooden ~** Holzpfosten *m* ❷ *(in a race)* **the finishing ~** der Zielpfosten ❸ *(job, position)* Stelle *f*; *a.* MIL Posten ❹ *no pl* BRIT *(mail)* Post *f*; **by ~** mit der Post; **by separate ~** mit getrennter Post **II.** *vt* ❶ *(send sth)* [per Post] schicken; *(at a post office)* aufgeben; *(in a post/pillar box)* werfen in +*akk* ❷ *(send sb)* versetzen; **she was ~ed to London** sie wurde nach London versetzt ❸ *(stick)* **~ no bills!** Plakate ankleben verboten!

postage ['pəʊstɪdʒ] *n no pl* Porto *nt*; **~ paid** [porto]frei; **~ stamp** Postwertzeichen *nt*

postal ['pəʊstᵊl] *adj attr* Post-, postalisch *geh*

postbag *n* BRIT ❶ *(letters)* Zuschriften *pl* ❷ *(bag)* Postsack *m* **postbox** *n esp* BRIT, AUS Briefkasten *m* **postcard** *n* Postkarte *f* **postcode** *n* BRIT, AUS Post-

P

leitzahl *f*
post-date *vt (give later date)* vordatieren
poster ['pəʊstəʳ] *n* ① *(advertisement)* [Werbe]plakat *nt* ② *(large picture)* Poster *nt*
poste restante [ˌpəʊst'restɑːnt] **I.** *n usu sing* Aufbewahrungs- und Abholstelle *f* für postlagernde Briefe und Sendungen; *(on envelopes)* **'~'** ‚postlagernd' **II.** *adv* postlagernd, poste restante
post-free BRIT **I.** *adj* gebührenfrei **II.** *adv* portofrei, gebührenfrei
postgraduate **I.** *n* Postgraduierte(r) *f(m) fachspr,* Student(in) *m(f)* im Aufbaustudium *(nach Erreichen des ersten akademischen Grades)* **II.** *adj attr* weiterführend, Postgraduierten-
posting ['pəʊstɪŋ] *n esp* BRIT ① *(appointment to job)* Versetzung *f* ② *(location)* Ort, an den jd versetzt wird
postman *n* Postbote *m,* Briefträger *m*
postmark **I.** *n* Poststempel *m* **II.** *vt usu passive* **to be ~ed** abgestempelt sein
post-mortem [ˌpəʊs(t)'mɔːtem] **I.** *n* MED Autopsie *f* **II.** *adj attr* nach dem Tod *nach n,* postmortal **post-natal** *adj* nach der Geburt *nach n*
post office *n* Postamt *nt,* Post *f;* **the P~ O~** die Post *kein pl*
post-paid *adj, adv* portofrei, gebührenfrei
postpone [pəʊs(t)'pəʊn] *vt* verschieben
postscript *n* ① *(to a letter)* Postskript[um] *nt* ② *(to piece of writing)* Nachwort *nt*
post-war *adj* Nachkriegs-, der Nachkriegszeit *nach n*
pot[1] [pɒt] **I.** *n* ① *(for cooking)* Topf *m* ② *(container)* Topf *m; (glass)* Glas *nt;* **coffee ~** Kaffeekanne *f* ③ *(amount)* **a ~ of tea** eine Kanne Tee **II.** *vt* <-tt-> ① *(put in pot) plants* eintopfen ② SPORTS *(in billiards, snooker)* einlochen
pot[2] *n no pl (sl: hashish)* Pot *nt*
potato <*pl* -es> [pə'teɪtəʊ] *n* Kartoffel *f,* Erdapfel *m* ÖSTERR; **fried ~es** Bratkartoffeln *pl;* **mashed ~[es]** Kartoffelbrei *m*
potato crisps, AM, AUS **potato chips** *n pl* Kartoffelchips *pl* **potato peeler** *n* Kartoffelschäler *m*
potent ['pəʊtᵊnt] *adj* ① *(strong)* mächtig; *antibiotic, drink* stark; *argument* schlagkräftig ② *(sexual)* potent
potential [pə(ʊ)'ten(t)ʃᵊl] **I.** *adj* potenziell *geh,* möglich **II.** *n no pl* Potenzial *nt geh;* **to have [a lot of] ~** *building, idea* [vollkommen] ausbaufähig sein; *person* [sehr] begabt sein
potentially [pə(ʊ)'ten(t)ʃᵊli] *adv* potenziell *geh;* **~ disastrous/successful** möglicherweise verheerend/erfolgreich
pothole *n* ① *(in road)* Schlagloch *nt* ② *(underground hole)* Höhle *f*
pot roast *n* Schmorbraten *m*
potted ['pɒtɪd] *adj attr* ① *(in a pot)* Topf- ② *(preserved)* eingelegt
potter[1] ['pɒtəʳ] *n (with clay)* Töpfer(in) *m(f)*
potter[2] ['pɒtəʳ] *esp* BRIT **I.** *n no pl (stroll)* Bummel *m* **II.** *vi* bummeln
pottery ['pɒtᵊri] *n* ① *no pl (activity)* Töpfern *nt* ② *(objects)* Keramik *f kein pl*
potty ['pɒti] **I.** *adj esp* BRIT *(fam)* verrückt **II.** *n* Töpfchen *nt*
pouch <*pl* -es> [paʊtʃ] *n* Beutel *m*
poultry ['pəʊltri] *n* Geflügel *nt;* **~ farming** Geflügelzucht *f*
pound [paʊnd] **I.** *n* ① *(money)* Pfund *nt;* **~ coin** Pfundmünze *f* ② *(weight)* ≈ Pfund *nt (454 g)* **II.** *vt (hit repeatedly)* **to ~ sth** auf etw *akk* hämmern **III.** *vi* ① *(strike repeatedly)* hämmern (**on** an/gegen) ② *(run noisily)* stampfen
pound note *n* SCOT *(or old)* Pfundnote *f*
pour [pɔːʳ] **I.** *vt (cause to flow)* gießen (**into** in/**onto** auf); *drink* eingießen, einschenken; **~ yourself a drink**

nimm dir was zu trinken **II.** *vi* ❶ *(fill glasses, cups)* eingießen, einschenken ❷ *(flow)* fließen (**into** in/**out** aus) ❸ *impers (rain)* **it's ~ing [with rain]** es schüttet *fam*

◆**pour in** *vi* hereinströmen, hineinströmen

◆**pour out I.** *vt* ❶ *(serve from a container) liquids* ausgießen; *solids* ausschütten ❷ *(fig: recount)* **to ~ out one's worries** sich *dat* Sorgen von der Seele reden **II.** *vi* ❶ *(come out)* ausströmen ❷ *(be expressed) words* herauskommen *fig*

pout [paʊt] **I.** *vi* schmollen **II.** *n* Schmollmund *m*

poverty ['pɒvəti] *n no pl (state of being poor)* Armut *f*

poverty-stricken *adj* bitterarm

powder ['paʊdəʳ] **I.** *n* ❶ *no pl* Pulver *nt;* **~ snow** Pulverschnee *m* ❷ *no pl (make-up)* Puder *m* **II.** *vt* pudern; **to be ~ed with sth** mit etw *dat* bestreut sein

powdered ['paʊdəd] *adj* ❶ *(in powder form)* Pulver-, pulverisiert ❷ *(covered with powder)* gepudert

powder room *n (dated)* Damentoilette *f*

power ['paʊəʳ] **I.** *n* ❶ *no pl (control)* Macht *f; (influence)* Einfluss *m;* **to have sb in one's ~** jdn in seiner Gewalt haben ❷ *no pl (political control)* Macht *f;* **to come to ~** an die Macht kommen; **to seize ~** die Macht ergreifen ❸ *(nation)* [Führungs]macht *f* ❹ *(person, group)* Macht *f; (person also)* treibende Kraft ❺ *no pl (ability)* Vermögen *nt;* **it is beyond my ~ to ...** es steht nicht in meiner Macht, ...; **to do everything in one's ~** alles in seiner Macht Stehende tun ❻ *no pl (strength)* Kraft *f; (of explosion, sea, wind)* Gewalt *f; (of nation, political party)* Stärke *f,* Macht *f* ❼ *no pl (electricity)* Strom *m,* Elektrizität *f;* **nuclear ~** Atomenergie *f* ❽ *no pl (output)* Leistung *f,* Kraft *f* **II.** *vt* antreiben

power-assisted *adj attr* Servo-; **~ steering** Servolenkung *f* **powerboat** *n* Rennboot *nt* **power brakes** *n pl* Servobremsen *pl* **power cable** *n* Stromkabel *nt* **power cut** *n* BRIT, AUS Stromausfall *m*

powerful ['paʊəfᵊl] *adj* ❶ *(mighty)* mächtig; *(influential)* einflussreich ❷ *(physically strong)* stark, kräftig ❸ *effect, influence* stark ❹ TECH, TRANSP leistungsstark

powerfully ['paʊəfᵊli] *adv* ❶ *(strongly)* stark ❷ *(using great force)* kraftvoll, mit Kraft

powerless ['paʊələs] *adj* machtlos (**against** gegen)

powerlessness ['paʊələsnəs] *n no pl* Machtlosigkeit *f*

power line *n* Stromkabel *nt* **power point** *n* BRIT, AUS Steckdose *f* **power station** *n* Kraftwerk *nt* **power steering** *n no pl* Servolenkung *f* **power strip** *n* Steckdosenleiste *f*

PR [ˌpiːˈɑːʳ] *n no pl* ❶ *abbrev of* **public relations** PR; **a ~ campaign/exercise** eine PR-Kampagne/PR-Maßnahme ❷ *abbrev of* **proportional representation** Verhältniswahlsystem *nt*

P

practical ['præktɪkᵊl] **I.** *adj* ❶ *(reliable, not theoretical)* praktisch ❷ *(good at doing things)* praktisch [veranlagt] **II.** *n* praktische Prüfung

practically ['præktɪkᵊli] *adv* praktisch; **we're ~ home** wir sind fast zu Hause

practice ['præktɪs] **I.** *n* ❶ *no pl (preparation)* Übung *f;* **to be out of ~** aus der Übung sein ❷ *(training session)* [Übungs]stunde *f;* SPORTS Training *nt* ❸ *(business)* Praxis *f* **II.** *vt* AM *see* **practise**

practise ['præktɪs] **I.** *vt* ❶ *(rehearse)* **to ~ [doing] sth** etw üben; *(improve particular skill)* an etw *dat* arbeiten ❷ *(do regularly)* praktizieren ❸ *(work in)* praktizieren **II.** *vi* ❶ *(improve skill)* üben; SPORTS trainieren ❷ *(work in a profession)* praktizieren

pragmatically [præg'mætɪkᵊli] *adv* pragmatisch
Prague [prɑ:g] *n* Prag *nt*
praise [preɪz] **I.** *vt* ❶ *(express approval)* loben ❷ *(worship)* **to ~ God** Gott preisen *geh* **II.** *n no pl (approval)* Lob *nt;* **to heap ~ on sb** jdn mit Lob überschütten
pram [præm] *n* BRIT, AUS Kinderwagen *m*
prank [præŋk] *n* Streich *m*
prawn [prɔ:n] *n* Garnele *f,* Krabbe *f fam*
pray [preɪ] *vi* ❶ beten ❷ *(fig: hope)* **to ~ for sth** auf etw *akk* hoffen
prayer ['preəʳ] *n* Gebet *nt;* **to answer sb's ~[s]** jds Gebet[e] erhören; **to say a ~ for sb** für jdn beten; **~ book** Gebetbuch *nt*
praying mantis *n* Gottesanbeterin *f*
preach [pri:tʃ] **I.** *vi* ❶ *(give a sermon)* predigen; **to ~ to sb** vor jdm predigen ❷ *(pej: lecture)* **to ~ at sb** jdm eine Predigt halten *fig* **II.** *vt* **to ~ a sermon** eine Predigt halten
preacher ['pri:tʃəʳ] *n* ❶ *(priest)* Geistliche(r) *f(m),* Pfarrer(in) *m(f)* ❷ *esp* AM Prediger(in) *m(f)*
pre-arrange [ˌpri:ə'reɪndʒ] *vt usu passive* vorplanen

precarious [prɪ'keəriəs] *adj (hazardous)* gefährlich
precaution [prɪ'kɔ:ʃᵊn] *n* Vorkehrung *f;* **fire ~s** Brandschutzmaßnahmen *pl*
precede [pri:'si:d] *vt (in space)* vorangehen; **sb/sth is ~d by sb/sth** jd/etw geht jdm/etw voran
preceding [pri:'sɪ:dɪŋ] *adj attr* vorhergehend, vorangegangen; **the ~ page** die vorige Seite
precinct ['pri:sɪŋ(k)t] *n* ❶ *(boundaries)* **~s** *pl* Bereich *m* ❷ BRIT *(restricted traffic zone)* verkehrsberuhigte Zone; **pedestrian ~** Fußgängerzone *f*
precious ['preʃəs] **I.** *adj* ❶ *(of great value)* wertvoll, kostbar; **to be ~ to sb** jdm viel bedeuten; **~ metal/stone** Edelmetall *nt*/Edelstein *o m* ❷ *(pej: affected) manner, style* geziert **II.** *adv (fam)* **~ little** herzlich wenig
preciousness ['preʃəsnəs] *n no pl* ❶ *(value)* Kostbarkeit *f* ❷ *(pej)* Affektiertheit *f*
precipice ['presɪpɪs] *n (steep drop)* Abgrund *m; (cliff face)* Steilhang *m*
precise [prɪ'saɪs] *adj* ❶ *(exact)* genau, präzise ❷ *(careful)* sorgfältig; **to be ~ about doing sth** etw sehr genau nehmen
precisely [prɪ'saɪsli] *adv* ❶ *(exactly)* genau, präzise ❷ *(just)* genau; **~ because** eben wegen
precocious [prɪ'kəʊʃəs] *adj* ❶ *(developing early)* frühreif ❷ *(pej: maturing too early)* altklug
pre-cook [ˌpri:'kʊk] *vt* vorkochen
predator ['predətəʳ] *n (animal)* Raubtier *nt; (bird)* Raubvogel *m*
predecessor [ˌpri:dɪ'sesəʳ] *n* Vorgänger(in) *m(f)*
predict [prɪ'dɪkt] *vt* vorhersagen; *sb's future* prophezeien
predictability [prɪˌdɪktə'bɪləti] *n no pl* Vorhersagbarkeit *f*
predictable [prɪ'dɪktəbḷ] *adj* ❶ *(foreseeable)* vorhersehbar, voraussagbar ❷ *(pej: not very original)* berechenbar
predominantly [prɪ'dɒmɪnəntli] *adv* überwiegend
preface ['prefɪs] **I.** *n* ❶ *(introduction)* Einleitung *f* ❷ *(fig: preceding event)* **as a ~** als Einstieg **II.** *vt* ❶ *(provide with preface)* **to ~ sth** eine Einleitung zu etw *dat* verfassen ❷ *(lead up to)* einleiten
prefect ['pri:fekt] *n* ❶ *(official)* Präfekt(in) *m(f)* ❷ *esp* BRIT, AUS SCH *Schüler, der die Jüngeren beaufsichtigen muss*
prefer <-rr-> [prɪ'fɜ:ʳ] *vt* vorziehen, bevorzugen; **she ~s Daniel to his brother** sie mag Daniel lieber als seinen Bruder
preferably ['prefᵊrəbli] *adv* am besten, vorzugsweise
preference ['prefᵊrᵊn(t)s] *n* ❶ *no pl (priority)* Priorität *f,* Vorzug *m;* **to be**

given ~ Vorrang haben 2 *no pl (greater liking)* Vorliebe *f* (**for** für)

preferential [ˌprefəˈren(t)ʃəl] *adj attr* Vorzugs-, Präferenz-; **to get ~ treatment** bevorzugt behandelt werden

prefix I. *n* <*pl* -es> [ˈpriːfɪks] 1 LING Präfix *nt fachspr*, Vorsilbe *f* 2 *(something prefixed)* Namensvorsatz *m* II. *vt* [ˌpriːˈfɪks] **to ~ sth with sth** etw etw *dat* voranstellen

pregnancy [ˈpregnən(t)si] *n* Schwangerschaft *f*; ZOOL Trächtigkeit *f*

pregnant [ˈpregnənt] *adj woman* schwanger; *animal* trächtig; **she's eight months ~** sie ist im achten Monat [schwanger]

prejudge [ˌpriːˈdʒvdʒ] *vt* **to ~ sb/sth** vorschnell ein Urteil über jdn/etw fällen

prejudice [ˈpredʒədɪs] I. *n* Vorurteil *nt* (**against** gegen) II. *vt* 1 *(harm)* schädigen; **to ~ sb's chances** jds Chancen beeinträchtigen 2 *(bias)* beeinflussen; **to ~ sb against sb** jdn gegen jdn einnehmen

prejudiced [ˈpredʒədɪst] *adj* voreingenommen; **to be ~ against sth** Vorurteile gegen etw haben

preliminary [prɪˈlɪmɪnəri] I. *adj attr* einleitend; *(preparatory)* vorbereitend; **~ arrangements** Vorbereitungen *pl* II. *n* 1 *(introduction)* Einleitung *f*; *(preparation)* Vorbereitung *f* 2 SPORTS *(heat)* Vorrunde *f*

premarital [ˌpriːˈmærɪtəl] *adj* vorehelich

premature [ˈpremətʃəʳ] *adj* 1 *(too early)* verfrüht, vorzeitig 2 MED **~ baby** Frühgeburt *f*

prematurely [ˈpremətʃəli] *adv* 1 *(too early)* verfrüht; **to age ~** vorzeitig altern; **to die/leave ~** frühzeitig sterben/gehen 2 MED **to be born ~** eine Frühgeburt sein

premier [ˈpremiəʳ] I. *n* Premierminister(in) *m(f)*; CAN, AUS Ministerpräsident(in) *m(f)* II. *adj attr* führend

Premier League *n* BRIT FBALL **the ~** die Premier League ≈ die Erste Bundesliga

premium quality *n* Spitzenqualität *f*

prep [prep] *n no pl (fam)* 1 *(preparation)* Vorbereitung *f* 2 BRIT SCH *(homework)* Hausaufgaben *pl*

prepaid [ˌpriːˈpeɪd] *adj* im Voraus bezahlt; **~ mobile** Prepaidhandy *nt*; **~ card** Prepaidkarte *f*; **~ reply** frankierte Rückantwortkarte

preparation [ˌprepəˈreɪʃən] *n* 1 *no pl (getting ready)* Vorbereitung *f*; *of food* Zubereitung *f*; **to do very little ~** [**for sth**] sich kaum [auf etw *akk*] vorbereiten 2 *(measures)* **~s** *pl* Vorbereitungen *pl* (**for** für); *(precautions)* Vorkehrungen *pl* 3 *(substance)* Präparat *nt*, Mittel *nt*

preparatory *adj* vorbereitend

> **Prep school**
> In Großbritannien können Jungen zwischen 5 und 13 Jahren oder Mädchen zwischen 5 und 11 Jahren eine **preparatory school** oder **prep school** besuchen, auf der sie vor allem für eine renommierte **public school** (= Privatschule) vorbereitet werden. In der Regel handelt es sich dabei um **boarding schools** (Internate). In den USA dagegen bezeichnet eine **prep school** eine private **high school**, auf der Schüler für ein Hochschulstudium vorbereitet werden.

prepare [prɪˈpeəʳ] I. *vt* 1 *(get ready)* vorbereiten (**for** auf); **to ~ the way** [**for sb/sth**] den Weg [für jdn/etw] bereiten 2 *(make)* zubereiten; **to ~ breakfast** das Frühstück machen II. *vi* **to ~ for sth** sich auf etw *akk* vorbereiten

prepay <-paid, -paid> [ˌpriːˈpeɪ] *vt* im Voraus bezahlen

preposition [ˌprepəˈzɪʃən] *n* Verhältniswort *nt*, Präposition *f*

prep school *n (fam)* 1 BRIT *vorberei-*

P

tende Privatschule für die Aufnahme an einer „Public School" (höheren Privatschule) ❷ AM *vorbereitende [Privat]schule für die Aufnahme an einem College*

pre-school ['pri:sku:l] **I.** *n* AM, AUS Kindergarten *m* **II.** *adj attr* vorschulisch, Vorschul-

prescribe [prɪ'skraɪb] *vt* ❶ *(medical)* **to ~ sth** etw verschreiben ❷ *(recommend)* **to ~ sth** [**to sb**] *special diet* [jdm] etw verordnen

prescription [prɪ'skrɪpʃᵊn] *n (medical)* Rezept *nt* (**for** für); **on ~** auf Rezept

presence ['prezᵊn(t)s] *n* ❶ *no pl (attendance)* Anwesenheit *f* ❷ *(dignified bearing)* Haltung *f*

present[1] ['prezᵊnt] **I.** *n* ❶ *no pl (now)* **the ~** die Gegenwart; **at ~** zurzeit [*o* gegenwärtig] ❷ *no pl* LING Präsens *nt* **II.** *adj* ❶ *attr (current)* derzeitig, gegenwärtig ❷ *attr (in attendance)* anwesend; *(existing)* vorhanden

present[2] ['prezᵊnt] *n* Geschenk *nt;* **to get sth as a ~** etw geschenkt bekommen

present[3] [prɪ'zent] *vt* ❶ *(give formally) gift* schenken; *award, medal* überreichen ❷ *(hand over, show)* vorlegen ❸ *(put forward)* präsentieren; *argument* anführen; *suggestion* unterbreiten ❹ *(face, confront)* **to ~ sb with a challenge** jdn vor eine Herausforderung stellen ❺ *(compère) TV programme* moderieren

presentation [ˌprezᵊn'teɪʃᵊn] *n* ❶ *(giving)* Präsentation *f; of a theory* Darlegung *f; of a dissertation, thesis* Vorlage *f* ❷ *(lecture, talk)* Präsentation *f* (**on** zu) ❸ *no pl (display) of photographs, works* Ausstellung *f*

presently ['prezᵊntli] *adv* ❶ *(soon)* bald, gleich ❷ *esp* BRIT, AUS *(now)* zurzeit, gegenwärtig

preservative [prɪ'zɜ:vətɪv] *n* Konservierungsstoff *m*

preserve [prɪ'zɜ:v] **I.** *vt* ❶ *(maintain)* erhalten; *customs, tradition* bewahren ❷ *(conserve)* konservieren; *wood* [mit Holzschutzmittel] behandeln **II.** *n* ❶ *usu pl (food)* Eingemachte(s) *nt kein pl* ❷ *(domain)* Domäne *f; of a department* Ressort *nt* ❸ *esp* AM *(reserve)* Reservat *nt;* **nature/wildlife ~** Naturschutzgebiet *nt*

preserved [prɪ'zɜ:vd] *adj* ❶ *(maintained)* konserviert ❷ FOOD eingemacht, eingelegt

pre-shrunk [ˌpri:'ʃrʌŋk] *adj clothes* vorgewaschen

presidency ['prezɪdᵊn(t)si] *n* Präsidentschaft *f*

president ['prezɪdᵊnt] *n* Präsident(in) *m(f)*

press [pres] **I.** *n* <*pl* -es> ❶ *(push)* Druck *m;* **at the ~ of a button** auf Knopfdruck ❷ *(ironing)* Bügeln *nt kein pl* ❸ *(news media, newspapers)* **the ~** + *sing/pl vb* die Presse **II.** *vt* ❶ *(push)* **to ~ sth** [auf] etw *akk* drücken; **to ~ on the brake pedal** auf das Bremspedal treten ❷ *(flatten)* zusammendrücken ❸ *(extract juice from)* auspressen ❹ *(iron)* bügeln ❺ *(manufacture) CD, record* pressen **III.** *vi* ❶ *(push)* drücken ❷ *(be urgent)* drängen

◆**press ahead** *vi* **to ~ ahead** [**with sth**] [mit etw *dat*] weitermachen, etw vorantreiben [*o geh* forcieren]; **to ~ ahead with the talks** mit den Gesprächen fortfahren

◆**press on** *vi* **to ~ on** [**with sth**] [mit etw *dat*] weitermachen; **to ~ on with one's journey** seine Reise fortsetzen

press conference *n* Pressekonferenz *f*

pressing ['presɪŋ] **I.** *adj (urgent) issue, matter* dringend **II.** *n (manufacture of CD, record)* Pressung *f*

press photographer *n* Pressefotograf(in) *m(f)* **press report** *n* Pressebericht *m*

press-up *n* BRIT Liegestütz *m*

pressure ['preʃəʳ] **I.** *n* ❶ *no pl (physical force)* Druck *m;* **to apply ~** Druck ausüben ❷ *no pl (stress)* Druck *m,*

P

Stress *m,* Belastung *f;* **to be under ~** unter Druck stehen **II.** *vt esp* AM **to ~ sb to do sth** jdn dazu drängen, etw zu tun

pressure cooker *n* Schnellkochtopf *m*

pressure group *n* Interessengruppe *f*

pressurize ['preʃᵊraɪz] *vt* ❶ *(control air pressure)* druckfest halten; **~d cabin** Druckkabine *f* ❷ *(persuade by force)* **to ~ sb to do sth** jdn [massiv] dazu drängen, etw zu tun

presumably [prɪ'zjuːməbli] *adv* vermutlich

presume [prɪ'zjuːm] *vt (suppose, believe)* annehmen, vermuten; **to be ~d innocent** als unschuldig gelten

pretend [prɪ'tend] *vt* vorgeben, vortäuschen; **to ~ surprise** so tun, als ob man überrascht wäre; **I'll just ~ that I didn't hear that** ich tue einfach so, als hätte ich das nicht gehört

pretentiously [prɪ'ten(t)ʃəsli] *adv (pej: ostentatious) attitude* protzig *meist pej fam; (boastfully) person* angeberisch *fam*

pretty ['prɪti] **I.** *adj (attractive) person* hübsch; *thing* nett **II.** *adv (fam)* ❶ *(fairly)* ziemlich; **~ good** *(fam)* ganz gut ❷ *(almost)* **~ well everything** beinah alles; **~ much** fast **III.** *vt* **to ~ oneself ↔ up** sich zurechtmachen; **to ~ up ↔ sth** etw verschönern

prevent [prɪ'vent] *vt* verhindern; *crime* verhüten; MED vorbeugen; **to ~ sb [from] doing sth** jdn daran hindern, etw zu tun

preview ['priːvjuː] *n of a film, play* Vorpremiere *f; (trailer)* Vorschau *f; of an exhibition* Vernissage *f*

previous ['priːviəs] *adj attr* vorig, vorhergehend; **~ conviction** Vorstrafe; **on the ~ day** am Tag davor

previously ['priːviəsli] *adv (beforehand)* zuvor, vorher

pre-wash <*pl* -es> [ˌpriː'wɒʃ] *n* vor dem Waschen

prey [preɪ] **I.** *n no pl* Beute *f a. fig* **II.** *vi* **to ~ on sth** Jagd auf etw *akk* machen; **to ~ on sb** jdn ausnutzen

price [praɪs] **I.** *n* Preis *m* **II.** *vt* **to ~ sth** *(mark with price)* etw auszeichnen

priceless ['praɪsləs] *adj* ❶ *(invaluable)* unbezahlbar, von unschätzbarem Wert *nach n* ❷ *(fig fam: funny)* köstlich

price list *n* Preisliste *f* **price tag, price ticket** *n* ❶ *(label)* Preisschild *nt* ❷ *(fam: cost)* Preis *m* (**for** für)

pricey ['praɪsi] *adj (fam)* teuer

prick [prɪk] **I.** *n* ❶ *(act of piercing)* Stechen *nt; (pierced hole, mark)* Stich *m* ❷ *(sharp pain)* Stich *m* **II.** *vt* stechen; **to ~ a potato with a fork** eine Kartoffel mit einer Gabel einstechen

prickly ['prɪkli] *adj* ❶ *(thorny)* stachelig ❷ *(scratchy)* kratzig ❸ *(fam: easily offended) person* [leicht] reizbar

pride [praɪd] **I.** *n* ❶ *no pl (satisfaction)* Stolz *m* ❷ *no pl (arrogance)* Hochmut *m,* Überheblichkeit *f* ❸ *(animal group)* **a ~ of lions** ein Rudel *nt* Löwen **II.** *vt* **to ~ oneself on sth** auf etw *akk* [besonders] stolz sein

priest [priːst] *n* Priester(in) *m(f)*

primary ['praɪmᵊri] **I.** *adj* ❶ *(principal)* primär *geh* ❷ *(not derivative)* roh gewonnen, Roh- ❸ *esp* BRIT, AUS *(education)* Grundschul-; **~ school** Grundschule *f* **II.** *n* AM POL *(election)* Vorwahl *f*

Primary school

In Großbritannien ist eine **primary school** eine Art Grundschule für Kinder im Alter von 4–11 Jahren. In manchen Gegenden besuchen Kinder jedoch zwei Schulen, zunächst die **infant school** im Alter zwischen 4 und 7. Im Anschluss daran gehen sie für vier Jahre auf die **junior school**.

prime minister *n* Premierminister(in) *m(f)*

prime number *n* Primzahl *f*

prime time *n* Hauptsendezeit *f*

primitive [ˈprɪmɪtɪv] *adj* ❶ *(early stage)* primitiv; ZOOL urzeitlich ❷ *(pej: simple)* primitiv

primitiveness [ˈprɪmɪtɪvnəs] *n no pl (in development)* Primitivität *f; (simplicity)* Einfachheit *f*

primrose [ˈprɪmrəʊz] *n* [gelbe] Schlüsselblume

Primus®, Primus stove® [ˈpraɪməs] *n* Campingkocher *m*

prince [prɪn(t)s] *n (royal)* Prinz *m; (head of principality)* Fürst *m*

princess <*pl* -es> [prɪnˈses] *n* Prinzessin *f*

principal [ˈprɪn(t)səpəl] **I.** *adj attr (most important)* Haupt-, hauptsächlich; **one of the ~ towns** eine der bedeutendsten Städte **II.** *n* ❶ AM, AUS SCH Direktor(in) *m(f)* ❷ MUS Solist(in) *m(f)*

principle [ˈprɪn(t)səpl̩] *n* ❶ *(basic concept)* Prinzip *nt;* **basic ~** Grundprinzip *nt* ❷ *(fundamental)* Grundlage *f* ❸ *(moral code)* Prinzip *nt*

print [prɪnt] **I.** *n* ❶ *(lettering)* Gedruckte(s) *nt;* **the small ~** das Kleingedruckte ❷ *no pl (printed form)* Druck *m;* **to appear in ~** veröffentlicht werden; **to be out of ~** vergriffen sein ❸ *(photo)* Abzug *m; (film)* Kopie *f; (copy of artwork)* Druck *m* ❹ *(footprint)* Fußabdruck *m; (fam: fingerprint)* Fingerabdruck *m* **II.** *vt* ❶ TYPO drucken; **to ~ a newspaper** eine Zeitung herausgeben ❷ PUBL veröffentlichen; *(in magazine, newspaper)* abdrucken ❸ COMPUT etw ausdrucken ❹ *(write by hand)* in Druckschrift schreiben **III.** *vi* ❶ *(be in preparation)* sich im Druck befinden ❷ *(make copy)* drucken ❸ *(write in unjoined letters)* in Druckschrift schreiben

printer [ˈprɪntəʳ] *n* ❶ *(person)* Drucker(in) *m(f)* ❷ *(machine)* Drucker *m;* **~ driver** Druckertreiber *m*

printout *n* Ausdruck *m*

prior¹ [ˈpraɪəʳ] **I.** *adv* **~ to sth** vor etw *dat* **II.** *adj attr (earlier)* frühere(r, s), vorherige(r, s); **~ engagement** vorher getroffene Verabredung

prior² [ˈpraɪəʳ] *n (of abbey/priory)* Prior *m*

priority [praɪˈɒrəti] **I.** *n* ❶ *(deserving greatest attention)* vorrangige Angelegenheit; **first/top ~** Angelegenheit *f* von höchster Priorität; **to get one's priorities right** seine Prioritäten richtig setzen ❷ *no pl (great importance)* Priorität *f* ❸ *no pl (precedence)* Vorrang *m;* **to give ~ to sb** jdm den Vorzug geben ❹ *no pl (right of way)* Vorfahrt *f* **II.** *adj* ❶ *(urgent) task* vordringlich; **~ mail** AM Expresszustellung *f* ❷ *(preferential)* vorrangig

prism [ˈprɪzəm] *n* Prisma *nt*

prison [ˈprɪzən] *n* Gefängnis *nt a. fig;* **to be in ~** im Gefängnis sitzen

prison cell *n* Gefängniszelle *f*

prisoner [ˈprɪzənəʳ] *n* Gefangene(r) *f(m) a. fig,* Häftling *m;* **to take sb ~** jdn gefangen nehmen

privacy [ˈprɪvəsi] *n no pl* ❶ *(personal realm)* Privatsphäre *f* ❷ *(time alone)* Zurückgezogenheit *f*

private [ˈpraɪvɪt] **I.** *adj* ❶ *(personal, not open to public)* privat, Privat- ❷ *(confidential)* vertraulich ❸ *(not social)* zurückhaltend, introvertiert **II.** *n* ❶ *no pl (not in public)* **in ~** privat ❷ *(soldier)* Gefreiter *m*

privately [ˈpraɪvɪtli] *adv* ❶ *(not in public)* privat; **to speak ~ with sb** mit jdm unter vier Augen sprechen ❷ *(secretly)* heimlich, insgeheim

private school *n* Privatschule *f*

privatization [ˌpraɪvɪtaɪˈzeɪʃən] *n no pl* Privatisierung *f*

privatize [ˈpraɪvɪtaɪz] *vt* privatisieren

privilege [ˈprɪvəlɪdʒ] *n* ❶ *(special right)* Privileg *nt,* Vorrecht *nt* ❷ *(honour)* Ehre *f* ❸ *no pl (advantage)* Privileg *nt,* Sonderrecht *nt*

privileged [ˈprɪvəlɪdʒd] *adj* ❶ privilegiert ❷ LAW *communication, information* vertraulich

prize [praɪz] **I.** *n* ❶ *(sth won)* Preis *m; (in lottery)* Gewinn *m* ❷ *(reward)*

Lohn *m* **II.** *adj attr (prize-winning)* preisgekrönt **III.** *vt* schätzen; **to ~ sth above sth** etw über etw *dat* stellen

prize money *n no pl* Geldpreis *m;* SPORTS Preisgeld *nt* **prizewinner** *n* Gewinner(in) *m(f)* **prize-winning** *adj attr* preisgekrönt

pro¹ [prəʊ] *(fam)* **I.** *n* Profi *m* **II.** *adj attr* Profi-

pro² [prəʊ] **I.** *adv* dafür **II.** *n* Pro *nt;* **the ~s and cons of sth** das Pro und Kontra einer S. *gen* **III.** *prep (in favour of)* für *+akk* **IV.** *adj* pro-

probability [ˌprɒbəˈbɪləti] *n* Wahrscheinlichkeit *f;* **strong ~** große Wahrscheinlichkeit

probable [ˈprɒbəbl̩] **I.** *adj* wahrscheinlich **II.** *n* Kandidat(in) *m(f)*

probably [ˈprɒbəbli] *adv* wahrscheinlich

probing [ˈprəʊbɪŋ] **I.** *adj attr* prüfend; *question* bohrend; **~ glance** forschender Blick **II.** *n (investigation)* Untersuchung *f;* **~ into sb's activities** eine Überprüfung der Aktivitäten einer Person *gen*

problem [ˈprɒbləm] *n* Schwierigkeit *f,* Problem *nt;* **what's your ~?** was ist [mit dir] los?; **no ~** *(sure)* kein Problem; *(don't mention it)* keine Ursache

procedure [prə(ʊ)ˈsiːdʒəʳ] *n* ❶ *(particular course of action)* Verfahren *nt;* **standard ~** übliche Vorgehensweise ❷ *(operation)* Vorgang *m*

proceed [prə(ʊ)ˈsiːd] *vi (form)* ❶ *(make progress)* fortschreiten, vorangehen ❷ *(advance)* vorrücken ❸ *(continue)* fortfahren ❹ **to ~ from sth** von etw *dat* kommen

proceeds [ˈprəʊsiːdz] *n pl* Einnahmen *pl*

process [ˈprəʊses] **I.** *n* <*pl* -es> ❶ *(set of actions)* Prozess *m* ❷ *(method)* Verfahren *nt* ❸ *no pl (going on)* Verlauf *m* **II.** *vt* ❶ *(deal with)* bearbeiten; **to ~ sb** jdn abfertigen ❷ COMPUT verarbeiten ❸ *(treat)* behandeln; *food* haltbar machen, konservieren; **~ed cheese** Schmelzkäse *m*

processed *adj* [ˈprəʊsest] ❶ *food* behandelt; *(industrially)* verarbeitet; **~ cheese** Schmelzkäse *m* ❷ *refuse* aufbereitet

procession [prəˈseʃᵊn] *n (line)* Umzug *m;* REL Prozession *f;* **funeral ~** Trauerzug *m*

procurer [prəˈkjʊərəʳ] *n (form)* Zuhälter *m,* Kuppler *m pej*

produce **I.** *vt* [prəˈdjuːs] ❶ *(make)* herstellen, produzieren; *coal, oil* fördern; *electricity* erzeugen ❷ *(bring about)* bewirken, hervorrufen ❸ FILM, MUS produzieren **II.** *vi* [prəˈdjuːs] ❶ *(bring results)* Ergebnisse erzielen; ECON einen Gewinn erwirtschaften ❷ *(give output)* produzieren **III.** *n* [ˈprɒdjuːs] *no pl* ❶ AGR Erzeugnisse *pl,* Produkte *pl* ❷ AM *(fruit and vegetables)* Obst *nt* und Gemüse *nt*

producer [prəˈdjuːsəʳ] *n* ❶ *(manufacturer)* Hersteller *m;* AGR Erzeuger *m* ❷ FILM, TV Produzent(in) *m(f)*

product [ˈprɒdʌkt] *n* ❶ *(sth produced)* Produkt *nt,* Erzeugnis *nt* ❷ *(result)* Ergebnis *nt*

production [prəˈdʌkʃᵊn] *n* ❶ *no pl (process)* Produktion *f,* Herstellung *f; of coal* Förderung *f; of energy* Erzeugung *f* ❷ *no pl (yield)* Produktion *f* ❸ *no pl* FILM, TV Produktion *f;* THEAT Inszenierung *f*

production manager *n* Produktionsleiter(in) *m(f)*

profession [prəˈfeʃᵊn] *n* ❶ *(field of work)* Beruf *m* ❷ *(body of workers)* Berufsstand *m*

professional [prəˈfeʃᵊnᵊl] **I.** *adj* ❶ *(of a profession)* beruflich, Berufs- ❷ *(not tradesman)* freiberuflich, akademisch ❸ *(expert)* fachmännisch ❹ *(businesslike)* professionell **II.** *n* ❶ *(not an amateur)* Fachmann, -frau *m, f;* SPORTS Profi *m fam* ❷ *(not a tradesman)* Akademiker(in) *m(f)*

P

professor [prəˈfesəʳ] *n* UNIV Professor(in) *m(f)*; AM *a.* *(lecturer)* Dozent(in) *m(f)*

proficient [prəˈfɪʃᵊnt] *adj* fähig; **to be ~ in a language** eine Sprache beherrschen

profile [ˈprəʊfaɪl] **I.** *n* ❶ *(side view)* Profil *nt* ❷ *(description)* Porträt *nt fig* ❸ *(public image)* **to raise sb's ~** jdn hervorheben ▸ **to keep a low ~** sich zurückhalten **II.** *vt* ❶ *(write)* porträtieren *fig* ❷ *(draw)* im Profil zeichnen

profit [ˈprɒfɪt] **I.** *n* ❶ *(money earned)* Gewinn *m* ❷ *(advantage)* Nutzen *m* **II.** *vi* ❶ *(gain financially)* profitieren (**by/from** von), Gewinn machen ❷ *(benefit)* profitieren (**by/from** von)

profitable [ˈprɒfɪtəbl̩] *adj* ❶ *(in earnings)* Gewinn bringend, rentabel, profitabel ❷ *(advantageous)* nützlich, vorteilhaft

profitably [ˈprɒfɪtəbli] *adv* ❶ *(at a profit)* Gewinn bringend, rentabel ❷ *(advantageously)* nutzbringend, vorteilhaft; **to spend one's time ~** seine Zeit sinnvoll nutzen

profiteering [ˌprɒfɪˈtɪərɪŋ] *n no pl* ❶ *(profit-seeking)* Geschäftemacherei *f pej* ❷ *(selling at too high prices)* Wucher *m pej*

profit margin *n* Gewinnspanne *f*

profound [prəˈfaʊnd] *adj* ❶ *(extreme)* tief gehend; *change* tief greifend ❷ *(strongly felt)* tief, heftig

program [ˈprəʊgræm] **I.** *n* ❶ COMPUT Programm *nt* ❷ *esp* AM, AUS *see* **programme** **II.** *vt* <-mm-> ❶ COMPUT programmieren ❷ *esp* AM, AUS *see* **programme**

programmable [prə(ʊ)ˈgræməbl̩] *adj* programmierbar

programme [ˈprəʊgræm] **I.** *n* ❶ RADIO, TV Programm *nt*; *(single broadcast)* Sendung *f* ❷ Programm *nt*, Plan *m* **II.** *vt* <-mm-> programmieren

programmer, AM **programer** [ˈprəʊgræməʳ] *n* ❶ *(operator)* Programmierer(in) *m(f)* ❷ *(component)* Programmiergerät *nt*

programming [ˈprəʊgræmɪŋ] *n no pl* ❶ COMPUT Programmieren *nt* ❷ RADIO, TV Programmgestaltung *f*

progress **I.** *n* [ˈprəʊgres] *no pl* ❶ *(onward movement)* Vorwärtskommen *nt*; **to make good ~** gut vorwärtskommen ❷ *(development)* Fortschritt *m* ❸ *(to be going)* **to be in ~** im Gange sein **II.** *vi* [prə(ʊ)ˈgres] ❶ *(develop)* Fortschritte machen; **how's the work ~ing?** wie geht's mit der Arbeit voran? ❷ *(move onward)* *in space* vorankommen; *in time* fortschreiten

progressively [prə(ʊ)ˈgresɪvli] *adv* zunehmend

prohibit [prə(ʊ)ˈhɪbɪt] *vt* ❶ *(forbid)* verbieten; **to be ~ed by law** gesetzlich verboten sein; **to ~ sb from doing sth** jdm verbieten, etw zu tun ❷ *(prevent)* verhindern

prohibition [ˌprəʊ(h)ɪˈbɪʃᵊn] *n* ❶ *(ban)* Verbot *nt* ❷ *no pl (banning)* Verbieten *nt*

project **I.** *n* [ˈprɒdʒekt] ❶ *(undertaking)* Projekt *nt* ❷ *(plan)* Plan *m* **II.** *vt, vi* [prə(ʊ)ˈdʒekt] ❶ *(forecast)* vorhersagen ❷ *(propel)* schleudern ❸ *film, slides* projizieren (**onto** auf) **III.** *vi* [prə(ʊ)ˈdʒekt] *(protrude)* hervorragen, [hinaus]ragen (**over** über)

projector [prə(ʊ)ˈdʒektəʳ] *n* Projektor *m*; **video ~** Beamer *m*

prolong [prə(ʊ)ˈlɒŋ] *vt* verlängern

prolonged [prə(ʊ)ˈlɒŋd] *adj* [lang] anhaltend, langwierig *pej*; **~ applause** anhaltender Applaus

prom [prɒm] *n* ❶ BRIT *(concert)* **the P~s** *Konzertreihe in London in der Albert Hall, bei der die meisten Parkettsitze zugunsten billigerer Stehplätze entfernt werden* ❷ BRIT *(seaside walkway)* [Strand]promenade *f* ❸ AM *(school dance)* *Ball am Ende des Jahres in einer amerikanischen High School*

Prom

Mit **prom** wird der Abschlussball in einer amerikanischen high school bezeichnet. An vielen großen high schools werden zwei Bälle veranstaltet. Der **senior prom** ist ein Ball für alle **seniors** (Oberstufenschüler), die die high school beenden. Zum **junior prom** gehen **juniors** (Schüler der 11. Klasse). Normalerweise erscheint man mit einem **date** (Partner/in) und ein Paar wird zu **prom queen and king** gewählt. Diese Veranstaltung ist einer der Höhepunkte des Schuljahres.

promenade [ˌprɒmə'nɑːd] *n* [Strand]-promenade *f*

promenade concert *n* BRIT *Konzert, bei dem die meisten Parkettsitze zugunsten billigerer Stehplätze entfernt werden*

promiscuous [prə'mɪskjuəs] *adj (pej)* promisk

promise ['prɒmɪs] **I.** *vt* versprechen *a. fig* **II.** *vi* ❶ *(pledge)* versprechen; **I ~!** ich verspreche es! ❷ *(be promising)* **to ~ well** viel versprechen **III.** *n* ❶ *(pledge)* Versprechen *nt* ❷ *no pl (potential)* **to show ~** aussichtsreich sein

promising ['prɒmɪsɪŋ] *adj* viel versprechend

promote [prə'məʊt] *vt* ❶ *(raise in rank)* befördern (**to** zu) ❷ SPORTS **to be ~d** befördert werden ❸ *(encourage)* fördern; **to ~ awareness of sth** etw ins Bewusstsein rufen

promotion [prə'məʊʃᵊn] *n* ❶ *no pl (in rank, status)* Beförderung *f* (**to** zu) ❷ SPORTS Aufstieg *m* ❸ *(encouragement)* Förderung *f*

promotional material *n* Werbematerial *nt*

prompt [prɒm(p)t] **I.** *vt* ❶ *(spur)* veranlassen; **to ~ sb** [**to do sth**] jdn [dazu] veranlassen, etw zu tun ❷ THEAT soufflieren ❸ COMPUT auffordern **II.** *adj* ❶ *(swift)* prompt; **to be ~ in doing sth** etw schnell tun ❷ *(punctual)* pünktlich **III.** *adv* pünktlich **IV.** *n* ❶ COMPUT Prompt *m fachspr* ❷ THEAT Stichwort *nt*

promptly ['prɒm(p)tli] *adv* ❶ *(quickly)* prompt ❷ *(fam: immediately afterward)* gleich danach

pronoun ['prəʊnaʊn] *n* Pronomen *nt*

pronounce [prə'naʊn(t)s] *vt* ❶ *(speak)* aussprechen ❷ *(announce)* verkünden ❸ *(declare)* erklären

pronunciation [prəˌnʌn(t)si'eɪʃᵊn] *n usu no pl* Aussprache *f*

proof [pruːf] **I.** *n* ❶ *no pl (confirmation, evidence)* Beweis *m* (**of** für) ❷ TYPO Korrekturfahne *f* ❸ *no pl (degree of strength)* Volumenprozent *nt*, Vol.-% *nt* **II.** *adj* unempfindlich (**against** gegen) **III.** *vt (treat)* imprägnieren

propeller [prə'peləʳ] *n* Propeller *m*

proper ['prɒpəʳ] *adj* ❶ *(real)* echt, richtig ❷ *(correct)* richtig ❸ *(socially respectable)* anständig

properly ['prɒpᵊli] *adv* ❶ *(correctly)* richtig; **~ speaking** genau genommen ❷ *(socially respectably)* anständig

property ['prɒpəti] *n* ❶ *no pl (things owned)* Eigentum *nt* ❷ *no pl (owned buildings)* Immobilienbesitz *m*; *(owned land)* Grundbesitz *m* ❸ *(piece of real estate)* Immobilie *f*; **~ developer** Immobilienmakler(in) *m(f)*

prophecy ['prɒfəsi] *n* ❶ *(prediction)* Prophezeiung *f* ❷ *no pl (ability)* Weissagen *nt*

prophet ['prɒfɪt] *n (a. fig)* Prophet *m*

proportion [prə'pɔːʃᵊn] *n* ❶ *(part)* Anteil *m* ❷ *no pl (relation)* Proportion *f*, Verhältnis *nt* (**to** zu) ❸ *(size)* **~s** *pl* Ausmaße *pl*

proportional [prə'pɔːʃᵊnᵊl] *adj* proportional (**to** zu)

proportionately [prə'pɔːʃᵊnətli] *adv*

P

proportional

proposal [prəˈpəʊzᵊl] *n* ❶ *(suggestion)* Vorschlag *m* ❷ *(offer of marriage)* Antrag *m*

propose [prəˈpəʊz] **I.** *vt* ❶ *(suggest, nominate)* vorschlagen ❷ *(intend)* **to ~ to do/doing sth** beabsichtigen, etw zu tun **II.** *vi* **to ~ [to sb]** [jdm] einen [Heirats]antrag machen

proprietor [prəˈpraɪətəʳ] *n* Eigentümer(in) *m(f); of a shop* Inhaber(in) *m(f)*

prose [prəʊz] *n* Prosa *f*

prosecute [ˈprɒsɪkjuːt] **I.** *vt* **to ~ sb** jdn strafrechtlich verfolgen **II.** *vi (bring a charge)* Anzeige erstatten, gerichtlich vorgehen

prosecuting [ˈprɒsɪkjuːtɪŋ] *adj attr* Anklage-; **~ attorney** Staatsanwalt *m,* Staatsanwältin *f*

prosecution [ˌprɒsɪˈkjuːʃᵊn] *n* ❶ *no pl (legal action)* strafrechtliche Verfolgung ❷ *(case)* Anklage[erhebung] *f* (**for** wegen) ❸ *no pl (legal team)* **the ~** die Anklagevertretung

prosecutor [ˈprɒsɪkjuːtəʳ] *n* Ankläger(in) *m(f)*

prospect [ˈprɒspekt] *n* ❶ *(idea)* Aussicht *f* (**of** auf) ❷ *(likelihood)* Aussicht *f,* Wahrscheinlichkeit *f* (**of** auf) ❸ *(opportunities)* **~s** *pl* Aussichten *pl,* Chancen *pl*

P

prospective [prəˈspektɪv] *adj* voraussichtlich; *candidate* möglich

prospector [prəˈspektəʳ] *n* MIN Prospektor(in) *m(f)*

prospectus [prəˈspektəs] *n* Prospekt *m*

prosper [ˈprɒspəʳ] *vi* ❶ *(financially)* florieren ❷ *(physically)* gedeihen

prosthesis <*pl* -ses> [ˈprɒsθɪsɪs] *n* Prothese *f*

prostitute [ˈprɒstɪtjuːt] *n* Prostituierte(r) *f(m)*

prostitution [ˌprɒstɪˈtjuːʃᵊn] *n* Prostitution *f*

protect [prəˈtekt] *vt* schützen (**against** gegen/**from** vor)

protection [prəˈtekʃᵊn] *n* ❶ *(defence)* Schutz *m* (**against** gegen/**from** vor) ❷ *no pl (paid to criminals)* Schutzgeld *nt* **protection factor** *n* Lichtschutzfaktor *m*

protective [prəˈtektɪv] *adj* ❶ *(affording protection)* Schutz- ❷ *(wishing to protect)* fürsorglich (**towards** gegenüber)

protector [prəˈtektəʳ] *n* ❶ *(person)* Beschützer *m* ❷ *(device)* Schutzvorrichtung *f*

protein [ˈprəʊtiːn] *n* Eiweiß *nt,* Protein *nt*

protest **I.** *n* [ˈprəʊtest] ❶ *(strong complaint)* Protest *m* ❷ *(demonstration)* Protestkundgebung *f* **II.** *vi* [prə(ʊ)ˈtest] protestieren **III.** *vt* [prə(ʊ)ˈtest] ❶ *(assert)* beteuern ❷ AM *(object to)* **to ~ sth** gegen etw *akk* protestieren

Protestant [ˈprɒtɪstᵊnt] **I.** *n* Protestant(in) *m(f)* **II.** *adj* protestantisch; *(in Germany)* evangelisch

protester [prəˈtestəʳ] *n (objector)* Protestierende(r) *f(m); (demonstrator)* Demonstrant(in) *m(f)*

protest march *n* Protestmarsch *m*

proud [praʊd] **I.** *adj* ❶ *(pleased)* stolz (**of** auf) ❷ *(having self-respect)* stolz ❸ *(pej: arrogant)* eingebildet **II.** *adv* **to do sb ~** BRIT, AUS *(treat well)* jdn verwöhnen; *(please by doing well)* jdn mit Stolz erfüllen

prove <-d, -d> [pruːv] **I.** *vt* ❶ *(establish)* beweisen ❷ *(show)* **during the rescue she ~d herself to be a highly competent climber** während der Rettungsaktion erwies sie sich als sehr geübte Kletterin **II.** *vi* + *n/adj* sich erweisen; **to ~ successful** sich als erfolgreich erweisen

proven [ˈpruːvᵊn] **I.** *vt, vi esp* AM *pp of* **prove** **II.** *adj* nachgewiesen; *remedy* erprobt

proverb [ˈprɒvɜːb] *n* Sprichwort *nt*

provide [prə(ʊ)ˈvaɪd] **I.** *vt* zur Verfügung stellen, bereitstellen; *evidence, explanation* liefern; **to ~ sb with sth** jdn mit etw *dat* versorgen **II.** *vi (look after)* **to ~ for oneself** für sich selbst sorgen

provided [prə(ʊ)ˈvaɪdɪd] *adj* mitgeliefert, beigefügt
provided (that), providing (that) [prə(ʊ)ˈvaɪdɪŋ] *conj* sofern
province [ˈprɒvɪn(t)s] *n (territory)* Provinz *f*
provision [prə(ʊ)ˈvɪʒᵊn] *n* ❶ *no pl (providing)* Versorgung *f; (financial precaution)* Vorkehrung *f* ❷ *(something supplied)* Vorrat *m* (**of** an) ❸ *(stipulation)* Auflage *f;* **with the ~ that ...** unter der Bedingung, dass ...
provisional [prə(ʊ)ˈvɪʒᵊnᵊl] *adj* vorläufig
provisions [prə(ʊ)ˈvɪʒᵊnz] *n pl* Vorräte *pl;* **to be low on ~** [nur noch] wenig Vorräte haben
provocative [prəˈvɒkətɪv] *adj* ❶ *(provoking)* provokativ *geh* ❷ *(sexually arousing)* provokant
provocatively [prəˈvɒkətɪvli] *adv* ❶ *(provokingly)* provokativ *geh* ❷ *(sexually arousing)* provokant *geh,* provozierend *attr*
provoke [prəˈvəʊk] *vt* ❶ *(vex)* **to ~ sb** jdn provozieren ❷ *(give rise to) surprise, outrage* hervorrufen
prowl [praʊl] **I.** *n (fam)* Streifzug *m* **II.** *vt* durchstreifen **III.** *vi* **to ~ [around]** umherstreifen
proximity [prɒkˈsɪməti] *n no pl* Nähe *f*
prudently [ˈpruːdᵊntli] *adv* vorsichtig, umsichtig
prune [pruːn] **I.** *vt* HORT [be]schneiden; *(fig)* reduzieren **II.** *n (plum)* Dörrpflaume *f*
PS [ˌpiːˈes] *n abbrev of* **postscript** PS *nt*
psoriasis [(p)səˈraɪəsɪs] *n no pl* Schuppenflechte *f,* Psoriasis *f fachspr*
psychiatric [ˌsaɪkiˈætrɪk] *adj* psychiatrisch
psychiatrist [saɪˈkaɪətrɪst] *n* Psychiater(in) *m(f)*
psychiatry [saɪˈkaɪətri] *n no pl* Psychiatrie *f*
psychic(al) [ˈsaɪkɪk(ᵊl)] *adj* ❶ *(supernatural)* übernatürlich ❷ *(of the mind)* psychisch
psychoanalyst [ˌsaɪkəʊˈænᵊlɪst] *n* Psychoanalytiker(in) *m(f)* **psychobabble** [ˈsaɪkəʊˌbæbl̩] *n no pl (pej fam)* Psychogeschwätz *nt sl*
psychological [ˌsaɪkəˈlɒdʒɪkᵊl] *adj* ❶ *(of the mind)* psychisch ❷ *(of psychology)* psychologisch
psychologist [saɪˈkɒlədʒɪst] *n* Psychologe(in) *m(f)*
psychology [saɪˈkɒlədʒi] *n* Psychologie *f*
psychotherapist [ˌsaɪkə(ʊ)ˈθerəpɪst] *n* Psychotherapeut(in) *m(f)* **psychotherapy** [ˌsaɪkə(ʊ)ˈθerəpi] *n no pl* Psychotherapie *f*
pt[1] *n abbrev of* **part I 3, 4**
pt[2] *n abbrev of* **pint** Pint *nt (0,568 l)*
pt[3] *n abbrev of* **point I**
PT [ˌpiːˈtiː] *n* ❶ *no pl* MED *abbrev of* **physical therapy** Physiotherapie *f* ❷ *abbrev of* **physical therapist** Physiotherapeut(in) *m(f)*
PTA [ˌpiːtiːˈeɪ] *n abbrev of* **parent-teacher association** Eltern-Lehrer-Organisation *f*
pto [ˌpiːtiːˈəʊ] *abbrev of* **please turn over** b.w.
pub [pʌb] *n (fam) short for* **public house** Kneipe *f*
puberty [ˈpjuːbəti] *n no pl* Pubertät *f*
pubescent [pjuːˈbesᵊnt] *adj* pubertierend *attr*
public [ˈpʌblɪk] **I.** *adj* öffentlich **II.** *n + sing/pl vb* ❶ *(the people)* **the ~** die Öffentlichkeit, die Allgemeinheit ❷ *(patrons)* Anhängerschaft *f; of newspapers* Leser *pl*
publican [ˈpʌblɪkən] *n* BRIT, AUS Kneipenbesitzer(in) *m(f)*
publication [pʌblɪˈkeɪʃᵊn] *n* Veröffentlichung *f; (published work)* Publikation *f;* **a new ~** eine Neuerscheinung
public bar *n* ❶ [Steh]ausschank *m* ❷ BRIT *der weniger vornehme Teil eines Pubs* **public company** *n* BRIT Aktiengesellschaft *f* **public convenience** *n* BRIT, AUS *(form)* öffentliche Toilette **public health service** *n* [staatliches]

P

Gesundheitssystem **public holiday** *n* gesetzlicher Feiertag **public house** *n* BRIT *(form)* Kneipe *f fam*

publicity [pʌbˈlɪsəti] **I.** *n no pl* ❶ *(promotion)* Publicity *f*, Reklame *f* ❷ *(attention)* Aufmerksamkeit *f* **II.** *adj* Publicity-, Werbe-; ~ **campaign** Werbekampagne *f*

publicize [ˈpʌblɪsaɪz] *vt* bekannt machen

public library *n* öffentliche Bibliothek

publicly [ˈpʌblɪkli] *adv* ❶ *(not privately)* öffentlich ❷ *(by the state)* staatlich

public property *n no pl* Staatseigentum *nt* **public school** *n* BRIT höhere Privatschule *f*; AM, AUS, SCOT staatliche Schule

Public school

In Großbritannien ist eine **public school** eine Privatschule, oft ein Internat, für Schüler ab 11 oder 13 Jahren. Die public schools waren ursprünglich reine Jungenschulen, inzwischen werden in vielen sowohl Jungen als auch Mädchen unterrichtet. Einige der ältesten Schulen, z. B. *Winchester College* (im 14. Jh. gegründet), *Eton College* (im 15. Jh.) und *Harrow School* (im 16. Jh.), dienten dem Zweck, Kindern aus armen Verhältnissen eine Ausbildung zu ermöglichen. In den USA bezeichnet der Begriff **public school** eine Staatsschule.

P

public telephone *n esp* BRIT öffentlicher Fernsprecher **public transport**, *esp* AM **public transportation** *n* öffentliche Verkehrsmittel

publish [ˈpʌblɪʃ] *vt article, result* veröffentlichen; *book, magazine* herausgeben

publisher [ˈpʌblɪʃəʳ] *n* ❶ *(company)* Verlag *m* ❷ *(person)* Verleger(in) *m(f)* ❸ AM *(newspaper owner)* Herausgeber(in) *m(f)*

publishing [ˈpʌblɪʃɪŋ] **I.** *n no pl, no art* Verlagswesen *nt* **II.** *adj attr* Verlags-

pudding [ˈpʊdɪŋ] *n* ❶ BRIT *(dessert course)* Nachspeise *f* ❷ *esp* BRIT *(with suet pastry)* [Fleisch]pastete *f*

puddle [ˈpʌdl̩] *n* Pfütze *f*

puff [pʌf] **I.** *n* ❶ *(fam: short blast)* Windstoß *m*; *of breath* Atemstoß *m* ❷ *no pl* BRIT *(fam: breath)* Puste *f fam*; **to be out of** ~ außer Puste sein ❸ *(on a cigarette)* Zug *m* **II.** *vi* ❶ *(breathe heavily)* schnaufen ❷ *(smoke)* paffen **III.** *vt* ❶ *(smoke)* paffen ❷ *(fam: praise)* aufbauschen

◆**puff up** **I.** *vt (make swell)* [an]schwellen lassen **II.** *vi* [an]schwellen

puff pastry *n no pl* Blätterteig *m*

puffy [ˈpʌfi] *adj* geschwollen, verschwollen

puke [pjuːk] **I.** *vi (sl)* **to** ~ **[up]** kotzen *sl* **II.** *n no pl (sl)* Kotze *f sl*

pull [pʊl] **I.** *n* ❶ *(tug)* Zug *m*, Ziehen *nt* ❷ *no pl (force)* Zugkraft *f* ❸ *(on a cigarette)* Zug *m*; *(on a bottle)* Schluck *m* **II.** *vt* ❶ *(draw)* ziehen; **to** ~ **the trigger** abdrücken ❷ *(put on)* **to** ~ **sth over one's head** sich *dat* etw über den Kopf ziehen ❸ MED *(strain) muscle, tendon* zerren ❹ AM SPORTS *(withdraw)* **to** ~ **a player** einen Spieler aus dem Spiel nehmen ► **to** ~ **a face [at sb]** [jdm] eine Grimasse schneiden; **to** ~ **sb's leg** *(fam)* jdn auf den Arm nehmen **III.** *vi* ❶ *(draw)* **to** ~ **[at sth]** [an etw *dat*] ziehen; **"~"** „Ziehen" ❷ *(drive)* **to** ~ **into sth** in etw *akk* hineinfahren

◆**pull apart** *vt* ❶ *(break)* zerlegen ❷ *(separate)* auseinanderziehen ❸ *(criticize) book, play* zerpflücken

◆**pull away** **I.** *vi* **to** ~ **away from sb** ❶ *(leave)* sich von jdm wegbewegen ❷ SPORTS *runner* sich vom Feld absetzen **II.** *vt* wegreißen; **to** ~ **sth away** ↻ **from sb/sth** jdm/etw etw entreißen

◆**pull back** I. *vi* ① *(recoil)* zurückschrecken ② *(back out)* **to ~ back** einen Rückzieher machen (**from** von) II. *vt* ① *(draw back)* zurückziehen ② *(score)* [wieder] aufholen

◆**pull down** *vt* ① *(move down)* herunterziehen ② *(demolish) building* abreißen

◆**pull in** I. *vi* TRANSP ① *(arrive)* einfahren ② *(move over)* [wieder] einscheren II. *vt* ① *(attract)* anziehen ② *(fam: arrest)* einkassieren

◆**pull off** I. *vt* ① *(take off)* [schnell] ausziehen ② *(fam: succeed)* durchziehen II. *vi* losfahren, abfahren

◆**pull out** I. *vi* ① *(move out) vehicle* ausscheren; **to ~ out of a road** von einer Straße abfahren ② *(leave)* ausfahren ③ *(withdraw)* aussteigen *fam* II. *vt* ① MIL *troops* abziehen ② *(get out)* **to ~ sth out of sth** etw aus etw *dat* [heraus]ziehen

◆**pull over** I. *vt* ① *(make fall)* umreißen ② *(stop)* anhalten II. *vi vehicle* zur Seite fahren

◆**pull round** BRIT I. *vi (recover)* sich erholen II. *vt (turn round)* [her]umdrehen

◆**pull through** I. *vi (survive)* durchkommen II. *vt* **to ~ sb through** [**sth**] jdn [durch etw *akk*] durchbringen

◆**pull together** I. *vt* ① *(regain composure)* **to ~ oneself together** sich zusammennehmen ② *(organize)* auf die Beine stellen *fig fam* II. *vi* zusammenarbeiten

◆**pull up** I. *vt* ① *(raise)* hochziehen; *chair* heranziehen ② *(fam: reprimand)* **to ~ sb up** jdn zurechtweisen II. *vi vehicle* [heranfahren und] anhalten

pull-in *n* BRIT Raststätte *f*

pull-out I. *n* ① MIL Rückzug *m* ② MEDIA [Sonder]beilage *f* II. *adj* herausziehbar

pullover *n esp* BRIT Pullover *m*

pulpit [ˈpʌlpɪt] *n* Kanzel *f*

pulpy [ˈpʌlpi] *adj* matschig; *fruit* fleischig

pulse[1] [pʌls] I. *n* ① *(heartbeat)* Puls *m* ② *(vibration)* [Im]puls *m* ③ *(fig: mood)* **to have one's finger on the ~** am Ball sein II. *vi* pulsieren

pulse[2] [pʌls] *n* FOOD Hülsenfrucht *f*

pump[1] [pʌmp] *n* ① BRIT, AUS *(for gymnastics)* Gymnastikschuh *m*; *(for dancing)* Tanzschuh *m* ② AM, AUS *(court shoe)* Pumps *m*

pump[2] [pʌmp] I. *n* Pumpe *f* II. *vt* pumpen

pumpkin [ˈpʌmpkɪn] *n (vegetable)* [Garten]kürbis *m*

pun [pʌn] I. *n* Wortspiel *nt* II. *vi* <-nn-> Wortspiele machen

punch[1] [pʌn(t)ʃ] *n (drink: hot or cold)* Punsch *m*; *(cold)* Bowle *f*

punch[2] [pʌn(t)ʃ] I. *n* <*pl* -es> ① *(hit)* [Faust]schlag *m* ② *(perforation)* Lochen *nt kein pl* ③ *(piercing tool)* Stanzwerkzeug *nt*; [**hole**] **~** *(for paper)* Locher *m* II. *vt* ① *(hit)* schlagen; **to ~ sb in the nose** jdm auf die Nase schlagen ② *(stamp) coin, ring* stempeln; *paper* lochen

punchline *n* Pointe *f*

punch-up *n* BRIT Schlägerei *f*

punctual [ˈpʌŋktʃuəl] *adj* pünktlich

punctually [ˈpʌŋktʃuəli] *adv* pünktlich

punctuation [ˌpʌŋktʃuˈeɪʃᵊn] *n no pl* Zeichensetzung *f* P

puncture [ˈpʌŋktʃəʳ] I. *vt* ① *(pierce) cardboard, leather* durchstechen ② *(fig: make collapse) dream, hope* zerstören; *mood* verderben II. *vi (burst) tyre* ein Loch bekommen; *plastic* einreißen III. *n* Reifenpanne *f*

pungency [ˈpʌndʒᵊn(t)si] *n of smell, taste* Schärfe *f*; *(fig) of comments, remarks* Bissigkeit *f kein pl*

pungently [ˈpʌndʒᵊntli] *adv* beißend, ätzend

punish [ˈpʌnɪʃ] *vt* ① *(penalize)* bestrafen ② *(treat roughly)* strapazieren ③ *(exert oneself)* **to ~ oneself** sich [ab]quälen

punishment [ˈpʌnɪʃmənt] *n* ① *(penalty)* Bestrafung *f*, Strafe *f* ② TECH *(severe handling)* Strapazierung *f*;

(rough treatment) grobe Behandlung ❸ *(strain)* Strapaze *f*

punk [pʌŋk] *n* ❶ *no pl (music)* Punk[rock] *m; (fan)* Punker(in) *m(f)* ❷ *esp* AM *(pej sl: worthless person)* Dreckskerl *m; (troublemaker)* Rabauke *m fam*

punnet [ˈpʌnɪt] *n* BRIT, AUS [Obst]körbchen *nt*

punt[1] [pʌnt] SPORTS **I.** *vt* **to ~ the ball** den Ball aus der Hand schießen; *in American football* einen Befreiungsschlag ausführen **II.** *n (kick) in American football* Befreiungsschlag *m; in rugby* Falltritt *m*

punt[2] [pʌnt] NAUT **I.** *vt, vi* staken *fachspr;* **to go ~ing** Stechkahn fahren **II.** *n* Stechkahn *m*

punt[3] [pʌnt] **I.** *vi at card game* gegen die Bank setzen; *at horse races* wetten **II.** *n* Wette *f*

puny [ˈpjuːni] *adj* ❶ *(pej: sickly) person* schwächlich ❷ *(fig, pej: lacking in power)* schwach

pup [pʌp] *n* ❶ *(baby dog)* junger Hund, Welpe *m* ❷ *(baby animal)* Junge(s) *nt*

pupil[1] [ˈpjuːpəl] *n* SCH Schüler(in) *m(f)*

pupil[2] [ˈpjuːpəl] *n* ANAT Pupille *f*

puppet [ˈpʌpɪt] *n* [Hand]puppe *f; (on strings)* Marionette *f a. pej, fig*

puppeteer [ˌpʌpɪˈtɪəʳ] *n* THEAT Puppenspieler(in) *m(f)*

puppy [ˈpʌpi] *n* ❶ *(baby dog)* junger Hund, Welpe *m* ❷ *(baby animal)* Junge(s) *nt*

purchase [ˈpɜːtʃəs] **I.** *vt* ❶ *(form: buy)* kaufen, erstehen *geh* ❷ *(pej: by bribery)* **to ~ sth** *career, success* sich *dat* etw erkaufen **II.** *n (form)* ❶ *(something to be bought)* [Handels]ware *f; (something bought)* Kauf *m;* **to make a ~** einen Kauf tätigen; *bulky goods* eine Anschaffung machen ❷ *(act of buying)* Kauf *m*

pure [pjʊəʳ] *adj* ❶ *(unmixed)* rein, pur ❷ *(clean) air, water* sauber, klar ❸ *(fig: utter)* pur ❹ *(free of evil)* unschuldig, rein

purée [ˈpjʊəreɪ] **I.** *vt* <puréed, puréeing> pürieren **II.** *n no pl* Püree *nt*

purely [ˈpjʊəli] *adv* ❶ *(completely)* rein, ausschließlich ❷ *(merely)* bloß, lediglich ❸ *(free of evil)* unschuldig

purify [ˈpjʊərɪfaɪ] *vt (cleanse) air, metal, water* reinigen (**of** von)

purple [ˈpɜːpl] **I.** *adj* purpur **II.** *n* Purpur *nt*

purpose [ˈpɜːpəs] *n* ❶ *(reason)* Grund *m;* **to do sth for financial ~s** etw aus finanziellen Gründen tun ❷ *(goal)* Absicht *f,* Ziel *nt;* **to all intents and ~s** in jeder Hinsicht

purpose-built *adj* ❶ *(manufactured) part of machinery* speziell gefertigt, Spezial- ❷ *(erected)* speziell gebaut, Zweck-

purposefully [ˈpɜːpəsfəli] *adv* ❶ *(single-mindedly)* zielstrebig ❷ *(resolutely)* entschlossen; **to act ~** entschlossen handeln ❸ *(intentionally)* absichtlich

purse [pɜːs] **I.** *n* ❶ BRIT *(for money)* Geldbeutel *m,* Geldbörse *f* ❷ AM *(handbag)* Handtasche *f* ❸ *(financial resources)* **public ~** Staatskasse *f* **II.** *vt* **to ~ one's lips** die Lippen schürzen

pursue [pəˈsjuː] *vt* verfolgen *a. fig*

pursuer [pəˈsjuːəʳ] *n* Verfolger(in) *m(f)*

pursuit [pəˈsjuːt] *n* ❶ *(chase)* Verfolgung[sjagd] *f; of knowledge, fulfilment* Streben *nt* (**of** nach) ❷ *(activity)* Aktivität *f,* Beschäftigung *f*

pus [pʌs] *n no pl* Eiter *m*

push [pʊʃ] **I.** *n* <*pl* -es> ❶ *(shove)* Stoß *m; (slight push)* Schubs *m fam* ❷ *(press)* Druck *m* ❸ *(concerted effort)* Anstrengung[en] *f[pl],* Kampagne *f* **II.** *vt* ❶ *(shove)* schieben; *(in a crowd)* drängeln ❷ *(move forcefully)* schieben; *(give a push)* stoßen ❸ *(manoeuvre)* **to ~ sb towards sth** jdn in eine Richtung drängen ❹ *(impose)* **to ~ sth [on sb]** [jdm] etw aufdrängen ❺ *(pressure)* **to ~ sb into doing sth** jdn [dazu] drängen, etw zu tun ❻ *(press)* drücken **III.** *vi* ❶ *(exert force)* dränge[l]n; *(press)* drücken

2 *(manoeuvre through)* sich durchdrängen

◆**push around** *vt* 1 *(move around)* herumschieben; *(violently)* herumstoßen 2 *(fig, pej: bully)* **to ~ sb ↻ around** jdn herumkommandieren

◆**push away** *vt* wegschieben

◆**push back** *vt* zurückschieben, zurückdrängen

◆**push down** *vt* 1 *(knock down)* umstoßen 2 *(press down) lever* hinunterdrücken

◆**push forward I.** *vt* 1 *(fig: advance) development, process* [ein großes Stück] voranbringen 2 *(present forcefully)* in den Vordergrund stellen 3 *(draw attention)* **to ~ oneself forward** sich vordrängen **II.** *vi* 1 *(continue)* weitermachen 2 *(continue travelling)* weiterfahren

◆**push in I.** *vt (break)* eindrücken **II.** *vi* 1 *(fig, a. pej: force way in)* sich hineindrängen 2 *(fig, a. pej: jump queue)* sich vordränge[l]n

◆**push off I.** *vi (fig, a. pej fam: leave)* sich verziehen **II.** *vt* NAUT abstoßen

◆**push on I.** *vi* 1 *(continue despite trouble)* **to ~ on with sth** *plan, project* mit etw *dat* weiterkommen 2 *(continue travelling)* [noch] weiterfahren **II.** *vt* [energisch] vorantreiben

◆**push out I.** *vt* 1 *(force out) person* hinausjagen 2 *(dismiss)* hinauswerfen **II.** *vi* HORT *buds, flowers* sprießen

◆**push over** *vt* umwerfen, umstoßen

◆**push through I.** *vi (manoeuvre through)* **to ~ through sth** sich durch etw *akk* drängen **II.** *vt* POL *(make pass) bill, motion* durchdrücken *fam*

◆**push up I.** *vt* 1 *(move higher)* **to ~ a bike up a hill** ein Fahrrad den Hügel hinaufschieben 2 ECON *(cause increase) demand* steigern **II.** *vi* 1 *(fig: grow) weeds* [nach oben] schießen 2 *(fig fam: move)* [rüber]rutschen

pushbike *n* BRIT, AUS *(fam)* [Fahr]rad *nt*

push-button I. *adj* Druckknopf-, [Druck]tasten- **II.** *n* Druckknopf *m*, [Druck]taste *f* **pushcart** *n* 1 *(barrow)* Schubkarren *m* 2 *(trolley)* Einkaufswagen *m* **pushchair** *n* BRIT [Kinder]sportwagen *m*

pushiness ['pʊʃɪnəs] *n no pl (pej fam: obnoxiousness)* Aufdringlichkeit *f*

pushing ['pʊʃɪŋ] **I.** *n no pl* Gedränge[l] *nt;* **~ and shoving** [großes] Gedränge **II.** *adj (fig)* 1 *(ambitious)* tatkräftig 2 *(pej: obnoxious)* aufdringlich

pushover *n* 1 *(fig fam: easy success)* Kinderspiel *nt kein pl* 2 *(fig, pej fam: easily defeated opponent)* leichter Gegner/leichte Gegnerin **pushpin** *n* AM Reißzwecke *f* **push-up** *n* Liegestütz *m*

pushy ['pʊʃi] *adj (fig fam)* 1 *(ambitious)* tatkräftig 2 *(pej: aggressive)* aggressiv

puss <*pl* -es> [pʊs] *n (fam)* Mieze[katze] *f*

pussy ['pʊsi] *n (fam)* Mieze[katze] *f*

put <-tt-, put, put> [pʊt] *vt* 1 *(place)* **to ~ sth somewhere** etw irgendwohin stellen; *(lay down)* etw irgendwohin legen; **~ your clothes in the closet** häng deine Kleider in den Schrank; **to stay ~** *person* sich nicht von der Stelle rühren 2 *(invest)* **to ~ time into sth** Zeit in etw *akk* stecken 3 *(impose)* **to ~ the blame on sb** jdm die Schuld geben; **to ~ an embargo on sth** ein Embargo über etw *akk* verhängen 4 *(include)* **to ~ sth in/into sth** etw in etw *dat*/in etw *akk* aufnehmen; **to ~ sth on the agenda** etw auf die Tagesordnung setzen 5 *(indicating change of condition)* **to ~ sb at risk** jdn in Gefahr bringen; **to ~ sb in a bad mood** jds Laune verderben 6 *(express)* **how should I ~ it?** wie soll ich mich ausdrücken?; **to ~ it bluntly** um es deutlich zu sagen 7 *(write)* **to ~ a cross next to sth** etw ankreuzen

◆**put about** *vt* 1 *(scatter within)* verteilen 2 *(spread rumour)* verbreiten 3 *(fam: be extroverted)* **to ~ oneself about** sich in Szene setzen

P

◆**put across** *vt* ① *(make understood)* vermitteln ② *(fam: trick)* **to ~ one across sb** jdn hintergehen
◆**put aside** *vt* ① *(save)* auf die Seite legen ② *(postpone)* **to ~ aside ↔ sth** mit etw *dat* aufhören
◆**put away** *vt* ① *(tidy up)* wegräumen; *(in storage place)* einräumen ② *(set aside) book, game, glasses* beiseitelegen ③ *(save) money, savings* zurücklegen
◆**put back** *vt* ① *(replace)* zurückstellen ② *(reassemble)* **to ~ sth back together** etw wieder zusammensetzen ③ *(postpone)* verschieben; *clock, time* zurückstellen
◆**put by** *vt* zurücklegen; *money also* auf die hohe Kante legen
◆**put down** *vt* ① *(set down)* ablegen, abstellen ② *(put to bed)* **to ~ a child down** ein Kind ins Bett bringen ③ *(lower) arm, feet* herunternehmen; **to ~ sth ↔ down** etw herunterlassen ④ *(spread)* **to ~ down poison** Gift auslegen; **to ~ down roots** *(a. fig)* Wurzeln schlagen ⑤ *(write)* aufschreiben ⑥ ECON *(leave as deposit) money* anzahlen ⑦ *(stop) rebellion* niederschlagen
◆**put forward** *vt* ① *(propose) idea, plan* vorbringen; *candidate* vorschlagen ② *(make earlier)* vorverlegen (**to** auf) ③ *(set later)* **to ~ the clock forward** die Uhr vorstellen
◆**put in I.** *vt* ① *(place in)* hineinsetzen/-legen/-stellen ② *(add) food, ingredients* hinzufügen; *plants* [ein]pflanzen ③ *(install)* installieren ④ *(enter, submit)* **to ~ sb/sth ↔ in for sth** jdn/etw für etw *akk* anmelden; **to ~ in an order for sth** etw bestellen **II.** *vi* **to ~ in for sth** *job* sich um etw *akk* bewerben; *pay rise, transfer* etw beantragen
◆**put off** *vt* ① *(delay)* verschieben ② *(fob off)* vertrösten ③ *(deter)* abschrecken ④ *(distract)* ablenken; **you're ~ting me right off** du bringst mich völlig raus
◆**put on** *vt* ① *(wear) clothes, shoes* anziehen; *make-up* auflegen ② *(pretend)* vorgeben; **it's all ~ on** es ist alles nur Schau ③ *(turn on)* einschalten; **to ~ on the brakes** bremsen ④ *(provide)* bereitstellen; *exhibition* veranstalten ⑤ *(increase)* **to ~ on weight** zunehmen
◆**put out** *vt* ① *(place outside)* **to ~ the washing out [to dry]** die Wäsche draußen aufhängen ② *(extend) hand, foot* ausstrecken; **she ~ her head out of the window** sie lehnte den Kopf aus dem Fenster ③ MEDIA *(circulate, publish)* veröffentlichen ④ *(produce)* herstellen ⑤ *(place ready)* **to ~ sth out [for sb]** *cutlery, plate* [jdm] etw hinstellen ⑥ *(bother)* **to be ~ out by sth** über etw *akk* verärgert sein
◆**put over** *vt* ① *(make understood)* verständlich machen ② *(fool)* **to ~ one over on sb** sich mit jdm einen Scherz erlauben
◆**put through** *vt* ① *(insert through)* **to ~ sth through sth** etw durch etw *akk* schieben; *(pierce)* etw durch etw *akk* stechen ② TELEC *(connect)* **to ~ sb through to sb** jdn mit jdm verbinden ③ *(cause to undergo)* **to ~ sb through hell** jdm das Leben zur Hölle machen ④ *(support)* **to ~ sb through college** jdn zum College schicken
◆**put together** *vt* ① *(assemble)* zusammensetzen; *machine, model* zusammenbauen ② *(place near)* zusammenschieben ③ *(make)* zusammenstellen; *list* aufstellen ④ MATH *(add)* **to ~ 10 and 15 together** 10 und 15 zusammenzählen
◆**put up** *vt* ① *(hang up) decorations, curtains* aufhängen ② *(raise)* hochheben; **to ~ one's feet up** die Füße hochlegen ③ *(build)* bauen ④ *(pay)* bezahlen; **to ~ up a reward** eine Belohnung aussetzen ⑤ *(give shelter to)* unterbringen ⑥ *(resist)* **to ~ up a struggle** kämpfen; **the villagers did not ~**

up any resistance die Dorfbewohner leisteten keinen Widerstand
◆**put up with** *vi (tolerate)* dulden, ertragen; **I don't know why she ~s up with him** ich weiß nicht, wie sie es mit ihm aushält
put-on *n* AM *(fam)* ① *(act of teasing)* Scherz *m* ② *(affected manner)* Schau *f fig fam,* Getue *nt fam*
putt [pʌt] SPORTS **I.** *vt, vi* putten **II.** *n* Putt *m*
put-up *adj (fam)* abgekartet
put-upon *adj (fam)* ausgenutzt
puzzle ['pʌzl̩] **I.** *n* ① *(test of ingenuity)* Rätsel *nt;* **jigsaw ~** Puzzle *nt* ② *(test of patience)* Geduldsspiel *nt* **II.** *vt* vor ein Rätsel stellen **III.** *vi* **to ~ about sth** über etw *akk* nachgrübeln
puzzled ['pʌzl̩d] *adj* ① *(helpless) expression* ratlos ② *(confused)* verwirrt
puzzling ['pʌzl̩ɪŋ] *adj* ① *(mysterious) mechanism, story* rätselhaft ② *(difficult) question, situation* schwierig
pyjamas [pɪ'dʒɑːməz] *n pl* [**a pair of**] ~ [ein] Pyjama *m*
pylon ['paɪlɒn] *n* ① ELEC freitragender Leitungsmast; [**electricity**] ~ Hochspannungsmast *m* ② AVIAT Orientierungsturm *m*
pyramid ['pɪrəmɪd] *n* Pyramide *f*
Pyrenees [ˌpɪrə'niːz] *n pl* **the ~** die Pyrenäen *pl*
pyromaniac [ˌpaɪ(ə)rə(ʊ)'meɪniæk] *n* PSYCH Brandstifter(in) *m(f)* [aus krankhafter Veranlagung], Pyromane, Pyromanin *m, f fachspr*
python <*pl* -s> ['paɪθən] *n* Python *m*

Qq

Q <*pl* -'s>, **q** <*pl* -'s> [kjuː] *n* Q *nt,* q *nt; see also* **A 1**
Q [kjuː] *n abbrev of* **Queen** Königin *f*
qualification [ˌkwɒlɪfɪ'keɪʃən] *n* ① Qualifikation *f; (certificate)* Abschlusszeugnis *nt; from school* [Schul]abschluss *m; from university* [Studien]abschluss *m* ② *(restriction)* Einschränkung *f* ③ *(change)* [Ab]änderung *f* ④ *(condition)* [notwendige] Voraussetzung *f*
qualified ['kwɒlɪfaɪd] *adj* ① qualifiziert; *(certified)* ausgebildet; *(at university)* graduiert; **well ~** gut geeignet; **~ mason** Maurermeister(in) *m(f);* **~ radiologist** ausgebildeter Radiologe/ausgebildete Radiologin ② *(restricted)* bedingt; **a ~ success** ein mäßiger Erfolg ③ *(eligible)* berechtigt
qualifier ['kwɒlɪfaɪəʳ] *n* ① *(restriction)* Einschränkung *f; (condition)* Bedingung *f* ② SPORTS *(test)* Qualifikationsspiel *nt* ③ LING *(modifier)* nähere Bestimmung
qualify <-ie-> ['kwɒlɪfaɪ] **I.** *vt* ① qualifizieren ② *(make eligible)* **to ~ sb** [**for sth**] jdm das Recht [auf etw *dat*] geben; **to ~ sb to do sth** jdn berechtigen, etw zu tun ③ *criticism* einschränken **II.** *vi* ① *apprentice* die Ausbildung abschließen; *student* das Studium abschließen ② *(be suitable)* **to ~** [**for sth**] sich [für etw *akk*] qualifizieren; *for membership* die [nötigen] Voraussetzungen erfüllen; *for benefits* in Frage kommen
quality ['kwɒləti] **I.** *n* ① Qualität *f;* **~ of life** Lebensqualität *f* ② *(character)* Art *f;* **the unique ~ of their relationship** die Einzigartigkeit ihrer Beziehung ③ *(feature)* Merkmal *nt;* **managerial qualities** Führungsqualitäten *pl;* **to have many excellent qualities** viele Vorzüge haben **II.** *adj* Quali-

täts-; ~ **control** Qualitätskontrolle *f*

quantity ['kwɒntəti] *n* Menge *f; (large amount)* große Menge[n] *f[pl]; (huge amount)* **quantities** Unmenge[n] *f[pl]*

quarantine ['kwɒrəntiːn] **I.** *n* Quarantäne *f* **II.** *vt* unter Quarantäne stellen

quarrel ['kwɒrəl] **I.** *n* Streit *m; (cause)* Einwand *m;* **to have a ~** sich streiten **II.** *vi* <-ll-> sich streiten; *(disagree)* **you can't ~ with that** daran gibt es nichts auszusetzen

quarry ['kwɒri] **I.** *n* Steinbruch *m; (fig)* Fundgrube *f* **II.** *vt* <-ie-> brechen

quarter ['kwɔːtəʳ] **I.** *n* ❶ Viertel *nt;* **a ~ [of a pound] of tea** ein Viertel[pfund] Tee; **~ of a century** Vierteljahrhundert *nt;* **~ of an hour** Viertelstunde *f;* **an hour and a ~** eineinviertel Stunden ❷ *(1/4 of year)* Quartal *nt* ❸ AM *(coin)* Vierteldollar *m* ❹ *(area)* Gegend *f* ❺ *pl (lodgings)* Wohnung *f;* ▶ **at close ~s** in jds Nähe **II.** *vt* vierteln **III.** *adj* Viertel-

quarterly ['kwɔːtəli] *adj, adv* vierteljährlich

quartet(te) [kwɔː'tet] *n* Quartett *nt*

quartz [kwɔːts] *n no pl* Quarz *m;* **rose ~** Rosenquarz *m;* **~ clock** Quarzuhr *f*

quay [kiː] *n* Kai *m*

Q **queen** [kwiːn] **I.** *n* ❶ Königin *f; (in cards, chess)* Dame *f;* **beauty ~** Schönheitskönigin *f;* **the Q~ of England** die englische Königin ❷ *(pej fam: homosexual)* Tunte *f oft pej sl;* **drag ~** Transvestit *m* **II.** *vt* [zur Königin] krönen

Queen Mother *n* Königinmutter *f*

queer [kwɪəʳ] **I.** *adj* ❶ seltsam; *(suspicious)* merkwürdig; **to have ~ ideas** schräge Ideen haben ❷ *(usu pej: homosexual)* schwul *fam* **II.** *n (pej fam)* Schwule(r) *m oft pej; female* Lesbe *f oft pej*

query ['kwɪəri] **I.** *n* Rückfrage *f* **II.** *vt* <-ie-> *(form)* ❶ in Frage stellen; **to ~ whether ...** bezweifeln, dass ... ❷ AM *(question)* befragen

question ['kwestʃən] **I.** *n* ❶ Frage *f;* **to put a ~ to sb** jdm eine Frage stellen; **in answer to your ~** um Ihre Frage zu beantworten; **to pop the ~** jdm einen [Heirats]antrag machen ❷ *no pl* **to be beyond ~** außer Zweifel stehen; **to call sth into ~** etw bezweifeln; **without ~** zweifellos ❸ **to be out of the ~** nicht in Frage kommen **II.** *vt* ❶ befragen (**about** über +*akk*); *(interrogate)* verhören (**about** zu +*dat*) ❷ *(doubt)* bezweifeln ❸ SCH **to ~ sb on sth** jdn in etw *akk* prüfen

questionable ['kwestʃənəbl̩] *adj* ❶ zweifelhaft; *future* ungewiss ❷ *(shady)* fragwürdig; *business* bedenklich

questionnaire [ˌkwestʃə'neəʳ] *n* Fragebogen *m*

queue [kjuː] **I.** *n* BRIT, AUS Schlange *f;* **~ of people** Menschenschlange *f;* **to join the ~** sich mit anstellen; **to jump the ~** sich vordränge[l]n **II.** *vi* anstehen

quick [kwɪk] **I.** *adj* ❶ schnell; **to be ~ about sth** sich mit etw *dat* beeilen; **in ~ succession** in schneller [Ab]folge ❷ *(short)* kurz; **to have a ~ look at sth** sich *dat* etw kurz ansehen; **could I have a ~ word?** könnte ich Sie kurz sprechen? ❸ *(alert)* [geistig] gewandt; **~ wit** Aufgewecktheit *f* **II.** *adv* schnell **III.** *interj* schnell!

quick-frozen *adj* tiefgefroren *attr*

quickly ['kwɪkli] *adv* schnell

quicksand *n no pl* Treibsand *m*

quick-witted *adj* aufgeweckt; *rejoinder* schlagfertig

quid <*pl* -> [kwɪd] *n* BRIT *(fam)* Pfund *nt;* **can you lend me ten ~?** leihst du mir zehn Piepen?

quiet [kwaɪət] **I.** *adj* <-er, -est *or* more quiet, most quiet> ruhig; *voice, machine* leise; *(shy)* still; *(taciturn)* schweigsam; *street, town* ruhig; **please be ~** Ruhe bitte!; **to keep ~** ruhig sein ▶ **as ~ as a mouse** mucksmäuschenstill *fam* **II.** *n no pl* Ruhe *f; (silence)* Stille *f;* **peace and ~** Ruhe und Frieden ▶ **on the** ~ heimlich **III.** *vt esp* AM besänftigen; *children* zur Ruhe bringen **IV.** *vi esp* AM sich beruhigen

quiet / quite
Achtung, diese zwei Wörter sehen ähnlich aus, werden aber anders geschrieben und haben vor allem ganz unterschiedliche Bedeutungen!
Quiet bedeutet ‚leise' oder ‚still': *Please be quiet! It was quiet in the library.*
Quite hat im britischen Englisch zwei Bedeutungen: ‚ein wenig' (aber nicht zu sehr) und ‚sehr' oder ‚völlig': *I'm quite tired today.* Aber: *The two brothers are quite different.*

quieten ['kwaɪətᵊn] **I.** *vi* sich beruhigen; *(calm)* ruhiger werden **II.** *vt* beruhigen; *fears* zerstreuen
◆**quieten down I.** *vi* leiser werden; *(calm)* sich beruhigen **II.** *vt* zur Ruhe bringen; **go and ~ those children down!** stell die Kinder mal ruhig! *fam*

quietly ['kwaɪətli] *adv* leise; *(silently)* still; **to wait ~** ruhig warten

quilt [kwɪlt] **I.** *n* Steppdecke *f;* **patchwork ~** Quilt *m* **II.** *vt* [ab]steppen

quince [kwɪn(t)s] **I.** *n* Quitte *f; (tree)* Quittenbaum *m* **II.** *adj* Quitten-

quit <-tt-, quit *or* quitted, quit> [kwɪt] **I.** *vi* ❶ *worker* kündigen; *manager, official* zurücktreten ❷ COMPUT aussteigen ❸ *(give up)* aufgeben **II.** *vt* ❶ *esp* AM **will you ~ that!** wirst du wohl damit aufhören!; **to ~ smoking** das Rauchen aufgeben ❷ *(give up)* aufgeben; *(leave)* verlassen; **to ~ one's job** kündigen ❸ COMPUT **to ~ the program** aus dem Programm aussteigen

quite [kwaɪt] *adv* ziemlich; *(fully)* ganz; **I had to wait ~ a time** ich musste ganz schön lange warten *fam;* **she's ~ something!** *(fam)* sie ist wirklich klasse!; **~ honestly, ...** ehrlich gesagt ...

quits [kwɪtz] *adj pred* quitt (**with** mit +*dat*)*; (fam)* **to call it ~** es gut sein lassen

quiz [kwɪz] **I.** *n* <*pl* -es> Quiz *nt;* AM *(test)* [kurze] Prüfung **II.** *adj* Quiz-; AM Prüfungs-; **~ night** BRIT Quizabend *m;* **~ team** Rateteam *nt* **III.** *vt* befragen (**about** zu); AM prüfen (**on** über)

quotation [kwə(ʊ)'teɪʃᵊn] *n* ❶ Zitat *nt;* **~ from sb/sth** Zitat *nt* von jdm/aus etw *dat* ❷ *no pl* Zitieren *nt* ❸ *(estimate)* Kostenvoranschlag *m*

quote [kwəʊt] **I.** *n (fam)* ❶ Zitat *nt* ❷ **~s** *pl* Gänsefüßchen *pl fam* ❸ *(estimate)* Kostenvoranschlag *m;* ▶ **Mr Brown stated that, ~, ... [unquote]** Hr. Brown meinte, ich zitiere, ... **II.** *vt* ❶ zitieren (**on** zu +*dat*)*;* **but don't ~ me on that!** aber sags nicht weiter! *fam* ❷ *price* nennen **III.** *vi* zitieren

Q

Rr

R <*pl* -'s>, **r** <*pl* -'s> [ɑːʳ] *n* R *nt*, r *nt*; *see also* **A 1**
R *adv* AM FILM *abbrev of* **Restricted**: **rated** ~ nicht für Jugendliche unter 16 Jahren
r *adv abbrev of* **right** re.
rabbi ['ræbaɪ] *n* Rabbiner *m*
rabbit ['ræbɪt] *n* Kaninchen *nt*; ~ **hole** Kaninchenbau *m*; ~ **hutch** Kaninchenstall *m*
rabies ['reɪbiːz] *n* + *sing vb* Tollwut *f*
RAC <*pl* -> [ˌɑːʳeɪ'siː] *n abbrev of* **Royal Automobile Club**: **the** ~ der RAC
race¹ [reɪs] **I.** *n* ❶ Rennen *nt* ❷ *no pl (rush)* Hetze *f* **II.** *vi* Rennen laufen; *(rush)* rennen
race² [reɪs] *n* ❶ Rasse *f*; **the human** ~ die menschliche Rasse ❷ + *sing/pl vb (people)* Volk *nt*
racecourse *n* Rennbahn *f* **racehorse** *n* Rennpferd *nt*
racial ['reɪʃᵊl] *adj* Rassen-; *(racist)* rassistisch; ~ **discrimination/segregation** Rassendiskriminierung/-trennung *f*; ~ **profiling** Profiling *nt* aufgrund der Rassenzugehörigkeit
racing ['reɪsɪŋ] *n no pl* Rennen *nt*, event, Pferderennen *nt*
racing bicycle, *fam* **racing bike** *n* Rennrad *nt* **racing car** *n* Rennwagen *m* **racing driver** *n* Rennfahrer(in) *m(f)*
racism ['reɪsɪzᵊm] *n no pl* Rassismus *m*
racist ['reɪsɪst] **I.** *n* Rassist(in) *m(f)* **II.** *adj* rassistisch
rack¹ [ræk] *n no pl* **to go to ~ and ruin** verkommen *fam*
rack² [ræk] **I.** *n* Regal *nt*; *(torture)* Folterbank *f*; **clothes** ~ AM Kleiderständer *m*; **newspaper** ~ Zeitungsständer *m*; ~ **of lamb** Lammrippchen *pl* **II.** *vt* quälen; **to be ~ed with doubts** von Zweifeln gequält werden ► **to ~ one's brains** sich *dat* den Kopf zerbrechen
racket¹ ['rækɪt] *n* Schläger *m*; **~s** *pl* Racketball *nt kein pl*

Übersetzungstipp
Nicht verwechseln mit *Rakete* – *rocket, missile!*

racket² ['rækɪt] *n (fam)* ❶ *no pl* Krach *m* ❷ *(fam: scheme)* unsauberes Geschäft; **protection** ~ Schutzgelderpressung *f*
racquet *n see* **racket¹**
radial ['reɪdiəl] *adj* radial *fachspr*; *beams* strahlenförmig
radiance ['reɪdiən(t)s] *n no pl* ❶ *(glowing beauty)* Strahlen *nt*; **the ~ of her smile** ihr strahlendes Lächeln ❷ *(heat and light)* Leuchten *nt*; *of sun* strahlendes Licht
radiation [ˌreɪdi'eɪʃᵊn] *n no pl* Strahlung *f*; *(emitting)* Abstrahlen *nt*
radiator ['reɪdieɪtəʳ] *n* Heizkörper *m*; AUTO Kühler *m*
radically ['rædɪkᵊli] *adv* radikal, völlig; *(fundamentally)* grundlegend; ~ **new ideas** völlig neue Ideen; **to change sth** ~ etw von Grund auf ändern
radio ['reɪdiəʊ] **I.** *n* ❶ Radio *nt*; *(broadcasting also)* [Rund]funk *m*; *(communicator)* Funkgerät *nt*; **on/over the** ~ über Funk; **to listen to the** ~ Radio hören; **what's on the ~?** was kommt im Radio? **II.** *adj* Radio-; *(of broadcasting also)* Funk- **III.** *vt* funken; *base* anfunken **IV.** *vi* **to ~ for help/assistance** über Funk Hilfe/Unterstützung anfordern
radioactive [ˌreɪdiəʊ'æktɪv] *adj* radioak-

tiv

radio alarm (clock) *n* Radiowecker *m* **radio broadcast** *n* Radiosendung *f* **radio cassette recorder** *n* Radiorecorder *m* **radio contact** *n* Funkkontakt *m*

radiography [ˌreɪdiˈɒgrəfi] *n* Röntgenographie *f*

radiologist [ˌreɪdiˈɒlədʒɪst] *n* Radiologe(in) *m(f)*

radio play *n* Hörspiel *nt* **radio show** *n* Radioshow *f* **radio station** *n* Radiosender *m* **radio-telephone** *n* Funktelefon *nt*

radish <*pl* -es> [ˈrædɪʃ] *n* Rettich *m*

RAF [ˌɑːrˈeɪˈef] *n abbrev of* **Royal Air Force: the ~** die RAF

raffle [ˈræfl̩] **I.** *n* Tombola *f* **II.** *vt* verlosen

raft [rɑːft] **I.** *n* Floß *nt* **II.** *vi* an einem Rafting teilnehmen **III.** *vt* auf einem Floß transportieren

rag¹ [ræg] *n* Lumpen *m*

rag² [ræg] **I.** *n* BRIT *studentische karnevalistische Veranstaltung, um Spenden für wohltätige Zwecke zu sammeln* **II.** *vi* <-gg-> AM *(pej sl)* **to ~ on sb** jdn nerven *sl*

rag³ [ræg] *n* MUS Ragtime *m*

rage [reɪdʒ] **I.** *n* ❶ *no pl* Wut *f* ❷ **to get in a ~** sich aufregen (**about** über) ❸ **to be [all] the ~** der letzte Schrei sein *fam* **II.** *vi* toben; **to ~ at sb** jdn anschreien

ragged [ˈrægɪd] *adj* zerlumpt; *hem* ausgefranzt; **~ coastline** zerklüftete Küste

raging [ˈreɪdʒɪŋ] *adj river* reißend *attr; fire* lodernd *attr; inferno* flammend *attr; (fam: extreme)* äußerst; *bore* total *fam*

raid [reɪd] **I.** *n* Angriff *m; (robbery)* Überfall *m* (**on** auf); *(by police)* Razzia *f* **II.** *vt* überfallen; *(rob)* ausplündern; *(by police)* eine Razzia durchführen; *fridge* plündern *hum*

rail¹ [reɪl] *vi* wettern (**against/at** gegen)

rail² [reɪl] **I.** *n* ❶ *no pl* die Bahn; **by ~** mit der Bahn ❷ *(track)* Schiene *f* ❸ *(on stairs)* Geländer *nt; (on fence)* Stange *f; (on ship)* Reling *f* ❹ *[hanging]* **~** Stange *f;* **off the ~** von der Stange **II.** *adj* Bahn-

railroad **I.** *n* AM [Eisen]bahn *f kein pl; (tracks)* Schienen *pl* **II.** *vt* zwingen; **to have been ~ed into sth** gezwungen worden sein, etw zu tun

railway [ˈreɪlweɪ] **I.** *n esp* BRIT **the ~[s]** die [Eisen]bahn; *(tracks)* Schienen *pl* **II.** *adj* [Eisen]bahn-; **~ yard** Rangierbahnhof *m*

railway crossing *n* Bahnübergang *m* **railway station** *n* Bahnhof *m*

rain [reɪn] **I.** *n* ❶ *no pl* Regen *m;* **pouring ~** strömender Regen; **in the ~** im Regen ❷ **the ~s** *pl* die Regenzeit **II.** *vi impers* **it's ~ing** es regnet

◆**rain off**, AM **rain out** *vt usu passive* **to be ~ed off** wegen Regens abgesagt werden

rainbow [ˈreɪnbəʊ] *n* Regenbogen *m* **raincoat** *n* Regenmantel *m* **rainfall** *n no pl* Niederschlag *m; (quantity)* Niederschlagsmenge *f* **rainforest** *n* Regenwald *m*

rainy [ˈreɪni] *adj* regnerisch

raise [reɪz] **I.** *n* AM, AUS *(rise)* Gehaltserhöhung *f* **II.** *vt* heben; *anchor* lichten; *child* aufziehen; *drawbridge* hochziehen; *eyebrow* hochziehen; *funds* aufbringen; *hopes* wecken; *issue* aufwerfen; *laugh* hervorrufen; *morale* heben; *objection* erheben; *quality* verbessern

raisin [ˈreɪzɪn] *n* Rosine *f*

rake [reɪk] **I.** *n* Harke *f* **II.** *vt* harken; *leaves* zusammenrechen **III.** *vi* **to ~ through sth** etw durchsuchen

◆**rake in** *vt* rechen; *(fam) money* kassieren

rally [ˈræli] **I.** *n* Rallye *f; (in tennis)* Ballwechsel *m; (meeting)* [Massen]versammlung *f;* **~ driver** Rallyefahrer(in) *m(f)* **II.** *vt* <-ie-> sammeln; *support* gewinnen **III.** *vi* <-ie-> **to ~ behind sb** sich geschlossen hinter jdn stellen

ram [ræm] **I.** *n* Widder *m; (of war)* Rammbock *m* **II.** *vt* <-mm-> rammen;

R

he ~med the sweets into his mouth er stopfte sich die Süßigkeiten in den Mund; **to ~ down the soil** den Boden feststampfen; **to ~ sth home** *bolt* etw zuknallen **III.** *vi* <-mm-> **to ~ into sth** gegen etw *akk* prallen

ramble [ˈræmbl̩] **I.** *n* Wanderung *f* **II.** *vi* wandern (**through** durch); *(babble)* faseln *fam; (expound)* vom Hundertsten ins Tausendste kommen

rambler [ˈræmbləʳ] *n* Wanderer, Wanderin *m, f; (rose)* Kletterrose *f*

ramp [ræmp] *n* Rampe *f;* AVIAT Gangway *f*

ran [ræn] *pt of* **run**

ranch [rɑːn(t)ʃ] AM **I.** *n* <*pl* -es> Ranch *f* **II.** *vi* Viehwirtschaft treiben **III.** *vt* züchten

rancid [ˈræn(t)sɪd] *adj* ranzig; **to go ~** ranzig werden

random [ˈrændəm] **I.** *n no pl* **at ~** *(aimlessly)* willkürlich; *(by chance)* zufällig **II.** *adj* zufällig; **~ sample** Stichprobe *f*

randomly [ˈrændəmli] *adv* zufällig, willkürlich; **~ chosen/selected** zufällig gewählt/ausgesucht

randy [ˈrændi] *adj (fam)* geil

rang [ræŋ] *pt of* **ring**

range[1] [reɪnʤ] **I.** *n* ❶ *no pl* Reichweite *f; (area)* Bereich *m;* **to be out of ~** außer Reichweite sein ❷ *(series)* Reihe *f; (choice)* Angebot *nt;* **narrow/wide ~ of sth** kleine/große Auswahl an etw *dat* ❸ **firing ~** Schießplatz *m* **II.** *vi* schwanken; **to ~ from sth to sth** von etw *dat* bis zu etw *dat* reichen

R

range[2] [reɪnʤ] *n (of mountains)* Hügelkette/Bergkette *f*

range[3] [reɪnʤ] *n (stove)* [Koch]herd *m*

ranger [ˈreɪnʤəʳ] *n* Förster(in) *m(f);* AM *(soldier)* Ranger(in) *m(f)*

rank[1] [ræŋk] **I.** *n* ❶ *no pl* Position *f;* MIL Dienstgrad *m,* Rang *m;* **the ~s** *pl (non-officers)* die einfachen Soldaten ❷ *(membership)* **the ~s** Mitglieder *pl* **II.** *vi* **to ~ above sb** einen höheren Rang als jd einnehmen; **to ~ among** zählen zu *dat*

rank[2] [ræŋk] *adj plant* üppig wuchernd; *(rancid)* stinkend *attr;* **to be ~ with sth** nach etw *dat* stinken

ransom [ˈræn(t)səm] **I.** *n* Lösegeld *nt* **II.** *adj* Lösegeld- **III.** *vt* auslösen

rape[1] [reɪp] **I.** *n no pl* Vergewaltigung *f; (fig)* Zerstörung *f* **II.** *vt* vergewaltigen **III.** *vi* eine Vergewaltigung begehen

rape[2] [reɪp] *n no pl* AGR Raps *m*

rapid [ˈræpɪd] *adj* schnell; *(sudden)* plötzlich; *change* rasch

rapidly [ˈræpɪdli] *adv* schnell, rasch; **to speak ~** schnell sprechen; **~ growing** wachstumsstark

rare[1] [reəʳ] *adj* selten

rare[2] [reəʳ] *adj meat* blutig

rarely [ˈreəli] *adv* selten

rarity [ˈreərəti] *n* Rarität *f*

rascal [ˈrɑːskəl] *n* Schlingel *m; (child)* Frechdachs *m*

rash[1] [ræʃ] *n* <*pl* -es> MED Ausschlag *m*

rash[2] [ræʃ] *adj* hastig

Übersetzungstipp

Nicht verwechseln mit *rasch* – *quick(ly)!*

rasher [ˈræʃəʳ] *n* **~ [of bacon]** Speckscheibe *f*

rashly [ˈræʃli] *adv* unbedacht, unbesonnen, übereilt

raspberry [ˈrɑːzbəri] *n* Himbeere *f*

rat [ræt] **I.** *n* Ratte *f;* ▸ **to smell a ~** Lunte riechen **II.** *vi* <-tt-> **to ~ on sb** jdn verraten

rate [reɪt] **I.** *n* ❶ Geschwindigkeit *f;* **at one's own ~** in seinem eigenen Rhythmus ❷ *(measure)* Maß *nt;* **unemployment ~** Arbeitslosenquote *f* ❸ *(payment)* Satz *m;* **volume ~** TELEC Volumentarif *m;* ▸ **at any ~** *(whatever happens)* auf jeden Fall; *(at least)* zumindest, wenigstens **II.** *vt* einschätzen; **she ~s him among her closest friends** sie zählt ihn zu ihren engsten Freunden

rather ['rɑːðər] *adv* **I ~ doubt …** ich bin nicht ganz sicher, ob …; **it's ~ a shame that …** es ist wirklich schade, dass …; **I'd like to stay at home this evening ~ than going out** ich möchte heute Abend lieber zu Hause bleiben und nicht ausgehen

rating ['reɪtɪŋ] *n* ① *no pl* Einschätzung *f* ② *(regard)* Einstufung *f* ③ *(audience)* **~s** *pl* [Einschalt]quoten *pl* ④ FIN, ECON **~ agency** Ratingagentur *f*

ratio ['reɪʃiəʊ] *n* Verhältnis *nt*

ration ['ræʃən] **I.** *n* ① Ration *f*; **~ of food** Essensration *f* ② *(voucher)* **~s** *pl* [Lebensmittel]marken *pl* **II.** *vt* rationieren (**to** auf)

rational ['ræʃənəl] *adj* rational

rat race *n* erbarmungsloser Konkurrenzkampf; **to join the ~** sich ins Heer der arbeitenden Bevölkerung einreihen

rattle ['rætl̩] **I.** *n* ① *no pl* Klappern *nt* ② MUS Rassel *f* **II.** *vi* ① klappern; *engine* knattern; *keys* rasseln; *(move)* rattern ② *(talk)* **to ~ on** [drauflos]quasseln *fam* **III.** *vt* **to ~ sth** *windows* etw zum Klirren bringen; *keys* mit etw *dat* rasseln

rattlesnake *n* Klapperschlange *f*

ratty ['ræti] *adj* BRIT *(fam)* gereizt

rave [reɪv] **I.** *n* BRIT *(fam)* Rave *m o nt (mit Technomusik)* **II.** *adj attr* begeistert; *reviews* glänzend **III.** *vi* ① wüten; **to rant and ~** toben ② *(fam: praise)* schwärmen; **to ~ about sth** von etw *dat* schwärmen

raven ['reɪvən] *n* Rabe *m*

ravenously ['rævənəsli] *adv* [heiß]hungrig, völlig ausgehungert; **I'm ~ hungry** ich habe einen Bärenhunger

raving ['reɪvɪŋ] **I.** *n no pl* wirres Gerede **II.** *adj attr* absolut; **~ lunatic** kompletter Idiot **III.** *adv* völlig

raw [rɔː] *adj* roh; *unprocessed also* unbehandelt; *sewage* ungeklärt; *information* Roh-; *(unbridled)* rein; *energy* pur; *power* roh; *(sore)* wund; *nerves* empfindlich; **~ figures** Schätzungen *pl*

Rawlplug® ['rɔːl,plʌg] *n* BRIT Dübel *m*

ray[1] [reɪ] *n* Strahl *m*

ray[2] [reɪ] *n (fish)* Rochen *m*

razor ['reɪzər] *n* Rasierapparat *m; (cut-throat)* Rasiermesser *nt;* **~ blade** Rasierklinge *f*

RC [,ɑː'siː] *n abbrev of* **Roman Catholic** röm.-kath.

RDA [,ɑːdiː'eɪ] *n abbrev of* **recommended daily allowance** empfohlene Tagesmenge

re [riː] *prep* bezüglich *+gen; (in letter)* betrifft; **~: your letter of 03/15/02** Ihr Schreiben vom 15.03.02

RE [,ɑːr'iː] *n* BRIT ① *no pl* SCH *abbrev of* **religious education** Religionslehre *f* ② *+ pl vb* MIL *abbrev of* **Royal Engineers** Pionierkorps *nt* der britischen Armee

reach [riːtʃ] **I.** *n* <*pl* -es> *no pl* Reichweite *f*; **to be within [easy] ~** [ganz] in der Nähe sein **II.** *vi* ① *(stretch)* greifen ② *(touch)* herankommen ③ *(extend)* reichen (**to** bis zu) **III.** *vt* ① *(arrive at)* erreichen; *consensus* erzielen; **I ~ed chapter five** ich bin bis Kapitel fünf gekommen ② *(extend to)* **to ~ sth** bis zu etw *dat* führen ③ *(touch)* **to be able to ~ sth** an etw *akk* herankommen ④ *(contact)* erreichen

◆**reach down** *vi* hinuntergreifen; *(extend)* hinabreichen; **to ~ down for sth** nach etw *dat* greifen

◆**reach out I.** *vt* ausstrecken **II.** *vi* die Hand ausstrecken; **to ~ out for sth** nach etw *dat* greifen

◆**reach over** *vi* hinübergreifen; **to ~ over for sth** nach etw *dat* greifen

◆**reach up** *vi* nach oben greifen; **to ~ up for sth** nach etw *dat* greifen

react [ri'ækt] *vi* reagieren (**to** auf); **to be slow to ~** langsam reagieren

reaction [ri'ækʃən] *n* ① Reaktion *f* (**to** auf) ② *pl (reflexes)* Reaktionsvermögen *nt kein pl*

reactionary [ri'ækʃənəri] **I.** *adj* reaktionär **II.** *n* Reaktionär(in) *m(f)*

reactor [ri'æktər] *n* Reaktor *m;* **nu-**

R

clear ~ Kernreaktor *m*

read[1] [riːd] **I.** *n usu sing* ① BRIT, AUS *(act)* Lesen *nt* ② *(fam: book)* **to be a good ~** sich gut lesen [lassen] **II.** *vt* <read, read> ① lesen; **to ~ sth aloud** etw laut vorlesen ② BRIT UNIV *(form)* studieren **III.** *vi* <read, read> lesen; **to ~ aloud** laut vorlesen; **to ~ well** sich gut lesen

read[2] [red] **I.** *vt, vi pt, pp of* **read** **II.** *adj* ▸ **to take sth as ~** etw als selbstverständlich voraussetzen

◆**read out** *vt* laut vorlesen; COMPUT auslesen

◆**read over, read through** *vt* [schnell] durchlesen

◆**read up** *vi* nachlesen; **to ~ up on sth** sich über etw *akk* informieren

reader ['riːdəʳ] *n* ① Leser(in) *m(f)*; *(aloud)* Vorleser(in) *m(f)* ② *(book)* Aufsatzsammlung *f*; SCH Lesebuch *nt*

readily ['redɪli] *adv* bereitwillig; *(easily)* ohne weiteres

readiness ['redɪnəs] *n no pl* Bereitwilligkeit *f*; *(preparedness)* Bereitschaft *f*

reading ['riːdɪŋ] *n* ① *no pl* Lesen *nt*; *(material)* Lesestoff *m*; **to catch up on one's ~** den Stoff nachholen; **compulsory ~** Pflichtlektüre *f* ② *(recital)* Lesung *f* ③ *(interpretation)* Deutung *f*; *of facts* Einschätzung *f* ④ *(display)* Anzeige *f*; **meter ~** Zählerstand *m*

R

reading glasses *n pl* Lesebrille *f* **reading lamp** *n* Leselampe *f*

ready ['redi] *adj* ① *pred* fertig; *(willing also)* bereit; **to get ~** sich fertig machen; **he is always ~ with compliments** er verteilt gerne Komplimente ② *(about)* **to be ~ to do sth** kurz davor stehen, etw zu tun; **he looked ~ to collapse** er sah aus, als würde er gleich zusammenbrechen ▸ **~, steady, go!** BRIT SPORTS auf die Plätze, fertig, los!

ready cash *n* Bargeld *nt*

real [rɪəl] **I.** *adj* ① wirklich; *(genuine)* echt ② *(actual)* **~ bargain** echt günstiges Angebot; **to be a ~ dump** die reinste Müllkippe sein *fam* ④ *(hum: proper) man* richtig; *gentleman* wahr ⑤ *(fam: utter) disaster* echt ▸ **for ~** *(fam)* echt; **get ~!** *esp* AM *(fam)* mach dir doch nichts vor! **II.** *adv esp* AM *(fam)* wirklich

realistic [ˌrɪə'lɪstɪk] *adj* realistisch

realistically [ˌrɪə'lɪstɪkli] *adv* realistisch

reality [ri'æləti] *n* Realität *f*, Wirklichkeit *f*; ▸ **in ~** in Wirklichkeit

realize ['rɪəlaɪz] *vt* ① *(be aware of)* **to ~ sth** sich *dat* einer S. *gen* bewusst sein; *(become aware of)* etw erkennen ② *dream* verwirklichen

really ['rɪəli] **I.** *adv* wirklich; *(in fact also, seriously)* ernsthaft; **the film was ~ good** der Film war echt stark *fam*; **did you ~ believe that …** haben Sie im Ernst geglaubt, dass … **II.** *interj* ① wirklich; *(annoyed)* also wirklich; **I'm getting married to Fred — ~? when?** Fred und ich werden heiraten — nein, wirklich? wann denn?

rear[1] [rɪəʳ] **I.** *n* ① **the ~** der hintere Teil ② *(fam: buttocks)* Hintern *m* **II.** *adj attr* Hinter-; AUTO Heck-; **~ axle** Hinterachse *f*

rear[2] [rɪəʳ] **I.** *vt* ① *usu passive child* großziehen ② *livestock* züchten ③ **to ~ one's head** den Kopf heben **II.** *vi* sich aufbäumen

rear-engined *adj* mit Heckantrieb *nach n*

rearrange [ˌriːə'reɪndʒ] *vt* umstellen; *meeting* [zeitlich] verlegen

rearrangement [ˌriːə'reɪndʒmənt] *n* Umstellen *nt kein pl*; CHEM Umlagerung *f*

rear-view mirror *n* Rückspiegel *m* **rear-wheel drive** *n* Hinterradantrieb *m*

reason ['riːzᵊn] **I.** *n* ① Grund *m* (**for** für); **for some ~** aus irgendeinem Grund ② *no pl (thought)* Denkvermögen *nt*; *(sense)* Vernunft *f*; **to see ~** auf die Stimme der Vernunft hören **II.** *vi* **to ~ with sb** vernünftig mit jdm reden **III.** *vt* **to ~ that …** schlussfolgern,

dass ...
reasonable ['ri:zᵊnəbl̩] *adj* vernünftig; *(understanding)* einsichtig; *(justified)* angebracht; *chance* reell; *compromise* vernünftig; **be ~!** sei [doch] vernünftig!
reasonably ['ri:zᵊnəbli] *adv* vernünftig; *(fairly)* ziemlich
reassign [ˌri:ə'saɪn] *vt* ❶ *(reappoint)* **to ~ sb to a different post** jdn versetzen; **to ~ sb to a different task** jdm eine andere Aufgabe zuweisen ❷ *(distribute differently)* **to ~ resources/work** Ressourcen/Arbeit neu verteilen
reassure [ˌri:ə'ʃʊəʳ] *vt* [wieder] beruhigen
reassuring [ˌri:ə'ʃʊərɪŋ] *adj* beruhigend
reassuringly [ˌri:ə'ʃʊərɪŋli] *adv* beruhigend
rebate ['ri:beɪt] *n* Rückzahlung *f*
rebel **I.** *n* ['rebᵊl] Rebell(in) *m(f)* **II.** *adj* ['rebᵊl] aufständisch **III.** *vi* <-ll-> [rɪ'bel] rebellieren (**against** gegen)
rebellion [rɪ'beliən] *n no pl* Rebellion *f*
rebellious [rɪ'beliəs] *adj* aufständisch; *child* aufsässig
reboot [ˌri:'bu:t] COMPUT **I.** *vt* neu starten **II.** *vi* rebooten *fachspr* **III.** *n* Rebooten *nt kein pl fachspr*
receipt [rɪ'si:t] **I.** *n* ❶ *no pl* Eingang *m* ❷ *(voucher)* Quittung *f* **II.** *vt* quittieren

Übersetzungstipp
Nicht verwechseln mit *Rezept* – *recipe, prescription!*

receive [rɪ'si:v] **I.** *vt* ❶ erhalten; *(be given also)* bekommen; *shock* erleiden; *guest* empfangen; RADIO, TV empfangen; *Communion* empfangen **II.** *vi (in tennis)* den Ball bekommen
receiver [rɪ'si:vəʳ] *n* Empfänger(in) *m(f)*; *(phone)* Hörer *m;* RADIO, TV Empfänger *m*
recent ['ri:sᵊnt] *adj* kürzlich; **~ developments** die neuesten Entwicklungen; **~ events** die jüngsten Ereignisse; **in ~ times** in der letzten Zeit
recently ['ri:sᵊntli] *adv* vor kurzem
reception [rɪ'sepʃᵊn] *n* ❶ *no pl* Aufnehmen *nt;* RADIO, TV Empfang *m* ❷ *(party)* Empfang *m* ❸ *no pl, no art (at hotel)* Rezeption *f*
reception desk *n* Rezeption *f*
receptionist [rɪ'sepʃᵊnɪst] *n* Empfangschef *m;* *(female)* Empfangsdame *f;* *(with offices)* Empfangssekretär(in) *m(f)*
recession [rɪ'seʃᵊn] *n* Rezession *f*
recharge [ˌri:'tʃɑ:dʒ] **I.** *vt* [neu] aufladen; **to ~ one's batteries** *(fig)* neue Kräfte tanken **II.** *vi* sich [neu] aufladen
rechargeable [ˌri:'tʃɑ:dʒəbl̩] *adj* [wieder] aufladbar
recipe ['resɪpi] *n* Rezept *nt;* *(fig)* **~ for success** Erfolgsrezept *nt*
recipient [rə'sɪpiənt] *n* Empfänger(in) *m(f)*
recital [rɪ'saɪtᵊl] *n* Vortrag *m;* *(description)* Schilderung *f;* **piano ~** Klavierkonzert *nt*
reckless ['rekləs] *adj* leichtsinnig; *speed* rücksichtslos; LAW grob fahrlässig
reckon ['rekᵊn] **I.** *vt* berechnen; **I don't ~ much to their chances of winning** bei ihnen rechne ich nicht wirklich mit Gewinnchancen **II.** *vi* ❶ *(fam)* meinen ❷ **to ~ on sth/sb** auf etw/jdn zählen ❸ **to ~ with sth/sb** mit etw/jdm rechnen
◆**reckon on** *vt* **to ~ on sth/sb** *(need)* auf etw/jdn zählen; *(hope)* mit etw/jdm rechnen
◆**reckon up** *vt* zusammenrechnen
◆**reckon with** *vt* **to ~ with sth/sb** mit etw/jdm rechnen
reckoning ['rekᵊnɪŋ] *n* ❶ *no pl* Berechnung *f* ❷ *(vengeance)* Abrechnung *f*
reclaim [rɪ'kleɪm] **I.** *vt* zurückverlangen; *luggage* abholen; **to ~ land from the sea** dem Meer Land abgewinnen **II.** *n* **baggage ~** [**area**] Gepäckausgabe *f*
recline [rɪ'klaɪn] **I.** *vi* sich *akk* zurücklehnen; *chair* verstellbar sein **II.** *vt* **to ~**

one's chair die Rückenlehne seines Stuhls nach hinten stellen; **to ~ one's head against** [*or* **on**] **sth** den Kopf an etw *akk* lehnen

recliner [rɪˈklaɪnəʳ] *n* [verstellbarer] Lehnstuhl

reclining seat *n* [verstellbarer] Lehnstuhl; *(in coach)* Liegesitz *m*

recognition [ˌrekəgˈnɪʃᵊn] *n no pl* [Wieder]erkennung *f; (appreciation)* Anerkennung *f;* **to have changed beyond ~** nicht mehr zu erkennen sein

recognizable [ˌrekəgˈnaɪzəbl̩] *adj* erkennbar

recognize [ˈrekəgnaɪz] *vt* erkennen; *(know again)* wiedererkennen; *(appreciate)* anerkennen

recognized [ˈrekəgnaɪzd] *adj attr* anerkannt

recommend [ˌrekəˈmend] *vt* empfehlen

recommendable [ˌrekəˈmendəbl̩] *adj* empfehlenswert

recommendation [ˌrekəmenˈdeɪʃᵊn] *n* Empfehlung *f*

record I. *n* [ˈrekɔːd] ① Aufzeichnungen *pl; (document)* Akte *f; (minutes)* Protokoll *nt* ② *no pl (history)* Vorgeschichte *f;* **medical ~** Krankenblatt *nt* ③ *(music)* [Schall]platte *f* ④ SPORTS Rekord *m;* **world ~** Weltrekord *m* **II.** *adj* [ˈrekɔːd] Rekord-; **to reach a ~ high/low** ein Rekordhoch/Rekordtief erreichen **III.** *vt* [rɪˈkɔːd] aufzeichnen; *birth, death* registrieren; *event* dokumentieren; *film* aufnehmen; *speed, temperature* messen **IV.** *vi* [rɪˈkɔːd] Aufnahmen machen

recorded [rɪˈkɔːdɪd] *adj* dokumentiert; *(electronically)* aufgezeichnet

recorder [rɪˈkɔːdəʳ] *n* ① *(device)* Registriergerät *nt* ② MUS Blockflöte *f* ③ BRIT LAW Anwalt, Anwältin *m, f in Richterfunktion*

recording [rɪˈkɔːdɪŋ] *n* Aufnahme *f;* **~ session** Aufnahme *f;* **~ studio** Aufnahmestudio *nt*

recover [rɪˈkʌvəʳ] **I.** *vt health* zurückerlangen; *data* wiederherstellen; *resources* gewinnen; *sth lent* zurückbekommen; *stolen goods* sicherstellen; **to ~ consciousness** wieder zu Bewusstsein kommen **II.** *vi* sich erholen; **to ~ from sth** sich von etw *dat* erholen

recovery [rɪˈkʌvᵊri] *n no pl* Erholung *f; of sight* Wiedererlangung *f; of investments* Wiedererlangung *f;* **to be beyond ~** nicht mehr zu retten sein

recovery service *n* Abschleppdienst *m*

recreation [ˌrekriˈeɪʃᵊn] *n* ① Freizeitbeschäftigung *f* ② *no pl (fun)* Erholen *nt;* **to do sth for ~** etw zur Erholung tun

recreational [ˌrekriˈeɪʃᵊnᵊl] *adj* Freizeit-; **~ drug** weiche Droge; **~ vehicle** AM Wohnwagen *m*

rectangular [rekˈtæŋgjələʳ] *adj* rechteckig; *coordinates* rechtwinklig

rector [ˈrektəʳ] *n* BRIT REL Pfarrer(in) *m(f);* SCOT UNIV Rektor(in) *m(f);* AM *(headmaster)* Rektor(in) *m(f)*

recyclable [rɪˈsaɪkləbl̩] *adj* recycelbar, wiederverwertbar

recycle [rɪˈsaɪkl̩] *vt* recyceln; *(fig)* wiederverwenden

recycling [rɪˈsaɪkl̩ɪŋ] **I.** *n no pl* Recycling *nt* **II.** *adj attr* Recycling-; **~ bin** Wertstofftonne *f*

red [red] **I.** *adj* <-dd-> rot; **she's gone bright ~ with anger** sie ist ganz rot vor Wut [geworden] **II.** *n* ① Rot *nt;* [**dressed**] **all in ~** ganz in Rot gekleidet ② *no pl* **to be in the ~** in den roten Zahlen sein ▸ **to see ~** rot sehen

Red Cross *n* **the ~** das Rote Kreuz **redcurrant I.** *n* [rote] Johannisbeere **II.** *n modifier* Johannisbeer-; **~ jelly** Johannisbeergelee *nt* **red deer** *n no pl* Rothirsch *m; (species)* Rotwild *nt*

reddish [ˈredɪʃ] *adj* rötlich

redecorate [ˌriːˈdekəreɪt] **I.** *vt (by painting)* neu streichen; *(by wallpapering)* neu tapezieren **II.** *vi* renovieren

redefine [ˌriːdɪˈfaɪn] *vt* **to ~ sb/sth** jdn/etw neu definieren

redevelop [ˌriːdɪˈveləp] *vt* sanieren

redevelopment [ˌriːdɪˈveləpmənt] **I.** *n* Sanierung *f* **II.** *adj* Sanierungs-

red-haired *adj* rothaarig **red-handed** *adj* **to catch sb ~** jdn auf frischer Tat ertappen **redhead** *n* Rothaarige(r) *f(m)* **red herring** *n* Ablenkungsmanöver *nt; (fish)* Räucherhering *m* **red-hot** *adj* ① **to be ~** [rot] glühen; *(fig)* glühend heiß sein ② *news* brandaktuell *fam*

redial [ˌriː'daɪəl] **I.** *vt* <BRIT -ll- *or* AM -l-> nochmals wählen **II.** *vi* <BRIT -ll- *or* AM *usu* -l-> wieder anrufen **III.** *n no pl* Wahlwiederholung *f*

Red Indian *n (pej! dated)* Indianer(in) *m(f)*

redirect [ˌriːdɪ'rekt] *vt letter* nachsenden; *traffic* umleiten; *interests* neu ausrichten

rediscover [ˌriːdɪs'kʌvəʳ] *vt* **to ~ sth** etw wiederentdecken

red light *n* rote Ampel

redness ['rednəs] *n no pl* Röte *f*

red pepper *n* ① roter Paprika ② *no pl (powder)* Paprikagewürz *nt* **Red Sea** *n* **the ~** das Rote Meer **red tape** *n no pl* Bürokratie *f*

reduce [rɪ'djuːs] *vt* reduzieren; *price* heruntersetzen; *taxes* senken; *(make smaller)* verkleinern; *sauce* einkochen lassen; **to ~ sb to tears** jdn zum Weinen bringen

reduced [rɪ'djuːst] *adj attr* reduziert; *price also* heruntergesetzt; *number also* verringert; *risk* niedrig; *sentence* herabgesetzt

reduction [rɪ'dʌkʃᵊn] *n no pl* Reduzierung *f; of taxes* Senkung *f; of output* Drosselung *f*

redundant [rɪ'dʌndənt] *adj* ① überflüssig; LING redundant ② BRIT, AUS *(unemployed)* arbeitslos; **to make sb ~** jdn entlassen

reed [riːd] **I.** *n (plant)* Schilf[gras] *nt;* MUS Rohrblatt *nt;* BRIT *(straw)* Stroh *nt (zum Dachdecken)* **II.** *adj* aus Schilfrohr

reef [riːf] *n* Riff *nt;* NAUT Reff *nt;* **coral ~** Korallenriff *nt*

reel [riːl] **I.** *n* Rolle *f; (bobbin)* Spule *f;* **~ of film** Filmrolle *f;* **~ of thread** Fadenspule *f* **II.** *vt* aufspulen

re-entry [ˌriː'entri] *n no pl* Wiedereintritt *m; of traveller* Wiedereinreise *f; of examinee* Wiederantreten *nt*

re-establish [ˌriːɪ'stæblɪʃ] *vt* **to ~ sth** etw wieder einführen; *contact, order, peace* wiederherstellen; **to ~ oneself [in a field]** sich [auf einem Gebiet] wieder behaupten

re-establishment [ˌriːɪ'stæblɪʃmənt] *n* Wiederherstellung *f,* Wiedereinführung *f; state, enterprise* Neu[be]gründung *f*

ref [ref] *n (fam) abbrev of* **referee** Schiri *m*

refectory [rɪ'fektᵊri] *n* Speisesaal *m; of university* Mensa *f*

refer <-rr-> [rɪ'fɜːʳ] **I.** *vt* ① **the patient was ~red to a specialist** der Patient wurde an einen Facharzt überwiesen; **to ~ a decision to sb** jdm eine Entscheidung übergeben ② *(allude)* **who are you ~ring to?** wen meinst du?; **~ring to your letter/phone call, ...** Bezug nehmend auf Ihren Brief/Anruf ... **II.** *vi* **to ~ to sb** sich an jdn wenden; **to ~ to sth** etw zu Hilfe nehmen

referee [ˌrefᵊr'iː] **I.** *n* Schiedsrichter *m;* BRIT *(endorser)* Referenz *f* **II.** *vt* **to ~ a match** bei einem Spiel Schiedsrichter sein **III.** *vi* Schiedsrichter sein

reference ['refᵊrᵊn(t)s] *n* ① *(to authority)* Rücksprache *f; (to article)* Verweis *m;* **to make ~ to sth** etw erwähnen ② *(responsibility)* **terms of ~** Aufgabenbereich *m* ③ *(allusion)* Anspielung *f; (direct mention)* Bezugnahme *f* ④ *(recommendation)* [Arbeits]zeugnis *nt*

reference library *n* Präsenzbibliothek *f* **reference number** *n* Aktenzeichen *nt; (on goods)* Artikelnummer *f*

refill **I.** *n* ['riːfɪl] Auffüllen *nt; cartridge* Nachfüllpatrone *f* **II.** *vt* [ˌriː'fɪl] wieder füllen

refined [rɪ'faɪnd] *adj* raffiniert; *foods* aufbereitet; *(sophisticated)* [hoch] ent-

R

wickelt; *(well-mannered)* kultiviert; **~ taste** feiner Geschmack

refinery [rɪˈfaɪnəri] *n* Raffinerie *f*

reflect [rɪˈflekt] **I.** *vt* widerspiegeln; *heat* reflektieren; *work, views* zeigen; **to ~ that …** denken, dass … **II.** *vi* reflektieren; *(ponder also)* nachdenken (**on** über)

reflection [rɪˈflekʃən] *n* ① Reflexion *f; (image)* Spiegelbild *nt; (indication)* Ausdruck *m* ② *no pl (consideration)* Betrachtung *f;* **on ~** nach reiflicher Überlegung

reflector [rɪˈflektər] *n* Reflektor *m; on car* Rückstrahler *m; (telescope)* Spiegelteleskop *nt*

reflex [ˈriːfleks] *n* <*pl* -es> Reflex *m;* **~ action** Reflexhandlung *f*

reformist [rɪˈfɔːmɪst] **I.** *n* Reformist(in) *m(f)* **II.** *adj* reformistisch

refrain[1] [rɪˈfreɪn] *n* MUS Refrain *m*

refrain[2] [rɪˈfreɪn] *vi* sich zurückhalten; **kindly ~ from smoking** wir bitten, das Rauchen zu unterlassen

refresh [rɪˈfreʃ] *vt* erfrischen; *(cool also)* abkühlen; *knowledge* auffrischen; **to ~ sb's glass** AM jds Glas nachfüllen

refreshing [rɪˈfreʃɪŋ] *adj* erfrischend; *(pleasing)* [herz]erfrischend; **~ change** willkommene Abwechslung

refreshment [rɪˈfreʃmənt] *n* Erfrischung *f;* **~s** *pl* Erfrischungen *pl;* **light ~s** Erfrischungsgetränke und Snacks

R

refrigerate [rɪˈfrɪdʒəreɪt] **I.** *vt* im Kühlschrank aufbewahren **II.** *vi* **~ after opening** nach dem Öffnen kühl aufbewahren

refrigerator [rɪˈfrɪdʒəreɪtər] *n* Kühlschrank *m*

refuel <BRIT -ll-> [ˌriːˈfjuːəl] *vi, vt* auftanken

refuge [ˈrefjuːdʒ] *n* Zufluchtsort *m;* **women's ~** Frauenhaus *nt;* **to seek ~ in sth** in etw *dat* Zuflucht suchen

refugee [ˌrefjʊˈdʒiː] *n* Flüchtling *m;* **economic ~** Wirtschaftsflüchtling *m;* **political ~** politischer Flüchtling; **~ camp** Flüchtlingslager *nt*

refund **I.** *vt* [ˌriːˈfʌnd] zurückerstatten **II.** *n* [ˈriːfʌnd] Rückzahlung *f*

refunding [ˌriːˈfʌndɪdʒ] *n no pl* Umfinanzierung *f*

refusal [rɪˈfjuːzəl] *n* Ablehnung *f; of offer* Zurückweisung *f; of invitation* Absage *f*

refuse[1] [rɪˈfjuːz] *vt, vi* ablehnen; *horse* verweigern; *offer* ausschlagen; **to ~ sb credit** jdm keinen Kredit gewähren

refuse[2] [ˈrefjuːs] *n* Müll *m;* **~ collection** Müllabfuhr *f;* **~ collector** Müllwerker *m*

regain [rɪˈgeɪn] *vt* wiederbekommen; **to ~ one's footing** wieder Halt finden; **to ~ one's health** wieder gesund werden

regard [rɪˈgɑːd] **I.** *vt* betrachten; **to ~ sb with great respect** jdn sehr schätzen; **as ~s …** was ... angeht, **II.** *n* ① Rücksicht *f;* **without ~ for sb/sth** ohne Rücksicht auf jdn/etw ② *(respect)* Achtung *f* (**for** vor); **to hold sb in high ~** Hochachtung vor jdm haben ③ **in this ~** in dieser Hinsicht; **with ~ to …** in Bezug auf …

regarding [rɪˈgɑːdɪŋ] *prep* bezüglich +*gen*

regardless [rɪˈgɑːdləs] *adv* trotzdem; **to press on ~** trotzdem weitermachen; **~ of sth** ungeachtet einer S. +*gen*

regards [rɪˈgɑːdz] *n pl* Grüße *pl;* **send him my ~** grüß ihn von mir; **kind ~** viele Grüße

region [ˈriːdʒən] *n* ① Region *f; (administrative)* [Verwaltungs]bezirk *m;* **the Birmingham ~** die Region um Birmingham ② *(approximately)* **in the ~ of …** im Bereich von ..

regional [ˈriːdʒənəl] *adj* regional

regionally [ˈriːdʒənəli] *adv* regional

register [ˈredʒɪstər] **I.** *n* ① Register *nt* ② BRIT SCH Klassenbuch *nt;* **to take the ~** die Namen aufrufen ③ *(device)* Registriergerät *nt;* AM *(till)* Kasse *f* **II.** *vt* ① registrieren; *birth, death* anmelden; *car* zulassen ② *(notice)* **to ~ sth** sich *dat* etw merken **III.** *vi* **to ~ at a hotel** sich in einem Hotel anmelden; **to ~ as unemployed** sich arbeitslos

melden
registered ['redʒɪstəd] *adj* registriert; **~ nurse** staatlich anerkannte Krankenschwester
registration [ˌredʒɪ'streɪʃᵊn] *n* ① Anmeldung *f;* *(at university)* Einschreibung *f;* **car ~** Autozulassung *f* ② AUTO *(certificate)* Kraftfahrzeugbrief *m;* *(number)* Kraftfahrzeugkennzeichen *nt*
registration document *n* BRIT Kraftfahrzeugbrief *m* **registration fee** *n* Anmeldegebühr *f;* UNIV Einschreibegebühr *f* **registration number** *n* Kraftfahrzeugkennzeichen *nt*
registry ['redʒɪstri] *n* BRIT Standesamt *nt;* **business ~** Handelsregister *nt;* **land ~** Katasteramt *nt*
regret [rɪ'gret, re-] **I.** *vt* <-tt-> bedauern **II.** *vi* <-tt-> **to ~ having to do sth** bedauern, etw tun zu müssen **III.** *n* Bedauern *nt kein pl;* **pang of ~** Anflug *m* von Reue
regretful [rɪ'gretfᵊl, re-] *adj* bedauernd; **to be ~ about sth** etw bedauern
regretfully [rɪ'gretfᵊli, re-] *adv* mit Bedauern; **I left New York ~** schweren Herzens verließ ich New York
regrettable [rɪ'gretəbḷ, re-] *adj* bedauerlich
regular ['regjələʳ] **I.** *adj* ① regelmäßig; *(usual)* üblich; **~ customer** Stammkunde *m/*Stammkundin *f;* **~ gas** AM Normalbenzin *nt;* **to keep ~ hours** sich an feste Zeiten halten; **~ income** geregeltes Einkommen ② *attr* AM *(size)* **~ fries** normale Portion Pommes Frites **II.** *n* Stammgast *m*
regularity [ˌregjə'lærəti] *n no pl* Gleichmäßigkeit *f;* *(in time)* Regelmäßigkeit *f*
regulate ['regjəleɪt] *vt* regeln; *(adjust)* regulieren; **to ~ whether/how/when …** festlegen, ob/wie/wann …
regulation [ˌregjə'leɪʃᵊn] **I.** *n* ① Vorschrift *f* (**on** über); **in accordance with the ~s** vorschriftsmäßig; **rules and ~s** Regeln und Bestimmungen ② *no pl (supervision)* Überwachung *f* **II.** *adj* vorgeschrieben; **the ~ pinstripe suit** der obligatorische Nadelstreifenanzug
regulator ['regjəleɪtəʳ] *n* Regulator *m*
rehearsal [rɪ'hɜːsᵊl] *n* Probe *f;* **to be in ~** geprobt werden
rehearse [rɪ'hɜːs] **I.** *vt* proben; *(in thought)* [in Gedanken] durchgehen; **to ~ sb** jdn vorbereiten **II.** *vi* proben
reign [reɪn] **I.** *vi* ① regieren; **to ~ over a country** ein Land regieren ② *(be dominant)* dominieren; **to ~ over sb/sth** jdn/etw beherrschen **II.** *n* Herrschaft *f;* **during the ~ of Queen Victoria** unter der Herrschaft von Königin Victoria
reimburse [ˌriːɪm'bɜːs] *vt* entschädigen; *losses* ersetzen; *expenses* [rück]erstatten
rein [reɪn] **I.** *n usu pl* Zügel *m;* ▸ **to give free ~ to sb** jdm freie Hand lassen; **to keep a tight ~ on sb/sth** jdn/etw an der kurzen Leine halten **II.** *vt* **to ~ sb/sth in** jdn/etw zügeln
reindeer <*pl* -> ['reɪndɪəʳ] *n* Rentier *nt*
reinforce [ˌriːɪn'fɔːs] *vt* verstärken; *argument* untermauern
reinforcement [ˌriːɪn'fɔːsmənt] *n no pl* Verstärkung *f*
reject **I.** *vt* [rɪ'dʒekt] ① ablehnen; **to ~ an excuse** eine Entschuldigung nicht annehmen ② **to ~ sb** jdn abweisen; **to feel ~ed** sich als Außenseiter fühlen ③ **to ~ a drug** ein Medikament nicht vertragen **II.** *n* ['riːdʒekt] Außenseiter(in) *m(f);* *(product)* Ausschussware *f*
rejection [rɪ'dʒekʃᵊn] *n* Ablehnung *f;* MED Abstoßung *f*
rejoice [rɪ'dʒɔɪs] *vi* sich freuen; **to ~ in doing sth** genießen, etw zu tun
rejuvenate [rɪ'dʒuːvᵊneɪt] *vt* revitalisieren *geh;* *(make younger)* verjüngen; *(modernize)* modernisieren
rejuvenation [rɪˌdʒuːvᵊn'eɪʃᵊn] *n no pl* *(enlivening)* Revitalisierung *f geh;* *of youthful feelings* Verjüngung *f;* *of a company, factory* Modernisierung *f*
relapse **I.** *n* ['riːlæps] Rückfall *m;* *(eco-*

R

nomic) Rückschlag *m* **II.** *vi* [rɪ'læps] **to ~ into coma/sleep** in ein Koma/einen Schlaf verfallen

relate [rɪ'leɪt] **I.** *vt* ❶ in Verbindung bringen (**to** mit) ❷ erzählen; **to ~ sth to sb** jdm etw berichten **II.** *vi (fam)* **to ~ to sb/sth** eine Beziehung zu jdm/etw finden

related [rɪ'leɪtɪd] *adj* verbunden; *species* verwandt (**to** mit); **to be ~ by blood** blutsverwandt sein; **closely/distantly ~** nah/entfernt verwandt

relating to [rɪ'leɪtɪŋ-] *prep* in Zusammenhang mit *+dat*

relation [rɪ'leɪʃᵊn] *n* ❶ *no pl* Verbindung *f;* **in ~ to** in Bezug auf *+akk* ❷ Verwandte(r) *f(m);* **is Hans any ~ to you?** ist Hans irgendwie mit dir verwandt? ❸ *(between countries, people)* **~s** *pl* Beziehungen *pl*

relationship [rɪ'leɪʃᵊnʃɪp] *n* Beziehung *f; (in family)* Verwandtschaftsverhältnis *nt; (association)* Verhältnis *nt;* **to be in a ~ with sb** mit jdm eine feste Beziehung haben

relative ['relətɪv] **I.** *adj* relevant (**to** für); *(corresponding)* jeweilig; *(comparative)* relativ; **to be ~ to sth** von etw *dat* abhängen **II.** *adv* **~ to** sich beziehend auf *+akk* **III.** *n* Verwandte(r) *f(m);* **distant ~** entfernter Verwandter/entfernte Verwandte

R

relatively ['relətɪvli] *adv* relativ

relax [rɪ'læks] **I.** *vi* sich entspannen; **~!** entspann dich!; *(don't worry)* beruhige dich! **II.** *vt* **to ~ one's muscles** *(by resting)* die Muskeln entspannen; *(limber)* die Muskeln lockern

relaxation [ˌriːlæk'seɪʃᵊn] **I.** *n* Entspannung *f;* **~ of discipline** Nachlassen *nt* der Disziplin; **~ of laws** Liberalisierung *f* von Gesetzen **II.** *adj attr* Entspannungs-

relaxing [rɪ'læksɪŋ] *adj* entspannend, erholsam

relay ['riːleɪ] **I.** *vt* **to ~ sth [to sb]** [jdm] etw mitteilen; *message* [jdm] etw weiterleiten; *TV pictures* [jdm] etw übertragen **II.** *n* ❶ Ablösung *f; of workers* Schicht *f* ❷ **~ [race]** Staffellauf *m* ❸ ELEC Relais *nt*

release [rɪ'liːs] **I.** *vt* ❶ freilassen; LAW entlassen; *(fig)* befreien; *brake* lösen; *shutter* betätigen; *gas* freisetzen; *hold* loslassen; *grip* lockern ❷ *(publicize)* verbreiten; *(issue)* veröffentlichen; *media* herausbringen **II.** *n* ❶ *no pl* Entlassung *f; of brake* Lösen *nt* ❷ *(mechanism)* Auslöser *m* ❸ *no pl (publication)* Veröffentlichung *f;* **press ~** Pressemitteilung *f; of new media* Neuerscheinung *f*

relegate ['relɪgeɪt] *vt usu passive* ❶ degradieren ❷ BRIT SPORTS absteigen lassen; **to be ~d** absteigen

relegation [ˌrelɪ'geɪʃᵊn] *n no pl* BRIT SPORTS Abstieg *m;* **~ struggle** Abstiegskampf *m*

relent [rɪ'lent] *vi* nachgeben; *(abate)* nachlassen

relentless [rɪ'lentləs] *adj* unnachgiebig; *(without stopping)* unablässig; *heat* anhaltend; **to be ~ in doing sth** etw unermüdlich tun

relevant ['reləvənt] *adj* relevant; *(important)* wichtig; **to be [hardly] ~ to sth** für etw *akk* [kaum] von Bedeutung sein

reliability [rɪˌlaɪə'bɪləti] *n no pl* Zuverlässigkeit *f; (trustworthiness)* Vertrauenswürdigkeit *f*

reliable [rɪ'laɪəbl̩] *adj* zuverlässig; *(credible)* glaubwürdig; *(trustworthy)* seriös

reliance [rɪ'laɪən(t)s] *n no pl* Verlass *m* (**on** auf); *(trust)* Vertrauen *nt*

reliant [rɪ'laɪənt] *adj* **to be ~ on sb/sth** von jdm/etw abhängig sein

relief [rɪ'liːf] *n* ❶ *no pl* Hilfsgüter *pl;* **to be on ~** AM *(fam)* von der Sozialhilfe leben; **disaster/famine ~** Katastrophen-/Hungerhilfe *f* ❷ *(diminution)* Entlastung *f;* **tax ~** Steuerermäßigung *f* ❸ *(from tension)* Erleichterung *f;* **to breathe a sigh of ~** erleichtert aufatmen

relief worker *n* Mitarbeiter(in) *m(f)* einer Hilfsorganisation; *(in third-world countries)* Entwicklungshelfer(in) *m(f)*

relieve [rɪ'liːv] *vt* ① **to ~ sb** jdm [in einer Notsituation] helfen ② *(unburden)* **to ~ sb of sth** jdm etw abnehmen ③ *(take over)* **to ~ sb** jdn ablösen ④ *pain* lindern; *tension* abbauen; *pressure* verringern

relieved [rɪ'liːvd] *adj* erleichtert

religion [rɪ'lɪdʒən] *n no pl* Religion *f*; *(beliefs)* Glaube *m*

religious [rɪ'lɪdʒəs] *adj* religiös; *(pious also)* fromm; **deeply ~** tief religiös; **~ education/freedom** Religionsunterricht *m*/-freiheit *f*; **~ holiday** religiöser Feiertag; **~ service** Gottesdienst *m*

relish ['relɪʃ] **I.** *n* ① *no pl* Genuss *m*; **with ~** genüsslich ② *(sauce)* Relish *nt* **II.** *vt* genießen; **to ~ doing sth** etw sehr gern tun

reluctance [rɪ'lʌktən(t)s] *n no pl* Widerwillen *m*; **with ~** widerwillig

reluctant [rɪ'lʌktənt] *adj* widerwillig; **to be ~ to do sth** sich dagegen sträuben, etw zu tun

reluctantly [rɪ'lʌktəntli] *adv* widerwillig; **I say it ~ but ...** ich sage es ungern, aber ...; **to accept sth ~** etw widerstrebend akzeptieren; **to agree ~** widerwillig zustimmen

rely [rɪ'laɪ] *vi* **to ~ on sb/sth** sich auf jdn/etw verlassen; *(depend)* von jdm/etw abhängen

remain [rɪ'meɪn] *vi* bleiben; **to ~ aloof** Distanz wahren; **to ~ in bed** im Bett bleiben; **to ~ behind** zurückbleiben; **to ~ undecided** sich nicht entscheiden können

remaining [rɪ'meɪnɪŋ] *adj attr* übrig; **our only ~ hope** unsere letzte Hoffnung

remains [rɪ'meɪnz] *n pl* Überbleibsel *pl*; *(form: corpse)* sterbliche Überreste; **animal/human ~** tierische/menschliche Überreste

remand [rɪ'mɑːnd] **I.** *vt usu passive (form)* **to ~ on bail** auf Kaution freilassen **II.** *n no pl* **to be on ~** in Untersuchungshaft sitzen *fam*; **~ centre** Untersuchungsgefängnis *nt*

remark [rɪ'mɑːk] **I.** *vt* bemerken; **sb once ~ed [that] ...** jd hat einmal gesagt, dass ... **II.** *vi* eine Bemerkung machen; **to ~ on sb/sth** sich über jdn/etw äußern **III.** *n* Bemerkung *f* (**about** über)

remarkable [rɪ'mɑːkəbl] *adj* bemerkenswert; *(surprising)* merkwürdig; **it's ~ [that] ...** es ist erstaunlich, dass ...

remedy ['remədi] **I.** *n* Heilmittel *nt* (**for** gegen); *(solution)* Mittel *nt* (**for** zu) **II.** *vt* in Ordnung bringen; *mistake* berichtigen; *poverty* beseitigen

remember [rɪ'membər] **I.** *vt* ① **to ~ sb/sth** sich an jdn/etw erinnern; *(commemorate)* jds/einer S. gedenken ② *(memorize)* **to ~ sth** sich *dat* etw merken ③ *(form: greet)* **to ~ sb to sb** jdn von jdm grüßen **II.** *vi* sich erinnern; **to ~ [that] ...** sich daran erinnern, [dass] ...

remember / remind

Beachte den Unterschied:
To remember *(something)* heißt ‚sich (an etwas) erinnern': *Barbara cannot remember the number.*
To remember *to do something* heißt ‚daran denken, etwas zu tun': *Remember to switch off all the lights.*
To remind *someone* heißt ‚jemanden an etwas erinnern': *Remind me to post the letters.*

remind [rɪ'maɪnd] *vt* erinnern; **that ~s me!** das erinnert mich an etwas!; **to ~ sb to do sth** jdn daran erinnern, etw zu tun; **to ~ sb about sth** jdn an etw *akk* erinnern; **to ~ sb of sb/sth** jdn an jdn/etw erinnern

remorsefully [rɪ'mɔːsfəli] *adv (form)*

reumütig *geh*, voller Reue

remote <-er, -est> [rɪ'məʊt] *adj* fern; *(isolated)* abgelegen; *(in time)* lang vergangen; *(slight)* gering; *resemblance* entfernt

remote-controlled *adj* ferngesteuert

removal [rɪ'muːvᵊl] *n* ❶ *esp* BRIT *of tenant* Umzug *m;* ~ **expenses** Umzugskosten *pl;* ~ **firm** Umzugsfirma *f;* ~ **man** Möbelpacker(in) *m(f);* ~ **van** Möbelwagen *m* ❷ *no pl (ousting)* Beseitigung *f; of dictator* Absetzung *f* ❸ *no pl (cleaning)* Entfernung *f*

remove [rɪ'muːv] *vt* ❶ entfernen; *obstacle* beseitigen; *landmine* räumen; *roadblock* beseitigen; *(cancel)* streichen; *stain* entfernen; **to ~ the film from the camera** den Film aus der Kamera nehmen ❷ *(form: dismiss)* entlassen

remover [rɪ'muːvəʳ] *n* ❶ BRIT Möbelpacker *m* ❷ *(cleaner)* Reinigungsmittel *nt;* **nail-varnish ~** Nagellackentferner *m;* **stain ~** Fleckenentferner *m*

rename [ˌriː'neɪm] *vt* umbenennen

rendezvous ['rɒndɪvuː] **I.** *n* <*pl* -> Rendezvous *nt; (place)* Treffpunkt *m* **II.** *vi* sich heimlich treffen

renew [rɪ'njuː] *vt* erneuern; *(revalidate)* verlängern lassen; *passport* verlängern; **to ~ the pressure** erneut Druck ausüben

renewable [rɪ'njuːəbl̩] **I.** *adj* erneuerbar; *visa* verlängerbar **II.** *n usu pl* erneuerbare Energiequelle

renewed [rɪ'njuːd] *adj* erneuert *attr; interest* wieder erwacht

renovate ['renəveɪt] *vt* renovieren

rent [rent] **I.** *n* Miete *f; (lease)* Pacht *f;* **for ~** zu vermieten **II.** *vt* vermieten; *(hire)* mieten; *(lease)* pachten

Übersetzungstipp

Weder mit *sich rentieren* – *to be worthwhile*, noch mit *Rente* – *pension* verwechseln!

rental ['rentᵊl] **I.** *n* Miete *f;* **video and television ~** Leihgebühr *f* für Video- und Fernsehgeräte **II.** *adj attr* Miet-; **~ agency** Verleih *m;* **~ library** AM Leihbücherei *f*

rent-free *adj* mietfrei

reoccur <-rr-> [ˌriːə'kɜːʳ] *vi* sich wiederholen; *cancer, ulcers* erneut auftreten

reopen [ˌriː'əʊpᵊn] **I.** *vt* wieder aufmachen; *talks* wieder aufnehmen **II.** *vi* wieder eröffnen

reorder [ˌriː'ɔːdəʳ] **I.** *n* Nachbestellung *f* **II.** *vt* nachbestellen; *(rearrange)* umordnen

reorganization [riːˌɔːgᵊnaɪ'zeɪʃᵊn] *n of a company* Umstrukturierung *f,* Sanierung *f;* LAW Neuordnung *f*

reorganize [riː'ɔːgᵊnaɪz] *vt, vi* reorganisieren

reorientation [riːˌɔːriən'teɪʃᵊn] *n* ❶ *(new direction)* Umorientierung *f,* Neuausrichtung *f* ❷ *(personal adjustment)* Eingewöhnung *f*

rep [rep] *n (fam)* ❶ *short for* **representative** Vertreter(in) *m(f)* ❷ *no pl* THEAT *short for* **repertory company/theatre** Repertoireensemble *nt*

repair [rɪ'peəʳ] **I.** *vt* reparieren; *(remedy)* [wieder] in Ordnung bringen; *road* ausbessern; *damage* wieder gutmachen **II.** *n* Reparatur *f;* **~s** *pl* Reparaturarbeiten *pl* (**to** an); **to be in good/bad ~** in gutem/schlechtem Zustand sein; **in need of ~** reparaturbedürftig

repair kit *n* Flickzeug *nt kein pl* **repairman** *n* Handwerker *m; (for cars)* Mechaniker *m;* **TV ~** Fernsehtechniker *m* **repair shop** *n* Reparaturwerkstatt *f*

repay <-paid, -paid> [ˌriː'peɪ] *vt* zurückzahlen; **to ~ sb** jdm Geld zurückzahlen

repayable [ˌriː'peɪəbl̩] *adj* rückzahlbar

repayment [ˌriː'peɪmənt] *n* Rückzahlung *f*

repeat [rɪ'piːt] **I.** *vt* wiederholen; **~ after me** bitte mir nachsprechen; **don't ~ this but …** sag es nicht weiter,

[aber] ...; **history ~s itself** die Geschichte wiederholt sich **II.** *n* Wiederholung *f* **III.** *adj attr* Wiederholungs-; ~ **business** Stammkundschaft *f*

repeated [rɪˈpiːtɪd] *adj* wiederholt

repel <-ll-> [rɪˈpel] *vt* ① abweisen ② *(disgust)* **sb is ~led by sth** etw stößt jdn ab

repellent [rɪˈpelᵊnt] **I.** *n* Insektenspray *nt* **II.** *adj* abstoßend

repetition [ˌrepɪˈtɪʃᵊn] *n* Wiederholung *f*

repetitive [rɪˈpetətɪv] *adj* sich wiederholend *attr; (monotonous)* monoton

replace [rɪˈpleɪs] *vt* ersetzen (**with** durch); *(put back)* [an seinen Platz] zurücklegen

replacement [rɪˈpleɪsmənt] **I.** *n* ① Ersatz *m* ② *no pl (substitution)* Ersetzung *f* **II.** *adj attr* Ersatz-; ~ **hip** künstliches Hüftgelenk

replant [ˌriːˈplɑːnt] *vt* **to ~ sth** ① *trees, plants* etw neu pflanzen; *(plant sth again)* etw umpflanzen ② *land* etw neu bepflanzen

replay I. *vt* [ˌriːˈpleɪ] wiederholen; *video* nochmals abspielen **II.** *n* [ˈriːpleɪ] Wiederholung *f; (match)* Wiederholungsspiel *nt*

replenishment [rɪˈplenɪʃmənt] *n no pl (form) of stocks, supplies* Auffüllung *f*

repletion [rɪˈpliːʃᵊn] *n no pl (form)* ① *(satisfying of hunger)* Sättigung *f* ② *(filling of something)* Füllen *nt*

reply [rɪˈplaɪ] **I.** *vi* <-ie-> ① antworten; **to ~ to letters/a question** Briefe/eine Frage beantworten ② *(fig: react)* **to ~ to sth** auf etw *akk* reagieren **II.** *n* Antwort *f* (**to** auf); *(reaction)* Reaktion *f* (**to** auf)

reply-paid *adj* BRIT ~ **envelope** Freiumschlag *m;* **to make a letter ~** einen Brief freimachen

report [rɪˈpɔːt] **I.** *n* ① Meldung *f* (**on** über); *(statement)* Bericht *m* (**on** über); **~s in the newspaper/press** Zeitungs-/Presseberichte *pl;* [**school**] ~ BRIT Schulzeugnis *nt;* **stock market/weather ~** Börsen-/Wetterbericht *m* ② *(claim)* Gerücht *nt;* **according to ~s ...** Gerüchten zufolge ... **II.** *vt* ① **to ~ sth** etw berichten ② *(denounce)* **to ~ sb** jdn melden; **to ~ sb to the police** jdn anzeigen **III.** *vi* ① Bericht erstatten ② *(be accountable)* **to ~ to sb** jdm unterstehen

report card *n* AM [Schul]zeugnis *nt*

reported [rɪˈpɔːtɪd] *adj* gemeldet; **there has been a ~ hijack in Tel Aviv** einer Meldung zufolge hat in Tel Aviv eine Entführung stattgefunden

reporter [rɪˈpɔːtəʳ] *n* Reporter(in) *m(f)*

reporting [rɪˈpɔːtɪŋ] *n no pl* ① *(documenting)* Berichterstattung *f; (in-house also)* Reporting *nt* ② FIN *(accounting)* Rechnungslegung *f*

represent [ˌreprɪˈzent] *vt* vertreten; *(depict)* darstellen

representative [ˌreprɪˈzentətɪv] **I.** *adj* repräsentativ; ~ **democracy** parlamentarische Demokratie **II.** *n* [Stell]vertreter(in) *m(f);* ECON Vertreter(in) *m(f);* POL Abgeordnete(r) *f(m);* **R~** AM Mitglied *nt* des Repräsentantenhauses; **elected ~** gewählter Vertreter/gewählte Vertreterin

repression [rɪˈpreʃᵊn] *n no pl* Unterdrückung *f;* PSYCH Verdrängung *f*

repressive [rɪˈpresɪv] *adj* repressiv *geh; regime* unterdrückerisch

reproach [rɪˈprəʊtʃ] **I.** *vt* **to ~ sb** jdm Vorwürfe machen; **to ~ sb with sth** jdm etw vorwerfen; **to ~ oneself** sich *dat* Vorwürfe machen **II.** *n* <*pl* -es> Vorwurf *m*

reproachful [rɪˈprəʊtʃfᵊl] *adj* vorwurfsvoll

reproachfully [rɪˈprəʊtʃfᵊli] *adv* vorwurfsvoll

reprocessing plant *n* Wiederaufbereitungsanlage *f*

reproduce [ˌriːprəˈdjuːs] **I.** *vi* sich fortpflanzen; *(multiply)* sich vermehren; *documents* sich kopieren lassen **II.** *vt* ① **to ~ oneself** sich fortpflanzen; *(multiply)* sich vermehren ② *docu-*

R

ments reproduzieren

reproduction [ˌriːprəˈdʌkʃən] **I.** *n* ❶ *no pl* Fortpflanzung *f;* *(multiplying)* Vermehrung *f* ❷ *no pl (copying)* Vervielfältigung *f* ❸ *(copy)* Reproduktion *f* **II.** *adj* nachgebaut

reptile [ˈreptaɪl] *n* Reptil *nt*

republic [rɪˈpʌblɪk] *n* Republik *f*

republican [rɪˈpʌblɪkən] **I.** *n* Republikaner(in) *m(f)* **II.** *adj* republikanisch

Republican [rɪˈpʌblɪkən] AM **I.** *n* Republikaner(in) *m(f)* **II.** *adj* **the ~ Party** die Republikanische Partei

repudiation [rɪˌpjuːdiˈeɪʃən] *n no pl* Zurückweisung *f;* *of a suggestion* Ablehnung *f*

repulsive [rɪˈpʌlsɪv] *adj* abstoßend

reputable [ˈrepjətəbl̩] *adj* angesehen

reputation [ˌrepjəˈteɪʃən] *n no pl* Ruf *m;* *(esteem)* Ansehen *nt;* **to have a ~ for sth** für etw *akk* bekannt sein; **to have a ~ as sth** einen Ruf als etw haben

request [rɪˈkwest] **I.** *n* ❶ Bitte *f* (**for** um); ECON Anfrage *f* (**for** nach); **at sb's ~** auf jds Bitte hin ❷ *(formal)* Antrag *m;* **to submit a ~ that …** beantragen, dass … **II.** *vt* **to ~ sth** um etw *akk* bitten; RADIO *(ask for song)* sich *dat* etw wünschen

request stop *n* BRIT Bedarfshaltestelle *f*

require [rɪˈkwaɪəʳ] *vt* ❶ brauchen; **to be ~d for sth** für etw *akk* erforderlich sein ❷ *(demand)* **to ~ sth [of sb]** etw [von jdm] verlangen

R

required [rɪˈkwaɪəd] *adj attr* erforderlich; **to do sth in the ~ time** etw in der vorgeschriebenen Zeit tun

required reading *n* Pflichtlektüre *f*

requirement [rɪˈkwaɪəmənt] *n* Voraussetzung *f* (**for** für); **minimum ~** Grundvoraussetzung *f*

rescue [ˈreskjuː] **I.** *vt* retten; **to ~ sb from danger** jdn aus einer Gefahr retten **II.** *n* Rettung *f;* **to come to sb's ~** jdm zu Hilfe kommen; **~ operation** Rettungsarbeiten *pl*

research **I.** *n* [rɪˈsɜːtʃ] ❶ *no pl* Forschung *f;* *(specific)* Erforschung *f* **II.** *adj* [rɪˈsɜːtʃ] Forschungs-; **~ scientist/worker** Forscher(in) *m(f)* **III.** *vi* [rɪˈsɜːtʃ] forschen; **to ~ in[to] sth** etw erforschen **IV.** *vt* [rɪˈsɜːtʃ] erforschen; JOURN recherchieren

researcher [rɪˈsɜːtʃəʳ] *n* Forscher(in) *m(f)*

resemble [rɪˈzembl̩] *vt* ähneln *+dat*

resent [rɪˈzent] *vt* **to ~ sb/sth** sich [sehr] über jdn/etw ärgern; **to ~ doing sth** etw [äußerst] ungern tun

resentful [rɪˈzentfəl] *adj* verbittert; *(grudging)* nachtragend; **to be ~ of sb/sth** sich über jdn/etw ärgern

resentment [rɪˈzentmənt] *n* Verbitterung *f;* **to feel [a] ~ against sb** einen Groll gegen jdn hegen

reservation [ˌrezəˈveɪʃən] *n* ❶ *usu pl* Bedenken *pl* ❷ *(booking)* Reservierung *f;* **to make a ~** reservieren

reserve [rɪˈzɜːv] **I.** *n* ❶ *no pl (form)* Zurückhaltung *f;* **with ~** mit Vorbehalt ❷ *(store)* Reserve *f* ❸ *(area)* Reservat *nt;* **wildlife ~** Naturschutzgebiet *nt* **II.** *vt* aufheben; *(save)* reservieren

reserved [rɪˈzɜːvd] *adj* reserviert

residence [ˈrezɪdən(t)s] *n* ❶ *(form)* Wohnsitz *m;* **to take up ~ in a country** sich in einem Land niederlassen ❷ *no pl (act of residing)* Wohnen *nt;* **to be in ~** wohnen ❸ *(building)* Wohngebäude *nt* ❹ UNIV Forschungsaufenthalt *m*

residence permit *n* Aufenthaltserlaubnis *f*

resident [ˈrezɪdənt] **I.** *n* Bewohner(in) *m(f);* *of hotel* [Hotel]gast *m;* **local ~** Anwohner(in) *m(f);* **is she a ~ of Canada?** lebt sie in Kanada? **II.** *adj* wohnhaft; *employee* im Haus lebend *nach n*

residential [ˌrezɪˈden(t)ʃəl] *adj* Wohn-; *permit* Aufenthalts-; **~ district** Wohngebiet *nt*

resign [rɪˈzaɪn] **I.** *vi* kündigen; **to ~ from an office** von einem Amt zurücktreten **II.** *vt* aufgeben

resignation [ˌrezɪgˈneɪʃᵊn] *n* Kündigung *f;* **to hand in one's ~** seine Kündigung einreichen

resigned [rɪˈzaɪnd] *adj* resigniert; **to be ~ to sth** sich mit etw *dat* abgefunden haben

resilient [rɪˈzɪliənt] *adj* elastisch; *(fig)* unverwüstlich

resist [rɪˈzɪst] **I.** *vt* ❶ **to ~ sth** etw *dat* Widerstand leisten; **to ~ arrest** LAW sich der Verhaftung widersetzen ❷ *(refuse)* **to ~ sth** sich gegen etw *akk* wehren ❸ *(not yield)* widerstehen *+dat;* **she couldn't ~ laughing** sie musste einfach loslachen *fam* **II.** *vi* sich wehren; *(refuse)* widerstehen *+dat*

resistance [rɪˈzɪstᵊn(t)s] *n* ❶ *no pl* Widerstand *m* (**to** gegen) ❷ **the R~** der Widerstand; **the [French] R~** die [französische] Résistance ❸ *(refusal)* Widerstand *m* (**to** gegen)

resistant [rɪˈzɪstᵊnt] *adj* ❶ resistent (**to** gegen) ❷ *(denying)* ablehnend; **to be ~ to sth** etw *dat* ablehnend gegenüberstehen

reskill [ˌriːˈskɪl] *vt* umschulen

resolutely [ˈrezᵊluːtli] *adv* resolut, entschlossen; **to ~ refuse to do sth** sich hartnäckig weigern, etw zu tun

resoluteness [ˈrezᵊluːtnəs] *n no pl (approv)* Resolutheit *f,* Entschlossenheit *f*

resolution [rezᵊlˈuːʃᵊn] *n* ❶ *(determination)* Entschlossenheit *f* ❷ *(solution)* Lösung *f* ❸ *(proposal)* Beschluss *m,* Resolution *f* ❹ *(intention)* Vorsatz *m* ❺ PHOT, TV Auflösung *f*

resort [rɪˈzɔːt] **I.** *n* ❶ Urlaubsort *m* ❷ *no pl (recourse)* Einsatz *m;* **as a last ~** als letzter Ausweg **II.** *vi* **to ~ to sth** auf etw *akk* zurückgreifen

resourceful [rɪˈzɔːsfᵊl] *adj* einfallsreich

respect [rɪˈspekt] **I.** *n no pl* Respekt *m* (**for** vor); *(consideration)* Rücksicht *f;* **out of ~ for sb's feelings** aus Rücksicht auf jds Gefühle ▸ **in many / some ~s** in vielen/einigen Punkten; **in every ~** in jeglicher Hinsicht **II.** *vt* respektieren

respectability [rɪˌspektəˈbɪləti] *n no pl* Ansehen *nt;* **to achieve ~** Ansehen gewinnen

respectable [rɪˈspektəbl̩] *adj* anständig; *(presentable also)* ordentlich; **to make oneself ~** *(hum)* sich *dat* was anziehen *fam*

respectably [rɪˈspektəbli] *adv* ❶ *(in a respectable manner)* anständig, ordentlich ❷ *(reasonably well)* passabel *fam*

respected [rɪˈspektɪd] *adj* angesehen

respectful [rɪˈspektfᵊl] *adj* respektvoll; **to be ~ of sth** etw respektieren

respectively [rɪˈspektɪvli] *adv* **black and/or white ~** schwarz bzw. weiß

respirator [ˈrespᵊreɪtəʳ] *n* Beatmungsgerät *nt; (mask)* Atem[schutz]gerät *nt*

respond [rɪˈspɒnd] **I.** *vt* **to ~ that ...** erwidern, dass ... **II.** *vi* ❶ antworten (**to** auf) ❷ **to ~ to treatment** auf eine Behandlung ansprechen

response [rɪˈspɒn(t)s] *n* ❶ Antwort *f* (**to** auf) ❷ *(reaction)* Reaktion *f;* **to meet with a bad/good ~** eine schlechte/gute Resonanz finden

responsibility [rɪˌspɒn(t)səˈbɪləti] *n* ❶ *no pl* Verantwortung *f* (**for** für); **sense of ~** Verantwortungsbewusstsein *nt;* **to carry a lot of ~** eine große Verantwortung tragen ❷ *(duty)* Verantwortlichkeit *f*

responsible [rɪˈspɒn(t)səbl̩] *adj* verantwortlich (**for** für); *(in charge also)* zuständig; *(sensible)* verantwortungsbewusst; **to hold sb ~** jdn verantwortlich machen; LAW jdn haftbar machen

responsive [rɪˈspɒn(t)sɪv] *adj* gut reagierend; *(friendly)* entgegenkommend

rest[1] [rest] *n + sing/pl vb* **the ~** der Rest

rest[2] [rest] **I.** *n* ❶ [Ruhe]pause *f;* **to have a ~** eine Pause machen ❷ *no pl (repose)* Erholung *f;* **for a ~** zur Erholung ❸ *(support)* Stütze *f* **II.** *vt* ❶ **to ~ oneself** sich ausruhen ❷ *(support)* lehnen ❸ **to ~ one's case** seine Beweisführung abschließen **III.** *vi* ❶ [sich aus]ru-

R

hen; **to let sth ~** etw ruhen lassen; **let it ~!** *(fam)* lass es doch auf sich beruhen! ❸ *(depend)* **to ~ on sb/sth** auf jdm/etw ruhen

restaurant ['restᵊrɔ̃(ŋ)] *n* Restaurant *nt;* **~ car** BRIT Speisewagen *m*

restful ['restfᵊl] *adj* erholsam; *sound* beruhigend

rest home *n* Altersheim *nt*

restless ['restləs] *adj* unruhig; *(uneasy)* rastlos; *(wakeful)* ruhelos; **to get ~** anfangen, sich unwohl zu fühlen

restlessly ['restləsli] *adv* unruhig

restlessness ['restləsnəs] *n no pl* ❶ *(agitation)* Unruhe *f* ❷ *(impatience)* Rastlosigkeit *f*

restoration [ˌrestᵊr'eɪʃᵊn] *n* ❶ *no pl* Restaurieren *nt* ❷ *(instance)* Restaurierung *f* ❸ *no pl (re-establishment)* Wiederherstellung *f* ❹ *no pl (form: reappropriation)* Rückgabe *f*

restore [rɪ'stɔːʳ] *vt* ❶ restaurieren ❷ *(re-establish)* wiederherstellen; **to ~ a law** ein Gesetz wieder einführen ❸ *(form: reappropriate)* **to ~ sth to sb** jdm etw zurückgeben ❹ *(reinstate)* **to ~ sb to power** jdn wieder an die Macht bringen

restrain [rɪ'streɪn] *vt* zurückhalten; *(forcefully)* bändigen; **to ~ oneself** sich beherrschen

restraint [rɪ'streɪnt] *n* ❶ *no pl* Beherrschung *f;* **to exercise ~** Zurückhaltung *f* üben ❷ *(restriction)* Einschränkung *f*

R

restrict [rɪ'strɪkt] *vt* einschränken; **to ~ sb from sth** jdm etw untersagen

restricted [rɪ'strɪktɪd] *adj* begrenzt; *(subject to limitation)* eingeschränkt

restriction [rɪ'strɪkʃᵊn] *n (limit)* Beschränkung *f*

restrictive [rɪ'strɪktɪv] *adj* einschränkend; *measure* restriktiv

restroom *n esp* AM Toilette *f*

result [rɪ'zʌlt] **I.** *n* Folge *f; (outcome)* Ergebnis *nt; (satisfactory)* Erfolg *m;* **with the ~ that …** mit dem Ergebnis, dass …; **as a ~ of sth** als Folge einer S. *gen* **II.** *vi* sich ergeben (**from** aus); **to ~ in sth** etw zur Folge haben

résumé ['rezuːmeɪ] *n* ❶ *(summary)* Zusammenfassung *f* ❷ AM, AUS *(curriculum vitae)* Lebenslauf *m*

resuscitation [rɪˌsʌsɪ'teɪʃᵊn] *n* MED Wiederbelebung *f;* **mouth-to-mouth ~** Mund-zu-Mund-Beatmung *f*

retail price *n* Einzelhandelspreis *m*

retake **I.** *vt* <-took, -taken> [ˌriː'teɪk] wiedergewinnen; *exam* wiederholen; **to ~ the lead** SPORTS sich wieder an die Spitze setzen **II.** *n* ['riːteɪk] ❶ *esp* BRIT *(exam)* Wiederholungsprüfung *f* ❷ *(refilm)* Neuaufnahme *f*

retch [retʃ] *vi* würgen; **to make sb ~** jdn zum Würgen bringen

retell <-told, -told> [ˌriː'tel] *vt* nochmals erzählen

rethink **I.** *vt* <-thought, -thought> [ˌriː'θɪŋk] überdenken **II.** *vi* <-thought, -thought> [ˌriː'θɪŋk] überlegen **III.** *n* ['riːθɪŋk] *no pl* Überdenken *nt;* **to have a ~** es noch einmal überdenken

reticence ['retɪsᵊn(t)s] *n no pl* Zurückhaltung *f; (taciturnity)* Wortkargheit *f*

retina <*pl* -s> ['retɪnə] *n* Netzhaut *f*

retire [rɪ'taɪəʳ] **I.** *vi* ❶ in den Ruhestand treten; *worker* in Rente gehen; *civil servant* in Pension gehen ❷ *(form: withdraw)* sich zurückziehen **II.** *vt* in den Ruhestand versetzen

retired [rɪ'taɪəd] *adj* im Ruhestand *präd; worker* in Rente *präd; civil servant* pensioniert

retirement [rɪ'taɪəmənt] *n* ❶ Ausscheiden *nt* aus dem Arbeitsleben; *of civil servant* Pensionierung *f;* **~ age** *of a worker* Rentenalter *nt; of a civil servant* Pensionsalter *nt;* **~ pension** *for a worker* [Alters]rente *f; for a civil servant* Pension *f* ❷ *no pl of a team* Ausscheiden *nt* ❸ *no pl (after working life)* Ruhestand *m*

retiring [rɪ'taɪərɪŋ] *adj* ❶ *attr* ausscheidend ❷ *(reserved)* zurückhaltend

retraining [rɪ'treɪnɪŋ] *n no pl* Umschulung *f*

retreat [rɪˈtriːt] **I.** *vi* sich zurückziehen; *(from assault)* zurückweichen; *(hide)* sich verstecken; *(flood)* zurückgehen; *snares* fallen **II.** *n* ① *no pl* Abkehr *f* (**from** von); *of troops* Rückzug *m* ② *(refuge)* Zufluchtsort *m* ③ REL **to go on ~** in Klausur gehen

retriever [rɪˈtriːvəʳ] *n* Retriever *m*

retrospectively [ˌretrə(ʊ)ˈspektɪvli] *adv* ① *(with hindsight)* im Nachhinein ② LAW *(retroactively)* rückwirkend

return [rɪˈtɜːn] **I.** *n* ① Rückkehr *f* (**to** zu); **~ home** Heimkehr *f;* **sb's ~ to power** POL jds Wiederwahl ② *(reoccurrence)* Wiederauftreten *nt* ③ *(reappropriation)* Rückgabe *f* ④ BRIT, AUS *(ticket)* Hin- und Rückfahrkarte *f* ⑤ SPORTS *(stroke)* Rückschlag *m* ⑥ *no pl* COMPUT Returntaste *f* **II.** *adj attr* Rück- **III.** *vi* ① zurückkehren ② *(revert)* **to ~ to sth** etw wieder aufnehmen; **to ~ to a subject** auf ein Thema zurückkommen **IV.** *vt* ① zurückgeben; **to ~ sth to sb** *(in person)* jdm etw zurückgeben; *(by post)* jdm etw zurückschicken ② *(reciprocate)* erwidern; **to ~ sb's call** jdn zurückrufen; **to ~ a favour** sich revanchieren ③ *(put back)* zurückstellen/-legen

return fare *n* Preis *m* für eine Rückfahrkarte/ein Rückflugticket **return match** *n* Rückspiel *nt* **return ticket** *n* ① BRIT, AUS Hin- und Rückfahrkarte *f;* AVIAT Hin- und Rückflugticket *nt* ② AM *(ticket for return)* Rückfahrkarte *f*

reunification [ˌriːjuːnɪfɪˈkeɪʃᵊn] *n no pl* Wiedervereinigung *f*

reunify <-ie-> [ˌriːˈjuːnɪfaɪ] *vt* **to ~ sth** wiedervereinigen

reunion [ˌriːˈjuːniən] *n* ① Zusammenkunft *f* ② *no pl (form)* Wiedervereinigung *f;* **~ of people** Zusammenführung *f* von Menschen

reunite [ˌriːjuːˈnaɪt] **I.** *vt* **to ~ sb with sb** jdn mit jdm [wieder] zusammenbringen **II.** *vi* sich wiedervereinigen; *people* wieder zusammenkommen

reusable [ˌriːˈjuːzəbl̩] *adj* wiederverwendbar; *(to be recycled)* wiederverwertbar

reuse [ˌriːˈjuːz] *vt* wiederverwenden; *(recycle)* wiederverwerten

reveal [rɪˈviːl] *vt* ① *(allow to be seen)* zeigen, zum Vorschein bringen ② *(disclose)* enthüllen, offenlegen

revenge [rɪˈvendʒ] **I.** *n no pl* Rache *f; (desire)* Rachedurst *m;* **to get one's ~** sich rächen **II.** *vt* rächen

revenue [ˈrevᵊnjuː] *n* ① *no pl* Einkünfte *pl* (**from** aus); *(national)* Staatseinkünfte *pl* ② *pl* **sales ~s** Verkaufseinnahmen *pl*

reverend [ˈrevᵊrᵊnd] *n* ≈ Pfarrer *m,* ≈ Pastor *m*

reverently [ˈrevᵊrᵊntli] *adv (form)* ehrfürchtig, ehrfurchtsvoll

reverse [rɪˈvɜːs] **I.** *vt* ① *esp* BRIT, AUS *car* zurücksetzen ② *(change over)* umkehren; **to ~ the charges** ein R-Gespräch führen **II.** *vi esp* BRIT, AUS *car* rückwärts fahren; *(briefly)* zurücksetzen **III.** *n* ① *no pl* **the ~** das Gegenteil; **no, quite the ~!** nein, ganz im Gegenteil! ② *(gear)* Rückwärtsgang *m* ③ *(back)* **the ~** die Rückseite **IV.** *adj* umgekehrt; *direction* entgegengesetzt

reversible [rɪˈvɜːsəbl̩] *adj* zum Wenden *nach n; (alterable)* umkehrbar; **~ coat** Wendejacke *f*

review [rɪˈvjuː] **I.** *vt* ① [erneut] [über]prüfen; *(reconsider)* überdenken; **to ~ salaries** die Gehälter revidieren ② *(look back over)* zurückblicken auf *+akk* ③ AM *(study again)* wiederholen **II.** *n* ① Überprüfung *f;* **to come under ~** überprüft werden ② *(summary)* Überblick *m* (**of** über); **wage ~** Gehaltsrevision *f* ③ *(criticism)* Kritik *f;* **film ~** Filmbesprechung *f*

reviewer [rɪˈvjuːəʳ] *n* Kritiker(in) *m(f); of literature also* Rezensent(in) *m(f)*

revise [rɪˈvaɪz] **I.** *vt* überarbeiten; *book* redigieren; *(reconsider)* überdenken; BRIT, AUS *(study again)* wiederholen **II.** *vi* BRIT, AUS **to ~ for an exam** auf eine Prüfung lernen

R

revised [rɪˈvaɪzd] *adj attr* ❶ *(reread)* revidiert; ~ **edition** überarbeitete Ausgabe ❷ *(reconsidered)* abgeändert

revive [rɪˈvaɪv] **I.** *vt* wiederbeleben; *(revitalize)* beleben; *(resurrect)* wieder aufleben lassen; *economy* ankurbeln; *idea* wieder aufgreifen; **to ~ sb's hopes** jdm neue Hoffnungen machen **II.** *vi* wieder zu sich *dat* kommen; *(recuperate)* sich erholen; *economy also* wieder aufblühen

revocation [ˌrevəʊˈkeɪʃᵊn] *n* Widerruf *m,* Aufhebung *f*

revolting [rɪˈvəʊltɪŋ] *adj* abstoßend; *smell* ekelhaft; **it is ~ that …** es ist widerlich, dass …

revolution [ˌrevᵊlˈuːʃᵊn] *n* ❶ Revolution *f* ❷ TECH Umdrehung *f;* **~s per minute** Umdrehungen *pl* pro Minute

revolutionary [ˌrevᵊlˈuːʃᵊnᵊri] **I.** *n* Revolutionär(in) *m(f)* **II.** *adj* revolutionär; *(fig)* bahnbrechend

revolving [rɪˈvɒlvɪŋ] *adj attr* Dreh-

reward [rɪˈwɔːd] **I.** *n* Belohnung *f; acknowledgement* Anerkennung *f;* **to offer a ~** eine Belohnung aussetzen **II.** *vt* belohnen

rewarding [rɪˈwɔːdɪŋ] *adj* befriedigend; *experience* lohnend; *task* dankbar

rewind *vt* <-wound, -wound> [ˌriːˈwaɪnd] aufwickeln; *cassette* zurückspulen

R

Rhaeto-Romanic [ˌriːtəʊrə(ʊ)ˈmænɪk] **I.** *n* Rätoromanisch *nt* **II.** *adj* rätoromanisch

rhetorically [rɪˈtɒrɪkᵊli] *adv* ❶ *(not expecting answer)* rhetorisch ❷ *(overdramatically) speak, write* schwülstig *pej*

rheumatism [ˈruːmətɪzᵊm] *n no pl* Rheuma *nt*

rhinoceros [raɪˈnɒsᵊrəs] *n, fam* **rhino** [ˈraɪnəʊ] *n* Nashorn *nt*

rhubarb [ˈruːbɑːb] *n no pl* Rhabarber *m*

rhythm [ˈrɪðᵊm] *n* Rhythmus *m;* **sense of ~** Rhythmusgefühl *nt*

rib [rɪb] *n* ❶ Rippe *f;* **~ cage** Brustkorb *m* ❷ FOOD **~s** Rippchen *nt*

ribbon [ˈrɪbᵊn] *n* ❶ Band *nt; (fig)* Streifen *m* ❷ *(rag)* **in ~s** in Fetzen

rice [raɪs] **I.** *n no pl* Reis *m;* **brown ~** Naturreis *m* **II.** *vt* AM **to ~ vegetables** Gemüse passieren

rice crispies [raɪsˈkrɪspiz] *n pl* Reis-Knusperflocken *pl*

rice pudding *n no pl* Milchreis *m*

rich [rɪtʃ] **I.** *adj* ❶ reich; *(fertile)* fruchtbar; *soil also* fett; *(opulent)* prachtvoll; *food* gehaltvoll; *(hard to digest)* schwer; *colour* satt; **to get ~ quick** schnell zu Reichtum kommen ❷ *(abounding)* reich (**in** an); **~ in detail** sehr detailliert; **~ in vitamins** vitaminreich **II.** *n* **the ~** *pl* die Reichen *pl*

riches [ˈrɪtʃɪz] *n pl* Reichtümer *pl*

richly [ˈrɪtʃli] *adv* ❶ *(lavishly)* prachtvoll, prächtig; **~ decorated** reich verziert ❷ *(generously)* **~ illustrated** reich bebildert; **~ rewarded** reich belohnt

rid <-dd-, rid *or old* ridded, rid> [rɪd] *vt* **to ~ sth/sb of sth** etw/jdn von etw *dat* befreien; **to be ~ of sb/sth** jdn/etw los sein; **to get ~ of sb/sth** jdn/etw loswerden

ridden [ˈrɪdᵊn] *pp of* **ride**

riddle [ˈrɪdl̩] *n* Rätsel *nt*

ride [raɪd] **I.** *n* ❶ Fahrt *f* (**on** mit); *(on horse)* Ritt *m;* **bus ~** Busfahrt *f;* **to go for a ~** eine Fahrt machen; *(on horse)* ausreiten ❷ AM *(driver)* Fahrer(in) *m(f)* ❸ *(free trip)* Mitfahrgelegenheit *f;* **to give sb a ~** jdn [im Auto] mitnehmen ❹ *(at fair)* [Karussell]fahrt *f;* ▸ **to take sb for a ~** *(fam)* jdn übers Ohr hauen **II.** *vt* <rode, ridden> ❶ fahren; *horse* reiten ❷ *usu passive* **to be ridden with guilt** von [schweren] Schuldgefühlen geplagt werden **III.** *vi* <rode, ridden> fahren (**on** mit); *(on horse)* reiten; **to ~ by** vorbeireiten

rider [ˈraɪdəʳ] *n* Fahrer(in) *m(f); of horse* Reiter(in) *m(f)*

ridge [rɪdʒ] *n* Grat *m; of roof* Dachfirst *m;* **~ of high/low pressure** Hoch-/Tiefdruckkeil *m*

ridiculous [rɪˈdɪkjələs] **I.** *adj* lächerlich;

BRIT *(sl: incredible)* unglaublich **II.** *n no pl* **the ~** das Absurde

ridiculously [rɪˈdɪkjələsli] *adv* ❶ *(laughably)* lächerlich; **to behave ~** sich zum Narren machen ❷ *(unbelievably)* wahnsinnig; **~ easy** unglaublich einfach

ridiculousness [ˈrɪdɪkjələsnəs] *n no pl* Lächerlichkeit *f*

riding [ˈraɪdɪŋ] **I.** *n* ❶ *no pl* Reiten *nt* ❷ CAN POL *(constituency)* Wahlbezirk *m* **II.** *adj attr* Reit-; **~ crop** Reitgerte *f;* **~ school** Reitschule *f*

rifle [ˈraɪfl̩] *n* Gewehr *nt*

rig¹ [rɪg] *vt* <-gg-> *(forge)* manipulieren

rig² [rɪg] *n* ❶ NAUT Takelage *f* ❷ *(apparatus)* Vorrichtung *f* ❸ **drilling ~** Bohrinsel *f;* **gas/oil ~** Gas-/Ölbohrinsel *f*

rigging¹ [ˈrɪgɪŋ] *n no pl* NAUT Auftakeln *nt;* AVIAT Aufrüstung *f*

rigging² [ˈrɪgɪŋ] *n no pl* Manipulation *f;* **ballot ~** Wahlmanipulation *f*

right [raɪt] **I.** *adj* ❶ richtig; *(fair)* gerecht; **you're ~ to be annoyed** du bist zu Recht verärgert; **to do the ~ thing** das Richtige tun ❷ *(correct)* richtig; *time* genau; **the ~ way round** richtig herum; **to get sth ~** etw richtig machen; **am I ~ in thinking that …** gehe ich recht in der Annahme, dass … ❸ *(best)* richtig; **to be in the ~ place at the ~ time** zur rechten Zeit am rechten Ort sein ❹ *(healthy)* **to be not [quite] ~ in the head** *(fam)* nicht [ganz] richtig im Kopf sein ❺ *(not left)* rechte(r, s); **to make a ~ turn** rechts abbiegen ❻ *(conservative)* rechte(r, s) ❼ *attr esp* BRIT *(fam: complete)* total **II.** *adv* ❶ *(completely)* völlig; **~ through** durch und durch ❷ *(all the way)* ganz; *(directly)* direkt ❸ *(fam: immediately)* gleich; **I'll be ~ with you** ich komme sofort ❹ **to do ~ by sb** sich jdm gegenüber anständig verhalten ❺ *(properly)* gut ❻ *(not left)* **to turn ~** [nach] rechts abbiegen ▶ **~ away** *(fam)* sofort **III.** *n* ❶ *no pl (goodness)* Recht *nt* ❷ *(morality)* das Richtige ❸ *of claim* Recht *nt;* **women's ~s** die Rechte *pl* der Frau[en] ❹ *pl of ownership* Rechte *pl* ❺ *no pl (not left)* rechte Seite; **on the ~** rechts; **on my/her ~** rechts [von mir/ihr] ❻ + *sing/pl vb* POL **the R~** die Rechte; **the far ~** die Rechtsextremen *pl* **IV.** *vt (align)* aufrichten; *(remedy)* in Ordnung bringen; *(rectify)* wiedergutmachen **V.** *interj (fam)* ❶ *(okay)* in Ordnung *fam;* **~ you are!** in Ordnung! ❷ BRIT **too ~!** wohl wahr! ❸ **~, let's go** also, nichts wie los *fam*

right-hand *adj attr* ❶ *(on the right)* rechte(r, s); **~ drive** Rechtslenkung *f* ❷ *(with right hand)* mit der Rechten *nach n;* **~ punch** rechter Haken

right-handed *adj* rechtshändig

rightly [ˈraɪtli] *adv* richtig; *(justifiably)* zu Recht; **quite ~** völlig zu Recht

right of way <*pl* rights-> *n* ❶ *no pl* Durchgangsrecht *nt* ❷ AUTO Vorfahrt *f*

right-wing *adj* rechts *präd,* rechte(r, s)

right wing *n* + *sing/pl vb* **the ~** der rechte Flügel

rind [raɪnd] *n no pl* Schale *f;* *(bark)* [Baum]rinde *f;* **bacon ~** [Speck]schwarte *f;* **[grated] lemon ~** [geriebene] Zitronenschale

ring¹ [rɪŋ] **I.** *n* ❶ Ring *m;* *(circle)* Kreis *m* ❷ BRIT *(hob)* Kochplatte *f* ❸ *(arena)* Ring *m;* **circus ~** Manege *f* **II.** *vt* ❶ *usu passive* umringen ❷ BRIT *(draw)* einkreisen

ring² [rɪŋ] **I.** *n* ❶ Klingeln *nt kein pl* ❷ *usu sing esp* BRIT **to give sb a ~** jdn anrufen **II.** *vi* <rang, rung> klingeln; *ears* dröhnen **III.** *vt* <rang, rung> ❶ *bell* läuten; **to ~ the alarm** Alarm auslösen ❷ **to ~ the hour** die Stunde schlagen ❸ *esp* BRIT *(phone)* anrufen; **to ~ sb back** jdn zurückrufen

◆ **ring off** *vi* BRIT auflegen

◆ **ring up I.** *vt* ❶ *esp* BRIT anrufen ❷ **to ~ up an amount** einen Betrag [in die Kasse] eintippen **II.** *vi* BRIT anrufen

R

ringleader *n* Anführer(in) *m(f)*
ring road *n* BRIT, AUS Ringstraße *f*
ringside *n* **the ~** *(in boxing)* die Sitzreihe am Boxring; *(at circus)* die Sitzreihe an der Manege
ring tone *n* Klingelton *m*
rink [rɪŋk] *n* **ice ~** Eisbahn *f;* **roller-skating ~** Rollschuhbahn *f*
rinse [rɪns] **I.** *n* Spülung *f;* *(for mouth)* Mundspülung *f;* **to give one's hair a ~** sich *dat* die Haare spülen **II.** *vt, vi* spülen; **to ~ one's mouth** [**out**] sich *dat* den Mund ausspülen
riot ['raɪət] **I.** *n* ① Unruhen *pl;* *(uproar)* Aufstand *m* ② *no pl (fig)* **~ of colour**[**s**] Farbenpracht *f;* **~ of emotions** Gefühlsausbruch *m* **II.** *vi* randalieren; *(fig)* wild feiern
rioting ['raɪətɪŋ] *n no pl* Randalieren *nt*
rip [rɪp] **I.** *n* ① Riss *m* ② *usu sing (act)* Zerreißen *nt; (with knife)* Zerschlitzen *nt* **II.** *vt* <-pp-> zerreißen; **to ~ sth into shreds** etw zerfetzen; **to ~ sth open** etw aufreißen; **to ~ sth apart** etw auseinanderreißen **III.** *vi* <-pp-> ① reißen ② *(rush)* **to ~ through sth** durch etw *akk* fegen
◆**rip off** *vt* ① abreißen ② *(fam: overcharge)* **to ~ off ↻ sb** jdn übers Ohr hauen ③ *(fam: steal)* mitgehen lassen; *ideas* klauen
◆**rip up** *vt* zerreißen; **to ~ the carpets up** den Teppichboden herausreißen

ripen ['raɪpᵊn] **I.** *vi* [heran]reifen **II.** *vt* reifen lassen
rip-off *n (fam)* Wucher *m kein pl pej; (fraud)* Schwindel *m*
rise [raɪz] **I.** *n* ① *of a curtain* Heben *nt kein pl; of the sun* Aufgehen *nt kein pl* ② *(in fishing)* Steigen *nt kein pl* ③ *(in society)* Aufstieg *m* (**to** an *+akk*) **II.** *vi* <rose, risen> steigen; *(awake)* aufstehen; *(from chair)* sich erheben; *sun* aufgehen; *slope* ansteigen; *dough* aufgehen; *mood* steigen; *(socially)* aufsteigen; **to ~ to fame** berühmt werden; **to ~ against sb/sth** sich gegen jdn/etw auflehnen
risen ['rɪzᵊn] *pp of* **rise**
risk [rɪsk] **I.** *n* Risiko *nt;* **~ assessment** Risikoanalyse *f;* **fire ~** Brandgefahr *f;* **at the ~ of doing sth** auf die Gefahr hin, etw zu tun **II.** *vt* riskieren
risky ['rɪski] *adj* riskant
rival ['raɪvᵊl] **I.** *n* Rivale, Rivalin *m, f;* COMM Konkurrent *m;* **arch ~** Erzrivale, -rivalin *m, f;* **bitter ~s** scharfe Rivalen; **closest ~** größter Rivale/größte Rivalin **II.** *adj* konkurrierend *attr;* **~ brand** Konkurrenzmarke *f* **III.** *vt* <BRIT -ll- *or* AM *usu* -l-> **to ~ sb/sth** mit jdm/etw konkurrieren
river ['rɪvəʳ] *n* Fluss *m; (fig)* Strom *m;* **the R~ Thames** die Themse; **down ~** stromabwärts; **up ~** stromaufwärts
river police *n no pl, + sing/pl vb* Wasserschutzpolizei *f*
Riviera [ˌrɪvi'eərə] *n* Riviera *f*
RN [ˌɑːr'en] *n* ① BRIT *abbrev of* **Royal Navy** ② AM *abbrev of* **registered nurse** examinierte Krankenschwester/examinierter Krankenpfleger
RNLI [ˌɑːrenel'aɪ] *n* BRIT *abbrev of* **Royal National Lifeboat Institution** ≈ DLRG *f*
road [rəʊd] *n* Straße *f; (fig)* Weg *m;* **main ~** Hauptstraße *f;* **to cross the ~** die Straße überqueren; **to be on the ~ to recovery** sich auf dem Wege der Besserung befinden

road / street

Beachte den Unterschied:
Der Begriff **street** bezeichnet eine Straße mit Häusern und/oder Geschäften auf beiden Seiten in einer Stadt oder einem Dorf. Er kann *nicht* für eine Landstraße verwendet werden: *John met his friend in the street. Cars can park on both sides of the street.* **Road** kann dagegen sowohl eine Landstraße als auch eine Straße in einer Stadt

oder einem Dorf bezeichnen: *We were on the road to Manchester. Cars go very fast along the main road.*

road accident *n* Verkehrsunfall *m* **roadblock** *n* Straßensperre *f* **road haulage** *n no pl* BRIT Güterverkehr *m* *(auf den Straßen)* **road map** *n* Straßenkarte *f* **road rage** *n no pl aggressives Verhalten im Straßenverkehr* **roadside** **I.** *n no pl* Straßenrand *m;* **at** [*or* **by**] **the ~** am Straßenrand **II.** *n modifier* Straßen-; **~ shop** Laden *m* an der Straße; **~ stop** Rastplatz *m* **road sign** *n* Verkehrsschild *nt* **roadworks** *n pl* Straßenbauarbeiten *pl*

roar [rɔːʳ] **I.** *n* Brüllen *nt kein pl; of cannons* Donnern *nt kein pl; (laughter)* schallendes Gelächter **II.** *vi* brüllen; *cannons* donnern; **to ~ at sb** jdn anbrüllen **III.** *vt* brüllen

roast [rəʊst] **I.** *vt* rösten; *meat* braten **II.** *vi* braten **III.** *adj attr* Brat-; **~ beef** Rinderbraten *m;* **~ chicken** Brathähnchen *nt* **IV.** *n* ❶ Braten *m* ❷ *no pl (process)* Rösten *nt; of coffee* Röstung *f*

rob <-bb-> [rɒb] *vt* **to ~ sb** ❶ jdn bestehlen; *(violently)* jdm rauben; **to ~ a bank** eine Bank ausrauben ❷ *usu passive (fam: overcharge)* jdn ausnehmen

robber [ˈrɒbəʳ] *n* Räuber(in) *m(f)*

robbery [ˈrɒbəri] *n* Raubüberfall *m;* **bank ~** Bankraub *m;* **armed ~** bewaffneter Raubüberfall

robe [rəʊb] *n* langes Kleid; *(dressing gown)* Morgenmantel *m*

robin, *liter* **robin redbreast** [ˈrɒbɪn] *n* Rotkehlchen *nt*

robot [ˈrəʊbɒt] *n* Roboter *m*

rock[1] [rɒk] *n* ❶ Fels[en] *m,* Stein *m* ❷ *(Gibraltar)* **the R~** der Felsen von Gibraltar ❸ AM, AUS *(stone)* Stein *m* ❹ *no pl* BRIT **stick of ~** Zuckerstange *f* ❺ *(fam: diamond)* Klunker *m*

rock[2] [rɒk] **I.** *n* ❶ *no pl (music)* Rockmusik *f* ❷ *(seesaw)* Schaukeln *nt kein pl* **II.** *vt* schaukeln; *(gently)* wiegen; **to ~ a child to sleep** ein Kind in den Schlaf wiegen **III.** *vi* ❶ schaukeln; **to ~ back and forth** hin und her schaukeln ❷ Rock[musik] spielen

rock climbing *n no pl* Klettern *nt*

rocket [ˈrɒkɪt] **I.** *n* [Marsch]flugkörper *m; (for space)* Rakete *f; (firework)* [Feuerwerks]rakete *f* **II.** *vi* **to ~** [**up**] *prices* hochschnellen

rocking [ˈrɒkɪŋ] *adj* schaukelnd; **~ chair** Schaukelstuhl *m;* **~ horse** Schaukelpferd *nt*

rocky [ˈrɒki] *adj* felsig; *soil* steinig

rod [rɒd] *n* Stange *f; (staff)* Stab *m; (cane)* Rohrstock *m*

rode [rəʊd] *pt of* **ride**

roe[1] [rəʊ] *n no pl* Rogen *m; of male fish* Milch

roe[2] <*pl* -s *or* -> [rəʊ] *n (deer)* Reh *nt*

role [rəʊl] *n* Rolle *f;* **leading/supporting ~** Haupt-/Nebenrolle *f*

roll [rəʊl] **I.** *n* ❶ Rolle *f;* **~ of film/paper** Rolle *f* Film/Papier ❷ *(list)* [Namens]liste *f;* **electoral ~** Wählerverzeichnis *nt* ❸ *(bread)* Brötchen *nt; (meat)* Roulade *f; (cake)* Rolle *f* ❹ *(turn over)* Rollen *nt; sway* Schlingern *nt;* **backward ~** Rolle *f* rückwärts ❺ *usu sing of thunder* [G]rollen *nt kein pl* **II.** *vt* ❶ rollen; **to ~ one's eyes** die Augen verdrehen ❷ *(turn over)* drehen ❸ *(push)* rollen; *(when heavier)* schieben ❹ *(wind)* aufrollen; **to ~ wool into a ball** Wolle aufwickeln ❺ *pastry* ausrollen ❻ *dice* würfeln **III.** *vi* ❶ rollen (**off** von); *(turn over)* sich herumrollen; *(wallow)* sich [herum]wälzen ❷ *waves* rollen; *tears* kullern ❸ *(on wheels)* rollen ❹ *acrobat* eine Rolle machen; *ship* schlingern

◆**roll back** **I.** *vt* zurückrollen; *(push back)* zurückschieben; *(fold back)* zurückschlagen; *(fig)* umkehren; **to ~ back the years** die Uhr zurückdrehen **II.** *vi* zurückrollen; *wages* sinken

◆**roll in** *vi, vt* hinein/hereinrollen; *of-*

R

fers [massenhaft] eingehen
◆**roll out** *vt, vi* hinaus-/herausrollen; *dough* ausrollen
◆**roll over** I. *vi* herumrollen; *person, animal* sich umdrehen; **to ~ over onto one's side** sich auf die Seite rollen II. *vt* umdrehen; *credit* erneuern; **~ him over onto his back/side** dreh ihn auf den Rücken/die Seite
◆**roll up** I. *vt* hochrollen; *sleeves* hochkrempeln; *(coil)* aufrollen; *credit* verlängern II. *vi* ❶ hochrollen ❷ *(fam: arrive)* aufkreuzen ❸ BRIT, AUS *(participate)* ~ **up!** treten Sie näher!
roll bar *n* Überrollbügel *m*
roller ['rəʊləʳ] *n* Rolle *f;* TECH Walze *f*
roller blind *n esp* BRIT, AUS Rollo *nt* **roller coaster** *n* Achterbahn *f* **roller-skate** *vi* Rollschuh laufen
rolling pin *n* Nudelholz *nt*
roll-neck *n* Rollkragen *m; (sweater)* Rollkragenpullover *m*
Roman ['rəʊmən] I. *adj* römisch II. *n* Römer(in) *m(f)*
Roman Catholic I. *adj* römisch-katholisch II. *n* Katholik(in) *m(f)*
romance [rə(ʊ)'mæn(t)s] *n* ❶ *no pl* Romantik *f* ❷ *(affair)* Romanze *f; (film)* Liebesfilm *m; (book)* Liebesroman *m;* **whirlwind ~** heftige Liebesaffäre
Romania [rʊ'meɪniə] *n* Rumänien *nt*
Romanian [rʊ'meɪniən] I. *adj* rumänisch II. *n* ❶ *(person)* Rumäne, Rumänin *m, f* ❷ *(language)* Rumänisch *nt*
romantic [rə(ʊ)'mæntɪk] I. *adj* romantisch II. *n* Romantiker(in) *m(f)*
Rome [rəʊm] *n* Rom *nt*
roof [ru:f] I. *n* Dach *nt; (attic)* Dachboden; *(ceiling)* Decke *f* II. *vt* überdachen
roof garden *n* Dachgarten *m* **roof rack** *n* Dachgepäckträger *m*
rook[1] [rʊk] *n* ORN Krähe *f*
rook[2] [rʊk] *n* CHESS Turm *m*
rookie ['rʊki] *n esp* AM, AUS *(fam)* Neuling *m;* MIL Rekrut(in) *m(f)*
room [ru:m] *n* ❶ *no pl (space)* Platz *m* ❷ *(scope)* Raum *m;* **~ for manoeuvre** Bewegungsspielraum *m* ❸ *(in walls)* Zimmer *nt;* **double/single ~** Doppel-/Einzelzimmer *nt*
room-mate, AM *usu* **roommate** *n* Zimmergenosse, -genossin *m, f;* AM *(co-tenant)* Mitbewohner(in) *m(f)*
room service *n no pl* Zimmerservice *m*
roomy ['ru:mi] *adj* geräumig
rooster ['ru:stəʳ] *n* AM, AUS Hahn *m*
root [ru:t] I. *n* Wurzel *f; (fig a.)* Ursprung *m; (essence)* Kern *m kein pl;* LING Stamm *m;* **to take ~** Wurzeln schlagen II. *vt* einpflanzen III. *vi* ❶ wurzeln ❷ *(fam)* **to ~ for sb** jdm die Daumen drücken ❸ **to ~ through sth** etw durchstöbern
rooted ['ru:tɪd] *adj* verwurzelt; **to be** [**firmly**] **~ in sth** *distrust, problems* in etw *dat* [tief] verwurzelt sein ▶ **to be ~ to the spot** wie angewurzelt dastehen
root vegetable *n* Wurzelgemüse *nt; (celery)* Knolle *f*
rope [rəʊp] I. *n* Seil *nt;* NAUT Tau *nt;* AM *(lasso)* Lasso *nt;* ▶ **to learn the ~s** sich *akk* [in etw *akk*] einarbeiten II. *vt* anseilen (**to** an)
rope ladder *n* Strickleiter *f*
rose[1] [rəʊz] I. *n* ❶ Rose *f; (bush)* Rosenstrauch *m* ❷ *no pl (colour)* Rosa *nt;* ▶ **to come up** [**smelling of**] **~s** bestens laufen *fam* II. *adj* rosa
rose[2] [rəʊz] *pt of* **rise**
rosebud *n* Rosenknospe *f* **rose bush** *n* Rosenstrauch *m* **rose hip** *n* Hagebutte *f*
rosemary ['rəʊzmᵊri] *n no pl* Rosmarin *m*
rosy ['rəʊzi] *adj* rosig
rot [rɒt] I. *n no pl* ❶ Fäulnis *f; (matter)* Verfaultes *nt* ❷ BRIT **the ~** der Verfall II. *vi* <-tt-> verrotten; *teeth, meat* verfaulen; *(deteriorate)* verkommen
rota ['rəʊtə] *n esp* BRIT Liste *f; (plan)* Plan *m*
rota system *n* BRIT Dienstplan *m*
rotate [rə(ʊ)'teɪt] I. *vi* rotieren (**around** um); *(alternate)* wechseln II. *vt* dre-

hen; *troops* auswechseln; **to ~ crops** im Fruchtwechsel anbauen

rotten ['rɒtᵊn] I. *adj* ① verfault; *fruit* verdorben; *(corrupt)* korrupt ② *(fam: bad)* mies; **to feel ~** sich mies fühlen II. *adv (fam)* total *fam;* **to be spoiled ~** *child* völlig verzogen sein

rough [rʌf] I. *adj* ① rau; *voice also* hart; *terrain* uneben; *estimate* grob ② *(fam: difficult)* schwer ③ BRIT *(fam: ill)* **to look ~** mitgenommen aussehen II. *adv (fam)* rau ▸ **to sleep ~** BRIT im Freien schlafen III. *vt (fam)* **to ~ it** [ganz] primitiv leben

roughly ['rʌfli] *adv* grob; **~ built** grob zusammengezimmert; **~ the same** ungefähr gleich

round [raʊnd] I. *adj* <-er, -est> rund; *face* rundlich; *(number)* rund II. *adv esp* BRIT ① *(turn)* **to go ~** sich umdrehen ② *(here and there)* **to run ~** herumrennen *fam* ③ *(visit)* **to come ~** vorbeikommen *fam;* **to go ~** *virus, rumours* umgehen ④ *(surrounding)* rundherum; **all year ~** das ganze Jahr hindurch ⑤ *(to opposite)* **to turn ~** sich umdrehen III. *prep* um *+akk;* **he put his arms ~ her** er legte seine Arme um sie; **the moon goes ~ the earth** der Mond kreist um die Erde; **to be just ~ the corner** gleich um die Ecke sein IV. *n* ① Runde *f; (series)* Folge *f;* **~ of talks** Gesprächsrunde *f;* **~ of applause** Beifall *m* ② *esp* BRIT, AUS *(route)* Runde *f;* **to do a paper ~** Zeitungen austragen V. *vt* **to ~ the corner** um die Ecke biegen

◆**round off** *vt* abrunden

◆**round up** *vt* zusammentrommeln *fam; things* zusammentragen; *number* aufrunden

roundabout ['raʊndəˌbaʊt] I. *n* ① BRIT, AUS *(traffic)* Kreisverkehr *m* ② BRIT *(at funfair)* Karussell *nt* II. *adj* umständlich; **to take a ~ route** einen Umweg machen; **to give a ~ statement** eine unklare Aussage machen

round-the-clock *adj, adv* rund um die Uhr; **to be open ~** durchgehend geöffnet haben; **to work ~** rund um die Uhr arbeiten

round trip I. *n* Rundreise *f* II. *adv* AM **to fly ~** ein Rückflugticket haben

route [ru:t] *n* ① Route *f; (bus)* Linie *f;* **the ~ to success** der Weg zum Erfolg ② AM *(delivery)* Runde *f;* **to have a paper ~** Zeitungen austragen

routine [ru:'ti:n] I. *n* Routine *f; (dancing)* Figur *f* II. *adj* routinemäßig; **to become ~** zur Gewohnheit werden

row[1] [rəʊ] *n* Reihe *f; (street)* Straße *f;* **~s of people** Menschenschlangen *pl;* **in a ~** hintereinander; **in ~s** reihenweise

row[2] [raʊ] I. *n esp* BRIT, AUS Streit *m; (noise)* Krach *m kein pl* II. *vi esp* BRIT *(fam)* sich streiten

row[3] [rəʊ] I. *vt, vi* rudern II. *n usu sing* Rudern *nt kein pl*

rowboat ['rəʊbəʊt] *n* AM *(rowing boat)* Ruderboot *nt*

row house *n* AM *(terraced house)* Reihenhaus *nt*

rowing ['rəʊɪŋ] *n no pl* Rudern *nt;* **~ boat** Ruderboot *nt;* **~ club** Ruderklub *m*

royal ['rɔɪəl] I. *adj* <-er, -est> ① königlich; *(fig)* fürstlich ② *esp* AM *(fam: big)* gewaltig II. *n (fam)* Angehörige(r) *f(m)* der königlichen Familie

rpm <pl -> [ˌɑ:pi:'em] *n abbrev of* **revolutions per minute** U/min

RSPCA [ˌɑ:esˌpi:si:'eɪ] *n no pl, + sing/pl vb* BRIT *abbrev of* **Royal Society for the Prevention of Cruelty to Animals** ≈ Tierschutzverein *m*

RSVP [ˌɑ:esvi:'pi:] *abbrev of* **répondez s'il vous plaît** u. A. w. g.

rub [rʌb] I. *n* Reiben *nt kein pl;* **to give sth a ~** etw reiben II. *vt* <-bb-> reiben; *(with ointment)* einreiben; **to ~ one's hands together** sich *dat* die Hände reiben; **to ~ sth clean** etw sauber wischen III. *vi* <-bb-> reiben; *abrade* scheuern

◆**rub down** *vt* abreiben; *(clean)* abwischen; *dog* trocken reiben

R

◆ **rub in** *vt* einreiben; **to ~ it in** *(fam)* auf etw *dat* herumreiten ▶ **to ~ sb's nose in it** es jdm unter die Nase reiben *fam*

◆ **rub off I.** *vi* ❶ sich wegreiben lassen; *stains* rausgehen ❷ *(fam)* **sth ~s off on sb** etw färbt auf jdn ab **II.** *vt* wegwischen

◆ **rub out I.** *vt* ❶ ausradieren ❷ AM *(sl)* **to ~ out ⊂ sb** jdn abmurksen *sl* **II.** *vi* *stain* herausgehen; *(erase)* sich ausradieren lassen

rubber ['rʌbəʳ] *n* ❶ *no pl* Gummi *m o nt* ❷ BRIT, AUS *(eraser)* Radiergummi *m* ❸ AM *(shoes)* **~s** *pl* Überschuhe *pl (aus Gummi)*

rubber ball *n* Gummiball *m* **rubber band** *n* Gummiband *nt* **rubber boot** *n* Gummistiefel *m* **rubber glove** *n* Gummihandschuh *m* **rubber tree** *n* Kautschukbaum *m*

rubbery ['rʌbᵊri] *adj* gummiartig; *meat* zäh

rubbish ['rʌbɪʃ] **I.** *n no pl esp* BRIT ❶ Müll *m* ❷ *(fig fam: nonsense)* Quatsch *m* **II.** *vt* BRIT, AUS *(fam)* als Unsinn abtun **III.** *adj* BRIT *(fam)* **I'm ~ at maths** in Mathe bin ich eine absolute Null

rubbish bin *n* Abfalleimer *m* **rubbish chute** *n* Müllschlucker *m* **rubbish collection** *n* Müllabfuhr *f* **rubbish dump, rubbish tip** *n* Mülldeponie *f*

R

rubble ['rʌbl̩] *n no pl* Trümmer *pl;* **to reduce sth to ~** etw in Schutt und Asche legen

rubella [ru:'belə] *n no pl* Röteln *pl*

ruby ['ru:bi] **I.** *n* Rubin *m* **II.** *adj* rubinrot

rucksack ['rʌksæk] *n* BRIT Rucksack *m*

rudder ['rʌdəʳ] *n* [Steuer]ruder *nt*

rude [ru:d] *adj* ❶ unhöflich; *behaviour* unverschämt; *gesture* ordinär; *joke* unanständig ❷ *attr (sudden)* unerwartet; **~ awakening** böses Erwachen

rudely ['ru:dli] *adv* unhöflich; **he pushed past me ~** er drängte sich rüde an mir vorbei

rudeness ['ru:dnəs] *n no pl* Unhöflichkeit *f; (obscenity)* Unanständigkeit *f*

rug [rʌg] *n* Teppich *m*

ruin ['ru:ɪn] **I.** *vt* zerstören; **to ~ sb's day** jdm den Tag vermiesen; **to ~ one's eyesight** sich *dat* die Augen verderben **II.** *n* ❶ Ruine *f;* **to be in ~s** eine Ruine sein; **to fall into ~s** zu einer Ruine verfallen ❷ *no pl (bankruptcy)* Ruin *m*

ruined ['ru:ɪnd] *adj* **to be ~** ruiniert sein; **a ~ castle/house** ein verfallenes Schloss/Haus; **a ~ city** eine Stadt, die in Ruinen liegt

rule [ru:l] **I.** *n* ❶ Regel *f;* **~s and regulations** Regeln und Bestimmungen; **to be against the ~s** gegen die Regeln verstoßen ❷ *no pl (control)* Herrschaft *f;* **the ~ of law** die Rechtsstaatlichkeit ▶ **as a [general] ~** in der Regel **II.** *vt* ❶ regieren ❷ *(decide)* **to ~ that ...** entscheiden, dass ... **III.** *vi* ❶ herrschen; *sovereign* regieren ❷ LAW **to ~ on sth** in etw *dat* entscheiden

◆ **rule out** *vt* ausschließen

ruler ['ru:ləʳ] *n* Herrscher(in) *m(f); (scale)* Lineal *nt*

rum [rʌm] *n* Rum *m*

rumble ['rʌmbl̩] **I.** *n* ❶ Grollen *nt kein pl; of stomach* Knurren *nt;* **~s of discontent** Anzeichen *pl* von Unzufriedenheit ❷ *esp* AM, AUS *(fam)* Schlägerei *f* **II.** *vi* rumpeln; *stomach* knurren **III.** *vt* BRIT *(fam)* durchschauen

rummy ['rʌmi] *n no pl* Rommé *nt*

rumour, AM **rumor** ['ru:məʳ] **I.** *n* Gerücht *nt;* **~ has it [that] ...** es geht das Gerücht um, dass ...; **to spread a ~ that ...** das Gerücht verbreiten, dass ... **II.** *vt passive* **it is ~ed that ...** es wird gemunkelt, dass ...

run [rʌn] **I.** *n* ❶ Lauf *m;* **to break into a ~** zu laufen beginnen; **to go for a ~** laufen gehen ❷ *(journey)* Strecke *f* ❸ *(period)* Dauer *f;* **~ of bad/good luck** Pech-/Glückssträhne *f* ❹ **test ~** Probelauf *m* ❺ **chicken ~** Hühnerhof *m* ❻ SPORTS Run *m* ❼ *(fam)* **to have the ~s** Dünnpfiff haben *sl* ▶ **in**

the long ~ auf lange Sicht gesehen; **in the short** ~ kurzfristig **II.** *vi* <ran, run> ❶ laufen; **to ~ for the bus** dem Bus nachlaufen; **to ~ for cover** schnell in Deckung gehen; **to ~ for one's life** um sein Leben rennen ❷ *(operate)* fahren; **to keep the economy ~ning** die Wirtschaft am Laufen halten ❸ *road* verlaufen ❹ *(last)* [an]dauern; **the film ~s for two hours** der Film dauert zwei Stunden ❺ *(be)* **inflation is ~ning at 10%** die Inflationsrate beträgt 10 % ❻ *(flow)* fließen; **my nose is ~ning** meine Nase läuft ▶ **to ~ amok** Amok laufen; **to ~ low** *supplies* [langsam] ausgehen **III.** *vt* <ran, run> ❶ *(drive)* **to ~ sb to the station** jdn zum Bahnhof bringen ❷ *(pass)* **he ran a vacuum cleaner over the carpet** er saugte den Teppich ab ❸ *program, engine* laufen lassen; **to ~ additional trains** zusätzliche Züge einsetzen ❹ *business* leiten; *household* führen; **don't tell me how to ~ my life!** erklär mir nicht, wie ich mein Leben leben soll! ❺ **to ~ a story about sth** über etw *akk* berichten ❻ **to ~ a risk** ein Risiko eingehen ❼ **to ~ errands** Botengänge machen ▶ **to ~ the show** verantwortlich sein

◆ **run across** *vi* zufällig treffen; **to ~ across a problem** auf ein Problem stoßen

◆ **run after** *vi* hinterherlaufen *+dat*

◆ **run along** *vi (fam)* **~!** troll dich!

◆ **run away** *vi* weglaufen; **to ~ away from sb** jdn verlassen; **to ~ away from home** von zu Hause weglaufen; **to ~ away together** gemeinsam durchbrennen *fam*

◆ **run back** *vi* zurücklaufen

◆ **run down I.** *vt* ❶ *(fam: criticize)* runtermachen ❷ **to ~ oneself down** sich übernehmen **II.** *vi* BRIT reduziert werden

◆ **run in** *vt (fam)* einlochen

◆ **run into** *vi* ❶ **to ~ into sb/sth** in jdn/etw hineinrennen ❷ *(meet)* **to ~ into sb** jdm über den Weg laufen; **to ~ into sth** *(fig)* auf etw *akk* stoßen; **to ~ into debt** sich in Schulden stürzen; **to ~ into bad weather** in schlechtes Wetter geraten

◆ **run off** *vi* ❶ *(fam)* abhauen; **to ~ off with sb/sth** mit jdm/etw durchbrennen ❷ *track* abbiegen

◆ **run out** *vi* ❶ ausgehen; **the milk has ~ out** die Milch ist alle; **to ~ out of time** keine Zeit mehr haben ❷ *passport* ablaufen; *licence* auslaufen ❸ **to ~ out on sb** jdn verlassen

◆ **run over I.** *vt* überfahren **II.** *vi* ❶ **to ~ over time** überziehen ❷ *(overflow)* überlaufen

◆ **run through I.** *vt* durchbohren **II.** *vi* durchgehen; *(practise)* durchspielen

◆ **run up I.** *vt debts* machen; *dress* nähen **II.** *vi* **to ~ up against opposition** auf Widerstand stoßen

runabout *n* [kleiner] Stadtflitzer *fam*

runaround *n no pl* **to get the ~** im Dunkeln gelassen werden

runaway I. *adj attr* außer Kontrolle geraten; *prisoner* entlaufen; **~ success** Riesenerfolg *m fam* **II.** *n* Ausreißer(in) *m(f) fam*

rundown I. *n* [ˈrʌndaʊn] ❶ zusammenfassender Bericht ❷ *no pl (reduction)* Kürzung *f* **II.** *adj* [ˌrʌnˈdaʊn] heruntergekommen

rung[1] [rʌŋ] *n* Sprosse *f*; *(fig)* Stufe *f*

rung[2] [rʌŋ] *pp of* **ring**

runner [ˈrʌnəʳ] *n* ❶ Läufer(in) *m(f)*; *(horse)* Rennpferd *nt* ❷ AUS *(shoe)* Turnschuh *m*

runner bean *n* BRIT Stangenbohne *f*

runner-up *n* Zweite(r); **to be the ~** den zweiten Platz belegen

running [ˈrʌnɪŋ] **I.** *n no pl* Laufen *nt*; ▶ **to be in/out of the ~** mit/nicht mit im Rennen sein **II.** *adj* ❶ *after n* nacheinander *nach n* ❷ *(ongoing)* [fort]laufend

running costs *n pl* Betriebskosten *pl*; *of car* Unterhaltskosten *pl*

runny [ˈrʌni] *adj* **I've a ~ nose** meine

R

Nase läuft

run-off *n (in election)* Stichwahl *f; (in race)* Entscheidungslauf *m*

run-up *n* ❶ SPORTS Anlauf *m* [zum Absprung] ❷ *esp* BRIT *(prelude)* Vorlauf *m*

runway *n* Start- und Landebahn *f;* SPORTS Anlaufbahn *f*

rural [ˈrʊərəl] *adj* ländlich

rush[1] [rʌʃ] *n* Binse *f*

rush[2] [rʌʃ] **I.** *n* ❶ Eile *f; (dash)* Losstürzen *nt; (fig: surge)* Schwall *m;* **slow down! what's the ~?** mach langsam! wozu die Eile?; **gold ~** Goldrausch *m;* **to be in a ~** in Eile sein; **to leave in a ~** sich eilig auf den Weg machen **II.** *vi* ❶ eilen; **stop ~ing!** hör auf zu hetzen!; **to ~ about** herumhetzen; **to ~ in** hineinstürmen; **to ~ out** hinausstürzen; *water* herausschießen ❷ *(precipitate)* **to ~ into sth** etw überstürzen **III.** *vt* ❶ **she was ~ed to hospital** sie wurde auf schnellstem Weg ins Krankenhaus gebracht ❷ *(pressure)* **to ~ sb [into sth]** jdn [zu etw *dat*] treiben; **don't ~ me!** dräng mich nicht! ❸ *(precipitate)* **let's not ~ things** lass uns nichts überstürzen; **to ~ one's food** hastig essen

◆**rush out** *vt* COMM schnell auf den Markt bringen

rushed [rʌʃt] *adj* gehetzt; **~ decisions** übereilte Entscheidungen

rush hour *n* Hauptverkehrszeit *f*

Russia [ˈrʌʃə] *n* Russland *nt*

Russian [ˈrʌʃən] **I.** *adj* russisch **II.** *n* ❶ Russe, Russin *m, f* ❷ *no pl (language)* Russisch *nt*

rust [rʌst] **I.** *n no pl* Rost *m; (colour)* Rostbraun *nt* **II.** *vi* rosten; **to ~ away/through** ver-/durchrosten **III.** *vt* rostig machen; *(fig)* einrosten lassen

rustler [ˈrʌslər] *n esp* AM, AUS Viehdieb(in) *m(f)*

rusty [ˈrʌsti] *adj* verrostet; *(fig)* eingerostet; **my Russian is a bit rusty** ich bin mit meinem Russisch etwas aus der Übung

rut [rʌt] *n* [Rad]spur *f;* ▶ **to be [stuck] in a ~** in einen [immer gleichen] Trott geraten sein

ruthless [ˈruːθləs] *adj* unbarmherzig; *remark* mitleid[s]los

ruthlessly [ˈruːθləsli] *adv* unbarmherzig, erbarmungslos; **the kidnapper acted ~** der Kidnapper ging skrupellos vor; **to criticize sb ~** jdn schonungslos kritisieren

RV [ˌɑːrˈviː] *n* AM *abbrev of* **recreational vehicle** Wohnmobil *nt*

rye [raɪ] *n no pl* Roggen *m*

Ss

S *<pl -'s>*, **s** *<pl -'s>* [es] *n* S *nt*, s *nt*; *see also* **A 1**
S¹ *n no pl abbrev of* **south** S
S² *adj* FASHION *abbrev of* **small** S
s *<pl -> abbrev of* **second** s, Sek.
sabotage ['sæbətɑː(d)ʒ] **I.** *vt* sabotieren **II.** *n* Sabotage *f*
sachet ['sæʃeɪ] *n* [kleiner] Beutel; **~ of sugar** Zuckertütchen *nt*
sack [sæk] **I.** *n* ① Sack *m* ② *no pl* **to get the ~** rausgeschmissen werden *fam* **II.** *vt* rausschmeißen *fam*
sacred ['seɪkrɪd] *adj* heilig; *music* geistlich
sacrifice ['sækrɪfaɪs] **I.** *vt* opfern **II.** *vi* **to ~ to the gods** den Göttern Opfer bringen **III.** *n* Opfer *nt*
sad <-dd-> [sæd] *adj* traurig; *(unsatisfactory also)* bedauerlich; *incident* betrüblich; *weather* trist; **to look ~** betrübt aussehen; **to make sb ~** jdn betrüben
saddle ['sædl] **I.** *n* Sattel *m* **II.** *vt* satteln; *(fam: burden)* **to be ~d with sth** etw am Hals haben
sadistically [sə'dɪstɪkli] *adv* sadistisch
sadness ['sædnəs] *n no pl* Traurigkeit *f* (**about/at** über)
sae *n*, **SAE** [ˌeseɪ'iː] *n abbrev of* **stamped addressed envelope** frankierter Rückumschlag
safari [sə'fɑːri] *n* Safari *f*; **~ park** Safaripark *m*
safe [seɪf] **I.** *adj* ① sicher; **~ journey!** gute Reise!; **to keep sth in a ~ place** etw sicher aufbewahren; **to feel ~** sich sicher fühlen ② *(sure)* [relativ] sicher; **it's a ~ bet that …** man kann davon ausgehen, dass … ③ *(careful)* vorsichtig; **to make the ~ choice** auf Nummer Sicher gehen *fam* ▶ **to be in ~ hands** in guten Händen sein; **to be as ~ as houses** BRIT bombensicher sein *fam*; **to play it ~** auf Nummer Sicher gehen *fam* **II.** *n* Tresor *m*
safe-deposit box *n* Tresorfach *nt* **safe-keeping** *n no pl* [sichere] Aufbewahrung; **in sb's ~** in jds Gewahrsam
safely ['seɪfli] *adv* ① *(securely)* sicher ② *(avoiding risk)* vorsichtig ③ **to arrive ~** *person* wohlbehalten ankommen; *object* heil ankommen
safe sex *n no pl* Safersex *m*
safety ['seɪfti] *n no pl* Sicherheit *f*; **place of ~** sicherer Ort ▶ **there's ~ in numbers** *(prov)* in der Gruppe ist man sicherer
safety belt *n* Sicherheitsgurt *m* **safety lock** *n* Sicherheitsschloss *nt*; *(on gun)* Sicherung *f* **safety pin** *n* Sicherheitsnadel *f* **safety regulations** *n pl* Sicherheitsvorschriften *pl*
sagging ['sægɪŋ] *adj* ① *(drooping)* *shoulders* herabhängend *attr*; *bed, roof, rope* durchhängend *attr* ② *(fig: declining)* *demand* sinkend *attr*; *support* nachlassend *attr*
Sagittarius [ˌsædʒɪ'teəriəs] *n* ASTROL Schütze *m*
said [sed] **I.** *pp, pt of* **say** **II.** *adj attr* besagt
sail [seɪl] **I.** *n* Segel *nt*; *(of windmill)* Flügel *m*; **to hoist/lower the ~s** die Segel setzen/einholen ▶ **to set ~** in See stechen **II.** *vi* ① fahren, reisen; **to ~ around the world** die Welt umsegeln ② *(glide)* gleiten; **to ~ along** dahingleiten **III.** *vt* *ship* steuern; *yacht* segeln
sailboard *n* Surfbrett *nt* **sailboat** *n* AM Segelboot *nt*
sailing ['seɪlɪŋ] *n* Segeln *nt*; **~ boat** Segelboot *nt*
sailor ['seɪlə^r] *n* Segler(in) *m(f)*; *(crew)* Matrose *m*
saint [seɪnt, sənt] *n* Heilige(r) *f(m)*; **S~**

Peter der heilige Petrus; **S~ Paul's Cathedral** die Paulskathedrale

sake [seɪk] *n* **for sb's ~** jdm zuliebe; **for the ~ of sth** um einer S. *gen* willen; **for the ~ of peace** um des [lieben] Friedens willen ▶ **for goodness** [*or* **heaven's**] **~** um Gottes [*o* Himmels] willen

salad [ˈsæləd] *n* Salat *m;* **~ cream** BRIT [Salat]mayonnaise *f;* **~ dressing** Dressing *nt*

salamander [ˈsæləmændəʳ] *n* Salamander *m*

salami [səˈlɑːmi] *n* Salami *f*

salary [ˈsælᵊri] *n* Gehalt *nt;* **to raise sb's ~** jds Gehalt erhöhen; **~ cut** Gehaltskürzung *f;* **~ earner** Gehaltsempfänger(in) *m(f)*

sale [seɪl] *n* ❶ *(act)* Verkauf *m;* **for ~** zu verkaufen ❷ *(quantity)* Absatz *m* ❸ *(cut-priced)* Ausverkauf *m;* **the ~s** *pl* der Schlussverkauf *kein pl* ❹ *pl (department)* **S~s** die Verkaufsabteilung

sale price *n* Verkaufspreis *m* **sales department** *n* Verkaufsabteilung *f* **salesgirl** *n* Verkäuferin *f* **salesman** *n* Verkäufer *m;* **door-to-door ~** Hausierer *m* **sales receipt** *n* Kassenzettel *m* **saleswoman** *n* Verkäuferin *f*

salmon [ˈsæmən] *n* <*pl* - *or* -s> *no pl* Lachs *m;* **smoked ~** Räucherlachs *m*

salmonella poisoning *n no pl* Salmonellenvergiftung *f*

saloon [səˈluːn] *n* BRIT Limousine *f*

salt [sɔːlt] **I.** *n* Salz *nt;* **a pinch of ~** eine Prise Salz ▶ **to rub ~ in sb's wound** Salz in jds Wunde streuen **II.** *vt* salzen

salt cellar *n* Salzstreuer *m* **salt-water** *adj attr* Salzwasser-; **~ fish** Meeresfisch *m;* **~ lake** Salzsee *m* **salt water** *n no pl* Salzwasser *nt*

salty [ˈsɔːlti] *adj* salzig

salvation [sælˈveɪʃᵊn] *n no pl* Rettung *f;* REL Erlösung *f;* **to be beyond ~** nicht mehr zu retten sein

Salvation Army *n no pl* Heilsarmee *f*

samba [ˈsæmbə] **I.** *n* Samba *f o m* **II.** *vi* Samba tanzen

same [seɪm] **I.** *adj attr* **the ~ …** der/die/das gleiche …; *(identical)* der-/die-/dasselbe; **she's the ~ age as me** sie ist genauso alt wie ich; **at the ~ time** gleichzeitig; **it's the ~ old story** es ist die alte Geschichte ▶ **to be in the ~ boat** im gleichen Boot sitzen **II.** *pron* **the ~** der-/die-/dasselbe; **men are all the ~** die Männer sind alle gleich; **to be one and the ~** ein und der-/die-/dasselbe sein; **I feel just the ~ as you do** mir geht es genauso wie dir ▶ **all the ~** trotzdem; **[the] ~ to you** danke, gleichfalls

sample [ˈsɑːmpl̩] **I.** *n* ❶ Probe *f;* **free ~** Gratisprobe *f* ❷ *(representative) of people* Querschnitt *m; of things* Stichprobe *f* **II.** *vt* ❶ [aus]probieren; *food* kosten ❷ MUS mischen

sand [sænd] **I.** *n* Sand *m;* **~s** *pl (beach)* Sandstrand *m* **II.** *vt wood* [ab]schmirgeln

sandal [ˈsændᵊl] *n* Sandale *f*

sandbank *n* Sandbank *f* **sandcastle** *n* Sandburg *f* **sand dune** *n* Sanddüne *f*

sander [ˈsændəʳ] *n* Schleifmaschine *f*

sandpaper **I.** *n no pl* Schmirgelpapier *nt* **II.** *vt* abschmirgeln **sandpit** *n esp* BRIT Sandkasten *m*

sandwich [ˈsænwɪdʒ] **I.** *n* <*pl* -es> Sandwich *m o nt;* **sub[marine] ~** AM Riesensandwich *m o nt fam* ▶ **to be one ~ short of a picnic** *(hum fam)* völlig übergeschnappt sein **II.** *vt* **to ~ sth in between sth** etw [zwischen etw *dat*] dazwischenschieben

sandwich counter *n Tresen, an dem ausschließlich Sandwiches verkauft werden*

sandy [ˈsændi] *adj* sandig; *texture* körnig

sang [sæŋ] *pt of* **sing**

sangria [ˈsæŋˈgriːə] *n no pl* Sangria *f*

sanitary [ˈsænɪtᵊri] *adj* hygienisch; *(installations)* sanitär *attr*

sanitation [ˌsænɪˈteɪʃᵊn] *n no pl* Hygiene *f;* *(sewers)* Abwasserkanalisation *f*

sank [sæŋk] *pt of* **sink**

Santa *n,* **Santa Claus** [ˌsæntəˈklɔːz] *n no*

pl der Weihnachtsmann; *(on December 6)* der Nikolaus

sarcasm ['sɑːkæzᵊm] *n no pl* Sarkasmus *m*

sarcastic [sɑː'kæstɪk] *adj* sarkastisch; *tongue* scharf

sarcastically [sɑː'kæstɪkli] *adv* sarkastisch

sardine [sɑː'diːn] *n* Sardine *f;* **to be squashed like ~s** wie die Ölsardinen zusammengepfercht sein

Sardinian [sɑː'dɪniən] **I.** *adj* sardi[ni]sch **II.** *n* ① *(person)* Sarde, Sardin *m, f,* Sardinier(in) *m(f)* ② *no pl (language)* Sardi[ni]sch *nt*

SARS, **Sars** [sɑːz] *n acr for* **severe acute respiratory syndrome** SARS *kein art*

sat [sæt] *pt, pp of* **sit**

satchel ['sætʃᵊl] *n* [Schul]ranzen *m*

satellite ['sætᵊlaɪt] *n* Satellit *m;* ~ **dish** Satellitenschüssel *f;* ~ **television** Satellitenfernsehen *nt;* ~ **town** Trabantenstadt *f*

satisfaction [ˌsætɪs'fækʃᵊn] *n no pl* Zufriedenheit *f;* **to demand ~** Genugtuung verlangen *geh;* **sb derives ~ from [doing] sth** etw bereitet jdm [große] Befriedigung

satisfactory [ˌsætɪs'fæktᵊri] *adj* befriedigend, zufriedenstellend

satisfied ['sætɪsfaɪd] *adj* zufrieden

satisfy <-ie-> ['sætɪsfaɪ] **I.** *vt* zufrieden stellen; *desire* befriedigen **II.** *vi (form)* befriedigen

satisfying ['sætɪsfaɪɪŋ] *adj* zufrieden stellend, befriedigend

satnav, **sat nav** ['sætnæv] *n (fam) short for* **satellite navigation** Navi *nt fam*

Saturday ['sætədeɪ] *n* Samstag *m; see also* **Tuesday**

sauce [sɔːs] **I.** *n* ① Soße *f;* **apple ~** Apfelmus *nt,* Apfelkompott *nt* ② *(fam: cheek)* Unverschämtheit *f* **II.** *vt (fam)* **to ~ sth up** etw würzen

sauceboat *n* Sauciere *f* **saucepan** *n* Kochtopf *m*

saucer ['sɔːsəʳ] *n* Untertasse *f;* **to have eyes like ~s** große Augen haben

saucy ['sɔːsi] *adj* ① *(cheeky)* frech ② BRIT freizügig; ~ **underwear** Reizwäsche *f*

sauna ['sɔːnə, 'saʊnə] *n* Sauna *f*

sausage ['sɒsɪdʒ] *n no pl* Wurst *f; (small)* Würstchen *nt*

sausage dog *n* BRIT *(fam)* Dackel *m* **sausage meat** *n no pl* Wurstfüllung *f* **sausage roll** *n* BRIT, AUS ≈ Würstchen *nt* im Schlafrock

save [seɪv] **I.** *vt* ① retten (**from** vor); **to ~ the day** die Situation retten ② *(keep)* aufheben; *money* sparen; *stamps* sammeln ③ *energy, time* sparen; **to ~ one's breath** sich *dat* seine Worte sparen ④ **to ~ sb [doing] sth** jdm etw ersparen ⑤ COMPUT speichern ⑥ SPORTS **to ~ a goal** ein Tor verhindern ▶ **a stitch in time ~s nine** *(prov)* was du heute kannst besorgen, das verschiebe nicht auf morgen **II.** *vi* sparen (**for** für) **III.** *n* FBALL Abwehr *f*

saving ['seɪvɪŋ] **I.** *n* ① *usu pl* **~s** Ersparte(s) *nt kein pl,* Ersparnisse *pl;* **~s and loan association** AM ≈ Bausparkasse *f* ② *no pl (reduction)* Ersparnis *f* ③ *no pl (rescue)* Rettung *f* **II.** *adj* rettend

savings account ['seɪvɪŋz-] *n* Sparkonto *nt* **savings bank** *n* Sparkasse *f*

savoury ['seɪvᵊri] **I.** *adj* pikant; *(salty)* salzig **II.** *n* BRIT [pikantes] Häppchen

savoy [sə'vɔɪ] *n*, **savoy cabbage** *n no pl* Wirsing *m*

saw¹ [sɔː] *pt of* **see**

saw² [sɔː] **I.** *n* Säge *f;* **chain ~** Kettensäge *f* **II.** *vt* <-ed, sawn *or esp* AM -ed> [zer]sägen; **to ~ a tree down** einen Baum umsägen **III.** *vi* sägen

sawdust *n no pl* Sägemehl *nt*

sawn [sɔːn] *pp of* **saw**

sax <*pl* -es> [sæks] *n short for* **saxophone** Saxophon *nt*

saxophone ['sæksəfəʊn] *n* Saxophon *nt*

say [seɪ] **I.** *vt* <said, said> sagen; **what did you ~ to him?** was hast du ihm gesagt?; **to ~ goodbye to sb** sich von jdm verabschieden; **to ~ yes/no to**

sth etw annehmen/ablehnen; **having said that, …** abgesehen davon …; **to have a lot/nothing to ~** viel/nicht viel reden; **~ no more!** alles klar!; **when all is said and done** letzten Endes; **it is said [that] he's over 100** er soll über 100 Jahre alt sein; **the sign ~s …** auf dem Schild steht …; **my watch ~s 3 o'clock** auf meiner Uhr ist es 3 [Uhr]; **to ~ when/where …** sagen, wann/wo …; **to ~ when** sagen, wenn es genug ist; **[let's] ~ …** sagen wir [mal] …; *(assuming)* angenommen **II.** *vi* <said, said> sagen; **I can't ~ for certain, but …** ich kann es nicht mit Sicherheit behaupten, aber …; **hard to ~** schwer zu sagen; **is Spanish hard to learn? — they ~ not** ist Spanisch schwer zu lernen? — angeblich nicht; **~s you!** *(fam)* das glaubst aber auch nur du!; **~s who?** *(fam)* wer sagt das? **III.** *n no pl* Meinung *f;* **to have one's ~** seine Meinung sagen **IV.** *interj* AM sag mal …

saying ['seɪɪŋ] *n* ① *no pl* das Sprechen; **it goes without ~** es versteht sich von selbst ② *(adage)* Sprichwort *nt;* **as the ~ goes** wie es so schön heißt

scab [skæb] *n* Kruste *f*

scaffolding ['skæfᵊldɪŋ] *n no pl* [Bau]gerüst *nt*

scald [skɔːld] **I.** *vt* verbrühen **II.** *n* Verbrühung *f*

scalding ['skɔːldɪŋ] *adj* kochend; *criticism* scharf

scale¹ [skeɪl] **I.** *n* ① *(on fish)* Schuppe *f* ② *no pl (deposit)* Ablagerung *f* ③ *(plaque)* Zahnstein *m;* ▶ **the ~s fall from sb's eyes** *(liter)* es fällt jdm wie Schuppen von den Augen **II.** *vt fish* abschuppen; **to ~ teeth** Zahnstein entfernen

scale² [skeɪl] *n usu pl (weigher)* Waage *f*

scale³ [skeɪl] **I.** *n* ① *(grader)* Skala *f; (on map)* Maßstab *m;* **to ~** maßstab[s]getreu ② *(extent)* Umfang *m;* **on a large/small ~** im großen/kleinen Rahmen ③ *no pl (size)* Ausmaß *nt* **II.** *vt* erklimmen *geh; mountain* besteigen

scalp [skælp] **I.** *n* Kopfhaut *f* **II.** *vt* ① skalpieren ② AM, AUS *(fam: resell)* zu einem Wucherpreis weiterverkaufen

scaly ['skeɪli] *adj* schuppig; *kettle* verkalkt

scam [skæm] *n (fam)* Betrug *m*

scandal ['skændᵊl] *n* Skandal *m*

Scandinavia [ˌskændɪ'neɪviə] *n no pl* Skandinavien *nt*

Scandinavian [ˌskændɪ'neɪviən] **I.** *adj* skandinavisch **II.** *n* Skandinavier(in) *m(f)*

scanner ['skænəʳ] *n* Scanner *m*

scar [skɑːʳ] **I.** *n* Narbe *f;* GEOL blanker Fels **II.** *vt* <-rr-> **to be ~red for life** fürs [ganze] Leben gezeichnet sein **III.** *vi* vernarben

scarcely ['skeəsli] *adv* kaum

scare [skeəʳ] **I.** *n* ① Schreck[en] *m;* **to give sb a ~** jdm einen Schreck[en] einjagen ② *(panic)* Hysterie *f;* **bomb ~** Bombendrohung *f* **II.** *adj attr* Panik-; **~ tactic** Panikmache *f* **III.** *vt* **to ~ sb** jdm Angst machen ▶ **to ~ sb to death** jdn zu Tode ängstigen

scarecrow ['skeəkrəʊ] *n* Vogelscheuche *f*

scared [skeəʳd] *adj* verängstigt; **to be ~ of sb/sth** vor jdm/etw Angst haben

scaremongering ['skeəˌmʌŋgᵊrɪŋ] *n no pl (usu pej)* Panikmache *f pej*

scarf <*pl* scarves *or* -s> [skɑːf] *n* Schal *m;* **silk ~** Seidentuch *nt*

scarlet ['skɑːlət] **I.** *n no pl* Scharlachrot *nt* **II.** *adj* scharlachrot

scarlet fever *n no pl* Scharlach *m*

scary ['skeəri] *adj* Furcht erregend; *(uncanny)* unheimlich

scattered ['skætəd] *adj* verstreut; *(far apart)* weit verstreut

scattering ['skætᵊrɪŋ] *n* ① *(amount)* vereinzeltes Häufchen; **a ~ of people were still strolling around the park** noch ein paar Leute gingen vereinzelt im Park spazieren ② *(act of strewing)*

Streuen *nt* ③ *no pl* PHYS, NUCL Streuung *f*

scene [siːn] *n* ① Szene *f; (scenery)* Kulisse *f;* **change of ~** Szenenwechsel *m* ② LAW Tatort *m* ③ *(milieu)* Szene *f*

scenery ['siːnᵊri] *n no pl* Landschaft *f;* THEAT, FILM Bühnenbild *nt; (fig)* **change of ~** Tapetenwechsel *m*

scent [sent] **I.** *n* Duft *m; (spoor)* Fährte *f;* **to be on sb's ~/the ~ of sth** *(a. fig)* jdm/etw auf der Fährte sein **II.** *vt* wittern; **to ~ danger** Gefahr ahnen

sceptical ['skeptɪkᵊl] *adj* skeptisch

sceptically, AM **skeptically** ['skeptɪkᵊli] *adv* skeptisch

schedule ['ʃedjuːl] **I.** *n* [Zeit-/Fahr]plan *m; (for work)* Zeitplan *m;* **to draw up a ~** einen Plan erstellen; **to keep to a ~** sich an einen Zeitplan halten; **ahead of ~** früher als geplant **II.** *vt* ansetzen; **they've ~d him to speak at three o'clock** sie haben seine Rede für drei Uhr geplant

scheduled ['ʃedjuːld] *adj attr* geplant; TRANSP planmäßig

schizophrenic [ˌskɪtsə(ʊ)'frenɪk] **I.** *adj* schizophren **II.** *n* Schizophrene(r) *f(m)*

schnapps [ʃnæps] *n no pl* Schnaps *m*

scholarship ['skɒləʃɪp] *n* ① *no pl* **a work of great ~** eine großartige wissenschaftliche Arbeit ② *(grant)* Stipendium *nt*

school¹ [skuːl] **I.** *n* ① Schule *f;* **primary** [*or* AM **elementary**] **~** Grundschule *f;* **secondary ~** ≈ weiterführende Schule; **to attend** [*or* **go to**] **~** zur Schule gehen; **dance/driving ~** Tanz-/Fahrschule *f* ② AM *(fam: university)* Universität *f* ③ *(faculty)* Fakultät *f* **II.** *vt* erziehen; *(train)* schulen; *dog* dressieren

School of the air

In den riesigen und dünn besiedelten ländlichen Gegenden Australiens gehen die Kinder nicht zur Schule, sondern sie bekommen Unterricht in der **school of the air** über Funk. Ein Dutzend dieser Schulen deckt ein Gebiet von 2,5 Millionen km² ab und erreicht Hunderte von Kindern. Die Schüler bekommen ihre Unterrichtsmaterialien per Post oder heute zunehmend per Internet zugeschickt und senden ihre erledigten Hausaufgaben auf dem gleichen Weg zurück. Die Kinder sprechen über Funk mit ihren Lehrern und Klassenkameraden und werden meistens von ihren Eltern oder einer Hauslehrerin beaufsichtigt.

school² [skuːl] **I.** *n* ZOOL Schule *f; (shoal)* Schwarm *m* **II.** *vi* einen Schwarm bilden

schoolboy *n* Schuljunge *m,* Schüler *m* **schoolchild** *n* Schulkind *nt* **schooldays** *n pl* Schulzeit *f kein pl* **schoolgirl** *n* Schulmädchen *nt,* Schülerin *f* **schoolmaster** *n (dated)* Lehrer *m* **schoolmate** *n* Schulfreund(in) *m(f),* Schulkamerad(in) *m(f)* **schoolmistress** *n (dated)* Lehrerin *f* **schoolroom** *n* Klassenzimmer *nt* **schoolteacher** *n* Lehrer(in) *m(f)* **school trip** *n* Klassenfahrt *f,* Klassenausflug *m*

science ['saɪən(t)s] *n no pl* [Natur]wissenschaft *f;* **applied/pure ~** angewandte/reine Wissenschaft

S

scientific [ˌsaɪən'tɪfɪk] *adj* wissenschaftlich; *(relating to exact science)* naturwissenschaftlich; **~ community** Wissenschaftsgemeinde *f*

scientifically [ˌsaɪən'tɪfɪkᵊli] *adv* wissenschaftlich; **~ proven** wissenschaftlich erwiesen

scientist ['saɪəntɪst] *n* Wissenschaftler(in) *m(f);* **research ~** Forscher(in) *m(f)*

scintillate ['sɪntɪleɪt] *vi (form: be witty)* vor Geist/Witz sprühen *geh*

scissors ['sɪzəz] *n pl* [**a pair of**] ~ eine Schere

Scissors + pl vb

Beachte, dass der Begriff **scissors** keine Singularform hat: *Where are my scissors? I bought some new / a new pair of scissors* . Weitere Wörter, die im Englischen nicht im Singular gebraucht werden, sind: **trousers, pyjamas, glasses** (die Brille) etc.

scone [skɒn] *n brötchenartiges Gebäck, das lauwarm mit einer Art dicker Sahne und Marmelade gegessen wird*

scoop [skuːp] **I.** *n* ❶ Schaufel *f; (ladle)* Schöpflöffel *m;* **ice-cream ~** Eisportionierer *m;* **measuring ~** Messlöffel *m* ❷ *(amount)* Löffel *m; of ice cream* Kugel *f* **II.** *vt* schaufeln; *ice cream* löffeln

scooter ['skuːtəʳ] *n* [Tret]roller *m;* **motor ~** Motorroller *m*

scorching ['skɔːtʃɪŋ] *adj* sengend; **it's ~ [hot] outside** es ist glühend heiß draußen

S

score [skɔːʳ] **I.** *n* ❶ *(of points)* Punktestand *m; (of game)* Spielstand *m;* **at half time the ~ stood at two all** zur Halbzeit stand es zwei zu zwei; **final ~** Endstand *m* ❷ *(esp form)* **~s** *pl* Dutzende *pl* ❸ *(dispute)* Streit[punkt] *m;* **to settle a ~** eine Rechnung begleichen ► **to know the ~** wissen, wie der Hase läuft *fam* **II.** *vt* ❶ *goal* schießen; *point* machen ❷ *(cut)* einkerben **III.** *vi* einen Punkt machen; **to ~ badly/well** schlecht/gut abschneiden

scoreboard *n* Anzeigetafel *f* **scorecard** *n* Spielstandskarte *f*

scorer ['skɔːrəʳ] *n* FBALL Torschütze *m,* Torschützin *f; (counter)* Punktezähler(in) *m(f)*

scornfully ['skɔːnfəli] *adv* verächtlich; *laugh* spöttisch

Scorpio ['skɔːpiəʊ] *n* ASTROL Skorpion *m*

scorpion ['skɔːpiən] *n* Skorpion *m*

Scot [skɒt] *n* Schotte, Schottin *m, f*

Scotch [skɒtʃ] **I.** *n* <*pl* -es> ❶ *no pl (whisky)* Scotch *m* ❷ *(dated)* **the ~** *pl* die Schotten **II.** *adj (dated)* schottisch

Scotland ['skɒtlənd] *n* Schottland *nt*

Scotland Yard *n + sing/pl vb* Scotland Yard *m*

Scots [skɒts] **I.** *adj* schottisch **II.** *n* ❶ *no pl* Schottisch *nt* ❷ *pl* **the ~** die Schotten *pl*

Scotsman *n* Schotte *m* **Scotswoman** *n* Schottin *f*

Scottish ['skɒtɪʃ] **I.** *adj* schottisch **II.** *n* **the ~** *pl* die Schotten *pl*

scout [skaʊt] **I.** *n* ❶ Pfadfinder *m;* AM *(girl scout)* Pfadfinderin *f; (organization)* **the S~s** *pl* die Pfadfinder *pl* ❷ *(searcher)* Talentsucher(in) *m(f)* ❸ *(soldier)* Kundschafter(in) *m(f)* **II.** *vi* kundschaften; **to ~ for new talent** nach neuen Talenten suchen **III.** *vt* auskundschaften

scoutmaster *n* Pfadfinderführer(in) *m(f)*

scramble ['skræmbḷ] **I.** *n no pl* Gedrängel *nt* **II.** *vi* ❶ *(climb)* klettern ❷ *(rush)* hasten; **to ~ for the exit** zum Ausgang stürzen ❸ *(compete)* **to ~ for sth** sich um etw *akk* reißen **III.** *vt* ❶ **to ~ eggs** Rühreier machen ❷ *(encode)* verschlüsseln

scrap[1] [skræp] **I.** *n* ❶ Stück[chen] *nt; of cloth, paper* Fetzen *m;* **not a ~** kein bisschen ❷ *(leftover)* **~s** *pl* Speisereste *pl* ❸ *no pl (metal)* Schrott *m* **II.** *vt* <-pp-> wegwerfen; *(fam: abandon)* aufgeben

scrap[2] [skræp] *n (fam: fight)* Gerangel *nt*

scrape [skreɪp] **I.** *n* ❶ *no pl (for cleaning)* [Ab]kratzen *nt* ❷ *(on skin)* Abschürfung *f* **II.** *vt* ❶ [ab]schaben; *(to remove dirt)* [ab]kratzen ❷ *(scratch)* **to ~ sth** sich *dat* etw aufschürfen; *car* etw zerkratzen **III.** *vi* reiben; *(brush)* bürsten; *(scratch)* kratzen

scratch [skrætʃ] **I.** *n* <*pl* -es> ① Kratzer *m* ② *no pl* **to be not up to ~** zu wünschen übrig lassen ③ **to start [sth] from ~** [mit etw *dat*] bei null anfangen **II.** *vt* ① **to ~ sth** etw zerkratzen; **to ~ sb** jdn kratzen ② *itch* kratzen **III.** *vi* kratzen; *itcher* sich kratzen

scratchy ['skrætʃi] *adj* kratzig

scrawl [skrɔːl] **I.** *vt* [hin]kritzeln **II.** *n no pl* Gekritzel *nt pej*

scream [skriːm] **I.** *n* Schrei *m; (of animal also)* Gekreisch[e] *nt kein pl;* **a ~ of fear/for help** ein Aufschrei/Hilfeschrei *m* **II.** *vi, vt* schreien; **to ~ at sb** jdn anschreien; **to ~ with laughter** vor Lachen brüllen

screaming ['skriːmɪŋ] **I.** *adj attr person* schreiend; *engine* heulend **II.** *n no pl of people* Geschrei *nt oft pej; of animals* Gekreisch[e] *nt; of an engine* Heulen *nt*

screen [skriːn] **I.** *n* ① *(display)* Bildschirm *m; (in cinema)* Leinwand *f* ② *(panel)* Trennwand *f; (on car)* Windschutzscheibe *f* ③ *(test)* Kontrolle *f;* **health ~** Vorsorgeuntersuchung *f* **II.** *vt* ① *(hide)* abschirmen; **to ~ sth from view** etw vor Einblicken schützen ② *(shield)* schützen (**from** vor) ③ *(examine)* überprüfen; **to ~ sb for sth** jdn auf etw *akk* hin untersuchen

screening ['skriːnɪŋ] *n* ① *(in cinema)* Filmvorführung *f* ② *(X-ray)* Röntgenuntersuchung *f*

screw [skruː] **I.** *n* ① Schraube *f* ② *no pl (turn)* Drehung *f;* ▶ **to have a ~ loose** *(hum fam)* nicht ganz dicht sein *pej* **II.** *vt* ① schrauben; *(twist)* zudrehen ② *(vulg)* bumsen *sl*

◆**screw down** *vt* festschrauben; *(by twisting)* fest zudrehen

◆**screw up I.** *vt* ① zuschrauben; *(by twisting)* zudrehen ② *(crush)* zusammenknüllen ③ **to ~ up one's face/mouth** das Gesicht/den Mund verziehen **II.** *vi (sl)* Mist bauen *fam*

screwdriver *n* ① TECH Schraubenzieher *m* ② *(drink)* Screwdriver *m*

screwed [skruːd] *adj pred (sl)* festgefahren; *(in hopeless situation)* geliefert

screw top *n* Schraubverschluss *m*

script [skrɪpt] *n* ① *of film* Drehbuch *nt; of play* Regiebuch *nt* ② *(style of writing)* Schrift *f*

Scrooge [skruːdʒ] *n (pej)* Geizhals *m*

scrounge [skraʊndʒ] *(fam)* **I.** *n no pl (pej or hum)* **to be on the ~** schnorren **II.** *vt (pej)* **to ~ sth [off sb]** etw [von jdm] schnorren *fam*

scrub¹ [skrʌb] *n no pl* Gestrüpp *nt; (area)* Busch *m*

scrub² [skrʌb] **I.** *n* **to give sth a [good] ~** etw [gründlich] [ab]schrubben *fam* **II.** *vt* <-bb-> ① [ab]schrubben *fam* ② *(fam: abandon)* fallen lassen

scrubber ['skrʌbəʳ] *n*, **scrubbing brush** *n* Schrubber *m; (smaller)* Scheuerbürste *f*

scruffy ['skrʌfi] *adj* schmuddelig *pej fam; person* vergammelt *pej fam*

scrupulous ['skruːpjələs] *adj* gewissenhaft, sehr genau

scuba diving *n no pl* Sporttauchen *nt*

scuffle ['skʌfl] **I.** *n* ① *(fight)* Handgemenge *nt* ② *(movement)* Schlurfen *nt* **II.** *vi* **to ~ [with sb]** sich [mit jdm] balgen

sculpture ['skʌlptʃəʳ] **I.** *n* ① *no pl* Bildhauerei *f* ② *(work)* Skulptur *f* **II.** *vt* [heraus]meißeln; *(in clay)* modellieren **III.** *vi* bildhauern *fam*

scum [skʌm] *n no pl* ① Schaum *m; (dirt)* Schmutzschicht *f* ② *(pej: people)* Abschaum *m*

sea [siː] *n* **the ~** das Meer, die See; **the open ~** das offene Meer, die hohe See; **the Dead ~** das Tote Meer; **a ~ of flames/people** ein Flammen-/Menschenmeer *nt*

seafood *n no pl* Meeresfrüchte *pl* **seafront** *n* Strandpromenade *f; (beach)* Strand *m* **seagull** *n* Möwe *f* **seahorse** *n* Seepferdchen *nt*

seal¹ [siːl] *n* Robbe *f*

seal² [siːl] **I.** *n* ① *(stamp)* Siegel *nt* ② *on*

goods Verschluss *m; (on doors)* Siegel *nt* **II.** *vt* ❶ *(stamp)* siegeln ❷ *packaging* [fest] verschließen ❸ *(make airtight)* luftdicht verschließen; *(make watertight)* wasserdicht verschließen; *gaps* abdichten

sea level *n no pl* Meeresspiegel *m;* **at ~** auf Meereshöhe **sea lion** *n* Seelöwe *m*

seam [si:m] *n* Naht *f;* **to be bursting at the ~s** *(fig)* aus allen Nähten platzen *fam;* **to fall apart at the ~s** aus den Nähten gehen

search [sɜ:tʃ] **I.** *n* Suche *f;* LAW Durchsuchung *f;* COMPUT Suchlauf *m* (**for** nach) **II.** *vi* suchen; **to ~ through sth** etw durchsuchen **III.** *vt* ❶ *bag, building* durchsuchen; *place, street* absuchen ❷ *(examine)* absuchen; *heart* untersuchen

search engine *n* Suchmaschine *f* **searchlight** *n* Suchscheinwerfer *m* **search warrant** *n* Durchsuchungsbefehl *m*

seashell *n* Muschel *f* **seashore** *n no pl* Strand *m* **seasick** *adj* seekrank **seasickness** *n no pl* Seekrankheit *f* **seaside** *esp* BRIT **I.** *n no pl* **the ~** die [Meeres]küste; **at the ~** am Meer **II.** *adj attr* See-; **a ~ holiday** Ferien *pl* am Meer

season ['si:zᵊn] **I.** *n* ❶ Jahreszeit *f;* **the ~ of Advent/Lent** die Advents-/Fastenzeit; **the Christmas/Easter ~** die Weihnachts-/Osterzeit ❷ *(ripeness)* Saison *f;* **apple/strawberry ~** Apfel-/Erdbeerzeit *f* ❸ ZOOL fruchtbare Zeit; **to be in ~** brünstig sein ❹ SPORTS Saison *f;* **fishing/hunting ~** Angel-/Jagdzeit *f* **II.** *vt* würzen

S

seasonal ['si:zᵊnᵊl] *adj* ❶ jahreszeitlich bedingt; **~ work** Saisonarbeit *f* ❷ *fruit* Saison-

seasoning ['si:zᵊnɪŋ] *n* ❶ *no pl (salt and pepper)* Würze *f* ❷ *(spice)* Gewürz *nt*

season ticket *n* Dauerkarte *f; (for public transport)* Monats-/Jahreskarte *f;* SPORTS Saisonkarte *f;* THEAT Abonnement *nt*

seat [si:t] **I.** *n* ❶ [Sitz]platz *m; (in car)* Sitz *m; (in bus, train)* Sitzplatz *m;* **is this ~ free/taken?** ist dieser Platz frei/besetzt? ❷ *(form: buttocks)* Gesäß *nt* ❸ POL Sitz *m;* **marginal/safe ~** knappes/sicheres Mandat ❹ *(home)* Sitz *m* **II.** *vt* **to ~ oneself** *(form)* sich setzen; **to ~ 2500** *stadium* 2500 Menschen fassen

seat belt *n* Sicherheitsgurt *m;* **to fasten one's ~** sich anschnallen

seating ['si:tɪŋ] *n no pl* Sitzgelegenheiten *pl;* **~ for 2000** Sitzplätze *pl* für 2000 Personen

seating arrangements *n pl,* **seating plan** *n* Sitzordnung *f*

seaweed *n no pl* [See]tang *m* **seaworthy** *adj* seetauglich

secluded [sɪ'klu:dɪd] *adj* abgelegen; **to live a ~ life** zurückgezogen leben

second[1] ['sekᵊnd] **I.** *adj* ❶ *usu attr* zweite(r, s); **the ~ biggest town** die zweitgrößte Stadt; **to finish ~** Zweite(r) werden; **to be ~ to none** unübertroffen sein; **to be in ~ place** auf Platz zwei sein; **the ~ time** das zweite Mal ❷ *attr (another)* zweite(r, s), Zweit-; **~ car** Zweitwagen *m;* ▶ **to be ~ nature to sb** jdm in Fleisch und Blut übergegangen sein **II.** *n* ❶ BRIT UNIV ≈ Zwei *f;* **an upper/a lower ~** eine Zwei plus/minus ❷ *no pl* AUTO zweiter Gang ❸ *(food)* **~s** *pl* Nachschlag *m kein pl* **III.** *adv* zweitens **IV.** *vt* unterstützen

second[2] ['sekᵊnd] *n* Sekunde *f; (short time also)* Augenblick *m;* **you go on, I'll only be a ~** geh du weiter, ich komme gleich nach; **with [only] ~s to spare** in [aller]letzter Sekunde

secondary ['sekᵊndᵊri] *adj* ❶ zweitrangig; **to play a ~ role** eine untergeordnete Rolle spielen ❷ **~ education** höhere Schulbildung

secondary school *n* weiterführende Schule

second best *adj* zweitbeste(r, s); **to feel ~** sich minderwertig fühlen **sec-**

ond-class *adj* ① *ride* zweiter Klasse *nach n* ② *(bad)* zweitklassig **second class** **I.** *n no pl (ride)* zweite Klasse; *(mail)* gewöhnliche Post **II.** *adv* ① **to travel ~** zweiter Klasse reisen ② BRIT *mail* auf dem gewöhnlichen Postweg **second cousin** *n* Cousin *m*/Cousine *f* zweiten Grades **second floor** *n* BRIT zweiter Stock; AM erster Stock **second-hand** **I.** *adj* ① gebraucht; *clothes* Secondhand-; **~ car** Gebrauchtwagen *m* ② *attr shop* Gebraucht-, Secondhand-; **~ bookshop** Antiquariat *nt* **II.** *adv* gebraucht **second language** *n* erste Fremdsprache

secondly ['sekᵊndli] *adv* zweitens

second-rate *adj* zweitklassig

secrecy ['si:krəsi] *n no pl (act)* Geheimhaltung *f; (ability)* Verschwiegenheit *f*

secret ['si:krət] **I.** *n* Geheimnis *nt;* **in ~** insgeheim; **the ~ of success** das Geheimnis des Erfolgs **II.** *adj* ① geheim; **to keep sth ~** etw geheim halten ② *(covert)* heimlich

secretary ['sekrətᵊri] *n* ① Sekretär(in) *m(f)* ② BRIT Staatssekretär(in) *m(f);* AM Minister(in) *m(f)*

secretary of state *n* Minister(in) *m(f);* **Secretary of State** AM Außenminister(in) *m(f);* **Secretary of State for Health** BRIT Gesundheitsminister(in) *m(f)*

secretive ['sɪkrətɪv] *adj* geheimnisvoll; *(taciturn)* verschlossen

secretiveness ['sɪkrətɪvnəs] *n no pl* Geheimnistuerei *f pej fam*

secretly ['si:krətli] *adv* heimlich; **to ~ admire sth** etw im Stillen bewundern; **to ~ hope/wish** insgeheim hoffen/wünschen

sect [sekt] *n* Sekte *f*

section ['sekʃᵊn] **I.** *n* ① Teil *nt; of road* Teilstrecke *f; of book* Abschnitt *m; of newspaper* Teil *m* ② *(area)* Bereich *m;* **non-smoking ~** *(in restaurant)* Nichtraucherbereich *m; (in railway carriage)* Nichtraucherabteil *nt* ③ *(department)* Abteilung *f* ④ *(profile)* Schnitt *m* **II.** *vt* [unter]teilen; *(cut)* zerschneiden

secure [sɪ'kjʊəʳ] **I.** *adj* <-r, -st *or* more secure, the most secure> ① sicher; **financially ~** finanziell abgesichert ② *usu pred (confident)* sicher ③ *(guarded)* bewacht; *(against bugging)* abhörsicher; **~ against theft** diebstahlsicher **II.** *vt* ① *(get)* sich *dat* sichern ② *(guard)* [ab]sichern; **to ~ sb/sth against sth** jdn/etw vor etw *dat* schützen ③ *(fasten)* befestigen (**to** an)

securities [sɪ'kjʊərətiz] *n pl* STOCKEX *(stock or share)* Wertpapiere *pl*

security [sɪ'kjʊərəti] *n* Sicherheit *f;* **maximum-~ prison** Hochsicherheitsgefängnis *nt;* **lax/tight ~** lasche/strenge Sicherheitsvorkehrungen

security guard *n* Sicherheitsbeamte(r), -beamtin *m, f*

sedative ['sedətɪv] **I.** *adj* beruhigend **II.** *n* Beruhigungsmittel *nt*

sedimentation [ˌsedɪmen'teɪʃᵊn] *n no pl* Ablagerung *f,* Sedimentation *f fachspr*

seduce [sɪ'dju:s] *vt* verführen; **to ~ sb into doing sth** jdn dazu verleiten, etw zu tun

seduction [sɪ'dʌkʃᵊn] *n no pl* Verführung *f*

seductive [sɪ'dʌktɪv] *adj* verführerisch; *offer* verlockend

see <saw, seen> [si:] **I.** *vt* ① sehen; **I've never ~n anything quite like this before** so etwas habe ich ja noch nie gesehen; **I saw her coming** ich habe sie kommen sehen ② *(watch)* [sich *dat*] [an]sehen; **this film is really worth ~ing** dieser Film ist echt sehenswert ③ *(visit)* ansehen; **to ~ the sights** die Sehenswürdigkeiten besichtigen ④ *(understand)* verstehen; **I ~ what you mean** ich weiß, was du meinst ⑤ *(regard)* sehen; **as I ~ it …** so wie ich das sehe … ⑥ *(learn)* feststellen; **that remains to be ~n** das wird sich zeigen ⑦ *(meet)* sehen; *(talk to)* sprechen; *(receive)* empfangen;

~ **you later!** *(fam)* bis später! ⑧ **to be ~ing sb** mit jdm zusammen sein *fam* ⑨ *(foresee)* sich *dat* vorstellen; **to ~ it coming** es kommen sehen ⑩ *(witness)* [mit]erleben; **I've ~n it all** mich überrascht nichts mehr; **to live to ~ sth** etw erleben ⑪ *(escort)* begleiten; **to ~ sb to the door/home** jdn zur Tür/nach Hause bringen ⑫ *in imperative* ~ **...** siehe ...; ~ **below/page 23** siehe unten/Seite 23 **II.** *vi* ① sehen; **let me ~!** lass mich mal sehen!; **but ~ing is believing!** doch, ich habe es mit eigenen Augen gesehen! ② *(realize)* **... — oh, I ~!** ... — aha!; **I ~** ich verstehe; **~?!** siehst du?!; **I ~ from your report ...** Ihrem Bericht entnehme ich, ... ③ *(find out)* nachsehen; *(in the future)* herausfinden; **wait and ~** abwarten und Tee trinken

◆ **see about** *vi* ① *(fam: deal with)* **to ~ about sth** sich um etw *akk* kümmern; **I've come to ~ about the TV** ich soll mir den Fernseher ansehen ② *(consider)* **I'll ~ about it** ich will mal sehen ▶ **we'll ~ about that!** *(fam)* das werden wir ja sehen!

◆ **see in I.** *vi* hineinsehen **II.** *vt* hineinbringen; **to ~ in ⟲ the New Year** das neue Jahr begrüßen

◆ **see into** *vi* hineinsehen; **to ~ into the future** in die Zukunft schauen

◆ **see off** *vt* ① verabschieden; **to ~ sb off at the airport/station** jdn zum Flughafen/Bahnhof bringen ② *(drive away)* verjagen ③ *(get the better of)* **to ~ off ⟲ sb/sth** mit jdm/etw fertigwerden *fam*

◆ **see out I.** *vt* ① *(escort)* hinausbegleiten; **I can ~ myself out** ich finde alleine hinaus ② *(endure)* durchstehen **II.** *vi* hinaussehen

◆ **see through I.** *vt* ① **to ~ through sth** durch etw *akk* hindurchsehen ② *(wise up to)* durchschauen **II.** *vi* ① **to ~ sb through** jdm über die Runden helfen *fam; (comfort)* jdm beistehen ② *(endure)* zu Ende bringen

◆ **see to** *vi* **to ~ to sb/sth** sich um jdn/etw kümmern; **to ~ to it that ...** dafür sorgen, dass ...

seed [siːd] *n* Same[n] *m; of grain* Korn *nt; (fig)* Keim *m;* **~s** *pl* Saat *f kein pl;* **to go to ~** Samen bilden; *person* herunterkommen; **to sow the ~s of sth** etw säen

seem [siːm] *vi* scheinen; **he's sixteen, but he ~s younger** er ist sechzehn, wirkt aber jünger; **to ~ as if ...** so scheinen, als ob ...; **it ~s [that] ...** anscheinend ...; **it ~s as if ...** es scheint, als ob ...

seemingly [ˈsiːmɪŋli] *adv* scheinbar

seen [siːn] *pp of* **see**

seep [siːp] *vi* sickern; *information* durchsickern

see-saw [ˈsiːsɔː] **I.** *n* Wippe *f* **II.** *vi* wippen; *(fig)* sich auf und ab bewegen

see-through *adj* durchsichtig; *dress* durchscheinend

seize [siːz] *vt* ① ergreifen *a. fig; (confiscate)* beschlagnahmen; *(capture)* einnehmen; *criminal* festnehmen ② *usu passive* **to be ~d with sth** von etw *dat* ergriffen werden

◆ **seize up** *vi* stehen bleiben; *economy* zum Erliegen kommen

seizure [ˈsiːʒəʳ] *n no pl* Ergreifung *f;* **~ of power** Machtergreifung *f*

seldom [ˈseldəm] *adv* selten; **~ if ever** fast nie

select [sɪˈlekt] **I.** *adj* ① *(high-class)* exklusiv ② *(chosen)* ausgewählt; *team* auserwählt **II.** *vt* aussuchen; **to ~ sb** jdn auswählen **III.** *vi* **to ~ from sth** aus etw *dat* [aus]wählen

selection [sɪˈlekʃᵊn] *n* ① *no pl* Auswahl *f;* BIOL Selektion *f geh;* **to make one's ~** seine Wahl treffen ② *usu sing (range)* Auswahl *f,* Sortiment *nt*

selenium [sɪˈliːniəm] *n no pl* CHEM Selen *nt*

self <*pl* selves> [self] *n* **one's ~** das Selbst; **to be [like] one's former ~** wieder ganz der/die Alte sein

self-addressed envelope *n* adressierter

Rückumschlag **self-adhesive** *adj* selbstklebend **self-assured** *adj* selbstbewusst **self-catering** *n no pl* BRIT, AUS Selbstverpflegung *f* **self-centred**, AM **self-centered** *adj* egozentrisch; ~ **person** Egozentriker(in) *m(f)* **self-confidence** *n no pl* Selbstvertrauen *nt* **self-conscious** *adj* gehemmt; *laugh* verlegen **self-contained** *adj* selbstgenügsam; *community* autark; *apartment* separat **self-control** *n no pl* Selbstbeherrschung *f;* **to exercise** ~ Selbstdisziplin üben **self-defence**, AM **self-defense** *n no pl* Selbstverteidigung *f;* **to kill sb in** ~ jdn in Notwehr töten **self-employed** I. *adj* selbstständig; *journalist* freiberuflich II. *n* **the** ~ *pl* die Selbstständigen **self-explanatory** *adj* selbsterklärend **self-harmer** *n* Selbstverstümmler(in) *m(f)* **self-harming** *n* Selbstverstümmelung *f*

selfie [selfi] *n* Selfie *nt;* **to take a** ~ ein Selfie machen **selfie stick** *n* Selfiestange *f,* Selfiestick *m*

self-important *adj* selbstgefällig **self-indulgent** *adj* genießerisch

selfish ['selfɪʃ] *adj* selbstsüchtig; *motive* eigennützig

selfishly ['selfɪʃli] *adv* selbstsüchtig, eigennützig

selfishness ['selfɪʃnəs] *n no pl* Selbstsucht *f*

self-possessed *adj* selbstbeherrscht **self-reliant** *adj* selbstständig **self-respect** *n no pl* Selbstachtung *f* **self-satisfied** *adj* selbstzufrieden **self-service** *n no pl* Selbstbedienung *f* **self-sufficient** *adj* selbstständig **self-willed** [-'wɪld] *adj* starrköpfig **self-winding watch** *n* Armbanduhr *f* mit Selbstaufzug

sell [sel] I. *vt* <sold, sold> ① verkaufen; *real estate also* veräußern; **I sold him my car for £600** ich verkaufte ihm mein Auto für 600 Pfund ② *(persuade)* **to ~ sth** [**to sb**] jdn für etw *akk* gewinnen; **to ~ an idea to sb** jdm eine Idee schmackhaft machen *fam* II. *vi* <sold, sold> verkaufen ▸ **to ~ like hot cakes** wie warme Semmeln weggehen III. *n no pl* ① Ware *f;* **to be a hard/soft** ~ schwer/leicht verkäuflich sein ② STOCKEX **to be a** ~ *shares* zum Verkauf stehen

◆ **sell off** *vt* verkaufen

◆ **sell out** I. *vi* ① ausverkaufen ② *(sell)* **to ~ out to sb** an jdn verkaufen; *(under duress)* sich jdm verkaufen II. *vt* **to be sold out** ausverkauft sein

◆ **sell up** *vi, vt* BRIT, AUS verkaufen

sell-by date *n esp* BRIT Mindesthaltbarkeitsdatum *nt;* **past the** ~ nach Ablauf des Mindesthaltbarkeitsdatums; **to be past one's** ~ *(hum fam)* seine besten Jahre hinter sich *dat* haben

seller ['selə^r] *n* Verkäufer(in) *m(f); (product)* Verkaufsschlager *m*

Sellotape® ['selə(ʊ)teɪp] *n no pl* BRIT Tesafilm® *m*

sell-out *n* Ausverkauf *m; (betrayal)* Auslieferung *f*

selves [selvz] *n pl of* **self**

semi <*pl* -s> ['semi] *n (fam)* ① BRIT, AUS Doppelhaushälfte *f* ② SPORTS Halbfinale *nt*

semicircle *n* Halbkreis *m* **semi-conscious** *adj* halb bewusstlos; *memory* teilweise unbewusst **semi-detached** I. *n* Doppelhaushälfte *f* II. *adj* Doppelhaus- **semi-final** *n* Halbfinale *nt* **semi-finalist** *n* SPORTS Halbfinalist(in) *m(f)* **semi-precious** *adj* ~ **stone** Halbedelstein *m*

semolina [ˌsemᵊl'iːnə] *n no pl* Gries *m*

senate ['senɪt] *n no pl, + sing/pl vb* Senat *m;* **the US S~** der US-Senat

senator ['senətə^r] *n* Senator(in) *m(f)*

send <sent, sent> [send] *vt* ① **to ~** [**sb**] **sth** jdm etw [zu]schicken; **to ~ sth by airmail/post** etw per Luftpost/mit der Post schicken; **to ~ invitations** Einladungen verschicken ② *(pass on)* **to ~ sb sth** jdm etw übermitteln [lassen]; **Maggie ~s her love** Maggie lässt dich grüßen ③ *(dispatch)* schicken; **to ~ sb to prison** jdn ins Gefängnis ste-

cken ❹ *(transmit)* senden; **to ~ a message in Morse code** eine Nachricht morsen; **to ~ a signal** ein Signal aussenden ❺ *(cause)* versetzen; **to ~ sb into a panic** jdn in Panik versetzen
◆**send away** **I.** *vi* **to ~ away for sth** sich *dat* etw zuschicken lassen **II.** *vt* wegschicken
◆**send back** *vt* zurückschicken
◆**send for** *vi* ❶ *(summon)* rufen ❷ *brochure* anfordern; **to ~ for help** Hilfe holen
◆**send in** *vt* einsenden; *report* einschicken; *troops* einsetzen
◆**send off** **I.** *vt* ❶ *(post)* abschicken ❷ BRIT, AUS SPORTS **to get sent off** einen Platzverweis bekommen ❸ *(dismiss)* wegschicken ❹ *(dispatch)* fortschicken **II.** *vi* **to ~ off for sth** etw anfordern
◆**send on** *vt* nachsenden
◆**send out** **I.** *vi* **to ~ out for sth** etw telefonisch bestellen **II.** *vt* ❶ *(emit)* abgeben ❷ *(post)* verschicken (**to** an)
◆**send up** *vt* ❶ zuschicken ❷ *(fam)* **to ~ up** ⊂ **sb** jdn nachäffen

sender ['sendəʳ] *n* Absender(in) *m(f)*; **return to ~ — not known at this address** Empfänger unbekannt verzogen

send-off *n* Verabschiedung *f*; **to give sb a ~** jdn verabschieden

send-up *n (fam)* Parodie *f*

Senegalese [ˌsenɪgəˈliːz] **I.** *adj* senegalesisch **II.** *n*<*pl* -> Senegalese, Senegalesin *m, f*

senile ['siːnaɪl] *adj* senil

senior ['siːniəʳ] **I.** *adj* ❶ *(form)* älter ❷ *attr (chief)* Ober-; **~ executive** Vorstandsvorsitzende(r) *f(m)* **II.** *n* ❶ Senior(in) *m(f)*; **she's my ~ by three years** sie ist drei Jahre älter als ich ❷ *(employee)* Vorgesetzte(r) *f(m)* ❸ *(pupil)* Oberstufenschüler(in) *m(f) (in Großbritannien und USA Bezeichnung für Schüler einer Highschool oder einer Collegeabgangsklasse)*

sensation [sen'seɪʃᵊn] *n* ❶ Gefühl *nt*; **~ of cold/heat** Kälte-/Hitzeempfindung *f* ❷ *(stir)* Sensation *f*; **to cause a ~** Aufsehen erregen

sensational [sen'seɪʃᵊnᵊl] *adj* sensationell; *(very good also)* fantastisch

sensationalism [sen'seɪʃᵊnᵊlɪzᵊm] *n no pl (pej) of the media* Sensationsmache *f pej*

sensationally [sen'seɪʃᵊnᵊli] *adv* ❶ *(excitingly)* fantastisch, sensationell ❷ *(very)* unwahrscheinlich, extrem; **~ popular/successful** enorm beliebt/erfolgreich

sense [sen(t)s] **I.** *n* ❶ *no pl* Verstand *m*; **to make [good] ~** sinnvoll sein ❷ *(reason)* **one's ~s** *pl* sein gesunder Menschenverstand; **to take leave of one's ~s** den Verstand verlieren ❸ *(faculty)* Sinn *m*; **~ of hearing** Gehör *nt*; **~ of sight** Sehvermögen *nt*; **~ of smell/taste/touch** Geruchs-/Geschmacks-/Tastsinn *m* ❹ *(feeling)* Gefühl *nt*; **~ of direction** Orientierungssinn *m*; **~ of duty** Pflichtgefühl *nt*; **~ of time** Zeitgefühl *nt* ❺ *(meaning)* Bedeutung *f*, Sinn *m*; **to make ~** einen Sinn ergeben ❻ *(way)* Art *f*; **in a ~** in gewisser Weise **II.** *vt* wahrnehmen; **to ~ that …** spüren, dass …; **to ~ danger** Gefahr wittern

senseless [sensləs] *adj* ❶ *(pointless) violence, waste* sinnlos ❷ *(foolish) argument* töricht, sinnlos, sinnfrei *iron* ❸ *(unconscious)* besinnungslos; **to beat sb ~** jdn k.o. schlagen

sensible ['sen(t)sɪbl̩] *adj* vernünftig; *clothes* angemessen; **~ decision** weise Entscheidung

> **Übersetzungstipp**
> Nicht verwechseln mit *sensibel – sensitive!*

sensibly ['sen(t)sɪbli] *adv* vernünftig; *(suitably)* angemessen; *dressed* passend

sensitive ['sen(t)sɪtɪv] *adj* ❶ *(kind)* verständnisvoll ❷ *issue* heikel ❸ *(touchy)* sensibel; **to be ~ to sth** empfindlich auf etw *akk* reagieren ❹ *(responsive)* empfindlich (**to** gegenüber)

sensitively ['sen(t)sɪtɪvli] *adv* verständnisvoll; **to handle sth** ~ etw verständnisvoll angehen

sensuously ['sen(t)sjʊəsli] *adv* sinnlich; **~ appealing** anziehend

sent [sent] *pp, pt of* **send**

sentence ['sentən(t)s] **I.** *n* ❶ Urteil *nt; (punishment)* Strafe *f;* **to serve a ~** eine Strafe verbüßen ❷ *(words)* Satz *m* **II.** *vt* verurteilen (**to** zu)

sentimental [ˌsentɪ'mentᵊl] *adj* ❶ gefühlvoll; *value* ideell ❷ *(kitschy)* sentimental; *music, style* kitschig; *story* rührselig

sentry ['sentri] *n* Wache *f;* **~ box** Wachhäuschen *nt*

separate **I.** *adj* ['sepᵊrət] getrennt; *(independent)* einzeln *attr;* **to keep sth ~** etw auseinanderhalten **II.** *vi* ['sepᵊreɪt] ❶ *(detach)* sich trennen; CHEM sich scheiden ❷ *spouses* sich trennen; *(divorce)* sich scheiden lassen **III.** *vt* ['sepᵊreɪt] trennen

separated ['sepᵊreɪtɪd] *adj* getrennt

separation [sepᵊr'eɪʃᵊn] *n* Trennung *f*

September [sep'tembəʳ] *n* September *m; see also* **February**

septic ['septɪk] *adj* septisch; **to go ~** eitern

sequin ['si:kwɪn] *n* Paillette *f*

Serb [sɜ:b], **Serbian** ['sɜ:biən] **I.** *adj* serbisch **II.** *n* ❶ *(person)* Serbe, Serbin *m, f* ❷ *(language)* Serbisch *nt*

Serbia ['sɜ:biə] *n* Serbien *nt*

sergeant ['sɑ:dʒᵊnt] *n* Unteroffizier *m; (police)* ≈ Polizeimeister(in) *m(f)*

serial ['sɪəriəl] **I.** *n* Fortsetzungsgeschichte *f* **II.** *adj* Serien-; **~ port** COMPUT serielle Schnittstelle

series <*pl* -> ['sɪəri:z] *n* ❶ Reihe *f; (succession)* Folge *f* ❷ TV Serie *f;* PUBL Reihe *f* (**on** über)

serious ['sɪəriəs] *adj* ❶ ernst; **to be ~ about sb/sth** es mit jdm/etw ernst meinen ❷ *(grave)* ernsthaft; *accident, crime* schwer; *allegation* schwerwiegend ❸ *(significant)* bedeutend; *(sophisticated)* anspruchsvoll

Übersetzungstipp
Nicht verwechseln mit *seriös (anständig) – respectable!*

seriously ['sɪəriəsli] *adv* ❶ ernst; **to take sb/sth ~** jdn/etw ernst nehmen; **no, ~, ...** nein, [ganz] im Ernst, ... ❷ *(gravely)* schwer

sermon ['sɜ:mən] *n* Predigt *f* (**on** über); **to deliver a ~** eine Predigt halten

servant ['sɜ:vᵊnt] *n* Bedienstete(r) *f(m)*

serve [sɜ:v] **I.** *n (in tennis)* Aufschlag *m; (in volleyball)* Angabe *f* **II.** *vt* ❶ *guest* bedienen; *food* servieren; *(suffice)* reichen; **~s 4 to 5** ergibt 4 bis 5 Portionen ❷ *(work for)* **to ~ sth** etw *dat* dienen; **to ~ the public** im Dienste der Öffentlichkeit stehen ❸ *(complete)* ableisten; **to ~ a prison sentence** eine Haftstrafe absitzen *fam* ❹ *(supply)* versorgen ❺ **to ~ a purpose** einen Zweck erfüllen ❻ TENNIS **to ~ an ace** ein Ass schlagen **III.** *vi* ❶ servieren ❷ *(work for)* dienen; **to ~ in the army** in der Armee dienen; **to ~ on a jury** Geschworene(r) *f(m)* sein ❸ *(function)* **to ~ as sth** als etw dienen ❹ *(be acceptable)* seinen Zweck erfüllen; *(suffice)* genügen ❺ SPORTS aufschlagen, Aufschlag haben

◆ **serve up** *vt* servieren

server ['sɜ:vəʳ] *n* ❶ COMPUT Server *m* ❷ REL Ministrant(in) *m(f)*

service ['sɜ:vɪs] **I.** *n* ❶ *no pl* Service *m; (in restaurants, shops)* Bedienung *f;* **customer ~** Kundendienst *m* ❷ *(act)* Dienst *m,* Dienstleistung *f* ❸ *(form: assistance)* Unterstützung *f; (aid)* Hilfe *f;* **to be of ~ [to sb]** [jdm] von Nutzen sein ❹ POL Dienst *m;* **civil/diplomatic ~** öffentlicher/diplomatischer

S

Dienst ⑤ *(public system)* Dienst *m;* **ambulance ~** Rettungsdienst *m;* **bus/train ~** Bus-/Zugverbindung *f;* **postal ~** Postwesen *nt* ⑥ *(roadside facilities)* **~s** *pl* Raststätte *f* ⑦ REL Gottesdienst *m* ⑧ *esp* BRIT *(maintenance)* Wartung *f;* AUTO Inspektion *f* **II.** *vt* warten

service area *n* Raststätte *f* **service centre** *n (garage)* Werkstatt *f* **service charge** *n* Bedienungsgeld *nt* **service department** *n* Kundendienstabteilung *f* **service entrance** *n* Personaleingang *m* **service hatch** *n* Durchreiche *f* **service lift** *n* Personalaufzug *m; for goods* Warenaufzug *m* **service manual** *n* Wartungshandbuch *nt* **service road** *n* Nebenstraße *f; (access road)* Zufahrtsstraße *f; (for residents)* Anliegerstraße *f* **service station** *n* Tankstelle *f*

servicing [ˈsɜːvɪsɪŋ] *n no pl esp* AM Wartung *f*

serviette [ˌsɜːviˈet] *n esp* BRIT Serviette *f*

serving [ˈsɜːvɪŋ] **I.** *n* Portion *f* **II.** *adj attr* ① dienend; **the longest-~ minister** der am längsten im Amt befindliche Minister ② *prisoner* inhaftiert

session [ˈseʃᵊn] *n* ① Sitzung *f; (term of office)* Legislaturperiode *f* ② **recording ~** Aufnahme *f;* **training ~** Trainingsstunde *f*

set [set] **I.** *adj* ① *pred* bereit; **to be [all] ~ [for sth]** [für etw *akk*] bereit sein; **ready, get ~, go!** auf die Plätze, fertig, los! ② *(fixed)* fest[gesetzt]; **~ phrase** feststehender Ausdruck; **~ menu** Tageskarte *f;* **~ price** Festpreis *m* ③ **to be ~ in one's ways** in seinen Gewohnheiten festgefahren sein; **the rain is ~ to continue all week** der Regen wird wohl noch die ganze Woche andauern ④ *attr (assigned)* vorgegeben; **~ book** Pflichtlektüre ⑤ **to be [dead] ~ on sth** zu etw *dat* [wild] entschlossen sein **II.** *n* ① Satz *m; (of two)* Paar *nt;* **chess ~** Schachspiel *nt;* **~ of encyclopedias** Enzyklopädiereihe *f;* **~ of rules** Regelwerk *nt;* **~ of teeth** Gebiss *nt* ② + *sing/pl vb (people)* Kreis *m* ③ THEAT Bühnenbild *nt;* FILM Szenenaufbau *m* ④ *(device)* Gerät *nt; (TV)* Fernseher *m* ⑤ SPORTS Satz *m* **III.** *vt* <set, set> ① setzen; *(upright)* stellen; *(on side)* legen; **to ~ sb on his/her way** *(fig)* jdn losschicken ② *usu passive* **their house is ~ on a hill** ihr Haus liegt auf einem Hügel ③ *(start)* **to ~ a boat afloat** ein Boot zu Wasser lassen; **to ~ sth on fire** etw in Brand setzen; **to ~ sb straight** jdn berichtigen ④ *(prepare)* vorbereiten; **to ~ the table** den Tisch decken ⑤ *(adjust)* einstellen; *alarm, clock* stellen ⑥ *(fix)* festsetzen; *date, time* ausmachen; *deadline* setzen ⑦ *record* aufstellen; **to ~ the pace** das Tempo angeben ⑧ *dislocation* einrenken; *broken bone* einrichten ⑨ *esp* BRIT, AUS *homework* aufgeben; **to ~ a task for sb** jdm eine Aufgabe stellen **IV.** *vi* <set, set> ① *bones* zusammenwachsen ② *(harden)* fest werden ③ *sun* untergehen

◆ **set back** *vt* ① *(delay)* zurückwerfen; *deadline* verschieben ② *(position)* zurücksetzen (**from** von)

◆ **set down** *vt* ① absetzen ② AVIAT landen ③ *(note)* aufschreiben ④ **to ~ down codes of practice** Verfahrensregeln aufstellen

◆ **set off I.** *vi* sich auf den Weg machen; *(in car)* losfahren **II.** *vt* ① *(start)* auslösen ② **to ~ sb off doing sth** jdn dazu bringen, etw zu tun

◆ **set out I.** *vt* ① *(arrange)* auslegen; *chairs, chess pieces* aufstellen ② *idea, point* darlegen **II.** *vi* ① sich auf den Weg machen; *(in car)* losfahren ② **to ~ out to do sth** beabsichtigen, etw zu tun

◆ **set up** *vt* ① *camp* aufschlagen; *roadblock* errichten ② *business* einrichten; **to ~ up shop** sich niederlassen ③ COMPUT *program* installieren; *system* konfigurieren ④ *(fam: deceive)* übers

Ohr hauen

setback *n* Rückschlag *m;* **to suffer a ~** einen Rückschlag erleiden

setting ['setɪŋ] *n usu sing* ① Lage *f; (surroundings)* Umgebung *f; (in film, novel)* Schauplatz *m* ② *(adjustment)* Einstellung *f* ③ *(at table)* Gedeck *nt*

setting lotion *n* [Haar]festiger *m*

settle ['setl] **I.** *vi* ① *(get comfortable)* es sich *dat* bequem machen ② *(calm down)* sich beruhigen; *weather* beständig werden ③ *(agree)* sich einigen ④ *(form: pay)* **to ~ with sb** mit jdm abrechnen ⑤ *(live)* sich niederlassen ⑥ **to ~ into sth** sich an etw *akk* gewöhnen **II.** *vt* ① beruhigen ② *(decide)* entscheiden; *(deal with)* regeln; *(end)* erledigen; *argument* beilegen; **to ~ one's affairs** *(form)* seine Angelegenheiten regeln ③ *(colonize)* besiedeln

◆**settle down** *vi* ① es sich *dat* bequem machen ② *(adjust)* sich eingewöhnen ③ *(calm down)* sich beruhigen

◆**settle for** *vt* **to ~ for sth** mit etw *dat* zufrieden sein

◆**settle in** *vi* sich einleben; *things* sich einpendeln

◆**settle up** *vi* abrechnen

settled ['setld] *adj* ① *pred* **to be ~** sich eingelebt haben; **to feel ~** sich heimisch fühlen ② *(calm)* ruhig

settlement ['setlmənt] *n* ① *(resolution)* Übereinkunft *f; (agreement)* Vereinbarung *f;* LAW Vergleich *m; of conflict* Lösung *f;* **to negotiate a ~** eine Einigung erzielen ② *(colony)* Siedlung *f; (colonization)* Besiedlung *f* ③ *no pl of building* Absinken *nt*

settler ['setlər] *n* Siedler(in) *m(f)*

set-up *n* ① Aufbau *m; (arrangement)* Einrichtung *f* ② *(fam: fraud)* abgekartetes Spiel

seven ['sevən] **I.** *adj* sieben; *see also* **eight** **II.** *n* Sieben *f; see also* **eight**

seventeen ['sevənti:n] **I.** *adj* siebzehn; *see also* **eight** **II.** *n* Siebzehn *f; see also* **eight**

seventh ['sevən(t)θ] **I.** *adj* siebte(r, s) ▶ **to be in ~ heaven** im siebten Himmel sein **II.** *n* ① **the ~** der Siebte ② *(fraction)* Siebtel *nt*

seventy ['sevənti] **I.** *adj* siebzig **II.** *n* Siebzig *f*

several ['sevərəl] **I.** *adj* mehrere **II.** *pron* mehrere

severe [sə'vɪər] *adj* ① schwer; *pain* heftig; *cutback* drastisch ② *(harsh)* hart; *(strict)* streng; *cold* eisig; *reprimand* scharf

severely [sə'vɪəli] *adv* ① *(seriously)* schwer ② *(harshly, strictly)* streng; **to punish sb ~** jdn hart bestrafen

sew <sewed, sewn> [səʊ] **I.** *vt* nähen; **to ~ on a button** einen Knopf annähen; **to ~ on a patch** einen Flicken aufnähen **II.** *vi* nähen

◆**sew up** *vt* ① zunähen; *wound* nähen ② *(fam: complete)* zum Abschluss bringen

sewage ['su:ɪdʒ] *n no pl* Abwasser *nt*

sewer[1] ['sʊər] *n* Abwasserkanal *m*

sewer[2] ['səʊər] *n* Näher(in) *m(f)*

sewing ['səʊɪŋ] **I.** *n no pl* Nähen *nt; (clothes)* Näharbeit *f* **II.** *adj attr* Näh-; **~ machine** Nähmaschine *f*

sewn [səʊn] *pp of* **sew**

sex [seks] *n* <*pl* -es> ① Geschlecht *nt;* **the battle of the ~es** *(fig)* der Kampf der Geschlechter; **the opposite ~** das andere Geschlecht ② *no pl (intercourse)* Sex *m;* **to have ~** Sex haben; **to have ~ with sb** mit jdm schlafen

sex education *n no pl* Sexualerziehung *f*

sexual ['sekʃʊəl] *adj* ① geschlechtlich; **~ discrimination** Diskriminierung *f* aufgrund des Geschlechts ② *(erotic)* sexuell; **~ attraction** sexuelle Anziehung

sexual intercourse *n* Geschlechtsverkehr *m*

sexuality [ˌsekʃu'æləti] *n no pl* Sexualität *f*

sexually ['sekʃʊəli] *adv* ① geschlechtlich ② *(erotically)* sexuell

S

sexy ['seksi] *adj* sexy; *picture* erotisch

shabby ['ʃæbi] *adj* schäbig; *(poorly dressed)* ärmlich gekleidet

shackles ['ʃækl̩z] *n pl (a. fig)* Fesseln *pl;* **the ~ of censorship** die Beschränkungen durch die Zensur; **to shake off one's ~** seine Fesseln abstreifen

shade [ʃeɪd] **I.** *n* ① *no pl* Schatten *m;* **a patch of ~** ein schattiges Plätzchen; **in the ~** im Schatten ② *(lampshade)* [Lampen]schirm *m* ③ *(colour)* Farbton *m;* **~s of grey** Grautöne *pl* ④ *(fam)* **~s** *pl* Sonnenbrille *f* **II.** *vt* [vor der Sonne] schützen; **an avenue ~d by trees** eine von Bäumen beschattete Allee; **to ~ one's eyes** seine Augen beschirmen

shaded ['ʃeɪdɪd] *adj* ① *(in shadow)* schattig, beschattet ② *(with shading)* dunkel getönt

shadow ['ʃædəʊ] **I.** *n* ① Schatten *m; (under eye)* Augenring *m;* **to cast a ~ over sth/sb** [s]einen Schatten auf etw/jdn werfen ② *(hint)* Hauch *m* ③ *(follower)* Beschatter(in) *m(f)* **II.** *vt* ① verdunkeln ② *(follow)* beschatten; *player* decken

shady ['ʃeɪdi] *adj* ① schattig ② *(fam: dubious)* fragwürdig

shake [ʃeɪk] **I.** *n* ① Schütteln *nt kein pl;* **a ~ of one's head** ein Kopfschütteln ② **to get the ~s** *(fam)* Muffensausen kriegen ③ *esp* AM *(fam: milkshake)* Shake *m* **II.** *vt* <shook, shaken> ① schütteln; **~ well before using** vor Gebrauch gut schütteln; **to ~ sth over sth** etw über etw *akk* streuen; **to ~ one's head** den Kopf schütteln ② *(shock)* erschüttern; **the whole country was ~n** das ganze Land wurde schwer getroffen **III.** *vi* <shook, shaken> ① beben, zittern (**with** vor) ② *(fam)* **to ~ [on sth]** sich *dat* [in einer Sache] die Hand reichen ▸ **to ~ like a** <u>**leaf**</u> wie Espenlaub zittern

◆**shake off** *vt* ① abschütteln ② *(get rid of)* überwinden; **to ~ off** ⊂ **sb** jdn loswerden; *pursuer* jdn abschütteln

◆**shake out** *vt* ausschütteln

◆**shake up** *vt (mix)* mischen; *(shock)* aufwühlen

shaken ['ʃeɪkᵊn] **I.** *vi, vt pp of* **shake** **II.** *adj* erschüttert

shakily ['ʃeɪkɪli] *adv* ① wack[e]lig; *speak, move* zittrig ② *(uncertainly)* unsicher

shaky ['ʃeɪki] *adj* ① zittrig; *ladder, table* wack[e]lig ② *basis* unsicher; **his English is rather ~** sein Englisch ist etwas holprig

shall [ʃæl, ʃᵊl] *aux vb* ① *usu* BRIT *(will)* **I ~ …** ich werde … ② *esp* BRIT *(must)* **I/he/she ~ …** ich/er/sie soll … ③ **it ~ be unlawful …** es ist verboten, …

shallow ['ʃæləʊ] *adj* ① seicht; *pit, pan* flach; **~ pool** Kinderbecken *nt* ② **~ breathing** flacher Atem

shaman ['ʃæmən] *n* ① *(ethnic priest)* Schamane *m* ② *(guru)* Guru *m*

shambles ['ʃæmbl̩z] *n + sing vb (fam)* **a ~** ein heilloses Durcheinander; **to be in a ~** sich in einem chaotischen Zustand befinden

shame [ʃeɪm] **I.** *n no pl* ① Scham *f;* **have you no ~?** schämst du dich nicht?; **~ on you!** schäm dich! ② *(disgrace)* Schande *f* ③ *(pity)* Jammer *m;* **what a ~!** wie schade! **II.** *vt* ① beschämen ② *(disgrace)* Schande machen *+dat*

shamefully ['ʃeɪmfᵊli] *adv* schändlich; **to be ~ neglected** sträflich vernachlässigt werden

shameless ['ʃeɪmləs] *adj* schamlos

shampoo [ʃæm'puː] **I.** *n* Shampoo *nt;* **a ~ and set** Waschen und Legen **II.** *vt* shamponieren

shandy ['ʃændi] *n esp* BRIT, AUS Radler *nt bes* SÜDD, Alsterwasser *nt* NORDD

shape [ʃeɪp] **I.** *n* ① Form *f;* BIOL Gestalt *f;* MATH Figur *f;* **to lose its ~** die Form verlieren; **to take ~** Form annehmen ② *no pl* **to be in great ~** in Hochform sein; **to knock sb into ~** jdn zurechtstutzen *fam* **II.** *vt* ① *(mould)* [aus]formen ② *(influence)* prägen; **to ~ sb's character/person-**

S

ality jds Charakter/Persönlichkeit formen **III.** *vi* sich entwickeln
shaped [ʃeɪpt] *adj* geformt; ~ **like a heart** herzförmig
shapelessly [ˈʃeɪpləsli] *adv* formlos; **her clothes hung ~ on her** die Kleider hingen ihr lose am Körper
share [ʃeəʳ] **I.** *n* ❶ [An]teil *m;* **the lion's ~ of sth** der Löwenanteil von etw *dat;* **~ of the vote** Stimmenanteil *m* ❷ *usu pl (in company)* Aktie *f;* **stocks and ~s** Wertpapiere *pl* **II.** *vi* ❶ *(with others)* teilen ❷ **to ~ in sth** *(have part of)* an etw *dat* teilhaben; *(participate)* an etw *dat* beteiligt sein **III.** *vt* ❶ teilen; **to ~ responsibility** Verantwortung gemeinsam tragen ❷ *(have in common)* gemeinsam haben; **to ~ sb's concern** jds Besorgnis *f* teilen ❸ **to ~ a secret [with sb]** jdn in ein Geheimnis einweihen ▸ **a <u>problem</u> ~d is a problem halved** *(prov)* geteiltes Leid ist halbes Leid
shark <*pl* -s> [ʃɑːk] *n* Hai[fisch] *m*
sharp [ʃɑːp] **I.** *adj* ❶ scharf; *(pointed)* spitz; *bend* scharf ❷ *(scathing)* scharf; *criticism* beißend ❸ *(sudden)* plötzlich; *(marked)* drastisch; *drop, rise* stark ❹ *(perceptive)* scharfsinnig; *mind* scharf ❺ **C** ~ Cis *nt;* **F** ~ Fis *nt* **II.** *adv* genau; **the performance will start at 7.30 ~** die Aufführung beginnt um Punkt 7.30 Uhr **III.** *n* MUS Kreuz *nt*
sharpen [ˈʃɑːpᵊn] *vt* ❶ schärfen; *pencil* spitzen; *(grind)* schleifen ❷ *(boost)* verschärfen ❸ **to ~ one's mind** den Verstand schärfen
sharpener [ˈʃɑːpᵊnəʳ] *n* **pencil ~** Bleistiftspitzer *m;* **knife ~** Messerschleifgerät *nt*
sharply [ˈʃɑːpli] *adv* ❶ *(having an edge)* **~ pointed** scharf [zu]gespitzt ❷ *(severely)* scharf; **to criticize sb/sth ~** jdn/etw scharf kritisieren; **a ~ worded letter** ein Brief in schneidenden Tönen ❸ *(abruptly)* abrupt; *(suddenly)* plötzlich; **she looked up ~** sie blickte unvermittelt auf; **to brake ~** voll auf die Bremse treten; **to bend ~ to the left** eine scharfe Linksbiegung machen ❹ *(markedly)* drastisch; **to deteriorate ~** sich drastisch verschlechtern ❺ *(fashionably)* **~ dressed** elegant gekleidet
sharp-tempered *adj* leicht erregbar
shatter [ˈʃætəʳ] **I.** *vi* zerspringen (**into** in +*akk*) **II.** *vt* ❶ zertrümmern; *(fig)* vernichten; **to ~ sb's dreams/illusions** jds Träume/Illusionen zunichtemachen ❷ BRIT *(fam: tire)* schlauchen; **I'm ~ed!** ich bin fix und fertig!
shattering [ˈʃætᵊrɪŋ] *adj (fam)* ❶ vernichtend ❷ *(upsetting)* erschütternd ❸ BRIT *(tiring)* aufreibend
shave [ʃeɪv] **I.** *n* Rasur *f;* **I need a ~** ich muss mich rasieren ▸ **a <u>close</u> ~** ein knappes Entkommen **II.** *vi* sich rasieren **III.** *vt* rasieren
shaven [ˈʃeɪvᵊn] *adj* rasiert; *head* kahl geschoren
shaver [ˈʃeɪvəʳ] *n* Rasierapparat *m*
shaving [ˈʃeɪvɪŋ] **I.** *adj attr* Rasier-; **~ cream** Rasiercreme *f* **II.** *n usu pl* Hobelspan *m*
shawl [ʃɔːl] *n* Schultertuch *nt*
she [ʃiː, ʃi] **I.** *pron* ❶ sie; ~ **who …** *(particular)* diejenige, die …; *(any)* wer ❷ *(thing)* er/es/sie **II.** *n usu sing* **a ~** *(person)* eine Sie; *(animal)* ein Weibchen *nt*
sheath knife *n* Dolch *m*
shed[1] [ʃed] *n* Schuppen *m;* **garden ~** Gartenhäuschen *nt*
shed[2] <-dd-, shed, shed> [ʃed] **I.** *vt* ❶ ablegen; *antlers, leaves* abwerfen; *hair* verlieren; **to ~ a few kilos/pounds** ein paar Kilo/Pfund abnehmen; **to ~ one's skin** sich häuten; **to ~ one's winter coat** das Winterfell verlieren ❷ *(get rid of)* ablegen; **to ~ one's inhibitions/insecurity** seine Hemmungen/Unsicherheit verlieren ❸ *blood, tears* vergießen; *light* verbreiten ❹ BRIT *(drop)* **a lorry has ~ a load of gravel across the road** ein LKW

S

hat eine Ladung Kies auf der Straße verloren **II.** *vi snakes* sich häuten; *cats* haaren

sheep *<pl ->* [ʃiːp] *n* Schaf *nt;* **flock of ~** Schafherde *f;* ▶ **to separate the ~ from the goats** die Schafe von den Böcken trennen

sheepdog *n* Schäferhund *m*

sheepishly [ˈʃiːpɪʃli] *adv* verlegen, betreten

sheepskin *n* Schaffell *nt*

sheer [ʃɪəʳ] **I.** *adj* ① rein; **~ bliss** eine wahre Wonne; **~ coincidence** reiner Zufall ② *cliff, drop* steil **II.** *adv* steil hinauf/hinab

sheet [ʃiːt] *n* ① Laken *nt* ② *(paper)* Blatt *nt* ③ **~ of ice** Eisschicht *f;* **~ of water** ausgedehnte Wasserfläche

sheet lightning *n no pl* Wetterleuchten *nt*

sheik(h) [ʃeɪk, ʃiːk] *n* Scheich *m*

shelf *<pl shelves>* [ʃelf] *n* [Regal]brett *nt; (set of shelves)* Regal *nt*

shelf life *n* ECON Haltbarkeit *f*

shell [ʃel] **I.** *n* ① Schale *f; of tortoise* Panzer *m; of pea* Hülse *f; (on beach)* Muschel *f* ② *(bomb)* Granate *f;* AM *(cartridge)* Patrone *f* **II.** *vt* ① schälen ② *(bombard)* [mit Granaten] bombardieren

◆ **shell out** *vi (fam)* **to ~ out for sth/sb** für etw/jdn bezahlen

shellfish *<pl ->* *n* Schalentier *nt*

shelter [ˈʃəltəʳ] **I.** *n* ① *no pl* Schutz *m;* **to find/take ~** Schutz finden/suchen ② *(structure)* Unterstand *m; (with seats)* Häuschen *nt;* **bus ~** Häuschen *nt* an der Bushaltestelle; **a ~ for the homeless/battered wives** ein Obdachlosenheim *nt*/Frauenhaus *nt* **II.** *vi* Schutz suchen **III.** *vt* schützen (**from** vor)

sheltered [ˈʃəltəd] *adj* ① geschützt ② *(overprotected)* behütet ③ **~ accommodation** Alten[wohn]heim *nt*

shelves [ʃəlvz] *n pl of* **shelf**

shield [ʃiːld] **I.** *n* ① [Schutz]schild *m; (with coat of arms)* [Wappen]schild *m o nt* ② *(protection)* Schutz *m kein pl* ③ SPORTS Trophäe *f* **II.** *vt* beschützen (**from** vor); **to ~ one's eyes** die Augen schützen

shift [ʃɪft] **I.** *vt* ① [weg]bewegen; *(slightly)* verschieben ② **to ~ the emphasis** die Betonung verlagern ③ AM **to ~ gears** schalten **II.** *vi* ① sich bewegen; *(to new position)* die Position verändern; **it won't ~** es lässt sich nicht bewegen ② AM **to ~ into reverse** den Rückwärtsgang einlegen ③ BRIT *(sl)* **~ up/over a bit!** rutsch mal ein bisschen rüber! *fam* **III.** *n* ① Wechsel *m,* Änderung *f;* **a ~ in opinion** ein Meinungsumschwung *m* ② *(work)* Schicht *f;* **day/night ~** Tag-/Nachtschicht *f* ③ *(dress)* Hänger *m*

shiftily [ˈʃɪftɪli] *adv (evasively)* ausweichend; *(suspiciously)* verdächtig

shiftiness [ˈʃɪftɪnəs] *n no pl* Unaufrichtigkeit *f; of person, character* Fragwürdigkeit *f*

shimmy [ˈʃɪmi] *vi <-ie->* ① *(dance the shimmy)* den Shimmy tanzen; *(walk with sway) sich beim Gehen in den Hüften wiegen* ② TECH *(shake) wheel* flattern

shine [ʃaɪn] **I.** *n no pl* Glanz *m;* ▶ **to take a ~ to sb** jdn ins Herz schließen **II.** *vi* <shone *or* shined, shone *or* shined> ① *moon, sun* scheinen; *stars* leuchten ② *talent* glänzen **III.** *vt* <shone *or* shined, shone *or* shined> ① **to ~ a beam of light at sth/sb** etw/jdn anstrahlen ② *shoes* polieren

shingles [ˈʃɪŋglz] *n pl + sing vb* MED Gürtelrose *f*

shiny [ˈʃaɪni] *adj* glänzend; *(clean)* [spiegel]blank; **to be ~** glänzen

ship [ʃɪp] **I.** *n* Schiff *nt;* **cargo/passenger ~** Fracht-/Passagierschiff *nt;* **by ~** mit dem Schiff; *(goods)* per Schiff **II.** *vt* <-pp-> verschiffen

shipping company *n* Reederei *f*

shipshape *adj pred (fam)* aufgeräumt; **to get sth ~** etw aufräumen

shipwreck **I.** *n* Schiffbruch *m; (remains)*

Schiffs]wrack *nt* **II.** *vt usu passive* **to be ~ed** Schiffbruch erleiden **shipyard** *n* [Schiffs]werft *f*
shirker [ˈʃɜːkəʳ] *n* Drückeberger(in) *m(f) fam*
shirt [ʃɜːt] *n* Hemd *nt;* ▶ **keep your ~ on!** reg dich ab!
shirtsleeve *n usu pl* Hemdsärmel *m;* ▶ **to roll up one's ~s** die Ärmel hochkrempeln *fam*
shirty [ˈʃɜːti] *adj* BRIT, AUS *(fam)* sauer *sl;* **don't get ~ with me!** sei nicht so griesgrämig!
shit [ʃɪt] *(fam!)* **I.** *n* ① *no pl (faeces)* Scheiße *f derb* ② *(diarrhoea)* **the ~s** *pl* Dünnschiss *m kein pl derb* ③ *no pl (nonsense)* Scheiße *m derb* **II.** *interj* Scheiße *derb* **III.** *vi* <-tt-, shit *or* shitted, shit *or* shitted> scheißen *derb*
shitty [ˈʃɪti] *adj (fam!)* beschissen *derb*
shiver [ˈʃɪvəʳ] **I.** *n* ① Schauder *m;* **a ~ went up and down my spine** mir lief es kalt den Rücken hinunter ② MED **the ~s** *pl* Schüttelfrost *m kein pl* **II.** *vi* zittern; **to ~ with cold** frösteln; **to ~ like a leaf** wie Espenlaub zittern
shivery [ˈʃɪvᵊri] *adj* fröstelnd; **to feel ~** frösteln
shock [ʃɒk] **I.** *n* ① Schock *m;* **a ~ to the system** eine schwierige Umstellung; **to come as a ~** ein Schock sein ② *(fam)* ELEC elektrischer Schlag ③ *no pl* Schock[zustand] *m;* **to be in [a state of] ~** unter Schock stehen **II.** *vt, vi* schockieren; *(deeply)* [zutiefst] erschüttern
shock absorber *n* Stoßdämpfer *m*
shocked [ʃɒkt] *adj* schockiert, entsetzt
shocking [ˈʃɒkɪŋ] *adj* ① schockierend; *crime* abscheulich ② *esp* AM *(surprising)* völlig überraschend ③ *esp* BRIT *(fam: bad)* schrecklich
shockingly [ˈʃɒkɪŋli] *adv* ① *(distressingly)* erschreckend ② *(extremely)* extrem; **they charge ~ high prices** sie verlangen unverschämt hohe Preise
shoddy [ˈʃɒdi] *adj* schlampig [gearbeitet] *fam; (rundown)* schäbig
shoe [ʃuː] **I.** *n* Schuh *m; (horseshoe)* Hufeisen *nt;* **a pair of ~s** ein Paar *nt* Schuhe ▶ **to put oneself in sb's ~s** sich in jds *akk* Lage *f* versetzen **II.** *vt* <shod *or* AM *a.* shoed, shod *or* AM *a.* shoed> *horse* beschlagen
shoelace *n usu pl* Schnürsenkel *m;* **to do up one's ~s** sich *dat* die Schuhe zubinden **shoe polish** *n no pl* Schuhcreme *f* **shoe size** *n* Schuhgröße *f*
shone [ʃɒn] *pt, pp of* **shine**
shoo [ʃuː] *(fam)* **I.** *interj* husch [husch] **II.** *vt* wegscheuchen
shook [ʃʊk] *n pt of* **shake**
shoot [ʃuːt] **I.** *n* ① *(on plant)* Trieb *m;* **green ~s** *(fig)* erste [hoffnungsvolle] Anzeichen ② *(hunt)* Jagd *f* ③ PHOT Aufnahmen *pl* **II.** *vi* <shot, shot> ① schießen (**at** auf); **to ~ to kill** mit Tötungsabsicht schießen ② SPORTS schießen ③ **to ~ to fame** über Nacht berühmt werden ④ *(film)* drehen **III.** *vt* <shot, shot> ① schießen ② *(hit)* anschießen; *(dead)* erschießen ③ FILM drehen
◆**shoot down** *vt* ① *(kill)* erschießen ② *plane* abschießen
◆**shoot off** **I.** *vt usu passive* wegschießen ▶ **to ~ one's mouth off** *(sl)* sich *dat* das Maul zerreißen *derb* **II.** *vi vehicle* schnell losfahren; *person* eilig aufbrechen
◆**shoot up** *vi* ① *(increase)* schnell ansteigen; *skyscraper* in die Höhe schießen ② *(fam) child* schnell wachsen
shooting [ˈʃuːtɪŋ] **I.** *n* ① Schießerei *f; (from several sides)* Schusswechsel *m* ② *no pl (sport)* Jagen *nt;* **grouse ~** Moorhuhnjagd *f* ③ *no pl* FILM Drehen *nt* **II.** *adj attr* **~ pain** stechender Schmerz
shooting star *n* Sternschnuppe *f; (person)* Shootingstar *m*
shop [ʃɒp] **I.** *n* ① Geschäft *nt,* Laden *m;* **baker's ~** *esp* BRIT Bäckerei ② BRIT, AUS *(shopping)* Einkauf *m;* **to do the weekly ~** die wöchentlichen Einkäufe

S

erledigen ▶ **to be all over the ~** BRIT *(fam)* ein [völliges] Durcheinander sein **II.** *vi* <-pp-> einkaufen; **to ~ till you drop** *(hum)* eine Shoppingorgie veranstalten

◆ **shop around** *vi* ❶ *(compare offers)* Preise vergleichen ❷ *(look for)* sich umsehen

shop assistant *n* Verkäufer(in) *m(f)* **shopkeeper** *n* Ladeninhaber(in) *m(f)* **shoplifting** *n no pl* Ladendiebstahl *m*

shopper ['ʃɒpəʳ] *n* Käufer(in) *m(f)*

shopping ['ʃɒpɪŋ] *n no pl* ❶ Einkaufen *nt;* **Christmas ~** Weihnachtseinkäufe *pl;* **to go ~** einkaufen gehen ❷ *(purchases)* Einkäufe *pl;* **bags of ~** volle Einkaufstaschen

shopping arcade *n* Einkaufspassage *f* **shopping bag** *n* Einkaufstasche *f;* **plastic ~** Plastiktragetasche *f* **shopping cart** *n* AM Einkaufswagen *m* **shopping centre** *n* Einkaufszentrum *nt* **shopping mall** *n esp* AM, AUS Einkaufszentrum *nt* **shopping trolley** *n* BRIT Einkaufswagen *m*

shop-soiled *adj* BRIT, AUS leicht beschädigt **shop window** *n* Schaufenster *nt* **shopworn** *adj* ❶ *inv* AM leicht beschädigt ❷ *(clichéd)* abgedroschen

shore [ʃɔːʳ] *n* Küste *f; of river, lake* Ufer *nt; (beach)* Strand *m*

short [ʃɔːt] **I.** *adj* ❶ kurz; *(not tall)* klein; *(not far)* kurz; **Bob's ~ for Robert** Bob ist die Kurzform von Robert; **~ distance** kurze Strecke; **at ~ range** aus kurzer Entfernung ❷ *(brief)* kurz; **to have a ~ memory** ein kurzes Gedächtnis haben; **at ~ notice** kurzfristig; **~ and sweet** kurz und schmerzlos ❸ **to be ~ [of cash]** *(fam)* knapp bei Kasse sein; **to be ~ of space** wenig Platz haben ❹ *pred* **to be ~ [with sb]** [jdm gegenüber] kurz angebunden sein ▶ **to have a ~ fuse** schnell wütend werden; **to draw the ~ straw** den Kürzeren ziehen **II.** *n* *(fam)* ❶ ELEC Kurzer *m* ❷ BRIT *(drink)* Kurzer *m* **III.** *adv* **to cut sth ~** etw abkürzen; **to fall ~ of sth** etw nicht erreichen ▶ **in ~** kurz gesagt

shortage ['ʃɔːtɪdʒ] *n* Mangel *m kein pl* (of an); **water ~** Wassermangel *m*

short-change *vt* **to ~ sb** jdm zu wenig Wechselgeld herausgeben **short circuit** *n* Kurzschluss *m* **short cut** *n* Abkürzung *f*

shorten ['ʃɔːtᵊn] **I.** *vt* kürzen; *name* abkürzen **II.** *vi* kürzer werden

shortly ['ʃɔːtli] *adv* bald; **~ after …** kurz nachdem …; **~ afterwards** kurz danach

shorts [ʃɔːts] *n pl* ❶ kurze Hose ❷ AM *(underpants)* Unterhose *f*

short-sighted *adj* kurzsichtig **short-sleeved** [-ˌsliːvd] *adj* kurzärmelig **short-staffed** [-'stɑːft] *adj* unterbesetzt **short story** *n* Kurzgeschichte *f* **short-tempered** [-'tempəd] *adj* cholerisch **short-term** *adj* kurzfristig; **~ memory** Kurzzeitgedächtnis *nt* **short-termism** *n* kurzfristiges Denken **short wave** *n* Kurzwelle *f* **short-winded** [-'wɪndɪd] *adj* kurzatmig

shot [ʃɒt] **I.** *n* ❶ *of gun* Schuss *m* ❷ SPORTS Kugel *f; (in tennis, golf)* Schlag *m; (in football, ice hockey)* Schuss *m* ❸ *no pl (ammunition)* Schrot *m o nt* ❹ *(photo)* Aufnahme *f* ❺ *(fam: injection)* Spritze *f* ❻ *of alcohol* Schuss *m* **II.** *vt, vi pp, pt of* **shoot**

shotgun *n* Schrotflinte *f;* ▶ **to ride ~** AM *(fam)* vorne sitzen *(im Auto)*

shot put *n* **the ~** das Kugelstoßen *kein pl*

shot putter *n* Kugelstoßer(in) *m(f)*

should [ʃʊd] *aux vb* ❶ *(mandatory)* **sb/sth ~ …** jd/etw sollte …; **you ~ be ashamed of yourselves** ihr solltet euch [was] schämen; **~ I apologize to him?** soll[te] ich mich bei ihm entschuldigen? ❷ *(expectant)* **sb/sth ~ …** jd/etw sollte [*o* müsste] [eigentlich] …; **there ~n't be any problems** es dürfte eigentlich keine Probleme geben; **I ~ be so lucky** *(fam)* schön wärs! ❸ *(form: possible)* **in case sth/**

S

sb ~ do sth falls etw/jd etw tun sollte ❹ *(rhetorical)* **why ~ sb/sth ...?** warum sollte jd/etw ...? ❺ *(could)* **where's Stuart? — how ~ I know?** wo ist Stuart? — woher soll[te] ich das wissen?

shoulder ['ʃəʊldəʳ] **I.** *n* ❶ Schulter *f;* **a ~ to cry on** eine Schulter zum Ausweinen; **to shrug one's ~s** mit den Achseln zucken ❷ *(meat)* Schulter *f; of beef* Bug *m* ❸ **soft/hard ~** unbefestigtes/befestigtes Bankett **II.** *vt* auf sich *akk* nehmen; **to ~ the cost of sth** die Kosten für etw *akk* tragen; **to ~ responsibility** die Verantwortung übernehmen

shoulder bag *n* Umhängetasche *f* **shoulder pad** *n* Schulterpolster *nt;* SPORTS Schulterschoner *m* **shoulder strap** *n* Riemen *m*

shout [ʃaʊt] **I.** *n* ❶ Ruf *m;* **a ~ from the audience** ein Zuruf *m* aus dem Publikum; **~ of joy** Freudenschrei *m* ❷ BRIT, AUS *(fam: drinks)* Runde *f* **II.** *vi* schreien; **to ~ at sb** jdn anschreien; **to ~ for help** um Hilfe rufen **III.** *vt* rufen

◆**shout out** *vt* [aus]rufen

shouting ['ʃaʊtɪŋ] *n no pl* Schreien *nt*

shove [ʃʌv] **I.** *n* Ruck *m;* **to give sth a ~** etw [weg]rücken **II.** *vt* ❶ schieben; **to ~ sb around** jdn herumstoßen *fam* ❷ **to ~ sth into a bag** etw in eine Tasche stecken **III.** *vi* ❶ drängen ❷ *(fam)* **to ~ along** beiseiterücken

◆**shove off** *vi* ❶ *(fam)* abhauen *sl* ❷ NAUT [vom Ufer] abstoßen

shovel ['ʃʌvᵊl] **I.** *n* Schaufel *f; of earthmover* Baggerschaufel *f;* **a ~ of coal/dirt/snow** eine Schaufel [voll] Kohle/Erde/Schnee **II.** *vt, vi* <BRIT -ll- *or* AM *usu* -l-> schaufeln

show [ʃəʊ] **I.** *n* ❶ Demonstration *f geh;* **~ of kindness** Geste *f* der Freundlichkeit; **~ of solidarity** Solidaritätsbekundung *f geh* ❷ *no pl (display)* Schau *f;* **to make a ~ of sth** etw zur Schau stellen ❸ *no pl (sight)* Schauspiel *nt geh* ❹ *(event)* Schau *f,* Ausstellung *f;* **slide ~** Diavortrag *m;* **to be on ~** ausgestellt sein ❺ *(entertainment)* Show *f; (on TV also)* Unterhaltungssendung *f; (at theatre)* Vorstellung *f;* **puppet ~** Puppenspiel *nt* ❻ *no pl (fam: affair)* Sache *f;* **who's running the ~?** wer ist hier der Boss? *fam* **II.** *vt* <showed, shown *or* showed> ❶ zeigen; *(exhibit)* ausstellen; *(perform)* vorführen ❷ *(expose)* sehen lassen; **this carpet ~s all the dirt** bei dem Teppich kann man jedes bisschen Schmutz sehen ❸ *(reveal)* zeigen; **to ~ promise** viel versprechend sein; **to ~ compassion [for sb]** [mit jdm] Mitleid haben ❹ *(record)* anzeigen; *statistics* [auf]zeigen; **to ~ a loss/profit** einen Verlust/Gewinn aufweisen ❺ *(explain)* **to ~ sb sth** jdm etw zeigen ▶ **to ~ sb the door** jdm die Tür weisen **III.** *vi* <showed, shown *or* showed> ❶ zu sehen sein; **to let sth ~** sich *dat* etw anmerken lassen ❷ *esp* AM, AUS *(fam: arrive)* auftauchen ❸ *(be shown) film* laufen *fam*

◆**show in** *vt* hereinführen/hineinführen

◆**show off I.** *vt* **to ~ off** ⟲ **sb/sth** mit jdm/etw angeben **II.** *vi* prahlen

◆**show out** *vt* hinausführen; **will you ~ Ms Richards out please?** würden Sie Frau Richards bitte zur Tür bringen?; **I'll ~ myself out** ich finde schon allein hinaus

◆**show up I.** *vi* sich zeigen **II.** *vt* ❶ zeigen ❷ *(expose)* aufdecken; **to ~ up** ⟲ **sb** jdn entlarven

shower ['ʃaʊəʳ] **I.** *n* ❶ Schauer *m;* **~ of rain/snow** Regen-/Schneeschauer *m* ❷ *(spray)* Regen *m;* **~ of sparks** Funkenregen *m* ❸ *(for bathing)* Dusche *f;* **to have a ~** duschen ❹ AM *(party) Frauenparty vor einer Hochzeit, Geburt etc., bei der Geschenke überreicht werden* **II.** *vt* ❶ bespritzen (**with** mit) ❷ *(fig)* **to ~ sb with sth** *with compliments, presents* jdn/etw mit etw *dat* überhäufen **III.** *vi* duschen

S

shower gel *n* Duschgel *nt*
showery ['ʃaʊəri] *adj* mit vereinzelten Regenschauern *nach n;* ~ **weather** regnerisches Wetter
showground *n* Veranstaltungsgelände *nt* **show home** *n* BRIT Musterhaus *nt* **show jumping** *n no pl* Springreiten *nt*
shown ['ʃəʊn] *vt, vi pp of* **show**
show-off *n* Angeber(in) *m(f)*
showroom *n* Ausstellungsraum *m*
shrank [ʃræŋk] *vt, vi pt of* **shrink**
shrewdly ['ʃru:dli] *adv (approv)* schlau, klug
shrewdness ['ʃru:dnəs] *n no pl (approv)* Klugheit *f*
shrink [ʃrɪŋk] **I.** *vi* <shrank *or esp* AM shrunk, shrunk *or* AM *a.* shrunken> ① schrumpfen; *clothes* eingehen ② **to ~ away** zurückweichen; **to ~ from [doing] sth** sich vor etw *dat* drücken *fam* **II.** *vt* <shrank *or* AM *esp* shrunk, shrunk *or* AM *a.* shrunken> schrumpfen lassen; **to ~ costs** die Kosten senken **III.** *n (fam)* Psychiater(in) *m(f)*
◆ **shrivel up** *vi* zusammenschrumpfen; *fruit* schrumpeln ▶ **to want to ~ up and die** in den Boden versinken wollen
shrivelled, AM **shriveled** ['ʃrɪvᵊld] *adj fruit* verschrumpelt; *leaf* verwelkt; *skin* faltig
shrub [ʃrʌb] *n* Strauch *m*
shrug [ʃrʌg] **I.** *n* Achselzucken *nt kein pl* **II.** *vi* <-gg-> die Achseln zucken **III.** *vt* <-gg-> **to ~ one's shoulders** die Achseln zucken; *(fig)* tatenlos zusehen
shrunk [ʃrʌŋk] *vt, vi pp, pt of* **shrink**
shuffle ['ʃʌfl̩] **I.** *n* ① **to give the cards a ~** die Karten mischen ② *(rearrangement)* Neuordnung *f kein pl* ③ AM, AUS, CAN *(shake-up)* **cabinet ~** Kabinettsumbildung *f* ④ *no pl of feet* Schlurfen *nt* **II.** *vt* ① *cards* mischen ② **to ~ one's feet** schlurfen **III.** *vi* ① Karten mischen ② **to ~ through sth** etw durchblättern ③ *(walk)* schlurfen; **to ~ along** *(fig)* sich dahinschleppen
shut [ʃʌt] **I.** *adj* geschlossen; *curtains* zugezogen; **to slam a door ~** eine Tür zuschlagen; **to slide ~** sich automatisch schließen **II.** *vt* <-tt-, shut, shut> schließen; *book* zuklappen ▶ **~ your face /mouth!** *(fam!)* halt die Klappe! *fam* **III.** *vi* <-tt-, shut, shut> schließen
◆ **shut off** *vt* ① **to ~ oneself off** sich zurückziehen ② *(turn off)* abstellen
◆ **shut out** *vt* ① ausschließen; *(fig) thoughts* verdrängen; **to ~ out the light** das Licht abschirmen; **to ~ out pain** Schmerz ausschalten ② **to ~ out sb [from sth]** jdn [von etw *dat*] ausschließen
◆ **shut up I.** *vt* ① einsperren ② AUS, BRIT *(close)* schließen; **to ~ up shop** das Geschäft schließen ③ *(fam: silence)* zum Schweigen bringen **II.** *vi* ① AUS, BRIT *(close)* [seinen Laden] schließen ② *(fam: stop talking)* den Mund halten
shutter ['ʃʌtəʳ] *n* ① PHOT Blende *f* ② *usu pl of window* Fensterladen *m*
shuttle ['ʃʌtl̩] **I.** *n* ① *(train)* Pendelzug *m; (plane)* Pendelmaschine *f;* **air ~ [service]** Shuttleflug *m;* **space ~** Raumfähre *f* ② SPORTS *(fam)* Federball *m* **II.** *vt* hin- und zurückbefördern **III.** *vi* hin- und zurückfahren
shuttle bus *n* Zubringerbus *m* **shuttle flight** *n* Shuttleflug *m* **shuttle service** *n* Shuttleservice *nt*
shy [ʃaɪ] **I.** *adj* schüchtern; **~ smile** scheues Lächeln **II.** *vi* <-ie-> *horse* scheuen
shyness ['ʃaɪnəs] *n no pl* Schüchternheit *f*
Siberia [saɪ'biəriə] *n no pl* GEOG Sibirien *nt*
Siberian [saɪ'bɪəriən] **I.** *n* Sibir[i]er(in) *m(f)* **II.** *adj* sibirisch; **~ cold** sibirische Kälte
sick [sɪk] **I.** *adj* ① krank; **to be off ~** krankgemeldet sein; **to call in ~** sich krankmelden ② *pred (vomit)* **to be ~**

sich erbrechen; **to feel ~** sich schlecht fühlen ❸ *pred (fam)* **it makes me ~ …** es regt mich auf …; **to be ~ of sth/sb** von etw/jdm die Nase voll haben *fam* ❹ *(fam: cruel)* geschmacklos **II.** *n* ❶ **the ~** *pl* die Kranken *pl* ❷ *no pl* BRIT *(fam: vomit)* Erbrochene(s) *nt*

sick bag *n* Speibeutel *m* **sickbay** *n* MIL Krankenstation *f*

sickening ['sɪkᵊnɪŋ] *adj* entsetzlich; *(disgusting)* ekelhaft; *(annoying)* [äußerst] ärgerlich

sick leave *n no pl* **to be on ~** krankgeschrieben sein

sickness <*pl* -es> ['sɪknəs] *n* ❶ Krankheit *f; (nausea)* Übelkeit *f* ❷ *no pl (vomiting)* Erbrechen *nt*

side [saɪd] **I.** *n* ❶ Seite *f; of hill, cliff* Hang *m; of house, cave* [Seiten]wand *f;* **this ~ up!** diese Seite oben!; **~ by ~** Seite an Seite; **at the ~ of sth** neben etw *dat* ❷ *(page)* Seite *f* ❸ *(edge)* Rand *m; of table, shape* Seite *f; of road* [Straßen]rand *m;* **on all ~s** auf allen Seiten ❹ *(half)* Hälfte *f; of town, road, brain, room* Seite *f* ❺ *(direction)* Seite *f;* **to put sth to one ~** etw beiseitelassen; **to take sb to one ~** jdn auf die Seite nehmen ❻ *+ sing/pl vb (opposing party)* Partei *f,* Seite *f;* **to take ~s** Partei ergreifen ❼ *+ sing/pl vb (team)* Mannschaft *f,* Seite *f* ❽ *(aspect)* Seite *f;* **to look on the bright[er] ~ of life** zuversichtlich[er] sein ❾ *esp* AM *(side dish)* Beilage *f;* ▸ **the other ~ of the coin** die Kehrseite der Medaille; **to get on the wrong ~ of sb** es sich *dat* mit jdm verderben **II.** *adj* Neben-; **~ job** Nebenbeschäftigung *f* **III.** *vi* **to ~ against sb** sich gegen jdn stellen; **to ~ with sb** zu jdm halten

sideboard *n* ❶ *(buffet)* Anrichte *f* ❷ BRIT *(fam: sideburns)* **~s** *pl* Koteletten *pl*

side dish *n* Beilage *f* **side effect** *n* Nebenwirkung *f* **sideline** *n* ❶ Nebenbeschäftigung *f; (money)* Nebenerwerb *m* ❷ *esp* AM SPORTS Seitenlinie *f* **side road** *n* Seitenstraße *f* **side salad** *n* Beilagensalat *m* **sidestep** **I.** *vt, vi* <-pp-> ausweichen **II.** *n* Schritt *m* zur Seite; *(fig)* Ausweichmanöver *nt; (in dancing)* Seitenschritt *m; (in sports)* Ausfallschritt *m* **side street** *n* Seitenstraße *f* **sidewalk** *n* AM Bürgersteig *m*

sideways ['saɪdweɪz] **I.** *adv* seitwärts; **the fence is leaning ~** der Zaun steht schief **II.** *adj* seitlich; **he gave her a ~ glance** er sah sie von der Seite an

siesta [si'estə] *n* Siesta *f;* **to take a ~** eine Siesta machen

sieve [sɪv] **I.** *n* Sieb *nt;* ▸ **to have a memory like a ~** ein Gedächtnis wie ein Sieb haben **II.** *vt* sieben **III.** *vi* **to ~ through a contract** einen Vertrag genau durchgehen

sigh [saɪ] **I.** *n* Seufzer *m;* **~ of relief** Seufzer *m* der Erleichterung; **to heave a ~** seufzen **II.** *vi* seufzen; **to ~ with relief** vor Erleichterung [auf]seufzen

sight [saɪt] **I.** *n* ❶ *no pl* **[sense of] ~** Sehvermögen *nt; (strength)* Sehkraft *f;* **to lose one's ~** das Sehvermögen verlieren ❷ *no pl (access)* Sicht *f; (range)* Sichtweite *f;* **get out of my ~!** *(fam)* geh mir aus den Augen!; **to be in/come into ~** in Sichtweite sein/kommen; **out of ~** außer Sichtweite; **to keep out of ~** sich nicht sehen lassen ❸ *no pl (seeing)* Anblick *m;* **love at first ~** Liebe auf den ersten Blick; **to know sb by ~** jdn vom Sehen her kennen ❹ *no pl (image)* Anblick *m;* **to be not a pretty ~** kein angenehmer Anblick sein; **to be a ~** *(fam: ridiculous)* lächerlich aussehen; *(terrible)* furchtbar aussehen ❺ *(attractions)* **~s** *pl* Sehenswürdigkeiten *pl* ▸ **out of ~, out of mind** *(prov)* aus den Augen, aus dem Sinn; **to set one's ~s on sth** sich *dat* etw zum Ziel machen **II.** *vt* sichten

sighting ['saɪtɪŋ] *n* Sichten *nt;* **at the first ~ of land** als zum ersten Mal Land gesichtet wurde

sightseeing **I.** *n no pl* Besichtigungen

pl **II.** *adj attr* Sightseeing-

sign [saɪn] **I.** *n* ① Zeichen *nt;* **to make the ~ of the cross** sich bekreuzigen; **a rude ~** eine unverschämte Geste ② *(notice)* [Straßen-/Verkehrs]schild *nt;* **stop ~** Stoppschild *nt* ③ ASTROL Sternzeichen *nt* ④ *(indication)* [An]zeichen *nt;* **~ of life** Lebenszeichen *nt;* **a ~ of the times** ein Zeichen *nt* der Zeit ⑤ MATH Zeichen *nt* **II.** *vt* ① *letter* unterschreiben; *cheque, contract* unterzeichnen; *book, painting* signieren ② *athlete, musician* [vertraglich] verpflichten **III.** *vi* ① unterschreiben ② *(gesture)* gestikulieren

◆ **sign in I.** *vi* sich eintragen **II.** *vt* eintragen

◆ **sign up I.** *vi* sich verpflichten; *(for course)* sich einschreiben **II.** *vt* **to ~ up ⊂ sb** jdn verpflichten; **to ~ up ⊂ sb for a course** jdn für einen Kurs anmelden

signal [sɪgnᵊl] **I.** *n* ① Zeichen *nt* ② *(indication)* [An]zeichen *nt* ③ *(traffic light)* Ampel *f;* *(for trains)* Signal *nt* ④ TELEC, RADIO *(transmission)* Signal *nt;* *(reception)* Empfang *m,* Netz *nt;* **to be getting/to be not getting a ~** ein/kein Netz haben ⑤ AM AUTO *(indicator)* Blinker *m* **II.** *vt, vi* <BRIT -ll- *or* AM *usu* -l-> signalisieren

signature [ˈsɪgnətʃəʳ] *n* ① Unterschrift *f;* *of artist* Signatur *f;* **to give sth one's ~** etw unterschreiben ② *(characteristic)* Erkennungszeichen *nt*

significant [sɪgˈnɪfɪkənt] *adj* ① bedeutend; *(important)* bedeutsam; *date, event* wichtig ② *(meaningful)* bedeutsam; **a ~ look** ein viel sagender Blick

signing [ˈsaɪnɪŋ] *n* ① *no pl of a document* Unterzeichnung *f* ② *no pl* SPORTS *of an athlete* Verpflichten *nt* ③ *(book signing)* Buchsignierung *f*

sign language *n* Gebärdensprache *f*

signpost I. *n* Wegweiser *m;* *(fig: advice)* Hinweis *m* **II.** *vt usu passive* aufzeigen; *route* ausschildern

silence [ˈsaɪlən(t)s] **I.** *n no pl* Stille *f;* *of individual* Schweigen *nt;* *(calmness)* Ruhe *f;* **a minute of ~** eine Schweigeminute; **to eat/sit/work in ~** still essen/sitzen/arbeiten ▸ **~ is golden** *(prov)* Schweigen ist Gold **II.** *vt* zum Schweigen bringen; *doubts* verstummen lassen

silent [ˈsaɪlənt] *adj* ① still; *(inactive)* ruhig ② *(taciturn)* schweigsam; **to be ~** schweigen; **to go ~** verstummen

silently [ˈsaɪləntli] *adv* lautlos; *(taciturn)* schweigend; *(subdued)* leise

silk [sɪlk] *n* Seide *f;* **~ paper** Seidenpapier *nt*

silly [ˈsɪli] *adj* ① albern; **don't be ~!** red keinen Unsinn!; **to look ~** albern aussehen ② *pred* **to be bored ~** zu Tode gelangweilt sein *fam*

silver [ˈsɪlvəʳ] *n no pl* ① Silber *nt* ② *(coins)* Münzgeld *nt* ③ *(cutlery)* **the ~** das [Tafel]silber

silver foil *n* Alufolie *f* **silver wedding anniversary** *n* silberne Hochzeit

SIM [sɪm] *n abbrev of* **subscriber identity module** TELEC, INET **~ [card]** SIM-Karte *f*

similar [ˈsɪmɪləʳ] *adj* ähnlich (**to** +*dat*)

similarity [ˌsɪmɪˈlærəti] *n* Ähnlichkeit *f* (**to** mit)

similarly [ˈsɪmɪləli] *adv* *(almost the same)* ähnlich; *(likewise)* ebenso; **~, you could maintain …** genauso gut könnten Sie behaupten, …

simmer [ˈsɪməʳ] **I.** *n usu sing* Sieden *nt* **II.** *vt* auf kleiner Flamme kochen lassen; *water* sieden lassen

simple <-r, -st> [ˈsɪmpl̩] *adj* ① einfach ② *attr (honest)* schlicht; **the ~ fact is that …** Tatsache ist, dass …

simply [ˈsɪmpli] *adv* ① einfach ② *(just)* nur; *(absolutely)* einfach; **you ~ must try this!** du musst das einfach versuchen!

simultaneous [ˌsɪmᵊlˈteɪniəs] *adj* gleichzeitig

simultaneously [ˌsɪmᵊlˈteɪniəsli] *adv* gleichzeitig

sin [sɪn] **I.** *n* Sünde *f;* [**as**] **ugly as ~** unglaublich hässlich; **to live in ~** in wilder Ehe leben **II.** *vi* <-nn-> sündigen

Übersetzungstipp
Nicht verwechseln mit *Sinn* – *sense, meaning, point!*

since [sɪn(t)s] **I.** *adv* ❶ **[ever]** ~ seitdem ❷ *(ago)* **long ~** seit langem; **not long ~** vor kurzem [erst] **II.** *prep* seit +*dat;* **I haven't worked since Monday** seit Montag arbeite ich nicht mehr **III.** *conj* ❶ *(because)* da ❷ *(from when)* seit[dem]

sincere [sɪn'sɪəʳ] *adj* ehrlich; *(heartfelt)* aufrichtig

sincerely [sɪn'sɪəli] *adv* ❶ aufrichtig ❷ **[yours] ~** mit freundlichen Grüßen

sing <sang *or* AM *a.* sung, sung> **I.** *vi* ❶ singen ❷ *kettle* pfeifen; *locusts* zirpen; *wind* pfeifen **II.** *vt* singen; **to ~ the praises of sb/sth** ein Loblied auf jdn/etw singen
◆ **sing along** *vi* mitsingen

singer ['sɪŋəʳ] *n* Sänger(in) *m(f)*

singing ['sɪŋɪŋ] *n no pl* das Singen; **~ lesson** Gesang[s]stunde *f*

single ['sɪŋgl̩] **I.** *adj* ❶ *attr* einzig; **with a ~ blow** mit nur einem Schlag; **not a ~ soul** keine Menschenseele; **every ~ thing** [absolut] alles; **every ~ time** jedes Mal ❷ *(without partner)* ledig; **~ father/mother** allein erziehender Vater/allein erziehende Mutter **II.** *n* ❶ BRIT, AUS *(ticket)* Einzelfahrkarte *f* ❷ *(record)* Single *f*

single-handed I. *adv* [ganz] allein; **he sailed round the world ~** er segelte als Einhandsegler um die Welt **II.** *adj* allein **single-minded** *adj* zielstrebig **single-parent family** *n* Familie *f* mit [nur] einem Elternteil

singles ['sɪŋgl̩z] *adj* SPORTS Einzel *nt;* **ladies' ~ champion** Siegerin *f* im Dameneinzel

singlet ['sɪŋglɪt] *n esp* BRIT, AUS ärmelloses Trikot; *(underwear)* Unterhemd *nt*

single ticket *n* BRIT Einzelfahrkarte *f*

sink [sɪŋk] **I.** *n* Spüle *f; (washbasin)* Waschbecken *nt* **II.** *vi* <sank *or* sunk, sunk> ❶ sinken; *(in mud, snow)* einsinken; *sun, moon* untergehen ❷ *(decrease)* sinken; *(fall off)* zurückgehen ❸ *(frequency)* sich senken ❹ *(decline)* nachlassen **III.** *vt* <sank *or* sunk, sunk> ❶ *ship* versenken ❷ *(ruin)* zunichtemachen ❸ *differences* beilegen
◆ **sink in I.** *vi* ❶ einsinken ❷ *(be absorbed)* einziehen ❸ **has that sunk in?** versteht du das jetzt? **II.** *vt* ❶ **to ~ a knife in sth** ein Messer in etw *akk* rammen ❷ **to ~ one's money in sth** sein Geld in etw *akk* stecken *fam*

sinking ['sɪŋkɪŋ] *adj attr* ❶ sinkend ❷ **a ~ feeling** ein flaues Gefühl [in der Magengegend]; **with a ~ heart** resigniert

sip [sɪp] **I.** *vt, vi* <-pp-> nippen **II.** *n* Schlückchen *nt;* **to have a ~** einen kleinen Schluck nehmen

sir [sɜːʳ, səʳ] *n no pl* ❶ BRIT **~!** Herr Lehrer! ❷ **Dear ~ or Madam, …** Sehr geehrte Damen und Herren … ❸ **no, ~!** AM *(fam)* auf keinen Fall!

siren ['saɪ(ə)rən] *n* Sirene *f*

sissy ['sɪsi] *(fam)* **I.** *n* Waschlappen *m* **II.** *adj* verweichlicht

sister ['sɪstəʳ] *n* ❶ Schwester *f* ❷ *(nun)* [Ordens]schwester *f* ❸ BRIT, AUS *(nurse)* [Kranken]schwester *f*

sister-in-law <*pl* sisters-> *n* Schwägerin *f*

sit <-tt-, sat, sat> [sɪt] **I.** *vi* ❶ sitzen; **to ~ at the desk/table** am Schreibtisch/Tisch sitzen; **to ~ for one's portrait** jdm Porträt sitzen; **to ~ for an exam** *esp* BRIT eine Prüfung ablegen ❷ *(sit down)* sich hinsetzen; **~!** *(to dog)* Platz! ❸ *(fit)* passen; *clothes* sitzen ▶ **to ~ on the fence** sich nicht entscheiden können; **to ~ tight** sich nicht rühren **II.** *vt* ❶ *baby* setzen ❷ BRIT **to ~ an exam** eine Prüfung ablegen

S

◆ **sit about**, **sit around** *vi* herumsitzen
◆ **sit back** *vi* sich zurücklehnen; *(idle)* die Hände in den Schoß legen
◆ **sit down** I. *vi* ❶ sich [hin]setzen; *(be sitting)* sitzen; **to ~ down to dinner** sich zum Essen an den Tisch begeben ❷ *(take time)* sich [in Ruhe] hinsetzen; **to ~ down with sb** sich mit jdm zusammensetzen II. *vt* ❶ *baby* setzen ❷ **to ~ oneself down** sich hinsetzen
◆ **sit out** I. *vi* ❶ draußen sitzen ❷ *(not dance)* einen Tanz auslassen II. *vt* *(miss)* auslassen; *in game* aussetzen
◆ **sit through** *vi* über sich *akk* ergehen lassen
◆ **sit up** I. *vi* ❶ aufrecht sitzen; **to ~ up straight** sich gerade hinsetzen ❷ *(fam)* **to ~ up and take notice** aufhorchen II. *vt* aufrichten

sitcom ['sɪtkɒm] *n*, **situation comedy** *n* Sitcom *f*

site [saɪt] *n* ❶ Stelle *f* ❷ *(plot)* Grundstück *nt;* **building ~** Baugelände *nt;* **caravan ~** Campingplatz *m* [für Wohnwagen] ❸ *(building location)* Baustelle *f;* **on ~** vor Ort ❹ *(on Internet)* [**web**] ~ Website *f;* **fan ~** Fanpage *f*

sitting room *n esp* BRIT Wohnzimmer *nt*

situated ['sɪtjueɪtɪd] *adj pred* ❶ gelegen; **to be ~ near the church** in der Nähe der Kirche liegen ❷ **to be well/badly ~** [finanziell] gut/schlecht gestellt sein

S **situation** [ˌsɪtju'eɪʃᵊn] *n* ❶ Situation *f* ❷ *(place)* Standort *m*

six [sɪks] I. *adj* sechs; *see also* **eight** ▶ **to be ~ feet under** *(hum)* sich *dat* die Radieschen von unten anschauen *sl* II. *pron* sechs; *see also* **eight** ▶ **~ of one and half a dozen of the other** [das ist] gehüpft wie gesprungen; **to knock sb for ~** BRIT jdn umhauen III. *n* Sechs *f; see also* **eight**

sixteen [ˌsɪk'stiːn] I. *adj* sechzehn; *see also* **eight** II. *n* Sechzehn *f; see also* **eight**

sixth [sɪksθ] I. *adj* sechste(r, s) II. *n* ❶ *(date)* **the ~** der Sechste ❷ *(fraction)* Sechstel *nt*

sixth form *n* BRIT SCH ≈ Oberstufe *f (die letzten zwei Schuljahre, die mit der Ablegung der A levels abgeschlossen werden)*

Sixth form college

Sixth form colleges sind Bildungseinrichtungen für 16-18-jährige Schüler, die aus insgesamt zwei Jahrgängen bestehen, **Lower Sixth** (erster Jahrgang) und **Upper Sixth** (zweiter Jahrgang). Interessant sind diese colleges vor allem, wenn eine **secondary school** (weiterführende Schule) keine Abiturklassen anbietet. An den sixth form colleges werden akademische sowie berufsausbildende Kurse angeboten. Am Ende der Upper Sixth legen Schüler ihre **A levels** (≈ Abitur) oder vergleichbare Prüfungen ab.

sixtieth ['sɪkstiəθ] I. *adj* sechzigste(r, s) II. *n* ❶ **the ~** der/die/das Sechzigste/sechzigste ❷ *(fraction)* Sechzigstel *nt*

sixty ['sɪksti] I. *adj* sechzig II. *n* Sechzig *f*

size [saɪz] *n* ❶ *usu sing* Größe *f; of sum* Höhe *f;* **to be the same ~** genauso groß sein; **to increase/decrease in ~** größer/kleiner werden; **to double in ~** seine Größe verdoppeln ❷ *(measurement)* Größe *f;* **the shirt is a ~ too big** das Hemd ist eine Nummer zu groß; **collar/shoe ~** Kragenweite *f*/Schuhgröße *f*

skate¹ [skeɪt] *n (fish)* Rochen *m*

skate² [skeɪt] I. *n* Rollschuh *m; (ice)* Schlittschuh *m;* ▶ **to put one's ~s on** BRIT *(fam)* einen Zahn zulegen *sl* II. *vi* Rollschuh fahren; *(on ice)* Schlittschuh laufen ▶ **to be skating on thin ice** sich auf dünnem Eis bewegen *fig*

skateboard ['skeɪtbɔːd] *n* Skate-

board *nt* **skateboarder** ['skeɪtˌbɔːdəʳ] *n* Skateboarder(in) *m(f)*
skater ['skeɪtəʳ] *n* ① Rollschuhfahrer(in) *m(f); (on roller blades)* Skater(in) *m(f)* ② *(on ice)* Schlittschuhläufer(in) *m(f);* **figure ~** Eiskunstläufer(in) *m(f)*
skating rink *n* ① Rollschuhbahn *f* ② *(ice rink)* Eisbahn *f*
skeleton ['skelɪtᵊn] *n* ① Skelett *nt* ② *of boat, plane* Gerippe *nt; of building* Skelett *nt;* ▶ **to have ~s in one's cupboard** [*or* AM *a.* **closet**] eine Leiche im Keller haben *fam*
sketch [sketʃ] **I.** *n* <*pl* -es> Skizze *f* **II.** *vt* ① skizzieren ② *(write)* umreißen **III.** *vi* Skizzen machen
skewer ['skjuːəʳ] **I.** *n* Spieß *m* **II.** *vt* aufspießen
ski [skiː] **I.** *n* Ski *m;* **on ~s** auf Skiern **II.** *vi* Ski fahren [*o* laufen]; **to ~ down the slope** die Piste herunterfahren
ski boot *n* Skischuh *m*
skid [skɪd] **I.** *vi* <-dd-> *person* rutschen; *car* schleudern; **to ~ to a halt** schlitternd zum Stehen kommen **II.** *n* Rutschen *nt;* **to go into a ~** ins Schleudern geraten
skier ['skiːəʳ] *n* Skifahrer(in) *m(f)*
ski goggles *n pl* Skibrille *f*
skiing ['skiːɪŋ] *n no pl* Skifahren *nt;* **~ holiday** Skiurlaub *m*
ski instructor *n* Skilehrer *m* **ski jump** *n* ① Sprungschanze *f* ② *no pl (jump)* Skisprung *m; (event)* Skispringen *nt*
skilful ['skɪlfᵊl] *adj (adroit)* geschickt; *(skilled)* gekonnt
skill [skɪl] *n* ① *no pl (expertise)* Geschick *nt* ② *(ability)* Fähigkeit *f; (technique)* Fertigkeit *f;* **language ~s** *pl* Sprachkompetenz *f*
skilled [skɪld] *adj* geschickt; **a highly ~ job** eine hoch qualifizierte Tätigkeit
skimmed milk [ˌskɪmd'-] *n no pl* Magermilch *f*
skin [skɪn] **I.** *n* ① *usu sing* Haut *f; (hide)* Fell *nt;* **to have a thick ~** ein dickes Fell haben ② *(rind)* Schale *f;* ▶ **to be nothing but ~ and bone[s]** nur noch Haut und Knochen sein; **by the ~ of one's teeth** nur mit knapper Not **II.** *vt* <-nn-> häuten; *fruit* schälen; **to ~ sb alive** *(hum)* Hackfleisch aus jdm machen *fam*
skinny ['skɪni] *adj* mager
skinny-dip <-pp-> *vi (fam)* im Adams-/Evakostüm baden *hum sl*
skint [skɪnt] *adj pred* BRIT *(sl)* **to be ~** pleite sein *fam*
skintight *adj* hauteng
skip¹ [skɪp] **I.** *vi* <-pp-> ① hüpfen; *(with rope)* seilspringen ② *(omit)* **to ~ over sth** etw überspringen ③ *(fam)* **to ~ over to France** eine Spritztour nach Frankreich machen **II.** *vt* <-pp-> ① AM **to ~ rope** seilspringen ② *(leave out)* auslassen ③ *(not partake)* **to ~ sth** an etw *dat* nicht teilnehmen; **to ~ breakfast** das Frühstück auslassen; **to ~ classes** den Unterricht schwänzen *fam* **III.** *n* Hüpfer *m;* **to give a ~ of joy** einen Freudensprung machen
skip² [skɪp] *n* BRIT, AUS *(for waste)* [Müll]container *m*
ski pole *n* Skistock *m*
skipper ['skɪpəʳ] *n* Kapitän *m*
skipping rope, AM **skip rope** *n* Springseil *nt*
ski rack *n* Skiträger *m* **ski resort** *n* Wintersportort *m*
skirt [skɜːt] **I.** *n* Rock *m* **II.** *vt* ① *(encircle)* umgeben; *driver* umfahren ② *(avoid)* [bewusst] umgehen
ski run *n* Skipiste *f*
skittle ['skɪtl̩] *n esp* BRIT ① Kegel *m* ② *(game)* **~s** *pl* Kegeln *nt kein pl*
skive [skaɪv] *vi* BRIT *(fam)* sich drücken
skiver ['skaɪvəʳ] *n* BRIT *(fam)* Drückeberger(in) *m(f)*
skull [skʌl] *n* Schädel *m*
sky [skaɪ] *n* Himmel *m;* **the skies** *pl* der Himmel; **sunny skies** sonniges Wetter ▶ **the ~'s the limit** alles ist möglich
sky-blue *adj attr* himmelblau **sky-high** **I.** *adv* [hoch] in die Luft; *(position)*

[hoch] am Himmel; **to blow sth ~** etw in die Luft sprengen; **to go ~** *prices* in die Höhe schnellen **II.** *adj prices* Schwindel erregend hoch **skyjack I.** *vt* entführen **II.** *n* Flugzeugentführung *f*
skylight *n* Oberlicht *nt; in roof* Dachfenster *nt* **skyline** *n of city* Skyline *f; (horizon)* Horizont *m* **skyscraper** *n* Wolkenkratzer *m*
slack [slæk] **I.** *adj* ❶ schlaff; *market* flau ❷ *(lazy)* träge **II.** *adv* schlaff **III.** *n no pl* Schlaffheit *f;* **to cut sb some ~** AM *(fam)* jdm Spielraum einräumen **IV.** *vi (fam)* faulenzen
slacken ['slækᵊn] **I.** *vt* ❶ locker lassen; **to ~ one's grip** seinen Griff lockern ❷ *pace* verlangsamen **II.** *vi* ❶ sich lockern ❷ *(diminish)* langsamer werden; *(fall off)* nachlassen
slackly ['slækli] *adv* ❶ *(not tightly)* schlaff, locker; **to hang ~** schlaff herunterhängen ❷ *(pej: lazily)* träge
slacks [slæks] *n pl* **[a pair of]** ~ eine Hose
slag [slæg] **I.** *n* ❶ *no pl* Schlacke *f* ❷ BRIT *(pej fam)* Schlampe *f derb* **II.** *vt* <-gg-> BRIT *(fam)* **to ~ [off]** ↔ **sb/sth** über jdn/etw herziehen
slam [slæm] **I.** *n* ❶ Knall *m; of door* Zuschlagen *nt* ❷ *(punch)* Schlag *m* **II.** *vt* <-mm-> ❶ *door* zuschlagen ❷ *(hit)* schlagen **III.** *vi* <-mm-> ❶ *door* zuschlagen ❷ *(hit)* **to ~ on the brakes** voll auf die Bremsen treten
S
slander ['slɑ:ndəʳ] **I.** *n no pl* Verleumdung *f* **II.** *vt* verleumden
slanging match *n esp* BRIT, AUS Schlagabtausch *m*
slanted ['slɑ:ntɪd] *adj* ❶ *(sloping)* geneigt; *eyes* schräg gestellt; *handwriting* geneigt ❷ *(pej: biased)* gefärbt *fig*
slap [slæp] **I.** *n* ❶ Klaps *m fam;* **to give sb a ~ on the back** jdm [anerkennend] auf den Rücken klopfen; **a ~ in the face** eine Ohrfeige; *(fig)* ein Schlag ins Gesicht ❷ *(noise)* Klatschen *nt* **II.** *vt* <-pp-> schlagen; **to ~ sb in the face** jdn ohrfeigen; **to ~ sb on the back** jdn auf den Rücken schlagen; **to ~ sb's wrist** *(fig)* jdn zurechtweisen **III.** *vi* **to ~ against sth** *water* gegen etw *akk* schlagen
slap-bang *adv* BRIT *(fam)* genau **slapdash** *adj* schlampig **slap-up** *adj attr* BRIT, AUS **a ~ meal** ein Schlemmermahl *nt fam*
slash [slæʃ] **I.** *vt* ❶ aufschlitzen *fam;* **to ~ one's wrists** sich *dat* die Pulsadern aufschneiden ❷ *budget* kürzen; *price* senken **II.** *vi* **to ~ at sb/sth** [mit einem Messer] auf jdn/etw losgehen **III.** *n* <*pl* -es> ❶ Schnittwunde *f; (in object)* Schnitt *m* ❷ *in prices* Reduzierung *f* ❸ *(punctuation)* Schrägstrich *m*
slate [sleɪt] **I.** *n* ❶ *no pl* Schiefer *m* ❷ *(on roof)* [Dach]schindel *f;* ▶ **to have a clean ~** eine weiße Weste haben; **to wipe the ~ clean** reinen Tisch machen **II.** *adj* Schiefer- **III.** *vt* ❶ *roof* decken ❷ *usu passive* AM, AUS **to be ~d for sth** für etw *akk* vorgesehen sein ❸ BRIT, AUS *(fam: criticize)* zusammenstauchen
slaughterer ['slɔ:tᵊrəʳ] *n* Schlächter(in) *m(f)*
slave [sleɪv] **I.** *n* Sklave, Slavin *m, f* **II.** *vi* schuften; **to ~ [away] at sth** sich mit etw *dat* herumschlagen
slavishly ['sleɪvɪʃli] *adv* sklavisch; **to be ~ devoted to sb/sth** jdm/etw unterwürfig ergeben sein
sleazy ['sli:zi] *adj* anrüchig; *area* zweifelhaft; **~ bar** Spelunke *f fam*
sledge [sledʒ] **I.** *n* Schlitten *m* **II.** *vi esp* BRIT **to go sledging** Schlittenfahren gehen **III.** *vt* mit dem Schlitten transportieren
sleekness ['sli:knəs] *n no pl* Glattheit *f; (of style)* Geschliffenheit *f*
sleep [sli:p] **I.** *n no pl* ❶ Schlaf *m; (nap)* Nickerchen *nt;* **to go [back] to ~** [wieder] einschlafen; **to put an animal to ~** ein Tier einschläfern ❷ *(in eyes)* Schlaf *m* **II.** *vi* <slept, slept> ❶ schlafen; **~ tight!** schlaf schön!; **to ~ late**

lange schlafen; **to ~ sound[ly]** [tief und] fest schlafen; **to ~ rough** BRIT auf der Straße schlafen; **to ~ with sb** mit jdm schlafen ② *(fig: be buried)* ruhen ▶ **to ~ on it** eine Nacht darüber schlafen **III.** *vt* **to ~ two/ten** zwei/zehn Personen beherbergen können

◆**sleep around** *vi (fam)* herumschlafen

◆**sleep in** *vi* ausschlafen; *(at workplace)* im Hause wohnen

◆**sleep off** *vt hangover* ausschlafen; *cold, headache* sich gesund schlafen; **to ~ it off** seinen Rausch ausschlafen

◆**sleep out** *vi* draußen schlafen

◆**sleep through** *vi* **to ~ through sth** weiterschlafen; **to ~ through the alarm** den Wecker verschlafen

sleeper [ˈsliːpəʳ] *n* ① Schläfer(in) *m(f)*; **to be a heavy/light ~** einen festen/leichten Schlaf haben ② *esp* AM *(pyjamas)* **~s** *pl* Schlafanzug *m* ③ BRIT, AUS RAIL Schwelle *f* ④ *(earring)* Kreole *f* ⑤ *(spy)* Sleeper *m*

sleepily [ˈsliːpɪli] *adv* schläfrig

sleeping [ˈsliːpɪŋ] *adj attr* schlafend *attr* ▶ **let ~ dogs lie** *(prov)* schlafende Hunde soll man nicht wecken *prov*

sleeping bag *n* Schlafsack *m* **sleeping car** *n* Schlafwagen *m* **sleeping pill** *n* Schlaftablette *f* **sleeping policeman** *n* BRIT Bodenschwelle *f*

sleepless [ˈsliːpləs] *adj* schlaflos

sleeplessness [ˈsliːlkəsnəs] *n no pl* Schlaflosigkeit *f*

sleepwalker *n* Schlafwandler(in) *m(f)*

sleepy [ˈsliːpi] *adj* schläfrig; **to feel ~** müde sein

sleet [sliːt] **I.** *n no pl* Eisregen *m* **II.** *vi impers* **it is ~ing** es fällt Eisregen

sleeve [sliːv] *n* ① Ärmel *m*; **to roll up one's ~s** die Ärmel hochkrempeln ② *(liner)* Manschette *f* ③ *(for record)* [Schallplatten]hülle *f*

sleeveless [ˈsliːvləs] *adj* ärmellos *attr*

sleigh [sleɪ] *n* Pferdeschlitten *m*; **~ bed** Schlittenbett *nt*

slenderness [ˈslendənəs] *n no pl* ① *(slimness) of legs, waist* Schlankheit *f* ② *(smallness)* Knappheit *f*; **the ~ of her income** ihr geringes Einkommen

slept [slept] *pt, pp of* **sleep**

slice [slaɪs] **I.** *n* ① Scheibe *f*; *of cake, pizza* Stück *nt* ② *(portion)* Anteil *m* ③ *(tool)* Pfannenwender *m*; **cake ~** Tortenheber *m* **II.** *vt* in Scheiben schneiden; *cake, pizza* in Stücke schneiden **III.** *vi* ① sich schneiden lassen ② **to ~ through sth** etw durchschneiden

◆**slice off** *vt* abschneiden

◆**slice up** *vt* in Scheiben schneiden; *bread* aufschneiden; *profits* aufteilen

sliced [slaɪst] *adj* geschnitten; *bread* aufgeschnitten

slickness [ˈslɪknəs] *n no pl* ① *(deftness)* Routine *f*; **~ of a performance/show** routinierter Ablauf einer Aufführung/Show ② *(pej: glibness)* Gewieftheit *f fam*

slide [slaɪd] **I.** *vi* <slid, slid> ① rutschen; *(smoothly)* gleiten; **to ~ down the banisters** das Geländer herunterrutschen ② *(depreciate)* sinken ③ **to ~ into chaos** in ein Chaos geraten ▶ **to let sth/things ~** etw/die Dinge schleifen lassen **II.** *vt* <slid, slid> **she slid the hatch open** sie schob die Luke auf **III.** *n* ① Rutschen *nt* ② *(at playground)* Rutsche *f* ③ **earth ~** Erdrutsch *m* ④ *usu sing (decline)* Sinken *nt* ⑤ PHOT Dia *nt* ⑥ BRIT *(clip)* Haarspange *f*

slide projector *n* Diaprojektor *m*

sliding [ˈslaɪdɪŋ] *adj attr* Schiebe-; **~ door** Schiebetür *f*

slight [slaɪt] **I.** *adj* ① gering; **the ~est thing** die kleinste Kleinigkeit; **not in the ~est** nicht im Geringsten ② *(negligible)* klein; **to have a ~ accent** einen leichten Akzent haben ③ *person* zierlich **II.** *n* Beleidigung *f* **III.** *vt* beleidigen

slightly [ˈslaɪtli] *adv* ein wenig; **I feel ~ peculiar** ich fühle mich irgendwie ko-

S

misch; **to know sb ~** jdn flüchtig kennen

slim [slɪm] **I.** *adj* <-mm-> ① schlank; *object* dünn ② *chance* gering; *profits* mager **II.** *vi* <-mm-> abnehmen

slimness ['slɪmnəs] *n no pl of body* Schlankheit *f; of chances, profits* Geringfügigkeit *f*

slimy ['slaɪmi] *adj* schleimig

sling [slɪŋ] **I.** *n (for arm)* Schlinge *f; (for baby)* Tragetuch *nt; (for gun)* Tragegurt *m* **II.** *vt* <slung, slung> ① schleudern ② **soldiers with rifles slung over their shoulders** Soldaten mit geschulterten Gewehren

slip [slɪp] **I.** *vi* <-pp-> ① ausrutschen; *knife, hand* abrutschen ② **to ~ into the house** ins Haus schleichen ③ *(decline)* sinken ④ *(err)* sich versprechen; **to let sth ~** *secret* etw ausplaudern ⑤ *clothing* **to ~ out of sth** etw ausziehen; **to ~ into sth** in etw *akk* schlüpfen **II.** *vt* <-pp-> ① **he ~ped his arm around her waist** er legte seinen Arm um ihre Taille; **to ~ sb money/a note** jdm Geld/eine Nachricht zustecken ② **to ~ a disc** sich *dat* einen Bandscheibenschaden zuziehen **III.** *n* ① **to have a ~** ausrutschen und hinfallen ② *in prices* Fall *m* ③ **sales ~** Kassenzettel *m;* **~ of paper** Stück *nt* Papier ④ *(mistake)* Flüchtigkeitsfehler *m;* **~ of the tongue** Versprecher *m* ⑤ *(petticoat)* Unterrock *m*

Übersetzungstipp

Nicht verwechseln mit *Slip* – *panties!*

◆**slip away** *vi* ① sich wegstehlen ② **to ~ away [from sb]** *control, power* [jdm] entgleiten ③ *(time)* verstreichen *geh*

◆**slip by** *vi* ① vorbeihuschen; *years* verfliegen ② *remark* durchgehen

◆**slip down** *vi* ① herunterrutschen ② **a cool beer ~s down wonderfully easily** ein kühles Bier geht runter wie nichts

◆**slip off** **I.** *vi* ① sich davonstehlen ② *(fall off)* herunterrutschen **II.** *vt* abstreifen

◆**slip on** *vt* anziehen; *ring* sich *dat* anstecken

◆**slip out** *vi* ① **to ~ out for a moment** kurz weggehen ② *secret* herausrutschen

◆**slip up** *vi* einen Fehler begehen

slip-on **I.** *adj attr* **~ shoes** Slipper *pl* **II.** *n* **~s** *pl* Slipper *pl*

slippers ['slɪpəz] *n pl* Hausschuhe *pl*

slippery ['slɪpᵊri] *adj* ① rutschig; *road* glatt; *(fig) situation* unsicher ② *(unreliable)* windig *fam*

slip road *n* BRIT Zubringer *m*

slit [slɪt] **I.** *vt* <-tt-, slit, slit> aufschlitzen; **to ~ one's wrists** sich *dat* die Pulsadern aufschneiden **II.** *n* ① Schlitz *m* ② *of door* Spalt *m*

slithery ['slɪðᵊri] *adj* kriechend *attr; animal* Kriech-

slob [slɒb] BRIT *(fam)* **I.** *n* Gammler(in) *m(f)* **II.** *vi* **to ~ about** herumgammeln *fam o pej*

slope [sləʊp] **I.** *n* ① Hang *m;* **ski ~** Skipiste *f* ② *no pl (angle)* Neigung *f;* **~ of a roof** Dachschräge *f;* **to be at a ~** eine Schräge haben **II.** *vi* ① **to ~ [down/up]** abfallen/ansteigen ② *(lean)* sich neigen **III.** *vt* schräg anlegen

sloping ['sləʊpɪŋ] *adj attr* schräg; *(upwards)* ansteigend; *(downwards)* abfallend; **~ shoulders** hängende Schultern

sloppily ['slɒpɪli] *adv dressed, written* schlampig

sloppy ['slɒpi] *adj* ① schlampig ② *(kitschy)* kitschig; **~ love song** Schnulze *f fam* ③ *(wet)* triefend *attr; kiss* feucht

slot [slɒt] **I.** *n* ① Schlitz *m; (groove)* Rille *f; (for coin)* Geldeinwurf *m* ② TV Sendezeit *f;* **advertising ~** Werbepause *f* **II.** *vt* <-tt-> [hinein]stecken into in) **III.** *vi* <-tt-> **to ~ into sth** in etw *akk* hineinpassen

◆ **slot in I.** *vi* hineinstecken **II.** *vt* *(into frame)* einpassen; *(into schedule)* dazwischenschieben *fam*

◆ **slot together I.** *vi* zusammenpassen **II.** *vt* **to ~ together ⊂ sth** etw ineinanderstecken

slot machine *n* ❶ Spielautomat *m* ❷ BRIT, AUS *(vender)* [Münz]automat *m*

slot meter *n* Münzautomat *m*

Slovakia [slə(ʊ)ˈvækiə] *n* die Slowakei

Slovakian [slə(ʊ)ˈvækiən] **I.** *n* ❶ *(person)* Slowake, Slowakin *m, f* ❷ *(language)* Slowakisch *nt* **II.** *adj* slowakisch

Slovenia [slə(ʊ)ˈviːniə] *n* Slowenien *nt*

Slovenian [slə(ʊ)ˈviːniən] **I.** *n* ❶ *(person)* Slowene, Slowenin *m, f* ❷ *(language)* Slowenisch *nt* **II.** *adj* slowenisch

slow [sləʊ] **I.** *adj* ❶ langsam; *business, market* flau; **to be ~ to do sth** lange brauchen, um etw zu tun; **to make ~ progress** [nur] langsam vorankommen ❷ *(stupid)* begriffsstutzig; **to be ~ on the uptake** schwer von Begriff sein ❸ *clock* **to be [5 minutes] ~** [5 Minuten] nachgehen **II.** *vi* langsamer werden; **to ~ to a crawl** fast zum Stillstand kommen **III.** *vt* verlangsamen

◆ **slow down I.** *vt* verlangsamen **II.** *vi* ❶ langsamer werden ❷ *(relax)* kürzertreten *fam*

slowly [ˈsləʊli] *adv* langsam; **~ but surely** langsam, aber sicher

slow motion I. *n no pl* Zeitlupe *f* **II.** *adj* Zeitlupen- **slow train** *n* Bummelzug *m fam*

sluggishness [ˈslʌgɪʃnəs] *n no pl* Trägheit *f;* ECON Flaute *f*

slum [slʌm] **I.** *n* Slum *m,* Elendsviertel *nt* **II.** *vi* <-mm-> **to go ~ming** sich unters gemeine Volk mischen **III.** *vt* <-mm-> **to ~ it** *(iron)* primitiv leben

slump [slʌmp] **I.** *n* ECON ❶ [plötzliche] Abnahme; **~ in prices** Preissturz *m* ❷ *(recession)* Rezession *f;* **economic ~** Wirtschaftskrise *f* **II.** *vi* ❶ *prices* stürzen; *sales* zurückgehen ❷ *(fall)* fallen

slur [slɜːʳ] **I.** *vt* <-rr-> ❶ undeutlich artikulieren; *drunkard* lallen ❷ *reputation* verleumden **II.** *n* Verleumdung *f;* **to cast a ~ on sb/sth** jdn/etw in einem schlechten Licht erscheinen lassen

slush [slʌʃ] *n no pl* ❶ [Schnee]matsch *m* ❷ *(fam: kitsch)* Gefühlsduselei *f*

slushy [ˈslʌʃi] *adj* matschig; *(kitschy)* kitschig

smack¹ [smæk] **I.** *n* ❶ [klatschender] Schlag; **a ~ on the bottom** ein fester Klaps auf den Hintern ❷ *(kiss)* Schmatz[er] *m* ❸ *(noise)* Knall *m* **II.** *adv* ❶ direkt; **his shot landed ~ in the middle** sein Schuss landete haargenau in der Mitte ❷ **I walked ~ into a lamp post** ich lief voll gegen einen Laternenpfahl **III.** *vt* ❶ **to ~ sb** jdm eine knallen *fam* ❷ **to ~ sth on sth** etw auf etw *akk* knallen

smack² [smæk] *n no pl (sl)* Heroin *nt*

small [smɔːl] **I.** *adj* ❶ klein; *sum also* gering; **~ town** Kleinstadt *f* ❷ *(young)* klein; **~ child** Kleinkind *nt* ❸ *(insignificant)* unbedeutend; **~ consolation** ein schwacher Trost; **to make sb look ~** jdn niedermachen *fam* ▶ **to be grateful for ~ mercies** für jede Kleinigkeit dankbar sein; **it's a ~ world!** *(prov)* die Welt ist klein! **II.** *n no pl* **the ~ of the back** das Kreuz

S

small / little

Beachte den Unterschied:
Small bezieht sich nur auf die Größe einer Sache oder Person. Im Gegensatz dazu bezieht sich **little** nicht nur auf die Größe, sondern drückt meistens außerdem auch eine Wertung oder ein Gefühl aus:
Our garden is quite small. Aber:
Poor little thing, it's injured.
Beachte, dass **little** im britischen

Englisch selten prädikativ oder in einer Steigerungsform benutzt wird. Nicht: *He's the littlest baby I ever saw.* Sondern: *He's the smallest baby I ever saw.*

small ad *n* Kleinanzeige *f* **small change** *n no pl* Kleingeld *nt* **small-minded** *adj* engstirnig

smallpox *n no pl* Pocken *pl*

small print *n no pl* **the ~** das Kleingedruckte

smart [smɑːt] **I.** *adj* ① schlau; **to make a ~ move** klug handeln ② *(stylish)* schick ③ *(quick)* [blitz]schnell **II.** *n* ① AM *(sl)* **the ~s** *pl* die [nötige] Intelligenz ② *(pain)* Schmerz *m* **III.** *vi* brennen; **to ~ from sth** unter etw *dat* leiden

smart alec(k) [ˈsmɑːtˌælek] *n (fam)* Schlauberger(in) *m(f)* **smart arse,** *esp* AM **smart ass** *n (fam)* Klugscheißer(in) *m(f) sl*

smarten [ˈsmɑːtᵊn] **I.** *vt* **to ~ oneself up** sich in Schale werfen *fam;* **to ~ up one's act** sich ins Zeug legen *fam* **II.** *vi* **to ~ up** mehr Wert auf sein Äußeres legen

smartly [ˈsmɑːtli] *adv* ① *(stylishly)* schick ② *(quickly)* [blitz]schnell

smartphone *n* Smartphone *nt*

smash [smæʃ] **I.** *n* <*pl* -es> ① Krachen *nt* ② SPORTS Schlag *m;* TENNIS Schmetterball *m* ③ *(song)* Superhit *m fam* **II.** *vt* ① zerschlagen; *window* einschlagen ② *(hit)* schmettern (**against** gegen) ③ *record* brechen **III.** *vi* ① zerbrechen ② *(hit)* prallen (**into** gegen); **to ~ through sth** etw durchbrechen

◆ **smash up** *vt* zertrümmern; *car* zu Schrott fahren

smashing [ˈsmæʃɪŋ] *adj* BRIT *(fam)* klasse

smear [smɪəʳ] **I.** *vt* **to ~ paint on the walls** die Wände mit Farbe beschmieren **II.** *n* ① Fleck *m* ② *(accusations)* Verleumdung *f;* **~ tactics** Verleumdungstaktik *f* ③ **~ [test]** Abstrich *m*

smell [smel] **I.** *n* Geruch *m; (bad odour)* Gestank *m; scent* Duft *m;* **sense of ~** Geruchssinn *m* **II.** *vi* <smelt *or* AM -ed, smelt *or* AM -ed> riechen; *(pleasantly)* duften; *(badly)* stinken; **to ~ of sth** nach etw *dat* riechen ▶ **to ~ fishy** verdächtig sein **III.** *vt* <smelt *or* AM -ed, smelt *or* AM -ed> riechen ▶ **to ~ sth a mile off** etw schon von weitem riechen; **to ~ a rat** den Braten riechen *fam*

smelly [ˈsmeli] *adj* stinkend *attr*

smelt [smelt] *vi, vt* BRIT, AUS *pt, pp of* **smell**

smile [smaɪl] **I.** *n* Lächeln *nt;* **wipe that ~ off your face!** hör auf, so zu grinsen!; **to be all ~s** über das ganze Gesicht strahlen; **to give sb a ~** jdm zulächeln **II.** *vi* lächeln; **to ~ at sb** jdn anlächeln; **to ~ to oneself** in sich *akk* hineinlächeln

smiling [ˈsmaɪlɪŋ] *adj* lächelnd

smog [smɒg] *n no pl* Smog *m;* **~ alert** Smogalarm *m*

smoke [sməʊk] **I.** *n* ① *no pl* Rauch *m;* **drifts of ~** Rauchschwaden *pl* ② **to have a ~** eine rauchen *fam* ③ *(fam)* **~s** *pl* Glimmstängel *pl* ▶ **to go up in ~** in Rauch [und Flammen] aufgehen **II.** *vt, vi* rauchen; FOOD räuchern

smoked [sməʊkt] *adj* geräuchert; **~ fish** Räucherfisch *m*

smoke detector *n* Rauchmelder *m*

smokeless [ˈsməʊkləs] *adj* ① rauchfrei ② AM **~ tobacco** Kautabak *m*

smoker [ˈsməʊkəʳ] *n* Raucher(in) *m(f);* **~'s cough** Raucherhusten *m*

smoking [ˈsməʊkɪŋ] **I.** *n no pl* Rauchen *nt;* **~ ban** Rauchverbot *nt* **II.** *adj* **non-~** Nichtraucher-

smoking compartment *n* RAIL Raucherabteil *nt*

smoky [ˈsməʊki] *adj room* verraucht; *chimney* rauchend *attr*

smooch [smuːtʃ] *(fam)* **I.** *vi* schmusen; *(snog)* knutschen **II.** *n usu sing*

S

Schmusen *nt; (snogging)* Knutschen *nt*

smooth [smu:θ] **I.** *adj* ① glatt; *sea, flight* ruhig; **as ~ as silk** seidenweich ② *(well-mixed)* sämig; **~ sauce** glatte Soße ③ *(hitch-free)* problemlos **II.** *vt* ① **to ~ the path [to sth]** den Weg [zu etw *dat*] ebnen ② **to ~ sth into sth** etw in etw *akk* einmassieren

◆**smooth over** *vt* in Ordnung bringen

smoothie ['smu:θi] *n* ① *(fam)* Charmeur *m* ② *esp* AM, AUS, NZ *(drink)* Smoothie *m (Getränk aus ganzen Früchten, evt. mit Joghurt)*

smug <-gg-> [smʌg] *adj* selbstgefällig

smuggle ['smʌgl̩] *vt* schmuggeln

snack [snæk] **I.** *n* Imbiss *m;* **to have a ~** eine Kleinigkeit essen **II.** *vi* naschen

snag [snæg] **I.** *n* ① Haken *m fam* ② *(tear)* gezogener Faden **II.** *vt* <-gg-> aufreißen; **she ~ged her coat on a nail** sie blieb mit ihrer Jacke an einem Nagel hängen

snail [sneɪl] *n* Schnecke *f;* **at a ~'s pace** im Schneckentempo

snail mail *n no pl (hum fam)* Schneckenpost *f*

snake [sneɪk] **I.** *n* Schlange *f* **II.** *vi* sich schlängeln

snap [snæp] **I.** *n* ① *usu sing* Knacken *nt* ② *(photo)* Schnappschuss *m* ③ AM *(fastener)* Druckknopf *m* ④ *no pl* BRIT *(game)* Schnippschnapp *nt* **II.** *interj (fam)* schnippschnapp! **III.** *vi* <-pp-> ① auseinanderbrechen ② *(engage)* einrasten ③ *(dog)* schnappen (**at** nach) ④ *(rebuke)* bellen *fam;* **to ~ at sb** jdn anfahren **IV.** *vt* <-pp-> ① entzweibrechen; **to ~ off ↔ sth** etw abbrechen ② **to ~ sth closed** etw zuknallen; *book* etw zuklappen ③ **to ~ one's fingers** mit den Fingern schnippen

◆**snap out** *vi* **to ~ out of sth** etw überwinden; **~ out of it!** krieg dich wieder ein!

◆**snap up** *vt* schnell kaufen

snarl[1] [snɑ:l] **I.** *vi* knurren; **to ~ at sb** jdn anknurren **II.** *n* Knurren *nt;* **to say sth with a ~** etw knurren

snarl[2] [snɑ:l] **I.** *n* Knoten *m* **II.** *vi* sich verheddern

snatch [snætʃ] **I.** *n* <*pl* -es> schneller Griff; *(theft)* Diebstahl *m (durch Entreißen);* **to make a ~ at sth** nach etw *dat* greifen **II.** *vt* schnappen; *(steal)* sich *dat* greifen **III.** *vi* greifen (**at** nach)

snazzy ['snæzi] *adj (sl)* schick *fam*

sneaker ['sni:kɚ] *n usu pl* AM Turnschuh *m*

sneaky ['sni:ki] *adj* raffiniert

sneeringly ['snɪərɪŋli] *adv* spöttisch

sneeze [sni:z] **I.** *vi* niesen ▶ **that's <u>not</u> to be ~d at** das ist nicht zu verachten **II.** *n* Niesen *nt*

sniff [snɪf] **I.** *n* Riechen *nt; dog* Schnüffeln *nt* **II.** *vi* ① die Luft einziehen; *animal* wittern; **to ~ at sth** an etw *dat* schnuppern ② *(despise)* **to ~ at sth** über etw *akk* die Nase rümpfen ▶ **that's <u>not</u> to be ~ed at** das ist nicht zu verachten **III.** *vt* **to ~ sth** an etw *dat* riechen

snigger ['snɪgəʳ] **I.** *vi* kichern (**at** über) **II.** *n* Kichern *nt*

snip [snɪp] **I.** *n* ① Schnitt *m;* **to give sth a ~** etw [ab]schneiden ② **a ~ of cloth** ein Stück *nt* Stoff **II.** *vt* schneiden

sniper ['snaɪpəʳ] *n* MIL Heckenschütze *m*

snobby ['snɒbi] *adj (fam)* snobistisch, versnobt

snog [snɒg] **I.** *vi* <-gg-> BRIT *(fam)* [rum]knutschen (**with** mit) **II.** *vt* <-gg-> BRIT *(fam)* küssen **III.** *n (fam)* **to have a ~** rumknutschen

snootily ['snu:tɪli] *adv (fam)* hochnäsig

snooze [snu:z] *(fam)* **I.** *vi* ein Nickerchen machen **II.** *n* Nickerchen *nt*

snore [snɔ:ʳ] **I.** *vi* schnarchen **II.** *n* Schnarchen *nt kein pl*

snoring ['snɔ:rɪŋ] *n no pl* Schnarchen *nt*

snot [snɒt] *n no pl (fam)* Rotz *m*

snout [snaʊt] *n* Schnauze *f; of pig* Rüssel *m*

snow [snəʊ] **I.** *n no pl* Schnee *m;* **a**

blanket of ~ lay on the ground der Boden war schneebedeckt II. *vi impers* **it's ~ing** es schneit

◆ **snow in** *vt usu passive* **to be/get ~ed in** eingeschneit sein/werden

◆ **snow under** *vt usu passive* **to be ~ed under with work** mit Arbeit eingedeckt sein

snowball I. *n* Schneeball *m* II. *vi* lawinenartig anwachsen; **to keep ~ing** eskalieren **snowboard** *n* Snowboard *nt* **snow chains** *n pl* Schneeketten *pl* **snowdrift** *n* Schneewehe *f* **snowflake** *n* Schneeflocke *f* **snow goggles** *n pl* Schneebrille *f* **snowman** *n* Schneemann *m* **snowmobile** ['snəʊməˌbi:l] *n* Schneemobil *nt* **snow tyre**, AM **snow tire** *n* Winterreifen *m*

snowy ['snəʊi] *adj* verschneit; *mountain* schneebedeckt

SNP [ˌesen'pi:] *n no pl, + sing/pl vb abbrev of* **Scottish National Party** *schottische Nationalpartei*

snub [snʌb] I. *vt* <-bb-> brüskieren II. *n* Brüskierung *f*

snub-nosed *adj attr* stupsnasig

snug [snʌg] *adj* ① kuschelig; *(warm)* mollig warm ② **to be a ~ fit** eng anliegen ▸ **to feel as ~ as a bug in a rug** es so richtig mollig warm und gemütlich haben

so [səʊ] I. *adv* ① **it was about ~ big** es war ungefähr so groß ② **I am ~ cold** mir ist so kalt; **what's ~ wrong with that?** was ist denn daran so falsch? ③ **gently fold in the eggs like ~** rühren Sie die Eier auf diese Weise vorsichtig unter ④ **[to be] just ~** genau richtig [sein]; **I want everything just ~** ich will, dass alles perfekt ist ⑤ **I [very much] hope ~!** das hoffe ich doch sehr! ⑥ **I'm afraid ~** ich fürchte ja ⑦ **~ they say** so sagt man; **I told you ~** ich habe es dir ja gesagt ⑧ **is that ~?** stimmt das?; **~ it is** das stimmt; **if ~ …** wenn das so ist … ⑨ **and ~ it was that …** und so kam es, dass …; **and ~ on** und so weiter; **~ to speak** sozusagen ▸ **~ far ~ good** so weit, so gut; **~ what?** na und? *fam* II. *conj* ① **I couldn't find you ~ I left** ich konnte dich nicht finden, also bin ich gegangen ② **~ where have you been?** wo warst du denn die ganze Zeit?; **~ what's the problem?** wo liegt denn das Problem? ③ **be quiet ~ she can concentrate** sei still, damit sie sich konzentrieren kann ▸ **~ long as …** sofern; **~ there!** *(hum)* ätsch! III. *adj (sl)* typisch *fam;* **that's ~ 70's** das ist typisch 70er

soak [səʊk] I. *n* Einweichen *nt kein pl* II. *vt* durchnässen; *bread* einweichen III. *vi* einweichen lassen

◆ **soak up** *vt* aufsaugen; *(fig)* [gierig] in sich *akk* aufnehmen; **to ~ up the atmosphere** die Atmosphäre in sich *akk* aufnehmen

soaking ['səʊkɪŋ] I. *n* Nasswerden *nt kein pl; of bread* Einweichen *nt kein pl;* **to get a ~** patschnass werden *fam* II. *adj* **~ [wet]** klatschnass *fam*

soap [səʊp] I. *n* ① *no pl* Seife *f* ② TV *(fam)* Seifenoper *f* II. *vt* einseifen

soap dispenser *n* Seifenspender *m* **soap opera** *n* Seifenoper *f*

sober ['səʊbəʳ] *adj* nüchtern; *(unemotional also)* sachlich; **to be stone cold ~** stocknüchtern sein *fam*

◆ **sober up** I. *vi* nüchtern werden II. *vt* nüchtern machen

so-called ['səʊkɔ:ld] *adj attr* so genannt

soccer ['sɒkəʳ] *n no pl* Fußball *m*

sociable ['səʊʃəbl̩] I. *adj* gesellig; *(friendly)* umgänglich II. *n* AM Treffen *nt;* **church ~** Gemeindefest *nt*

social ['səʊʃᵊl] *adj* gesellschaftlich, Gesellschafts-; *(of human behaviour)* sozial, Sozial-; **I'm a ~ drinker** ich trinke nur, wenn ich in Gesellschaft bin; **~ science** Gesellschaftswissenschaften *pl;* **~ skills** soziale Fähigkeiten

social engineering *n* COMPUT Social Engineering *nt (Versuch, persönliche Daten eines Computersystems durch Täuschung zu erhalten, oft über das*

S

Internet)
socialize ['səʊʃᵊlaɪz] **I.** *vi* unter Leuten sein; **to ~ with sb** mit jdm gesellschaftlich verkehren **II.** *vt* sozialisieren; *offender* [re]sozialisieren
society [sə'saɪəti] *n* Gesellschaft *f;* *(elite)* die [feine] Gesellschaft; *(form: company)* Gesellschaft *f;* *(organization)* Verein *m*
sock [sɒk] *n* Socke *f*
socket ['sɒkɪt] *n (for plug)* Steckdose *f;* *(for lamp)* Fassung *f;* **arm/hip/knee ~** Arm-/Hüft-/Kniegelenkpfanne *f;* **eye ~** Augenhöhle *f*
sofa ['səʊfə] *n* Sofa *nt;* **~ bed** Schlafcouch *f*
soft [sɒft] *adj* weich; *(delicate)* zart; *music* gedämpft; *(quiet)* leise ▸ **to have a ~ spot for sb** eine Schwäche für jdn haben
soft-boiled *adj* weich [gekocht] **soft-hearted** *adj* weichherzig; *(gullible)* leichtgläubig
softly ['sɒftli] *adv* sanft; *(quietly)* leise; **~ lit** schwach beleuchtet
software ['sɒf(t)weəʳ] *n no pl* Software *f*
soggy ['sɒgi] *adj* durchnässt; *(boggy)* glitschig *fam; soil* aufgeweicht; *food* matschig
soil[1] [sɔɪl] *vt (form)* verschmutzen; *(foul)* verunreinigen
soil[2] [sɔɪl] *n no pl* ① *(earth)* Boden *m,* Erde *f* ② *(territory)* Boden *m*
solar ['səʊləʳ] *adj* Solar-, Sonnen-; **~ cell** Solarzelle *f;* **~ eclipse** Sonnenfinsternis *f;* **~ energy** Solarenergie *f;* **~ panel** Sonnenkollektor *m;* **~ power** Sonnenkraft *f;* **~ powered** Sonnenenergie betrieben; **~ system** Sonnensystem *nt*
sold [səʊld] *pt, pp of* **sell**
soldier ['səʊldʒəʳ] *n* Soldat(in) *m(f)*
sold out *adj* ausverkauft
sole[1] [səʊl] *adj attr* einzig; *(exclusive)* Allein-, alleinig
sole[2] [səʊl] *n* [Schuh]sohle *f;* *of foot* [Fuß]sohle *f*
sole[3] <*pl* - *or* -s> [səʊl] *n (fish)* Seezunge *f*
solely ['səʊlli] *adv* einzig und allein
solemnly ['sɒləmli] *adv* ① *(ceremonially)* feierlich; **to ~ promise sth** etw hoch und heilig versprechen ② *(gravely)* ernst
solicitor [sə'lɪsɪtəʳ] *n* ① *esp* BRIT, AUS Rechtsanwalt, -anwältin *m, f (der/die seine/ihre Mandanten nur in den unteren Instanzen vertreten darf, im Gegensatz zum ‚barrister')* ② AM POL Rechtsreferent(in) *m(f) (einer Stadt)*
solid ['sɒlɪd] **I.** *adj* ① fest; *structure* solide; *foundation* stabil ② *(not liquid)* fest ③ *(fully)* ganz; *silver, wood* massiv ④ *plan* konkret; *evidence* handfest; *grounding* solide **II.** *n* PHYS fester Stoff; *(particle)* Festkörper *m;* MATH Körper *m;* FOOD **~s** *pl* feste Nahrung *kein pl*
solitary ['sɒlɪtᵊri] *adj* einzeln *attr;* ZOOL solitär; *(lonely)* einsam; *(remote)* abgeschieden
soluble ['sɒljəbl] *adj* löslich
solution [sə'luːʃᵊn] *n* ① *(to problem)* Lösung *f;* *(to riddle)* [Auf]lösung *f* ② *(product)* Vorrichtung *f;* **software ~s** Softwareanwendungen *pl* ③ CHEM Lösung *f*
solve [sɒlv] *vt* lösen; *crime* aufklären
some [sʌm, sᵊm] **I.** *adj attr* ① + *pl n (a number)* einige, ein paar ② + *sing n (a quantity)* **there's ~ cake left** es ist noch Kuchen da ③ + *pl n (certain)* gewiss ④ *(unknown)* irgendein(e); **he's in ~ kind of trouble** er steckt in irgendwelchen Schwierigkeiten ⑤ *(noticeable)* gewiss; **to ~ extent** bis zu einem gewissen Grad ⑥ *(a little)* etwas; **there is ~ hope yet** es besteht noch etwas Hoffnung **II.** *pron* ① *(a quantity)* welche(r, s); **if you need money, I can lend you ~** wenn du Geld brauchst, kann ich dir gerne welches leihen ② *pl (a number)* einige, manche ③ *pl (certain people)* **~ just never learn!** gewisse Leute lernen es einfach nie! ④ *(a little)* ein bisschen;

S

have ~ of this champagne trink ein wenig von dem Champagner **III.** *adv (roughly)* ungefähr

some / any

Some und **any** drücken eine unbestimmte Menge oder Anzahl von etwas aus, z. B. einige, ein paar. In Aussagesätzen verwendet man grundsätzlich some: *Can you lend me some money?*
In Fragen und verneinten Aussagesätzen wird **some** durch **any** ersetzt: *I haven't got any money.*

somebody ['sʌmbədi] *pron indef* jemand; **~ or other** irgendwer; **~ else** jemand anders **somehow** ['sʌmhaʊ] *adv* irgendwie **someone** ['sʌmwʌn] *pron see* **somebody** **someplace** ['sʌmpleɪs] *adv* AM *see* **somewhere**

somersault ['sʌməsɔːlt] **I.** *n* Salto *m* **II.** *vi* einen Salto machen; *car* sich überschlagen

something ['sʌm(p)θɪŋ] *pron indef* ❶ etwas; **~ else** etwas anderes; **to do ~ [about sth/sb]** etwas [gegen etw/jdn] unternehmen; **~ about her frightened me** etwas an ihr machte mir Angst ❷ *(quality)* etwas; **there's ~ about her** sie hat etwas ❸ *(fam: not exact)* **she was seventeen or ~** sie war 17 oder so; **it was a bat or ~** es war eine Fledermaus oder so was **sometime** ['sʌmtaɪm] *adv* irgendwann; **come up and see me ~** komm mich mal besuchen; **~ soon** demnächst irgendwann **sometimes** ['sʌmtaɪmz] *adv* manchmal **somewhat** ['sʌm(h)wɒt] *adv* etwas, ein wenig [*o* bisschen] **somewhere** ['sʌm(h)weəʳ] *adv* ❶ *(at place)* irgendwo; **~ else** woanders ❷ *(to place)* irgendwohin; **~ else** woandershin

son [sʌn] *n* Sohn *m*

song [sɒŋ] *n* Lied *nt; (singing)* Gesang *m*

songbook *n* Liederbuch *nt*

son-in-law *<pl sons-> n* Schwiegersohn *m*

soon [suːn] *adv* ❶ bald; *(early)* früh; **~ after sth** kurz nach etw *dat;* **the ~er the better** je eher, desto besser; **not a moment too ~** gerade noch rechtzeitig; **no ~er said than done** gesagt, getan ❷ *(rather)* **~er/~est** lieber/am liebsten; **I'd ~er not speak to him** ich würde lieber nicht mit ihm sprechen

soot [sʊt] *n no pl* Ruß *m*

soothing ['suːðɪŋ] *adj* beruhigend; *bath* entspannend; *(analgesic)* schmerzlindernd

soothingly ['suːðɪŋli] *adv* beruhigend, besänftigend

sopping ['sɒpɪŋ] *(fam) adj, adv* klatschnass; **~ wet** klatschnass

soppy ['sɒpi] *adj (fam)* gefühlsdus[e]lig *pej; story* schmalzig

sore [sɔːʳ] **I.** *adj* schlimm; **~ muscles** Muskelkater *m;* **~ point** *(fig)* wunder Punkt; **to be ~** wehtun **II.** *n* wunde Stelle; **to open an old ~** *(fig)* alte Wunden aufreißen

sorrow ['sɒrəʊ] *n (form)* Betrübnis *f*

sorry ['sɒri] **I.** *adj* ❶ *pred* **I'm/she's ~** es tut mir/ihr leid; **to be ~ about sth** etw bedauern; **to say ~ [to sb]** sich [bei jdm] entschuldigen ❷ *pred (sad)* traurig; **to be ~ for oneself** sich selbst bemitleiden; **sb feels ~ for sb/sth** jd/etw tut jdm leid ❸ *attr (wretched)* jämmerlich **II.** *interj* ❶ **~!** Entschuldigung! ❷ *esp* BRIT, AUS **~?** wie bitte?

sort [sɔːt] **I.** *n* ❶ Sorte *f*, Art *f* ❷ **I know your ~!** Typen wie euch kenne ich [zur Genüge]! *fam* ▸ **nothing of the ~** nichts dergleichen; **something of the ~** so etwas in der Art **II.** *adv (fam)* **~ of** ❶ *(rather)* irgendwie; **that's ~ of difficult to explain** das ist nicht so einfach zu erklären ❷ *(not exactly)* so ungefähr **III.** *vt, vi* sortieren; **to ~ through sth** etw sortieren

S

◆ **sort out** *vt* ordnen; *mess* in Ordnung bringen
so-so ['səʊsəʊ] *(fam)* **I.** *adj* so lala *präd,* mittelprächtig *hum* **II.** *adv* so lala
soul [səʊl] *n* ① Seele *f;* **not a ~** keine Menschenseele ② *no pl* MUS Soul *m*
sound[1] [saʊnd] *n* Meerenge *f; (inlet)* Meeresarm *m*
sound[2] [saʊnd] **I.** *n* ① Geräusch *nt; (music)* Klang *m* ② *no pl* PHYS der Schall ③ *no pl* RADIO, TV *(volume)* Ton *m* ④ *no pl* **I don't like the ~ of it** das klingt gar nicht gut **II.** *vi* ① erklingen; *alarm* ertönen ② *(fam: gripe)* **to ~ off** herumtönen **III.** *vt* **to ~ the alarm** den Alarm auslösen; **to ~ the [car] horn** hupen
sound effect *n* Geräuscheffekt *m,* Toneffekt *m* **soundproof I.** *adj* schalldicht **II.** *vt* schalldicht machen
soup [su:p] *n* Suppe *f;* **packet ~** Tütensuppe *f;* **~ kitchen** Armenküche *f;* **~ plate** Suppenteller *m*
sour ['saʊəʳ] **I.** *adj* sauer; *(fig: bad-tempered)* griesgrämig **II.** *vt* sauer machen; *(fig: spoil)* trüben **III.** *vi* sauer werden; *(fig)* getrübt werden
source [sɔ:s] *n* Quelle *f;* **~ of information** Informationsquelle *f;* **~s** *pl* LIT Quellen[angaben] *pl;* **according to Government ~s** wie in Regierungskreisen verlautet
sour cream *n* Sauerrahm *m,* saure Sahne
sourly ['saʊəli] *adv (fig)* griesgrämig *fam,* missmutig
sourness ['saʊənəs] *n no pl* ① *(acidity)* Säuerlichkeit *f,* saurer Geschmack ② *(fig: churlishness)* Griesgrämigkeit *f*
south [saʊθ] **I.** *n no pl* ① Süden *m;* **to the ~ of sth** südlich von etw *dat* ② *(in USA)* **the S~** die Südstaaten *pl* **II.** *adj* Süd-, südlich **III.** *adv* **my room faces ~** mein Zimmer ist nach Süden ausgerichtet; **due ~** direkt nach Süden
South Africa *n* Südafrika *nt* **South African I.** *adj* südafrikanisch **II.** *n* Südafrikaner(in) *m(f)* **South America** *n* Südamerika *nt* **South American I.** *adj* südamerikanisch **II.** *n* Südamerikaner(in) *m(f)* **south-east I.** *n no pl* Südosten *m* **II.** *adj* Südost-, südöstlich; **~ wind** Südostwind *m* **III.** *adv* südostwärts, nach Südosten **south-easterly, south-eastern** *adj* südöstlich **south-eastward(s)** *inv* **I.** *adj* südostwärts *präd;* **in a ~ direction** in südöstlicher Richtung **II.** *adv* südostwärts, nach Südosten
southerly ['sʌðəli] **I.** *adj* südlich; **in a ~ direction** in südlicher Richtung **II.** *adv* südlich; *(going south)* südwärts **III.** *n* Südwind *m*
southern ['sʌðən] *adj* südlich, Süd-
southerner ['sʌðənəʳ] *n* **to be a ~** aus dem Süden kommen; AM Südstaatler/Südstaatlerin sein
South Pole *n* Südpol *m*
southward(s) ['saʊθwəd(z)] *adj, adv* südlich
south-west I. *n no pl* Südwesten *m* **II.** *adj* südwestlich, Südwest- **III.** *adv* südwestwärts, nach Südwesten
souvenir [ˌsu:vənˈɪəʳ] *n* Andenken *nt* (**of** an)
sow[1] <sowed, sown *or* sowed> [səʊ] *vt, vi* säen; **to ~ doubts [in sb's mind]** Zweifel [in jdm] wecken
sow[2] [saʊ] *n* Sau *f*
sowing ['səʊɪŋ] *n no pl* Aussaat *f; (action also)* [Aus]säen *f*
sown [səʊn] *vt, vi pp of* **sow**[1]
soya ['sɔɪə], AM **soy** [sɔɪ] *n no pl* Soja *f;* **~ bean** Sojabohne *f;* **~ sauce** Sojasoße *f*
spa [spɑ:] *n* ① *(spring)* Heilquelle *f* ② *(place)* [Bade]kurort *m,* Bad *nt* ③ *(im Hotel)* Wellnessbereich *m*
space [speɪs] *n* ① *no pl* Raum *m;* **wide open ~** das weite, offene Land ② *(gap)* Platz *m; (between two things)* Zwischenraum *m* ③ *no pl (vacancy)* Platz *m,* Raum *m* ④ *no pl (cosmos)* der Weltraum
space blanket *n* Rettungsdecke *f*
spacecraft <*pl* -> *n* Raumfahrzeug *nt*

S

space flight *n* [Welt]raumflug *m* **space lab** *n*, **space laboratory** *n* Weltraumlabor *nt*

space-saving *adj* Platz sparend; *furniture* Raum sparend

spaceship *n* Raumschiff *nt* **space shuttle** *n* [Welt]raumfähre *f* **space travel** *n no pl* die Raumfahrt

spacing ['speɪsɪŋ] *n no pl* Abstände *pl*

spacious ['speɪʃəs] *adj* geräumig

spaciously ['speɪʃəsli] *adv (approv)* weitläufig

spaciousness ['speɪʃəsnəs] *n no pl (approv) of house, room* Geräumigkeit *f; of area* Weitläufigkeit *f*

spade [speɪd] *n* Spaten *m;* CARDS Pik *nt;* **ace of ~s** Pikas *nt*

spaghetti [spə'geti] *n no pl* Spaghetti *pl*

spa hotel *n* Wellnesshotel *nt*

Spain [speɪn] *n no pl* Spanien *nt*

spam [spæm] *n no pl* ① **S~®** Frühstücksfleisch *nt* ② INET Spam *nt*

spam filter *n* INET Spamfilter *m*

spangled ['spæŋgl̩d] *adj* glitzernd; *(dress)* mit Pailletten besetzt; *(fig)* **to be ~ with sth** mit etw *dat* übersät sein

Spanglish ['spæŋglɪʃ] *n* Spanglish *nt* *Mischung aus Englisch und Spanisch*

Spaniard ['spænjəd] *n* Spanier(in) *m(f)*

Spanish ['spænɪʃ] **I.** *n* ① *no pl* Spanisch *nt* ② + *pl vb* **the ~** die Spanier *pl* **II.** *adj* spanisch

spanner [spænəʳ] *n* BRIT, AUS Schraubenschlüssel *m*

S

spare [speəʳ] **I.** *vt (not kill)* verschonen; *(go easy on)* schonen; *(avoid)* ersparen; *(not use)* sparen; **there's no time to ~** es ist keine Zeit übrig; **to ~ no costs** keine Kosten scheuen; **to ~ sb embarrassment/worry** jdm Peinlichkeiten/Sorgen ersparen **II.** *adj* ① Ersatz-; **~ [bed]room** Gästezimmer *nt;* **to have some ~ cash** noch etwas Geld übrig haben ② BRIT *(sl)* **to drive sb ~** jdn wahnsinnig machen *fam* **III.** *n* Reserve *f;* **~s** *pl* Ersatzteile *pl*

sparingly ['speərɪŋli] *adv* sparsam

spark [spɑːk] **I.** *n* Funke[n] *m; (fig)* **a ~ of hope** ein Fünkchen *nt* Hoffnung; **a bright ~** ein Intelligenzbolzen *m* **II.** *vt* entfachen; *interest* wecken **III.** *vi* Funken sprühen

sparkler ['spɑːkləʳ] *n* Wunderkerze *f*

sparkling ['spɑːkl̩ɪŋ] *adj* glänzend; *eyes* funkelnd; *drink* mit Kohlensäure *nach n; (lively)* vor Leben sprühend

sparkly ['spɑːkli] *adj* ① *(glittering)* glänzend, funkelnd ② *(vivacious)* quicklebendig, sprühend *fig*

spark plug *n* Zündkerze *f*

sparrow ['spærəʊ] *n* Spatz *m*

spat[1] [spæt] *vt, vi pt, pp of* **spit**

spat[2] [spæt] **I.** *n (fam)* Krach *m* **II.** *vi* <-tt-> [sich] streiten [*o* zanken]

spatially ['speɪʃəli] *adv* räumlich

speak <spoke, spoken> [spiːk] **I.** *vi* ① sprechen; *(converse)* sich unterhalten; **to ~ to** [*or esp* AM **with**] **sb** mit jdm reden; **to ~ on the telephone** telefonieren ② + *adv* **broadly ~ing** im Allgemeinen; **strictly ~ing** genau genommen **II.** *vt* sagen; *language* sprechen; **to not ~ a word** kein Wort herausbringen

◆ **speak for** *vt* ① *(support)* **to ~ for sb/sth** jdn/etw unterstützen ② *(represent)* **to ~ for sb** in jds Namen sprechen

◆ **speak out** *vi* seine Meinung deutlich vertreten; **to ~ out on sth** sich über etw *akk* äußern

◆ **speak up** *vi* ① lauter sprechen ② *(support)* seine Meinung sagen; **to ~ up for sb/sth** für jdn/etw eintreten

speaker ['spiːkəʳ] *n* Redner(in) *m(f); (chair)* **S~** Sprecher(in) *m(f); (loudspeaker)* Lautsprecher *m*

speaking ['spiːkɪŋ] **I.** *n no pl* das Sprechen **II.** *adj attr* sprechend ▶ **to be on ~ terms** miteinander bekannt sein

spear [spɪəʳ] **I.** *n* Speer *m* **II.** *vt* aufspießen

special ['speʃəl] **I.** *adj* besondere(r, s); *(for particular purpose)* speziell; *cir-*

cumstances außergewöhnlich; **to pay ~ attention to sth** bei etw *dat* ganz genau aufpassen; ~ **case** Ausnahme *f* **II.** *n* ① *esp* AM, AUS *(meal)* Tagesgericht *nt* ② *pl esp* AM *(bargains)* **~s** Sonderangebote *pl*

specialist ['speʃᵊlɪst] **I.** *n* Fachmann, -frau *m, f; (doctor)* Facharzt, -ärztin *m, f* **II.** *adj attr* Fach-

speciality [ˌspeʃi'æləti] *n esp* BRIT ① *(product)* Spezialität *f* ② *(feature)* besonderes Merkmal; *(iron or pej)* Spezialität *f iron*

specialize ['speʃᵊlaɪz] *vi* sich spezialisieren (**in** auf)

specially ['speʃᵊli] *adv* speziell; *(particularly)* besonders

specialty ['speʃᵊlti] *n esp* AM, AUS *see* **speciality**

species <*pl* -> ['spi:ʃi:z] *n* Art *f,* Spezies *f fachspr*

specific [spə'sɪfɪk] *adj* ① genau; **could you be a bit more ~?** könntest du dich etwas klarer ausdrücken? ② *attr (particular)* speziell; ~ **details** besondere Einzelheiten ③ *(typical)* typisch

specifically [spə'sɪfɪkli] *adv* speziell; *(clearly)* ausdrücklich

specification [ˌspesɪfɪ'keɪʃᵊn] *n (data)* Angabe *f; (plan)* detaillierter Entwurf; *(for building)* Bauplan *m*

specimen ['spesəmɪn] *n* Exemplar *nt;* MED Probe *f;* **soil ~** Bodenprobe *f*

spectacle case *n* BRIT Brillenetui *nt*

spectacles ['spektəkḷz] *n pl* BRIT Brille *f*

spectacular [spek'tækjələʳ] *adj* großartig; *(striking)* spektakulär

spectator [spek'teɪtəʳ] *n* Zuschauer(in) *m(f)*

speech <*pl* -es> [spi:tʃ] *n* ① *no pl (faculty)* die Sprache; *(act)* das Sprechen; **in everyday ~** in der Alltagssprache ② *(oration)* Rede *f;* **freedom of ~** Redefreiheit *f*

speech defect *n* Sprachfehler *m*

speechless ['spi:tʃləs] *adj* sprachlos

speed [spi:d] **I.** *n* ① Geschwindigkeit *f;* ~ **of light/sound** Licht-/Schallgeschwindigkeit *f;* **maximum ~** Höchstgeschwindigkeit *f* ② *no pl (fastness)* Schnelligkeit *f* ③ *(gear)* Gang *m* ④ *no pl (sl: drug)* Speed *nt* **II.** *vi* <sped, sped> sausen; *driver* rasen; **to ~ along** dahinsausen

◆ **speed up** *vi* beschleunigen; *(improve)* sich verbessern

speedboat *n* Rennboot *nt* **speed bump** *n* Bodenschwelle *f* **speed dating** *n organisierte Partnersuche, bei der man mit jedem Kandidaten nur wenige Minuten spricht* **speed-dial button** *n* Kurzwahltaste *f*

speediness ['spi:dɪnəs] *n no pl* Schnelligkeit *f;* ~ **of delivery** Lieferungsgeschwindigkeit *f*

speeding ['spi:dɪŋ] *n no pl* Geschwindigkeitsüberschreitung *f,* Rasen *nt fam*

speed limit *n* Geschwindigkeitsbegrenzung *f*

speedy ['spi:di] *adj* schnell; *decision also* rasch; *(prompt)* prompt

spell[1] [spel] *n* Zauber *m; (words)* Zauberspruch *m;* **to cast a ~ on sb** jdn verzaubern

spell[2] [spel] *n* Weile *f;* **to go through a bad ~** eine schwierige Zeit durchmachen; ~ **of sunny weather** Schönwetterperiode *f;* **cold/hot ~** Kälte-/Hitzewelle *f*

spell[3] <spelled, spelled> [spel] **I.** *vt* buchstabieren; *(signify)* bedeuten **II.** *vi* richtig schreiben

spelling ['spelɪŋ] **I.** *n no pl* Rechtschreibung *f* **II.** *adj attr* Rechtschreib-; ~ **check** Rechtschreibüberprüfung *f*

spelt [spelt] *pp, pt of* **spell**

spend [spend] *vt* <spent, spent> ausgeben (**on** für); *time* verbringen; **to ~ time doing sth** Zeit damit verbringen, etw zu tun

Übersetzungstipp

Nicht verwechseln mit *spenden – to donate!*

S

spending money *n no pl* Taschengeld *nt*
spent [spent] **I.** *pp, pt of* **spend** **II.** *adj* verbraucht; *(tired)* ausgelaugt; **to feel ~** sich erschöpft fühlen
sphinx <*pl* - *or* -es> [sfɪŋks] *n* Sphinx *f*
spice [spaɪs] **I.** *n* Gewürz *nt* **II.** *vt* würzen (**with** mit)
spiciness ['spaɪsɪnəs] *n no pl* ❶ *(spicy quality)* Würzigkeit *f; (hotness)* Schärfe *f* ❷ *(fig: sensationalism)* Pikanterie *f*
spicy ['spaɪsi] *adj* würzig; *(hot)* scharf
spider ['spaɪdə^r] *n* Spinne *f;* **~'s web** Spinnennetz *nt*
spike [spaɪk] **I.** *n* ❶ Nagel *m; of rail* Spitze *f; of plant, animal* Stachel *m; of shoe* Spike *m* ❷ AM *(stilettos)* **~s** *pl* Pfennigabsätze *pl* **II.** *vt* ❶ aufspießen ❷ *(fam)* **to ~ sb's drink** Drogen/einen Schuss Alkohol in jds Getränk geben
spiky ['spaɪki] *adj (thorny)* dornig; *(prickly)* stachelig; *fence* mit Metallspitzen *nach n*
spill [spɪl] **I.** *n* Verschüttete(s) *nt; (pool)* Lache *f; (stain)* Fleck *m;* **oil ~** Ölteppich *m* **II.** *vt* <spilt *or* AM, AUS *usu* spilled, spilt *or* AM, AUS *usu* spilled> verschütten; *(scatter)* verstreuen
spilt [spɪlt] *pp, pt of* **spill**
spin [spɪn] **I.** *n* ❶ Drehung *f; (in washing machine)* Schleudern *nt kein pl;* **to send a car into a ~** ein Auto zum Schleudern bringen ❷ *no pl (fam: slant)* **to put a ~ on sth** etw ins rechte Licht rücken **II.** *vi* <-nn-, spun *or* BRIT *a.* span, spun> ❶ drehen; *washing machine* schleudern; *(fig)* **my head is ~ning** mir dreht sich alles *fam* ❷ *(make yarn)* spinnen **III.** *vt* <-nn-, spun *or* BRIT *a.* span, spun> ❶ drehen ❷ *(slant)* ins rechte Licht rücken ❸ *yarn* spinnen
spinach ['spɪnɪtʃ] *n no pl* Spinat *m*
spine [spaɪn] *n* ❶ Wirbelsäule *f; of book* [Buch]rücken *m* ❷ *(spike)* Stachel *m*
spiral ['spaɪər^əl] **I.** *n* Spirale *f* **II.** *adj attr* spiralförmig **III.** *vi* <BRIT -ll- *or* AM *usu* -l-> sich hochwinden; *smoke, hawk* spiralförmig aufsteigen; *prices* ansteigen
spire [spaɪər] *n* Turmspitze *f*
spirit ['spɪrɪt] *n* ❶ Geist *m; (ghost also)* Gespenst *nt;* **the [Holy] S~** der Heilige Geist ❷ *no pl (mood)* Stimmung *f;* **team ~** Teamgeist *m;* **to lift sb's ~s** jds Stimmung heben ❸ *no pl (vitality)* Temperament *nt* ❹ *(alcohol)* **~s** *pl* Spirituosen *pl*
spiritual ['spɪrɪtʃuəl] *adj* geistig, spirituell; REL geistlich
spiritually ['spɪrɪtʃuəli] *adv* geistig
spit¹ [spɪt] *n* Bratspieß *m; (beach)* Sandbank *f*
spit² [spɪt] **I.** *n (fam)* Spucke *f* **II.** *vi* <-tt-, spat *or* spit, spat *or* spit> ❶ spucken; **to ~ at sb** jdn anspucken ❷ *impers (fam)* **it is ~ting [with rain]** es tröpfelt ❸ *bacon* brutzeln; *cat* fauchen; *fire* zischen **III.** *vt* <-tt-, spat *or* spit, spat *or* spit> ausspucken
◆ **spit out** *vt* ausspucken; *(growl)* fauchen
spite [spaɪt] **I.** *n no pl* ❶ Bosheit *f* ❷ **in ~ of sth** trotz einer S. *gen* **II.** *vt* ärgern
spiteful ['spaɪtf^əl] *adj* gehässig
spitefully ['spaɪtf^əli] *adv* gehässig
splash [splæʃ] **I.** *n* <*pl* -es> ❶ Platschen *nt kein pl* ❷ *(jet)* Spritzer *m* ❸ *of sauce* Klecks *m fam; in drink* Spritzer *m* **II.** *vt* verspritzen; *(spray)* bespritzen **III.** *vi rain, waves* klatschen; **to ~ [about]** [herum]planschen
◆ **splash out** *vi* BRIT, AUS *(fam)* **to ~ out on sth** Geld für etw *akk* hinauswerfen
splendid ['splendɪd] *adj* großartig
splendidly ['splendɪdli] *adv* großartig; *(magnificently)* herrlich
splint [splɪnt] *n* Schiene *f*
splinter ['splɪntə^r] **I.** *n* Splitter *m; of wood also* Holzsplitter *m* **II.** *vi* splittern
split [splɪt] **I.** *n* ❶ Riss *m; (in wall, wood)* Spalt *m; in opinion* Kluft *f; of spouses* Trennung *f* ❷ *(share)* Anteil *m* ❸ **to do the ~s** [einen] Spagat machen **II.** *vt* <-tt-, split, split> teilen; *group*

S

spalten; **to ~ sth in half** etw halbieren **III.** *vi* <-tt-, split, split> *wood, stone* [entzwei]brechen; *seam, cloth* aufplatzen; *hair* splissen; *spouses* sich trennen; **to ~ into groups** sich aufteilen

◆ **split up I.** *vt* aufteilen; *(separate)* teilen **II.** *vi* sich teilen; *spouses* sich trennen; **to ~ up into groups** sich in Gruppen aufteilen; **to ~ up with sb** sich von jdm trennen

splitting ['splɪtɪŋ] *n no pl* FIN Splitting *nt*

split-up *n* Trennung *f*

spoil [spɔɪl] **I.** *n* **~s** *pl* Beute *f kein pl* **II.** *vt* <spoiled *or* BRIT *usu* spoilt, spoiled *or* BRIT *usu* spoilt> ❶ verderben; **to ~ the coastline** die Küste verschandeln *fam* ❷ *(pamper)* verwöhnen; *child* verziehen

spoilsport ['spɔɪlspɔːt] *n* Spielverderber(in) *m(f)*

spoilt [spɔɪlt] **I.** *vt, vi esp* BRIT *pp, pt of* **spoil II.** *adj* verdorben; *child* verzogen; *view* verschandelt *fam*

spoke[1] [spəʊk] *n* Speiche *f;* ▶ **to put a ~ in sb's wheel** BRIT jdm einen Knüppel zwischen die Beine werfen

spoke[2] [spəʊk] *pt of* **speak**

spoken [spəʊkᵊn] **I.** *pp of* **speak II.** *adj attr* gesprochen

spokesperson <*pl* -people> *n* Sprecher(in) *m(f)*

sponge [spʌndʒ] **I.** *n* ❶ Schwamm *m* ❷ *(cake)* Rührkuchen *m; (without fat)* Biskuit[kuchen] *m* ❸ *(fam: cadger)* Schnorrer(in) *m(f)* **II.** *vt* [mit einem Schwamm] abwischen

◆ **sponge down, sponge off** *vt* **to ~ down ↔ sth** etw [mit einem Schwamm] abwaschen; **to ~ down ↔ sb** jdn [mit einem Schwamm] waschen

sponge bag *n* BRIT, AUS Waschbeutel *m* **sponge cake** *n* Biskuitkuchen *m*

sponger ['spʌndʒəʳ] *n (fam)* Schmarotzer(in) *m(f)*

sponsor ['spɒn(t)səʳ] **I.** *vt (commercially)* sponsern; *(noncommercially)* unterstützen **II.** *n* Sponsor(in) *m(f); (of charity)* Förderer, Förderin *m, f*

spontaneous [spɒn'teɪniəs] *adj* spontan; *(unrestrained)* impulsiv

spooky ['spuːki] *adj (fam)* schaurig; *(eerie)* unheimlich; *film* gespenstisch

spoon [spuːn] **I.** *n* Löffel *m* **II.** *vt* löffeln

spoonful <*pl* -s> ['spuːnfʊl] *n* Löffel *m*

sport [spɔːt] **I.** *n* ❶ Sport *m; (specific)* Sportart *f;* **indoor ~** Hallensport *m;* **outdoor ~** Sport *m* im Freien ❷ AUS **hello ~** na, Kumpel *fam* **II.** *vt* **to ~ sth** etw tragen

sporting ['spɔːtɪŋ] *adj* SPORTS ❶ *attr* Sport- ❷ *(fam)* fair

sports car *n* Sportwagen *m* **sportsman** *n* Sportler *m* **sportsmanship** *n no pl* Fairness *f* **sports shop** *n* Sportgeschäft *nt* **sportswear** *n no pl* Sportkleidung *f* **sportswoman** *n* Sportlerin *f*

sporty ['spɔːti] *adj* sportlich; *car* schnell

spot [spɒt] **I.** *n* ❶ Fleck *m; (dot)* Punkt *m; (pattern)* Tupfen *m* ❷ BRIT *(acne)* Pickel *m* ❸ *(place)* Stelle *f;* **on the ~** an Ort und Stelle **II.** *vt* <-tt-> entdecken; **to ~ sb doing sth** jdn bei etw *dat* erwischen

Übersetzungstipp

Weder mit *spotten* – *to mock*, noch mit *Spott* – *mockery* verwechseln!

spotless ['spɒtləs] *adj* makellos

spotlight *n* Scheinwerfer *m;* **to be in the ~** *(fig)* im Rampenlicht stehen

spot-on *adj pred* BRIT, AUS *(fam)* haargenau; *(correct)* goldrichtig

spotted ['spɒtɪd] *adj* gepunktet; *(patterned)* getupft

spotty ['spɒti] *adj* ❶ BRIT, AUS *(pimply)* pickelig ❷ AM, AUS *(patchy)* bescheiden *iron*

sprain [spreɪn] **I.** *vt* **to ~ one's ankle** sich *dat* den Knöchel verstauchen **II.** *n* Verstauchung *f*

sprang [spræŋ] *vi, vt pt of* **spring**

spray[1] [spreɪ] **I.** *n* ① *no pl* Sprühnebel *m; of perfume* Wolke *f; of water* Gischt *m o f* ② *(jet)* Spritzer *m* ③ *(sprinkler)* Sprühvorrichtung *f* ④ *(aerosol)* Spray *m o nt* **II.** *vt* ① besprühen; *plants* spritzen ② *(vaporize)* sprühen **III.** *vi* spritzen

spray[2] [spreɪ] *n* Zweig *m; (bouquet)* Strauß *m*

spread [spred] **I.** *n* ① Verbreitung *f* ② *(range)* Vielfalt *f* ③ JOURN Doppelseite *f* ④ FOOD Aufstrich *m* **II.** *vi* <spread, spread> ① *fire* sich ausbreiten; *news, panic* sich verbreiten ② *(stretch)* sich erstrecken ③ FOOD sich streichen lassen **III.** *vt* <spread, spread> ① ausbreiten ② **to ~ toast with jam** Toast mit Marmelade bestreichen ③ *disease* übertragen; *fertilizer* streuen; *panic, rumour* verbreiten

spree [spriː] *n* Gelage *nt;* **killing ~** Gemetzel *nt;* **shopping ~** Einkaufstour *f*

spring [sprɪŋ] **I.** *n* ① Frühling *m;* **in the ~** im Frühling ② *(coil)* Feder *f* ③ *(elasticity)* Sprungkraft *f* ④ *(water)* Quelle *f* **II.** *vi* <sprang *or* AM *a.* sprung, sprung> ① springen; **to ~ into action** den Betrieb aufnehmen; **to ~ open** aufspringen; **to ~ shut** zufallen ② **to ~ up** auftauchen; **to ~ to mind** in den Kopf schießen

springboard *n* Sprungbrett *nt*

spring-clean **I.** *vi* Frühjahrsputz machen **II.** *vt* **to ~ a house/room** in einem Haus/einem Zimmer Frühjahrsputz machen **spring onion** *n* BRIT, AUS Frühlingszwiebel *f* **spring roll** *n* Frühlingsrolle *f*

springy ['sprɪŋi] *adj* federnd *attr,* elastisch

sprinkle ['sprɪŋkl̩] **I.** *vt* ① streuen (**on** auf); *(cover)* bestreuen (**with** mit) ② **to ~ the lawn** den Rasen sprengen **II.** *n usu sing* **a ~ of rain/snow** ein leichter Regen/Schneefall

sprinkling ['sprɪŋklɪŋ] *n see* **sprinkle II**

sprint [sprɪnt] **I.** *vi* sprinten **II.** *n* Sprint *m;* **100-metre ~** Hundertmeterlauf *m*

spritzer ['sprɪtsəʳ] *n* Schorle *f,* Gespritzte(r) *m* ÖSTERR, SCHWEIZ

sprout [spraʊt] **I.** *n* ① Spross *m* ② *esp* BRIT *(vegetable)* Rosenkohl *m kein pl* **II.** *vi* wachsen **III.** *vt* treiben

sprung [sprʌŋ] **I.** *adj* BRIT gefedert **II.** *pp, pt of* **spring**

spud [spʌd] *n* BRIT *(fam)* Kartoffel *f*

spun [spʌn] *pp, pt of* **spin**

spy [spaɪ] **I.** *n* Spion(in) *m(f)* **II.** *vi* ① spionieren ② *(peep)* **to ~ into sth** in etw *akk* spähen **III.** *vt* sehen

squad [skwɒd] *n + sing/pl vb* Einheit *f;* SPORTS Kader *m*

square [skweəʳ] **I.** *n* Quadrat *nt; (street)* Platz *m;* **town ~** zentraler Platz **II.** *adj* ① quadratisch; **~ metre** Quadratmeter *m o nt* ② *(fam: level)* plan; **to be [all] ~** auf gleich sein **III.** *adv* direkt **IV.** *vt* **to ~ sth** ① etw quadratisch machen ② *(settle)* etw in Ordnung bringen ③ MATH etw quadrieren

squared [skweəd] *adj* kariert

squash[1] [skwɒʃ] *n esp* AM *(pumpkin)* Kürbis *m*

squash[2] [skwɒʃ] **I.** *n* ① *no pl (crowd)* Gedränge *nt* ② *no pl* SPORTS Squash *nt;* **~ court** Squashcourt *m* ③ BRIT, AUS *(drink)* Fruchtsaftgetränk *nt* **II.** *vt* ① zerdrücken; **to ~ sth flat** etw platt drücken ② **can you ~ this into your bag for me?** kannst du das für mich in deine Tasche stecken?

squashy ['skwɒʃi] *adj* weich

squatter ['skwɒtəʳ] *n* Hausbesetzer(in) *m(f)*

squeak [skwiːk] **I.** *n* Quietschen *nt kein pl; of mouse* Pieps[er] *m fam* **II.** *vi* quietschen; *mouse* piepsen

squeeze [skwiːz] **I.** *n* ① Drücken *nt kein pl* ② ECON **a ~ on spending** eine Beschränkung der Ausgaben ③ *no pl* **it was a tight ~** es ging gerade noch hinein ④ *(fam: lover)* Freund(in) *m(f)* **II.** *vt* ① drücken; *lemon* auspressen; *sponge* ausdrücken; **freshly ~d**

S

orange juice frisch gepresster Orangensaft ❷ *(push in)* [hinein]zwängen; *(push through)* [durch]zwängen **III.** *vi* **to ~ into sth** sich in etw *akk* [hinein]zwängen; **to ~ past sth** sich an etw *dat* vorbeizwängen

squid <*pl* -> [skwɪd] *n* Tintenfisch *m*

squint [skwɪnt] **I.** *vi* die Augen zusammenkneifen; MED schielen **II.** *n* MED Schielen *nt kein pl*

squirrel [ˈskwɪrᵊl] *n* Eichhörnchen *nt*

squirt [skwɜːt] **I.** *vt* spritzen; **to ~ sb with sth** jdn mit etw *dat* bespritzen **II.** *vi* **to ~ out** herausspritzen **III.** *n* ❶ Spritzer *m* ❷ *(fam)* Zwerg *m*

stab [stæb] **I.** *vt* <-bb-> **to ~ sb** auf jdn einstechen; **the victim was ~bed** das Opfer erlitt eine Stichverletzung; **to ~ sb in the back** *(fig)* jdm in den Rücken fallen **II.** *vi* <-bb-> **to ~ at sb/sth** auf jdn/etw einstechen **III.** *n* ❶ Stich *m* ❷ *(wound)* Stichwunde *f* ❸ *(pain)* Stich *m*; **~ of envy** Anflug *m* von Neid

stabbing [ˈstæbɪŋ] **I.** *n* Messerstecherei *f* **II.** *adj pain* stechend; *fear* durchdringend

stabilizing [ˈsteɪbəlaɪzɪŋ] *adj* stabilisierend; **to have a ~ effect** eine stabilisierende Wirkung haben

stable[1] <more stable, most stable> [ˈsteɪbl̩] *adj* stabil

stable[2] [ˈsteɪbl̩] **I.** *n* Stall *m* **II.** *vt horse* unterstellen

stack [stæk] **I.** *n* ❶ Stapel *m*; *of papers* Stoß *m*; *of hay* Schober *m*; *(stereo)* Stereoturm *m* ❷ *(fam: much)* Haufen *m sl*; **we've got ~s of time** wir haben massenhaft Zeit **II.** *vt* [auf]stapeln; *dishwasher* einräumen; *shelves* auffüllen

stadium <*pl* -s> [ˈsteɪdiəm] *n* Stadion *nt*

Übersetzungstipp

Nicht verwechseln mit *Stadium* – *stage!*

staff[1] [stɑːf] **I.** *n + sing/pl vb* Belegschaft *f*; SCH, UNIV Lehrkörper *m*; **members of ~** Mitarbeiter *pl*; **nursing ~** Pflegepersonal *nt*; **teaching ~** Lehrpersonal *nt* **II.** *vt usu passive* **many charities are ~ed with volunteers** viele Wohltätigkeitsvereine beschäftigen ehrenamtliche Mitarbeiter

staff[2] [stɑːf] *n* Stab *m*; *(stick)* Stock *m*

stag [stæg] *n* Hirsch *m*; **~ night/party** Junggesellenabschiedsparty *f*

stage [steɪdʒ] **I.** *n* ❶ Etappe *f*; *of journey, race also* Abschnitt *m*; **crucial ~** entscheidende Phase; **early ~** Frühphase *f* ❷ THEAT Bühne *f*; **the world ~** die [ganze] Welt; **the political ~** die politische Bühne **II.** *vt congress* veranstalten; *demonstration* organisieren; THEAT aufführen; **to ~ a concert** ein Konzert geben

stagger [ˈstægəʳ] **I.** *vi* schwanken, torkeln; **to ~ to one's feet** sich aufrappeln **II.** *vt* ❶ **to ~ sb** jdn erstaunen ❷ *(grade)* **to ~ sth** etw staffeln

staggered [ˈstægəd] *adj* erstaunt; *(graded)* gestaffelt

stagnant [ˈstægnənt] *adj* stagnierend; **~ air** stehende Luft

stain [steɪn] **I.** *vt* verfärben; *(spot)* Flecken auf etw *dat* machen **II.** *vi* Flecken machen; *(discolour)* sich verfärben **III.** *n* Verfärbung *f*, Fleck *m*; *(blemish)* Makel *m*

stained [steɪnd] *adj* verfärbt; *(spotted)* fleckig; *(dyed)* gefärbt; *(blemished)* befleckt

stainless [ˈsteɪnləs] *adj* makellos; *character* tadellos

stair [steəʳ] *n* Treppenstufe *f*; **~s** *pl* Treppe *f*; **a flight of ~s** eine Treppe

stake[1] [steɪk] *n* Pfahl *m*

stake[2] [steɪk] **I.** *n* ❶ *(bet)* Einsatz *m* ❷ FIN, ECON Anteil *m*; ▶ **to be at ~** *(in question)* zur Debatte stehen; *(at risk)* auf dem Spiel stehen **II.** *vt* **to ~ money** Geld setzen

stale [steɪl] *adj drink* abgestanden; *air* muffig; *bread* alt

stalk[1] [stɔːk] *n (stem)* Stiel *m*

stalk[2] [stɔːk] **I.** *vt* ① jagen; **to go ~ing** auf die Pirsch gehen ② **to ~ sb** jdm nachstellen **II.** *vi* **to ~ by** vorbeistolzieren **III.** *n* Pirsch *f; (gait)* Stolzieren *nt*

stall [stɔːl] **I.** *n* ① [Verkaufs]stand *m; (for animal)* Stall *m; (for racehorse)* Box *f* ② AM [markierter] Parkplatz **II.** *vi* ① zum Stillstand kommen; *car* stehen bleiben ② *(fam: delay)* zögern **III.** *vt* ① *car* abwürgen ② *(delay)* verzögern

stamina ['stæmɪnə] *n no pl* Durchhaltevermögen *nt*

stammer ['stæməʳ] **I.** *n* Stottern *nt;* **to have a ~** stottern **II.** *vi* stottern

stamp [stæmp] **I.** *n* ① Stempel *m;* **~ of approval** Genehmigungsstempel *m* ② [postage] **~** Briefmarke *f;* **~ album** Briefmarkenalbum *nt* ③ *(step)* Stampfer *m fam* **II.** *vt* ① [ab]stempeln ② **to ~ a letter** einen Brief frankieren ③ *(crush)* zertreten; **to ~ one's foot** mit dem Fuß aufstampfen **III.** *vi* stampfen; *(walk also)* stapfen; **to ~ on sth** auf etw *akk* treten

stampede [stæm'piːd] **I.** *n* wilde Flucht; *of people* [Menschen]auflauf *m* **II.** *vi* durchgehen; *people* irgendwohin stürzen

stand [stænd] **I.** *n* ① Einstellung *f* (**on** zu); **to make a ~ against sth** sich gegen etw *akk* auflehnen ② *usu pl (in stadium)* [Zuschauer]tribüne *f* ③ *(support)* Ständer *m* ④ *(stall)* [Verkaufs]stand *m* **II.** *vi* <stood, stood> ① stehen; **to ~ clear** beiseitetreten; **to ~ tall** gerade stehen; **to ~ still** stillstehen; **to ~ in sb's way** jdm im Weg stehen ② + *adj* **I never know where I ~ with my boss** ich weiß nie, wie ich mit meinem Chef dran bin *fam;* **to ~ alone** beispiellos sein ③ *rule* gelten; **does that still ~?** ist das noch gültig? ④ BRIT, AUS *candidate* **to ~ for sth** für etw *akk* kandidieren **III.** *vt* <stood, stood> ① **to ~ sth somewhere** etw irgendwohin hinstellen ② **to ~ one's ground** wie angewurzelt stehen bleiben ③ *(bear)* **to ~ sth** etw ertragen ④ *(fam)* **to ~ a chance of doing sth** gute Aussichten haben, etw zu tun

◆**stand about**, **stand around** *vi* herumstehen

◆**stand aside** *vi* ① zur Seite treten ② **to ~ aside [from sth]** sich [aus etw *dat*] heraushalten ③ *(resign)* zurücktreten

◆**stand back** *vi* zurücktreten; **to ~ back from sth** abseits von etw *dat* liegen; *(fig)* etw aus der Distanz betrachten

◆**stand by** *vi* dabeistehen; *(be ready)* bereitstehen; **to ~ by sb** zu jdm stehen

◆**stand down** *vi* ① BRIT, AUS *(resign)* zurücktreten ② *(relax)* entspannen

◆**stand for** *vi* ① **to not ~ for sth** sich *dat* etw nicht gefallen lassen ② *(mean)* **to ~ for sth** für etw *akk* stehen

◆**stand in** *vi* **to ~ in for sb** für jdn einspringen

◆**stand out** *vi* hervorragen; **to ~ out in a crowd** sich von der Menge abheben

◆**stand over** *vi* ① **to ~ over sb** jdm auf die Finger schauen *fam* ② *(adjourn)* aufgeschoben werden

◆**stand up** *vi* ① aufstehen; *(be standing)* stehen ② **to ~ up [to sth]** [etw *dat*] standhalten ③ **to ~ up to sb** sich jdm widersetzen

standard ['stændəd] **I.** *n* ① Standard *m;* **to raise ~s** das Niveau heben ② *(criterion)* Richtlinie *f* ③ *(principles)* **~s** *pl* Wertvorstellungen *pl* **II.** *adj* ① Standard-; *(average)* durchschnittlich ② AM **~ transmission** Standardgetriebe *nt*

standardized ['stændədaɪzd] *adj* standardisiert; **~ components** genormte Komponenten; **~ language** Standardsprache *f*

standard lamp *n* BRIT, AUS Stehlampe *f*

standby <*pl* -s> ['stæn(d)baɪ] **I.** *n* ① *no pl* **on ~** in Bereitschaft ② *(backup)* Reserve *f* ③ *(ticket)* Stand-by-Ticket *nt; (traveller)* Fluggast *m* mit Stand-by-Ticket **II.** *adj attr* Ersatz-

stand-in *n* Vertretung *f;* FILM, THEAT Ersatz *m*
standing ['stændɪŋ] **I.** *n no pl* Ansehen *nt* **II.** *adj attr* [aufrecht] stehend; *(permanent)* ständig; *(stationary)* stehend
stand-offish [-'ɒfɪʃ] *adj (fam)* reserviert
standpoint *n* Standpunkt *m;* **depending on your ~, ...** je nachdem, wie man es betrachtet, ... **standstill** *n no pl* Stillstand *m;* **to be at a ~** zum Erliegen kommen **stand-up** *adj attr* **~ comedian** Alleinunterhalter(in) *m(f)*
stank [stæŋk] *pt of* **stink**
staple[1] ['steɪpl̩] **I.** *n* Heftklammer *f; (for wood)* Krampe *f* **II.** *vt* heften; **to ~ sth together** etw zusammenheften
staple[2] ['steɪpl̩] **I.** *n* Grundstock *m;* ECON Hauptprodukt *nt;* FOOD Grundnahrungsmittel *nt* **II.** *adj attr* Haupt-; **~ foods** Grundnahrungsmittel *pl*
stapler ['steɪplə^r] *n* Hefter *m*
star [stɑː^r] **I.** *n* ❶ Stern *m; (asterisk)* Sternchen *nt* ❷ *(performer)* Star *m* **II.** *vi* <-rr-> **to ~ in a film/play** in einem Film/Theaterstück die Hauptrolle spielen **III.** *adj attr* Star-; **this year's ~ student** der diesjährige beste Student
starboard ['stɑːbəd] *n* NAUT Steuerbord *nt kein pl*
stare [steə^r] **I.** *n* Starren *nt;* **she gave him a long ~** sie starrte ihn unverwandt an; **accusing ~** vorwurfsvoller Blick **II.** *vi* starren; *(surprised also)* große Augen machen; **to ~ at sb/sth** jdn/etw anstarren **III.** *vt* **to ~ sb in the eye** jdn anstarren
staring ['steərɪŋ] *adj* starrend
star-studded *adj* mit Sternen übersät; FILM, THEAT *(fam)* mit Stars besetzt; **~ cast** Starbesetzung *f*
start [stɑːt] **I.** *n usu sing* ❶ Anfang *m; of a company* Gründung *f;* SPORTS Start *m;* **to make a ~ on sth** mit etw *dat* anfangen; **from the ~** von Anfang an; **from ~ to finish** von Anfang bis Ende ❷ *(jerk)* Zucken *nt;* **to give a ~** zusammenzucken **II.** *vi* ❶ anfangen; *car* anspringen; **don't you ~!** jetzt fang du nicht auch noch an! *fam;* **to ~ afresh** von neuem beginnen; **to ~ to do sth** anfangen[,] etw zu tun ❷ *(fam)* **to ~ on sb** sich *dat* jdn vornehmen *fam* **III.** *vt* ❶ **to ~ [doing] sth** anfangen[,] etw zu tun; **he ~ed work at 16** mit 16 begann er zu arbeiten ❷ *(initiate)* ins Leben rufen; *(activate)* einschalten; **to ~ a car** ein Auto starten; **to ~ a fight** Streit anfangen
◆**start back** *vi* zurückschrecken; *(return)* sich auf den Rückweg machen
◆**start off I.** *vi* anfangen; *(embark)* losfahren; **they ~ed off in New Orleans** sie starteten in New Orleans **II.** *vt* **to ~ sth ↔ off** etw beginnen
◆**start out** *vi* anfangen; *(embark)* aufbrechen
◆**start up I.** *vt business* gründen; *motor* anlassen **II.** *vi* beginnen; *car* anspringen
starter ['stɑːtə^r] *n* ❶ *esp* BRIT *(fam)* Vorspeise *f* ❷ AUTO Anlasser *m*
starting ['stɑːtɪŋ] *adj attr* Start-
startle ['stɑːtl̩] *vt* erschrecken; *bird* aufschrecken
startling ['stɑːtl̩ɪŋ] *adj* überraschend; *(alarming)* erschreckend
starvation [stɑː'veɪʃ^ən] *n no pl* der Hungertod; *(malnutrition)* Unterernährung *f;* **to die of ~** verhungern
starve [stɑːv] **I.** *vi* ❶ hungern; *(die)* verhungern ❷ *(fam)* **to be starving** ausgehungert sein **II.** *vt* ❶ aushungern; **to ~ oneself to death** sich zu Tode hungern ❷ *usu passive (fig)* **to be ~d of sth** um etw *akk* gebracht werden
state [steɪt] **I.** *n* ❶ Zustand *m; (constitution)* körperliche Verfassung; PSYCH Gemütszustand *m;* **~ of exhaustion/fatigue** Erschöpfungs-/Ermüdungszustand *m;* **unconscious ~** Bewusstlosigkeit *f;* **to be in a ~** mit den Nerven fertig sein; **to be in a fit ~ to do sth** in der Lage sein, etw zu tun ❷ *(nation)* Staat *m; (in USA)* [Bundes]staat *m; (in*

Germany) Land *nt* ③ **the ~** der Staat **II.** *adj attr* Staats-; *(government)* Regierungs-; **~ secret** Staatsgeheimnis *nt;* **~ subsidy** [staatliche] Subvention **III.** *vt* äußern; *(specify)* nennen; **to ~ that ...** erklären, dass ...; **to ~ one's case** seine Sache vortragen; **to ~ one's objections** seine Einwände vorbringen; **to ~ the source** die Quelle angeben

State Department *n no pl, + sing/pl vb* AM **the ~** das US-Außenministerium

statement ['steɪtmənt] *n* ① Äußerung *f; (formal)* Stellungnahme *f;* LAW Aussage *f;* **to make a ~ to the press** eine Presseerklärung abgeben ② *of account* [Konto]auszug *m*

state school *n* staatliche Schule

station ['steɪʃ^{ə}n] **I.** *n* ① Bahnhof *m; (specific)* -station *f;* **petrol** [*or* AM **gas**] **~** Tankstelle *f;* **police ~** Polizeiwache *f;* **tube** [*or* AM **subway**] **~** U-Bahn-Haltestelle *f* ② *(broadcaster)* Sender *m;* **radio ~** Radiosender *m;* **TV ~** Fernsehsender *m* **II.** *vt* postieren; *troops* stationieren

stationary ['steɪʃ^{ə}n^{ə}ri] *adj* ruhend

stationery ['steɪʃ^{ə}n^{ə}ri] *n no pl* Schreibwaren *pl; (paper)* Schreibpapier *nt*

station wagon *n* AM, AUS Kombi[wagen] *m*

statistically [stə'tɪstɪk^{ə}li] *adv* statistisch; **to analyse sth ~** etw statistisch auswerten; **to present sth ~** etw als Statistik darstellen

statistics [stə'tɪstɪks] *n pl* Statistik *f*

statue ['stætʃu:] *n* Statue *f*

status ['steɪtəs] *n no pl* Status *m; (prestige also)* Prestige *nt;* **legal ~** Rechtsposition *f*

stay [steɪ] **I.** *n* Aufenthalt *m;* **overnight ~** Übernachtung *f* **II.** *vi* bleiben; *(reside)* wohnen; **to ~ overnight** übernachten; **to ~ in touch** in Verbindung bleiben; **to ~ tuned** RADIO, TV am Apparat bleiben

◆ **stay away** *vi* fernbleiben; **to ~ away from sb/sth** jdn/etw meiden

◆ **stay behind** *vi* [noch] [da]bleiben

◆ **stay in** *vi* zu Hause bleiben

◆ **stay on** *vi* [noch] bleiben; *lid* halten; *sticker* haften; *light* an bleiben; *device* eingeschaltet bleiben

◆ **stay out** *vi* wegbleiben; *striker* weiter streiken; **to ~ out of trouble** sich *dat* Ärger vom Hals halten *fam*

◆ **stay up** *vi* aufbleiben; *tent* stehen bleiben; *poster* hängen bleiben; **his socks won't ~ up** seine Socken rutschen ständig

steadfastly ['stedfɑ:stli] *adv* standhaft, unerschütterlich; **to ~ refuse to do sth** kategorisch ablehnen, etw zu tun

steadfastness ['stedfɑ:stnəs] *n no pl* Standhaftigkeit *f*

steadiness ['stedɪnəs] *n no pl* ① *(stability) of prices* Stabilität *f; (firmness)* Festigkeit *f* ② *(regularity)* Regelmäßigkeit *f,* Stetigkeit *f*

steady ['stedi] **I.** *adj* stabil; *(regular)* kontinuierlich; *(boyfriend)* fest; *hand* ruhig; *breathing, flow* regelmäßig; *rain* anhaltend; *speed* konstant **II.** *vt* <-ie-> stabilisieren; **to ~ oneself** Halt finden; **to ~ one's aim** sein Ziel fixieren; **to ~ one's nerves** seine Nerven beruhigen **III.** *adv (still)* **to hold sth ~** etw festhalten

steak [steɪk] *n* Steak *nt; (poorer-quality)* Rindfleisch *nt;* **braising ~** Schmorfleisch *nt;* **rump ~** Rumpsteak *nt*

steal [sti:l] **I.** *n esp* AM *(fam)* Schnäppchen *nt* **II.** *vt* <stole, stolen> stehlen; **she stole a glance at her watch** sie lugte heimlich auf ihre Armbanduhr **III.** *vi* <stole, stolen> stehlen; *(move)* sich wegstehlen; **he stole out of the room** er stahl sich aus dem Zimmer

stealing ['sti:lɪŋ] *n no pl* Stehlen *nt*

steam [sti:m] **I.** *n no pl* Dampf *m* **II.** *vi, vt* dampfen; **to ~ open a letter** einen Brief über Wasserdampf öffnen

steel [sti:l] **I.** *n no pl* Stahl *m* **II.** *vt* **to ~ oneself [to do sth]** all seinen Mut zusammennehmen[, um etw zu tun]

steep[1] [sti:p] *adj* steil; *slope* abschüssig;

(dramatic) dramatisch

steep² [stiːp] *vt* ① tränken ② *usu passive* **to be ~ed in sth** von etw *dat* durchdrungen sein; **~ed in history** geschichtsträchtig

steeple [ˈstiːpl̩] *n* Turmspitze *f; of church* Kirchturm *m*

steeply [ˈstiːpli] *adv* steil; **to decline/rise ~** drastisch zurückgehen/steigen

steer [stɪəʳ] **I.** *n* junger Ochse **II.** *vt* steuern; **to ~ a course** einen Kurs einschlagen **III.** *vi* steuern; *car* sich lenken lassen

steering lock *n* AUTO Lenkradschloss *nt* **steering wheel** *n* Steuer[rad] *nt; of car also* Lenkrad *nt*

step [step] **I.** *n* ① Schritt *m; of dance* [Tanz]schritt *m;* **to be/walk in ~** im Gleichschritt sein/laufen ② *no pl (gait)* Gang *m* ③ *(stair)* Stufe *f;* **a flight of ~s** eine Treppe ④ *(fig)* Schritt *m;* **one ~ at a time** eins nach dem anderen; **to take drastic ~s** zu drastischen Mitteln greifen **II.** *vi* <-pp-> treten; *(walk)* gehen; **to ~ over sth** über etw *akk* steigen; **to ~ on sb's foot** jdm auf den Fuß treten

◆ **step aside** *vi* zur Seite treten

◆ **step back** *vi* zurücktreten; *(fig)* Abstand nehmen

◆ **step down** *vi* zurücktreten; *witness* den Zeugenstand verlassen

◆ **step in** *vi* eintreten; *(in car)* einsteigen; *(intervene)* einschreiten

◆ **step out** *vi* [kurz] weggehen; *(walk)* ausschreiten

◆ **step up** *vt* verstärken; **the reforms are being ~ped up** die Reformen werden jetzt beschleunigt

stepbrother *n* Stiefbruder *m*

stepladder *n* Stehleiter *f*

stepping stone *n* [Tritt]stein *m; (fig)* Sprungbrett *nt*

stereo <*pl* -os> [ˈsteriəʊ] *n* ① *no pl* Stereo *nt* ② *(fam)* Stereoanlage *f*

stereotypical [ˌsteriə(ʊ)ˈtɪpɪkəl] *adj* stereotyp; **~ family** Durchschnittsfamilie *f;* **~ male response** typisch männliche Antwort

stereotypically [ˌsteriə(ʊ)ˈtɪpɪkəli] *adv* stereotyp

sterile [ˈsteraɪl] *adj* steril; *(infertile)* unfruchtbar

sterling [ˈstɜːlɪŋ] **I.** *n no pl* ① FIN Sterling *m,* [britisches] Pfund ② *(metal)* Sterlingsilber *nt* **II.** *adj* meisterhaft; **to make a ~ effort** beachtliche Anstrengungen unternehmen

stern¹ [stɜːn] *adj* ernst; *(strict)* streng; **a ~ warning** eine eindringliche Warnung

stern² [stɜːn] *n* NAUT Heck *nt*

stew [stjuː] **I.** *n* Eintopf *m* **II.** *vt* schmoren; **to ~ plums** Pflaumenkompott kochen **III.** *vi* ① [vor sich *dat* hin] schmoren ② *(fam)* schmollen

stick¹ [stɪk] *n* ① Stock *m; (twig)* Zweig *m;* **carrot ~s** lange Mohrrübenstücke; **~ of chewing gum** Stück *nt* Kaugummi; **hockey/polo ~** Hockey-/Poloschläger *m* ② **to get ~** herbe Kritik einstecken müssen; **to give sb ~** jdn heruntermachen

stick² <stuck, stuck> [stɪk] **I.** *vi* ① kleben; *(be fixed)* zugeklebt bleiben ② *(immobile)* feststecken; *jam* klemmen ③ *(fig)* **to be stuck** nicht weiter wissen ④ **to ~ at sth** an etw *dat* dranbleiben ⑤ **to ~ to one's budget** sich an sein Budget halten; **to ~ to a diet** eine Diät einhalten ▸ **to ~ to one's guns** nicht lockerlassen **II.** *vt* ① kleben (**to** an) ② *(fam)* **~ your things wherever you like** stellen Sie Ihre Sachen irgendwo ab; **to ~ one's head around the door** seinen Kopf durch die Tür stecken

◆ **stick around** *vi (fam)* da bleiben

◆ **stick down** *vt* festkleben

◆ **stick in** *vi* ▸ **to get stuck in** BRIT *(fam: start)* anfangen; *(start eating)* [mit dem Essen] anfangen

◆ **stick out** **I.** *vt* ausstrecken; *tongue* herausstrecken; **to ~ it out** es [bis zum Ende] durchhalten **II.** *vi* [her]vorstehen; *hair, ears* abstehen; *nail* herausstehen

◆**stick together** **I.** *vt* zusammenkleben **II.** *vi* zusammenkleben; *(fig) friends* zusammenhalten

◆**stick up** **I.** *vt (fam)* ① **to ~ up a notice** einen Aushang machen ② **if you have a question, ~ your hand up** meldet euch, wenn ihr eine Frage habt **II.** *vi* emporragen; *hair* abstehen; **to ~ up for sb** sich für jdn einsetzen; *(support)* jdn unterstützen

sticker ['stɪkəʳ] *n* Aufkleber *m;* **price ~** Preisschild[chen] *nt*

sticking plaster *n* BRIT [Heft]pflaster *nt*

stick-on *adj attr* Klebe-

sticky ['stɪki] *adj* klebrig; *(sweaty)* verschwitzt; *weather* schwül; *air* stickig; *(fig: difficult)* heikel

stiff [stɪf] **I.** *adj* ① steif (**with** vor); *paste* dick; *dough* fest ② *manner* steif; *smile* gezwungen; **to keep a ~ upper lip** Haltung bewahren ③ *breeze* steif; *criticism* herb; *opposition* stark **II.** *adv* **to be scared ~** zu Tode erschrocken sein

stiffly ['stɪfli] *adv* ① *(rigidly)* steif; **to move ~** sich steif bewegen ② *(fig: unfriendly)* steif; **a ~ worded letter** ein scharf formulierter Brief; **to smile ~** gezwungen lächeln

stiffness ['stɪfnəs] *n no pl* ① *(rigidity)* Steifheit; *of dough, batter* Festigkeit *f; of muscles* Verspanntheit *f* ② *(fig: behaviour)* Steifheit *f*

stiffy ['stɪfi] *n (vulg)* **to get/have a ~** einen Steifen kriegen/haben *vulg*

still[1] [stɪl] **I.** *n* ① *no pl* Stille *f* ② *usu pl (photo)* Standfoto *nt* **II.** *adj* ① ruhig ② *(immobile)* reglos; **to keep ~** still halten; **to sit/stand ~** still sitzen/stehen ③ *drink* ohne Kohlensäure *nach n*

still[2] [stɪl] *adv* noch [immer]; *(in future as in past)* nach wie vor; *(nevertheless)* trotzdem; **..., but he's ~ your brother** ..., er ist immer noch dein Bruder; **better/worse ~** noch besser/schlimmer

sting [stɪŋ] **I.** *n* ① *of bee* Stachel *m; of jellyfish* Brennfaden *m* ② *(wound)* Stich *m; by jellyfish* Brennen *nt* **II.** *vi* <stung, stung> *bee* stechen; *(burn)* brennen; *cut* schmerzen **III.** *vt* <stung, stung> *insect* stechen; *(jellyfish)* brennen; *(burn)* brennen

stinging nettle *n* Brennnessel *f*

stink [stɪŋk] **I.** *n usu sing* Gestank *m* **II.** *vi* <stank *or* stunk, stunk> ① stinken; **to ~ of sth** nach etw *dat* stinken ② *(fig fam)* **his acting ~s** er ist ein miserabler Schauspieler

stinker ['stɪŋkəʳ] *n (fam)* ① **what a ~ that man is!** was ist er nur für ein Ekel! ② *(problem)* harter Brocken

stir [stɜːʳ] **I.** *n usu sing* ① Bewegung *f; (of emotion)* Erregung *f; (with spoon)* [Um]rühren *nt* ② *(uproar)* Aufruhr *f;* **to cause a ~** Aufsehen erregen **II.** *vt* <-rr-> ① rühren; **to ~ sth into sth** etw in etw *akk* [hin]einrühren ② *(move)* bewegen; **to ~ sb from a dream** jdn aus einem Traum reißen; **to ~ emotions** Emotionen aufwühlen **III.** *vi* <-rr-> ① *(mix)* rühren ② *(move)* sich regen; *person also* sich rühren ③ *(awaken)* wach werden ④ BRIT, AUS Unruhe stiften

stir-fry **I.** *n* Chinapfanne *f* **II.** *vi, vt* <-ie-> kurz anbraten

stitch [stɪtʃ] **I.** *n* <*pl* -es> ① Stich *m; (method)* Stichart *f; (in knitting, crocheting)* Masche *f;* **blanket/cross ~** Langetten-/Kreuzstich *m;* **to have one's ~es taken out** die Fäden gezogen bekommen ② *(pain)* Seitenstechen *nt kein pl;* **to be in ~es** *(fig)* sich schieflachen **II.** *vi* sticken; *(sew)* nähen **III.** *vt* nähen

stock[1] [stɒk] *n no pl* Brühe *f;* **fish ~** Fischfond *m*

stock[2] [stɒk] **I.** *n* ① Vorrat *m* (**of** an); **housing ~** Bestand *m* an Wohnhäusern; **~ of knowledge** *(fig)* Wissensschatz *m* ② *no pl (inventory)* Bestand *m;* **to be in/out of ~** vorrätig/nicht vorrätig sein; **to take ~** Inventur machen ③ FIN **~s** *pl* Aktien *pl;* **~s and shares** Wertpapiere *pl* **II.** *adj attr* Lager-; *(standard)* Standard- III. *vt* ① **to ~ sth** etw führen ② **to ~ the shelves** die Regale auffüllen

stockbroker *n* Börsenmakler(in) *m(f)* **stock exchange** *n* Börse *f*

stocking ['stɒkɪŋ] *n* **~s** *pl* Strümpfe *pl*

stock market *n* [Wertpapier]börse *f*

stole[1] [stəʊl] *pt of* **steal**

stole[2] [stəʊl] *n* Stola *f; of priest* [Priester]stola *f*

stolen ['stəʊlən] I. *pp of* **steal** II. *adj* gestohlen; **~ goods** Diebesgut *nt; kiss* verstohlen

stomach ['stʌmək] I. *n* Magen *m; (abdomen)* Bauch *m;* **to have a big/flat ~** einen dicken/flachen Bauch haben; **to have a pain in one's ~** Magenschmerzen haben; **to have an upset ~** eine Magenverstimmung haben II. *adj* Magen-; **~ muscles** Bauchmuskeln *pl* III. *vt (fam)* **to be hard to ~** schwer zu verkraften sein

stomach ache *n usu sing* Magenschmerzen *pl* **stomach upset** *n* Magenverstimmung *f*

stone [stəʊn] I. *n* ① Stein *m* ② <*pl* -> BRIT *britische Gewichtseinheit, die 6,35 kg entspricht* II. *adj attr* Stein-; **~ statue** Statue *f* aus Stein III. *vt* ① **to ~ sb [to death]** jdn steinigen ② *fruit* entsteinen

Stone Age *n* **the ~** die Steinzeit

stood [stʊd] *pt, pp of* **stand**

stool [stu:l] *n* ① Hocker *m;* **kitchen ~** Küchenschemel *m;* **piano ~** Klavierstuhl *m* ② *(faeces)* Stuhl *m*

stop [stɒp] I. *vt* <-pp-> ① **to ~ sb/a car** jdn/ein Auto anhalten; **to ~ one's car** anhalten; **~ that man!** haltet den Mann! ② *(interrupt)* beenden; *(temporarily)* unterbrechen; *bleeding* stillen; *clock* anhalten; **~ it!** hör auf [damit]! ③ *(suspend)* **to ~ sth** mit etw *dat* aufhören; **what time do you usually ~ work?** wann hören Sie normalerweise auf zu arbeiten? ④ **to ~ sb [from] doing sth** jdn davon abhalten, etw zu tun ⑤ *(block)* verstopfen; *(bung)* [zu]stopfen II. *vi* <-pp-> ① stehen bleiben; *car* [an]halten; *bus, train* halten; *machine* nicht mehr laufen; *clock, heart* stehen bleiben; *rain* aufhören; **~!** halt!; **to ~ dead** abrupt innehalten ② *(discontinue)* aufhören; **she ~ped drinking** sie trinkt nicht mehr ③ BRIT *(fam: stay)* bleiben; **to ~ at a hotel** in einem Hotel übernachten III. *n* ① Halt *m;* **to come to a ~** stehen bleiben; *car also* anhalten; **to put a ~ to sth** etw *dat* ein Ende setzen ② *(break)* Pause *f;* AVIAT Zwischenlandung *f* ③ TRANSP Haltestelle *f*

> **stop doing sth / stop to do sth**
>
> Beachte den Unterschied:
> **To stop doing something** bedeutet aufhören, etwas zu tun: *I'm trying to stop smoking. Nelly suddenly stopped talking.* **To stop to do something** bedeutet eine Handlung unterbrechen, um etwas anderes zu tun: *Paul stopped to smoke a cigarette. Nelly stopped to talk to Anna.*

◆**stop by** *vi (fam)* vorbeischauen

◆**stop off** *vi* Halt machen; *traveller* Zwischenstation machen

◆**stop over** *vi* ① *traveller* Zwischenstation machen ② BRIT über Nacht bleiben

◆**stop up** I. *vi* BRIT *(fam)* aufbleiben II. *vt* verstopfen; *(bung)* [zu]stopfen

stopover *n* Zwischenstation *f; of plane* Zwischenlandung *f; (duration)* Zwischenaufenthalt *m*

stopping ['stɒpɪŋ] I. *n no pl* Anhalten *nt;* **~ and going** Verkehrsstockung *f* II. *adj attr, inv* Nahverkehrs-; **~ service** Nahverkehr *m;* **~ train** Nahverkehrszug *m*

stop sign *n* Stoppschild *nt*

stopwatch *n* Stoppuhr *f*

storage space *n no pl* Stauraum *m; (in warehouse)* Lagerraum *m*

store [stɔ:ʳ] I. *n* ① Vorrat *m* (**of** an)

S

❷ *esp* AM, AUS *(shop)* Laden *m; esp* BRIT *(larger)* Geschäft *nt* ❸ *(warehouse)* Lager *nt;* **grain ~** Getreidespeicher *m* **II.** *vt* [auf]speichern; *supplies* lagern; COMPUT [ab]speichern

store card *n* Kunden[kredit]karte *f*

storey ['stɔːri] *n* Stockwerk *nt;* **a three-~[ed] house** ein dreistöckiges Haus

storm [stɔːm] **I.** *n* ❶ Sturm *m; (with thunder)* Gewitter *nt* ❷ *(assault)* [An]sturm *m* **II.** *vi* stürmen; **to ~ off** davonstürmen **III.** *vt* stürmen

stormy ['stɔːmi] *adj* stürmisch

story[1] ['stɔːri] *n* ❶ Geschichte *f; (narrative)* Erzählung *f; (plot)* Handlung *f; (rumour)* Gerücht *nt;* **the ~ goes that ...** man erzählt sich, dass ... ❷ *(version)* Fassung *f;* **sb's side of the ~** jds Version der Geschichte ❸ *(report)* Beitrag *m; (in newspaper)* Artikel *m*

story[2] *n* AM *see* **storey**

stove [stəʊv] *n* Ofen *m; (oven)* Herd *m*

stowaway ['stəʊəˌweɪ] *n* blinder Passagier/blinde Passagierin

straggler ['stræglə^r] *n* Nachzügler(in) *m(f)*

straight [streɪt] **I.** *n* Gerade *f;* CARDS Sequenz *f;* **in the home ~** in der Zielgeraden **II.** *adj* ❶ gerade; *hair* glatt; **the picture isn't ~** das Bild hängt schief ❷ *(frank)* offen ❸ *(heterosexual)* heterosexuell ❹ **~ answer** eindeutige Antwort; **~ A's** glatte Einser ❺ *(fam: serious)* ernst[haft]; **to keep a ~ face** ernst bleiben ❻ *pred (fam: quits)* **to be ~** quitt sein **III.** *adv* ❶ gerade[aus]; **go ~ along this road** folgen Sie immer dieser Straße; **he drove ~ into the tree** er fuhr frontal gegen den Baum ❷ *(directly)* direkt *fam*

straight away [ˌstreɪtə'weɪ] *adv esp* BRIT sofort

straighten ['streɪtᵊn] **I.** *vt* gerade machen; *(align)* richten; *hair* glätten; *necktie* zurechtrücken **II.** *vi* sich aufrichten; *road* gerade werden

◆**straighten out** **I.** *vt clothes* glatt streichen; *(put right)* in Ordnung bringen; *(clarify)* klarstellen; **to ~ out a misunderstanding** ein Missverständnis aus der Welt schaffen **II.** *vi* gerade werden

◆**straighten up** **I.** *vi* sich aufrichten; *car* [wieder] geradeaus fahren; *aircraft* [wieder] geradeaus fliegen **II.** *vt* gerade machen; *room* aufräumen

straightforwardness [-'fɔːwədnəs] *n* ❶ *(candidness)* Freimütigkeit *f* ❷ *(simplicity)* Einfachheit *f* ❸ *(honesty)* Aufrichtigkeit *f*

strain[1] [streɪn] *n of virus* Art *f*

strain[2] [streɪn] **I.** *n usu sing* ❶ *no pl* Druck *m;* **to put a ~ on sth** einen Druck auf etw *akk* ausüben ❷ *(muscle)* Zerrung *f* **II.** *vi* ❶ ziehen; **the dog was ~ing at the leash** der Hund zerrte an der Leine ❷ *(try)* sich anstrengen **III.** *vt* **to ~ sth** ❶ *(pull)* an etw *dat* ziehen; *muscle* etw zerren ❷ *(overexert)* etw [stark] beanspruchen; **to ~ one's eyes** die Augen überanstrengen

strand [strænd] *n* Strang *m; of hair* Strähne *f*

Übersetzungstipp

Nicht verwechseln mit *Strand* – *beach!*

strange [streɪndʒ] *adj* merkwürdig; *(unusual)* ungewöhnlich; *(exceptional)* bemerkenswert; *(alien)* fremd; **a ~ twist of fate** eine besondere Laune des Schicksals

strangely ['streɪndʒli] *adv* merkwürdig; **she was ~ calm** sie war auffällig still; **~ enough** seltsamerweise

strangeness ['streɪndʒnəs] *n no pl* ❶ *(unfamiliarity)* Fremdheit *f* ❷ *(peculiarity)* Seltsamkeit *f,* Merkwürdigkeit *f*

stranger ['streɪndʒə^r] *n* Fremde(r) *f(m);*

she is a ~ to me ich kenne sie nicht; **hello, ~!** *(fam)* hallo, lange nicht gesehen!

strangle ['stræŋgl̩] *vt* erdrosseln; *(suppress)* unterdrücken

strap [stræp] **I.** *n* Riemen *m; (for safety)* Gurt *m; (for clothes)* Träger *m;* **watch ~** Uhrarmband *nt* **II.** *vt* <-pp-> befestigen; *(bandage)* bandagieren

strapless ['stræpləs] *adj* trägerlos

Strasbourg ['stræzbɜːg] *n* Straßburg *nt*

strategically [strə'tiːdʒɪkəli] *adv* taktisch, strategisch

strategy ['strætədʒi] *n* Strategie *f*

straw [strɔː] *n* ① *no pl* Stroh *nt* ② *(drinking)* Strohhalm *m;* ▸ **to be the final ~** das Fass zum Überlaufen bringen; **to draw the short ~** den Kürzeren ziehen

strawberry ['strɔːbəri] *n* Erdbeere *f*

streak [striːk] **I.** *n* ① Streifen *m; of colour* Spur *f; (on window)* Schliere *f* ② *(strip)* Strahl *m* ③ *(trait)* [Charakter]zug *m* **II.** *vt usu passive* **to be ~ed** gestreift sein **III.** *vi* ① flitzen *fam;* **to ~ across the street** über die Straße fegen ② *(fam: naked)* flitzen *fam*

streaker ['striːkəʳ] *n (fam)* Flitzer(in) *m(f) fam*

streaky ['striːki] *adj* streifig; *pattern* gestreift; **~ bacon** durchwachsener Speck

stream [striːm] **I.** *n* ① Bach *m; (current)* Strömung *f; (flow)* Strahl *m; of people* Strom *m;* **the Gulf S~** der Golfstrom ② *(series)* Flut *f;* **~ of abuse** Schimpfkanonade *f* **II.** *vi* strömen; *water also* fließen

streamer ['striːməʳ] *n* Band *nt; of paper* Luftschlange *f*

streaming [striːmɪŋ] *n* INET Streaming *nt*

streamlining ['striːmlaɪnɪŋ] *n* ① *(aerodynamic)* stromlinienförmige [Aus]gestaltung ② *(efficiency)* Rationalisierung[smaßnahme] *f*

street [striːt] *n* Straße *f;* **in the ~** auf der Straße; **I live in** [*or* AM **on**] **King S~** ich wohne in der King Street; **main/side ~** Haupt-/Seitenstraße *f;* **to cross the ~** die Straße überqueren

streetcar *n* AM *(tram)* Straßenbahn *f*

street credibility, *fam* **street cred** *n* In-Sein *nt sl;* **that jacket won't do much for your ~** mit diesem Jackett bist du einfach nicht in **street light** *n* Straßenlicht *nt* **streetwear** ['striːtweəʳ] *n* Streetwear *f* **streetwise** *adj* gewieft

strength [streŋ(k)θ] *n* ① *no pl* Kraft *f;* **brute ~** schiere Muskelkraft ② *no pl (health)* Robustheit *f;* **to gain ~** wieder zu Kräften kommen ③ *(potency)* Stärke *f; of drug* Konzentration *f; of medicine* Wirksamkeit *f* ④ *(trait)* Stärke *f* ⑤ *(intensity)* Intensität *f; of colour* Leuchtkraft *f; of belief* Stärke *f*

strengthen ['streŋ(k)θən] **I.** *vt* ① stärken; *(fortify)* verstärken ② *(support)* **to ~ sb** jdn bestärken; **to ~ sth** etw untermauern **II.** *vi* stärker werden; *muscles* kräftiger werden; *wind* auffrischen; *shares* an Wert gewinnen; *currency* zulegen

strengthening ['streŋ(k)θənɪŋ] *n no pl* Festigung *f,* Stärkung *f*

stress [stres] **I.** *n* <*pl* -es> ① Stress *m* ② *no pl (emphasis)* Bedeutung *f* ③ LING *(pronunciation)* Betonung *f* **II.** *vt* belasten; *(emphasize)* betonen; **I'd just like to ~ that …** ich möchte lediglich darauf hinweisen, dass …

stressful ['stresfʊl] *adj* stressig *fam,* anstrengend; **~ situation** Stresssituation *f*

stretch [stretʃ] **I.** *n* <*pl* -es> ① *no pl* Dehnbarkeit *f; of fabric* Elastizität *f* ② *of muscle* Strecken *nt kein pl;* **to have a ~** sich [recken und] strecken ③ *(area)* Stück *nt;* **~ of coast** Küstenabschnitt *m;* **the home ~** die Zielgerade; **~ of railway** Bahnstrecke *f* ④ *(period)* Zeitspanne *f* **II.** *adj attr* Stretch- **III.** *vi* ① sich dehnen; *clothes* weiter werden ② *(train)* Dehnungsübungen machen ③ *(extend)* sich erstrecken **IV.** *vt* ① [aus]dehnen; *(by pull-*

ing) dehnen; **to ~ one's legs** sich *dat* die Beine vertreten ❷ **to ~ sb/sth** jdn/etw fordern; **to ~ sb's budget** jds Budget *nt* strapazieren ❸ SPORTS **to ~ one's lead** seinen Vorsprung ausbauen ❹ *(go beyond)* **to ~ sth** über etw *akk* hinausgehen

stretcher ['stretʃəʳ] **I.** *n* Tragbahre *f* **II.** *vt* **to ~ sb** [**off**] jdn auf einer Tragbahre [weg]tragen

stretchy ['stretʃi] *adj* elastisch, dehnbar, Stretch-; **~ material** Elastik *f o nt*

strict [strɪkt] *adj* streng; *boss* strikt; *penalty* hart; *rules* streng; **~ time limit** festgesetzte Frist; **~ neutrality** strikte Neutralität; **in the ~est confidence** streng vertraulich; **~ Catholics** strenggläubige Katholiken

strictly ['strɪktli] *adv* streng; **~ forbidden** streng verboten; **~ defined** genau definiert; **~ speaking** genau genommen; **~ confidential** streng vertraulich

strictness ['strɪktnəs] *n no pl* Strenge *f; severity* Härte *f*

stride [straɪd] **I.** *vi* <strode, stridden> **to ~ across sth** über etw *akk* hinwegschreiten; **to ~ purposefully up to sth** zielstrebig auf etw *akk* zugehen **II.** *n* Schritt *m;* **to take sth in** [BRIT **one's**] **~** *(fig)* mit etw *dat* gut fertigwerden

strike¹ [straɪk] **I.** *n* Streik *m;* **to call a ~** einen Streik ausrufen **II.** *vi* streiken

strike² [straɪk] **I.** *n* Angriff *m; (discovery)* Fund *m* **II.** *vt* <struck, struck *or* AM *a.* stricken> ❶ **to ~ sth** *(bang)* gegen etw *akk* schlagen; *(bump)* gegen etw *akk* stoßen ❷ *ball* schlagen; FBALL schießen ❸ *(impress)* **to be struck by sth** von etw *dat* beeindruckt sein ❹ **to ~ sb as …** jdm … scheinen ❺ **has it ever struck you that …?** ist dir je der Gedanke gekommen, dass …?; **it's just struck me that …** mir ist gerade eingefallen, dass … ❻ *(achieve)* erreichen; **to ~ a balance** einen Mittelweg finden ❼ **to ~ gold** auf Gold stoßen ❽ **to ~ a chord/note** einen Akkord/Ton anschlagen **III.** *vi* <struck, struck *or* AM *a. old* stricken> ❶ treffen; *fate* zuschlagen; *illness* ausbrechen; *lightning* einschlagen; **to ~ home** ins Schwarze treffen ❷ **to ~ on sth** etw finden; **she has just struck on an idea** ihr ist gerade eine Idee gekommen ❸ *clock* schlagen

◆**strike down** *vt* ❶ **to ~ down** ↻ **sb** jdn niederschlagen ❷ *usu passive* **to be struck down with sth** [schwer] an etw *dat* erkranken

◆**strike out** *vi* ❶ zuschlagen; **to ~ out at sb** nach jdm schlagen; *(fig)* jdn scharf angreifen ❷ *(start)* neu beginnen; **to ~ out on one's own** eigene Wege gehen

◆**strike up** **I.** *vt* anfangen; **to ~ up a conversation** ein Gespräch anfangen; **to ~ up a song** ein Lied anstimmen **II.** *vi* anfangen

striker ['straɪkəʳ] *n* Streikende(r) *f(m);* FBALL Stürmer(in) *m(f)*

striking ['straɪkɪŋ] *adj* bemerkenswert; *differences* erheblich; *personality* beeindruckend; *result* erstaunlich

string [strɪŋ] *n* ❶ *no pl* Schnur *f; of puppet* Faden *m pl;* **ball of ~** Knäuel *m o nt; (fig)* **with ~s attached** mit Bedingungen verknüpft ❷ MUS Saite *f;* **to pluck a ~** eine Saite zupfen ❸ *(orchestra)* **the ~s** *pl* die Streichinstrumente *pl* ❹ COMPUT Zeichenfolge *f;* **search ~** Suchbegriff *m*

◆**string along** *vt (fam)* täuschen; *(delay)* hinhalten

strip [strɪp] **I.** *n* ❶ Streifen *m;* **narrow ~ of land** schmales Stück Land ❷ BRIT, AUS SPORTS *(kit)* Trikot *nt* ❸ *(undressing)* Strip[tease] *m* **II.** *vt* <-pp-> ❶ leer räumen; *(dismantle)* auseinandernehmen; **~ped pine** abgebeizte Kiefer; **to ~ sth bare** *pests* etw kahl fressen ❷ *usu passive* **to ~ sb of sth** jdn einer S. *gen* berauben **III.** *vi* <-pp-> sich ausziehen; **~ped to the waist** mit nacktem Oberkörper

stripe [straɪp] *n* Streifen *m;* MIL [Ärmel]streifen *m*
striped [straɪpt] *adj* gestreift
stripper ['strɪpəʳ] *n* Stripper(in) *m(f); (solvent)* Farbentferner *m; (for wallpaper)* Tapetenlöser *m*
strode [strəʊd] *pt of* **stride**
stroke [strəʊk] **I.** *vt* streicheln; **to ~ one's hair into place** sich das Haar glatt streichen; **to ~ the ball** den Ball [leicht] streifen **II.** *n* ① Streicheln *nt kein pl* ② MED Schlaganfall *m* ③ *(mark)* Strich *m* ④ *(form: blow)* Schlag *m* ⑤ *no pl* **breast ~** Brustschwimmen *nt* ⑥ **~ of luck** Glücksfall *m;* **a ~ of bad luck** Pech *nt*
stroll [strəʊl] **I.** *n* Spaziergang *m;* **to go for a ~** spazieren gehen **II.** *vi* schlendern
strong [strɒŋ] **I.** *adj* ① stark; *(effective also)* gut; *(deep-seated)* überzeugt; *conviction* fest; *economy* gesund; *reaction* heftig; *resistance* erbittert; *(pungent)* streng; *flavour* kräftig; *smell* beißend; **tact is not her ~ point** Takt ist nicht gerade ihre Stärke; **[as] ~ as an ox** bärenstark; **to have ~ views on sth** eine Meinung über etw *akk* energisch vertreten ② *(likely)* hoch; **~ likelihood** hohe Wahrscheinlichkeit **II.** *adv (fam)* **to come on ~** *(sexually)* rangehen *fam; (aggressively)* in Fahrt kommen *fam;* **still going ~** noch gut in Form
strongly ['strɒŋli] *adv* stark; **to ~ criticize sb** jdn heftig kritisieren; **to ~ deny sth** etw energisch bestreiten; **to be ~ opposed to sth** entschieden gegen etw *akk* sein; **to ~ recommend sth** etw dringend empfehlen; **to smell ~ of sth** stark nach etw *dat* riechen
strong-minded *adj* willensstark
stroppy ['strɒpi] *adj* BRIT, AUS *(fam)* muffig *fam;* **to get ~** pampig werden *fam*
struck [strʌk] *pt, pp of* **strike**
structurally ['strʌktʃᵊrᵊli] *adv* ① *(organizationally)* strukturell ② *(of a construction)* baulich
structure ['strʌktʃəʳ] **I.** *n* ① *(arrangement) of society etc.* Struktur *f; of essay etc.* Aufbau *m* ② *(building)* Bauwerk *nt,* Konstruktion *f* **II.** *vt* strukturieren, gliedern
struggle ['strʌgl̩] **I.** *n* Kampf *m* (**for** um /**against** gegen); **uphill ~** harter Kampf; **without a ~** kampflos *m* **II.** *vi* ① kämpfen (**for** um) ② *(toil)* sich abmühen; **to ~ with sth** sich mit etw *dat* herumschlagen
strung [strʌŋ] *pt, pp of* **string**
stub [stʌb] **I.** *n (of ticket)* Abriss *m; (of cigarette)* [Zigaretten]stummel *m; of pencil* Stummel *m* **II.** *vt* <-bb-> **to ~ one's toes** sich die Zehen anstoßen
stubborn ['stʌbən] *adj* stur *fam; (persistent)* hartnäckig; *problem* vertrackt
stubbornly ['stʌbənli] *adv (esp pej)* ① *(obstinately)* stur, störrisch ② *(persistently)* hartnäckig
stubbornness ['stʌbənnəs] *n no pl (esp pej)* Sturheit *f,* Starrköpfigkeit *f*
stuck [stʌk] **I.** *pt, pp of* **stick** **II.** *adj* ① fest; **the door is ~** die Tür klemmt ② *pred (trapped)* **to be ~ in sth** in etw *dat* feststecken; **to be ~ with sb** jdn am Hals haben ③ *pred (at a loss)* **to be ~** nicht klarkommen *fam;* **I'm really ~** ich komme einfach nicht weiter
stuck-up *adj (fam)* hochnäsig *fam*
stud[1] [stʌd] *n* Zuchthengst *m; (farm)* Gestüt *nt*
stud[2] [stʌd] *n* ① *(jewellery)* Stecker *m* ② TECH Stift *m* ③ AM *(in tire)* Spike *m*
student ['stju:dᵊnt] *n* ① Student(in) *m(f); (pupil)* Schüler(in) *m(f);* **postgraduate ~** Habilitand(in) *m(f)* ② **to be a ~ of sth** sich mit etw *dat* befassen
student teacher *n* Referendar(in) *m(f)*
studies ['stʌdiz] *n pl* Studium *nt;* **business ~** Betriebswirtschaft *f;* **social ~** Sozialwissenschaft *f*
studio ['stju:diəʊ] *n of artist* Atelier *nt; of a photographer, musician* Studio *nt; of a firm* Filmgesellschaft *f*

S

study ['stʌdi] **I.** *vt* <-ie-> ① studieren; *(at school)* lernen ② *(examine)* **to ~ sth/sb** etw/jdn studieren, sich mit etw/jdm befassen **II.** *vi* <-ie-> lernen; *(at university)* studieren **III.** *n* ① Untersuchung *f;* *(academic)* Studie *f* ② *no pl (studying)* Lernen *nt;* *(at university)* Studieren *nt* ③ *(room)* Arbeitszimmer *nt*

stuff [stʌf] **I.** *n no pl (fam)* Zeug *nt oft pej fam;* *(possessions also)* Sachen *pl;* **his latest book is good ~** sein neues Buch ist echt gut; **that's the ~!** BRIT *(fam)* so ists richtig!; **to know one's ~** sich auskennen **II.** *vt* ① *(fam)* **to ~ sb/oneself** jdn/sich voll stopfen; **to ~ down ⊂ sth** etw in sich hineinstopfen *pej;* **to ~ one's face** sich *dat* den Bauch vollschlagen *fam* ② *esp* BRIT, AUS *(fam)* **~ it!** Scheiß drauf! *derb;* **~ him!** der kann mich mal! *derb* ③ *(push in)* stopfen ④ **to ~ animals** Tiere ausstopfen

stuffing ['stʌfɪŋ] *n no pl* Füllung *f*

stuffy ['stʌfi] *adj* spießig; *room* stickig

stumble ['stʌmbl̩] *vi* stolpern; **to ~ from one mistake to another** vom einen Fehler zum nächsten stolpern; **to ~ about** herumtappen; **to ~ across sb/sth** [zufällig] auf jdn/etw stoßen; **to ~ on sth** über etw *akk* stolpern

stump [stʌmp] **I.** *n* ① Stumpf *m;* *of arm* Armstumpf *m* ② AM POL **out on the ~** im Wahlkampf **II.** *vt* ① *(fam)* **to ~ sb** jdn verwirren ② *esp* AM POL **to ~ the country/a state** Wahlkampfreisen durch das Land/einen Staat machen

stun <-nn-> [stʌn] *vt* betäuben; *(amaze)* verblüffen; **~ned silence** fassungsloses Schweigen

stung [stʌŋ] *pp, pt of* **sting**

stunk [stʌŋk] *pt, pp of* **stink**

stunning ['stʌnɪŋ] *adj* umwerfend; *(amazing)* unfassbar

stupid ['stju:pɪd] **I.** *adj* <-er, -est *or* more stupid, most stupid> dumm; *(silly)* blöd *fam;* **don't be ~!** sei doch nicht blöd! *fam* **II.** *n (fam)* Dummkopf *m*

stupidity [stju:'pɪdəti] *n no pl* Dummheit *f*

stupidly ['stju:pɪdli, AM *esp*'stu:-] *adv* dummerweise, blöderweise *fam;* **I ~ forgot to bring a copy of my report** ich habe dummerweise vergessen, meinen Bericht mitzubringen; **he ~ refused** er war so dumm abzulehnen

stutter ['stʌtəʳ] **I.** *vi, vt* stottern **II.** *n* Stottern *nt kein pl;* **to have a bad ~** stark stottern

style [staɪl] **I.** *n* Stil *m;* **in the ~ of sb/sth** im Stil von jdm/etw; **in the Gothic ~** im gotischen Stil; **to have real ~** Klasse haben; **to travel in ~** mit allem Komfort [ver]reisen; **the latest ~** die neueste Mode **II.** *vt* entwerfen; **to ~ hair** die Haare frisieren

stylish ['staɪlɪʃ] *adj* elegant; *(smart)* flott *fam;* *(polished)* stilvoll

stylishly ['staɪlɪʃli] *adv (approv: chic)* elegant; *(smartly)* flott *fam;* *(fashionably)* modisch

stylist ['staɪlɪst] *n* **hair ~** Friseur(in) *m(f),* Friseuse *f*

stylistically [staɪ'lɪstɪkli] *adv* stilistisch

stylistics [staɪ'lɪstɪks] *n + sing vb* Stilistik *f kein pl*

sub **I.** *n (fam)* ① *short for* **substitute** Vertretung *f* ② *short for* **submarine** U-Boot *nt* ③ AM *short for* **submarine sandwich** Jumbo-Sandwich *nt* **II.** *vi* <-bb-> *short for* **substitute: to ~ for sb** jdn vertreten

subconsciously [sʌb'kɒn(t)ʃəsli] *adv* unterbewusst; *(intuitively also)* intuitiv

subject **I.** *n* ['sʌbdʒɪkt, -dʒekt] ① Thema *nt;* **to wander off the ~** vom Thema abschweifen ② *(person)* Versuchsperson *f* ③ *(field)* Fach *nt;* *(at school)* [Schul]fach *nt* ④ LING Subjekt *nt* **II.** *adj* ['sʌbdʒɪkt] ① *attr* POL *(dominated)* unterworfen ② *pred* **to be ~ to sth** etw *dat* ausgesetzt sein; **to be ~ to depression** zu Depressionen neigen ③ *(contingent on)* **~ to** wenn; **to be ~ to sth** von etw *dat* abhängig sein; **~ to**

payment vorbehaltlich einer Zahlung *gen* **III.** *vt* [səb'dʒekt] **to ~ sb to sth** jdn etw *dat* aussetzen; **to be ~ed to sth** etw ausgesetzt sein

subjective [səb'dʒektɪv] *adj* subjektiv

subjectivity [ˌsʌbdʒek'tɪvəti] *n no pl* Subjektivität *f*

submarine [ˌsʌbməri:n] **I.** *n* ❶ U-Boot *nt* ❷ AM *(sandwich)* Jumbo-Sandwich *nt* **II.** *adj* Unterwasser-

submerged [səb'mɜ:dʒd] *adj* unter Wasser *nach n; (sunken)* versunken; *(hidden)* versteckt

sub-post office [ˌsʌb'pəʊstˌɒfɪs] *n* BRIT Poststelle *f*

subscribe [səb'skraɪb] **I.** *vt* subskribieren *fachspr* **II.** *vi* ❶ **to ~ to sth** etw abonnieren ❷ *(donate)* spenden; **to ~ to an appeal** sich an einer Spendenaktion beteiligen ❸ STOCKEX **to ~ for shares** Aktien *pl* zeichnen

subscriber [səb'skraɪbəʳ] *n* Abonnent(in) *m(f); (to fund)* Spender(in) *m(f); (to opinion)* Befürworter(in) *m(f)* (**to** *+gen*)

subsequent ['sʌbsɪkwənt] *adj* anschließend; **~ to sth** im Anschluss an etw *akk*

subsequently ['sʌbsɪkwəntli] *adv* anschließend

subsidiary [səb'sɪdiəri] **I.** *adj* untergeordnet; **~ reasons** zweitrangige Gründe **II.** *n* ECON Tochtergesellschaft *f*

subsidize ['sʌbsɪdaɪz] *vt* subventionieren

subsidy ['sʌbsɪdi] *n* Subvention *f* (**to** für); **to receive a ~** subventioniert werden

subsoil ['sʌbsɔɪl] *n no pl* Untergrund *m*

substance ['sʌbstən(t)s] *n* ❶ Substanz *f;* **chemical ~** Chemikalie *f;* **illegal ~** *(form)* Droge *f* ❷ *no pl (essence)* Substanz *f* ❸ *(significance)* Gewicht *nt;* **the book lacks ~** das Buch hat keine Substanz

substandard [sʌb'stændəd] *adj* unterdurchschnittlich

substantial [səb'stæn(t)ʃəl] *adj attr* bedeutend; *fortune also* beträchtlich; *contribution* wesentlich; *difference* erheblich; *proof* hinreichend; *(weighty)* überzeugend

substitute ['sʌbstɪtju:t] **I.** *vt* ersetzen; **to ~ sb for sb** SPORTS jdn gegen jdn auswechseln **II.** *vi* als Ersatz dienen (**for** für); **to ~ for sb** jdn vertreten **III.** *n* Ersatz *m;* **there's no ~ for sth/sb** es geht nichts über etw/jdn

substitution [ˌsʌbstɪ'tju:ʃən] *n* Ersetzung *f;* SPORTS Austausch *m*

subtitle ['sʌbˌtaɪtl] **I.** *vt* untertiteln **II.** *n* **~s** *pl* Untertitel *pl*

subtle <-er, -est> ['sʌtl] *adj* subtil; *flavour* fein; *hint* klein; **~ tact** ausgeprägtes Taktgefühl

subtotal ['sʌbˌtəʊtəl] *n* Zwischensumme *f*

subtract [səb'trækt] *vt* **to ~ sth [from sth]** etw [von etw *dat*] abziehen; **four ~ed from ten equals six** zehn minus vier ergibt sechs

subtropical [sʌb'trɒpɪkəl] *adj* subtropisch; **~ regions** Subtropen *pl*

suburb ['sʌbɜ:b] *n* Vorort *m;* **the ~s** *pl* der Stadtrand

subversively [səb'vɜ:sɪvli] *adv* subversiv *geh*

subway ['sʌbweɪ] *n* ❶ BRIT, AUS *(walkway)* Unterführung *f* ❷ *esp* AM *(railway)* U-Bahn *f*

sub-zero [sʌb'zɪərəʊ] *adj* unter Null [Grad] *nach n;* **~ temperatures** Minusgrade *pl*

succeed [sək'si:d] **I.** *vi* ❶ erfolgreich sein; **to ~ in sth** mit etw *dat* Erfolg haben; **to ~ in doing sth** etw mit Erfolg tun ❷ *(follow)* nachfolgen; **to ~ to the throne** die Thronfolge antreten **II.** *vt* **to ~ sb in office** jds Amt übernehmen

success <*pl* -es> [sək'ses] *n no pl* Erfolg *m;* **to be a big ~ with sb** bei jdm einschlagen; **to make a ~ of sth** mit etw *dat* Erfolg haben

successful [sək'sesfəl] *adj* erfolgreich

succession [sək'seʃən] *n no pl* ❶ Folge *f;*

S

(series) Serie *f*; **in** [**close**] **~** [dicht] hintereinander ② *of heirs* Nachfolge *f*; **~ to the throne** Thronfolge *f*

successive [sək'sesɪv] *adj attr* aufeinanderfolgend; **six ~ weeks** sechs Wochen hintereinander

successor [sək'sesəʳ] *n* Nachfolger(in) *m(f)*; **~ in office** Amtsnachfolger(in) *m(f)*; **~ to the throne** Thronfolger(in) *m(f)*

such [sʌtʃ] **I.** *adj attr* solche(r, s); **I said no ~ thing** so etwas habe ich nie gesagt; **there's no ~ thing as ghosts** so etwas wie Geister gibt es nicht **II.** *pron* ① solche(r, s); **~ is life** so ist das Leben; **the wound was ~ that ...** die Wunde war so groß, dass ... ② **~ as ...** wie ... ③ **as ~** an [und für] sich **III.** *adv* so; **~ a thing** so etwas; **he's ~ an idiot!** er ist so ein Idiot!; **why are you in ~ a hurry?** warum bist du derart in Eile?; **~ a big city!** was für eine große Stadt!; **it's ~ a long time ago** es ist [schon] so langer her; **to be ~ a long way** [**away**] so weit weg sein; **~ that ...** so [...] dass ...

suck [sʌk] **I.** *vt* ① **to ~ sth** an etw *dat* saugen; **to ~ sweets** Bonbons lutschen; **to ~ one's thumb** [am] Daumen lutschen ② **to ~ sb/sth under** jdn/etw in die Tiefe ziehen **II.** *vi* ① saugen (**on** an +*dat*); *sweets* lutschen ② *esp* AM *(sl)* ätzend sein; **man this job ~s!** Mann, dieser Job ist echt Scheiße! **III.** *n* Saugen *nt*; *on sweets* Lutschen *nt*

S

◆ **suck in** *vt* einsaugen; *engine also* einziehen; *(import)* anziehen

◆ **suck up I.** *vt* aufsaugen **II.** *vi (fam)* **to ~ up to sb** sich bei jdm einschmeicheln

sudden ['sʌdᵊn] *adj* plötzlich; **so why the ~ change?** wieso plötzlich diese Änderung?; **it was so ~** es kam so überraschend; **to get a ~ fright** plötzlich Angst bekommen; **~ movement** abrupte Bewegung; **all of a ~** *(fam)* [ganz] plötzlich

suddenly ['sʌdᵊnli] *adv* plötzlich

sudoku ['su:dəku:] *n* Sudoku *kein art (Zahlenrätsel)*

sue [su:] **I.** *vt* verklagen (**for** auf +*akk*); **to ~ sb for divorce** gegen jdn die Scheidung einreichen **II.** *vi* klagen (**for** wegen +*gen*); **to ~ for peace** um Frieden bitten

suede [sweɪd] *n* Wildleder *nt*

suffer ['sʌfəʳ] **I.** *vi* leiden; *(deteriorate also)* Schaden erleiden; **to ~ for sth** für etw *akk* büßen; **to ~ from sth** an etw *dat* leiden, unter etw *dat* zu leiden haben; **his work ~s from it** seine Arbeit leidet darunter; **the economy ~ed from the strikes** die Streiks machten der Wirtschaft zu schaffen **II.** *vt* **to ~ sth** etw erleiden; **to ~ a breakdown** einen Zusammenbruch haben; **to ~ misfortune** Pech haben; **to ~ neglect** vernachlässigt werden

suffering ['sʌfᵊrɪŋ] *n* ① Leiden *nt* ② *no pl (distress)* Leid *nt*

sufficient [sə'fɪʃᵊnt] **I.** *adj* ausreichend; **to be ~ for sth/sb** für etw/jdn ausreichen **II.** *n* genügende Menge; **they didn't have ~ to live on** sie hatten nicht genug zum Leben

sufficiently [sə'fɪʃᵊntli] *adv* genug *nach adj*, ausreichend, genügend; **~ large** groß genug

suffocate ['sʌfəkeɪt] **I.** *vi* ersticken **II.** *vt* ersticken; *(suppress)* erdrücken

suffocating ['sʌfəkeɪtɪŋ] *adj usu attr* erstickend; *air* stickig; *atmosphere* erdrückend

suffocation [ˌsʌfə'keɪʃᵊn] *n no pl* Erstickung *f*; **to die of ~** ersticken

sugar ['ʃʊgəʳ] **I.** *n* ① *no pl* Zucker *m*; **caster ~** BRIT Streuzucker *f* ② *esp* AM Schätzchen *nt fam* **II.** *vt* zuckern; *tea* süßen

sugar bowl *n* Zuckerdose *f* **sugar-coated** *adj* verzuckert **sugar lump** *n esp* BRIT Zuckerwürfel *m*

sugary ['ʃʊgᵊri] *adj* zuckerhaltig; *(sugar-like)* zuckerig; **the cake was far too ~** der Kuchen war viel zu süß

suggest [sə'dʒest] *vt* ① **to ~ sth [to sb]** [jdm] etw vorschlagen; **to ~ doing sth** vorschlagen, etw zu tun ② *(indicate)* **to ~ sth** auf etw *akk* hinweisen ③ *(imply)* andeuten ④ **to ~ itself** sich aufdrängen; **does anything ~ itself?** fällt euch dazu etwas ein?

suggestion [sə'dʒestʃᵊn] *n* ① Vorschlag *m;* **to be always open to ~** immer ein offenes Ohr haben; **at sb's ~** auf jds Vorschlag *akk* hin ② *no pl (hint)* Andeutung *f* ③ *(indication)* Hinweis *m*

suggestively [sə'dʒestɪvli, AM *also* seg'-] *adv* ① *(evocatively)* eine suggestive Wirkung ausübend *attr* ② *(in a risqué manner)* anzüglich

suggestiveness [sə'dʒestɪvnəs] *n no pl* ① *(informativeness)* Aufschlussreiche(s) *nt* ② *(ambiguousness)* Mehrdeutige(s) *nt,* Vieldeutige(s) *nt*

suicide ['suːɪsaɪd] *n* Selbstmord *m;* **to commit ~** Selbstmord begehen

suicide bomber *n* Selbstmordattentäter(in) *m(f)* **suicide bombing** *n* Selbstmordattentat *nt*

suit [suːt] **I.** *n* ① Anzug *m;* **~ of armour** [Ritter]rüstung *f;* **bathing/diving/ski ~** Bade-/Taucher-/Skianzug *m;* **three-piece ~** Dreiteiler *m* ② CARDS Farbe *f* ③ LAW Prozess *m* **II.** *vt* **to ~ sb** ① *(please)* jdm passen; **that ~s me fine** das passt mir gut; **to ~ oneself** tun, was man will ② *(complement)* jdm stehen; **to ~ sth** zu etw *dat* passen ③ *(be right for)* jdm [gut] bekommen; **to ~ sth** sich für etw *akk* eignen **III.** *vi* angemessen sein

suitability [ˌsuːtə'bɪləti] *n no pl of an object* Tauglichkeit *f; of a person* Eignung *f; of clothes* Angemessenheit *f*

suitable ['suːtəbl̩] *adj* geeignet; *clothes* angemessen

suitcase *n* Koffer *m*

sulk [sʌlk] **I.** *vi* schmollen **II.** *n* **to be in a ~** schmollen; **to go into a ~** einschnappen *fam*

sulky ['sʌlki] *adj* beleidigt; *face* mürrisch

sullen ['sʌlən] *adj* mürrisch

sullenness ['sʌlənnəs] *n no pl* Missmutigkeit *f*

sultana [sᵊl'tɑːnə] *n* Sultanine *f*

sultriness ['sʌltrɪnəs] *n* ① METEO Schwüle *f* ② *of a woman* Erotik *f*

sultry ['sʌltri] *adj* schwül; *(sexy)* erotisch

sum [sʌm] *n* ① Betrag *m;* **five-figure ~** fünfstelliger Betrag ② *no pl (total)* Summe *f* ③ **to do ~s** rechnen

summarily ['sʌmᵊrɪli] *adv* ohne viel Federlesen; LAW summarisch, beschleunigt

summarize ['sʌmᵊraɪz] **I.** *vt* [kurz] zusammenfassen **II.** *vi* zusammenfassen; **to ~, …** kurz gesagt, …

summary ['sʌmᵊri] **I.** *n* Zusammenfassung *f; of contents* [kurze] Inhaltsangabe **II.** *adj* knapp; LAW im Schnellverfahren *nach n*

summer ['sʌməʳ] *n* Sommer *m;* **a ~'s day** ein Sommertag *m;* **in [the] ~** im Sommer

summit ['sʌmɪt] *n* Gipfel *m*

sumptuousness ['sʌm(p)tʃuəsnəs] *n no pl of a meal, dinner* Üppigkeit *f,* Opulenz *f geh;* **to be furnished with ~** luxuriös eingerichtet sein

sun [sʌn] **I.** *n* Sonne *f;* **the rising/setting ~** die aufgehende/untergehende Sonne; **to sit in the ~** in der Sonne sitzen; **to try everything under the ~** alles Mögliche versuchen **II.** *vt* **to ~ oneself** sich sonnen

sun-baked *adj* [von der Sonne] ausgedörrt **sunbathe** *vi* sonnenbaden **sunbed** *n esp* BRIT *(chair)* Liegestuhl *m; (bed)* Sonnenbank *f* **sunblind** *n* BRIT Markise *f* **sunblock** *n no pl* Sunblocker *m* **sunburn I.** *n no pl* Sonnenbrand *m;* **to get/prevent ~** einen Sonnenbrand bekommen/vermeiden **II.** *vi* <-ed *or* -burnt, -ed *or* -burnt> sich *dat* verbrennen **sunburned, sunburnt** *adj* sonnenverbrannt **suncream** *n no pl* Sonnen[schutz]creme *f*

sundae ['sʌndeɪ] *n* Eisbecher *m*

Sunday ['sʌndeɪ] *n* Sonntag *m; see also* **Tuesday**
sun deck *n* Sonnendeck *nt* **sundial** *n* Sonnenuhr *f* **sundown** *n esp* AM, AUS Sonnenuntergang *m* **sunflower** *n* Sonnenblume *f*
sung [sʌŋ] *pp of* **sing**
sunglasses *n pl* Sonnenbrille *f* **sun hat** *n* Sonnenhut *m*
sunk [sʌŋk] *pp of* **sink**
sunlamp *n* Höhensonne *f;* FILM Jupiterlampe® *f;* **to lie under the ~** unter der Höhensonne liegen **sunlight** *n no pl* Sonnenlicht *nt*
sunny ['sʌni] *adj* sonnig; **~ intervals** Aufheiterungen *pl;* **a few ~ spells** einige sonnige Abschnitte
sunrise *n* Sonnenaufgang *m* **sunroof** *n* Schiebedach *nt* **sun room, sun parlor, sun porch** *n* AM Wintergarten *m* **sunset** *n* Sonnenuntergang *m* **sunshade** *n* Sonnenschirm *m;* AM *(awning)* Markise *f* **sunshine** ['sʌnʃaɪn] *n no pl* Sonnenschein *m; (weather)* sonniges Wetter; **to bask in the ~** sich in der Sonne aalen *fam* **sunstroke** *n no pl* Sonnenstich *m* **suntan I.** *n* Sonnenbräune *f;* **deep ~** tiefe Bräune; **to get a ~** braun werden **II.** *vi* <-nn-> braun werden **suntan cream, suntan lotion** *n* Sonnencreme *f* **suntanned** *adj* sonnengebräunt **suntrap** *n* BRIT, AUS sonniges Plätzchen **sunup** *n* AM Sonnenaufgang *m*
S **super** ['su:pə] *adj* super, klasse *fam*
superb [su:'pɜ:b] *adj* hervorragend; *(impressive)* erstklassig
superbly [su:'pɜ:bli] *adv* ausgezeichnet, hervorragend
superciliously [ˌsu:pə'sɪliəsli] *adv (pej)* hochnäsig
superficial [ˌsu:pə'fɪʃəl] *adj* oberflächlich
superficially [ˌsu:pə'fɪʃəli] *adv* ① *(cursorily)* oberflächlich betrachtet, auf den ersten Blick ② *(pej: in a shallow manner)* oberflächlich *pej*
superfluous [su:'pɜ:fluəs] *adj* überflüssig
superglue I. *n* Sekundenkleber *m;* **to stick like ~ to sb** *(fig)* an jdm wie eine Klette hängen **II.** *vt* festkleben
superintendent [ˌsu:pərɪn'tendənt] *n* Aufsicht *f; of schools* Oberschulrat, -rätin *m, f;* BRIT *(police)* Hauptkommissar(in) *m(f)*
superior [su:'pɪəriəʳ] **I.** *adj* ① *officer* vorgesetzt (**to** +*dat*) ② *(better)* überlegen; **to be ~ in numbers** in der Überzahl sein **II.** *n* Vorgesetzte(r) *f(m)*
superjumbo *n* Großraumflugzeug *nt*
supermarket ['su:pəˌmɑ:kɪt] *n* Supermarkt *m;* **~ trolley** Einkaufswagen *m*
supersonic [ˌsu:pə'sɒnɪk] *adj* Überschall-
superstitious [ˌsu:pə'stɪʃəs] *adj* abergläubisch
superstore ['su:pəstɔ:ʳ] *n* Großmarkt *m*
supervisor ['su:pəvaɪzəʳ] *n* Aufsichtsbeamte(r), -beamtin *m, f; (in factory)* Vorarbeiter(in) *m(f)*
supper ['sʌpəʳ] *n* Abendessen *nt*
supplier [sə'plaɪəʳ] *n* Lieferant(in) *m(f); (company)* Lieferfirma *f*
supply [sə'plaɪ] **I.** *vt* <-ie-> ① **to ~ sth** für etw *akk* sorgen, etw bereitstellen; *(commercially)* etw liefern ② **to ~ sb** jdn versorgen; **to ~ sb with sth** jdn mit etw *dat* beliefern ③ **to ~ a demand** eine Nachfrage befriedigen **II.** *n* ① Vorrat *m* (**of** an) ② *no pl (action)* Versorgung *f;* **oil/petrol ~** Öl-/Benzinzufuhr *f* ③ ECON Angebot *nt;* **~ and demand** Angebot und Nachfrage; **to be in short ~** Mangelware sein ④ *(provisions)* **supplies** *pl* Versorgung *f kein pl;* **to cut off supplies** die Lieferungen einstellen
supply teacher *n* BRIT, AUS Aushilfslehrer(in) *m(f)*
support [sə'pɔ:t] **I.** *vt* ① stützen; **to be ~ed on/by sth** von etw *dat* gestützt werden; **to ~ oneself on sth** sich auf etw *akk* stützen ② *(provide for)* **to ~ sb** für jds *akk* Lebensunterhalt *m* aufkommen; **to ~ a family** eine Familie

unterhalten ③ *(encourage)* unterstützen; *plan* befürworten; **to ~ a sportsman/team** für einen Sportler/ein Team sein **II.** *n* ① *(prop)* Stütze *f;* ARCHIT Träger *m* ② *no pl* **to give sth ~** etw *dat* Halt geben ③ *no pl (assistance)* Unterstützung *f;* LAW Unterhalt *m; (comfort)* Stütze *f;* **to give sb moral ~** jdn moralisch unterstützen ④ COMPUT Support *m*

supporter [sə'pɔːtəʳ] *n* Anhänger(in) *m(f); of campaign* Befürworter(in) *m(f)*

supporting [sə'pɔːtɪŋ] *adj attr, inv* BRIT FILM **~ programme** Vorprogramm *nt;* **~ role** Nebenrolle *f*

supportive [sə'pɔːtɪv] *adj* **to be ~ of sb/sth** jdn/etw unterstützen

suppose [sə'pəʊz] *vt* ① **to ~ [that] …** annehmen, dass …; **I don't ~ you could …** Sie könnten mir nicht zufällig … ② *(believe)* glauben; **her new book is ~d to be very good** ihr neues Buch soll sehr gut sein ③ *(expect)* **you're ~d to be asleep** du solltest eigentlich schon schlafen ④ *(allow)* **you're not ~d to park here** Sie dürfen hier nicht parken ▶ **I ~ so** wahrscheinlich

surcharge ['sɜːtʃɑːdʒ] *n* Zuschlag *m*

sure [ʃʊəʳ] **I.** *adj* ① *pred* sicher; **to be ~ [that] …** [sich *dat*] sicher sein, dass …; **are you ~?** bist du sicher?; **I'm not really ~** ich weiß nicht so genau; **where are we ~ to have good weather?** wo werden wir aller Voraussicht nach gutes Wetter haben?; **to feel ~ [that] …** überzeugt [davon] sein, dass …; **one ~ way [of doing sth]** ein sicherer Weg [etw zu tun]; **a ~ sign of sth** ein sicheres Zeichen für etw *akk* ▶ **~ enough** tatsächlich **II.** *adv esp* AM *(fam)* echt; **I ~ am hungry!** hab ich vielleicht einen Hunger! **III.** *interj (fam)* **oh ~!** *(iron)* [aber] natürlich!

surely ['ʃɔːli, 'ʃʊə-] *adv* sicher[lich]; **~ you don't expect me to believe that!** du erwartest doch wohl nicht, dass ich dir das abnehme!; **~ not!** das darf doch wohl nicht wahr sein!

surf [sɜːf] **I.** *n* Brandung *f* **II.** *vi* surfen; *(windsurf)* windsurfen **III.** *vt* **to ~ the Internet** im Internet surfen

surface ['sɜːfɪs] **I.** *n* Oberfläche *f;* **road ~** Straßenbelag *m;* **on the ~** *(fig)* äußerlich betrachtet **II.** *vi* auftauchen **III.** *adj attr* oberflächlich; *(outward)* äußerlich; *(not underwater)* Überwasser-

surfboard ['sɜːfbɔːd] *n* Surfbrett *nt*

surfer ['sɜːfəʳ] *n,* AUS *fam* **surfie** ['sɜːfi] *n* Surfer(in) *m(f)*

surgeon ['sɜːdʒᵊn] *n* Chirurg(in) *m(f)*

surgery ['sɜːdʒᵊri] *n* ① BRIT, AUS [Arzt]praxis *f;* **~ hours** Sprech[stunden]zeiten *pl* ② *no pl (treatment)* chirurgischer Eingriff

surgically ['sɜːdʒɪkli] *adv* operativ, chirurgisch

surname ['sɜːneɪm] *n* Nachname *m*

surplus ['sɜːpləs] **I.** *n* <*pl* -es> Überschuss *m* (**of** an) **II.** *adj* überschüssig

surprise [sə'praɪz] **I.** *n* Überraschung *f;* **~! ~!** *(fam)* Überraschung!; **to take sb by ~** jdn überraschen; **to sb's [great] ~** zu jds [großem] Erstaunen **II.** *vt* überraschen; **well, you do ~ me** nun, das erstaunt mich!; **to ~ sb doing sth** jdn bei etw *dat* ertappen **III.** *adj attr* unerwartet

surprised [sə'praɪzd] *adj* überrascht, erstaunt (**at** über); **I wouldn't be ~ if …** es würde mich nicht wundern, wenn …

surprising [sə'praɪzɪŋ] *adj* überraschend

surprisingly [sə'praɪzɪŋli] *adv* erstaunlich; *(unexpectedly)* überraschenderweise

surrender [sᵊr'endəʳ] **I.** *vi* aufgeben; *troops also* kapitulieren; **to ~ to sb** sich jdm ergeben; **to ~ to temptation** der Versuchung erliegen **II.** *vt (form)* ① **to ~ sth [to sb]** [jdm] etw übergeben; **to ~ a claim** auf einen Anspruch verzichten; **to ~ weapons** Waffen abgeben ② **to ~ oneself to sth** sich etw *dat* überlassen **III.** *n no pl* Kapitulation *f* (**to** vor)

surround [sə'raʊnd] **I.** *vt* umgeben; *(encircle)* einkreisen; MIL umstellen; **to ~ oneself with sb** sich mit jdm umgeben **II.** *n esp* BRIT Rahmen *m; (area)* Umrahmung *f*

surrounding [sə'raʊndɪŋ] *adj attr* umgebend; **~ area** Umgebung *f*; **the ~ buildings** die umliegenden Gebäude

surroundings [sə'raʊndɪŋz] *n pl* Umgebung *f*

survey **I.** *vt* [sə'veɪ] befragen; *(look at)* betrachten; *(map out)* vermessen; BRIT *house* begutachten **II.** *n* ['sɜːveɪ] Untersuchung *f*; *(research)* Studie *f*; *(overview)* Übersicht *f*; **local/nationwide ~** örtliche/landesweite Umfrage

survival [sə'vaɪvᵊl] *n no pl* Überleben *nt*; **chance of ~** Überlebenschance *f*; ▶ **the ~ of the fittest** das Überleben des Stärkeren

survive [sə'vaɪv] **I.** *vi* ❶ überleben; **to ~ on sth** sich mit etw *dat* am Leben halten ❷ *(fig)* erhalten bleiben; *monument* überdauern; *tradition* fortbestehen **II.** *vt* überleben

survivor [sə'vaɪvəʳ] *n* Überlebende(r) *f(m)*

suspect **I.** *vt* [sə'spekt] ❶ vermuten; **I ~ed as much** das habe ich mir gedacht ❷ *(in crime)* verdächtigen; **to be ~ed of sth** einer S. *gen* verdächtigt werden **II.** *n* ['sʌspekt] Verdächtige(r) *f(m)*; *(fig)* Verursacher(in) *m(f)* **III.** *adj* ['sʌspekt] ❶ *usu attr* verdächtig ❷ *(defective)* zweifelhaft

S

suspected [sə'spektɪd] *adj attr* ❶ *(under suspicion)* verdächtigt; **~ terrorists** mutmaßliche Terroristen ❷ MED **he has a ~ broken leg** es besteht bei ihm der Verdacht auf einen Beinbruch

suspender [sə'spendəʳ] *n* ❶ **~ [belt]** Strumpfbandhalter *m* ❷ AM *(braces)* **~s** *pl* Hosenträger *pl*

suspense [sə'spen(t)s] *n no pl* Spannung *f*; **to keep sb in ~** jdn im Ungewissen lassen

suspension [sə'spen(t)ʃᵊn] *n* ❶ *no pl* [zeitweilige] Einstellung ❷ *(from school)* Suspendierung *f*; SPORTS Sperrung *f* ❸ AUTO Federung *f*

suspension bridge *n* Hängebrücke *f*

suspicion [sə'spɪʃᵊn] *n* Verdacht *m*; **to be above ~** über jeglichen Verdacht erhaben sein; **to be under ~** unter Verdacht stehen

suspicious [sə'spɪʃəs] *adj* verdächtig; *(distrustful)* misstrauisch; **to be ~ of sth** einer S. *dat* gegenüber skeptisch sein

suspiciously [sə'spɪʃəsli] *adv* ❶ *(so as to cause suspicion)* verdächtig; **to act ~** sich verdächtig benehmen ❷ *(mistrustfully) look, ask* misstrauisch, argwöhnisch

sustain [sə'steɪn] *vt* ❶ *(form)* **to ~ damage** Schaden erleiden; *object* beschädigt werden ❷ *(maintain)* aufrechterhalten

sustainability [səˌsteɪnə'bɪləti] *n no pl* Nachhaltigkeit *f*

sustainable [sə'steɪnəbḷ] *adj* ❶ haltbar; *argument* stichhaltig; **sth is ~** etw kann aufrechterhalten werden ❷ ECOL erhaltbar; *resources* erneuerbar

sustained [sə'steɪnd] *adj* anhaltend; *(determined)* nachdrücklich; **to make a ~ effort to do sth** entschieden an etw *akk* herangehen

sustaining [sə'steɪnɪŋ] *adj* nahrhaft; *meal* kräftig

SUV *n abbrev of* **sport utility verhicle** Geländewagen *m*

swab [swɒb] *n* Tupfer *m*; *(sample)* Abstrich *m*

swallow¹ ['swɒləʊ] *n* Schwalbe *f*

swallow² ['swɒləʊ] **I.** *n* Schlucken *nt kein pl*; *(quantity)* Schluck *m* **II.** *vt* [hinunter]schlucken; *(greedily)* verschlingen; *(suppress)* hinunterschlucken; **to ~ one's pride** seinen Stolz überwinden; **to ~ [up] ↻ sb/sth** *(fig)* jdn/etw verschlingen **III.** *vi* schlucken

swam [swæm] *pt of* **swim**

swamp [swɒmp] **I.** *vt* überschwemmen;

boat voll laufen lassen; **I'm ~ed with work at the moment** im Moment ersticke ich in Arbeit **II.** *n* Sumpf *m*

swan [swɒn] **I.** *n* Schwan *m* **II.** *vi* <-nn-> BRIT, AUS *(fam)* **to ~ about** herumtrödeln; **to ~ down the street** die Straße hinunterschlendern; **to ~ into the room** ins Zimmer spaziert kommen; **to ~ off** abziehen

swap [swɒp] **I.** *n* Tausch *m; (interchange)* Austausch *m; (deal)* Tauschhandel *m* **II.** *vt, vi* <-pp-> tauschen; **to ~ sth for sth** etw gegen etw *akk* eintauschen; **to ~ with sb** mit jdm tauschen

swarm [swɔːm] **I.** *n* + *sing/pl vb* Schwarm *m; (of people)* Schar *f* **II.** *vi* schwärmen

sway [sweɪ] **I.** *vi* schwanken; *trees* sich wiegen; **to ~ from side to side** hin und her schwanken **II.** *vt* ❶ schwenken; *wind* wiegen ❷ *usu passive* **to be ~ed by sb/sth** sich von jdm/etw beeinflussen lassen

swear <swore, sworn> [sweəʳ] **I.** *vi* fluchen (**at** auf); *(promise)* schwören **II.** *vt* schwören; **to ~ an oath** einen Eid leisten

swear word *n* Fluch *m*

sweat [swet] **I.** *n no pl* Schweiß *m;* **to work oneself into a ~ [about sth]** *(fig fam)* sich [wegen einer S. *gen*] verrückt machen *fam* **II.** *vi* schwitzen (**with** vor) **III.** *vt* ▶ **to ~ blood** Blut [und Wasser] schwitzen *fam*

sweater ['swetəʳ] *n* Sweater *m*

sweatshirt *n* Sweatshirt *nt*

sweaty ['sweti] *adj* verschwitzt; *work* schweißtreibend

swede [swiːd] *n* BRIT, AUS Kohlrübe *f*

Swede [swiːd] *n* Schwede, Schwedin *m, f*

Sweden ['swiːdᵊn] *n no pl* Schweden *nt*

Swedish ['swiːdɪʃ] **I.** *n no pl* Schwedisch *nt* **II.** *adj* schwedisch

sweep [swiːp] **I.** *n* ❶ *no pl* Kehren *nt* ❷ *(hist: sweeper)* Schornsteinfeger(in) *m(f)* ❸ *(range)* Reichweite *f* **II.** *vt, vi* <swept, swept> kehren; **he swept me into his arms** er schloss mich in seine Arme; **a 1970s fashion revival is ~ing Europe** ein Modetrend wie in den 70ern rollt derzeit über Europa hinweg ▶ **to ~ sb off his/her feet** jdm den Kopf verdrehen *fam*

◆ **sweep away** *vt* [hin]wegfegen; *flood* fortspülen

◆ **sweep down I.** *vt* **to ~ down ⟲ sth** etw mitreißen **II.** *vi* **the mountains ~ down to the sea** die Berge fallen zum Meer hin ab

◆ **sweep off** *vt* **to ~ sb/sth off** sich *dat* jdn schnappen *fam;* **to ~ sb off his/her feet** jdn mitreißen; *(fig)* jdn begeistern

◆ **sweep out I.** *vt* auskehren **II.** *vi* hinausstürmen

◆ **sweep up I.** *vt* zusammenkehren **II.** *vi* heranrauschen

sweeper ['swiːpəʳ] *n* Kehrmaschine *f; (person)* [Straßen]feger(in) *m(f);* FBALL Libero *m*

sweet [swiːt] **I.** *adj* süß; *(endearing also)* niedlich; *wine* lieblich; *(pleasant)* angenehm **II.** *n* ❶ *esp* BRIT, AUS Süßigkeit *f meist pl; (dessert)* Nachspeise *f;* **boiled ~** Bonbon *nt* ❷ *(fam: address)* Schatz *m*

sweet-and-sour *adj* süßsauer **sweet chestnut** *n* Esskastanie *f* **sweetcorn** *n no pl* [Zucker]mais *m*

sweeten ['swiːtᵊn] *vt* süßen; **to ~ [up] ⟲ sb** jdn günstig stimmen

sweetener ['swiːtᵊnəʳ] *n no pl* Süßstoff *m*

sweetheart *n* Liebling *m; (liter: lover)* Freund(in) *m(f)*

sweetly ['swiːtli] *adv* süß; **to sing ~** schön singen; **to smile ~** nett lächeln

sweet-talk *vt* **to ~ sb** jdn einwickeln *fam;* **to ~ sb into doing sth** jdn beschwatzen, etw zu tun **sweet tooth** *n* **to have a ~** gerne Süßigkeiten essen

swell <swelled, swollen> [swel] **I.** *vt* anwachsen lassen; *rain* anschwellen lassen; *prices* [an]steigen lassen **II.** *vi* **to**

S

~ [**up**] anschwellen; *price* zunehmen; *population* ansteigen

swelling ['swelɪŋ] *n* Schwellung *f*

sweltering ['sweltᵊrɪŋ] *adj* drückend heiß; *heat* schwül

swept [swept] *pt of* **sweep**

swerve [swɜːv] **I.** *vi* [plötzlich] ausweichen; *horse* seitlich ausbrechen; *car* ausscheren **II.** *n* plötzliche Seitenbewegung; *(fig)* Abweichung *f;* POL Richtungswechsel *m*

swift[1] [swɪft] *adj* schnell

swift[2] [swɪft] *n* Mauersegler *m*

swiftly ['swɪftli] *adv* schnell

swig [swɪg] *(fam)* **I.** *vt* <-gg-> schlucken **II.** *n* Schluck *m*

swim [swɪm] **I.** *vi* <-mm-, swam *or* AUS *a.* swum, swum> schwimmen; **to go ~ming** schwimmen gehen **II.** *vt* <-mm-, swam *or* AUS *a.* swum, swum> **to ~ a river/channel** einen Fluss/Kanal durchschwimmen; **to ~ a few strokes** ein paar Züge schwimmen **III.** *n* Schwimmen *nt kein pl;* **to go for/have a ~** schwimmen gehen/schwimmen

swimmer ['swɪməʳ] *n* ❶ Schwimmer(in) *m(f)* ❷ AUS *(fam: clothes)* **~s** *pl* Schwimmsachen *pl*

swimming ['swɪmɪŋ] *n no pl* Schwimmen *nt*

swimming baths *n pl* BRIT Schwimmbad *nt* **swimming cap** *n* Badekappe *f* **swimming costume** *n* BRIT, AUS Badeanzug *m* **swimming pool** *n* Schwimmbecken *nt; (private)* Swimmingpool *m; (public)* Schwimmbad *nt;* **indoor/outdoor ~** Hallen-/Freibad *nt* **swimming trunks** *n pl* Badehose *f*

swimsuit *n esp* AM Badeanzug *m*

swindle ['swɪndl̩] **I.** *vt* betrügen (**out of** um +*akk*) **II.** *n* Betrug *m*

swine [swaɪn] *n* ❶ <*pl* - *or* -s> *(fam: person)* Schwein *nt* ❷ <*pl* -> *(liter: pig)* Schwein *nt*

swing [swɪŋ] **I.** *n* ❶ Schwingen *nt kein pl* ❷ *(seat)* Schaukel *f* ❸ *(change)* Schwankung *f;* POL Umschwung *m* ❹ *no pl* MUS Swing *m;* ▸ **to be in full ~** voll im Gang sein **II.** *vi* <swung, swung> ❶ [hin und her] schwingen; *(circularly)* sich drehen; *(in playground)* schaukeln ❷ *hitter* zum Schlag ausholen; **to ~ at sb** nach jdm schlagen ❸ *(alternate)* schwanken **III.** *vt* <swung, swung> ❶ [hin- und her]schwingen; *child* schaukeln ❷ *(fam)* **to ~ it** es deichseln; **to ~ an election** eine Wahl herumreißen **IV.** *adj voter, state* entscheidend

◆ **swing around, swing round I.** *vi* sich schnell umdrehen; *(in surprise, fright)* herumfahren; **she swung around the corner at full speed** sie kam mit vollem Tempo um die Ecke geschossen **II.** *vt* **to ~ sth around** etw [her]umdrehen; **to ~ a conversation around to sth** ein Gespräch auf etw *akk* bringen

swing door *n* BRIT, AUS Schwingtür *f*

Swiss [swɪs] **I.** *adj* schweizerisch **II.** *n* <*pl* -> Schweizer(in) *m(f)*

switch [swɪtʃ] **I.** *n* <*pl* -es> ❶ Schalter *m;* **to flick a ~** einen Schalter an-/ausknipsen ❷ *(substitution)* Wechsel *m* ❸ AM RAIL *(points)* Weiche *f* **II.** *vi* tauschen **III.** *vt* ❶ *(adjust)* umschalten ❷ *(change)* wechseln ❸ *(substitute)* auswechseln

◆ **switch off** *vt, vi* ausschalten; *(fig)* abschalten *fam*

◆ **switch on** *vt, vi* einschalten; *TV* anmachen; **to ~ on the charm** seinen ganzen Charme aufbieten

◆ **switch over** *vi* wechseln (**to** zu); TV umschalten (**to** auf)

◆ **switch round** *vt* umstellen

Switzerland ['swɪtsᵊlənd] *n* die Schweiz

swivel chair *n* Drehstuhl *m*

swollen ['swəʊlən] **I.** *pp of* **swell** **II.** *adj* geschwollen; *face* aufgequollen; *(larger)* angeschwollen

swop <-pp-> [swɒp] *vt, vi esp* BRIT, CAN *see* **swap**

sword [sɔːd] *n* Schwert *nt*

swore [swɔːʳ] *pt of* **swear**

sworn [swɔːʳn] **I.** *pp of* **swear** **II.** *adj*

attr beschworen; ~ **enemy** Todfeind(in) *m(f)*

swot <-tt-> [swɒt] BRIT, AUS *(fam)* **I.** *vt, vi* büffeln **II.** *n (pej)* Streber(in) *m(f)*

swum [swʌm] *pp, a. Aus pt of* **swim**

swung [swʌŋ] *pt, pp of* **swing**

symbol ['sɪmbᵊl] *n* Symbol *nt*

symbolic [sɪm'bɒlɪk] *adj* symbolisch; ~ **gesture** symbolische Geste

symbolically [sɪm'bɒlɪkli] *adv* symbolisch

symbolize ['sɪmbᵊlaɪz] *vt* symbolisieren

symmetrically [sɪ'metrɪkᵊli] *adv* symmetrisch

sympathetic [ˌsɪmpə'θetɪk] *adj* verständnisvoll; *(likeable)* sympathisch; *(sympathizing)* mitfühlend; **to be ~ about sth** für etw *akk* Verständnis haben

Übersetzungstipp

Nicht verwechseln mit *sympathisch – nice, appealing!*

sympathetically [ˌsɪmpə'θetɪkᵊli] *adv (understanding)* verständnisvoll; *(sympathizing)* teilnahmsvoll

sympathize ['sɪmpəθaɪz] *vi* Verständnis haben; *(pity)* Mitleid haben; *(agree)* sympathisieren

sympathy ['sɪmpəθi] *n* ❶ *no pl* Mitleid *nt* (**for** mit); *(commiseration)* Mitgefühl *nt* ❷ **sympathies** *pl* Beileid *nt kein pl*

symphony ['sɪm(p)fəni] *n* Sinfonie *f*; ~ **orchestra** Sinfonieorchester *nt*

symptom ['sɪm(p)təm] *n* Symptom *nt*; *(fig a.)* [An]zeichen *nt*

synagogue ['sɪnəgɒg] *n* Synagoge *f*

synchronization [ˌsɪŋkrənaɪzeɪʃᵊn] *n no pl* ❶ *(state)* Synchronisation *f*, Übereinstimmung *f*; **to be in ~** völlig synchron sein in völliger Übereinstimmung sein ❷ *(process)* Synchronisation *f*, zeitliches Zusammentreffen

synchronize ['sɪŋkrənaɪz] **I.** *vt* aufeinander abstimmen **II.** *vi* zeitlich zusammenfallen

synthetic [sɪn'θetɪk] **I.** *adj* künstlich; ~ **fibre** Kunstfaser *f* **II.** *n* synthetischer Stoff

syringe [sɪ'rɪnʤ] *n* Spritze *f*

syrup ['sɪrəp] *n no pl* Sirup *m*

system ['sɪstəm] *n* System *nt*

systematic [ˌsɪstə'mæɪk] *adj* systematisch

systematically [ˌsɪstə'mætɪkᵊli] *adv* systematisch

Tt

T <*pl* -'s>, **t** <*pl* -'s> [tiː] *n* T *nt*, t *nt*; *see also* **A 1** ▸ **that fits him to a ~** *(fam)* das passt ihm wie angegossen; **that's Philip to a ~** das ist Philip, wie er leibt und lebt

t *n abbrev of* **metric ton** t

ta [tɑː] *interj* BRIT *(fam: thanks)* danke

tab [tæb] *n* ① *(flap)* Lasche *f*; *(on file)* [Kartei]reiter *m* ② COMPUT *(index card)* Registerkarte *f*; *(key)* Schreibschutz *m* ③ AM *(ring pull)* Dosenring *m* ⑤ **to keep ~s on sth/sb** etw/jdn [genau] im Auge behalten

table ['teɪbl̩] *n* ① Tisch *m*; **to lay the ~** den Tisch decken ② *(information)* Tabelle *f*; ▸ **to turn the ~s on sb** jdm gegenüber den Spieß umdrehen *fam*

tablecloth *n* Tischtuch *nt* **tablespoon** *n (for measuring)* Esslöffel *m*; *(for serving)* Servierlöffel *m*

tablet ['tæblət] *n* ① *(pill)* Tablette *f* ② *(flat slab)* Block *m*; **~ of soap** BRIT Stück *nt* Seife ③ *(writing pad)* Notizblock *m*

> **Übersetzungstipp**
> Nicht verwechseln mit *Tablett* – *tray!*

table tennis *n no pl* Tischtennis *nt*

Tablet PC *n* COMPUT Tablet-PC *m*

tabloid ['tæblɔɪd] *n* Boulevardzeitung *f*

tachometer [tæk'ɒmɪtəʳ] *n* Tachometer *m*, Tacho *m fam*

tacitly ['tæsɪtli] *adv* stillschweigend

tack [tæk] **I.** *n* ① *(nail)* kurzer Nagel; *(pin)* Reißzwecke *f* ② *no pl (riding gear)* Sattel- und Zaumzeug *nt* **II.** *vt* ① *(nail down)* festnageln ② *hem* heften **III.** *vi* NAUT wenden

tackle ['tækl̩] **I.** *n no pl* ① *(gear)* Ausrüstung *f*; NAUT Tauwerk *nt* ② *(lifting device)* Winde *f*; **block and ~** Flaschenzug *m* **II.** *vt* ① *problem* angehen ② SPORTS **to ~ sb** jdn angreifen

tacky¹ ['tæki] *adj (sticky)* klebrig

tacky² ['tæki] *adj esp* AM *(pej fam: in bad taste)* billig

tactful ['tæktfᵊl] *adj* taktvoll

tactic ['tæktɪk] *n (strategy)* Taktik *f*; **delaying ~s** Verzögerungstaktik *f*

tactical ['tæktɪkᵊl] *adj a.* MIL, POL taktisch

tactically ['tæktɪkᵊli] *adv* taktisch; **to vote ~** POL taktisch wählen eine Wahltaktik verfolgen

tactless ['tæktləs] *adj* taktlos

tadpole ['tædpəʊl] *n* Kaulquappe *f*

tag [tæg] **I.** *n* ① *(label)* Schild[chen] *nt*; *(on food, clothes)* Etikett *nt* ② *no pl (children's game)* Fangen *nt* **II.** *vt* <-gg-> *(label)* mit einem Schild versehen; *suitcase* mit Anhänger versehen
◆ **tag along** *vi (fam)* hinterherlaufen

tagliatelle [ˌtæljə'teli] *n no pl* Tagliatelle *pl*

tail [teɪl] *n* ① *(of animal)* Schwanz *m*; *of horse also* Schweif *m geh*; **to wag one's ~** mit dem Schwanz wedeln ② *of aeroplane* Rumpfende *nt*; *of car* Heck *nt* ③ *(reverse of coin)* **heads or ~s?** Kopf oder Zahl? ▸ **to keep on sb's ~** jdm auf den Fersen bleiben
◆ **tail back** *vi* BRIT sich stauen

tailback *n* BRIT [Rück]stau *m* **tail light** *n* Rücklicht *nt*

tailor ['teɪləʳ] **I.** *n* Schneider(in) *m(f)* **II.** *vt* ① *(make clothes)* [nach Maß] schneidern ② *(modify) to sb's needs* abstimmen

tailor-made *adj* maßgeschneidert; **to have sth ~** [sich *dat*] etw [maß]schneidern lassen

take [teɪk] **I.** *n* ① *no pl (money received)* Einnahmen *pl* ② *(filming of a scene)* Take *m o nt* **II.** *vt* <took, tak-

en> ① nehmen; *(accept) advice, bet, offer* annehmen; *(receive)* erhalten, bekommen; **to ~ sth badly** etw schlecht aufnehmen; **to ~ offence** beleidigt sein; **to ~ sth seriously** etw ernst nehmen ② *(tolerate)* ertragen; **to be able to ~ a joke** einen Spaß verstehen ③ *(require)* erfordern; **I ~ [a] size five** ich habe Schuhgröße fünf ④ *(travel by)* nehmen; **to ~ the train** mit dem Zug fahren ⑤ *(consume) medicine* einnehmen ⑥ *(have)* **to ~ a walk** einen Spaziergang machen ⑦ *(write)* **to ~ an exam** eine Prüfung ablegen; **to ~ notes** sich *dat* Notizen machen ⑧ *(for example)* **~ last week, ...** letzte Woche zum Beispiel ... ⑨ *(understand)* **I ~ it [that] ...** ich nehme an, [dass] ...; **to ~ sb's point** jds Standpunkt verstehen; **point ~n** [habe] verstanden ▸**to ~ sb by surprise** jdn überraschen; **what do you ~ me for?** wofür hältst du mich?

◆**take after** *vi* **to ~ after sb** nach jdm kommen

◆**take along** *vt* mitnehmen

◆**take apart** *vt* auseinandernehmen

◆**take away** *vt* wegnehmen; **to ~ away ⇄ sb** jdn mitnehmen

◆**take back** *vt* ① *(retract) remark* zurücknehmen ② *(return)* [wieder] zurückbringen; **to ~ sb back [home]** jdn nach Hause bringen

◆**take down** *vt* ① *(write down)* [sich *dat*] notieren; **to ~ down notes** sich *dat* Notizen machen ② *(remove)* abnehmen ③ *(disassemble)* abschlagen

◆**take in** *vt* ① *(bring inside) person* hineinführen; *sth* hineinbringen ② *(accommodate)* aufnehmen; **to ~ in lodgers** Zimmer vermieten ③ *(deceive)* hereinlegen; **to be ~n in [by sb/sth]** sich [von jdm/etw] täuschen lassen

◆**take off I.** *vt* ① *(remove)* abnehmen; *clothes* ausziehen; *coat also* ablegen; *hat* absetzen; **to ~ sth off sb** *(fam)* jdm etw wegnehmen ② *(not work)* **to ~ time off [work]** [sich *dat*] freinehmen **II.** *vi* ① *aeroplane* abheben ② *(fam: leave)* verschwinden

◆**take on** *vt* ① *responsibility* auf sich *akk* nehmen ② *colour, expression* annehmen ③ *workers, staff* einstellen ④ *goods, a load* laden

◆**take out** *vt* ① herausnehmen; *(bring outside)* hinausbringen; **to ~ out the rubbish** den Müll hinausbringen ② AM FOOD *(take away)* mitnehmen ③ *(deduct)* herausnehmen; **to ~ time out** sich *dat* eine Auszeit nehmen

◆**take over I.** *vt* übernehmen; *(fig)* in Beschlag nehmen **II.** *vi (assume responsibility)* **to ~ over [from sb]** jdn ablösen

◆**take to** *vi* ① *(start to like)* **to ~ to sb** an jdm Gefallen finden ② *(begin as a habit)* anfangen; **to ~ to drugs** anfangen Drogen zu nehmen ③ *(go to)* **to ~ to the hills** in die Berge flüchten

◆**take up** *vt* ① *(bring up)* hinaufbringen; *(pick up)* aufheben; **to ~ up arms against sb** die Waffen gegen jdn erheben ② *(start doing)* anfangen; **to ~ up fishing** anfangen zu angeln ③ *(start to discuss)* **to ~ sth up with sb** etw mit jdm erörtern ④ *(accept) challenge, offer* annehmen

takeaway *n* BRIT, AUS ① Imbissbude *f* ② *(food)* Essen *nt* zum Mitnehmen

taken ['teɪkᵊn] **I.** *pp of* **take II.** *adj pred* begeistert; **to be ~ with sb** von jdm angetan sein

take-off *n* ① AVIAT Start *m;* **to be ready for ~** startklar sein ② BRIT, AUS *(imitation)* Parodie *f* (**of** auf) **take-out** *n* AM *see* **takeaway** **takeover** *n* Übernahme *f*

takings ['teɪkɪŋz] *n pl* Einnahmen *pl*

tale [teɪl] *n* ① *(story)* Geschichte *f;* LIT Erzählung *f;* **fairy ~** Märchen *nt* ② *(lie)* Märchen *nt;* ▸**to live to tell the ~** *(a. hum fam)* überleben

talent ['tælənt] *n* ① *(natural ability)* Talent *nt,* Begabung *f;* **of great ~** sehr ta-

lentiert ❷ *no pl (talented person)* Talente *pl;* **new ~** neue Talente
talented ['tæləntɪd] *adj* begabt
Taliban ['tælibæn] *n* Taliban *f*
talk [tɔːk] **I.** *n* ❶ *(discussion)* Gespräch *nt; (conversation)* Unterhaltung *f;* **to have a ~ with sb** mit jdm reden; **heart-to-heart ~** offene Aussprache ❷ *(lecture)* Vortrag *m* ❸ *(formal discussions)* **~s** *pl* Gespräche *pl;* **peace ~s** Friedensverhandlungen *pl* **II.** *vi (speak)* sprechen, reden (**about** über/**to/with** mit); **to ~ to sb on the phone** mit jdm telefonieren; **to ~ to oneself** Selbstgespräche führen **III.** *vt (fam: discuss)* **to ~ business** über Geschäfte sprechen ▸ **to ~ nonsense** *(pej)* Unsinn reden
◆ **talk back** *vi* eine freche Antwort geben
◆ **talk out** *vt* ❶ *(discuss thoroughly)* **to ~ out** ↻ **sth** etw ausdiskutieren ❷ *(be persuasive)* **to ~ one's way out of sth** sich aus etw *dat* herausreden ❸ *(convince not to)* **to ~ sb out of sth** jdm etw ausreden
◆ **talk over** *vt* durchsprechen
◆ **talk through** *vt* durchsprechen; *(reassure with talk)* **to ~ sb through sth** jdm bei etw *dat* gut zureden
talkative ['tɔːkətɪv] *adj* gesprächig, redselig
talkativeness ['tɔːkətɪvnəs] *n* Gesprächigkeit *f,* Redseligkeit *f*
talking point *n* ❶ *(topic)* Gesprächsthema *nt* ❷ *(fig: feature)* wesentlicher Vorzug
talking-to *n (pej)* Standpauke *f fam;* **to give sb a [good] ~** jdm eine [ordentliche] Standpauke halten
talks [tɔːks, AM *esp*'tɑːks] *n pl* Gespräche *pl,* Verhandlungen *pl;* **to hold ~** Verhandlungen führen; **to take part in ~** an Gesprächen teilnehmen
talk show *n* TV Talkshow *f* **talk time** *n* Sprechzeit *f*
tall [tɔːl] *adj* ❶ *building, fence, grass* hoch; *person* groß; **to be six feet ~** 1,83 m groß sein ❷ *(long) rod, stalk* lang ▸ **~ story** unglaubliche Geschichte

> **tall / high**
> **Tall** wird besonders für Personen, Bäume, mehrstöckige Gebäude und schmale, aufragende Gegenstände verwendet: *Tim is tall. He's drinking lemonade out of a tall glass.*
> In allen anderen Kontexten wird **high** verwendet: *a high wall/ mountain* .

Talmud ['tælmʊd] *n* REL Talmud *m*
tame [teɪm] **I.** *adj* ❶ *animal* zahm; *child* folgsam ❷ *book, joke* lahm **II.** *vt (a. fig) person, river, animal* zähmen, bändigen
tamper ['tæmpəʳ] *vi* **to ~ with sth** an etw *dat* herummachen *fam*
tampon ['tæmpɒn] *n* Tampon *m*
tan [tæn] **I.** *vi* <-nn-> braun werden **II.** *vt* <-nn-> ❶ *skin* bräunen ❷ CHEM *hides, leather* gerben **III.** *n* ❶ *(skin)* [Sonnen]bräune *f;* **to get a ~** braun werden ❷ *(light brown)* Gelbbraun *nt* **IV.** *adj clothing, shoes* gelbbraun
tandem ['tændəm] **I.** *n (bicycle)* Tandem *nt; (carriage)* [Wagen]gespann *nt* **II.** *adv* **to ride ~** Tandem fahren
tangent ['tændʒənt] *n* MATH Tangente *f fachspr* ▸ **to fly off on a ~** [plötzlich] das Thema wechseln
tangerine [ˌtændʒər'iːn] *n* Mandarine *f*
tangle ['tæŋgl̩] **I.** *n* ❶ *(a. fig, pej: mass) of hair, wool* [wirres] Knäuel ❷ *(a. fig, pej: confusion)* Durcheinander *nt;* **to get into a ~** sich verfangen **II.** *vt (a. fig, pej)* durcheinanderbringen; *threads* verwickeln
tangled ['tæŋgl̩d] *adj wool* verfilzt; *cord, threads, wires* verwickelt; *affair* verworren; *hair* zerzaust; *undergrowth* dicht
tank [tæŋk] *n* ❶ *for liquid* [Flüssigkeits]behälter *m; for gas, oil* Tank *m;*

fish ~ Aquarium *nt* ❷ MIL Panzer *m*
tanker [ˈtæŋkəʳ] *n* ❶ NAUT Tanker *m;* **oil** ~ Öltanker *m* ❷ AVIAT Tankflugzeug *nt*
tanned [tænd] *adj* ❶ *skin* braun [gebrannt] ❷ *hides, leather* gegerbt
tantalizing [ˈtæntəlaɪzɪŋ] *adj* verlockend; *smile* verführerisch
tantrum [ˈtæntrəm] *n* Wutanfall *m;* **to throw a** ~ einen Wutanfall bekommen
tap[1] [tæp] **I.** *n* ❶ BRIT Wasserhahn *m;* **to turn the** ~ **on** den Hahn aufdrehen ❷ *(outlet)* Hahn *m;* **beer on** ~ Bier *nt* vom Fass; **to be on** ~ *(fig)* [sofort] verfügbar sein **II.** *vt* <-pp-> ❶ TELEC *conversation* abhören ❷ *energy, sources* erschließen
tap[2] [tæp] **I.** *n* ❶ [leichter] Schlag ❷ *(tap-dancing)* Stepp[tanz] *m* **II.** *adj attr* Stepp- **III.** *vt* <-pp-> *door, window* [leicht] klopfen (an/gegen); **to** ~ **sb on the shoulder** jdm auf die Schulter tippen
tap dance *n* Stepptanz *m*
tape [teɪp] **I.** *n* ❶ *(strip)* Band *nt;* SPORTS *(for marking)* Zielband *nt; (for measuring)* Maßband *nt;* **sticky** ~ BRIT, AUS Klebeband *nt* ❷ *(spool) for recording* [Ton-/Magnet]band *nt;* **audio** ~ Audiokassette *f* **II.** *vt* ❶ *(kleben)* **she ~d a note to the door** sie heftete eine Nachricht an die Tür ❷ *(record)* aufnehmen
tape-deck *n* Tapedeck *nt*
tape measure *n* Maßband *nt*
tape recorder *n* Tonbandgerät *nt*
tar [tɑːʳ] **I.** *n no pl* Teer *m,* Asphalt *m* **II.** *vt* <-rr-> *road* teeren
target [ˈtɑːgɪt] **I.** *n* ❶ Ziel *nt;* **to hit the** ~ ins Schwarze treffen ❷ ECON *(goal)* Zielsetzung *f,* [Plan]ziel *nt* **II.** *vt* <BRIT -tt-> *(address, direct)* [ab]zielen (auf), sich richten (an)
tariff [ˈtærɪf] *n* ❶ *(form: table of charges)* Preisliste *f; of insurance* [Versicherungs]tarif *m* ❷ *(table of customs)* Zolltarif *m*
tarmac® [ˈtɑːmæk] **I.** *n no pl* BRIT *(paving material)* Asphalt *m;* **the** ~ *(road)* die Fahrbahn **II.** *vt* <-ck-> BRIT asphaltieren
tarnish [ˈtɑːnɪʃ] **I.** *vi* ❶ *(dull)* stumpf werden ❷ *(fig, pej: lose shine)* an Glanz verlieren **II.** *vt* *(dull)* trüben **III.** *n* ❶ *(dull condition)* Stumpfheit *f* ❷ *(coating)* Belag *m*
tarpaulin [tɑːˈpɔːlɪn] *n no pl (fabric)* [wasserdichtes] geteertes Leinwandgewebe
tart[1] [tɑːt] **I.** *n* ❶ *(small pastry)* [Obst]törtchen *nt* ❷ BRIT *(cake)* [Obst]torte *f;* **custard** ~ Vanillecremetorte *f* **II.** *adj (sharp) sauce, soup* scharf
tart[2] [tɑːt] *n (usu pej fam: loose female)* Schlampe *f*
◆ **tart up** *vt esp* BRIT *(pej fam)* **to** ~ **oneself up** sich aufdonnern
tartan [ˈtɑːtən] **I.** *n no pl (cloth)* Schottenstoff **II.** *adj* Schotten-
tartar(e) sauce *n no pl* Remouladensoße *f*
task [tɑːsk] *n* Aufgabe *f;* **to set sb the** ~ **of doing sth** jdn [damit] beauftragen, etw zu tun
task bar *n* COMPUT Taskleiste *f*
task force *n* ❶ MIL *(unit)* Eingreiftruppe *f* ❷ COMM *(group)* Arbeitsgruppe *f*
taste [teɪst] **I.** *n no pl* Geschmack *m;* **to have [good]** ~ [einen guten] Geschmack haben **II.** *vt* ❶ schmecken; *(test)* probieren ❷ *(experience briefly) luxury, success* [einmal] erleben **III.** *vi* schmecken; **to** ~ **like sth** wie etw schmecken

T

Übersetzungstipp

Nicht verwechseln mit *Taste* – *key, button!*

tasteful [ˈteɪstfəl] *adj* ❶ *(appetizing)* schmackhaft ❷ *(decorous)* geschmackvoll, stilvoll
tastefully [ˈteɪstfəli] *adv (approv)* ❶ *(appetizingly)* schmackhaft, lecker

② *dressed, furnished* geschmackvoll
tasteless ['teɪstləs] *adj* ① geschmacksneutral; *(unappetizing)* fad[e] ② *(pej: unstylish, offensive)* geschmacklos
tastelessly ['teɪstləsli] *adv* ① *(pej: unappetizingly)* wenig schmackhaft, fad[e] ② *(pej) dressed, furnished* geschmacklos
tasty ['teɪsti] *adj* lecker
tattoo[1] [tæt'u:] *n* MIL Zapfenstreich *m*
tattoo[2] [tæt'u:] **I.** *n* Tätowierung *f* **II.** *vt* tätowieren
tatty ['tæti] *adj (pej)* ① *(tawdry)* geschmacklos [aufgemacht] ② *(showing wear)* zerfleddert; *book also* abgegriffen
taught [tɔ:t] *pt, pp of* **teach**
taunt [tɔ:nt] *vt* ① *(mock)* verspotten ② *(tease)* **to ~ sb about sth** jdn wegen einer S. *gen* hänseln
Taurus ['tɔ:rəs] *n* ASTROL Stier *m*
tautness ['tɔ:tnəs, AM *esp* 'tɑ:-] *n* Straffheit *f*, Spannung *f*
tavern ['tæv^{ə}n] *n* BRIT *(old: pub)* Schenke *f*
tax [tæks] **I.** *n* <*pl* -es> ① Steuer *f*; **income ~** Einkommenssteuer *f* ② *no pl (levying)* Besteuerung *f* **II.** *vt* ① besteuern; **to be ~ed [heavily]** [hoch] besteuert werden ② *(burden)* belasten
taxable ['tæksəbl] *adj* steuerpflichtig; **~ income** zu versteuerndes Einkommen
tax allowance *n* FIN Steuerfreibetrag *m* **tax assessment** *n* FIN *(valuation)* Steuerveranlagung *f*

T

taxation [tæk'seɪʃ^{ə}n] *n no pl* ① Besteuerung *f* ② *(money obtained)* Steuereinnahmen *pl*; **direct ~** direkte Steuern
tax-deductible *adj* AM, AUS FIN steuerlich absetzbar **tax disc** *n* BRIT FIN *(on motor vehicle)* Steuerplakette *f*, Vignette *f* ÖSTERR, SCHWEIZ **tax-free** *adj* steuerfrei
taxi ['tæksi] **I.** *n* Taxi *nt* **II.** *vi* AVIAT *(move)* rollen
taxi-driver *n* Taxifahrer(in) *m(f)* **taxi rank**, AM **taxi stand** *n* Taxistand *m*
taxpayer *n* Steuerzahler(in) *m(f)* **tax relief** *n* Steuervergünstigung *f* **tax return** *n* Steuererklärung *f* **tax system** *n* Steuerwesen *nt* **tax year** *n* Steuerjahr *nt*
tea [ti:] *n* ① *no pl (plant)* Tee *m*, Teepflanze *f* ② *(drink)* Tee *m*; **peppermint ~** Pfefferminztee *m* ③ *(cup of tea)* Tasse *f* Tee; **two ~s, please** zwei Tee, bitte
tea bag *n* Teebeutel *m* **tea break** *n* Teepause *f*
teach <taught, taught> [ti:tʃ] **I.** *vt* unterrichten; **to ~ sb sth** jdm etw beibringen **II.** *vi* unterrichten
teacher ['ti:tʃə^{r}] *n* Lehrer(in) *m(f)*; **supply** [*or* AM **substitute**] **~** Aushilfslehrer(in) *m(f)*
teacher training *n* Lehrerausbildung *f* **teacher training college, teacher's college** *n* pädagogische Hochschule
teaching ['ti:tʃɪŋ] **I.** *n* ① *no pl* Unterrichten *nt* ② *no pl (profession)* Lehrberuf *m* **II.** *adj aids, methods* Lehr-, Unterrichts-
teaching staff *n + sing/pl vb* Lehrerkollegium *nt*
tea cloth *n* ① BRIT *(for dishes)* Geschirrtuch *nt* ② *(for table)* [kleine] Tischdecke **tea cosy** *n* Teewärmer *m* **teacup** *n* Teetasse *f* **tea-leaves** *n pl* Teeblätter *pl*
team [ti:m] *n + sing/pl vb* ① Team *nt*; SPORTS Mannschaft *f*; **research ~** Forschungsgruppe *f* ② *(harnessed animals)* Gespann *nt*
◆**team up** *vi* ein Team bilden (**with** mit)
team effort *n* Teamarbeit *f* **teammate** *n* Mitspieler(in) *m(f)* **team spirit** *n* Teamgeist *m* **team work** *n* Teamarbeit *f*
tea party *n* Teegesellschaft *f* **teapot** *n* Teekanne *f*
tear[1] [tɪə^{r}] *n (watery fluid)* Träne *f*; **to be in ~s** weinen
tear[2] [teə^{r}] **I.** *n in cloth, muscle* Riss *m*; *in wall* Spalte *f* **II.** *vt* <tore, torn>

❶ *fabric, paper* zerreißen; **to ~ a hole in one's trousers** sich *dat* ein Loch in die Hose reißen ❷ **to ~ a muscle** sich *dat* einen Muskelriss zuziehen **III.** *vi* <tore, torn> [zer]reißen

◆ **tear apart** *vt* ❶ *fabric, paper* zerreißen ❷ *(attack) article, book* verreißen

◆ **tear away** *vt (make leave)* **to ~ sb away** jdn wegreißen; **to ~ oneself away** sich losreißen

◆ **tear down** *vt* ❶ *(destroy)* abreißen ❷ *(discredit)* **to ~ sb ↻ down** jdn schlechtmachen

◆ **tear off** *vt* abreißen

◆ **tear open** *vt envelope, parcel* aufreißen

◆ **tear out** *vt hair* ausreißen; *page* herausreißen

◆ **tear up** *vt* ❶ *(rip)* zerreißen ❷ *(destroy)* kaputtmachen *fam*

tearaway [ˈteərəweɪ] *n* BRIT, AUS *(fam)* Randalierer(in) *m(f)*

teardrop *n (tear)* Träne *f*

tearful [ˈtɪəfᵊl] *adj* ❶ *(inclined to cry)* den Tränen nah *präd* ❷ *farewell, reunion* tränenreich

tear gas *n no pl* Tränengas *nt* **tear jerker** *n (fam)* Schnulze *f*

tea room, tea shop *n* Teestube *f*

tease [tiːz] **I.** *n* Quälgeist *m fam; (playfully)* neckische Person **II.** *vt* ❶ *(make fun of)* aufziehen ❷ *(provoke)* provozieren **III.** *vi* sticheln

teaser [ˈtiːzəʳ] *n (riddle)* harte Nuss *fam*

teaspoon *n* Teelöffel *m* **teaspoonful** *n* Teelöffelvoll *m* **tea-strainer** *n* Teesieb *nt* **teatime** *n* Teestunde *f* **tea towel** *n* Geschirrtuch *nt* **tea tray** *n* Tablett *nt* zum Teeservieren

technical [ˈteknɪkᵊl] *adj* ❶ technisch ❷ *(detailed)* Fach-; **~ term** Fachausdruck *m* ❸ *(in technique)* technisch

technically [ˈteknɪkᵊli] *adv* ❶ *(of technology)* technologisch ❷ *(relating to technique)* technisch ❸ *(strictly speaking)* eigentlich; **~ speaking** streng genommen

technician [tekˈnɪʃᵊn] *n* Techniker(in) *m(f)*

technique [tekˈniːk] *n* Technik *f*, Verfahren *nt; (method)* Methode *f*

techno [ˈteknəʊ] *n no pl* Techno *m o nt*

technocrat [ˈteknəʊ] *n* Technokrat(in) *m(f)*

technological [ˌteknəˈlɒdʒɪkᵊl] *adj* technologisch

technology [tekˈnɒlədʒi] *n* Technologie *f*, Technik *f*; **computer ~** Computertechnik *f*

teddy bear *n* Teddybär *m*

tee [tiː] *n (in golf)* Abschlagstelle *f*

◆ **tee off** *vi* ❶ *(in golf)* abschlagen ❷ *(fam: begin)* beginnen

teenage(d) [ˈtiːneɪdʒ(d)] *adj attr* im Teenageralter *nach n*

teenager [ˈtiːnˌeɪdʒəʳ] *n* Teenager *m*

teens [tiːnz] *n pl* Jugendjahre *pl;* **to be in one's ~** im Teenageralter sein

tee shirt *n* T-Shirt *nt*

teeth [tiːθ] *n pl of* **tooth**

teethe [tiːð] *vi* zahnen

teetotal [ˌtiːˈtəʊtᵊl] *adj* **to be ~** abstinent sein

teetotaller, AM **teetotaler** [ˌtiːˈtəʊtᵊləʳ] *n* Abstinenzler(in) *m(f)*

telecommunications [ˌtelɪkəˌmjuːnɪˈkeɪʃᵊnz] *n pl + sing vb* Fernmeldewesen *nt kein pl*

telecommute *vi* Telearbeit *f* machen

telecommuting *n no pl* Telearbeit *f*

telephone [ˈtelɪfəʊn] **I.** *n* ❶ *(device)* Telefon *nt;* **mobile** [*or* AM *a.* **cell[ular]**] **~** Handy *nt fam* ❷ *no pl (system)* **by ~** telefonisch **II.** *vt* anrufen

telephone book *n* Telefonbuch *nt* **telephone box,** AM **telephone booth** *n* Telefonzelle *f* **telephone call** *n* Telefonanruf *m;* **to make a ~** telefonieren **telephone directory** *n* Telefonverzeichnis *nt* **telephone exchange** *n* Fernsprechvermittlung *f* **telephone number** *n* Telefonnummer *f* **telephone operator** *n* AM Vermittlung *f* **telephone rates** *n pl* Telefontarife *pl*

telephoto lens *n* Teleobjektiv *nt*

telesales [ˈtelɪseɪlz] *n pl* Telefonmarke-

ting *nt kein pl*
telescope ['telɪskəʊp] *n* Teleskop *nt*
televise ['telɪvaɪz] *vt* [im Fernsehen] übertragen
television ['telɪvɪʒᵊn] *n* ① *(device)* Fernsehgerät *nt,* Fernseher *m fam* ② *no pl (TV broadcasting)* Fernsehen *nt*
television camera *n* Fernsehkamera *f* **television programme,** AM **television program** *n* Fernsehprogramm *nt* **television set** *n* Fernsehapparat *m,* Fernseher *m* **television studio** *n* Fernsehstudio *nt*
teleworker ['telɪˌwɜːkəʳ] *n* Telearbeiter(in) *m(f)*
tell [tel] *vt* <told, told> ① sagen; *(relate)* erzählen; **to ~ a lie** lügen; **to ~ the truth** die Wahrheit sagen ② *(instruct)* **do as you're told!** *(fam)* mach, was man dir sagt! ③ *(discern)* erkennen; *(notice)* [be]merken; **to ~ the time** *Kind* die Uhr lesen
◆ **tell apart** *vt* auseinanderhalten
◆ **tell off** *vt (reprimand)* ausschimpfen (**about/for** wegen)
telling-off <*pl* tellings-> [ˌtelɪŋ'ɒf] *n* Tadel *m;* **to give sb a ~ for [doing] sth** jdn für etw *akk* tadeln
telly ['teli] *n* BRIT, AUS *(fam)* Glotze *f pej;* **on ~** im Fernsehen
temp [temp] *(fam)* **I.** *n (temporary employee)* Zeitarbeiter(in) *m(f)* **II.** *vi* aushilfsweise arbeiten; **to be ~ing** auf befristete Zeit arbeiten
temper ['tempəʳ] *n usu sing (state of mind)* Laune *f; (angry state)* Wut *f kein pl;* **to have a ~** leicht reizbar sein
temperamental [ˌtempᵊrə'mentᵊl] *adj* launisch
temperature ['temprətʃəʳ] *n* Temperatur *f;* **to have a ~** Fieber haben; **to take sb's ~** jds Temperatur messen
temple[1] ['templ̩] *n* REL Tempel *m*
temple[2] ['templ̩] *n* ANAT Schläfe *f*
temporarily ['tempᵊrᵊli] *adv* vorübergehend
temporary ['tempᵊrᵊri] *adj (not permanent)* vorübergehend; *(with specific limit)* befristet; **~ staff** Aushilfspersonal *nt*
tempt [tempt] *vt* ① *(entice)* in Versuchung führen; **to be ~ed to do sth** versucht sein, etw zu tun ② *(attract)* reizen ▸ **to ~ fate** das Schicksal herausfordern
temptation [temp'teɪʃᵊn] *n (enticement)* Versuchung *f*
tempting ['temptɪŋ] *adj* verführerisch; *offer also* verlockend
temptingly ['temptɪŋli] *adv* verführerisch, verlockend; **to move ~** sich aufreizend bewegen
ten [ten] **I.** *adj* zehn; *see also* **eight II.** *n* Zehn *f;* **~s of thousands** zehntausende; *see also* **eight**
tenaciously [tɪ'neɪʃəsli] *adv* ① *(gripping tightly)* fest ② *(persistently)* unermüdlich, beharrlich
tenant ['tenənt] *n of rented accommodation* Mieter(in) *m(f); of leasehold* Pächter(in) *m(f)*
tend[1] [tend] *vi* ① *(be directed towards)* tendieren ② *(incline)* neigen (**to[wards]** zu)
tend[2] [tend] *vt* sich kümmern (um); **to ~ sheep** Schafe hüten
tendency ['tendən(t)si] *n* Tendenz *f; (inclination)* Neigung *f;* **to have a ~ to[wards] sth** zu etw *dat* neigen
tender[1] ['tendəʳ] *adj* ① *meat, skin* zart ② *(liter: youthful)* zart; **at the ~ age of 5** im zarten Alter von 5 Jahren ③ *(affectionate)* zärtlich; **to have a ~ heart** ein weiches Herz haben
tender[2] ['tendəʳ] **I.** *n* COMM *(price quote)* Angebot *nt;* **to submit a ~** ein Angebot machen **II.** *vi* COMM ein Angebot machen
tenderness ['tendənəs] *n no pl* ① *(fondness)* Zärtlichkeit *f* ② *(physical sensitivity)* [Schmerz]empfindlichkeit *f*
tendon ['tendən] *n* Sehne *f*
tenfold **I.** *adj* zehnfach **II.** *adv* um das Zehnfache

tennis ['tenɪs] *n no pl* Tennis *nt*

tennis ball *n* Tennisball *m* **tennis court** *n* Tennisplatz *m* **tennis racket** *n* Tennisschläger *m*

tenor ['tenəʳ] *n* Tenor *m; (voice also)* Tenorstimme *f*

tenpin bowling *n no pl* Bowling *nt*

tense[1] [ten(t)s] *n* LING Zeit[form] *f*

tense[2] [ten(t)s] **I.** *adj muscle, person, voice* angespannt **II.** *vt muscle* anspannen

tensely ['ten(t)sli] *adv* angespannt; *(nervously)* nervös

tension ['ten(t)ʃᵊn] *n no pl* ❶ *(tightness)* Spannung *f* ❷ *(uneasiness)* [An]spannung *f*

tent [tent] *n* Zelt *nt*

tentacle ['tentəkḷ] *n* Tentakel *m; (as a sensor)* Fühler *m*

tentative ['tentətɪv] *adj* ❶ *(provisional)* vorläufig ❷ *(hesitant)* vorsichtig

tenth [ten(t)θ] **I.** *n* **the ~** der Zehnte; **a ~** ein Zehntel *nt* **II.** *adj attr* zehnte(r, s); **to be ~** Zehnte(r, s) sein **III.** *adv* als Zehnte(r, s)

tent peg *n* Hering *m* **tent pole** *n* Zeltstange *f*

tepid ['tepɪd] *adj* lau[warm]; *applause* schwach

terabyte ['terəbaɪt] *n* COMPUT Terabyte *m*

term [tɜːm] **I.** *n* ❶ *(of two)* Semester *nt; (of three)* Trimester *nt* ❷ *(range)* Dauer *f;* **in the long/medium/short ~** lang-/mittel-/kurzfristig ❸ *(set duration) of job* Amtszeit *f; of prison sentence* Haftdauer *f* ❹ *(phrase)* Ausdruck *m;* **~ of abuse** Schimpfwort *nt* ❺ *(limiting condition)* **~s** *pl* Bedingungen *pl* ▶ **to come to ~s with sth** sich *akk* mit etw *dat* abfinden; **to be on good /bad ~s with sb** sich *akk* gut/schlecht mit jdm verstehen **II.** *vt* bezeichnen

terminable ['tɜːmɪnəbḷ] *adj (form)* kündbar, auflösbar

terminal ['tɜːmɪnᵊl] **I.** *adj* ❶ *(fatal)* End-; **~ cancer** Krebs im Endstadium ❷ TRANSP Terminal-; **~ building** Flughafengebäude *nt* **II.** *n* ❶ TRANSP Terminal *m o nt;* **air ~** Flughafengebäude *nt;* **rail ~** Endstation *f* ❷ *(part of computer)* Terminal *nt*

terminate ['tɜːmɪneɪt] **I.** *vt* beenden; *contract* aufheben **II.** *vi* enden

terminus <*pl* -es> ['tɜːmɪnəs] *n* Endstation *f; of train also* Endbahnhof *m*

terms [tɜːmz] *n pl* Bedingungen *pl;* **~ of an agreement** Vertragsbedingungen *pl;* **~ and conditions** Bedingungen und Konditionen [Geschäfts-]Bedingungen *pl* ▶ **to be on bad/good ~ with sb** sich schlecht/gut mit jdm verstehen; **to come to ~ with sth** sich mit etw *dat* abfinden; **in ~ of costs** was die Kosten angeht

terrace ['terɪs] **I.** *n* Terrasse *f;* BRIT **~s** *pl (in a stadium)* Tribüne *f* **II.** *vt* terrassenförmig anlegen

terraced ['terɪst] *adj* Terrassen-

terraced house *n* Reihenhaus *nt*

terrible ['terəbḷ] *adj* schrecklich, furchtbar

terribly ['terəbli] *adv* ❶ *(awfully)* schrecklich ❷ *(fam: extremely)* außerordentlich

terrific [tə'rɪfɪk] *adj (fam: excellent)* großartig, toll *fam*

terrify <-ie-> ['terəfaɪ] *vt* [fürchterlich] erschrecken; **terrified** verängstigt

terrifying ['terəfaɪɪŋ] *adj thought, sight* entsetzlich; *speed* Angst erregend

territory ['terɪtᵊri] *n* ❶ *(area of land)* Gebiet *nt* ❷ *no pl* POL Hoheitsgebiet *nt* ❸ BIOL Revier *nt*

terror ['terəʳ] *n* ❶ *no pl (great fear)* schreckliche Angst ❷ *(political violence)* Terror *m;* **war on ~** Bekämpfung *f* des Terrorismus

terror attack *n* Terroranschlag *m* **terror cell** *n* Terrorzelle *f*

terrorism ['terᵊrɪzᵊm] *n no pl* Terrorismus *m;* **act of ~** Terrorakt *m*

terrorist [terᵊrɪst] **I.** *n* Terrorist(in) *m(f)* **II.** *adj attr* terroristisch; **~ attack** Terroranschlag *m;* **~ militia** + *sing/pl* *verb* Terrormiliz *f;* ~ **network** Terrornetzwerk *nt*

test [test] **I.** *n* Prüfung *f,* Test *m;* SCH Klassenarbeit *f;* UNIV Klausur *f;* **blood** ~ Blutuntersuchung *f;* **driving** ~ Fahrprüfung *f* **II.** *vt* ❶ SCH prüfen, testen ❷ *(try to discover)* untersuchen ❸ *(try to the limit)* **to** ~ **sth** etw auf die Probe stellen

testament ['testəmənt] *n* ❶ LAW Testament *nt;* **last will and** ~ Testament *nt* ❷ *(evidence)* Beweis *m;* **to be** [a] ~ **to sth** etw beweisen ❸ REL **the New/Old T**~ das Neue/Alte Testament

test drive *n* Probefahrt *f*

testicle ['testɪkl] *n* Hoden *m*

testify <-ie-> ['testɪfaɪ] *vi* ❶ LAW *(give evidence)* [als Zeuge(in) *m(f)*] aussagen; **to** ~ **against sb** gegen jdn aussagen ❷ *(prove)* **to** ~ **to sth** von etw *dat* zeugen *geh*

testimony ['testɪməni] *n* [Zeugen]aussage *f;* **to give** ~ aussagen

test pilot *n* Testpilot(in) *m(f)* **test tube** *n* Reagenzglas *nt*

tetanus ['tetᵊnəs] *n no pl* Tetanus *m*

tetrahedron <*pl* -dra *or* -s> [ˌtetrəˈhiːdrᵊn] *n* MATH Tetraeder *nt fachspr*

Teuton ['tjuːtᵊn] *n* ❶ *(ancient native of Jutland)* Teutone, Teutonin *m, f* ❷ *(esp pej: German)* Germane, Germanin *m, f pej fam,* Deutsche(r) *f(m)*

text[1] [tekst] **I.** *n* ❶ *no pl* Text *m* ❷ *(book)* Schrift *f;* **set** ~ Pflichtlektüre *f* **II.** *vt* TELEC **to** ~ [**sb**] [jdm] eine SMS[-Nachricht] senden

text[2] *n short for* **text message** SMS *f*

textbook **I.** *n* Lehrbuch *nt* **II.** *adj attr (usual)* Lehrbuch-; ~ **methods** Schulbuchmethoden *pl*

textile ['tekstaɪl] *n* Stoff *m;* ~**s** *pl* Textilien *pl*

text message *n* SMS *f*

Thai [taɪ] **I.** *n* ❶ *(person)* Thai *m o f,* Thailänder(in) *m(f)* ❷ *(language)* Thai *nt* **II.** *adj* thailändisch

Thailand ['taɪlænd] *n* Thailand *nt*

Thames [temz] *n no pl* Themse *f*

than [ðæn, ðᵊn] **I.** *prep* ❶ *after superl* als; **bigger** ~ größer als ❷ *(instead of)* **rather** ~ **sth** anstatt einer S. *gen* ❸ *(besides)* **other** ~ **sb** außer jdm; **other** ~ **that ...** abgesehen davon ... **II.** *conj* als

thank [θæŋk] *vt* **to** ~ **sb** jdm danken, sich bei jdm bedanken; ~ **you** [**very much**]**!** danke [sehr]!, vielen [herzlichen] Dank

thankful ['θæŋkfᵊl] *adj* ❶ *(grateful)* dankbar (**for** für) ❷ *(pleased)* froh

thankless ['θæŋkləs] *adj* ❶ *(not rewarding)* wenig lohnend ❷ *(ungrateful) person, behaviour* undankbar

thanks [θæŋks] *n pl* Dank *m; (thank you)* danke; **many** ~**!** vielen Dank!

thanksgiving [ˌθæŋks'gɪvɪŋ] *n no pl* ❶ *(gratitude)* Dankbarkeit *f* ❷ AM *(public holiday)* **T**~ Thanksgiving *nt*

thank you *n* Danke[schön] *nt;* **to say** [**a**] ~ **to sb** sich *akk* bei jdm bedanken

that [ðæt, ðət] **I.** *adj dem (person, thing specified)* der/die/das; *(farther away)* der/die/das [... dort]; **who is** ~ **girl?** wer ist das Mädchen? **II.** *pron* ❶ *dem (person, thing, action specified)* das; *(farther away)* das [da]; ~**'s enough** das reicht; **who's** ~**?** wer ist das? ❷ *dem, after prep* **after** ~ danach; **under** ~ darunter ❸ *rel (which, who)* der/die/das; **the baby smiles at anyone** ~ **smiles at her** das Baby lächelt alle an, die es anlächeln ❹ *rel (when)* als; **the year** ~ **Anna was born** das Jahr, in dem Anna geboren wurde **III.** *conj* ❶ dass; **I knew** ~ **...** ich wusste, dass ...; **it was so dark** [~] **I couldn't see anything** es war so dunkel, dass ich nichts sehen konnte; **supposing** [~] **...** angenommen, dass ... ❷ *(with a purpose)* **so** ~ damit ❸ *(as a reason)* weil, da [ja]; **now** ~ **we've bought a house ...** jetzt, wo wir ein Haus gekauft haben ... **IV.** *adv* so; **it wasn't** [**all**] ~ **good** so gut war es [nun] auch wieder nicht

thatch [θætʃ] **I.** *n no pl (roof)* Reetdach *nt* **II.** *vt* mit Reet decken

thaw [θɔː] **I.** *n (weather)* Tauwetter *nt* **II.** *vi (unfreeze)* auftauen **III.** *vt* FOOD auftauen

the [ðiː, ði, ðə] **I.** *art def* ❶ *before masc n* der; *before fem n* die; *before neuter n* das; **at ~ cinema** im Kino ❷ *(in titles)* der/die; **Edward ~ Seventh** Eduard der Siebte ❸ *(before adjective)* der/die/das; **~ inevitable** das Unvermeidliche ❹ *(to represent group)* der/die/das; *(with mass group)* die; **~ democrats** die Demokraten ❺ *(with superlative)* der/die/das; **~ highest ...** der/die/das höchste ... ❻ *(with dates)* der; **~ 24th of May** [*or* **May ~ 24th**] der 24. Mai; *(with time period)* **in ~ eighties** in den achtziger Jahren **II.** *adv + comp* **all ~ better** umso besser; **~ colder it got, ~ more she shivered** je kälter es wurde, desto mehr zitterte sie

theatre, AM **theater** [ˈθɪətəʳ] *n* ❶ Theater *nt;* **lecture ~** Hörsaal *m* ❷ BRIT MED Operationssaal *m* ❸ *no pl (dramatic art)* Theater *nt;* **the Greek ~** das griechische Theater

theft [θeft] *n* Diebstahl *m*

their [ðeəʳ, ðəʳ] *adj poss* ❶ *(of them)* ihr(e); **the children brushed ~ teeth** die Kinder putzten sich die Zähne ❷ *(his or her)* **has everybody got ~ passport?** hat jeder seinen Pass dabei?

theirs [ðeəz] *pron* ihr(e, es); **they think everything is ~** sie glauben, dass ihnen alles gehört

them [ðem, ðəm] *pron object pron* ❶ *(persons, animals)* sie *in akk,* ihnen *in dat;* **I told ~ that ...** ich habe ihnen gesagt, dass ...; **the dogs are hungry — could you feed ~?** die Hunde haben Hunger — könntest du sie füttern? ❷ *(objects)* sie *in akk;* **I've lost my keys — I can't find ~ anywhere** ich habe meine Schlüssel verloren — ich kann sie nirgends finden ❸ *(him or her)* ihm/ihr *in dat,* ihn/sie *in akk;* **we want to show every customer that we appreciate ~** wir wollen jedem Kunden zeigen, wie sehr wir ihn schätzen

theme [θiːm] *n (subject)* Thema *nt*

themed [θiːmd] *adj inv* thematisch bestimmt, themenorientiert; *hotel, restaurant* Themen-

theme music *n no pl* FILM, TV Titelmusik *f* **theme park** *n* Themenpark *m*

themselves [ðəmˈselvz] *pron refl* ❶ *(direct object)* sich; **the children behaved ~ very well** die Kinder benahmen sich sehr gut ❷ *(form: them)* sie selbst; **besides their parents and ~, no one else will attend their wedding** außer ihren Eltern und ihnen selbst wird niemand zu ihrer Hochzeit kommen ❸ *(emph: personally)* selbst; **to see sth for ~** etw selbst sehen

then [ðen] **I.** *adj (form)* damalige(r, s) **II.** *adv* ❶ *(after that)* dann, danach ❷ *(at an aforementioned time)* damals; **before ~** davor, vorher; **by ~** bis dahin ❸ *(however)* **but ~** aber schließlich

theologically [ˌθiːəˈlɒdʒɪkəli] *adv* theologisch

theology [θiˈɒlədʒi] *n no pl* Theologie *f*

theoretical [θɪəˈretɪkəl] *adj* theoretisch

theory [ˈθɪəri] *n* ❶ *no pl (rules)* Theorie *f* ❷ *(possible explanation)* Theorie *f;* **in ~** theoretisch

therapeutic [ˌθerəˈpjuːtɪk] *adj* therapeutisch

therapist [ˈθerəpɪst] *n* Therapeut(in) *m(f)*

therapy [ˈθerəpi] *n* Therapie *f,* Behandlung *f*

there [ðeəʳ, ðəʳ] **I.** *adv* ❶ dort, da; **to be ~ for sb** für jdn da sein; **over ~** da drüben ❷ *(to a place)* dahin, dorthin; **~ and back** hin und zurück ❸ *(sentence introduction)* **~ appears to be ...** es scheint ...; **~ comes a point where ...** es kommt der Punkt, an dem ... ▸ **to be neither here nor ~** keine Rolle spielen **II.** *interj* ❶ *(ex-*

pressing sympathy) da!; ~, ~! ganz ruhig!, schon gut! ❷ *(fam)* **so ~!** und damit basta!

thereabouts [ˈðeərəbaʊts] *adv* ❶ *(in that area)* dort in der Nähe ❷ *(approximate time)* **or ~** oder so

thereafter *adv (form)* darauf; **shortly ~** kurze Zeit später

thereby *adv* dadurch

therefore [ˈðeəfɔːʳ] *adv* deshalb, daher

therein [ˌðeəˈrɪn] *adv (form or dated)* darin

thereupon [ˌðeərəˈpɒn] *adv (form)* daraufhin

thermal [ˈθɜːməl] **I.** *n* ❶ *(air current)* Thermik *f* ❷ *(underwear)* **~s** *pl* Thermounterwäsche *f kein pl* **II.** *adj attr* MED Thermal-; **~ bath** Thermalbad *nt*

thermometer [ˈθɜːmɒmɪtəʳ] *n* Thermometer *nt o* SCHWEIZ *a. m*

Thermos® *n*, **Thermos bottle** *n*, **Thermos flask** [ˈθɜːmɒs-] *n* Thermosflasche® *f*

thermostat [ˈθɜːməstæt] *n* Thermostat *m*

these [ðiːz] **I.** *adj pl of* **this II.** *pron dem pl of* **this** diese; **are ~ your bags?** sind das hier deine Taschen?; **~ here** die da

thesis <*pl* -ses> [ˈθiːsəs] *n (written study)* wissenschaftliche Arbeit; *(for diploma)* Diplomarbeit *f;* **doctoral ~** Doktorarbeit *f*

they [ðeɪ] *pron pers* ❶ *(3rd person plural)* sie; **~ are pretty** sie sind hübsch ❷ *(he or she)* er/sie; **ask a friend if ~ could help** frag einen Freund, ob er/sie helfen kann ❸ *(people in general)* sie; **~ say ...** es heißt ...

T

they'll [ðeɪl] = **they will** *see* **will**[1]

they're [ðeəʳ] = **they are** *see* **be**

they've [ðeɪv] = **they have** *see* **have**

thick [θɪk] **I.** *adj* ❶ *coat, layer* dick; *(bushy) eyebrows* dicht; *hair also* voll ❷ *after n (measurement)* dick ❸ *(dense)* dicht; **~ with smoke** verraucht ❹ *(pej sl: mentally slow)* dumm **II.** *n no pl (fam)* **in the ~ of sth** mitten[drin] in etw *dat* **III.** *adv (heavily)* dick; **the snow lay ~ on the path** auf dem Weg lag eine dicke Schneedecke

thicken [ˈθɪkən] **I.** *vt sauce* eindicken **II.** *vi* ❶ *(become less fluid)* dick[er] werden ❷ *(become denser)* dicht[er] werden

thickly [ˈθɪkli] *adv spread, cut* dick

thief <*pl* thieves> [θiːf] *n* Dieb(in) *m(f)*

thieving [ˈθiːvɪŋ] **I.** *n (liter form)* Stehlen *nt* **II.** *adj attr* diebisch; **take your ~ hands off my cake!** *(hum)* lass deine Finger von meinem Kuchen!

thigh [θaɪ] *n* [Ober]schenkel *m*

thimble [ˈθɪmbl] *n* Fingerhut *m*

thin <-nn-> [θɪn] **I.** *adj* dünn; *fog* leicht; *hair, crowd* spärlich; **~ line** feine Linie; *(fig)* schmaler Grat ▶ **to disappear into ~ air** sich in Luft auflösen **II.** *vt* <-nn-> ❶ *(make more liquid)* verdünnen ❷ *(remove some)* ausdünnen, lichten **III.** *vi* <-nn-> ❶ *soup* dünner werden; *crowd* sich zerstreuen; *fog* sich lichten ❷ *(become worn) material* sich verringern, abnehmen

thing [θɪŋ] *n* ❶ *(unspecified object)* Ding *nt*, Gegenstand *m; (unspecified idea, event)* Sache *f;* **to not be sb's ~** nicht jds Ding *nt* sein *fam;* **just the ~** genau das Richtige ❷ *(possessions)* **~s** *pl* Besitz *m kein pl; (for special purpose)* Sachen *pl* ❸ *(the situation)* **how are ~s [with you]?** *(fam)* wie geht's [dir]? ❹ *(fam: person)* **you lucky ~!** du Glückliche(r)!

think [θɪŋk] **I.** *n no pl (fam)* **to have a ~ about sth** sich *dat* etw überlegen, über etw *akk* nachdenken **II.** *vi* <thought, thought> ❶ *(reason, have views/ideas)* denken; **not everybody ~s like you** nicht jeder denkt wie du; **I thought as much!** das habe ich mir schon gedacht!; **to ~ of sb/sth** an jdn/etw denken ❷ *(believe)* denken, glauben; **yes, I ~ so** ich glaube schon; **no, I don't ~ so** ich glaube nicht ❸ *(intend)* **to ~ of doing sth** erwägen, etw zu tun ❹ *(come up with)* **to**

~ **of an idea** auf eine Lösung kommen ❺ *(reflect)* [nach]denken, überlegen **III.** *vt* <thought, thought> ❶ *(hold an opinion)* denken, glauben; **to ~ to oneself that …** [bei] sich *dat* denken, dass …; **who do you ~ you are?** für wen hältst du dich eigentlich? ❷ *(intend)* **I ~ I'll go for a walk** ich denke, ich mache einen Spaziergang

◆ **think about** *vi* ❶ denken (an) ❷ *(reflect)* nachdenken (über) ❸ *(consider)* **to ~ about sth** sich *dat* etw überlegen

◆ **think ahead** *vi* vorausdenken; *(be foresighted)* sehr vorausschauend sein

◆ **think back** *vi* zurückdenken (**to** an); **to ~ back over sth** sich *dat* etw noch einmal vergegenwärtigen

◆ **think over** *vt* überdenken; **I'll think it over** ich überleg's mir noch mal

◆ **think through** *vt* [gründlich] durchdenken

◆ **think up** *vt (fam)* sich *dat* ausdenken

thinking [ˈθɪŋkɪŋ] **I.** *n no pl* ❶ Denken *nt;* **to do some ~ about sth** sich *dat* über etw *akk* Gedanken machen ❷ *(reasoning)* Überlegung *f;* **good ~! that's a brilliant idea!** nicht schlecht! eine geniale Idee! ❸ *(opinion)* Meinung *f;* **to my way of ~** meiner Ansicht nach **II.** *adj attr* denkend, vernünftig

third [θɜːd] **I.** *n* ❶ *(fraction)* Drittel *nt* ❷ *(number 3)* Dritte(r, s); **George the T~** Georg der Dritte **II.** *adj* dritte(r, s); **~ best** drittbeste(r, s)

thirdly [ˈθɜːdli] *adv* drittens

third-party liability *n no pl* Haftpflicht *f* **third rate** *adj* minderwertig **Third World** *n* **the ~** die Dritte Welt

thirst [θɜːst] *n no pl* ❶ Durst *m;* **to die of ~** verdursten ❷ *(fig)* Verlangen *nt;* **~ for power** Machtgier *f*

thirsty [ˈθɜːsti] *adj* durstig; **gardening is ~ work** Gartenarbeit macht durstig

thirteen [θɜːˈtiːn] **I.** *n* Dreizehn *f; see also* **eight II.** *adj* dreizehn; *see also* **eight**

thirteenth [θɜːˈtiːn(t)θ] **I.** *n* ❶ *(after twelfth)* **the ~** der/die/das Dreizehnte; *see also* **eighth** ❷ *(fraction)* Dreizehntel *nt; see also* **eighth II.** *adj* dreizehnte(r, s); *see also* **eighth III.** *adv* als Dreizehnte(r, s); *see also* **eighth**

thirtieth [ˈθɜːtiəθ] **I.** *n* ❶ Dreißigste(r, s); *see also* **eighth** ❷ *(date)* **the ~** der Dreißigste; *see also* **eighth** ❸ *(fraction)* Dreißigstel *nt; see also* **eighth II.** *adj* dreißigste(r, s); *see also* **eighth**

thirty [ˈθɜːti] **I.** *n* Dreißig *f; see also* **eight II.** *adj* dreißig; *see also* **eight**

this [ðɪs, ðəs] **I.** *adj attr* ❶ diese(r, s); **can you sign ~ form for me?** kannst du dieses Formular für mich unterschreiben? ❷ *(close in future)* diese(r, s); **I'll do it ~ Monday** ich erledige es diesen Montag; *(of today)* **~ morning** heute Morgen; **~ minute** sofort **II.** *pron* ❶ *(the thing/matter here)* das; **is ~ your bag?** ist das deine Tasche?; **listen to ~ …** hör dir das an … ❷ *(the person here)* das; **~ is the captain speaking** hier spricht der Kapitän ❸ *(with an action)* das; **like ~** so ▶ **~ and that** *(fam)* dies und das **III.** *adv* so; **~ far and no further** *(a. fig)* bis hierher und nicht weiter

thistle [ˈθɪsl̩] *n* Distel *f*

thorn [θɔːn] *n* Dorn *m; (bush with prickles)* Dornenstrauch *m*

thorny [ˈθɔːni] *adj* ❶ *(with thorns)* dornig ❷ *(difficult)* schwierig; *issue* heikel

thorough [ˈθʌrə] *adj* ❶ *(detailed)* genau ❷ *(careful)* sorgfältig, gründlich ❸ *attr (complete)* komplett

thoroughfare *n (form)* Durchgangsstraße *f;* **"no ~"** „keine Durchfahrt"

thoroughly [ˈθʌrəli] *adv* ❶ *(in detail)* genau, sorgfältig ❷ *(completely)* völlig; **to ~ enjoy sth** etw ausgiebig genießen

those [ðəʊz] **I.** *adj dem pl of* **that** ❶ diese; **how much are ~ brushes?** wie viel kosten die Bürsten da? ❷ *(familiar referent)* jene; **several people died in ~ riots** mehrere Menschen starben bei jenen Unruhen ❸ *(singling out)* **I like ~ biscuits with the almonds in them** ich mag diese Kekse mit den Mandeln drinnen **II.** *pron pl of* **that** ❶ *(people, objects over there)* diejenigen; **these peaches aren't ripe, try ~ on the table** die Pfirsiche hier sind noch nicht reif, versuch die auf dem Tisch; **~ are my kids over there** das sind meine Kinder da drüben ❷ *(the people)* **~ who …** diejenigen, die …

though [ðəʊ] **I.** *conj* ❶ *(despite the fact that)* obwohl ❷ *(however)* [je]doch ❸ *(fam: nevertheless)* dennoch; **the report was fair, ~** der Bericht war trotz allem fair ❹ *(if)* **as ~** als ob **II.** *adv* trotzdem, dennoch

thought [θɔːt] **I.** *n* ❶ *no pl* Nachdenken *nt,* Überlegen *nt;* **freedom of ~** Gedankenfreiheit *f* ❷ *(opinion, idea)* Gedanke *m;* **to spare a ~ for sb** an jdn denken ▸ **it's the ~ that counts** *(fam)* der gute Wille zählt **II.** *pt, pp of* **think**

thoughtful ['θɔːtfᵊl] *adj* ❶ *(considerate)* aufmerksam ❷ *(mentally occupied)* nachdenklich

thoughtless ['θɔːtləs] *adj* ❶ *(inconsiderate)* rücksichtslos ❷ *(without thinking)* unüberlegt

thoughtlessly ['θɔːtləsli, AM *esp*'θɑːt-] *adv* ❶ *(without thinking of others)* rücksichtslos ❷ *(without thinking)* unüberlegt

thoughtlessness ['θɔːtləsnəs, AM *esp*'θɑːt-] *n no pl* ❶ *(without considering others)* Rücksichtslosigkeit *f* ❷ *(without thinking)* Gedankenlosigkeit *f*

thought-out *adj* durchdacht **thought-provoking** *adj* nachdenklich stimmend; **she made some very ~ remarks** ihre Bemerkungen gaben mir zu denken

thousand ['θaʊzᵊnd] **I.** *n* ❶ *no pl* Tausend *f;* **one ~/two ~** [ein]tausend/zweitausend; **the year two ~ and five** [das Jahr] zweitausend und fünf; **a ~ pounds** [ein]tausend Pfund ❷ *pl (fam: lots)* **~s** Tausende *pl* **II.** *adj attr* tausend; **I've said it a ~ times** ich habe es jetzt unzählige Male gesagt

thousandth ['θaʊzᵊn(d)θ] **I.** *n (in series)* Tausendste(r, s); *(fraction)* Tausendstel *nt* **II.** *adj* tausendste(r, s); **the ~ …** der/die/das tausendste …; **a ~ part** ein Tausendstel *nt*

thread [θred] **I.** *n* ❶ *no pl (for sewing)* Garn *nt* ❷ *(fibre)* Faden *m,* Faser *f* **II.** *vt a needle* einfädeln

threat [θret] *n* ❶ Drohung *f;* **death ~** Morddrohung *f* ❷ *no pl (potential danger)* Gefahr *f,* Bedrohung *f;* **~ of war** Kriegsgefahr *f*

threaten ['θretᵊn] **I.** *vt* ❶ **to ~ sb** jdn bedrohen; **to ~ sb with sth** jdm mit etw *dat* drohen ❷ *(be a danger)* gefährden **II.** *vi* drohen; **to ~ to do sth** damit drohen, etw zu tun

threatening ['θretᵊnɪŋ] *adj* ❶ *(hostile)* drohend, Droh-; **~ letter** Drohbrief *m* ❷ *(menacing)* bedrohlich; *clouds* dunkel

threateningly ['θretᵊnɪŋli] *adv* bedrohlich, drohend

three [θriː] **I.** *n* ❶ Drei *f; see also* **eight** ❷ *(quantity)* drei; **in ~s** in Dreiergruppen ❸ *(the time)* drei [Uhr] ▸ **two's company, ~'s a crowd** drei sind einer zu viel **II.** *adj* drei; **I'll give you ~ guesses** dreimal darfst du raten; *see also* **eight**

three-dimensional, *fam* **three-D**, **3D** [θriːdiː] *(fam)* **I.** *n short for* **three-dimensional quality** 3-D *nt,* 3D *nt;* **in ~** in 3-D [*o* 3D] *dat* **II.** *adj short for* **three-dimensional** 3-D-, 3D-; **~ printer** 3-D-Drucker *m,* 3D-Drucker; **~ film** BRIT [*or* AM **movie**] 3-D-Film *m,* 3D-Film

threefold **I.** *adj* dreifach **II.** *adv* **the ~** das Dreifache

three-part *adj attr story, series* dreiteilig; *song* dreistimmig **three-piece** **I.** *adj* ❶ *(of three items)* dreiteilig

T

② *(of three people)* Dreimann- **II.** *n* Dreiteiler *m* **three-quarter** *adj attr* dreiviertel

threshold ['θreʃ(h)əʊld] *n* ① [Tür]schwelle *f* ② *(beginning)* Anfang *m,* Beginn *m* ③ *(limit)* Grenze *f,* Schwelle *f;* ~ **country** Schwellenland *nt;* **pain** ~ Schmerzgrenze *f*

threw [θruː] *pt of* **throw**

thrill [θrɪl] **I.** *n (wave of emotion)* Erregung *f; (titillation)* Nervenkitzel *m* **II.** *vt (excite)* erregen; *(fascinate)* faszinieren

thriller ['θrɪləʳ] *n* Thriller *m*

thrilling ['θrɪlɪŋ] *adj* aufregend; *story* spannend

throat [θrəʊt] *n* ① *(inside the neck)* Rachen *m,* Hals *m;* **to clear one's** ~ sich räuspern ② *(front of the neck)* Kehle *f,* Hals *m*

throb [θrɒb] **I.** *n* Klopfen *nt; of heart, pulse* Pochen *nt* **II.** *vi* <-bb-> klopfen; *pulse, heart* pochen

throne [θrəʊn] *n* Thron *m;* **heir to the** ~ Thronerbe(in) *m(f)*

throttle ['θrɒtḷ] **I.** *n* AUTO Gaspedal *nt;* **at full/half** ~ mit voller/halber Geschwindigkeit **II.** *vt* ① AUTO **to** ~ **the engine** Gas wegnehmen ② *(strangle)* erdrosseln

◆ **throttle back I.** *vi* den Motor drosseln **II.** *vt* drosseln

through [θruː] **I.** *prep* ① durch; **we drove** ~ **the tunnel** wir fuhren durch den Tunnel; **he cut** ~ **the string** er durchschnitt die Schnur; **she looked** ~ **her mail** sie sah ihre Post durch ② *(during)* während; **they drove** ~ **the night** sie fuhren durch die Nacht ③ *(to the finish)* **to get** ~ **sth** etw durchstehen ④ *esp* AM *(up until)* bis; **she works Monday** ~ **Thursday** sie arbeitet von Montag bis Donnerstag ⑤ *(because of)* wegen, durch ⑥ MATH *(divided into)* durch **II.** *adj* ① *pred (finished)* fertig ② *attr* TRANSP *(without stopping)* durchgehend; ~ **station** Durchgangsbahnhof *m* **III.** *adv* ① durch; **the train goes** ~ **to Hamburg** der Zug fährt bis nach Hamburg durch; **to think sth** ~ etw durchdenken ② *(from outside to inside)* völlig; **soaked** ~ völlig durchnässt

throughout [θruː'aʊt] **I.** *prep* ① *(all over in)* **people** ~ **the country** Menschen im ganzen Land ② *(at times during)* während; ~ **the performance** die ganze Vorstellung über **II.** *adv* ① *(in all parts)* vollständig ② *(the whole time)* die ganze Zeit [über]

through traffic *n no pl* Durchgangsverkehr *m;* **"no ~!"** „keine Durchfahrt!" **through train** *n* durchgehender Zug **throughway** *n* AM Autobahn *f*

throw [θrəʊ] **I.** *n* ① Wurf *m;* **a stone's** ~ [**away**] *(fig)* nur einen Steinwurf von hier ② *(fam: each)* **a** ~ pro Stück; **they're charging nearly £100 a** ~ **for concert tickets!** eine Konzertkarte kostet fast 100 Pfund ③ *(furniture cover)* Überwurf *m* **II.** *vi* <threw, thrown> werfen **III.** *vt* <threw, thrown> ① werfen; *dice* würfeln; *(hurl)* schleudern; **to** ~ **sb sth** jdm etw zuwerfen; **to** ~ **oneself onto sb/sth** sich auf jdn stürzen/auf etw *akk* werfen ② *(dedicate)* **to** ~ **oneself into sth** sich in etw *akk* stürzen ③ *(give)* **to** ~ **a party** eine Party geben

◆ **throw away I.** *vt* ① *(discard)* wegwerfen ② *(waste)* verschwenden; **to** ~ **money away on sth** Geld für etw *akk* zum Fenster hinauswerfen **II.** *vi (in card games)* abwerfen

◆ **throw back** *vt hair, head* nach hinten werfen; *curtains* aufreißen; *whisky, beer* hinunterstürzen

◆ **throw down** *vt* ① herunterwerfen; **to** ~ **oneself down** sich niederwerfen ② *(deposit forcefully)* hinwerfen; **to** ~ **down one's weapons** die Waffen strecken

◆ **throw in I.** *vt* **to** ~ **sth in**[**to**] **sth** etw in etw *akk* [hinein]werfen; *(include in price)* **to** ~ **sth** ↔ **in** etw gratis dazugeben **II.** *vi* [den Ball] einwerfen

◆**throw open** *vt* aufreißen; *(fig)* etw zugänglich machen

◆**throw out** *vt* ① *(fling outside, eject)* hinauswerfen ② *(discard)* wegwerfen; **to ~ out a case** einen Fall abweisen

◆**throw together** *vt (fam: make quickly)* **to ~ a meal together** eine Mahlzeit zaubern

◆**throw up** I. *vt* ① hochwerfen; **to ~ up one's hands** die Hände hochreißen ② *(build quickly)* schnell errichten ③ *(fam: vomit)* erbrechen II. *vi (fam)* sich übergeben

throwaway [ˈθrəʊəweɪ] *adj attr (disposable)* wegwerfbar; **~ razor** Einwegrasierer *m*

throw-in *n* SPORTS Einwurf *m*

throwing [ˈθrəʊɪŋ] *n no pl* Werfen *nt*

thrown [θrəʊn] *pp of* **throw**

thru [θruː] *prep adj, adv usu* AM *(fam) see* **through**

thrush[1] <*pl* -es> [θrʌʃ] *n* ORN Drossel *f*

thrush[2] <*pl* -es> [θrʌʃ] *n* MED Soor *m; (of vagina)* Pilzinfektion *f*

thrust [θrʌst] I. *n* ① Stoß *m* ② *no pl (impetus, purpose)* Stoßrichtung *f;* **the main ~ of an argument** die Hauptaussage eines Arguments ③ *no pl* TECH Schubkraft *f* II. *vi* <thrust, thrust> **to ~ at sb with a knife** nach jdm mit einem Messer stoßen III. *vt* <thrust, thrust> ① *(push with force)* **to ~ the money into sb's hand** jdm das Geld in die Hand stecken ② *(stab, pierce)* stechen ③ *(impel)* hineinstoßen

thruway *n esp* AM *see* **throughway**

T **thug** [θʌg] *n (pej)* Schlägertyp *m*

thumb [θʌm] I. *n* Daumen *m;* ▶ **to stand out like a sore ~** unangenehm auffallen II. *vt* **to ~ a ride** per Anhalter fahren, trampen

thumb-index *n* Daumenregister *nt*

thumbnail *n* ① Daumennagel *m* ② MEDIA Thumbnail *m,* Vorschaubild *nt* **thumbnail sketch** *n* Abriss *m*

thumb-print *n* ① *(impression)* Daumenabdruck *m* ② *(fig: identifying feature)* Erkennungsmerkmal *nt* **thumbtack** *n* AM, AUS *(drawing-pin)* Reißnagel *m*

thump [θʌmp] I. *n* dumpfer Knall; **to give sb a ~** jdm eine knallen II. *vt* schlagen III. *vi heart* klopfen; **to ~ on sth** auf etw *akk* schlagen

thumping [ˈθʌmpɪŋ] *(fam) adj* kolossal; **to have a ~ headache** grässliches Kopfweh haben

thunder [ˈθʌndəʳ] I. *n no pl* ① METEO Donner *m;* **clap of ~** Donnerschlag *m* ② *(loud sound)* Getöse *nt* II. *vi (make rumbling noise)* donnern; **to ~ by** vorbeidonnern III. *vt* brüllen

thunderclap *n* Donnerschlag *m* **thundercloud** *n usu pl* Gewitterwolke *f*

thunderous [ˈθʌndᵊrəs] *adj attr* donnernd; **~ applause** Beifallsstürme *pl*

thunderstorm *n* Gewitter *nt*

thundery [ˈθʌndᵊri] *adj* gewittrig

Thursday [ˈθɜːzdeɪ] *n* Donnerstag *m; see also* **Tuesday**

thus [ðʌs] *adv* ① *(therefore)* folglich ② *(in this way)* so

thyme [taɪm] *n no pl* Thymian *m*

Tibet [tɪˈbet] *n no pl* Tibet *nt*

tick[1] [tɪk] *n* ZOOL Zecke *f*

tick[2] [tɪk] I. *n* ① *(sound of watch)* Ticken *nt kein pl;* **'~ tock'** *(fam)* ‚ticktack' ② *(mark)* Haken *m* II. *vi* ▶ **what makes sb ~** was jdn bewegt III. *vt* abhaken

◆**tick off** *vt* ① abhaken; **to ~ off sth on one's fingers** etw an den Fingern abzählen ② BRIT, AUS *(fam: reproach)* schelten

◆**tick over** *vi esp* BRIT ① TECH *(operate steadily)* auf Leerlauf geschaltet sein ② *(function at minimum level)* **to keep sth ticking over** etw am Laufen halten

ticket [ˈtɪkɪt] *n* ① *(card)* Karte *f;* **cloakroom ~** Garderobenmarke *f;* **lottery ~** Lottoschein *m;* **plane ~** Flugticket *nt* ② *(price tag)* Etikett *nt*

ticket agency *n* Kartenbüro *nt* **ticket-collector** *n (on the train)* Schaffner(in) *m(f); (on the platform)* Bahnsteigschaffner(in) *m(f)* **ticket counter** *n* Fahrkartenschalter *m* **ticket holder** *n* Kartenbesitzer(in) *m(f)* **ticket machine** *n* Fahrkartenautomat *m* **ticket-office** *n* RAIL Fahrkartenschalter *m;* THEAT Vorverkaufsschalter *m*

ticking-off <*pl* tickings-> *n* BRIT *(fam)* Tadel *m;* **to get a ~ from sb** von jdm getadelt werden

tickle ['tɪkl̩] **I.** *vi* kitzeln **II.** *vt* kitzeln; **to be ~d that ...** sich darüber amüsieren, dass ... **III.** *n no pl* ❶ *(itch)* Jucken *nt* ❷ *(irritation)* **a ~ in one's throat** ein Kratzen *nt* im Hals

ticklish ['tɪklɪʃ] *adj* kitzlig

tidal ['taɪdᵊl] *adj* **~ basin** Tidebecken *nt;* **~ harbour** den Gezeiten unterworfener Hafen

tidal wave *n* Flutwelle *f*

tide [taɪd] *n* ❶ Gezeiten *pl;* **high ~** Flut *f;* **low ~** Ebbe *f;* **the ~ is out** es ist Ebbe ❷ *(trend)* Welle *f;* **the ~ has turned** die Meinung ist umgeschlagen

tidings ['taɪdɪŋz] *n pl (old)* Neuigkeiten *pl;* **glad ~** gute Nachrichten

tidy ['taɪdi] **I.** *adj* ❶ ordentlich; **neat and ~** sauber und ordentlich ❷ *(fam: considerable)* beträchtlich; **~ sum** hübsche Summe *fam* **II.** *n* **he gave his room a good ~** er räumte sein Zimmer gründlich auf **III.** *vt* aufräumen

◆**tidy up I.** *vt (put in order)* **to ~ up** ↔ **sth** etw aufräumen **II.** *vi* aufräumen

tie [taɪ] **I.** *n* ❶ Krawatte *f;* **bow ~** Fliege *f* ❷ *pl (links)* **family ~s** Familienbande *pl* ❸ *(equal score)* Punktegleichstand *m kein pl* **II.** *vi* <-y-> ❶ *(fasten)* schließen ❷ *(equal in points)* **to ~ with sb** denselben Platz wie jd belegen **III.** *vt* <-y-> *parcel* verschnüren; *shoelaces* zubinden; *ribbon* binden; **to ~ a knot** einen Knoten machen ▸ **sb's hands are ~d** jds Hände sind gebunden

◆**tie back** *vt* zurückbinden

◆**tie down** *vt* festbinden; *(restrict)* **to be ~d down** gebunden sein; **to ~ sb down to sth** *(fam)* jdn auf etw *akk* festlegen

◆**tie up** *vt* ❶ *(bind)* festbinden; *hair* hochbinden ❷ *(delay)* aufhalten ❸ *(busy)* **to be ~d up** beschäftigt sein ❹ **to be ~d up with sth** mit etw *dat* zusammenhängen

tiepin *n* Krawattennadel *f*

tier [tɪəʳ] **I.** *n (row)* Reihe *f; (level)* Lage *f* **II.** *vt (next to each other)* aufreihen

tiger ['taɪgəʳ] *n* Tiger *m*

tight [taɪt] **I.** *adj* ❶ *(firm)* fest; *clothes, bend* eng; *budget* knapp; **to keep a ~ hold on sth** etw streng kontrollieren ❷ *(close together)* dicht; **in ~ formation** in geschlossener Formation ❸ *(stretched tautly)* gespannt; *muscle* verspannt ▸ **to run a ~ ship** ein strenges Regime führen **II.** *adv pred* straff; **to close sth ~** etw fest verschließen ▸ **sleep ~** schlaf gut

tighten ['taɪtᵊn] **I.** *vt* ❶ festziehen; *rope* festbinden ❷ *(increase pressure)* verstärken ▸ **to ~ one's belt** den Gürtel enger schnallen **II.** *vi* straff werden

tightly ['taɪtli] *adv* ❶ *(holding sth firmly)* fest ❷ *(close together)* eng; **to be ~ packed** vollgepackt sein ❸ *(firm control)* mit festem Griff

tightrope *n* Drahtseil *nt;* **to walk the ~** auf dem Drahtseil tanzen

tights [taɪts] *n pl* **pair of ~** Strumpfhose *f*

tigress <*pl* -es> ['taɪgres] *n* Tigerin *f*

tile [taɪl] **I.** *n* Fliese *f;* **roof ~** Dachziegel *m* **II.** *vt* fliesen

till¹ [tɪl] **I.** *prep see* **until** **II.** *conj see* **until**

till² [tɪl] *n* Kasse *f;* ▸ **to be caught with one's hand in the ~** auf frischer Tat ertappt werden *fam*

till³ [tɪl] *vt soil* bestellen

tiller ['tɪləʳ] *n* Ruderpinne *f fachspr;* **at the ~** am Ruder

tilt [tɪlt] **I.** *n* ❶ *(slope)* Neigung *f* ❷ *(of opinion)* Schwenk *m;* ▸ **[at] full ~** mit voller Kraft **II.** *vi* ❶ *(slope)* sich neigen ❷ *(of opinion)* **to ~ away from sth**

T

sich von etw *dat* abwenden

timber ['tɪmbəʳ] **I.** *n no pl esp* BRIT Bauholz *nt;* **to fell ~** Holz fällen **II.** *interj* **"T~!"** „Achtung, Baum!"

timbre ['tæbrə] *n* MUS Klangfarbe *f,* Timbre *nt geh*

time [taɪm] **I.** *n* ① *no pl* Zeit *f;* **in ~** mit der Zeit; **over ~** im Lauf[e] der Zeit ② *no pl (period, duration)* Zeit *f;* **~'s up** *(fam)* die Zeit ist um; **it will take some ~** es wird eine Weile dauern; **breakfast ~** Frühstückszeit *f;* **free ~** Freizeit *f;* **injury ~** BRIT SPORTS Nachspielzeit *f;* **period of ~** Zeitraum *m;* **in one week's ~** in einer Woche; **a long ~ ago** vor langer Zeit; **to pass the ~** sich *dat* die Zeit vertreiben; **for the ~ being** vorläufig; **in no ~** [**at all**] im Nu ③ *(pertaining to clocks)* **what's the ~?** wie spät ist es?; **the ~ is 8:30** es ist 8.30 Uhr; **to tell the ~** *Kind* die Uhr lesen; *(specific time or hour)* Zeit *f;* **departure ~** Abfahrtszeit *f;* **this ~ next month** nächsten Monat um diese Zeit ④ *(occasion)* Mal *nt;* **for the first ~** zum ersten Mal; **some other ~** ein andermal; **from ~ to ~** ab und zu ⑤ *(frequency)* Mal *nt;* **~ and** [**~**] **again** immer [und immer] wieder; **three ~s as much** dreimal so viel ⑥ *no pl (correct moment)* **in** [**good**] **~** rechtzeitig; **on ~** pünktlich ⑦ *usu pl (era, lifetime)* Zeit *f;* **at his ~ of life** in seinem Alter ⑧ *no pl* MUS Takt *m;* **to keep ~** den Takt halten ⑨ *([not] like)* **to not have much ~ for sb** jdn nicht mögen ▸ **~ is of the essence** die Zeit drängt **II.** *vt* ① *(measure duration)* **to ~ sb over 100 metres** jds Zeit beim 100-Meter-Lauf nehmen ② *(choose best moment for)* **to ~ sth** den richtigen Zeitpunkt wählen

time bomb *n (a. fig)* Zeitbombe *f* **time-consuming** *adj* zeitintensiv **time difference** *n* Zeitunterschied *m* **timekeeper** *n* ① *(in sports)* Zeitnehmer *m* ② *(clock, watch)* Zeitmesser *m;* **to be a good ~** *person* sein Zeitsoll immer erfüllen **time limit** *n* Zeitbeschränkung *f* **time line** *n* zeitlicher Ablauf

timely ['taɪmli] *adj* rechtzeitig; *remark* passend; **~ arrival** Ankunft *f* zur rechten Zeit

time management *n* Zeitmanagement *nt* **time-out** **I.** *n* <*pl* -s> *(in sports)* Auszeit *f* **II.** *interj* AM Stopp

timer ['taɪməʳ] *n* ① Timer *m; (for eggs)* Eieruhr *f* ② *(time recorder)* Zeitmesser *m* ③ AM *(time switch)* Zeitschalter *m*

times [taɪmz] *vt (fam)* **to ~ sth** etw multiplizieren

time-saving *adj* Zeit sparend **time switch** *n* BRIT, AUS Zeitschalter *m* **timetable** **I.** *n (for bus, train)* Fahrplan *m; (for events, project)* Programm *nt* **II.** *vt usu passive* planen **time zone** *n* Zeitzone *f*

timid <-er, -est> ['tɪmɪd] *adj* ängstlich; *(shy)* schüchtern

timing ['taɪmɪŋ] *n no pl* Timing *nt;* **perfect ~!** genau zum richtigen Zeitpunkt!

tin [tɪn] *n* ① *no pl (metal)* Zinn *nt* ② *esp* BRIT *(can)* Büchse *f,* Dose *f*

tin can *n* Blechdose *f* **tinfoil** ['tɪnfɔɪl] *n no pl* Alufolie *f*

tingle ['tɪŋgḷ] **I.** *vi* kribbeln; **to ~ with desire** vor Verlangen brennen; **to ~ with excitement** vor Aufregung zittern; **sb's spine ~s** jdm läuft ein Schauer über den Rücken **II.** *n no pl* Kribbeln *nt*

tingling ['tɪŋgḷɪŋ] *n* Kribbeln *nt kein pl*

tingly ['tɪŋgli] *adj* kribbelnd *attr;* **to go all ~** ganz kribbelig werden; **to feel ~** ein Prickeln spüren

tinned [tɪnd] *adj* BRIT, AUS konserviert; **~ fruit** Dosenfrüchte *pl*

tin-opener *n* BRIT, AUS Dosenöffner *m*

tinsel ['tɪn(t)sᵊl] *n no pl* Lametta *nt*

tint [tɪnt] **I.** *n (hue)* Farbton *m;* **warm ~** warme Farbe **II.** *vt hair* tönen

tiny ['taɪni] *adj* winzig; **teeny ~** *(fam)* klitzeklein

tip[1] [tɪp] **I.** *n* Spitze *f;* ▸ **it's on the ~ of my tongue** es liegt mir auf der Zunge **II.** *vt* <-pp-> **to ~ a spear with poison** einen Speer in Gift [ein]tauchen

tip[2] [tɪp] **I.** *n* BRIT ❶ *(rubbish dump)* Deponie *f* ❷ *(fam: mess)* Saustall *m pej sl* **II.** *vt* <-pp-> ❶ *(empty out)* **to ~ sth into sth** etw in etw *akk* ausschütten ❷ *(tilt)* neigen **III.** *vi* <-pp-> *(tilt)* umkippen

tip[3] [tɪp] **I.** *n* ❶ *(money)* Trinkgeld *nt;* **to leave a 10% ~** 10 % Trinkgeld geben ❷ *(suggestion)* Rat[schlag] *m,* Tipp *m fam;* **take a ~ from me ...** wenn du mich fragst, ... **II.** *vt* <-pp-> *a waiter* Trinkgeld geben **III.** *vi* <-pp-> Trinkgeld geben

◆**tip off** *vt* einen Tipp geben

◆**tip out I.** *vi* herauskippen **II.** *vt* ausleeren

◆**tip over** *vt, vi* umschütten, umkippen

◆**tip up** *vt, vi* kippen; *seat* hochklappen

tip-off *n (fam)* Tipp *m*

tipsiness [ˈtɪpsɪnəs] *n no pl (fam)* Schwips *m*

tipsy [ˈtɪpsi] *adj* beschwipst

tiptoe [ˈtɪptəʊ] **I.** *n* **on ~[s]** auf Zehenspitzen **II.** *vi* auf Zehenspitzen gehen; **to ~ in** hineinschleichen

tip-up seat *n* Klappsitz *m*

tire[1] [ˈtaɪəʳ] *n* AM Reifen *m*

tire[2] [ˈtaɪəʳ] **I.** *vt* ermüden; **to ~ oneself doing sth** von etw *dat* müde werden **II.** *vi* müde werden; **to ~ of sth** etw satthaben *fam*

tired <-er, -est> [ˈtaɪəd] *adj* ❶ müde ❷ *(bored with)* **to be sick and ~ of sth/sb** von etw/jdm die Nase gestrichen voll haben *fam*

tiredness [ˈtaɪədnəs] *n no pl* Müdigkeit *f*

tireless [ˈtaɪələs] *adj* unermüdlich

tirelessly [ˈtaɪələsli] *adv* unermüdlich

tiresome [ˈtaɪəsəm] *adj* mühsam; *habit* unangenehm

tiring [ˈtaɪərɪŋ] *adj* ermüdend

tissue [ˈtɪʃuː, -sjuː] *n* ❶ *(for noses)* Papiertaschentuch *nt,* Tempo® *nt* ❷ *(for wrapping)* Seidenpapier *nt* ❸ *no pl (of animals or plants)* Gewebe *nt*

tit [tɪt] *n* ❶ *(bird)* Meise *f;* **blue ~** Blaumeise *f* ❷ *(vulg: breast)* Titte *f;* ▸ **~ for tat** wie du mir, so ich dir

title [ˈtaɪtl̩] **I.** *n* ❶ Titel *m;* **job ~** Berufsbezeichnung *f* ❷ *(film credits)* **~s** *pl* Vor-/Nachspann *m* **II.** *vt book, film* betiteln

titleholder *n* Titelverteidiger(in) *m(f)* **title page** *n* Titelblatt *nt* **title role** *n* Titelrolle *f* **title track** *n* Titelsong *m*

to [tuː, tʊ, tə] **I.** *prep* ❶ *(moving towards)* zu; *(a named place)* nach; **she goes ~ university** sie geht auf die Universität; **~ the north** nördlich; **from place ~ place** von Ort zu Ort ❷ *(in direction of)* auf; **to point ~ sth** auf etw *akk* zeigen ❸ *(in contact with)* an; **cheek ~ cheek** Wange an Wange ❹ *(with indirect object)* **~ sb/sth** jdm/etw; **to be married ~ sb** mit jdm verheiratet sein; **to show sth ~ sb** jdm etw zeigen ❺ *(in response)* auf; **and what was her response ~ that?** und wie lautete ihr Antwort darauf? ❻ *(compared to)* mit; **I prefer beef ~ seafood** ich ziehe Rindfleisch Meeresfrüchten vor ❼ *(until)* bis, zu; **unemployment has risen ~ almost 5 million** die Arbeitslosigkeit ist auf fast 5 Millionen angestiegen; **and ~ this day ...** und bis auf den heutigen Tag ...; **from morning ~ night** von morgens bis abends ❽ BRIT *(in clock times)* vor, bis SÜDD; **it's twenty ~ six** es ist zwanzig vor sechs ▸ **there's not much ~ it** das ist nichts Besonderes **II.** *to form infin* ❶ *(expressing intention)* **I'll have ~ tell him** ich werde es ihm sagen müssen; **to be about ~ do sth** gerade etw tun wollen; **we tried ~ help** wir versuchten zu helfen ❷ *(omitting verb)* **would you like to go? — yes, I'd love ~** möchtest du hingehen? — ja, sehr gern ❸ *(ex-*

T

pressing requests, wishes) zu; **I asked her ~ give me a call** ich bat sie, mich anzurufen; *(expressing wish)* **would you like ~ dance?** möchten Sie tanzen? ❹ *(after wh- words)* **I don't know what ~ do** ich weiß nicht, was ich tun soll **III.** *adv* zu; **to push the door ~** die Tür anlehnen; **to come ~** zu sich *dat* kommen

toad [təʊd] *n* Kröte *f*

toad-in-the-hole *n* BRIT *in Teig gebackene Wurst* **toadstool** *n* Giftpilz *m*

toast [təʊst] **I.** *n* ❶ *no pl* Toast *m;* **slice of ~** Scheibe *f* Toast ❷ *(when drinking)* Toast *m;* **to drink a ~ to sb** auf jdn trinken **II.** *vt* ❶ *nuts* rösten; *bread, muffin* toasten ❷ *(drink to)* trinken (auf)

toaster ['təʊstəʳ] *n* Toaster *m*

toast rack *n* Toastständer *m*

tobacco [tə'bækəʊ] *n no pl* Tabak *m*

tobacconist [tə'bækᵊnɪst] *n* Tabakwarenhändler(in) *m(f)*

-to-be [tə'bi:] *in compounds boss-, husband-* zukünftige(r, s) *attr;* **bride-~** zukünftige Braut; **mother-~** werdende Mutter

toboggan [tə'bɒgᵊn] **I.** *n* Schlitten *m,* Rodel *f* ÖSTERR **II.** *vi* Schlitten fahren, rodeln ÖSTERR

toboggan run, toboggan slide *n* Rodelbahn *f*

today [tə'deɪ] **I.** *adv* heute; *(nowadays)* heutzutage **II.** *n no pl* heutiger Tag; **~'s paper** Zeitung *f* von heute

toddler ['tɒdləʳ] *n* Kleinkind *nt*

toe [təʊ] *n (on foot)* Zehe *f; of sock, shoe* Spitze *f;* ▸ **to step on sb's ~s** jdm [zu] nahetreten

toe cap *n* Schuhkappe *f* **toenail** *n* Zehennagel *m*

toffee ['tɒfi] *n* Toffee *nt,* Sahnebonbon *nt*

toffee apple *n* kandierter Apfel

tofu ['təʊfu:] *n* Tofu *m*

together [tə'geðəʳ] **I.** *adv* ❶ zusammen; **close ~** nah beisammen; **to go ~** zusammenpassen ❷ *(collectively)* zusammen, gemeinsam; **all ~ now** jetzt alle miteinander ❸ *(in relationship)* zusammen; **to get ~** zusammenkommen **II.** *adj (fam)* ausgeglichen

toilet ['tɔɪlɪt] *n* Toilette *f,* Klo *nt fam;* **to go to the ~** *esp* BRIT auf die Toilette gehen

toilet paper *n* Toilettenpapier *nt*

toiletries ['tɔɪlɪtriz] *n pl* Toilettenartikel *pl*

toiletries bag *n* Kulturbeutel *m*

toilet roll *n* BRIT, AUS Rolle *f* Toilettenpapier

token ['təʊkᵊn] **I.** *n* ❶ *(symbol)* Zeichen *nt;* **a ~ of sb's affection** ein Zeichen *nt* für jds Zuneigung ❷ BRIT, AUS *(voucher)* Gutschein *m* ❸ *(money substitute)* Chip *m* **II.** *adj attr* ❶ *(symbolic)* nominell ❷ *(pej: an appearance of)* Schein-; **a ~ offer** ein Pro-forma-Angebot *nt*

told [təʊld] *pt, pp of* **tell**

tolerance ['tɒlᵊrᵊn(t)s] *n* ❶ *no pl* Toleranz *f* (**of/towards** gegenüber) ❷ *(capacity to endure)* Toleranz *f,* Widerstandsfähigkeit *f* (**to** gegen); **~ to alcohol** Alkoholverträglichkeit *f*

tolerant ['tɒlᵊrᵊnt] *adj* tolerant (**of/towards** gegenüber)

tolerate ['tɒlᵊreɪt] *vt* ❶ tolerieren; **to ~ sb** jdn ertragen ❷ *(resist) pain, stress* aushalten; *drug* vertragen

toll[1] [təʊl] *n* ❶ *(for motorways etc.)* Maut *f* ❷ AM *(for phone call)* [Fernsprech]gebühr *f*

toll[2] [təʊl] *vt, vi bell* läuten

toll call *n* AM Ferngespräch *nt* **toll-free** *adj* gebührenfrei **toll road** *n* Mautstraße *f*

tomato <*pl* -es> [tə'mɑ:təʊ] *n* Tomate *f,* Paradeiser *m* ÖSTERR

tomato juice *n no pl* Tomatensaft *m*

tomb [tu:m] *n* Grab *nt; (mausoleum)* Gruft *f*

tomboy ['tɒmbɔɪ] *n* Wildfang *m*

tombstone ['tu:mstəʊn] *n* Grabstein *m*

tomcat ['tɒmkæt] *n* Kater *m*

tomorrow [tə'mɒrəʊ] **I.** *adv* morgen

II. *n* morgiger Tag; **~'s youth** Jugend *f* von morgen; **~ morning** morgen Früh ▶ **~ is another day** *(prov)* morgen ist auch noch ein Tag

ton *<pl ->* [tʌn] *n* ❶ Tonne *f;* **long ~** *1016,05 kg;* **short ~** *907,185 kg* ❷ *(fam)* **to weigh a ~** Unmengen wiegen

tone [təʊn] **I.** *n* ❶ MUS **half ~** Halbton *m;* *(of instrument)* Klang *m* ❷ *(manner of speaking)* Ton *m;* **a disrespectful ~** ein respektloser Ton ❸ TELEC Ton *m;* **dialling** [*or* AM **dial**] **~** Wähltton *m* ❹ *(of colour)* Farbton *m* **II.** *vt muscles* fit halten **III.** *vi* **to ~ with sth** mit etw *dat* harmonieren

tone control *n* Klangregler *m*

tone-deaf *adj* **to be ~** unmusikalisch sein

toner ['təʊnəʳ] *n* ❶ *(for skin)* Gesichtswasser *nt* ❷ *(for photographs)* Toner *m*

toner cartridge, toner cassette *n* TYPO Tonerpatrone *f*

tongs [tɒŋz] *n pl* Zange *f;* **fire ~** Feuerzange *f*

tongue [tʌŋ] *n* Zunge *f;* **to bite one's ~** sich *dat* in die Zunge beißen ▶ **to set ~s wagging** Gerede verursachen

tongue-tied *adj* sprachlos; **to be ~ with surprise** vor Überraschung kein Wort herausbekommen **tongue twister** *n* Zungenbrecher *m*

tonic ['tɒnɪk] *n* ❶ *(medicine)* Tonikum *nt geh* ❷ *(sth that rejuvenates)* Erfrischung *f*

tonic (water) ['tɒnɪk-] *n* Tonic[water] *nt*

tonight [tə'naɪt] **I.** *adv* heute Abend; *(after midnight)* heute Nacht **II.** *n* der heutige Abend; **~'s meeting** das Treffen des heutigen Abends

tonsillitis [ˌtɒn(t)sᵊ'laɪtɪs] *n no pl* Mandelentzündung *f*

tonsils ['tɒn(t)sᵊlz] *n pl* MED Mandeln *pl*

tony ['təʊni] *adj attr* AM *(fam: classy) clothing* todschick; *restaurant, boutique, resort* nobel

too [tu:] *adv* ❶ *(overly) big, heavy, small* zu; **far ~ difficult** viel zu schwierig ❷ *(very)* sehr; **to not be ~ sure if …** sich *dat* nicht ganz sicher sein, ob … ❸ *(also)* auch; **me ~!** ich auch!

took [tʊk] *pt of* **take**

tool [tu:l] *n* ❶ Werkzeug *nt* ❷ *(aid)* Mittel *nt* ❸ *(occupational necessity)* Instrument *nt;* **to be a ~ of the trade** zum Handwerkszeug gehören

tool bag *n* Werkzeugtasche *f* **tool box** *n* Werkzeugkiste *f* **tool kit** *n* ❶ *(container)* Werkzeugkasten *m* ❷ COMPUT *(for program)* Werkzeug *nt,* Werkzeugausrüstung *f*

tooth *<pl teeth>* [tu:θ] *n* ❶ Zahn *m;* **to brush one's teeth** die Zähne putzen ❷ *usu pl of comb* Zinke *f; of saw* [Säge]zahn *m; of cog* Zahn *m;* ▶ **to get one's teeth into sth** sich in etw *akk* hineinstürzen

toothache *n no pl* Zahnschmerzen *pl*

toothbrush *n* Zahnbürste *f*

toothed [tu:θt] *adj* mit Zähnen versehen, Zahn-; *leaf* gezähnt, gezackt

toothpaste *n no pl* Zahnpasta *f* **toothpick** *n* Zahnstocher *m*

top¹ [tɒp] *n* Kreisel *m*

top² [tɒp] **I.** *n* ❶ oberes Ende, Spitze *f; of mountain* [Berg]gipfel *m; of tree* [Baum]krone *f;* **from ~ to bottom** von oben bis unten ❷ *no pl (highest rank)* Spitze *f* ❸ FASHION Top *nt* ❹ *(lid)* Deckel *m;* ▶ **to go over the ~** überreagieren; **from ~ to toe** von Kopf bis Fuß **II.** *adj* ❶ *attr (highest)* oberste(r, s) ❷ *(best)* beste(r, s); **sb's ~ choice** jds erste Wahl ❸ *athlete, candidate* Spitzen- ❹ *(maximum)* höchste(r, s); **~ speed** Höchstgeschwindigkeit *f* **III.** *adv* BRIT **to come ~** [**of the class**] Klassenbeste(r) *f(m)* sein **IV.** *vt <-pp->* ❶ *(be at top of)* anführen; **to ~ a list** obenan auf einer Liste stehen ❷ *(surpass)* übertreffen

◆**top off** *vt* ❶ FOOD garnieren (**with** mit) ❷ *esp* AM, AUS *(conclude satisfactorily)* abrunden (**with** mit)

◆**top up** *vt* nachfüllen; **to ~ sb up**

T

(fam) jdm nachschenken

topcoat *n* Deckanstrich *m* **top dog** *n* *(fam)* Boss *m* **top hat** *n* Zylinder *m* **top-heavy** *adj* kopflastig

topic ['tɒpɪk] *n* Thema *nt*

topical ['tɒpɪkəl] *adj* aktuell

topless ['tɒpləs] **I.** *adj* oben ohne *präd* **II.** *adv* **to go ~** oben ohne gehen

topmost *adj attr* oberste(r, s)

topping ['tɒpɪŋ] *n* Garnierung *f*

topple ['tɒpl̩] **I.** *vt (knock over)* umwerfen **II.** *vi* stürzen; *prices* fallen
◆**topple over** **I.** *vt* umwerfen **II.** *vi* umfallen, stürzen (über)

top priority *n* höchste Priorität **top quality** *n* Spitzenqualität *f* **top secret** *adj* streng geheim **top-selling** *adj attr* meistverkauft **top speed** *n* Höchstgeschwindigkeit *f*

top-up card ['tɒpʌp-] *n (for mobile phone)* Aufladekarte *f,* Prepaidkarte *f*

Torah ['tɔːrə] *n* REL Thora *f*

torch [tɔːtʃ] **I.** *n* <*pl* -es> ① AUS, BRIT Taschenlampe *f* ② *(burning stick)* Fackel *f;* **Olympic ~** olympisches Feuer **II.** *vt (fam)* in Brand setzen

torchlight **I.** *n no pl* Fackelschein *m* **II.** *adj attr* Fackel-

tore [tɔːʳ] *pt of* **tear**

torn [tɔːn] **I.** *pp of* **tear** **II.** *adj pred (unable to choose)* [innerlich] zerrissen

tornado [tɔː'neɪdəʊ] *n* <*pl* -es> Tornado *m*

torpedo [tɔː'piːdəʊ] MIL, NAUT **I.** *n* <*pl* -es> Torpedo *m* **II.** *vt* torpedieren

torrential [tə'ren(t)ʃəl] *adj* sintflutartig

tortoise ['tɔːtəs] *n* [Land]schildkröte *f*

tortoiseshell **I.** *n no pl* Schildpatt *nt* **II.** *adj attr* Schildpatt-

torture ['tɔːtʃəʳ] **I.** *n* ① *no pl* Folter *f* ② *(painful suffering)* Qual *f,* Tortur *f* **II.** *vt* foltern; **to be ~d by sth** von etw *dat* gequält werden

Tory ['tɔːri] POL **I.** *n* BRIT *(British Conservative)* Tory *m (Angehöriger der britischen konservativen Partei)* **II.** *adj* Tory-

toss <*pl* -es> [tɒs] **I.** *n* Wurf *m;* **to win the ~** den Münzwurf gewinnen **II.** *vt* werfen; **to ~ one's head** den Kopf zurückwerfen; **to ~ a coin** eine Münze werfen **III.** *vi* knobeln (**for** um) ▸**to ~ and turn** sich hin und her wälzen
◆**toss about, toss around** *vt* hin und her werfen; *(fig) proposal* zur Debatte stellen
◆**toss away** *vt* wegwerfen
◆**toss up** *vi* eine Münze werfen

total ['təʊtəl] **I.** *n* Gesamtsumme *f;* **in ~** insgesamt **II.** *adj* ① *attr (complete)* gesamt ② *(absolute)* völlig; **to be a ~ stranger** vollkommen fremd sein **III.** *vt* <-ll-> *(add up)* zusammenrechnen

totally ['təʊtəli] *adv* völlig

toucan ['tuːkæn] *n* Tukan *m*

touch [tʌtʃ] **I.** *n* <*pl* -es> ① Berührung *f;* **at the ~ of a button** auf Knopfdruck ② *no pl (ability to feel)* Tasten *nt;* **the sense of ~** der Tastsinn ③ *no pl (communication)* Kontakt *m;* **to be in ~ with sb/sth** mit jdm/etw in Kontakt sein **II.** *vt* ① berühren, anfassen ② *(move emotionally)* bewegen ▸**to ~ a [raw] nerve** einen wunden Punkt berühren **III.** *vi* berühren
◆**touch down** *vi* AVIAT landen
◆**touch off** *vt* auslösen
◆**touch on, touch upon** *vi* ansprechen
◆**touch up** *vt* ① *(improve)* auffrischen; *photograph* retuschieren ② BRIT *(fam: assault sexually)* **to ~ sb up** jdn begrapschen *pej*

touchdown *n* AEROSP, AVIAT Landung *f*

touched [tʌtʃt] *adj pred* gerührt

touchily ['tʌtʃɪli] *adv (fam)* überempfindlich, leicht gereizt

touching ['tʌtʃɪŋ] **I.** *adj* berührend **II.** *n* Berühren *nt kein pl*

touchingly ['tʌtʃɪŋli] *adv* auf rührende Weise; **to care ~ for sb** sich rührend um jdn kümmern

touchline *n* BRIT SPORTS Seitenlinie *f*

touchpad *n* COMPUT Touchpad *nt* **touchscreen** *n* Touchscreen *m fachspr*

touchy ['tʌtʃi] *adj (fam)* ❶ *person* empfindlich ❷ *situation* heikel

tough [tʌf] *adj* ❶ *object* robust; *person, animal, meat* zäh; *law* streng; **to be as ~ as old boots** nicht unterzukriegen sein ❷ *(fam: unlucky)* **~ luck!** so ein Pech! *a. iron*

toughen ['tʌfᵊn] **I.** *vt* ❶ verstärken; **~ed glass** gehärtetes Glas ❷ *(make difficult to cut)* hart werden lassen **II.** *vi* stärker werden

toupee ['tu:peɪ] *n* Toupet *nt*

tour [tɔ:ʳ, tʊəʳ] **I.** *n* Reise *f,* Tour *f;* **guided ~** Führung *f;* **to be on ~** auf Tournee sein **II.** *vt (travel around)* bereisen **III.** *vi* **to ~** [**with sb**] [mit jdm] auf Tournee gehen

tourism ['tɔ:rɪzᵊm, 'tʊə-] *n no pl* Tourismus *m*

tourist ['tʊərɪst] *n* Tourist(in) *m(f)*

tourist class *n* Touristenklasse *f* **tourist guide** *n* ❶ *(book)* Reiseführer *m* ❷ *(person)* Fremdenführer(in) *m(f)* **tourist (information) office** *n* Touristeninformation *f* **tourist visa** *n* Reisevisum *nt*

tournament ['tɔ:nəmənt] *n* Turnier *nt*

tour operator *n* Reiseveranstalter *m*

tout [taʊt] **I.** *n (pej)* Schwarzhändler(in) *m(f)* **II.** *vt (advertise)* Reklame machen (für)

tow [təʊ] **I.** *n* Schleppen *nt kein pl;* **to give sb a ~** jdn abschleppen **II.** *vt* ziehen; *vehicle* abschleppen

toward(s) [tə'wɔ:d(z)] *prep* **she walked ~ him** sie ging auf ihn zu; **walk ~ the bank** lauf in Richtung Bank; **my feelings ~ her** meine Gefühle ihr gegenüber; **he has given me some money ~ it** er hat mir etwas Geld dazugegeben; **~ midnight/the end of the year** gegen Mitternacht/Ende des Jahres; **to be unfriendly ~ sb** zu jdm unfreundlich sein; **to count ~ sth** auf etw *akk* angerechnet werden

tow bar *n* Abschleppstange *f* **tow boat** *n* AM NAUT Schlepper *m*

towel ['taʊəl] **I.** *n* Handtuch *nt;* **paper ~** Papiertuch *nt;* ▶ **to throw in the ~** das Handtuch werfen **II.** *vt* <-ll-> **to ~ sth dry** etw trockenreiben

towelette [ˌtaʊə'let] *n* Erfrischungstuch *nt*

towelling, AM **toweling** ['taʊəlɪŋ] *n* Frottee *nt o m*

towel rail *n* BRIT, AUS Handtuchstange *f*

tower [taʊəʳ] *n* Turm *m;* **office ~** Bürohochhaus *nt;* ▶ **a ~ of strength** ein Fels in der Brandung

◆**tower above**, **tower over** *vi* aufragen; **to ~ above sb/sth** jdn/etw überragen **tower block** *n* BRIT Hochhaus *nt*

town [taʊn] *n* Stadt *f;* **home ~** Heimatstadt *f*

town centre, AM **town center** *n* **the ~** das Stadtzentrum **town hall** *n* Rathaus *nt* **town house** *n* ❶ *(residence)* Stadthaus *nt* ❷ *esp* AM *(row house)* Reihenhaus *nt* **town twinning** *n no pl* Städtepartnerschaft *f*

tow truck *n* AM, AUS Abschleppwagen *m*

toy [tɔɪ] *n* Spielzeug *nt;* **cuddly ~** Kuscheltier *nt*

toy car *n* Spielzeugauto *nt* **toyshop** *n* Spielwarengeschäft *nt*

trace [treɪs] **I.** *n* ❶ *(sign)* Zeichen *nt,* Spur *f;* **to disappear without a ~** spurlos verschwinden ❷ *(slight amount)* Spur *f;* **~ of a smile** Anflug *m* eines Lächelns ❸ *(electronic search)* Aufzeichnung *f* **II.** *vt (follow trail)* auffinden; **to ~ sb** jds Spur verfolgen

track [træk] **I.** *n* ❶ *(path)* Weg *m,* Pfad *m* ❷ RAIL **~s** *pl* Gleise *pl,* Schienen *pl;* AM *(platform)* Bahnsteig *m* ❸ *(for curtains)* Schiene *f* ❹ *usu pl (mark)* Spur *f; of deer* Fährte *f* ❺ SPORTS *for running* Laufbahn *f;* ▶ **to be off the beaten ~** abgelegen sein; **to keep ~ of sth** etw im Auge behalten **II.** *vt (pursue)* verfolgen; **to ~ sb** jds Spur verfolgen

◆**track down** *vt* aufspüren; *information* ausfindig machen

track and field *n no pl* SPORTS Leichtath-

T

letik *f*
tracker dog *n* Spürhund *m*
track event *n* SPORTS Laufwettbewerb *m* **track record** *n* ❶ SPORTS Streckenrekord *m* ❷ *of company, person* Erfolgsbilanz *f* **track shoe** *n* Laufschuh *m* **tracksuit** *n* Trainingsanzug *m*
traction ['trækʃᵊn] *n no pl* ❶ *of car, wheels* Bodenhaftung *f* ❷ MED Strecken *nt;* **to be in ~** im Streckverband liegen
tractor ['træktəʳ] *n* Traktor *m*
trade [treɪd] **I.** *n* ❶ *no pl* Handel *m; (type of business)* Branche *f;* **building ~** Baugewerbe *nt* ❷ *(handicraft)* Handwerk *nt;* **to learn a ~** ein Handwerk erlernen **II.** *vi* ❶ *(exchange)* tauschen (**with** mit) ❷ *(do business)* Geschäfte machen ❸ STOCKEX handeln **III.** *vt* ❶ austauschen; *bets* abschließen; *insults, punches* austauschen ❷ STOCKEX handeln
◆ **trade in** *vt* in Zahlung geben
trade fair *n* Messe *f* **trademark** *n* ❶ *(of company)* Warenzeichen *nt* ❷ *(of person, music)* charakteristisches Merkmal **trade name** *n* Markenname *m* **trade price** *n* BRIT Großhandelspreis *m* **trade route** *n* Handelsweg *m*
tradesman ['treɪdzmən] *n (shopkeeper)* Händler *m; (craftsman)* Handwerker *m*
trade union *n* Gewerkschaft *f*
trade wind *n* Passat *m*
trading ['treɪdɪŋ] *n no pl* Handel *m;* **Sunday ~** BRIT Offenhalten *nt* der Geschäfte am Sonntag
trading estate *n* BRIT Industriegelände *nt*
tradition [trə'dɪʃᵊn] *n* Tradition *f,* Brauch *m*
traditional [trə'dɪʃᵊnᵊl] *adj* traditionell; *person* konservativ
traditionally [trə'dɪʃᵊnᵊli] *adv* traditionell; *(usually)* üblicherweise
traffic ['træfɪk] **I.** *n no pl* ❶ Verkehr *m;* **air ~** Luftverkehr *m* ❷ *(in illegal items)* illegaler Handel (**in** mit); **drug ~** Drogenhandel *m* **II.** *vi* <-ck-> handeln; **to ~ in drugs** mit Drogen handeln
traffic accident *n* Verkehrsunfall *m* **traffic-calmed** ['træfɪkˌkɑːmd] *adj attr* BRIT verkehrsberuhigt **traffic circle** *n* AM Kreisverkehr *m* **traffic island** *n* ❶ *(pedestrian island)* Verkehrsinsel *f* ❷ AM *(central reservation)* Mittelstreifen *m* **traffic jam** *n* Stau *m* **traffic light** *n* BRIT Ampel *f* **traffic warden** *n* BRIT Verkehrspolizist(in) *m(f)*
tragedy ['trædʒədi] *n* Tragödie *f;* **it's a ~ that …** es ist tragisch, dass …
tragic ['trædʒɪk] *adj* tragisch
tragically ['trædʒɪkᵊli] *adv* ❶ *(sadly)* tragischerweise ❷ *(in theatre)* tragisch
trail [treɪl] **I.** *n* ❶ *(path)* Weg *m,* Pfad *m* ❷ *(track)* Spur *f;* **~ of dust/smoke** Staubwolke *f*/Rauchfahne *f* **II.** *vt* **to ~ sb** ❶ *(follow)* jdm auf der Spur sein ❷ *(in a competition)* hinter jdm liegen **III.** *vi* ❶ *(drag)* schleifen ❷ *(be losing)* zurückliegen ❸ *(move sluggishly)* **to ~ [after sb]** [hinter jdm her] trotten
◆ **trail behind I.** *vi* zurückbleiben **II.** *vt* hinterherlaufen
trailer ['treɪləʳ] *n* ❶ Anhänger *m* ❷ AM *(caravan)* Wohnwagen *m*
trailer camp, trailer park *n* AM Wohnwagenabstellplatz *m*
trailwear *n* Outdoor-Kleidung *f*
train [treɪn] **I.** *n* ❶ RAIL Zug *m;* **to change ~s** umsteigen ❷ *(series)* Serie *f;* **~ of thought** Gedankengang *m* **II.** *vi* trainieren (**for** für) **III.** *vt (teach)* ausbilden; **to ~ sb for sth** jdn für etw *akk* ausbilden
train accident *n* Zugunglück *nt* **train driver** *n* Lokführer(in) *m(f)*
trained [treɪnd] *adj* ❶ *(educated)* ausgebildet ❷ *(expert) ear, eye* geschult
trainee [ˌtreɪ'niː] *n* Auszubildende(r) *f(m)*
traineeship [ˌtreɪ'niːʃɪp] *n* Ausbildung
trainee teacher *n* Referendar(in) *m(f),* Probelehrer(in) *m(f)* ÖSTERR

trainer ['treɪnəʳ] *n* ❶ *(teacher)* Trainer(in) *m(f); (of animals)* Dresseur(in) *m(f); (in circus)* Dompteur, Dompteuse *m, f* ❷ BRIT *(shoe)* Turnschuh *m*
train ferry *n* Zugfähre *f*
training ['treɪnɪŋ] **I.** *n no pl* ❶ Ausbildung *f; (seminar)* Schulung *f* ❷ SPORTS Training *nt* **II.** *adj attr* Schulungs-
training camp *n* SPORTS Trainingscamp *nt* **training course** *n* Vorbereitungskurs *m* **training programme**, AM **training program** *n* Ausbildungsprogramm *nt* **training ship** *n* Schulschiff *nt*
train service *n no pl* Zugverkehr *m; (between two towns)* [Eisen]bahnverbindung *f*
traitor ['treɪtəʳ] *n* Verräter(in) *m(f)*
tram [træm] *n* BRIT, AUS Straßenbahn *f*
tramline *n* BRIT, AUS ❶ *(route)* Straßenbahnlinie *f* ❷ *(tracks)* **~s** *pl* Straßenbahnschienen *pl*
tramp [træmp] **I.** *vi (walk)* marschieren; *(walk heavily)* trampeln **II.** *n* ❶ *(poor person)* Vagabund(in) *m(f)*, Sandler(in) *m(f)* ÖSTERR ❷ *no pl (stomping sound)* schwere Schritte *pl; (tiring walk)* Fußmarsch *m*
trample ['træmpl̩] **I.** *vt* niedertrampeln; *flowers, crops* zertrampeln **II.** *vi* **to ~ on sth** auf etw *dat* herumtrampeln
trampoline ['træmpəliːn] *n* Trampolin *nt*
tranquil ['træŋkwɪl] *adj setting* ruhig; *voice, expression* gelassen
tranquillizer, AM **tranquilizer** ['træŋkwɪlaɪzəʳ] *n* Beruhigungsmittel *nt*
transfer **I.** *vt* <-rr-> [træn(t)s'fɜːʳ] ❶ *money* überweisen ❷ *(re-assign)* versetzen; *power* abgeben; *responsibility* übertragen ❸ *(redirect)* übertragen; *a call* weiterleiten **II.** *vi* <-rr-> [træn(t)s'fɜːʳ] *(change job)* überwechseln **III.** *n* ['træn(t)sfɜːʳ] ❶ *of money* Überweisung *f; of ownership* Übertragung *f* ❷ *no pl of patients, prisoners* Verlegung *f* (**to** in/nach) ❸ *(at work)* Versetzung *f*
transferred charge call [ˌtræn(t)sfɜːd-tʃɑːdʒ'-] *n* BRIT R-Gespräch *nt*
transform [træn(t)s'fɔːm] *vt* ❶ *(change)* verwandeln ❷ ELEC transformieren *fachspr*
transformation [ˌtræn(t)sfə'meɪʃən] *n* Verwandlung *f*
transfusion [træn(t)s'fjuːʒən] *n no pl* MED Transfusion *f*
transgenic [trænz'dʒenɪk] *adj* BIOL, AGR transgen
transistor [træn'zɪstəʳ] *n* ELEC Transistor *m fachspr*
transit ['træn(t)sɪt] **I.** *n no pl* Transit *m* **II.** *vt* durchqueren
transit desk *n* Transitschalter *m*
transition [træn'zɪʃən] *n* Übergang *m;* **to be in ~** in einer Übergangsphase sein
transit lounge *n* Transitraum *m* **transit passenger** *n* Transitreisende(r) *f(m)* **transit visa** *n* Transitvisum *nt*
translate [trænz'leɪt] *vt* übersetzen; **to ~ sth from English into German** etw aus dem Englischen ins Deutsche übersetzen
translation [trænz'leɪʃən] *n* ❶ Übersetzung *f* ❷ *no pl (process)* Übersetzen *nt*
translator [trænz'leɪtəʳ] *n* Übersetzer(in) *m(f)*
transmission [trænz'mɪʃən] *n* ❶ *no pl (act of broadcasting)* Übertragen *nt; (broadcast)* Sendung *f* ❷ *no pl of disease* Übertragung *f; of hereditary disease* Vererbung *f* ❸ *(in car engine)* Getriebe *nt*
transmission speed *n* COMPUT Übertragungsgeschwindigkeit *f*
transmit <-tt-> [trænz'mɪt] **I.** *vt* ❶ MED *(pass on)* übertragen ❷ *(impart)* übermitteln **II.** *vi* RADIO senden
transmitter [trænz'mɪtəʳ] *n* Sender *m*
transparency [træns'pærən(t)si] *n* ❶ *no pl (quality)* Lichtdurchlässigkeit *f* ❷ *no pl (obviousness)* Durchschaubarkeit *f* ❸ *(slide)* Dia *nt; (for overhead)* Over-

T

headfolie *f*

transparent [træns'pærᵊnt] *adj* ❶ durchsichtig ❷ *(fig)* transparent *geh*

transplant **I.** *vt* [træn'splɑ:nt] ❶ MED *(from donor)* transplantieren ❷ *(replant)* umpflanzen ❸ *(relocate)* umsiedeln **II.** *n* ['træn(t)splɑ:nt] MED Transplantation *f fachspr*

transport **I.** *vt* [træn'spɔ:t] *(carry)* transportieren, befördern **II.** *n* ['træn(t)spɔ:t] ❶ *no pl (conveying)* Transport *m,* Beförderung *f* ❷ *no pl (traffic)* Verkehrsmittel *nt;* **public ~** öffentliche Verkehrsmittel *pl*

transportation [træn(t)spɔ:'teɪʃᵊn] *n no pl* ❶ *of goods* Beförderung *f* ❷ *esp* AM, AUS Verkehrsmittel *nt*

trap [træp] **I.** *n (snare)* Falle *f; (ambush)* Hinterhalt *m;* **to fall into a ~** in die Falle gehen **II.** *vt* <-pp-> ❶ *(snare)* **to ~ an animal** ein Tier [in einer Falle] fangen ❷ *usu passive (confine)* **to be ~ped** eingeschlossen sein; **to feel ~ped** sich gefangen fühlen ❸ *(catch) finger, nerve* einklemmen

trapdoor *n (door)* Falltür *f*

trapeze [trə'pi:z] *n* Trapez *nt*

trash [træʃ] **I.** *n no pl* AM ❶ *(waste)* Müll *m,* Abfall *m* ❷ *(pej fam: junk)* Ramsch *m* **II.** *vt (fam: wreck)* kaputt machen

trash can *n* AM *(dustbin)* Mülltonne *f*

trashy ['træʃi] *adj (pej fam)* wertlos

trauma ['trɔ:mə] *n* <*pl* -s> Trauma *nt*

traumatic [trɔ:'mætɪk] *adj* traumatisch

traumatize ['trɔ:mətaɪz] *vt usu passive* **to be ~d by sth** durch etw *akk* traumatisiert sein

travel ['trævᵊl] **I.** *vi* <-ll-> reisen; *(by air)* fliegen; **to ~ by train** mit dem Zug fahren **II.** *vt* <-ll-> **to ~ the world** die Welt bereisen **III.** *n* ❶ *no pl* Reisen *nt* ❷ *pl (journey)* **~s** *pl* Reise *f*

travel agency *n* Reisebüro *nt* **travel allowance** *n* Reisekostenzuschuss *m* **travel card** *n* Tages-/Wochen-/Monatskarte *f; (for train also)* Netzkarte *f* **travel cot** *n* BRIT Kinderreisebett[chen] *nt*

traveler *n* AM *see* **traveller**

travel expenses *n pl* Reisekosten *pl*

traveling *n* AM *see* **travelling**

travel insurance *n* Reiseversicherung *f; (for cancellations)* Reiserücktrittsversicherung *f*

traveller ['trævᵊləʳ] *n* ❶ Reisende(r) *f(m)* ❷ BRIT Zigeuner(in) *m(f) pej*

travelling ['trævᵊlɪŋ] *n* Reisen *nt*

travelling bag *n* Reisetasche *f* **travelling circus** *n* Wanderzirkus *m* **travelling clock** *n* Reisewecker *m* **travelling salesman** *n (dated)* Vertreter(in) *m(f)*

travel-sick *adj* reisekrank **travel sickness** *n* Reisekrankheit *f*

trawler ['trɔ:ləʳ] *n* Trawler *m*

tray [treɪ] *n* ❶ Tablett *nt* ❷ *esp* BRIT *(for papers)* Ablage *f;* **in-~** Ablage für Posteingänge

treacle ['tri:kḷ] *n no pl* BRIT Melasse *f*

tread [tred] **I.** *vi* <trod, trodden> ❶ *(step)* treten; **to ~ carefully** vorsichtig auftreten ❷ *(maltreat)* **to ~ on sb** jdn treten **II.** *vt* <trod, trodden> **to ~ sth down** *grass* etw niedertreten; **to ~ water** Wasser treten **III.** *n* ❶ *no pl* Tritt *m,* Schritt *m* ❷ *(profile) of tyre* [Reifen]profil *nt*

treason ['tri:zᵊn] *n no pl* [Landes]verrat *m*

treasure ['treʒəʳ] **I.** *n* ❶ *no pl (hoard)* Schatz *m* ❷ *(valuables)* **~s** *pl* Schätze *pl* **II.** *vt* [hoch]schätzen; **to ~ the memory of sb** die Erinnerung[en] an jdn bewahren

treasure hunt *n* Schatzsuche *f* **treasure map** *n* Schatzkarte *f*

treasurer ['treʒᵊrəʳ] *n* Schatzmeister(in) *m(f); of club* Kassenwart(in) *m(f)*

treasury ['treʒᵊri] *n no pl* POL **the T~** das Finanzministerium

Treasury Secretary *n* AM Finanzminister(in) *m(f)*

treat [tri:t] **I.** *vt* ❶ MED *a.* behandeln; **to ~ sb badly** jdn schlecht behandeln

② *(regard)* betrachten (**as** als); **to ~ sth with contempt** etw mit Verachtung begegnen ③ *(pay for)* **to ~ sb [to sth]** jdn [zu etw *dat*] einladen; **to ~ oneself [to sth]** sich *dat* etw gönnen ④ *usu passive (process)* behandeln (**with** mit); *sewage* klären **II.** *n* [besonderes] Vergnügen; **to give oneself a ~** sich *dat* etw gönnen

treatment ['tri:tmənt] *n* Behandlung *f*

treaty ['tri:ti] *n* Vertrag *m* (**between** zwischen/**on** über)

treble ['trebl̩] **I.** *adj* ① *(three)* dreifach ② *attr* MUS Diskant- **II.** *adv* das Dreifache **III.** *vt* verdreifachen **IV.** *n* Sopran *m*

treble clef *n* MUS Violinschlüssel *m* **treble recorder** *n* MUS Altflöte *f*

tree [tri:] *n* Baum *m*

treeline *n no pl* **the ~** die Baumgrenze **tree-lined** *adj* von Bäumen gesäumt **treetops** *n pl* **the ~** die [Baum]wipfel *pl* **tree trunk** *n* Baumstamm *m*

trek [trek] **I.** *vi* <-kk-> wandern **II.** *n* Wanderung *f*

trekking ['trekɪŋ] *n* Trekking *nt*

tremble ['trembl̩] **I.** *vi (shake)* zittern; *lip, voice* beben; **to ~ like a leaf** zittern wie Espenlaub **II.** *n* Zittern *nt*

trembling ['trembl̩ɪŋ] *adj attr* zitternd; *lip, voice* bebend

tremendous [trɪ'mendəs] *adj* ① *(big)* enorm; *crowd, scope* riesig; *success* enorm ② *(good)* super

tremendously [trɪ'mendəsli] *adv* äußerst, enorm, riesig *fam*

tremor ['tremə^r] *n* ① Zittern *nt* ② *(earthquake)* Beben *nt*

trend [trend] *n* Trend *m*, Tendenz *f*; **the latest ~** der letzte Schrei *fam*

trend-conscious ['trendkɒn(t)ʃəs] *adj* trendbewusst, modebewusst

trendsetter ['trend,setə^r] *n* Trendsetter(in) *m(f)*

trendy ['trendi] *adj* modisch

trespass **I.** *n* <*pl* -es> ['trespəs] LAW *(intrusion)* unbefugtes Betreten **II.** *vi* ['trespəs] *(intrude)* unbefugt eindringen; **to ~ on sb's land** jds Land unerlaubt betreten

trespasser ['trespəsə^r] *n* Eindringling *m*; **"~s will be prosecuted!"** „unbefugtes Betreten wird strafrechtlich verfolgt!“

trial [traɪəl] **I.** *n* ① LAW Prozess *m*, [Gerichts]verhandlung *f*; **to stand ~** vor Gericht stehen ② *(test)* Probe *f*, Test *m*; **clinical ~s** klinische Tests *pl* **II.** *vt* <-ll-> *drugs* testen

trial period *n* Probezeit *f*

triangle ['traɪæŋgl̩] *n* ① Dreieck *nt* ② *(percussion)* Triangel *f*

triangular [traɪ'æŋgjələ^r] *adj* dreieckig

triathlon [traɪ'æθlɒn] *n* Triathlon *nt*

tribal ['traɪbəl] *adj* Stammes-

triband ['traɪbænd] *adj mobile phone* Triband-

tribe [traɪb] *n + sing/pl vb* Stamm *m*

tribesman *n* Stammesangehöriger *m*

tribunal [traɪ'bju:nəl] *n* ① *(court)* Gericht *nt* ② *(investigative body)* Untersuchungsausschuss *m*

tribune ['trɪbju:n] *n (dais)* Tribüne *f*

tributary ['trɪbjətəri] *n* Nebenfluss *m*

tribute ['trɪbju:t] *n (respect)* Tribut *m*; **to pay ~ to sb/sth** jdm/etw Tribut zollen *geh*

trick [trɪk] **I.** *n* ① *(ruse)* Trick *m*; **to play a ~ on sb** jdm einen Streich spielen ② *(knack)* Kunstgriff *m* ③ *(illusion)* **a ~ of the light** eine optische Täuschung ▶ **a dirty ~** ein gemeiner Trick **II.** *adj attr question* Fang- **III.** *vt* ① *(deceive)* täuschen; **to ~ sb into doing sth** jdn dazu bringen, etw zu tun ② *(fool)* reinlegen *fam*

trickle ['trɪkl̩] **I.** *vi (flow)* sickern; *(in drops)* tröpfeln **II.** *vt* tröpfeln, träufeln **III.** *n (flow)* Rinnsal *nt geh; of blood* Tropfen *pl*

tricky ['trɪki] *adj* ① *(deceitful)* betrügerisch ② *(sly)* raffiniert

tricycle ['traɪsɪkl̩] *n* Dreirad *nt*

trier ['traɪə^r] *n* Kämpfernatur *f*; **to be a ~** sich *dat* sehr viel Mühe geben

trifle ['traɪfl̩] *n* ① BRIT Trifle *nt (Bis-*

kuitdessert mit Obst und Schlagsahne) ❷ *(form: petty thing)* Kleinigkeit *f*

trigger ['trɪgə^{r}] **I.** *n (gun part)* Abzug *m;* **to pull the ~** abdrücken **II.** *vt* auslösen

trike [traɪk] *n short for* **tricycle** Dreirad *nt*

trilogy ['trɪlədʒi] *n* Trilogie *f*

trim [trɪm] **I.** *n no pl* ❶ *(cutting)* Nachschneiden *nt* ❷ *(edging)* Applikation *f* **II.** *adj* <-mer, -mest> ❶ *(neat)* ordentlich; *lawn* gepflegt ❷ *(slim)* schlank **III.** *vt* <-mm-> ❶ *(cut)* [nach]schneiden; *beard, hedge* stutzen ❷ *(decorate)* schmücken (**with** mit)

◆**trim off** *vt* ❶ *(cut)* abschneiden ❷ *(reduce)* kürzen

trimming ['trɪmɪŋ] *n* ❶ *no pl (cutting)* Nachschneiden *nt* ❷ *(pieces)* **~s** *pl* Abfälle *pl*

trio <*pl* -s> ['triəʊ] *n* Trio *nt*

trip [trɪp] **I.** *n* ❶ *(journey)* Reise *f,* Fahrt *f;* **round ~** Rundreise *f* ❷ *esp* BRIT *(outing)* Ausflug *m* **II.** *vi* <-pp-> *(unbalance)* stolpern ▶ **to ~ off the tongue** leicht von der Zunge gehen **III.** *vt* <-pp-> *(unbalance)* **to ~ sb** jdm ein Bein stellen

◆**trip over** *vt (be hindered)* stolpern (über) ▶ **to ~ over one's words** über seine Worte stolpern

◆**trip up I.** *vt* ❶ *(unbalance)* **to ~ up** ↻ **sb** jdm ein Bein stellen ❷ *(foil)* zu Fall bringen **II.** *vi* ❶ *(stumble)* stolpern ❷ *(blunder)* einen Fehler machen

triple ['trɪpl̩] **I.** *adj* ❶ *attr (threefold)* dreifach ❷ *attr (of three parts)* Dreier- **II.** *adv* dreimal so viel **III.** *vt* verdreifachen

triplet ['trɪplət] *n usu pl (baby)* Drilling *m*

tripod ['traɪpɒd] *n* Stativ *nt*

triumph ['traɪəm(p)f] **I.** *n* ❶ *(victory)* Triumph *m,* Sieg *m* (**over** über) ❷ *no pl (joy)* Siegesfreude *f* **II.** *vi (win)* triumphieren (**over** über)

triumphant [traɪ'ʌm(p)fənt] *adj* ❶ *(victorious)* siegreich ❷ *(successful)* erfolgreich

triumphantly [traɪ'ʌm(p)fəntli] *adv* triumphierend

trivial ['trɪviəl] *adj (unimportant)* trivial; *issue* belanglos

trod [trɒd], **trodden** ['trɒd^{ə}n] *pt, pp of* **tread I, II**

troll [trəʊl] *n* Troll *m*

trolley ['trɒli] *n esp* BRIT, AUS *(cart)* Karren *m;* **luggage ~** Gepäckwagen *m*

trombone [trɒm'bəʊn] *n* Posaune *f*

troop [tru:p] **I.** *n* ❶ *(group)* Truppe *f; of animals* Schar *f* ❷ *(soldiers)* **~s** *pl* Truppen *pl* **II.** *vi* **to ~ off** *(fam)* abziehen

trophy ['trəʊfi] *n (prize)* Preis *m; (memento)* Trophäe *f*

tropic ['trɒpɪk] *n* ❶ *(latitude)* Wendekreis *m* ❷ *(hot region)* **the ~s** *pl* die Tropen *pl*

tropical ['trɒpɪk^{ə}l] *adj* Tropen-; **~ hardwoods** tropische Harthölzer

trot [trɒt] **I.** *n no pl (pace)* Trab *m; of horse* Trott; **the ~s** *pl* Dünnpfiff *m* **II.** *vi* <-tt-> ❶ *(walk)* trotten ❷ *(ride)* im Trab reiten **III.** *vt* <-tt-> *horse* traben lassen

◆**trot along** *vi* traben

◆**trot off** *vi (fam)* losziehen

trotter ['trɒtə^{r}] *n* ❶ FOOD **~s** *pl* Schweinshaxen *pl* ❷ *(horse)* Traber *m*

trouble ['trʌbl̩] **I.** *n* ❶ *no pl (difficulties)* Schwierigkeiten *pl; (annoyance)* Ärger *m; (problem)* Problem *nt* ❷ *no pl (inconvenience)* Umstände *pl;* **it's no ~ at all** das macht gar keine Umstände *dat* ❸ *no pl (physical ailment)* **stomach ~** Magenbeschwerden *pl* **II.** *vt* ❶ *(form: cause inconvenience)* **to ~ sb for sth** jdn um etw *akk* bemühen *geh* ❷ *(cause worry)* beunruhigen **III.** *vi* sich bemühen

troubled ['trʌbl̩d] *adj* ❶ *(beset) situation* bedrängt ❷ *(worried)* besorgt

troublemaker *n* Unruhestifter(in) *m(f)*

Troubles ['trʌbl̩z] *n pl* **the ~** *die Unruhen in Nordirland ab den 60ern*

troubleshooter *n* ❶ *(examiner)* Troubleshooter *m (jd, der Störungen auf-*

spürt und beseitigt) ② *(mediator)* Vermittler(in) *m(f); (in crisis)* Krisenmanager *m* **troubleshooting** *n no pl* ① *(fixing)* Fehler-/Störungsbeseitigung *f* ② *(mediation)* Vermittlung *f*
troublesome [ˈtrʌblsəm] *adj* schwierig
trouble spot *n* Unruheherd *m*
trough [trɒf] *n* ① *(bin)* Trog *m* ② *(low)* Tiefpunkt *m;* METEO Trog *m*
trousers [ˈtraʊzəz] *n pl* BRIT Hose *f;* **a pair of ~** eine Hose
trouser suit *n* BRIT Hosenanzug *m*
trout [traʊt] *n* <*pl* -> Forelle *f*
trout farm *n* Forellenzucht *f*
truant [ˈtru:ənt] **I.** *n* Schulschwänzer(in) *m(f) fam;* **to play ~ [from school]** *esp* BRIT, AUS [die Schule] schwänzen *fam* **II.** *vi* [die Schule] schwänzen *fam*
truck [trʌk] **I.** *n* ① *(lorry)* Last[kraft]wagen *m;* **pickup ~** Lieferwagen *m* ② BRIT *(train)* Güterwagen *m* **II.** *vt esp* AM per Lastwagen transportieren
truck driver, **trucker** [ˈtrʌkəʳ] *n* Lastwagenfahrer(in) *m(f); (long-distance)* Fernfahrer(in) *m(f)*
true [tru:] **I.** *adj* <-r, -st> ① wahr; **it is ~ [to say] that ...** es stimmt, dass ... ② *attr (actual)* echt, wahr, wirklich; **~ love** wahre Liebe ③ *(loyal)* treu; **to be ~ to sb** jdm treu sein ▶ **~ to form** wie zu erwarten **II.** *adv* ① *(admittedly)* stimmt ② *(exactly)* genau
truffle [ˈtrʌfl] *n* Trüffel *f o m*
truly [ˈtru:li] *adv* ① *(not falsely)* wirklich, wahrhaftig ② *(genuinely)* wirklich, echt
trump [trʌmp] **I.** *n* CARDS Trumpf *m* **II.** *vt* CARDS übertrumpfen
trumpet [ˈtrʌmpɪt] **I.** *n* Trompete *f* **II.** *vi* trompeten **III.** *vt (esp pej)* ausposaunen *fam*
trumpeter [ˈtrʌmpɪtəʳ] *n* Trompeter(in) *m(f)*
truncheon [ˈtrʌn(t)ʃᵊn] *n* BRIT, AUS Schlagstock *m*
trunk [trʌŋk] *n* ① *(stem)* Stamm *m* ② *(body)* Rumpf *m* ③ *(of elephant)* Rüssel *m* ④ AM *(boot of car)* Kofferraum *m*
trunk road *n* BRIT Fern[verkehrs]straße *f*
trunks [trʌŋks] *n pl* Badehose *f;* **a pair of swimming ~s** eine Badehose
trust [trʌst] **I.** *n* ① *no pl* Vertrauen *nt* ② FIN Treuhand *f kein pl;* **charitable ~** Stiftung *f* **II.** *vt* vertrauen (auf); **to ~ sb to do sth** jdm zutrauen, dass er/sie etw tut; **to ~ sb with sth** jdm etw anvertrauen
trust fund *n* Treuhandfonds *m*
trusting [ˈtrʌstɪŋ] *adj* ① *(artless)* vertrauensvoll ② *(gullible)* leichtgläubig
trustingly [ˈtrʌstɪŋli] *adv* vertrauensvoll, zutraulich
trustworthy [ˈtrʌstˌwɜ:ði] *adj* vertrauenswürdig
trusty [ˈtrʌsti] *adj attr (hum)* zuverlässig
truth <*pl* -s> [tru:θ] *n no pl* Wahrheit *f;* **the ~** die Wahrheit (**about** über)
truthful [ˈtru:θfᵊl] *adj* ① *(true)* wahr ② *(sincere)* ehrlich
truthfully [ˈtru:θfᵊli] *adv* wahrheitsgemäß; **~, I don't know what happened** ehrlich, ich weiß nicht, was passiert ist
try [traɪ] **I.** *n* ① Versuch *m;* **to give sth a ~** etw ausprobieren ② *(in rugby)* Versuch *m* **II.** *vi* <-ie-> ① versuchen ② *(make an effort)* sich bemühen **III.** *vt* <-ie-> ① versuchen ② *(put to test) patience* auf die Probe stellen ③ LAW vor Gericht stellen
◆ **try for** *vt* sich bemühen (um)
◆ **try on** *vt* anprobieren
◆ **try out** *vt* ausprobieren
trying [ˈtraɪɪŋ] *adj* anstrengend; *time, phase* schwierig
try-on *n* BRIT, AUS *(fam)* [Täuschungs]versuch *m*
try-out *n (fam)* SPORTS Testspiel *nt*
tsetse fly [ˈtetsiˌflaɪ] *n* Tsetsefliege *f*
T-shirt [ˈti:ʃɜ:t] *n* T-Shirt *nt*
tsunami [tsu:ˈna:mi] *n* Tsunami *m*
tub [tʌb] *n* ① *(vat)* Kübel *m* ② *(fam: bath)* [Bade]wanne *f*
tubby [ˈtʌbi] *adj (fam)* pummelig

tube [tjuːb] *n* ① *(pipe)* Röhre *f;* *(bigger)* Rohr *nt;* **inner ~** Schlauch *m* ② *of toothpaste, cream* Tube *f* ③ *no pl* BRIT *(fam: railway)* **the ~** die [Londoner] U-Bahn
tubeless [ˈtjuːbləs] *adj* **~ tyre** schlauchloser Reifen
tuberculosis [tjuːˌbɜːkjəˈləʊsɪs] *n no pl* Tuberkulose *f*
tube station *n* BRIT U-Bahnstation *f*
tuck [tʌk] **I.** *n* ① *(pleat)* Abnäher *m;* *(ornament)* Biese *f* ② *(med)* **a tummy ~** *Operation, bei der am Bauch Fett abgesaugt wird* **II.** *vt (fold)* stecken; **to ~ sb into bed** jdn ins Bett [ein]packen *fam*
◆**tuck in I.** *vt (fold)* hineinstecken; **to ~ in one's shirt** sein Hemd in die Hose stecken **II.** *vi (fam)* reinhauen
◆**tuck up** *vt* ① *(fold)* **to ~ up one's feet** seine Füße anziehen ② BRIT *(put to bed)* **to ~ up ↻ sb** jdn ins Bett stecken *fam*
tuck shop *n* BRIT *(dated)* Schulkiosk *nt* *(für Snacks und Süßwaren)*
Tuesday [ˈtjuːzdeɪ] *n* Dienstag *m;* [**on**] **~ afternoon** [am] Dienstagnachmittag; **a week on ~** Dienstag in einer Woche; **a week last ~** Dienstag vor einer Woche; **one ~** an einem Dienstag; [**on**] **~** [am] Dienstag; [**on**] **~s** dienstags
tuft [tʌft] *n* Büschel *nt*
tug [tʌg] **I.** *n* ① *(pull)* Ruck *m* (**at** an); **to give sth a ~** an etw *dat* zerren ② *(boat)* Schlepper *m* **II.** *vt* <-gg-> ziehen **III.** *vi* <-gg-> zerren (**at** an)
tuition [tjuˈɪʃᵊn] *n no pl esp* BRIT *(teaching)* Unterricht *m* (**in** in)
tulip [ˈtjuːlɪp] *n* Tulpe *f*
tumble [ˈtʌmbl̩] **I.** *vi (fall)* fallen; *(faster)* stürzen **II.** *n (fall)* Sturz *m;* **to take a ~** stürzen
tumbledown *adj attr building* baufällig
tumble drier, **tumble dryer** *n* Wäschetrockner *m*
tumbler [ˈtʌmbl̩əʳ] *n (glass)* [Trink]glas *nt*
tummy [tʌmi] *n (fam)* Bauch *m*
tummy ache *n (fam)* Bauchweh *nt kein pl*
tumour, AM **tumor** [ˈtjuːməʳ] *n* Geschwulst *f,* Tumor *m*
tumultuously [tjuːˈmʌltjuəsli] *adv* stürmisch
tuna [ˈtjuːnə] *n no pl* Thunfisch *m*
tune [tjuːn] **I.** *n* Melodie *f* **II.** *vt* RADIO, AUTO einstellen
tuner [ˈtjuːnəʳ] *n* ① TECH Empfänger *m* ② MUS *(person)* Stimmer(in) *m(f)*
tuning fork *n* MUS Stimmgabel *f*
Tunisia [tjuːˈnɪziə] *n* Tunesien *nt*
Tunisian [tjuːˈnɪziən] **I.** *n* Tunesier(in) *m(f)* **II.** *adj* tunesisch
tunnel [ˈtʌnᵊl] **I.** *n* Tunnel *m* **II.** *vi* <-ll-> einen Tunnel graben; **to ~ under a river** einen Fluss untertunneln
turbocharged *adj* ① TECH mit Turboaufladung *nach n* ② *(sl: energetic)* Turbo-
turbulence [ˈtɜːbjələn(t)s] *n no pl* Turbulenz *f;* **air ~** Turbulenzen *pl*
turd [tɜːd] *n (vulg)* Scheißhaufen *m derb*
turf <*pl* -s> [tɜːf] **I.** *n* ① *no pl (grassy earth)* Rasen *m* ② *(square of grass)* Sode *f* **II.** *vt* Rasen verlegen
Turk [tɜːk] *n* Türke, Türkin *m, f*
turkey [ˈtɜːki] *n* Truthahn, -henne *m, f,* Pute(r) *f(m)*
Turkey [ˈtɜːki] *n* Türkei *f*
Turkish [ˈtɜːkɪʃ] **I.** *adj* türkisch **II.** *n* Türkisch *nt*
turn [tɜːn] **I.** *n* ① *(rotation)* Drehung *f;* **give the screw a couple of ~s** drehen Sie die Schraube einige Male um ② *(change in direction)* Kurve *f;* SPORTS Wende *f* ③ *(allotted time)* **it's my ~ now!** jetzt bin ich dran!; **to do sth in ~** etw abwechselnd tun ④ *(service)* **to do sb a good ~** jdm einen guten Dienst erweisen **II.** *vt* ① *(rotate)* drehen ② *(switch direction)* wenden; **to ~ round the corner** um die Ecke biegen ③ *(change)* **to ~ sth into sth** etw in etw *akk* umwandeln ▸ **to ~ the tables** [**on sb**] den Spieß umdrehen **III.** *vi* ① *(rotate)* sich drehen; *person* sich umdrehen ② *(switch direction)*

car wenden; *wind* drehen ③ *(change)* werden; **to ~ into sth** zu etw *dat* werden ⑤ *(turn attention to)* **to ~ to sth** sich etw *dat* zuwenden

◆**turn around** *vi (move)* sich umdrehen; *(while walking)* umdrehen

◆**turn away** **I.** *vi* sich abwenden **II.** *vt* ① *(move)* wegrücken ② *(refuse entry)* abweisen

◆**turn back** **I.** *vi* [wieder] zurückgehen; *(fig)* **there's no ~ing back now!** jetzt gibt es kein Zurück [mehr]! **II.** *vt* ① *(send back)* zurückschicken ② *(put back)* **to ~ back ⊂ the clocks** die Uhren zurückstellen

◆**turn down** *vt* ① *(reject)* abweisen ② *(reduce level)* niedriger stellen

◆**turn in** **I.** *vt* ① *(give to police)* abgeben ② *(fam: to the police)* **to ~ sb ⊂ in** jdn verpfeifen **II.** *vi* ① *(fam: go to bed)* sich in die Falle hauen ② *(inwards)* **his toes ~ in when he walks** er läuft über den großen Onkel *fam*

◆**turn off** **I.** *vt (switch off)* abschalten; *light* ausmachen; *radio, TV* ausschalten **II.** *vi* abbiegen; **to ~ off the path** den Weg verlassen

◆**turn on** **I.** *vt* ① *computer, radio* einschalten ② *(fam: excite)* anmachen **II.** *vi* ① *(switch on)* einschalten ② *(attack)* **to ~ on sb** auf jdn losgehen

◆**turn out** **I.** *vi* ① *(work out)* sich entwickeln; **how did it ~ out?** wie ist es gelaufen? *fam* ② *(be revealed)* sich herausstellen; **it ~ed out that ...** es stellte sich heraus, dass ... **II.** *vt* ① *(empty contents)* [aus]leeren; *pockets* umdrehen ② *(produce)* produzieren

◆**turn over** **I.** *vi* ① *person* sich umdrehen; *car* sich überschlagen ② *engine* laufen ③ BRIT TV umschalten **II.** *vt (move)* umdrehen; *page* umblättern; *soil* umgraben ▸ **to ~ over a new leaf** einen [ganz] neuen Anfang machen

◆**turn up** **I.** *vi* ① *(show up)* erscheinen ② *(become available)* sich ergeben **II.** *vt (increase volume)* aufdrehen

turnabout *n* Umschwung *m*

turning ['tɜːnɪŋ] *n (road)* Abzweigung *f*

turning area *n* AUTO Wendeplatz *m* **turning point** *n* Wendepunkt *m*

turnip ['tɜːnɪp] *n* [Steck]rübe *f*

turn-off ['tɜːnɒf] *n* ① *(sth unappealing)* Gräuel *nt* ② *(fam: sexually unappealing)* **to be a real ~** abstoßend sein

turnout ['tɜːnaʊt] *n no pl (attendance)* Teilnahme *f* (**for** an)

turnover ['tɜːnˌəʊvəʳ] *n* ① COMM Umsatz *m* ② *(in staff)* Fluktuation *f geh*

turnstile *n* SPORTS Drehkreuz *nt* **turntable** *n* TECH, RAIL Drehscheibe *f*

turn-up ['tɜːnʌp] *n esp* BRIT Aufschlag *m*; ▸ **to be a ~ for the book[s]** *(fam)* mal ganz was Neues sein

turquoise ['tɜːkwɔɪz] **I.** *n* ① GEOL *(stone)* Türkis *m* ② *(colour)* Türkis *nt* **II.** *adj* türkis[farben]

turret ['tʌrɪt] *n* [Mauer]turm *m*

turtle <*pl* -> ['tɜːtl̩] *n* Schildkröte *f*

tusk [tʌsk] *n* Stoßzahn *m*

tutor ['tjuːtəʳ] **I.** *n* Nachhilfelehrer(in) *m(f)*; BRIT UNIV Tutor(in) *m(f)* **II.** *vt* Privatunterricht erteilen

tutorial [tjuː'tɔːriəl] *n* Tutorium *nt geh*

tux <*pl* -es> [tʌks] *n* AM *(fam) short for* **tuxedo** Smoking *m*

tuxedo [tʌk'siːdoʊ] *n* Smoking *m*

TV [ˌtiː'viː] *n abbrev of* **television** Fernseher *m*

TV guide *n* Fernsehzeitschrift *f*

tweet [twiːt] *vi* INET twittern, tweeten

tweezers ['twiːzəz] *n pl* Pinzette *f*

twelfth [twelfθ] **I.** *adj* zwölfte(r, s) **II.** *adv* als zwölfte(r, s) **III.** *n* **the ~** der/die/das Zwölfte

twelve [twelv] **I.** *adj* zwölf; *see also* **eight** **II.** *n* Zwölf *f*

twentieth ['twentiɪθ] **I.** *adj* zwanzigste(r, s) **II.** *adv* an zwanzigster Stelle **III.** *n* **the ~** der/die/das Zwanzigste

twenty ['twenti] **I.** *adj* zwanzig; *see also* **eight** **II.** *n* Zwanzig *f*; *see also* **eight**

twice [twaɪs] **I.** *adv* zweimal; **~ a day** zweimal täglich **II.** *adj* doppelt

twig[1] [twɪg] *n* Zweig *m*

twig² <-gg-> [twɪg] *vt, vi (understand)* kapieren *fam*
twilight ['twaɪlaɪt] *n no pl* Dämmerung *f,* Zwielicht *nt;* **the ~ of sb's life** jds Lebensabend
twin [twɪn] **I.** *n* Zwilling *m* **II.** *adj* Zwillings- **III.** *vt* <-nn-> **to ~ sth [with sth]** etw [mit etw *dat*] [partnerschaftlich] verbinden
twin bed *n* Einzelbett *nt (eines von zwei gleichen Betten)* **twin brother** *n* Zwillingsbruder *m*
twinkle ['twɪŋkḷ] **I.** *vi* funkeln **II.** *n no pl* Funkeln *nt*
twin sister *n* Zwillingsschwester *f* **twin town** *n* BRIT Partnerstadt *f*
twist [twɪst] **I.** *vt* ① [ver]drehen; *(coil)* herumwickeln (**around** um); **to ~ sth on** etw aufdrehen ② *(sprain)* sich verrenken **II.** *vi* ① *(squirm)* sich winden ② *(dance)* twisten **III.** *n* ① Drehung *f;* **to give sth a ~** etw [herum]drehen ② *(sharp bend)* Kurve *f* ③ *(unexpected change)* Wendung *f*
twisted ['twɪstɪd] *adj* ① *(bent and turned)* verdreht; **~ ankle** gezerrter Knöchel ② *(winding)* verschlungen ③ *(perverted)* verdreht; **a ~ mind** ein verworrener Geist
twister ['twɪstəʳ] *n* Tornado *m*
twitch ['twɪtʃ] **I.** *vi, vt* zucken **II.** *n* <*pl* -es> **to have a [nervous] ~** nervöse Zuckungen haben
twitter ['twɪtəʳ] **I.** *vi* ① *(chirp)* zwitschern ② *(talk rapidly)* **to ~ away** vor sich *akk* hinplappern **II.** *n* Gezwitscher *nt kein Pl*
T
two [tu:] **I.** *adj* zwei; **are you ~ coming over?** kommt ihr zwei rüber?; **to break sth in ~** etw entzwei brechen; **the ~ of you** ihr beide; *see also* **eight** ▸ **~ can play at that game** *(prov)* wie du mir, so ich dir **II.** *n* Zwei *f; see also* **eight**
two-door **I.** *adj attr* AUTO zweitürig **II.** *n* zweitüriges Auto **two-faced** *adj (pej)* falsch
twofold ['tu:fəʊld] **I.** *adj (double)* zweifach; *(with two parts)* zweiteilig **II.** *adv (double)* zweifach; **to increase sth ~** etw verdoppeln
two-part *adj attr* zweiteilig **two-piece** *n* ① *(suit)* Zweiteiler *m* ② *(bikini)* Bikini *m* **two-seater** *n (car, sofa)* Zweisitzer *m*
twosome ['tu:səm] *n* ① *(duo)* Duo *nt; (couple)* Paar *nt* ② *(dance for two)* Paartanz *m*
two-way *adj attr* ① *(traffic)* **~ street** Straße *f* mit Gegenverkehr ② *conversation, process* wechselseitig ③ ELEC **~ switch** Wechselschalter *m*
tycoon [taɪ'ku:n] *n* [Industrie]magnat(in) *m(f)*
type [taɪp] **I.** *n* ① *(kind)* Art *f; of hair, skin* Typ *m; of food, vegetable* Sorte *f* ② *(character)* Typ *m;* **to be sb's ~** jds Typ sein *fam* **II.** *vt (write with machine)* tippen
◆ **type up** *vt report* erfassen
typewriter *n* Schreibmaschine *f* **typewritten** *adj* Maschine geschrieben
typhoon [taɪ'fu:n] *n* Taifun *m*
typical ['tɪpɪkᵊl] *adj* typisch; *symptom also* charakteristisch (**of** für)
typically ['tɪpɪkᵊli] *adv* typisch; **~, ...** normalerweise ...
typing ['taɪpɪŋ] **I.** *n no pl* Tippen *nt* **II.** *adj attr* Tipp-; **~ error** Tippfehler *m*
typist ['taɪpɪst] *n* Schreibkraft *f*
tyrant ['taɪrᵊnt] *n* Tyrann(in) *m(f)*
tyre [taɪəʳ] *n* Reifen *m;* **spare ~** Ersatzreifen *m*
tyre pressure *n no pl* Reifendruck *m*
tzetze fly ['tetsi,flaɪ] *n see* **tsetse fly**

Uu

U <*pl* -'s>, **u** <*pl* -'s> [juː] *n* ❶ U *nt*, u *nt; see also* **A 1** ❷ *(sl: you)* du

U[1] [juː] *n* BRIT FILM *see* **universal** jugendfrei

U[2] [juː] AM, AUS *(fam) abbrev of* **university** Uni *f*

udder ['ʌdəʳ] *n* Euter *nt*

UFO [ˌjuːef'əʊ] *n* <*pl* -s> *abbrev of* **unidentified flying object** UFO *nt*

ugly ['ʌgli] *adj* hässlich; *weather* scheußlich; *rumours* übel; **to turn ~** eine üble Wendung nehmen

UID [ˌjuːaɪdiː] *n abbrev of* **user identifier** COMPUT Benutzerkennung *f*

UK [juː'keɪ] *n abbrev of* **United Kingdom: the ~** das Vereinigte Königreich

Ukraine [juː'kreɪn] *n* **the ~** die Ukraine

Ukrainian [juː'kreɪniən] **I.** *n* ❶ *(person)* Ukrainer(in) *m(f)* ❷ *(language)* Ukrainisch *nt* **II.** *adj* ukrainisch

ulcer ['ʌlsəʳ] *n* Geschwür *nt;* **stomach ~** Magengeschwür *nt*

Ulster ['ʌlstəʳ] *n no pl* Ulster *nt*

ulterior [ʌl'tɪəriəʳ] *adj* versteckt; **~ motive** Hintergedanke *m*

ultimate ['ʌltɪmət] **I.** *adj attr* beste(r, s); *(fundamental)* grundsätzlich; *(highest)* höchste(r, s); *(final)* letzte(r, s); *decision also* endgültig; **the ~ destination** das Endziel; **the ~ problem** das Grundproblem **II.** *n* **the ~** das Nonplusultra

ultimately ['ʌltɪmətli] *adv* letzten Endes; *(eventually)* letztlich

ultimatum <*pl* -ta> [ˌʌltɪ'meɪtəm] *n* Ultimatum *nt*

ultrasound *n no pl* Ultraschall *m*

umbilical cord [ʌm'bɪlɪkḷ] *n* Nabelschnur *f*

umbrella [ʌm'brelə] *n* Regenschirm *m; (from sun)* Sonnenschirm *m*

umbrella organization *n* Dachorganisation *f*

umpire ['ʌmpaɪəʳ] **I.** *n* Schiedsrichter(in) *m(f)* **II.** *vt* leiten

umpteen [ʌm(p)'tiːn] *adj (fam)* zig; **~ times** zigmal

umpteenth [ʌm(p)'tiːnθ] *adj (fam)* x-te(r, s)

UN [ˌjuː'en] *n abbrev of* **United Nations: the ~** die UN[O]; **ambassador to the ~** UN[O]-Botschafter(in) *m(f)*

unable [ʌn'eɪbḷ] *adj* unfähig; **to be ~ to do sth** etw nicht tun können

unacceptable [ˌʌnək'septəbḷ] *adj* inakzeptabel; *offer* unannehmbar

unaccompanied [ˌʌnə'kʌmpᵊnɪd] *adj* ohne Begleitung *nach n*

unadventurous [ˌʌnəd'ventʃᵊrəs] *adj* wenig unternehmungslustig; *life* unspektakulär

unafraid [ˌʌnə'freɪd] *adj* unerschrocken; **to be ~ of sb/sth** vor jdm/etw keine Angst haben; **to be ~ of doing sth** keine Angst davor haben, etw zu tun

unambiguously [ˌʌnæm'bɪgjuəsli] *adv* eindeutig, unmissverständlich

unanimous [juː'nænɪməs] *adj* einstimmig

unanimously [juː'nænɪməsli] *adv* einstimmig; **to be ~ for/against sth** einstimmig für/gegen etw *akk* sein

unappetizing [ʌn'æpətaɪzɪŋ] *adj* unappetitlich

unapproachable [ˌʌnə'prəʊtʃəbḷ] *adj* unzugänglich; *person also* unnahbar

unassuming [ˌʌnə'sjuːmɪŋ] *adj* bescheiden

unattached [ˌʌnə'tætʃt] *adj* einzeln; *bachelor* ungebunden

unattended [ˌʌnə'tendɪd] *adj* unbeaufsichtigt; **to leave sth/sb ~** etw/jdn allein lassen

unattractive [ˌʌnə'træktɪv] *adj* unattraktiv

unauthorized [ʌn'ɔːθ^əraɪzd] *adj* nicht autorisiert
unavailable [ˌʌnə'veɪləbl̩] *adj* ❶ nicht verfügbar; *person* nicht erreichbar; *(busy)* nicht zu sprechen ❷ *fiancé* **to be ~** vergeben sein
unavoidable [ˌʌnə'vɔɪdəbl̩] *adj* unvermeidlich
unaware [ˌʌnə'weə^r] *adj* **to be ~ of sth** sich *dat* einer S. *gen* nicht bewusst sein
unawares [ˌʌnə'weəz] *adv* unerwartet; **to catch sb ~** jdn überraschen
unbearable [ʌn'beərəbl̩] *adj* unerträglich
unbearably [ʌn'beərəbli] *adv* unerträglich; **~ sad** unsäglich traurig
unbeatable [ʌn'biːtəbl̩] *adj* unschlagbar
unbeaten [ʌn'biːt^ən] *adj* ungeschlagen
unbelievable [ˌʌnbɪ'liːvəbl̩] *adj* unglaublich
unbelievably [ˌʌnbɪ'liːvəbli] *adv* unglaublich
unblock [ʌn'blɒk] *vt* **to ~ sth** *pipe* etw wieder durchlässig machen
unbreakable [ʌn'breɪkəbl̩] *adj* unzerbrechlich; *record* nicht zu brechen *präd; rule* unumstößlich
unbroken [ʌn'brəʊk^ən] *adj* unbeschädigt; *promise* gehalten
unbutton [ʌn'bʌt^ən] *vt* aufknöpfen
uncalled for *adj pred*, **uncalled-for** [ʌn'kɔːldfɔː^r] *adj attr* unnötig; *remark* unpassend
uncertain [ʌn'sɜːt^ən] *adj* unsicher; *future* ungewiss; **in no ~ terms** klar und deutlich
U **uncertainty** [ʌn'sɜːt^ənti] *n* ❶ Unbeständigkeit *f* ❷ *no pl (doubt)* Ungewissheit *f*
unchallenged [ʌn'tʃælɪndʒd] *adj* unangefochten; **to go ~** unangefochten bleiben
unchanged [ʌn'tʃeɪndʒd] *adj* unverändert
unchanging [ʌn'tʃeɪndʒɪŋ] *adj* unveränderlich, gleich bleibend
uncharacteristic [ʌnkærəkt^ər'ɪstɪk] *adj* untypisch (**of** für)
unclaimed [ʌn'kleɪmd] *adj* nicht beansprucht; *letter* nicht abgeholt
unclasp [ʌn'klɑːsp] *vt* **to ~ sth** etw öffnen; **to ~ sb's hand** jds Hand lösen
uncle ['ʌŋkl̩] *n* Onkel *m*
unclear [ʌn'klɪə^r] *adj* unklar; *(vague)* vage; **to be ~ about sth** in Bezug auf etw *akk* nicht sicher sein
uncomfortable [ʌn'kʌm(p)ftəbl̩] *adj* unbequem; *silence* gespannt; **to feel ~** sich unwohl fühlen
uncommon [ʌn'kɒmən] *adj* selten; *name also* ungewöhnlich
uncomprehending [ˌʌnkɒmprɪ'hendɪŋ] *adj* verständnislos
unconcerned [ˌʌnkən'sɜːnd] *adj* unbekümmert; *(indifferent)* desinteressiert; **to be ~ about sth/sb** sich *dat* keine Sorgen über etw/jdn machen; **to be ~ with sth/sb** nicht an etw/jdm interessiert sein
unconditional [ˌʌnkən'dɪʃ^ən^əl] *adj* bedingungslos; *love also* rückhaltlos
unconditionally [ˌʌnkən'dɪʃ^ən^əli] *adv* bedingungslos, vorbehaltlos
unconfirmed [ˌʌnkən'fɜːmd] *adj* unbestätigt
unconnected [ˌʌnkə'nektɪd] *adj* unzusammenhängend
unconscious [ʌn'kɒn(t)ʃəs] **I.** *adj* bewusstlos; *(unaware)* unbewusst; **to knock sb ~** jdn bewusstlos schlagen; **the ~ mind** das Unterbewusste **II.** *n no pl* **the ~** das Unterbewusstsein
unconsciously [ʌn'kɒn(t)ʃəsli] *adv* unbewusst
unconsciousness [ʌn'kɒn(t)ʃəsnəs] *n no pl* Bewusstlosigkeit *f*; *(unawareness)* Unbewusstheit *f*
uncontrollable [ˌʌnkən'trəʊləbl̩] *adj* unkontrollierbar; *urge* unstillbar
uncontrolled [ˌʌnkən'trəʊld] *adj* unkontrolliert; *aggression* unbeherrscht
unconventional [ˌʌnkən'ven(t)ʃ^ən^əl] *adj* unkonventionell; **~ weapons** *(euph)* Atomwaffen *pl*
unconvinced [ˌʌnkən'vɪn(t)st] *adj* nicht

überzeugt

unconvincing [ˌʌnkənˈvɪn(t)sɪŋ] *adj* nicht überzeugend; *(not credible)* unglaubwürdig; **rather ~** wenig überzeugend

uncooked [ʌnˈkʊkt] *adj* roh

uncooperative [ˌʌnkəʊˈɒpᵊrətɪv] *adj* unkooperativ

uncork [ʌnˈkɔːk] *vt* entkorken; **to ~ one's feelings** *(fig)* aus sich *dat* herausgehen

uncover [ʌnˈkʌvəʳ] *vt* freilegen; *(disclose)* entdecken; *scandal* aufdecken

uncritically [ʌnˈkrɪtɪkᵊli] *adv* unkritisch

undamaged [ʌnˈdæmɪdʒd] *adj* unbeschädigt, unversehrt

undecided [ˌʌndɪˈsaɪdɪd] *adj* unentschlossen

undelivered [ˌʌndɪˈlɪvəd] *adj* nicht zugestellt

undemanding [ˌʌndɪˈmɑːndɪŋ] *adj* anspruchslos

under [ˈʌndəʳ] **I.** *prep* ① *(below)* **he waited/walked ~ the bridge** er wartete unter der/lief unter die Brücke ② *(supporting)* **to break ~ the weight** unter dem Gewicht zusammenbrechen ③ *(less than)* unter +*dat;* **to cost ~ £5** weniger als fünf Pfund kosten ④ *(governed by)* unter +*dat;* **they are ~ strict orders** sie haben strenge Anweisungen ⑤ **~ repair** in Reparatur ▸ **[already] ~ way** [bereits] im Gange **II.** *adv* **to go ~** untergehen; *company* Pleite machen

underage *adj inv* minderjährig; **there are laws against ~ drinking** es gibt Gesetze, die Minderjährigen den Genuss von Alkohol verbieten

undercharge *vt, vi* zu wenig berechnen

underclothes *n pl*, **underclothing** *n no pl (form)* Unterwäsche *f*

underdeveloped *adj* unterentwickelt; *resource* unzureichend ausgebeutet; **~ country** Entwicklungsland *nt*

underdone *adj* nicht gar

underestimate **I.** *vt* unterschätzen **II.** *vi* eine zu geringe Schätzung abgeben **III.** *n* Unterbewertung *f*

undergraduate *n* Student(in) *m(f)*

underground **I.** *adj* ① *attr* RAIL U-Bahn-; **~ station** U-Bahn-Station *f* ② unterirdisch; **~ cable** Erdkabel *nt* ③ POL Untergrund-; **~ movement** Untergrundbewegung *f* **II.** *adv* unter der Erde **III.** *n* ① *no pl esp* BRIT RAIL U-Bahn *f;* **by ~** mit der U-Bahn ② POL **the ~** der Untergrund

undermine *vt* untertunneln; *(weaken)* untergraben; *confidence* schwächen

underneath [ˌʌndəˈniːθ] **I.** *prep* unter +*dat; (with verbs of motion)* unter +*akk* **II.** *adv* darunter **III.** *n no pl* **the ~** die Unterseite

underpaid *adj* unterbezahlt

underpants *n pl* Unterhose *f*

underpass <*pl* -es> *n* Unterführung *f*

undershirt *n* AM Unterhemd *nt*

understaffed *adj* unterbesetzt

understand <-stood, -stood> [ˌʌndəˈstænd] **I.** *vt* ① verstehen; **to not ~ a single word** kein einziges Wort verstehen; **to ~ one another** sich verstehen ② *(sympathize with)* **to ~ sb/sth** für jdn/etw Verständnis haben ③ *(empathize)* **to ~ sb** sich in jdn einfühlen können ④ *(be informed)* **to ~ [that] ...** hören, dass ... **II.** *vi* verstehen; **to ~ from sth that ...** aus etw *dat* schließen, dass ...

understandable [ˌʌndəˈstændəbl̩] *adj* verständlich

understandably [ˌʌndəˈstændəbli] *adv* verständlicherweise

understanding [ˌʌndəˈstændɪŋ] **I.** *n* ① *no pl* Verständnis *nt* ② *(agreement)* Übereinkunft *f;* **to come to an ~** zu einer Übereinkunft kommen ③ *no pl (harmony)* Verständigung *f* **II.** *adj* verständnisvoll

understatement [ˌʌndəˈsteɪtmənt] *n* Untertreibung *f*

understood [ˌʌndəˈstʊd] *pt, pp of* **understand**

undertaker [ˈʌndəteɪkəʳ] *n* Leichenbestatter(in) *m(f); (firm)* Bestat-

tungsinstitut *nt*
underwater **I.** *adj* Unterwasser- **II.** *adv* unter Wasser
underwear *n no pl* Unterwäsche *f*
underwhelming *adj* enttäuschend
undesirable [ˌʌndɪ'zaɪ(ə)rəbl̩] **I.** *adj* unerwünscht; **~ character** windiger Typ **II.** *n usu pl* unerwünschte Person
undeveloped [ˌʌndɪ'veləpt] *adj nation* unterentwickelt; *site* unerschlossen; *(immature)* unausgereift; PHOT nicht entwickelt
undid [ʌn'dɪd] *pt of* **undo**
undignified [ʌn'dɪgnɪfaɪd] *adj* unwürdig, würdelos
undiluted [ˌʌndaɪ'lu:tɪd] *adj* ① *liquid* unverdünnt ② *(not moderated or weakened)* unverfälscht; *joy, pleasure* ungetrübt
undiminished [ˌʌndɪ'mɪnɪʃt] *adj* unvermindert; **to remain ~ by sth** durch etw *akk* nicht gemindert werden
undisciplined [ʌn'dɪsɪplɪnd] *adj* undiszipliniert
undo <-did, -done> [ʌn'du:] *vt* ① *(untie)* öffnen ② **to ~ the damage** den Schaden beheben; **to ~ the good work** die gute Arbeit zunichtemachen ③ COMPUT rückgängig machen
undone [ʌn'dʌn] **I.** *vt pp of* **undo** **II.** *adj* **to come ~** aufgehen
undoubtedly [ʌn'daʊtɪdli] *adv* zweifellos
undress [ʌn'dres] **I.** *vt* ausziehen; **to ~ sb with one's eyes** *(fig)* jdn mit den Augen ausziehen **II.** *vi* sich ausziehen **III.** *n no pl (hum)* **in a state of ~** spärlich bekleidet
U
undressed [ʌn'drest] *adj pred* unbekleidet; **to get ~** sich ausziehen
unease [ʌn'i:z], **uneasiness** [ʌn'i:zɪnəs] *n no pl* Unbehagen *nt* (**over/at** über)
uneasily [ʌn'i:zɪli] *adv* ① *(anxiously)* unbehaglich ② *(causing anxiety)* beunruhigend
uneasy [ʌn'i:zi] *adj* besorgt; *smile* gequält; *(unpleasant)* unangenehm; *feeling* ungut
unemployed [ˌʌnɪm'plɔɪd] **I.** *n* **the ~** *pl* die Arbeitslosen **II.** *adj* arbeitslos
unemployment [ˌʌnɪm'plɔɪmənt] *n no pl* Arbeitslosigkeit *f*; *(rate)* Arbeitslosenrate *f*; **long-/short-term ~** Langzeit-/Kurzzeitarbeitslosigkeit *f*; **mass ~** Massenarbeitslosigkeit *f*; **~ benefit**[**s**] Arbeitslosengeld *nt*, Arbeitslosenunterstützung *f*
unencumbered [ˌʌnɪŋ'kʌmbəd] *adj usu pred* ① *(unburdened)* unbelastet; **to be ~** [**by sth**] [von etw *dat*] befreit sein ② *(fig: free from debt)* unbelastet
unequally [ʌn'i:kwəli] *adv* unterschiedlich, ungleichmäßig; **to treat people ~** Menschen ungleich behandeln
unequivocally [ˌʌnɪ'kwɪvəkəli] *adv* unmissverständlich; **to state sth ~** etw hundertprozentig unterschrieben
uneven [ʌn'i:vən] *adj* uneben; *(unequal)* ungleich; *quality* uneinheitlich; *(odd)* ungerade
unevenly [ʌn'i:vənli] *adv* ① *(irregularly)* ungleichmäßig ② *(unfairly)* unfair; **to be ~ distributed** ungerecht verteilt sein ③ MED *(irregularly)* unregelmäßig
uneventfully [ˌʌnɪ'ventfəli] *adv* ruhig; **to pass ~** ohne Zwischenfälle verlaufen
unexpected [ˌʌnɪk'spektɪd] **I.** *adj* unerwartet; *opportunity* unvorhergesehen **II.** *n no pl* **the ~** das Unerwartete
unexpectedly [ˌʌnɪk'spektɪdli] *adv* unerwartet
unfair [ʌn'feəʳ] *adj* ungerecht
unfairly [ʌn'feəli] *adv* unfair; **to be ~ blamed** zu Unrecht beschuldigt werden
unfaithful [ʌn'feɪθfəl] *adj* untreu; *(disloyal)* illoyal *geh*
unfaithfulness [ʌn'feɪθfəlnəs] *n no pl* ① *(sexual infidelity)* Untreue *f* ② *(disloyalty)* Illoyalität *f geh*
unfamiliar [ˌʌnfə'mɪljəʳ] *adj* unvertraut; *experience* ungewohnt; **to be ~ to sb** jdm fremd sein; **to be ~ with sth** mit etw *dat* nicht vertraut sein
unfavourably, AM **unfavorably** [ʌn'feɪvərəbli] *adv* ungünstig; **to be ~ dis-**

posed [towards sb/sth] [jdm/etw gegenüber] negativ eingestellt sein; **to compare ~ with sth/sb** im Vergleich mit etw/jdm schlecht abschneiden
unfeasible [ʌn'fi:zəbl̩] *adj* undurchführbar, nicht machbar
unfit [ʌn'fɪt] *adj* nicht fit; *(incompetent)* ungeeignet [**for** für]; **to be ~ to do sth** unfähig sein, etw zu tun
unfold [ʌn'fəʊld] **I.** *vt* entfalten; *idea* darlegen; *story* entwickeln **II.** *vi* sich entwickeln
unforgettable [ˌʌnfə'getəbl̩] *adj* unvergesslich
unforgivable [ˌʌnfə'gɪvəbl̩] *adj* unverzeihlich; **~ sin** Todsünde *f*
unforgiving [ˌʌnfə'gɪvɪŋ] *adj* ❶ *(not willing to forgive) person* nachtragend, unversöhnlich ❷ *(harsh, hostile)* gnadenlos *a. fig; place, climate* menschenfeindlich
unfortunate [ʌn'fɔ:tʃənət] **I.** *adj* unglücklich; *(regrettable)* bedauerlich; **to be ~ that ...** ungünstig sein, dass ... **II.** *n (form or hum)* Unglückselige(r) *f(m)*
unfortunately [ʌn'fɔ:tʃənətli] *adv* unglücklicherweise
unfriendly [ʌn'frendli] *adj* unfreundlich; *(hostile)* feindlich; **environmentally ~** umweltschädlich
unfurnished [ʌn'fɜ:nɪʃt] *adj* unmöbliert
ungraciously [ʌn'greɪʃəsli] *adv* unfreundlich, ungnädig *fig*
ungrateful [ʌn'grəɪtfəl] *adj* undankbar
unhappiness [ʌn'hæpɪnəs] *n no pl* Traurigkeit *f*
unhappy [ʌn'hæpi] *adj* unglücklich
unharmed [ʌn'hɑ:md] *adj* unversehrt
unhealthily [ʌn'helθɪli] *adv* ❶ MED ungesund ❷ PSYCH krankhaft
unhealthy [ʌn'helθi] *adj* ungesund; *(unwell)* kränklich
unhesitating [ʌn'hezɪteɪtɪŋ] *adj* unverzüglich
unhindered [ʌn'hɪndəd] *adj* ungehindert
unhip [ʌn'hɪp] *adj (sl)* uncool *sl*
unhook [ʌn'hʊk] *vt* abhängen; *fish* vom Haken nehmen; *clothing* aufmachen
unhurt [ʌn'hɜ:t] *adj* unverletzt
unhygienic [ˌʌnhaɪ'dʒi:nɪk] *adj* unhygienisch
uni ['ju:ni] *n* BRIT, AUS *(fam) short for* **university** Uni *f fam*
unification [ˌju:nɪfɪˌkeɪʃən] *n no pl* Vereinigung *f*
uniform ['ju:nɪfɔ:m] **I.** *n* Uniform *f* **II.** *adj* einheitlich; *treatment* gleich bleibend; *rate* konstant
uniformed ['ju:nɪfɔ:md] *adj* uniformiert
uniformly ['ju:nɪfɔ:mli] *adv* ohne Ausnahme
unify ['ju:nɪfaɪ] *vt, vi* [sich] vereinigen
unimaginative [ˌʌnɪ'mædʒɪnətɪv] *adj* einfallslos, fantasielos
unimportance [ˌʌnɪm'pɔ:tən(t)s] *n* Unwichtigkeit *f,* Bedeutungslosigkeit *f*
unimportant [ʌnɪm'pɔ:tənt] *adj* unwichtig
uninhabited [ˌʌnɪn'hæbɪtɪd] *adj* unbewohnt
uninhibited [ˌʌnɪn'hɪbɪtɪd] *adj* ungehemmt
unintentional [ˌʌnɪn'ten(t)ʃənəl] *adj* unabsichtlich; **~ humour** unfreiwillige Komik
unintentionally [ˌʌnɪn'ten(t)ʃənəli] *adv* unabsichtlich
uninterested [ʌn'ɪntrəstɪd] *adj* uninteressiert; **to be ~ in sth/sb** kein Interesse an etw/jdm haben
uninteresting [ʌn'ɪntrəstɪŋ] *adj* uninteressant
uninvited [ˌʌnɪn'vaɪtɪd] *adj guest* ungeladen; *question* unerwünscht, unwillkommen
union ['ju:njən] *n* ❶ *no pl* Union *f;* **monetary ~** Währungsunion *f* ❷ + *sing/pl vb (organization)* Verband *m; (trade union)* Gewerkschaft *f*
Union Jack *n* Union Jack *m (britische Nationalflagge)*
unique [ju:'ni:k] *adj* einzigartig; *opportunity* einmalig
unit ['ju:nɪt] *n* ❶ Einheit *f;* **central pro-**

cessing ~ Zentraleinheit *f*; ~ **of currency** Währungseinheit *f* ❷ + *sing/pl vb (group)* Abteilung *f* ❸ AM, AUS *(apartment)* Wohnung *f*

unite [ju:'naɪt] **I.** *vt* vereinigen (**with** mit); *(fasten)* verbinden (**with** mit) **II.** *vi* sich vereinigen

united [ju:'naɪtɪd] *adj* vereinigt; ~ **Germany** wiedervereinigtes Deutschland; **to present a ~ front** Einigkeit demonstrieren

United Kingdom *n* **the** ~ das Vereinigte Königreich **United Nations, UN I.** *n* **the** ~ die Vereinten Nationen *pl* **II.** *n modifier* UN- **United States of America, USA** *n* die Vereinigten Staaten *pl* von Amerika

unity ['ju:nəti] *n usu no pl* Einheit *f*; *(harmony)* Einigkeit *f*

universal [ˌju:nɪ'vɜ:sᵊl] *adj* universell; *agreement* allgemein; *truth* allgemein gültig; ~ **language** Weltsprache *f*

universally [ˌju:nɪ'vɜ:sᵊli] *adv* allgemein; **to be ~ true** allgemein gültig sein

universe ['ju:nɪvɜ:s] *n* **the** ~ das Universum

university [ˌju:nɪ'vɜ:səti] *n* Universität *f* **university lecturer** *n* Hochschuldozent(in) *m(f)* **university town** *n* Universitätsstadt *f*

unjustified [ʌn'dʒʌstɪfaɪd] *adj* ungerechtfertigt

unjustly [ʌn'dʒʌstli] *adv* ungerecht; *(wrongfully)* zu Unrecht

unkind [ʌn'kaɪnd] *adj* unfreundlich; *(nasty)* gemein; **to be ~ to hair/skin** die Haare/die Haut angreifen

U

unknown [ʌn'nəʊn] **I.** *adj* unbekannt; **~ to me, ...** ohne mein Wissen ... **II.** *n* Ungewissheit *f*

unlace [ʌn'leɪs] *vt* **to ~ sth** etw aufschnüren

unlawfully [ʌn'lɔ:fᵊli] *adv* auf ungesetzliche Weise, ungesetzlich, gesetzwidrig

unleaded [ʌn'ledɪd] *adj* unverbleit; *petrol* bleifrei

unless [ʌn'les] *conj* ~ **I'm mistaken** wenn ich mich nicht irre; **he won't come ~ he has time** er wird nicht kommen, außer wenn er Zeit hat

unlike [ʌn'laɪk] **I.** *adj pred* unähnlich **II.** *prep* ❶ **to be ~ sb/sth** jdm/etw nicht ähnlich sein ❷ *(in contrast to)* im Gegensatz zu

unlikely [ʌn'laɪkli] *adj* unwahrscheinlich; **it seems ~ that ...** es sieht nicht so aus, als ob ...

unlimited [ʌn'lɪmɪtɪd] *adj* unbegrenzt

unload [ʌn'ləʊd] **I.** *vt* ❶ entladen; *container* ausladen ❷ *(fam: get rid of)* abstoßen **II.** *vi* ❶ abladen ❷ *(ship)* entladen

unlock [ʌn'lɒk] *vt* aufschließen; *(release)* freisetzen

unlocked [ʌn'lɒkt] *adj* unverschlossen

unloving [ʌn'lʌvɪŋ] *adj* lieblos

unlucky [ʌn'lʌki] *adj* glücklos; **to be ~** Pech haben; *portent* Unglück bringen

unmarried [ʌn'mærɪd] *adj* unverheiratet

unmistak(e)able [ʌnmɪ'steɪkəbl̩] *adj* unverkennbar; *symptom* eindeutig

unmotivated [ʌn'məʊtɪveɪtɪd] *adj* unmotiviert

unmoved [ʌn'mu:vd] *adj usu pred* unbewegt

unnatural [ʌn'nætʃᵊrᵊl] *adj* unnatürlich; PSYCH abnorm

unnecessary [ʌn'nesəsᵊri] *adj* unnötig

unnoticed [ʌn'nəʊtɪst] *adj pred* unbemerkt; **to go ~** nicht bemerkt werden

unobtainable [ˌʌnəb'teɪnəbl̩] *adj* unerreichbar

unoccupied [ʌn'ɒkjəpaɪd] *adj* unbewohnt; MIL nicht besetzt

unofficial [ˌʌnə'fɪʃᵊl] *adj* inoffiziell; **in an ~ capacity** inoffiziell

unofficially [ˌʌnə'fɪʃᵊli] *adv* inoffiziell

unopposed [ˌʌnə'pəʊzd] *adj* keinem Widerstand ausgesetzt, unbehindert; *opinion* unwidersprochen

unpack [ʌn'pæk] *vt, vi* auspacken; *car* ausladen

unpaid [ʌn'peɪd] *adj* unbezahlt

unpleasant [ʌn'plezᵊnt] *adj* unangenehm; *(unfriendly)* unfreundlich

unpleasantly [ʌn'plezᵊntli] *adv* ① *(not pleasingly)* unangenehm ② *(in an unfriendly manner)* unfreundlich

unplug <-gg-> [ʌn'plʌg] *vt* ausstecken

unpopular [ʌn'pɒpjələʳ] *adj* unbeliebt; *(not widely accepted)* unpopulär; **to be ~** wenig Anklang finden

unpredictability [ʌnprɪˌdɪktə'bɪlɪti] *n no pl* Unvorhersehbarkeit *f*

unpredictable [ˌʌnprɪ'dɪktəbl̩] *adj* unvorhersehbar; *weather* unberechenbar

unprepared [ˌʌnprɪ'peəd] *adj (not prepared)* unvorbereitet; **to be ~ for sth** *an event* auf etw *akk* nicht vorbereitet sein; *a reaction, emotion* auf etw *akk* nicht gefasst sein

unprofessional [ˌʌnprə'feʃᵊnᵊl] *adj* unprofessionell; **~ conduct** berufswidriges Verhalten

unpromising [ʌn'prɒmɪsɪŋ] *adj* nicht sehr viel versprechend; *(promising success)* nicht gerade aussichtsreich

unpunished [ʌn'pʌnɪʃt] *adj* unbestraft; **to go ~** *flaw, foul* durchgehen *fam crime* unbestraft bleiben; *person* ungestraft davonkommen

unqualified [ʌn'kwɒlɪfaɪd] *adj* ① unqualifiziert ② *(unreserved)* bedingungslos; **an ~ disaster** eine Katastrophe grenzenlosen Ausmaßes

unreadable [ʌn'ri:dəbl̩] *adj* unleserlich

unreal [ʌn'rɪəl] *adj* unwirklich

unrealistic [ˌʌnrɪə'lɪstɪk] *adj* unrealistisch

unrealistically [ˌʌnrɪə'lɪstɪkᵊli] *adv* unrealistisch[erweise]

unreasonable [ʌn'ri:zᵊnəbl̩] *adj* unvernünftig; *(unfair)* übertrieben; *demand* überzogen; **don't be so ~! he's doing the best he can** verlang nicht so viel! er tut sein Bestes

unreasonably [ʌn'ri:zᵊnəbli] *adv* ① *(illogically)* unvernünftig; **she claims, not ~, that …** sie behauptet nicht zu Unrecht, dass … ② *(unfairly)* übertrieben, unangemessen

unrecognizable [ˌʌnrekəg'naɪzəbl̩] *adj* nicht [wieder]erkennbar, unkenntlich

unrecognized [ʌn'rekəgnaɪzd] *adj* ① *(not identified)* nicht [wieder]erkannt, unerkannt ② *(not acknowledged)* nicht anerkannt

unreliable [ˌʌnrɪ'laɪəbl̩] *adj* unzuverlässig

unrepeatable [ˌʌnrɪ'pi:təbl̩] *adj* nicht wiederholbar

unreserved [ˌʌnrɪ'zɜ:vd] *adj* uneingeschränkt; *table* nicht reserviert; *open* offen; **~ friendliness** Herzlichkeit *f*

unrestricted [ˌʌnrɪ'strɪktɪd] *adj* uneingeschränkt

unripe [ʌn'raɪp] *adj* unreif

unroll [ʌn'rəʊl] **I.** *vt* aufrollen **II.** *vi* sich abrollen [lassen]

unsafe [ʌn'seɪf] *adj* ① unsicher; *sex* ungeschützt; **to be ~ to do sth** gefährlich sein, etw zu tun ② *pred (in danger)* nicht sicher

unsaid [ʌn'sed] *adj (form)* ungesagt; **to leave sth ~** etw ungesagt lassen

unsalted [ʌn'sɔ:ltɪd] *adj* ungesalzen

unsatisfactory [ʌnˌsætɪs'fæktᵊri] *adj* unzureichend; *answer* unbefriedigend; *(grade)* ungenügend

unsatisfied [ʌn'sætɪsfaɪd] *adj* unzufrieden; *(unconvinced)* nicht überzeugt; **to leave sb/sth ~** jdn/etw nicht befriedigen

unscheduled [ʌn'ʃedju:ld] *adj* außerplanmäßig; *stop* außerfahrplanmäßig

unscrupulous [ʌn'skru:pjələs] *adj* skrupellos

unsealed [ʌn'si:ld] *adj* unversiegelt

unseen [ʌn'si:n] *adj* ungesehen

unselfish [ʌn'selfɪʃ] *adj* selbstlos

unsettle [ʌn'setl̩] *vt* verunsichern; *balance* stören

unsettled [ʌn'setl̩d] *adj* ① *(unstable)* instabil; *weather* unbeständig ② *(troubled)* unruhig ③ *(unresolved) issue* noch anstehend

unsettling [ʌn'setl̩ɪŋ] *adj* beunruhigend; **to have the ~ feeling that …** das ungute Gefühl haben, dass …

unshaved [ʌn'ʃeɪvd], **unshaven** [ʌn'ʃeɪvᵊn] *adj* unrasiert

unsightly <-ier, -iest> [ʌn'saɪtli] *adj* unansehnlich

unskilled [ʌn'skɪld] *adj* ❶ ungeschickt ❷ *worker* ungelernt; ~ **job** Tätigkeit *f* für ungelernte Arbeitskräfte

unsociable [ʌn'səʊʃəbl̩] *adj* ungesellig

unsocial [ʌn'səʊʃᵊl] *adj* BRIT nicht sozialverträglich; **to work ~ hours** außerhalb der normalen Arbeitszeiten arbeiten

unsold [ʌn'səʊld] *adj* unverkauft

unspeakable [ʌn'spi:kəbl̩] *adj* unbeschreiblich

unstable [ʌn'steɪbl̩] *adj* nicht stabil; *(fig)* instabil; **emotionally ~** [psychisch] labil

unsteadily [ʌn'stedɪli] *adv* ❶ *(unstably)* unsicher, unruhig; **to walk ~** wanken ❷ *(irregularly)* unregelmäßig

unsuccessful [ˌʌnsək'sesfᵊl] *adj* erfolglos; *attempt* vergeblich

unsuitable [ʌn'sju:təbl̩] *adj* nicht geeignet

unsure [ʌn'ʃʊəʳ] *adj* unsicher; **to be ~ of oneself** kein Selbstvertrauen haben

unsurpassable [ˌʌnsə'pɑ:səbl̩] *adj* unübertrefflich, unüberbietbar

unsurpassed [ˌʌnsə'pɑ:st] *adj* einzigartig; **to be ~ in [doing] sth** in etw *dat* unübertroffen sein

untalented [ʌntæləntɪd] *adj* untalentiert, unbegabt, talentfrei *iron*

untarnished [ʌn'tɑ:nɪʃt] *adj* makellos; *(a. fig)* ungetrübt

unthinkable [ʌn'θɪŋkəbl̩] **I.** *adj* undenkbar; *(shocking)* unfassbar **II.** *n no pl* **the ~** das Unvorstellbare

U

unthinking [ʌn'θɪŋkɪŋ] *adj* unbedacht; *(unintentional)* unabsichtlich

untidily [ʌn'taɪdɪli] *adv* unordentlich

untidy [ʌn'taɪdi] *adj* unordentlich; *(unorganized)* unsystematisch

untie <-y-> [ʌn'taɪ] *vt* lösen; *boat* losbinden

until [ʌn'tɪl] **I.** *prep* bis; **two more days ~ Easter** noch zwei Tage bis Ostern; **not ~ seven** erst um sieben; **not ~ tomorrow** erst morgen **II.** *conj (esp form)* bis; **I laughed ~ tears rolled down my face** ich lachte, bis mir die Tränen kamen; **he won't stop ~ everything is finished** er hört nicht auf, bevor nicht alles fertig ist; **to not do sth ~ ...** etw erst [dann] tun, wenn ...

untiring [ʌn'taɪərɪŋ] *adj* unermüdlich

untouched [ʌn'tʌtʃt] *adj* unberührt; *drink* nicht angerührt; **to be ~ by sth** von etw *dat* nicht betroffen sein

untreated [ʌn'tri:tɪd] *adj* unbehandelt; *sewage* ungeklärt

untrue [ʌn'tru:] *adj* ❶ unwahr ❷ *pred (not faithful)* untreu (**to** + *dat*)

untrustworthy [ʌn'trʌstˌwɜ:ði] *adj* unzuverlässig

untypical [ʌn'tɪpɪkᵊl] *adj* abweichend, untypisch

unused¹ [ʌn'ju:zd] *adj* unbenutzt; **to go ~** nicht genutzt werden

unused² [ʌn'ju:st] *adj pred* **to be ~ to sth** an etw *akk* nicht gewöhnt sein

unusual [ʌn'ju:ʒᵊl] *adj* ungewöhnlich; *(uncharacteristic)* untypisch; *(remarkable)* außergewöhnlich

unusually [ʌn'ju:ʒᵊli] *adv* ungewöhnlich; **~ for me, ...** ganz gegen meine Gewohnheit ...

unveiling [ʌn'veɪlɪŋ] *n no pl* Enthüllung *f*

unwaged [ʌn'weɪdʒd] *adj* BRIT unbezahlt; *(unemployed)* arbeitslos

unwell [ʌn'wel] *adj pred* **sb is ~** jdm geht es nicht gut

unwilling [ʌn'wɪlɪŋ] *adj* widerwillig; **to be ~ to do sth** nicht gewillt sein, etw zu tun

unwillingly [ʌn'wɪlɪŋli] *adv* ungern

unwind <unwound, unwound> [ʌn'waɪnd] **I.** *vi* sich abwickeln; *(relax)* sich entspannen **II.** *vt* abwickeln

unwise [ʌn'waɪz] *adj* unklug

unwrap <-pp-> [ʌn'ræp] *vt* auspacken; *(reveal)* enthüllen

unwritten [ʌn'rɪtᵊn] *adj* nicht schriftlich fixiert; *tradition* mündlich

unzip <-pp-> [ʌn'zɪp] *vt* den Reißverschluss aufmachen; COMPUT auspacken

up [ʌp] **I.** *adv* ❶ nach oben; **hands ~!** Hände hoch!; **four flights ~** vier Etagen höher; **halfway ~** auf halber Höhe; **farther ~** weiter oben ❷ *(awake)* auf; **to be ~ late** lange aufbleiben; **~ and about** auf den Beinen ❸ *(toward)* **~ to sb/sth** auf jdn/etw zu; **to walk ~ to sb** auf jdn zugehen ❹ **~ until** bis *+akk;* **~ to yesterday** bis gestern ❺ **to be ~ against sb/sth** es mit jdm/etw zu tun haben ❻ **to be ~ to sb** von jdm abhängen; **I'll leave it ~ to you** ich überlasse dir die Entscheidung ❼ *(contrive)* **to be ~ to sth** etw vorhaben; **to be ~ to no good** nichts Gutes im Schilde führen ❽ *(be adequate)* **to be ~ to sth** etw *dat* gewachsen sein; **are you sure you're ~ to it?** bist du sicher, dass du das schaffst?; **his German isn't ~ to much** sein Deutsch ist nicht besonders gut **II.** *prep* ❶ hinauf/herauf; **~ the ladder/mountain/stairs** die Leiter/den Berg/die Treppe hinauf; **~ and down** auf und ab; **he's ~ that ladder** er steht dort oben auf der Leiter ❷ *(along)* **[just] ~ the road** ein Stück die Straße hinauf; **~ the river** flussauf[wärts] ▸ **to be ~ the creek [without a paddle]** [schön] in der Klemme sitzen; **~ yours!** *(vulg)* ihr könnt/du kannst mich mal! **III.** *adj* ❶ *attr* nach oben *nach n* ❷ *pred (leading)* **Liverpool is two goals ~** Liverpool liegt mit zwei Toren in Führung ❸ *pred (working)* funktionstüchtig; **do you know when the server will be ~ again?** weißt du, wann der Server wieder in Betrieb sein wird? ❹ *pred (finished)* vorbei; **your time is ~!** Ihre Zeit ist um! ❺ *pred* **to be ~ for sale** zum Verkauf stehen ❻ *pred (fam)* **something is ~** irgendetwas ist im Gange; **what's ~?** was ist los?; **how well ~ are you in Spanish?** *(fam)* wie fit bist du in Spanisch?; **who's ~ for a walk?** wer hat Lust auf einen Spaziergang? **IV.** *n* Hoch *nt;* **~s and downs** Höhen und Tiefen *pl* ▸ **to be on the ~ and ~** BRIT, AUS *(fam)* im Aufwärtstrend begriffen sein **V.** *vt* <-pp-> erhöhen; *price, tax* anheben

upbringing [ˈʌpˌbrɪŋɪŋ] *n usu sing* Erziehung *f*

upcoming [ˈʌpˌkʌmɪŋ] *adj* bevorstehend

update **I.** *vt* [ʌpˈdeɪt] aktualisieren **II.** *n* [ˈʌpdeɪt] Aktualisierung *f;* COMPUT Update *nt*

updated [ʌpˈdeɪtɪd] *adj* aktualisiert, überarbeitet

upfront [ʌpˈfrʌnt] *adj (fam)* ❶ *pred* offen; **to be ~ about sth** etw offen sagen ❷ *attr* Voraus-; **~ payment** Anzahlung *f*

upgrade **I.** *vt* [ʌpˈgreɪd] verbessern; COMPUT erweitern; *person* befördern **II.** *n* [ˈʌpgreɪd] ❶ COMPUT Aufrüsten *nt* ❷ AM Steigung *f*

upgradeable [ʌpˈgreɪdəbl̩] *adj* COMPUT aufrüstbar

upheaval [ʌpˈhiːvᵊl] *n no pl* Aufruhr *m;* **political ~** politische Umwälzung[en]

uphill [ʌpˈhɪl] **I.** *adv* bergauf **II.** *adj* bergauf; *(difficult)* mühselig; *struggle* hart **III.** *n* Steigung *f*

upholstery [ʌpˈhəʊlstᵊri] *n no pl* Polsterung *f*

upkeep [ˈʌpkiːp] *n no pl* Instandhaltung *f; of ex* Unterhalt *m*

upload *vt* COMPUT [hoch]laden

upon [əˈpɒn] *prep (usu form)* ❶ auf *+dat; (with verbs of motion)* auf *+akk;* **he put his hand ~ her shoulder** er legte seine Hand auf ihre Schulter ❷ *(at time of)* bei *+dat;* **~ arrival** bei Ankunft ❸ *(concerning)* **we settled ~ a price** wir einigten uns auf einen Preis; **he was intent ~ following in his father's footsteps** er war entschlossen, in die Fußstapfen seines Vaters zu treten

upper [ˈʌpəʳ] **I.** *adj attr* ❶ obere(r, s); *arm, jaw etc.* Ober- ❷ *rank* höhere(r, s); **the ~ middle class** die gehobene Mittelschicht ❸ *location* höher gelegen;

U

the U~ **Rhine** der Oberrhein **II.** *n* Obermaterial *nt* **upper-class** *adj* der Oberschicht *nach n;* **in ~ circles** in den gehobenen Kreisen **upper class** *n + sing/pl vb* Oberschicht *f*

upright ['ʌpraɪt] *adj* aufrecht; *(honest)* anständig

upriver [ˌʌp'rɪvəʳ] **I.** *adj* flussaufwärts gelegen **II.** *adv* flussaufwärts

uproot [ʌp'ru:t] *vt* herausreißen; *(fig)* **to ~ oneself** seine Heimat verlassen

upset **I.** *vt* [ʌp'set] ❶ aus der Fassung bringen; *(distress)* mitnehmen; **to ~ oneself** sich aufregen ❷ *(push)* umwerfen; *glass* umstoßen; *boat* zum Kentern bringen **II.** *adj* [ʌp'set] ❶ *pred* traurig; *(distressed)* bestürzt; **to be ~** [**that**] **...** traurig sein, dass ...; **to be ~ to hear/read/see that ...** mit Bestürzung hören/lesen/sehen, dass ... ❷ *boat* umgestoßen **III.** *n* ['ʌpset] ❶ *no pl* Ärger *m* ❷ *(fam)* **stomach ~** Magenverstimmung *f*

upside down *adj* auf dem Kopf stehend *attr;* **that picture is ~** das Bild hängt verkehrt herum

upstairs [ʌp'steəz] **I.** *adj* oben *präd,* obere(r, s) *attr* **II.** *adv* **the people who live ~** die Leute über uns; **to run ~** nach oben rennen

upstream [ʌp'stri:m] **I.** *adj* **the ~ part of the river** der obere Teil des Flusses **II.** *adv* flussaufwärts; **to swim ~** gegen den Strom schwimmen

uptake ['ʌpteɪk] *n no pl* Aufnahme *f;* ▶ **to be quick /slow on the ~** *(fam)* schnell schalten/schwer von Begriff sein

U

uptight [ʌp'taɪt] *adj (fam)* nervös; **don't get ~ about the exam** mach dich wegen der Prüfung nicht verrückt

up-to-date *adj attr* zeitgemäß

upward ['ʌpwəd] **I.** *adj usu* AM Aufwärts-; **~ movement** Aufwärtsbewegung *f* **II.** *adv* aufwärts

upwards ['ʌpwədz] *adv* nach oben, aufwärts

urban ['ɜ:bᵊn] *adj attr* städtisch; **~ area** Stadtgebiet *nt;* **~ decay** Verfall *m* der Innenstadt; **~ population** Stadtbevölkerung *f*

urge [ɜ:dʒ] **I.** *n (strong desire)* Verlangen *nt; (compulsion)* Drang *m;* **to feel the ~ to do sth** das Bedürfnis verspüren [*o* das Verlangen haben], etw zu tun **II.** *vt* **to ~ sb** [**to do sth**] jdn drängen[, etw zu tun]; **I ~ you to reconsider your decision** ich rate Ihnen dringend, Ihren Beschluss zu überdenken; **to ~ caution** zur Vorsicht mahnen

urgency ['ɜ:dʒᵊn(t)si] *n no pl* Dringlichkeit *f; of problem also* Vordringlichkeit *f; (insistence)* Eindringlichkeit *f*

urgent ['ɜ:dʒᵊnt] *adj* dringend; *(insistent)* eindringlich; *steps* eilig; *plea* deutlich; **to be in ~ need of sth** dringend etw benötigen

urgently ['ɜ:dʒᵊntli] *adv* dringend; *(insistently)* eindringlich

urinal [jʊə'raɪnᵊl, -rɪ-] *n* Pissoir *nt*

urine ['jʊərɪn] *n no pl* Urin *m*

urn [ɜ:n] *n* [Grab]urne *f;* **tea ~** Teekessel *m*

urology [jʊə'rɒlədʒi] *n no pl* MED Urologie *f fachspr*

Uruguayan [ˌjʊərə'gwaɪən] *adj* uruguayisch

us [ʌs, əs] *pron* uns *dat o akk;* **let ~ know** lassen Sie es uns wissen; **both/many of ~** wir beide/viele von uns; **it's ~** wir sinds; **older than ~** älter als wir

USA [ju:es'eɪ] *n no pl abbrev of* **United States of America: the ~** die USA *pl*

usable ['ju:zəbl̩] *adj* brauchbar, nutzbar; **to** [**not**] **be ~** [nicht] zu gebrauchen sein; **~ software** verwendbare Software

USB [ju:esbi:] *n abbrev of* **Universal Serial Bus** COMPUT USB *m;* **~ flash drive** USB-Stick *m;* **~ port** [*or* **interface**] USB-Schnittstelle *f*

use **I.** *vt* [ju:z] ❶ benutzen; *chance, skills* nutzen; *dictionary, idea* verwenden ❷ *(manipulate)* benutzen; *(exploit)* ausnutzen ③ **I could ~ some help** ich könnte etwas Hilfe gebrauchen; **I could ~ a drink now** ich könnte jetzt einen Drink vertragen **II.** *n* [juːs] ① Verwendung *f;* **for ~ in an emergency** für den Notfall; **for ~ in case of fire** bei Feuer; **for external ~ only** nur zur äußerlichen Anwendung; **to make ~ of sth** etw benutzen; **can you make ~ of that?** kannst du das gebrauchen? ② *(usefulness)* Nutzen *m;* **is this of any ~ to you?** nützt dir das vielleicht etwas?; **it's no ~ [doing sth]** es hat keinen Zweck[, etw zu tun] ③ **to have the ~ of sth** etw benutzen dürfen ④ **to be out of ~** nicht funktionieren

◆ **use up** *vt* verbrauchen

used¹ [juːst] *vt* **he ~ to teach** er hat früher unterrichtet; **my father ~ to say …** mein Vater sagte [früher] immer, …

used² [juːzd] *adj* ① gebraucht; **~ clothes** Secondhandkleidung *f* ② *(familiar with)* **to be ~ to sth** etw gewohnt sein; **to become ~ to sth** sich an etw *akk* gewöhnen

used to / be used to

Beachte den Unterschied:

Used to + Infinitiv wird verwendet, um vergangene Zustände und Gewohnheiten zu beschreiben. Es drückt in etwa das Gleiche aus wie das deutsche ‚früher': *My dad used to smoke. I used to live in London, but now I live in Glasgow.*

Der Ausdruck **be used to sth/doing sth** drückt aus, dass man etwas gewohnt ist oder dass einem etwas vertraut ist: *I live in London, so I'm used to the noise. Jim isn't used to getting up so early.*

useful [ˈjuːsfᵊl] *adj* nützlich (**for** für); **to make oneself ~** sich nützlich machen; **to come in ~** gut zu gebrauchen sein

usefulness [ˈjuːsfᵊlnəs] *n no pl* Nützlichkeit *f; of contribution also* Brauchbarkeit *f*

useless [ˈjuːsləs] *adj* ① sinnlos; **it's ~ [doing sth]** es ist sinnlos[, etw zu tun] ② *(fam: inept)* **he's a ~ goalkeeper** er taugt nichts als Torwart; **to be ~** nichts taugen; *object* zu nichts zu gebrauchen sein ③ **to render sth ~** etw unbrauchbar machen

uselessness [ˈjuːsləsnəs] *n no pl* ① *(unproductiveness)* Nutzlosigkeit *f,* Unbrauchbarkeit *f* ② *(futility)* Sinnlosigkeit *f,* Zwecklosigkeit *f*

user [ˈjuːzʳ] *n* Benutzer(in) *m(f);* **drug ~** Drogenkonsument(in) *m(f)*

user-friendly *adj* COMPUT benutzerfreundlich

username *n* COMPUT Benutzername *m*

usual [ˈjuːʒᵊl] **I.** *adj* üblich; **as [per] ~** wie üblich **II.** *n (fam)* **the ~** das Übliche

usually [ˈjuːʒᵊli] *adv* normalerweise

utility [juːˈtɪləti] **I.** *n* ① Nützlichkeit *f* ② *usu pl (public service)* Leistungen *pl* der öffentlichen Versorgungsbetriebe **II.** *adj* Mehrzweck-; **~ vehicle** Mehrzweckfahrzeug *nt*

utilizable [ˈjuːtɪlaɪzəbl̩] *adj (form)* verwendbar, nutzbar

utmost [ˈʌtməʊst] **I.** *adj attr* größte(r, s); **with the ~ care/precision** so sorgfältig/genau wie möglich **II.** *n no pl* **the ~** das Äußerste (**in** an); **at the ~** höchstens; **to the ~** bis zum Äußersten; **to try one's ~** sein Bestes geben

utter¹ [ˈʌtəʳ] *adj attr* vollkommen; **~ fool** Vollidiot(in) *m(f) fam;* **~ nonsense** absoluter Blödsinn; **a complete and ~ waste of time** eine totale Zeitverschwendung

utter² [ˈʌtəʳ] *vt (liter)* ① **no one ~ed a sound** keiner brachte einen Ton heraus; **to ~ a groan** stöhnen; **without ~ing a word** ohne ein Wort zu sagen ② *(put into words)* sagen; *oath* schwö-

U

ren; *prayer* sprechen

utterly ['ʌtəli] *adv* vollkommen; **to be ~ convinced that …** vollkommen [davon] überzeugt sein, dass …

U-turn ['ju:tɜ:n] *n* ① Wende *f;* *of plan* Kehrtwendung *f;* **to do a ~** wenden

Uzbek ['ʊzbek] *adj* usbekisch

Uzbekistan [ʊzˌbekɪ'stɑ:n] *n no pl* GEOG Usbekistan *nt*

V v

V <*pl* -'s> *n*, **v** <*pl* -'s> [vi:] *n* ① V *nt,* v *nt; see also* **A 1** ② *(shape)* V *nt;* **V-shaped neck** V-Ausschnitt *m*

v [vi:] **I.** *adv abbrev of* **very II.** *n* LING *abbrev of* **verb** v **III.** *prep abbrev of* **verse, verso, versus** vs.

vacancy ['veɪkᵊn(t)si] *n* ① *(unoccupied room)* freies Zimmer; **'vacancies'** ‚Zimmer frei' ② *(employment)* freie Stelle

vacant ['veɪkᵊnt] *adj* ① *bed, chair, seat* frei; *(on toilet door)* **'~'** ‚frei' ② *position, job* unbesetzt; **to fall ~** frei werden ③ *(expressionless)* leer

vacantly ['veɪkᵊntli] *adv (without thought)* leer; *(without expression)* ausdruckslos; **to gaze ~ into space** geistesabwesend ins Leere starren

vacate [və'keɪt] *vt* räumen; *job* aufgeben; *seat* frei machen

vacation [və'keɪʃᵊn] *n* ① AM *(holiday)* Ferien *pl,* Urlaub *m;* **to take a ~** Urlaub machen ② UNIV Semesterferien *pl*

vaccinate ['væksɪneɪt] *vt* impfen (**against** gegen)

vaccination [ˌvæksɪ'neɪʃᵊn] *n* [Schutz]-impfung *f* (**against** gegen)

vaccine ['væksi:n] *n* Impfstoff *m*

vacuum <*pl* -s> ['vækju:m] **I.** *n* ① Vakuum *nt* ② *(fig: gap)* Vakuum *nt fig,* Lücke *f;* **to fill a ~** eine Lücke füllen **II.** *vt* [staub]saugen; **to ~ up ⊂ sth** etw aufsaugen

vacuum bottle, vacuum flask *n esp* BRIT Thermosflasche *f*

vacuum cleaner *n* Staubsauger *m*

vagina [və'dʒaɪnə] *n* ANAT Vagina *f*

vaginal [və'dʒaɪnᵊl] *adj* ANAT, MED vaginal; **~ discharge** Ausfluss *m*

vagrant ['veɪgrᵊnt] *n (dated)* Landstreicher(in) *m(f)*

vague [veɪg] *adj* ① ungenau; *memory, promises* vage; *figure, shape* verschwommen ② *(imprecise)* zerstreut; **to be ~ about sth** sich [nur] vage zu etw *dat* äußern

vaguely ['veɪgli] *adv* vage; **he does look ~ familiar** er kommt mir irgendwie bekannt vor; **to ~ remember** sich dunkel erinnern

vain [veɪn] *adj* ① *(pej)* eitel; *(conceited)* eingebildet ② *(futile)* sinnlos; **in ~** vergeblich, umsonst

valentine ['væləntaɪn] *n Person, die am Valentinstag von ihrem Verehrer/ihrer Verehrerin beschenkt wird*

valid ['vælɪd] *adj* ① *argument, decision* begründet ② *passport, qualification* gültig

valley ['væli] *n* Tal *nt*

valuable ['væljʊəbl̩] **I.** *adj* wertvoll; *gems* kostbar **II.** *n* **~s** *pl* Wertsachen *pl*

valuables ['væljuəbl̩z] *n pl* Wertsachen *pl*

value ['vælju:] **I.** *n* ① *no pl* Wert *m; (significance)* Bedeutung *f* ② *(moral ethics)* **~s** *pl* Werte *pl* **II.** *vt* ① *(deem significant)* schätzen; **to ~ sb as a friend** jdn als Freund schätzen ② FIN schätzen

value-added tax *n* Mehrwertsteuer *f*

valued ['væljuːd] *adj (form)* geschätzt
valve [vælv] *n* ❶ *(control device)* Ventil *nt* ❷ *(body part)* Klappe *f*
vampire ['væmpaɪəʳ] *n* Vampir *m*
van [væn] *n* ❶ Transporter *m;* **delivery ~** Lieferwagen *m* ❷ AM *(car type)* Kleinbus *m*
vandal ['vændᵊl] *n* Vandale *m pej*
vandalism ['vændᵊlɪzᵊm] *n no pl* Vandalismus *m*
vandalize ['vændᵊlaɪz] *vt* mutwillig zerstören; *building* verwüsten
vanilla [və'nɪlə] *n no pl* Vanille *f*
vanish ['vænɪʃ] *vi* verschwinden; **to ~ into thin air** sich in Luft auflösen
vanity ['vænəti] *n* ❶ *no pl* Eitelkeit *f* ❷ AM, AUS *(Vanitory unit)* Schminktisch *m*
vanity bag, **vanity case** *n* Schminktasche *f*
vantage point *n* ❶ *(outlook)* Aussichtspunkt *m* ❷ *(fig: ideological perspective)* Blickpunkt *m*
vapour, AM **vapor** ['veɪpəʳ] *n (steam)* Dampf *m; (breath)* Atem[hauch] *m*
vapour trail *n* Kondensstreifen *m*
variable ['veəriəbḷ] **I.** *n* Variable *f* **II.** *adj* variabel, veränderlich; *quality* wechselhaft
variation [ˌveəri'eɪʃᵊn] *n* ❶ *no pl* Abweichung *f* ❷ *(difference)* Schwankung[en] *f[pl]*
varied ['veərid] *adj* unterschiedlich; *career* bewegt
variety [və'raɪəti] *n* ❶ *no pl* Vielfalt *f; (differing from one another)* Verschiedenartigkeit *f;* **a ~ of courses** verschiedene Kurse ❷ *(type)* Sorte *f;* **a new ~ of tulip** eine neue Tulpensorte
variety show *n* Varieteeshow *f*
various ['veəriəs] *adj* verschieden
varnish ['vɑːnɪʃ] **I.** *n* <*pl* -es> Lack *m; (on painting)* Firnis *m* **II.** *vt* lackieren
vary <-ie-> ['veəri] **I.** *vi* variieren, verschieden sein; **to ~ greatly** stark voneinander abweichen **II.** *vt* variieren; **to ~ one's diet** abwechslungsreich essen
varying ['veəriɪŋ] *adj* unterschiedlich; *(fluctuating)* variierend
vase [vɑːz] *n* Vase *f*
VAT [ˌviːeɪ'tiː] *n no pl* BRIT *abbrev of* **value added tax** MwSt *f*
Vatican ['vætɪkən] *n no pl* **the ~** der Vatikan
vault [vɔːlt] **I.** *n* ❶ *(arch)* Gewölbebogen *m* ❷ *(ceiling)* Gewölbe *nt* ❸ *(strongroom)* Tresorraum *m* **II.** *vt (jump)* **to ~ sth** über etw *akk* springen
vaulting horse *n* Sprungpferd *nt*
VCR [ˌviːsiː'ɑː] *n* AM *abbrev of* **video cassette recorder** Videorekorder *m*
veal [viːl] *n no pl* Kalbfleisch *nt*
veg[1] [vedʒ] *n no pl (fam) short for* **vegetable(s)** Gemüse *nt*
veg[2] [vedʒ] *vi (fam)* **to ~ out** herumhängen
vegan ['viːgən] **I.** *n* Veganer(in) *m(f)* **II.** *adj* vegan
vegetable ['vedʒtəbḷ] *n* ❶ *(plant)* Gemüse *nt;* **fresh fruit and ~s** frisches Obst und Gemüse ❷ *(fig, pej fam)* **to be a ~** vor sich *dat* hin vegetieren
vegetable fat *n* pflanzliches Fett **vegetable garden** *n* Gemüsegarten *m* **vegetable oil** *n* pflanzliches Öl
vegetarian [ˌvedʒɪ'teəriən] **I.** *n* Vegetarier(in) *m(f)* **II.** *adj* vegetarisch
veggie[1] ['vedʒi] *n (fam) short for* **vegetarian** Vegetarier(in) *m(f)*
veggie[2] ['vedʒi] *n esp* AM, AUS *(fam) short for* **vegetable** Gemüse *nt*
veggieburger ['vedʒiˌbɜːgəʳ] *n* Gemüseburger *m*
vehicle ['vɪəkḷ] *n* Fahrzeug *nt*
vehicle registration number *n* Kfz-Kennzeichen *nt*
veil [veɪl] **I.** *n (a. fig)* Schleier *m* **II.** *vt usu passive* ❶ *(cover by veil)* **to be ~ed** verschleiert sein ❷ *(envelop)* einhüllen
vein [veɪn] *n* Vene *f; (any blood vessel)* Ader *f*
Velcro® ['velkrəʊ] *n no pl* Klettverschluss *m*
velvet ['velvɪt] *n no pl* Samt *m*
vending machine *n* Automat *m*

V

vendor ['vendɔːʳ] *n* Straßenverkäufer(in) *m(f)*
Venetian [vəˈniːʃᵊn] *adj* venezianisch
venetian blind *n* Jalousie *f*
Venezuelan [ˌvenɪˈzweɪlən] **I.** *adj* venezolanisch **II.** *n* Venezolaner(in) *m(f)*
venison ['venɪsᵊn] *n no pl* Rehfleisch *nt*
venom ['venəm] *n no pl* Gift *nt*
venomous ['venəməs] *adj* giftig *a. fig*
ventilation [ˌventɪˈleɪʃᵊn] *n no pl* Belüftung *f*
ventilator ['ventɪleɪtəʳ] *n* ❶ *(air outlet)* Abzug *m* ❷ *(breathing apparatus)* Beatmungsgerät *nt*
ventriloquist [ven'trɪləkwɪst] *n* Bauchredner(in) *m(f)*
venture ['ventʃəʳ] **I.** *n* Projekt *nt;* ECON Unternehmen *nt* **II.** *vt* **to ~ sth** etw vorsichtig äußern
◆**venture out** *vi* sich hinauswagen
venue ['venjuː] *n* Veranstaltungsort *m; (for competition)* Austragungsort *m*
Venus ['viːnəs] *n no pl* Venus *f*
veranda(h) [vəˈrændə] *n* Veranda *f*
verb [vɜːb] *n* Verb *nt*
verbal ['vɜːbᵊl] *adj* ❶ *(oral)* mündlich ❷ *(pertaining to verb)* **~ noun** Verbalsubstantiv *nt*
verdict ['vɜːdɪkt] *n* Urteil *nt;* **~ of not guilty** Freispruch *m*
verge [vɜːdʒ] *n (physical edge)* Rand *m;* **on the ~ of the desert** am Rand der Wüste
◆**verge on** *vi* **to ~ on the ridiculous** ans Lächerliche grenzen
verification [ˌverɪfɪˈkeɪʃᵊn] *n no pl* Verifizierung *f geh; (checking)* Überprüfung *f*
verify <-ie-> ['verɪfaɪ] *vt* verifizieren *geh; (check)* überprüfen; *(confirm)* belegen
versatile ['vɜːsətaɪl] *adj* vielseitig
verse [vɜːs] *n* ❶ *no pl (poetical writing)* Dichtung *f;* **volume of ~** Gedichtband *m* ❷ *(stanza) a.* MUS Strophe *f*
version ['vɜːʃᵊn, -ʒᵊn] *n* Version *f; of book, text, film* Fassung *f*
versus ['vɜːsəs] *prep* gegen

vertebra <*pl* -brae> ['vɜːtɪbrə] *n* Wirbel *m*
vertebrate ['vɜːtɪbreɪt] BIOL **I.** *n* Wirbeltier *nt* **II.** *adj attr* Wirbel-
vertical ['vɜːtɪkᵊl] **I.** *adj* senkrecht, vertikal **II.** *n (vertical line)* Senkrechte *f*
vertically ['vɜːtɪkᵊli] *adv* senkrecht, vertikal
vertigo ['vɜːtɪgəʊ] *n no pl* Schwindel *m;* MED Gleichgewichtsstörung *f*
very ['veri] **I.** *adv* ❶ sehr; **how are you? — ~ well, thanks** wie geht es dir? — sehr gut, danke; **~ much** sehr ❷ + *superl (to add force)* aller-; **the ~ best** der/die/das Allerbeste; **the ~ next day** schon am nächsten Tag ❸ *(I agree)* **~ well** [also] gut **II.** *adj attr* genau; **at the ~ bottom** zuunterst; **the ~ thought ...** allein der Gedanke ...
vest [vest] *n* ❶ BRIT *(underwear)* Unterhemd *nt* ❷ *esp* AM *(outer garment)* Weste *f* ❸ BRIT *(T-shirt)* **~ [top]** ärmelloses T-Shirt
vet [vet] **I.** *n* Tierarzt, -ärztin *m, f* **II.** *vt* <-tt-> *(examine)* überprüfen
veterinary ['vetᵊrɪnᵊri] *adj attr* tierärztlich; **~ medicine** Tiermedizin *f*
VHF [ˌviːeitʃˈef] **I.** *n no pl abbrev of* **very high frequency** UKW **II.** *adj attr abbrev of* **very high frequency** UKW-
via ['vaɪə] *prep* ❶ *(through)* über ❷ *(using)* per, via
viaduct ['vaɪədʌkt] *n* Viadukt *m o nt; (bridge)* Brücke *f*
vibes [vaɪbz] *n pl (fam)* ❶ *(atmosphere)* Schwingungen *pl* ❷ *(vibraphone)* Vibraphon *nt*
vibrant ['vaɪbrənt] *adj person* lebhaft; *(dynamic)* dynamisch; *economy* boomend; *colour* leuchtend
vibrate [vaɪˈbreɪt] *vi* vibrieren; *person* zittern
vibration [vaɪˈbreɪʃᵊn] *n* Vibration *f,* Erschütterung *f*
vicar ['vɪkəʳ] *n* Pfarrer *m*
vicarage ['vɪkᵊrɪdʒ] *n* Pfarrhaus *nt*
vice[1] [vaɪs] *n (weakness)* Laster *nt*
vice[2] [vaɪs] *n (tool)* Schraubstock *m*

vice-chairman *n* stellvertretende(r) Vorsitzende(r) **vice-chancellor** *n (senior official)* Vizekanzler(in) *m(f);* BRIT UNIV Rektor(in) *m(f)* **vice president** *n* Vizepräsident(in) *m(f)*
vice versa [ˌvaɪsi'vɜːsə] *adv* umgekehrt
vicinity [vɪ'sɪnəti] *n* Nähe *f; (surrounding area)* Umgebung *f*
vicious ['vɪʃəs] *adj* ① *(malicious)* boshaft, gemein ② *(causing pain)* grausam
vicious circle, **vicious cycle** *n* Teufelskreis *m*
victim ['vɪktɪm] *n* Opfer *nt;* **to fall ~ to sth** etw *dat* zum Opfer fallen
Victorian [vɪk'tɔːriən] **I.** *adj* viktorianisch **II.** *n* Viktorianer(in) *m(f)*
victorious [vɪk'tɔːriəs] *adj* siegreich; **to emerge ~** als Sieger/Siegerin hervorgehen
victory ['vɪktəri] *n* Sieg *m* (**against** über); **to win a ~ [in sth]** [bei etw *dat*] einen Sieg erringen
video ['vɪdiəʊ] **I.** *n* ① *no pl (recording)* Video *nt* ② *(tape)* Videokassette *f* **II.** *vt* auf Video aufnehmen
video clip *n* Videoclip *m* **video game** *n* Videospiel *nt* **videophone** *n* Bildtelefon *nt* **videotape** *n* ① *(cassette)* Videokassette *f* ② *no pl (tape)* Videoband *nt*
Vienna [vi'enə] *n* Wien *nt*
view [vjuː] **I.** *n* ① *no pl (sight)* Sicht *f;* **to disappear from ~** [in der Ferne] verschwinden ② *(panorama)* [Aus]blick *m;* **he lifted his daughter up so that she could get a better ~** er hob seine Tochter hoch, so dass sie besser sehen konnte ③ *(opportunity to observe)* Besichtigung *f* ④ *(opinion)* Ansicht *f,* Meinung *f* (**about/on** über); **point of ~** Standpunkt *m;* **in sb's ~** jds Ansicht *f* nach ⑤ *(fig: perspective)* Ansicht *f;* **in ~ of sth** angesichts einer S. *gen* **II.** *vt* ① *(watch)* **to ~ sth** etw betrachten; *(as a spectator)* etw *dat* zusehen ② *(fig: consider)* betrachten ③ *(inspect)* **to ~ sth** sich *dat* etw ansehen
viewer ['vjuːər] *n* ① *(person)* [Fernseh]zuschauer(in) *m(f)* ② *(for film)* Filmbetrachter *m; (for slides)* Diabetrachter *m*
viewfinder *n* PHOT [Bild]sucher *m*
viewpoint *n* ① *(fig: opinion)* Standpunkt *m; (aspect)* Gesichtspunkt *m* ② *(place)* Aussichtspunkt *m*
vigilantly ['vɪdʒɪləntli] *adv* wachsam, [sehr] aufmerksam; **to guard sb/sth ~** jdn/etw streng bewachen
vigorous ['vɪgərəs] *adj* ① *(energetic)* energisch ② *(flourishing)* kräftig
vigorously ['vɪgərəsli] *adv (energetically)* energisch; *(vehemently)* heftig; **to deny/oppose sth ~** etw entschieden leugnen/ablehnen; **to exercise ~** eifrig trainieren
Viking ['vaɪkɪŋ] **I.** *n* Wikinger(in) *m(f)* **II.** *adj* Wikinger-, wikingisch
vile [vaɪl] *adj* ① *(disgusting)* gemein, niederträchtig ② *(fam: unpleasant)* abscheulich
village ['vɪlɪdʒ] *n* Dorf *nt*
village green *n* Dorfwiese *f*
villager ['vɪlɪdʒər] *n* Dorfbewohner(in) *m(f)*
villain ['vɪlən] *n* Verbrecher(in) *m(f)*
vindictive [vɪn'dɪktɪv] *adj* nachtragend; *(longing for revenge)* rachsüchtig
vindictiveness [vɪn'dɪktɪvnəs] *n no pl* Rachsucht *f;* **to feel ~ towards sb** Rachegefühle gegenüber jdm hegen
vine [vaɪn] *n* ① *(grape plant)* Weinrebe *f* ② *(climbing plant)* Rankengewächs *nt*
vinegar ['vɪnɪgər] *n no pl* Essig *m*
vinegary ['vɪnɪgəri] *adj* ① *(of taste)* sauer ② *(full of vinegar)* Essig-
vineyard ['vɪnjəd] *n* Weinberg *m*
vintage ['vɪntɪdʒ] **I.** *n* ① *(wine)* Jahrgangswein *m* ② *(wine year)* Jahrgang *m* **II.** *adj* ① FOOD Jahrgangs- ② BRIT, AUS AUTO Oldtimer-; **~ car** Oldtimer *m*
viola[1] [vi'əʊlə] *n* MUS Viola *f,* Bratsche *f*
viola[2] ['vaɪələ] *n* BOT Veilchen *nt*
violation [ˌvaɪə'leɪʃən] *n of rules, the law* Verletzung *f,* Verstoß *m*

violence ['vaɪələn(t)s] *n no pl* Gewalt *f* (**against** gegen); **act of ~** Gewalttat *f*
violent ['vaɪələnt] *adj* ❶ gewalttätig; *person also* brutal ❷ *attack, protest, pain* heftig
violently ['vaɪələntli] *adv* ❶ *(physically abusive)* brutal; **to die ~** eines gewaltsamen Todes sterben ❷ *(very much)* heftig; **to be ~ sick** sich heftig übergeben; **~ jealous** äußerst eifersüchtig; **to tremble ~** heftig zittern
violet ['vaɪələt] **I.** *n* ❶ BOT Veilchen *nt* ❷ *(colour)* Violett *nt* **II.** *adj* violett
violin [ˌvaɪə'lɪn] *n* Violine *f*, Geige *f*
violinist [vaɪə'lɪnɪst] *n* Violinist(in) *m(f)*
V.I.P., **VIP** [ˌviːaɪ'piː] **I.** *n abbrev of* **very important person** Promi *m fam* **II.** *adj attr abbrev of* **very important person** *area, tent* VIP-
virgin ['vɜːdʒɪn] **I.** *n* Jungfrau *f* **II.** *adj attr* ❶ *(chaste)* jungfräulich ❷ *(fig: unexplored)* unerforscht; **~ territory** Neuland *nt*
virgin forest *n* Urwald *m*
Virgo ['vɜːgəʊ] *n no art* ASTROL Jungfrau *f*
virile ['vɪraɪl] *adj* ❶ *(full of sexual energy)* potent ❷ *(energetic) voice* kraftvoll
virility [vɪ'rɪləti] *n no pl* ❶ *(sexual vigour)* Potenz *f* ❷ *(vigour)* Kraft *f*
virtual ['vɜːtʃuəl] *adj* ❶ *(almost certain)* so gut wie, quasi; **to be a ~ unknown** praktisch unbekannt sein ❷ COMPUT, PHYS virtuell
virtually ['vɜːtʃuəli] *adv* ❶ *(almost)* praktisch ❷ COMPUT virtuell
virtuous ['vɜːtʃuəs, -tju-] *adj* ❶ tugendhaft ❷ *(pej: morally better)* moralisch überlegen
virus ['vaɪ(ə)rəs] *n* <*pl* -es> ❶ MED Virus *nt* ❷ COMPUT Virus *m*
visa ['viːzə] *n* Visum *nt*
vise *n* AM *see* **vice**
visibility [ˌvɪsə'bɪləti] *n no pl* ❶ *(of view)* Sichtweite *f*; **good ~** gute Sicht ❷ *(being seen)* Sichtbarkeit *f*
visible ['vɪsəbl̩] *adj* sichtbar
vision ['vɪʒən] *n* ❶ *no pl (sight)* Sehvermögen *nt* ❷ *(mental image)* Vorstellung *f*; **~ of the future** Zukunftsvision *f*
visit ['vɪzɪt] **I.** *n* ❶ Besuch *m*; **to pay a ~ to sb** jdn besuchen; *(for professional purposes)* jdn aufsuchen ❷ AM *(fam: chat)* Plauderei *f* **II.** *vt* besuchen; *(for professional purposes)* aufsuchen **III.** *vi* einen Besuch machen
visiting ['vɪzɪtɪŋ] *adj attr* Gast-; **~ professor** Gastprofessor
visitor ['vɪzɪtəʳ] *n* Besucher(in) *m(f)*; *(in a hotel)* Gast *m*
visor ['vaɪzəʳ] *n* ❶ Visier *nt* ❷ AM *(brim of cap)* Schild *nt*
visualize ['vɪʒuəlaɪz] *vt* **to ~ sth** ❶ *(imagine)* sich *dat* etw *akk* vorstellen ❷ *(foresee)* etw erwarten
visually ['vɪʒuəli] *adv* visuell *geh*; **~ impaired** sehbehindert
vital ['vaɪtəl] *adj* ❶ *(essential)* unerlässlich; **to be of ~ importance** von entscheidender Bedeutung sein ❷ *(energetic)* vital, lebendig
vitality [vaɪ'tæləti] *n no pl (energy)* Vitalität *f*
vitamin ['vɪtəmɪn] *n* Vitamin *nt*
vitamin deficiency *n no pl* Vitaminmangel *m* **vitamin tablets** *n pl* Vitamintabletten *pl*
vivacious [vɪ'veɪʃəs] *adj (lively)* lebhaft; *(cheerful)* munter
vivaciously [vɪ'veɪʃəsli] *adv* lebhaft; *(cheerfully)* munter; **to talk ~** sich lebhaft unterhalten
vivid ['vɪvɪd] *adj* ❶ *account, description* anschaulich, lebendig ❷ *(of mental ability)* lebhaft; **to have ~ memories of sth** sich lebhaft an etw *akk* erinnern können
vividly ['vɪvɪdli] *adv* lebhaft; *describe* anschaulich, lebendig
vividness ['vɪvɪdnəs] *n no pl of a person* Lebhaftigkeit *f*; *of a description* Anschaulichkeit *f*; *(of colours, light)* Intensität *f*
V-neck ['viːnek] *n* FASHION V-Aus-

schnitt *m*
vocabulary [və(ʊ)'kæbjəl^ə^ri], *fam* **vocab** *n* Vokabular *nt,* Wortschatz *m*
vocal ['vəʊk^ə^l] *adj* ❶ *(of voice)* stimmlich; *communication* mündlich ❷ *(outspoken)* laut; **to be ~** sich freimütig äußern; **to become ~** laut werden
vocalist ['vəʊk^ə^lɪst] *n* Sänger(in) *m(f)*
vocation [və(ʊ)'keɪʃ^ə^n] *n* ❶ *(calling)* Berufung *f;* **to have a ~ for sth** sich zu etw *dat* berufen fühlen ❷ *usu sing (trade)* Beruf *m*
vocational [və(ʊ)'keɪʃ^ə^n^ə^l] *adj* beruflich; **~ training** Berufsausbildung *f*
voice [vɔɪs] **I.** *n* ❶ Stimme *f;* **at the top of one's ~** in voller Lautstärke; **inner ~** innere Stimme ❷ *(opinion)* Stimme *f;* **to make one's ~ heard** sich *dat* Gehör verschaffen **II.** *vt* zum Ausdruck bringen; *complaint* vorbringen; *desire* aussprechen
voicemail *n* Voicemail *f*
void [vɔɪd] **I.** *n* Leere *f kein pl a. fig; (in building)* Hohlraum *m;* **into the ~** ins Leere **II.** *adj (invalid)* nichtig **III.** *vt esp* AM *(declare invalid)* aufheben
VoIP *n* TELEC *abbrev of* **Voice over Internet Protocol** Internettelefonie *f*
volatile ['vɒlətaɪl] *adj* ❶ *(changeable)* unbeständig; *(unstable)* instabil ❷ *(explosive) situation* explosiv ❸ CHEM flüchtig
volcanic [vɒl'kænɪk] *adj* ❶ GEOL vulkanisch, Vulkan- *m* ❷ *(fig) emotion* aufbrausend
volcano <*pl* -oes> [vɒl'keɪnəʊ] *n* Vulkan *m a. fig; (of emotion)* Pulverfass *nt fig*
vole [vəʊl] *n* Wühlmaus *f*
volition [və(ʊ)'lɪʃ^ə^n] *n no pl (form)* Wille *m*
volley ['vɒli] **I.** *n* ❶ *(fig: onslaught)* Flut *f* ❷ *(hail)* Hagel *m* ❸ TENNIS Volley *m* **II.** *vi* TENNIS einen Volley schlagen **III.** *vt* TENNIS **to ~ a ball** einen Ball volley nehmen
volleyball ['vɒlibɔːl] *n no pl* Volleyball *m*
volt [vɒlt] *n* Volt *nt*
voltage ['vəʊltɪdʒ] *n* Spannung *f;* **high ~** Hochspannung *f*
volume ['vɒljuːm] *n* ❶ *no pl (space)* Volumen *nt* ❷ *no pl (amount)* Umfang *m* ❸ *no pl (sound level)* Lautstärke *f* ❹ *(book of set)* Band *m*
volume control, **volume regulator** *n* Lautstärkeregler *m*
voluntarily ['vɒlənt^ə^r^ə^li, ˌvɒlən'teər^ə^li] *adv* freiwillig
voluntary ['vɒlənt^ə^ri] *adj* freiwillig; **~ work for the Red Cross** ehrenamtliche Tätigkeit für das Rote Kreuz
voluntary organization *n + sing/pl vb* Freiwilligenorganisation *f*
volunteer [ˌvɒlən'tɪə^r^] **I.** *n* ❶ *(unpaid worker)* ehrenamtlicher Mitarbeiter/ehrenamtliche Mitarbeiterin ❷ *(willing person)* Freiwillige(r) *f(m)* **II.** *vt* **to ~ oneself for sth** sich freiwillig zu etw *dat* melden **III.** *vi* ❶ **to ~ to do sth** sich [freiwillig] anbieten, etw zu tun ❷ *(join)* **to ~ for the army** sich freiwillig zur Armee melden
vomit ['vɒmɪt] **I.** *vi* [sich] erbrechen **II.** *vt* **to ~ [up]** ↔ **sth** etw erbrechen **III.** *n no pl* Erbrochene(s) *nt*
vote [vəʊt] **I.** *n* ❶ Stimme *f* ❷ *(election)* Abstimmung *f;* **to hold a ~** eine Abstimmung durchführen ❸ *no pl (right)* **the ~** das Wahlrecht **II.** *vi* ❶ *(elect)* wählen; **to ~ in an election** zu einer Wahl gehen ❷ *(formally choose)* **to ~ on sth** über etw *akk* abstimmen **III.** *vt (elect)* **to ~ sb into office** jdn ins Amt wählen
voter ['vəʊtə^r^] *n* Wähler(in) *m(f)*
voting ['vəʊtɪŋ] **I.** *adj attr* wahlberechtigt **II.** *n no pl* Wählen *nt*
voting booth *n* Wahlkabine *f* **voting box** <*pl* -es> *n* Wahlurne *f*
vouch [vaʊtʃ] *vi* **to ~ for sb** sich für jdn verbürgen; **to ~ that …** dafür bürgen, dass …
voucher ['vaʊtʃə^r^] *n* BRIT, AUS Gutschein *m;* **school ~** AM *öffentliche Mittel, die in Amerika bereitgestellt*

werden, damit Eltern ihre Kinder in Privatschulen schicken können
vowel ['vaʊ(ə)l] *n* Vokal *m,* Selbstlaut *m*
voyage ['vɔɪɪdʒ] *n* Reise *f; (by sea)* Seereise *f*
voyeurism ['vwɑːjɜːrɪzəm] *n no pl (pej)* Voyeurismus *m*
voyeuristic [ˌvɔɪə'rɪstɪk] *adj (pej)* voyeuristisch
vulgar ['vʌlgər] *adj* ordinär, vulgär
vulnerable ['vʌlnərəbl] *adj* verletzlich; **to be ~ to sth** anfällig für etw *akk* sein; **to be ~ to criticism** Kritik ausgesetzt sein; **to feel ~** sich verwundbar fühlen
vulture ['vʌltʃər] *n (a. fig)* Geier *m a. fig*

Ww

W <*pl* -'s>, **w** <*pl* -'s> ['dʌblju:] *n* W *nt,* w *nt; see also* **A 1**
W[1] *n no pl abbrev of* **west** W
W[2] <*pl* -> *n abbrev of* **Watt** W
waddle ['wɒdl] **I.** *vi* watscheln **II.** *n no pl* Watschelgang *m*
wade [weɪd] *vi* waten
wader ['weɪdər] *n* 1 ORN Watvogel *m* 2 *(boots)* **~s** *pl* Watstiefel *pl*
wafer ['weɪfər] *n* Waffel *f*
waffle[1] ['wɒfl] *vi (pej fam)* **to ~ on** schwafeln
waffle[2] ['wɒfl] *n* FOOD Waffel *f*
waffle iron *n* Waffeleisen *nt*
waffler ['wɒflər] *n (fam)* Schwätzer(in) *m(f) fam*
wag [wæg] **I.** *vt* <-gg-> **to ~ one's finger** mit dem Finger drohen; **to ~ one's tail** *dog* mit dem Schwanz wedeln **II.** *n usu sing* Wackeln *nt kein pl; of the tail* Wedeln *nt kein pl*
wage [weɪdʒ] *n* Lohn *m;* **to get a low ~** wenig verdienen
wage claim *n* Lohnforderung *f* **wage costs** *n pl* Lohnkosten *pl* **wage dispute** *n* Lohnstreitigkeit *f* **wage earner** *n* Lohnempfänger(in) *m(f)* **wage increase** *n* Lohnerhöhung *f*
wager ['weɪdʒər] **I.** *n* Wette *f* **II.** *vt* **to ~ that …** wetten, dass …
waggle ['wægl] **I.** *n* Wackeln *nt kein pl* **II.** *vt, vi* wackeln
wag(g)on ['wægən] *n* 1 *(cart)* Wagen *m* 2 BRIT, AUS *(for freight)* Wagon *m*
wagtail <*pl* - *or* -s> ['wægteɪl] *n* ORN Bachstelze *f*
wail [weɪl] *(esp pej)* **I.** *vi* jammern **II.** *vt* **to ~ that …** jammern, dass … **III.** *n* Gejammer *nt kein pl*
wailing ['weɪlɪŋ] *adj* jammernd; **~ cries** Klagegeschrei *nt*
waist [weɪst] *n* Taille *f; of skirts, trousers* Bund *m*
waistband *n* Bund *m* **waistcoat** *n* BRIT Weste *f* **waist-deep** *adj, adv* hüfthoch **waistline** *n* Taille *f*
wait [weɪt] **I.** *n no pl* Warten *nt* (**for** auf) ▸**to lie in ~ [for sb]** [jdm] auflauern **II.** *vi* 1 warten (**for** auf); **~ a minute!** Moment mal!; **I can't ~** ich kann's kaum erwarten; **to keep sb ~ing** jdn warten lassen 2 *(serve)* **to ~ on sb** jdn bedienen
◆**wait about**, **wait around** *vi* warten
◆**wait behind** *vi* zurückbleiben
◆**wait in** *vi* zu Hause warten
◆**wait on** **I.** *vi* noch länger warten **II.** *vt* **to ~ on sb** jdn bedienen
◆**wait out** *vt* aussitzen
◆**wait up** *vi* 1 *(not go to bed)* **to ~ up for sb** wegen jdm aufbleiben 2 AM *(wait)* **~ up!** warte mal!
wait-and-see *adj inv* abwartend *attr;*

~ **attitude** abwartende Haltung; ~ **policy** Politik *f* des Abwartens

waiter ['weɪtəʳ] *n* Bedienung *f,* Kellner *m;* ~! Herr Ober!

waiting ['weɪtɪŋ] *n no pl* ❶ die Warterei (**for** auf) ❷ BRIT *(parking)* **"no ~"** „Halten verboten" ❸ *(service)* Bedienen *nt*

waiting list *n* Warteliste *f* **waiting room** *n* Wartezimmer *nt*

waitress <*pl* -es> ['weɪtrɪs] *n* Kellnerin *f,* Bedienung *f*

wake[1] [weɪk] *n* NAUT Kielwasser *nt;* **in the ~ of sth** *(fig)* infolge einer S. *gen*

wake[2] [weɪk] *n (vigil)* Totenwache *f*

wake[3] <woke, woken> [weɪk] **I.** *vi* aufwachen **II.** *vt* aufwecken

◆**wake up I.** *vi* aufwachen *a. fig* **II.** *vt (rouse)* aufwecken ▸ **to ~ the dead** die Toten auferwecken

Wales [weɪlz] *n no pl* Wales *nt*

walk [wɔːk] **I.** *n* Gehen *nt; (as recreation)* Spaziergang *m* **II.** *vi (on foot)* laufen; *(not running)* gehen; *(for recreation)* spazieren gehen **III.** *vt dog* ausführen; **to ~ sb home** jdn nach Hause bringen

◆**walk about, walk around** *vi* herumlaufen

◆**walk away** *vi* **to ~ away with sth** etw spielend gewinnen

◆**walk back** *vi* zurücklaufen

◆**walk in** *vi* hereinkommen; **to ~ in on sb** bei jdm hereinplatzen *fam*

◆**walk off I.** *vt* **to ~ off a meal** einen Verdauungsspaziergang machen **II.** *vi* weggehen

◆**walk on** *vi* THEAT eine Nebenrolle spielen

◆**walk out** *vi (leave)* gehen; **to ~ out on sb** jdn im Stich lassen

◆**walk over** *vt (fig)* **to ~ [all] over sb** jdn ausnutzen [*o bes* SÜDD, ÖSTERR ausnützen]

◆**walk through** *vt* ❶ *(accompany)* **to ~ sb through sth** etw mit jdm durchgehen ❷ THEAT **to ~ through sth** etw [ein]üben

◆**walk up** *vi* ❶ *(go up)* hinaufgehen ❷ *(approach)* **to ~ up to sb** auf jdn zugehen

walkabout *n esp* BRIT *(fam)* Rundgang *m;* ▸ **to go ~** *(hum) person* verschwinden

walker ['wɔːkəʳ] *n* Fußgänger(in) *m(f); (for recreation)* Spaziergänger(in) *m(f)*

walkie-talkie [ˌwɔːki'tɔːki] *n* [tragbares] Funksprechgerät, Walkie-Talkie *nt*

walking ['wɔːkɪŋ] **I.** *n no pl* Gehen *nt; (as recreation)* Spazierengehen *nt* **II.** *adj attr* ❶ Geh-; **to be within ~ distance** zu Fuß erreichbar sein ❷ *(hum fam)* wandelnd; **to be a ~ encyclopaedia** ein wandelndes Lexikon sein

walking shoes *n pl* Wanderschuhe *pl*

walking stick *n* Spazierstock *m; for old people* Stock *m* **walking tour** *n (in town)* [Stadt]rundgang *m*

walkout *n* Arbeitsniederlegung *f;* **to stage a ~** aus Protest die Arbeit niederlegen

walkover *n (easy victory)* leichter Sieg, Spaziergang *m fam*

walk-through *n* Probe *f*

walkway *n* [Fuß]weg *m;* **moving ~** Laufband *nt*

wall [wɔːl] *n* ❶ Mauer *f; (of a room)* Wand *f;* **city ~** Stadtmauer *f;* **the Berlin W~** *(hist)* die Berliner Mauer *hist* ❷ MED, ANAT Wand *f* ❸ *(barrier)* Mauer *f;* ▸ **~s have ears** *(prov)* die Wände haben Ohren; **to be a fly on the ~** Mäuschen spielen

wall bars *n pl* Sprossenwand *f* **wall chart** *n* Schautafel *f* **wall clock** *n* Wanduhr *f*

wallet ['wɒlɪt] *n* Brieftasche *f; (for documents)* Dokumentenmappe *f*

wallpaper I. *n* Tapete *f;* **a roll of ~** eine Tapetenrolle; **to put up ~** tapezieren **II.** *vt* tapezieren **wall socket** *n* [Wand]steckdose *f* **wall-to-wall** *adj inv* ❶ *(covering floor)* ~ **carpet** Teppichboden *m,* Spannteppich *m* SCHWEIZ, ÖSTERR ❷ *(fig: continuous)*

W

ständig; ~ **coverage** Berichterstattung *f* rund um die Uhr

walnut ['wɔːlnʌt] *n* Walnuss *f*

walrus <*pl* -> ['wɔːlrəs] *n* Walross *nt*

waltz [wɒls] **I.** *n* <*pl* -es> Walzer *m* **II.** *vi (dance)* Walzer tanzen

◆**waltz about, waltz around** *vi* herumtanzen

◆**waltz in** *vi* hereintanzen *fam*

◆**waltz off** *vi* abtanzen *fam*

wand [wɒnd] *n* Zauberstab *m*

wander ['wɒndəʳ] **I.** *n usu sing (fam)* Bummel *m* **II.** *vi (go aimlessly)* umherirren; *(walk slowly)* bummeln

wanderlust ['wɒndəlʌst] *n no pl* Reiselust *f,* Fernweh *nt*

wane [weɪn] *vi* abnehmen; *interest, popularity* schwinden *geh*

wangle ['wæŋgl] *vt (fam)* deichseln; **to ~ one's way into sth** sich in etw *akk* [hinein]mogeln

wanna ['wɒnə] *(fam)* = **want to** *see* **want II**

want [wɒnt] **I.** *n* ❶ *(need)* Bedürfnis *nt;* **to be in ~ of sth** etw benötigen ❷ *no pl (lack)* Mangel *m;* **to live in ~** Not leiden **II.** *vt* ❶ *(wish)* wünschen, wollen; *(politely)* mögen; **to ~ sb to do sth** wollen, dass jd etw tut; **what do you ~ to eat?** was möchtest du essen? ❷ *(need)* brauchen; **you'll ~ a coat on** du wirst einen Mantel brauchen

wanting ['wɒntɪŋ] *adj pred* **to be ~** fehlen; **to be found to be ~** sich als unzulänglich erweisen

war [wɔːʳ] *n* ❶ *no pl* Krieg *m;* **state of ~** Kriegszustand *m;* **at ~** *(a. fig)* im Kriegszustand; **to go to ~** in den Krieg ziehen; **the cold ~** *(hist)* der Kalte Krieg ❷ *(conflict)* Kampf *m*

war correspondent *n* Kriegsberichterstatter(in) *m(f)* **war crime** *n* Kriegsverbrechen *nt* **war criminal** *n* Kriegsverbrecher(in) *m(f)*

W

ward [wɔːd] *n* ❶ *(in hospital)* Station *f* ❷ BRIT *(political area)* Wahlbezirk *m*

◆**ward off** *vt* abwehren

warden ['wɔːdən] *n* ❶ *(building manager)* [Heim]leiter(in) *m(f)* ❷ *(public official)* **park ~** Parkwächter(in) *m(f);* **traffic ~** BRIT Verkehrspolizist(in) *m(f)*

warder ['wɔːdəʳ] *n esp* BRIT [Gefängnis]aufseher(in) *m(f)*

wardrobe ['wɔːdrəʊb] *n* ❶ *(cupboard)* [Kleider]schrank *m* ❷ *no pl (clothes)* Garderobe *f*

warehouse ['weəhaʊs] *n* Lagerhaus *nt*

warehousing ['weəhaʊzɪŋ] *n no pl* Lagerung *f,* Lagerhaltung *f*

warfare ['wɔːfeəʳ] *n no pl* Krieg[s]führung *f*

warhead ['wɔːhed] *n* Sprengkopf *m*

warm [wɔːm] **I.** *adj* ❶ warm ❷ *(affectionate)* warm; *person* warmherzig; *welcome* herzlich **II.** *vt* wärmen; **to ~ the soup** die Suppe aufwärmen ▶ **to ~ the heart** das Herz erwärmen

◆**warm up** **I.** *vi* ❶ *engine, machine* warm laufen ❷ *(limber up)* aufwärmen **II.** *vt engine* warm laufen lassen

warm-blooded *adj* warmblütig **warm front** *n* METEO Warmfront *f* **warm-hearted** *adj* warmherzig

warmth [wɔːmθ] *n no pl* ❶ *(heat)* Wärme *f* ❷ *(affection)* Herzlichkeit *f*

warm-up *n* [Sich]aufwärmen *nt kein pl*

warn [wɔːn] **I.** *vi* warnen **II.** *vt* warnen; **to ~ that …** darauf hinweisen, dass …

warning ['wɔːnɪŋ] *n* Warnung *f;* **a word of ~** ein guter Rat

warning light *n* Warnleuchte *f*

warpath *n no pl* **to be on the ~** *(hum fam)* auf dem Kriegspfad sein

warrant ['wɒrənt] **I.** *n* ❶ *(document)* [Vollziehungs]befehl *m;* **arrest ~** Haftbefehl *m;* **search ~** Durchsuchungsbefehl *m* ❷ FIN Bezugsrecht *nt* **II.** *vt* ❶ *(justify)* rechtfertigen ❷ *(form: guarantee)* garantieren

warranty ['wɒrənti] *n* Garantie *f*

warren ['wɒrən] *n* ❶ *(burrows)* Kaninchenbau *m* ❷ *(maze)* Labyrinth *nt*

warrior ['wɒriəʳ] *n (usu hist)* Krieger *m*

warship ['wɔːʃɪp] *n* Kriegsschiff *nt*

wart [wɔːt] *n* Warze *f;* **~s and all** *(fig fam)* mit all seinen/ihren Fehlern und

Schwächen
warthog ['wɔːthɒg] *n* Warzenschwein *nt*
wartime *n no pl* Kriegszeit[en] *f[pl]* **wartorn** *adj usu attr* vom Krieg erschüttert
wary ['weəri] *adj* vorsichtig; **to be ~ about doing sth** etw nur ungern tun; **to be ~ of sb** sich vor jdm in Acht nehmen
war zone *n* Kriegsgebiet *nt*
was [wɒz, wəz] *pt of* **be**
wash [wɒʃ] **I.** *n* <*pl* -es> ❶ *usu sing* Waschen *nt kein pl;* **to have a ~** sich waschen ❷ *no pl (clothes)* **to be in the ~** in der Wäsche sein **II.** *vt* ❶ *(clean)* waschen; *dishes* abwaschen ❷ *usu passive (sweep)* **to be ~ed ashore** an Land gespült werden
◆**wash away** *vt* wegspülen
◆**wash down** *vt* ❶ *(swallow)* hinunterspülen ❷ *(clean)* waschen
◆**wash off I.** *vi* sich abwaschen lassen **II.** *vt* abwaschen
◆**wash out I.** *vi* sich herauswaschen lassen **II.** *vt* ❶ *(clean inside)* auswaschen ❷ *(remove)* herauswaschen
◆**wash over** *vi* ❶ *(flow over)* **to ~ over sb** über jdn [hinweg]spülen ❷ *(fig: overcome)* überkommen
◆**wash up I.** *vi dishes* spülen, abwaschen **II.** *vt sea* anspülen
washable ['wɒʃəbl̩] *adj* **machine-~** waschmaschinenfest
washbag *n* Kulturbeutel *m* **washbasin** *n* Waschbecken *nt* **wash-bowl** *n* AM *(washbasin)* Waschbecken *nt; (bowl)* Waschschüssel *f* **washcloth** *n* AM *(face cloth)* Waschlappen *m* **washday** *n* Waschtag *m*
washed-out [ˌwɒʃt'aʊt] *adj* ❶ *clothes* verwaschen ❷ *(tired)* fertig *fam*
washer ['wɒʃəʳ] *n* ❶ AM *(washing machine)* Waschmaschine *f* ❷ *(ring)* Unterlegscheibe *f*
washing ['wɒʃɪŋ] *n no pl* Wäsche *f;* **to do the ~** [Wäsche] waschen
washing machine *n* Waschmaschine *f*
washing powder *n* BRIT Waschpulver *nt* **washing-up** *n no pl* BRIT, AUS **to do the ~** spülen, abwaschen **washing-up bowl** *n* BRIT Spülschüssel *f* **washing-up liquid** *n* BRIT Spülmittel *nt*
washout *n usu sing (fam)* Reinfall *m* **washroom** *n* AM *(toilet)* Toilette *f*
wasn't ['wɒzᵊnt] = **was not** *see* **be**
wasp [wɒsp] *n* Wespe *f*
waste [weɪst] **I.** *n* ❶ *no pl (misuse)* Verschwendung *f;* **~ of effort** vergeudete Mühe; **~ of resources** Vergeudung von Ressourcen *f* ❷ *no pl (unwanted matter)* Abfall *m;* **to go to ~** verkommen ❸ *(excrement)* Exkremente *pl* **II.** *vt* verschwenden **III.** *vi* ▶ **~ not, want not** *(prov)* spare in der Zeit, dann hast du in der Not
◆**waste away** *vi* dahinsiechen *geh; (get thinner)* immer dünner werden
wastebasket *n* AM Papierkorb *m* **waste disposal** *n no pl* Abfallbeseitigung *f,* Müllentsorgung *f* **waste-disposal unit** *n* Müllschlucker *m*
wasteful ['weɪs(t)fᵊl] *adj* verschwenderisch
wastefully ['weɪs(t)fᵊli] *adv* verschwenderisch
wasteland *n* ❶ *(neglected land)* unbebautes Land ❷ *(fig: unproductive area)* Öde *f* **wastepaper** *n no pl* Papiermüll *m; (for recycling)* Altpapier *nt* **wastepaper basket**, BRIT, AUS *a.* **wastepaper bin** *n* Papierkorb *m* **waste pipe** *n* Abflussrohr *nt* **waste separation** *n no pl* Mülltrennung *f* **wastewater** *n* Abwasser *nt*
watch [wɒtʃ] **I.** *n* ❶ *(on wrist)* Armbanduhr *f* ❷ *no pl (observation)* Wache *f* **II.** *vt* ❶ beobachten; **to ~ TV** fernsehen ❷ *(keep vigil)* **to ~ sb** auf jdn aufpassen ❸ *(be careful)* **~ it!** pass auf! ▶ **to ~ one's step** aufpassen **III.** *vi* ❶ *(look)* zusehen, zuschauen ❷ *(be attentive)* aufpassen
◆**watch out** *vi* ❶ *(keep lookout)* **to ~ out for sb** nach jdm Ausschau halten

W

❷ *(beware of)* ~ **out!** Achtung!

watchdog *n* ❶ *(guard dog)* Wachhund *m* ❷ *(fig: organization)* Überwachungsgremium *nt; (state-controlled)* Aufsichtsbehörde *f*

watchful ['wɒtʃfᵊl] *adj* wachsam

watchfully ['wɒtʃfᵊli] *adv* wachsam, aufmerksam

watchman *n* Wachmann *m;* **night ~** Nachtwächter *m*

watchstrap *n esp* BRIT Uhr[arm]band *nt*

water ['wɔ:təʳ] **I.** *n* ❶ *no pl* Wasser *nt* ❷ *(urine)* **to pass ~** Wasser lassen ❸ *(area of water)* **~s** *pl* Gewässer *pl* ▶ **to keep one's head above ~** sich über Wasser halten **II.** *vt* bewässern; *garden* sprengen; *flowers, plants* gießen **III.** *vi* ❶ *(produce tears)* tränen ❷ *(salivate)* **my mouth is watering** mir läuft das Wasser im Munde zusammen

water-borne *adj* ❶ *(transported)* zu Wasser befördert ❷ *(transmitted) disease* durch Trinkwasser übertragen **water bottle** *n* Wasserflasche *f* **water butt** *n* BRIT Regentonne *f* **water cannon** *n* Wasserwerfer *m* **water colour,** AM **water color** *n* ❶ *(paint)* Aquarellfarbe *f* ❷ *(picture)* Aquarell *nt* **water content** *n* Wassergehalt *m* **water-cooled** *adj* wassergekühlt **watercress** *n no pl* BOT Brunnenkresse *f* **waterfall** *n* Wasserfall *m* **waterfront** *n* Ufer *nt* **water heater** *n* Heißwassergerät *nt* **water hole** *n* Wasserloch *nt*

watering can *n* Gießkanne *f*

water level *n* ❶ *(of surface water)* Wasserstand *m; of river* Pegel[stand] *m* ❷ *(of groundwater)* Grundwasserspiegel *m* **water lily** *n* Seerose *f,* Teichrose *f* **water line** *n no pl* NAUT Wasserlinie *f* **water-logged** *adj boat, ship* vollgelaufen; *ground* feucht **water main** *n* Haupt[wasser]leitung *f* **watermelon** *n* Wassermelone *f* **water meter** *n* Wasserzähler *m* **water pipe** *n (conduit)* Wasserleitung *f* **water pistol** *n* Wasserpistole *f* **water polo** *n* Wasserball *m kein pl* **water pressure** *n* Wasserdruck *m* **waterproof I.** *adj* wasserdicht **II.** *n esp* BRIT *(coat)* Regenmantel *m* **III.** *vt* wasserundurchlässig machen **water-repellent** *adj* Wasser abweisend

watershed *n* ❶ Wasserscheide *f* ❷ *(fig: great change)* Wendepunkt *m*

water shortage *n* Wassermangel *m kein pl* **waterside** *n no pl (beside lake)* Seeufer *nt; (beside river)* Flussufer *nt* **water-ski I.** *vi* Wasserski fahren **II.** *n* Wasserski *m* **water softener** *n* Wasserenthärter *m* **water-soluble** *adj* wasserlöslich **water supply** *n usu sing* Wasservorrat *m* **watertable** *n* Grundwasserspiegel *m* **water tank** *n* Wassertank *m*

watertight ['wɔ:tətaɪt] *adj* wasserdicht

waterway *n* Wasserstraße *f,* Schifffahrtsweg *m* **waterwings** *n pl* Schwimmflügel *pl* **waterworks** *n pl* ❶ *(facility)* Wasserwerk *nt* ❷ *(fam: in body)* [Harn]blase *f;* ▶ **to turn on the ~** *(pej)* losheulen

watery <more, most> ['wɔ:tᵊri] *adj* ❶ *(pej: bland, thin) drink* dünn; *soup* wässrig ❷ *light, sun* fahl; *smile* müde

watt *n* ELEC, PHYS Watt *nt*

wattage ['wɒtɪdʒ] *n no pl* ELEC Wattzahl *f*

wave [weɪv] **I.** *n* ❶ Welle *f* ❷ *(fig)* **~ of emotion** Gefühlswallung *f;* **~ of terrorism** Terrorwelle *f* ❸ *(gesture)* Wink *m;* **to give sb a ~** jdm [zu]winken **II.** *vi* ❶ winken; **I ~d at him across the room** ich winkte ihm durch den Raum zu ❷ *flag* wehen **III.** *vt* **to ~ sb goodbye** jdm zum Abschied [nach]winken; **to ~ a magic wand** einen Zauberstab schwingen

◆ **wave aside** *vt* **to ~ aside a suggestion** einen Vorschlag abtun

◆ **wave down** *vt* anhalten

◆ **wave on** *vt* **the policeman ~d the traffic on** der Polizist winkte den Verkehr durch

◆ **wave through** *vt* durchwinken

wave-band *n* Wellenbereich *m* **wave-length** *n* PHYS Wellenlänge *f* **wave power** *n* PHYS Wellenkraft *f,* Wellenenergie *f*

wavy ['weɪvi] *adj* wellig; **~ pattern** Wellenmuster *nt*

wax[1] [wæks] **I.** *n* ① Wachs *nt; (for shoes)* Schuhcreme *f* ② *(inside ear)* Ohrenschmalz *nt* **II.** *vt* ① *(polish)* wachsen; *shoes* wichsen ② *(remove hair)* enthaaren

wax[2] [wæks] *vi moon* zunehmen

waxed [wækst] *adj* gewachst; *floor* gebohnert

waxen ['wæks^{ə}n] *adj* wächsern; *complexion* wachsbleich

waxwork *n* Wachsfigur *f*

way [weɪ] **I.** *n* ① *(road)* Weg *m;* **one-~ street** Einbahnstraße *f* ② *(route)* **on the ~ out ...** beim Hinausgehen ...; **I'm on my ~ out** ich bin gerade am Gehen; **"W~ In/W~ Out"** „Eingang/Ausgang"; **to ask the ~** nach dem Weg fragen; **to be on the ~** *letter, baby* unterwegs sein; **to go the wrong ~** sich verlaufen; *(in car)* sich verfahren; **to lead the ~** vorausgehen; **to lose one's ~** sich verirren; **to show sb the ~** jdm den Weg zeigen ③ *(fig: be just doing)* **to be [well] on the ~ to doing sth** auf dem besten Weg[e] sein, etw zu tun ④ *(distance)* Weg *m,* Strecke *f;* **to be a long ~ off** *(in space)* weit entfernt sein; *(in time)* fern sein ⑤ *(facing direction)* **"this ~ up"** „hier oben"; **this ~ round** so herum; **to be the wrong ~ up** auf dem Kopf stehen ⑥ *(manner)* Art *f,* Weise *f;* **that's just the ~ it is** so ist das nun einmal ⑦ *(respect)* Weise *f,* Hinsicht *f;* **in some ~s** in gewisser Hinsicht ⑧ *no pl (free space)* Weg *m,* Platz *m;* **to be in sb's ~** jdm im Weg sein *a. fig;* **to keep out of the ~** wegbleiben ⑨ *(method)* Art *f* [und Weise]; **~s and means** Mittel und Wege ▸ **by the ~** übrigens **II.** *adv (fam: used for emphasis)* weit; **to be ~ past sb's bedtime** *(fam)* für jdn allerhöchste Zeit zum Schlafengehen sein

way-out *adj (sl)* irre, abgefahren

way out *n* Ausgang *m*

wayside *n* Straßenrand *m;* **to fall by the ~** *(fig)* auf der Strecke bleiben

we [wiː, wi] *pron pers* ① *(1st person plural)* wir; **if you don't hurry up, ~'ll be late** wenn du dich nicht beeilst, kommen wir zu spät ② *(speaker/writer for group)* wir; **in this section ~ discuss ...** in diesem Abschnitt besprechen wir .. ③ *(all people)* wir; **~ all ...** wir alle ...

weak [wiːk] *adj* ① schwach; *coffee, tea* dünn ② *(ineffective) leader* unfähig; *argument, attempt* schwach

weaken ['wiːk^{ə}n] **I.** *vi* schwächer werden **II.** *vt* schwächen

weakling ['wiːklɪŋ] *n (pej)* Schwächling *m*

weakly ['wiːkli] *adv* ① *(without strength)* schwach, kraftlos ② *(unconvincingly)* schwach, matt

weakness <*pl* -es> ['wiːknəs] *n* ① *no pl (physical frailty)* Schwäche *f* ② *(area of vulnerability)* Schwachstelle *f*

wealth [welθ] *n no pl* ① Reichtum *m* ② *(large amount)* Fülle *f;* **to have a ~ of sth** reich an etw *dat* sein

wealthy ['welθi] **I.** *adj* reich, wohlhabend **II.** *n* **the ~** *pl* die Reichen *pl*

weapon ['wepən] *n (a. fig)* Waffe *f;* **nuclear ~s** Atomwaffen *pl*

wear [weə^{r}] **I.** *n* ① *(clothing)* Kleidung *f;* **sports ~** Sport[be]kleidung *f* ② *(amount of use)* Gebrauch *m;* **~ and tear** Verschleiß *m* **II.** *vt* <wore, worn> *clothes, glasses* tragen **III.** *vi* <wore, worn> *(get thinner) clothes* abtragen; *machine parts* abnutzen

◆ **wear away** *vi* sich abnutzen

◆ **wear down** *vt* zermürben

◆ **wear off** *vi effect* nachlassen

◆ **wear out** **I.** *vi* abnutzen **II.** *vt* erschöpfen

weary ['wɪəri] **I.** *adj* ① *(tired)* müde

② *(bored)* gelangweilt **II.** *vt* <-ie-> *(liter)* ① *(make tired)* ermüden ② *(make bored)* langweilen **III.** *vi* <-ie-> **to ~ of sth** von etw *dat* genug haben

weasel ['wi:zəl] *n* Wiesel *nt*

weather ['weðər] **I.** *n no pl* METEO Wetter *nt; (climate)* Witterung *f;* **in all ~s** bei jedem Wetter ► **to be under the ~** *(fam)* angeschlagen sein **II.** *vi object* verwittern; *person* altern **III.** *vt usu passive wood* auswittern

weather-beaten *adj face, skin* wettergegerbt; *object* verwittert

weathered ['weðəd] *adj* von der Witterung gezeichnet; *face* wettergegerbt

weather forecast *n* Wettervorhersage *f* **weatherman** *n* Wettermann *m fam* **weather report** *n* Wetterbericht *m* **weather station** *n* Wetterstation *f*

weave [wi:v] **I.** *vt* <wove, woven> ① weben ② *(a. fig: intertwine things)* **to ~ sth together** etw zusammenflechten ③ *(a. fig: move)* **to ~ one's way through sth** sich *dat* einen Weg durch etw *akk* bahnen **II.** *vi* <wove, woven> ① weben ② *(a. fig: move)* sich durchschlängeln

web [web] *n* ① Netz *nt;* **to spin a ~** ein Netz spinnen; **a ~ of intrigue** *(fig)* ein Netz von Intrigen *nt* ② COMPUT **the ~** [*or* **W~**] das Netz

webcam ['webkæm] *n* Webcam *f*

web-footed [-'fʊtɪd] *adj* mit Schwimmfüßen *nach n*

weblog *n (an amateur diary posted on the Internet)* Weblog *nt* **web page** *n* Webseite *f* **website** *n* Website *f* **web surfer** *n* COMPUT Internetsurfer(in) *m(f)* **webzine** ['webzi:n] *n* INET Webzine *nt*

we'd[1] [wi:d, wid] = **we had** *see* **have**

W **we'd**[2] [wi:d, wid] = **we would** *see* **would**

wed <wedded *or* wed, wedded> [wed] **I.** *vt* ① *(form or dated: marry)* **to ~ sb** jdn ehelichen *veraltend hum* ② *(fig: unite)* **to ~ sth and sth** etw mit etw *dat* vereinen **II.** *vi* sich vermählen *geh*

wedded ['wedɪd] **I.** *adj attr* verheiratet, Ehe-; **~ bliss** Eheglück *nt* **II.** *pt, pp of* **wed**

wedding ['wedɪŋ] *n* Hochzeit *f*

wedding anniversary *n* Hochzeitstag *m* **wedding cake** *n no pl* Hochzeitstorte *f* **wedding day** *n* Hochzeitstag *m* **wedding dress** *n* Brautkleid *nt* **wedding ring** *n* Ehering *m,* Trauring *m*

wedge [wedʒ] **I.** *n (tapered block)* Keil *m;* ► **the thin end of the ~** der Anfang vom Ende **II.** *vt (jam into)* einkeilen

Wednesday ['wenzdeɪ] *n* Mittwoch *m; see also* **Tuesday**

wee [wi:] *adj attr* SCOT *(fam)* winzig

weed [wi:d] **I.** *n* ① Unkraut *nt kein pl* ② *no pl (sl: marijuana)* Gras *nt* **II.** *vt* **to ~ the garden** den Garten jäten

weedkiller *n* Unkrautvernichtungsmittel *nt*

weedy ['wi:di] *adj* ① von Unkraut überwachsen ② BRIT *(pej fam: of person)* [spindel]dürr

week [wi:k] *n* ① *(seven days)* Woche *f;* **for ~s [on end]** wochenlang; **twice a ~** zweimal die Woche ② *(work period)* [Arbeits]woche *f*

weekday *n* Wochentag *m;* **on ~s** an Wochentagen, wochentags

weekend *n* Wochenende *nt;* **this ~** *(present)* dieses Wochenende; *(future)* kommendes Wochenende; **at the ~[s]/at ~s** am Wochenende/an Wochenenden

weekly ['wi:kli] **I.** *adj* wöchentlich; **~ magazine** Wochenzeitschrift *f* **II.** *adv* wöchentlich; **to exercise ~** wöchentlich trainieren **III.** *n (newspaper)* Wochenzeitung *f*

weep [wi:p] **I.** *vi* <wept, wept> ① *(cry)* weinen; *(sob)* schluchzen; **to ~ with joy/sorrow** vor Freude/Kummer weinen ② *(secrete liquid)* nässen **II.** *n no pl (liter)* Weinen *nt;* **to have a [good] ~** sich [ordentlich] ausweinen

weeping ['wi:pɪŋ] **I.** *adj attr* ① *(of per-*

son) weinend ❷ *(of wound)* nässend **II.** *n no pl* Weinen *nt*

wee-wee ['wi:wi:] *n no pl (childspeak fam)* Pipi *nt;* **to do a ~** Pipi machen

weigh [weɪ] **I.** *vi* ❶ *(in measurement)* wiegen ❷ *(fig: be important)* **to ~ heavily** eine große Bedeutung haben **II.** *vt (measure)* wiegen

◆**weigh down** *vt (to burden)* niederdrücken; **to be ~ed down with sth** schwer mit etw *dat* beladen sein

◆**weigh out** *vt* abwiegen

◆**weigh up** *vt* ❶ *(consider)* abwägen ❷ *(evaluate)* einschätzen

weigh-in *n no pl* SPORTS Wiegen *nt*

weight [weɪt] **I.** *n no pl* Gewicht; **to lose ~** abnehmen; SPORTS **to lift ~s** Gewicht[e] heben ▶ **to take the ~ off one's feet** es sich *dat* bequem machen **II.** *vt* **to ~ sth down** etw beschweren

weightless ['weɪtləs] *adj* schwerelos

weightlessness ['weɪtləsnəs] *n no pl* Schwerelosigkeit *f*

weightlifter *n* Gewichtheber(in) *m(f)* **weightlifting** *n no pl* Gewichtheben *nt*

weighty ['weɪti] *adj* ❶ *(heavy)* schwer ❷ *(fig: important)* [ge]wichtig; **~ issues** wichtige Angelegenheiten

weir [weɪəʳ] *n* Wehr *nt*

weird [weɪəd] *adj (fam)* seltsam, komisch; **that's ~** das ist aber merkwürdig

weirdo ['wɪədəʊ] *n* <*pl* -os> *(pej fam)* seltsame Person

welcome ['welkəm] **I.** *vt* willkommen heißen; *(be glad of)* begrüßen **II.** *n* **to give sb a warm ~** jdm einen herzlichen Empfang bereiten **III.** *adj* willkommen; **to make sb very ~** jdn sehr freundlich aufnehmen **IV.** *interj* **~ to Birmingham** [herzlich] willkommen in Birmingham

welcoming ['welkəmɪŋ] *adj* Begrüßungs-; **~ smile** freundliches Lächeln

weld [weld] **I.** *vt (join material)* schweißen; **to ~ sth together** etw zusammenschweißen **II.** *n* Schweißnaht *f*

welfare ['welfeəʳ] *n no pl* ❶ Wohlergehen *nt* ❷ *(state aid)* Sozialhilfe *f;* **~ policy** Gesundheits- und Sozialpolitik *f;* **to be on ~** AM von [der] Sozialhilfe leben

welfare services *n pl* ❶ *(state support)* Sozialleistungen *pl* ❷ + *sing vb (office)* Sozialamt *nt* **welfare state** *n* Sozialstaat *m,* Wohlfahrtsstaat *m oft pej* **welfare worker** *n* Sozialarbeiter(in) *m(f)*

we'll [wi:l, wɪl] = **we will** *see* **will**[1]

well[1] [wel] **I.** *adj* <better, best> *usu pred* ❶ *(healthy)* gesund; **to feel ~** sich gut fühlen; **get ~ soon!** gute Besserung! ❷ *(okay)* **all's ~ here** hier ist alles in Ordnung **II.** *adv* <better, best> ❶ gut; **~ done!** gut gemacht!, super! *fam;* **to mean ~** es gut meinen; **to know sb ~** jdn gut kennen ❷ *(used for emphasis)* [sehr] wohl; **~ and truly** ganz einfach ❸ *(justifiably)* wohl; **you may ~ ask!** das kann man wohl fragen! ❹ *(also)* **as ~** auch; *(and)* **... as ~ as ...** sowie **III.** *interj* also; *(showing hesitation)* tja; **oh ~, it doesn't matter** ach [was], das macht doch nichts **IV.** *n no pl* **to wish sb ~** jdm alles Gute wünschen

well[2] [wel] *n* ❶ *(for water)* Brunnen *m* ❷ *(for mineral)* Schacht *m;* **oil ~** Ölquelle *f*

well-advised *adj pred (form)* **to be ~ to do sth** gut beraten sein, etw zu tun **well-balanced** *adj* ❶ *(not one-sided) article, report* objektiv ❷ *(of food) diet, meal* ausgewogen **well-behaved** *adj (of child)* artig; *(of dog)* brav **well-being** *n no pl* Wohl[ergehen] *nt;* **a feeling of ~** ein wohliges Gefühl **well-bred** *adj* wohlerzogen *geh* **well-chosen** *adj* gut gewählt; [**to say**] **a few ~ words** ein paar passende Worte [sagen] **well-connected** *adj* **to be ~** gute Beziehungen haben; **a ~ family** eine angesehene Familie **well-deserved** *adj* wohlverdient **well-developed** *adj* gut entwickelt; **a ~ sense of humour** ein ausgeprägter Sinn für Humor **well-**

W

done *adj* ① *(of meat)* gut durch[gebraten] ② *(of work)* gut gemacht **well-dressed** *adj* gut gekleidet **well-earned** *adj* wohlverdient **well-educated** *adj* gebildet **well-fed** *adj* [ausreichend] mit Nahrung versorgt **well-founded** *adj* [wohl]begründet; ~ **suspicions** [wohl]begründete Vermutungen **well-informed** *adj* gut informiert; **to be ~ on a subject** über ein Thema gut Bescheid wissen

wellington (boot) [ˈwelɪŋtən-] *n esp* BRIT Gummistiefel *m*

well-intentioned *adj* gut gemeint **well-known** *adj* [allgemein] bekannt; *(famous)* berühmt **well-mannered** *adj* wohlerzogen **well-meaning** *adj* wohlmeinend; ~ **advice** gut gemeinte Ratschläge **well-meant** *adj* gut gemeint **well-off** *adj* <better-, best-> ① *(wealthy)* wohlhabend ② *pred (fortunate)* gut dran *fam;* **to not know when one is ~** nicht wissen, wann es einem gut geht **well-organized** *adj* gut organisiert **well-paid** *adj* gut bezahlt **well-placed** *adj* gut platziert; **a ~ remark** eine an richtiger Stelle gemachte Bemerkung **well-read** *adj* ① *(knowledgeable)* [sehr] belesen ② *(frequently read)* viel gelesen *attr* **well-spoken** *adj (speaking pleasantly)* höflich; *(articulate)* beredt **well-thought-of** *adj (highly regarded)* angesehen; *(recognized)* anerkannt **well-timed** *adj* zeitlich gut gewählt; **his remark was ~** seine Bemerkung kam zur rechten Zeit **well-to-do** *(fam) adj* [gut] betucht **well-wisher** *n* Sympathisant(in) *m(f)* **well-worn** *adj clothes* abgetragen; *object* abgenützt

welly [ˈweli] *n esp* BRIT *(fam) short for* **wellington** Gummistiefel *m*

Welsh [welʃ] **I.** *adj* walisisch **II.** *n* ① *no pl (Celtic language)* Walisisch *nt* ② *(inhabitants, people of Wales)* **the ~** *pl* die Waliser *pl*

Welshman *n* Waliser *m* **Welshwoman** *n* Waliserin *f*

went [went] *pt of* **go**

wept [wept] *pt, pp of* **weep**

we're [wiːəʳ] = **we are** *see* **be**

were [wɜːʳ, wəʳ] *pt of* **be**

weren't [wɜːnt] = **were not** *see* **be**

werewolf <*pl* -wolves> [ˈweəwʊlf] *n* Werwolf *m*

west [west] **I.** *n no pl* ① *(direction)* **W~** Westen *m;* **~-facing** westwärts; **to be to the ~ of sth** westlich von etw *dat* liegen ② + *sing/pl vb* POL **the W~** die westliche Welt **II.** *adj* westlich; **the ~ coast of Ireland** die Westküste Irlands; **to be due ~ of sth** genau westlich von etw *dat* liegen **III.** *adv* westwärts; **to travel ~** nach Westen reisen

westbound *adj* in Richtung Westen

West End I. *n no pl* **the ~** das [Londoner] Westend **II.** *adj attr (of central London)* **the ~ theatres** die Theater *pl* des Londoner Westends

westerly [ˈwestəli] *adj* westlich; **~ winds** Westwinde *pl*

western [ˈwestən] **I.** *adj attr* GEOG West-, westlich; **~ Europe** Westeuropa *nt* **II.** *n (film)* Western *m*

westerner [ˈwestənəʳ] *n* POL Abendländer(in) *m(f)*

westernize [ˈwestənaɪz] **I.** *vt* verwestlichen **II.** *vi* sich dem Westen anpassen

westward(s) [ˈwes(t)wəd(z)] *adj* westlich; *road* nach Westen

wet [wet] **I.** *adj* <-tt-> nass; *(moist)* feucht; *weather* regnerisch; **"~ paint!"** „frisch gestrichen!" **II.** *vt* <-tt-, wet, wet> *(moisten)* anfeuchten; *(saturate)* nass machen **III.** *n* ① *no pl (rain)* **the ~** die Nässe ② *no pl (liquid)* Flüssigkeit *f*

wether [ˈweðəʳ] *n* ZOOL Hammel *m*

wetness [ˈwetnəs] *n no pl* Nässe *f; of climate, paint* Feuchtigkeit *f*

wet shave *n* Nassrasur *f*

we've [wiːv, wiv] = **we have** *see* **have**

whale [(h)weɪl] *n* Wal *m;* ▸ **to have a ~ of a time** eine großartige Zeit haben

whaler [ˈ(h)weɪləʳ] *n* ① *(ship)* Walfangschiff *nt* ❷ *(person)* Walfänger(in) *m(f)*

whaling ['(h)weɪlɪŋ] *n no pl* Walfang *m*

wharf <*pl* wharves> [(h)wɔːf] *n* Kai *m*

what [(h)wɒt] **I.** *pron* ❶ *interrog (asking for specific information)* was; **~ is your name?** wie heißt du?; **~ are you looking for?** wonach suchst du?; **~ is sb like?** wie ist jd?; **~ if ...?** was ist, wenn ...?; **so ~?** *(fam)* na und? ❷ *rel* was; **~'s more ...** darüber hinaus ...; **you'll never guess ~ ...** du wirst es nie erraten ... **II.** *adj* ❶ *(which)* welche(r, s); **~ time is it?** wie spät ist es?; **~ sort of** was für ein[e] ❷ *(emphasis)* was für; **~ luck!** was für ein Glück!; **~ a pity!** wie schade! **III.** *adv* was; **~ does it matter?** was macht's? *fam* **IV.** *interj (fam: pardon?)* **~? I can't hear you** was? ich höre dich nicht

whatever [(h)wɒt'evəʳ] **I.** *pron* ❶ *(anything that)* was [auch immer]; **I eat ~ I want** ich esse, was ich will; **~ that means** was auch immer das heißen soll ❷ *(fam)* wie du willst; **I'll bring red wine then — sure, ~** ich hole also Rotwein — ja, ist mir recht ❸ *rel* was auch immer, egal was; **~ happens** was auch passieren mag **II.** *adj* ❶ *(any)* was auch immer; **take ~ action is needed** mach, was auch immer nötig ist ❷ *(regardless of)* gleichgültig welche(r, s); **we'll go ~ the weather** wir fahren bei jedem Wetter **III.** *adv with neg (whatsoever)* überhaupt; **there is no evidence ~ to show that ...** es gibt keinerlei Beweis dafür, dass ...

whatsoever [ˌ(h)wɒtsəʊ'evəʳ] *adv* überhaupt; **I have no idea ~** ich habe nicht die leiseste Idee

wheat [(h)wiːt] *n no pl* Weizen *m*

wheatgerm *n no pl* Weizenkeim *m*

wheel [wiːl] **I.** *n* ❶ Rad *nt;* **rear ~** Hinterrad *nt* ❷ *(for steering)* Steuer *nt;* **to be at the ~** am Steuer sitzen ❸ *(fam)* **~s** *pl* fahrbarer Untersatz *hum* **II.** *vt* **to ~ sth** etw rollen

wheelbarrow *n* Schubkarre *f* **wheelchair** *n* Rollstuhl *m* **wheel clamp I.** *n esp* BRIT, AUS Parkkralle *f* **II.** *vt* **to ~ a car** ein Auto mit einer Parkkralle festsetzen

wheelie bin *n* BRIT, AUS Mülltonne *f* mit Rollen

wheeling ['(h)wiːlɪŋ] *n no pl* ► **~ and dealing** *(pej fam)* Mauschelei *f*

wheeze [(h)wiːz] **I.** *vi* keuchen **II.** *n* Keuchen *nt kein pl*

when [(h)wen] **I.** *adv* ❶ *interrog* wann; **~ do you want to go?** wann möchtest du gehen?; **do you know ~ he'll be back?** weißt du, wann er zurückkommt?; **since ~ ...?** seit wann ...? ❷ *rel* wenn; *(at which, on which)* wo; **there are times ~ ...** es gibt Momente, wo ... **II.** *conj* ❶ *(at, during the time)* als; **I loved that film ~ I was a child** als Kind liebte ich diesen Film ❷ *(after)* wenn; **call me ~ you've finished** ruf mich an, wenn du fertig bist ❸ *(whenever)* wenn; **I hate it ~ there's no one in the office** ich hasse es, wenn niemand im Büro ist ❹ *(and just then)* als; **I was just getting into the bath ~ the telephone rang** ich stieg gerade in die Badewanne, als das Telefon läutete

> **when / if**
>
> Steht in einem Bedingungssatz **when**, dann ist der Sachverhalt sicher: *When I go to the museum, I'll buy you a poster.* Es steht fest, dass ich ins Museum gehe. Ist der Sachverhalt jedoch noch unsicher, wird dagegen **if** verwendet: *If I go to the museum, I'll buy you a poster.* Hier steht noch nicht fest, ob ich ins Museum gehe, es könnte noch etwas dazwischenkommen.

whenever [(h)wen'evəʳ] **I.** *conj* wann auch immer; *(every time)* jedes Mal, wenn …; **I blush ~ I think about it** ich werde immer rot, wenn ich daran denke **II.** *adv* ① wann auch immer; **~ possible** wenn möglich ② *interrog* wann denn [nur]; **~ am I going to be finished with all this work?** wann werde ich je mit dieser ganzen Arbeit fertig sein?

where [(h)weəʳ] *adv* ① *interrog* wo; **~ does he live?** wo wohnt er?; **~ are you going?** wohin gehst du? ② *rel* wo; **this is ~ I live** hier wohne ich

whereabouts **I.** *n* ['(h)weərəbaʊts] + *sing/pl vb, no pl* Aufenthaltsort *m* **II.** *adv* [ˌ(h)weərə'baʊts] *(fam)* wo [genau]; **~ in Manchester do you live?** wo genau in Manchester wohnst du?

whereas [(h)weə'ræz] *conj* ① *(in contrast to)* während, wo[hin]gegen ② *(considering that)* in Anbetracht dessen, dass …

whereby [(h)weər'baɪ] *conj (form)* wodurch, womit

wherein [(h)weə'rɪn] *conj (old form: in which)* worin

whereupon [ˌ(h)weərə'pɒn] *conj (form)* worauf[hin]

wherever [(h)weə'revəʳ] **I.** *conj* wohin auch immer; *(in all places)* wo auch immer; **~ you look there are pictures** wohin du auch schaust, überall sind Bilder **II.** *adv* ① *(in every case)* wann immer; **~ possible** wenn möglich ② *interrog* wo [nur]; **~ did you get that idea!** wie bist du nur auf diese Idee gekommen!

whet <-tt-> [(h)wet] *vt (stimulate)* **to ~ sb's appetite [for sth]** jdm Appetit [auf etw *akk*] machen

whether ['(h)weðəʳ] *conj* ① *(if)* ob; **to ask ~** fragen, ob ② *(no difference if)* **~ you like it or not** ob es dir [nun] gefällt oder nicht

which [(h)wɪtʃ] **I.** *pron* ① *interrog* welche(r, s); **~ [one] is mine?** welches gehört mir? ② *rel (with defining clause)* der/die/das; *(with non-defining clause)* was; **at/upon ~ …** woraufhin … **II.** *adj* ① *interrog* welche(r, s); **~ doctor did you see?** bei welchem Arzt warst du? ② *rel* der/die/das; **it might be made of plastic, in ~ case you could probably carry it** es könnte aus Plastik sein – in dem Fall könntest du es wahrscheinlich tragen

whichever [(h)wɪtʃ'evəʳ] **I.** *pron* wer/was auch immer; **which bar would you prefer to meet in? — ~, it doesn't matter to me** in welcher Bar sollen wir uns treffen? — wo du willst, mir ist es egal **II.** *adj attr* ① *(any one)* **choose ~ brand you prefer** wähle die Marke, die du lieber hast ② *(regardless of which)* egal welche(r, s); **~ way** wie auch immer

while [(h)waɪl] **I.** *n no pl* Weile *f;* **a ~ ago** vor einer Weile; **in a ~** in Kürze; **to be worth [the] ~** die Mühe wert sein **II.** *conj* ① *(during which time)* während ② *(although)* obwohl; **~ I fully understand your point of view, …** wenn ich Ihren Standpunkt auch vollkommen verstehe, …

whim [(h)wɪm] *n* Laune *f;* **to indulge sb's every ~** jds Launen ertragen

whimper ['(h)wɪmpəʳ] **I.** *vi person* wimmern; *dog* winseln **II.** *n (of a person)* Wimmern *nt kein pl; (of a dog)* Winseln *nt kein pl*

whine [(h)waɪn] **I.** *vi* jammern **II.** *n usu sing* Jammern *nt kein pl*

whinge [(h)wɪndʒ] **I.** *n usu sing* Gejammer *nt pej fam* **II.** *vi* BRIT, AUS *(pej fam)* meckern

whing(e)ing ['(h)wɪndʒɪŋ] **I.** *n no pl* BRIT, AUS *(pej fam: petty complaining)* Gemecker[e] *nt;* **stop your ~!** hör mit dem Gejammer auf! **II.** *adj* BRIT, AUS *(pej fam)* meckernd

whining ['(h)waɪnɪŋ] **I.** *n no pl* ① *(noise) of a person* Heulen *nt; of an animal* Jaulen *nt* ② *(pej fam: complaining)* Gejammer *nt* **II.** *adj* ① *(fretful) person* queng[e]lig *fam; animal* jaulend; **~ voice** weinerliche Stimme ② *(complaining)* klagend; *(grumbling)* nörglerisch *pej*

whip [(h)wɪp] **I.** *n* Peitsche *f* **II.** *vt* <-pp-> ❶ *(hit)* [mit der Peitsche] schlagen; *a horse* die Peitsche geben ❷ *cream, egg whites* schlagen
◆**whip out** *vt* **to ~ out ⟳ sth** *(take out quickly) credit card* etw zücken
◆**whip up** *vt (excite)* **to ~ up support** Unterstützung finden

whiplash *n* ❶ *(blow)* Peitschenhieb *m* ❷ *no pl* MED *(injury to neck)* **~ [injury]** Schleudertrauma *nt*

whipped cream, whipping cream *n no pl* Schlagsahne *f*, Schlagobers *nt* ÖSTERR, Nidel *m o f* SCHWEIZ

whip-round *n* BRIT *(fam)* **to have a ~ [for sb]** [für jdn] sammeln

whirlpool ['(h)wɜːlpuːl] *n (pool)* Whirlpool *m; (in river, sea)* Strudel *m* **whirlwind** ['(h)wɜːlwɪnd] *n* METEO Wirbelwind *m*

whisk [(h)wɪsk] **I.** *n (kitchen tool)* Schneebesen *m;* **electric ~** [elektrisches] Rührgerät **II.** *vt cream, egg whites* schlagen

whisker ['(h)wɪskəʳ] *n* ❶ *usu pl (of animal)* Schnurrhaar[e] *nt[pl]* ❷ **~s** *pl (beard)* Bartstoppeln *pl* ▶ **by a ~** um Haaresbreite

whisky, *esp* AM, IRISH **whiskey** ['(h)wɪski] *n no pl* Whisk[e]y *m*

whisper ['(h)wɪspəʳ] **I.** *vi, vt* flüstern **II.** *n* Flüstern *nt kein pl,* Geflüster *nt*

whistle ['(h)wɪsl̩] **I.** *vi* pfeifen; **to ~ at sb** hinter jdm herpfeifen **II.** *vt* pfeifen **III.** *n* ❶ *no pl (sound) also of wind* Pfeifen *nt* ❷ *(device)* Pfeife *f*

white [(h)waɪt] **I.** *n* ❶ *no pl (colour)* Weiß *nt* ❷ *of egg* Eiweiß *nt* **II.** *adj (colour)* weiß; *coffee* mit Milch; **black and ~** schwarz-weiß

Whitehall *n* ❶ *(offices of Britain's government)* Whitehall ❷ *(fig: government of Britain)* Whitehall **white horse** *n* ❶ ZOOL Schimmel *m* ❷ BRIT **~s** *pl* Schaumkronen *pl* **White House** *n no pl* **the ~** das Weiße Haus **white lie** *n* Notlüge *f*

whiten ['(h)waɪtᵊn] **I.** *vt* weiß machen; *shoe, wall* weißen ÖSTERR, SCHWEIZ, SÜDD **II.** *vi* weiß werden

white-out *n* ❶ *(blizzard)* [starker] Schneesturm ❷ *no pl* AM, AUS *(for erasing)* Tipp-Ex® *nt* **whitewash I.** *n* ❶ *no pl (solution)* Tünche *f* ❷ *(pej: cover-up)* Schönfärberei *f* **II.** *vt* ❶ *walls* tünchen ❷ *(pej, fig: conceal)* schönfärben **whitewater rafting** *n no pl* Wildwasserfahren *nt* **white wine** *n* Weißwein *m*

Whit Monday *n* Pfingstmontag *m*

Whitsun ['(h)wɪtsᵊn] *n* Pfingsten *nt;* **at ~** an Pfingsten

Whit Sunday *n* Pfingstsonntag *m*

whiz(z) kid *n* Wunderkind *nt,* Genie *nt oft hum*

who [huː] *pron* ❶ *interrog (which person)* wer; *(whom)* wem *dat,* wen *akk;* **~ did this?** wer war das?; **~ knows?** wer weiß?; **~ do you want to talk to?** mit wem möchten Sie sprechen? ❷ *rel (with defining clause)* der/die/das; **I think it was your dad ~ phoned** ich glaube, das war dein Vater, der angerufen hat

whoa [(h)wəʊ] *interj (command to stop horse)* brr, hoo

whodun(n)it [ˌhuːˈdʌnɪt] *n (fam)* Krimi *m*

whoever [huːˈevəʳ] *pron* ❶ *rel* wer auch immer; **come out, ~ you are** kommen Sie heraus, wer auch immer Sie sind ❷ *interrog (who on earth)* wer; **~ told you that?** wer hat dir das erzählt?

whole [həʊl] **I.** *adj* ❶ *(entire)* ganz, gesamt; **the ~ [wide] world** die ganze [weite] Welt ❷ *(in one piece)* ganz, heil; *(intact)* intakt **II.** *n* ❶ *(entire thing)* **a ~** ein Ganzes *nt* ❷ *(in total)* **as a ~** als Ganzes [betrachtet] **III.** *adv* ganz; **a ~ new approach** ein ganz neuer Ansatz

wholefood *n no pl* BRIT Vollwertkost *f* **wholefood shop** *n* BRIT Reformhaus *nt* **whole-hearted** [-'hɑːtɪd] *adj* ❶ *(sin-*

W

cere) aufrichtig; *(cordial)* herzlich ② *(committed)* engagiert, rückhaltlos **wholemeal** **I.** *n* BRIT Vollkornmehl *nt* **II.** *adj inv* BRIT Vollkorn-; **~ bread** Vollkornbrot *nt*

wholesale ['həʊlseɪl] *adj* ① *attr* **~ business** Großhandel *m* ② *(usu pej: on large scale)* Massen-

wholesaler ['həʊlseɪləʳ] *n* Großhändler(in) *m(f)*

wholesome ['həʊlsəm] *adj (promoting well-being)* wohltuend; *(healthy)* gesund

who'll [hu:l] = **who will** *see* **who**

wholly ['həʊl(l)i] *adv* ganz, völlig

whom [hu:m] *pron (form)* ① *interrog, after vb or prep* wem *dat,* wen *akk;* **to ~ do you wish to speak?** mit wem möchten Sie sprechen? ② *rel* der/die/das; **all of ~ …** alle, die …

whooping cough *n no pl* Keuchhusten *m*

whoops [(h)wʊps] *interj (fam)* hoppla; **~ a daisy** *(childspeak)* hopsala

whoosh [(h)wʊʃ] *interj (fam)* zisch

whopper ['(h)wɒpəʳ] *n (hum fam: huge thing)* Apparat *m sl;* **that's a ~ of a fish** das ist ja ein Riesenfisch

whopping ['(h)wɒpɪŋ] *(fam) adj* saftig; **a ~ lie** eine faustdicke Lüge

whore [hɔ:ʳ] *n (pej)* Nutte *f sl*

who's [hu:z] = **who is, who has** *see* **who**

whose [hu:z] **I.** *adj* ① *(in questions)* wessen; **~ round is it?** wer ist dran? ② *(indicating possession)* dessen; **she's the woman ~ car I crashed into** sie ist die Frau, in deren Auto ich gefahren bin **II.** *pron poss, interrog* wessen; **~ is this bag?** wessen Tasche ist das?

W **why** [(h)waɪ] *adv* warum; **~ did he say that?** warum hat er das gesagt?; *(for that reason)* **the reason ~ I …** der Grund, warum ich …

wick [wɪk] *n* Docht *m*

wicked ['wɪkɪd] **I.** *adj* ① *(evil)* böse ② *(sl: excellent)* saugut *fam* **II.** *n pl* **the ~** die Bösen *pl*

wicker ['wɪkəʳ] **I.** *n no pl* Korbgeflecht *nt; (rattan)* Rattan *nt* **II.** *n modifier (furniture)* Korb-; **~ basket** Weidenkorb *m*

wicket ['wɪkɪt] *n* BRIT ① *(target in cricket)* Tor *nt,* Wicket *nt fachspr* ② *(area in cricket)* Spielbahn *f*

wicket-keeper *n* BRIT Torwächter(in) *m(f),* Goalie *m* SCHWEIZ

wide [waɪd] **I.** *adj* ① breit; *(considerable)* enorm, beträchtlich ② *after n (with a width of)* breit; **the swimming pool is 5 metres ~** der Swimmingpool ist 5 Meter breit ③ *(varied)* breit gefächert; **a ~ range of goods** ein großes Sortiment an Waren **II.** *adv* weit; **~ open** weit geöffnet

wide-angle (lens) *n* PHOT Weitwinkelobjektiv *nt* **wide-awake** *adj* hellwach **wide-eyed** *adj* mit großen Augen *nach n; (fig)* blauäugig

widely ['waɪdli] *adv* breit; *(extensively)* weit; **~ accepted** weithin akzeptiert

widen ['waɪdᵊn] *vt (make broader)* verbreitern; *(make wider)* erweitern

wide-open *adj* ① *(undecided)* völlig offen ② *(vulnerable, exposed)* anfällig; **to be ~ to comments** der Kritik schutzlos ausgeliefert sein **widespread** *adj* weit verbreitet; **there is ~ speculation that …** es wird weithin spekuliert, dass …

widow ['wɪdəʊ] **I.** *n (woman)* Witwe *f* **II.** *vt usu passive* **to be ~ed** zur Witwe/zum Witwer werden

widowed ['wɪdəʊd] *adj* verwitwet

widower ['wɪdəʊəʳ] *n* Witwer *m*

widow's allowance *n* Witwenunterstützung *f* **widow's pension** *n* Witwenrente *f*

width [wɪtθ] *n* ① *no pl (measurement)* Breite *f; of clothes* Weite *f* ② *no pl (fig: scope, range)* Größe *f*

wield [wi:ld] *vt* **to ~ sth** *tool, weapon* etw schwingen

wife <*pl* **wives**> [waɪf] *n* [Ehe]frau *f,* Gattin *f form o hum*

wig [wɪg] *n* Perücke *f*
wiggle ['wɪgl] **I.** *vt, vi* wackeln **II.** *n* *(movement)* Wackeln *nt kein pl;* **she walks with a sexy ~** sie hat einen sexy Gang *fam*
wild [waɪld] **I.** *adj* ❶ wild; *cat, duck, goose* Wild- ❷ *country, landscape* rau, wild; **~ flowers** wild wachsende Blumen ❸ *(uncontrolled)* unbändig; *hair, lifestyle* wirr ❹ *(stormy) wind, weather* stürmisch ❺ *(excited)* wild, ungezügelt; *(angry)* wütend; **in ~ rage** in blinder Wut **II.** *adv* wild; **to run ~** *child, person* sich *dat* selbst überlassen sein; *animals* frei herumlaufen **III.** *n* *(natural environment)* **the ~** die Wildnis
wild boar *n* ZOOL Wildschwein *nt*
wilderness <*pl* -es> ['wɪldənəs] *n usu no pl* Wildnis *f*
wildfire *n no pl* Lauffeuer *nt;* **to spread like ~** *(fig)* sich wie ein Lauffeuer verbreiten **wild goose** <- geese> *n* Wildgans *f* **wild-goose chase** *n (hopeless search)* aussichtslose Suche; *(pointless venture)* fruchtloses Unterfangen **wildlife I.** *n no pl* [natürliche] Tier- und Pflanzenwelt **II.** *adj club, photography* Natur-; **~ reserve** Wildreservat *nt*
wildly ['waɪldli] *adv* ❶ wild; *(boisterously)* unbändig; **to behave ~** sich wie wild aufführen *fam* ❷ *(haphazardly)* ungezielt ❸ *(fam: extremely)* äußerst; **~ exaggerated** maßlos übertrieben
wilful ['wɪlfᵊl] *adj* ❶ *usu attr (deliberate)* bewusst, absichtlich ❷ *(self-willed)* eigensinnig
will¹ <would, would> [wɪl] *aux vb* ❶ *(in future tense)* werden; **do you think he ~ come?** glaubst du, dass er kommt? ❷ *(with tag question)* **you won't forget to tell him, ~ you?** du vergisst aber nicht, es ihm zu sagen, oder? ❸ *(expressing intention)* werden; **I ~ always love you** ich werde dich immer lieben ❹ *(expressing facts)* **fruit ~ keep longer in the fridge** Obst hält sich im Kühlschrank länger
will² [wɪl] **I.** *n* ❶ *no pl (faculty)* Wille *m;* **strength of ~** Willensstärke *f* ❷ *no pl (desire)* Wille *m* ❸ LAW letzter Wille, Testament *nt;* ▸ **with the best ~ in the world** beim besten Willen **II.** *vt* **to ~ sb to do sth** jdn [durch Willenskraft] dazu bringen, etw zu tun
willie *n see* **willy**
willing ['wɪlɪŋ] **I.** *adj* ❶ *pred (not opposed)* bereit, gewillt *geh;* **to be ~ to do sth** bereit sein, etw zu tun ❷ *(enthusiastic)* willig; **~ hands** bereitwillige Hilfe **II.** *n no pl* BRIT **to show ~** [seinen] guten Willen zeigen
willingly ['wɪlɪŋli] *adv* ❶ *(gladly)* gern[e] ❷ *(voluntarily)* freiwillig
willingness ['wɪlɪŋnəs] *n no pl (readiness)* Bereitschaft *f*
willow ['wɪləʊ] *n* BOT Weide *f*
willpower *n no pl* Willenskraft *f*
willy ['wɪli] *n esp* BRIT *(fam!)* Pimmel *m fam*
wilt¹ [wɪlt] *vi* ❶ *(droop) plants* [ver]welken ❷ *(lose energy) person* schlappmachen *fam*
wilt² [wɪlt, ᵊlt] *(old) 2nd pers sing of* **will**
wimp [wɪmp] *n (pej fam)* Weichei *nt,* Waschlappen *m*
win [wɪn] **I.** *vt* <won, won> gewinnen; **to ~ a victory** einen Sieg erringen; **to ~ sb's approval** jds Anerkennung finden **II.** *vi* <won, won> gewinnen; **to ~ hands down** *(fam)* spielend gewinnen **III.** *n* Sieg *m;* **away ~** Auswärtssieg *m*
◆ **win back** *vt* etw
◆ **win over** *vt (persuade)* überzeugen; *(gain support)* jdn für sich gewinnen
◆ **win through** *vi* [letztlich] Erfolg haben
wince [wɪn(t)s] **I.** *n* Zusammenzucken *nt* **II.** *vi* zusammenzucken
wind¹ [wɪnd] **I.** *n* ❶ *(current of air)* Wind *m;* **gust of ~** Windböe *f* ❷ *no pl (breath)* Atem *m* ❸ *no pl (flatulence)*

W

Blähungen *pl* ④ MUS **the ~s** die [Blech]bläser, innen *m, f pl* **II.** *vt (knock breath out)* **to ~ sb** jdm den Atem nehmen

wind^{2} [waɪnd] **I.** *vt* <wound, wound> ① *a clock, watch* aufziehen ② *(turn)* winden, kurbeln **II.** *vi* <wound, wound> *stream, road* sich schlängeln

◆**wind down I.** *vt* ① *(lower) a car window* herunterkurbeln ② *(gradually reduce)* zurückschrauben; *a business* auflösen **II.** *vi* ① *(become less active)* ruhiger werden ② *(cease)* auslaufen

◆**wind up I.** *vt* ① *(raise)* hochziehen ② TECH aufziehen ③ BRIT *(fam)* **to ~ up** ↻ **sb** *(tease)* jdn aufziehen **II.** *vi* ① *(fam: end up)* enden; **to ~ up in prison** im Gefängnis landen ② *(bring to an end)* schließen

windbreak *n* Windschutz *m* **wind chill** PHYS **I.** *n no pl* Windkälte *f,* Windchill *m* **II.** *adj* Windkälte-, Windchill-; **~ factor** Windkältefaktor *m,* Windchillindex *m;* **~ temperature** Windchilltemperatur *f fachspr,* gefühlte Temperatur **wind energy** *n no pl* Windenergie *f* **windfall** *n* ① *(fruit)* **~s** *pl* Fallobst *nt kein pl* ② *(money)* warmer [Geld]regen *fam* **wind farm** *n* Windpark *m*

winding ['waɪndɪŋ] **I.** *adj path, river* gewunden; *road* kurvenreich **II.** *n* ① *no pl (of course)* Windung *f* ② ELEC *(coils)* Wicklung *f*

wind instrument *n* Blasinstrument *nt*

windmill *n* ① *(for grinding)* Windmühle *f* ② *(wind turbine)* Windrad *nt*

window ['wɪndəʊ] *n* ① *(in building)* a. COMPUT Fenster *nt;* **French ~** Verandatür *f* ② *(of shop)* Schaufenster *nt* ③ *(of vehicle)* [Fenster]scheibe *f*

window box *n* Blumenkasten *m* **window cleaner** *n* ① *(person)* Fensterputzer(in) *m(f)* ② *no pl (detergent)* Glasreiniger *m* **window frame** *n* Fensterrahmen *m* **window pane** *n* Fensterscheibe *f* **window-shopping** *n no pl* Schaufensterbummel *m* **window sill** *n (inside)* Fensterbank *f; (outside)* Fenstersims *m o nt*

wind power *n no pl* ① *(force of wind)* Windkraft *f* ② ECOL Windenergie *f*

windscreen *n* BRIT, AUS Windschutzscheibe *f*

windscreen wiper *n* BRIT, AUS Scheibenwischer *m*

windshield *n* AM *(windscreen)* Windschutzscheibe *f* **windsurfer** ['wɪn(d),sɜːfəʳ] *n* Windsurfer(in) *m(f)* **windsurfing** ['wɪn(d),sɜːfɪŋ] *n no pl* Windsurfen *nt* **wind tunnel** *n* Windkanal *m* **wind turbine** *n* Windturbine *f*

windward ['wɪn(d)wəd] NAUT **I.** *adj, adv* windwärts **II.** *n* Windseite *f*

windy ['wɪndi] *adj* ① METEO windig; **a ~ street** eine zugige Straße ② *(of digestion)* blähend

wine [waɪn] **I.** *n* Wein *m;* **red ~** Rotwein *m* **II.** *vt* **to ~ and dine sb** jdn fürstlich bewirten **III.** *vi* **to ~ and dine** fürstlich essen

wine cooler *n* Weinkühler *m* **wine glass** *n* Weinglas *nt* **wine list** *n* Weinkarte *f*

winery ['waɪnᵊri] *n esp* AM Weinkellerei *f*

wine tasting *n* Weinprobe *f* **wine waiter** *n* BRIT Weinkellner(in) *m(f)*

wing [wɪŋ] *n* ① ZOOL *of bird* Flügel *m* ② AVIAT Tragfläche *f* ③ ARCHIT *of building* Flügel *m* ④ FBALL Flügel *m;* **to play right ~** rechts Außen spielen

winger ['wɪŋəʳ] *n* FBALL *(on the left wing)* Linksaußen *m*

wing nut *n* Flügelmutter *f*

wingspan *n* Flügelspannweite *f*

wink [wɪŋk] **I.** *vi* zwinkern; **to ~ at sb** jdm zuzwinkern **II.** *vt* **to ~ one's eye** [mit den Augen] zwinkern **III.** *n* [Augen]zwinkern *nt;* **to give sb a ~** jdm zuzwinkern ▶ **to not sleep a ~** kein Auge zutun

winner ['wɪnəʳ] *n* ① *(sb that wins)* Gewinner(in) *m(f); (in competition)* Sieger(in) *m(f)* ② SPORTS *(fam: goal)* Siegestor *nt*

winning ['wɪnɪŋ] **I.** *adj attr (that wins)* Gewinn-; *(in competition)* Sieger-; **to be on a ~ streak** eine Glückssträhne haben **II.** *n* **~s** *pl* Gewinn *m*

winningly ['wɪnɪŋli] *adv* gewinnend, einnehmend

winter ['wɪntəʳ] **I.** *n* Winter *m;* **in [the] ~** im Winter **II.** *vi animals* überwintern; *person* den Winter verbringen

winter sports *n pl* Wintersport *m kein pl*

wint(e)ry ['wɪntri] *adj* ❶ *(typical of winter)* winterlich ❷ *(fig: unfriendly) greeting, smile* frostig

wipe [waɪp] **I.** *vt* ❶ *(clean)* abwischen; *feet* abtreten ❷ *(dry) hands, dishes* abtrocknen ❸ *(erase) cassette, disk* löschen **II.** *vi* BRIT, AUS abtrocknen **III.** *n* ❶ *(act of cleaning)* Wischen *nt* ❷ *(tissue)* Reinigungstuch *nt*

◆**wipe down** *vt* abwischen; *(with water)* abwaschen

◆**wipe off** *vt* ❶ *(clean)* wegwischen; *from hand, shoes, surface* abwischen ❷ *(erase)* löschen

◆**wipe out** **I.** *vt* ❶ *(clean inside of)* auswischen ❷ *(destroy)* auslöschen; *disease* ausrotten **II.** *vi esp* AM, AUS *(fam: have accident)* einen Unfall bauen

◆**wipe up** **I.** *vt* aufwischen; *(dry)* abtrocknen **II.** *vi* abtrocknen

wiper ['waɪpəʳ] *n* AUTO [Scheiben]wischer *m*

wiper blade *n* Wischerblatt *nt*

wire ['waɪəʳ] **I.** *n* ❶ *no pl* Draht *m* ❷ ELEC Leitung *f;* ▸**to be a live ~** *(fam)* ein Energiebündel sein **II.** *vt* ❶ **to ~ sth to sth** etw mit Draht an etw *akk* binden ❷ ELEC mit elektrischen Leitungen versehen ❸ *esp* AM **to ~ sb money** jdm telegrafisch Geld überweisen **III.** *vi* telegrafieren

wireless ['waɪələs] **I.** *n* <*pl* -es> BRIT *(dated)* ❶ *(set)* Radioapparat *m* ❷ *no pl (radio)* **on the ~** im Rundfunk **II.** *adj (lacking wire)* drahtlos; *(radio)* Funk-, Radio-

wirelessly *adv* COMPUT, INET drahtlos

wireless networking *n* COMPUT drahtlose Vernetzung

wiretapping [-ˌtæpɪŋ] *n no pl* Abhören *nt* von Telefonleitungen

wire transfer *n* AM telegrafische Geldüberweisung

wiring ['waɪərɪŋ] *n no pl* ELEC ❶ *(system of wires)* elektrische Leitungen *pl* ❷ *(electrical installation)* Stromverlegen *nt*

wiring diagram *n* Schaltplan *m*

wisdom ['wɪzdəm] *n no pl (good judgement)* Weisheit *f; (sensibleness)* Klugheit *f*

wisdom tooth *n* Weisheitszahn *m*

wise [waɪz] **I.** *adj* ❶ weise *geh,* klug; *(sensible)* vernünftig; **~ words** weise Worte; **a ~ choice** eine gute Wahl ❷ *pred (fam: aware)* **to get ~ to sb** jdn durchschauen **II.** *n* **the ~** *pl* die Weisen *pl*

◆**wise up** *vi esp* AM *(fam)* **to ~ up** aufwachen *fig;* **to ~ up to sb** jdn durchschauen; **to ~ up to sth** etw spitzkriegen

wise guy *n (pej fam)* Klugschwätzer *m*

wish [wɪʃ] **I.** *n* <*pl* -es> ❶ Wunsch *m,* Verlangen *nt;* **to have a ~** sich *dat* etwas wünschen; **to make a ~** sich *dat* etwas wünschen ❷ *(regards)* **~es** *pl* Grüße *pl;* **with best ~es** mit den besten Wünschen; *(at end of letter)* mit herzlichen Grüßen **II.** *vt* ❶ wünschen; **to ~ [that] …** sich *dat* wünschen, dass …; **I ~ you were here** ich wünschte, du wärst hier ❷ *(express greetings)* **to ~ sb happy birthday** jdm zum Geburtstag gratulieren **III.** *vi* ❶ *(want)* wollen, wünschen; **[just] as you ~** [ganz] wie Sie wünschen ❷ *(make a wish)* **to ~ for sth** sich *dat* etw wünschen

wishful ['wɪʃfᵊl] *adj* ❶ *(desirous)* sehnsuchtsvoll ❷ *(fanciful)* traumverloren

wish list *n* Wunschliste *f*

wisp [wɪsp] *n (small bundle)* Bü-

W

schel *nt;* **~s of cloud** Wolkenfetzen *pl*

wispy ['wɪspi] *adj* dünn; *person* schmächtig

wistful ['wɪs(t)fᵊl] *adj note, smile* wehmütig; *glance, look* sehnsüchtig

wistfulness ['wɪs(t)fᵊlnəs] *n no pl* ❶ *(melancholy)* Wehmut *f geh* ❷ *(longing)* Sehnsucht *f;* **to feel a ~ for sth** sich nach etw *dat* sehnen

wit [wɪt] *n* ❶ *no pl (humour)* Witz *m;* **dry ~** trockener Humor ❷ *no pl (intelligence)* Verstand *m* ❸ *(practical intelligence)* **~s** *pl* geistige Fähigkeiten; **to be at one's ~s' end** mit seiner Weisheit am Ende sein

witch <*pl* -es> [wɪtʃ] *n* Hexe *f*

witchcraft *n no pl* Hexerei *f* **witch doctor** *n* Medizinmann *m* **witch-hunt** *n* Hexenjagd *f*

with [wɪθ] *prep* ❶ mit +*dat;* **~ friends** mit Freunden; **to talk ~ sb** mit jdm reden; **~ a look of surprise** mit einem erstaunten Gesichtsausdruck; **~ that ...** [und] damit ...; **~ the current** mit der Strömung; **she paints ~ watercolours** sie malt mit Wasserfarben ❷ *(in a state of)* vor +*dat;* **she was shaking ~ rage** sie zitterte vor Wut ❸ *(in company of)* bei +*dat;* **to stay ~ relatives** bei Verwandten übernachten

withdraw <-drew, -drawn> [wɪð'drɔː] **I.** *vt* ❶ *(remove)* herausziehen; **to ~ one's hand** seine Hand zurückziehen ❷ *(from bank account)* abheben ❸ *coins, notes, stamps* aus Verkehr ziehen **II.** *vi* ❶ *(retreat)* MIL sich zurückziehen ❷ *(fig: become incommunicative)* sich zurückziehen

withdrawal [wɪð'drɔːᵊl] *n* ❶ FIN [Geld]abhebung *f* ❷ MIL Rückzug *m* ❸ *no pl (taking back)* Zurücknehmen *nt; (cancel)* Zurückziehen *nt; from a contract* Rücktritt *m* ❹ *no pl from drugs* Entzug *m*

withdrawal symptoms *n pl* Entzugserscheinungen *pl*

wither ['wɪðəʳ] *vi* ❶ *(of plants)* verdorren ❷ *person* verfallen; **to ~ with age** mit dem Alter an Vitalität verlieren

withering ['wɪðrɪŋ] **I.** *adj* ❶ *(destructive) fire* verzehrend *geh* ❷ *(contemptuous) look* vernichtend **II.** *n no pl (becoming shrivelled)* Verdorren *nt*

withhold <-held, -held> [wɪθ'həʊld] *vt (not give)* zurückhalten; **to ~ sth from sb** jdm etw *akk* vorenthalten

within [wɪ'ðɪn] **I.** *prep* innerhalb +*gen;* **~ the EU** innerhalb der EU; **~ reach** in Reichweite; **~ hours** innerhalb von Stunden **II.** *adv* innen; **from ~** von innen [heraus]

without [wɪ'ðaʊt] *prep* ohne +*akk;* **~ a dime** ohne einen Pfennig; **~ warning** ohne [Vor]warnung

withstand <-stood, -stood> [wɪð'stænd, wɪθ-] *vt* **to ~ sb/sth** jdm/etw standhalten; **to ~ temptation** der Versuchung widerstehen

witness ['wɪtnəs] **I.** *n* <*pl* -es> Zeuge, Zeugin *m, f* (**to** +*gen*)*;* **~ [to a marriage]** Trauzeuge, -zeugin *m, f* **II.** *vt* ❶ *(see)* beobachten; **to ~ sb doing sth** sehen, wie jd etw tut ❷ *(attest)* bestätigen; **to ~ a will** ein Testament als Zeuge/Zeugin unterschreiben

witness box, *esp* AM **witness stand** *n* Zeugenstand *m kein pl*

witty ['wɪti] *adj (clever)* geistreich; *(funny)* witzig

wives [waɪvz] *n pl of* **wife**

wiz [wɪz] *n (fam) short for* **wizard** Genie *nt oft hum;* **to be a ~ at sth** ein [wahres] Genie in etw *dat* sein

wizard ['wɪzəd] *n* ❶ *(magician)* Zauberer *m* ❷ *(expert)* Genie *nt oft hum;* **computer ~** Computergenie *nt*

WMD [ˌdʌbljuːem'diː] *n abbrev of* **weapons of mass destruction** Massenvernichtungswaffen *pl*

wobble ['wɒbl̩] **I.** *vi* ❶ *(move)* wackeln; *wheel* eiern *fam; jelly, fat* schwabbeln *fam* ❷ *(tremble)* zittern **II.** *vt* rütteln **III.** *n usu sing* Wackeln *nt kein pl*

wobbly ['wɒbl̩i] *adj* ❶ *(unsteady)* wack[e]lig; **I've got a ~ tooth** bei mir

wackelt ein Zahn ② *(wavering)* zittrig
wok [wɒk] *n* Wok *m*
woke [wəʊk] *vt, vi pt of* **wake**
woken [wəʊkᵊn] *vt, vi pp of* **wake**
wolf *n* <*pl* wolves> [wʊlf] Wolf *m;* ▶ **to cry** ~ blinden Alarm schlagen
woman ['wʊmən] **I.** *n* <*pl* women> ① *(female)* Frau *f* ② *(fam: used as term of address)* Weib *pej* **II.** *adj* weiblich; ~ **police officer** Polizistin *f*
womb [wu:m] *n* Mutterleib *m;* MED Gebärmutter *f*
women ['wɪmɪn] *n pl of* **woman**
women's centre *n* Frauenzentrum *nt*
women's lib [-'lɪb] *n (dated fam) short for* **women's liberation** Frauen[rechts]bewegung *f*
won [wʌn] *vt, vi pt, pp of* **win**
wonder ['wʌndəʳ] **I.** *vt* ① *(ask oneself)* sich fragen; **it makes you ~ why they …** man fragt sich [schon], warum sie … ② *(feel surprise)* **to ~ that …** überrascht sein, dass … **II.** *vi* ① *(ask oneself)* sich fragen; **to ~ about sb** sich Gedanken über jdn machen ② *(feel surprise)* **to ~ at sb** sich über jdn wundern **III.** *n* ① *no pl (feeling)* Staunen *nt,* Verwunderung *f* ② *(marvel)* Wunder *nt;* **no ~ …** kein Wunder, dass …
wonder drug *n* Wundermittel *nt*
wonderful ['wʌndəfᵊl] *adj* wunderbar
wonderfully ['wʌndəfᵊli] *adv* wunderbar; **to cope ~ with sth** mit etw *dat* ausgezeichnet zurechtkommen
wonderland *n* Wunderland *nt*
wonky ['wɒŋki] *adj* BRIT, AUS *(fam)* ① *(unsteady)* wack[e]lig *a. fig* ② *(askew)* schief
won't [wəʊnt] = **will not** *see* **will**[1]
woo [wu:] *vt (attract)* **to ~ customers/voters** Kunden/Wähler umwerben
wood [wʊd] *n* ① *no pl* Holz *nt;* **block of ~** Holzklotz *m* ② *(forest)* **~s** *pl* Wald *m;* ▶ **touch ~!** unberufen!
woodcutter *n* Holzfäller *m*
wooded ['wʊdɪd] *adj* bewaldet; ~ **area** Waldgebiet *nt*
wooden ['wʊdᵊn] *adj* ① *(made of wood)* Holz-, hölzern, aus Holz ② *(fig, pej: stiff) movements* hölzern
woodland *n* ~ Wald *m* **woodpecker** *n* Specht *m* **woodpile** *n* Holzstoß *m* **woodshed I.** *n* Holzschuppen *m* **II.** *vi* <-dd-> AM *(fam)* intensiv üben **woodwind** *n* MUS ① *(instrument)* Holzblasinstrument *nt* ② + *sing/pl vb* **the ~** *(orchestra section)* die Holzbläser *pl* **woodwork** *n no pl* ① *(parts of building)* Holzwerk *nt* ② BRIT *(carpentry)* Tischlern *nt* **woodworm** <*pl* -> *n* ① *(larva)* Holzwurm *m* ② *no pl (damage)* Wurmfraß *m*
woody ['wʊdi] *adj* ① HORT holzig, Holz- ② FOOD holzig ③ *(wooded)* bewaldet
wool [wʊl] *n no pl* Wolle *f;* **ball of ~** Wollknäuel *nt*
woo(l)len ['wʊlən] *adj* wollen, aus Wolle; ~ **dress** Wollkleid *nt*
woolly ['wʊli] *adj* ① Woll-, wollen ② *(vague)* verschwommen
woosh *interj (fam) see* **whoosh**
Worcester sauce [,wʊstəʳ'sɔ:s-], AM, AUS **Worcestershire sauce** [,wʊstəʃəʳ'sɔ:s-] *n* Worcestersoße *f*
word [wɜ:d] **I.** *n* ① Wort *nt;* **in other ~s** mit anderen Worten; **in a ~** um es kurz zu sagen ② *no pl (short conversation)* [kurzes] Gespräch; *(formal)* Unterredung *f;* **to have a ~ with sb [about sth]** mit jdm [über etw *akk*] sprechen ③ *no pl (news)* Nachricht *f; (message)* Mitteilung *f* ④ *no pl (order)* Kommando *nt;* **to give the ~** den Befehl geben ⑤ *(remark)* Bemerkung *f;* **~ of warning** Warnung *f* ⑥ *no pl (promise)* Wort *nt,* Versprechen *nt;* **to go keep one's ~** sein Wort halten ⑦ *(lyrics)* **~s** *pl* Text *m* **II.** *vt* **to ~ sth** etw formulieren
wording ['wɜ:dɪŋ] *n no pl* ① *(words used)* Formulierung *f* ② *(manner of expression)* Formulieren *nt*
word order *n no pl* Wortstellung *f*
word-perfect *adj pred* textsicher
word processor *n* ① *(computer)* Text-

W

verarbeitungssystem *nt* ② *(program)* Textverarbeitungsprogramm *nt*
wordy ['wɜːdi] *adj (pej)* langatmig, weitschweifig
wore [wɔːʳ] *vt, vi pt of* **wear**
work [wɜːk] **I.** *n* ① *no pl* Arbeit *f;* **to be at ~** bei der Arbeit sein ② *(construction, repairs)* **~s** *pl* Arbeiten *pl;* **road ~s** Straßenarbeiten *pl* ③ ART, LIT, MUS Werk *nt* **II.** *vi* ① arbeiten; **to ~ like a slave** AM, AUS *(fam)* wie ein Tier schuften; **to ~ at/on sth** an etw *dat* arbeiten ② *(have an effect)* sich auswirken; **to ~ in sb's favour** sich zu jds Gunsten auswirken ③ *(function)* funktionieren; **my cell phone doesn't ~** mein Handy geht nicht **III.** *vt* ① arbeiten; **to ~ oneself to death** *(fam)* sich zu Tode arbeiten ② *(operate) machine* bedienen; *equipment* betätigen ③ *(move)* **to ~ one's way up** sich hocharbeiten; **to ~ sth free** etw losbekommen
◆ **work away** *vi* vor sich hinarbeiten
◆ **work in** *vt (mix in, rub in)* einarbeiten; *food* hineingeben
◆ **work off** *vt* ① *(counter effects of)* abarbeiten; **to ~ off stress** Stress abbauen ② *(pay by working) a debt, a loan* abtragen
◆ **work out I.** *vt* ① *(calculate)* errechnen, ausrechnen ② *(develop)* ausarbeiten; **to ~ out a solution** eine Lösung erarbeiten ③ *(understand)* verstehen **II.** *vi* ① *(amount to)* **to ~ out cheaper** billiger kommen ② *(develop)* sich entwickeln; *(progress)* laufen *fam;* **to ~ out well** gut laufen *fam* ③ *(do exercise)* trainieren
◆ **work over** *vt (fam)* **to ~ over ↔ sb** jdn zusammenschlagen *fam*
◆ **work round** *vi (fam: approach cautiously)* **what are you ~ing round to?** worauf willst du hinaus?
◆ **work up I.** *vt* ① *(generate)* **to ~ up courage** sich *dat* Mut machen ② *(upset, make angry)* **to ~ oneself up** sich aufregen ③ *(develop)* **to ~ up a sweat** ins Schwitzen kommen **II.** *vi (progress to)* **to ~ up to sth** sich zu etw *dat* hocharbeiten
workaholic [ˌwɜːkə'hɒlɪk] *n (fam)* Arbeitssüchtige(r) *f(m),* Arbeitstier *nt fig, oft pej*
workbench *n* Werkbank *f* **workday** *n* AM, AUS ① *(time at work)* Arbeitstag *m* ② *(not holiday)* Werktag *m*
worker ['wɜːkəʳ] *n* Arbeiter(in) *m(f);* **blue-collar ~** [Fabrik]arbeiter(in) *m(f);* **white-collar ~** [Büro]angestellte(r) *f(m)*
work ethic *n* Arbeitsethos *nt* **workforce** *n + sing/pl vb* Belegschaft *f,* Betriebspersonal *nt*
working ['wɜːkɪŋ] **I.** *adj attr* ① *(pertaining to work)* Arbeits-; **~ conditions** Arbeitsbedingungen *pl* ② *(employed)* berufstätig ③ *(functioning)* funktionierend *attr* **II.** *n no pl (activity)* Arbeiten *nt,* Arbeit *f*
working-class *adj* der Arbeiterklasse *nach n*
workload *n* Arbeitspensum *nt kein pl*
workman *n* ① *(craftsman)* Handwerker *m* ② *(worker)* Arbeiter *m*
workmanlike *adj* ① *(skilful)* fachmännisch ② *(pej: sufficient)* annehmbar
workmanship ['wɜːkmənʃɪp] *n no pl* Verarbeitung[sgüte] *f;* **fine ~** feine Verarbeitung
work of art *n* Kunstwerk *nt*
workout *n* SPORTS Training *nt*
work permit *n* Arbeitserlaubnis *f,* Arbeitsgenehmigung *f* **workplace** *n* Arbeitsplatz *m* **works committee, works council** *n* Betriebsrat *m* **worksheet** ['wɜːkshiːt] *n* Arbeitsblatt *nt* **workshop** *n* ① *(room)* Werkstatt *f* ② *(meeting)* Workshop *m* **workstation** *n* ① COMPUT Workstation *f fachspr* ② *(work area)* Arbeitsplatz *m* **worktop** *n* BRIT Arbeitsfläche *f*
world [wɜːld] *n* ① *no pl (earth)* **the ~** die Welt, die Erde ② *(planet)* Welt *f* ③ *(society)* **the ancient ~** die antike Welt ▸ **to be ~s apart** Welten auseinanderliegen; **not for [all] the ~** nie

W

im Leben

World Bank *n no pl* **the ~** die Weltbank

World Cup *n* ① *(competition)* Weltmeisterschaft *f; (in soccer)* Fußballweltmeisterschaft *f* ② *(trophy)* Worldcup *m,* Weltpokal *m* **world-famous** *adj* weltberühmt

worldly [ˈwɜːldli] *adj attr (physical)* weltlich; **~ goods** materielle Güter

world record *n* Weltrekord *m* **world war** *n* Weltkrieg *m;* **W~ W~ II** der 2. Weltkrieg

worldwide [ˌwɜːldˈwaɪd] **I.** *adj* weltweit; **of ~ reputation** von Weltruf **II.** *adv* weltweit; **to travel ~** die ganze Welt bereisen

worm [wɜːm] **I.** *n* Wurm *m* **II.** *vt (wriggle)* **to ~ one's way through the crowd** sich *dat* seinen Weg durch die Menge bahnen

worn [wɔːn] **I.** *vt, vi pp of* **wear II.** *adj (damaged)* abgenutzt; *carpet* abgetreten

worn out *pred,* **worn-out** *adj attr* ① *(exhausted) person* erschöpft ② *(damaged) clothes* verschlissen

worried [ˈwʌrɪd] *adj* beunruhigt, besorgt; **to be ~ about sb** sich *dat* um jdn Sorgen machen

worriedly [ˈwʌrɪdli] *adv* besorgt, beunruhigt

worry [ˈwʌri] **I.** *vi* <-ie-> sich *dat* Sorgen machen (**about** um) ► **not to ~!** *(fam)* keine Sorge! **II.** *vt* <-ie-> ① *(cause worry)* beunruhigen ② *(bother)* stören **III.** *n* ① *no pl (state of anxiety)* Sorge *f,* Besorgnis *f* ② *(source of anxiety)* Sorge *f*

worrying [ˈwʌriɪŋ] *adj* Besorgnis erregend, beunruhigend

worse [wɜːs] **I.** *adj comp of* **bad** schlechter; *(more difficult, unpleasant)* schlimmer **II.** *adv comp of* **badly** ① *(less well)* schlechter ② *(to introduce statement)* **even ~, …** was noch schlimmer ist, …

worsen [ˈwɜːsᵊn] **I.** *vi* sich verschlechtern **II.** *vt* verschlechtern

worsening [ˈwɜːsᵊnɪŋ] *n no pl* Verschlechterung *f*

worship [ˈwɜːʃɪp] **I.** *n no pl* ① *(homage)* Verehrung *f;* **act of ~** Anbetung *f* ② *(religious service)* Gottesdienst *m* **II.** *vt* <-pp-> ① *(revere)* **to ~ a deity** einer Gottheit huldigen *geh* ② *(adore)* vergöttern ③ *(be obsessed with)* besessen sein **III.** *vi* <-pp-> beten

worst [wɜːst] **I.** *adj* ① *superl of* **bad** ② **the ~ …** der/die/das schlechteste …; *(most dangerous)* der/die/das übelste(r, s) …, der/die/das schlimmste(r, s) …; *(least advantageous)* der/die/das ungünstigste(r, s) … **II.** *adv superl of* **badly** ① *(least well)* am schlechtesten ② *(most severely)* am schlimmsten **III.** *n no pl* **the ~** der/die/das Schlimmste

worth [wɜːθ] **I.** *adj pred* wert; **to be ~ a try** einen Versuch wert sein ► **to <u>be</u> [well] ~ it** die Mühe wert sein **II.** *n no pl* Wert *m;* **of comparable ~** von vergleichbarem Wert

worthily [ˈwɜːðɪli] *adv (form)* ehrenhaft *geh*

worthless [ˈwɜːθləs] *adj* wertlos *a. fig*

worthwhile [ˌwɜːθˈ(h)waɪl] *adj* lohnend; **to be ~** sich lohnen

worthy [ˈwɜːði] *adj* ① *(form: estimable)* würdig; **~ principles** achtbare Prinzipien ② *(meriting)* **~ of praise** lobenswert

would [wʊd] *aux vb* ① *(in indirect speech)* **they promised that they ~ help** sie versprachen zu helfen ② *(to express condition)* **what ~ you do if …?** was würdest du tun, wenn …? ③ *(to express inclination)* **sb ~ rather/sooner do sth** jd würde lieber etw tun ④ *(polite question)* **~ you like some cake?** hätten Sie gern ein Stück Kuchen?

would-be **I.** *adj attr* Möchtegern- *pej* **II.** *n* Möchtegern *m pej*

wouldn't [ˈwʊdᵊnt] = **would not** *see* **would**

W

wound¹ [wu:nd] **I.** *n* ① *(injury)* Wunde *f;* **gunshot ~** Schussverletzung *f* ② *(fig)* PSYCH Wunde *f,* Kränkung *f* **II.** *vt* ① *(physically)* verletzen, verwunden ② *(fig)* PSYCH kränken

wound² [waʊnd] *vt, vi pt, pp of* **wind**

wounded ['wu:ndɪd] **I.** *adj* ① *(physically)* verletzt, verwundet ② *(fig)* PSYCH gekränkt, verletzt **II.** *n* **the ~** *pl* die Verletzten *pl;* MIL die Verwundeten *pl*

woven ['wəʊvᵊn] **I.** *vt, vi pp of* **weave** **II.** *adj* ① *(on loom)* gewebt; **~ fabric** Gewebe *nt* ② *(intertwined) basketwork, wreath* geflochten

wow [waʊ] *(fam)* **I.** *interj* wow! *sl,* toll! *fam* **II.** *vt* **to ~ sb** jdn hinreißen

wow factor *n (fam)* Überraschungseffekt *m*

wrap [ræp] **I.** *n* ① FASHION Umhang *m; (stole)* Stola *f* ② *no pl (packaging)* Verpackung *f* ③ FOOD [Tortilla]wrap *m* **II.** *vt* <-pp-> ① *(cover)* einpacken; *in paper* einwickeln ② *(draw round)* **to ~ sth around sb** etw um jdn wickeln ③ COMPUT **to ~ text/words** Texte/Wörter umbrechen **III.** *vi* <-pp-> ① COMPUT umbrechen ② FILM *(fam)* die Dreharbeiten beenden

◆**wrap up** *vt* ① *(completely cover)* einwickeln ② *(dress warmly)* warm einpacken ③ *(conclude)* abschließen

wrapper ['ræpəʳ] *n* ① *(packaging)* Verpackung *f* ② *(for book)* [Schutz]umschlag *m* ③ AM *(robe)* Umhang *m*

wrapping paper *n no pl (for present)* Geschenkpapier *nt; (for package)* Packpapier *nt*

wreath [ri:θ] *n* Kranz *m*

wreck [rek] **I.** *n* ① *(boat)* [Schiffs]wrack *nt* ② *(vehicle)* Wrack *nt* ③ *(disorganized remains)* Trümmerhaufen *m,* Ruine *f* ④ *(person)* **to be a nervous ~** ein nervliches Wrack sein **II.** *vt* ① *ship* **to be ~ed** Schiffbruch erleiden ② *(destroy)* zerstören ③ *(fig: spoil)* ruinieren; *chances, hopes plans* zunichtemachen

wreckage ['rekɪdʒ] *n no pl* Wrackteile *pl,* Trümmer *pl a. fig*

wrecking ['rekɪŋ] *n no pl* Bergung *f* von Strandgut; HIST Strandraub *m*

wren [ren] *n* Zaunkönig *m*

wrench [ren(t)ʃ] **I.** *n* <*pl* -es> ① *(spanner)* Schraubenschlüssel *m* ② *usu sing (twisting)* Ruck *m* ③ *usu sing (fig: pain caused by a departure)* Trennungsschmerz *m* **II.** *vt* ① *(twist)* **to ~ sth from sb** jdm etw entreißen *a. fig;* **to ~ off** abreißen; **to ~ free** losreißen ② *(injure) a muscle* zerren

wrestle ['resḷ] **I.** *vi* ① SPORTS ringen ② *(fig: struggle)* **to ~ with sth** mit etw *dat* ringen **II.** *vt* SPORTS ringen **III.** *n (fig: struggle)* Ringen *nt kein pl*

wrestler ['resḷəʳ] *n* Ringer(in) *m(f)*

wrestling ['resḷɪŋ] *n no pl* Ringen *nt*

wretched ['retʃɪd] *adj* ① *(unhappy)* unglücklich; **to feel ~** sich elend fühlen ② *(very bad)* schlimm; *condition, state* jämmerlich ③ *(to express anger)* verflixt

wriggle ['rɪgḷ] **I.** *vi* ① *(twist and turn)* sich winden; **to ~ free [of sth]** sich [aus etw *dat*] herauswinden ② *(move)* schlängeln ►**to ~ off the hook** *(fam)* sich herausreden **II.** *vt* **to ~ one's toes in the sand** die Zehen in den Sand graben **III.** *n usu sing* Schlängeln *nt*

wrily ['raɪli] *adv remark, smile* trocken

wring <wrung, wrung> [rɪŋ] **I.** *n usu sing* [Aus]wringen *nt* **II.** *vt* ① *(twist)* auswringen ② *(break)* **to ~ sb's neck** *(a. fig)* jdm den Hals umdrehen

wrinkle ['rɪŋkḷ] **I.** *n (in the face)* Falte *f; (in a material)* Knitterfalte *f* **II.** *vt* zerknittern ►**to ~ one's brow** die Stirn runzeln **III.** *vi face, skin* Falten bekommen; *material* zerknittern

wrinkled ['rɪŋkḷd] *adj face, skin* faltig; *clothes* zerknittert

wrinkle-free *adj* knitterfrei

wrinkly ['rɪŋkli] **I.** *adj clothes* zerknittert; *face, skin* faltig, runzlig; *fruit* schrumpelig, verschrumpelt **II.** *n* BRIT, AUS *(pej or hum sl)* Grufti *m pej o hum sl*

wrist [rɪst] *n* ANAT Handgelenk *nt*

wristband *n* ① *(strap)* Armband *nt* ② *(absorbent material)* Schweißband *nt*

wristwatch *n* Armbanduhr *f*

write <wrote, written> [raɪt] **I.** *vt* ① schreiben; *a cheque, a prescription* ausstellen ② COMPUT **to ~ sth to sth** etw auf etw *dat* speichern **II.** *vi* ① schreiben; **to know how to read and ~** Lesen und Schreiben können ② COMPUT speichern

◆**write away** *vi* **to ~ away for sth** etw [schriftlich] anfordern

◆**write back** *vt, vi* zurückschreiben

◆**write down** *vt* aufschreiben

◆**write in** *vt (put in)* **to ~ in** ○ **sth** *(in text)* etw einfügen; *(in form)* etw eintragen

◆**write off** **I.** *vi* **to ~ off for sth** etw [schriftlich] anfordern **II.** *vt* ① *(dismiss)* abschreiben *fam* ② FIN *an asset, a debt* abschreiben

◆**write out** *vt* ① *(remove)* streichen ② *(write in full)* ausschreiben

◆**write up** *vt* ① *an article, notes* ausarbeiten ② *(critique)* **to ~ up a concert** eine Kritik zu einem Konzert schreiben

write-off *n* ① BRIT *(vehicle)* **to be a complete ~** ein absoluter Totalschaden sein ② *(worthless person)* Versager(in) *m(f)*; *(worthless event)* Reinfall *m* ③ FIN Abschreibung *f*

writer ['raɪtəʳ] *n* ① *(person who writes)* Verfasser(in) *m(f)* ② *(author)* Autor(in) *m(f)*; **sports ~** Sportreporter(in) *m(f)*

writer-in-residence *n* <*pl* -s-in-residence> *Schriftsteller, der Gast an einer Universität oder einer anderen Institution ist und evt. dort Workshops veranstaltet*

write-up *n of play, film* Kritik *f*; *of book also* Rezension *f*

writing ['raɪtɪŋ] *n no pl* ① *(skill)* Schreiben *nt*; **in ~** schriftlich ② *(occupation)* Schriftstellerei *f* ③ *(literature)* Literatur *f*

writing desk *n* Schreibtisch *m* **writing paper** *n no pl* Schreibpapier *nt*

written ['rɪtᵊn] **I.** *vt, vi pp of* **write** **II.** *adj* schriftlich; **the ~ word** das geschriebene Wort

wrong [rɒŋ] **I.** *adj* ① falsch; **it's all ~** das ist völlig verkehrt ② *pred (amiss)* **is there anything ~?** stimmt etwas nicht? ③ *(morally reprehensible)* verwerflich *geh;* **it was ~ of her to ...** es war nicht richtig von ihr, ... **II.** *adv* ① falsch; **to spell sth ~** etw falsch buchstabieren ② *(morally reprehensible)* falsch ③ *(amiss)* **to go ~** schiefgehen *fam* **III.** *n no pl (moral reprehensibility)* **to know right from ~** richtig und falsch unterscheiden können

wrongful ['rɒŋfᵊl] *adj* unrechtmäßig

wrongly ['rɒŋli] *adv* fälschlicherweise; *(incorrectly)* falsch; **to ~ convict sb of a crime** jdn zu Unrecht verurteilen

wrote [rəʊt] *vt, vi pt of* **write**

wrung [rʌŋ] *vt pt, pp of* **wring**

wry <-ier, -iest> [raɪ] *adj usu attr comments, humour* trocken; *smile* bitter

wryly *adv see* **wrily**

wuss *n (pej sl)* Schlappschwanz *m pej sl,* Waschlappen *m pej sl*

WWW [ˌdʌbljuːdʌbljuːˈdʌbljuː] *n no pl abbrev of* **World Wide Web** WWW *nt*

W

Xx

X <*pl* -s>, **x** <*pl* -'s> [eks] *n* X *nt,* x *nt; see also* **A 1**

x [eks] **I.** *vt* AM **to ~ [out]** [aus]streichen **II.** *n* ① MATH x *nt;* **x-axis** x-Achse *f* ② *(symbol for kiss) Kusssymbol, z.B. am Briefende*

xenophobia [ˌzenə(ʊ)'fəʊbiə] *n no pl* Fremdenhass *m*

Xmas ['krɪs(t)məs, 'eksməs] *(fam)* **I.** *n* <*pl* -es> *short for* **Christmas** Weihnachten *nt* **II.** *adj* Weihnachts-

X-ray ['eksreɪ] **I.** *n* ① *(radiation)* Röntgenstrahl[en] *m[pl]* ② *(examination)* Röntgenuntersuchung *f;* **to go for an ~** sich röntgen lassen **II.** *vt* röntgen

xylophone ['zaɪləfəʊn] *n* Xylophon *nt*

Yy

Y <*pl* -s>, **y** <*pl* -'s> [waɪ] *n* Y *nt,* y *nt; see also* **A 1**

y [waɪ] *n* MATH y *nt;* **y-axis** y-Achse *f*

yacht [jɒt] *n* Jacht *f*

yachting ['jɒtɪŋ] *n no pl* Segeln *nt*

yak <-kk-> [jæk] *vi (sl)* quasseln

yank [jæŋk] *(fam)* **I.** *n* Ruck *m* **II.** *vt* **to ~ sth** an etw *dat* [ruckartig] ziehen **III.** *vi* **to ~ [on sth]** [an etw *dat*] zerren
◆ **yank out** *vt* herausreißen; *tooth* ziehen

Yank [jæŋk] *n (fam)* Ami *m*

Yankee ['jæŋki] *(fam)* **I.** *n* ① *(American)* Ami *m fam* ② AM *(person from northern USA)* Nordstaatler(in) *m(f)* **II.** *adj attr* ① *(from USA)* Ami- ② AM *(from northern USA)* Nordstaatler-

yap [jæp] **I.** *vi* <-pp-> *dog* kläffen; *(pej fam) person* quasseln **II.** *n no pl* Kläffen *nt*

yapping ['jæpɪŋ] **I.** *adj attr dog* kläffend **II.** *n no pl* ① *(high-pitched barking)* Kläffen *nt,* Kläfferei *f* ② *(pej fam: chatter)* Gequassel *nt fam*

yard[1] [jɑːd] *n (3 feet)* Yard *nt (= 0,914 m);* **a list a ~ long** *(fig)* eine ellenlange Liste

yard[2] [jɑːd] *n (paved area)* Hof *m*

yardstick *n* Zollstock *m*

yawn [jɔːn] **I.** *vi* gähnen *a. fig* **II.** *vt* **to ~ one's head off** *(fam)* hemmungslos gähnen **III.** *n* Gähnen *nt kein pl*

yawning ['jɔːnɪŋ] *adj* gähnend *a. fig*

yea [jeɪ] *adv (form)* **~ or nay** ja oder nein

yeah [jeə] *adv (fam: yes)* ja[wohl]; **~?** ach wirklich?; **oh ~!** *(iron)* klar!, ganz bestimmt!

year [jɪəʳ] *n* ① Jahr *nt;* **all [the] ~ round** das ganze Jahr über; **next ~** nächstes Jahr; **for two ~s** zwei Jahre lang ② *(age, time of life)* [Lebens]jahr *nt;* **a two-~-old child** ein zweijähriges Kind ③ *(fam: indefinite time)* **~s** *pl* Jahre *pl;* **for ~s** *(since a long time ago)* seit Jahren; *(for a long time)* jahrelang ④ *(academic year)* SCH Schuljahr *nt;* UNIV Studienjahr *nt;* **a three-~ course** ein dreijähriger Kurs

year-long *adj (lasting one year)* einjährig

yearly ['jɪəli] *adj, adv* jährlich; **twice-~** zweimal pro Jahr

yearn [jɜːn] *vi* **to ~ for sth/sb** sich nach

etw/jdm sehnen

yearning ['jɜːnɪŋ] *n* Sehnsucht *f*

yeast [jiːst] *n no pl* Hefe *f*

yell [jel] **I.** *n* [Auf]schrei *m;* **to let out a ~** einen Schrei ausstoßen **II.** *vi* gellend schreien; **to ~ at each other** sich anschreien **III.** *vt* **to ~ sth [at sb]** [jdm] etw laut [zu]rufen

yellow ['jeləʊ] **I.** *adj* gelb **II.** *n no pl* Gelb *nt;* **to paint sth ~** etw gelb streichen **III.** *vi* vergilben

Yellow Pages® *n pl + sing vb* **the ~** die Gelben Seiten® *pl*

yelp [jelp] **I.** *vi dog* kläffen, aufjaulen; *of person* aufschreien **II.** *n dog* Gebell *nt,* Gejaule *nt; person* **~ of pain** Schmerzensschrei *m*

Yemen ['jemən] *n no pl* Jemen *m*

yep [jep] *adv (fam)* ja

yes [jes] **I.** *adv* ❶ ja; **~ sir/madam** jawohl; **~ please** ja bitte ❷ *(contradicting a negative)* aber ja [doch]; **I'm not a very good cook — ~, you are** ich bin kein sehr guter Koch — ach was, bist du doch **II.** *n* <*pl* -es> Ja *nt;* **was that a ~ or a no?** war das ein Ja oder ein Nein? **III.** *vt* <-ss-> AM **to ~ sb** jdm nach dem Mund reden

yes-man *n (pej)* Jasager *m*

yesterday ['jestədeɪ] **I.** *adv* gestern; **the day before ~** vorgestern **II.** *n no pl* Gestern *nt;* **this is ~'s paper** das ist die Zeitung von gestern

yet [jet] **I.** *adv* ❶ *(up to now)* bis jetzt; **as ~** bis jetzt ❷ *(still)* **not ~** noch nicht ❸ *(despite that)* trotzdem; *(but)* aber [auch] **II.** *conj* doch

yeti ['jeti] *n* Yeti *m*

yew [juː] *n* Eibe *f*

Yiddish ['jɪdɪʃ] *n no pl* Jiddisch *nt*

yield [jiːld] **I.** *n* ❶ AGR Ertrag *m* ❷ MIN gewonnene Menge ❸ FIN [Zins]ertrag *m* **II.** *vt* ❶ *(produce)* hervorbringen; *cereals, fruit* erzeugen ❷ FIN abwerfen ❸ *(concede)* **to ~ ground to sb** jdm [gegenüber] nachgeben

yob [jɒb] *n,* **yobbo** <*pl* -os *or* -oes> ['jɒbəʊ] *n* BRIT, AUS *(fam)* Rabauke *m*

yodel ['jəʊdəl] *vi, vt* <BRIT -ll- *or* AM *usu* -l-> jodeln

yodeller ['jəʊdələr] *n* Jodler(in) *m(f)*

yoga ['jəʊgə] *n no pl* Yoga *nt*

yog(h)urt ['jɒgət] *n* Joghurt *m o nt*

yoke [jəʊk] **I.** *n (for pulling)* Joch *nt* **II.** *vt* **to ~ animals to a plough** Tiere vor einen Pflug spannen

yolk [jəʊk] *n* Eigelb *nt*

you [juː, ju, jə] *pron* ❶ *(singular)* du *nom,* dich *akk,* dir *dat; (polite form)* Sie *nom, akk,* Ihnen *dat;* **if I were ~** wenn ich dich/Sie wäre ❷ *(plural)* ihr *nom,* euch *akk, dat; (polite form)* Sie *nom, akk,* Ihnen *dat;* **how many of ~ are there?** wie viele seid ihr? ❸ *(one)* man; **it's not good for ~** das ist nicht gesund; **~ never know** man weiß nie

you'll [juːl] = **you will** *see* **will**[1]

young [jʌŋ] **I.** *adj* jung; **~ children** kleine Kinder **II.** *n pl* ❶ *(young people)* **the ~** die jungen Leute ❷ ZOOL Junge *pl*

youngish ['jʌŋɪʃ] *adj* ziemlich jung

your [jɔːr, jʊər] *adj poss* ❶ *(of you, singular)* dein(e); *(plural)* euer/eure; *(polite form)* Ihr(e) ❷ *(one's)* sein(e); *(referring to sb else)* **it's enough to break ~ heart** es bricht einem förmlich das Herz

you're [jɔːr, jər] = **you are** *see* **be**

yours [jɔːz] *pron poss* ❶ *(belonging to you)* deine(r, s); *(polite form)* Ihre(r, s); **is this pen ~?** ist das dein Stift?; **it's no business of ~** das geht dich nichts an ❷ *(at end of letter)* **Y~ sincerely/faithfully, ...** mit freundlichen Grüßen, ...

yourself <*pl* yourselves> [jɔː'self] *pron* ❶ *(singular)* dich *akk,* dir *dat; (plural)* euch; *(polite form, sing/pl)* sich; **please help ~** bitte bedienen Sie sich; **help yourselves, boys** bedient euch, Jungs ❷ *(oneself)* sich; **to have sth [all] to ~** etw für dich/sich allein haben ❸ *(personally)* selbst; **you can do that ~** du kannst das selbst machen; **just be ~** sei ganz natürlich; **[all] by ~**

[ganz] allein

youth [juːθ] *n* ❶ *no pl (period)* Jugend *f* ❷ *(young man)* junger Mann, Jugendliche(r) *m* ❸ *(young people)* **the ~ of today** die Jugend von heute

youth club *n* Jugendzentrum *nt*

youthful [ˈjuːθfᵊl] *adj* jugendlich; **~ good looks** jugendlich-hübsche Erscheinung

youthfully [ˈjuːθfᵊli] *adv* jugendlich

youthfulness [ˈjuːθfᵊlnəs] *n no pl* Jugendlichkeit *f*

youth hostel *n* Jugendherberge *f* **Youth Training Scheme** *n*, **YTS** *n* BRIT *Berufsfindungsprojekt für Jugendliche*

you've [juːv] = **you have** *see* **have**

yo-yo <*pl* -os> [ˈjəʊjəʊ] *n* Jo-Jo *nt;* **to go up and down like a ~** rauf- und runterschnellen

yo-yo dieting *n no pl (fam)* Abnehmen *nt* und gleich wieder Zunehmen

yuck [jʌk] *interj (fam)* igitt

yucky [ˈjʌki] *adj (fam)* ek[e]lig

yuk *interj see* **yuck**

yum [jʌm], **yum-yum** [ˌjʌmˈjʌm] *(fam)* **I.** *interj* lecker! **II.** *adj* lecker, köstlich

Zz

Z <*pl* -s>, **z** <*pl* -'s> [zed] *n* Z *nt*, z *nt; see also* **A 1**

z [zed] *n* MATH z *nt;* **~-axis** z-Achse *f*

Zaire [zaɪˈɪəʳ] *n no pl* Zaire *nt*

Zambia [ˈzæmbiə] *n no pl* Sambia *nt*

zap [zæp] *(fam)* **I.** *vt* <-pp-> ❶ *(destroy)* **to ~ sb** jdn erledigen; **to ~ sth** etw kaputtmachen ❷ *(send fast)* blitzschnell übermitteln **II.** *vi* <-pp-> *(change channels)* zappen

zapping [ˈzæpɪŋ] *n (fam)* Zappen *nt fam*

zebra <*pl* -s> [ˈzebrə] *n* Zebra *nt*

zebra crossing *n* BRIT, AUS Zebrastreifen *m*

zeitgeist [ˈtsaɪtgaɪst, AM *also* ˈzaɪt-] *n no pl* Zeitgeist *m*

zeppelin [ˈzepᵊlɪn] *n* Zeppelin *m*

zero [ˈzɪərəʊ] **I.** *n* <*pl* -os *or* -oes> Null *f a. fig;* **10 degrees above/below ~** zehn Grad über/unter Null **II.** *adj* **at ~ gravity** bei Schwerelosigkeit; **~ hour** die Stunde Null
◆**zero in** *vi* sich einschießen; **to ~ in on a target** ein Ziel anvisieren

zigzag [ˈzɪgzæg] **I.** *n* Zickzack *m* **II.** *adv* im Zickzack **III.** *vi* <-gg-> sich im Zickzack bewegen

Zimbabwe [zɪmˈbɑːbweɪ] *n no pl* Simbabwe *nt*

zinc [zɪŋk] *n no pl* Zink *nt*

zine [ziːn] *n (fam) short for* **magazine** Hochglanzmagazin *nt*

zip [zɪp] **I.** *n* BRIT Reißverschluss *m* **II.** *pron* AM *(fam)* **I know ~ about computers** ich habe null Ahnung von Computern **III.** *vt* <-pp-> **to ~ sth together** etw mit einem Reißverschluss zusammenziehen **IV.** *vi* <-pp-> ❶ *(fasten)* **it ~s [up] at the back** es hat hinten einen Reißverschluss ❷ *(go quickly)* rasen, flitzen

zip code *n* AM *(postal code)* ≈ Postleitzahl *f*

zip fastener *n*, AM, AUS **zipper** [ˈzɪpəʳ] *n* Reißverschluss *m*

zippy [ˈzɪpi] *adj (fam)* spritzig

zit [zɪt] *n (fam)* kleiner Pickel

zodiac [ˈzəʊdiæk] *n* ASTROL **sign of the ~** Tierkreiszeichen *nt*

zombie [ˈzɒmbi] *n* Zombie *m*

zone [zəʊn] **I.** *n* Zone *f;* **war ~** Kriegsgebiet *nt;* **danger ~** Gefahrenzone *f;* **no-parking ~** Parkverbotszone *f* **II.** *vt* in [Nutzungs]zonen aufteilen

zoo [zuː] *n* Zoo *m*
zookeeper ['zuːˌkiːpəʳ] *n* Wärter(in) *m(f)*, Tierpfleger(in) *m(f)*
zoological [ˌzəʊə(ʊ)'lɒdʒɪkᵊl] *adj* zoologisch
zoom [zuːm] **I.** *n* ~ [**lens**] Zoom[objektiv] *nt* **II.** *vi* *(fam)* ❶ *(move very fast)* rasen; **to ~ ahead** davonsausen; **to ~ past** vorbeirasen ❷ PHOT zoomen
◆ **zoom in** *vi* [nahe] heranfahren, heranzoomen; **to ~ in on sth** auf etw *akk* [ein]schwenken
◆ **zoom out** *vi* wegzoomen
zucchini <*pl* -s> [zʊ'kiːni] *n* AM, AUS Zucchini *f*
Zumba® [zʊmbə] *n no pl, no art* SPORTS Zumba® *nt*

Aa

A, a <-, -> *nt* A, a

Aal <-[e]s, -e> [aːl] *m* eel

aalen ['aːlən] *vr (fam)* **sich in der Sonne** ~ to bask in the sun

aalglatt ['aːl'glat] **I.** *adj* slippery **II.** *adv* artfully

Aas <-es, e> [aːs] *nt* carrion

Aasgeier *m* vulture

ab [ap] **I.** *adv* off; **das liegt weit ~ vom Weg** that's far off the beaten track; **mein Knopf ist ~** I've lost a button; **~ ins Bett!** off to bed! ▶ **~ und zu** now and then **II.** *präp* from; **~ wann ...?** from when ...?; **~ sofort** as of now; **Kinder ~ 14 Jahren** children from the age of 14 up; **~ Köln** from Cologne

Abart ['apʔaːɐ̯t] *f* ① BIOL mutation ② BOT variety

abartig *adj* ① *(abnorm)* deviant; *(pervers a.)* perverted ② *(sl: verrückt)* crazy, mad

Abbau <-s> *m kein pl* ① BERGB mining; **der ~ von Bodenschätzen** mining for mineral resources ② *(Verringerung)* cut (**von** in)

ab|bauen *vt* ① BERGB to mine ② *(demontieren)* to dismantle ③ *(verringern)* to reduce ④ CHEM, MED to break down *sep*

Abbeizmittel *nt* stripper

ab|bestellen *vt* to cancel

ab|bezahlen *vt* to pay off *sep*

ab|biegen *irreg vi sein* ① *Fahrer* to turn; [**nach**] **links/rechts ~** to turn left/right ② *Straße* to bend

Abbiegespur *f* turn-off [*or* AM turning] lane

ab|bilden *vt* to depict

Abbildung <-, -en> *f* ① image; **siehe ~ 3.1** see figure 3.1 ② *(Illustration)* illustration

Abblendlicht *nt* dipped [*or* AM dimmed] headlights

ab|brechen *irreg* **I.** *vt haben* ① *(abtrennen)* to break off *sep* ② *Zelt* to strike ③ *Haus* to pull down *sep* ④ *(beenden)* to stop; *Beziehung* to break off; **das Studium ~** to drop out of college; **den Urlaub ~** to cut short one's holidays **II.** *vi* ① *sein: Zweig* to break off ② *(aufhören)* to stop

Abbruch *m* ① *eines Hauses* demolition ② *kein pl (Beendigung)* breaking off; *eines Studiums* dropping out ▶ **etw** *dat* **keinen ~ tun** to not spoil sth

abbruchreif *adj* ① *(baufällig)* dilapidated ② SCHWEIZ *(schrottreif)* ready for the scrap heap *pred*

ab|buchen *vt* to debit (**von** from)

Abbuchung *f* direct debit; *(Betrag)* debit

Abc <-, -> [aːbeː'tseː] *nt* ① *(Alphabet)* abc, ABC; **etw nach dem ~ ordnen** to put sth in alphabetical order ② *(fig: Grundwissen)* ABC

Abc-Schütze, -Schützin [aːbeː'tseː-] *m, f* school starter

ab|decken *vt* ① *Tisch* to clear; *Bett* to strip ② *Gebäude* to lift the roof off ③ *(bedecken)* to cover [over]

Abdeckstift *m* concealer stick

ab|dichten *vt* ① to seal ② *gegen Feuchtigkeit* to damp-proof

Abdichtung *f* ① seal ② *kein pl (das Abdichten)* sealing

ab|drehen **I.** *vt haben (abstellen)* to turn off *sep* **II.** *vi sein o haben (Richtung ändern)* to turn [off]; **nach Norden ~** to turn to the north

Abdruck <-drücke> *m* ① *(Spur)* print ② *(Umriss)* impression

Abend <-s, -e> ['aːbn̩t] *m* evening; **guten ~!** good evening!; **gestern ~** last night; **heute ~** tonight; **morgen ~** tomorrow evening; **zu ~ essen** to eat dinner; **am ~** in the evening; **am ~**

des 12. on the evening of the 12th; **~ für ~** night after night

Abendbrot *nt* supper **Abendessen** *nt* dinner **abendfüllend** *adj* all-night *attr,* lasting the whole evening *pred* **Abendkasse** *f* evening box-office **Abendkleid** *nt* evening dress **Abendkurs** *m* evening class **abendländisch** *adj (geh)* occidental **Abendmahl** *nt* [Holy] Communion; **das Letzte ~** the Last Supper **Abendrot** ['a:bn̩tro:t] *nt (geh)* [red] sunset; **im ~** in the evening glow

abends ['a:bn̩ts] *adv* in the evening

Abendschule *f* evening school

Abenteuer <-s, -> ['a:bn̩tɔyɐ] *nt* adventure

abenteuerlich ['a:bn̩tɔyɐlɪç] *adj* adventurous

Abenteurer, Abenteu(r)erin <-s, -> ['a:bn̩tɔyrɐ, 'a:bn̩tɔy(r)ərɪn] *m, f* adventurer

aber ['a:bɐ] **I.** *konj (jedoch)* but; **~ dennoch ...** but in spite of this ...; **oder ~** or else **II.** *part (wirklich)* really; **das ist ~ schön!** that really is wonderful! ▶ **~, ~!** now, now!; **~ ja!** yes [of course]!; **~ nein!** goodness, no!; **~ selbstverständlich** but of course

Aber <-s, - o *fam* -s> ['a:bɐ] *nt* but *fam;* **kein ~!** no buts!

Aberglaube *m* superstition

abergläubisch ['a:bɐglɔybɪʃ] *adj* superstitious

abermals ['a:bɐma:ls] *adv* once again

ab|fahren *irreg vi sein* ① to depart ② *(fam)* **auf jdn/etw ~** to be crazy about sb/sth

Abfahrt *f* ① departure ② *(Autobahnabfahrt)* exit ③ SKI run

abfahr(t)bereit *adj* ready to depart

Abfahrtslauf *m* downhill [event] **Abfahrtszeit** *f* departure time

Abfall *m* rubbish *esp* BRIT, garbage AM

Abfalleimer *m* [rubbish] bin BRIT, garbage can AM

abfällig I. *adj* derogatory **II.** *adv* disparagingly

Abfallprodukt *nt* ① CHEM waste product ② *(Nebenprodukt)* by-product **Abfallverwertung** *f* recycling of waste

ab|fälschen *vt* SPORT **etw ~** to deflect sth

ab|färben *vi* ① *Wäsche* to run (**auf** into) ② *(fig)* **auf jdn ~** to rub off on sb

ab|feilen *vt* **etw ~** to file off sth *sep*

ab|fertigen *vt* ① *(bedienen)* to serve; *Passagiere* to handle ② *(abspeisen)* to fob off (**mit** with)

Abfindung <-, -en> *f* compensation; *(bei Entlassung)* severance pay

ab|flauen *vi sein (schwächer werden)* to subside; *Interesse* to wane

Abflughalle *f* departure lounge **Abflugzeit** *f* [time of] departure

Abfluss *m* ① *(Abflussstelle)* drain ② *kein pl (das Abfließen)* drainage

Abfrage *f von Daten* query

Abfuhr <-, -en> *f (Zurückweisung)* snub; **jdm eine ~ erteilen** to snub sb

abführend I. *adj* MED laxative **II.** *adv* **~ wirken** to have a laxative effect

Abführmittel *nt* laxative

Abgangszeugnis *nt* [school-]leaving certificate BRIT, diploma AM

Abgas *nt* exhaust *no pl*

abgasarm *adj* low-emission

ab|geben *irreg* **I.** *vt* ① *(übergeben)* to give (**an** to); **etw [bei jdm] ~** to leave sth [with sb] ② *(teilen)* **jdm etw ~** to give sb sth; **jdm nichts ~** to not share with sb ③ *Erklärung* to make; *Stimme* to cast ④ *Ball* to pass (**an** to) **II.** *vr* ① *(sich beschäftigen)* **sich mit jdm ~** to look after sb; **sich mit etw** *dat* **~** to spend [one's] time on sth ② *(sich einlassen)* **sich mit jdm ~** to associate with sb

abgebrochen I. *adj (fam)* **ein ~er Jurist/Mediziner** law school/medical school dropout **II.** *pp von* **abbrechen**

abgebrüht *adj (fam)* unscrupulous

abgedroschen *adj (pej fam)* hackneyed

abgefahren *adj (fam)* ① *(schräg)* way-out *sl* ② *(begeistemd)* cool *fam,* wicked BRIT *sl*

abgehackt I. *adj* broken; **~e Worte**

clipped words **II.** *adv* ~ **sprechen** to speak in a clipped manner **III.** *pp von* **abhacken**

abgehärtet *adj* [**gegen etw** *akk*] ~ **sein** to be hardened [to sth]

abgelaufen *adj* ❶ *Pass* expired ❷ *Schuhe* worn-down

abgelegen *adj* remote

abgeneigt *adj* **nicht ~ sein etw zu tun** to not be averse to doing sth

abgenutzt *adj* worn

Abgeordnete(r) ['apgəʔɔrdnətə, -tɐ] *f(m) dekl wie adj* Member of Parliament

Abgeordnetenhaus *nt* ≈ House of Commons BRIT, ≈ House of Representatives AM

abgerissen **I.** *adj* ❶ *(zerlumpt)* tattered ❷ *(heruntergekommen)* scruffy ❸ *(unzusammenhängend)* incoherent **II.** *pp von* **abreißen**

Abgesandte(r) *f(m) dekl wie adj* envoy

abgeschieden **I.** *adj* *(geh)* isolated **II.** *adv* in isolation

abgesehen **I.** *adj* **es auf jdn ~ haben** *(schikanieren wollen)* to have it in for sb; *(interessiert sein)* to have a thing for sb; **es auf etw ~ haben** to have one's eye on sth; **du hast es nur darauf ~, mich zu ärgern** you're just out to annoy me **II.** *adv* ~ **von jdm/etw** except for sb/sth; ~ **davon, dass …** apart from the fact that …

abgespannt *adj, adv* weary

abgestanden *adj* stale; *Limonade* flat

abgestumpft *adj* insensitive

ab|gewöhnen *vt* **ich versuche ihm das Rauchen abzugewöhnen** I'm trying to get him to stop smoking; **sich** *dat* **etw ~** to give up sth

ab|gleichen *vt irreg* ❶ **etw ~** *(aufeinander abstimmen)* to compare sth (**mit** +*dat* with) ❷ **etw ~** *(in der Höhe gleichmachen)* to level off sth (**mit** +*dat* with)

abgöttisch **I.** *adj* inordinate **II.** *adv* **jdn ~ lieben** to idolize sb

ab|grenzen **I.** *vt* ❶ *(einfrieden)* to enclose ❷ *(begrifflich)* to differentiate **II.** *vr* **sich** [**gegen jdn/etw**] ~ to distance oneself [from sb/sth]

Abgrund *m* abyss; **am Rande des ~s stehen** to be on the brink of disaster

abgrundtief ['apgrʊnt'tiːf] *adj* ❶ *(äußerst groß)* profound ❷ *(äußerst tief)* bottomless

ab|hacken *vt* to chop down

ab|haken *vt* to tick off

ab|halten *vt irreg* ❶ **jdn von etw** *dat* ~ to keep sb from sth; **sich** [**von jdm/etw**] ~ **lassen** to be deterred [by sb/sth] ❷ *(veranstalten)* to hold

abhanden|kommen [ap'handn̩-] *vi* to go missing; **mir sind Unterlagen abhandengekommen** I've lost some documents

Abhang *m* inclination

ab|hängen[1] **I.** *vt haben* ❶ to take down ❷ **jdn ~** to lose sb **II.** *vi (meist pej sl)* to laze about

ab|hängen[2] *vi irreg haben (abhängig sein)* to depend (**von** on); **das hängt davon ab** that [all] depends

abhängig *adj* ❶ *(bedingt)* **von etw** *dat* ~ **sein** to depend on sth ❷ *(angewiesen)* **von jdm ~ sein** to be dependent on sb ❸ *(süchtig)* addicted; [**von etw** *dat*] ~ **sein** to be addicted [to sth] ❹ LING subordinate

ab|härten *vt, vi* to harden (**gegen** to)

ab|heben *irreg* **I.** *vi* ❶ LUFT to take off (**von** from) ❷ TELEK to answer [the phone] **II.** *vt irreg Geld* to withdraw **III.** *vr* **sich von jdm/etw ~** to stand out from sb/sth

ab|hetzen **I.** *vr* **sich ~** to stress oneself out **II.** *vt* **jdn/etw ~** to push sb/sth

Abhilfe *f kein pl* remedy; ~ **schaffen** to do something about it

ab|holen *vt* to collect

Abholmarkt *m* furniture superstore *(where customers transport goods themselves)*

Abholung <-, -en> *f* collection

Abholzung <-, -en> *f* deforestation

Abitur <-s, *selten* -e> [abi'tuːɐ̯] *nt*

school examination, approximately equivalent to the British A level/ American SAT exam; [**das**] ~ **machen** ≈ to do [one's] A-levels

Abiturient(in) <-en, -en> [abitu'ri̯ɛnt] *m(f) student who has passed the Abitur*

ab|kapseln *vr* **sich** [**von jdm/etw**] ~ to cut oneself off [from sb/sth]

ab|kaufen *vt* ❶ *(von jdm kaufen)* **jdm etw** ~ to buy sth off sb ❷ *(fam: glauben)* **das kaufe ich dir nicht ab!** I don't buy that!

Abklatsch <-[e]s, -e> *m (pej)* pale imitation

ab|klingen *vi irreg sein* to subside

ab|kommen *vi irreg sein* ❶ *(Richtung ändern)* **vom Kurs** ~ to go off course ❷ *(aufgeben)* **von einer Angewohnheit** ~ to break a habit; **von seiner Meinung** ~ to change one's mind; **davon ~, etw zu tun** to stop doing sth

Abkommen <-s, -> *nt* agreement; **ein ~ schließen** to conclude an agreement

ab|kühlen **I.** *vi sein* to cool **II.** *vt haben* to leave to cool **III.** *vr impers haben* **sich** ~ to cool off; *Wetter* to become cooler

Abkühlung *f* cooling; **sich** *dat* **eine ~ verschaffen** to cool oneself down

ab|kupfern **I.** *vt (fam)* **etw** [**von jdm**] ~ to copy sth [from sb] **II.** *vi (fam)* [**aus etw**] ~ to quote [from sth]; **voneinander** ~ to copy from one another

ab|kürzen *vt* ❶ *Wort, Name* **etw** [**mit etw** *dat*] ~ to abbreviate sth [to sth] ❷ *(kürzer machen)* **etw** [**um etw** *akk*] ~ to cut sth short [by sth]

Abkürzung *f* ❶ *(Wort)* abbreviation ❷ *(Weg)* short cut

ab|laden *vt irreg* ❶ to unload ❷ *(abwälzen)* **etw auf jdn** ~ to shift sth on to sb

Ablage *f* ❶ *(Möglichkeit zum Deponieren)* storage place ❷ *(Aktenablage)* filing cabinet ❸ SCHWEIZ *(Annahmestelle)* delivery point; *(Zweigstelle)* branch [office]

Ablagerung *f* sediment

ab|lassen *irreg* **I.** *vt Öl, Wasser* to drain; *Dampf* to let off **II.** *vi (geh: aufhören)* [**von etw** *dat*] ~ to give up [sth *sep*]

Ablauf <-es, -läufe> *m* ❶ *(Verlauf)* course; *von Verbrechen, Unfall* sequence of events ❷ *kein pl* **nach/vor ~ der Frist** on/prior to expiry of a period of time ❸ *(Abflussrohr)* outlet pipe

ab|laufen *vi irreg sein* ❶ *(abfließen)* to run (**aus** out of); **das Badewasser ~ lassen** to let the bath water out ❷ *Pass* to expire; *Frist* to run out ❸ *(verlaufen)* to proceed

ab|lehnen **I.** *vt* ❶ *(zurückweisen)* to reject ❷ *(missbilligen)* to disapprove of ❸ *(sich weigern)* **es ~, etw zu tun** to refuse to do sth **II.** *vi (nein sagen)* to refuse

Ablehnung <-, -en> *f* ❶ *(Zurückweisung)* rejection ❷ *(Missbilligung)* disapproval; **auf ~ stoßen** to meet with disapproval

ab|lenken **I.** *vt* **jdn** ~ to distract sb (**von** from) **II.** *vi* **vom Thema** ~ to change the subject

Ablenkung *f (Zerstreuung)* diversion; **zur** ~ in order to relax

ab|liefern *vt* ❶ *(abgeben)* to turn in *sep* ❷ *(liefern)* to deliver (**bei** to)

ab|lösen **I.** *vt* ❶ *(abmachen)* to remove (**von** from) ❷ *(abwechseln)* **sich** [**bei etw** *dat*] ~ to take turns [at sth]; **einen Kollegen** ~ to take over from a colleague ❸ *(ersetzen)* to replace **II.** *vr (abgehen)* **sich** ~ to peel off

ab|machen *vt* ❶ *(entfernen)* to take off ❷ *(vereinbaren)* **etw** [**mit jdm**] ~ to arrange sth [with sb]; **abgemacht!** it's a deal!

Abmachung <-, -en> *f* agreement; **sich** [**nicht**] **an eine ~ halten** to [not] carry out an agreement

ab|melden *vt* ❶ cancel; **ein Auto** ~ to cancel a car's registration; **das Telefon** ~ to request the disconnection of the phone ❷ **jdn von einer Schule** ~

to withdraw sb from a school

ab|messen *vt irreg* to measure

Abnahme <-, -n> ['apna:mə] *f (Verringerung)* reduction (+*gen* of)

ab|nehmen I. *vi irreg* ① *(an Gewicht)* to lose weight ② *(an Zahl)* to decrease II. *vt irreg* ① *(wegnehmen)* **jdm etw ~** to take sth [away] from sb *sep* ② *Hut* take off; *Hörer* to pick up *sep*

Abneigung *f* dislike (**gegen** of); **eine ~ dagegen haben, etw zu tun** to be reluctant to do sth

Abnormität <-, -en> [apnɔrmi'tɛ:t] *f* abnormality

ab|nutzen, ab|nützen SÜDD, ÖSTERR I. *vt* to wear out; **abgenutzt** worn II. *vr* ① *(verschleißen)* **sich ~** to wear ② *(an Wirksamkeit verlieren)* **sich ~** to lose effect; **abgenutzt** worn-out

Abonnement <-s, -s> [abɔnə'mã:] *nt* subscription; **etw im ~ beziehen** to subscribe to sth

abonnieren [abɔ'ni:rən] *vt haben* to subscribe to

Abordnung *f* delegation

ab|prallen *vi sein* to rebound (**von** off)

ab|putzen *vt* to clean; **etw [von etw** *dat*] **~** to wipe sth [off sth]

ab|raten *vi irreg* **jdm [von etw** *dat*] **~** to advise sb [against sth]; **von diesem Arzt kann ich Ihnen nur ~** I really can't recommend that doctor

ab|räumen *vt* to clear

ab|reagieren ['apreagi:rən] I. *vt Wut* to work off II. *vr* **sich ~** to let off steam *fig*

ab|rechnen I. *vi* **mit jdm ~** *(zahlen)* to settle up with sb; *(zur Rechenschaft ziehen)* to call sb to account II. *vt (abziehen)* to deduct (**von** from)

Abrechnung *f* ① *(Erstellung der Rechnung)* calculation of the bill ② *(Rache)* pay off; **der Tag der ~** the day of reckoning

ab|regen *vr (fam)* **sich ~** to calm down; **reg dich ab!** keep your shirt on!

Abreise *f kein pl* departure

ab|reißen *irreg* I. *vt haben* ① **etw [von etw** *dat*] **~** to tear sth [off sth] ② *Haus* to tear down II. *vi sein* to tear off; **einen Kontakt nicht ~ lassen** to not lose contact

ab|runden *vt* [**auf etw** *akk*] **~** to round down [to sth]; **abgerundet** rounded down

Abrüstung *f kein pl* disarmament

ABS <-> [a:be:'ɛs] *nt Abk von* **Antiblockiersystem** ABS

Absage *f* refusal; *auf eine Bewerbung* rejection; **jdm eine ~ erteilen** *(geh)* to refuse sb

ab|sagen *vt* to cancel; **jdm ~** to decline sb's invitation

Absatz *m* ① *(am Schuh)* heel ② *(Abschnitt)* paragraph ③ *(Verkauf)* sales *pl;* **~ finden** to find a market ▶ **auf dem ~ kehrtmachen** to turn on one's heel

ab|schaffen *vt* to do away with sth

ab|schalten I. *vt* to turn off II. *vi (fam: unaufmerksam werden)* to switch off

Abschätzung *f* estimation, assessment

Abschaum *m kein pl (pej)* scum *no pl*

abscheulich [ap'ʃɔylɪç] *adj* revolting

Abschiebehaft *f* remand pending deportation

ab|schieben *irreg vt haben* ① *Ausländer* to deport ② **die Schuld auf jdn ~** to shift the blame onto sb

Abschied <-[e]s, -e> ['apʃi:t] *m* farewell; **von jdm ~ nehmen** to say goodbye to sb

ab|schirmen *vt* to shield; **abgeschirmt** isolated

Abschlag *m* ① *(Preisnachlass)* discount ② FBALL kickout; *(beim Golf)* tee-off

ab|schleppen *vt* ① *Fahrzeug* to tow [away] ② *(fam: mitnehmen)* to pick up

Abschleppseil *nt* tow rope **Abschleppwagen** *m* recovery vehicle BRIT, tow truck AM

ab|schließen *irreg* I. *vt* ① *(verschließen)* to lock ② *(beenden)* to finish; *Studium* to complete ③ *Geschäft* to close; *Versicherung* to take out; *Vertrag* to sign II. *vi* **mit jdm/etw abge-**

A

schlossen haben to be through with sb/sth

abschließend I. *adj* closing; **einige ~e Bemerkungen machen** to make a few closing remarks II. *adv* finally

Abschluss <-es, Abschlüsse> *m* ❶ *kein pl (Ende)* conclusion; **etw zum ~ bringen** to bring sth to a conclusion; **zum ~ kommen** to draw to a conclusion; **kurz vor dem ~ stehen** to be shortly before the end ❷ *s.* **Abschlusszeugnis**

Abschlussprüfung *f* final exam[s] **Abschlusszeugnis** *nt* leaving certificate BRIT, diploma AM

ab|schminken I. *vr, vt* **sich ~** to take off one's make-up II. *vt (fam: aufgeben)* **sich** *dat* **etw ~** to give sth up; **das können Sie sich ~!** you can forget about that!; **das habe ich mir schon längst abgeschminkt** I gave that idea up ages ago

ab|schnallen I. *vt* to unbuckle II. *vr* **sich ~** to undo one's seat belt

ab|schneiden *irreg* I. *vt* ❶ to cut [off] ❷ *(behindern)* **jdm den Weg ~** to intercept sb; **jdm das Wort ~** to cut sb short II. *vi (fam)* **bei etw** *dat* **gut/schlecht ~** to do well/badly at sth; **wie hast du bei der Prüfung abgeschnitten?** how did you do in the exam?

Abschnitt *m* ❶ *(Zeitabschnitt)* period; **ein neuer ~ der Geschichte** a new era in history; **es begann ein neuer ~ in seinem Leben** a new chapter of his life began ❷ *(Unterteilung)* part

ab|schrauben *vt* to unscrew

ab|schrecken I. *vt* ❶ **jdn [von etw** *dat*] **~** to put sb off [sth] ❷ KOCHK to rinse with cold water II. *vi* to deter

abschreckend I. *adj* deterrent; **ein ~es Beispiel** a warning II. *adv* **~ wirken** to act as a deterrent

ab|schreiben *irreg vt* ❶ to copy; **etw [bei jdm] ~** to copy sth [from sb]; **er hatte seitenweise abgeschrieben** he plagiarized entire pages ❷ *(a. fig)* to write off; **bei jdm abgeschrieben sein** *(fam)* to be out of favour with sb

Abschrift *f* duplicate

Abschürfung <-, -en> *f* graze

abschüssig ['apʃʏsɪç] *adj* steep

ab|schweifen *vi sein* to deviate (**von** from); **vom Thema ~** to digress [from a topic]; **bitte schweifen Sie nicht ab!** please stick to the point

absehbar ['apze:ba:ɐ̯] *adj* foreseeable; **das Ende ist nicht ~** the end is not in sight; **in ~er Zeit** in the foreseeable future

abseits ['apzaits] I. *adv* ❶ *(entlegen)* off the beaten track ❷ *(entfernt)* **sich ~ halten** to be aloof ❸ SPORT **~ sein** to be offside II. *präp (entfernt von etw)* **~ einer S.** *gen* at a distance from sth; **das Haus liegt ein wenig ~ der Straße** the house isn't far from the road

Abseits <-, -> ['apzaits] *nt* SPORT offside; **im ~ stehen** to be offside; *(fig)* to be on the edge

abseits|stehen *vi* to stand off to one side

Absender(in) <-s, -> *m(f)* sender

Absetzung <-, -en> *f* ❶ *(Amtsenthebung)* removal [from office], dismissal ❷ *(das Absetzen)* cancellation

Absicht <-, -en> *f* intention; **das war nicht meine ~!** I didn't mean to do it!; **ernste ~en haben** to have honourable intentions

absichtlich ['apzɪçtlɪç] I. *adj* intentional II. *adv* on purpose

absolut [apzo'lu:t] I. *adj* absolute; **~e Ruhe** complete calm II. *adv (fam)* absolutely; **~ nicht** positively not; **~ nichts** absolutely nothing

ab|sondern I. *vt* ❶ BIOL, MED to secrete ❷ *(isolieren)* to isolate (**von** from) II. *vr* **sich ~** to keep oneself apart

ab|spalten *vr* **sich [von etw** *dat*] **~** to split away/off [from sth]

ab|speichern *vt* to save (**auf** onto)

ab|sperren *vt* ❶ *(versperren)* to cordon off (**mit** with) ❷ *Strom, Wasser* to cut off ❸ SÜDD *(zuschließen)* to lock

Absprache *f* agreement; **eine ~ treffen** to come to an agreement; **nach ~** as agreed

ab|sprechen *irreg* **I.** *vt* ① *(verabreden)* to arrange ② **jdm etw ~** to deny sb sth **II.** *vr* **sich mit jdm [über etw** *akk*] **~** to come to an agreement with sb [about sth]

Absprung *m* ① *(Sprung)* jump ② *(fam: Ausstieg)* getting out; **den ~ schaffen** to make a getaway; **den ~ verpassen** to miss the boat

ab|spülen I. *vt* to rinse **II.** *vi (spülen)* to do the dishes

Abstand *m* ① *(räumlich)* distance; **~ halten** *mit Fahrzeug* to leave a space ② *(zeitlich)* interval; **in kurzen/regelmäßigen Abständen** at short/regular intervals ③ SPORT **mit zwei Punkten ~** with a two-point margin

Abstecher <-s, -> *m* detour

ab|stellen *vt* ① *(ausschalten)* to switch off *sep* ② *(absetzen)* to put down ③ *(aufbewahren)* **etw [bei jdm] ~** to leave sth [with sb] ④ *(parken)* to park

Abstellgleis *nt* siding

Abstieg <-[e]s, -e> *m* ① *vom Berg* descent ② *(Niedergang)* decline; **der berufliche/gesellschaftliche ~** descent down the job/social ladder

ab|stimmen I. *vi* **[über jdn/etw] ~** to vote on sb/sth; **[über etw** *akk*] **~ lassen** to have a vote [on sth] **II.** *vt* **Dinge aufeinander ~** to coordinate things [with each other] **III.** *vr* **sich [mit jdm] ~** to coordinate [with sb]

Abstimmung *f* vote (**über** on); **geheime ~** secret ballot; **etw zur ~ bringen** to put sth to the vote

abstinent [apsti'nɛnt] *adj* ① *(keinen Alkohol trinken)* abstinent; **~ sein** to be a teetotaller ② *(sexuell)* celibate

ab|stoßen *irreg vt* ① MED to reject ② *(nicht eindringen lassen)* to repel ③ *(anwidern)* to repel; **sich von etw** *dat* **abgestoßen fühlen** to be repelled by sth ④ *(verkaufen)* to get rid of

abstoßend I. *adj* ① *(widerlich)* repulsive ② *(undurchlässig)* **Wasser ~** water-repellent **II.** *adv (widerlich)* in a repulsive way; **~ aussehen** to look repulsive; **~ riechen** to smell disgusting

abstrakt [ap'strakt] **I.** *adj* abstract **II.** *adv* in the abstract; **etw zu ~ darstellen** to present sth too much in the abstract

ab|streiten *vt irreg* to deny; **er stritt ab, sie zu kennen** he denied knowing her; **jdm etw ~** to deny sb sth

Absturz *m* ① fall; LUFT crash ② *eines Computers* crash

ab|stürzen *vi sein* ① *Person* to fall; *Flugzeug* to crash ② *Computer* to crash

ab|suchen *vt* to search (**nach** for)

absurd [ap'zʊrt] *adj* absurd

Abszess <-es, -e> [aps'tsɛs] *m* abscess

Abt, **Äbtissin** <-[e]s, Äbte> [apt, ɛp'tɪsɪn, *pl:* 'ɛptə] *m, f* abbot *masc,* abbess *fem*

Abtei <-, -en> *f* abbey

Abteil *nt* compartment

Abteilung *f* department; *eines Krankenhauses* ward

Abteilungsleiter(in) *m(f) einer Verkaufsabteilung* department[al] manager; *einer Firma* head of department

ab|treiben *irreg vi* ① *haben* MED to have an abortion ② *sein: Boot* to be carried [away]

Abtreibung <-, -en> *f* abortion

ab|trennen *vt* ① *(ablösen)* to detach (**von** from) ② *(abteilen)* to divide off *sep* (**von** from) ③ *(abschneiden)* to cut off *sep*

ab|trocknen *vt, vi* to dry; **Geschirr ~** to dry the dishes; **sich ~** to dry oneself

abtrünnig ['aptrʏnɪç] *adj* renegade; *Provinz, Staat* rebel

abturnend ['aptøːɐ̯nənt] *adj (sl)* repulsive; **das finde ich super ~** I think that's a major turn-off

Abverkauf *m* ÖSTERR *(Ausverkauf)* sale

ab|wägen *vt irreg* to weigh up; **die Vor- und Nachteile ~** to weigh [up] the disadvantages and advantages; **seine Worte gut ~** to choose one's words

A

A

carefully

ab|warten I. *vt* to wait [for]; **das bleibt abzuwarten** that remains to be seen; **sie konnte es einfach nicht mehr ~** she simply couldn't wait any longer **II.** *vi* to wait; **wart mal ab!** [just] [you] wait and see!

abwärts ['apvɛrts] *adv* downhill

abwärts|gehen *vt* to go downhill

Abwasch[1] <-[e]s> *m kein pl* **den ~ machen** to do the dishes

Abwasch[2] <-, -en> *f* ÖSTERR *(Spülbecken)* sink

ab|waschen *irreg* **I.** *vt* ❶ *(spülen)* to wash up ❷ *Fleck* to wash off **II.** *vi* to do the dishes **III.** *vr* **sich ~** to wash oneself

Abwaschmaschine *f* SCHWEIZ dishwasher

Abwasser <-wässer> *nt* waste water

Abwasserkanal *m* sewer

ab|wechseln *vi, vr* [**sich**] **~** ❶ *(im Wechsel handeln)* to take turns ❷ *(im Wechsel erfolgen)* to alternate; **Sonne und Regen wechselten sich ab** it alternated between sun and rain

abwechselnd *adv* alternately

Abwechs(e)lung <-, -en> *f* change; **eine willkommene ~ sein** to be a welcome change; **die ~ lieben** to like a bit of variety

abwegig ['apve:gɪç] *adj* absurd

Abwehrkräfte *pl* the body's defences

ab|weichen *vi irreg sein* ❶ to deviate (**von** from) ❷ *(sich unterscheiden)* **von jdm/etw ~** to differ from sb/sth

ab|weisen *vt irreg* ❶ *(wegschicken)* to turn away ❷ *(ablehnen)* to turn down *sep; Bitte* to deny; **jdn ~** to reject sb ❸ *Klage* to dismiss

abweisend *adj* cold

Abweisung *f* ❶ *(das Wegschicken)* turning away ❷ *(das Ablehnen)* turning down, rejection ❸ JUR dismissal

ab|wenden I. *vr* **sich ~** to turn away **II.** *vt* ❶ *(verhindern) Katastrophe* to avert; **etw [von jdm/etw] ~** to protect [sb/sth] from sth ❷ *(wegbewegen)* **die Augen ~** to avert one's gaze

abwesend ['apve:zn̩t] *adj* ❶ *(nicht da)* absent ❷ *(geistesabwesend)* absent-minded

Abwesenheit <-, *selten* -en> *f* ❶ absence; **in jds ~** in sb's absence ❷ *(Geistesabwesenheit)* absent-mindedness

ab|wischen *vt* to wipe (**von** from); **sich den Schweiß von der Stirn ~** to mop the sweat from one's brow; **sich die Tränen ~** to dry one's tears

Abzocke <-> *f kein pl (pej fam)* profiteering, price gouging AM

Abzug *m* ❶ *(das Einbehalten)* deduction ❷ *von Fotos* print ❸ *von Truppen* withdrawal ❹ *(Dunstabzug)* extractor [fan]

abzüglich ['aptsy:klɪç] *präp* **~ einer S.** *gen* minus sth

Abzugshaube *f* extractor hood **Abzugsrohr** *nt* flue [pipe]

Abzweigung <-, -en> *f* turning

ach [ax] *interj* ❶ *(jammernd, ärgerlich)* oh no!; **~ je!** oh dear [me]! ❷ *(verwundert)* **~ so!** [oh,] I see!; **~ wirklich?** really? ❸ *(verneinend)* **~ was!** come on!

Ach [ax] *nt* ▶ **mit ~ und Krach** *(fam)* by the skin of one's teeth

Achse <-, -n> ['aksə] *f* ❶ AUTO axle ❷ *(Linie)* axis ▶ **auf ~ sein** *(fam)* to be on the move

Achsel <-, -n> ['aksl̩] *f* ❶ ANAT armpit ❷ *(fam: Schulter)* shoulder; **mit den ~n zucken** to shrug one's shoulders

Achselhöhle *f* armpit

acht[1] [axt] *adj* eight; **~ mal drei sind [gleich] 24** eight times three is 24; **das kostet ~ Euro** that costs eight euros; **es steht ~ zu drei** the score is eight three [*or* 8-3]; **~ [Jahre alt] sein/werden** to be/turn eight [years old]; **mit ~ [Jahren]** at the age of eight; **alle ~ Tage** [regularly] every week; **heute/Freitag in ~ Tagen** a week today/on Friday; **heute/Freitag vor ~ Tagen** a week ago today/on Friday; **~ Uhr sein** to be eight o'clock; **gegen ~ [Uhr]** [at] about eight [o'clock]; **kurz nach/vor**

~ [**Uhr**] just [*or* shortly] after/before eight [o'clock]; **um** ~ at eight [o'clock]

acht[2] [axt] *adv* **zu ~ sein: wir waren zu ~** there were eight of us

achtbar *adj (geh)* respectable

achte(r, s) ['axtə, -tɐ, -təs] *adj* eighth; **die ~ Klasse** third year of senior school BRIT, eighth grade AM; **am ~n September** on the eighth of September; **an ~r Stelle** [in] eighth [place]

Achte(r) ['axtə, -tɐ] *f(m) dekl wie adj* ❶ *(Person)* **der/die/das ~** the eighth; **du bist jetzt der ~, der fragt** you're the eighth person to ask; **als ~ an der Reihe** [*o* **dran**] **sein** to be the eighth [in line]; **~[r] sein/werden** to be/finish [in] eighth [place]; **als ~r durchs Ziel gehen** to finish eighth, to cross the line in eighth place; **jeder ~** every eighth person, one in eight [people] ❷ *(bei Datumsangabe)* **der ~** the eighth *spoken;* **der 8.** *geschrieben* the 8th *written;* **heute ist der ~** it's the eighth today; **am ~n** on the eighth ❸ *(Namenszusatz)* **Karl der ~** Karl the Eighth *spoken;* **Karl VIII.** *geschrieben* Karl VIII *written*

achtel ['axtl̩] *adj* eighth

Achtel <-s, -> ['axtl̩] *nt* eighth

achten ['axtn̩] **I.** *vt* to respect **II.** *vi* ❶ *(aufpassen)* **auf jdn/etw ~** to look after sb/sth ❷ *(beachten)* **auf jdn/etw ~** to pay attention to sb/sth; **achtet aber darauf, dass ihr nichts umwerft!** be careful not to knock anything over!

Achterbahn *f* roller-coaster

Achterdeck *nt* after deck

achtfach, 8-fach ['axtfax] **I.** *adj* eightfold; **die ~e Menge** eight times the amount **II.** *adv* eightfold, eight times over

achtjährig, 8-jährig ['axtjɛːrɪç] *adj* ❶ *(Alter)* eight-year-old *attr,* eight years old *pred* ❷ *(Zeitspanne)* eight-year *attr*

achtlos **I.** *adj* careless **II.** *adv* without noticing

Achtung[1] ['axtʊŋ] *interj* **~!** ❶ *(Vorsicht)* watch out! ❷ *(Aufmerksamkeit)* [your] attention please! ► **~, fertig, los!** ready, steady, go!

Achtung[2] <-> ['axtʊŋ] *f kein pl* respect (**vor** for); [**keine**] **~ vor jdm/etw haben** to have [no] respect for sb/sth; **alle ~!** well done!

achtzehn ['axtseːn] *adj* eighteen; **~ Uhr** 6pm; *s.a.* **acht**[1]

achtzig ['axtsɪç] *adj* ❶ eighty; **über ~ sein** to be over eighty; **Mitte ~ sein** to be in one's mid-eighties ❷ *(fam: Stundenkilometer)* [**mit**] **~ fahren** to do eighty [kilometres an hour]

Acker <-s, Äcker> ['akɐ] *m* field

Ackerbau *m kein pl* [arable] farming; **~ betreiben** to farm [the land] **Ackerland** *nt kein pl* arable [farm]land

ackern ['akɐn] *vi (fam: hart arbeiten)* to slog away

Actionheld(in) ['ɛkʃən-] *m(f)* action hero

Adapter <-s, -> [a'daptɐ] *m* adapter

adaptieren [adap'tiːrən] *vt* ❶ to adapt (**für** for) ❷ ÖSTERR *(herrichten)* to renovate

addieren [a'diːrən] *vt* to add up *sep;* **etw zu etw** *dat* **~** to add sth to sth

Addition <-, -en> [adi'tsi̯oːn] *f* addition

Adel <-s> ['aːdl̩] *m kein pl* nobility

ad(e)lig ['aːd(ə)lɪç] *adj* noble

Ader <-, -n> ['aːdɐ] *f* ❶ *(Vene)* vein; *(Schlagader)* artery ❷ *(Begabung)* **eine ~ für etw** *akk* **haben** to have a talent for sth; **eine künstlerische ~ haben** to have an artistic bent

Adjektiv <-s, -e> ['atjɛktiːf] *nt* adjective

Adler <-s, -> ['aːdlɐ] *m* eagle

adoptieren [adɔp'tiːrən] *vt* to adopt

Adoption <-, -en> [adɔp'tsi̯oːn] *f* adoption; **ein Kind zur ~ freigeben** to put a child up for adoption

Adoptiveltern [adɔp'tiːf-] *pl* adoptive parents **Adoptivkind** *nt* adopted child

Adrenalin <-s> [adrena'liːn] *nt kein pl* adrenalin *no pl*

Adressat(in) <-en, -en> [adrɛ'saːt] *m(f)*

addressee

Adresse <-, -n> [a'drɛsə] *f* address ▶ **bei jdm** [**mit etw** *dat*] **an der falschen /richtigen ~ sein** to have addressed the wrong/right person [with sth]; **sich an die falsche /richtige ~ wenden** *(fam)* to knock at the wrong/ right door

adressieren [adrɛ'siːrən] *vt* to address (**an** to)

Adria <-> ['aːdria] *f* Adriatic [Sea]

Advent <-s, -e> [at'vɛnt] *m* Advent [season]; **erster ~** first Sunday in Advent

Adverb <-s, -ien> [at'vɛrp] *nt* adverb

Advokat(in) <-en, -en> [atvo'kaːt] *m(f)* advocate

Affe <-n, -n> ['afə] *m* monkey ▶ **ich glaub, mich laust der ~!** *(fam)* I think my eyes are deceiving me!

Affekt <-[e]s, -e> [a'fɛkt] *m* affect; **im ~ handeln** to act in the heat of the moment

affektiert [afɛk'tiːɐ̯t] **I.** *adj (pej)* affected **II.** *adv (pej)* affectedly

Affenhitze ['afn̩'hɪtsə] *f (fam)* scorching heat

affig ['afɪç] *(fam)* **I.** *adj (pej)* affected **II.** *adv (pej)* affectedly

Afghane, **Afghanin** <-n, -n> [af'gaːnə, af'gaːnɪn] *m, f* Afghan; *s.a.* **Deutsche(r)**

Afrika <-s> ['aːfrika] *nt* Africa

Afrikaans <-> [afri'kaːns] *nt* Afrikaans

Afrikaner(in) <-s, -> [afri'kaːnɐ] *m(f)* African; **~ sein** to be [an] African

afrikanisch [afri'kaːnɪʃ] *adj* African

Afroamerikaner(in) ['aːfro-] *m(f)* Afro-American

afroamerikanisch ['aːfro-] *adj* Afro-American

After <-s, -> ['aftɐ] *m (geh)* anus

Agent(in) <-en, -en> [a'gɛnt] *m(f)* ❶ *(Spion)* spy ❷ *(Generalvertreter)* agent

Agentur <-, -en> [agɛn'tuːɐ̯] *f* agency

Aggregat <-[e]s, -e> [agre'gaːt] *nt* unit; *(Stromaggregat)* power unit

Agrarland *nt* agricultural country

Ägypten <-s> [ɛ'gʏptn̩] *nt* Egypt

Ägypter(in) <-s, -> [ɛ'gʏptɐ] *m(f)* Egyptian

ägyptisch [ɛ'gʏptɪʃ] *adj* Egyptian

aha [a'haː] *interj* ❶ *(ach so)* aha ❷ *(sieh da)* look!

Ahn <-[e]s *o* -en, -en> ['aːn] *m* ❶ *meist pl (geh: Vorfahr)* ancestor, forefather ❷ *(geh: Vorläufer)* forerunner

ähneln ['ɛːnl̩n] *vt* to resemble; **du ähnelst meiner Frau** you remind me of my wife

ahnen ['aːnən] *vt* ❶ *(vermuten)* to suspect; *(erahnen)* to guess [at]; **das kann/konnte ich doch nicht ~!** how can/could I know that?; **ohne zu ~, dass …** without suspecting that …; **etwas/nichts** [**von etw** *dat*] **~** to have an/no idea [about sth] ❷ *(voraussehen)* **etw ~** to have a premonition of sth

ähnlich ['ɛːnlɪç] **I.** *adj* similar; [**etwas**] **Ähnliches** something similar **II.** *adv* similarly; **jdm ~ sehen** to look like sb ▶ **das sieht ihr** [**ganz**] **~!** *(fam)* that's just like her

Ähnlichkeit <-, -en> *f* ❶ *(Aussehen)* resemblance (**mit** to); **mit jdm/etw ~ haben** to resemble sb/sth ❷ *(Vergleichbarkeit)* similarity; **mit etw** *dat* **~ haben** to be similar to sth

ähnlichsehen *vi irreg* **das sieht dir/ihr** [**mal wieder**] **ähnlich!** *(fam)* that's you/her all over!

Ahnung <-, -en> *f* ❶ *(Vorgefühl)* premonition; **es ist eher so eine ~** it's more of a hunch *fam* ❷ *(Vorstellung)* **keine ~!** [I've] no idea!; [**keine**] **~** [**von etw** *dat*] **haben** to [not] understand [sth]

ahnungslos **I.** *adj* ❶ unsuspecting ❷ *(unwissend)* ignorant **II.** *adv* unsuspectingly

ahoi [a'hɔy] *interj* **Boot ~!** ship ahoy!

Ahorn <-s, -e> ['aːhɔrn] *m* maple [tree]

Ähre <-, -n> ['ɛːrə] *f* ❶ *(Samenstand)* ear ❷ *(Blütenstand)* spike

Aids <-> [eːts] *nt Akr von* **acquired immune deficiency syndrome** Aids
Airbag <-s, -s> ['ɛːɐ̯bɛk] *m* airbag
Akademie <-, -n> [akade'miː] *f* ❶ *(Hochschule)* college ❷ *(Gesellschaft)* academy
Akademiker(in) <-s, -> [aka'deːmikɐ] *m(f)* graduate
akademisch [aka'deːmɪʃ] **I.** *adj* academic **II.** *adv* ~ **gebildet sein** to be academically educated
Akazie <-, -n> [a'kaːtsi̯ə] *f* ❶ acacia ❷ *(Robinie)* robinia
akklimatisieren [aklimati'ziːrən] *vr* **sich** ~ to become acclimatized
Akkord[1] <-[e]s, -e> [a'kɔrt] *m* MUS chord
Akkord[2] <-[e]s, -e> [a'kɔrt] *m* piecework; **im ~ arbeiten** to be on piecework
Akkordarbeit *f* piece-work **Akkordarbeiter(in)** *m(f)* piece-worker
Akkordeon <-s, -s> [a'kɔrdeɔn] *nt* accordion
Akku <-s, -s> ['aku] *m (fam) kurz für* **Akkumulator**
Akkumulator <-s, -toren> [akumu'laːtoːɐ̯, *pl:* -'toːrən] *m* [storage] battery
akkurat [aku'raːt] **I.** *adj* ❶ *(sorgfältig)* meticulous ❷ *(exakt)* accurate **II.** *adv* ❶ *(sorgfältig)* meticulously ❷ *(exakt)* accurately
Akkusativ <-s, -e> ['akuzatiːf] *m* accusative [case]
Akne <-, -n> ['aknə] *f* acne
Akrobat(in) <-en, -en> [akro'baːt] *m(f)* acrobat
akrobatisch *adj* acrobatic
Akt <-[e]s, -e> [akt] *m* ❶ *(Bild)* nude [painting] ❷ *(Handlung)* act; **ein ~ der Rache** an act of revenge ❸ ÖSTERR *(Akte)* file
Akte <-, -n> ['aktə] *f* file; **die ~ Borgfeld** the Borgfeld file ▶ **etw zu den ~n legen** to lay sth to rest
Aktenordner *m* file **Aktentasche** *f* briefcase **Aktenzeichen** *nt* file reference [number]
Aktie <-, -n> ['aktsi̯ə] *f* BÖRSE share, stock *esp* AM; **die ~n stehen gut/schlecht** the shares are doing well/badly
Aktiengesellschaft *f* public limited company BRIT, [stock] corporation AM
Aktienkurs *m* share [*or* AM *a.* stock] price
Aktion <-, -en> [ak'tsi̯oːn] *f* ❶ action; **in ~ sein** to be [constantly] in action; **in ~ treten** to come into action ❷ *(Militäraktion, Werbeaktion)* campaign
Aktionär(in) <-s, -e> [aktsi̯o'nɛːɐ̯] *m(f)* shareholder, AM *a.* stockholder
aktiv [ak'tiːf] **I.** *adj* active; **in etw** *dat* ~ **sein** to be active in sth **II.** *adv* actively
Aktivität <-, -en> [aktivi'tɛːt] *f* activity
aktualisieren *vt* to update; **aktualisiert** updated
Aktualität <-, -en> [aktu̯ali'tɛːt] *f* topicality
aktuell [ak'tu̯ɛl] *adj* ❶ *(gegenwärtig)* topical; **die ~sten Nachrichten** the latest news; **~e Vorgänge** current events ❷ *(modern)* latest *attr*, in fashion *pred*
Akupunktur <-, -en> [akupʊŋktuːɐ̯] *f* acupuncture
Akustik <-> [a'kʊstɪk] *f kein pl* acoustics + *pl vb*
akustisch [a'kʊstɪʃ] **I.** *adj* acoustic **II.** *adv* acoustically; **ich habe dich rein ~ nicht verstanden** I just didn't hear what you said
akut [a'kuːt] *adj* ❶ *(plötzlich auftretend)* acute ❷ *(dringend)* urgent
Akzent <-[e]s, -e> [ak'tsɛnt] *m* ❶ *(Aussprache)* accent; **mit ~ sprechen** to speak with an accent ❷ *(Zeichen)* accent ❸ *(Schwerpunkt)* stress; **den ~ auf etw** *akk* **legen** to emphasize sth; **~e setzen** to set [new] trends
akzeptieren [aktsɛp'tiːrən] *vt, vi* to accept
Alarm <-[e]s, -e> [a'larm] *m* ❶ *(Warnsignal)* alarm; ~ **schlagen** to raise the alarm ❷ *(Alarmzustand)* alert
Alarmanlage *f* alarm [system]

Albaner(in) <-s, -> [al'ba:nɐ] *m(f)* Albanian; *s.a.* **Deutsche(r)**

Albanien <-s> [al'ba:ni̯ən] *nt* Albania; *s.a.* **Deutschland**

albanisch [al'ba:nɪʃ] *adj* Albanian; *s.a.* **deutsch**

albern¹ ['albɐn] **I.** *adj* childish **II.** *adv* childishly

albern² ['albɐn] *vi* to fool around

Albtraum *m* nightmare

Album <-s, Alben> ['albʊm] *nt* album

Alge <-, -n> ['algə] *f* alga

Algebra <-> ['algebra] *f* algebra

Algier <-s> ['alʒi:ɐ̯] *nt* Algiers

Alibi <-s, -s> ['a:libi] *nt* ❶ *(bei Tatverdacht)* alibi ❷ *(Vorwand)* excuse

Alimente [ali'mɛntə] *pl* maintenance *no pl*

alkalisch [al'ka:lɪʃ] *adj* alkaline

Alkohol <-s, -e> ['alkoho:l] *m* alcohol

alkoholfrei *adj* non-alcoholic **alkoholhaltig** *adj* alcoholic

Alkoholiker(in) <-s, -> [alko'ho:likɐ] *m(f)* alcoholic; **Anonyme** ~ Alcoholics Anonymous

Alkoholismus <-> [alkoho'lɪsmʊs] *m kein pl* alcoholism

all [al] *pron indef* all; ~ **ihr Geld** all her money

All <-s> [al] *nt kein pl* space

alle ['alə] *adj präd (fam)* ❶ *(aufgebraucht)* ~ **sein** to be all gone; **etw** ~ **machen** to finish sth off *sep* ❷ *(erschöpft)* ~ **sein** to be finished

alle(r, s) ['alə, -lɐ, -ləs] *pron indef* ❶ *adjektivisch* all ❷ *substantivisch* **sie/ihr** ~ all of them/you; **~s** everything; **vor ~m** above all

Allee <-, -n> [a'le:] *f* avenue

> **Übersetzungstipp**
> Nicht verwechseln mit *alley* – *Gasse!*

allein, alleine [a'lain(ə)] **I.** *adj pred* ❶ *(ohne andere)* alone; **jdn** ~ **lassen** to leave sb alone; **sich** ~ **gelassen fühlen** to feel abandoned ❷ *(einsam)* lonely **II.** *adv* ❶ *(ohne Hilfe)* by oneself; ~ **erziehend sein** to be a single parent; ~ **stehend** single; **von** ~ by itself/oneself ❷ *(nur)* just; ~ **der Gedanke daran** the mere thought of it ❸ *(ausschließlich)* exclusively; **das ist** ~ **deine Entscheidung** it's your decision [and yours alone]

Alleinerziehende(r) *f(m) dekl wie adj* single parent **Alleingang** <-gänge> *m (fam)* solo effort; **etw im** ~ **machen** to do sth on one's own

alleinig [a'lai̯nɪç] *adj attr* sole

alleinstehend *adj* single

allemal ['alə'ma:l] *adv* without any trouble; **was er kann, kann ich** ~ whatever he can do, I can do, too ▶ **ein für** ~ once and for all

allenfalls ['alən'fals] *adv* at [the] most, at best

allerdings ['alɐ'dɪŋs] *adv* ❶ *(jedoch)* although ❷ *(in der Tat)* definitely; **~!** indeed!

allergen [alɛr'ge:n] **I.** *adj* MED allergenic **II.** *adv* as an allergen; ~ **wirken** to have an allergenic effect

Allergie <-, -n> [alɛr'gi:] *f* allergy; ~ **auslösend** allergenic; **eine** ~ **[gegen etw** *akk***] haben** to have an allergy [to sth]

allergisch [a'lɛrgɪʃ] **I.** *adj* allergic **(gegen** to**)** **II.** *adv* ~ **[auf etw** *akk***] reagieren** to have an allergic reaction [to sth]

Allerheiligen <-s> ['alɐ'hailɪgn̩] *nt* All Saints' Day

allerhöchstens *adv* ❶ *(allenfalls)* at the most ❷ *(spätestens)* at the latest; **in** ~ **4 Minuten** in 4 minutes at the very latest

allerlei ['alɐ'lai̯] *adj* ❶ *substantivisch (viel)* a lot; **ich muss noch** ~ **erledigen** I still have a lot to do ❷ *attr (viele Sorten)* all sorts of

Allerseelen <-> ['alɐ'ze:lən] *nt* All Souls' Day

alles ['aləs] *pron indef s.* **alle(r, s)**

allesamt [ˈaləˈzamt] *adv* all [of them/you/us]; **die Politiker sind doch ~ korrupt** politicians are corrupt to a man

allgemein [ˈalgəˈmain] **I.** *adj* (1) *attr (alle betreffend)* general; **zur ~en Überraschung** to everyone's surprise; **das ~e Wohl** the common good ▸**im A~en** *(normalerweise)* generally speaking; *(insgesamt)* on the whole **II.** *adv* generally; **~ bekannt sein** to be common knowledge; **~ gültig** general; **~ verständlich** intelligible to everybody; **~ zugänglich sein** to be open to the general public

Allgemeinbildung *f kein pl* general education

Allgemeinheit <-> [ˈalgəˈmainhait] *f kein pl* general public

Allheilmittel *nt* cure-all

Allianz <-, -en> [aˈli̯ants] *f* alliance

Alliierte(r) [aliˈiːɐ̯tə -tɐ] *f(m) dekl wie adj* ally; **die ~n** the Allies

Alliteration <-, -en> [alɪteraˈtsi̯oːn] *f* LIT alliteration

alljährlich [ˈalˈjɛːɐ̯lɪç] **I.** *adj attr* annual **II.** *adv* annually **allmächtig** [alˈmɛçtɪç] *adj* all-powerful; REL omnipotent

allmählich [alˈmɛːlɪç] **I.** *adj attr* gradual **II.** *adv* gradually; **~ geht er mir auf die Nerven** he's beginning to get on my nerves

Allradantrieb *m* four-wheel drive

Alltag [ˈaltaːk] *m* everyday life

alltäglich [ˈaltɛːklɪç] *adj* (1) *attr (tagtäglich)* daily (2) *(gang und gäbe)* usual; **diese Probleme sind bei uns ~** these problems are part of everyday life here

allumfassend *adj (geh)* all-round, global; **~e Forschungen** extensive research; **sein Wissen ist nahezu ~!** his knowledge is almost encyclop[a]edic!

allwissend [ˈalˈvɪsn̩t] *adj* knowing it all; REL omniscient

Allwissenheit <-> [ˈalˈvɪsn̩hai̯t] *f kein pl* omniscience

allzu [ˈaltsuː] *adv* [all] too; **magst du Fisch? — nicht ~ gern** do you like fish? — not very much; **~ früh** far too early; **~ oft** only too often; **nicht ~ oft** not [all] too often; **~ viel** too much

Allzweckhalle *f* [multipurpose] hall **Allzweckreiniger** *m* general-purpose cleaner

Alm <-, -en> [alm] *f* mountain pasture

Alpen [ˈalpn̩] *pl* **die ~** the Alps

Alpenveilchen *nt* cyclamen

Alphabet <-[e]s, -e> [alfaˈbeːt] *nt* alphabet

alphabetisch [alfaˈbeːtɪʃ] *adj* alphabetical

Alptraum [ˈalptraum] *m* nightmare

als [als] *konj* (1) *(in dem Moment, da)* when; **damals, ~ …** in the days when …; **gerade ~ …** just when … (2) *bei Vergleichen* than; **kleiner/größer ~ …** smaller/bigger than …; **der Bericht ist interessanter ~ erwartet** the report is more interesting than would have been expected; **alles andere ~ …** everything but … (3) **~ habe/könne/sei/würde X …** as if X had/could/were/would …; **~ ob …** as if … (4) *(vor Substantiv, Adjektiv)* as; **schon ~ Kind hatte er immer Albträume** even as a child, he had nightmares; **sich ~ falsch erweisen** to prove to be false

also [ˈalzo] **I.** *adv (folglich)* so; **es regnet, ~ bleiben wir zu Hause** it's raining, so we'll stay at home **II.** *part* (1) *(nun ja)* well (2) *(tatsächlich)* so; **er hat ~ doch nicht die Wahrheit gesagt!** so he wasn't telling the truth after all! (3) *(na)* **~ gut** [well,] all right; **~ doch!** you see!; **na ~!** just as I thought!

Übersetzungstipp

Nicht verwechseln mit *also* - *auch!*

alt <älter, älteste(r,s)> [alt] *adj* ① *(Lebensalter)* old; **wie ~ ist er?** how old is he?; **er ist 21 Jahre ~** he's 21 [years old]; **älter werden** to get older ② *(aus alter Zeit)* ancient

Altar <-s, -täre> [al'ta:ɐ̯] *m* altar

Altarm *m* oxbow lake

altbacken *adj* ① *(nicht mehr frisch)* stale ② *(altmodisch)* old-fashioned

Altbau <-bauten> *m* old building

altbewährt ['altbəvɛ:ɐ̯t] *adj* ① *(seit langem bewährt)* well-tried ② *(lange gepflegt)* well-established; **eine ~e Freundschaft** a long-standing friendship

Alte(r) ['altə, -tɐ] *f(m) dekl wie adj (fam)* ① *(alter Mann)* old geezer; *(alte Frau)* old dear ② *(Ehemann, Vater)* old man; *(Mutter)* old woman; **meine ~e** *(Ehefrau)* the old wife *fam;* **meine ~n** *(Eltern)* my old folks

alteingesessen *adj* old-established

Altenheim *nt* old people's home

Alter <-s, -> ['altɐ] *nt* ① *(Lebensalter)* age; **er ist in meinem ~** he's my age; **mittleren ~s** middle-aged ② *(Bejahrtheit)* old age; **im ~** in old age

altern ['altɐn] *vi* to age

alternativ [altɛrna'ti:f] *adj* alternative; **~ leben** to live an alternative lifestyle

Alternative <-n, -n> [altɛrna'ti:və] *f* alternative; **die ~ haben, etw zu tun** to have the alternative of doing sth

Altersasyl *nt* SCHWEIZ old peoples' home **Altersgruppe** *f* age group **Altersheim** *nt* old people's home **Altersrente** *f*, **Altersruhegeld** *nt (geh)* old-age pension BRIT, social security AM **Altersschwäche** *f kein pl* infirmity **Altersteilzeit** *f* partial retirement *(part-time employment scheme for people approaching retirement in Germany)* **Altersversorgung** *f* retirement pension; *(betrieblich)* pension scheme [*or* AM plan]

Altertum <-> ['altɐtu:m] *nt kein pl* antiquity; **das Ende des ~s** the end of the ancient world

Altertümer ['altɐty:mɐ] *pl* KUNST, HIST antiquities *pl*

altertümlich ['altɐty:mlɪç] *adj* ① *(veraltet)* dated ② *(archaisch)* ancient; LING archaic

Alterung <-, -en> *f* ageing

Altglascontainer *m* bottle bank BRIT, glass-recycling collection point AM

Altjahresabend ['altja:ɐ̯əsʔa:bn̩t] *m* SCHWEIZ New Year's Eve **Altkanzler(in)** *m(f)* former German Chancellor

altklug ['alt'klu:k] *adj* precocious

ältlich ['ɛltlɪç] *adj* oldish

Altmaterial *nt* waste material **Altmeister(in)** *m(f)* ① *(großer Könner)* doyen *masc*, doyenne *fem*, dab hand *fam* ② SPORT former champion **altmodisch** **I.** *adj* old-fashioned **II.** *adv* **~ gekleidet** dressed in old-fashioned clothes **Altöl** *nt* used oil **Altpapier** *nt* waste paper **Altphilologe, -philologin** *m, f* classical scholar, classicist

Altruismus <-> [altru'ɪsmʊs] *m kein pl* BIOL, PSYCH altruism

altruistisch *adj (geh)* altruistic, selfless

Altstadt *f* old town **Altweibersommer** [alt'vai̯bɐzɔmɐ] *m* Indian summer

Alu ['a:lu] *nt kurz für* **Aluminium**

Alufolie *f* tin foil

Aluminium <-s> [alu'mi:ni̯ʊm] *nt kein pl* aluminium BRIT, aluminum AM

am [am] = **an dem** ① *beim Superlativ* **~ schnellsten/schönsten sein** to be [the] fastest/most beautiful ② *(fam: beschäftigt mit)* **ich bin ~ Schreiben!** I'm writing!

Amateur(in) <-s, -e> [ama'tø:ɐ̯] *m(f)* amateur

Amazone <-, -n> [ama'tso:nə] *f* Amazon

Ambulanz <-, -en> [ambu'lants] *f* ① out-patient department ② *(Unfallwagen)* ambulance

Übersetzungstipp

Nicht verwechseln mit *ambulance* – *Krankenwagen!*

Ameise <-, -n> ['a:maizə] *f* ant
Ameisenbär *m* anteater **Ameisenhaufen** *m* anthill
Amen <-s, -> ['a:mɛn] *nt* Amen ▶ **so sicher wie das ~ in der Kirche** *(fam)* as sure as eggs are eggs
Amerika <-s> [a'me:rika] *nt* America
Amerikaner(in) <-s, -> [ameri'ka:nɐ] *m(f)* American
amerikanisch [ameri'ka:nɪʃ] *adj* American
Ammoniak <-s> [amo'ni̯ak] *nt kein pl* ammonia
Amnestie <-, -n> [amnɛs'ti:] *f* amnesty; **eine ~ verkünden** to declare amnesty
Amöbe <-, -n> [a'mø:bə] *f* amoeba
Amok <-s> ['a:mɔk] *m* ~ **laufen** to run amok
Ampel <-, -n> ['ampl̩] *f* traffic lights *pl;* **die ~ ist auf rot gesprungen** the lights have turned red; **du hast eine rote ~ überfahren** you've just driven through a red light
Amphibie <-, -n> [am'fi:bi̯ə] *f* amphibian
amputieren [ampu'ti:rən] *vt, vi* to amputate
Amsel <-, -n> ['amzl̩] *f* blackbird
Amt <-[e]s, Ämter> [amt] *nt* (1) *(Behörde)* office; **aufs ~ gehen** *(fam)* to go to the authorities (2) *(öffentliche Stellung)* post; *(hohe, ehrenamtliche Stellung)* office; **ein ~ innehaben** to hold an office; **für ein ~ kandidieren** to be a candidate for a post; **im ~ sein** to be in office
amtlich I. *adj* official **II.** *adv* officially
Amtsenthebung <-, -en> *f*, **Amtsentsetzung** <-, -en> *f* SCHWEIZ dismissal, removal from office **Amtsgericht** *nt* ≈ magistrates' [*or* AM district] court **Amtsinhaber(in)** *m(f)* office-bearer [*or* -holder] incumbent **Amtsrichter(in)** *m(f)* ≈ magistrate BRIT, district court judge AM **Amtszeit** *f* period of office
amüsant [amy'zant] **I.** *adj* amusing **II.** *adv* entertainingly; **sich ~ unterhalten** to have an amusing conversation
amüsieren [amy'zi:rən] **I.** *vr* **sich ~** to enjoy oneself; **amüsiert euch gut!** have a good time!; **sich über jdn/etw ~** to laugh about sb/sth **II.** *vt* **jdn ~** to amuse sb
an [an] **I.** *präp* (1) *räumlich* at; **er setzte sich ~ den Tisch** he sat down at the table; **~ dieser Stelle** in this place (2) *zeitlich* on; **~ Weihnachten** at Christmas; **~ den Abenden** in the evenings; **~ jenem Morgen** that morning (3) *(verbunden mit einer Person/Sache)* about; **das Angenehme ~ etw** *dat* the pleasant thing about sth **II.** *adv* (1) *(ungefähr)* **~ die ...** about ... (2) *(fam: angeschaltet)* on (3) *(zeitlich)* **von jetzt ~** from now on
Anachronismus <-, -nismen> [anakro'nɪsmʊs] *m (geh)* anachronism
analog [ana'lo:k] **I.** *adj* (1) *(entsprechend)* analogous (2) INFORM analog **II.** *adv* (1) *(entsprechend)* analogous (2) INFORM as an analog
Analphabet(in) <-en, -en> [anʔalfa'be:t] *m(f)* illiterate
Analyse <-, -n> [ana'ly:zə] *f* analysis
analysieren [analy'zi:rən] *vt* to analyse
Ananas <-, -> ['ananas] *f* pineapple
Anästhesist(in) <-en, -en> [anʔɛste'zɪst] *m(f)* anaesthetist BRIT, anesthetist AM
Anatomie <-, -n> [anato'mi:, *pl:* -'mi:ən] *f* anatomy
anatomisch [ana'to:mɪʃ] **I.** *adj* anatomic **II.** *adv* anatomically
Anbau[1] *m kein pl* AGR cultivation
Anbau[2] <-bauten> *m (Nebengebäude)* extension BRIT, annex AM
an|bauen *vt Gemüse* to grow
Anbaufläche *f* AGR (1) *(zum Anbau ge-*

A

eignet) land suitable for cultivation ② *(bebaut)* acreage

Anbetung <-, -en> *f pl selten* REL worship, adoration

an|bieten *irreg* **I.** *vt* [**jdm**] **etw ~** to offer [sb] sth **II.** *vr* ① *(sich zur Verfügung stellen)* **sich ~** to offer one's services; **sich ~, etw zu tun** to offer to do sth ② *(naheliegen)* **sich** [**für etw** *akk*] **~** to be just the right thing [for sth]

an|binden *vt irreg* to tie (**an** to)

Anblick *m* sight; **beim ~ einer S.** *gen* at the sight of sth

an|blicken *vt* to look at

Anbot <-[e]s, -e> *nt* ÖSTERR *(geh)* offer

an|braten *vt irreg* KOCHK **etw ~** to fry sth until brown

an|brennen *irreg vi sein* to burn; **etw ~ lassen** to let sth burn

an|bringen *irreg vt* ① *(befestigen)* to fix ② *(vorbringen)* to introduce

Anbruch *m kein pl (geh)* **bei ~ des Tages** at the break of day; **bei ~ der Dunkelheit** at dusk

andächtig ['andɛçtɪç] **I.** *adj* ① REL devout ② *(ehrfürchtig)* reverent; *(in Gedanken versunken)* rapt **II.** *adv* ① REL devoutly ② *(hum: ehrfürchtig)* reverently; *(inbrünstig)* raptly

an|dauern *vi* to continue

andauernd **I.** *adj* continuous **II.** *adv* continuously; **jetzt schrei mich nicht ~ an** stop shouting at me all the time

Andenken <-s, -> *nt* ① *(Souvenir)* souvenir ② *(Erinnerungsstück)* keepsake ③ *kein pl (Erinnerung)* memory; **zum ~ an jdn** in memory of sb

andere(r, s) ['andərə] *pron indef* ① *(verschieden)* different; **etwas/nichts ~s** [*o* **A~s**] something/nothing else; **es bleibt uns nichts ~s übrig** there's nothing else we can do; **ein ~r/eine ~** someone else; **ein ~s Mal** another time ② *(weitere)* other; **haben Sie noch ~ Fragen?** have you got any more questions?; **die ~n** [*o* **A~n**] the others

and(e)rerseits ['and(ə)rɐzaits] *adv* on the other hand

ändern ['ɛndɐn] *vt, vr* to change; **ich kann es nicht ~** I can't do anything about it; **daran kann man nichts ~** there's nothing you can do about it

anders ['andɐs] *adv* ① *(verschieden)* differently; **~ als ...** different to [*or* AM *a.* than] ...; **~ als sonst** different than usual; **es sich** *dat* **~ überlegen** to change one's mind; **~ denkend** dissenting ② *(sonst)* **jemand ~** somebody else; **niemand ~** nobody else; **es ging leider nicht ~** I'm afraid I couldn't do anything about it

andersherum ['andɐshɛrʊm] *adv* the other way round **anderswo** ['andɐsvo:] *adv* elsewhere **anderswoher** ['andɐsvo:he:ɐ̯] *adv* from somewhere else **anderswohin** ['andɐsvo'hɪn] *adv* elsewhere

anderthalb ['andɐt'halp] *adj* one and a half; **~ Stunden** an hour and a half

Änderung <-, -en> *f* change (**an** to); **geringfügige ~en** slight alterations

anderweitig ['andɐvai̯tɪç] **I.** *adj attr* other **II.** *adv* ① *(mit anderen Dingen)* **~ beschäftigt sein** to be otherwise engaged ② *(bei anderen Leuten)* **~ verpflichtet sein** to have other commitments ③ *(an einen anderen)* to somebody else ④ *(anders)* **etw ~ verwenden** to use sth in a different way

an|deuten **I.** *vt* to indicate **II.** *vr* **etw deutet sich an** there are signs of sth

Andeutung *f* hint; **eine versteckte ~** an insinuation; **eine ~ machen** to make a remark

Andrang *m kein pl* rush

andrerseits ['andrɐzai̯ts] *adv s.* **andererseits**

androgyn [andro'gy:n] *adj* androgynous

aneinander [anʔai'nandɐ] *adv* to one another; **~ denken** to think about each other; **~ vorbeireden** to talk at cross purposes

aneinander|geraten *vi* to have a fight [*or* BRIT row] **aneinander|reihen** **I.** *vt* to string together **II.** *vr* to follow one another **aneinander|stoßen** *vi irreg sein* to bump into each other; *(zwei Dinge)* to bang together

an|ekeln *vt* **jdn ~** to make sb sick; **von etw** *dat* **angeekelt sein** to be disgusted by sth

Anemone <-, -n> [ane'mo:nə] *f* anemone

an|erkennen ['anʔɛɐ̯kɛnən] *vt irreg* ❶ *(akzeptieren)* to accept; *(offiziell)* to recognize (**als** as) ❷ *(würdigen)* to appreciate

an|fahren *irreg vt haben* ❶ *(beim Fahren streifen)* to hit ❷ *irreg (schelten)* **jdn ~** to snap at sb

Anfahrt *f* journey [to]

Anfall <-[e]s, -fälle> *m* ❶ MED attack; **epileptischer ~** epileptic fit ❷ *(Wutanfall)* fit of rage

an|fallen I. *vi irreg sein* to arise; *Arbeit* to pile up **II.** *vt irreg* to attack

anfällig *adj* to be prone (**für** *+akk* to) AUTO, TECH temperamental

Anfang <-[e]s, -fänge> *m* ❶ *(Beginn)* beginning; **er ist ~ 40** he is in his early 40s; **am ~** in the beginning; **von ~ an** from the [very] start; **von ~ bis Ende** from start to finish; **~ Juni/der Woche** at the beginning of June/the week; **einen neuen ~ machen** to make a fresh start ❷ *(Ursprung)* origin[s] *usu pl*

an|fangen *irreg vt, vi* to begin; **etw mit jdm/etw ~ können** *(fig)* to be able to do sth with sb/sth; **nichts mit sich** *dat* **anzufangen wissen** *(fig)* to not know what to do with oneself

Anfänger(in) <-s, -> *m(f)* beginner; **~ sein** to be a novice

anfänglich I. *adj attr* initial *attr* **II.** *adv* initially

anfangs I. *adv* at first **II.** *präp gen* SCHWEIZ at the start of

Anfangsbuchstabe *m* initial [letter] **Anfangsstadium** *nt* initial stage[s] *usu pl*

an|fassen I. *vt* to touch **II.** *vi* **mit ~** to lend a hand **III.** *vr* **es fasst sich rau an** it feels rough

an|fechten *vt irreg* JUR to contest

an|feinden ['anfa͜indn̩] *vt* **jdn ~** to be hostile to sb; **sich ~** to be at war with one another

an|flehen *vt* to beg (**um** for)

Anflug <-[e]s, -flüge> *m* LUFT approach

an|fordern *vt* to request; *Katalog* to order

Anforderung <-, -en> *f* ❶ *kein pl* request; *eines Katalogs* ordering; **auf ~** on request ❷ *meist pl (Anspruch)* demands; **~en [an jdn] stellen** to place demands [on sb]; **du stellst zu hohe ~en** you're too demanding

Anfrage <-, -n> *f* inquiry; **auf ~** on request

an|fragen *vi* to ask (**um** for)

an|freunden ['anfrɔyndn̩] *vr* **sich mit jdm ~** to make friends with sb; **sich ~** to become friends

Anführer(in) <-s, -> *m(f)* leader; *von Truppen* commander

Anführungsstrich *m*, **Anführungszeichen** *nt meist pl* quotation mark[s]; **~ unten/oben** quote/unquote

Angabe <-, -n> *f* ❶ *meist pl (Mitteilung)* details *pl;* **~n zur Person** personal details ❷ *kein pl (Prahlerei)* boasting

an|geben *irreg* **I.** *vt* ❶ *(nennen)* to give; **jdn als Zeugen ~** to cite sb as a witness ❷ *(behaupten)* to claim ❸ *(anzeigen)* to indicate **II.** *vi (prahlen)* to boast (**mit** about)

Angeber(in) <-s, -> *m(f)* poser

angeblich ['ange:plɪç] **I.** *adj attr* alleged **II.** *adv* allegedly

angeboren *adj* innate

Angebot <-[e]s, -e> *nt* offer; *(Warenangebot)* range of goods; *(Sonderangebot)* special offer; **im ~** on special offer; **~ und Nachfrage** supply and demand

angebracht I. *adj* ❶ *(sinnvoll)* sensible ❷ *(angemessen)* suitable **II.** *pp von* **anbringen**

angegossen *adj* ▸ **wie ~ sitzen** *(fam)*

A

to fit like a glove

angeheitert ['angəhaɪ̯tɐt] *adj (fam)* tipsy

an|gehen *irreg* **I.** *vi sein: Maschine, Licht* to come on **II.** *vt haben (betreffen)* to concern; **was geht mich das an?** what's that got to do with me?; **was mich angeht, …** as far as I am concerned, …

angehend *adj* prospective

Angehörige(r) *f(m) dekl wie adj* ❶ *(Familienangehörige(r))* relative ❷ *(Mitglied)* member

Angeklagte(r) *f(m) dekl wie adj* accused

Angel <-, -n> ['aŋl̩] *f* ❶ fishing pole ❷ *(Türangel)* hinge ▶ **etw aus den ~n heben** *(fam)* to turn sth upside down

Angelegenheit <-, -en> *f* matter; **sich um seine eigenen ~en kümmern** to mind one's own business; **jds ~ sein** to be sb's responsibility

angeln ['aŋl̩n] **I.** *vi* to fish; **[das] A~** fishing **II.** *vt* to catch

Angelrute *f* fishing rod

angelsächsisch ['aŋl̩zɛksɪʃ] *adj* Anglo-Saxon

Angelschnur *f* fishing line

angemessen I. *adj* appropriate **II.** *adv* appropriately

angenehm I. *adj* pleasant ▶ **das A~e mit dem Nützlichen verbinden** to mix business with pleasure; **[sehr] ~!** *(geh)* pleased to meet you! **II.** *adv* pleasantly

angesehen *adj* respected

angesichts *präp* **~ einer S.** *gen* in the face of sth

Angestellte(r) *f(m) dekl wie adj* employee

angestrengt I. *adj* ❶ *Gesicht* strained ❷ *(intensiv)* hard **II.** *adv (konzentriert)* concentratedly; **~ diskutieren** to discuss intensively **III.** *pp von* **anstrengen**

angetan *adj* **von jdm/etw ~ sein** to be taken with sb/sth; **es jdm ~ haben** to appeal to sb

angetrunken *adj* slightly drunk

angewandt I. *adj attr* applied **II.** *pp von* **anwenden**

angewiesen I. *adj* dependent (**auf** +*akk* on) **II.** *pp von* **anweisen**

an|gewöhnen *vt* **sich** *dat* **etw ~** to get into the habit of [doing] sth

Angewohnheit <-, -en> *f* habit

Angina <-, Anginen> [aŋ'gi:na] *f* angina

Angler(in) <-s, -> ['aŋlɐ] *m(f)* angler

Anglistik <-> [aŋ'glɪstɪk] *f kein pl* study of English [language and literature]

Angola <-s> [aŋ'go:la] *nt* Angola

Angorawolle [aŋ'go:ra-] *f* angora [wool]

angreifbar *adj* contestable

an|greifen *irreg* **I.** *vi* to attack **II.** *vt* ❶ *(bekämpfen)* to attack; **angegriffen werden** to be under attack ❷ *(schädigen)* to damage; **angegriffen sein** *Gesundheit* to be weakened; **nervlich angegriffen sein** to have strained nerves

angrenzend *adj attr* bordering

Angriff *m* attack; **zum ~ übergehen** *(fig)* to go on the offensive ▶ **etw in ~ nehmen** to tackle sth; **~ ist die beste Verteidigung** *(prov)* offence is the best defence **angriffslustig** *adj* aggressive

angst [aŋst] *adj* **jdm ist/wird ~ [und bange]** sb is/becomes afraid

Angst <-, Ängste> [aŋst] *f* ❶ fear (**vor** of); **~ und Schrecken verbreiten** to spread fear and terror; **~ bekommen** to become frightened; **~ [vor etw** *dat*] **haben** to be afraid [of sth]; **~ um etw** *akk* **haben** to be worried about sth; **jdm ~ machen** to frighten sb; **vor ~ zittern** to tremble with fear; **aus ~, etw zu tun** for fear of doing sth ❷ *(seelische Unruhe)* anxiety

ängstigen ['ɛŋstɪgn̩] **I.** *vt* ❶ *(in Furcht versetzen)* to frighten ❷ *(beunruhigen)* to worry **II.** *vr* ❶ *(Furcht haben)* **sich ~** to be afraid ❷ *(sich sorgen)* **sich ~** to worry

ängstlich [ˈɛŋstlɪç] *adj* frightened
Angstmacher(in) *m(f) (pej)* scaremonger
Angstmacherei <-> [ˈaŋstmaxəraɪ̯] *f kein pl (pej)* scaremongering
an|gurten I. *vt* to strap in **II.** *vr* **sich ~** to fasten one's seat belt
an|haben *vt irreg* ❶ *Kleidung* to have on ❷ *(Schaden zufügen)* **jdm nichts ~ können** to be unable to harm sb
an|halten *irreg* **I.** *vi* ❶ to stop ❷ *(fortdauern)* to continue **II.** *vt* to bring to a stop
anhaltend *adj* continuous; *Lärm* incessant; *Schmerz* persistent; **die ~e Hitzewelle** the continuing heat-wave
Anhalter(in) <-s, -> [ˈanhaltɐ] *m(f)* hitch-hiker; **per ~ fahren** to hitch-hike
Anhang <-[e]s, -hänge> *m* ❶ *(Nachtrag)* appendix ❷ *kein pl (Angehörige)* [close] family
an|hängen *vt* ❶ *(daran hängen)* to hang [up] (**an** on) ❷ *(hinzufügen)* to add ❸ *(fam: anlasten)* **jdm etw ~** to blame sth on sb
Anhänger <-s, -> *m* AUTO trailer
Anhänger(in) <-s, -> *m(f) (fig)* supporter
anhänglich [ˈanhɛŋlɪç] *adj* devoted
an|heben *irreg vt* ❶ *(hochheben)* to lift [up] ❷ *(erhöhen)* to increase
an|heizen *vt* ❶ *(zum Brennen bringen)* to set alight ❷ *(fig)* to stimulate; *(negativ)* to aggravate
Anhieb *m* **auf ~** *(fam)* straight away
an|hören I. *vt* [**sich** *dat*] **etw ~** to listen to sth **II.** *vr (klingen)* **sich ~** to sound; **sich gut ~** to sound good
Animateur(in) <-s, -e> [animaˈtøːɐ̯] *m(f)* host *masc, fem* hostess
Animation <-, -en> [animaˈtsi̯oːn] *f* ❶ *(Unterhaltung)* entertainment ❷ FILM animation
animieren [aniˈmiːrən] *vt, vi* to encourage
Anis <-[es], -e> [aˈniːs] *m* aniseed
Ankauf <-[e]s, -käufe> *m* buy
Anker <-s, -> [ˈaŋkɐ] *m* anchor; **den ~ lichten** to weigh anchor; **vor ~ liegen** to lie at anchor
an|ketten *vt* to chain up (**an** to)
Anklage <-, -n> *f* ❶ *kein pl* JUR charge; **gegen jdn ~ [wegen einer S.** *gen*] **erheben** to charge sb [with sth]; **unter ~ stehen** to be charged ❷ *(Beschuldigung)* accusation
an|klagen *vt* ❶ JUR to charge ❷ *(beschuldigen)* to accuse
Anklang *m* ► **~ finden** to meet with approval
an|knüpfen I. *vt* to tie (**an** to) **II.** *vi (fig)* **an etw** *akk* **~** to resume sth
an|kommen *irreg* **I.** *vi sein* ❶ to arrive; **seid ihr gut angekommen?** did you arrive safely?; **bei etw** *dat* **~** to reach sth ❷ *(Anklang finden)* [**bei jdm**] **~** *Sache* to go down well [with sb]; *Person* to make an impression [on sb] **II.** *vi impers sein* ❶ *(wichtig sein)* **es kommt darauf an, dass …** what matters is that … ❷ *(von etw abhängen)* **es kommt darauf an, dass/ob …** it depends on/on whether …; **das kommt darauf an** it depends
an|kündigen *vt* to announce
Ankündigung <-, -en> *f* announcement
Ankunft <-, -künfte> [ˈankʊnft] *f* arrival
Ankunftszeit *f* time of arrival
an|lächeln *vt* to smile at
Anlage <-, -n> *f* ❶ *(Fabrik)* plant ❷ SPORT facilities *pl* ❸ *(Einrichtung)* **sanitäre ~n** sanitary facilities ❹ FIN investment ❺ *meist pl (Veranlagung)* disposition
Anlass <-es, -lässe> [ˈanlas] *m* ❶ *(Grund)* reason; **es besteht kein ~ zu etw** *dat*/**, etw zu tun** there are no grounds for sth/to do sth; [**jdm**] **~ zu etw** *dat* **geben** to give [sb] grounds for sth; **aus diesem ~** for this reason ❷ *(Gelegenheit)* occasion; **bei jedem ~** at every opportunity
Anlasser <-s, -> *m* starter [motor]

Anlauf <-[e]s, -läufe> *m* ① SPORT run-up; ~ **nehmen** to take a run-up; **mit** ~ with a run-up ② *(fig: Versuch)* attempt; **beim ersten/zweiten** ~ at the first/second attempt; **noch einen** ~ **nehmen** to make another attempt

an|laufen *irreg* **I.** *vi sein* ① *Metall* to tarnish ② *Film* **der neue James Bond läuft jetzt an** the new James Bond is now showing at the cinema **II.** *vt haben* **den Hafen** ~ to put into port

Anlaufschwierigkeit *f meist pl* teething problem *fig* initial difficulty **Anlaufstelle** *f* refuge

an|legen **I.** *vt* ① *(erstellen)* to compile ② *Garten* to lay out ③ *Vorrat* to lay in ④ *(investieren)* to invest (**in** in) **II.** *vi Schiff* to berth **III.** *vr* **sich mit jdm** ~ to pick an argument with sb

Anleger(in) <-s, -> *m(f)* FIN investor

an|lehnen **I.** *vt* ① to lean [against] ② *Tür* to leave ajar **II.** *vr* **sich** ~ to lean (**an** against)

Anleihe <-, -n> *f (Kredit)* loan; *(Wertpapier)* bond

an|leiten *vt* to instruct

Anleitung <-, -en> *f* TECH instructions

Anliegen <-s, -> *nt* request; **ein** ~ [**an jdn**] **haben** to have a request to make [of sb]

an|locken *vt* to attract

an|lügen *vt irreg* to lie to

an|machen *vt* ① *(einschalten)* to turn on ② *(anzünden)* to light ③ *Salat* to dress ④ *(sl: erregen)* to turn on ⑤ *(sl: aufreißen wollen)* to pick up

anmaßend ['anma:sn̩t] *adj* arrogant

Anmeldeformular *nt* registration form

an|melden **I.** *vt* ① *(ankündigen)* to announce; **ich bin angemeldet** I have an appointment ② *(vormerken lassen)* to enrol (**bei** at/**zu** in) ③ ADMIN to register **II.** *vr* **sich** ~ ① *(ankündigen)* to give notice of a visit (**bei** to) ② *(sich eintragen lassen)* to apply (**zu** for)

Anmeldung <-, -en> *f* ① *(zum Besuch)* [advance] notice [of a visit]; **ohne** ~ without an appointment ② SCH enrolment ③ *(Registrierung)* registration

an|merken *vt* ① *(eine Bemerkung machen)* to add ② *(ansehen)* **er ließ sich nichts anmerken** he didn't let it show

Anmerkung <-, -en> *f* ① *(Erläuterung)* note ② *(Fußnote)* footnote

Anmut <-> ['anmu:t] *f kein pl (geh)* grace[fulness]

anmutig *adj (geh)* graceful

an|nähen *vt* to sew on

annähernd **I.** *adj* approximate **II.** *adv* approximately

Annäherung <-, -en> *f* convergence

Annäherungsversuch *m* advance[s] *esp pl;* **~e machen** to make advances

Annahme <-, -n> ['anna:mə] *f* assumption; **in der** ~, [**dass**] on the assumption [that]

annehmbar **I.** *adj* ① *(akzeptabel)* acceptable ② *(nicht übel)* reasonable **II.** *adv* reasonably

an|nehmen *irreg* **I.** *vt* ① *(entgegennehmen) Angebot* to accept; *Anruf* to take; *Auftrag* to take [on]; *Patienten, Schüler* to take on ② *(meinen)* to assume; **etw** [**von jdm**] ~ to think sth [of sb] **II.** *vr* **sich einer S.** *gen* ~ to take care of sth

Annehmlichkeit <-, -en> *f meist pl* convenience

Anno, anno ['ano] *adv* ÖSTERR in the year ▶**von** ~ **dazumal** *(fam)* from the year dot BRIT, from long ago AM

Annonce <-, -n> [a'nõ:sə] *f* advertisement

Annullierung <-, -en> *f* JUR annulment

anonym [ano'ny:m] **I.** *adj* anonymous **II.** *adv* anonymously

Anorak <-s, -s> ['anorak] *m* anorak

an|packen **I.** *vt (fam)* ① to touch ② *(beginnen)* to tackle; **packen wir's an!** let's get started! **II.** *vi (fam: helfen)* **jd packt** [**mit**] **an** sb lends a hand

an|passen **I.** *vt* to adjust **II.** *vr* **sich** [**an etw** *dat*] ~ to adjust [to sth]; *(gesellschaftlich)* to conform [to sth]

anpassungsfähig *adj* adaptable

Anpassungsfähigkeit *f* adaptability [**an** to]
an|pflanzen *vt* to grow
Anprobe *f* fitting
an|probieren *vt, vi* to try on *sep*
an|regen *vt* ❶ **jdn [zu etw** *dat*] ~ to encourage sb [to do sth]; **jdn zum Nachdenken ~** to make sb ponder ❷ *(geh: vorschlagen)* to suggest ❸ *(stimulieren)* to stimulate
anregend *adj* stimulating
Anregung *f (Vorschlag)* idea; **auf jds ~** at sb's suggestion
Anreise *f* journey [here/there]
Anreiz *m* incentive
Anrichte <-, -n> *f (Büfett)* sideboard
an|richten *vt* ❶ *Speisen* to prepare ❷ *Schaden* to cause; **was hast du da wieder angerichtet!** what have you done now!
anrüchig ['anrʏçɪç] *adj* indecent
Anruf *m* [telephone] call
Anrufbeantworter <-s, -> *m* answering machine
an|rufen *irreg vt, vi* ❶ to call; **angerufen werden** to get a telephone call ❷ JUR to appeal to
Ansage *f* announcement
an|sagen *vt* to announce; **angesagt sein** to be called for
Ansager(in) <-s, -> ['anza:gɐ] *m(f)* RADIO announcer
an|sammeln *vr, vt* to accumulate
ansässig ['anzɛsɪç] *adj (geh)* resident
an|schaffen I. *vt (kaufen)* to buy II. *vi (sl)* ~ [**gehen**] to be on the game BRIT, to hook AM
Anschaffung <-, -en> *f* purchase
an|schalten *vt* to switch on
an|schauen *vt* to look at; *Film* to watch; **sich** *dat* **etw [genauer]** ~ to take a [closer] look at sth
anschaulich I. *adj* illustrative II. *adv* vividly
Anschein *m* appearance; **den ~ erwecken, als [ob] …** to give the impression that …; **den ~ haben, als [ob] …** to seem that …; **allem ~ nach** to all appearances
anscheinend *adv* apparently
an|schirren *vt ein Pferd* to harness
Anschlag *m (Überfall)* assassination; *(ohne Erfolg)* attempted assassination; **einem ~ zum Opfer fallen** to be assassinated; **einen ~ [auf jdn/etw] verüben** to make an attack [on sb/sth]; **einen ~ auf jdn vorhaben** *(hum fam)* to have a request for sb
an|schließen *irreg* I. *vt* TECH to connect [**an** to] II. *vr* ❶ *(sich zugesellen)* **sich jdm ~** to join sb ❷ *(beipflichten)* **sich jdm/etw ~** to fall in with sb/sth ❸ *(angrenzen)* **sich [an etw** *akk*] ~ to adjoin [sth]
Anschluss <-es, Anschlüsse> *m* ❶ TELEK, TECH connection; **kein ~ unter dieser Nummer** the number you are trying to call is not available ❷ *kein pl (Kontakt)* contact; **~ finden** to make friends; **~ suchen** to want to make friends ❸ BAHN, LUFT connection; **den ~ verpassen** to miss one's connecting train/flight
Anschlusszug *m* connecting train
an|schmiegen *vr* **sich [an jdn/etw] ~** to cuddle up [to sb/sth]
an|schnallen I. *vt (festgurten)* to strap on II. *vr* AUTO **sich ~** to fasten one's seat belt
an|schneiden *vt irreg Thema* to touch on
an|schreiben *irreg* I. *vt* **jdn ~** to write to sb II. *vi (fam)* [**bei jdm**] **~ lassen** to buy on credit [from sb]
an|schreien *vt irreg* to shout at
Anschrift *f* address
an|sehen *irreg vt* to look at; *(betrachten)* to take a look at; *Film* to watch; **man sieht ihm sein Alter nicht an** he doesn't look his age; **das kann ich nicht länger mit ~** I can't stand it any more; **jdn böse ~** to give sb an angry look
Ansehen <-s> *nt kein pl* reputation; [**bei jdm**] [**großes**] **~ genießen** to enjoy a [good] reputation [with sb]; **an ~**

A

verlieren to lose standing

ansehnlich *adj* ① *(beträchtlich)* considerable; **eine ~e Leistung** an impressive performance ② *(stattlich)* good-looking

Ansicht <-, -en> *f* view; **ich bin ganz Ihrer ~** I agree with you completely; **meiner ~ nach …** in my opinion …

Ansichtskarte *f* [picture] postcard

Anspannung *f* strain; *(körperlich)* effort

an|spielen *vi* to allude (**auf** to)

Anspielung <-, -en> *f* allusion (**auf** +*akk* to); *(böse)* insinuation

an|spornen *vt* to spur on (**zu** to); *Spieler* to cheer on

Ansprache *f* speech; **eine ~ halten** to make a speech

an|sprechen *irreg* **I.** *vt* ① *(anreden)* to speak to; **jdn [mit Peter/seinem Namen] ~** to address sb [as Peter/by his name] ② *(erwähnen)* to mention ③ *(gefallen)* **jdn ~** to appeal to sb **II.** *vi* MED to respond (**auf** to)

ansprechend *adj* appealing; *Umgebung* pleasant

Ansprechpartner(in) *m(f)* contact

Anspruch *m* claim; **einen ~ auf etw** *akk* **haben** to be entitled to sth; **jdn in ~ nehmen** to preoccupy sb; **hohe Ansprüche [an jdn/etw] stellen** to place great demands on sb/sth

anspruchslos *adj (bescheiden)* modest

anspruchsvoll *adj* demanding

Anstalt <-, -en> [ˈanʃtalt] *f* institute; **öffentliche ~** public institution

Anstand *m kein pl* decency; **keinen ~ haben** to have no sense of decency

anständig **I.** *adj* ① decent ② *(fam: ordentlich)* proper **II.** *adv* decently; **sich ~[er] benehmen** to behave oneself

anstandslos *adv* without difficulty

an|starren *vt* to stare at

anstatt [anˈʃtat] **I.** *präp* instead of **II.** *konj* **~ etw zu tun** instead of doing sth

an|stecken **I.** *vt* ① *(befestigen)* to pin on ② *Zigarette* to light [up] ③ *(in Brand stecken)* to set on fire ④ *(infizieren)* to infect (**mit** with) **II.** *vr* **sich [bei jdm] [mit etw** *dat*] **~** to catch sth [from sb]

ansteckend *adj* infectious; *(durch Berührung)* contagious

Anstecknadel *f* pin

an|stehen *vi irreg haben o* SÜDD *sein* ① *(warten)* to queue [*or* AM line] [up] (**nach** for) ② *(zu erledigen sein)* **etw steht [bei jdm] an** sth must be dealt with [by sb]

an|steigen *vi irreg sein* ① *(sich erhöhen)* to go up (**auf** to/**um** by); **~d** increasing ② *(steiler werden)* to ascend; **stark/steil ~** to ascend steeply

anstelle [anˈʃtɛlə] *präp* instead of

an|stellen **I.** *vt* ① *(einschalten)* to turn on ② *(beschäftigen)* to employ ③ *(fam: machen)* to manage; **was hast du da wieder angestellt?** what have you done now?; **etw geschickt ~** to bring sth off **II.** *vr* **sich ~** ① *(Schlange stehen)* to queue [up] BRIT, to line up AM ② *(fam: sich verhalten)* to act; **sich dumm ~** to act as if one is stupid

Anstellung *f* post

Anstoß *m* ① *(Ansporn)* impetus (**zu** for); **jdm den ~ geben, etw zu tun** to encourage sb to do sth ② *(geh: Ärgernis)* annoyance; **an etw** *dat* **~ nehmen** to take offence ③ FBALL kick off

an|stoßen *irreg* **I.** *vi* ① *sein* **mit etw** *dat* **[an etw** *akk*] **~** to bump sth [on sth] ② *haben (zusammen trinken)* to drink (**auf** to); **lasst uns ~!** let's drink to it! **II.** *vt haben* ① to bump ② *(in Gang setzen)* to set in motion **III.** *vr haben* **sich [an etw** *dat*] **~** to knock oneself [on sth]; **sich** *dat* **den Kopf ~** to knock one's head

anstößig **I.** *adj* offensive; **ein ~er Witz** an offensive [*or* BRIT *a.* a blue] joke **II.** *adv* offensively

Anstreicher(in) <-s, -> *m(f)* [house] painter

an|strengen **I.** *vr* to exert oneself (**bei** in); **sich ~, etw zu tun** to try hard to do sth **II.** *vt* to strain; *Geist, Muskeln* to exert

anstrengend *adj* strenuous; **das ist ~ für die Augen** it's a strain on the eyes

Anstrengung <-, -en> *f* effort; **mit letzter ~** with one last effort

Anstrich *m* ❶ *kein pl (das Anstreichen)* painting ❷ *(Farbüberzug)* coat [of paint]

Ansturm *m* rush (**auf** on)

Antagonist(in) <-en, -en> *m(f)* antagonist

Antarktis <-> [ant'ʔarktɪs] *f* Antarctic

antarktisch [ant'ʔarktɪʃ] *adj* Antarctic

Anteil ['antail] *m* share (**an** of); **der ~ an Asbest** the proportion of asbestos; **~ an etw** *dat* **nehmen** to show an interest in sth

anteilig, anteilmäßig *adj* proportionate

Anteilnahme <-> ['antailna:mə] *f kein pl* sympathy (**an** with)

Antenne <-, -n> [an'tɛnə] *f* aerial

Anthologie <-, -n> [antolo'gi:, *pl:* -'gi:ən] *f* anthology

Anthropologe, Anthropologin <-n, -n> [antropo'lo:gə, -'lo:gɪn] *m, f* anthropologist

Antialkoholiker(in) [antiʔalko'ho:likɐ] *m(f)* teetotaller **antialkoholisch** *adj* anti-alcohol *attr* **antiamerikanisch** *adj* anti-American **antiautoritär** [antiʔaʊtori'tɛ:ɐ̯] *adj* anti[-]authoritarian

Antibabypille [anti'be:bipɪlə] *f (fam)* **die ~** the pill

Antibiotikum <-s, -biotika> [anti'bi̯o:tikʊm] *nt* antibiotic

Antiblockiersystem [antiblɔ'ki:ɐ̯-] *nt* anti-lock [braking] system, ABS

antik [an'ti:k] *adj* ❶ *(alt)* antique ❷ *(aus der Antike)* ancient

Antike <-> [an'ti:kə] *f kein pl* antiquity

Antikörper *m* antibody

Antilope <-, -n> [anti'lo:pə] *f* antelope

Antiquariat <-[e]s, -e> [antikva'ri̯a:t] *nt* second-hand bookshop

Antiquität <-, -en> [antikvi'tɛ:t] *f* antique

Antiquitätenhändler(in) *m(f)* antiques dealer

Antiseptikum <-s, -ka> [anti'zɛptikʊm, *pl:* -ka] *nt* MED antiseptic

antistatisch [anti'sta:tɪʃ] *adj* antistatic

Antrag <-[e]s, -träge> ['antra:k] *m* ❶ application ❷ JUR petition; **einen ~ [auf etw** *akk*] **stellen** to file a petition [for sth] ❸ *(Heiratsantrag)* [marriage] proposal; **jdm einen ~ machen** to propose [to sb]

Antragsformular *nt* application form

Antrieb *m* ❶ TECH drive (for) ❷ *(Motivation)* energy *no indef art;* **aus eigenem ~** on one's own initiative

Antritt *m kein pl* ❶ *(Beginn)* start ❷ *(Übernahme)* **nach ~ seines Amtes/der Erbschaft** after assuming office/coming into the inheritance

Antwort <-, -en> ['antvɔrt] *f* ❶ answer (**auf** to) ❷ *(Reaktion)* response (**auf** to); **als ~ auf etw** *akk* in response to sth

antworten ['antvɔrtn̩] *vi* ❶ to answer; **mit Ja/Nein ~** to answer yes/no; **schriftlich ~** to answer in writing ❷ *(reagieren)* to respond (**mit** with)

an|vertrauen ['anfɛɐ̯trauən] **I.** *vt* **jdm etw ~** ❶ *(geben)* to entrust sb with sth ❷ *(erzählen)* to confide sth to sb **II.** *vr* **sich jdm ~** to confide in sb

Anwalt, Anwältin <-[e]s, -wälte> ['anvalt, 'anvɛltɪn] *m, f* lawyer; **sich** *dat* **einen ~ nehmen** to engage the services of a lawyer

Anwärter(in) *m(f)* candidate (**auf** +*akk* for) SPORT contender (**auf** +*akk* for)

an|weisen *vt irreg* **jdn ~, etw zu tun** to order sb to do sth

Anweisung *f* ❶ *(Anordnung)* order; **~ haben, etw zu tun** to have instructions to do sth; **auf [jds** *akk*] **~** on [sb's] instruction ❷ *(Anleitung)* instruction

anwendbar *adj* applicable (**auf** +*akk* to); **in der Praxis ~** practicable

an|wenden *vt reg o irreg* ❶ *(gebrauchen)* to use (**bei** on) ❷ *(übertragen)* to apply (**auf** to)

Anwender(in) <-s, -> *m(f)* user

anwenderfreundlich *adj* INFORM user-friendly

Anwendung *f* ① *(Gebrauch)* use ② *(Übertragung)* application (**auf** to) ③ MED administration

anwesend *adj* present *pred;* [**bei etw** *dat*] ~ **sein** to be present [at sth]

Anwesenheit <-> *f kein pl* presence

an|widern ['anvi:dɐn] *vt* to nauseate; **angewidert** nauseated *attr*

Anzahl *f kein pl* number

Anzahlung *f* deposit; **eine ~ machen** to pay a deposit

an|zapfen *vt* to tap

Anzeige <-, -n> *f* ① *(Strafanzeige)* charge (**wegen** for) ② *(Inserat)* ad[vertisement]

an|zeigen *vt* ① JUR **jdn** [**wegen einer S.** *gen*] ~ to report sb [for sth] ② *(angeben)* to indicate; *(digital)* to display

an|ziehen *irreg* **I.** *vt* ① *Kleider* to put on *sep; Person* to dress ② *Arm, Bein* to draw up ③ *(anlocken)* to attract; **sich von jdm/etw angezogen fühlen** to be attracted to sb/sth **II.** *vr* **sich ~** to get dressed; **sich leger/schick/warm ~** to put on casual/smart/warm clothing

anziehend *adj* attractive

Anziehungskraft *f* ① PHYS gravitation ② PSYCH appeal; **auf jdn eine ~ ausüben** to appeal to sb

Anzug *m* ① suit; **ein einreihiger/zweireihiger ~** a single-/double-breasted suit ② SCHWEIZ *(Bezug)* duvet cover

anzüglich ['antsy:klɪç] *adj* ① *(schlüpfrig)* insinuating ② *(zudringlich)* personal; ~ **werden** to get personal

an|zünden *vt* ① *Feuer* to light ② *Haus* to set on fire ③ *Zigarette* to light

Aorta <-, Aorten> [a'ɔrta] *f* aorta

Apartment <-s, -s> [a'partmənt] *nt* *(Wohnung)* flat BRIT, apartment AM

apathisch [a'pa:tɪʃ] **I.** *adj* apathetic; MED listless **II.** *adv* apathetically; MED listlessly

Apfel <-s, Äpfel> ['apfl̩] *m* apple

Apfelbaum *m* apple tree **Apfelsaft** *m* apple juice

Apfelsine <-, -n> [apfl̩'zi:nə] *f* orange

Apfelwein *m* cider

Aphrodisiakum <-s, -disiaka> [afrodi'zi:akʊm, *pl:* -ka] *nt* aphrodisiac

apokalyptisch [apoka'lʏptɪʃ] *adj* REL apocalyptic

Apostel <-s, -> [a'pɔstl̩] *m* apostle

Apostroph <-s, -e> [apo'stro:f] *m* apostrophe

Apotheke <-, -n> [apo'te:kə] *f* pharmacy

Apotheker(in) <-s, -> [apo'te:kɐ] *m(f)* pharmacist

App <-, -s> [ɛp] *f* INET app

Apparat <-[e]s, -e> [apa'ra:t] *m* ① apparatus *no pl form; (kleineres Gerät)* gadget ② *(Telefon)* telephone; **am ~ bleiben** to hold the line; **am ~!** speaking!

Appell <-s, -e> [a'pɛl] *m* appeal; **einen ~ an jdn richten** to make an appeal to sb

appellieren [apɛ'li:rən] *vi* to appeal (**an** to)

Appetit <-[e]s> [ape'ti:t] *m kein pl* appetite; **guten ~!** enjoy your meal!; ~ **auf etw** *akk* **haben** to feel like [having] sth; **den ~ anregen** to work up an [*or* one's] appetite; **jdm den ~** [**auf etw** *akk*] **verderben** *(fam)* to spoil sb's appetite [for sth]

appetitlich *adj* appetizing

applaudieren [aplau'di:rən] *vi (geh)* to applaud

Applaus <-es> [a'plaus] *m kein pl* applause; **stehender ~** standing ovation

Aprikose <-, -n> [apri'ko:zə] *f* apricot

April <-s, *selten* -e> [a'prɪl] *m* April; *s.a.* **Februar** ▶ **~! ~!** *(fam)* April fool!; **jdn in den ~ schicken** to make an April fool of sb

Aprilscherz *m* April fool's trick

apropos [apro'po:] *adv* ① *(übrigens)* by the way ② *(was … angeht)* ~ **Männer, …** talking of men, …

Aquarell <-s, -e> [akva'rɛl] *nt* watercolour

Aquarellfarbe *f* watercolour

Äquator <-s> [ɛ'kva:to:ɐ̯] *m kein pl* equator

Äquivalenz <-, -en> [ɛkviva'lɛnts] *f* equivalence

Ära <-, Ären> ['ɛ:ra] *f (geh)* era

Araber(in) <-s, -> ['arabɐ] *m(f)* Arab

arabisch [a'ra:bɪʃ] *adj* ① Arabian; **A~es Meer** Arabian Sea ② *(Sprache)* Arabic; **auf ~** in Arabic

Arbeit <-, -en> ['arbait] *f* ① *(Tätigkeit)* work *no pl, no indef art;* **gute/schlechte ~ leisten** to do a good/bad job; **sich an die ~ machen** to get down to working; **an die ~!** get to work! ② *(Aufgabe, Beruf)* job ③ *(Werk)* work ④ *(Klassenarbeit)* test; **eine ~ schreiben** to do a test ⑤ *kein pl (Mühe)* troubles *pl;* **sich** *dat* **~ [mit etw** *dat*] **machen** to go to trouble [with sth] ▸ **erst die ~, dann das Vergnügen** *(prov)* business before pleasure

arbeiten ['arbaitn̩] **I.** *vi* ① to work; **an etw** *dat* **~** to be working on sth ② *(berufstätig sein)* to have a job **II.** *vt (tun)* **etwas/nichts ~** to do something/nothing

Arbeiter(in) <-s, -> *m(f)* worker

Arbeitgeber(in) <-s, -> *m(f)* employer **Arbeitnehmer(in)** *m(f)* employee

Arbeitsamt *nt* job centre BRIT, employment office AM **Arbeitsbedingungen** *pl* working conditions **Arbeitsbeschaffungsmaßnahme** *f* job creation scheme [*or* AM plan] **Arbeitserlaubnis** *f* work permit **Arbeitsgericht** *nt* industrial tribunal **arbeitsintensiv** *adj* labour-intensive **Arbeitskleidung** *f* work clothes *pl* **Arbeitskraft** *f* ① *kein pl (Leistungskraft)* work capacity; **die menschliche ~** human labour ② *(Mitarbeiter)* worker

arbeitslos *adj* unemployed

Arbeitslose(r) *f(m) dekl wie adj* unemployed person

Arbeitslosengeld *nt* unemployment benefit **Arbeitslosenhilfe** *f* unemployment aid

Arbeitslosigkeit <-> *f kein pl* unemployment **Arbeitsmarkt** *m* job market **Arbeitsniederlegung** *f* walkout **Arbeitsplatz** *m* ① *(Arbeitsstätte)* workplace; **am ~** at work ② *(Stelle)* job; **freier ~** vacancy **Arbeitsplatzteilung** *f* job-sharing **Arbeitstag** *m* working day **Arbeitsteilung** *f* job-sharing **Arbeitstier** *nt (fam)* workaholic, workhorse **arbeitsunfähig** *adj* unfit for work; **jdn ~ schreiben** to write sb a sick note **Arbeitsunfall** *m* work-related accident **Arbeitsvertrag** *m* contract of employment **Arbeitszeit** *f* working hours *pl;* **gleitende ~** flexitime **Arbeitszeugnis** *nt* reference **Arbeitszimmer** *nt* study

Archäologe, -login <-n, -n> [arçɛo'lo:gə, -'lo:gɪn] *m, f* archaeologist

Archäologie <-> [arçɛolo'gi:] *f kein pl* archaeology

archäologisch [arçɛo'lo:gɪʃ] *adj* archaeological

Architekt(in) <-en, -en> [arçi'tɛkt] *m(f)* architect

Architektur <-, -en> [arçitɛk'tu:ɐ̯] *f* architecture

Archiv <-s, -e> [ar'çi:f] *nt* archives *pl*

ARD *organization of Germany's regional public-service broadcasters*

Areal <-s, -e> [are'a:l] *nt* ① *(Gebiet)* area ② *(Grundstück)* grounds *pl*

Arena <-, Arenen> [a're:na] *f* arena

arg <ärger, ärgste> [ark] **I.** *adj* ① *(schlimm)* bad; **im A~en liegen** to be at sixes and sevens ② *attr (groß)* great; **eine ~e Enttäuschung** a great disappointment **II.** *adv* SÜDD *(fam: sehr)* badly

Argentinien <-s> [argɛn'ti:ni̯ən] *nt* Argentina

Argentinier(in) <-s, -> [argɛn'ti:ni̯ɐ] *m(f)* Argentinian

argentinisch [argɛn'ti:nɪʃ] *adj* Argentinian

Ärger <-s> ['ɛrgɐ] *m kein pl* ① *(Wut)*

A

anger ② *(Unannehmlichkeiten)* trouble; ~ **bekommen** to get into trouble; ~ **haben** to have problems; [**jdm**] ~ **machen** to cause [sb] trouble

ärgerlich *adj* ① *(verärgert)* annoyed (**über** about) ② *(unangenehm)* unpleasant

ärgern ['ɛrgɐn] **I.** *vt* ① *(verärgern)* to annoy ② *(reizen)* to tease (**wegen** about) **II.** *vr* **sich** [**über jdn/etw**] ~ to be annoyed [about sb/sth]

arglos *adj* innocent

Argument <-[e]s, -e> [argu'mɛnt] *nt* argument

argumentieren *vi* to argue; **mit etw** *dat* ~ to use sth as an argument

argwöhnisch ['arkvøːnɪʃ] **I.** *adj* suspicious **II.** *adv* suspiciously

Arie <-, -n> ['aːri̯ə] *f* aria

Aristokrat(in) <-en, -en> [arɪsto'kraːt] *m(f)* aristocrat

aristokratisch *adj* aristocratic

Arktis <-> ['arktɪs] *f* Arctic

arktisch ['arktɪʃ] *adj* arctic

arm <ärmer, ärmste> [arm] *adj* poor

Arm <-[e]s, -e> [arm] *m* arm; **jdn in die ~e nehmen** to take sb in one's arms; **ein Kind auf den ~ nehmen** to pick up a child

Armatur <-, -en> [arma'tuːɐ̯] *f meist pl* ① *(Wasserhahn)* fitting ② AUTO instrument

Armaturenbrett *nt* dashboard

Armband <-bänder> *nt* ① *(Uhrarmband)* [watch] strap ② *(Schmuckarmband)* bracelet

Armbanduhr *f* [wrist-]watch **Armbrust** ['armbrʊst] *f* crossbow

Armee <-, -n> [ar'meː] *f* army

Ärmel <-s, -> ['ɛrml̩] *m* sleeve

Ärmelkanal *m* **der** ~ the [English] Channel

Armlehne *f* armrest

ärmlich ['ɛrmlɪç] **I.** *adj* ① *(arm)* poor; *(Kleidung)* shabby ② *(dürftig)* meagre **II.** *adv* poorly

armselig *adj* ① *(ärmlich)* shabby ② *(dürftig)* miserable

Armut <-> ['armuːt] *f kein pl* poverty; **geistige** ~ intellectual poverty

Aroma <-s, Aromen> [a'roːma] *nt* ① *(Geruch)* aroma ② *(Geschmack)* flavour

aromatisch [aro'maːtɪʃ] *adj* ① aromatic ② *(wohlschmeckend)* flavoursome BRIT, flavorful AM

Arrest <-[e]s, -s> [a'rɛst] *m* detention

arrogant [aro'gant] **I.** *adj* arrogant **II.** *adv* arrogantly

Arroganz <-> [aro'gants] *f kein pl* arrogance

Arsch <-[e]s, Ärsche> [arʃ] *m (derb)* ① arse BRIT, ass AM ② *(blöder Kerl)* [stupid] bastard ▶ **jdm in den ~ kriechen** to kiss sb's arse [*or* AM ass] *sl;* **leck mich am ~!** *(verpiss dich)* fuck off!; *(verdammt noch mal)* fuck it! *fam;* **am ~ der Welt** *(sl)* out in the sticks

Arschkriecher(in) *m(f) (pej sl)* arselicker BRIT, ass-kisser AM **Arschloch** *nt (vulg)* arsehole BRIT, asshole AM

Arsen <-s> [ar'zeːn] *nt kein pl* CHEM arsenic *no pl*

Art <-, -en> [aːɐ̯t] *f* ① *(Sorte)* kind ② *(Methode)* way; **auf diese ~ und Weise** [in] this way; **nach ~ des Hauses** à la maison ③ *(Wesens~)* nature ④ BIOL species

Artenschutz *m* protection of species **Artenvielfalt** <-> *f kein pl* BIOL abundance of species

Arterie <-, -n> [ar'teːri̯ə] *f* artery

arteriell [arte'ri̯ɛl] *adj* arterial

Arterienverkalkung *f*, **Arteriosklerose** <-, -n> [arteri̯oskle'roːzə] *f* hardening of the arteries

Arthrose <-, -n> [ar'troːzə] *f* arthrosis

artig ['aːɐ̯tɪç] *adj* well-behaved

Artikel <-s, -> [ar'tiːkl̩, ar'tɪkl̩] *m* ① *(Zeitungs~)* article ② *(Ware)* item ③ LING article

Artischocke <-, -n> [arti'ʃɔkə] *f* artichoke

Artist(in) <-en, -en> [ar'tɪst] *m(f)* performer

Arznei <-, -en> [aːɐ̯ts'nai] *f* medicine

Arzneimittel *nt* drug

Arzt, **Ärztin** <-es, Ärzte> [aːɐ̯tst, 'ɛːɐ̯tstɪn] *m, f* doctor; ~ **für Allgemeinmedizin** general practitioner, GP; **behandelnder** ~ personal doctor

Arzthelfer(in) *m(f)* [doctor's] receptionist

Ärztin <-, -nen> ['ɛːɐ̯tstɪn] *f fem form von* **Arzt**

ärztlich ['ɛːɐ̯tstlɪç] **I.** *adj* medical **II.** *adv* medically; **sich ~ behandeln lassen** to get medical advice

Asche <-, -n> ['aʃə] *f* ash

Aschenbecher *m* ashtray

Aschermittwoch [aʃɐ'mɪtvɔx] *m* Ash Wednesday

Asiat [a'zi̯aːt], **Asiate**, **Asiatin** <-en, -en> [a'zi̯aːtə, a'zi̯aːtɪn] *m, f* Asian

asiatisch [a'zi̯aːtɪʃ] *adj* Asian

Asien <-s> ['aːzi̯ən] *nt* Asia

asozial ['azotsi̯aːl] **I.** *adj* antisocial **II.** *adv* antisocially

Asphalt <-[e]s, -e> [as'falt] *m* asphalt *no pl*

Ass <-es, -e> [as] *nt* ace

Assistent(in) <-en, -en> [asɪs'tɛnt] *m(f)* assistant

Assistenzarzt, **-ärztin** *m, f* assistant physician BRIT, resident [doctor] AM

Ast <-[e]s, Äste> [ast] *m* branch

Asteroid <-en, -en> [astero'iːt, *pl:* -'iːdən] *m* asteroid

Ästhetik <-> [ɛs'teːtɪk] *f kein pl* aesthetics *pl*

ästhetisch [ɛs'teːtɪʃ] *adj (geh)* aesthetic

Asthma <-s> ['astma] *nt kein pl* asthma

asthmatisch [ast'maːtɪʃ] *adj* asthmatic

astrein *adj* ❶ *(fam: moralisch einwandfrei)* straight ❷ *(sl: spitze)* fantastic

Astrologe, **-login** <-n, -n> [astro'loːgə, -'loːgɪn] *m, f* astrologer

Astrologie <-> [astrolo'giː] *f kein pl* astrology

astrologisch [astro'loːgɪʃ] *adj* astrological

Astronom(in) <-en, -en> [astro'noːm] *m(f)* astronomer

Astronomie <-> [astrono'miː] *f kein pl* astronomy

astronomisch [astro'noːmɪʃ] *adj* astronomical

Asyl <-s, -e> [a'zyːl] *nt* asylum; **um ~ bitten** to apply for asylum; **jdm ~ gewähren** to grant sb asylum

Asylbehörde *f* asylum authority **Asylbewerber(in)** *m(f)* applicant for [political] asylum

Atelier <-s, -s> [atə'li̯eː] *nt* studio

Atem <-s> ['aːtəm] *m kein pl* breath; **den ~ anhalten** to hold one's breath; **~ holen** to take a breath; **nach ~ ringen** to be gasping for breath; **außer ~** out of breath

atemberaubend *adj* breath-taking

Atemgerät *nt* respirator; *(für Taucher)* breathing apparatus

atemlos **I.** *adj* breathless **II.** *adv* breathlessly

Atemnot *f* shortness of breath **Atemwege** *pl* respiratory tracts *pl* **Atemzug** *m* breath ▶ **in einem ~** in one breath

Atheismus <-> [ate'ɪsmʊs] *m kein pl* atheism

Atheist(in) <-en, -en> [ate'ɪst] *m(f)* atheist

atheistisch *adj* atheist

Äther <-s> ['ɛːtɐ] *m kein pl* ether

ätherisch [ɛ'teːrɪʃ] *adj* ethereal

Äthiopien <-s> [ɛ'ti̯oːpi̯ən] *nt* Ethiopia; *s.a.* **Deutschland**

Äthiopier(in) <-s, -> [ɛ'ti̯oːpi̯ɐ] *m(f)* Ethiopian; *s.a.* **Deutsche(r)**

äthiopisch [ɛ'ti̯oːpɪʃ] *adj* Ethiopian; *s.a.* **deutsch**

Athlet(in) <-en, -en> [at'leːt] *m(f)* athlete

athletisch [at'leːtɪʃ] *adj* athletic

Atlantik <-s> [at'lantɪk] *m* Atlantic

atlantisch [at'lantɪʃ] *adj* Atlantic

Atlas <-, Atlanten> ['atlas] *m* atlas

atmen ['aːtmən] *vi, vt* to breathe

Atmosphäre <-, -n> [atmo'sfɛːrə] *f* atmosphere

atmosphärisch [atmo'sfɛːrɪʃ] *adj* atmospheric

A

Atmung <-> *f kein pl* breathing

Atom <-s, -e> [a'to:m] *nt* atom

atomar [ato'ma:ɐ̯] *adj* nuclear; **~ angetrieben sein** to be nuclear-powered

Atomausstieg *m* denuclearization, nuclear [power] phase-out

Atombombe *f* nuclear bomb **Atomenergie** *f* nuclear energy **Atomindustrie** *f* nuclear industry **Atomkern** *m* nucleus **Atomkraft** *f kein pl* nuclear power **Atomkraftwerk** *nt* nuclear power station **Atomreaktor** *m* nuclear reactor

Attentat <-[e]s, -e> ['atn̩ta:t] *nt* an attempt on sb's life; *(mit tödlichem Ausgang)* assassination; **ein ~ auf jdn verüben** to make an attempt on sb's life; *(mit tödlichem Ausgang)* to assassinate sb

Attentäter(in) ['atn̩tɛ:tɐ] *m(f)* assassin

Attest <-[e]s, -e> [a'tɛst] *nt* certificate; **jdm ein ~ über etw** *akk* **ausstellen** to certify sth for sb

Attrappe <-, -n> [a'trapə] *f* dummy

ätzend *adj* ① corrosive ② *Geruch* pungent

Aubergine <-, -n> [obɛr'ʒi:nə] *f* aubergine BRIT, egg-plant AM

auch [aux] *adv* ① *(ebenfalls)* too, also; **ich habe Hunger, du ~?** I'm hungry, you too?; **... ~ nicht** not ... either, ... neither; **wenn du nicht hingehst, gehe ich ~ nicht** if you don't go, I won't either; **ich gehe nicht mit! — ich ~ nicht!** I'm not coming! — nor am I! ② *(sogar)* even; **~ wenn** even if; **so schnell sie ~ laufen mag** however fast she may run ...; **wie dem ~ sei** whatever ③ *(verstärkend)* **so was Ärgerliches aber ~!** that's really too annoying!

Audienz <-, -en> [aʊ'di̯ɛnts] *f* audience

Audiodatei ['audi̯o-] *f* audio file

Audioführung *f* audio tour

auf [auf] **I.** *präp* ① on, upon *form;* **~ dem Stuhl** on the chair ② *(in Richtung)* on, onto; **sie fiel ~ den Rücken** she fell on[to] her back ③ *(zur)* to; **er muss ~ die Post** he has to go to the post office ④ *(bei)* **sein Geld ist ~ der Bank** his money is in the bank; **er arbeitet ~ dem Finanzamt** he works at the tax office ⑤ *(beschränkend)* to; **~ den Millimeter genau** exact to a millimetre **II.** *adv* ① *(fam: geöffnet)* open ② *(fam: nicht mehr im Bett)* **~ sein** to be up ▶ **~ und ab** up and down; **~ und davon** *(fort)* up and away **III.** *interj (los!)* **~!** let's go! **IV.** *konj (geh: Wunsch)* **~ dass ...** that ...

Aufbau *m kein pl* ① *(Zusammenbau)* assembling ② *(Schaffung)* building; *eines sozialen Netzes* creation ③ *(Struktur)* structure

auf|bauen **I.** *vt* ① TECH to assemble ② *(schaffen) Existenz, Organisation* to build up *sep* **II.** *vi (basieren)* to be based (**auf** on)

auf|bewahren *vt* to keep

Aufbewahrung <-, -en> *f* [safe]keeping

aufblasbar *adj* inflatable

auf|blasen *irreg* **I.** *vt* to inflate **II.** *vr* **sich ~** *(pej)* to puff oneself up; **aufgeblasen [sein]** [to be] puffed-up

auf|bleiben *vi irreg sein* ① *(nicht schlafen)* to stay up ② *(offen bleiben)* to stay open

auf|blühen *vi sein* to bloom

auf|brechen *irreg* **I.** *vt haben* to break open *sep;* **ein Auto ~** to break into a car **II.** *vi sein* ① *(aufplatzen)* to break up ② *(starten)* to start off

Aufbruch *m kein pl* departure

auf|decken *vt* to uncover

auf|drehen *vt* ① *(öffnen)* to turn on *sep; Schraubverschluss* to unscrew ② *(fam) Radio, Heizung* to turn up *sep* ③ *(fam)* **aufgedreht sein** to be full of go

aufdringlich *adj* ① obtrusive; **~ werden** to become obtrusive ② *Geruch* pungent

Aufdruck <-drucke> *m* ① *(aufgedruckter Hinweis)* imprint, stamp ② *(Zu-*

satzstempel auf Briefmarke) overprint

aufeinander [aufʔaiˈnandɐ] *adv* ① *(gegeneinander)* ~ **losgehen** to hit away at each other ② *(wechselseitig)* ~ **angewiesen sein** to be dependent on each other; ~ **zugehen** to approach each other

aufeinander|folgen *vi* to follow each other; **dicht** ~ to come thick and fast **aufeinanderfolgend** *adj* successive **aufeinander|stapeln** *vt* to pile on top of each other **aufeinander|stoßen** *vi* to clash

Aufenthalt <-[e]s, -e> [ˈaufʔɛnthalt] *m* ① stay ② BAHN stop[over]; **wie lange haben wir in Köln ~?** how long do we stop [for] in Cologne?

Aufenthaltsgenehmigung *f* JUR residence permit **Aufenthaltsort** *m* whereabouts + *sing/pl vb* **Aufenthaltsraum** *m* day room

Auferstehung <-, -en> *f* resurrection

Auffahrt *f* ① *(Autobahn~)* slip road BRIT, entrance ramp AM ② SCHWEIZ *s.* **Himmelfahrt**

Auffahrunfall *m* rear-end collision

auffallend I. *adj* conspicuous; **~e Ähnlichkeit** striking likeness II. *adv* strangely

auffällig I. *adj* conspicuous; **an jdm ~ sein** to be noticeable about sb II. *adv* conspicuously

Auffanglager *nt* reception camp

Auffassung *f* opinion; **ich bin der ~, dass ...** I think [that] ...; **nach jds ~** in sb's opinion

auf|flammen *vi sein* ① *(flammend aufleuchten)* to flare up; **etw zum A~ bringen** to make sth flare up; **etw wieder zum A~ bringen** to rekindle sth ② *(geh: gewaltig losbrechen)* to flare up

auf|fordern *vt* **jdn ~, etw zu tun** to ask sb to do sth; **wir fordern Sie auf, ...** you are requested ...

auf|frischen *vt haben: Beziehung* to renew; *Erinnerung* to refresh; **sein Französisch ~** to brush up one's French *sep*

Auffrischungskurs *m* refresher course

auf|führen I. *vt* ① THEAT to perform ② *(auflisten)* to list; *Beispiele, Zeugen* to cite II. *vr (sich benehmen)* to behave; **sich ~, als ob ...** to act as if ...

Aufführung *f* THEAT performance

auf|füllen *vt, vi (nachfüllen)* to top up *sep*

Aufgabe <-, -n> *f* ① task ② *meist pl* SCH exercise; *(zu Hause zu erledigen)* homework *no pl* ③ *(Kapitulation)* surrender

Aufgabenbereich *m*, **Aufgabengebiet** *nt* area of responsibility

auf|geben *irreg* I. *vt* ① *Aufgabe* to give ② *Gepäck* to register; LUFT to check in ③ *Gewohnheit* to give up *sep; Stellung* to resign ④ *(verloren geben)* **jdn ~** to give up with sb ⑤ *(vorzeitig beenden)* abandon II. *vi (sich geschlagen geben)* to give up

aufgeblasen I. *adj (pej: arrogant)* self-important II. *pp von* **aufblasen**

aufgebracht *adj* outraged (**über** *+akk* with)

auf|gehen *vi irreg sein* ① *Mond, Sonne* to rise ② *(sich öffnen)* to open; *Knoten* to come undone ③ *Teig* to rise

aufgelegt I. *adj* **gut/schlecht ~ sein** to be in a good/bad mood; **dazu ~ sein, etw zu tun** to feel like doing sth II. *pp von* **auflegen**

aufgeregt I. *adj* excited II. *adv* excitedly

aufgeschmissen *adj (fam)* ~ **sein** to be in a fix

aufgeweckt I. *adj* bright II. *pp von* **aufwecken**

aufgrund, **auf Grund** [aufˈgrʊnt] *präp +gen* owing to

auf|halten *irreg* I. *vt* ① *(zurückhalten)* to hold up *sep* ② *(offen hinhalten)* **die Hand ~** to hold out one's hand *sep* II. *vr (verweilen)* **sich ~** to stay; **sich bei etw** *dat* **~** to dwell on sth

auf|hängen I. *vt* ① to hang up; **die Wäsche ~** to hang out the washing ② *(er-*

hängen) to hang **II.** *vr* **sich ~** to hang oneself (**an** from)

Aufhänger <-s, -> *m (Anknüpfungspunkt)* peg

auf|heben *irreg* **I.** *vt* ① *(vom Boden)* to pick up *sep* ② *(aufbewahren)* to keep ③ *(widerrufen)* to abolish **II.** *vr* **sich** [**gegenseitig**] ~ to offset each other

Aufheben *nt* [**nicht**] **viel ~**[**s**] [**von etw** *dat*] **machen** to [not] make a lot of fuss [about sth]

auf|heitern *vt* to cheer up *sep*

auf|heizen **I.** *vt* ① *(allmählich erhitzen)* **etw ~** to heat [up *sep*] sth ② *(geh: emotional aufladen)* **jdn ~** to inflame sb; **die Atmosphäre ~** to charge the atmosphere; **die Stimmung ~** to stir up feelings *sep;* **aufgeheizt** charged **II.** *vr* ① *(sich allmählich erhitzen)* **sich ~** to heat up ② *(geh: sich emotional aufladen)* **sich ~** to become charged, to intensify

auf|hellen *vr* **sich ~** to brighten [up]

auf|hetzen *vt (pej)* to incite (**gegen** against)

auf|holen **I.** *vt Zeit* to make up *sep* **II.** *vi* to catch up

auf|hören *vi* to stop; **hör endlich auf!** [will you] stop it!; **~, etw zu tun** to stop doing sth

auf|klären **I.** *vt* ① *Missverständnis* to clear up *sep; Verbrechen* to solve ② *(informieren)* to inform (**über** about) ③ *(sexuell)* to explain the facts of life **II.** *vr* **sich ~** ① to resolve itself ② *Wetter* to brighten [up]

Aufkleber *m* sticker

Aufladekarte *f (fürs Handy)* top-up card

auf|laden *irreg vt* ① to load (**auf** on[to]) ② *(fig)* **jdm etw ~** to burden sb with sth ③ ELEK to charge

Auflage <-, -n> *f* ① *(von Buch)* edition; *(Auflagenhöhe)* number of copies ② *(Polster)* pad

Auflauf *m* ① KOCHK *savoury or sweet dish baked in the oven* ② *(Menschen~)* crowd

auf|laufen *vi irreg sein* ① FIN **aufgelaufene Zinsen** accrued interest ② **jdn ~ lassen** *(fam)* to drop sb in it

auf|legen *vt* ① VERLAG to publish ② **den Hörer ~** to hang up ③ **Holz/Kohle ~** to put on more wood/coal *sep*

auf|lehnen *vr* to revolt (**gegen** against)

auf|lösen **I.** *vt* ① *(in Flüssigkeit)* to dissolve ② *Gruppe* to disband ③ *Konto* to close **II.** *vr* **sich ~** ① *(in Flüssigkeit)* to dissolve ② *Gruppe* to break up *sep* ③ **sich** [**in nichts/Luft**] **~** to disappear [into thin air]

Auflösung *f* ① *einer Gruppe* disbanding ② FOTO resolution

Aufmachung <-, -en> *f* ① *(Kleidung)* turn-out ② *(Gestaltung) eines Buchs* presentation; *einer Seite, Zeitschrift* layout

aufmerksam **I.** *adj* attentive; [**auf jdn/etw**] **~ werden** to take notice [of sb/sth]; **jdn auf etw** *akk* **~ machen** to draw sb's attention to sth; [**das ist**] **sehr ~** [**von Ihnen**] [that's] most kind [of you] **II.** *adv* attentively

Aufmerksamkeit <-> *f kein pl* ① attention ② *(Zuvorkommenheit)* attentiveness

auf|muntern *vt* ① *(beleben)* to liven up *sep* ② *(Mut machen)* to encourage

aufmüpfig *adj (fam)* rebellious

Aufnahme <-, -n> *f* ① photo[graph]; *(Tonband)* [tape-]recording; **von jdm/etw eine ~ machen** to take a photo of sb/sth; *(Tonband)* to record sb/sth [on tape] ② *(in eine Gruppe)* admission

Aufnahmeprüfung *f* entrance examination

auf|nehmen *vt irreg* ① to photograph; *(auf Film)* to film; *(auf Tonband)* to record ② *(unterbringen)* **jdn** [**bei sich** *dat*] **~** to take in sb *sep* ③ *(in eine Gruppe)* to admit

auf|päppeln *vt (fam)* **jdn/ein Tier ~** to feed up sb/an animal *sep (wieder gesund machen)* to nurse sb/an animal back to health

auf|passen *vi* ① *(aufmerksam sein)* to

pay attention ❷ *(beaufsichtigen)* to keep an eye (**auf** on)

Aufprall <-[e]s, -e> *m* impact

auf|prallen *vi sein* [**auf etw** *akk o dat*] ~ to hit sth

Aufpreis *m* extra charge; **gegen ~** for an extra charge

auf|pumpen *vt* to pump up *sep;* **aufgepumpt** inflated

Aufputschmittel *nt* stimulant

auf|räumen I. *vt Platz* to clear [up] *sep; Sachen* to clear away *sep;* **aufgeräumt sein** to be [neat and] tidy II. *vi* to tidy up

aufrecht ['aufrɛçt] *adj, adv* upright

aufrecht|erhalten ['aufrɛçtʔɛɐ̯haltn̩] *vt irreg* to maintain

auf|regen I. *vt (verärgern)* to annoy; *(nervös machen)* to make nervous; **reg mich nicht auf!** stop getting on my nerves! II. *vr* **sich [über jdn/etw] ~** to get worked up [about sb/sth]; **reg dich nicht so auf!** don't get [yourself] so worked up!

Aufregung *f* ❶ *(aufgeregte Erwartung)* excitement *no pl* ❷ *(Beunruhigung)* agitation *no pl;* **nur keine ~!** don't get flustered; **jdn in ~ versetzen** to get sb into a state

auf|reiben *irreg* I. *vt* ❶ *(zermürben)* **jdn ~** to wear down sb *sep;* **jdn nervlich ~** to fray sb's nerves ❷ *(wund reiben)* **[jdm] etw ~** to chafe sb's sth II. *vr* ❶ *(sich zermürben)* **sich ~** to wear oneself out; **sich [für die Arbeit] ~** to work oneself into the ground ❷ *(sich aufscheuern)* **sich die Hände/Haut ~** to rub one's hands/skin sore

auf|reißen *irreg* I. *vt haben* ❶ *(durch Reißen öffnen)* to tear open *sep* ❷ *Augen, Mund* to open wide ❸ *(sl: aufgabeln)* to pick up *sep* II. *vi sein: Naht* to split

auf|richten I. *vt* ❶ *(in aufrechte Lage bringen)* to put upright ❷ *(ermutigen)* **jdn [wieder] ~** to put new heart into sb II. *vr* **sich ~** to straighten up

aufrichtig I. *adj* honest; *Gefühl* sincere II. *adv* sincerely

A

Aufrichtigkeit <-> *f kein pl* sincerity

Aufruf *m* ❶ *(Appell)* appeal ❷ INFORM call; *von Daten a.* retrieval

Aufruhr <-[e]s, -e> ['aʊfruːɐ̯] *m* ❶ *kein pl (Erregung)* turmoil *no pl; (in der Stadt/im Volk)* unrest *no pl, no indef art;* **jdn in ~ versetzen** to throw sb into a turmoil ❷ *(Aufstand)* revolt

aufrührerisch *adj* ❶ *attr (rebellisch)* rebellious ❷ *(aufwiegelnd)* inflammatory

auf|runden *vt* to round up *sep* (**auf** to)

auf|rütteln *vt* to rouse (**aus** from)

aufsässig ['aufzɛsɪç] *adj* rebellious

Aufsatz *m* essay

auf|schieben *vt irreg* to postpone (**auf** until)

Aufschlag *m* ❶ SPORT service *no pl;* **~ haben** to be serving ❷ *(Aufpreis)* extra charge

auf|schlagen *irreg* I. *vi* ❶ *sein (auftreffen)* to strike; **mit dem Kopf [auf etw** *akk o dat*] **~** to hit one's head [on sth] ❷ *haben* SPORT to serve II. *vt haben* ❶ *Buch* to open ❷ *Lager, Zelt* to pitch ❸ *(verteuern)* to raise (**um** by)

auf|schließen *irreg vt* to unlock

auf|schneiden *irreg vt* ❶ *(in Scheiben)* to slice ❷ *(auseinanderschneiden)* to cut open *sep*

Aufschnitt *m kein pl* assorted sliced cold meats *pl,* cold cuts *pl* AM

Aufschrei *m* ❶ *(schriller Schrei)* scream ❷ *(Lamento)* outcry

auf|schreiben *vt irreg* to write down *sep*

Aufschub *m* delay

Aufschwung *m* upswing

Aufsehen <-s> *nt kein pl* sensation; **ohne [großes] ~** without any [real] fuss; **etw erregt [großes] ~** sth causes a [great] sensation; **~ erregend** sensational

auf|setzen I. *vt* ❶ *Hut, Topf* to put on *sep* ❷ *(auf den Boden)* to put down *sep* II. *vr* **sich ~** to sit up

Aufsicht <-, -en> *f* ❶ *kein pl (Überwa-*

A

chung) supervision (**über** of) ❷ *(Aufsichtsperson)* person in charge; *(bei einer Prüfung)* invigilator BRIT, proctor AM

Aufsichtsrat *m* supervisory board

auf|stacheln *vt* **jdn gegen jdn ~** to turn sb against sb

Aufstand *m* rebellion; **einen ~ niederschlagen** to quell a rebellion

auf|stehen *vi irreg sein* ❶ to stand up (**von** from) ❷ *(aus dem Bett)* to get up

Aufsteiger(in) <-s, -> *m(f)* ❶ *(fam: beruflich aufgestiegene Person)* **ein [sozialer] ~** a social climber ❷ *(aufgestiegene Mannschaft)* promoted team

auf|stellen I. *vt* ❶ *(aufbauen)* to put up *sep; Maschine* to install ❷ *(ausarbeiten)* to draw up *sep; Theorie* to elaborate ❸ **jdn [als/für etw** *akk*]~ to nominate sb [sth/for sth] ❹ *Mannschaft* to organize II. *vr* **sich ~** to stand; **sich hintereinander ~** to line up

Aufstieg <-[e]s, -e> ['aufʃti:k] *m* ❶ *(Verbesserung)* rise; **sozialer ~** social advancement ❷ *(zum Gipfel)* climb (**auf** up) ❸ SPORT promotion (**in** to)

aufstrebend *adj* ❶ *(Fortschritt anstrebend)* aspiring, striving for progress *pred;* **eine ~e Stadt** an up-and-coming town ❷ *(ehrgeizig)* ambitious

Auftakt *m* prelude (**zu** +*dat* to); **den ~ zu etw** *dat* **bilden** to mark the beginning of sth

auf|tauchen *vi sein* ❶ *(aus dem Wasser)* to surface ❷ *(zum Vorschein kommen)* to turn up ❸ *(plötzlich da sein)* to suddenly appear ❹ *(sichtbar werden)* to appear (**aus** out of)

auf|teilen *vt* ❶ to divide [up *sep*] (**in** into) ❷ to share out *sep* (**unter** between)

Auftrag <-[e]s, Aufträge> ['auftra:k] *m* ❶ *(Beauftragung)* contract; *(an Freiberufler)* commission ❷ *(Anweisung)* orders *pl;* **jdm den ~ geben, etw zu tun** to instruct sb to do sth; **im ~** by order; **in jds ~** on sb's instructions ❸ *kein pl (Mission)* mission

Auftraggeber(in) *m(f)* client

Auftreten <-s> *nt kein pl (Benehmen)* behaviour *no pl*

Auftritt *m (Erscheinen auf der Bühne)* entrance

auf|wachen *vi sein* to wake [up]

auf|wachsen *vi irreg sein* to grow up

Aufwand <-[e]s> ['aufvant] *m kein pl* ❶ *(Einsatz)* expenditure; **der ~ war umsonst** it was a waste of energy/money/time ❷ *(Luxus)* extravagance

aufwändig I. *adj* lavish II. *adv* lavishly

Aufwandsentschädigung *f* expense allowance

auf|wärmen I. *vt* ❶ to heat up *sep* ❷ *(fam) Thema* to drag up *sep* II. *vr* **sich ~** ❶ to warm oneself [up] ❷ SPORT to warm up

aufwärts ['aufvɛrts] *adv* up[ward[s]]; **den Fluss ~** upstream

aufwärts|gehen *vi* **es geht [mit jdm/etw] aufwärts** things are looking up [for sb/sth]

auf|wecken *vt* to wake [up *sep*]

auf|wenden *vt irreg o reg* ❶ *(einsetzen)* to use ❷ *(ausgeben)* to spend

Aufwertung <-, -en> *f* FIN revaluation (**um** by)

auf|wiegeln ['aufvi:gl̩n] *vt* to stir up *sep;* **Leute gegeneinander ~** to set people at each other's throats

auf|wühlen *vt* ❶ to churn [up *sep*] ❷ **jdn [innerlich] ~** to stir up sb *sep;* **~d** stirring; **aufgewühlt** agitated

auf|zählen *vt* to list

Aufzeichnung *f* ❶ *(Aufnahme)* recording *no pl, no indef art* ❷ *meist pl (Notizen)* notes

auf|ziehen *irreg vt haben* ❶ *(durch Ziehen öffnen)* to open; *Vorhang* to draw back ❷ *(großziehen)* to raise ❸ *(fam: verspotten)* to tease (**mit** about)

Aufzug *m* lift BRIT, elevator AM; **~ fahren** to take the lift

Augapfel ['aʊkʔapfl̩] *m* eyeball ▶ **jdn/**

etw wie seinen ~ hüten to cherish sb/sth like life itself

Auge <-s, -n> ['augə] *nt* eye; **mit bloßem ~** with the naked eye; **gute/schlechte ~n [haben]** [to have] good/poor eyesight *sing*

Augenarzt, -ärztin *m, f* eye specialist

Augenblick ['augn̩blɪk] *m* moment; **im ersten ~** for a moment; **im letzten ~** at the [very] last moment; **~ mal!** just a minute!

augenblicklich ['augn̩blɪklɪç] **I.** *adj* ❶ *(sofortig)* immediate ❷ *(derzeitig)* present **II.** *adv* ❶ *(sofort)* immediately; *(herausfordernd)* at once ❷ *(zurzeit)* at present

Augenbraue *f* eyebrow; **die ~n hochziehen** to raise one's eyebrows **Augenlid** *nt* eyelid **Augentropfen** *pl* eye drops **Augenweide** *f* feast for one's eyes; **nicht gerade eine ~** a bit of an eyesore **Augenzeuge, -zeugin** *m, f* eyewitness (**bei** +*dat* to)

August <-[e]s, -e> [au'gʊst] *m* August; *s.a.* **Februar**

Auktion <-, -en> [auk'tsi̯o:n] *f* auction

Aula <-, Aulen> ['aula] *f* hall

aus [aus] **I.** *präp* ❶ *(räumlich)* from; *(von innen heraus)* out of; **~ der Tür** out of the door; **Zigaretten ~ dem Automaten** cigarettes from a machine ❷ *(Ursache)* **~ Angst/Dummheit** out of fear/stupidity; **~ Unachtsamkeit** due to carelessness ❸ *(Herkunft)* from; **~ Stuttgart kommen** to be from Stuttgart; **~ dem 17. Jahrhundert stammen** to be [from the] 17th century; **~ dem Englischen** from [the] English ❹ *(hergestellt aus)* [made] of **II.** *adv pred* ❶ *(gelöscht)* out ❷ *(ausgeschaltet)* off ❸ *(zu Ende)* **~ sein** to have finished; *Krieg* to have ended; *Schule* to be out; **es ist ~ zwischen ihnen** it's over between them; **~ und vorbei sein** to be over and done with ❹ **auf jdn/etw ~ sein** to be after sb/sth

Aus <-> [aus] *nt kein pl* FBALL out of play; **ins ~ gehen** to go out of play

Ausbau *m kein pl* ❶ *eines Gebäudes* extension *no pl* (**zu** +*dat* into); *(innen)* conversion *no pl* (**zu** +*dat* [in]to) ❷ *(das Herausmontieren)* removal *no pl* (**aus** +*dat* from)

aus|bauen *vt* ❶ *Gebäude* to extend (**zu** into) ❷ *(herausmontieren)* to remove sth (**aus** from)

aus|bessern *vt* to mend

aus|beuten *vt* to exploit

Ausbeutung <-, -en> *f* exploitation *no pl*

aus|bilden *vt* ❶ to train; **jdn zum Maler ~** to train sb to be a painter; **ausgebildet** qualified ❷ *(entwickeln)* to develop

Ausbild(n)er(in) <-s, -> *m(f)* trainer; MIL instructor

Ausbildung <-, en> *f* training *no pl, no indef art*

Ausbildungsbeihilfe *f* educational grant; *(für Lehrlinge)* training allowance

Ausbildungsplatz *m* place to train

Ausblick *m* view; **ein Zimmer mit ~ aufs Meer** a room overlooking the sea

aus|brechen *irreg vi sein* ❶ *(aus dem Gefängnis)* to escape (**aus** from) ❷ *Vulkan* to erupt ❸ *Feuer, Sturm* to break out ❹ *(plötzlich beginnen)* **in Gelächter/Tränen ~** to burst into laughter/tears

aus|breiten I. *vt* ❶ to spread [out *sep*] ❷ *einzelne Gegenstände* to lay out *sep* **II.** *vr* **sich ~** to spread [out]

Ausbruch *m* ❶ *(aus Gefängnis)* escape (**aus** from) ❷ *(Beginn)* outbreak ❸ *(Eruption)* eruption ❹ *(fam: emotional)* outburst

Ausdauer *f kein pl* ❶ *(Beharrlichkeit)* perseverance ❷ *(Durchhaltevermögen)* stamina

aus|dehnen I. *vt Besuch, Unterhaltung* to prolong; **ausgedehnt** extensive **II.** *vr* **sich ~** ❶ *(durch Wärme) Metall* to expand ❷ *Gewässer, Land* to extend (**bis zu** as far as/**über** over) ❸ *Bespre-*

chung, Sitzung to go on; **sich endlos ~** to go on forever

aus|dörren I. *vt haben* **jdn ~** to dehydrate sb; **etw ~** to dry up sth *sep;* **ausgedörrt sein** to be dehydrated; *Kehle* to be parched; *Erde, Land* to have dried out II. *vi sein* to dry out; *(stärker)* to become parched; **ausgedörrt** dried out; *(stärker)* parched

Ausdruck[1] <-drücke> *m* expression; **etw zum ~ bringen** to express sth

Ausdruck[2] <-drucke> *m* [computer] print-out; **einen ~ [von etw** *dat*] **machen** to run off a copy *sep* [of sth]

aus|drucken *vt* to print [out *sep*]

aus|drücken I. *vt* ❶ *(bekunden)* to express ❷ *(formulieren)* to put into words; **anders ausgedrückt** in other words; **einfach ausgedrückt** put simply ❸ *(auspressen)* to squeeze II. *vr* **sich ~** to express oneself; **sich falsch ~** to use the wrong word

ausdrücklich ['aʊsdrʏklɪç] I. *adj attr* explicit II. *adv* explicitly; *(besonders)* particularly

ausdruckslos *adj* inexpressive; *Gesicht* expressionless

ausdrucksvoll *adj* expressive

Ausdrucksweise *f* mode of expression

auseinander [aus?ai'nandɐ] *adv* apart

auseinander|brechen *vt* to break in two **auseinander|fallen** *vi* to fall apart **auseinander|gehen** *vi Menschen* to part; *Beziehung* to end; *Meinungen* to differ **auseinander|halten** *vt* **zwei Dinge ~** to distinguish between two things **auseinander|leben** *vr* **sich ~** to drift apart **auseinander|setzen** *vr* **sich mit etw** *dat* **~** to tackle sth

Auseinandersetzung <-, -en> [aʊs?ai'nandɐzɛtsʊŋ] *f* ❶ *(Streit)* argument ❷ *(Beschäftigung)* **die ~ mit etw** *dat* the examination of sth

Ausfahrt *f* exit; *(Autobahnausfahrt)* slip road BRIT, exit [ramp] AM

aus|fallen *vi irreg sein* ❶ *(nicht stattfinden)* to be cancelled; **etw ~ lassen** to cancel sth ❷ *(nicht funktionieren)* to fail

ausfallend, **ausfällig** I. *adj* abusive II. *adv* **sich ~ ausdrücken** to use abusive language

ausfindig *adj* **jdn/etw ~ machen** to locate sb/sth

aus|flippen ['ausflɪpn̩] *vi sein (fam)* ❶ *(wütend werden)* to freak out ❷ *(vor Freude)* to jump for joy ❸ *(überschnappen)* to lose it [completely]; **ausgeflippt** freaky

Ausflug *m* outing; **einen ~ machen** to go on an outing

Ausfluss *m* ❶ *(~stelle)* outlet ❷ *kein pl* MED discharge

Ausfuhr <-> *f kein pl* export

aus|führen *vt* ❶ *(spazieren gehen mit)* to take out *sep* ❷ *(exportieren)* to export (**in** to)

ausführlich ['ausfy:ɐ̯lɪç, aus'fy:ɐ̯lɪç] I. *adj* detailed II. *adv* [**sehr**] **~** in [great] detail; **~er** in more detail

aus|füllen *vt* ❶ *Formular* to fill in *sep* ❷ *(befriedigen)* to satisfy ❸ *(vollfüllen)* to fill (**mit** with)

Ausgabe *f* ❶ *kein pl (das Austeilen)* distribution ❷ *von Buch* edition; *von Zeitschrift a.* issue; **alte ~n** back issues ❸ *pl (Kosten)* expenses

Ausgang *m* exit (+*gen* from) **Ausgangssperre** *f* MIL *(für die Bevölkerung)* curfew; *(für Soldaten)* confinement to barracks

aus|geben *vt irreg* ❶ *(aufwenden)* to spend (**für** on) ❷ *(austeilen)* to distribute (**an** to) ❸ *(fam: spendieren)* [**jdm**] **etw ~** to treat sb to sth; **eine Runde ~** to buy a round; [**jdm**] **einen ~** *(fam)* to buy sb a drink ❹ **sich als jd/etw ~** to pass oneself off as sb/sth

ausgebucht *adj* booked up

ausgedehnt I. *adj* ❶ *(lang)* long ❷ *(umfangreich)* extensive II. *pp von* **ausdehnen**

ausgefallen *adj* unusual

ausgeglichen *adj* equable

aus|gehen *vi irreg sein* ❶ *(aus dem

Haus) to go out ❷ *Feuer* to go out ❸ *Haare* to fall out ❹ **etw geht von jdm/etw aus** sb/sth radiates sth ❺ *(enden)* to end; **gut/schlecht ~** to turn out well/badly ❻ *(annehmen)* **davon ~, dass ...** to start out from the fact that ... ❼ *(zu Grunde legen)* **von etw** *dat* **~** to take sth as a basis

ausgehend *adj attr* **im ~en Mittelalter** towards the end of the Middle Ages; **das ~e 19. Jahrhundert** the close of the 19th century

ausgelassen I. *adj* wild; *Kinder* boisterous II. *adv* **es wurde ~ gefeiert** there was a lively party going on III. *pp von* **auslassen**

ausgenommen *konj* except; **wir kommen, ~ es regnet** we'll come, but only if it doesn't rain

ausgepowert [-paʊɐt] *adj (fam)* washed out, BRIT *a.* done in *pred fam*

ausgeprägt *adj* distinctive; *Interesse* pronounced; *Stolz* deep-seated

ausgerechnet ['aʊsgərɛçnət] I. *adv* ❶ *personenbezogen* **~ jd/jdn/jdm** sb of all people; **warum muss das ~ mir passieren?** why does it have to happen to me [of all people]? ❷ *zeitbezogen* **~ jetzt** now of all times; **~ gestern/heute** yesterday/today of all days; **~ dann war ich nicht zu Hause** right then I was not in, of course II. *pp von* **ausrechnen**

ausgeschlossen I. *adj präd* **es ist nicht ~, dass ...** it is just possible that ...; **[völlig] ~!** [that's] [completely] out of the question II. *pp von* **ausschließen**

ausgeschnitten *adj Bluse* low-cut

ausgesprochen I. *adv* really II. *pp von* **aussprechen**

ausgestorben *adj* ❶ extinct ❷ **[wie] ~ sein** to be deserted

ausgewogen *adj* balanced

Ausgewogenheit <-> *f kein pl* balance; **~ bewahren** to preserve the balance

ausgezeichnet ['ausgətsaiçnət, 'ausgə'tsaiçnət] I. *adj* excellent II. *adv* extremely well; **mir geht es ~** I'm feeling just great

ausgiebig ['ausgi:bɪç] I. *adj* extensive; *Mahlzeit* substantial II. *adv* extensively; **~ schlafen** to have a good [long] sleep

aus|gießen *vt irreg (entleeren)* to empty; *(weggießen)* to pour away *sep*

Ausgleich <-[e]s, -e> *m pl selten* evening out, balancing

aus|gleichen *irreg* I. *vt* ❶ to balance (**durch** with) ❷ *(wettmachen)* to compensate for II. *vr* **sich [durch etw** *akk*] **~** to balance out [as a result of sth]

Ausgleichssport *m* keep-fit activities

aus|graben *vt irreg* to dig up *sep*

Ausgrabung *f* ❶ *kein pl (das Ausgraben)* digging up; *einer Leiche* exhumation ❷ *(Grabungsarbeiten)* excavation[s *pl*]

Ausguss <-es, Ausgüsse> *m (Spüle)* sink

aus|halten *irreg* I. *vt* ❶ *(ertragen können)* to bear; **die Kälte ~** to endure the cold; **es ist nicht [länger] auszuhalten** it's [getting] unbearable; **es lässt sich [mit jdm] ~** it's bearable [being with sb] ❷ *(standhalten)* to be resistant to; **viel ~** to take a lot; **den Druck ~** to [with]stand the pressure ❸ *(fam: Unterhalt leisten)* **jdn ~** to keep sb II. *vi* to hold out

Aushang *m* notice

Aushängeschild *nt* ❶ *(Reklametafel)* sign [board] ❷ *(Renommierstück)* showpiece

Aushilfe *f* temporary worker; **[bei jdm] zur ~ arbeiten** to temp [for sb] *fam*

aus|kennen *vr irreg* ❶ **sich [irgendwo] ~** to know one's way around [somewhere] ❷ **sich [in etw** *dat*] **~** to know a lot [about sth]

Ausklang *m kein pl* conclusion; **zum ~ des Abends** to conclude the evening

aus|kommen *vi irreg sein* ❶ *(genug haben)* **mit etw** *dat* **~** to get by on sth; **ohne jdn/etw ~** to manage without sb/sth ❷ *(sich verstehen)* **mit jdm [gut] ~** to get on well with sb ❸ ÖSTERR *(entkommen)* to escape

Auskommen <-s> *nt kein pl* livelihood; **sein ~ haben** to get by

Auskunft <-, Auskünfte> ['auskʊnft] *f* ① information *no pl, no indef art* (**über** about); **eine ~** a bit of information; **nähere ~** more information; **Auskünfte [über jdn/etw] [bei jdm] einholen** to make [some] enquiries [to sb] [about sb/sth]; **jdm eine ~ geben** to give sb some information ② *(Auskunftsstelle)* information office; *(Telefon~)* directory enquiries BRIT, the operator AM

aus|lachen *vt* to laugh at

Ausland <-[e]s> ['auslant] *nt kein pl* **[das] ~** foreign countries *pl;* **aus dem ~** from abroad; **im/ins ~** abroad

Ausländer(in) <-s, -> ['auslɛndɐ] *m(f)* foreigner; JUR alien

Ausländerbeauftragte(r) *f(m) dekl wie adj official assigned to the integration of foreign immigrants*

ausländerfeindlich *adj* racist

ausländisch ['auslɛndɪʃ] *adj attr* foreign

Auslandsaufenthalt *m* stay abroad **Auslandseinsatz** *m* MIL deployment [of troops] abroad **Auslandsgespräch** *nt* international call **Auslandskorrespondent(in)** *m(f)* foreign correspondent **Auslandsreise** *f* trip abroad

aus|lassen *irreg* **I.** *vt* ① *(weglassen)* to omit; *(überspringen)* to skip ② *(abreagieren)* **etw an jdm ~** to vent sth on sb ③ *(fam: ausgeschaltet lassen)* to keep switched off ④ ÖSTERR *(loslassen)* to let go of **II.** *vr (pej)* **sich über jdn/etw ~** to go on about sb/sth **III.** *vi* ÖSTERR to let go

aus|laufen *irreg vi sein* ① *(ausströmen)* *Wasser* to leak out ② *(undicht sein)* *Fass* to leak ③ *(losfahren)* *Schiff* to set sail (**nach** for) ④ *(enden)* to end; *Vertrag* to expire

Ausläufer *m* ① *eines Hochs* ridge; *eines Tiefs* trough ② *meist pl (Vorberge)* foothills *pl*

aus|leeren *vt (ausgießen)* to empty [out *sep*]; *(ausladen)* to dump

aus|leihen *irreg vt* ① **[jdm] etw ~** to lend [sb] sth ② **sich** *dat* **etw ~** to borrow sth

Auslese <-, -n> *f* ① *(Wein)* superior wine *(made from selected grapes)* ② BIOL **die natürliche ~** natural selection

aus|liefern *vt* ① *Waren* to deliver (**an** to) ② *(übergeben)* to hand over *sep* (**an** to) ③ *(hilflos sein)* **jdm/etw ausgeliefert sein** to be at sb's mercy

Auslieferung *f* ① *von Waren* delivery ② *von Menschen* handing over (**an** +*akk* to); *an ein anderes Land* extradition (**an** +*akk* to)

aus|löschen *vt* to extinguish; *Erinnerung* to obliterate

aus|losen I. *vt* to draw **II.** *vi* to draw lots

Auslöser <-s, -> *m* ① FOTO [shutter] release ② *(fam: Anlass)* trigger

Auslosung *f* draw

aus|machen *vt* ① *(Kerze)* to extinguish; *Gerät* to turn off *sep; Motor* to switch off *sep* ② *(vereinbaren)* to agree [up]on; **ausgemacht** agreed ③ *(betragen)* to amount to ④ *(bewirken)* **nichts ~** to not make any difference; **viel ~** to make a big difference ⑤ *(bedeuten)* **es macht jdm nichts/viel aus, etw zu tun** sb doesn't mind doing sth/it matters a great deal to sb to do sth; **macht es Ihnen etwas aus, wenn ...?** do you mind if ...?

Ausmaß *nt* ① *(Fläche)* area; **das ~ von etw** *dat* **haben** to cover the area of sth ② *(Größe)* size; **die ~e** the dimensions ③ *(Umfang)* extent *no pl*

Ausnahme <-, -n> ['ausna:mə] *f* exception ► **~n bestätigen die Regel** *(prov)* the exception proves the rule **Ausnahmezustand** *m* POL state of emergency; **den ~ verhängen** to declare a state of emergency (**über** +*akk* in)

ausnahmslos *adv* without exception

ausnahmsweise *adv* as a special exception; **heute ging er ~ eine Stunde**

früher today he left an hour earlier [for a change]

ausnehmend *adv* exceptionally; **das gefällt mir ~ gut** I like it very much indeed

Ausnüchterungszelle *f* drying-out cell

aus|nutzen *vt* ① *(ausbeuten)* to exploit ② *(voll nutzen)* to make the most of sth; **jds Leichtgläubigkeit ~** to take advantage of sb's gullibility

Ausnutzung <-> *f kein pl* ① *(Ausbeutung)* exploitation ② *(das Wahrnehmen)* **die ~ von etw** *dat*/**einer S.** *gen* making the most of sth; **bei rechtzeitiger ~ dieser einmaligen Gelegenheit hätten Sie ...** if you had made the most of this unique opportunity, you would have ...

aus|packen *vt* to unpack; *Geschenk* to unwrap

aus|probieren I. *vt* to try [out *sep*] **II.** *vi* **~, ob/wie ...** to see whether/how ...

Auspuff <-[e]s, -e> *m* exhaust [pipe]

Auspuffrohr *nt* exhaust [pipe] **Auspufftopf** *m* silencer BRIT, muffler AM

aus|rauben *vt* to rob

aus|räumen *vt Möbel* to move out *sep; Raum* to clear out *sep; Zweifel* to dispel

aus|rechnen *vt* to calculate

Ausrede *f* excuse; **eine faule ~** a feeble excuse

aus|reichen *vi* to be sufficient (**für** for); **es muss für uns alle ~** it will have to do for us all

aus|reifen *vi sein* ① *(liter)* to ripen; *Wein* to mature; **Wein ~ lassen** to allow wine to mature ② *(fig)* **ausgereift sein** to be perfected; **die Technik ist noch nicht ausgereift** the technology is still in the development[al] stages

aus|reisen *vi sein* to leave the country

Ausreisevisum *nt* exit visa

aus|reißen *irreg* **I.** *vt haben* to pull out *sep; Haare* to tear out *sep* **II.** *vi sein (fam: davonlaufen)* to run away

aus|renken *vt* to dislocate

aus|rotten *vt* to exterminate

Ausrufezeichen *nt* LING exclamation mark [*or* AM point]

aus|ruhen *vi, vr* to [take a] rest; **ausgeruht [sein]** [to be] well rested

Ausrüstung <-> *f kein pl* ① *(das Ausrüsten)* equipping ② *(Ausrüstungsgegenstände)* equipment

aus|rutschen *vi sein* to slip (**auf** on); **mir ist die Hand ausgerutscht** my hand slipped

Ausrutscher <-s, -> *m (fam)* slip-up

Aussage *f* ① statement; *(Zeugen~)* evidence *no pl;* **die ~ verweigern** to refuse to make a statement ② *(Inhalt)* message

aus|sagen I. *vt* **etw [über jdn/etw] ~** *(darstellen)* to say sth [about sb/sth] **II.** *vi Zeuge* to testify (**vor** before); *Angeklagter* to make a statement; **für/gegen jdn ~** to give evidence in sb's favour/against sb

aus|schalten *vt* ① ELEK to turn off *sep* ② *(fig)* to eliminate

Ausschau *f* **~ halten** to keep an eye out (**nach** *+dat* for)

aus|scheiden *irreg* **I.** *vi sein* ① *(aus dem Dienst)* to retire (**aus** from); *aus Verein* to leave ② SPORT to drop out (**aus** of) ③ *(nicht in Betracht kommen)* to be ruled out **II.** *vt haben* MED to excrete; *Organ* to secrete

Ausschilderung *f* signposting

aus|schlafen *irreg vi, vr* **[sich] ~** to have a good [night's] sleep

Ausschlag *m* ① MED rash ② **[bei etw** *dat***] den ~ geben** *(fig)* to be the decisive factor [for [*or* in] sth]

ausschlaggebend *adj* decisive; **von ~er Bedeutung sein** to be of prime importance

aus|schließen *vt irreg* to exclude (**aus** from); *Mitglied* to expel

ausschließlich ['ausʃli:slɪç] **I.** *adj attr* exclusive **II.** *adv* exclusively **III.** *präp* excluding

Ausschluss <-es, Auschlüsse> *m* exclusion; *von Mitglied* expulsion

aus|schneiden *vt irreg* to cut out *sep* (**aus** of)

A

Ausschnitt *m* ❶ *(Zeitungs~)* clipping ❷ *von Kleid* neckline; **ein tiefer** ~ a low neckline ❸ *(Teil)* part (**aus** of)

Ausschreitung <-, -en> *f meist pl* riot[s *pl*]

Ausschuss <-es, Ausschüsse> *m* ❶ committee ❷ *kein pl (fehlerhafte Produkte)* rejects *pl*

aus|schütten *vt* ❶ *(ausleeren)* to empty ❷ *(verschütten)* to spill ❸ *Gelder* to distribute

aus|sehen *vi irreg* to look; ~ **wie ...** to look like ...; **wie sieht's aus?** *(fam)* how's things?; **es sieht gut/schlecht aus** things are looking good/not looking too good; **nach Regen** ~ to look as if it is going to rain; **nach etwas/nichts aussehen** to look good/not look anything special

Aussehen <-s> *nt kein pl* appearance

außen ['ausn̩] *adv* on the outside; **nach** ~ outwards; **von** ~ from the outside; **nach** ~ **hin** outwardly

Außenhandel *m* foreign trade **Außenminister(in)** *m(f)* foreign minister **Außenministerium** *nt* foreign ministry, Foreign Office BRIT, State Department AM **Außenpolitik** ['aʊsn̩politiːk] *f* foreign policy **außenpolitisch** ['ausn̩poliːtɪʃ] **I.** *adj attr* foreign policy **II.** *adv* as regards foreign policy **Außenseiter(in)** <-s, -> *m(f)* outsider **Außenspiegel** *m* [out]side mirror **Außenstürmer(in)** *m(f)* wing **Außentemperatur** *f* outside temperature

außer ['ausɐ] **I.** *präp +dat o gen* ❶ except; *(abgesehen von)* apart from ❷ *(zusätzlich zu)* in addition to ❸ *(nicht in)* out of; ~ **Betrieb/Gefahr sein** to be out of order/danger ▸ [**über jdn/etw**] ~ **sich** *dat* **sein** to be beside oneself [about sb/sth] **II.** *konj* ~ **dass ...** except that ...; ~ [**wenn**] except [when]

außerdem ['ausɐdeːm] *adv* besides

äußere(r, s) ['ɔysərə, -rɐ, -rəs] *adj* ❶ *(außerhalb gelegen)* outer ❷ *(von außen wahrnehmbar)* exterior ❸ *(außenpolitisch)* external

Äußere(s) ['ɔysərə, -rəs] *nt dekl wie adj* outward appearance

außerehelich *adj* extramarital; *Kind* illegitimate

außergewöhnlich ['ausɐgə'vøːnlɪç] **I.** *adj* unusual; *Leistung* extraordinary **II.** *adv* extremely

außerhalb ['ausɐhalp] **I.** *adv* outside; ~ **stehen** to be on the outside; **von** ~ from out of town **II.** *präp* outside

äußerlich ['ɔysɐlɪç] *adj* ❶ external ❷ *(oberflächlich)* superficial

äußern ['ɔysɐn] **I.** *vr* ❶ **sich** [**zu etw** *dat*] ~ to say something [about sth] ❷ *(in Erscheinung treten)* **sich** [**irgendwie**] ~ to manifest itself [somehow] **II.** *vt (vorbringen)* to voice; *Wunsch* to express

außerordentlich ['ausɐ'ʔɔrdn̩tlɪç] **I.** *adj* extraordinary **II.** *adv* extraordinarily **außerplanmäßig** ['aʊsɐplaːnmɛːsɪç] *adj* unscheduled; *Ausgaben, Kosten* non-budgetary

äußerst ['ɔysɐst] *adv* extremely

äußerste(r, s) *adj* ❶ *(entfernteste)* outermost ❷ *(höchste)* utmost; **von ~r Wichtigkeit** of supreme importance

äußerstenfalls ['ɔysɐstn̩'fals] *adv* at the most

Äußerung <-, -en> *f* ❶ *(Bemerkung)* comment ❷ *(Ausdruck)* expression

aus|setzen *vt* ❶ *(im Stich lassen)* to abandon ❷ *Pflanzen* to plant out; *Tiere* to release ❸ *(preisgeben)* **jdn/etw etw** *dat* ~ to expose sb/sth to sth ❹ *(kritisieren)* **an etw** *dat* **etw auszusetzen haben** to find fault with sth; **daran ist nichts auszusetzen** there's nothing wrong with that

Aussicht *f* ❶ *(Blick)* view; **die** ~ **auf etw** *akk* the view overlooking sth ❷ *(Chance)* prospect; **die** ~ **auf etw** *akk* the chance of sth; **keine ~en** [**auf etw** *akk*] **haben** to have no chance [of sth]; **etw in** ~ **haben** to have good prospects of sth; **jdm etw in** ~ **stellen** to promise sb sth

aussichtslos *adj* hopeless
Aussichtsplattform *f* viewing platform
Aussichtsturm *m* lookout tower
aus|sitzen *vt irreg* **etw ~** *(fam)* to sit sth out
Aussprache *f* ❶ *(von Worten)* pronunciation ❷ *(Unterredung)* talk
aus|sprechen *irreg* **I.** *vt* ❶ *(artikulieren)* to pronounce ❷ *(äußern)* to express **II.** *vr* ❶ **sich ~** to talk things over ❷ *(Stellung nehmen)* **sich für/gegen jdn/etw ~** to voice one's support for/opposition against sb/sth **III.** *vi (zu Ende reden)* to finish [speaking]
Ausstand *m* ❶ *(Streik)* **im ~ sein** to be on strike; **in den ~ treten** to go on strike ❷ SCHWEIZ, ÖSTERR, SÜDD *(Ausscheiden aus Stelle o Schule)* going away *no pl*, leaving *no pl* BRIT; **seinen ~ geben** to hold a going-away [*or* BRIT leaving] party
aus|stanzen *vt* **etw ~** *dat* to punch sth out; **ein Loch ~** to punch a hole; **Münzen ~** to mint coins
aus|statten ['ausʃtatn̩] *vt* to equip (**mit** with); *Haus, Zimmer* to furnish (**mit** with)
Ausstattung <-, -en> *f* ❶ *kein pl (Ausrüstung)* equipment; *(das Ausrüsten)* equipping ❷ *(Einrichtung)* furnishings *pl*
aus|steigen *vi irreg sein* ❶ to get off; **aus einem Auto ~** to get out of a car ❷ *(aufgeben)* to drop out (**aus** of); *(sich zurückziehen)* to withdraw (**aus** from)
Aussteiger(in) <-s, -> *m(f) (aus Gesellschaft, Beruf, Studium)* dropout *esp pej; (für begrenzte Zeit)* sb on a career break; *(aus Terroristenkreisen)* deserter
Ausstellung *f* exhibition
Ausstellungsdatum *nt* date of issue
Ausstellungsstück *nt* display model; *(in Ausstellung)* exhibit
aus|sterben *vi irreg sein* to die out
Ausstieg <-[e]s, -e> *m* ❶ *(Ausgang)* exit ❷ *(fig)* **der ~ aus etw** *dat* abandoning sth
Ausstoß *m* ❶ *(Produktion)* output, production ❷ *(Ausschluss)* expulsion ❸ *(Emission)* emission
aus|stoßen *vt irreg* ❶ to eject (**in** into); *Gase* to emit ❷ *Schrei* to give [out]; *Laute* to make ❸ *(aus einer Gruppe)* to expel (**aus** from)
Ausstrahlung *f* ❶ *(Charisma)* charisma; **eine besondere ~ haben** to have a special charisma ❷ *(Sendung)* broadcast[ing]
aus|strecken **I.** *vt* to extend (**nach** to); *Hände, Beine* to stretch out **II.** *vr* **sich ~** to stretch oneself out
aus|suchen *vt* to choose
Austausch *m* exchange; **im ~ gegen etw** *akk* in exchange for sth
austauschbar *adj (gegeneinander ~)* interchangeable; *(ersetzbar)* replaceable
aus|tauschen **I.** *vt* ❶ *(ersetzen)* to replace (**gegen** with) ❷ *(gegeneinander)* to exchange **II.** *vr (sich besprechen)* **sich [über jdn/etw] ~** to exchange stories [about sb/sth]
aus|teilen *vt* to distribute (**an** to); *Essen* to serve; *Karten* to deal [out]
Auster <-, -n> ['austɐ] *f* oyster
Austernpilz *m* Chinese mushroom
aus|treten *irreg vi sein* ❶ *(herausdringen)* to come out (**aus** of) ❷ *(fam: zur Toilette gehen)* to go to the loo BRIT *fam* [*or* AM bathroom] ❸ *(ausscheiden)* to leave
aus|ufern ['ausʔuːfɐn] *vi sein* to escalate (**zu** into)
Ausverkauf *m* clearance sale
ausverkauft *adj* sold out
Auswahl *f* selection (**an** of); **die ~ haben** to have the choice; **eine ~ [unter** *dat* **...] treffen** to make one's choice [from ...]
aus|wählen *vt, vi* to choose (**unter** from)
Auswanderer, **-wanderin** *m, f* emigrant
aus|wandern *vi sein* to emigrate (**nach**

(o)

auswärtig ['ausvɛrtɪç] *adj attr* ❶ *(nicht vom Ort)* from out of town ❷ POL foreign

auswärts ['ausvɛrts] *adv (außerhalb des Ortes)* out of town; ~ **essen** to eat out

aus|wechseln *vt* to replace (**gegen** with); *Spieler* to substitute (**gegen** for)

Ausweg *m* way out (**aus** of); **der letzte** ~ the last resort

ausweglos *adj* hopeless

aus|weichen *vi irreg sein* ❶ *(vermeiden)* **jdm/etw** ~ to evade sb/sth; ~**d** evasive ❷ *(zurückgreifen)* **auf etw** *akk* ~ to fall back on sth [as an alternative]

Ausweis <-es, -e> ['ausvais] *m* identity card

Ausweispapiere *pl* identity papers

aus|weiten I. *vt* ❶ *(weiter machen)* to stretch ❷ *(umfangreicher machen)* to expand **II.** *vr* **sich** ~ ❶ *(weiter werden)* to stretch [out] ❷ *(sich ausdehnen)* to extend ❸ *(eskalieren)* **sich** [**zu etw** *dat*] ~ to escalate [into sth]

auswendig *adv* [off] by heart; **etw** ~ **können** to know sth [off] by heart

aus|wirken *vr* **sich** ~ to have an effect (**auf** on)

Auswirkung *f (Wirkung)* effect; *(Folge)* consequence; **negative** ~**en haben** to have negative repercussions

aus|zählen *vt* to count

Auszahlung *f* ❶ *(Zahlung)* paying out ❷ *(Abfindung)* paying off

Auszählung *f* counting

Auszeichnung *f* ❶ *(Preisetikett)* price tag ❷ *(Ehrung)* honour; *(Orden)* decoration; *(Preis)* award; [**etw**] **mit** ~ **bestehen** to pass [sth] with distinction

aus|ziehen *irreg* **I.** *vt haben* ❶ *(ablegen)* [**sich** *dat*] **etw** ~ to take off sth *sep* ❷ *(entkleiden)* to undress ❸ *(verlängern)* to extend **II.** *vi sein (aus Wohnung)* to move out (**aus** of)

Auszubildende(r) *f(m) dekl wie adj* trainee

Auszug *m* ❶ *(aus einer Wohnung)* move ❷ *(Ausschnitt)* excerpt; *Buch a.* extract ❸ *(Kontoauszug)* statement ❹ PHARM extract (**aus** +*dat* of)

autark [au'tark] *adj* self-sufficient

authentisch [au'tɛntɪʃ] *adj* authentic

autistisch *adj* MED autistic

Auto <-s, -s> ['auto] *nt* car; ~ **fahren** to drive [a car]; **mit dem** ~ **fahren** to go by car

Autoatlas *m* road atlas

Autobahn *f* motorway BRIT, freeway AM **Autobahndreieck** *nt* motorway junction **Autobahnkreuz** *nt* motorway intersection **Autobahnraststätte** *f* motorway services *pl* BRIT, services *pl* AM

Autobiografie, **Autobiographie** [autobiogra'fi:] *f* autobiography

Autobus ['aʊtobʊs] *m*, **Autocar** ['aʊtoka:ɐ̯] *m* SCHWEIZ bus **Autofähre** *f* car ferry **Autofahrer(in)** *m(f)* [car] driver

Autogramm <-s, -e> [auto'gram] *nt* autograph

Autokennzeichen *nt* number plate BRIT, license plate AM; *(Länderkennzeichen)* international number [*or* AM license] plate code

Automat <-en, -en> [auto'ma:t] *m* FIN cash dispenser; *(für Glücksspiel)* slot-machine; *(für Verkauf)* vending machine

Automatik <-> [auto'ma:tɪk] *f* ❶ automatic system ❷ AUTO automatic transmission

Automatikschaltung *f* automatic transmission

automatisch [auto'ma:tɪʃ] *adj* automatic

autonom [aʊto'no:m] *adj* POL autonomous

Autonomie <-, -n> [autono'mi:] *f* autonomy

Autopsie <-, -n> [aʊtɔ'psi:, *pl:* -'psi:ən] *f* MED autopsy

Autor(in) <-s, -en> ['auto:ɐ̯] *m(f)* author

Autoreifen *m* car tyre **Autorennen** *nt* motor race; *(Rennsport)* motor racing

autoritär [autori'tɛːɐ̯] *adj* authoritarian
Autorität <-, -en> [autori'tɛːt] *f* authority
Autoverleih *m*, **Autovermietung** *f* car rental firm **Autowrack** *nt* car wreck, wrecked car
autsch [aʊtʃ] *interj (fam)* ouch
Auxiliarverb [auksi'li̯aːɐ̯-] *nt* LING *(fachspr)* auxiliary verb
Avatar <-s, -e *o* -s> [ava'taːɐ̯] *m* INET avatar
Axt <-, Äxte> [akst] *f* axe
Azalee <-, -n> [atsa'leːə] *f*, **Azalie** <-, -n> [a'tsaːli̯ə] *f* azalea
Azoren [a'tsoːrən] *pl* **die** ~ the Azores
Azubi <-s, -s> [a'tsuːbi] *m*, **Azubi** <-, -s> [a'tsuːbi] *f kurz für* **Auszubildende(r)** trainee

Bb

B, b <-, -s> *nt* ① *(Buchstabe)* B [*or* b] ② MUS B flat
Baby <-s, -s> ['beːbi] *nt* baby
Babynahrung *f* baby food **Babypause** ['beːbi-] *f (fam)* parental leave *no pl* **Babysitter(in)** <-s, -> ['beːbizɪtɐ] *m(f)* babysitter **Babytragetasche** *f* carrycot, baby carrier AM
Bach <-[e]s, Bäche> [bax] *m* brook
Backblech *nt* baking tray
Backbord <-[e]s> ['bakbɔrt] *nt kein pl* port [side]
Backe <-, -n> ['bakə] *f* cheek
backen <backt *o* bäckt, backte *o veraltet* buk, gebacken> ['bakn̩] *vt, vi (im Ofen)* to bake; *(in Fett)* to fry
Backenknochen *m* cheekbone
Backenzahn *m* back tooth
Bäcker(in) <-s, -> ['bɛkɐ] *m(f)* baker; **beim** ~ at the baker's [shop]
Bäckerei <-, -en> [bɛkə'rai] *f* baker's
Backfisch ['bakfɪʃ] *m* fried fish in batter **Backform** *f* baking tin **Backofen** ['bakʔoːfn̩] *m* oven **Backpflaume** *f* prune **Backpulver** *nt* baking powder
Bad <-[e]s, Bäder> [baːt] *nt* ① bath; **ein ~ nehmen** to take a bath ② *(Badezimmer)* bathroom ③ *(Schwimm~)* swimming pool ④ *(Heil~)* spa
Badeanzug *m* swimming costume **Badehandtuch**, **Badetuch** *nt* bath towel **Badehose** *f* swimming trunks *pl* **Badekappe** *f* swimming cap **Bademantel** *m* bathrobe **Bademeister(in)** *m(f)* [pool] attendant
baden ['baːdn̩] **I.** *vi* ① to have a bath ② *(schwimmen)* to swim; ~ **gehen** to go for a swim **II.** *vt* ① **jdn** ~ to bath sb; **sich** ~ to have a bath ② MED to bathe (**in** in)
Badeort *m* seaside resort; *(Kurort)* spa resort **Badestrand** *m* bathing beach **Badetuch** *nt* bath towel **Badewanne** *f* bath [tub] **Badezimmer** *nt* bathroom
baff [baf] *adj (fam)* ~ **sein** to be flabbergasted
Bagatelle <-, -n> [baga'tɛlə] *f* trifle
Bagger <-s, -> ['bagɐ] *m* excavator
baggern ['bagɐn] *vi* ① BAU to dig ② *(sl)* to flirt
Bahamas [ba'haːmas] *pl* **die** ~ the Bahamas *pl*
Bahn <-, -en> [baːn] *f* ① *(Zug)* train; *(auf Straße)* tram; *(Verkehrsnetz, Verwaltung)* railway[s]; **mit der** ~ by train ② SPORT track ③ ASTRON orbit
bahnbrechend *adj* ground-breaking
Bahnfahrt *f* train journey
Bahnhof *m* [railway] station
Bahnhofsgaststätte *f* station restaurant **Bahnhofshalle** *f* station con-

B

course
Bahnpolizei *f* railway police **Bahnsteig** <-[e]s, -e> *m* platform **Bahnstrecke** *f* railway line, track [section] **Bahnübergang** *m* level crossing **Bahnverbindung** *f* [rail] connection
Baisse <-, -n> ['bɛːsə] *f* slump
Bakterie <-, -n> [bak'teːri̯ə] *f meist pl* bacterium
Balance <-, -n> [ba'lãːsə] *f* balance
balancieren [balã'siːrən] *vi, vt* to balance (**auf** on/**über** across)
bald [balt] I. *adv* soon; **komm ~ wieder!** come back soon!; **wird's ~?** *(fam)* move it!; **bis ~!** see you soon!; **~ darauf** soon after[wards]; **so ~ wie möglich** as soon as possible II. *konj* **~ ..., ~ ...** one moment ..., the next ...
Baldrian <-s, -e> ['baldriaːn] *m* valerian
Balearen [bale'aːrən] *pl* **die ~** the Balearic Islands *pl*
Balkan <-s> ['balkaːn] *m* ❶ **der ~** the Balkans *pl* ❷ *(Gebirge)* **the ~** the Balkan Mountains *pl*
Balken <-s, -> ['balkn̩] *m (aus Holz)* beam; *(aus Stahl)* girder; *(Stütze)* prop
Balkon <-s, -s> [bal'kɔŋ] *m* balcony
Ball <-[e]s, Bälle> [bal] *m* ball; **am ~ sein** to have the ball; **jdm den ~ zuspielen** to feed sb the ball ▶ **am ~ bleiben** to stay on the ball *fig*
Ballast <-[e]s, *selten* -e> [ba'last] *m* ballast; *(fig)* burden
Ballaststoffe *pl* roughage *sing*
ballen ['balən] I. *vt* to press together [into a ball]; *Papier* to crumple [into a ball]; *Faust* to clench; **die Hand zur Faust ~** to clench one's fist II. *vr* **sich ~** to crowd [together]; *Wolken* to gather
Ballen <-s, -> ['balən] *m* ❶ *(Packen)* bale ❷ ANAT ball
Ballermann *nt (fam) beach bar on the Spanish island of Majorca especially popular with German tourists*
Ballett <-[e]s, -e> [ba'lɛt] *nt* ballet
Balletttänzer(in) *m(f)* ballet dancer
ballistisch [ba'lɪstɪʃ] *adj* ballistic
Ballon <-s, -s> [ba'lɔŋ] *m* balloon
Ballungsgebiet *nt*, **Ballungsraum** *m* conurbation
Balsam <-s, -e> ['balzaːm] *m* ❶ *(Salbe)* balsam ❷ *(fig)* balm; **~ für die Seele sein** to be like balm for the soul
Baltikum <-s> ['baltikʊm] *nt* **das ~** the Baltic states *pl*
baltisch ['baltɪʃ] *adj* Baltic
Bambus <-ses *o* -, -se> ['bambʊs] *m* bamboo
Bambussprossen *pl* bamboo shoots *pl*
banal [ba'naːl] *adj* banal
Banane <-, -n> [ba'naːnə] *f* banana
Banause <-n, -n> [ba'naʊzə] *m (pej)* philistine
band [bant] *imp von* **binden**
Band[1] <-[e]s, Bänder> [bant] *nt* ❶ *(aus Stoff)* ribbon ❷ *(aus Metall)* metal band ❸ *(zur Verpackung)* packaging tape ❹ MEDIA [recording] tape; **etw auf ~ aufnehmen** to tape sth ❺ *(in Fabrik)* conveyor belt; **am ~ arbeiten** to work on an assembly line; **am laufenden ~** *(fam)* non-stop ❻ *meist pl* ANAT ligament; **sich** *dat* **die Bänder zerren** to strain ligaments
Band[2] <-[e]s, Bände> [bant] *m (Buch)* volume
Band[3] <-, -s> [bɛnt] *f* MUS band
Bandage <-, -n> [ban'daːʒə] *f* bandage
bandagieren [banda'ʒiːrən] *vt* to bandage
Bandbreite *f* ❶ *(geh)* range ❷ TECH bandwidth
Bande <-, -n> ['bandə] *f (Gruppe)* gang
Bänderriss ['bɛndɐ-] *m* MED torn ligament
bändigen ['bɛndɪgn̩] *vt* ❶ *(zähmen)* to tame ❷ *(zügeln)* to bring under control; *Haare* to control; *Naturgewalten* to harness
Bandit(in) <-en, -en> [ban'diːt] *m(f)* bandit
Bandmaß *nt* tape measure
Bandscheibe *f* [intervertebral] disc

B

Bandscheibenvorfall *m* MED slipped disc
Bandwurm *m* tapeworm
Bank[1] <-, Bänke> [baŋk] *f* bench; *(im Garten)* [garden] seat; *(in Schule)* desk
Bank[2] <-, -en> [baŋk] *f* FIN bank; **auf der ~** in the bank; **ein Konto bei einer ~ haben** to have an account with a bank
Bankangestellte(r) *f(m) dekl wie adj* bank employee
Bankett <-[e]s, -e> [baŋ'kɛt] *nt* banquet
Bankier <-s, -s> [baŋ'ki̯eː] *m* banker
Bankkarte *f* FIN bank card **Bankkonto** *nt* bank account **Bankleitzahl** *f* bank sorting code [number]
bankrott [baŋk'rɔt] *adj* bankrupt
Bankrott <-[e]s, -e> [baŋk'rɔt] *m* bankruptcy
bankrott|gehen *vi* to go bankrupt
Bankverbindung *f* banking arrangements; **wie ist Ihre ~?** what are the particulars of your bank account?
Banner <-s, -> ['banɐ] *nt* banner
Baptist(in) <-en, -en> [bap'tɪst] *m(f)* Baptist
bar [baːɐ̯] *adj* ❶ FIN cash; [**in**] **~ bezahlen** to pay [in] cash; **gegen ~** for cash ❷ *attr (rein)* pure ❸ *pred (geh: ohne)* **~ einer S.** *gen* devoid of sth
bar, Bar <-s, -s> [baːɐ̯] *nt (Maßeinheit)* bar
Bär(in) <-en, -en> [bɛːɐ̯] *m(f)* bear; **stark wie ein ~** *(fam)* strong as an ox ▸ **jdm einen ~en aufbinden** *(fam)* to have [*or* AM put] sb on
Baracke <-, -n> [ba'rakə] *f* shack
Barcode <-s, -s> ['baːkoːt] *m* INFORM bar code
Bardame *f* barmaid
barfuß ['baːɐ̯fuːs] *adj pred* barefoot[ed]
Bargeld *nt* cash
bargeldlos **I.** *adj* cashless **II.** *adv* without using cash
Barkauf *m* cash purchase
barmherzig [barm'hɛrtsɪç] *adj* compassionate; **~ sein** to show compassion; **eine ~e Tat** an act of compassion
Barmherzigkeit <-> *f kein pl* mercy *no pl*
Barmixer(in) <-s, -> *m(f)* bartender
barock [ba'rɔk] *adj* baroque
Barock <-[s]> [ba'rɔk] *nt o m kein pl* baroque
Barometer <-s, -> [baro'meːtɐ] *nt* barometer
Barren <-s, -> ['barən] *m* ❶ *(Gold)* ingot ❷ SPORT parallel bars *pl*
Barriere <-, -n> [ba'ri̯eːrə] *f (a. fig)* barrier
Barrikade <-, -n> [bari'kaːdə] *f* barricade
barsch [barʃ] **I.** *adj* curt **II.** *adv* curtly
Barsch <-[e]s, -e> [barʃ] *m (Fisch)* perch
Barscheck *m* open cheque BRIT, cashable check AM
Bart <-[e]s, Bärte> [baːɐ̯t] *m* ❶ *(voll)* beard; **sich** *dat* **einen ~ wachsen lassen** to grow a beard ❷ *(über Oberlippe)* moustache
Barzahlung *f* payment in cash
Basar <-s, -e> [ba'zaːɐ̯] *m* bazaar
Base <-, -n> ['baːzə] *f* CHEM base
Basilikum <-s> [ba'ziːlikʊm] *nt kein pl* basil
Basis <-, Basen> ['baːzɪs] *f* ❶ *(Grundlage)* basis ❷ POL *einer Partei* **die ~** the grass roots ❸ ARCHIT, MIL base
Baskenland *nt* **das ~** Basque region
Baskenmütze *f* beret
Bass <-es, Bässe> [bas] *m* bass
Bassin <-s, -s> [ba'sɛ̃ː] *nt* ❶ *(Schwimmbecken)* pool ❷ *(Gartenteich)* pond
basteln ['bastl̩n] **I.** *vi* ❶ to do handicrafts ❷ *(an etwas arbeiten)* **an etw** *dat* **~** to work on sth; **er bastelt am Computer herum** he's fiddling around with the computer **II.** *vt (fertigen)* to make
Batterie <-, -n> [batə'ri] *f* battery
batteriebetrieben *adj* battery-powered
Bau[1] <-[e]s, -ten> [bau] *m* ❶ *kein pl (das Bauen)* building; **im ~ sein** to

be under construction ② *(Gebäude)* building; *(Bauwerk)* construction ③ *kein pl (fam: Baustelle)* **auf dem ~ arbeiten** to work on a building site

Bau² <-[e]s, -e> [bau] *m (Tierhöhle)* burrow

Bauarbeiten *pl* building work *sing;* **wegen ~ gesperrt** closed for repair work **Bauarbeiter(in)** *m(f)* building [*or* AM construction] worker

Bauch <-[e]s, Bäuche> [baux] *m* stomach; **einen [dicken] ~ bekommen** to develop a paunch; **sich** *dat* **den ~ vollschlagen** *(fam)* to stuff oneself ▶ **aus dem ~** *(fam)* from the heart

Bauchentscheidung *f (fam)* gut decision *fam* **Bauchfellentzündung** *f* peritonitis **Bauchgefühl** *nt kein pl (fam)* gut feeling *fam* **Bauchklatscher** <-s, -> *m (fam)* belly-flop **Bauchnabel** *m* navel, belly button *fam* **Bauchschmerzen** *pl* stomach ache **Bauchspeicheldrüse** *f* pancreas **Bauchtanz** *m* belly-dance

bauen ['bauən] **I.** *vt* ① *(errichten)* to build ② *(zusammen~)* to construct ③ *(fam)* **Mist ~** to mess things up; **einen Unfall ~** to cause an accident **II.** *vi* ① *(ein Haus errichten [lassen])* to build a house ② *(vertrauen)* **auf jdn/etw ~** to rely on sb/sth

Bauer, Bäuerin¹ <-n *o selten* -s, -n> ['bauɐ] *m, f* ① farmer ② HIST *(Vertreter einer Klasse)* peasant ③ *(Schach)* pawn

Bauer² <-s, -> ['bauɐ] *nt o selten m (Vogelkäfig)* [bird] cage

Bäuerin <-, -nen> ['bɔyərɪn] *f* ① *fem form von* **Bauer** ② *(Frau des Bauern)* farmer's wife

Bauernhaus *nt* farmhouse **Bauernhof** *m* farm

baufällig *adj* dilapidated

Baufirma *f* building firm **Baugelände** *nt* construction site **Baugerüst** *nt* scaffolding **Baugrube** *f* foundation ditch **Bauherr(in)** *m(f)* client for whom a building is being built **Bauholz** *nt* timber BRIT, lumber AM **Bauingenieur(in)** *m(f)* civil engineer **Baujahr** *nt* ① *(Jahr der Errichtung)* year of construction ② *(Produktionsjahr)* year of manufacture **Baukasten** *m* construction set; *(für Kleinkinder)* box of building blocks **Bauland** ['baulant] *nt* building land

Baum <-[e]s, Bäume> [baum] *m* tree

Baumarkt *m (Geschäft)* DIY superstore, building supplies store AM

baumeln ['baʊmḷn] *vi* to dangle **(an** *+dat* from)

Baumgrenze *f* tree line **Baumnuss** *f* SCHWEIZ *(Walnuss)* walnut **Baumstamm** *m* tree-trunk **Baumsterben** *nt* dying[-off] of trees **Baumstumpf** *m* tree stump **Baumwolle** *f* cotton

Bauplan *m* building plans *pl;* **genetischer ~** genetic structure **Bauplatz** *m* site **Bausatz** *m* construction kit **Bauschutt** *m* building rubble **bausparen** *vi nur infin* to save with a building society [*or* AM a savings and loan association] **Bausparkasse** *f* ≈ building society BRIT, ≈ savings and loan association AM **Bausparvertrag** *m* savings contract with a building society [*or* AM a savings and loan association] **Baustein** *m* ① *(Material zum Bauen)* building stone ② *(Bestandteil)* element ③ INFORM chip **Baustelle** *f* building site; *(Straßenbau)* roadworks *npl* BRIT, [road] construction site AM **Bauunternehmer(in)** *m(f)* builder **Bauwerk** *nt (Gebäude)* building; *(Brücke etc.)* construction **Bauzaun** *m* site fence [*or* hoarding]

Bayer(in) <-n, -n> ['baiɐ] *m(f)* Bavarian

bayerisch ['baiərɪʃ] *adj* Bavarian

Bayern <-s> ['baiɐn] *nt* Bavaria

beabsichtigen [bə'ʔapzɪçtɪgn̩] *vt* ① to intend; **das hatte ich nicht beabsichtigt!** I didn't mean to do that! ② *(geh: planen)* to plan

beachten [bə'ʔaxtn̩] *vt* ① *(befolgen)* to observe; *Rat* to follow ② *(darauf achten)* to notice ③ *(berücksichtigen)* **bit-**

te ~ Sie, dass … please note that …
beachtlich *adj* considerable; **B~es leisten** to achieve a considerable amount
Beachtung *f* observance; **~ finden** to receive attention; **keine ~ finden** to be ignored; **jdm ~ schenken** to pay attention to sb
Beamer <-s, -> ['biːmɐ] *m* video projector
Beamte(r) [bə'ʔamtə, -'ʔamtɐ] *f(m) dekl wie adj* public official; *(bei der Post)* post-office official; *(im Staatsdienst)* civil servant; *(beim Zoll)* customs officer
beängstigend I. *adj* alarming II. *adv* alarmingly
beanspruchen [bə'ʔanʃprʊxn̩] *vt* ① *(fordern)* to claim ② *(brauchen)* to require ③ *(Anforderungen stellen)* **jdn ~** to make demands on sb; **ich will Sie nicht länger ~** I don't want to take up any more of your time; **etw ~** to demand sth; **jds Geduld ~** to try sb's patience ④ *(belasten)* to put under stress
beanstanden [bə'ʔanʃtandn̩] *vt* **etw [an etw** *dat*] **~** to complain about sth [of sth]
beantragen *vt* ① **etw ~** to apply for sth ② POL to propose
beantworten *vt* to answer; **etw mit etw** *dat* **~** to respond to sth with sth
bearbeiten *vt* ① *(behandeln)* **etw ~** to work on sth; **Holz ~** to work wood; **etw mit einer Chemikalie ~** to treat sth with a chemical ② *(sich befassen mit)* to deal with; *Bestellung* to process ③ *(redigieren)* to revise ④ *(fam: auf jdn einwirken)* **jdn ~** to work on sb
beaufsichtigen [bə'ʔaufzɪçtɪgn̩] *vt* to supervise; *Kinder* to look after
beauftragen *vt* **jdn mit etw** *dat* **~** to give sb the task of doing sth; *Firma* to hire
Beauftragte(r) *f(m) dekl wie adj* representative
bebauen *vt* **etw ~** ① *(mit Gebäuden)* to build [sth] on sth; **dicht bebaut sein** to be heavily built-up ② *Feld* to cultivate sth
beben ['beːbn̩] *vi* ① *(zittern)* to tremble ② *(erbeben)* to quiver (**vor** with)
Beben <-s, -> ['beːbn̩] *nt* ① GEOL earthquake ② *(Zittern)* trembling ③ *(leichtes Zittern)* quivering
Becher <-s, -> ['bɛçɐ] *m* glass; *(aus Plastik)* beaker; *(für Tee/Kaffee)* mug; SCHWEIZ *(Bierglas)* mug
Becken <-s, -> ['bɛkn̩] *nt* ① *(Bassin)* basin; *(zum Schwimmen)* pool; *(Spüle)* sink ② ANAT pelvis
bedacht [bə'daxt] I. *pp von* **bedenken** II. *adj* ① *(überlegt)* cautious ② **auf etw** *akk* **~ sein** to be concerned about sth III. *adv* carefully
bedächtig [bə'dɛçtɪç] I. *adj* ① *(ohne Hast)* deliberate ② *(besonnen)* thoughtful II. *adv* ① *(ohne Hast)* deliberately ② *(besonnen)* carefully
bedanken *vr* **sich bei jdm [für etw** *akk*] **~** to thank sb [for sth]; **ich bedanke mich!** thank you!
Bedarf <-[e]s> [bə'darf] *m kein pl* need (**an** +*dat* for); **der tägliche ~ an Vitaminen** the daily requirement of vitamins; **Dinge des täglichen ~s** everyday necessities; **keinen ~ an etw** *dat* **haben** to have no need for sth; **bei ~** if required; **[je] nach ~** as required
bedauerlich *adj* regrettable; **sehr ~!** how unfortunate!; **~ sein, dass …** to be unfortunate, that …
bedauerlicherweise *adv* unfortunately
bedauern *vt* ① *(schade finden)* to regret ② *(bemitleiden)* to feel sorry [for]; **er ist zu ~** he is to be pitied
Bedauern <-s> *nt kein pl* regret; **zu jds [größtem] ~** to sb's [great] regret
bedauernswert, **bedauernswürdig** *adj (geh)* pitiful; **ein ~er Zwischenfall** an unfortunate incident
bedeckt *adj präd* overcast
bedenken *irreg vt* to consider; **[jdm] etw zu ~ geben** *(geh)* to ask [sb] to consider sth; **[jdm] zu ~ geben, dass …** to ask [sb] to keep in mind

that …

Bedenken <-s, -> *nt meist pl (Zweifel)* doubt; **moralische ~** moral scruples; **jdm kommen ~** sb has second thoughts; **ohne ~** without hesitation

bedenkenlos I. *adv* ① *(ohne Überlegung)* without hesitation ② *(skrupellos)* unscrupulously II. *adj* unhesitating

bedenklich *adj* ① *(fragwürdig)* questionable ② *(Besorgnis erregend)* disturbing; *Gesundheitszustand* serious

bedeuten *vt* ① to mean; **das hat nichts zu ~** that doesn't mean anything ② *(versinnbildlichen)* to symbolize ③ *(wichtig sein)* **jdm etwas ~** to mean sth to sb

bedeutend *adj* ① *(wichtig)* important; **eine ~e Rolle spielen** to play a significant role ② *(beachtlich)* considerable

bedeutsam *adj* important

Bedeutung <-, -en> *f* ① *(Sinn)* meaning; **in wörtlicher/übertragener ~** in the literal/figurative sense ② *(Wichtigkeit)* significance; **[für jdn/etw] von ~ sein** to be of importance [for sb/sth]; **etw** *dat* **~ beimessen** to attach importance to sth; **nichts von ~** nothing important

bedeutungslos *adj* ① *(ohne große Wirkung)* insignificant ② *(nichts besagend)* meaningless

bedienen I. *vt* ① *(im Restaurant)* to serve; **sich [von jdm] ~ lassen** to be waited on [by sb] ② *(benutzen)* **eine Maschine ~** to operate a machine II. *vi Kellner* to serve III. *vr* ① *(sich Essen nehmen)* **sich ~** to help oneself; **~ Sie sich!** help yourself! ② *(geh: gebrauchen)* **sich einer S.** *gen* **~** to make use of sth

bedienstet [bə'di:nstət] *adj* ÖSTERR in employment

Bedienstete(r) *f(m) dekl wie adj* employee

Bedienung <-, -en> *f* ① *(Kellner)* waiter *masc,* waitress *fem* ② *kein pl eines Geräts* operation ③ *kein pl eines Kunden* service

Bedienungsanleitung *f* operating instructions *pl*

bedingt I. *adj* ① *(eingeschränkt)* qualified ② JUR conditional II. *adv* ① *(eingeschränkt)* to some extent; **~ gültig** of limited validity ② JUR SCHWEIZ, ÖSTERR *(mit Bewährungsfrist)* conditionally

Bedingung <-, -en> *f* ① condition; **[nur] unter einer ~!** [only] on one condition!; **unter welcher ~?** on what condition?; **unter gewissen ~en** in certain conditions; **[es] zur ~ machen, dass …** to make it a condition that …; **unter der ~, dass …** on condition that … ② *pl* ÖKON terms; **zu [un]günstigen ~en** on [un]favourable terms

bedingungslos I. *adj* unconditional; *Gehorsam, Treue* unquestioning II. *adv* unconditionally; *gehorchen* unquestioningly

bedrohen *vt* ① to threaten (**mit** with) ② *(gefährden)* to endanger

bedrohlich I. *adj* threatening II. *adv* alarmingly

bedrücken *vt* to depress; **was bedrückt dich?** what's troubling you?

bedrückt *adj* depressed

Beduine, Beduinin <-n, -n> [bedu'i:nə, bedu'i:nɪn] *m, f* Bed[o]uin

Bedürfnis <-ses, -se> [bə'dʏrfnɪs] *nt* ① *(Bedarf)* need; **die ~se des täglichen Lebens** everyday needs; **das ~ haben, etw zu tun** to feel the need to do sth ② *kein pl (Verlangen)* desire

bedürftig *adj* needy *attr,* in need *pred;* **die B~en** the needy + *pl vb*

beeilen *vr* **sich [mit etw** *dat***] ~** to hurry [up] [with sth]; **sich ~, etw zu tun** to hurry to do sth

beeindrucken [bə'ʔaindrʊkn̩] *vt* to impress; **sich [von etw** *dat***] nicht ~ lassen** to not be impressed [by sth]

beeinflussen [bə'ʔainflʊsn̩] *vt* to influence

beeinträchtigen [bə'ʔaintrɛçtɪgn̩] *vt* to

disturb; *Leistungsfähigkeit* to impair; *Kreativität* to curb; *Verhältnis* to damage; **jdn in seiner Freiheit ~** to restrict sb's freedom; **~d** adverse

beenden *vt* to end

beerdigen [bə'ʔeːɐ̯dɪgn̩] *vt* to bury

Beerdigung <-, -en> *f* funeral

Beere <-, -n> ['beːrə] *f* berry

Beerenauslese *f wine whose characteristic richness derives from noble rot induced by the use of overripe grapes*

Beet <-[e]s, -e> [beːt] *nt* bed

befähigt [bə'fɛːɪçt] *adj* qualified; **für etw ~ sein** to be competent at sth

befallen *vt irreg* ① MED to infect; **von etw** *dat* **~ werden** to be infected by sth ② HORT to infest ③ *(geh)* **jdn ~** to overcome sb

befangen [bə'faŋən] *adj* ① *(gehemmt)* inhibited ② *(voreingenommen)* biased

befassen *vr* **sich mit etw** *dat* **~** to concern oneself with sth; **sich mit jdm ~** to spend time with sb

Befehl <-[e]s, -e> [bə'feːl] *m* ① *(Anweisung)* order; **einen ~ ausführen** to carry out an order; **einen ~ befolgen** to obey an order; **jdm den ~ geben, etw zu tun** to order sb to do sth; **den ~ haben** MIL to be in command; **auf ~ handeln** to act under orders; **einen ~ verweigern** to disobey an order ② INFORM command

befehlen <befahl, befohlen> [bə'feːlən] I. *vt* to order; **von dir lasse ich mir nichts ~!** I won't take orders from you! II. *vi* MIL **über jdn/etw ~** to be in command of sb/sth

befestigen *vt* to fasten (**an** to)

befinden *irreg* I. *vr (sein)* to be; **unter den Geiseln ~ sich zwei Deutsche** there are two Germans amongst the hostages; **sich in bester/schlechter Laune ~** to be in an excellent/a bad mood II. *vt (geh)* **jdn/etw für etw ~** to consider sb/sth [to be] sth

befolgen *vt Rat* to follow; *Vorschrift* to obey

befördern *vt* ① *(transportieren)* to transport; **jdn nach draußen ~** *(iron fam)* to escort sb outside ② *(dienstlich)* to promote (**zu** to)

Beförderung *f* ① *(Transport)* transport[ation] ② *(im Dienst)* promotion (**zu** to)

befragen *vt* to question (**zu** about); **jdn nach seiner Meinung ~** to ask sb for his/her opinion

befreien I. *vt* ① to free (**aus/von** from) ② *(von etw reinigen)* **etw von etw** *dat* **~** to clear sth of sth ③ *(freistellen)* **jdn von etw** *dat* **~** to excuse sb from sth; **jdn vom Wehrdienst ~** to exempt sb from military service II. *vr* ① *(freikommen)* **sich [aus etw** *dat*] **~** to escape [from sth] ② *(etw abschütteln)* **sich [von etw** *dat*] **~** to free oneself [from sth]

befreit I. *adj (erleichtert)* relieved II. *adv* with relief; **~ aufatmen** to heave a sigh of relief

Befreiung <-, *selten* -en> *f* ① *(Freilassen)* release ② *(aus der Unterdrückung)* liberation

befreunden [bə'frɔyndn̩] *vr* **sich mit jdm ~** to make friends with sb

befreundet *adj* ① friendly ② **mit jdm ~ sein** to be friends with sb

befriedigen [bə'friːdɪgn̩] I. *vt* to satisfy; *Wünsche* to fulfil; **leicht/schwer zu ~ sein** to be easily/not easily satisfied II. *vi* to be satisfactory; **diese Lösung befriedigt nicht** this is an unsatisfactory solution III. *vr* **sich [selbst] ~** to masturbate

befriedigend *adj* satisfactory; **[für jdn] ~ sein** to be satisfying [for sb]

befristet *adj* restricted; *Tätigkeit* fixed-term; *Vertrag* of limited duration; *Visum* temporary; **auf etw** *akk* **~ sein** ÖKON, JUR to be limited [to sth]

befugt [bə'fuːkt] *adj (geh)* authorized; **zu etw** *dat* **~ sein** to be authorized to do sth

Befund <-[e]s, -e> *m* MED result[s *pl*]

befürchten *vt* to fear; **~, dass …** to be afraid that …; **nichts zu ~ haben** to have nothing to fear; **wie befürchtet** as feared

befürworten [bəˈfyːɐ̯vɔrtn̩] *vt* to be in favour of sth

Befürworter(in) <-s, -> *m(f)* supporter

begabt [bəˈgaːpt] *adj* gifted; **für etw [nicht] ~ sein** to [not] have a gift for sth; **sie ist künstlerisch/musikalisch sehr ~** she's very artistic/musical

Begabung <-, -en> *f* gift

begegnen [bəˈgeːgnən] *vi sein* ① *(treffen)* **jdm ~** to meet sb; **sich ~** to meet ② *(antreffen)* **etw** *dat* **~** to encounter sth

Begegnung <-, -en> *f* ① *(Treffen)* meeting ② *(Kennenlernen)* encounter (**mit** with)

begehren [bəˈgeːrən] *vt (geh)* ① *(Person)* to desire ② *(Sache)* to covet; **alles, was das Herz begehrt** everything the heart could wish for

begehrenswert *adj* desirable

begehrt *adj* ① *(umworben)* [much] sought-after; *Frau, Mann* desirable ② *(beliebt)* popular

begeistern I. *vt* to fill with enthusiasm (**für** for); **sie ist für nichts zu ~** you can't interest her in anything **II.** *vr* **sich für jdn/etw ~** to be enthusiastic about sb/sth

begeistert I. *adj* enthusiastic; **[von etw** *dat***] ~ sein** to be thrilled [by sth] **II.** *adv* enthusiastically

Begeisterung <-> *f kein pl* enthusiasm (**über** about/**für** for); **~ auslösen** to arouse enthusiasm; **jdn in ~ versetzen** to arouse sb's enthusiasm; **mit ~** enthusiastically

Begierde <-, -n> [bəˈgiːɐ̯də] *f (geh)* desire (**nach** for)

begierig I. *adj* ① *(gespannt)* eager (**auf** for) ② *(verlangend)* longing ③ *(sexuell)* lascivious **II.** *adv* ① *(gespannt)* eagerly ② *(verlangend)* longingly ③ *(sexuell)* lasciviously

Beginn <-[e]s> [bəˈgɪn] *m kein pl* beginning; **zu ~** at the beginning

beginnen <begann, begonnen> [bəˈgɪnən] *vi, vt* to begin; **als etw ~** to start out as sth

beglaubigen [bəˈglaubɪgn̩] *vt* to authenticate; **etw notariell ~** to attest sth by a notary; **eine beglaubigte Kopie** a certified copy

Begleichung <-, -en> *f pl selten (geh)* payment, settlement

begleiten *vt* **jdn ~** *(a. fig)* to accompany sb; **jdn zur Tür ~** to take sb to the door; **etw ~** to escort sth

Begleiter(in) <-s, -> *m(f)* companion

Begleitschreiben *nt* covering [*or* AM cover] letter

Begleitung <-, -en> *f* ① *(das Begleiten)* company; **in [jds] ~** accompanied [by sb]; **ohne ~** unaccompanied ② *(Begleiter[in])* companion ③ MUS accompaniment; **ohne ~ spielen** to play unaccompanied

beglückwünschen *vt* to congratulate (**zu** on)

begnadigen [bəˈgnaːdɪgn̩] *vt* to pardon; *(bei Todesurteil)* to reprieve

begnügen [bəˈgnyːgn̩] *vr* **sich mit etw** *dat* **~** to be content with sth; **sich damit ~, etw zu tun** to be content to do sth

begraben *vt irreg* ① *(beerdigen)* to bury ② *Hoffnung, Plan* to abandon; **einen/den Streit ~** to bury the hatchet

Begräbnis <-ses, -se> [bəˈgrɛpnɪs] *nt* burial

begreifen *irreg* **I.** *vt* ① *(verstehen)* to understand; **begreife das, wer will!** that's beyond me!; **~, dass ...** to realize that ...; **kaum zu ~ sein** to be incomprehensible ② *(für etwas halten)* **etw als etw ~** to regard sth as sth **II.** *vr* **sich als etw ~** to consider oneself to be sth

begreiflich *adj* understandable; **jdm etw ~ machen** to make sth clear to sb

begrenzen *vt* to limit (**auf** to); **die Geschwindigkeit auf ... km/h ~** to impose a speed limit of ... km/h

Begriff <-[e]s, -e> *m* ① *(Terminus)*

term ② *(Vorstellung)* idea; **sich** *dat* **einen ~ von etw** *dat* **machen** to have an idea of sth; **jdm ein/kein ~ sein** to mean something/nothing to sb ③ *(Verständnis)* **schnell/schwer von ~ sein** *(fam)* to be quick/slow on the uptake ▶ **im ~ sein, etw zu tun** to be on the point of doing sth

begriffsstutzig *adj* slow on the uptake

begründen *vt* ① *(Gründe angeben)* to give reasons for ② *(gründen)* to found

begründet *adj* well-founded; **in etw** *dat* **~ liegen** to be the result of sth

Begründung <-, -en> *f* reason

begrüßen *vt* ① to greet; **ich begrüße Sie!** welcome!; **jdn bei sich zu Hause ~ dürfen** *(geh)* to have the pleasure of welcoming sb into one's home ② *(gutheißen)* to welcome; **es ist zu ~, dass …** it is to be welcomed that … ③ SCHWEIZ *(ansprechen)* **jdn/etw ~** to approach sb/sth

Begrüßung <-, -en> *f* greeting; **zur ~ erhielt jeder Gast ein Glas Champagner** each guest was welcomed with a glass of champagne; **jdm zur ~ die Hand schütteln** to greet sb with a handshake

begünstigen [bə'gʏnstɪgn̩] *vt* to favour; **von etw** *dat* **begünstigt werden** to be helped by sth

begutachten *vt* ① to examine (**auf** for); **etw ~ lassen** to get sth examined ② *(fam: mustern)* **jdn/etw ~** to have a look at sb/sth

behäbig [bə'hɛːbɪç] *adj* ① *(gemütlich)* placid; *(schwerfällig)* ponderous ② SCHWEIZ *(stattlich)* imposing

behagen [bə'haːgn̩] *vi* **etw behagt jdm** sth pleases sb

Behagen <-s> [bə'haːgn̩] *nt kein pl* contentment

behaglich [bə'haːklɪç] **I.** *adj* cosy **II.** *adv* cosily

behalten *vt irreg* ① to keep; **etw für sich** *akk* **~** to keep sth to oneself; **die Nerven ~** to keep one's nerve ② *(im Gedächtnis ~)* to remember; **etw im Kopf ~** to keep sth in one's head

Behälter <-s, -> *m* container

behandeln *vt* to treat (**mit** with); **jdn mit Nachsicht ~** to be lenient with sb; **chemisch behandelt** chemically treated; **jdn gut/schlecht ~** to treat sb well/badly; **etw vorsichtig ~** to handle sth with care

behandelt *adj* treated; **chemisch ~** chemically treated

Behandlung <-, -en> *f* treatment

beharren *vi* to insist (**auf** on); **auf seiner Meinung ~** to persist with one's opinion

beharrlich **I.** *adj* insistent; *(ausdauernd)* persistent **II.** *adv* persistently; **~ schweigen** to persist in remaining silent

behaupten [bə'hauptn̩] **I.** *vt* ① *(äußern)* **etw ~** to claim sth (**von** about); **von jdm ~, dass …** to say of sb that …; **es wird behauptet, dass …** it is said that … ② *(aufrechterhalten)* to maintain **II.** *vr* **sich [gegen jdn/etw] ~** to assert oneself [over sb/sth]; **Agassi konnte sich gegen Sampras ~** Agassi held his own against Sampras

Behauptung <-, -en> *f* ① *(Äußerung)* assertion ② *(Durchsetzen)* maintaining *no pl*

beheben *vt irreg* ① *(beseitigen)* to remove; *Missstände* to remedy; *Schaden* to repair ② FIN ÖSTERR **Geld ~** to withdraw money

behelfsmäßig **I.** *adj* temporary **II.** *adv* temporarily

beherbergen *vt* to accommodate

beherrschen **I.** *vt* ① *(gut können)* to have mastered; **sein Handwerk ~** to be good at one's trade; **ein Instrument ~** to play an instrument well; **eine Sprache ~** to have good command of a language ② *(regieren)* to rule ③ *(beeinflusst werden)* **von etw** *dat* **beherrscht werden** to be ruled by sth **II.** *vr* **sich ~** to control oneself

behilflich [bə'hɪlflɪç] *adj* **jdm ~ sein** to help sb

B

behindern *vt* ① *(hinderlich sein)* hinder (**bei** in) ② *(hemmen)* to hamper

behindert *adj* disabled; **geistig/körperlich ~** mentally/physically disabled

Behinderte(r) *f(m) dekl wie adj* disabled person

Behinderung <-, -en> *f* ① obstruction ② MED disability; **geistige/körperliche ~** mental/physical disability

Behörde <-, -n> [bəˈhøːɐ̯də] *f* ① *(Amt)* department ② *(Gebäude)* council offices

behutsam [bəˈhuːtzaːm] **I.** *adj (geh)* gentle **II.** *adv (geh)* gently; **jdm etw ~ beibringen** to break sth to sb gently

bei [bai] *präp +dat* ① *(räumlich)* at; **~ jdm** with sb; **~ uns zu Hause** at our house; **ich war ~ meinen Eltern** I was at my parents' [house]; **beim Bäcker** at the baker's; **etw ~ sich** *dat* **haben** to have sth with one; **ich habe gerade kein Geld ~ mir** I haven't any money on me at the moment ② *(in der Nähe von)* near; **Böblingen ist eine Stadt ~ Stuttgart** Böblingen is a town near Stuttgart ③ *(zeitlich)* at; **~ einer Hochzeit** at a wedding; **~ Nacht/Tag** at night/by day ④ *(während einer Tätigkeit)* while; **störe mich bitte nicht ~ der Arbeit!** please stop disturbing me when I'm working! ⑤ *(Begleitumstände)* by; **wir aßen ~ Kerzenlicht** we had dinner by candlelight; **~ dieser Hitze** in such a heat ⑥ *(trotz)* **~ all/aller …** in spite of all …

bei|bringen *vt irreg* **jdm etw ~** to teach sb sth

Beichte <-, -n> [ˈbaiçtə] *f* confession

beichten [ˈbaiçtn̩] *vt, vi* [**jdm etw**] **~** to confess [sth to sb]

beide [ˈbaidə] *pron* ① *(alle zwei)* both; **~ Mal[e]** both times; **ihr ~** you two; **euch ~n** both of you ② *(ich und du)* **wir ~** the two of us; **uns ~n** both of us ③ *(die zwei)* **die ~n** both [of them]; **einer von ~n** one of the two ④ *(sowohl dies als auch jenes)* **~s** both; **~s ist möglich** both are possible

beiderlei [ˈbaidɐˈlai] *adj attr* both

beiderseitig [ˈbaidɐzaitɪç] *adj* on both sides; *Abkommen* bilateral; *Vertrauen, Einverständnis, Zufriedenheit* mutual

beidhändig **I.** *adj* ① SPORT double- [*or* two-] handed ② *(beide Hände betreffend)* **eine ~e Amputation** an amputation of both hands; **ein ~er Griff** a double- [*or* two-] handed grip **II.** *adv* ① SPORT with two [*or* both] hands ② *(beide Hände betreffend)* **~ amputiert** with both hands amputated

beieinander [baiʔaiˈnandɐ] *adv* together ▶ **gut /schlecht ~ sein** *(fam: körperlich)* to be in good/bad shape

Beifahrer(in) *m(f)* front-seat passenger

Beifahrersitz *m* [front] passenger seat

Beifall <-[e]s> *m kein pl* ① *(Applaus)* applause; **~ klatschen** to applaud ② *(Zustimmung)* approval; [**jds**] **~ finden** to meet with [sb's] approval

Beifallsruf *m* cheer, shout of approval

bei|fügen *vt* ① *(mitsenden)* to enclose ② *(hinzufügen)* to add

beige [beːʃ, ˈbeːʒə] *adj* beige

bei|geben *vt irreg* to add

Beigeschmack *m* ① [after]taste ② *(fig)* overtone[s]

Beihilfe *f (finanzielle Unterstützung)* financial assistance

Beil <-[e]s, -e> [bail] *nt* [short-handled] axe

Beilage *f* ① KOCHK side dish ② *(Beiheft)* supplement ③ ÖSTERR *(Anlage)* enclosure

beiläufig **I.** *adj* passing **II.** *adv* ① *(nebenbei)* in passing ② ÖSTERR *(ungefähr)* about

Beileid *nt kein pl* condolence[s *pl*]; [**mein**] **herzliches ~** [you have] my heartfelt sympathy; **jdm** [**zu etw** *dat*] **sein ~ aussprechen** to offer sb one's condolences [on sth]

beiliegend *adj* enclosed

Bein <-[e]s, -e> [bain] *nt* leg; **sich** *dat* **kaum noch auf den ~en halten**

können können to be hardly able to stand on one's [own two] feet; **jdm ein ~ stellen** to trip up sb *sep* ▸ **mit beiden ~en auf dem Boden stehen** to have both feet on the ground; **jdm ~e machen** *(fam)* to give sb a kick in the arse [*or* AM ass]; **auf eigenen ~en stehen** to be able to stand on one's own two feet; **etw auf die ~e stellen** to get sth going

beinah ['baina:], **beinahe** ['baina:ə] *adv* almost

Beinbruch *m* fracture of the leg; **das ist kein ~!** *(fig fam)* it's not as bad as all that! **Beinfreiheit** *f* legroom

Beipackzettel *m* instruction leaflet

beisammen [bai'zamən] *adv* together; **~ sein** to be [all] together

Beisammensein *nt* get-together

beiseite|gehen [bai'zaitə-] *vi* to step aside **beiseite|lassen** *vt* to leave aside **beiseite|legen** *vt* to put to one side

Beisetzung <-, -en> *f (geh)* interment; *einer Urne* installing [in its resting place]

Beispiel <-[e]s, -e> ['baiʃpi:l] *nt* example; **anschauliches/praktisches ~** illustration/demonstration; **mit gutem ~ vorangehen** to set a good example; **sich** *dat* **an jdm ein ~ nehmen** to take a leaf out of sb's book; **zum ~** for example; **wie zum ~** such as

beispiellos *adj* ❶ *(unerhört)* outrageous ❷ *(einzigartig)* unprecedented (**in** in)

beispielsweise *adv* for example

beißen <biss, gebissen> ['baisn̩] **I.** *vt* **jdn/etw ~** to bite sb/sth **II.** *vi* ❶ **auf/in etw** *akk* **~** to bite into sth ❷ *(brennen)* to sting; *Säure* to burn; **in den Augen ~** to make one's eyes sting **III.** *vr* **sich ~** *Farben* to clash (**mit** with)

beißend *adj* ❶ *(scharf)* pungent ❷ *(brennend)* burning

Beißzange *f* DIAL pincers *pl*

bei|stehen *vi irreg* **jdm [gegen jdn/etw] ~** to stand by sb [before sb/sth]

bei|stellen *vt* ÖSTERR to provide

Beitrag <-[e]s, -träge> ['baitra:k] *m* ❶ *(Zahlung)* fee ❷ *(Mitwirkung)* contribution ❸ SCHWEIZ *(Subvention)* subsidy

Beitragserhöhung *f* increase in contributions **beitragspflichtig** *adj* liable to pay contribution **Beitragssatz** *m* membership rate **Beitragssenkung** *f* drop in contributions

bei|treten *vi irreg sein* ❶ to join sth ❷ *einem Staatenbund* to enter into

Beitritt *m* ❶ entry (**zu** into) ❷ POL *(zu einem Staatenbund)* accession (**zu** to)

Beitrittsgespräch *nt meist pl* POL [EU] accession discussion

Beiwagen *m* sidecar

beizeiten [bai̯'tsai̯tn̩] *adv* in good time

beizen ['bai̯tsn̩] *vt* ❶ *(mit Beizmittel)* to stain ❷ *(marinieren)* to marinade

bejahen [bə'ja:ən] *vt* ❶ *Frage* to answer in the affirmative ❷ *(gutheißen)* to approve [of]

bekämpfen *vt* to fight [against]; **sich [gegenseitig] ~** to fight one another

bekannt [bə'kant] *adj* ❶ *(allgemein gekannt)* well-known; **etw ~ geben** to announce sth; **jdn ~ machen** *(berühmt)* to make sb famous; **~ werden** to become famous; **allgemein ~ sein** to be common knowledge ❷ *(vertraut)* familiar; **ist dir dieser Name ~?** are you familiar with this name?; **jdn/sich [mit jdm] ~ machen** to introduce sb/oneself [to sb]; **jdm ~ vorkommen** to seem familiar to sb

Bekannte(r) *f(m) dekl wie adj* acquaintance

bekannt|geben *vt irreg s.* **bekannt 1**

bekanntlich *adv* as is [generally] known

bekannt|machen *vt s.* **bekannt 1**

Bekanntschaft <-, -en> *f* ❶ *pl selten (das Bekanntsein)* acquaintance; **jds ~ machen** to make sb's acquaintance; **eine nette ~ machen** to meet a nice person; **mit etw** *dat* **~ machen** *(iron)* to get to know sth ❷ *(Bekannte[r])* acquaintance; *(Bekanntenkreis)* acquaintances *pl*

B

bekannt|werden *vi irreg sein s.* **bekannt 2**

bekehren **I.** *vt* to convert (**zu** to) **II.** *vr* **sich** [**zu etw** *dat*] ~ to be[come] converted [to sth]

bekennen *irreg* **I.** *vt* ① to confess ② *(öffentlich dafür einstehen)* to bear witness to **II.** *vr* **sich zu jdm/etw** ~ to declare one's support for sb/sth; **sich zu einem Glauben** ~ to profess a faith; **sich zu einer Tat** ~ to confess to a deed; **sich zu einer Überzeugung** ~ to stand up for one's convictions

bekifft [bəˈkɪft] *adj (fam)* stoned, high

beklagen **I.** *vt* to lament **II.** *vr* **sich** [**über jdn/etw**] ~ to complain [about sb/sth]; **man hat sich bei mir über Sie beklagt** I have received a complaint about you

beklagenswert *adj* lamentable; *Irrtum, Versehen* unfortunate

bekleckern **I.** *vt (fam)* to stain **II.** *vr (fam)* **sich mit Brei** ~ to spill porridge all down oneself

Bekleidung *f* clothing

beklommen [bəˈklɔmən] **I.** *adj* anxious; *(von Mensch a.)* uneasy **II.** *adv* anxiously

bekloppt [bəˈklɔpt] *adj (fam) s.* **bescheuert**

bekommen *irreg* **I.** *vt haben* ① *(erhalten)* to receive; *Genehmigung, Mehrheit* to obtain; *Massage, Spritze* to be given; **Ärger/Schwierigkeiten** ~ to get into trouble/difficulties; **etw bezahlt** ~ to get paid for sth; **etw zu essen/trinken** ~ to get sth to eat/drink; **etw geschenkt** ~ to be given sth [as a present] ② *(entwickeln)* **eine Erkältung** ~ to catch a cold; **eine Glatze/graue Haare** ~ to go bald/to go grey; **Heimweh** ~ to get homesick; **Lust** ~, **etw zu tun** to feel like doing sth **II.** *vi* **jdm** [**gut**] ~ *Essen* to agree with sb; **jdm nicht/schlecht** ~ *Essen* to disagree with sb

bekömmlich [bəˈkœmlɪç] *adj* [easily] digestible

bekümmert *adj* worried (**über** about)

Bekundung <-, -en> *f* expression, demonstration

beladen *irreg vt* to load [up *sep*]

Belag <-[e]s, Beläge> [bəˈlaːk] *m* ① KOCHK topping ② *(auf Zahn)* film; *(auf Zunge)* fur ③ *(Schicht)* coating

belagern *vt* to besiege

belämmert [bəˈlɛmɐt] *adj (sl)* sheepish

belanglos *adj* irrelevant

Belarus <-> [belaˈrʊs] *nt* Belarus

Belarusse, **Belarussin** <-n, -n> [belaˈrʊsə, -ˈrʊsɪn] *m, f* Belarusian

belarussisch [belaˈrʊsɪʃ] *adj* Belarusian

belasten *vt* ① *(beladen)* to load (**mit** with) ② *(bedrücken)* to burden; **~d** crippling; **jdn zu sehr belasten** to overstrain sb ③ *Umwelt* to pollute ④ FIN *Konto* to debit; **etw mit einer Hypothek** ~ to mortgage sth

belästigen [bəˈlɛstɪgn̩] *vt (stören)* to bother; *(zudringlich werden)* to pester

Belästigung <-, -en> *f* annoyance *no pl*

Belastung <-, -en> *f* ① *(Gewicht)* load ② *(Anstrengung, Last)* burden ③ ÖKOL pollution ④ *(Beanspruchung)* strain (**für** on) ⑤ FIN charge (+*gen* on)

beleben **I.** *vt* ① *(anregen)* to stimulate ② *(erfrischen)* to make feel better ③ *(lebendiger gestalten)* to liven up **II.** *vr* **sich** ~ ① *(sich mit Leben füllen)* to come to life ② *(lebhafter werden)* to light up

belebend *adj* ① *(anregend)* invigorating ② *(erfrischend)* refreshing

belebt [bəˈleːpt] *adj* ① *(bevölkert)* busy ② *(lebendig)* animate

Beleg <-[e]s, -e> [bəˈleːk] *m* ① *(Quittung)* receipt ② *(Unterlage)* proof *no art, no pl*

belegen *vt* ① **ein Brot mit etw** *dat* ~ to spread sth on a slice of bread; **belegte Brote** open sandwiches ② *(beweisen)* to verify; *Behauptung* to substantiate ③ *(sich einschreiben)* **einen Kurs** ~ to enrol for a course

Belegschaft <-, -en> *f* staff
belegt *adj* ❶ *(mit Belag)* coated ❷ *Stimme* hoarse
belehren *vt* to inform; **jdn eines Besseren ~** to teach sb otherwise; **sich von jdm ~ lassen** to listen to sb
beleidigen [bəˈlaidɪgn̩] *vt* to insult; *(stärker)* to offend
beleidigt [bəˈlai̯dɪçt] **I.** *adj* offended; **leicht ~ sein** to be quick to take offence [*or* AM -se] to be easily offended; **eine ~e Miene machen** to put on a hurt expression; **bist du jetzt ~?** have I offended you? **II.** *adv* in a huff *fam;* **~ reagieren/schweigen** to get/go into a huff *fam*
Beleidigung <-, -en> *f* insult; **etw als [eine] ~ auffassen** to take sth as an insult
belesen [bəˈleːzn̩] *adj* well-read
beleuchten *vt* ❶ to light ❷ *(anstrahlen)* to light up *sep*
Beleuchtung <-, *selten* -en> *f* ❶ *(das Beleuchten)* lighting ❷ *(Lichter)* lights *pl*
Belgien <-s> [ˈbɛlgi̯ən] *nt* Belgium
Belgier(in) <-s, -> [ˈbɛlgi̯ɐ] *m(f)* Belgian
belgisch [ˈbɛlgɪʃ] *adj* Belgian
Belichtung *f* FOTO exposure
Belichtungsmesser *m* light meter
beliebig [bɛˈliːbɪç] **I.** *adj* any; **[irgend]eine** [*o* **jede**] **~e Zahl** any number at all; **nicht jede ~e Zahl** not every number; **etwas B~es** anything at all; **jeder B~e** anyone at all; **irgendein B~er** just anybody **II.** *adv* **~ häufig/lange** as often/long as you like; **etw ~ verändern** to change sth at will
beliebt [bəˈliːpt] *adj* popular (**bei** with); **sich [bei jdm] ~ machen** to make oneself popular [with sb]
Beliebtheit <-> *f kein pl* popularity
bellen [ˈbɛlən] *vi* to bark
belohnen *vt* to reward (**mit** with/**für** for)
Belohnung <-, -en> *f* ❶ *(das Belohnen)* rewarding ❷ *(Lohn)* reward; **eine ~ [für etw** *akk*] **aussetzen** to offer a reward [for sth]
Belüftung *f kein pl* ventilation *no indef art*
belügen *irreg vt* **jdn ~** to lie to sb; **sich [selbst] ~** to deceive oneself
bemängeln [bəˈmɛŋl̩n] *vt* to find fault with
bemerkbar *adj* noticeable; **sich [durch etw** *akk*] **~ machen** to make itself felt [with sth]; **sich [bei jdm] [durch etw** *akk*] **~ machen** to attract [sb's] attention [by doing sth]
bemerken *vt* ❶ *(wahrnehmen)* to notice ❷ *(äußern)* to remark
bemerkenswert **I.** *adj* remarkable **II.** *adv* remarkably
Bemerkung <-, -en> *f* remark; **eine ~ über etw** *akk* **machen** to remark on sth
bemitleiden [bəˈmɪtlaidn̩] *vt* to pity; **sich [selbst] ~** to feel sorry for oneself; **sie ist zu ~** she is to be pitied
bemitleidenswert *adj* pitiable
bemühen *vr* ❶ **sich ~** to try hard; **~ Sie sich nicht** don't bother yourself; **sich um eine Stelle ~** to try hard to get a job; **sich vergebens ~** to try in vain ❷ *(sich kümmern)* **sich um jdn ~** to court sb
Bemühung <-, -en> *f* effort; **danke für Ihre ~en** thank you for your trouble
bemuttern [bəˈmʊtɐn] *vt* to mother
benachbart [bəˈnaxbaːɐ̯t] *adj* neighbouring *attr;* **das ~e Haus** the house next door
benachrichtigen [bəˈnaːxrɪçtɪgn̩] *vt* to inform; *(amtlich)* to notify (**über** of)
Benachrichtigung <-, -en> *f* notification (**über** of)
benachteiligen [bəˈnaːxtailɪgn̩] *vt* to put at a disadvantage; *(diskriminieren)* to discriminate against
Benachteiligung <-, -en> *f* discrimination
benehmen *vr irreg* **sich ~** to behave [oneself]; **benimm dich!** behave your-

self!; **sich gut/schlecht ~** to behave well/badly

B **Benehmen** <-s> *nt kein pl* manners *pl;* **kein ~ haben** to have no manners

beneiden *vt* **jdn [um etw** *akk***] ~** to envy sb [sth]

beneidenswert *adj* enviable

Bengel <-s, -[s]> ['bɛŋl̩] *m* rascal

Benin <-s> [be'niːn] *nt* Benin

benommen [bə'nɔmən] *adj* dazed

Benotung <-, -en> *f* ① *(das Benoten)* **die ~ [einer S.** *gen***/von etw** *dat***]** marking [sth] ② *(Note)* mark[s *pl*]

benutzen, DIAL **benützen** *vt* ① *(gebrauchen)* to use (**als** as); **das B~** the use; **nach dem B~** after use; **benutzt** used; **den Aufzug ~** to take the lift ② *(ausnützen)* **jdn ~** to take advantage of sb; **sich benutzt fühlen** to feel [that one has been] used

Benutzer(in) <-s, -> *m(f)*, **Benützer(in)** <-s, -> *m(f)* DIAL INFORM user

Benutzerhandbuch *nt* user manual **Benutzername** *m* INFORM user name **Benutzeroberfläche** *f* INFORM user interface

Benutzung *f*, **Benützung** *f* DIAL use; **jdm etw zur ~ überlassen** to put sth at sb's disposal

Benzin <-s, -e> [bɛn'tsiːn] *nt* ① *(Kraftstoff)* petrol BRIT, gas[oline] AM; **~ sparendes Auto** economical car ② *(Lösungsmittel)* benzine

Benzintank *m* petrol tank **Benzinuhr** *f* AUTO fuel gauge [*or* AM *a.* gage] **Benzinverbrauch** *m* fuel consumption

beobachten [bə'ʔoːbaxtn̩] *vt* ① *(genau betrachten)* to observe; **gut beobachtet!** well spotted!; **jdn [bei etw** *dat***] ~** to watch sb [doing sth] ② *(observieren)* **jdn [durch jdn] ~ lassen** to put sb under [the] surveillance [of sb]

Beobachter(in) <-s, -> *m(f)* observer; **ein guter ~** a keen observer

Beobachtung <-, -en> *f* ① *(das Beobachten)* observation ② *(Observierung)* surveillance

Beobachtungsposten *m* **auf ~ sein** *(fam)* to be on the lookout

bequem [bə'kveːm] **I.** *adj* ① comfortable; **es sich** *dat* **~ machen** to make oneself comfortable ② *(pej: träge)* idle **II.** *adv* ① *(angenehm)* comfortably ② *(leicht)* easily

Bequemlichkeit <-, -en> *f* ① comfort ② *(Trägheit)* idleness; **aus [reiner] ~** out of [sheer] laziness

beraten *irreg* **I.** *vt* ① *(Rat geben)* **jdn ~** to advise sb (**in** on); **jdn finanziell ~** to give sb financial advice; **sich [von jdm] ~ lassen** to ask sb's advice ② *(besprechen)* **etw ~** to discuss sth **II.** *vi* **[über etw** *akk***] ~** to discuss [sth] **III.** *vr* **sich [über jdn/etw] ~** to discuss [sb/sth]

beratend *adj* advisory

Berater(in) <-s, -> *m(f)* adviser

Beratung <-, -en> *f* ① *(das Beraten)* advice ② *(Besprechung)* discussion

Beratungsstelle *f* advice centre

berauschend *adj* intoxicating

berechenbar [bə'rɛçn̩baːɐ̯] *adj* ① *(zu berechnen)* calculable ② *(einzuschätzen)* predictable

berechnen *vt* ① *(ausrechnen)* to calculate ② *(in Rechnung stellen)* to charge; **das hat er mir mit 135 Euro berechnet** he charged me 135 euros for it

berechnend *adj (pej)* scheming

Berechnung *f* ① *(Ausrechnung)* calculation; **nach meiner ~** according to my calculations ② *(pej: Eigennutz)* scheming; **aus ~** in cold deliberation

berechtigt [bə'rɛçtɪçt] *adj* legitimate

Bereich <-[e]s, -e> *m* ① *(Gebiet)* area ② *(Sachgebiet)* field

bereichern [bə'raiçɐn] **I.** *vr* **sich [an etw** *dat***] ~** to grow rich [on sth] **II.** *vt* ① to enrich ② *(innerlich)* **etw bereichert jdn** sb gains a lot from sth

Bereicherung <-, -en> *f* enrichment; **das Gespräch mit Ihnen war mir eine ~** I gained a lot from our conversation

bereit [bə'rait] *adj meist pred* ① *(fertig)*

~ **sein** to be ready (**für/zu** for); *(vorbereitet)* to be prepared for sth; **etw ~ haben** to have sth at the ready ❷ *(willens)* **zu etw** *dat* **~ sein** to be prepared to do sth; **sich ~ erklären, etw zu tun** to agree to do sth; **sich zu etw** *dat* **~ finden** to be willing to do sth

bereiten *vt* ❶ *Freude, Überraschung* to give; **jdm Kopfschmerzen ~** to give sb a headache ❷ *(geh)* KOCHK to prepare

bereits [bə'raits] *adv (geh)* already; **~ damals** even then

Bereitschaft <-, -en> [bə'raitʃaft] *f* ❶ *kein pl* willingness; **seine ~ zu etw** *dat* **erklären** to express one's willingness to do sth ❷ *(Bereitschaftsdienst)* emergency service; **~ haben** *Apotheke* to provide emergency services; *Arzt, Feuerwehr* to be on call; *(im Krankenhaus)* to be on duty

Bereitschaftsdienst *m* emergency service

bereitwillig I. *adj* willing II. *adv* readily

bereuen *vt* to regret; **das wirst du noch ~!** you'll be sorry [for that]!; **seine Missetaten ~** to repent of one's misdeeds

Berg <-[e]s, -e> [bɛrk] *m* ❶ mountain; *(kleiner)* hill; **den ~ hinauf/hinunter** uphill/downhill; **am ~ liegen** to lie at the foot of the hill ❷ *(große Menge)* **~e/ein ~ von etw** *dat* piles/a pile of sth; **~e von Papier** mountains of paper

bergab [bɛrk'ʔap] *adv (a. fig)* downhill; **mit seinem Geschäft geht es ~** his business is going downhill

Bergarbeiter(in) *m(f)* miner

bergauf [bɛrk'ʔauf] *adv* uphill; **es geht wieder ~** *(fig)* things are looking up

Bergbahn *f* mountain railway **Bergbau** *m kein pl* **der ~** mining

bergen <barg, geborgen> ['bɛrgn̩] *vt* ❶ *(retten)* to rescue (**aus** from); *Tote* to recover; *Schiff* to salvage ❷ *(mit sich bringen)* to involve

Bergführer(in) *m(f)* mountain guide

Berggipfel *m* mountain top **Bergkette** *f* mountain range **Bergkristall** *m* rock crystal *no art* **Bergmann** <-leute> ['bɛrkman] *m* miner **Bergrutsch** *m* landslide **Bergsteigen** *nt* mountaineering **Bergsteiger(in)** *m(f)* mountain climber

Bergung <-, -en> *f (Rettung)* rescuing; *eines Schiffes* salvaging; *von Toten* recovering

Bergwacht *f* mountain rescue service **Bergwand** *f* mountain face **Bergwanderung** *f* mountain hike, BRIT *a.* hillwalk **Bergwerk** *nt* mine

Bericht <-[e]s, -e> [bə'rɪçt] *m* report

berichten I. *vt* **jdm etw ~** to tell sb sth; **falsch/recht berichtet** SCHWEIZ wrong/right II. *vi* ❶ [**über etw** *akk*] **~** to report [on sth] ❷ *(Bericht erstatten)* **jdm über etw** *akk* **~** to tell sb about sth ❸ SCHWEIZ *(erzählen)* to talk

Berichterstattung *f* reporting (**über** on)

berichtigen [bə'rɪçtɪgn̩] *vt, vi* to correct

Berliner[1] [bɛr'li:nɐ] *adj attr* Berlin

Berliner[2] <-s, -> [bɛr'li:nɐ] *m* DIAL ~ [**Pfannkuchen**] doughnut

Bernstein ['bɛrnʃtain] *m kein pl* amber

bersten <barst, geborsten> ['bɛrstn̩] *vi sein (geh)* ❶ to burst; **zum B~ voll** *(fam)* full to bursting[-point] ❷ *(fig)* **vor etw** *dat* **~** to burst with sth

berüchtigt [bə'rʏçtɪçt] *adj* ❶ *(in schlechtem Ruf stehend)* notorious ❷ *(gefürchtet)* feared

berücksichtigen [bə'rʏkzɪçtɪgn̩] *vt* to take into consideration

Beruf <-[e]s, -e> [bə'ru:f] *m* job; **sie ist Ärztin von ~** she's a doctor; **was sind Sie von ~?** what do you do [for a living]?; **ein akademischer ~** an academic profession; **ein freier ~** a profession; **ein handwerklicher ~** a trade; **ein gewerblicher ~** a commercial trade; **einen ~ ergreifen** to take up an occupation; **seinen ~ verfehlt haben** to have missed one's vocation

B

Berufsbezeichnungen – Job titles

Arzt, Ärztin	doctor
Anwalt, Anwältin	lawyer
Architekt(in)	architect
Automechaniker(in)	mechanic
Bauarbeiter(in)	builder
Webdesigner(in)	web designer
Biologe, Biologin	biologist
Elektriker(in)	electrician
Gärtner(in)	gardener
Ingenieur(in)	engineer
Lehrer(in)	teacher
Maler(in)	painter
Modedesigner(in)	fashion desiger
Polizist(in)	police officer
Programmier(in)	programmer
Schauspieler(in)	actor, actress
Schreiner(in)	carpenter
Sekretär(in)	secretary
Übersetzer(in)	translator
Wissenschaftler(in)	scientist

berufen *adj* **zu etw** *dat* **~ sein** to have a vocation for sth; **sich ~ fühlen, etw zu tun** to feel called to do sth

beruflich I. *adj* professional **II.** *adv* **was macht sie ~?** what does she do for a living?; **sich ~ weiterbilden** to undertake further training; **~ unterwegs sein** to be away on business

Berufsausbildung *f* [professional] training **Berufsberater(in)** *m(f)* careers advisor **Berufsberatung** *f* ❶ *(Beratungsstelle)* careers [*or* AM career] advisory service ❷ *(das Beraten)* careers [*or* AM career] advice **berufserfahren** *adj* [professionally] experienced **Berufsfachschule** *f* training college **Berufskrankheit** *f* occupational disease **Berufsleben** *nt* working life **Berufsmaturität** *f* SCHWEIZ *qualification allowing a student to study at a technical college of higher education* **Berufspendler(in)** *m(f)* commuter **Berufsreife** *f* ÖSTERR *qualification allowing a student to study at a technical college of higher education* **Berufsschule** *f* vocational school **Berufsstand** *m* professional group; *(akademisch)* profession; *(handwerklich)* trade **berufstätig** *adj* working; **~ sein** to have a job; **sie ist nicht mehr ~** she's left work **Berufsverkehr** *m* rush-hour traffic

Berufung <-, -en> *f* ❶ JUR appeal; **in die ~ gehen** to lodge an appeal ❷ *(in ein Amt)* appointment ❸ *(innerer Auftrag)* vocation (**zu** +*dat* for) ❹ *(das Sichbeziehen)* **unter ~ auf jdn/etw** with reference to sb/sth

Berufungsgericht *nt* court of appeal

beruhigen [bəˈruːɪgn̩] **I.** *vt* to calm [down] **II.** *vr* **sich ~** to calm down

Beruhigungsmittel *nt* sedative

berühmt [bəˈryːmt] *adj* famous (**für** for)

Berühmtheit <-, -en> *f* ❶ fame; **~ erlangen** to rise to fame ❷ *(berühmter Mensch)* celebrity

berühren *vt* ❶ to touch ❷ *(seelisch)* to move

besänftigen [bəˈzɛnftɪgn̩] **I.** *vt* to soothe; **sie war nicht zu ~** she was inconsolable **II.** *vr* **sich ~** to calm down

Besatzung <-, -en> [bəˈzatsʊŋ] *f* ❶ *(Mannschaft)* crew ❷ MIL occupying army

beschädigen *vt* to damage; **[leicht/ schwer] beschädigt** [slightly/badly] damaged

Beschädigung *f* damage *no pl*

beschaffen[1] I. *vt* **[jdm] etw ~** to get sth [for sb]; **eine Waffe ist nicht so leicht zu ~** a weapon is not so easy to come by **II.** *vr* **sich** *dat* **etw ~** to get sth; **du musst dir Arbeit ~** you've got to find yourself a job

beschaffen[2] *adj (geh)* **irgendwie ~ sein** to be made in some way

beschäftigen [bəˈʃɛftɪgn̩] **I.** *vr* ❶ *(etwas tun)* **sich ~** to occupy oneself ❷ *(sich befassen)* **sich mit jdm ~** to pay attention to sb; **sich mit etw** *dat* **~** to deal with sth **II.** *vt* ❶ *(in Anspruch nehmen)* **jdn ~** to be on sb's mind; **mit ei-**

ner Frage beschäftigt sein to be preoccupied with a question ❷ *(anstellen)* **jdn ~** to employ sb ❸ *(eine Tätigkeit geben)* **jdn** [**mit etw** *dat*] **~** to keep sb busy [with sth]

beschäftigt [bəˈʃɛftɪçt] *adj* ❶ *(befasst)* busy (**mit** with) ❷ *(angestellt)* employed (**als** as); **wo bist du ~?** where do you work?

Beschäftigte(r) *f(m) dekl wie adj* employee

Beschäftigung <-, -en> *f* ❶ *(Anstellung)* employment *no pl* ❷ *(Tätigkeit)* occupation ❸ *(Auseinandersetzung)* consideration (**mit** of)

beschämt *adj* ashamed

beschaulich *adj* peaceful; **ein ~es Leben führen** to lead a contemplative life

Bescheid <-[e]s, -e> [bəˈʃait] *m* information *no pl, no indef art;* ADMIN answer; **jdm ~ geben** to inform sb (**über** about); **jdm ordentlich ~ sagen** *(fam)* to give sb a piece of one's mind; **gut ~ wissen** to be well-informed; [**über etw** *akk*] **~ wissen** to know [about sth]

bescheiden[1] [bəˈʃaidn̩] *adj* modest; **nur eine ~e Frage …** just one small question …; **ein ~es Leben führen** to lead a humble life; **aus ~en Verhältnissen kommen** to have a humble background

bescheiden[2] [bəˈʃaidn̩] *irreg vr (geh)* **sich mit etw** *dat* **~** to be content with sth

bescheinigen [bəˈʃainɪgn̩] *vt* **jdm etw ~** to certify sth for sb *form;* [**jdm**] **~, dass …** to confirm [to sb] in writing that …

Bescheinigung <-, -en> *f* certification

beschenken I. *vt* **jdn** [**mit etw** *dat*] **~** to give sb sth [as a present]; **reich beschenkt werden** to be showered with presents **II.** *vr* **sich** [**gegenseitig**] **~** to give each other presents

Bescherung <-, -en> *f* giving of Christmas presents ▶ **eine schöne ~!** *(ironisch)* this is a nice mess!; **da haben wir die ~!** *(ironisch)* what did I tell you!

bescheuert *(fam)* **I.** *adj* ❶ *(blöd)* screwy, *fam* BRIT *a.* daft; **dieser ~e Kerl** that daft idiot; **der ist etwas ~** he's got a screw loose *fam* ❷ *(unangenehm)* stupid; **so was B~es!** how stupid! **II.** *adv* stupidly; **du siehst total ~ aus** you look really daft; **sich ~ anstellen** to act like an idiot

beschimpfen I. *vt* to insult; **jdn auf's Übelste ~** to abuse sb in the worst possible manner **II.** *vr* **sich** [**gegenseitig**] **~** to insult each other

beschissen I. *adj (sl)* lousy **II.** *adv (sl)* in a lousy fashion; **es geht ihr wirklich ~** she's having a miserable time of it; **~ aussehen** to look like a piece of shit

beschlagen *irreg vi sein: Scheibe* to mist up

beschlagnahmen [bəʃlaːknaːmən] *vt* to confiscate

beschleunigen [bəʃlɔynɪgn̩] *vt, vi* to accelerate

Beschleunigung <-, -en> *f* acceleration *no pl*

beschließen *irreg* **I.** *vt* ❶ *(entscheiden)* to decide; **ein Gesetz ~** to pass a motion ❷ *(geh: beenden)* to conclude **II.** *vi* **über etw** *akk* **~** to decide on sth

Beschluss <-es, Beschlüsse> *m* decision; **zu einem ~ kommen** to reach a decision; **auf jds ~** on sb's authority; **auf ~ des Parlaments** by order of parliament

beschmutzen I. *vt* to dirty **II.** *vr* **sich** [**mit etw** *dat*] **~** to get oneself dirty [with sth]

Beschneidung <-, -en> *f der Vorhaut* circumcision

beschönigen [bəˈʃøːnɪgn̩] *vt* to gloss over

beschränken I. *vt* ❶ *(begrenzen)* to limit (**auf** to) ❷ *(einschränken)* **jdn in etw** *dat* **~** to curtail sb's sth **II.** *vr* **sich ~** to restrict oneself (**auf** to); **sich**

auf das Wesentliche ~ to keep to the essential points

beschränkt *adj* ❶ restricted ❷ *(dumm)* limited

Beschränkung <-, -en> *f* restriction

beschreiben *vt irreg* to describe; **ich kann dir nicht ~, wie erleichtert ich war** I can't tell you how relieved I was; **nicht zu ~ sein** to be indescribable

Beschreibung *f* description; *eines Verlaufs* account; **das spottet jeder ~** it beggars description; **eine kurze ~** a sketch

beschriften [bəˈʃrɪftn̩] *vt (mit Inschrift)* to inscribe; *(mit Aufschrift)* to label

beschuldigen [bəˈʃʊldɪgn̩] *vt* to accuse (+*gen* of)

Beschuldigung <-, -en> *f* accusation

beschützen *vt* to protect (**vor** from); **~d** protective

Beschützer(in) <-s, -> *m(f)* protector

Beschwerde <-, -n> [bəˈʃveːɐ̯də] *f* ❶ complaint; **Grund zur ~ haben** to have grounds for complaint ❷ *pl* MED complaint *form;* **mein Magen macht mir ~n** my stomach is giving me trouble

beschweren [bəˈʃveːrən] *vr* **sich [bei jdm] [über jdn/etw] ~** to complain [about sb/sth] [to sb]; **ich kann mich nicht ~** I can't complain

beschwerlich *adj* difficult, exhausting; *Reise* arduous; **das Laufen ist für ihn sehr ~** walking is hard for him

beschwingt I. *adj* lively; *Mensch a.* vivacious II. *adv* chirpily; **sich ~ fühlen** to feel elated

beschwipst [bəˈʃvɪpst] *adj (fam)* tipsy

beschwören *vt irreg* ❶ *(beeiden)* to swear [to]; **~ kann ich das nicht** I wouldn't like to swear to it ❷ *(anflehen)* to beg ❸ *(herbeirufen)* to conjure up; *Geister* to raise

beseitigen [bəˈzaitɪgn̩] *vt (entfernen)* to dispose of; *Zweifel* to dispel; *Missverständnis* to clear up; *Hindernis* to clear away; *Fehler* to eliminate; **sich leicht ~ lassen** to be easily removed

Besen <-s, -> [ˈbeːzn̩] *m* broom; *(kleiner)* brush

besessen [bəˈzɛsn̩] *adj* ❶ REL possessed (**von** by) ❷ *(unter einem Zwang stehend)* **[von etw** *dat*] **~ sein** to be obsessed [with sth]; **wie ~** like mad

besetzen *vt* ❶ *(belegen)* to reserve ❷ *(okkupieren)* to occupy; **einen Posten ~** to fill a post

besetzt *adj* ❶ *(vergeben)* taken, occupied; **dicht ~** packed [out]; **ein gut/schlecht ~er Film** a well-cast/miscast movie ❷ *(belegt)* **~ sein** *Telefon, Toilette* to be occupied; *Terminkalender, Termine* to be fully booked-up ❸ MIL occupied; *(bemannt)* manned; **ein ~es Haus** a squat

besichtigen [bəˈzɪçtɪgn̩] *vt (ansehen)* to visit; *Sehenswürdigkeit a.* to have a look at; *Betrieb* to have a look round, have a tour of; *Haus, Wohnung* to view; *Schule* to inspect; *Truppen* to inspect

Besichtigung <-, -en> *f* visiting; *Wohnung* viewing; **die ~ einer Stadt** a tour of a town

besiedelt *adj* populated; **nicht ~** unpopulated

Besied(e)lung <-, -en> *f* settlement; *(Kolonisierung)* colonization

besinnen *vr irreg* **sich ~** to think [for a moment]; **sich anders ~** to change one's mind; **nach kurzem B~** after brief consideration

besinnlich [bəˈzɪnlɪç] *adj* contemplative

Besinnung <-> *f kein pl* ❶ *(Bewusstsein)* consciousness; **die ~ verlieren** to faint; **[wieder] zur ~ kommen** to come round; **jdn [wieder] zur ~ bringen** to revive sb; *(fig)* to bring sb round ❷ *(Reflexion)* reflection; **zur ~ kommen** to gather one's thoughts

besinnungslos *adj* ❶ *(ohnmächtig)* unconscious ❷ *(blind)* insensate; *Wut* blind; **[wie] ~ sein vor etw** *dat* to be beside oneself with sth

Besitz <-es> [bəˈzɪts] *m kein pl* possession; *(Eigentum)* property; **im ~ von**

etw *dat* **sein** to be in possession of sth; **in privatem/staatlichem ~** privately-/state-owned; **von etw** *dat* **~ ergreifen** to take possession of sth

besitzen *vt irreg* ① *(Eigentümer sein)* to own ② *(haben)* to have [got]

Besitzer(in) <-s, -> *m(f)* owner; *eines Tickets, Passes* holder; **den ~ wechseln** to change hands

besitzergreifend *adj* possessive

besoffen [bəˈzɔfn̩] *adj (fam)* sloshed, BRIT *a.* pissed; **total ~** dead drunk

besondere(r, s) [bəˈzɔndrə, -rɐ, -rəs] *adj* ① *(speziell)* special; **von ~r Bedeutung** of great significance ② *(ungewöhnlich)* unusual; *(eigentümlich)* peculiar; *(außergewöhnlich)* particular

Besonderheit <-, -en> *f* peculiarity

besonders [bəˈzɔndɐs] *adv* ① *(außergewöhnlich)* particularly; **~ viel** a great deal; **nicht ~ klug** not particularly bright; **nicht ~ sein** *(fam)* to be nothing out of the ordinary; **jd fühlt sich nicht ~** *(fam)* sb feels not too good ② *(vor allem)* in particular ③ *(speziell)* specially

besonnen [bəˈzɔnən] *adj* sensible

besorgen *vt* ① *(beschaffen)* to get; *(kaufen)* to buy; **sich einen Job ~** to find oneself a job ② *(erledigen)* to see to; **den Haushalt ~** to run the household

besorgt [bəˈzɔrkt] *adj* ① *(voller Sorge)* worried (**wegen/um** about); **ein ~es Gesicht machen** to look troubled ② *(fürsorglich)* **um jdn/etw ~ sein** to be anxious about sb/sth

bespaßen *vt (fam)* **ein Kind ~** to keep a child amused [*or* entertained]

besprechen *irreg vt* to discuss (**mit** with); **wie besprochen** as agreed

Besprechung <-, -en> *f (Konferenz)* meeting; *(Unterredung)* discussion

besser [ˈbɛsɐ] **I.** *adj comp von* **gut** better; **etwas/nichts B~es** something/nothing better; **nicht ~ als …** no better than …; **etw wird ~** sth is getting better **II.** *adv comp von* **gut** ① better; **es geht jdm ~** MED sb is better ② *(lieber)* **dem solltest du ~ aus dem Wege gehen!** it would be better if you avoided him! ▸ **um so ~!** *(fam)* all the better!; **jd will alles ~ wissen** sb knows better

bessern [ˈbɛsɐn] *vr* **sich ~** to improve; **sein [Gesundheits]zustand hat sich gebessert** he has recovered

Besserung <-> *f kein pl* improvement; **gute ~!** get well soon!; **auf dem Weg der ~ sein** to be on one's way to recovery

Besserwisser(in) <-s, -> *m(f) (pej)* know-all

Bestand <-[e]s, Bestände> *m* ① *kein pl (Fortdauer)* survival; **~ haben** to be long-lasting ② *(vorhandene Menge)* supply (**an** *+dat* of); *Bäume* stand [of trees]

beständig *adj* ① *attr (ständig)* constant ② *(gleich bleibend)* consistent; *Wetter* settled

Bestandsaufnahme *f* ① ÖKON stocktaking; **eine ~ machen** to take stock; *(in der Gastronomie, im Haushalt)* to make an inventory ② *(fig: Bilanz)* taking stock; **eine ~ machen** to do a stocktaking

Bestandteil *m* part; SCI component; **sich in seine ~e auflösen** to fall apart; **etw in seine ~e zerlegen** to take sth to pieces

bestärken *vt* **jdn ~** to encourage sb; **jdn in seinem Vorhaben ~** to confirm sb in their intention; **jdn in einem Verdacht ~** to reinforce sb's suspicion

bestätigen [bəˈʃtɛːtɪɡn̩] *vt* to confirm; **die Richtigkeit einer S.** *gen* **~** to verify sth; **jdn ~** to support sb (**in** in)

Bestätigung <-, -en> *f* confirmation; *Richtigkeit* verification; **[keine] ~ finden** *(geh)* to [not] be validated

Bestattung <-, -en> *f (geh)* funeral

Bestattungsinstitut *nt*, **Bestattungsunternehmen** *nt (geh)* funeral parlour

B

beste(r, s) ['bɛstə, 'bɛstɐ, 'bɛstəs] **I.** *adj attr superl von* **gut** best; **mit den ~n Wünschen** with all best wishes **II.** *adv* ① **am ~n** + *verb* best ② *(ratsam)* **am ~n ...** it would be best if ...
bestechen *irreg vt* to bribe (**mit** with)
bestechlich [bə'ʃtɛçlɪç] *adj* corrupt
Bestechung <-, -en> *f* bribery
Besteck <-[e]s, -e> [bə'ʃtɛk] *nt (Messer, Gabel, Löffel)* cutlery *n sing*
bestehen *irreg* **I.** *vt Prüfung* to pass (**mit** with); **etw nicht ~** to fail sth **II.** *vi* ① *(existieren)* to be; **es besteht kein Zweifel** there is no doubt; **das Unternehmen besteht seit 50 Jahren** the company is 50 years old; **es besteht die Gefahr, dass ...** there is a danger of ...; **das Problem besteht darin, dass ...** the problem is that ... ② *(sich zusammensetzen)* to consist (**aus** of) ③ *(insistieren)* **auf etw** *dat* **~** to insist on sth; **darauf ~, dass ...** to insist that ...
besteigen *vt irreg* ① *Berg* to climb [up onto] ② *Pferd, Rad* to mount ③ *Schiff* to go on board ④ ZOOL *(begatten)* to cover
bestellen *vt* ① to order (**bei** from); *Zeitung* to subscribe to; *Taxi* to call ② *(reservieren)* to reserve ③ *(ausrichten)* to tell; **[jdm] Grüße ~** to send [sb] one's regards ④ *Acker* to plant ▶ **mit etw** *dat* **ist es schlecht bestellt** sth is in a bad way
Bestellnummer *f* order number
Bestellung <-, -en> *f* order; **eine ~ aufgeben** to make an order; **auf ~ arbeiten** to work to order; **etw auf ~ machen** to make sth to order ▶ **wie auf ~** in the nick of time
bestenfalls ['bɛstn̩'fals] *adv* at best
bestens ['bɛstn̩s] *adv* very well; **~ vorsorgen** to take very careful precautions
Bestie <-, -n> ['bɛsti̯ə] *f* ① *(Tier)* beast *form* ② *(Mensch)* brute
bestimmen **I.** *vt* ① *(festsetzen)* to decide on; *Ort, Preis, Zeit* to fix ② *(vorsehen)* **füreinander bestimmt** meant for each other; **etw ist für jdn bestimmt** sth is for sb ③ *(beeinflussen)* to influence; **durch etw** *akk* **bestimmt werden** to be determined by sth **II.** *vi* **über jdn/etw ~** to control sb/sth
bestimmt [bə'ʃtɪmt] **I.** *adj* ① *(ein gewisser)* certain ② *(ein spezieller)* particular; **etwas B~es** something [in] particular ③ *(festgesetzt)* fixed; *(deutlich)* exact; **~er Artikel** LING definite article **II.** *adv* definitely; **~ nicht** certainly not; **etw ganz ~ wissen** to be positive about sth
Bestimmung <-, -en> *f* ① *(Vorschrift)* regulation ② *(Schicksal)* destiny
Bestimmungswort <-wörter> *nt* LING *first part of a word which defines the second part*
bestmöglich ['bɛst'mø:klɪç] *adj* best possible; **das B~e tun** to do one's best
bestrafen *vt* to punish (**mit** by/with); **etw wird mit Gefängnis bestraft** sth is punishable by imprisonment
Bestrafung <-, -en> *f* punishment; **zur ~** as a punishment
Bestrahlung *f* MED radiotherapy
Bestreben *nt* endeavour[s]; **das ~ haben, etw zu tun** to make every effort to do sth
bestrebt *adj* **~ sein etw zu tun** to be keen to do sth
bestreiten *vt irreg* ① *(leugnen)* to deny; *Behauptung* to reject; **es lässt sich nicht ~, dass ...** it cannot be denied that ... ② *(finanzieren)* to finance; **seinen Unterhalt ~** to earn a living
bestürzt *adj* dismayed (**über** by); **zutiefst ~** deeply dismayed
Besuch <-[e]s, -e> [bə'zu:x] *m* ① visit (**bei** to); **jdm einen ~ abstatten** to pay sb a visit; **[bei jdm] auf ~ sein** to be on a visit [to sb] ② *(Besucher)* visitor[s]; **hoher ~** important visitor[s]
besuchen *vt* ① to visit; **besuch mich bald mal wieder!** come again soon!

② *(teilnehmen)* to attend

Besucher(in) <-s, -> *m(f)* visitor; *Theater* theatre goer; SPORT spectator

Besuchszeit *f* visiting hours *pl*

betäuben [bəˈtɔybn̩] *vt* ① *(narkotisieren)* to anaesthetize; **die Entführer betäubten ihr Opfer** the kidnappers drugged their victim ② MED *Schmerz* to kill; [**wie**] **betäubt** [as if] paralysed ③ *(unterdrücken) Emotionen* to suppress

betäubend *adj* ① *(ohrenbetäubend)* deafening ② *(benommen machend)* intoxicating ③ *(narkotisierend)* narcotic

Betäubungsmittel *nt* drug

Bete <-, *selten* -n> [ˈbeːtə] *f* **rote ~** beetroot

beteiligen [bəˈtailɪgn̩] *vr* **sich ~** to participate (**an** in)

beteiligt [bəˈtailɪçt] *adj* ① *(mit dabei)* **an etw** *dat* **~ sein** to be involved in sth ② FIN, ÖKON **an etw** *dat* **~ sein** to hold a stake in sth

Beteiligung <-, -en> *f (Teilnahme)* participation (**an** in)

beten [ˈbeːtn̩] **I.** *vi* to pray **II.** *vt* **etw ~** to recite sth

beteuern [bəˈtɔyɐn] *vt* **jdm ~, dass ...** to protest to sb that ...; **seine Unschuld ~** to protest one's innocence

Beton <-, *selten* -s> [beˈtɔŋ, beˈtõː, beˈtoːn] *m* concrete

betonen *vt* to stress

betonieren [betoˈniːrən] *vt* to concrete; **betoniert** concrete

Betonmischmaschine *f* concrete [*or* cement] mixer

betont **I.** *adj* emphatic; **~e Höflichkeit** studied politeness **II.** *adv* markedly

Betonung <-, -en> *f* stress

Betracht [bəˈtraxt] *m* **in ~ kommen** to be considered; **etw außer ~ lassen** to disregard sth; **jdn/etw in ~ ziehen** to consider sb/sth

betrachten *vt* ① to look at; **bei näherem B~** on closer examination ② *(halten für)* to regard (**als** as)

beträchtlich [bəˈtrɛçtlɪç] *adj* considerable

Betrag <-[e]s, Beträge> [bəˈtraːk] *m* amount

B

betragen *irreg* **I.** *vi* to be; **die Rechnung beträgt 10 Euro** the bill comes to 10 euros **II.** *vr* **sich ~** to behave

Betragen <-s> *nt kein pl* behaviour; SCH conduct

betreffen *vt irreg* ① **jdn ~** to concern sb; **etw ~** to affect sth; **was das betrifft, ...** as far as that is concerned; **„Betrifft: ...“** "Re: ..." ② *(geh: widerfahren)* to befall ③ *(geh: seelisch treffen)* to affect

betreffend *adj* in question *pred;* **die ~e Person** the person in question

betreiben *vt irreg* ① *(vorantreiben)* to proceed ② *(ausüben)* to carry on; *Firma* to run ③ *(sich beschäftigen mit)* to do ④ *Maschine* to operate ⑤ *(antreiben)* to power (**mit** with); **das U-Boot wird atomar betrieben** the submarine is nuclear-powered

betreten[1] *vt irreg* ① *(hineingehen)* to enter; **„B~ für Unbefugte verboten“** "no entry to unauthorized persons" ② *(auf etwas treten)* to walk on sth

betreten[2] **I.** *adj* embarrassed **II.** *adv* embarrassedly

Betreuungsgeld *nt* POL child care subsidy

Betrieb <-[e]s, -e> [bəˈtriːp] *m* ① *(Firma)* company ② *kein pl* **heute war nur wenig/herrschte großer ~** it was very quiet/busy today ③ *kein pl einer Maschine* operation; **außer ~** out of order; **in ~** in operation; **etw in ~ nehmen** to put sth into operation

Betriebsanleitung *f* operating instructions *pl* **Betriebsarzt, -ärztin** *m, f* company doctor **Betriebsausflug** *m* staff outing **Betriebsferien** *pl* [annual] works [*or* AM company] holidays *pl* **Betriebsklima** *nt* working atmosphere **Betriebskosten** *pl* operating costs; *einer Maschine* running costs **Betriebsrat** *m* employee representative committee **Betriebsrat, -rätin** *m, f* employee representative **Betriebssystem** *nt* INFORM operating system **Betriebsunfall** *m* ≈ industrial accident **Betriebswirtschaft** *f* business management

betrinken *vr irreg* **sich** [**mit etw** *dat*] ~ to get drunk [on sth]

betroffen I. *imp von* **betreffen** II. *adj* shocked; **~es Schweigen** stunned silence III. *adv* with dismay

betrübt *adj* sad (**über** about)

Betrug <-[e]s, Betrüge> [bəˈtruːk,] *m* fraud

betrügen *irreg vt* ① *(täuschen)* to cheat (**um** out of); **sich** [**selbst**] ~ to deceive oneself; **betrogen** cheated; **ich fühle mich betrogen!** I feel betrayed! ② *(Seitensprung)* **jdn** [**mit jdm**] ~ to be unfaithful to sb [with sb]

Betrüger(in) <-s, -> [bəˈtryːgɐ] *m(f)* con man

betrunken [bəˈtrʊnkn̩] I. *adj* drunken *attr,* drunk *pred* II. *adv* drunkenly

Betrunkenheit *f* drunkenness

Bett <-[e]s, -en> [bɛt] *nt* bed; **jdn ins ~ bringen** to put sb to bed; **ins ~ gehen** to go to bed; **jdn aus dem ~ holen** to get sb out of bed; **das ~ hüten müssen** to be confined to [one's] bed; **an jds ~** at sb's bedside

Bettbezug *m* duvet cover **Bettdecke** *f* blanket

betteln [ˈbɛtl̩n] *vi* to beg (**um** for)

Bettflasche *f* SÜDD, SCHWEIZ hot-water bottle **Bettlaken** *nt s.* **Betttuch**

Bettler(in) <-s, -> [ˈbɛtlɐ] *m(f)* beggar

Betttuch [ˈbɛttuːx] *nt* sheet **Bettwäsche** *f* bedlinen **Bettzeug** *nt* bedding

betüddeln [bəˈtyːdl̩n] *vt (fam)* to [molly]coddle

Beuge <-, -n> [ˈbɔygə] *f* ① ANAT bend; *von Arm a.* crook of the arm ② SPORT *(Rumpfbeuge)* bend; **in die ~ gehen** to squat

beugen [ˈbɔygn̩] I. *vt* to bend; *Kopf* to bow II. *vr* ① **sich ~** to bend; **sich aus dem Fenster ~** to lean out of the window ② *(sich unterwerfen)* **sich** [**jdm/etw**] ~ to submit [to sb/sth]; **ich werde mich der Mehrheit ~** I will bow to the majority

Beule <-, -n> [ˈbɔylə] *f* ① *(Delle)* dent ② *(Schwellung)* bump

beunruhigen [bəˈʔʊnruːɪgn̩] *vt* to worry

beunruhigt [bəˈʔʊnruːɪçt] *adj* ~ [**über etw** *akk*/**wegen einer S.** *gen*] **sein** to be concerned [about sth]

beurteilen *vt* ① *(einschätzen)* to judge ② *(abschätzen)* to assess

Beurteilung <-, -en> *f* ① *(das Beurteilen)* assessment ② *(schriftlich)* report

Beute <-> [ˈbɔytə] *f kein pl* ① JAGD prey; **eine leichte ~** [an] easy prey ② *(Diebesgut)* haul; [**fette**] **~ machen** to make a [big] haul

Beutel <-s, -> [ˈbɔytl̩] *m* bag

bevölkert *adj (besiedelt)* populated

Bevölkerung <-, -en> *f* population

bevollmächtigen *vt* to authorize (**zu** to)

Bevollmächtigte(r) *f(m) dekl wie adj* authorized representative

bevor [bəˈfoːɐ̯] *konj* ① *(ehe)* before ② *(solange)* until; **nicht ~** not until

bevormunden [bəˈfoːɐ̯mʊndn̩] *vt* to treat like a child

bevor|stehen *vi irreg* **jdm ~** to await sb; **etw steht bevor** sth is approaching

bevorstehend *adj* approaching; **das ~e Fest/der ~e Geburtstag** the upcoming party/birthday; **~e Gefahr** impending danger; **diese kühlen Herbsttage waren Vorboten des ~en Winters** those cool autumn[al] days heralded the onset of winter

bevorzugen [bəˈfoːɐ̯tsuːgn̩] *vt* ① *(begünstigen)* to favour (**vor** over) ② *(den Vorzug geben)* to prefer

bewachen *vt* to guard

bewaffnet *adj* armed

bewahren *vt* to save (**vor** from); **vor etw** *dat* **bewahrt bleiben** to be spared sth ▸ **das Gesicht ~** to save face; **Gott bewahre!** *(fam)* [good]

Lord no!
bewähren *vr* **sich** ~ to prove itself
bewährt *adj* tried and tested
Bewährung <-, -en> *f* JUR probation; **eine Strafe zur ~ aussetzen** to suspend a sentence; ~ **bekommen** to be put on probation
Bewährungshelfer(in) *m(f)* probation officer
bewältigen [bəˈvɛltɪgn̩] *vt* ❶ to cope with ❷ *Vergangenheit* to come to terms with
bewandert [bəˈvandɐt] *adj* well-versed (**in** +*dat* in)
bewässern *vt Feld* to irrigate; *Garten* to water
bewegen[1] [bəˈveːgn̩] **I.** *vt* to move **II.** *vr* **sich** ~ ❶ to move ❷ *(sich körperlich betätigen)* to [take some] exercise ❸ *(sich ändern)* to change
bewegen[2] <bewog, bewogen> [bəˈveːgn̩] *vt* **jdn dazu ~, etw zu tun** to move sb to do sth
bewegend *adj* moving
Beweggrund *m* motive (+*gen* for)
beweglich [bəˈveːklɪç] *adj* ❶ movable; *Glieder* supple ❷ *(manövrierfähig)* manoeuvrable
bewegt *adj* ❶ *(innerlich gerührt)* moved; **mit ~er Stimme** in an emotional voice ❷ *Leben, Vergangenheit* eventful
Bewegung <-, -en> *f* ❶ movement; *(Hand~)* gesture; **jdn in ~ bringen/halten** to get/keep sb moving; **in ~ sein** *Mensch* to be on the move; **ich war heute den ganzen Tag in ~** I was on the go all day today; **sich in ~ setzen** to start moving; **etw in ~ setzen** to get sth going ❷ *(körperliche Betätigung)* exercise ❸ *(Ergriffenheit)* emotion ❹ *(Änderung)* change
bewegungslos *adj* motionless
Beweis <-es, -e> [bəˈvais] *m* proof; **den ~ [für etw** *akk*] **erbringen** to provide conclusive proof [of sth]
beweisbar *adj* provable
beweisen *irreg vt* ❶ to prove ❷ *(erkennen lassen)* to show; **~, dass ...** to show that ...
Beweismaterial *nt* JUR [body of] evidence
bewerben *vr irreg* **sich** ~ to apply (**auf** in response to /**bei** to /**um** for)
Bewerber(in) <-s, -> *m(f)* applicant
Bewerbung *f* application
Bewerbungsformular *nt* application form **Bewerbungsgespräch** *nt* [job] interview **Bewerbungsschreiben** *nt* [letter of] application
bewerten *vt* to assess; *Wertsachen* to value; **jdn/etw nach etw** *dat* ~ to judge sb/sth according to sth; **etw zu hoch/niedrig** ~ to overvalue/undervalue sth
Bewertung *f* assessment; *von Wertsachen* valuation; SCH marking
bewilligen [bəˈvɪlɪgn̩] *vt* to approve; FIN to grant
bewirken *vt* ❶ *(verursachen)* to cause ❷ *(erreichen)* [**bei jdm**] **etwas** ~ to achieve sth [with sb]
bewirten *vt* to entertain (**mit** with)
bewohnbar *adj* habitable
bewohnen *vt Haus* to live in; *Gegend* to inhabit
Bewohner(in) <-s, -> *m(f)* *(Einwohner)* inhabitant; *von Wohnung* occupant
bewölken *vr* **sich** ~ to cloud over
bewölkt *adj* cloudy
Bewunderer, Bewunderin <-s, -> [bəˈvʊndərɐ, bəˈvʊndərɪn] *m, f* admirer
bewundern *vt* to admire (**wegen** for); **was ich an dir bewundere, ist ...** what I admire about you is ...
bewundernswert, bewundernswürdig *adj (geh)* admirable (**an** about)
Bewunderung <-, *selten* -en> *f* admiration
bewusst [bəˈvʊst] **I.** *adj* ❶ *(vorsätzlich)* deliberate ❷ *(wissend)* **sich** *dat* **einer S.** *gen* ~ **sein** to be aware of sth; **jdm ~ sein** to be clear to sb **II.** *adv* ❶ *(überlegt)* ~ **leben** to live with great awareness ❷ *(vorsätzlich)* deliberately

③ *(klar)* **jdm etw ~ machen** to make sb realize sth; **sich** *dat* **etw ~ machen** to realize sth

bewusstlos [bəwʊstloːs] *adj* unconscious

Bewusstsein <-s> *nt kein pl* consciousness; **bei [vollem] ~ sein** to be [fully] conscious; **etw aus dem ~ verdrängen** to banish sth from one's mind; **jdm etw ins ~ rufen** to remind sb of sth

bezahlen *vi, vt* to pay; **[Herr Ober,] [bitte] ~!** waiter, the bill please!; **ich bezahle den Wein!** I'll pay for the wine!

bezahlt *adj* paid; **~e Schulden** settled debts; **etw ~ bekommen** to be paid for sth; **ein Essen/Getränk/eine Hotelübernachtung ~ bekommen** to have a meal/drink/stay in a hotel paid for ▸ **sich ~ machen** to be worth the trouble

Bezahlung *f* ① *(das Bezahlen)* payment; *von Getränken, Speisen* paying for ② *(Lohn, Gehalt)* pay; **gegen/ohne ~** for/without payment

bezaubernd *adj* ① *(entzückend)* enchanting; **sie war eine Frau von ~er Schönheit** she was a woman of captivating beauty ② *(iron)* **wirklich ~!** that's really great!, oh how wonderful!

bezeichnen **I.** *vt* ① *(benennen)* to call ② *(kennzeichnen)* to mark (**mit** with) **II.** *vr* **sich als etw ~** to call oneself sth

bezeichnend *adj* typical (**für** of)

Bezeichnung *f* ① *(Ausdruck)* term ② *(Kennzeichnung)* marking

beziehen *irreg* **I.** *vt* ① *(mit Stoff)* to cover ② *(erhalten)* to receive (**von** from) ③ SCHWEIZ *Steuern* to collect ④ *(in Beziehung setzen)* **etw auf etw** *akk* **~** to apply sth to sth **II.** *vr* **sich auf jdn/etw ~** to refer to sb/sth

Beziehung <-, -en> [bəˈtsiːʊŋ] *f* ① *(Verhältnis)* relationship (**zu** with); **diplomatische ~en** diplomatic relations ② *meist pl (Verbindungen)* connections *pl;* **seine ~en spielen lassen** to pull [some] strings; **in keiner ~ zueinander stehen** to have no connection with one another ③ *(Hinsicht)* **in jeder/mancher ~** in every/many respect

beziehungsweise *konj* or rather

Bezirk <-[e]s, -e> [bəˈtsɪrk] *m* district

Bezug <-[e]s, Bezüge> [bəˈtsuːk] *m* ① *(Überzug)* cover ② *(Kauf)* purchasing ③ SCHWEIZ *(von Steuern)* collection ④ *(Verbindung)* relation ⑤ *(geh: Bezugnahme)* reference; **~ auf etw** *akk* **nehmen** to refer to sth ⑥ *(Hinsicht)* **in ~ auf jdn/etw** with regard to sb/sth

bezüglich [bəˈtsyːklɪç] *präp +gen* regarding

Bezugsperson *f* PSYCH attachment figure *(a person towards whom another person feels a strong emotional bond)*

bezwecken [bəˈtsvɛkn̩] *vt* to aim to achieve (**mit** with); **was willst du damit ~?** what do you hope to achieve by doing that?

bezweifeln *vt* to question; **~, dass ...** to doubt that ...

BH <-[s], -[s]> [beːˈhaː] *m Abk von* **Büstenhalter** bra

Bibel <-, -n> [ˈbiːbl̩] *f* Bible

Biber <-s, -> [ˈbiːbɐ] *m* beaver

bibliografisch [biblioˈgraːfɪʃ] **I.** *adj* VERLAG bibliographic[al] **II.** *adv* bibliographically; **Publikationen ~ erfassen** to record publications in a bibliography

Bibliothek <-, -en> [biblioˈteːk] *f* library

Bibliothekar(in) <-s, -e> [biblioteˈkaːɐ̯] *m(f)* librarian

bieder [ˈbiːdɐ] *adj (pej)* conventional

biegen <bog, gebogen> [ˈbiːgn̩] **I.** *vt haben* ① to bend ② ÖSTERR *(flektieren)* to inflect ▸ **auf B~ oder Brechen** *(fam)* by hook or by crook **II.** *vi sein: Fahrer* to turn; *Straße* to curve **III.** *vr haben* **sich ~** ① *(sich krümmen)* to bend ② *(sich verziehen)* to go out of shape

biegsam ['biːkzaːm] *adj* flexible
Biegung <-, -en> *f* ❶ bend; **eine ~ machen** to turn ❷ LING *(Flexion)* inflection
Biene <-, -n> ['biːnə] *f* bee
Bienenhonig *m* bees' honey **Bienenkönigin** *f* queen bee **Bienenstock** *m* beehive **Bienenwabe** *f* honeycomb **Bienenwachs** *nt* beeswax
Bier <-[e]s, -e> [biːɐ̯] *nt* beer; **~ vom Fass** draught beer
Bierdose *f* beer can **Bierkasten** *m* crate of beer
bieten <bot, geboten> ['biːtn̩] **I.** *vt* to offer; *Gelegenheit, Möglichkeit* to give; *Schutz, Sicherheit* to provide; **sich** *dat* **etw nicht ~ lassen** to not stand for sth **II.** *vi* to [make a] bid **III.** *vr* **sich [jdm] ~** to present itself [to sb]
Bikini <-s, -s> [bi'kiːni] *m* bikini
Bilanz <-, -en> [bi'lants] *f* ❶ ÖKON balance sheet ❷ *(Ergebnis)* end result; **[die] ~ [aus etw** *dat*] **ziehen** *(fig)* to take stock [of sth]
Bild <-[e]s, -er> [bɪlt] *nt* ❶ picture ❷ *(Anblick)* scene ► **sich** *dat* **von jdm/etw ein ~ machen** to form an opinion about sb/sth
bilden ['bɪldn̩] **I.** *vt* ❶ *(hervorbringen)* to form; **sich** *dat* **eine Meinung ~** to form an opinion ❷ *(ausbilden)* to educate ❸ KUNST to make (**aus** from) **II.** *vr* ❶ *(entstehen)* **sich ~** to [be] form[ed] ❷ *(lernen)* **sich ~** to educate oneself
Bilderbuch *nt* picture book **Bilderrahmen** *m* picture frame **Bilderstürmer** ['bɪldɐʃtʏrmɐ] *m* HIST iconoclast
Bildhauer(in) <-s, -> ['bɪlthauɐ] *m(f)* sculptor
Bildhauerei <-> *f kein pl* sculpture *no art* **bildhübsch** ['bɪlt'hʏpʃ] *adj* as pretty as a picture
bildlich **I.** *adj* figurative; **ein ~er Ausdruck** a figure of speech **II.** *adv* figuratively; **~ gesprochen** metaphorically speaking; **sich** *dat* **etw ~ vorstellen** to picture sth
Bildschirm *m* screen **Bildschirmschoner** *m* screen saver **Bildschirmtext** *m* TELEK videotext **bildschön** ['bɪlt'ʃøːn] *adj s.* **bildhübsch**
Bildung <-, -en> *f* ❶ *kein pl (geistige)* education; **[keine] ~ haben** to be [un]educated ❷ *(Entwicklung)* development ❸ *(Zusammenstellung)* formation
Bildungslücke *f* gap in one's education **Bildungsurlaub** *m* educational holiday
Billard <-s, -e> ['bɪljart] *nt* billiards + *sing vb*
Billardkugel *f* billiard ball **Billardstock** *m* billiard cue
Billeteur, **Billeteuse** <-s, -e> *m, f* ❶ SCHWEIZ conductor *masc*, conductress *fem* ❷ ÖSTERR usher *masc*, usherette *fem*
Billett <-[e]s, -s/-e> [bɪl'jɛ(t)] *nt* ❶ SCHWEIZ ticket ❷ ÖSTERR greetings [*or* AM greeting] card
Billiarde <-, -n> [bɪ'li̯ardə] *f* thousand trillion
billig ['bɪlɪç] **I.** *adj* cheap **II.** *adv* cheaply
billigen ['bɪlɪgn̩] *vt* to approve of
Billig(flug)linie *f* low-cost [*or* budget] airline **Billigjob** *m (pej fam)* low-pay job **Billiglinie** *f* low-cost airline **Billiglohnarbeit** *f* cheap labour [*or* AM -or] **Billiglohnarbeiter(in)** *m(f)* low-paid worker **Billiglohnland** *nt country with a low-wage economy*
Billion <-, -en> [bɪ'li̯oːn] *f* trillion
Bimsstein ['bɪmsʃtain] *m* pumice stone
binär [bi'nɛːɐ̯] *adj* binary
Binde <-, -n> ['bɪndə] *f* ❶ MED bandage; *(Schlinge)* sling ❷ *(Monats~)* sanitary towel [*or* AM napkin]
Bindegewebe *nt* connective tissue **Bindeglied** *nt* [connecting] link **Bindehaut** *f* conjunctiva
Bindehautentzündung *f* conjunctivitis *no pl, no indef art*
binden <band, gebunden> ['bɪndn̩] **I.** *vt* ❶ *(mit Faden etc.)* to bind ❷ *(fesseln, befestigen)* to tie [up *sep*] (**an** to) ► **jdm sind die Hände gebunden**

B

sb's hands are tied **II.** *vr* **sich an jdn/etw ~** to commit oneself to sb/sth

bindend *adj* binding

Bindestrich *m* hyphen

Bindfaden *m* string

Bindung <-, -en> *f* ❶ *(Verbundenheit)* bond (**an** to) ❷ *(Verpflichtung)* commitment

binnen ['bɪnən] *präp +dat o gen (geh)* within; **~ kurzem** soon

Binnengewässer *nt* inland water *no indef art* **Binnenhafen** *m* inland port **Binnenmeer** *nt* inland sea

Bioabfall *m* ÖKOL organic waste [matter] **Biobauer, -bäuerin** *m, f* organic farmer **Biochemie** [bioçe:'mi:] *f* biochemistry **Biochemiker(in)** [bio'çe:mikɐ] *m(f)* biochemist **biodynamisch** [biody'na:mɪʃ] *adj* organic

Biograf(in) <-en, -en> [bio'gra:f] *m(f)* biographer

Biografie, Biographie <-, -n> [biogra'fi:] *f* ❶ *(Buch)* biography ❷ *(Lebenslauf)* life [history]

biografisch, biographisch [bio'gra:fɪʃ] *adj* biographical

Bioladen *m* health-food shop [*or* AM *usu* store] **Biolandbau** *m kein pl* organic farming

Biologe, Biologin <-n, -n> [bio'lo:gə, -'lo:gɪn] *m, f* biologist

Biologie <-> [biolo'gi:] *f kein pl* biology

biologisch I. *adj* biological **II.** *adv* biologically; **~ abbaubar** biodegradable

Biomasse *f* ÖKOL biomass

biometrisch [bio'me:trɪʃ] *adj* biometric; **~er Pass** biometric passport

Biomüll *m* organic waste

Biopsie <-, -n> [biɔ'psi:, *pl:* -'psi:ən] *f* MED biopsy; **bei jdm eine ~ machen** to conduct a biopsy on sb

Biosprit *m* Green fuel **Biotonne** *f* biobin **Biowaffe** *f* bioweapon

Birke <-, -n> ['bɪrkə] *f* birch [tree]

Birma <-s> ['bɪrma] *nt* Burma; *s.a.* **Deutschland**

Birnbaum *m* pear tree; *(Holz)* pearwood

Birne <-, -n> ['bɪrnə] *f* ❶ pear ❷ ELEK [light] bulb

bis [bɪs] **I.** *präp +akk* ❶ *zeitlich* till, until; *(nicht später als)* by; **von ... ~ ...** from ... until...; **~ morgen!** see you tomorrow!; **~ dahin/dann** by then; **~ einschließlich** up to and including; **~ jetzt** up to now; **~ wann?** until when?; **~ wann bleibst du?** how long are you staying [for]? ❷ *räumlich* to; *(bis zu)* as far as; **~ hierher** up to this point; **~ wo[hin] ...?** where ... to? ❸ *(erreichend)* up to; **ich zähle ~ drei** I'll count [up] to three; **Kinder ~ sechs Jahre** children up to the age of six **II.** *adv* ❶ *zeitlich* till, until; **~ gegen 8 Uhr** until about 8 o' clock ❷ *räumlich* into, to; **die Äste reichen ~ ans Haus** the branches reach right up to the house ❸ *(mit Ausnahme von)* **~ auf** [*o* SCHWEIZ **~ an**] except [for] **III.** *konj* ❶ *(beiordnend)* to; **400 ~ 500 Gramm Schinken** 400 to 500 grams of ham ❷ *(bevor)* by the time, till, until; **~ es dunkel wird, möchte ich zu Hause sein** I want to be home by the time it gets dark; **ich warte noch, ~ es dunkel wird** I'll wait until it gets dark

Bisam <-s, -e> ['bi:zam] *m* ❶ MODE musquash ❷ *no pl (Moschus)* musk

Bisamratte *f* muskrat

Bischof, Bischöfin <-s, Bischöfe> ['bɪʃɔf] *m, f* bishop

bisexuell [bizɛ'ksu̯ɛl, 'bi:-] *adj* bisexual

bisher [bɪs'he:ɐ̯] *adv* until now

bisherig [bɪs'he:rɪç] *adj attr (vorherig)* previous *attr; (momentan)* present, to date, up to now

Biskuit <-[e]s, -s> [bɪs'kvi:t] *nt o m* sponge

bislang [bɪs'laŋ] *adv s.* **bisher**

Bison <-s, -e> ['bi:zɔn] *m* bison

Biss <-es, -e> [bɪs] *m* bite; **~ haben** *(fig)* to have drive

bisschen ['bɪsçən] *pron indef* ❶ *in der Funktion eines Adjektivs* **ein ~ ...** a bit of …; **kein ~ …** not one [little] bit of …; **das ~ …** the little bit of … ❷ *in der Funktion eines Adverbs* **ein ~ …** a bit …; **kein ~ …** not the slightest bit …

Bissen <-s, -> ['bɪsn̩] *m* morsel; **er brachte keinen ~ herunter** he couldn't eat a thing

bissig ['bɪsɪç] *adj* ❶ vicious; **„[Vorsicht,] ~er Hund!"** "beware of [the] dog!" ❷ *(sarkastisch)* caustic

Bistum <-s, -tümer> ['bɪstuːm] *nt* bishopric

bisweilen [bɪs'vailən] *adv (geh)* at times

Bit <-[s], -[s]> [bɪt] *nt* INFORM bit

bitte ['bɪtə] *interj* ❶ *(auffordernd)* please; **~ nicht!** no, please!; **ja, ~?** *(am Telefon)* hello? ❷ *(Dank erwidernd)* **danke für die Auskunft! — ~[, gern geschehen]** thanks for the information — you're [very] welcome!; **danke, dass du mir geholfen hast! — ~[, gern geschehen]!** thanks for helping me — not at all!; **danke schön! — ~ schön, war mir ein Vergnügen!** thank you! — don't mention it, my pleasure!; **Entschuldigung! — ~!** I'm sorry! — that's all right! ❸ *(anbietend)* **~ schön!** here you are! ❹ *(um Wiederholung bittend)* **wie ~?** sorry? ❺ *(Gefühl der Bestätigung)* **na ~!** what did I tell you!

Bitte <-, -n> ['bɪtə] *f* request (**um** for); **auf jds ~** at sb's request

bitten <bat, gebeten> ['bɪtn̩] **I.** *vt* **jdn [um etw** *akk*] **~** to ask sb [for sth]; **könnte ich dich um einen Gefallen ~?** could I ask you a favour?; **darf ich [euch] zu Tisch ~?** may I ask you to come and sit down at the table? **II.** *vi* **um etw** *akk* **~** to ask for sth; *(dringend)* to beg for sth; **um Hilfe ~** to ask for help; **um Verzeihung ~** to beg for forgiveness

bitter ['bɪtɐ] **I.** *adj* bitter **II.** *adv* bitterly

bitterböse ['bɪtɐ'bøːzə] *adj* furious

bizarr [bi'tsar] *adj* bizarre

blähen ['blɛːən] **I.** *vt* ❶ *(mit Luft füllen)* to fill [out] ❷ ANAT to distend **II.** *vr* **sich ~** to billow; ANAT to dilate **III.** *vi* *(blähend wirken)* to cause flatulence

Blähung <-, -en> *f meist pl* flatulence *no pl, no indef art;* **~en haben** to have flatulence

Blamage <-, -n> [bla'maːʒə] *f* disgrace *no pl*

blamieren [bla'miːrən] **I.** *vt* to disgrace **II.** *vr* **sich ~** to make a fool of oneself

> **Übersetzungstipp**
> Nicht verwechseln mit *to blame sb – jdm die Schuld geben!*

blank [blaŋk] *adj* ❶ *Metall, Oberfläche* shiny ❷ **~er Unsinn** sheer nonsense ❸ *pred (fam)* **~ sein** to be broke

Blase <-, -n> ['blaːzə] *f* ❶ ANAT *(Harnblase)* bladder; **sich** *dat* **die ~ erkälten** to get a chill on the bladder ❷ MED *(der Haut)* blister; **sich** *dat* **~n laufen** to get blisters on one's feet ❸ *(luftgefüllt)* bubble

blasen <bläst, blies, geblasen> ['blaːzn̩] *vi, vt* to blow

Blasenentzündung *f* inflammation of the bladder

Blasinstrument *nt* wind instrument

Blaskapelle *f* brass band

Blasphemie <-, -n> [blasfe'miː, *pl:* -'miːən] *f (geh)* blasphemy

blasphemisch [blas'feːmɪʃ] *adj (geh)* blasphemous

blass [blas] *adj* pale

Blatt <-[e]s, Blätter> [blat] *nt* ❶ BOT leaf ❷ *(Papier)* sheet ❸ *(Zeitung)* paper ❹ *(von Werkzeugen)* blade

blättern ['blɛtɐn] *vi* **in einem Buch ~** to flick through a book

Blätterteig *m* flaky pastry

Blattgold *nt* gold leaf *no pl, no indef art*

Blattlaus *f* aphid

blau [blau] *adj* ❶ blue ❷ *(blutunterlau-*

fen) bruised; **ein ~es Auge** a black eye; **ein ~er Fleck** a bruise ③ *(fam: betrunken)* plastered

blauäugig *adj* ① *(blaue Augen habend)* blue-eyed ② *(naiv)* naïve

Blaubeere *f s.* **Heidelbeere**

bläulich *adj* bluish

Blaulicht *nt* flashing blue light **Blaupause** *f* blueprint **Blausäure** *f* hydrocyanic acid

Blazer <-s, -> ['ble:zɐ] *m* blazer

Blech <-[e]s, -e> [blɛç] *nt* ① *kein pl (Material)* sheet metal *no pl, no indef art* ② *(Blechstück)* metal plate

Blechbüchse *f* tin [box] **Blechdose** *f* tin

blechen ['blɛçn̩] *vt, vi (fam)* to fork out (**für** +*akk* for)

Blechlawine *f (pej fam)* river of metal **Blechschaden** *m* damage to the bodywork

Blei <-[e]s, -e> [blai] *nt* lead

Bleibe <-, -n> ['bla͜ibə] *f* place to stay

bleiben <blieb, geblieben> ['blaibn̩] *vi sein* ① *(weiterhin sein)* [**bei jdm/an einem Ort**] ~ to stay [with sb/in a place]; **~ Sie bitte am Apparat!** hold the line, please!; **die Lage blieb weiterhin angespannt** the situation remained tense; **wach** ~ to stay awake ② *(übrig sein)* to be left; **eine Möglichkeit bleibt uns noch** we still have one possibility left; **es blieb mir keine andere Wahl** I was left with no other choice

bleibend *adj* lasting

bleich [blaiç] *adj* pale

Bleichmittel *nt* bleach *no pl*

bleifrei *adj* lead-free

Bleistift *m* pencil **Bleistiftspitzer** *m* pencil sharpener **Bleivergiftung** *f* lead poisoning *no pl, no indef art*

Blende <-, -n> ['blɛndə] *f* ① FOTO aperture ② *(Sonnenschutz)* blind

blenden ['blɛndn̩] **I.** *vt* ① *Licht* to dazzle ② *(täuschen)* to deceive **II.** *vi* to be dazzling; **~d weiß** dazzling white

blendend **I.** *adj* brilliant; **~er Laune sein** to be in a sparkling mood **II.** *adv* wonderfully; **sich ~ amüsieren** to have great fun

Blick <-[e]s, -e> [blɪk] *m* ① look; **er warf einen ~ aus dem Fenster** he glanced out of the window; **auf einen ~** at a glance; **auf den ersten ~** at first sight; **auf den zweiten ~** on closer inspection; **einen ~ auf jdn/etw werfen** to glance at sb/sth ② *(Augen)* eyes *pl;* **er musterte sie mit finsterem ~** he looked at her darkly; **den ~ heben/senken** to raise/lower one's eyes ③ *(Aussicht)* view; **ein Zimmer mit ~ auf den Strand** a room overlooking the beach ▸ **einen ~ für etw** *akk* **haben** to have an eye for sth; **mit ~ auf** with regard to

blicken ['blɪkn̩] **I.** *vi* ① *(schauen)* to look (**auf** +*akk* at), to have a look (**auf** +*akk* at); **er blickte aus dem Fenster** he glanced out of the window ② **sich ~ lassen** to put in an appearance; **sie hat sich hier nicht wieder ~ lassen** she hasn't shown up here again **II.** *vt (sl: verstehen)* to understand

Blickfang *m* eye-catcher

Blickkontakt *m* **~ haben** to have eye contact

blind [blɪnt] **I.** *adj* blind; **~ werden** to go blind; **sie ist auf einem Auge ~** she's blind in one eye; **vor etw** *dat* **~ sein** to be blinded by sth; **~er Passagier** stowaway **II.** *adv* blindly

Blinddarm *m* appendix **Blinddarmentzündung** *f* appendicitis

Blinde(r) *f(m) dekl wie adj* blind woman *fem,* blind man *masc,* blind person

Blindenhund *m* guide dog **Blindenschrift** *f* Braille *no art*

Blindheit <-, -en> *f* blindness

Blindschleiche <-, -n> ['blɪntʃlaiçə] *f* slowworm

blinken ['blɪŋkn̩] *vi* ① *(glänzen)* to gleam ② AUTO to indicate; **mit der Lichthupe ~** to flash one's [head]lights

Blinker <-s, -> ['blɪŋkɐ] *m* AUTO indicator

Blinklicht *nt* ❶ TRANSP *(an Ampel etc.)* flashing light ❷ AUTO *(Blinker)* indicator

blinzeln ['blɪntsl̩n] *vi* ❶ *(unfreiwillig)* to blink ❷ *(zwinkern)* to wink

Blitz <-es, -e> [blɪts] *m* ❶ METEO lightning *no pl, no indef art;* **vom ~ getroffen werden** to be struck by lightning ❷ FOTO flash

Blitzableiter <-, -> *m* lightning conductor

blitzblank *adj* squeaky clean

blitzen ['blɪtsn̩] I. *vi impers* **es blitzt/hat geblitzt** there is/was [a flash of] lightning II. *vi* FOTO *(fam)* to use [a] flash

Blitzgerät *nt* flash unit **Blitzlicht** *nt* flash[light] **Blitzschlag** *m* lightning strike

Block[1] <-[e]s, Blöcke> [blɔk] *m (Form)* block

Block[2] <-[e]s, Blöcke *o* -s> [blɔk] *m* ❶ *(Häuserreihe)* block; *(Mietshaus)* block [of flats] BRIT, apartment building AM ❷ *(Papier)* book

Blockade <-, -n> [blɔ'ka:də] *f* ❶ *(Embargo)* blockade; **über etw** *akk* **eine ~ verhängen** to impose a blockade on sth ❷ MED block

Blockflöte *f* recorder

blockfrei *adj* POL non-aligned

Blockhaus *nt* log cabin

blockieren [blɔ'ki:rən] *vt* to block; *Verkehr* to stop

Blockschokolade *f kein pl* cooking chocolate *no pl*

blöd [blø:t], **blöde** ['blø:də] I. *adj (fam)* ❶ silly, stupid ❷ *(unangenehm)* disagreeable; **eine ~e Situation** an awkward situation II. *adv (fam)* idiotically, stupidly

blödeln ['blø:dl̩n] *vi (fam)* to tell silly jokes

Blödmann *m (fam)* idiot **Blödsinn** *m kein pl (pej fam)* nonsense *no indef art;* **machen Sie keinen ~!** don't mess about! **blödsinnig** ['blø:tzɪnɪç] *adj (pej fam)* idiotic

Blog <-s, -s> [blɔg] *nt o m kurz für* **Weblog** INET blog

bloggen ['blɔgn̩] *vi, vt* INET to blog

Blogger(in) <-s, -> ['blɔgɐ] *m(f)* INET blogger

blöken ['blø:kn̩] *vi* to bleat

blond [blɔnt] *adj* blond[e]

Blondine <-, -n> [blɔn'di:nə] *f* blonde

bloß [blo:s] I. *adj* ❶ *(unbedeckt)* bare; **mit ~em Oberkörper** stripped to the waist ❷ *attr (alleinig)* mere; *(allein schon)* very; **schon der ~e Gedanke ...** the very thought ... II. *adv* only; **~ nicht!** God forbid!

bloß|stellen *vt* to show up *sep*

bluffen ['blœfn̩] *vi* to bluff

blühen ['bly:ən] I. *vi* ❶ to bloom ❷ *(florieren)* to flourish ❸ *(fam)* **etw blüht jdm** sth is in store for sb II. *vi impers* **im Süden blüht es jetzt schon überall** everything is in blossom in the south

blühend *adj* ❶ *(in Blüte sein)* blossoming ❷ *(strahlend)* radiant ❸ *(prosperierend)* flourishing ❹ *(fam)* **eine ~e Fantasie haben** to have a fertile imagination

Blume <-, -n> ['blu:mə] *f* flower

Blumenbeet *nt* flowerbed **Blumenkohl** *m* cauliflower **Blumenstrauß** *m* bouquet of flowers **Blumentopf** *m* flowerpot **Blumenvase** *f* flower vase

blumig *adj* flowery

Bluse <-, -n> ['blu:zə] *f* blouse

Blut <-[e]s> [blu:t] *nt kein pl* blood; **jdm ~ abnehmen** to take a blood sample from sb; **~ stillend** styptic

blutarm ['blu:tʔarm] *adj* anaemic **Blutarmut** *f* anaemia **Blutbank** <-banken> *f* blood bank **Blutbild** *nt* blood count **Blutdruck** *m* blood pressure

Blüte <-, -n> ['bly:tə] *f* ❶ flower; *Baum* blossom; **in [voller] ~ stehen** to be in [full] bloom ❷ *(fam: falsche Banknote)* dud

Blutegel *m* leech

bluten ['blu:tn̩] *vi* to bleed (**an/aus** from)

Blütenblatt *nt* petal **Blütenstaub** *m* pollen

Bluter <-s, -> ['blu:tɐ] *m* MED haemophiliac

Bluterguss <-es, -ergüsse> *m* bruise **Blutgefäß** *nt* blood vessel **Blutgerinnsel** *nt* blood clot **Blutgruppe** *f* blood group **Bluthund** *m* bloodhound

blutig ['blu:tɪç] **I.** *adj* ① *(blutend)* bloody; *(blutbefleckt)* bloodstained ② KOCHK underdone; **sehr ~** rare ③ *(mit Blutvergießen verbunden)* bloody **II.** *adv* bloodily

Blutorange *f* blood orange **Blutplasma** *nt* blood plasma *no pl, no indef art* **Blutprobe** *f* ① *(Entnahme)* blood sample ② *(Untersuchung)* blood test

blutrünstig ['blu:trʏnstɪç] *adj* bloodthirsty

Blutsauger *m* bloodsucker **Blutspender(in)** *m(f)* blood donor **blutstillend** *adj s.* **Blut blutsverwandt** *adj* related by blood *pred* **Blutsverwandte(r)** *f(m)* blood relation

Blutung <-, -en> *f* bleeding *no pl, no indef art;* [**monatliche**] ~ menstruation

Blutvergießen <-s> *nt kein pl* bloodshed *no indef art* **Blutvergiftung** *f* blood poisoning *no indef art* **Blutverlust** *m* loss of blood **Blutwäsche** *f* haemodialysis **Blutwurst** *f* black pudding BRIT, blood sausage AM **Blutzucker** *m* MED blood sugar

Bö <-, -en> [bø:] *f* gust

Bock[1] <-[e]s, Böcke> [bɔk] *m* *(Schaf)* ram; *(Ziege)* billy goat ► **alter** ~ *(fam)* old goat; **sturer** ~ *(fam)* stubborn sod

Bock[2] <-s, -> [bɔk] *nt,* **Bockbier** *nt* bock beer *(type of strong beer)*

bocken ['bɔkn̩] *vi* ① *Esel, Pferd* to refuse to move ② *(fam: trotzig sein)* to act up

bockig ['bɔkɪç] *adj (fam)* stubborn

Bockspringen *nt kein pl* SPORT vaulting *no art* **Bockwurst** *f* bockwurst *(type of boiled sausage)*

Boden <-s, Böden> ['bo:dn̩] *m* ① *(Erde)* soil; **fetter/magerer** ~ fertile/barren soil ② *(Erdoberfläche)* ground ③ *kein pl (Territorium)* land; **auf britischem** ~ on British soil ④ *(Fußboden)* floor ⑤ *(Dachspeicher)* loft; **auf dem** ~ in the loft ⑥ *(Grund)* bottom

Bodenbelag *m* floor covering **Bodenfrost** *m* ground frost *no pl* **Bodenhaftung** *f* AUTO wheel grip

bodenlos **I.** *adj* ① *(fam: unerhört)* outrageous; **das ist eine ~e Frechheit!** that's absolutely outrageous! ② *(sehr tief)* bottomless; **ein ~er Abgrund** an abyss **II.** *adv* extremely

Bodennebel *m* ground fog **Bodenpersonal** *nt* LUFT ground crew **Bodenschätze** *pl* mineral resources *pl* **Bodensee** ['bɔdn̩ze:] *m* **der** ~ Lake Constance

bodenständig *adj* ① *(lange ansässig)* long-established ② *(unkompliziert)* uncomplicated

Body <-s, -s> ['bɔdi] *m* body BRIT, bodysuit AM

Bodybuilding <-s> [-bɪldɪŋ] *nt kein pl* bodybuilding *no pl* **Bodyguard** <-s, -s> [-ga:ɐ̯t] *m* bodyguard

Bogen <-s, -> ['bo:gn̩] *m* ① *(gekrümmte Linie)* curve ② *(Blatt Papier)* sheet [of paper] ③ *(Waffe)* bow; **Pfeil und** ~ bow and arrow[s *pl*] ④ ARCHIT arch ► **in hohem ~ hinausfliegen** *(fam)* to be turned out

bogenförmig *adj* arched

Bogenschütze, -schützin *m, f* archer

Bohle <-, -n> ['bo:lə] *f* plank

böhmisch ['bø:mɪʃ] *adj* Bohemian

Bohne <-, -n> ['bo:nə] *f* bean; **dicke/grüne/rote/weiße ~n** broad/French/kidney/haricot beans

Bohnenkaffee *m* real coffee **Bohnenkraut** *nt kein pl* savory *no pl* **Bohnenstange** *f (a. hum)* beanpole *hum*

bohnern ['bo:nɐn] *vt* to polish

Bohnerwachs [-vaks] *nt* floor polish

bohren ['bo:rən] **I.** *vt* ① to bore; *(mit*

Bohrer) to drill ❷ *(hineinstoßen)* **er bohrte ihm das Messer in den Bauch** he plunged the knife into his stomach **II.** *vi* ❶ to drill ❷ *(stochern)* **in der Nase ~** to pick one's nose

Bohrer <-s, -> *m* drill

Bohrinsel *f* drilling rig; *(Öl a.)* oil rig

Bohrturm *m* derrick

böig ['bøːɪç] *adj* gusty

Boiler <-s, -> ['bɔylɐ] *m* hot-water tank; **den ~ anstellen** to turn on the water heater

Boje <-, -n> ['boːjə] *f* buoy

Bolivianer(in) <-s, -> [boli'vi̯aːnɐ] *m(f)* Bolivian

Bolivien <-s> [bo'liːvi̯ən] *nt* Bolivia

Bolzen <-s, -> ['bɔltsn̩] *m* pin; *(mit Gewinde)* bolt

bombardieren [bɔmbar'diːrən] *vt* ❶ to bomb ❷ *(fam: überschütten)* to bombard

bombastisch *adj (pej)* ❶ *(schwülstig)* bombastic ❷ *(pompös)* pompous

Bombe <-, -n> ['bɔmbə] *f* bomb; **eine ~ legen** to plant a bomb ▸ **die ~ platzen lassen** to drop the bombshell

Bombenerfolg *m (fam)* smash hit **Bombengeschäft** *nt (fam)* roaring business **Bombenstimmung** *f kein pl (fam)* **in ~ sein** to be in a brilliant mood; **auf der Party herrschte eine ~** the place was jumping

bombig ['bɔmbɪç] *adj (fam)* fantastic

Bon <-s, -s> [bɔŋ, bõː] *m* ❶ *(Kassenzettel)* receipt ❷ *(Gutschein)* voucher

Bonbon <-s, -s> [bɔŋ'bɔŋ] *m o* ÖSTERR *nt* sweet BRIT, candy AM

Bonus <- *o* -ses, - *o* -se *o* Boni> ['boːnʊs, *pl:* 'boːni] *m* FIN bonus

Bonuskarte *f (Kundenkarte)* bonus points card

boomen ['buːmən] *vi* to [be on the] boom

Boot <-[e]s, -e> [boːt] *nt* boat; **~ fahren** to go boating

Übersetzungstipp

Nicht verwechseln mit *boot* – *Stiefel!*

Bootsfahrt *f* boat trip **Bootshaus** *nt* boathouse **Bootsmann** <-leute> *m* boatswain **Bootsverleih** *m* boat hire

Bord[1] <-[e]s> [bɔrt] *m* **an ~** aboard; **an ~ gehen** to board; *über ~ gehen* to go overboard; **von ~ gehen** to leave the plane/ship

Bord[2] <-[e]s, -e> [bɔrt] *nt (Wandbrett)* shelf

Bord[3] <-[e]s, -e> [bɔrt] *nt* SCHWEIZ *(Rand)* ledge; *(Böschung)* embankment

Bordell <-s, -e> [bɔr'dɛl] *nt* brothel

Bordkarte *f* boarding card **Bordpersonal** *nt* crew

Bordstein *m* kerb

Borke <-, -n> ['bɔrkə] *f* BOT bark

Borkenkäfer *m* bark beetle

borniert [bɔr'niːɐ̯t] *adj (pej)* bigoted

Börse <-, -n> ['bœrzə] *f* ❶ *(Wertpapierhandel)* stock market; *(Gebäude)* stock exchange; **an die ~ gehen** to go public; **an der ~ [gehandelt]** [traded] on the exchange; **an der ~ notiert werden** to be quoted on the stock exchange ❷ *(Brieftasche)* wallet

Börsenkurs *m* market price **Börsenmakler(in)** *m(f)* stockbroker

Borste <-, -n> ['bɔrstə] *f* bristle

Borte <-, -n> ['bɔrtə] *f* border

bösartig *adj* ❶ malicious; *Tier* vicious ❷ MED malignant

Bösartigkeit <-> *f kein pl* ❶ *(Tücke)* maliciousness; *eines Tiers* viciousness ❷ MED malignancy

Böschung <-, -en> ['bœʃʊŋ] *f* embankment

böse ['bøːzə] **I.** *adj* ❶ bad; *(stärker)* evil; **ein ~s Ende nehmen** to end in disaster; **jdm einen ~n Streich spielen** to play a nasty trick on sb; **eine ~ Überraschung erleben** to have an un-

B

pleasant surprise; **nichts B~s ahnen** to not suspect anything is wrong; **jdm B~s tun** to cause sb harm ❷ *(verärgert)* angry; **ein ~s Gesicht machen** to scowl ❸ *(fam: unartig)* naughty **II.** *adv* ❶ *(übelwollend)* evilly; **das habe ich nicht ~ gemeint** I meant no harm ❷ *(fam: sehr, schlimm)* badly; **~ ausgehen** to end in disaster; **~ [für jdn] aussehen** to look bad [for sb]

boshaft ['bo:shaft] *adj* malicious

Bosheit <-, -en> *f* malice *no pl;* **aus [lauter] ~** out of [pure] malice

bosnisch ['bɔsnɪʃ] *adj* Bosnian

bosnisch-herzegowinisch *adj* Bosnia-Herzegovinian

Boss <-es, -e> [bɔs] *m* boss

böswillig I. *adj* malevolent **II.** *adv* malevolently

Botaniker(in) <-s, -> [bo'ta:nikɐ] *m(f)* botanist

botanisch [bo'ta:nɪʃ] *adj* botanical; **~er Garten** Botanical Gardens *pl*

Bote, Botin <-n, -n> ['bo:tə, 'bo:tɪn] *m, f (Kurier)* courier; *(mit Nachricht)* messenger

Botengang <-gänge> *m* errand; **einen ~ machen** to run an errand

Botschaft <-, -en> ['bo:tʃaft] *f* ❶ *(Nachricht)* news *no pl, no indef art* ❷ POL embassy

Botschafter(in) <-s, -> *m(f)* POL ambassador

Bottich <-[e]s, -e> ['bɔtɪç] *m* tub

Bouillon <-, -s> [bʊl'jɔŋ] *f* consommé

Boulevardpresse [bulə'va:ɐ̯-] *f* yellow press

Boutique <-, -n> [bʊ'ti:k] *f* boutique

Bowle <-, -n> ['bo:lə] *f* ❶ *(Getränk)* punch *no pl* ❷ *(Schüssel)* punchbowl

Bowling <-s, -s> ['bo:lɪŋ] *nt* bowling

Box <-, -en> [bɔks] *f* ❶ box ❷ *(Lautsprecher)* loudspeaker

boxen ['bɔksn̩] **I.** *vi* to box; **gegen jdn ~** to fight sb **II.** *vt* to punch

Boxen <-s> ['bɔksn̩] *nt kein pl* boxing *no art*

Boxer(in) <-s, -> ['bɔksɐ] *m(f)* boxer

Boxhandschuh *m* boxing glove **Boxkampf** *m* bout

boykottieren [bɔɪkɔ'ti:rən] *vt* to boycott

brach [bra:x] *imp von* **brechen**

Branche <-, -n> ['brã:ʃə] *f* line of business

> **Übersetzungstipp**
> Nicht verwechseln mit *branch* – *Zweig, Filiale!*

Branchenverzeichnis *nt* classified directory

Brand <-[e]s, Brände> [brant] *m* fire; **in ~ geraten** to catch fire; **etw in ~ stecken** to set sth alight *Haus* to set on fire

Brandblase *f* burn blister **Brandbombe** *f* incendiary device

branden ['brandn̩] *vi* to break **(an/gegen** against)

Brandfleck *m* burn [mark] **brandmarken** *vt* to brand **(als** as) **brandneu** ['brant'nɔy] *adj (fam)* brand new **Brandschaden** *m* fire damage *no pl* **Brandschutz** *m kein pl* fire safety *no art, no pl,* protection against fire **Brandstifter(in)** *m(f)* arsonist **Brandstiftung** *f* arson *no pl*

Brandung <-, -en> *f* surf

Brandwunde *f* burn

Branntwein ['brantvain] *m (geh)* spirits *pl*

Brasilianer(in) <-s, -> [brazi'li̯a:nɐ] *m(f)* Brazilian

brasilianisch [brazi'li̯a:nɪʃ] *adj* Brazilian

Brasilien <-s> [bra'zi:li̯ən] *nt* Brazil

braten <brät, briet, gebraten> ['bra:tn̩] *vt, vi (in der Pfanne)* to fry; *(am Spieß)* to roast

Braten <-s, -> ['bra:tn̩] *m* roast [meat *no pl, no art*]; **kalter ~** cold meat

Brathähnchen *nt,* ÖSTERR, SÜDD **Brat-**

hendl <-s, -[n]> *nt* grilled chicken **Brathering** *m* fried herring **Bratkartoffeln** *pl* fried potatoes **Bratpfanne** *f* frying pan

Bratsche <-, -n> ['bra:tʃə] *f* viola

Bratwurst *f* [fried] sausage

Brauch <-[e]s, Bräuche> [braux] *m* custom; **nach altem ~** according to custom; [**bei jdm so**] **~ sein** to be customary [with sb]

brauchbar *adj* ① *(geeignet)* suitable; **nicht ~ sein** to be of no use ② *(nützlich)* useful

brauchen ['brauxn̩] **I.** *vt* ① to need; **wozu brauchst du das?** what do you need that for? ② *(fam: ge-, verbrauchen)* **etw ~** to use sth; **kannst du die Dinge ~?** can you find a use for these? **II.** *vb aux modal (müssen)* **etw nicht** [**zu**] **tun ~** to not need to do sth; **du hättest doch nur etwas** [**zu**] **sagen ~** you need only have said something **III.** *vt impers* ÖSTERR, SCHWEIZ, SÜDD **es braucht etw** sth is needed

Brauchtum <-[e]s, -tümer> *nt pl selten* customs *pl;* **ein altes ~** a tradition

brauen ['brauən] *vt* to brew

Brauerei <-, -en> [brauə'rai] *f* brewery

braun [braun] *adj* brown; *(sonnengebräunt)* [sun-]tanned

Bräune <-> ['brɔynə] *f kein pl* [sun]tan

bräunen ['brɔynən] **I.** *vi, vt* to tan **II.** *vr* **sich ~** to get a tan

Braunkohle *f* brown coal

brausen ['brauzn̩] *vi* ① *haben (tosen)* to roar; *Wind* to howl ② *sein (fam: rasen)* to storm; *Wagen* to race

Brausetablette *f* effervescent tablet

Braut <-, Bräute> [braut] *f* bride

Bräutigam <-s, -e> ['brɔytɪgam] *m* [bride]groom

Brautjungfer *f* bridesmaid **Brautkleid** *nt* wedding dress **Brautpaar** *nt* bride and groom

brav [bra:f] *adj* good; **sei schön ~!** be a good boy/girl

> **Übersetzungstipp**
> Nicht verwechseln mit *brave* – *mutig!*

Brecheisen *nt* crowbar

brechen <bricht, brach, gebrochen> ['brɛçn̩] **I.** *vt haben* to break; *Eid* to violate; **sein Schweigen ~** to break one's silence **II.** *vi* ① *sein (auseinander)* to break [apart] ② *haben (Verbindung beenden)* to break (**mit** with) ③ *(sich erbrechen)* to be sick

Brechmittel *nt* emetic [agent] **Brechreiz** *m kein pl* nausea *no art* **Brechstange** *f* crowbar

Brei <-[e]s, -e> [brai] *m* ① *(Speise)* mash *no pl* ② *(zähe Masse)* paste ▸ **um den** [**heißen**] **~ herumreden** to beat about the bush

breit [brait] *adj* wide; *Schultern* broad; **etw ~**[**er**] **machen** to widen sth; **x cm ~ sein** to be x cm wide

Breitband <-bänder> *nt* INET, TELEK broadband

Breitbildfernseher *m* widescreen television

Breite <-, -n> ['braitə] *f* ① width; **von x cm ~** x cm in width ② *(Gedehntheit)* breadth

Breitengrad *m* [degree of] latitude **Breitenkreis** *m* line of latitude, parallel **breitenwirksam** *adj* widely effective

Breitseite *f* broadside

Bremsbacke *f* brake shoe **Bremsbelag** *m* brake lining; AUTO brake pad

Bremse <-, -n> ['brɛmzə] *f* ① brake; **auf die ~ treten** to put on the brakes ② *(Stechfliege)* horsefly

bremsen ['brɛmzn̩] **I.** *vi* to brake **II.** *vt* ① to brake ② *(verzögern)* to slow down *sep* ③ *(fam: zurückhalten)* to check; **sie ist nicht zu ~** there's no holding her

Bremsflüssigkeit *f* brake fluid **Bremsklotz** *m* brake pad **Bremslicht** *nt* stop

B

B

light **Bremspedal** *nt* brake pedal **Bremsspur** *f* skid marks *pl* **Bremsweg** *m* braking distance

brennbar *adj* combustible

brennen <brannte, gebrannt> ['brɛnən] **I.** *vi* ❶ burn; *(in Flammen stehen)* to be on fire; **wo brennt's denn?** *(fig)* where's the fire? ❷ *(fam) Lampe* to be on; **etw ~ lassen** to leave sth on ❸ *(fam: ungeduldig erwarten)* **darauf ~, etw zu tun** to be dying to do sth **II.** *vt* ❶ *CD* to burn ❷ *Schnaps* to distil

brennend *adj* ❶ *Hitze* scorching ❷ *Frage* urgent; *Wunsch* fervent

Brenner <-s, -> ['brɛnɐ] *m* TECH burner; INFORM CD-burner

Brennerei <-, -en> [brɛnə'rai̯] *f* distillery

Brennholz *nt* firewood **Brennmaterial** *nt* [heating] fuel **Brennnessel** ['brɛnnɛsl̩] *f* stinging nettle **Brennpunkt** *m* ❶ PHYS focal point ❷ *(Zentrum)* focus; **im ~ [des Interesses] stehen** to be the focus [of interest] **Brennspiritus** *m* methylated spirit **Brennstab** *m (Kernphysik)* fuel rod **Brennstoff** *m* fuel

brenzlig ['brɛntslɪç] *adj (fam)* dicey; **die Situation wird mir zu ~** things are getting too hot for me

Bretagne <-> [bre'tanjə] *f* **die ~** Brittany

Bretone, Bretonin <-n, -n> [bre'to:nə, bre'to:nɪn] *m, f* Breton

Brett <-[e]s, -er> [brɛt] *nt* board; *(Planke)* plank; *(Regalboden)* shelf; **Schwarzes ~** noticeboard ▸ **ein ~ vorm Kopf haben** to be slow on the uptake

Brettspiel *nt* board game

Brezel <-, -n> ['bre:tsl̩] *f* pretzel

Brief <-[e]s, -e> [bri:f] *m* letter

Brieffreund(in) *m(f)* pen pal **Briefkasten** *m (am Haus)* letter box BRIT, mailbox AM; *(Postkasten)* postbox BRIT, mailbox AM; **elektronischer ~** electronic mailbox **Briefmarke** *f* stamp **Briefmarkensammler(in)** *m(f)* stamp collector **Brieföffner** *m* letter opener **Briefpapier** *nt* letter paper **Brieftasche** *f* wallet **Briefträger(in)** *m(f)* postman *masc*, postwoman *fem* **Briefumschlag** *m* envelope **Briefwahl** *f* postal vote BRIT, absent[ee] ballot AM

Brikett <-s, -s> [bri'kɛt] *nt* briquette

Brillant <-en, -en> [brɪl'jant] *m* brilliant

Brille <-, -n> ['brɪlə] *f* glasses *pl;* **eine ~** a pair of glasses; **[eine] ~ tragen** to wear glasses

glasses + pl vb

Glasses wird nur im Plural gebraucht, es gibt keine Singularform: *Where are my glasses? These glasses belong to James.* Möchte man explizit von einer einzigen Brille sprechen, verwendet man den Ausdruck **a pair of glasses** im Singular: *I need a new pair of glasses. This pair of sunglasses belongs to Tina.* Dies trifft auch auf andere Substantive, die im Prinzip aus zwei Teilen bestehen, zu. Dazu gehören z. B. **trousers, jeans, pyjamas, pants, scales, scissors** und **binoculars**. Meint man nur ein Exemplar, kann man auch hier *a pair of ...* sagen.

Brillenetui *nt* glasses case **Brillengestell** *nt* spectacles frame **Brillenglas** *nt* lens **Brillenschlange** *f* cobra

bringen <brachte, gebracht> ['brɪŋən] *vt* ❶ *(zu sich hin)* to bring; *(von sich weg)* to take; **[jdm] etw ~** to bring [sb] sth; **jdn nach Hause ~** to take sb home; **die Kinder ins Bett ~** to put the children to bed; **den Müll nach draußen ~** to take out the rubbish [*or* AM garbage] ❷ *(versetzen)* **jdn in Bedrängnis ~** to get sb into trouble; **jdn in Schwierigkeiten ~** to put sb into a difficult position ❸ *(veranlassen)* **jdn dazu ~, etw zu tun** to get sb to do sth; **etw zum Brennen/Laufen ~** to get sth to burn/work ❹ *(fam: gut sein)* **sie/es bringt's** she's/it's got what it takes; **das bringt nichts** it's pointless; **das bringt's nicht** that's useless ▸ **etw hinter sich** *akk* **~** to get sth over and done with; **etw mit sich** *akk* **~** to involve sth; **es nicht über sich** *akk* **~, etw zu tun** not to be able to bring oneself to do sth; **jdn um den Verstand ~** to drive sb mad

brisant [bri'zant] *adj* explosive

Brise <-, -n> ['bri:zə] *f* breeze

Brite, Britin <-n, -n> ['brɪtə, 'brɪtɪn] *m, f* Briton; **wir sind ~n** we're British

britisch ['brɪtɪʃ] *adj* British

bröckeln ['brœkl̩n] *vi* to crumble

Brocken <-s, -> ['brɔkn̩] *m* chunk; **ein harter ~ sein** *(fam)* to be a tough nut; **ein paar ~ Russisch** a smattering of Russian

brodeln ['bro:dl̩n] *vi* to seethe

Brokkoli ['brɔkoli] *pl* broccoli *no pl, no indef art*

Brombeere ['brɔmbe:rə] *f* ❶ blackberry ❷ *(Strauch)* blackberry bush

Brombeerstrauch *m s.* **Brombeere 2**

Bronchie <-, -n> ['brɔnçi̯ə] *f meist pl* bronchial tube

Bronchitis <-, Bronchitiden> [brɔn'çi:tɪs] *f* bronchitis *no art*

Bronze <-, -n> ['brõ:sə] *f* bronze

Bronzemedaille [-medaljə] *f* bronze medal

Brosche <-, -n> ['brɔʃə] *f* brooch

Broschüre <-, -n> [brɔ'ʃy:rə] *f* brochure

Brösel <-s, -> ['brø:zl̩] *m* DIAL crumb

Brot <-[e]s, -e> [bro:t] *nt* bread *no pl; (Laib)* loaf [of bread]; **ein ~ mit Honig/Käse** a slice of bread and honey/cheese; **belegtes ~** open sandwich

Brötchen <-s, -> ['brø:tçən] *nt* [bread] roll

Broteinheit *f* carbohydrate unit **Brotkasten** *m* bread bin **Brotrinde** *f* [bread] crust

Browser <-s, -> ['braʊzɐ] *m* INET browser

Bruch <-[e]s, Brüche> [brʊx] *m* ❶ *eines Vertrags* infringement; *des Vertrauens* breach ❷ *(Beziehung)* **in die Brüche gehen** to break up ❸ MED *eines Knochens* fracture; *der Eingeweide* hernia; **sich** *dat* **einen ~ heben** to give oneself a hernia ❹ MATH fraction

Bruchbude *f (pej fam)* dump

brüchig ['brʏçɪç] *adj* brittle; *Stimme* cracked

Bruchrechnung *f* MATH sum with fractions **Bruchstück** *nt* fragment **Bruchteil** *m* fraction; **im ~ einer Sekunde** in a split second **Bruchzahl** *f* fraction

Brücke <-, -n> ['brʏkə] *f* bridge

Bruder <-s, Brüder> ['bru:dɐ] *m* brother; **die Brüder Grimm/Schmitz** the Brothers Grimm/the Schmitz brothers

brüderlich I. *adj* fraternal II. *adv* like brothers; **~ teilen** to share and share alike

Bruderschaft <-, -en> *f* REL fraternity

Brühe <-, -n> ['bry:ə] *f* ❶ *(Suppe)* [clear] soup ❷ *(fam: Flüssigkeit)* **schmutzige ~** sludge ❸ *(pej fam: Getränk)* slop

Brühwürfel *m* stock cube

brüllen ['brʏlən] *vi* to roar (**vor** with); *(weinen)* to bawl; **brüll doch nicht so!** don't shout like that!

Brummbär ['brʊm-] *m (fam)* crosspatch *fam*

brummen ['brʊmən] I. *vi Insekt, Klingel* to buzz; *Bär* to growl; *Bass* to rumble II. *vt* **etw ~** to mumble sth

Brummer <-s, -> *m (fam: Fliege)* bluebottle; *(Hummel)* bumble-bee; *(Lastwagen)* juggernaut

Brummschädel *m (fam)* headache; *(durch Alkohol a.)* hangover

brünett [bry'nɛt] *adj* brunet[te]

Brunft <-, Brünfte> [brʊnft, *pl:* brʏnftə] *f (Brunftzeit)* rutting season; **in der ~ sein** to be rutting to be on [*or* AM in] heat

Brunnen <-s, -> ['brʊnən] *m* well; *(mit Fontäne)* fountain

Brunnenschacht *m* well shaft

brünstig ['brʏnstɪç] *adj männliches Tier* rutting; *weibliches Tier* on [*or* AM in] heat *pred*

brüsk [brʏsk] **I.** *adj* brusque **II.** *adv* brusquely

Brüssel <-s> ['brʏsl̩] *nt* Brussels

Brust <-, Brüste> [brʊst] *f* ① *(Brustkasten)* chest ② *(weibliche ~)* breast; **einem Kind die ~ geben** to breastfeed a baby

Brustbein *nt* breastbone

brüsten ['brʏstn̩] *vr* **sich ~** to boast (**mit** +*dat* about)

Brustfell *nt* ANAT pleura **Brustkorb** *m* chest **Brustkrebs** *m* breast cancer **Brustschwimmen** *nt* breast-stroke **Brusttasche** *f* breast pocket

Brüstung <-, -en> ['brʏstʊŋ] *f* parapet

Brustwarze *f* nipple

Brut <-, -en> [bru:t] *f* ① *kein pl (das Brüten)* brooding *no pl* ② *(die Jungen)* brood; *(von Hühnern)* clutch; *(von Bienen)* nest ③ *kein pl (pej: Gesindel)* mob

brutal [bru'ta:l] **I.** *adj* brutal; **ein ~er Kerl** a brute **II.** *adv* brutally

Brutalität <-, -en> [brutali'tɛ:t] *f* brutality

brüten ['bry:tn̩] *vi* ① to brood ② *(grübeln)* to brood (**über** over)

Brüter <-s, -> *m (Kernphysik)* [nuclear] breeder; **schneller ~** fast breeder

Brutkasten *m* MED incubator **Brutstätte** <-, -n> *f* ① *(Nistplatz)* breeding ground (+*gen* for) ② *(geh: Herd)* breeding ground (+*gen* for)

brutto ['brʊto] *adv* [in the] gross; **3800 Euro ~ verdienen** to have a gross income of 3800 euros

Bruttoeinkommen *nt* gross income **Bruttogewicht** *nt* gross weight **Bruttoinlandsprodukt** *nt* gross domestic product, GDP **Bruttosozialprodukt** *nt* gross national product, GNP

Bub <-en, -en> [bu:p] *m* ÖSTERR, SCHWEIZ, SÜDD boy, lad

Buch <-[e]s, Bücher> [bu:x] *nt* book; **über etw** *akk* **~ führen** to keep a record of sth

Buche <-, -n> ['bu:xə] *f* beech [tree]

Bücherei <-, -en> [by:çə'rai] *f* library

Bücherregal *nt* bookshelf **Bücherschrank** *m* bookcase **Bücherwurm** *m (hum)* bookworm

Buchfink *m* chaffinch

Buchführung *f* bookkeeping *no pl;* **einfache/doppelte ~** single-/double-entry bookkeeping **Buchhalter(in)** *m(f)* bookkeeper **Buchhaltung** *f* ① *(Abteilung)* accounts department ② *s.* **Buchführung** **Buchhandel** *m* book trade; **im ~ erhältlich** available in bookshops **Buchhändler(in)** *m(f)* bookseller **Buchhandlung** *f* bookshop **Buchmacher(in)** <-s, -> *m(f)* bookmaker

Buchs <-es, -e> [bʊks] *m* BOT box [tree]

Buchse <-, -n> ['bʊksə] *f* ① ELEK jack ② TECH bushing

Büchse <-, -n> ['bʏksə] *f* tin BRIT, can AM

Büchsenöffner *m* can-opener, BRIT *a.* tin-opener

Buchstabe <-n[s], -n> ['bu:xʃta:bə] *m* letter; **fetter ~** bold character; **in großen ~n** in capitals; **in kleinen ~n** in small letters

buchstabieren [bu:xʃta'bi:rən] *vt* to spell

buchstäblich ['bu:xʃtɛ:blɪç] *adv* literally

Bucht <-, -en> [bʊxt] *f* bay

Buchung <-, -en> *f* ① *(Reservierung)* booking ② FIN posting

Buchweizen *m* buckwheat

Buckel <-s, -> ['bʊkl̩] *m* ① *(verkrümmter Rücken)* hunchback ② *(fam: Rücken)* back ▸ **rutsch mir [doch] den ~ runter!** *(fam)* get off my back!

bücken ['bʏkn̩] *vr* **sich ~** to bend down

bucklig ['bʊklɪç] *adj (fam)* ① *(mit einem Buckel)* hunchbacked ② *(fam: uneben)* bumpy

buddeln ['bʊdl̩n] *(fam)* **I.** *vi* to dig [up] **II.** *vt* to dig [out]

Buddhismus <-> [bʊ'dɪsmʊs] *m kein pl* Buddhism
Buddhist(in) <-en, -en> [bʊ'dɪst] *m(f)* Buddhist
Bude <-, -n> ['bu:də] *f* ❶ *(Hütte)* [wooden] cabin; *(Baubude)* [builder's] hut BRIT, trailer [on a construction site] AM ❷ *(fam: Wohnung)* digs *npl* BRIT, pad AM; **sturmfreie ~ haben** *(fam)* to have the place to oneself ▸ **jdm fällt die ~ auf den Kopf** *(fam)* sb feels claustrophobic
Budget <-s, -s> [bʏ'dʒe:] *nt* budget
Bufdi <-[s], -[s]> ['bʊfdi] *m (fam)* ❶ *kein pl Abk von* **Bundesfreiwilligendienst** federal voluntary services ❷ *Abk von* **Bundesfreiwilligendienstleistender** federal services volunteer
Büfett <-[e]s, -e> [bʏ'fe:] *nt* ❶ *(Anrichte)* sideboard ❷ *(Essen)* buffet; **kaltes ~** cold buffet
Büffel <-s, -> ['bʏfl̩] *m* buffalo
Bug <-[e]s, Büge> [bu:k] *m* NAUT bow; LUFT nose
Bügel <-s, -> ['by:gl̩] *m (für Kleider)* coat hanger
Bügelbrett *nt* ironing board **Bügeleisen** <-s, -> *nt* iron **Bügelfalte** *f* crease **bügelfrei** *adj* crease-free
bügeln ['by:gl̩n] *vt, vi* to iron
Buggy <-s, -s> ['bagi] *m (faltbarer Kinderwagen)* pushchair BRIT, buggy BRIT, stroller AM
Bühne <-, -n> ['by:nə] *f* ❶ *(Spielfläche)* stage; **hinter der ~** behind the scenes ❷ *(Theater)* theatre ▸ **etw über die ~ bringen** *(fam)* to get sth over with
Bühnenbild *nt* scenery **Bühnenbildner(in)** <-s, -> *m(f)* scene-painter **Bühnenstück** *nt* [stage] play
Buhruf *m* [cry of] boo
Bukett <-s, -s> [bu'kɛt] *nt* bouquet
Bulgare, **Bulgarin** <-n, -n> [bʊl'ga:rə, bʊl'ga:rɪn] *m, f* Bulgarian
Bulgarien <-s> [bʊl'ga:ri̯ən] *nt* Bulgaria
bulgarisch [bʊl'ga:rɪʃ] *adj* Bulgarian
Bulimie <-, -n> [buli'mi:] *f* bulimia [nervosa] *no pl*
Bullauge ['bʊl-] *nt* porthole
Bulldogge *f* bulldog
Bulldozer <-s, -> ['bʊldo:zɐ] *m* bulldozer
Bulle <-n, -n> ['bʊlə] *m* ❶ *(Tier)* bull ❷ *(sl: Polizist)* cop *fam*
Bullenhitze *f kein pl (fam)* stifling heat *no pl*
Bumerang <-s, -s> ['bu:məraŋ] *m* boomerang
Bummel <-s, -> ['bʊml̩] *m* stroll; **einen ~ machen** to go for a stroll
bummeln ['bʊml̩n] *vi* ❶ *sein (spazieren gehen)* to stroll; **~ gehen** to go for a stroll ❷ *haben (fam: trödeln)* to dilly-dally
Bummelzug *m (fam)* local [passenger] train
bumsen ['bʊmzn̩] **I.** *vi* ❶ *haben (fam: schlagen)* to bang (**an, gegen** +*akk* against) ❷ *sein (fam: prallen, stoßen)* to bang (**gegen** +*akk* against) **II.** *vi, vt haben (derb: Sex haben)* [**jdn/mit jdm**] **~** to screw [sb]
Bund[1] <-[e]s, Bünde> [bʊnt] *m* ❶ *(Vereinigung)* association ❷ *(von Ländern)* confederation; **der ~** *(BRD)* the Federal Republic of Germany; *(schweizerische Eidgenossenschaft)* the confederation ❸ *(fam: Bundeswehr)* **der ~** the [German] army; **beim ~ sein** to be doing one's military service
Bund[2] <-[e]s, -e> [bʊnt] *nt* bundle; KOCHK bunch
Bündel <-s, -> ['bʏndl̩] *nt* bundle
bündeln *vt* to tie in[to] bundles
Bundesbank *f kein pl* Federal Bank of Germany **Bundesbürger(in)** *m(f)* German citizen **Bundesfreiwilligendienst** *m* federal voluntary services **Bundesgebiet** *nt* BRD, ÖSTERR federal territory **Bundesgerichtshof** *m* BRD Federal German supreme court *(highest German court of appeal)* **Bundeshauptstadt** *f* federal capital **Bundes-**

innenminister(in) *m(f)* German Minister of the Interior **Bundeskanzler(in)** *m(f)* BRD German Chancellor; ÖSTERR Austrian Chancellor; SCHWEIZ Head of the Federal Chancellery **Bundesland** *nt* federal state; *(nur BRD)* Land **Bundesliga** *f* German football [*or* AM soccer] league **Bundespräsident(in)** *m(f)* BRD, ÖSTERR President of the Federal Republic of Germany/Austria; SCHWEIZ President of the Confederation **Bundesrat** *m* ❶ BRD, ÖSTERR Bundesrat *(upper house of parliament)* ❷ SCHWEIZ Federal Council *(executive body)* **Bundesregierung** *f* federal government **Bundesrepublik** *f* federal republic; **die ~ Deutschland** the Federal Republic of Germany **Bundesstaat** *m* ❶ *(Staatenbund)* confederation ❷ *(Gliedstaat)* federal state; **im ~ Kalifornien** in the state of California **Bundesstraße** *f* BRD, ÖSTERR ≈ A road BRIT, ≈ interstate [highway] AM **Bundestag** *m kein pl* BRD Bundestag *(Lower House of Parliament)* **Bundestagswahl** *f* Bundestag election **Bundesverfassungsgericht** *nt kein pl* BRD Federal Constitutional Court *(supreme legal body that settles issues relating to the basic constitution)* **Bundesversammlung** *f* POL ❶ BRD Federal Assembly ❷ SCHWEIZ Parliament **Bundeswehr** *f* Federal Armed Forces

Bündnis <-ses, -se> ['bʏntnɪs] *nt* alliance

Bunker <-s, -> ['bʊŋkɐ] *m* bunker; *(gegen Luftangriffe)* air-raid shelter

Bunsenbrenner <-s, -> ['bʊnzn̩] *m* Bunsen burner

bunt [bʊnt] **I.** *adj* ❶ colourful ❷ *(vielfältig)* varied **II.** *adv* colourfully; **~ gestreift** with colourful stripes ▶ **jdm <u>wird</u> es zu ~** *(fam)* sb has had enough

Buntspecht *m* great spotted woodpecker **Buntstift** *m* coloured pencil **Buntwäsche** *f* colour wash

Bürde <-, -n> ['bʏrdə] *f (geh)* ❶ *(Last)* load ❷ *(Beschwernis)* burden

Burg <-, -en> [bʊrk] *f* castle

bürgen *vi* ❶ **für jdn ~** to act as guarantor for sb ❷ *(fig: garantieren)* **für etw** *akk* **~** to be a guarantee of sth

Bürger(in) <-s, -> ['bʏrgɐ] *m(f)* citizen

Bürgerinitiative *f* citizens' group **Bürgerkrieg** *m* civil war

bürgerlich ['bʏrgɐlɪç] *adj* ❶ *attr (staatsbürgerlich)* civil; **~e Pflicht** civic duty ❷ *(dem Bürgerstand angehörend)* bourgeois *pej*

Bürgermeister(in) ['bʏrgɐmaistɐ] *m(f)* mayor; **der regierende ~ von Hamburg** the governing Mayor of Hamburg **Bürgerrechtsbewegung** *f* civil rights movement **Bürgersteig** <-[e]s, -e> *m* pavement BRIT, sidewalk AM

Bürgschaft <-, -en> *f* JUR ❶ *(gegenüber Gläubigern)* guaranty; **die ~ für jdn übernehmen** to act as sb's guarantor ❷ *(Haftungssumme)* security

Burgund <-[s]> [bʊr'gʊnt] *nt* Burgundy

Burgunder <-s, -> [bʊr'gʊndɐ] *m* *(Wein aus Burgund)* burgundy

Burn-out <-[s], -s> ['bœrnaut, bœrn'aut] *nt* MED, PSYCH burn-out

Büro <-s, -s> [by'ro:] *nt* office

Büroangestellte(r) *f(m) dekl wie adj* office worker **Büroarbeit** *f* office work **Büroklammer** *f* paper clip **Bürokram** *m kein pl (pej fam)* [bureaucratic] paperwork *no pl*

Bürokratie <-, -n> [byrokra'ti:] *f* bureaucracy

bürokratisch **I.** *adj attr* bureaucratic **II.** *adv* bureaucratically

Bursche <-n, -n> ['bʊrʃə] *m* ❶ *(Halbwüchsiger)* adolescent ❷ *(fam: Kerl)* so-and-so BRIT, character AM

burschikos [bʊrʃi'ko:s] **I.** *adj (salopp)* casual; *(Mensch)* laid-back; **~es Mädchen** tomboy **II.** *adv* casually

Bürste <-, -n> ['bʏrstə] *f* brush

bürsten ['bʏrstn̩] *vt* to brush

Bus <-ses, -se> [bʊs] *m* bus

Busbahnhof *m* bus station

Busch <-[e]s, Büsche> [bʊʃ] *m*

① (Strau...ub ② *(Wald)* bush
Busen ...[buːzn̩] *m* breast
Busfa... *m(f)* bus driver **Bushal-te**... bus stop **Buslinie** *f* bus
...<-s, -e> [ˈbʊsart] *m* buzzard
... -n> [ˈbuːsə] *f* ① penance; ... do penance ② *(Geldbuße)* fine
... byːsn̩] **I.** *vt* ① *(bezahlen)* to pay ...**as wirst du mir ~!** I'll make you pay for that! ② SCHWEIZ *(mit einer Geldbuße belegen)* to fine **II.** *vi (leiden)* to suffer (**für** +*akk* because of); **dafür wird er mir ~!** I'll make him suffer for that!
Bußgeld *nt* fine *(imposed for traffic and tax offences)*
Busspur *f* bus lane
Büste <-, -n> [ˈbʏstə] *f* bust
Büstenhalter *m* bra
Butangas *nt* butane gas
Butter <-> [ˈbʊtɐ] *f kein pl* butter
Butterblume *f* buttercup **Butterbrot** *nt* slice of buttered bread **Butterbrotpapier** *nt* greaseproof paper **Butterdose** *f* butter-dish **Buttermilch** *f* buttermilk **Butterschmalz** *nt* clarified butter **butterweich** [ˈbʊtɐˈvai̯ç] **I.** *adj* really soft **II.** *adv* softly
Bypass <-es, Bypässe> [ˈbai̯pas] *m* bypass
Byte <-s, -s> [bai̯t] *nt* byte

C

Cc

C, c <-, -> *nt* C, c
ca. *Abk von* **circa** approx., ca.
Caddie <-s, -> [ˈkɛdi] *m* ① *(Mensch)* caddie, caddy ② *(Wagen)* caddie [*or* caddy] car
Café <-s, -s> [kaˈfeː] *nt* café
Cafeteria <-, -s> [kafetəˈriːa] *f* cafeteria
Calvinismus <-> [kalviˈnɪsmʊs] *m kein pl* REL Calvinism *no pl*
calvinistisch *adj* REL Calvinist[ic]
Camcorder <-s, -> [ˈkamkɔrdɐ] *m* camcorder
Camper(in) <-s, -> [ˈkɛmpɐ] *m(f)* camper
Camping <-s> [ˈkɛmpɪŋ] *nt kein pl* camping
Campingausrüstung *f* camping equipment **Campingbus** *m* camper **Campingplatz** *m* campsite
Campus <-, -> [ˈkampʊs, ˈkɛmpəs] *m* campus
Cappuccino <-[s], -[s]> [kapʊˈtʃiːno] *m* cappuccino
Cashewnuss [ˈkɛʃu-] *f* cashew nut
Casting <-s, -s> [ˈkaːstɪŋ] *nt* FILM, THEAT casting [session]
CD <-, -s> [tseːˈdeː] *f Abk von* **Compact Disc** CD
CD-ROM <-, -s> [tseːdeːˈrɔm] *f* CD-ROM **CD-ROM-Laufwerk** *nt* CD-ROM drive **CD-Spieler** *m* CD player
Cellist(in) <-en, -en> [tʃɛˈlɪst] *m(f)* cellist
Cello <-s, -s> [ˈtʃɛlo] *nt* cello
Celsius [ˈtsɛlzi̯ʊs] *no art* Celsius
Cent <-[s], -[s]> [sɛnt] *m* cent
Ceylon [ˈtsailɔn] *nt früher für* **Sri Lanka** Ceylon
Chamäleon <-s, -s> [kaˈmɛːleɔn] *nt* chameleon
Champagner <-s, -> [ʃamˈpanjə] *m* champagne
Champignon <-s, -s> [ˈʃampɪnjɔŋ] *m* mushroom
Chance <-, -n> [ˈʃãːsə] *f* chance; **die ~n stehen gut/schlecht** there's a good/there's little chance
Chancengleichheit *f kein pl* equal opportunities *pl*

C

Chaos <-> ['ka:ɔs] *nt kein pl* chaos
Chaot(in) <-en, -en> [ka'o:t] *m(f)* chaotic person
chaotisch [ka'o:tɪʃ] **I.** *adj* chaotic **II.** *adv* chaotically
Charakter <-s, -tere> [ka'raktɐ] *m* character; ~ **haben** to have strength of character
Charaktereigenschaft *f* characteristic
charakteristisch [karakte'rɪstɪʃ] *adj* characteristic (**für** of)
charakterlos *adj* despicable
Charakterzug *m* characteristic
Charisma <-s, Charismen *o* Charismata> ['ça:rɪsma] *nt (geh)* charisma
charmant [ʃar'mant] **I.** *adj* charming **II.** *adv* charmingly
Charme <-s> [ʃarm] *m kein pl* charm
Charterflug ['tʃartɐ-] *m* charter flight
Chartermaschine *f* charter
Chassis <-, -> [ʃa'si:] *nt* chassis
Chat <-s, -s> [tʃæt] *m* INET [online] chat
chatten ['tʃætn̩] *vi* INET *(fam)* to chat [online]
Chauffeur(in) <-s, -e> [ʃɔ'fø:ɐ̯] *m(f)* chauffeur
Chauvi <-s, -s> ['ʃo:vi] *m (sl)* chauvinist
Chauvinist(in) <-en, -en> [ʃovi'nɪst] *m(f)* chauvinist
chauvinistisch [ʃovi'nɪstɪʃ] **I.** *adj* chauvinistic **II.** *adv* chauvinistically
checken ['tʃɛkn̩] *vt* ❶ *(überprüfen)* to check ❷ *(sl: begreifen)* **etw** ~ to get sth
Chef(in) <-s, -s> [ʃɛf] *m(f)* head; *(einer Firma)* boss
Chefarzt, -ärztin *m, f* head doctor **Chefetage** *f* management floor **Chefkoch, -köchin** *m, f* chief cook **Chefredakteur(in)** *m(f)* editor-in-chief
Chemie <-> [çe'mi:] *f kein pl* chemistry
Chemiefaser *f* man-made fibre
Chemiker(in) <-s, -> ['çe:mikɐ] *m(f)* chemist
chemisch ['çe:mɪʃ] *adj* chemical
Chemotherapie *f* chemotherapy
Chiffre <-, -n> ['ʃɪfrə] *f* box number
Chile <-s> ['tʃi:le] *nt* Chile
Chilene, Chilenin <-n, ... tʃi'le:nə, tʃi'le:nɪn] *m, f* Chilean
chillen ['tʃɪlən] *vi (sl)* to chill
China <-s> ['çi:na] *nt* China
Chinese, Chinesin <-n, -n> [ç... çi'ne:zɪn] *m, f* Chinese
chinesisch [çi'ne:zɪʃ] *adj* Chinese
Chinin <-s> [çi'ni:n] *nt kein pl* qui... *no pl*
Chip <-s, -s> [tʃip] *m* ❶ chip ❷ *p...* KOCHK crisps *pl* BRIT, chips *pl* AM
Chipkarte *f* smart card
Chiropraktiker(in) [çiro'praktikɐ] *m(f)* chiropractor
Chirurg(in) <-en, -en> [çi'rʊrk] *m(f)* surgeon
Chirurgie <-, -n> [çirʊr'gi:] *f kein pl* surgery
chirurgisch [çi'rʊrgɪʃ] **I.** *adj* surgical **II.** *adv* surgically
Chlor <-s> [klo:ɐ̯] *nt kein pl* chlorine
Chloroform <-s> [kloro'fɔrm] *nt kein pl* chloroform *no pl*
Chlorophyll <-s> [kloro'fʏl] *nt kein pl* chlorophyll *no pl*
Cholera <-> ['ko:lera] *f kein pl* cholera
cholerisch [ko'le:rɪʃ] *adj* choleric
Cholesterin <-s> [çolɛste'ri:n] *nt kein pl* cholesterol
Cholesterinspiegel *m* cholesterol level
Chor <-[e]s, Chöre> [ko:ɐ̯] *m* chorus; **im** ~ in chorus
Choral <-s, Choräle> [ko'ra:l] *m* chorale
Choreograf(in) <-en, -en> [koreo'gra:f] *m(f)* choreographer
Choreografie <-, -n> [koreogra'fi:] *f* choreography
Chorleiter(in) *m(f)* choirmaster
Christ(in) <-en, -en> [krɪst] *m(f)* Christian
Christbaum *m* Christmas tree
Christentum <-s> *nt kein pl* Christianity
Christkind *nt* ❶ *(Jesus)* Christ child ❷ *(weihnachtliche Gestalt) Christ child, who brings Christmas presents for Children on 24th December;* **ans ~ glauben** to believe in Father Christ-

verstanden? do you agree to that? **II.** *konj* so that

dämlich ['dɛːmlɪç] *(fam)* **I.** *adj* stupid **II.** *adv* **sich ~ anstellen** to be awkward

Damm <-[e]s, Dämme> [dam] *m (zur Wasserstauung)* dam; *(Deich)* dyke

dämm(e)rig ['dɛm(ə)rɪç] *adj* ① dim ② *(dämmernd)* **~ sein/werden** to be/get dark

dämmern ['dɛmɐn] **I.** *vi* ① *Morgen* to dawn; *Abend* to approach ② **jdm ~** to [gradually] dawn on sb **II.** *vi impers* **es dämmert** *(morgens)* dawn is breaking; *(abends)* dusk is falling

Dämmerung <-, -en> *f (abends)* dusk; *(morgens)* dawn

Dampf <-[e]s, Dämpfe> [dampf] *m* steam *no pl;* **~ ablassen** *(a. fig)* to let off steam

Dampfbügeleisen *nt* steam iron

dampfen ['dampfn̩] *vi* to steam

dämpfen ['dɛmpfn̩] *vt* ① KOCHK to steam ② *(mäßigen)* to dampen

Dampfer <-s, -> ['dampfɐ] *m* steamship

Dampfmaschine *f* steam engine

Dampfwalze *f* steamroller

danach [da'naːx] *adv* ① *zeitlich* afterwards; **ein paar Minuten ~** a few minutes later ② *örtlich* behind [her/him/it etc.] ③ *(dementsprechend)* accordingly ④ **jdm ist ~/nicht ~** sb feels/doesn't feel like it

Däne, Dänin <-n, -n> ['dɛːnə, 'dɛːnɪn] *m, f* Dane

daneben [da'neːbn̩] *adv* ① next to her/him/it/that etc.; **~!** missed!; **links/rechts ~** *(neben Gegenstand)* to the left/right of it/them; *(neben Mensch)* to her/his left/right ② *(verglichen damit)* compared with her/him/it/that etc.

Dänemark <-s> ['dɛːnəmark] *nt* Denmark

dänisch ['dɛːnɪʃ] *adj* Danish

dank [daŋk] *präp* thanks to

Dank <-[e]s> [daŋk] *m kein pl* gratitude; **herzlichen** [*o* **vielen**] **~** thank you very much

dankbar ['daŋkbaːɐ̯] *adj* grateful; **jdm ~ [für etw** *akk*] **sein** to be grateful to sb [for sth]

Dankbarkeit <-> *f kein pl* gratitude

danke *interj* thank you

danken ['daŋkn̩] **I.** *vi* [**jdm**] [**für etw** *akk*] **~** to express one's thanks [to sb] [for sth]; **nichts zu ~** you're welcome **II.** *vt* **wie kann ich Ihnen das jemals ~?** how can I ever thank you?

dann [dan] *adv* then; **~ und wann** now and then; **immer ~, wenn ...** always when ...; **wenn ..., ~ ...** if ..., [then] ...; **etw nur ~ tun, wenn ...** to do sth only when ...

daran [da'ran] *adv* ① *(räumlich)* on it/that, to it/that; **etw ~ kleben** to stick sth to it ② *(zeitlich)* **nahe ~ sein, etw zu tun** to be close to doing sth ③ *(fig)* **denk ~!** bear it/that in mind; **kein Wort ist wahr ~!** not a word of it is true; **das Dumme/Gute ~ ist, dass ...** the stupid/good thing about it is that ...

darauf [da'rauf] *adv* ① *(räumlich)* on it/that/them etc.; **~ folgend** following ② *(zeitlich)* after that; **am Abend ~** the next evening; **bald ~** shortly afterwards ③ *(fig)* **ein Recht ~** a right to it; **sich ~ freuen** to look forward to it

daraufhin [darauf'hɪn] *adv* ① *(infolgedessen)* as a result [of this/that] ② *(nachher)* after that

daraus [da'raus] *adv* ① out of it/that/them; **etw ~ entfernen** to remove sth from it ② *(als Ergebnis)* **~ ergibt sich** [*o* **folgt**], **dass ...** the result of which is that ...

Darbietung <-, -en> ['daːɐ̯biːtʊŋ] *f* performance

darin [da'rɪn] *adv* ① *(räumlich)* in there ② *(in vorher Erwähntem)* in it/them ③ *(in dem Punkt)* in that respect

Darlegung <-, -en> *f* explanation

Darleh(e)n <-s, -> ['daːɐ̯leːən] *nt* loan

Darm <-[e]s, Därme> [darm] *m* intestine
Darmgrippe *f* gastric flu
Darstellung <-, -en> *f* ❶ *kein pl* KUNST portrayal ❷ *(das Schildern)* representation
Darts <-> [daːɐ̯ts] *nt kein pl* darts + *sing vb*
darüber [daˈryːbɐ] *adv* ❶ *(räumlich)* over/above it/that/them; *(direkt auf etw)* on top [of it/that] ❷ *(hinsichtlich einer Sache)* about it/that/them; **sich ~ wundern, was ...** to be surprised at what ...
darum [daˈrʊm] *adv* ❶ *(deshalb)* that's why; **~?** because of that?; **~!** *(fam)* [just] because! ❷ *(räumlich)* **~ [herum]** around it ❸ *(um diese Sache)* **es geht nicht ~, wer zuerst kommt** it's not a question of who comes first; **~ bitten** to ask for it/that
darunter [daˈrʊntɐ] *adv* ❶ *(räumlich)* under it/that; *(unterhalb von etw)* below [it/that]; **~ hervorgucken/-springen** to look/jump out [from underneath] ❷ *(dazwischen)* among[st] them ❸ *(unter dieser Angelegenheit)* **was verstehst du ~?** what do you understand by it/that?; **~ kann ich mir nichts vorstellen** it doesn't mean anything to me
das [das] *art, pron* the; *s.a.* **der**
Dasein <-s> [ˈdaːzain] *nt kein pl* existence
dasjenige <gen: desjenigen, dat: demjenigen, akk: dasjenige, pl: diejenigen> [ˈdasjeːnɪgə] *pron dem* ❶ *substantivisch* **~, was ...** that which ... ❷ *adjektivisch s. a.* **diejenige, derjenige: ~ Kind, das ...** the child that ...
dass [das] *konj* that; **die Tatsache, ~ ...** the fact that ...; **dadurch, ~ ...** because ...; **vorausgesetzt, ~ ...** providing [that] ...
dasselbe [dasˈzɛlbə], **dasselbige** [dasˈzɛlbɪgə] *pron dem s.* **derselbe**
Datei <-, -n> [daˈtai] *f* file
Dateierweiterung, **Dateinamenerweiterung** *f* INFORM file extension
Daten[1] [ˈdaːtn̩] *pl von* **Datum**
Daten[2] [ˈdaːtn̩] *pl* data
Datenabruf *m* data retrieval **Datenaufbereitung** *f* data editing **Datenautobahn** *f* information highway **Datenbank** <-banken> *f* database **Datenbestand** *m* data stock **Datenschutz** *m* data protection **Datensicherung** *f* [data] backup **Datenträger** *m* data medium **Datenverarbeitung** *f* data processing
datieren [daˈtiːrən] *vt* to date
Dativ <-s, -e> [ˈdaːtiːf] *m* dative
Dattel <-, -n> [ˈdatl̩] *f* date
Datum <-s, Daten> [ˈdaːtʊm] *nt* date
Dauer <-> [ˈdauɐ] *f kein pl* duration; *von Aufenthalt* length; **auf die ~** in the long run
dauerhaft *adj* lasting
Dauerhaftigkeit <-> *f kein pl* ❶ *(Haltbarkeit, Strapazierfähigkeit)* durability ❷ *(Beständigkeit)* permanence; *von Wetter* constancy; **der Versailler Frieden war nicht von großer ~** the Treaties of Versailles did not last
Dauerlauf *m* jog
dauern [ˈdauɐn] *vi* to last; *(eine bestimmte Zeit)* to take; **der Film dauert 3 Stunden** the film is 3 hours long; **das dauert mir zu lange** that's too long for me
dauernd [ˈdauɐnt] **I.** *adj* constant; *(lang anhaltend)* lasting **II.** *adv* constantly; **etw ~ tun** to keep [on] doing sth
Dauerwelle *f* perm **Dauerzustand** *m* permanent state of affairs
Daumen <-s, -> [ˈdaumən] *m* thumb; **am ~ lutschen** to suck one's thumb ▸**jdm die ~ drücken** to keep one's fingers crossed [for sb]
Daune <-, -n> [ˈdaunə] *f* down *no pl*
Daunendecke *f* duvet **Daunenjacke** *f* quilted jacket
davon [daˈfɔn] *adv* ❶ *(räumlich)* **~ loskommen** to come off it/that; **links/rechts ~** to the left/right of it/that/them ❷ *(Ausgangspunkt)* **das**

kommt ~! you've/he's etc. only got yourself/himself etc. to blame!; **etwas/nichts ~ haben** to have something/nothing of it; **~ ausgehen, dass ...** to presume that ... ③ *(Teil einer Menge)* **die Hälfte/ein Pfund ~** half/a pound of it/that/them ④ *(über diese Sache)* **was hältst du ~?** what do you think of it/that/them?; **~ weiß ich nichts** I don't know anything about that

davon|kommen *vi irreg sein* **mit dem Leben ~** to escape with one's life

davor [da'fo:ɐ̯] *adv* ① *(örtlich)* in front [of it/that/them] ② *(zeitlich)* before [it/that/them/etc.] ③ *(vor/bezüglich dieser Sache)* **er hat Angst ~** he's afraid of that

dazu [da'tsu:] *adv* ① *(zu dem gehörend)* with it ② *(zu dieser Situation)* **im Gegensatz ~** contrary to this/that; **im Vergleich ~** in comparison to that ③ *(zur Beschäftigung mit)* **ich bin noch nicht ~ gekommen** I haven't got round to it yet ④ *(Zweck, Ziel)* **~ ist es da** that's what it's there for; **~ habe ich keine Lust** I don't feel like it

dazu|gehören *vi* to belong [to it/them etc.]

dazu|tun *vt irreg (fam)* to add

Dazutun *nt* **ohne jds ~** without sb's intervention

dazwischen [da'tsvɪʃn̩] *adv* [in] between

dazwischen|kommen *vi irreg sein* to come up

dealen ['di:lən] *vi (sl)* [**mit etw** *dat*] ~ to deal sth

Dealer(in) <-s, -> ['di:lɐ] *m(f)* dealer

Debatte <-, -n> [de'batə] *f* debate; *(schwächer)* discussion; **zur ~ stehen** to be under discussion; **das steht hier nicht zur ~** that's beside the point

Deck <-[e]s, -s> [dɛk] *nt* deck

Deckchen <-s, -> *nt dim von* **Decke** ① *(kleines Stoffstück)* small cloth ② *(Tischdeckchen)* small tablecloth; *(aus Spitze)* doily

Decke <-, -n> ['dɛkə] *f* ① *eines Zimmers* ceiling ② *(aus Wolle)* blanket; *(für Bett)* cover, duvet

Deckel <-s, -> ['dɛkl̩] *m* lid

decken ['dɛkn̩] **I.** *vt* ① *(bedecken)* to cover; *Dach* to tile; *Tisch* to set ② *(verheimlichen)* **jdn ~** to cover up for sb; **etw ~** to cover up sth *sep* **II.** *vr* **sich ~** *Aussagen* to correspond

D

Deckenbeleuchtung *f* ceiling lights *pl*

Deckung <-, -en> *f* cover; **jdm ~ geben** to give sb cover

defekt [de'fɛkt] *adj* faulty

Defekt <-[e]s, -e> [de'fɛkt] *m* defect

Defensive <-, -n> [defɛn'zi:və] *f kein pl* **in die ~ gehen** to go on the defensive

definieren [defi'ni:rən] *vt* to define

Definition <-, -en> [defini'tsi̯o:n] *f* definition

definitiv [defini'ti:f] **I.** *adj (genau)* definite; *(endgültig a.)* definitive **II.** *adv (genau)* definitely; *(endgültig a.)* definitively

Defizit <-s, -e> ['de:fitsɪt] *nt* deficit

deflationär [deflatsi̯o'nɛ:ɐ̯] *adj* deflationary

deftig ['dɛftɪç] *adj Mahlzeit* substantial; *Witz* coarse

Degen <-s, -> ['de:gn̩] *m* SPORT epée; HIST rapier

Degeneration <-, -en> [degenera'tsi̯o:n] *f* ① *(geh)* degeneration ② MED, BIOL degeneration; **~ von Zellen** cellular degeneration

Degradierung <-, -en> *f* ① MIL demotion ② *(geh)* degradation

dehnbar *adj* elastic

dehnen ['de:nən] *vt, vr* [**sich**] ~ to stretch

Dehnung <-, -en> *f* ① *(das Dehnen)* stretching ② MED dilation ③ *(Laut- o Silbendehnung)* lengthening; *(schleppend)* drawling

Deich <-[e]s, -e> [daiç] *m* dyke

deichseln ['dai̯ksl̩n] *vt (fam)* to wangle

dein [dain] *pron poss adjektivisch* your; **herzliche Grüße, ~e Anita** with best wishes, yours [*or* love] Anita

D

deine(r, s) ['dainə] *pron poss, substantivisch* yours
deinerseits ['dai̯nɐ'zai̯ts] *adv (von dir aus)* on your part; *(auf deiner Seite)* for your part
deinetwegen ['dainətve:gn̩] *adv*, **deinethalben** ['dainəthalbn̩] *adv (veraltend)* because of you; *(dir zuliebe)* for your sake
Dekagramm ['dɛkagram] *nt* ÖSTERR ten gram[me]s *pl*
Dekan(in) <-s, -e> [de'ka:n] *m(f)* dean
deklinieren [dekli'ni:rən] *vt* to decline
Deko <-> ['deko] *f (fam)* decoration; *(Einrichtung)* decor
Dekor <-s, -s> [de'ko:ɐ̯] *m o nt* pattern
Dekoration <-, -en> [dekora'tsi̯o:n] *f* decoration
dekorativ [dekora'ti:f] *adj* decorative
Delegierte(r) *f(m) dekl wie adj* delegate
Delfin <-s, -e> [dɛl'fi:n] *m s.* **Delphin**
Delikatesse <-, -n> [delika'tɛsə] *f* delicacy
Delikt <-[e]s, -e> [de'lɪkt] *nt (Vergehen)* offence; *(Straftat)* crime
Delirium <-s, -rien> [de'li:ri̯ʊm, *pl:* de'li:ri̯ən] *nt* delirium
Delle <-, -n> ['dɛlə] *f* dent
Delphin <-s, -e> [dɛl'fi:n] *m* dolphin
Delta <-s, -s> ['dɛlta] *nt* delta
dem [de:m] *art, pron dat von* **der, das** the
Demarkationslinie *f* POL, MIL demarcation line, line of demarcation
dementsprechend ['de:mʔɛnt'ʃprɛçn̩t] **I.** *adj* appropriate **II.** *adv* correspondingly; *(demnach)* accordingly; **sich ~ äußern** to utter words to that effect; **~ bezahlt werden** to be paid commensurately *form*
demnach ['de:mna:x] *adv* therefore
demnächst [de:m'nɛ:çst] *adv* soon
Demokrat(in) <-en, -en> [demo'kra:t] *m(f)* democrat
Demokratie <-, -n> [demokra'ti:] *f* democracy
demokratisch [demo'kra:tɪʃ] **I.** *adj* democratic **II.** *adv* democratically
demolieren [demo'li:rən] *vt* to wreck
Demonstrant(in) <-en, -en> [demɔn'strant] *m(f)* demonstrator
Demonstration <-, -en> [demɔnstra'tsi̯o:n] *f* demonstration
demonstrativ [demɔnstra'ti:f] **I.** *adj* demonstrative **II.** *adv* demonstratively
Demonstrativpronomen *nt* demonstrative pronoun
demonstrieren [demɔn'stri:rən] *vi, vt* to demonstrate (**für** in support of/**gegen** against)
demontieren [demɔn'ti:rən] *vt* to dismantle
Demut <-> ['de:mu:t] *f kein pl* humility (**gegenüber** before)
demütig ['de:my:tɪç] **I.** *adj* humble **II.** *adv* humbly
demütigen ['de:my:tɪgn̩] *vt* to humiliate
Demütigung <-, -en> *f* humiliation
den [de:n] **I.** *art def* ❶ *akk sing von* **der[1]: er kennt ~ Mann** he knows the man; **grüße bitte ~ Klaus von mir** *(fam)* please give Klaus my regards ❷ *dat pl von* **die[2]: sie hilft ~ Armen** she helps the poor **II.** *pron dem akk sing von* **der[2]: ~ Mann da [drüben]** that man [over] there **III.** *pron rel akk sing von* **der[3]: der Mann, ~ ich gesehen habe** the man [that] I saw; **der Hund, ~ er füttert** the dog which he feeds
Denglisch ['dɛŋlɪʃ] *nt* Denglish *(German larded with English loan words)*
denkbar **I.** *adj* conceivable **II.** *adv* **das ~ beste Wetter** the best possible weather
Denkblockade *f* PSYCH mental block
denken <dachte, gedacht> ['dɛŋkn̩] **I.** *vi* to think (**an** of/**über** about); **wie ~ Sie darüber?** what's your view [of it]?; **ich denke nicht** I don't think so; **ich denke schon** I think so **II.** *vt* ❶ **was denkst du jetzt?** what are you thinking [of]?; **wer hätte das [von ihr] gedacht!** who'd have thought it [of her]? ❷ *(bestimmen)* **für jdn/etw gedacht sein** to be meant for sb/sth

❸ *(beabsichtigen)* **ich habe mir nichts Böses dabei gedacht** I meant no harm

Denkmal <-s, Denkmäler> [ˈdɛŋkmaːl] *nt* monument (**für** to)

Denkmal(s)schutz *m* protection of historical monuments; **unter ~ stehen** to be listed

Denkprozess *m* thought process **denkwürdig** *adj* memorable

denn [dɛn] *konj* ❶ *(weil)* because; **~ sonst** otherwise ❷ *(einschränkend)* **es sei ~, [dass] …** unless … ❸ *(als)* **kräftiger/schöner ~ je** stronger/more beautiful than ever

dennoch [ˈdɛnɔx] *adv* still

Denunziation <-, -en> [denʊntsi̯aˈtsi̯oːn] *f (pej)* ❶ *(das Anschwärzen)* informing *no pl a. pej* ❷ *(denunzierende Anzeige)* denunciation

denunzieren [denʊnˈtsiːrən] *vt* to denounce

Deo <-s, -s> [ˈdeːo] *nt (fam)* deodorant

Deodorant <-s, -s> [deʔodoˈrant] *nt* deodorant

Deoroller *m* roll-on **Deostift** *m* deodorant stick

Departement <-s, -s> [departəˈmãː] *nt* SCHWEIZ department

Deponie <-, -n> [depoˈniː] *f* disposal site

deponieren [depoˈniːrən] *vt* to deposit

Deportation <-, -en> [depɔrtaˈtsi̯oːn] *f* deportation

deportieren [depɔrˈtiːrən] *vt* to deport

Depot <-s, -s> [deˈpoː] *nt* ❶ depot ❷ SCHWEIZ *(Flaschenpfand)* deposit

Depp <-en *o* -s, -e[n]> [dɛp] *m (fam)* twit

Depression <-, -en> [deprɛˈsi̯oːn] *f* depression

depressiv [deprɛˈsiːf] **I.** *adj* depressive **II.** *adv* **~ gestimmt/veranlagt sein** to be depressed/prone to depression

deprimieren [depriˈmiːrən] *vt* to depress

der [deːɐ̯], **die** [diː], **das** [das] **I.** *art def* ❶ the ❷ *gen o dat von* **die** the **II.** *pron dem (diese(r, s))* that; **der/die/das hier/da** this/that one; **die Frau [da]** that woman [there]; **die mit den roten Haaren** the one with the red hair; **der, den ich meine, …** the one I mean … **III.** *pron rel* who, that; *(Dinge)* which; **[der Mann,] der dafür verantwortlich ist …** the man who is responsible for that …; **die Freundin, mit der ich mich gut verstehe, …** the friend with whom I get on so well …

derart [ˈdeːɐ̯ʔaːɐ̯t] *adv* so, such; **~ ekelhaft/heiß sein, dass …** to be so disgusting/hot that …; **sie ist eine ~ unzuverlässige Frau, dass …** she is such an unreliable woman that …

derartig [ˈdeːɐ̯ʔaːɐ̯tɪç] **I.** *adj* such; **[etwas] D~es habe ich noch nie gesehen** I've never seen anything like it **II.** *adv* such; **~ schreien, dass …** to scream so much that …

derb [dɛrp] *adj (grob)* coarse; *Ausdrucksweise* crude

Deregulierung *f* deregulation

dergleichen [deːɐ̯ˈglai̯çn̩] *pron dem* ❶ *adjektivisch* such, like that *pred,* of that kind *pred* ❷ *substantivisch* that sort of thing; **nichts ~** nothing like it; **ich will nichts ~ hören!** I don't want to hear any of it

Derivat <-[e]s, -e> [deriˈvaːt] *nt* CHEM, LING derivative

derjenige [ˈdeːɐ̯jeːnɪgə], **diejenige** [ˈdiːjeːnɪgə], **dasjenige** [ˈdasjeːnɪgə] *pron dem* ❶ *substantivisch* **~, der/den …** *(Person)* the one who …; *(Sache)* the one that…; **diejenigen/denjenigen, die …** *(Personen)* the ones who…; *(Sachen)* the ones which… ❷ *adjektivisch* **~ Mann, der …** that man who …

dermaßen [ˈdeːɐ̯maːsn̩] *adv* **eine ~ lächerliche Frage** such a ridiculous question; **jdn ~ unter Druck setzen, dass …** to put sb under so much pressure that …

Dermatologe, **Dermatologin** <-n, -n>

[dɛrmato'lo:gə, -'lo:gɪn] *m, f* dermatologist

Dermatologie <-> [dɛrmatolo'gi:] *f kein pl* **die ~** dermatology

derselbe [de:ɐ̯'zɛlbə], **dieselbe** [di:'zɛlbə], **dasselbe** [das'zɛlbə] *pron dem* ① *(ebender, ebendie, ebendas)* ~ the same ② *substantivisch* the same; **ein und ~** one and the same

derzeit ['de:ɐ̯tsa͜it] *adv* at present

derzeitig ['de:ɐ̯tsa͜itɪç] *adj attr* present; *(aktuell a.)* current

des ['dɛs] *art def gen sing von* **der**[1], **das**[1]: **das Aussehen ~ Kindes/Mannes** the child's/man's appearance; **ein Zeichen ~ Unbehagens** a sign of uneasiness

desertieren [dezɛr'ti:rən] *vi* [**von etw** *dat*] ~ to desert [sth]

desgleichen [dɛs'gla͜içn̩] *adv* likewise

deshalb ['dɛs'halp] *adv* therefore; **~ frage ich ja** that's why I'm asking; **~ also!** so that's why!

Design <-s, -s> [di'zain] *nt* design

Designermode *f* designer fashion

Desinfektion <-, -en> [dɛsʔɪnfɛk'tsi̯o:n] *f* disinfection

Desinfektionsmittel *nt* disinfectant

desinfizieren [dɛsʔɪnfi'tsi:rən] *vt* to disinfect

despotisch [dɛs'po:tɪʃ] *adj* despotic

dessen ['dɛsn̩] **I.** *pron dem gen von* **der, das** his/its; **~ ungeachtet** *(geh)* notwithstanding this **II.** *pron rel gen von* **der, das** whose; *(von Sachen a.)* of which

Dessert <-s, -s> [dɛ'se:ɐ̯] *nt* dessert

Destabilisierung <-, -en> *f (geh)* destabilization

Destillation <-, -en> [dɛstɪla'tsi̯o:n] *f* ① *(Brennen)* distillation ② CHEM distillation

destillieren [dɛstɪ'li:rən] *vt* to distil

desto ['dɛsto] *konj* **~ besser** all the better; **~ eher** the earlier; **~ schlimmer!** so much the worse!

destruktiv [destrʊk'ti:f] *adj* destructive

Detail <-s, -s> [de'tai] *nt* detail; **im ~** in detail; **ins ~ gehen** to go into detail[s]

detailliert [deta'ji:ɐt] **I.** *adj* detailed **II.** *adv* in detail

Detektiv(in) <-s, -e> [detɛk'ti:f] *m(f)* private investigator [*or* detective]

deuten ['dɔytn̩] **I.** *vt* [**jdm**] **etw ~** to interpret sth [for sb]; **etw falsch ~** to misinterpret sth **II.** *vi (zeigen)* [**mit etw** *dat*] **auf jdn/etw ~** to point [sth] at sb/sth

deutlich ['dɔytlɪç] **I.** *adj* clear **II.** *adv* clearly; **sich ~ ausdrücken** to make oneself clear

Deutlichkeit <-, -en> *f kein pl* clarity; [**jdm**] **etw in aller ~ sagen** to make sth perfectly clear [to sb]

deutsch [dɔytʃ] *adj* German; **~er Abstammung sein** to be of German origin; **auf D~** in German; **die ~e Sprache** [the] German [language]; **~ sprechen** to speak German; **typisch ~ sein** to be typically German

Deutsch ['dɔytʃ] *nt dekl wie adj* ① LING German; **können Sie ~?** do you speak/understand German?; **er spricht akzentfrei ~** he speaks German without an accent; **sie spricht fließend ~** she speaks German fluently her German is fluent; **~ sprechend** German-speaking; **~ lernen/sprechen** to learn/speak German; **~ verstehen/kein ~ verstehen** to understand/not understand [a word of [*or* any]] German; **auf ~** in German; **etw auf ~ sagen** to say sth in German; **in ~** in German; **etw in ~ schreiben** to write sth in German ② *(Fach)* German; **~ unterrichten** to teach German ③ **auf gut ~** [**gesagt**] *(fam)* in plain English

Deutsche(r) *f(m) dekl wie adj* German; **die ~n** the Germans

Deutschland <-s> ['dɔytʃlant] *nt* Germany; **aus ~ kommen** to come from Germany; **in ~ leben** to live in Germany

deutschsprachig ['dɔytʃʃpra:xɪç] *adj* ① *(Deutsch sprechend)* German-

speaking *attr* ② *(in deutscher Sprache)* German[-language] *attr*
Devise <-, -n> [de'viːzə] *f* motto
Dezember <-s, -> [de'tsɛmbɐ] *m* December; *s.a.* **Februar**
dezent [de'tsɛnt] **I.** *adj* discreet **II.** *adv* discreetly
dezentralisieren [detsɛntrali'ziːrən] *vt* to decentralize
Dezentralisierung <-, -en> *f* decentralization; **die ~ einer S.** *gen* the decentralization of sth
Dezibel <-s, -> [detsi'bɛl] *nt* PHYS decibel
Dezimalzahl *f* decimal number; *(zwischen 0 und 1 a.)* decimal fraction
dezimieren [detsi'miːrən] *vt* to decimate
Dia <-s, -s> ['diːa] *nt* slide
Diabetes <-> [dia'beːtɛs] *m kein pl* diabetes
Diabetiker(in) <-s, -> [dia'beːtikɐ] *m(f)* diabetic
Diagnose <-, -n> [dia'gnoːzə] *f* diagnosis
diagnostizieren [diagnɔsti'tsiːrən] *vt* **etw ~** to diagnose sth
diagonal [diago'naːl] *adj* diagonal
Diagonale <-, -n> [diago'naːlə] *f* diagonal [line]
Diagramm <-s, -e> [dia'gram] *nt* diagram
Diakon(in) <-s *o* -en, -e[n]> [dia'koːn] *m(f)* deacon
Dialekt <-[e]s, -e> [dia'lɛkt] *m* dialect
Dialog <-[e]s, -e> [dia'loːk] *m* dialogue
Dialyse <-, -n> [dia'lyːzə] *f* dialysis
Diamant <-en, -en> [dia'mant] *f* diamond
Diät <-, -en> [di'ɛːt] *f* diet; **~ halten** to keep to a diet; **auf ~ sein** to be on a diet; **jdn auf ~ setzen** to put sb on a diet
Diätassistent(in) *m(f) sb trained to advise in and oversee the setting-up of diet programmes in hospitals and clinics*
dich [dɪç] **I.** *pron pers akk von* **du** you **II.** *pron refl* yourself
dicht [dɪçt] **I.** *adj* ① dense; *Haar* thick; *Verkehr* heavy ② *(wasserundurchlässig)* watertight; **nicht ~ sein** to leak **II.** *adv* ① densely ② *(nahe)* closely; **~ auffahren** to tailgate; **~ gedrängt** squeezed together; **~ vor jdm** just in front of sb; **~ beieinander** close together
Dichter(in) <-s, -> ['dɪçtɐ] *m(f)* poet
Dichtung <-, -en> ['dɪçtʊŋ] *f* ① *kein pl* poetry ② TECH seal[ing]
dick [dɪk] *adj* ① *Mensch* fat ② *Sache* thick; **5 Meter ~** 5 metres thick ③ *(geschwollen)* swollen
Dickdarm *m* colon
dickflüssig *adj* thick
Dickicht <-[e]s, -e> ['dɪkɪçt] *nt* thicket
dickköpfig *adj* obstinate
Dickmilch *f* curds *pl*
dickschalig *adj* with a thick skin; **~ sein** to have a thick skin
die [diː] *art, pron* the; *s.a.* **der**
Dieb(in) <-[e]s, -e> ['diːp] *m(f)* thief
Diebesgut *nt kein pl* stolen goods *npl*
Diebstahl <-[e]s, -stähle> ['diːpʃtaːl] *m* theft
Diebstahlsicherung *f* anti-theft device
diejenige ['diːjeːnɪgə] *pron dem s.* **derjenige**
Diele <-, -n> ['diːlə] *f* ① hall ② *(Brett)* floorboard
dienen ['diːnən] *vi* to serve; **womit kann ich Ihnen ~?** how can I help you?; **jds Interessen ~** to serve sb's interests; **einem guten Zweck ~** to be for a good cause
Diener(in) <-s, -> ['diːnɐ] *m(f)* servant
Dienst <-[e]s, -e> [diːnst] *m* ① *kein pl (berufliche Tätigkeit)* work; **~ haben** to be at work; **im ~** at work; **während/nach dem ~** during/outside working hours ② *(Leistung)* service; **öffentlicher ~** civil service ③ *kein pl (Bereitschaft)* **~ haben** to be on call; **der ~ habende Arzt** the doctor on duty
Dienstag ['diːnstaːk] *m* Tuesday; **am ~**

on Tuesday; **[am] ~ früh** early Tuesday [morning]; **an ~en** on Tuesdays; **am ~, den 4. März** *(geschrieben)* on Tuesday 4th March [*or* AM March 4]; *(gesprochen)* on Tuesday the 4th of March [*or* AM March 4th]; **diesen ~** this Tuesday; **den ganzen ~ über** all day Tuesday; **~ in/vor acht Tagen** a week on/last Tuesday; **[am] nächsten ~** next Tuesday; **ab nächsten ~** from next Tuesday [on]

D

Dienstleister *m* service provider **Dienstleistung** *f meist pl* services *pl*
dienstlich I. *adj* official **II.** *adv* **~ unterwegs sein** to be away on business
Dienstreise *f* business trip **Dienststelle** *f* department **Dienststunden** *pl* office hours *npl* **Dienstvorschrift** *f* service regulations *pl* **Dienstzeit** *f* ❶ ADMIN length of service ❷ *(Arbeitszeit)* working hours *pl*
diesbezüglich ['di:sbətsy:klɪç] **I.** *adj* relating to this **II.** *adv* with respect to this
diese(r, s) ['di:zə, -ɐ, əs] *pron dem* ❶ *substantivisch (der/die/das hier/dort)* this/that one ❷ *pl substantivisch (die hier/dort)* these/those [ones] ❸ *attr, sing (der/die/das hier/dort)* this/that ❹ *attr, pl (die hier/dort)* these/those
Diesel[1] <-s> ['di:zl̩] *nt kein pl (Sprit)* diesel
Diesel[2] <-s, -> ['di:zl̩] *m (Wagen)* diesel
dieselbe *pron dem s.* **derselbe**
Dieselkraftstoff *m kein pl* diesel fuel **Dieselmotor** *m* diesel engine
diesig ['di:zɪç] *adj* misty
diesjährig ['di:sjɛ:rɪç] *adj attr* this year's
diesmal ['di:sma:l] *adv* this time
diesseits ['di:szaits] *präp* **~ einer S.** *gen* this side of sth
diffamierend *adj* injurious, defamatory; *(mündlich a.)* slanderous; *(schriftlich a.)* libellous, libelous AM
diffus [dɪ'fu:s] **I.** *adj* ❶ *(zerstreut)* diffuse[d] ❷ *(verschwommen)* diffuse, vague **II.** *adv (unklar)* diffusely; **sich ~ ausdrücken** to express oneself vaguely
Digiknipse <-, -n> ['di:giknɪpsɛ] *f (fam)* digicam®
digital [digi'ta:l] *adj* digital
Digitaluhr *f* digital clock; *(Armbanduhr)* digital watch
Diktat <-[e]s, -e> [dɪk'ta:t] *nt* ❶ dictation; **ein ~ schreiben** to do a dictation ❷ *(Gebot)* dictate[s]
Diktator(in) <-s, -en> [dɪk'ta:to:ɐ̯, dɪkta'to:rɪn] *m(f)* despot
Diktatur <-, -en> [dɪkta'tu:ɐ̯] *f* dictatorship
Dill <-s, -e> [dɪl] *m* dill
Dimension <-, -en> [dimɛn'zi̯o:n] *f* dimension
Dimmer <-s, -> ['dɪmɐ] *m* dimmer [switch]
Ding <-[e]s, -e> [dɪŋ] *nt* ❶ *(Gegenstand)* thing ❷ *(Angelegenheit)* matters *pl;* **es geht nicht mit rechten ~en zu** there's sth fishy about sth; **unverrichteter ~e** without carrying out one's intention; **über den ~en stehen** to be above it all
Dings <-> ['dɪŋs] *nt kein pl (fam),* **Dingsbums** <-> ['dɪŋsbʊms] *nt kein pl (fam),* **Dingsda** <-> ['dɪŋsda:] *nt kein pl (Sache)* whatsit BRIT
Dinosaurier [dino'zauri̯ɐ] *m* dinosaur
Diözese <-, -n> [diø'tse:zə] *f* diocese
Diphtherie <-, -n> [dɪfte'ri:] *f* diphtheria
Diplom <-s, -e> [di'plo:m] *nt* diploma; **ein ~ [in etw** *dat*] **machen** to get a diploma [in sth]
Diplomarbeit *f* thesis
Diplomat(in) <-en, -en> [diplo'ma:t] *m(f)* diplomat
diplomatisch [diplo'ma:tɪʃ] **I.** *adj* diplomatic **II.** *adv* diplomatically
Diplomingenieur(in) [-ɪnʒeni̯ø:ɐ̯] *m(f)* qualified engineer
dir [di:ɐ̯] *pron pers dat von* **du** [to] you
direkt [di'rɛkt] **I.** *adj* direct; *Übertragung* live **II.** *adv* ❶ *(ohne Umweg)* directly; **diese Straße geht ~ zum Bahnhof** this road leads straight to the station

② *(ausgesprochen)* exactly; **etw nicht ~ verneinen** to not really deny sth ③ *(gleichzeitig)* **~ übertragen** to broadcast live

Direktor(in) <-s, -en> [di'rɛktoːɐ̯, dirɛk'toːrɪn] *m(f)* ① director ② SCH head BRIT, principal AM

Direktübertragung *f* live broadcast

Dirigent(in) <-en, -en> [diri'gɛnt] *m(f)* conductor

dirigieren [diri'giːrən] *vt, vi* to conduct

Dirndl <-s, -> ['dɪrndl̩] *nt* ① *(Kleid)* dirndl *(traditional Alpine costume usually consisting of a floral skirt, a tight bodice and an apron)* ② SÜDD, ÖSTERR *(Mädchen)* lass NENG, gal AM

Discjockey ['dɪskdʒɔke, -dʒɔki] *m* disc jockey

Diskette <-, -n> [dɪs'kɛtə] *f* disk

Diskettenlaufwerk *nt* disk drive

Diskothek <-, -en> [dɪsko'teːk] *f* disco[theque]

diskret [dɪs'kreːt] **I.** *adj* discreet **II.** *adv* **~ behandeln** to treat confidentially; **sich ~ verhalten** to behave discreetly

diskriminieren [dɪskrimi'niːrən] *vt* **jdn ~** to discriminate against sb

Diskriminierung <-, -en> *f* discrimination

Diskurs <-es, -e> [dɪs'kʊrs, *pl:* dɪs'kʊrzə] *m (geh)* discourse *form;* **mit jdm einen ~ haben** to have a discussion with sb

Diskus <-, -se> ['dɪskʊs] *m* discus

Diskussion <-, -en> [dɪskʊ'si̯oːn] *f* discussion

diskutieren [dɪsku'tiːrən] *vt, vi* to discuss

disqualifizieren [dɪskvalifi'tsiːrən] *vt* to disqualify (**wegen** for/**für** for)

Dissident(in) <-en, -en> [dɪsi'dɛnt] *m(f)* dissident

Distanz <-, -en> [dɪs'tants] *f* distance; **~ wahren** *(geh)* to keep one's distance

distanzieren [dɪstan'tsiːrən] *vr* **sich von jdm/etw ~** to distance oneself from sb/sth

Distel <-, -n> ['dɪstl̩] *f* thistle

Disziplin <-, -en> [dɪstsi'pliːn] *f* discipline

diszipliniert [dɪstsipli'niːɐ̯t] **I.** *adj (geh)* disciplined **II.** *adv (geh)* in a disciplined way

dito ['diːto] *adv* ditto *fam;* **danke für das Gespräch! — ~!** thanks for the call! — thank you too!

divers [di'vɛrs] *adj attr* diverse

Diversifikation <-, -en> [divɛrzifika'tsi̯oːn] *f* diversification

Dividende <-, -n> [divi'dɛndə] *f* dividend

dividieren [divi'diːrən] *vt, vi* **[etw] [durch etw** *akk*] **~** to divide [sth] [by [*or* AM in] sth]

DJ <-[s], -s:> [diː'dʒeɪ] *m Abk von* **Discjockey** DJ

DNS <-> [deːʔɛn'ɛs] *f Abk von* **Desoxyribonukleinsäure** DNA

doch [dɔx] **I.** *konj (jedoch)* but **II.** *adv (emph)* ① *(dennoch)* even so ② *(einräumend)* **du hattest ~ Recht** you were right after all ③ *(Widerspruch ausdrückend)* yes

Docht <-[e]s, -e> [dɔxt] *m* wick

Dock <-s, -s> [dɔk] *nt* dock

Dogge <-, -n> ['dɔgə] *f* mastiff

Dohle <-, -n> ['doːlə] *f* jackdaw

doktern ['dɔktɐn] *vi (fam)* **an etw** *dat* **~** to tinker [around] with sth

Doktor(in) <-s, -en> ['dɔktoːɐ̯, dɔk'toːrɪn] *m(f)* doctor; **er ist ~ der Physik** he's got a PhD in physics; **den ~ machen** to do one's doctorate

Doktorand(in) <-en, -en> [dɔkto'rant] *m(f)* doctoral candidate

Doktorarbeit *f* doctoral dissertation

Doku[1] <-, -s> ['doku] *f kurz für* **Dokumentation** documentation

Doku[2] <-, -s> ['doku] *f kurz für* **Dokumentarfilm** doc

Dokument <-[e]s, -e> [doku'mɛnt] *nt* document

Dokumentarfilm *m* documentary film

dokumentarisch [dokumɛn'taːrɪʃ] *adj* documentary

Dokumentation [dokumɛnta'tsi̯oːn] *m*

D

documentation

dokumentieren [dokumɛn'tiːrən] *vt* to document

Dolch <-[e]s, -e> ['dɔlç] *m* dagger

doll ['dɔl] **I.** *adj* *(fam)* ① *(schlimm)* dreadful *fam* ② *(großartig)* fantastic *fam* ③ *(unerhört)* outrageous; **das wird ja immer ~er!** it gets better and better! *iron;* **das D~ste kommt erst noch!** the best is [yet] to come! *iron* **II.** *adv* DIAL *(sl)* like hell *fam;* **sich ~ stoßen/wehtun** to knock/hurt oneself badly; **es stürmt immer ~er** the storm's getting worse and worse

Dollar <-[s], -s> ['dɔlar] *m* dollar

Dollarkurs *m* dollar rate

dolmetschen ['dɔlmɛtʃn̩] *vi, vt* to interpret

Dolmetscher(in) <-s, -> ['dɔlmɛtʃɐ] *m(f)* interpreter

Dom <-[e]s, -e> [doːm] *m* cathedral

Domäne <-, -n> [do'mɛːnə] *f* domain

dominieren [domi'niːrən] *vi, vt* to dominate

dominierend *adj* dominating *usu pej* predominating, prevailing, dominant

Dominikanische Republik *f* Dominican Republic

Domino <-s, -s> ['doːmino] *nt* dominoes + *sing vb*

Dominostein *m* ① *(Spiel)* domino ② *(Weihnachtsgebäck)* *cube-shaped sweet made of lebkuchen, filled with marzipan and jam and covered with chocolate*

Domizil <-s, -e> [domi'tsiːl] *nt* residence

Dompfaff <-en *o* -s, -en> ['doːmpfaf] *m* bullfinch

Dompteur(in) <-s, -e> [dɔmp'tøːɐ] *m(f),* **Dompteuse** <-, -n> [dɔmp'tøːzə] *m(f)* animal trainer

Donau <-> ['doːnau] *f* **die ~** the Danube

Döner <-[s], -> ['døːnɐ] *m,* **Dönerkebab** <-[s], -s> [døːnɐke'bap] *m* [doner] kebab

Donner <-s, *pl selten* -> ['dɔnɐ] *m* thunder

donnern ['dɔnɐn] *vi impers* to thunder; **hörst du, wie es donnert?** can you hear the thunder?

Donnerschlag *m* ① METEO clap of thunder ② *(Ausdruck des Erstaunens)* **~!** *(veraltend fam)* I'll be blowed! *dated* ③ **jdn wie ein ~ treffen** to hit sb out of the blue

Donnerstag ['dɔnɐstaːk] *m* Thursday; *s.a.* **Dienstag**

Donnerwetter ['dɔnɐvɛtɐ] *nt* *(fam: Schelte)* unholy row BRIT, an awful bawling out AM

doof [doːf] *adj (fam)* stupid

Doping <-s, -s> ['doːpɪŋ] *nt* doping

Dopingkontrolle *f* drugs test **Dopingsperre** *f* doping ban

Doppel <-s, -> ['dɔpl̩] *nt* SPORT doubles; **gemischtes ~** mixed doubles

Doppelbett *nt* double bed **Doppeldecker** <-s, -> *m* ① LUFT biplane ② *(Bus)* double-decker [bus] **doppeldeutig** ['dɔpl̩dɔytɪç] *adj* ambiguous

Doppelgänger(in) <-s, -> [-gɛŋɐ] *m(f)* look-alike

Doppelhaus *nt* two semi-detached houses *pl* BRIT, duplex house AM **Doppelhaushälfte** *f* semi-detached house BRIT, duplex AM **Doppelkinn** *nt* double chin **Doppelleben** *nt* double life **Doppelpunkt** *m* colon

doppelseitig *adj* ① *(beide Hälften betreffend)* double; **eine ~e Lungenentzündung haben** to have double pneumonia ② *(beide Seiten betreffend)* double-paged; **~e Anzeige** double page spread

Doppelspiel *nt* *(pej)* double-dealing *pej;* **mit jdm ein ~ treiben** to double-cross sb; *(jdn sexuell betrügen)* to two-time sb **Doppelstecker** *m* twin socket

doppelt ['dɔpl̩t] **I.** *adj* double; **~ so viel** twice as much/many **II.** *adv* doubly; **~ so groß wie …** twice as big as …; **~ und dreifach** doubly [and more]

Doppelzimmer *nt* double [room]

Dorf <-[e]s, Dörfer> [dɔrf] *nt* village; **auf dem ~** in the country; **vom ~** from the country
Dorfbewohner(in) *m(f)* villager
Dorn <-[e]s, -en> [dɔrn] *m* thorn
Dornröschen <-> [-ˈrøːsçən] *nt kein pl* Sleeping Beauty
Dörrobst *nt* dried fruit
Dorsch <-[e]s, -e> [dɔrʃ] *m* Atlantic cod
dort [dɔrt] *adv* there; **schau mal ~!** look at that!; **~ drüben** over there; **von ~** from there; **von ~ [aus]** from there
dorther [ˈdɔrtˈheːɐ̯] *adv* from there
dorthin [ˈdɔrtˈhɪn] *adv* there; **bis ~** up to there; **wie weit ist es bis ~?** how far is it to there?
dortig [ˈdɔrtɪç] *adj attr* local
Dose <-, -n> [ˈdoːzə] *f* box; *(aus Blech)* tin BRIT, can AM
dösen [ˈdøːzn̩] *vi (fam)* to doze
Dosenbier *nt kein pl* canned beer **Dosenmilch** *f* condensed milk **Dosenöffner** *m* tin opener **Dosenpfand** *nt* deposit on cans
Dosis <-, Dosen> [ˈdoːzɪs] *f* dose
Dotcom <-, -s> [ˈdɒtkɒm] *f* ÖKON, INET dotcom
Dotcom-Unternehmen [ˈdɒtkɒm-] *nt* INET dotcom [business [*or* company]]
Dotter <-s, -> [ˈdɔtɐ] *m o nt* yolk
downloaden [ˈdaʊnloːdn̩] *vt* INET *(fam)* to download
Dozent(in) <-en, -en> [doˈtsɛnt] *m(f)* lecturer
Drache <-n, -n> [ˈdraxə] *m* dragon
Drachen <-s, -> [ˈdraxn̩] *m* ① kite; **einen ~ steigen lassen** to fly a kite ② SPORT hang-glider
Drachenfliegen *nt* hang-gliding
Draht <-[e]s, Drähte> [draːt] *m* wire
Drahtbürste *f* wire brush
drahtig *adj* wiry
Drahtseil *nt* wire cable
Drama <-s, -men> [ˈdraːma] *nt* drama
dramatisch [draˈmaːtɪʃ] **I.** *adj* dramatic **II.** *adv* dramatically
dran [dran] *adv (fam)* ① *(daran)* **sie ist besser ~ als er** she's better off than he is; **schlecht ~ sein** to have a hard time [of it] ② *(an der Reihe)* **jetzt bist du ~!** now it's your turn!; **wer ist als Nächster ~?** who's next? ③ *(stimmen)* **an etw** *dat* **ist etwas/nichts dran** there is something/nothing in sth
drang [ˈdraŋ] *vi imp von* **dringen**
Drang <-[e]s, Dränge> [draŋ] *m* longing; **ein starker ~** a strong desire; **einen ~ haben[, etw zu tun]** to feel an urge [to do sth]
drängeln [ˈdrɛŋl̩n] **I.** *vi (fam)* to push **II.** *vt, vi (fam)* to pester
drängen [ˈdrɛŋən] **I.** *vi* **auf etw** *akk* **~** to insist on sth; **warum drängst du so zur Eile?** why are you in such a hurry?; **die Zeit drängt** time is running out **II.** *vt* **jdn ~, etw zu tun** to pressurize sb into doing sth; **jdn [zu etw** *dat*] **~** to force sb [to sth] **III.** *vr* **sich ~** to crowd; **sich nach vorne ~** to press forwards
drastisch [ˈdrastɪʃ] **I.** *adj* drastic **II.** *adv* drastically
drauf [ˈdraʊf] *adv (fam)* ① *(darauf)* on it/them ② **gut/schlecht ~ sein** *(fam)* to feel good/strange/bad ③ **~ und dran sein, etw zu tun** to be on the verge of doing sth; **etw ~ haben** *(fam: etw beherrschen)* to be well up on sth
Draufgänger(in) <-s, -> [ˈdraʊfgɛŋɐ] *m(f)* go-getter *fam*
draußen [ˈdrausn̩] *adv* outside; **nach ~** outside; **von ~** from outside
Dreck <-[e]s> [drɛk] *m kein pl* ① dirt ② *(Schund)* rubbish BRIT, trash AM
dreckig **I.** *adj* dirty **II.** *adv* ▸ **jdm <u>geht</u> es ~** sb feels terrible
Dreh <-s, -s *o* -e> [ˈdreː] *m (fam)* trick; **den [richtigen] ~ heraushaben** to get the hang of it
drehbar *adj, adv* revolving
Drehbuch *nt* screenplay
Drehbuchautor(in) *m(f)* screenplay writer
drehen [ˈdreːən] **I.** *vt* ① to turn ② *Zigarette* to roll ③ FILM to shoot ④ *(regulie-*

ren) **das Radio lauter/leiser ~** to turn the radio up/down **II.** *vr* ① *(rotieren)* **sich** [**um etw** *akk*] **~** to turn [about sth] ② **sich zur Seite/nach rechts ~** to turn to the side/to the right ③ *(betreffen)* **sich um jdn/etw ~** to be about sb/sth; **es dreht sich darum, dass …** the point is that …

Drehorgel *f* barrel organ **Drehtür** *f* revolving door **Drehzahl** *f* [number of] revolutions *pl*

drei [drai] *adj* three; **~ Viertel** three quarters; *s.a.* **acht**[1]

Drei <-, -en> ['drai] *f* ① *(Zahl)* three ② *(Zeugnisnote)* C

3-D-Drucker, **3D-Drucker** [draɪ'deː-] *m* INFORM 3D printer **3-D-Film**, **3D-Film** *m* 3D film BRIT, 3D movie AM

Dreieck ['draiʔɛk] *nt* triangle

dreieckig, **3-eckig** ['draiʔɛkɪç] *adj* triangular

dreierlei ['draiɐlai] *adj attr* three [different]

dreifach, **3-fach** ['draifax] *adj, adv* threefold

Dreifachstecker *m* three-way adapter

dreihundert ['drai'hʊndɐt] *adj* three hundred **dreijährig**, **3-jährig** ['draijɛːrɪç] *adj* ① *(Alter)* three-year-old *attr,* three years old *pred* ② *(Zeitspanne)* three-year *attr* **Dreirad** *nt* tricycle

dreißig ['draisɪç] *adj* thirty; *s.a.* **achtzig**

dreißigjährig, **30-jährig** ['draisɪç-jɛːrɪç] *adj* ① *(Alter)* thirty-year-old *attr,* thirty years old *pred* ② *(Zeitspanne)* thirty-year *attr*

dreist [draist] *adj (pej)* brazen

dreistellig, **3-stellig** *adj* three-figure *attr* **dreiteilig**, **3-teilig** *adj* three-part; *Besteck* three-piece

dreizehn ['draitseːn] *adj* thirteen; **~ Uhr** 1pm; *s.a.* **acht**[1]

dreschen <drischt, drosch, gedroschen> ['drɛʃn̩] *vt* ① AGR to thresh ② *(fam: prügeln)* to thrash

Dress <-es, -e> [drɛs] *m* o ÖSTERR *f* SPORT [sports] kit; *(Fußball)* kit

dressieren [drɛ'siːrən] *vt* **ein Tier ~** to train an animal

Dressur <-, -en> [drɛ'suːɐ̯] *f* training

Dribbling <-s, -s> ['drɪblɪŋ] *nt* SPORT dribbling, dribble; **zu einem ~ ansetzen** to start dribbling

drillen ['drɪlən] *vt* to drill

drin [drɪn] *adv (fam)* ① *(darin)* in it ② *(drinnen)* inside; **ich bin hier ~** I'm in here

dringen <drang, gedrungen> ['drɪŋən] *vi* ① *sein (stoßen)* **durch/in etw** *akk* **~** to penetrate sth; **durch die Bewölkung/den Nebel ~** to pierce the clouds/fog ② *sein (vordringen)* **an etw** *akk***/zu jdm ~** to get through to sth/sb; **an die Öffentlichkeit ~** to leak to the public ③ *haben (fordern)* **auf etw** *akk* **~** to insist on sth

dringend ['drɪŋənt] **I.** *adj* urgent **II.** *adv* urgently; **ich muss dich ~ sehen** I really need to see you

dringlich ['drɪŋlɪç] **I.** *adj* urgent **II.** *adv* urgently

drinnen ['drɪnən] *adv* ① *(in einem Raum)* inside; **dort/hier ~** in there/here ② *(im Haus)* indoors

dritt [drɪt] *adv* **wir waren zu ~** there were three of us

drittel ['drɪtl̩] *adj* third

drittens ['drɪtn̩s] *adv* thirdly

droben ['droːbn̩] *adv* up there

Droge <-, -n> ['droːgə] *f* drug; **~n nehmen** to take drugs

drogenabhängig *adj* addicted to drugs *pred*

Drogerie <-, -n> [drogə'riː] *f* chemist's BRIT, drug store AM

Drogist(in) <-en, -en> [dro'gɪst] *m(f)* chemist

Drohbrief *m* threatening letter

drohen ['droːən] **I.** *vi* to threaten; **es droht ein Gewitter** a storm is threatening; **ein neuer Krieg droht** there is the threat of renewed war **II.** *vb aux* **~, etw zu tun** to be in danger of doing sth

drohend **I.** *adj* ① threatening ② *(bevor-*

stehend) impending **II.** *adv* threateningly

dröhnen ['drøːnən] *vi* ① to roar ② **jdm dröhnt der Kopf** sb's head is ringing

dröhnend *adj* reverberating; *Applaus* resounding; *Lärm* droning; *Gelächter* raucous laughter; *Stimme* booming

Drohung <-, -en> ['droːʊŋ] *f* threat

drollig ['drɔlɪç] *adj* ① *(belustigend)* amusing ② *(niedlich)* sweet *esp* BRIT, cute *esp* AM

Dromedar <-s, -e> [drome'daːɐ̯] *nt* dromedary

Drossel <-, -n> ['drɔsl̩] *f* thrush

drosseln ['drɔsl̩n] *vt Einfuhr, Produktion, Tempo* to reduce

drüben ['dryːbn̩] *adv* over there

drüber ['dryːbɐ] *adv (fam) s.* **darüber**

Druck[1] <-[e]s, Drücke> [drʊk] *m* pressure; **unter ~ stehen** to be under pressure; **jdn unter ~ setzen** to put pressure on sb

Druck[2] <-[e]s, -e> [drʊk] *m* ① TYPO printing ② *(bedruckter Stoff)* print

Druckabfall *m* PHYS fall in pressure

Druckbuchstabe *m* **in ~n** in block capitals

drucken ['drʊkn̩] *vt, vi* to print

drücken ['drʏkn̩] **I.** *vt* ① to press; *Knopf* to push ② *Schuh* to pinch **II.** *vi* to press; **„bitte ~"** "push" **III.** *vr (fam)* **sich vor der Arbeit ~** to dodge work

drückend *adj Last* heavy; *Stimmung, Hitze* oppressive

Drucker <-s, -> *m* INFORM printer

Drücker *m* **auf den letzten ~** at the last minute

Druckerei <-, -en> [drʊkə'rai] *f* printer's

Druckfehler *m* typographical error **druckfertig** *adj* TYPO ready to print *pred* **Druckknopf** *m* press-stud BRIT, stud fastener AM **Druckluft** *f kein pl* compressed air **Druckluftbremse** *f* AUTO air brake **Druckmittel** *nt* **jdn/etw als ~ benutzen** to use sb/sth as a means of exerting pressure **druckreif** *adj* ready for publication *pred* **Drucksache** *f* printed matter **Druckschrift** *f* **in ~ schreiben** to print **Drucktaste** *f* INFORM print-screen key

drum ['drʊm] *adv (fam)* ① *s.* **darum** ② **das D~ und Dran** the whole works

drunten ['drʊntn̩] *adv (fam)* down there

drunter ['drʊntɐ] *adv (fam)* underneath ▶ **alles geht ~ und drüber** everything is at sixes and sevens

Drüse <-, -n> ['dryːzə] *f* gland

Dschungel <-s, -> ['dʒʊŋl̩] *m* jungle

du <*gen* deiner, *dat* dir, *akk* dich> [duː] *pron pers 2. pers sing* you; **bist ~ das, Peter?** is that you Peter?; **und ~?** what about you?

Du <-[s], -[s]> ['duː] *nt* you, 'du' *(familiar form of address);* **jdm das ~ anbieten** to suggest that sb use the familiar form of address

Dübel <-s, -> ['dyːbl̩] *m* plug

dubios [du'bi̯oːs] *adj* dubious

ducken ['dʊkn̩] **I.** *vr* **sich [vor etw** *dat*] ~ to duck [sth] **II.** *vt* **den Kopf ~** to duck one's head

Duckmäuser(in) <-s, -> ['dʊkmɔyzɐ] *m(f) (pej)* yes-man

Dudelsack ['duːdl̩zak] *m* bagpipes *pl*

Duell <-s, -e> [du'ɛl] *nt* duel

Duett <-[e]s, -e> [du'ɛt] *nt* duet

Duft <-[e]s, Düfte> [dʊft] *m* scent

duften ['dʊftn̩] *vi* [**nach etw** *dat*] **duften** to smell [of sth]

duftend *adj attr* fragrant

dulden ['dʊldn̩] **I.** *vi (geh)* to suffer **II.** *vt* to tolerate

dumm <dümmer, dümmste> [dʊm] **I.** *adj* ① stupid ② *(unklug)* foolish ③ *(sinnlos)* **jdm zu ~ sein/werden** to be/become too much for sb **II.** *adv* stupidly; **frag nicht so ~** don't ask such stupid questions

dummerweise *adv* ① *(leider)* unfortunately ② *(unklugerweise)* stupidly

Dummheit <-, -en> *f* ① *kein pl (geringe Intelligenz)* stupidity ② *kein pl (unkluges Verhalten)* foolishness *no pl*

Dummkopf *m (pej fam)* idiot

Dummy <-, -s> ['dami] *m* AUTO [crash-

D

test] dummy
dumpf [dʊmpf] **I.** *adj* ❶ *(hohl klingend)* dull ❷ *(unbestimmt)* vague **II.** *adv* **die Lautsprecher klingen ~** the loudspeakers sound muffled
Düne <-, -n> ['dy:nə] *f* dune
D
Düngemittel *nt* fertilizer
düngen ['dʏŋən] *vt, vi* to fertilize
Dünger <-s, -> *m* fertilizer
dunkel ['dʊŋkl̩] *adj* ❶ dark ❷ *(tief)* deep ❸ *(unklar)* vague ▶ **im D~n** tappen to be groping around in the dark
dunkelhäutig *adj* dark-skinned
Dunkelheit <-> *f kein pl* darkness; **bei einbrechender ~** at nightfall **Dunkelziffer** *f* number of unreported cases
dünn [dʏn] **I.** *adj* ❶ thin; **~es Buch** slim volume ❷ *(nicht konzentriert)* weak **II.** *adv* sparsely
Dünndarm *m* small intestine
Dunst <-[e]s, Dünste> [dʊnst] *m* ❶ *(Nebel)* haze ❷ *(Dampf)* steam ❸ *(Geruch)* smell
dünsten ['dʏnstn̩] *vt* to steam
dunstig ['dʊnstɪç] *adj* hazy
Dur <-, -> [du:ɐ] *nt* major; **in ~** in a major key
durch [dʊrç] *präp* ❶ *(räumlich)* through; **~ den Fluss waten** to wade across the river; **mitten ~ etw** *akk* through the middle of sth ❷ *(mittels)* **~ jdn/etw** through sb/by sth ❸ *(zeitlich)* throughout ❹ MATH **27 ~ 3 macht 9** 27 divided by 3 is 9
durch|atmen ['dʊrçʔa:tmən] *vi* to breathe deeply
durchaus [dʊrç'ʔaus] *adv* definitely; **~ gelungen** highly successful; **~ kein schlechtes Angebot** not a bad offer [at all]; **~ nicht** by no means
durch|brechen ['dʊrçbrɛçn̩] *irreg* **I.** *vt haben* **etw ~** to break sth in two **II.** *vi sein* ❶ *(entzweibrechen)* to break in two ❷ *(einbrechen)* to fall through
Durchbruch ['dʊrçbrʊx] *m* breakthrough
durch|dringen ['dʊrçdrɪŋən] *vi irreg sein* to come through **durcheinander** [dʊrçʔai'nandɐ] *adj präd* **~ sein** *(in Unordnung)* to be in a mess; *(verwirrt)* to be confused
Durcheinander <-s> [dʊrçʔai'nandɐ] *nt kein pl* ❶ mess ❷ *(Wirrwarr)* confusion
Durchfahrt ['dʊrçfa:t] *f* entrance; **„~ bitte freihalten“** “please do not obstruct”; **„~ verboten“** “no thoroughfare”; **auf der ~ sein** to be passing through
Durchfall ['dʊrçfal] *m* diarrhoea
durch|fallen ['dʊrçfalən] *vi irreg (fam)* **bei einer Prüfung ~** to fail an exam
durchführbar *adj* feasible **Durchgang** ['dʊrçgaŋ] *m* ❶ *(Passage)* path[way] ❷ *(das Durchgehen)* entry; **kein ~!** no thoroughfare!; *(an Türen)* no entry!
durchgängig ['dʊrçgɛŋɪç] **I.** *adj* universal **II.** *adv* universally **Durchgangsverkehr** *m* through traffic
durch|gehen ['dʊrçge:ən] *irreg vi sein* ❶ [**durch etw** *akk*] **~** to go through [sth] ❷ *(durchdringen)* **durch jdn/etw ~** to penetrate sth ❸ *(fam: weglaufen)* [**mit jdm/etw**] **~** to bolt [with sb/sth] ▶ [**jdm**] **etw ~ lassen** to let sb get away with sth
durchgehend ['dʊrçge:ənt] *adj* continuous
durch|greifen ['dʊrçgraifn̩] *vi irreg (fig)* to take drastic action
durch|halten ['dʊrçhaltn̩] *irreg* **I.** *vt* to [with]stand **II.** *vi* to hold out
Durchhänger <-s, -> *m* **einen [totalen] ~ haben** *(fam)* to be on a [real] downer
durch|kreuzen ['dʊrçkrɔytsn̩] *vt* to cross out *sep;* **jdn auf der Liste ~** to cross sb['s name] off the list
durchlässig ['dʊrçlɛsɪç] *adj* porous (**für** +*akk* to)
Durchlauferhitzer <-s, -> *m* continuous-flow water heater
durch|machen ['dʊrçmaxn̩] **I.** *vt* to go through **II.** *vi (fam)* ❶ [**die ganze Nacht**] **~** to make a night of it

② *(durcharbeiten)* to work right through

Durchmesser <-s, -> ['dʊrçmesɐ] *m* diameter

durchqueren [dʊrç'kve:rən] *vt* to cross

Durchreiche <-, -n> *f* [serving] hatch, pass-through AM

Durchreisevisum *nt* transit visa

Durchsage ['dʊrçza:gə] *f* announcement

durch|sagen ['dʊrçza:gn̩] *vt* to announce

durchschauen [dʊrç'ʃauən] *vt* **jdn ~** to see through sb

durch|schlagen ['dʊrçʃla:gn̩] *irreg* **I.** *vt* *haben* ① **etw ~** to split sth [in two] ② *(einschlagen)* **einen Nagel durch etw** *akk* **~** to knock a nail through sth **II.** *vr haben* **sich ~** to struggle along

durch|schneiden ['dʊrçʃnaidn̩] *vt irreg* **etw [in der Mitte] ~** to cut sth through

Durchschnitt ['dʊrçʃnɪt] *m* average; **im ~** on average; **über/unter dem ~ liegen** to be above/below average

durchschnittlich ['dʊrçʃnɪtlɪç] **I.** *adj* average **II.** *adv* ① on average ② *(mäßig)* moderately; **~ intelligent** of average intelligence

Durchschnittseinkommen *nt* average income **Durchschnittsgeschwindigkeit** *f* average speed

durch|sehen ['dʊrçze:ən] *irreg* **I.** *vt* to go over **II.** *vi* to look through

durch|setzen ['dʊrçzɛtsn̩] **I.** *vt* *Ziel* to achieve; *Reformen* to carry out **II.** *vr* ① **sich [bei jdm/gegen jdn] ~** to assert oneself [with/against sb]; **sich mit etw** *dat* **~** to be successful with sth ② *(akzeptiert werden)* **sich ~** to gain acceptance

durchsichtig ['dʊrçzɪçtɪç] *adj* transparent

durch|stehen ['dʊrçʃte:ən] *vt irreg* to get through; *Qualen* to endure

durch|streichen ['dʊrçʃtraiçn̩] *vt irreg* to cross out

durchsuchen [dʊrçzu:xn̩] *vt* **jdn [nach etw** *dat*] **~** to search sb [for sth]

Durchsuchung <-, -en> [dʊrç'zu:xʊŋ] *f* search

durchtrieben [dʊrç'tri:bn̩] *adj* crafty

durchwachsen [dʊrç'vaksn̩] *adj* ① *Speck* streaky ② *präd (mittelmäßig)* so-so

durchweg ['dʊrçvɛk], ÖSTERR **durchwegs** ['dʊrçve:ks] *adv* without exception

durchwühlen [dʊrç'vy:lən] *vt* to comb

dürfen ['dʏrfn̩] **I.** *modal vb* <darf, durfte, dürfen> ① *(Erlaubnis haben)* **etw [nicht] tun ~** to [not] be allowed to do sth; **darfst du das?** are you allowed to? ② *verneint* **wir ~ den Zug nicht verpassen** we mustn't miss the train; **du darfst ihm das nicht übel nehmen** you mustn't hold that against him ③ *im Konjunktiv* **das/es dürfte …** that/it should …; **es dürfte wohl das Beste sein, wenn …** it would probably be best if … **II.** *vi* <darf, durfte, gedurft> **darf ich nach draußen?** may I go outside?; **sie hat nicht gedurft** she wasn't allowed to

dürftig ['dʏrftɪç] *adj* poor

dürr [dʏr] *adj* ① *(trocken)* dry; **~es Laub** withered leaves ② *(mager)* [painfully] thin

Dürre <-, -n> ['dʏrə] *f* drought *no pl*

Durst <-[e]s> [dʊrst] *m kein pl* thirst; **~ haben** to be thirsty; **seinen ~ [mit etw** *dat*] **löschen** to quench one's thirst [with sth]

durstig ['dʊrstɪç] *adj* thirsty

durstlöschend, **durststillend** *adj* thirst-quenching **Durststrecke** *f* lean period

Dusche <-, -n> ['du:ʃə] *f* shower

duschen ['du:ʃn̩] **I.** *vi* to shower **II.** *vr* **sich ~** to have a shower **III.** *vt* **jdn ~** to give sb a shower

Duschgel *nt* shower gel **Duschkabine** *f* shower cubicle

Düse <-, -n> ['dy:zə] *f* nozzle

düsen ['dy:zn̩] *vi sein (fam: fahren)* to race; *(schnell gehen)* to dash

Düsenantrieb *m* jet propulsion **Düsen-**

flugzeug *nt* jet **Düsenjäger** *m* jet fighter **Düsentriebwerk** *nt* jet engine
duss(e)lig ['dʊs(ə)lɪç] **I.** *adj* daft **II.** *adv* **sich ~ anstellen** to act stupidly
düster ['dy:stɐ] *adj* ① gloomy ② *(fig)* melancholy
Dutzend <-s, -e> ['dʊtsn̩t] *nt* dozen
dutzendweise ['dʊtsn̩tvai̯zə] *adv* by the dozen
DVD <-, -s> [de:fau'de:] *f Abk von* **digital versatile disk** DVD
DVD-Brenner *m* DVD burner [*or* writer] **DVD-ROM** <-, -s> [de:fau-de:'rɔm] *f* DVD-ROM
dynamisch [dy'na:mɪʃ] *adj* dynamic
Dynamit <-s> [dyna'mi:t] *nt kein pl* dynamite
Dynastie <-, -n> [dynas'ti:] *f* dynasty

Ee

E, e <-, -> *nt* E, e
E-Auto ['e:ʔauto] *nt Abk von* **Elektroauto** electric car
Ebbe <-, -n> ['ɛbə] *f* ebb tide; **~ und Flut** the tides *pl;* **bei ~** at low tide
eben[1] ['e:bn̩] **I.** *adj* ① *(flach)* flat ② *(glatt)* level **II.** *adv* evenly
eben[2] ['e:bn̩] **I.** *adv* just **II.** *part (genau das)* precisely
ebenbürtig ['e:bn̩bʏrtɪç] *adj* equal
Ebene <-, -n> ['e:bənə] *f* ① *(Tiefebene)* plain; *(Hochebene)* plateau ② *(fig)* **auf wissenschaftlicher ~** at the scientific level
ebenfalls ['e:bn̩fals] *adv* as well; **danke, ~!** thanks, [and] the same to you
Ebenholz ['e:bn̩hɔlts] *nt* ebony
ebenso ['e:bn̩zo:] *adv* ① *(genauso)* just as; **~ gern [wie]** just as well/much [as]; **~ gut/lange/oft** just as well/long/often ② *(auch)* as well
Eber <-s, -> ['e:bɐ] *m* boar
Eberesche ['e:bɐʔɛʃə] *f* BOT rowan, mountain ash
E-Bike <-s, -s> ['i:baik] *nt* e-bike
ebnen ['e:bnən] *vt (eben machen)* to level ▶**jdm/etw den Weg ~** to smooth [*or* pave] the way for sb/sth
E-Book <-[s], -s> ['i:bʊk] *nt* e-book
E-Book-Reader <-s, -> [-ri:dɐ] *m* e-reader
EC *Abk von* **Electronic Cash** electronic cash
Echo <-s, -s> ['ɛço] *nt* ① echo ② *(Reaktion)* response (**auf** to); **ein [großes] ~ finden** to meet with a [big] response
Echse <-, -n> ['ɛksə] *f* saurian *spec*
echt [ɛçt] **I.** *adj* ① real; *(nicht gefälscht)* genuine; *Gold* pure ② *Freundschaft, Schmerz* sincere **II.** *adv (typisch)* typical
Eck <-[e]s, -e> ['ɛk] *nt* ① ÖSTERR, SÜDD *(Ecke)* corner ② SPORT corner [of the goal]
EC-Karte *f Abk von* **Electronic Cash-Karte** ≈ Switch card
Eckball *m* corner
Ecke <-, -n> ['ɛkə] *f* corner; **gleich um die ~** just round [*or* AM around] the corner
eckig ['ɛkɪç] *adj* square
Eckstein ['ɛkʃtain] *m* cornerstone **Eckzahn** *m* canine
Ecuador <-s> [eku̯a'do:ɐ̯] *nt* Ecuador
Ecuadorianer(in) <-s, -> [ekuado-'ri̯a:nɐ] *m(f)* Ecuadorean
edel ['e:dl̩] *adj* ① *(großherzig)* generous ② *(hochwertig)* fine
Edelgas *nt* inert gas **Edelholz** *nt* high-grade wood *no pl* **Edelmetall** *nt* precious metal **Edelstahl** *m* stainless steel **Edelstein** *m* precious stone **Edelweiß**

<-[es], -e> ['e:dl̩vais] *nt* edelweiss
EDV <-> [e:de:'fau] *f Abk von* **elektronische Datenverarbeitung** EDP
Efeu <-s> ['e:fɔy] *m kein pl* ivy
Effekt <-[e]s, -e> [ɛ'fɛkt] *m* effect; FILM **~e** special effects
effektiv [ɛfɛk'ti:f] **I.** *adj* effective **II.** *adv* effectively
Effizienz <-, -en> [ɛfi'tsi̯ɛnts] *f (geh)* efficiency
egal [e'ga:l] *adj (fam)* **jdm ~ sein** to be all the same to sb; **das ist mir ~** I don't mind; **~, was/wie** no matter what/how …
Ego <-s, -s> ['e:go] *nt (pej)* ego *a. pej*
Egoist(in) <-en, -en> [ego'ɪst] *m(f)* ego[t]ist
egoistisch [ego'ɪstɪʃ] **I.** *adj* ego[t]istical **II.** *adv* ego[t]istically
ehe ['e:ə] *konj* before; **~ das Wetter nicht besser wird …** until the weather doesn't change for the better …
Ehe *f* **gleichgeschlechtliche ~** same-sex marriage
ehebrecherisch *adj* adulterous
Ehebruch *m* adultery; **~ begehen** to commit adultery **Ehefrau** *f* wife **Ehegatte** *m (geh)* husband **Eheleute** *pl (geh)* married couple + *sing/pl vb*
ehelich ['e:əlɪç] *adj* marital; *Kind* legitimate
ehemalig ['e:əma:lɪç] *adj attr* former
Ehemann *m* husband **Ehepaar** *nt* [married] couple + *sing/pl vb* **Ehepartner(in)** *m(f)* husband *masc,* wife *fem,* spouse *form*
eher ['e:ɐ] *adv* ① *(früher)* sooner ② *(wahrscheinlicher)* more likely
Ehering *m* wedding ring **Eheschließung** *f (geh)* marriage ceremony
ehrbar ['e:ɐ̯ba:ɐ̯] *adj* respectable
Ehre <-, -n> ['e:rə] *f* honour; **zu ~n von jdm** in honour of sb; **jdm eine ~ sein** to be an honour for sb
ehren ['e:rən] *vt* to honour
ehrenamtlich **I.** *adj* **~e Tätigkeiten** voluntary work **II.** *adv* on a voluntary basis
Ehrenbürger(in) *m(f)* honorary citizen **Ehrengast** *m* guest of honour **Ehrenkodex** *m* code of honour **Ehrenmord** *m* honour [*or* AM honor] killing **Ehrensache** *f* matter of honour **ehrenvoll** *adj* honourable **ehrenwert** *adj s.* **ehrbar** **Ehrenwort** <-worte> *nt* word of honour
Ehrfurcht *f kein pl* reverence; **vor jdm/etw ~ haben** to have [great] respect for sb/sth
ehrfürchtig ['e:ɐ̯fʏrçtɪç], **ehrfurchtsvoll** **I.** *adj* reverent **II.** *adv* reverentially
Ehrgefühl *nt kein pl* sense of honour **Ehrgeiz** ['e:ɐ̯gaits] *m kein pl* ambition
ehrgeizig ['e:ɐ̯gaitsɪç] *adj* ambitious
ehrlich ['e:ɐ̯lɪç] **I.** *adj* honest; *(echt)* genuine; **es ~ mit jdm meinen** to have good intentions towards sb **II.** *adv* honestly ▸ **~ gesagt …** to be [quite] honest …
Ehrlichkeit *f kein pl* honesty
ehrwürdig ['e:ɐ̯vʏrdɪç] *adj* venerable
Ei <-[e]s, -er> [ai] *nt* ① egg; **ein hart/weich gekochtes ~** a hard-boiled/soft-boiled egg ② *(Eizelle)* ovum ③ *pl (sl: Hoden)* balls *pl*
Eibe <-, -n> ['aibə] *f* yew [tree]
Eiche <-, -n> ['aiçə] *f* oak
Eichel <-, -n> ['aiçl̩] *f* ① BOT acorn ② ANAT glans
Eichelhäher ['aiçl̩hɛ:ɐ] *m* ORN jay
Eichhörnchen ['aiçhœrnçən] *nt,* **Eichkätzchen** *nt* DIAL squirrel
Eid <-[e]s, -e> [ait] *m* oath; **einen ~ ablegen** to swear an oath; **an ~es statt erklären** to declare solemnly; **unter ~ [stehen]** [to be] under oath
Eidechse ['aidɛksə] *f* lizard
Eidgenossenschaft *f* **Schweizerische ~** the Swiss Confederation
Eierbecher *m* egg cup **Eierkuchen** *m* pancake
eiern ['ai̯ɐn] *vi (fam)* to wobble
Eierschale *f* eggshell **Eierstock** *m* ovary
Eifer <-s> ['aifɐ] *m kein pl* enthusiasm

▶ **im ~ des <u>Gefechts</u>** *(fam)* in the heat of the moment

Eifersucht ['aifɐzʊxt] *f kein pl* jealousy; **aus ~** out of jealousy **eifersüchtig** ['aifɐzʏçtɪç] *adj* jealous

eifrig ['aifrɪç] **I.** *adj* keen **II.** *adv* eagerly; **~ lernen/üben** to learn/practise assiduously

Eigelb <-s, -e> *nt* egg yolk

eigen ['aign̩] *adj* ① own ② *(typisch)* characteristic ③ *(eigenartig)* peculiar

Eigenanteil *m (bei Versicherungen)* excess BRIT, deductible AM **Eigenart** ['aign̩ʔaːɐ̯t] *f* characteristic

eigenartig ['aign̩ʔaːɐ̯tɪç] **I.** *adj* strange **II.** *adv* strangely; **~ aussehen** to look strange

Eigenbedarf *m* **zum ~** for one's [own] personal use

eigenhändig ['aign̩hɛndɪç] **I.** *adj* personal; *Brief* handwritten; *Testament* holographic **II.** *adv* personally

Eigenheim *nt* home of one's own

eigenmächtig ['aign̩mɛçtɪç] **I.** *adj* high-handed **II.** *adv* high-handedly

Eigenname *m* LING proper noun

Eigennutz *m kein pl* self-interest

eigennützig ['aign̩nʏtsɪç] **I.** *adj* selfish **II.** *adv* selfishly

Eigenschaft <-, -en> ['aign̩ʃaft] *f* quality; **in jds ~ als ...** in sb's capacity as ...

Eigenschaftswort <-wörter> *nt* adjective

Eigensinn *m kein pl* stubbornness, obstinacy; **aus ~** out of obstinacy

eigensinnig ['aign̩zɪnɪç] **I.** *adj* stubborn **II.** *adv* stubbornly

eigentlich ['aign̩tlɪç] **I.** *adj (wirklich)* real; *Wesen* true **II.** *adv* ① *(normalerweise)* really; **da hast du ~ recht** you may be right there ② *(wirklich)* **ich bin ~ nicht müde** I'm not actually tired **III.** *part* **was fällt dir ~ ein!** what [on earth] do you think you're doing!; **was ist ~ mit dir los?** what [on earth] is wrong with you?

Eigentor *nt* own goal

Eigentum <-s> ['aign̩tuːm] *nt kein pl* property; **jds geistiges ~** sb's intellectual property

Eigentümer(in) <-s, -> ['aign̩tyːmɐ] *m(f)* owner

Eigentumswohnung *f* ≈ freehold flat BRIT, condominium AM

eigenwillig ['aign̩vɪlɪç] *adj* ① stubborn ② *(unkonventionell)* unconventional

eignen ['aignən] *vr* to be suitable; **dieses Buch eignet sich zum Verschenken** this book would make a good present

Eilbrief *m* express letter

Eile <-> ['ailə] *f kein pl* haste; **in ~ sein** to be in a hurry; **in der ~** in the hurry; **nur keine ~!** there's no rush!

Eileiter <-s, -> *m* Fallopian tube

eilen ['ailən] **I.** *vi* ① *sein* **irgendwohin ~** to hurry somewhere ② *haben* **etw eilt** sth is urgent **II.** *vi impers haben* **es eilt** it's urgent; **eilt es?** is it urgent?

eilig ['ailɪç] **I.** *adj* ① *(schnell)* hurried ② *(dringend)* urgent; **es [mit etw** *dat***] ~ haben** to be in a hurry [with sth] **II.** *adv* quickly

Eilzug *m* ≈ fast stopping train **Eilzustellung** *f* express delivery

Eimer <-s, -> ['aimɐ] *m* bucket; *(für Müll)* [rubbish] bin BRIT, garbage can AM

ein¹ [ain] *adv (eingeschaltet)* on

ein² [ain], **eine** ['ainə], **ein** [ain] **I.** *adj* one; **mir fehlt noch ~ Cent** I need another cent ▶ **~ und <u>der-</u> /<u>die-</u> /<u>das-selbe</u>** one and the same; **~ für alle <u>Mal</u>** once and for all **II.** *art indef* a/an; **was für ~ Lärm!** what a noise!

a / an

A wird vor gesprochenen Konsonanten (d. h. auch vor Vokalen, die entweder [juː] oder [jʊə] ausgesprochen werden), verwendet: *a dog*, *a university*, *a hat*. **An** dagegen wird vor gesprochenen Vokalen (d. h. auch vor einem stimmlosen

‚h') verwendet: *an old building, an hour.*

einander [ai'nandɐ] *pron* each other
Einarbeitungszeit *f* training period
Einäscherung <-, -en> *f* cremation
ein|atmen *vt, vi* to breathe in *sep*
Einbahnstraße *f* one-way street
Einband <-bände> ['ainbant] *m* [book] cover
Einbau *m kein pl* installation
ein|bauen *vt* to install; **eingebaut** built-in
Einbauküche *f* fitted kitchen **Einbauschrank** *m* fitted cupboard; *(im Schlafzimmer)* built-in wardrobe
einbeinig *adj* one-legged
ein|berufen *vt irreg* ① *Versammlung* to convene ② MIL to conscript
Einberufung *f* MIL call-up papers *pl* BRIT, draft card AM
ein|beziehen *vt irreg* to include
ein|biegen *vi irreg sein* to turn [off] (**in** in)
ein|bilden *vr* **sich** *dat* **etw** ~ to imagine sth; **sich** *dat* **~, dass ...** to think that ... ▶ **was bildest du dir eigentlich ein?** *(fam)* what's got into your head?
Einbildung *f* ① *(Fantasie)* imagination ② *kein pl (Arroganz)* conceitedness
Einbildungskraft *f kein pl* [powers of] imagination
ein|bläuen *vt (fam)* **jdm etw** ~ to drum sth into sb['s head]
Einblick *m* insight; ~ **in etw** *akk* **haben** to be able to see into sth; *(informiert sein)* to have an insight into sth
ein|brechen *irreg vi* ① *sein o haben: Dieb* to break in ② *sein: Nacht* to fall ③ *sein* **auf dem Eis** ~ to fall through the ice
Einbrecher(in) <-s, -> *m(f)* burglar
Einbruch ['ainbrʊx] *m* ① JUR break-in ② *(Beginn)* onset; **bei ~ der Dunkelheit** [at] nightfall
ein|bürgern ['ainbʏrgɐn] **I.** *vt* **jdn** ~ to naturalize sb **II.** *vr* **sich** ~ *Brauch* to become established
Einbürgerung *f* naturalization
Einbürgerungsantrag *m* application for naturalization
ein|checken [-tʃɛkn̩] *vi, vt* to check in
ein|cremen ['ainkreːmən] *vt* **sich** ~ to apply cream
eindeutig ['aindɔytɪç] **I.** *adj* unambiguous **II.** *adv* unambiguously
Eindeutigkeit <-> *f kein pl* ① *(Unmissverständlichkeit)* unambiguity, unequivocalness ② *(Unzweifelhaftigkeit)* clarity; **die ~ der Beweise** the clarity of the proof
ein|dringen *vi irreg sein* ① *(einbrechen)* **in etw** *akk* ~ to force one's way into sth ② *Wasser* to penetrate (**in** into)
Eindringling <-s, -e> ['aindrɪŋlɪŋ] *m* intruder
Eindruck ['aindrʊk] *m* impression; **den ~ erwecken/haben, dass ...** to give/have the impression that ...; **einen großen ~ auf jdn machen** to make a big impression on sb
eindrucksvoll **I.** *adj* impressive **II.** *adv* impressively
ein|ebnen *vt* to level
eineiig ['ainʔaiɪç] *adj* identical
eineinhalb ['ainʔain'halp] *adj* one and a half
ein|engen ['ainɛŋən] *vt* **jdn** ~ to restrict sb['s freedom]; *(körperlich)* to restrict sb's movement[s]
einer ['ai̯nɐ] *pron s.* **eine(r, s)**
einerlei ['ainɐ'lai] *adj pred* **das ist mir ganz** ~ it's all the same to me
einerseits ['ainɐzaits] *adv* **~ ... andererseits ...** on the one hand ..., on the other hand ...
einfach ['ainfax] **I.** *adj* ① *(leicht)* easy; **es ist nicht ~ zu verstehen** it's not easy to understand; **es sich** *dat* [**mit etw** *dat*] **zu ~ machen** to make it too easy for oneself [with sth] ② *(gewöhnlich)* simple ③ *(nicht doppelt)*

single; **eine ~e Fahrkarte** a one-way [*or* BRIT single] ticket **II.** *adv (leicht)* easily **III.** *part (ohne weiteres)* simply, just

ein|fahren *irreg vi sein* to come in[to]; **auf einem Gleis ~** to arrive at a platform; **in einen Hafen ~** to sail into a harbour

Einfahrt *f kein pl* ① *(das Einfahren)* entry; **die ~ eines Zuges** the arrival of a train ② *(Zufahrt)* entrance; **~ freihalten!** [please] keep [entrance] clear!

Einfall ['ainfal] *m* idea

ein|fallen *vi irreg sein* ① *(in den Sinn kommen)* **etw fällt jdm ein** sb thinks of sth; **was fällt Ihnen ein!** what do you think you're doing! ② *(sich erinnern)* **etw fällt jdm ein** to remember sth ③ *(einstürzen)* to collapse ④ *(eindringen)* **in ein Land ~** to invade a country

einfallslos **I.** *adj* unimaginative **II.** *adv* unimaginatively

einfältig ['ai̯nfɛltɪç] **I.** *adj* naive **II.** *adv* naively

Einfamilienhaus *nt* single family house

ein|fangen *irreg vt* **jdn/ein Tier ~** to capture sb/an animal

einfarbig *adj* unicolour

Einflugschneise *f* approach path

Einfluss *m* influence; **unter dem ~ von jdm/etw stehen** to be under the influence of sb/sth

einflussreich *adj* influential

einförmig ['ainfœrmɪç] **I.** *adj* monotonous **II.** *adv* monotonously

ein|frieren *irreg* **I.** *vi sein* to freeze up **II.** *vt haben* to [deep-]freeze

ein|fügen **I.** *vt* **etw [in etw** *akk*] **~** ① *(einpassen)* to fit sth in[to sth] ② *(einfließen lassen)* to add sth [to sth] **II.** *vr* **sich [in etw** *akk*] **~** to adapt [oneself] [to sth]

Einfühlungsvermögen *nt* empathy

Einfuhr <-, -en> ['ainfu:ɐ̯] *f* importation

Einfuhrbestimmungen *pl* import regulations *pl*

ein|führen *vt* ① *(importieren)* to import ② *(bekannt machen)* **etw ~** to introduce sth ③ *(vertraut machen)* **jdn ~** to introduce sb (**in** to)

Einführung *f* introduction

Einführungspreis *m* introductory price

Einfuhrzoll *m* import duty

Eingabe *f von Daten* entry **Eingabetaste** *f* INFORM enter-key, return-key

Eingang ['aingaŋ] *m* entrance; **„kein ~!"** "no entry!"

ein|geben *irreg vt* ① INFORM to input (**in** into) ② *(geh: inspirieren)* **jdm etw ~** to put sth into sb's head

eingebildet *adj* ① *(hochmütig)* conceited (**auf** about) ② *(imaginär)* imaginary

Eingeborene(r) *f(m) dekl wie adj* native

Eingebung <-, -en> *f* inspiration; **einer plötzlichen ~ folgend** acting on a sudden impulse

eingefallen *adj* hollow

eingefleischt ['ai̯ngəflai̯ʃt] *adj attr* confirmed

ein|gehen *irreg* **I.** *vi sein* ① **in die Geschichte ~** to go down in history ② *([ab]sterben)* to die [off] ③ *(einlaufen)* to shrink ④ *(sich beschäftigen mit)* **auf etw/jdn ~** to deal with sth/to pay some attention to sb ⑤ *(sich einlassen)* **auf etw** *akk* **~** to accept sth **II.** *vt sein* **etw ~** to enter into sth; **ein Risiko ~** to take a risk

eingehend ['ai̯nge:ənt] **I.** *adj* detailed; *Prüfung* extensive **II.** *adv* in detail

Eingemachte(s) *nt dekl wie adj* KOCHK preserved fruit

eingeschnappt *adj (fam)* **~ sein** to be miffed

eingeschränkt *adj* limited

eingeschrieben **I.** *adj* registered **II.** *adv* **~ schicken** to send as registered post [*or* AM mail]

Eingeständnis ['aingəʃtɛntnɪs] *nt* admission

eingestellt *adj* ① *(gesinnt)* **fortschrittlich/ökologisch ~** progressively/environmentally minded; **jd ist gegen**

jdn ~ sb is set against sb ❷ *(vorbereitet)* **auf etw** *akk* ~ **sein** to be prepared for sth

eingetragen *adj* registered

Eingeweide <-s, -> ['aingəvaidə] *nt meist pl* entrails

ein|gewöhnen *vr* **sich** ~ to settle in

ein|gießen *vt irreg* to pour; **darf ich Ihnen noch Kaffee** ~ can I pour you some more coffee?

ein|gliedern I. *vt* **jdn** ~ to integrate sb (**in** into) **II.** *vr* **sich** ~ to integrate oneself (**in** into)

ein|greifen *vi irreg* to intervene (**in** in)

Eingriff *m* ❶ intervention (**in** in) ❷ MED operation

Einhalt ['ainhalt] *m kein pl* **jdm/etw** ~ **gebieten** *(geh)* to put a stop to sb/sth

ein|halten *irreg vt* to keep; **eine Diät/einen Vertrag** ~ to keep to a diet/treaty; **die Spielregeln/Vorschriften** ~ to obey the rules; **Verpflichtungen** ~ to meet commitments

einheimisch ['ainhaimɪʃ] *adj* ❶ *(ortsansässig)* local ❷ BOT, ZOOL indigenous

Einheit <-, -en> ['ainhait] *f* unity

einheitlich ['ainhaitlɪç] *adj (gleich)* uniform

Einheitlichkeit <-> *f kein pl* ❶ *(Gleichheit)* uniformity ❷ *(Geschlossenheit)* unity; *von Design, Gestaltung* standardization, homogeneity; ~ **der Erfindung** FIN unity of invention

Einheitspreis *m* standard price

einhellig ['ainhɛlɪç] **I.** *adj* unanimous **II.** *adv* unanimously

ein|holen *vt* ❶ *Fahne, Segel* to lower ❷ *(erreichen)* **jdn/etw** ~ to catch up with sb/sth

einig ['ainɪç] *adj* ❶ *(geeint)* united ❷ *pred* **sich** *dat* ~ **sein** to be in agreement (**über** on)

einige(r, s) ['ainɪgə] *pron indef* some; **vor ~n Tagen** a few days ago; **~s** quite a lot; **das wird aber ~s kosten!** that will cost a pretty penny!

einigen ['ainɪgn̩] *vr* **sich** ~ to agree

einigermaßen ['ainɪgɐ'maːsn̩] *adv* fairly

Einigkeit <-> ['ainɪçkait] *f kein pl* ❶ *(Eintracht)* unity ❷ *(Übereinstimmung)* agreement; **es herrscht ~ darüber, dass …** there is agreement that …

Einigung <-, -en> *f* ❶ POL unification ❷ *(Übereinstimmung)* agreement (**über** on)

einjährig, 1-jährig ['ainjɛːrɪç] *adj* ❶ *(Alter)* one year old *pred* ❷ *(Zeitspanne)* one-year *attr*

E

ein|kalkulieren *vt* **etw** [**mit**] ~ to take sth into account

Einkauf *m* ❶ shopping; **Einkäufe machen** to do one's shopping ❷ *(das Eingekaufte)* purchase

ein|kaufen I. *vt* to buy **II.** *vi* to shop; ~ **gehen** to go shopping

Einkaufen und Geld – Shopping and money

anprobieren	to try on
der Ausverkauf/ Schlussverkauf	sales *pl*
das Bargeld	cash
bedienen	to serve
der Beleg	receipt
billig	cheap
die Einkäufe	shopping + *sing vb*
der Einkaufskorb	shopping basket
die Einkaufstasche	shopping bag
der Einkaufswagen	trolley
das Einkaufs-zentrum	shopping centre, shopping mall
ermäßigt	reduced
das Geld	money
der Geldschein	banknote
geöffnet	open
geschlossen	closed
die Kasse	till, cash desk
kosten	to cost
der Kunde, die Kundin	customer
der Laden	shop, store
die Münze	coin
der Preis	price

teuer	expensive
der Verkäufer, die Verkäuferin	sales assistant
das Warenhaus	department store
das Wechselgeld	change
zahlen	to pay

E

Einkaufsbummel *m* shopping trip **Einkaufspassage** [-pasaːʒə] *f* shopping arcade **Einkaufswagen** *m* [shopping] trolley [*or* AM cart] **Einkaufszentrum** *nt* shopping centre [*or* mall]

ein|kehren *vi sein* to stop off

ein|klammern *vt* **etw ~** to put sth in brackets

Einklang *m (geh)* harmony; **in ~ mit etw** *dat* **stehen** to be in accord with sth

ein|klemmen *vt* **etw ~** to catch sth

ein|kochen I. *vt haben* to preserve **II.** *vi sein* to thicken

Einkommen <-s, -> *nt* income *no pl*

einkommensschwach *adj* low-income *attr*

Einkünfte [ˈainkʏnftə] *pl* income *no pl*

ein|kuppeln *vi* to engage the clutch

ein|laden [ˈainlaːdn̩] *vt irreg* ① *Menschen* to invite; **jdn zum Essen ~** to take sb out to dinner ② *Gegenstände* to load (**in** in[to])

Einladung *f* invitation

Einlage <-, -n> *f* ① *(eingezahltes Geld)* deposit ② FIN investment ③ *Schuhe* insole ④ THEAT interlude ⑤ *(Beilage)* enclosure; *(in Zeitung)* supplement ⑥ *(provisorische Zahnfüllung)* temporary filling

ein|langen *vi sein* ÖSTERR *(eintreffen)* to arrive

Einlass <-es> [ˈainlas] *m* admission

ein|lassen *irreg* **I.** *vt* **jdn ~** to let sb in **II.** *vr* ① *(auf etw eingehen)* **sich auf etw** *akk* **~** to get involved in sth; *Abenteuer* to embark on sth ② *(pej: Kontakt aufnehmen)* **sich mit jdm ~** to get involved with sb

ein|laufen *irreg* **I.** *vi sein* ① *(schrumpfen)* to shrink ② *(einfahren)* **das Schiff läuft in den Hafen ein** the ship is sailing into harbour **II.** *vt haben* **Schuhe ~** to wear shoes in

ein|leben *vr* **sich ~** to settle in

ein|legen *vt* ① *(hineintun)* to insert; **eine CD ~** to put on a CD ② KOCHK **etw ~** to pickle sth; **eingelegte Gurken** pickled gherkins

Einlegesohle *f* insole

ein|leiten *vt* **Schritte [gegen jdn] ~** to take steps [against sb]; **einen Prozess [gegen jdn] ~** to start proceedings [against sb]

einleitend I. *adj* introductory **II.** *adv* as an introduction

Einleitung *f* introduction

ein|lenken *vi* to give way

ein|loggen [ˈainlɔgn̩] *vi* to log in

ein|lösen *vt* ① *Scheck* to honour [*or* AM cash] ② *Versprechen* to honour

ein|machen *vt* to preserve; *(in Essig)* to pickle

einmal[1], **1-mal** [ˈainmaːl] *adv* ① *(ein Mal)* once; **~ am Tag/in der Woche** once a day/week; **auf ~** all of a sudden; *(gleichzeitig)* all at once ② *(früher)* once [upon a time] ③ *(später)* sometime; **ich will ~ Pilot werden** I want to be a pilot [some day]

einmal[2] [ˈainmaːl] *part* **nicht ~** not even; **er hat sich nicht ~ bedankt** he didn't even say thank you

Einmaleins <-> [ainmaːlˈʔains] *nt kein pl* **das ~** [multiplication] tables *pl*

einmalig [ˈainmaːlɪç] *adj* ① unique ② *(fam: ausgezeichnet)* outstanding

Einmischung *f* interference

einmotorig *adj* single-engined

Einmündung *f* confluence

einmütig [ˈainmyːtɪç] **I.** *adj* unanimous **II.** *adv* unanimously

Einnahme <-, -n> [ˈainnaːmə] *f* ① FIN earnings; *(Geschäfts~)* takings *pl* ② *kein pl Arzneimittel, Mahlzeiten* taking

ein|nehmen *vt irreg* ① *Geld* to take;

Steuern to collect ② *(zu sich nehmen)* to take; *Mahlzeit* to have ③ *(geh) Platz* to take ④ *(erobern)* to take ⑤ *(beeinflussen)* **jdn für sich ~** to win favour with sb; **jdn gegen sich/jdn/etw ~** to turn sb against oneself/sb/sth

Einöde ['ainʔøːdə] *f* wasteland

ein|ölen *vt* **etw ~** to oil [*or* lubricate] sth

ein|ordnen **I.** *vt* ① *(einsortieren)* to organize (**in** in) ② *(klassifizieren)* to classify (**unter** under) **II.** *vr* **sich ~** *mit Auto* to get in lane

ein|packen *vt* *(verpacken)* **etw ~** to wrap sth; *(um zu verschicken)* to pack sth

ein|planen *vt* to plan; **etw [mit] ~** to take sth into consideration

ein|prägen *vr* **sich** *dat* **etw ~** to fix sth in one's memory

einprägsam ['ainprɛːkzaːm] *adj* easy to remember *pred; Melodie* catchy

ein|räumen *vt* ① *(in etw räumen)* to put away (**in** in) ② *Zimmer* to arrange ③ *(zugestehen)* **etw ~** to concede sth

ein|rechnen *vt* to include

ein|reden **I.** *vt* **jdm etw ~** to talk sb into thinking sth **II.** *vi* **auf jdn ~** to keep on at sb *fam* **III.** *vr* **sich** *dat* **etw ~** to talk oneself into thinking sth

ein|reihen *vr* **sich in etw** *akk* **~** to join sth

Einreise *f* entry

Einreisebestimmungen *pl* entry requirements **Einreisegenehmigung** *f* entry permit

ein|reisen *vi sein* **in ein Land ~** to enter a country

ein|renken ['ainrɛŋkn̩] **I.** *vt* ① MED **[jdm] etw ~** to set sth [for sb] ② *(fam)* **etw ~** to straighten sth out **II.** *vr* *(fam)* **sich wieder ~** to sort itself out

ein|richten **I.** *vt* ① *(möblieren)* to furnish; *Praxis* to fit out *sep* ② *(möglich machen)* **es ~, dass ...** to arrange it so that ...; **es lässt sich ~** that can be arranged ③ *(vorbereitet sein)* **auf etw** *akk* **eingerichtet sein** to be prepared for sth **II.** *vr* ① *(möblieren)* **ich richte mich weiß ein** I'm furnishing my flat in white ② *(vorbereitet sein)* **sich auf etw** *akk* **~** to be prepared for sth

Einrichtung *f* ① *(Wohnungseinrichtung)* [fittings and] furnishings *pl; (Ausstattung)* fittings *pl* ② *(das Möblieren)* furnishing; *(das Ausstatten)* fitting-out ③ *(das Installieren)* installation ④ *(Institution)* organization

eins [ains] **I.** *adj* one; *s.a.* **acht**[1] **II.** *adj pred* ① *(eine Ganzheit)* [all] one ② *(einig)* **~ mit jdm/sich/etw sein** to be [at] one with sb/oneself/sth

einsam ['ainzaːm] **I.** *adj* ① lonely ② *(abgelegen)* isolated; **eine ~e Insel** a desert island **II.** *adv (abgelegen)* **~ leben** to live a solitary life

ein|sammeln *vt* to collect [in *sep*] sth

Einsatz *m* ① *(eingesetzte Leistung)* effort; **unter ~ aller seiner Kräfte** with a superhuman effort; **unter ~ ihres Lebens** by putting her own life at risk ② *beim Glücksspiel* bet ③ *(Verwendung)* use; *von Arbeitern, Soldaten* deployment; **zum ~ kommen** to be deployed

einsatzbereit *adj* ready for use *pred; Menschen* ready for action; MIL ready for combat *pred*

ein|schalten **I.** *vt* to switch on *sep* **II.** *vr* *(sich einmischen)* **sich ~** to intervene

Einschaltquote *f* [audience] ratings *npl*

ein|schärfen *vt* **jdm etw ~** to impress on sb the importance of sth; **jdm ~, etw zu tun** to tell sb to do sth

ein|schätzen *vt* to assess; **falsch ~** to misjudge; **zu hoch ~** to overrate; **zu niedrig ~** to underrate

ein|schenken *vt* **jdm etw ~** to pour sb sth

ein|schiffen **I.** *vt* to take on board **II.** *vr* **sich ~** to embark

ein|schlafen *vi irreg sein* ① **[bei etw** *dat***] ~** to fall asleep [during sth] ② *Glieder* to go to sleep ③ *(nachlassen)* to peter out

ein|schläfern ['ainʃlɛːfɐn] *vt* ① *(schläfrig machen)* to send to sleep ② *Tier* to put to sleep

einschläfernd ['ainʃlɛ:fɐnt] *adj* ① MED **ein ~es Mittel** a sleep-inducing drug ② *(langweilig)* **~ sein** to have a soporific effect

ein|schlagen *irreg* **I.** *vt* *haben* ① to hammer in *sep;* **eine Tür ~** to break down *sep* a door; **eingeschlagen** smashed-in; **jdm die Nase ~** to smash sb's nose; **jdm die Zähne ~** to knock sb's teeth out ② *Weg* to choose **II.** *vi* ① *haben o sein* [**in etw** *akk*] **~** *Blitz* to strike [sth] ② *sein: Granate* to fall ③ *haben (prügeln)* **auf jdn ~** to hit sb; **auf etw** *akk* **~** to pound [on] sth [with one's fists]

einschlägig ['a̯inʃlɛ:gɪç] **I.** *adj* *(entsprechend)* relevant **II.** *adv* JUR in this connection

ein|schleusen *vt* to smuggle in

ein|schließen *vt* *irreg* ① **jdn ~** to lock sb up; **sich ~** to lock oneself in ② *(wegschließen)* **etw ~** to lock sth away ③ *(einbegreifen)* to include (**in** in)

einschließlich ['ainʃli:slɪç] **I.** *präp* **~ einer S.** *gen* including sth **II.** *adv* inclusive

ein|schmeicheln *vr* **sich ~** to ingratiate oneself

einschnappen *vi* *sein* ① *(ins Schloss fallen)* to click shut ② *(fam: beleidigt sein)* to get in a huff

einschneidend ['ainʃnaidn̩t] *adj* **eine ~e Veränderung** a drastic change; **eine ~e Wirkung** a far-reaching effect

Einschnitt *m* ① *(Schnitt)* cut ② *(Wendepunkt)* turning-point

ein|schränken ['ainʃrɛŋkn̩] **I.** *vt* to cut [back on] **II.** *vr* **sich ~** to cut back (**in** on)

einschränkend **I.** *adj* *(beschränkend)* restrictive; **ein ~er Satz** a qualifying sentence **II.** *adv* **ich muss aber ~ bemerken/sagen, dass …** I have to qualify that and say that … [*or* by saying that …]

Einschränkung <-, -en> *f* reduction; **ohne ~** without reservations

Einschreib(e)brief *m* registered letter

ein|schreiben *irreg* **I.** *vt* to register **II.** *vr* **sich ~** *Kurs* to enrol; **sich in eine Liste ~** to put one's name on a list; **sich bei einer Universität ~** to register at a university

Einschreiben *nt* registered post [*or* AM letter] **etw per ~ schicken** to send sth by registered post

ein|schreiten *vi* *irreg* *sein* [**gegen jdn/etw**] **~** to do sth [about sb/sth]

ein|schüchtern ['ainʃʏçtɐn] *vt* **jdn ~** to intimidate sb

Einschüchterung <-, -en> *f* intimidation, browbeating

ein|schweißen *vt* *(versiegeln)* to seal

ein|sehen *vt* *irreg* *(begreifen)* to see

einseitig ['ainzaitɪç] **I.** *adj* ① one-sided; JUR, POL unilateral; **eine ~e Ernährung** an unbalanced diet; **~e Lähmung** paralysis of one side of the body ② *(voreingenommen)* bias[s]ed **II.** *adv* ① *(auf einer Seite)* on one side ② *(beschränkt)* in a one-sided way ③ *(parteiisch)* from a one-sided point of view

einsetzbar *adj* applicable

ein|setzen **I.** *vt* ① *(einfügen)* to insert ② *Kommission* to set up ③ *(ernennen)* **jdn [als etw] ~** to appoint [*or* AM instal] sb [as sth] ④ *(zum Einsatz bringen)* **jdn/etw ~** to use sb/sth; *Ersatzspieler* to bring on sb *sep* **II.** *vr* **sich ~** to make an effort; **sich für jdn/etw ~** to support sb/sth; **sich dafür ~, dass …** to speak out for sth [so that …]

Einsicht *f* insight; **jdn zur ~ bringen** to make sb see sense

einsichtig ['ainzɪçtɪç] *adj* *(vernünftig)* reasonable

Einsiedler(in) ['ainzi:dlɐ] *m(f)* hermit

einsilbig ['a̯inzɪlbɪç] *adj* *a.* LING monosyllabic

ein|spannen *vt* ① **jdn ~** to rope sb in ② **etw ~** to clamp sth ③ *Pferde* to harness

ein|sparen *vt* to save

ein|sperren *vt* to lock up *sep*

Einsprache *f* JUR SCHWEIZ *(Einspruch)*

objection

ein|springen *vi irreg sein (fam)* to stand in (**für** for)

ein|spritzen *vt* ① MED **jdm etw ~** to inject sb with sth; **sich** *dat* **etw ~** to inject oneself with sth ② AUTO **etw ~** to inject sth

Einspruch *m* objection; **~ abgelehnt!** objection overruled!; **dem ~ wird stattgegeben!** objection sustained!; **~ erheben** to lodge an objection; **~ einlegen** to appeal

einspurig ['ainʃpu:rɪç] *adj Straße* one-lane

einst ['a̯inst] *adv* ① *(früher)* once ② *(geh: in Zukunft)* one day

ein|stampfen *vt* MEDIA **etw ~** to pulp sth

Einstand *m* ① *bes* SÜDD, ÖSTERR *(Arbeitsanfang)* start of a new job ② TENNIS deuce

ein|stecken *vt* **etw ~** ① to put sth in one's pocket ② *(fam: hinnehmen)* to put up with sth ③ ELEK to plug in sth *sep*

ein|stehen *vi irreg sein* ① *(sich verbürgen)* **für jdn/etw ~** to vouch for sb/sth ② *(aufkommen)* **für etw** *akk* **~** to take responsibility for sth

ein|steigen *vi irreg sein* [**in etw** *akk*] **~** ① *in Zug* to get on [sth]; *in Auto* to get in[to sth] ② *(sich engagieren)* to go into sth

ein|stellen I. *vt* ① *(anstellen)* to employ ② *(beenden)* to stop ③ JUR to abandon ④ TV, RADIO to tune ⑤ TECH to adjust **II.** *vr* ① *(auftreten)* **sich ~** *Bedenken* to begin; *Symptome* to develop ② *(sich anpassen)* **sich auf jdn/etw ~** to adapt to sb/sth ③ *(sich vorbereiten)* **sich auf etw** *akk* **~** to prepare oneself for sth

Einstellung *f* ① *(Anstellung)* taking on ② *(Beendigung)* stopping ③ TV tuning ④ TECH setting ⑤ *(Gesinnung)* attitude; **eine ganz andere ~ haben** to think differently

einstmals ['ainstma:ls] *adv (geh)* s. **einst**

ein|stöpseln *vt* ELEK *(fam)* **etw ~** to plug sth in; **wo kann ich den Stecker hier ~?** where's the socket?

ein|stufen ['ainʃtu:fn̩] *vt* ① *(eingruppieren)* to group; **jdn in eine Gehaltsgruppe ~** to give sb a [salary] grade ② *(zuordnen)* to categorize

Einstufung <-, -en> *f* categorization, classification

Einstufungstest *m* SCH assessment test

Einsturz *m* collapse; **etw zum ~ bringen** to cause sth to collapse

ein|stürzen *vi sein* ① to collapse ② *(überfallen)* **auf jdn ~** to overwhelm sb

einstweilig ['a̯inst'va̯ilɪç] *adj attr* temporary

eintägig, 1-tägig *adj* one-day *attr*

Eintagsfliege *f* mayfly

ein|tauchen I. *vt haben* **jdn ~** to immerse sb; **etw ~** to dip sth **II.** *vi sein* to plunge in

ein|tauschen *vt* **etw ~** to exchange sth (**gegen** for)

ein|teilen *vt* ① **etw in etw** *akk* **~** to divide sth up into sth ② *Geld, Vorräte, Zeit* [**sich** *dat*] **etw ~** to be careful with sth ③ *(verpflichten)* **jdn zu etw** *dat* **~** to assign sb to sth

Einteiler <-s, -> *m (Badeanzug)* one-piece [swimsuit]

Einteilung *f* management

eintönig ['aintø:nɪç] **I.** *adj* monotonous **II.** *adv* monotonously

Eintopf *m*, **Eintopfgericht** *nt* stew

einträchtig ['aintrɛçtɪç] **I.** *adj* harmonious **II.** *adv* harmoniously

Eintrag <-[e]s, Einträge> ['aintra:k] *m* ① *kein pl (Vermerk)* note ② *(im Lexikon)* entry

ein|tragen *vt irreg* to enter; *(amtlich)* to register; **jdn/sich in eine Liste ~** to enter sb's/one's name in a list

ein|treffen *vi irreg sein* ① [**irgendwo/bei jdm**] **~** to arrive [somewhere/at sb's] ② *(in Erfüllung gehen)* to come true

ein|treiben *vt irreg* **etw ~** to collect sth

ein|treten *irreg* **I.** *vi* ① *sein (betreten)* to enter ② *sein (beitreten)* to join ③ *sein (sich ereignen)* to occur ④ *sein (sich einsetzen)* **für jdn/etw ~** to stand up for sb/sth **II.** *vt haben* **etw ~** to kick sth in

Eintritt *m* ① *(geh: das Betreten)* **~ verboten** no admission ② *(Beitritt)* accession ③ *(Eintrittsgeld)* admission; **~ frei** admission free ④ *(Beginn)* onset; **bei/vor ~ der Dunkelheit** when/before darkness falls

Eintrittskarte *f* ticket

ein|üben *vt* to practise; THEAT to rehearse

Einvernehmen <-s> *nt kein pl* agreement

einverstanden ['ainfɛɐ̯ʃtandn̩] *adj pred* [**mit jdm/etw**] **~ sein** to agree [with sb/sth]; **~!** OK!

Einverständnis ['ainfɛɐ̯ʃtɛntnɪs] *nt* ① *(Zustimmung)* consent ② *(Übereinstimmung)* agreement; **in gegenseitigem ~** by mutual agreement

Einwand ['ainvant] *m* objection (**gegen** to)

Einwanderer, -wand[r]erin *m, f* immigrant

ein|wandern *vi sein* to immigrate

einwandfrei ['ainvantfrai] *adj* flawless; *Qualität* excellent

Einwegflasche *f* non-returnable bottle **Einwegkamera** *f* single-use [*or* disposable] camera **Einwegrasierer** *m* disposable razor **Einwegverpackung** *f* disposable packaging

ein|weichen *vt* **etw ~** to soak sth

ein|weihen *vt* ① *(eröffnen)* to open ② *(vertraut machen)* **jdn ~** to initiate sb (**in** into); **jdn in ein Geheimnis ~** to let sb in on a secret

ein|weisen *vt irreg* ① *(unterweisen)* **jdn ~** to brief sb (**in** about) ② MED **jdn ins Krankenhaus ~** to send sb to hospital

ein|wenden *vt irreg* **etw ~** to object (**gegen** to); **etwas einzuwenden haben** to have an objection; **dagegen lässt sich nichts ~** there can be no objection to it/that

ein|werfen *irreg vt* ① *Brief* to post [*or* AM mail] ② *Fensterscheibe* to smash ③ *(bemerken)* **~, dass …** to interject that …

ein|wickeln *vt* to wrap [up]

ein|willigen ['ainvɪlɪgn̩] *vi* to consent (**in** to)

ein|wirken *vi* **auf jdn/etw ~** to have an effect on sb/sth; **etw ~ lassen** to let sth work in; **etw auf sich ~ lassen** to absorb sth

Einwohner(in) <-s, -> ['ainvoːnɐ] *m(f)* inhabitant

Einwohnermeldeamt *nt residents' registration office*

Einwurf *m* ① SPORT throw-in ② *(Bemerkung)* interjection

Einzahl ['aintsaːl] *f* singular

ein|zahlen *vt* to pay [in]; **etw auf ein Konto ~** to pay sth into an account

Einzahlung *f* FIN deposit

Einzelbett *nt* single bed **Einzelfahrschein** *m* single ticket BRIT, one-way ticket AM **Einzelgänger(in)** *m(f)* loner **Einzelhaft** *f* solitary confinement **Einzelhandel** *m* retail trade **Einzelhändler(in)** *m(f)* retailer **Einzelhaus** <-es, -häuser> *nt* detached house

Einzelheit <-, -en> *f* detail

Einzelkind *nt* only child

einzeln ['aintsl̩n] **I.** *adj* ① individual; **im E~en** in detail; **als E~er** as an individual; **jeder E~e** each and every one ② *pl (einige wenige)* a few **II.** *adv* separately

Einzelteil *nt* separate part; **etw in seine ~e zerlegen** to take sth to pieces **Einzelzimmer** *nt* single room

ein|ziehen *irreg* **I.** *vt haben* ① *Gelder* to collect ② *(beschlagnahmen)* **einen Führerschein ~** to confiscate a driving licence ③ MIL **jdn ~** to conscript [*or* AM draft] sb ④ *(nach innen ziehen)* to take in; **der Kopierer zieht die Blätter einzeln ein** the photocopier takes in the sheets one by one ❺ *(entgegengesetzt bewegen)* to draw in; **der Hund zog den Schwanz ein** the dog put its tail between its legs; **die Schulter ~** to hunch one's shoulder **II.** *vi sein* ❶ **[bei jdm]** ~ to move in [with sb] ❷ *(einmarschieren)* to march (**in** into)

einzig ['aintsɪç] **I.** *adj attr* only; **der/die E~e** the only one; **das E~e** the only thing; **kein ~er Gast** not one solitary guest **II.** *adv* only; **es liegt ~ und allein an Ihnen** it is entirely up to you

einzigartig ['aintsɪçʔaːɐ̯tɪç] *adj* unique

Einzugsbereich *m* catchment area

Eis <-es> [ais] *nt kein pl* ice; **Whisky mit ~** whisky on the rocks; **~ am Stiel** ice[d] lolly BRIT, Popsicle® AM

Eisbahn *f* ice rink **Eisbär** *m* polar bear **Eisbecher** *m* ❶ *(Pappbecher)* tub ❷ *(Eis im Metallbecher)* sundae **Eisbein** *nt* KOCHK knuckle of pork **Eisberg** *m* iceberg **Eisbeutel** *m* ice pack **Eisbrecher** *m* icebreaker **Eiscreme** [-kreːm] *f* ice cream **Eisdiele** *f* ice cream parlour

Eisen <-s> ['aizn̩] *nt kein pl* iron

Eisenbahn ['aizn̩baːn] *f* train **Eisenbahner(in)** <-s, -> *m(f)* *(fam)* railway employee, railroader AM **Eisenbahnwagen** *m* *(Personenwagen)* railway carriage BRIT, passenger car AM; *(Güterwaggon)* goods wagon BRIT, freight car AM **Eisenerz** ['aizn̩ʔɛɐ̯ts] *nt* CHEM, BERGB iron ore **Eisenzeit** *f kein pl* HIST Iron Age

eisern ['aizɐn] *adj attr* iron; **jds ~e Reserve** sb's nest egg

eisgekühlt *adj* ice-cold **Eisglätte** *f* black ice **Eishockey** *nt* ice hockey

eisig ['ai̯zɪç] **I.** *adj* ❶ *(bitterkalt)* icy ❷ *(abweisend)* icy; *Schweigen* frosty ❸ *(jäh)* chilling; **ein ~er Schreck durchfuhr sie** a cold shiver ran through her **II.** *adv* coolly

Eiskaffee *m chilled coffee with vanilla ice cream and whipped cream* **eiskalt** ['aiskalt] **I.** *adj* ❶ ice-cold ❷ *(berechnend)* cold-blooded **II.** *adv* *(berechnend)* coolly **Eiskrem** [-kreːm] *f* ice cream **Eiskunstlauf** *m* figure-skating **Eiskunstläufer(in)** *m(f)* SPORT figure-skater **eis|laufen** *vi* to ice-skate **Eisläufer(in)** *m(f)* ice-skater

Eisprung *m* ovulation

Eiswürfel *m* ice cube **Eiszapfen** *m* icicle **Eiszeit** *f* Ice Age

eitel ['aitl̩] *adj* vain

Eitelkeit <-, -en> ['aitl̩kait] *f* vanity

Eiter <-s> ['aitɐ] *m kein pl* pus

eitern ['aitɐn] *vi* to fester

Eiweiß ['aivais] *nt* ❶ protein ❷ KOCHK [egg] white **Eizelle** *f* ovum

Ekel[1] <-s> ['eːkl̩] *m kein pl* disgust; **~ erregend** revolting; **vor ~** in disgust

Ekel[2] <-s, -> ['eːkl̩] *nt* *(fam)* revolting person

ekelhaft, **ek(e)lig** ['eːk(ə)lɪç] *adj, adv* disgusting

ekeln ['eːkl̩n] **I.** *vt impers* **jdn ~** to disgust sb **II.** *vr* **sich [vor jdm/etw] ~** to find sth/sb disgusting

Ekstase <-, -n> [ɛk'staːzə] *f* ecstasy

ekstatisch [ɛk'staːtɪʃ] *adj (geh)* ecstatic

Ekzem <-s, -e> [ɛk'tseːm] *nt* eczema

elastisch [e'lastɪʃ] *adj* elastic; *(federnd)* springy; *Stoff* stretchy

Elch <-[e]s, -e> [ɛlç] *m* elk

Elefant <-en, -en> [ele'fant] *m* elephant

elegant [ele'gant] **I.** *adj* elegant **II.** *adv* elegantly

Elektriker(in) <-s, -> [e'lɛktrikɐ] *m(f)* electrician

elektrisch [e'lɛktrɪʃ] *adj* electric; **~e Geräte** electrical appliances

elektrisieren [elɛktri'ziːrən] *vt* to electrify; **wie elektrisiert** [as if he/she had been] electrified

Elektrizität <-> [elɛktritsi'tɛːt] *f kein pl* electricity

Elektrizitätswerk *nt* [electric] power station

Elektroauto *nt* electric car **Elektrofahrrad** *nt* electric bicycle **Elektroherd** [e'lɛktroheːɐ̯t] *m* electric cooker

E

Elektrolyse <-, -n> [elɛktroˈlyːzə] *f* electrolysis
Elektromotor [eˈlɛktro-] *m* electric motor
Elektron <-s, -tronen> [ˈeːlɛktrɔn, eˈlɛktrɔn, elɛkˈtroːn] *nt* electron
Elektronenmikroskop *nt* electron microscope **Elektronenrechner** *m* electronic computer
Elektronik <-> [elɛkˈtroːnɪk] *f kein pl* electronics + *sing vb*
elektronisch [elɛkˈtroːnɪʃ] *adj* electronic
Elektrorasierer [eˈlɛktro-] *m* electric razor **Elektroschrott** *m* electronic waste, e-waste **Elektrosmog** [-smɔk] *m* electromagnetic pollution **Elektrotechnik** [elɛktroˈtɛçnɪk] *f* electrical engineering **Elektrozaun** *m* electric fence
Element <-[e]s, -e> [eleˈmɛnt] *nt* element
elementar [elemɛnˈtaːɐ̯] *adj* ① *(wesentlich)* elementary ② *(urwüchsig)* elemental
elend [ˈeːlɛnt] *adj* ① *(beklagenswert, gemein)* miserable ② *(krank)* wretched; ~ **aussehen** to look awful ③ *(erbärmlich)* dreadful
Elend <-[e]s> [ˈeːlɛnt] *nt kein pl* misery
Elendsviertel *nt* slums *pl*
elf [ɛlf] *adj* eleven; *s.a.* **acht**[1]
Elf[1] <-, -en> [ˈɛlf] *f* ① *(Zahl)* eleven ② FBALL team [*or* eleven]
Elf[2] <-en, -en> [ˈɛlf] *m*, **Elfe** <-, -n> [ˈelfə] *f* elf
Elfenbein [ˈɛlfn̩bain] *nt* ivory
Elfenbeinküste *f* Ivory Coast
Elfmeter [ɛlfˈmeːtɐ] *m* penalty; **einen ~ schießen** to take a penalty
elfte(r, s) [ˈɛlftə] *adj* eleventh; *s.a.* **achte(r, s)**
elitär [eliˈtɛːɐ̯] *adj* elitist
Elite <-, -n> [eˈliːtə] *f* elite
Ellbogen <-s, -> [ˈɛlboːgn̩] *m* elbow
Ellipse <-, -n> [ɛˈlɪpsə] *f* MATH ellipse; LING ellipsis
Elsass <-> [ˈɛlzas] *nt* **das ~** Alsace
Elsässer(in) <-s, -> [ˈɛlzɛsɐ] *m(f)* inhabitant of Alsace
elsässisch [ˈɛlzɛsɪʃ] *adj* Alsatian
Elster <-, -n> [ˈɛlstɐ] *f* ORN magpie
Eltern [ˈɛltɐn] *pl* parents *pl*
elternlos **I.** *adj* orphaned, parentless **II.** *adv* as an orphan
Elternschaft <-> *f kein pl (geh)* parents *pl*
Elternzeit *f* maternity [*or* paternity] leave
E-Mail <-, -s> [ˈiːmeːl] *f* e-mail, email; [**jdm**] **eine ~ schicken** to send [sb] an email
Emanzipation <-, -en> [emantsipaˈtsi̯oːn] *f* emancipation
emanzipieren [emantsiˈpiːrən] *vr* **sich ~** to emancipate oneself
Embargo <-s, -s> [ɛmˈbargo] *nt* embargo
Embryo <-s, -s> [ˈɛmbryo] *m* embryo
Emigrant(in) <-en, -en> [emiˈgrant] *m(f)* emigrant
emigrieren [emiˈgriːrən] *vi sein* to emigrate
Emission <-, -en> [emɪˈsi̯oːn] *f* emission
Emoticon <-s, -s> [eˈmoːtikon] *nt* INET emoticon
Emotion <-, -en> [emoˈtsi̯oːn] *f* emotion
emotional **I.** *adj* emotional **II.** *adv* emotionally
emotionslos *adj* emotionless, unemotional
empfahl [ɛmˈpfaːl] *vt imp von* **empfehlen**
empfand [ɛmˈpfant] *vt imp von* **empfinden**
Empfang <-[e]s, Empfänge> [ɛmˈpfaŋ] *m* ① reception ② *von Ware* receipt; **etw in ~ nehmen** to take receipt of sth
empfangen <empfing, empfangen> [ɛmˈpfaŋən] *vt* to receive
Empfänger(in) <-s, -> [ɛmˈpfɛŋɐ] *m(f)* ① *(Adressat)* addressee; **~ unbekannt** not known at this address ② FIN payee
Empfänger <-s, -> [ɛmˈpfɛŋɐ] *m* RADIO,

TV *(geh)* receiver
empfänglich [ɛm'pfɛŋlɪç] *adj* **für etw** *akk* **~ sein** ❶ *(zugänglich)* to be receptive to sth ❷ *(anfällig)* to be susceptible to sth
Empfängnis <-> [ɛm'pfɛŋnɪs] *f pl selten* conception
empfängnisverhütend I. *adj* contraceptive II. *adv* **~ wirken** to have a contraceptive effect, to act as a contraceptive **Empfängnisverhütung** *f* contraception
Empfangsbescheinigung *f*, **Empfangsbestätigung** *f* [confirmation of] receipt
Empfangsdame *f* receptionist
empfehlen <empfahl, empfohlen> [ɛm'pfeːlən] *vt* **[jdm] etw ~** to recommend sth to sb; **dieses Hotel ist zu ~** this hotel is [to be] recommended
empfehlenswert *adj* recommendable
Empfehlung <-, -en> *f* recommendation; **auf ~ von jdm** on the recommendation of sb
empfinden <empfand, empfunden> [ɛm'pfɪndn̩] *vt* to feel; **ich empfinde das als Beleidigung** I find that insulting
empfindlich [ɛm'pfɪntlɪç] *adj* ❶ *(a. fig)* sensitive; **~ auf etw** *akk* **reagieren** to be sensitive to sth ❷ *(leicht verletzbar)* touchy; *Gesundheit* delicate
Empfindlichkeit <-, -en> *f* ❶ *(Verletzbarkeit)* sensitivity ❷ *(Anfälligkeit)* delicateness
empfindsam [ɛm'pfɪntzaːm] *adj* ❶ *(von feinem Empfinden)* sensitive; *(einfühlsam)* empathetic ❷ *(sentimental) Geschichte* sentimental
empfing [ɛm'pfɪŋ] *vt imp von* **empfangen**
empfunden [ɛm'pfʊndn̩] *vt pp von* **empfinden**
empor [ɛm'poːɐ̯] *adv (geh)* upwards
empor|arbeiten *vr (geh)* **sich ~** to work one's way up
Empore <-, -n> [ɛm'poːrə] *f* gallery
empören [ɛm'pøːrən] I. *vt* **jdn ~** to fill sb with indignation II. *vr* **sich ~** to be outraged; **sie empörte sich über sein Benehmen** his behaviour outraged her
empörend *adj* outrageous
Emporkömmling <-s, -e> [-kœmlɪŋ] *m (pej)* upstart
empört I. *adj* scandalized (**über** by) II. *adv* indignantly
emsig ['ɛmzɪç] I. *adj* busy II. *adv* industriously
Emulsion <-, -en> [emʊl'zi̯oːn] *f* CHEM emulsion
Ende <-s, -n> ['ɛndə] *nt* ❶ end; **sie ist ~ 1948 geboren** she was born at the end of 1948; **~ August/des Monats/2001** the end of August/the month/2001; **~ 20 sein** to be in one's late 20s; **am ~ sein** to be at the end of one's tether; **etw zu ~ lesen** to finish reading sth; **zu ~ sein** to be finished ❷ FILM, LIT ending ▶ **letzten ~es** when all is said and done; **am ~ der Welt** *(fam)* at the back of beyond
Endeffekt ['ɛntʔɛfɛkt] *m* **im ~** *(fam)* in the end
enden ['ɛndn̩] *vi* ❶ to end; **das wird böse ~!** that will end in tears!; **jd wird schlimm ~** sb will come to a bad end ❷ *(auslaufen)* to expire
Endergebnis *nt* final result
endgültig I. *adj* final II. *adv* finally; **~ entscheiden** to decide once and for all
Endhaltestelle *f* final stop
Endivie <-, -n> [ɛn'diːvi̯ə] *f* endive
endlich ['ɛntlɪç] I. *adv* at last, finally; **na ~!** at [long] last! II. *adj* finite
endlos I. *adj* endless II. *adv* interminably
Endspurt *m* final spurt **Endstation** *f* terminus
Endung <-, -en> *f* ending
Endverbraucher(in) *m(f)* end-user
Energie <-, -n> [enɛr'giː] *f* energy; **~ sparend** energy-saving; **viel ~ haben** to be full of energy; **wenig ~ haben** to lack energy

Energiebedarf *m* energy requirement[s] **Energiegewinnung** *f kein pl* generation of energy **Energiekrise** *f* energy crisis **energiesparend** *adj s.* **Energie** **Energiesparlampe** *f* low--energy bulb, energy-saving bulb **Energieverbrauch** *m* energy consumption **Energieversorgung** *f* energy supply **Energiewende** *f* energy transition

energisch [e'nɛrgɪʃ] **I.** *adj* energetic **II.** *adv* vigorously

eng [ɛŋ] **I.** *adj* ① *Straße* narrow ② *Kleidung* tight ③ **bei jdm ist es sehr ~** sb's home is too cramped ④ *Beziehung, Freundschaft* close **II.** *adv* ① **ein ~ anliegendes Kleid** a close-fitting dress; **eine ~ anliegende Hose** very tight trousers ② *(dicht)* densely; **~ nebeneinanderstehen** to stand close to each other ③ *(intim)* closely; **~ befreundet sein** to be close friends

Engagement <-s, -s> [ãgaʒə'mãː] *nt* ① commitment (**für** to) ② THEAT engagement

engagieren [ãga'ʒiːrən] **I.** *vt* **jdn ~** to engage sb *esp* BRIT; **wir engagierten ihn als Leibwächter** we took him on as a bodyguard **II.** *vr* **sich ~** to be committed; **sich dafür ~, dass …** to support an idea that …

engagiert [ãga'ʒiːɐt] *adj (geh)* **politisch/sozial ~** politically/socially committed

Enge <-, -n> ['ɛŋə] *f* ① *(schmale Beschaffenheit)* narrowness ② *kein pl (Beschränktheit)* confinement

Engel <-s, -> ['ɛŋl̩] *m* angel

England <-s> ['ɛŋlant] *nt* ① *(Teil Großbritanniens)* England ② *(Großbritannien)* Great Britain

Engländer(in) <-s, -> ['ɛŋlɛndɐ] *m(f)* Englishman *masc*, Englishwoman *fem;* **die ~** the English

englisch ['ɛŋlɪʃ] *adj* English

Englisch ['ɛŋlɪʃ] *nt dekl wie adj* English; *s.a.* **Deutsch**

englischsprachig *adj* English-speaking

Engpass <-es, Engpässe> *m* bottleneck

engstirnig ['ɛŋʃtɪrnɪç] **I.** *adj* narrow-minded **II.** *adv* **~ denken/handeln** to think/act in a narrow-minded way

Engstirnigkeit <-> *f kein pl* narrow-mindedness

Enkel(in) <-s, -> ['ɛŋkl̩] *m(f)* grandchild, grandson *masc*, granddaughter *fem*

enorm [e'nɔrm] *adj* enormous

Ensemble <-s, -s> [ã'sãbl̩] *nt* ensemble

entbehren [ɛnt'beːrən] *vt* **jdn/etw ~ können** to be able to do without sb/sth

entbehrlich *adj* dispensable

Entbindung *f* delivery

entdecken *vt* to discover

Entdecker(in) <-s, -> [ɛnt'dɛkɐ] *m(f)* discoverer

Entdeckung *f* discovery

Entdeckungsreise *f* voyage of discovery

Ente <-, -n> ['ɛntə] *f* duck

enteignen *vt* JUR **jdn ~** to dispossess sb

Entenküken *nt* duckling

enterben *vt* **jdn ~** to disinherit sb

entfachen [ɛnt'façn̩] *vt* ① *Feuer* to kindle ② *(entfesseln)* to provoke

entfalten **I.** *vt* ① to unfold ② *(entwickeln)* **etw ~** to develop sth **II.** *vr (sich voll entwickeln)* **sich ~** to develop to the full

Entfaltung <-, -en> *f* development; **zur ~ kommen** to develop

entfernen [ɛnt'fɛrnən] **I.** *vt* ① to remove ② MED **jdm den Blinddarm ~** to take out sb's appendix **II.** *vr* **sich ~** to go away (**von** from); **sich vom Weg ~** to go off the path

entfernt *adj* ① *(räumlich, zeitlich)* distant; **7 Kilometer von hier ~** 7 kilometres [away] from here; **~er Verwandter** distant relative; **zu weit ~** too far [away] ② *(schwach)* **~e Ähnlichkeit** slight similarity; **~er Verdacht** remote suspicion

Entfernung <-, -en> *f* distance

Entfernungsmesser <-s, -> *m* range-

finder
entflammbar *adj* ❶ *(leicht zu entflammen)* inflammable ❷ *(fig fam)* easily roused
entfremden [ɛnt'frɛmdn̩] I. *vt* to estrange; **etw seinem Zweck ~** to use sth for the wrong purpose II. *vr* **sich jdm ~** to become estranged from sb
Entfroster <-s, -> *m* defroster
entführen *vt* **jdn ~** to abduct sb; *Fahrzeug, Flugzeug* to hijack
Entführer(in) *m(f)* kidnapper; *eines Fahrzeugs/Flugzeugs* hijacker
Entführung *f* kidnapping; *eines Fahrzeugs/Flugzeugs* hijacking
entgegen [ɛnt'ge:gn̩] I. *adv (in Richtung auf)* towards II. *präp* against; **~ meiner Bitte** contrary to my request
entgegen|gehen *vi irreg sein* **jdm ~** to go to meet sb; **dem Ende/seiner Vollendung ~** to near an end/completion **entgegengesetzt** [ɛnt'ge:gn̩gəzɛtst] I. *adj* ❶ *(räumlich)* opposite ❷ *(gegensätzlich)* opposing II. *adv* **~ denken/handeln** to think/do the exact opposite **entgegen|kommen** [ɛnt'ge:gn̩kɔmən] *vi irreg sein* ❶ **jdm ~** to come to meet sb ❷ *(Zugeständnisse machen)* **jdm/etw ~** to accommodate sb/sth **Entgegenkommen** <-s, -> [ɛnt'ge:gn̩kɔmən] *nt kein pl* ❶ *(gefällige Haltung)* cooperation ❷ *(Zugeständnis)* concession **entgegenkommend** *adj* obliging
entgehen *vi irreg sein (nicht bemerkt werden)* **etw entgeht jdm** sth escapes sb['s notice]
Entgelt <-[e]s, -e> [ɛnt'gɛlt] *nt* payment
entgiften [ɛnt'gɪftn̩] *vt* ❶ ÖKOL to decontaminate ❷ MED to detoxify sth
Entgiftung <-, -en> *f* ❶ ÖKOL *(das Entgiften)* decontamination ❷ MED detoxification, detox *fam*
entgleisen [ɛnt'glaizn̩] *vi sein* ❶ *Zug* to be derailed ❷ *(ausfallend werden)* to make a gaffe
Enthaarungsmittel *nt* depilatory
enthalten *irreg* I. *vt* to contain II. *vr* to refrain; **sich des Alkohols/Rauchens ~** to abstain from alcohol/smoking
enthaltsam [ɛnt'haltza:m] *adj* abstinent; *(keusch)* chaste
Enthüllung <-, -en> *f (Aufdeckung)* disclosure; *von Skandal* revelation
enthusiastisch I. *adj* enthusiastic II. *adv* enthusiastically
entkoffeiniert [ɛntkɔfei'ni:ɐ̯t] *adj* decaffeinated
entkommen *vi irreg sein* to escape
Entkommen <-s> *nt kein pl* escape
entkräften [ɛnt'krɛftn̩] *vt* ❶ to weaken ❷ *(widerlegen)* **etw ~** to refute sth
entlang [ɛnt'laŋ] I. *präp* along; **den Fluss ~** along the river II. *adv* **hier ~** this/that way
entlarven [ɛnt'larfn̩] *vt* **jdn [als etw] ~** to expose sb [as sth]
entlassen *vt irreg* ❶ *(kündigen)* to dismiss ❷ *(aus Gefängnis, Krankenhaus, Militär)* to discharge
entlasten *vt* **jdn ~** ❶ JUR to clear sb ❷ *(Arbeit abnehmen)* to relieve sb
Entlastung <-, -en> *f* ❶ JUR exoneration; **zu jds ~** in sb's defence ❷ *(Erleichterung)* relief
entlaufen[1] *vi irreg sein* **jdm ~** to run away from sb
entlaufen[2] *adj* escaped
entlegen [ɛnt'le:gn̩] *adj* remote
entmachten [ɛnt'maxtn̩] *vt* to disempower
entmutigen [ɛnt'mu:tɪgn̩] *vt* to discourage
entrahmt *adj (Milch)* skimmed
entrümpeln [ɛnt'rʏmpl̩n] *vt* to clear out *sep*
entrüsten *vr* **sich über jdn/etw ~** to be indignant about sb/sth
entrüstet I. *adj* indignant (**über** about/at) II. *adv* indignantly
Entsafter <-s, -> *m* juicer, BRIT *a.* juice extractor
Entschädigung *f* compensation
entschärfen *vt (a. fig)* to defuse
entscheiden *irreg* I. *vt, vi* ❶ to decide

(**über** on); *(gerichtlich)* to rule; **für/gegen jdn/etw** ~ to decide in favour/against sb/sth ② *(endgültig klären)* to settle **II.** *vr* **sich** ~ to decide

entscheidend [ɛntˈʃaidn̩t] **I.** *adj* decisive **II.** *adv* decisively

Entscheidung *f* decision; **die ~ liegt bei jdm** it is for sb to decide; **jdn vor eine ~ stellen** to leave a decision to sb; **eine ~ treffen** to make a decision

Entscheidungsspiel *nt* decider BRIT, deciding match

entschieden [ɛntˈʃiːdn̩] **I.** *pp von* **entscheiden** **II.** *adj* ① *(entschlossen)* resolute ② *(eindeutig)* definite **III.** *adv* ① *(entschlossen)* **den Vorschlag lehne ich ganz ~ ab** I categorically reject the proposal ② *(eindeutig)* **diesmal bist du ~ zu weit gegangen** this time you've definitely gone too far

entschlacken [ɛntˈʃlakn̩] MED **I.** *vt* to purify **II.** *vi* to have a purifying effect

entschließen *vr irreg (sich entscheiden)* **sich** [**für etw** *akk*] ~ to decide [on sth]

entschlossen [əntˈʃlɔsn̩] **I.** *pp von* **entschließen** **II.** *adj (zielbewusst)* determined **III.** *adv* resolutely

Entschluss [ɛntˈʃlʊs] *m* decision; **einen ~ fassen** to make a decision

entschlüsseln [ɛntˈʃlʏsl̩n] *vt* to decode

entschuldbar [ɛntˈʃʊltbaːɐ̯] *adj* excusable

entschuldigen [ɛntˈʃʊldɪgn̩] **I.** *vi* ~ **Sie** excuse me **II.** *vr* **sich** ~ to apologize **III.** *vt* **etw** ~ to excuse sth

Entschuldigung <-, -en> *f* ① apology; [**jdn**] **um ~ bitten** to apologize [to sb] ② *(Rechtfertigung)* **als ~ für etw** as an excuse for sth ③ *(Höflichkeitsformel)* **~!** sorry!

entsetzen **I.** *vt* to horrify **II.** *vr* **sich** ~ to be horrified (**über** at)

Entsetzen <-s> *nt kein pl* horror; **voller ~** filled with horror; **mit ~** horrified

entsetzlich [ɛntˈzɛtslɪç] **I.** *adj* dreadful **II.** *adv* terribly

entsetzt *adj* horrified (**über** by)

Entsorgung <-, -en> *f* waste disposal

entspannen **I.** *vr* **sich** ~ ① to relax ② *(sich beruhigen)* to ease **II.** *vt* ① to relax ② POL to ease

entspannend *adj* relaxing

Entspannung *f* ① *(innerliche Ruhe)* relaxation ② POL easing of tension

entsprechen *vi irreg* **etw** *dat* ~ to correspond to sth

entsprechend [ɛntˈʃprɛçn̩t] **I.** *adj* appropriate **II.** *präp* in accordance with

entstehen *vi irreg sein* ① to come into being ② *(verursacht werden)* to arise

Entstehung <-, -en> *f* creation; *des Lebens* origin

entstellen *vt* ① *(verunstalten)* to disfigure ② *(verzerren)* to distort

enttäuschen *vt* **jdn** ~ to disappoint sb; **jds Hoffnungen** ~ to dash sb's hopes; **jds Vertrauen** ~ to betray sb's trust

enttäuscht **I.** *adj* disappointed (**von** in/with) **II.** *adv* disappointedly

Enttäuschung *f* disappointment; **jdm eine ~ bereiten** to disappoint sb

Entwarnung *f* all-clear

entwässern *vt* ① to drain ② MED to dehydrate

entweder [ˈɛntveːdɐ] *konj* ~ **... oder ...** either...or; ~ **oder!** yes or no!

entwickeln **I.** *vt a.* FOTO to develop **II.** *vr* **sich** ~ to develop

Entwicklung <-, -en> *f* ① *a.* FOTO development; [**noch**] **in der ~ sein** to be [still] in the development stage ② *(Trend)* trend

Entwicklungshelfer(in) *m(f)* development aid worker **Entwicklungshilfe** *f* development aid **Entwicklungsland** *nt* developing country

entwischen *vi sein* to escape

entwöhnen [ɛntˈvøːnən] *vt Säugling* to wean

Entwurf *m* ① *(Skizze)* sketch ② *(Design)* design ③ *eines Textes* draft

Entziehungskur *f* rehabilitation programme *(for alcohol or drug addiction)*

entziffern [ɛntˈtsɪfɐn] *vt* to decipher

entzücken *vt* to delight
entzückend [ɛnt'tsʏkn̩t] *adj* delightful
Entzug *m kein pl* MED withdrawal
Entzugserscheinung *f meist pl* withdrawal symptom *usu pl*
entzündbar *adj* inflammable; **leicht ~** highly inflammable
entzünden I. *vt (geh)* to light II. *vr* **sich ~** ① MED to become inflamed ② *(in Brand geraten)* to catch fire
entzündet *adj* MED inflamed; *(Augen a.)* sore
Entzündung *f* MED inflammation
entzwei [ɛnt'tsvai] *adj pred* broken
entzweien [ɛnt'tsvaiən] I. *vt* **jdn ~** to cause sb to fall out II. *vr* **sich mit jdm ~** to fall out with sb
Enzian <-s, -e> ['ɛntsi̯a:n] *m* gentian
Enzyklopädie <-, -n> [ɛntsyklopɛ'di:] *f* encyclopaedia
Enzym <-s, -e> [ɛn'tsy:m] *nt* enzyme
Epidemie <-, -n> [epide'mi:] *f* epidemic
Epilepsie <-, -n> [epilɛ'psi:] *f* epilepsy
Epileptiker(in) <-s, -> [epi'lɛptikɐ] *m(f)* epileptic
Epoche <-, -n> [e'pɔxə] *f* epoch
er [e:ɐ̯] *pron pers* he; **sie ist ein Jahr jünger als ~** she is a year younger than him; **nicht möglich, ~ ist es wirklich!** unbelievable, it really is him!; **wenn ich ~ wäre, ...** if I were him ...
Erbanlage *f* hereditary factor
Erbarmen <-s> [ɛɐ̯'barmən] *nt kein pl* pity; **~ mit jdm/etw [haben]** to [have] pity for sb; **ohne ~** merciless
erbärmlich [ɛɐ̯'bɛrmlɪç] I. *adj* ① *(jämmerlich)* wretched ② *(fam: gemein)* miserable II. *adv (fam: furchtbar)* terribly
erbarmungslos [ɛɐ̯'barmʊŋslo:s] I. *adj* merciless II. *adv* mercilessly
Erbe <-s> ['ɛrbə] *nt kein pl* ① inheritance *no pl* ② *(fig: Hinterlassenschaft)* legacy ③ *(Person)* heir
Erbe, Erbin <-n, -n> ['ɛrbə, 'ɛrbɪn] *m, f* JUR heir *masc*, heiress *fem*
erben ['ɛrbn̩] *vt* **etw ~** to inherit sth
erbeuten [ɛɐ̯'bɔytn̩] *vt* **etw ~** ① *Kriegsbeute* to capture sth ② *Diebesgut* to carry off sth *sep*
Erbfolge *f* [line of] succession **Erbgut** *nt kein pl* genetic make-up
Erbin <-, -nen> ['ɛrbɪn] *f fem form von* **Erbe** heiress
erbittert I. *adj* bitter II. *adv* bitterly
Erbkrankheit *f* hereditary disease
erblich ['ɛrplɪç] *adj* hereditary
erblinden [ɛɐ̯'blɪndn̩] *vi sein* to go blind
Erbmasse *f* genetic make-up
erbrechen *irreg* I. *vt* **etw ~** to bring up sth *sep* II. *vi* to throw up *sl* III. *vr* **sich ~** to be sick
Erbschaft <-, -en> ['ɛrpʃaft] *f* inheritance; **eine ~ machen** to come into an inheritance
Erbse <-, -n> ['ɛrpsə] *f* pea
Erbstück *nt* heirloom
Erdachse ['e:ɐ̯daksə] *f* earth's axis **Erdanziehung** *f kein pl* gravitational pull of the earth **Erdapfel** *m* ÖSTERR potato **Erdatmosphäre** *f* earth's atmosphere **Erdbeben** *nt* earthquake **Erdbeere** ['e:ɐ̯tbe:rə] *f* strawberry **Erdboden** *m* ground; **etw dem ~ gleichmachen** to raze sth to the ground
Erde <-> ['e:ɐ̯də] *f kein pl* ① earth; **fruchtbare ~** fertile soil ② *(Boden)* ground; **auf der ~** on the ground
erdenklich *adj attr* conceivable
Erdgas *nt* natural gas **Erdgeschoss** *nt* ground [*or* AM first] floor; **im ~** on the ground floor **Erdkruste** *f* earth's crust **Erdkugel** *f* globe **Erdkunde** *f* geography **Erdnuss** *f* peanut **Erdoberfläche** *f* surface of the earth **Erdöl** *nt* oil
erdreisten [ɛɐ̯'draistn̩] *vr* **sich ~, etw zu tun** to have the audacity to do sth
erdrosseln *vt* **jdn ~** to strangle sb
erdrücken *vt* ① *(zu Tode drücken)* to crush ② *(belasten)* **jdn ~** to overwhelm sb
Erdrutsch *m* landslide **Erdstoß** *m* seismic shock **Erdteil** *m* continent
erdulden *vt* to endure

Erdumdrehung *f* rotation of the earth
Erdumlaufbahn *f* [earth] orbit
Erdung <-, -en> *f* ELEK ① *(das Erden)* earthing ② *(Erde)* earth
ereifern *vr* **sich ~** to get worked up (**über** about)
ereignen [ɛɐ̯'ʔaignən] *vr* **sich ~** to occur
Ereignis <-ses, -se> [ɛɐ̯'ʔaignɪs] *nt* event; **bedeutendes/historisches ~** important/historical incident
ereignisreich *adj* eventful
erfahren¹ [ɛɐ̯'fa:rən] *irreg vt* ① *Nachricht, Neuigkeit* to hear (**über/von** about) ② *(erleben)* to experience
erfahren² [ɛɐ̯'fa:rən] *adj* experienced
Erfahrung <-, -en> *f* experience (**mit** of); **die ~ machen, dass ...** to find that ...; **etw in ~ bringen** to find out sth *sep;* **nach meiner ~** in my experience; **jahrelange ~** years of experience
erfahrungsgemäß *adv* in sb's experience; **~ ist ...** experience shows ...
erfassen *vt* ① *(mitreißen)* to catch ② *(begreifen)* to understand; **genau, du hast's erfasst!** exactly, you've got it! ③ *(registrieren)* to record ④ *Daten* to enter
erfinden *vt irreg* to invent
Erfinder(in) [ɛɐ̯'fɪndɐ] *m(f)* inventor
erfinderisch [ɛɐ̯'fɪndərɪʃ] *adj* inventive
Erfindung <-, -en> *f* invention; **eine ~ machen** to invent sth
Erfolg <-[e]s, -e> [ɛɐ̯'fɔlk] *m* success; **~ versprechend** promising; **wenig ~ versprechend sein** to promise little; **~ haben** to be successful; **viel ~!** good luck!
erfolglos [ɛɐ̯'fɔlklo:s] *adj* ① unsuccessful ② *(vergeblich)* futile
erfolgreich *adj* successful
Erfolgsdruck *m kein pl* performance pressure **Erfolgserlebnis** *nt* sense of achievement
erforderlich [ɛɐ̯'fɔrdɐlɪç] *adj* necessary
erfordern *vt* to require
erforschen *vt* ① *(erkunden)* to explore ② *(genau untersuchen)* **etw ~** to research into sth
erfreuen **I.** *vt* to please **II.** *vr* **sich an etw** *dat* **~** to take pleasure in sth
erfreulich [ɛɐ̯'frɔylɪç] *adj* pleasant; *Nachricht* welcome
erfreulicherweise *adv* happily
erfreut **I.** *adj* delighted (**über** *+akk* about); **ein ~er Blick** a pleased look; **sehr ~!** *(geh)* pleased to meet you! **II.** *adv* delightedly
erfrieren *vi irreg sein* ① *Person, Tier* to freeze to death; *Pflanze* to be killed by frost ② *Gliedmaße* to get frostbitten; **erfroren** frozen
erfrischen [ɛɐ̯'frɪʃən] **I.** *vt* to refresh **II.** *vi* to be refreshing **III.** *vr* **sich ~** to refresh oneself
erfrischend *adj* refreshing
Erfrischung <-, -en> *f* refreshment *no pl*
Erfrischungsgetränk *nt* refreshment
erfüllen **I.** *vt Pflicht, Traum, Versprechen* to fulfil; **von Ekel erfüllt** filled with disgust; **seinen Zweck ~** to serve its purpose **II.** *vr* **sich ~** to come true
ergänzen [ɛɐ̯'gɛntsn̩] *vt (vervollständigen)* **etw ~** to complete sth (**durch** with); **sie ~ sich** they complement each other
Ergänzung <-, -en> *f* ① *(einer Sammlung)* completion ② *(Zusatz)* addition
ergeben¹ *irreg* **I.** *vt* ① MATH to amount to ② *(als Resultat haben)* to produce **II.** *vr* ① *(kapitulieren)* to surrender ② *(sich fügen)* to submit; **sich in sein Schicksal ~** to resign oneself to one's fate ③ *(daraus folgen)* **sich aus etw** *dat* **~** to result from sth
ergeben² *adj* ① *(demütig)* humble ② *(treu)* devoted
Ergebnis <-ses, -se> [ɛɐ̯'ge:pnɪs] *nt* result; **zu dem ~ führen, dass ...** to result in ...; **zu einem/keinem ~ kommen** to reach/fail to reach a conclusion
ergebnislos *adj* without result
ergiebig [ɛɐ̯'gi:bɪç] *adj (ertragreich)*

productive
ergonomisch I. *adj* ergonomic II. *adv* ergonomically
ergreifen *vt irreg* to seize; **Maßnahmen ~** to take measures
ergreifend *adj* moving
ergriffen [ɛɐ̯'grɪfn̩] *adj* moved
Erhalt <-[e]s> *m kein pl (geh)* maintenance
erhalten *irreg vt* ❶ *(bekommen)* to receive; **den Auftrag ~, etw zu tun** to be given the task of doing sth ❷ *(bewahren)* to maintain ❸ BAU to preserve
erhältlich [ɛɐ̯'hɛltlɪç] *adj* obtainable
erheblich [ɛɐ̯'he:plɪç] I. *adj* considerable II. *adv* considerably
erheitern [ɛɐ̯'haitɐn] *vt* to amuse
erhitzen [ɛɐ̯'hɪtsn̩] I. *vt* **etw ~** to heat sth II. *vr (sich erregen)* **sich ~** to get excited (**an** about)
erhöhen [ɛɐ̯'hø:ən] I. *vt* **etw ~** to raise sth; *Preise, Produktion* to increase sth II. *vr* **sich ~** to increase
erholen *vr* **sich ~** ❶ *(wieder zu Kräften kommen)* to recover (**von** from) ❷ *(ausspannen)* to relax
erholsam [ɛɐ̯'ho:lza:m] *adj* relaxing
Erholung <-> *f kein pl* relaxation
Erholungsgebiet *nt* recreation area
Erholungsort *m* [holiday [*or* AM vacation]] resort
erinnern [ɛɐ̯'ʔɪnɐn] I. *vt* **jdn an jdn/etw ~** to remind sb of sb/sth II. *vr* **sich an jdn/etw ~** to remember sb/sth; **wenn ich mich recht erinnere, ...** if I remember correctly ...; **soweit ich mich ~ kann** as far as I can remember III. *vi* ❶ **an jdn/etw ~** to be reminiscent of sb/sth *form* ❷ *(ins Gedächtnis rufen)* **daran ~, dass ...** to point out that ...
Erinnerung <-, -en> *f* memory; **zur ~ an etw** *akk* in memory of sth; **~en austauschen** to talk about old times
erkälten [ɛɐ̯'kɛltn̩] *vr* **sich ~** to catch a cold
Erkältung <-, -en> *f* cold; **eine ~ bekommen** to catch a cold
erkennbar *adj* ❶ *(sichtbar)* discernible ❷ *(wahrnehmbar)* perceptible
erkennen *irreg* I. *vt* ❶ *(wahrnehmen)* to discern ❷ *(identifizieren)* **jdn/etw ~** to recognize sb/sth ❸ *(einsehen)* to recognize; **einen Irrtum ~** to realize one's mistake II. *vi* ❶ *(wahrnehmen)* **~ ob/um was/wen ...** to see whether/what/who ... ❷ *(einsehen)* **~, dass/wie ...** to realize that/how ...
erkenntlich [ɛɐ̯'kɛntlɪç] *adj* grateful; **sich ~ zeigen** to show one's appreciation (**für** +*akk* for)
Erkenntnis [ɛɐ̯'kɛntnɪs] *f* insight; **zu der ~ kommen, dass ...** to realize that ...
Erker <-s, -> ['ɛrkɐ] *m* bay window
erklären I. *vt* ❶ **etw ~** to explain sth ❷ *(bekannt geben)* to announce ❸ *(offiziell bezeichnen)* to pronounce; **jdn für vermisst ~** to declare sb missing II. *vr* **sich** *dat* **etw ~** to understand sth; **wie ~ Sie sich, dass ...?** how do you explain that ...?
erklärt *adj attr* declared
Erklärung *f* ❶ explanation ❷ *(Mitteilung)* statement; **eine ~ abgeben** to make a statement
erkranken *vi* [**an etw** *dat*] **~** to be taken ill [with sth]
Erkrankung <-, -en> *f* illness
erkunden [ɛɐ̯'kʊndn̩] *vt Gebiet* to discover ❷ MIL to scout out *sep*
erkundigen [ɛɐ̯'kʊndɪgn̩] *vr* **sich** [**nach jdm/etw**] **~** to ask [about sb/sth]
Erkundung <-, -en> *f* ❶ MIL reconnaissance ❷ *von Rohstoffen* exploration, prospecting
erlangen [ɛɐ̯'laŋən] *vt (geh)* to obtain
Erlass <-es, -e> [ɛɐ̯'las] *m* decree
erlassen *vt irreg* **etw ~** ❶ **einen Haftbefehl ~** to issue a warrant ❷ **eine Strafe ~** to remit a sentence
erlauben [ɛɐ̯'laubn̩] I. *vt* to permit; **jdm etw ~** to allow sb to do sth II. *vr (sich herausnehmen)* **sich** *dat* **~, etw zu tun** to take the liberty of doing sth

Erlaubnis <-, *pl selten* -se> *f* permission; [**jdn**] **um ~ bitten** to ask [sb's] permission; **jdm die ~ geben** to give sb permission
erläutern *vt* [**jdm**] **etw ~** to explain sth [to sb]
Erläuterung <-, -en> *f* explanation
Erle <-, -n> [ˈɛrlə] *f* alder
erleben *vt* **etw ~** ① *(zu Lebzeiten)* to live to see sth; **es ~, dass/wie ...** to see that/how ... ② *(erfahren)* to experience sth; **eine** [**große**] **Enttäuschung ~** to be [bitterly] disappointed; **harte Zeiten ~** to go through hard times
Erlebnis <-ses, -se> [ɛɐ̯ˈleːpnɪs] *nt* experience
erledigen [ɛɐ̯ˈleːdɪgn̩] **I.** *vt* **etw ~** to carry out sth; **zu ~** to be done **II.** *vr* **etw erledigt sich** [**von selbst**] sth sorts itself out [on its own]
erleichtern [ɛɐ̯ˈlaiçtɐn] *vt* ① [**jdm**] **etw ~** to make sth easier [for sb] ② *(beruhigen)* **jdn ~** to be of relief to sb
erleiden *vt irreg* **etw ~** to suffer sth
erlesen *adj* exquisite
erleuchten *vt* **etw ~** to light [up] sth
Erlös <-es, -e> [ɛɐ̯ˈløːs] *m* proceeds *pl*
ermächtigen [ɛɐ̯ˈmɛçtɪgn̩] *vt* **jdn** [**zu etw** *dat*] **~** to authorize sb [to do sth]
ermahnen *vt* **jdn ~** to warn sb; **jdn ~, etw zu tun** to tell sb to do sth
ermäßigen *vt* to reduce
Ermäßigung <-, -en> *f* reduction
ermitteln I. *vt* **etw ~** ① *(herausfinden)* to find out sth *sep;* **jdn ~** *Täter* to establish sb's identity ② *(errechnen)* to determine sth **II.** *vi* to investigate
Ermittler(in) <-s, -> *m(f)* investigator; **verdeckter ~** undercover investigator
Ermittlung <-, -en> *f* ① *kein pl (das Ausfindigmachen)* determining ② *(Untersuchung)* investigation
ermöglichen [ɛɐ̯ˈmøːklɪçn̩] *vt* **jdm etw ~** to enable sb to do sth
ermüden [ɛɐ̯ˈmyːdn̩] **I.** *vt haben* **jdn ~** to tire sb [out] **II.** *vi sein* to become tired
ermüdend *adj* tiring
Ermüdung <-, *pl selten* -en> *f* tiredness
ermutigen [ɛɐ̯ˈmuːtɪgn̩] *vt* **jdn** [**zu etw** *dat*] **~** to encourage sb [to do sth]
ernähren I. *vt* ① to feed ② *(unterhalten)* **jdn ~** to support sb **II.** *vr* **sich von etw** *dat* **~** *(essen)* to live on sth
Ernährung <-> *f kein pl* ① *(das Ernähren)* feeding ② *(Nahrung)* diet
ernennen *vt irreg* **jdn** [**zu etw** *dat*] **~** to appoint sb [as sth]
Ernennung *f* appointment (**zu** as); **~ eines Stellvertreters** nomination of a deputy
erneuerbar *adj* renewable
erneuern [ɛɐ̯ˈnɔyɐn] *vt (auswechseln)* to replace
erniedrigen [ɛɐ̯ˈniːdrɪgn̩] *vt* **jdn/sich ~** to demean sb/oneself
ernst [ɛrnst] *adj* serious; **es ~ meinen** [**mit jdm/etw**] to be serious [about sb/sth]; **jdn/etw ~ nehmen** to take sb/sth seriously
Ernstfall *m* emergency; **im ~** in an emergency
ernsthaft I. *adj* ① *(gravierend)* serious ② *(aufrichtig)* sincere **II.** *adv* seriously
ernten [ˈɛrntn̩] *vt* to harvest
ernüchtern [ɛɐ̯ˈnʏçtɐn] *vt* **jdn ~** to bring sb back to reality
Ernüchterung <-, -en> *f* disillusionment
erobern [ɛɐ̯ˈʔoːbɐn] *vt* to conquer
Eroberung <-, -en> *f* ① *(das Erobern)* conquest ② *(erobertes Gebiet)* conquered territory
Eröffnung *f* opening
erörtern [ɛɐ̯ˈœrtɐn] *vt* **etw ~** to discuss sth [in detail]
Erörterung <-, -en> *f* discussion
Erosion <-, -en> [eroˈzi̯oːn] *f* erosion
Erotik <-> [eˈroːtɪk] *f kein pl* eroticism
erotisch [eˈroːtɪʃ] *adj* erotic
Erpel <-s, -> [ˈɛrpl̩] *m* drake
erpressen *vt* ① **jdn ~** to blackmail sb ② **etw ~** to extort sth
Erpresser(in) <-s, -> *m(f)* blackmailer

Erpressung <-, -en> *f* blackmail
erprobt *adj* ① *(erfahren)* experienced ② *(zuverlässig)* reliable
erraten *vt irreg* to guess
errechnen *vt* to calculate
erregen I. *vt* ① *(aufregen)* **jdn ~** to irritate sb ② *(sexuell)* **jdn ~** to arouse sb ③ *(hervorrufen)* **etw ~** to engender sth **II.** *vr* **sich über jdn/etw ~** to get annoyed about sb/sth
Erreger <-s, -> *m* pathogen
erreichbar *adj (telefonisch)* [**für jdn**] **~ sein** to be able to be reached [by sb]
erreichen *vt* to reach; *Zug* to catch
Errichtung *f* ① *(Aufstellung) Barrikade, Gerüst, Podium* erection *form,* putting up ② *(Erbauung) Denkmal, Gebäude* erection *form,* construction ③ *(Begründung) Gesellschaft, Stiftung* foundation, setting up
erringen *vt irreg* **etw ~** to win sth [with a struggle]
erröten *vi sein* to blush
Errungenschaft <-, -en> [ɛɐ̯ˈrʊŋənʃaft] *f* achievement
Ersatz <-es> [ɛɐ̯ˈzats] *m kein pl* substitute
Ersatzbank *f* bench **Ersatzbefriedigung** *f* vicarious satisfaction **Ersatzdienst** *m* non-military service for conscientious objectors **Ersatzmann** *m* substitute **Ersatzreifen** *m* spare wheel **Ersatzteil** *nt* spare part
erschaffen *vt irreg (geh)* to create
erscheinen *vi irreg sein* ① *(auftreten)* to appear ② *Buch* to come out ③ *(scheinen)* to seem
Erscheinen <-s> *nt kein pl* ① *(das Auftreten)* appearance ② *(die Verkörperung)* appearance ③ *(die Veröffentlichung)* publication
Erscheinung <-, -en> *f* ① phenomenon ② *(Vision)* vision ▶ **in ~ treten** to appear
erschießen *irreg vt* **jdn ~** to shoot sb dead
erschlagen¹ *vt irreg* **jdn ~** ① *(totschlagen)* to beat sb to death ② *(überwältigen)* to overwhelm sb
erschlagen² *adj (fam)* **~ sein** to be knackered
erschließen *irreg vt Land* to develop
erschöpfen *vt* to exhaust
erschöpfend I. *adj (ausführlich)* exhaustive **II.** *adv* exhaustively
Erschöpfung <-, *pl selten* -en> *f* exhaustion
erschrak *vi imp von* **erschrecken II**
erschrecken¹ *vt haben* <erschreckte, erschreckt> **jdn ~** to give sb a fright; *(bestürzen)* to shock sb
erschrecken² *vi, vr sein* <erschrickt, erschreckte *o* erschrak, erschreckt *o* erschrocken> [**vor jdm/etw**] **~** to get a fright [from sb/sth]; **sich ~** to be shocked
erschrocken I. *pp von* **erschrecken²** **II.** *adj* alarmed **III.** *adv* with a start
erschüttern [ɛɐ̯ˈʃʏtɐn] *vt* to shake
erschwinglich [ɛɐ̯ˈʃvɪŋlɪç] *adj* affordable
ersetzen *vt* ① to replace (**durch** with) ② *(erstatten)* **jdm etw ~** to reimburse sb for sth
ersichtlich *adj* apparent; **aus etw** *dat* **~ sein, dass …** to be apparent from sth that …
Ersparnis <-, -se> [ɛɐ̯ˈʃpaːɐ̯nɪs] *f o* ÖSTERR *nt* ① *kein pl (Einsparung)* saving ② *meist pl (erspartes Geld)* savings *pl*
erst [eːɐ̯st] *adv* ① *(zuerst)* [at] first ② *(nicht früher als)* only; **wecken Sie mich bitte ~ um 8 Uhr!** please don't wake me until 8 o'clock!; **~ wenn** only if ③ *(bloß)* only ▶ **~ recht** all the more
erstatten [ɛɐ̯ˈʃtatn̩] *vt* ① [**jdm**] **etw ~** to reimburse [sb] for sth ② *(mitteilen)* **Anzeige ~** to report a crime; **Anzeige gegen jdn ~** to report sb
Erstattung <-, -en> *f von Kosten* reimbursement
Erstaufführung *f* première
erstaunen *vt haben* **jdn ~** to amaze sb
Erstaunen *nt* amazement

E

erstaunlich [ɛɐ̯'ʃtaunlɪç] **I.** *adj* amazing *pl* **II.** *adv* amazingly
erstaunlicherweise *adv* amazingly
erste(r, s) ['eːɐ̯stə] *adj* first; **die ~ Klasse** primary one BRIT, first grade AM *s.a.* **achte(r, s)**
Erste-Hilfe-Kasten [eːɐ̯stə'hɪlfəkastn̩] *m* first-aid box
ersteigen *vt irreg* to climb
erstgeboren *adj attr* first-born; **der/die E~e** the first-born [child]
ersticken I. *vt haben* ① **jdn ~** to suffocate sb ② *Feuer* to extinguish **II.** *vi sein* ① **an etw** *dat* **~** to choke to death on sth ② *(übermäßig viel haben)* **in etw** *dat* **~** to drown in sth
erstklassig ['eːɐ̯stklasɪç] *adj, adv* first-class
erstmalig ['eːɐ̯stmaːlɪç] **I.** *adj* first **II.** *adv (geh) s.* **erstmals**
erstmals ['eːɐ̯stmaːls] *adv* for the first time
erstrecken *vr* **sich ~** to extend (**über** over)
ertappen *vt* **jdn [bei etw** *dat*] **~** to catch sb [doing sth]
Ertrag <-[e]s, Erträge> [ɛɐ̯'traːk] *m* ① AGR yield ② *meist pl* ÖKON revenue; **~ bringen** to bring in revenue
ertragen *vt irreg* to bear; **nicht zu ~ sein** to be unbearable
erträglich [ɛɐ̯'trɛːklɪç] *adj* bearable; **schwer ~ sein** to be difficult to cope with
ertrinken *vi irreg sein* to drown
erwachen *vi sein* to wake up
erwachsen [ɛɐ̯'vaksn̩] *adj* adult, grown-up *fam*
Erwachsene(r) *f(m) dekl wie adj* adult
Erwachsenenbildung [ɛɐ̯'vaksenən-] *f* adult education
erwägen *vt irreg* to consider
erwähnen *vt* to mention; **[jdm gegenüber] ~, dass ...** to mention [to sb] that ...
erwärmen I. *vt* to warm [up] **II.** *vr* ① **sich ~** to warm up ② *(sich begeistern)* **sich für jdn/etw ~** to work up enthusiasm for sb/sth
erwarten *vt* to expect; **von jdm ~, dass ...** to expect sb to do sth; **etw war zu ~** sth was to be expected; **wider E~** contrary to [all] expectation[s]
Erwartung <-, -en> *f* ① *kein pl (Ungeduld)* anticipation ② *pl (Hoffnung)* expectations; **jds ~en gerecht werden** to live up to sb's expectations; **voller ~** full of expectation; **den ~en entsprechen** to fulfil the expectations
erwartungsvoll I. *adj* expectant, full of expectation *pred* **II.** *adv* expectantly
erweitern [ɛɐ̯'vaitɐn] **I.** *vt* **etw ~** ① *(weiter machen)* to widen sth (**um** by) ② *(vergrößern)* to expand sth (**um** by) ③ *(umfangreicher machen)* to increase sth (**um** by) **II.** *vr (sich verbreitern)* **sich ~** to widen (**um** by)
Erwerb <-[e]s> [ɛɐ̯'vɛrp] *m kein pl (geh)* purchase
erwerben *vt irreg* ① to acquire ② *(gewinnen)* **[sich** *dat*] **etw ~** to earn sth; **jds Vertrauen ~** to win sb's trust
erwerbsfähig *adj (geh)* fit for gainful employment *pred*
erwerbslos *adj* unemployed
Erwerbstätige(r) *f(m) dekl wie adj* gainfully employed [person]; **selbständig ~** self-employed [person] **erwerbsunfähig** *adj* unfit for gainful employment
erwiesenermaßen [ɛɐ̯viːzənɐ'maːsn̩] *adv* as has been proved
erwischen [ɛɐ̯'vɪʃn̩] *vt (fam)* ① *(ertappen)* **jdn [bei etw** *dat*] **~** to catch sb [doing sth] ② *(ergreifen, erreichen)* **jdn/etw ~** to catch sb/sth
Erz <-es, -e> [eːɐ̯ts] *nt* ore
erzählen *vt* to tell
Erzähler(in) [ɛɐ̯'tsɛːlɐ] *m(f)* storyteller
Erzählung *f* story
Erzbischof, -bischöfin ['ɛrtsbɪʃɔf, 'ɛrtsbɪʃœfɪn] *m, f* archbishop **Erzengel** ['ɛrtsʔɛŋl̩] *m* archangel
erzeugen *vt* ① to produce ② ELEK, SCI to generate ③ *(hervorrufen)* to create
Erzeuger(in) <-s, -> *m(f)* ① *bes* ÖSTERR

(geh: Produzent) producer ② *(hum fam: Vater)* father
Erzeugnis <-ses, -se> [ɛɐ̯ˈtsɔyknɪs, *pl:* -nɪsə] *nt* product
Erzfeind(in) *m(f)* arch-enemy
erziehen *vt irreg* ① *Kind* to bring up *sep* ② *(anleiten)* **jdn zu etw** *dat* ~ to teach sb to be sth
Erziehung *f kein pl* ① education *no pl* ② *(das Großziehen)* upbringing
Erziehungsurlaub *m (veraltet)* maternity [*or* paternity] leave
erzwingen *vt irreg* **etw** ~ to force sth; **eine Entscheidung** ~ to force an issue; **ein Geständnis [von jdm]** ~ to make sb confess
es <*gen* seiner, *dat* ihm, *akk* es> [ɛs] *pron pers, unbestimmt* ① it; ~ **gefällt mir** I like it; **wer ist da? — ich bin** ~ who's there? — it's me ② *auf vorangehenden Satzinhalt bezogen* **kommt er auch? — ich hoffe** ~ is he coming too? — I hope so ③ *Subjekt bei unpersönlichen Ausdrücken* ~ **klopft** there's a knock at the door; **hat** ~ **geklingelt?** did somebody ring?; ~ **regnet** it's raining; ~ **waren Tausende** there were thousands
Esche <-, -n> [ˈɛʃə] *f* ash
Esel(in) <-s, -> [ˈeːzl̩] *m(f)* donkey
Eselsohr *nt* dog-ear
eskalieren [ɛskaˈliːrən] *vi, vt* to escalate (**zu** into)
Eskimo, Eskimofrau <-s, -s> [ˈɛskimo] *m, f* Eskimo
Espe <-, -n> [ˈɛspə] *f* aspen
Espresso <-[s], -s *o* Espressi> [ɛsˈprɛso, *pl:* ɛsˈprɛsi] *m* espresso
Espressomaschine *f* espresso machine
essbar *adj* edible; **nicht** ~ inedible
essen <isst, aß, gegessen> [ˈɛsn̩] *vt, vi* to eat; **etw zum Nachtisch** ~ to have sth for dessert; **griechisch** ~ to have a Greek meal; **kalt/warm** ~ to have a cold/hot meal; ~ **gehen** to eat out; **in diesem Restaurant kann man gut** ~ this restaurant does good food
Essen <-s, -> [ˈɛsn̩] *nt* ① *(Mahlzeit)* meal; **zum** ~ **bleiben** to stay for lunch/dinner ② *(Nahrung)* food
Essig <-s, -e> [ˈɛsɪç] *m* vinegar
Essiggurke *f* gherkin **Essigsäure** *f* acetic acid
Esskastanie [-kastaːniə] *f* sweet chestnut **Esslöffel** *m* soup spoon **Essstäbchen** *nt meist pl* chopstick **Esstisch** *m* dining table **Esszimmer** *nt* dining room
Este, Estin <-n, -n> [ˈeːstə, ˈeːstɪn] *m, f* Estonian
Estland <-s> [ˈeːstlant] *nt* Estonia
estnisch [ˈeːstnɪʃ] *adj* Estonian
Estragon <-s> [ˈɛstragɔn] *m kein pl* tarragon
Estrich <-s, -e> [ˈɛstrɪç] *m* ① *(Fußbodenbelag)* concrete floor ② SCHWEIZ *(Dachboden)* attic, loft
etabliert *adj* established
Etage <-, -n> [eˈtaːʒə] *f* floor; **auf der 5.** ~ on the 5th floor BRIT, on the 6th floor AM
Etagenwohnung [eˈtaːʒən-] *f* flat BRIT, apartment AM
Etappe <-, -n> [eˈtapə] *f* ① *(Abschnitt)* **in ~n arbeiten** to work in stages ② *(Teilstrecke)* leg
Etat <-s, -s> [eˈtaː] *m* budget
Ethik <-> [ˈeːtɪk] *f kein pl* ① *(Wissenschaft)* ethics + *sing vb* ② *(moralische Haltung)* ethics *pl* ③ *(bestimmte Werte)* ethic; **christliche** ~ Christian ethic
ethisch [ˈeːtɪʃ] *adj* ethical
Etikett <-[e]s, -e> [etiˈkɛt] *nt* price tag
Etui <-s, -s> [ɛtˈviː] *nt* case
etwa [ˈɛtva] *adv* ① *(ungefähr)* about; **in** ~ more or less; **so** ~ roughly like this ② *(zum Beispiel)* **wie** ~ **mein Bruder** like my brother for instance
etwas [ˈɛtvas] *pron indef* ① something; ~ **anderes** something else; ~ **Dummes/Neues** something stupid/new; **merken Sie ~?** do you notice anything? ② *(ein wenig)* a little; **[noch]** ~ **Geld/Kaffee** some [more] money/coffee; **du könntest dich ru-**

E

hig ~ **anstrengen** you might make a bit of an effort

EU [eːˈuː] *f Abk von* **Europäische Union** EU

euch [ɔyç] **I.** *pron pers akk o dat von* **ihr** you; **ein Freund/eine Freundin von ~** a friend of yours **II.** *pron refl* **beeilt ~!** hurry [up]!; **macht ~ fertig!** get [*fam* yourselves] ready!; **putzt ~ die Zähne!** brush your teeth!

Eukalyptus <-, -lypten> [ɔykaˈlʏptʊs] *m* eucalyptus

EU-Kommission *f* EU Commission **EU-Land** *nt* EU country

Eule <-, -n> [ˈɔylə] *f* owl

EU-Mitgliedsland *nt* EU member-state

Euphemismus <-, -mismen> [ɔyfeˈmɪsmʊs] *m* euphemism

Euphorie <-, -n> [ɔyfoˈriː] *f* euphoria

euphorisch [ɔyˈfoːrɪʃ] *adj* euphoric

eure(r, s) [ˈɔyrə] *pron poss* your; [**der/die/das**] **E~** yours; **Grüße von ~r Kathrin** Best regards, Yours, Kathrin

euretwegen [ˈɔyrətˈveːgn̩] *adv (wegen euch)* because of you; *(euch zuliebe)* for your sake[s]

euretwillen [ˈɔyrətvɪlən] *adv* for your sake

eurige(r, s) [ˈɔɪrɪgə, -gɐ, -gəs] *pron* ① *(geh)* yours ② *geh für* **eu(e)re(r, s)**: **der/die/das ~** yours

Euro [ˈɔyro] *m (Währungseinheit)* euro

Eurocity® [ˈɔyrosɪti] *m* Eurocity train

Eurokrise *f* POL, FIN euro crisis

Europa <-s> [ɔyˈroːpa] *nt* Europe

Europäer(in) <-s, -> [ɔyroˈpɛːɐ] *m(f)* European

europäisch [ɔyroˈpɛːɪʃ] *adj* European

Europäische Union *f* **die ~** the European Union **Europäische Zentralbank** *f* **die ~** the European Central Bank

Europameister(in) *m(f)* European champion; *(Team, Land)* European champions *pl* **Europaparlament** *nt* **das ~** the European Parliament **Europapokal** *m* European cup **Europarat** *m* Council of Europe

Euroscheck *m (hist)* Eurocheque **Euroskeptiker(in)** *m(f)* Eurosceptic **Eurozone** <-> *f kein pl* Euro-zone

EU-Staat *m* EU country

Euter <-s, -> [ˈɔytɐ] *nt o m* udder

evakuieren [evakuˈiːrən] *vt* to evacuate

evangelisch [evaŋˈgeːlɪʃ] *adj* Protestant; **~ sein** to be a Protestant

Evangelium <-s, -lien> [evaŋˈgeːliʊm] *nt* Gospel

eventuell [evɛnˈtu̯ɛl] **I.** *adj attr* possible **II.** *adv* possibly

Evolution <-, -en> [evoluˈtsi̯oːn] *f* evolution

ewig [ˈeːvɪç] **I.** *adj* ① eternal ② *(fam: ständig)* never-ending **II.** *adv* ① *(für ewig)* eternally; *(für immer)* forever ② *(fam: ständig)* always ③ *(lange Zeitspanne)* for ages; **das dauert** [**ja**] **~!** it's taking ages [and ages]!

Ewigkeit <-, -en> [ˈeːvɪçkait] *f* eternity; **eine** [**halbe**] **~ dauern** *(hum fam)* to last an age

exakt [ɛˈksakt] **I.** *adj* exact **II.** *adv* exactly; **~ arbeiten** to be accurate in one's work

Examen <-s, -> [ɛˈksaːmən] *nt* finals *pl;* **mündliches ~** oral exam[ination]; **schriftliches ~** [written] exam[ination]; **das ~ bestehen** to pass one's finals; **durch das ~ fallen** to fail [in] one's finals; **~ machen** to do one's finals

Exemplar <-s, -e> [ɛksɛmˈplaːɐ̯] *nt* specimen; *Buch* copy; *Zeitung* issue

Exil <-s, -e> [ɛˈksiːl] *nt* exile

Existenz <-, -en> [ɛksɪsˈtɛnts] *f* ① *kein pl* existence ② *(Lebensgrundlage)* livelihood ③ *(Leben)* life; **eine gescheiterte ~** a failure [in life]; **sich eine neue ~ aufbauen** to create a new life for oneself

Existenzangst *f* fear for one's existence **Existenzgründer(in)** *m(f)* ÖKON founder of a new business **Existenzminimum** *nt* subsistence level

existieren [ɛksɪsˈtiːrən] *vi* ① to exist ② *(sein Auskommen haben)* [**von etw**

dat] ~ to live [on sth]

exklusiv [ɛksklu'ziːf] *adj* exclusive

Exkrement <-[e]s, -e> [ɛkskre'mɛnt] *nt meist pl (geh)* excrement *no pl*

Exkursion <-, -en> [ɛkskʊr'zi̯oːn] *f (geh)* study trip

exotisch [ɛ'ksoːtɪʃ] *adj* exotic

Expedition <-, -en> [ɛkspedi'tsi̯oːn] *f* expedition

Experiment <-[e]s, -e> [ɛksperi'mɛnt] *nt* experiment; **ein ~ machen** to carry out an experiment

experimentieren [ɛksperimɛn'tiːrən] *vi* to experiment

Experte, **Expertin** <-n, -n> [ɛks'pɛrtə] *m, f* expert

explodieren [ɛksplo'diːrən] *vi sein* to explode; **die Kosten/Preise ~** costs/prices are rocketing

Explosion <-, -en> [ɛksplo'zi̯oːn] *f* explosion *a. fig;* **etw zur ~ bringen** to detonate sth

Explosionsgefahr *f* danger of explosion

explosiv [ɛksplo'ziːf] *adj* explosive

Export <-[e]s, -e> [ɛks'pɔrt] *m kein pl* export

Exportartikel *m* exported article; *pl* exports **Exportgeschäft** *nt* export business **Exporthandel** *m* export trade [*or* business]

exportieren [ɛkspɔr'tiːrən] *vt* to export

Express <-es> [ɛks'prɛs] *m kein pl* **etw per ~ senden** to send sth [by] express [delivery]

extern [ɛks'tɛrn] *adj* external

extra ['ɛkstra] *adv* ❶ extra ❷ *(fam: absichtlich)* **etw ~ machen** to do sth on purpose ❸ *(gesondert)* separately; **etw ~ berechnen** to charge sth separately

Extrakt <-[e]s, -e> [ɛks'trakt] *m o nt* extract

extravagant [ɛkstrava'gant, 'ɛkstravagant] **I.** *adj* extravagant **II.** *adv* extravagantly; **~ angezogen** flamboyantly dressed

extravertiert [ɛkstravɛr'tiːɐ̯t] *adj* extrovert[ed]

extrem [ɛks'treːm] **I.** *adj* extreme **II.** *adv* extremely; **~ links/rechts** POL ultra-left/right

Extremist(in) <-en, -en> [ɛkstre'mɪst] *m(f)* extremist

exzellent [ɛkstsɛ'lɛnt] *(geh)* **I.** *adj* excellent **II.** *adv* excellently; **sich ~ fühlen** to feel on top form; **~ schmecken** to taste delicious

exzentrisch [ɛks'tsɛntrɪʃ] *adj* eccentric

Exzess <-es, -e> [ɛks'tsɛs] *m meist pl* excess; **etw bis zum ~ treiben** to take sth to extremes

exzessiv [ɛkstsɛ'siːf] *adj* excessive

EZB <-> [eːtsɛt'beː] *f kein pl* FIN *Abk von* **Europäische Zentralbank** ECB

Ff

F, f <-, -> *nt* F, f

Fabel <-, -n> ['fa:bl̩] *f* fable

fabelhaft ['fa:bl̩haft] **I.** *adj* marvellous **II.** *adv* marvellously

Fabrik <-, -en> [fa'bri:k] *f* factory

Fabrikant(in) <-en, -en> [fabri'kant] *m(f)* industrialist

Fabrikarbeiter(in) *m(f)* industrial worker

Fabrikat <-[e]s, -e> [fabri'ka:t] *nt* product

Fabrikgelände *nt* factory site **fabrikneu** *adj* brand-new

fabrizieren [fabri'tsi:rən] *vt* to manufacture

Facelifting <-s, -s> ['fe:slɪftɪŋ] *nt (fig)* facelift

Fach <-[e]s, Fächer> [fax] *nt* ① *Schrank* shelf ② *(Sachgebiet)* subject; **vom ~ sein** to be a specialist

Facharbeiter(in) *m(f)* skilled worker **Facharzt, -ärztin** *m, f* specialist (**für** in) **Fachausdruck** *m* technical term

Fächer <-s, -> ['fɛçɐ] *m* fan

Fachfrau *f fem form von* **Fachmann** **Fachgebiet** *nt* [specialist] field **Fachgeschäft** *nt* specialist shop **Fachhändler(in)** *m(f)* specialist supplier **Fachhochschule** *f* ≈ technical college of higher education **Fachhochschulreife** *f qualification allowing a student to study at a technical college of higher education* **Fachkenntnis** *f meist pl* specialized knowledge **Fachkenntnisse** *pl* specialized knowledge

fachlich **I.** *adj* specialist **II.** *adv* professionally; **~ qualifizierte Mitarbeiter** staff [members] who are qualified in their fields

Fachliteratur *f* specialist literature **Fachmann, -frau** <-leute *o selten* -männer> *m, f* expert **Fachsprache** *f* technical jargon

Fachwerkhaus *nt* half-timbered house

Fachwissen *nt* specialized knowledge **Fachwort** *nt* technical word **Fachwörterbuch** *nt* specialist [*or* AM technical] dictionary; **ein medizinisches ~** a dictionary of medical terms **Fachzeitschrift** *f* specialist journal; *(für bestimmte Berufe)* trade journal

Fackel <-, -n> ['fakl̩] *f* torch

fade ['fa:də] *adj* bland

Faden <-s, Fäden> ['fa:dn̩] *m* ① thread ② MED stitch; **die Fäden ziehen** to remove the stitches ▶ **der rote ~** the central theme

Fagott <-[e]s, -e> [fa'gɔt] *nt* bassoon

fähig ['fɛɪç] *adj* competent; **zu etw** *dat* **[nicht] ~ sein** to be [in]capable of sth; **zu allem ~ sein** to be capable of anything

Fähigkeit <-, -en> *f* ability

fahl [fa:l] *adj (geh)* pale

fahnden ['fa:ndn̩] *vi* to search (**nach** for)

Fahndung <-, -en> *f* search (**nach** for)

Fahne <-, -n> ['fa:nə] *f* ① flag ② *(fam: Alkoholfahne)* **eine ~ haben** to smell of alcohol

Fahnenstange *f* [flag]staff

Fahrausweis *m* ① ticket ② SCHWEIZ *(Führerschein)* driving licence **Fahrbahn** *f* road

Fähre <-, -n> ['fɛ:rə] *f* ferry

fahren <fährt, fuhr, gefahren> ['fa:rən] **I.** *vi* ① *sein (sich fortbewegen: als Fahrgast)* to go; **mit dem Bus/Zug ~** to go by bus/train; *(als Fahrer)* to drive; **mit dem Auto ~** to go by car ② *sein (losfahren)* to go; **in Urlaub ~** to go on holiday ③ *sein (verkehren)* to run; **die Bahn fährt alle 20 Minuten** the train runs every 20 minutes ④ *(überkommen)* **was ist denn in dich gefahren?** what's got into you? **II.** *vt* ① *haben (lenken)* to drive; *Rad* to ride ❷ *haben (befördern)* to take; **ich fahre dich nach Hause** I'll take you home ❸ *sein (eine bestimmte Geschwindigkeit haben)* **90 km/h ~** to be doing 55 m.p.h. **III.** *vr haben* **der Wagen fährt sich gut** it's nice to drive this car

Fahrer(in) <-s, -> ['faːrɐ] *m(f)* driver

Fahrerflucht *f* hit-and-run offence

Fahrerlaubnis *f (form)* driving licence BRIT, driver's license AM **Fahrgast** *m* passenger **Fahrgeld** *nt* fare **Fahrgelegenheit** *f* lift **Fahrgemeinschaft** *f* **eine ~ bilden** to share a car to work to car pool AM **Fahrgestell** *nt s.* **Fahrwerk**

Fahrkarte *f* ticket

Fahrkartenautomat *m* ticket machine **Fahrkartenschalter** *m* ticket office

fahrlässig ['faːɐ̯lɛsɪç] **I.** *adj* negligent **II.** *adv* **~ handeln** to act with negligence

Fahrlässigkeit <-, -en> *f* negligence *no pl;* **grobe ~** recklessness

Fahrlehrer(in) *m(f)* driving instructor **Fahrplan** *m* schedule

fahrplanmäßig **I.** *adj* scheduled **II.** *adv* as scheduled

Fahrpreis *m* fare **Fahrprüfung** *f* driving test

Fahrrad ['faːɐ̯raːt] *nt* bicycle, bike *fam;* **~ fahren** to ride a bicycle

Fahrradschuppen *m* bike shed **Fahrradständer** *m* [bi]cycle stand **Fahrradweg** *m* cycleway

Fahrschein *m* ticket **Fahrschule** *f* ❶ *(Firma)* driving school ❷ *(Unterricht)* **in die ~ gehen** to take driving lessons **Fahrschüler(in)** *m(f)* learner [*or* AM student] driver **Fahrspur** *f* lane **Fahrstuhl** *m* lift BRIT, elevator AM

Fahrt <-, -en> [faːɐ̯t] *f* ❶ journey; **gute ~!** [have a] safe journey!; **eine einfache ~** a single [*or* AM one-way] [ticket] ❷ *(Geschwindigkeit)* **mit voller ~** at full speed

Fährte <-, -n> ['fɛːɐ̯tə] *f* tracks *npl*

Fahrtkosten *pl* travelling expenses

Fahrtrichtung *f* direction of travel; **entgegen der/in ~ sitzen** to sit facing backwards/the front

fahrtüchtig *adj Fahrzeug* roadworthy; *Mensch* fit to drive

Fahrtwind *m* headwind

Fahrwerk *nt* AUTO chassis **Fahrzeug** <-s, -e> *nt* vehicle

faken ['feɪkn̩] *vt* to fake

faktisch ['faktɪʃ] **I.** *adj attr* real **II.** *adv* basically

Faktor <-s, -toren> ['faktoːɐ̯, *pl:* -'toːrən] *m* factor

Fakultät <-, -en> [fakʊl'tɛt] *f* faculty

Falke <-n, -n> ['falkə] *m* falcon

Fall <-[e]s, Fälle> [fal] *m* ❶ *kein pl* fall; **jdn zu ~ bringen** *(geh)* to make sb fall ❷ *(Untergang)* downfall; **eine Regierung zu ~ bringen** to bring down a government ❸ *(Angelegenheit)* case; [**nicht**] **der ~ sein** [not] to be the case; **auf alle Fälle** in any case; *(unbedingt)* at all events; **auf keinen ~** never; **für alle Fälle** just in case; **gesetzt den ~, dass ...** assuming [that] ...; **im günstigsten/schlimmsten ~**[**e**] at best/worst; **von ~ zu ~** from case to case ❹ JUR, MED case ▸ [**nicht**] **jds ~ sein** *(fam)* [not] to be sb's cup of tea

Falle <-, -n> ['falə] *f* trap; **~n stellen** to set traps; **jdn in eine ~ locken** to lure sb into a trap; **in der ~ sitzen** to be trapped

fallen <fällt, fiel, gefallen> ['falən] *vi sein* ❶ *Person* to fall; *Gegenstand* to drop; **etw ~ lassen** *Bemerkung, Gegenstand* to drop sth ❷ *(nicht bestehen)* [**jdn**] **durch eine Prüfung ~** [**lassen**] to fail [sb in] an exam ❸ *Preise* to fall; *Temperatur* to drop ❹ *(im Krieg)* to be killed ❺ *(aufgeben)* **jdn/etw ~ lassen** to abandon sb/sth

fällen ['fɛlən] *vt* to fell

fällig ['fɛlɪç] *adj* due *usu pred*

Fallobst *nt kein pl* windfall

falls [fals] *konj* if

Fallschirm *m* parachute; **mit dem ~ abspringen** to parachute

Fallschirmjäger(in) *m(f)* paratrooper; **die ~** the paratroopers **Fallschirmspringer(in)** *m(f)* parachutist

Fallstudie *f* case study

falsch [falʃ] **I.** *adj* ① *(verkehrt)* wrong ② *(unzutreffend)* false ③ *(unecht)* fake ④ *(hinterhältig)* two-faced **II.** *adv* wrongly; **etw ~ aussprechen** to mispronounce sth; **jdn ~ informieren** to misinform sb; **alles ~ machen** to do everything wrong

fälschen ['fɛlʃn̩] *vt* to forge; ÖKON to falsify

Falschgeld *nt kein pl* counterfeit money

fälschlich **I.** *adj* false **II.** *adv* mistakenly

falsch|liegen *vi* to be wrong (**mit** in) **falschspielen** *vi* to cheat **Falschspieler(in)** *m(f)* cheat

Fälschung <-, -en> *f* forgery

fälschungssicher *adj* forgery-proof

Faltblatt *nt* leaflet **Faltboot** *nt* collapsible boat **Faltdach** *nt* AUTO soft top

Falte <-, -n> ['faltə] *f* ① fold ② *(in Kleidung)* crease ③ *(Hautfalte)* wrinkle; **die Stirn in ~n legen** to furrow one's brows

falten ['faltn̩] *vt* to fold; **die Hände ~** to fold one's hands

Faltenrock *m* pleated skirt

Falter <-s, -> ['faltɐ] *m (Tagfalter)* butterfly; *(Nachtfalter)* moth

faltig ['faltɪç] *adj Haut* wrinkled

Falz <-es, -e> [falts] *m* TYPO *(Buchdeckel)* joint; *(Papier)* fold

falzen ['faltsn̩] *vt* to fold

familiär [famiˈli̯ɛːɐ̯] *adj* ① *(die Familie betreffend)* **aus ~en Gründen** for family reasons ② *(zwanglos)* **in ~er Atmosphäre** in an informal atmosphere

Familie <-, -n> [faˈmiːli̯ə] *f* family; **eine vierköpfige ~** a family of four; **zur ~ gehören** to be one of the family; **eine ~ gründen** to start a family; **das liegt in der ~** it runs in the family; **„~ Lichter"** "The Lichter Family"

Family + sing/pl vb

Betrachtet man **family** als Gruppe einzelner Menschen, wird das Wort mit einem Pluralverb verwendet: *All my family are coming to the wedding. His family are moving to Denmark.* Betrachtet man aber diese Gruppe Menschen als unpersönliche Einheit, so folgt das Verb häufiger im Singular: *The average family has 3.6 members.* Dies trifft auch auf andere Wörter, die eine Gruppe bezeichnen, zu, z. B. **army, audience, class, crew, government, public, staff** und **team**.

Familie und Beziehungen – Family and relationships

adoptiert	adopted
alleinstehend	single
der Bruder	brother
der Cousin, die Cousine	cousin
die Ehefrau	wife
der Ehemann	husband
die eingetragene Partnerschaft	civil union
die Eltern	parents *pl*
der [feste] Freund, die [feste] Freundin	boyfriend, girlfriend
der Freund, die Freundin	friend
geschieden	divorced
getrennt	separated
das Kind	child
die Mutter	mother
die Oma	grandma, granny
der Onkel	uncle
der Opa	grandad, grandpa
der Partner, die Partnerin	partner

die Schwester	sister
die Schwiegereltern	parents-in--law *pl*
der Sohn	son
die Tante	aunt
die Tochter	daughter
der Vater	father
verheiratet	married
verlobt	engaged
der/die Verwandte	relative

Familienname *m* surname **Familienstand** *m* marital status **Familienvater** *m* father
Fan <-s, -s> [fɛn] *m* fan
Fanatiker(in) <-s, -> [fa'na:tikɐ] *m(f)* fanatic
fanatisch [fa'na:tɪʃ] **I.** *adj* fanatical **II.** *adv* fanatically
fand ['fant] *vt imp von* **finden**
Fanfare <-, -n> [fan'fa:rə] *f* fanfare
Fang <-[e]s> [faŋ] *m kein pl* catch ▶ **einen guten ~ machen** to make a good catch
Fangarm *m* tentacle
fangen <fängt, fing, gefangen> ['faŋən] *vt* to catch; **F~ spielen** to play catch
Fangleine *f* NAUT hawser
Fantasie <-, -n> [fanta'zi:] *f* ❶ *kein pl (Vorstellungskraft)* imagination ❷ *(Vorstellung)* fantasy
fantasielos *adj* unimaginative
fantasieren [fanta'zi:rən] *vi* to fantasize
fantasievoll *adj* [highly] imaginative
fantastisch [fan'tastɪʃ] **I.** *adj* fantastic **II.** *adv* fantastically
FAQ [ɛfʔeɪʔkju:] *pl* INFORM *Abk von* **Frequently Asked Questions** FAQ
Farbe <-, -n> ['farbə] *f* ❶ colour ❷ *(Anstreichmittel)* paint; *(Färbemittel)* dye

Die Farben – Colours

blau	blue
braun	brown
farblos	colourless
gelb	yellow
golden	gold
grau	grey
grün	green
lila	purple
naturweiß	cream, natural
orange	orange
rosa	pink
rot	red
schwarz	black
silbern	silver
türkis	turquoise
weiß	white
blassblau	pale blue
dunkelblau	dark blue
hellblau	light blue
gestreift	striped
gepunktet	spotted
kariert	checked

farbecht *adj* colourfast
färben ['fɛrbn̩] **I.** *vt* to dye **II.** *vr* **sich ~** to change colour; **die Blätter ~ sich gelb** the leaves are turning yellow
farbenblind *adj* colour blind
Farbfernseher *m (fam)* colour television [set] [*or fam* TV] **Farbfotografie** *f* colour photography
farbig ['farbɪç] *adj* coloured
Farbige(r) *f(m) dekl wie adj* coloured person
Farbkopierer *m* colour copier
farblos ['farplo:s] *adj* colourless
Farbstift *m* coloured pen **Farbstoff** *m* dye; *(Lebensmittelfarbstoff)* artificial colouring **Farbton** *m* shade
Färbung <-, -en> *f (Tönung)* shade
Farce <-, -n> ['farsə] *f* farce
Farn <-[e]s, -e> [farn] *m*, **Farnkraut** *nt* fern
Fasan <-s, -e[n]> [fa'za:n] *m* pheasant
Faschierte(s) *nt dekl wie adj* ÖSTERR *(Hackfleisch)* mince
Fasching <-s, -e> ['faʃɪŋ] *m* carnival
Faschingsdienstag *m* Shrove Tuesday
Faschismus <-> [fa'ʃɪsmʊs] *m kein pl* fascism

Faschist(in) <-en, -en> [faˈʃɪst] *m(f)* fascist

Faser <-, -n> [ˈfaːzɐ] *f* fibre

fas(e)rig [ˈfaːz(ə)rɪç] *adj* fibrous

Fass <-es, Fässer> [fas] *nt* barrel; **Bier vom ~** draught beer; **Wein vom ~** wine from the wood

fassen [ˈfasn̩] **I.** *vt* ❶ to grasp; **jdn am Arm ~** to seize sb's arm ❷ *Täter* to apprehend ❸ *(begreifen)* to comprehend; **[das ist] nicht zu ~!** it's incredible ❹ *(enthalten)* to contain **II.** *vr* **sich ~** to compose oneself

Fassung <-, -en> *f* ❶ *(Rahmen)* mounting ❷ *(Brillenfassung)* frame ❸ *(Version)* version ❹ *kein pl (Selbstbeherrschung)* composure; **die ~ bewahren** to maintain one's composure; **jdn aus der ~ bringen** to unsettle sb; **die ~ verlieren** to lose one's self-control

fassungslos **I.** *adj* staggered **II.** *adv* in bewilderment

Fassungsvermögen *nt* capacity

fast [fast] *adv* almost; **~ nie** hardly ever

> **Übersetzungstipp**
> Nicht verwechseln mit *fast* – *schnell!*

fasten [ˈfastn̩] *vi* to fast

Fastenkur *f* diet **Fastenzeit** *f* REL Lent

Fastnacht [ˈfastnaxt] *f kein pl* carnival

Fastnachtsdienstag *m* Shrove Tuesday

faszinieren [fastsiˈniːrən] *vt, vi* to fascinate

faszinierend *adj* fascinating

fatal [faˈtaːl] *adj (geh)* fatal; **~e Folgen haben** to have fatal repercussions

fauchen [ˈfauxn̩] *vi* to hiss

faul [faul] *adj* ❶ *(nicht fleißig)* lazy ❷ *(verfault)* rotten ❸ *(pej fam)* **an etw** *dat* **ist etw ~** something is fishy about sth

faulen [ˈfaulən] *vi sein o haben* to rot

faulenzen [ˈfaulɛntsn̩] *vi* to laze about

Faulenzer(in) <-s, -> [ˈfaulɛntsɐ] *m(f) (pej)* layabout

Faulheit <-> *f kein pl* laziness

faulig [ˈfaulɪç] *adj* rotten; *Geruch, Geschmack* foul; *Wasser* stagnant

Fäulnis <-> [ˈfɔylnɪs] *f kein pl* rot

Faulpelz *m (pej fam)* lazybones

Faultier *nt* sloth

Fauna <-, Faunen> [ˈfauna] *f* fauna

Faust <-, Fäuste> [faust] *f* fist; **die ~ ballen** to clench one's fist

Fausthandschuh *m* mitten **Faustregel** *f* rule of thumb

Fax <-, -e> [faks] *nt* fax

faxen [ˈfaksn̩] *vi, vt* to fax

Faxen [ˈfaksn̩] *pl* ❶ *(Albereien)* clowning around; **lass die ~!** stop clowning around! ❷ *(fam: Grimassen)* grimaces *pl;* **~ machen** to make faces

Faxgerät *nt* fax machine

Fazit <-s, -s> [ˈfaːtsɪt] *nt* result

FCKW <-s, -s> *m Abk von* **Fluorchlorkohlenwasserstoff** CFC

Feber <-s, -> [ˈfeːbɐ] *m* ÖSTERR *(Februar)* February

Februar <-[s], *selten* -e> [ˈfeːbruaːɐ̯] *m* February; **Anfang/Ende ~** at the beginning/end of February; **Mitte ~** in the middle of February; **im ~** in February; **im Laufe des ~s** during the course of February; **diesen/jeden ~** this/every February; **bis in den ~ [hinein]** until [well] into February; **den ganzen ~ über** for the whole of February; **am 14. ~** *(geschrieben)* on [the] 14th February BRIT, on February 14 AM; *(gesprochen)* on the 14th of February [*or* AM February the 14th]; **am Freitag, dem 14. Februar** on Friday, February [the] 14th; **Dorothee hat am 12. ~ Geburtstag** Dorothee's birthday is on February 12th; **auf den 14. ~ fallen/legen** to fall on/to schedule for February 14th; **Hamburg, den 14. ~ 2014** Hamburg, 14th February 2014 BRIT, Hamburg, February 14, 2014 *esp* AM

fechten <fechtet *o* ficht, focht, gefochten> [ˈfɛçtn̩] *vi* to fence

Fechten <-s> [ˈfɛçtn̩] *nt kein pl* fencing

Feder <-, -n> [ˈfɛdɐ] *f* ① feather ② *(Schreibfeder)* nib ③ *(Sprungfeder)* spring ④ *pl (Bett)* **noch in den ~n liegen** *(fam)* to still be in bed

Federball *m* ① *kein pl (Spiel)* badminton ② *(Ball)* shuttlecock **Federbett** *nt* duvet **Federgewicht** *nt kein pl* featherweight **Federhalter** *m* fountain pen **federleicht** [ˈfeːdɐˈlaiçt] *adj* as light as a feather *pred*

federn [ˈfeːdɐn] *vi* to be springy

Federung <-, -en> *f* springing; *(für Auto a.)* suspension

Fee <-, -n> [feː] *f* fairy

Fegefeuer [ˈfeːgə-] *nt* purgatory

fegen [ˈfeːgn̩] *vt haben* ① to sweep ② SCHWEIZ *(feucht wischen)* to wipe

fehlbar *adj* fallible

Fehlbetrag *m* deficit

fehlen [ˈfeːlən] **I.** *vi* ① to be missing; **jdm fehlt etw** sb is missing sth ② *(vermissen)* **jd fehlt jdm** sb misses sb ③ *(an etw leiden)* **fehlt Ihnen etwas?** is there anything wrong with you?; **nein, mir fehlt wirklich nichts** no, there is nothing the matter with me **II.** *vi impers* **jdm fehlt es an etw** *dat* sb is lacking sth

Fehler <-s, -> [ˈfeːlɐ] *m* ① mistake; *(Irrtum)* error; **einen ~ machen** to make a mistake; **jds ~ sein** to be sb's fault ② *(Defekt)* defect ③ *(schlechte Eigenschaft)* fault

fehlerfrei *adj* faultless

fehlerhaft *adj* defective

Fehlermeldung *f* INFORM error message

Fehlgeburt *f* miscarriage **Fehlkonstruktion** *f (pej)* flawed product; **eine totale ~ sein** to be extremely badly designed **Fehlschlag** *m* failure **fehl|schlagen** *vi irreg sein* to fail **Fehlstart** *m* SPORT false start **Fehlzündung** *f* misfiring; **eine ~ haben** to misfire

Feier <-, -n> [ˈfaiɐ] *f* celebration; **zur ~ des Tages** in honour of the occasion

Feierabend [ˈfaiɐʔaːbn̩t] *m* ① *(Arbeitsschluss)* end of work; **~!** that's it for today!; **~ machen** to finish work for the day; **nach ~** after work ② *(Zeit nach Arbeitsschluss)* evening

feierlich [ˈfaiɐlɪç] *adj* ceremonial

Feierlichkeit <-, -en> *f* ① *kein pl (würdevolle Beschaffenheit)* solemnity ② *meist pl (Feier)* celebrations

feiern [ˈfaiɐn] *vt, vi* to celebrate; **eine Party ~** to have a party

Feiertag [ˈfaiɐtaːk] *m* holiday

feig [faik], **feige** [ˈfaigə] *adj, adv* cowardly

Feige <-, -n> [ˈfaigə] *f* fig; *(Baum)* fig tree

Feigheit <-, -en> *f kein pl* cowardice

Feigling <-s, -e> [ˈfaiklɪŋ] *m* coward

Feile <-, -n> [ˈfailə] *f* file

feilen [ˈfailən] **I.** *vt* to file **II.** *vi* **an etw** *dat* **~** to polish sth

feilschen [ˈfailʃn̩] *vi* to haggle (**um** over)

fein [ˈfain] **I.** *adj* ① fine; *(zart)* delicate ② *(vornehm)* distinguished; **eine ~e Dame/ein ~er Herr** a distinguished lady/gentleman; **sich ~ machen** to get dressed up ③ *(qualitätsvoll)* exquisite; **vom F~sten** of the highest quality ④ *(fam: erfreulich)* fine **II.** *adv* finely; **~ gemahlen** fine-ground

Feind(in) <-[e]s, -e> [ˈfaint] *m(f)* enemy

feindlich *adj* ① MIL enemy *attr* ② *(feindselig)* hostile; **jdm ~ gegenüberstehen** to be hostile to sb

Feindschaft <-> *f kein pl* hostility

feindselig [ˈfaintzeːlɪç] **I.** *adj* hostile **II.** *adv* hostilely; **sich ~ verhalten** to behave in a hostile manner

Feindseligkeit <-, -en> *f* hostility

feinfühlend *adj* sensitive

feinfühlig [ˈfainfyːlɪç] *adj* sensitive **Feingefühl** *nt kein pl* sensitivity; **etw verlangt viel ~** sth requires a great deal of tact

Feinheit <-, -en> *f* ① *(Feinkörnigkeit)* fineness; *(Zartheit)* delicacy ② *pl (Nuancen)* subtleties *npl*

Feinkostgeschäft *nt* delicatessen **Feinmechanik** *f* precision engineering

Feinschmecker(in) <-s, -> *m(f)* gourmet **Feinwäsche** *f* delicates *npl* **Feinwaschmittel** *nt* mild detergent
feist [faist] *adj* fat
Feld <-[e]s, -er> [fɛlt] *nt* ① field ② *(auf Spielbrett)* square
Feldsalat *m* lamb's lettuce **Feldwebel(in)** <-s, -> ['fɛltveːbl̩] *m(f)* sergeant-major **Feldweg** *m* field path **Feldzug** *m* campaign
Felge <-, -n> ['fəlgə] *f* rim
Felgenbremse *f* rim brake
Fell <-[e]s, -e> [fɛl] *nt* fur; **einem Tier das ~ abziehen** to skin an animal ▶ **ein dickes ~ haben** *(fam)* to be thick-skinned
Felsblock <-blöcke> *m* boulder
Felsen <-s, -> ['fɛlzn̩] *m* cliff
felsenfest ['fɛlzn̩'fɛst] **I.** *adj* rock solid, steadfast **II.** *adv* steadfastly; **~ von etw** *dat* **überzeugt sein** to be firmly convinced of sth
felsig ['fɛlzɪç] *adj* rocky
Felswand *f* rock face
feminin [femi'niːn] *adj* feminine
Femininum <-s, Feminina> ['feːminiːnʊm] *nt* LING feminine noun
Feminismus <-> [femi'nɪsmʊs] *m kein pl* feminism
Feminist(in) <-en, -en> [femi'nɪst] *m(f)* feminist
feministisch *adj* feminist
Fenchel <-s> ['fɛnçl̩] *m kein pl* fennel
Fenster <-s, -> ['fɛnstɐ] *nt* window
Fensterbank <-bänke> *f* window-sill **Fensterbrett** *nt* window-sill **Fensterladen** *m* shutter **Fensterplatz** *m* window seat **Fensterputzer(in)** <-s, -> *m(f)* window cleaner **Fensterrahmen** *m* window frame **Fensterscheibe** *f* window pane
Ferien ['feːri̯ən] *pl* holidays *npl,* vacation AM; **die großen ~** the summer holidays BRIT; **~ haben** to be on holiday [*or* AM vacation]
Ferienhaus *nt* holiday home **Ferienkurs** *m* summer school **Ferienlager** *nt* holiday camp **Ferienwohnung** *f* holiday flat BRIT, vacation apartment AM **Ferienzeit** *f* holiday period
Ferkel <-s, -> ['fɛrkl̩] *nt* ① piglet ② *(pej fam: Mensch)* pig
fern [fɛrn] **I.** *adj* ① *räumlich* faraway ② *zeitlich* distant; **in nicht allzu ~er Zeit** in the not too distant future **II.** *präp +dat* far [away] from
Fernbedienung *f* remote control
ferner ['fɛrnɐ] *konj* furthermore
Fernfahrer(in) *m(f)* long-distance lorry [*or* AM truck] driver **Ferngespräch** *nt* long-distance call **ferngesteuert** *adj* remote-controlled **Fernglas** *nt* [pair of] binoculars **fern|halten** *vt, vr* to keep away **Fernkurs** *m* correspondence course **Fernlicht** *nt* full beam BRIT, high beams AM **fern|liegen** *vi* **etw liegt jdm fern** sth is far from sb's mind **Fernost** ['fɛrn'ʔɔst] *kein art* **aus/in/nach ~** from/in/to the Far East **Fernrohr** *nt* telescope
Fernsehansager(in) *m(f)* television announcer **Fernsehantenne** *f* television aerial **Fernsehapparat** *m* television set
fern|sehen ['fɛrnzeːən] *vi irreg* to watch television
Fernsehen <-s> ['fɛrnzeːən] *nt kein pl* television; **im ~ kommen** to be on television
Fernseher <-s, -> *m* television [set]
Fernsehgerät *nt (geh)* television set **Fernsehprogramm** *nt* television programme **Fernsehsender** *m* television station **Fernsehsendung** *f* television programme **Fernsehübertragung** *f* television broadcast **Fernsehzeitschrift** *f* television guide
Fernsicht *f* view **Fernsteuerung** *f* remote control **Fernstudium** *nt* correspondence course **Fernverkehr** *m* long-distance traffic **Fernweh** <-[e]s> *nt kein pl* wanderlust
Ferse <-, -n> ['fɛrzə] *f* heel
fertig ['fɛrtɪç] *adj* ① finished; **mit etw** *dat* **~ sein** to be finished with sth; **etw ~ haben** to have finished sth; **etw ~**

stellen to finish sth ❷ *(bereit)* ready; **sich ~ machen** to get ready (**für** for) ❸ *(fam: erschöpft)* exhausted ▸ **auf die Plätze, ~, los!** ready, steady, go!
Fertigbau <-bauten> *m* ❶ *kein pl (Bauweise)* prefabricated construction *no pl* ❷ *(Gebäude)* prefab
fertig|bekommen *vt* **es ~, etw zu tun** to manage to do sth
fertigen ['fɛrtɪgn̩] *vt (geh)* to manufacture
Fertiggericht *nt* instant meal **Fertighaus** *nt* prefabricated house
Fertigkeit <-, -en> *f pl (Fähigkeiten)* competence
fertig|machen *vt* **jdn ~** to exhaust sb; *(deprimieren)* to get sb down **Fertigteil** *nt* prefabricated component
Fertigung <-, -en> *f* manufacture
fertig|werden *vi* **mit jdm/etw ~** to cope with sb/sth
fesch [fɛʃ] *adj* SÜDD, ÖSTERR *(fam)* smart
Fessel <-, -n> ['fɛsl̩] *f* shackles *npl;* **jdm ~n anlegen** to tie sb up
Fesselballon [-balɔŋ] *m* captive balloon
fesseln ['fɛsl̩n] *vt* ❶ to bind (**an** to) ❷ *(faszinieren)* to captivate
fesselnd *adj* captivating
fest [fɛst] **I.** *adj* ❶ *(nicht flüssig)* solid ❷ *(nicht locker) Händedruck* sturdy; *Knoten, Verband* tight ❸ *(entschlossen) Absicht, Entschluss, Stimme* firm ❹ *Abmachung, Angebot* binding; *Einkommen, Termin* fixed ❺ *Freund, Freundin* steady **II.** *adv* ❶ *(kräftig)* firmly; **jdn ~ an sich drücken** to give someone a big hug ❷ *(mit Nachdruck)* definitely; **jdm etw ~ versprechen** to make sb a firm promise ❸ *(dauernd)* permanently; **~ angestellt sein** to have a permanent job
Fest <-[e]s, -e> [fɛst] *nt* ❶ celebration; **ein ~ geben** to have a party ❷ *(Feiertag)* feast; **frohes ~!** Happy Christmas/Happy Easter, etc.
festangestellt *adj s.* **fest II 3**
Festessen *nt* banquet
fest|fahren *vr irreg* **sich ~** to get stuck
fest|halten *irreg* **I.** *vt* ❶ to grab (**an** by) ❷ *(gefangen halten)* to detain **II.** *vi* **an etw** *dat* **~** to adhere to sth **III.** *vr* **sich ~** to hold on (**an** to)
festigen ['fɛstɪgn̩] *vr* **sich ~** to become more firmly established
Festiger <-s, -> *m* setting lotion
Festigung <-, -en> *f* consolidation
fest|klammern *vt, vr* [**sich**] **~** to clip (**an** to) **Festland** ['fɛstlant] *nt kein pl (Kontinent)* continent **fest|legen I.** *vt* to determine **II.** *vr* **sich ~** to commit oneself (**auf** to) **Festlegung** <-, -en> *f* determining, establishing, fixing, laying down; **er war zuständig für die ~ der Tagesordnung** he was responsible for defining the agenda
festlich I. *adj* festive **II.** *adv* festively; **~ gekleidet sein** to be dressed up
fest|machen *vt* to fasten (**an** to) **fest|nageln** *vt* ❶ to nail (**an** to) ❷ *(fam)* **jdn ~** to nail sb down (**auf** to)
Festnahme <-, -n> ['fɛstnaːmə] *f* arrest
fest|nehmen *vt irreg* to take into custody **Festnetz** *nt* landline; **jdn vom ~ anrufen** to call sb on the landline **Festplatte** *f* hard disk **Festplattenlaufwerk** *nt* INFORM hard disk drive **Festpreis** *m* HANDEL fixed price **fest|schnallen I.** *vt* to strap [*or* buckle] in *sep* **II.** *vr* **sich ~** to fasten one's seat belt **fest|schrauben** *vt* to screw on *sep* **fest|setzen I.** *vt* to determine **II.** *vr* **sich ~** to collect **fest|sitzen** *vi irreg* to be stuck
Festspeicher *m* INFORM read only memory, ROM
Festspiele *pl* festival
fest|stehen *vi irreg* to be certain; **steht das Datum schon fest?** has the date been fixed already?
Feststellbremse *f* AUTO parking brake
fest|stellen *vt* to detect; **bei jdm etw ~** to diagnose sb with sth
Feststellung *f* ❶ *(Bemerkung)* remark ❷ *(Beobachtung)* observation; **die ~ machen, dass ...** to see that ...
Festung <-, -en> ['fɛstʊŋ] *f* fortress

F

Festzelt *nt* marquee
fett [fɛt] *adj* ❶ *Essen* fatty ❷ *(pej: dick)* fat ❸ TYPO bold; ~ **gedruckt** in bold [type] *pred*
Fett <-[e]s, -e> [fɛt] *nt* fat
fettarm *adj* low-fat
Fettfleck, Fettflecken *m* grease mark **fettgedruckt** *adj attr s.* **fett 3**
fettig ['fɛtɪç] *adj* greasy
F
Fettleibigkeit <-> *f kein pl* obesity
Fettnäpfchen *nt* ▸ **ins ~ treten** to put one's foot in it **Fettsucht** *f kein pl* obesity
Fetus <-[ses], Feten *o* -se *o* Föten> ['fe:tʊs, *pl:* 'fe:tən, 'fø:tən] *m* foetus, fetus AM
fetzen ['fɛtsn̩] *vt haben (fam: prügeln)* **sich** ~ to tear each other apart
Fetzen <-s, -> ['fɛtsn̩] *m* **etw in ~ reißen** to tear sth to pieces
fetzig ['fɛtsiç] *adj (sl: mitreißend)* fantastic; *Musik* hot; *(schick, flott)* trendy; *Typ* cool
feucht [fɔyçt] *adj* damp; *Hände, Stirn* clammy; *Klima* humid
Feuchtigkeit <-> ['fɔyçtɪçkait] *f kein pl* ❶ dampness ❷ *(Wassergehalt)* moisture
Feuchtigkeitscreme [-kre:m] *f* moisturizing cream
feuchtwarm *adj* warm and humid
feudal [fɔy'da:l] *adj* feudal
Feuer <-s, -> ['fɔyɐ] *nt* ❶ fire; ~ **fangen** to catch [on] fire; **am** ~ by the fire ❷ *(für Zigarette)* **jdm ~ geben** to give sb a light ❸ MIL fire; **das ~ einstellen/eröffnen** to cease/open fire
Feueralarm *m* fire alarm **Feuerbestattung** *f* cremation
feuerfest *adj* fireproof
Feuerleiter *f* fire escape **Feuerlöscher** *m* fire extinguisher **Feuermelder** <-s, -> *m* fire alarm
feuern I. *vi* to fire (**auf** at) II. *vt (fam)* ❶ *(werfen)* to fling ❷ *(entlassen)* to sack; **gefeuert werden** to get the sack
Feuerschlucker(in) <-s, -> *m(f)* fire-eater **feuersicher** ['fɔyɐzɪçɐ] *adj* fireproof
Feuerstein *m* flint **Feuerstelle** *f* campfire site **Feuerwache** *f* fire station
Feuerwehr <-, -en> *f* fire brigade + *sing/pl vb*
Feuerwehrauto *nt* fire engine **Feuerwehrleiter** *f* fire ladder **Feuerwehrmann, -frau** <-leute *o* -männer> *m, f* firefighter
Feuerwerk *nt* fireworks *npl*
Feuerwerkskörper *m* firework
Feuerzeug *nt* lighter
Feuilleton <-s, -s> [fœjə'tõ:] *nt* culture section
feurig ['fɔyrɪç] *adj* fiery
Fiaker <-s, -> ['fi̯akɐ] *m* ÖSTERR ❶ *(Kutsche)* [horse-drawn] carriage ❷ *(Kutscher)* coachman
Fibel <-, -n> ['fi:bl̩] *f* primer
Fichte <-, -n> [fɪçtə] *f* spruce
ficken ['fɪkn̩] *vi, vt (vulg)* to fuck; **gefickt werden** to get fucked
Fieber <-s, -> ['fi:bɐ] *nt* fever; ~ **haben** to have a temperature; [**jdm**] **das ~ messen** to measure sb's temperature
fieberhaft I. *adj* feverish II. *adv* feverishly
Fieberthermometer *nt* thermometer
fiebrig ['fi:brɪç] *adj* feverish
fiel ['fi:l] *vi imp von* **fallen**
fies [fi:s] *adj (pej fam)* mean
Figur <-, -en> [fi'gu:ɐ̯] *f* figure; **auf seine ~ achten** to watch one's figure
Filet <-s, -s> [fi'le:] *nt* fillet
Filetsteak [-ste:k] *nt* fillet steak
Filiale <-, -n> [fi'li̯a:lə] *f* branch
Filialleiter(in) *m(f)* branch manager
Film <-[e]s, -e> [fɪlm] *m* ❶ film ❷ *(Spielfilm)* film, movie AM
Filmemacher(in) *m(f)* film-maker
filmen ['fɪlmən] *vt, vi* to film
Filmkamera *f* film [*or* AM movie] camera **Filmprojektor** *m* film projector **Filmregisseur(in)** *m(f)* film [*or* AM movie] director **Filmschauspieler(in)** *m(f)* film [*or* AM movie] actor *masc* [*or* actress] *fem* **Filmvorführgerät** *nt (geh)* projector **Filmvorführung** *f* film showing **Filmvorschau** *f* [film] pre-

view
Filter <-s, -> ['fɪltɐ] *nt o m* filter
Filterkaffee *m* filter [*or* AM drip] coffee
filtern ['fɪltɐn] *vt* to filter
Filterpapier *nt* filter paper **Filterzigarette** *f* filter cigarette
Filz <-es, -e> [fɪlts] *m* felt
Filzstift *m*, **Filzschreiber** *m* felt-tip [pen]
Finale <-s, -s> [fi'na:lə] *nt* final
Finanzamt *nt* tax office
Finanzen [fi'nantsn̩] *pl* finances *npl;* **jds ~ übersteigen** to be beyond sb's means
Finanzhilfe *f* financial support
finanziell [finan'tsi̯ɛl] **I.** *adj* financial **II.** *adv* financially
finanzieren [finan'tsi:rən] *vt* to finance
Finanzierung <-, -en> *f* financing
Finanzjahr *nt* financial year **Finanzminister(in)** *m(f)* finance minister **Finanzministerium** *nt* tax and finance ministry
finden <fand, gefunden> ['fɪndn̩] **I.** *vt* ❶ to find ❷ *(erhalten)* **Unterstützung ~** to receive support; **Zustimmung ~** to meet with approval (**bei** from) ❸ *(empfinden)* **jdn blöd/nett ~** to think [that] sb is stupid/nice; **wie findest du das?** what do you think [of that]?; **es kalt/warm ~** to find it cold/warm; **etw an jdm ~** to see sth in sb ► **nichts an etw** *dat* **~** to not think much of sth; **nichts dabei ~, etw zu tun** to think nothing of doing sth **II.** *vi* ❶ **zu jdm/etw ~** to find one's way to sb/sth; **zu sich selbst ~** to find oneself ❷ *(meinen)* to think; **~ Sie?** [do] you think so? **III.** *vr* **sich ~** ❶ *(wieder auftauchen)* to turn up ❷ *(vorhanden sein)* **es fand sich niemand, der …** there was nobody to be found who …
Finderlohn *m* reward for the finder
Finesse <-, -n> [fi'nɛsə] *f (geh)* finesse; **mit allen ~n** with every refinement
fing ['fɪŋ] *vt imp von* **fangen**
Finger <-s, -> ['fɪŋɐ] *m* finger; **~ weg!** hands off!
Fingerabdruck *m* fingerprint **fingerfertig** *adj* nimble-fingered **Fingerhut** *m* ❶ thimble ❷ BOT foxglove **Fingernagel** *m* fingernail; **an den Fingernägeln kauen** to bite one's nails
Fingerspitzengefühl *nt kein pl* fine feeling; **~ haben** to be tactful
Fink <-en, -en> [fɪŋk] *m* finch
Finne, Finnin <-n, -n> ['fɪnə, 'fɪnɪn] *m, f* Finn, Finnish man/woman; **~ sein** to be Finnish
finnisch ['fɪnɪʃ] *adj* Finnish
Finnland <-s> ['fɪnlant] *nt* Finland
finster ['fɪnstɐ] *adj* ❶ dark ❷ *(mürrisch)* grim
Firma <-, Firmen> ['fɪrma] *f* company
Firmenwagen *m* company car **Firmenzeichen** *nt* company logo
Firmling <-s, -e> ['fɪrmlɪŋ] *m* candidate for confirmation
Firmung <-, -en> *f* confirmation
First <-[e]s, -e> [fɪrst] *m* roof ridge
Fisch <-[e]s, -e> [fɪʃ] *m* ❶ fish ❷ ASTROL Pisces *no pl*

Plural von fish

Der Plural von **fish** bleibt in den allermeisten Fällen unverändert: *The fishermen caught hundreds of fish.* Dies gilt auch für andere Tierarten, z. B. **sheep** und **deer.**

fischen ['fɪʃn̩] *vi* to fish; **das F~** fishing
Fischer(in) <-s, -> ['fɪʃɐ] *m(f)* fisher
Fischfang *m kein pl* fishing **Fischhändler(in)** *m(f)* fishmonger BRIT, fish dealer AM **Fischotter** *m* otter **Fischstäbchen** *nt* fish-finger BRIT, fish stick AM **Fischteich** *m* fish pond **Fischzucht** *f* fish-farming
Fiskalpakt *m* POL, FIN fiscal compact
Fisole <-, -n> [fi'zo:lə] *f* ÖSTERR green bean
fit [fɪt] *adj pred* fit; **sich ~ halten** to keep fit

F

Fitness <-> ['fɪtnɛs] *f kein pl* fitness
Fitnesscenter [-sɛntɐ] *nt* gym
fix [fɪks] **I.** *adj* 1 *(feststehend)* fixed 2 *(fam: flink)* quick **II.** *adv* quickly
fixieren [fɪ'ksi:rən] *vt* 1 *(anstarren)* **jdn/etw ~** to fix one's gaze on sb/sth 2 PSYCH **auf jdn/etw fixiert sein** to be fixated on sb/sth 3 *(geh: festlegen)* to fix
FKK-Strand *m* nudist beach
flach [flax] *adj* 1 *(eben)* flat; **sich ~ hinlegen** to lie [down] flat 2 *(nicht hoch)* low 3 *(nicht tief)* shallow
Flachbildschirm *m* INFORM, TV flat screen
Flachdach *nt* flat roof
Fläche <-, -n> ['flɛçə] *f* 1 *(Außenseite)* surface 2 *(Gebiet)* area
Flächeninhalt *m* [surface] area
Flachland *nt* lowland
Flachs <-es> [flaks] *m kein pl* BOT flax
flackern ['flakɐn] *vi* to flicker
Fladenbrot *nt* round flat loaf [of bread]
Flagge <-, -n> ['flagə] *f* flag
Flaggschiff *nt* flagship
Flame, Flamin *o* **Flämin** <-n, -n> ['flamə, fla:mɪn, flɛ:mɪn] *m, f* Fleming, Flemish man/woman
Flamingo <-s, -s> [fla'mɪŋgo] *m* flamingo
flämisch ['flɛmɪʃ] *adj* Flemish
Flamme <-, -n> ['flamə] *f* flame; **in ~n aufgehen** to go up in flames; **etw auf großer/kleiner ~ kochen** to cook sth on a high/low heat
Flandern <-s> ['flandɐn] *nt* Flanders *+ sing vb*
Flanell <-s, -e> [fla'nɛl] *m* flannel
Flanke <-, -n> ['flaŋkə] *f* 1 ANAT flank 2 FBALL cross
flanken ['flaŋkn̩] *vi* FBALL to centre
Flasche <-, -n> ['flaʃə] *f* bottle; **etw in ~n füllen** to bottle sth; **einem Kind die ~ geben** to bottle-feed a child
Flaschenbier *nt* bottled beer **Flaschenöffner** *m* bottle-opener
Flatrate, Flat Rate <-, -s> [flɛt'reɪt] *f* INET, TELEK flat rate
Flatscreen <-s, -s> ['flɛtskri:n] *m* TV flat screen [TV]
flattern ['flatɐn] *vi* 1 *Vogel* to flap 2 *(im Wind)* to flutter
flau [flau] *adj* 1 *(unwohl)* queasy 2 *(träge)* slack
Flaum <-[e]s> [flaum] *m kein pl* down
flauschig *adj* fleecy
Flaute <-, -n> ['flautə] *f* 1 calm *no pl* 2 ÖKON lull
Flechte <-, -n> ['flɛçtə] *f* lichen
flechten <flocht, geflochten> ['flɛçtn̩] *vt* to plait; *Korb, Kranz* to weave
Fleck <-[e]s, -e> [flɛk] *m* 1 *(Schmutzfleck)* stain 2 *(dunkle Stelle)* mark; **ein blauer ~** a bruise 3 *(Stelle)* spot; **sich nicht vom ~ rühren** to not move an inch
Fleckentferner <-s, -> *m* stain remover
fleckig ['flɛkɪç] *adj* 1 *(befleckt)* stained 2 *(mit dunklen Stellen)* blemished
Fledermaus ['fle:dɐmaus] *f* bat
Flegel <-s, -> ['fle:gl̩] *m (pej)* lout
flegelhaft *adj (pej)* uncouth
flehen ['fle:ən] *vi (geh)* to beg (**um** for)
Fleisch <-[e]s> ['flaiʃ] *nt kein pl* 1 *(Essen)* meat; **~ fressend** carnivorous 2 *(Gewebe)* flesh
Fleischbrühe *f* 1 *(Bouillon)* bouillon 2 *(Fond)* meat stock
Fleischbrühwürfel *m* stock [*or* AM bouillon] cube
Fleischer(in) <-s, -> ['flaiʃɐ] *m(f)* butcher
fleischfressend *adj s.* **Fleisch 1** **Fleischfresser** <-s, -> *m* carnivore, meat-eater **Fleischklößchen** *nt* meatball
fleischlos *adj* vegetarian; **~ kochen** to cook without meat
Fleischtomate *f* beef tomato **Fleischvergiftung** *f* food poisoning *(from meat)* **Fleischwolf** *m* mincer BRIT, grinder AM **Fleischwurst** *f* ≈ pork sausage
fleißig ['flaisɪç] **I.** *adj* industrious **II.** *adv* industriously
flexibel [flɛ'ksi:bl̩] *adj* flexible

Flexibilität <-> [flɛksibili'tɛ:t] *f kein pl* flexibility
flicken ['flɪkn̩] *vt* to mend; *Fahrradschlauch* to patch [up *sep*]
Flicken <-s, -> ['flɪkn̩] *m* patch
Flickenteppich *m* rag rug
Flickzeug *nt kein pl* [puncture] repair kit
Flieder <-s, -> ['fli:dɐ] *m* lilac
Fliege <-, -n> ['fli:gə] *f* ① fly ② MODE bow tie
fliegen <flog, geflogen> ['fli:gn̩] *vi sein* to fly
Fliegengewicht *nt kein pl* flyweight **Fliegenklatsche** *f* fly swatter **Fliegenpilz** *m* fly agaric *no pl*
Flieger <-s, -> *m (fam)* plane
Flieger(in) <-s, -> *m(f)* pilot
fliehen <floh, geflohen> ['fli:ən] *vi sein* to flee; **aus dem Gefängis ~** to escape from prison
Fliese <-, -n> [fli:zə] *f* tile
Fliesenleger(in) <-s, -> *m(f)* tiler
Fließband <-bänder> *nt* production line; **am ~ arbeiten** to work on the production line
fließen <floss, geflossen> ['fli:sn̩] *vi sein* to flow
fließend **I.** *adj* ① fluent ② *(übergangslos)* fluid **II.** *adv* ① **~ warmes und kaltes Wasser** running hot and cold water ② fluently; **~ Französisch sprechen** to speak fluent French
flimmern ['flɪmɐn] *vi* to flicker
flink [flɪŋk] *adj* quick
Flinte <-, -n> ['flɪntə] *f* shotgun
Flipchart <-, -s> ['flɪptʃart] *f* flipchart
Flipflops ['flɪpflɔps] *pl* flipflops *npl*
Flipperautomat *m* pinball machine
flippern ['flɪpɐn] *vi* to play pinball
flippig *adj (fam)* hip
flirten ['fløɐ̯tn̩] *vi* to flirt
Flitterwochen *pl* honeymoon *nsing*
flitzen ['flɪtsn̩] *vi sein* to dash
Flitzer <-s, -> *m (fam)* snappy [*or* sharp] little sports car *fam*
flocht ['flɔxt] *vt imp von* **flechten**
Flocke <-, -n> ['flɔkə] *f* flake; *(Schneeflocke)* snowflake
flockig ['flɔkɪç] *adj* fluffy
flog ['flo:k] *vi, vt imp von* **fliegen**
floh ['flo:] *vi, vt imp von* **fliehen**
Floh <-[e]s, Flöhe> [flo:] *m* flea
Flohmarkt *m* flea market
Flop <-s, -s> [flɔp] *m (fam)* flop
florieren [flo'ri:rən] *vi* to flourish; **~d** flourishing
Floskel <-, -n> ['flɔskl̩] *f* set phrase
Floß <-es, Flöße> [flo:s] *nt* raft
Flosse <-, -n> ['flɔsə] *f* ① *(Fischflosse)* fin ② *(Schwimmflosse)* flipper
Flöte <-, -n> ['flø:tə] *f* pipe; *(Querflöte)* flute
flöten ['flø:tn̩] *vi, vt* to play the flute
Flötist(in) <-en, -en> [flø'tɪst] *m(f)* flautist
flott [flɔt] **I.** *adj* ① *(zügig)* quick; **ein ~es Tempo** [a] high speed ② *(schick)* smart **II.** *adv* ① *(zügig)* fast ② *(schick)* smartly
flott|bekommen *vt irreg* to get working; *Schiff* to float off *sep*
Flotte <-, -n> ['flɔtə] *f* fleet
flott|machen *vt* to get back in working order
Fluch <-[e]s, Flüche> [flu:x] *m* curse
fluchen ['flu:xn̩] *vi* to curse (**auf/über** at)
Flucht <-, -en> [flʊxt] *f* escape; **die ~ in etw** *akk* refuge in sth; **auf der ~ sein** to be on the run; **die ~ ergreifen** to take flight; **jdn in die ~ schlagen** to put sb to flight
fluchtartig **I.** *adj* hasty **II.** *adv* hastily, in a hurry
flüchten ['flʏçtn̩] **I.** *vi sein* to flee; **aus dem Gefängnis ~** to escape from prison **II.** *vr haben* **sich in etw** *akk* **~** to take refuge in sth
flüchtig ['flʏçtɪç] *adj* ① *(fliehen)* **~ sein** to be a fugitive ② *(oberflächlich)* *Blick* cursory; **eine ~e Bekanntschaft** a passing acquaintance; **jdn ~ kennen** to have met sb briefly
Flüchtigkeitsfehler *m* careless mistake
Flüchtling <-s, -> ['flʏçtlɪŋ] *m* refugee

F

Flüchtlingskrise *f* refugee [*or* migrant] crisis
Flüchtlingslager *nt* refugee camp
Flug <-[e]s, Flüge> [fluːk] *m* flight; **der ~ zum Mond** the journey to the moon
Flugbegleiter(in) *m(f)* steward *masc*, stewardess *fem* **Flugbegleitpersonal** *nt* cabin crew + *sing/pl vb* **Flugblatt** *nt* flyer **Flugboot** *nt* flying boat **Flugdauer** *f* flying time **Flugdrachen** *m* hang-glider
Flügel <-s, -> [ˈflyːgl̩] *m* ① wing ② *(Konzertflügel)* grand piano
Flügelschraube *f* wing bolt **Flügeltür** *f* double door
Fluggast *m* passenger **Fluggeschwindigkeit** *f (von Flugzeug)* flying speed; *(von Rakete, Geschoss)* velocity; *(von Vögeln)* speed of flight **Fluggesellschaft** *f* airline **Flughafen** *m* airport **Flughöhe** *f* altitude **Fluglehrer(in)** *m(f)* flying instructor **Fluglotse, -lotsin** *m, f* flight controller **Flugpersonal** *nt* aircrew **Flugplatz** *m* airfield **Flugschein** *m* pilot's licence **Flugschneise** *f* air corridor **Flugsicherung** *f* flight control **Flugsteig** <-s, -e> *m* gate **Flugverbotszone** *f area with a flying ban* **Flugverkehr** *m* air traffic **Flugzeit** *f* flight time **Flugzettel** *m* ÖSTERR flyer
Flugzeug <-[e]s, -e> *nt* plane; **mit dem ~** by plane
Flugzeugbesatzung *f* flight crew **Flugzeughalle** *f* hangar **Flugzeugträger** *m* aircraft carrier
flunkern [ˈflʊŋkɐn] *vi (fam)* to fib
Fluor <-s> [ˈfluːoːɐ̯] *nt kein pl* fluorine
Fluorchlorkohlenwasserstoff *m* chlorofluorocarbon, CFC
Fluoreszenz <-> [fluorɛsˈtsɛnts] *f kein pl* fluorescence
Flur[1] <-[e]s, -e> [fluːɐ̯] *m* corridor; *(Hausflur)* hall
Flur[2] <-, -en> [fluːɐ̯] *f (geh: freies Land)* open fields *npl*
Fluss <-es, Flüsse> [flʊs] *m* river; **am ~** next to the river
flussab [flʊsˈʔap], **flussabwärts** [flʊsˈʔapvɛrts] *adv* downstream **flussaufwärts** [flʊsˈʔaufvɛrts] *adv* upstream **Flussbett** *nt* riverbed
flüssig [ˈflʏsɪç] **I.** *adj* ① liquid; *Glas, Stahl* molten; **etw ~ machen** to melt sth; **~ werden** to melt ② *(fließend)* flowing ③ FIN *(fam)* **[nicht] ~ sein** [not] to have a lot of money **II.** *adv* **~ sprechen** to speak fluently
Flüssigkeit <-, -en> *f* liquid
Flusskrebs *m* crayfish **Flusspferd** *nt* hippopotamus
flüstern [ˈflʏstɐn] *vi, vt* to whisper
Flut <-, -en> [fluːt] *f* ① *(Gegensatz zu Ebbe)* high tide; **bei ~** at high tide ② *meist pl (Wassermassen)* torrent ③ *(große Menge)* flood
fluten [ˈfluːtn̩] *vi, vt* to flood
Fluthilfe *f* flood relief **Flutlicht** *nt kein pl* floodlight **Flutopfer** *nt* flood victim **Flutwelle** *f* tidal wave
f-Moll <-s, -> [ˈɛfmɔl] *nt kein pl* MUS F flat minor
focht [ˈfɔxt] *vi imp von* **fechten**
fohlen [ˈfoːlən] *vi* to foal
Fohlen <-s, -> [ˈfoːlən] *nt* foal
Föhn <-[e]s, -s> [føːn] *m* hair-dryer
föhnen *vt* to blow-dry
Föhre <-, -n> [ˈføːrə] *f* DIAL pine tree
Folge <-, -n> [ˈfɔlgə] *f* ① *(Auswirkung)* consequence; **etw zur ~ haben** to result in sth ② *(Abfolge)* series ③ TV episode
folgen [ˈfɔlgn̩] *vi* ① to follow; **auf etw** *akk* **~** to come after sth; **wie folgt** as follows ② *(hervorgehen)* **aus etw** *dat* **folgt, dass …** the consequences of sth are that …
folgend [ˈfɔlgn̩t] *adj* following; **F~es** the following; **im F~en** in the following
folgendermaßen [ˈfɔlgn̩dɐˈmaːsn̩] *adv* as follows
folgenschwer *adj* serious; *Entscheidung* momentous
folgerichtig *adj* logical
folgern [ˈfɔlgɐn] *vt* to conclude (**aus** from)

folglich ['fɔlklɪç] *adv* therefore
folgsam ['fɔlkza:m] *adj* obedient
Folie <-, -n> ['fo:li̯ə] *f* film; *(Metallfolie)* foil
Folklore <-> [fɔlk'lo:rə] *f kein pl* folklore
folkloristisch *adj* folkloristic
Folter <-, -n> ['fɔltɐ] *f* torture
foltern ['fɔltɐn] *vt* to torture
Folterung <-, -en> *f* torture
Fon [fo:n] *nt (fam) kurz für* **Telefon** phone
Fön® <-s, -s> [fø:n] *m* hair-dryer
Fond <-s, -s> [fõ:] *m* ❶ KOCHK stock ❷ AUTO *(geh)* rear compartment
Fonds <-, -> [fõ:] *m (Geldreserve)* fund; *(Kapital)* funds *npl*
Fontäne <-, -n> [fɔn'tɛ:nə] *f* fountain
foppen ['fɔpn̩] *vt (fam)* **jdn ~** to pull sb's leg
Förderband <-bänder> *nt* conveyor belt
förderlich *adj* useful
fordern ['fɔrdɐn] **I.** *vt* ❶ *(verlangen)* to demand ❷ *(erfordern)* to require ❸ *(herausfordern)* to challenge (**zu** to) **II.** *vi* [**von jdm**] **~, dass …** to demand [of sb] that …
fördern ['fœrdɐn] *vt* ❶ *(unterstützen)* to support; *(finanziell)* to sponsor ❷ *(vorantreiben)* to promote ❸ *(abbauen)* to mine for; *Erdöl* to drill for
Forderung <-, -en> *f* demand; **jds ~en erfüllen** to meet sb's demands; **~en** [**an jdn**] **stellen** to make demands [on sb]
Förderung <-, -en> *f* ❶ *(Unterstützung)* support ❷ *(das Fördern)* promotion
Forelle <-, -n> [fo'rɛlə] *f* trout
Form <-, -en> [fɔrm] *f* ❶ form; *(äußere Gestalt)* shape; **in ~ von etw** *dat* in the form of sth; **~ annehmen** to take shape ❷ *(Kondition)* shape *fam;* **nicht in ~ sein** to be out of shape ❸ *(Gussform)* mould ❹ *(Verhalten)* **die ~ wahren** *(geh)* to remain polite
formal [fɔr'ma:l] **I.** *adj* formal **II.** *adv* formally
Formalität <-, -en> [fɔrmali'tɛt] *f* formality
Format <-[e]s, -e> [fɔr'ma:t] *nt* ❶ format; **im ~ DIN A 4** in A 4 format ❷ *(Niveau)* [**kein**] **~ haben** to have [no] class
Formatierung *f* formatting
Formel <-, -n> ['fɔrml̩] *f* ❶ *(Kürzel)* formula ❷ *(Ausdruck)* set phrase
formell [fɔr'mɛl] *adj* ❶ *(offiziell)* official ❷ *(förmlich)* formal
formen ['fɔrmən] *vt* ❶ to form ❷ *(modellieren)* to mould
Formfehler *m* ❶ *(Verstoß gegen Vorschriften)* irregularity ❷ *(Verstoß gegen Etikette)* breach of etiquette
förmlich ['fœrmlɪç] **I.** *adj* formal **II.** *adv* ❶ *(formell)* formally ❷ *(geradezu)* really
Förmlichkeit <-, -en> *f kein pl* formality
formlos *adj (informell)* informal
Formular <-s, -e> [fɔrmu'la:ɐ̯] *nt* form
formulieren [fɔrmu'li:rən] *vt* to formulate
forsch [fɔrʃ] **I.** *adj* bold **II.** *adv* boldly
forschen ['fɔrʃn̩] *vi* to research; **nach jdm/etw ~** to search for sb/sth
Forscher(in) <-s, -> *m(f)* researcher
Forschung <-, -en> *f* research
Forst <-[e]s, -e[n]> [fɔrst] *m* forest
Forstamt *nt* forestry office [*or* AM service]
Forstarbeiter(in) *m(f)* forest labourer
Förster(in) <-s, -> ['fœrstɐ] *m(f)* forester
Forsthaus *nt* forester's house
Forstwirtschaft *f kein pl* forestry *no pl*
fort [fɔrt] *adv* ❶ away ❷ *(weiter)* **und so ~** and so on; **in einem ~** constantly
fort|bewegen *vt, vr* [**sich**] **~** to move
Fortbewegung *f kein pl* movement
Fortbewegungsmittel *nt* means of locomotion
fort|bilden *vr* **sich ~** to take [further] education courses
Fortbildung *f kein pl* [further] training

F

fort|bringen ['fɔrtbrɪŋən] *vt irreg (wegbringen)* to take away *sep; (zur Reparatur)* to take in *sep*
fort|dauern *vi* to continue
fort|fahren *vi* ❶ *sein* to go [away/off] ❷ *sein o haben (weitermachen)* to continue
fort|führen *vt (fortsetzen)* to continue
Fortführung *f* continuation
F
fort|gehen *vi sein* to go away
fortgeschritten *adj* advanced; **im ~en Alter** at an advanced age
fortgesetzt *adj* constant
fort|jagen *vt haben* to chase away
Fortkommen *nt* progress
fort|laufen *vi irreg sein* to run away
fortlaufend I. *adj (ständig wiederholt)* continual; *(ohne Unterbrechung)* continuous II. *adv (ständig)* constantly; *(in Serie)* consecutively
fort|leben *vi* to live on
fort|pflanzen *vr* **sich ~** to reproduce **Fortpflanzung** *f kein pl* reproduction **Fortpflanzungsklinik** *f* MED IVF [*or* fertility] clinic
fort|schaffen *vt* to get rid of
fort|schicken *vt* to send away
fortschreitend *adj* progressive
Fortschritt ['fɔrtʃrɪt] *m* progress
fortschrittlich *adj* progressive
fort|setzen *vt, vi* to continue
Fortsetzung <-, -en> ['fɔrtzɛtsʊŋ] *f* ❶ *kein pl* continuation ❷ *eines Buches, Films* sequel; TV episode; **„~ folgt"** "to be continued"
fortwährend ['fɔrtvɛːrənt] *adj attr* constant
Forum <-s, Foren *o* Fora> ['foːrʊm, *pl:* 'foːrən, 'foːra] *nt* ❶ *(Personenkreis)* audience ❷ *pl (öffentliche Diskussion)* public discussion ❸ *(Ort für öffentliche Diskussion)* forum ❹ INET [discussion] forum
fossil [fɔ'siːl] *adj attr* fossil
Fossil <-s, -ien> [fɔ'siːl, *pl:* -i̯ən] *nt* fossil
Foto <-s, -s> ['foːto] *nt* photo[graph]; **ein ~ machen** to take a photo (**von** of)
Fotoapparat *m* camera
fotogen [foto'geːn] *adj* photogenic
Fotograf(in) <-en, -en> [foto'graːf] *m(f)* photographer
Fotografie <-, -n> [fotogra'fiː] *f* ❶ *kein pl (Verfahren)* photography ❷ *(Bild)* photograph
fotografieren [fotogra'fiːrən] *vt* **jdn/etw ~** to take a photograph of sb/sth; **sich ~ lassen** to have one's photograph taken
Fotokopie [fotoko'piː] *f* photocopy **fotokopieren** [fotoko'piːrən] *vt* to photocopy **Fotokopiergerät** *nt* photocopier **Fotozelle** *f* photoelectric cell, photocell
Fötus <-[ses], Föten> ['føːtʊs] *m* foetus
foulen ['faulən] *vt, vi* to foul
Fracht <-, -en> ['fraxt] *f* cargo
Frachter <-s, -> ['fraxtɐ] *m* cargo boat
Frachtflugzeug *nt* cargo plane, air freighter **frachtfrei** *adj* HANDEL carriage [pre]paid **Frachtgut** *nt* freight **Frachtraum** *m Schiff* cargo hold; *Flugzeug* cargo compartment **Frachtschiff** *nt* cargo boat; *(groß)* cargo ship
Frack <-[e]s, Fräcke> [frak] *m* tails *npl*
Frage <-, -n> ['fraːgə] *f* question; **keine ~** no problem; **ohne ~** without doubt; **in ~ kommen** to be worthy of consideration; **nicht in ~ kommen** to be out of the question; **jdm eine ~ stellen** to ask sb a question
Fragebogen *m* questionnaire
Fragefürwort *nt* LING interrogative pronoun
fragen ['fraːgn̩] I. *vi* to ask (**nach** for); **ohne zu ~** without asking questions; **nach der Uhrzeit ~** to ask the time II. *vr* **sich ~, ob/wann/wie …** to wonder whether/when/how …; **es fragt sich, ob …** it is doubtful whether … III. *vt* **[jdn] etwas ~** to ask [sb] sth
fragend I. *adj Blick* questioning, inquiring II. *adv* **jdn ~ ansehen** to give sb a questioning look
Fragesatz *m* LING interrogative clause

Fragestellung *f* ① *(Formulierung)* formulation of a question ② *(Problem)* problem **Fragestunde** *f* question time **Fragewort** *nt* LING interrogative particle **Fragezeichen** *nt* question mark

fraglich ['fra:klɪç] *adj* ① *(unsicher)* doubtful ② *attr* **zur ~en Zeit** at the time in question

fragwürdig ['fra:kvʏrdɪç] *adj (pej)* dubious

Fraktion <-, -en> [frak'tsi̯o:n] *f* POL parliamentary party, congressional faction AM

Fraktionsvorsitzende(r) *f(m) dekl wie adj* chairman of a parliamentary party

frankieren [fraŋ'ki:rən] *vt* to stamp

franko ['fraŋko] *adv* prepaid

Frankreich <-s> ['fraŋkraiç] *nt* France

Franse <-, -n> ['franzə] *f* fringe

Franzose, Französin <-n, -n> [fran'tso:zə, fran'tsø:zɪn] *m, f* Frenchman *masc,* Frenchwoman *fem;* **~ sein** to be French; **die ~n** the French

französisch [fran'tsø:zɪʃ] *adj* French

Französisch [fran'tsø:zɪʃ] *nt dekl wie adj* French; **auf ~** in French; *s.a.* **Deutsch**

fraß ['fra:s] *vi, vt imp von* **fressen**

Fratze <-, -n> ['fratsə] *f* grimace; **eine ~ schneiden** to pull a face

Frau <-, -en> [frau] *f* ① woman ② *(Ehefrau)* wife ③ *(Anrede)* Mrs, Ms *(feminist version of Mrs);* **~ Doktor** Doctor

Frauchen <-s, -> ['frauçən] *nt (fam) dim von* **Frau** ① *(fam: Kosename)* wifie ② *(Haustierbesitzerin)* mistress; **komm zu ~!** come to your mummy!

Frauenarzt, -ärztin *m, f* gynaecologist **Frauenbewegung** *f kein pl* women's movement **Frauenhaus** *nt* women's refuge **Frauenklinik** *f* gynaecological clinic **Frauenzeitschrift** *f* women's magazine

Fräulein <-s, -[s]> ['frɔylain] *nt (veraltend)* Miss

frech [frɛç] **I.** *adj* cheeky BRIT, fresh AM **II.** *adv* cheekily BRIT, freshly AM

Frechdachs *m (fam)* cheeky [little] monkey

Frechheit <-, -en> *f* ① *kein pl* impudence; **die ~ haben, etw zu tun** to have the nerve to do sth ② *(Äußerung)* cheeky remark; *(Handlung)* insolent behaviour

Fregatte <-, -n> [fre'gatə] *f* frigate

frei [frai] **I.** *adj* ① free; **~e Meinungsäußerung** freedom of speech; **~er Mitarbeiter/~e Mitarbeiterin** freelance[r]; **aus ~en Stücken** of one's own free will; **sich von etw** *dat* **~ machen** to free oneself from sth ② *(freie Zeit)* **~ haben/nehmen** to have/take time off; **er hat heute ~** he's off today; **eine Woche ~ haben** to have a week off ③ *Stelle, Zimmer* vacant; **ist dieser Platz ~?** is this seat taken? ④ *(ohne etwas)* **~ von etw** *dat* **sein** to be free of sth **II.** *adv* ① freely; **er läuft immer noch ~ herum!** he is still on the loose!; **~ atmen** to breathe easy ② *(ohne Hilfsmittel)* **~ sprechen** to speak off-the-cuff ③ *Tiere* **~ laufend** free-range; **~ lebend** living in the wild

Freibad *nt* outdoor swimming pool **freiberuflich** *adj, adv* freelance **Freibetrag** *m* allowance

frei|geben *irreg vt* ① ÖKON **eine Währung ~** to float a currency ② *Straße* to open up ③ *(Urlaub geben)* to give time off

freigebig ['fraige:bɪç] *adj* generous

Freigepäck *nt* luggage allowance **Freihafen** *m* free port **frei|halten** *vt irreg (reservieren)* to save

Freihandel *m* free trade **Freihandelszone** *f* free trade area

freihändig ['fraihɛndɪç] *adj, adv* **~ Rad fahren** to cycle with no hands; **~ zeichnen** to draw freehand

Freiheit <-, -en> ['fraihait] *f* ① *kein pl* freedom ② *(als ein Recht)* liberty; **sich** *dat* **die ~ nehmen, etw zu tun** to take the liberty of doing sth; **dichterische ~** poetic licence

freiheitlich *adj* liberal

Freiheitsstrafe *f* prison sentence
Freikarte *f* free ticket **Freikörperkultur** *f kein pl* nudism **frei|lassen** *vt irreg* to free
freilich ['frailɪç] *adv* ❶ *(allerdings)* though ❷ *(natürlich)* of course
Freilichtbühne *f* open-air theatre
freimütig ['fraimy:tɪç] *adj* frank
freischaffend *adj attr* freelance

frei|sprechen *vt irreg* to acquit **Freispruch** *m* acquittal; **auf ~ plädieren** to plead for an acquittal **Freistaat** *m* free state **Freistil** *m kein pl* SPORT ❶ *(Freistilschwimmen)* freestyle ❷ *(Freistilringen)* freestyle, all-in wrestling **Freistoß** *m* free kick
Freitag <- [e]s, -e> ['fraita:k] *m* Friday; *s.a.* **Dienstag**
Freitod *m (euph)* suicide
freiwillig ['fraivɪlɪç] **I.** *adj* voluntary **II.** *adv* voluntarily **Freiwillige(r)** ['fraivɪlɪgə, 'fraivɪlɪgɐ] *f(m) dekl wie adj* volunteer **Freizeichen** *nt* ringing tone **Freizeit** *f* leisure [time]

Freizeit und Hobbys – Free time and hobbies

Basketball/ Schach spielen	to play basketball/chess
basteln	to do [handi]crafts
biken	to bike
sich mit Freunden treffen	to meet up with friends
inlineskaten	to go in-line skating
ein Instrument spielen	to play an instrument
ins Kino/Theater gehen	to go to the cinema/ the theatre
laufen/joggen	to jog
lesen	to read
malen	to paint
Musik hören	to listen to music
Online-/Internet-spiele spielen	to play online games
Party machen	to party
Rad fahren	to cycle
reisen	to travel
sammeln	to collect
schwimmen	to swim
singen	to sing
Sport machen	to do sports
tanzen	to dance
Theater spielen	to act
turnen	to do gymnastics
wandern	to hike

Freizeithemd *nt* casual shirt **Freizeitkleidung** *f* leisure wear **Freizeitpark** *m* amusement park

freizügig *adj* ❶ *(großzügig)* generous ❷ *(liberal)* liberal
fremd [frɛmt] *adj* ❶ *(fremdländisch)* foreign ❷ *(unvertraut)* strange; **ich bin hier ~** I'm not from round here ❸ *(anderen gehörig)* somebody else's
fremdartig ['frɛmtʔa:ɐ̯tɪç] *adj* strange
Fremde(r) ['frɛmdə, -dɐ] *f(m) dekl wie adj* stranger; *(Ausländer)* foreigner
Fremdenführer(in) *m(f)* guide **Fremdenverkehr** *m* tourism **Fremdenverkehrszentrum** *nt* tourist centre **Fremdenzimmer** *nt* spare room
Fremdkörper *m* MED foreign body
fremd|schämen, **fremdschämen** *vr (fam)* **sich ~** to feel embarrassed [for sb]
Fremdsprache *f* foreign language **fremdsprachlich** *adj attr* foreign-language **Fremdwort** *nt* borrowed word
Frequenz [fre'kvɛnts] *f* frequency
Fresko <-s, Fresken> ['frɛsko] *nt* fresco
Fressattacke *f (fam)* attack of the munchies
Fresse <-, -n> ['frɛsə] *f (derb)* ❶ *(Mund)* gob ❷ *(Gesicht)* mug ❸ **die ~ halten** to shut one's gob; **jdm die ~ polieren** to smash sb's face in
fressen <fraß, gefressen> ['frɛsn̩] **I.** *vi* ❶ *Tier* to eat ❷ *(derb) Mensch* to guzzle **II.** *vt Tiere* to eat; *(sich ernähren

von) to feed on
Fresssucht *f* gluttony
Frettchen <-s, -> ['frɛtçən] *nt* ferret
Freude <-, -n> ['frɔydə] *f* joy (**über** at); **~ an etw** *dat* **haben** to derive pleasure from sth; **jdm eine ~ machen** to make sb happy; **etw macht jdm ~** sb enjoys sth; **zu unserer großen ~** to our great delight
Freudengeschrei *nt* cries of joy **Freudentränen** *pl* tears of joy
freudestrahlend I. *adj nicht präd* beaming [with delight] II. *adv* joyfully
freudig ['frɔydɪç] I. *adj* joyful; **in ~er Erwartung** in joyful expectation; **~ überrascht** pleasantly surprised
freudlos ['frɔytloːs] *adj* cheerless
freuen ['frɔyən] I. *vr* **sich ~** to be pleased (**über** about); **sich auf etw** *akk* **~** to look forward to sth; **sich mit jdm ~** to share sb's happiness II. *vt impers* **es freut mich, dass …** I'm pleased that …
Freund(in) <-[e]s, -e> ['frɔynt, 'frɔyndɪn] *m(f)* ① friend ② *(intim)* boyfriend *masc,* girlfriend *fem* ③ *(Anhänger)* lover; **ein ~ der Natur** a lover of nature
freundlich ['frɔyntlɪç] I. *adj* ① friendly ② *(liebenswürdig)* kind; **das ist sehr ~ von Ihnen** that's very kind of you II. *adv* in a friendly way, kindly
Freundlichkeit <-, -en> *f* ① *kein pl (Art)* friendliness ② *(Handlung)* kindness
Freundschaft <-, -en> *f kein pl* friendship; **~ schließen** to make friends
freundschaftlich *adj* friendly
Freundschaftsspiel *nt* friendly match
Frevel <-s, -> ['freːfl̩] *m (geh)* sacrilege
frevelhaft *adj* outrageous
Frieden <-s, -> ['friːdn̩] *m* peace; *(Ruhe)* peace [and quiet]; **lass mich in ~!** leave me alone!; **~ schließen** to make peace
Friedensbewegung *f* peace movement **Friedenseinsatz** *m* MIL peacekeeping troops *pl* **Friedensstifter(in)** *m(f)* peacemaker **Friedensverhandlungen** *pl* peace negotiations **Friedensvertrag** *m* peace treaty
friedfertig *adj* peaceable
Friedhof *m* cemetery
friedlich ['friːtlɪç] I. *adj* peaceful II. *adv* peacefully; **einen Konflikt ~ lösen** to settle a conflict amicably
frieren <fror, gefroren> ['friːrən] I. *vi* ① *haben* **jd friert** sb is cold ② *sein (gefrieren)* to freeze II. *vi impers haben* **es friert** it's freezing
Frikadelle <-, -n> [frika'dɛlə] *f* rissole BRIT, meatball AM
frisch [frɪʃ] I. *adj* fresh; **sich ~ machen** to freshen up II. *adv* freshly; **~ gebacken** freshly-baked; **~ gestrichen** newly painted
Frischhaltefolie *f* cling film **Frischhaltepackung** *f* airtight pack; **in einer ~** vacuum-packed
Frischkäse *m* cream cheese
Friseur(in) <-s, -e> [fri'zøːɐ̯] *m(f),* **Friseuse** <-, -n> [fri'zøːzə] *m(f)* hairdresser; **zum ~ gehen** to go to the hairdresser's
frisieren [fri'ziːrən] *vt* ① **jdn ~** to do sb's hair ② *(fälschen)* **die Zahlen ~** to cook the books *sl*
Frisiersalon *m* hair stylist['s]; *(für Damen)* hairdresser's BRIT; *(für Herren)* barber's [shop]
Frisör <-s, -e> [fri'zøːɐ̯] *m s.* **Friseur**
Frist <-, -en> [frɪst] *f* period; **innerhalb einer ~ von zwei Wochen** within [a period of] two weeks
fristgemäß, fristgerecht I. *adj* punctual; **nicht ~e Lieferung** late delivery II. *adv* on time
fristlos *adv* **jdn ~ entlassen** to fire sb on the spot
Frisur <-, -en> [fri'zuːɐ̯] *f* hairstyle
Fritteuse <-, -n> [fri'tøːzə] *f* deep [*or* BRIT *a.* deep-fat] fryer
frittieren [frɪ'tiːrən] *vt* to [deep-]fry
frivol [fri'voːl] *adj (anzüglich)* suggestive
froh [froː] *adj* ① happy, glad; **~ sein** to be pleased (**über** with/about); **~ ge-**

F

launt cheerful ❷ **eine ~e Nachricht** good news ❸ *(glücklich)* **~e Feiertage!** have a pleasant holiday!; **~e Ostern!** Happy Easter!; **~e Weihnachten!** Merry Christmas!

fröhlich ['frø:lɪç] **I.** *adj* ❶ *(heiter)* cheerful ❷ *(glücklich) s.* **froh 3 II.** *adv* cheerfully

Fröhlichkeit <-> *f kein pl* cheerfulness

fromm <-er *o* frömmer, frömmste> [frɔm] *adj* religious

frönen ['frø:nən] *vi (geh)* **etw** *dat* **~** to indulge in sth

Fronleichnamsfest *nt* Feast of Corpus Christi

Front <-, -en> [frɔnt] *f* front

frontal [frɔn'ta:l] **I.** *adj attr* frontal **II.** *adv* **~ zusammenstoßen** to collide head-on

Frontalzusammenstoß *m* head-on collision

Frontscheibe *f* AUTO windscreen BRIT, windshield AM

fror ['fro:ɐ̯] *vi imp von* **frieren**

Frosch <-[e]s, Frösche> [frɔʃ] *m* frog

Froschschenkel *m* frog's leg

Frost <-[e]s, Fröste> [frɔst] *m* frost

frösteln ['frœstl̩n] *vi* to shiver

frostig ['frɔstɪç] *adj* frosty

Frostschutzmittel *nt* antifreeze

Frottee <-s, -s> [frɔ'te:] *nt o m* terry cloth

Frotteehandtuch *m* terry [*or* AM terry-cloth] towel

Frucht <-, Früchte> [frʊxt] *f* fruit; **Früchte tragen** to bear fruit *no pl*

fruchtbar ['frʊxtba:ɐ̯] *adj* fertile

Fruchtbarkeit <-> *f kein pl* fertility

fruchten ['frʊxtn̩] *vi meist verneint* **nichts/wenig ~** to be of no/little use

Fruchtfleisch *nt* [fruit] pulp

fruchtlos *adj* fruitless

Fruchtsaft *m* fruit juice **Fruchtwasser** *nt* MED amniotic fluid **Fruchtzucker** *m* fructose

früh [fry:] **I.** *adj* early; **~ am Morgen** early in the morning; **der ~e Goethe** the young Goethe **II.** *adv* early; **Montag ~** Monday morning; **~ genug** in good time; **von ~ bis spät** from morning till night

Frühaufsteher(in) <-s, -> *m(f)* early riser

Frühe <-> ['fry:ə] *f kein pl* **in aller ~** at the crack of dawn SÜDD, ÖSTERR **in der ~** early in the morning

früher ['fry:ɐ] **I.** *adj* ❶ *(vergangen)* earlier ❷ *(ehemalig)* former; **~e Freundin** ex[-girlfriend] **II.** *adv* ❶ *(eher)* earlier; **~ oder später** sooner or later ❷ *(ehemals)* formerly; **~ war das alles anders** things were different in the old days

Früherkennung *f* early diagnosis

frühestens *adv* at the earliest

Frühgeburt *f* premature birth **Frühjahr** ['fry:ja:ɐ̯] *nt* spring

Frühling <-s, -e> ['fry:lɪŋ] *m* spring; **es wird ~** spring is coming

Frühlingsrolle *f* spring [*or* AM egg] roll

frühmorgens [fry:'mɔrgn̩s] *adv* early in the morning **Frühpensionierung** *f* early retirement **frühreif** *adj* precocious **Frühschicht** *f* morning shift; **~ haben** to be on the morning shift

Frühstück <-s, -e> ['fry:ʃtʏk] *nt* breakfast; **zum ~** for breakfast; **zweites ~** midmorning snack

frühstücken ['fry:ʃtʏkn̩] **I.** *vi* to have [one's] breakfast **II.** *vt* **etw ~** to have sth for breakfast

frühzeitig ['fry:tsaitɪç] **I.** *adj* early **II.** *adv* in good time

Frust <-[e]s> [frʊst] *m kein pl (fam)* frustration *no indef art*

Frustration <-, -en> [frʊstra'tsi̯o:n] *f* frustration

frustrieren [frʊs'tri:rən] *vt* to frustrate

Fuchs, Füchsin <-es, Füchse> [fʊks, 'fʏksɪn] *m, f* fox *masc,* vixen *fem*

Fuchsbau *m* [fox's] earth

Füchsin <-, -nen> ['fʏksɪn] *f fem form von* **Fuchs** vixen

Fuchsjagd *f* fox-hunt[ing] **Fuchsschwanz** *m (Säge)* [straight back] handsaw

fuchsteufelswild ['fʊks'tɔyf|s'vɪlt] *adj (fam)* mad as hell
Fuge <-, -n> ['fuːgə] *f* join; **aus den ~n geraten** *(fig)* to be out of joint
fügen ['fyːgn̩] **I.** *vt* ❶ *(anfügen)* to add; **Wort an Wort ~** to string words together ❷ *(geh: bewirken)* **etw fügt etw** sth ordains sth **II.** *vr* ❶ *(sich unterordnen)* **sich ~** to toe the line; **sich jdm ~** to bow to sb; **sich den Anordnungen ~** to obey instructions ❷ *(akzeptieren)* **sich in etw** *akk* **~** to submit to sth ❸ *([hinein]passen)* **sich in etw** *akk* **~** to fit into sth ❹ *impers (geh: geschehen)* **es wird sich schon alles ~** it'll all work out in the end
fühlbar *adj* noticeable
fühlen ['fyːlən] **I.** *vt* to feel **II.** *vr* **wie ~ Sie sich?** how are you feeling?; **sich besser ~** to feel better
Fühler <-s, -> *m* ❶ antenna ❷ TECH sensor
fuhr ['fuːɐ̯] *vi, vt imp von* **fahren**
Fuhre <-, -n> ['fuːrə] *f* [cart]load
führen ['fyːrən] **I.** *vt* ❶ *(geleiten)* to take (**zu** to); *(vorangehen)* to lead; **jdn durch ein Museum ~** to show sb round a museum ❷ *(leiten) Geschäft* to run; *Gruppe* to lead ❸ *(geh: haben)* **etw mit sich** *dat* **~** to carry sth ❹ *Ware* to stock **II.** *vi* ❶ *Weg* to lead ❷ SPORT **mit drei Punkten ~** to have a lead of three points ❸ *(als Ergebnis haben)* **zu etw** *dat* **~** to lead to sth; **das führt zu nichts** that will come to nothing
führend *adj* leading *attr*
Führer <-s, -> ['fyːrɐ] *m (Buch)* guide[book]
Führer(in) <-s, -> ['fyːrɐ] *m(f)* ❶ leader ❷ *(Fremdenführer)* guide
Führerschein *m* driving licence BRIT, driver's license AM; **den ~ machen** to learn to drive **Führerscheinentzug** *m* driving ban
Fuhrpark *m* fleet [of vehicles]
Führung <-, -en> *f* ❶ *kein pl* POL leadership ❷ *kein pl* HANDEL management ❸ *(Besichtigung)* guided tour (**durch** of) ❹ SPORT **in ~ gehen/liegen** to go into/be in the lead
Führungskraft *f* executive [officer]
Fuhrunternehmen [fuːɐ̯-] *nt* haulage business BRIT, trucking company AM **Fuhrunternehmer(in)** [fuːɐ̯-] *m(f)* haulage contractor BRIT, trucking company AM
Fülle <-> ['fʏlə] *f kein pl (Menge)* wealth; **eine ~ von etw** *dat* a whole host of sth; **in [Hülle und] ~** in abundance
füllen ['fʏlən] **I.** *vt* to fill **II.** *vr* **sich ~** to fill [up]
Füller <-s, -> ['fʏlɐ] *m*, **Füllfederhalter** *m* fountain pen; *(mit Patrone)* cartridge pen
Füllgewicht *nt* ❶ ÖKON net weight ❷ *(Fassungsvermögen)* maximum load
Füllung <-, -en> *f* stuffing
Füllwort <-wörter> *nt* filler [word], expletive *spec*
fummeln ['fʊml̩n] *vi (fam: hantieren)* to fumble around (**an/mit** with)
Fundament <-[e]s, -e> [fʊnda'mɛnt] *nt* foundation[s *npl*]
fundamental [fʊndamɛn'taːl] **I.** *adj* fundamental **II.** *adv* fundamentally
Fundamentalist(in) <-en, -en> [fʊndamɛnta'lɪst] *m(f)* fundamentalist
Fundbüro *nt* lost property office BRIT, lost-and-found office AM **Fundsache** *f* recovered item; **~n** lost property *no pl, no indef art*
fünf [fʏnf] *adj* five; *s.a.* **acht**[1]
Fünf <-, -en> [fʏnf] *f* ❶ *(Zahl)* five; *s.a.* **Acht**[1] ❷ *(Zeugnisnote)* 'unsatisfactory', ≈ E BRIT
Fünfeck *nt* pentagon **fünffach, 5-fach** ['fʏnffax] *adj* fivefold; **die ~e Menge** five times the amount **fünfhundert** ['fʏnf'hʊndɐt] *adj* five hundred **Fünfkampf** *m* pentathlon **fünfmal, 5-mal** *adv* five times **fünftausend** ['fʏnf'taʊznt] *adj* five thousand
fünftel ['fʏnftl̩] *adj* fifth

F

fünftens ['fʏnftn̩s] *adv* fifth, in [the] fifth place

fünfzehn ['fʏnftseːn] *adj* fifteen; ~ **Uhr** 3 pm; *s.a.* **acht**[1]

fünfzig ['fʏnftsɪç] *adj* fifty; *s.a.* **achtzig**

fungieren [fʊŋ'giːrən] *vi* function (**als** as)

Funk <-s> [fʊŋk] *m kein pl* radio

Funke <-ns, -n> ['fʊŋkə] *m* ① *(glimmendes Teilchen)* spark; **~n sprühen** to emit sparks; **der zündende ~** *(fig)* the vital spark ② *(geringes Maß)* scrap; **ein ~ [von] Anstand** a scrap of decency; **ein ~ Hoffnung** a gleam of hope

funkeln ['fʊŋkl̩n] *vi* to sparkle

funken ['fʊŋkn̩] **I.** *vi, vt* TELEK to radio; **um Hilfe ~** to radio for help; **SOS ~** to radio an SOS **II.** *vi impers (fam)* **zwischen den beiden hat's gefunkt** those two have really clicked

Funken <-s, -> ['fʊŋkn̩] *m (a. fig)* spark

Funkgerät *nt* ① RT unit ② *(Sprechfunkgerät)* walkie-talkie **funkgesteuert** *adj* ELEK, TECH radio-controlled **Funkhaus** *nt* studios *npl* **Funkloch** *nt* [signal] shadow **Funkstation** *f* radio station **Funkstille** *f* radio silence; **bei jdm herrscht ~** *(fig)* sb is [completely] incommunicado

Funktion <-, -en> [fʊŋk'tsi̯oːn] *f* ① *kein pl* function; **außer/in ~ sein** [not] to be working ② *(Stellung)* position; **in jds ~ als etw** in sb's capacity as sth

Funktionär(in) <-s, -e> [fʊŋktsi̯o'nɛːɐ̯] *m(f)* official; **ein hoher ~** a high-ranking official

funktionell [fʊŋktsi̯o'nɛl] *adj* ① MED functional; **eine ~e Störung** a dysfunction ② *(funktionsgerecht)* practical

funktionieren [fʊŋktsi̯o'niːrən] *vi* to work

Funkturm *m* radio tower **Funkverbindung** *f* radio contact **Funkverkehr** *m* radio communication *no art*

für [fyːɐ̯] *präp +akk* for; **sind Sie ~ den Gemeinsamen Markt?** do you support the Common Market?; **er hat es ~ 45 Euro bekommen** he got it for 45 euros; **~ sich bleiben** to remain by oneself; **gut ~ Migräne** good for migraines

Für <-> [fyːɐ̯] *nt* **das ~ und Wider** the pros and cons

Furche <-, -n> ['fʊrçə] *f* furrow

Furcht <-> ['fʊrçt] *f kein pl* fear (**vor** of); **~ [vor jdm/etw] haben** to fear sb/sth; **~ erregend** terrifying

furchtbar **I.** *adj* terrible **II.** *adv* terribly

fürchten ['fʏrçtn̩] **I.** *vt* to fear; **zum F~** frightful **II.** *vr* **sich ~** to be afraid (**vor** of)

fürchterlich *adj s.* **furchtbar**

furchterregend *adj s.* **Furcht**

furchtlos **I.** *adj* fearless **II.** *adv* without fear

füreinander [fyːɐ̯ʔai'nandɐ] *adv* for each other

Furnier <-s, -e> [fʊr'niːɐ̯] *nt* veneer

Fürsorge ['fyːɐ̯zɔrgə] *f kein pl* ① care ② *(fam: Sozialamt)* welfare services *npl* ③ *(fam: Sozialhilfe)* social security *no art,* welfare AM

fürsorglich ['fyːɐ̯zɔrklɪç] **I.** *adj* considerate (**zu** *+dat* towards) **II.** *adv* with care

Fürsprecher(in) ['fyːɐ̯ʃprɛçɐ] *m(f)* ① advocate ② JUR SCHWEIZ barrister BRIT, attorney AM

Fürst(in) <-en, -en> [fʏrst] *m(f)* prince *masc,* princess *fem*

Fürstentum *nt* principality; **das ~ Monaco** the principality of Monaco

Fürstin <-, -nen> *f fem form von* **Fürst** princess

fürstlich ['fʏrstlɪç] **I.** *adj* ① princely ② *(fig: üppig)* lavish **II.** *adv* lavishly; **~ speisen** to eat like a lord

Furunkel <-s, -> [fu'rʊŋkl̩] *nt o m* boil

Furz <-[e]s, Fürze> [fʊrts] *m (derb)* fart

furzen ['fʊrtsn̩] *vi (derb)* to fart

Fusion <-, -en> [fu'zi̯oːn] *f* ① ÖKON merger ② PHYS fusion

fusionieren [fuzi̯o'niːrən] *vi* ÖKON to merge

Fuß <-es, Füße> [fuːs] *m* ① foot; **gut/**

schlecht zu ~ sein to be steady/not so steady on one's feet; **etw ist zu ~ zu erreichen** sth is within walking distance; **zu ~ gehen** to walk ② SÜDD, ÖSTERR *(Bein)* leg ▸ **auf eigenen Füßen stehen** to stand on one's own two feet

Fußabdruck <-abdrücke> *m* footprint **Fußabstreifer** <-s, -> *m*, **Fußabtreter** <-s, -> *m* foot grating; *(Matte)* doormat

Fußball ['fu:sbal] *m* ① *kein pl (Spiel)* football BRIT, soccer AM ② *(Ball)* football BRIT, soccer ball AM

Fußballer(in) <-s, -> ['fu:sbalɐ] *m(f)* *(fam)* footballer

Fußballmannschaft *f* football team **Fußballplatz** *m* football pitch BRIT, soccer field AM **Fußballspiel** *nt* football match **Fußballspieler(in)** *m(f)* football player **Fußballstadion** *nt* football stadium **Fußballtoto** *m o nt* the [football] pools *npl*

Fußbank <-bänke> *f* footrest

Fußboden *m* floor **Fußbodenheizung** *f* [under]floor heating

fusselig ['fʊsəlɪç] *adj* fluffy *attr*

fußen ['fu:sn̩] *vi* to rest (**auf** on)

Fußende *nt* foot

Fußgänger(in) <-s, -> *m(f)* pedestrian

Fußgängerübergang *m*, SCHWEIZ **Fußgängerstreifen** *m* pedestrian crossing **Fußgängerzone** *f* pedestrian precinct

Fußgelenk *nt* ankle **Fußkettchen** <-s, -> *nt* anklet

Füßling <-s, -e> ['fy:slɪŋ] *m* liner sock; *(in sports)* trainer sock **Fußnagel** *m* toenail **Fußnote** *f* LIT footnote **Fußpflege** *f* care of one's feet; *(professionell)* pedicure **Fußpilz** *m kein pl* athlete's foot **Fußstapfen** <-s, -> *m* footprint; **in jds ~ treten** *(fig)* to follow in sb's footsteps **Fußtritt** *m* kick **Fußvolk** *nt kein pl* ① MIL *(veraltet)* infantry ② *(pej: bedeutungslose Masse)* **das ~** the rank and file **Fußweg** *m* footpath

Futter[1] <-s, -> ['fʊtɐ] *nt* [animal] feed

Futter[2] <-s> ['fʊtɐ] *nt kein pl (Innenstoff)* lining

Futteral <-s, -e> [fʊtə'ra:l] *nt* case

futtern ['fʊtɐn] **I.** *vi (hum fam)* to stuff oneself **II.** *vt (hum fam)* **etw ~** to scoff sth

füttern[1] ['fʏtɐn] *vt* to feed

füttern[2] ['fʏtɐn] *vt (mit Stofffutter)* to line **Futtertrog** *m* feeding trough

Fütterung <-, -en> *f* feeding

Futur <-s, -e> [fu'tu:ɐ̯] *nt* future [tense]

futuristisch [futu'rɪstɪʃ] *adj* futurist[ic]

F

Gg

G, g <-, -> *nt* G, g
g *Abk von* **Gramm** g
gab ['ga:p] *vt, vi, vr imp von* **geben**
Gabe <-, -n> ['ga:bə] *f* ① gift ② SCHWEIZ *(Preis)* prize
Gabel <-, -n> ['ga:bl̩] *f* fork
G **gabeln** ['ga:bl̩n] *vr* **sich** ~ to fork
Gabelstapler <-s, -> [-ʃta:plɐ] *m* fork-lift truck
Gabelung <-, -en> ['ga:bəlʊŋ] *f* fork
Gabun <-s> [ga'bu:n] *nt* Gabon
Gabuner(in) <-s, -> [ga'bu:nɐ] *m(f)* Gabonese
gabunisch [ga'bu:nɪʃ] *adj* Gabonese
gackern ['gakɐn] *vi* ① *Huhn* to cluck ② *(fig fam)* to cackle
Gage <-, -n> ['ga:ʒə] *f* fee
gähnen ['gɛ:nən] *vi* to yawn; **ein ~des Loch** a gaping hole
galant [ga'lant] *adj* chivalrous
Galaxis <-s, Galaxien> [ga'laksɪs, *pl:* gala'ksi:ən] *f* galaxy
Galerie <-, -n> [galə'ri:, *pl:* -'ri:ən] *f* gallery
Galgen <-s, -> ['galgn̩] *m* gallows + *sing vb*
Galgenhumor *m* gallows humour
Galle <-, -n> ['galə] *f* ① *(Gallenblase)* gall bladder ② *(Gallenflüssigkeit)* bile
Galopp <-s, -s> [ga'lɔp] *m* gallop
galoppieren [galɔ'pi:rən] *vi haben o sein* to gallop
galt ['galt] *vi imp von* **gelten**
Gammelfleisch *nt (fam)* rotten meat
gammeln ['gaml̩n] *vi* ① *(ungenießbar werden)* to go off ② *(herumhängen)* to laze around
Gämse <-, -n> ['gɛmzə] *f* chamois
Gang¹ <-[e]s, Gänge> [gaŋ] *m* ① *kein pl* walk; **aufrechter** ~ upright carriage; **einen unsicheren ~ haben** to be unsteady on one's feet ② *(Besorgung)* errand ③ *(Bewegung)* **den Motor in ~ halten** to keep the engine running; **etw in ~ bringen** to get sth going; **in ~ kommen** to get off the ground ④ *(Ablauf)* course; **alles geht wieder seinen gewohnten ~** everything is proceeding as normal again; **im ~[e] sein** to be underway ⑤ KOCHK course ⑥ AUTO gear; **einen ~ einlegen** to engage a gear; **hast du den zweiten ~ drin?** *(fam)* are you in second gear?; **in den 2. ~ schalten** to change into second gear ⑦ *(Korridor)* corridor; *im Flugzeug, Laden, Theater* aisle
Gang² <-, -s> [gɛŋ] *f (Bande)* gang
Gangart *f* walk
gängig ['gɛŋɪç] *adj* ① *(üblich)* common ② *(gut verkäuflich)* in demand ③ *(im Umlauf befindlich)* current
Gangschaltung *f* gears *pl*
Gangster <-s, -> ['gɛŋstɐ] *m (pej)* gangster
Ganove <-n, -n> [ga'no:və] *m (pej fam)* crook
Gans <-, Gänse> [gans] *f* goose; **blöde ~** *(pej fam)* silly goose
Gänseblümchen *nt* daisy **Gänsefüßchen** *pl (fam)* inverted commas *pl*
Gänsehaut *f kein pl* goose bumps *pl;* **eine ~ kriegen** to get goose bumps
Gänsemarsch *m kein pl* **im ~** in single file
ganz [gants] **I.** *adj* ① all, whole; **eine ~e Menge** quite a lot; **die ~e Wahrheit** the whole truth; **~e Zahl** whole number; **die ~e Zeit** the whole time ② *(fam: unbeschädigt)* intact; **etw wieder ~ machen** to mend sth; **wieder ~ sein** to be mended **II.** *adv* ① *(sehr, wirklich)* really; **etwas ~ Dummes** something really stupid; **~ besonders** particularly ② *(ziemlich)* quite ③ *(vollkommen)* complete-

ly; **du bist ~ nass** you're all wet; **~ und gar** completely; **~ und gar nicht** not at all; **~ allein sein** to be all alone; **~ wie Sie wünschen/meinen** just as you wish/think best; **~ hinten/vorne** right at the back/front

Ganze(s) *nt* ❶ *(alles zusammen)* whole; **im ~n** on the whole ❷ *(die ganze Angelegenheit)* the whole business; **das ~ hängt mir zum Halse heraus** I've had it up to here with everything!

ganzheitlich *adv* **etw ~ betrachten** to look at sth in its entirety

gänzlich ['gɛntslɪç] *adv* completely

ganzseitig *adj* full-page **Ganztagsschule** *f* full-time day school

gar[1] [gaːɐ̯] *adj Essen* done

gar[2] [gaːɐ̯] *adv* ❶ *(überhaupt)* at all, whatsoever; **~ keine[r]** no one whatsoever; **~ keinen/keine/keines** none whatsoever; **hattest du denn ~ keine Angst?** weren't you frightened at all?; **~ nicht** not at all; **er hat sich ~ nicht gefreut** he wasn't at all pleased; **~ nichts** nothing at all ❷ *(sehr)* really

Garage <-, -n> [ga'raːʒə] *f* garage

Garantie <-, -n> [garan'tiː, *pl:* -'tiːən] *f* guarantee

garantieren [garan'tiːrən] *vt, vi* to guarantee

Garde <-, -n> ['gardə] *f* guard

Garderobe <-, -n> [gardə'roːbə] *f* ❶ hall-stand; *(Raum)* cloakroom ❷ *kein pl (geh: Kleidung)* wardrobe

Garderobenständer *m* hat-stand

Gardine <-, -n> [gar'diːnə] *f* net curtain

Gardinenstange *f* curtain rod

gären ['gɛːrən] *vi haben o sein* to ferment

Garn <-[e]s, -e> [garn] *nt* thread

Garnele <-, -n> [gar'neːlə] *f* prawn

garnieren [gar'niːrən] *vt* to garnish

Garnitur <-, -en> [garni'tuːɐ̯] *f* set

garstig ['garstɪç] *adj (abscheulich)* horrible

Garten <-s, Gärten> ['gartn̩] *m* garden

Gartenarbeit *f* gardening *no pl* **Gartenbau** *m kein pl* horticulture **Gartenlokal** *nt* open-air restaurant **Gartensitzplatz** *m* SCHWEIZ *(Terrasse)* patio **Gartenzaun** *m* garden fence

Gärtner(in) <-s, -> ['gɛrtnɐ] *m(f)* gardener

Gärtnerei <-, -en> [gɛrtnə'rai] *f* market garden; *(für Setzlinge)* nursery

Gas <-es, -e> [gaːs] *nt* ❶ gas ❷ *(fam)* **~ geben** to accelerate; **gib ~!** put your foot down!

G

Gasanzünder *m* gas lighter **Gasfeuerzeug** *nt* gas lighter **Gasflasche** *f* gas canister **gasförmig** *adj* gaseous **Gashahn** *m* gas tap **Gasheizung** *f* gas heating **Gasherd** *m* gas cooker **Gaskocher** *m* camping stove **Gasleitung** *f* gas main **Gasmaske** *f* gas mask **Gaspedal** *nt* accelerator

Gasse <-, -n> ['gasə] *f* ❶ alley ❷ ÖSTERR street; **über die ~** to take away

Gast <-es, Gäste> [gast] *m* guest; **bei jdm zu ~ sein** to be sb's guest[s]; **~ in einer Stadt/einem Land sein** to be a visitor to a city/country

Gastarbeiter(in) *m(f)* guest worker

Gästebuch *nt* visitors' book **Gästezimmer** *nt* spare room

gastfreundlich *adj* hospitable **Gastfreundschaft** *f* hospitality **Gastgeber(in)** <-s, -> *m(f)* host *masc*, hostess *fem* **Gasthaus** *nt*, **Gasthof** *m* inn

Gastritis <-, Gastritiden> [gas'triːtɪs, *pl:* gastri'tiːdn̩] *f* gastritis

Gastronomie <-, -n> [gastrono'miː, *pl:* -'miːən] *f* catering trade

gastronomisch *adj* gastronomic

Gaststätte *f* restaurant **Gaststube** *f Bar* lounge; *Restaurant* restaurant **Gastwirt(in)** *m(f)* restaurant manager; *einer Kneipe* landlord *masc*, landlady *fem* **Gastwirtschaft** *f s.* **Gaststätte** **Gaszähler** *m* gas meter

Gatte, Gattin <-n, -n> ['gatə, 'gatɪn] *m, f (geh)* spouse, husband *masc*, wife *fem*

Gattung <-, -en> ['gatʊŋ] *f* ❶ BIOL genus ② KUNST genre

GAU <-s, -s> ['gaʊ] *m Akr von* **größter anzunehmender Unfall** MCA

Gaudi <-> ['gaʊdi] *f o nt kein pl* ÖSTERR, SÜDD *(fam: Spaß)* fun

Gaul <-[e]s, Gäule> ['gaʊl, *pl:* 'gɔylə] *m (pej)* nag

Gaumen <-s, -> ['gaumən] *m* palate

Gauner(in) <-s, -> ['gaunɐ] *m(f) (pej)* crook

Gaunerei <-, -en> [gaunə'rai] *f* cheating *no pl*

Gazelle <-, -n> [ga'tsɛlə] *f* gazelle

Gebäck <-[e]s, -e> [gə'bɛk] *nt pl selten* pastries *pl*

gebacken *vi, vt pp von* **backen**

geballt **I.** *adj* ① *(konzentriert)* concentrated ② *(zur Faust gemacht)* **~e Fäuste** clenched fists **II.** *adv* in concentration

gebar [gə'ba:ɐ̯] *vi, vt imp von* **gebären**

gebären <gebiert, gebar, geboren> [gə'bɛ:rən] *vt* ① to give birth to; **geboren werden** to be born ② *(eine Begabung haben)* **zu etw** *dat* **geboren sein** to be born to sth

Gebärmutter <-mütter> *f* womb

Gebärmutterhals *m* cervix, neck of the uterus

Gebäude <-s, -> [gə'bɔydə] *nt* building

Gebein <-[e]s, -e> [gə'bai̯n] *nt* **~e** *pl* bones *pl; eines Heiligen* relics *pl*

geben <gibt, gab, gegeben> ['ge:bn̩] **I.** *vt* ① *(reichen)* **jdm etw ~** to give sb sth, to give sth to sb; *Karten* to deal ② *(verkaufen)* **jdm etw ~** to get sb sth; **~ Sie mir bitte fünf Brötchen** I'd like five bread rolls please ③ *(spenden) Schutz, Schatten* to provide ④ *(abhalten) Konferenz* to hold ⑤ *(bieten, gewähren)* to give; **jdm ein Interview ~** to grant sb an interview ⑥ DIAL *(abgeben)* to send; **sein Auto in [die] Reparatur ~** to have one's car repaired ⑦ KOCHK to add; **Wein in die Soße ~** to add wine to the sauce ⑧ *(ergeben)* to produce; **Rotwein gibt Flecken** red wine leaves stains ⑨ *(äußern)* **etw von sich** *dat* **~** to utter sth ▸ **es jdm ~** *(fam)* to let sb have it; **nichts auf etw** *akk* **~** to think nothing of sth; **jdm etw zu tun ~** to give sb sth to do **II.** *vt impers* ① *(gereicht werden)* **was gibt es zum Frühstück?** what's for breakfast? ② *(eintreten)* **heute gibt es noch Regen** it'll rain today; **hat es sonst noch etwas gegeben?** has anything else happened? ③ *(existieren, passieren)* **das gibt es nicht!** *(fam)* no way!; **was gibt's?** *(fam)* what's up? **III.** *vr* ① *(nachlassen)* **etw gibt sich** sth eases [off] ② *(sich erledigen)* **das wird sich schon ~** it will sort itself out ③ *(sich benehmen)* **nach außen gab er sich heiter** outwardly he behaved cheerfully

Gebet <-[e]s, -e> [gə'be:t] *nt* prayer

gebeten [gə'be:tn̩] *pp von* **bitten**

Gebiet <-[e]s, -e> [gə'bi:t] *nt* ① *(Fläche)* area ② *(Fach)* field

Gebilde <-s, -> [gə'bɪldə] *nt* thing

gebildet *adj* educated; **ein ~er Mensch** a cultured person

Gebirge <-s, -> [gə'bɪrgə] *nt* mountains

gebirgig [gə'bɪrgɪç] *adj* mountainous

Gebirgszug *m* mountain range

Gebiss <-es, -e> [gə'bɪs] *nt* ① *(Zähne)* teeth *pl* ② *(Prothese)* dentures *npl*

gebissen [gə'bɪsn̩] *vt, vi, vr pp von* **beißen**

geblasen *vi, vt pp von* **blasen**

geblieben [gə'bli:bn̩] *vi pp von* **bleiben**

geblümt [gə'bly:mt] *adj,* ÖSTERR **geblumt** [gə'blu:mt] *adj* ① *(mit Blumenmuster)* flowered, floral ② *(fig: kunstvoll, blumenreich)* flowery

geboren [gə'bo:rən] *pp von* **gebären**

geborgen [gə'bɔrgn̩] **I.** *vt pp von* **bergen** **II.** *adj* safe

geborsten [gə'bɔrstn̩] *vi pp von* **bersten**

Gebot <-[e]s, -e> [gə'bo:t] *nt* ① *(Verordnung)* decree ② REL **die zehn ~e** the ten commandments ③ *(Erforder-*

nis) **das ~ der Stunde** the dictates of the moment

gebracht [gəˈbraxt] *vt pp von* **bringen**

gebraten *vt, vi pp von* **braten**

Gebrauch <-[e]s, Gebräuche> [gəˈbraux] *m* ① *kein pl* use; *(Anwendung)* application; **zum äußerlichen/innerlichen ~** to be applied externally/to be taken internally; **von etw** *dat* **~ machen** to make use of sth; **vor ~ schütteln** shake well before use ② *pl* **Sitten und Gebräuche** manners and customs

gebrauchen [gəˈbrauxn̩] *vt* ① to use; **nicht mehr zu ~ sein** to be no longer [of] any use; **zu nichts zu ~ sein** to be no use at all ② *(fam)* **dein Wagen könnte eine Wäsche ~** your car could do with a wash again

gebräuchlich [gəˈbrɔyçlɪç] *adj* customary

Gebrauchsanweisung *f* operating instructions **Gebrauchsgegenstand** *m* basic commodity

gebraucht *adj* second-hand

Gebrauchtwagen *m* second-hand car

gebrechlich [gəˈbrɛçlɪç] *adj* frail

gebrochen [gəˈbrɔxn̩] I. *vt, vi, vr pp von* **brechen** II. *adj (völlig entmutigt)* broken III. *adv* imperfectly; **sie sprach nur ~ Deutsch** she only spoke broken German

Gebrüder [gəˈbryːdɐ] *pl (veraltet)* brothers

Gebühr <-, -en> [gəˈbyːɐ̯] *f* charge; *(Beitrag)* fee; **~ [be]zahlt Empfänger** postage to be paid by addressee; **eine ~ erheben** to levy a charge

gebührenfrei *adj, adv* free of charge **gebührenpflichtig** *adj* subject to a charge; **~e Straße** toll road

gebunden [gəˈbʊndn̩] I. *pp von* **binden** II. *adj* **~es Buch** hardcover; **~e Preise** controlled prices; **durch Verpflichtungen ~ sein** to be tied down by duties; **vertraglich ~ sein** to be bound by contract

Geburt <-, -en> [gəˈbuːɐ̯t] *f* birth; **bei der ~** at the birth; **von ~ an** from birth; **von ~ Deutscher sein** to be German by birth

Geburtenziffer *f* birth rate

gebürtig [gəˈbʏrtɪç] *adj* by birth; **er ist ~er Londoner** he is a native Londoner

Geburtsdatum *nt* date of birth **Geburtsjahr** *nt* year of birth **Geburtsort** *m* place of birth **Geburtstag** *m* birthday; **herzlichen Glückwunsch zum ~** happy birthday to you; **[seinen/jds] ~ feiern** to celebrate one's/sb's birthday; **jdm zum ~ gratulieren** to wish sb a happy birthday; **wann hast du ~?** when is your birthday? **Geburtsurkunde** *f* birth certificate

G

Gebüsch <-[e]s, -e> [gəˈbʏʃ] *nt* bushes *pl*

gedacht [gəˈdaxt] *pp von* **denken**

Gedächtnis <-ses, -se> [gəˈdɛçtnɪs] *nt* memory; **ein gutes/schlechtes ~ haben** to have a good/poor memory; **etw im ~ behalten** to remember sth; **sein ~ verlieren** to lose one's memory

Gedächtnislücke *f* gap in one's memory; **eine ~ haben** to not remember anything MED localized amnesia **Gedächtnisschwund** *m* amnesia, loss of memory; **an ~ leiden** *(fam)* to suffer from amnesia **Gedächtnisstütze** *f* memory aid

gedämpft *adj Schall, Stimme* muffled; *Licht, Farbe* muted

Gedanke <-ns, -n> [gəˈdaŋkə] *m* ① *(Überlegung)* thought (**an** of); **in ~n vertieft** deep in thought; **jdn auf andere ~n bringen** to take sb's mind off sth; **jdn auf einen ~n bringen** to put an idea into sb's head; **jds ~n lesen** to read sb's thoughts; **sich** *dat* **über etw** *akk* **~n machen** to be worried about sth; **mit seinen ~en woanders sein** to have one's mind on sth else ② *(Einfall)* idea; **einen ~n in die Tat umsetzen** to put a plan into action; **jdm kommt ein ~** sb hits upon an idea; **mit dem Gedanken spielen, etw zu tun** to toy with the idea of

doing sth
gedankenlos **I.** *adj* thoughtless **II.** *adv* thoughtlessly
Gedankenlosigkeit <-, -en> *f* ① *kein pl (Unüberlegtheit)* lack of thought *no pl; (Zerstreutheit)* absent-mindedness *no pl* ② *(unüberlegte Äußerung)* thoughtlessness *no pl*
Gedankenstrich *m* dash **gedankenverloren** *adj, adv* lost in thought
Gedeck <-[e]s, -e> [gəˈdɛk] *nt* cover

gedeihen <gedieh, gediehen> [gəˈdaiən] *vi sein* ① *(sich gut entwickeln)* to flourish ② *(vorankommen)* to make headway
Gedenkfeier *f* commemorative ceremony **Gedenkminute** *f* minute's silence **Gedenktafel** *f* commemorative plaque **Gedenktag** *m* day of remembrance
Gedicht <-[e]s, -e> [gəˈdɪçt] *nt* poem
gediegen [gəˈdiːgn̩] *adj* ① *(rein)* pure ② *(solide gearbeitet)* high quality ③ *(geschmackvoll)* tasteful ④ *(gründlich)* **~e Kenntnisse haben** to have sound knowledge
gedieh [gəˈdiː] *vi imp von* **gedeihen**
gediehen [gəˈdiːən] *vi pp von* **gedeihen**
Gedränge <-s> [gəˈdrɛŋə] *nt kein pl* ① crowd ② *(das Drängen)* jostling
gedroschen [gəˈdrɔʃn̩] *vi, vt pp von* **dreschen**
gedrückt *adj* weak, dejected, depressed; **~er Markt** BÖRSE depressed market; **~er Stimmung sein** to be in low spirits
gedrungen [gəˈdrʊŋən] **I.** *vi pp von* **dringen** **II.** *adj* stocky
Geduld <-> [gəˈdʊlt] *f kein pl* patience; **~ haben** to be patient (**mit** with); **keine ~ haben** to have no patience (**zu** with); **die ~ verlieren** to lose one's patience
gedulden [gəˈdʊldn̩] *vr* **sich ~** to be patient
geduldig [gəˈdʊldɪç] *adj* patient
Geduldsspiel *nt* puzzle
gedurft [gəˈdʊrft] *modal vb pp von* **dürfen**
geehrt *adj* honoured; **sehr ~e Damen und Herren!** ladies and gentlemen!; *(in Briefen)* Dear Sir or Madam
geeignet [gəˈʔaignət] *adj* suitable; **für/zu etw** *dat* **~ sein** to be suited to sth
Gefahr <-, -en> [gəˈfaːɐ̯] *f* danger; **jdn in ~ bringen** to endanger sb; **in/außer ~ sein** to be in/out of danger; **auf eigene ~** at one's own risk; **sich in ~ begeben** to put oneself at risk; **~ laufen, etw zu tun** to run the risk of doing sth
gefährden [gəˈfɛːɐ̯dn̩] *vt* to endanger
gefahren *vt, vi, vr pp von* **fahren**
Gefahrenzone *f* danger area [*or* zone]
gefährlich [gəˈfɛːɐ̯lɪç] *adj* dangerous; *(risikoreich)* risky
Gefährte, Gefährtin <-n, -n> [gəˈfɛːɐ̯tə, gəˈfɛːɐ̯tɪn] *m, f (geh)* companion
Gefälle <-s, -> [gəˈfɛlə] *nt* ① gradient ② *(Unterschied)* difference
gefallen[1] <gefiel, gefallen> [gəˈfalən] **I.** *vi* **jdm ~** to please sb; **gefällt dir mein Kleid?** do you like my dress? **II.** *vr* **sich** *dat* **etw ~ lassen** to put up with sth
gefallen[2] *pp von* **fallen, gefallen**[1]
Gefallen[1] <-s, -> [gəˈfalən] *m* favour; **jdn um einen ~ bitten** to ask sb for a favour; **jdm einen ~ tun** to do sb a favour
Gefallen[2] <-s> [gəˈfalən] *nt* **an etw** *dat* **~ finden** to enjoy sth
Gefallene(r) *f(m)* soldier killed in action
gefällig [gəˈfɛlɪç] *adj* ① *(hilfsbereit)* helpful ② *(ansprechend)* pleasant ③ *(a. iron form: gewünscht)* **Kaffee ~?** would you care for a coffee? *form*
Gefälligkeit <-, -en> *f* ① favour ② *(Hilfsbereitschaft)* **aus ~** out of the kindness of one's heart
gefangen [gəˈfaŋən] **I.** *pp von* **fangen** **II.** *adj* ① **jdn ~ halten** to hold sb captive; **ein Tier ~ halten** to keep an ani-

mal in captivity; **jdn ~ nehmen** to arrest sb; MIL to take sb prisoner ❷ *(beeindruckt)* **jdn ~ halten** to captivate sb

Gefangene(r) *f(m) dekl wie adj* captive; *(im Gefängnis)* prisoner

Gefangenschaft <-, *pl selten* -en> *f* captivity; **in ~ geraten** to be taken prisoner

Gefängnis <-ses, -se> [gəˈfɛŋnɪs] *nt* ❶ prison; **im ~ sein** to be in prison; **ins ~ kommen** to be sent to prison ❷ *kein pl (Haftstrafe)* imprisonment; **zwei Jahre ~ bekommen** to get two years imprisonment

Gefängnisstrafe *f* prison sentence **Gefängniswärter(in)** *m(f)* prison officer **Gefängniszelle** *f* prison cell

Gefäß <-es, -e> [gəˈfɛːs] *nt* container

gefasst I. *adj* ❶ *(beherrscht)* composed ❷ *(vorbereitet)* **auf etw** *akk* **~ sein** to be prepared for sth; **sich auf etw** *akk* **~ machen** to prepare oneself for sth II. *adv* calmly

Gefecht <-[e]s, -e> [gəˈfɛçt] *nt* battle

Gefieder <-s, -> [gəˈfiːdɐ] *nt* plumage

gefleckt *adj* spotted; **ein ~es Gefieder** speckled plumage; **eine ~e Haut** blotchy skin

geflochten [gəˈflɔxtn̩] *vt pp von* **flechten**

geflogen [gəˈfloːgn̩] *vi, vt pp von* **fliegen**

geflohen [gəˈfloːən] *vi, vt pp von* **fliehen**

geflossen [gəˈflɔsn̩] *vi pp von* **fließen**

Geflügel <-s> [gəˈflyːgl̩] *nt kein pl* poultry

geflügelt [gəˈflyːgl̩t] *adj* winged

Geflügelzucht *f* poultry farming

gefochten [gəˈfɔxtn̩] *vi pp von* **fechten**

Gefolge <-s, -> [gəˈfɔlgə] *nt* retinue

gefräßig [gəˈfrɛːsɪç] *adj* voracious

Gefreite(r) [gəˈfraitə] *f(m) dekl wie adj* MIL *sb holding the second lowest rank in the armed forces* ≈ lance corporal BRIT, private AM

gefressen [gəˈfrɛsn̩] *vt, vi, vr pp von* **fressen**

gefrieren [gəˈfriːrən] *vi irreg sein* to freeze

Gefrierfach *nt* freezer compartment **gefriergetrocknet** *adj* freeze-dried **Gefrierpunkt** *m* **über/unter dem ~** above/below freezing **Gefrierschrank** *m* upright freezer **Gefriertruhe** *f* chest freezer

gefroren [gəˈfroːrən] *pp von* **frieren, gefrieren**

gefügig [gəˈfyːgɪç] *adj* compliant; [**sich** *dat*] **jdn ~ machen** to make sb submit to one's will

Gefühl <-[e]s, -e> [gəˈfyːl] *nt* feeling; **etw im ~ haben** to feel sth instinctively; **jds ~e erwidern** to return sb's affections; **ein ~ für etw** *akk* [**haben**] [to have] a feeling for sth; **ein ~ für Gerechtigkeit** a sense of justice

gefühllos *adj* ❶ *(taub)* numb ❷ *(herzlos)* insensitive

Gefühlsausbruch *m* emotional outburst **gefühlsbetont** *adj* emotional **Gefühlsduselei** <-, -en> [-duːzəˈlai] *f* *(pej)* mawkishness **gefühlsmäßig** *adv* instinctively

gefühlt I. *pp von* **fühlen** II. *adj* perceived; **~e Temperatur** perceived temperature; *(aufgrund von Windchill)* wind-chill temperature; **~e Sicherheit** feeling of safety III. *adv (schätzungsweise)* **ich habe ihr ~ hundert Mal gesagt, dass …** it feels like I've told her a hundred times that …

gefühlvoll I. *adj* sensitive II. *adv* with feeling

gefüllt *adj* ❶ KOCHK *Paprikaschoten, Tomaten* stuffed; **~e Kekse** biscuits with a filling ❷ *(voll)* full

gefunden [gəˈfʊndn̩] *vt, vi, vr pp von* **finden**

gegangen [gəˈgaŋən] *vi pp von* **gehen**

gegebenenfalls [gəˈgeːbənənˈfals] *adv* if necessary

gegen [ˈgeːgn̩] *präp + akk* ❶ against; **ich brauche etwas ~ meine Erkältung** I need sth for my cold ❷ *(entgegen)* contrary to; ~ **alle Vernunft** against all reason ③ *(an)* against; ~ **die Wand stoßen** to run into the wall; ~ **die Tür schlagen** to hammer on the door ④ *(etwa)* ~ **Morgen/Mittag** towards morning/afternoon; ~ **drei Uhr** around three o'clock

Gegenangriff *m* counterattack **Gegenargument** *nt* counterargument

Gegend <-, -en> ['ge:gn̩t] *f* ① area; **in der Münchner** ~ in the Munich area ② *(Umgebung)* **durch die ~ laufen/fahren** *(fam)* to stroll about/drive around

gegeneinander [ge:gn̩ʔai'nandɐ] *adv* against each other

gegeneinander|prallen *vi* to collide

Gegenfahrbahn *f* oncoming lane **Gegengift** *nt* antidote **Gegenleistung** *f* **eine/keine ~ erwarten** to expect something/nothing in return

Gegensatz *m* ① opposite (**zu** to); **im ~ zu jdm/etw** unlike sb/sth ② *pl* differences; **unüberbrückbare Gegensätze** irreconcilable differences ▶ **Gegensätze** **ziehen** **sich an** *(prov)* opposites attract

gegensätzlich ['ge:gn̩zɛtslɪç] *adj* conflicting; *Menschen* different

Gegenseite *f* other side

gegenseitig ['ge:gn̩zaitɪç] **I.** *adj* mutual **II.** *adv* mutually; **sich ~ beschuldigen/helfen** to accuse/help each other

Gegenseitigkeit <-> *f kein pl* mutuality

Gegenspieler(in) *m(f)* opposite number

Gegenstand <-[e]s, -stände> *m* ① object ② *(Thema)* subject

gegenstandslos *adj* ① *(unbegründet)* unfounded ② *(hinfällig)* invalid

Gegenstimme *f* ① *(bei einer Abstimmung)* vote against; **der Antrag wurde mit 323 Stimmen bei 142 ~n/ohne ~ angenommen** the motion was carried by 323 votes to 142/unanimously ② *(kritische Meinungsäußerung)* dissenting voice **Gegenstück** *nt* companion piece; **jds ~ sein** to be sb's opposite **Gegenteil** ['ge:gn̩tail] *nt* opposite; **im ~!** on the contrary!

gegenteilig ['ge:gn̩tailɪç] *adj* opposite

gegenüber [ge:gn̩'ʔy:bɐ] **I.** *präp +dat* ① *(örtlich)* opposite ② *(in Bezug auf)* towards ③ *(vor)* in front of **II.** *adv* opposite; **die Leute von ~** the people [from] opposite

gegenüberliegend *adj attr* opposite

gegenüber|stehen *irreg* **I.** *vi* ① *räumlich* **jdm ~** to stand opposite sb ② *(eingestellt sein)* **jdm/etw [...] ~** to have a [...] attitude towards sth **II.** *vr* **sich** *dat* ~ to confront each other **gegenüber|stellen** *vt* to compare

Gegenüberstellung *f* ① *(Konfrontation)* confrontation ② *(Vergleich)* comparison

Gegenverkehr *m* oncoming traffic

Gegenwart <-> ['ge:gn̩vart] *f kein pl* ① present; **die Kunst/Musik der ~** contemporary art/music ② LING present [tense] ③ *(Anwesenheit)* presence

gegenwärtig ['ge:gn̩vɛrtɪç] **I.** *adj attr* present; **zur ~en Stunde** at the present time **II.** *adv* currently

Gegenwert *m* equivalent; ~ **eines Schecks/Wechsels** countervalue of a cheque/bill **Gegenwind** *m* headwind

gegessen [gə'gɛsn̩] *vt, vi pp von* **essen**

geglichen [gə'glɪçn̩] *vt pp von* **gleichen**

geglitten [gə'glɪtn̩] *vi pp von* **gleiten**

geglommen [gə'glɔmən] *vi pp von* **glimmen**

Gegner(in) <-s, -> ['ge:gnɐ] *m(f)* opponent

gegnerisch *adj attr* opposing

gegolten [gə'gɔltn̩] *vi pp von* **gelten**

gegoren [gə'go:rən] *vi pp von* **gären**

gegossen [gə'gɔsn̩] *vi, vt pp von* **gießen**

gegraben *vt, vi, vr pp von* **graben**

gegriffen [gə'grɪfn̩] *vi, vt pp von* **greifen**

Gehabe <-s> [gə'ha:bə] *nt kein pl (pe*

fam) affectation

Gehalt[1] <-[e]s, Gehälter> [gəˈhalt] *nt* salary

Gehalt[2] <-[e]s, -e> [gəˈhalt] *m (Anteil)* content; **der ~ an Kohlendioxid** the carbon dioxide content

Gehaltserhöhung *f* pay rise

gehaltvoll *adj* ① *(nahrhaft)* nutritious, nourishing ② *(gedankliche Tiefe aufweisend)* stimulating

gehandikapt [gəˈhɛndikɛpt] *adj* handicapped (**durch** by)

gehangen [gəˈhaŋən] *vt, vi, vr pp von* **hängen**

gehässig [gəˈhɛsɪç] **I.** *adj* spiteful **II.** *adv* spitefully

gehauen *vt, vi, vr pp von* **hauen**

Gehäuse <-s, -> [gəˈhɔyzə] *nt* casing

gehbehindert *adj* **leicht/stark ~ sein** to have a slight/severe mobility handicap

Gehege <-s, -> [gəˈheːgə] *nt* enclosure

geheim [gəˈhaim] **I.** *adj* secret **II.** *adv* secretly; **~ abstimmen** to vote by secret ballot; **etw ~ halten** to keep sth secret

Geheimagent(in) *m(f)* secret agent

Geheimdienst *m* secret service BRIT, intelligence service AM **Geheimhaltung** *f* secrecy; **~ von Erfindungen** secrecy of inventions; **zur ~ verpflichtet werden** to be sworn to secrecy

Geheimnis <-ses, -se> [gəˈhaimnɪs] *nt* secret; **vor jdm keine ~se haben** to have no secrets from sb; **das ~ des Lebens** the mystery of life

geheimnisvoll **I.** *adj* mysterious **II.** *adv* mysteriously

Geheimnummer *f* ① TELEK ex-directory number ② *(geheime Kombination)* secret combination **Geheimpolizei** *f* secret police **Geheimschrift** *f* code **Geheimzahl** *f* FIN PIN number

geheißen *vi, vt pp von* **heißen**

gehen <ging, gegangen> [ˈgeːən] **I.** *vi sein* ① to go (**zu/nach** to); *(zu Fuß)* to walk; **geh schon!** go on!; **~ wir!** let's go!; **in Urlaub ~** to go on holiday [*or* AM vacation]; **gehst du heute in die Stadt/auf die Post?** are you going to town/to the post office today?; **~ wir oder fahren wir mit dem Auto?** shall we walk or drive?; **auf die andere Straßenseite ~** to cross over to the other side of the street; **auf und ab ~** to pace up and down; **einkaufen/schlafen/schwimmen/tanzen ~** to go shopping/to bed/swimming/dancing; **aufs Gymnasium/auf einen Lehrgang ~** to go to [a] grammar school/on a course; **an die Uni ~** to go to university; **in die Kirche/Schule/ins Theater ~** to go to church/school/the theatre ② *(tätig werden)* **in die Industrie ~** to go into industry; **zum Film ~** to go into films; **in die Gewerkschaft ~** to join the union ③ *(weggehen)* to go; *(abfahren a.)* to leave; **ich muss jetzt ~** I have to be off; **wann geht der Zug nach Hamburg?** when does the train to Hamburg leave? ④ *(führen)* **irgendwohin ~** to go somewhere; **wohin geht dieser Weg?** where does this path lead to? ⑤ *(funktionieren)* to work ⑥ *(gelingen)* **es geht ganz leicht** it's really easy ⑦ ÖKON *(laufen)* to go; **wie ~ die Geschäfte?** how's business? ⑧ ÖKON *(sich verkaufen)* to sell ⑨ *(hineinpassen)* **wie viele Leute ~ in deinen Wagen?** how many people [can] fit in[to] your car? ⑩ *(reichen)* **das Wasser geht einem bis zur Hüfte** the water comes up to one's hips; **der Rock geht ihr bis zum Knie** the skirt goes down to her knee ⑪ *Teig* to rise ⑫ *(Klingel)* to ring ⑬ *(möglich sein)* **das geht** that's possible; **das wird kaum ~** that won't be possible; **solange es geht** as long as possible; **da geht nichts mehr** there's nothing more to be done; **ich muss mal telefonieren – geht das?** I have to make a phonecall – would that be all right? ⑭ *(lauten)* **wie geht nochmal der Spruch?** how does the saying go? ⑮ *(beeinträchti-*

gen) **das geht [mir] ganz schön an die Nerven** that really gets on my nerves; **das geht an die Kraft** that takes it out of you ⑯ *(gerichtet sein)* **an jdn ~** to be addressed to sb; **gegen jdn/etw ~** to be directed against sb/ sth; **das geht nicht gegen Sie** this isn't aimed at you ⑰ *(fam: liiert sein)* **mit jdm ~** to go out with sb ⑱ *(überschreiten)* **zu weit ~** to go too far; **das geht zu weit!** that's just too much! ⑲ *(übersteigen)* **über jds Geduld ~** to exhaust sb's patience; **über jds Kräfte/Möglichkeiten ~** to be too much for sb ⑳ *(fam: akzeptabel sein)* to be OK; **es geht [so]** it's OK ▸ **[ach] geh, ...!** *(fam)* [oh] come on, ...!; **geh, was du nicht sagst!** ÖSTERR go on, you're kidding!; **jdm <u>über</u> alles ~** to mean more to sb than anything else; **es geht nichts <u>über</u> jdn/etw** there's nothing like sb/sth **II.** *vi impers sein* ❶ + *adv (sich fühlen)* **wie geht es Ihnen? — danke, mir geht es gut!** how are you? — thank you, I am well!; **nach der Spritze ging es ihr gleich wieder besser** she soon felt better again after the injection; **wie geht's denn [so]?** *(fam)* how's it going? ❷ + *adv (verlaufen)* **wie war denn die Prüfung? — ach, es ging ganz gut** how was the exam? — oh, it went quite well ❸ *(sich handeln um)* **um was geht's denn?** what's it about then?; **worum geht es in diesem Film?** what is this film about? ❹ *(wichtig sein)* **worum geht es dir eigentlich?** what are you trying to say?; **es geht mir nur um die Wahrheit** I'm only interested in the truth ❺ *(ergehen)* **mir ist es ähnlich/genauso gegangen** it was the same/just the same with me; **lass es dir gut ~!** look after yourself! ❻ *(nach jds Kopf gehen)* **wenn es nach mir ginge** if it were up to me ▸ **geht's <u>noch</u>!?** *(iron)* are you crazy?! **III.** *vt sein* **ich gehe immer diesen Weg/diese Straße** I always walk this way/take this road **IV.** *vr haben* **sich ~ lassen** *(sich nicht beherrschen)* to lose one's self-control; *(nachlässig sein)* to let oneself go

gehen|lassen *vr s.* **gehen IV**

gehetzt [gə'hɛtst] *adj* harassed

geheuer [gə'hɔyɐ] *adj* **[jdm] nicht [ganz] ~ sein** to seem [a bit] suspicious [to sb]

Gehilfe, Gehilfin <-n, -n> [gə'hɪlfə, gə'hɪlfɪn] *m, f* assistant

Gehirn <-[e]s, -e> [gə'hɪrn] *nt* brain

Gehirnerschütterung *f* concussion **Gehirnschlag** *m* stroke **Gehirntumor** *m* brain tumour **Gehirnwäsche** *f* brainwashing *no indef art, no pl*

geholfen [gə'hɔlfn̩] *vi pp von* **helfen**

Gehör <-[e]s, -e> [gə'høːɐ̯] *nt* hearing; **das ~ verlieren** to go deaf; **jdm/etw [kein] ~ schenken** to [not] listen to sb/sth; **sich** *dat* **[bei jdm] ~ verschaffen** to make oneself heard [to sb]

gehorchen [gə'hɔrçn̩] *vi* to obey

gehören [gə'høːrən] **I.** *vi* ❶ **jdm ~** to belong to sb; **zur Familie ~** to be one of the family; **ihm ~ mehrere Häuser** he owns several houses ❷ *(den richtigen Platz haben)* **die Kinder ~ ins Bett** the children should be in bed; **wohin ~ die Hemden?** where do the shirts go? ❸ *(angebracht sein)* **dieser Vorschlag gehört nicht hierher** this suggestion is not relevant here ❹ *(Teil sein von)* **zu etw** *dat* **~** to be part of sth ❺ *(nötig sein)* **zu dieser Arbeit gehört viel Konzentration** this work requires a lot of concentration; **dazu gehört nicht viel** that doesn't take much; **dazu gehört [schon] etwas** that takes some doing **II.** *vr* **sich ~** to be fitting; **wie es sich gehört** as is right and proper; **sich nicht ~** to be not good manners

Gehörgang *m* ANAT auditory canal

gehörig [gə'høːrɪç] **I.** *adj* ❶ *attr (fam: beträchtlich)* good ❷ *attr (entsprechend)* proper **II.** *adv (fam)* **du hast dich ~ getäuscht** you are very much mistaken

Gehörlose(r) *f(m) dekl wie adj (geh)* deaf person

Gehörnerv *m* auditory nerve

gehorsam [gəˈhoːɐ̯zaːm] **I.** *adj* obedient **II.** *adv* obediently

Gehorsam <-s> [gəˈhoːɐ̯zaːm] *m kein pl* obedience

Gehweg *m* ① *s.* **Bürgersteig** ② *(Fußweg)* walk

Geier <-s, -> [ˈgaiɐ] *m* vulture

Geige <-, -n> [ˈgaigə] *f* violin ► **die erste ~ spielen** to call the tune; **die zweite ~ spielen** to play second fiddle

geil [gail] *adj* ① horny; **~ auf jdn sein** to have the hots for sb ② *(sl: toll)* wicked

Geisel <-, -n> [ˈgaizl̩] *f* hostage; **jdn als ~ nehmen** to take sb hostage

Geiselnehmer(in) <-s, -> *m(f)* hostage-taker

Geißblatt *nt* honeysuckle, woodbine

Geist <-[e]s, -er> [gaist] *m* ① *kein pl* mind ② *kein pl (Wesen, Gesinnung)* spirit ③ *(Gespenst)* ghost; **gute/böse ~er** good/evil spirits; **der Heilige ~** the Holy Ghost ► **jdm auf den ~ gehen** *(fam)* to get on sb's nerves; **von allen guten ~ern verlassen sein** *(fam)* to have taken leave of one's senses

Geisterbahn *f* ghost train **Geisterstadt** *f* ghost town

geistesabwesend **I.** *adj* absent-minded **II.** *adv* absent-mindedly **Geistesabwesenheit** *f* absent-mindedness **geistesgegenwärtig** **I.** *adj* quick-witted **II.** *adv* with great presence of mind **geistesgestört** *adj* mentally disturbed **geisteskrank** *adj* mentally ill **Geisteskrankheit** *f* mental illness **Geisteswissenschaften** *pl* humanities

geistig [ˈgaistɪç] **I.** *adj* ① mental ② *(spirituell)* spiritual **II.** *adv* mentally; **~ behindert** mentally handicapped

geistlich [ˈgaistlɪç] *adj* religious; **~er Beistand** spiritual support

Geistliche(r) *f(m) dekl wie adj* clergyman *masc*, woman priest *fem*

geistlos *adj* inane

geistreich *adj* witty

geizen [ˈgaitsn̩] *vi* **mit etw** *dat* **~** ① to be mean with sth ② *(zurückhaltend sein)* to be sparing with sth

Geizhals *m* miser

geizig [ˈgaitsɪç] *adj* stingy, miserly

Gejammer <-s> [gəˈjamɐ] *nt kein pl (pej fam)* yammering

gekannt [gəˈkant] *vt pp von* **kennen**

gekleidet *adj (geh)* dressed; **eine weiß ~e Dame** a lady dressed in white; **... ~ sein** to be ... dressed

geklungen [gəˈklʊŋən] *vi pp von* **klingen**

gekniffen [gəˈknɪfn̩] *vi, vt pp von* **kneifen**

gekocht **I.** *vi, vt pp von* **kochen** **II.** *adj* boiled, cooked

gekommen *vi pp von* **kommen**

Gekritzel <-s> [gəˈkrɪtsl̩] *nt kein pl (pej)* scrawl

gekrochen [gəˈkrɔxn̩] *vi pp von* **kriechen**

gekünstelt *adj (pej)* artificial; *Benehmen* affected

Gel <-s, -e> [geːl] *nt* gel

Gelächter <-s, -> [gəˈlɛçtɐ] *nt* laughter

geladen **I.** *vi, vt pp von* **laden** **II.** *adj (fam)* **~ sein** to be furious

gelähmt **I.** *pp von* **lähmen** **II.** *adj* paralyzed

Gelände <-s, -> [gəˈlɛndə] *nt* terrain

Geländer <-s, -> [gəˈlɛndɐ] *nt* railing[s]; *(Treppengeländer)* banister[s]

Geländewagen *m* off-road vehicle

gelang [gəˈlaŋ] *vi imp von* **gelingen**

gelangen [gəˈlaŋən] *vi sein* ① to reach; **ans Ziel ~** to reach one's destination; **in die falschen Hände ~** to fall into the wrong hands ② *(erwerben)* **zu etw** *dat* **~** to achieve sth ③ SCHWEIZ **an jdn ~** *dat* to turn to sb (**mit** about)

gelassen [gəˈlasn̩] **I.** *pp von* **lassen** **II.** *adj* calm **III.** *adv* calmly

Gelassenheit <-> *f kein pl* calmness

gelaufen *vt, vi, vr pp von* **laufen**

geläufig [gəˈlɔyfɪç] *adj* familiar

gelaunt [gəˈlaunt] *adj pred* **... ~ sein** to be in a ... mood

gelb [gɛlp] *adj* yellow

Gelb <-s, - *o* -s> [ˈgɛlp] *nt* ① *(gelbe Farbe)* yellow ② *(bei Verkehrsampel)* amber

Gelbfieber *nt* yellow fever **Gelbsucht** *f kein pl* jaundice

Geld <-[e]s, -er> [gɛlt] *nt kein pl* money; **bares ~** cash; **~ wie Heu haben** *(fam)* to have money to burn; **ins ~ gehen** *(fam)* to cost a pretty penny; **etw zu ~ machen** *(fam)* to turn sth into money ▶ **das ~ zum Fenster hinauswerfen** to throw money down the drain; **jdm das ~ aus der Tasche ziehen** to squeeze money out of sb

G

Geldanlage *f* investment **Geldautomat** *m* cashpoint, ATM **Geldbeutel** *m* purse **geldgierig** *adj* avaricious **Geldkarte** *f* FIN cash card **Geldmittel** *pl* funds *pl,* cash resources *pl;* **fehlende ~** lack of funds **Geldschein** *m* banknote, bill AM **Geldstrafe** *f* fine **Geldstück** *nt* coin **Geldwechsel** *m* foreign exchange

Gelee <-s, -s> [ʒeˈleː, ʒəˈleː] *m o nt* jelly

Gelege <-s, -> [gəˈleːgə] *nt* [clutch of] eggs

gelegen [gəˈleːgn̩] **I.** *pp von* **liegen** **II.** *adj* **jdm ~ kommen** to come at the right time for sb

Gelegenheit <-, -en> [gəˈleːgn̩hait] *f* ① opportunity; **bei passender ~** when the opportunity arises; **die ~ haben, etw zu tun** to have the opportunity of doing sth ② *(Anlass)* occasion; **bei dieser ~** on this occasion

Gelegenheitsarbeiter(in) *m(f)* casual labourer **Gelegenheitskauf** *m* bargain

gelegentlich [gəˈleːgn̩tlɪç] **I.** *adj attr* occasional **II.** *adv* occasionally

gelehrig [gəˈleːrɪç] **I.** *adj* quick to learn **II.** *adv* **sich ~ anstellen** to be quick to learn

gelehrt *adj* scholarly

Gelehrte(r) *f(m) dekl wie adj* scholar

Gelenk <-[e]s, -e> [gəˈlɛŋk] *nt* joint

gelenkig [gəˈlɛŋkɪç] *adj* supple

gelesen *vt, vi, vr pp von* **lesen**

geliebt *adj* dear; **ihr ~er Mann** her beloved husband

Geliebte(r) *f(m) dekl wie adj* lover

geliehen [gəˈliːən] *vt pp von* **leihen**

gelingen <gelang, gelungen> [gəˈlɪŋən] *vi sein* **jdm gelingt es, etw zu tun** sb manages to do sth; **jdm gelingt es nicht, etw zu tun** sb fails to do sth

Gelingen <-s> [gəˈlɪŋən] *nt kein pl* *(geh)* success

gelitten [gəˈlɪtn̩] *vi, vt pp von* **leiden**

geloben [gəˈloːbn̩] *vt (geh)* **etw ~** to pledge sth; **jdm Gefolgschaft ~** to swear allegiance to sb

Gelöbnis <-ses, -se> [gəˈløːpnɪs] *nt* *(geh)* vow; **ein ~ ablegen** to take a vow

gelogen [gəˈloːgn̩] *vi, vt pp von* **lügen**

gelten <gilt, galt, gegolten> [ˈgɛltn̩] **I.** *vi* ① *(gültig sein)* **[für jdn] ~** *Regelung* to be valid [for sb]; *Bestimmungen* to apply [to sb]; *Gesetz* to be in force ② *(zutreffen)* **für jdn ~** to go for sb ③ *(gehalten werden)* **als etw ~** to be regarded as sth ▶ **etw ~ lassen** to accept sth **II.** *vi impers* **es gilt, etw zu tun** it is necessary to do sth; **das gilt nicht!** that's not allowed!

geltend *adj attr (gültig)* current; *(vorherrschend)* prevailing; **Ansprüche/Forderungen ~ machen** to make claims/demands

Geltung <-> *kein pl f* ① *(Gültigkeit)* validity; **~ erlangen/haben** to become/be valid ② *(Ansehen)* prestige; **sich/etw** *dat* **~ verschaffen** to establish one's position/to enforce sth

Geltungsdauer *f* [period of] validity

Gelübde <-s, -> [gəˈlʏpdə] *nt* vow

gelungen [gəˈlʊŋən] **I.** *vi pp von* **gelingen** **II.** *adj attr* successful

gemächlich [gəˈmɛːçlɪç] **I.** *adj* leisurely; *Leben* quiet **II.** *adv* leisurely

Gemälde <-s, -> [gəˈmɛːldə] *nt* painting

gemäß [gə'mɛːs] I. *präp +dat* in accordance with; ~ **§ 198** according to § 198 II. *adj* **jdm/etw** ~ appropriate to sb/sth

gemäßigt *adj* ① *Klima* temperate ② *(moderat)* moderate

gemein [gə'main] *adj* ① *(niederträchtig)* mean ② *pred (geh)* common; **jdm/etw ~ sein** to be common to sb/sth; **etw mit jdm ~ haben** to have sth in common with sb

Gemeinde <-, -n> [gə'maində] *f* ① *(Kommune)* municipality ② *(Pfarrgemeinde)* parish; *(Gläubige)* parishioners *pl*

Gemeindehaus *nt* REL parish rooms *pl* **Gemeindemitglied** *nt* REL parishioner **Gemeinderat** *m* district council **Gemeinderat, -rätin** *m, f* district councillor BRIT, councilman/-woman AM **Gemeindeverwaltung** *f* district council **Gemeindezentrum** *nt* REL parish rooms *pl*

gemeingefährlich *adj* constituting a public danger *pred form;* **ein ~er Krimineller** a dangerous criminal

Gemeingut *nt kein pl* common property

Gemeinheit <-, -en> *f* meanness; **so eine ~!** that was a mean thing to do/say!

gemeinnützig [gə'mainnʏtsɪç] *adj* charitable

gemeinsam [gə'mainzaːm] I. *adj* ① *(mehreren gehörend)* common; **etw ~ haben** to have sth in common ② *(von mehreren unternommen)* joint *attr* II. *adv* jointly

Gemeinschaft <-, -en> *f* community; **in ~ mit jdm/etw** together with sb/sth

gemeinschaftlich *adj s.* **gemeinsam**

Gemeinschaftskunde *f kein pl* social studies + *sing vb* **Gemeinschaftspraxis** *f* joint practice

Gemeinwohl *nt* **das ~** the public welfare; **dem ~ dienen** to be in the public interest

gemieden [gə'miːdn̩] *vt pp von* **meiden**

Gemisch <-[e]s, -e> [gə'mɪʃ] *nt* mixture

gemischt *adj* mixed

gemocht [gə'mɔxt] *modal vb pp von* **mögen**

gemolken [gə'mɔlkn̩] *vt, vi pp von* **melken**

Gemüse <-s, *pl selten* -> [gə'myːzə] *nt* vegetables *pl*

Gemüseanbau *m* vegetable-growing; *(für den Handel)* market gardening BRIT, truck farming AM **Gemüseburger** <-s, -> [-bøːɐ̯gɐ] *m* veggie-burger **Gemüsegarten** *m* kitchen garden **Gemüsehändler(in)** *m(f)* greengrocer BRIT

gemustert *adj* patterned

Gemüt <-[e]s, -er> [gə'myːt] *nt* ① *(Seele)* soul ② *(Mensch)* soul ③ *(Emotionen)* feelings *pl;* **etwas fürs ~** something sentimental

gemütlich I. *adj* ① *(bequem)* comfortable; **es sich/jdm ~ machen** to make oneself/sb comfortable ② *(ungezwungen)* informal II. *adv (behaglich)* comfortably

Gemütlichkeit <-> *f kein pl* ① cosiness ② *(Ungezwungenheit)* informality

Gen <-s, -e> [geːn] *nt* gene

genannt [gə'nant] *vr, vt pp von* **nennen**

genas [gə'naːs] *vi imp von* **genesen**

genau [gə'nau] I. *adj* exact II. *adv* ① exactly; ~ **in der Mitte** right in the middle; ~ **genommen** strictly speaking; **etw ~er betrachten** to take a closer look at sth; **etw [nicht] ~ wissen** to [not] know sth for certain ② *(gerade)* **sie ist ~ die richtige Frau für diesen Job** she's just the right woman for the job ▶ **es [nicht] ~ nehmen** to [not] be very particular (**mit** about); **wenn man es ~ nimmt** strictly speaking

Genauigkeit <-> [gə'nauɪçkait] *f kein pl* exactness

G

genauso [gə'nauzo:] *adv* just the same; **~ kalt/klein wie …** just as cold/small as …

genehmigen [gə'ne:mɪgn̩] **I.** *vt* **[jdm] etw ~** to grant [sb] permission for sth **II.** *vr* **sich** *dat* **etw ~** to indulge in sth

Genehmigung <-, -en> *f* ❶ approval ❷ *(Dokument)* permit

geneigt *adj (geh)* **~ sein, etw zu tun** to be inclined to do sth

General(in) <-[e]s, -e *o* Generäle> [genə'ra:l] *m(f)* general

G

Generaldirektor(in) *m(f)* director general **Generalkonsul(in)** *m(f)* consul general **Generalkonsulat** *nt* consulate general **Generalprobe** *f* THEAT dress rehearsal; MUS final rehearsal **Generalstreik** *m* general strike **Generaluntersuchung** *f* complete check-up **Generalversammlung** *f* general meeting

Generation <-, -en> [genəra'tsi̯o:n] *f* generation

Generator <-s, -toren> [genə'ra:to:ɐ̯, *pl:* -'to:rən] *m* generator

generell [genə'rɛl] **I.** *adj* general **II.** *adv* generally

genervt [gə'nɛrft] *adj* at the end of one's tether

genesen <genas, genesen> [gə'ne:zn̩] *vi sein (geh)* to recover

Genesung <-, *pl selten* -en> [gə'ne:zʊŋ] *f (geh)* convalescence *no pl*

Genetik <-> [ge'ne:tɪk] *f kein pl* genetics + *sing vb*

genetisch [ge'ne:tɪʃ] *adj* genetic

Genf <-s> [gɛnf] *nt* Geneva

Genforschung *f* genetic research

genial [ge'ni̯a:l] *adj* brilliant

Genick <-[e]s, -e> [gə'nɪk] *nt* neck

Genie <-s, -s> [ʒe'ni:] *nt* genius

genieren [ʒe'ni:rən] *vr* **sich ~** to be embarrassed; **sich ~, etw zu tun** to not like doing sth

genießen <genoss, genossen> [gə'ni:sn̩] *vt* to enjoy

Genießer(in) <-s, -> *m(f)* gourmet

Genitiv <-s, -e> ['ge:niti:f] *m* genitive

genommen [gə'nɔmən] *vt pp von* **nehmen**

genormt *adj* standardized

Genosse, Genossin <-n, -n> [gə'nɔsə, gə'nɔsɪn] *m, f* comrade

genossen [gə'nɔsn̩] *vt pp von* **genießen**

Genossenschaft <-, -en> [gə'nɔsn̩ʃaft] *f* cooperative

Gentechnik *f* genetic engineering **Gentherapie** *f* MED gene [*or* genetic] therapy

genug [gə'nu:k] *adv* enough; **~ haben** to have had enough (**von** of); **jetzt ist['s] aber ~!** that's enough!

genügen [gə'ny:gn̩] *vi* **[jdm] ~** to be enough [for sb]

genügend [gə'ny:gn̩t] *adv* enough

genügsam [gə'ny:kza:m] **I.** *adj* modest **II.** *adv* modestly

Genugtuung <-, *pl selten* -en> [gə'nu:ktu:ʊŋ] *f* satisfaction

Genus <-, Genera> ['gɛnʊs, *pl:* 'gɛnera] *nt* gender

Genuss <-es, Genüsse> [gə'nʊs] *m* ❶ *(Freude)* delight ❷ *kein pl (geh: das Zusichnehmen)* consumption ❸ *(das Genießen)* enjoyment; **etw mit ~ tun** to do sth with relish

genverändert *adj* genetically manipulated

Geocaching <-s> ['ge:okɛʃɪŋ] *nt kein pl* geocaching

Geografie <-> [geogra'fi:] *f kein pl* geography

Geografie – geography

der Berg	mountain
die Bucht	bay
der Dschungel	jungle
die Ebene	plain
das Erdbeben	earthquake
das Erdteil	continent
der Fels	rock
der Fluss	river
das Gebirge	mountain range; mountains *pl*
die Hochebene	plateau

die Höhle	cave
der Hügel	hill
die Insel	island
die Klippe	cliff
die Küste	coast
das Land	land
das Meer	sea
der Ozean	ocean
der Regenwald	rainforest
die Schlucht	gorge
der See	lake
die Strömung	current
das Tal	valley
der Vulkan	volcano
die Wüste	desert

geografisch *adj* geographic[al]
Geograph(in) <-en, -en> [geo'gra:f] *m(f)* geographer
Geographie <-> [geogra'fi:] *f kein pl s.* **Geografie**
geographisch [geo'gra:fɪʃ] *adj s.* **geografisch**
geologisch [geo'lo:gɪʃ] *adj* geological
Geometrie <-> [geome'tri:] *f kein pl* geometry
geometrisch [geo'me:trɪʃ] *adj* geometric
Georgien <-s> [ge'ɔrgi̯ən] *nt* Georgia
Georgier(in) <-s, -> [ge'ɔrgi̯ɐ] *m(f)* Georgian
georgisch [ge'ɔrgɪʃ] *adj* Georgian
Gepäck <-[e]s> [gə'pɛk] *nt kein pl* luggage BRIT, baggage AM
Gepäckabfertigung *f* luggage check-in **Gepäckausgabe** *f* luggage reclaim BRIT, baggage pickup AM **Gepäckschließfach** *nt* baggage [*or* BRIT *a.* luggage] locker **Gepäckstück** *nt* piece of luggage **Gepäckträger** *m (am Rad)* carrier **Gepäckträger(in)** *m(f)* porter **Gepäckwagen** *m* luggage van BRIT, baggage car AM
gepfiffen [gə'pfɪfn̩] *vi, vt pp von* **pfeifen**
gepflegt *adj* ❶ *Aussehen* well-groomed; *Garten* well-tended ❷ *Ausdrucksweise* cultured
gepriesen [gə'pri:zn̩] *vt pp von* **preisen**
gequollen [gə'kvɔlən] *vi pp von* **quellen**
gerade [gə'ra:də] **I.** *adj* ❶ *(nicht krumm)* straight; *(aufrecht)* upright; ~ **sitzen/stehen** to sit/stand up straight ❷ *Zahl* even **II.** *adv (fam)* just; **haben Sie ~ einen Moment Zeit?** do you have time just now?; **sie hat die Prüfung ~ so bestanden** she only just passed the exam **III.** *part (ausgerechnet)* ~ **heute/morgen** today/tomorrow of all days; **warum ~ jetzt?** why now of all times?; ~ **du** you of all people ▶ **das hat ~ noch gefehlt!** *(iron)* that's all I need!; **nicht ~ billig etc.** not exactly cheap etc.
Gerade <-n, -n> [gə'ra:də] *f* MATH straight line
geradeaus [gəra:də'ʔaus] *adv* straight ahead; ~ **fahren** to drive straight on
gerade|biegen *vt irreg* to straighten out *sep* **geradeheraus** [gəra:dəhɛ'raus] *adv* frankly **gerade|stehen** *vi irreg* **für jdn/etw ~** to answer for sb/sth
geradewegs [gə'ra:dəve:ks] *adv* straight; ~ **nach Hause** straight home
geradezu [gə'ra:dətsu:] *adv* really
geradlinig *adj, adv* straight
Geranie <-, -n> [ge'ra:ni̯ə] *f* geranium
gerann [gə'ran] *vi imp von* **gerinnen**
gerannt [gə'rant] *vi pp von* **rennen**
Gerät <-[e]s, -e> [gə'rɛ:t] *nt* ❶ device ❷ ELEK appliance ❸ *kein pl (Ausrüstung)* equipment
geraten[1] <gerät, geriet, geraten> *vi sein* ❶ *(zufällig gelangen)* **in eine Schlägerei/einen Stau ~** to get into a fight/a traffic jam ❷ *(unbeabsichtigt kommen)* **in einen Sturm ~** to get caught in a storm ❸ *(sich konfrontiert sehen mit)* **in Gefangenschaft ~** to be taken prisoner; **in Schwierigkeiten ~** to get into difficulties ❹ *(erfüllt werden von)* **in Panik ~** to start

G

to panic; **in Verlegenheit/Wut ~** to get embarrassed/angry ⑤ *(beginnen, etw zu tun)* **in Brand ~** to catch fire; **ins Schleudern ~** to get into a skid; **ins Stocken ~** to come to a halt; **in Vergessenheit ~** to fall into oblivion ⑥ *(ausfallen)* **zu groß/klein ~** to turn out too big/short ⑦ *(fam: kennen lernen)* **an jdn ~** to come across sb

geraten[2] *vi, vt pp von* **raten**

Geräteturnen *nt* gymnastics + *sing vb (on apparatus)*

Geratewohl [gəra:tə'vo:l, gə'ra:təvo:l] *nt* ► **aufs ~** on the off-chance

geräumig [gə'rɔymɪç] *adj* spacious

Geräusch <-[e]s, -e> [gə'rɔyʃ] *nt* noise

geräuschlos **I.** *adj* silent **II.** *adv* silently

geräuschvoll **I.** *adj* loud **II.** *adv* loudly

gerben ['gɛrbn̩] *vt* to tan

gerecht [gə'rɛçt] **I.** *adj* ① just; **~ [gegen jdn] sein** to be fair [to sb] ② *(erfüllen)* **etw** *dat* **~ werden** to fulfil sth; **Erwartungen ~ werden** to meet expectations **II.** *adv* justly

Gerechtigkeit <-> [gə'rɛçtɪçkait] *f kein pl* ① justice ② *(Unparteilichkeit)* fairness ► **ausgleichende ~** poetic justice

Gerede <-s> [gə're:də] *nt kein pl* gossip

gereizt *adj (verärgert)* irritated

Gericht[1] <-[e]s, -e> [gə'rɪçt] *nt (Speise)* dish

Gericht[2] <-[e]s, -e> [gə'rɪçt] *nt* JUR court; **jdn/einen Fall vor ~ bringen** to take sb/a case to court ► **das Jüngste ~** Judg[e]ment Day

gerichtlich **I.** *adj attr* judicial **II.** *adv* legally; **~ gegen jdn vorgehen** to take sb to court

Gerichtsbarkeit <-, -en> *f* jurisdiction **Gerichtshof** *m* law court, court of law *esp* AM; **der Europäische ~** the European Court of Justice **Gerichtsmediziner(in)** *m(f)* forensic scientist, medical examiner AM **Gerichtssaal** *m* courtroom **Gerichtsverfahren** *nt* legal proceedings *pl;* **ein ~ gegen jdn einleiten** to take legal proceedings against sb **Gerichtsverhandlung** *f* trial; *(zivil)* hearing **Gerichtsvollzieher(in)** <-s, -> *m(f)* bailiff BRIT, U.S. Marshal AM

geriet [gə'ri:t] *vi imp von* **geraten**[1]

gering [gə'rɪŋ] **I.** *adj* ① *(niedrig)* low; *Menge* small; **von ~em Wert** of little value; **nicht das G~ste** nothing at all ② *(unerheblich)* slight **II.** *adv* **jdn/etw ~ schätzen** to have a low opinion of sb/sth

geringfügig [gə'rɪngfy:gɪç] **I.** *adj* insignificant; *Betrag, Einkommen* small; *Unterschied* slight; *Vergehen, Verletzung* minor **II.** *adv* slightly

gering|schätzen *vt s.* **gering II**

geringschätzig [gə'rɪŋʃɛtsɪç] **I.** *adj* contemptuous **II.** *adv* disparagingly

gerinnen <gerann, geronnen> [gə'rɪnən] *vi sein* to coagulate

Gerinnsel <-s, -> [gə'rɪnzl̩] *nt* clot

Gerippe <-s, -> [gə'rɪpə] *nt* skeleton

gerissen [gə'rɪsn̩] **I.** *pp von* **reißen** **II.** *adj (fam)* crafty

geritten [gə'rɪtn̩] *vi, vt pp von* **reiten**

Germane, Germanin <-n, -n> [gɛr'ma:nə, gɛr'ma:nɪn] *m, f* Teuton

germanisch [gɛr'ma:nɪʃ] *adj* ① HIST Teutonic ② LING Germanic

Germanistik <-> [gɛrma'nɪstɪk] *f kein pl* German [studies *npl*]

gern(e) <lieber, am liebsten> ['gɛrn(ə)] *adv (freudig)* with pleasure; **etw ~ tun** to like doing/to do sth ► **~ geschehen!** don't mention it!

gerochen [gə'rɔxn̩] *vi, vt pp von* **riechen**

Geröll <-[e]s> [gə'rœl] *kein pl nt* scree; *(größer)* boulders *pl*

Gerste <-> ['gɛrstə] *f kein pl* barley

Geruch <-[e]s, Gerüche> [gə'rʊx] *m* smell

geruchlos *adj* odourless

Geruch(s)sinn *m kein pl* sense of smell

Gerücht <-[e]s, -e> [gə'rʏçt] *nt* rumour; **ein ~ in die Welt setzen** to start a rumour

gerufen *vi, vt pp von* **rufen**

Gerümpel <-s> [gə'rʏmpl̩] *nt kein pl* junk

Gerundium <-s, -ien> [ge'rʊndi̯ʊm, *pl:* ge'rʊndi̯ən] *nt* gerund *spec*
gerungen [gə'rʊŋən] *vi, vt pp von* **ringen**
Gerüst <-[e]s, -e> [gə'rʏst] *nt* BAU scaffold
gesalzen [gə'zaltsn̩] **I.** *pp von* **salzen II.** *adj (fam) Preis* steep
gesamt [gə'zamt] *adj attr* whole
Gesamtbetrag *m* total **Gesamtkosten** *pl* total costs **Gesamtschule** *f* ≈ comprehensive school
gesandt [gə'zant] *vi pp von* **senden²**
Gesandte(r) [gə'zantə] *f(m) dekl wie adj*, **Gesandtin** [gə'zantɪn] *f* envoy
Gesandtschaft <-, -en> [gə'zantʃaft] *f* embassy
Gesang <-[e]s, Gesänge> [gə'zaŋ] *m* song
Gesangbuch *nt* hymn book **Gesangverein** *m* choral society
Gesäß <-es, -e> [gə'zɛːs] *nt* bottom
Gesäßtasche *f* back pocket
geschaffen *vi, vt pp von* **schaffen²**
Geschäft <-[e]s, -e> [gə'ʃɛft] *nt* ① *(Laden)* shop, AM *usu* store ② *(Gewerbe)* business; **[mit jdm] ~e machen** to do business [with sb] ③ *(Geschäftsabschluss)* deal; **ein ~ machen** to make a deal; **ein gutes ~ machen** to get a good bargain ④ *(Angelegenheit)* business
geschäftig [gə'ʃɛftɪç] *adj* busy
geschäftlich [gə'ʃɛftlɪç] **I.** *adj* business *attr* **II.** *adv* on business; **~ verreist** away on business
Geschäftsbrief *m* business letter **Geschäftsfrau** *f* businesswoman **Geschäftsführer(in)** *m(f)* ① manager ② *(eines Vereins)* secretary **Geschäftsjahr** *nt* financial year **Geschäftsleute** *pl von* **Geschäftsmann, -frau** businessmen, -women **Geschäftsmann** *m* businessman **Geschäftsmodell** *nt* business model [*or* concept] **Geschäftsreise** *f* business trip **Geschäftsschluss** *m* closing time **Geschäftsstelle** *f* office **Geschäftszeit** *f* opening hours
geschah [gə'ʃaː] *vi imp von* **geschehen**
geschehen <geschah, geschehen> [gə'ʃeːən] *vi sein* to happen; **jdm geschieht etw** sth happens to sb; **es muss etwas ~** something's got to be done; **das geschieht dir recht!** it serves you right!
Geschehen <-s, -> [gə'ʃeːən] *nt* events *pl;* **der Ort des ~s** the scene [of the event]
gescheit [gə'ʃait] *adj* clever
Geschenk <-[e]s, -e> [gə'ʃɛŋk] *nt* present; **jdm ein ~ machen** to give sb a present ▸ **ein ~ des Himmels sein** to be heaven sent
Geschenkgutschein *m* gift voucher
Geschenkpapier *nt* gift wrap
Geschichte <-, -n> [gə'ʃɪçtə] *f* ① *kein pl* history; **Alte/Mittlere/Neue ~** ancient/medieval/modern history ② *(Erzählung)* story ③ *(fam: Angelegenheit)* business; **die ganze ~** the whole lot
geschichtlich [gə'ʃɪçtlɪç] **I.** *adj* ① historical ② *(bedeutend)* historic **II.** *adv* historically; **~ bedeutsam** of historic importance
Geschichtsbuch *nt* history book
Geschick¹ <-[e]s> [gə'ʃɪk] *nt kein pl (Geschicklichkeit)* skill
Geschick² <-[e]s, -e> [gə'ʃɪk] *nt (Schicksal)* fate
Geschicklichkeit <-> *f kein pl* skill
geschickt **I.** *adj* skilful **II.** *adv* skilfully
geschieden [gə'ʃiːdn̩] **I.** *pp von* **scheiden II.** *adj* divorced
geschienen [gə'ʃiːnən] *vi pp von* **scheinen**
Geschirr <-[e]s, -e> [gə'ʃɪr] *nt* ① *kein pl* dishes *pl* ② *(Pferdegeschirr)* harness
Geschirrspülmaschine *f* dishwasher **Geschirrspülmittel** *nt* washing-up liquid BRIT, dish soap AM
Geschirrtuch *nt* dish cloth
geschissen [gə'ʃɪsn̩] *vi pp von* **scheißen**

geschlafen *vi pp von* **schlafen**
geschlagen *vt, vi, vr pp von* **schlagen**
Geschlecht <-[e]s, -er> [gəˈʃlɛçt] *nt* ① *kein pl* gender; **das andere ~** the opposite sex; **beiderlei ~s** of both sexes; **männlichen/weiblichen ~s** *(geh)* male/female ② *(Sippe)* family
Geschlechtskrankheit *f* sexually transmitted disease **Geschlechtsteil** *nt* genitals *npl* **Geschlechtsverkehr** *m* sexual intercourse
geschlichen [gəˈʃlɪçn̩] *vi, vr pp von* **schleichen**
geschliffen [gəˈʃlɪfn̩] **I.** *vt, vi, vr pp von* **schleifen**[2] **II.** *adj* polished
geschlossen [gəˈʃlɔsn̩] *pp von* **schließen**
geschlungen [gəˈʃlʊŋən] *vr, vt pp von* **schlingen**
Geschmack <-[e]s, Geschmäcker> [gəˈʃmak] *m kein pl* taste; **etw ist nicht mein ~** sth is not to my taste; **auf den ~ kommen** to acquire a taste for sth; **für meinen ~** for my taste ▶ **über ~ lässt sich [nicht] streiten** *(prov)* there's no accounting for taste
geschmacklos *adj* tasteless
Geschmacklosigkeit <-, -en> *f* tastelessness
geschmackvoll **I.** *adj* tasteful **II.** *adv* tastefully
geschmeidig [gəˈʃmaidɪç] *adj* supple
geschmissen [gəˈʃmɪsn̩] *vt, vi, vr pp von* **schmeißen**
geschmolzen [gəˈʃmɔltsn̩] *vt, vi pp von* **schmelzen**
geschnitten [gəˈʃnɪtn̩] *vt, vi, vr pp von* **schneiden**
geschoben [gəˈʃoːbn̩] *vt, vi, vr pp von* **schieben**
gescholten [gəˈʃɔltn̩] *vt, vi pp von* **schelten**
Geschöpf <-[e]s, -e> [gəˈʃœpf] *nt* creature
geschoren [gəˈʃoːrən] *vt pp von* **scheren**[1]
Geschoss <-es, -e> [gəˈʃɔs] *nt* ① *(Etage)* floor [*or* AM story] ② MIL projectile
geschossen [gəˈʃɔsn̩] *vi, vt pp von* **schießen**
geschraubt **I.** *adj (pej)* affected **II.** *adv* affectedly
Geschrei <-s> [gəˈʃrai] *nt kein pl* ① shouting ② *(fam: Lamentieren)* fuss
geschrieben [gəˈʃriːbn̩] *vt, vi, vr pp von* **schreiben**
geschritten [gəˈʃrɪtn̩] *vi pp von* **schreiten**
geschunden [gəˈʃʊndn̩] *vr, vt pp von* **schinden**
Geschwätz <-es> [gəˈʃvɛts] *nt kein pl (pej fam)* ① waffle ② *(Klatsch)* gossip
geschwätzig [gəˈʃvɛtsɪç] *adj (pej)* talkative
geschweige [gəˈʃvaigə] *konj* ~ **[denn]** never mind let alone
geschwiegen [gəˈʃviːgn̩] *vi pp von* **schweigen**
geschwind [gəˈʃvɪnt] **I.** *adj* SÜDD *(veraltet: rasch)* swift **II.** *adv* quickly
Geschwindigkeit <-, -en> [gəˈʃvɪndɪçkait] *f* speed
Geschwindigkeitsbegrenzung *f* speed limit
Geschwindigkeitskontrolle *f* speed [*or* radar] trap
Geschwister [gəˈʃvɪstɐ] *pl* brothers and sisters *pl*
geschwollen [gəˈʃvɔlən] **I.** *pp von* **schwellen** **II.** *adj (pej)* pompous **III.** *adv* in a pompous way
geschwommen [gəˈʃvɔmən] *vi, vt pp von* **schwimmen**
Geschworene(r) *f(m) dekl wie adj* juror; **die ~n** the jury
Geschwulst <-, Geschwülste> [gəˈʃvʊlst] *f* tumour
geschwunden [gəˈʃvʊndn̩] *vi pp von* **schwinden**
Geschwür <-s, -e> [gəˈʃvyːɐ̯] *nt* ulcer
gesegnet *adj (geh)* blessed; **~e(s) …!** happy …! *form;* **~es Neues Jahr!** Happy New Year!
gesehen *vt, vi, vr pp von* **sehen**
gesellen [gəˈzɛlən] *vr (geh)* **sich zu jdm ~** to join sb

gesellig [gəˈzɛlɪç] *adj* sociable; *Abend* convivial; **ein ~es Beisammensein** a friendly get-together

Geselligkeit <-, -en> *f* gregariousness

Gesellschaft <-, -en> [gəˈzɛlʃaft] *f* ❶ society ❷ ÖKON company BRIT, corporation AM ❸ *(Gruppe)* group of people; **sich in guter ~ befinden** to be in good company; **in schlechte ~ geraten** to get in with the wrong crowd; **jdm ~ leisten** to join sb

gesellschaftlich *adj* social

gesellschaftsfähig *adj* socially acceptable

Gesellschaftsspiel *nt* party game

gesessen [gəˈzɛsn̩] *vi pp von* **sitzen**

Gesetz <-es, -e> [gəˈzɛts] *nt* law

Gesetzbuch *nt* statute book; **Bürgerliches ~** Civil Code **Gesetzentwurf** *m* draft legislation **Gesetzeslücke** *f* judicial loophole

gesetzeswidrig **I.** *adj* illegal, unlawful **II.** *adv* illegally, unlawfully

gesetzgebend *adj attr* legislative **Gesetzgeber** <-s, -> *m* legislature **Gesetzgebung** <-, -en> *f* legislation

gesetzlich [gəˈzɛtslɪç] **I.** *adj* legal **II.** *adv* legally

gesetzlos *adj* lawless

Gesetzmäßigkeit <-, -en> *f* regularity

gesetzt **I.** *adj* dignified **II.** *konj (angenommen, ...)* **~, ...** assuming that ...; *(vorausgesetzt, dass ...)* providing that ...

gesichert **I.** *vt pp von* **sichern** **II.** *adj* secure[d]; *Erkenntnisse* solid; *Fakten* indisputable; **~es Einkommen** fixed income; **~e Existenz** secure livelihood

Gesicht <-[e]s, -er> [gəˈzɪçt] *nt* face; **ein böses/trauriges ~ machen** to look angry/sad; **jdm etw ins ~ sagen** to say sth to sb's face ▸ **das ~ verlieren** to lose face; **das ~ wahren** to save face; **sein wahres ~ zeigen** to show one's true colours

Gesichtsausdruck <-ausdrücke> *m* expression **Gesichtscreme** [-kreːm] *f* face cream **Gesichtsfarbe** *f* complexion **Gesichtsmaske** *f* face mask; *(kosmetisch)* face pack; SPORT *(Schutz für das Gesicht)* face guard **Gesichtspunkt** *m* point of view **Gesichtszüge** *pl* features

Gesindel <-s> [gəˈzɪndl̩] *nt kein pl (pej)* riff-raff

gesinnt [gəˈzɪnt] *adj meist präd* minded; **jdm gut/übel ~ sein** to be well-disposed/ill-disposed towards sb

Gesinnung <-, -en> *f* conviction

gesittet [gəˈzɪtət] *adj* well-brought up

gesoffen [gəˈzɔfn̩] *vi, vt pp von* **saufen**

gesogen [gəˈzoːgn̩] *vi, vt pp von* **saugen**

gespalten [gəˈʃpaltn̩] *vr, vt pp von* **spalten**

gespannt *adj* ❶ **~ sein, ob/was ...** to be anxious to see whether/what ...; **ich bin auf seine Reaktion ~** I wonder what his reaction will be ❷ *(konfliktträchtig)* tense

Gespenst <-[e]s, -er> [gəˈʃpɛnst] *nt* ghost

gespenstisch [gəˈʃpɛnstɪʃ] *adj* eerie

gesponnen [gəˈʃpɔnən] *vt, vi pp von* **spinnen**

Gespräch <-[e]s, -e> [gəˈʃprɛːç] *nt* conversation; **ein ~ mit jdm führen** to have a conversation with sb; **im ~ sein** to be under consideration

gesprächig [gəˈʃprɛːçɪç] *adj* talkative

Gesprächseinheit *f* TELEK unit

gesprenkelt *adj* mottled

gesprochen [gəˈʃprɔxn̩] *vi, vt pp von* **sprechen**

gesprossen [gəˈʃprɔsn̩] *vi pp von* **sprießen**

gesprungen [gəˈʃprʊŋən] *vi, vt pp von* **springen**

Gespür <-s> [gəˈʃpyːɐ̯] *nt kein pl* instinct

Gestalt <-, -en> [gəˈʃtalt] *f* ❶ *(Mensch)* figure ❷ *(Person)* character; **in ~ von jdm** in the form of sb ▸ **[feste] ~ annehmen** to take [definite] shape

gestalten [gəˈʃtaltn̩] *vt* to design; **etw**

neu/anders ~ to redesign sth

Gestaltung <-, -en> *f* design

Gestammel <-s> [gəˈʃtaml̩] *nt kein pl* stammering and stuttering

gestand *vi, vt imp von* **gestehen**

Geständnis <-ses, -se> [gəˈʃtɛntnɪs] *nt* confession

Gestank <-[e]s> [gəˈʃtaŋk] *m kein pl* stench

gestatten [gəˈʃtatn̩] *vt* to permit; **jdm ~, etw zu tun** to allow sb to do sth

Geste <-, -n> [ˈgeːstə, ˈgɛstə] *f* gesture

gestehen <gestand, gestanden> [gəˈʃteːən] *vi, vt* to confess

Gestein <-[e]s, -e> [gəˈʃtain] *nt* rock

Gestell <-[e]s, -e> [gəˈʃtɛl] *nt* ❶ *(Bretterregal)* shelves *pl* ❷ *(Brillengestell)* frame ❸ *(Fahrgestell)* chassis

gestern [gɛstɐn] *adv* yesterday; ~ **vor einer Woche** a week ago yesterday; ~ **Morgen/Mittag** yesterday morning/lunchtime

gestiegen [gəˈʃtiːgn̩] *vi, vt pp von* **steigen**

gestohlen [gəˈʃtoːlən] *vt, vi, vr pp von* **stehlen**

gestorben [gəˈʃtɔrbn̩] *vi pp von* **sterben**

gestoßen [gəˈʃtoːsn̩] *vt, vi, vr pp von* **stoßen**

Gestotter <-s> [gəˈʃtɔtɐ] *nt kein pl* stammering

gestreift I. *pp von* **streifen** II. *adj* striped

gestrichen [gəˈʃtrɪçn̩] I. *vi, vt pp von* **streichen** II. *adj* level III. *adv* ~ **voll** full to the brim ►**jd hat die Nase ~ voll** sb is fed up to the back teeth

gestrig [ˈgɛstrɪç] *adj attr* yesterday's *attr*, [of] yesterday *pred*

gestritten [gəˈʃtrɪtn̩] *vi, vr pp von* **streiten**

Gestrüpp <-[e]s, -e> [gəˈʃtrʏp] *nt* undergrowth

gestunken [gəˈʃtʊŋkn̩] *vi pp von* **stinken**

Gestüt <-[e]s, -e> [gəˈʃtyːt] *nt* stud farm

Gesuch <-[e]s, -e> [gəˈzuːx] *nt* request

gesucht *adj* much sought-after

gesund <gesünder, gesündeste> [gəˈzʊnt] *adj* healthy; **geistig und körperlich ~** sound in mind and body; ~ **und munter** in good shape; **wieder ~ werden** to get well again

Gesundheit <-> *f kein pl* health; **auf Ihre ~!** your health!; **~!** bless you!

gesundheitlich *adj* **ein ~es Problem** a health problem; **aus ~en Gründen** for health reasons

Gesundheitsamt *nt* local public health department **Gesundheitsversorgung** *f kein pl* healthcare **Gesundheitswesen** *nt* health system [*or* service] **Gesundheitszeugnis** *nt* certificate of health, health certificate

gesungen [gəˈzʊŋən] *vi, vt pp von* **singen**

gesunken [gəˈzʊŋkn̩] *vi pp von* **sinken**

getan [gəˈtaːn] *vt, vi, vr pp von* **tun**

getragen [gəˈtraːgn̩] I. *vt, vi, vr pp von* **tragen** II. *adj* ❶ *(feierlich)* solemn ❷ *(gebraucht)* second-hand

Getränk <-[e]s, -e> [gəˈtrɛŋk] *nt* drink

Getränkeautomat *m* drinks dispenser

Getränkemarkt *m* ≈ off-licence

getrauen [gəˈtrauən] *vr (wagen)* **sich ~, etw zu tun** to dare to do sth

Getreide <-s, -> [gəˈtraidə] *nt* cereal; *(geerntet)* grain

getrennt I. *adj* separate II. *adv* separately

getreten *vt, vi, vr pp von* **treten**

getreu[1] [gəˈtrɔy] *adj* ❶ *(genau)* exact; *Wiedergabe* faithful ❷ *(geh: treu)* loyal

getreu[2] [gəˈtrɔy] *präp +dat (gemäß)* ~ **einer S.** *dat* in accordance with sth

Getriebe <-s, -> [gəˈtriːbə] *nt* gear[s] *pl*

getrieben [gəˈtriːbn̩] *vi, vt pp von* **treiben**

getroffen [gəˈtrɔfn̩] *vt, vi, vr pp von* **treffen, triefen**

getrogen [gəˈtroːgn̩] *vi, vt pp von* **trügen**

getrost [gəˈtroːst] *adv (ohne weiteres)* safely; **du kannst dich ~ auf ihn ver-**

lassen take my word for it, you can rely on him
getrübt *adj (schlecht)* troubled
getrunken [gəˈtrʊŋkn̩] *vt, vi pp von* **trinken**
Getto <-s, -s> [ˈgɛto] *nt* ghetto
Getue <-s> [gəˈtuːə] *nt kein pl (pej)* fuss; **ein ~ machen** to make a fuss
geübt *adj* experienced
Gewächs <-es, -e> [gəˈvɛks] *nt* plant
gewachsen [gəˈvaksn̩] I. *pp von* **wachsen**[1] II. *adj* **jdm ~ sein** to be sb's equal; **etw** *dat* **~ sein** to be up to sth
Gewächshaus *nt* greenhouse
gewagt *adj* ① *(kühn)* audacious; *(gefährlich)* risky ② *(freizügig)* risqué
gewählt I. *adj* refined II. *adv* in an elegant way
Gewähr <-> [gəˈvɛːɐ̯] *f kein pl* guarantee; **ohne ~** subject to change
gewähren [gəˈvɛːrən] *vt* [**jdm**] **etw ~** to grant [sb] sth; **jdn ~ lassen** to give sb free rein
gewährleisten [gəˈvɛːɐ̯laistn̩] *vt* to guarantee
Gewalt <-, -en> [gəˈvalt] *f* ① *(Macht)* power; **höhere ~** force majeure; **ein Land in seine ~ bringen** to bring a country under one's control; **jdn in seiner ~ haben** to have sb in one's power; **~ über jdn haben** to exercise [complete] power over sb; **in jds ~ sein** to be in sb's hands ② *kein pl (Zwang)* force; *(Gewalttätigkeit)* violence; **nackte ~** brute force; **sich** *dat* **~ antun** to force oneself; **~ anwenden** to use force
gewaltbereit *adj* prone to violence
Gewaltherrschaft *f kein pl* tyranny
gewaltig [gəˈvaltɪç] I. *adj* ① powerful ② *(sehr groß)* enormous II. *adv (fam: sehr)* considerably
gewaltlos I. *adj* non-violent II. *adv* without violence
Gewaltlosigkeit <-> *f kein pl* non-violence
gewaltsam [gəˈvaltzaːm] I. *adj* violent II. *adv* by force
gewalttätig *adj* violent
Gewalttätigkeit *f* violence
gewandt [gəˈvant] I. *pp von* **wenden** II. *adj* skilful; *Auftreten* confident III. *adv* skilfully
gewann [gəˈvan] *vi, vt imp von* **gewinnen**
gewaschen *vt pp von* **waschen**
Gewässer <-s, -> [gəˈvɛsɐ] *nt* stretch of water
Gewebe <-s, -> [gəˈveːbə] *nt* ① fabric ② BIOL tissue
Gewehr <-[e]s, -e> [gəˈveːɐ̯] *nt* rifle
Geweih <-[e]s, -e> [gəˈvai] *nt* antlers *pl*
Gewerbe <-s, -> [gəˈvɛrbə] *nt* trade
Gewerbesteuer *f* trade tax
gewerblich *adj (vom Handwerk)* trade; *(kaufmännisch)* commercial; *(von der Industrie)* industrial
Gewerkschaft <-, -en> [gəˈvɛrkʃaft] *f* [trade] union
Gewerkschaft(l)er(in) <-s, -> [gəˈvɛrkʃaft(l)ɐ] *m(f)* trade unionist
Gewerkschaftsmitglied *nt* [trade] union member **Gewerkschaftsvertreter(in)** *m(f)* union representative
gewichen [gəˈvɪçn̩] *vi pp von* **weichen**
Gewicht <-[e]s, -e> [gəˈvɪçt] *nt kein pl* ① weight; **ein großes ~ haben** to be very heavy; **ein geringes ~ haben** to weigh little; **sein ~ halten** to stay the same weight ② *(Wichtigkeit)* weight; **ins ~ fallen** to count; **auf etw** *akk* **~ legen** to attach significance to sth
gewichtig [gəˈvɪçtɪç] *adj* significant
Gewichtszunahme *f* increase in weight
gewiesen [gəˈviːzn̩] *pp von* **weisen**
Gewimmel <-s> [gəˈvɪml̩] *nt kein* …
(Insekten) swarm; *(Menschen)* …
Gewinde <-s, -> [gəˈvɪndə] …
Gewinn <-[e]s, -e> [gəˈvɪ… profit; **~ bringen** to m… ② *(Preis)* prize; *(Spiel…* nings *npl* ③ *kein pl* … gain
Gewinnbeteiligung *f* s…

G

its

gewinnen <gewann, gewonnen> [gə'vɪnən] **I.** *vt* ① to win ② *(überzeugen)* **jdn ~** to win sb over (**für** to) ③ *(erlangen)* to gain ④ *Kohle* to extract **II.** *vi* ① to win ② *(profitieren)* to profit (**bei** from)

gewinnend *adj* charming, winning *attr*

Gewinner(in) <-s, -> *m(f)* winner

gewinnsüchtig *adj* profit-seeking *attr*, greedy for profit *pred*

Gewinnung <-> *f kein pl* GEOL extraction

gewiss [gə'vɪs] **I.** *adj* certain; **sich** *dat* **einer S.** *gen* **~ sein** to be certain of sth **II.** *adv* certainly; **aber ~!** but of course!

Gewissen <-s> [gə'vɪsn̩] *nt kein pl* conscience; **ein schlechtes ~ haben** to have a bad conscience; **jdn/etw auf dem ~ haben** to have sb/sth on one's conscience; **jdm ins ~ reden** to appeal to sb's conscience

gewissenhaft *adj* conscientious

Gewissenhaftigkeit <-> *f kein pl* conscientiousness

gewissenlos **I.** *adj* unscrupulous *pl* **II.** *adv* without scruple[s *pl*]

Gewissensbisse *pl* pangs of conscience **Gewissensfrage** *f* question of conscience **Gewissenskonflikt** *m* moral conflict

gewissermaßen *adv* so to speak

Gewissheit *f* certainty; **sich** *dat* **~ verschaffen** to find out for certain (**über** about)

Gewitter <-s, -> [gə'vɪtɐ] *nt* thunderstorm

gewitt(e)rig [gə'vɪtərɪç] *adj* thundery

gewittern [gə'vɪtɐn] *vi impers* **es gewittert** it's thundering

gewoben [gə'vo:bn̩] *pp von* **weben**

ewogen [gə'vo:gn̩] **I.** *pp von* **wiegen**[1] **I.** *adj (geh)* well-disposed; **jdm/einer ~ sein** to be well-disposed toward[s] sth

nen [gə'vø:nən] **I.** *vt* **jdn an etw** to accustom sb to sth **II.** *vr* **sich an jdn/etw ~** to get used to sb/sth; **sich daran ~, etw zu tun** to get used to doing sth

Gewohnheit <-, -en> *f* habit; **aus ~** from force of habit

Gewohnheitsmensch *m* creature of habit **Gewohnheitsrecht** *nt (als Rechtssystem)* common law *no art*

gewöhnlich [gə'vø:nlɪç] **I.** *adj* ① *(üblich)* usual ② *(normal)* normal **II.** *adv* usually; **wie ~** as usual

gewohnt [gə'vo:nt] *adj* usual; *Umgebung* familiar; **etw ~ sein** to be used to sth; **es ~ sein, etw zu tun** to be used to doing sth; **es ~ sein, dass jd etw tut** to be used to sb['s] doing sth

Gewöhnung <-> *f kein pl* habituation

Gewölbe <-s, -> [gə'vœlbə] *nt* vault

gewölbt *adj Brust* bulging; *Dach, Decke* vaulted; *Stirn* domed

gewonnen [gə'vɔnən] *pp von* **gewinnen**

geworben [gə'vɔrbn̩] *pp von* **werben**

geworden [gə'vɔrdn̩] *pp von* **werden**

geworfen [gə'vɔrfn̩] *pp von* **werfen**

Gewühl <-[e]s> [gə'vy:l] *nt kein pl* throng

gewunken [gə'vʊŋkn̩] DIAL *pp von* **winken**

Gewürz <-es, -e> [gə'vʏrts] *nt* spice

Gewürzgurke *f* pickled gherkin **Gewürznelke** *f* [mother *form*] clove

Geysir <-s, -e> ['gaizɪr] *m* geyser

gez. *Abk von* **gezeichnet** signed

gezackt *adj* jagged

gezeichnet *adj* marked

Gezeiten [gə'tsaitn̩] *pl* tides

gezielt *adj* well-directed; *Fragen* specific

geziert *(pej)* **I.** *adj* affected **II.** *adv* affectedly

gezogen [gə'tso:gn̩] *pp von* **ziehen**

Gezwitscher <-s> [gə'tsvɪtʃɐ] *nt kein pl* twittering

gezwungen [gə'tsvʊŋən] **I.** *pp von* **zwingen** **II.** *adj (gekünstelt)* forced; *Benehmen* stiff **III.** *adv (gekünstelt)* stiffly; **~ lachen** to give a forced laugh

gezwungenermaßen *adv* of necessity
Ghetto <-s, -s> ['gɛto] *nt s.* **Getto**
Gicht <-> [gɪçt] *f kein pl* gout
Giebel <-s, -> ['giːbl̩] *m* gable
Gier <-> [giːɐ̯] *f kein pl* greed (**nach** for)
gierig ['giːrɪç] **I.** *adj* greedy; **~ nach etw** *dat* **sein** to crave [for] sth **II.** *adv* greedily
gießen <goss, gegossen> ['giːsn̩] **I.** *vt* ① *(bewässern)* to water ② *(schütten)* to pour ③ *Metall* to cast **II.** *vi impers* **es gießt in Strömen** it's pouring [down]
Gießerei <-, -en> [giːsə'rai̯] *f* foundry
Gießkanne *f* watering can
Gift <-[e]s, -e> [gɪft] *nt* ① poison ② *(Bosheit)* venom; **~ und Galle spucken** *(fam)* to vent one's spleen
Giftgas *nt* poison gas
giftig ['gɪftɪç] *adj* ① poisonous ② *(boshaft)* venomous
Giftmüll *m* toxic waste **Giftpilz** *m* poisonous fungus **Giftschlange** *f* poisonous snake **Giftstoff** *m* toxic substance
Gigant(in) <-en, -en> [gi'gant] *m(f)* giant; *(a. fig)* colossus
gigantisch [gi'gantɪʃ] *adj* gigantic
Gimpel <-s, -> ['gɪmpl̩] *m* ① ORN bullfinch ② *(einfältiger Mensch)* dimwit *fam*
ging [gɪŋ] *imp von* **gehen**
Ginster <-s, -> ['gɪnstɐ] *m* broom
Gipfel <-s, -> ['gɪpfl̩] *m* ① peak ② POL summit
gipfeln ['gɪpfl̩n] *vi* **in etw** *dat* **~** to culminate in sth
Gipfeltreffen *nt* summit [meeting]
Gips <-es, -e> [gɪps] *m* ① plaster; *(in Mineralform)* gypsum ② *(Gipsverband)* [plaster] cast; **den Arm in ~ haben** to have one's arm in a [plaster] cast
Gipsabdruck *m*, **Gipsabguss** *m* plaster cast **Gipsbein** *nt (fam)* leg in plaster
gipsen ['gɪpsn̩] *vt* ① to plaster ② MED to put in plaster
Gipser(in) <-s, -> *m(f)* plasterer
Gipsverband *m* plaster cast
Giraffe <-, -n> [gi'rafə] *f* giraffe
Girlande <-, -n> [gɪr'landə] *f* garland
Girokonto ['ʒiːro-] *nt* current [*or* AM checking] account
Gischt <-[e]s> [gɪʃt] *m kein pl* [sea] spray
Gitarre <-, -n> [gi'tarə] *f* guitar
Gitarrist(in) <-en, -en> [gita'rɪst] *m(f)* guitarist
Gitter <-s, -> ['gɪtɐ] *nt* ① *(Absperrung)* fencing *no pl* ② *(parallel laufende Stäbe)* bars *pl;* **jdn hinter ~ bringen** to put sb behind bars; **hinter ~ kommen** to be put behind bars
Gitterfenster *nt* barred window
Gitterrost *m* grating
Gladiator <-s, -toren> [gla'di̯aːtoːɐ̯, *pl:* gladi̯a'toːrən] *m* gladiator
Gladiole <-, -n> [gla'di̯oːlə] *f* BOT gladiolus
glamourös [glamu'røːs] *adj* glamorous
Glanz <-es> [glants] *m kein pl* ① shine; *in Augen* sparkle ② *(Pracht)* splendour

Übersetzungstipp
Nicht verwechseln mit *glance* – *Blick!*

glänzen ['glɛntsn̩] *vi* to shine; *(von polierter Oberfläche)* to gleam; *Augen* to sparkle
glänzend ['glɛntsn̩t] **I.** *adj* ① shining; *Oberfläche* gleaming; *Augen* sparkling; *Haar* shiny ② *(hervorragend)* brilliant **II.** *adv (prima)* splendidly
glanzlos *adj* dull, lacklustre
glanzvoll *adj* brilliant
Glas <-es, Gläser> [glaːs] *nt* ① glass; **zwei ~ Wein** two glasses of wine ② *(Brillenglas)* lens
Glascontainer [-kɔnteːnɐ] *m* bottle bank
Glaser(in) <-s, -> ['glaːzɐ] *m(f)* glazier
Glaserei [glaːzə'rai̯] *f* glazier's workshop
Glasfaserkabel *nt* fibre optic cable
glasig ['glaːzɪç] *adj* ① *(ausdruckslos)*

glassy ② KOCHK *Zwiebeln, Nudeln* transparent

Glasklar I. *adj* ① *(durchsichtig)* transparent, [as] clear as glass *pred* ② *(fig: klar und deutlich)* crystal-clear II. *adv (klar und deutlich)* in no uncertain terms

Glasmalerei *f* glass painting **Glasscheibe** *f* ① sheet of glass ② *(Fensterscheibe)* pane of glass **Glasscherbe** *f* shard of glass

Glasur [glaˈzuːɐ̯] *f* ① *(Keramikglasur)* glaze ② KOCHK icing

Glaswaren *pl* glassware *no pl*

glatt <-er o *fam* glätter, -este> [glat] I. *adj* ① *(eben)* smooth ② *(rutschig)* slippery ③ *Lüge* downright II. *adv (fam: rundweg)* plainly; **etw ~ ablehnen** to turn sth down flat

Glatteis *nt* black ice ▶**jdn aufs ~ führen** to trip up sb *sep*

glätten [ˈglɛtn̩] I. *vt* to smooth out *sep* II. *vr* **sich ~** ① *Wellen* to subside ② *Erregung* to die down

Glatze <-, -n> [ˈglatsə] *f* bald head; **eine ~ bekommen/haben** to go/be bald

Glatzkopf *m (fam)* ① *(kahler Kopf)* bald head ② *(Mann mit Glatze)* baldy

glatzköpfig [ˈglatskœpfɪç] *adj* bald

Glaube <-ns> [ˈglaubə] *m kein pl* ① *(Überzeugung)* belief (**an** in); **den festen ~n haben, dass ...** to be of the firm belief that ...; **in gutem ~n** in good faith; **jdn von seinem ~n abbringen** to dissuade sb; **jdm/etw [keinen] ~n schenken** to [not] believe sb/sth; **den ~n an jdn/etw verlieren** to lose faith in sb/sth ② REL faith

glauben [ˈglaubn̩] I. *vt* ① *(für wahr halten)* to believe; **kaum zu ~** incredible ② *(wähnen)* **sich allein/unbeobachtet ~** to think [that] one is alone/nobody is watching one II. *vi* **jdm ~** to believe sb; **jdm aufs Wort ~** to believe every word sb says; **an jdn/etw ~** to believe in sb/sth

Glauben <-s> [ˈglaubn̩] *m kein pl s.* Glaube

Glaubensbekenntnis *nt* profession

gläubig [ˈglɔybɪç] *adj* ① REL religious ② *(vertrauensvoll)* trusting

Gläubige(r) *f(m) dekl wie adj* believer

Gläubiger(in) <-s, -> [ˈgløybɪgɐ] *m(f)* ÖKON creditor

glaubwürdig *adj* credible

Glaubwürdigkeit *f kein pl* credibility

gleich [glaiç] I. *adj* ① same; **~e Rechte/Pflichten** equal rights/responsibilities; **~ alt** the same age; **~ bleibend gut** consistently good; **~ groß/lang** equal in size/length; **~ schwer** equally heavy; **~ gesinnt** like-minded; **aufs G~e hinauslaufen** it comes down to the same thing ② *(gleichgültig)* **jdm ~ sein** to be all the same to sb; **ganz ~ wer/was [...]** no matter who/what [...] ▶**G~ und G~ gesellt sich gern** *(prov)* birds of a feather flock together II. *adv* ① *(sofort, bald)* straightaway; **~ darauf** soon afterward[s]; **~ heute/morgen** [first thing] today/tomorrow; **~ nach dem Frühstück** right after breakfast ② *(unmittelbar)* immediately; **~ als ...** as soon as ...; **~ daneben** right beside it III. *präp +dat (wie)* like

gleichalt(e)rig [ˈglaiçʔalt(ə)rɪç] *adj* [of] the same age *pred*

gleichartig *adj* similar

gleichberechtigt *adj* **~ sein** to have equal rights

Gleichberechtigung *f kein pl* equal rights + *sing/pl vb*

gleichbleibend *adj, adv s.* **gleich I 1**

gleichen <glich, geglichen> [ˈglaiçn̩] *vt* **jdm/etw ~** to be [just] like sb/sth; **einander ~** to be alike

gleichermaßen *adv*, **gleicherweise** *adv* equally

gleichfalls *adv* likewise; **danke ~!** [and] the same to you *a. iron*

gleichgesinnt *adj s.* **gleich I 1**

Gleichgewicht *nt kein pl* balance; **im ~ sein** to be balanced; **aus dem ~ kommen** to lose one's balance

gleichgültig I. *adj* ① *(uninteressiert)*

indifferent (**gegenüber** to[wards]) ② *(unwichtig)* immaterial; **etw ist jdm ~** sb couldn't care [less] about sth **II.** *adv* with indifference

Gleichgültigkeit ['glaiçgʏltɪçkait] *f kein pl* indifference

Gleichheitszeichen *nt* equals sign

gleichmäßig I. *adj* even; *(regelmäßig)* regular **II.** *adv (in gleicher Stärke/Menge)* equally; **~ schlagen** *Herz* to beat steadily

Gleichmut *m* composure, serenity, equanimity *form*

Gleichstand *m kein pl* tie **Gleichstellung** *f kein pl* equality **Gleichstrom** *m* direct current

Gleichung <-, -en> ['glaiçʊŋ] *f* equation

gleichwertig *adj* equal; **~ sein** to be equally matched **gleichzeitig I.** *adj* simultaneous **II.** *adv* ① simultaneously ② *(zugleich)* at the same time

Gleis <-es, -e> [glais] *nt (Schiene)* rail; *(Bahnsteig)* platform ► **[völlig] aus dem ~ geraten** to go off the rails

gleiten <glitt, geglitten> ['glaitn̩] *vi sein* ① to glide ② *(streichen, huschen)* **über etw** *akk* **~** *Augen* to wander over sth; *Hand* to slide over sth ③ *(rutschen)* to slide; **ins Wasser ~** to slip into the water

Gleitmittel *nt* lubricant **Gleitzeit** *f* flexitime

Gletscher <-s, -> ['glɛtʃɐ] *m* glacier

Gletscherspalte *f* crevasse

glich ['glɪç] *imp von* **gleichen**

Glied <-[e]s, -er> [gli:t] *nt* ① *(Körperteil)* limb; *(Fingerglied)* joint; **an allen ~ern zittern** to be shivering all over ② *(Penis)* member ③ *(Teil)* part

gliedern ['gli:dɐn] **I.** *vt* to [sub]divide (**in** into) **II.** *vr* **sich in etw** *akk* **~** to be [sub]divided into sth

Gliederpuppe *f* jointed doll; *(Marionette)* [string] puppet

Gliederschmerz *m meist pl* rheumatic pains *pl*

Gliederung <-, -en> *f* structure

Gliedmaßen *pl* limbs

glimmen <glomm, geglommen> ['glɪmən] *vi* to glow; *Feuer, Asche a.* to smoulder

glimpflich ['glɪmpflɪç] **I.** *adj* ① *(ohne schlimmere Folgen)* without serious consequences *pred* ② *(mild)* mild **II.** *adv* ① *(ohne schlimmere Folgen)* **~ abgehen** to pass [off] without serious consequences; **~ davonkommen** to get off lightly ② *(mild)* **mit jdm ~ umgehen** to treat sb leniently

glitschig ['glɪtʃɪç] *adj* slippery

glitt ['glɪt] *imp von* **gleiten**

glitzern ['glɪtsɐn] *vi* to glitter

global [glo'ba:l] *adj* global

globalisiert [globali'zi:rt] *adj* globalized

Globalisierung <-> *f* globalization

Globalisierungsgegner(in) *m(f)* opponent of globalization

Globus <- *o* -ses, Globen> ['glo:bʊs] *m* globe

Glocke <-, -n> ['glɔkə] *f* bell ► **etw an die große ~ hängen** to shout sth from the rooftops

Glockenblume *f* bellflower **Glockenspiel** *nt* ① *(in Kirch- oder Stadttürmen)* carillon ② *(Musikinstrument)* glockenspiel **Glockenturm** *m* belfry

glomm ['glɔm] *imp von* **glimmen**

Glossar <-s, -e> [glɔ'sa:ɐ̯] *nt* glossary

Glotze <-, -n> ['glɔtsə] *f (fam)* telly BRIT, boob tube AM

glotzen ['glɔtsn̩] *vi (pej)* to gape (**auf** at)

Glück <-[e]s> [glʏk] *nt kein pl* ① luck; **ein ~, dass …** it is/was lucky that …; **jdm zum Geburtstag ~ wünschen** to wish sb [a] happy birthday; **mehr ~ als Verstand haben** *(fam)* to have more luck than brains; **großes/seltenes ~** a great/rare stroke of luck; **viel ~!** good luck!; **[kein] ~ haben** to be [un]lucky; **sein ~ versuchen** to try one's luck; **zum ~** luckily ② *(Freude)* happiness ► **~ im Unglück haben** it could have been much worse [for sb]; **auf gut ~** on the off-chance

glücken ['glʏkn̩] *vi sein* to be successful; **jdm glückt etw** sb succeeds in sth

glücklich ['glʏklɪç] **I.** *adj* ① *(Glück habend)* lucky ② *(erfreulich)* happy; **ein ~er Zufall** a stroke of luck ③ *(froh)* happy (**über** about) **II.** *adv* happily

glücklicherweise *adv* luckily

Glücksbringer <-s, -> *m* lucky charm

glückselig [glʏk'ze:lɪç] *adj* blissfully happy; **~es Lächeln** rapturous smile

Glücksfall *m* stroke of luck **Glückskind** *nt (fam)* a lucky person **Glückspilz** *m (fam)* lucky devil **Glückssache** *f* **etw ist [reine] ~** sth's a matter of [sheer] luck **Glücksspiel** *nt* game of chance **Glücksspieler(in)** *m(f)* gambler

Glückwunsch *m* congratulations *npl* (**zu** on) **Glückwunschkarte** *f* greetings [*or* AM greeting] card

Glühbirne *f* light bulb

glühen ['gly:ən] *vi* ① to glow ② *(geh)* **vor etw** *dat* **~** to burn with sth

glühend I. *adj* ① *(rotglühend)* glowing; *Metall* [red-]hot ② *(sehr heiß)* burning **II.** *adv* **~ heiß** scorching

Glühwein *m* ≈ mulled wine **Glühwürmchen** <-s, -> *nt* firefly

Glut <-, -en> [glu:t] *f* embers *npl*

glutrot *adj* fiery red

GmbH <-, -s> [ge:ʔɛmbe:ha:] *f Abk von* **Gesellschaft mit beschränkter Haftung** ≈ Ltd

Gnade <-, -n> ['gna:də] *f* mercy; **um ~ bitten** to ask for mercy

Gnadenfrist *f* [temporary] reprieve

gnadenlos I. *adj* merciless **II.** *adv* mercilessly

gnädig ['gnɛ:dɪç] *adj* ① merciful ② *(verehrt)* **~e Frau** madam

Gnom <-en, -en> ['gno:m] *m (pej)* gnome

Gockel <-s, -> ['gɔkl̩] *m* cock

Gold <-[e]s> [gɔlt] *nt kein pl* gold; **aus ~** gold ► **es ist nicht alles ~, was glänzt** *(prov)* all that glitters is not gold

Goldbarren *m* gold ingot **Goldbarsch** *m* redfish

golden ['gɔldn̩] *adj* gold[en]

goldfarben *adj*, **goldfarbig** *adj* golden

Goldfisch *m* gold fish **goldgelb** *adj* golden yellow; KOCHK golden brown **Goldgrube** *f (fig)* goldmine **Goldhamster** *m* [golden] hamster

goldig ['gɔldɪç] *adj* ① *(fam: allerliebst)* cute ② *präd* DIAL *(fam: rührend nett)* frightfully nice *a. iron* ③ DIAL *(iron fam)* **du bist aber ~!** you're a right one[, you are]! you're funny! AM

Goldmedaille [-medaljə] *f* gold [medal] **Goldschmied(in)** *m(f)* goldsmith **Goldstück** *nt* ① *(veraltet)* piece of gold ② *(Kosewort)* treasure *fam*

Golf[1] <-[e]s, -e> [gɔlf] *m* GEOL gulf

Golf[2] <-s> [gɔlf] *nt kein pl* SPORT golf

Golfplatz *m* golf course **Golfschläger** *m* golf club **Golfspieler(in)** *m(f)* golfer

Golfstaat *m* **die ~en** the Gulf States **Golfstrom** *m* **der ~** the Gulf Stream

Gondel <-, -n> ['gɔndl̩] *f* ① *(Boot)* gondola ② *(Seilbahngondel)* cable car

gönnen ['gœnən] **I.** *vt* **jdm etw ~** not to begrudge sb sth **II.** *vr* **sich** *dat* **etw ~** to allow oneself sth; **sich ein Glas Wein ~** to treat oneself to a glass of wine

gönnerhaft I. *adj (pej)* patronizing **II.** *adv* patronizingly

googeln® ['gu:gl̩n] *vt* INET *(fam)* to google®

gor ['go:ɐ̯] *vi imp von* **gären**

Göre <-, -n> ['gø:rə] *f (fam)* brat

Gorilla <-s, -s> [go'rɪla] *m* gorilla

Gosse <-, -n> ['gɔsə] *f* gutter ► **in der ~ enden** to end up in the gutter

Gotik <-> ['go:tɪk] *f kein pl* Gothic period

gotisch ['go:tɪʃ] *adj* Gothic

Gott, Göttin <-es, Götter> [gɔt, 'gœtɪn] *m, f* ① *(ein Gott)* god *masc*, goddess *fem* ② *(das höchste Wesen)* God; **~ sei Dank!** thank God!; **bei ~ schwören** to swear by Almighty God ► **~ bewahre!** God forbid!; **grüß ~!** hallo!; **ach du lieber ~!** oh heavens!;

in ~es Namen! *(fam)* in the name of God; **~ weiß was/wann ...** *(fam)* God knows what/when ...; **das ist weiß ~ nicht zu teuer** that is certainly not too expensive; **um ~es willen!** [oh] my God!; **über ~ und die Welt reden** to talk about everything under the sun

Götterspeise *f* jelly

Gottesdienst *m* [church] service **Gotteshaus** *nt* place of worship **Gotteslästerer, -lästerin** *m, f* blasphemer **Gotteslästerung** *f* blasphemy

Göttin <-, -nen> ['gœtɪn] *f fem form von* **Gott** goddess

göttlich ['gœtlɪç] *adj* divine

gottlos *adj* godless **gottverlassen** *adj (emph fam)* god-forsaken *pej*

Grab <-[e]s, Gräber> [gra:p] *nt* grave ▸ **etw mit ins ~ nehmen** to take sth [with one] to the grave; **sich** *dat* **sein eigenes ~ schaufeln** to dig one's own grave; **schweigen können wie ein ~** to be [as] silent as the grave; **jdn zu ~e tragen** *(geh)* to carry sb to the grave

graben <grub, gegraben> ['gra:bn̩] *vi, vt* to dig

Graben <-s, Gräben> ['gra:bn̩] *m* ditch

Grabinschrift *f* epitaph, inscription on a/the gravestone **Grabmal** <-mäler *o geh* -e> *nt* memorial **Grabstein** *m* gravestone

Grad <-[e]s, -e> [gra:t] *m* ❶ degree; **2 ~ unter/über Null** 2 degrees below/above zero ❷ *(Stufe)* level; **im höchsten/in hohem ~[e]** extremely/to a great extent

Gradeinteilung *f* MATH, SCI calibration, graduation

Graf, Gräfin <-en, -en> [gra:f, 'grɛ:fɪn] *m, f* count *masc,* countess *fem,* earl BRIT

Grafik ['gra:fɪk] *f s.* **Graphik**

Grafiker(in) <-s, -> ['gra:fikɐ] *m(f)* graphic artist

Grafikkarte *f* INFORM graphics card

Gräfin <-, -nen> ['grɛ:fɪn] *f fem form von* **Graf** countess

grafisch ['gra:fɪʃ] *adj* graphic[al]

Grafschaft <-, -en> *f* ❶ HIST count's land, earldom BRIT ❷ *(Verwaltungsbezirk in GB)* county

Gramm <-s, -> [gram] *nt* gram

Grammatik <-, -en> [gra'matɪk] *f* grammar

grammatisch [gra'matɪʃ] *adj* grammatical

Granat <-[e]s, -e> [gra'na:t] *m* garnet

Granatapfel *m* pomegranate

Granate <-, -n> [gra'na:tə] *f* shell

grandios [gran'di̯o:s] *adj* magnificent

Granit <-s, -e> [gra'ni:t] *m* granite

Grapefruit <-, -s> ['gre:pfru:t] *f* grapefruit

Graph <-en, -en> [gra:f] *m* SCI graph

Graphik <-, -en> ['gra:fɪk] *f* ❶ graphic ❷ *(Technik)* graphic arts *pl*

Graphit <-s, -e> [gra'fi:t] *m* graphite

Gras <-es, Gräser> [gra:s] *nt* grass ▸ **ins ~ beißen** *(sl)* to bite the dust; **über etw** *akk* **wächst ~** [the] dust settles on sth

grasen ['gra:zn̩] *vi* to graze

grasgrün *adj* grass-green

Grashalm *m* blade of grass **Grashüpfer** <-s, -> *m* grasshopper

grässlich ['grɛslɪç] **I.** *adj* horrible **II.** *adv (fam)* terribly

Grat <-[e]s, -e> [gra:t] *m (Berggrat)* ridge

Gräte <-, -n> ['grɛ:tə] *f* [fish]bone

gratis ['gra:tɪs] *adv* free [of charge]

Gratisprobe *f* free sample

gratulieren [gratu'li:rən] *vi* **jdm ~** to congratulate (**zu** on); **jdm zum Geburtstag ~** to wish sb many happy returns; [**ich**] **gratuliere** [my] congratulations!

grau [grau] *adj* grey; **~ meliert** greying; **der ~e Alltag** the dullness of everyday life

Graubrot *nt bread made from rye and wheat flour*

Gräuel <-s, -> *m* atrocity ▸ **jdm ist es ein ~, etw zu tun** sb detests doing sth

Gräueltat *f* atrocity

G

grauen[1] [ˈgraʊən] *vi (geh: dämmern)* to dawn; **der Tag graut** day is breaking

grauen[2] [ˈgraʊən] *vi* **es graut jdm vor jdm/etw** sb is terrified of sb/sth

Grauen <-s> [ˈgraʊən] *nt kein pl* horror; ~ **erregend** terrible

grauenhaft, **grauenvoll** *adj* terrible

grauer Star <-[e]s> *m kein pl* cataract

grauhaarig *adj* grey-haired

gräulich[1] [ˈgrɔylɪç] *adj* greyish

gräulich[2] *adj s.* **grässlich**

graumeliert *adj attr s.* **grau**

Graupe <-, -n> [ˈgraʊpə] *f meist pl* KOCHK grain of pearl barley

Graupelschauer *m* sleet shower

grausam [ˈgraʊzaːm] **I.** *adj* ❶ *(brutal)* cruel ❷ *(furchtbar)* terrible **II.** *adv* cruelly

Grausamkeit <-, -en> *f* cruelty

grausig [ˈgraʊzɪç] *adj s.* **grauenhaft**

Graveur(in) <-s, -e> [graˈvøːɐ] *m(f)* engraver

Gravierung <-, -en> *f* engraving

Gravitation <-> [gravitaˈtsi̯oːn] *f* gravitation

graziös [graˈtsi̯øːs] *adj (geh)* graceful

greifbar *adj* ❶ *präd (verfügbar)* **etw ~ haben/halten** to have/keep sth to hand ❷ *(konkret)* tangible

greifen <griff, gegriffen> [ˈgraɪfn̩] **I.** *vt* [**sich** *dat*] **etw** ~ to take hold of sth **II.** *vi* **vor/hinter etw** *akk* ~ to reach in front of/behind sth; **in etw** *akk* ~ to reach into sth; **nach etw** *dat* ~ to reach for sth ▶ **um sich** ~ to spread

Greifer <-s, -> *m* TECH grab[-bucket]

Greis(in) <-es, -e> [ˈgraɪ̯s, *pl:* ˈgraɪ̯zə] *m(f)* very old man/woman

grell [grɛl] **I.** *adj* ❶ *Licht* glaring ❷ *Ton* piercing **II.** *adv* ❶ *(hell)* dazzlingly ❷ *(schrill)* ~ **klingen** to sound shrill

Gremium <-s, Gremien> [ˈgreːmi̯ʊm] *nt* committee

Grenzbereich *m* ❶ *(Umkreis der Grenze)* border [*or* frontier] area [*or* zone] ❷ *(äußerste Grenze)* fringe range, limit[s]

Grenze <-, -n> [ˈgrɛntsə] *f* ❶ border; **an der ~** on the border; **über die ~ gehen/fahren** to cross the border ❷ *(äußerstes Maß)* limit; **alles hat seine ~n** there is a limit to everything; **seine ~n kennen** to know one's limitations ▶ **grüne ~** unguarded border area

grenzen [ˈgrɛntsn̩] *vi* **an etw** *akk* ~ to border on sth

grenzenlos **I.** *adj* ❶ *(unbegrenzt)* endless ❷ *(maßlos)* extreme **II.** *adv* extremely

Grenzfall *m* borderline case **Grenzgebiet** *nt* border area **Grenzlinie** *f* SPORT line [marking the edge of the playing area] **Grenzposten** *m* border [*or* frontier] guard **Grenzschutz** *m* border protection **Grenzstein** *m* boundary stone **Grenzübergang** *m* border crossing-point **Grenzverkehr** *m* [cross-]border traffic **grenzwertig** *adj (fam)* borderline

Grieche, **Griechin** <-n, -n> [ˈgriːçə, ˈgriːçɪn] *m, f* Greek

Griechenland <-s> [ˈgriːçn̩lant] *nt* Greece

griechisch [ˈgriːçɪʃ] *adj* Greek

Grieß <-es> [griːs] *m kein pl* semolina

Grießbrei *m* semolina

griff [grɪf] *vt, vi imp von* **greifen**

Griff <-[e]s, -e> [grɪf] *m* ❶ *(Zugriff)* grip ❷ *(Öffnungsmechanismus) an Fenster, Tür* handle; *vom Messer* hilt ▶ **etw in den ~ bekommen** *(fam)* to get the hang of sth; **jdn/etw im ~ haben** to have sb/sth under control

griffbereit *adj* **etw ~ haben** to have sth ready to hand; **~ liegen** to be ready to hand

griffig [ˈgrɪfɪç] *adj* ❶ *(festen Griff ermöglichend)* easy to grip *pred* ❷ *(Widerstand bietend)* non-slip; *Fußboden, Profil* anti-skid ❸ *(eingängig)* **ein ~er Slogan** a catchy slogan

Grill <-s, -s> [grɪl] *m* grill; **vom ~** grilled

Grille <-, -n> [ˈgrɪlə] *f* cricket

grillen [ˈgrɪlən] **I.** *vi* to have a barbecue

II. *vt* to grill
Grillparty <-, -parties> *m* barbecue, cookout AM *fam*
Grimasse <-, -n> [gri'masə] *f* grimace; **~n schneiden** to make faces
grimmig ['grɪmɪç] **I.** *adj Gesicht* angry; *Lachen* grim **II.** *adv* angrily; *lachen* grimly
grinsen ['grɪnzn̩] *vi* to grin; **frech ~** to smirk; **höhnisch ~** to sneer; **schadenfroh ~** to gloat
Grinsen <-s> ['grɪnzn̩] *nt kein pl* grin; **freches ~** smirk; **höhnisches ~** sneer
Grippe <-, -n> ['grɪpə] *f* influenza, flu *fam;* **~ haben** to have flu
Grips <-es, -e> [grɪps] *m (fam)* brains *pl;* **~ haben** to have plenty up top; **seinen ~ anstrengen** to use one's grey matter
grob <gröber, gröbste> [gro:p] **I.** *adj* ① *(nicht fein)* coarse ② *(ungefähr)* rough ③ *(unhöflich)* rude ④ *(unsanft)* rough **II.** *adv* ① coarsely; **~ gemahlen** coarse-ground *attr* ② *(ungefähr)* roughly; **~ geschätzt** at a rough estimate; **etw ~ skizzieren** to make a rough outline of sth ③ *(unhöflich)* rudely ④ *(unsanft)* roughly
Groll <-[e]s> [grɔl] *m kein pl (geh)* resentment; **~ gegen jdn hegen** to harbour a grudge against sb
grollen ['grɔlən] *vi (geh)* **[jdm] ~** to be resentful [of sb]
Grönland ['grø:nlant] *nt* Greenland
groß <größer, größte> [gro:s] **I.** *adj* ① large, big ② *(hoch gewachsen)* tall; **du bist ~ geworden** you've grown; **er ist 1,78 m ~** he is 5 foot 10 [tall] ③ *(hoch)* large ④ *(erheblich)* great ⑤ *(beträchtlich; bedeutend)* great ► **im G~en und Ganzen [gesehen]** on the whole **II.** *adv* **~ angelegt** large-scale; **~ kariert** large-checked; **[ganz] ~ rauskommen** to have a real success *attr*
großartig ['gro:sʔa:ɐ̯tɪç] **I.** *adj* magnificent **II.** *adv* magnificently
Großaufnahme *f* close-up **Großbetrieb** *m* large business; AGR large farm
Großbritannien <-s> [gro:sbri'tani̯ən] *nt* Great Britain
Großbuchstabe *m* capital
Größe <-, -n> ['grø:sə] *f* ① size; *(Höhe, Länge)* height ② MATH, PHYS quantity ③ *kein pl (Erheblichkeit)* magnitude ④ *kein pl (Bedeutsamkeit)* significance
Großeinkauf *m* bulk purchase
Großeltern *pl* grandparents
großenteils *adv* largely
Größenwahn(sinn) *m (pej)* megalomania
Großfahndung *f* large-scale search **Großfamilie** *f* extended family **Großformat** *nt* TYPO large [*or* broadsheet] format **Großgrundbesitzer(in)** *m(f)* big landowner **Großhandel** *m* wholesale trade; **etw im ~ kaufen** to buy sth wholesale **Großhändler(in)** *m(f)* wholesaler **großherzig** *adj (geh)* magnanimous **Großhirn** *nt* cerebrum
Großkind *nt* SCHWEIZ grandchild
großkotzig *adj (pej sl)* swanky
Großmaul *nt (pej)* bigmouth
großmütig ['gro:smy:tɪç] *adj* generous
Großmutter *f* grandmother **Großonkel** *m* great-uncle
Großraum *m* conurbation; **im ~ Berlin** in the Berlin conurbation
Großraumbüro *nt* open-plan office **Großraumflugzeug** *nt* wide-bodied [*or* large-capacity] aircraft
groß|schreiben *vt, vi* to write/start with a capital letter ► **etw wird großgeschrieben** *(fam)* to be high on the list of priorities
großspurig *adj (pej)* boastful
Großstadt ['gro:sʃtat] *f* city **Großstädter(in)** ['gro:sʃtɛ:tɐ] *m(f)* city-dweller **großstädtisch** ['gro:sʃtɛ:tɪʃ] *adj* big-city *attr*
Großtante *f* great-aunt
Großteil *m* **ein ~** a large part; **zum ~** for the most part
größtenteils *adv* for the most part
Großunternehmen *nt s.* **Großbetrieb**
Großvater *m* grandfather

G

Großveranstaltung *f* big event **Großwild** *nt* big game
groß|ziehen ['groːstsiːən] *vt irreg* to raise
großzügig I. *adj* generous **II.** *adv* generously
Großzügigkeit <-> *f kein pl* generosity
grotesk [gro'tɛsk] *adj* grotesque
Grotte <-, -n> ['grɔtə] *f* grotto
grottenschlecht *adj (fam)* the pits *sl*
grub ['gruːp] *vt, vi, vr imp von* **graben**
Grube <-, -n> ['gruːbə] *f* ❶ hole ❷ *(Bergwerk)* pit ▸ **wer andern eine ~ gräbt, fällt selbst hinein** *(prov)* you can easily fall into your own trap
grübeln ['gryːbl̩n] *vi* to brood (**über** over)
Gruft <-, Grüfte> [grʊft] *f* vault
grün [gryːn] *adj* green ▸ **sich ~ und blau ärgern** to be furious; **jdn ~ und blau schlagen** *(fam)* to beat sb black and blue
Grün <-s, - *o fam* -s> [gryːn] *nt* ❶ *(Farbe)* green; **die Ampel zeigt ~** the [traffic] lights are [at] green ❷ *(Grünflächen)* green spaces; **ein ~ am Golfplatz** a green on a/the golf course ❸ *(grüne Pflanzen)* greenery; **das erste ~ nach dem Winter** the first green shoots of spring ▸ **das ist dasselbe in ~** *(fam)* it's one and the same [thing]
Grünanlage *f* green space
Grund <-[e]s, Gründe> [grʊnt] *m* ❶ *(Ursache)* reason; **keinen/nicht den geringsten ~** no/not the slightest reason; **eigentlich besteht kein ~ zur Klage** there is no cause for complaint; **jdm ~ [zu etw** *dat*] **geben** to give sb reason [to do sth]; **ein/kein ~ zu etw** *dat* [no] reason for sth ❷ *(Motiv)* reason, grounds *pl;* **aus finanziellen Gründen** for financial reasons; **aus gesundheitlichen Gründen** for reasons of health; **aus gutem ~** with good reason; **aus diesem ~[e]** for this reason; **aus welchem ~[e]** for what reason ❸ *kein pl (Erdboden)* ground; **~ und Boden** land ❹ *eines Gewässers* bed; *eines Meeres* bottom ▸ **auf ~ von etw** *dat* on the basis of sth; **etw** *dat* **auf den ~ gehen** to get to the bottom of sth; **im ~e [genommen]** basically; **im ~e jds Herzens** in one's heart of hearts; **den ~ zu etw** *dat* **legen** to lay the foundations *pl* for sth; **von ~ auf** completely
Grundausbildung *f* basic training
Grundbesitz *m* landed property **Grundbesitzer(in)** *m(f)* landowner **Grundbuch** *nt* land register
gründen ['grʏndn̩] **I.** *vt* to found **II.** *vr* **sich auf etw** *akk* **~** to be based on sth
Gründer(in) <-s, -> *m(f)* founder
Grundfläche *f* area **Grundgebühr** *f* basic charge **Grundgehalt** *nt* basic salary **Grundgesetz** *nt* Basic Law
grundieren [grʊn'diːrən] *vt* to prime
Grundkapital *nt* share capital BRIT, stock capital AM **Grundlage** *f* basis
grundlegend I. *adj* fundamental **II.** *adv* fundamentally
gründlich ['grʏntlɪç] **I.** *adj* thorough **II.** *adv* ❶ *(gewissenhaft)* thoroughly ❷ *(fam: total)* completely
Gründlichkeit <-> *f kein pl* thoroughness
grundlos *adj* unfounded
Grundnahrungsmittel *nt* basic food[stuff]
Gründonnerstag [gryːn'dɔnɐstaːk] *m* Maundy Thursday
Grundprinzip *nt* fundamental [*or* basic] principle **Grundrecht** *nt* basic right **Grundriss** *m* ❶ BAU ground-plan ❷ *(Darstellung)* outline **Grundsatz** ['grʊntzats] *m* principle
grundsätzlich ['grʊntzɛtslɪç] **I.** *adj* fundamental **II.** *adv* ❶ *(prinzipiell)* in principle ❷ *(kategorisch)* absolutely
Grundschule *f* primary [*or* AM elementary] school
Grundschullehrer(in) *m(f)* primary[-school] teacher BRIT
Grundstein *m* foundation-stone; **den ~ zu etw** *dat* **legen** to lay the founda-

tions for sth **Grundstück** *nt* plot **Grundstücksmakler(in)** *m(f)* estate agent

Gründung <-, -en> *f* foundation

grundverschieden ['grʊntfɛɐ̯'ʃiːdn̩] *adj (emph)* completely different

Grundwasser *nt* ground water **Grundwasserspiegel** *m* ground-water level

Grundwortschatz *m* basic vocabulary

Grüne(r) ['gryːnə] *f(m) dekl wie adj* POL [member of the] Green [Party]; **die ~n** the Green Party

grünen ['gryːnən] *vi* to become green

Grünfink *m* greenfinch **Grünfläche** *f* green space **Grünfutter** *nt* green fodder **Grünkohl** *m* [curly] kale

grünlich ['gryːnlɪç] *adj* greenish

Grünstreifen *m* central reservation, median strip AM; *(am Straßenrand)* grass verge

grunzen ['grʊntsn̩] *vi, vt* to grunt

Grünzeug *nt (fam)* ① *(Kräuter)* herbs *pl* ② *(Salat)* green salad; *(Gemüse)* greens *pl*

Gruppe <-, -n> ['grʊpə] *f* group

Gruppenarbeit *f kein pl* teamwork *no pl, no indef art* **gruppenweise** *adv* in groups

gruppieren [grʊ'piːrən] **I.** *vt* to group **II.** *vr* **sich ~** to be grouped (**zu** into)

Gruppierung <-, -en> *f* ① *(Gruppe)* group ② *(Aufstellung)* grouping

Gruselgeschichte *f* horror story

grus(e)lig ['gruːz(ə)lɪç] *adj* gruesome; **~ zumute werden** to have a creepy feeling

Gruß <-es, Grüße> [gruːs] *m* ① *(Begrüßung)* greeting; **einen [schönen] ~ an Ihre Gattin** [please] give my [best] regards to your wife ② *(am Briefschluss)* regards; **mit freundlichen Grüßen** Yours sincerely; **herzliche Grüße** best wishes

grüßen ['gryːsn̩] **I.** *vt* ① **jdn ~** to greet sb; **grüß dich!** *(fam)* hello there! ② **jdn von jdm ~** to send sb sb's regards **II.** *vi* to say hello **III.** *vr* **sich ~** to say hello to one another

gucken ['gʊkn̩] *vi* ① to look ② *(herausragen)* **aus etw** *dat* **~** to stick out of sth

Guckloch *nt* peephole

Guerillakrieg [ge'rɪlja-] *m* guerilla war

Gulasch <-[e]s, -e> ['gʊlaʃ] *nt o m* goulash

Gulden <-s, -> ['gʊldn̩] *m* guilder

gültig ['gʏltɪç] *adj* valid; **der Fahrplan ist ab März ~** the timetable comes into effect from March

Gültigkeitsdauer *f* validity [period], period of validity

G

Gummi <-s, -s> ['gʊmi] *nt o m* rubber

Gummiband <-bänder> *nt* rubber band **Gummibärchen** <-s, -> [-bɛːɐ̯çən] *nt* gummi bear **Gummibaum** *m* rubber plant **Gummihandschuh** *m* rubber glove **Gummiknüppel** *m* rubber truncheon

Gunst <-> [gʊnst] *f kein pl* ① *(Wohlwollen)* goodwill; **in jds ~ stehen** to be in sb's favour ② *(Vergünstigung)* **zu jds ~en** in sb's favour

günstig ['gʏnstɪç] **I.** *adj* ① *(vorteilhaft)* favourable ② *(preisgünstig)* reasonable **II.** *adv (preisgünstig)* reasonably

Gurgel <-, -n> ['gʊrgl̩] *f* throat

Gurgelmittel *nt* gargle

gurgeln ['gʊrgl̩n] *vi (mit Mundwasser)* to gargle

Gurke <-, -n> ['gʊrkə] *f* cucumber; *(Essig~)* gherkin; **saure ~n** pickled gherkins

Gurt <-[e]s, -e> [gʊrt] *m* ① *(Riemen)* strap ② *(Sicherheitsgurt)* seat belt

Gürtel <-s, -> ['gʏrtl̩] *m* belt ▶ **den ~ enger schnallen** *(fam)* to tighten one's belt

Gürtellinie *f* waist[line] ▶ **unter die ~ zielen** to aim below the belt **Gürtelschnalle** *f* belt buckle

Gusseisen *nt* cast iron

gusseisern *adj* cast-iron

gut <besser, beste> [guːt] **I.** *adj* ① good; **jdn/etw ~ finden** to think sb/sth is good; **jdm geht es ~/nicht ~** sb is well/not well ② *(in Wün-*

schen) **~e Fahrt/Reise** have a good trip; **~e Erholung/Besserung** get well soon; **~en Appetit** enjoy your meal; **ein ~es neues Jahr** happy New Year!; **~e Unterhaltung** enjoy the programme ▶ **~!** *(in Ordnung!)* OK!; **~, ~!** yes, all right!; **also ~!** well, all right then!; **du bist ~!** *(iron fam)* you're a fine one!; **~ drauf sein** *(fam)* to be in good spirits; **schon ~!** *(fam)* all right!; **~ in etw** *dat* **sein** to be good at sth; **noch/nicht mehr ~ sein** to still/no longer be any good; **~ so!** that's it!; **sei so ~ und ...** would you be kind enough to ...; **wieder ~ werden** to be all right; **[wie] ~, dass ...** it's a good job that ...; **wozu ist das ~?** *(fam)* what's the use of that? **II.** *adv* well; **~ aussehend** good-looking; **~ bezahlt** well-paid; **~ gehend** flourishing; **~ gelaunt** in a good mood; **~ gemeint** well-meant; **~ situiert** well-to-do; **~ unterrichtet** well-informed; **du sprichst aber ~ Englisch!** you really can speak good English; **~ verdienend** *attr* high-income *attr;* **es tut jdm ~, etw zu tun** it does sb good to do sth; **schmeckt es dir auch ~?** do you like it too? ▶ **so ~ es geht** as best one can; **~ gemacht!** well done!; **es ~ haben** to be lucky; **das kann ~ sein** that's quite possible; **du kannst ~ reden!** it's easy for you to talk!; **mach's ~!** bye!; **sich ~ mit jdm stellen** to get into sb's good books

Gut <-[e]s, Güter> [gu:t] *nt* ① *(Landgut)* estate ② *(Waren)* **Güter** goods *pl* ③ *kein pl (das Gute)* good; **~ und Böse** good and evil

Gutachten <-s, -> ['gu:tʔaxtn̩] *nt* report

Gutachter(in) <-s, -> *m(f)* expert

gutartig *adj* ① good-natured ② MED benign

gutbürgerlich ['gu:t'bʏrgɐlɪç] *adj* middle-class; **~e Küche** home-style cooking

Gutdünken <-s> *nt kein pl* discretion *no pl, no indef art;* **nach [eigenem] ~** at one's [own] discretion

Güte <-> ['gy:tə] *f kein pl* ① *(Gütigsein)* kindness ② *(Qualität)* [good] quality ▶ **erster ~** *(fam)* of the first order; **in ~** amicably; **ach du liebe ~!** *(fam)* oh my goodness!

Gute(s) *nt* ① *(Positives)* **~s** good; **man hört viel ~s über ihn** you hear a lot of good things about him; **etwas ~s** something good; **er tat in seinem Leben viel ~s** he did a lot of good in his life; **[auch] sein ~s haben** to have its good points [too]; **ein ~s hat die Sache** there is one good thing about it; **jdm schwant nichts ~s** sb has a nasty feeling about sth; **nichts ~s versprechen** to not sound very promising; **jdm ~s tun** to be good to sb; **was kann ich dir denn ~s tun?** how can I spoil you?; **sich zum ~n wenden** to take a turn for the better; **alles ~!** all the best!; **alles ~ und viele Grüße an deine Frau!** all the best and give my regards to your wife; **das ~ daran** the good thing about it ② *(gute Charakterzüge)* **das ~ im Menschen** the good in man; **~s tun** to do good ▶ **des ~n zuviel sein** to be too much [of a good thing]; **das ist wirklich des ~n zuviel!** that's really overdoing things!; **alles hat sein ~s** *(prov)* every cloud has a silver lining *prov* **im ~n wie im Bösen** *(mit Güte wie mit Strenge)* every way possible; *(in guten und schlechten Zeiten)* through good [times] and bad

Güterbahnhof *m* goods depot **Güterverkehr** *m* goods traffic *no pl, no indef art,* transportation of freight **Güterzug** *m* goods [*or esp* AM freight] train

Gütezeichen *nt* mark of quality

gutgläubig *adj* trusting

Guthaben <-s, -> *nt* credit balance

gut|heißen *vt irreg* **etw ~** to approve of sth

gütig ['gy:tɪç] *adj* kind

gutmütig ['gu:tmy:tɪç] *adj* good-na-

tured
Gutsbesitzer(in) *m(f)* landowner
Gutschein *m* coupon
gut|schreiben *vt irreg* **jdm etw ~** to credit sb with sth
Gutschrift *f* ❶ *(Bescheinigung)* credit note ❷ *(gebuchter Betrag)* credit entry
Gutshof *m* estate, manor
gutwillig *adj* obliging
Guyana <-s> [gu'ja:na] *nt* Guyana
Gymnasiast(in) <-en, -en> [gʏmna'zi̯ast] *m(f)* ≈ grammar-school pupil BRIT, ≈ high-school student AM
Gymnasium <-s, Gymnasien> [gʏm'na:zi̯ʊm] *nt* ≈ grammar school BRIT, ≈ high school AM

Übersetzungstipp
Nicht verwechseln mit *gymnasium – Turnhalle!*

Gymnastik <-> [gʏm'nastɪk] *f* gymnastics + *sing vb*
Gynäkologe, **Gynäkologin** <-n, -n> [gynɛko'lo:gə] *m, f* gynaecologist

Hh

H, **h** *nt* H, h
h *Abk von* **hora[e]** hr ❶ *gesprochen: Uhr (Stunde der Uhrzeit)* hrs; **Abfahrt des Zuges: 9 h 17** train departure: 9.17 a.m. ❷ *gesprochen: Stunde (Stunde)* h.
ha [ha:] *Abk von* **Hektar** ha
Haar <-[e]s, -e> [ha:ɐ̯] *nt sing o pl* hair *no pl;* **graue ~e bekommen** to go grey; **sich** *dat* **die ~e schneiden lassen** to get one's hair cut ▸ **jdm stehen die ~e zu Berge** sb's hair stands on end; **um kein ~ besser** not a bit better; **sich** *dat* **in die ~e geraten** to quarrel; **jdm kein ~ krümmen** not to touch a hair on sb's head; **sich** *dat* **die ~e raufen** to tear one's hair; **um ein ~** within a hair's breadth

hair: pl oder sing?
Wenn das Wort **hair** sich auf alle Haare am Kopf bezieht, verhält es sich wie ein unzählbares Substantiv, d. h. es wird nicht im Plural gebraucht: *Her hair is long and wavy. My hair needs cutting.* Wenn man jedoch ein einzelnes Haar meint, verhält sich **hair** wie ein zählbares Substantiv, d. h. ggf. mit Artikel und im Plural: *Luke discovered three grey hairs this morning. Jane found a hair in her soup.*

Haaransatz *m* hairline **Haarausfall** *m* hair loss **Haarbürste** *f* hairbrush
haaren ['ha:rən] *vi* to moult
Haarfarbe *f* colour of one's hair **Haarfestiger** <-s, -> *m* setting lotion
haarig ['ha:rɪç] *adj* ❶ *(behaart)* hairy ❷ *(fig: heikel)* hairy; *Angelegenheit* tricky
Haarklammer *f* hair clip **Haarnadel** *f* hairpin **Haarnadelkurve** *f* hairpin bend **Haarpflege** *f* hair care; **zur ~** for the care of one's hair **haarscharf** *adv* ❶ *(ganz knapp)* by a hair's breadth ❷ *(sehr exakt)* exactly **Haarschneider** *m* clippers *npl* **Haarschnitt** *m* haircut **Haarspalterei** <-, -en> [ha:ɐ̯ʃpaltə'rai̯] *f (pej)* splitting hairs *no*

pl, no art **Haarspange** *f* hair slide **Haarspray** *nt* hairspray **haarsträubend** ['ha:ɐ̯ʃtrɔybn̩t] *adj* hair-raising **Haarteil** *nt* hairpiece **Haartrockner** *m* hair dryer **Haarwasser** *nt* hair tonic

Hab [ha:p] *nt* ~ **und Gut** *(geh)* belongings *npl,* possessions *pl*

Habe <-> ['ha:bə] *f kein pl (geh)* possessions *pl*

haben <hatte, gehabt> ['ha:bn̩] **I.** *vt* ❶ *(besitzen)* to have; **wir ~ zwei Autos** we've got two cars; **sie hatte gestern Geburtstag** it was her birthday yesterday ❷ *(erhalten)* **könnte ich mal das Salz ~?** could I have the salt please?; **ich hätte gern ein Bier** I'd like a beer, please; **woher hast du das?** where did you get that? ❸ *(ein Gefühl haben)* **Durst/Hunger ~** to be thirsty/hungry; **gute/schlechte Laune ~** to be in a good/bad mood; **hast du was?** is something the matter?; **ich hab nichts!** nothing's the matter!; **was hat er denn?** what's up with him? ❹ *mit adj* **es bei jdm gut ~** to be well off with sb ❺ *(tun müssen)* **etw zu tun ~** to have to do sth; **ich habe noch zu arbeiten** I've still got work to do ❻ *mit Präposition* **etw an sich** *dat* ~ to have sth about one; **es an etw** *dat* ~ *(fam: Körperteil)* to have trouble with sth; **was hat es damit auf sich?** what's all this about?; **für etw** *akk* **zu ~ sein** to be keen on sth; **etwas/nichts gegen jdn/etw ~** to have something/nothing against sb/sth; **es in sich** *dat* ~ *(fam)* to be tough; **etwas mit jdm ~** *(euph)* to have something going with sb; **nichts davon ~** not to gain anything from it; **das hast du jetzt davon!** now see where it's got you! ▶ **da hast du's/~ wir's!** there you are!; **ich hab's!** I've got it!; **noch/nicht mehr zu ~ sein** to be still/no longer available; **wie gehabt** as usual **II.** *vt impers* ÖSTERR, SÜDD *(existieren)* **es hat …** there is/are … **III.** *vr (fam)* **sich ~** to make a fuss

Haben <-s> ['ha:bn̩] *nt kein pl* credit; **im ~ sein** to be in credit

Habenichts <-[es], -e> ['ha:bənɪçts] *m (fam)* have-not *usu pl,* pauper

habgierig ['ha:pgi:rɪç] *adj (pej)* greedy

Habicht <-s, -e> ['ha:bɪçt] *m* hawk

Habseligkeiten ['ha:pze:lɪçkai̯tn̩] *pl* [meagre] belongings *npl*

Habsucht *f* greed

habsüchtig ['ha:pzʏçtɪç] *adj* avaricious

Hachse <-, -n> ['haksə] *f* KOCHK DIAL *(Haxe)* knuckle [of lamb]

Hackbeil *nt* chopper, cleaver

Hackbraten *m* meat loaf

Hacke <-, -n> ['hakə] *f* ❶ *(Gartengerät)* hoe ❷ ÖSTERR *(Axt)* axe ❸ DIAL *(Ferse)* heel

hacken ['hakn̩] **I.** *vt* ❶ *Gemüse* to chop [up *sep*] ❷ *Boden* to hoe ❸ *(in Stücke)* to hack **II.** *vi* ❶ *Vogel* to peck ❷ INFORM *(sl)* **das H~** hacking

Hacker(in) <-s, -> ['hɛkə] *m(f) (sl: Computerpirat)* hacker

Hackfleisch *nt* mince BRIT, ground meat AM ▶ ~ **aus jdm machen** *(sl)* to make mincemeat of sb

Hackordnung *f (a. fig)* pecking order

hadern ['ha:dɐn] *vi (geh)* to quarrel (**mit** with); **mit seinem Schicksal ~** to rail against one's fate

Hafen[1] <-s, Häfen> ['ha:fn̩] *m* harbour

Hafen[2] <-s, Häfen> ['ha:fn̩] *m* ÖSTERR, SÜDD *(Tontopf)* pot

Hafenanlagen *pl* docks *pl* **Hafenarbeiter(in)** *m(f)* docker **Hafenrundfahrt** *f* boat trip round the harbour **Hafenstadt** *f* port

Hafer <-s, -> ['ha:fɐ] *m* oats *pl*

Haferbrei *m* porridge *no pl, no indef art*

Haferflocken *pl* oat flakes

Haft <-> [haft] *f kein pl* imprisonment; **in ~ sein** to be in custody; **aus der ~ entlassen werden** to be released from custody

haftbar ['haftba:ɐ̯] *adj* **für etw** *akk* **~ sein** to be liable for sth; **jdn für etw**

akk ~ **machen** to hold sb responsible for sth
Haftbefehl *m* [arrest] warrant
haften ['haftn̩] *vi* ❶ *(festkleben)* to adhere (**auf** to) ❷ *(sich festsetzen)* to cling (**an** to) ❸ *(hängen bleiben)* to stick (**auf** to) ❹ JUR to be responsible (**für** for)
Häftling <-s, -e> ['hɛftlɪŋ] *m* prisoner
Haftnotiz *f* self-adhesive note
Haftpflicht *f* ❶ *(Schadenersatzpflicht)* liability ❷ *(fam)* *s.* **Haftpflichtversicherung**
Haftpflichtversicherung *f* liability insurance; AUTO third-party insurance
Haftung <-, -en> ['haftʊŋ] *f* JUR liability
Hagebutte <-, -n> ['ha:gəbutə] *f* rose hip
Hagebuttentee *m* rose-hip tea
Hagel <-s> ['ha:gl̩] *m kein pl* hail
Hagelkorn <-körner> *nt* hailstone
hageln ['ha:gl̩n] *vi impers* to hail
Hagelschauer *m* hail shower
hager ['ha:gɐ] *adj* gaunt
Hahn[1] <-[e]s, Hähne> [ha:n] *m* cock, rooster AM ▶ **nach etw** *dat* **kräht kein ~ mehr** *(fam)* no one cares two hoots about sth anymore
Hahn[2] <-[e]s, Hähne *o* -en> [ha:n] *m* *(Wasserhahn)* tap, faucet AM ▶ **[jdm] den ~ zudrehen** to stop sb's money supply
Hahnenkampf *m* cockfight
Hai <-[e]s, -e> ['hai] *m*, **Haifisch** ['haifɪʃ] *m* shark
Hain <-[e]s, -e> [hain] *m (geh liter)* grove
Haiti <-s> [ha'i:ti] *nt* Haiti; *s.a.* **Deutschland**
Häkelarbeit [hɛkəl̩-] *f* ❶ *(Handarbeit)* crochet[ing] ❷ *(gehäkelter Gegenstand)* [piece of] crochet work
häkeln ['hɛkl̩n] *vi, vt* to crochet
Häkelnadel *f* crochet hook
Haken <-s, -> ['ha:kn̩] *m* ❶ *(Halterung, a. Boxhieb)* hook ❷ *(Zeichen)* tick ❸ *(fam: Schwierigkeit)* catch ▶ **~ schlagen** to change tactics
hakenförmig *adj* hooked, hook-shaped
Hakennase *f* hooknose
halb [halp] **I.** *adj* ❶ half ❷ *(Uhrzeit)* **es ist ~ sieben** it is half past six ▶ **nichts H~es und nichts Ganzes** *(fam)* neither one thing nor the other **II.** *adv* half; **~ so ... sein** to be half as ...; **~ nackt** half-naked; **~ voll** half-filled; **~ ..., ~ ...** half ..., half ... ▶ **[mit jdm] ~e-~e machen** to go halves with sb; **das ist ~ so schlimm** it's not as bad as all that; **~ und ~** *(fam)* sort of
Halbblut *nt kein pl* ❶ *(Mensch)* half-caste ❷ *(Tier)* crossbreed
Halbbruder *m* half-brother
halber ['halbɐ] *präp +gen nachgestellt (geh)* **der ... ~** for the sake of ...
halbfertig *adj attr* half-finished
halbieren [hal'bi:rən] *vt* to halve
Halbinsel ['halpʔɪnzl̩] *f* peninsula **Halbjahr** *nt* half-year
halbjährig ['halpjɛ:rɪç] *adj attr* ❶ *(ein halbes Jahr dauernd)* six-month *attr* ❷ *(ein halbes Jahr alt)* six-month-old *attr*
halbjährlich ['halpjɛ:ɐ̯lɪç] **I.** *adj* half-yearly, six-monthly **II.** *adv* every six months, twice a year
Halbkreis *m* semicircle; **im ~** in a semicircle **Halbkugel** *f* hemisphere **Halbmond** *m* ❶ half-moon ❷ *(Figur)* crescent **Halbpension** *f* half-board *no art* **Halbschuh** *m* shoe **Halbschwester** *f* half-sister
halbtags *adv* on a part-time basis; **sie arbeitet wieder ~ im Büro** she's working half-day at the office again
halbwegs ['halp've:ks] *adv* ❶ *(einigermaßen)* partly ❷ *(nahezu)* almost
Halbwert(s)zeit *f* half-life
Halbwüchsige(r) *f(m) dekl wie adj* adolescent **Halbzeit** *f* SPORT half-time
Halde <-, -n> ['haldə] *f* *(Müllhalde)* rubbish tip; *(Kohlehalde)* coal tip; *(Abraumhalde)* slagheap
half ['half] *vi imp von* **helfen**
Hälfte <-, -n> ['hɛlftə] *f* half; **um die ~** by half

Halle <-, -n> ['halə] *f* hall
hallen ['halən] *vi* to echo
Hallenbad *nt* indoor swimming pool
Halligalli <-s> ['haligali] *nt kein pl (meist pej fam)* hubbub
hallo [ha'lo:] *interj* hello
Hallo <-s, -s> [ha'lo:] *nt* hello
halluzinogen [halutsino'ge:n] *adj* hallucinogenic
Halm <-[e]s, -e> [halm] *m* ① stalk ② *(Trinkhalm)* straw
Hals <-es, Hälse> [hals] *m* ① neck; **jdm um den ~ fallen** to fling one's arms around sb's neck ② *(Kehle)* throat; **jdm im ~ stecken bleiben** to become stuck in sb's throat; **es im ~ haben** *(fam)* to have a sore throat ▸ **jdm mit etw** *dat* **vom ~[e] bleiben** *(fam)* not to bother sb with sth; **etw in den falschen ~ bekommen** *(fam)* to take sth the wrong way; **etw zum ~e heraushängen** *(fam)* to be sick to death of sth; **jdn den ~ kosten** to finish sb; **~ über Kopf** in a hurry; **sich jdn vom ~ schaffen** *(fam)* to get sb off one's back; **aus vollem ~[e]** at the top of one's voice; **sich jdm an den ~ werfen** *(pej fam)* to throw oneself at sb
Halsband *nt* ① *(für Haustiere)* collar ② *(für Frauen)* choker **halsbrecherisch** ['halsbrɛçərɪʃ] *adj* breakneck *attr* **Halsentzündung** *f* sore throat **Halskette** *f* necklace **Halsschlagader** *f* carotid [artery] **Halsschmerzen** *pl* sore throat **Halstuch** *nt* scarf **Halswirbel** *m* ANAT cervical vertebra
halt [halt] **I.** *interj* MIL halt! **II.** *adv (fam: eben)* just
Halt <-[e]s, -e> [halt] *m* ① *(Stütze)* hold; **~ geben** to support ② *(innerer Halt)* stability ③ *(Stopp)* stop; **~ machen** to stop
haltbar ['haltba:ɐ̯] *adj* ① *Essen* non-perishable; **~ sein** to keep; **~ machen** to preserve ② *(widerstandsfähig)* durable
Haltbarkeit <-> *f kein pl* ① *von Nahrungsmitteln* shelf life ② *(Widerstandsfähigkeit)* durability
Haltbarkeitsdatum *nt* sell-by date
halten <hielt, gehalten> ['haltn̩] **I.** *vt* ① *(festhalten, stützen)* to hold; *(Macht)* to hold on to ② *(zum Bleiben veranlassen)* to stop, to keep ③ *(in Position bringen)* to put; **er hielt den Arm in die Höhe** he put his hand up ④ *(besitzen)* to keep ⑤ *(in einem Zustand erhalten)* to keep; **die Fußböden hält sie immer sauber** she always keeps the floors clean ▸ **nichts/viel davon ~, etw zu tun** to think nothing/a lot of doing sth; **jdn/etw für jdn/etw ~** to take sb/sth for sb/sth; **etw von jdm/etw ~** to think sth of sb/sth; **wofür ~ Sie mich?** who do you take me for! **II.** *vi* ① *(haltbar sein)* to keep ② *(anhalten)* to stop; **etw zum H~ bringen** to bring sth to a stop ▸ **an sich ~** to control oneself; **zu jdm ~** to stand by sb **III.** *vr* ① *(sich festhalten)* **sich an etw** *dat* **~** to hold on to sth ② *(Wetter)* **sich ~** to last ③ *(sich richten nach)* **sich an etw** *akk* **~** to stick to sth ▸ **sich gut gehalten haben** to have worn well
Haltestelle *f* stop **Halteverbot** *nt* no stopping; **hier ist ~** this is a no stopping area; **eingeschränktes ~** limited waiting
haltlos *adj* ① *(labil)* weak; *Mensch* unsteady ② *(unbegründet)* groundless, unfounded
Haltung[1] <-, -en> ['haltʊŋ] *f* ① *(Körperhaltung)* posture ② *(Einstellung)* attitude ▸ **~ bewahren** to keep one's composure
Haltung[2] <-> ['haltʊŋ] *f kein pl von Tieren* keeping
Halunke <-n, -n> [ha'lʊŋkə] *m* ① *(pej: Gauner)* scoundrel ② *(hum: Schlingel)* rascal
hämisch ['hɛ:mɪʃ] *adj* malicious
Hammel <-s, -> ['haml̩] *m* ① *(Tier)* wether ② *(Hammelfleisch)* mutton
Hammelfleisch *nt* mutton
Hammer <-s, Hämmer> ['hamɐ] *m*

① SPORT, TECH hammer ② *(sl: schwerer Fehler)* howler ③ *(sl: Ungeheuerlichkeit)* outrageous thing

hämmern ['hɛmɐn] *vi, vt* ① *(mit Hammer)* to hammer ② *(pulsieren)* to pound

Hämorrhoide <-, -n> [hɛmɔro'i:də] *f*, **Hämorride** <-, -n> [hɛmɔ'ri:də] *f meist pl* haemorrhoids *pl*

Hampelmann <-männer> ['hampl̩man] *m* ① jumping jack ② *(pej fam: Mensch)* puppet

Hamster <-s, -> ['hamstɐ] *m* hamster

hamstern ['hamstɐn] *vt, vi* to hoard

Hand <-, Hände> [hant] *f* hand; **mit der flachen ~** with the flat of one's hand; **Hände hoch!** hands up!; **linker/rechter ~** on the left/right; **jdm die ~ geben** to shake sb's hand; **jdn an der ~ nehmen** to take hold of sb's hand; **etw in die ~ nehmen** to pick up sth *sep;* **lass mich die Sache mal in die ~ nehmen** let me take care of the matter; **in fremde Hände gelangen** to pass into foreign hands; **Hände weg!** hands off! ▸ **an ~ einer S.** *gen* with the aid of sth; **um jds ~ anhalten** *(geh)* to ask for sb's hand in marriage; [**bei etw** *dat*] **mit ~ anlegen** to lend a hand [with sth]; [**bar**] **auf die ~** cash in hand; **jdn/etw in die ~ bekommen** to get one's hands on sb/sth; **bei jdm in besten Händen sein** to be in safe hands with sb; **aus erster /zweiter ~** first-hand/second-hand; **in festen Händen sein** to be spoken for; **für jdn seine ~ ins Feuer legen** to vouch for sb; **freie ~ haben** to have a free hand; **~ und Fuß haben** to be purposeful; **weder ~ noch Fuß haben** to have no rhyme or reason; **mit Händen und Füßen** tooth and nail; **jdm zur ~ gehen** to lend sb a [helping] hand; **bei etw** *dat* **eine glückliche ~ haben** to have the Midas touch with sth; **etw gegen jdn in der ~ haben** to have sth on sb; **jdn** [**für etw** *akk*] **an der ~ haben** to have sb on hand [for sth]; **~ aufs Herz!** cross your heart; **~ in ~** hand in hand; **mit leeren Händen** empty-handed; [**klar**] **auf der ~ liegen** to be [perfectly] obvious; **jds rechte ~ sein** to be sb's right-hand man; **die Hände in den Schoß legen** to sit back and do nothing; **zur ~ sein** to be at hand; [**bei etw** *dat*] **die Hände im Spiel haben** to have a hand in sth; **jdm etw in die Hände spielen** to pass sth on to sb; **in die Hände spucken** to roll up one's sleeves *sep;* **unter der ~** secretly; **von ~** by hand; **hinter vorgehaltener ~** in confidence; **eine ~ wäscht die andere** you scratch my back I'll scratch yours; **zu Händen von jdm** for the attention of sb [*or* attn: sb]

Handarbeit *f* ① *(Gegenstand)* handicraft; **~ sein** to be handmade ② *kein pl (körperliche Arbeit)* manual labour ③ *(Nähen, Stricken)* needlework **Handball** *m* handball **Handbewegung** *f* movement of the hand; *(Geste)* gesture **Handbremse** *f* handbrake **Handbuch** *nt* manual

Händchen <-s, -> ['hɛntçən] *nt dim von* **Hand** little hand; **für etw** *akk* **ein ~ haben** *(fam)* to have a knack for sth; **~ halten** *(fam)* to hold hands

Händedruck <-s> *m kein pl* handshake

Handel <-s> ['handl̩] *m kein pl* ① *(Wirtschaftszweig)* commerce ② *(Warenverkehr)* trade; **im ~ sein** to be on the market; **etw aus dem ~ ziehen** to take sth off the market ③ *(fam: Abmachung)* deal ④ *(das Handeln)* dealing (**mit** in); [**mit etw**] **~ treiben** to trade [in sth] ⑤ *(Laden)* business

handeln ['handl̩n] **I.** *vi* ① *(mit Waren)* to trade (**mit** with/in); **mit Drogen handeln** to traffic drugs ② *(feilschen)* to haggle (**um** over) ③ *(agieren)* to act ④ *(sich befassen)* to deal (**von** with) **II.** *vr impers* **sich um jdn/etw ~** to be a matter of sth; **worum handelt es**

sich, bitte? what's it about, please? **III.** *vt Ware* [**für etw** *akk*] **gehandelt werden** to be traded [at sth]

Handelsbank *f* merchant bank **Handelsbeziehungen** *pl* trade relations **Handelsbilanz** *f* balance of trade; **aktive/passive ~** balance of trade surplus/deficit **Handelsdefizit** *nt* trade deficit **handelseinig** ['handl̩sʔaiˌnɪç] *adj präd* **~ sein/werden** to agree terms **Handelsgesellschaft** *f* commercial company **Handelskammer** *f* chamber of commerce **Handelspartner(in)** *m(f)* trading partner **Handelsregister** *nt* Register of Companies **Handelsschule** *f* business school **handelsüblich** *adj* in accordance with standard commercial practice; **eine ~e Größe** a standard size **Handelsvertreter(in)** *m(f)* commercial agent **Handelsware** *f* commodity

H

Handfeger <-s, -> *m* hand brush **Handfeuerwaffe** *f* hand-gun **Handfläche** *f* palm

handgearbeitet *adj* handmade

Handgelenk *nt* wrist ▸ **aus dem ~** *(fam)* off the cuff; **etw aus dem ~ schütteln** *(fam)* to do sth straight off **Handgemenge** *nt* scuffle **Handgepäck** *nt* hand luggage **handgeschrieben** *adj* handwritten **handgestrickt** *adj* ❶ *(von Hand gestrickt)* hand-knitted ❷ *(amateurhaft gemacht)* homespun

handgreiflich ['hantgraiflɪç] *adj* violent; **~ werden** to become violent (**gegen** +*akk* towards)

Handgriff *m* ❶ *(Aktion)* movement ❷ *(Griff)* handle ▸ **mit einem ~** with a flick of the wrist; **mit ein paar ~en** in no time

handhaben ['hanthaːbn̩] *vt* ❶ *(bedienen)* to handle; *Maschine a.* to operate ❷ *(anwenden)* to apply ❸ *(verfahren)* to manage

Handkarren *m* handcart **Handkoffer** *m* small suitcase **Handkuss** *m* kiss on the hand **Handlanger(in)** <-s, -> ['hantlaŋɐ] *m(f)* ❶ *(Arbeiter)* labourer ❷ *(pej: Erfüllungsgehilfe)* stooge

Händler(in) <-s, -> ['hɛndlɐ] *m(f)* dealer ▸ **fliegender ~** street trader

handlich ['hantlɪç] *adj* ❶ manageable ❷ *Auto* manoeuvrable

Handlung <-, -en> ['handlʊŋ] *f* ❶ *(Tat)* act; **kriegerische ~** act of war; **strafbare ~** criminal offence ❷ *(Geschehen)* action; *(in Roman etc.)* plot

handlungsfähig *adj* capable of acting **Handlungsweise** *f* conduct

Handorgel *f* SCHWEIZ *(Handharmonika)* accordion **Handpuppe** *f* glove [*or* hand] puppet **Handrücken** *m* back of the hand **Handschelle** *f meist pl* handcuffs *pl;* **jdm ~n anlegen** to handcuff sb **Handschrift** ['hantʃrɪft] *f* ❶ *(Schrift)* handwriting ❷ *(Text)* manuscript

handschriftlich *adj* handwritten

Handschuh *m* glove **Handschuhfach** *nt*, **Handschuhkasten** *m* glove compartment **Handspiel** *nt kein pl* handball **Handstand** *m* handstand; **einen ~ machen** to do a handstand **Handtasche** *f* handbag **Handtuch** *nt* towel ▸ **das ~ werfen** to throw in the towel **Handumdrehen** ['hantʔʊmdreːən] *nt* ▸ **im ~** in a jiffy **handverlesen** *adj* ❶ *(mit der Hand gepflückt)* hand-picked ❷ *(sorgfältig überprüft)* hand-picked; **nur ~e Gäste waren zugelassen** only specially invited guests were admitted

Handvoll <-, -> *f* handful

Handwerk *nt* trade ▸ **jdm das ~ legen** to put an end to sb's game; **jdm ins ~ pfuschen** to encroach on sb's activities; **sein ~ verstehen** to know one's job **Handwerker(in)** <-s, -> *m(f)* tradesman **Handwerkszeug** *nt kein pl* tools *pl*

Handwurzel *f* carpus

Handy <-s, -s> ['hɛndi] *nt* mobile [phone]

Übersetzungstipp
Nicht verwechseln mit *handy* – *praktisch, nützlich!*

Handyhülle ['hɛndi-] *f (feste Hülle)* mobile [phone] cover; *(Tasche)* mobile [phone] pouch; *(Verstärkung)* mobile [phone] case
Handzettel *m* leaflet
Hanf <-[e]s> [hanf] *m kein pl (Pflanze)* hemp; *(Samen)* hempseed
Hang <-[e]s, Hänge> [haŋ] *m* ① *(Abhang)* slope ② *kein pl (Neigung)* tendency (**zu** to); **den ~ haben, etw zu tun** to be inclined to do sth
Hängebrücke *f* suspension bridge **Hängelampe** *f* hanging lamp **Hängematte** *f* hammock
hängen ['hɛŋən] **I.** *vi* <hing, gehangen> ① *(herunterhängen)* to hang (**an** on/**über** over/**von** from); **der Baum hängt voller Früchte** the tree is laden with fruit; [**an etw** *dat*] **~ bleiben** *(befestigt bleiben)* to stay on [sth]; *(kleben bleiben)* to stick to sth ② *(befestigt sein)* to be attached (**an** to) ③ *(fam: angeschlossen sein)* to be connected (**an** to) ④ *(fam: emotional verbunden sein)* to be attached (**an** to) ⑤ *(festhängen)* **an etw** *dat* **~ bleiben** to get caught on sth ⑥ *(fam: sich aufhalten)* **~ bleiben** to be kept down; **er hängt den ganzen Tag vorm Fernseher** he spends all day in front of the television ⑦ *(fam: in Erinnerung bleiben)* [**bei jdm**] **~ bleiben** to stick [in sb's mind] ▸ **den <u>Kopf</u> ~ lassen** to let one's head droop; **mit H~ und <u>Würgen</u>** *(fam)* by the skin of one's teeth **II.** *vt* <hängte *o* DIAL hing, gehängt *o* DIAL gehangen> ① *(anbringen)* hang (**an/auf** on) ② *(henken)* to hang ③ *(anschließen)* to attach (**an** on) ④ *(fam)* **jdn ~ lassen** to let sb down **III.** *vr* <hängte *o* DIAL hing, gehängt *o* DIAL gehangen> ① *(verfolgen)* **sich an jdn/etw ~** to follow sb/sth ② *(sich gehen lassen)* **sich ~ lassen** to let oneself go
Hanse <-> ['hanzə] *f kein pl* HIST Hanseatic League
hänseln ['hɛnzl̩n] *vt* to tease (**wegen** about)
Hantel <-, -n> ['hantl̩] *f* dumb-bell
hantieren [han'tiːrən] *vi* ① to be busy (**mit** with) ② *(herumhantieren)* to work (**an** on)
hapern ['haːpɐn] *vi impers* ① *(fam: fehlen)* to be lacking; **es hapert bei uns etwas an Geld** we're somewhat short of money ② *(fam: schlecht bestellt sein)* **in Mathe hapert es bei ihr noch etwas** she's still a bit weak in maths
Häppchen <-s, -> ['hɛpçən] *nt dim von* **Happen** morsel, tit-bit BRIT *fam,* tid-bit AM
Happen <-s, -> ['hapn̩] *m (fam)* snack
happig ['hapɪç] *adj (fam: hoch) Preis* steep
Harfe <-, -n> ['harfə] *f* harp
Harke <-, -n> ['harkə] *f bes* NORDD *(Rechen)* rake
harken ['harkn̩] *vt bes* NORDD *Beet* to rake; *Laub* to rake; **geharkt** raked
harmlos *adj* ① *(ungefährlich)* harmless ② *(arglos)* innocent
Harmonie <-, -n> [harmo'niː] *f* harmony
harmonieren [harmo'niːrən] *vi* ① *(zusammenklingen)* to harmonize ② *(gut zusammenpassen)* to get on well [with each other]
Harmonika <-, -s> [har'moːnika] *f* accordion
harmonisch [har'moːnɪʃ] **I.** *adj* harmonious **II.** *adv* harmoniously
Harn <-[e]s, -e> [harn] *m* urine
Harnblase *f* bladder **Harnröhre** *f* urethra
Harpune <-, -n> [har'puːnə] *f* harpoon
harren ['harən] *vi (geh)* **einer S.** *gen* **~** to await sth
harsch [harʃ] *adj* ① *(verharscht)* hard-frozen ② *(selten: rau, eisig)* cut-

H

ting; *Wind* harsh

hart <härter, härteste> [hart] **I.** *adj* ① *(nicht weich)* hard ② *Aufprall, Ruck, Winter* severe ③ *(brutal)* violent ④ *(abgehärtet) Kerl* tough ⑤ *(streng) Mensch* hard; *Worte, Regime* harsh; *Strafe* severe; ~ **mit jdm sein** to be hard on sb ⑥ *(schwer zu ertragen) Schicksalsschlag* cruel; *Realität* harsh; ~ **für jdn sein, dass …** to be hard on sb that … ▶ ~ **bleiben** to remain firm; ~ **auf** ~ **kommen** to come to the crunch; ~ **im Nehmen sein** to be resilient **II.** *adv* ① hard; ~ **gekocht** *attr* hard-boiled ② *(streng)* severely; ~ **durchgreifen** to take tough action ▶ ~ **gesotten** hardened; **jdn** ~ **treffen** to hit sb hard

Härte <-, -n> ['hɛrtə] *f* ① *(Hartsein o Härtegrad)* hardness ② *kein pl (Strenge)* severity ③ *kein pl (Unerträglichkeit)* cruelty

Härtefall *m* case of hardship

härten ['hɛrtn̩] *vi* to harden

Härtetest *m* endurance test

Hartfaserplatte *f* hardboard BRIT, fiberboard AM

Hartgeld *nt (geh)* coins *pl*

hartherzig *adj* hard-hearted

Hartholz *nt* hardwood

hartnäckig **I.** *adj* persistent **II.** *adv* persistently

Hartz IV [hartz] *German labour market reform of 2005 that regulates and brings together unemployment and social security benefits*

Harz <-es, -e> [haːɐ̯ts] *nt* resin

harzig ['haːɐ̯tsɪç] *adj* resinous

Häschen <-s, -> ['hɛːsçən] *nt dim von* **Hase** young hare, bunny; *(fam: Kosename)* sweetheart

Haschisch <-[s]> ['haʃɪʃ] *nt kein pl* hashish

Hase <-n, -n> ['haːzə] *m* hare ▶ **ein alter** ~ **sein** *(fam)* to be an old hand; **wissen, wie der** ~ **läuft** *(fam)* to know which way the wind blows

Haselnuss ['haːzl̩nʊs] *f* hazelnut

Hasenscharte *f* MED harelip

Hass <-es> [has] *m kein pl* hate, hatred; **einen** ~ **auf jdn haben** *(fam)* to be angry with sb

hassen ['hasn̩] *vt* to hate; **es** ~**, etw zu tun** to hate doing sth

hässlich ['hɛslɪç] *adj* ① *(unschön)* ugly ② *(gemein)* nasty

Hässlichkeit <-, -en> *f* ① *(Unschönheit)* ugliness ② *(Gemeinheit)* nastiness

Hast <-> [hast] *f kein pl* haste

hasten ['hastn̩] *vi sein (geh)* to hurry

hastig ['hastɪç] **I.** *adj* hurried; **nicht so** ~**!** not so fast! **II.** *adv* hurriedly

hätscheln ['hɛːtʃl̩n] *vt* ① *(liebkosen)* to cuddle ② *(gut behandeln)* to pamper ③ *(gerne pflegen)* to cherish

hatte ['hatə] *vt, vi, vr imp von* **haben**

Hattrick <-s, -s> ['hɛttrɪk] *m* ① SPORT *(Dreifachtreffer)* hat-trick; *(dreifacher Gewinn)* hat-trick ② *(Dreifacherfolg)* third success

Haube <-, -n> ['haubə] *f* ① *(weibliche Kopfbedeckung)* bonnet ② ÖSTERR, SÜDD *(Mütze)* cap ③ ÖSTERR *(Auszeichnung von Restaurants)* star ④ *(Aufsatz)* covering ▶ **jdn unter die** ~ **bringen** *(hum fam)* to marry sb off

Hauch <-[e]s, -e> [haux] *m (geh liter)* ① *(Atemhauch)* breath ② *(Luftzug)* breath of air ③ *(Duft)* whiff ④ *(Andeutung)* hint

hauchdünn ['haux'dʏn] *adj* ① *(äußerst dünn)* wafer-thin; ~**er Stoff** filmy textile ② *(äußerst knapp)* **eine** ~**e Mehrheit** a narrow majority

hauchen ['hauxn̩] **I.** *vi (sanft blasen)* to breathe **II.** *vt (flüstern)* to whisper

Haue <-, -n> ['hauə] *f* ① ÖSTERR, SCHWEIZ *(Hacke)* hoe ② *kein pl (fam: Prügel)* thrashing; ~ **kriegen** *(fam)* to get a thrashing

hauen <haute, gehauen> ['hauən,] **I.** *vt* ① *(fam: schlagen)* to hit ② *(fam: verprügeln)* to hit; **sie** ~ **sich** they are fighting each other ③ *(meißeln)* **etw in etw** *akk* ~ to carve sth in sth **II.** *vr (fam:*

sich setzen, legen) **sich auf/in etw** *akk* ~ to throw oneself onto/into sth

Haufen <-s, -> ['haufn̩] *m* ① heap ② *(fam: große Menge)* load; **du erzählst da einen ~ Quatsch!** what a load of rubbish! ③ *(Schar)* crowd ▸ **jdn über den ~ fahren /rennen** *(fam)* to run over sb *sep;* **etw über den ~ werfen** *(fam)* to mess up sth *sep*

haufenweise *adv (fam)* in great quantities; **sie besitzt ~ Antiquitäten** she owns loads of antiques

häufig ['hɔyfɪç] **I.** *adj* frequent **II.** *adv* often

Häufigkeit <-, -en> *f* frequency

Haupt <-[e]s, Häupter> [haupt] *nt (geh)* head ▸ **gesenkten /erhobenen ~es** with one's head bowed/raised

Hauptbahnhof *m* central station **hauptberuflich I.** *adj* full-time **II.** *adv* on a full-time basis **Hauptdarsteller(in)** *m(f)* leading man [*or* actor] **Haupteingang** *m* main entrance **Hauptfach** *nt* ① *(Studium)* main subject, major AM ② *(Schule)* major subject **Hauptgebäude** *nt* main building **Hauptgericht** *nt* main course **Hauptgeschäftszeit** *f* peak shopping hours, main business hours **Hauptgewinn** *m* first prize

Häuptling <-s, -e> ['hɔyptlɪŋ] *m* chief

Hauptmahlzeit *f* main meal **Hauptperson** *f* central figure **Hauptpost** *f*, **Hauptpostamt** *nt* main post office **Hauptquartier** *nt* headquarters **Hauptreisezeit** *f* peak travel period **Hauptrolle** *f* leading role ▸ **[bei etw** *dat* **] die ~ spielen** to play a leading part [in sth] **Hauptsache** ['hauptzaxə] *f* main thing; **in der ~** in the main; **~, du bist glücklich!** the main thing is that you're happy!

hauptsächlich ['hauptsɛçlɪç] **I.** *adj* main **II.** *adv* mainly

Hauptsaison *f* peak season **Hauptsatz** *m* main clause **Hauptschlagader** *f* aorta **Hauptschule** *f* ≈ secondary modern school BRIT, ≈ junior high school AM **Hauptstadt** *f* capital [city] **Hauptstraße** *f* main street **Hauptteil** *m* main [*or* major] part **Hauptverkehrsstraße** *f* main road **Hauptverkehrszeit** *f* rush hour **Hauptwäsche** *f* main wash **Hauptwaschgang** *m* main wash **Hauptwort** *nt* noun

Haus <-es, Häuser> [haus] *nt* ① house; **~ und Hof** *(geh)* house and home; **für jdn ein offenes ~ haben** to keep open house for sb; **jdn nach ~e bringen** to take sb home; **sich wie zu ~e fühlen** to feel at home; **fühlen Sie sich wie zu ~e!** make yourself at home; **frei ~ liefern** to deliver free of charge; **jdm das ~ verbieten** to not allow sb in the house; **nach ~e** home; **zu ~e** at home; **bei jdm zu ~e** in sb's home ② *(Familie)* family; **die Dame/der Herr des ~es** the lady/master of the house; **aus gutem ~e** from a good family; **von ~e aus** by birth ③ *(geh: Unternehmen)* company; **im ~e sein** to be in ▸ **[du] altes ~!** *(fam)* old chap *dated;* **das europäische ~** the family of Europe; **~ halten** to be economical; **[jdm] ins ~ stehen** to be in store [for sb]; **von ~e aus** originally

H

Haus und Heim – House and home

das Bauernhaus	farmhouse
die Blockhütte	[log] cabin
der Bungalow	bungalow
die Doppelhaushälfte	semi-detached house
das Einzelhaus	detached house
das Einzimmerapartment	studio
das Ferienhaus	holiday house
das Gut	estate
das Hausboot	houseboat
das Häuschen	cottage
das Mehrfamilienhaus	block of flats
das möblierte Zimmer	bedsit

der Palast	palace
das Reihenhaus	terraced house
das Schloss	castle
die Villa	villa
die Wohngemeinschaft	house-/flat-share
die Wohnung	flat
das Zelt	tent

Hausangestellte(r) *f(m) dekl wie adj* domestic servant **Hausapotheke** *f* medicine cabinet **Hausarbeit** *f* ❶ *(im Haushalt)* housework ❷ *(fürs Studium)* [academic] assignment **Hausarrest** *m* ❶ *(Strafe für Kinder)* ~ **haben** to be grounded ❷ JUR house arrest **Hausarzt, -ärztin** *m, f* family doctor, GP **Hausaufgabe** *f* piece of homework; **~n** homework *no pl;* **seine ~n machen** *(a. fig)* to do one's homework

H

homework

Das Wort **homework** ist unzählbar, d. h. es wird nicht mit ‚a' oder im Plural gebraucht: *The students have been given too much homework. My homework is very difficult.* Möchte man von einer bestimmten Aufgabe sprechen, die man aufbekommen hat, kann man **a piece of homework** verwenden: *The last piece of homework Mr Roberts gave us was easy.*

Hausbar *f* ❶ *(eine Bar zu Hause)* home bar ❷ *(Inhalt)* range of drinks at home **Hausbesetzer(in)** <-s, -> *m(f)* squatter **Hausbesitzer(in)** *m(f)* homeowner **Hausbewohner(in)** *m(f)* tenant

Häuschen <-s, -> ['hɔysçən] *nt* ❶ *dim von* **Haus** little house ❷ SCHWEIZ *(Kästchen auf kariertem Papier)* square

Hauseigentümer(in) *m(f)* *(geh)* s. **Hausbesitzer** **Hauseingang** *m* entrance **Häuserblock** *m* block [of houses] **Hausflur** *m* entrance hall **Hausfrau** *f* ❶ housewife ❷ ÖSTERR, SÜDD *(Zimmerwirtin)* landlady **Hausfriedensbruch** *m* trespassing **Hausgebrauch** *m* **für den ~** for domestic use; *(für durchschnittliche Ansprüche)* for average requirements **hausgemacht** *adj* home-made

Haushalt <-[e]s, -e> *m* ❶ *(Hausgemeinschaft)* household ❷ *(Haushaltsführung)* housekeeping; [**jdm**] **den ~ führen** to keep house [for sb] ❸ *(Etat)* budget

haus|halten *vi irreg* to be economical (**mit** with)

Haushälter(in) <-s, -> *m(f)* housekeeper

Haushaltsgeld *nt* housekeeping money **Haushaltsgerät** *nt* household appliance **Haushaltsjahr** *nt* financial [*or* fiscal] year **Haushaltswaren** *pl* household goods *npl*

Hausherr(in) <-en, -en> *m(f)* head of the household; *(Gastgeber)* host

hausieren [hau'ziːrən] *vi* to hawk; **H~ verboten!** no hawkers!; **mit etw** *dat* **~ gehen** to peddle sth around

Hausierer(in) <-s, -> *m(f)* hawker

Hauskatze *f* domestic cat

häuslich ['hɔylɪç] **I.** *adj* ❶ *(das Zuhause betreffend)* domestic ❷ *(das Zuhause liebend)* homely **II.** *adv* **sich ~ niederlassen** to settle down

Häuslichkeit <-> *f kein pl* domesticity *no pl*

Hausmädchen *nt* maid, BRIT *a.* home help **Hausmann** ['hausman] *m* house husband **Hausmannskost** *f kein pl* home cooking **Hausmeister(in)** *m(f)* janitor **Hausmittel** *nt* household remedy **Hausmüll** *m* domestic waste **Hausnummer** *f* house number **Hausordnung** *f* house rules *pl*

Hausrat *m kein pl* household contents *pl*

Hausratversicherung *f* household contents insurance *no pl* BRIT, home owner's insurance AM **Hausschlüssel** *m* front-door key **Hausschuh** *m* slipper **Haustier** *nt* pet

Haustiere – Pets

der Goldfisch	goldfish
der Hamster	hamster
der Hund	dog
der Kanarienvogel	canary
das Kaninchen	rabbit
die Katze	cat
die Maus	mouse
das Meerschweinchen	guinea pig
die Rennmaus	gerbil
die Schildkröte	tortoise
der Sittich	budgerigar, budgie

Haustür *f* front door **Hausverwalter(in)** *m(f)* manager of a tenement block **Hauswart(in)** <-s, -e> *m(f) s.* **Hausmeister** **Hauswirt(in)** *m(f)* landlord *masc*, landlady *fem* **Hauszelt** *nt* frame tent

Haut <-, Häute> [haut] *f* skin ▶ **eine ehrliche ~ sein** to be an honest sort; **aus der ~ fahren** to hit the roof; **auf der faulen ~ liegen** to laze around; **etw geht [jdm] unter die ~** sth gets under one's skin; **mit ~ und Haar[en]** completely; **mit heiler ~ davonkommen** to escape unscathed; **nur ~ und Knochen sein** to be nothing but skin and bone; **jd möchte nicht in jds ~ stecken** sb would not like to be in sb's shoes; **sich nicht wohl in seiner ~ fühlen** not to feel too good

Hautabschürfung *f* graze **Hautausschlag** *m* [skin] rash **Hautcreme** *f* skin cream

häuten ['hɔytn̩] **I.** *vt* to skin **II.** *vr* **sich ~** to shed one's skin

hauteng *adj, adv* skin-tight

Hautkrankheit *f* skin disease **Hautkrebs** *m* MED skin cancer *no pl*

Haxe <-, -n> ['haksə] *f* KOCHK SÜDD knuckle

Hebamme <-, -n> ['heːpʔamə] *f* midwife

Hebebühne *f* hydraulic lift

Hebel <-s, -> ['heːbl̩] *m* lever ▶ **am längeren ~ sitzen** to hold the whip hand

heben <hob, gehoben> ['heːbn̩] **I.** *vt* ❶ *(hochheben)* to lift; *Kopf* to raise ❷ *(verbessern)* to improve ❸ *(Alkohol trinken)* **gern einen ~** *(fam)* to like to have a drink **II.** *vr (sich nach oben bewegen)* **sich ~** to rise

Hebräer(in) <-s, -> [he'brɛːɐ] *m(f)* Hebrew

hebräisch [he'brɛːɪʃ] *adj* Hebrew

Hecht <-[e]s, -e> [hɛçt] *m* pike

Hechtsprung *m* forward dive

Heck <-[e]s, -e> [hɛk] *nt* AUTO rear; NAUT stern; LUFT tail

Hecke <-, -n> ['hɛkə] *f* hedge

Heckenrose *f* dog rose **Heckenschütze, -schützin** *m, f* sniper

Heckklappe *f* tailgate **Heckscheibe** *f* rear window

Heer <-[e]s, -e> [heːɐ̯] *nt* army

Hefe <-, -n> ['heːfə] *f* yeast

Hefeteig *m* yeast dough

Heft <-[e]s, -e> [hɛft] *nt* ❶ *(Schreibheft)* exercise book ❷ *(Zeitschrift)* magazine; *(Ausgabe)* issue ❸ *(geheftetes Büchlein)* booklet

heften ['hɛftn̩] **I.** *vt* ❶ *(befestigen)* to pin (**an** to) ❷ *(nähen)* to tack [up *sep*] ❸ *(klammern)* to staple **II.** *vr* **sich an jdn ~** to stay on sb's tail

Hefter <-s, -> *m* ❶ *(Mappe)* file ❷ *(Heftmaschine)* stapler

heftig ['hɛftɪç] **I.** *adj* ❶ *(gewaltig)* violent ❷ *(intensiv)* intense **II.** *adv* violently; **es schneite ~** it snowed heavily

Heftklammer *f* staple **Heftpflaster** *nt* [sticking] plaster **Heftzwecke** *f* drawing pin

hegen ['heːgn̩] *vt* ❶ **Wild ~** to preserve wildlife ❷ *Pflanzen* to tend ❸ *(bewah-*

H

ren) to look after; **jdn ~ und pflegen** to lavish care and attention on sb ❹ *(geh) Zweifel* to have

Heide <-, -n> ['haidə] *f* ❶ *(Heideland)* heath ❷ *(Heidekraut)* heather

Heide, Heidin <-n, -n> ['haidə, 'haidɪn] *m, f* pagan

Heidekraut *nt* heather **Heideland** *nt* heathland, moorland

Heidelbeere ['haid|be:rə] *f* bilberry

Heidenangst *f* mortal fear *no pl;* **eine ~ vor etw** *dat* **haben** to be scared stiff of sth **Heidengeld** *nt kein pl (fam)* **ein ~** a hell of a lot of money **Heidenspaß** *m (fam)* terrific fun *no pl*

heidnisch ['haidnɪʃ] *adj* pagan

heikel ['haik|] *adj* delicate

heil [hail] *adj* ❶ *(unverletzt)* uninjured ❷ *(unbeschädigt)* intact

Heil [hail] **I.** *nt* <-s> *kein pl* well-being; **sein ~ in etw** *dat* **suchen** to seek one's salvation in sth **II.** *interj* **~ dem Kaiser!** hail to the emperor!

heilbar *adj* curable

Heilbutt <-s, -e> ['hailbʊt] *m* halibut

heilen ['hailən] **I.** *vi sein (gesunden)* to heal [up] **II.** *vt (gesund machen)* to cure (**von** of); **von jdm/etw geheilt sein** to have got over sb/sth

heilfroh ['hail'fro:] *adj präd (fam)* really glad

Heilgymnastik *f s.* **Krankengymnastik**

heilig ['hailɪç] *adj* ❶ holy; **jdm ist etw ~** sth is sacred to sb ❷ *(bei Heiligen)* Saint; **der ~e Matthäus** Saint Matthew

Heiligabend [hailɪç'ʔa:bn̩t] *m* Christmas Eve

Heilige(r) ['hailɪge, -gə] *f(m) dekl wie adj* saint

heiligen ['hailɪgn̩] *vt* ❶ *(weihen)* to hallow; **geheiligt** hallowed ❷ *(heilig halten)* to keep holy

Heiligkeit <-> *f kein pl* holiness *no pl;* **Eure/Seine ~** Your/His Holiness

heilig|sprechen *vt* to canonize

Heiligsprechung <-, -en> *f* canonization

Heiligtum <-[e]s, -tümer> ['hailɪçtu:m] *nt* shrine

Heilkraft *f* healing power **Heilkraut** *nt* medicinal herb **Heilkunde** *f* medicine

heillos ['haillo:s] **I.** *adj* terrible **II.** *adv* hopelessly

Heilpflanze *f* medicinal plant **Heilpraktiker(in)** *m(f)* non-medical practitioner **Heilquelle** *f* medicinal spring

heilsam ['hailza:m] *adj* salutary

Heilung <-, -en> ['hailʊŋ] *f* ❶ *(das Kurieren)* curing ❷ *(Genesung)* recovery ❸ *(Abheilung)* healing

Heilwasser *nt* mineral [spring] water

heim [haim] *adv* home

Heim <-[e]s, -e> [haim] *nt* home

Heimarbeit *f kein indef art* work at home, outwork BRIT; **in ~ angefertigt** manufactured by home-workers **Heimarbeiter(in)** *m(f)* home-worker

Heimat <-, -en> ['haima:t] *f* home

heimatlich *adj* native; *Brauchtum* local

heimatlos *adj* homeless

Heimatstadt *f* home town

heimelig ['haimalɪç] *adj* cosy

heim|fahren *irreg* **I.** *vi sein* to drive home **II.** *vt haben* **jdn ~** to drive sb home **Heimfahrt** *f* journey home **Heimindustrie** *f* cottage industry

heimisch ['haimɪʃ] *adj (einheimisch)* native; **sich ~ fühlen** to feel at home

Heimkehr <-> *f* return home

heim|kehren ['haimke:rən] *vi sein (geh)* to return home

heimlich ['haimlɪç] **I.** *adj* ❶ *(geheim)* secret ❷ *(verstohlen)* furtive **II.** *adv* ❶ *(unbemerkt)* secretly ❷ *(verstohlen)* furtively; **~, still und leise** *(fam)* on the quiet

Heimlichtuerei <-, -en> [haimlɪçtu:ə'rai] *f (pej)* secretiveness *no pl*

heimlich|tun *vi* [**mit etw** *dat*] **~** to be secretive [about sth]

Heimreise *f* journey home

heimtückisch ['haimtʏkɪʃ] **I.** *adj Aktion* malicious; *Person* insidious **II.** *adv* maliciously

Heimvorteil *m kein pl* SPORT home advantage *no pl* **Heimweg** *m* way home; **sich auf den ~ machen** to set out for home **Heimweh** <-[e]s> *nt kein pl* homesickness; **~ [nach jdm/etw] haben** to be homesick [for sb/sth]
Heirat <-, -en> ['haira:t] *f* marriage
heiraten ['haira:tn̩] **I.** *vt* to marry **II.** *vi* to get married
Heiratsantrag *m* proposal; **jdm einen ~ machen** to propose to sb **heiratsfähig** *adj (veraltet)* of marriageable age
heiser ['haizɐ] **I.** *adj* hoarse **II.** *adv* hoarsely
Heiserkeit <-> *f kein pl* hoarseness
heiß [hais] **I.** *adj* ❶ *(sehr warm)* hot; **etw ~ machen** to heat up sth *sep* ❷ *Debatte* heated; *Kampf* fierce ❸ *Liebe* burning; *Wunsch* fervent ❹ *(fam: brünstig)* on [*or* AM in] heat ❺ *(neugierig)* **auf etw** *akk* **~ sein** to be dying to know about sth **II.** *adv* ❶ *(sehr warm)* hot; **~ laufen** to overheat ❷ *(innig)* ardently; **~ geliebt** dearly beloved
heißblütig ['haisbly:tɪç] *adj* ❶ *(impulsiv)* hot-tempered ❷ *(leidenschaftlich)* passionate
heißen <hieß, geheißen> ['haisn̩] **I.** *vi* ❶ to be called; **wie ~ Sie?** what's your name?; **ich heiße Schmitz** my name is Schmitz; **nach jdm ~** to be named after sb ❷ *(bedeuten)* to mean; **„ja" heißt auf Japanisch „hai"** "hai" is Japanese for "yes"; **was heißt eigentlich „Liebe" auf Russisch?** tell me, what's the Russian for "love"?; **heißt das, Sie wollen mehr Geld?** does that mean you want more money?; **was soll das [denn] ~?** what's that supposed to mean? **II.** *vi impers* ❶ *(zu lesen sein)* **irgendwo heißt es ...** it says somewhere ... ❷ *(Gerücht)* **es heißt, dass ...** there is a rumour that ... ❸ *(geh: nötig sein)* **nun heißt es handeln** now is the time for action **III.** *vt* ❶ *(geh: nennen)* **jdn irgendwie ~** to call sb sth ❷ *(geh: auffordern)* **jdn etw tun ~** to tell sb to do sth
Heißhunger *m* ravenous hunger *no pl;* **mit ~** ravenously **Heißluft** *f kein pl* hot air *no pl* **Heißluftballon** *m* hot-air balloon **Heißluftherd** *m* fan-assisted [*or* AM convection] oven
heiß|machen *vt* **jdn ~** to get sb really interested
heiter ['haitɐ] *adj* ❶ *(fröhlich)* cheerful ❷ *(fröhlich stimmend)* amusing ❸ *Wetter* bright ▸ **das kann ja ~ werden!** *(iron)* that'll be a hoot!
Heizanlage *f* heating system, heater *esp* AM
Heizbettdecke, **Heizdecke** *f* electric blanket
heizen ['haitsn̩] **I.** *vi* ❶ *(die Heizung betreiben)* **„womit heizt ihr?" — „wir ~ mit Gas"** "how is your house heated?" — "it's gas-heated" ❷ *(Wärme abgeben)* to give off heat **II.** *vt* ❶ *(beheizen)* to heat ❷ *(anheizen)* to stoke
Heizkessel *m* boiler **Heizkissen** *nt* heating pad **Heizkörper** *m* radiator **Heizkosten** *pl* heating costs *pl* **Heizlüfter** *m* fan heater **Heizofen** *m* heater **Heizöl** *nt* fuel oil
Heizung <-, -en> *f* ❶ *(Zentralheizung)* heating *no pl* ❷ *(Heizkörper)* radiator
Heizungskeller *m* boiler room **Heizungsmonteur(in)** *m(f)* heating engineer
Hektar <-s, -> [hɛkt'a:ɐ̯] *nt o* SCHWEIZ *m* hectare
Hektik <-> ['hɛktɪk] *f kein pl* hectic pace; **nur keine ~!** take it easy!
hektisch ['hɛktɪʃ] **I.** *adj* hectic **II.** *adv* frantically
Held(in) <-en, -en> [hɛlt] *m(f)* hero *masc,* heroine *fem*
heldenhaft *adj* heroic
Heldentat *f* heroic deed
helfen <half, geholfen> ['hɛlfn̩] *vi* ❶ *(unterstützen)* to help (**bei** with); **jdm ist nicht [mehr] zu ~** sb is beyond help ❷ *(nützen)* **jdm ~** to be of use to sb; **da hilft alles nichts, ...**

H

there's nothing for it, ...; [**gegen/bei etw** *dat*] ~ to help [relieve sth] ▶ **ich kann mir nicht ~, [aber] ...** I'm sorry, but ...; **man muss sich** *dat* **nur zu ~ wissen** you just have to be resourceful
Helfer(in) <-s, -> ['hɛlfɐ] *m(f)* helper
hell [hɛl] **I.** *adj* ❶ light; **~ bleiben** to stay light; **es wird ~** it's getting light ❷ *(hell leuchtend)* bright ❸ *(mit heller Farbe)* light-coloured; *Haar, Haut* fair ❹ *Stimme* clear ❺ *(fam: klug)* bright; **du bist ein ~es Köpfchen** you've got brains **II.** *adv (licht)* brightly
H
hellblau *adj* light-blue
hellhörig ['hɛlhøːrɪç] *adj* badly soundproofed ▶ **~ werden** to prick up one's ears
Helligkeit <-, -en> *f* lightness; *(helles Licht)* [bright] light
Hellseher(in) ['hɛlzeːɐ] *m(f)* clairvoyant
hellwach ['hɛl'vax] *adj* wide-awake
Helm <-[e]s, -e> ['hɛlm] *m* helmet
Hemd <-[e]s, -en> [hɛmt] *nt* shirt; *(Unterhemd)* vest ▶ **mach dir nicht [gleich] ins ~!** don't make such a fuss!
hemmen [hɛmən] *vt* ❶ *(hindern)* to hinder ❷ *(bremsen)* to stop ❸ PSYCH to inhibit
Hemmschwelle *f* inhibition level; **seine ~ überschreiten** to overcome one's inhibitions
Hemmung <-, -en> *f* ❶ *kein pl (das Hemmen)* obstruction ❷ *pl* PSYCH inhibitions *pl* ❸ *(Bedenken, Skrupel)* inhibition, scruple
hemmungslos I. *adj* ❶ *(zügellos)* unrestrained ❷ *(skrupellos)* unscrupulous **II.** *adv* ❶ unrestrainedly ❷ unscrupulously
Hendl <-s, -[n]> ['hɛndl̩] *nt* ÖSTERR *(Brathähnchen)* roast chicken
Hengst <-[e]s, -e> [hɛŋst] *m (Pferd)* stallion
Henkel <-s, -> ['hɛŋkl̩] *m* handle
Henna <-> ['hɛna] *f o nt kein pl* henna *no pl*
Henne <-, -n> ['hɛnə] *f* hen
Hepatitis <-, Hepatitiden> [hepa'tiːtɪs, *pl:* hepati'tiːdn̩] *f* hepatitis *no pl*
her [heːɐ̯] *adv* ❶ *(hierher)* here, to me; **~ damit!** *(fam)* give it here!; **immer ~ damit!** *(fam)* keep it/them coming! ❷ *(herum)* **um jdn ~** all around sb ❸ *(von einem Punkt aus)* **von weit ~** from a long way away; **lange ~ sein, dass ...** to be long ago since ...; **nicht [so] lange ~ sein, dass ...** to be not such a long time [ago] since ...; **von etw** *dat* **~** *kausal* as far as sth is concerned ❹ *(verfolgen)* **hinter etw** *dat* **~ sein** to be after sth
herab [hɛ'rap] *adv (geh)* down **herab|hängen** [hɛ'raphɛŋən] *vi irreg* **von etw** *dat* **~** to hang down [from sth] **herab|lassen** *irreg* **I.** *vt (geh: herunterlassen)* to let down **II.** *vr* **sich [zu etw** *dat*] **~** to lower oneself [to sth]; **sich [dazu] ~, etw zu tun** to condescend to do sth
herablassend *adj* condescending
herab|sehen *vi irreg* to look down (**auf** on)
heran [hɛ'ran] *adv* close up, near
heran|kommen *vi irreg sein* ❶ *(herbeikommen)* to approach; *(bis an etw kommen)* to get to ❷ *(erreichen)* to reach ❸ *(in Kontakt kommen)* **an jdn ~** to get hold of sb ▶ **nichts an sich ~ lassen** not to let anything get to one **heran|treten** *vi irreg sein* ❶ *(in die Nähe treten)* **an jdn/etw ~** to come [*or* go] up to sb/sth ❷ *(konfrontieren)* **an jdn ~** to confront sb ❸ *(geh: sich wenden an)* [**mit etw** *dat*] **an jdn ~** to approach sb [with sth]; **sie ist schon mit dieser Bitte an uns herangetreten** she has already approached us with this request **heran|wachsen** *vi irreg sein* to grow up (**zu** into)
herauf [hɛ'rauf] **I.** *adv* up **II.** *präp +akk* up; **sie ging die Treppe ~** she went up the stairs
herauf|kommen *vi irreg sein* ❶ to come up [**zu** to] ❷ *(geh: aufziehen)* to approach; *Nebel* to form **herauf|ziehen**

irreg **I.** *vt haben* to pull up *sep* **II.** *vi sein (aufziehen)* to approach

heraus [hɛˈraus] *adv* ❶ *(nach draußen)* out; **aus etw** *dat* ~ out of sth; ~ **damit!** *(fam: mit einer Antwort)* out with it! ❷ *(hinter sich haben)* **aus etw** *dat* ~ **sein** to leave behind sth *sep;* **aus dem Alter bin ich schon** ~ that's all behind me ❸ *(gesagt worden sein)* ~ **sein** to have been said; **die Wahrheit ist** ~ the truth has come out

heraus|bekommen *vt irreg* ❶ *(entfernen)* to get out (**aus** of) ❷ *(herausfinden)* to find out *sep* ❸ *Wechselgeld* to get back **heraus|fallen** *vi irreg* **aus etw** *dat* ~ to fall out of sth; **aus dem üblichen Rahmen** ~ *(fig)* to fall outside the usual parameters **heraus|finden** *irreg* **I.** *vt* ❶ *(dahinter kommen)* to find out ❷ *(herauslesen)* to find (**aus** from) amongst) **II.** *vi (den Weg finden)* to find one's way out (**aus** of) **Herausforderer, -forderin** <-s, -> *m, f* challenger **heraus|fordern** *vt* ❶ *(auffordern)* to challenge (**zu** to) ❷ *(provozieren)* to provoke ❸ *(heraufbeschwören)* to invite; **das Schicksal** ~ to tempt fate

herausfordernd *adj* provocative

Herausforderung *f* ❶ *(Aufforderung)* challenge; **sich** *dat* **einer** ~ **stellen** to take up a challenge ❷ *(Provokation)* provocation

heraus|geben *irreg* **I.** *vt* ❶ *Buch* to publish ❷ *(zurückgeben)* to return; *(Wechselgeld)* to give [back] ❸ *(herausreichen)* to pass **II.** *vi* to give change; **können Sie mir auf 100 Euro ~?** can you give me change out of 100 euros?; **falsch** ~ to give the wrong change [back]

Herausgeber(in) <-s, -> *m(f)* editor

heraus|gehen *vi irreg sein* ❶ to go out (**aus/von** of) ❷ *(entfernt werden können)* to come out (**aus** of) ▸ **aus sich** ~ to come out of one's shell **heraus|greifen** *vt irreg* to pick out *sep* (**aus** from) **heraus|halten** *irreg* **I.** *vt (nicht verwickeln)* to keep out (**aus** of) **II.** *vr* **sich** [**aus etw** *dat*] ~ to keep out of sth **heraus|kommen** [hɛˈrauskɔmən] *vi irreg sein* ❶ to come out (**aus** of) ❷ *(etwas verlassen/überwinden können)* **aus etw** *dat* ~ to get out of sth ❸ *(aufhören können)* **aus etw** *dat* **kaum/nicht** ~ to hardly/not be able to stop doing sth ❹ *(auf den Markt kommen)* to be launched; *(erscheinen)* to come out ❺ *(bekannt gegeben werden)* to be published ❻ *(bekannt werden)* **es kam heraus, dass ...** it came out that ... ❼ *(Resultat haben)* **bei etw** *dat* ~ to come of sth; **auf dasselbe** ~ to amount to the same thing ▸ **groß** ~ to be a great success

heraus|nehmen *irreg* **I.** *vt* ❶ *(entnehmen)* to take out (**aus** of) ❷ *(entfernen)* to take away (**aus** from) **II.** *vr (pej)* **sich zu viel** ~ to go too far; **sich** *dat* **~, etw zu tun** to have the nerve to do sth **heraus|ragen** *vi s.* **hervorragen** **heraus|reißen** *vt irreg* ❶ to tear out (**aus** of); *Wurzel* to pull out ❷ *(ablenken)* **jdn aus etw** *dat* ~ to tear sb away from sth; **jdn aus seiner Arbeit** ~ to interrupt sb in their work **heraus|stellen I.** *vt* to put outside **II.** *vr* **sich** ~ to come to light; **sich als etw** *akk* ~ to be shown to be sth; **es stellte sich heraus, dass ...** it turned out that ... **heraus|stürzen** *vi sein* [**aus etw** *dat*] ~ to rush out [of sth]

herb [hɛrp] *adj* ❶ *(bitter-würzig)* sharp; *Wein* dry ❷ *(schmerzlich)* bitter ❸ *(etwas streng)* severe ❹ *(scharf)* harsh

herbei [hɛɐ̯ˈbai] *adv (geh)* over here

herbei|eilen *vi sein* to rush over

Herberge <-, -n> [ˈhɛrbɛrgə] *f* ❶ *(Jugendherberge)* hostel ❷ HIST *(Gasthaus)* inn

Herbergsmutter *f* [female] [youth] hostel warden **Herbergsvater** *m* [male] [youth] hostel warden

Herbizid <-[e]s, -e> [hɛrbiˈtsiːt] *nt* herbicide

Herbst <-[e]s, -e> [hɛrpst] *m* autumn,

H

fall AM

herbstlich ['hɛrpstlɪç] *adj* autumn *attr,* autumnal

Herd <-[e]s, -e> ['heːɐ̯t] *m* ① stove ② *(Krankheitsherd)* focus ▶ **eigener ~ ist Goldes wert** *(prov)* there's no place like home

Herde <-, -n> ['heːɐ̯də] *f* herd; *(Schafe)* flock

Herdentrieb *m (pej)* herd instinct *pej*

herein [hɛ'rain] *adv* in [here]; **~!** come in! ▶ **nur ~!** come on in!

herein|brechen [hɛ'rainbrɛçn̩] *vi irreg sein* ① *(zusammenstürzen)* to collapse (**über** over) ② *Katastrophe* to befall ③ *(geh) Nacht* to fall; *Winter* to set in

herein|kommen *vi irreg sein* to come in

herein|lassen *vt irreg* to let in

herein|rufen *vt irreg (nach drinnen holen)* **jdn [zu sich** *dat*] **~** to call sb in; **ich rufe mal die Kinder zum Essen herein** I'll call the children in for dinner

herein|strömen *vi sein* [**in etw** *akk*] **~** *(geströmt kommen)* to pour in[to sth]; *(in etw gedrängt kommen)* to pour in[to sth/through sth]

Herfahrt *f* journey here; **auf der ~** on the way here

Hergang <-[e]s> *m kein pl* course of events

her|geben *irreg vt (weggeben)* to give away *sep*

Hering <-s, -e> ['heːrɪŋ] *m* ① *(Fisch)* herring ② *(Zeltpflock)* [tent] peg

Herkunft <-, *selten* -künfte> ['heːɐ̯kʊnft] *f eines Menschen* origin[s]; *einer Sache* origin

Herkunftsland *nt* country of origin; **sicheres ~** POL safe country of origin

Hermelin <-s, -e> [hɛrmə'liːn] *nt* ZOOL *(braun)* stoat; *(weiß)* ermine

hermetisch [hɛr'meːtɪʃ] **I.** *adj* hermetic **II.** *adv* hermetically, airtight

Heroin <-s> [hero'iːn] *nt kein pl* heroin

Herpes <-> ['hɛrpɛs] *m kein pl* herpes

Herr(in) <-n, -en> [hɛr] *m(f)* ① *nur m (männliche Anrede)* Mr; **sehr geehrter ~ …** Dear Mr …; **sehr geehrte ~en!** Dear Sirs ② *nur m (geh: Mann)* gentleman ③ *(Herrscher)* ruler; **~ über jdn/etw sein** to be ruler of sb/sth; *(Gebieter)* master *masc,* mistress *fem;* **~ der Lage sein** to be master of the situation; **sein eigener ~ sein** to be one's own boss ④ REL *(Gott)* Lord ▶ **jds alter ~** *(hum fam)* sb's old man; **aus aller ~en Länder[n]** from all over the world; **die ~en der Schöpfung** *(hum)* their lordships

Herrchen <-s, -> *nt (fam)* [young] master

Herrenbekleidung *f* menswear

Herren(fahr)rad *nt* men's bicycle

Herrenhaus *nt* manor house

herrenlos *adj* abandoned; *Hund, Katze* stray

Herrentoilette *f* men's toilet[s] [*or* AM restroom]

Herrgott ['hɛrgɔt] *m* SÜDD, ÖSTERR *(fam)* **der/unser ~** God the Lord [God]; **~!** *(fam)* for God's sake!

Herrin <-, -nen> *f fem form von* **Herr** mistress, lady

herrisch ['hɛrɪʃ] **I.** *adj* domineering; *Ton* commanding **II.** *adv* imperiously

herrlich *adj* ① *(prächtig)* marvellous; *Aussicht* magnificent; *Wetter* glorious; *Urlaub* delightful ② *(köstlich)* delicious ③ *(iron)* wonderful

Herrschaft <-, -en> ['hɛrʃaft] *f* ① *kein pl (Macht)* rule ② *pl (Damen und Herren)* **die ~en** ladies and gentlemen

herrschaftlich *adj* grand

herrschen ['hɛrʃn̩] *vi* ① *(regieren)* to rule (**über** over) ② *(walten)* to hold sway ③ *(vorhanden sein)* to prevail; *Ruhe* to reign

herrschend *adj* ① *(regierend)* ruling; **die H~en** the rulers ② *(in Kraft befindlich)* prevailing

Herrscher(in) <-s, -> *m(f)* ruler

Herrschergeschlecht *nt,* **Herrscherhaus** *nt* [ruling] dynasty

herrschsüchtig *adj* domineering

her|rühren *vi (geh)* **von etw** *dat* **~** to stem from sth

her|stellen *vt* ① *(erzeugen)* to produce ② *(zustande bringen)* to establish ③ *(gesundheitlich)* **jdn wieder ~** to restore sb back to health ④ *(hierher stellen)* to put here

Hersteller(in) <-s, -> *m(f)* producer

Herstellung *f kein pl* production

herüber [hɛ'ryːbɐ] *adv* over here

herüber|kommen [hɛ'ryːbɐkɔmən] *vi irreg sein* ① *(hierher kommen)* to come over ② *(hierher gelangen)* to get over [*or* across]

herum [hɛ'rʊm] *adv* ① *(im Kreis)* **um etw** *akk* **~** [a]round sth ② *(überall in jds Nähe)* **um jdn ~** [all] around sb ③ *(etwa)* **um ... ~** around ... ④ *(vorüber sein)* **~ sein** to be over

herum|drehen **I.** *vt* ① *(um die Achse drehen)* to turn ② *(wenden)* to turn over **II.** *vr* **sich** [**zu jdm**] **~** to turn [a]round [to sb] **herum|drucksen** *vi (fam)* to hum and haw BRIT, to hem and haw AM **herum|führen** **I.** *vt* to show [a]round **II.** *vi* **um etw** *akk* **~** to go [a]round sth **herum|gehen** *vi irreg sein (fam)* ① *(einen Kreis gehen)* to go [a]round ② *(umhergehen)* to wander around ③ *(herumgereicht werden)* to be passed [a]round; **etw ~ lassen** to circulate sth ④ *(vorübergehen)* to pass **herum|lungern** *vi (fam)* to loaf about **herum|stöbern** *vi (fam: wahllos stöbern)* [**in etw** *dat*] **~** to rummage around [in sth] **herum|treiben** *vr irreg* **sich ~** to hang [a]round **herum|trödeln** *vi (fam)* to dawdle around [*or* about] **herum|ziehen** *irreg vi sein (von Ort zu Ort ziehen)* to move about

herunten [hɛ'rʊntn̩] *adv* ÖSTERR, SÜDD down here

herunter [hɛ'rʊntɐ] **I.** *adv* down **II.** *präp nachgestellt* **etw ~** down sth; **sie liefen den Berg ~** they ran down the hill

herunter|brennen *vi irreg sein* to burn down; *Feuer* to burn out **herunter|fahren** *irreg* **I.** *vi sein* [**zu jdm**] **~** to drive down [to sb]; **wir sind zu meinen Eltern in den Schwarzwald heruntergefahren** we drove down to see my parents in the Black Forest; **in einem höllischen Tempo kam sie die Piste heruntergefahren** she skied down the slope at one hell of a pace **II.** *vt haben* ① *(transportieren)* **jdn/etw ~** to bring down sb/sth; **die Seilbahn hat uns heruntergefahren** we came down on the cable car ② INFORM **etw ~** *Computer* to power down sth **herunter|fallen** *vi irreg sein* to fall off; **mir ist der Hammer heruntergefallen** I've dropped the hammer **herunter|gehen** *vi irreg sein* ① *(nach unten gehen)* to go down ② *(aufstehen und weggehen)* **von etw** *dat* **~** to get off sth ③ *(sinken)* to fall ④ *(reduzieren)* **mit dem Tempo** [**auf etw** *akk*] **~** to reduce [one's] speed [to sth] **heruntergekommen** *adj (pej)* ① *Haus* run-down ② *(verwahrlost)* down-at-heel **herunter|handeln** *vt (fam)* to knock down *sep* **herunter|laden** *vt* INFORM to download **herunter|lassen** *vt irreg* **etw ~** to lower sth **herunter|nehmen** *vt irreg* **etw ~** to take sth off to remove sth

hervor [hɛɐ̯'foːɐ̯] *interj* **~ mit dir!** *(geh)* out you come!

hervor|heben *vt irreg* ① *(betonen)* to stress ② *(kennzeichnen)* to make stand out **hervor|ragen** [hɛɐ̯'foːɐ̯raːgn̩] *vi* ① *(sich auszeichnen)* to stand out ② *(weit vorragen)* to jut out (**aus** from)

hervorragend **I.** *adj* excellent **II.** *adv* excellently

hervor|rufen *vt irreg* to evoke **hervor|treten** *vi irreg sein* ① *(heraustreten)* to step out (**hinter** from behind) ② *(aus einer Fläche)* to stand out; *Kinn* to protrude ③ *(erkennbar werden)* to become evident

Herz <-ens, -en> [hɛrts] *nt* ① ANAT heart ② *(Gemüt)* heart; **mit ganzem ~en** wholeheartedly; **von ganzem**

~en sincerely; **von ~en gern!** with pleasure!; **jdn von ~en gernhaben** to love sb dearly; **im Grunde seines ~ens** in his heart of hearts; **leichten ~ens** light-heartedly; **jdm wird leicht ums ~** sb has a load lifted from one's mind; **schweren ~ens** with a heavy heart; **jdm das ~ schwer machen** to sadden sb's heart; **jds ~ erweichen** to soften up sb *sep;* **ohne ~** without feeling ③ KARTEN hearts *pl* ▶ **jdm sein ~ ausschütten** *(geh)* to pour out one's heart to sb *sep;* **etw nicht übers ~ bringen** to not have the heart to do sth; **das ~ auf dem rechten Fleck haben** to have one's heart in the right place; **etw auf dem ~en haben** to have sth on one's mind; **jdm schlägt das ~ bis zum Hals** sb's heart is in one's mouth; **jds ~ hängt an etw** *dat* sb is attached to sth; **jdm etw ans ~ legen** to entrust sb with sth; **jdm liegt etw am ~en** sth concerns sb; **seinem ~en Luft machen** to give vent to one's feelings; **sich** *dat* **etw zu ~en nehmen** to take sth to heart; **jdn/etw auf ~ und Nieren prüfen** to examine sb/sth thoroughly; **jdn in sein ~ schließen** to take sb to one's heart; **ein ~ und eine Seele sein** to be the best of friends; **seinem ~en einen Stoß geben** to [suddenly] pluck up courage; **jd wächst jdm ans ~** sb grows fond of sb

H

Herzanfall *m* heart attack **Herzdame** *f* KARTEN queen of hearts

herzensgut ['hɛrtsn̩s'guːt] *adj* good-hearted, kind-hearted

herzergreifend *adj* heart-rending **Herzfehler** *m* heart defect **herzförmig** *adj* heart-shaped **Herzgeräusche** *nt pl* heart [*or* cardiac] murmurs *pl*

herzhaft I. *adj* ① *(würzig-kräftig)* tasty ② *(kräftig)* hearty **II.** *adv* ① *(würzig-kräftig)* **~ schmecken** to be tasty ② *(kräftig)* heartily

her|ziehen *irreg* **I.** *vt haben* ① *(herbeiziehen)* to pull closer ② *(mitschleppen)* **etw hinter sich** *dat* **~** to pull sth [along] behind one **II.** *vi* ① *sein (hierher ziehen)* to move here ② *haben* **über jdn/etw ~** to pull sb/sth to pieces

herzig ['hɛrtsɪç] *adj* sweet, cute AM

Herzinfarkt *m* heart attack **Herzklopfen** *nt kein pl* palpitations *pl* **herzkrank** *adj* **~ sein** to have a heart condition

herzlich I. *adj (warmherzig)* warm; *Lachen* hearty **II.** *adv* ① *(aufrichtig)* warmly; **sich bei jdm ~ bedanken** to thank sb sincerely; **jdm ~ gratulieren** to congratulate sb heartily ② *(recht)* really; **~ wenig** precious little

Herzlichkeit <-> *f kein pl* warmth

herzlos *adj* heartless

Herzog(in) <-s, Herzöge> ['hɛrtsoːk] *m(f)* duke *masc,* duchess *fem*

Herzogtum <-s, -tümer> *nt* duchy

Herzrhythmusstörung *f* MED deviation of the heart [*or* cardiac] rhythm, ar[r]hythmia *spec* **Herzschlag** *m* ① heartbeat ② *(Herzstillstand)* heart failure **Herzschrittmacher** *m* pacemaker **Herzstillstand** *m* cardiac arrest

herzzerreißend *adj* heartbreaking

Hesse, **Hessin** <-n, -n> ['hɛsə] *m, f* Hessian

hessisch ['hɛsɪʃ] *adj* Hessian

heterosexuell [heterozɛ'ksu̯ɛl] *adj* heterosexual

hetzen ['hɛtsn̩] **I.** *vi* ① *haben (sich abhetzen)* to rush about ② *sein (eilen)* to rush ③ *haben (pej: Hass schüren)* to stir up hatred **(gegen** against) **II.** *vt haben* ① *(jagen)* to hunt ② *(losgehen lassen)* **jdn/einen Hund auf jdn ~** to set sb/a dog [up]on sb ③ *(fam: antreiben)* to rush

Hetzkampagne *f (pej)* smear campaign

Heu <-[e]s> [hɔy] *nt kein pl* hay; **~ machen** to hay ▶ **Geld wie ~ haben** to have heaps of money

Heuchelei <-, -en> [hɔyçə'lai] *f (pej)* hypocrisy

heucheln ['hɔyçl̩n] **I.** *vi* to be hypocritical **II.** *vt* **etw** ~ to feign sth
Heuchler(in) <-s, -> ['hɔyçlɐ] *m(f) (pej)* hypocrite
heuchlerisch **I.** *adj (pej)* hypocritical **II.** *adv (pej)* hypocritically
heuer ['hɔyɐ] *adv* ÖSTERR, SÜDD this year
Heugabel *f* AGR hay fork, pitchfork
heulen ['hɔylən] *vi* ① *(fam: weinen)* to cry; **es ist zum H~** *(fam)* it's enough to make you cry ② *Wolf* to howl; *Motor* to wail; *Motorrad, Flugzeug* to roar; *Sturm* to rage
heurig ['hɔyrɪç] *adj* ÖSTERR, SCHWEIZ, SÜDD *(diesjährig)* this year's; *Kartoffeln, Wein* new
Heuschnupfen *m* hay fever
Heuschrecke <-, -n> *f* grasshopper
heute ['hɔytə] *adv* today; *(heutzutage a.)* nowadays; ~ **Morgen/Abend** this morning/evening; ~ **Mittag** [at] midday today; ~ **Nacht** tonight; ~ **früh** [early] this morning; **ab** ~ from today; ~ **in/vor acht Tagen** a week [from] today/ago today; **von** ~ **an** from today; **die Zeitung von** ~ today's newspaper; **lieber** ~ **als morgen** sooner today than tomorrow; **von** ~ **auf morgen** all of a sudden
heutig ['hɔytɪç] *adj attr* ① *(von heute) Veranstaltung, Zeitung* today's; **der ~e Anlass** this occasion ② *(gegenwärtig)* **die ~e Zeit** nowadays; **bis zum ~en Tag** to this very day
heutzutage ['hɔyttsuta:gə] *adv* nowadays
Hexe <-, -n> ['hɛksə] *f* ① witch ② *(pej fam: zeternde Frau)* shrew; **eine alte** ~ an old crone
hexen ['hɛksn̩] *vi* to perform magic; **ich kann doch nicht** ~ *(fam)* I can't work miracles
Hexenschuss *m kein pl (fam)* lumbago
Hexerei <-, -en> [hɛksə'rai] *f* witchcraft
Hieb <-[e]s, -e> [hi:p] *m* ① blow ② *pl (Prügel)* beating *sing* ► **auf einen** ~ *(fam)* at [*or* in] one go
hielt ['hi:lt] *vt, vi, vr imp von* **halten**
hier [hi:ɐ̯] *adv* ① here; ~ **draußen/drinnen** out/in here; ~ **entlang** this way; ~ **oben/unten** up/down here; ~ **vorn/hinten** here at the front/at the back; ~ **ist/spricht Dr. Müller** Dr Müller speaking; **von** ~ **ab** from here on; **von** ~ **aus** from here ② *(in diesem Moment)* at this point ► ~ **und da** *(stellenweise)* here and there; *(gelegentlich)* now and then
Hierarchie <-, -n> [hi̯erar'çi:] *f* hierarchy
hierauf ['hi:'rauf] *adv* ① *(obendrauf)* [on] here ② *(daraufhin)* thereupon
hieraus ['hi:'raus] *adv* ① *(aus diesem Gegenstand)* from [*or* out of] here ② *(aus diesem Material)* out of this ③ *(aus dem Genannten)* from this; ~ **folgt ...** it follows from this ...
hierbei ['hi:ɐ̯'bai] *adv* ① *(währenddessen)* while doing this ② *(dabei)* here
hierdurch ['hi:ɐ̯'dʊrç] *adv* ① *(hier hindurch)* through here ② *(dadurch)* in this way
hierfür ['hi:ɐ̯'fy:ɐ̯] *adv* for this
hierher ['hi:ɐ̯'he:ɐ̯] *adv* here; ~ **kommen** to come [over] here; **bis** ~ up to here; **bis** ~ **und nicht weiter** this far and no further
hierin ['hi:'rɪn] *adv* ① *(Gefäß, Raum)* in here ② *(Thema)* in this
hiermit ['hi:ɐ̯'mɪt] *adv (geh)* with this; ~ **erkläre ich, dass ...** I hereby declare that ...; ~ **wird bescheinigt, dass ...** this is to certify that ...
Hieroglyphe <-, -n> [hiero'gly:fə] *f* ① hieroglyph ② *pl (hum: schwer entzifferbare Schrift)* hieroglyphics *pl*
hierüber ['hi:'ry:bɐ] *adv* ① *(über diese Stelle)* over here ② *(geh: über diese Angelegenheit)* about this
hiervon ['hi:ɐ̯'fɔn] *adv* ① *(von diesem Gegenstand)* of this/these ② *(über dieses Thema)* about this [*or* it]
hierzu ['hi:ɐ̯'tsu:] *adv* ① *(dazu)* with it ② *(zu dieser Kategorie)* ~ **gehört ...** this includes ... ③ *(zu diesem Punkt)* to this; **sich** ~ **äußern** to say some-

thing about this
hierzulande, **hier zu Lande** ['hi:ɐ̯tsu-'landə] *adv* [here] in this country
hiesig ['hi:zɪç] *adj attr* local
hieß ['hi:s] *vi imp von* **heißen**
Hi-Fi-Anlage ['haifi-] *f* stereo system, hi-fi
Hilfe <-, -n> ['hɪlfə] *f* ❶ *kein pl* help; **auf jds ~ angewiesen sein** to be dependent on sb's help; **jdn um ~ bitten** to ask sb for help; **jdm eine ~ sein** to be a help to sb; **jdm zu ~ kommen** to come to sb's assistance; **etw zu ~ nehmen** to use sth; **um ~ rufen** to call for help; **jdn zu ~ rufen** to call sb [to help]; **jdm seine ~ verweigern** to refuse to help sb; **[zu] ~!** help!; **ohne fremde ~** without outside help; **erste ~** first aid; **jdm erste ~ leisten** to give sb first aid ❷ *(Zuschuss)* **finanzielle ~** financial assistance; **wirtschaftliche ~** economic aid ❸ *(Hilfsmittel)* aid
Hilferuf *m* cry for help
hilflos ['hɪlflo:s] *adj* ❶ *(auf Hilfe angewiesen)* helpless; **jdm/etw ~ ausgeliefert sein** to be at the mercy of sb/sth ❷ *(ratlos)* at a loss *pred*
hilfreich *adj* helpful
Hilfsaktion *f* aid programme **Hilfsarbeiter(in)** *m(f)* unskilled worker **hilfsbedürftig** *adj* ❶ *(auf Hilfe angewiesen)* in need of help *pred* ❷ *(Not leidend)* needy **hilfsbereit** *adj* helpful **Hilfskraft** *f* help *no pl;* **wissenschaftliche ~** assistant [lecturer] **Hilfsmittel** *nt* ❶ MED [health] aid ❷ *pl (Geldmittel)* [financial] aid **Hilfsorganisation** *f* aid [*or* relief] organization
Himbeere ['hɪmbe:rə] *f* raspberry
Himmel <-s, -> ['hɪml̩] *m* ❶ sky; **unter freiem ~** under the open sky; **am ~ stehen** to be [up] in the sky ❷ *(Himmelreich)* heaven; **in den ~ kommen** to go to heaven ▶ **jdn/etw in den ~ heben** to praise sb/sth [up] to the skies; **aus heiterem ~** out of the blue; **~ und Hölle in Bewegung setzen** to move heaven and earth; **zum ~ schreien** to be scandalous; **um ~s willen** *(fam)* for heaven's sake
himmelblau ['hɪml̩blau] *adj* sky-blue, azure [blue] **Himmelfahrt** *f* ascension into heaven; **Christi ~** Ascension Day **Himmelreich** *nt kein pl* REL heaven, kingdom of God
Himmelskörper *m* heavenly body **Himmelsrichtung** *f* direction; **die vier ~en** the four points of the compass
himmelweit I. *adj (fam)* enormous; *Unterschied* considerable II. *adv* **sich ~ unterscheiden** to be completely different
himmlisch ['hɪmlɪʃ] I. *adj attr* heavenly II. *adv* wonderfully
hin [hɪn] *adv* ❶ *räumlich (dahin)* there; **wo der so plötzlich ~ ist?** where's he gone all of a sudden?; **bis/nach ... ~** to ...; **~ und her laufen** to run to and fro; **~ und zurück** there and back ❷ *zeitlich (sich hinziehend)* **das ist lange ~** that's a long time; **über die Jahre ~** over the years ❸ *(fig)* **auf jds Bitte ~** at sb's request; **auf jds Rat ~** on sb's advice; **jdn auf etw** *akk* **~ prüfen** to test sb for sth ❹ *(fam: kaputt)* **~ sein** to have had it ▶ **nach außen ~** outwardly; **~ oder her** more or less; **das H~ und Her** to-ing and fro-ing; **nach langem H~ und Her** after a lot of discussion; **nichts wie ~** let's go!; **still vor sich ~** quietly to oneself; **~ und wieder** from time to time
hinab [hɪ'nap] *adv (geh)* down[wards]
hinauf [hɪ'nauf] *adv* up; **die Treppe ~** upstairs; **den Fluss ~** up the river; **bis ~ zu etw** *dat* up to sth
hinauf|fahren *irreg vi sein* to go up **hinauf|gehen** *vi irreg sein* ❶ to go up (**auf** to); **die Treppe ~** to go up the stairs ❷ *(erhöhen)* **mit dem Preis ~** to put the price up **hinauf|reichen** I. *vi* [**bis zu etw** *dat*] **~** to reach [up] [to sth] II. *vt (geh: nach oben angeben)* **jdm etw ~** to hand sb up sth **hi-**

nauf|steigen *vi irreg sein* to climb up (**auf** onto)

hinaus [hɪ'naus] **I.** *interj* get out! **II.** *adv* ❶ out; **hier/dort ~ bitte!** this/that way out, please!; **aus etw** *dat* **~** out of sth; **nach hinten/vorne ~ liegen** to be [situated] at the back/front [of a house] ❷ *(zeitlich)* **über etw** *akk* **~ sein** to be past sth; **auf Jahre ~** for years to come

hinaus|begleiten *vt* **jdn ~** to see sb out

hinaus|gehen [hɪ'nausge:ən] *irreg* **I.** *vi sein* ❶ *(nach draußen gehen)* to go out (**aus** of); **auf die Straße ~** to go out to the road ❷ *(führen)* **zu etw** *dat* **~** to lead [out] (**zu** to) ❸ *Fenster* **auf etw** *akk* **~** to look out on; **nach Osten ~** to face east ❹ *(überschreiten)* [**weit**] **über etw** *akk* **~** to go [far] beyond sth **II.** *vi impers sein* **es geht dort hinaus!** that's the way out! **hinaus|laufen** *vi irreg sein* ❶ to run out ❷ *(enden in)* **auf etw** *akk* **~** to end in sth; **auf dasselbe ~** to come to the same thing; **auf was soll das ~?** what's that supposed to mean? **hinaus|ragen** *vi sein* ❶ *(nach oben ragen)* to rise; **über etw** *akk* **~** to tower over sth ❷ *(nach außen ragen)* [**auf etw** *akk*] **~** to jut out [onto sth] **hinaus|schieben** *vt irreg* ❶ to push out ❷ *(auf später verschieben)* to postpone (**bis** until) **hinaus|werfen** *vt irreg* ❶ to throw out (**aus** of) ❷ *(fam: entlassen)* to sack **hinaus|zögern I.** *vt* to put off *sep* **II.** *vr* **sich ~** to be delayed

Hinblick *m* **im ~ auf etw** *akk (angesichts)* in view of sth; *(in Bezug auf)* with regard to sth

hinderlich ['hɪndelɪç] *adj* [**bei etw** *dat*] **~ sein** to be a hindrance [with sth/in doing sth]

hindern ['hɪnden] *vt* ❶ *(von etw abhalten)* to stop (**an** from) ❷ *(stören)* to hamper

Hindernis <-ses, -se> ['hɪndenɪs] *nt* obstacle; **jdm ~se in den Weg legen** to put obstacles in sb's way

Hindernisrennen *nt (Jagdrennen)* steeplechase; *(Hürdenrennen)* hurdles

hin|deuten *vi* **auf etw** *akk* **~** to suggest sth

Hindi <-> ['hɪndi] *nt kein pl* LING Hindi; **auf ~** in Hindi

Hindu <-[s], -[s]> ['hɪndu] *m* Hindu

hindurch [hɪn'dʊrç] *adv* through; *(zeitlich a.)* throughout; **das ganze Jahr ~** throughout the year; **die ganze Nacht ~** the whole night

hinein [hɪ'nain] *adv* in[to]; **~ mit dir!** *(fam)* in with you!

hinein|bringen *vt irreg (hineintragen)* **etw ~** to bring/take sth in *sep* **hinein|gehen** *vi irreg sein* ❶ *(betreten)* to enter ❷ *(fam) s.* **hineinpassen hinein|passen** *vi* **in etw** *akk* **~** to fit in[to] sth **hinein|reden** *vi* **jdm ~** to tell sb what to do **hinein|stecken** *vt* to put in[to] **hinein|versetzen** *vr* **sich in jdn ~** to put oneself in sb's place; **sich in etw** *akk* **~** to acquaint oneself with sth **hinein|ziehen** *irreg* **I.** *vt haben* **jdn mit** [**in etw** *akk*] **~** to involve sb [in sth] **II.** *vi sein (in etw dringen)* [**in etw** *akk*] **~** to drift in[to sth]

hin|fahren *irreg* **I.** *vi sein* to go [*or* drive] [to] **II.** *vt haben* **jdn** [**irgendwo**] **~** to drive sb [somewhere]

Hinfahrt *f* trip; *(länger)* journey; **auf der ~** on the way there

hin|fallen *vi irreg sein* to fall [over]

hinfällig *adj* ❶ *(gebrechlich)* frail ❷ *(ungültig)* invalid

Hinflug *m* flight; **guten ~!** have a good flight!

hing ['hɪŋ] *vt, vi, vr imp von* **hängen**

Hingabe *f kein pl (an eine Sache)* dedication; *(an einen Menschen)* devotion

hin|geben *irreg vr* **sich etw** *dat* **~** to abandon oneself to sth

hingebungsvoll I. *adj* dedicated; *Blick, Pflege* devoted **II.** *adv* with dedication

hingegen [hɪn'ge:gn̩] *konj (geh)* but, however

hin|gehen *vi irreg sein* ❶ to go there

❷ *(geh: vergehen)* to pass

hinken ['hɪŋkn̩] *vi* ❶ *haben o sein* to limp ❷ *haben (fig)* **der Vergleich hinkt** the comparison doesn't work

hin|knien *vi, vr vi: sein* to kneel down

hinlänglich I. *adj* sufficient, adequate II. *adv* sufficiently, adequately

hin|legen I. *vt* to put down; *(flach lagern)* to lay down II. *vr* **sich ~** to lie down

hin|nehmen *vt irreg (ertragen)* to put up with; *Niederlage* to suffer; **etw ~ müssen** to have to accept sth

H

hinreichend I. *adj* sufficient; *Gehalt, Einkommen* adequate II. *adv* sufficiently, adequately; **~ lange/oft** long/often enough

Hinreise *f* trip [somewhere]; *(mit Auto)* drive; *(mit Schiff)* voyage; **auf der ~** on the way [there]

hin|reißen *vt irreg* to enchant; **sich zu etw** *dat* **~ lassen** to allow oneself to be driven to sth; **sich ~ lassen** to allow oneself to be carried away

hinreißend I. *adj* enchanting, captivating; *Schönheit* striking II. *adv* enchantingly; **~ aussehen** to look enchanting

hin|richten *vt* to execute

Hinrichtung *f* execution

hin|setzen I. *vr* **sich ~** to sit down II. *vt* to put down

Hinsicht *f kein pl* **in beruflicher ~** with regard to a career; **in gewisser ~** in certain respects; **in jeder ~** in every respect

hinsichtlich *präp +gen (geh)* with regard to

hin|stellen I. *vt* ❶ to put [down] ❷ *(abstellen)* to park ❸ *(charakterisieren)* **jdn als etw ~** to make sb out to be sth II. *vr* **sich ~** to stand up straight; **sich vor jdn ~** to plant oneself in front of sb

hinten ['hɪntn̩] *adv* ❶ *(entfernt)* at the end; **~ im Garten** at the bottom of the garden; **sich ~ anstellen** to join the back [of a queue] ❷ *(abgewandte Seite)* at the back; **ein Zimmer nach ~** a room at the back; **nach ~ durchgehen** to go to the back; **von ~ kommen** to come from behind ▸**jdn von vorne bis ~ bedienen** to wait on sb hand and foot; **~ und vorne nicht** *(fam)* no way; **nicht mehr wissen, wo ~ und vorn ist** to not know if one's on one's head or one's heels

hinter ['hɪntɐ] I. *präp +dat* ❶ *(dahinter)* at the back of, behind ❷ *(jenseits von etw)* behind; **~ diesem Hügel** on the other side of this hill ❸ *(nach)* after; **etw ~ sich bringen** to get sth over with ❹ *(fig)* **~ etw kommen** to find out about sth; **sich ~ jdn stellen** to back sb up; **~ jdm/etw her sein** to be after sb/sth II. *präp +akk räumlich* behind

Hinterachse *f* rear axle **Hinterbein** *nt* hind leg

Hinterbliebene(r) [hɪntɐ'bli:bənə, -nɐ] *f(m) dekl wie adj* bereaved [family]; **die ~n** the surviving dependants

hintere(r, s) ['hɪntərə -rɐ -rəs] *adj* **der/die/das ~ …** the rear …

hintereinander [hɪntɐʔain'andɐ] *adv* ❶ *räumlich* one behind the other ❷ *zeitlich* one after the other; **drei Tage/Monate ~** three days/months running **Hintergedanke** *m* ulterior motive

Hintergrund *m* ❶ *(des Blickfeldes)* background; **der ~ eines Raums** the back of a room ❷ *(Umstände)* **der ~ einer S.** *gen* the background to sth; **der ~ einer Geschichte** the setting to a story *liter* ❸ *pl (Zusammenhänge)* **die Hintergründe einer S.** *gen* the [true] facts about sth; **vor dem ~ einer S.** *gen* in/against the setting of sth

Hinterhalt *m (pej)* ambush; **in einen ~ geraten** to be ambushed; **aus dem ~ angreifen** to attack without warning

hinterhältig ['hɪntɐhɛltɪç] I. *adj (pej)* underhand II. *adv (pej)* in an underhand manner

Hinterhand *f* ZOOL hindquarters *npl* ▸**etw in der ~ haben** to have sth up one's sleeve [*or* in reserve]

hinterher [hɪntɐˈheːɐ̯] *adv* ① *räumlich* after; **jdm ~ sein** to be after sb ② *zeitlich* afterwards

Hinterhof *m* back yard **Hinterland** *nt kein pl* hinterland

hinterlegen [hɪntɐˈleːgn̩] *vt* **etw ~** to supply sth

hinterlistig **I.** *adj* crafty **II.** *adv* craftily

Hintermann <-männer> *m* ① *(räumlich)* the person behind ② *pl (pej fam: Drahtzieher)* person pulling the strings, brains [behind the operation]

hintern [ˈhɪntɐn] = **hinter den** *s.* **hinter**

Hintern <-s, -> [ˈhɪntɐn] *m (fam)* bottom; **sich auf den ~ setzen** to fall on one's bottom ▸ **jd kann sich in den ~ beißen** *(sl)* sb can kick themselves; **sich auf den ~ setzen** *(fam)* to knuckle down to sth

Hinterrad *nt* rear wheel

Hinterradantrieb *m* rear-wheel drive

hinterrücks [ˈhɪntɐrʏks] *adv* from behind

hinterste(r, s) [ˈhɪntɐstə, -stɐ, -stəs] *adj superl von* **hintere(r, s)** *(entlegenste)* farthest

Hintertreppe *f* back stairs **Hintertür** *f*, ÖSTERR **Hintertürl** <-s, -[n]> *nt* back door ▸ **sich** *dat* **eine Hintertür offen halten** to leave a back door open

hinterziehen [hɪntɐˈtsiːən] *vt irreg* to evade

hinüber [hɪˈnyːbɐ] *adv* ① *(nach drüben)* across, over ② *(fam: verdorben)* off, bad ③ *(fam: defekt)* **~ sein** to have had it

hinunter [hɪˈnʊntɐ] *adv* down

hinunter|gehen [hɪˈnʊntɐgeːən] *vi, vt irreg sein* to go down **hinunter|werfen** *vt irreg* to throw down

hinweg [hɪnˈvɛk] *adv* ① *(veraltend geh)* **~!** begone! ② *(überstanden)* **über jdn/etw ~ sein** to have got over sb/sth ③ *zeitlich* **über lange Jahre ~** for [many [long]] years

Hinweg [ˈhɪnveːk] *m* way there

hinweg|gehen [hɪnˈvɛkgeːən] *vi irreg sein* **über etw** *akk* **~** to disregard sth

hinweg|kommen *vi irreg sein* **über etw** *akk* **~** to get over sth **hinweg|sehen** *vi irreg* **über jdn/etw ~** ① *(nicht beachten)* to overlook sb/sth ② *(ignorieren)* to ignore sb/sth ③ *(darübersehen)* to see over sb['s head]/sth **hinweg|setzen** *vr* **sich über etw** *akk* **~** to disregard sth

Hinweis <-es, -e> [ˈhɪnvais] *m* ① *(Rat)* tip ② *(Anhaltspunkt)* clue

hin|weisen *irreg* **I.** *vt* [**jdn**] **darauf ~, dass ...** to point out [to sb] that ... **II.** *vi* **auf jdn/etw ~** to point to sb/sth

hin|werfen *irreg vt* ① *(zuwerfen)* to throw to ② *(irgendwohin werfen)* to throw down *sep; (fallen lassen)* to drop ③ *(fam: aufgeben)* to give up *sep*

hin|ziehen *irreg* **I.** *vt haben* ① *(zu jdm/etw ziehen)* to pull (**zu** towards) ② *(anziehen)* **es hatte sie immer nach Köln hingezogen** she had always been attracted to Cologne ③ *(hinauszögern)* to delay **II.** *vi sein (sich hinbewegen)* to move [to] **III.** *vr* **sich ~** ① *(sich verzögern)* to drag on ② *(sich erstrecken)* to extend along

hinzu [hɪnˈtsuː] *adv* in addition, besides

hinzu|zählen *vt* to include

Hip-Hop, **Hiphop** <-s> [ˈhɪphɔp] *m kein pl* MUS hip hop *no pl*

Hirn <-[e]s, -e> [hɪrn] *nt* brain

Hirngespinst *nt* figment of the imagination **Hirnhautentzündung** *f* meningitis

hirnrissig *adj (pej fam)* hare-brained

Hirntod *m* brain death *no pl, no art*

Hirsch <-es, -e> [hɪrʃ] *m* ① deer ② *(Fleisch)* venison

Hirschgeweih *nt* antlers *pl* **Hirschkalb** *nt* [male] fawn **Hirschkuh** *f* hind

Hirse <-, -n> [ˈhɪrzə] *f* millet

Hirt(in) <-en, -en> [ˈhɪrt] *m(f)* herdsman *masc; (Schafhirt)* shepherd *masc,* shepherdess *fem*

Hirte <-n, -n> [ˈhɪrtə] *m* ① *(geh) s.* **Hirt** ② REL pastor ▸ **der Gute ~** the Good Shepherd

H

historisch [hɪs'toːrɪʃ] **I.** *adj* ❶ *(die Geschichte betreffend)* historical ❷ *(geschichtlich bedeutsam)* historic **II.** *adv* historically

Hitze <-> ['hɪtsə] *kein pl f* heat *no indef art*

hitzebeständig *adj* heat-resistant **hitzeempfindlich** *adj* heat-sensitive **Hitzewelle** *f* heat wave

hitzig ['hɪtsɪç] *adj* ❶ *(leicht aufbrausend)* quick-tempered ❷ *(leidenschaftlich)* passionate; *Debatte* heated

Hitzkopf *m (fam)* hothead

Hitzschlag *m* heatstroke

HIV <-[s]> [haːʔiː'faʊ] *nt Abk von* **human immunodeficiency virus** HIV *no pl, no art*

HIV-infiziert [haːʔiː'faʊ-] *adj* HIV-positive **HIV-positiv** [haːʔiː'faʊ-'poːziːtiːf] *adj* HIV-positive

H-Milch ['haː-] *f* long-life milk

hob ['hoːp] *vt, vi, vr imp von* **heben**

Hobby <-s, -s> ['hɔbi] *nt* hobby

Hobbyraum *m* hobby room, workroom

Hobel <-s, -> ['hoːbl̩] *m* ❶ plane ❷ *(Küchenhobel)* slicer

hobeln ['hoːbl̩n] *vt, vi* ❶ *Holz* to plane ❷ *Gemüse* to slice

hoch <*attr* hohe(r, s), *comp* höher, *superl* höchste(r, s)> [hoːx, høːɐ, høːxst] **I.** *adj* ❶ *räumlich* high; *Baum* tall; **eine hohe Decke** a high ceiling; **eine hohe Schneedecke** deep snow ❷ *(beträchtlich)* high, large; *Verlust* severe; *Sachschaden* extensive ❸ *(bedeutend)* great, high; **hohes Ansehen** great respect; **hohe Offiziere** high-ranking officers ❹ *pred* **jdm zu ~ sein** *(fam)* to be above sb's head **II.** *adv* <höher, am höchsten> ❶ *(nach oben)* **etw ~ halten** to hold up sth *sep;* **einen Gang ~ schalten** AUTO to shift [up] gears ❷ *(in einiger Höhe)* **~ gelegen** high-lying *attr;* **~ oben** high up; **im Keller steht das Wasser 3 cm ~** the water's 3 cm deep in the cellar ❸ *(sehr)* highly; **~ begabt** highly gifted; **~ konzentriert arbeiten** to be completely focused on one's work; **~ qualifiziert** highly qualified; **~ verschuldet** deep in debt *pred* ❹ *(eine hohe Summe umfassend)* highly; **~ gewinnen** to win a large amount; **~ wetten** to bet heavily ❺ MATH **2 ~ 4** 2 to the power of 4 ▶ **~ hergehen** *(fam)* to be lively; **~ hinauswollen** *(fam)* to aim high; **wenn es ~ kommt** *(fam)* at the most; **[bei etw** *dat* **] ~ pokern** *(fam)* to take a big chance [with sth]; **etw ~ und heilig versprechen** to promise sth faithfully

Hoch <-s, -s> [hoːx] *nt* ❶ *(Wetter)* high ❷ *(Hochruf)* cheer; **ein dreifaches ~ dem glücklichen Brautpaar** three cheers for the happy couple

Hochachtung *f* deep respect; **meine ~!** my compliments!

hochachtungsvoll *adv (veraltend form)* your obedient servant **hochaktuell** *adj* ❶ *(äußerst aktuell)* highly topical ❷ MODE highly fashionable, all the rage *pred*

Hochamt *nt* **das ~** High Mass

hoch|arbeiten *vr* **sich ~** to work one's way up

Hochbahn *f* elevated railway **Hochbau** *m kein pl* structural engineering *no pl, no art* **Hochbetrieb** *m* intense activity; **~ haben** to be very busy

Hochburg *f* stronghold

hochdeutsch ['hoːxdɔytʃ] *adj* standard German

Hochdruck *m kein pl* high pressure

Hochdruckgebiet *nt* METEO area of high pressure, high-pressure area

Hochebene *f* plateau **hocherfreut** *adj* overjoyed, delighted **Hochgebirge** *nt* high mountains *pl* **Hochgefühl** *nt* elation **Hochgeschwindigkeitszug** *m* high-speed train

Hochglanz *m* FOTO high gloss

Hochglanzmagazin *nt* glossy [magazine]

hochgradig **I.** *adj* extreme **II.** *adv* extremely **Hochhaus** *nt* high-rise [*or* AM multi-story] building

hoch|heben *vt irreg* to lift up *sep*
hochkant ['ho:xkant] *adv* on end; **etw ~ stellen** to stand sth on end
hoch|klettern I. *vi sein* [**an etw** *dat*] ~ to climb up sth II. *vt sein* **etw** ~ to climb up sth **hoch|kommen** *vi irreg sein* ❶ *(nach oben kommen)* to come up; **kommen Sie doch zu mir ins Büro hoch** come up to my office ❷ *Taucher* to [re]surface ❸ *(fam: aufstehen können)* to get up ❹ *(fam)* **es kommt jdm hoch** it makes sb sick; **wenn ich nur daran denke, kommt es mir schon hoch!** it makes me sick just thinking about it! ❺ *Betrug* to come to light
Hochkonjunktur *f* [economic] boom
hoch|laden *vt irreg* INET upload **Hochland** ['ho:xlant] *nt* highland *usu pl* **Hochleistung** *f* top-class performance
hochmodern I. *adj* ultra-modern II. *adv* in the latest fashion[s] **Hochmoor** *nt* [upland] moor
hochmütig ['ho:xmy:tɪç] *adj (pej)* arrogant
hochnäsig ['ho:xnɛ:zɪç] I. *adj (pej fam)* snooty II. *adv* snootily
Hochofen *m* blast furnace **Hochrechnung** *f* projection **Hochsaison** *f* ❶ *(Zeit stärksten Betriebes)* the busiest time ❷ *(Hauptsaison)* high season **hoch|schnellen** *vi sein* [**von etw** *dat*] ~ to leap up [from/out of sth]; *Sprungfeder* to pop up [out of sth] **Hochschulbildung** *f* university/college education; **mit/ohne ~** with/without a university/college education **Hochschule** ['ho:xʃu:lə] *f* ❶ *(Universität)* university ❷ *(Fachhochschule)* college
Hochschullehrer(in) *m(f)* university/college lecturer
hochschwanger *adj* in an advanced stage of pregnancy *pred* **hochsensibel** *adj* highly sensitive **Hochsommer** *m* midsummer **Hochspannung** *f* ❶ ELEK high voltage ❷ *kein pl (Belastung)* enormous tension **Hochspannungsmast** *m* pylon
hoch|spielen *vt* **etw** ~ to blow up [the importance of] sth; **etw künstlich ~** to blow up sth *sep* out of all proportion
Hochsprung *m* high jump
höchst [hø:çst] *adv* most, extremely; **~ erfreut** extremely delighted
Hochstapelei <-, -en> [ho:xʃta:pə'l̯ai] *f (pej)* fraud *no pl, no art*
Hochstapler(in) <-s, -> ['ho:xʃta:plɐ] *m(f) (pej)* con man
Höchstbetrag *m* maximum amount
höchste(r, s) *attr* I. *adj superl von* **hoch** ❶ *(räumlich)* highest; *(Baum, Mensch)* tallest ❷ *(bedeutendste)* highest, most; *Ansprüche* most stringent; *Bedeutung* utmost II. *adv* ❶ *(räumlich)* the highest ❷ *(in größtem Ausmaß)* the most, most of all
höchstens ['hø:çstn̩s] *adv* ❶ *(bestenfalls)* at best ❷ *(außer)* except
Höchstform *f* top form **Höchstgeschwindigkeit** *f* ❶ *(mögliche Geschwindigkeit)* maximum speed ❷ *(zulässige Geschwindigkeit)* speed limit **Höchstgrenze** *f* upper limit **Höchstleistung** *f* maximum performance *no pl* **Höchstmaß** *nt* maximum amount **höchstpersönlich** *adv* in person, personally **höchstwahrscheinlich** ['hø:çstva:ɐ̯'ʃainlɪç] *adv* most likely **Hochtour** *f* ❶ SPORT *(Hochgebirgstour)* mountain climbing in a high mountain range [*or* area] ❷ *pl* TECH *(größte Leistungsfähigkeit)* **auf ~en laufen** to operate at full speed; *(fig)* to be in full swing
hochtrabend *(pej)* I. *adj* pompous II. *adv* pompously
Hochverrat *m* high treason *no pl, no art* **Hochwasser** *nt* ❶ *(Flut)* high tide ❷ *(überhoher Wasserstand)* high [level of] water; **~ führen** to be in flood
hochwertig ['ho:xve:ɐ̯tɪç] *adj a. Lebensmittel* [of *pred*] high quality
Hochzeit <-, -en> ['ho:xtsait] *f* wedding
Hochzeitsfeier *f* wedding reception

H

Hochzeitsreise *f* honeymoon *no pl* **Hochzeitstag** *m* ① wedding day ② *(Jahrestag)* wedding anniversary

hoch|ziehen *irreg vt* to pull up *sep*

Hocke <-, -n> ['hɔkə] *f* **in die ~ gehen** to crouch down

hocken ['hɔkn̩] **I.** *vi* ① *haben (in der Hocke sitzen)* to crouch, to squat ② *haben (fam: sitzen)* to sit **II.** *vr (fam)* **sich ~** to sit down; **hock dich hin, hier ist noch Platz!** plonk *fam* yourself down, there's room for you here

Hocker <-s, -> *m* stool

H

Höcker <-s, -> ['hœkɐ] *m* hump

Hockeyschläger *m* hockey stick

Hoden <-s, -> ['ho:dn̩] *m* testicle

Hodensack *m* scrotum

Hof <-[e]s, Höfe> [ho:f] *m* ① *(Innenhof)* courtyard; *(Schulhof)* schoolyard ② *(Bauernhof)* farm ③ *(Fürstensitz)* court; **am ~** at court ▸ **jdm den ~ machen** *(veraltend)* to woo sb

Hofdame *f* lady of the court; *(der Königin)* lady-in-waiting

hoffen ['hɔfn̩] **I.** *vi* to hope (**auf** for); **auf jdn ~** to put one's trust in sb **II.** *vt* **etw ~** to hope for sth; **das will ich ~** I hope so

hoffentlich ['hɔfn̩tlɪç] *adv* hopefully; **~ nicht** I/we hope not

Hoffnung <-, -en> ['hɔfnʊŋ] *f* hope (**auf** for/of); **es besteht noch ~** there is still hope; **sich** *dat* **~en machen** to have hopes; **sich** *dat* **keine ~en machen** to not hold out any hopes; **jdm ~ machen** to hold out hope to sb; **neue ~ schöpfen** to find fresh hope; **die ~ aufgeben** to give up hope; **guter ~ sein** *(euph)* to be expecting

hoffnungslos **I.** *adj* hopeless **II.** *adv* ① *(ohne Hoffnung)* without hope ② *(völlig)* hopelessly

Hoffnungsschimmer *m (geh)* glimmer of hope

höflich ['hø:flɪç] **I.** *adj* polite **II.** *adv* politely

Hoftor *nt* courtyard gate

Höhe <-, -n> ['hø:hə] *f* ① height; **aus der ~** from above; **auf halber ~** halfway up; **in einer ~ von** at a height of; **in die ~** into the air; **in die ~ wachsen** to grow tall ② *(Gipfel)* summit ③ *(Ausmaß)* amount; **die ~ des Schadens** the extent of the damage; **in die ~ gehen** *Preise* to rise ▸ **nicht ganz auf der ~ sein** to be a bit under the weather; **das ist doch die ~!** that's the limit!; **auf der ~ sein** to be in fine form; **~n und Tiefen** ups and downs

hohe(r, s) ['ho:ə, 'ho:ɐ, 'ho:əs] *adj s.* **hoch**

Hoheit <-, -en> ['ho:hait] *f* ① *(Person)* Highness; **Ihre Königliche ~** Your Royal Highness ② *kein pl (Staatsgewalt)* sovereignty

Hoheitsgebiet *nt* sovereign territory **Hoheitsgewässer** *pl* territorial waters **hoheitsvoll** *adj (geh)* majestic

Höhenmesser *m* altimeter **Höhensonne** *f* ① *(im Gebirge)* mountain sun ② *(UV-Strahler)* sun lamp **Höhenunterschied** *m* difference in altitude

Höhepunkt *m* ① *(bedeutendster Teil)* highlight ② *(Gipfel)* height; **die Krise hatte ihren ~ erreicht** the crisis had reached its climax

höher ['hø:ɐ] **I.** *adj comp von* **hoch** ① higher ② *(größer)* greater; *Strafe* severer **II.** *adv comp von* **hoch** higher

hohl [ho:l] *adj* ① hollow; **~e Wangen** sunken cheeks ② *(pej: nichts sagend)* empty

Höhle <-, -n> ['hø:lə] *f* ① *(Felshöhle)* cave ② *(Tierhöhle)* lair ③ *(Augenhöhle)* socket

Hohlraum *m* cavity

Hohn <-[e]s> [ho:n] *m kein pl* scorn *no art;* **das ist blanker ~!** this is utterly absurd

höhnisch ['hø:nɪʃ] **I.** *adj* sneering **II.** *adv* sneeringly

holen ['ho:lən] *vt* ① *(hervorholen)* to get (**aus** out of/**von** from) ② *(herholen)* to fetch; **jdn ~ lassen** to send for sb; **Hilfe ~** to get help ③ *(krank wer-*

den) **sich** *dat* **etw** ~ to catch sth; **bei dem kalten Wetter holst du dir eine Erkältung** you'll catch a cold in this chilly weather

Holland <-s> ['hɔlant] *nt kein pl* ❶ *(Niederlande)* the Netherlands *npl* ❷ *(Provinz)* Holland

Holländer(in) <-s, -> ['hɔlɛndɐ] *m(f)* Dutchman *masc,* Dutchwoman *fem;* **die** ~ the Dutch + *pl vb*

holländisch ['hɔlɛndɪʃ] *adj* Dutch

Hölle <-, -n> ['hœlə] *f pl selten* hell *no pl, no art;* **in die** ~ **kommen** to go to hell; **in der** ~ in hell; **jdn zur** ~ **jagen** *(pej)* to tell sb to go to hell ▶ **die** ~ **auf Erden** hell on earth; **jdm die** ~ **heiß machen** *(fam)* to give sb hell; **die** ~ **ist los** *(fam)* all hell has broken loose

Höllenlärm ['hœlən'lɛrm] *m* hell of a noise *no pl, no def art*

höllisch ['hœlɪʃ] **I.** *adj* ❶ *attr* infernal ❷ *(fam: fürchterlich)* terrible, dreadful, hell *pred;* **ein ~er Lärm** a terrible racket **II.** *adv (fam)* dreadfully, terribly; ~ **brennen** to burn like hell

holp(e)rig ['hɔlp(ə)rɪç] *adj* bumpy

Holunder <-s, -> [ho'lʊndɐ] *m* elder

Holunderbeere *f* elderberry

Holz <-es, Hölzer> [hɔlts] *nt* ❶ *kein pl* wood *no art;* ~ **verarbeitend** wood-processing *attr;* **aus** ~ wooden; **massives** ~ solid wood ❷ *(Bauholz)* timber ▶ **aus dem gleichen** ~ **geschnitzt sein** to be cast in the same mould

hölzern ['hœltsɐn] *adj* wooden

Holzfäller(in) <-s, -> *m(f)* woodcutter, lumberjack AM **Holzhammer** *m* mallet **Holzhandel** *m* timber [*or* AM lumber] trade **Holzklotz** *m* wooden block **Holzkohle** *f* charcoal *no art* **Holzschnitt** *m* ❶ *kein pl (grafisches Verfahren)* wood engraving *no pl, no art* ❷ *(Abzug)* woodcut **Holzschnitzer(in)** *m(f)* wood carver **Holzschuh** *m* clog **Holzwolle** *f* wood wool, excelsior *no pl, no art* AM **Holzwurm** *m* woodworm

Homebanking <-[s], -s> ['ho:mbɛŋkɪŋ] *nt* FIN, INFORM home banking

Homo-Ehe *f (fam)* gay marriage

homogen [homo'ge:n] *adj* homogen[e]ous

Homöopathie *f* homeopathy

homöopathisch [homøo'pa:tɪʃ] *adj* homeopathic

homosexuell [homozɛ'ksu̯ɛl] *adj* homosexual

Homosexuelle(r) *f(m) dekl wie adj* homosexual

Honig <-s, -e> ['ho:nɪç] *m* honey *no art* ▶ **jdm** ~ **ums Maul schmieren** to butter up sb *sep*

Honigbiene *f* honeybee **Honigmelone** *f* honeydew melon

Honorar <-s, -e> [hono'ra:ɐ̯] *nt* fee; *eines Autors* royalties *npl;* **gegen** ~ on payment of a fee

honorieren [hono'ri:rən] *vt* ❶ *(würdigen)* to appreciate ❷ *(bezahlen)* to pay

Hopfen <-s, -> ['hɔpfn̩] *m* hop ▶ **bei jdm ist** ~ **und Malz verloren** *(fam)* sb is a hopeless case

hoppla ['hɔpla] *interj* [wh]oops!

hopsen ['hɔpsn̩] *vi sein (fam)* to skip; *(auf einem Bein)* to hop

hörbar *adj* audible

Hörbrille *f* hearing-aid glasses *npl*

Hörbuch *nt* audiobook

horchen ['hɔrçn̩] *vi* to listen; *(heimlich a.)* to eavesdrop (**an** at)

Horde <-, -n> ['hɔrdə] *f* horde

hören ['hø:rən] **I.** *vt* ❶ *(vernehmen)* to hear; **sich gern reden** ~ to like the sound of one's own voice; **etw zu** ~ **bekommen** to [get to] hear about sth; **von jdm/etw** ~ to hear of [*or* about] sb/sth ❷ *(anhören)* to listen to ▶ **ich kann das nicht mehr ~!** I'm fed up with it!; **etwas/nichts von sich** ~ **lassen** to get/to not get in touch **II.** *vi* ❶ *(zuhören)* to listen; **hör mal!** listen!; **gut/schlecht** ~ to have good/poor hearing ❷ *(gehorchen)* to listen (**auf** to) ▶ **lass von dir ~!** keep in touch!; **na hör/~ Sie mal!** now look here!; **man höre und staune!** would you believe it!

Hörensagen ['hørənza:gn̩] *nt* **vom ~** from hearsay

Hörer <-s, -> *m (Telefonhörer)* receiver; **den ~ auflegen** to replace the receiver

Hörer(in) <-s, -> *m(f)* listener

Hörfunk *m* radio **Hörgerät** *nt* hearing aid

hörig ['hø:rɪç] *adj* sexually dependent

Horizont <-[e]s, -e> [hori'tsɔnt] *m* horizon; **am ~** on the horizon; **über jds ~ gehen** to be beyond sb

H

horizontal [horitsɔn'ta:l] *adj* horizontal

Horizontale [horitsɔn'ta:lə] *f dekl wie adj* horizontal [line]

Hormon <-s, -e> [hɔr'mo:n] *nt* hormone

Hörmuschel *f* TELEK earpiece

Horn <-[e]s, Hörner> [hɔrn] *nt* horn ▶ **sich** *dat* **die Hörner abstoßen** *(fam)* to sow one's wild oats; **jdm Hörner aufsetzen** *(fam)* to cuckold sb

Hörnchen <-s, -> ['hœrnçən] *nt (Gebäck) horn-shaped bread roll of yeast pastry; (aus Blätterteig)* croissant

Hornhaut *f* ❶ *(des Auges)* cornea ❷ *(der Haut)* callus

Hornisse <-, -n> [hɔr'nɪsə] *f* hornet

Horoskop <-s, -e> [horo'sko:p] *nt* horoscope

Hörsaal *m* lecture hall [*or* BRIT theatre]

Hörspiel *nt* radio play

Horst <-[e]s, -e> [hɔrst] *m (Nest)* eyrie

Hörsturz *m* sudden deafness

horten ['hɔrtn̩] *vt* to hoard

Hörweite *f* hearing range, earshot; **in/außer ~** within/out of earshot

Höschenwindel *f* disposable nappy BRIT [*or* AM diaper]

Hose <-, -n> ['ho:zə] *f* trousers *npl*, pants *npl* AM; **kurze ~[n]** shorts *npl;* **die ~n voll haben** *(fam)* to have pooed one's pants ▶ **in die ~ gehen** to be a failure; **die ~n [gestrichen] voll haben** *(sl)* to be scared shitless; **jdm rutscht das Herz in die ~** *(fam)* sb's heart was in their mouth; **[sich** *dat* **] in die ~[n] machen** to wet oneself; **tote ~** *(sl)* dead boring

trousers + pl vb

Trousers wird nur im Plural gebraucht, es gibt keine Singularform: *Where are my black trousers? They're in the cupboard.* Möchte man explizit von einer Hose sprechen, verwendet man den Ausdruck **a pair of trousers** im Singular: *This pair of trousers is too short.*

Hosenanzug *m* trouser suit **Hosenschlitz** *m* flies *npl* **Hosentasche** *f* trouser [*or* AM pants] pocket **Hosenträger** *pl* [a pair of] braces *npl* BRIT, suspenders *npl* AM

Hospital <-s, -e> [hɔspi'ta:l] *nt* DIAL hospital

Hospiz <-es, -e> [hɔs'pi:ts] *nt* ❶ *(Sterbeheim)* hospice ❷ *(christlich geführtes Hotel) hotel run by a religious organization* ❸ *(Pilgerunterkunft in einem Kloster)* hospice, guests' hostel

Hostie <-, -n> ['hɔsti̯ə] *f* REL host

Hotel <-s, -s> [ho'tɛl] *nt* hotel

Hotelfachschule *f* school of hotel management

Hotelier <-s, -s> [hotɛ'li̯e:] *m* hotelier

Hotellerie <-> [hotɛlə'ri:] *f kein pl* hospitality

HTML <-, -> [ha:te:ʔɛm'ʔɛl] *f o nt kein pl Abk von* **hypertext markup language** INFORM HTML

Hubraum *m* cubic capacity

hübsch [hʏpʃ] *adj Aussehen* pretty; *Gegend* lovely; **sich ~ machen** to get all dressed up

Hubschrauber <-s, -> *m* helicopter

Hubschrauberlandeplatz *m* heliport, helipad

huckepack ['hʊkəpak] *adv* piggy-back; **jdn ~ nehmen** to give sb a piggy-back

[ride]
Huf <-[e]s, -e> [hu:f] *m* hoof
Hufeisen *nt* horseshoe
hufeisenförmig *adj* horseshoe[-shaped]
Hüftbein *nt* hip bone
Hüfte <-, -n> ['hʏftə] *f* hip
Hüftgelenk *nt* hip joint **Hüftknochen** *m s.* **Hüftbein**
Hügel <-s, -> ['hy:gl̩] *m* hill; *(Erdhaufen)* mound
hüg(e)lig ['hy:g(ə)lɪç] *adj* hilly
Huhn <-[e]s, Hühner> [hu:n] *nt* ❶ chicken; *(Henne)* hen ❷ *(Frau)* **dummes ~!** *(pej fam)* silly idiot!; **ein verrücktes ~** a nutcase ▸ **ein blindes ~ findet auch einmal ein Korn** *(prov)* every dog has its day; **da lachen ja die Hühner!** *(fam)* you must be joking!
Hühnchen <-s, -> ['hy:çən] *nt dim von* **Huhn** spring chicken ▸ **mit jdm ein ~ zu rupfen haben** *(fam)* to have a bone to pick with sb
Hühnerauge *nt* corn **Hühnerei** *nt* chicken egg **Hühnerstall** *m* hen coop **Hühnerstange** *f* chicken roost **Hühnersuppe** *f* chicken soup
huldigen ['hʊldɪgn̩] *vi (geh)* ❶ *(anhängen)* **etw** *dat* **~** to subscribe to sth ❷ *(veraltend: ehren)* **jdm ~** to pay homage to sb
Hülle <-, -n> ['hʏlə] *f* cover ▸ **die ~n fallen lassen** to strip off one's clothes; **in ~ und Fülle** in abundance
hüllenlos *adj* naked
Hülse <-, -n> ['hʏlzə] *f* ❶ BOT pod ❷ *(röhrenförmige Hülle)* capsule; *(Patronenhülse)* case
Hülsenfrucht ['hʏlzn̩-] *f meist pl* pulse
human [hu'ma:n] *adj* ❶ *(menschenwürdig)* humane; *Strafe* lenient ❷ *(Menschen betreffend)* human
humanitär [humani'tɛ:ɐ̯] *adj* humanitarian
Hummel <-, -n> ['hʊml̩] *f* bumblebee
Hummer <-s, -> ['hʊmɐ] *m* lobster
Humor <-s, *selten* -e> [hu'mo:ɐ̯] *m* [sense of] humour; **etw mit ~ nehmen** to take sth good-humouredly; **[einen Sinn für] ~ haben** to have a sense of humour
Humorist(in) <-en, -en> [humo'rɪst] *m(f)* ❶ *(Komiker)* comedian ❷ *(humoristischer Autor/Künstler)* humorist
humorlos *adj* humourless
humorvoll *adj* humorous
humpeln ['hʊmpl̩n] *vi haben o sein* to hobble
Humus ['hu:mʊs] *m kein pl* humus
Hund <-[e]s, -e> [hʊnt] *m* ❶ dog; **„[Vorsicht,] bissiger ~!"** "beware of the dog!" ❷ *(Mensch)* swine; **ein armer ~ sein** *(fam)* to be a poor soul ▸ **bekannt sein wie ein bunter ~** *(fam)* to be known far and wide; **das ist ja ein dicker ~** *(sl)* that is absolutely outrageous; **vor die ~e gehen** *(sl)* to go to the dogs; **den Letzten beißen die ~e** the last one [out] has to carry the can BRIT
hundeelend ['hʊndə'ʔe:lɛnt] *adj (fam)* **jd fühlt sich** *akk* **~** sb feels awful
Hundehütte *f* kennel **Hundeleben** *nt (pej fam)* dog's life **Hundeleine** *f* dog lead **hundemüde** ['hʊndə'my:də] *adj präd (fam)* dog-tired
hundert ['hʊndɐt] *adj* [a [*or* one]] hundred
Hundert[1] <-s, -e> ['hʊndɐt] *nt (Einheit von 100)* hundred; **mehrere ~** several hundred; **einige/viele ~e ...** a few/several hundred ...; **~e von ...** hundreds of ...; **zu ~en** in [their] hundreds
Hundert[2] <-, -en> ['hʊndɐt] *f (die Zahl 100)* [one [*or* a]] hundred
hundertfach, 100-fach ['hʊndɐtfax] **I.** *adj* [a] hundredfold, a hundred times; *s.a.* **achtfach** **II.** *adv* hundredfold, a hundred times over
hundertprozentig ['hʊndɐtprotsɛntɪç] **I.** *adj* ❶ one hundred percent; *(Alkohol)* pure ❷ *(fam: typisch)* **er ist ein ~er Bayer** he's a Bavarian through and through ❸ *(fam: völlig)* absolute **II.** *adv (fam: völlig)* absolutely; **du hast ~**

H

Recht you're absolutely right

hundertste(r, s) ['hʊndɐtstə, -tɐ, -təs] *adj* [one] hundredth; *s.a.* **achte(r, s)**

Hundertstel <-s, -> ['hʊndɐtstl̩] *nt* hundredth

Hündin ['hʏndɪn] *f* bitch

Hunger <-s> ['hʊŋɐ] *m kein pl* ① hunger; **~ bekommen/haben** to get/be hungry; **~ auf etw** *akk* **haben** to feel like [eating] sth; **~ leiden** *(geh)* to starve; **seinen ~ stillen** to satisfy one's hunger; **vor ~ sterben** to die of hunger ② *(Hungersnot)* famine ③ *(starkes Verlangen)* thirst (**nach** for)

Hungerhilfe *f kein pl* famine relief

Hungerlohn *m (pej)* starvation wage; **für einen ~ arbeiten** to work for a pittance

hungern *vi* ① to go hungry ② *(fam: fasten)* to fast ③ *(verlangen)* to thirst (**nach** after/for)

Hungersnot *f* famine

Hungerstreik *m* hunger strike; **in den ~ treten** to go on hunger strike

hungrig ['hʊŋrɪç] *adj* hungry; **~ machen** to work up an appetite

Hupe <-, -n> ['huːpə] *f* horn

hupen ['huːpn̩] *vi* to beep the horn

hüpfen ['hʏpfn̩] *vi sein* to hop; *Ball* to bounce; **vor Freude ~** to jump for joy

Hürde <-, -n> ['hʏrdə] *f* ① SPORT hurdle; **110 Meter ~n laufen** to run the 110 metres hurdles ② *(Einzäunung)* fold, pen ▶ **eine ~ nehmen** to overcome an obstacle

Hürdenlauf *m* hurdles *npl*

Hure <-, -n> ['huːrə] *f* whore

huschen ['hʊʃn̩] *vi sein* to scurry; *Licht* to flash

husten ['huːstn̩] *vi* to cough; **Blut/Schleim ~** to cough up blood/mucus

Husten <-s> ['huːstn̩] *m kein pl* cough; **~ stillend** cough-relieving

Hustenbonbon *nt o m* cough drop **Hustenmittel** *nt* cough medicine **Hustenreiz** *m* tickly throat **Hustensaft** *m* cough syrup

Hut[1] <-[e]s, Hüte> [huːt] *m* hat; **den ~ aufsetzen/abnehmen** to put on/take off one's hat ▶ **ein alter ~ sein** *(fam)* to be old hat; **etw unter einen ~ bringen** *(fam)* to reconcile sth; **mit etw** *dat* **nichts am ~ haben** *(fam)* to not go in for sth; **vor jdm/etw den ~ ziehen** to take one's hat off to sb/sth

Hut[2] <-> [huːt] *f* **auf der ~ [vor etw** *dat***] sein** to be on one's guard [against sth]

hüten ['hyːtn̩] **I.** *vt* ① *(beaufsichtigen)* to look after ② *(geh: bewahren)* to keep **II.** *vr* **sich vor etw** *dat* **~** to be on one's guard against sth; **hüte dich vor unüberlegten Entscheidungen** beware of making rash decisions

Hutsche <-, -n> ['hʊtʃə] *f* ÖSTERR, SÜDD *(fam: Schaukel)* swing

Hütte <-, -n> ['hʏtə] *f* hut; *(ärmlich)* shack; *(Holzhütte)* cabin

Hüttenkäse *m* cottage cheese

Hyäne <-, -n> [hy̆ɛːnə] *f* hy[a]ena

Hyazinthe <-, -n> [hy̆a'tsɪntə] *f* hyacinth

Hybridantrieb [hy'briːt-] *m* hybrid drive **Hybridfahrzeug** *nt* hybrid vehicle

Hydrant <-en, -en> [hy'drant] *m* hydrant

hydraulisch [hy'draulɪʃ] *adj* hydraulic

Hydrokultur *f* hydroponics + *sing vb*

Hygiene <-> [hy'gi̯eːnə] *f kein pl* hygiene

hygienisch [hy'gi̯eːnɪʃ] *adj* hygienic

Hymne <-, -n> ['hʏmnə] *f* ① *(Loblied)* hymn ② *(Nationalhymne)* national anthem

Hyperbel <-, -n> [hy'pɛrbl̩] *f* ① MATH hyperbola ② LING hyperbole

Hypnose <-, -n> [hʏp'noːzə] *f* hypnosis; **jdn in ~ versetzen** to put sb under hypnosis

hypnotisieren [hʏpnoti'ziːrən] *vt* to hypnotize

Hypothek <-, -en> [hypo'teːk] *f* mortgage; **eine ~ aufnehmen** to take out a mortgage

Hypothese <-, -n> [hypo'teːzə] *f* hypothesis; **eine ~ aufstellen/widerle-**

gen to advance/refute a hypothesis
hypothetisch [hypo'te:tɪʃ] *adj* hypothetical
Hysterie <-, -n> [hʏste'ri:] *f* hysteria
hysterisch [hʏs'te:rɪʃ] *adj* hysterical

I i

I, i <-, -> *nt* I, i
i [i:] *interj* ① *(fam: Ausdruck von Ablehnung, Ekel)* ugh; **~, wie ekelig** ugh, that's horrible ② *(abwertend)* **~ wo!** no way! *fam*
IC® <-s, -s> [i:'tse:] *m* intercity [train]
ICE® <-s, -s> [i:tse:'ʔe:] *m a high speed train*
ich [ɪç] *pron 1. pers* I, me; **~ bin es** it's me; **~ nicht!** not me!; **~ selbst** I myself
Ich <-[s], -s> [ɪç] *nt* self
ideal [ide'a:l] *adj* ideal
Ideal <-s, -e> [ide'a:l] *nt* ideal
idealistisch *adj* idealistic
Idee <-, -n> [i'de:] *f* idea; **jdn auf eine ~ bringen** to give sb an idea
identifizieren [idɛntifi'tsi:rən] **I.** *vt* to identify (**als** as/**mit** with) **II.** *vr* **sich mit jdm/etw ~** to identify oneself with sb/sth
identisch [i'dɛntɪʃ] *adj* identical (**mit** to)
Ideologie <-, -n> [ideolo'gi:] *f* ideology
Idiom <-s, -e> [i'di̯o:m] *nt* ① *(geh: eigentümlicher Sprachgebrauch einer Gruppe)* idiom; **ein schwer verständliches ~** an almost incomprehensible idiom ② *(Redewendung)* idiom, saying
idiomatisch [idi̯o'ma:tɪʃ] **I.** *adj* idiomatic **II.** *adv* idiomatically
Idiot(in) <-en, -en> [i'di̯o:t] *m(f) (pej fam)* idiot
idiotisch [i'di̯o:tɪʃ] *adj (fam)* idiotic
Idol <-s, -e> [i'do:l] *nt* idol
Idyll <-s, -e> [i'dʏl] *nt* idyll; **ein ländliches ~** a rural idyll
idyllisch [i'dʏlɪʃ] **I.** *adj* idyllic **II.** *adv* idyllically
Igel <-s, -> ['i:gl̩] *m* hedgehog
Ignoranz <-> [ɪgno'rants] *f kein pl* ignorance
ignorieren [ɪgno'ri:rən] *vt* to ignore
ihm [i:m] *pron pers dat von* **er, es** ① [to] him; **das ist ein Freund von ~** he's a friend of his ② *(Sache o Tier)* [to] it
ihn [i:n] *pron pers akk von* **er** ① him ② *(Sache o Tier)* it
ihnen ['i:nən] *pron pers dat pl von* **sie** [to] them
Ihnen ['i:nən] *pron pers dat von* **Sie** [to] you
ihr[1] *<gen* euer, *dat* euch, *akk* euch> [i:ɐ̯] *pron 2. pers pl* you
ihr[2] [i:ɐ̯] *pron pers dat sing von* **sie** ① *(weibl. Person)* [to] her ② *(Tier o Sache)* [to] it
ihr[3] [i:ɐ̯] *pron poss, adjektivisch* ① *(sing, weibl. Person)* her; *(Tier o Sache)* its ② *pl* their
Ihr [i:ɐ̯] *pron poss, adjektivisch* your
ihrer *pron pers gen von* **sie** ① *3. pers sing fem (geh)* **wir werden ~ gedenken** we will remember her ② *3. pers pl (geh)* **wir werden ~ gedenken** we will remember them
Ihrer *pron pers gen von* **Sie**: **wir werden ~ gedenken** we will remember you
ihrerseits ['i:rɐ'zaits] *adv* ① *sing* for her part ② *pl* for their part
Ihrerseits ['i:rɐ'zai̯ts] *adv sing o pl (von Ihrer Seite aus)* for your part
ihresgleichen ['i:rəs'glai̯çn̩] *pron*

❶ *sing* people *npl* like her; *(pej: Leute wie sie)* her [own] kind ❷ *pl* people like them; *(pej: Leute wie sie)* their [own] kind

Ihresgleichen ['i:rəs'glaiçn̩] *pron* ❶ *sing* people like you; **Sie umgeben sich nur mit ~** you are only surrounded by your own sort ❷ *pl (pej: Leute wie Sie)* your [own] kind; **ich kenne [Sie und] ~** I know your kind!

ihretwillen ['i:rət'vɪlən] *adv (ihr zuliebe)* for her [sake]; *(ihnen zuliebe)* for their sake

illegal ['ɪlega:l] *adj* illegal

illegitim ['ɪlegiti:m] *adj* illegitimate

I

Illusion <-, -en> [ɪlu'zi̯o:n] *f* illusion; **sich** *dat* **~en machen** to harbour illusions (**über** about); **sich** *dat* **keine ~en machen** to not have any illusions

illusorisch [ɪlu'zo:rɪʃ] *adj* ❶ *(trügerisch)* illusory ❷ *(zwecklos)* futile

Illustration <-, -en> [ɪlʊstra'tsi̯o:n] *f* illustration

Illustrator(in) <-s, -toren> [ɪlʊs'tra:toɐ̯, *pl:* ɪlʊstra'to:rən] *m(f)* illustrator

illustrieren [ɪlʊs'tri:rən] *vt* to illustrate

Illustrierte <-n, -n> *f* magazine

Iltis <-ses, -se> ['ɪltɪs] *m* polecat

im [ɪm] = **in dem** in

Image <-[s], -s> ['ɪmɪtʃ] *nt* image

Imam <-s, -e> [i'ma:m] *m* Imam

Imbiss <-es, -e> ['ɪmbɪs] *m* ❶ snack ❷ *(fam) s.* **Imbissbude**

Imbissbude *f*, **Imbissstube** *f* snack bar

imitieren [imi'ti:rən] *vt* to imitate

Imker(in) <-s, -> ['ɪmkɐ] *m(f)* bee-keeper

immatrikulieren [ɪmatriku'li:rən] *vt, vr* to register

immer ['ɪmɐ] **I.** *adv* always; **für ~** forever; **~ mehr** more and more; **~, wenn** every time; **wie ~** as usual; **~ wieder** again and again **II.** *part* **~ [noch] nicht** still [not]; **wann/was/wer/wie/wo [auch] ~** whenever/whatever/whoever/however/wherever

Immergrün ['ɪmɐgry:n] *nt* evergreen

immerhin ['ɪmɐ'hɪn] *adv* ❶ *(wenigstens)* at least ❷ *(schließlich)* after all

immerzu ['ɪmɐ'tsu:] *adv* all the time

Immigrant(in) <-en, -en> [ɪmi'grant] *m(f)* immigrant

Immobilie <-, -n> [ɪmo'bi:li̯ə] *f meist pl* real estate *no pl;* **~n** property *no pl*

Immobilienmakler(in) *m(f)* estate agent

immun [ɪ'mu:n] *adj* immune (**gegen** to)

Immunität <-, *selten* -en> [ɪmuni'tɛ:t] *f* immunity (**gegen** to)

Immunkrankheit *f* immune deficiency syndrome

Immunologe, Immunologin <-n, -n> [ɪmuno'lo:gə, ɪmuno'lo:gɪn] *m, f* immunologist

Immunschwäche *f* immunodeficiency

Immunsystem *nt* immune system

Imperativ <-s, -e> ['ɪmperati:f, *pl:* -ti:ve] *m* LING imperative [form] *spec*

Imperfekt <-s, -e> ['ɪmpɛrfɛkt] *nt* imperfect [tense]

Imperialismus <-, *selten* -lismen> [ɪmperi̯a'lɪsmʊs] *m* imperialism

Imperialist(in) <-en, -en> [ɪmperi̯a'lɪst] *m(f) (pej)* imperialist

impfen ['ɪmpfn̩] *vt* to inoculate (**gegen** against)

Impfpass *m* vaccination card **Impfstoff** *m* vaccine

Impfung <-, -en> *f* vaccination

implantieren [ɪmplan'ti:rən] *vt* **[jdm] etw ~** to implant sth [into sb]

Implosion <-, -en> [ɪmplo'zi̯o:n] *f (fachspr)* implosion *spec*

imponieren [ɪmpo'ni:rən] *vi* to impress

imponierend *adj* impressive

Import <-[e]s, -e> [ɪm'pɔrt] *m* import

importieren [ɪmpɔr'ti:rən] *vt* to import

imposant [ɪmpo'zant] *adj* impressive

impotent ['ɪmpotɛnt] *adj* impotent

Impotenz <-> ['ɪmpotɛnts] *f kein pl* impotence

imprägnieren [ɪmprɛgni:rən] *vt (wasserdicht machen)* to waterproof

improvisieren [ɪmprovi'zi:rən] *vi, vt* to

improvise
Impuls <-‹ s> [ɪm'pʊls] *m* impulse;
aus ein **heraus** on impulse
impulsi [ɪmpʊl'ziːf] *adj* impulsive
impuls *m* impulse purchase **Im-**
Impul(in) *m(f)* impulse buyer
P... den Stande [ɪm'ʃtandə] *adj*
... **zu** *dat* ~ **sein** to be capable
of doing ~ **sein, etw zu tun** to be
able to
in [ɪn] +*dat (wo?)* in; *(kleinere*
Orts...) ~ **Wirklichkeit** in real-
ity ... *wohin?)* into; ~ **die Kir-**
ch... gehen to go to church/
... *at (wann?)* in; ~ **diesem**
... this year/month; ~ **die-**
...blick at the moment
... *m)* in; ~ **sein** to be in
... əgrɪf] *m kein pl* epitome
... nbəgrɪfn̩] *adj präd* inclu-
... *dat* ~ **sein** to be included
... ['ɪnbrʏnstɪç] *adj (geh)* ar-
...
...aube *f* Allen screw®
... n'deːm] *konj* by; **ich halte**
... gesund, ~ **ich viel Sport**
... I stay healthy by doing lots of

...(in) <-s, -> ['ɪndɐ] *m(f)* Indian
...s [ɪn'dɛs], **indessen** [ɪn'dɛsn̩] **I.** *adv*
... *(inzwischen)* meanwhile ② *(je-*
doch) however **II.** *konj (geh)* ① *(zeit-*
lich) while ② *(wohingegen)* while
Indianer(in) <-s, -> [ɪn'di̯aːnɐ] *m(f)* Indian *esp pej* Native American
Indien <-s> ['ɪndi̯ən] *nt* India
Indikativ <-s, -e> ['ɪndikatiːf, *pl:* -tiːvə] *m* indicative [mood] *spec*
indirekt ['ɪndirɛkt] *adj* indirect
indisch ['ɪndɪʃ] *adj* Indian
Individualist(in) <-en, -en> [ɪndividu̯a'lɪst] *m(f)* individualist
individualistisch *adj* individualistic
individuell [ɪndivi'du̯ɛl] *adj* individual
Individuum <-s, Individuen> [ɪndi'viːduʊm] *nt* individual

Indiz <-es, -ien> [ɪn'diːts, *pl:* ɪn'diːtsi̯ən] *nt* ① JUR piece of circumstantial evidence ② *(Anzeichen)* **ein ~ für etw** *akk* **sein** to be a sign of sth
Indizienbeweis *m* circumstantial evidence *no pl*
Indonesien <-s> [ɪndo'neːzi̯ən] *nt* Indonesia; *s.a.* **Deutschland**
indonesisch [ɪndo'neːzɪʃ] *adj* Indonesian; *s.a.* **deutsch**
Induktion <-, -en> [ɪndʊktsi̯oːn] *f* induction
Industrialisierung <-, -en> *f* industrialization
Industrie <-, -n> [ɪndʊs'triː] *f* industry
Industriegebiet *nt* industrial area **Industriekonzern** *m* industrial concern [*or* combine]
industriell [ɪndʊstri'ɛl] *adj* industrial
Industriezweig *m* branch of industry
ineinander [ɪnʔai'nandɐ] *adv* in each other; ~ **übergehen** to merge; ~ **verliebt sein** to be in love with one another
ineinander|greifen *vi* to mesh
Infektion <-, -en> [ɪnfɛk'tsi̯oːn] *f* infection
Infektionskrankheit *f* infectious disease
Infinitiv <-s, -e> ['ɪnfinitiːf, *pl:* -tiːvə] *m* infinitive *spec*
infizieren [ɪnfi'tsiːrən] **I.** *vt* to infect **II.** *vr* **sich** ~ to catch an infection
Inflation <-, -en> [ɪnfla'tsi̯oːn] *f* ① ÖKON inflation ② *(starke Zunahme)* proliferation
inflationär [ɪnflatsi̯onɛːɐ̯] *adj* ① *Geldpolitik, Preisentwicklung* inflationary ② *(übertrieben häufig)* excessive
infolge [ɪn'fɔlgə] **I.** *präp* +*gen* owing to **II.** *adv* ~ **von etw** *dat* as a result of sth
infolgedessen [ɪnfɔlgə'dɛsn̩] *adv* consequently
Informatik <-> [ɪnfɔr'maːtɪk] *f kein pl* computing science
Informatiker(in) <-s, -> [ɪnfɔr'maːtikɐ] *m(f)* computer specialist
Information <-, -en> [ɪnfɔr-

I

ma'tsi̯oːn] *f* ① information *no pl;* **~en liefern/sammeln** to give/collect information ② *(das Informieren)* informing ③ *(Informationsstand)* information desk

Plural von information

Der englische Begriff **information** ist ein unzählbares Substantiv, d. h. es wird weder mit einem unbestimmten Artikel noch im Plural gebraucht: eine Information = *a bit* oder *a piece of information*; Informationen = *any/some information.*

I

Informationsblatt *nt* MEDIA information sheet
Informationstafel *f* information board
informativ [ɪnfɔrma'tiːf] *adj* informative
informieren [ɪnfɔr'miːrən] **I.** *vt* to inform (**über** about); **gut informiert** well-informed **II.** *vr* **sich ~** to inform oneself (**über** about)
Infrastruktur ['ɪnfraʃtrʊktuːɐ̯] *f* infrastructure
Ingenieur(in) <-s, -e> [ɪnʒe'ni̯øːɐ̯] *m(f)* engineer
Ingwer <-s> ['ɪŋvɐ] *m kein pl* ginger
Inhaber(in) <-s, -> ['ɪnhaːbɐ] *m(f)* ① *von Firma, Geschäft* owner ② *von Konto* holder; *von Aktie* bearer
inhaftieren [ɪnhaf'tiːrən] *vt* to take into custody
inhalieren [ɪnha'liːrən] *vt, vi* to inhale
Inhalt <-[e]s, -e> ['ɪnhalt] *m* ① *(enthaltene Gegenstände)* contents *npl* ② *(Sinngehalt)* content ③ MATH *(Flächeninhalt)* area; *(Rauminhalt)* volume
inhaltlich **I.** *adj* in terms of content **II.** *adv* with regard to content
Inhaltsangabe *f* summary **Inhaltsverzeichnis** *nt* list of contents
Initiative <-, -n> [initsi̯a'tiːvə] *f* ① initiative; **aus eigener ~** on one's own initiative; **die ~ ergreifen** to take the initiative ② SCHWEIZ (…begehren) demand for a referendum
Injektion <-, -en> [ɪnjɛk'ts… *f* injection
Inkarnation <-, -en> [ɪnkar… n] *f* incarnation
Inklusion <-, -en> [ɪnklu'z… *f* inclusion, integration
inklusive [ɪnklu'ziːvə] **I.** *pr…* inclusive [of] **II.** *adv* includin… 25. **bis zum 28. ~** from 25th … inclusive
inkompetent ['ɪmkɔmpet… competent (**in** in/at)
inkonsequent ['ɪnkɔnzekvɛɪt] … consistent
Inkubationszeit *f* incubation pe…
Inland ['ɪnlant] *nt kein pl* ① *(das Land)* home ② *(Binnenland)* in…
Inlandflug *m* domestic flight
inländisch ['ɪnlɛndɪʃ] *adj* dom… *Industrie* home
Inlandsmarkt *m* home market
Inliner <-s, -> ['ɪnlaɪnɐ] *m* in-line …
Inlineskate <-s, -s> ['ɪnlaɪnskeːt… in-line skate **Inlineskating** <… [-skeːtɪŋ] *nt kein pl* in-line skating
inmitten [ɪn'mɪtn̩] *präp +gen (geh)* the midst of
inne|haben ['ɪnə-] *vt irreg* to hold
innen ['ɪnən] *adv* ① on the insid…; **nach ~** inside; **die Tür geht nach ~ auf** the door opens inwards ② *be…* ÖSTERR *(drinnen)* inside
Innendienst *m* office work **Innenleben** *nt kein pl* ① *(Seelenleben)* inner feelings *npl* ② *(innere Struktur)* inner workings *npl* **Innenminister(in)** *m(f)* Minister [*or* AM Secretary] of the Interior, Home Secretary BRIT **Innenministerium** *nt* Ministry [*or* AM Department] of the Interior, Home Office BRIT *a.* **Innenpolitik** *f* home affairs *npl* BRIT, domestic policy AM **innenpolitisch** ['ɪnənpolitɪʃ] **I.** *adj* concerning home affairs [*or* AM domestic policy] **II.** *adv* with regard to home affairs [*or* AM domestic policy] **Innenraum** *m* interior

Innenseite *f* inside **Innenspiegel** *m* AUTO rear-view mirror **Innenstadt** *f* city/town centre

innere(r, s) ['ɪnərə, 'ɪnərɐ, 'ɪnərəs] *adj* ❶ *räumlich* inner ❷ *(innewohnend) a.* MED, ANAT internal

Innere(s) ['ɪnərə(s)] *nt* ❶ *(innerer Teil)* inside ❷ GEOL centre

Innereien [ɪnər'aiən] *pl* innards *npl*

innerhalb ['ɪnɐhalp] **I.** *präp +gen* ❶ *räumlich* inside ❷ *zeitlich* within **II.** *adv* ~ **von etw** *dat* within sth

innerlich ['ɪnɐlɪç] **I.** *adj* ❶ MED internal ❷ PSYCH inner **II.** *adv* ❶ MED internally ❷ PSYCH inwardly; ~ **war er sehr aufgewühlt** he was in inner turmoil

Innerste(s) ['ɪnɐstə(s)] *nt dekl wie adj* core being; **tief in ihrem ~n wusste sie, ...** deep down inside she knew ...

innert ['ɪnɐt] *präp +dat o gen* ÖSTERR, SCHWEIZ within

inne|wohnen *vi* **jdm/etw** ~ to be inherent in sb/a thing

innig ['ɪnɪç] **I.** *adj* ❶ *(tief empfunden)* deep; *Dank* heartfelt ❷ *Beziehung* intimate **II.** *adv* deeply

Innigkeit <-> *f kein pl* sincerity, warmth

Innovation <-, -en> [ɪnova'ts̯io:n] *f* innovation

innovativ [ɪnova'ti:f] **I.** *adj* innovative **II.** *adv* innovatively

Innung <-, -en> ['ɪnʊŋ] *f* guild

inoffiziell *adj* unofficial

ins [ɪns] = **in das** *s.* **in**

Insasse, Insassin <-n, -n> ['ɪnzasə] *m, f* ❶ *(Fahrgast)* passenger ❷ *(Heimbewohner)* resident ❸ *(Gefängnisinsasse)* inmate

insbesondere [ɪnsbə'zɔndərə] *adv* especially

Inschrift ['ɪnʃrɪft] *f* inscription

Insekt <-[e]s, -en> [ɪn'zɛkt] *nt* insect

Insektenkunde *f* entomology

Insektenstich *m* insect sting

Insel <-, -n> ['ɪnzl̩] *f* island

Inserat <-[e]s, -e> [ɪnze'ra:t] *nt* advertisement

Inserent(in) <-en, -en> [ɪnze'rɛnt] *m(f)* advertiser

inserieren [ɪnze'ri:rən] *vi, vt* to advertise

insgeheim [ɪnsgə'haim] *adv* secretly

insgesamt [ɪnsgə'zamt] *adv* ❶ *(alles zusammen)* altogether ❷ *(im Großen und Ganzen)* on the whole

insofern [ɪnzo'fɛrn] **I.** *adv* in this respect; ~ **... als** in that **II.** *konj bes* ÖSTERR *(falls)* if; ~ **als** in so far as

insoweit [ɪnzo'vait] **I.** *adv* in this respect **II.** *konj bes* ÖSTERR ~ **als** if

Inspektion <-, -en> [ɪnspɛk'ts̯io:n] *f* inspection; AUTO service

Inspektor(in) <-s, -en> [ɪn'spɛkto:ɐ̯] *m(f)* ADMIN executive officer; *(Kripo)* inspector

Instabilität <-, -en> ['ɪnstabilitɛ:t, ɪnstabili'tɛ:t] *f pl selten (geh)* instability

Installateur(in) <-s, -e> [ɪnstala'tø:ɐ] *m(f) (Elektroinstallateur)* electrician; *(Klempner)* plumber

installieren [ɪnsta'li:rən] *vt* ❶ to install ❷ *Programm* to load (**auf** onto)

instand, in Stand [ɪn'ʃtant] *adv* **etw ~ halten** to keep sth in good condition; **etw ~ setzen** to repair sth

inständig ['ɪnʃtɛndɪç] **I.** *adj Bitte etc.* urgent **II.** *adv* urgently; ~ **um etw** *akk* **bitten** to beg for sth

Instanz <-, -en> [ɪn'stants] *f* ❶ *(Behörde)* authority ❷ JUR instance; **erste/zweite/oberste/letzte** ~ trial court/appellate court/supreme court of appeal/court of last instance

Instinkt <-[e]s, -e> [ɪn'stɪŋkt] *m* instinct

instinktiv [ɪnstɪŋk'ti:f] *adj* instinctive

Institut <-[e]s, -e> *nt* institute

Institution <-, -en> [ɪnstitu'ts̯io:n] *f* institution

Instrument <-[e]s, -e> [ɪnstru'mɛnt] *nt* ❶ instrument ❷ *(Werkzeug)* tool

Insulaner(in) <-s, -> [ɪnzu'la:nɐ] *m(f)* islander

Insulin <-s> [ɪnzu'li:n] *nt kein pl* insulin

inszenieren [ɪnstse'ni:rən] *vt* THEAT *(a. fig)* to stage

Inszenierung <-, -en> *f* MUS, THEAT production

intakt [ɪn'takt] *adj* intact

integral [ɪnte'gra:l] *adj attr* MATH integral

Integration <-, -en> [ɪntegra'tsi̯o:n] *f* integration

integrieren [ɪnte'gri:rən] **I.** *vt* to integrate (**in** into) **II.** *vr* **sich** ~ to become integrated (**in** into)

Intellekt <-[e]s> [ɪntɛ'lɛkt] *m kein pl* intellect

intellektuell [ɪntɛlɛk'tu̯ɛl] *adj* intellectual

Intellektuelle(r) *f(m) dekl wie adj* intellectual

intelligent [ɪntɛli'gɛnt] *adj* intelligent

Intelligenz <-, -en> [ɪntɛli'gɛnts] *f* ① *kein pl* intelligence ② *kein pl (Schicht der Intellektuellen)* intelligentsia

Intensität <-, *selten* -en> [ɪntɛnzi'tɛ:t] *f* intensity

intensiv [ɪntɛn'zi:f] **I.** *adj* ① *(gründlich)* intensive ② *(eindringlich)* intense; *Duft, Schmerz* strong **II.** *adv* ① *(gründlich)* intensively ② *(eindringlich)* strongly

Intensivkurs *m* intensive course

Intensivstation *f* intensive care unit

interaktiv [ɪnteʔak'ti:f] *adj* interactive

interessant [ɪntərɛ'sant] *adj* interesting; *Angebot* attractive

Interesse <-s, -n> [ɪntə'rɛsə] *nt* interest; **aus** ~ out of interest; ~ [**an jdm/etw**] **haben** to be interested [in sb/sth]

Interessengemeinschaft *f* community of interests **Interessenkonflikt, Interessenkollision** *f* conflict [*or* clash] of interests

Interessent(in) <-en, -en> [ɪntərɛ'sɛnt] *m(f)* interested party; *(für Kauf)* potential buyer

interessieren [ɪntərɛ'si:rən] **I.** *vt* **jdn für etw** ~ to interest sb in sth **II.** *vr* **sich für jdn/etw** ~ to be interested in sb/sth

intern [ɪn'tɛrn] **I.** *adj* internal **II.** *adv* internally

Internat <-[e]s, -e> [ɪnte'na:t] *nt* boarding-school

international [ɪntɛnatsi̯o'na:l] **I.** *adj* international **II.** *adv* internationally

Internatsschüler(in) <-s, -> *m(f)* boarder, boarding school pupil [*or* AM student]

Internet <-> ['ɪntɛnɛt] *nt* internet, Internet

Das Internet – The internet

der Anhang	attachment
sich ausloggen	to log out
der Benutzername	username
der Blog	blog
der Browser	browser
chatten	to chat
drahtlos	wireless
DSL	broadband
der DSL-Anschluss	broadband connection
sich einloggen	to log in
die E-Mail	email
herunterladen, downloaden	to download
hochladen	to upload
die Internetadresse	URL
der Internet-provider	provider, ISP
das Internetcafé	internet café
der Internet-zugang	internet access
das Lesezeichen	bookmark
der Podcast	podcast
die Spammail	spam
die Suchmaschine	search engine
surfen	to surf
die Webcam	webcam
die Website	website
WLAN	Wi-Fi

Internetanbieter *m* internet provider

internetbasiert *adj* web-based, net-based **Internetcafé** *nt* cybercafé **Internetjargon** *m* netspeak **Internetsurfer, -surferin** *m, f* INFORM Internet surfer **Internettelefonie** *f* internet [*or* IP] telephony

Internist(in) <-en, -en> [ɪntɐ'nɪst] *m(f)* internist

interpretieren [ɪntɐpre'tiːrən] *vt* to interpret

Interpunktion <-> [ɪntɐpʊŋk'tsi̯oːn] *f* *kein pl* punctuation

Interrogativpronomen [ɪnteroga'tiːf-] *nt* LING interrogative pronoun **Interrogativsatz** *m* interrogative sentence

Intervall <-s, -e> [ɪntɐ'val] *nt* interval

Interview <-s, -s> ['ɪntɐvjuː, ɪntɐ'vjuː] *nt* interview

interviewen [ɪntɐ'vjuːən] *vt* to interview (**zu/über** about); **sich [von jdm] ~ lassen** to give [sb] an interview

intim [ɪn'tiːm] *adj* intimate (**mit** with)

Intimbereich *m* ❶ *(Geschlechtsorgane)* private parts *npl* ❷ *(Intimsphäre)* private life

Intimität <-, -en> [ɪntimi'tɛːt] *f* intimacy

Intimsphäre *f (geh)* private life

intolerant ['ɪntolerant] **I.** *adj* intolerant **II.** *adv* intolerantly

intransitiv ['ɪntranzitiːf] *adj* intransitive

intravenös [ɪntrave'nøːs] *adj* intravenous

Intrige <-, -n> [ɪn'triːgə] *f* conspiracy

introvertiert [ɪntrovɛr'tiːɐ̯t] *adj* introverted

invalid [ɪnva'liːt], **invalide** [ɪnva'liːdə] *adj* invalid

Invalide, Invalidin <-n, -n> [ɪnva'liːdə] *m, f* invalid

Invasion <-, -en> [ɪnva'zi̯oːn] *f* invasion

Inventar <-s, -e> [ɪnvɛn'taːɐ̯] *nt* inventory

Inventur <-, -en> [ɪnvɛn'tuːɐ̯] *f* stocktaking; **~ machen** to stock-take

Inversion <-, -en> [ɪnvɛr'zi̯oːn] *f* inversion

investieren [ɪnvɛs'tiːrən] *vt* to invest

Investition <-, -en> [ɪnvɛsti'tsi̯oːn] *f* investment

inwiefern [ɪnvi'fɛrn] *adv* in what way

inwieweit [ɪnvi'vait] *adv* how far

Inzucht ['ɪntsʊxt] *f* inbreeding

inzwischen [ɪn'tsvɪʃn̩] *adv* in the meantime

Irak <-s> [i'raːk] *m* **[der]** ~ Iraq

Iraker(in) <-s, -> [i'raːkɐ] *m(f)* Iraqi; *s.a.* **Deutsche(r)**

Iran <-s> [i'raːn] *m* **der** ~ Iran

Iraner(in) <-s, -> [i'raːnɐ] *m(f)* Iranian; *s.a.* **Deutsche(r)**

irdisch ['ɪrdɪʃ] *adj* earthly

Ire, Irin <-n, -n> ['iːrə, 'iːrɪn] *m, f* Irishman *masc*, Irishwoman *fem;* **die ~n** the Irish

irgend ['ɪrgn̩t] *adv* at all; **~ so ein Spinner ...** some lunatic or other ...; **wenn ~ möglich** if at all possible

irgendein ['ɪrgn̩tʔain], **irgendeine(r, s)** ['ɪrgn̩tʔainə, -ainɐ, -ainəs], **irgendeins** ['ɪrgn̩tʔains] *pron indef* ❶ *adjektivisch* some; **haben Sie noch irgendeinen Wunsch?** would you like anything else?; **nicht irgendein Buch, sondern ...** not any [old] book, but ... ❷ *substantivisch* any [old] one; **ich werde doch nicht irgendeinen einstellen** I'm not going to appoint just anybody **irgendetwas** *pron indef* something; *(bei Fragen, Bedingungssätzen, Verneinungen)* anything; **~ anderes** something else **irgendjemand** *pron indef* somebody; *(bei Fragen, Bedingungssätzen, Verneinungen)* anyone; **~ anderer** somebody else **irgendwann** ['ɪrgn̩t'van] *adv* some time or other **irgendwas** ['ɪrgn̩t'vas] *pron indef (fam) s.* **irgendetwas** **irgendwie** ['ɪrgn̩t'viː] *adv* somehow [or other]; **Sie kommen mir ~ bekannt vor** I seem to know you somehow **irgendwo** ['ɪrgn̩t'voː] *adv* somewhere [or other]; *(bei Fragen, Bedingungssätzen, Verneinungen)* any-

where **irgendwoher** ['ɪrgn̩tvo-'heːɐ̯] *adv* [**von**] ~ from somewhere [or other] **irgendwohin** ['ɪrgn̩tvo'hɪn] *adv* somewhere [or other]
Irin <-, -nen> ['iːrɪn] *f fem form von* **Ire** Irishwoman
Iris ['iːrɪs] *f* ❶ *(im Auge)* iris ❷ *(Blume)* iris
irisch ['iːrɪʃ] *adj* Irish
Irisdiagnose *f* iris diagnosis
Irland ['ɪrlant] *nt* Ireland
Ironie <-, *selten* -n> [iro'niː] *f* irony
ironisch [i'roːnɪʃ] **I.** *adj* ironic[al] **II.** *adv* ironically; ~ **lächeln** to give an ironic smile
irr(e) [ɪr(ə)] **I.** *adj* ❶ *(verrückt)* crazy; **jdn ganz ~ machen** *(fam)* to drive sb crazy ❷ *(sl: toll)* fantastic **II.** *adv* ❶ *(verrückt)* insanely; **wie ~** *(fam)* like mad ❷ *(sl)* ~ **komisch** incredibly funny
irrational ['ɪratsi̯onaːl] *adj* irrational
Irre <-> ['ɪrə] *f* **in die ~ führen** to mislead
irreal ['ɪreaːl] *adj* unreal
irre|führen *vt* to mislead; **sich von jdm/etw ~ lassen** to be misled by sb/sth **irreführend** *adj* misleading
irrelevant ['ɪrelevant] *adj* irrelevant
irren[1] ['ɪrən] *vi sein (herumirren)* to wander (**durch** through/**über** across)
irren[2] ['ɪrən] *vr* **sich ~** to be wrong (**in** about); **wenn ich mich nicht irre, …** if I am not mistaken …
Irrenhaus *nt (veraltet) (pej)* lunatic asylum; **wie im ~** *(fam)* like a madhouse
Irrfahrt *f* odyssey **Irrgarten** *m* maze
irritieren [ɪri'tiːrən] *vt (verwirren)* to confuse
Irrsinn ['ɪrzɪn] *m kein pl* ❶ *(veraltet: psychische Krankheit)* insanity ❷ *(fam: Unsinn)* madness *no pl*
irrsinnig ['ɪrzɪnɪç] **I.** *adj* ❶ *(veraltet: psychisch krank)* insane ❷ *(fam: völlig wirr, absurd)* crazy, mad ❸ *(fam: stark, intensiv)* tremendous; *Hitze, Kälte, Verkehr* incredible; *Kopfschmerzen* terrible **II.** *adv (fam: äußerst)* terribly; **das schmerzt wie ~!** it's hurting like mad!
Irrtum <-[e]s, -tümer> ['ɪrtuːm] *m* ❶ *(Gedanke)* error; [**schwer**] **im ~ sein** to be [badly] mistaken ❷ *(Handlung)* mistake; **einen ~ begehen** to make a mistake
irrtümlich ['ɪrtyːmlɪç] **I.** *adj attr* mistaken **II.** *adv* mistakenly
Ischias <-> ['ɪʃi̯as] *m o nt kein pl* sciatica
Islam <-s> [ɪs'laːm] *m kein pl* **der ~** Islam
islamisch [ɪs'laːmɪʃ] *adj* Islamic
Island ['iːslant] *nt* Iceland
Isländer(in) <-s, -> ['iːslɛndɐ] *m(f)* Icelander
isländisch ['iːslɛndɪʃ] *adj* Icelandic
Isolation <-, -en> [izola'tsi̯oːn] *f* ❶ TECH insulation ❷ *(das Isolieren/Isoliertsein)* isolation (**von** from)
Isolierband <-bänder> [izo'liːɐ̯-] *nt* insulating tape
isolieren [izo'liːrən] **I.** *vt* ❶ TECH to insulate (**gegen** against) ❷ *(absondern)* to isolate (**von** from) **II.** *vr* **sich ~** to isolate oneself (**von** from)
Isomatte *f* insulating underlay
Isotop <-s, -e> [izo'toːp] *nt* PHYS isotope
Israel <-s> ['ɪsraeːl, 'ɪsraɛl] *nt* Israel; *s.a.* **Deutschland**
Israeli [ɪsra'eːli] *m* <-[s], -[s]> *f* <-, -[s]> Israeli; *s.a.* **Deutsche(r)**
israelisch [ɪsra'eːlɪʃ] *adj* Israeli; *s.a.* **deutsch**
Israelit(in) <-en, -en> [israe'liːt, ɪsrae-'liːt] *m(f)* Israelite
Italien <-s> [i'taːli̯ən] *nt* Italy
Italiener(in) <-s, -> [ita'li̯eːnɐ] *m(f)* Italian
italienisch [ita'li̯eːnɪʃ] *adj* Italian
IWF <-> [iːveː'ʔɛf] *m kein pl Abk von* **Internationaler Währungsfonds** IMF

J j

J, j <-, -> *nt* J, j

ja [jaː] *part* ❶ yes; **aber ~!** yes, of course!; **wenn ja, …** if so … ❷ *(fragend: tatsächlich?)* really? ❸ *(warnend: bloß)* make sure; **geh ~ nicht dahin!** don't go there whatever you do! ❹ *(abschwächend)* after all; **ich kann es ~ mal versuchen** I can try it of course ❺ *(bekräftigend)* **das ist ~ kaum zu glauben!** that's scarcely believable!; **das ist ~ entsetzlich!** that's just terrible!; **das ist ~ die Höhe!** that's the absolute limit! ❻ *(na ja, nun)* well ❼ *(nicht wahr?)* isn't it?; **es bleibt doch bei unserer Abmachung, ~?** our agreement does stand though, doesn't it?

Ja <-s, -[s]> ['jaː] *nt* yes; POL DIAL *a.* aye

Jacht <-, -en> [jaxt] *f* yacht

Jacke <-, -n> ['jakə] *f (Stoffjacke)* jacket; *(Strickjacke)* cardigan

Jackett <-s, -s> [ʒa'kɛt] *nt* jacket

Jade <-> ['jaːdə] *m o f kein pl* jade

Jagd <-, -en> [jaːkt] *f* ❶ hunting; **~ auf jdn/etw machen** to hunt for sb/sth; **auf der ~ sein** to be [out] hunting ❷ *(Verfolgung)* hunt (**auf** for) ❸ *(wildes Streben)* pursuit (**nach** of) **Jagdhund** *m* hound **Jagdschein** *m* hunting licence

jagen ['jaːgn̩] **I.** *vt haben* ❶ to hunt ❷ *(hetzen)* to pursue ❸ *(ver-, antreiben)* to drive (**aus** out of/**in** into) **II.** *vi* ❶ *haben* to hunt ❷ *sein (rasen)* to race (**durch** through)

Jäger(in) <-s, -> ['jɛːgɐ] *m(f)* hunter

Jaguar <-s, -e> ['jaːgu̯aːɐ̯] *m* jaguar

jäh [jɛː] *adj (geh)* ❶ *(abrupt)* abrupt; *Bewegung* sudden ❷ *(steil)* steep

Jahr <-[e]s, -e> [jaːɐ̯] *nt* ❶ year; **die 20er-/30er-~e etc.** the twenties/thirties etc. + *sing/pl vb;* **anderthalb ~e** a year and a half; **ein drei viertel ~** nine months; **ein halbes/viertel ~** six/three months; **~ für ~** year after year; **das ganze ~ über** throughout the whole year; **im ~e …** in [the year] …; **in diesem/im nächsten ~** this/next year; **vor einem ~** a year ago; **zweimal im ~** twice a year ❷ *(Lebensjahre)* **er ist 10 ~e alt** he's 10 years old

jahrelang ['jaːrəlaŋ] **I.** *adj attr* lasting for years; **das Ergebnis ~er Forschungen** the result of years of research **II.** *adv* for years; **es dauert ~(, bis …)** it will take years (before …)

Jahrestag *m* anniversary **Jahreswechsel** *m* turn of the year; **zum ~** at the turn of the year **Jahreszahl** *f* year **Jahreszeit** *f* season

Jahrgang <-gänge> *m* ❶ *(Altersgruppe)* age-group; *(von Schülern)* [school] year ❷ *von Wein* vintage **Jahrhundert** <-s, -e> [jaːɐ̯'hʊndɐt] *nt* century **Jahrhundertwende** *f* turn of the century

jährlich ['jɛːɐ̯lɪç] *adj* annual

Jahrmarkt *m* [fun]fair **Jahrtausend** <-s, -e> [jaːɐ̯'tauzn̩t] *nt* millennium **Jahrzehnt** <-[e]s, -e> [jaːɐ̯'tseːnt] *nt* decade

jähzornig *adj* violent-tempered

Jalousie <-, -n> [ʒalu'ziː] *f* venetian blind

Jamaikaner(in) <-s, -> [jamai̯'kaːnɐ] *m(f)* Jamaican

jamaikanisch *adj* Jamaican

jämmerlich ['jɛmɐlɪç] **I.** *adj attr* ❶ *(beklagenswert)* wretched ❷ *(pej: mies)* miserable; **eine ~e Ausrede** a pathetic excuse **II.** *adv* ❶ *(elend)* miserably ❷ *(fam: sehr)* awfully

jammern ['jamɐn] *vi* to whine (**über/wegen** about)

Jänner <-s, -> ['jɛnɐ] *m* ÖSTERR January

Januar <-[s], -e> ['janu̯aːɐ̯] *m* January; *s.a.* **Februar**
Japan <-s> ['jaːpan] *nt* Japan
Japaner(in) <-s, -> [ja'paːnɐ] *m(f)* Japanese; **die ~** the Japanese
japanisch [ja'paːnɪʃ] *adj* Japanese
Jasmin <-s, -e> [jas'miːn] *m* jasmine
jäten ['jɛːtn̩] *vi, vt Garten* to weed
Jauche <-, -n> ['jauxə] *f* liquid manure
Jauchegrube *f* liquid manure pit
jauchzen ['jaʊxtsn̩] *vi (geh)* to shout with glee
jaulen ['jaulən] *vi* to howl
Jawort *nt* **jdm das ~ geben** to consent to marry sb; *(bei Trauung)* to say I do
Jazz <-> ['dʒɛs, 'jats] *m kein pl* jazz *no pl*
je [jeː] **I.** *adv* ① *(jemals)* ever ② *(jeweils)* each **II.** *präp +akk (pro)* per **III.** *konj* **~ ..., desto ...** the ... the ...; **~ nachdem!** it [all] depends!; **~ nachdem, wann/wie/ob ...** depending on when/how/whether ...
Jeans <-, -> ['dʒiːnz] *f meist pl* jeans *npl*
jede(r, s) ['jeːdə, 'jeːdɐ, 'jeːdəs] *pron indef* ① *attr (alle einzelnen)* each; **~s Mal** every time ② *attr (jegliche)* any ③ *substantivisch* everyone; **das weiß doch ein ~r!** everybody knows that!; *(jeweils der/die einzelne)* each [one]; **~e[r, s] zweite/dritte/...** one in two/three ...
jedenfalls ['jeːdn̩'fals] *adv* anyhow, in any case
jedermann ['jeːdɐman] *pron indef, substantivisch (alle)* everyone; *(jeder [beliebige])* anyone
jederzeit ['jeːdɐ'tsait] *adv* ① *(zu jeder beliebigen Zeit)* at any time ② *(jeden Augenblick)* at any moment
jedoch [je'dɔx] *konj adv* however
jemals ['jeːmaːls] *adv* ever
jemand ['jeːmant] *pron indef* somebody, someone; *(bei Fragen, Negation etc.)* anybody, anyone
jene(r, s) ['jeːnə, 'jeːnɐ, 'jeːnəs] *pron dem (geh)* that *sing,* those *pl*
jenseits ['jeːnzaits] **I.** *präp +gen (auf der anderen Seite)* on the other side of **II.** *adv (über ... hinaus)* **~ von etw** *dat* beyond sth
Jenseits <-> ['jeːnzaits] *nt kein pl* hereafter
Jersey <-[s], -s> ['dʒøːɐzi, 'dʒœrzi] *m* MODE jersey
Jesuit <-en, -en> [jezu'iːt] *m* Jesuit
Jesus <*gen o dat* Jesu, *akk* Jesum> ['jeːzʊs] *m* Jesus; **~ Christus** Jesus Christ
jetzig ['jɛtsɪç] *adj attr* current
jetzt [jɛtst] *adv* ① *(nun)* now; **bis ~** so far; **~ gleich** right now; **~ noch?** now?; **~ oder nie!** [it's] now or never!; **~ schon?** already?; **wer ist das ~ schon wieder?** who on earth is that now? ② *(heute)* now[adays]
jeweilig [jeː'vailɪç] *adj attr* prevailing
jeweils [jeː'vails] *adv* ① *(jedes Mal)* each time; **die Miete ist ~ monatlich im Voraus fällig** the rent is due each month in advance ② *(jeder einzelne)* each
jobben ['dʒɔbn̩] *vi (fam)* to do casual work
Jobcenter <-s, -> ['dʒɔpˌsɛntɐ] *nt* job centre [*or* AM center]
Joch <-[e]s, -e> [jɔx] *nt* yoke
Jockei, Jockey <-s, -s> ['dʒɔke, 'dʒɔki] *m* jockey
Jod <-s> [joːt] *nt kein pl* iodine
jodeln ['joːdl̩n] *vi* to yodel
joggen ['dʒɔgn̩] *vi sein* to jog
Jogger(in) <-s, -> ['dʒɔgɐ] *m(f)* jogger
Jogginganzug ['dʒɔgɪŋ-] *m* tracksuit
Jog(h)urt <-[s], -[s]> ['joːgʊrt] *m o nt* yog[h]urt
Johannisbeere [jo'hanɪs-] *f* currant; **rote/schwarze ~** redcurrant/blackcurrant
johlen ['joːlən] *vi* to yell
Jo-Jo <-s, -s> [jo'joː] *nt* yo-yo
jonglieren [ʒɔŋ'liːrən] *vi* to juggle
Jordanien <-s> [jɔr'daːni̯ən] *nt* Jordan;

s.a. **Deutschland**

Jordanier(in) <-s, -> [jɔrˈdaːni̯ɐ] *m(f)* Jordanian; *s.a.* **Deutsche(r)**

jordanisch [jɔrˈdaːnɪʃ] *adj* Jordanian; *s.a.* **deutsch**

Journal <-s, -e> [ʒʊrˈnaːl] *nt* journal

Journalist(in) <-en, -en> [ʒʊrnaˈlɪst] *m(f)* journalist

jubeln [ˈjuːbl̩n] *vi* to shout with joy; **eine ~de Menge** a cheering crowd

Jubiläum <-s, Jubiläen> [jubiˈlɛːʊm] *nt* anniversary

jucken [ˈjʊkn̩] **I.** *vi (Juckreiz erzeugen)* to itch **II.** *vt impers* **es juckt jdn** [**irgendwo**] sb has an itch [somewhere]; **mich juckt's am Rücken** my back's itching **III.** *vt* ① *(kratzen)* **das Unterhemd juckt mich** the vest makes me itch ② *meist verneint (fam: kümmern)* **jdn juckt etw** [**nicht**] sth is of [no] concern to sb **V.** *vr (fam: sich kratzen)* **sich ~** to scratch

Juckreiz *m* itch[ing *no pl*]

Jude, Jüdin <-n, -n> [ˈjuːdə, ˈjyːdɪn] *m, f* Jew *masc,* Jewess *fem*

Judentum <-s> *nt* Jewry

Jüdin <-, -nen> *f fem form von* **Jude**

jüdisch [ˈjyːdɪʃ] *adj* Jewish

Judo <-s> [ˈjuːdo] *nt kein pl* judo *no pl*

Jugend <-> [ˈjuːgn̩t] *f kein pl* ① youth; **in jds ~** in sb's youth; **von ~ an** from one's youth ② *(junge Leute)* **die ~** young people *npl;* **die europäische ~** the youth of Europe; **die heutige ~** young people today **Jugendfreund(in)** *m(f)* childhood friend **Jugendherberge** *f* youth hostel **Jugendlager** *nt* youth camp

jugendlich [ˈjuːgn̩tlɪç] *adj* youthful; *(jung)* young

Jugendliche(r) *f(m) dekl wie adj* young person

Jugendstrafanstalt *f* JUR *(geh)* youth detention centre [*or* AM -er] **Jugendzeit** *f kein pl* youth *no pl*

Jugoslawien <-s> [jugoˈslaːvi̯ən] *nt* Yugoslavia; *s.a.* **Deutschland**

jugoslawisch [jugoˈslaːvɪʃ] *adj* Yugoslav[ian]; *s.a.* **deutsch**

Juli <-[s], -s> [ˈjuːli] *m* July; *s.a.* **Februar**

jung <jünger, jüngste> [jʊŋ] **I.** *adj* young; **das hält ~!** it keeps you young!; **~ und alt** young and old alike **II.** *adv* young; **von ~ auf** from an early age; **~ heiraten** to marry young

Junge <-n, -n> [ˈjʊŋə] *m* boy

Junge(s) [ˈjʊŋə, ˈjʊŋəs] *nt dekl wie adj (Jungtier)* young; *von Hund* puppy; *von Katze* kitten

jungenhaft *adj* boyish

jünger [ˈjʏŋɐ] *adj* ① *comp von* **jung** younger ② *(noch nicht allzu alt)* youngish ③ *Zeit* recent

Jünger(in) <-s, -> [ˈjʏŋɐ] *m(f) (Anhänger, a. von Jesus)* disciple

Jungfer <-, -n> [ˈjʊŋfɐ] *f* **eine alte ~** *(pej)* an old maid *pej*

Jungfrau [ˈjʊŋfrau] *f* ① *(Frau)* virgin ② ASTROL Virgo; **~ sein** to be a Virgo

jungfräulich [ˈjʊŋfrɔylɪç] *adj (geh)* ① *(Zustand)* virgin ② *(noch unberührt)* virgin; **~er Schnee** virgin snow

Junggeselle, -gesellin [ˈjʊŋgəzɛlə, -gəzɛlɪn] *m, f* bachelor

Junggesellin <-, -nen> [ˈjʊŋgəzɛlɪn] *f fem form von* **Junggeselle** a single woman

Jüngling <-s, -e> [ˈjʏŋlɪŋ] *m (geh)* youth

jüngst [jʏŋst] *adv (geh)* recently

jüngste(r, s) *adj* ① *superl von* **jung** youngest ② *(neueste)* latest

Juni <-[s], -s> [ˈjuːni] *m* June; *s.a.* **Februar**

junior [ˈjuːni̯oːɐ̯] *adj (geh)* junior

Junior, Juniorin <-s, -en> [ˈjuːni̯oːɐ̯, *pl:* juˈni̯oːrən] *m, f* ① *(Juniorchef)* son *masc/*daughter *fem* of the boss ② *(fam: Sohn)* junior ③ *pl (junge Sportler zwischen 18 und 23)* juniors *npl*

Junta <-, Junten> [ˈxʊnta, ˈjʊnta, *pl:* ˈxʊntn̩, ˈjʊntn̩] *f* POL junta

Jura[1] [ˈjuːra] *kein art (Rechtswissenschaft)* law

Jura[2] <-s> ['juːra] *nt kein pl* ❶ *(Schweizer Gebirge)* Jura Mountains *npl* ❷ *(Schweizer Kanton)* Jura

Jurist(in) <-en, -en> [juˈrɪst] *m(f)* ❶ *(Akademiker)* jurist ❷ *(fam: Jurastudent)* law student

juristisch [juˈrɪstɪʃ] **I.** *adj* legal; **die ~e Fakultät** Faculty of Law; **ein ~es Problem** a juridical problem; **~es Studium** law studies **II.** *adv* **~ betrachtet** seen from a legal point of view

Jury <-, -s> [ˈʒyːri] *f* jury

Jus[1] <-> [juːs] *nt kein art* ÖSTERR *(Jura)* law

Jus[2] <-> [ʒyː] *m kein pl* KOCHK jus

Justiz <-> [jʊsˈtiːts] *f kein pl* ❶ *(Gerichtsbarkeit)* justice *no pl* ❷ *(Justizbehörden)* legal authorities *npl*

Justizbeamte(r) *f(m)* judicial officer **Justizminister(in)** *m(f)* Minister of Justice BRIT, Attorney General AM **Justizministerium** *nt* Ministry of Justice BRIT, Department of Justice AM

Juwel[1] <-s, -en> [juˈveːl] *m o nt* ❶ *(Schmuckstein)* gem[stone], jewel ❷ *pl (Schmuck)* jewellery *no pl*

Juwel[2] <-s, -e> [juˈveːl] *nt (geschätzte Person/Sache)* gem; **ein ~ von einer Köchin sein** to be a gem of a cook

Jux <-es, -e> [jʊks] *m (fam)* joke

K Kk

K, k <-, -> *nt* K, k

Kabarett <-s, -e> [kabaˈrɛt] *nt* cabaret

Kabel <-s, -> [ˈkaːbl̩] *nt* ❶ ELEK wire ❷ TELEK, TV cable

Kabelfernsehen *nt* cable TV

Kabeljau <-s, -e> [ˈkaːbl̩jau] *m* cod

Kabelkanal *m* TV, RADIO cable channel **Kabelnetz** *nt* TV cable network

Kabine <-, -n> [kaˈbiːnə] *f* ❶ *(zum Umkleiden)* changing room ❷ NAUT cabin

Kabinett <-s, -e> [kabiˈnɛt] *nt* cabinet

Kabriolett <-s, -s> [kabrioˈlɛt] *nt* ÖSTERR convertible

Kachel <-, -n> [ˈkaxl̩] *f* tile

Kachelofen [ˈkaxl̩ʔoːfn̩] *m* tiled stove

Kadaver <-s, -> [kaˈdaːvɐ] *m* carcass

Kader <-s, -> [ˈkaːdɐ] *m* cadre

Kadett <-en, -en> [kaˈdɛt] *m* MIL cadet

Käfer <-s, -> [ˈkɛfɐ] *m* beetle

Kaff <-s, -s *o* -e> [ˈkaf] *nt (pej fam)* hole

Kaffee <-s, -s> [ˈkafe] *m* coffee; **~ mit Milch** white coffee; **schwarzer ~** black coffee; **~ trinken** to have [a] coffee

Kaffeehaus *nt* coffee-house **Kaffeekanne** *f* coffeepot **Kaffeelöffel** *m* coffee spoon **Kaffeemaschine** *f* coffee machine **Kaffeepad** <-s, -s> [-pɛt] *nt* coffee pod **Kaffeepause** *f* coffee break **Kaffeetasse** *f* coffee cup

Käfig <-s, -e> [ˈkɛːfɪç] *m* cage

kahl [kaːl] **I.** *adj* ❶ *(haarlos)* bald; **~ geschoren** shaven ❷ *Baum, Wand* bare **II.** *adv* **etw ~ fressen** to strip sth bare; **jdn ~ scheren** to shave sb's head

Kahlheit <-> *f kein pl* ❶ *(Kahlköpfigkeit)* baldness *no pl* ❷ *(Blattlosigkeit)* bareness *no pl* ❸ *(kahle Beschaffenheit)* bleakness *no pl*, barrenness *no pl*

Kahlkopf *m* bald head

kahlköpfig *adj* bald-headed

Kahlschlag *m* ❶ *(abgeholzte Fläche)* clearing ❷ *kein pl (das Abholzen)* deforestation

Kahn <-[e]s, Kähne> [kaːn] *m (Boot)* small boat; *(für Lasten)* barge

Kai <-s, -e> [kai] *m* quay

Kairo <-s> [ˈkai̯ro] *nt* Cairo

Kaiser(in) <-s, -> ['kaizɐ] *m(f)* emperor *masc,* empress *fem*
kaiserlich ['kai̯zɐlɪç] *adj* imperial
Kaiserreich *nt* empire **Kaiserschnitt** *m* Caesarean
Kajüte <-, -n> [ka'jy:tə] *f* cabin
Kakadu <-s, -s> *m* cockatoo
Kakao <-s, -s> [ka'kau] *m* cocoa
Kakerlake <-, -n> ['ka:kɐla:kə] *f* cockroach
Kaktee <-, -n> [kak'te:ə] *f*, **Kaktus** <-, Kakteen *o fam* -se> ['kaktʊs] *m* cactus
Kalb <-[e]s, Kälber> [kalp] *nt* calf
kalben ['kalbn̩] *vi* to calve
Kalbfleisch *nt* veal **Kalbsschnitzel** *nt* veal cutlet
Kalender <-s, -> ['kalɛndɐ] *m* calendar
Kalenderjahr *nt* calendar year
Kaliber <-s, -> [ka'li:bɐ] *nt* calibre
Kalifornien <-s> [kali'fɔrni̯ən] *nt* California
Kalium <-s> ['ka:li̯ʊm] *nt kein pl* potassium *no pl*
Kalk <-[e]s, -e> [kalk] *m kein pl* ❶ lime ❷ *(Kalzium)* calcium
kalkhaltig *adj* chalky; *(Wasser)* hard
Kalkstein *m* limestone
Kalkulation <-, -en> [kalkula'tsi̯o:n] *f* calculation
kalkulierbar *adj* calculable
kalkulieren [kalku'li:rən] *vi, vt* to calculate
Kalorie <-, -n> [kalo'ri:] *f* calorie
kalorienarm *adj, adv* low-calorie
kalt <kälter, kälteste> [kalt] **I.** *adj* cold; **mir ist ~** I'm cold **II.** *adv* **~ duschen** to have a cold shower; **sich ~ waschen** to wash in cold water
kaltblütig [kaltbly:tɪç] **I.** *adj* cold-blooded **II.** *adv* unscrupulously
Kälte <-> ['kɛltə] *f kein pl* cold; **vor ~** with cold **kälteempfindlich** *adj* sensitive to cold *pred* **Kälteschutzmittel** *nt* antifreeze **kaltherzig** *adj* cold-hearted
kalt|lassen *vt* **jdn ~** to leave sb cold
Kaltluft *f* cold air
kaltschnäuzig *(fam)* **I.** *adj* callous **II.** *adv* callously
Kalzium <-s> ['kaltsi̯ʊm] *nt kein pl* calcium *no pl*
Kamel <-[e]s, -e> [ka'me:l] *nt* camel
Kamera <-, -s> ['kaməra] *f* camera
Kamerad(in) <-en, -en> [kamə'ra:t] *m(f)* comrade
kameradschaftlich **I.** *adj* friendly **II.** *adv* on a friendly basis
Kameramann, -frau *m, f* cameraman *masc,* camerawoman *fem*
Kamerun <-s> ['kaməru:n] *nt* Cameroon; *s.a.* **Deutschland**
Kamille <-, -n> [ka'mɪlə] *f* camomile
Kamillentee *m* camomile tea
Kamin <-s, -e> [ka'mi:n] *m* ❶ fireplace ❷ *(Schornstein)* chimney
Kamm <-[e]s, Kämme> [kam] *m* comb
kämmen [kɛmən] *vt* to comb
Kammer <-, -n> ['kamɐ] *f* [small] room
Kampagne <-, -n> [kam'panjə] *f* campaign
Kampf <-[e]s, Kämpfe> [kampf] *m* ❶ fight ❷ MIL battle ❸ *(das Ringen)* **der ~ ums Dasein** the struggle for existence ▶ **jdm/etw den ~ ansagen** to declare war on sb/sth
kämpfen ['kɛmpfn̩] *vi* ❶ to fight ❷ *(ringen)* **mit sich/etw** *dat* **~** to struggle with oneself/sth
kämpferisch *adj* aggressive
Kampfhund *m* fighting dog **kampflustig** *adj* belligerent **Kampfrichter(in)** *m(f)* referee **Kampfsport** *m kein pl* martial arts *pl*
kampieren [kam'pi:rən] *vi* to camp [out]
Kanada <-s> ['kanada] *nt* Canada
Kanadier(in) <-s, -> [ka'na:di̯ɐ] *m(f)* Canadian
kanadisch [ka'na:dɪʃ] *adj* Canadian
Kanal <-s, Kanäle> [ka'na:l] *m* ❶ canal ❷ *(Abwasser)* sewer ❸ GEOG **der ~** the Channel ❹ TV channel
Kanalinseln *pl* **die ~** the Channel Islands

K

Kanalisation <-, -en> [kanaliza'tsi̯oːn] *f* sewerage system
Kanaltunnel *m* **der ~** the Channel Tunnel
Kanarienvogel [ka'naːri̯ənfoːgl̩] *m* canary
Kanarische Inseln *pl* Canary Islands
Kandidat(in) <-en, -en> [kandi'daːt] *m(f)* candidate; **jdn als ~en aufstellen** to nominate sb
Kandidatur <-, -en> [kandida'tuːɐ̯] *f* application; POL candidacy
kandidieren [kandi'diːrən] *vi* to stand (**für** for)
kandiert *adj* candied
Kandis <-> ['kandɪs] *m*, **Kandiszucker** *m kein pl* rock candy *no pl*
Känguru <-s, -s> ['kɛŋguru] *nt* kangaroo
Kaninchen <-s, -> [ka'niːnçən] *nt* rabbit
Kaninchenstall *m* rabbit hutch
Kanister <-s, -> [ka'nɪstɐ] *m* canister
Kännchen <-s, -> ['kɛnçən] *nt* ❶ jug ❷ *(im Café)* pot
Kanne <-, -n> ['kanə] *f* pot
Kannibale <-n, -n> [kani'baːlə] *m* cannibal
Kanone <-, -n> [ka'noːnə] *f* cannon
Kanonenboot *nt* gunboat **Kanonenfutter** *nt (sl)* cannon fodder
Kantate <-, -n> [kan'taːtə] *f* MUS cantata
Kante <-, -n> ['kantə] *f* edge
kantig ['kantɪç] *adj* ❶ *(Kanten besitzend)* squared ❷ *(markant)* angular
Kantine <-, -n> [kan'tiːnə] *f* canteen
Kanton <-s, -e> [kan'tɔːn] *m* canton
Kanu <-s, -s> ['kaːnu] *nt* canoe
Kanüle <-, -n> [ka'nyːlə] *f* cannula
Kanzel <-, -n> ['kantsl̩] *f* ❶ REL pulpit ❷ LUFT cockpit
Kanzlei <-, -en> [kants'lai] *f* office
Kanzler(in) <-s, -> ['kantslɐ] *m(f)* chancellor
Kanzleramt *nt* POL ❶ *(Büro)* chancellor's office ❷ *kein pl (Amt)* chancellorship
Kap <-s, -s> [kap] *nt* cape
Kapazität <-, -en> [kapatsi'tɛːt] *f* ❶ *kein pl* capacity ❷ *(Experte)* expert
Kapelle <-, -n> [ka'pɛlə] *f* ❶ REL chapel ❷ MUS orchestra
Kaper <-, -n> ['kaːpɐ] *f* caper
kapieren [ka'piːrən] *(fam)* **I.** *vi* to get; **~, dass/was ...** to understand that/what ... **II.** *vt* **etw ~** to get sth
Kapital <-s, -ien> [kapi'taːl] *nt* capital; **~ aufnehmen** to take up credit; **~ aus etw** *dat* **schlagen** to cash in on sth
Kapitalflucht *f* flight of capital
Kapitalismus <-> [kapita'lɪsmʊs] *m kein pl* capitalism
Kapitalist(in) <-en, -en> [kapita'lɪst] *m(f)* capitalist
kapitalistisch *adj* capitalist
Kapitalverbrechen *nt* capital offence
Kapitän(in) <-s, -e> [kapi'tɛːn] *m(f)* captain
Kapitel <-s, -> [ka'pɪtl̩] *nt* chapter
Kapitulation <-, -en> [kapitula'tsi̯oːn] *f* capitulation
kapitulieren [kapitu'liːrən] *vi* to capitulate (**vor** to)
Kaplan <-s, Kapläne> [ka'plaːn] *m* chaplain
Kappe <-, -n> ['kapə] *f* ❶ *(Mütze)* cap ❷ *(Deckel)* top
Kapsel <-, -n> ['kapsl̩] *f* ❶ PHARM, RAUM capsule ❷ *(kleiner Behälter)* small container
kaputt [ka'pʊt] *adj (fam)* ❶ *(defekt)* broken ❷ *(beschädigt)* damaged ❸ *(erschöpft)* shattered ❹ *(ruiniert)* ruined
kaputt|gehen *vi irreg sein (fam)* ❶ to break down ❷ *(beschädigt werden)* to become damaged ❸ *(ruiniert werden)* to be ruined **kaputt|machen** **I.** *vt (fam)* ❶ *(zerstören)* to break ❷ *(ruinieren)* to ruin ❸ *(erschöpfen)* **jdn ~** to wear sb out **II.** *vr (fam)* **sich ~** to wear oneself out
Kapuze <-, -n> [ka'puːtsə] *f* hood
Kapuzenshirt [-ʃøːɐ̯t] *nt* hoody
Karabiner <-s, -> [kara'biːnɐ] *m* ❶ carbine ❷ *(Haken)* karabiner

Karaffe <-, -n> [ka'rafə] *f* decanter
Karambolage <-, -n> [karambo'la:ʒə] *f* pile-up
Karamell <-s> [kara'mɛl] *m kein pl* caramel
Karaoke <-[s]> [kara'o:kə] *nt kein pl* MUS karaoke *no pl*
Karat <-[e]s, -e> [ka'ra:t] *nt* carat
Karate <-[s]> [ka'ra:tə] *nt kein pl* karate
Kardamom <-s> [karda'mo:m] *m o nt kein pl* cardamom
Kardinal <-s, Kardinäle> [kardi'na:l] *m* cardinal
Kardinalfehler *m* cardinal error **Kardinalzahl** *f* cardinal number
Karfiol <-s> [kar'fi̯o:l] *m kein pl* ÖSTERR cauliflower
Karfreitag [ka:ɐ̯'fraita:k] *m* Good Friday
karg [kark] *adj* meagre
Kargheit <-> *f kein pl* ❶ *(Unfruchtbarkeit)* barrenness *no pl* ❷ *(Dürftigkeit)* sparseness *no pl*
Karibik <-> [ka'ri:bɪk] *f* **die ~** the Caribbean
kariert [ka'ri:rt] *adj* ❶ *Stoff* checked ❷ *Papier* squared
Karies <-> [ka:ri̯ɛs] *f kein pl* tooth decay
Karikatur <-, -en> [karika'tu:ɐ̯] *f* caricature
karikieren [kari'ki:rən] *vt* to caricature
Karneval <-s, -e> ['karnəval] *m* carnival
Kärnten <-s> ['kɛrntn̩] *nt* Carinthia
Karo <-s, -s> ['ka:ro] *nt* ❶ check ❷ KARTEN diamonds *pl*
Karoass <-es, -e> *nt* KARTEN ace of diamonds
Karosse <-, -n> [ka'rɔsə] *f* ❶ *(Prunkkutsche)* state coach ❷ *(fam)* s. **Karosserie**
Karosserie <-, -n> [karɔsə'ri:] *f* bodywork
Karotte <-, -n> [ka'rɔtə] *f* carrot
Karpfen <-s, -> ['karpfn̩] *m* carp
Karren <-s, -> ['karən] *m* ❶ *(Schubkarre)* wheelbarrow ❷ *(offener Pferdewagen)* cart
Karriere <-, -n> [ka'ri̯e:rə] *f* career
Karrierefrau *f* career woman
Karte <-, -n> ['kartə] *f* ❶ card; *(Ansichtskarte)* [post]card; *(Eintritts-/Fahrkarte)* ticket ❷ *(Auto-/Landkarte)* map; **nach der ~** according to the map ❸ *(Speisekarte)* menu ❹ KARTEN card; **die ~n mischen** to shuffle the cards
Kartei <-, -en> [kar'tai] *f* card index
Karteikarte *f* index card
Kartenspiel *nt* game of cards **Kartenspieler(in)** <-s, -> *m(f)* card player **Kartentelefon** *nt* cardphone **Kartenvorverkauf** *m* advance ticket sale
Kartoffel <-, -n> [kar'tɔfl̩] *f* potato
Kartoffelbrei *m kein pl* mashed potatoes **Kartoffelchips** *pl* crisps BRIT, chips AM **Kartoffelpuffer** <-s, -> *m* potato fritter **Kartoffelsalat** *m* potato salad
Karton <-s, -s> [kar'tɔŋ] *m* ❶ cardboard box ❷ *(Pappe)* cardboard
Karussell <-s, -s> [karʊ'sɛl] *nt* merry-go-round
Karzinom <-s, -e> [kartsi'no:m] *nt* malignant growth
Kaschmir[1] <-s> ['kaʃmi:ɐ̯] *nt* GEOG Kashmir
Kaschmir[2] <-s, -e> ['kaʃmi:ɐ̯] *m* cashmere
Käse <-s, -> ['kɛ:zə] *m* ❶ *(Lebensmittel)* cheese ❷ *(Quatsch)* nonsense
Käsekuchen *m* cheesecake
käseweiß, käsig ['kɛsɪç] *adj (fam)* pasty
Kasino <-s, -s> [ka'zi:no] *nt* casino
Kaskoversicherung *f* fully comprehensive insurance
Kasper <-s, -> ['kaspɐ] *m*, **Kasperl** <-s, -[n]> ['kaspɐl] *m o nt* ÖSTERR Punch
Kasperletheater *nt* Punch and Judy show
Kasse <-, -n> ['kasə] *f* ❶ *(Zahlstelle)* cash desk; *(in Supermarkt)* check-out ❷ *(Registrierkasse)* cash register, till; **jdn zur ~ bitten** to ask sb to pay ❸ *(fam)* **gut/schlecht bei ~ sein** to

K

be well/badly off
Kassenautomat *m* automatic cash register **Kassenbon** *m* receipt **Kassenbuch** *nt* cash-book **Kassenpatient(in)** *m(f)* National Health [*or* AM Medicaid] patient **Kassenschalter** *m* cash desk BRIT, teller window AM **Kassenzettel** *m s.* **Kassenbon**
Kassette <-, -n> [ka'sɛtə] *f* *(Video)* video tape; *(Musik)* tape
Kassettendeck *nt* cassette deck **Kassettenrekorder** *m* cassette recorder
kassieren [ka'si:rən] **I.** *vt* ❶ to collect (**von** from) ❷ *(fam: einstreichen)* to pick up **II.** *vi* **bei jdm ~** to hand sb the bill
Kassierer(in) <-s, -> [ka'si:rɐ] *m(f)* cashier
Kastanie <-, -n> [kas'ta:ni̯ə] *f* chestnut
K
kastanienbraun *adj* maroon
Kasten <-s, Kästen> ['kastn̩] *m* ❶ box ❷ ÖSTERR *(Schrank)* cupboard ▶ **etwas/nichts auf dem ~ haben** *(fam)* to be/not be on the ball
kastrieren [kas'tri:rən] *vt* to castrate
Kasus <-, -> ['ka:zʊs] *m* LING case
Katalog <-[e]s, -e> [kata'lo:k] *m* catalogue
Katalysator <-s, -toren> [kataly'za:to:ɐ̯] *m* ❶ catalyst ❷ AUTO catalytic converter
Katalyse <-, -n> [kata'ly:zə] *f* CHEM catalysis
katalytisch [kata'ly:tɪʃ] *adj* CHEM catalytic
Katamaran <-s, -e> [katama'ra:n] *m* NAUT catamaran
Katapult <-[e]s, -e> [kata'pʊlt] *m o nt* catapult
katastrophal [katastro'fa:l] *adj* catastrophic
Katastrophe <-, -n> [kata'stro:fə] *f* catastrophe
Katastrophenhilfe *f* aid for disaster victims
Kategorie <-, -n> [katego'ri:] *f* category
kategorisch [kate'go:rɪʃ] *(emph)* **I.** *adj* categorical **II.** *adv* categorically
Kater <-s, -> ['ka:tɐ] *m* ❶ tomcat; **der Gestiefelte ~** Puss-in-Boots ❷ hangover; **einen ~ haben** to have a hangover
Katharsis <-> [ka'tarzɪs] *f kein pl* LIT, PSYCH catharsis
Kathedrale <-, -n> [kate'dra:lə] *f* cathedral
Katheter <-s, -> [ka'te:tɐ] *m* catheter
Katholik(in) <-en, -en> [kato'li:k] *m(f)* Catholic
katholisch [ka'to:lɪʃ] *adj* Catholic
katzbuckeln ['katsbʊkl̩n] *vi (pej fam)* [**vor jdm**] **~** to grovel [before sb]
Kätzchen[1] <-s, -> ['kɛtsçən] *nt dim von* **Katze** kitten
Kätzchen[2] <-s, -> ['kɛtsçən] *nt* BOT catkin
Katze <-, -n> ['katsə] *f* cat ▶ **die ~ im Sack kaufen** to buy a pig in a poke; **die ~ aus dem Sack lassen** *(fam)* to let the cat out of the bag
Katzenstreu *f* cat litter
Kauderwelsch <-[s]> ['kaʊdɐvɛlʃ] *nt kein pl (pej)* ❶ *(Sprachgemisch)* a hotchpotch *(of different languages)* ❷ *(Fachsprache)* jargon
kauen ['kauən] *vt, vi* to chew
kauern ['kaʊɐn] **I.** *vi* to be huddled [up] **II.** *vr* **sich hinter etw** *akk* **~** to crouch behind sth; **sich in eine Ecke ~** to cower in a corner
Kauf <-[e]s, Käufe> [kauf] *m* ❶ *(das Kaufen)* buying; **etw zum ~ anbieten** to offer sth for sale ❷ *(Ware)* buy ▶ **etw in ~ nehmen** to put up with sth; **ein Risiko in ~ nehmen** to accept a risk
kaufen ['kaufn̩] **I.** *vt* to buy **II.** *vi* to shop
Käufer(in) <-s, -> ['kɔyfɐ] *m(f)* buyer
Kauffrau *f* businesswoman **Kaufhaus** *nt* department store **Kaufkraft** *f* ❶ *(Geldwert)* purchasing power ❷ *(Finanzkraft)* spending power
käuflich **I.** *adj* ❶ *(zu kaufen)* for sale *pred* ❷ *(bestechlich)* bribable **II.** *adv* **~ erwerben** to purchase

Kaufmann, **-frau** <-leute> ['kauf-man] *m, f* businessman *masc*, businesswoman *fem*
kaufmännisch *adj* commercial
Kaufpreis *m* purchase price **Kaufvertrag** *m* contract of sale
Kaugummi *m* chewing gum
Kaulquappe <-, -n> ['kaulkvapə] *f* tadpole
kaum [kaum] I. *adv* hardly; **[wohl] ~!** I don't think so!; **~ eine[r]** hardly anyone; **~ jemals** hardly ever II. *konj* **~ dass ...** no sooner ... than
Kaution <-, -en> [kau'tsi̯oːn] *f* ① JUR bail ② *(für Mietwohnung)* deposit
Kautschuk <-s, -e> ['kautʃʊk] *m* caoutchouc
Kauz <-es, Käuze> [kauts] *m* ① ZOOL [tawny] owl ② *(Sonderling)* [odd] character
Kavalier <-s, -e> [kava'liːɐ̯] *m* gentleman
Kavaliersdelikt *nt* petty offence
Kaviar <-s, -e> ['kaːvi̯ar] *m* caviar[e]
keck [kɛk] *adj* cheeky
Kegel <-s, -> ['keːgl̩] *m* ① SPORT skittle ② MATH cone
Kegelbahn *f* bowling alley
kegeln ['keːgl̩n] *vi* to go bowling
Kehle <-, -n> ['keːlə] *f* throat ▸ **sich** *dat* **die ~ aus dem Hals schreien** *(fam)* to scream one's head off
Kehlkopf *m* larynx
Kehlkopfentzündung *f* MED laryngitis *no pl, no indef art*
kehren[1] ['keːrən] I. *vt (wenden)* to turn; **kehre die Innenseite nach außen** turn it inside out II. *vr* ① *(wenden)* **sich gegen jdn ~** to turn against sb; **in sich** *akk* **gekehrt** introverted ② *(kümmern) (fam)* **sich nicht an etw** *dat* **~** to not care about sth
kehren[2] ['keːrən] *vt, vi (fegen)* to sweep
Kehricht <-s> ['keːrɪçt] *m o nt kein pl* ① sweepings *npl* ② SCHWEIZ *(Müll)* refuse, AM *usu* garbage ▸ **jdn einen feuchten ~ angehen** *(sl)* not to be any of sb's [damned] business
Kehrschaufel *f* dustpan
Kehrseite *f* ① back ② *(Schattenseite)* downside ▸ **die ~ der Medaille** the other side of the coin
keifen ['kaifn̩] *vi (pej)* to nag
Keil <-[e]s, -e> [kail] *m* wedge
Keiler <-s, -> ['kailɐ] *m* wild boar
Keilerei <-, -en> [kai̯lə'rai̯] *f (fam)* scrap *sl*
Keilriemen *m* V-belt
Keim <-[e]s, -e> [kaim] *m* ① BOT shoot ② *(Erreger)* germ ▸ **etw im ~[e] ersticken** to nip sth in the bud
keimen ['kaimən] *vi* BOT to germinate
keimfrei *adj* sterile; **etw ~ machen** to sterilize sth
Keimling <-s, -e> *m* BOT shoot
kein [kai̯n] I. *pron indef, attr* ① *(nicht [irgend]ein, niemand)* no; **er sagte ~ Wort** the didn't say a word; **~ anderer/~e andere als ...** none other than ... ② *(nichts davon)* not ... any; **ich habe heute einfach ~e Lust, ins Kino zu gehen** I just don't fancy going to the cinema today ③ *([kehrt das zugehörige Adj ins Gegenteil])* not; **das ist ~ dummer Gedanke** that's not a bad idea ④ *(fam: [vor Zahlwörtern] nicht ganz, [noch] nicht einmal)* not, less than; **die Reparatur dauert ~e 5 Minuten** it won't take 5 minutes to repair II. *pron indef, substantivisch* ① *(niemand: von Personen)* nobody, no one; *(von Gegenständen)* none; **~[r, s] von beiden** neither [of them] ② *([überhaupt] nicht)* any; **ich gehe zu der Verabredung, aber Lust hab ich ~e** I'm going to keep the appointment, but I don't feel like going; **Lust habe ich schon, aber Zeit habe ich ~e** I'd like to, it's just that I don't have the time
keinerlei ['kainɐ'lai] *adj attr* no ... at all
keinesfalls ['kainəs'fals] *adv* under no circumstances
keineswegs ['kainəs'veːks] *adv* not at all
Keks <-es, -e> [keːks] *m* biscuit BRIT, cookie AM ▸ **jdm auf den ~ gehen** *(sl)*

K

to get on someone's wick

Kelch <-[e]s, -e> [kɛlç] *m* chalice

Kelle <-, -n> ['kɛlə] *f* ① *(Schöpflöffel)* ladle ② *(Maurerwerkzeug)* trowel

Keller <-s, -> ['kɛlɐ] *m* cellar

Kellergeschoss *nt* basement

Kellner(in) <-s, -> ['kɛlnɐ] *m(f)* waiter

Kelte, Keltin <-n, -n> ['kɛltə, 'kɛltɪn] *m, f* Celt

keltern ['kɛltɐn] *vt* to press

Kenia <-s> ['keːni̯a] *nt* Kenya; *s.a.* **Deutschland**

kennen <kannte, gekannt> ['kɛnən] *vt* ① *(jdm bekannt sein)* to know; **kennst du das Buch/diesen Film?** have you read this book/seen this film?; **kennst du mich noch?** do you remember me?; **wie ich ihn kenne …** if I know him …; **so kenne ich dich gar nicht** I've never seen you like this; **jdn ~ lernen** to meet sb; **sich ~ lernen** to meet ② *(vertraut sein)* **etw ~** to be familiar with sth; **jdn/etw ~ lernen** to get to know sb/sth; **sich ~ lernen** to get to know one another

Kenner(in) <-s, -> ['kɛnɐ] *m(f)* expert

Kenntnis <-ses, -se> ['kɛntnɪs] *f* knowledge *no pl;* **etw zur ~ nehmen** to take note of sth; **zur ~ nehmen, dass …** to note that …

Kennung <-, -en> ['kɛnʊŋ] *f* ① TELEK identity, identification ② INFORM user identifier, UID

Kennwort <-wörter> *nt* code name

Kennzeichen *nt* ① mark ② *(Nummernschild)* number plate BRIT, license plate AM

kennzeichnen ['kɛntsaiçnən] **I.** *vt* ① to mark ② *(charakterisieren)* to characterize **II.** *vr* **sich durch etw** *akk* **~** to be characterized by sth

kentern ['kɛntɐn] *vi sein* to capsize

Keramik <-> [ke'raːmɪk] *f kein pl* ① *(Waren)* pottery ② *(Material)* fired clay

keramisch [ke'raːmɪʃ] *adj* ceramic, pottery *attr*

Kerbe <-, -n> ['kɛrbə] *f* notch

Kerbel <-s> ['kɛrbl̩] *m kein pl* chervil

Kerl <-s, -e> [kɛrl] *m (fam)* bloke

Kern <-[e]s, -e> [kɛrn] *m* ① *Apfel* pip; *Kirsche* stone; **einen wahren ~ haben** to contain a core of truth ② *Atom, Zelle* nucleus ③ *(wichtigster Teil)* core

Kernfamilie *f* nuclear family

Kernfusion *f* nuclear fusion

kerngesund *adj* fit as a fiddle *pred*

kernig ['kɛrnɪç] *adj* ① *(voller Obstkerne)* full of pips *pred* ② *(urwüchsig)* earthy

Kernkraft *f* nuclear power **Kernkraftwerk** *nt* nuclear power plant **Kernreaktor** *m* nuclear reactor

Kernseife *f* washing soap

Kernspaltung *f* nuclear fission

Kernstück *nt* crucial part

Kerosin <-s, -e> [kero'ziːn] *nt* kerosene

Kerze <-, -n> ['kɛrtsə] *f* candle

kerzengerade **I.** *adj* erect **II.** *adv* as straight as a die **Kerzenlicht** *nt kein pl* candlelight **Kerzenständer** *m* candlestick

Kessel <-s, -> ['kɛsəl] *m* kettle

Ketchup <-[s], -s> ['kɛtʃap] *m o nt* ketchup

Kette <-, -n> ['kɛtə] *f* ① chain; *(Schmuck)* necklace; **einen Hund an die ~ legen** to put a dog on a chain; **jdn in ~n legen** to put sb in chains ② *(Reihe)* **eine ~ von Unglücksfällen** a series of accidents

Kettenglied *nt* link **Kettenraucher(in)** *m(f)* chain-smoker **Kettenreaktion** *f* chain reaction

Ketzer(in) <-s, -> ['kɛtsɐ] *m(f)* heretic

ketzerisch *adj* heretical

keuchen ['kɔyçn̩] *vi* to pant

Keuchhusten *m* whooping cough

Keule <-, -n> ['kɔylə] *f* club

keusch [kɔyʃ] *adj* chaste

Kfz-Werkstatt *f* motor vehicle workshop

khakifarben *adj* khaki[-coloured [*or* AM -ored]]

Kibbuz <-, Kibbuzim *o* -e> [kɪ'buːts,

pl: kɪbuˈtsiːm] *m* GEOG kibbutz
Kichererbse [ˈkɪçɐʔɛrpsə] *f* chick-pea
kichern [ˈkɪçɐn] *vi* to giggle
kidnappen [ˈkɪtnɛpn̩] *vt* to kidnap
Kiebitz <-es, -e> [ˈkiːbɪts] *m* lapwing
Kiefer[1] <-, -n> [ˈkiːfɐ] *f* BOT pine [tree]
Kiefer[2] <-s, -> [ˈkiːfɐ] *m* ANAT jaw[-bone]
Kiefernzapfen *m* pine cone
Kieferorthopäde, -orthopädin <-n, -n> *m, f* orthodontist
Kiel <-[e]s, -e> [kiːl] *m* keel
Kieme <-, -n> [ˈkiːmə] *f* gill
Kies <-es> [kiːs] *m kein pl* gravel
Kieselstein [ˈkiːzl̩-] *m* pebble
Kilo <-s, -[s]> [ˈkiːlo] *nt* kilo
Kilobyte [ˈkiːlobait] *nt* kilobyte **Kilogramm** *nt* kilogramme **Kilohertz** *nt* kilohertz **Kilometer** [kiloˈmeːtɐ] *m* kilometre **Kilometerzähler** *m* mil[e]age counter
Kind <-[e]s, -er> [kɪnt] *nt* child; **ein ~ bekommen** to be expecting a baby; **von ~ auf** from an early age ▶ **das ~ mit dem Bade ausschütten** to throw out the baby with the bathwater; **mit ~ und Kegel** *(hum)* with the whole family; **kein ~ von Traurigkeit sein** *(hum)* to be sb who enjoys life

Übersetzungstipp
Nicht verwechseln mit *kind* – *Art!*

Kinderarzt, -ärztin *m, f* paediatrician BRIT, pediatrician AM **Kinderbett** *nt* cot **Kinderfahrkarte** *f* child's ticket **Kindergarten** *m* nursery school, kindergarten AM **Kindergärtner(in)** *m(f)* nursery-school [*or* AM kindergarten] teacher **Kindergeld** *nt* child benefit **Kinderkrankheit** *f* childhood disease **Kinderlähmung** *f* polio **kinderleicht** [ˈkɪndɐˈlaiçt] *(fam)* **I.** *adj* dead easy; **~ sein** to be child's play **II.** *adv* very easily; **etw ist ~ zu bedienen** sth is dead easy to operate **kinderlieb** [ˈkɪndɐliːp] *adj* fond of children *pred*
kinderlos *adj* childless
Kindermädchen *f* nanny **kinderreich** *adj* with many children *pred;* **eine ~e Familie** a large family **Kindersitz** *m* ① AUTO child safety seat ② *(fürs Rad)* child-carrier seat **Kinderspiel** *nt* children's game ▶ **[für jdn] ein ~ sein** to be child's play [to sb] **Kinderspielplatz** *m* playground **Kinderspielzeug** *nt* [children's [*or* child's]] toy **Kindertagesstätte** *f* nursery **Kinderteller** *m* child portion **Kinderwagen** *m* pram BRIT, baby carriage AM **Kinderzimmer** *nt* children's room
Kindheit <-> *f kein pl* childhood; **von ~ an** from childhood
kindisch [ˈkɪndɪʃ] *adj* childish
kindlich [ˈkɪntlɪç] **I.** *adj* childlike **II.** *adv* **sich ~ verhalten** to behave in a childlike way
kinetisch [kiˈneːtɪʃ] *adj* kinetic
Kinn <-[e]s, -e> [kɪn] *nt* chin
Kinnhaken *m* hook to the chin
Kino <-s, -s> [ˈkiːno] *nt* cinema, AM [movie] theater
Kiosk <-[e]s, -e> [ˈkiːɔsk] *m* kiosk
Kipfe(r)l <-s, -[n]> [ˈkɪpfl̩, -fɐl] *nt* ÖSTERR croissant
Kippe <-, -n> [ˈkɪpə] *f (fam)* ① *(Deponie)* tip BRIT, dump AM ② *(Zigarettenstummel)* cigarette end; *(Zigarette)* fag BRIT *sl,* cigarette AM ▶ **es steht auf der ~, ob …** it's touch and go whether …
kippen [ˈkɪpn̩] **I.** *vt haben* ① *(schütten)* to tip ② *(schräg stellen)* to tilt **II.** *vi sein* ① *(umfallen)* to topple over; **[von etw** *dat***] ~** to fall [off sth] ② *Ökosystem* to collapse
Kirche <-, -n> [ˈkɪrçə] *f* ① church ② *(Institution)* Church
Kirchenchor *m* church choir **Kirchenfest** *nt* religious festival **Kirchengemeinde** *f* parish **Kirchenlied** *nt* hymn **Kirchensteuer** *f* church tax
Kirchgänger(in) <-s, -> *m(f)* churchgoer **Kirchhof** *m (veraltend)* church graveyard

K

kirchlich ['kɪrçlɪç] **I.** *adj* church *attr;* **ein ~er Feiertag** a religious holiday **II.** *adv* **~ bestattet werden** to have a church funeral; **sich ~ trauen lassen** to get married in church

Kirchturm *m* steeple **Kirchweih** <-, -en> *f*, **Kirchweihe** *f (ländlicher Jahrmarkt)* [country] fair

Kirschbaum ['kɪrʃbaum] *m* cherry tree

Kirschblüte *f* ❶ *(Blüte)* cherry blossom ❷ *(Zeitraum)* **während der ~** during cherry blossom time

Kirsche <-, -n> ['kɪrʃə] *f* cherry

Kissen <-s, -> ['kɪsn̩] *nt (Kopfpolster)* pillow; *(Zierde)* cushion

Kissenbezug *m* cushion cover; *(für Kopfkissen)* pillowcase

Kiste <-, -n> ['kɪstə] *f* box

Kitsch <-es> [kɪtʃ] *m kein pl* kitsch

K

kitschig ['kɪtʃɪç] *adj* kitschy

Kitt <-[e]s, -e> [kɪt] *m* putty

Kittel <-s, -> ['kɪtl̩] *m* overall; **weißer ~** white coat

kitten ['kɪtn̩] *vt (in Ordnung bringen)* **etw [wieder] ~** to patch up sth [again]

Kitz <-es, -e> [kɪts] *nt* kid

kitzelig ['kɪtsəlɪç] *adj* ticklish

kitzeln ['kɪtsl̩n] *vi, vt* ❶ to tickle ❷ *(reizen)* **es kitzelt mich sehr, da mitzumachen** I'm really itching to join in

Kiwi <-, -s> ['ki:vi] *f* kiwi [fruit]

klaffen ['klafn̩] *vi* to yawn; *Wunde* to gape

kläffen ['klɛfn̩] *vi* to yap

klaffend *adj* ❶ *(gähnend)* yawning, gaping ❷ *(auseinanderklaffend)* gaping

Klage <-, -n> ['kla:gə] *f* ❶ *(geh: Jammern)* lament ❷ *(Beschwerde)* complaint ❸ JUR [legal] action; **eine ~ abweisen** to dismiss a suit; **eine ~ einreichen** to take legal action

Klagegeschrei *nt* wailing

klagen ['kla:gn̩] **I.** *vi* ❶ *(jammern)* to moan ❷ *(sich beschweren)* to complain (**bei** to); **ich kann nicht ~** I can't complain; **ohne zu ~** without complaining ❸ JUR *(prozessieren)* to take legal action (**gegen** against) **II.** *vt* ÖSTERR *(verklagen)* **jdn ~** to take legal action against sb

Kläger(in) <-s, -> *m(f)* plaintiff

klamm [klam] *adj* ❶ *(steif vor Kälte)* numb ❷ *(nass und kalt)* dank ❸ *(sl: knapp bei Kasse)* **~ sein** to be hard up

Klammer <-, -n> ['klamɐ] *f* ❶ *(Wäscheklammer)* peg; *(Heftklammer)* staple ❷ *(Satzzeichen)* bracket; **eckige/runde/spitze ~n** square/round/pointed brackets; **geschweifte ~n** braces; **in ~n** in brackets

Klammeraffe *m* ❶ ZOOL spider monkey ❷ INET at sign

klammheimlich ['klam'hai̯mlɪç] *(fam)* **I.** *adj* on the quiet *pred* **II.** *adv* on the quiet; **sich ~ fortstehlen** to slip away [unseen]

klang [klaŋ] *vi imp von* **klingen**

Klang <-[e]s, Klänge> [klaŋ] *m* sound

klangvoll *adj* sonorous; *Melodie* tuneful; *Stimme* melodious

Klappe <-, -n> ['klapə] *f* ❶ flap ❷ *(sl: Mund)* trap; **halt die ~!** shut your trap!; **eine große ~ haben** to have a big mouth

klappen ['klapn̩] **I.** *vt* to fold; **einen Deckel nach oben/unten ~** to lift up/lower a lid **II.** *vi (fam: funktionieren)* to work out; **alles hat geklappt** everything went as planned

Klappentext *m* TYPO blurb

Klapper <-, -n> ['klapɐ] *f* rattle

klapperig ['klapərɪç] *adj (fam)* rickety

klappern ['klapɐn] *vi* to rattle

Klapperschlange *f* rattlesnake

Klappfahrrad *nt* folding bicycle **Klappmesser** *nt* flick-knife

klapprig ['klaprɪç] *adj s.* **klapperig**

Klappstuhl *m* folding chair

Klaps <-es, -e> [klaps] *m* smack ▶ **einen ~ <u>haben</u>** *(fam)* to have a screw loose

Klapse ['klapsə] *f (sl)*, **Klapsmühle** <-, -n> *f (sl)* loony-bin, funny farm *hum*

klar [kla:ɐ̯] **I.** *adj* ❶ *(eindeutig)* clear; **eine ~e Antwort** a straight answer;

jdm ~ sein to be clear to sb ② *(ungetrübt)* clear; **eine ~e Nacht** a clear night II. *adv* clearly; **~ und deutlich** clearly and unambiguously; **~ denkend** clear-thinking; **~ sehen** to see clearly III. *interj* **[na] ~!** of course!

Kläranlage *f* sewage-works

klären [ˈklɛrən] I. *vt (aufklären)* to clear up *sep* II. *vr (sich aufklären)* **sich ~** to be cleared up

Klarinette <-, -n> [klariˈnɛtə] *f* clarinet

klar|machen *vt* **jdm etw ~** to make sth clear to sb; **sich** *dat* **~, dass ...** to realize that ... **Klartext** *m* ▶ **mit jdm ~ reden** *(fam)* to give sb a piece of one's mind

klasse [ˈklasə] *(fam)* I. *adj* fantastic, great II. *adv* fantastically, very well

Klasse <-, -n> [ˈklasə] *f* ① SCH class; **eine ~ überspringen/wiederholen** to skip/repeat a year ② BAHN **erster ~ fahren** to travel first-class ▶ **große ~!** *(fam)* great!

Klassenarbeit *f* class test **Klassenkamerad(in)** *m(f)* classmate **Klassenlehrer(in)** *m(f)* class teacher **Klassentreffen** *nt* SCH class reunion **Klassenzimmer** *nt* classroom

Klassifikation <-, -en> [klasifikaˈtsi̯oːn] *f s.* **Klassifizierung**

klassifizieren [klasifiˈtsiːrən] *vt* to classify

Klassifizierung <-, -en> *f* classification

Klassik <-> [ˈklasɪk] *f kein pl* ① *(Epoche)* classical age ② *(Musik)* classical music

klassisch [ˈklasɪʃ] *adj* ① classical ② *(ideal)* classic

Klassizismus <-, -smen> [klasiˈtsɪsmʊs] *m* ARCHIT classicism

Klatsch <-[e]s, -e> [klatʃ] *m kein pl (pej)* tittle-tattle; **~ und Tratsch** gossip

klatschen [ˈklatʃn̩] *vi* ① *haben (applaudieren)* to clap ② *sein (aufschlagen)* to splat; **die Regentropfen klatschten ihr ins Gesicht** the raindrops beat against her face ③ *haben (tratschen)* to gossip

Klatschmohn *m* [corn] poppy

Klatschpresse *f kein pl (fam)* MEDIA gossip press **Klatschspalte** *f (pej fam)* gossip column[s *pl*]

Klaue <-, -n> [ˈklauə] *f* ① *(Krallen)* claw ② *(pej fam: Handschrift)* scrawl

klauen [ˈklaʊən] *(fam)* I. *vt* **[jdm] etw ~** to pinch sth [from sb] II. *vi* to pinch things

Klausel <-, -n> [ˈklauzl̩] *f* clause

Klausur <-, -en> [klauˈzuːɐ̯] *f* SCH exam

Klaviatur <-, -en> [klavi̯aˈtuːɐ̯] *f* ① MUS keyboard ② *(geh: Sortiment)* range; **die ganze ~ der Tricks** the whole gamut of tricks

Klavier <-s, -e> [klaˈviːɐ̯] *nt* piano

Klavierkonzert *nt* ① *(Musikstück)* piano concerto ② *(Veranstaltung)* piano recital **Klavierspieler(in)** *m(f)* pianist

kleben [ˈkleːbn̩] I. *vi* to be sticky; **an jdm/etw ~ [bleiben]** to stick to sb/sth II. *vt* to glue ▶ **jdm eine ~** *(fam)* to clock sb one

klebrig [ˈkleːbrɪç] *adj* sticky

Klebstoff *m* adhesive

Klebstreifen *m* adhesive tape

kleckern [ˈklɛkɐn] *vi* to make a mess

Klecks <-es, -e> [klɛks] *m* blob

klecksen [ˈklɛksn̩] *vi* ① *(kleckern)* to make a mess ② *(tropfen)* to blot; *Farbe* to drip

Klee <-s> [kleː] *m kein pl* clover

Kleeblatt *nt* cloverleaf; **vierblättriges ~** four-leaf clover

Kleiber <-s, -> [ˈklai̯bɐ] *m* ORN nuthatch

Kleid <-[e]s, -er> [klait] *nt* ① dress ② **Kleider** clothes *npl* ▶ **~er machen Leute** *(prov)* fine feathers make fine birds

kleiden [ˈklaidn̩] *vt* ① *(anziehen)* to dress; **sich gut/schlecht ~** to dress well/badly; **[in etw** *akk***] gekleidet sein** to be dressed [in sth] ② *(jdm stehen)* **jdn ~** to suit sb

Kleiderbügel *m* coat-hanger **Kleiderbürste** *f* clothes brush **Kleiderhaken** *m* coat-hook **Kleiderordnung** *f* dress code **Kleiderschrank** *m* ward-

K

robe

Kleidung <-> *f kein pl* clothing

Die Kleidung – Clothing

der Anzug	suit
die Bluse	blouse
der BH	bra
der Gürtel	belt
der Handschuh	glove
das Hemd	shirt
die Hose	trousers *pl*
die Jacke	jacket
das Kleid	dress
die Krawatte	tie
die Leggin(g)s	leggings *pl*
der Mantel	coat
der Pullover	jumper
der Regenmantel	raincoat
der Rock	skirt
der Schal	scarf
der Schlafanzug	pyjamas *pl*
die Shorts	shorts *pl*
der Slip	pants *pl*
die Socken	socks *pl*
die Strickjacke	cardigan
das T-Shirt	t-shirt
die Unterhose	underpants *pl*
das Unterhemd	vest

Kleidungsstück *nt* garment

Kleie <-, -n> ['klaiə] *f* bran

klein [klain] **I.** *adj* ① *(nicht groß)* little; *(Körpergröße)* small; *(kleinwüchsig a.)* short; **etw ~ hacken** to chop up sth *sep;* **~ gehackte Zwiebeln** finely chopped onions ② *(Kleidergröße)* small ③ *(jung)* small; **von ~ auf** from childhood ④ *(gering)* small; **die ~ste Bewegung** the slightest movement; **ein ~[es] bisschen** a little bit ⑤ *(unbedeutend)* minor; **die ~en Leute** ordinary people ⑥ *(Detail)* **bis ins K~ste** in minute detail **II.** *adv* *(in kleiner Schrift)* **~ gedruckt** *attr* in small print *pred* ▶ **~ anfangen** *(fam)* to start at the bottom; **~ beigeben** to give in [quietly]

Kleinanzeige *f* small ad **Kleinasien** <-s> [klain'ʔaːzi̯ən] *nt* Asia Minor **Kleinformat** *nt* small format; **im ~** small-format **Kleingeld** *nt* change **Kleinholz** *nt kein pl* chopped wood *no indef art, no pl* ▶ **aus jdm/etw ~ machen** *(fam)* to make mincemeat [out] of sb/to make matchwood of sth

Kleinigkeit <-, -en> ['klainɪçkait] *f* ① *(Bagatelle)* small matter; **eine/keine ~ sein** to be a/no simple matter; **wegen jeder ~** at every opportunity ② *(Einzelheit)* minor detail ③ *(ein wenig)* **eine ~ zu hoch/tief** a little too high/low; **eine ~ essen** to have a bite to eat

kleinkariert *adj* ① finely checked ② *(engstirnig)* narrow-minded

Kleinkind *nt* toddler **Kleinkram** *m* *(fam)* ① *(Zeug)* odds and ends ② *(Trivialitäten)* trivialities *pl*

klein|kriegen *vt (fam)* **jdn ~** to bring sb into line

kleinlaut **I.** *adj* sheepish **II.** *adv* sheepishly; **~ fragen** to ask meekly; **etw ~ gestehen** to admit sth shamefacedly

kleinlich ['klainlɪç] *adj* petty

klein|schreiben *vt (mit kleinem Anfangsbuchstaben)* to write with a small initial letter

Kleinstadt *f* small town

kleinstädtisch *adj* ① small-town *attr* ② *(provinziell)* provincial **Kleinwagen** *m* small car

Kleister <-s, -> ['klaistɐ] *m* paste

Klemmbrett *nt* clipboard

Klemme <-, -n> ['klɛmə] *f* ① *(Klammer)* clip ② *(schwierige Lage)* fix; **in der ~ sitzen** to be in a fix

klemmen ['klɛmən] **I.** *vt (feststecken)* to stick **II.** *vr* **sich** *dat* **den Finger in der Tür ~** to get one's finger caught in the door **III.** *vi (blockieren)* to jam

Klempner(in) <-s, -> ['klɛmpnɐ] *m(f)* plumber

Kleptomane, **Kleptomanin** <-n, -n> [klɛpto'maːnə, klɛpto'maːnɪn] *m, f* kleptomaniac

Kleptomanie <-> [klɛptoma'niː] *f kein pl* kleptomania *no indef art, no pl*
Klerus <-> ['kleːrʊs] *m kein pl* clergy *no indef art, no pl*
Klette <-, -n> ['klɛtə] *f* BOT burdock; **an jdm wie eine ~ hängen** *(fam)* to cling to sb like a limpet
Klettergerüst *nt* climbing frame
klettern ['klɛtɐn] *vi* to climb; **auf einen Baum ~** to climb a tree; **aufs Dach ~** to climb onto the roof
Kletterpflanze *f* climbing plant
Klettverschluss® *m* Velcro® fastener
Klima <-s, -s> ['kliːma] *nt* climate
Klimaanlage *f* air-conditioning *no pl*
klimatisiert *adj* air-conditioned
Klimatisierung *f* air-conditioning
Klimatologie <-> [klimatolo'giː] *f kein pl* climatology *no art, no pl*
Klimaveränderung *f* climate change
Klimmzug *m* pull-up; **Klimmzüge machen** to do pull-ups
klimpern ['klɪmpɐn] *vi Münzen* to chink; *Schlüssel* to jangle; **auf etw** *dat* **~** to plonk away on sth *fam;* **mit etw** *dat* **~** to jingle with sth
Klinge <-, -n> ['klɪŋə] *f* blade
Klingel <-, -n> ['klɪŋl̩] *f* bell
klingeln ['klɪŋl̩n] *vi* to ring; **an der Tür ~** to ring the doorbell; **es hat geklingelt** somebody rang the bell; *(Telefon)* the phone rang
Klingelton *m (für Handys)* ring tone
klingen <klang, geklungen> ['klɪŋən] *vi* ① *(ertönen) Glas* to clink; *Glocke* to ring; **dumpf/hell ~** to have a dull/clear ring ② *(widerhallen)* to sound; **die Wand klang hohl** the wall sounded hollow ③ *(sich anhören)* **das klingt gut/interessant/vielversprechend** that sounds good/interesting/promising
Klinik <-, -en> ['kliːnɪk] *f* clinic
klinisch ['kliːnɪʃ] **I.** *adj* clinical **II.** *adv* clinically
Klinke <-, -n> ['klɪnkə] *f* handle
Klippe <-, -n> ['klɪpə] *f* cliff
klirren ['klɪrən] *vi* ① *Gläser* to tinkle ② *(metallisch)* to jangle
klirrend I. *adj Frost* severe; *Kälte* biting, piercing **II.** *adv* bitterly; **~ kalt** bitterly cold
Klo <-s, -s> [kloː] *nt (fam)* loo BRIT, john AM
Kloake <-, -n> [klo'aːkə] *f* cesspool
klobig ['kloːbɪç] *adj* bulky
klonen ['kloːnən] *vt* to clone
klönen ['kløːnən] *vi (fam)* to chat
klopfen ['klɔpfn̩] **I.** *vi* ① *(pochen)* to knock (**an** at/on/**auf** on) ② *(mit der Hand)* to pat; *(mit dem Finger)* to tap **II.** *vi impers* **es klopft!** there's somebody knocking at the door! **III.** *vt Fleisch, Teppich* to beat
kloppen ['klɔpn̩] *vr* DIAL *(fam)* **sich [mit jdm] ~** to fight [with sb]
Klops <-es, -e> [klɔps] *m* meatball
Klosett <-s, -s> [klo'zɛt] *nt* toilet
Kloß <-es, Klöße> [kloːs] *m* dumpling
Kloster <-s, Klöster> ['kloːstɐ] *nt (für Mönche)* monastery; *(für Nonnen)* convent
Klotz <-es, Klötze> [klɔts] *m* block ▸ **[jdm] ein ~ am Bein sein** *(fam)* to be a millstone round sb's neck
Klub <-s, -s> [klʊp] *m* club
Kluft¹ <-, Klüfte> [klʊft] *f* ① *(Spalte)* cleft ② *(Gegensatz)* gulf; **tiefe ~** deep rift
Kluft² <-, -en> [klʊft] *f (hum: Kleidung)* uniform
klug <klüger, klügste> [kluːk] **I.** *adj* intelligent; *(schlau)* clever; **es wäre klüger, …** it would be more sensible …; **da soll einer draus ~ werden** I can't make head [n]or tail of it **II.** *adv* cleverly
Klümpchen <-s, -> ['klʏmpçən] *nt dim von* **Klumpen** ① *(kleiner Klumpen)* little lump ② NORDD *(Bonbon)* sweetie BRIT *fam*
klumpen ['klʊmpn̩] *vi* to go lumpy; *Salz* to cake
Klumpen <-s, -> ['klʊmpn̩] *m* lump; **~ bilden** to go lumpy
Klumpfuß *m* club foot

knabbern ['knabɐn] *vi, vt* to nibble (**an** at)

Knabe <-n, -n> ['kna:bə] *m (geh)* boy; **na, alter ~!** *(fam)* well, old boy!

Knäckebrot *nt* crispbread

knacken [knakn̩] **I.** *vt* ① *(aufbrechen)* to crack ② *(fam) Kode, Safe* to crack **II.** *vi* to crack; *Diele* to creak; **es knackt** there's a crackling noise

Knacker <-s, -> *m* DIAL *(fam)* guy; **ein alter ~** an old codger

Knacki <-s, -s> ['knaki] *m (sl)* ex-con

Knackpunkt *m (fam)* crucial point

Knacks <-es, -e> [knaks] *m* ① *(Laut)* crack ② *(Schaden)* problem; **einen ~ haben** *Ehe* to be in difficulties; *Freundschaft* to be suffering; *Mensch* to have a screw loose

Knall <-[e]s, -e> [knal] *m* bang; *vom Korken* pop; *einer Tür* bang ▶ **~ auf Fall** *(fam)* all of a sudden; **einen ~ haben** *(fam)* to be off one's rocker

knallbunt ['knal'bʊnt] *adj* gaudy

knallen ['knalən] **I.** *vi* ① *haben* to bang; **es knallt** there's a bang ② *haben* **mit der Tür ~** to slam the door [shut]; **etw ~ lassen** to bang sth ③ *sein (fam)* **auf/gegen etw** *akk* **~** to bang on/against sth **II.** *vt* ① *Tür* to bang ② **etw irgendwohin ~** to slam sth somewhere ③ *(fam)* **jdm eine ~** to give sb a clout

Knaller <-s, -> *m (fam)* ① *(Knallkörper)* firecracker, BRIT *a.* banger ② *(Sensation)* sensation, smash *fam*

knallhart ['knal'hart] *(fam)* **I.** *adj* ① *(rücksichtslos)* really tough, [as] hard as nails *pred* ② *Schuss* fierce; *Schlag* crashing **II.** *adv* quite brutally; **etw ~ sagen** to say sth straight out; **~ verhandeln** to drive a hard bargain

knallrot ['kna'ro:t] *adj* bright red

knapp [knap] **I.** *adj* ① *(gering)* meagre; *Geld* tight; [**mit etw** *dat*] **~ sein** to be short [of sth] ② *(eng anliegend)* tight ③ *(gerade ausreichend)* just enough; *Sieg* narrow ④ *(nicht ganz)* **in einer ~en Stunde** in just under an hour ⑤ *(kurz gefasst)* **in wenigen ~en Worten** in a few brief words **II.** *adv* ① *(mäßig)* sparingly; **~ bemessen sein** to be not very generous ② *(nicht ganz)* almost ③ *(haarscharf)* narrowly

knarren ['knarən] *vi* to creak

Knast <-[e]s, Knäste> [knast, *pl:* 'knɛstə] *m (sl)* prison; **im ~** in the slammer; **im ~ sitzen** to do time

knattern ['knatɐn] *vi Motorrad* to roar

Knäuel <-s, -> ['knɔyəl] *m o nt* ball

Knauf <-[e]s, Knäufe> [knaʊf, *pl:* 'knɔyfə] *m* knob

knauserig ['knaʊzərɪç] *adj (pej)* stingy

knausern ['knaʊzɐn] *vi (pej)* to be stingy (**mit** with)

knautschen ['knaʊtʃn̩] **I.** *vi* to crease **II.** *vt* to crumple

Knautschzone *f* crumple zone

Knebel <-s, -> ['kne:bl̩] *m* gag

knebeln ['kne:bl̩n] *vt* to gag

Knechtschaft <-, *selten* -en> *f* slavery

kneifen <kniff, gekniffen> ['knaifn̩] **I.** *vt* to pinch **II.** *vi* ① *(zwicken)* to pinch ② *(fam: zurückscheuen)* [**vor etw** *dat*] **~** to chicken [out of] sth

Kneipe <-, -n> ['knaipə] *f (fam)* pub BRIT, bar AM

Knete <-> ['kne:tə] *f kein pl* ① *(sl: Geld)* dosh BRIT ② *(Knetgummi)* Plasticine®, Play-Doh® AM

kneten ['kne:tn̩] **I.** *vt* ① *Teig* to knead ② *(formen)* to model **II.** *vi* to play with Plasticine® [*or* AM Play-Doh®]

knicken ['knɪkn̩] **I.** *vt haben* ① *(falten)* to fold ② *(brechen)* to snap **II.** *vi sein* to snap

Knickerbocker *pl* knickerbockers *npl,* AM *a.* knickers *npl*

Knicks <-es, -e> [knɪks] *m* curts[e]y

knicksen ['knɪksn̩] *vi* to curtsy

Knie <-s, -> [kni:] *nt* knee; **in die ~ gehen** to sink to one's knees; **jdm zittern die ~** sb's knees are shaking [*or* knocking]; **jdn in die ~ zwingen** *(geh)* to force sb to his/her knees ▶ **weiche ~ bekommen** to go weak at the knees; **etw übers ~ brechen** to rush into sth; **in die ~** **gehen** to give in

Kniebeuge *f* knee-bend **Kniegelenk** *nt* knee joint **Kniekehle** *f* back of the knee

knien [kniːn] **I.** *vi* to kneel **II.** *vr* ① **sich auf etw** *akk* **~** to kneel [down] on sth ② *(fig: sich anstrengen)* **sich in etw** *akk* **~** to get down to sth

Kniescheibe *f* kneecap **Kniestrumpf** *m* knee-length sock

kniff [knɪf] *vi, vt imp von* **kneifen**

Kniff <-[e]s, -e> [knɪf] *m* ① *(Kunstgriff)* trick ② *(Falte)* fold; *(unabsichtlich a.)* crease

kniff(e)lig [ˈknɪf(ə)lɪç] *adj (fam)* fiddly

knipsen [ˈknɪpsn̩] **I.** *vt* ① *(fam: fotografieren)* **jdn/etw ~** to take a photo of sb/sth ② *(lochen)* to punch **II.** *vi (fam)* to take photos; *(wild drauflos)* to snap away

Knirps <-es, -e> [knɪrps] *m* ① *(fam: kleiner Junge)* little fellow ② *(Faltschirm)* folding umbrella

knirschen [ˈknɪrʃn̩] *vi* to crunch; *Getriebe* to grind

knistern [ˈknɪstɐn] *vi* ① *(Geräusch)* to crackle; **es knistert** there is a crackling noise ② *(Spannung)* **es knistert** [**zwischen jdm und jdm**] there is a feeling of tension [between sb and sb]

Knitterfalte *f* crumple

knitterfrei *adj* non-crease

knittern [ˈknɪtɐn] *vi, vt* to crease

knobeln [ˈknoːbl̩n] *vi* ① *(würfeln)* to play dice ② *(nachgrübeln)* [**an etw** *dat*] **~** to puzzle [over sth]

Knoblauch <-[e]s> *m kein pl* garlic

Knoblauchzehe *f* clove of garlic

Knöchel <-s, -> [ˈknœçl̩] *m* ① *(Fußknöchel)* ankle ② *(Fingerknöchel)* knuckle

Knochen <-s, -> [ˈknɔxn̩] *m* bone ▸ **bis auf die ~** **abgemagert sein** to be all skin and bone[s]

Knochenarbeit *f (fam)* backbreaking work *no indef art, no pl* **Knochenbruch** *m* fracture **Knochengerüst** *nt* skeleton **Knochenjob** [ˈknɔxn̩dʒɔp] *m (fam)* tough job **Knochenmark** *nt* bone marrow

knochig [ˈknɔxɪç] *adj* bony

Knödel <-s, -> [ˈknøːdl̩] *m* dumpling

Knolle <-, -n> [ˈknɔlə] *f* BOT tuber

Knopf <-[e]s, Knöpfe> [knɔpf] *m* button

Knopfloch *nt* buttonhole **Knopfzelle** *f* round cell battery

Knorpel <-s, -> [ˈknɔrpl̩] *m* cartilage *no pl*

Knospe <-, -n> [ˈknɔspə] *f* bud; **~n treiben** to bud

knoten [ˈknoːtn̩] *vt* to knot

Knoten <-s, -> [ˈknoːtn̩] *m* knot; **einen ~ machen** to tie a knot

Knotenpunkt *m* junction

Knüller <-s, -> [ˈknʏlɐ] *m (fam)* sensation; *(Nachricht)* scoop

knüpfen [ˈknʏpfn̩] *vt* to tie; *Netz* to mesh; *Teppich* to knot

Knüppel <-s, -> [ˈknʏpl̩] *m* cudgel, club; *(Polizeiwaffe)* truncheon BRIT, nightstick AM

knurren [ˈknʊrən] *vi* to growl

knusp(e)rig [ˈknʊsp(ə)rɪç] *adj Brot* crusty; *Speck* crisp[y]

knutschen [ˈknuːtʃn̩] *(fam)* **I.** *vt* to kiss **II.** *vi* [**mit jdm**] **~** to smooch [with sb]

Knutschfleck *m* love bite

Koalition <-, -en> [koʔaliˈtsi̯oːn] *f* coalition

Kobra <-, -s> [ˈkoːbra] *f* cobra

Koch, Köchin <-s, Köche> [kɔx, ˈkœçɪn] *m, f* cook

Kochbuch *nt* cook[ery]book

kochen [ˈkɔxn̩] **I.** *vi* ① to cook ② *(brodeln)* to boil; **etw zum K~ bringen** to bring sth to the boil; **~d heiß** boiling hot ③ *(fig)* **vor Wut ~** to seethe with rage **II.** *vt* ① to cook; **Kaffee/Suppe ~** to make [some] coffee/soup ② *Wäsche* to boil

Kochfeld *nt* ceramic hob

Kochgelegenheit *f* cooking facilities *pl*

Köchin <-, -nen> *f fem form von* **Koch**

Kochlöffel *m* wooden spoon **Kochnische** *f* kitchenette **Kochplatte** *f*

K

❶ *(Herdplatte)* hotplate ❷ *(transportabler Kocher)* small [electric] stove **Kochrezept** *nt* recipe **Kochsalz** *nt kein pl* common salt **Kochtopf** *m* [cooking] pot; *(mit Stiel)* saucepan **Kochwäsche** *f* washing that can be boiled

Köder <-s, -> ['kø:dɐ] *m* bait

ködern ['kø:dɐn] *vt* to lure; **jdn zu ~ versuchen** to woo sb

Koeffizient <-en, -en> [koʔɛfi'tsi̯ɛnt] *m* MATH, PHYS coefficient

Koffein <-s> [kɔfe'i:n] *nt kein pl* caffeine

koffeinfrei *adj* decaffeinated

Koffer <-s, -> ['kɔfɐ] *m* [suit]case; **die ~** *pl* the luggage [*or esp* AM baggage]; **den/die ~ packen** to pack [one's bags]

Kofferraum *m* boot BRIT, trunk AM

Kognak <-s, -s> ['kɔnjak] *m* brandy

Kohl <-[e]s, -e> [ko:l] *m* cabbage

Kohle <-, -n> ['ko:lə] *f* ❶ coal *no pl* ❷ *(sl: Geld)* dosh BRIT ▶ **wie auf [glühenden] ~n sitzen** to be on tenterhooks

Kohlehydrat <-[e]s, -e> *nt s.* **Kohlenhydrat**

Kohlenbergbau *m* coal-mining *no indef art, no pl* **Kohlendioxid** *nt kein pl* carbon dioxide **Kohlendioxidausstoß** *m* carbon emissions *pl* **Kohlenhydrat** <-[e]s, -e> *nt* carbohydrate **Kohlensäure** *f* carbonic acid; **mit ~** fizzy; **ohne ~** still *attr*

Kohlmeise *f* great titmouse

kohlrabenschwarz ['ko:l'ra:bn̩'ʃvarts] *adj* jet-black

Kohlrabi <-[s], -[s]> [ko:l'ra:bi] *m* kohlrabi *no pl*

Kohlsprosse *f* ÖSTERR *(Rosenkohl)* Brussels sprout

Koje <-, -n> ['ko:jə] *f* NAUT bunk

Kojote <-n, -n> [ko'jo:tə] *m* coyote

Kokain <-s> [koka'i:n] *nt kein pl* cocaine

kokett [ko'kɛt] *adj* flirtatious

kokettieren [kokɛ'ti:rən] *vi* ❶ to flirt ❷ *(spielen)* **mit dem Gedanken ~** to toy with the idea

Kokosflocken *pl* desiccated coconut **Kokosnuss** *f* coconut **Kokospalme** *f* coconut palm

Koks <-es> [ko:ks] *m kein pl* coke

Kolben <-s, -> ['kɔlbn̩] *m* AUTO piston

Kolibri <-s, -s> ['ko:libri] *m* hummingbird

Kolik <-, -en> ['ko:lɪk] *f* colic *no pl;* **eine ~ haben** to have colic

Kollaps <-es, -e> ['kɔlaps] *m* collapse

Kollege, Kollegin <-n, -n> [kɔ'le:gə] *m, f* colleague

kollegial [kɔle'gi̯a:l] **I.** *adj* considerate and friendly *(towards one's colleagues)* **II.** *adv* in a considerate and friendly way

Kollision <-, -en> [kɔli'zi̯o:n] *f* collision

Köln [kœln] *nt* Cologne

Kölnischwasser ['kœlnɪʃvasɐ] *nt* cologne

Kolonie <-, -n> [kolo'ni:] *f* colony

kolonisieren [koloni'zi:rən] *vt* to colonize

Kolonist(in) <-en, -en> [kolo'nɪst] *m(f)* ❶ *(Siedler)* settler, colonist ❷ BOT colonizer

Kolonne <-, -n> [ko'lɔnə] *f* ❶ *(Fahrzeuge)* convoy ❷ *(Arbeiter)* gang ❸ *(Zahlenreihe)* column

kolossal [kolɔ'sa:l] **I.** *adj* colossal; **eine ~e Dummheit begehen** to do sth incredibly stupid; **sich in einem ~en Irrtum befinden** to be massively mistaken **II.** *adv* tremendously; **sich ~ verschätzen** to make a huge miscalculation

Kolumbien <-s> [ko'lʊmbi̯ən] *nt* Colombia *no art, no pl; s.a.* **Deutschland**

Kolumne <-, -n> [ko'lʊmnə] *f* column

Kolumnist(in) <-en, -en> [kolʊm'nɪst] *m(f)* columnist

Koma <-s, -s> [ko:ma] *nt* coma; **im ~ liegen** to lie in a coma

Kombi <-s, -s> ['kɔmbi] *m (fam)* estate BRIT, station wagon AM

Kombination <-, -en> [kɔmbina'tsi̯o:n] *f* combination

kombinieren [kɔmbi'ni:rən] *vt* to combine

Kombüse <-, -n> [kɔm'by:zə] *f* galley

Komet <-en, -en> [ko'me:t] *m* comet

kometenhaft *adj* meteoric

Komfort <-s> [kɔm'fo:ɐ̯] *m kein pl* comfort

komfortabel [kɔmfɔr'ta:bl̩] *adj* ❶ luxurious ❷ *(bequem)* comfortable

Komiker(in) <-s, -> ['ko:mɪkɐ] *m(f)* comic

komisch ['ko:mɪʃ] **I.** *adj* ❶ funny ❷ *(sonderbar)* strange **II.** *adv* strangely; **sich ~ fühlen** to feel funny; **jdm ~ vorkommen** to seem funny to sb

Komitee <-s, -s> [komi'te:] *nt* committee

Komma <-s, -s> ['kɔma] *nt* comma

Kommandant(in) <-en, -en> [kɔman'dant] *m(f)* commanding officer

Kommando <-s, -s> [kɔ'mando] *nt* command; **auf ~** on command; **das ~ haben** to be in command (**über** of)

Kommandobrücke *f* bridge

kommen <kam, gekommen> ['kɔmən] *vi sein* ❶ to come; **als Erster/Letzter ~** to be the first/last to arrive; **den Arzt/ein Taxi ~ lassen** to send for the doctor/a taxi ❷ *(gelangen)* **irgendwohin ~** to get somewhere; **wie komme ich von hier zum Bahnhof?** how do I get to the station from here?; **ins Gefängnis/Krankenhaus ~** to go to prison/into hospital; **in die Schule ~** to start school; **ans Ziel ~** to reach the finishing [*or* AM finish] line ❸ *(passieren)* **durch einen Ort ~** to pass through a place ❹ *(an der Reihe sein)* to come; **wer kommt [jetzt]?** whose turn is it? ❺ *(erlangen)* **zu Geld ~** to come into money; **zu Kräften ~** to gain strength; **zu sich** *dat* **~** to regain consciousness ❻ *(verlieren)* **um etw** *akk* **~** to lose sth ❼ *(hingehören)* **irgendwohin ~** to belong somewhere; **die Schuhe ~ unter das Bett** the shoes belong under the bed ❽ *(herannahen)* to approach; *(geschehen)* to come about; **das kam doch anders als erwartet** it [*or* that] turned out differently than expected; **und so kam es, dass ...** and that's how it came about that ...; **wie kommt es, dass ...?** how come...?; **es musste ja so ~** that was bound to happen; **es hätte viel schlimmer ~ können** it could have been much worse; **was auch immer ~ mag** whatever happens; **so weit ~, dass ...** to get to the stage where ...; **das kommt davon, dass** [*o* **weil**] **...** that's because ...; **das kommt davon, wenn ...** that's what happens when ... ❾ *(überkommen)* **über jdn ~** *Gefühl* to come over sb; **jdm ~ die Tränen** sb starts to cry ❿ *(in Situation geraten)* **in Gefahr/Not ~** to get into danger/difficulty; **in Verlegenheit ~** to get embarrassed ⓫ *(sich an etw erinnern)* **auf etw** *akk* **~** to remember sth ⓬ *(etw herausfinden)* **hinter etw** *akk* **~** to find out sth; **hinter ein Geheimnis ~** to uncover a secret; **wie kommst du darauf?** what makes you think that? ⓭ *(Zeit finden)* **zu etw** *dat* **~** to get around to doing sth ⓮ *(ansprechen)* **auf etw** *akk* **[zu sprechen] ~** to get [a]round to [talking about] sth; **ich werde gleich darauf ~** I'll come to that in a moment

kommend *adj* ❶ *(nächste)* coming, next ❷ *(künftig)* future; **in den ~en Jahren** in years to come

Kommentar <-s, -e> [kɔmɛn'ta:ɐ̯] *m* statement; **kein ~!** no comment!; **einen ~ zu etw** *dat* **abgeben** to comment [on] sth

kommentieren [kɔmɛn'ti:rən] *vt* **etw ~** to comment on sth

Kommissar(in) <-s, -e> [kɔmɪ'sa:ɐ̯] *m(f)* ❶ *(Polizei)* inspector ❷ ADMIN commissioner

Kommissär(in) <-s, -e> [kɔmɪ'sɛɐ̯] *m(f)* ÖSTERR, SCHWEIZ inspector

kommissarisch [kɔmɪˈsaːrɪʃ] **I.** *adj* temporary **II.** *adv* temporarily
Kommission <-, -en> [kɔmɪˈsi̯oːn] *f* ❶ committee ❷ **etw in ~ geben** to commission someone to sell sth
Kommode <-, -n> [kɔˈmoːdə] *f* chest of drawers
kommunal [kɔmuˈnaːl] *adj* municipal
Kommunalpolitik *f* local politics *pl* **Kommunalverwaltung** *f* local government **Kommunalwahl** *f* local [government] elections *pl*
Kommune <-, -n> [kɔˈmuːnə] *f* ❶ local authority ❷ *(WG)* commune
Kommunikation <-, -en> [kɔmunikaˈtsi̯oːn] *f* communication
Kommunion <-, -en> [kɔmuˈni̯oːn] *f* Communion
Kommunismus <-> [kɔmuˈnɪsmʊs] *m* *kein pl* communism
Kommunist(in) <-en, -en> [kɔmuˈnɪst] *m(f)* communist
kommunistisch [kɔmuˈnɪstɪʃ] *adj* communist
Komödie <-, -n> [koˈmøːdi̯ə] *f* comedy
kompakt [kɔmˈpakt] *adj* compact
Kompanie <-, -n> [kɔmpaˈniː] *f* company
Komparativ <-s, -e> [ˈkɔmparatiːf] *m* comparative
Kompass <-es, -e> [ˈkɔmpas] *m* compass
kompatibel [kɔmpaˈtiːbl̩] *adj* compatible
kompensieren [kɔmpɛnˈziːrən] *vt* to compensate
kompetent [kɔmpeˈtɛnt] *adj* competent
komplett [kɔmˈplɛt] **I.** *adj* complete **II.** *adv* completely
komplex [kɔmplɛks] *adj* complex
Komplex <-es, -e> [kɔmplɛks] *m* complex
Komplikation <-, -en> [kɔmplikaˈtsi̯oːn] *f* complication
Kompliment <-[e]s, -e> [kɔmpliˈmɛnt] *nt* compliment; **jdm ein ~ machen** to pay sb a compliment
Komplize, Komplizin <-n, -n> [kɔmˈpliːtsə, kɔmˈpliːtsɪn] *m, f* accomplice
kompliziert **I.** *adj* complicated **II.** *adv* in a complicated manner
komponieren [kɔmpoˈniːrən] *vt, vi* to compose
Komponist(in) <-en, -en> [kɔmpoˈnɪst] *m(f)* composer
Kompost <-[e]s, -e> [kɔmˈpɔst] *m* compost *no pl*
kompostieren [kɔmpɔsˈtiːrən] *vt* to compost
Kompott <-[e]s, -e> [kɔmˈpɔt] *nt* compote
Kompresse <-, -n> [kɔmprɛsə] *f* compress
Kompression <-, -en> [kɔmˈprɛˈsi̯oːn] *f* compression
Kompressor <-s, -pressoren> [kɔmˈprɛsoːɐ̯, *pl:* ˈsoːrən] *m* compressor
komprimieren [kɔmpriˈmiːrən] *vt* to compress
Kompromiss <-es, -e> [kɔmproˈmɪs] *m* compromise; **fauler ~** false compromise; **[mit jdm] einen ~ schließen** to come to a compromise [with sb]
kompromisslos *adj* uncompromising
Kondensation <-, -en> [kɔndɛnzaˈtsi̯oːn] *f* condensation *no pl*
Kondensator <-s, -toren> [kɔndɛnˈzaːtoːɐ̯] *m* condenser
kondensieren [kɔndɛnˈziːrən] *vi, vt* to condense
Kondensmilch *f* condensed milk
Konditor(in) <-s, -toren> [kɔnˈdiːtoːɐ̯, -ˈtoːrɪn] *m(f)* confectioner
Konditorei <-, -en> [kɔnditoˈrai] *f* confectioner's
Kondom <-s, -e> [kɔnˈdoːm] *m o nt* condom
Kondukteur(in) <-s, -e> [kɔndʊkˈtøːɐ̯] *m(f)* SCHWEIZ *(Schaffner)* conductor
Konfekt <-[e]s, -e> [kɔnˈfɛkt] *nt* confectionery
Konfektionsgröße *f* size
Konferenz <-, -en> [kɔnfeˈrɛnts] *f* conference; **eine ~ anberaumen** to ar-

range a meeting
Konfession <-, -en> [kɔnfɛ'si̯oːn] *f* denomination
konfessionell [kɔnfɛsi̯o'nɛl] **I.** *adj* denominational **II.** *adv* denominationally
konfessionslos *adj* not belonging to any denomination
Konfetti <-s> [kɔn'fɛti] *nt kein pl* confetti
Konfirmation <-, -en> [kɔnfɪrma'tsi̯oːn] *f* confirmation
Konfitüre <-, -n> [kɔnfi'tyːrə] *f* preserve
Konflikt <-s, -e> [kɔn'flɪkt] *m* conflict; **mit dem Gesetz in ~ geraten** to clash with the law
konform [kɔn'fɔrm] *adj* **mit jdm ~ gehen** to agree with sb
Konfrontation <-, -en> [kɔnfrɔnta'tsi̯oːn] *f* confrontation
konfrontieren [kɔnfrɔn'tiːrən] *vt* to confront
konfus [kɔn'fuːs] *adj* confused
Konglomerat <-[e]s, -e> [kɔnglome'raːt] *nt* conglomeration; **ein ~ aus** [*o* **von**] **etw** *dat* a conglomeration of sth
Kongress <-es, -e> [kɔn'grɛs] *m* ❶ congress ❷ *(in USA)* **der ~** Congress *no art*
König <-s, -e> ['køːnɪç] *m* king
Königin <-, -nen> ['køːnɪgɪn] *f fem form von* **König** queen
königlich ['køːnɪklɪç] *adj* royal
Königreich ['køːnɪkraiç] *nt* kingdom; **das Vereinigte ~** the United Kingdom
Konjugation <-, -en> [kɔnjuga'tsi̯oːn] *f* conjugation
konjugieren [kɔnju'giːrən] *vt* to conjugate
Konjunktion <-, -en> [kɔnjʊnk'tsi̯oːn] *f* conjunction
Konjunktiv <-s, -e> ['kɔnjʊŋktiːf] *m* subjunctive
Konjunktur <-, -en> [kɔnjʊnk'tuːɐ̯] *f* state of the economy; **steigende/rückläufige ~** boom/slump
konkav [kɔn'kaːf] *adj* concave
konkret [kɔn'kreːt] *adj* concrete
Konkurrent(in) <-en, -en> [kɔnkʊ'rɛnt] *m(f)* competitor
Konkurrenz <-, -en> [kɔnkʊ'rɛnts] *f* competition; **mit jdm in ~ stehen** to be in competition with sb; **außer ~** unofficially
konkurrenzlos I. *adj* **~ sein** to have no competition **II.** *adv* incomparably; **mit unseren Preisen sind wir ~ billig** nobody can match our cheap prices
konkurrieren [kɔnkʊ'riːrən] *vi* to compete
Konkurs <-es, -e> [kɔn'kʊrs] *m* bankruptcy; **~ anmelden** to declare oneself bankrupt; **~ machen** to go bankrupt
können ['kœnən] **I.** *vt* <konnte, gekonnt> *(beherrschen)* to know; **eine Sprache ~** to speak a language; **nichts für etw** *akk*/**dafür ~** to not be able to do anything about sth/it ▶ **du kannst mich** [**mal**] *(sl)* kiss my ass! **II.** *vi* <konnte, gekonnt> to be able; **nicht mehr ~** *(erschöpft sein)* to not be able to go on; **noch ~** to be able to carry on; **wie konntest du nur!** how could you?! **III.** *vb aux* <konnte, können> ❶ *(vermögen)* **etw tun ~** to be able to do sth ❷ *(dürfen)* **kann ich das Foto sehen?** can [*or* may] I see the photo? ❸ *(möglicherweise sein)* [**ja,**] **kann sein** [yes,] that's possible; **könnte es nicht sein, dass ...?** could it not be that ...?
Können <-s> ['kœnən] *nt kein pl* ability
konsequent [kɔnze'kvɛnt] **I.** *adj* ❶ consistent ❷ *(unbeirrbar)* resolute **II.** *adv* ❶ consistently ❷ resolutely
Konsequenz <-, -en> [kɔnze'kvɛnts] *f* ❶ *(Folge)* consequence; **die ~en tragen** to take the consequences; **die ~en ziehen** to take the necessary action ❷ *kein pl (Unbeirrbarkeit)* resoluteness
konservativ ['kɔnzɛrvatiːf] *adj* conservative
Konservatorium <-s, -rien> [kɔn'zɛrva'toːri̯ʊm, *pl:* -riən] *nt* conservatoire, conservatorium
Konserve <-, -n> [kɔn'zɛrvə] *f* pre-

served food *no pl*
Konservenbüchse *f*, **Konservendose** *f* tin BRIT, can AM
konservieren [kɔnzɛr'viːrən] *vt* to preserve
Konservierungsmittel *nt* preservative **Konservierungsstoff** *m* CHEM preservative
Konsonant <-en, -en> [kɔnzo'nant] *m* consonant
Konsortium <-s, -ien> [kɔn'zɔrtsiʊm, *pl:* -'zɔrtsiən] *nt* consortium
konstant [kɔn'stant] *adj* constant
Konstante <-[n], -n> [kɔn'stantə] *f* constant
Konstitution <-, -en> [kɔnstitu'tsi̯oːn] *f* constitution
konstitutionell [kɔnstitutsi̯o'nɛl] *adj* constitutional; **~e Monarchie** constitutional monarchy

konstruieren [kɔnstru'iːrən] *vt* ① construct ② *(entwerfen)* to design
Konstruktion <-, -en> [kɔnstrʊk'tsi̯oːn] *f* ① construction ② *(Entwurf)* design
konstruktiv [kɔnstrʊk'tiːf] **I.** *adj* constructive **II.** *adv* constructively
Konsul(in) <-s, -n> ['kɔnzʊl] *m(f)* consul
Konsulat <-[e]s, -e> [kɔnzʊ'laːt] *nt* consulate
Konsultation <-, -en> [kɔnzʊlta'tsi̯oːn] *f (geh)* consultation
Konsum <-s> [kɔn'zuːm] *m kein pl* consumption
Konsument(in) <-en, -en> [kɔnzu'mɛnt] *m(f)* consumer
Konsumgesellschaft *f* consumer society **Konsumgüter** *pl* consumer goods
konsumieren [kɔnzu'miːrən] *vt* to consume
Kontakt <-[e]s, -e> [kɔn'takt] *m* contact; **sexuelle ~e** sexual contact; **mit jdm ~ aufnehmen** to get in contact with sb; **mit jdm in ~ bleiben/stehen** to stay/be in contact with sb; **keinen ~ mehr zu jdm haben** to have lost contact with sb; **mit jdm in ~ kommen** to come into contact with sb
kontaktfreudig *adj* sociable
kontaktieren *vt* to contact
Kontaktlinse *f* contact lens **Kontaktlinsenpflegemittel** *nt* contact lens solution
kontern ['kɔntɐn] *vt, vi* to counter
Kontext <-[e]s, -e> ['kɔntɛkst] *m* context
Kontinent <-[e]s, -e> ['kɔntinɛnt] *m* continent
Kontingent <-[e]s, -e> [kɔntɪŋ'gɛnt] *nt* ① MIL contingent ② *(Teil einer Menge)* quota
kontinuierlich [kɔntinu'iːɐ̯lɪç] **I.** *adj* continuous **II.** *adv* continuously
Kontinuität <-> [kɔntinui'tɛt] *f kein pl (geh)* continuity *no pl*
Konto <-s, Konten> ['kɔnto] *nt* account; **auf jds ~ gehen** *(für etw aufkommen)* to be on sb
Kontoauszug *m* bank statement **Kontoinhaber(in)** *m(f)* account holder **Kontonummer** *f* account number **Kontostand** *m* account balance
konträr [kɔn'trɛːɐ̯] *adj* contrary
Kontrast <-[e]s, -e> [kɔn'trast] *m* contrast; **im ~ zu etw** *dat* **stehen** to contrast with sth
Kontrastprogramm *nt* alternative programme **kontrastreich** *adj* rich in contrast
Kontrolle <-, -n> [kɔn'trɔlə] *f* ① *(Überprüfung)* check; **eine ~ durchführen** to conduct an inspection ② *(Überwachung)* monitoring; **etw unter ~ bringen** to bring sth under control; **jdn/etw unter ~ haben** to have sb/sth under control; **die ~ über etw/sich** *akk* **verlieren** to lose control of sth/oneself
kontrollierbar *adj* ① *(beherrschbar)* controllable ② *(überprüfbar)* verifiable
kontrollieren [kɔntrɔ'liːrən] *vt* ① *(überprüfen)* to check ② *(überwachen)* to monitor
Kontrollpunkt *m* checkpoint **Kontrollturm** *m* control tower

Kontroverse <-, -n> [kɔntroˈvɛrzə] *f* conflict
Kontur <-, -en> [kɔnˈtuːɐ̯] *f* contour
Konvention <-, -en> [kɔnvɛnˈtsi̯oːn] *f* convention
Konventionalstrafe *f* fixed penalty
konventionell [kɔnvɛntsi̯oˈnɛl] *adj* conventional
Konversation <-, -en> [kɔnvɛrzaˈtsi̯oːn] *f (geh)* conversation; **~ machen** to make conversation
konvex [kɔnˈvɛks] *adj* convex
Konvoi <-s, -s> [ˈkɔnvɔy] *m* convoy; **im ~ fahren** to travel in convoy
Konzentrat <-[e]s, -e> [kɔntsɛnˈtraːt] *nt* concentrate
Konzentration <-, -en> [kɔntsɛntraˈtsi̯oːn] *f* concentration (**auf** on)
Konzentrationsfähigkeit *f kein pl* ability to concentrate **Konzentrationslager** *nt* concentration camp
konzentrieren [kɔntsɛnˈtriːrən] **I.** *vr* **sich ~** to concentrate (**auf** on) **II.** *vt* to concentrate (**auf** on)
Konzept <-[e]s, -e> [kɔnˈtsɛpt] *nt* ① *(Entwurf)* draft; **als ~** in draft [form] ② *(Plan)* plan; **jdn aus dem ~ bringen** to put sb off; **aus dem ~ geraten** to lose one's train of thought
Konzern <-s, -e> [kɔnˈtsɛrn] *m* group
Konzert <-[e]s, -e> [kɔnˈtsɛrt] *nt* concert
Konzertflügel *m* concert grand **Konzertmeister(in)** *m(f)* concert master
Kooperation <-, -en> [koʔoperaˈtsi̯oːn] *f* cooperation *no pl*
Koordination <-, -en> [koʔɔrdinaˈtsi̯oːn] *f* coordination
koordinieren [koʔɔrdiˈniːrən] *vt* to coordinate
Kopf <-[e]s, Köpfe> [kɔpf] *m* ① head; **von ~ bis Fuß** from head to toe; **einen roten ~ bekommen** to go red in the face; **jdm brummt der ~** *(fam)* sb's head is thumping; **den ~ einziehen** to lower one's head ② *(Gedanken)* **sich** *dat* **etw durch den ~ gehen lassen** to mull sth over; **sich** *dat* **den ~ zerbrechen** to rack one's brains ③ *(Verstand, Wille)* mind; **seinen eigenen ~ haben** *(fam)* to have a mind of one's own; **seinen ~ durchsetzen** to get one's way; **sich** *dat* **etw aus dem ~ schlagen** to get sth out of one's head ④ *(Person)* head; **der ~ einer S.** *gen* the person behind sth; **pro ~** per head ▶ **nicht auf den ~ gefallen sein** to not have been born yesterday; **~ hoch!** chin up!; [**bei etw** *dat*] **~ und Kragen riskieren** to risk life and limb [doing sth]; **jdn einen ~ kürzer machen** *(sl)* to chop sb's head off; **den ~ in den Sand stecken** to bury one's head in the sand; **jdn vor den ~ stoßen** to offend sb
Kopfbahnhof *m* BAHN *station where trains cannot pass through but must enter and exit via the same direction*
Kopfball *m* header **Kopfbedeckung** *f* headgear *no indef art, no pl*
köpfen [ˈkœpfn̩] *vt* to behead
Kopfgeld *nt* head money *no pl,* bounty **Kopfhaut** *f* scalp **Kopfhörer** *m* headphones *pl* **Kopfkissen** *nt* pillow **Kopfkissenbezug** *m* pillowcase
kopflos **I.** *adj* ① *(ganz verwirrt)* confused ② *(enthauptet)* headless **II.** *adv* in a bewildered manner
Kopfrechnen *nt* mental arithmetic
Kopfsalat *m* lettuce
Kopfschmerz *m meist pl* headache; **jdm ~en machen** to give sb a headache; **~en haben** to have a headache **Kopfsprung** *m* header; **einen ~ machen** to take a header **Kopfstand** *m* headstand; **einen ~ machen** to do a headstand
Kopfsteinpflaster *nt* cobblestones *pl*
Kopfstütze *f* headrest **Kopftuch** *nt* headscarf **kopfüber** [kɔpfˈʔyːbɐ] *adv* head first **Kopfweh** *nt* DIAL *s.* **Kopfschmerz**
Kopie <-, -n> [koˈpiː] *f* copy
kopieren [koˈpiːrən] *vt* ① *(fotokopieren)* to photocopy; *(pausen)* to trace ② FILM, FOTO *(Abzüge machen)* to

K

print ③ *(Doppel herstellen)* to copy ④ *(nachahmen)* to imitate, to copy

Kopierer <-s, -> *m (fam)*, **Kopiergerät** <-s, -> *nt* [photo]copier

Kopiergerät *nt* [photo]copier

Koppel <-, -n> ['kɔpl̩] *f* pasture

Koralle <-, -n> [ko'ralə] *f* coral

Koran <-s> [ko'raːn] *m kein pl* Koran

Koranvers *m* REL Koranic verse

Korb <-[e]s, Körbe> [kɔrp] *m* basket; **einen ~ erzielen** to score a goal ▶ **[von jdm] einen ~ bekommen** to be rejected [by sb]; **jdm einen ~ geben** to turn sb down

Korbball *m kein pl* korfball

Körbchen[1] <-s, -> ['kœrpçən] *nt dim von* **Korb** small basket

Körbchen[2] <-s, -> ['kœrpçən] *nt (bei Büstenhaltern)* cup

Kord <-[e]s, -e> [kɔrt] *m* corduroy

Kordhose *f* cord trousers *pl* BRIT, corduroy pants *pl* AM

Korea <-s> [ko'reːa] *nt* Korea; *s.a.* **Deutschland**

Koreaner(in) [kore'aːnɐ] *m(f)* Korean; *s.a.* **Deutsche(r)**

Koriander <-s, -> [ko'ri̯andɐ] *m* coriander *no pl*

Korinthe <-, -n> [ko'rɪntə] *f* current

Kork <-[e]s, -e> [kɔrk] *m* cork

Korken <-s, -> ['kɔrkn̩] *m* cork

Korkenzieher <-s, -> *m* corkscrew

Korn[1] <-[e]s, Körner> [kɔrn] *nt* ① *(Samen)* grain ② *(hartes Teilchen)* grain ③ *(Getreide)* corn *no pl*

Korn[2] <-[e]s, - *o* -s> [kɔrn] *m (Schnaps)* schnapps

Korn[3] <-[e]s, -e> [kɔrn] *nt* **etw aufs ~ nehmen** to hit out at sth; **jdn aufs ~ nehmen** to have it in for sb

Kornblume *f* cornflower

Körper <-s, -> ['kœrpɐ] *m* body; **am ganzen ~** all over

Der Körper – The body

der Arm	arm
das Auge	eye
die Augenbraue	eyebrow
die Backe	cheek
der Bauch	stomach
der Bauchnabel	navel, belly button
das Bein	leg
die Brust	chest
der Busen	breasts *pl*
der Ellenbogen	elbow
die Ferse	heel
der Finger	finger
der Fuß	foot
das Haar	ear
der Hals	neck
die Hand	hand
das Handgelenk	wrist
das Kinn	chin
das Knie	knee
der Knöchel	ankle
der Kopf	head
der Mund	mouth
die Nase	nose
der Oberschenkel	thigh
das Ohr	ear
der Po	bottom
der Rücken	back
die Schulter	shoulder
die Stirn	forehead
die Wade	calf
der Zeh	toe

Körperbau *m kein pl* physique **Körperbehinderte(r)** *f(m)* physically disabled person **Körpergewicht** *nt* weight **Körpergröße** *f* size

körperlich **I.** *adj* ① ANAT physical ② *(stofflich)* material **II.** *adv* physically; **~ arbeiten** to do physical work

Körperpflege *f* personal hygiene **Körpersprache** *f* body language **Körperteil** *m* part of the body **Körperverletzung** *f* bodily harm *no pl;* **schwere ~** grievous bodily harm **Körperwärme** *f* body heat *no pl*

korpulent [kɔrpu'lɛnt] *adj (geh)* corpulent

Korpus <-, Korpora> ['kɔrpʊs, *pl:* 'kɔrpora] *nt* ① LING corpus ② *kein pl*

(Klangkörper) body
korrekt [kɔ'rɛkt] I. *adj* correct II. *adv* correctly
Korrektur <-, -en> [kɔrɛk'tuːɐ̯] *f* correction; [**etw**] ~ **lesen** to proofread [sth]
Korrekturflüssigkeit *f* correction fluid
Korrespondent(in) <-en, -en> [kɔrɛspɔn'dɛnt] *m(f)* correspondent
Korrespondenz <-, -en> [kɔrɛspɔn'dɛnts] *f* correspondence *no pl*
korrespondieren *vi* to correspond
Korridor <-s, -e> ['kɔridoːɐ̯] *m* corridor
korrigieren [kɔri'giːrən] *vt* to correct; *Klassenarbeit* to mark
Korrosion <-, -en> [kɔro'zi̯oːn] *f* ① *(das Korrodieren)* corrosion ② GEOL *(Zersetzung)* corrosion
korrupt [kɔ'rʊpt] *adj* corrupt
Korruption <-, -en> [kɔrʊp'tsi̯oːn] *f* corruption
Korse, **Korsin** <-n, -n> ['kɔrzə] *m, f* Corsican; *s.a.* **Deutsche(r)**
Korsett <-s, -s> [kɔr'zɛt] *nt* corset
koscher ['koːʃɐ] I. *adj* kosher ▶ **nicht** [**ganz**] ~ **sein** to be not [quite] on the level II. *adv* according to kosher requirements
Kosename *m* pet name **Kosewort** *nt* term of endearment
Kosmetik <-> [kɔs'meːtɪk] *f kein pl* cosmetics *pl*
Kosmetiker(in) <-s, -> [kɔs'meːtikɐ] *m(f)* beautician
Kosmetikkoffer *m* vanity case
kosmetisch [kɔs'meːtɪʃ] I. *adj* cosmetic II. *adv* cosmetically
kosmisch ['kɔsmɪʃ] *adj* cosmic
Kosmopolit(in) <-en, -en> [kɔsmopo'liːt] *m(f)* cosmopolitan
kosmopolitisch *adj (geh)* cosmopolitan
Kosmos <-> ['kɔsmɔs] *m kein pl* **der** ~ the cosmos
Kost <-> [kɔst] *f kein pl* food; [**freie**] ~ **und Logis** [free] board and lodging; **geistige** ~ intellectual fare
kostbar ['kɔstbaːɐ̯] *adj* ① *(wertvoll)* valuable ② *(unentbehrlich)* precious
Kostbarkeit <-, -en> *f* ① *(wertvoller Gegenstand)* precious object ② *kein pl (Erlesenheit)* preciousness
kosten[1] ['kɔstn̩] I. *vt* ① *Ware* to cost ② *(erfordern)* **jdn etw** ~ to take [up] sb's sth; **das kann uns viel Zeit** ~ it could take us a [good] while ③ *(Verlust bedeuten)* **jdn etw** ~ to cost sb sth ▶ **koste es, was es wolle** whatever the cost II. *vi* to cost
kosten[2] ['kɔstn̩] *vt (probieren)* to taste
Kosten ['kɔstn̩] *pl* costs; ~ **sparend** economically; *Maßnahme* economical; **auf seine** ~ **kommen** to get one's money's worth; **die** ~ **tragen** to bear the costs; **auf** ~ **einer Person/einer S.** *gen* at the expense of sb/sth
kostendeckend I. *adj* cost-effective II. *adv* cost-effectively
kostenlos *adj* free [of charge]
Kostenvoranschlag *m* quotation
köstlich ['kœstlɪç] I. *adj* delicious II. *adv* **sich** ~ **amüsieren** to have a wonderful time
Kostprobe *f* ① *(etwas zum Probieren)* taste ② *(Vorgeschmack, Beispiel)* sample; **eine** ~ **seines Könnens** a sample of his skill
kostspielig *adj* expensive
Kostüm <-s, -e> [kɔs'tyːm] *nt* ① suit ② THEAT costume
Kot <-[e]s> [koːt] *m kein pl* excrement
Kotelett <-s, -s> [kɔt'lɛt] *nt* chop
Koteletten [kotə'lɛtn̩] *pl* sideburns *npl*
Köter <-s, -> ['køːtɐ] *m (pej)* mutt
Kotflügel *m* wing
Kotzbrocken *m (pej sl)* slimy git BRIT, slime ball AM
Kotze <-> ['kɔtsə] *f kein pl (vulg)* puke
kotzen ['kɔtsn̩] *vi (vulg)* to puke; **das ist zum K~** *(sl)* it makes you sick
Krabbe <-, -n> ['krabə] *f* crab
krabbeln ['krabl̩n] *vi sein* to crawl
Krach <-[e]s, Kräche> [krax] *m* ① *kein pl* noise ② *(Streit)* quarrel; ~ **haben** *(fam)* to have a row
krachen ['kraxn̩] I. *vi* ① *haben* to crash; *Schuss* to ring out ② *sein (prallen)* to crash II. *vi impers haben* ① **es kracht**

K

there is a crashing noise ❷ *(Unfall)* **auf der Kreuzung hat es gekracht** there's been a crash on the intersection

Kracher <-s, -> ['kraxɐ] *m* banger BRIT, firecracker AM; **alter ~** old codger

krächzen ['krɛçtsn̩] *vi Vogel* to caw; *Mensch* to croak

Kräcker <-s, -> *m* cracker

Kraft <-, Kräfte> [kraft] *f* ❶ strength; **wieder zu Kräften kommen** to regain one's strength; **über jds Kräfte gehen** to be more than sb can cope with; **seine Kräfte sammeln** to gather one's strength; **mit aller ~** with all one's strength; **mit letzter ~** with one's last ounce of strength; **mit vereinten Kräften** with combined efforts ❷ *(Geltung)* force; **außer ~ sein** to be no longer in force; **in ~ sein** to be in force; **etw außer ~ setzen** to cancel sth; **in ~ treten** to come into force ❸ PHYS *(Energie)* power; **aus eigener ~** by oneself; **mit frischer ~** with renewed energy ❹ *meist pl (Machgruppe)* force

Kraftakt *m* act of strength **Kraftbrühe** *f* beef stock **Kraftfahrer(in)** *m(f)* driver

Kraftfahrzeug *nt* motor vehicle

Kraftfahrzeugbrief *m* registration document **Kraftfahrzeugkennzeichen** *nt* vehicle registration **Kraftfahrzeugsteuer** *f* vehicle tax **Kraftfahrzeugversicherung** *f* car insurance

kräftig ['krɛftɪç] **I.** *adj* ❶ *(stark)* strong ❷ *(wuchtig)* powerful **II.** *adv regnen* heavily

kraftlos I. *adj* weak **II.** *adv* feebly

Kraftprobe *f* test of strength **Kraftrad** *nt* motorcycle **Kraftstoff** *m* fuel

kraftvoll I. *adj* powerful **II.** *adv* forcefully; **~ zubeißen** to take a hearty bite

Kraftwagen *m* motor vehicle **Kraftwerk** *nt* power station

Kragen <-s, -> ['kra:gən] *m* collar ▸**jdm geht es an den ~** sb is in for it; **etw kostet jdn den ~** sth is sb's downfall; **jdm platzt der ~** sb blows their top

Kragenweite *f* collar size ▸**genau/nicht jds ~ sein** *(fam)* to be just/not sb's cup of tea

Krähe <-, -n> ['krɛ:ə] *f* crow

Krake <-n, -n> ['kra:kə] *m* octopus

Kralle <-, -n> ['kralə] *f* claw

krallen ['kralən] **I.** *vr* **sich an jdn/etw ~** to cling onto sb/sth **II.** *vt* ❶ *(fest bohren)* **etw in etw ~** to dig sth into sth ❷ *(sl: klauen)* **[sich** *dat***] etw ~** to pinch sth *fam*

Kram <-[e]s> [kra:m] *m kein pl (fam)* ❶ junk ❷ *(Angelegenheit)* affairs *pl;* **den ganzen ~ hinschmeißen** to pack the whole thing in; **jdm in den ~ passen** to suit sb fine; **jdm nicht in den ~ passen** to be a real nuisance to sb

Krämer(in) <-s, -> ['krɛmɐ] *m(f)* DIAL *(veraltet)* grocer's, general store

Krampf <-[e]s, Krämpfe> [krampf] *m* cramp

Krampfader *f* varicose vein

krampfhaft I. *adj* desperate **II.** *adv* desperately

Kran <-[e]s, Kräne> [kra:n] *m* crane

Kranich <-s, -e> ['kra:nɪç] *m* crane

krank <kränker, kränkste> [kraŋk] *adj* ❶ ill, sick ❷ **~ vor etw** *dat* **sein** to be sick with sth ▸**jdn [mit etw** *dat* **] ~ machen** to get on sb's nerves [with sth]

Kranke(r) *f(m) dekl wie adj* sick person

kränkeln ['krɛŋkl̩n] *vi* to be unwell

kränken ['krɛŋkn̩] *vt* **jdn ~** to hurt sb's feelings; **gekränkt sein** to feel hurt; **es kränkt jdn, dass ...** it hurts sb['s feelings], that ...; **~d** hurtful

Krankengeld *nt* sick pay **Krankengymnast(in)** <-en, -en> *m(f)* physiotherapist **Krankengymnastik** *f* physiotherapy **Krankenhaus** *nt* hospital

Krankenhausaufenthalt *m* hospital stay

Krankenkasse *f* health insurance company **Krankenpflege** *f* nursing **Kran-**

kenpfleger(in) *m(f)* [male] nurse **Krankenschwester** *f* nurse **Krankenversicherung** *f* health insurance **Krankenwagen** *m* ambulance **Krankenzimmer** *nt* ① MED *(Krankenhauszimmer)* hospital room ② *(Zimmer für erkrankte Insassen)* sickbay ③ *(geh: Zimmer mit einem Kranken)* sickroom

krankhaft *adj* morbid

Krankheit <-, -en> *f* illness; **wegen ~** due to illness

Krankheitserreger *m* pathogen

kränklich ['krɛŋklɪç] *adj* sickly

Krankmeldung *f* notification of sickness

Kränkung <-, -en> *f* insult

Kranz <-es, Kränze> [krants] *m* wreath

krass [kras] *adj* ① *(auffallend)* glaring ② *(unerhört)* blatant

Krater <-s, -> ['kra:tɐ] *m* crater

Krätze <-> ['krɛtsə] *f kein pl* scabies

kratzen ['kratsn̩] **I.** *vt* ① to scratch ② *(jucken)* **sich ~** to scratch oneself ③ *(fam: kümmern)* **das kratzt mich nicht** I couldn't care less about that **II.** *vi* ① *(jucken)* to scratch; **das Unterhemd kratzt** the vest is scratchy ② *(beeinträchtigen)* **an etw** *dat* **~** to scratch away at sth

Kratzer <-s, -> ['kratsɐ] *m* scratch

kraulen ['kraulən] *vi (schwimmen)* to do the crawl

kraus [kraus] *adj Haar* frizzy

Krause <-, -n> ['krauzə] *f* ① MODE *(gefältelter Saum)* ruffle; *(gekräuselter Kragen)* ruffled collar ② *(fam: künstliche Wellung)* frizzy perm

Kraut <-[e]s, Kräuter> [kraut] *nt* ① BOT herb ② *kein pl (Kohl)* cabbage ▶ **wie ~ und Rüben durcheinanderliegen** *(fam)* to lie about all over the place

Kräutertee *m* herbal tea

Krautkopf *m* head of cabbage

Krawall <-s, -e> [kra'val] *m* ① *(Tumult)* riot; **~ schlagen** to kick up trouble ② *kein pl (fam: Lärm)* racket; **~ machen** to make a racket

Krawatte <-, -n> [kra'vatə] *f* tie

Krawattennadel *f* tiepin

kreativ [krea'ti:f] *adj* creative

Kreativität <-> [kreativi'tɛt] *f kein pl* creativity

Krebs[1] <-es, -e> [kre:ps] *m* ① ZOOL crayfish ② *kein pl* KOCHK crab ③ *kein pl* ASTROL Cancer

Krebs[2] <-es, -e> [kre:ps] *m* MED cancer; **~ erregend** carcinogenic

Krebserreger *m* carcinogen **Krebsfrüherkennung** *f kein pl* early cancer diagnosis **Krebsgeschwulst** *f* cancerous tumour [*or* AM -or] **Krebsgeschwür** *nt* cancerous ulcer **Krebsvorsorgeuntersuchung** *f* cancer check-up

Kredit <-[e]s, -e> [kre'di:t] *m* credit; **einen ~ [bei jdm] aufnehmen** to take out a loan [with sb]; **auf ~** on credit

Kreditgeber(in) *m(f)* creditor **Kreditkarte** *f* credit card; **mit ~ bezahlen** to pay by credit card **Kreditnehmer(in)** <-s, -> *m(f)* borrower

Kreide <-, -n> ['kraidə] *f* chalk ▶ **bei jdm [tief] in der ~ stehen** *(fam)* to owe sb [a lot of] money

kreidebleich, **kreideweiß** *adj* as white as a sheet

Kreis[1] <-es, -e> [krais] *m* circle; **einen ~ um jdn bilden** to form a circle around sb; **sich im ~[e] drehen** to turn round in a circle; **im ~ gehen** to go round in circles; **im ~** in a circle ▶ **jdm dreht sich alles im ~e** sb's head is spinning; **weite ~e** wide sections

Kreis[2] <-es, -e> [krais] *m* ADMIN district

kreischen ['kraiʃn̩] *vi* to shriek

Kreisel <-s, -> ['kraizl̩] *m* ① spinning top ② TRANSP roundabout

kreisen ['kraizn̩] *vi* ① to revolve (**um** around) ② *Flugzeug, Vogel* to circle ③ *(zirkulieren)* to circulate (**in** through)

kreisförmig **I.** *adj* circular **II.** *adv* in a circle

K

Kreislauf *m* circulation
Kreislaufstörungen *pl* circulatory disorder
Kreissäge *f* circular saw
Kreisstadt *f* district principal town
Kreisverkehr *m* roundabout
Krematorium <-s, -rien> [ˈkremaˈtoːri̯ʊm, *pl:* -ˈtoːri̯ən] *nt* crematorium
Krempe <-, -n> [ˈkrɛmpə] *f* brim
Krempel <-s> [ˈkrɛmpl̩] *m kein pl (pej fam)* ① *(ungeordnete Sachen)* stuff ② *(Ramsch)* junk ▶ **den ganzen ~ hinwerfen** to chuck it all in
Kren <-s> [kreːn] *m kein pl* BOT, KOCHK ÖSTERR, SÜDD horseradish
Kresse <-, -n> [ˈkrɛsə] *f* cress
kreuz [krɔyts] ▶ **~ und quer** all over the place *fam* all over
Kreuz <-es, -e> [krɔyts] *nt* ① cross; **jdn ans ~ schlagen** to crucify sb; **über[s] ~** crosswise ② *(Symbol)* crucifix; **das Rote ~** the Red Cross ③ ANAT lower back; **es im ~ haben** to have back trouble ④ *kein pl* KARTEN clubs *pl* ▶ **jdn aufs ~ legen** *(fam)* to fool sb; **drei ~e machen** *(fam)* to be so relieved; **ein ~ mit jdm/etw sein** *(fam)* to be a constant bother with sb/sth
Kreuzer <-s, -> [ˈkrɔytsɐ] *m* NAUT cruiser
Kreuzfahrt *f* cruise; **eine ~ machen** to go on a cruise **Kreuzfeuer** *nt* crossfire ▶ **[von allen Seiten] ins ~ [der Kritik] geraten** to come under fire [from all sides]
kreuzigen [ˈkrɔytsɪgn̩] *vt* to crucify
Kreuzigung <-, -en> *f* crucifixion
Kreuzotter *f* adder
Kreuzschlitzschraube *f* Phillips screw
Kreuzschmerzen *pl* backache, lower back pain
Kreuzspinne *f* cross spider
Kreuzung <-, -en> *f* ① *(Straßenkreuzung)* crossroads *pl* ② *kein pl* BIOL *(das Kreuzen)* cross-breeding ③ *(Bastard)* mongrel
Kreuzworträtsel *nt* crossword
Kreuzzug *m* crusade
kribbeln [ˈkrɪbl̩n] *vi (jucken)* **mir kribbelt es am Rücken** my back is itching
Kricket <-s, -s> [ˈkrɪkət] *nt* SPORT cricket
kriechen <kroch, gekrochen> [ˈkriːçn̩] *vi* ① *sein* to crawl ② *sein o haben (pej: unterwürfig sein)* **[vor jdm] ~** to grovel [before sb]
Krieg <-[e]s, -e> [kriːk] *m* war; **jdm/einem Land den ~ erklären** to declare war on sb/a country; **~ führen** to wage war (**gegen** on); **in den ~ ziehen** to go to war
kriegen[1] [ˈkriːgn̩] *vt (fam)* ① to get; **ich kriege noch 20 Euro von dir** you still owe me 20 euros; **eine Krankheit ~** to get an illness; **etw zu sehen ~** to get to see sth ② *(noch erreichen)* **den Zug ~** to catch the train ③ *(erwischen)* **jdn ~** to catch sb ④ *(gebären)* **ein Kind ~** to have a baby ⑤ *(überreden)* **jdn dazu ~, etw zu tun** to get sb to do sth ⑥ *(schaffen)* **ich kriege das schon geregelt** I'll get it sorted ▶ **es mit jdm zu tun ~** to be in trouble with sb
kriegen[2] [ˈkriːgn̩] *vi (Krieg führen)* to make war
Krieger(in) <-s, -> [ˈkriːgɐ] *m(f)* warrior
kriegerisch *adj* ① *(kämpferisch)* warlike ② *(militärisch)* military
Kriegsausbruch *m* outbreak of war **Kriegsbeil** *nt* tomahawk ▶ **das ~ begraben** to bury the hatchet **Kriegsberichterstatter(in)** *m(f)* war correspondent **Kriegsbeschädigte(r)** *f(m) dekl wie adj* war-disabled person
Kriegsdienstverweigerer <-s, -> *m* conscientious objector
Kriegsgefangene(r) *f(m) dekl wie adj* prisoner of war **Kriegsgefangenschaft** *f* captivity; **in ~ geraten** to become a prisoner of war **Kriegsgericht** *nt* court martial **Kriegsschiff** *nt* war ship **Kriegsverbrecher(in)** *m(f)* war criminal
Krimi <-s, -s> [ˈkrɪmi] *m (fam)* thriller
Kriminalbeamte(r), -beamtin [krimiˈnaːl-] *m, f (geh)* detective
Kriminalität <-> [kriminaliˈtɛt] *f kein pl*

criminality
Kriminalpolizei *f* ❶ *(Institution)* Criminal Investigation Department BRIT, plainclothes police AM ❷ *(Beamte)* CID officers *pl* BRIT, plainclothes police officers *pl* AM **Kriminalroman** *m* detective novel
kriminell [krimiˈnɛl] *adj* criminal
Kriminelle(r) [krimiˈnɛlə, -lɐ] *f(m) dekl wie adj* criminal
Krimskrams <-es> [ˈkrɪmskrams] *m kein pl (fam)* junk
Kringel <-s, -> [ˈkrɪŋl̩] *m* ❶ KOCHK ring-shaped biscuit [*or* AM cookie] ❷ *(Schnörkel)* squiggle
Kripo <-, -s> [ˈkriːpo] *f (fam) kurz für* **Kriminalpolizei**
Krippe <-, -n> [ˈkrɪpə] *f* ❶ *a.* REL manger ❷ *(Kinderkrippe)* day nursery
Krippenspiel *nt* REL nativity play
Krise <-, -n> [ˈkriːzə] *f* crisis
kriseln [ˈkriːzl̩n] *vi impers (fam)* **es kriselt** there's a crisis looming
krisenfest *adj* crisis-proof **Krisenherd** *m* trouble spot
Kristall <-s, -e> [krɪsˈtal] *m* crystal
Kriterium <-s, -rien> [kriˈteːriʊm, *pl:* -ˈteːriən] *nt* criterion; [**bei etw** *dat*] **bestimmte Kriterien anlegen** to apply certain criteria [to sth]
Kritik <-, -en> [kriˈtiːk] *f* ❶ *kein pl* criticism (**an** of); **an jdm/etw ~ üben** to criticize sb/sth ❷ *(Rezension)* review ▶ **unter aller ~ sein** *(pej)* to be beneath contempt

> **Übersetzungstipp**
> Nicht verwechseln mit *critic* – *Kritiker(in)!*

Kritiker(in) <-s, -> [ˈkriːtikɐ] *m(f)* critic
kritisch [ˈkriːtɪʃ] **I.** *adj* critical **II.** *adv* critically
kritisieren [kritiˈziːrən] *vt, vi* to criticize
Kritzelei <-, -en> [krɪtsəˈlai̯] *f (pej fam)* ❶ *kein pl (das Kritzeln)* scribbling ❷ *(Gekritzel)* scribble
kritzeln [ˈkrɪtsl̩n] *vi, vt* to scribble
Krokette <-, -n> [kroˈkɛtə] *f* croquette
Krokodil <-s, -e> [krokoˈdiːl] *nt* crocodile
Krokodilleder *nt* crocodile leather
Krokodilstränen *pl (fam)* crocodile tears *pl*
Krokus <-, -> [ˈkroːkʊs] *m* crocus
Krone <-, -n> [ˈkroːnə] *f* crown
krönen [ˈkrøːnən] *vt* to crown
Kronjuwelen *pl* crown jewels **Kronleuchter** *m* chandelier **Kronprinz, -prinzessin** *m, f* crown prince *masc,* crown princess *fem*
Krönung <-, -en> *f* ❶ coronation ❷ *(Höhepunkt)* high point ▶ **die ~ sein** *(fam)* to beat everything
Kropf <-[e]s, Kröpfe> [krɔpf] *m* MED goitre
Kröte <-, -n> [ˈkrøːtə] *f* toad
Krötentunnel *m* toad tunnel *(tunnel providing a safe passage for toads and other migrating amphibians near busy roads)*
Krücke <-, -n> [ˈkrʏkə] *f* crutch; **an ~n gehen** to walk on crutches
Krug <-[e]s, Krüge> [kruːk] *m* jug; *(Trinkgefäß)* tankard
Krümel <-s, -> [ˈkryːml̩] *m* crumb
krümelig [ˈkryːməlɪç] *adj* crumbly
krumm [krʊm] *adj* ❶ *(nicht gerade) Straße* crooked; *Nase* hooked; *Rücken* hunched; **~ und schief** askew ❷ *(pej fam: unehrlich)* crooked ▶ **ein ~es Ding drehen** to pull off sth crooked; **sich ~ und schief lachen** *(fam)* to split one's sides laughing
krümmen [ˈkrʏmən] **I.** *vt* ❶ to bend; **den Rücken ~** to arch one's back; **die Schultern ~** to slouch one's shoulders ❷ MATH **gekrümmt** curved **II.** *vr* ❶ **sich ~** *Fluss* to wind; *Straße* to bend ❷ *(sich beugen)* **sich ~** to bend ❸ *(sich winden)* **sich vor Schmerzen ~** to writhe in pain
krumm|nehmen *vt* [**jdm**] **etw ~** to take offence at sth [sb said/did]

K

Kruste <-, -n> ['krʊstə] *f* crust
Kruzifix <-es, -e> ['kru:tsifɪks] *nt* crucifix
Krypta <-, Krypten> ['krʏpta] *f* crypt
Kuba <-s> ['ku:ba] *nt* Cuba; *s.a.* **Deutschland**
Kubaner(in) <-s, -> [ku'ba:nɐ] *m(f)* Cuban; *s.a.* **Deutsche(r)**
Kübel <-s, -> ['ky:bl̩] *m* bucket
Kubikmeter [ku'bi:k-] *m o nt* cubic metre **Kubikzahl** *f* cube number
Küche <-, -n> ['kʏçə] *f* kitchen
Kuchen <-s, -> ['ku:xn̩] *m* cake
Küchenabfall *m* kitchen waste *no pl* **Küchenchef(in)** *m(f)* chef **Kuchenform** *f* baking tin **Küchenherd** *m* cooker BRIT, stove AM **Küchenrolle** *f* kitchen roll **Küchenschabe** *f* cockroach **Küchentuch** *nt* kitchen cloth
K
Kuckuck <-s, -e> ['kʊkʊk] *m* cuckoo ▶ [**das**] **weiß der ~!** *(fam)* God only knows!; **zum ~** [**noch mal**]! *(euph fam)* damn it!
Kuckucksuhr *f* cuckoo clock
Kuddelmuddel <-s> *m o nt kein pl (fam)* muddle; *(Unordnung)* mess; *(Verwirrung)* confusion
Kugel <-, -n> ['ku:gl̩] *f* ❶ ball ❷ *(Geschoss)* bullet ❸ MATH sphere ▶ **eine ruhige ~ schieben** *(fam)* to have a cushy time
kugelförmig *adj* spherical **Kugellager** *nt* ball bearing **kugelrund** ['ku:gl̩-'rʊnt] *adj* ❶ *(kugelförmig)* **~ sein** to be round as a ball ❷ *(fam: feist und rundlich)* tubby **Kugelschreiber** *m* ballpoint **kugelsicher** *adj* bullet-proof **Kugelstoßen** <-s> *nt kein pl* shot put
Kuh <-, Kühe> [ku:] *f* cow
kühl [ky:l] **I.** *adj* cool; **draußen wird es ~** it's getting chilly outside **II.** *adv* ❶ *(recht kalt)* **etw ~ lagern** to store sth in a cool place ❷ *(reserviert)* coolly
Kühlbox *f* cooler
kühlen ['ky:lən] *vi, vt* to cool
Kühler <-s, -> ['ky:lɐ] *m* bonnet
Kühlerhaube *f* bonnet BRIT, hood AM
Kühlraum *m* refrigerated storage room
Kühlschrank *m* refrigerator **Kühltruhe** *f* freezer chest **Kühlwasser** *nt kein pl* coolant
kühn [ky:n] *adj* ❶ brave ❷ *(gewagt)* bold
Kuhstall *m* cowshed
Küken <-s, -> ['ky:kn̩] *nt* chick
kulant [ku'lant] *adj* obliging
Kuli <-s, -s> ['ku:li] *m (fam)* Biro® BRIT, Bic® AM
kulinarisch [kuli'na:rɪʃ] *adj* culinary
Kulisse <-, -n> [ku'lɪsə] *f* THEAT scenery ▶ **hinter den ~n** behind the scenes; **nur ~ sein** *(pej)* to be merely a facade
kullern ['kʊlɐn] *vi sein* to roll
Kult <-[e]s, -e> [kʊlt] *m* cult
Kultfigur *f* cult figure
kultig ['kʊltɪç] *adj (sl)* cult
kultivieren [kʊlti'vi:rən] *vt* to cultivate
kultiviert [kʊlti'vi:ɐt] *adj* ❶ *(gepflegt)* refined ❷ *(von feiner Bildung)* **~ sein** to be cultured
Kultstätte *f* place of ritual worship
Kultur <-, -en> [kʊl'tu:ɐ̯] *f* culture
Kulturbeutel *m* toilet [*or* AM toiletries] bag
kulturell [kʊltu'rɛl] **I.** *adj* cultural **II.** *adv* culturally
Kümmel <-s, -> ['kʏml̩] *m* caraway
Kummer <-s> ['kʊmɐ] *m kein pl* grief; **~ haben** to have worries; **jdm ~ machen** to cause sb trouble
kümmerlich ['kʏmɐlɪç] **I.** *adj* ❶ *(pej: armselig)* miserable; *Mahlzeit* paltry ❷ *(miserabel)* pitiful ❸ *(unterentwickelt)* puny **II.** *adv (notdürftig)* in a miserable way
kümmern ['kʏmɐn] **I.** *vt* **jd/etw kümmert jdn** sb/sth concerns sb; **was kümmert mich das?** what concern is that of mine? **II.** *vr* **sich um jdn/etw ~** to take care of sb/sth; **kümmere dich um deine eigenen Angelegenheiten** mind your own business; **sich darum ~, dass ...** to see to it that ...
Kumpan(in) <-s, -e> [kʊm'pa:n] *m(f)* *(pej fam)* pal

Kumpel <-s, -> *m* ❶ *(fam)* mate BRIT, buddy AM ❷ *(Bergmann)* miner
kumpelhaft I. *adj* matey *fam,* chummy *fam* II. *adv* matily *fam,* chummily *fam*
Kunde <-> [ˈkʊndə] *f kein pl (geh)* tidings *npl*
Kunde, Kundin <-n, -n> [ˈkʊndə, ˈkʊndɪn] *m, f* customer
Kundendienst *m kein pl* after-sales service **Kundenbetreuer(in)** *m(f)* *(in Callcentern)* customer service officer; *(in Banken)* account manager **Kundenkarte** *f* store card **Kundennummer** *f* customer account number
kund|geben *vt irreg* to make known
Kundgebung <-, -en> *f* rally
kundig [ˈkʊndɪç] *adj* knowledgeable
kündigen [ˈkʏndɪgn̩] I. *vt Vertrag* to terminate II. *vi* ❶ *Arbeitnehmer* **[jdm]** ~ to hand in one's notice [to sb] ❷ *Arbeitgeber* **jdm** ~ to give sb his/her notice
Kündigung <-, -en> *f* ❶ JUR cancellation ❷ *(durch den Arbeitnehmer)* handing in one's notice; *(durch den Arbeitgeber)* dismissal
Kündigungsfrist *f* period of notice
Kundin <-, -nen> *f fem form von* **Kunde**
Kundschaft <-, -en> [ˈkʊntʃaft] *f* customers *pl*
künftig [ˈkʏnftɪç] I. *adj* future II. *adv* in future
Kunst <-, Künste> [kʊnst] *f* art ▸**keine ~ sein** *(fam)* to be easy
Kunstakademie *f* art college **Kunstausstellung** *f* art exhibit[ion] **Kunstdünger** *m* artificial fertilizer **Kunstfaser** *f* synthetic fibre **Kunsthandwerk** *nt kein pl* craft[work] **Kunstleder** *nt* imitation leather
Künstler(in) <-s, -> [ˈkʏnstlɐ] *m(f)* artist
künstlerisch [ˈkʏnstlərɪʃ] *adj* artistic
Künstlername *m* pseudonym; *Schauspieler* stage name
künstlich [ˈkʏnstlɪç] I. *adj* artificial II. *adv (gekünstelt)* affectedly
Kunstmaler(in) *m(f) (geh)* artist, painter **Kunstsammlung** *f* art collection
Kunststoff *m* synthetic material
Kunststück *nt* trick; **das ist doch kein ~!** there's nothing to it! **Kunstwerk** *nt* work of art
kunterbunt [ˈkʊntɐbʊnt] *adj* ❶ *(vielfältig)* varied ❷ *(bunt)* multi-coloured ❸ *(wahllos)* motley
Kupfer <-s> [ˈkʊpfɐ] *nt kein pl* copper
Kupferschmied(in) *m(f)* coppersmith
Kuppe <-, -n> [ˈkʊpə] *f* ❶ *(Bergkuppe)* [rounded] hilltop ❷ *(Fingerkuppe)* tip
Kuppel <-, -n> [ˈkʊpl̩] *f* dome
kuppeln [ˈkʊpl̩n] I. *vt (verbinden)* **etw an etw** *akk* ~ to couple sth to sth II. *vi* AUTO to operate the clutch
Kupplung <-, -en> [ˈkʊplʊŋ] *f* ❶ clutch ❷ *(für Anhänger)* coupling
Kur <-, -en> [kuːɐ̯] *f* course of treatment; **in ~ fahren** to go to a health resort
Kurbel <-, -n> [ˈkʊrbl̩] *f* crank
Kurbelwelle *f* crankshaft
Kürbis <-ses, -se> [ˈkʏrbɪs] *m* pumpkin
Kurhaus *nt* assembly rooms [at a health resort]
Kurier <-s, -e> [kuˈriːɐ̯] *m* courier
Kurierdienst *m* courier service
kurieren [kuˈriːrən] *vt* to cure (**von** of)
kurios [kuˈri̯oːs] *(geh)* I. *adj* curious II. *adv* curiously
Kuriosität <-, -en> [kuri̯oziˈtɛt] *f* curiosity
Kurort *m* health resort
Kurs[1] <-es, -e> [kʊrs] *m* ❶ *(Richtung)* course; **vom ~ abkommen** to deviate from one's course; **den ~ beibehalten** to maintain [one's] course; **jdn auf ~ bringen** to bring sb into line; **den ~ wechseln** to change course ❷ *(Wechselkurs)* exchange rate ❸ BÖRSE price; **im ~ fallen** to fall in price; **hoch im ~ [bei jdm] stehen** *(a. fig)* to be very popular [with sb]
Kurs[2] <-es, -e> [kʊrs] *m (Lehrgang)* course
Kursbuch *nt* timetable

kursieren [kʊr'ziːrən] *vi* to circulate

kursiv [kʊr'ziːf] **I.** *adj* italic **II.** *adv* in italics

Kursivschrift [kʊr'ziːf-] *f* italics

Kursteilnehmer(in) *m(f)* participant in a course

Kurve <-, -n> ['kʊrvə] *f* ❶ *(Straßenkurve)* bend; **aus der ~ fliegen** *(fam)* to leave the road on the bend; **eine ~ machen** to bend ❷ *(gekrümmte Linie)* curve ▶ **die ~ kratzen** *(fam)* to clear off

kurvenreich, kurvig ['kʊrvɪç] *adj* curvy

kurz <kürzer, kürzeste> [kʊrts] **I.** *adj* ❶ *(räumlich; zeitlich)* short ❷ *(knapp)* brief ▶ **den Kürzeren ziehen** *(fam)* to come off worst **II.** *adv* ❶ *(räumlich)* short; **etw kürzer machen** to shorten sth ❷ *(zeitlich)* for a short time; **sich ~ fassen** to be brief; **~ gesagt** in a word; **jdn ~ sprechen** to have a quick word with sb; **bis vor ~em** up until a short while ago; **vor ~em** a short while ago; **~ bevor** just before; **~ nachdem** shortly after; **über ~ oder lang** sooner or later ▶ **~ angebunden sein** *(fam)* to be abrupt; **~ entschlossen** without a moment's hesitation; **~ und gut** in a word; **zu ~ kommen** to lose out

Kurzarbeit *f kein pl* short-time work

kurz|arbeiten *vi* to work short-time

kurzärm(e)lig *adj* short-sleeved

Kürze <-> ['kʏrtsə] *f kein pl* shortness; **in aller ~** very briefly

kürzen ['kʏrtsn̩] *vt* ❶ to shorten (**um** by) ❷ *(verringern)* to cut (**um** by/**auf** to)

kurzerhand ['kʊrtsɐ'hant] *adv* there and then

Kurzfassung *f* abridged version **Kurzfilm** *m* short film

kurzfristig ['kʊrtsfrɪstɪç] **I.** *adj* ❶ *(innerhalb kurzer Zeit erfolgend)* at short notice ❷ *(für kurze Zeit geltend)* short-term **II.** *adv* ❶ *(innerhalb kurzer Zeit)* within a short time ❷ *(für kurze Zeit)* briefly

Kurzgeschichte *f* short story

kurzlebig ['kʊrtsleːbɪç] *adj* ❶ *(nicht lange lebend)* a. MODE short-lived ❷ *(nicht lange haltend)* non-durable

kürzlich ['kʏrtslɪç] *adv* not long ago

Kurzmeldung *f* newsflash **Kurznachrichten** *pl* news in brief + *sing vb* **Kurzschluss** *m* ELEK short-circuit

kurzsichtig *adj* short-sighted

Kurzstreckenflug *m* short-haul flight

Kürzung <-, -en> *f* ❶ abridgement ❷ FIN cut

Kurzwaren *pl* haberdashery BRIT, dry goods AM

kurzweilig ['kʊrtsvai̯lɪç] *adj* entertaining

Kurzwelle *f* short wave

Kurzzeitgedächtnis *m* short-term memory

kuscheln ['kʊʃl̩n] **I.** *vr* **sich an jdn ~** to cuddle up to sb; **sich in etw ~** to snuggle up in sth **II.** *vi* [**mit jdm**] **~** to cuddle [up to sb]

Kuschelrock <-s, -> *m kein pl* MUS soft rock

kuschen ['kʊʃn̩] *vi* [**vor jdm**] **~** to obey [sb]

Kusine <-, -n> [ku'ziːnə] *f fem form von* **Cousin** cousin

Kuss <-es, Küsse> [kʊs] *m* kiss

Küsschen <-s, -> ['kʏsçən] *nt* brief kiss, peck; **gib ~!** give us a kiss!

küssen ['kʏsn̩] *vt, vi* to kiss

Küste <-, -n> ['kʏstə] *f* coast

Küstengewässer *pl* coastal waters

Küster(in) <-s, -> ['kʏstɐ] *m(f)* sexton

Kutsche <-, -n> ['kʊtʃə] *f* carriage

Kutte <-, -n> ['kʊtə] *f* habit

Kuttel <-, -n> ['kʊtl̩] *f meist pl* tripe *sing*

Kutter <-s, -> ['kʊtɐ] *m* cutter

Kuvert <-s, -s> [ku'veːɐ̯] *nt* envelope

Kuwait <-s> ['kuːvai̯t] *nt* Kuwait; *s.a.* **Deutschland**

Kuwaiter(in) *m(f)* Kuwaiti; *s.a.* **Deutsche(r)**

KZ <-s, -s> [kaː'tsɛt] *nt Abk von* **Konzentrationslager** concentration camp

L

L, l <-, -> *nt* L, l
l [ɛl] *Abk von* **Liter** l
labil [la'bi:l] *adj* unstable
Labor <-s, -s> [la'bo:ɐ̯] *nt* laboratory
Laborant(in) <-en, -en> [labo'rant] *m(f)* laboratory technician
Labyrinth <-[e]s, -e> [laby'rɪnt] *nt* maze
lächeln ['lɛçl̩n] *vi* to smile
Lächeln <-s> ['lɛçl̩n] *nt kein pl* smile
lachen ['laxn̩] *vi* to laugh (**über** at)
Lachen <-s> ['laxn̩] *nt kein pl* laughter
lächerlich ['lɛçɐlɪç] *adj* ridiculous; **jdn/sich ~ machen** to make a fool of sb/oneself
lachhaft *adj* laughable
Lachs <-es, -e> [laks] *m* salmon
Lack <-[e]s, -e> [lak] *m* gloss paint; *(transparent)* varnish
lackieren [la'ki:rən] *vt a. Fingernägel* to paint; *Holz* to varnish
Lackleder <-s> *nt* patent leather *no pl, no indef art*
Ladegerät *nt* battery charger
Ladekabel *nt (für Handy- und Computerakkus)* charging cable; *(für Autobatterien)* [battery] charger lead
laden[1] <lädt, lud, geladen> ['la:dn̩] *vt, vi* ❶ to load (**auf** on[to] /**in** in[to]); **etw aus etw** *dat* **~** to unload sth from sth ❷ *(sich aufbürden)* **etw auf sich** *akk* **~** to saddle oneself with sth ❸ ELEK to charge (**mit** with)
laden[2] <lädt, lud, geladen> ['la:dn̩] *vt* JUR to summon
Laden[1] <-s, Läden> ['la:dn̩] *m (Geschäft)* shop, AM *usu* store
Laden[2] <-s, Läden *o* -> ['la:dn̩] *m* shutter
Ladenbesitzer(in) *m(f)* shopkeeper **Ladendieb(in)** *m(f)* shoplifter **Ladenkette** *f* chain of shops **Ladenpreis** *m* retail price **Ladenschluss** *m kein pl* closing time
Laderampe *f* loading ramp **Laderaum** *m* LUFT, NAUT cargo space
Ladung[1] <-, -en> *f* ❶ load ❷ ELEK charge
Ladung[2] <-, -en> *f* JUR summons + *sing vb*
Lage <-, -n> ['la:gə] *f* ❶ *(örtlich)* position ❷ *(Situation)* situation; **zu etw** *dat* **in der ~ sein** to be in a position to do sth; **sich in jds ~ versetzen** to put oneself in sb's position ❸ *(Schicht)* layer
Lager <-s, -> ['la:gɐ] *nt* ❶ HANDEL warehouse; **etw auf ~ haben** to have sth in stock; *(fig)* to have sth at the ready ❷ *(Unterkunft)* camp
Lagerfeuer *nt* campfire **Lagerhaus** *nt* warehouse
lagern ['la:gɐn] **I.** *vt* ❶ *(aufbewahren)* to store ❷ MED to lay; **die Beine hoch ~** to lie with one's legs up **II.** *vi* ❶ *(aufbewahrt werden)* **dunkel/kühl ~** to be stored in the dark/a cold place ❷ *(liegen)* to lie (**auf** +*dat* on) ❸ *(sich niederlassen)* to camp
Lagerraum *m* ❶ *(Raum)* storeroom ❷ *(Fläche)* storage space
Lagerung <-, -en> *f* warehousing
Lagune <-, -n> [la'gu:nə] *f* lagoon
lahm [la:m] *adj* ❶ *(gelähmt)* lame ❷ *(fam: langsam)* sluggish
lähmen ['lɛ:mən] *vt* to paralyse
lahm|legen *vt* to bring to a stand-still
Lähmung <-, -en> *f* paralysis
Laib <-[e]s, -e> [laip] *m* loaf
Laich <-[e]s, -e> [laiç] *m* spawn
laichen ['laiçn̩] *vi* to spawn
Laie, Laiin <-n, -n> ['laiə, 'laiɪn] *m, f* layman *masc*, laywoman *fem*
Lake <-, -n> ['la:kə] *f* brine
Laken <-s, -> ['la:kn̩] *nt* sheet
Lakritz <-es, -e> [la'krɪts] *m*, **Lakritze**

L

<-, -n> [la'krɪtsə] *f* DIAL liquorice
lallen ['lalən] *vi, vt* to slur
Lama <-s, -s> ['la:ma] *nt* ZOOL llama
Lametta <-s> [la'mɛta] *nt kein pl* tinsel
Lamm <-[e]s, Lämmer> [lam] *nt* lamb
Lammfell *nt* lambskin
Lampe <-, -n> ['lampə] *f* lamp
Lampenfieber *nt* stage fright **Lampenschirm** *m* lampshade
Lampion <-s, -s> [lam'pi̯ɔŋ] *m* Chinese lantern
LAN <-[s], -s> [la:n] *nt Abk von* **local area network** LAN
Land <-[e]s, Länder> [lant] *nt* ① *kein pl (Festland)* land; **an ~ gehen** to go ashore ② *kein pl (ländliche Gegend)* country; **auf dem ~[e]** in the country ③ *(Staat)* country ④ *(Bundesland)* federal state ▶ **andere Länder, andere Sitten** every country has its own customs
Landarbeiter(in) *m(f)* farm hand **Landbevölkerung** *f* rural population
Landebahn *f* runway
landeinwärts *adv* inland
Landeklappe *f* [landing] flap
landen ['landn̩] **I.** *vi sein* ① to land (**auf** on /**in** in) ② *(fam: hingelangen o enden)* to end up **II.** *vt haben* to land
Landenge *f* isthmus
Ländereien [lɛndə'ra̯iən] *pl* estates *pl*
Länderspiel *nt* international [match] **länderübergreifend** *adj* international; *(in der BRD)* involving several or all Länder
Landesgrenze *f* ① frontier ② *(eines Bundeslandes)* federal state boundary **Landesinnere(s)** *nt* interior **Landesregierung** *f* state government **landestypisch** *adj* typical of a/the country; **~e Küche** local [*or* traditional] fare [*or* delicacies] **Landesverrat** *m* treason
Landflucht *f* rural exodus **Landfriedensbruch** *m* breach of the public peace **Landgericht** *nt* district court **Landhaus** *nt* country house **Landkarte** *f* map **Landkreis** *m* administrative district **Landleben** *nt* country life
ländlich ['lɛntlɪç] *adj* rural
Landplage *f* plague
Landschaft <-, -en> ['lantʃaft] *f* landscape
landschaftlich **I.** *adj* scenic **II.** *adv* scenically
Landsmann, -männin <-leute> *m, f* compatriot
Landstraße ['lantʃtra:sə] *f* secondary road **Landstreicher(in)** <-s, -> *m(f)* tramp
Landtag *m* federal state parliament
Landung <-, -en> *f* landing
Landungsbrücke *f* pier
Landwirt(in) *m(f)* farmer
Landwirtschaft *f kein pl* agriculture
landwirtschaftlich *adj* agricultural; **~er Betrieb** farm
Landzunge *f* headland
lang <länger, längste> [laŋ] **I.** *adj* ① long ② *Mensch* tall **II.** *adv* <länger, am längsten> ① *(für die Dauer von etwas)* **zwei Tage/eine Stunde ~** for two days/an hour ② *s.* **lange**
langatmig *adj* long-winded
lange ['laŋə] *adv* long; **ich weiß das schon ~** I've known that for a long time; **bleibst du noch ~ in Stuttgart?** are you staying in Stuttgart for long?; **wir können hier nicht länger bleiben** we can't stay here any longer; **wo bist du denn so ~ geblieben?** where have you been all this time?
Länge <-, -n> ['lɛŋə] *f* ① *(räumlich)* length; **Pfähle von drei Metern ~** posts three metres in length ② *(zeitlich)* length; **in voller ~** in its entirety; **sich in die ~ ziehen** to drag on
langen ['laŋən] **I.** *vi (fam)* ① *(ausreichen)* **[jdm] ~** to be enough [for sb] ② *(fassen)* **lange bloß nicht mit der Hand an die Herdplatte** make sure you don't touch the hotplate with your hand ③ *(genug sein)* **jetzt langt's aber!** I've just about had enough! **II.** *vt (fam) (geben)* **jdm etw ~** to hand sb sth
Längengrad *m* degree of longitude

Langeweile <-> ['laŋəvailə] *f kein pl* boredom; ~ **haben** to be bored

langfädig *adj* SCHWEIZ *(langatmig)* long-winded **langfristig** I. *adj* long-term II. *adv* on a long-term basis

langjährig *adj* of many years' standing; *Freundschaft* long-standing

Langlauf *m kein pl* cross-country skiing

langlebig *adj* ① *(lange lebend)* long-lived ② *(lange Zeit zu gebrauchen)* long-lasting ③ *(hartnäckig)* persistent

Langlebigkeit <-> *f kein pl* ① *(Anlage für langes Leben)* longevity ② *(lange Gebrauchsfähigkeit)* durability ③ *(Hartnäckigkeit)* persistence

länglich ['lɛŋlɪç] *adj* longish

längs [lɛŋs] I. *präp* ~ **einer S.** *gen* along sth II. *adv* lengthways; ~ **gestreift** with vertical stripes

langsam ['laŋzaːm] I. *adj* ① slow ② *(allmählich)* gradual II. *adv* ① slowly ② gradually ▶ ~, **aber sicher** slowly but surely

Langsamkeit <-> *f kein pl* slowness

Langschläfer(in) *m(f)* late riser

längst [lɛŋst] *adv* ① *(lange)* long since ② *(bei weitem)* **das ist ~ nicht alles** that's not everything by a long shot

längstens ['lɛŋstn̩s] *adv (höchstens)* at the most

Langstreckenflug *m* long-haul flight

Languste <-, -n> [laŋ'gʊstə] *f* crayfish

langweilen ['laŋvailən] I. *vt* to bore II. *vi* to be boring III. *vr* **sich** ~ to be bored

langweilig ['laŋvailɪç] *adj* boring

Langwelle *f* long wave

langwierig ['laŋviːrɪç] *adj* long-drawn-out

Langzeitarbeitslose(r) *f(m)* **die ~n** the long-term unemployed **Langzeitarbeitslosigkeit** *f* long-term unemployment **Langzeitgedächtnis** *nt* long-term memory **Langzeitstudent(in)** *m(f)* long-term student

Lanze <-, -n> ['lantsə] *f* lance

Lappalie <-, -n> [la'paːli̯ə] *f* trifle

Lappen <-s, -> ['lapn̩] *m* rag ▶ **jdm durch die ~ gehen** *(fam)* to slip through sb's fingers

läppisch ['lɛpɪʃ] *adj (lächerlich)* ridiculous

Laptop <-s, -s> ['lɛptɔp] *m* laptop

Lärche <-, -n> ['lɛrçə] *f* larch

Lärm <-[e]s> [lɛrm] *m kein pl* noise; ~ **machen** to make a noise

Lärmbekämpfung *f* noise abatement **Lärmbelästigung** *f* noise pollution **lärmempfindlich** *adj* sensitive to noise

lärmen ['lɛrmən] *vi* to make noise

Lärmpegel *m* noise level **Lärmschutz** *m* protection against noise

Larve <-, -n> ['larfə] *f* ZOOL larva

lasch [laʃ] *adj* ① *(schlaff)* feeble ② *(nachsichtig)* lax

Lasche <-, -n> ['laʃə] *f* flap; *(Kleidung)* loop

Laser <-s, -> ['leːzɐ] *m* laser

Laserdrucker *m* laser printer

lassen <lässt, ließ, gelassen> ['lasn̩] I. *vt* ① *(unterlassen)* to stop; **lass das!** stop it!; **wenn du keine Lust dazu hast, dann lass es doch** if you don't feel like it, then don't do it; **etw nicht ~ können** not to be able to stop sth ② *(zurücklassen)* **jdn/etw irgendwo ~** to leave sb/sth somewhere; **etw hinter sich** *dat* ~ to leave sth behind one ③ *(überlassen)* **jdm etw ~** to let sb have sth ④ *(belassen)* **jdn ohne Aufsicht ~** to leave sb unsupervised; **etw ~, wie es ist** to leave sth as it is ⑤ *(hinaus-/hineinlassen)* **lass den Hund nicht nach draußen** don't let the dog go outside; **frische Luft ins Zimmer ~** to let a bit of fresh air into the room ⑥ *(zugestehen)* **eines muss man ihm ~, er versteht sein Handwerk** you've got to give him one thing, he knows his job II. *vb aux* <lässt, ließ, lassen> *modal* ① *(veranlassen)* **ich lasse mir die Haare schneiden** I'm having my hair cut; **sie wollen ihre Kinder studieren ~** they want their children to study; **jdn**

L

kommen ~ to send for sb; ~ **Sie Herrn Braun hereinkommen** send Mr Braun in; **etw machen/reparieren** ~ to have sth done/repaired ② *(zulassen)* **jdn etw tun** ~ to let sb do sth; **lass sie gehen!** let her go!; **das lasse ich nicht mit mir machen** I won't stand for it! ③ *(Möglichkeit ausdrückend)* **das lässt sich [nicht] machen!** that can[not] be done! ④ *als Imperativ* **lass uns gehen** let's go **III.** *vi* <lässt, ließ, gelassen> *(ablassen)* **sie ist so verliebt, sie kann einfach nicht von ihm** ~ she is so in love, she simply can't part from him; **vom Alkohol** ~ to give up alcohol

lässig ['lɛsɪç] **I.** *adj* casual **II.** *adv* casually

Last <-, -en> [last] *f* ① *(was getragen wird)* load ② *(Gewicht)* weight ③ *(Bürde)* burden ④ *pl* FIN burden; **zu jds ~en gehen** to be charged to sb ▶ **jdm zur ~ fallen** to become a burden on sb; **jdm etw zur ~ legen** to accuse sb of sth

lasten ['lastn̩] *vi* **auf jdm** ~ to rest with sb

Laster¹ <-s, -> ['lastɐ] *m (LKW)* lorry BRIT, truck AM

Laster² <-s, -> ['lastɐ] *nt* vice

lasterhaft *adj* depraved

lästern ['lɛstɐn] *vi* to make disparaging remarks (**über** about)

lästig ['lɛstɪç] *adj* annoying; **jdm ~ sein** to annoy sb

Lastkahn *m* barge **Lastwagen** *m* lorry BRIT, truck AM **Lastzug** *m* lorry with trailer

Lasur <-, -en> [la'zuːɐ̯] *f* varnish

Latein <-s> [la'tain] *nt* Latin

Lateinamerika *nt* Latin America **Lateinamerikaner(in)** <-s, -> *m(f)* Latin American **lateinamerikanisch** *adj* Latin American

lateinisch *adj* Latin; **auf L~** in Latin

Laterne <-, -n> [la'tɛrnə] *f* ① lantern ② *(Straßenlaterne)* streetlamp

Laternenpfahl *m* lamppost

Latex <-, Latizes> ['laːtɛks] *m* latex

Latrine <-, -n> [la'triːnə] *f* latrine

latschen ['laːtʃn̩] *vi sein (fam: schwerfällig gehen)* to trudge; *(lässig gehen)* to wander

Latschen <-s, -> ['laːtʃn̩] *m (fam)* ① *(Hausschuh)* slipper ② *(pej: ausgetretener Schuh)* worn-out shoe

Latschenkiefer *f* mountain pine

Latte <-, -n> ['latə] *f* slat

Lattenrost *m* slatted frame; *(auf dem Boden)* duckboards *pl*

Lattenzaun *m* picket fence

Latz <-es, Lätze> [lats] *m* ① *(Hosenlatz)* flap ② *(Lätzchen)* bib

Lätzchen <-s, -> ['lɛtsçən] *nt dim von* **Latz** bib

Latzhose *f* dungarees *npl*

lau [lau] *adj* ① *(mild)* mild ② *(lauwarm)* lukewarm

Laub <-[e]s> [laup] *nt kein pl* foliage

Laubbaum *m* deciduous tree

Laube <-, -n> ['laubə] *f* arbour

Laubfrosch *m* tree frog **Laubsäge** *f* fretsaw **Laubwald** *m* deciduous forest

Lauch <-[e]s, -e> [laux] *m* leek

Lauer <-> ['lauɐ] *f* **auf der ~ liegen** to lie in wait

lauern ['lauɐn] *vi* to lie in wait (**auf** for)

Lauf <-[e]s, Läufe> [lauf] *m* ① *kein pl* run ② *kein pl eines Flusses* course ③ *(Verlauf)* course; **das ist der ~ der Dinge** that's the way things go; **im ~e einer S.** *gen* in the course of sth; **im ~e der Jahrhunderte** over the centuries; **seinen ~ nehmen** to take its course ④ *(Gewehrlauf)* barrel

Laufbahn *f* career

laufen <läuft, lief, gelaufen> ['laufn̩] **I.** *vi sein* ① *(rennen)* to run ② *(fam: gehen)* to go, to walk ③ *(fließen)* to run; **Tränen liefen ihm übers Gesicht** tears ran down his face ④ *(funktionieren)* to work; *Maschine* to run; *(eingeschaltet sein)* to be on ⑤ *Film* to be on ⑥ *(seinen Gang gehen)* to go; **wie läuft es?** how's it going? ⑦ *(verkäuflich sein)* **[nicht] gut** ~ to [not] sell well **II.** *vt haben o sein* **Rollschuh/Schlittschuh/Ski ~** to rollerskate/ice-skate/ski

laufend I. *adj attr* ❶ *(derzeitig)* current ❷ *(ständig)* constant ▶ **jdn auf dem L~en halten** to keep sb up-to-date; **auf dem L~en sein** to be up-to-date **II.** *adv* constantly

Läufer <-s, -> ['lɔyfɐ] *m* SCHACH bishop

Läufer(in) <-s, -> ['lɔyfɐ] *m(f)* runner

läufig ['lɔyfɪç] *adj* on heat

Laufkundschaft *f kein pl* passing trade *no pl* **Laufmasche** *f* ladder **Laufschritt** *m* **im ~** at a run; MIL at the double **Laufstall** *m* playpen **Laufsteg** *m* catwalk **Laufwerk** *nt* ❶ *einer Uhr* clockwork ❷ *eines Computers* disc drive

Lauge <-, -n> ['laugə] *f* ❶ *(Seifenlauge)* soapy water ❷ CHEM lye

Laune <-, -n> ['launə] *f* mood; **gute/schlechte ~ haben** to be in a good/bad mood

launisch ['launɪʃ] *adj* moody

Laus <-, Läuse> [laus] *f* louse

lauschen ['lauʃn̩] *vi* ❶ to listen ❷ *(heimlich)* to eavesdrop

lausig ['laʊzɪç] **I.** *adj (pej fam)* ❶ *(entsetzlich) Arbeit, Zeiten etc.* awful ❷ *(geringfügig)* measly **II.** *adv (pej fam)* ❶ *(entsetzlich)* terribly ❷ *(geringfügig)* **~ bezahlt** paid badly

laut[1] [laut] **I.** *adj* ❶ loud ❷ *(voller Lärm)* noisy **II.** *adv* loudly; **kannst du das ~er sagen?** can you speak up?; **~ denken** to think out loud; **etw ~er stellen** to turn up sth *sep*

laut[2] [laut] *präp +gen o dat;* **~ Zeitungsberichten ...** according to newspaper reports ...

Laut <-[e]s, -e> [laut] *m* **keinen ~ von sich** *dat* **geben** to not make a sound

lauten ['lautn̩] *vi* ❶ to read; **wie lautet der letzte Absatz?** how does the final paragraph go? ❷ *(ausgestellt sein)* **auf jdn** [*o* **jds Namen**] **~** to be in sb's name

läuten ['lɔytn̩] **I.** *vi* to ring **II.** *vi impers* **es läutet** the bell is ringing; **es hat geläutet** there was a ring at the door; **es läutet sechs Uhr** the clock's striking six

lauter ['laʊtɐ] *adj* just; **das sind ~ Lügen** that's nothing but lies; **vor ~ Arbeit** because of all the work I've got

lauthals ['lauthals] *adv* at the top of one's voice *pred*

lautlos ['lautloːs] **I.** *adj* noiseless **II.** *adv* noiselessly

Lautschrift *f* phonetic alphabet

Lautsprecherbox *f* speaker **lautstark I.** *adj* loud; *Protest* strong **II.** *adv* loudly, strongly

Lautstärke *f* volume; **bei voller ~** at full volume; **etw auf volle ~ stellen** to turn up sth *sep*to full volume

Lautstärkeregler *m* volume control

lauwarm ['lauvarm] *adj* lukewarm

Lava <-, Laven> ['laːva] *f* lava

Lavabo <-[s], -s> [la'vaːbo] *nt* SCHWEIZ *(Waschbecken)* washbasin

Lavendel <-s, -> [la'vɛndl̩] *m* lavender

Lawine <-, -n> [la'viːnə] *f* avalanche

Lawinengefahr *f kein pl* risk of avalanches

lax [laks] *adj* lax

Lazarett <-[e]s, -e> [latsa'rɛt] *nt* military hospital

Lebemann *m (pej)* playboy

leben ['leːbn̩] **I.** *vi* ❶ to live; **er lebt [noch]** he's [still] alive; **lang lebe der/die/das ...!** long live the ...!; **getrennt ~** to live apart; **vegetarisch ~** to be vegetarian ❷ *(Lebensunterhalt bestreiten)* **wovon lebt der überhaupt?** whatever does he do for a living?; **vom Schreiben ~** to make a living as a writer **II.** *vt* **seinen Glauben/seine Ideale ~** to live according to one's beliefs/ideals **III.** *vr impers* **lebt es sich hier besser als dort?** is life better here than there?

Leben <-s, -> ['leːbn̩] *nt* ❶ *(Lebendigsein)* life; **am ~ sein** to be alive; **am ~ hängen** to love life; **sich** *dat* **das ~ nehmen** to take one's life; **jdm das ~**

L

retten to save sb's life; **jdm/sich das ~ schwer machen** to make life difficult for sb/oneself ❷ *(Existieren)* life; **nie im ~** never; **etw ins ~ rufen** to establish sth; **das tägliche ~** everyday life

lebend I. *adj* living II. *adv* alive

lebendig [le'bɛndɪç] I. *adj* ❶ living; **~ sein** to be alive ❷ *(lebhaft)* lively II. *adv* **etw ~ schildern** to give a lively description of sth

Lebendigkeit <-> *f kein pl* vividness

Lebensabend *m* twilight years *npl* **Lebensabschnitt** *m* chapter in one's life **Lebensart** *f kein pl* manners *npl* **Lebensbedingungen** *pl* living conditions **Lebensdauer** *f* life **Lebenserfahrung** *f* experience of life **Lebenserwartung** *f* life expectancy **Lebensfreude** *f kein pl* love of life **Lebensgefahr** *f* **jd ist außer ~** sb's life is no longer in danger; **es besteht ~** there is a risk of death; **jd ist in ~** sb's life is in danger **lebensgefährlich** I. *adj* life-threatening II. *adv* critically **Lebensgefährte, -gefährtin** *m, f* partner **Lebensgemeinschaft** *f* **eheähnliche ~** cohabiting partners *pl* **Lebenshaltungskosten** *pl* cost of living **Lebenslage** *f* situation [in life]; **in allen ~n** in any situation **lebenslänglich** ['le:bn̩slɛŋlɪç] I. *adj* JUR life *attr,* for life *pred;* **„~" bekommen** *(fam)* to get "life" II. *adv* all one's life **Lebenslauf** *m* curriculum vitae **lebenslustig** *adj* **~ sein** to enjoy life **Lebensmittel** *nt meist pl* food **Lebensmittelgeschäft** *nt* grocer's **Lebensmittelhändler(in)** *m(f)* ÖKON grocer **Lebensmittelvergiftung** *f* food poisoning **Lebensqualität** *f kein pl* quality of life **Lebensraum** *m* habitat **Lebensretter(in)** *m(f)* life-saver **Lebensstandard** *m kein pl* standard of living **Lebensunterhalt** *m kein pl* subsistence; **mit etw** *dat*/**als etw seinen ~ verdienen** to earn one's keep by/as sth **Lebensversicherung** *f* life insurance **Lebensweise** *f* lifestyle **Lebensweisheit** *f* worldly wisdom **lebenswert** *adj* worth living *pred* **lebenswichtig** *adj* vital **Lebenszeichen** *nt (a. fig)* sign of life **Lebenszeit** *f* lifetime; **auf ~** for life

Leber <-, -n> ['le:bɐ] *f* liver

Leberfleck *m* liver spot **Leberpastete** *f* liver pâté **Lebertran** *m* cod-liver oil **Leberwurst** *f* liver sausage

Lebewesen *nt* living thing

Lebewohl <-[e]s, -s> [le:bə'vo:l] *nt (geh)* farewell

lebhaft ['le:phaft] I. *adj* ❶ lively ❷ *(anschaulich)* vivid II. *adv* ❶ *(anschaulich)* vividly ❷ *(sehr stark)* intensely

Lebkuchen ['le:pku:xn̩] *m* gingerbread

leblos ['le:plo:s] *adj* lifeless

Lebzeiten *pl* **zu jds ~** *(Zeit)* in sb's day; *(Leben)* in sb's lifetime

lechzen ['lɛçtsn̩] *vi* **nach etw** *dat* **~** to long for sth

leck [lɛk] *adj* leaky

Leck <-[e]s, -s> [lɛk] *nt* leak

lecken¹ ['lɛkn̩] *vi Tank* to leak

lecken² ['lɛkn̩] *vi, vt* to lick; **an etw** *dat* **~** to lick sth

lecker ['lɛkɐ] I. *adj* delicious, yummy *fam* II. *adv* deliciously

Leckerbissen *m* delicacy

leck|schlagen *vi irreg sein* to be holed; **leckgeschlagen** holed

Leder <-s, -> ['le:dɐ] *nt* leather; **zäh wie ~** tough as old boots

Lederjacke *f* leather jacket **Lederwaren** *pl* leather goods

ledig ['le:dɪç] *adj* single

Ledige(r) ['le:dɪgə, -gɐ] *f(m) dekl wie adj* single person

lediglich ['le:dɪklɪç] *adv (geh)* merely

leer [le:ɐ̯] I. *adj* empty; *Seite* blank; **seine Augen waren ~** he had a vacant look in his eyes; **etw ~ machen** to empty sth II. *adv* **wie ~ gefegt sein** to be deserted; **das Glas ~ trinken** to finish one's drink

Leere <-> ['le:rə] *f kein pl* emptiness; **eine gähnende ~** a gaping void

leeren ['le:rən] **I.** *vt* to empty **II.** *vr* **sich ~** to empty
Leergut *nt kein pl* empties **Leerlauf** *m* AUTO neutral gear; **im ~** in neutral **Leertaste** *f* space-bar
Leerung <-, -en> *f* emptying *no pl; von Post* collection
legal [le'ga:l] **I.** *adj* legal **II.** *adv* legally
legalisieren [legali'zi:rən] *vt* to legalize
Legalität <-> [legali'tɛ:t] *f kein pl* legality
Legasthenie <-, -n> [legaste'ni:, *pl:* -'ni:ən] *f* dyslexia *no pl, no art*
Legastheniker(in) <-s, -> [legas'te:nikɐ] *m(f)* dyslexic
legasthenisch *adj* dyslexic
legen ['le:gn̩] **I.** *vt* ① **jdn/etw irgendwohin ~** to put sb/sth somewhere; **seinen Arm um jdn ~** to put one's arm around sb ② *Eier* to lay ③ *(verlegen, installieren)* **Kabel/Rohre/einen Teppich ~** to lay cables/pipes/a carpet **II.** *vr* ① *(sich hinlegen)* **sich ~** to lie down; **sich ins Bett/auf den Rücken/in die Sonne ~** to go to bed/lie on one's back/lay down in the sun ② *(sich niederlassen)* **sich auf etw** *akk* **~** to settle on sth ③ *(nachlassen)* **sich ~** to subside
legendär [legɛn'dɛ:ɐ̯] *adj* legendary
Legende <-, -n> [le'gɛndə] *f* legend
leger [le'ʒe:ɐ] **I.** *adj* casual **II.** *adv* casually
Legierung <-, -en> *f* alloy
Legion <-, -en> [le'gi̯o:n] *f* legion
Legionär <-s, -e> [legi̯o'nɛ:ɐ̯] *m* legionary
Legislative <-n, -n> [legɪsla'ti:və] *f* legislative power
Legislaturperiode [legɪsla'tu:ɐ̯-] *f* legislative period
legitim [legi'ti:m] *adj* legitimate
Lehm <-[e]s, -e> [le:m] *m* clay
lehmig ['le:mɪç] *adj* clayey
Lehne <-, -n> ['le:nə] *f* ① *(Armlehne)* armrest ② *(Rückenlehne)* back
lehnen ['le:nən] **I.** *vt, vi* to lean (**an/gegen** against) **II.** *vr* **sich an jdn/etw ~** to lean on sb/sth; **sich aus dem Fenster ~** to lean out of the window
Lehnstuhl *m* armchair
Lehnwort <-wörter> *nt* loan word
Lehramt ['le:ɐ̯-] *nt (geh)* **das ~** the post of teacher; *(Studiengang)* teacher-training course **Lehrbeauftragte(r)** *f(m)* temporary lecturer **Lehrberuf** *m* teaching profession
Lehre <-, -n> ['lerə] *f* ① *(Ausbildung)* apprenticeship; **eine ~ [als etw] machen** to serve an apprenticeship [as a/an sth] ② *(Erfahrung)* lesson; **jdm eine ~ erteilen** to teach sb a lesson ③ *(Theorie)* theory
lehren ['le:rən] *vt* **etw ~** to teach sth; *(an der Uni)* to lecture in sth; **jdn [etw] ~** to teach sb [sth]
Lehrer(in) <-s, -> ['le:rɐ] *m(f)* teacher
Lehrfach *nt* subject **Lehrgang** <-gänge> *m* course; **auf einem ~ sein** to be on a course **Lehrkörper** *m* teaching staff + *sing/pl vb*
Lehrling <-s, -e> ['le:ɐ̯lɪŋ] *m* apprentice
Lehrmittel *nt (fachspr)* teaching aid **Lehrplan** *m* syllabus **lehrreich** *adj* instructive **Lehrstelle** *f* apprenticeship **Lehrstuhl** *m (geh)* chair **Lehrveranstaltung** *f* lecture; *(Seminar)* seminar **Lehrzeit** *f* apprenticeship
Leib <-[e]s, -er> [laip] *m* body; **sich** *dat* **jdn vom ~e halten** to keep sb at arm's length; **mit ~ und Seele** wholeheartedly
Leibgericht *nt* favourite meal
leiblich ['laiplɪç] *adj Mutter, Vater* natural; **jds ~e Verwandten** sb's blood relations
Leibwächter(in) *m(f)* bodyguard
Leiche <-, -n> ['laiçə] *f* corpse ▶ **über ~n gehen** *(pej)* to stop at nothing
Leichenhalle *f* mortuary **Leichenschauhaus** *nt* mortuary, *esp* AM morgue **Leichenverbrennung** *f* cremation
Leichnam <-s, -e> ['lai̯çna:m] *m (geh)* corpse, body

leicht [laiçt] **I.** *adj* ① light ② *(einfach)* easy; **nichts ~er als das!** no problem ③ *(geringfügig)* minor **II.** *adv* ① **~ bekleidet** dressed in light clothing ② *(einfach)* easily; **das ist ~er gesagt als getan** that's easier said than done; **etw geht [ganz] ~** sth is [quite] easy; **es jdm/sich ~ machen** to make it easy for sb/oneself ③ *(nur wenig)* lightly; **~ verärgert sein** to be slightly annoyed ④ *(schnell)* easily; **~ zerbrechlich** easy to break

Leichtathlet(in) *m(f)* athlete BRIT, track and field athlete AM **Leichtathletik** *f* athletics + *sing vb, no art* BRIT, track and field + *sing vb, no art* AM

leicht|fallen *vt, vi* **es fällt jdm leicht[, etw zu tun]** it's easy for sb [to do sth]

leichtfertig **I.** *adj* thoughtless **II.** *adv* thoughtlessly

Leichtfertigkeit *f kein pl* thoughtlessness *no pl, no indef art*

Leichtgewicht *nt kein pl* lightweight category **leichtgläubig** *adj* gullible

Leichtigkeit <-> *f* simplicity; **mit ~** effortlessly

Leichtmetall *nt* light metal

leicht|nehmen *vt* to take lightly

Leichtsinn ['laiçtzɪn] *m kein pl* carelessness

leichtsinnig ['laiçtzɪnɪç] *adj* careless

leid [lait] *adj pred* **ich bin es ~** I'm tired of it

Leid <-[e]s> [lait] *nt kein pl (Unglück)* sorrow; **jdm sein ~ klagen** to tell sb one's troubles

leiden <litt, gelitten> ['laidn̩] **I.** *vi* to suffer (**an** from); **unter etw** *dat* **~** to suffer from sth; **darunter ~, dass ...** to suffer as a result of ... **II.** *vt* **jdn gut ~ können** to like sb

Leiden <-s, -> ['laidn̩] *nt* ① suffering *no pl* ② MED ailment

Leidenschaft <-, -en> ['laidn̩ʃaft] *f* passion; **ich bin Briefmarkensammler aus ~** I'm a passionate stamp collector; **mit ~** passionately

leidenschaftlich **I.** *adj* passionate **II.** *adv* passionately; **etw ~ gern tun** to be passionate about sth

leider ['laidɐ] *adv* unfortunately; **ich habe das ~ vergessen** I'm sorry, I forgot about it

leidig ['la̲idɪç] *adj attr (pej)* tedious; **immer das ~e Geld!** it always comes down to money!

Leidtragende(r) *f(m)* **der/die ~** the one to suffer

leid|tun *vi* **jdm tut etw leid** sb is sorry about sth; **es tut jdm leid, dass ...** sb is sorry that ...; **tut mir leid!** [I'm] sorry!

leidvoll *adj (geh)* sorrowful *liter*

Leidwesen *nt kein pl* **zu jds ~** much to sb's regret

Leier <-, -n> ['laiɐ] *f* lyre ▶ **es ist immer die alte ~** *(fam)* it's always the same old story

Leierkasten *m (fam)* barrel organ

Leihbibliothek *f* lending library

Leihbücherei *f* lending library

leihen <lieh, geliehen> ['laiən] *vt* ① *(verleihen)* to lend ② *(sich ausleihen)* **sich** *dat* **etw ~** to borrow sth (**von** from); **geliehen** borrowed

Leihgabe *f* loan **Leihhaus** *nt* pawn shop **Leihmutter** *f* surrogate mother

leihweise *adv (geh)* on loan; **jdm etw** *akk* **~ überlassen** to give sb sth on loan

Leim <-[e]s, -e> [laim] *m* glue

leimen ['laimən] *vt* to glue together

Leine <-, -n> ['lainə] *f* ① *(Seil)* rope ② *(Wäscheleine)* line ③ *(Hundeleine)* leash

leinen ['la̲inən] *adj* linen

Leinen <-s, -> ['lainən] *nt* linen; **aus ~** made of linen

Leinöl *nt* linseed oil

Leinsamen *m* linseed

Leinwand *f* ① FILM screen ② KUNST canvas

leise ['laizə] **I.** *adj* quiet; **etw ~ stellen** to turn down sth *sep* **II.** *adv* quietly

Leiste <-, -n> ['laistə] *f* ① *(schmale Latte)* strip ② ANAT groin

leisten ['laistn̩] **I.** *vt* ❶ *(vollbringen)* **ganze Arbeit** ~ to do a good job; **etw Bewundernswertes** ~ to accomplish sth admirable; [**nicht**] **viel** ~ to [not] get a lot done ❷ *Funktionsverb* **einen Eid** ~ to swear an oath; **Hilfe** ~ to render assistance; **Wehrdienst** ~ to do one's military service; **Widerstand** ~ to offer resistance **II.** *vr* ❶ *(sich gönnen)* **sich** *dat* **etw** ~ to treat oneself to sth ❷ *(sich herausnehmen)* to permit oneself sth ❸ *(bezahlen können)* **sich** *dat* **etw** ~ **können** to be able to afford sth

Leistenbruch *m* hernia

Leistung <-, -en> *f* ❶ *kein pl* performance ❷ *(geleistetes Ergebnis)* accomplishment; **eine hervorragende** ~ an outstanding piece of work; **schulische ~en** results at school ❸ TECH power ❹ FIN payment

Leistungsberechtigte(r) *f(m) person who is entitled to receive a [social security] benefit* **Leistungsdruck** *m kein pl* pressure to perform **Leistungsfach** *nt* SCH special subject **leistungsfähig** *adj* ❶ *(zu hoher Arbeitsleistung fähig)* efficient ❷ *(zu hoher Produktionsleistung fähig)* productive ❸ *(zur Abgabe großer Energie fähig)* powerful ❹ FIN competitive **Leistungsfähigkeit** *f kein pl* ❶ *(Arbeitsleistung) eines Computernetzes* performance; *eines Menschen, einer Maschine* efficency; **wirtschaftliche ~ eines Landes** economic capacity of a country ❷ *(Produktionsleistung)* productivity ❸ *(Abgabe von Energie)* power ❹ FIN competitiveness **Leistungsgesellschaft** *f* meritocracy

Leitartikel *m* leader

Leitbild *nt* [role] model

leiten ['laitn̩] *vt* ❶ *(Geschäft)* to run; **eine Abteilung/Schule** ~ to be head of a department/school ❷ *(den Vorsitz führen)* to lead; *Sitzung* to chair ❸ TECH to conduct; **gut/schlecht** ~ to be a good/bad conductor ❹ *(führen)* **jdn** [**irgendwohin**] ~ to lead sb [somewhere]

leitend *adj* ❶ leading ❷ ÖKON managerial; **~er Angestellter** executive ❸ PHYS conductive

Leiter(in) <-s, -> ['laitɐ] *m(f)* head; ÖKON manager; ~ **einer Diskussion** person chairing a discussion

Leiter¹ <-, -n> ['laitɐ] *f* ladder

Leiter² <-s, -> ['laitɐ] *m* PHYS conductor

Leitfaden *m* MEDIA compendium **leitfähig** *adj* PHYS conductive **Leitgedanke** *m* central idea

Leithammel *m (fam)* bellwether

Leitmotiv *nt* leitmotiv **Leitplanke** *f* crash barrier

Leitung <-, -en> *f* ❶ *kein pl (Führung)* leadership; ÖKON management ❷ *(Rohr)* pipe ❸ *(Kabel)* cable ❹ TELEK line; **die ~ ist gestört** it's a bad line

Leitungsrohr *nt* pipe **Leitungswasser** *nt* tap water

Leitzins *m* prime rate

Lektion <-, -en> [lɛk'tsi̯oːn] *f* lesson

Lektüre <-, -n> [lɛk'tyːrə] *f (Lesestoff)* reading matter

Übersetzungstipp

Nicht verwechseln mit *lecture* – *Vorlesung!*

Lende <-, -n> ['lɛndə] *f* loin

Lendenbraten *m* KOCHK roast loin **Lendengegend** *f* lumbar region **Lendenschurz** *m* loincloth **Lendenstück** *nt* KOCHK tenderloin

lenkbar ['lɛŋkbaːɐ] *adj* steerable; **gut ~ sein** to be easy to steer

lenken ['lɛŋkn̩] *vt* to direct; *Fahrzeug* to steer; **jds Aufmerksamkeit auf etw** *akk* ~ to draw sb's attention to sth; **staatlich gelenkt** state-controlled

Lenker <-s, -> *m* handlebars *npl*

Lenkrad *nt* steering-wheel

Leopard <-en, -en> [leo'par… …ard

L

Lepra <-> ['le:pra] *f kein pl* leprosy *no art*
Leprakranke(r) *f(m) dekl wie adj* leper
Lerche <-, -n> ['lɛrçə] *f* lark
lernbehindert *adj* ~ **sein** to have learning difficulties
lernen ['lɛrnən] **I.** *vt* ① to learn ② *(als Lehrling)* **er hat Bäcker gelernt** he trained as a baker **II.** *vi* ① to study ② *(als Lehrling)* [**bei jdm**] ~ to be apprenticed to sb
lesbar ['le:sba:ɐ̯] *adj* legible
Lesbe <-, -n> ['lɛsbə] *f (fam)*, **Lesbierin** <-, -nen> ['lɛsbi̯ərɪn] *f* lesbian
lesbisch ['lɛsbɪʃ] *adj* lesbian; ~ **sein** to be a lesbian
Lesebuch *nt* reader **Leselampe** *f* reading lamp
lesen[1] <liest, las, gelesen> ['le:zn̩] **I.** *vi, vt* to read **II.** *vr* **etw liest sich leicht** sth is easy to read
lesen[2] <liest, las, gelesen> ['le:zn̩] *vt (sammeln)* to pick
lesenswert *adj* worth reading *pred*
Leser(in) <-s, -> ['le:zɐ] *m(f)* reader
Leseratte *f (fam)* bookworm
Leserbrief *m* reader's letter
leserlich *adj* legible
Lesesaal *m* reading room **Lesestoff** *m* reading matter *no pl, no indef art* **Lesezeichen** *nt* bookmark
Lesung <-, -en> *f* ① reading ② REL lesson
Lethargie <-> [letar'gi:] *f kein pl* lethargy *no pl, no indef art*
lethargisch [le'targɪʃ] *adj* lethargic
Lette, **Lettin** <-n, -n> ['lɛtə, 'lɛtɪn] *m, f* Latvian
lettisch ['lɛtɪʃ] *adj* Latvian
Lettland ['lɛtlant] *nt* Latvia
letzte(r, s) *adj* ① last; *Versuch* final; **als L~[r] fertig sein/gehen/kommen** to finish/leave/arrive last; **im ~n Jahr** last year; **L~ werden** SPORT to finish [in] last [place] ② *(neueste)* latest
letztendlich ['lɛtstʔɛntlɪç] *adv* at the end of the day
etztens ['lɛtstn̩s] *adv* recently
letztlich ['lɛtstlɪç] *adv* in the end
Leuchtboje *f* light-buoy
Leuchte <-, -n> ['lɔyçtə] *f* standard lamp
leuchten ['lɔyçtn̩] *vi* to shine; **vor Freude ~de Augen** eyes sparkling with joy
leuchtend *adj* ① *(strahlend)* bright ② *(herrlich)* shining *fig Farben* glowing
Leuchter <-s, -> *m* candlestick; *(mehrarmig)* candelabra
Leuchtfeuer *nt* beacon **Leuchtpistole** *f* flare pistol **Leuchtrakete** *f* [rocket] flare **Leuchtreklame** *f* neon sign **Leuchtschrift** *f* neon letters *npl* **Leuchtstift** *m* highlighter **Leuchtturm** *m* lighthouse
leugnen ['lɔygnən] *vt* to deny; **es ist nicht zu ~, dass ...** there is no denying the fact that ...
Leukämie <-, -n> [lɔykɛ'mi:] *f* leukaemia
Leumund ['lɔymʊnt] *m kein pl* reputation
Leute ['lɔytə] *pl* ① people *npl;* **alle/keine ~** everybody/nobody; **unter ~ gehen** to get out and about [a bit] ② *(fam: Familie)* **jds ~** sb's folks *npl* ▸ **die kleinen ~** [the] ordinary people
leutselig *adj* affable
Leviten [le'vi:tən] *pl* ▸ **jdm die ~ lesen** *(fam)* to read sb the Riot Act
Lexikon <-s, Lexika> ['lɛksikɔn] *nt* encyclopaedia
Libanese, **Libanesin** <-n, -n> [liba'ne:zə] *m, f* Lebanese; *s.a.* **Deutsche(r)**
libanesisch [liba'ne:zɪʃ] *adj* Lebanese; *s.a.* **deutsch**
Libanon <-[s]> ['li:banɔn] *m* **der ~** the Lebanon
Libelle <-, -n> [li'bɛlə] *f* dragonfly
liberal [libe'ra:l] *adj* liberal
liberalisieren [liberali'zi:rən] *vt* to liberalize
Liberia <-s> [li'be:ri̯a] *nt* Liberia; *s.a.* **Deutschland**
Libero <-s, -s> ['li:bero] *m* sweeper
Libyen <-s> ['li:bÿən] *nt* Libya; *s.a.* **Deutschland**

Libyer(in) <-s, -> ['li:bÿɐ] *m(f)* Libyan; *s.a.* **Deutsche(r)**

libysch ['li:bʏʃ] *adj* Libyan; *s.a.* **deutsch**

licht [lɪçt] *adj Haar* thin

Licht <-[e]s, -er> [lɪçt] *nt* light; **das ~ brennt** the light is on; **das ~ ausschalten** to turn out the light; **das ~ brennen lassen** to leave the light[s] on ▸**etw erscheint in einem anderen ~** sth appears in a different light; **grünes ~ geben** to give the go-ahead

Lichtbild *nt (veraltend)* ❶ *(geh: Passbild)* passport photograph ❷ *(Dia)* slide **Lichtblick** *m* ray of hope **lichtdurchlässig** *adj* translucent **lichtempfindlich** *adj* FOTO photosensitive

lichten ['lɪçtn̩] *vr* **sich ~** *Haupthaar* to [grow] thin

Lichtgeschwindigkeit *f* **mit ~** at the speed of light **Lichthupe** *f* flash of the headlights **Lichtjahr** *nt* light year **Lichtmaschine** *f* generator **Lichtmesser** *m* PHYS photometer **Lichtquelle** *f* source of light **Lichtschalter** *m* light switch **Lichtschutzfaktor** *m* [sun] protection factor **Lichtstrahl** *m* beam of light **lichtundurchlässig** *adj* opaque

Lichtung <-, -en> *f* clearing

Lid <-[e]s, -er> [li:t] *nt* [eye]lid

Lidschatten *m* eye shadow **Lidstrich** *m* eyeliner

lieb [li:p] *adj* ❶ *(liebenswürdig)* kind; **seien Sie so ~ und ...** would you be so good as to ... ❷ *(artig)* good; **sei ein ~es Kind!** be a good boy/girl! ❸ *(geschätzt)* dear; **L~er Karl, ~e Amelie!** *(in Briefen)* Dear Karl and Amelie,; [**mein**] **L~es** [my] love; [**ach**] **du ~er Gott** *(fam)* good heavens!; **jdn ~ haben** to love sb ❹ *(angenehm)* welcome; **jd/etw ist jdm ~** sb welcomes sb/sth

liebäugeln ['li:pʔɔygl̩n] *vi* **mit etw** *dat* ~ to have one's eye on sth; **damit ~, etw** *akk* **zu tun** to toy with the idea of doing sth

Liebe <-, -n> ['li:bə] *f* love; **aus ~ zu jdm** out of love for sb; **aus ~ zu etw** *dat* for the love of sth

lieben ['li:bn̩] *vt* to love; **sich ~** to love each other

liebend I. *adj* loving II. *adv* ~ **gern** with great pleasure; **ich würde ja ~ gerne bleiben, aber ich muss gehen** I'd love to stay [here], but I've got to go; **„willst du mich nicht begleiten?" — „aber ~ gern"** "would you like to come with me?"— "I'd love to"

liebenswert *adj* lovable

liebenswürdig *adj* kind

Liebenswürdigkeit <-, -en> *f* kindness

lieber ['li:bɐ] I. *adj comp von* **lieb**: **mir wäre es ~, wenn ...** I would prefer it if ... II. *adv* ❶ *comp von* **gern** rather; **ich würde ~ in der Karibik als an der Ostsee Urlaub machen** I would rather take a holiday in the Caribbean than on the Baltic; **etw ~ mögen** to prefer sth ❷ *(besser)* better; **darüber schweige ich ~** I think it best to remain silent; **wir sollten ~ gehen** we'd better be going; **nichts ~ als das** I'd love to

Liebesbrief *m* love letter **Liebeserklärung** *f* declaration of love; **jdm eine ~ machen** to declare one's love to sb **Liebeskummer** *m* lovesickness; **~ haben** to be lovesick **Liebeslied** *nt* love song **Liebespaar** *nt* lovers *npl*

liebevoll I. *adj* loving II. *adv* ❶ *(zärtlich)* affectionately ❷ *(sorgfältig)* lovingly

Liebhaber(in) <-s, -> ['li:pha:bɐ] *m(f)* lover

Liebhaberei <-, -en> [li:pha:bə'rai] *f* hobby

liebkosen [li:p'ko:zn̩] *vt* to caress

lieblich ['li:plɪç] I. *adj* ❶ lovely ❷ *Wein* medium sweet II. *adv* ~ **duften/schmecken** to smell/taste sweet

Liebling <-s, -e> ['li:plɪŋ] *m* ❶ *(Geliebte(r))* darling ❷ *(Favorit)* favourite

lieblos ['li:plo:s] *adj* ❶ u ❷ *(achtlos)* unfeeling

Lieblosigkeit <-> *f kein pl* la

ing

Liebschaft <-, -en> *f* love affair

Liebste(r) ['li:pstə, 'li:pstɐ] *f(m) dekl wie adj* sweetheart

Lied <-[e]s, -er> [li:t] *nt* song

Liederbuch *nt* songbook

liederlich ['li:dɐlɪç] *adj* slovenly

Liedermacher(in) *m(f)* singer-songwriter *(about topical subjects)*

Lieferant(in) <-en, -en> [lifə'rant] *m(f)* ① *(Firma)* supplier ② *(Auslieferer)* deliveryman *masc,* deliverywoman *fem*

lieferbar *adj* available; **Ihre Bestellung ist leider erst später ~** we won't be able to meet your order until a later date

Lieferbedingungen *pl* terms of delivery

liefern ['li:fɐn] **I.** *vt* ① *(ausliefern)* **[jdm] etw ~** to deliver sth [to sb] ② *Beweis* to provide ③ *Ernte, Ertrag* to yield ④ *(zeigen)* **die Boxer lieferten dem Publikum einen spannenden Kampf** the boxers put on an exciting bout for the crowd **II.** *vi* to deliver

Lieferschein *m* delivery note BRIT, packing slip AM

Lieferung <-, -en> *f* delivery

Lieferwagen *m* delivery van

Liege <-, -n> ['li:gə] *f* ① daybed ② *(Liegestuhl)* [sun-]lounger

liegen <lag, gelegen> ['li:gn̩] *vi haben o* SÜDD *sein* ① to lie; **~ bleiben** *(nicht aufstehen)* to stay in bed; *(nicht aufstehen)* to remain lying [down]; *(nicht verkauft werden)* to remain unsold; **etw ~ lassen** to leave sth [there] ② *(gelegen sein)* **irgendwo ~** to be somewhere; **ihr Haus liegt an einem See** their house is situated by a lake; **diese Wohnung ~ nach vorn zur Straße** this flat faces the street ③ AUTO **~ bleiben** to break down ④ *(verursacht sein)* **an jdm/etw ~** to be caused by sb/sth ⑤ *(wichtig sein)* **du weißt doch, wie sehr mir daran liegt** you know how important it is to me ⑥ *(zusagen)* **körperliche Arbeit liegt ihr nicht** she's not really cut out for physical work ⑦ *(nicht erledigt werden)* **~ bleiben** to be left undone ▶ **an mir <u>soll</u> es nicht ~!** don't let me stop you!

Liegeplatz *m* NAUT berth *npl; (für Hochseeschiffe)* deep-water berth **Liegestuhl** *m* [sun-]lounger **Liegewagen** *m* couchette car

Lift <-[e]s, -e> [lɪft] *m* lift BRIT, elevator AM

Liga <-, Ligen> ['li:ga] *f* league

Likör <-s, -e> [li'kø:ɐ̯] *m* liqueur

lila ['li:la] *adj* purple

Lilie <-, -n> ['li:li̯ə] *f* lily

Liliputaner(in) <-s, -> [lilipu'ta:nɐ] *m(f)* dwarf

Limonade <-, -n> [limo'na:də] *f* lemonade

Limousine <-, -n> [limu'zi:nə] *f* saloon BRIT, sedan AM

Linde <-, -n> ['lɪndə] *f* lime [tree]

lindern ['lɪndɐn] *vt* to alleviate

Linderung <-> *f kein pl* relief

Lineal <-s, -e> [line'a:l] *nt* ruler

Linie <-, -n> ['li:ni̯ə] *f* ① line; **eine geschlängelte/gestrichelte ~** a wavy/broken line ② *(Bus~)* **die ~ 19** the number 19 ③ POL line; **auf der gleichen ~ liegen** to follow the same line

Linienbus *m* regular [service] bus **Linienflug** *m* scheduled flight **Linienrichter** *m* FBALL referee's assistant **Linienschiff** *nt* liner

liniert *adj* lined

Link <-s, -s> [lɪŋk] *nt* INFORM link

Linke <-n, -n> ['lɪŋkə] *f* ① *(Hand)* left hand ② POL **die ~** the left

linke(r, s) *adj attr* ① left; *Fahrbahn, Spur* left-hand ② POL left-wing

linkisch ['lɪŋkɪʃ] *adj* clumsy

links [lɪŋks] **I.** *adv* ① on the left; **nach ~ abbiegen/gehen** to turn left; **sich ~ einordnen** to move into the left-hand lane; **sich ~ halten** to keep to the left; **~ oben/unten** in the top/bottom left-hand corner; **von ~** from the left ② POL

~ **eingestellt sein** to have left-wing tendencies; ~ **stehen** to be left-wing ▶**jdn** ~ **liegen lassen** to ignore sb; **mit** ~ easily **II.** *präp +gen;* ~ **einer S.** to the left of sth

Linksaußen <-, -> [lɪŋks'ʔausn̩] *m* FBALL left wing **Linkshänder(in)** <-s, -> ['lɪŋkshɛndɐ] *m(f)* left-hander **linkshändig** ['lɪŋkshɛndɪç] *adv* with one's left hand **Linkskurve** *f* left-hand bend **linksradikal** *adj* radical left-wing *attr* **Linksverkehr** *m* driving on the left

Linse <-, -n> ['lɪnzə] *f* ❶ *meist pl* BOT lentil ❷ ANAT, PHYS lens

Linsensuppe *f* lentil soup

Lippe <-, -n> ['lɪpə] *f* lip; **jdm etw von den ~n ablesen** to read sth from sb's lips

Lippenbekenntnis *nt* **ein ~ ablegen** to pay lip-service **Lippenpomade** *f* PHARM lip balm **Lippenstift** *m* lipstick

Liquidität <-> [likvidi'tɛ:t] *f kein pl* solvency

lispeln ['lɪspl̩n] *vi, vt* to lisp

List <-, -en> [lɪst] *f* trick

> **Übersetzungstipp**
> Nicht verwechseln mit *list* – *Liste!*

Liste <-, -n> ['lɪstə] *f* list ▶**auf der schwarzen ~ stehen** to be on the blacklist

listig ['lɪstɪç] *adj* cunning

Litanei <-, -en> [lita'nai] *f* litany

Litauen <-s> ['li:tauən] *nt* Lithuania

Litauer(in) <-s, -> ['li:tauɐ] *m(f)* Lithuanian

litauisch ['li:tauɪʃ] *adj* Lithuanian

Liter <-s, -> ['li:tɐ] *m o nt* litre

literarisch [lɪtə'ra:rɪʃ] *adj* literary

Literatur <-, -en> [lɪtəra'tu:ɐ̯] *f* literature **Literaturpreis** *m* literary prize **Literaturwissenschaft** *f* literary studies *pl*

Litfaßsäule ['lɪtfaszɔylə] *f* advertising pillar

Litschi <-, -s> ['lɪtʃi] *f* BOT litchi

live [laif] *adj präd* live

Livestream <-s, -s> ['laifstri:m] *m* INET live stream

Livree <-, -n> [li'vre:, *pl:* -e:ən] *f* MODE livery

Lizenz <-, -en> [li'tsɛnts] *f* licence

Lob <-[e]s> [lo:p] *kein pl nt* praise *no indef art;* ~ **für etw** *akk* **bekommen** to be praised for sth

Lobby <-, -s> ['lɔbi] *f* lobby

Lobbyist(in) <-en, -en> [lɔbi'ɪst] *m(f)* lobbyist

loben ['lo:bn̩] *vt, vi* to praise

lobend **I.** *adj* laudatory; **~e Worte** words of praise laudatory words **II.** *adv* **sich über jdn/etw ~ äußern** to praise sb/sth

lobenswert *adj* commendable

löblich ['lø:plɪç] *adj (geh)* laudable

Loblied *nt* ▶**ein ~ auf jdn/etw singen** to sing sb's praises/the praises of sth **Lobrede** *f* eulogy; **eine ~ auf jdn halten** to eulogize sb

Loch <-[e]s, Löcher> [lɔx] *nt* hole; **ein ~ im Reifen** a puncture; **schwarzes ~** ASTRON black hole

lochen ['lɔxn̩] *vt* ❶ *(mit dem Locher stanzen)* **etw ~** to punch holes in ❷ *(veraltend: mit der Lochzange entwerten)* to punch

Locher <-s, -> ['lɔxɐ] *m* [hole] punch

Locke <-, -n> ['lɔkə] *f* curl; **~n haben** to have curly hair

locken[1] ['lɔkn̩] *vt, vr* **[sich]** ~ to curl

locken[2] ['lɔkn̩] *vt* to lure; **Ihr Vorschlag könnte mich schon ~** I'm [very] tempted by your offer

Lockenstab *m* curling tongs *npl* [*or* AM iron]

Lockenwickler <-s, -> *m* roller

locker ['lɔkɐ] **I.** *adj* ❶ *(nicht fest)* loose ❷ *(nicht gespannt)* slack; *Muskeln* relaxed **II.** *adv* ❶ *(nicht stramm)* loosely ~ **sitzen** to be loose ❷ *(fam: prob... los)* just like that

lockern ['lɔkɐn] **I.** *vt* ❶ *(löser...* ❷ *Muskeln* to loosen up ...

sich ~ *(locker werden)* to work loose; *(beim Sport)* to loosen up

lockig ['lɔkɪç] *adj Haar* curly; **mit ~em Haar** curly-headed

Lockvogel *m (a. pej)* decoy

lodern ['lo:dɐn] *vi* to blaze

Löffel <-s, -> ['lœfl̩] *m* ❶ spoon ❷ *(Maßeinheit)* **ein ~ Mehl/Zucker** a spoonful [of] flour/sugar

Loge <-, -n> ['lo:ʒə] *f* ❶ lodge ❷ THEAT box

Logik <-> ['lo:gɪk] *f kein pl* logic

Logis <-> [lo'ʒi:] *nt kein pl* **Kost und ~** board and lodging

logisch ['lo:gɪʃ] *adj* ❶ logical ❷ *(fam)* [**ist doch**] **~!** of course!

Logo <-s, -s> ['lo:go] *nt* logo

Logopäde, **Logopädin** <-n, -n> [lo-go'pɛ:də] *m, f* speech therapist

Lohn <-[e]s, Löhne> [lo:n] *m* ❶ wage[s *npl*] ❷ *kein pl (Belohnung)* reward; **jds gerechter ~** sb's just deserts

Lohnabrechnung *f* payroll accounting

lohnen ['lo:nən] I. *vr* **sich** [**für jdn**] **~** to be worthwhile [for sb]; **unsere Mühe hat sich gelohnt** our efforts were worth it; **es lohnt sich, etw zu tun** it's worth doing sth II. *vt (rechtfertigen)* **etw ~** to be worth sth III. *vi* to be worth it

lohnend *adj* worthwhile

Lohnerhöhung *f* pay rise

Lohnsteuer *f* income tax

Lohnsteuerjahresausgleich *m* annual adjustment of income tax **Lohnsteuerkarte** *f card showing income tax and social security contributions paid by an employee in any one year*

Lohnstopp *m* JUR wage freeze, pay restraint; **Lohn- und Preisstopp** freeze on wages and prices

Loipe <-, -n> ['lɔypə] *f* SKI cross-country course

lokal [lo'ka:l] *adj* local

Lokal <-s, -e> [lo'ka:l] *nt (Kneipe)* pub BRIT, bar AM; *(Restaurant)* restaurant

lokalisieren [lokali'zi:rən] *vt* to locate

Lokalpatriotismus *m* local patriotism

Lokomotive <-, -n> [lokomo'ti:və] *f* locomotive

Lokomotivführer(in) *m(f)* train driver BRIT, engineer AM

lol [lɔl] *Abk von* **laughing out loud** INET *(sl)* lol, haha

Lorbeer <-s, -en> ['lɔrbe:ɐ̯] *m* ❶ *(Baum)* laurel ❷ *(Gewürz)* bay leaf

Los <-es, -e> [lo:s] *nt* lot; *(Lotterielos)* [lottery] ticket; *(Kirmeslos)* [tombola [*or* AM raffle]] ticket ▶ **das große ~ ziehen** to hit the jackpot

los [lo:s] I. *adj pred* ❶ *(abgetrennt)* **~ sein** to have come off ❷ *(gelockert)* **etw ist ~** sth is loose ❸ *(losgeworden)* **jdn/etw ~ sein** to be shot of sb/sth; **er ist sein ganzes Geld ~** he's lost all his money ▶ **irgendwo ist etwas/nichts/viel ~** something/nothing/a lot is going on somewhere; **da ist immer viel ~** that's where the action always is; **was ist ~?** what's up?; **was ist denn hier ~?** what's going on here? II. *adv* ▶ **~!** *(mach!)* come on!; *(voran!)* get moving!

los|binden *vt irreg* to untie

Löschblatt *nt* sheet of blotting-paper

löschen ['lœʃn̩] *vt* ❶ *Feuer, Flammen* to extinguish; *Licht* to switch off ❷ *(tilgen) a.* INFORM to delete ❸ *Musik-/Videokassette* to erase

Löschfahrzeug *nt* fire engine **Löschpapier** *nt* blotting paper **Löschtaste** *f* INFORM delete key

lose ['lo:zə] *adj* loose

Lösegeld ['lø:sə-] *nt* ransom

losen ['lo:zn̩] *vi* to draw lots

lösen ['lø:zn̩] I. *vt* ❶ *(ablösen)* to remove (**von** from) ❷ *(aufbinden)* to untie; *Knoten* to undo ❸ *Schraube* to loosen ❹ *(klären)* to solve; *Konflikt* to resolve ❺ *(zergehen lassen)* to dissolve ❻ *Fahrkarte* to buy II. *vr* **sich ~** ❶ *(sich ab~)* to come off (**von** of) ❷ *(sich lockern)* to loosen; **langsam löste sich die Spannung** *(fig)* the tension faded away ❸ *(sich trennen)* **sich von jdm ~** to free oneself of sb

los|fahren *vi irreg sein* ① *(abfahren)* to leave ② *(in Richtung)* **auf jdn/etw ~** to drive towards sb/sth

los|gehen *irreg vi sein* ① *(weggehen)* to leave ② *(beginnen)* to start; **jetzt geht's los** here we go ③ *(angreifen)* **auf jdn ~** to lay into sb ④ *Bombe* to go off

los|kommen *vi irreg sein* ① *(wegkommen)* to get away (**aus/von** from) ② *(sich befreien)* **von jdm ~** to free oneself of sb; **von einer Sucht ~** to overcome an addiction

los|lassen *vt irreg* ① *(gehen lassen)* **jdn/etw ~** to let sb/sth go; **der Gedanke lässt mich nicht mehr los** I can't get the thought out of my mind ② *(auf den Hals hetzen)* **jdn/etw auf jdn ~** to let sb/sth loose on sb

löslich [ˈløːslɪç] *adj* soluble

los|machen *vt* to untie (**von** from)

los|reißen *irreg* **I.** *vt* to tear off **II.** *vr* **sich ~** to tear oneself away (**von** from)

Losung <-, -en> [ˈloːzʊŋ] *f* ① *(Wahlspruch)* slogan ② MIL password

Lösung <-, -en> [ˈløːzʊŋ] *f* solution

> **solution to**
> Achtung, die Lösung eines Problems heißt **solution to a problem**: *This could be one solution to the problem.*

Lösungsmittel *nt* solvent

los|werden *vt irreg sein* to get rid of

Lot <-[e]s, -e> [loːt] *nt* plumb line; **aus dem ~ sein** *(fig)* to be out of sorts

löten [ˈløːtn̩] *vt* to solder (**an** to)

Lothringen <-s> [ˈloːtrɪŋən] *nt* Lorraine

Lotion <-, -en> [loˈtsi̯oːn] *f* lotion

Lotos <-, -> [ˈloːtɔs] *m* lotus

Lotse, Lotsin <-n, -n> [ˈloːtsə, ˈloːtsɪn] *m, f* pilot

lotsen [ˈloːtsn̩] *vt* to pilot

Lotterie <-, -n> [lɔtəˈriː] *f* lottery

Lotterielos *nt* lottery ticket

Lotto <-s, -s> [ˈlɔto] *nt* lotto

Löwe [ˈløːvə] *m* ① lion ② ASTROL Leo

Löwenmäulchen <-s, -> *nt* snapdragon

Löwenzahn *m kein pl* dandelion

Löwin *f* lioness

loyal [lo̯aˈjaːl] *adj* loyal

Loyalität <-, *selten* -en> [lo̯ajaliˈtɛːt] *f* loyalty (**gegenüber** to)

Luchs <-es, -e> [lʊks] *m* lynx

Lücke <-, -n> [ˈlʏkə] *f* gap

lückenhaft **I.** *adj* ① *(leere Stellen aufweisend)* full of gaps ② *(unvollständig)* fragmentary; *Wissen, Sammlung* incomplete; *Bericht, Erinnerung* sketchy **II.** *adv* *(unvollständig)* fragmentarily; **einen Fragebogen ~ ausfüllen** to fill in a questionnaire leaving gaps

lückenlos *adj* complete; *Kenntnisse* thorough; **etw ~ beweisen** to prove sth conclusively

L

Luft <-, *liter* Lüfte> [lʊft] *f* air; **die ~ anhalten** to hold one's breath; **sich in ~ auflösen** to vanish into thin air; **keine ~ mehr bekommen** to not be able to breathe; **an die frische ~ gehen** to get some fresh air; [**tief**] **~ holen** to take a deep breath

Luftabwehr *f* air defence **Luftangriff** *m* air raid **Luftballon** *m* balloon **Luftblase** *f* bubble **luftdicht** *adj* airtight **Luftdruck** *m kein pl* air pressure

lüften [ˈlʏftn̩] **I.** *vt* ① to air ② *Geheimnis* to disclose **II.** *vi* to let some air in

Luftfahrt *f kein pl* aviation **Luftfeuchtigkeit** *f* humidity **Luftfracht** *f* ① *(Frachtgut)* air freight ② *(Frachtgebühr)* air freight charge **Luftgewehr** *nt* airgun

luftig [ˈlʊftɪç] *adj* ① *Kleid* light ② *Höhe* dizzy

Luftkissenboot *nt*, **Luftkissenfahrzeug** *nt* hovercraft

Luftkorridor *m* air corridor **Luftku**[…]**ort** *m health resort with partic*[…] *good air* **luftleer** *adj* vacuo[…] **nie** *f* as the crow flies **Luftl**[…]

der Luftströmung) air pocket **Luftmatratze** *f* inflatable mattress **Luftpost** *f* airmail **Luftpumpe** *f* pump **Luftraum** *m* airspace **Luftröhre** *f* windpipe **Luftschiff** *nt* airship **Luftschlange** *f* [paper] streamer

Lüftung <-, -en> *f* ventilation

Luftverkehr *m* air traffic **Luftverschmutzung** *f* air pollution **Luftwaffe** *f* air force **Luftzug** *m* draught

Lüge <-, -n> ['ly:gə] *f* lie

lügen <log, gelogen> ['ly:gn̩] *vi* to lie; **das ist [alles] gelogen** that's a [total] lie

Lügner(in) <-s, -> ['ly:gnɐ] *m(f)* liar

Luke <-, -n> ['lu:kə] *f* ❶ NAUT hatch ❷ *(Dachlucke)* skylight; *(Kellerlucke)* trapdoor

lukrativ [lukra'ti:f] *adj* lucrative

Lümmel <-s, -> ['lʏml̩] *m* lout

Lumpen ['lʊmpn̩] *pl* rags

Lunge <-, -n> ['lʊŋə] *f* lungs *npl*

Lungenbraten *m* ÖSTERR *(Lendenbraten)* loin roast **Lungenentzündung** *f* pneumonia *no art* **Lungenflügel** *m* lung **lungenkrank** *adj* suffering from a lung complaint *pred* **Lungenkrebs** *m kein pl* lung cancer

Lupe <-, -n> ['lu:pə] *f* magnifying glass ▶ **jdn/etw unter die ~ nehmen** to examine sb/sth with a fine-tooth comb

lupenrein *adj* ❶ *(bei Edelsteinen)* flawless ❷ *(mustergültig)* exemplary; **ein ~er Gentleman** a perfect gentleman

Lupine <-, -n> [lu'pi:nə] *f* lupin[e]

Lurch <-[e]s, -e> [lʊrç] *m* amphibian

Lust <-, Lüste> [lʊst] *f (a. sexuell)* desire; **~ zu etw** *dat* **haben** to feel like doing sth; **die ~ an etw** *dat* **verlieren** to lose interest in sth

Lüsterklemme *f* ELEK luster terminal

lüstern ['lʏstɐn] *adj* lustful

lustig ['lʊstɪç] *adj* cheerful; *Abend* fun; **sich über jdn/etw ~ machen** to make fun of sb/sth

Lüstling <-, -e> ['lʏstlɪŋ] *m (pej)* debauchee

lustlos *adj* listless **Lustspiel** *nt* comedy

lutherisch ['lʊtərɪʃ] *adj* Lutheran

lutschen ['lʊtʃn̩] *vt, vi* to suck

Lutscher <-s, -> *m* lollipop

Luxemburg <-s> ['lʊksmbʊrk] *nt* Luxembourg

Luxemburger(in) <-s, -> ['lʊksmbʊrgɐ] *m(f)* Luxembourger

luxemburgisch ['lʊksmbʊrgɪʃ] *adj* Luxembourgian

luxuriös [lʊksu'ri̯ø:s] *adj* luxurious

Luxus <-> ['lʊksʊs] *m kein pl* luxury

Luxusartikel *m* luxury item **Luxusausführung** *f* de luxe model **Luxushotel** *nt* luxury hotel

Lymphe <-, -n> ['lʏmfə] *f* lymph

Lymphknoten *m* lymph node

lynchen ['lʏnçn̩] *vt* to lynch

Lyrik <-> ['ly:rɪk] *f kein pl* lyric [poetry]

Mm

M, m <-, -> *nt* M, m
m *m kurz für* **Meter** m
Machart *f* style
machen ['maxn̩] **I.** *vt* ① *(tun)* to do; **mach's gut!** take care!; **was macht denn deine Frau?** how's your wife?; **nichts zu ~!** nothing doing!; **wird gemacht!** no problem!; **einen Besuch ~** to [pay sb a] visit; **eine Reise ~** to go on a journey ② *(erzeugen)* to make; **jdm Angst ~** to frighten sb; **jdm Hoffnung/Kopfschmerzen/Mut ~** to give sb hope/a headache/courage; **sich** *dat* **Sorgen ~** to worry ③ *(herstellen)* to make; *Fotos* to take ④ *(kosten)* **das macht zehn Euro** that's ten euros [please]; **was macht das zusammen?** what does that come to? ⑤ *(ausmachen)* **macht das was?** does it matter?; **das macht [doch] nichts!** never mind! **II.** *vi* ① *(werden lassen)* **Liebe macht blind** love makes you blind ② *(fam)* **mach [schon]!** get a move on! **III.** *vr* ① *(beginnen)* **sich an die Arbeit ~** to get down to work ② *(sich interessieren)* **sich** *dat* **etwas/viel/wenig aus jdm/etw ~** to care/care a lot/not care much for sb/sth ③ *(sich ärgern)* **mach dir nichts d[a]raus!** don't worry about it! ④ *(sich entwickeln)* **die neue Sekretärin macht sich gut** the new secretary is doing well ⑤ *(passen)* **das Bild macht sich gut an der Wand** the picture looks good on the wall
Macher(in) <-s, -> *m(f) (fam)* doer
Machete <-, -n> [ma'xeːtə] *f* machete
Macho <-s, -s> ['matʃo] *m (fam)* macho
Macht <-, Mächte> [maxt] *f* power; **an die ~ kommen** to gain power **Machthaber(in)** <-s, -> [-haːbɐ] *m(f)* ruler
mächtig *adj* powerful
Machtkampf *m* power struggle
machtlos *adj* powerless
Machtprobe *f* trial of strength
Macke <-, -n> ['makə] *f (fam)* ① *(Schadstelle)* defect ② *(fam: Tick, Eigenart)* foible; **eine ~ haben** to have a screw loose
Mädchen <-s, -> ['mɛːtçən] *nt* girl
mädchenhaft *adj* girlish
Mädchenname *m* ① girl's name ② *(einer Ehefrau)* maiden name
Made <-, -n> ['maːdə] *f* maggot ▶ **wie die ~[n] im Speck leben** to live the life of Riley
madig ['maːdɪç] *adj* worm-eaten
madig|machen *vt* to spoil
Magazin <-s, -e> [maga'tsiːn] *nt* ① *(Patronenbehälter)* magazine; *(für Dias)* feeder ② *(Zeitschrift)* magazine
Magen <-s, Mägen> ['maːgn̩] *m* stomach; **auf nüchternen ~** on an empty stomach; **etw schlägt jdm auf den ~** sth gets to sb; **sich** *dat* **den ~ verderben** to give oneself an upset stomach
Magenbeschwerden *pl* stomach trouble **Magenbitter** <-s, -> *m* bitters *npl* **Magengeschwür** *nt* stomach ulcer **Magensäure** *f* hydrochloric acid **Magenschleimhaut** *f* stomach lining *no pl,* gastric mucous membrane *no pl spec* **Magenschmerzen** *pl* stomach ache **Magenverstimmung** *f* stomach upset
mager ['maːgɐ] *adj* ① thin ② *(fettarm)* low-fat; **~es Fleisch** lean meat
Magermilch *f kein pl* skimmed milk **Magerquark** *m kein pl* low-fat curd cheese **Magersucht** *f kein pl* anorexia
Magie <-> [ma'giː] *f* magic
Magier(in) <-s, -> ['maːgi̯ɐ] *m(f)* cian
magisch ['maːgɪʃ] *adj* magic;

Anziehungskraft haben to have magical powers of attraction
Magistrat[1] <-[e]s, -e> [magɪsˈtraːt] *m* *(Stadtverwaltung)* municipal council
Magistrat[2] <-en, -en> [magɪsˈtraːt] *m* SCHWEIZ federal councillor
Magnesium <-s> [maˈgeːzi̯ʊm] *nt kein pl* magnesium
Magnet <-[e]s, -e[n]> [maˈgneːt] *m* magnet
Magnetfeld *nt* magnetic field
magnetisch [maˈgneːtɪʃ] *adj* magnetic
Magnetismus <-> [magneˈtɪsmʊs] *m kein pl* magnetism
Mahagoni <-s> [mahaˈgoːni] *nt kein pl* mahogany
Mähdrescher <-s, -> *m* combine harvester
mähen [ˈmɛːən] *vt* to mow
Mahl <-[e]s, -e> [maːl] *nt* meal
mahlen <mahlte, gemahlen> [ˈmaːlən] *vt* to grind; **gemahlener Kaffee** ground coffee
M
Mahlzeit [ˈmaːltsait] *f* meal
Mähmaschine *f (für Gras)* mower; *(für Getreide)* harvester, reaper
Mähne <-, -n> [ˈmɛːnə] *f* mane
mahnen [ˈmaːnən] *vt* ❶ to warn ❷ FIN to remind
Mahnung <-, -en> *f* ❶ warning ❷ FIN reminder
Mai <-[es], -e> [mai] *m* May; *s.a.* **Februar**
Maiglöckchen *nt* lily of the valley **Maikäfer** *m* cockchafer
Mailand <-s> [ˈmai̯lant] *nt* Milan
Mailbox <-, -en> [ˈmeːlbɔks] *f* INET mailbox
Mais <-es, -e> [mais] *m* maize *no pl* BRIT, corn *no pl* AM
Maiskolben *m* corncob
Majestät <-, -en> [majɛsˈtɛːt] *f* **Seine/Ihre/Eure ~** His/Her/Your Majesty
majestätisch [majɛsˈtɛːtɪʃ] *adj* majestic
Major(in) <-s, -e> [maˈjoːɐ̯] *m(f)* major
Majoran <-s, -e> [ˈmaːjoran] *m* marjoram
makaber [maˈkaːbɐ] *adj* macabre
Makedonien <-s> [makeˈdoːni̯ən] *nt s.* **Mazedonien**
Makel <-s, -> [ˈmaːkl̩] *m* flaw
makellos *adj* perfect
mäkeln [ˈmɛːkl̩n] *vi* to whinge [about sth]
Make-up <-s, -s> [meːkˈʔap] *nt* make-up *no pl*
Makkaroni [makaˈroːni] *pl* macaroni
Makler(in) <-s, -> [ˈmaːklɐ] *m(f)* broker
Makrele <-, -n> [maˈkreːlə] *f* mackerel
Makrone <-, -n> [maˈkroːnə] *f* macaroon
mal[1] [maːl] *adv* **drei ~ drei ist neun** three times three is nine
mal[2] [maːl] *adv (fam) kurz für* **einmal**
Mal <-[e]s, -e> [maːl] *nt* time; **einige/viele ~e** sometimes/very often; **[k]ein einziges ~** [not] once; **zum ersten/letzten ~** for the first/last time; **ein für alle ~** once and for all
Malaria <-> [maˈlaːri̯a] *f kein pl* malaria
Malaysia <-s> [maˈlai̯zi̯a] *nt* Malaysia; *s.a.* **Deutschland**
malen [ˈmaːlən] *vt, vi* to paint
Maler(in) <-s, -> [ˈmaːlɐ] *m(f)* painter
Malerei <-, -en> [maləˈrai] *f* painting
malerisch *adj* picturesque
Malheur <-s, -s *o* -e> [maˈløːɐ̯] *nt* mishap
Mali <-s> [ˈmaːli] *nt* Mali
Malta [ˈmalta] *nt* Malta
Malteser(in) <-s, -> [malˈteːzɐ] *m(f)* Maltese + *sing/pl vb*
maltesisch [malˈteːzɪʃ] *adj* Maltese
Malve <-, -n> [ˈmalvə] *f* BOT mallow
Malz <-es> [malts] *nt kein pl* malt
Malzbier *nt* malt beer
Mama <-, -s> [ˈmama] *f* mummy
man <*dat* einem, *akk* einen> [man] *pron indef* one *form,* you; **das hat ~ mir gesagt** that's what I was told; **so etwas tut ~ nicht** that just isn't done
Management <-s, -s> [ˈmɛnɪtʃmənt] *nt* management + *sing/pl vb*
Manager(in) <-s, -> [ˈmɛnɪdʒɐ] *m(f)* manager

manche(r, s) ['mançə] *pron indef* ❶ *adjektivisch, mit pl (einige)* some; **~ Menschen** some people ❷ *adjektivisch, mit sing* a lot of; **so ~r gute Mann ...** many a good man ...
mancherlei ['mançe'lai] *adj* various
manchmal ['mançma:l] *adv* sometimes
Mandant(in) <-en, -en> [man'dant] *m(f)* client
Mandarine <-, -n> [manda'ri:nə] *f* mandarin
Mandat <-[e]s, -e> [man'da:t] *nt* ❶ POL seat ❷ JUR mandate
Mandel <-, -n> ['mandl̩] *f* ❶ almond; **gebrannte ~n** sugared almonds ❷ *meist pl* ANAT tonsils *npl*
Mandelentzündung *f* tonsillitis
Manege <-, -n> [ma'ne:ʒə] *f* ring
Manga <-s, -[s]> ['maŋga] *nt* manga [comic]
Mangel¹ <-s, Mängel> ['maŋl̩] *m* ❶ *(Fehler)* flaw ❷ *kein pl (Knappheit)* lack (**an** of); **ein ~ an Vitamin C** vitamin C deficiency
Mangel² <-, -n> ['maŋl̩] *f* mangle
mangelhaft *adj (fehlerhaft)* faulty
mangeln¹ ['maŋl̩n] *vi* **es mangelt an etw** *dat* there is a shortage of sth
mangeln² ['maŋl̩n] *vt Wäsche* to press
mangels ['maŋl̩s] *präp +gen* due to the lack of sth
Mango <-, -s> ['maŋgo] *f* mango
Manie <-, -n> [ma'ni:] *f* obsession
Manifest <-[e]s, -e> [mani'fɛst] *nt* manifesto
Maniküre <-> [mani'ky:rə] *f kein pl* manicure
Manipulation <-, -en> [manipula'tsi̯o:n] *f* manipulation
manipulieren [manipu'li:rən] *vt* to manipulate
Mann <-[e]s, Männer> [man] *m* ❶ man; **Männer** men ❷ *(Ehemann)* husband ❸ *(Person)* **pro ~** per head ❹ *(Ausruf)* **[mein] lieber ~!** my God!; **~, o ~!** oh boy!; **~!** *(bewundernd)* wow!
Mannequin <-s, -s> ['manəkɛ̃] *nt* model
Männerchor *m* male-voice [*or* men's] choir
männlich ['mɛnlɪç] *adj* male
Mannschaft <-, -en> *f* team
Mannschaftsführer(in) *m(f)* SPORT team captain
Manöver <-s, -> [ma'nø:vɐ] *nt* manoeuvre
Manschettenknopf *m* cuff link
Mantel <-s, Mäntel> ['mantl̩] *m* coat
manuell [ma'nu̯ɛl] **I.** *adj* manual **II.** *adv* manually
Manuskript <-[e]s, -e> [manu'skrɪpt] *nt* manuscript
Mappe <-, -n> ['mapə] *f* ❶ folder ❷ *(Aktentasche)* briefcase
Maracuja <-, -s> [mara'ku:ja] *f* passion fruit
Marathon <-s, -s> ['ma:ratɔn] *m* marathon
Marathonläufer(in) *m(f)* marathon runner
Märchen <-s, -> ['mɛ:ɐ̯çən] *nt* fairytale
Marder <-s, -> ['mardɐ] *m* marten
Margarine <-, -> [marga'ri:nə] *f* margarine
Margerite <-, -n> [margə'ri:tə] *f* marguerite
Marienkäfer *m* ladybird BRIT, ladybug AM
Marille <-, -n> [ma'rɪlə] *f* ÖSTERR apricot
Marine <-, -n> [ma'ri:nə] *f* navy; **bei der ~** in the navy
Marionette <-, -n> [mari̯o'nɛtə] *f* puppet
Mark¹ <-, -> [mark] *pl f (hist: Währung)* mark
Mark² <-[e]s> [mark] *nt kein pl (Inneres)* marrow
markant [mar'kant] *adj* striking
Marke <-, -n> ['markə] *f* ❶ *(Briefmarke)* stamp ❷ ÖKON brand
Markenartikel *m* branded article **Markenzeichen** *nt* trademark
markieren [mar'ki:rən] *vt* to mark
Markierung <-, -en> *f* marking
Markise <-, -n> [mar'ki:zə] *f*

M

Markknochen *m* marrow bone
Markt <-[e]s, Märkte> [markt] *m* market; **etw auf den ~ bringen** to put sth on the market; **der schwarze ~** the black market
Marktführer *m* market leader **Marktlücke** *f* gap in the market
Marktplatz *m* marketplace; **auf dem ~** in the marketplace
marktschreierisch **I.** *adj (pej)* vociferous; *Propaganda* blatant **II.** *adv* vociferously
Marktwirtschaft *f kein pl* market economy; **die soziale ~** social market economy
Marmelade <-, -n> [marmə'la:də] *f* jam

Übersetzungstipp
Nicht verwechseln mit *marmalade* - *Orangenmarmelade!*

M

Marmor <-s, -e> ['marmo:ɐ̯] *m* marble
Marokkaner(in) <-s, -> [marɔ'ka:nɐ] *m(f)* Moroccan; *s.a.* **Deutsche(r)**
marokkanisch [marɔ'ka:nɪʃ] *adj* Moroccan; *s.a.* **deutsch**
Marokko <-s> [ma'rɔko] *nt* Morocco; *s.a.* **Deutschland**
Marone <-, -n> [ma'ro:nə] *f*, ÖSTERR, SCHWEIZ **Maroni** <-, -> [ma'ro:ni] *f* [edible] chestnut vgl k pos von reg
Mars <-> [mars] *m kein pl* **der ~** Mars
Marsch <-[e]s, Märsche> [marʃ] *pl m* march; **sich in ~ setzen** to move off
marschieren [mar'ʃi:rən] *vi sein* to march
Marter <-, -n> ['martɐ] *f* torture
martern ['martɐn] *vt* to torture
Märtyrer(in) <-s, -> ['mɛrtyrɐ, 'mɛrtyrərɪn] *m(f)* martyr
Marxismus <-> [mar'ksɪsmʊs] *m kein pl* Marxism *no pl*
Marxist(in) <-en, -en> [mar'ksɪst] *m(f)* Marxist
März <-[es], -e> [mɛrts] *m* March; *s.a.* **Februar**
Marzipan <-s, -e> [martsi'pa:n] *nt o* ÖSTERR *m* marzipan
Masche <-, -n> ['maʃə] *f* ❶ stitch ❷ *(Trick)* trick
Maschendraht *m* wire netting
Maschine <-, -n> [ma'ʃi:nə] *f* machine; **~ schreiben** to type
maschinell [maʃi'nɛl] **I.** *adj* machine *attr* **II.** *adv* by machine
Maschinenbau *m kein pl* ❶ *(das Bau)* machine construction ❷ *(Fachgebiet)* mechanical engineering **Maschinengewehr** *nt* machine gun **maschinenlesbar** *adj* machine-readable
Masern ['ma:zɐn] *pl* **die ~** the measles
Maserung <-, -en> *f* grain
Maske <-, -n> ['maskə] *f* mask
maskieren [mas'ki:rən] **I.** *vt* to disguise **II.** *vr* **sich ~** to dress up (**als** as)
Masochist(in) <-en, -en> [mazɔ'xɪst] *m(f)* masochist
masochistisch *adj* masochistic
maß ['ma:s] *vr, vt imp von* **messen**
Maß[1] <-es, -e> [ma:s] *nt* ❶ *(Maßeinheit)* measure; **mit zweierlei ~ messen** to operate a double standard ❷ *(Abmessungen)* **~e** measurements ❸ *(Ausmaß)* **in ~en** in moderation; **in besonderem ~[e]** especially; **in großem ~[e]** to a great extent
Maß[2] <-, -> [ma:s] *f* SÜDD **eine ~ Bier** a litre of beer
Massage <-, -n> [ma'sa:ʒə] *f* massage
Massaker <-s, -> [ma'sa:kɐ] *nt* massacre
Masse <-, -n> ['masə] *f* mass
Massenandrang *m* crush [of people] **Massenarbeitslosigkeit** *f* mass unemployment *no art*
massenhaft **I.** *adj* on a huge scale **II.** *adv (fam)* in droves
Massenmedien *pl* mass media + *sing/pl vb* **Massenmord** *m* mass murder **Massentierhaltung** *f* intensive livestock farming **Massentourismus** *m kein pl* mass tourism *no pl* **Massen-**

vernichtungswaffen *pl* weapons of mass destruction

Masseur(in) <-s, -e> [ma'søːɐ̯] *m(f)* masseur *masc,* masseuse *fem*

maßgebend, **maßgeblich** ['maːsgeːplɪç] *adj* significant

massieren [ma'siːrən] *vt* to massage

massig ['masɪç] **I.** *adj* massive **II.** *adv (fam)* stacks

mäßig ['mɛːsɪç] *adj* moderate

mäßigen ['mɛːsɪgn̩] **I.** *vt* to curb **II.** *vr* **sich** ~ to restrain oneself

massiv [ma'siːf] *adj* ① *(fest)* solid ② *(drastisch)* serious; **~e Kritik** heavy criticism

Massiv <-s, -e> [ma'siːf, *pl:* ma-'siːvə] *nt* massif

maßlos I. *adj* extreme; ~ **[in etw** *dat***] sein** to be immoderate [in sth] **II.** *adv* extremely

Maßlosigkeit <-> *f kein pl* lack of moderation

Maßnahme <-, -n> ['maːsnaːmə] *f* measure

Maßstab ['maːsʃtaːp] *m* ① scale; **im ~ 1:250000** on a scale of 1:250000 ② *(Kriterium)* criterion

maßvoll I. *adj* moderate; **~es Verhalten** moderation **II.** *adv* moderately

Mast <-[e]s, -e[n]> [mast] *m* ① NAUT mast ② *(Strommast)* pylon

Mastdarm *m* rectum

mästen ['mɛstn̩] *vt* to fatten

Masturbation <-, -en> [masturba'tsi̯oːn] *f (geh)* masturbation

masturbieren [mastʊr'biːrən] *vi* to masturbate

Matador <-s, -e> [mata'doːɐ̯] *m* matador

Matchball ['mɛtʃ-] *m* TENNIS match point

Material <-s, -ien> [mate'ri̯aːl] *nt* material

Materialismus <-> [materi̯a'lɪsmʊs] *m kein pl* **[der]** ~ materialism

Materialist(in) <-en, -en> [materi̯a'lɪst] *m(f)* materialist

materialistisch [materi̯a'lɪstɪʃ] *adj* materialistic

Materie <-> [ma'teːri̯ə] *f kein pl* matter

materiell [mate'ri̯ɛl] **I.** *adj* material **II.** *adv* ① ~ **eingestellt sein** to be materialistic ② FIN ~ **abgesichert** financially secure

Mathe <-> ['matə] *f kein pl (fam)* maths + *sing vb* BRIT *fam,* math AM *fam*

Mathematik <-> [matema'tiːk] *f kein pl* **[die]** ~ mathematics + *sing vb*

Mathematiker(in) <-s, -> [mate-'maːtikɐ] *m(f)* mathematician

mathematisch [mate'maːtɪʃ] *adj* mathematical

Matinee <-, -n> [mati'neː, *pl:* mati'neːən] *f* morning performance; *(Konzert a.)* morning concert

Matjes <-, -> ['matjəs] *m*, **Matjeshering** *m* young herring

Matratze <-, -n> [ma'tratsə] *f* mattress

Matrose <-n, -n> [ma'troːzə] *m* sailor

Matsch <-[e]s> [matʃ] *m kein pl* ① *(schlammige Erde)* mud; *(Schneematsch)* slush ② *(breiige Masse)* mush

matschig ['matʃɪç] *adj* muddy

matt [mat] *adj* ① *(schwach)* weak ② *(glanzlos)* matt ③ *Licht* dim ④ *(schachmatt)* [check]mate

Matte[1] <-, -n> ['matə] *f (Bodenbelag)* mat

Matte[2] <-, -n> ['matə] *f* SCHWEIZ, ÖSTERR alpine meadow

Matura <-> [ma'tuːra] *f*, **Maturität** <-> [maturi'tɛːt] *f kein pl* SCHWEIZ, ÖSTERR ≈ A levels *pl* BRIT, ≈ high-school diploma AM

Mauer <-, -n> ['mauɐ] *f* wall

mauern ['mauɐn] *vt, vi* to build

Mauersegler *m* swift

Maul <-[e]s, Mäuler> [maul] *nt* ① *(bei Tieren)* mouth ② *(derb: Mund)* trap; **halt's ~!** shut your face!

Maulbeerbaum *m* mulberry [tree]

Maulbeere ['maʊlbeːrə] *f* mulberry

Maulesel ['maulʔeːzl̩] *m* mule **Maulkorb** *m* muzzle

Maultaschen *pl* SÜDD *lar[ge]* *squares filled with meat or ch[eese]*

M

Maultier ['maulti:ɐ̯] *nt* mule
Maulwurf <-[e]s, -würfe> ['maulvʊrf] *m* mole
Maurer(in) <-s, -> ['maurɐ] *m(f)* bricklayer
Maus <-, Mäuse> [maus] *f* mouse
Mauschelei <-, -en> [maʊʃə'lai̯] *f (pej fam)* fiddle *fam*, bent deal *pej fam*
Mausefalle *f* mousetrap
Mausklick [-klɪk] *m* INFORM click of the/a mouse **Mauspad** <-s, -s> [-pɛt] *m* INFORM mouse pad
Maut <-, -en> [maut] *f* toll
maximal [maksi'ma:l] **I.** *adj* maximum **II.** *adv* at maximum; ~ **25.000 Euro** 25,000 euros at most
Maximum <-s, Maxima> ['maksimʊm] *nt* maximum
Mayonnaise <-, -n> [majɔ'nɛ:zə] *f* mayonnaise
Mazedonien <-s> [matse'do:ni̯ən] *nt* Macedonia; *s.a.* **Deutschland**

mazedonisch [matse'do:nɪʃ] *adj* Macedonian
Mechanik <-, -en> [me'ça:nɪk] *f* mechanics + *sing vb*
Mechaniker(in) <-s, -> [me'ça:nɪkɐ] *m(f)* mechanic
mechanisch [me'ça:nɪʃ] **I.** *adj* mechanical **II.** *adv* mechanically
Mechanismus <-, -nismen> [meça'nɪsmʊs] *m* mechanism
meckern ['mɛkɐn] *vi* to bellyache (**über** about)
Medaille <-, -n> [me'daljə] *f* medal
Medaillengewinner(in) [me'daljən-] *m(f)* SPORT medallist BRIT, medalist AM, medal winner
Medien ['me:di̯ən] *pl* **die** ~ the media + *sing/pl vb*

Die Medien – The media

die Anzeige	ad[vertisment]
ausstrahlen	to broadcast
die Boulevard-zeitung	tabloid
das Fernsehen	television, TV
das Internet	the internet
der Journalist, die Journalistin	journalist
das Kabelfernsehen	cable TV
die Massenmedien	mass media *pl*
der Moderator, die Moderatorin	presenter
die Paparazzi	paparazzi
die Presse	the press
das Radio	radio
das Satelliten-fernsehen	satellite TV
der Sender	station
die Sendung	programme
die Tageszeitung	daily
der Videotext	teletext
die Werbung	advertising
die Wochenzeitung	weekly
die Zeitschrift	magazine
die Zeitung	newspaper

medienwirksam *adj* **er weiß, wie er sich am besten ~ inszeniert** he knows how to achieve maximum publicity; *(vorteilhaft dabei wegkommen)* he knows how to act in order to come across well in the media
Medienwirksamkeit *f* media effectiveness
Medikament <-[e]s, -e> [medika'mɛnt] *nt* medicine
Meditation <-, -en> [medita'tsi̯o:n] *f* meditation
mediterran [meditɛ'ra:n] *adj* Mediterranean
meditieren [medi'ti:rən] *vi* to meditate
Medizin <-, -en> [medi'tsi:n] *f kein pl* medicine
Mediziner(in) <-s, -> [medi'tsi:nɐ] *m(f)* doctor
medizinisch [medi'tsi:nɪʃ] **I.** *adj* ❶ *(ärztlich)* medical ❷ *(heilend)* medicinal **II.** *adv* medically; **jdn ~ behandeln** to give sb medical treatment
Medizinmann <-männer> [-man] *m* medicine man
Meer <-[e]s, -e> [me:ɐ̯] *nt* sea; **am ~**

by the sea; **ans ~ fahren** to go to the seaside

Am Meer – At the seaside

baden	to swim
der Badeanzug	swimming costume
die Badehose	[swimming] trunks *pl*
das Badetuch	beach towel
das Boot	boat
braun werden	to tan
die Bucht	bay
die Düne	sand dune
die Ebbe	low tide
der Felsen	rock
der Fisch	fish
die Flut	high tide
der Kieselstein	pebble
der Krebs	crab
die Küste	coast
der Liegestuhl	lounger, deckchair
das Meer	sea
die Möwe	seagull
die Muschel	shell
der Sand	sand
der Schnorchel	snorkel
schnorcheln	to snorkel
schwimmen	to swim
sich sonnen	to sunbathe
der Sonnenbrand	sunburn
die Sonnenbrille	sunglasses
die Sonnencreme	sunscreen
der Sonnenschirm	sun umbrella, parasol
der Strand	beach
das Surfbrett	surfboard
tauchen	to dive
die Welle	wave
das Windsurfen	windsurfing

Meerenge *f* strait[s *npl*]
Meeresalge *f* seaweed *no pl, + sing vb* **Meeresfrüchte** *pl* seafood *no pl* **Meeresspiegel** *m* **über/unter dem ~** above/below sea level
Meerkatze *f* meerkat
Meerrettich *m* horseradish
Meerschweinchen *nt* guinea pig
Meerwasser *nt* sea water
Megabyte [mega'bait, 'meːgabait] *nt* INFORM megabyte
Megapixel *m* megapixel
Mehl <-[e]s, -e> [meːl] *nt* flour
mehlig ['meːlɪç] *adj Kartoffeln* floury
Mehltau ['meːltaʊ] *m kein pl* BOT mildew
mehr [meːɐ̯] **I.** *pron indef comp von* **viel** more; **immer ~** more and more **II.** *adv* **~ oder weniger** more or less; **nicht ~** not any longer; **nie ~** never again
mehrdeutig *adj* ambiguous
mehrdimensional *adj* multidimensional
mehrere ['meːrərə] *pron indef* several
mehrfach ['meːɐ̯fax] **I.** *adj* multiple; **~er Meister im …** several-times champion in … **II.** *adv* several times
Mehrfachstecker *f* multiple plug
Mehrfamilienhaus [-liən-] *nt* multiple[-family] dwelling
mehrfarbig *adj* multicoloured
Mehrheit <-, -en> *f* majority
Mehrkosten *pl* additional costs *pl*
mehrmals ['meːɐ̯maːls] *adv* repeatedly
mehrsprachig *adj* multilingual
mehrstündig *adj* of several hours *pred*
mehrtägig *adj* lasting several days *pred*
Mehrwegflasche *f* returnable bottle **Mehrwegverpackung** *f* re-usable packaging
Mehrwertsteuer *f* value-added tax, VAT
mehrwöchig *adj* lasting several weeks *pred*
Mehrzahl *f kein pl* ❶ majority ❷ LING plural [form]
meiden <mied, gemieden> ['maidn̩] *vt* to avoid
Meile <-, -n> ['mailə] *f* mile
Meilenstein *m (a. fig)* milestone **meilenweit** ['mailənvait] *adv* for m[iles]
mein [main] *pron poss* my

M

meine(r, s) ['mainə] *pron poss, substantivisch* mine
Meineid ['mainʔait] *m* perjury *no art*
meinen ['mainən] **I.** *vi* to think; **ich würde ~, …** I would think …; **~ Sie?** [do] you think so?; **wenn Sie ~!** if you wish; **wie ~ Sie?** [I] beg your pardon?; **[ganz] wie Sie ~!** [just] as you wish **II.** *vt* ① *(denken)* **~, [dass] …** to think [that] …; **und was ~ Sie dazu?** and what do you say? ③ *(im Sinn haben)* **was ~ Sie [damit]?** what do you mean [by that]?; **damit bist du gemeint** that means you ④ *(eine bestimmte Absicht haben)* to mean; **ich meine es ernst** I'm serious [about it]; **so war das nicht gemeint** I didn't mean it like that; **es nicht böse ~** to mean no harm; **es gut ~** to mean well; **es gut mit jdm ~** to do one's best for sb; **es ~, wie man es sagt** to mean what one says
meiner ['maine] *pron pers gen von* **ich**: **gedenke ~** *(geh)* remember me

meinetwegen ['mainət've:gn̩] *adv* ① *(mir zuliebe)* for my sake ② *(von mir aus)* as far as I'm concerned
Meinung <-, -en> ['mainʊŋ] *f* opinion; **seine ~ ändern** to change one's mind; **anderer ~ sein** to be of a different opinion; **eine eigene ~ haben** to have an opinion of one's own; **meiner ~ nach** in my opinion; **die öffentliche ~** public opinion; **jdm die ~ sagen** to give sb a piece of one's mind
Meinungsforschung *f kein pl* opinion polling *no pl* **Meinungsumfrage** *f* opinion poll **Meinungsverschiedenheit** *f* difference of opinion
Meise <-, -n> ['maizə] *f* tit ▶ **eine ~ haben** *(sl)* to have a screw loose
Meißel <-s, -> ['maisl̩] *m* chisel
meißeln ['maisl̩n] *vi, vt* to chisel
meist [maist] *adv* ① *s.* **meistens** ② *(am häufigsten)* most; **~ inszeniert** most staged
meiste(r, s) *pron indef superl von* **viel** ① *(adjektivisch)* most; **das ~ Geld** most of the money; **die ~n Leute** most people ② *(substantivisch)* **die ~n Menschen** most people; **die ~n von uns** most of us; **das ~** most of it; **das ~ von dem, was …** most of what …
meisten *adv superl von* **sehr**: **am ~** most of all
meistens ['maistn̩s] *adv* mostly
Meister(in) <-s, -> ['maistɐ] *m(f)* ① master ② SPORT champion
meisterhaft **I.** *adj* masterly; *(geschickt)* masterful **II.** *adv* in a masterly manner; *(geschickt)* masterfully
meisterlich *adj (geh) s.* **meisterhaft**
meistern ['maisten] *vt* to master
Meisterschaft <-, -en> *f* SPORT championship
Melancholie <-, -n> [melaŋko'li:] *f* melancholy
melancholisch [melaŋ'ko:lɪʃ] *adj* melancholy
Meldeamt *nt (fam)* registration office
melden ['mɛldn̩] **I.** *vt* ① *(anzeigen)* **[jdm] etw ~** to report sth [to sb] ② TV to report **II.** *vr* ① SCH **sich ~** to put one's hand up ② *(sich bereit erklären)* **sich zu etw** *dat* **freiwillig ~** to volunteer for sth ③ *(antworten)* **sich am Telefon ~** to answer the telephone
Meldepflicht *f kein pl* obligation to report sth; **polizeiliche ~** compulsory registration [with the police]
meldepflichtig *adj* notifiable
Meldung <-, -en> *f* ① *(Nachricht)* piece of news ② *(offizielle Mitteilung)* report
meliert [me'li:ɐ̯t] *adj* ① *(Haar)* greying ② *(Gewebe)* flecked, mottled
Melisse <-, -n> [me'lɪsə] *f* [lemon] balm
melken <melkte, gemolken> ['mɛlkn̩] *vt, vi* to milk
Melodie <-, -n> [melo'di:] *f* tune
melodiös [melo'di̯ø:s] *adj (geh) s.* **melodisch**
melodisch [me'lo:dɪʃ] **I.** *adj* melodic **II.** *adv* melodically
Melone <-, -n> [me'lo:nə] *f* ① melon

② *(Hut)* bowler [hat]
Memoiren [me'mo̯a:rən] *pl* memoirs
Menge <-, -n> ['mɛŋə] *f* ① *(bestimmtes Maß)* quantity; **in ausreichender ~** in sufficient quantities ② *(viel)* **eine ~ Geld** a lot of money ③ *(Menschenmenge)* crowd
Meniskus <-, Menisken> [me'nɪskʊs] *m* meniscus
Mensa <-, Mensen> ['mɛnza] *f* canteen
Mensch <-en, -en> [mɛnʃ] *m* man; **~en** human beings *npl (Leute)* people; **die ~en** mankind *sing, no art;* **ein anderer ~ werden** to become a different person; **kein ~** no one
Menschenaffe *m* ape **menschenfeindlich** *adj* ① *(misanthropisch)* misanthropic ② GEOG hostile [to man], inhospitable **Menschenfresser(in)** <-s, -> *m(f)* cannibal **Menschenhandel** *m kein pl* trade in human beings **Menschenkenntnis** *f kein pl* ability to judge character **menschenleer** *adj* deserted **menschenmöglich** ['mɛnʃn̩'mø:klɪç] *adj* humanly possible; **ich werde alles M~e tun** I'll do all that is humanly possible **Menschenrecht** *nt meist pl* JUR human right *usu pl* **Menschenrechtsverletzung** *f* violation of human rights **menschenunwürdig** **I.** *adj* inhumane **II.** *adv* in an inhumane way **Menschenverstand** *m* **gesunder ~** common sense **Menschenwürde** *f kein pl* human dignity *no art*
Menschheit <-> *f kein pl* **die ~** mankind
menschlich ['mɛnʃlɪç] **I.** *adj* ① human ② *(human)* humane **II.** *adv* humanely
Menschlichkeit <-> *f kein pl* humanity *no art*
Menstruation <-, -en> [mɛnstrua'tsi̯o:n] *f* menstruation *no art*
Mentalität <-, -en> [mɛntali'tɛ:t] *f* mentality
Menu *nt*, **Menü** <-s, -s> [me'ny:] *nt* menu
menügesteuert *adj* INFORM menu-driven
merken ['mɛrkn̩] **I.** *vt, vi* to notice; *(spüren)* to feel; **es war kaum zu ~** it was scarcely noticeable; **jdn etw ~ lassen** to let sb feel sth **II.** *vr* **sich** *dat* **etw ~** to remember sth; **leicht zu ~** easy to remember
Merkmal <-s, -e> ['mɛrkma:l] *nt* feature
Merkur <-s> [mɛr'ku:ɐ̯] *m* **der ~** Mercury
merkwürdig *adj* strange
messbar *adj* measurable
Messe[1] <-, -n> ['mɛsə] *f* REL mass *no pl*
Messe[2] <-, -n> ['mɛsə] *f* ÖKON [trade] fair
Messehalle *f* exhibition hall
messen <misst, maß, gemessen> [',ɛsn̩] **I.** *vt* to measure; **ge~ an etw** *dat* judging by sth **II.** *vr* **sich mit jdm ~** to compete with sb
Messer <-s, -> ['mɛsɐ] *nt* knife
Messerspitze *f* knife point; **eine ~ Muskat** a pinch of nutmeg
Messgerät *nt* measuring instrument, gauge AM *a.* [*or* gage]
Messias <-> [mɛ'si:as] *m* **der ~** the Messiah
Messing <-s> ['mɛsɪŋ] *nt kein pl* brass
Metall <-s, -e> [me'tal] *nt* metal
Metallarbeiter(in) *m(f)* metalworker
metallisch [me'talɪʃ] **I.** *adj* metallic **II.** *adv* like metal
Metapher <-, -n> [me'tafɐ] *f* metaphor
Metastase <-, -n> [meta'sta:zə] *f* MED metastasis
Meteor <-s, -e> [mete'o:ɐ̯, *pl:* mete'o:rə] *m* meteor
Meteorologe, **Meteorologin** <-n, -n> [meteoro'lo:gə, meteoro'lo:gɪn] *m, f* meteorologist; *(im Fernsehen)* weather forecaster
Meter <-s, -> ['me:tɐ] *m o nt* metre
Methode <-, -n> [me'to:də] *f* method
Metropole <-, -n> [metro'po:lə] *f* metropolis
metrosexuell *adj Mann* metrosexu[illegible]
Metzger(in) <-s, -> ['mɛts[illegible] butcher; **beim ~** at the butche[illegible]

M

Metzgerei <-, -en> [mɛtsgəˈrai] *f* butcher's BRIT, butcher shop AM; **aus der ~** from the butcher's

Meute <-, -n> [ˈmɔytə] *f* mob

Meuterei <-, -en> [mɔytəˈrai] *f* mutiny

Meuterer, **Meuterin** <-s, -> *m, f* mutineer

meutern [ˈmɔytɐn] *vi* to mutiny

Mexikaner(in) <-s, -> [mɛksiˈkaːnɐ] *m(f)* Mexican; *s.a.* **Deutsche(r)**

mexikanisch [mɛksiˈkaːnɪʃ] *adj* Mexican; *s.a.* **deutsch**

Mexiko <-s> [ˈmɛksiko] *nt* Mexico; *s.a.* **Deutschland**

miauen [miˈauən] *vi* to miaou

mich [mɪç] **I.** *pron pers akk von* **ich** me **II.** *pron reflexiv* myself

Miederhöschen [-høːsçən] *nt* panty girdle

Miene <-, -n> [ˈmiːnə] *f* expression; **ohne eine ~ zu verziehen** without turning a hair

mies [miːs] *adj (fam)* lousy; **~e Laune haben** to be in a foul mood

Miesmuschel [ˈmiːsmʊʃl] *f* mussel

Mietauto *nt* hire car BRIT, rental car AM

Miete <-, -n> [ˈmiːtə] *f* rent

mieten [ˈmiːtn̩] *vt* to rent

Mieter(in) <-s, -> *m(f)* tenant

Mieterhöhung *f* rent increase

Mietshaus *nt* tenement, block of rented flats BRIT, apartment house AM

Mietvertrag *m* tenancy agreement, lease; *(Wagen etc.)* rental agreement **Mietwagen** *m* rental car **Mietwohnung** *f* rented flat AM *a.*, rented apartment

Migräne <-, -n> [miˈgrɛːnə] *f* migraine; **ich habe ~** I've got a migraine

Migrationshintergrund *m* POL migrant background

Mikrochip [-tʃɪp] *m* microchip

Mikrocomputer [-kɔmpjuːtɐ] *m* microcomputer

Mikrofon <-s, -e> [mikroˈfoːn] *nt* microphone

Mikroskop <-s, -e> [mikroˈskoːp] *nt* microscope

mikroskopisch *adj* microscopic

Mikrowelle [ˈmiːkrovɛlə] *f* microwave

Milbe <-, -n> [ˈmɪlbə] *f* mite

Milch <-> [mɪlç] *f kein pl* milk

Milchflasche *f* milk bottle; *(für Babys)* baby's bottle **Milchkaffee** *m* milky coffee **Milchprodukt** *nt* milk product **Milchpulver** *nt* powdered milk **Milchreis** *m* rice pudding **Milchshake** <-s, -s> [-ʃeːk] *m* milk shake **Milchstraße** *f* **die ~** the Milky Way **Milchzahn** *m* milk tooth

mild [mɪlt] *adj* mild; *Strafe, Urteil* lenient

mildern [ˈmɪldɐn] *vt* ❶ *(abschwächen)* to moderate; **~de Umstände** mitigating circumstances ❷ *(lindern)* to alleviate

Milieu <-s, -s> [miˈli̯øː] *nt* environment

militant [miliˈtant] *adj* militant

Militär <-s> [miliˈtɛːɐ̯] *nt kein pl* military; **beim ~ sein** to be in the forces

Militärdiktatur *f* military dictatorship

militärisch [miliˈtɛːrɪʃ] *adj* military

Miliz <-, -en> [miˈliːts] *f* ❶ *(Bürgerwehr)* militia ❷ *(in sozialistischen Staaten: Polizei)* police

Milliardär(in) <-s, -e> [mɪli̯arˈdɛːɐ̯] *m(f)* billionaire

Milliarde <-, -n> [mɪˈli̯ardə] *f* billion

Millimeter <-s, -> [ˈmɪlimeːtɐ] *m o nt* millimetre

Million <-, -en> [mɪˈli̯oːn] *f* million

> **Million**
>
> **Million** wird nach einer Zahl nicht im Plural gebraucht: *Fifty million people watched the World Cup Final. The film cost £25 million to make.* Die Pluralform **millions** kann nur für eine große, aber nicht genau benannte Zahl verwendet werden: *Millions came to the demonstration in London. You must know him – he's been on TV millions of times.*

Millionär(in) <-s, -e> [mɪli̯o'nɛːɐ̯] *m(f)* millionaire *masc,* millionairess *fem*
Millionenstadt *f* town with over a million inhabitants
Milz <-, -en> [mɪlts] *f* spleen
Milzbrand *m kein pl* anthrax *no pl*
Mimik <-> ['miːmɪk] *f kein pl* facial expression
Minarett <-s, -e *o* -s> [mina'rɛt] *nt* minaret
minder ['mɪndɐ] *adv* **nicht ~** no less
Minderheit <-, -en> *f* minority
minderjährig ['mɪndɐjɛːrɪç] *adj* underage
Minderjährige(r) *f(m) dekl wie adj* minor
mindern ['mɪndɐn] *vt* to reduce (**um** by)
minderwertig *adj* inferior
Minderwertigkeit <-> *f kein pl* inferiority
Minderwertigkeitsgefühl *nt* feeling of inferiority **Minderwertigkeitskomplex** *m* inferiority complex
Minderzahl *f kein pl* minority; **in der ~ sein** to be in the minority
Mindestalter *nt* minimum age
mindeste(r, s) *adj attr* **der/die/das M~** the slightest; **das wäre das M~ gewesen** that's the least he could have done; **nicht im M~n** not in the least
mindestens ['mɪndəstn̩s] *adv* at least
Mindestlohn *m* ÖKON minimum wage
Mindmap <-, -s *o* -s, -s> ['maɪndmæp] *f o nt* mind map
Mine <-, -n> ['miːnə] *f* BERGB, MIL mine
Mineral <-s, -e> [mine'raːl] *nt* mineral
Mineralöl *nt* mineral oil **Mineralölsteuer** *f* tax on oil **Mineralwasser** *nt* mineral water
Minigolf *nt kein pl* minigolf **Minijob** *m* minijob *(employment that is deduction-free for employees who earn up to 400 euros a month)*
minimal [mini'maːl] **I.** *adj* minimal **II.** *adv* minimally
Minimum <-s, Minima> ['miːnimʊm] *nt* minimum (**an** of)
Minirock *m* miniskirt
Minister(in) <-s, -> [mi'nɪstɐ] *m(f)* minister
Ministerium <-s, -rien> [minɪs'teːri̯ʊm] *nt* ministry
Ministerpräsident(in) *m(f)* minister-president
Minorität <-, -en> [minori'tɛːt] *f* minority
minus ['miːnʊs] **I.** *präp* **€ 2.000 – 5 % Rabatt** 2,000 Euros less 5% discount **II.** *konj* MATH minus; **15° C ~** 15° C below zero
Minus <-, -> ['miːnʊs] *nt* FIN deficit; **~ machen** to make a loss
Minuszeichen *nt* minus sign
Minute <-, -n> [mi'nuːtə] *f* minute; **auf die ~** on the dot
Minutenzeiger *m* minute hand
Minze <-, -n> ['mɪntsə] *f* mint
mir [miːɐ̯] *pron pers dat von* **ich** [to] me; **sie ist eine alte Bekannte von ~** she's an old acquaintance of mine; **von ~ aus!** I don't mind!
Mirabelle <-, -n> [mira'bɛlə] *f* mirabelle
Mischbrot *nt* bread made from rye and wheat flour **Mischehe** *f* mixed marriage
mischen ['mɪʃn̩] **I.** *vt* to mix; *Karten* to shuffle **II.** *vr* ❶ *(nicht abseitsstehen)* **sich unter Leute ~** to mingle ❷ *(sich einmischen)* **sich in etw** *akk* **~** to interfere in sth
Mischling <-s, -e> ['mɪʃlɪŋ] *m* half caste; *(Tier)* half-breed
Mischung <-, -en> *f* mixture
miserabel [mizə'raːbl̩] **I.** *adj* dreadful **II.** *adv* dreadfully; **das Bier schmeckt ~** the beer tastes awful

Übersetzungstipp
Nicht verwechseln mit *miserable* – *unglücklich!*

Misere <-, -n> [mi'zeːrə] *f* state

M

Mispel <-, -n> ['mɪspl̩] *f* BOT medlar

missachten [mɪs'ʔaxtn̩] *vt* ❶ *Regeln, Vorschriften* to disregard ❷ *(gering schätzen)* to disdain

Missachtung ['mɪsʔaxtʊŋ] *f* ❶ *von Regeln, Vorschriften* disregard ❷ *(Geringschätzung)* disdain

Missbehagen <-s> ['mɪsbəhaːgn̩] *nt kein pl* uneasiness

missbilligen ['mɪsbɪlɪgn̩] *vt* **etw ~** to disapprove of sth

Missbilligung <-, *selten* -en> [mɪs'bɪlɪgʊŋ] *f* disapproval

Missbrauch ['mɪsbraux] *m* abuse

missbrauchen [mɪs'brauːxn̩] *vt* to abuse; **jdn sexuell ~** to sexually abuse sb

missen ['mɪsn̩] *vt* **mein Telefon möchte ich nicht ~** I wouldn't want to have to do without my phone

Misserfolg *m* failure

missfallen [mɪs'falən] *vi irreg* **jdm missfällt etw** sb dislikes sth

Missgeburt ['mɪsgəbuːɐ̯t] *f* monster

Missgeschick ['mɪsgəʃɪk] *nt* mishap

missglücken [mɪs'glʏkn̩] *vi sein* to fail

missgönnen [mɪs'gœnən] *vt* **jdm seinen Erfolg ~** to resent sb's success

Missgunst ['mɪsgʊnst] *f kein pl* envy

misshandeln [mɪs'handl̩n] *vt* to mistreat

Misshandlung [mɪs'handlʊŋ] *f* mistreatment

Mission <-, -en> [mɪ'si̯oːn] *f* mission; **in geheimer ~** on a secret mission

Missionar(in) <-s, -e> [mɪsi̯o'naːɐ̯] *m(f)* missionary

missionarisch [mɪsi̯o'naːrɪʃ] *adj* missionary

misslingen <misslang, misslungen> [mɪs'lɪŋən] *vi sein* to fail

Misslingen <-s> [mɪslɪŋən] *nt kein pl* failure

Missmut ['mɪsmuːt] *m kein pl* moroseness

missmutig *adj* sullen

missraten [mɪs'raːtn̩] *adj Kind* ill-bred; **ein ~er Kuchen** a cake which went wrong

misstrauen [mɪs'trauən] *vi* to mistrust

misstrauisch ['mɪstrauɪʃ] **I.** *adj* mistrustful **II.** *adv* mistrustfully

missverständlich *adj* unclear

Missverständnis <-ses, -se> ['mɪsfɛɐ̯ʃtɛntnɪs] *nt* misunderstanding *no pl*

missverstehen ['mɪsfɛɐ̯ʃteːən] *vt irreg* to misunderstand

Mist <-es> [mɪst] *m kein pl* ❶ dung ❷ *(Quatsch)* nonsense ❸ *(Schund)* junk

Mistel <-, -n> ['mɪstl̩] *f* mistletoe *no pl*

Misthaufen *m* dung heap **Mistkäfer** *m* dung beetle **Miststück** *nt (fam)* bastard *masc fam!*, bitch *fam!*

mit [mɪt] **I.** *präp* ❶ *(und)* with; **du ~ deiner ewigen Prahlerei** you and your constant boasting; **Kaffee ~ Milch** coffee with milk; **~ jdm [zusammen]** [together] with sb ❷ *(per)* by; **mit der Bahn/dem Fahrrad/der Post** by train/bicycle/post ❸ *zeitlich* at; **~ 18 [Jahren]** at [the age of] 18 **II.** *adv* too, as well; **~ dabei sein** to be there too; **sie gehört ~ zu den Besten** she is one of the best

Mitarbeit *f* collaboration

mit|arbeiten ['mɪtʔarbaitn̩] *vi* to collaborate (**an** on)

Mitarbeiter(in) *m(f)* employee; **neue ~ einstellen** to take on new staff; **freier ~** freelance

mit|bestimmen *vi* to have a say (**bei** in)

Mitbestimmung *f* participation **Mitbewohner(in)** *m(f)* flatmate BRIT, housemate AM; *(in einem Zimmer)* roommate

mit|bringen ['mɪtʔbrɪŋən] *vt irreg* to bring along

Mitbürger(in) *m(f)* fellow citizen

miteinander [mɪtʔai'nandɐ] *adv* ❶ *(einer mit dem anderen)* with each other; **~ reden** to talk to each other ❷ *(zusammen)* together; **alle ~** all together

Miteinander <-s> [mɪtʔai̯'nandɐ] *nt kein pl* cooperation *no pl*

Mitesser <-s, -> *m* blackhead
Mitfahrer(in) *m(f)* fellow passenger
mitfühlend *adj* sympathetic
Mitgefühl *nt kein pl* sympathy (**mit** for)
mitgenommen I. *adj (fam)* worn-out II. *vt pp von* **mitnehmen**
Mitgift <-, -en> *f* dowry
Mitglied ['mɪtgliːt] *nt* member
mit|halten *vi irreg (fam)* to keep up (**bei** with)
Mithilfe ['mɪthɪlfə] *f kein pl* assistance *no pl*
mit|hören *vt, vi* to listen in
mit|kommen *vi irreg sein* **in der Schule gut ~** to get on well at school; **da komme ich nicht mit** it's beyond me
Mitläufer(in) *m(f)* fellow traveller
Mitleid ['mɪtlait] *nt kein pl* sympathy (**mit** for); **aus ~** out of pity; **~ erregend** pitiful
Mitleidenschaft *f* **jdn in ~ ziehen** to affect sb
mitleidig ['mɪtlaidɪç] *adj* sympathetic
mit|machen I. *vi* to take part (**bei** in) II. *vt* to join in; **viel ~** to go through a lot
Mitmensch *m* fellow man
mitmenschlich *adj attr Beziehungen, Kontakte* interpersonal
Mitnahme *f* taking [away] with one
Mitnahmementalität *f mentality that leads people to claim any and every kind of benefit they are legally entitled to, regardless of whether or not they actually need it*
mit|nehmen *vt irreg* ① to take with one; *(im Auto)* **könnten Sie mich ~?** could you give me a lift? ② *(erschöpfen)* **jdn ~** to take it out of sb; **mitgenommen** worn out
Mitreisende(r) *f(m)* fellow passenger
mit|reißen *vt irreg* to get going
mitreißend *adj* rousing; *Spiel* thrilling, exciting
mitschuldig *adj* **an etw** *dat* **~ sein** to be partly to blame for sth
Mitschuldige(r) *f(m) dekl wie adj* JUR accomplice
Mitschüler(in) *m(f)* classmate
Mitspracherecht *nt kein pl* right to have a say; **ein ~ bei etw** *dat* **haben** to have a say in sth
Mittag <-[e]s, -e> ['mɪtaːk] *m* midday; **gegen ~** around midday; **zu ~ essen** to have lunch
Mittagessen *nt* lunch
mittags ['mɪtaːks] *adv* at midday
Mittagspause *f* lunch break **Mittagsschlaf** *m* **einen ~ machen** to take an after-lunch nap **Mittagszeit** *f kein pl* lunchtime
Mittäter(in) *m(f)* accomplice
Mittäterschaft <-> *f kein pl* complicity (**an** in)
Mitte <-, -n> ['mɪtə] *f* ① middle; **in der ~ zwischen …** halfway between … ② POL **die linke/rechte ~** the centre-left/centre-right ③ *(zeitlich)* **sie ist ~ dreißig** she's in her mid-thirties; **~ Januar** mid-January; **~ des Jahres** in the middle of the year
mit|teilen ['mɪttailən] *vt* to tell; **jdm ~, dass …** to tell sb that …
Mitteilung *f* notification
Mittel <-s, -> ['mɪtl̩] *nt* ① means *sing* ② PHARM drug; **ein ~ gegen etw** *akk* a remedy for sth ③ *pl* FIN funds ④ MATH average; **im ~** on average
Mittelalter ['mɪtl̩ʔaltɐ] *nt kein pl* **das ~** the Middle Ages *npl*
mittelalterlich ['mɪtl̩ʔaltɐlɪç] *adj* medieval
Mittelamerika ['mɪtl̩ʔa'meːrika] *nt* Central America **Mittelamerikaner(in)** <-s, -> *m(f)* Central American **Mitteleuropa** ['mɪtl̩ʔɔy'roːpa] *nt* Central Europe **mitteleuropäisch** ['mɪtl̩ʔɔyro'pɛːɪʃ] *adj* Central European **Mittelfeld** *nt kein pl* midfield **Mittelfeldspieler(in)** *m(f)* midfielder, midfield player **Mittelfinger** *m* middle finger
mittellos *adj* destitute
mittelmäßig *adj* mediocre
Mittelmäßigkeit <-> *f kein pl* … rity

Mittelmeer ['mɪtl̩meːɐ̯] *nt* **das ~** the Mediterranean [Sea]
Mittelpunkt *m* centre; **im ~ stehen** to be the centre of attention
mittels ['mɪtl̩s] *präp +gen* by means of
Mittelstand *m* ÖKON small and medium-sized businesses *npl*
mittelständisch *adj* medium-sized
Mittelweg *m* middle course ▶ **der goldene ~** the golden mean
Mittelwelle *f* medium wave
mitten ['mɪtn̩] *adv* **~ aus etw** *dat* from the midst of sth; **~ durch etw** *akk* right through [the middle of] sth; **~ auf der Straße** in the middle of the street
Mitternacht ['mɪtɐnaxt] *f kein pl* midnight *no art*
mittlere(r, s) ['mɪtlərə] *adj attr* ❶ *(in der Mitte von zweien)* **der/die/das ~** the middle one ❷ *Größe* medium-sized ❸ *(in einer Hierarchie)* middle
mittlerweile ['mɪtlɐ'vailə] *adv* in the mean time
Mittwoch <-s, -e> ['mɪtvɔx] *m* Wednesday; *s.a.* **Dienstag**
mittwochs ['mɪtvɔxs] *adv* [on] Wednesdays
mitverantwortlich *adj* jointly responsible *pred*
mit|wirken *vi* to collaborate (**bei/an** on)
mixen ['mɪksn̩] *vt* to mix
Mixer <-s, -> ['mɪksɐ] *m* ELEK blender
Mob <-s> ['mɔp] *m kein pl (pej)* mob
mobben ['mɔbn̩] *vt* to bully [psychologically]
Mobbing <-s> ['mɔbɪŋ] *nt kein pl (sl)* bullying *no pl*
Möbel ['møːbl̩] *pl* furniture

Die Möbel – Furniture

die Badewanne	bath[tub]
das Bett	bed
der Hocker	stool
der Kleiderschrank	wardrobe
die Kommode	chest of drawers
die Lampe	lamp
der Nachttisch	bedside table, nightstand
das Regal	shelf
der Schrank	cupboard
der Schreibtisch	desk
der Sessel	armchair
das Sofa, die Couch	sofa
der Spiegel	mirror
der Stuhl	chair
der Teppich	carpet, rug
der Tisch	table
das Waschbecken	washbasin, sink

Möbelstück *nt* piece [*or* item] of furniture
mobil [mo'biːl] *adj* mobile
Mobilfunk *m* mobile communications *npl*
Mobilität <-> [mobili'tɛːt] *f kein pl* mobility
Mobiltelefon *nt* mobile phone
möblieren [mø'bliːrən] *vt* to furnish
modal [mo'daːl] *adj* LING modal
Modalverb *nt* LING modal verb
Mode <-, -n> ['moːdə] *f* fashion; **große ~ sein** to be very fashionable; **aus der/in ~ kommen** to go out of/come into fashion

Übersetzungstipp

Nicht verwechseln mit *mode – Methode, Modus!*

Modell <-s, -e> [mo'dɛl] *nt* model
Modem <-s, -s> ['moːdɛm] *m o nt* TELEK modem
Modenschau *f* fashion show
Moderator(in) <-s, -en> [mode'raːtoːɐ̯, -'toːrɪn] *m(f)* presenter
moderieren [mode'riːrən] *vt* RADIO, TV to present
mod(e)rig ['moːd(ə)rɪç] *adj* musty
modern[1] ['moːdɐn] *vi sein o haben* to

go mouldy

modern² [mo'dɛrn] *adj* modern

modernisieren [modɛrni'zi:rən] *vt* to modernize

Modeschmuck *m* costume jewellery **Modeschöpfer(in)** *m(f)* fashion designer

modisch ['mo:dɪʃ] **I.** *adj* fashionable **II.** *adv* fashionably

Modus <-, Modi> ['mɔdʊs, *pl:* 'mɔdi] *m* INFORM mode

Mofa <-s, -s> ['mo:fa] *nt* moped

mogeln ['mo:gl̩n] *vi* to cheat (**bei** at)

mögen ['mø:gn̩] **I.** *modal vb* <mochte, hat ... mögen> + *infin* ① *(wollen)* **etw tun ~** to want to do sth; **ich möchte gerne kommen** I'd like to come ② *(Vermutung)* **sie mag Recht haben** she may be right **II.** *vt* <mochte, gemocht> ① *(gernhaben)* to like; *(lieben)* to love; **am liebsten mag ich Eintopf** stew is my favourite [meal] ② *(haben wollen)* to want; **ich möchte ein Stück Kuchen** I'd like a slice of cake; **was möchten Sie bitte?** what can I get for you?

Mogler(in) <-s, -> ['mo:glɐ] *m(f) (fam)* cheat

möglich ['mø:klɪç] *adj* possible; [**das ist**] **nicht ~!** [that's] impossible!; **es für ~ halten, dass ...** to think it possible that ...

möglicherweise *adv* possibly

Möglichkeit <-, -en> *f* possibility; **nach ~** if possible

möglichst *adv* **~ bald** as soon as possible

Mohn <-[e]s, -e> [mo:n] *m* poppy; *(Mohnsamen)* poppy seed

Möhre <-, -n> ['mø:rə] *f* carrot

Mokka <-s, -s> ['mɔka] *m* mocha

Molch <-[e]s, -e> [mɔlç] *m* newt

Molekül <-s, -e> [molə'ky:l] *nt* molecule

Molke <-> ['mɔlkə] *f kein pl* whey *no pl*

Molkerei <-, -en> [mɔlkə'rai] *f* dairy

Moll <-, -> [mɔl] *nt* minor [key]; **f-~** F minor

mollig ['mɔlɪç] *adj (rundlich)* plump

Moment <-[e]s, -e> [mo'mɛnt] *m* moment; **~ mal!** hang on minute!; **im ersten ~** at first; **einen ~!** just a minute!; **jeden ~** [at] any moment

momentan [momɛn'ta:n] **I.** *adj* ① *(jetzig)* present ② *(vorübergehend)* momentary **II.** *adv* ① at present ② momentarily

Monarch(in) <-en, -en> [mo'narç] *m(f)* monarch

Monarchie <-, -n> [monar'çi:] *f* monarchy

Monarchist(in) <-en, -en> [monar'çɪst] *m(f)* monarchist

Monat <-[e]s, -e> ['mo:nat] *m* month

monatlich ['mo:natlɪç] *adj, adv* monthly

Monatsbinde *f* sanitary towel [*or* AM napkin] **Monatsblutung** *f* menstruation

Mönch <-[e]s, -e> [mœnç] *m* monk

Mond <-[e]s, -e> [mo:nt] *m* moon

mondän [mɔn'dɛ:n] *adj* chic

Mondfinsternis *f* eclipse of the moon **Mondkalender** *m* lunar calendar **Mondlandung** *f* moon landing **Mondlicht** *nt* moonlight **Mondschein** *m* moonlight **Mondsichel** *f* crescent moon **mondsüchtig** *adj* **~ sein** to be a sleepwalker

Mongole, Mongolin <-n, -n> [mɔŋ'go:lə] *m, f* Mongol, Mongolian; *s.a.* **Deutsche(r)**

Mongolei <-> [mɔŋgo'lai] *f* **die ~** Mongolia

mongolisch [mɔŋ'go:lɪʃ] *adj* Mongolian; *s.a.* **deutsch**

Monitor <-s, -e> ['mo:nito:ɐ̯] *m* monitor

Monolog <-[e]s, -e> [mono'lo:k] *m* monologue

Monopol <-s, -e> [mono'po:l] *nt* monopoly

monoton [mono'to:n] **I.** *adj* monotonous **II.** *adv* monotonously

Monotonie <-, -n> [monoto'ni:] *f* monotony

Monoxid <-[e]s, -e> ['mɔnɔks

CHEM monoxide
Monster <-s, -> ['mɔnstɐ] *nt* monster
Monsun <-s, -e> [mɔn'zu:n] *m* monsoon
Montag <-s, -e> ['mo:nta:k] *m* Monday; *s.a.* **Dienstag**
Montage <-, -n> [mɔn'ta:ʒə] *f* ❶ assembly ❷ KUNST montage
Montageband <-bänder> [mɔn'ta:ʒə-] *nt* assembly line
Monteur(in) <-s, -e> [mɔn'tø:ɐ] *m(f)* mechanic, fitter
montieren [mɔn'ti:rən] *vt* ❶ *(zusammenbauen)* to assemble ❷ *(aufbauen)* to fit (**an/auf** to)
Monument <-[e]s, -e> [monu'mɛnt] *nt* monument
monumental [monumɛn'ta:l] *adj* monumental
Moor <-[e]s, -e> [mo:ɐ̯] *nt* swamp
Moos <-es, -e> [mo:s] *nt* moss
Moped <-s, -s> ['mo:pɛt] *nt* moped
Moral <-> [mo'ra:l] *f kein pl* morals *npl*
M
moralisch [mo'ra:lɪʃ] **I.** *adj* moral **II.** *adv* morally; ~ **verpflichtet sein** to be duty-bound
Moralpredigt *f* homily; **jdm eine ~ halten** to deliver a homily to sb
morbid [mɔr'bi:t] *adj (geh)* degenerate; **einen ~en Charme haben** to have a [certain] morbid charm
Morchel <-, -n> ['mɔrçl̩] *f* morel
Mord <-[e]s, -e> [mɔrt] *m* murder
Mordanschlag *m* attempt on sb's life; *a.* POL assassination attempt
Morddrohung *f* death threat
morden ['mɔrdn̩] *vi* to murder
Mörder(in) <-s, -> ['mœrdɐ] *m(f)* murderer
mörderisch ['mœrdərɪʃ] *(fam)* **I.** *adj* murderous; *Hitze* terrible **II.** *adv* dreadfully; ~ **wehtun** to hurt like hell
Mordfall *m* murder case **Mordkommission** *f* murder squad
Mordsglück *nt (fam)* incredibly good luck; **ein ~ haben** to be incredibly lucky
morgen ['mɔrgn̩] *adv* tomorrow; **bis ~!** see you tomorrow!; **~ früh/Mittag** tomorrow morning/lunchtime
Morgen <-s, -> ['mɔrgn̩] *m* morning; **guten ~!** good morning!; **am ~** in the morning; **den ganzen ~ [über]** all morning
morgendlich ['mɔrgn̩tlɪç] *adj* morning
Morgenessen *nt* SCHWEIZ breakfast
Morgengrauen <-s, -> *nt* daybreak
Morgenmuffel <-s, -> *m (fam)* **ein [großer] ~ sein** to be [very] grumpy in the mornings
morgens ['mɔrgn̩s] *adv* in the morning; **von ~ bis abends** from morning till night
morgig ['mɔrgɪç] *adj attr* tomorrow's
Mormone, Mormonin <-n, -n> [mɔr'mo:nə, mɔr'mo:nɪn] *m, f* REL Mormon
Morphium <-s> ['mɔrfi̯ʊm] *nt kein pl* morphine
morsch [mɔrʃ] *adj* rotten
Morsezeichen *nt* Morse signal
Mörtel <-s, -> ['mœrtl̩] *m* mortar
Mosaik <-s, -e[n]> [moza'i:k] *nt* mosaic
Moschee <-, -n> [mo'ʃe:] *f* mosque
Mosel <-> ['mo:zl̩] *f* **die ~** the Moselle
Moskito <-s, -s> [mos'ki:to] *m* mosquito
Moskitonetz *nt* mosquito net
Moslem, Moslemin <-s, -s> ['mɔslɛm, mɔs'lɛmɪn] *m, f* Muslim
moslemisch [mɔs'le:mɪʃ] *adj attr* Muslim
Most <-[e]s> [mɔst] *m kein pl* ❶ fruit juice ❷ SÜDD *(Obstwein)* cider
Motiv <-s, -e> [mo'ti:f] *nt* motive
Motivation <-, -en> [motiva'tsi̯o:n] *f* motivation
motivieren [moti'vi:rən] *vt* **jdn [zu etw** *dat*] ~ to motivate sb [to do sth]
Motivierung <-, -en> [-'vi:-] *f* motivation
Motor <-s, -toren> ['mo:to:ɐ̯] *m* motor; AUTO engine
Motorboot *nt* motor boat **Motorhaube** *f* bonnet BRIT, hood AM
motorisiert *adj* with a car *pred;* **eine ~e**

Gesellschaft a car-oriented [*or* car-loving] society; ~ **sein** to have wheels *fam*
Motorrad ['moto:ra:t] *nt* motorbike **Motorradfahrer(in)** *m(f)* motorcyclist **Motorroller** *m* [motor] scooter **Motorschaden** *m* engine breakdown
Motte <-, -n> ['mɔtə] *f* moth
Motto <-s, -s> ['mɔto] *nt* motto
motzen ['mɔtsn̩] *vi (fam)* to moan (**über** +*akk* about)
Möwe <-, -n> ['mø:və] *f* [sea]gull
MP3-Player [ɛmpe:'drai,ple:ɐ] *m* MP3-player
Mücke <-, -n> [mʏkə] *f* mosquito
Mückenstich *m* mosquito bite
Mucks ['mʊks] *m (fam)* **keinen ~ sagen** to not say a word; **ohne einen ~** without a murmur
mucksmäuschenstill ['mʊksmɔysçən-'ʃtɪl] *adj (fam)* completely quiet; ~ **sein** to not make a sound
müde ['my:də] *adj* tired; **einer S.** *gen* ~ **sein/werden** to be/grow tired of sth
Müdigkeit <-> ['my:dɪçkait] *f kein pl* tiredness
Muffel <-s, -> ['mʊfl̩] *m* grouch
muffig ['mʊfɪç] *adj* musty; ~ **riechen** to smell musty
muh ['mu:] *interj* moo
Mühe <-, -n> ['my:ə] *f* trouble; **machen Sie sich keine ~!** [please] don't go to any trouble!; **sich** *dat* ~ **geben** [**, etw zu tun**] to take pains [to do sth]; **sich** *dat* **keine ~ geben** to make no effort; **mit ~ und Not** only just; **der ~ wert sein** to be worth the trouble
mühelos **I.** *adj* easy **II.** *adv* effortlessly
mühevoll *adj s.* **mühsam**
Mühle <-, -n> ['my:lə] *f* mill
mühsam ['my:za:m] **I.** *adj* arduous **II.** *adv* laboriously
mühselig ['my:ze:lɪç] *adj (geh) s.* **mühsam**
Mulde <-, -n> ['mʊldə] *f* hollow
Müll <-[e]s> [mʏl] *m kein pl* rubbish, garbage *esp* AM; **etw in den ~ werfen** to throw sth in the [dust]bin [*or* AM garbage [can]]
Müllabfuhr <-, -en> *f* **die ~** the dustcart BRIT, the garbage truck AM **Müllbeseitigung** *f kein pl* waste [*or* AM garbage] collection
Mullbinde *f* gauze bandage
Müllcontainer [-kɔnte:nɐ] *m* rubbish [*or* AM garbage] container **Mülldeponie** *f* waste disposal site, garbage dump AM **Mülleimer** *m* dustbin BRIT, garbage can AM **Müllschlucker** <-s, -> *m* rubbish [*or* AM garbage] chute **Mülltonne** *f* dustbin BRIT, garbage can AM
mulmig ['mʊlmɪç] *adj (fam)* ❶ *(unbehaglich)* uneasy; **jdm ist ~ zumute** sb has an uneasy feeling ❷ *(brenzlig)* precarious; **es wird ~** it's getting dicey *fam*
multifunktional *adj* multifunctional, multi-functional
multikulti ['mʊlti'kʊlti] *adj (fam)* multi-culti, multicultural
multikulturell *adj* multicultural

Multikulturelle Gesellschaft – Multicultural society

der Asylbewerber, die Asylbewerberin	asylum seeker
der Ausländer, die Ausländerin	foreigner
die Ausländerfeindlichkeit	racism
benachteiligt	disadvantaged
die Diskriminierung	discrimination
die Einbürgerung	naturalization
der Einbürgerungstest	citizenship/naturalization test
der Einwanderer, die Einwanderin	immigrant
einwandern	to immigrate
ethnisch	ethnic
der Flüchtling	refugee
friedlich	peaceful
die Gemeinde	community
die Gleichberechtigung	equality

M

die Herkunft	origin
die Integration	integration
die Kultur	culture
mit Migrationshintergrund	with a migration background
die Minderheit	minority
der Mitbürger, die Mitbürgerin	fellow citizen
miteinander leben	to coexist
muslimisch	Muslim
die Rassenspannungen	racial tensions *pl*
rassistisch	racist
der Respekt	respect
schwarz	black
die Vielfalt	diversity
Vorurteile abbauen	to break down prejudices
weiß	white

Multimedia <-[s]> [mʊlti'meːdi̯a] *nt kein pl* INFORM, MEDIA multimedia *no pl* **multinational** [mʊltinatsi̯o'naːl] *adj* multinational

Multiple-Choice-Verfahren ['maltɪpl̩-'tʃɔys-] *nt (Prüfung)* multiple-choice method
Multiple Sklerose <-n -> [mʊl'tiːplə skle'roːzə] *f kein pl* MED multiple sclerosis
Multiplikator <-s, -en> [mʊltipli'kaːtoːɐ̯, *pl:* -'toːrən] *m* ❶ MATH multiplier ❷ *(geh)* disseminator *form*
multiplizieren [mʊltipli'tsiːrən] *vt* to multiply (**mit** by)
Mumie <-, -n> ['muːmi̯ə] *f* mummy
Mumm <-s> ['mʊm] *m kein pl* guts *npl*, bottle BRIT *sl*
Mumps <-> [mʊmps] *m kein pl* MED [the] mumps + *sing/pl vb*
Mund <-[e]s, Münder> [mʊnt] *m* mouth
Mundart ['mʊntʔaːɐ̯t] *f* dialect
münden ['mʏndn̩] *vi sein o haben* **in etw** *akk* ~ to flow into sth
Mundgeruch *m* bad breath **Mundharmonika** *f* mouth organ
mündig ['mʏndɪç] *adj* ~ **sein/werden** to be/come of age
mündlich ['mʏntlɪç] **I.** *adj* oral **II.** *adv* orally
Mundpropaganda *f* word of mouth; **durch** ~ by word of mouth **Mundschutz** *m* MED [surgical] mask
Mündung <-, -en> ['mʏndʊŋ] *f* GEOG mouth
Mundwasser *nt* mouthwash **Mundwerk** *nt* **ein loses ~ haben** to have a loose tongue **Mund-zu-Mund-Beatmung** *f* mouth-to-mouth resuscitation
Munition <-> [muni'tsi̯oːn] *f kein pl* ammunition
Münster <-s, -> ['mʏnstɐ] *nt* cathedral
munter ['mʊntɐ] *adj* lively; ~ **sein/werden** to be awake/wake up
Münzautomat *m* vending-machine
Münze <-, -n> ['mʏntsə] *f* coin
mürb(e) ['mʏrp, 'mʏrbə] *adj* worn-out ▶ **jdn ~ machen** to wear sb down
Mürbeteig *m* short[-crust] pastry
murmeln ['mʊrml̩n] *vi, vt* to murmur
Murmeltier ['mʊrml̩tiːɐ̯] *nt* marmot
mürrisch ['mʏrɪʃ] **I.** *adj* grumpy **II.** *adv* grumpily
Muschel <-, -n> ['mʊʃl̩] *f* ❶ *(Tier)* mussel ❷ *(Schale)* shell
Museum <-s, Museen> [mu'zeːʊm] *nt* museum
Musik <-, -en> [mu'ziːk] *f* music *no art, no pl;* ~ **hören** to listen to music

Musikinstrumente – Musical instruments

die Blockflöte	recorder
die Bratsche	viola
das Cello	cello
die E-Gitarre	electric guitar
die Geige	violin
die Gitarre	guitar
die Harfe	harp
das Keyboard	keyboard
die Klarinette	clarinet
das Klavier	piano

die Oboe	oboe
die Orgel	organ
die Posaune	trombone
die Querflöte	flute
das Saxofon	saxophone
das Schlagzeug	drums *pl*
die Trompete	trumpet
die Tuba	tuba

musikalisch [muzi'ka:lɪʃ] **I.** *adj* musical **II.** *adv* ~ **begabt sein** to be musically gifted

Musikant(in) <-en, -en> [muzi'kant] *m(f)* musician

Musiker(in) <-s, -> ['mu:zikɐ] *m(f)* musician

Musikgarten *m* music kindergarden *(early music education)* **Musikinstrument** *nt* instrument **Musikkapelle** *f* band

musizieren [muzi'tsi:rən] *vi* to play a musical instrument

Muskatnuss *f* nutmeg *no art, no pl*

Muskel <-s, -n> ['mʊskl̩] *m* muscle

Muskelkater *m kein pl* muscle ache **Muskelprotz** <-es, -e> *m (fam)* muscleman **Muskelzerrung** *f* pulled muscle

Muskulatur <-, -en> [mʊskula'tu:ɐ̯] *f* musculature

muskulös [mʊsku'lø:s] *adj* muscular

Müsli <-[s], -s> ['my:sli] *nt* muesli

muss [mʊs] *modal vb 3. pers sing pres von* **müssen**

Muße <-> ['mu:sə] *f kein pl* leisure

müssen ['mʏsn̩] *vb aux* <musste, müssen> *modal* ❶ *(gezwungen sein)* **muss das sein?** is that really necessary?; **etw tun ~** to have to [*or* must] do sth; **etw nicht tun ~** to not need to do sth ❷ *verneinend (brauchen)* **du musst das nicht tun** you don't have to do that ❸ *(eigentlich sollen)* ought to; **jd/etw müsste etw tun** sb/sth should do sth ❹ *(Wahrscheinlichkeit)* **es müsste jetzt acht Uhr sein** it must be eight o'clock now

müßig ['my:sɪç] **I.** *adj* futile **II.** *adv (untätig)* idly

Muster <-s, -> ['mʊstɐ] *nt* ❶ pattern ❷ *(Warenmuster)* sample

Musterknabe *m (iron)* paragon of virtue

mustern ['mʊstɐn] *vt* to scrutinize

Musterung <-, -en> *f* MIL medical examination for military service

Mut <-[e]s> [mu:t] *m kein pl* courage; **nur ~!** take heart!; **~ fassen** to take heart; **jdm [wieder] ~ machen** to encourage sb

mutig ['mu:tɪç] **I.** *adj* brave **II.** *adv* bravely

mutlos *adj* discouraged

Mutlosigkeit <-> *f kein pl* discouragement

Mutter[1] <-, Mütter> ['mʊtɐ] *f* mother; **~ werden** to be having a baby

Mutter[2] <-, -n> ['mʊtɐ] *f* TECH nut

Muttergottes <-> [mʊtɐ'gɔtəs] *f kein pl* Mother of God **Mutterleib** *m* womb

mütterlich ['mʏtɐlɪç] *adj* motherly

Mutterliebe *f* motherly love

Muttermal *nt* birthmark

Muttermilch *f* mother's milk **Muttersöhnchen** <-s, -> *nt (pej fam)* mummy's [*or* AM mama's] boy *fam* **Muttersprache** *f* mother tongue **Muttersprachler(in)** <-s, -> [-ʃpra:xlɐ] *m(f)* native speaker **Muttertag** *m* Mother's Day

Mutti <-, -s> ['mʊti] *f (fam)* mummy BRIT, mommy AM

Mütze <-, -n> ['mʏtsə] *f* cap

MwSt. *f Abk von* **Mehrwertsteuer** VAT, Vat

mysteriös [mʏstə'ri̯ø:s] *adj* mysterious

Mystik <-> ['mʏstɪk] *f kein pl* mysticism

mystisch ['mʏstɪʃ] *adj* mystic[al]

mythologisch [myto'lo:gɪʃ] *adj* mythological

Mythos <-, Mythen> ['my:tɔs] *m* myth

M

Nn

N, n <-, -> *nt* N, n

na [na] *interj (fam)* well; ~ **gut** all right; ~ **ja** well; ~ **und?** so what?; ~ **so was!** well I never!

Nabe <-, -n> ['na:bə] *f* TECH hub

Nabel <-s, -> ['na:bl̩] *m* navel

Nabelschnur *f* umbilical cord

nach [na:x] **I.** *präp +dat* ① *(bis zu)* to; **der Weg führt direkt ~ ...** this is the way to ... ② *(hinter)* behind ③ *(zeitlich)* after; ~ **wie vor** still ④ *(gemäß)* according to; ~ **Artikel 23** under article 23; ~ **allem, was ich gehört habe** from what I've heard ⑤ *(in Anlehnung an)* after **II.** *adv* ▶ ~ **und** ~ little by little

nach|ahmen *vt* to imitate

Nachahmer(in) <-s, -> *m(f)* ① *(Imitator)* imitator ② *(Kopist)* copyist

Nachahmung <-, -en> *f* imitation

N

Nachbar(in) <-n o -s, -n> ['naxba:ɐ̯] *m(f)* neighbour

Nachbarhaus *nt* house next door

Nachbarschaft <-, -en> *f* neighbourhood

Nachbarstaat *m* neighbouring state

Nachbehandlung *f* ① *(zusätzliche Behandlung)* follow-up treatment *no pl* ② MED follow-up treatment *no pl*

nachdem [na:x'de:m] *konj* after

nach|denken *vi irreg* to think (**über** about)

nachdenklich ['na:xdɛŋklɪç] *adj* pensive

Nachdruck[1] *m kein pl* emphasis; **mit ~** with vigour

Nachdruck[2] <-[e]s, -e> *m (Buch)* reprint

nachdrücklich ['na:xdrʏklɪç] *adv* firmly

nach|eifern *vi* **jdm ~** to emulate sb

nacheinander [na:xʔai'nandɐ] *adv* one after another; **kurz ~** in quick succession

nach|empfinden *vt irreg* **etw ~ können** to be able to sympathize with sth

Nachfolge *f kein pl* succession; **jds ~ antreten** to succeed sb

Nachfolger(in) <-s, -> *m(f)* successor

Nachforschung *f* inquiry; **~en anstellen** to make inquiries (**über** into)

Nachfrage *f* ① ÖKON demand (**nach** for) ② *(Erkundigung)* **danke der ~!** nice of you to ask!

nach|fragen *vi* to inquire

Nachfüllpack <-s, -s> *m*, **Nachfüllpackung** *f* refill pack

nach|geben *irreg vi* [**jdm/etw**] ~ to give way [to sb/sth]

nach|gehen *vi irreg sein* ① *(folgen)* **jdm ~** to follow sb ② *Uhr* to be slow

nachgemacht *adj* imitation; **~es Geld** counterfeit money

nachgiebig ['na:xgi:bɪç] *adj* [**jdm gegenüber**] **~ sein** to be soft [on sb]

nachhaltig ['na:xhaltɪç] **I.** *adj* lasting **II.** *adv* **jdn ~ beeindrucken/beeinflussen** to leave a lasting impression/have a lasting influence on sb

Nachhaltigkeit <-> *f kein pl* ÖKOL sustainability

nachher [na:x'he:ɐ, 'na:xhe:ɐ] *adv* ① *(danach)* afterwards ② *(später)* later; **bis ~!** see you later!

Nachhilfe *f* private tuition [*or* AM tutoring]

Nachhilfestunde *f* private lesson

nach|holen *vt* to make up for

nach|jagen *vi sein* to chase after; *Geld, Erfolg* to pursue

Nachkomme <-n, -n> ['na:xkɔmə] *m* descendant

Nachkriegszeit *f* post-war period

Nachlass <-es, -e> ['na:xlas] *m* ① *eines Verstorbenen* estate; *eines Autors* unpublished works *npl* ② *(Rabatt)* discount (**auf** on)

nach|lassen *irreg vi* to diminish; *Druck, Schmerz* to ease off; *Gehör* to deteriorate; *Interesse* to wane; *Nachfrage* to drop [off]; *Sturm* to die down
nachlässig ['na:xlɛsɪç] **I.** *adj* careless **II.** *adv* carelessly
Nachlässigkeit <-> *f kein pl* carelessness
nach|laufen *vi irreg sein* **jdm ~** to run after sb
nach|machen *vt* ❶ to imitate ❷ *(fälschen)* to forge
Nachmieter(in) *m(f)* new tenant *no indef art*
Nachmittag ['na:xmɪta:k] *m* afternoon; **am/bis zum ~** in the/until the afternoon
nachmittags *adv* in the afternoon; *(jeden Nachmittag)* in the afternoons
Nachnahme <-, -n> ['na:xna:mə] *f* cash on delivery *no art, no pl;* **etw per ~ schicken** to send sth COD
Nachname *m* surname; **wie heißen Sie mit ~n?** what's your surname?
Nachricht <-, -en> ['na:xrɪçt] *f* news + *sing vb, no indef art;* **die ~en** the news + *sing vb;* **eine ~** a piece of news; **jdm ~ geben** to let sb know

news + sing vb

News ist ein unzählbares Substantiv und wird nur im Singular gebraucht: *The news is good. Do you have any news about Ella?* Unzählbare Substantive kann man mit Wörtern wie **some, much, plenty of** oder Begriffen wie **an item of, a piece of** oder **a bit of** zählen: *I've got some news. One item of news was particularly interesting.*

Nachrichtenagentur *f* news agency **Nachrichtendienst** *m* intelligence service **Nachrichtenmagazin** *nt* ❶ *(Zeitschrift)* news magazine ❷ TV news programme **Nachrichtensprecher(in)** *m(f)* news reader
Nachsaison [-zɛ,zõ:, -zɛ,zɔŋ] *f* off-season
nach|schauen **I.** *vt* to look up *sep* **II.** *vi* to have a look
nach|schlagen *irreg* **I.** *vt* to look up *sep* **II.** *vi (nachlesen)* [**in etw** *dat*] **~** to consult sth
Nachschub <-[e]s, Nachschübe> ['na:xʃu:p] *m* [new] supplies *npl*
nach|sehen *irreg* **I.** *vi* ❶ **jdm/etw ~** to follow sb/sth with one's eyes ❷ *(nachschlagen)* to look it up **II.** *vt* ❶ *(kontrollieren)* to check ❷ *(verzeihen)* **jdm etw ~** to forgive sb for sth
nach|senden *vt irreg* **jdm etw ~** to forward sth to sb
Nachsicht <-> *f kein pl* leniency *no art;* [**mehr**] **~ üben** to be [more] lenient
nachsichtig **I.** *adj* lenient **II.** *adv* leniently
Nachspeise *f* dessert; **als ~** for dessert **Nachspiel** *nt (unangenehme Folgen)* consequences *pl;* **ein ~ haben** to have consequences
nach|sprechen *irreg vt* [**jdm**] **etw ~** to repeat sth [after sb]
nächste(r, s) ['nɛ:çstə] *adj superl von* **nah(e)** ❶ *räumlich* next ❷ *(eng verwandt) Angehörige* close ❸ *temporal (darauf folgend)* next; **der N~, bitte!** next please!; **als N~s** next; **am ~n Tag** the next day
Nächstenliebe *f* compassion *no art*
nächstliegend *adj attr* most plausible
Nacht <-, Nächte> [naxt] *f* night; **bei ~** at night; **bis weit in die ~** far into the night; **diese/letzte ~** tonight/last night; **über ~** overnight; **über ~ bleiben** to stay the night
Nachtarbeit *m* nightwork *no art, no pl;* *(Nachtschicht a.)* night shift **Nachtclub** *m* nightclub
Nachteil <-[e]s, -e> ['na:xtail] *m* disadvantage; [**jdm gegenüber**] **im ~ sein** to be at a disadvantage [with sb]
nachteilig ['na:xtailɪç] **I.** *adj* disadvantageous **II.** *adv* unfavourably
nächtelang ['nɛçtəlaŋ] *adv* for nigh

N

end
Nachtessen *nt* SÜDD supper **Nachtfrost** *m* night frost **Nachthemd** *nt* nightgown
Nachtigall <-, -en> ['naxtɪgal] *f* nightingale
Nachtisch *m* dessert; **als** [*o* **zum**] ~ for dessert
Nachtklub *m* nightclub **Nachtleben** *nt* nightlife *no indef art, no pl* **Nachtlicht** *nt* glow-light **Nachtlokal** *nt s.* **Nachtklub**
Nachtrag <-[e]s, -träge> ['na:xtra:k, *pl:* -trɛ:gə] *m* ❶ *(im Brief)* postscript ❷ *pl (Ergänzungen)* supplement
nach|tragen *vt irreg* **jdm etw** [**nicht**] ~ to [not] hold sth against sb; **jdm ~, dass ...** to hold it against sb that ...
nachtragend ['na:xtra:gn̩t] *adj* unforgiving
nachträglich ['na:xtrɛ:klɪç] **I.** *adj* belated **II.** *adv* belatedly
nach|trauern *vi* **jdm/etw** ~ to mourn after sb/sth

N

nachts [naxts] *adv* at night
Nachtschicht *f* ~ **haben** to be on night shift **Nachtschwester** *f* night nurse **Nachttisch** *m* bedside table **Nachttischlampe** *f* bedside lamp **Nachttresor** *m* night safe **Nachtwache** *f* night duty *no art* **Nachtwächter(in)** *m(f)* night guard
Nachuntersuchung *f* follow-up examination
nachvollziehbar *adj* comprehensible
nach|vollziehen *vt irreg* to understand
Nachwahl *f* POL by-election
Nachweis <-es, -e> ['na:xvais] *m* proof *no art, no pl*
nachweisbar *adj* provable
nach|weisen *vt irreg* to establish proof of sth; **jdm etw** ~ to prove that sb has done sth
Nachwelt *f kein pl* **die** ~ posterity
Nachwirkung *f* consequence
Nachwuchs *m kein pl* ❶ *(fam)* offspring ❷ ÖKON young professionals *npl*
nach|zahlen *vt* **etw** ~ to pay sth at a later date
Nachzahlung *f* additional payment
Nachzügler(in) <-s, -> ['na:xtsy:klɐ] *m(f)* late arrival
Nacken <-s, -> ['nakn̩] *m* neck
nackt [nakt] *adj* naked
Nacktfoto *nt* nude photo
Nacktheit <-> *f kein pl* nudity *no art*
Nadel <-, -n> ['na:dl̩] *f* needle
Nadelbaum *m* conifer
Nagel <-s, Nägel> ['na:gl̩] *m* nail
Nagelfeile *f* nail file **Nagelhaut** *f* cuticle **Nagellack** *m* nail polish **Nagellackentferner** *m* nail polish remover
nageln ['na:gl̩n] *vt* to nail (**an/auf** [on]to)
nagelneu ['na:gl̩'nɔy] *adj (fam)* brand-new
nagen ['na:gn̩] *vi* to gnaw (**an** at)
nagend ['na:gn̩t] *adj* nagging; *Hunger* gnawing
Nager <-s, -> *m*, **Nagetier** *nt* rodent
nah [na:] *adj* **von ~ und fern** from near and far
nahe **I.** *adj* ❶ *(räumlich)* close, nearby ❷ *(zeitlich)* near ❸ *(eng)* close; **jdm ~ sein** to be close to sb **II.** *adv* close[ly] **III.** *präp +dat* near to
Nähe <-> ['nɛ:ə] *f kein pl* ❶ proximity *no pl form;* **aus der** ~ from close up; **in der** ~ near ❷ *(einer Person)* **jds** ~ sb's closeness; **in jds** ~ close to sb
nahebei ['na:ə'bai̯] *adv* nearby
nahe|kommen *vr* **sich** ~ to become close **nahe|legen** *vt* **jdm etw** ~ to suggest sth to sb **nahe|liegend** *adj* natural; ~ **sein** to seem to suggest itself to be obvious; **aus ~en Gründen** for obvious reasons; **das N~e** the obvious thing to do
nahen ['na:ən] *vi sein (geh)* to approach
nähen ['nɛ:ən] *vt* ❶ to sew (**auf** onto) ❷ MED to stitch
näher ['nɛ:ɐ] **I.** *adj comp von* **nahe** ❶ *räumlich, zeitlich* closer; *Zukunft* near ❷ *(detaillierter)* further *attr;* **die ~en Umstände** the precise circumstances ❸ *(enger)* closer; *Verwandte*

immediate **II.** *adv comp von* **nahe** ❶ closer; **kommen Sie ~!** come closer! ❷ *(eingehender)* in more detail; **sich ~ mit etw** *dat* **befassen** to go into sth in greater detail; **etw ~ untersuchen** to examine sth more closely ❸ *(enger)* closer; **jdn/eine Sache ~ kennen** to know sb/sth well; **jdn/eine Sache ~ kennen lernen** to get to know sb/sth better

nähern ['nɛːɐn] *vr* ❶ *(räumlich)* **sich [jdm/etw] ~** to get closer [to sb/sth] ❷ **sich etw** *dat* **~** to get close to sth

nahe|treten *vt* **jdm zu ~** to offend sb

nahezu ['naːə'tsuː] *adv* almost, virtually

Nähgarn *nt* cotton **Nähmaschine** *f* sewing machine **Nähnadel** *f* [sewing] needle

nähren ['nɛːrən] *vt* to nourish

nahrhaft *adj* nutritious

Nährstoff *m* nutrient

Nährstoffmangel *m* nutrient deficiency

Nahrung <-> ['naːrʊŋ] *f kein pl* food

Nahrungsmittel *nt* food **Nahrungsmittelindustrie** *f kein pl* food industry **Nahrungsmittelintoleranz** *f* MED food intolerance **Nahrungsmittelvergiftung** *f s.* **Lebensmittelvergiftung**

Nährwert *m* nutritional value

Naht <-, Nähte> [naːt] *f* ❶ seam ❷ MED suture

Nahverkehr *m* local traffic; **der öffentliche ~** local public transport **Nahverkehrszug** *m* local train

naiv [na'iːf] *adj* naive

Naivität <-> [naivi'tɛːt] *f kein pl* naivety

Name <-ns, -n> ['naːmə] *m* name; **in jds ~n** on behalf of sb; **im ~n des Gesetzes** in the name of the law

namenlos *adj* ❶ *(anonym)* nameless; *Helfer, Spender* anonymous ❷ *(geh: unbeschreiblich)* unspeakable

namens ['naːməns] *adv* by the name of

Namenstag *m* Saint's day

nämlich ['nɛːmlɪç] *adv* ❶ *(und zwar)* namely ❷ *(denn)* because

Nanotechnik [nano'tɛçnɪk] *f* nanotechnology

Napf <-[e]s, Näpfe> [napf] *m* bowl

Narbe <-, -n> ['narbə] *f* scar

Narkose <-, -n> [nar'koːzə] *f* anaesthesia BRIT

Narkotikum <-s, -kotika> [nar'koːtikʊm, *pl:* nar'kotika] *nt* MED narcotic

Narr, Närrin <-en, -en> [nar, 'nɛrɪn] *m, f* fool ▸ **jdn zum ~en halten** to make a fool of sb; **sich zum ~en machen** to make a fool of oneself

närrisch ['nɛrɪʃ] *adj* *(verrückt)* mad; **[ganz] ~ auf jdn/etw sein** *(fam)* to be mad about sb/sth

Narzisse <-, -n> [nar'tsɪsə] *f* narcissus

naschen ['naʃn̩] **I.** *vi* to eat sweet things **II.** *vt* to nibble; **etwas zum N~** something sweet

Naschkatze *f (fam)* person with a sweet tooth

Nase <-, -n> ['naːzə] *f* nose; **jds ~ läuft** sb has a runny nose; **sich** *dat* **die ~ putzen** to blow one's nose ▸ **die ~ von jdm/etw voll haben** *(fam)* to be fed up with sb/sth

Nasenbluten <-s> *nt* **~ haben** to have a nosebleed **Nasenspitze** *f* tip of the nose ▸ **jdm etw an der ~ ansehen** to be able to tell sth from sb's face

Nashorn *nt* rhino[ceros]

nass <-er, -este> [nas] *adj* wet; **~ geschwitzt** soaked with sweat *pred*

Nässe <-> ['nɛsə] *f kein pl* wetness

nasskalt *adj* cold and damp

Nastuch *nt* SÜDD, SCHWEIZ *(Taschentuch)* handkerchief

Nation <-, -en> [na'tsi̯oːn] *f* nation; **die Vereinten ~en** the United Nations

national [natsi̯o'naːl] *adj* national

Nationalhymne *f* national anthem

Nationalist(in) <-en, -en> [natsi̯ona'lɪst] *m(f)* nationalist

nationalistisch *adj* nationalistic

Nationalität <-, -en> [natsi̯onali'tɛːt] *f* nationality

Nationalmannschaft *f* national team **Nationalpark** *m* national park **Nationalrat** *m kein pl* SCHWEIZ Natic

N

Council; ÖSTERR National Assembly **Nationalsozialismus** [natsi̯o'na:lzo-tsi̯alɪsmʊs] *m* National Socialism **Nationalspieler(in)** *m(f)* national player
NATO, **Nato** <-> ['na:to] *f kein pl Akr von* **North Atlantic Treaty Organization: die ~** NATO
Natrium <-s> ['na:triʊm] *nt kein pl* sodium
Natron <-s> ['na:trɔn] *nt kein pl* sodium bicarbonate
Natter <-, -n> ['natɐ] *f* adder
Natur <-, -en> [na'tu:ɐ̯] *f* ① nature; **von ~ aus** by nature ② *kein pl (Landschaft)* countryside; **die freie ~** the open countryside
Naturalist(in) <-en, -en> [natura'lɪst, *pl:* -lɪsdn̩] *m(f)* KUNST naturalist
Naturdenkmal *nt* natural monument **Naturereignis** *nt* natural phenomenon **Naturfreund(in)** *m(f)* nature lover **naturgetreu** *adj, adv* true to life **Naturheilkunde** *f* natural healing **Naturkatastrophe** *f* natural disaster **Naturkostladen** *m* natural food shop **Naturkunde** *f* natural history
natürlich [na'ty:ɐ̯lɪç] **I.** *adj* natural **II.** *adv* naturally; **~!** of course!
Natürlichkeit <-> *f kein pl* naturalness
Naturprodukt *nt* natural product **Naturschutz** *m* conservation; **unter ~ stehen** to be under conservation **Naturschutzgebiet** *nt* nature reserve **Naturvolk** *nt* primitive people **Naturwissenschaft** *f* natural sciences *npl* **Naturwissenschaftler(in)** *m(f)* natural scientist **naturwissenschaftlich** *adj* scientific
nautisch ['naʊtɪʃ] *adj* nautical
Navi <-s, -s> ['navi, 'na:vi] *nt kurz für* **Navigationsgerät** *(fam)* sat nav, satnav
Navigation <-> [naviga'tsi̯o:n] *f kein pl* navigation
Navigationsgerät *nt*, **Navigationssystem** *nt* TRANSP, LUFT [satellite] navigation system
Nazi <-s, -s> ['na:tsi] *m* Nazi
Nazismus <-> [na'tsɪsmʊs] *m kein pl* HIST Nazism
Nebel <-s, -> ['ne:bl̩] *m* fog; **bei ~** in foggy conditions
nebelig ['ne:bəlɪç] *adj* foggy
Nebelscheinwerfer *m* fog-light
neben ['ne:bn̩] *präp* ① *+akk o dat* beside ② *+dat (außer)* apart from ③ *+dat (verglichen mit)* compared to
nebenan [ne:bn̩'ʔan] *adv* next-door
nebenbei [ne:bn̩'bai] *adv* ① *(nebenher)* on the side ② *(beiläufig)* incidentally; **~ [bemerkt]** by the way
Nebenberuf *m* second job **Nebenbeschäftigung** *f* sideline **Nebenbuhler(in)** <-s, -> *m(f)* rival
nebeneinander [ne:bn̩ʔai'nandɐ] *adv* side by side; **sich ~ setzen** to sit [down] next to each other
Nebeneingang *m* side entrance **Nebenerwerb** *m (form)* second occupation **Nebenfach** *nt* subsidiary [subject] **Nebenfluss** *m* tributary **Nebengebäude** *nt* ① outbuilding ② *(benachbartes Gebäude)* neighbouring building
nebenher [ne:bn̩'he:ɐ̯] *adv* in addition
Nebenkosten *pl* additional costs *pl*
Nebenrolle *f* supporting role **Nebensache** *f* trivial matter; **~ sein** to be irrelevant
nebensächlich *adj* irrelevant
Nebensaison *f* off-season **Nebenstraße** *f* side street **Nebenverdienst** *m* additional income **Nebenwirkung** *f* side effect **Nebenzimmer** *nt* next room
neblig ['ne:blɪç] *adj* foggy
Necessaire <-s, -s> [nesɛ'sɛ:ɐ̯] *nt (für Maniküre)* manicure set
necken ['nɛkn̩] *vt* to tease
Neffe <-n, -n> ['nɛfə] *m* nephew
negativ ['ne:gati:f] **I.** *adj* negative **II.** *adv* negatively
Negativ <-s, -e> ['ne:gati:f] *nt* negative
nehmen <nahm, genommen> ['ne:mən] *vt* ① to take; **etw auf sich akk ~** to take sth upon oneself; **jdn ~,**

wie er ist to take sb as he is ② *(wegnehmen)* **[jdm] etw ~** to take sth [away] [from sb]; **jdm die Furcht/die Hoffnung ~** to take away sb's fear/ hope; **es sich** *dat* **nicht ~ lassen, etw zu tun** to insist on doing sth ③ *(verwenden)* to use ④ *(verlangen)* **was nimmst du dafür?** what do you want for it? ▶ **jdn zu ~ wissen** to know how to take sb

Neid <-[e]s> [naɪt] *m kein pl* envy (**auf** of)

neiden ['naidn̩] *vt* **jdm etw ~** to envy sb [for] sth

neidisch ['naidɪʃ] **I.** *adj* envious **II.** *adv* enviously

neigen ['naign̩] **I.** *vr* ① **sich zu jdm ~** to lean over to sb; **sich nach hinten/ rechts/zur Seite ~** to lean backwards/to the right/to the side ② *(schräg abfallen)* **etw neigt sich** sth slopes **II.** *vt (beugen)* to bend **III.** *vi* **zu etw** *dat* **~** *(tendieren)* to tend to sth

Neigung <-, -en> *f* ① *(Vorliebe)* inclination ② *(Tendenz)* tendency ③ *(Gefälle)* slope

nein [nain] *adv* no

Nein <-s> ['nai̯n] *nt kein pl* no

Neinstimme *f* no[-vote]

Nektar <-s, -e> ['nɛktar] *m* nectar

Nektarine <-, -n> [nɛkta'ri:nə] *f* nectarine

Nelke <-, -n> ['nɛlkə] *f* ① BOT carnation ② KOCHK clove

nennen <nannte, genannt> ['nɛnən] **I.** *vt* ① to call; **wie nennt man das?** what do you call that? ② *(mitteilen)* **[jdm] jdn/etw ~** to name sb/sth [to sb]; **können Sie mir einen guten Anwalt ~?** can you give me the name of a good lawyer? **II.** *vr (heißen)* **sich ~** to call oneself

Neofaschismus <-> ['ne:ofaʃɪsmʊs] *m kein pl* neo-fascism *no pl*

Neon <-s> ['ne:ɔn] *nt kein pl* neon

Neonazi <-s, -s> ['ne:ona:tsi] *m kurz für* **Neonazist** neo-Nazi

Neonlicht *nt* neon light

Neptun <-s> [nɛp'tu:n] *m* Neptune; **der ~** Neptune

Nerv <-s, -en> [nɛrf] *m* nerve ▶ **die ~en behalten** to keep calm; **jdm auf die ~en gehen** to get on sb's nerves

nerven ['nɛrfn̩] *vt (fam)* to bug

nervenaufreibend *adj* nerve-racking

Nervenbündel *nt* bundle of nerves **Nervensäge** *f* pain in the neck **Nervensystem** *nt* nervous system **Nervenzusammenbruch** *m* nervous breakdown

nervös [nɛr'vø:s] *adj* nervous

Nervosität <-> [nɛrvozi'tɛ:t] *f kein pl* nervousness

Nerz <-es, -e> [nɛrts] *m* mink

Nessel <-, -n> ['nɛsl̩] *f* BOT nettle ▶ **sich in die ~n setzen** *(fam)* to put one's foot in it

Nest <-[e]s, -er> [nɛst] *nt* ① nest ② *(fam: Kaff)* hole

nett [nɛt] *adj* nice; **sei so ~ und ...** would you mind ...; **er war so ~ und ...** he was so kind as to ...

netto ['nɛto] *adv* net

Nettoeinkommen *nt* net income **Nettogewicht** *nt* net weight

Netz <-es, -e> [nɛts] *nt* ① net ② *(Spinnennetz)* web ③ TELEK network; ELEK grid ④ INFORM network; **das ~** the Net ⑤ TRANSP system

Netzanschluss *m* ① ELEK mains *npl* [*or* AM power] supply ② TELEK telephone line connection **Netzhaut** *f* retina **Netzstecker** *m* mains *npl* [*or* AM power] plug **Netzwerk** *nt* network; **soziales ~** social network **netzwerken** *vi (fam)* to network **Netzwerker(in)** *m(f)* POL *(fam)* networker

neu [nɔy] **I.** *adj* ① new; **was gibt's N~es?** what's new?; **der/die N~e** the newcomer; **das N~este** the latest [thing]; **seit N~estem** [since] recently; **jdm ~ sein** to be news to sb; **die ~este Mode** the latest fashion ② *(abermalig)* new; **einen ~en Anfang machen** to make a fresh start; **einen ~en Versuch machen** to h another try; **von N~em** all over again **II.** *adv* ① *(von vorn)* ~ **anfangen** to start all over again; ~ **bearbeitet** revised; **etw ~ gestalten** to redesign sth ② *(erneut)* again ③ *(seit kurzem da)* ~ **eröffnet** newly opened ▶ **wie ~ geboren** like a new man/woman

Neuankömmling <-s, -e> *m* newcomer

neuartig ['nɔyʔaːɐ̯tɪç] *adj* new, new type of

Neuartigkeit <-> *f kein pl* novelty

Neuauflage *f* ① *(unveränderter Nachdruck)* reprint ② *(veränderte Neuausgabe)* new edition

Neubau <-bauten> ['nɔybau] *m* new building

Neubaugebiet *nt* development area; *(schon bebaut)* area of new housing **Neubauwohnung** *f* newly-built flat [*or* AM *a.* apartment]

Neueinsteiger *m (Neuling)* newcomer **Neueinstellung** *f* ① *eines Videorekorders, Computers etc.* resetting, retuning ② *eines Arbeitnehmers* new appointment, hiring

neuerdings ['nɔyɐ'dɪŋs] *adv* recently

Neuerscheinung *f* new publication

Neuerung <-, -en> ['nɔyərʊŋ] *f* reform

Neufundland [nɔy'fʊntlant] *nt* Newfoundland

neugeboren *adj* newly born; **wie ~** like a new man/woman

Neugeborene(s) *nt* newborn

Neugier(de) <-> ['nɔygiːɐ̯(də)] *f kein pl* curiosity

neugierig **I.** *adj* curious; **~ sein, ob/wie ...** to be curious to know whether/how ... **II.** *adv* curiously

Neuheit <-, -en> ['nɔyhait] *f* novelty

Neuigkeit <-, -en> ['nɔyɪçkait] *f* news

Neujahr *nt kein pl* New Year; **prost ~!** here's to the New Year!

Neujahrstag *m* New Year's Day

neulich ['nɔylɪç] *adv* the other day

Neuling <-s, -e> ['nɔylɪŋ] *m* beginner

neumodisch *adj (pej)* new-fangled

N

Neumond *m kein pl* new moon; **bei ~** at new moon

neun [nɔyn] *adj* nine; *s.a.* **acht**[1]

neuntel ['nɔntl̩] *nt* ninth

neunzehn ['nɔyntseːn] *adj* nineteen; *s.a.* **acht**[1]

neunzig ['nɔyntsɪç] *adj* ninety; *s.a.* **achtzig**

Neuordnung *f* reform

Neurochirurg(in) *m(f)* neurosurgeon **Neurochirurgie** ['nɔyroçirʊrgiː] *f* neurosurgery

Neurologe, **Neurologin** <-n, -n> [nɔyro'loːgə] *m, f* neurologist

neurologisch [nɔyro'loːgɪʃ] *adj* neurological

Neuron <-s, -ronen> ['nɔyrɔn, *pl:* nɔy'roːnən] *nt* neuron

Neurose <-, -n> [nɔy'roːzə] *f* neurosis

Neurotiker(in) <-s, -> [nɔy'roːtikɐ] *m(f)* neurotic

neurotisch [nɔy'roːtɪʃ] *adj* neurotic

Neuschnee *m* fresh snow

Neuseeland [nɔy'zeːlant] *nt* New Zealand

Neuseeländer(in) <-s, -> [nɔy'zeːlɛndɐ] *m(f)* New Zealander

neuseeländisch [nɔy'zeːlɛndɪʃ] *adj* New Zealand *attr*

neutral [nɔy'traːl] *adj* neutral

Neutralisierung <-, -en> *f* POL, CHEM neutralization

Neutralität <-> [nɔytrali'tɛːt] *f kein pl* neutrality

Neutrum <-s, Neutra> ['nɔytrʊm] *nt* neuter

Neuverfilmung *f* remake

neuwertig *adj* as new

neuzeitlich **I.** *adj* ① *(der Neuzeit zugehörig)* of the modern age *pred* ② *(modern)* modern **II.** *adv (modern)* modern

NGO <-, -s> [ɛndʃiː'ʔoʊ] *f Abk von* **Nichtregierungsorganisation** POL NGO

nicht [nɪçt] **I.** *adv* not; **ich weiß ~** I don't know; [**bitte**] **~!** [please] don't!; ~ [**ein**]**mal** not even; ~ **mehr** not any longer; ~ **mehr als** no more than; ~ **öffentlich** not open to the public *pred;* ~ **rostend** non-rusting **II.** *part in Fragen (stimmt's?)* isn't that right; **sie schuldet dir doch noch Geld, ~?** she still owes you money, doesn't she?

Nichtbeachtung *f*, **Nichtbefolgung** *f* non-compliance

Nichte <-, -n> ['nɪçtə] *f* niece

Nichteinhaltung *f kein pl* JUR non-compliance *no pl* **Nichterscheinen** <-s> *nt kein pl* failure to appear

nichtig ['nɪçtɪç] *adj* ① JUR invalid ② *(belanglos)* trivial

Nichtmitglied *nt* non-member

Nichtraucher(in) *m(f)* non-smoker

Nichts <-, -e> [nɪçts] *nt* ① nothing; **aus dem ~ auftauchen** to show up from out of nowhere ② *(leerer Raum)* void ▶ **vor dem ~ stehen** to be left with nothing

nichts [nɪçts] *pron indef* not ... anything, nothing; **damit will ich ~ zu tun haben** I don't want anything to do with it; **hoffentlich ist es ~ Ernstes** I hope it's nothing serious; ~ **ahnend** unsuspecting, unsuspectingly *adverbial;* ~ **als ...** nothing but ...; ~ **anderes als ...** nothing other than ...; ~ **sagend** meaningless

Nichtschwimmer(in) *m(f)* non-swimmer

nichtsdestoweniger [nɪçtsdɛsto'veːnɪgɐ] *adv* nevertheless

Nichtsnutz <-es, -e> ['nɪçtsnʊts] *m (pej)* good-for-nothing

Nickel <-s> ['nɪkl̩] *nt kein pl* nickel

nicken ['nɪkn̩] *vi* to nod

Nickerchen <-s> ['nɪkɐçən] *nt kein pl (fam)* nap; **ein ~ machen** to take a nap

nie [niː] *adv* never; ~ **mehr** never again; ~ **und nimmer** never ever

nieder ['niːdɐ] *adv* down

nieder|drücken *vt (geh)* ① *(herunterdrücken)* **etw ~** to press [*or* push] down sth *sep* ② *(deprimieren)* **jdn ~** to depress sb to make sb feel down; **~d** depressing

Niedergang <-[e]s> *m kein pl* decline

niedergeschlagen [-gəʃlaːgn̩] *adj* downcast **Niedergeschlagenheit** <-> *f kein pl* despondency

Niederlage *f* defeat

Niederlande ['niːdɐlandə] *pl* **die ~** the Netherlands

Niederländer(in) <-s, -> ['niːdɐlɛndɐ] *m(f)* Dutchman *masc,* Dutchwoman *fem*

niederländisch ['niːdɐlɛndɪʃ] *adj* Dutch

Niederländisch ['niːdɐlɛndɪʃ] *nt dekl wie adj* Dutch; **das ~e** Dutch

nieder|lassen *vr irreg* **sich ~** ① *(sich ansiedeln)* to settle down ② *(beruflich)* to establish oneself (**als** as)

Niederlassung <-, -en> *f (Zweigstelle)* branch

nieder|legen *vt* ① *(hinlegen)* to put down *sep* ② *Amt* to resign; *Arbeit* to stop **nieder|metzeln** *vt* **jdn ~** to massacre sb **nieder|prasseln** *vi* to pelt [*or* rain] down

Niederschlag *m* ① *(Regen)* rainfall *no pl; (Schnee)* snowfall *no pl* ② CHEM sediment

nieder|schlagen *irreg* **I.** *vt* ① *(zu Boden schlagen)* to floor ② *(unterdrücken)* to crush ③ *Augen* to lower **II.** *vr* **sich ~** ① *(kondensieren)* to condense (**an** on) ② CHEM to sediment ③ *(zum Ausdruck kommen)* **sich in etw** *dat* **~** to find expression in sth

niederschmetternd ['niːdɐʃmɛtɐnt] *adj* deeply distressing; *Nachricht* devastating; **ein ~es Wahlergebnis** a crushing electoral defeat

Niedertracht <-> *f kein pl* malice

niederträchtig *adj* contemptible

niedlich ['niːtlɪç] **I.** *adj* sweet **II.** *adv* sweetly

niedrig ['niːdrɪç] *adj* ① low ② *Betrag* small ③ *Herkunft* humble

Niedriglohnbereich *m* POL low-wage sector

niemals ['niːmaːls] *adv* never

niemand ['niːmant] *pron indef* nobody,

N

no one; **ich will ~en sehen** I don't want to see anybody

Niemandsland ['ni:mantslant] *nt kein pl* no man's land

Niere <-, -n> ['ni:rə] *f* kidney

Nierenschützer *m* kidney belt **Nierenstein** *m* kidney stone **Nierenversagen** *nt kein pl* kidney failure *no pl*

nieseln ['ni:zl̩n] *vi impers* **es nieselt** it's drizzling

Nieselregen ['ni:zl̩-] *m* drizzle

niesen ['ni:zn̩] *vi* to sneeze

Niete[1] <-, -n> ['ni:tə] *f* ① *(Los)* blank ② *(Versager)* loser

Niete[2] <-, -n> ['ni:tə] *f* TECH rivet

nieten ['ni:tn̩] *vt* to rivet

Niger <-s> ['ni:gɐ] *nt* Niger

Nihilist(in) <-en, -en> [nihi'lɪst] *m(f)* nihilist

Nikolaus <-, -e> ['nɪkolaus] *m* St. Nicholas *(figure who brings children presents on 6th December)*

Nikotin <-s> [niko'ti:n] *nt kein pl* nicotine

nikotinfrei *adj* nicotine-free

Nilpferd *nt* hippopotamus

nimmer ['nɪmɐ] *adv* ① *(veraltend geh: niemals)* never ② SÜDD, ÖSTERR *(nicht mehr)* no longer

nippen ['nɪpn̩] *vi* to sip (**an** at/**von** from)

Nippes ['nɪpəs] *pl* knick-knacks *npl*

nirgends ['nɪrgn̩ts] *adv* nowhere; **ich konnte ihn ~ finden** I couldn't find him anywhere

nirgendwo ['nɪrgn̩t'vo:] *adv s.* **nirgends**

Nirwana <-[s]> [nɪr'va:na] *nt kein pl* nirvana

Nische <-, -n> ['ni:ʃə] *f* niche

nisten ['nɪstn̩] *vi* to nest

Nitrat <-[e]s, -e> [ni'tra:t] *nt* nitrate

Nitroglyzerin [nitroglytse'ri:n] *nt kein pl* nitroglycerine

Niveau <-s, -s> [ni'vo:] *nt* ① *(Anspruch)* calibre; **~ haben** to have class; **kein ~ haben** to be lowbrow; **etw ist unter jds ~** sth is beneath sb ② *(Höhe)* level

niveaulos [ni'vo:-] *adj* primitive

niveauvoll *adj* intellectually stimulating

Nixe <-, -n> ['nɪksə] *f* mermaid

nobel ['no:bl̩] **I.** *adj* ① *(edel)* noble ② *(luxuriös)* luxurious **II.** *adv (edel)* honourably

Nobelpreis [no'bɛlprais] *m* Nobel Prize

noch [nɔx] **I.** *adv* ① *(bis jetzt)* still; **~ nicht** not yet; **~ immer** [**nicht**] still [not]; **~ nie** never ② *(irgendwann)* some time ③ *(nicht später als)* by the end of; **~ heute** today ④ *(zusätzlich)* **möchtest du ~ etwas essen?** would you like something more to eat?; **~ ein(e)** another; **möchten Sie ~ eine Tasse Kaffee?** would you like another cup of coffee? ⑤ *vor Komparativ (mehr als)* even [more] **II.** *konj* **weder ... ~** neither ... nor

nochmalig ['nɔxma:lɪç] *adj attr* further

nochmals ['nɔxma:ls] *adv* again

Nockenwelle ['nɔkn̩-] *f* camshaft

Nomade, Nomadin <-n, -n> [no'ma:də, no'ma:dɪn] *m, f* nomad

Nominativ <-[e]s, -e> ['no:minati:f] *m* nominative

nominell [nomi'nɛl] **I.** *adj (geh: nach außen hin)* nominal **II.** *adv* nominally; **~ ist er noch Präsident** he is still president but in name only

nominieren [nomi'ni:rən] *vt* to nominate

Nonne <-, -n> ['nɔnə] *f* nun

Nonnenkloster *nt* convent

Nord <-[e]s, -e> ['nɔrt, *pl:* 'nɔrdə] *m kein art, kein pl* north

Nordamerika ['nɔrtʔa'me:rika] *nt* North America

Norden <-s> ['nɔrdn̩] *m kein pl* north; **im/nach ~** in/to the north

Nordeuropa <-s> ['nɔrtʔɔy'ro:pa] *nt kein pl* northern Europe **Nordhalbkugel** *f* northern hemisphere **nordirisch** *adj* Northern Irish **Nordirland** ['nɔrt'ʔɪrlant] *nt* Northern Ireland

nordisch ['nɔrdɪʃ] *adj* Nordic

nördlich ['nœrtlɪç] **I.** *adj* northern; **in ~e**

Richtung northwards; **weiter ~ liegen** to lie further [to the] north **II.** *adv* **~ von …** north of … **III.** *präp +gen;* **~ der Alpen** [to the] north of the Alps

Nordosten [nɔrtˈʔɔstn̩] *m kein pl* northeast **nordöstlich** [nɔrtˈʔœstlɪç] **I.** *adj* northeastern **II.** *adv* **~ von …** northeast of … **Nordpol** [ˈnɔrtpoːl] *m kein pl* **der ~** the North Pole **Nordsee** [ˈnɔrtzeː] *f* **die ~** the North Sea; **an der ~** on the North Sea coast **Nordseite** *f* north side

nordwärts [ˈnɔrtvɛrts] *adv* northwards, to the north, in a northerly direction

Nordwesten [nɔrtˈvɛstn̩] *m kein pl* northwest **nordwestlich** [nɔrtˈvɛstlɪç] **I.** *adj* northwestern **II.** *adv* **~ von …** northwest of … **Nordwind** *m* north wind

Nörgelei <-, -en> *f* ① *(Äußerung)* moaning ② *kein pl (das Nörgeln)* nagging

nörgeln [ˈnœrgl̩n] *vi* to moan (**über** about)

Norm <-, -en> [nɔrm] *f* ① norm ② *(festgelegte Größe)* standard

normal [nɔrˈmaːl] **I.** *adj* normal **II.** *adv* normally

Normalbenzin *nt* low-octane petrol [*or* AM gas] **Normalfall** *m* normal case; **im ~** usually **Normalverbraucher(in)** *m(f)* average consumer; **Otto ~** *(fam)* the man in the street

normen [ˈnɔrmən] *vt* to standardize

Normenkontrolle *f* JUR *judicial review of the constitutionality of an Act*

normieren [nɔrˈmiːrən] *vt* to standardize

Normierung <-, -en> *f* standardization *no pl*

Normung <-, -en> *f* standardization

Norwegen <-s> [ˈnɔrveːgn̩] *nt* Norway

Norweger(in) <-s, -> [ˈnɔrveːgɐ] *m(f)* Norwegian

norwegisch [ˈnɔrveːgɪʃ] *adj* Norwegian

Norwegisch [ˈnɔrveːgɪʃ] *nt dekl wie adj* **das ~e** [the] Norwegian [language]

Nostalgie <-> [nɔstalˈgiː] *f kein pl* nostalgia

nostalgisch [nɔsˈtalgɪʃ] *adj* nostalgic

Not <-, Nöte> [noːt] *f* ① *kein pl (Armut)* poverty ② *(Bedrängnis)* distress; **in ~ geraten** to get into difficulties ③ *(Mühe)* **mit knapper ~** just ► **zur ~** if need[s] be

Notar(in) <-s, -e> [noˈtaːɐ̯] *m(f)* notary

Notariat <-[e]s, -e> [notaˈri̯aːt] *nt (Kanzlei)* notary's office

Notarzt, -ärztin *m, f* casualty [*or* AM emergency] doctor **Notaufnahme** *f* accident and emergency department, emergency room AM **Notausgang** *m* emergency exit **Notbremse** *f* emergency brake **Notdienst** *m* duty

Note <-, -n> [ˈnoːtə] *f* ① MUS note ② *(Zensur)* grade

Übersetzungstipp

Nicht verwechseln mit *note – Notiz, Nachricht!*

Notebook <-s, -s> [ˈnoːtbʊk] *nt* INFORM notebook

Notendurchschnitt *m* grade point average, GPO AM

Notfall *m* emergency

notfalls [ˈnoːtfals] *adv* if need[s] be

Notfallübung *f* emergency drill

notgedrungen *adv* willy-nilly

notieren [noˈtiːrən] *vt* ① to write down ② BÖRSE **notiert werden** to be quoted (**mit** at)

nötig [ˈnøːtɪç] *adj* necessary

nötigen [ˈnøːtɪgn̩] *vt* to force

Nötigung <-, -en> *f* coercion

Notiz <-, -en> [noˈtiːts] *f* note ► **[keine] ~ nehmen** to take [no] notice (**von** of)

Notizblock <-blöcke> *m* notepad

Notlage *f* desperate situation **Notlandung** *f* emergency landing **Notlösung** *f* stopgap [solution]

notorisch [noˈtoːrɪʃ] *adj* notorious

Notruf *m* emergency call; *(Notrufnummer)* emergency number

Notstand *m* JUR [state of] emergency
Notstandsgebiet *nt* disaster area
Notstromaggregat *nt* emergency generator **Notunterkunft** *f* emergency accommodation **Notwehr** <-> *f kein pl* self-defence; **aus/in ~** in self-defence
notwendig ['no:tvɛndɪç] *adj* necessary
Notwendigkeit <-, -en> ['no:tvɛndɪçkait] *f* necessity
Nougat <-s, -s> ['nu:gat] *m o nt s.* **Nugat**
Novelle <-, -n> [no'vɛlə] *f* short novel
November <-s, -> [no'vɛmbɐ] *m* November; *s.a.* **Februar**
Nu [nu:] *m* **im ~** in a flash
nüchtern ['nʏçtɐn] *adj* ① *(nicht betrunken)* sober ② *(ohne gegessen zu haben)* **auf ~en Magen** on an empty stomach ③ *(realistisch)* down-to-earth
Nudel <-, -n> ['nu:dl̩] *f meist pl* pasta *+ sing vb, no indef art; (in Suppe)* noodle *usu pl*
Nugat <-s, -s> *m o nt* nougat
nuklear [nukle'a:ɐ̯] *adj* nuclear
null [nʊl] *adj* zero
Null <-, -en> [nʊl] *f* ① zero ② *(Versager)* nothing
Nulldiät *f* starvation diet **Nullpunkt** *m kein pl* freezing point ▸ **auf den ~ sinken** to reach rock bottom
Numerus <-, Numeri> ['nu:merʊs, *pl:* 'nu:meri] *m* number; **~ clausus** restricted entry
Nummer <-, -n> ['nʊmɐ] *f* ① number ② MEDIA issue ③ *(Größe)* size
nummerieren *vt* to number
Nummernschild *nt* number [*or* AM license] plate
nun [nu:n] *adv* ① now ② *(na ja)* well ▸ **~ gut** all right; **es ist ~ [ein]mal so** that's the way it is
nur [nu:ɐ̯] *adv* ① *(lediglich)* only ② *(bloß)* just; **wie konnte ich das ~ vergessen!** how on earth could I forget that! ③ *(warnend)* **lass das ~ niemanden wissen!** don't you [dare] tell anyone! ④ *(ruhig)* just ▸ **warum /was /wie ... ~?** just why/what/how ...?; **~ zu!** come on then
nuscheln ['nʊʃl̩n] *vi, vt* to mumble
Nuss <-, Nüsse> [nʊs] *f* nut
Nüster <-, -n> ['nʏstɐ] *f* nostril
Nutte <-, -n> ['nʊtə] *f (sl)* whore
nutz [nʊts] *adj pred* SÜDD, **nütze** ['nʏtsə] *adj pred* **zu etwas ~ sein** to be useful; **zu nichts ~ sein** to be good for nothing
nutzen ['nʊtsn̩], **nützen** ['nʏtsn̩] **I.** *vi* **[jdm] [etwas] nutzen** to be of use [to sb]; **[jdm] nichts nutzen** to be of no use [to sb] **II.** *vt* ① to use ② *(ausnützen)* to exploit
Nutzen <-s> ['nʊtsn̩] *m kein pl* benefit; **[jdm] von ~ sein** to be of use [to sb]
Nutzlast *f* TRANSP live weight, payload
nützlich ['nʏtslɪç] *adj* ① *(nutzbringend)* useful ② *(hilfreich)* helpful
Nützlichkeit <-> *f kein pl* advantage
nutzlos *adj* useless
Nutzlosigkeit <-> *f kein pl* uselessness
Nutzpflanze *f* useful plant
Nutzung <-, -en> *f* use
Nylon® <-[s]> ['nailɔn] *nt kein pl* nylon

Oo

O, o <-, -> *nt* O, o
Oase <-, -n> [o'a:zə] *f* oasis
ob [ɔp] *konj* ❶ whether; ~ **er morgen kommt?** I wonder whether he'll come tomorrow? ❷ *(sei es dass)* ~ **es ihr passt oder nicht, …** whether she likes it or not, …
Obdach <-[e]s> ['ɔpdax] *nt kein pl (geh)* shelter
obdachlos *adj* homeless
Obdachlose(r) *f(m)* homeless person
Obdachlosenasyl *nt,* **Obdachlosenheim** *nt* refuge for homeless persons
O-Beine *pl* bandy legs *pl*
o-beinig ['o:bai̯nɪç] *adj* bandy- [*or* bow-] legged
oben ['o:bn̩] *adv* ❶ at the top; ~ **auf etw** *dat o akk* on top of sth; **nach** ~ up; **von** ~ from above; **bis** ~ **[hin]** up to the top; **da/hier** ~ up there/here; **ganz** ~ right at the top; **hoch** ~ high ❷ *(im oberen Stockwerk)* upstairs ❸ *(in einem Text)* above; ~ **erwähnt** above-mentioned
obenauf ['o:bn̩'ʔaʊ̯f] *adv* ❶ DIAL *(obendrauf)* on top ❷ ~ **sein** *(guter Laune)* to be chirpy; *(im Vorteil)* to be in a strong position
obendrein ['o:bn̩'drain] *adv* on top
Ober <-s, -> ['o:bɐ] *m* waiter
Oberarm *m* upper arm **Oberarzt, -ärztin** *m, f* senior consultant **Oberbefehlshaber(in)** *m(f)* commander-in-chief **Oberbegriff** *m* generic term **Oberbürgermeister(in)** *m(f)* mayor, BRIT *a.* ≈ Lord Mayor
obere(r, s) ['o:bərə, -rɐ, -rəs] *adj attr* ❶ *(oben befindlich)* top ❷ *(rangmäßig)* higher ❸ *(höher gelegen)* upper
Oberfläche ['o:bɐflɛçə] *f* surface; **an die** ~ **kommen** to surface
oberflächlich ['o:bɐflɛçlɪç] **I.** *adj* superficial **II.** *adv* superficially
Oberflächlichkeit <-> *f kein pl* superficiality
Obergeschoss *nt* top floor
oberhalb ['o:bɐhalp] **I.** *präp* +*gen* above **II.** *adv* above
Oberhaupt *nt* head **Oberhaus** *nt* POL House of Lords
oberirdisch *adj, adv* overground
Oberkörper *m* torso; **mit bloßem** ~ topless **Oberleutnant** ['o:bɐlɔytnant] *m* lieutenant BRIT, first lieutenant AM **Oberlippe** *f* upper lip
Obers <-> ['o:bɐs] *nt kein pl* ÖSTERR *(Sahne)* whipping cream
Oberschenkel *m* thigh **Oberschicht** *f* upper class **Oberseite** *f* top
Oberst <-en *o* -s, -e[n]> ['o:bɐst] *m* colonel
oberste(r, s) ['o:bɐstə, -tɐ, -təs] *adj* ❶ *(räumlich)* top ❷ *(rangmäßig)* highest
Oberstufe *f* ≈ sixth form [*or* AM grade]
obgleich [ɔp'glai̯ç] *konj* although
Objekt <-[e]s, -e> [ɔp'jɛkt] *nt* object
objektiv [ɔpjɛk'ti:f] **I.** *adj* objective **II.** *adv* objectively
Objektiv <-s, -e> [ɔpjɛk'ti:f] *nt* lens
Objektivität <-> [ɔpjɛktivi'tɛ:t] *f kein pl* objectivity
Oblate <-, -n> [o'bla:tə] *f* wafer
obligatorisch [obliga'to:rɪʃ] *adj* compulsory
Obst <-[e]s> ['o:pst] *nt kein pl* fruit
Obstbaum *m* fruit tree **Obstkuchen** *m* fruit flan **Obstsalat** *m* fruit salad **Obsttorte** *f* fruit flan
obszön [ɔps'tsø:n] *adj* obscene
Obszönität <-, -en> [ɔpstsøni'tɛ:t] *f* obscenity
obwohl [ɔp'vo:l] *konj* although
Ochse <-n, -n> ['ɔksə] *m* ox
Ochsenschwanzsuppe *f* oxtail soup
öde ['ø:də] *adj* ❶ *(verlassen)* desolate

O

❷ *(fade)* dull
oder ['o:dɐ] *konj* ❶ or; ~ **aber** or else ❷ *(sich vergewissernd)* **der Film hat dir auch gut gefallen, ~?** you liked the film too, didn't you?; **du traust mir doch, ~ [etwa] nicht?** you do trust me, don't you?
Ofen <-s, Öfen> ['o:fn̩] *m* ❶ stove; *(Backofen)* oven ❷ TECH furnace; *(Brennofen)* kiln **Ofenheizung** *f* stove heating *no art, no pl*
offen ['ɔfn̩] **I.** *adj* ❶ open; **mit ~em Fenster** with the window open; **etw ~ lassen** to leave sth open ❷ *(freimütig)* open (**zu** with) **II.** *adv* openly; **~ gestanden** to be honest
offenbar [ɔfn̩'ba:ɐ̯] **I.** *adj* obvious **II.** *adv* obviously
Offenheit <-> *f kein pl* openness; **in aller ~** quite frankly
offenherzig *adj* ❶ *(freimütig)* open ❷ *(hum fam: tief ausgeschnitten)* revealing **offenkundig** ['ɔfn̩kʊndɪç] *adj* obvious **offensichtlich** ['ɔfn̩zɪçtlɪç] **I.** *adj* obvious **II.** *adv* obviously
öffentlich ['œfn̩tlɪç] **I.** *adj* public **II.** *adv* publicly

O

Öffentlichkeit <-> *f kein pl* **die ~** the public; **in aller ~** in public; **etw an die ~ bringen** to make sth public
offiziell [ɔfi'tsi̯ɛl] **I.** *adj* ❶ official ❷ *Feier* formal **II.** *adv* officially; **jdn ~ einladen** to give sb an official invitation
Offizier(in) <-s, -e> [ɔfi'tsi:ɐ̯] *m(f)* officer
offline ['ɔflai̯n] *adj* INFORM off-line, offline
öffnen ['œfnən] **I.** *vt* to open **II.** *vi* **[jdm] ~** to open the door [for sb] **III.** *vr* ❶ **sich ~** to open ❷ *(sich zuwenden)* **sich [jdm/etw] ~** to open up [to sb/sth]
Öffnung <-, -en> *f* opening
Öffnungszeiten *pl* opening times; *(eines Geschäfts)* hours of business
oft <öfter, am öftesten> [ɔft] *adv* often
öfter ['œftɐ] *adv comp von* **oft** more often
oftmals *adv* often
ohne ['o:nə] **I.** *präp* +*akk* without; **~ Schutz** unprotected **II.** *konj* **~ etw zu tun** without doing sth; **~ dass etw geschieht/jd etw tut** without sth happening/sb doing sth
Ohnmacht <-, -en> ['o:nmaxt] *f* ❶ MED faint *no pl;* **in ~ fallen** to faint ❷ *(Machtlosigkeit)* powerlessness
ohnmächtig ['o:nmɛçtɪç] *adj* ❶ MED unconscious; **~ werden** to faint ❷ *(machtlos)* powerless
Ohr <-[e]s, -en> [o:ɐ̯] *nt* ear
Öhr <-[e]s, -e> [ø:ɐ̯] *nt* eye
ohrenbetäubend **I.** *adj* deafening **II.** *adv* deafeningly **Ohrenschmerzen** *pl* earache
Ohrfeige <-, -n> *f* box on the ears
ohrfeigen *vt* **jdn ~** to box sb's ears **Ohrläppchen** <-s, -> *nt* earlobe **Ohrring** *m* earring **Ohrstecker** *m* earstud
okkult [ɔ'kʊlt] *adj* occult
Okkupation <-, -en> [ɔkupa'tsi̯o:n] *f* occupation
Ökologe, Ökologin <-n, -n> [øko'lo:gə] *m, f* ecologist
Ökologie <-> [økolo'gi:] *f kein pl* ecology
ökologisch [øko'lo:gɪʃ] **I.** *adj* ecological **II.** *adv* ecologically
Ökonom(in) <-en, -en> [øko'no:m] *m(f) (geh)* economist
Ökonomie <-, -n> [økono'mi:] *f* ❶ economy ❷ *(als Wissenschaft)* economics + *sing vb*
ökonomisch [øko'no:mɪʃ] **I.** *adj* ❶ economic ❷ *(sparsam)* economical **II.** *adv* economically
Ökosteuer *f* eco-tax **Ökostrom** *m* green electricity **Ökosystem** *nt* ecosystem
Oktave <-, -n> [ɔk'ta:və] *f* octave
Oktober <-s, -> [ɔk'to:bɐ] *m* October; *s.a.* **Februar**
ökumenisch [øku'me:nɪʃ] *adj* ecumenical *form*
Öl <-[e]s, -e> [ø:l] *nt* oil; **in ~ malen** to

paint in oils
Oldtimer <-s, -> ['o:lttaimɐ] *m* vintage car
ölen ['ø:lən] *vt* to oil
Ölfarbe *f* KUNST oil paint; **mit ~n malen** to paint in oils **Ölgemälde** *nt* oil painting **Ölheizung** *f* oil-fired heating
ölig ['ø:lɪç] *adj* oily
Ölindustrie *f* oil industry
Olive <-, -n> [o'li:və] *f* olive
Olivenöl *nt* olive oil
olivgrün *adj* olive-green, olive *attr*
Ölleitung *f* oil pipe; *(Pipeline)* oil pipeline **Ölpest** *f* oil pollution **Ölquelle** *f* oil well **Ölsardine** *f* sardine [in oil] **Ölstand** *m kein pl* oil level **Ölstandsmesser** *m* oil pressure gauge **Öltanker** *m* oil tanker **Ölwechsel** *m* oil change
Olympiade <-, -n> [olʏm'pi̯a:də] *f* Olympic Games *npl*
Olympiastadion *nt* Olympic stadium
olympisch [o'lʏmpɪʃ] *adj* Olympic *attr*
Ölzeug *nt* oilskins *pl*
Oma <-, -s> ['o:ma] *f* gran[ny]
Omelett <-[e]s, -e> *nt*, ÖSTERR, SCHWEIZ **Omelette** <-, -n> [ɔm(ə)'lɛt] *f* omelette
Omnibus ['ɔmnibʊs] *m* bus
Omnibushaltestelle *f* bus stop
Onkel <-s, -> ['ɔŋkl̩] *m* uncle
online ['ɔnlain] *adj* online; **~ gehen** to go online
Onlineausgabe ['ɔnlaɪn-] *f* online edition **Onlinebank** [ɒnlaɪn-] *f* FIN, INET internet [*or* online] bank **Onlinebanking** ['ɔnlainbɛŋkɪŋ] *nt* online banking **Onlinebestellung** *f* online order **Onlinebetrieb** ['ɔnla̯in-] *m kein pl* online operation *no pl* **Onlinechat** [-tʃɛt] *m* online chat **Onlinedienst** ['ɔnla̯in-] *m* online service **Onlinehandel** *m kein pl* e-commerce **Onlinelernen** *nt kein pl* cyberstudy **Onlineportal** *nt* web portal; **im ~** in [*or* at] the web portal **Onlineshopping** [-ʃɔpɪŋ] *nt kein pl* online shopping **Onlineticket** *nt* online ticket
Onyx <-[es], -e> ['o:nʏks] *m* onyx *no art, no pl*
Opa <-s, -s> ['o:pa] *m* grandad
Opal <-s, -e> [o'pa:l] *m* opal
Oper <-, -n> ['o:pɐ] *f* opera
Operation <-, -en> [opəra'tsi̯o:n] *f* operation
Operationssaal *m* operating theatre [*or* AM room]
operativ [opəra'ti:f] **I.** *adj* MED operative; **~er Eingriff** surgery **II.** *adv* MED surgically
Operette <-, -n> [opə'rɛtə] *f* operetta
operieren [opə'ri:rən] *vt* **jdn/etw ~** to operate on sb/sth; **sich** *dat* **etw ~ lassen** to have sth operated on
Opernsänger(in) *m(f)* opera singer
Opfer <-s, -> ['ɔpfɐ] *nt* ❶ sacrifice; **~ bringen** to make sacrifices ❷ *(geschädigte Person)* victim
opfern ['ɔpfɐn] **I.** *vt* to sacrifice **II.** *vr* **sich ~** to sacrifice oneself
Opium <-s> ['o:pi̯ʊm] *nt kein pl* opium
Opportunismus <-> [ɔpɔrtu'nɪsmʊs] *m kein pl* opportunism
Opportunist(in) <-en, -en> [ɔpɔrtu'nɪst] *m(f)* opportunist
opportunistisch **I.** *adj* opportunist[ic] **II.** *adv* opportunistically
Opposition <-, -en> [ɔpozi'tsi̯o:n] *f* **die ~** the Opposition
Oppositionsführer(in) *m(f)* Leader of the Opposition
Optik <-, -en> ['ɔptɪk] *f* ❶ PHYS **die ~** optics + *sing vb* ❷ FOTO lens system
Optiker(in) <-s, -> ['ɔptikɐ] *m(f)* optician
optimal [ɔpti'ma:l] **I.** *adj* optimal **II.** *adv* in the best possible way
optimieren [ɔpti'mi:rən] *vt* to optimize
Optimismus <-> [ɔpti'mɪsmʊs] *m kein pl* optimism
Optimist(in) <-en, -en> [ɔpti'mɪst] *m(f)* optimist
optimistisch **I.** *adj* optimistic **II.** *adv* optimistically
optisch ['ɔptɪʃ] *adj* optical
Orakel <-s, -> [o'ra:kl̩] *nt* oracle

orange [o'rã:ʒə, o'raŋʒə] *adj* orange
Orange <-, -n> [o'rã:ʒə] *f* orange
orangefarben, **orangefarbig** [o'raŋʒ-] *adj* orange[-coloured]
Orangenmarmelade [o'rã:ʒn̩-] *f* orange marmalade **Orangensaft** [o'rã:ʒn̩-] *m* orange juice **Orangenschale** *f* orange peel
Orang-Utan <-s, -s> ['o:raŋ'ʔu:tan] *m* orangutan
Orchester <-s, -> [ɔr'kɛstɐ] *nt* orchestra
Orchestergraben *m* MUS orchestra pit
Orchidee <-, -n> [ɔrçi'de:ə] *f* orchid
Orden <-s, -> ['ɔrdn̩] *m* ❶ decoration; **jdm einen ~ verleihen** to decorate sb ❷ REL [holy] order
ordentlich ['ɔrdn̩tlɪç] **I.** *adj* ❶ tidy ❷ *(fam: gehörig)* proper **II.** *adv* ❶ *(säuberlich)* neatly ❷ *(fam: gehörig)* properly; **~ essen** to eat well
Ordinalzahl [ɔrdi'na:l-] *f* ordinal [number]
ordinär [ɔrdi'nɛ:ɐ̯] *adj* vulgar
ordnen ['ɔrdnən] *vt (sortieren)* to arrange; **etw neu ~** to rearrange sth
Ordner <-s, -> *m* file
O **Ordnung** <-, -en> ['ɔrdnʊŋ] *f kein pl* order; **die öffentliche ~** public order; **~ halten** to keep things tidy; **~ schaffen** to tidy things up ▸ **es in ~ finden, dass ...** to find it right that ...; **es nicht in ~ finden, dass ...** to not think it's right that ...; **geht in ~!** that's OK
Ordnungsamt *nt* regulatory agency *(municipal authority responsible for registration, licensing, and regulating public events)* **ordnungsgemäß I.** *adj* according to the rules *pred* **II.** *adv* in accordance with the regulations **Ordnungsstrafe** *f* fine
ordnungswidrig I. *adj* illegal **II.** *adv* illegally
Ordnungswidrigkeit *f* infringement
Ordnungszahl *f s.* **Ordinalzahl**
Organ <-s, -e> [ɔr'ga:n] *nt* organ
Organhandel *m* [illegal] trade in [body] organs
Organisation <-, -en> [ɔrganiza'tsi̯o:n] *f* organization
Organisationstalent *nt* ❶ *kein pl (Eigenschaft)* talent for organization ❷ *(Mensch)* person with a talent for organization
organisatorisch [ɔrganiza'to:rɪʃ] **I.** *adj* organizational **II.** *adv* organizationally
organisch [ɔr'ga:nɪʃ] *adj* organic
organisieren [ɔrgani'zi:rən] **I.** *vt, vi* to organize **II.** *vr* **sich ~** to organize
organisiert *adj* organized; **~es Verbrechen** organized crime; **~e Maßnahmen** coordinated measures
Organismus <-, -nismen> [ɔrga'nɪsmʊs] *m* organism
Organspende *f* organ donation **Organspender(in)** *m(f)* organ donor **Organtransplantation** *f*, **Organverpflanzung** *f* organ transplant
Orgasmus <-, Orgasmen> [ɔr'gasmʊs] *m* orgasm
Orgel <-,-n> ['ɔrgl̩] *f* organ
Orgie <-, -n> ['ɔrgi̯ə] *f* orgy
Orient <-s> ['o:riɛnt] *m kein pl* **der ~** the Middle East
orientalisch [ori̯ɛn'ta:lɪʃ] *adj* Middle Eastern
orientieren [ori̯ɛn'ti:rən] *vr (sich zurechtfinden)* **sich ~** to orient oneself
Orientierung <-, -en> [ori̯ɛn'ti:rʊŋ] *f* orientation; **die ~ verlieren** to lose one's bearings
Orientierungslauf *m* orienteering *no pl* **Orientierungssinn** *m kein pl* sense of direction
original [origi'na:l] *adj* ❶ *(echt)* genuine ❷ *(ursprünglich)* original
Original <-s, -e> [origi'na:l] *nt* original; **im ~** in the original
originell [origi'nɛl] *adj* original
Orkan <-[e]s, -e> [ɔr'ka:n] *m* hurricane
Ornament <-[e]s, -e> [ɔrna'mɛnt] *nt* ornament
Ort[1] <-[e]s, -e> [ɔrt] *m* ❶ place; **der ~ der Handlung** the scene of the action ❷ *(Ortschaft)* village ▸ **an ~ und Stelle** there and then

Ort[2] ['ɔrt] *nt (fam)* ▸ **vor ~** on the spot

Orthopäde, **Orthopädin** <-n, -n> [ɔrto'pɛːdə, -'pɛːdɪn] *m, f* orthopaedist

Orthopädie <-> [ɔrtopɛ'diː] *f kein pl* orthopaedics + *sing vb*

orthopädisch [ɔrto'pɛːdɪʃ] *adj* orthopaedic

örtlich ['œrtlɪç] **I.** *adj* local **II.** *adv* locally; **jdn ~ betäuben** to give sb a local anaesthetic

Ortsangabe *f (Standortangabe)* [name of] location; *(in Anschrift)* [name of the] town/city **Ortsausgang** *m* end of a village [*or* town]

Ortschaft <-, -en> *f* village; **geschlossene ~** built-up area

Ortseingang *m* start of a village [*or* town] **ortsfremd** *adj* non-local; **~ sein** to be a stranger **Ortsgespräch** *nt* local call **Ortsname** *m* place name **Ortsnetzkennzahl** *f* dialling [*or* AM area] code **Ortsschild** *nt* place name sign **Ortstarif** *m* local [call] rate **Ortsteil** *m* part of a village [*or* town] **Ortszeit** *f* local time

Öse <-, -n> ['øːzə] *f* eye[let]

Osmose <-, -n> [ɔs'moːzə] *f* osmosis *no pl, no art spec*

Ossi[1] <-s, -s> ['ɔsi] *m (fam)* male East German

Ossi[2] <-, -s> ['ɔsi] *f (fam)* female East German

Ost <-[e]s, -e> ['ɔst] *m kein pl, kein art* east

Ostasien *nt* East[ern] Asia **ostdeutsch** ['ɔstdɔytʃ] *adj* East German **Ostdeutschland** ['ɔstdɔytʃlant] *nt* East[ern] Germany

Osten <-s> ['ɔstn̩] *m kein pl, kein indef art* east; **im/nach ~** in/to the east; **der Ferne/Nahe ~** the Far/Middle East

Osterei *nt* Easter egg **Osterglocke** *f* daffodil **Osterhase** *m* Easter bunny **Ostermontag** ['oːstɐ'moːntaːk] *m* Easter Monday

Ostern <-, -> ['oːstɐn] *nt* Easter; **frohe ~!** Happy Easter!

Österreich <-s> ['øːstəraiç] *nt* Austria

Österreicher(in) <-s, -> ['øːstəraiçɐ] *m(f)* Austrian

österreichisch ['øːstəraiçɪʃ] *adj* Austrian

Ostersonntag ['oːstɐ'zɔntaːk] *m* Easter Sunday

Osteuropa ['ɔstʔɔy'roːpa] *nt* East[ern] Europe **Ostfriese**, **-friesin** <-n, -n> *m, f* East Frisian **ostfriesisch** ['ɔst'friːzɪʃ] *adj* East Frisian **Ostfriesland** ['ɔst'friːslant] *nt* East Friesland

östlich ['œstlɪç] **I.** *adj* eastern **II.** *adv* **~ von ...** east of ... **III.** *präp +gen;* **~ einer S.** [to the] east of sth

Ostsee ['ɔstzeː] *f* **die ~** the Baltic [Sea] **Oststaaten** *pl (in USA)* Eastern states *npl*

ostwärts ['ɔstvɛrts] *adv* eastwards, to the east

Otter[1] <-, -n> ['ɔtɐ] *f (Schlange)* adder

Otter[2] <-s, -> ['ɔtɐ] *m (Fischotter)* otter

outen ['autən] *vt* to come out

Outing <-s, -s> ['autɪŋ] *nt* coming out

oval [o'vaːl] *adj* oval

Oval <-s, -e> [o'vaːl] *nt* oval

Oxid <-[e]s, -e> [ɔ'ksiːt] *nt* oxide

Oxidation <-, -en> [ɔksida'tsi̯oːn] *f* oxidation *no art, no pl*

oxidieren [ɔksi'diːrən] *vi, vt sein o haben* to oxidize

Ozean <-s, -e> ['oːtseaːn] *m* ocean; **der Atlantische/Pazifische ~** the Atlantic/Pacific Ocean

Ozon <-s> [o'tsoːn] *nt o m kein pl* ozone

Ozonloch *nt* ÖKOL **das ~** the hole in the ozone layer **Ozonschicht** *f kein pl* **die ~** the ozone layer

O

Pp

P, p <-, -> *nt* P, p

paar [paːɐ̯] *adj* **ein ~ ...** a few ...; **ein ~ Mal** a couple of times; **alle ~ Tage** every few days

Paar <-s, -e> [paːɐ̯] *nt* pair; *(Mann und Frau)* couple; **ein ~ neue Socken** a pair of new socks

paaren [paːrən] *vr* **sich ~** to mate

paarweise *adv* in pairs

Pacht <-, -en> [paxt] *f* ❶ *(Entgelt)* rent ❷ *(Pachtvertrag)* lease

pachten ['paxtn̩] *vt* to lease

Pächter(in) <-s, -> ['pɛçtɐ] *m(f)* tenant

Pachtvertrag *m* lease

Pack¹ <-[e]s, -e *o* Päcke> [pak] *m* pack

Pack² <-s> [pak] *nt kein pl (pej)* riff-raff *+ pl vb*

Päckchen <-s, -> ['pɛkçən] *nt* ❶ *(Postversand)* small parcel ❷ *(Packung)* packet

packen ['pakn̩] *vt* ❶ *(ergreifen)* to grab (**an** by) ❷ *(einpacken)* to pack; **Gepäck in den Kofferraum ~** to put luggage in the boot; **ein Paket ~** to make up a parcel *sep* ❸ *(überkommen)* to seize; **von Ekel gepackt** seized by revulsion ❹ *(fam: bewältigen)* to manage

P

Packen <-s, -> ['pakn̩] *m* stack; *(unordentlich a.)* pile; *(zusammengeschnürt)* bundle

packend *adj* absorbing; *Buch, Film* thrilling

Packpapier *nt* wrapping paper

Packung <-, -en> *f* pack[et]; **eine ~ Pralinen** a box of chocolates

Packungsbeilage *f* PHARM *information leaflet included in medicine packets*

Pädagoge, **Pädagogin** <-n, -n> [pɛda'goːgə, pɛda'goːgɪn] *m, f* teacher; *(Erziehungswissenschaftler)* education[al]ist

Pädagogik <-> [pɛda'goːgɪk] *f kein pl* educational theory *no art, no pl*

pädagogisch [pɛda'goːgɪʃ] *adj* educational

Paddel <-s, -> ['padl̩] *nt* paddle

Paddelboot *nt* canoe

paddeln ['padl̩n] *vi sein o haben* to paddle

Page <-n, -n> ['paːʒə] *m* page [boy]

Pagode <-, -n> [pa'goːdə] *f* pagoda

Paket <-[e]s, -e> [pa'keːt] *nt* ❶ package ❷ *(Postsendung)* parcel

Paketannahme *f* parcels counter **Paketausgabe** *f* parcels counter

Pakistan <-s> ['paːkɪstaːn] *nt* Pakistan; *s.a.* **Deutschland**

Pakt <-[e]s, -e> [pakt] *m* pact

Palast <-[e]s, Paläste> [pa'last] *m* palace

Palästina <-s> [palɛs'tiːna] *nt* Palestine; *s.a.* **Deutschland**

Palästinenser(in) <-s, -> [palɛsti'nɛnzɐ] *m(f)* Palestinian; *s.a.* **Deutsche(r)**

palästinensisch [palɛsti'nɛnzɪʃ] *adj* Palestinian

Palliativmedizin [pali̯'tiːf-] *f* palliative medicine

Palme <-, -n> ['palmə] *f* palm [tree]

Palmsonntag [palm'zɔntaːk] *m* Palm Sunday

Pampelmuse <-, -n> ['pampl̩muːzə] *f* grapefruit

Panama <-s> ['panama] *nt* Panama; *s.a.* **Deutschland**

Panamaer(in) <-s, -> ['panamaɐ̯] *m(f)* Panamanian; *s.a.* **Deutsche(r)**

Panflöte ['paːn-] *f* panpipes *npl*

panieren [pa'niːrən] *vt* to bread

Paniermehl *nt* breadcrumbs *npl*

Panik <-, -en> ['paːnɪk] *f* panic *no pl;* **in ~ geraten** to panic

panisch ['paːnɪʃ] **I.** *adj attr* panic-stricken **II.** *adv* in panic; **sich ~ vor etw** *dat*

fürchten to be terrified of sth

Panne <-, -n> [ˈpanə] *f* TECH breakdown

Pannendienst <-es, -e> *m* breakdown service

Panorama <-s, Panoramen> [panoˈraːma] *nt* panorama

Pant(h)er <-s, -> [ˈpantɐ] *m* panther

Pantoffel <-s, -n> [panˈtɔfl̩] *m* slipper

pan(t)schen [ˈpantʃn̩] *vt, vi* to adulterate

Panzer <-s, -> [ˈpantsɐ] *m* ❶ MIL tank ❷ ZOOL shell

panzern [ˈpantsɐn] *vt* to armour-plate

Papa <-s, -s> [ˈpapa] *m* dad

Papagei <-s, -en> [papaˈgai] *m* parrot

Paperback <-s, -s> [ˈpeːpɐbɛk] *nt* paperback

Papi <-s, -s> [ˈpapi] *m (fam) s.* **Papa**

Papier <-s, -e> [paˈpiːɐ̯] *nt* ❶ paper ❷ *(Ausweise)* **~e** papers *npl*

Papiergeld *nt* paper money **Papierkorb** *m* wastepaper basket **Papierkrieg** *m (fam: Schreibtischarbeit)* [tiresome] paperwork *no pl, no indef art; (Korrespondenz)* tiresome exchange of letters **Papierstau** *m* paper jam **Papiertaschentuch** *nt* paper handkerchief **Papiertüte** *f* paper bag

Pappbecher *m* paper cup

Pappe <-, -n> [ˈpapə] *f* cardboard

Pappel <-, -n> [ˈpapl̩] *f* poplar

pappig [ˈpapɪç] *adj (fam)* ❶ *(klebrig)* sticky ❷ *(breiig)* mushy

Pappkarton *m* ❶ *(Pappschachtel)* cardboard box ❷ *(Pappe)* cardboard *no pl, no art*

Pappteller *m* paper plate

Paprika <-s, -[s]> [ˈpaprika] *m* ❶ *(Gemüse)* pepper ❷ *kein pl (Gewürz)* paprika

Papst <-[e]s, Päpste> [paːpst] *m* pope

päpstlich [ˈpɛːpstlɪç] *adj* papal *a. pej*

Paradeiser <-s, -> [paraˈdaizɐ] *m* ÖSTERR tomato

Paradies <-es, -e> [paraˈdiːs] *nt* paradise

paradox [paraˈdɔks] *adj* paradoxical

Paragraf, **Paragraph** <-en, -en> *m* paragraph

parallel [paraˈleːl] *adj, adv* parallel

Parallele <-, -n> [paraˈleːlə] *f* parallel

Parallelstraße *f* parallel street

paramilitärisch [ˈpaːramilitɛrɪʃ] *adj* paramilitary

Paranuss *f* Brazil nut

Parasit <-en, -en> [paraˈziːt] *m* parasite

parat [paˈraːt] *adj (geh)* ready; **etw ~ haben** to have sth ready

Parfüm <-s, -e> [parˈfyːm] *nt* perfume

Parfümerie <-, -n> [parfyməˈriː, *pl:* -ˈriːən] *f* perfumery

parfümieren [parfyˈmiːrən] *vt* to perfume; **sich ~** to put on perfume *sep*

Pariser <-s, -> [paˈriːzɐ] *m (sl: Kondom)* French letter *dated fam*

Pariser(in) <-s, -> [paˈriːzɐ] *m(f)* Parisian

Park <-s, -s> [park] *m* park

Parkbank *f* park bench

Parkbucht *f* lay-by

parken [ˈparkn̩] *vi, vt* to park

Parkett <-s, -e> [parˈkɛt] *nt* parquet [flooring]

Parkgebühr *f* parking fee **Parkhaus** *nt* multi-storey car park [*or* AM parking lot]

Parkinsonkrankheit, **parkinsonsche Krankheit** [ˈparkɪnzɔn-] *f* MED Parkinson's disease **Parklücke** *f* parking space

Parkour <-[s]> [parˈkuːɐ̯] *m kein pl, meist ohne art* parkour, free running

Parkplatz *m* ❶ *(Parkbereich)* car park BRIT, parking lot AM ❷ *(Parklücke)* parking space **Parkscheibe** *f* parking disc *(a plastic dial with a clockface that drivers place in the windscreen to show the time from when the car has been parked)* **Parkstreifen** *m* lay-by **Parksünder(in)** *m(f)* parking offender **Parkuhr** *f* parking meter **Parkverbot** *nt* parking ban **Parkwächter(in)** *m(f)* car park [*or* AM parking lot] attendant

Parlament <-[e]s, -e> [parlaˈmɛnt] *nt* parliament

Parlamentarier(in) <-s, -> [parlamɛnˈtaːri̯ɐ] *m(f)* parliamentarian

parlamentarisch [parlamɛnˈtaːrɪʃ] *adj* parliamentary

Parlamentsgebäude *nt* parliament building **Parlamentsmitglied** *nt* Member of Parliament **Parlamentssitzung** *f* sitting of parliament **Parlamentswahl** *f* parliamentary election

Parmesan(käse) <-s> [parmeˈzaːn-] *m kein pl* Parmesan [cheese]

Parodontose <-, -n> [parodɔnˈtoːzə] *f* periodontosis

Partei <-, -en> [parˈtai] *f* party; **für/gegen jdn ~ ergreifen** to side with/against sb

Parteifreund(in) *m(f)* fellow party member **Parteiführung** *f* party leadership *no pl* **Parteigelder** *pl* party funds **Parteigenosse, -genossin** <-n, -n> *m, f* party member

parteiisch [parˈtaiɪʃ] *adj* biased

Parteilichkeit <-> *f kein pl* partiality, bias

Parteilinie *f* party line

parteilos *adj* independent

Parteimitglied *nt* party member **Parteipolitik** *f* party politics + *sing vb* **Parteiprogramm** *nt* [party] manifesto **Parteitag** *m* ❶ *(Parteikonferenz)* party conference ❷ *(Beschlussorgan)* party executive **Parteivorsitzende(r)** *f(m)* party chair

parterre [parˈtɛr] *adv* on the ground floor

Partie <-, -n> [parˈtiː] *f* SPORT game; **eine ~ Schach** a game of chess

Partizip <-s, -ien> [partiˈtsiːp] *nt* participle

Partner(in) <-s, -> [ˈpartnɐ] *m(f)* partner

Partnerbörse *f* INET [online] dating service, [online] dating site

Partnerschaft <-, -en> *f* partnership; **in einer ~ leben** to live with somebody

Partnerstadt *f* twin town

Party <-, -s> [ˈpaːti] *f* party

Partymeile *f (fam)* party mecca

Partyservice [ˈpaːtizøːɐ̯vɪs] *m* party catering service

Pass <-es, Pässe> [pas] *m* ❶ passport ❷ GEOG pass

Passage <-, -n> [paˈsaːʒə] *f* passage

Passagier <-s, -e> [pasaˈʒiːɐ̯] *m* passenger; **ein blinder ~** a stowaway

Passant(in) <-en, -en> [paˈsant] *m(f)* passer-by

Passat(wind) <-s, -e> [paˈsaːt-] *m* trade wind

Passbild *nt* passport photo[graph]

passen [ˈpasn̩] *vi* ❶ *Kleider* **[jdm] ~** to fit [sb] ❷ *(harmonieren)* **zu etw** *dat* **~** to go well with sth; **gut zueinander ~** to be suited to each other ❸ *(gelegen sein)* **jdm ~** to suit sb; **passt es Ihnen, wenn …?** would it be ok to …?

passend *adj* fitting; **ein ~er Anzug/Schlüssel** a suit/key that fits; **die ~en Worte finden** to know the right thing to say

passierbar *adj Weg* negotiable; *Fluss* navigable

passieren [paˈsiːrən] *vi sein* ❶ *(geschehen)* to happen; **ist was passiert?** has something happened?; **… sonst passiert was!** … or there'll be trouble!; **jdm ist etwas/nichts passiert** something/nothing has happened to sb ❷ *(durchgehen)* to pass; **jdn ~ lassen** to let sb pass

passioniert [pasi̯oˈniːɐ̯t] *adj (geh)* passionate

Passionsfrucht *f* passion fruit

passiv [ˈpasiːf] **I.** *adj* passive **II.** *adv* passively

Passiv <-s, -e> [ˈpasiːf] *nt* passive

Passivität <-> [pasiviˈtɛːt] *f kein pl* passivity

Passivrauchen *nt* passive smoking

Passkontrolle *f* passport control

Passstraße *f* pass

Passwort <-es, -wörter> *nt* password

Paste <-, -n> [ˈpastə] *f* paste

Pastellfarbe *f* pastel colour **Pastell-**

ton *m* pastel shade
Pastete <-, -n> [pas'te:tə] *f* pâté; *(in einer Hülle)* pie
Pastor(in) <-s, -en> ['pasto:ɐ̯, -'to:rɪn] *m(f) s.* **Pfarrer**
Patchworkfamilie ['pɛtʃwø:ɐ̯k-] *f* blended family, patchwork family
Pate, **Patin** <-n, -n> ['pa:tə, 'pa:tɪn] *m, f* REL godparent, godfather *masc*, godmother *fem*
Patenkind *nt* godchild **Patenonkel** *m* godfather **Patenschaft** <-, -en> *f* ❶ REL godparenthood ❷ *(fig: finanzielle Unterstützung)* sponsorship
patent [pa'tɛnt] *adj* ❶ *(sehr brauchbar)* ingenious ❷ *(fam: tüchtig)* top-notch
Patent <-[e]s, -e> [pa'tɛnt] *nt* patent
Patentamt *nt* Patent Office
Patentante *f* godmother
patentieren [patɛn'ti:rən] *vt* to patent; **sich** *dat* **etw ~ lassen** to have sth patented
Patentinhaber(in) <-s, -> *m(f)* patentee, patent holder **Patentrezept** *nt* patent remedy
Pater <-s, -> ['pa:tɐ] *m* Father
pathologisch [pato'lo:gɪʃ] *adj* pathological
Patient(in) <-en, -en> [pa'tsi̯ɛnt] *m(f)* patient; **stationärer ~** in-patient
Patientenverfügung *f* JUR, MED living will
Patin <-, -nen> ['pa:tɪn] *f fem form von* **Pate** godmother
Patriarch <-en, -en> [patri'arç] *m* patriarch
patriarchalisch [patriar'ça:lɪʃ] *adj* patriarchal
Patriarchat <-[e]s, -e> [patriar'ça:t] *nt* patriarchy
Patriot(in) <-en, -en> [patri'o:t] *m(f)* patriot
patriotisch [patri'o:tɪʃ] *adj* patriotic
Patriotismus <-> [patrio'tɪsmʊs] *m kein pl* patriotism
Patrone <-, -n> [pa'tro:nə] *f* cartridge
patrouillieren [patrʊ'li:rən] *vi* to patrol
Patsche ['patʃə] *f* ▶ **jdm aus der ~ helfen** *(fam)* to get sb out of a tight spot; **in der ~ sitzen** *(fam)* to be in a tight spot
Pauke <-, -n> ['paukə] *f* kettledrum
pauken ['paʊkn̩] *vi, vt (fam)* to cram; **Vokabeln/Mathe ~** to cram for vocabulary/maths
Pauker(in) <-s, -> ['paʊkɐ] *m(f) (fam)* teacher
pausbäckig ['pausbɛkɪç] *adj* chubby-cheeked
pauschal [paʊ'ʃa:l] **I.** *adj* ❶ *(undifferenziert)* sweeping ❷ FIN flat-rate *attr,* all-inclusive **II.** *adv* ❶ *(allgemein)* **etw ~ beurteilen** to make a wholesale judgement about sth ❷ FIN at a flat rate; **~ bezahlen** to pay in a lump sum
Pauschalbetrag *m* lump sum
Pauschale <-, -n> [pau'ʃa:lə] *f* flat rate
Pauschalpreis *m* all-inclusive price **Pauschaltourismus** *m* package tourism **Pauschaltourist(in)** *m(f)* TOURIST package holiday tourist **Pauschalurlaub** *m* package holiday
Pause <-, -n> ['pauzə] *f* break; **[eine] ~ machen** to have a break
pausenlos **I.** *adj* continuous **II.** *adv* continuously
Pavian <-s, -e> ['pa:vi̯a:n] *m* baboon
Pazifik <-s> [pa'tsi:fɪk] *m* **der ~** the Pacific
Pazifismus <-> [patsi'fɪsmʊs] *m kein pl* pacifism
Pazifist(in) <-en, -en> [patsi'fɪst] *m(f)* pacifist
pazifistisch *adj* pacifist
PC <-s, -s> [pe:'tse:] *m Abk von* **Personal Computer** PC
Pech <-[e]s, -e> [pɛç] *nt (fam)* bad luck; **~ haben** to be unlucky; **~ gehabt!** tough!; **so ein ~!** just my/our etc. luck
Pechvogel *m (fam)* walking disaster
Pedal <-s, -e> [pe'da:l] *nt* pedal
Pedant(in) <-en, -en> [pe'dant] *m(f)* pedant
pedantisch [pe'dantɪʃ] **I.** *adj* pedantic **II.** *adv* pedantically

Pegel <-s, -> [ˈpeːgl̩] *m* water level
Pein <-> [pain] *f kein pl (geh)* agony
peinigen [ˈpainɪgn̩] *vt* to torment
peinlich [ˈpainlɪç] **I.** *adj* embarrassing; **es war ihr sehr ~** she was very embarrassed about it **II.** *adv* ① *(unangenehm)* **jdn ~ berühren** to be awkward for sb ② *(gewissenhaft)* **~ befolgen** to follow diligently
Peitsche <-, -n> [ˈpaitʃə] *f* whip
peitschen [ˈpaitʃn̩] **I.** *vt* to whip **II.** *vi* **gegen etw** *akk* **~** to lash against sth
Pektin <-s, -e> [pɛkˈtiːn] *nt* pectin
Pelikan <-s, -e> [ˈpeːlikaːn] *m* pelican
Pelle <-, -n> [ˈpɛlə] *f (fam: Haut)* skin ▶**jdm auf die ~ rücken** *(fam: sich dicht herandrängen)* to crowd sb; *(jdn bedrängen)* to badger sb
pellen [ˈpɛlən] *vt, vr* [**sich**] **~** to peel
Pellkartoffeln *pl* potatoes boiled in their jackets
Pelz <-es, -e> [pɛlts] *m* fur
Pelzkragen *m* fur collar
Pelzmantel *m* fur coat
Pendel <-s, -> [ˈpɛndl̩] *nt* pendulum
pendeln [ˈpɛndl̩n] *vi* ① *haben* to swing ② *sein* TRANSP to commute
Pendelverkehr *m* ① *(Nahverkehrsdienst)* shuttle service ② *(Berufsverkehr)* commuter traffic
Pendler(in) <-s, -> [ˈpɛndlɐ] *m(f)* commuter
Pendlerpauschale *f* FIN *tax-deductible commuting expenses for employees*
penetrant [peneˈtrant] **I.** *adj* ① *(durchdringend)* penetrating ② *(aufdringlich)* overbearing **II.** *adv* penetratingly
penibel [peˈniːbl̩] *adj* meticulous
Penis <-, -se> [ˈpeːnɪs] *m* penis
Penizillin <-s, -e> [penitsɪˈliːn] *nt* penicillin
pennen [ˈpɛnən] *vi (fam)* to sleep
Penner(in) <-s, -> *m(f) (pej fam)* bum
Pension <-, -en> [pãˈzi̯oːn] *f* ① TOURIST guest house ② *(Ruhegehalt)* pension; **in ~ sein** to be retired; **in ~ gehen** to go into retirement
pensionieren [pãzi̯oˈniːrən] *vt* **pensioniert werden** to be pensioned off; **sich ~ lassen** to retire
pensioniert *adj* retired
pensionsberechtigt *adj* entitled to a pension **Pensionsgast** *m* hotel [*or* boarding house] guest
Pensum <-s, Pensa> [ˈpɛnzʊm] *nt* work quota
Peperoni [pepeˈroːni] *pl* ① chillies *npl* ② SCHWEIZ *(Gemüsepaprika)* peppers *npl*
per [pɛr] *präp* ① *(durch)* by; **~ Post** by post [*or* AM mail] ② **mit jdm ~ du/Sie sein** to address sb with 'du'/'Sie'
perfekt [pɛrˈfɛkt] **I.** *adj* perfect **II.** *adv* perfectly
Perfekt <-s, -e> [ˈpɛrfɛkt] *nt* perfect
Perfektion <-> [pɛrfɛkˈtsi̯oːn] *f kein pl* perfection
Pergola <-, Pergolen> [ˈpɛrgola, *pl:* -golən] *f* pergola
Periode <-, -n> [peˈri̯oːdə] *f* period
periodisch [peˈri̯oːdɪʃ] **I.** *adj* periodic[al] **II.** *adv* periodically
Peripherie <-, -n> [perifeˈriː] *f* periphery
Perle <-, -n> [ˈpɛrlə] *f* ① *(Schmuckperle)* pearl ② *(Kügelchen, Tropfen)* bead
perlen [ˈpɛrlən] *vi* **auf etw** *dat* **~** to form beads on sth; **von etw ~** *dat* to trickle from sth
Perlenkette *f* pearl necklace
Perlmutt <-s> [ˈpɛrlmʊt] *nt kein pl* mother-of-pearl
permanent [pɛrmaˈnɛnt] *adj* permanent
perplex [pɛrˈplɛks] *adj* dumbfounded
Perser(in) <-s, -> [ˈpɛrzɐ] *m(f)* Persian
Perserteppich *m* Persian rug
Persien <-s> [ˈpɛrzi̯ən] *nt* Persia
persisch [ˈpɛrzɪʃ] *adj* Persian
Person <-, -en> [pɛrˈzoːn] *f* person; **juristische ~** JUR legal entity
Personal <-s> [pɛrzoˈnaːl] *nt kein pl* staff
Personalausweis *m* identity card
Personalien [pɛrzoˈnaːli̯ən] *pl* particulars

Personalpronomen *nt* personal pronoun **Personalvermittlung** *f* ÖKON employment agency

Personenkontrolle *f* identity check **Personenkraftwagen** *m* motorcar **Personenverkehr** *m* passenger transport

Personifizierung <-, -en> *f* *(geh)* personification

persönlich [pɛr'zø:nlɪç] **I.** *adj* personal **II.** *adv* personally; ~ **erscheinen** to appear in person

Persönlichkeit <-, -en> *f* personality

Perspektive <-, -n> [pɛrspɛk'ti:və] *f* ① perspective ② *(Aussichten)* prospect *usu pl*

perspektivlos *adj* without prospects

Perücke <-, -n> [pe'rʏkə] *f* wig

pervers [pɛr'vɛrs] *adj* perverted

Perversion <-, -en> [pɛrvɛr'zi̯o:n] *f* perversion

Pessimismus <-> [pɛsi'mɪsmʊs] *m* *kein pl* pessimism

Pessimist(in) <-en, -en> [pɛsi'mɪst] *m(f)* pessimist

pessimistisch [pɛsi'mɪstɪʃ] **I.** *adj* pessimistic **II.** *adv* pessimistically

Pest <-> [pɛst] *f* *kein pl* **die** ~ the plague

Petersilie <-, -n> [petɐ'zi:li̯ə] *f* parsley

Petroleum <-s> [pe'tro:leʊm] *nt* *kein pl* paraffin

petto ['pɛto] *adv* ▶ **etw in ~ haben** *(fam)* to have sth up one's sleeve

petzen ['pɛtsn̩] **I.** *vt* *(pej fam)* [**jdm**] **etw** ~ to tell [sb] about sth **II.** *vi* *(pej fam)* to tell

Pfad <-[e]s, -e> [pfa:t] *m* path

Pfadfinder(in) <-s, -> *m(f)* [boy] scout *masc*, [girl] guide *fem*

Pfahl <-[e]s, Pfähle> [pfa:l] *m* stake

Pfand <-[e]s, Pfänder> [pfant] *nt* deposit

Pfandbrief *m* mortgage bond

pfänden ['pfɛndn̩] *vt* [**jdm**] **etw** ~ to impound [sb's] sth

Pfandflasche *f* returnable bottle **Pfandleiher(in)** <-s, -> *m(f)* pawnbroker

Pfanne <-, -n> ['pfanə] *f* pan

Pfannkuchen *m* pancake

Pfarramt *nt* vicarage

Pfarrei <-, -en> [pfa'rai] *f* *(Gemeinde)* parish

Pfarrer(in) <-s, -> ['pfarɐ] *m(f)* *(katholisch)* priest; *(evangelisch)* pastor; *(anglikanisch)* vicar

Pfau <-s, -en> [pfau] *m* peacock

Pfeffer <-s, -> ['pfɛfɐ] *m* pepper

Pfefferkuchen *m* gingerbread **Pfefferminzbonbon** *nt* peppermint **Pfefferminze** *f* *kein pl* peppermint **Pfefferminztee** *m* peppermint tea **Pfeffermühle** *f* pepper mill

pfeffern ['pfɛfɐn] *vt* KOCHK **etw** ~ to season sth with pepper

Pfeife <-, -n> ['pfaifə] *f* pipe; ~ **rauchen** to smoke a pipe

pfeifen <pfiff, gepfiffen> ['pfaifn̩] *vi* ① to whistle ② *(fam: verzichten können)* **auf etw** *akk* ~ not to give a damn about sth

Pfeifton *m* whistle

Pfeil <-s, -e> [pfail] *m* arrow; ~ **und Bogen** bow and arrow

Pfeiler <-s, -> ['pfailɐ] *m* pillar

Pfennig <-s, -e> ['pfɛnɪç] *m* *(hist)* pfennig; **keinen ~ wert sein** to be worth nothing

Pfennigfuchser(in) <-s, -> [-fʊksɐ] *m(f)* *(fam)* stinge

Pferch <-es, -e> [pfɛrç] *m* pen

Pferd <-[e]s, -e> [pfe:ɐ̯t] *nt* ① horse; **zu ~e** on horseback ② SCHACH knight

Pferderennbahn *f* racecourse **Pferderennen** *nt* horse-racing **Pferderennsport** *m* horse racing **Pferdeschwanz** *m* *(Frisur)* ponytail **Pferdestall** *m* stable **Pferdestärke** *f* horsepower

pfiff [pfɪf] *vi, vt imp von* **pfeifen**

Pfiff <-s, -e> [pfɪf] *m* whistle

Pfifferling <-[e]s, -e> ['pfɪfɐlɪŋ] *m* chanterelle

pfiffig ['pfɪfɪç] *adj* smart

Pfingsten <-, -> ['pfɪŋstn̩] *nt* Whitsun

Pfingstmontag *m* Whit Monday **Pfingstsonntag** *m* Whit Sunday

Pfirsich <-s, -e> ['pfɪrzɪç] *m* peach

Pflanze <-, -n> ['pflantsə] *f* plant

pflanzen ['pflantsn̩] *vt* to plant

Pflanzenschutzmittel *nt* pesticide

pflanzlich *adj* vegetable

Pflaster <-s, -> ['pflastɐ] *nt* ① MED plaster ② BAU road surface

Pflastermaler(in) *m(f)* pavement artist

pflastern ['pflastɐn] *vt* to surface; **etw mit Steinplatten ~** to pave sth with flagstones

Pflasterstein ['pflastɐ-] *m* paving stone

Pflaume <-, -n> ['pflaumə] *f* plum

Pflege <-> ['pfle:gə] *f kein pl* ① care; *(Fellreinigung)* grooming ② MED nursing; **jdn/ein Tier [bei jdm] in ~ geben** to have sb/an animal looked after [by sb]; **jdn/ein Tier in ~ nehmen** to look after sb/an animal

pflegebedürftig *adj* in need of care *pred* **Pflegeeltern** *pl* foster parents **Pflegefall** *m* **jd ist ein ~** sb needs constant nursing care **Pflegeheim** *nt* nursing home **Pflegekind** *nt* foster child **pflegeleicht** *adj* easy-care *attr*

pflegen ['pfle:gn̩] **I.** *vt* ① *Kranken* to nurse ② *(Beziehungen)* to cultivate ③ *(kosmetisch)* to treat (**mit** with) **II.** *vr* **sich ~** *(Körperpflege)* to take care of one's appearance

Pfleger(in) <-s, -> *m(f)* [male] nurse *masc*, nurse *fem*

Pflegesatz *m* hospital charges *pl*

pfleglich ['pfle:klɪç] *adv* carefully, with care

Pflicht <-, -en> [pflɪçt] *f* duty; **nur seine ~ tun** to only do one's duty

Pflichtbewusstsein *nt* sense of duty **Pflichtgefühl** *nt kein pl* sense of duty **pflichtgemäß** **I.** *adj* dutiful **II.** *adv* dutifully **pflichtvergessen** *adj* negligent, neglectful of one's duty; **~ handeln** to act negligently [*or* irresponsibly]

pflücken ['pflʏkn̩] *vt* to pick

Pflug <-es, Pflüge> [pflu:k] *m* plough, *esp* AM plow

pflügen *vi, vt* to plough, *esp* AM to plow

Pforte <-, -n> ['pfɔrtə] *f* gate

Pförtner(in) <-s, -nen> ['pfœrtnɐ] *m(f)* porter

Pfosten <-s, -> ['pfɔstn̩] *m* post

Pfote <-, -n> ['pfo:tə] *f* paw

pfui [pfui] *interj* yuck

Pfund <-[e]s, -e> [pfʊnt] *nt* pound

pfuschen ['pfʊʃn̩] *vi* to be sloppy

Pfuscherei <-, -en> [pfʊʃɛ'rai] *f* botching

Pfütze <-, -n> ['pfʏtsə] *f* puddle

Phänomen <-s, -e> [fɛno'me:n] *nt* phenomenon

phänomenal [fɛnome'na:l] *adj* phenomenal

Phantasie <-, -n> [fanta'zi:] *f s.* **Fantasie**

phantasielos *adj s.* **fantasielos**

phantasieren [fanta'zi:rən] *vt, vi s.* **fantasieren**

phantasievoll *adj s.* **fantasievoll**

phantastisch [fan'tastɪʃ] *adj s.* **fantastisch**

Phantom <-s, -e> [fan'to:m] *nt* phantom

Phantombild *nt* identikit [picture] BRIT, composite sketch AM

pharmazeutisch [farma'tsɔytɪʃ] *adj* pharmaceutical

Pharmazie <-> [farma'tsi:] *f kein pl* pharmacy *no pl, no art*

Philippinen [fili'pi:nən] *pl* **die ~** the Philippines *pl*

Philippiner(in) <-s, -> [fili'pi:nɐ] *m(f)* Filipino; *s.a.* **Deutsche(r)**

philippinisch [fili'pi:nɪʃ] *adj* Filipino; *s.a.* **deutsch**

Philologe, **Philologin** <-n, -n> [filo'lo:gə] *m, f* philologist

Philosoph(in) <-en, -en> [filo'zo:f] *m(f)* philosopher

Philosophie <-, -n> [filozo'fi:] *f* philosophy

philosophieren [filozo'fi:rən] *vi* to philosophize

philosophisch [filo'zo:fɪʃ] *adj* philosoph-

ical
Phishing ['fɪʃɪŋ] *nt* phishing
Phobie <-, -n> [fo'biː] *f* phobia
Phosphat <-[e]s, -e> [fɔs'faːt] *nt* phosphate
Phosphor <-s> ['fɔsfoːɐ̯] *m kein pl* phosphorus
Phrase <-, -n> ['fraːzə] *f (pej)* empty phrase
Physik <-> [fy'ziːk] *f kein pl* physics *+ sing vb, no art*
physikalisch [fyzi'kaːlɪʃ] *adj* physical
Physiker(in) <-s, -> ['fyzikɐ] *m(f)* physicist
Physiologe, **-login** <-n, -n> [fyzi̯o-'loːgə, -'loːgɪn] *m, f* physiologist
Physiotherapeut(in) <-en, -en> [fyzi̯otera'pɔyt] *m(f)* physiotherapist **Physiotherapie** [fyzi̯otera'piː] *f kein pl* physiotherapy
physisch ['fyːzɪʃ] *adj* physical
Pianist(in) <-en, -en> [pi̯a'nɪst] *m(f)* pianist
Piano <-s, -s> ['pi̯aːno] *nt* piano
Pickel <-s, -> ['pɪkl̩] *m* pimple, spot
pickelig ['pɪkəlɪç] *adj* spotty BRIT, pimply AM
picken ['pɪkn̩] **I.** *vi Vogel* to peck (**nach** at) **II.** *vt* **etw aus etw** *dat* ~ to pick sth out of sth
picklig ['pɪklɪç] *adj s.* **pickelig**
Picknick <-s, -s> ['pɪknɪk] *nt* picnic
piepen ['piːpn̩] *vi* to peep
Pier <-s, -s> [piːɐ̯] *m* pier
piercen ['piːɐ̯sən] *vt* to pierce
Piercing ['piːɐ̯sɪŋ] *nt* piercing
Pigment <-s, -e> [pɪg'mɛnt] *nt* pigment
Pik <-s, -> [piːk] *nt* spade; ~ **Ass** ace of spades
pikant [pi'kant] *adj* spicy
pikiert [pi'kiːrt] *(geh)* **I.** *adj* peeved **II.** *adv* peevishly
piksen ['piːksn̩] *vt, vi (fam)* to prick
Piktogramm <-s, -e> [pɪkto-] *nt* pictogram, icon
Pilger(in) <-s, -> ['pɪlgɐ] *m(f)* pilgrim
pilgern ['pɪlgɐn] *vi sein* to make a pilgrimage (**nach** to)
Pille <-, -n> ['pɪlə] *f* pill; **die ~** *(Antibabypille)* the pill; **die ~ nehmen** to be on the pill; **die ~ danach** the morning-after pill
Pilot(in) <-en, -en> [pi'loːt] *m(f)* pilot
Pils <-, -> [pɪls] *nt* pilsner
Pilz <-es, -e> [pɪlts] *m* ❶ fungus; *(Speisepilz)* mushroom ❷ MED fungal infection
Pilzerkrankung *f* fungal disease
Piment <-s> [pi'mɛnt] *m kein pl* allspice, pimento
Pinguin <-s, -e> ['pɪŋguiːn] *m* penguin
Pinie <-, -n> ['piːni̯ə] *f* stone pine
Pinienkern *m meist pl* pine kernel
pinkeln ['pɪŋkl̩n] *vi (fam)* to pee
Pinnwand *f* pinboard
Pinsel <-s, -> ['pɪnzl̩] *m* brush
Pinzette <-, -n> [pɪn'tsɛtə] *f* tweezers *npl*
Pionier(in) <-s, -e> [pi̯o'niːɐ̯] *m(f)* pioneer
Pirat(in) <-en, -en> [pi'raːt] *m(f)* pirate
Piraterie <-, -n> [piratə'riː, *pl:* -'riːən] *f* piracy *no pl, no art*
Pisse <-> ['pɪsə] *f kein pl (derb)* piss
pissen ['pɪsn̩] *vi (derb)* to piss
Pistazie <-, -n> [pɪs'taːtsi̯ə] *f* pistachio
Piste <-, -n> ['pɪstə] *f (Skipiste)* piste
Pistole <-, -n> [pɪs'toːlə] *f* pistol
Pixel <-s, -> ['pɪksl̩] *nt* INFORM *Akr von* **picture element** pixel
Pizza ['pɪtsa] *f* pizza
Pizzaservice *m* dial-a-pizza
Pizzeria <-, -s> [pɪtse'riːa] *f* pizzeria, pizza place
Placebo <-s, -s> [pla'tseːbo] *nt* MED, PSYCH placebo
Plackerei <-, -en> [plakə'rai] *f (fam)* grind *no pl*
plädieren [plɛ'diːrən] *vi* ❶ JUR **auf [un]schuldig ~** to plead [not] guilty ❷ *(dafür sein)* **für etw** *akk* ~ to plead for sth; **dafür ~, dass ...** to plead, that ...
Plädoyer <-s, -s> [plɛdo̯a'jeː] *nt* plea; JUR closing arguments, summation
Plage <-, -n> ['plaːgə] *f* nuisance

P

plagen ['pla:gn̩] **I.** *vt* to bother **II.** *vr (sich abrackern)* **sich** [**mit etw** *dat*] ~ to slave away [over sth]

Plakat <-[e]s, -e> [pla'ka:t] *nt* poster

Plakette <-, -n> [pla'kɛtə] *f* badge

Plan <-[e]s, Pläne> [pla:n] *m* ① plan; **jds Pläne durchkreuzen** to thwart sb's plans ② *(Karte)* map

Plane <-, -n> ['pla:nə] *f* tarpaulin

planen ['pla:nən] *vt* to plan

Planet <-en, -en> [pla'ne:t] *m* planet

planetarisch *adj* planetary

Planetarium <-s, -tarien> [plane'ta:ri̯ʊm] *nt* planetarium

Planierraupe *f* bulldozer

Planke <-, -n> ['plaŋkə] *f* plank

Plankton <-s> ['plaŋktɔn] *nt kein pl* plankton

planlos *adj* aimless

planmäßig *adv* TRANSP as scheduled

Planschbecken *nt* paddling [*or* AM kiddie] pool

planschen ['planʃn̩] *vi* to splash about

Plantage <-, -n> [plan'ta:ʒə] *f* plantation

Planung <-, -en> *f* planning; **in der ~ befindlich** in [*or* at] the planning stage

Plappermaul *nt (meist pej fam)* chatterbox

plappern ['plapɐn] *(fam)* **I.** *vi* to chatter **II.** *vt* **Unsinn** ~ to babble nonsense

Plasma <-s, Plasmen> ['plasma] *nt* plasma

Plastik[1] <-s> ['plastɪk] *nt kein pl* plastic; **aus** ~ plastic

Plastik[2] <-, -en> ['plastɪk] *f* KUNST sculpture

Plastikbecher *m* plastic cup **Plastikfolie** *f* plastic film **Plastikgeld** *nt (fam)* plastic money **Plastiktüte** *f* plastic bag

plastisch ['plastɪʃ] **I.** *adj* ① *(räumlich)* three-dimensional ② *(anschaulich)* vivid ③ MED plastic **II.** *adv* vividly

Platin <-s> ['pla:ti:n] *nt kein pl* platinum

platonisch [pla'to:nɪʃ] *adj (geh)* platonic

platschen ['platʃn̩] **I.** *vi sein (fam)* to splash **II.** *vi impers haben (fam)* to pour, BRIT *a.* to bucket down *fam*

plätschern ['plɛtʃɐn] *vi Brunnen* to splash; *Bach* to burble; *Regen* to patter

platt [plat] **I.** *adj* ① *(flach)* flat ② *(geistlos)* dull ③ *(fam: verblüfft)* ~ **sein** to be flabbergasted **II.** *adv* flat; ~ **drücken/fahren/walzen** to flatten

Platte <-, -n> ['platə] *f* ① *(Steinplatte)* slab ② *(Metallplatte)* sheet ③ *(Schallplatte)* record

Plattenfirma *f* record company **Plattenspieler** *m* record player

Plattform *f (Fläche)* platform

Platz <-es, Plätze> [plats] *m* ① place ② *(in Stadt)* square ③ *(Sitzplatz)* seat; ~ **nehmen** to take a seat ④ *(freier Raum)* room

Platzangst *f* ① *(fam)* claustrophobia ② *(Agoraphobie)* agoraphobia

Plätzchen <-s, -> ['plɛtsçən] *nt* ① *dim von* **Platz** spot ② KOCHK biscuit BRIT, cookie AM

platzen ['platsn̩] *vi sein* ① *(zerplatzen)* to burst ② *(aufplatzen)* to split ③ *(nicht stattfinden)* **das Fest ist geplatzt** the party is off; **etw ~ lassen** to call sth off ④ *(fig)* **vor Neid/Neugier/Wut** ~ to be bursting with envy/curiosity/rage

platzieren **I.** *vt a.* MEDIA to place **II.** *vr* SPORT **sich** ~ to be placed; *(im Tennis)* to be seeded

Platzkarte *f* seat reservation **Platzregen** *m* cloudburst **Platzreservierung** *f* reservation [of a seat] **Platzwunde** *f* laceration

Plauderei <-, -en> [plaudə'rai] *f* chat

plaudern ['plaudɐn] *vi* to [have a] chat

plausibel [plau'zi:bl̩] *adj* plausible; **jdm etw ~ machen** to explain sth to sb

Playboy <-s, -s> ['ple:bɔy] *m* playboy

Plazenta <-, -s *o* Plazenten> [pla'tsɛnta, *pl:* pla'tsɛntas, pla'tsɛntən] *f* placenta

pleite ['plaitə] *adj (fam)* ~ **sein** to be broke

Pleite <-, -n> ['plaitə] *f (fam)* ① bankruptcy ② *(Reinfall)* flop

pleite|gehen *vi (fam)* to go bust
Plenum <-s, Plena> ['ple:nʊm] *nt* plenum
Plombe <-, -n> ['plɔmbə] *f* ① MED filling ② *(Bleisiegel)* lead seal
plombieren [plɔm'bi:rən] *vt* ① MED to fill ② *(versiegeln)* to seal
plötzlich ['plœtslɪç] **I.** *adj* sudden **II.** *adv* suddenly
plump [plʊmp] **I.** *adj* ① *(schwerfällig)* ungainly ② *(dummdreist)* obvious **II.** *adv* ① *(schwerfällig)* clumsily ② *(dummdreist)* crassly
Plunder <-s> ['plʊndɐ] *m kein pl* junk
Plünderer, Plünderin <-s, -> ['plʏndərɐ, 'plʏndərɪn] *m, f* looter, plunderer
plündern ['plʏndɐn] *vt* to plunder
Plural <-s, -e> [plu'ra:l] *m* plural
plus [plʊs] *präp adv* plus
Plus <-, -> [plʊs] *nt* **im ~ sein** to be in the black
Plüsch <-[e]s, -e> [plʏʃ, ply:ʃ] *m* plush
Plüschtier *nt* soft-toy
Plusquamperfekt <-s, -e> ['plʊskvampɛrfɛkt] *nt* past perfect
Pneu <-s, -s> [pnɔy] *m bes* SCHWEIZ *(Reifen)* tyre
Po <-s, -s> [po:] *m (fam)* bottom
pochen ['pɔxn̩] *vi* ① to knock (**auf** on) ② *Herz* to pound ③ *(bestehen)* to insist (**auf** on)
Pocke <-, -n> ['pɔkə] *f* pock
Pocken *pl* smallpox *no art*
Pockenimpfung, Pockenschutzimpfung *f* smallpox vaccination
Pocketkamera ['pɔkət-] *f* pocket camera
Podcast <-s, -s> ['pɔtkɑ:st] *m* podcast
Podest <-[e]s, -e> [po'dɛst] *nt* rostrum
Poesie <-> [poe'zi:] *f kein pl* poetry
Poet(in) <-en, -en> [po'e:t] *m(f)* poet *masc o fem*, poetess *fem*
poetisch [po'e:tɪʃ] *adj* poetic[al]
Pointe <-, -n> ['po̯ɛ̃:tə] *f* point; *eines Witzes* punch line
Pokal <-s, -e> [po'ka:l] *m* cup
Pokalsieger *m* cup-winners *pl*
Poker <-s> ['po:kɐ] *nt kein pl* poker
pokern ['po:kɐn] *vi* to play poker
Pol <-s, -e> [po:l] *m* pole
polar [po'la:ɐ̯] *adj* polar
Polarisierung <-, -en> *f* polarization
Polarkreis *m* polar circle; **nördlicher/südlicher ~** Arctic/Antarctic circle **Polarstern** *m* Pole Star
Pole, Polin <-n, -n> ['po:lə, 'po:lɪn] *m, f* Pole
polemisch [po'le:mɪʃ] *adj* polemical
Polen <-s> ['po:lən] *nt* Poland
polieren [po'li:rən] *vt* to polish
Politesse <-, -n> [poli'tɛsə] *f* [female] traffic warden BRIT, meter maid AM
Politik <-, -en> [poli'ti:k] *f* ① *kein pl* politics + *sing vb, no art;* **in die ~ gehen** to go into politics ② *(Strategie)* policy; **eine bestimmte ~ verfolgen** to pursue a certain policy
Politiker(in) <-s, -> [po'li:tikɐ] *m(f)* politician
politisch [po'li:tɪʃ] **I.** *adj* political **II.** *adv* politically
Politologe, Politologin <-n, -n> [polito'lo:gə] *m, f* political scientist
Polizei <-, -en> [poli'tsai] *f* **die ~** the police

> **police + pl vb**
> **The police** wird normalerweise im Plural gebraucht: *The police are looking for the suspect.*

Polizeibeamte(r) *f(m)*, **-beamtin** *f* police officer **Polizeidienststelle** *f* police station **Polizeidirektion** *f* police authority **Polizeihund** *m* police dog
polizeilich **I.** *adj attr* police *attr* **II.** *adv* by the police; **~ gemeldet sein** to be registered with the police
Polizeipräsident(in) *m(f)* chief constable BRIT, chief of police AM **Polizeipräsidium** *nt* police headquarters + *sing/pl vb* **Polizeirevier** *nt* ① *(Dienststel-*

le) police station ② *(Bezirk)* [police] district [*or* AM precinct] **Polizeischutz** *m* police protection; **unter ~ stehen** to be under police protection **Polizeispitzel** *m* police informer **Polizeistreife** *f* police patrol **Polizeistunde** *f* closing time

Polizist(in) <-en, -en> [poli'tsɪst] *m(f)* police officer

Pollen <-s, -> ['pɔlən] *m* pollen

Pollenallergie *f* pollen allergy **Pollenflug** *m kein pl* pollen dispersal *no pl*

polnisch ['pɔlnɪʃ] *adj* Polish

Polster <-s, -> ['pɔlstɐ] *nt o* ÖSTERR *m* upholstery *no pl, no indef art*

Polstermöbel *nt meist pl* upholstered furniture *no pl*

Polterabend ['pɔltɐ-] *m party on the eve of a wedding*

poltern ['pɔltɐn] *vi* ① *haben (rumpeln)* to bang ② *sein (krachend fallen)* **der Schrank polterte die Treppe hinunter** the wardrobe went crashing down the stairs

Polyester <-s, -> [poly'ʔɛstɐ] *m* polyester

Polygamie <-> [polyga'miː] *f kein pl* polygamy *no pl*

Polymer <-s, -e> [poly'meːɐ̯] *nt*, **Polymere** <-n, -n> [poly'meːrə] *nt meist pl* CHEM polymer

Polynesien <-s> [poly'neːzi̯ən] *nt* Polynesia

Pomade <-, -n> [po'maːdə] *f* pomade

Pommes frites [pɔm'frɪt] *pl, fam* **Pommes** ['pɔməs] *pl* French fries

Pomp <-[e]s> [pɔmp] *m kein pl* pomp

pompös [pɔm'pøːs] *adj* grandiose

Pony[1] <-s, -s> ['pɔni] *nt (Pferd)* pony

Pony[2] <-s, -s> ['pɔni] *m* fringe BRIT, bangs *npl* AM

Popgruppe *f* pop group

Popo <-s, -s> [po'poː, 'popo] *m (fam)* bottom

populär [popu'lɛːɐ̯] *adj* popular

Popularität <-> [populari'tɛːt] *f kein pl* popularity

Pore <-, -n> ['poːrə] *f* pore

Porno <-s, -s> ['pɔrno] *m* porn

Pornofilm *m* porno film

Pornographie, **Pornografie** <-> [pɔrnogra'fiː] *f kein pl* pornography

porös [po'røːs] *adj* porous

Portal <-s, -e> [pɔr'taːl] *nt* portal

Portemonnaie <-s, -s> [pɔrtmɔ'neː] *nt* purse

Portier <-s, -s> [pɔr'ti̯eː] *m* porter BRIT, doorman AM

Portion <-, -en> [pɔr'tsi̯oːn] *f* KOCHK portion

Portmonee <-s, -s> [pɔrtmɔ'neː] *nt* purse

Porto <-s, -s> ['pɔrto] *nt* postage *no pl*

portofrei *adj* postage-prepaid

Porträt <-s, -s> [pɔr'trɛː] *nt* portrait

Portugal <-s> ['pɔrtugal] *nt* Portugal

Portugiese, **Portugiesin** <-n, -n> [pɔrtu'giːzə] *m, f* Portuguese

portugiesisch [pɔrtu'giːzɪʃ] *adj* Portuguese

Portugiesisch [pɔrtu'giːzɪʃ] *nt dekl wie adj* ① LING Portuguese; *s.a.* **Deutsch 1** ② *(Fach)* Portuguese; *s.a.* **Deutsch 2**

Portwein ['pɔrtvain] *m* port

Porzellan <-s, -e> [pɔrtsɛ'laːn] *nt* china *no pl*

Posaune <-, -n> [po'zaunə] *f* trombone

Pose <-, -n> ['poːzə] *f* pose

Position <-, -en> [pozi'tsi̯oːn] *f* position

positiv ['poːzitiːf] **I.** *adj* positive **II.** *adv* positively; **etw ~ beeinflussen** to have a positive influence on sth; **sich ~ verändern** to change for the better

Positiv <-s, -e> ['poːzitiːf] *nt* positive

Post <-> [pɔst] *f kein pl* ① *(Institution)* Post Office; **etw mit der ~ schicken** to send sth by post [*or* AM mail] ② *(Dienststelle)* post office ③ *(Briefe)* mail

Postamt *nt* post office **Postbeamte(r)**, **-beamtin** *m, f* post office official **Postbote**, **-botin** *m, f* postman *masc*, postwoman *fem* BRIT, mail carrier AM

posten [poʊstn̩] *vt* INET to post

Posten <-s, -> ['pɔstn̩] *m* post

Postfach *nt* post office [*or* PO] box **Postgiroamt** [-ʒiːro-] *nt* Girobank **Postgirokonto** *nt* giro [*or* AM postal checking] account **Postkarte** *f* postcard **postlagernd** *adj* poste restante BRIT, general delivery AM **Postleitzahl** *f* postcode BRIT, zip code AM **Postsack** *m* mailbag, BRIT *a.* postbag **Postscheck** *m* giro cheque **Postsparkasse** *f* Post Office Giro [*or* AM postal savings] bank **Poststempel** *m* ❶ *(Abdruck)* postmark ❷ *(Gerät)* postmark stamp[er] **Postüberweisung** *f* Girobank transfer

Postulat <-[e]s, -e> [pɔstu'laːt] *nt* ❶ *(geh: Forderung, Annahme)* postulate ❷ REL postulancy

Potenz <-, -en> [po'tɛnts] *f* potency

potenziell I. *adj* potential II. *adv* potentially

Pott <-[e]s, Pötte> [pɔt, *pl:* 'pœtə] *m* *(fam)* ❶ *(Topf)* pot ❷ *(a. pej: Schiff)* tub

Pottasche ['pɔtʔaʃə] *f* potash *no pl, no indef art*

Pracht <-> [praxt] *f kein pl* splendour; **eine wahre ~ sein** to be [really] great

prächtig ['prɛçtɪç] *adj* magnificent

Prädikat <-[e]s, -e> [prɛdi'kaːt] *nt* predicate

prädikativ [prɛdika'tiːf] *adj* LING predicative

Präferenz <-, -en> [prɛfe'rɛnts] *f (geh)* preference

Präfix <-es, -e> [prɛ'fɪks, 'prɛːfɪks] *nt* prefix

Prag <-s> [praːk] *nt* Prague

prägen ['prɛːgn̩] *vt* ❶ *Münzen* to mint; *Wort* to coin ❷ *(erinnern)* **sich** *dat* **etw ins Gedächtnis ~** to engrave sth on one's mind ❸ *(formen)* [**jdn**] **~** to leave one's mark [on sb]

pragmatisch [prag'maːtɪʃ] I. *adj* pragmatic II. *adv* pragmatically

prägnant [prɛ'gnant] I. *adj (geh)* succinct II. *adv* **sich ~ ausdrücken** to be succinct

prähistorisch [prɛhɪs'toːrɪʃ] *adj* prehistoric

prahlen ['praːlən] *vi* to boast (**mit** about); **damit ~, dass ...** to boast that ...

Prahler(in) <-s, -> *m(f)* boaster

prahlerisch *adj* boastful

Praktikant(in) <-en, -en> [prakti'kant] *m(f) student or trainee working at a trade or occupation to gain work experience*

praktisch ['praktɪʃ] I. *adj* practical; **~er Arzt** GP; **~ veranlagt sein** to be practical II. *adv* practically; **etw ~ umsetzen** to put sth into practice

praktizieren [prakti'tsiːrən] I. *vt* **etw ~** to put sth into practice; **seinen Glauben ~** to practise one's religion II. *vi* to practise; **~der Arzt** practising doctor

Praline <-, -n> [pra'liːnə] *f*, **Praliné** <-s, -s> [prali'neː] *nt* chocolate [cream]

prall [pral] *adj* ❶ *(straff, fest)* firm; *Schenkel, Waden* sturdy; *Brüste* well-rounded ❷ **in der ~en Sonne** in the blazing sun

prallen ['pralən] *vi sein* ❶ to crash; *Ball* to bounce; [**mit dem Wagen**] **gegen etw** *akk* **~** to crash [one's car] into sth; **mit dem Kopf gegen etw** *akk* **~** to bang one's head on sth ❷ *Sonne* to blaze

prallvoll ['pral'fɔl] *adj* bulging

Prämie <-, -n> ['prɛːmi̯ə] *f* ❶ *(zusätzliche Vergütung)* bonus ❷ FIN premium

Präparat <-[e]s, -e> [prɛpa'raːt] *nt* MED medicament

Präposition <-, -en> [prɛpozi'tsi̯oːn] *f* preposition

Prärie <-, -n> [prɛ'riː] *f* prairie

Präsens <-> ['prɛːzɛns] *nt kein pl* present tense

Präsentation <-, -en> [prɛzɛnta'tsi̯oːn] *f* presentation

präsentieren [prɛzɛn'tiːrən] *vt* [**jdm**] **etw ~** to present [sb with] sth; **jdn/sich** [**jdm**] **~** to present sb/oneself [to sb]

Präservativ <-s, -e> [prɛzɛrva'tiːf] *nt* condom

Präsident(in) <-en, -en> [prɛzi-

P

'dɛnt] *m(f)* president
Präsidium <-s, -Präsidien> [prɛ'zi:di̯ʊm] *nt* ① *(Vorstand, Vorsitz)* chairmanship; *(Führungsgruppe)* committee ② *(Polizeihauptstelle)* [police] headquarters + *sing/pl vb*
prasseln ['pras|n] *vi* ① *sein: Regen* to drum; *(stärker)* to beat ② *haben: Feuer* to crackle
präventiv [prɛvɛn'ti:f] *adj* preventative
Praxis <-, Praxen> ['praksɪs] *f* ① *(Arztpraxis)* surgery BRIT, doctor's office AM ② *kein pl (Erfahrung)* [practical] experience; **langjährige ~** many years of experience ③ *kein pl (Tat)* practice *no art;* **etw in die ~ umsetzen** to put sth into practice
Praxisgebühr *f a quarterly payment that a patient with medical insurance must make for visits to the doctor*
präzis [prɛ'tsi:s], **präzise** [prɛ'tsi:zə] *adj (geh)* precise
Präzision <-> [prɛtsi'zi̯o:n] *f kein pl* precision
predigen ['pre:dɪgn̩] *vt, vi* to preach
Prediger(in) <-s, -> *m(f)* preacher
Predigt <-, -en> ['pre:dɪçt] *f* sermon; **eine ~ halten** to deliver a sermon
P **Preis** <-es, -e> [prais] *m* ① price (**für** of); **zum halben ~** at half-price; **einen hohen ~ für etw** *akk* **zahlen** *(fig)* to pay a high price for sth ② *(Gewinnprämie)* prize
Preisanstieg *m* price increase
Preisausschreiben *nt* competition
Preiselbeere ['praiz|be:rə] *f* cranberry
Preisempfehlung *f* recommended price
preisen <pries, gepriesen> ['prai̯zn̩] *vt (geh)* to praise
Preiserhöhung *f* price increase [*or* rise] mark-up **Preisermäßigung** *f* price reduction **Preisfrage** *f* ① *(Quizfrage)* [prize] question ② *(vom Preis abhängende Entscheidung)* question of price
preis|geben ['praisge:bn̩] *vt irreg (geh)* ① *(verraten)* [**jdm**] **etw ~** to betray sth [to sb]; *Geheimnis* to divulge sth [to sb] ② *(ausliefern)* expose; **jdn der Lächerlichkeit ~** to expose sb to ridicule
preisgekrönt *adj* award-winning *attr*
preisgünstig *adj* inexpensive, good value *attr; Angebot* reasonable; **etw ~ bekommen** to obtain sth at a low price
Preisindex *m* ÖKON price index **Preis-Leistungs-Verhältnis** *nt,* **Preis-Leistungsverhältnis** *nt kein pl* cost effectiveness
Preisliste *f* price list **Preisnachlass** *m* discount
Preisrätsel *nt* puzzle competition
Preisrückgang *m* fall in prices **Preisschild** *nt* price tag **Preissenkung** *f* reduction in prices **Preissteigerung** *f* price increase
Preisträger(in) *m(f)* prize winner; *(Auszeichnung)* award winner
Preistreiberei <-, -en> [prai̯strai̯bə'rai̯] *f (pej)* forcing up of prices; *(Wucher)* profiteering *pej* **Preisunterschied** *m* difference in price **preiswert** *adj* inexpensive
Prellung <-, -en> *f* contusion
Premiere <-, -n> [prə'mi̯e:rə] *f* première
Premierminister(in) [prə'mi̯e:-, pre'mi̯e:-] *m(f)* prime minister
Prepaidhandy ['pri:peit-] *nt* prepaid mobile **Prepaidkarte** *f* TELEK prepaid card
Presse <-, -n> ['prɛsə] *f* press; **die ~** *Medien* the press
Presseagentur *f* press agency **Pressefreiheit** *f kein pl* freedom of the press **Pressekonferenz** *f* press conference **Pressemeldung** *f* press report
pressen ['prɛsn̩] *vt* to press; *Saft* to squeeze
Pressesprecher(in) *m(f)* press officer **Pressezensur** *f kein pl* censorship of the press
Pressluft *f kein pl* compressed air
Presslufthammer *m* pneumatic hammer
Prestige <-s> [prɛs'ti:ʒə] *nt kein pl*

prestige

Preuße, **Preußin** <-n, -n> ['prɔysə, 'prɔysɪn] *m, f* Prussian

Preußen <-s> ['prɔysn̩] *nt kein pl* Prussia

preußisch ['prɔysɪʃ] *adj* Prussian

prickeln ['prɪkl̩n] *vi* ❶ to tingle; **ein P~ in den Beinen** pins and needles in one's legs ❷ *(erregen)* to thrill

prickelnd *adj Gefühl* tingling; *Humor* piquant; *Champagner* sparkling

Priester(in) <-s, -> ['priːstɐ] *m(f)* priest

prima ['priːma] *adj (fam)* great; **es läuft alles ~** everything is going really well

primär [pri'mɛːɐ̯] **I.** *adj* primary **II.** *adv* primarily

Primel <-, -n> ['priːml̩] *f* primrose

primitiv [primi'tiːf] *adj* primitive; **ein ~er Kerl** a lout

Prinz <-en, -en> [prɪnts] *m* prince

Prinzessin <-, -nen> [prɪn'tsɛsɪn] *f fem form von* **Prinz** princess

Prinzip <-s, -ien> [prɪn'tsiːp] *nt* principle; **aus/im ~** on/in principle

prinzipiell [prɪntsi'pi̯ɛl] **I.** *adj* fundamental **II.** *adv (grundsätzlich)* on principle; *(im Prinzip)* in principle

Priorität <-, -en> [priori'tɛːt] *f* priority; **~en setzen** to set [one's] priorities

Prise <-, -n> ['priːzə] *f* pinch; **eine ~ Salz** a pinch of salt

privat [pri'vaːt] **I.** *adj* private **II.** *adv* privately; **jdn ~ sprechen** to speak to sb in private; **sich ~ versichern** to take out a private insurance

Privatadresse *f* home address **Privatangelegenheit** *f* private matter **Privatdetektiv(in)** *m(f)* private investigator **Privatgrundstück** *nt* private property *npl* **Privatleben** *nt kein pl* private life **Privatpatient(in)** *m(f)* private patient **Privatschule** *f* private school **Privatsekretär(in)** *m(f)* private secretary **Privatsphäre** *f kein pl* **die ~ verletzen** to invade sb's privacy

Privileg <-[e]s, -ien> [privi'leːk] *nt* privilege

privilegieren [privile'giːrən] *vt* **jdn ~** to grant privileges to sb

privilegiert *adj (geh)* privileged

pro [proː] **I.** *präp* per; **~ Kopf** a head; **~ Person** per person; **~ Stück** each **II.** *adv* **sind Sie ~ oder kontra?** are you for or against it?

Pro <-> [proː] *nt kein pl* **[das] ~ und [das] Kontra** *(geh)* the pros and cons *pl*

Probe <-, -n> ['proːbə] *f* ❶ *(Auswahl)* sample ❷ MUS, THEAT rehearsal ❸ *(Prüfung)* test; **auf ~** on probation; **zur ~** for a trial; **jdn auf die ~ stellen** to put sb to the test

Probealarm *m* practice alarm **Probefahrt** *f* test drive

proben ['proːbn̩] *vt, vi* to rehearse

Probezeit *f* probationary period

probieren [pro'biːrən] **I.** *vt* to try; **etw ~** to try sth out **II.** *vi* ❶ *(kosten)* **[von etw** *dat***] ~** to try some [of sth] ❷ *(versuchen)* **~, ob/was/wie …** to try and see whether/what/how …

Problem <-s, -e> [pro'bleːm] *nt* problem; **kein ~!** no problem!; **[nicht] jds ~ sein** to [not] be sb's business

Problematik <-> [proble'maːtɪk] *f kein pl (geh)* problematic nature

problematisch [proble'maːtɪʃ] *adj* problematic[al]

problemlos *adj* problem-free

Produkt <-[e]s, -e> [pro'dʊkt] *nt* product

Produktion <-, -en> [prodʊk'tsi̯oːn] *f* production

produktiv [prodʊk'tiːf] *adj* productive

Produktivität <-> [prodʊktivi'tɛːt] *f kein pl* productivity

Produzent(in) <-en, -en> [produ'tsɛnt] *m(f)* producer

produzieren [produ'tsiːrən] *vt, vi* to produce

professionell [profɛsi̯o'nɛl] *adj* professional

Professor(in) <-s, -en> [pro'fɛsoːɐ̯, -'soːrɪn] *m(f)* professor; **Herr ~/Frau ~in** Professor

Profi <-s, -s> ['proːfi] *m (fam)* pro

Profil <-s, -e> [pro'fi:l] *nt* ① *von Reifen, Schuh* tread ② *(seitliche Ansicht)* profile; **jdn im ~ fotografieren** to photograph sb in profile

Profit <-[e]s, -e> [pro'fi:t] *m* profit; **~ bringend** profitable; **etw mit ~ verkaufen** to sell sth at a profit

profitabel [profi'ta:bl̩] *adj* profitable

profitieren [profi'ti:rən] *vi (geh)* to make a profit (**bei/von** from)

Profitjäger(in) <-s, -> *m(f) (pej)* profiteer

Prognose <-, -n> [pro'gno:zə] *f* prognosis

Programm <-s, -e> [pro'gram] *nt* ① *(Ablauf)* programme; **ein volles ~ haben** to have a full day/week etc. ahead of one ② TV *(Sender)* channel ③ INFORM program

Programmfehler *m* INFORM programme error **Programmgestaltung** *f* programme planning

programmieren [progra'mi:rən] *vt* to program

Programmierer(in) <-s, -> *m(f)* programmer

progressiv [progrɛ'si:f] *adj* progressive

Projekt <-[e]s, -e> [pro'jɛkt] *nt* project

P

Projektion <-, -en> [projɛk'tsi̯o:n] *f* projection

Projektleiter(in) <-s, -> *m(f)* project leader **Projektmanagement** <-s> *nt kein pl* ÖKON project management

Projektor <-s, -toren> [pro'jɛkto:ɐ̯] *m* projector

projizieren [proji'tsi:rən] *vt* to project (**auf** onto)

Pro-Kopf-Einkommen [pro'kɔpf-] *nt* income per person

Prolet <-en, -en> [pro'le:t] *m (pej)* prole

Proll <-s, -s> ['prɔl] *m (pej sl)* pleb

Prolog <-[e]s, -e> [pro'lo:k] *m* prologue

Promenade <-, -n> [promə'na:də] *f* promenade

Promille <-[s], -> [pro'mɪlə] *nt* ① per mill[e] ② *(Alkoholpegel)* **0,5 ~** 50 millilitres alcohol level

Promillegrenze *f* legal [alcohol] limit

prominent *adj* prominent

Prominente(r) *f(m) dekl wie adj* celebrity

Prominenz <-> [promi'nɛnts] *f kein pl* prominent figures *npl*

promovieren [promo'vi:rən] *vi (eine Dissertation schreiben)* to do a doctorate (**über** in)

prompt [prɔmpt] **I.** *adj* prompt **II.** *adv* promptly

Pronomen <-s, -> [pro'no:mən] *nt* pronoun

Propaganda <-> [propa'ganda] *f kein pl* propaganda

Propagandist(in) <-en, -en> [propagan'dɪst] *m(f)* ① *(pej: jd, der Propaganda betreibt)* propagandist *a. pej* ② *(Werbefachmann)* demonstrator

Propangas *nt kein pl* propane [gas]

Propeller <-s, -> [pro'pɛlɐ] *m* propeller

Prophet(in) <-en, -en> [pro'fe:t] *m(f)* prophet

prophezeien [profe'tsaiən] *vt* to prophesy

Prophezeiung <-, -en> *f* prophecy

prophylaktisch [profy'laktɪʃ] *adj* ① MED prophylactic ② *(geh: zur Sicherheit)* preventative

Proportion <-, -en> [propɔr'tsi̯o:n] *f* proportion

proportional [propɔrtsi̯o'na:l] *adj* proportional (**zu** to)

Prosa <-> ['pro:za] *f kein pl* prose

Prospekt <-[e]s, -e> [pro'spɛkt] *m (Broschüre)* brochure; *(Zettel)* leaflet

prost [pro:st] *interj* cheers

Prostata <-, Prostatae> ['prɔstata] *f* prostate gland

Prostituierte(r) [prostitu'i:ɐ̯tə, -tɐ] *f(m) dekl wie adj* prostitute

Prostitution <-> [prostitu'tsi̯o:n] *f kein pl* prostitution

Protein <-s, -e> [prote'i:n] *nt* protein

Protektorat <-[e]s, -e> [protɛkto'ra:t] *nt* ① *(Schutzherrschaft über einen Staat)* protectorate; *(Staat un-*

ter Schutzherrschaft) protectorate ❷ *(geh: Schirmherrschaft)* patronage

Protest <-[e]s, -e> [pro'tɛst] *m* protest

Protestant(in) <-en, -en> [protɛs'tant] *m(f)* Protestant

protestieren [protɛs'ti:rən] *vi* to protest

Prothese <-, -n> [pro'te:zə] *f* prosthesis

Protokoll <-s, -e> [proto'kɔl] *nt* ❶ record[s *npl*]; *(von Sitzung)* minutes *npl;* [**das**] **~ führen** to take the minutes ❷ *kein pl (diplomatisches Zeremoniell)* protocol

protokollieren [protokɔ'li:rən] *vt* to record; *(bei einer Sitzung)* to enter sth in the minutes

protzen ['prɔtsn̩] *vi (fam)* [**mit etw** *dat*] **~** to flaunt sth

protzig ['prɔtsɪç] *adj (fam)* swanky; *Auto* fancy

Proviant <-s, *selten* -e > [pro'vi̯ant] *m* supplies *npl*

Provinz <-, -en> [pro'vɪnts] *f* ❶ province ❷ *kein pl (kulturell rückständige Gegend)* provinces *npl;* **in der ~ leben** to live [out] in the sticks

provinziell [provɪn'tsi̯ɛl] *adj* provincial

Provision <-, -en> [provi'zi̯o:n] *f* commission; **auf ~ arbeiten** to work on a commission basis

provisorisch [provi'zo:rɪʃ] **I.** *adj* provisional; *Unterkunft* temporary **II.** *adv* temporarily, for the time being; **etw ~ herrichten** to make makeshift repairs

Provisorium <-s, -rien> [provi'zo:ri̯ʊm, *pl:* -ri̯ən] *nt (geh)* provisional solution

Provokation <-, -en> [provoka'tsi̯o:n] *f* provocation

provozieren [provo'tsi:rən] *vt, vi* to provoke

Prozedur <-, -en> [protse'du:ɐ̯] *f (geh)* procedure

Prozent <-[e]s> [pro'tsɛnt] *nt kein pl* per cent

Prozentpunkt *m* percentage, point

Prozentsatz *m* percentage

prozentual [protsɛn'tu̯a:l] *adj (geh)* **etw ~ ausdrücken** to express sth as a percentage

Prozess <-es, -e> [pro'tsɛs] *m* ❶ JUR [court] case; **einen ~ [gegen jdn] führen** to take sb to court ❷ *(Vorgang)* process

Prozession <-, -en> [protsɛ'si̯o:n] *f* procession

Prozessor <-s, -soren> [pro'tsɛso:ɐ̯, -'so:rən] *m* processor

prüde ['pry:də] *adj* prudish

Prüderie <-> *f kein pl* prudishness, prudery

prüfen ['pry:fn̩] *vt* to examine; *(nachprüfen)* to check (**auf** for)

Prüfer(in) <-s, -> ['pry:fɐ] *m(f)* ❶ *(Examensprüfer)* examiner ❷ TECH inspector

Prüfung <-, -en> *f* ❶ test; *(Examen)* exam[ination]; **mündliche/schriftliche ~** oral/written exam ❷ *(Überprüfung)* checking

Prüfungsangst *f* exam nerves *npl*

Prügel ['pry:gl̩] *pl* thrashing; **jdm eine Tracht ~ verabreichen** to give sb a [good] hiding

Prügelei <-, -en> ['pry:gə'lai] *f* punch-up

prügeln ['pry:gl̩n] **I.** *vt, vi* to beat **II.** *vr* **sich ~** to fight

Prügelstrafe *f* **die ~** corporal punishment

Prunk <-s> [prʊnk] *m kein pl* magnificence

Pseudonym <-s, -e> [psɔydo'ny:m] *nt* pseudonym

Psyche <-, -n> ['psy:çə] *f* psyche

psychedelisch [psyçə'de:lɪʃ] *adj Droge, Musik* psychedelic

Psychiater(in) <-s, -> [psy'çi̯a:tɐ] *m(f)* psychiatrist

Psychiatrie <-, -n> [psyçi̯a'tri:] *f kein pl* psychiatry *no art; (psychiatrische Abteilung)* psychiatric ward

psychiatrisch [psy'çi̯a:trɪʃ] *adj* psychiatric

psychisch ['psy:çɪʃ] *adj* psychological

Psychoanalyse [psyçoʔana'ly:zə] *f*

psychoanalysis *no art* **Psychoanalytiker(in)** [psyço?ana'ly:tikɐ] *m(f)* psychoanalyst
Psychologe, Psychologin <-n, -n> [psyço'lo:gə, -'lo:gɪn] *m, f* psychologist
psychologisch [psyço'lo:gɪʃ] *adj* psychological
Psychopath(in) <-en, -en> [psyço'pa:t] *m(f)* psychopath
psychopathisch *adj* PSYCH psychopathic
Psychose <-, -n> [psy'ço:zə] *f* psychosis
psychosomatisch [psyçozo'ma:tɪʃ] **I.** *adj* psychosomatic **II.** *adv* psychosomatically **Psychotherapeut(in)** [psyçotera'pɔyt] *m(f)* psychotherapist
Pubertät <-> [pubɛr'tɛ:t] *f kein pl* puberty *no art*
publik [pu'bli:k] *adj präd* public; ~ **sein/werden** to be/become public knowledge; **etw ~ machen** to publicize sth
Publikation <-, -en> [publika'ts i̯o:n] *f* publication
Publikum <-s> ['pu:blikʊm] *nt kein pl* audience
publizieren [publi'tsi:rən] *vt* to publish
P
Pudding <-s, -s> ['pʊdɪŋ] *m (aus Milch und Zucker)* ≈ custard
Pudel <-s, -> ['pu:dl̩] *m* poodle
pudelwohl ['pu:dl̩'vo:l] *adj (fam)* **sich ~ fühlen** to feel on top of the world
Puder <-s, -> ['pu:dɐ] *m o fam nt* powder
pudern ['pu:dɐn] *vt* to powder
Puderquaste *f* powder puff
Puderzucker *m* icing sugar
Puff[1] <-[e]s, Püffe> [pʊf, *pl:* 'pʏfə] *m (fam: Stoß)* thump; *(in die Seite)* prod
Puff[2] <-[e]s, -s> [pʊf] *m (fam)* brothel, whorehouse AM
Puffer <-s, -> ['pʊfɐ] *m* ① BAHN buffer, bumper AM ② *(Reibekuchen)* potato fritter
puh [pu:] *interj* ① *(Ausruf bei Ekel)* ugh ② *(Ausruf bei Anstrengung)* phew
Pullover <-s, -s> [pʊ'lo:vɐ] *m* pullover
Puls <-es, -e> [pʊls] *m* pulse
Pulsader *f* artery
pulsieren [pʊl'zi:rən] *vi* to pulsate
Pult <-[e]s, -e> [pʊlt] *nt* lectern
Pulver <-s, -> ['pʊlvɐ] *nt* powder
Pulverkaffee *m* instant coffee **Pulverschnee** *m* powder[y] snow
Puma <-s, -s> ['pu:ma] *m* puma BRIT, cougar AM
pummelig ['pʊməlɪç], **pummlig** ['pʊmlɪç] *adj (fam)* chubby
Pumpe <-, -n> ['pʊmpə] *f* pump
pumpen ['pʊmpn̩] *vt* ① to pump ② *(fam)* **jdm etw ~** to lend sb sth; [**sich** *dat*] **etw ~** to borrow sth (**bei** off)
Pumpernickel <-s, -> *m* pumpernickel
Punker(in) <-s, -> ['paŋkɐ] *m(f)* punk [rocker]
Punkt <-[e]s, -e> [pʊŋkt] *m* ① *(Stelle)* point; **bis zu einem gewissen ~** up to a [certain] point ② SPORT **einen ~ bekommen/verlieren** to score/lose a point ③ *(Satzzeichen)* full stop BRIT, period AM; *(sonst)* dot ④ *(genau)* **~ acht** [**Uhr**] on the stroke of eight
punkten ['pʊŋktn̩] *vi (fam)* to pick up [*or* win] points
pünktlich ['pʏŋktlɪç] **I.** *adj* punctual **II.** *adv* punctually
Pünktlichkeit <-> *f kein pl* punctuality
Punktrichter(in) *m(f)* judge
Punktzahl *f* SPORT score
Punsch <-es, -e> [pʊnʃ] *m* [hot] punch
Pupille <-, -n> [pu'pɪlə] *f* pupil
Püppchen <-s, -> ['pʏpçən] *nt dim von* **Puppe** [little] doll
Puppe <-, -n> ['pʊpə] *f* ① doll ② ZOOL pupa
Puppenspiel *nt* ① *(Form des Theaterspiels mit Puppen) s.* **Puppentheater** ② *(Theaterstück mit Puppen)* puppet show **Puppenspieler(in)** *m(f)* puppeteer **Puppentheater** *nt* puppet theatre
pur [pu:ɐ̯] *adj* pure; *Wahrheit* naked; *Wahnsinn* absolute; **etw ~ anwenden** to apply sth in its pure form; **etw ~**

trinken to drink sth neat

Püree <-s, -s> [py'reː] *nt* purée

purpurrot *adj* purple

Purzelbaum ['pʊrtsl̩-] *m (fam)* somersault

purzeln ['pʊrtsl̩n] *vi sein* to tumble (**von** off/**in** into)

Puste <-> ['puːstə] *f kein pl (fam)* breath; **außer ~ sein** to be out of puff; **aus der ~ kommen** to get out of breath

Pustel <-, -n> ['pʊstl̩] *f* pimple

pusten ['puːstn̩] *vt* to blow

Puter <-s, -> ['puːtɐ] *m* turkey [cock]

Putsch <-[e]s, -e> [pʊtʃ] *m* coup [d'état]

putschen ['pʊtʃn̩] *vi* to revolt (**gegen** against)

Putschist(in) <-en, -en> [pʊ'tʃɪst] *m(f)* rebel

Putz <-es> [pʊts] *m kein pl (Wandverkleidung)* plaster; *(bei Außenmauern)* rendering; **etw mit ~ verkleiden** to plaster sth ▶ **auf den ~ hauen** *(fam: angeben)* to show off; *(übermütig sein)* to have a wild time [of it]

putzen ['pʊtsn̩] **I.** *vt* to clean; *Gemüse* to prepare; **sich** *dat* **die Nase ~** to blow one's nose; **sich** *dat* **die Zähne ~** to clean one's teeth **II.** *vi* **~ gehen** to work as a cleaner

Putzfrau *f*, **Putzhilfe** *f* cleaner

putzig ['pʊtsɪç] *adj (fam)* ① *(niedlich)* sweet; **ein ~es Tier** a cute animal ② *(merkwürdig)* odd; **das ist ja ~!** that's really odd

Putzlappen *m* [cleaning] cloth **Putzmittel** *nt* cleaning things *npl*

Puzzle <-s, -s> ['pʊzl̩, 'pazl̩] *nt* jigsaw [puzzle]

Pyjama <-s, -s> [py'dʒaːma] *m* pyjamas *npl;* **im ~** in his/her pyjamas

Pyramide <-, -n> [pyra'miːdə] *f* pyramid

Pyrenäen [pyre'nɛːən] *pl* **die ~** the Pyrenees

Python <-, -s> ['pyːtɔn] *m*, **Pythonschlange** *f* python

Qq

Q, q <-, -> *nt* Q, q

q [kuː] SCHWEIZ, ÖSTERR *Abk von* **Zentner** 100 kg

Quad <-s, -s> [kvat] *nt* quadbike

Quadrat <-[e]s, -e> [kva'draːt] *nt* square

quadratisch *adj* square

Quadratmeter *m* square metre

quaken ['kvaːkn̩] *vi Frosch* to croak; *Ente* to quack

Qual <-, -en> [kvaːl] *f* ① *(Quälerei)* struggle ② *meist pl (Pein)* agony *no pl*

quälen ['kvɛːlən] **I.** *vt* ① *(piesacken)* to pester ② *(misshandeln)* **jdn ~** to be cruel to sb ③ *(peinigen)* to torment **II.** *vr* **sich mit etw** *dat* **~** *mit Gedanken* to torment oneself with sth; *mit Arbeit* to struggle [hard] with sth

quälend ['kvɛːlənt] *adj attr* agonizing; *Gedanken, Gefühle a.* tormenting; **ein ~er Husten** a hacking cough; **~e Schmerzen** excruciating pain

Quälerei <-, -en> [kvɛːlə'rai] *f (physisch)* torture; *(psychisch)* torment

Qualifikation <-, -en> [kvalifika'tsi̯oːn] *f* qualifications *npl*

qualifizieren [kvalifi'tsiːrən] **I.** *vr* **sich ~** to qualify (**für/zu** for) **II.** *vt* **jdn ~** to qualify sb (**für/zu** for)

qualifiziert *adj* qualified (**für** +*akk* for); **~e Arbeitskraft** skilled worker; **~e Arbeit leisten** to do a professional job;

~e **Mehrheit** JUR qualified majority
Qualität <-, -en> [kvali'tɛ:t] *f* quality
qualitativ [kvalita'ti:f] *adj* qualitative
Qualitätsunterschied *m* ÖKON difference in quality
Qualle <-, -n> ['kvalə] *f* jellyfish
Qualm <-[e]s> [kvalm] *m kein pl* [thick] smoke
qualmen ['kvalmən] *vi* to smoke
qualvoll *adj* agonizing
Quantität <-, -en> [kvanti'tɛ:t] *f* quantity
quantitativ ['kvantitati:f] *adj* quantitative
Quarantäne <-, -n> [karan'tɛ:nə] *f* quarantine *no pl;* **unter ~ stehen** to be in quarantine; **jdn/etw unter ~ stellen** to place sb/sth under quarantine
Quark <-s> [kvark] *m kein pl* quark *(soft cheese made from skimmed milk)*
Quartal <-s, -e> [kvar'ta:l] *nt* quarter
Quarte <-, -n> ['kvartə] *f* MUS fourth
Quartett <-[e]s, -e> [kvar'tɛt] *nt a.* MUS quartet
Quartier <-s, -e> [kvar'ti:ɐ̯] *nt* ❶ *(Unterkunft)* accommodation *no indef art, no pl* ❷ SCHWEIZ *(Viertel)* district
Quarz <-es, -e> [kva:ɐ̯ts] *m* quartz
Q
quasi ['kva:zi] *adv* almost
quasseln ['kvasl̩n] *vi (fam)* to babble
Quasselstrippe <-, -n> *f (fam)* ❶ *(hum: Telefon)* **an der ~ hängen** to be on the phone ❷ *(pej: Person)* windbag
Quatsch <-es> [kvatʃ] *m kein pl (fam)* nonsense; **~ machen** to mess around
quatschen ['kvatʃn̩] *vt (fam)* **dummes Zeug ~** to talk nonsense
Quatschkopf *m (pej fam)* babbling idiot
Quebec <-s> [ke'bɛk] *nt* Quebec
Quecksilber ['kvɛkzɪlbɐ] *nt* mercury
Quelle <-, -n> ['kvɛlə] *f* source
quellen <quillt, quoll, gequollen> ['kvɛlən] *vi sein* ❶ *(herausfließen)* [**aus etw** *dat*] **~** to pour out [of sth] ❷ *(aufquellen)* to swell [up]
Quellwasser *nt* spring water
queng(e)lig ['kvɛŋ(ə)lɪç] *adj* whining; **sei nicht so ~** stop whining
quengeln ['kvɛŋl̩n] *vi* ❶ *(weinerlich sein)* to whine ❷ *(nörgeln)* to moan
quer [kve:ɐ̯] *adv (horizontal)* diagonally; **~ durch/über etw** *akk* straight through/across sth; **~ gestreift** horizontally striped
Quere ['kve:rə] *f* ▸ **jdm in die ~ kommen** to get in sb's way
querfeldein [kve:ɐ̯fɛlt'ʔain] *adv* across country
Querflöte *f* transverse flute **Querkopf** *m (fam)* awkward customer **Querlatte** *f* ❶ *(quer verlegte Holzlatte)* horizontal slat ❷ SPORT *(waagerechte Latte eines Tores)* crossbar **Querschnitt** *m* cross-section **Querstraße** *f* side-street
Querulant(in) <-en, -en> [kveru'lant] *m(f)* querulous person
Querverbindung *f* direct connection
quetschen ['kvɛtʃn̩] **I.** *vt* to squeeze (**aus** out of), to crush (**an/gegen** against) **II.** *vr* ❶ MED **ich habe mir den Fuß gequetscht** I've crushed my foot ❷ *(zwängen)* **sich in etw** *akk* **~** to squeeze [oneself] into sth
Quetschung <-, -en> *f* MED bruise
quietschen ['kvi:tʃn̩] *vi (kurz)* to squeak; *(lang)* to squeal
quietschfidel ['kvi:tʃfi'de:l], **quietschvergnügt** ['kvi:tʃfɛɐ̯'gny:kt] *adj (fam)* full of the joys of spring *pred* BRIT, chipper *pred* AM
Quinte <-, -n> ['kvɪntə] *f* MUS fifth
Quintett <-[e]s, -e> [kvɪn'tɛt] *nt a.* MUS quintet
Quirl <-s, -e> [kvɪrl] *m* whisk
quitt [kvɪt] *adj* [**mit jdm**] **~ sein** *(finanziell)* to be quits [with sb]
Quitte <-, -n> ['kvɪtə] *f* quince
quittieren [kvɪ'ti:rən] *vt* HANDEL [**jdm**] **etw ~** to give [sb] a receipt for sth; **sich** *dat* **etw ~ lassen** to obtain a receipt for sth
Quittung <-, -en> ['kvɪtʊŋ] *f* ❶ receipt;

jdm eine ~ ausstellen to issue sb with a receipt; **gegen ~** on production of a receipt ❷ *(Folge)* **die ~ für etw** *akk* [the] just deserts for sth
Quiz <-, -> [kvɪs] *nt* quiz
Quote <-, -n> ['kvoːtə] *f* proportion; POL quota system
Quotient <-en, -en> [kvo'tsi̯ɛnt] *m* quotient

Rr

R, r <-, -> *nt* R, r
Rabatt <-[e]s, -e> [ra'bat] *m* discount
Rabe <-n, -n> ['raːbə] *m* raven
rabenschwarz ['raːbn̩'ʃvarts] *adj* jet-black
Rache <-> ['raxə] *f kein pl* revenge; **aus ~** in revenge; **~ nehmen** to take revenge (**an** on/**für** for)
Racheakt *m* act of revenge
Rachefeldzug *m* campaign of revenge
Rachen <-s, -> ['raxn̩] *m* throat
rächen ['rɛçn̩] **I.** *vt* **etw ~** to take revenge for sth; **jdn ~** to avenge sb **II.** *vr* **sich ~** to take one's revenge
Rachitis <-> [ra'xiːtɪs] *f kein pl* rickets *no pl, no art*
Rachsucht *f* vindictiveness
rachsüchtig *adj* vindictive
Rad <-[e]s, Räder> [raːt] *nt* ❶ AUTO wheel ❷ *(Fahrrad)* bike; **~ fahren** to cycle ❸ SPORT **ein ~ schlagen** to do a cartwheel
Radar <-s, -e> [ra'daːɐ̯] *m o nt* radar
Radarfalle *f (fam)* speed [*or* radar] trap; **in eine ~ geraten** to get caught in a speed trap
Radarkontrolle *f* [radar] speed check
Radau <-s> [ra'daʊ] *m kein pl (fam)* racket
Rädchen ['rɛːtçən] *nt dim von* **Rad** *(kleines Zahnrad)* [small] cog ▶ **nur ein ~ im Getriebe sein** to be just a small cog in the works
radeln ['raːdl̩n] *vi sein (fam)* to cycle
Radfahren *nt* [**das**] **~** cycling riding a bicycle [*or fam* bike]
Radfahrer(in) *m(f)* cyclist **Radfahrweg** *m* cycle path **Radgabel** *f* fork
Radi <-s, -> ['raːdi] *m* KOCHK ÖSTERR, SÜDD *(Rettich)* radish
radieren [ra'diːrən] *vt* to erase
Radiergummi <-s, -s> *m* rubber BRIT, eraser AM
Radieschen <-s, -> [ra'diːsçən] *nt* radish
radikal [radi'kaːl] *adj* radical
Radikalismus <-> [radika'lɪsmʊs] *m kein pl* POL radicalism, extremism
Radio <-s, -s> ['raːdi̯o] *nt o* SCHWEIZ *m* radio; **im ~** on the radio; **~ hören** to listen to the radio
radioaktiv [radi̯oʔak'tiːf] **I.** *adj* radioactive **II.** *adv* **~ verseucht** contaminated by radioactivity **Radioaktivität** <-> [radi̯oʔaktivi'tɛːt] *f kein pl* radioactivity
Radiorekorder <-s, -> ['raːdi̯orekɔrdɐ] *m* radio cassette recorder **Radiowecker** *m* radio alarm [clock]
Radius <-, Radien> ['raːdi̯ʊs] *m* radius
Radkappe *f* AUTO hub cap
Radrennen *nt* cycle race **Radrennfahrer(in)** *m(f)* racing cyclist **Radsport** *m* cycling *no pl* **Radtour** [-tuːɐ̯] *f* bicycle ride **Radwechsel** *m* wheel change
raffen ['rafn̩] *vt (eilig greifen)* to grab
Raffgier *f* greed *no pl*
raffgierig *adj* greedy
Raffinerie <-, -n> [rafinə'riː] *f* refinery
Raffinesse <-, -n> [rafi'nɛsə] *f kein pl*

cunning
raffiniert I. *adj* ❶ *(durchtrieben)* cunning ❷ *(ausgeklügelt)* clever II. *adv* cunningly
Raffiniertheit <-> *f kein pl s.* **Raffinesse**
Rafting <-s> ['ra:ftɪŋ] *nt kein pl* SPORT rafting *no pl*
ragen ['ra:gn̩] *vi* **aus etw** *dat* ~ to rise up out of sth
Ragout <-s, -s> [ra'gu:] *nt* ragout
Rahm <-[e]s> [ra:m] *m kein pl* cream
rahmen ['ra:mən] *vt* to frame
Rahmen <-s, -> ['ra:mən] *m* ❶ frame ❷ *(Bereich)* framework; **im ~ des Möglichen** within the bounds of possibility; **aus dem ~ fallen** to stand out; **sich im ~ halten** to keep within reasonable bounds; **den ~ [von etw** *dat*] **sprengen** to go beyond the scope of sth
Rahmsoße *f* cream[y] sauce
Rakete <-, -n> [ra'ke:tə] *f* rocket; MIL missile
Rallye <-, -s> ['rali, 'rɛli] *f* rally
Rallyefahrer(in) ['rali-, 'rɛli-] *m(f)* rally driver
Rambazamba <-s> *nt kein pl (fam)* ~ **machen** to kick up a fuss
rammen ['ramən] *vt* to ram (**in** into)
Rampe <-, -n> ['rampə] *f* ramp
Rampenlicht *nt* THEAT footlights *pl* ▸ **im ~ [der Öffentlichkeit] stehen** to be in the limelight
Ramsch <-[e]s> [ramʃ] *m kein pl (fam)* junk *no pl*
Rand <-es, Ränder> [rant] *m* ❶ edge; *eines Glases, einer Wanne* rim; *eines Hutes* brim ❷ *(Grenze)* verge ❸ *(auf Papier)* margin ❹ *(Schatten, Spur)* mark; **[dunkle/rote] Ränder um die Augen** [dark/red] rings [a]round one's eyes
randalieren [randa'li:rən] *vi* to riot; **~d** rampaging
Randalierer(in) *m(f)* rioter, hooligan
rang [raŋ] *vi, vt imp von* **ringen**
Rang <-[e]s, Ränge> [raŋ] *m* ❶ *kein pl* status ❷ MIL rank ❸ SPORT place
Rangelei <-, -en> [raŋə'lai̯] *f (fam)* scrapping *no pl*
rangeln ['raŋl̩n] *vi (fam)* to scrap
rangieren [rã'ʒi:rən] *vi (Stellenwert haben)* to rank
Rangliste *f* ranking[s] list **Rangordnung** *f* hierarchy
ranken ['raŋkn̩] *vr* ❶ *Pflanze* **sich um etw** *akk* ~ to wind around sth ❷ *Legende, Sage* **sich um jdn/etw ~** to have grown up around sb/developed around sth
Ranzen <-s, -> ['rantsn̩] *m* satchel
ranzig ['rantsɪç] *adj* rancid
Rap <-> [rɛp] *m kein pl* MUS rap
rappelvoll *adj (fam)* jam-packed
Raps <-es, -e> [raps] *m* rape[seed]
rar [ra:ɐ̯] *adj* rare
Rarität <-, -en> [rari'tɛ:t] *f* rarity
rar|machen *vr* **sich ~** to make oneself scarce
rasant [ra'zant] I. *adj* fast, rapid; *Tempo* breakneck II. *adv (schnell)* rapidly; ~ **fahren** to drive at breakneck speed; ~ **zunehmen** to increase sharply
rasch [raʃ] I. *adj* quick II. *adv* quickly
rascheln ['raʃl̩n] *vi* [**mit etw** *dat*] ~ to rustle [sth]
rasen ['ra:zn̩] *vi* ❶ *sein* to speed; **gegen** [*o* **in**] **etw** *akk* ~ to crash into sth ❷ *sein: Zeit* to fly [by] ❸ *haben (wütend sein)* **sie raste [vor Wut]** she was beside herself [with rage]
Rasen <-s, -> ['ra:zn̩] *m* lawn
rasend I. *adj* ❶ *(schnell)* breakneck ❷ *(wütend)* furious; ~ **vor Wut sein** to be beside oneself with rage ❸ *(furchtbar)* terrible; *Durst* raging; *Schmerz* excruciating; *Wut* blind; **~e Eifersucht** a mad fit of jealousy ❹ *Beifall* thunderous II. *adv (fam)* very; **ich würde das ~ gern tun** I'd love to do it; ~ **schnell** incredibly fast
Rasenmäher <-s, -> *m* lawnmower
Raser(in) <-s, -> ['ra:zɐ] *m(f) (fam)* speed merchant
Rasierapparat *m* shaver **Rasier-**

R

creme *f* shaving cream
rasieren [ra'ziːrən] *vr* **sich ~** to [have a] shave
Rasierklinge *f* razor blade **Rasierpinsel** *m* shaving brush **Rasierschaum** *m* shaving foam **Rasierseife** *f* shaving soap **Rasierwasser** *nt* aftershave
Raspel <-, -n> ['raspl̩] *f* KOCHK grater
raspeln ['raspl̩n] *vt* to grate
Rasse <-, -n> ['rasə] *f* race
rasseln ['rasl̩n] *vi* [**mit etw** *dat*] **~** to rattle [sth]
Rassendiskriminierung *f* racial discrimination *no pl*
Rassentrennung *f kein pl* racial segregation
rassig ['rasɪç] *adj* vivacious
Rassismus <-> [ra'sɪsmʊs] *m kein pl* racism
Rassist(in) <-en, -en> [ra'sɪst] *m(f)* racist
rassistisch *adj* racist
Rast <-, -en> [rast] *f* break; **~ machen** to stop for a break
rasten ['rastn̩] *vi* to have a break
Raster <-s, -> ['rastɐ] *nt (Kategorie)* category
Rasthof *m* service area
rastlos *adj* ① *(unermüdlich)* tireless ② *(unruhig)* restless
Rastplatz *m* picnic area
Rasur <-, -en> [ra'zuːɐ̯] *f* shave
Rat <-[e]s, Räte> [raːt] *m* ① *kein pl* advice; **jdn um ~ fragen** to ask sb for advice; **jdm den ~ geben, etw zu tun** to advise sb to do sth; **jdn/etw zu ~e ziehen** to consult sb/sth ② POL council
Rat, Rätin <-[e]s, Räte> [raːt, 'rɛːtɪn] *m, f (Stadtrat)* councillor
Rate <-, -n> ['raːtə] *f* instalment; **etw in ~n bezahlen** to pay for sth in instalments
raten <rät, riet, geraten> ['raːtn̩] I. *vi (Ratschläge geben)* to advise II. *vt* ① **jdm etw raten** to advise sb to do sth ② *(erraten)* to guess
Ratenkauf *m* hire purchase BRIT, installment plan AM **Ratenzahlung** *f* ① *kein pl (Zahlung in Raten)* payment in instalments ② *(einzelne Zahlung)* payment of an instalment
Ratespiel *nt* quiz
Rathaus *nt* town hall
Ratingagentur ['reːtɪŋ-] *f* rating agency
Ration <-, -en> [ra'tsi̯oːn] *f* ration
rational [ratsi̯o'naːl] *adj* rational
rationalisieren [ratsi̯onali'ziːrən] *vt, vi* to rationalize
Rationalisierung <-, -en> *f* rationalization *no pl*
rationell [ratsi̯o'nɛl] I. *adj* efficient II. *adv* efficiently
ratlos *adj* helpless; **ich bin völlig ~** I'm completely at a loss
Ratlosigkeit <-> *f kein pl* helplessness
ratsam ['raːtzaːm] *adj* advisable
Ratschlag <-s, Ratschläge> ['raːtʃlaːk] *m* advice; **jdm einen ~ geben** to give sb a piece of advice
Rätsel <-s, -> ['rɛːtsl̩] *nt* ① *(Geheimnis)* mystery; **es ist [jdm] ein, ~ warum …** it is a mystery [to sb] why … ② *(Denkaufgabe)* riddle ③ *(Kreuzworträtsel)* crossword [puzzle]
rätselhaft *adj* mysterious; **es ist jdm ~, warum …** it's a mystery to sb why …
Ratsherr *m* councillor
Ratte <-, -n> ['ratə] *f* rat
rattern ['ratɐn] *vi* to rattle
rau *adj* ① *(spröde)* rough ② *Hals* sore; *Stimme* husky ③ *(barsch, unwirtlich)* harsh
Raub <-[e]s, *selten* -e> [raup] *m kein pl* robbery; *(das Geraubte)* booty
Raubbau *m kein pl* over-exploitation
rauben ['raubn̩] *vt* ① to rob ② *(entführen)* to abduct ③ *(beanspruchen)* **das hat mir viel Zeit geraubt** this has cost me a lot of time
Räuber(in) <-s, -> ['rɔybɐ] *m(f)* robber
Räuberbande *f* bunch of crooks
Raubfisch *m* predatory fish **Raubkatze** *f* big cat **Raubkopie** *f* pirate copy **Raubmord** *m* murder with robbery as a motive **Raubtier** *nt* predator **Raubüberfall** *m* robbery **Raubvogel** *m* bird

of prey

Rauch <-[e]s> [raux] *m kein pl* smoke; **sich in ~ auflösen** to go up in smoke

rauchen ['rauxn̩] *vi, vt* to smoke; **darf man hier/bei Ihnen ~?** may I smoke [in] here/do you mind if I smoke?; **stark** ~ to be a heavy smoker

Raucher(in) <-s, -> *m(f)* smoker

Raucherabteil *nt* BAHN smoking compartment [*or* AM car] **Raucherecke** *f* smokers' corner

Räucherlachs *m* smoked salmon *no pl*

räuchern [rɔyçɐn] *vt* to smoke

rauchig ['rauxɪç] *adj* smoky

Rauchverbot *nt* ban on smoking **Rauchvergiftung** *f* smoke poisoning **Rauchwolke** *f* cloud of smoke

räudig ['rɔydɪç] *adj* mangy

raufen ['raufn̩] *vi, vr* [**sich**] ~ to fight

Raum <-[e]s, Räume> [raum] *m* ① *(Zimmer, Platz)* room; **auf engstem** ~ in a very confined space; ~ [**für etw** *akk*] **schaffen** to make room [for sth] ② *kein pl* ASTRON, PHYS space *no art* ③ *(Gebiet)* region; **im ~ Hamburg** in the Hamburg area

Räume – Rooms

die Abstellkammer	box room
das Arbeitszimmer	study
das Bad[ezimmer]	bathroom
der Balkon	balcony
der Dachboden	attic, loft
die Diele	hall
das Esszimmer	dining room
der Flur	hall
die Garage	garage
das Gästezimmer	spare room
der Keller	cellar, basement
die Küche	kitchen
das Schlafzimmer	bedroom
die Terrasse	terrace, patio
die Toilette	toilet
das Treppenhaus	stairs *pl*
die Waschküche	utility room
das Wohnzimmer	living room, lounge

räumen ['rɔymən] *vt* ① *(entfernen)* to remove (**aus, von** +*dat* from) ② *(einsortieren)* to put away *sep* (**in** +*akk* in) ③ *Wohnung* to vacate; *Straße* to clear ④ *(evakuieren)* to evacuate

Raumfähre *f* space shuttle **Raumfahrt** *f kein pl* space travel *no art*

Räumfahrzeug *nt* bulldozer; *(für Schnee)* snowplough

Raumkapsel *f* ① *(einer Raumfähre)* space capsule ② *(Sonde)* space probe

räumlich ['rɔymlɪç] **I.** *adj* ① *(den Raum betreffend)* spatial; **in großer ~er Entfernung** a long way away ② *(dreidimensional)* three-dimensional **II.** *adv* ① *(platzmäßig)* spatially; ~ [**sehr**] **beengt sein** to be [very] cramped for space ② *(dreidimensional)* three-dimensionally

Raumpfleger(in) *m(f)* cleaner **Raumschiff** *nt* spaceship **Raumstation** *f* space station

Räumung <-, -en> *f* ① *der Straße* clearing; *einer Wohnung* vacation; *(zwangsweise)* eviction ② *(Evakuierung)* evacuation

Räumungsverkauf *m* clearance sale

Raupe <-, -n> ['raupə] *f* ① ZOOL caterpillar ② *(Planierraupe)* bulldozer

Rausch <-[e]s, Räusche> [rauʃ] *m* ① intoxication; **einen ~ haben** to be drunk; **seinen ~ ausschlafen** to sleep it off ② *(Ekstase)* ecstasy

rauschen ['rauʃn̩] *vi Meer* to roar; *(sanft)* to murmur; *Blätter* to rustle; *Lautsprecher* to hiss

rauschend *adj (prunkvoll) Ballnacht, Fest* glittering; *(stark) Beifall* resounding

Rauschgift *nt* drug

Rauschgifthändler(in) <-s, -> *m(f)* drug dealer; *(international)* drug trafficker **rauschgiftsüchtig** *adj* addicted to drugs *pred* **Rauschgiftsüchtige(r)** <-n, -n> *f(m) dekl wie adj* drug addict

räuspern ['rɔyspɐn] *vr* **sich** ~ to clear one's throat

raus|schmeißen *vt irreg (fam)* to chuck

out

Rausschmeißer <-s, -> *m* bouncer

Razzia <-, Razzien> ['ratsi̯a] *f* raid

Reagenzglas *nt* test tube

reagieren [rea'gi:rən] *vi* to react (**auf** to)

Reaktion <-, -en> [reak'tsi̯o:n] *f* reaction (**auf** to)

Reaktor <-s, -toren> [re'akto:ɐ̯] *m* reactor

Reaktorunglück *nt* reactor accident

real [re'a:l] *adj* real

realisierbar *adj* realizable; **schwer ~e Pläne/Projekte** plans/projects that are hard to accomplish

realisieren [reali'zi:rən] *vt* to realize

realistisch [rea'lɪstɪʃ] *adj* realistic

Realität <-, -en> [reali'tɛ:t] *f* reality

realitätsfern *adj* unrealistic; *Person* out of touch with reality **realitätsnah** *adj* realistic; *Person* in touch with reality

Reality-Fernsehen [ri'ɛliti-] *nt* reality TV **Reality-Show** [ri'ɛliti-] *f* reality show

Realschule *f type of secondary/junior high school for ages 10 to 16 where pupils can work towards the 'mittlere Reife'*

Rebe <-, -n> ['re:bə] *f* [grape]vine

Rebell(in) <-en, -en> [re'bɛl] *m(f)* rebel

rebellieren [rebɛ'li:rən] *vi* to rebel

Rebellion <-, -en> [rebɛ'li̯o:n] *f* rebellion; *(Revolte)* revolt

rebellisch [re'bɛlɪʃ] *adj* rebellious

Rebhuhn ['re:phu:n] *nt* partridge

rechen ['rɛçn̩] *vt* to rake

Rechen <-s, -> ['rɛçn̩] *m* rake

Rechenaufgabe *f* arithmetic[al] problem **Rechenfehler** *m* arithmetic[al] error **Rechenmaschine** *f* calculator

Rechenschaft <-> *f kein pl* account; **jdm ~ schulden** to be accountable to sb (**über** for); **jdn zur ~ ziehen** to call sb to account

Recherche <-, -n> [re'ʃɛrʃə] *meist pl f* investigation; **~n [über jdn/etw] anstellen** to investigate [sb/sth]

recherchieren [reʃɛr'ʃi:rən] *vi, vt* to investigate

rechnen ['rɛçnən] **I.** *vt* ① MATH to calculate ② *(betrachten als)* **ich rechne ihn zu meinen besten Freunden** I count him amongst my best friends **II.** *vi* ① MATH to do arithmetic; **er kann [nicht] gut ~** he is [not] good at arithmetic; **falsch ~** to make a mistake [in one's calculations]; **richtig ~** to calculate correctly ② *(vertrauen)* **auf jdn/etw ~** to count on sb/sth ③ *(erwarten)* **mit etw** *dat* **~** to reckon on sth; **mit allem ~** to be prepared for anything **III.** *vr* **sich ~** to be profitable

rechnerisch **I.** *adj* arithmetic[al] **II.** *adv* ① *(kalkulatorisch)* arithmetically ② *(durch Rechnen)* by calculation

Rechnung <-, -en> *f* ① ÖKON bill; **das geht auf meine ~** I'm paying for this; **etw auf die ~ setzen** to put sth on the bill ② MATH calculation

recht [rɛçt] **I.** *adj* ① right; **ganz ~!** quite right! ② *(passend)* **jdm ist etw ~** sth is all right with sb; **das soll mir ~ sein** that's fine by me; **ist Ihnen der Kaffee so ~?** is your coffee all right? **II.** *adv* ① *(richtig)* correctly; **höre ich ~?** am I hearing things?; **versteh mich bitte ~** please don't misunderstand me ② *(genau)* really; **nicht ~ wissen** to not really know ③ *(ziemlich)* rather ④ *(gelegen)* **man kann es nicht allen ~ machen** you cannot please everyone; **jdm ~ geschehen** to serve sb right; **jdm gerade ~ kommen** to come just in time [for sb] ▸ **jetzt erst ~** now more than ever

Recht <-[e]s, -e> [rɛçt] *nt* ① *kein pl (Rechtsordnung)* law; **alle ~e vorbehalten** all rights reserved ② *(Anspruch, Befugnis)* right (**auf** to); **mit ~** rightly; **jdm ~ geben** to agree with sb; **~ haben** to be [in the] right; **kein ~ haben, etw zu tun** to have no right to do sth

Rechte <-n, -n> ['rɛçtə] *f* ① right [hand]; **zu jds ~n** to sb's right ② POL right

Rechteck <-[e]s, -e> *nt* rectangle
rechteckig *adj* rectangular
rechtfertigen I. *vt* to justify (**gegenüber** to) II. *vr* **sich** ~ to justify oneself
Rechtfertigung *f* justification
rechthaberisch *adj* dogmatic
rechtlich I. *adj* legal II. *adv* legally
rechtlos *adj* without rights *pred*
rechtmäßig *adj* legal; **nicht** ~ illegal
rechts [rɛçts] I. *adv* ① *(auf der rechten Seite)* on the right; ~ **oben/unten** at the top/bottom on the right; **nach/von** ~ to/from the right ② POL right; ~ **eingestellt sein** to lean to the right II. *präp* ~ **einer S.** + *gen* to [*or* on] the right of sth
Rechtsabteilung *f* legal department **Rechtsanspruch** *m* legal right [*or* entitlement] **Rechtsanwalt, -anwältin** *m, f* lawyer **Rechtsbruch** *m* breach of the law
rechtschaffen [ˈrɛçtʃafn̩] *adj* upright
Rechtschaffenheit <-> *f kein pl* honesty *no pl,* uprightness *no pl*
Rechtschreibfehler *m* spelling mistake **Rechtschreibung** *f* spelling
Rechtsextremismus <-> *m kein pl* right-wing extremism **Rechtsextremist(in)** *m(f)* right-wing extremist
Rechtsfall *m* JUR law [*or* court] case; **schwebender** ~ pending case
R **rechtskräftig** *adj Urteil* final
Rechtskurve *f* **eine** ~ **machen** to [make a] bend to the right
Rechtslage *f* legal position
Rechtsprechung <-, *selten* -en> *f kein pl* dispensation of justice
rechtsradikal I. *adj* extreme right-wing II. *adv* ~ **eingestellt sein** to have a tendency to the far-right
Rechtsschutzversicherung *f* legal costs insurance
Rechtsstaat *m* state under the rule of law **rechtsstaatlich** *adj* founded on the rule of law *pred* **Rechtsstreit** *m* lawsuit
Rechtsterrorismus *m* right-wing terrorism
Rechtsverkehr *m* driving on the right
rechtswidrig *adj* unlawful **rechtswirksam** *adj* JUR legally effective, valid; **etw** ~ **machen** to validate sth
rechtwink(e)lig *adj* right-angled
rechtzeitig I. *adj* punctual II. *adv* on time; ~ **ankommen** to arrive just in time
recken [ˈrɛkn̩] I. *vt* to stretch; **den Hals/Kopf [nach oben]** ~ to crane one's neck [upwards] II. *vr* **sich** ~ to [have a] stretch
Recycling <-s> [riˈsaiklɪŋ] *nt kein pl* recycling
Redakteur(in) <-s, -e> [redakˈtøːɐ] *m(f)* editor
Redaktion <-, -en> [redakˈtsi̯oːn] *f (Abteilung)* editorial department
Rede <-, -n> [ˈreːdə] *f* ① *(Ansprache)* speech; **eine** ~ **halten** to make a speech ② *(das Sprechen)* talk; **von jdm/etw ist die** ~ there is talk of sb/sth; **wovon ist die** ~**?** what's it [all] about? ▶ **davon kann keine** ~ **sein** that's out of the question; **jdn zur** ~ **stellen** to take sb to task; **nicht der** ~ **wert sein** to be not worth mentioning
redegewandt *adj* eloquent
reden [ˈreːdn̩] I. *vi* ① *(sprechen)* to talk (**mit** to/**über** about); **schlecht von jdm** ~ to speak ill of sb ② *(eine Rede halten)* to speak (**über** about/on) II. *vt* to talk
Redewendung *f* idiom
redlich [ˈreːtlɪç] I. *adj* honest II. *adv* honestly
Redner(in) <-s, -> [ˈreːdnɐ] *m(f)* speaker
redselig [ˈreːtzeːlɪç] *adj* talkative
reduzieren [reduˈtsiːrən] *vt* to reduce
Reeder(in) <-s, -> [ˈreːdɐ] *m(f)* shipowner
Reederei <-, -en> [reːdəˈrai] *f* shipping company
reell [reˈɛl] *adj* ① *(tatsächlich)* real ② *(anständig)* straight; *Angebot, Preis* fair; *Geschäft* sound

Referat <-[e]s, -e> [refe'ra:t] *nt* [seminar] paper; *(in der Schule)* project; **ein ~ halten** to present a paper/project
Referent(in) <-en, -en> [refe'rɛnt] *m(f)* ❶ *(Berichterstatter)* speaker ❷ ADMIN head of an advisory department
Referenz <-, -en> [refe'rɛnts] *f* ❶ *meist pl (Beurteilung)* **gute ~en aufzuweisen haben** to have good references ❷ *(Person)* referee
reflektieren [reflɛk'ti:rən] *vt, vi* to reflect
Reflex <-es, -e> [re'flɛks] *m* ❶ MED reflex ❷ *(Lichtreflex)* reflection
Reflexbewegung *f* reflex [movement]
Reflexion <-, -en> [reflɛ'ksi̯o:n] *f a.* PHYS reflection
Reflexivpronomen *nt* reflexive pronoun
Reform <-, -en> [re'fɔrm] *f* reform
Reformation <-> [refɔrma'tsi̯o:n] *f kein pl* **die ~** the Reformation
reformbedürftig *adj* in need of reform *pred*
Reformhaus *nt* health food shop [*or* AM store]
reformieren [refɔr'mi:rən] *vt* to reform
Reformkost *f* health food **Reformplan** *m* plan of reform
Refrain <-s, -s> [re'frɛ̃:, rə-] *m* refrain
Regal <-s, -e> [re'ga:l] *nt* shelves *npl;* **etw aus dem ~ nehmen** to take sth off the shelf; **etw ins ~ zurückstellen** to put sth back on the shelf
Regatta <-, Regatten> [re'gata] *f* regatta
rege ['re:gə] *adj* lively; *Beteiligung* active
Regel <-, -n> ['re:gl̩] *f* ❶ rule; **in der ~** as a rule ❷ *kein pl (Menstruation)* period
Regelfall *m kein pl* rule; **im ~** as a rule
regelmäßig I. *adj* regular II. *adv* regularly
Regelmäßigkeit <-, -en> *f* regularity
regeln ['re:gl̩n] I. *vt* ❶ *(in Ordnung bringen)* to settle ❷ *(regulieren)* to regulate II. *vr* **sich** [**von selbst**] **~** to sort itself out
regelrecht ['regl̩rɛçt] I. *adj* real II. *adv* really
Regelschule *f* state school
Regelung <-, -en> ['re:gəlʊŋ] *f* ❶ *(Bestimmung)* ruling ❷ *kein pl (das Regulieren)* regulation
regelwidrig I. *adj* against the rules *pred* II. *adv* against the rules
Regelwidrigkeit *f* breach of the rules [*or* regulations]
regen ['re:gn̩] *vr* **sich ~** to stir
Regen <-s, -> ['re:gn̩] *m* rain; **bei/in strömendem ~** in [the] pouring rain
Regenbogen *m* rainbow **Regenbogenhaut** *f* ANAT iris
Regenmantel *m* raincoat **Regenschauer** *m* shower [of rain] **Regenschirm** *m* umbrella **Regentropfen** *m* raindrop **Regenwald** *m* rainforest **Regenwurm** *m* earthworm **Regenzeit** *f* rainy season
Regie <-, -n> [re'ʒi:] *f* direction; [**bei etw** *dat*] **die ~ haben** to direct [sth]
regieren [re'gi:rən] *vi, vt* to rule (**über** over)
Regierung <-, -en> [re'gi:rʊŋ] *f* government; **an der ~ sein** to be in power
Regierungsbündnis *nt* coalition government **Regierungschef(in)** *m(f)* head of [a/the] government **Regierungserklärung** *f* government statement **Regierungspartei** *f* ruling party **Regierungssprecher(in)** *m(f)* government spokesperson
Regime <-s, -s> [re'ʒi:m] *nt* regime
Regiment <-[e]s, -er> [regi'mɛnt] *nt* MIL regiment
Region <-, -en> [re'gi̯o:n] *f* region
regional [regi̯o'na:l] *adj* regional
Regionalteil [regi̯o'na:l-] *m* MEDIA local news section
Regisseur(in) <-s, -e> [reʒɪ'sø:ɐ̯] *m(f)* director
registrieren [regɪs'tri:rən] *vt* to register
Regler <-s, -> ['re:glɐ] *m* TECH control
reglos ['re:klo:s] *adj s.* **regungslos**
regnen ['re:gnən] *vi impers* **es regnet** it's raining

R

regnerisch *adj* rainy
regulär [regu'lɛːɐ̯] *adj* regular
Regung <-, -en> *f* ① *(Bewegung)* movement ② *(Empfindung)* feeling; **menschliche ~** human emotion
regungslos *adj* motionless
Reh <-[e]s, -e> [reː] *nt* roe deer
Rehabilitationszentrum *nt* rehabilitation centre
rehabilitieren [rehabili'tiːrən] *vt* to rehabilitate
Rehbock *m* [roe]buck **Rehbraten** *m* *(Fleisch)* joint of venison; *(gebraten)* roast venison
Reibe <-, -n> ['raibə] *f* grater
Reibekuchen *m* KOCHK DIAL *(Kartoffelpuffer)* ≈ potato fritter BRIT, ≈ latke AM *(grated raw potatoes fried into a pancake)*
reiben <rieb, gerieben> ['raibn̩] **I.** *vt* ① to rub ② KOCHK to grate **II.** *vr* **sich** *dat* **die Augen/Hände ~** to rub one's eyes/hands
Reibereien [rai̯bə'rai̯ən] *pl (fam)* friction *no pl*
Reibung <-, -en> *f* friction
reibungslos **I.** *adj* smooth **II.** *adv* smoothly
reich [raiç] *adj* ① rich (**an** in); **~ an Erfahrung sein** to have a wealth of experience ② *Ernte* abundant; *Mahlzeit* lavish ③ *Auswahl* large; *Leben* varied
Reich <-[e]s, -e> [raiç] *nt* ① POL empire; **das ~ Gottes** the Kingdom of God; **das Dritte ~** the Third Reich; **das Römische ~** the Roman Empire ② *(Bereich)* realm
reichen ['raiçn̩] **I.** *vi* ① *(ausreichen)* to last ② *(überdrüssig sein)* **etw reicht jdm** sth is enough for sb; **mir reicht's!** I've had enough! ③ *(sich erstrecken)* **bis zu etw** *dat* **~** to reach to sth **II.** *vt* *(geben)* **jdm etw ~** to pass sb sth
reichhaltig ['rai̯çhaltɪç] *adj* ① *(vielfältig)* wide; *Programm* varied ② *Bibliothek, Sammlung* well-stocked ③ *(üppig)* rich
reichlich ['raiçlɪç] **I.** *adj* ample; **~ Geld/Zeit haben** to have plenty of money/time **II.** *adv* amply
Reichtum <-[e]s, Reichtümer> ['raiçtuːm] *m kein pl* wealth; **Reichtümer** *pl* riches *npl*
Reichweite *f* range
reif [raif] *adj* ① *Frucht, Zeit* ripe ② *Mensch* mature
Reif[1] <-[e]s> [raif] *m kein pl* METEO hoar frost
Reif[2] <-[e]s, -e> [raif] *m* *(Armreif)* bracelet
Reife <-> ['raifə] *f kein pl* ① *einer Frucht* ripeness ② *eines Menschen* maturity
reifen ['raifn̩] *vi sein* ① *Frucht* to ripen ② *Mensch* to mature (**zu** into)
Reifen <-s, -> ['raifn̩] *m* tyre
Reifendruck *m* tyre pressure **Reifenpanne** *f* flat **Reifenwechsel** *m* tyre change
reiflich ['rai̯flɪç] **I.** *adj* thorough; **nach ~er Überlegung** after [very] careful consideration **II.** *adv* thoroughly, carefully
Reihe <-, -n> ['raiə] *f* ① row; MIL file; **du bist an der ~** it's your turn; **der ~ nach** in order ② *(Menge)* **eine ~ von …** a lot of …
Reihenfolge *f* order
Reihenhaus *nt* terraced [*or* AM row] house
reihenweise *adv* ① *(in großer Zahl)* by the dozen ② *(nach Reihen)* in rows
Reiher <-s, -> ['raiɐ] *m* heron
reihum [rai̯'ʔʊm] *adv* in turn; **etw ~ gehen lassen** to pass sth round [*or* AM around]
Reim <-[e]s, -e> [raim] *m* rhyme
reimen ['raimən] *vr, vt* [**sich**] **~** to rhyme (**auf/mit** with)
rein[1] [rain] **I.** *adj* ① *(pur)* pure; *Wahrheit* plain; **das Kinderzimmer ist der ~ste Schweinestall!** the children's room is an absolute pigsty! ② *(völlig sauber)* clean ③ *(makellos)* clear ▶ **etw ins R~e bringen** to clear up sth; **mit jdm/sich selbst im R~en**

sein to have got things straightened out with sb/oneself **II.** *adv* ❶ *(ausschließlich)* purely ❷ *(absolut)* absolutely

rein² [rain] *adv (fam)* into; **„~ mit dir!"** "come on, get in!"

Reinfall ['rainfal] *m (fam)* disaster

rein|fallen *vi irreg sein (fam)* ❶ *(hineinfallen)* [**irgendwo**] ~ to fall in [somewhere] ❷ *(hereingelegt werden)* to be taken in (**auf** by)

Reingewinn *m* net profit

reinigen ['rainɪgn̩] *vt* to clean

Reinigung <-, -en> *f* ❶ *kein pl* cleaning ❷ *(Geschäft)* cleaner's; **die chemische ~** the dry cleaner's

Reinigungskraft *f (form)* cleaner

reinlich *adj* clean

reinrassig *adj* thoroughbred

Reis <-es> [rais] *m kein pl* rice

Reise <-, -n> ['raizə] *f* journey; **gute ~!** have a good trip!; **eine ~ machen** to go on a journey

Reisen und Urlaub – Travel and holidays

abfahren, abfliegen	to leave
ankommen	to arrive
der Bahnhof	station
buchen	to book
die Ferien	holiday[s *pl*]
die Fahrkarte	ticket
der Flughafen	airport
Geld wechseln	to change money
das Gepäck	luggage
das Hotel	hotel
die Jugendherberge	youth hostel
der Pass	passport
die Pauschalreise	package holiday
der Personalausweis	ID card
die Reise	trip
reisen	to travel
die Sehenswürdigkeiten	sights *pl*
das Souvenir	souvenir
das Ticket	ticket
der Tourist, die Touristin	tourist
der Urlauber, die Urlauberin	holiday-maker
die Unterkunft	accommodation
das Visum	visa
zelten	to go camping
der Zeltplatz	campsite

Reiseandenken *nt* souvenir **Reiseapotheke** *f* first aid kit **Reisebüro** *nt* travel agency **Reiseführer** *m* travel guide[book], guidebook **Reisegefährte, -gefährtin** *m, f* travel[ling] companion; *(Mitreisender)* fellow passenger **Reisegepäck** *nt* luggage **Reisegesellschaft** *f* party of tourists **Reisekrankheit** *f kein pl* travel sickness *no pl* **Reiseleiter(in)** *m(f)* guide **reiselustig** *adj* fond of travelling

reisen ['raizn̩] *vi sein* to travel

Reisende(r) *f(m) dekl wie adj* passenger

Reisepass *m* passport **Reiseroute** *f* itinerary **Reisescheck** *m* traveller's cheque **Reisetasche** *f* holdall **Reiseveranstalter(in)** *m(f)* tour operator **Reiseverkehr** *m kein pl* holiday traffic **Reiseversicherung** *f* travel insurance **Reiseziel** *nt* destination

reißen <riss, gerissen> ['raisn̩] **I.** *vi* ❶ *sein: Stoff* to tear; *Seil* to break ❷ *haben (zerren)* **an etw** *dat* ~ to pull [on] sth **II.** *vt haben* ❶ to tear (**von** from) ❷ *(Risse erzeugen)* to crack ❸ *(unterbrechen)* **das Klingeln des Telefons riss sie aus ihren Gedanken** the ringing of the telephone roused her from her thoughts ❹ *(gewaltsam übernehmen)* **etw an sich** *akk* ~ to seize sth ▶ **hin und her gerissen sein/werden** to be torn **III.** *vr haben* ❶ *(sich losreißen)* **sich aus etw** *dat* ~ to tear oneself out of sth ❷ **sich um jdn/etw ~** to scramble to get sb/sth

Reißverschluss *m* zip BRIT, zipper AM

R

Reißzwecke <-, -n> *f* drawing pin
reiten <ritt, geritten> ['raitn̩] **I.** *vi sein* to ride; **im Galopp/Trab ~** to gallop/trot **II.** *vt haben* to ride
Reiter(in) <-s, -> ['raitɐ] *m(f)* rider
Reitgerte *f* riding whip **Reitstiefel** *m* riding-boot **Reitweg** *m* bridle-path
Reiz <-es, -e> [raits] *m* ① *(Verlockung)* appeal; **den ~ verlieren** to lose its appeal ② *(Stimulus)* stimulus
reizbar *adj* irritable
reizen ['raitsn̩] *vt* ① *(verlocken)* to tempt ② MED to irritate ③ *(provozieren)* to provoke (**zu** into)
reizend *adj* attractive
reizlos *adj* dull
Reizthema *nt* emotive subject **Reizüberflutung** *f* overstimulation *no pl*
Reizung <-, -en> *f* irritation
reizvoll *adj* attractive
Reklamation <-, -en> [reklama'tsi̯o:n] *f* complaint
Reklame <-, -n> [re'kla:mə] *f* ① *kein pl* advertising ② *(Prospekt)* advertising brochure
reklamieren [rekla'mi:rən] *vt* **etw ~** to complain about sth
rekonstruieren [rekɔnstru'i:rən] *vt* to reconstruct (**aus** from)
Rekord <-s, -e> [re'kɔrt] *m* record
Rekordzeit *f* record time
Rekrut(in) <-en, -en> [re'kru:t] *m(f)* recruit
rekrutieren [rekru'ti:rən] **I.** *vt* to recruit **II.** *vr* **sich aus etw** *dat* **~** to consist of sth
Rekrutierung <-, -en> *f* recruitment *no pl*
Rektor(in) <-s, -en> ['rɛkto:ɐ̯, rɛk'to:rɪn] *m(f)* *(Schulleiter)* head teacher BRIT, principle AM
Relation <-, -en> [rela'tsi̯o:n] *f* ① *(Verhältnismäßigkeit)* proportion; **in ~ zu etw** *dat* **stehen** to be proportional to sth; **in keiner ~ zu etw** *dat* **stehen** to bear no relation to sth ② *(wechselseitige Beziehung)* relationship
relativ [rela'ti:f] *adj* relative
relaxed [ri'lɛkst] *adv (fam)* chilled [out]
Relegationsspiel [relega'tsi̯o:ns-] *f* FBALL relegation play-off match
relevant [rele'vant] *adj* relevant
Religion <-, -en> [reli'gi̯o:n] *f* religion
Religionsfreiheit *f* freedom of worship
religiös [reli'gi̯ø:s] *adj* religious
Relikt <-[e]s, -e> [re'lɪkt] *nt* relic
Renaissance <-> [rənɛ'sã:s] *f kein pl* Renaissance
Rendezvous <-, -> [rãde'vu:] *nt* rendezvous
Rennbahn *f* racetrack
rennen <rannte, gerannt> ['rɛnən] *vi sein* ① to run ② *(stoßen)* **gegen etw** *akk* **~** to bump into sth
Rennen <-s, -> ['rɛnən] *nt* race; **gut/schlecht im ~ liegen** to be well/badly placed; *(fig)* to be in a good/bad position
Renner <-s, -> ['rɛnɐ] *m (fam)* big seller
Rennfahrer(in) *m(f)* ① AUTO racing [*or* AM racecar] driver ② *(beim Radrennen)* racing cyclist **Rennpferd** *nt* racehorse **Rennrad** *nt* racing bike **Rennsport** *m* ① *(Motorrennen)* motor racing *no pl* ② *(Radrennsport)* cycle racing ③ *(Pferderennsport)* horse racing **Rennwagen** *m* racing [*or* AM *a.* race] car
renovieren [reno'vi:rən] *vt* to renovate
Renovierung <-, -en> *f* renovation
rentabel [rɛn'ta:bl̩] *adj* profitable
Rente <-, -n> ['rɛntə] *f* pension; **in ~ gehen** to retire
Rentenalter *nt* retirement age **Rentenanspruch** *m* right to a pension **Rentenreform** *f* pension reform **Rentenversicherung** *f* pension scheme BRIT, retirement insurance AM
Rentier ['rɛnti:ɐ̯] *nt* reindeer
rentieren [rɛn'ti:rən] *vr* **sich ~** to be worthwhile
Rentner(in) <-s, -> *m(f)* pensioner
Reparatur <-, -en> [repara'tu:ɐ̯] *f* repair; **etw in ~ geben** to have sth repaired
reparieren [repa'ri:rən] *vt* to repair

Repertoire <-s, -s> [repɛrˈto̯a:ɐ̯] *nt* repertoire
Reportage <-, -n> [repɔrˈta:ʒə] *f* report
Reporter(in) <-s, -> [reˈpɔrtɐ] *m(f)* reporter
Repräsentant(in) <-en, -en> [reprɛzɛnˈtant] *m(f)* representative
Repräsentantenhaus <-es> *nt kein pl* *(in den USA)* House of Representatives
repräsentativ [reprɛzɛntaˈti:f] **I.** *adj* ❶ *(aussagekräftig) Ergebnis, Querschnitt* representative ❷ *(vorzeigbar) Aufmachung, Auftreten* prestigious **II.** *adv* imposingly
Repressalie <-, -n> [reprɛˈsa:li̯ə] *f* reprisal *usu pl*
Reproduktion <-, -en> [reproduk'tsi̯o:n] *f* reproduction
reproduzieren [reproduˈtsi:rən] *vt* to reproduce
Reptil <-s, -ien> [rɛpˈti:l] *nt* reptile
Republik <-, -en> [repuˈbli:k] *f* republic
Republikaner(in) <-s, -> [republiˈka:nɐ] *m(f)* Republican
Republik Irland *f* Republic of Ireland **Republik Mazedonien** *f* Republic of Macedonia **Republik Moldau** *f* Republic of Moldova
Reservat <-[e]s, -e> [rezɛrˈva:t] *nt* reservation
Reserve <-, -n> [reˈzɛrvə] *f* reserve; **jdn aus der ~ locken** to bring sb out of his/her shell
Reservekanister *m* spare can **Reserverad** *nt* spare wheel **Reservespieler(in)** *m(f)* substitute
reservieren [rezɛrˈvi:rən] *vt* to reserve
Residenz <-, -en> [reziˈdɛnts] *f* residence
resignieren [rezɪˈgni:rən] *vi* to give up
resolut [rezoˈlu:t] *adj* resolute
Respekt <-s> [reˈspɛkt, rɛ-] *m kein pl* respect; **vor jdm/etw ~ haben** to have respect for sb/sth
respektieren [respɛkˈti:rən, rɛ-] *vt* to respect
respektlos *adj* disrespectful
respektvoll *adj* respectful
Ressource <-, -n> [rɛˈsʊrsə] *f* resource
Rest <-[e]s, -e> [rɛst] *m* rest; *Essen* leftovers *npl;* **der letzte ~** the last bit ▶ **jdm den ~ geben** to finish sb [off]
Restaurant <-s, -s> [rɛstoˈrã:] *nt* restaurant
restaurieren [restauˈri:rən, rɛ-] *vt* to restore
Restbetrag *m* FIN balance; **geschuldeter/unbezahlter ~** balance due/arrearage
restlich *adj* remaining; **wo ist das ~e Geld?** where is the rest of the money?
Restmüll *m* non-recyblable waste
Restposten *m* remaining stock
Resultat <-[e]s, -e> [rezʊlˈta:t] *nt* result
Retourbillett [ˈrətu:ɐ̯bɪljɛt] *nt* SCHWEIZ *(Rückfahrkarte)* return ticket **Retourgeld** [ˈrətu:ɐ̯-] *nt* SCHWEIZ change
retten [ˈrɛtn̩] **I.** *vt* to save (**vor** from) **II.** *vr* **sich ~** to save oneself; **rette sich, wer kann!** run for your lives!; **sich vor jdm/etw nicht mehr ~ können** to be swamped by sb/sth
Retter(in) <-s, -> *m(f)* rescuer
Rettich <-s, -e> [ˈrɛtɪç] *m* radish
Rettung <-, -en> *f* rescue; **du bist meine letzte ~** you're my last hope
Rettungsboot *nt* lifeboat **Rettungsring** *m* lifebelt **Rettungsschirm** *m* POL, FIN euro rescue fund **Rettungswagen** *m* ambulance
Reue <-> [ˈrɔyə] *f kein pl* remorse
reuen [ˈrɔyən] *vt* **etw reut jdn** sb regrets sth
reumütig [ˈrɔymy:tɪç] **I.** *adj* remorseful; *Sünder* repentant **II.** *adv* remorsefully; **~ zu jdm zurückkommen** to come crawling back to sb *fam*
Revanche <-, -n> [reˈvã:ʃə] *f* SPORT return match BRIT, rematch AM
revanchieren [revãˈʃi:rən] *vr* **sich [bei jdm] ~** to return [sb] a favour
Revier <-s, -e> [reˈvi:ɐ̯] *nt* ❶ *(Polizeirevier)* beat BRIT, precinct AM; *(Polizeidienststelle)* police station ❷ *(Jagdre-*

vier) shoot

Revision <-, -en> [reviˈzi̯oːn] *f* ❶ JUR appeal ❷ *(Abänderung)* revision

Revisionsgericht *nt* final court of appeal, final appeals court BRIT

Revolte <-, -n> [reˈvɔltə] *f* revolt

Revolution <-, -en> [revoluˈtsi̯oːn] *f* revolution

revolutionär [revolutsi̯oˈnɛːɐ̯] *adj* revolutionary

Revolutionär(in) <-s, -e> [revolutsi̯oˈnɛːɐ̯] *m(f)* ❶ POL revolutionary ❷ *(radikaler Neuerer)* revolutionist

Revolver <-s, -> [reˈvɔlvɐ] *m* revolver

Revue <-, -n> [reˈvyː, rəˈvyː, *pl:* -ˈvyːən] *f* THEAT revue ▶ **jdn/etw ~ passieren lassen** *(geh)* to recall sb/to review sth

Rezension <-, -en> [retsɛnˈzi̯oːn] *f* review

Rezept <-[e]s, -e> [reˈtsɛpt] *nt* ❶ KOCHK recipe ❷ MED prescription; **auf ~** on prescription

Rezeption <-, -en> [retsɛpˈtsi̯oːn] *f* reception

rezeptpflichtig *adj* requiring a prescription; **~ sein** to be available only on prescription

Rhabarber <-s, -> [raˈbarbɐ] *m* rhubarb

Rhein <-s> [rain] *m* **der ~** the Rhine; **am ~** on the Rhine

rhetorisch [reˈtoːrɪʃ] *adj* rhetorical

Rheuma <-s> [ˈrɔyma] *nt kein pl* rheumatism

rheumatisch [rɔyˈmaːtɪʃ] *adj* rheumatic

Rheumatismus <-> [rɔymaˈtɪsmʊs] *m kein pl* rheumatism *no pl*

Rhinozeros <-[ses], -se> [riˈnoːtserɔs] *nt* ❶ *(Nashorn)* rhinoceros ❷ *(pej fam: Dummkopf)* twit *pej*

rhythmisch [ˈrʏtmɪʃ] *adj* rhythmic[al]

Rhythmus <-, -Rhythmen> [ˈrʏtmʊs] *m* rhythm

Ribisel <-, -n> [ˈriːbiːzl̩] *f* DIAL, ÖSTERR *(rot)* redcurrant; *(schwarz)* blackcurrant

richten [ˈrɪçtn̩] **I.** *vr* ❶ *(bestimmt sein)* **sich an jdn ~** to be directed at sb ❷ *(um Rat wenden)* **sich an jdn/etw ~** to consult sb/sth ❸ *(sich orientieren)* **sich nach etw** *dat* **~** to comply with sth; **wir richten uns ganz nach Ihnen** we'll fit in with you **II.** *vt* ❶ *(lenken)* to direct (**auf** towards/at); **seinen Blick auf etw** *akk* **~** to [have a] look at sth ❷ *(adressieren)* to address (**an** to) ❸ *(reparieren)* to fix

Richter(in) <-s, -> [ˈrɪçtɐ] *m(f)* judge

Richtgeschwindigkeit *f* recommended speed limit

richtig [ˈrɪçtɪç] **I.** *adj* ❶ right; **es war ~, dass du gegangen bist** you were right to leave; **irgendwo/bei jdm ~ sein** to be at the right place/address ❷ *Lösung* correct ❸ *(wirklich, echt)* real ❹ *(fam: in Ordnung)* all right **II.** *adv* ❶ *(korrekt)* correctly; **sehr ~!** quite right! ❷ *(fam: regelrecht)* really

richtig|stellen *vt (berichtigen)* to correct

Richtlinie *f meist pl* guideline *usu pl*

Richtung <-, -en> [ˈrɪçtʊŋ] *f* ❶ direction ❷ *(Tendenz)* trend; **irgendwas in der ~** something along those lines

Richtungsänderung *f* change of [*or* in] direction

richtungweisend *adj* pointing the way [ahead]

Richtwert *m* guideline

riechen <roch, gerochen> [ˈriːçn̩] **I.** *vi* to smell (**nach** of); **an jdm/etw ~** to smell sb/sth **II.** *vt* to smell; **riechst du nichts?** can't you smell anything? **III.** *vi impers* **es riecht ekelhaft** there's a disgusting smell; **es riecht nach etw** *dat* there's a smell of sth

Riegel <-s, -> [ˈriːgl̩] *m* ❶ *(Verschluss)* bolt ❷ *(Schokoriegel)* bar

Riemen <-s, -> [ˈriːmən] *m* strap ▶ **sich am ~ reißen** to get a grip on oneself

Riese, Riesin <-n, -n> [ˈriːzə, ˈriːzɪn] *m, f* giant

rieseln [ˈriːzl̩n] *vi sein* ❶ *(rinnen)* to trickle (**auf** onto) ❷ *(bröckeln)* **von etw** *dat* **~** to flake off sth

Riesenerfolg *m (fam)* huge success **riesengroß** ['ri:zn̩'gro:s] *adj (fam)* enormous **Riesenrad** *nt* Ferris wheel **Riesenschlange** *f (fam)* boa

riesig ['ri:zɪç] **I.** *adj* ① *(ungeheuer groß)* gigantic ② *(gewaltig)* enormous; *Anstrengung, Enttäuschung* huge ③ *präd (fam: gelungen)* great; **die Party war einfach ~** the party was really terrific **II.** *adv (fam)* enormously; **das war ~ nett von Ihnen** that was terribly nice of you

Riff <-[e]s, -e> [rɪf] *nt* reef

rigoros [rigo'ro:s] *adj* rigorous

Rille <-, -n> ['rɪlə] *f* groove

Rind <-[e]s, -er> [rɪnt] *nt* ① cow ② KOCHK beef *no pl*

Rinde <-, -n> ['rɪndə] *f (Borke)* bark *no pl*

Rinderbraten *m* roast beef **Rinderfilet** *nt* fillet of beef *no pl* **Rinderwahnsinn** *m kein pl* mad cow disease *no art*

Rindfleisch *nt* beef *no art*

Rindsleder *nt* cowhide, leather

Rindvieh <-viecher> *nt* ① *kein pl (Rinder)* cattle *no art, + pl vb* ② *(sl: Dummkopf)* ass

Ring <-[e]s, -e> [rɪŋ] *m* ring

Ringelnatter *f* grass snake

Ringelspiel *nt* ÖSTERR *(Karussell)* merry-go-round

ringen <rang, gerungen> ['rɪŋən] *vi* ① *(im Ringkampf)* to wrestle ② *(im Zwiespalt sein)* **mit sich** *dat* **~** to wrestle with oneself ③ **nach Atem ~** to struggle for breath

Ringen <-s> ['rɪŋən] *nt kein pl* wrestling *no art, no pl*

Ringer(in) <-s, -> *m(f)* wrestler

Ringfinger *m* ring finger

Ringkampf *m* wrestling match

ringsum ['rɪŋs'ʔʊm] *adv* [all] around

Rinne <-, -n> ['rɪnə] *f* channel; *(Furche)* furrow

rinnen <rann, geronnen> ['rɪnən] *vi sein* to run

Rinnstein *m* gutter

Rippchen <-s, -> ['rɪpçən] *nt* smoked rib [of pork]

Rippe <-, -n> ['rɪpə] *f* rib

rippen ['rɪpən] *vt CD* to rip

Rippenfellentzündung *f* pleurisy **Rippenstoß** *m* dig in the ribs

Risiko <-s, Risiken> ['ri:ziko] *nt* risk; **auf jds ~** at sb's own risk

Risikogruppe *f* [high-]risk group

riskant [rɪs'kant] *adj* risky

riskieren [rɪs'ki:rən] *vt* to risk sth

Riss <-es, -e> [rɪs] *m* crack; *(in Papier)* tear

rissig ['rɪsɪç] *adj* cracked

ritt [rɪt] *imp von* **reiten**

Ritt <-[e]s, -e> [rɪt] *m* ride

Ritter <-s, -> ['rɪtɐ] *m* knight

ritterlich *adj* ① *(höflich zu Damen)* chivalrous ② HIST knightly *liter*

Rittersporn *m* BOT delphinium, larkspur

Ritual <-s, -e> [ri'tu̯a:l] *nt* ritual

Ritze <-, -n> ['rɪtsə] *f* crack

ritzen ['rɪtsn̩] **I.** *vt* to carve (**auf** on/**in** in) **II.** *vr* **sich ~** to scratch oneself

Rivale, Rivalin <-n, -n> [ri'va:lə, ri'va:lɪn] *m, f* rival

rivalisieren [rivali'zi:rən] *vi (geh)* **mit jdm ~** to compete with sb (**um** for); **~d** rival

Rivalität <-, -en> [rivali'tɛ:t] *f* rivalry

Rizinus <-, -> ['ri:tsinʊs] *m* castor-oil [plant]

Roadster <-s, -> ['roʊdstə] *m* roadster

Roaminggebühr ['roʊmɪŋ-] *f meist pl* TELEK roaming fee

Robbe <-, -n> ['rɔbə] *f* seal

Robe <-, -n> ['ro:bə] *f* ① *(langes Abendkleid)* evening gown ② *(Talar)* robe[s *pl*]

Roboter <-s, -> ['rɔbɔtɐ] *m* robot

robust [ro'bʊst] *adj* robust

röcheln ['rœçl̩n] *vi* to breathe stertorously *form*

Rochen <-s, -> ['rɔxn̩] *m* ray

Rock[1] <-[e]s, Röcke> [rɔk] *m* ① skirt ② DIAL *(Jacke)* jacket

Rock[2] <-[s], -[s]> [rɔk] *m kein pl* MUS rock *no art*

Rodel <-s *o* SÜDD, ÖSTERR -, -> ['ro:dl̩] *m*

o SÜDD, ÖSTERR *f* toboggan
Rodelbahn *f* toboggan run
rodeln ['ro:dl̩n] *vi sein o haben* to toboggan
Rogen <-s, -> ['ro:gn̩] *m* roe *no art, no pl*
Roggen <-s> ['rɔgn̩] *m kein pl* rye *no art*
Roggenbrot *nt* rye bread *no pl*
roh [ro:] *adj* ❶ *(nicht zubereitet)* raw ❷ *(brutal)* rough ❸ *(rüde)* coarse
Rohbau <-bauten> *m* shell
Rohheit <-, -en> ['ro:hait] *f* coarseness *no art*
Rohkost *f* raw food *no art* **Rohöl** *nt* crude oil
Rohr <-[e]s, -e> [ro:ɐ̯] *nt* pipe; *(dünn, flexibel)* tube
Rohrbruch *m* burst pipe
Röhre <-, -n> ['rø:rə] *f* tube
Rohrleitung *f* pipe
Rohrstuhl *m* cane chair **Rohrzucker** *m* cane sugar *no art*
Rohstoff *m* raw material
Rokoko <-[s]> ['rɔkoko] *nt kein pl (Stil)* rococo
Rollbahn *f* runway
Rolle <-, -n> ['rɔlə] *f* ❶ *Draht etc.* roll ❷ *(Spule)* reel ❸ SPORT roll; **eine ~ machen** to do a roll ❹ FILM role; **eine ~ spielen** to play a part ▸ **es spielt keine ~, ob/wie** it doesn't matter whether/how ...
rollen ['rɔlən] **I.** *vi, vt sein* to roll ▸ **etw ins R~ bringen** to set sth in motion **II.** *vr* **sich ~** to curl up
Rollenspiel *nt* role play
Roller <-s, -> ['rɔlɐ] *m* ❶ scooter ❷ ÖSTERR *(Rollo)* [roller] blind
Rolli <-s, -s> ['rɔli] *m* MODE *(fam)* skinny polo neck [*or* AM turtleneck]
Rollkragen *m* polo neck
Rollladen <-s, Rollläden> *m* shutter *usu pl*
Rollschuh *m* roller skate; **~ laufen** to roller-skate **Rollstuhl** *m* wheelchair **Rollstuhlfahrer(in)** *m(f)* wheelchair user **rollstuhlgerecht** *adj* suitable for wheelchairs **Rolltreppe** *f* escalator
Rom <-s> [ro:m] *nt kein pl* Rome *no art, no pl*
Roma [ro:ma] *pl* Roma *npl*
Roman <-s, -e> [ro'ma:n] *m* novel
Romanfigur <-, -en> *f* character in a novel
romanisch [ro'ma:nɪʃ] *adj* ❶ LING, GEOG Romance ❷ SCHWEIZ *(rätoromanisch)* Rhaeto-Romanic *spec*
Romanistik <-> [roma'nɪstɪk] *f kein pl* Romance studies
Romanschriftsteller(in) *m(f)* novelist
Romantik <-> [ro'mantɪk] *f kein pl* ❶ *(Epoche)* **die ~** the Romantic period ❷ *(gefühlsbetonte Stimmung)* romanticism *no art, no pl;* **[einen] Sinn für ~ haben** to have a sense of romance
romantisch [ro'mantɪʃ] **I.** *adj* ❶ *(zur Romantik gehörend)* Romantic ❷ *(gefühlvoll)* romantic ❸ *(malerisch)* picturesque **II.** *adv* picturesquely; **~ gelegen** situated in a picturesque location
Römer(in) <-s, -> ['rø:mɐ] *m(f)* Roman
römisch ['rø:mɪʃ] *adj* Roman
röntgen ['rœntgn̩] *vt* to X-ray; **sich ~ lassen** to be X-rayed
Röntgenaufnahme *f* X-ray [photograph] **Röntgenstrahlen** *pl* X-rays
rosa ['ro:za] *adj* pink
Rose <-, -n> ['ro:zə] *f* rose
Rosenkohl *m* [Brussels] sprouts *usu pl* **Rosenkranz** *m* rosary **Rosenmontag** *m Monday before Shrove Tuesday, climax of the German carnival celebrations*
rosig ['ro:zɪç] *adj* rosy
Rosine <-, -n> [ro'zi:nə] *f* raisin
Rosmarin <-s> ['ro:smari:n] *m kein pl* rosemary *no art*
Rost[1] <-[e]s> [rɔst] *m kein pl* rust *no art*
Rost[2] <-[e]s, -e> [rɔst] *m* ❶ *(Gitter)* grating ❷ *(Grillrost)* grill
rosten ['rɔstn̩] *vi sein o haben* to rust
rösten ['rœstn̩] *vt* to roast
rostfrei *adj* stainless
Rösti ['rø:sti] *pl* SCHWEIZ [sliced] fried po-

tatoes *pl*
rostig ['rɔstɪç] *adj* rusty
rot <-er *o* röter, -este> [roːt] **I.** *adj* red; **~ werden** to blush **II.** *adv* **~ glühend** red-hot; **~ sehen** to see red
rotblond *adj* sandy; **eine ~e Frau** a strawberry blonde; **ein ~er Mann** a sandy-haired man **rotbraun** *adj* reddish brown
Röteln ['røːtl̩n] *pl* rubella *no art, no pl*
röten ['røːtn̩] **I.** *vr* **sich ~** to turn red; *Wangen a.* to flush **II.** *vt* to redden
rothaarig *adj* red-haired; **~ sein** to have red hair
rotieren [ro'tiːrən] *vi haben o sein* to rotate
Rotkehlchen <-s, -> *nt* robin **Rotkohl** *m*, DIAL **Rotkraut** *nt* red cabbage *no art*
rötlich ['røːtlɪç] *adj* reddish
Rotlichtviertel *nt* red-light district
Rotschopf *m* redhead **Rotstift** *m* red pencil/crayon/pen ► **[bei etw** *dat*] **den ~ ansetzen** to make cutbacks [in sth] **Rotwein** *m* red wine **Rotwild** *nt* red deer
Roulade <-, -n> [ru'laːdə] *f* roulade
Roulette <-s, -> [ru'lɛt] *nt* roulette *no art, no pl*
Route <-, -n> ['ruːtə] *f* route
Routine <-> [ru'tiːnə] *f kein pl* routine
routiniert [ruti'niːɐt] **I.** *adj* experienced **II.** *adv* in a practised manner
Rowdy <-s, -s> ['raudi] *m* hooligan
rubbeln ['rʊbl̩n] *vi, vt* to rub hard
Rübe <-, -n> ['ryːbə] *f* turnip; **Gelbe ~** carrot; **Rote ~** beetroot
Rubin <-s, -e> [ru'biːn] *m* ruby
Rubrik <-, -en> [ru'briːk] *f* category
Ruck <-[e]s, -e> [rʊk] *m* jolt ► **sich** *dat* **einen ~ geben** to pull oneself together
ruckartig **I.** *adj* jerky **II.** *adv* with a jerk
rücken ['rʏkn̩] **I.** *vi sein* **[irgendwohin] ~** to move [somewhere]; **zur Seite ~** to move aside **II.** *vt* **etw irgendwohin ~** to move sth somewhere
Rücken <-s, -> ['rʏkn̩] *m* back; **auf dem ~** on one's back; **hinter jds ~** behind sb's back; **jdm den ~ zudrehen** to turn one's back on sb
Rückenmark *nt* spinal cord *no pl* **Rückenschmerzen** *pl* back pain *n sing* **Rückenschwimmen** *nt* backstroke *no pl* **Rückenwind** *m* tail wind
Rückerstattung *f* refund **Rückfahrkarte** *f* return ticket **Rückfahrt** *f* return journey **Rückfall** *m* ① MED relapse ② JUR subsequent offence
rückfällig *adj* JUR recidivist *attr*
Rückflug *m* return flight **Rückflugticket** *nt* return air [*or* AM roundtrip plane] ticket **Rückfrage** *f* query (**zu** +*dat* regarding) **Rückgabe** *f* return **Rückgang** *m* drop; **im ~ begriffen sein** to be falling
rückgängig *adj* **etw ~ machen** to cancel sth
Rückgrat <-[e]s, -e> *nt* ① ANAT spine ② *kein pl (fig: Charakterstärke)* backbone; **ohne ~** spineless
Rückhalt *m* support *no art, no pl* ► **ohne ~** unreservedly
Rückkehr <-> *f kein pl* return
Rücklage *f* ① *(Ersparnisse)* savings *npl* ② FIN *(Reserve)* reserve fund
rückläufig ['rʏklɔyfɪç] *adj* declining
Rücklicht *nt* tail light
Rückreise *f* return journey
Rucksack *m* rucksack, backpack AM *usu*
Rückschlag *m* ① *(Verschlechterung)* setback; **einen ~ erleiden** to suffer a setback ② *(von Schusswaffe)* recoil *no pl* **Rückschritt** *m* step backwards
Rückseite *f* ① *Seite, Stoff* reverse [side] ② *(hintere Seite)* rear
Rücksicht <-, -en> ['rʏkzɪçt] *f* consideration *no art, no pl;* **~ [auf jdn] nehmen** to show consideration [for sb]; **~ auf etw** *akk* **nehmen** to take sth into consideration
rücksichtslos **I.** *adj* ruthless; *Autofahrer* reckless **II.** *adv* ruthlessly; *Auto fahren* recklessly
Rücksichtslosigkeit <-, -en> *f* recklessness

R

rücksichtsvoll *adj* considerate (**zu** towards)

Rücksitz *m* rear seat **Rückspiegel** *m* rear mirror **Rückspiel** *nt* return match BRIT, rematch AM

Rückstand *m* ① *(Verzug)* arrears *npl;* **mit der Miete in ~ sein** to be in arrears with the rent ② *pl (fällige Zahlungen)* outstanding payments *pl* ③ *von Chemikalien* residue *form*

rückständig ['rʏkʃtɛndɪç] *adj* ① *(überfällig)* overdue ② *(zurückgeblieben)* backward

Rückstoß *m* ① *(bei Gewehren)* recoil *no pl* ② *(Antriebskraft bei Raketen etc.)* thrust *no pl*

Rückstrahler <-s, -> *m* reflector

Rücktritt *m* ① *(vom Amt)* resignation ② *(vom Vertrag)* withdrawal

Rückwand *f* ① *(rückwärtige Mauer)* back wall ② *(rückwärtige Platte)* back [panel]

rückwärts ['rʏkvɛrts] *adv* backwards; **~ einparken** to reverse into a parking space

Rückwärtsgang *m* reverse [gear]; **den ~ einlegen** to engage reverse

Rückweg *m* way back; **sich auf den ~ machen** to head back

rückwirkend **I.** *adj* retrospective **II.** *adv* retrospectively **Rückzahlung** *f* repayment

Rückzieher <-s, -> *m* **einen ~ machen** *(fam: eine Zusage zurückziehen)* to back out; *(nachgeben)* to climb down

Rückzug *m* ① MIL retreat *no pl;* **den ~ antreten** to retreat ② SCHWEIZ *(Abhebung von einem Konto)* withdrawal

Rüde <-n, -n> ['ry:də] *m* [male] dog

Rudel <-s, -> ['ru:dl̩] *nt* herd; *von Wölfen* pack

Ruder <-s, -> ['ru:dɐ] *nt* ① *(Paddel)* oar ② *(Steuerruder)* helm

Ruderboot *nt* rowing boat, rowboat AM

Ruderer, Ruderin <-s, -> *m, f* rower

rudern ['ru:dɐn] *vi, vt* to row

Rüebli <-s, -> ['rʏəblɪ] *nt* SCHWEIZ carrot

Ruf <-[e]s, -e> [ru:f] *m* ① *(Ausruf)* shout; *(an jdn gerichtet)* call ② *kein pl (Ansehen)* reputation

rufen <rief, gerufen> ['ru:fn̩] **I.** *vi* ① *(ausrufen)* to cry out ② *(fordern)* to call (**nach** for/**zu** to) **II.** *vt* to call; **jdn zu sich** *dat* **~** to summon sb [to one]; **jdn ~ lassen** to send for sb; **[jdm] wie ge~ kommen** to come just at the right moment

Rufmord *m* character assassination **Rufname** *m* [fore]name **Rufnummer** *f* [tele]phone number

rügen ['ry:gn̩] *vt* **etw ~** to censure sth; **jdn ~** to reprimand sb

Ruhe <-> ['ru:ə] *f kein pl* ① *(Stille)* silence *no art;* **~!** quiet!; **~ geben** to be quiet ② *(Frieden)* peace *no art; (Erholung)* rest; **keine ~ geben, bis …** to not rest until …; **sich** *dat* **keine ~ gönnen** to not allow oneself any rest; **jdn in ~ lassen** to leave sb in peace; **jdm keine ~ lassen** to not give sb a moment's rest; **sich zur ~ setzen** to retire ③ *(Gelassenheit)* calm[ness]; **immer mit der ~!** take things easy!; **[die] ~ bewahren** to keep calm

Ruhelosigkeit <-> *f kein pl* restlessness *no art*

ruhen ['ru:ən] *vi* to rest; **etw ~ lassen** to let sth rest; **die Vergangenheit ~ lassen** to forget the past

Ruhestand *m kein pl* retirement *no art;* **im ~** retired; **in den ~ gehen** to retire

Ruheständler(in) <-s, -> ['ru:əʃtɛntlɐ] *m(f)* retired person

Ruhestörung *f* breach of the peace **Ruhetag** *m* day off; *(Feiertag)* day of rest

ruhig ['ru:ɪç] **I.** *adj* ① *(still, geruhsam)* quiet ② *(bewegungslos)* calm ③ *(gelassen)* calm **II.** *adv (gelassen)* calmly

Ruhm <-es> [ru:m] *m kein pl* fame *no art*

rühmen ['ry:mən] **I.** *vt* to praise **II.** *vr* **sich einer S.** *gen* **~** to boast about sth

rühmlich *adj* praiseworthy

ruhmreich *adj* glorious

Ruhr <-> [ru:ɐ̯] *f kein pl* MED **die ~** dysentery

Rührei ['ry:ɐ̯ʔai] *nt* scrambled eggs *npl*

rühren ['ry:rən] **I.** *vt* ① to stir ② *(innerlich bewegen)* **jdn ~** to move sb **II.** *vr* **sich ~** *(sich bewegen)* to move

rührend **I.** *adj* touching **II.** *adv* touchingly

rührig ['ry:rɪç] *adj* active

rührselig *adj* tear-jerking; **ein ~es Buch/~er Film** a tear jerker

Rührung <-> *f kein pl* emotion *no art;* **vor ~** with emotion

Ruin <-s> [ru'i:n] *m kein pl* ruin

Ruine <-, -n> [ru'i:nə] *f* ruin[s *npl*]

ruinieren [rui'ni:rən] *vt* to ruin

rülpsen ['rʏlpsn̩] *vi* to belch

Rum <-s, -s> [rʊm] *m* rum *no art, no pl*

Rumäne, Rumänin <-n, -n> [ru'mɛ:nə, ru'mɛ:nɪn] *m, f* Romanian

Rumänien <-s> [ru'mɛ:ni̯ən] *nt* Romania

rumänisch [ru'mɛ:nɪʃ] *adj* Romanian

rum|diskutieren *vi (fam)* to blather [on]

Rummel <-s> ['rʊml̩] *m kein pl* [hustle and] bustle *no art*

Rummelplatz *m* fairground

rumpeln ['rʊmpl̩n] *vi* to rumble

Rumpf <-[e]s, Rümpfe> [rʊmpf] *m* ① torso ② TECH *eines Flugzeugs* fuselage; *eines Schiffes* hull

Rumpsteak ['rʊmpste:k, -ʃte:k] *nt* rump steak

rund [rʊnt] **I.** *adj* round; **eine ~e Summe** a round sum; **~e fünf Jahre** a good five years + *sing vb* **II.** *adv* ① **~ um** around ② *(etwa)* around

Runde <-, -n> ['rʊndə] *f* ① *(Gesellschaft)* company ② *(Rundgang)* round; **seine ~ machen** to do one's rounds; *Polizist* to be on one's beat ③ SPORT lap; *(Boxen)* round ④ *(Bestellung)* round; **eine ~ spendieren** to get in a round ► **über die ~n kommen** to make ends meet

Rundfahrt *f* [sightseeing] tour **Rundflug** *m* [short] circular [sightseeing] flight **Rundfunk** *m* radio **Rundfunksender** *m* radio station **Rundgang** *m* walk; *(zur Besichtigung)* tour

rundlich ['rʊntlɪç] *adj* plump; *Hüften* well-rounded; *Wangen* chubby

Rundreise *f* tour (**durch** of)

Rundung <-, -en> *f* curve

Runzel <-, -n> ['rʊntsl̩] *f* wrinkle

runzelig <-er, -ste> ['rʊntsəlɪç] *adj* wrinkled

runzeln ['rʊntsl̩n] **I.** *vt* to wrinkle **II.** *vr* **sich ~** to become wrinkled

Rüpel <-s, -> ['ry:pl̩] *m* lout

rupfen ['rʊpfn̩] *vt* ① *(Huhn)* to pluck ② *(zupfen)* to pull up *sep* (**aus** +*dat* out of)

ruppig ['rʊpɪç] **I.** *adj* gruff **II.** *adv* gruffly

Rüsche <-, -n> ['ry:ʃə] *f* frill

Ruß <-es> [ru:s] *m kein pl* soot

Russe, Russin <-n, -n> ['rʊsə, 'rʊsɪn] *m, f* Russian

Rüssel <-s, -> ['rʏsl̩] *m* trunk

rußig ['ru:sɪç] *adj* sooty

russisch ['rʊsɪʃ] *adj* Russian

Russland <-s> ['rʊslant] *nt* Russia

rüsten ['rʏstn̩] **I.** *vi* to arm **II.** *vr* **sich zu etw** *dat* **~** to prepare for sth

rüstig ['rʏstɪç] *adj* sprightly

rustikal [rʊsti'ka:l] *adj* rustic

Rüstung <-, -en> ['rʏstʊŋ] *f* ① *kein pl* [re]armament ② *(Ritterrüstung)* armour

Rüstungsindustrie *f* armament[s] industry **Rüstungsunternehmen** *nt* armaments concern

Rute <-, -n> ['ru:tə] *f* ① *(Gerte)* switch ② *(Angelrute)* [fishing] rod

Rutsch <-es, -e> [rʊtʃ] *m* landslide ► **in einem ~** *(fam)* in one go; **guten ~!** *(fam)* happy New Year!

Rutschbahn *f* slide; **auf der ~ rutschen** to play on the slide

rutschen ['rʊtʃn̩] *vi sein* ① *(ausrutschen)* to slip ② *(rücken)* to move; **rutsch mal!** move over ③ *(gleiten)* to slide

rutschfest *adj* non-slip

rutschig ['rʊtʃɪç] *adj* slippery

rütteln ['rʏtl̩n] **I.** *vt* to shake (**an** by) **II.** *vi* **an etw** *dat* **~** to shake sth; **daran ist nicht zu ~** there's no doubt about it

R

Ss

S, s <-, -> *nt* S, s
s. *Abk von* **siehe**
Saal <-[e]s, Säle> [zaːl] *m* hall
Saat <-, -en> [zaːt] *f* ① *(Saatgut)* seed[s *npl*] ② *(gesprießte Halme)* young crops *npl*
Sabbat <-s, -e> ['zabat] *m* **der ~** the Sabbath
Säbel <-s, -> ['zɛːbl̩] *m* sabre
Sabotage <-, -n> [zabo'taːʒə] *f* sabotage
Sachbearbeiter(in) *m(f)* specialist; *(in einer Behörde)* official in charge **Sachbeschädigung** *f* vandalism
Sachbuch *nt* nonfiction book
Sache <-, -n> ['zaxə] *f* ① thing ② *(Angelegenheit)* matter; **er macht seine ~ gut** he's doing well; **bei der ~ sein** to give one's full attention; **eine ~ für sich sein** to be a matter apart; **eine gute ~** a good cause; **keine halben ~n machen** to not do things by halves; **nicht jedermanns ~ sein** to be not everyone's cup of tea; **zur ~ kommen** to come to the point
Sachgebiet *nt* [specialized] field **sachkundig** **I.** *adj* [well-]informed **II.** *adv* **~ antworten** to give an informed answer
sachlich ['zaxlɪç] *adj (objektiv)* objective
Sachschaden *m* damage to property
Sachse, Sächsin <-n, -n> ['zaksə, 'zɛksɪn] *m, f* Saxon
Sachsen <-s> ['zaksn̩] *nt* Saxony
sächsisch ['zɛksɪʃ] *adj* Saxon
sacht [zaxt], **sachte** ['zaxtə] **I.** *adj* gentle **II.** *adv* gently
Sachverständige(r) *f(m) dekl wie adj* expert **Sachwert** *m* commodity value
Sack <-[e]s, Säcke> [zak] *m* sack
Sackgasse *f* dead end; **in einer ~ stecken** to have come to a dead end
Sacktuch *nt* SÜDD, ÖSTERR handkerchief
Sadismus <-> [za'dɪsmʊs] *m kein pl* sadism
Sadist(in) <-en, -en> [za'dɪst] *m(f)* sadist
sadistisch **I.** *adj* sadistic **II.** *adv* sadistically
säen ['zɛːən] *vt, vi* to sow
Safari <-, -s> [za'faːri] *f* safari
Safran <-s, -e> ['zafraːn] *m* saffron
Saft <-[e]s, Säfte> [zaft] *m* ① juice *no pl* ② *(Pflanzensaft)* sap *no pl*
saftig ['zaftɪç] *adj* juicy
Sage <-, -n> ['zaːgə] *f* legend
Säge <-, -n> ['zɛːgə] *f* saw
sagen ['zaːgn̩] **I.** *vt* ① *(äußern)* **etw [zu jdm] ~** to say sth [to sb]; **jdm etw ~** to tell sb sth; **was ich noch ~ wollte, …** just one more thing, …; **das kann man wohl ~** you can say that again; **genauer gesagt …** or more precisely …; **leichter gesagt als getan** easier said than done; **unter uns gesagt …** between you and me … ② *(bedeuten)* **jdm etwas/nichts/wenig ~** to mean something/to not mean anything/to mean little to sb ③ *(wichtig sein)* **jd hat etwas/nichts zu ~** sb has the say/has nothing to say; **etw hat nichts zu ~** sth does not mean anything **II.** *vi* **sag/~ Sie, …** tell me, …; **ich muss schon ~!** I must say!
sägen ['zɛːgn̩] *vt, vi* to saw
Sahara <-> [za'haːra, 'zaːhara] *f kein pl* **die ~** the Sahara
Sahne <-> ['zaːnə] *f kein pl* cream; **saure/süße ~** sour/[fresh] cream
Sahnetorte *f* cream gateau
Saison <-, -s> [zɛ'zõː] *f* season; **außerhalb der ~** in the off-season
Saisonarbeiter(in) *m(f)* seasonal worker
Saite <-, -n> ['zaitə] *f* string

Saiteninstrument *nt* string[ed] instrument
Sakko <-s, -s> ['zako] *m o nt* sports jacket
Sakrament <-[e]s, -e> [zakra'mɛnt] *nt* sacrament
Sakristei <-, -en> [zakrɪs'tai̯] *f* sacristy
Salafist(in) <-en, -en> [zala'fɪst] *m(f)* REL Salafi
Salamander <-s, -> [zala'mandɐ] *m* salamander
Salami <-, -s> [za'la:mi] *f* salami
Salat <-[e]s, -e> [za'la:t] *m* ❶ salad ❷ *(Pflanze)* lettuce
Salatgurke *f* cucumber **Salatsoße** *f* salad dressing
Salbe <-, -n> ['zalbə] *f* ointment
Salbei <-s> ['zalbai] *m kein pl* sage
Saldo <-s, Salden> ['zaldo] *m* balance
Salmonellenvergiftung *f* salmonella poisoning
Salon <-s, -s> [za'lõ:] *m* salon
salopp [za'lɔp] **I.** *adj* ❶ *Kleidung* casual ❷ *Sprache* slangy **II.** *adv* **sich ~ ausdrücken** to use slang[y] expressions
Salto <-s, -s> ['zalto] *m* somersault; **einen ~ machen** to somersault
Salz <-es, -e> [zalts] *nt* salt
salzarm **I.** *adj* low-salt *attr* **II.** *adv* **~ essen/kochen/leben** to eat low-salt food/to cook low-salt fare/to live on a low-salt diet
salzen <salzte, gesalzen> ['zaltsn̩] *vt* to salt
salzig ['zaltsɪç] *adj* salty
Salzkartoffeln *pl* boiled potatoes **Salzsäure** *f kein pl* hydrochloric acid **Salzstange** *f* salt[ed] stick **Salzstreuer** <-s, -> *m* salt cellar BRIT, [salt] shaker AM **Salzwasser** *nt kein pl* salt water
Samen <-s, -> ['za:mən] *m* seed
sammeln ['zaml̩n] **I.** *vt* to gather; *Briefmarken etc.* to collect **II.** *vr* **sich ~** ❶ *(zusammenkommen)* to assemble ❷ *(sich anhäufen)* to collect ❸ *(sich konzentrieren)* to collect one's thoughts
Sammler(in) <-s, -> *m(f)* collector
Sammlung <-, -en> *f* collection
Samstag <-[e]s, -e> ['zamsta:k] *m* Saturday; *s.a.* **Dienstag**
samstags *adv* [on] Saturdays
Samt <-[e]s, -e> [zamt] *m* velvet
sämtlich ['zɛmtlɪç] *adj* all
Sanatorium <-, -rien> [zana'to:ri̯ʊm] *nt* sanatorium
Sand <-[e]s, -e> [zant] *m* sand *no pl* ▶ **im ~e verlaufen** to peter out
Sandale <-, -n> [zan'da:lə] *f* sandal
Sandbank <-bänke> *f* sandbank **Sanddorn** *m* sea buckthorn
sandig ['zandɪç] *adj* sandy
Sandkasten *m* sandpit BRIT, sandbox AM **Sandkorn** *nt* grain of sand **Sandkuchen** *m* KOCHK Madeira cake **Sandstein** *m* sandstone **Sandstrand** *m* sandy beach
sanft [zanft] **I.** *adj* gentle **II.** *adv* gently
Sanftheit <-> *f kein pl* ❶ *(sanfte Wesensart)* gentleness ❷ *(sanfte Beschaffenheit) Stimme a., von Musik* softness; *Blick* tenderness
Sanftmut <-> *f kein pl (geh)* gentleness, sweetness [of temper]
sanftmütig *adj* gentle
Sänger(in) <-s, -> ['zɛŋɐ] *m(f)* singer
sanieren [za'ni:rən] *vt* ❶ to redevelop ❷ *Firma* to rehabilitate
Sanierung <-, -en> *f* ❶ redevelopment ❷ *(von Firma)* rehabilitation
sanitär [zani'tɛ:ɐ̯] *adj attr* sanitary; **~e Anlagen** sanitation *no pl*
Sanitäter(in) <-s, -> [zani'tɛ:tɐ] *m(f)* first-aid attendant
Sanktion <-, -en> [zaŋk'tsi̯o:n] *f* sanction; **~en verhängen** to impose sanctions
Saphir <-s, -e> [za'fi:ɐ] *m* sapphire
Sardelle <-, -n> [zar'dɛlə] *f* anchovy
Sardine <-, -n> [zar'di:nə] *f* sardine
Sardinien <-s> [zar'di:ni̯ən] *nt* Sardinia
Sarg <-[e]s, Särge> [zark] *m* coffin
Sarkasmus <-, -men> [zar'kasmʊs] *m kein pl* sarcasm
sarkastisch [zar'kastɪʃ] **I.** *adj* sarcastic

S

II. *adv* sarcastically
Satan <-s, -e> ['za:tan] *m kein pl* Satan
satanisch [za'ta:nɪʃ] *adj* satanic
Satellit <-en, -en> [zatɛ'li:t] *m* satellite
Satellitenantenne *f* satellite dish **Satellitenfernsehen** *nt kein pl* satellite television *no pl*
Satire <-, -n> [za'ti:rə] *f kein pl* satire (**auf** on)
satt [zat] *adj* ① *(voller Magen)* full; **sich ~ essen** to eat one's fill; **~ machen** to be filling ② *(überdrüssig sein)* **etw ~ sein** to be fed up with sth
Sattel <-s, Sättel> ['zatl̩] *m* saddle
satt|haben *vt* **etw ~** to be fed up with sth
sättigen ['zɛtɪgn̩] I. *vt* to satiate; **gesättigt sein** to be saturated II. *vi* to be filling
sättigend *adj* filling
Saturn <-s> [za'tʊrn] *m kein pl* Saturn
Satz <-es, Sätze> [zats] *m* ① sentence; **mitten im ~** in mid-sentence ② *(Set)* set; **ein ~ Schraubenschlüssel** a set of spanners ③ *(Sprung)* leap; **einen ~ machen** to leap ④ TENNIS set ⑤ TYPO type
Satzung <-, -en> ['zatsʊŋ] *f* constitution
Satzzeichen *nt* punctuation mark
Sau <-, Säue> [zau] *f* ① *(weibliches Schwein)* sow ② *(derb: Mensch)* filthy pig
sauber ['zaubɐ] I. *adj* ① clean; **etw ~ halten** to keep sth clean ② *(sorgfältig)* neat II. *adv* neatly
Sauberkeit <-> *f kein pl* cleanliness
säuberlich ['zɔybɐlɪç] I. *adj* neat II. *adv* neatly
säubern ['zɔybɐn] *vt* to clean
Sauce <-, -n> ['zo:sə] *f* sauce
sauer ['zauɐ] *adj* ① sour; **~ eingelegt** pickled ② CHEM acid[ic] ③ *(übel gelaunt)* mad (**auf** at); **~ werden** to get mad
Sauerampfer <-, -n> *m* sorrel **Sauerbraten** *m beef roast marinated in vinegar and herbs* sauerbraten AM
Sauerei <-, -en> [zauə'rai̯] *f (sl)* ① *(schmutziger Zustand)* mess ② *(unmögliches Benehmen)* [downright] disgrace ③ *(Obszönität)* filthy joke/story
Sauerkirsche *f* sour cherry **Sauerkraut** *nt* sauerkraut **Sauermilch** *f* sour milk **Sauerstoff** ['zauɐʃtɔf] *m kein pl* oxygen **Sauerstoffmangel** *m kein pl* lack of oxygen **Sauerstoffzelt** *nt* oxygen tent; **unter einem ~** in an oxygen tent **Sauerteig** *m* sourdough
saufen <säuft, soff, gesoffen> ['zaufn̩] *vt, vi (fam)* to drink
Säufer(in) <-s, -> ['zɔyfɐ] *m(f) (sl)* drunk[ard]
Sauferei <-, -en> [zaufə'rai̯] *f (sl: Besäufnis)* booze-up; *(übermäßiges Trinken)* boozing *no art, no pl fam*
saugen <sog *o* saugte, gesogen> ['zaugn̩] *vi, vt* to suck (**an** on)
säugen ['zɔygn̩] *vt* **sein Junges ~** to suckle its young
Sauger <-s, -> *m (auf Flasche)* teat
Säugetier *nt* mammal
Säugling <-s, -e> ['zɔyklɪŋ] *m* baby
Säuglingssterblichkeit *f kein pl* infant mortality *no pl*
Säule <-, -n> ['zɔylə] *f* column
Saum <-[e]s, Säume> [zaum] *m* hem
säumen ['zɔymən] *vt* ① *(Kleidung)* to hem ② *(fig geh: zu beiden Seiten stehen)* to line
Sauna <-, s *o* Saunen> ['zauna] *f* sauna; **in die ~ gehen** to go for a sauna
Säure <-, -n> ['zɔyrə] *f* acid
säurehaltig *adj* acid[ic]
Saurier <-s, -> ['zauri̯ɐ] *m* dinosaur
sausen ['zauzn̩] *vi sein (sich schnell bewegen)* to dash; *Fahrzeug* to roar; *Kugel* to whistle
Saustall *m* pigsty **Sauwetter** *nt (sl)* bastard weather *no indef art*
Savanne <-, -n> [za'vanə] *f* savanna[h]
Saxofon *nt*, **Saxophon** <-[e]s, -e> [zakso'fo:n] *nt* saxophone
SB [ɛs'be:] *Abk von* **Selbstbedienung** self-service

S-Bahn® ['ɛs-] *f* suburban train

scannen ['skɛnən] *vt* to scan

Scanner <-s, -> ['skɛnɐ] *m* scanner

Schabe <-, -n> ['ʃa:bə] *f* cockroach

schaben ['ʃa:bn̩] *vt* to scrape

schäbig ['ʃɛ:bɪç] *adj* ❶ shabby ❷ *(gemein)* mean

Schablone <-, -n> [ʃa'blo:nə] *f* stencil

Schach <-s> [ʃax] *nt kein pl* chess; **~!** check!; **eine Partie ~** a game of chess ► **jdn in ~ halten** to keep sb in check

Schachbrett *nt* chessboard **Schachfigur** *f* chess piece **schachmatt** [ʃax'mat] *adj* checkmate **Schachpartie** *f* game of chess

Schacht <-[e]s, Schächte> [ʃaxt] *m* shaft

Schachtel <-, -n> ['ʃaxtl̩] *f* box; **eine ~ Zigaretten** a packet [*or* AM pack] of cigarettes

Schachzug *m* move

schade ['ʃa:də] *adj pred* ❶ **wie ~!** what a pity!; **ich finde es ~, dass ...** it's a shame that; **es ist ~ um jdn/etw** it's a shame about sb/sth ❷ *(zu gut)* **für etw** *akk* **zu ~ sein** to be too good for sth

Schädel <-s, -> ['ʃɛ:dl̩] *m* skull; **jdm brummt der ~** sb's head is throbbing; **jdm den ~ einschlagen** to smash sb's skull in

schaden ['ʃa:dn̩] *vi* **jdm ~** to do harm to sb; **etw** *dat* **~** to damage sth

Schaden <-s, Schäden> ['ʃa:dn̩] *m* damage *no indef art, no pl;* **einen ~ verursachen** to cause damage; **jdm ~ zufügen** to harm sb

Schadenfreude *f* malicious joy **schadenfroh** I. *adj* **~ sein** to delight in others' misfortunes II. *adv* **~ grinsen** to grin with gloating

Schadensbegrenzung *f* loss [*or* damage] limitation; **zur ~** to limit the losses [*or* damage]

Schaden(s)ersatz *m* compensation

schädigen ['ʃɛ:dɪgn̩] *vt* to harm (**durch** with)

schädlich ['ʃɛ:tlɪç] *adj* harmful (**für** to)

Schädling <-s, -e> ['ʃɛ:tlɪŋ] *m* pest

Schädlingsbekämpfungsmittel *nt* pesticide

Schadstoff *m* pollutant

schadstoffarm *adj* containing a low level of harmful substances *pred; Motor* low-emission **Schadstoffbelastung** *f* pollution

Schaf <-[e]s, -e> [ʃa:f] *nt* sheep

Schafbock *m* ram

Schäfer(in) <-s, -> ['ʃɛ:fɐ] *m(f)* shepherd *masc*, shepherdess *fem*

Schäferhund *m* Alsatian, German shepherd AM

Schaffell *nt* sheepskin

schaffen[1] <schaffte, geschafft> ['ʃafn̩] II. *vi* **jdm zu ~ machen** to cause sb trouble I. *vt* ❶ *(bewältigen)* to manage; **das wäre geschafft!** that's done!; **es ~, etw zu tun** to manage to do sth ❷ *(fam: erschöpfen)* **jdn ~** to take it out of sb; **geschafft sein** to be exhausted

schaffen[2] <schuf, geschaffen> ['ʃafn̩] *vt (herstellen)* to create; **dafür bist du wie ge~** you're just made for it

Schaffner(in) <-s, -> ['ʃafnɐ] *m(f)* guard BRIT, conductor AM

Schafgarbe <-, -n> *f* BOT [common] yarrow **Schafherde** *f* flock of sheep

Schafskäse *m* sheep's milk cheese

Schakal <-s, -e> [ʃa'ka:l] *m* jackal

Schal <-s, -s> [ʃa:l] *m* scarf

Schale[1] <-, -n> ['ʃa:lə] *f* ❶ shell ❷ *(Fruchtschale)* skin; *(abgeschält)* peel ► **sich in ~ werfen** to get dressed up

Schale[2] <-, -n> ['ʃa:lə] *f* bowl

schälen ['ʃɛ:lən] I. *vt* to peel II. *vr* **sich ~** to peel

Schall <-s, -e> [ʃal] *m* sound

Schalldämpfer <-s, -> *m einer Schusswaffe* silencer; *eines Auspuffs a.* muffler AM **schalldicht** *adj* soundproof

schallen ['ʃalən] *vi* to resound

Schallgeschwindigkeit *f kein pl* speed of sound **Schallplatte** *f* record **Schallwelle** *f* sound wave

S

Schaltbrett *nt* switchboard
schalten ['ʃaltn̩] **I.** *vi* AUTO to change gear **II.** *vt* to switch (**auf** to)
Schalter <-s, -> ['ʃaltɐ] *m* ① ELEK switch ② ADMIN counter
Schaltjahr *nt* leap year **Schaltknüppel** *m* gear-stick **Schaltpult** *nt* control desk [*or* panel] controls *npl*
Schaltung <-, -en> *f* ① AUTO gears *pl* ② ELEK circuit
Scham <-> [ʃaːm] *f kein pl* shame
Schambein *nt* pubic bone
schämen ['ʃɛːmən] *vr* ① *(Scham empfinden)* **sich [vor jdm] ~** to be ashamed [in front of sb]; **schäm dich!** shame on you! ② *(sich scheuen)* **sich ~, etw zu tun** to be embarrassed to do sth
Schamgefühl *nt kein pl* sense of shame **Schamhaar** *nt* pubic hair
schamhaft *adj* shy
Schamlippen *pl* labia *pl*
schamlos *adj* shameless
Schamottestein [ʃa'mɔt-] *m* firebrick
Schande <-> ['ʃandə] *f kein pl* disgrace; **mach mir [nur] keine ~!** *(hum)* don't let me down!
schänden ['ʃɛndn̩] *vt Grab, Denkmal* to desecrate
Schanze <-, -n> ['ʃantsə] *f* ski jump
Schar <-, -en> [ʃaːɐ̯] *f von Vögeln* flock; *von Menschen* crowd
Scharade <-, -n> [ʃa'raːdə] *f* charade; **~n spielen** to play charades
scharen ['ʃaːrən] **I.** *vt* **Dinge/Menschen um sich** *akk* **~** to gather things/people around oneself **II.** *vr* **sich um jdn/etw ~** to gather around sb/sth
scharenweise *adv* in hordes
scharf <schärfer, schärfste> [ʃarf] **I.** *adj* ① sharp; **eine ~e Kurve** a hairpin bend ② KOCHK hot; **etw ~ würzen** to highly season sth ③ *Augen, Verstand* keen; *Beobachtung* astute ④ *(sl: aufreizend)* spicy; **auf jdn ~ sein** to fancy sb; **auf etw** *akk* **~ sein** to be keen on sth **II.** *adv* ① sharply ② *(präzise)* **~ beobachten** to observe carefully
Schärfe <-, -n> ['ʃɛrfə] *f* ① sharpness ② *von Worten* harshness ③ *der Augen, des Verstands* keenness
schärfen ['ʃɛrfn̩] *vt* to sharpen
scharf|machen *vt* **jdn ~** to turn sb on
Scharfrichter *m* executioner **Scharfschütze, -schützin** *m, f* marksman *masc,* markswoman *fem* **Scharfsinn** *m kein pl* astuteness *no pl*
scharfsinnig **I.** *adj* astute **II.** *adv* astutely
Scharlach[1] <-s> ['ʃarlax] *m kein pl* MED scarlet fever
Scharlach[2] <-> ['ʃarlax] *nt kein pl* scarlet
Scharlatan <-s, -e> ['ʃarlatan] *m* charlatan
Scharnier <-s, -e> [ʃar'niːɐ̯] *nt* hinge
Schaschlik <-s, -s> ['ʃaʃlɪk] *nt* [shish] kebab
Schatten <-s, -> ['ʃatn̩] *m* shade; *(a. fig)* shadow; **30° im ~** 30 degrees in the shade; **lange ~ werfen** to cast long shadows ▶ **jdn/etw in den ~ stellen** to put sb/sth in the shade
Schattenmorelle *f* morello cherry
Schattenseite *f* dark side
schattig ['ʃatɪç] *adj* shady
Schatz <-es, Schätze> [ʃats] *m* ① treasure ② *(fam: Liebling)* sweetheart; **ein ~ sein** to be a dear
schätzen ['ʃɛtsn̩] **I.** *vt* ① *(einschätzen)* to guess; **ich schätze sein Gewicht auf ca. 100 kg** I reckon he weighs about 100 kilos; **grob geschätzt** at a rough guess ② *(Wert angeben)* to assess (**auf** at) ③ *(würdigen)* **jdn ~** to hold sb in high esteem; **etw ~** to appreciate sth **II.** *vi* to guess
Schätzer(in) <-s, -> *m(f)* assessor
Schätzung <-, -en> *f* ① *kein pl (wertmäßiges Einschätzen)* valuation ② *(Anschlag)* estimate
schätzungsweise *adv* approximately
Schau <-, -en> [ʃau] *f* **etw zur ~ stellen** to display sth ▶ **jdm die ~ stehlen** to steal the show from sb
Schaubild *nt* diagram

Schauder <-s, -> [ˈʃaʊdɐ] *m* shudder
schauderhaft *adj (grässlich)* ghastly, horrific; *(furchtbar)* awful
schaudern [ˈʃaudɐn] **I.** *vi* to shudder **II.** *vt impers* **es schaudert jdn bei etw** *dat* sth makes sb shudder
schauen [ˈʃauən] *vi* ① *(blicken)* to look; **auf die Uhr ~** to look at the clock ② *(sich kümmern)* **nach jdm/etw ~** to have a look at sb/sth
Schauer <-s, -> [ˈʃauɐ] *m* ① *(Regenschauer)* shower ② *(Schauder)* shiver
schauerlich *adj* ghastly
Schaufel <-, -n> [ˈʃaufl̩] *f* shovel; *(Kehrrichtschale)* dustpan
schaufeln [ˈʃaufl̩n] *vi, vt* to shovel
Schaufenster *nt* shop window
Schaufensterpuppe *f* mannequin
Schaukel <-, -n> [ˈʃaukl̩] *f* swing
schaukeln [ˈʃaukl̩n] *vi, vt* to swing
Schaukelpferd *nt* rocking horse **Schaukelstuhl** *m* rocking chair
Schaum <-s, Schäume> [ʃaum] *m* foam; *(auf Bier)* froth; *(Seifen~)* lather
Schaumbad *nt* bubble bath
schäumen [ˈʃɔymən] *vi* to froth; *Seife* to lather
Schaumgummi *m* foam rubber
schaumig [ˈʃaumɪç] *adj* frothy
Schaumstoff *m* foam
Schaumwein *m* sparkling wine
Schauplatz *m* scene
schaurig [ˈʃaʊrɪç] *adj* ① *(unheimlich)* eerie ② *(gruselig)* macabre, scary
Schauspiel [ˈʃauʃpiːl] *nt* ① THEAT play ② *(Ereignis)* spectacle **Schauspieler(in)** [ˈʃauʃpiːlɐ] *m(f)* actor *masc*, actress *fem* **Schauspielhaus** *nt* theatre, playhouse **Schauspielschule** *f* drama school
Scheck <-s, -s> [ʃɛk] *m* cheque (**über** for); **einen ~ einlösen** to cash a cheque
Scheckheft *nt* chequebook **Scheckkarte** *f* cheque card
Scheibe <-, -n> [ˈʃaibə] *f* ① KOCHK slice ② *(dünnes Glasstück)* [piece of] glass; *(Fensterscheibe)* window[pane] ③ *(kreisförmiger Gegenstand)* disc
Scheibenwischer <-s, -> *m* windscreen wiper
Scheich <-s, -e> [ʃa̯iç] *m* sheikh
Scheide <-, -n> [ˈʃaidə] *f* ① *(Hülle für Waffe)* scabbard ② ANAT vagina
scheiden <schied, geschieden> [ˈʃaidn̩] **I.** *vt haben* ① **sich [von jdm] ~ lassen** to get divorced [from sb]; **geschieden** divorced ② *(trennen)* to separate (**von** from) **II.** *vi sein* **aus einem Amt ~** to retire from a position
Scheidung <-, -en> *f* divorce; **die ~ einreichen** to start divorce proceedings; **in ~ leben** to be separated
Schein <-[e]s, -e> [ʃain] *m* ① *kein pl (Lichtschein)* light ② *kein pl (Anschein)* appearance; **der ~ trügt** appearances are deceptive; **etw zum ~ tun** to pretend to do sth; **den ~ wahren** to keep up appearances ③ *(Geldschein)* [bank]note ④ *(Bescheinigung)* certificate
scheinbar *adj* apparent
Scheinehe *f* sham marriage
scheinen <schien, geschienen> [ˈʃainən] *vi* ① to shine ② *(den Anschein haben)* to seem
Scheinfirma *f* bogus company
scheinheilig [ˈʃainhailɪç] **I.** *adj* hypocritical **II.** *adv* hypocritically
Scheinwerfer *m* ① spotlight ② AUTO headlight **Scheinwerferlicht** *nt* spotlight ▶ **im ~ stehen** to be in the public eye
Scheiß <-> [ʃa̯is] *m kein pl (sl: Quatsch)* crap; **he, was soll der ~!** hey, what [the bloody hell] are you doing!; **lass doch den ~** [bloody well] stop it; **mach keinen ~!** don't be so bloody stupid!; **so ein ~!** shit!
Scheiße <-> [ˈʃaisə] *f kein pl (derb)* shit *sl*
scheißen <schiss, geschissen> [ˈʃaisn̩] *vi (derb)* to shit *sl*
Scheitel <-s, -> [ˈʃaitl̩] *m* parting ▶ **vom ~ bis zur Sohle** from head to foot
Scheitelpunkt *m* ① *(höchster Punkt)*

highest point, vertex *form* ② *(Zenit)* highest point, zenith *form*
Scheiterhaufen *m* pyre; *(für zum Tode Verurteilte)* stake
scheitern ['ʃaitɐn] *vi sein* to fail (**an** because of)
schellen ['ʃɛlən] *vi* to ring
Schellfisch *m* haddock
schelmisch *adj* mischievous
schelten <schilt, schalt, gescholten> ['ʃɛltn̩] *vt* to scold (**wegen** for)
Schema <-s, -ta> ['ʃeːma] *nt (Konzept)* scheme
schematisch [ʃe'maːtɪʃ] **I.** *adj* schematic **II.** *adv* schematically
Schemel <-s, -> ['ʃeːml̩] *m* stool
Schenkel <-s, -> ['ʃɛŋkl̩] *m* thigh
schenken ['ʃɛŋkn̩] **I.** *vt* **jdm etw** ~ to give sb sth; **etw geschenkt bekommen** to get sth; **jdm Aufmerksamkeit** ~ to pay attention to sb; **jdm Vertrauen** ~ to trust sb **II.** *vr (sich sparen)* **sich** *dat* **etw** ~ to spare oneself sth
Scherbe <-, -n> ['ʃɛrbə] *f* [sharp] piece
Schere <-, -n> ['ʃeːrə] *f* scissors *npl*

> **scissors + pl vb**
> Der Begriff **scissors** kommt nur in der Pluralform vor: *Where are the scissors? – They're on the table.* Will man die genaue Anzahl nennen, benutzt man die Mengenangabe **pair of** bzw. **pairs of**: *Take a pair of scissors and cut out a hole. This pair of scissors is blunt.*

S

scheren[1] <schor, geschoren> ['ʃeːrən] *vt Schaf* to shear; *Hecke* to prune
scheren[2] ['ʃeːrən] *vr* **sich nicht um etw** *akk* ~ to not bother about sth
Scherz <-es, -e> [ʃɛrts] *m* joke; **einen** ~ **machen** to joke
scherzen ['ʃɛrtsn̩] *vi* to crack a joke; **mit jdm ist nicht zu** ~ sb is not to be trifled with
scherzhaft **I.** *adj (aus Spaß erfolgend)* jocular, joke *attr* **II.** *adv* jokingly, in a jocular fashion
scheu [ʃɔy] *adj* shy
Scheu <-> [ʃɔy] *f kein pl* shyness; **ohne jede** ~ without holding back
scheuchen ['ʃɔyçn̩] *vt (treiben)* to shoo; *Tiere* to drive
scheuen ['ʃɔyən] **I.** *vt* [**etw**] ~ to fight shy [of sth] **II.** *vi* [**vor etw** *dat*] ~ to shy [at sth]
scheuern ['ʃɔyɐn] **I.** *vt* **etw** [**blank**] ~ to scour sth [clean] ▶ **jdm eine** ~ *(fam)* to hit sb **II.** *vi* to rub
Scheune <-, -n> ['ʃɔynə] *f* barn
scheußlich ['ʃɔyslɪç] *adj* disgusting
Scheußlichkeit <-, -en> *f* ① *kein pl (Abscheulichkeit)* dreadfulness *no pl; Gewalttat* barbarity, hideousness *no pl* ② *(abscheuliche Tat)* barbarity, monstrosity ③ *(grausame Tat)* atrocity
Schicht <-, -en> [ʃɪçt] *f* ① layer ② *(Klasse)* class ③ *(Arbeitsschicht)* shift; ~ **arbeiten** to do shift work
Schichtarbeiter(in) *m(f)* shift worker
schichten ['ʃɪçtn̩] *vt* to stack [up *sep*] (**auf** +*akk* on, on top of)
Schichtwechsel [-vɛksl] *m* change of shift
schick [ʃɪk] **I.** *adj* chic **II.** *adv* fashionably
schicken ['ʃɪkn̩] **I.** *vt* to send **II.** *vi* **nach jdm** ~ to send for sb **III.** *vr* **es schickt sich nicht, etw zu tun** it is not proper to do sth
Schicksal <-s, -e> ['ʃɪkzaːl] *nt* fate; **sich in sein** ~ **ergeben** to be reconciled to one's fate; **etw dem** ~ **überlassen** to leave sth to fate
Schicksalsschlag *m* stroke of fate
Schiebedach *nt* sun-roof
schieben <schob, geschoben> ['ʃiːbn̩] *vt* ① to push ② *(stecken)* to put ③ *(abwälzen)* **die Schuld auf jdn** ~ to lay the blame on sb
Schiebetür *f* sliding door
Schiebung <-> *f kein pl* ① *(Begünstigung)* pulling strings ② SPORT fixing
Schiedsgericht *nt* ① JUR arbitration tribunal ② SPORT *highest authority which*

can rule on a point of dispute
Schiedsrichter(in) *m(f)* SPORT referee
schief [ʃiːf] **I.** *adj* crooked *pred* **II.** *adv* **jdn ~ ansehen** to look askance at sb
Schiefer <-s, -> [ˈʃiːfɐ] *m* slate
schief\|gehen *vi* to go wrong **schief\|liegen** *vi* to be on the wrong track
schielen [ˈʃiːlən] *vi* ① to squint ② *(heimlich schauen)* **nach etw** *dat* **~** to steal a glance at sth
Schienbein [ˈʃiːnbain] *nt* shinbone; **jdm gegen das ~ treten** to kick sb in the shin
Schiene <-, -n> [ˈʃiːnə] *f* ① rail *usu pl* ② MED splint
schier[1] [ʃiːɐ̯] *adj attr (unvermischt)* sheer
schier[2] [ʃiːɐ̯] *adv (beinahe, gar)* almost
Schießbude *f* shooting gallery
schießen <schoss, geschossen> [ˈʃiːsn̩] *vi, vt* to shoot (**auf** at)
Schießerei <-, -en> [ʃiːsəˈrai] *f* shooting
Schießpulver *nt* gunpowder
Schiff <-[e]s, -e> [ʃɪf] *nt* ship
Schiffbau *m kein pl* shipbuilding *no indef art, no pl* **Schiffbruch** *m* shipwreck; **~ erleiden** to be shipwrecked **Schifffahrt** [ˈʃɪffaːɐ̯t] *f* shipping
Schiffsladung *f* [ship's] cargo
Schikane <-, -n> [ʃiˈkaːnə] *f* harassment *no indef art* ▶ **mit allen ~n** with all the modern conveniences
schikanieren [ʃikaˈniːrən] *vt* to harass
Schild[1] <-[e]s, -er> [ʃɪlt] *nt (Hinweisschild)* sign
Schild[2] <-[e]s, -e> [ʃɪlt] *m* shield ▶ **etw im ~e führen** to be up to sth
Schilddrüse *f* thyroid
schildern [ˈʃɪldɐn] *vt* to describe
Schilderung <-, -en> *f* account
Schildkröte [ˈʃɪltkrøːtə] *f* tortoise
Schilf <-[e]s, -e> [ʃɪlf] *nt* ① reed ② *(Röhricht)* reeds *npl*
schillernd *adj* shimmering; *Persönlichkeit* flamboyant
Schimmel[1] <-s> [ˈʃɪml̩] *m kein pl* mould
Schimmel[2] <-s, -> [ˈʃɪml̩] *m* ZOOL white horse
schimmelig [ˈʃɪməlɪç] *adj* mouldy
schimmeln [ˈʃɪml̩n] *vi sein o haben* to go mouldy
Schimmer <-s> [ˈʃɪmɐ] *m kein pl* shimmer ▶ **keinen blassen ~ haben** to not have the faintest idea (**von** about)
schimmern [ˈʃɪmɐn] *vi* to shimmer
schimmlig [ˈʃɪmlɪç] *adj s.* **schimmelig**
Schimpanse <-n, -n> [ʃɪmˈpanzə] *m* chimpanzee
schimpfen [ˈʃɪmpfn̩] *vi* ① *(fluchen)* to swear ② *(zurechtweisen)* **mit jdm ~** to scold sb
Schimpfwort *nt* swear word
schinden <schindete, geschunden> [ˈʃɪndn̩] **I.** *vr* **sich ~** to slave [away] **II.** *vt* ① *(grausam antreiben)* **jdn ~** to work sb like a slave; *Tier* to ill-treat ② *(fam)* **Eindruck ~** to play to the gallery; **Zeit ~** to play for time
Schinken <-s, -> [ˈʃɪŋkn̩] *m* ham
Schirm <-[e]s, -e> [ʃɪrm] *m* umbrella
schizophren [ʃitsoˈfreːn] *adj* schizophrenic
Schizophrenie <-, -n> [ʃitsofreˈniː] *f* schizophrenia
Schlacht <-, -en> [ʃlaxt] *f* battle
schlachten [ˈʃlaxtn̩] *vt, vi* to slaughter
Schlachter(in) <-s, -> *m(f)* butcher; *(im Schlachthof)* slaughterman
Schlachtfeld *nt* battlefield **Schlachtfest** *nt* KOCHK *feast following the home-slaughtering of a farm animal* **Schlachthof** *m* slaughterhouse **Schlachtschiff** *nt* battleship
Schlaf <-[e]s> [ʃlaːf] *m kein pl* sleep; **einen festen/leichten ~ haben** to be a deep/light sleeper; **jdm den ~ rauben** to keep sb awake
Schlafanzug *m* pyjamas *npl*

pyjamas + pl vb

Der Begriff **pyjamas** kommt nur in der Pluralform vor: *Where are my pyjamas? – They're in the bath-*

room. Will man die genaue Anzahl nennen, benutzt man die Mengenangabe **pair of** bzw. **pairs of**: *How many pairs of pyjamas have you got?*

Schläfe <-, -n> ['ʃlɛːfə] *f* temple
schlafen <schlief, geschlafen> ['ʃlaːfn̩] *vi* to sleep; **tief ~** to sleep deeply; **~ gehen** to go to bed
schlaff [ʃlaf] **I.** *adj* slack **II.** *adv* slackly
Schlafgelegenheit *f* place to sleep **Schlaflosigkeit** <-> *f kein pl* sleeplessness
Schlafmittel *nt* sleep-inducing medication
schläfrig ['ʃlɛːfrɪç] *adj* sleepy
Schlafsaal *m* dormitory **Schlafsack** *m* sleeping bag **Schlaftablette** *f* sleeping pill **Schlafwagen** *m* sleeper **Schlafwandler(in)** <-s, -> *m(f)* sleepwalker **Schlafzimmer** *nt* bedroom
Schlag <-[e]s, Schläge> [ʃlaːk] *m* ❶ *(Hieb)* blow; **Schläge bekommen** to get a beating; **jdm einen ~ versetzen** to deal sb a blow ❷ *(Schicksalsschlag)* blow ❸ ÖSTERR *(Sahne)* [whipped] cream ❹ *(Stromschlag)* **einen ~ kriegen** to get an electric shock ❺ *(Schlaganfall)* stroke; **einen ~ bekommen** to suffer a stroke
Schlagader *f* artery **Schlaganfall** *m* stroke
schlagen <schlug, geschlagen> ['ʃlaːgn̩] **I.** *vt haben* ❶ to hit; *(mit der Faust)* to punch; *(mit der Hand)* to slap; **jdm auf die Schulter ~** to give sb a slap on the back; **etw in Stücke ~** to smash sth to pieces ❷ *(prügeln)* to beat; **jdn bewusstlos ~** to beat sb senseless ❸ *(besiegen)* to defeat; SPORT to beat (**in** at); **jd ist nicht zu ~** sb is unbeatable; **sich ge~ geben** to admit defeat ❹ *(einschlagen)* **einen Nagel in die Wand ~** to knock a nail into the wall ❺ *(legen)* **ein Bein über das andere ~** to cross one's legs **II.** *vi* ❶ *haben (hauen)* to hit; [**mit etw** *dat*] **um sich** *akk* **~** to lash about [with sth] ❷ *sein (auftreffen)* **gegen etw** *akk* **~** to strike against sth ❸ *haben: Herz* to beat; *Uhr* to strike **III.** *vr haben* **sich** [**mit jdm**] **~** to fight [sb]
schlagend **I.** *adj* forceful, compelling, convincing; **ein ~er Beweis** conclusive proof **II.** *adv* **~ beweisen/widerlegen** to prove/disprove convincingly
Schlager <-s, -> ['ʃlaːgɐ] *m* MUS [pop] song
Schläger <-s, -> ['ʃlɛːgɐ] *m (Tennis)* racket; *(Golf)* golf club
Schlägerei <-, -en> [ʃlɛːgə'rai] *f* brawl
schlagfertig **I.** *adj* quick-witted **II.** *adv* quick-wittedly
Schlaginstrument *nt* percussion instrument **Schlagloch** *nt* pothole **Schlagmann** *m* SPORT stroke **Schlagrahm** *m*, **Schlagsahne** *f* whipping cream; *(geschlagen)* whipped cream **Schlagwort** <-worte> *nt* slogan **Schlagzeile** *f* headline; **~n machen** to make headlines
Schlagzeug <-[e]s, -e> *nt* drums *pl*; *(im Orchester)* percussion *no pl*
Schlagzeugspieler(in) <-s, ->, *fam* **Schlagzeuger(in)** *m(f)* drummer; *(im Orchester)* percussionist
Schlamassel <-s, -> [ʃla'masl̩] *m o nt* mess
Schlamm <-[e]s, -e> [ʃlam] *m* mud
schlammig ['ʃlamɪç] *adj* muddy
Schlammlawine *f* GEOG mudslide
Schlampe <-, -n> ['ʃlampə] *f* slut
schlampig ['ʃlampɪç] **I.** *adj* ❶ *(nachlässig)* sloppy ❷ *(ungepflegt)* unkempt **II.** *adv* ❶ sloppily ❷ *(ungepflegt)* in an unkempt way
Schlange <-, -n> ['ʃlaŋə] *f* ❶ snake ❷ *(Reihe)* **~ stehen** to queue up [*or* to stand in line] AM
schlängeln ['ʃlɛŋl̩n] *vr* **sich ~** *(sich winden)* to crawl; *Fluss, Straße* to meander
schlank [ʃlaŋk] *adj* slim
Schlankheitskur *f* diet; **eine ~ machen** to be on a diet

S

schlapp [ʃlap] *adj pred* worn out
schlau [ʃlau] **I.** *adj* ① clever ② *(gerissen)* crafty **II.** *adv* ① cleverly ② *(gerissen)* craftily
Schlauch <-[e]s, Schläuche> [ʃlaux] *m* ① hose ② *(Reifenschlauch)* [inner] tube ▸ **auf dem ~ stehen** to be at a loss
Schlauchboot *nt* rubber dinghy
schlauchen [ˈʃlaʊxn̩] *vt, vi* to take it out of sb; **das schlaucht ganz schön!** that really takes it out of you!
Schlaufe <-, -n> [ˈʃlaʊfə] *f* loop; *(aus Leder)* strap
schlecht [ʃlɛçt] **I.** *adj* ① bad; **es sieht ~ aus** things don't look good; **~e Augen** weak eyes; **ein ~es Gewissen haben** to have a bad conscience; **von ~er Qualität** of poor quality; **~e Zeiten** hard times ② MED **jdm ist ~** sb feels sick **II.** *adv* ① *(nicht gut)* badly; **~ beraten** ill-advised; **~ gelaunt** bad-tempered ② MED **jdm geht es ~** sb feels unwell; **~ hören** to be hard of hearing; **~ sehen** to have poor eyesight ③ *(herabwerten)* **~ reden über jdn** to say bad things about sb
schlechtgelaunt *adj, adv s.* **schlecht II 1**
schlecht|machen *vt* to run down
schleichen <schlich, geschlichen> [ˈʃlaiçn̩] *vi sein* to creep
Schleier <-s, -> [ˈʃlaiɐ] *m* veil
Schleiereule *f* barn owl
schleierhaft *adj* **~ sein** to be a mystery
Schleife <-, -n> [ˈʃlaifə] *f* bow
schleifen[1] [ˈʃlaifn̩] **I.** *vt haben (ziehen)* to drag **II.** *vi haben (reiben)* to rub (**an** against)
schleifen[2] <schliff, geschliffen> [ˈʃlaifn̩] *vt* ① *(schärfen)* to sharpen ② *(schmirgeln)* to sand
Schleifmaschine *f* sander
Schleim <-[e]s, -e> [ʃlaim] *m* ① slime ② MED mucus
Schleimhaut *f* mucous membrane
schleimig [ˈʃlaimɪç] *adj* slimy
schlemmen [ˈʃlɛmən] *vi* to have a feast
schlendern [ˈʃlɛndɐn] *vi sein* to stroll along
schlenkern [ˈʃlɛŋkɐn] *vi* to dangle
Schleppe <-, -n> [ˈʃlɛpə] *f* MODE train
schleppen [ˈʃlɛpn̩] **I.** *vt (tragen)* to carry **II.** *vr* **sich ~** ① *(sich fortbewegen)* to drag oneself ② *(sich hinziehen)* to drag on
schleppend **I.** *adj* ① *(zögerlich)* slow ② *(schwerfällig)* shuffling **II.** *adv* ① *(zögerlich)* slowly; **~ in Gang kommen** to be slow in getting started ② *(schwerfällig)* **~ gehen** to shuffle along
Schleppkahn *m* lighter **Schlepplift** *m* ski tow
Schleuder <-, -n> [ˈʃlɔydɐ] *f* ① *(Waffe)* catapult ② *(Wäscheschleuder)* spin drier
schleudern [ˈʃlɔydɐn] **I.** *vt haben* ① to hurl ② *Wäsche* to spin **II.** *vi sein* **ins S~ geraten** to go into a skid
schleunigst *adv* straight away, at once
Schleuse <-, -n> [ˈʃlɔyzə] *f* lock
Schleusentor *nt* sluice gate
schlicht [ʃlɪçt] **I.** *adj* simple **II.** *adv* simply; **~ und einfach** [just] plain
schlichten [ˈʃlɪçtn̩] **I.** *vt* to settle **II.** *vi* to mediate (**in** in)
Schlichter(in) <-s, -> [ˈʃlɪçtɐ] *m(f)* arbitrator, mediator; **einen ~ einschalten** to go to arbitration
Schlichtheit <-> *f kein pl* simplicity, plainness
Schlichtung <-, -en> *f* mediation
schließen <schloss, geschlossen> [ˈʃliːsn̩] **I.** *vi* to close **II.** *vt* ① *(zumachen, beenden)* to close ② *(eingehen)* **Freundschaft ~** to become friends; **Frieden/einen Pakt ~** to make peace/a pact; **einen Kompromiss ~** to reach a compromise ③ *(schlussfolgern)* to conclude (**aus** from) ④ *(umarmen)* **jdn in die Arme ~** to take sb in one's arms
Schließfach *nt* ① *(Gepäckschließfach)* locker ② *(Bankschließfach)* safe-deposit box ③ *(Postfach)* post-office box

schließlich [ˈʃliːslɪç] *adv* ① *(endlich)* at last ② *(immerhin)* after all
schlimm [ʃlɪm] **I.** *adj* ① bad; **etwas S~es/S~eres** sth dreadful/worse; **das S~ste** the worst; **es gibt nichts S~eres als …** there's nothing worse than …; **nicht [so] ~ sein** to be not [so] bad ② *(ernst)* serious ► **etw ist halb so ~** sth is not as bad as all that; **ist nicht ~!** no problem! **II.** *adv* dreadfully; **es hätte ~er kommen können** it could have been worse; **~ genug, dass …** it's bad enough that …; **um so ~er** so much the worse
schlimmstenfalls [ˈʃlɪmstn̩ˈfals] *adv* if the worst comes to the worst
Schlinge <-, -n> [ˈʃlɪŋə] *f* loop
schlingen <schlang, geschlungen> [ˈʃlɪŋən] **I.** *vt* to wind (**um** about); **die Arme um jdn ~** to wrap one's arms around sb **II.** *vr* **sich um etw** *akk* **~** to wind itself around sth
Schlingpflanze *f* creeper
Schlips <-es, -e> [ʃlɪps] *m* tie
Schlitten <-s, -> [ˈʃlɪtn̩] *m* sledge
Schlittschuh [ˈʃlɪtʃuː] *m* skate; **~ laufen** to skate
Schlittschuhbahn *f* ice rink **Schlittschuhläufer(in)** *m(f)* skater
Schlitz <-es, -e> [ʃlɪts] *m* ① slit ② *(Einsteckschlitz)* slot
Schlitzohr *nt* rogue
Schloss <-es, Schlösser> [ʃlɔs] *nt* ① *(Palast)* palace ② *(Türschloss)* lock ③ *(Vorhängeschloss)* padlock
Schlosser(in) <-s, -> [ˈʃlɔsɐ] *m(f)* *(Metallschlosser)* metalworker; *(Maschinenschlosser)* fitter
Schlosserei <-, -en> [ʃlɔsəˈrai̯] *f* metalworks, smith's shop
Schlot <-[e]s, -e> [ʃloːt] *m* chimney ► **rauchen wie ein ~** *(fam)* to smoke like a chimney
Schlucht <-, -en> [ʃlʊxt] *f* gorge
schluchzen [ˈʃlʊxtsn̩] *vi* to sob
Schluck <-[e]s, -e> [ʃlʊk] *m* gulp; *(kleiner)* sip
Schluckauf <-s> [ˈʃlʊkʔauf] *m kein pl* hiccup; **den ~ haben** to have hiccups
schlucken [ˈʃlʊkn̩] *vt, vi* to swallow
Schluckimpfung *f* oral vaccination
schlummern [ˈʃlʊmɐn] *vi* to slumber
Schlund <-[e]s, Schlünde> [ʃlʊnt] *m* throat
schlüpfen [ˈʃlʏpfn̩] *vi sein* ① to slip ② *(aus dem Ei)* to hatch out
Schlüpfer <-s, -> [ˈʃlʏpfɐ] *m* panties *npl*
schlürfen [ˈʃlʏrfn̩] *vt, vi* to slurp
Schluss <-es, Schlüsse> [ʃlʊs] *m* ① *kein pl* end; **~ [jetzt]!** that's enough!; **mit etw** *dat* **ist ~** sth is over with; **zum ~ kommen** to finish; **[mit etw** *dat*] **~ machen** to stop [sth]; **kurz vor ~** just before closing time; **zum ~** at the end ② *(Folgerung)* conclusion; **zu dem ~ kommen, dass …** to come to the conclusion that … ► **[mit jdm] ~ machen** to break it off [with sb]
Schlüssel <-s, -> [ˈʃlʏsl̩] *m* key
Schlüsselbein *nt* collar bone **Schlüsselblume** *f* cowslip **Schlüsselbund** *m o nt* bunch of keys **Schlüsselloch** *nt* keyhole **Schlüsselwort** *nt* keyword
Schlussfolgerung <-, -en> *f* deduction; **eine ~ ziehen** to draw a conclusion (**aus** from)
schmächtig [ˈʃmɛçtɪç] *adj* slight, weedy BRIT *pej*
schmackhaft *adj* tasty ► **jdm etw ~ machen** to make sth tempting to sb
Schmähschrift *f* lampoon *form*
schmal <-er *o* schmäler, -ste> [ʃmaːl] *adj* narrow; *(schlank)* slim
Schmalfilm *m* 8/16mm [cine] film
Schmalz[1] <-es, -e> [ʃmalts] *nt* dripping; *(Schweinefett)* lard
Schmalz[2] <-es> [ʃmalts] *m kein pl (pej: Sentimentalität)* schmaltz
schmalzig [ˈʃmaltsɪç] *adj (pej: sentimental)* schmaltzy
Schmarotzer <-s, -> *m* parasite
Schmarren [ˈʃmarən], **Schmarrn** <-s, -> [ʃmarn̩] *m* SÜDD, ÖSTERR ① KOCHK *sweet, shredded pancake-style dish* ② *(fam: Quatsch)* rubbish, nonsense
schmatzen [ˈʃmatsn̩] *vi* to eat/drink

noisily; *(mit Genuss)* to smack one's lips; **musst du immer so ~?** do you have to make such a noise when you're eating?

schmecken ['ʃmɛkn̩] **I.** *vi* to taste (**nach** of); **hat es geschmeckt?** did you enjoy it?; **das schmeckt aber gut** that tastes wonderful; **lasst es euch ~!** tuck in! **II.** *vt* to taste

Schmeichelei <-, -en> [ʃmaiçə'lai] *f* flattery *no pl, no indef art*

schmeichelhaft *adj* flattering

schmeicheln ['ʃmaiçl̩n] *vi* **jdm ~** to flatter sb; **es schmeichelt jdm, dass ...** sb is flattered that ...

schmeißen <schmiss, geschmissen> ['ʃmaisn̩] *vt, vi (werfen)* to throw

Schmeißfliege *f* blowfly

schmelzen <schmolz, geschmolzen> ['ʃmɛltsn̩] **I.** *vi sein* to melt **II.** *vt haben* to melt

Schmelzkäse *m* KOCHK ① *(in Scheiben)* processed cheese ② *(streichfähig)* cheese spread **Schmelzpunkt** *m* melting point

Schmerz <-es, -en> [ʃmɛrts] *m* ① pain; **~en haben** to be in pain ② *(Kummer)* anguish *no indef art*

schmerzempfindlich *adj* sensitive [to pain *pred*]

schmerzen ['ʃmɛrtsn̩] *vi* to hurt; *(anhaltend)* to ache; **~d** painful

Schmerzensgeld *nt* compensation **Schmerzensschrei** *m* scream of pain

schmerzhaft *adj* painful

schmerzlich **I.** *adj (geh)* painful, distressing **II.** *adv* painfully

schmerzlos *adj* painless ▸ **kurz und ~** short and sweet

Schmerzmittel *nt* analgesic, painkiller **schmerzstillend** *adj* painkilling; **~ sein** to be a painkiller **Schmerztablette** *f* painkiller

Schmetterling <-s, -e> ['ʃmɛtɐlɪŋ] *m* butterfly

schmettern ['ʃmɛtɐn] *vt* ① *(schleudern)* to fling ② SPORT to smash ③ MUS to blare out; *Lied* to bawl out

Schmied(in) <-[e]s, -e> [ʃmiːt] *m(f)* smith

schmiedeeisern *adj* wrought-iron

schmieden ['ʃmiːdn̩] *vt* to forge; **einen Plan ~** to hammer out a plan

schmiegen ['ʃmiːgn̩] *vr* ① **sich an jdn ~** to cuddle up to sb ② *(eng anliegen)* **sich an etw** *akk* **~** to hug sth

schmieren ['ʃmiːrən] *vt* ① *(streichen)* to spread; **Salbe auf eine Wunde ~** to apply cream to a wound ② *(fetten)* to lubricate ③ *(malen)* to scrawl; **Parolen an die Häuser ~** to daub slogans on the walls of houses ④ *(fam: bestechen)* **jdn ~** to grease sb's palm

Schmierfett *nt* grease

Schmiergeld *nt (fam)* bribe

schmierig ['ʃmiːrɪç] *adj* ① *(nass und klebrig)* greasy ② *(pej: schleimig)* slimy; **was für ein ~er Typ!** what a smarmy guy!

Schmiermittel *nt* lubricant **Schmieröl** *nt* lubricating oil **Schmierseife** *f* soft soap **Schmierzettel** *m* piece of scrap paper

Schminke <-, -n> ['ʃmɪŋkə] *f* make-up

schminken ['ʃmɪŋkn̩] *vt* to put make-up on; **sich ~** to put on make-up

Schmirgelpapier ['ʃmɪrgl̩-] *nt* sandpaper

schmollen ['ʃmɔlən] *vi* to sulk

Schmollmund *m* **einen ~ machen** to pout

Schmorbraten ['ʃmoːɐ̯-] *m* pot roast

schmoren ['ʃmoːrən] *vt, vi* ① KOCHK to braise ② *(schwitzen)* **in der Sonne ~** to roast in the sun

Schmuck <-[e]s> [ʃmʊk] *m kein pl* ① jewellery ② *(Verzierung)* decoration

schmücken ['ʃmʏkn̩] *vt* ① to decorate ② **sich mit etw** *dat* **~** to put on sth

schmuddelig ['ʃmʊdəlɪç], **schmuddlig** ['ʃmʊdlɪç] *adj* grubby

Schmuggel <-s> ['ʃmʊgl̩] *m kein pl* smuggling *no art*

schmuggeln ['ʃmʊgl̩n] *vt* to smuggle

Schmuggelware *f* smuggled goods *pl*, contraband *no pl*

S

Schmuggler(in) <-s, -> ['ʃmʊglɐ] *m(f)* smuggler

schmunzeln ['ʃmʊntsl̩n] *vi* to grin quietly to oneself (**über** +*akk* about)

Schmunzeln <-s> ['ʃmʊntsl̩n] *nt kein pl* grin

schmusen ['ʃmuːzn̩] *vi* to cuddle

Schmutz <-es> [ʃmʊts] *m kein pl* dirt ▸ **jdn/etw in den ~ ziehen** to blacken sb's name/sth's reputation

schmutzig ['ʃmʊtsɪç] *adj* dirty; **sich ~ machen** to get dirty

Schnabel <-s, Schnäbel> ['ʃnaːbl̩] *m* beak

Schnake <-, -n> ['ʃnaːkə] *f* ① ZOOL crane fly ② DIAL *(Stechmücke)* gnat

Schnalle <-, -n> ['ʃnalə] *f* buckle

schnallen ['ʃnalən] *vt* to buckle up; **etw enger/weiter ~** to tighten/loosen sth

Schnäppchen <-s, -> ['ʃnɛpçən] *nt* bargain

Schnäppchenmarkt *m* ÖKON *(fam)* bargain basement

schnappen ['ʃnapn̩] **I.** *vi (greifen)* to grab (**nach** for) **II.** *vt* ① *(ergreifen)* to grab; **etwas frische Luft ~** to get a gulp of fresh air ② *(festnehmen)* to catch

Schnappschuss *m* snapshot

Schnaps <-es, Schnäpse> [ʃnaps] *m* schnapps

schnarchen ['ʃnarçn̩] *vi* to snore

schnattern ['ʃnatɐn] *vi* ① ORN to cackle ② *(fam: schwatzen)* to chatter

schnaufen ['ʃnaufn̩] *vi* to puff

Schnauzbart *m* large moustache

Schnauze <-, -n> ['ʃnautsə] *f* ① snout ② *(sl: Mund)* trap; **die ~ halten** to keep one's trap shut

schnäuzen ['ʃnɔytsn̩] *vr* **sich ~** to blow one's nose

Schnecke <-, -n> ['ʃnɛkə] *f* snail; *(Nacktschnecke)* slug

Schneckenhaus *nt* snail shell **Schneckentempo** *nt* **im ~** at a snail's pace

Schnee <-s> [ʃneː] *m kein pl* snow

Schneeball *m* snowball **Schneebesen** *m* whisk, blanket of snow **Schneebrille** *f* snow goggles **Schneefall** *m* snowfall **Schneeflocke** *f* snowflake **Schneeglöckchen** <-s, -> *nt* snowdrop **Schneegrenze** *f* snowline **Schneekette** *f meist pl* snow chain[s *pl*] **Schneemann** *m* snowman **Schneematsch** *m* slush **Schneepflug** *m* snowplough **Schneeregen** *m* sleet **Schneeschaufel** *f*, **Schneeschippe** *f* DIAL snow shovel **Schneeschmelze** *f* thaw **Schneesturm** *m* snowstorm

Schneewittchen <-s> [ʃneː'vɪtçən] *nt* Snow White

Schneid <-[e]s> [ʃnait] *m kein pl* **~ haben** to have guts

schneiden <schnitt, geschnitten> ['ʃnaidn̩] **I.** *vt* ① to cut ② FILM to edit ③ *(meiden)* **jdn ~** to snub sb **II.** *vr* **sich ~** to cut oneself; **sich in den Finger ~** to cut one's finger

Schneider(in) <-s, -> ['ʃnaidɐ] *m(f)* tailor

Schneidezahn *m* incisor

schneien ['ʃnaiən] *vi impers* **es schneit** it is snowing

Schneise <-, -n> ['ʃnaizə] *f* aisle

schnell [ʃnɛl] **I.** *adj* ① *(mit hohem Tempo)* fast ② *(zügig)* prompt ③ *attr* **eine ~e Genesung** a speedy recovery **II.** *adv* ① *(mit hohem Tempo)* fast ② *(zügig)* quickly; **etw geht ~** sth is done quickly; **~ machen** to hurry up

schnellen ['ʃnɛlən] *vi sein* **in die Höhe ~** to shoot up

Schnelligkeit <-, *selten* -en> *f* speed

Schnellimbiss *m* takeaway **Schnellkochtopf** *m* pressure cooker **Schnellkurs** *m* crash course

schnellstens *adv* as soon as possible

Schnellstraße *f* expressway **Schnellzug** *m* fast train

schniefen ['ʃniːfn̩] *vi* to sniffle

Schnipsel <-s, -> ['ʃnɪpsl̩] *m o nt* shred

schnitt [ʃnɪt] *imp von* **schneiden**

Schnitt <-[e]s, -e> [ʃnɪt] *m* ① cut ② *(Durchschnitt)* **im ~** on average

Schnittblumen *pl* cut flowers *pl*

Schnitte <-, -n> [ˈʃnɪtə] *f* ❶ *(Wurstschnitte)* slice ❷ *(Brotschnitte)* open sandwich

Schnittlauch [ˈʃnɪtlaux] *m kein pl* chives *npl* **Schnittmuster** *nt* [paper] pattern **Schnittpunkt** *m* [point] of intersection **Schnittstelle** *f* INFORM interface **Schnittwunde** *f* cut

Schnitzel <-s, -> [ˈʃnɪtsl̩] *nt* KOCHK pork escalope

Schnitzeljagd *f* paperchase

schnitzen [ˈʃnɪtsn̩] *vt, vi* to carve

Schnorchel <-s, -> [ˈʃnɔrçl̩] *m* snorkel

schnorren [ˈʃnɔrən] *vi, vt* to scrounge

Schnorrer(in) <-s, -> *m(f)* scrounger

schnüffeln [ˈʃnʏfl̩n] *vi* ❶ to sniff ❷ *(fam: spionieren)* to nose around

Schnuller <-s, -> [ˈʃnʊlɐ] *m* dummy

schnupfen [ˈʃnʊpfn̩] **I.** *vi* to sniff **II.** *vt* **Kokain ~** to snort cocaine

Schnupfen <-s, -> [ˈʃnʊpfn̩] *m* cold; **[einen] ~ haben** to have a cold

schnuppern [ˈʃnʊpɐn] *vi, vt* to sniff (**an** at)

Schnur <-, Schnüre> [ʃnuːɐ̯] *f* cord

schnüren [ˈʃnyːrən] *vt* to tie together (**zu** in); *Schuhe* to lace up

schnurlos *adj* cordless

Schnurrbart [ˈʃnʊrbaːɐ̯t] *m* moustache

schnurren [ˈʃnʊrən] *vi* ❶ *(Katze)* to purr ❷ *(surren)* to whirr

Schnürsenkel *m* shoelace

Schock <-[e]s, -s> [ʃɔk] *m* shock; **unter ~ stehen** to be in shock

schockieren [ʃɔˈkiːrən] *vt* to shock; **schockiert sein** to be shocked (**über** about)

schockiert *adj* shocked

Schöffe, Schöffin <-n, -n> [ˈʃœfə, ˈʃœfɪn] *m, f* juror

Schokolade <-, -n> [ʃokoˈlaːdə] *f* chocolate

Scholle <-, -n> [ˈʃɔlə] *f* ❶ ZOOL plaice ❷ *(Eisbrocken)* [ice] floe

schon [ʃoːn] **I.** *adv* ❶ *(bereits)* already; **~ damals** even at that time; **~ lange** for a long time; **~ oft** several times already; **~ wieder** [once] again; **hast du ~ [ein]mal Austern gegessen?** have you ever eaten oysters? ❷ *(allein)* **~ aus dem Grunde** for that reason alone; **und wenn ~!** so what? ❸ *(irgendwann)* in the end; **es wird ~ noch klappen** it will work out in the end ❹ *(durchaus)* well **II.** *part* ❶ *(auffordernd)* **gib ~ her!** come on, give it here!; **mach ~!** hurry up!; **[nun] sag ~!** go on, tell me! ❷ *(nur)* **wenn ich das ~ höre!** just hearing about it!

schön [ʃøːn] **I.** *adj* ❶ beautiful ❷ *(angenehm)* fine; **ich wünsche euch ~e Ferien** have a good holiday; **zu ~, um wahr zu sein** too good to be true ❸ *(ziemlich)* **ein ~es Stück Arbeit** quite a bit of work ▸ **[das ist ja alles] ~ und gut, aber ...** that's all very well, but ...; **na ~** all right then **II.** *adv* ❶ well; **~ singen** to sing well ❷ *(ziemlich)* really; **das hat ganz ~ wehgetan!** that really hurt!

Schonbezug *m* protective cover

schonen [ˈʃoːnən] **I.** *vt (nicht überbeanspruchen)* **etw ~** to go easy on sth; **jdn ~** to spare sb **II.** *vr* **sich ~** to take things easy

schonend **I.** *adj* ❶ *(nicht strapazierend)* gentle; *(pfleglich)* careful ❷ *(rücksichtsvoll)* considerate **II.** *adv* ❶ *(pfleglich)* carefully, with care ❷ *(rücksichtsvoll)* **jdm etw ~ beibringen** to break sth to sb gently

schön|färben *vt (iron)* **etw ~** to whitewash sth *iron*

Schönheit <-, -en> *f* beauty

Schönheitsfarm *f* beauty farm **Schönheitsfehler** *m* ❶ *(kosmetische Beeinträchtigung)* blemish ❷ *(geringer Makel)* flaw

Schonung <-> *f kein pl* ❶ *(das pflegliche Behandeln)* care ❷ *(Schutz)* protection ❸ *(Rücksichtnahme)* consideration

schonungslos **I.** *adj* merciless **II.** *adv* mercilessly

schöpfen [ˈʃœpfn̩] *vt* ❶ to scoop (**aus** from) ❷ *(kreieren)* to create

S

Schöpfer(in) <-s, -> *m(f)* creator
schöpferisch ['ʃœpfərɪʃ] **I.** *adj* creative **II.** *adv* creatively
Schöpfung <-, -en> *f* creation
Schöpfungsgeschichte *f kein pl* **die ~** the story of the Creation
Schorf <-[e]s, -e> [ʃɔrf] *m* scab
Schornstein ['ʃɔrnʃtain] *m* chimney
Schornsteinfeger(in) <-s, -> *m(f)* chimney sweep
Schoß <-es, Schöße> [ʃɔs] *m* lap ▶ **etw fällt jdm in den ~** sth falls into sb's lap
Schoßhund *m* lapdog
Schote <-, -n> ['ʃɔtə] *f* pod
Schotte, **Schottin** <-n, -n> ['ʃɔtə, 'ʃɔtɪn] *m, f* Scotsman *masc*, Scotswoman *fem*
Schottenrock *m* ① *(Rock mit Schottenmuster)* tartan skirt ② *(Kilt)* kilt
schottisch ['ʃɔtɪʃ] *adj* Scottish
Schottland ['ʃɔtlant] *nt* Scotland
schräg [ʃrɛːk] *adj* sloping; *(Linien)* diagonal
Schräge <-, -n> ['ʃrɛːgə] *f (schräge Fläche)* slope, sloping surface
Schrägstrich *m* oblique
Schramme <-, -n> ['ʃramə] *f* ① *(Schürfwunde)* graze ② *(Kratzer)* scratch
Schrank <-[e]s, Schränke> [ʃraŋk] *m* cupboard
Schranke <-, -n> ['ʃraŋkə] *f* barrier
schrankenlos *adj* unlimited, boundless
Schraube <-, -n> ['ʃraubə] *f* ① screw ② NAUT propeller ▶ **bei jdm ist eine ~ locker** sb has a screw loose
schrauben ['ʃraubn̩] *vt* to screw (**auf** onto); **etw fester ~** to tighten sth
Schraubenschlüssel *m* spanner BRIT, wrench AM **Schraubenzieher** <-s, -> *m* screwdriver
Schrebergarten ['ʃreːbɐ] *m* allotment
Schreck <-s> [ʃrɛk] *m kein pl* fright; **vor ~** with fright; **einen ~ bekommen** to get a fright; **jdm einen ~ einjagen** to give sb a fright
schrecken <schreckte, geschreckt> ['ʃrɛkn̩] *vt* to frighten
Schrecken <-s, -> ['ʃrɛkn̩] *m* fright, horror; **~ erregend** terrifying; **mit dem ~ davonkommen** to escape with no more than a fright
Schreckensmeldung *f* horror story
Schreckgespenst *nt* bogey
schreckhaft *adj* jumpy
schrecklich ['ʃrɛklɪç] **I.** *adj* terrible **II.** *adv* terribly
Schrei <-[e]s, -e> [ʃrai] *m* scream
Schreibblock <s, -blöcke> *m* writing pad
Schreiben <-s, -> ['ʃraibn̩] *nt (geh)* letter
schreiben <schrieb, geschrieben> ['ʃraibn̩] **I.** *vt* ① to write; **etwas zum S~** something to write with ② *(buchstabieren)* to spell; **etw falsch/richtig ~** to spell sth wrongly/right; **etw groß/klein ~** to spell with capital/small letters **II.** *vr (geschrieben werden)* **sich ~** to be spelt; **wie schreibt sich das Wort?** how do you spell that word?
Schreibfeder *f* quill *dated* **Schreibmaschine** *f* typewriter; **etw auf der ~ schreiben** to type sth [up] **Schreibtisch** *m* desk
Schreibung <-, -en> *f* spelling
Schreibwarenhandlung *f* stationer's
schreien <schrie, geschrie[e]n> ['ʃraiən] *vi* ① to shout (**nach** for) ② *Tier* to cry ③ *(heftig verlangen)* **nach jdm/etw ~** to cry out for sb/sth
Schreihals *m (fam)* rowdy, bawler BRIT
Schrein <-[e]s, -e> [ʃrain] *m (geh)* shrine
Schreiner(in) <-s, -> ['ʃrainɐ] *m(f)* carpenter
Schreinerei <-, -en> [ʃrainə'rai] *f* carpenter's workshop
schreiten <schritt, geschritten> ['ʃraitn̩] *vi sein* ① *(gehen)* to stride ② *(etw in Angriff nehmen)* to proceed (**zu** + *dat* with)
Schrift <-, -en> [ʃrɪft] *f* ① *(Handschrift)* writing ② TYPO type; *(Computer)* font ③ *(Abhandlung)* paper; **die Heilige ~** the [Holy] Scriptures *npl*

S

Schriftart *f* type, typeface **Schriftdeutsch** *nt* standard German
schriftlich ['ʃrɪftlɪç] **I.** *adj* written; **etwas S~es** something in writing **II.** *adv* in writing
Schriftsprache *f* standard language **Schriftsteller(in)** <-s, -> ['ʃrɪftʃtɛlɐ] *m(f)* author **Schriftverkehr** *m (geh)* correspondence
schrill [ʃrɪl] **I.** *adj* shrill **II.** *adv* shrilly
schritt [ʃrɪt] *vi imp von* **schreiten**
Schritt <-[e]s, -e> [ʃrɪt] *m* step; **~ für ~** step by step; **mit großen/kleinen ~en** in big strides/small steps; **[mit jdm/etw] ~ halten** to keep up [with sb/sth]; **auf ~ und Tritt** every move one makes
Schrittgeschwindigkeit *f* walking speed **Schrittmacher** <-s, -> *m* pacemaker
schrittweise **I.** *adj* gradual **II.** *adv* gradually
schroff [ʃrɔf] **I.** *adj* curt **II.** *adv* curtly
Schroffheit <-, -en> *f* ① *kein pl (barsche Art)* curtness, brusqueness ② *(schroffe Äußerung)* brusque comment, curt comment
Schrot <-[e]s, -e> [ʃroːt] *m o nt* ① *kein pl* AGR coarsely ground wholemeal ② JAGD shot
Schrotflinte *f* shotgun
Schrott <-[e]s> [ʃrɔt] *m kein pl* scrap metal
Schrotthändler(in) *m(f)* scrap dealer **Schrottplatz** *m* scrapyard
schrubben ['ʃrʊbn̩] *vt, vi* to scrub
Schrubber <-s, -> ['ʃrʊbɐ] *m* scrubbing brush
schrumpfen ['ʃrʊmpfn̩] *vi sein* to shrink
Schubkarre *f*, **Schubkarren** *m* wheelbarrow
Schublade <-, -n> ['ʃuːplaːdə] *f* drawer
Schubs <-es, -e> [ʃʊps] *m (fam)* shove
schubsen ['ʃʊpsn̩] *vt (fam)* to shove
schüchtern ['ʃʏçtɐn] *adj* shy
Schüchternheit <-> *f kein pl* shyness
Schuft <-[e]s, -e> [ʃʊft] *m* villain
schuften ['ʃʊftn̩] *vi (fam)* to slave away
Schufterei <-, -en> [ʃʊftə'rai] *f (fam)* drudgery
Schuh <-[e]s, -e> [ʃuː] *m* shoe ▶ **jdm etw in die ~e schieben** to put the blame for sth on sb

Schuhe – Shoes

die Ballerinas	pumps
die Brogues	brogues
die Flipflops	flip-flops
die Gummistiefel	wellies, wellington boots
die Halbschuhe	low shoes
die Hausschuhe	slippers
die Latschen	worn-out/old shoes
ein Paar Schuhe	a pair of shoes
die Pantoletten	mules
die Pumps	court shoes
die Römersandalen	gladiator sandals
die Sandalen	sandals
die Schnürschuhe	lace-ups, oxfords
die Slipper	slip-ons, loafers
die Stiefel	boots
die Stiefeletten	ankle boots
die Stöckelschuhe	high heels
die Turnschuhe	trainers
die Wanderschuhe	hiking boots

Schuhcreme *f* shoe polish **Schuhgeschäft** *nt* shoe shop **Schuhgröße** *f* shoe size **Schuhmacher(in)** <-s, -> ['ʃuːmaxɐ] *m(f)* ① *(Hersteller)* shoemaker ② *(für Reparaturen)* cobbler **Schuhsohle** *f* sole **Schulabgänger(in)** <-s, -> *m(f) (geh)* school-leaver **Schularbeit** *f*, **Schulaufgabe** *f* ① *meist pl (Hausaufgaben)* homework *no pl;* **die/seine ~en machen** to do one's homework ② ÖSTERR *(Klassenarbeit)* [class] test
Schulbildung *f kein pl* school education **Schulbuch** *nt* school book, textbook **Schulbus** *m* school bus
schuld [ʃʊlt] *adj* **~ sein** to be to blame

S

(**an** +*dat* for)

Schuld <-> [ʃʊlt] *f kein pl* ❶ *(Verschulden)* blame (**an** for); *(moralisch)* guilt; **es ist jds ~, dass/wenn ...** it is sb's fault that/when ...; **durch jds ~** due to sb's fault; **jdm die ~ [an etw** *dat*] **geben** to blame sb [for sth]; **die ~ auf sich** *akk* **nehmen** to take the blame; **jdn trifft keine ~** sb is not to blame ❷ *meist pl* FIN debt; **~en machen** to go into debt

schulden [ˈʃʊldn̩] *vt* **jdm etw ~** to owe sb sth

Schuldenerlass *m* debt relief **schuldenfrei** *adj* free of debt **Schuldenkrise** *f (Staatschuldenkrise)* sovereign debt crisis

Schuldgefühl *nt* feeling of guilt

schuldig [ˈʃʊldɪç] *adj* ❶ JUR guilty; **einer S.** *gen* **~ sein** to be guilty of sth; **sich ~ bekennen** to plead guilty ❷ *(Schulden haben)* **jdm etw ~ sein** to owe sb sth

Schuldige(r) *f(m) dekl wie adj* guilty person

schuldig|sprechen *vt* **jdn ~** to find sb guilty

schuldlos I. *adj* blameless **II.** *adv* blamelessly

Schuldner(in) <-s, -> [ˈʃʊldnɐ] *m(f)* debtor

Schule <-, -n> [ˈʃuːlə] *f* school; **in der ~** at school; **in die ~ gehen** to go to school; **in die ~ kommen** to start school

S

In der Schule – At school

der Abschluss	qualification
der Aufsatz	essay
bestehen	to pass
durchfallen	to fail
die Hausaufgaben	homework
die Klasse	year; class
die Klassenarbeit	test
der Klassenkamerad, die Klassenkameradin	classmate
das Klassenzimmer	classroom
der Lehrer, die Lehrerin	teacher
die Note	grade, mark
die Pause	break
die Prüfung	exam
das Schulbuch	textbook
der Schüler, die Schülerin	pupil
die Schulferien	school holidays *pl*
der Schulleiter, die Schulleiterin	headteacher, principal
der Stundenplan	timetable
die Tafel	[black]board
die Übung	exercise
die Unterrichtsstunde	lesson
wiederholen	to revise
das Zeugnis	school report

schulen [ˈʃuːlən] *vt* to train

Schüler(in) <-s, -> [ˈʃyːlɐ] *m(f)* pupil

Schüleraustausch *m* school exchange **Schülerausweis** *m* school identity card

Schulfach *nt* [school] subject **Schulferien** *pl* school holidays BRIT, summer vacation AM **schulfrei** *adj* **~ haben** not to have school **Schulfreund(in)** *m(f)* school friend **Schulgeld** *nt* school fees *pl* **Schulheft** *nt* exercise book **Schulhof** *m* school playground **Schuljahr** *nt* school year **Schulklasse** *f* [school] class **Schulleiter(in)** *m(f)* headmaster *masc*, headmistress *fem* BRIT, principal AM **Schulmedizin** *f* orthodox medicine **Schulpflicht** *f kein pl* compulsory school attendance **schulpflichtig** *adj* of school age; **~ sein** to be required to attend school **Schulschwänzer(in)** [ˈʃuːlʃvɛntsɐ] *m(f)* SCH *(fam)* truant **Schulsprecher(in)** *m(f)* head boy/girl BRIT

Schulter <-, -n> [ˈʃʊltɐ] *f* shoulder; **mit den ~n zucken** to shrug one's shoulders

Schulterblatt *nt* shoulder blade **Schultergelenk** *nt* shoulder joint **schulterlang** *adj* shoulder-length

Schulung <-, -en> *f* training

Schulunterricht *m kein pl* school lessons *pl* **Schulverweis** *m* SCH exclusion; *(befristet)* suspension **Schulweg** *m* way to/from school **Schulzeit** *f kein pl* schooldays *npl* **Schulzeugnis** *nt* school report BRIT, report card AM

schummeln ['ʃʊml̩n] *vi (fam)* to cheat

Schund <-[e]s> [ʃʊnt] *m kein pl* trash

Schuppe <-, -n> ['ʃʊpə] *f* ① ZOOL scale ② *pl* MED dandruff *no pl*

Schuppen <-s, -> ['ʃʊpn̩] *m* shed

schüren ['ʃy:rən] *vt* ① to poke ② *(fig: erregen)* to stir up

schürfen ['ʃʏrfn̩] **I.** *vi* ① *(graben)* to dig (**nach** *+dat* for) ② *(schleifen)* to scrape (**über** *+akk* across) **II.** *vt* **etw ~** to mine sth

Schürfwunde *f* graze

Schurke <-n, -n> ['ʃʊrkə] *m* scoundrel

Schurkenstaat *m* POL *(pej)* rogue state

Schurwolle *f* virgin wool

Schürze <-, -n> ['ʃʏrtsə] *f* apron

Schürzenjäger *m* philanderer

Schuss <-es, Schüsse> [ʃʊs] *m* shot

Schüssel <-, -n> ['ʃʏsl̩] *f* bowl

Schusswaffe *f* firearm[s *npl*] **Schusswunde** *f* gunshot wound

Schuster(in) <-s, -> ['ʃu:stɐ] *m(f)* shoemaker

Schutt <-[e]s> [ʃʊt] *m kein pl* rubble

Schuttabladeplatz *m* [rubbish [*or* AM garbage]] dump [*or* BRIT tip]

Schüttelfrost *m* shivering fit

schütteln ['ʃʏtl̩n] **I.** *vt* to shake **II.** *vr* **sich vor Lachen ~** to shake with laughter **III.** *vi impers* **es schüttelt jdn** sb shudders

schütten ['ʃʏtn̩] **I.** *vt* ① *(kippen)* to tip ② *(gießen)* to pour **II.** *vi* **es schüttet** *impers (fam)* it's pouring [down]

Schutz <-es, -e> [ʃʊts] *m kein pl* protection (**vor** from/**gegen** against); **~ bieten** to offer protection; **jdn in ~ nehmen** to protect sb; **~ suchen** to seek refuge

Schutzanzug *m* protective clothes *npl* **Schutzblech** *nt* mudguard **Schutzbrille** *f* protective goggles *npl*

Schütze, **Schützin** <-n, -n> ['ʃʏtsə, 'ʃʏtsɪn] *m, f* ① marksman *masc*, markswoman *fem* ② *kein pl* ASTROL Sagittarius

schützen ['ʃʏtsn̩] **I.** *vt* to protect (**vor** against/from) **II.** *vi* [**vor etw** *dat*] **~** to give protection [from sth]

schützend *adj* protective

Schutzengel *m* REL guardian angel **Schutzgebühr** *f* token charge **Schutzgelderpressung** *f* JUR extortion [*or* protection] racket, racketeering **Schutzhelm** *m* hard hat **Schutzimpfung** *f* vaccination, inoculation

Schützling <-s, -e> ['ʃʏtslɪŋ] *m* charge

schutzlos **I.** *adj* defenceless **II.** *adv* **jdm ~ ausgeliefert sein** to be at the mercy of sb

Schutzmarke *f* trademark **Schutzmaske** *f* protective mask **Schutzmaßnahme** *f* precautionary measure, precaution **Schutzpatron(in)** <-s, -e> *m(f)* REL patron saint **Schutzumschlag** *m* dust jacket, dust cover **Schutzvorrichtung** *f* safety device

Schutzweg *m* TRANSP ÖSTERR pedestrian crossing **Schutzweste** *f* bullet-proof vest

Schwabe, **Schwäbin** <-n, -n> ['ʃva:bə, 'ʃvɛ:bɪn] *m, f* Swabian

schwäbisch ['ʃvɛ:bɪʃ] *adj* Swabian

schwach <schwächer, schwächste> [ʃvax] **I.** *adj* ① weak ② *Sportler, Schüler* poor ③ *(leicht)* faint **II.** *adv* ① *(leicht)* faintly ② *(dürftig)* feebly; **die Mannschaft spielte ~** the team put up a feeble performance

Schwäche <-> ['ʃvɛçə] *f kein pl* weakness; **jds ~ ausnutzen** to exploit sb's vulnerability

schwächen ['ʃvɛçn̩] **I.** *vt* to weaken; **geschwächt** weakened **II.** *vi* to have a weakening effect

Schwachkopf *m (fam)* idiot
schwächlich ['ʃvɛçlɪç] *adj* weakly, feeble
Schwächling <-s, -e> ['ʃvɛçlɪŋ] *m* weakling
Schwachsinn *m kein pl (fam)* rubbish *no art* BRIT, garbage AM; **so ein ~!** what a load of rubbish!
schwachsinnig *adj (fam)* idiotic
Schwachstelle *f* weak spot
Schwachstrom *m* weak current
schwach|werden *vi* [**bei jdm/etw**] ~ to be unable to refuse [sb/sth]
Schwager, **Schwägerin** <-s, Schwäger> ['ʃva:gɐ, 'ʃvɛ:gərɪn] *m, f* brother-in-law *masc*, sister-in-law *fem*
Schwalbe <-, -n> ['ʃvalbə] *f* swallow
Schwalbenschwanz *m* ZOOL swallowtail [butterfly]
Schwall <-[e]s, -e> [ʃval] *m* flood
schwamm [ʃvam] *vi imp von* **schwimmen**
Schwamm <-[e]s, Schwämme> [ʃvam] *m* ❶ sponge ❷ SÜDD *(Pilz)* mushroom
schwammig ['ʃvamɪç] **I.** *adj* ❶ *(weich und porös)* spongy ❷ *(aufgedunsen)* puffy, bloated ❸ *(vage)* vague, woolly **II.** *adv* vaguely
Schwan <-[e]s, Schwäne> [ʃva:n] *m* swan
schwanger ['ʃvaŋɐ] *adj* pregnant; **sie ist im sechsten Monat ~** she's six months pregnant
Schwangere *f dekl wie adj* pregnant woman

S

Schwangerschaft <-, -en> *f* pregnancy
Schwangerschaftsabbruch *m* abortion **Schwangerschaftstest** *m* pregnancy test
Schwank <-[e]s, Schwänke> [ʃvaŋk] *m* THEAT farce
schwanken ['ʃvaŋkn̩] *vi* ❶ *sein (wanken)* to stagger ❷ *haben: Kurs, Preis* to fluctuate ❸ *haben* **zwischen zwei Dingen ~** to be torn between two things
schwankend *adj Kurs, Preis* fluctuating
Schwankung <-, -en> *f* fluctuation
Schwanz <-es, Schwänze> [ʃvants] *m* tail
schwänzen ['ʃvɛntsn̩] *vt, vi* SCH *(fam)* to skive off BRIT, to play hooky AM
Schwarm[1] <-[e]s, Schwärme> [ʃvarm] *m* swarm; *Fische* shoal
Schwarm[2] <-[e]s> [ʃvarm] *m (verehrter Mensch)* heart-throb
schwärmen[1] ['ʃvɛrmən] *vi sein* to swarm
schwärmen[2] ['ʃvɛrmən] *vi haben* **für jdn ~** to be mad about sb; **für etw** *akk* **~** to have a passion for sth
Schwärmerei <-, -en> [ʃvɛrmə'rai] *f* passion
schwarz <schwärzer, schwärzeste> [ʃvarts] **I.** *adj* ❶ black ❷ *attr (fam: illegal)* illicit **II.** *adv* ❶ black ❷ *(fam: illegal)* illicitly
Schwarz <-[es]> [ʃvarts] *nt kein pl* black
Schwarzarbeit *f kein pl* illicit work **schwarz|arbeiten** *vi* to do illicit work **Schwarzarbeiter(in)** *m(f)* person doing illicit work **Schwarzbrot** *nt* brown bread
Schwarze(r) *f(m) dekl wie adj (Mensch)* black [person]
schwärzen ['ʃvɛrtsn̩] *vt* to blacken
schwarz|fahren *vi irreg sein* to dodge paying one's fare **Schwarzgeld** <-[e]s, -er> *nt (fam)* illegal earnings *npl* **schwarzhaarig** *adj* black-haired **Schwarzhandel** *m kein pl* black market; **~ treiben** to deal in the black market
schwärzlich ['ʃvɛrtslɪç] *adj* blackish
Schwarzmarkt *m* black market **schwarz|sehen** *vi* to be pessimistic (**für** about) **Schwarzseher(in)** *m(f)* ❶ *(Pessimist)* pessimist ❷ TV [television] licence [*or* AM -se] dodger, person who watches television without a licence **Schwarzweißfernseher** *m* black-and-white television **Schwarzweißfilm** *m* FILM, FOTO black-and-white film **Schwarzwurzel** *f* KOCHK black salsify
schwatzen ['ʃvatsn̩], **schwätzen** ['ʃvɛtsn̩]

vi SÜDD to chat

schwatzhaft *adj (pej)* talkative

Schwebe <-> ['ʃveːbə] *f kein pl* **in der ~ sein** to be in the balance; **etw in der ~ lassen** to leave sth undecided

Schwebebahn *f* ① *(an Schienen)* overhead railway ② *(Seilbahn)* cable car **Schwebebalken** *m* [balance] beam

schweben ['ʃveːbn̩] *vi haben* to float; *Vogel* to hover

Schwebezustand *m* state of uncertainty; **sich im ~ befinden** to be in a state of uncertainty

Schwede, Schwedin <-n, -n> ['ʃveːdə, 'ʃveːdɪn] *m, f* Swede

Schweden <-s> ['ʃveːdn̩] *nt* Sweden

Schwedin <-, -nen> *f fem form von* **Schwede**

schwedisch ['ʃveːdɪʃ] *adj* Swedish

Schwedisch ['ʃveːdɪʃ] *nt dekl wie adj* Swedish; *s.a.* **Deutsch**

Schwefel <-s> ['ʃveːfl̩] *m kein pl* sulphur

Schwefeldioxid *nt* sulphur dioxide

schwefelhaltig *adj* sulphur[e]ous

schweifen ['ʃvai̯fn̩] *vi sein (geh)* to roam, to wander; **seine Blicke ~ lassen** to let one's gaze wander

Schweigegeld *nt* hush money **Schweigeminute** *f* minute's silence; **eine ~ einlegen** to hold a minute's silence

schweigen <schwieg, geschwiegen> ['ʃvaign̩] *vi* to keep quiet ▸ **ganz zu ~ von etw** *dat* quite apart from sth

Schweigen <-s> ['ʃvaign̩] *nt kein pl* silence; **jdn zum ~ bringen** to silence sb

schweigend I. *adj* silent II. *adv* in silence; **~ verharren** to remain silent; **~ zuhören** to listen in silence

Schweigepflicht *f* obligation to [preserve] secrecy; **der ~ unterliegen** to be bound to maintain confidentiality

schweigsam ['ʃvaikzaːm] *adj* taciturn

Schweigsamkeit <-> *f kein pl* quietness

Schwein <-s, -e> [ʃvain] *nt* ① pig ② *kein pl* KOCHK pork ③ *(pej fam: gemeiner Kerl)* bastard ④ *(fam: bedauernswerter Mensch)* **[ein] armes ~** [a] poor devil

Schweinebraten *m* joint of pork **Schweinefleisch** *nt* pork

Schweinerei <-, -en> [ʃvainə'rai] *f (fam)* ① *(Verschmutzung)* mess ② *(Gemeinheit)* mean trick ③ *(Skandal)* scandal

Schweineschmalz *nt* lard **Schweinestall** *m* [pig]sty **schweineteuer** *adj (fam)* extortionate; **~ sein** to cost an arm and a leg

Schweiß <-es> [ʃvais] *m kein pl* sweat

schweißen ['ʃvaisn̩] *vt, vi* to weld

Schweißfuß *m meist pl* sweaty foot **schweißgebadet** *adj* bathed in sweat *pred* **schweißtreibend** *adj* MED sudorific; *Arbeit* arduous **Schweißtropfen** *m* bead of sweat

Schweiz <-> [ʃvaits] *f* Switzerland; **die französische/italienische ~** French-speaking/Italian-speaking Switzerland

Schweizer ['ʃvaitsɐ] *adj attr* Swiss

Schweizer(in) <-s, -> ['ʃvaitsɐ] *m(f)* Swiss

Schweizerdeutsch <-[s]> ['ʃvaitsɐdɔytʃ] *nt dekl wie adj* LING Swiss German

schweizerisch ['ʃvaitsərɪʃ] *adj* Swiss

Schwelle <-, -n> ['ʃvɛlə] *f* threshold ▸ **auf der ~ zu etw** *dat* **stehen** to be on the verge of sth

schwellen <schwoll, geschwollen> ['ʃvɛlən] *vi sein* ① MED to swell [up] ② *(sich verstärken)* to grow

Schwellenland *nt* POL threshold country, emerging country

Schwellung <-, -en> *f* swelling

schwemmen ['ʃvɛmən] *vt* **an Land ~** to wash ashore

schwenken ['ʃvɛŋkn̩] *vt haben* ① *(wedeln)* to wave ② KOCHK **das Gemüse in Butter ~** to toss the vegetables in butter

schwer <schwerer, schwerste> [ʃveːɐ̯] I. *adj* ① heavy; **20 kg ~ sein** to weigh

20 kg ② *(beträchtlich)* serious ③ *(hart, schwierig)* hard **II.** *adv* ① heavily; ~ **bepackt sein** to be heavily laden ② *(hart)* hard; **es ~ haben** to have it hard; **jdm das Leben ~ machen** to make life difficult for sb; **jdm ~ zu schaffen machen** to give sb a hard time ③ *(schwierig)* difficult; **ein ~ erziehbares Kind** a problem child; **~ verdaulich** indigestible; **~ verständlich** hard to understand *pred* ④ *(ernstlich)* seriously; **~ behindert** severely handicapped; **~ wiegend** serious

Schwerarbeit *f kein pl* heavy work **Schwerbehinderte(r)** *f(m) dekl wie adj* severely disabled person

schwerelos *adj* weightless

schwer|fallen *vi* **etw fällt jdm schwer** sth is difficult for sb [to do]

schwerfällig <-er, -ste> **I.** *adj* awkward **II.** *adv* awkwardly

Schwergewicht *nt* SPORT heavyweight

schwerhörig *adj* hard of hearing *pred*

Schwerkraft *f kein pl* gravity **Schwermetall** *nt* heavy metal **Schwermut** <-> *f kein pl* melancholy

schwermütig <-er, -ste> ['ʃveːɐ̯myːtɪç] *adj* melancholy

schwer|nehmen *vt* **etw ~** to take sth hard

Schwerpunkt *m* main emphasis; **auf etw** *akk* **den ~ legen** to put the main emphasis on sth

Schwert <-[e]s, -er> [ʃveːɐ̯t] *nt* sword

Schwertfisch *m* swordfish **Schwertlilie** *f* iris

schwer|tun *vi* **sich mit etw** *dat* **~** to have trouble with sth, to find sth difficult

Schwerverbrecher(in) *m(f)* serious offender **Schwerverletzte(r)** *f(m) dekl wie adj* MED seriously injured person

Schwester <-, -n> ['ʃvɛstɐ] *f* ① sister ② *(Krankenschwester)* nurse ③ *(Nonne)* nun

Schwesterfirma *f* associate company

Schwiegereltern ['ʃviːgɐ-] *pl* parents-in-law **Schwiegermutter** *f* mother-in-law **Schwiegersohn** *m* son-in-law **Schwiegertochter** *f* daughter-in-law **Schwiegervater** *m* father-in-law

Schwiele <-, -n> ['ʃviːlə] *f* callus

schwierig ['ʃviːrɪç] *adj* difficult

Schwierigkeit <-, -en> *f* ① *kein pl* difficulty ② *pl (Probleme)* problems; **jdn in ~en bringen** to get sb into trouble; **in ~en geraten** to get into trouble; **[jdm] ~en machen** to give sb trouble; **ohne ~en** without any difficulty

Schwimmbad *nt* swimming-pool **Schwimmbecken** *nt* [swimming] pool

schwimmen <schwamm, geschwommen> ['ʃvɪmən] *vi* ① *sein* to swim; **~ gehen** to go swimming ② *haben: Gegenstand* to float

Schwimmer(in) <-s, -> ['ʃvɪmɐ] *m(f)* swimmer

Schwimmflosse *f* flipper **Schwimmweste** *f* life jacket

Schwindel <-s> ['ʃvɪndl̩] *m kein pl* ① swindle ② MED dizziness

Schwindelanfall *m* MED attack of dizziness

schwindelfrei *adj* **~ sein** to have a [good] head for heights **Schwindelgefühl** *nt* feeling of dizziness [*or* giddiness]

schwind(e)lig ['ʃvɪnd(ə)lɪç] *adj pred* dizzy

schwindeln[1] ['ʃvɪndl̩n] *vi (lügen)* to lie

schwindeln[2] ['ʃvɪndl̩n] *vi* **jdm schwindelt [es]** sb feels dizzy

schwinden <schwand, geschwunden> ['ʃvɪndn̩] *vi sein: Hoffnung, Kräfte* to fade away

Schwindler(in) <-s, -> ['ʃvɪndlɐ] *m(f)* ① *(Betrüger)* swindler ② *(Lügner)* liar

schwingen <schwang, geschwungen> ['ʃvɪŋən] **I.** *vt haben* to swing; *Fahne* to wave **II.** *vi haben o sein* ① *(vibrieren)* **etw zum S~ bringen** to make sth vibrate ② *(pendeln)* to swing **III.** *vr haben* **sich aufs Fahrrad ~** to hop on one's bike

Schwingung <-, -en> *f* oscillation;

[**etw**] **in ~ versetzen** to set [sth] swinging

Schwips <-es, -e> [ʃvɪps] *m (fam)* **einen ~ haben** to be tipsy

schwirren [ˈʃvɪrən] *vi sein* to buzz

schwitzen [ˈʃvɪtsn̩] *vi* to sweat

schwören <schwor, geschworen> [ˈʃvøːrən] **I.** *vi* to swear **II.** *vt* **jdm etw ~** to swear sth to sb

schwul [ʃvuːl] *adj (fam)* gay

schwül [ʃvyːl] *adj* sultry

Schwüle <-> [ˈʃvyːlə] *f kein pl* sultriness, closeness

Schwule(r) *m dekl wie adj (fam)* gay [person]

Schwulst <-[e]s> [ʃvʊlst] *m kein pl (pej)* over-elaboration; *(Sprache)* bombast

schwülstig [ˈʃvʏlstɪç] *adj* bombastic

Schwung <-[e]s, Schwünge> [ʃvʊŋ] *m* ① swing; **~ holen** to build up momentum ② *kein pl (Antriebskraft)* drive; **in ~ kommen** to get going; [**richtig**] **in ~ sein** to be in full swing

Schwungrad *nt* TECH flywheel

schwungvoll **I.** *adj* ① *(weit ausholend)* sweeping ② *(mitreißend)* lively; *Rede* passionate **II.** *adv* lively

Schwur <-[e]s, Schwüre> [ʃvuːɐ̯] *m* vow; **einen ~ leisten** to take a vow

Schwurgericht *nt* court with a jury

Scratching [ˈskrɛtʃɪŋ] *nt graffiti caused by scratching windows on public transport with sharp implements*

sechs [zɛks] *adj* six; *s.a.* **acht**[1]

Sechs <-, -en> [zɛks] *f* ① *(Zahl)* six ② SCH *(schlechteste Zensur)* bottom mark [*or* AM grade] ③ SCHWEIZ *(beste Zensur)* top mark [*or* AM grade]

Sechseck *nt* hexagon **sechshundert** [ˈzɛksˈhʊndɐt] *adj* six hundred **sechsjährig, 6-jährig** [ˈzɛksjɛːrɪç] *adj* ① *(Alter)* six-year-old *attr,* six years old *pred* ② *(Zeitspanne)* six-year *attr* **sechstausend** [ˈzɛksˈtauzn̩t] *adj* six thousand

sechste(r, s) [ˈzɛkstə, ˈzɛkste, ˈzɛkstəs] *adj* sixth; *s.a.* **achte(r, s)**

sechstel [ˈzɛkstl̩] *adj* sixth

Sechstel <-s, -> [ˈzɛkstl̩] *nt* sixth

sechstens [ˈzɛkstn̩s] *adv* sixthly, in sixth place

sechzehn [ˈzɛçtseːn] *adj* sixteen; *s.a.* **acht**[1]

sechzig [ˈzɛçtsɪç] *adj* sixty; *s.a.* **achtzig**

Sechziger *pl* **die ~** the sixties [*or* 60s]

sechzigste(r, s) *adj* sixtieth; *s.a.* **achte(r, s)**

Secondhandladen [zɛkn̩tˈhɛnt-] *m* second-hand shop

Sediment <-[e]s, -e> [zediˈmɛnt] *nt* ① GEOL sediment ② CHEM deposit

See[1] <-s, -n> [zeː] *m* lake

See[2] <-, -n> [zeː] *f* sea; **an der ~** by the sea; **auf hoher ~** on the high seas; **in ~ stechen** to put to sea

Seeadler *m* sea eagle **Seefahrer** *m* seafarer **Seefahrt** *f kein pl* seafaring *no art* **Seefisch** *m* saltwater fish **Seehund** *m* common seal **Seeigel** *m* sea urchin **Seekarte** *f* sea chart **seekrank** *adj* seasick **Seekrieg** *m* MIL naval warfare **Seelachs** *m* coalfish

Seele <-, -n> [ˈzeːlə] *f* soul; **mit Leib und ~** wholeheartedly; **aus tiefster ~** from the bottom of one's heart ▶ **ein Herz und eine ~ sein** to be inseparable; **sich** *dat* **etw von der ~ reden** to get sth off one's chest

seelenruhig [ˈzeːlənˈruːɪç] *adv* calmly

Seeleute *pl von* **Seemann**

seelisch [ˈzeːlɪʃ] **I.** *adj* psychological; **~es Gleichgewicht** mental balance **II.** *adv* **~ bedingt sein** to have psychological causes

Seelöwe, -löwin <-n, -n> *m, f* sea lion

Seelsorge *f kein pl* spiritual welfare **Seelsorger(in)** <-s, -> [ˈzeːlzɔrgɐ] *m(f)* pastor

Seeluft *f kein pl* sea air **Seemacht** *f* naval power **Seemann** <-leute> [ˈzeːman] *m* sailor **Seemeile** *f* nautical mile **Seenot** *f kein pl* distress [at sea] **Seepferd(chen)** *nt* sea horse **Seeräuber(in)** *m(f)* pirate **Seerecht** *nt kein pl* JUR maritime law, law of the seas **See-**

reise *f* voyage; *(Kreuzfahrt)* cruise **Seerose** *f* BOT water lily **Seesack** *m* sailor's kitbag, sea-bag AM **Seestern** *m* starfish **Seetang** *m* seaweed **seetüchtig** *adj* seaworthy **Seeufer** *nt* lakeside, shore of a lake **Seevogel** *m* seabird **Seeweg** *m* sea route; **auf dem ~** by sea **Seezunge** *f* sole

Segel <-s, -> ['ze:gl̩] *nt* sail

Segelboot *nt* sailing boat **segelfliegen** *vi nur infin* to glide **Segelflieger(in)** *m(f)* glider pilot **Segelflugzeug** *nt* glider

segeln ['ze:gl̩n] *vi sein* to sail; **durch die Luft ~** to sail through the air

Segeln <-s> ['ze:gl̩n] *nt kein pl* sailing

Segelschiff *nt* sailing ship

Segen <-s, -> ['ze:gn̩] *m no pl* blessing; **ein ~ für die Menschheit** a benefit for mankind

Segler(in) <-s, -> ['ze:glɐ] *m(f)* yachtsman *masc*, yachtswoman *fem*

Segment <-[e]s, -e> [zɛ'gmɛnt] *nt* segment

segnen ['ze:gnən] *vt* to bless

sehen <sah, gesehen> ['ze:ən] **I.** *vt* ① to see; **das muss man ge~ haben** one has to see it to believe it; **etw nicht gerne ~** to not like sth; **gut/schlecht zu ~ sein** to be well/badly visible; **sich ~ lassen können** to be something to be proud of; **so ge~** from that point of view ② *(ansehen, zusehen)* to watch **II.** *vi* ① **gut/schlecht ~** to have good/bad eyesight ② *(blicken)* to look; **aus dem Fenster ~** to look out of the window; **auf das Meer ~** to look at the sea; **sich ~ lassen** to show up ③ *(sich kümmern)* **nach jdm ~** to go and see sb; **nach etw** *dat* **~** to check on sth

sehenswert *adj* worth seeing

Sehenswürdigkeit <-, -en> *f* sight; **~en besichtigen** to do the sights

Sehfehler *m* visual defect **Sehkraft** *f kein pl* [eye]sight

Sehne <-, -n> ['ze:nə] *f* sinew

sehnen ['ze:nən] *vr* **sich nach jdm/etw ~** to long for sb/sth

Sehnenriss *m* torn tendon **Sehnenzerrung** *f* pulled tendon

Sehnerv *m* optic nerve

sehnig ['ze:nɪç] *adj* sinewy

Sehnsucht <-, -süchte> ['ze:nzʊxt] *f* longing (**nach** for)

sehnsüchtig ['ze:nzʏçtɪç] *adj attr* longing

sehr <[noch] mehr, am meisten> [ze:ɐ̯] *adv* ① *vor Adjektiv, Adverb* very ② *vor vb* very much; **das will ich doch ~ hoffen** I very much hope so

Sehschärfe *f* visual acuity **Sehstörung** *f* visual defect

Sehtest *m* eye test

seicht [zaiçt] *adj* shallow

Seide <-, -n> ['zaidə] *f* silk

seiden ['zaidn̩] *adj attr* silk

Seidenraupe *f* silkworm

seidig ['zaidɪç] *adj* silky

Seife <-, -n> ['zaifə] *f* soap

Seifenoper *f* TV soap opera

Seil <-[e]s, -e> [zail] *nt* ① rope ② *(Drahtseil)* cable

Seilbahn *f (Gondel)* cable car **seil|springen** *vi irreg, nur infin und pp sein* to skip [rope] **Seiltänzer(in)** *m(f)* tightrope acrobat

Sein <-s> [zain] *nt kein pl* existence

sein[1] [zain] *pron poss adjektivisch* ① *(Mann)* his; *(Mädchen)* her; *(bei Dingen)* its ② *auf ‚man' bezüglich* one's; *auf ‚jeder' bezüglich* their; **jeder bekam ~ eigenes Zimmer** everyone got their own room

sein[2] <bin, bist, ist, sind, seid, war, gewesen> [zain] **I.** *vi sein* ① to be; **ich bin wieder da** I'm back again; **ist da jemand?** is somebody there? ② *(zutreffen)* **dem ist so/nicht so** that's right/not the case; **was ist mit ihr?** what's the matter with her? ③ *(gehören)* **das Buch ist meins** the book is mine ④ *(bestehen)* **aus etw** *dat* **~** to be [made of] sth ⑤ *(sich fühlen)* **jdm ist heiß/kalt** sb is hot/cold; **jdm ist übel** sb feels sick ⑥ *(vorkommen)* **mir**

S

ist, als habe ich Stimmen gehört I thought I heard voices ② *meist mit modalem Hilfsverb (passieren)* **das darf doch nicht wahr ~!** that can't be true!; **muss das ~?** do you have to?; **etw ~ lassen** *(fam)* to stop [doing] sth ③ *mit infin + zu (Möglichkeit ausdrückend)* to be; **sie ist nicht zu sehen** she cannot be seen; **etw ist zu schaffen** sth can be done **II.** *vi impers* **es sei denn, dass ...** unless ...; **wie wäre es mit jdm/etw?** how about sb/sth?; **es war einmal ...** once upon a time ...; **wie dem auch sei** in any case; **es ist so, [dass] ...** it's just that ...

seinerseits ['zaine'zaits] *adv* on his part

seinetwegen ['zainət've:gn̩], *geh* **seinethalben** ['zainət'halbn̩] *adv* because of him

seinetwillen ['zai̯nət'vɪlən] *adv* **um ~** for his sake

seit [zait] **I.** *präp +dat* ① *(Anfangspunkt)* since; **~ damals** since then; **~ neuestem** recently; **~ wann?** since when? ② *(Zeitspanne)* for; **~ einiger Zeit** for a while **II.** *konj (seitdem)* since

seitdem [zait'de:m] **I.** *adv* since then **II.** *konj* since

Seite <-, -n> ['zaitə] *f* ① side; **von allen ~n** from all sides; **die hintere/vordere/obere/untere ~** the back/front/top/bottom; **zur ~ gehen** to step aside; **jdn zur ~ nehmen** to take sb aside ② *(Buchseite)* page; **Gelbe ~n®** Yellow Pages®; **eine ~ aufschlagen** to open at a page ③ *(Beistand)* **~ an ~** side by side; **jdm zur ~ stehen** to stand by sb ④ *(Aspekt)* **von jds ~ aus** as far as sb is concerned; **sich von seiner besten ~ zeigen** to show oneself at one's best; **auf der einen ~..., auf der anderen [~] ...** on the one hand, ..., on the other [hand], ...; **jds starke ~ sein** to be sb's forte ⑤ *(Gruppe)* side; **auf jds ~ stehen** to be on sb's side; **die ~n wechseln** to change sides

Seitenairbag [-ærbɛg] *m* AUTO side airbag **Seitenangabe** *f* page reference **Seitenausgang** *m* side exit **Seiteneingang** *m* side entrance

seitens ['zai̯tn̩s] *präp +gen* on the part of

Seitensprung *m (fam)* bit on the side **Seitenstechen** *nt kein pl* stitch; **~ haben** to have a stitch **Seitenstraße** *f* side street **Seitenstreifen** *m* hard shoulder **Seitenwind** *m* crosswind **Seitenzahl** *f* ① *(Anzahl der Seiten)* number of pages ② *(Ziffer)* page number

seither [zait'he:ɐ̯] *adv* since then

seitlich ['zaitlɪç] **I.** *adj* side *attr* **II.** *adv* at the side; **~ gegen etw** *akk* **prallen** to crash sideways into sth

seitwärts ['zaitvɛrts] *adv* sideways

Sekret <-[e]s, -e> [ze'kre:t] *nt* secretion

Sekretär(in) <-s, -e> [zekre'tɛ:ɐ̯] *m(f)* secretary

Sekretariat <-[e]s, -e> [zekreta'ri̯a:t] *nt* secretary's office

Sekt <-[e]s, -e> [zɛkt] *m* sparkling wine

Sekte <-, -n> ['zɛktə] *f* sect

Sektion <-, -en> [zɛk'tsi̯o:n] *f* ① *(Abteilung)* section ② MED autopsy, post mortem [examination]

sekundär [zekʊn'dɛ:ɐ̯] *adj* secondary

Sekunde <-, -n> [ze'kʊndə] *f* second; **auf die ~ genau** to the second

Sekundenzeiger *m* second hand

selbst [zɛlpst] **I.** *pron dem* ① *(persönlich)* myself/yourself/himself etc. ② *(alleine)* by oneself; **von ~** automatically; **etw versteht sich von ~** sth goes without saying **II.** *adv* ① *(eigen)* self; **~ ernannt** self-appointed; **~ gemacht** home-made ② *(sogar)* even; **~ wenn** even if

Selbstachtung *f* self-respect

selbständig ['zɛlpʃtɛndɪç] *adj* ① independent ② *(beruflich)* self-employed; **sich ~ machen** to start up one's own business

Selbständigkeit <-> *f kein pl* ① independence ② *(beruflich)* self-employment
Selbstauslöser *m* delayed-action shutter release **Selbstbedienung** *f* self-service **Selbstbedienungsladen** *m* self-service shop **Selbstbefriedigung** *f* masturbation **Selbstbeherrschung** *f* self-control **Selbstbestimmungsrecht** *nt kein pl* right to self-determination **Selbstbetrug** *m kein pl* self-deception **selbstbewusst** *adj* self-confident **Selbstbewusstsein** *nt* self-confidence **Selbsterhaltungstrieb** *m* survival instinct **selbstgefällig** *adj* self-satisfied **Selbstgefälligkeit** *f kein pl* self-satisfaction, smugness *fam* **Selbstgespräch** *nt* monologue; **Selbstgespräche führen** to talk to oneself **Selbsthilfegruppe** *f* self-help group **selbstklebend** *adj* self-adhesive **Selbstkostenpreis** *m* cost price BRIT, cost AM; **zum ~** at cost price **Selbstkritik** *f kein pl* self-criticism; **~ üben** to criticize oneself
selbstlos *adj* selfless
Selbstmedikation *f* MED self-medication **Selbstmitleid** *nt* self-pity **Selbstmord** *m* suicide; **~ begehen** to commit suicide
Selbstmordattentat *nt*, **Selbstmordanschlag** *m* suicide bombing **Selbstmordattentäter(in)** *m(f)* suicide bomber
Selbstmörder(in) *m(f)* suicidal person **Selbstmordversuch** *m* suicide attempt
Selbstschutz *m* self-protection; **zum ~** for self-protection **selbstsicher** *adj* self-confident
selbstständig *adj s.* **selbständig**
Selbstständigkeit <-> *f s.* **Selbständigkeit**
selbsttätig I. *adj* automatic II. *adv* automatically **Selbsttäuschung** *f* self-deception **Selbstüberschätzung** *f* over-estimation of one's abilities **Selbstüberwindung** *f* self-discipline
selbstverständlich I. *adj* natural; **das ist doch ~** don't mention it; **etw für ~ halten** to take sth for granted II. *adv* of course
Selbstverständlichkeit <-, -en> *f* naturalness; **etw als ~ ansehen** to regard sth as a matter of course BRIT
Selbstverteidigung *f* self-defence **Selbstvertrauen** *nt* self-confidence **Selbstverwaltung** *f* self-government **Selbstverwirklichung** *f* self-realization **Selbstwertgefühl** *nt* self-esteem **selbstzufrieden** *adj (pej)* self-satisfied **Selbstzweck** *m kein pl* end in itself
Selen <-s> [zeˈleːn] *nt* selenium
Selfie <-s, -s> [ˈsɛlfi] *nt* selfie
Selfiestange *f*, **Selfiestick** <-s, -s> [-stɪk] *m* selfie stick
selig [ˈzeːlɪç] *adj (überglücklich)* overjoyed ▶**wer's glaubt, wird ~** *(iron fam)* that's a likely story
Seligsprechung <-, -en> *f* beatification
Sellerie <-s, -[s]> [ˈzɛləri] *m (Knolle)* celeriac; *(Stange)* celery
selten [ˈzɛltn̩] *adj* rare
Seltenheit <-, -en> *f* rarity
seltsam [ˈzɛltzaːm] *adj* strange; **ein ~es Gefühl haben** to have an odd feeling
Semester <-s, -> [zeˈmɛstɐ] *nt* semester
Semikolon <-s, -s> [zemiˈkoːlɔn] *nt* semicolon
Seminar <-s, -e> [zemiˈnaːɐ̯] *nt* ① seminar ② *(Institut)* department
Semit(in) <-en, -en> [zeˈmiːt] *m(f)* Semite
semitisch [zeˈmiːtɪʃ] *adj* Semitic
Semmel <-, -n> [zɛml̩] *f* [bread] roll
Senat <-[e]s, -e> [zeˈnaːt] *m* senate
Senator(in) <-s, -toren> [zeˈnaːtoːɐ̯] *m(f)* senator
Sendebereich *m* transmission area **Sendegebiet** *nt* transmission area
senden[1] [ˈzɛndn̩] *vt* RADIO, TV to broadcast
senden[2] <sandte *o* sendete, gesandt *o* gesendet> [ˈzɛndn̩] *vt* to send; **jdm**

etw ~ to send sth to sb

Sender <-s, -> [ˈzɛndɐ] *m* ① TV channel; RADIO station ② *(Gerät)* transmitter

Sendezeit *f* broadcasting time; **zur besten** ~ at prime time

Sendung[1] <-, -en> *f (tv, radio)* programme

Sendung[2] <-, -en> *f (Paketsendung)* parcel; *(Warensendung)* consignment

Senf <-[e]s, -e> [zɛnf] *m* mustard

senil [zeˈniːl] *adj* senile

senior [ˈzeːni̯oːɐ̯] *adj* senior

Senior <-s, Senioren> [ˈzeːni̯oːɐ̯] *m meist pl* senior citizen, OAP BRIT

Seniorenheim *nt* old people's home

senken [ˈzɛŋkn̩] **I.** *vt* ① *Preis* to reduce ② *(neigen)* **den Kopf** ~ to bow one's head **II.** *vr* **sich** [**auf etw** *akk*] ~ to lower itself [onto sth]

senkrecht [ˈzɛŋkrɛçt] *adj* vertical

Senkung <-, -en> *f* reduction

Sensation <-, -en> [zɛnzaˈtsi̯oːn] *f* sensation

sensationell [zɛnzatsi̯oˈnɛl] *adj* sensational

sensibel [zɛnˈziːbl̩] *adj* sensitive

Sensibilität <-, -en> [zɛnzibiliˈtɛːt] *f* sensitivity

Sensor <-s, -soren> [ˈzɛnzoːɐ̯, *pl:* -ˈzoːrən] *m* sensor

sentimental [zɛntimɛnˈtaːl] *adj* sentimental

Sentimentalität <-, -en> [zɛntimɛntaliˈtɛːt] *f* sentimentality

separat [zepaˈraːt] *adj* separate

Separatismus <-> [zeparaˈtɪsmʊs] *m kein pl* separatism

Separatist(in) <-en, -en> [zeparaˈtɪst] *m(f)* separatist

September <-[s], -> [zɛpˈtɛmbɐ] *m* September; *s.a.* **Februar**

Serbe, Serbin <-n, -n> [ˈzɛrbə, ˈzɛrbɪn] *m, f* Serb

Serbien <-s> [ˈzɛrbi̯ən] *nt* Serbia

serbisch [ˈzɛrbɪʃ] *adj* Serbian

Serenade <-, -n> [zereˈnaːdə] *f* serenade

Serie [ˈzeːri̯ə] *f* series

serienmäßig *adj* ① *(in Serienfertigung)* mass-produced ② *(bereits eingebaut sein)* standard **Seriennummer** *f* serial number **Serientäter(in)** *m(f)* repeat offender

seriös [zeˈri̯øːs] **I.** *adj Angebot* serious; *Firma* reputable; *Mensch* respectable **II.** *adv* respectably

Serpentine <-, -n> [zɛrpɛnˈtiːnə] *f* winding road

Service[1] <-> [ˈzøːɐ̯vɪs] *m kein pl* service

Service[2] <-[s], -> [zɛrˈviːs] *nt (Essgeschirr)* dinner service; *(Kaffeegeschirr)* coffee service

servieren [zɛrˈviːrən] *vt* [**jdm**] **etw** ~ to serve sth [to sb]

Serviette <-, -n> [zɛrˈvi̯ɛtə] *f* napkin

Servolenkung *f* power steering

servus [ˈzɛrvʊs] *interj* ÖSTERR, SÜDD *(hallo)* hi; *(tschüs)* [good]bye

Sessel <-s, -> [ˈzɛsl̩] *m* armchair

Sessellift *m* chairlift

sesshaft [ˈzɛshaft] *adj* settled

setzen [ˈzɛtsn̩] **I.** *vt* ① *(platzieren)* to put, to place ② *(festlegen)* to set; **eine Frist** ~ to set a deadline ③ *(bringen)* **etw in Betrieb** ~ to set sth in motion; **jdn auf Diät** ~ to put sb on a diet; **seine Hoffnung in jdn** ~ to put one's hopes on sb ④ *(wetten)* **etw** [**auf jdn/etw**] ~ to put sth [on sb/sth] ⑤ TYPO to set **II.** *vr* **sich** ~ ① to sit [down]; **sich zu jdm** ~ to sit next to sb; **sich ins Auto** ~ to get into the car ② *(sich senken)* to settle

Seuche <-, -n> [ˈzɔyçə] *f* epidemic

Seuchenbekämpfung *f* epidemic control

seufzen [ˈzɔyftsn̩] *vi* to sigh

Seufzer <-s, -> *m* sigh; **einen** ~ **ausstoßen** to heave a sigh

Sex <-[es]> [zɛks] *m kein pl* sex

Sexismus [zɛˈksɪsmʊs] *m* <-> *kein pl* sexism

sexistisch *adj* sexist

Sexsymbol *nt* sex symbol

Sexualität <-> [zɛksu̯aliˈtɛːt] *f kein pl* sexuality

S

sexuell [zɛ'ksu̯ɛl] *adj* sexual; **~e Belästigung** sexual harassment
sexy ['zɛksi] *adj (fam)* sexy *fam*
Shampoo <-s, -s> ['ʃampu] *nt* shampoo
shoppen ['ʃɔpn̩] *vt, vi* to go shopping
Show <-, -s> [ʃoː] *f* show; **eine ~ abziehen** *(fam)* to put on a show *fam*
siamesisch [zi̯a'meːzɪʃ] *adj* Siamese
Sibirien <-s> [zi'biːri̯ən] *nt* Siberia
sibirisch [zi'biːrɪʃ] *adj* Siberian
sich [zɪç] *pron refl* ❶ oneself; **er/sie/es ... ~** he/she/it ... himself/herself/itself; **Sie ... ~** you ... yourself/yourselves; **sie ... ~** they ... themselves; **~ freuen** to be pleased; **~ gedulden** to be patient ❷ *dat* one's; **die Katze leckte ~ die Pfote** the cat licked its paw ❸ *pl (einander)* each other, one another; **~ lieben** to love each other ❹ *unpersönlich* **hier arbeitet es ~ gut** it's good to work here; **das Auto fährt ~ prima** the car drives well ❺ *mit Präposition* **er denkt immer nur an ~** he only ever thinks of himself; **die Schuld bei ~** *dat* **suchen** to blame oneself; **wieder zu ~** *dat* **kommen** *(fam)* to come round; **etw von ~** *dat* **aus tun** to do sth of one's own accord
Sichel <-, -n> ['zɪçl̩] *f* sickle
sicher ['zɪçɐ] **I.** *adj* ❶ *(gewiss)* certain; **~ sein** to be certain; **sich** *dat* **~ sein, dass ...** to be sure that ...; **sich** *dat* **einer S.** *gen* **~ sein** to be sure of sth; **so viel ist ~** that much is certain ❷ *(ungefährdet)* safe (**vor** from); *Anlage* secure; **~ ist ~** you can't be too careful **II.** *adv* surely; [**aber**] **~!** sure!; **du hast ~ Recht** you are certainly right
Sicherheit <-, -en> *f* ❶ *kein pl* safety; **in ~ sein** to be safe; **etw in ~ bringen** to get sth to safety; **die öffentliche ~** public safety; **soziale ~** social security ❷ *kein pl (Gewissheit)* certainty; **mit ~** for certain
Sicherheitsabstand *m* safe distance **Sicherheitsgurt** *m* seat belt
sicherheitshalber *adv* to be on the safe side
Sicherheitskontrolle *f* security check; **eine ~ durchführen** to run a security check **Sicherheitsnadel** *f* safety pin **Sicherheitsrat** *m kein pl* Security Council **Sicherheitsschloss** *nt* safety lock
sicherlich *adv* surely
sichern ['zɪçɐn] **I.** *vt* ❶ **sich/jdm etw ~** to secure sth for oneself/sb ❷ *(schützen)* to protect ❸ INFORM to save **II.** *vr* **sich gegen etw** *akk* **~** to protect oneself against sth
Sicherung <-, -en> *f* ❶ ELEK fuse; **die ~ ist durchgebrannt** the fuse has blown ❷ *(Schutzvorrichtung)* safety catch ❸ INFORM back-up ▶ **jdm brennt die ~ durch** *(fam)* sb blows a fuse
Sicherungskopie *f* INFORM back-up [*or* AM dump] copy
Sicht <-, *selten* -en> [zɪçt] *f* ❶ view; **in ~ sein** to be in sight; **etw ist in ~** *(fig)* sth is on the horizon; **eine gute/schlechte ~** a good/poor view; **auf kurze/mittlere/lange ~** in the short term/midterm/long term ❷ *(Meinung)* [point of] view; **aus jds ~** from sb's point of view
sichtbar *adj* visible
sichten ['zɪçtn̩] *vt* **etw ~** to sight sth; **jdn ~** to spot sb; **die Akten ~** to look through the files
sichtlich *adv* **~ beeindruckt sein** to be visibly impressed
Sichtverhältnisse *pl* visibility *no pl;* **gute /schlechte ~** good/poor visibility **Sichtweite** *f* visibility; **außer/in ~ sein** to be out of/in sight; **die ~ beträgt 100 Meter** visibility is 100 metres
sickern ['zɪkɐn] *vi sein* to seep
sie [ziː] *pron pers, 3. pers* ❶ <*gen* ihrer, *dat* ihr, *akk* sie> *sing* she; **~ ist es!** it's her!; *(Sache oder weibl. Tier)* it ❷ <*gen* ihrer, *dat* ihnen, *akk* sie> *pl* they
Sie[1] <*gen* Ihrer, *dat* Ihnen, *akk* Sie> [ziː] *pron pers, 2. pers sing o pl (förm-*

S

liche Anrede) you

Sie[2] [ziː] *f kein pl* **eine ~** a female

Sieb <-[e]s, -e> [ziːp] *nt* sieve

sieben[1] ['ziːbn̩] *adj* seven; *s.a.* **acht**[1]

sieben[2] ['ziːbn̩] *vt* to sieve

siebenhundert [ziːbn̩'hʊndɐt] *adj* seven hundred

siebenjährig, 7-jährig ['ziːbn̩jɛːrɪç] *adj* ❶ *(Alter)* seven-year-old *attr,* seven years old *pred* ❷ *(Zeitspanne)* seven-year *attr*

siebte(r, s) ['ziːptə, 'ziːptɐ, 'ziːptəs] *adj* seventh; *s.a.* **achte(r, s)**

Siebtel <-s, -> ['ziːptl̩] *nt* seventh

siebtens ['ziːptn̩s] *adv* seventhly

siebzehn ['ziːptseːn] *adj* seventeen; *s.a.* **acht**[1]

siebzig ['ziːptsɪç] *adj* seventy; *s.a.* **achtzig**

Siebziger *pl* **die ~** the seventies [*or* 70s]

siebzigste(r, s) *adj* seventieth; *s.a.* **achte(r, s)**

siedeln ['ziːdl̩n] *vi* to settle

sieden <siedete *o* sott, gesiedet> ['ziːdn̩] *vi* to boil; **~d heiß** boiling hot

Siedepunkt *m* boiling point

Siedler(in) <-s, -> ['ziːdlɐ] *m(f)* settler

Siedlung <-, -en> ['ziːdlʊŋ] *f* settlement

Sieg <-[e]s, -e> [ziːk] *m* victory

Siegel <-s, -> ['ziːgl̩] *nt* seal

siegen ['ziːgn̩] *vi* to win

Sieger(in) <-s, -> *m(f)* ❶ victor ❷ SPORT winner

Siegerehrung *f* presentation ceremony **Siegerurkunde** *f* SPORT winner's certificate **siegessicher** *adj* certain of victory *pred;* **ein ~es Lächeln** a confident smile **Siegeszug** *m* MIL triumphal march; *(fig: gewaltiger Erfolg)* triumph **siegreich I.** *adj* ❶ MIL victorious ❷ SPORT winning *attr,* successful **II.** *adv* in triumph

sieh [ziː], **siehe** ['ziːə] *(geh) imp sing von* **sehen**

Signal <-s, -e> [zɪ'gnaːl] *nt* signal; **~e aussenden** to transmit signals

signalisieren [zɪgnali'ziːrən] *vt* to signal

Signatur <-, -en> [zɪgna'tuːɐ̯] *f* signature

signieren [zɪ'gniːrən] *vt* to sign

Silbe <-, -n> ['zɪlbə] *f* syllable

Silbentrennung *f* hyphenation

Silber <-s> ['zɪlbɐ] *nt kein pl* silver

Silberhochzeit *f* silver wedding **Silbermedaille** *f* silver medal

silbern ['zɪlbɐn] *adj* silver

Silhouette <-, -n> [zi'lu̯ɛtə] *f* silhouette; *Stadt* skyline

Silizium <-s> [zi'liːtsi̯ʊm] *nt kein pl* silicon

Silo <-s, -s> ['ziːlo] *m* silo

Silvester <-s, -> [zɪl'vɛstɐ] *m o nt* New Year's Eve

SIM-Karte ['zɪm-] *f* TELEK, INET SIM card

simpel ['zɪmpl̩] **I.** *adj* simple **II.** *adv* simply

Sims <-es, -e> [zɪms] *m o nt (Fenstersims: innen)* [window]sill; *(Fenstersims: außen)* [window] ledge; *(Kaminsims)* mantelpiece

simsen ['zɪmzən] *vt, vi* TELEK *(fam)* to text, AM *usu* to send a text message

Simulant(in) <-en, -en> [zimu'lant] *m(f)* malingerer

simulieren [zimu'liːrən] **I.** *vi* to malinger **II.** *vt* INFORM to [computer-]simulate

simultan [zimʊl'taːn] **I.** *adj* simultaneous **II.** *adv* **~ dolmetschen** to interpret simultaneously

Sinfonie <-, -n> [zɪnfo'niː] *f* symphony

singen <sang, gesungen> ['zɪŋən] *vi, vt* to sing

Singular <-s, -e> ['zɪŋgulaːɐ̯] *m* singular

Singvogel *m* songbird

sinken <sank, gesunken> ['zɪŋkn̩] *vi sein* to sink; **die Hände ~ lassen** to let one's hands fall; **den Mut ~ lassen** to lose courage

Sinn <-[e]s, -e> [zɪn] *m* ❶ *meist pl (Wahrnehmungssinn)* sense; **der sechste ~** the sixth sense; **von ~en sein** to be out of one's mind ❷ *kein pl*

S

(Bedeutung) meaning; **in diesem ~e** in that respect; **im eigentlichen ~e** literally; **im übertragenen ~e** in the figurative sense ③ *(Zweck)* point; **es hat keinen ~[, etw zu tun]** there's no point [in doing sth]; **der ~ des Lebens** the meaning of life ④ *kein pl (Verständnis)* **~ für etw** *akk* **haben** to appreciate sth ⑤ *(Gedanke)* **etw [mit jdm/etw] im ~ haben** to have sth in mind [with sb/sth]; **in jds ~ handeln** to act according to sb's wishes; **jdm in den ~ kommen** to come to sb

sinnbildlich **I.** *adj* symbolic **II.** *adv* symbolically

sinnen <sann, gesonnen> ['zɪnən] *vi* **auf etw** *akk* **~** to think of sth; **auf Rache ~** to plot revenge

sinnfrei *(iron)* **I.** *adj* senseless, devoid of [all] [*or* any] sense *iron* **II.** *adv* senselessly, without sense; **~ reden** to talk senselessly; **~ argumentieren** to put forward senseless arguments

Sinnesorgan *nt* sense organ **Sinnestäuschung** *f* illusion **Sinneswahrnehmung** *f* sensory perception *no pl* **Sinneswandel** *m* change of heart

sinngemäß **I.** *adj* **eine ~e Wiedergabe einer Rede** an account giving the gist of a speech **II.** *adv* in the general sense; **etw ~ wiedergeben** to give the gist of sth

sinnlich *adj* sensual

Sinnlichkeit <-> *f kein pl* sensuality *no art*

sinnlos *adj* senseless; *Geschwätz* meaningless; **das ist doch ~!** that's futile!

Sinnlosigkeit <-, -en> *f* senselessness *no pl*

sinnvoll **I.** *adj* ① meaningful ② *(zweckmäßig)* practical **II.** *adv* sensibly

Sintflut ['zɪntflu:t] *f* **die ~** the Flood

Sippe <-, -n> ['zɪpə] *f* [extended] family

Sirene <-, -n> [zi're:nə] *f* siren

Sirup <-s, -e> ['zi:rʊp] *m* syrup

Sitte <-, -n> ['zɪtə] *f* ① custom; **es ist bei uns ~, ...** it is our custom ... ② *meist pl (Moral)* moral standards *npl* ▶ **andere <u>Länder</u>, andere ~n** other countries, other customs

Sittich <-s, -e> ['zɪtɪç] *m* parakeet

Sittlichkeitsverbrechen *nt* sex crime

Situation <-, -en> [zitu̯a'tsi̯o:n] *f* situation

Sitz <-es, -e> [zɪts] *m* seat

sitzen <saß, gesessen> ['zɪtsn̩] *vi haben o bes* SÜDD, ÖSTERR, SCHWEIZ *sein* ① to sit; **[bitte] bleib/bleiben Sie ~!** [please] don't get up! ② *(arbeiten)* **an etw** *dat* **~** to sit over sth ③ *(fam: im Gefängnis)* to do time ④ SCH **~ bleiben** to repeat a year ⑤ *Ware* **auf etw** *dat* **~ bleiben** to be left with sth ▶ **jdn ~ <u>lassen</u>** *(fam: im Stich lassen)* to leave sb in the lurch

Sitzgelegenheit *f* seats *pl,* seating [accommodation]

Sitzplatz *m* seat

Sitzung <-, -en> *f* meeting

Sitzungssaal *m* conference hall

Sizilien <-s> [zi'tsi:li̯ən] *nt* Sicily

Skala <-, Skalen> ['ska:la] *f* scale

Skandal <-s, -e> [skan'da:l] *m* scandal

skandalös [skanda'lø:s] *adj* scandalous

Skandinavien <-s> [skandi'na:vi̯ən] *nt* Scandinavia

skandinavisch [skandi'na:vɪʃ] *adj* Scandinavian

Skat <-[e]s, -e> [ska:t] *m* KARTEN skat

Skateboard <-s, -s> ['ske:tbo:ɐ̯t] *nt* skateboard; **~ fahren** to skateboard

Skelett <-[e]s, -e> [ske'lɛt] *nt* skeleton

Skepsis <-> ['skɛpsɪs] *f kein pl* scepticism

Skeptiker(in) <-s, -> ['skɛptikɐ] *m(f)* sceptic

skeptisch ['skɛptɪʃ] **I.** *adj* sceptical **II.** *adv* sceptically

Ski <-s, -> [ʃi:] *m* ski; **~ laufen** to ski

Skianzug *m* ski suit **Skifahrer(in)** *m(f)* skier **Skihose** *f* ski pants *npl* **Skiläufer(in)** *m(f)* skier **Skilift** *m* ski lift

Skinhead <-s, -s> ['skɪnhɛt] *m* skinhead

Skipiste *f* ski run **Skispringen** *nt kein pl* ski jumping *no art* **Skistock** *m* ski stick

Skizze <-, -n> ['skɪtsə] *f* sketch
skizzieren [skɪ'tsi:rən] *vt* to sketch
Sklave, Sklavin <-n, -n> ['skla:və, -vɪn] *m, f* slave
Sklavenhandel *m kein pl* slave trade *no pl*
Sklaventreiber(in) *m(f)* slave-driver
Sklaverei <-, -en> [skla:və'rai] *f* slavery *no art*
Skonto <-s, -s> ['skɔnto] *nt o m* [cash] discount
Skorbut <-[e]s> [skɔr'bu:t] *m kein pl* scurvy *no pl*
Skorpion <-s, -e> [skɔr'pi̯o:n] *m* ❶ scorpion ❷ ASTROL Scorpio
Skrupel <-s, -> ['skru:pl̩] *m meist pl* scruple; **[keine] ~ haben, etw zu tun** to have [no] qualms about doing sth
skrupellos I. *adj* unscrupulous II. *adv* without scruple

Übersetzungstipp
Nicht verwechseln mit *scrupulous* – *gewissenhaft!*

Skrupellosigkeit <-> *f kein pl (pej)* unscrupulousness
Skulptur <-, -en> [skʊlp'tu:ɐ̯] *f* sculpture
Slalom <-s, -s> ['sla:lɔm] *m* slalom
Slawe, Slawin <-n, -n> ['sla:və, 'sla:vɪn] *m, f* Slav
slawisch ['sla:vɪʃ] *adj* Slav[on]ic
Slip <-s, -s> [slɪp] *m* panties *npl*
Slipeinlage *f* panty liner
Slowake, Slowakin <-n, -n> [slo'va:kə, slo'va:kɪn] *m, f* Slovak
Slowakei <-> [slova'kai] *f* **die ~** Slovakia
slowakisch [slo'va:kɪʃ] *adj* Slovak[ian]
Slowenien <-s> [slo've:ni̯ən] *nt* Slovenia
Slum <-s, -s> [slam] *m* slum
Smaragd <-[e]s, -e> [sma'rakt] *m* emerald
Smartphone <-s, -s> ['sma:ɐ̯tfo:n, 'smart-] *nt* smartphone
Smog <-[s], -s> [smɔk] *m* smog
Smogalarm *m* smog alert
Smoking <-s, -s> ['smo:kɪŋ] *m* dinner jacket

Übersetzungstipp
Nicht verwechseln mit *smoking* – *Rauchen!*

SMS <-, -> [ɛsʔɛm'ɛs] *f* MEDIA, TELEK *Abk von* **Short Message Service** text [message]
so [zo:] I. *adv* ❶ *mit adj und adv (derart)* so; **es ist ~, wie du sagst** it is [just] as you say; **~ viel wie** as much as; **~ wenig wie möglich** as little as possible ❷ *mit vb (derart)* **ich habe mich ~ über ihn geärgert!** I was so angry with him; **~ sehr, dass …** to such a degree that … ❸ *(auf diese Weise)* this/that way; **~ ist es** that's right; **~ ist das nun mal** that's the way things are; **es ist besser ~** it's better that way; **~ musst du es machen** this is how you must do it; **~ genannt** so-called; **~ oder ~** either way; **und ~ weiter** et cetera ❹ *(solch)* **~ ein(e) …** such a/an …; **~ etwas** such a thing II. *konj* ❶ *(konsekutiv)* **~ dass** so that ❷ *(obwohl)* **~ leid es mir auch tut** as sorry as I am III. *interj (also)* right; **~, jetzt gehen wir …** right, let's go and …
sobald [zo'balt] *konj* as soon as
Söckchen <-s, -> ['zœkçən] *nt dim von* **Socke**
Socke <-, -n> ['zɔkə] *f* sock
Sockel <-s, -> ['zɔkl̩] *m* plinth
sodass [zo'das] *konj* so that
Sodawasser *nt* soda [water]
Sodbrennen [zo:t-] *nt* heartburn
soeben [zo'ʔe:bn̩] *adv* just
Sofa <-s, -s> ['zo:fa] *nt* sofa
sofern [zo'fɛrn] *konj* provided that
sofort [zo'fɔrt] *adv* at once

Soforthilfe *f* emergency relief *no art*
sofortig [zo'fɔrtɪç] *adj* immediate; **mit ~er Wirkung** with immediate effect
Softie <-s, -s> ['zɔfti] *m (fam)* softie
Software <-, -s> ['sɔftvɛːɐ̯] *f* software
Softwarepaket *nt* software package
sogar [zo'gaːɐ̯] *adv* even
sogleich [zo'glaiç] *adv (geh)* immediately
Sohle <-, -n> ['zoːlə] *f* sole ▸ **auf leisen ~n** noiselessly
Sohn <-[e]s, Söhne> [zoːn] *m* son
Sojabohne *f* soybean
solang(e) [zo'laŋ(ə)] *konj* as long as
Solarenergie *f* solar energy
Solarium <-s, -ien> [zo'laːri̯ʊm] *nt* solarium
solch [zɔlç] *adj* such; **~ ein Mann** such a man
Sold <-[e]s> [zɔlt] *m kein pl* pay
Soldat(in) <-en, -en> [zɔl'daːt] *m(f)* soldier
Söldner(in) <-s, -> ['zœldnɐ] *m(f)* mercenary
solid(e) [zo'liːt(ə)] *adj* solid
solidarisch [zoli'daːrɪʃ] *adj* **sich ~ erklären** to declare one's solidarity
solidarisieren [zolidari'ziːrən] *vr* **sich ~** to show [one's] solidarity
Solidarität <-> [zolidari'tɛːt] *f kein pl* solidarity; **aus ~** out of solidarity
Solidaritätszuschlag *m* POL *supplementary tax*
solide [zo'liːdə] **I.** *adj* ❶ *(haltbar, fest)* solid; *Kleidung* durable ❷ *(fundiert) Kenntnisse* sound, thorough ❸ *(untadelig) Leben* respectable ❹ *(seriös) Unternehmen* well-established *attr,* sound **II.** *adv (haltbar, fest)* solidly
Solist(in) <-en, -en> [zo'lɪst] *m(f)* soloist
Soll <-[s], -[s]> [zɔl] *nt* ❶ FIN debit side; **~ und Haben** debit and credit ❷ *(Ziel)* target; **sein ~ erfüllen** to reach one's target
sollen ['zɔlən] **I.** *vb aux* <sollte, sollen> *modal* ❶ *(etwas zu tun haben)* **du sollst herkommen, habe ich gesagt!** I said [you should] come here!; **was ~ wir machen?** what shall we do? ❷ *konditional (falls)* **sollte das passieren, …** should that happen … ❸ *konjunktivisch (eigentlich müssen)* **du sollst dich schämen!** you should be ashamed [of yourself]; **was hätte ich tun ~?** what should I have done? ❹ *(angeblich sein)* **etw sein/tun ~** to be supposed to be/do sth; **was soll das heißen?** what's that supposed to mean? ❺ *(dürfen)* **du hättest das nicht tun ~** you should not have done that **II.** *vi* <sollte, gesollt> ❶ *(müssen)* **du sollst sofort nach Hause** you should go home at once ❷ *(bedeuten)* **was soll das?** what's that supposed to mean?; **was soll der Blödsinn?** what's all this nonsense about?; **was soll's?** who cares?
Solo <-s, Soli> ['zoːlo] *nt* solo
somit [zo'mɪt] *adv* therefore
Sommer <-s, -> ['zɔmɐ] *m* summer; **im nächsten ~** next summer
sommerlich *adj* summer; **~es Wetter** summer weather
Sommersprosse *f meist pl* freckle *usu pl*
Sonate <-, -n> [zo'naːtə] *f* sonata
Sonde <-, -n> ['zɔndə] *f* probe
Sonderangebot *nt* special offer; **etw im ~ haben** to have sth on special offer
sonderbar ['zɔndɐbaːɐ̯] **I.** *adj* strange **II.** *adv* strangely
Sonderfall *m* special case
Sonderling <-s, -e> ['zɔndɐlɪŋ] *m* oddball
Sondermüll *m* hazardous waste
sondern ['zɔndɐn] *konj* but
Sonderpreis *m* special [reduced] price **Sonderregelung** *f* special provision **Sonderschule** *f* special school **Sonderstellung** *f* special position **Sonderzug** *m* special train
Sonett <-[e]s, -e> [zo'nɛt] *nt* sonnet
Sonnabend ['zɔnʔaːbn̩t] *m* Saturday
sonnabends *adv* on Saturday[s]

Sonne <-, -n> ['zɔnə] *f* sun; **die ~ geht auf/unter** the sun rises/sets

sonnen ['zɔnən] *vr* ❶ **sich ~** to sun oneself ❷ *(genießen)* **sich in etw** *dat* **~** to bask in sth

Sonnenallergie *f* sun allergy **Sonnenaufgang** *m* sunrise **Sonnenbad** *nt* sunbathing *no art, no pl;* **ein ~ nehmen** to sunbathe **Sonnenblume** *f* sunflower **Sonnenbrand** *m* sunburn *no art;* **einen ~ bekommen** to get sunburnt **Sonnenbrille** *f* sunglasses *npl* **Sonnenenergie** *f* solar energy **Sonnenfinsternis** *f* solar eclipse **Sonnenlicht** *nt kein pl* sunlight **Sonnenmilch** *f* suntan lotion **Sonnenöl** *nt* suntan oil **Sonnenschein** *m* sunshine; **bei strahlendem ~** in brilliant sunshine **Sonnenschirm** *m* sunshade **Sonnenstich** *m* sunstroke *no art;* **einen ~ haben** to have sunstroke **Sonnenstrahl** *m* sunbeam **Sonnensystem** *nt* solar system **Sonnenuntergang** *m* sunset

sonnig ['zɔnɪç] *adj* sunny

Sonntag ['zɔnta:k] *m* Sunday; *s.a.* **Dienstag**

sonntäglich *adj* [regular] Sunday *attr*

sonntags *adv* on Sundays

sonor [zo'no:ɐ̯] *adj* sonorous

sonst [zɔnst] *adv* ❶ *(andernfalls)* or [else] ❷ *(gewöhnlich)* usually; **kälter als ~** colder than usual ❸ *(außerdem)* **wer war ~ anwesend?** who else was present?; **~ noch etwas** something else; **~ keine(r)** nobody else; **~ nichts** nothing else

sonstig ['zɔnstɪç] *adj attr* [all/any] other

Sopran <-s, -e> [zo'pra:n] *m kein pl* soprano

Sorge <-, -n> ['zɔrgə] *f* worry (**um** for); **keine ~!** don't [you] worry!; **machen Sie sich deswegen keine ~n!** don't worry about that!; **wir haben uns solche ~n gemacht!** we were so worried!; **eine große ~** a serious worry; **~n haben** to have problems; **etw macht jdm ~n** sth causes sb a lot of worry; **es macht jdm ~n, dass ...** it worries sb that ...; **mit ~** with concern

sorgen ['zɔrgn̩] **I.** *vi* ❶ *(sich kümmern)* **für jdn ~** to provide for sb ❷ *(bewirken)* **dafür ~, dass ...** to see to it that; **für Aufsehen ~** to cause a sensation **II.** *vr* **sich um jdn/etw ~** to be worried about sb/sth

Sorgerecht *nt kein pl* custody

Sorgfalt <-> ['zɔrkfalt] *f kein pl* care

sorgfältig **I.** *adj* careful **II.** *adv* carefully

sorglos ['zɔrklo:s] **I.** *adj* ❶ *(achtlos)* careless ❷ *(sorgenfrei)* carefree **II.** *adv* ❶ *(achtlos)* carelessly ❷ *(sorgenfrei)* free of care

sorgsam ['zɔrkza:m] *adj s.* **sorgfältig**

Sorte <-, -n> ['zɔrtə] *f* ❶ *(Art)* kind ❷ *(Marke)* brand

sortieren [zɔr'ti:rən] *vt* **etw** [**nach Farbe**] **~** to sort sth [according to colour]; **etw alphabetisch ~** to arrange sth in alphabetical order

Sortiment <-[e]s, -e> [zɔrti'mɛnt] *nt* range [of goods]

Soße <-, -n> ['zo:sə] *f* sauce

Souffleur <-s, -e> [zu'flø:ɐ̯] *m*, **Souffleuse** <-, -n> [zu'flø:zə] *f* THEAT prompter

Souterrain <-s, -s> ['zu:tɛrɛ̃] *nt* basement

Souvenir <-s, -s> [zuvə'ni:ɐ̯] *nt* souvenir

Souvenirladen *m* souvenir shop

souverän [zuvə'rɛ:n] **I.** *adj* ❶ POL sovereign *attr* ❷ *(überlegen)* superior **II.** *adv* with superior ease

Souveränität <-> [zuvərɛni'tɛ:t] *f kein pl* ❶ POL sovereignty ❷ *(Überlegenheit)* superior ease

soviel [zo'fi:l] *konj* as far as; **~ ich weiß** as far as I know; **~ ich auch trinke, ...** no matter how much I drink ...

soweit [zo'vait] *konj* as far as

sowie [zo'vi:] *konj* ❶ *(sobald)* as soon as ❷ *(und auch)* as well as

sowieso [zovi'zo:] *adv* anyway

sowohl [zo'vo:l] *konj* **~ ... als auch ...**

both ... and ...

sozial [zo'tsi̯a:l] **I.** *adj* social **II.** *adv* **~ schwach** socially deprived

Sozialabgaben *pl* social security contributions **Sozialamt** *nt* social security office BRIT, welfare department AM **Sozialarbeiter(in)** *m(f)* social worker **Sozialbeitrag** *m meist pl* social contribution **Sozialdemokrat(in)** *m(f)* social democrat **sozialdemokratisch** *adj* social-democratic **Sozialhilfe** *f kein pl* income support, [social] welfare AM

Sozialismus <-> [zotsi̯a'lɪsmʊs] *m kein pl* socialism

Sozialist(in) <-en, -en> [zotsi̯a'lɪst] *m(f)* socialist

sozialistisch [zotsi̯a'lɪstɪʃ] *adj* socialist

Sozialleistungen *pl* social security benefit

Sozialstaat *m* welfare state **Sozialwissenschaft** *f* social science **Sozialwohnung** *f* council house/flat BRIT, [housing] project AM

Soziologe, **Soziologin** <-n, -n> [zotsi̯o'lo:gə, -'lo:gɪn] *m, f* sociologist

Soziologie <-> [zotsi̯olo'gi:] *f kein pl* sociology

sozusagen [zo:tsu'za:gn̩] *adv* so to speak

Spachtel <-s, -> ['ʃpaxtl̩] *m* spatula

spachteln ['ʃpaxtl̩n] *vi (fam: viel essen)* to tuck in

Spaghetti [ʃpa'gɛti], **Spagetti** *pl* spaghetti + *sing vb*

spähen ['ʃpɛ:ən] *vi* ① *(suchend blicken)* **aus dem Fenster ~** to peer out of the window; **durch etw** *akk* **~** to peep through sth ② *(Ausschau halten)* to look out (**nach** + *dat* for)

Spalt <-[e]s, -e> [ʃpalt] *m* gap; *(Riss)* crack; *(Felsspalt)* crevice; **die Tür einen ~ öffnen/offen lassen** to open the door slightly/leave the door ajar

Spalte <-, -n> ['ʃpaltə] *f* ① *(Öffnung)* fissure; *(in Fels a.)* crevice ② MEDIA, TYPO column

spalten ['ʃpaltn̩] **I.** *vt* <*pp* gespalten *o* gespaltet> ① *(zerteilen)* to split; *Holz* to chop ② *(trennen)* to divide **II.** *vr* **sich ~** ① *(reißen)* to split ② *(sich teilen)* to divide

Spaltung <-, -en> *f* ① NUKL fission ② *(Aufspaltung)* division

Spamfilter *m* INET spam filter, anti-spam check

Spammail ['spæmme:l] *f* spam [*or* junk] mail

Span <-[e]s, Späne> [ʃpa:n] *m* shaving

Spanferkel ['ʃpa:nfɛrkl̩] *nt* sucking pig

Spange <-, -n> ['ʃpaŋə] *f* ① *(Haarspange)* hairslide BRIT, barrette AM ② *(Zahnspange)* [dental] brace

Spanien <-s> ['ʃpa:ni̯ən] *nt* Spain

Spanier(in) <-s, -> ['ʃpa:ni̯ɐ] *m(f)* Spaniard; **die ~** the Spanish

spanisch ['ʃpa:nɪʃ] *adj* Spanish

Spanisch ['ʃpa:nɪʃ] *nt dekl wie adj* Spanish; **auf S~** in Spanish; *s.a.* **Deutsch**

spann [ʃpan] *vi, vt imp von* **spinnen**

Spanne <-, -n> ['ʃpanə] *f* ① *(Gewinnspanne)* [profit] margin ② *(Zeitspanne)* span

spannen ['ʃpanən] **I.** *vt* ① *(aufspannen)* to put up; **ein Seil zwischen etw** *akk* **~** to stretch a rope between sth ② *(anspannen)* **ein Tier vor etw** *akk* **~** to harness an animal to sth **II.** *vi (zu eng sein)* **etw spannt** sth is too tight **III.** *vr (sich straffen)* **sich ~** to become taut

spannend *adj* exciting; **mach's nicht so ~!** don't keep me in suspense!

Spannung <-, -en> *f* ① *kein pl* suspense; **etw mit ~ erwarten** to await sth full of suspense ② *meist pl a.* PHYS *(Anspannung)* tension ③ ELEK voltage; **unter ~ stehen** to be live

Sparbuch *nt* savings book

Sparbüchse *f* piggy bank

sparen ['ʃpa:rən] **I.** *vt* ① to save ② *(ersparen)* **jdm/sich etw ~** to spare sb/oneself sth **II.** *vi* **an etw** *dat* **~** to be sparing with sth; **auf etw** *akk* **~** to save up for sth

Sparer(in) <-s, -> *m(f)* saver

Spargel <-s, -> ['ʃpargl̩] *m* asparagus

no pl
Sparkasse *f* bank
spärlich [ˈʃpɛːɐ̯lɪç] **I.** *adj Haarwuchs, Vegetation* sparse; *Ausbeute, Reste* meagre **II.** *adv* sparsely; ~ **bekleidet** scantily clad; ~ **besucht** poorly attended
Sparmaßnahme *f* cost-cutting measure **Sparpreis** *m* budget price
sparsam [ˈʃpaːɐ̯zaːm] **I.** *adj* economical **II.** *adv* sparingly
Sparsamkeit <-> *f kein pl* thriftiness
Sparschwein *nt* piggy bank **Spartarif** *m* TELEK, INET, TRANSP budget tariff BRIT, budget rate AM
Sparte <-, -n> [ˈʃpartə] *f* ÖKON line of business
Spaß <-es, Späße> [ʃpaːs] *m* ❶ *kein pl (Vergnügen)* fun; **viel ~!** have fun!; ~ **haben** to have fun; **[nur] ~ machen** to be [just] kidding; **es macht jdm ~, etw zu tun** sb enjoys doing sth; **jdm den ~ verderben** to spoil sb's fun ❷ *(Scherz)* joke; ~ **muss sein** there's no harm in a joke; **keinen ~ verstehen** to not stand for any nonsense; ~ **beiseite** joking apart
spaßen [ˈʃpaːsn̩] *vi* to joke; **mit etw** *dat* **ist nicht zu ~** sth is no joking matter
Spaßgesellschaft *f* hedonistic society
spaßig [ˈʃpaːsɪç] *adj* funny
Spaßverderber(in) <-s, -> *m(f)* spoilsport **Spaßvogel** *m* joker
spät [ʃpɛːt] **I.** *adj* late; ~ **sein/werden** to be/be getting late; **wie ~ ist es?** what time is it?; **am ~en Abend** in the late evening **II.** *adv* late; ~ **dran sein** to be late
Spaten <-s, -> [ˈʃpaːtn̩] *m* spade
Spätentwickler(in) *m(f)* MED, PSYCH late developer
später [ˈʃpɛːtɐ] **I.** *adj* later **II.** *adv* later [on]; **bis ~!** see you later!; **nicht ~ als** not later than
spätestens [ˈʃpɛːtəstn̩s] *adv* at the latest
Spätlese *f* late vintage **Spätschicht** *f* late shift **Spätvorstellung** *f* late show[ing]
Spatz <-en, -en> [ʃpats] *m* sparrow
spazieren [ʃpaˈtsiːrən] *vi sein* to stroll; ~ **fahren/gehen** to go for a drive/walk
Spazierfahrt *f* drive; **eine ~ machen** to go for a drive
Spaziergang <-gänge> *m* walk; **einen ~ machen** to go for a walk **Spaziergänger(in)** <-s, -> *m(f)* stroller **Spazierstock** *m* walking stick
Specht <-[e]s, -e> [ʃpɛçt] *m* woodpecker
Speck <-[e]s, -e> [ʃpɛk] *m* bacon *no pl*
Spediteur(in) <-s, -e> [ʃpediˈtøːɐ̯] *m(f)* haulage [*or* AM shipping] contractor
Spedition <-, -en> [ʃpediˈtsi̯oːn] *f* ÖKON, TRANSP haulage company
Speerwerfen *nt kein pl* the javelin
Speiche <-, -n> [ˈʃpaiçə] *f* spoke
Speichel <-s> [ˈʃpaiçl̩] *m kein pl* saliva
Speicher <-s, -> [ˈʃpaiçɐ] *m* ❶ *(Dachboden)* attic; **auf dem ~** in the attic ❷ *(Lagerhaus)* storehouse ❸ INFORM memory
Speicherkarte *f* INFORM memory card
speichern [ˈʃpaiçɐn] *vt, vi* ❶ to store ❷ INFORM to save (**auf** on[to] /**unter** as)
Speicherplatz *m* INFORM memory space; *(auf Festplatte)* disk space **Speicherstick** <-s, -s> [-stɪk] *m* INFORM memory stick
Speicherung <-, -en> *f* INFORM storage *no pl*
Speise <-, -n> [ˈʃpaizə] *f meist pl* meal
Speisekarte *f* menu
speisen [ˈʃpai̯zn̩] *vi* to dine, to eat
Speiseöl *nt* culinary oil **Speiseröhre** *f* gullet **Speisewagen** *m* restaurant car
spektakulär [ʃpɛktakuˈlɛːɐ̯] *adj* spectacular
Spekulant(in) <-en, -en> [ʃpekuˈlant] *m(f)* speculator
spekulieren [ʃpekuˈliːrən] *vi* to speculate (**mit** in /**auf** on)
spendabel [ʃpɛnˈdaːbl̩] *adj* generous
Spende <-, -n> [ˈʃpɛndə] *f* donation
spenden [ˈʃpɛndn̩] *vt, vi* to donate (**für** to); *Blut* to give

S

Spendenaufruf *m* donation appeal
Spender <-s, -> [ˈʃpɛndɐ] *m* dispenser
Spender(in) <-s, -> [ˈʃpɛndɐ] *m(f)* ① *(jd, der spendet)* donator ② MED donor
spendieren [ʃpɛnˈdiːrən] *vt (fam)* **[jdm] etw ~** to get [sb] sth; **das Essen spendiere ich** the dinner's on me
Sperber <-s, -> [ˈʃpɛrbɐ] *m* sparrowhawk
Sperling <-s, -e> [ˈʃpɛrlɪŋ] *m* sparrow
Sperma <-s, Spermen> [ˈʃpɛrma] *nt* sperm
Sperre <-, -n> [ˈʃpɛrə] *f* barrier
sperren [ˈʃpɛrən] **I.** *vt* ① *(schließen)* to close off (**für** to) ② *(blockieren)* to block; *Konto* to freeze ③ *(inhaftieren)* **jdn in etw** *akk* **~** to lock sb up in sth ④ SPORT to ban **II.** *vr* **sich ~** to back away (**gegen** from)
Sperrmüll *m bulky items for a special refuse collection* **Sperrstunde** *f* closing time
Spesen [ˈʃpeːzn̩] *pl* expenses *npl;* **auf ~** on expenses
Spezialgebiet *nt* special field
spezialisieren [ʃpetsi̯aliˈziːrən] *vr* **sich ~** to specialize (**auf** in)
Spezialisierung <-, -en> *f* specialization
Spezialist(in) <-en, -en> [ʃpetsi̯aˈlɪst] *m(f)* specialist
Spezialität <-, -en> [ʃpetsi̯aliˈtɛːt] *f* speciality
S
speziell [ʃpeˈtsi̯ɛl] **I.** *adj* special **II.** *adv* especially, specially
spezifisch [ʃpeˈtsiːfɪʃ] *adj* specific
Sphäre <-, -n> [ˈsfɛːrə] *f* sphere
spicken [ˈʃpɪkn̩] *vt* ① KOCHK *(durchsetzen)* to lard; **gespickt** larded ② *(fam: abschreiben)* to crib
Spiegel <-s, -> [ˈʃpiːgl̩] *m* mirror
Spiegelbild *nt* mirror image **Spiegelei** *nt* fried egg
spiegeln [ˈʃpiːgl̩n] **I.** *vi (spiegelblank sein)* to gleam **II.** *vr* **sich in etw** *dat* **~** to be reflected in sth
Spiegelreflexkamera *f* [single lens] reflex camera
Spiel <-[e]s, -e> [ʃpiːl] *nt* ① game ② SPORT match; **die Olympischen ~e** the Olympic Games ▶ **etw aufs ~ setzen** to put sth on the line; **auf dem ~ stehen** to be at stake
Spielanzug *m* playsuit **Spielautomat** *m* gambling machine **Spielbank** *f* casino
spielen [ˈʃpiːlən] **I.** *vt* to play **II.** *vi* to play; *(Glücksspiel)* to gamble; **gut/schlecht ~** to play well/badly; **etw spielt irgendwann/irgendwo** sth is set in some time/place
spielend *adv* easily
Spieler(in) <-s, -> [ˈʃpiːlɐ] *m(f)* ① player ② *(Glücksspieler)* gambler
spielerisch **I.** *adj* playful **II.** *adv* playfully; **~ war unsere Mannschaft weit überlegen** our team outshone in terms of playing skill
Spielfeld [ˈʃpiːlfɛlt] *nt* playing field **Spielfilm** *m* film **Spielkamerad(in)** *m(f)* playmate **Spielkarte** *f* playing card **Spielkasino** *nt* casino **Spielmarke** *f* chip **Spielplatz** *m* playground **Spielraum** *m* scope *no pl* **Spielregel** *f meist pl* rules *npl* **Spielsachen** *pl* toys **Spielverderber(in)** <-s, -> *m(f)* spoilsport **Spielzeit** *f* ① THEAT season ② SPORT playing time **Spielzeug** *nt* toy
Spieß <-es, -e> [ʃpiːs] *m* KOCHK spit; *(kleiner)* skewer
Spießbürger(in) *m(f) s.* **Spießer** **spießbürgerlich** *adj s.* **spießig**
spießen [ˈʃpiːsn̩] *vt* **etw auf etw** *akk* **~** to skewer sth on sth
Spießer(in) <-s, -> [ˈʃpiːsɐ] *m(f) (pej)* pedant
spießig [ˈʃpiːsɪç] *adj (pej)* pedantic
Spießigkeit <-> *f kein pl (pej fam)* narrow-mindedness
Spinat <-[e]s> [ʃpiˈnaːt] *m kein pl* spinach
Spinne <-, -n> [ˈʃpɪnə] *f* spider
spinnen <spann, gesponnen> [ˈʃpɪnən] **I.** *vt Wolle* to spin **II.** *vi (fam:*

verrückt sein) to be mad; **du spinnst wohl!** you must be mad!

Spinner(in) <-s, -> [ˈʃpɪnɐ] *m(f) (fam)* nutcase

Spinnerei <-, -en> [ʃpɪnəˈrai̯] *f* ① *(Betrieb)* spinning mill ② *kein pl (fam: Blödsinn)* nonsense *no pl*

Spion(in) <-s, -e> [ʃpi̯oːn] *m(f)* spy

Spionage <-> [ʃpi̯oˈnaːʒə] *f kein pl* espionage

spionieren [ʃpi̯oˈniːrən] *vi* to spy

Spirale <-, -n> [ʃpiˈraːlə] *f* spiral

spiritistisch *adj* spiritualistic

Spirituosen [ʃpiriˈtu̯oːzn̩] *pl* spirits

Spiritus <-> [ˈʃpiːritʊs] *m kein pl* spirit

Spirituskocher *m* spirit stove

Spital <-s, Spitäler> [ʃpiˈtaːl] *nt* hospital

spitz [ʃpɪts] *adj* pointed

Spitze <-, -n> [ˈʃpɪtsə] *f* ① point ② *(erster Platz)* top ③ *pl (führende Leute)* the top

Spitzel <-s, -> [ˈʃpɪtsl̩] *m* informer

spitzen [ˈʃpɪtsn̩] *vt* to sharpen

Spitzenklasse *f* top-class **Spitzenleistung** *f* top performance

spitzfindig *adj* hair-splitting

Spitzhacke *f* pickaxe

Spitzname *m* nickname

Splitt <-[e]s, -e> [ʃplɪt] *m* stone chippings *pl*

Splitter <-s, -> [ˈʃplɪtɐ] *m* splinter

Splittergruppe *f* POL splinter group

Sponsor, Sponsorin <-s, -soren> [ˈʃpɔnzɐ, ˈsp-, ʃpɔnˈzoːrɪn, *pl:* -ˈzoːrən] *m, f* sponsor

spontan [ʃpɔnˈtaːn] *adj* spontaneous

sporadisch [ʃpoˈraːdɪʃ, sp-] *adj* sporadic

Sport <-[e]s, *selten* -e> [ʃpɔrt] *m* sport *no pl;* ~ **treiben** to do sport

Sportabzeichen *nt* sports certificate **Sportart** *f* discipline

Sportarten – Sports

Autorennen	motor racing
Basketball	basketball
Biken	cycling, biking
Boxen	boxing
Eiskunstlaufen	ice-skating/ figure skating
Eishockey	ice hockey
Fechten	fencing
Feldhockey	hockey
Fußball	football
Handball	handball
Inlineskaten	in-line skating
Judo	judo
Klettern	climbing
Kunstturnen	gymnastics *+ sing vb*
Leichtathletik	athletics *+ sing vb*
Reiten	riding
Rudern	rowing
Schwimmen	swimming
Segeln	sailing
Skateboarden	skateboarding
Skifahren	skiing
Snowboarden	snowboarding
Tauchen	[scuba] diving
Tennis	tennis
Tischtennis	table tennis
Volleyball	volleyball

Sportbericht *m* sports report **Sportfest** *nt* sports festival **Sportgeschäft** *nt* sports shop **Sporthalle** *f* sports hall **Sportlehrer(in)** *m(f)* PE teacher

Sportler(in) <-s, -> [ˈʃpɔrtlɐ] *m(f)* sportsman *masc,* sportswoman *fem*

sportlich [ˈʃpɔrtlɪç] **I.** *adj* ① *(trainiert)* athletic ② *(fair)* sportsmanlike ③ MODE casual **II.** *adv (flott)* casually

Sportplatz *m* sports field **Sportveranstaltung** *f* sports event **Sportverein** *m* sports club **Sportwagen** *m* sports car

Spott <-[e]s> [ʃpɔt] *m kein pl* mockery

spotten [ˈʃpɔtn̩] *vi* to mock; [**über jdn/etw**] ~ to make fun [of sb/sth]

spöttisch [ˈʃpœtɪʃ] *adj* mocking

sprachbegabt *adj* linguistically talented; ~ **sein** to be good at languages

Sprachbegabung *f* linguistic talent *no pl*

Sprache <-, -n> ['ʃpra:xə] *f* ① language ② *kein pl* **etw zur ~ bringen** to bring sth up; **zur ~ kommen** to come up

Sprachfehler *m* speech impediment **Sprachkenntnisse** *pl* language skills *pl* **Sprachkurs** *m* language course

sprachlos *adj* speechless

Sprachwissenschaft *f* linguistics + *sing vb*

Spray <-s, -s> [spre:] *m o nt* spray

Sprechchor *m* chorus

sprechen <spricht, sprach, gesprochen> ['ʃprɛçn̩] **I.** *vi* ① *(reden)* to speak (**mit** with), to talk (**mit** to); **sprich nicht so laut** don't talk so loud; **für jdn/niemanden zu ~** to be available for sb/not be available for anyone; **auf etw zu ~ kommen** to come to talk about sth ② *(empfehlen)* **für etw** *akk* **~** to be in favour of sth; **für sich** *akk* **[selbst] ~** to speak for itself; **gegen etw** *akk* **~** to speak against sth ▸ **nicht gut auf jdn zu ~ sein** to be on bad terms with sb **II.** *vt* ① *(können)* **~ Sie Chinesisch?** can you speak Chinese? ② *(aussprechen)* **etw ~** to say sth; **sie konnte keinen vernünftigen Satz ~** she couldn't say a single coherent sentence ③ *(sich unterreden)* **jdn ~** to speak to sb; **wir ~ uns noch!** you haven't heard the last of this!

S

Sprecher(in) <-s, -> *m(f)* ① *(Wortführer)* spokesperson ② RADIO, TV announcer

Sprechfunkgerät *nt* walkie-talkie **Sprechstunde** *f* surgery; **~ halten** to hold surgery

Sprechstundenhilfe *f* receptionist

Sprechzimmer *nt* consultation room

spreizen ['ʃpraitsn̩] *vt* to spread

sprengen[1] ['ʃprɛŋən] *vt (mit Sprengstoff)* to blow up

sprengen[2] ['ʃprɛŋən] *vt Rasen* to water

Sprengkörper *m* explosive device **Sprengkraft** *f kein pl* explosive force *no pl* **Sprengstoff** *m* explosive

Sprengstoffanschlag *m* bomb attack **Sprengstoffgürtel** *m* explosive belt

Sprichwort <-wörter> ['ʃprɪçvɔrt] *nt* proverb

sprießen <spross *o* sprießte, gesprossen> ['ʃpri:sn̩] *vi sein* BOT to sprout; *Haare* to grow

Springbrunnen *m* fountain

springen <sprang, gesprungen> ['ʃprɪŋən] *vi sein* ① to jump; **er sprang hin und her** he leapt about ② *Vase* to crack

Springer <-s, -> ['ʃprɪŋɐ] *m* SCHACH knight

Springflut *f* spring tide

Spritze <-, -n> ['ʃprɪtsə] *f* ① *(Nadel)* syringe ② *(Injektion)* injection; **eine ~ bekommen** to have an injection

spritzen ['ʃprɪtsn̩] **I.** *vi* ① *haben: Fett* to spit ② *sein: Wasser* to spurt **II.** *vt haben* ① to squirt (**auf** onto) ② MED to inject ③ AGR to spray (**gegen** against)

Spritzer <-s, -> *m* splash

spritzig ['ʃprɪtsɪç] *adj* ① *(prickelnd)* tangy ② *(flott)* sparkling

spröde ['ʃprø:də] *adj* ① brittle; *(Haut)* rough ② *(abweisend)* aloof

Spross <-es, -e> [ʃprɔs] *m* ① BOT shoot ② *(Nachkomme)* scion

Sprosse <-, -n> ['ʃprɔsə] *f* step

Sprotte <-, -n> ['ʃprɔtə] *f* sprat

Spruch <-[e]s, Sprüche> [ʃprʊx] *m* saying

Sprudel <-s, -> ['ʃpru:dl̩] *m* ① sparkling mineral water ② DIAL *(Limonade)* fizzy drink

sprudeln ['ʃpru:dl̩n] *vi* ① *haben: Sekt* to fizz ② *sein (heraussprudeln)* to bubble

Sprühdose *f* aerosol

sprühen ['ʃpry:ən] *vt, vi* to spray; **vor Begeisterung ~** to bubble with excitement

Sprung <-[e]s, Sprünge> [ʃprʊŋ] *m* ① leap; **einen ~ machen** to leap ② *(Riss)* crack

Sprungbrett *nt* ① *(ins Wasser)* diving board ② *(Turngerät)* springboard

sprunghaft I. *adj* ❶ *(in Schüben erfolgend)* rapid; *(abrupt)* sudden ❷ *(unstet)* volatile, fickle II. *adv* in leaps and bounds; ~ **ansteigen** to rise sharply

Sprungschanze *f* ski jump

Spucke <-> ['ʃpʊkə] *f kein pl* spit

spucken ['ʃpʊkn̩] *vi, vt* to spit

spuken ['ʃpu:kn̩] *vi impers* to haunt; **irgendwo spukt es** somewhere is haunted

Spüle <-, -n> ['ʃpy:lə] *f* [kitchen] sink

spülen ['ʃpy:lən] *vi, vt* to wash up

Spüllappen *m* dishcloth **Spülmaschine** *f* dishwasher **Spülmittel** *nt* washing-up liquid, dish soap AM

Spülung <-, -en> *f* ❶ *(Wasserspülung)* flush ❷ *(Haarspülung)* conditioner

Spur <-, -en> [ʃpu:ɐ̯] *f* ❶ track[s *npl*]; **jdm auf der ~ sein** to be on sb's trail; **auf der falschen/richtigen ~ sein** to be on the wrong/right track; **eine heiße ~** a firm lead; **~en hinterlassen** to leave traces ❷ *(Anzeichen)* trace; **~en der Verwüstung** signs of devastation ❸ *(kleine Menge)* trace ❹ *(Fahrspur)* lane; **aus der ~ geraten** to move out of lane

spuren ['ʃpu:rən] *vi (fam)* to do as one is told, to toe the line *fam*

spüren ['ʃpy:rən] I. *vt* ❶ *(körperlich)* to feel ❷ *(merken)* to sense; **etw zu ~ bekommen** to feel the force of sth II. *vi* **~, dass ...** to sense that ...

Spurensicherer, -sicherin *m, f* crime scene technician

Spurensicherung *f* evidence collection

Spürhund *m* tracker dog

spurlos I. *adj* without [a] trace *pred* II. *adv* without [leaving a] trace; **die Scheidung ging nicht ~ an ihm vorüber** the divorce left its mark on him

Spurt <-s, -s> [ʃpʊrt] *m* spurt

spurten ['ʃpʊrtn̩] *vi sein* to spurt

Squash <-> [skvɔʃ] *nt* squash

Squashhalle *f* squash courts *npl*

Sri Lanka <-, -s> ['sri: 'laŋka] *nt* Sri Lanka

Staat <-[e]s, -en> [ʃta:t] *m* ❶ *(staatliche Institutionen)* state ❷ *(Land)* country ❸ *(Bundesstaat)* **die Vereinigten ~en [von Amerika]** the United States [of America]

Staatenbund <-bünde> *m* confederation [of states]

staatlich I. *adj* state *attr;* **~e Einrichtungen** state facilities II. *adv* **~ anerkannt** state-approved; **~ gefördert** government-sponsored; **~ subventioniert** state-subsidized

Staatsakt *m* state ceremony

Staatsangehörige(r) *f(m) dekl wie adj* citizen **Staatsangehörigkeit** *f* nationality **Staatsanleihe** *f* government [*or* public] loan **Staatsanwalt, -anwältin** *m, f* public prosecutor BRIT, District Attorney AM **Staatsausgaben** *pl* public expenditure *no pl* **Staatsbeamte(r), -beamtin** *m, f* civil servant **Staatsbesuch** *m* state visit **Staatsbürger(in)** *m(f)* citizen **Staatsdienst** *m* civil service **Staatsexamen** *nt* state exam[ination] **Staatsform** *f* form of government **Staatsgebiet** *nt* national territory **Staatshaushalt** *m* national budget **Staatskasse** *f* treasury, public purse BRIT **Staatskosten** *pl* public expenses **Staatsminister(in)** <-s, -> *m(f)* secretary of state **Staatsoberhaupt** *nt* head of state **Staatspräsident(in)** *m(f)* president [of a/the state] **Staatssekretär(in)** *m(f)* state secretary BRIT, undersecretary AM **Staatsstreich** *m* coup

Stab <-[e]s, Stäbe> [ʃta:p] *m* rod

Stabhochspringer(in) *m(f)* pole-vaulter

Stabhochsprung *m* pole vault

stabil [ʃta'bi:l, st-] *adj* ❶ *(strapazierfähig)* sturdy ❷ *Gesundheit* sound; *(Kondition, Währung)* stable

stabilisieren [ʃtabili'zi:rən] *vt* to stabilize

Stabilität <-> [ʃtabili'tɛ:t] *f kein pl* stability

Stabwechsel *m* SPORT baton change, changeover

Stachel <-s, -n> ['ʃtaxl̩] *m* ❶ *Rose* thorn

② *Igel, Kaktus* spine ③ *(Giftstachel)* sting

Stachelbeere *f* gooseberry **Stacheldraht** *m* barbed wire **Stacheldrahtzaun** *m* barbed wire fence

stach(e)lig ['ʃtax(ə)lɪç] *adj Rosen* thorny; *Kaktus, Tier* spiny

Stachelschwein *nt* porcupine

Stadion <-s, Stadien> ['ʃta:di̯ɔn] *nt* stadium

Stadium <-s, Stadien> ['ʃta:di̯ʊm] *nt* stage

Stadt <-, Städte> [ʃtat] *f* ① town; *(Großstadt)* city ② *(Stadtverwaltung)* council

In der Stadt – In town

die Ampel	traffic light
die Apotheke	chemist, pharmacy
die Bäckerei	bakery
der Bahnhof	station
die Bank	bank
die Bücherei	library
die Buchhandlung	bookshop
der Bürgersteig	pavement
das Bürogebäude	office building
die Bus-/Straßenbahnhaltestelle	bus/tram stop
das Café	café
die Drogerie	chemist
der Friseur	hairdresser
die Fußgängerzone	pedestrian precinct
das Geschäft	shop
die Innenstadt	city centre
die Metzgerei	butcher
der Obst- und Gemüsehändler	greengrocer
der Optiker	optician
das Parkhaus	carpark
die Post	post office
das Rathaus	town hall
das Reisebüro	travel agency
der Supermarkt	supermarket
die Unterführung	subway
der Verkehr	traffic
das Warenhaus	department store
der Zebrastreifen	zebra crossing
der Zeitschriftenladen	newsagent

Stadtbibliothek *f* town/city library **Stadtbummel** *m* stroll in the [*or* through] town; **einen ~ machen** to go for a stroll through town

Städtepartnerschaft *f* town twinning

Städter(in) <-s, -> ['ʃtɛ:tɐ] *m(f)* city/town dweller

Stadtgebiet *nt* municipal area

städtisch ['ʃtɛ:tɪʃ] *adj* ① *(kommunal)* municipal ② *(urban)* urban

Stadtmauer *f* city/town wall **Stadtmitte** *f* city/town centre **Stadtplan** *m* [street] map **Stadtrand** *m* outskirts *npl* of the city/town **Stadtrat** *m* [city/town] council **Stadtrundfahrt** *f* sightseeing tour **Stadtteil** *m* district **Stadtverwaltung** *f* [city/town] council **Stadtviertel** *nt* district **Stadtwerke** *pl* municipal services **Stadtzentrum** *nt* city/town centre

Staffel <-, -n> ['ʃtafl̩] *f* SPORT [relay] team

Staffelei <-, -en> [ʃtafə'lai̯] *f* easel

Staffellauf *m* relay [race]

staffeln ['ʃtafl̩n] *vt* ① *(einteilen)* to grade ② *(formieren)* to stack [up *sep*]

Stagnation <-, -en> [ʃtagna'tsi̯o:n] *f* stagnation

stagnieren [ʃta'gni:rən] *vi* to stagnate

stahl [ʃta:l] *vt, vi, vr imp von* **stehlen**

Stahl <-[e]s, -e> [ʃta:l] *m* steel; **rostfreier ~** stainless steel

Stahlbeton *m* reinforced concrete **Stahlhelm** *m* steel helmet **Stahlindustrie** *f kein pl* steel industry

Stall <-[e]s, Ställe> [ʃtal] *m (Hühnerstall)* coop; *(Kuhstall)* cowshed; *(Pferdestall)* stable; *(Schweinestall)* [pig]sty

Stamm <-[e]s, Stämme> [ʃtam] *m* ① *(Baumstamm)* [tree] trunk ② *(Volksstamm)* tribe

S

Stammbaum *m* family tree **Stammbuch** *nt* family register
stammeln [ˈʃtamḷn] *vi, vt* to stammer
stammen [ˈʃtamən] *vi* **aus Berlin ~** to come from Berlin; **aus dem 16. Jahrhundert ~** to date from the 16th century
Stammgast *m* regular [guest] **Stammkunde, -kundin** *m, f* regular [customer] **Stammlokal** *nt* local restaurant/bar **Stammplatz** *m* regular seat **Stammtisch** *m table reserved for the regulars in a pub or restaurant*
stampfen [ˈʃtampfn̩] *vi* to stamp [one's foot]
stand [ʃtant] *vt, vi, vr imp von* **stehen**
Stand <-[e]s, Stände> [ʃtant] *m* ① standing [position]; **einen sicheren ~ haben** to have a safe foothold ② *(Verkaufsstand)* stand ③ *kein pl (Zustand)* state; **der ~ der Dinge** the [present] state of affairs; **auf dem neuesten ~ sein** to be up-to-date
Standard <-s, -s> [ˈʃtandart] *m* standard
standardisieren [ʃtandardiˈziːrən] *vt* to standardize
Ständer <-s, -> [ˈʃtɛndɐ] *m* stand
Standesamt *nt* registry office *esp* BRIT
standesamtlich *adv* **sich ~ trauen lassen** to get married in a registry office, to be married by the Justice of the Peace AM **Standesbeamte(r), -beamtin** *m, f* registrar
standhaft I. *adj* steadfast **II.** *adv* steadfastly
Standhaftigkeit <-> *f kein pl* steadfastness
stand|halten [ˈʃtanthaltn̩] *vi irreg* [**etw** *dat*] **~** ① *(widerstehen)* to hold out [against sth] ② *Bauwerk* to hold sth
ständig [ˈʃtɛndɪç] **I.** *adj* constant **II.** *adv* constantly
Standlicht *nt kein pl* sidelights *npl* BRIT, parking lights *npl* AM **Standort** <-[e]s, -e> *m* location **Standpunkt** *m* [point of] view; **den ~ vertreten, dass ...** to take the view that ... **Standspur** *f* hard shoulder BRIT, shoulder AM
Stange <-, -n> [ˈʃtaŋə] *f* pole; *(kürzer)* rod; *(Metallstange)* bar
Stängel <-s, -> [ˈʃtɛŋḷ] *m* stalk
Stanniolpapier *nt* silver paper
stanzen [ˈʃtantsn̩] *vt (einstanzen)* **Löcher in etw** *akk* **~** to punch holes in sth
Stapel <-s, -> [ˈʃtaːpḷ] *m* stack
Stapellauf *m* launch[ing]
stapeln [ˈʃtaːpḷn] **I.** *vt* to stack **II.** *vr* **sich ~** to pile up
stapfen [ˈʃtapfn̩] *vi sein* **durch etw** *akk* **~** to tramp through sth
Star[1] <-[e]s, -e> [ʃtaːɐ̯] *m* ① *(Vogel)* starling ② MED cataract; **grauer ~** grey cataract; **grüner ~** glaucoma
Star[2] <-s, -s> [ʃtaːɐ̯] *m* star
stark <stärker, stärkste> [ʃtark] **I.** *adj* ① *(kräftig, mächtig)* strong ② *(dick)* thick ③ *Hitze, Kälte* severe; *Regen* heavy ④ *Erkältung* bad ⑤ *Gefühle* intense ⑥ *(leistungsfähig)* powerful **II.** *adv* ① *(heftig)* **~ bluten** to bleed profusely; **~ regnen** to rain heavily ② *(erheblich)* **~ erkältet sein** to have a bad cold; **~ gewürzt** highly spiced; **~ übertreiben** to greatly exaggerate
Stärke <-, -n> [ˈʃtɛrkə] *f* ① *(Kraft)* strength ② *(Macht)* power ③ *(Ausmaß)* size ④ *(Fähigkeit)* **jds ~ sein** to be sb's strong point ⑤ CHEM starch
stärken [ˈʃtɛrkn̩] **I.** *vt* to strengthen **II.** *vr* **sich ~** to take some refreshment
Starkstrom *m* heavy current
Stärkung <-, -en> *f kein pl* strengthening *no pl*
starr [ʃtar] *adj* ① *(unbeweglich)* rigid ② *(erstarrt)* stiff; **~er Blick** [fixed] stare; **~ vor Kälte** numb with cold
starren [ˈʃtarən] *vi (gucken)* to stare
starrköpfig *adj s.* **starrsinnig**
starrsinnig *adj* stubborn
Start <-s, -s> [ʃtart] *m* ① start ② LUFT take-off; RAUM lift-off
Startbahn *f* [take-off] runway **startbereit** *adj* ① LUFT ready for take-off *pred* ② SPORT ready to go *pred* **Start-**

S

block *m* SPORT starting block; *(Schwimmen)* starting platform
starten [ˈʃtartn̩] **I.** *vi sein* ① to start ② LUFT to take off; RAUM to lift off **II.** *vt haben* ① *Auto* to start; *Computer* to boot [up *sep*] ② *Projekt, Rakete* to launch
Starterlaubnis *f* clearance for take-off **Starthilfekabel** *nt* jump leads *pl*, jumper cables *pl* AM **Startkapital** *nt* starting capital
Statik <-> [ˈʃtaːtɪk, ˈst-] *f* ① *kein pl (Stabilität)* stability *no pl* ② *kein pl* PHYS statics + *sing vb*
Station <-, -en> [ʃtaˈtsi̯oːn] *f* ① station ② *(Haltestelle)* stop ③ MED ward
stationär [ʃtatsi̯oˈnɛːɐ̯] **I.** *adj* MED in-patient *attr;* **ein ~er Aufenthalt** a stay in hospital **II.** *adv* MED in [AM the] hospital; **jdn ~ behandeln** to treat sb in hospital
Stationsschwester *f* ward sister BRIT, senior nurse AM
Statist(in) <-en, -en> [ʃtaˈtɪst] *m(f)* extra
Statistik <-, -en> [ʃtaˈtɪstɪk] *f* statistics + *sing vb*
statistisch [ʃtaˈtɪstɪʃ] **I.** *adj* statistical; **~e Zahlen** statistics **II.** *adv* statistically; **etw ~ erfassen** to make a statistical survey of sth
Stativ <-s, -e> [ʃtaˈtiːf] *nt* tripod
statt [ʃtat] **I.** *präp +gen* instead of **II.** *konj* **~ etw zu tun** instead of doing sth
Stätte <-, -n> [ˈʃtɛtə] *f* place
statt|finden [ˈʃtatfɪndn̩] *vi irreg* to take place
stattlich [ˈʃtatlɪç] *adj* ① *(imposant)* imposing ② *(beträchtlich)* considerable
Statue <-, -n> [ˈʃtaːtu̯ə] *f* statue
Statur <-, -en> [ʃtaˈtuːɐ̯] *f* build; **von kräftiger ~ sein** to be of powerful stature
Status <-, -> [ˈʃtaːtʊs] *m* status
Statussymbol *nt* status symbol
Stau <-[e]s, -e> [ʃtau] *m* TRANSP traffic jam
Staub <-[e]s, -e> [ʃtaup] *m kein pl* dust; **~ saugen** to vacuum; **~ wischen** to dust
stauben [ˈʃtaʊbn̩] *vi impers* **bei etw** *dat* **staubt es sehr** sth makes a lot of dust
staubig [ˈʃtaubɪç] *adj* dusty
staubsaugen <*pp* staubgesaugt>, **Staub saugen** <*pp* Staub gesaugt> *vi, vt* to vacuum **Staubsauger** *m* vacuum [cleaner] **Staubtuch** *nt* duster **Staubwolke** *f* cloud of dust
Staudamm *m* dam
Staude <-, -n> [ˈʃtaudə] *f* perennial [plant]
stauen [ˈʃtauən] **I.** *vt* to dam [up *sep*] **II.** *vr* **sich ~** to collect
staunen [ˈʃtaunən] *vi* to be astonished (**über** at); **da staunst du, was?** you weren't expecting that, were you?
Stausee *m* reservoir
stechen <sticht, stach, gestochen> [ˈʃtɛçn̩] **I.** *vi* ① *(pieksen)* to prick; *Insekt* to sting; *Mücke* to bite ② [**mit etw** *dat*] **durch/in etw** *akk* **~** to stick sth through/into sth **II.** *vt* **jdn** [**mit etw** *dat*] **~** to stab sb [with sth] **III.** *vr* **sich ~** *dat* to prick oneself (**an** on)
stechend *adj Geruch* sharp; *Blick* piercing
Stechkarte *f* time [*or* BRIT clocking] card **Stechmücke** *f* gnat; *([sub]tropisch)* mosquito **Stechuhr** *f* time clock
Steckbrief *m* 'wanted' poster **Steckdose** *f* socket, outlet AM **Steckdosenleiste** *f* power strip
stecken [ˈʃtɛkn̩] **I.** *vi* <steckte *o geh* stak, gesteckt> ① *(festsitzen)* to be [sticking] in sth; **zwischen/in etw** *dat* **~** to be [stuck] between/in sth; **~ bleiben** to get stuck; *(bei einer Rede)* to falter; **in einer Krise ~** to be in the throes of a crisis; **in Schwierigkeiten ~** to be in difficulties ② *(eingesteckt sein)* **den Schlüssel ~ lassen** to leave the key in the lock; **hinter/in/zwischen etw** *dat* **~** to be behind/in/among sth ③ *(verantwortlich sein)* **hinter etw** *dat* **~** to be behind

sth **II.** *vt* <steckte, gesteckt> **etw irgendwohin** ~ to put somewhere; **viel Zeit in etw** *akk* ~ to devote a lot of time to sth

Stecker <-s, -> *m* plug

Stecknadel *f* pin **Steckrübe** *f* swede, rutabaga AM

Steg <-[e]s, -e> [ʃteːk] *m* footbridge; *(Bootssteg)* jetty

stehen <stand, gestanden> [ˈʃteːən] **I.** *vi* ① to stand ② *(hingestellt sein)* to be; ~ **lassen** to leave; **alles ~ und liegen lassen** to drop everything ③ *(geschrieben sein)* to be; **was steht in seinem Brief?** what does his letter say? ④ *(halten)* **zum S~ kommen** to come to a stop ⑤ AUTO **auf/in etw** *dat* ~ to be parked on/in sth; ~ **bleiben** to stop ⑥ *(beeinflusst sein)* **unter Drogen** ~ to be under the influence of drugs; **unter Schock** ~ to be in a state of shock ⑦ *(passen)* **jdm [gut]** ~ to suit sb [well]; **jdm nicht** ~ to not suit sb ⑧ *(allein lassen)* **jdn ~ lassen** to walk out on sb ⑨ *(nicht im Stich lassen)* **zu jdm/etw** ~ to stand by sb/sth ⑩ *(Meinung)* **wie ~ Sie dazu?** what are your views on it? ⑪ *(unterstützen)* **hinter jdm/etw** ~ to be behind sb/sth ⑫ *(sl: gut finden)* **auf jdn** ~ to be mad about sb; **stehst du auf Techno?** are you into techno? **II.** *vi impers* **es steht gut/schlecht um jdn/etw** things look good/bad for sb/sth

Stehlampe *f* standard lamp BRIT, floor lamp AM

stehlen <stahl, gestohlen> [ˈʃteːlən] *vt, vi* to steal

Stehplatz *m* standing room

steif [ʃtaif] *adj* stiff

Steigbügel [ˈʃtaik-] *m* stirrup **Steigeisen** *nt (beim Bergsteigen)* crampon

steigen <stieg, gestiegen> [ˈʃtaign̩] **I.** *vi sein* ① *(klettern)* **auf etw** *akk* ~ *Berg* to climb [up] sth; *Leiter* to get on[to] sth ② *(einsteigen)* **in etw** *akk* ~ to get into sth; **in einen Zug** ~ to get on a train ③ *(ab-/aussteigen)* **aus/von etw** *dat* ~ to get out of/off sth; **aus einem Bus** ~ to get off a bus ④ *(sich aufwärts bewegen)* to rise [up]; **etw ~ lassen** to fly sth ⑤ *Preis, Wert* to increase; *Temperatur* to climb **II.** *vt sein* **Treppen** ~ to climb [up] stairs

steigend *adj* ① *(sich erhöhend) Preise, Löhne* rising ② *(sich intensivierend) Spannung, Ungeduld* mounting

steigern [ˈʃtaigɐn] **I.** *vt* ① *(quantitativ)* to increase (**auf** to/**um** by) ② *(qualitativ)* to improve **II.** *vr* **sich** ~ ① *(quantitativ)* to increase ② *(qualitativ)* to improve

Steigerung <-, -en> *f* ① *(quantitativ)* increase (+*gen* in) ② *(qualitativ)* improvement (+*gen* to)

Steigung <-, -en> *f* ascent

steil [ʃtail] *adj* steep

Steilhang *m* steep slope **Steilküste** *f* steep coast **Steilufer** *nt* steep bank

Stein <-[e]s, -e> [ʃtain] *m* stone

Steinadler *m* golden eagle **Steinbock** *m* ① ibex ② ASTROL Capricorn **Steinbruch** *m* quarry **Steinbutt** *m* turbot

steinig [ˈʃtainɪç] *adj* stony

steinigen [ˈʃtainɪgn̩] *vt* to stone

Steinkohle *f kein pl* hard coal **Steinpilz** *m* KOCHK porcino **steinreich** [ˈʃtainˈraiç] *adj* stinking rich **Steinschlag** *m* rockfall **Steinzeit** *f kein pl* **die** ~ the Stone Age

Steißbein *nt* coccyx

Stelle <-, -n> [ˈʃtɛlə] *f* ① *(Platz)* place; *(genauer)* spot; **an ~ von etw** *dat* instead of sth; **an erster/zweiter** ~ in the first/second place; **an dieser** ~ in this place; *(genauer)* on this spot ② MATH digit; **eine Zahl mit sieben ~n** a seven-digit number ③ *(Posten)* place; *(Lage)* position; **ich gehe an Ihrer** ~ I'll go in your place; **an deiner ~ würde ich …** in your position I would …; **an jds ~ treten** to take sb's place ④ *(Arbeitsstelle)* job; **eine freie** ~ a vacancy

stellen [ˈʃtɛlən] **I.** *vt* ① *(hinstellen, ab-*

stellen) to put; **den Wein kalt ~** to chill the wine ② *(aufrecht hinstellen)* to stand [up] ③ *(einstellen)* **den Fernseher lauter/leiser ~** to turn up/down the television; **den Wecker auf 7 Uhr ~** to set the alarm for 7 o'clock ④ *(konfrontieren)* **jdn vor etw** *akk* **~** to confront sb with sth ⑤ *(einreichen)* **einen Antrag ~** to put forward a motion; **Forderungen ~** to make demands **II.** *vr* ① **sich ~** to take up position ② *(Position beziehen)* **sich jdm/etw ~** to face sb/sth; **sich gegen etw** *akk* **~** to oppose sth; **sich hinter jdn ~** to support sb ③ *(der Polizei)* **sich ~** to turn oneself in

Stellenabbau *m* downsizing *no pl*, job cuts *pl* **Stellenangebot** *nt* job offer; **jdm ein ~ machen** to offer sb a job **Stellenbeschreibung** *f* job description **Stellengesuch** *nt* 'employment wanted' advertisement **Stellenvermittlung** *f* employment agency

Stellplatz *m* parking space

Stellung <-, -en> *f* position; **~ zu etw** *dat* **nehmen** to express an opinion on sth

Stellungnahme <-, -n> *f* statement (**zu** about)

stellvertretend *adj attr (vorübergehend)* acting; *(als Vize)* deputy; **~ für jdn** on sb's behalf

Stellvertreter(in) *m(f)* deputy

Stemmeisen *nt* chisel

stemmen ['ʃtɛmən] **I.** *vt* ① *(nach oben)* to lift ② *(stützen)* **die Arme in die Seiten ~** to put one's hands on one's hips **II.** *vr* **sich gegen etw** *akk* **~** to brace oneself against sth

Stempel <-s, -> ['ʃtɛmpl̩] *m (Gummi~)* stamp

stempeln ['ʃtɛmpl̩n] *vt, vi* to stamp

Stenografie <-, -n> [ʃtenogra'fiː] *f* shorthand *no art, no pl*

Steppdecke *f esp* BRIT duvet, comforter AM

Steppe <-, -n> ['ʃtɛpə] *f* steppe

Sterbehilfe *f kein pl* euthanasia *no art, no pl*

sterben <starb, gestorben> ['ʃtɛrbn̩] *vi sein* to die (**an** of)

Sterberate *f* death rate **Sterbeurkunde** *f* death certificate

sterblich ['ʃtɛrplɪç] *adj* mortal

Sterblichkeit <-> *f kein pl* mortality

Stereo <-> ['ʃteːreo] *nt kein pl* stereo *no art*

Stereoanlage *f* stereo [system]

stereotyp [ʃtereo'tyːp, st-] **I.** *adj* stereotype *attr,* stereotypical **II.** *adv* stereotypically

Stereotyp <-s, -e> [ʃtereo'tyːp, st-] *nt* stereotype

steril [ʃte'riːl] *adj* sterile

Sterilisation <-, -en> [ʃteriliza'tsi̯oːn] *f* sterilization

sterilisieren [ʃterili'ziːrən] *vt* to sterilize; **sich ~ lassen** to get sterilized

Stern <-[e]s, -e> [ʃtɛrn] *m* star

Sternbild *nt* constellation

Sternchen <-s, -> *nt dim von* **Stern** ① *(kleiner Stern)* little [*or* small] star ② TYPO asterisk, star

Sternenbanner *nt* **das ~** the Star-spangled Banner, the Stars and Stripes + *sing vb*

sternenklar *adj* starry *attr*

Sternschnuppe <-, -n> *f* shooting star

Sternwarte *f* observatory

Stethoskop <-s, -e> [ʃteto'skoːp] *nt* stethoscope

stetig ['ʃteːtɪç] *adj* steady

stets [ʃteːts] *adv* at all times

Steuer[1] <-s, -> ['ʃtɔyɐ] *nt* ① AUTO wheel ② NAUT helm

Steuer[2] <-, -n> ['ʃtɔyɐ] *f* FIN tax

steuerbegünstigt *adj* with tax privileges *pred* **Steuerbelastung** *f meist sing* tax burden **Steuerberater(in)** *m(f)* tax consultant **Steuerbescheid** *m* tax assessment

steuerbord ['ʃtɔyɐbɔrt] *adv* starboard

Steuerbord ['ʃtɔyɐbɔrt] *nt kein pl* starboard *no art, no pl*

Steuererhöhung *f* tax increase **Steuererklärung** *f* tax return **Steuermä-**

ßigung *f* FIN tax reduction **steuerfrei** *adj* exempt from tax *pred* **Steuergelder** *pl* taxes **Steuerhinterziehung** *f* tax evasion *no art, no pl* **Steuerjahr** *nt* FIN tax [*or* fiscal] year **Steuerkarte** *f* tax card **Steuerklasse** *f* tax category

Steuerknüppel *m* joystick **Steuermann** <-männer> [ˈʃtɔyɐman] *m* helmsman

steuern [ˈʃtɔyɐn] *vt* ① *(Auto)* to steer ② *(regulieren)* to control

steuerpflichtig *adj* ① *(zu versteuern)* taxable ② *(zur Steuerzahlung verpflichtet)* liable to [pay] tax *pred*

Steuerpult *nt* control desk **Steuerrad** *nt* wheel, helm **Steuerruder** *nt* rudder

Steuersatz *m* tax rate **Steuersenkung** *f* tax cut **Steuerzahler(in)** *m(f)* taxpayer

Steward <-s, -s> [ˈstjuːɐt] *m* steward

Stewardess <-, -en> [ˈstjuːɐdɛs] *f (veraltend) fem form von* **Steward** stewardess *dated*

Stich <-[e]s, -e> [ʃtɪç] *m* ① *(Messerstich)* stab; *(Wunde)* stab wound ② *(Insektenstich)* sting; *(Mückenstich)* bite ③ *(Schmerz)* stabbing pain ④ KUNST engraving ► **jdn im ~ lassen** to let down sb

sticheln [ˈʃtɪçl̩n] *vi* to make nasty remarks

stichhaltig, ÖSTERR **stichhältig** *adj Argument* sound; *Beweis* conclusive

Stichhaltigkeit <-> *f kein pl Begründung* soundness *no pl; Argument, Grund, Antwort* validity *no pl; Beweis* conclusiveness *no pl*

Stichprobe *f* spot check; **~n machen** to carry out a spot check **Stichtag** *m (maßgeblicher Termin)* fixed date; *(letzte Möglichkeit)* deadline **Stichwort** [ˈʃtɪçvɔrt] *nt* ① *(Haupteintrag)* reference ② *meist pl (Wort als Gedächtnisstütze)* cue; *(Schlüsselwort)* keyword; **jdm das ~ geben** to give sb the lead-in THEAT to cue in *sep* sb

Stichwunde *f* stab wound

sticken [ˈʃtɪkn̩] *vt, vi* to embroider

stickig [ˈʃtɪkɪç] *adj* stuffy; *Luft* stale

Stickstoff [ˈʃtɪkʃtɔf] *m kein pl* nitrogen

Stiefbruder [ˈʃtiːf-] *m* stepbrother

Stiefel <-s, -> [ˈʃtiːfl̩] *m* boot; **ein Paar ~** a pair of boots

Stiefeltern *pl* step-parents *pl* **Stiefkind** *nt* stepchild **Stiefmutter** *f* stepmother **Stiefmütterchen** *nt* pansy **Stiefschwester** *f* stepsister **Stiefsohn** *m* stepson **Stieftochter** *f* stepdaughter **Stiefvater** *m* stepfather

Stiel <-[e]s, -e> [ʃtiːl] *m* ① handle; *eines Besens* broomstick ② BOT stem

Stier <-[e]s, -e> [ʃtiːɐ̯] *m* ① bull ② ASTROL Taurus

Stierkampf *m* bullfight

Stift <-[e]s, -e> [ʃtɪft] *m* ① *(Stahlstift)* tack ② *(zum Schreiben)* pen; *(Bleistift)* pencil

stiften [ˈʃtɪftn̩] *vt* ① **[jdm] etw ~** to donate sth [to sb] ② *(verursachen)* to cause; **Unruhe ~** to create unrest

Stifter(in) <-s, -> [ˈʃtɪftɐ] *m(f)* ① *(Spender)* don[at]or ② *(Gründer)* founder

Stiftung <-, -en> *f* ① *(Organisation)* foundation ② *(Schenkung)* donation

Stiftzahn *m* post crown

Stil <-[e]s, -e> [ʃtiːl] *m* style

stilisieren [ʃtiliˈziːrən] *vt* to stylize

still [ʃtɪl] *adj* ① quiet; **eine ~e Stunde** a quiet time ② *(heimlich)* **im S~en hoffen, dass ...** to secretly hope that

Stille <-> [ˈʃtɪlə] *f kein pl* silence *no art* S

stillen [ˈʃtɪlən] *vt* ① *(säugen)* to breastfeed ② *(befriedigen)* to satisfy; **jds Durst ~** to quench sb's thirst

still|halten *vi irreg* to keep still **still|legen** *vt* to close [down *sep*] **stillschweigend** [ˈʃtɪlʃvaɪ̯gn̩t] **I.** *adj* tacit **II.** *adv* tacitly; **etw ~ billigen** to give sth one's tacit approval

Stillstand *m kein pl* standstill

Stilmöbel *nt meist pl* period furniture *no pl*

Stimmband *nt meist pl* ANAT vocal c[h]ord **stimmberechtigt** *adj* entitled to vote *pred* **Stimmbruch** *m* **er ist im ~** his voice is breaking

Stimme <-, -n> ['ʃtɪmə] *f* ① voice ② POL vote; **sich der ~ enthalten** to abstain [from voting]

stimmen[1] ['ʃtɪmən] *vi* to be right; **es stimmt, dass …** it is true that …; **da stimmt was nicht!** there's something wrong here!; **stimmt so!** *beim Bezahlen* keep the change!

stimmen[2] ['ʃtɪmən] *vt* MUS to tune

Stimmengleichheit *f* tie **Stimmenmehrheit** *f* majority of votes; **jdn durch ~ besiegen** to outvote sb

Stimmenthaltung *f* abstention

Stimmgabel *f* tuning fork

stimmig ['ʃtɪmɪç] *adj* **etw ist [in sich] ~** sth is consistent

Stimmrecht *nt* right to vote

Stimmung <-, -en> *f* ① mood; **in der ~ [zu etw** *dat*] **sein** to be in the mood [for sth]; **in ~ kommen** to get in the [right] mood ② *(öffentliche Meinung)* public opinion; **~ für/gegen etw** *akk* **machen** to stir up [public] opinion for/against sth

Stimmzettel *m* voting slip

stimulieren [ʃtimu'li:rən] *vt* to stimulate

stinken <stank, gestunken> ['ʃtɪŋkn̩] *vi* to stink (**nach** of)

stinkend *adj* stinking

stinkreich ['ʃtɪŋk'raiç] *adj (fam)* rolling in it *pred fam,* stinking rich *pred pej fam*

S

Stinktier *nt* skunk

Stipendium <-s, -dien> [ʃti'pɛndi̯ʊm] *nt* scholarship

Stirn <-, -en> [ʃtɪrn] *f* forehead; **die ~ runzeln** to frown

Stirnband <-bänder> *nt* headband **Stirnhöhle** *f* sinus

stöbern ['ʃtø:bɐn] *vi* **in etw** *dat* **~** to rummage in sth (**nach** for)

stochern ['ʃtɔxɐn] *vi* **in etw** *dat* **~** to poke [around] in sth

Stock[1] <-[e]s, Stöcke> [ʃtɔk] *m* stick

Stock[2] <-[e]s, -> [ʃtɔk] *m* floor BRIT, story AM; **der 1. ~** the ground [*or* AM first] floor; **im 2. ~** on the first [*or* AM second] floor

stockbesoffen ['ʃtɔkbə'zɔfn̩] *adj (fam)* stinking drunk **stockdunkel** ['ʃtɔk'dʊŋkl̩] *adj* pitch-dark

Stöckelschuh *m* high heel

stocken ['ʃtɔkn̩] *vi* to falter

stockend *adj* ① *Unterhaltung* flagging ② *Verkehr* stop-start

Stockwerk *nt s.* **Stock**[2]

Stoff <-[e]s, -e> [ʃtɔf] *m* ① *(Textil)* cloth ② *(Material)* material ③ CHEM substance

Stofftier *nt* soft toy

Stoffwechsel *m* metabolism *no art*

stöhnen ['ʃtø:nən] *vi* to moan

Stollen <-s, -> ['ʃtɔlən] *m* ① BERGB **senkrechter/waagrechter ~** shaft/gallery ② KOCHK stollen AM *(sweet bread made with dried fruit, eaten at Christmas)*

stolpern ['ʃtɔlpɐn] *vi sein* to trip (**über** over)

stolz [ʃtɔlts] *adj* proud (**auf** of)

Stolz <-es> [ʃtɔlts] *m kein pl* pride *no art*

stolzieren [ʃtɔl'tsi:rən] *vi sein* to strut

stopfen ['ʃtɔpfn̩] *vt* ① *(hineinzwängen)* to stuff ② *Strumpf* to darn

Stopp <-s, -s> [ʃtɔp] *m* stop

Stoppelbart *m* stubbly beard **Stoppelfeld** *nt* stubble field

stoppen ['ʃtɔpn̩] *vt, vi* ① *(anhalten)* to stop ② *(Zeit nehmen)* to time

Stoppschild <-schilder> *nt* stop sign **Stoppuhr** *f* stopwatch

Stöpsel <-s, -> ['ʃtœpsl̩] *m* stopper; *(für Badewanne)* plug

Stör <-[e]s, -e> [ʃtø:ɐ̯] *m* sturgeon

Storch <-[e]s, Störche> [ʃtɔrç] *m* stork

stören ['ʃtø:rən] **I.** *vt* ① *(unterbrechen)* to disturb; **ich will nicht ~, aber …** I hate to disturb you, but …; **jdn bei der Arbeit ~** to disturb sb at his/her work ② *(unangenehm berühren)* **etw stört jdn** sth upsets sb; **stört es Sie, wenn ich …?** do you mind if I …?; **das stört mich nicht** that doesn't bother me **II.** *vi (lästig sein)* to be irritating; **etw als ~d empfinden** to find sth irritating **III.** *vr* **sich an etw** *dat* **~** to let sth bother one

stornieren [ʃtɔrˈniːrən] *vt* to cancel

Stornierung <-, -en> *f* cancellation

störrisch [ˈʃtœrɪʃ] *adj* stubborn

Störung <-, -en> *f* disturbance; *(Defekt)* fault

Stoß <-es, Stöße> [ʃtoːs] *m* ❶ push; *(mit Ellbogen)* dig; *(mit Faust)* punch; **jdm einen ~ versetzen** to give sb a push etc. ❷ *(Erschütterung)* bump ❸ *(Stapel)* pile

Stoßdämpfer *m* shock absorber

stoßen <stößt, stieß, gestoßen> [ˈʃtoːsn̩] **I.** *vt* ❶ to push (**aus** out of/**von** off) ❷ *(aufmerksam machen)* **jdn auf etw** *akk* **~** to point out sth *sep* to sb **II.** *vr* **sich ~** to hurt oneself (**an** on) **III.** *vi* ❶ *sein (aufschlagen)* **mit dem Kopf an etw** *akk* **~** to bang one's head on sth ❷ *sein (finden)* **auf etw** *akk* **~** to find sth

Stoßstange *f* bumper **Stoßzeit** *f* ❶ *(Hauptverkehrszeit)* rush hour *no art, no pl* ❷ *(Hauptgeschäftszeit)* peak time

stottern [ˈʃtɔtɐn] *vi* to stutter

Strafanstalt *f* penal institution **Strafanzeige** *f* [criminal] charge **Strafarbeit** *f* SCH lines *npl* BRIT, extra work AM **Strafbank** *f* SPORT penalty bench

strafbar *adj* punishable

Strafe <-, -n> [ˈʃtraːfə] *f* ❶ punishment *no pl;* **zur ~** as a punishment ❷ *(Geldstrafe)* fine; **~ zahlen** to pay a fine ❸ *(Haftstrafe)* sentence

strafen [ˈʃtraːfn̩] *vt* to punish; **mit etw** *dat* **gestraft sein** to suffer under sth; **jdn mit Verachtung ~** to treat sb with contempt

strafend I. *adj attr* punitive, punishing *attr;* **jdn mit ~en Worten tadeln** to speak sharply to sb **II.** *adv* punishingly; **jdn ~ ansehen** to give sb a withering look

straff [ʃtraf] **I.** *adj* ❶ *Seil* taut ❷ *Haut* firm **II.** *adv* tightly

straffällig *adj* JUR punishable, criminal *attr;* **ein ~er Jugendlicher** a young offender; **~ werden** to become a criminal

straffen [ˈʃtrafn̩] *vt* to tighten

straffrei *adj* unpunished; **~ bleiben** to go unpunished

Straffreiheit *f kein pl* immunity from criminal prosecution **Strafgefangene(r)** *f(m) dekl wie adj* prisoner **Strafgesetzbuch** *nt* penal code

sträflich [ˈʃtrɛːflɪç] *adj* criminal *attr*

Sträfling <-s, -e> [ˈʃtrɛːflɪŋ] *m* prisoner

Strafmaß *nt* sentence **strafmildernd** *adj* mitigating **Strafpunkt** *m* SPORT penalty spot **Strafraum** *m* penalty area **Strafrecht** *nt* criminal law *no art* **strafrechtlich** *adj* criminal **Strafstoß** *m* penalty [kick] **Straftat** *f* offence **Strafverteidiger(in)** *m(f)* counsel for the defence BRIT, defending counsel AM **Strafvollzug** *m* penal system **Strafzettel** *m* ticket

Strahl <-[e]s, -en> [ʃtraːl] *m* ❶ *(Lichtstrahl)* ray [of light] ❷ *(Wasser)* jet

strahlen [ˈʃtraːlən] *vi* ❶ *(leuchten)* to shine (**auf** on); **über das ganze Gesicht ~** to beam all over one's face ❷ *(radioaktiv)* to be radioactive

Strahlenbelastung *f* radiation *no art, no pl,* radioactive contamination *no pl*

strahlend I. *adj* ❶ *(sonnig)* glorious ❷ *(freudestrahlend)* beaming ❸ *(radioaktiv verseucht)* radioactive **II.** *adv* **jdn ~ ansehen** to beam at sb

Strahlendosis *f* radiation exposure **Strahlenkrankheit** *f* MED radiation sickness *no art, no pl* **Strahlentherapie** *f* radiotherapy *no art, no pl* **strahlenverseucht** *adj* contaminated with radioactivity *pred*

Strahlung <-, -en> *f* radiation *no art, no pl;* **radioaktive ~** radioactivity

Strähne <-, -n> [ˈʃtrɛːnə] *f* strand

stramm [ʃtram] *adj* tight; **etw ~ ziehen** to tighten sth

strampeln [ˈʃtrampl̩n] *vi* to kick about

Strand <-[e]s, Strände> [ʃtrant] *m* beach; *eines Sees* shore; **am ~** on the beach
stranden [ˈʃtrandn̩] *vi sein* to run aground
Strandkorb *m* beach chair
Strapaze <-, -n> [ʃtraˈpaːtsə] *f* stress *no art, no pl*
strapazieren [ʃtrapaˈtsiːrən] *vt* to wear; **jds Geduld ~** to tax sb's patience; **jds Nerven ~** to get on sb's nerves
strapazierfähig *adj* hard-wearing
strapaziös [ʃtrapaˈtsi̯øːs] *adj* strenuous
Straps <-es, -e> [ʃtraps] *m meist pl* suspender[s *npl*] BRIT, garter AM
Straße <-, -n> [ˈʃtraːsə] *f* road; *(in Wohngebiet)* street
Straßenbahn *f* tram BRIT, streetcar AM; **mit der ~ fahren** to go by tram
Straßenbahnhaltestelle *f* tram stop **Straßenbahnlinie** *f* tram route BRIT, streetcar line AM
Straßenbau *m kein pl* road construction *no art* **Straßenbelag** *m* road surface **Straßenbenutzungsgebühr** *f* FIN road toll **Straßengraben** *m* ditch **Straßenkarte** *f* road map **Straßenmusikant(in)** *m(f)* street musician **Straßenschild** *nt* street sign **Straßensperre** *f* roadblock **Straßenüberführung** *f für Fußgänger* footbridge; *für Fahrzeuge* flyover BRIT, overpass AM **Straßenverkehr** *m* [road] traffic **Straßenverkehrsordnung** *f* road traffic act **Straßenzeitung** *f* street [*or* homeless] [news]paper
Strategie <-, -n> [ʃtrateˈgiː] *f* strategy
strategisch [ʃtraˈteːgɪʃ] *adj* strategic
sträuben [ˈʃtrɔybn̩] *vr* ① **sich [gegen etw** *akk*] **~** to resist [sth] ② *(hochstehen)* **sich ~** *Haar* to stand on end
Strauch <-[e]s, Sträucher> [ʃtraux] *m* shrub
Strauß[1] <-es, Sträuße> [ʃtraus] *m* bunch [of flowers]
Strauß[2] <-es, -e> [ʃtraus] *m* ostrich
Strebe <-, -n> [ˈʃtreːbə] *f* strut
streben [ˈʃtreːbn̩] *vi* ① *haben* to strive (**nach** for) ② *sein (geh: eilen)* **zum Ausgang ~** to make for the exit
Streber(in) <-s, -> [ˈʃtreːbɐ] *m(f) (pej fam)* swot BRIT, grind AM
strebsam [ˈʃtreːpzaːm] *adj* assiduous
Strecke <-, -n> [ˈʃtrɛkə] *f* distance; **auf halber ~** halfway
strecken [ˈʃtrɛkn̩] **I.** *vt* to stretch **II.** *vr* **sich ~** to [have a] stretch
streckenweise *adv* in parts
Streich <-[e]s, -e> [ʃtraiç] *m* **ein böser ~** a nasty trick; **jdm einen ~ spielen** to play a trick on sb
streicheln [ˈʃtraiçl̩n] *vt* to caress
streichen <strich, gestrichen> [ˈʃtraiçn̩] **I.** *vt haben* ① *(anmalen)* to paint ② *(schmieren)* to spread (**auf** on) ③ *(ausstreichen)* to delete **II.** *vi* ① *haben (darüberfahren)* **über etw** *akk* **~** to stroke sth ② *sein (streifen)* to prowl
Streichholz *nt* match
Streichholzschachtel *f* matchbox
Streichinstrument *nt* string[ed] instrument **Streichkäse** *m* cheese spread **Streichquartett** *nt* string quartet **Streichwurst** *f* sausage for spreading
streifen [ˈʃtraifn̩] *vt haben* ① *(berühren)* to touch ② *(erwähnen)* to touch on ③ *(überziehen)* **etw auf/über etw** *akk* **~** to slip sth on/over sth
Streifen <-s, -> [ˈʃtraifn̩] *m* ① *(Strich)* stripe ② *(schmales Stück)* strip
Streifenwagen *m* patrol car
Streifschuss *m* graze
Streik <-[e]s, -s> [ʃtraik] *m* strike; **in den ~ treten** to come out on strike
Streikbrecher(in) *m(f)* strike-breaker
streiken [ˈʃtraikn̩] *vi* ① to strike (**für** for) ② *(fam) Maschine* to pack up
Streikende(r) *f(m) dekl wie adj* striker
Streikposten *m* picket; **~ aufstellen** to mount a picket **Streikrecht** *nt kein pl* right to strike
Streit <-[e]s, -e> [ʃtrait] *m* argument; **im ~** during an argument
streiten <stritt, gestritten> [ˈʃtraitn̩] *vi, vr* to argue (**über** about); **sich um etw** *akk* **~** to argue over sth

Streiterei <-, -en> [ʃtraitəˈrai] *f (fam)* arguing *no indef art, no pl*
Streitfall *m* dispute; **im ~** in case of dispute **Streitfrage** *f* [disputed] issue
streitig [ˈʃtraitɪç] *adj* disputed; JUR contentious; **jdm eine Stellung ~ machen** to challenge sb's position
Streitkräfte *pl* forces **streitlustig** *adj* pugnacious **streitsüchtig** *adj* quarrelsome
streng [ʃtrɛŋ] **I.** *adj* ❶ *(auf Disziplin achtend)* strict ❷ *(unnachsichtig)* severe ❸ *Geruch* pungent ❹ *Winter* severe **II.** *adv* ❶ *(unnachsichtig)* strictly; **~ durchgreifen** to take rigorous action ❷ *(durchdringend)* pungently
Strenge <-> [ˈʃtrɛŋə] *f kein pl* ❶ *(Unnachsichtigkeit)* strictness *no pl* ❷ *(Härte)* severity ❸ *von Geschmack* sharpness; *von Geruch* pungency
Stress <-es, -e> [ʃtrɛs, st-] *m* stress; **ich bin voll im ~** I am completely stressed out
stressen [ˈʃtrɛsn̩] *vt* to put under stress
stressig [ˈʃtrɛsɪç] *adj* stressful
streuen [ˈʃtrɔyən] *vt* to spread
Streuer <-s, -> *m* shaker; *(Salzstreuer)* cellar; *(Pfefferstreuer)* pot
streunen *vi sein* to roam about; **~de Hunde/Katzen** stray dogs/cats
Streusalz *nt* road salt
Streuselkuchen *m* streusel [cake] *esp* AM, crumble
strich [ʃtrɪç] *vi, vt imp von* **streichen**
Strich <-[e]s, -e> [ʃtrɪç] *m (Linie)* line
stricheln [ˈʃtrɪçl̩n] *vt* to sketch in; **gestrichelte Linie** dotted line *auf Straße* broken line
Stricher <-s, -> *m (fam)* rent boy
Strichpunkt *m* semicolon
strichweise *adv* METEO here and there, in places
Strick <-[e]s, -e> [ʃtrɪk] *m* rope
stricken [ˈʃtrɪkn̩] *vi, vt* to knit
Strickgarn *nt* knitting wool **Strickjacke** *f* cardigan **Strickleiter** *f* rope ladder **Stricknadel** *f* knitting needle **Strickwaren** *pl* knitwear *no pl*
striegeln [ˈʃtriːgl̩n] *vt* to groom
strikt [ʃtrɪkt] **I.** *adj* strict **II.** *adv* strictly; **~ gegen etw** *akk* **sein** to be totally against sth
Striplokal [ˈstrɪplokaːl] *nt (fam)* strip joint
strittig [ˈʃtrɪtɪç] *adj* contentious; **~ sein** to be in dispute
Stroh <-[e]s> [ʃtroː] *nt kein pl* straw
strohblond *adj Mensch* flaxen-haired; *Haare* straw-coloured **Strohblume** *f* strawflower **Strohdach** *nt* thatched roof **Strohhalm** *m* straw **Strohhut** *m* straw hat **Strohmann, -frau** *m, f* front man *masc,* front woman *fem*
Strolch <-[e]s, -e> [ʃtrɔlç] *m* rascal
Strom <-[e]s, Ströme> [ʃtroːm] *m* ❶ ELEK electricity *no pl;* **elektrischer ~** electric current; **grüner ~** Green electricity; **unter ~ stehen** to be live ❷ *(Fluss)* [large] river ▶ **in Strömen gießen** to pour [down] [with rain]
stromabwärts [ʃtroːmˈʔapvɛrts] *adv* downstream **stromaufwärts** [ʃtroːmˈʔaufvɛrts] *adv* upstream **Stromausfall** *m* power cut, power outage AM
strömen [ˈʃtrøːmən] *vi sein* to stream (**aus** out of)
Stromerzeugung *f* generation of electricity
Stromkabel *nt* power cable **Stromkreis** *m* [electric] circuit **Stromnetz** *nt* electricity supply system **Stromquelle** *f* power source **Stromstärke** *f* current [strength] **Stromstoß** *m* electric shock
Strömung <-, -en> *f* ❶ *(Wasser)* current ❷ *(Tendenz)* trend
Stromverbrauch *m* electricity consumption **Stromversorgung** *f* electricity supply **Stromzähler** *m* electricity meter
Strophe <-, -n> [ˈʃtroːfə] *f* verse
Strudel[1] <-s, -> [ˈʃtruːdl̩] *m* whirlpool; *(kleiner)* eddy
Strudel[2] <-s, -> [ˈʃtruːdl̩] *m (Gebäck)* strudel

strudeln [ˈʃtruːdl̩n] *vi* to swirl; *(sanfter)* to eddy
Struktur [ʃtrʊkˈtuːɐ̯] *f* structure
strukturell [ʃtrʊktuˈrɛl] *adj* structural
strukturschwach *adj* economically underdeveloped
Strumpf <-[e]s, Strümpfe> [ʃtrʊmpf] *m* sock; *(Damenstrumpf)* stocking
Strumpfband <-bänder> *nt*, **Strumpfhalter** <-s, -> *m* suspender, garter AM **Strumpfhose** *f* tights *npl*, pantyhose AM; **eine ~** a pair of tights
struppig [ˈʃtrʊpɪç] *adj* shaggy
Stube <-, -n> [ˈʃtuːbə] *f* living room
Stubenarrest *m* **~ haben** *(fam)* to be confined to one's room **Stubenhocker(in)** <-s, -> *m(f)* *(pej)* house mouse **stubenrein** *adj* house-trained
Stuck <-[e]s> [ʃtʊk] *m kein pl* stucco
Stück <-[e]s, -e> [ʃtʏk] *nt* ① piece; **ein ~ Kuchen** a piece of cake; **am ~** in one piece; **aus einem ~** from one piece; **~ für ~** bit by bit; **etw in ~e reißen** to tear sth to pieces; **das** [*o* **pro**] **~** each ② *(Abschnitt)* part ③ THEAT play
Stückchen <-s, -> *nt dim von* **Stück** ① *(kleines Teil)* little piece [*or* bit] ② *(kleine Strecke)* little way **Stückpreis** *m* unit price
Student(in) <-en, -en> [ʃtuˈdɛnt] *m(f)* student
Studentenausweis *m* student card **Studentenheim** *nt* student hostel
Studie <-, -n> [ˈʃtuːdi̯ə] *f* study
Studienfach *nt* subject **Studienfahrt** *f* study trip **Studiengebühren** *pl* tuition fees *npl* **Studienrat, -rätin** *m, f* secondary-school teacher **Studienreise** *f* educational trip
studieren [ʃtuˈdiːrən] *vi, vt* to study; **sie studiert noch** she is still a student
Studio <-s, -s> [ˈʃtuːdi̯o] *nt* studio
Studium <-, Studien> [ˈʃtuːdi̯ʊm] *nt* ① studies *npl;* **ein ~ aufnehmen** to begin one's studies ② *(eingehende Beschäftigung)* study

Stufe <-, -n> [ˈʃtuːfə] *f* ① *(Treppenstufe)* step; **~ um ~** step by step ② *(Niveau)* level; **auf der gleichen ~ stehen** to be on the same level ③ *(Abschnitt)* stage
stufen [ˈʃtuːfn̩] *vt* **etw ~** *Preise* to graduate sth; *Haare* to layer sth
Stufenleiter *f* ladder *fig;* **die ~ des Erfolgs** the ladder of success
stufenlos I. *adj* continuously variable II. *adv* smoothly
Stufenschnitt *m (Frisur)* layered cut
Stuhl <-[e]s, Stühle> [ʃtuːl] *m* ① chair ② MED stool
Stuhlbein *nt* chair leg **Stuhllehne** *f* chair back
stülpen [ˈʃtʏlpn̩] *vt* to put (**auf** on/**über** over)
stumm [ʃtʊm] *adj* ① MED dumb ② *(schweigend)* silent; **~ werden** to go silent
Stummel <-s, -> [ˈʃtʊml̩] *m* stump
Stummfilm *m* silent movie
Stümper(in) <-s, -> [ˈʃtʏmpɐ] *m(f)* bungler
stümperhaft I. *adj* amateurish II. *adv* incompetently
stumpf [ʃtʊmpf] *adj* ① blunt; **~ werden** to go blunt ② MATH **ein ~er Winkel** an obtuse angle
Stumpf <-[e]s, Stümpfe> [ʃtʊmpf] *m* stump
stumpfsinnig *adj* mindless
Stunde <-, -n> [ˈʃtʊndə] *f* ① hour; **eine viertel ~** a quarter of an hour; **eine halbe ~** half an hour; **drei viertel ~n** three-quarters of an hour; **anderthalb ~n** an hour and a half; **zu später ~** at a late hour ② *(Unterrichtsstunde)* lesson
Stundenkilometer *pl* kilometres per hour **stundenlang** *adv* for hours **Stundenlohn** *m* hourly wage **Stundenplan** *m* timetable, schedule AM
stundenweise I. *adv* for an hour or two [at a time] II. *adj* for a few hours *pred*
Stundenzeiger *m* hour hand
stündlich [ˈʃtʏntlɪç] I. *adj* hourly II. *adv* hourly, every hour

S

stupid(e) [ʃtu'pi:d(ə)] *adj* mindless
stupsen ['ʃtʊpsn̩] *vt* to nudge
Stupsnase *f* snub nose
stur [ʃtu:ɐ̯] *adj* stubborn; **sich ~ stellen** to dig one's heels in
Sturheit <-> *f kein pl* stubbornness
Sturm <-[e]s, Stürme> [ʃtʊrm] *m* 1 storm 2 *(Andrang)* **ein ~ auf etw** *akk* a rush for sth
stürmen ['ʃtʏrmən] **I.** *vi impers haben* **es stürmt** a gale is blowing **II.** *vi* 1 *haben* SPORT to attack 2 *sein (rennen)* to storm **III.** *vt haben* **etw ~** to storm sth
Stürmer(in) <-s, -> ['ʃtʏrmɐ] *m(f)* forward
Sturmflut *f* storm tide
stürmisch ['ʃtʏrmɪʃ] *adj Wetter* stormy; *See* rough; **nicht so ~!** take it easy!
Sturmwarnung *f* gale warning
Sturz <-es, Stürze> [ʃtʊrts] *m* fall
stürzen ['ʃtʏrtsn̩] **I.** *vi sein* 1 *(fallen)* to fall; **vom Dach ~** to fall off the roof; **schwer ~** to fall heavily 2 *(rennen)* to rush **II.** *vt haben* 1 *(werfen)* **jdn/sich aus etw** *dat* **~** to throw sb/oneself out of 2 POL *(absetzen)* to bring down **III.** *vr* 1 **sich auf jdn ~** to pounce on sb; **die Gäste stürzten sich aufs kalte Büfett** the guests fell on the cold buffet 2 *(fallen lassen)* **sich in etw** *akk* **~** to plunge into sth
Sturzflug *m* ORN steep dive **Sturzhelm** *m* crash helmet
Stute <-, -n> ['ʃtu:tə] *f* mare
Stütze <-, -n> ['ʃtʏtsə] *f* support
stutzen[1] ['ʃtʊtsn̩] *vi* to hesitate
stutzen[2] ['ʃtʊtsn̩] *vt* 1 HORT to prune 2 ZOOL to clip 3 *(kürzen)* to trim
stützen ['ʃtʏtsn̩] **I.** *vt* 1 to support 2 **etw auf etw** *akk* **~** to rest sth on sth **II.** *vr* 1 **sich auf jdn/etw ~** to lean on sb/sth 2 *(basieren)* **sich auf etw** *akk* **~** to be based on sth
stutzig ['ʃtʊtsɪç] *adj* **jdn ~ machen** to make sb suspicious; **~ werden** to get suspicious
Stützpunkt *m* MIL base

Styropor® <-s> [ʃtyro'po:ɐ̯] *nt kein pl* polystyrene
Subjekt <-[e]s, -e> [zʊp'jɛkt] *nt* LING subject
subjektiv [zʊpjɛk'ti:f] *adj* subjective
Subkultur ['zʊpkʊltu:ɐ̯] *f* subculture
Substantiv <-s, -e> ['zʊpstanti:f] *nt* noun
Substanz <-, -en> [zʊp'stants] *f* substance; **[jdm] an die ~ gehen** to take it out of sb
subtrahieren [zʊptra'hi:rən] *vt, vi* to subtract (**von** from)
Subtraktion <-, -en> [zʊptrak'tsi̯o:n] *f* subtraction
subtropisch ['zʊptro:pɪʃ] *adj* subtropical
Subunternehmer(in) <-s, -> ['zʊpʔʊnteneːmɐ] *m(f)* subcontractor
Subvention <-, -en> [zʊpvɛn'tsi̯o:n] *f* subsidy
subventionieren [zʊpvɛntsi̯o'ni:rən] *vt* to subsidize
Suche <-, -n> ['zu:xə] *f* search (**nach** for)
suchen ['zʊxn̩] **I.** *vt* to look for; *(intensiver)* to search for **II.** *vi* to search (**nach** for); **such!** seek!
Suchfunktion *f* INFORM search function
Suchlauf *m* search process
Suchmaschine *f* INET search engine
Sucht <-, Süchte> [zʊxt] *f* addiction (**nach** to); **~ erzeugend** addictive
Suchtgefahr *f* danger of addiction
süchtig ['zʏçtɪç] *adj* addicted *pred;* **~ machen** to be addictive; **nach etw** *dat* **~ sein** to be hooked on sth
Süchtige(r) *f(m)*, **Suchtkranke(r)** <-n, -n> *f(m) dekl wie adj* addict
Südafrika ['zy:tʔa:frika] *nt* South Africa; *s.a.* **Deutschland** **südafrikanisch** ['zy:tʔafri'ka:nɪʃ] *adj* South African; *s.a.* **deutsch** **Südamerika** ['zy:tʔa'me:rika] *nt* South America **südamerikanisch** *adj* South American **süddeutsch** ['zy:tdɔytʃ] *adj* South German; *s.a.* **deutsch** **Süddeutsche(r)** *f(m) dekl wie adj* South

S

German **Süddeutschland** ['zy:tdɔytʃlant] *nt* South[ern] Germany
Süden <-s> ['zy:dn̩] *m kein pl* south; **im** ~ in the south; **nach** ~ to the south
Südengland *nt* the South of England **Südfrucht** *f* [sub]tropical fruit **Südhalbkugel** *f* southern hemisphere
südlich ['zy:tlɪç] **I.** *adj* southern **II.** *adv* ~ **von etw** *dat* [to the] south of sth **III.** *präp +gen;* ~ **einer S.** [to the] south of sth
Südosten [zy:t'ʔɔstn̩] *m kein pl, kein indef art* south-east **südöstlich** [zy:t'ʔœstlɪç] **I.** *adj* south-eastern **II.** *adv* ~ [**von etw** *dat*] [to the] south-east [of sth] **Südpol** ['zy:tpo:l] *m* **der** ~ the South Pole **Südsee** ['zy:tze:] *f kein pl* **die** ~ the South Pacific **Südstaaten** ['zy:tʃta:tn̩] *pl (in den USA)* Southern States
südwärts ['zy:tvɛrts] *adv* southwards
Südwesten [zy:t'vɛstn̩] *m kein pl* south-west **südwestlich** [zy:t'vɛstlɪç] **I.** *adj* south-western **II.** *adv* ~ [**von etw** *dat*] [to the] south-west [of sth] **Südwind** *m* south wind
suggerieren [zʊge'ri:rən] *vt* to suggest
suhlen ['zu:lən] *vr* **sich in etw** *dat* ~ to wallow in sth
sühnen ['zy:nən] *vt* **etw** ~ to atone for sth (**durch** with)
Sulfat <-[e]s, -e> [zʊl'fa:t] *nt* sulphate
Sultan, Sultanin <-s, -e> ['zʊlta:n, 'zʊltanɪn] *m, f* sultan *masc,* sultana *fem*
Sultanine <-, -n> [zʊlta'ni:nə] *f* sultana
Sülze <-, -n> ['zʏltsə] *f* brawn
Summe <-, -n> ['zʊmə] *f* sum
summen ['zʊmən] *vi, vt* to hum
summieren [zʊ'mi:rən] *vr* **sich** [**auf etw** *akk*] ~ to mount up [to sth]
Sumpf <-[e]s, Sümpfe> [zʊmpf] *m* marsh; *(in den Tropen)* swamp
Sumpffieber *nt* malaria **Sumpfgebiet** *nt* marsh[land]; *in den Tropen* swamp[land]
sumpfig ['zʊmpfɪç] *adj* marshy; *(in den Tropen)* swampy
Sünde <-, -n> ['zʏndə] *f* sin; **eine ~ begehen** to commit a sin
Sündenbock *m* scapegoat
Sünder(in) <-s, -> *m(f)* sinner
sündig ['zʏndɪç] *adj* sinful
super ['zu:pɐ] *adj* super
Super <-s> ['zu:pɐ] *nt kein pl* AUTO four-star BRIT, premium AM
Superlativ <-[e]s, -e> ['zu:pɐlati:f] *m* superlative
Supermacht *f* superpower **Supermarkt** ['zu:pɐmarkt] *m* supermarket **Supermarktkette** ['zu:pɐ-] *f* supermarket chain
superreich ['zu:pɐ-] *adj (pej)* super-rich
Suppe <-, -n> ['zʊpə] *f* soup; **klare** ~ consommé
Suppenhuhn *nt* boiling chicken **Suppenschüssel** *f* soup tureen **Suppenteller** *m* soup plate
Surfbrett ['zø:ɐ̯f-] *nt* surfboard
surfen ['zø:ɐ̯fn̩] *vi* to surf; **im Internet** ~ to surf the Internet
Surfen <-s> ['zø:ɐ̯fn̩] *nt kein pl* surfing *no pl, no indef art*
Surfer(in) <-s, -> *m(f)* surfer
surren ['zʊrən] *vi* to buzz
Sushi <-s, -s> ['zu:ʃi] *nt* sushi
suspekt [zʊs'pɛkt] *adj (geh)* suspicious; **jdm ~ sein** to look suspicious to sb
süß [zy:s] **I.** *adj* sweet **II.** *adv* sweetly
süßen ['zy:sn̩] *vt* to sweeten
Süßigkeit <-, -en> ['zy:sɪçkait] *f meist pl* sweet, candy AM
Süßkirsche *f* sweet cherry
süßlich *adj* sickly sweet
süßsauer ['zy:s'zauɐ] *adj* sweet-and-sour **Süßspeise** *f* dessert **Süßstoff** *m* sweetener **Süßwasser** *nt* fresh water
Symbol <-s, -e> [zʏmbo:l] *nt* symbol
symbolisch [zʏm'bo:lɪʃ] *adj* symbolic
symbolisieren [zʏmboli'zi:rən] *vt* to symbolize
symmetrisch [zʏ'me:trɪʃ] *adj* symmetrical
Sympathie <-, -n> [zʏmpa'ti:] *f* sympathy
Sympathisant(in) <-en, -en> [zʏmpa-

ti'zant] *m(f)* sympathizer
sympathisch [zʏm'paːtɪʃ] *adj* nice; **jdm ~ sein** to appeal to sb; **sie war mir gleich ~** I liked her at once; [**jdm**] **nicht ~ sein** to be not very appealing [to sb]
Symphonie <-, -n> [zʏmfo'niː] *f* symphony
Symptom <-s, -e> [zʏmp'toːm] *nt* symptom (**für** of)
Synagoge <-, -n> [zyna'goːgə] *f* synagogue
synchronisieren [zʏnkroni'ziːrən] *vt* FILM to dub
Synergieeffekt *m* synergetic effect
synonym [zyno'nyːm] *adj* synonym
Synonym <-s, -e> [zyno'nyːm] *nt* synonym
Syntax <-, -en> ['zʏntaks] *f* syntax
Synthese <-, -n> [zʏn'teːzə] *f* synthesis
synthetisch [zʏn'teːtɪʃ] *adj* synthetic
Syphilis <-> ['zyːfilɪs] *f kein pl* syphilis
System <-s, -e> [zʏs'teːm] *nt* system; **mit ~** systematically; **~ in etw** *akk* **bringen** to bring some order into sth
systematisch [zʏste'maːtɪʃ] *adj* systematic
Systemfehler *m* system error **Systemkritiker(in)** *m(f)* critic of the system
Szene <-, -n> ['stseːnə] *f* scene; [**jdm**] **eine ~ machen** to make a scene [in front of sb]
Szenekneipe *f* trendy bar **Szeneladen** *m (fam: Kneipe)* trendy bar; *(Disco oder Club)* trendy club **Szenenwechsel** *m* change of scene

T t

T, t <-, -> *nt* T, t
t *Abk von* **Tonne**
Tabak <-s, -e> ['tabak] *m* tobacco
Tabaksteuer *f* duty on tobacco **Tabakwaren** *pl* tobacco products *pl*
tabellarisch [tabɛ'laːrɪʃ] **I.** *adj* tabular **II.** *adv* in tabular form
Tabelle <-, -n> [ta'bɛlə] *f* table
Tabellenführer(in) *m(f)* SPORT top of the league
Tablet <-s, -s> ['tɛblɛt] *nt (fam)* tablet [computer]
Tablet-PC *m* tablet PC
Tablett <-[e]s, -s> [ta'blɛt] *nt* tray
Tablette <-, -n> [ta'blɛtə] *f* pill
tabu [ta'buː] *adj* taboo
Tachometer *m o nt* speedometer
Tadel <-s, -> ['taːdl̩] *m* reprimand
tadellos **I.** *adj* perfect **II.** *adv* perfectly
tadeln *vt* to reprimand
Tafel <-, -n> ['taːfl̩] *f* ① board ② *(Packung)* **eine ~ Schokolade** a bar of chocolate ③ *(geh: Esstisch)* table
Tafelsilber *nt* silver
Täfelung <-, -en> *f* panelling
Tafelwasser *nt (geh)* table water **Tafelwein** *m (geh)* table wine
Tag <-[e]s, -e> [taːk] *m* day; **guten ~!** hello!; **eines ~es** one day; **ein freier ~** a day off; **~ für ~** every day; **den ganzen ~** [**lang**] the whole day; **von einem ~ auf den anderen** overnight; **von ~ zu ~** from day to day; **der ~ X** D-day
Tagebau *m kein pl* open-cast mining
Tagebuch *nt* diary **tagelang** *adv* for days **Tagelöhner(in)** <-s, -> ['taːgəløːnɐ] *m(f)* day labourer
tagen[1] ['taːgn̩] *vi impers (geh)* **es tagt!** day is breaking!
tagen[2] *vi* to meet; **das Parlament tagt** the parliament is in session
Tagesablauf *m* daily routine **Tagesanbruch** *m* daybreak (**bei** at) **Tagescre-**

me *f* day cream **Tagesdecke** *f* bedspread **Tagesgeschäft** *nt* BÖRSE day order **Tagesgeschehen** *nt* daily events *pl* **Tageskarte** *f* day ticket **Tageslicht** *nt kein pl* daylight *no pl* (**bei** by, in); *(vor Einbruch der Dunkelheit)* before dark ► **etw ans ~ bringen** to bring sth to light **Tagesmutter** *f* childminder **Tagesordnung** *f* agenda; **auf der ~ stehen** to be on the agenda **Tageszeit** *f* time [of day] **Tageszeitung** *f* daily [newspaper]

täglich ['tɛːklɪç] *adj, adv* daily

tagsüber ['taːksʔyːbɐ] *adv* during the day

Tagtraum *m* daydream

Tagung <-, -en> *f* ❶ *(Fachtagung)* conference ❷ *(Sitzung)* meeting

Taifun <-s, -e> [tai'fuːn] *m* typhoon

Taille <-, -n> ['taljə] *f* waist

Takt <-[e]s, -e> [takt] *m* ❶ MUS bar ❷ *kein pl (Rhythmus)* rhythm; **im ~** in time; **jdn aus dem ~ bringen** to make sb lose their rhythm ❸ *kein pl (Taktgefühl)* tact

Taktgefühl *nt* tact

Taktik <-, -en> ['taktɪk] *f* tactics *npl*

taktisch ['taktɪʃ] *adj* tactical

taktlos *adj* tactless

Taktlosigkeit <-, -en> *f kein pl* tactlessness

taktvoll *adj* tactful

Tal <-[e]s, Täler> [taːl] *nt* valley

Talent <-[e]s, -e> [ta'lɛnt] *nt* talent

talentfrei *(iron) adj* untalented, devoid of [any] talent *pred iron*

talentiert [talɛn'tiːɐ̯t] *adj* talented

Talg <-[e]s, -e> [talk] *m* ❶ suet ❷ ANAT sebum

Talgdrüse *f* sebaceous gland

Talisman <-s, -e> ['taːlɪsman] *m* lucky charm

Talkmaster(in) ['tɔːkmaːstɐ] *m(f)* talk-show host **Talkshow, Talk-Show** <-, -s> ['tɔːkʃoː] *f* talk show, chat show BRIT

Talsohle *f* ❶ *(Boden eines Tales)* bottom of a valley ❷ *(fig: Tiefstand)* rock bottom; *(Wirtschaft)* trough

Tampon <-s, -s> ['tampɔn] *m* tampon

Tang <-[e]s, -e> [taŋ] *m* seaweed

Tangente <-, -n> [taŋ'gɛntə] *f* MATH tangent

Tango <-s, -s> ['taŋgo] *m* tango

Tank <-s, -s> [taŋk] *m* tank

Tankdeckel *m* fuel cap

tanken ['taŋkn̩] **I.** *vi (Auto)* to fill up; *(Flugzeug)* to refuel **II.** *vt* **Benzin ~** to fill up with petrol [*or* AM gas]; **etwas Sonne ~** to get some sun

Tanker <-s, -> ['taŋkɐ] *m* tanker

Tankstelle *f* filling [*or* AM gas] station **Tankverschluss** *m* ❶ *(Verschluss eines Tanks 2)* tank lid ❷ AUTO *(geh) s.* **Tankdeckel** **Tankwart(in)** *m(f)* petrol pump attendant BRIT, gas station attendant AM

Tanne <-, -n> ['tanə] *f* fir

Tannenbaum *m* ❶ *(Weihnachtsbaum)* Christmas tree ❷ *(fam: Tanne)* fir-tree

Tannenzapfen *m* fir cone

Tante <-, -n> ['tantə] *f* aunt

Tanz <-es, Tänze> [tants] *m* dance; **jdn zum ~ auffordern** to ask sb to dance

tanzen ['tantsn̩] *vi, vt* to dance

Tänzer(in) <-s, -> ['tɛntsɐ] *m(f)* dancer

Tanzfläche *f* dance floor **Tanzkurs, Tanzkursus** *m* dance class **Tanzlokal** *nt* café with a dance floor **Tanzmusik** *f* dance music **Tanzschule** *f* dancing school **Tanzstunde** *f* ❶ *kein pl (Kurs)* dancing class ❷ *(Unterrichtsstunde)* dancing lesson; **~n nehmen** to have dancing lessons **Tanzturnier** *nt* dance tournament

Tapete <-, -n> [ta'peːtə] *f* wallpaper *no pl*

tapezieren [tape'tsiːrən] *vt* to wallpaper

tapfer ['tapfɐ] *adj* brave

Tapferkeit <-> *f kein pl* courage

tappen ['tapn̩] *vi sein* to walk hesitantly

Tarantel <-, -n> [ta'rantl̩] *f* tarantula

Tarif <-[e]s, -e> [ta'riːf] *m* ❶ *(Gehaltsvereinbarung)* pay scale ❷ *(Preis)* charge

Tarifgruppe *f* wage group

tariflich **I.** *adj* negotiated **II.** *adv* by ne-

gotiation
Tariflohn *m* standard wage **Tarifverhandlung** *f meist pl* collective wage negotiations *npl* **Tarifvertrag** *m* collective wage agreement
tarnen ['tarnən] *vt* to camouflage
Tarnung <-, -en> *f* camouflage
Tasche <-, -n> ['taʃə] *f* ① bag; *(Einkaufstasche)* [shopping] bag; *(Aktentasche)* briefcase ② *(in Kleidern)* pocket
Taschenbuch *nt* paperback **Taschendieb(in)** *m(f)* pickpocket **Taschengeld** *nt* pocket money **Taschenlampe** *f* torch **Taschenmesser** *nt* penknife **Taschenrechner** *m* pocket calculator **Taschentuch** *nt* handkerchief **Taschenuhr** *f* pocket watch
Taskleiste ['ta:sk-] *f* INFORM task bar
Tasse <-, -n> ['tasə] *f* cup; **eine ~ Tee** a cup of tea ▶ **nicht alle ~n im Schrank haben** not to be right in the head
Tastatur <-, -en> [tasta'tu:ɐ̯] *f* keyboard
Taste <-, -n> ['tastə] *f* key; *(am Telefon)* button
tasten ['tastn̩] **I.** *vi, vt* to feel (**nach** for) **II.** *vr* **sich irgendwohin ~** to grope one's way to somewhere
Tastfeld *nt* INFORM, TECH touchpad **Tastsinn** *m kein pl* sense of touch
tat ['ta:t] *vt, vi, vr imp von* **tun**
Tat <-, -en> [ta:t] *f* ① act; **eine gute ~** a good deed; **etw in die ~ umsetzen** to put sth into effect ② *(Straftat)* crime; **jdn auf frischer ~ ertappen** to catch sb red-handed ▶ **in der ~** indeed
Tatbestand *m* ① *(Sachlage)* facts [of the matter] ② JUR elements of an offence
tatenlos *adj* idle; **~ zusehen** to stand idly by
Täter(in) <-s, -> ['tɛ:tɐ] *m(f)* perpetrator
tätig ['tɛ:tɪç] *adj* ① active ② *(beschäftigt)* [**irgendwo**] **~ sein** to work [somewhere]
Tätigkeit <-, -en> *f* ① *kein pl* activity ② *(Beschäftigung)* occupation
Tatkraft *f kein pl* drive *no pl*
tatkräftig *adj* active
Tatort *m* scene of the crime
tätowieren [tɛto'vi:rən] *vt* to tattoo
Tätowierung <-, -en> *f* tattoo
Tatsache ['ta:tzaxə] *f* fact; **~ ist, dass ...** the fact of the matter is that ...
Tatsachenbericht *m* factual report
tatsächlich ['ta:tzɛçlɪç] **I.** *adj attr* actual *attr* **II.** *adv* really
tätscheln ['tɛ:tʃl̩n] *vt* to pat
Tatze <-, -n> ['tatsə] *f* paw
Tau[1] <-[e]s> [tau] *m kein pl* dew
Tau[2] <-[e]s, -e> [tau] *nt (Seil)* rope
taub [taup] *adj* ① deaf; **sich ~ stellen** to turn a deaf ear ② *(gefühllos)* numb
Taube <-, -n> ['taubə] *f* pigeon
Taubheit <-> *f kein pl* ① deafness ② *(Gefühllosigkeit)* numbness
taubstumm *adj* deaf and dumb
Taubstumme(r) *f(m) dekl wie adj* deaf mute
tauchen [tauxn̩] **I.** *vi* ① *haben o sein* to dive ② *sein (hochkommen)* **aus dem Wasser ~** to surface **II.** *vt haben (tunken)* to dip
Tauchen <-s> ['tauxn̩] *nt kein pl* diving
Taucher(in) <-s, -> [tauxɐ] *m(f)* diver
Taucheranzug *m* diving suit **Taucherausrüstung** *f* diving equipment **Tauchermaske** *f* diving mask
Tauchgang *m* dive **Tauchsieder** <-s, -> *m* immersion heater
tauen ['tauən] **I.** *vi impers haben* **es taut** it is thawing **II.** *vi sein* to melt
Taufbecken *nt* font
Taufe <-, -n> ['taufə] *f* baptism
taufen ['taufn̩] *vt* to baptize; *(benennen)* to christen
Taufpate, -patin *m, f* godfather *masc,* godmother *fem*
taugen ['taugn̩] *vi* to be suitable (**für/zu** for); **etwas/nichts ~** to be useful/useless
tauglich ['tauklɪç] *adj* ① suitable ② MIL fit
Taumel <-s> ['tauml̩] *m kein pl* **wie im ~** in a daze
taumeln ['tauml̩n] *vi sein* to stagger

T

Tausch <-[e]s, -e> [tauʃ] *m* swap; **im ~** in exchange (**gegen** for)
tauschen ['tauʃn̩] *vt, vi* to swap (**gegen** for)
täuschen ['tɔyʃn̩] **I.** *vt* to deceive **II.** *vr* **sich ~** to be mistaken (**in** about); **sich nicht ~ lassen** not to be fooled (**von** by) **III.** *vi* to be deceptive
täuschend **I.** *adj (trügerisch)* deceptive; *Ähnlichkeit* striking **II.** *adv (trügerisch)* deceptively; **sie sieht ihrer Mutter ~ ähnlich** she bears a striking resemblance to her mother
Tauschgeschäft *nt* exchange **Tauschhandel** *m* ① *kein pl* ÖKON barter; **~ treiben** to barter ② *s.* **Tauschgeschäft**
Täuschung <-, -en> ['tɔyʃʊŋ] *f* ① *(Betrug)* deception ② *(Irrtum)* error; **optische ~** optical illusion
tausend ['tauzn̩t] *adj* a [*or* one] thousand; **einige ~ Euro** several thousand euros
Tausend[1] <-s, -e o -> ['taʊzn̩t, *pl:* -n̩də] *nt* ① *(Einheit von 1000 Dingen)* a thousand; [**zehn/zwanzig etc**] **von ~** [ten/twenty etc] out of every thousand ② *pl, auch kleingeschrieben (viele tausend)* thousands *pl* (**von** +*dat* of); **einige ~e …** several thousand …; **einer von ~** one in a thousand; **in die ~e gehen** *Kosten, Schaden* to run into the thousands; **zu ~en** by the thousands
Tausend[2] <-, -en> ['taʊzn̩t, *pl:* -n̩dn̩] *f* thousand
Tausendfüßler <-s, -> ['taʊzn̩tfyːslɐ] *m* centipede
Tausendstel ['tauzn̩tstl̩] *nt o* SCHWEIZ *m* thousandth
Tauwetter *nt* thaw
Taxi <-s, -s> ['taksi] *nt* cab
Taxifahrer(in) *m(f)* taxi driver **Taxistand** *m* taxi rank
Team <-s, -s> [tiːm] *nt* team
Teamarbeit ['tiːm-] *f* teamwork
Technik <-, -en> ['teçnɪk] *f* ① technology ② *(Methode)* technique
Techniker(in) <-s, -> ['teçnɪkɐ] *m(f)* ① engineer ② SPORT technician
Technikfeind(in) *m(f)* technophobe
technisch ['teçnɪʃ] *adj attr* technical; **~e Hochschule** college of technology
Techno <-[s]> ['tɛçno] *m o nt kein pl* MUS techno
Technologie <-, -n> [tɛçnolo'giː] *f* technology
technologisch [tɛçno'loːgɪʃ] *adj* technological
Tee <-s, -s> [teː] *m* tea; **~ kochen** to make some tea; **eine Tasse ~** a cup of tea
Teebeutel *m* tea bag **Teefilter** *m* tea-strainer **Teekanne** *f* teapot **Teelöffel** *m* teaspoon
Teer <-[e]s, -e> [teːɐ̯] *m* tar
Teeservice *nt* tea service
Teich <-[e]s, -e> [taiç] *m* pond
Teig <-[e]s, -e> [taik] *m* dough
Teigwaren *pl* pasta + *sing vb*
Teil <-[e]s, -e> [tail] *m* ① part; **zum ~** partly; **zum größten ~** for the most part ② *(Anteil)* share; **zu gleichen ~en** equally ▶ **ich für meinen ~** I, for my part
teilbar *adj* ① *(aufzuteilen)* [**in etw** *akk*] **~ sein** which can be divided [into sth] ② MATH *(dividierbar)* [**durch etw** *akk*] **~ sein** to be divisible [by sth]
Teilchen <-s, -> *nt dim von* **Teil 1** particle
teilen ['tailən] **I.** *vt* ① *(aufteilen)* to share ② *a.* MATH to divide (**durch** by) ③ *(trennen)* to separate **II.** *vr* ① **sich ~** to split up (**in** into) ② **sich** *dat* **etw ~** to share sth (**mit** with)
Teilhaber(in) <-s, -> *m(f)* partner
Teilnahme <-, -n> ['tailnaːmə] *f* ① participation (**an** in) ② *(Mitgefühl)* sympathy
teilnahmslos *adj* apathetic
teil|nehmen *vi irreg* ① *(anwesend sein)* [**an etw** *dat*] **~** to attend [sth] ② *(sich beteiligen)* to participate (**an** in)
Teilnehmer(in) <-s, -> *m(f)* ① *(Anwesender)* person present ② *(Beteiligter)*

participant (**an** in)

teils [tails] *adv* partly; **~, ~** yes and no

Teilung <-, -en> *f* division

teilweise ['tailvaizə] **I.** *adv* partly **II.** *adj attr* partial

Teilzeitarbeit *f* part-time work **Teilzeitkraft** *f* ÖKON part-timer

Teint <-s, -s> [tɛ̃ː] *m* complexion

Telearbeiter(in) ['teːlə-] *m(f)* teleworker **Telebanking** ['teːləbɛŋɪŋ] *nt* home banking

Telefon <-s, -e> ['teːlefoːn] *nt* [tele]phone

Telefonat <-[e]s, -e> [telefo'naːt] *nt* *(geh)* telephone call

Telefonauskunft *f* directory enquiries *npl* **Telefonbuch** *nt* telephone book **Telefongespräch** *nt* telephone call; **ein ~ führen** to make a telephone call

telefonieren [telefo'niːrən] *vi* [**mit jdm**] ~ to phone [sb]

telefonisch **I.** *adj* telephone **II.** *adv* by telephone

Telefonist(in) <-en, -en> [telefo'nɪst] *m(f)* switchboard operator, telephonist

Telefonkarte *f* phonecard **Telefonleitung** *f* telephone line **Telefonnummer** *f* telephone number **Telefonrechnung** *f* [tele]phone bill **Telefonzelle** *f* pay phone

Telegramm <-gramme> [tele'gram] *nt* telegram

Telekommunikation *f* telecommunication

Teleobjektiv *nt* telephoto lens

Telepathie <-> [telepa'tiː] *f kein pl* telepathy

Teleskop <-s, -e> [tele'skoːp] *nt* telescope

Teller <-s, -> ['tɛlɐ] *m* ❶ plate; **flacher/tiefer ~** dinner/soup plate ❷ *(Portion)* **ein ~ Spaghetti** a plateful of spaghetti

Tempel <-s, -> ['tɛmpl̩] *m* temple

Temperament <-[e]s, -e> [tɛmpəra'mɛnt] *nt* ❶ temperament ❷ *kein pl (Lebhaftigkeit)* vivacity; **~ haben** to be very lively

temperamentvoll *adj* lively

Temperatur <-, -en> [tɛmpəra'tuːɐ̯] *f* temperature; **gefühlte ~** apparent temperature; **~ haben** to have a temperature; [**die/jds**] **~ messen** to take sbs temperature

Tempo[1] <-s, -s> ['tɛmpo] *nt* speed; **mit hohem ~** at high speed

Tempo®[2] <-s, -s> *nt (fam: Papiertaschentuch)* [paper] tissue, kleenex® AM

Tempolimit *nt* speed limit

temporär [tɛmpo'rɛːɐ̯] *adj* temporarily

Tendenz <-, -en> [tɛn'dɛnts] *f* ❶ trend ❷ *(Neigung)* tendency (**zu** to)

tendieren [tɛn'diːrən] *vi* to tend (**zu** towards); **dazu ~, etw zu tun** to tend to do sth

Tennis <-> ['tɛnɪs] *nt kein pl* tennis

Tennishalle *f* indoor tennis court **Tennisplatz** *m* tennis court **Tennisschläger** *m* tennis racket **Tennisspiel** *nt* ❶ *(Sportart)* tennis ❷ *(Einzelspiel)* game of tennis

Tenor <-s, Tenöre> [te'noːɐ̯] *m* tenor

Teppich <-s, -e> ['tɛpɪç] *m* carpet

Teppichboden *m* fitted carpet

Termin <-s, -e> [tɛr'miːn] *m* ❶ *(Verabredung)* appointment; **einen ~ vereinbaren** to arrange an appointment ❷ *(Auftragstermin)* deadline

Terminal <-s, -s> ['tøɐ̯minl̩] *nt* terminal

Terminkalender *m* diary

Terminplan *m* schedule

Termite <-, -n> [tɛr'miːtə] *f* termite

Terpentin <-s, -e> [tɛrpɛn'tiːn] *nt o* ÖSTERR *m* turpentine

Terrain <-s, -s> [tɛ'rɛ̃ː] *nt* terrain

Terrasse <-, -n> [tɛ'rasə] *f* terrace

Territorium <-s, -rien> [tɛri'toːri̯ʊm] *nt* territory

Terror <-s> ['tɛroːɐ̯] *m kein pl* terror

Terroranschlag *m* terror[ist] attack **Terrorgruppe** *f* terrorist group

terrorisieren [tɛrori'ziːrən] *vt* to terrorize

Terrorismus <-> [tɛro'rɪsmʊs] *m kein pl* terrorism

Terrorist(in) <-en, -en> [tɛro'rɪst] *m(f)* terrorist

terroristisch *adj* terrorist

Terrormiliz *f* terrorist militia + *sing/pl verb* **Terrornetzwerk** *nt* terrorist network **Terrororganisation** *f* terror organization **Terrorwarnung** *f* warning against potential terror attack **Terrorzelle** *f* terror[ist] cell

Tesafilm® ['te:zafɪlm] *m* Sellotape® BRIT, Scotch tape® AM

Test <-[e]s, -s> [tɛst] *m* test

Testament <-[e]s, -e> [tɛsta'mɛnt] *nt* ❶ will ❷ REL **Altes/Neues ~** Old/New Testament

testen ['tɛstn̩] *vt* to test (**auf** for)

Tetanus <-> ['te:tanʊs] *m kein pl* tetanus *no pl*

teuer ['tɔyɐ] **I.** *adj* expensive; *(geschätzt)* dear **II.** *adv* expensively

Teufel <-s, -> [tɔyfl̩] *m* devil; **der ~** the Devil ▸ **den ~ an die Wand malen** to imagine the worst

Teufelskerl *m (fam)* amazing fellow

Teufelskreis *m* vicious circle

teuflisch ['tɔyflɪʃ] **I.** *adj* diabolical **II.** *adv* diabolically

Teuro <-s, [-]> ['tɔyro] *m a punning term for the Euro, whose introduction made everything dearer*

Text <-[e]s, -e> [tɛkst] *m* text; *(Liedtext)* lyrics

Texter(in) <-s, -> *m(f)* songwriter; *(in der Werbung)* copywriter

Textilien [tɛks'ti:li̯ən] *pl* fabrics *npl*

Textilindustrie *f* textile industry

Textstelle *f* passage

Textverarbeitung *f* word processing

Textverarbeitungsprogramm *nt* word processing programme

Theater <-s, -> [te'atɐ] *nt* ❶ theatre; **~ spielen** to act ❷ *(fam: Umstände)* fuss; **[ein] ~ machen** to make a fuss

Theateraufführung *f* theatre performance **Theaterbesuch** *m* theatre visit **Theaterbesucher(in)** *m(f)* theatregoer **Theaterstück** *nt* play

theatralisch [tea'tra:lɪʃ] *adj* theatrical

Theke <-, -n> ['te:kə] *f* counter; *(im Lokal)* bar

Thema <-s, Themen> ['te:ma] *nt* topic; *(eines Textes a.)* subject; **jdn vom ~ abbringen** to get sb off the subject; **beim ~ bleiben** to stick to the subject ▸ **[k]ein ~ sein** to [not] be an issue

Thematik <-, -en> [te'ma:tɪk] *f* topic

Theologe, Theologin <-n, -n> [teo'lo:gə, -'lo:gɪn] *m, f* theologian

Theologie <-, -n> [teolo'gi:] *f* theology

theologisch [teo'lo:gɪʃ] *adj* theological

theoretisch [teo're:tɪʃ] **I.** *adj* theoretical **II.** *adv* theoretically

Theorie <-, -n> [teo'ri:] *f* theory

Therapeut(in) <-en, -en> [tera'pɔyt] *m(f)* therapist

Therapie <-, -n> [tera'pi:] *f* therapy

therapieren [tera'pi:rən] *vt* to treat

Thermalbad [tɛr'ma:l-] *nt* thermal baths *npl* **Thermalquelle** *f* thermal spring

Thermometer <-s, -> [tɛrmo'me:tɐ] *nt* thermometer

Thermometerstand *m* temperature

Thermosflasche® ['tɛrmosflaʃə] *f* Thermos® [flask]

Thermostat <-en, -e> [tɛrmo'sta:t] *m* thermostat

These <-, -n> ['te:zə] *f* thesis

Thora <-> ['to:ra] *f kein pl* REL Torah, [the] Pentateuch

Thrombose <-, -n> [trɔm'bo:sə] *f* thrombosis

Thron <-[e]s, -e> [tro:n] *m* throne

Thronbesteigung *f* accession [to the throne] **Thronfolge** *f* line of succession **Thronfolger(in)** <-s, -> *m(f)* heir to the throne

Thunfisch ['tu:nfɪʃ] *m* tuna [fish]

Thüringen <-s> ['ty:rɪŋən] *nt* Thuringia

Thüringer(in) <-s, -> ['ty:rɪŋɐ] *m(f)* Thuringian

thüringisch ['ty:rɪŋɪʃ] *adj* Thuringian

Thymian <-s, -e> ['ty:mi̯a:n] *m* thyme

Tick <-[e]s, -s> [tɪk] *m (Schrulle)* quirk

ticken ['tɪkn̩] *vi* to tick ▸ **nicht richtig ~**

to be funny in the head

tief [ti:f] **I.** *adj* ❶ deep; **zwei Meter ~** two metres deep ❷ *Lage, Temperatur* low ❸ *Ton* low; *Stimme* deep ❹ *Gefühl* intense ❺ *(inmitten)* **im ~sten Winter** in the depths of winter **II.** *adv* ❶ deep; **er stürzte 350 Meter ~** he fell 350 metres [deep]; **~ greifend** far-reaching ❷ *(niedrig)* low; **~ liegend** low-lying; **~ stehend** low-level ❸ *(tönen)* low; **zu ~ singen** to sing flat; **~ sprechen** to talk in a deep voice ❹ *(intensiv)* deeply; **etw ~ bedauern** to regret sth profoundly; **~ schlafen** to sleep soundly

Tief <-[e]s, -e> [ti:f] *nt* low

Tiefe <-, -n> ['ti:fə] *f* depth

Tiefebene *f* lowland plain **Tiefgang** *m* NAUT draught BRIT, draft AM ▶ **~ haben** to have depth

Tiefkühlkost *f* frozen foods *npl* **Tiefkühltruhe** *f* freezer chest

Tiefland ['ti:flant] *nt* lowlands *pl* **Tiefpunkt** *m* low point **Tiefsee** *f* deep sea

tiefsinnig *adj* profound

Tiefstand *m* low

Tier <-[e]s, -e> [ti:ɐ̯] *nt* animal

Tierart *f* animal species + *sing vb* **Tierarzt, -ärztin** *m, f* vet

tierisch ['ti:rɪʃ] **I.** *adj* ❶ ZOOL animal ❷ *(bestialisch)* bestial ❸ *(sl: heftig)* **einen ~en Hunger haben** to be hungry as hell **II.** *adv (sl: heftig)* like hell

Tierkreiszeichen *nt* sign of the zodiac

tierlieb *adj* animal-loving *attr* **Tiermehl** *nt* AGR meat and bone meal *no pl* **Tierpark** *m* zoo **Tierquälerei** ['t:iɐ̯kvɛlərai] *f* cruelty to animals **Tierschutz** *m* protection of animals **Tierschützer(in)** *m(f)* animal conservationist **Tierversuch** *m* animal experiment

Tiger <-s, -> [ti:gɐ] *m* tiger

tilgen ['tɪlgn̩] *vt Schulden* to pay off

Tilgung <-, -en> *f (geh)* ❶ FIN *(das Tilgen)* repayment ❷ *(Beseitigung)* deletion

Tinktur <-, -en> [tɪŋk'tu:ɐ] *f* tincture

Tinte <-, -n> ['tɪntə] *f* ink

Tintenfisch *m* squid **Tintenklecks** *m* ink blot **Tintenstrahldrucker** *m* ink-jet printer

Tipp <-s, -s> [tɪp] *m* tip

tippen [tɪpn̩] *vi* ❶ *(Maschine schreiben)* to type ❷ *(anstoßen)* to tap **(an/auf** on) ❸ *(fam: raten)* to guess ❹ *(fam: Lotto spielen)* to do the lottery

Tippfehler *m* typing mistake

Tirol <-s> [ti'ro:l] *nt* Tyrol

Tiroler(in) <-s, -> [ti'ro:lɐ] *m(f)* Tyrolean

Tisch <-[e]s, -e> [tɪʃ] *m* table

Tischdecke *f* tablecloth **Tischgebet** *nt* grace **Tischkarte** *f* place card **Tischlampe** *f* table lamp

Tischler(in) <-s -> ['tɪʃlɐ] *m(f)* carpenter

Tischlerei <-, -en> [tɪʃlə'rai] *f* carpenter's workshop

Tischtennis *nt* table tennis

Tischtennisplatte *f* table-tennis table **Tischtennisschläger** *m* table-tennis bat

Titel <-s, -> ['ti:tl̩] *m* title

Titelbild *nt* cover [picture] **Titelblatt** *nt* ❶ *(Buchseite mit dem Titel)* title page ❷ *einer Zeitung* front page; *einer Zeitschrift* cover **Titelgeschichte** *f* lead [*or* cover] story **Titelseite** *f* front page; *(einer Zeitschrift)* cover **Titelverteidiger(in)** *m(f)* title holder

Toast[1] <-[e]s, -e> [to:st] *m kein pl (Toastbrot)* toast; **ein ~** a slice of toast

Toast[2] <-[e]s, -e> [to:st] *m* toast; **einen ~ ausbringen** to propose a toast **(auf** to)

Toaster <-s, -> *m* toaster

toben ['to:bn̩] *vi* ❶ *(wüten)* to be raging **(vor** with) ❷ *(spielen)* to romp [around]

Tobsuchtsanfall *m (fam)* fit of rage

Tochter <-, Töchter> ['tɔxtɐ] *f* daughter

Tochtergesellschaft *f* subsidiary

Tod <-[e]s, -e> [to:t] *m* death ▶ **zu ~e betrübt sein** to be deeply despaired

todernst ['to:t'ʔɛrnst] **I.** *adj* deadly serious **II.** *adv* in a deadly serious manner

Todesangst *f (fam)* mortal fear; **To-**

T

desängste ausstehen to be scared to death **Todesanzeige** *f* obituary **Todesfall** *m* death **Todesopfer** *nt* casualty **Todesstrafe** *f* death penalty; **auf etw** *akk* **steht die ~** sth is punishable by death **Todestag** *m* anniversary of sb's death **Todesursache** *f* cause of death **Todesurteil** *nt* death sentence

todkrank ['to:t'kraŋk] *adj* terminally ill

tödlich ['tø:tlɪç] **I.** *adj* deadly; **das ist mein ~er Ernst** I'm deadly serious **II.** *adv* ① **~ verunglücken** to be killed in an accident ② *(fam: extrem)* **sich ~ langweilen** to be bored to death

Todsünde *f* deadly sin

Toilette <-, -n> [twa'lɛtə] *f* toilet; **ich muss mal auf die ~** I need to go to the toilet; **öffentliche ~** public toilet

Toilettenpapier *nt* toilet paper

tolerant [tole'rant] *adj* tolerant (**gegenüber** towards)

Toleranz <-, en> [tole'rants] *f kein pl* tolerance (**gegenüber** towards)

tolerieren [tole'ri:rən] *vt* to tolerate

toll [tɔl] **I.** *adj (fam)* great **II.** *adv (fam)* very well

Tolle <-, -n> ['tɔlə] *f* quiff

Tollpatsch <-es, -e> ['tɔlpatʃ] *m (fam)* clumsy fool

Tollwut *f* rabies

Tölpel <-s, -> ['tœlpl̩] *m* fool

Tomate <-, -n> [to'ma:tə] *f* tomato

Tomatenmark *nt* tomato puree

Tombola <-, -s> ['tɔmbola] *f* raffle

Ton[1] <-[e]s, -e> [to:n] *m* clay

Ton[2] <-[e]s, Töne> [to:n] *m* ① *(Klang)* sound ② *(Tonfall)* tone; **ich verbitte mir diesen ~!** I will not be spoken to like that! ③ *(Farbton)* tone ▶ **den ~ angeben** to set the tone

Tonart *f* MUS key **Tonband** <-bänder> *nt* tape; **etw auf ~ aufnehmen** to tape sth

tönen ['tø:nən] **I.** *vi (klingen)* to sound **II.** *vt (färben)* to tint

Tonfall *m* tone of voice **Tonhöhe** *f* pitch **Tonlage** *f* pitch **Tonleiter** *f* scale

Tonne <-, -n> ['tɔnə] *f* ① *(Behälter)* barrel; *(Mülltonne)* bin BRIT, can AM ② *(1000 kg)* ton

Tonstörung *f* sound interference **Tontechniker(in)** *m(f)* sound technician

Tonträger *m* sound carrier

Tönung <-, -en> *f* ① *(das Tönen)* tinting ② *(Produkt für Haare)* hair colour ③ *(Farbton)* shade

Topf <-[e]s, Töpfe> [tɔpf] *m* pot

Töpfchen <-s, -> ['tœpfçən] *nt dim von* **Topf** ① *(kleiner Topf)* small pot ② *(Toilettentopf für Kinder)* potty

Topfen <-s, -> ['tɔpfn̩] *m* SÜDD, ÖSTERR quark *(soft cheese made from skimmed milk)*

Töpferei <-, -en> [tœpfə'rai] *f* pottery

Töpferscheibe *f* potter's wheel **Töpferwaren** *pl* pottery

Topflappen *m* oven cloth BRIT, pot holder AM **Topfpflanze** *f* potted plant

Tor <-[e]s, -e> [to:ɐ̯] *nt* ① *(breite Tür)* gate; *einer Garage* door ② *(a. fig: Toröffnung)* gateway ③ SPORT goal

Torbogen *m* archway

Torf <-[e]s, -e> [tɔrf] *m* peat

töricht ['tœrɪçt] *adj* foolish

torkeln ['tɔrkl̩n] *vi sein* to stagger

Torlinie *f* goal-line

Tormann *m* goalkeeper

Törn <-s, -s> [tœrn] *m* NAUT cruise

Tornado <-s, -s> [tɔr'na:do] *m* tornado

torpedieren [tɔrpe'di:rən] *vt* to torpedo

Torpedo <-s, -s> [tɔr'pe:do] *m* torpedo

Torpfosten *m* goalpost

Torraum *m* goal-mouth

Torschütze, -schützin *m, f* scorer

Torso <-s, -s> ['tɔrzo] *m* torso

Torte <-, -n> ['tɔrtə] *f* gateau; *(Obsttorte)* flan

Torwart(in) *m(f)* goalkeeper

tosen ['to:zn̩] *vi* to roar

tot [to:t] *adj* dead

total [to'ta:l] *adj* total

totalitär [totali'tɛ:ɐ̯] *adj* totalitarian

Totalschaden *m* write-off

Tote(r) ['to:tə] *f(m) dekl wie adj* dead person; *(Todesopfer)* fatality

töten ['tø:tn̩] *vt* to kill

Totenschein *m* death certificate
Totgeburt *f* stillbirth
Toto <-s, -s> ['toːto] *nt o m* pools *npl* BRIT, pool AM
Totschlag *m kein pl* manslaughter
tot|schweigen *vt irreg* to hush up
Tötung <-, -en> *pl selten f* killing; **fahrlässige ~** culpable manslaughter
Touchpad <-s, -s> ['tatʃpɛd] *nt* INFORM touchpad **Touchscreen** <-s, -s> [-skriːn] *m* INFORM touch screen
Toupet <-s, -s> [tu'peː] *nt* toupee
Tour <-, -en> [tuːɐ̯] *f* tour; **eine ~ machen** to go on a tour
Tourismus <-> [tu'rɪsmʊs] *m kein pl* tourism
Tourist(in) <-en, -en> [tu'rɪst] *m(f)* tourist
Touristenvisum *nt* tourist visa
Tournee <-, -n> [tʊr'neː] *f* tour; **auf ~ gehen/sein** to go/be on tour
Tower <-s, -> ['taʊə] *m* LUFT control tower
toxisch ['tɔksɪʃ] *adj* toxic
Trab <-[e]s> [traːp] *m kein pl* trot ▶ **jdn auf ~ bringen** to make sb get a move on; **jdn in ~ halten** to keep sb on the go
Trabantenstadt *f* satellite town
traben ['traːbn̩] *vi haben o sein* to trot
Tracht <-, -en> [traxt] *f* ① *(Volkstracht)* [national] costume ② *(Berufskleidung)* uniform ▶ **eine ~ Prügel** *(fam)* a good hiding
trachten ['traxtn̩] *vi* to strive (**nach** for)
trächtig ['trɛçtɪç] *adj* pregnant
Tradition <-, -en> [tradi'tsi̯oːn] *f* tradition; **aus ~** traditionally
traditionell [traditsi̯o'nɛl] *adj* traditional
Tragbahre *f* stretcher
tragbar *adj* portable
träge ['trɛːgə] **I.** *adj* lethargic **II.** *adv* lethargically
tragen <trägt, trug, getragen> ['traːgn̩] *vt* ① to carry; **etw bei sich** *dat* **~** to have sth on one ② *Kleider* to wear ③ *(stützen)* to support ④ *Kosten, Schicksal* to bear
Träger <-s, -> *m* ① *meist pl* MODE strap ② BAU girder
Träger(in) <-s, -> *m(f)* ① *(Lastenträger)* porter ② *(Inhaber)* bearer
Tragetasche *f* [carrier] bag
Tragfläche *f* wing
Trägheit <-, *selten* -en> *f* sluggishness; *(Faulheit)* laziness
Tragik <-> ['traːgɪk] *f kein pl* tragedy
tragisch ['traːgɪʃ] **I.** *adj* tragic; **nicht [so] ~!** it's not the end of the world! **II.** *adv* tragically
Tragödie <-, -n> [tra'gøːdi̯ə] *f* tragedy
Tragweite *f (fig)* consequence
Trainer(in) <-s, -> ['trɛːnɐ] *m(f)* trainer
trainieren [trɛ'niːrən] **I.** *vt* ① to practice ② **jdn ~** to coach sb **II.** *vi (sich vorbereiten)* to train
Training <-s, -s> ['trɛːnɪŋ] *nt* training
Trainingsanzug *m* tracksuit
Trakt <-[e]s, -e> ['trakt] *m* ARCHIT wing
Traktor ['traktoːɐ̯] *m* tractor
Tram <-, -s o -s, -s> ['tram] *f o nt* SCHWEIZ tramway
trampeln ['trampl̩n] *vi* ① *haben* [**mit den Füßen**] **~** to stamp one's feet ② *sein (sich schwerfällig bewegen)* **irgendwohin ~** to stomp somewhere
trampen [trɛmpn̩] *vi sein* to hitch-hike
Trampolin <-s, -e> ['trampoliːn] *nt* trampoline
Träne <-, -n> ['trɛːnə] *f* tear; **in ~n aufgelöst** in tears; **jdm kommen die ~n** sb is starting to cry; **den ~n nahe sein** to be close to tears
Tränke <-, -n> ['trɛŋkə] *f* watering place
tränken ['trɛŋkn̩] *vt* ① *(durchnässen)* to soak ② *Tier* to water
Transfer <-s, -s> [trans'feːɐ̯] *m* transfer
Transfusion <-, -en> [transfu'zi̯oːn] *f* transfusion
Transistor [tran'zɪstoːɐ̯] *m* transistor
transitiv ['tranzitiːf] *adj* transitive
Transitverkehr *m* transit traffic **Transitvisum** *nt* transit visa
transparent [transpa'rɛnt] *adj* transpar-

T

ent

Transparent <-[e]s, -e> [transpa'rɛnt] *nt* banner

Transplantat <-[e]s, -e> [transplan'ta:t] *nt* transplant

Transport <-[e]s, -e> [trans'pɔrt] *m* transport

Transporter <-s, -> [trans'pɔrtɐ] *m* ❶ *(Lieferwagen)* van ❷ LUFT transport plane

transportieren [transpɔr'ti:rən] *vt* to transport

Transportkosten *pl* transport[ation] costs *npl* **Transportmittel** *nt* means of transport[ation] **Transportunternehmen** *nt* haulage contractor

transsexuell [transzɛ'ksu̯ɛl] *adj* transsexual

Transvestit(in) <-en, -en> [transvɛs'ti:t] *m(f)* transvestite

Trapez <-es, -e> [tra'pe:ts] *nt* trapeze

tratschen ['tra:tʃn̩] *vi (fam)* to gossip (**über** +*akk* about)

Traualtar *m* altar; [**mit jdm**] **vor den ~ treten** *(geh)* to walk down the aisle [with sb]

Traube <-, -n> ['traubə] *f meist pl* grape *usu pl*

Traubensaft *m* grape juice **Traubenzucker** *m* glucose

trauen[1] ['trauən] *vt* **jdn ~** to join sb in marriage; **sich ~ lassen** to marry

trauen[2] ['trauən] **I.** *vi* **jdm ~** to trust sb **II.** *vr* **sich ~, etw zu tun** to dare to do sth

Trauer <-> ['trauɐ] *f kein pl* grief

T

Trauerfall *m* bereavement

Trauerkleidung *f* mourning **Trauermarsch** *m* funeral march

trauern ['trauɐn] *vi* to mourn (**um** for)

Trauerweide *f* weeping willow

Trauerzug *m* funeral procession

Traum <-[e]s, Träume> [traum] *m* dream

Trauma <-s, Traumen> ['trauma] *nt* trauma

traumatisch [trau'ma:tɪʃ] *adj* traumatic

träumen ['trɔymən] *vi* to dream (**von** about); **schlecht ~** to have bad dreams

Träumer(in) <-s, -> ['trɔymɐ] *m(f)* [day]dreamer

traurig ['traurɪç] **I.** *adj* ❶ *(betrübt)* sad ❷ *(betrüblich)* sorry ❸ *(bedauerlich)* [**es ist**] **~, dass …** it's unfortunate that … **II.** *adv* sadly

Traurigkeit <-> *f kein pl* sadness

Trauring *m* wedding ring

Trauung <-, -en> ['traʊʊŋ] *f* marriage ceremony

Trauzeuge, -zeugin *m, f* best man, [marriage] witness

Treff <-s, -s> [trɛf] *m (fam)* ❶ *(Treffen)* get-together ❷ *(Treffpunkt)* meeting point

Treffen <-s, -> [trɛfn̩] *nt* meeting

treffen <trifft, traf, getroffen> [trɛfn̩] **I.** *vt haben* ❶ to meet ❷ *Ziel* to hit ❸ *(innerlich berühren)* to affect ❹ *Entscheidung* to make; *Maßnahmen* to take **II.** *vi* ❶ *sein* **auf jdn ~** to meet sb ❷ *haben: Schlag, Schuss* to hit **III.** *vr haben* **sich** [**mit jdm**] **~** to meet [sb]; **das trifft sich** [**gut**] that's [very] convenient

treffend *adj* appropriate

Treffer <-s, -> *m (Schuss)* hit

Treffpunkt *m* meeting point **Treffsicherheit** *f kein pl* ❶ *(sicher treffende Schussweise)* accuracy *no pl* ❷ *(das präzise Zutreffen)* accuracy *no pl*, soundness *no pl*, aptness *no pl*

Treibeis *nt* drift ice

Treiben <-s> ['traibn̩] *nt kein pl* ❶ *(pej: üble Aktivität)* dirty tricks ❷ *(geschäftige Aktivität)* hustle and bustle

treiben <trieb, getrieben> ['traibn̩] **I.** *vt haben* ❶ *Tiere* to drive ❷ *(drängen)* to drive (**zu** to); **jdn in den Wahnsinn ~** to drive sb mad ❸ *(fortbewegen)* **jdn/etw irgendwohin ~** *(durch Wasser)* to wash sb/sth somewhere; *(durch Wind)* to blow sb/sth somewhere ❹ **Handel ~** to trade **II.** *vi sein (sich fortbewegen)* to drift; **sich ~ lassen** to drift (**von** with)

Treibgut *nt kein pl* flotsam and jetsam

Treibhaus *nt* greenhouse **Treibhauseffekt** *m kein pl* **der ~** the greenhouse effect **Treibhausgas** *nt* greenhouse gas **Treibjagd** *f* battue **Treibsand** *m kein pl* quicksand **Treibstoff** *m* fuel

Trend <-s, -s> [trɛnt] *m* trend

Trendsportart *f* trend sport

trennen ['trɛnən] I. *vt* ❶ *(abtrennen)* **etw von etw** *dat* **~** to cut sth off sth ❷ *(teilen, auseinanderbringen)* to separate (**von** from) II. *vr* ❶ *(getrennt weitergehen)* **sich ~** to part company ❷ *(Beziehung beenden)* **sich von jdm ~** to split up with sb ❸ *(wegwerfen, weggeben)* **sich von etw** *dat* **~** to part with sth

Trennung <-, -en> *f* separation; **in ~ leben** to be separated

Trennungsstrich *m* hyphen

Trennwand *f* partition [wall]

Treppe <-, -n> ['trɛpə] *f* stairs *npl*

Treppengeländer *nt* banister *usu pl* **Treppenhaus** *nt* stairwell **Treppenstufe** *f* step

Tresen <-s, -> ['tre:zn̩] *m* bar; *(Ladentisch)* counter

Tresor <-s, -e> [tre'zo:ɐ̯] *m* safe

treten <tritt, trat, getreten> ['tre:tn̩] I. *vt haben* to kick II. *vi* ❶ *haben* to kick; **nach jdm ~** to kick out at sb ❷ *sein (einen Schritt machen)* to step; **~ Sie bitte zur Seite** please step aside ❸ *sein o haben (den Fuß auf etw setzen)* to tread (**auf** on); **auf die Bremse ~** to brake

treu [trɔy] *adj* faithful; **sich** *dat* **selbst ~ bleiben** to remain true to oneself

Treue <-> ['trɔyə] *f kein pl* loyalty; *(in Beziehung)* fidelity

treulos *adj* disloyal; *Ehepartner* unfaithful

Tribüne <-, -n> [tri'by:nə] *f* stand

Trichter <-s, -> ['trɪçtɐ] *m* funnel

Trick <-s, -s> [trɪk] *m* trick

Trickfilm *m* cartoon [film]

trieb ['tri:p] *vi, vt imp von* **treiben**

Trieb <-[e]s, -e> [tri:p] *m* ❶ BOT shoot ❷ PSYCH drive

Triebwerk *nt* engine

triefen <triefte *o geh* troff, getrieft> ['tri:fn̩] *vi* ❶ *(rinnen)* to run; *(Auge)* to water; **aus etw** *dat* **~** to pour from sth ❷ **vor Nässe ~** to be dripping wet ❸ *(geh: strotzen)* **vor etw** *dat* **~** to be dripping with sth *fig*

triftig ['trɪftɪç] I. *adj* good; *Argument, Grund* convincing II. *adv* convincingly; [**jdm etw** *akk*] **~ begründen** to make a valid case [for sth to sb]

Trikot <-s, -s> [tri'ko:, 'trɪko] *nt* jersey

trillern ['trɪlɐn] *vi* to trill

Trillerpfeife *f* whistle

trimmen ['trɪmən] I. *vt* ❶ *(trainieren)* to train (**auf** *+akk* for) ❷ *(scheren)* to clip II. *vr* **sich** [**durch etw** *akk*] **~** to keep fit [with sth]

trinkbar *adj* drinkable

trinken <trank, getrunken> ['trɪŋkn̩] *vt, vi* to drink; **auf jdn/etw ~** to drink to sb/sth; **etw zu ~** sth to drink; **einen ~ gehen** to go for a drink

Trinker(in) <-s, -> *m(f)* drunkard

Trinkgeld *nt* tip; **ein ~ geben** to give a tip **Trinkspruch** *m* toast; **einen ~ ausbringen** to propose a toast (**auf** to) **Trinkwasser** *nt* drinking water **Trinkwasseraufbereitung** *f* drinking-water purification

Tripper <-s, -> ['trɪpɐ] *m* gonorrhoea *no art*

trist [trɪst] *adj (geh)* dismal, dreary, dull

tritt [trɪt] *vt, vi, vr 3. pers sing pres von* **treten**

Tritt <-[e]s, -e> [trɪt] *m* kick; **jdm/etw einen ~ geben** to kick sb/sth

Triumph <-[e]s, -e> [tri'ʊmf] *m* triumph

Triumphbogen *m* triumphal arch

triumphieren [triʊm'fi:rən] *vi* ❶ *(frohlocken)* to rejoice ❷ *(siegen)* to triumph (**über** over)

triumphierend I. *adj* triumphant II. *adv* triumphantly

trivial [tri'vi̯a:l] *adj* banal

Trivialliteratur *f kein pl* light fiction

trocken ['trɔkn̩] I. *adj* dry; **im T~en** in

T

the dry **II.** *adv* ~ **aufbewahren** to keep in a dry place; **sich** ~ **rasieren** to use an electric razor

Trockenheit <-, *selten* -en> *f* ❶ *kein pl* dryness ❷ *(Dürre)* drought

trocken|legen *vt* ❶ **ein Baby** ~ to change a baby's nappy [*or* AM diaper] ❷ *Sumpf, Teich* to drain **Trockenmilch** *f* dried milk **Trockenspiritus** *m* fire lighter **Trockenzeit** *f* dry season

trocknen ['trɔknən] **I.** *vi sein* to dry **II.** *vt haben* to dry

Trödel <-s> ['trøːdl̩] *m kein pl* junk

trödeln ['trøːdl̩n] *vi (langsam sein)* to dawdle

Trödler(in) <-s, -> ['trøːdlɐ] *m(f)* second-hand dealer

Trommel <-, -n> ['trɔml̩] *f* drum

Trommelfell *nt* ear-drum

trommeln ['trɔml̩n] *vi* to drum

Trompete <-, -n> [trɔm'peːtə] *f* trumpet

Trompeter(in) <-s, -> *m(f)* trumpeter

Tropen ['troːpn̩] *pl* **die** ~ the tropics

Tropenkrankheit *f* tropical disease

Tropf <-[e]s, Tröpfe> [trɔpf] *m* ❶ MED drip; **am** ~ **hängen** to be on a drip ❷ **armer** ~ poor devil

tropfen ['trɔpfn̩] *vi* to drip

Tropfen <-s, -> ['trɔpfn̩] *m* drop; **bis auf den letzten** ~ [down] to the last drop ▶ **ein guter** ~ a good drop [of wine]; **ein** ~ **auf den heißen Stein** a [mere] drop in the ocean

Tropfsteinhöhle *f* stalactite cave

Trophäe <-, -n> [tro'fɛːə] *f* trophy

tropisch ['troːpɪʃ] *adj* tropical

Trost <-[e]s> [troːst] *m kein pl* consolation; **ein schwacher** ~ **sein** to be of little consolation ▶ **nicht [ganz] bei** ~ **sein** to have taken leave of one's senses

trösten ['trøːstn̩] *vt* to comfort; **etw tröstet jdn** sth is of consolation to sb

tröstend **I.** *adj* comforting, consoling, consolatory **II.** *adv* **jdn** ~ **umarmen** to give sb a comforting hug

tröstlich *adj* comforting

trostlos *adj* ❶ *(deprimierend)* miserable ❷ *(öde)* desolate

Trostlosigkeit <-> *f kein pl* ❶ *(deprimierende Art)* miserableness *no pl* ❷ *(triste Beschaffenheit)* desolateness *no pl*

Trostpreis *m* consolation prize

Trott <-s> [trɔt] *m kein pl* routine

Trottel <-s, -> ['trɔtl̩] *m (fam)* bonehead

trotten ['trɔtn̩] *vi sein* to trudge [along]

Trottoir <-s, -s> [trɔ'to̯aːɐ̯] *nt* DIAL *(Bürgersteig)* pavement

trotz [trɔts] *präp +gen* despite

Trotz <-es> [trɔts] *m kein pl* defiance; **aus** ~ out of spite; **jdm/etw zum** ~ in defiance of sb/sth

Trotzalter *nt* difficult age

trotzdem ['trɔtsdeːm] *adv* nevertheless

trotzen ['trɔtsn̩] *vi* **jdm/etw** ~ to defy sb/sth

trotzig ['trɔtsɪç] *adj* awkward

Trotzreaktion *f* act of defiance

trübe ['tryːbə] *adj* ❶ *Tag, Wasser* murky ❷ *Augen, Erinnerung, Licht* dim ❸ *Himmel* dull ❹ *Stimmung* gloomy

Trubel <-s> ['truːbl̩] *m kein pl* hustle and bustle

trüben ['tryːbn̩] **I.** *vt* **etw** ~ ❶ to make sth murky ❷ *Stimmung* to cast a cloud over sth **II.** *vr* **sich** ~ to go murky

trübselig *adj* ❶ *(betrübt)* miserable; *Miene* gloomy ❷ *(trostlos)* bleak

trübsinnig *adj* gloomy

Trübung <-, -en> *f* ❶ *(Veränderung zum Unklaren)* clouding ❷ *(Beeinträchtigung)* straining

Trüffel <-, -n> ['trʏfl̩] *f* truffle

Trugbild *nt (geh)* illusion

trügen <trog, getrogen> ['tryːgn̩] **I.** *vt* **wenn mich nicht alles trügt** unless I'm very much mistaken **II.** *vi* to be deceptive

Truhe <-, -n> ['truːə] *f* chest

Trümmer ['trʏmɐ] *pl* rubble; **in ~n liegen** to lie in ruins

Trumpf <-[e]s, Trümpfe> [trʊmpf] *m (a. fig)* trump card; **seinen letzten** ~ **ausspielen** to play one's last trump

card
Trunkenheit <-> *f kein pl* drunkenness *no pl;* ~ **am Steuer** drunken driving
Truppe <-, -n> ['trʊpə] *f* ❶ *(Gruppe)* company ❷ *kein pl* MIL *(Fronteinheit)* combat unit
Truppenabzug *m* withdrawal of troops
Truppenübungsplatz *m* military training area
Trust <-[e]s, -s> [trast] *m* trust
Truthahn ['tru:tha:n] *m* turkey
Truthenne *f* turkey[hen]
Tschad <-s> ['tʃat] *nt* Chad; *s.a.* **Deutschland**
Tscheche, **Tschechin** <-n, -n> ['tʃɛçə, 'tʃɛçɪn] *m, f* Czech
tschechisch ['tʃɛçɪʃ] *adj* Czech
Tschechische Republik *f* Czech Republic
T-Shirt <-s, -s> ['ti:ʃø:ɐ̯t] *nt* T-shirt
Tsunami <-, -s> [tsu'na:mi] *m* tsunami
Tube <-, -n> ['tu:bə] *f* tube
Tuberkulose <-, -n> [tubɛrku'lo:zə] *f* tuberculosis *no pl*
Tuch[1] <-[e]s, Tücher> [tu:x] *nt (Kopftuch)* [head]scarf; *(Halstuch)* scarf
Tuch[2] <-[e]s, -e> [tu:x,] *nt (Gewebe)* cloth
tüchtig ['tʏçtɪç] *adj* ❶ capable ❷ *(fam: groß)* big; **eine ~e Tracht Prügel** a good hiding
Tücke <-, -n> ['tʏkə] *f* ❶ *kein pl (Heimtücke)* malice ❷ *(Unwägbarkeiten)* **~n** *pl* vagaries
tückisch ['tʏkɪʃ] *adj* ❶ *(hinterhältig)* malicious ❷ *(unberechenbar)* pernicious
tüfteln ['tyftl̩n] *vi (fam)* to fiddle about; **an etw** *dat* ~ to fiddle about with sth
Tugend <-, -en> ['tu:gn̩t] *f* virtue
Tulpe <-, -n> ['tʊlpə] *f* tulip
tummeln ['tʊml̩n] *vr* **sich** ~ to romp [about]
Tümmler <-s, -> ['tʏmlɐ] *m* porpoise
Tumor <-s, Tumoren> ['tu:mo:ɐ̯, tu'mo:ɐ̯] *m* tumour
Tümpel <-s, -> ['tʏmpl̩] *m* [small] pond
Tumult <-[e]s, -e> [tu'mʊlt] *m kein pl* commotion

tun <tat, getan> [tu:n] **I.** *vt* ❶ *(machen)* to do; **was sollen wir bloß ~?** whatever shall we do?; **was tust du da?** what are you doing [there]?; **so etwas tut man nicht!** you just don't do things like that!; ~ **und lassen können, was man will** to do as one pleases ❷ *(unternehmen)* to do; **etw gegen etw** *akk* ~ to do sth about sth; **etwas für jdn ~ können** to be able to do something for sb ❸ *(legen o stecken)* **etw irgendwohin** ~ to put sth somewhere ▸**was kann ich für Sie ~?** can I help you? **II.** *vr impers* **es tut sich etwas/nichts/einiges** something/nothing/quite a lot is happening **III.** *vi* ❶ **so ~, als ob ...** to pretend that ...; **er tut nur so** he's just pretending ❷ **zu ~ haben** to be busy
tünchen ['tʏnçn̩] *vt* to whitewash
Tuner <-s, -> ['tju:nɐ] *m* tuner
Tunesien <-s> [tu'ne:ziən] *nt* Tunisia; *s.a.* **Deutschland**
Tunesier(in) <-s, -> [tu'ne:ziɐ] *m(f)* Tunisian; *s.a.* **Deutsche(r)**
tunesisch [tu'ne:zɪʃ] *adj* ❶ *(Tunesien betreffend)* Tunisian; *s.a.* **deutsch 1** ❷ LING Tunisian; *s.a.* **deutsch 2**
Tunfisch ['tu:nfɪʃ] *m* tuna [fish]
tunken ['tʊŋkən] *vt* to dip (**in** into)
Tunnel <-s, -> ['tʊnl̩] *m* tunnel
tüpfeln ['tʏpfl̩n] *vt* **etw** ~ to spot sth
tupfen ['tʊpfn̩] *vt* to dab
Tupfen <-s, -> ['tʊpfn̩] *m* dot
Tür <-, -en> [ty:ɐ̯] *f* door
Türangel *f* [door-]hinge
turbulent [tʊrbu'lɛnt] *adj* turbulent
Türgriff *m* door-handle
Türke, **Türkin** <-n, -n> ['tʏrkə, 'tʏrkɪn] *m, f* Turk
Türkei <-> [tʏr'kai] *f* **die** ~ Turkey
türkis [tʏr'ki:s] *adj* turquoise
Türkis <-es, -e> [tʏr'ki:s] *m* turquoise
türkisch ['tʏrkɪʃ] *adj* Turkish
Türklinke *f* door-handle
Türklopfer *m* door-knocker
Turm <-[e]s, Türme> [tʊrm] *m* ❶ tower ❷ SCHACH castle

türmen ['tʏrmən] **I.** *vt haben* **etw** [**auf etw** *akk*] ~ to pile up sth *sep* [on sth] **II.** *vr* **sich** [**auf etw** *dat*] ~ to pile up [on sth]
Turmfalke *m* kestrel
Turmspringen *nt kein pl* high diving
turnen ['tʊrnən] *vi* to do gymnastics
Turnen <-s> ['tʊrnən] *nt kein pl* gymnastics + *sing vb*
Turner(in) <-s, -> ['tʊrnɐ] *m(f)* gymnast
Turnhalle *f* gymnasium **Turnhose** *f* gym shorts
Turnier <-s, -e> [tʊr'niːɐ̯] *nt* tournament
Turnlehrer(in) *m(f)* SCH PE teacher **Turnschuh** *m* trainer BRIT, sneaker AM **Turnstunde** *f* PE [*or* Physical Education] lesson **Turnübung** *f* gymnastic exercise **Turnunterricht** *m kein pl* gymnastics + *sing vb* **Turnverein** *m* gymnastics club
Türöffner *m* automatic door-opener **Türrahmen** *m* door-frame **Türschild** *nt* name-plate
Tusche <-, -n> ['tʊʃə] *f* Indian ink
tuscheln ['tʊʃl̩n] *vi* *(heimlich reden)* [**über jdn/etw**] ~ to gossip secretly [about sb/sth]
Tüte <-, -n> ['tyːtə] *f* bag; **eine ~ Popcorn** a bag of popcorn
TÜV <-s, -s> ['tʏf] *m Akr von* **Technischer Überwachungsverein** Technical Inspection Agency *(also performing MOTs on vehicles)*; **jds/der ~ läuft ab** sb's/the MOT is about to run out; **durch den ~ kommen** to get [a vehicle] through its MOT
TV <-[s], -s> [teː'faʊ, tiː'viː] *nt Abk von* **Television** TV
twittern ['tvɪtɐn] *vi, vt* INET to twitter, to tweet
Typ <-s, -en> [tyːp] *m* ❶ model; **dieser ~ Computer** this model of computer ❷ *(Art Mensch)* type [of person]; **jds ~ sein** to be sb's type ❸ *(sl: Kerl)* guy
Typhus <-> ['tyːfʊs] *m kein pl* typhoid
typisch ['tyːpɪʃ] **I.** *adj* typical; **~ für jdn sein** to be typical of sb **II.** *adv* **~ Frau/Mann!** typical woman/man!; **~ britisch/deutsch** typically British/German
Tyrann(in) <-en, -en> [ty'ran] *m(f)* tyrant
tyrannisch [ty'ranɪʃ] **I.** *adj* tyrannical **II.** *adv* tyrannically
tyrannisieren *vt* **jdn ~** to tyrannize sb; **sich ~ lassen** to [allow oneself to] be tyrannized (**von** by)

Uu

U, u <-, -> *nt* U, u
u. *konj Abk von* **und**
U-Bahn *f* ① underground BRIT, subway AM; **mit der ~ fahren** to go by underground ② *(Zug)* [underground] train **U-Bahnhof** *m* underground [*or* AM subway] station
übel ['y:bl̩] **I.** *adj* ① *(schlimm)* bad ② *(unangenehm)* nasty ③ MED **mir ist ~** I feel sick **II.** *adv* ① *(unangenehm)* **was riecht hier so ~?** what's that nasty smell [in] here?; **das Zeug schmeckt aber ~!** that stuff tastes awful! ② *(schlecht)* **~ dran sein** to be in a bad way; **nicht ~** not so bad [at all] ③ *(gemein)* badly; **jdn ~ behandeln** to treat sb badly
Übel <-s, -> ['y:bl̩] *nt* evil ▶ **zu allem ~** to cap it all
Übelkeit <-, -en> *f* nausea
Übeltäter(in) *m(f)* wrongdoer
üben ['y:bn̩] **I.** *vt, vi* to practise **II.** *vr* **sich in etw** *dat* **~** to practise sth
über ['y:bɐ] **I.** *präp +dat (oberhalb von)* above **II.** *präp +akk* ① *(quer hinüber, darüber)* over ② *(höher als)* above ③ *(etw erfassend)* over; **ein Überblick ~ etw** *akk* an overview of sth ④ *(betreffend)* about ⑤ *(durch jdn/etw)* through ⑥ TRANSP via ⑦ *(während)* over ⑧ RADIO, TV on; **~ Satellit empfange ich 63 Programme** I can receive 63 channels via satellite ▶ **~ alles** more than anything **III.** *adv* ① *(älter als)* over ② *(mehr als)* more than **IV.** *adj (fam: übrig)* **~ sein** to be left
überall [y:bɐ'ʔal] *adv* everywhere; *(an jeder Stelle)* all over [the place]; **~ wo** wherever
überängstlich *adj* over-anxious; **[in etw** *dat*] **~ sein** to be over-anxious [about sth] **überarbeiten** [y:bɐ'ʔarbaitn̩] **I.** *vt* to revise **II.** *vr* **sich ~** to overwork oneself
Überarbeitung <-, -en> [y:bɐ'ʔarbaitʊŋ] *f* MEDIA ① *kein pl* revision ② *(bearbeitete Fassung)* revised version
überaus ['y:bɐʔaʊs] *adv* extremely
überbevölkert *adj* overpopulated
überbewerten *vt* to overestimate
Überbleibsel <-s, -> ['y:bɐblaips l̩] *nt (fam)* ① *(Relikt)* relic ② *(Rest)* remnant
Überblick ['y:bɐblɪk] *m* ① *(Sicht)* view (**über** of) ② *(Übersicht)* overview (**über** of); **den ~ [über etw** *akk*] **verlieren** to lose track [of sth]
überbrücken [y:bɐ'brʏkn̩] *vt* to get through
Überdosis *f* overdose (**an** of) **Überdruck** *m* excess pressure
Überdruss <-es> ['y:bɐdrʊs] *m kein pl* aversion; **bis zum ~** ad nauseum
überdrüssig ['y:bɐdrʏsɪç] *adj* **jds/einer S. ~ sein/werden** to be/grow tired of sb/a thing
überdurchschnittlich **I.** *adj* above-average *attr* **II.** *adv* above average
übereinander [y:bɐʔai'nandɐ] *adv* ① on top of each other ② *(fig)* about each other
übereinander|schlagen *vt* **die Beine ~** to cross one's legs
Übereinkommen [y:bɐ'ʔainkɔmən] *nt* agreement; **ein ~ erzielen** to reach an agreement (**in** *+dat* on)
Übereinkunft <-, -künfte> [y:bɐ'ʔainkʊnft, *pl:* -kʏnftə] *f* agreement, arrangement, understanding *no pl;* **eine ~ erzielen** to reach an agreement
überein|stimmen [y:bɐ'ʔainʃtɪmən] *vi* ① to agree (**in** on); **mit jdm darin ~, dass ...** to agree with sb that ... ② *(sich gleichen)* [**mit etw** *dat*] **~** to

U

match [sth]

Übereinstimmung *f* agreement (**in** on)

überempfindlich **I.** *adj* hypersensitive (**gegen** to) **II.** *adv* hypersensitively **Überempfindlichkeit** *f* ① *(zu große Empfindlichkeit)* over-sensitivity, touchiness *no pl* ② *kein pl* MED *(Neigung zu Allergien)* hypersensitivity

überfahren [y:bɐ'fa:rən] *vt irreg* to run over *sep*

Überfahrt *f* NAUT crossing

Überfall <-s, Überfälle> *m* attack; *(Raubüberfall)* robbery

überfallen [y:bɐ'falən] *vt irreg* ① to attack ② *(mit Raub)* to mug; *Bank* to rob

Überflieger(in) *m(f)* high-flyer

über|fließen ['y:bɐfli:sn̩] *vi irreg sein* to overflow

Überfluss *m kein pl* abundance; **etw im ~ haben** to have plenty of sth ► **zu allem ~** to cap it all

überflüssig *adj* superfluous

überfluten [y:bɐ'flu:tn̩] *vt* to flood

überfordern [y:bɐ'fɔrdɐn] *vt* to overtax; [**mit etw** *dat*] **überfordert sein** to be out of one's depth [with sth]

überführen [y:bɐ'fy:rən] *vt* ① to transfer ② JUR **jdn** [**einer S.** *gen*] ~ to convict sb of sth

Überführung [y:bɐ'fy:rʊŋ] *f* ① TRANSP bridge; *(über eine Straße)* overpass; *(für Fußgänger)* [foot-]bridge ② *(das Überführen)* transferral ③ JUR conviction

Überfülle <-> *f kein pl* profusion, superabundance

überfüllt *adj* overcrowded

Übergabe *f* ① handing over ② MIL surrender

Übergang <-gänge> *m* ① *(das Überqueren)* crossing ② *(Wechsel)* transition ③ *(Zwischenlösung)* interim solution

Übergangszeit *f* ① transition ② *(Zeit zwischen Hauptjahreszeiten)* in-between [*or* AM off] season

übergeben [y:bɐ'ge:bn̩] **I.** *vt irreg* [**jdm**] **etw ~** to hand over *sep* sth [to sb] **II.** *vr* MED **sich ~** to vomit

über|gehen[1] ['y:bɐge:ən] *vi irreg sein* **dazu ~, etw zu tun** to go over to doing sth; **ineinander ~** to merge into one another

übergehen[2] [y:bɐ'ge:ən] *vt irreg (ignorieren)* to ignore

übergeordnet *adj* higher

Übergepäck *nt* excess luggage **Übergewicht** *nt kein pl* overweight; **~ haben** to be overweight

übergewichtig *adj* overweight

überglücklich **I.** *adj* extremely happy, overjoyed *pred* **II.** *adv* **~ lächeln** to smile blissfully

über|greifen *vi irreg* [**auf etw** *akk*] **~** to spread [to sth]

Übergriff *m* infringement of [one's/sb's] rights

übergroß *adj* oversize[d], enormous; **~e Kleidung** outsize[d] clothing **Übergröße** *f* outsize

Überhang <-s, -hänge> *m* ① *(überhängende Felswand)* overhang, overhanging ledge ② *(Bestand)* surplus; **~ an Aufträgen** backlog of [unfulfilled] orders ③ TYPO kern

überhaupt [y:bɐ'haupt] *adv* **~ keiner** nobody at all; **~ kein Geld haben** to have no money at all; **~ nicht** not at all; **~ nichts** nothing at all; **wenn ~** if at all

überheblich [y:bɐ'he:plɪç] *adj* arrogant

Überheblichkeit <-, *selten* -en> *f* arrogance *no pl*

überhitzen [y:bɐ'hɪtsn̩] *vt* to overheat

überhöht *adj* excessive; **mit ~er Geschwindigkeit fahren** to drive over the speed limit

überholen [y:bɐ'ho:ln̩] **I.** *vt* ① *(schneller vorbeifahren)* to overtake ② *(übertreffen)* to surpass ③ *Maschine* to overhaul **II.** *vi* to pass

Überholspur *f* fast [*or* BRIT overtaking] lane

überholt *adj* outdated

Überholverbot *nt* restriction on passing [*or* BRIT overtaking] *(Strecke)* no passing [*or* BRIT overtaking] zone

Überkapazität *f* overcapacity; **seine ~ loswerden** to work off excess capacity

über|kochen [ˈyːbɐkɔxn̩] *vi sein* to boil over

überladen [yːbɐˈlaːdn̩] **I.** *vt irreg* to overload **II.** *adj* ❶ overloaded ❷ *Stil* florid

überlassen [yːbɐˈlasn̩] *vt irreg* ❶ *(zur Verfügung stellen)* **jdm etw ~** to let sb have sth ❷ *(lassen)* **jdm etw ~** to leave sth to sb; **das müssen Sie schon mir ~** you must leave that to me ❸ *(verantworten)* **jdn sich** *dat* **selbst ~** to leave sb to his/her own devices

Überlastung <-, -en> *f* ❶ overstrain *no pl* ❷ ELEK overloading *no pl*

über|laufen [ˈyːbɐlaufn̩] *vi irreg sein* ❶ to overflow ❷ MIL to desert

überleben [yːbɐˈleːbn̩] *vt* to survive; **jdn ~** to outlive sb

Überlebende(r) *f(m) dekl wie adj* survivor

überlegen¹ [yːbɐˈleːgn̩] **I.** *vi* to think [about it]; **ohne zu ~** without thinking **II.** *vt* **sich** *dat* **etw ~** to consider sth; **ich will es mir noch einmal ~** I'll think it over again; **es sich** *dat* **[anders] ~** to change one's mind

überlegen² [yːbɐˈleːgn̩] *adj* superior; **jdm ~ sein** to be superior to sb

überlegt [yːbɐˈleːkt] **I.** *adj* [well-]considered **II.** *adv* with consideration

Überlegung <-, -en> *f* consideration *no indef art*

überliefern [yːbɐˈliːfɐn] *vt* to hand down *sep;* **überliefert sein** to have come down

Überlieferung *f* tradition; **mündliche ~** oral tradition

überlisten [yːbɐˈlɪstn̩] *vt* to outwit

übermächtig *adj* ❶ *(die Übermacht besitzend)* superior ❷ *(geh: alles beherrschend)* overpowering; *Verlangen* overwhelming

Übermaß *nt kein pl* excess[ive amount] (**an/von** of); **im ~** in excess

übermäßig I. *adj* excessive **II.** *adv* excessively; **sich ~ anstrengen** to try too hard

übermorgen [ˈyːbɐmɔrgn̩] *adv* the day after tomorrow; **~ Abend** the day after tomorrow in the evening

übermüdet [yːbɐˈmyːdət] *adj* overtired

Übermut *m* high spirits *npl;* **aus ~** just for the hell of it *fam*

übermütig [ˈyːbɐmyːtɪç] **I.** *adj* high-spirited **II.** *adv* boisterously

übernächste(r, s) [ˈyːbɐnɛːçstə, -tɐ, -təs] *adj attr* **der/die/das ~** the next but one; **~s Jahr/~ Woche** the year/week after next

übernachten [yːbɐˈnaxtn̩] *vi* **irgendwo/bei jdm ~** to stay the night somewhere/at sb's place

Übernachtung <-, -en> *f* overnight stay; **mit zwei ~en in Bangkok** with two nights in Bangkok; **~ mit Frühstück** bed and breakfast

Übernachtungsmöglichkeit *f* overnight accommodation *no pl*

Übernahme <-, -n> [ˈyːbɐnaːmə] *f eines Amts* assumption; *einer Firma* takeover

übernatürlich *adj* supernatural

übernehmen [yːbɐˈneːmən] *irreg* **I.** *vt* ❶ *(in Besitz nehmen)* to take; *Geschäft* to take over *sep* ❷ *(auf sich nehmen)* to accept; *Auftrag, Verantwortung* to take on *sep; Kosten* to pay; *Verpflichtungen* to assume **II.** *vr* **sich [mit etw** *dat*] **~** to take on too much [of sth]

überprüfen [yːbɐˈpryːfn̩] *vt* to check (**auf** for)

überqueren [yːbɐˈkveːrən] *vt* to cross [over]

überragen [yːbɐˈraːgn̩] *vt* ❶ to tower above (**um** by) ❷ *(übertreffen)* to outclass

überraschen [yːbɐˈraʃn̩] *vt* to surprise; **jdn bei etw** *dat* **~** to surprise sb doing sth; **vom Regen überrascht werden** to get caught in the rain

überraschend I. *adj* unexpected **II.** *adv* unexpectedly

Überraschung <-, -en> *f kein pl* surprise; [**für jdn**] **eine ~ sein** to come as a surprise [to sb]; **eine ~ für jdn kaufen** to buy something as a surprise for sb

überreden [y:bɐ'reːdn̩] *vt* to persuade; **jdn zu etw** *dat* **~** to talk sb into sth

überreichlich I. *adj* [more than] ample II. *adv* **~ speisen/trinken** to eat/drink more than ample; **jdn ~ bewirten** to provide sb with [more than] ample fare

Überreichung <-, -en> *f* presentation

überreizt *adj* ❶ *(überanstrengt)* overstrained; **~e Nerven** overwrought nerves ❷ *(übererregt)* overexcited

Überrest *m meist pl* remains *npl;* **jds sterbliche ~e** sb's [mortal] remains

überrumpeln [y:bɐ'rʊmpl̩n] *vt* **jdn ~** to take sb by surprise

übersättigt *adj* sated *form,* satiated *form*

überschätzen [y:bɐ'ʃɛtsn̩] I. *vt* to overestimate II. *vr* **sich ~** to think too highly of oneself

überschlagen [y:bɐ'ʃla:gn̩] *irreg vr* **sich ~** ❶ *Mensch* to fall head over heels; *Fahrzeug* to overturn ❷ *Ereignisse* to come thick and fast ❸ *Stimme* to crack ❹ *(fig)* **sich vor Freundlichkeit/Hilfsbereitschaft ~** to fall over oneself to be friendly/helpful

überschneiden [y:bɐ'ʃnaidn̩] *vr irreg* **sich ~** to overlap

überschreiten [y:bɐ'ʃraitn̩] *vt irreg* ❶ *(geh: überqueren)* to cross [over] ❷ *(über etw hinausgehen)* to exceed (**um** by)

Überschrift *f* title; *einer Zeitung* headline

Überschuss *m* surplus *no pl* (**an** of)

überschüssig ['y:bɐʃʏsɪç] *adj* surplus

überschwänglich ['y:bɐʃvɛŋlɪç] I. *adj* effusive II. *adv* effusively

überschwemmen [y:bɐ'ʃvɛmən] *vt* to flood

Überschwemmung <-, -en> *f* flood[ing *no pl*]

Übersee ['y:bɐze:] *kein art* **aus ~** from overseas; **in ~** overseas; **nach ~** overseas

übersehbar [y:bɐ'ze:ba:ɐ̯] *adj* ❶ *(abschätzbar) Auswirkungen* containable; *Dauer, Kosten, Schäden* assessable; *Konsequenzen* clear; **etw ist/ist noch nicht ~** sth is in sight/sth is still not known ❷ *(mit Blicken zu erfassen)* visible

übersehen [y:bɐ'ze:ən] *vt irreg* ❶ *(nicht erkennen)* to overlook ❷ *(abschätzen)* to assess

Übersetzungstipp
Nicht verwechseln mit *oversee – überwachen!*

übersetzen [y:bɐ'zɛtsn̩] *vi, vt* to translate (**aus** from /**ins** into)

Übersetzer(in) *m(f)* translator

Übersetzung <-, -en> *f* ❶ *(in andere Sprache)* translation ❷ TECH transmission ratio

Übersicht <-, -en> *f* ❶ *kein pl (Überblick)* overall view; **die ~ verlieren** to lose track of things ❷ *(knappe Darstellung)* outline

Übersetzungstipp
Nicht verwechseln mit *oversight – Versehen!*

übersichtlich I. *adj* ❶ *(rasch erfassbar)* clear ❷ *Gegend* open *attr* II. *adv* clearly

Übersiedler(in) *m(f)* migrant; *(Einwanderer)* immigrant; *(Auswanderer)* emigrant

übersinnlich *adj* paranormal

überspitzt I. *adj* exaggerated II. *adv* in an exaggerated fashion

überstehen [y:bɐ'ʃte:ən] *vt* to come through

übersteigen [yːbɐ'ʃtaign̩] *vt irreg* to exceed

Überstunde *f* ÖKON **~n** overtime *no pl*

Überstundenzuschlag *m* overtime pay

überstürzt I. *adj* overhasty II. *adv* overhastily

übertragbar [yːbɐ'traːkbaːɐ̯] *adj* 1 *(durch Infektion weiterzugeben)* communicable *form* (**auf** +*akk* to); *(durch Berührung)* contagious 2 *(anderweitig anwendbar)* to be applicable (**auf** +*akk* to) 3 *(von anderen zu benutzen)* ~ **sein** to be transferable

übertragen [yːbɐ'traːgn̩] *irreg* I. *vt* 1 *(senden)* to broadcast 2 *(übersetzen)* to translate 3 MED to transmit (**auf** to) 4 *(übergeben)* **jdm die Verantwortung ~** to entrust sb with the responsibility 5 *Besitz* to transfer (**auf** to) II. *vr* MED **sich [auf jdn] ~** to be transmitted [to sb]

Überträger(in) [yːbɐ'trɛːgɐ] *m(f)* MED carrier

übertreffen [yːbɐ'trɛfn̩] *vt irreg* to surpass (**an/in** in)

übertreiben [yːbɐ'traibn̩] *irreg* I. *vi* to exaggerate II. *vt* to overdo

Übertreibung <-, -en> *f* exaggeration

über|treten[1] ['yːbɐtreːtn̩] *vi irreg sein* *(konvertieren)* to convert (**zu** to)

übertreten[2] [yːbɐ'treːtn̩] *vt irreg Gesetz* to break

Übertretung <-, -en> [yːbɐ'treːtʊŋ] *f* violation *no pl*

übertrieben I. *adj* exaggerated II. *adv* excessively

Übertritt *m* **der/ein/jds ~ zu etw** *dat* the/a/sb's conversion to sth

übertrumpfen [yːbɐ'trʊmpfn̩] *vt* **jdn/etw ~** to outdo sb/surpass sth

übervölkert [yːbɐ'fœlkɐt] *adj* overpopulated

Übervölkerung <-> [yːbɐ'fœlkərʊŋ] *f kein pl* overpopulation

übervoll *adj* 1 *(mehr als voll)* full to the brim *pred;* **ein ~er Teller** a heaped[-up] plate 2 *(überfüllt)* crowded; **~ sein** to be overcrowded

überwachen [yːbɐ'vaːxn̩] *vt* 1 to supervise; *mit Kamera* to monitor 2 *(beschatten)* **jdn/etw ~** to keep sb/sth under surveillance

Überwachung <-> *f kein pl* 1 supervision; *(Kameraüberwachung)* monitoring 2 *(Beschattung)* surveillance; *eines Telefons* bugging

Überwachungskamera *f* surveillance camera

überwältigen [yːbɐ'vɛltɪgn̩] *vt* to overwhelm

überwältigend *adj* overwhelming; *Schönheit* stunning; *Sieg* crushing

überweisen [yːbɐ'vaizn̩] *vt irreg* 1 FIN to transfer 2 MED to refer (**an** to)

Überweisung <-, -en> *f* 1 FIN transfer 2 MED referral (**an** to)

überwiegend [yːbɐ'viːgn̩t] I. *adj* predominant II. *adv* mainly

überwinden [yːbɐ'vɪndn̩] *irreg* I. *vt* 1 to overcome 2 *Gegner* to defeat II. *vr* **sich zu etw** *dat* ~ to force oneself to do sth

Überwindung <-> *f kein pl* 1 overcoming 2 *(Selbstüberwindung)* conscious effort; **jdn ~ kosten[, etw zu tun]** to take sb a lot of will power [to do sth]

überzeugen [yːbɐ'tsɔygn̩] I. *vt* to convince (**von** of) II. *vi* to be convincing III. *vr* **sich [selbst] ~** to convince oneself; **~ Sie sich selbst!** [go and] see for yourself

überzeugend I. *adj* convincing II. *adv* convincingly

Überzeugung <-, -en> [yːbɐ'tsɔygʊŋ] *f* conviction; **der [festen] ~ sein, dass ...** to be [firmly] convinced that ...; **zu der ~ gelangen, dass ...** to become convinced that ...

überziehen [yːbɐ'tsiːən] *irreg vt* 1 *(bedecken)* to cover 2 FIN to overdraw (**um** by) 3 *(übertreiben)* **überzogen** exaggerated II. *vi (Zeitlimit)* to overrun [one's allotted time] (**um** by)

überzogen *adj* 1 *Himmel* overcast 2 *Konto* overdrawn 3 *Vorstellungen*

U

excessive
Überzug <-s, Überzüge> *m* ❶ *(Schicht)* coat[ing] ❷ *(Hülle)* cover
üblich ['y:plɪç] *adj* usual; **es ist bei uns hier [so] ~** that's the custom with us here; **wie ~** as usual
U-Boot ['u:bo:t] *nt* submarine
übrig ['y:brɪç] *adj* ❶ *(andere)* other ❷ *(restliche)* remaining; **~ sein** to be left [over]; **die Ü~en** the remaining ones; **alles Ü~e** all the rest; **es wird ihm gar nichts anderes ~ bleiben** he won't have any choice; **[jdm] etw ~ lassen** to leave sth [for sb]
übrigens ['y:brɪgṇs] *adv* by the way
übrig|haben *vt* **für jdn etwas/nichts/viel ~** to have a soft spot for sb/to not care much about sb/to be very fond of sb; **für etw etwas/nichts/viel ~** to be interested/not at all interested/very interested in sth
Übung <-, -en> ['y:bʊŋ] *f* ❶ exercise ❷ *kein pl (Praxis)* practice; **aus der ~ sein** to be out of practice; **zur ~** for practice
UdSSR <-> [u:de:ʔɛsʔɛs'ʔɛr] *f Abk von* **Union der Sozialistischen Sowjetrepubliken** HIST **die ~** the USSR
Ufer <-s, -> ['u:fɐ] *nt (Flussufer)* bank; *(Seeufer)* shore
Ufo, UFO <-[s], -s> ['u:fo] *nt Abk von* **Unbekanntes Flugobjekt** UFO
Uganda <-> [u'ganda] *nt* Uganda; *s.a.* **Deutschland**
Ugander(in) <-s, -> [u'gandɐ] *m(f)* Ugandan; *s.a.* **Deutsche(r)**
ugandisch [u'gandɪʃ] *adj* Ugandan; *s.a.* **deutsch**
U **Uhr** <-, -en> [u:ɐ] *f* ❶ clock; *(Armbanduhr)* watch; **diese ~ geht nach/vor** this watch is slow/fast; **nach jds ~** by sb's watch; **rund um die ~** round the clock; **die ~ stellen** to set the clock/one's watch ❷ *(Zeitangabe)* o'clock; **15 ~** 3 o'clock [in the afternoon] 3 pm; **7 ~ 30** half past 7 [in the morning] 7.30 [am/pm]; **8 ~ 23** 23 minutes past 8 eight twenty-three; **wie viel ~ ist es?** what time is it?; **um wie viel ~?** [at] what time?; **um 10 ~** at ten [o'clock]
Uhrzeiger *m* hand **Uhrzeigersinn** *m* **im ~** clockwise; **entgegen dem ~** anticlockwise counterclockwise AM
Uhrzeit *f* time [of day]
Uhu <-s, -s> ['u:hu] *m* eagle owl
Ukraine <-> [ukra'i:nə] *f* **die ~** [the] Ukraine
Ukrainer(in) <-s, -> [ukra'i:nɐ] *m(f)* Ukrainian
ukrainisch [ukra'i:nɪʃ] *adj* Ukrainian
ulkig ['ʊlkɪç] *adj* funny
Ulme <-, -n> ['ʊlmə] *f* elm
Ultimatum <-s, -s> [ʊlti'ma:tʊm] *nt* ultimatum; **jdm ein ~ stellen** to give sb an ultimatum
Ultrakurzwelle [ʊltra'kʊrtsvɛlə] *f* ❶ *(Welle)* ultrashort wave ❷ *(Empfangsbereich)* ≈ very high frequency, VHF
Ultraschall ['ʊltraʃal] *m* ultrasound
Ultraschallbild *nt* ultrasound picture **Ultraschalluntersuchung** *f* ultrasound
ultraviolett [ʊltravi̯o'lɛt] *adj* ultraviolet
um [ʊm] **I.** *präp +akk* ❶ *(etw umgebend)* **~ etw [herum]** around sth; *(nach allen Richtungen)* **~ sich schlagen/treten** to hit/kick out in all directions ❷ *(zeitlich)* **~ Ostern/den 15. des Monats [herum]** around Easter/the 15th of the month ❸ *in Vergleichen* **~ einiges besser** quite a bit better; **~ 10 cm länger** 10 cm longer ❹ *(für)* **~ jds/einer S. willen** for sb's sake/for the sake of sth ❺ *(nach)* **Minute ~ Minute** minute by minute ❻ *(vorüber)* **~ sein** to be over; *Zeit* to be up **II.** *konj* **~ etw zu tun** [in order] to do sth **III.** *adv* **~ die 80 Meter** about 80 metres
umarmen [ʊm'ʔarmən] *vt* to embrace; *(fester)* to hug
Umarmung <-, -en> *f* embrace; *(fester)* hug
um|biegen *irreg* **I.** *vt haben* to bend

II. *vi sein (kehrtmachen)* to turn back
um|binden ['ʊmbɪndn̩] *vt irreg* **jdm etw ~** to tie sth around sb's neck; **sich** *dat* **etw ~** to tie on *sep* sth
um|blättern *vi* to turn over
Umbruch ['ʊmbrʊx] *m* radical change
um|buchen *vt* ① *(terminlich)* to alter one's booking/reservation (**auf** for); **den Flug auf einen anderen Tag ~** to change one's flight reservation to another day ② *Geld* to transfer (**von** from /**auf** to)
um|denken *vi irreg* to change one's ideas/views
um|drehen I. *vt haben* to turn; *(auf die andere Seite)* to turn over *sep* II. *vr haben* **sich [nach jdm/etw] ~** to turn round [to look at sb/sth] III. *vi haben o sein* to turn round
Umdrehungszahl *f* number of revolutions per minute/second
umeinander [ʊmʔai'nandɐ] *adv* about each other
um|fahren ['ʊmfa:rən] *irreg vt (fam) (überfahren)* to run over *sep*
um|fallen *vi irreg sein* to fall over
Umfang <-[e]s, Umfänge> *m* ① *(Bauch~)* girth ② *(Ausdehnung)* area ③ *(Ausmaß)* **in großem ~** on a large scale; **in vollem ~** completely
umfangreich *adj* extensive; *Buch* thick
umfassend [ʊm'fasn̩t] I. *adj* ① *(weitgehend)* extensive ② *(alles enthaltend)* full II. *adv* **~ über etw berichten** to report all the details of sth; **jdn ~ informieren** to keep sb informed of everything
Umfeld *nt* sphere
Umfrage *f* poll; **eine ~ machen** to hold a survey (**zu/über** on)
um|füllen *vt* **etw [in etw** *akk*] **~** to transfer sth [into sth]; **Wein in eine Karaffe ~** to decant wine
Umgang <-gänge> *m* **jds ~ mit etw** *dat* sb's having to do with sth; **kein ~ für jdn sein** to be not fit company for sb
umgänglich ['ʊmgɛŋlɪç] *adj* friendly; *(entgegenkommend)* obliging
Umgangsformen *pl* manners *npl* **Umgangssprache** *f* colloquial speech; **die griechische ~** colloquial Greek **Umgangston** *m* tone
umgeben [ʊm'ge:bn̩] *vt irreg* to surround
Umgebung <-, -en> [ʊm'ge:bʊŋ] *f* surroundings *npl; einer Stadt a.* environs *npl; (Nachbarschaft)* vicinity
um|gehen[1] ['ʊmge:ən] *vi irreg sein* ① *(behandeln)* **mit jdm/etw irgendwie ~** to handle sb/sth somehow ② *Gerücht* to circulate
umgehen[2] [ʊm'ge:ən] *vt irreg (vermeiden)* to avoid
Umgehung [ʊm'ge:ʊŋ] *f*, **Umgehungsstraße** <-, -en> *f* bypass
umgekehrt I. *adj* reverse *attr;* **[es ist] gerade ~!** just the opposite!; **in ~er Reihenfolge** in reverse order II. *adv* the other way round
Umhang <-[e]s, Umhänge> *m* cape
Umhängetasche *f* shoulder bag
umher [ʊm'he:ɐ̯] *adv* around; **rings ~** all around
umher|ziehen *vi irreg sein* to wander around
um|kehren *vi sein* to turn back
Umkehrung <-, -en> *f (geh)* reversal
um|kippen I. *vi sein* ① to tip over ② *(sich ändern)* **in etw** *akk* **~** to turn into sth II. *vt haben* to tip over *sep*
umklammern [ʊm'klamɐn] *vt* **jdn ~** to cling [on] to sb; **etw ~** to hold sth tight
Umkleideraum *m* changing room
Umkreis *m* vicinity; **im ~ von 100 Metern** within a radius of 100 metres
umkreisen [ʊm'kraizn̩] *vt* ASTRON to orbit
um|krempeln *vt* ① *Ärmel* to roll up *sep* ② *(umgestalten)* **etw/jdn ~** to give sth/sb a good shake up
Umlauf ['ʊmlauf] *m* ① ASTRON rotation ② **etw in ~ bringen** *Geld* to put into circulation; *Gerücht* to spread
Umlaufbahn *f* orbit
Umlaut *m* umlaut

U

Umleitung <-, -en> *f* diversion
um|räumen *vi, vt (Möbel)* to rearrange
Umrechnungskurs *m* exchange rate
umringen [ʊmˈrɪŋən] *vt* to surround
Umriss *m meist pl* outline; **in Umrissen** in outline
um|rühren *vi, vt* to stir
Umsatz *m* turnover
Umsatzbeteiligung *f* ÖKON commission **Umsatzsteuer** *f* sales tax
um|schauen *vr (geh) s.* **umsehen**
Umschlag <-[e]s, -schläge> *m* ❶ *(Kuvert)* envelope ❷ *(Buchumschlag)* jacket ❸ MED compress
umschreiben [ʊmˈʃraibn̩] *vt irreg* ❶ *(indirekt ausdrücken)* to talk around ❷ *(beschreiben)* to outline
um|schulen *vt* ❶ to retrain (**zu** as); **sich ~ lassen** to undergo retraining ❷ *Schüler* to transfer to another school
Umschulungskurs *m* SCH, ÖKON retraining course
Umschwung *m* ❶ *(plötzliche Veränderung)* drastic change ❷ SCHWEIZ *(umgebendes Gelände)* surrounding property
um|sehen *vr irreg* ❶ **sich irgendwo ~** to have [*or esp* AM take] a look around somewhere ❷ *(nach hinten blicken)* **sich ~** to look back [*or* BRIT round] ❸ *(suchen)* **sich nach jdm/etw ~** to look around for sb/sth
Umsetzung <-, -en> *f* ❶ *(Übertragung)* transfer; *(Versetzung)* transfer of duties; **~ eines Beamten** transfer of an official to a different position ❷ *(Verwirklichung)* realization; *eines Plans* implementation ❸ TECH, PHYS conversion ❹ ÖKON turnover
umsichtig **I.** *adj* prudent **II.** *adv* prudently
Umsiedlung <-, -en> *f* resettlement
umsonst [ʊmˈzɔnst] *adv* ❶ *(gratis)* for free; **~ sein** to be free [of charge] ❷ *(vergebens)* in vain
Umstand <-[e]s, -stände> *m* ❶ *(Gegebenheit)* circumstance; **mildernde Umstände** JUR mitigating circumstances; **unter Umständen** possibly; **unter allen Umständen** at all costs ❷ *pl (Schwierigkeiten)* trouble; **bitte keine Umstände!** please don't put yourself out!
umständlich [ˈʊmʃtɛntlɪç] **I.** *adj* ❶ *Erklärung* long-winded ❷ *(aufwändig)* laborious; **etw ist jdm zu ~** sth's too much [of a] bother for sb ❸ *(unpraktisch veranlagt)* **~ sein** to be awkward **II.** *adv* ❶ *(weitschweifig)* long-windedly ❷ *(aufwändig)* laboriously
Umstandskleidung *f* maternity wear
um|steigen *vi irreg sein* TRANSP to change; **nach Frankfurt ~** to change for Frankfurt
um|stellen [ˈʊmʃtɛlən] **I.** *vt Möbel* to rearrange; **die Ernährung ~** to change one's diet; **die Uhr ~** to turn the clock back/forward **II.** *vr* **sich ~** to adapt (**auf** to)
Umstellung *f (Anpassung)* adjustment (**auf** to); **~ auf Computer** computerization
um|stimmen *vt* **jdn ~** to change sb's mind; **sich ~ lassen** to let oneself be persuaded (**von** by)
um|stoßen *vt irreg* to knock over *sep*
umstritten [ʊmˈʃtrɪtn̩] *adj* controversial
Umstrukturierung *f* restructuring
Umsturz *m* coup [d'état]
um|stürzen **I.** *vi sein* to fall **II.** *vt haben* to knock over; POL to overthrow
Umtausch *m a.* FIN exchange (**gegen** for)
um|tauschen *vt* ❶ to exchange (**in/gegen** for); **jdm etw ~** to exchange sth for sb ❷ *Währung* to change (**in** into)
um|wandeln [ˈʊmvandl̩n] *vt* to convert (**in** into); **wie umgewandelt sein** to be a changed person
Umweg *m* detour
Umwelt [ˈʊmvɛlt] *f kein pl* environment
Umweltaktivist(in) *m(f)* eco-warrior, environmental activist **Umweltbelastung** *f* environmental damage **Umweltbewusstsein** *nt kein pl* environ-

mental consciousness **umweltfeindlich** *adj* harmful to the environment **umweltfreundlich** *adj* environmentally friendly **Umweltgefährdung** *f* environmental threat **Umweltkatastrophe** *f* ecological [*or* environmental] disaster **Umweltpolitik** *f* environmental policy **Umweltschäden** *pl* environmental damage **Umweltschutz** *m* conservation **Umweltschützer(in)** *m(f)* environmentalist **Umweltsünde** *f* crime against the environment **Umweltsünder(in)** *m(f)* *sb who commits a crime against the environment* **Umweltverschmutzung** *f* pollution **umweltverträglich** *adj* environmentally friendly **Umweltvorschrift** *f* environmental regulation *usu pl* **Umweltzerstörung** *f* destruction of the environment

um|werfen *vt irreg* to bowl over *sep; Plan* to upset

um|ziehen[1] [ˈʊmtsiːən] *vi irreg sein* to move [house]

um|ziehen[2] [ˈʊmtsiːən] *vr irreg* **sich ~** to get changed

umzingeln [ʊmˈtsɪŋl̩n] *vt* to surround

Umzug *m* ❶ move ❷ *(Marsch)* parade

unabänderlich [ʊnʔapˈʔɛndɐlɪç] *adj* unchangeable; *(Tatsache)* well-established; *(Entschluss)* irrevocable

unabhängig [ˈʊnʔaphɛŋɪç] *adj* ❶ independent (**von** of) ❷ *(ungeachtet)* **~ davon, ob/wann …** regardless of whether/when …

Unabhängigkeit *f kein pl* independence (**von** of)

unabsichtlich [ʊnʔapzɪçtlɪç] **I.** *adj* unintentional **II.** *adv* accidentally

Unachtsamkeit *f* carelessness

unangebracht [ˈʊnʔangəbraxt] *adj* misplaced

unangemessen [ˈʊnʔangəmɛsn̩] **I.** *adj* inappropriate; *Preis* unreasonable **II.** *adv* inappropriately

unangenehm [ˈʊnʔangəneːm] **I.** *adj* unpleasant; **jdm ist etw ~** sb feels bad about sth **II.** *adv* unpleasantly

unangepasst [ˈʊnʔangəpast] *adj* non-conformist

unangreifbar [ˈʊnʔangrai̯fbaːɐ̯] *adj* irrefutable, unassailable

Unannehmlichkeit [ˈʊnʔanneːmlɪçkai̯t] *f meist pl* trouble *no pl;* **~en bekommen/haben** to get into/be in trouble

unanständig [ˈʊnʔanʃtɛndɪç] **I.** *adj* rude **II.** *adv* rudely

Unanständigkeit <-, -en> *f* ❶ *kein pl (obszöne Art)* rudeness, bad manners *pl* ❷ *(Obszönität)* dirt, smut *pej*

unantastbar [ʊnʔanˈtastbaːɐ̯] *adj* sacrosanct

unappetitlich [ˈʊnʔapetiːtlɪç] *adj* unappetizing

Unart [ˈʊnʔaːɐ̯t] *f* terrible habit

unartig [ˈʊnʔaːɐ̯tɪç] *adj* naughty

unauffällig [ˈʊnʔauffɛlɪç] **I.** *adj* discrete **II.** *adv* discretely

unaufgefordert [ˈʊnʔaʊfgəfɔrdɐt] **I.** *adj* unsolicited; *Kommentar, Bemerkung* uncalled-for **II.** *adv* without having been asked; **~ eingesandte Manuskripte** unsolicited manuscripts

unaufhörlich [ʊnʔaʊfˈhøːɐ̯lɪç] **I.** *adj* constant **II.** *adv* ❶ *(fortwährend)* constantly ❷ *(ununterbrochen)* incessantly

unaufmerksam [ˈʊnʔaufmɛrkzaːm] *adj* inattentive

Unaufmerksamkeit *f kein pl* inattentiveness

unaufrichtig [ˈʊnʔaufrɪçtɪç] *adj* insincere (**gegen|über** towards)

unausgeglichen [ˈʊnʔausgəglɪçn̩] *adj (Mensch)* moody

unausstehlich [ʊnʔausˈʃteːlɪç] *adj Art, Mensch* insufferable; *Hitze* intolerable

unausweichlich [ʊnʔaʊsˈvai̯çlɪç] **I.** *adj* inevitable **II.** *adv* inevitably

unbändig [ˈʊnbɛndɪç] **I.** *adj* ❶ *(ungestüm)* boisterous ❷ *(heftig)* enormous **II.** *adv* boisterously

unbarmherzig [ˈʊnbarmhɛrtsɪç] **I.** *adj* merciless **II.** *adv* mercilessly

unbeabsichtigt [ˈʊnbəʔapzɪçtɪçt] **I.** *adj*

unintentional **II.** *adv* unintentionally
unbedacht ['ʊnbədaxt] **I.** *adj* thoughtless; *(Handlung)* hasty; ~ **[von jdm] sein** to be thoughtless [of sb] **II.** *adv* thoughtlessly; *(handeln)* hastily
unbedenklich ['ʊnbədɛŋklɪç] **I.** *adj* harmless; *Situation, Vorhaben* acceptable **II.** *adv* quite safely
unbedeutend ['ʊnbədɔytn̩t] **I.** *adj* insignificant **II.** *adv* insignificantly
unbedingt ['ʊnbədɪŋt] **I.** *adj attr* absolute **II.** *adv (auf jeden Fall)* ~**!** absolutely!; **erinnere mich ~ daran, sie anzurufen** you mustn't forget to remind me to call her; **nicht** ~ not necessarily
unbefangen ['ʊnbəfaŋən] *adj (natürlich)* natural
unbefriedigend ['ʊnbəfri:dɪgn̩t] **I.** *adj* unsatisfactory (**für** to) **II.** *adv* in an unsatisfactory way
unbefristet ['ʊnbəfrɪstət] **I.** *adj* lasting for an indefinite period; *Aufenthaltserlaubnis, Visum* permanent; ~ **sein** to be [valid] for an indefinite period **II.** *adv* indefinitely
unbefugt ['ʊnbəfu:kt] **I.** *adj* unauthorized **II.** *adv* without authorization
unbegabt ['ʊnbəga:pt] *adj* untalented
unbegreiflich ['ʊnbəgraiflɪç] *adj* incomprehensible
unbegrenzt ['ʊnbəgrɛntst] **I.** *adj* unlimited **II.** *adv* indefinitely
unbegründet ['ʊnbəgrʏndət] *adj* unfounded
unbehaglich ['ʊnbəha:klɪç] **I.** *adj* uneasy **II.** *adv* uneasily
unbeholfen ['ʊnbəhɔlfn̩] **I.** *adj* clumsy **II.** *adv* clumsily
unbekannt ['ʊnbəkant] *adj* unknown; **jdm ~ sein** to be unknown to sb
Unbekannte(r) *f(m)* stranger
unbekümmert ['ʊnbəkʏmɐt] **I.** *adj* carefree; **sei/seien Sie [ganz]** ~ don't upset yourself **II.** *adv* in a carefree manner
unbelastet ['ʊnbəlastət] **I.** *adj* ❶ *(frei)* **von etw** *dat* ~ **[sein]** [to be] free of sth ❷ FIN unencumbered **II.** *adv* freely; **er fühlt sich wieder frei und** ~ he feels free and easy again
unbelebt ['ʊnbəle:pt] *adj* quiet; *(stärker)* deserted
unbeliebt ['ʊnbəli:pt] *adj* unpopular
unbenutzt ['ʊnbənʊtst] *adj* unused; *(Kleidung)* unworn
unbeobachtet ['ʊnbəʔo:baxtət] *adj* unnoticed; *Gebäude, Platz* unwatched
unbequem ['ʊnbəkve:m] *adj* uncomfortable; *(lästig)* awkward
unberechenbar [ʊnbə'rɛçn̩ba:ɐ̯] *adj* unpredictable
unberührt [ʊnbə'ry:ɐ̯t] *adj* untouched; *Gegend* unspoiled
unbeschädigt *adj, adv* undamaged
unbeschränkt ['ʊnbəʃrɛŋkt] *adj* unrestricted; *Macht* limitless; *Möglichkeiten* unlimited
unbeschreiblich ['ʊnbɛʃraiplɪç] **I.** *adj* ❶ indescribable ❷ *(maßlos)* tremendous **II.** *adv* **sich ~ freuen** to be overjoyed
unbeschwert ['ʊnbəʃve:ɐ̯t] *adj* carefree
unbesiegbar [ʊnbə'zi:kba:ɐ̯] *adj* ❶ MIL *(a. fig)* invincible ❷ SPORT unbeatable
Unbesonnenheit <-, -en> *f* ❶ *kein pl (Art)* impulsiveness ❷ *(Äußerung)* hasty remark ❸ *(Handlung)* rashness
unbesorgt ['ʊnbəzɔrkt] **I.** *adj* unconcerned **II.** *adv* without worrying
unbeständig ['ʊnbəʃtɛndɪç] *adj* ❶ *Wetter* unsettled ❷ *(wankelmütig)* fickle
Unbeständigkeit *f* ❶ METEO *(unbeständige Beschaffenheit)* unsettledness ❷ PSYCH *(Wankelmut)* changeability, fickleness
unbestechlich ['ʊnbɛʃtɛçlɪç] *adj* incorruptible
unbestimmt ['ʊnbəʃtɪmt] *adj* ❶ *(unklar)* vague ❷ *(nicht festgelegt)* indefinite
unbestritten ['ʊnbɛʃtrɪtn̩] **I.** *adj* ❶ *(nicht bestritten)* undisputed; *Argument* irrefutable ❷ JUR uncontested **II.** *adv* ❶ *(wie nicht bestritten wird)* unquestionably ❷ *(unstreitig)* unargu-

U

ably

unbeteiligt [ˈʊnbətai̯lɪçt] *adj* ❶ *(an etw nicht beteiligt)* uninvolved ❷ *(desinteressiert)* indifferent; *(in einem Gespräch)* uninterested

unbeugsam [ʊnˈbɔykzaːm] *adj* ❶ *(nicht zu beeinflussen)* uncompromising ❷ *(unerschütterlich)* unshakable, unflagging, tireless

unbewaffnet [ˈʊnbəvafnət] *adj* unarmed

unbeweglich [ˈʊnbɛveːklɪç] *adj (starr)* fixed; *(nicht bewegbar)* immovable

unbewohnt *adj* uninhabited

unbewusst [ˈʊnbəvʊst] **I.** *adj* unconscious **II.** *adv* unconsciously

unbezahlbar [ʊnbəˈtsaːlbaːɐ̯] *adj* ❶ *(nicht aufzubringen)* totally unaffordable ❷ *(äußerst nützlich)* invaluable ❸ *(immens wertvoll)* priceless

unbezahlt *adj Arbeit* unpaid; *Rechnung* unsettled

unbrauchbar [ˈʊnbrauxbaːɐ̯] *adj* useless

und [ʊnt] *konj* and; **~ dann?** then what?; **na ~?** so what?; **~, ~, ~** etc.

undankbar [ˈʊndaŋkbaːɐ̯] *adj* ungrateful

Undankbarkeit *f* ungratefulness

undenkbar [ʊnˈdɛŋkbaːɐ̯] *adj* unthinkable

undeutlich [ˈʊndɔytlɪç] **I.** *adj* indistinct; *Schrift* illegible **II.** *adv* indistinctly; **~ sprechen** to mumble

undicht [ˈʊndɪçt] *adj (luftdurchlässig)* not airtight; *(wasserdurchlässig)* not watertight

Unding [ˈʊndɪŋ] *nt kein pl* **ein ~ sein** to be absurd

undiszipliniert [ˈʊndɪstsipliniːɐ̯t] **I.** *adj* undisciplined **II.** *adv* in an undisciplined manner

Unduldsamkeit *f* intolerance (**gegenüber** *+dat* of)

undurchführbar [ˈʊndʊrçfyːɐ̯baːɐ̯] *adj* impracticable, unfeasible; *(Vorhaben)* impracticable, unviable; *(Plan)* unworkable, unviable

undurchlässig [ˈʊndʊrçlɛsɪç] *adj* impermeable

undurchsichtig [ˈʊndʊrçzɪçtɪç] *adj* opaque; *(zwielichtig)* shadowy

uneben [ˈʊnʔeːbn̩] *adj* uneven

unecht [ˈʊnʔɛçt] *adj* false; *(imitiert)* fake

unehelich [ˈʊnʔeːəlɪç] *adj* illegitimate

unehrlich [ˈʊnʔeːɐ̯lɪç] **I.** *adj* dishonest **II.** *adv* dishonestly

Unehrlichkeit *f* dishonesty

uneigennützig [ˈʊnʔaign̩nʏtsɪç] *adj* selfless

uneingeschränkt [ˈʊnʔaingəʃrɛŋkt] **I.** *adj* absolute **II.** *adv* absolutely

uneinig [ˈʊnʔainɪç] *adj* [**sich** *dat*] **mit jdm ~ sein** to disagree with sb (**über** about)

Uneinigkeit *f* disagreement

uneinnehmbar [ʊnʔai̯nˈneːmbaːɐ̯] *adj* impregnable

unempfindlich [ˈʊnʔɛmpfɪntlɪç] *adj* insensitive (**gegen** to)

Unempfindlichkeit *f kein pl* unsusceptibility, hardiness

unendlich [ʊnˈʔɛntlɪç] **I.** *adj* infinite; *(endlos)* endless **II.** *adv (fam)* endlessly; **~ viele Leute** heaven knows how many people

Unendlichkeit *f kein pl* infinity

unentbehrlich [ˈʊnʔɛntbeːɐ̯lɪç] *adj* indispensable

unentgeltlich [ˈʊnʔɛntgɛltlɪç] **I.** *adj* free of charge; **die ~e Benutzung von etw** *dat* the free use of sth **II.** *adv* for free

unentschieden [ˈʊnʔɛntʃiːdn̩] **I.** *adj* undecided; SPORT drawn **II.** *adv* SPORT **~ ausgehen** to end in a draw; **~ spielen** to draw

Unentschieden <-s, -> [ˈʊnʔɛntʃiːdn̩] *nt* SPORT draw

Unentschlossenheit *f* indecision

unentschuldbar [ˈunʔɛntˈʃʊltbaːɐ̯] *adj* inexcusable; **~ sein, dass jd etw getan hat** to be inexcusable of sb, to do sth

unerbittlich [ʊnʔɛɐ̯ˈbɪtlɪç] *adj* pitiless

unerfahren [ˈʊnʔɛɐ̯faːrən] *adj* inexperienced

unerfreulich ['ʊnʔɛɐ̯frɔylɪç] *adj* unpleasant

unergründbar [ʊnʔɛɐ̯'grʏntba:ɐ̯], **unergründlich** [ʊnʔɛɐ̯'grʏntlɪç] *adj* puzzling

unerhört ['ʊnɛɐ̯'hø:ɐ̯t] **I.** *adj attr* ① *(skandalös)* outrageous ② *(außerordentlich)* incredible **II.** *adv* ① *(skandalös)* outrageously ② *(außerordentlich)* incredibly

unerklärbar [ʊnʔɛɐ̯'klɛ:ɐ̯ba:ɐ̯], **unerklärlich** [ʊnʔɛɐ̯'klɛ:ɐ̯lɪç] *adj* inexplicable; **jdm ist ~, warum/was ...** sb cannot understand why/what ...

unerlaubt ['ʊnʔɛɐ̯laʊpt] **I.** *adj* unauthorized; JUR illegal **II.** *adv* without permission

unermüdlich [ʊnʔɛɐ̯'my:tlɪç] **I.** *adj* tireless **II.** *adv* tirelessly

unerreichbar [ʊnʔɛɐ̯'raiçba:ɐ̯] *adj* unattainable; *(telefonisch)* unavailable

unersättlich [ʊnʔɛɐ̯'zɛtlɪç] *adj* insatiable; *Wissensdurst* unquenchable

unerschütterlich [ʊnʔɛɐ̯'ʃʏtɐlɪç] **I.** *adj* unshakable **II.** *adv* unshakably

unersetzlich [ʊnʔɛɐ̯'zɛtslɪç] *adj* indispensable; *Wertgegenstand* irreplaceable; *Schaden* irreparable

unerträglich [ʊnʔɛɐ̯'trɛ:klɪç] **I.** *adj* unbearable; *Person* impossible **II.** *adv* unbearably; *Person* impossibly

unerwartet ['ʊnʔɛɐ̯vartət] **I.** *adj* unexpected **II.** *adv* unexpectedly

unerwünscht ['ʊnʔɛɐ̯vʏnʃt] *adj* unwelcome

unfähig ['ʊnfɛ:ɪç] *adj* ① incompetent ② *(nicht imstande)* **zu etw** *dat* **~ [sein]** [to be] incapable of sth; **~ sein, etw zu tun** to be incapable of doing sth

unfair ['ʊnfɛ:ɐ̯] **I.** *adj* unfair (**gegen[über]** to[wards]) **II.** *adv* unfairly

Unfall ['ʊnfal] *m* accident

Unfallflucht *f* failure to stop after being involved in an accident; *(mit Verletzten)* hit-and-run [driving] **Unfallschaden** *m* accident damage *no pl* **Unfallversicherung** *f* accident insurance

unfassbar [ʊn'fasba:ɐ̯] *adj* incomprehensible

unfehlbar [ʊn'fe:lba:ɐ̯] **I.** *adj* infallible; *Geschmack* impeccable; *Gespür, Instinkt* unerring **II.** *adv* without fail

unfertig ['ʊnfɛrtɪç] *adj* ① *Arbeiten, Erzeugnisse* unfinished, incomplete ② *(unreif)* immature

unförmig ['ʊnfœrmɪç] *adj* shapeless; *(Gesicht)* misshapen

unfreiwillig ['ʊnfraivɪlɪç] **I.** *adj* ① *(gezwungen)* compulsory ② *(unbeabsichtigt)* unintentional **II.** *adv* **etw ~ tun** to be forced to do sth

unfreundlich ['ʊnfrɔyntlɪç] **I.** *adj* ① *Mensch* unfriendly ② *(unangenehm)* unpleasant **II.** *adv* **jdn ~ behandeln** to be unfriendly to sb

unfruchtbar ['ʊnfrʊxtba:ɐ̯] *adj* infertile

Unfruchtbarkeit *f kein pl* ① MED infertility ② AGR barrenness

Unfug <-[e]s> ['ʊnfu:k] *m kein pl* nonsense; **mach keinen ~!** stop that nonsense!

Ungar(in) <-n, -n> ['ʊŋgar] *m(f)* Hungarian

ungarisch ['ʊŋgarɪʃ] *adj* Hungarian

Ungarn <-s> ['ʊŋgarn] *nt* Hungary

ungastlich ['ʊngastlɪç] *adj* uninviting, inhospitable *form*

ungebeten ['ʊngəbe:tn̩] *adj* unwelcome

ungebildet ['ʊngəbɪldət] *adj* uneducated

ungeboren ['ʊngəbo:rən] *adj* unborn

ungebräuchlich ['ʊngəbrɔyçlɪç] *adj* uncommon

ungebunden ['ʊngəbʊndn̩] *adj* unattached

ungedeckt ['ʊngədɛkt] *adj* FIN uncovered

Ungeduld ['ʊngədʊlt] *f* impatience

ungeduldig ['ʊngədʊldɪç] **I.** *adj* impatient **II.** *adv* impatiently

ungeeignet ['ʊngəʔaignət] *adj* unsuitable; **~ sein** to be unsuited (**für** for)

ungefähr ['ʊngəfɛːɐ̯] **I.** *adv* ❶ *(zirka)* approximately; **um ~ 9 Uhr** at about 9 o'clock ❷ *(etwa)* **~ da** around there; **~ so** something like this/that **II.** *adj attr* approximate

ungefährlich ['ʊngəfɛːɐ̯lɪç] *adj* harmless

ungeheuer ['ʊngəhɔyɐ] **I.** *adj* tremendous **II.** *adv* tremendously

Ungeheuer <-s, -> ['ʊngəhɔyɐ] *nt* monster

ungeheuerlich [ʊngə'hɔyɐlɪç] *adj* outrageous

ungehindert ['ʊngəhɪndɐt] **I.** *adj* unhindered **II.** *adv* without hindrance

ungehörig ['ʊngəhøːrɪç] **I.** *adj* impertinent **II.** *adv* impertinently

ungehorsam ['ʊngəhoːɐ̯zaːm] *adj* disobedient (**gegenüber** towards)

Ungehorsam ['ʊngəhoːɐ̯zaːm] *m* disobedience

ungeklärt ['ʊngəklɛːɐ̯t] *adj* unsolved

ungekünstelt <-er, -este> ['ʊngəkʏnstl̩t] *adj* natural, unaffected

ungelegen ['ʊngəleːgn̩] *adj* inconvenient

ungelernt ['ʊngəlɛrnt] *adj attr* unskilled

ungeliebt ['ʊngəliːpt] *adj* unloved

ungemütlich ['ʊngəmyːtlɪç] *adj* uncomfortable

ungenau ['ʊngənau] **I.** *adj* ❶ *(vage)* vague ❷ *(inkorrekt)* inaccurate **II.** *adv* ❶ *(vage)* vaguely ❷ *(inkorrekt)* incorrectly

Ungenauigkeit <-, -en> *f* ❶ *kein pl (Vagheit)* vagueness ❷ *kein pl (Inkorrektheit)* inaccuracy

ungenießbar ['ʊngəniːsbaːɐ] *adj Speise* inedible; *Getränk* undrinkable

ungenügend ['ʊngənyːgn̩t] **I.** *adj* ❶ insufficient ❷ *(Note)* unsatisfactory *(the lowest mark)* **II.** *adv* insufficiently

ungepflegt ['ʊngəpfleːkt] *adj* neglected; *Mensch* ungroomed

ungerade ['ʊngəraːdə] *adj* odd

ungerecht ['ʊngərɛçt] **I.** *adj* unjust; **~ [gegen jdn] sein** to be unfair [to sb] **II.** *adv* unjustly

Ungerechtigkeit <-, -en> *f* injustice

ungern ['ʊngɛrn] *adv* reluctantly

ungeschickt ['ʊngəʃɪkt] *adj (unbeholfen)* clumsy

ungeschminkt ['ʊngəʃmɪŋkt] *adj* without make-up; *(unbeschönigt)* unvarnished

ungesellig ['ʊngəzɛlɪç] *adj* unsociable

ungesetzlich ['ʊngəzɛtslɪç] *adj* unlawful

ungestört ['ʊngəʃtøːɐ̯t] **I.** *adj* undisturbed; **~ sein wollen** to want to be left alone **II.** *adv* without being disturbed

ungestraft ['ʊngəʃtraːft] *adv* with impunity; **~ davonkommen** to get away scot-free

ungesund ['ʊngəzʊnt] **I.** *adj* unhealthy **II.** *adv* unhealthily; **sich ~ ernähren** to not have a healthy diet

ungeübt ['ʊngəʔyːpt] *adj* unpractised; *Lehrlinge* inexperienced; **in etw** *dat* **~ sein** to lack practice in sth

ungewiss ['ʊngəvɪs] *adj* uncertain

Ungewissheit <-, -en> *f* uncertainty

ungewöhnlich ['ʊngəvøːnlɪç] **I.** *adj* unusual **II.** *adv* unusually

ungewohnt ['ʊngəvoːnt] *adj* unusual; **jdm ~ sein** to be unfamiliar to sb

ungewollt ['ʊngəvɔlt] **I.** *adj* unintentional **II.** *adv* unintentionally

Ungeziefer <-s> ['ʊngətsiːfɐ] *nt kein pl* pests *npl*

ungezogen ['ʊngətsoːgn̩] **I.** *adj* naughty; *Bemerkung* impertinent; **~ [von jdm] sein** to be ill-mannered [of sb] **II.** *adv* impertinently; **sich ~ benehmen** to behave badly

ungezwungen ['ʊngətsvʊŋən] *adj* informal

Ungezwungenheit *f* casualness, informality

ungläubig ['ʊnglɔybɪç] *adj* ❶ disbelieving; **ein ~es Kopfschütteln** an incredulous shake of the head ❷ REL unbelieving

unglaublich ['ʊnglauplɪç] **I.** *adj* unbelievable **II.** *adv* incredibly

unglaubwürdig ['ʊnglaupvʏrdɪç] *adj* implausible

ungleich ['ʊnglaiç] **I.** *adj* unequal; *Paar* odd; *Gegenstände* dissimilar **II.** *adv* ❶ unequally ❷ *vor Komparativ (weitaus)* far

ungleichmäßig **I.** *adj* ❶ *(unregelmäßig)* irregular ❷ *(nicht zu gleichen Teilen)* uneven **II.** *adv* ❶ *(unregelmäßig)* irregularly ❷ *(nicht zu gleichen Teilen)* unevenly

Unglück <-glücke> ['ʊnglʏk] *nt* ❶ *kein pl (Pech)* bad luck; **zu allem ~** to make matters worse ❷ *(Katastrophe)* disaster

unglücklich ['ʊnglʏklɪç] **I.** *adj* ❶ *(betrübt)* unhappy ❷ *(ungünstig)* unfortunate **II.** *adv* unfortunately; **~ verliebt sein** to be crossed in love

unglücklicherweise *adv* unfortunately

unglückselig ['ʊnglʏkze:lɪç] *adj* ❶ *(vom Unglück verfolgt)* unfortunate ❷ *(unglücklich [verlaufend])* disastrous, unfortunate

Unglücksfall *m* ❶ *(Unfall)* accident ❷ *(unglückliche Begebenheit)* mishap

ungültig ['ʊngʏltɪç] *adj* invalid; *(nichtig)* void; **etw für ~ erklären** to declare sth null and void; **eine Ehe für ~ erklären** to annul a marriage

Ungültigkeit *f* invalidity

ungünstig ['ʊngʏnstɪç] *adj* inconvenient

ungut ['ʊngu:t] *adj* bad ▸ **nichts <u>für</u> ~!** no offence!

unhandlich ['ʊnhantlɪç] *adj* unwieldy

Unheil ['ʊnhail] *nt* disaster

unheilbar ['ʊnhailba:ɐ̯] **I.** *adj* incurable **II.** *adv* incurably; **~ krank sein** to be terminally ill

unheimlich ['ʊnhaimlɪç] **I.** *adj* ❶ eerie ❷ *(fam: sehr groß/viel)* terrific; **~en Hunger haben** to die of hunger *fig* **II.** *adv (fam)* incredibly

unhöflich ['ʊnhø:flɪç] *adj* impolite

Unhöflichkeit *f kein pl* impoliteness, rudeness

unhörbar [ʊn'hø:ɐ̯ba:ɐ̯] *adj* inaudible; **[für jdn] ~ sein** to be inaudible [to sb]

unhygienisch ['ʊnhygi̯e:nɪʃ] *adj* unhygienic

Uniform <-, -en> ['ʊnifɔrm] *f* uniform

uninteressant ['ʊnʔɪntərɛsant] *adj* uninteresting

Universität <-, -en> [univɛrzi'tɛ:t] *f* university; **auf die ~ gehen** to go to university

Universum <-s, *selten* -sen> [uni'vɛrzʊm] *nt* universe

unkenntlich ['ʊnkɛntlɪç] *adj* unrecognizable; *Eintragung* indecipherable

Unkenntnis ['ʊnkɛntnɪs] *f kein pl* ignorance; **aus ~** out of ignorance

unklar ['ʊnkla:ɐ̯] **I.** *adj* ❶ *(ungeklärt, unverständlich)* unclear; **[sich** *dat*] **im U~en sein** to be uncertain (**über** about) ❷ *(verschwommen)* indistinct; *Erinnerungen* vague **II.** *adv* unclearly

Unklarheit <-, en> *f* uncertainty

unklug ['ʊnklu:k] *adj* unwise

unkompliziert ['ʊnkɔmplitsi:ɐ̯t] *adj* straightforward; *Fall* simple; *Mensch* uncomplicated

unkonzentriert ['ʊnkɔntsɛntri:ɐ̯t] *adj* distracted

Unkosten ['ʊnkɔstn̩] *pl* costs; **sich in ~ stürzen** to go to a lot of expense

Unkraut ['ʊnkraut] *nt* weed

unkündbar ['ʊnkʏntba:ɐ̯] *adj Stellung* not subject to notice; *Vertrag* not subject to termination

unleserlich ['ʊnle:zəlɪç] *adj* illegible

unlogisch *adj* illogical

unlösbar [ʊn'lø:sba:ɐ̯], **unlöslich** ['ʊn-'lø:slɪç] *adj a.* CHEM insoluble; *Problem* unsolvable

Unlust ['ʊnlʊst] *f kein pl* reluctance

unmäßig ['ʊnmɛ:sɪç] **I.** *adj* excessive **II.** *adv* excessively

Unmensch ['ʊnmɛnʃ] *m* monster

unmenschlich ['ʊnmɛnʃlɪç] *adj* inhuman

unmerklich ['ʊnmɛrklɪç] *adj* imperceptible

unmittelbar ['ʊnmɪtl̩ba:ɐ̯] **I.** *adj* direct; **ein ~er Nachbar** a next-door neigh-

bour **II.** *adv* ❶ *(sofort)* immediately ❷ *(ohne Umweg)* directly
unmöglich [ˈʊnmøːklɪç] **I.** *adj* impossible **II.** *adv (fam)* not possibly; **das geht ~** that's out of the question
unmoralisch [ˈʊnmoraːlɪʃ] *adj* immoral
unmotiviert [ˈʊnmotiviːɐ̯t] **I.** *adj Person, Wutausbruch, Angriff* unmotivated, unprovoked **II.** *adv* without motivation
unmündig [ˈʊnmʏndɪç] *adj* underage; *(geistig unselbständig)* dependent
unmusikalisch [ˈʊnmuzikaːlɪʃ] *adj* unmusical
unnachahmlich [ˈʊnnaːxʔaːmlɪç] *adj* inimitable
unnachgiebig [ˈʊnnaːxgiːbɪç] **I.** *adj* intransigent **II.** *adv* in an intransigent way
unnahbar [ʊnˈnaːbaːɐ̯] *adj* unapproachable
unnatürlich [ˈʊnnaryːɐ̯lɪç] *adj* unnatural; **ein ~es Lachen** a forced laugh
unnötig [ˈʊnnøːtɪç] *adj* unnecessary
unordentlich [ˈʊnʔɔrdn̩tlɪç] **I.** *adj* untidy **II.** *adv* untidily; **~ arbeiten** to work carelessly
Unordnung [ˈʊnʔɔrdnʊŋ] *f kein pl* mess
unparteiisch [ˈʊnpartaiɪʃ] *adj* impartial
unpassend [ˈʊnpasn̩t] *adj* ❶ *(unangebracht)* inappropriate ❷ *(ungelegen)* inconvenient
unpersönlich [ˈʊnpɛrzøːnlɪç] *adj Mensch* distant; *Art* impersonal
unpraktisch [ˈʊnpraktɪʃ] *adj* impractical
unpünktlich [ˈʊnpʏŋktlɪç] **I.** *adj* unpunctual **II.** *adv* late
unrasiert [ˈʊnraziːɐ̯t] *adj* unshaven
unrecht [ˈʊnrɛçt] *adj* ❶ wrong ❷ *(unpassend)* **jdm ~ sein** to disturb sb
Unrecht [ˈʊnrɛçt] *nt kein pl* wrong; **im ~ sein** to be [in the] wrong; **zu ~** wrongly; **nicht zu ~** not without good reason; **~ haben** to be wrong
unrechtmäßig [ˈʊnrɛçtmɛːsɪç] **I.** *adj* illegal **II.** *adv* illegally
Unredlichkeit *f* JUR dishonesty
unregelmäßig [ˈʊnreːgl̩mɛːsɪç] *adj* irregular
unreif [ˈunraif] *adj* ❶ AGR, HORT unripe ❷ *(Person)* immature
unrentabel [ˈʊnrɛntaːbl̩] *adj* unprofitable
Unruhe [ˈʊnruːə] *f* restlessness *no pl;* **politische ~n** political unrest; **~ stiften** to cause trouble
unruhig [ˈʊnruːɪç] **I.** *adj* ❶ restless; *Nacht, Zeit* troubled; *Schlaf* fitful ❷ *(laut)* noisy **II.** *adv* restlessly; **~ schlafen** to sleep fitfully
uns [ʊns] **I.** *pron pers* ❶ *dat von* **wir** [to/for] us; **bei ~** at our house ❷ *akk von* **wir** us **II.** *pron reflexiv* ❶ *akk o dat von* **wir** ourselves ❷ *(einander)* each other
unsachgemäß [ˈʊnzaxgəmɛːs] **I.** *adj* improper **II.** *adv* improperly
unsachlich [ˈʊnzaxlɪç] *adj* unobjective
unsauber [ˈʊnzaʊbɐ] **I.** *adj* ❶ *(schmutzig)* dirty ❷ *(unordentlich, nachlässig)* careless; *(unpräzise)* unclear **II.** *adv* carelessly
unschädlich [ˈʊnʃɛːtlɪç] *adj* harmless
unscharf [ˈʊnʃarf] **I.** *adj* ❶ *(ohne klare Konturen)* blurred ❷ *(nicht scharf)* out of focus ❸ *(nicht präzise)* imprecise **II.** *adv* ❶ *(nicht präzise)* out of focus ❷ *(nicht exakt)* imprecisely
unscheinbar [ˈʊnʃainbaːɐ̯] *adj* inconspicuous
unschlagbar [ʊnˈʃlaːkbaːɐ̯] *adj* unbeatable (**in** +*dat* at)
unschlüssig [ˈʊnʃlʏsɪç] *adj* ❶ *(unentschlossen)* indecisive ❷ *(selten: nicht schlüssig)* undecided
Unschuld [ˈʊnʃʊlt] *f* innocence
unschuldig [ˈʊnʃʊldɪç] **I.** *adj* innocent **II.** *adv* innocently
unselbständig [ˈʊnzɛlpʃtɛndɪç] *adj (von anderen abhängig)* dependent on others; *(angestellt)* employed
unser [ˈʊnzɐ] **I.** *pron poss* our; **~er Meinung nach** in our opinion **II.** *pron pers gen von* **wir** of us; **in ~ aller Interesse** in all our interests
unsereiner [ˈʊnzɐʔainɐ] *pron indef*, **unsereins** [ˈʊnzɐʔains] *pron indef*

(fam) the likes of us
unseresgleichen ['ʊnzərəs'glaiçn̩] *pron indef* people like us
unsertwegen ['ʊnzɐt've:gn̩] *adv* ❶ *(wegen uns)* because of us ❷ *(von uns aus)* as far as we are concerned
unsicher ['ʊnzɪçɐ] **I.** *adj* ❶ *(gefährlich)* unsafe ❷ *(nicht selbstsicher)* unsure; *Blick* uncertain; **sich ~ fühlen** to feel unsure of oneself ❸ *Arbeitsplatz* insecure; *Zukunft* uncertain **II.** *adv* **~ fahren** to drive with little confidence
Unsicherheit *f* ❶ *(Gefährlichkeit)* dangers *npl* ❷ *kein pl (keine Selbstsicherheit)* insecurity ❸ *kein pl (Ungewissheit)* uncertainty
Unsinn ['ʊnzɪn] *m kein pl* nonsense; **so ein ~!** what nonsense!; **lass den ~!** stop fooling around!; **mach keinen ~!** don't do anything stupid!; **~ reden** to talk nonsense
unsinnig ['ʊnzɪnɪç] *adj* absurd
unsittlich ['ʊnzɪtlɪç] *adj* indecent
unsozial ['ʊnzotsi̯a:l] *adj* anti-social
unsportlich [ʊn'ʃpɔrtlɪç] *adj* unathletic
unsterblich ['ʊnʃtɛrplɪç] **I.** *adj* immortal **II.** *adv (fam)* **sich ~ verlieben** to fall madly in love
Unsterblichkeit *f* immortality
unstillbar [ʊnʃtɪlba:ɐ̯] *adj (geh) Wissensdurst* unquenchable; *Sehnsucht, Verlangen* insatiable
unsympathisch ['ʊnzʏmpa:tɪʃ] *adj* unpleasant
Untat ['ʊnta:t] *f* atrocity
untätig ['ʊntɛ:tɪç] **I.** *adj* idle **II.** *adv* idly; **~ zusehen** to stand idly by
untauglich ['ʊntaʊklɪç] *adj* unsuitable; MIL unfit
unteilbar [ʊn'tai̯lba:ɐ̯] *adj* indivisible
unten ['ʊntn̩] *adv* ❶ down, at the bottom; **~ an/in etw** *dat* at/in the bottom of sth; **dort/hier ~** down there/here; **~ links/rechts** [at the] bottom left/right; **weiter ~** further down ❷ *(Stockwerk)* downstairs; **nach ~** downstairs; **der Aufzug fährt nach ~** the lift is going down ❸ *(im Text)* **~ erwähnt** mentioned below *pred;* **siehe ~** see below
unter ['ʊntɐ] **I.** *präp+dat* ❶ *(Ort, Position)* under[neath]; **~ freiem Himmel** in the open air; **jdn ~ sich haben** to have sb under one ❷ *(zahlenmäßig kleiner als)* below; *(weniger als)* less than; *(jünger als)* under ❸ *(inmitten)* among[st]; **~ anderem** amongst other things; **~ uns gesagt** between you and me ❹ *(in einem Zustand)* under; **~ Druck stehen** to be under pressure; **~ Zwang** under duress **II.** *präp +akk (Richtung)* under; **etw ~ ein Motto stellen** to put sth under a motto
Unterarm ['ʊntɐʔarm] *m* forearm
Unterbewusstsein ['ʊntɐbəvʊstzain] *nt* **das/jds ~** the/sb's subconscious; **im ~** subconsciously
unterbrechen [ʊntɐ'brɛçn̩] *vt irreg* to interrupt
unter|bringen *vt irreg* **jdn ~** *(Unterkunft)* to put sb up; *(Anstellung)* to get sb a job; **etw ~** to put sth somewhere
unterdessen [ʊntɐ'dɛsn̩] *adv* meanwhile
unterdrücken [ʊntɐ'drʏkn̩] *vt* **jdn ~** to oppress sb; **etw ~** to suppress sth
Unterdrücker(in) <-s, -> *m(f)* oppressor
Unterdrückung <-, -en> *f kein pl von Menschen* oppression; *eines Aufstands* suppression
untere(r, s) ['ʊntərə, -tərɐ, -tərəs] *adj attr* lower
untereinander [ʊntɐʔai'nandɐ] *adv* ❶ *(miteinander)* among yourselves/themselves etc.; **sich ~ helfen** to help each other ❷ *(räumlich)* one below the other
unterernährt *adj* undernourished
Unterführung [ʊntɐ'fy:rʊŋ] *f* underpass
Untergang <-gänge> *m* ❶ *eines Schiffs* sinking ❷ *der Sonne* setting ❸ *einer Kultur* decline
Untergebene(r) *f(m) dekl wie adj* subordinate
unter|gehen *vi irreg sein* ❶ *(versinken)*

to sink ② *Sonne* to set ③ *(zugrunde gehen)* to be destroyed
untergeordnet *adj* subordinate
untergraben [ʊntɐˈgraːbn̩] *vt irreg* to undermine
Untergrund [ˈʊntɐgrʊnt] *m kein pl* underground; **in den ~ gehen** to go underground; **im ~** underground
unterhalb [ˈʊntɐhalp] **I.** *präp +gen* below **II.** *adv* **~ von etw** *dat* below sth
Unterhalt <-[e]s> [ˈʊntɐhalt] *m kein pl* ① *(Lebensunterhalt)* keep ② *(Instandhaltung)* upkeep
unterhalten¹ [ʊntɐˈhaltn̩] *vt irreg* ① *Familie* to support ② TECH to maintain
unterhalten² [ʊntɐˈhaltn̩] *irreg* **I.** *vt (die Zeit vertreiben)* to entertain **II.** *vr* **sich ~** ① *(sich vergnügen)* to keep oneself amused ② *(sprechen)* to talk (**mit** to); **wir müssen uns mal ~** we must have a talk
unterhaltend [ʊntɐˈhaltənt], **unterhaltsam** [ʊntɐˈhaltzaːm] *adj* entertaining **Unterhaltspflicht** *f kein pl* obligation to pay maintenance
Unterhaltung¹ <-> *f kein pl* ① *(Instandhaltung)* maintenance ② *(Betrieb)* running
Unterhaltung² <-, -en> *f* ① *(Gespräch)* conversation ② *kein pl* **gute ~!** enjoy yourselves!
Unterhaus [ˈʊntɐhaus] *nt* POL lower house; **das britische ~** the House of Commons
Unterhemd [ˈʊntɐhɛmt] *nt* vest
Unterhose [ˈʊntɐhoːzə] *f* [under]pants
unterirdisch *adj* ① underground; *Fluss* subterranean ② *(pej fam)* lousy, crummy *fam*
Unterkiefer [ˈʊntɐkiːfɐ] *m* lower jaw
Unterkunft <-, -künfte> [ˈʊntɐkʊnft] *f* accommodation; **eine ~ suchen** to look for accommodation; **~ und Verpflegung** board and lodging
Unterlage [ˈʊntɐlaːgə] *f* ① *(etw zum Unterlegen)* mat; **eine Decke diente für den Patienten als ~** a blanket was used for the patient to lie on ② *meist pl* *(Dokument)* document *usu pl*
unterlassen [ʊntɐˈlasn̩] *vt irreg* **etw ~** to omit to do sth; **unterlassen Sie das!** stop that!
Unterlassung <-, -en> [ʊntɐˈlasʊŋ] *f* ① *(das Unterlassen)* omission, failure [to do sth]; **ich bestehe auf sofortiger ~ dieser Lärmbelästigung** I insist that this noise pollution be stopped immediately ② JUR failure, negligence; **fahrlässige ~** passive negligence
unterlegen [ʊntɐˈleːgn̩] *adj* inferior; **jdm ~ sein** to be inferior to sb; *im Sport* to be defeated by sb
Unterleib *m* abdomen
Unterlippe *f* bottom lip
Untermiete [ˈʊntɐmiːtə] *f* subtenancy; **zur ~ wohnen** *to rent a room from an existing tenant*
Untermieter(in) *m(f)* subtenant
unternehmen [ʊntɐˈneːmən] *vt irreg* ① *(in die Wege leiten)* **etw/nichts ~** to take action/no action ② *(tun)* to do
Unternehmen <-s, -> [ʊntɐˈneːmən] *nt* ① ÖKON firm ② *(Vorhaben)* venture
Unternehmensberater(in) *m(f)* management consultant
Unternehmer(in) <-s, -> [ʊntɐˈneːmɐ] *m(f)* entrepreneur
unternehmerisch [ʊntɐˈneːmərɪʃ] **I.** *adj* entrepreneurial **II.** *adv* in a business-like manner; **~ denken** to think in a business-like manner **unternehmungslustig** *adj* enterprising
Unteroffizier [ˈʊntɐʔɔfitsiːɐ̯] *m* non-commissioned officer
unter|ordnen **I.** *vt* **etw etw** *dat* **~** to subordinate sth to sth; **jdm/etw untergeordnet sein** to be [made] subordinate to sb/sth **II.** *vr* **sich [jdm] ~** to take on a subordinate role [to sb]
unterprivilegiert [ˈʊntɐprivilegiːɐ̯t] *adj (geh)* underprivileged
Unterricht <-[e]s, *selten* -e> [ˈʊntɐrɪçt] *m* lesson; **theoretischer/praktischer ~** theoretical/practical classes
unterrichten [ʊntɐˈrɪçtn̩] *vt* ① to teach;

U

jdn [in etw *dat*] ~ to teach sb/sth [sth] ❷ *(geh: informieren)* to inform (**über** about)
Unterrichtsstunde *f* lesson
Unterrock ['ʊntɐrɔk] *m* petticoat
Untersatz ['ʊntɐzats] *m* mat
unterschätzen [ʊntɐʃɛtsn̩] *vt* to underestimate
unterscheiden [ʊntɐʃaidn̩] *irreg* **I.** *vt* to distinguish (**zwischen** between); **etw [von etw** *dat*] ~ to tell sth from sth **II.** *vr* **sich** ~ to differ (**von** from)
Unterschenkel *m* lower leg
unterschieben [ʊntɐ'ʃi:bn̩] *vt irreg (fam: unterstellen)* **jdm etw** ~ to attribute sth falsely to sb
Unterschied <-[e]s, -e> ['ʊntɐʃi:t] *m* difference; **im ~ zu dir** unlike you; **einen/keinen ~ machen** to draw a/no distinction (**zwischen** between); **ohne** ~ indiscriminately
unterschiedlich ['ʊntɐʃi:tlɪç] **I.** *adj* different; **~er Auffassung sein** to have different views **II.** *adv* differently
unterschlagen [ʊntɐ'ʃla:gn̩] *vt irreg* ❶ *Geld* to embezzle ❷ *(vorenthalten)* to withhold sth
unterschreiben [ʊntɐ'ʃraibn̩] *irreg vi, vt* to sign
Unterschrift ['ʊntɐʃrɪft] *f* signature
unterschwellig ['ʊntɐʃvɛlɪç] *adj* subliminal
Unterseite *f* underside
untersetzt [ʊntɐ'zɛtst] *adj* stocky
unterste(r, s) ['ʊntɐstə, -tɐstɐ, tɐstəs] *adj superl von* **untere(r, s): das U~ zuoberst kehren** *(fam)* to turn everything upside down
unterstehen [ʊntɐ'ʃte:ən] *irreg* **I.** *vi* **jdm/etw** ~ to be subordinate to sb/sth; **jds Befehl** ~ to be under sb's command **II.** *vr* **untersteh dich!** don't you dare!
unterstellen[1] [ʊntɐ'ʃtɛlən] **I.** *vt* ❶ *(unterordnen)* **jdm jdn/etw** ~ to put sb in charge of sb/sth ❷ *(unterschieben)* **jdm etw** ~ to imply that sb has said/done sth **II.** *vi* **~, [dass] …** to suppose [that] …
unter|stellen[2] ['ʊntɐʃtɛlən] **I.** *vt* ❶ *(abstellen)* **etw irgendwo** ~ to store sth somewhere ❷ *(darunter stellen)* **einen Eimer** ~ to put a bucket underneath **II.** *vr* **sich** ~ to take shelter
Unterstellung *f* insinuation
unterstreichen [ʊntɐ'ʃtraiçn̩] *vt irreg* ❶ to underline ❷ *(betonen)* to emphasize
Unterstufe *f* lower school
unterstützen [ʊntɐ'ʃtʏtsn̩] *vt* to support
Unterstützung *f kein pl* support
untersuchen [ʊntɐ'zu:xn̩] *vt* ❶ *a.* MED to examine (**auf** for) ❷ *Maschine* to check ❸ *Fall* to investigate
Untersuchung <-, -en> *f* ❶ *a.* MED examination ❷ *eines Falles* investigation
Untersuchungshaft *f* custody; **in ~ sein** to be on remand **Untersuchungsrichter(in)** *m(f)* examining magistrate
Untertasse *f* saucer; **fliegende** ~ flying saucer
unter|tauchen ['ʊntɐtauxn̩] **I.** *vt haben* **jdn** ~ to duck [*or* AM dunk] sb's head under water **II.** *vi sein* ❶ to dive [under] ❷ *(sich verstecken)* to go underground; **bei jdm** ~ to hide out at sb's place
Unterteilung <-, -en> *f* subdivision
Untertitel ['ʊntɐti:tl̩] *m* ❶ *(eingeblendete Übersetzung)* subtitle ❷ *(zusätzlich erläuternder Titel)* subheading
Untertreibung <-, -en> *f* understatement
untervermieten *vt, vi* to sublet
unterversorgt *adj* undersupplied
Unterversorgung *f kein pl* shortage
Unterwanderung *f* infiltration
Unterwäsche <-, -n> ['ʊntɐvɛʃə] *f kein pl* underwear
unterwegs [ʊntɐ've:ks] *adv* on the way; **für** ~ for the journey
Unterweisung *f (geh)* instruction *form*
Unterwelt ['ʊntɐvɛlt] *f kein pl* underworld
unterwerfen [ʊntɐ'vɛrfn̩] *irreg* **I.** *vt* to

subjugate **II.** *vr* **sich jdm ~** to obey sb

unterwürfig [ʊntɐˈvʏrfɪç] *adj* servile

untragbar [ʊnˈtraːkbaːɐ̯] *adj* intolerable

untrennbar [ʊnˈtrɛnbaːɐ̯] *adj* inseparable

untreu [ˈʊntrɔy] *adj* unfaithful; **jdm ~ sein/werden** to be unfaithful to sb; **sich** *dat* **~ werden** to be untrue to oneself

Untreue *f* unfaithfulness

untröstlich [ʊnˈtrøːstlɪç] *adj* inconsolable

untypisch *adj* untypical

unübersichtlich [ˈʊnʔyːbɐzɪçtlɪç] *adj* ① *(nicht übersichtlich)* confusing ② *(schwer zu überblicken)* unclear

unübertroffen [ʊnʔyːbɐˈtrɔfn̩] *adj* unsurpassed

unumstritten [ʊnʔʊmˈʃtrɪtn̩] **I.** *adj* undisputed **II.** *adv* undisputedly

unumwunden [ˈʊnʔʊmvʊndn̩] *adv* frankly, openly

ununterbrochen [ˈʊnʔʊntɐbrɔxn̩] **I.** *adj* incessant **II.** *adv* incessantly

unveränderlich [ʊnfɛɐ̯ˈʔɛndɐlɪç] *adj* unchanging

unverändert [ˈʊnfɛɐ̯ʔɛndɐt] **I.** *adj* ① *(keine Änderungen aufweisend)* unrevised ② *(gleich bleibend)* unchanged; *Einsatz, Fleiß* unchanging **II.** *adv* **auch morgen ist es wieder ~ kalt** it will remain [just as] cold tomorrow

unverantwortlich [ʊnfɛɐ̯ˈʔantvɔrtlɪç] **I.** *adj* irresponsible **II.** *adv* irresponsibly

unverbesserlich [ʊnfɛɐ̯ˈbɛsɐlɪç] *adj* incorrigible

unverbindlich [ˈʊnfɛɐ̯bɪntlɪç] **I.** *adj* ① not binding *pred;* **ein ~es Angebot** a non-binding offer ② *(distanziert)* detached **II.** *adv* without obligation

unverdaulich [ˈʊnfɛɐ̯daulɪç] *adj* indigestible

unvereinbar [ʊnfɛɐ̯ˈʔainbaːɐ̯] *adj* incompatible

Unverfrorenheit <-, -en> *f* ① *(Dreistigkeit)* audacity, impudence ② *(Äußerung)* insolent remark; **solche ~en muss ich mir nicht anhören** I don't have to listen to such insolence ③ *(dreistes Benehmen)* insolence *no pl;* **also ehrlich, mir so was zu sagen, ist schon eine ~** well really, you've got a cheek saying something like that to me

unvergänglich [ˈʊnfɛɐ̯gɛŋlɪç] *adj* ① *Erinnerung* abiding ② *(ewig)* immortal

unvergesslich [ʊnfɛɐ̯ˈgɛslɪç] *adj* unforgettable

unvergleichlich [ʊnfɛɐ̯ˈglaiçlɪç] **I.** *adj* incomparable **II.** *adv* incomparably

unverhältnismäßig [ˈʊnfɛɐ̯hɛltnɪsmɛːsɪç] *adv* excessively

unverheiratet [ˈʊnfɛɐ̯hairaːtət] *adj* unmarried

unverhofft [ˈʊnfɛɐ̯hɔft] **I.** *adj* unexpected **II.** *adv* unexpectedly

unverkäuflich [ˈʊnfɛɐ̯kɔyflɪç] *adj* not for sale *pred*

unverkennbar [ʊnfɛɐ̯ˈkɛnbaːɐ̯] *adj* unmistakable; **~ sein/werden, dass ...** to be/become clear that ...

unverletzt [ˈʊnfɛɐ̯lɛtst] *adj* unhurt

unvermeidlich [ʊnfɛɐ̯ˈmaitlɪç] *adj* unavoidable

unvermindert [ˈʊnfɛɐ̯mɪndɐt] **I.** *adj* undiminished **II.** *adv* unabated

Unvermögen [ˈʊnfɛɐ̯møːgn̩] *nt kein pl* powerlessness; **jds ~, etw zu tun** sb's inability to do sth

unvernünftig [ˈʊnfɛɐ̯nʏnftɪç] *adj* stupid

unverschämt [ˈʊnfɛɐ̯ʃɛːmt] **I.** *adj* impudent **II.** *adv* insolently

Unverschämtheit <-, -en> *f* impertinence; [**das ist eine**] **~!** that's outrageous!

unverschuldet [ˈʊnfɛɐ̯ʃʊldət] *adj, adv* through no fault of one's own

unversöhnlich [ˈʊnfɛɐ̯zøːnlɪç] *adj* irreconcilable

unverständlich [ˈʊnfɛɐ̯ʃtɛntlɪç] *adj* ① *(akustisch)* unintelligible ② *(unbegreifbar)* incomprehensible; **jdm ~ sein** to be incomprehensible to sb

unversteuert [ˈʊnfɛɐ̯ʃtɔyɐt] *adj* FIN untaxed

unverträglich [ˈʊnfɛɐ̯trɛːklɪç] *adj* ❶ *(sich mit keinem vertragend)* cantankerous ❷ *(nicht gut bekömmlich)* indigestible

unverwechselbar [ʊnfɛɐ̯ˈvɛksl̩baːɐ̯] *adj* unmistakable

unverwundbar [ʊnfɛɐ̯ˈvʊntbaːɐ̯] *adj* invulnerable

unverwüstlich [ʊnfɛɐ̯ˈvyːstlɪç] *adj* tough; *Gesundheit* robust

unverzeihlich [ʊnfɛɐ̯ˈtsai̯lɪç] *adj* inexcusable

unverzichtbar [ʊnfɛɐ̯ˈtsɪçtbaːɐ̯] *adj* essential, indispensable

unverzinslich [ʊnfɛɐ̯ˈtsɪnslɪç] *adj* ÖKON interest-free

unvollkommen [ˈʊnfɔlkɔmən] *adj* incomplete

unvollständig [ˈʊnfɔlʃtɛndɪç] **I.** *adj* incomplete **II.** *adv* incompletely

unvorbereitet [ˈʊnfoːɐ̯bəraitət] **I.** *adj* unprepared **II.** *adv* without any preparation

unvoreingenommen [ˈʊnfoːɐ̯ʔaingənɔmən] **I.** *adj* unbiased **II.** *adv* impartially

unvorhergesehen [ˈʊnfoːɐ̯heːɐ̯gəzeːən] **I.** *adj* unforeseen; *Besuch* unexpected **II.** *adv* unexpectedly; **jdn ~ besuchen** to pay sb an unexpected visit

unvorsichtig [ˈʊnfoːɐ̯zɪçtɪç] **I.** *adj* ❶ careless ❷ *(unbedacht)* rash **II.** *adv* ❶ carelessly ❷ *(unbedacht)* rashly

unvorstellbar [ʊnfoːɐ̯ˈʃtɛlbaːɐ̯] **I.** *adj* inconceivable **II.** *adv* inconceivably

unwahr [ˈʊnvaːɐ̯] *adj* untrue

Unwahrheit *f* untruth

unwahrscheinlich [ˈʊnvaːɐ̯ʃainlɪç] **I.** *adj* ❶ unlikely ❷ *(fam: sehr)* incredible **II.** *adv (fam)* incredibly

unwegsam [ˈʊnveːkzaːm] *adj* [almost] impassable

unweigerlich [ˈʊnvai̯gɐlɪç] **I.** *adj attr* inevitable **II.** *adv* inevitably

unweit [ˈʊnvai̯t] *adv* ~ **von etw** *dat* not far from sth

Unwesen [ˈʊnveːzn̩] *nt kein pl* dreadful state of affairs; **sein ~ treiben** to ply one's dreadful trade

Unwetter [ˈʊnvɛtɐ] *nt* violent [thunder]storm

unwichtig [ˈʊnvɪçtɪç] *adj* unimportant

unwiderlegbar [ʊnviːdɐˈleːkbaːɐ̯] *adj* irrefutable

unwiderstehlich [ʊnviːdɐˈʃteːlɪç] *adj* irresistible

unwillig [ˈʊnvɪlɪç] **I.** *adj* reluctant **II.** *adv* reluctantly

unwillkürlich [ˈʊnvɪlkyːɐ̯lɪç] **I.** *adj* involuntary **II.** *adv* involuntarily

unwirklich [ˈʊnvɪrklɪç] *adj* unreal

unwirksam [ˈʊnvɪrkzaːm] *adj* ineffective

Unwirksamkeit <-> *f kein pl* JUR *(Nichtigkeit)* nullity; *(Ungültigkeit)* invalidity; **schwebende/teilweise ~** pending/partial voidness

unwirtschaftlich [ˈʊnvɪrtʃaftlɪç] *adj* uneconomic[al]

Unwissenheit <-> [ˈʊnvɪsn̩thait] *f kein pl* ignorance

unwohl [ˈʊnvoːl] *adj* **jdm ist ~** ❶ MED sb feels unwell [*or* AM *usu* sick] ❷ *(unbehaglich)* sb feels uneasy

Unwohlsein <-s> [ˈʊnvoːlzai̯n] *nt kein pl* [slight] nausea

unwürdig [ˈʊnvʏrdɪç] *adj* ❶ unworthy (+*gen* of) ❷ *(schändlich)* disgraceful

unzählig [ʊnˈtsɛːlɪç] *adj* countless; **~e Fans** huge numbers of fans

Unze <-, -n> [ˈʊntsə] *f* ounce

unzerstörbar [ʊntsɛɐ̯ˈʃtøːɐ̯baːɐ̯] *adj* indestructible

unzertrennlich [ʊntsɛɐ̯ˈtrɛnlɪç] *adj* inseparable

unzufrieden [ˈʊntsufriːdn̩] *adj* dissatisfied

Unzufriedenheit *f* dissatisfaction

unzugänglich [ˈʊntsuːgɛŋlɪç] *adj* ❶ *Gegend* inaccessible ❷ *Mensch* unapproachable

unzulänglich [ˈʊntsuːlɛŋlɪç] **I.** *adj* inadequate; *Erfahrungen, Kenntnisse* insufficient **II.** *adv* inadequately

Unzulänglichkeit <-, -en> *f* ❶ *kein*

pl *(Mangelhaftigkeit)* inadequacy ② *meist pl (mangelhafter Zug)* shortcoming[s *pl*], inadequacy

unzulässig ['ʊntsuːlɛsɪç] *adj* inadmissible

unzumutbar ['ʊntsuːmuːtbaːɐ̯] *adj* unreasonable

unzurechnungsfähig ['ʊntsuːrɛçnʊŋsfɛːɪç] *adj* of unsound mind *pred;* **jdn für ~ erklären** to certify sb insane

unzureichend ['ʊntsuːraɪ̯çn̩t] *adj s.* **unzulänglich**

unzuverlässig ['ʊntsuːfɛɐ̯lɛsɪç] *adj* unreliable

unzweckmäßig ['ʊntsvɛkmɛːsɪç] *adj* ① *(nicht zweckdienlich)* inappropriate ② *(nicht geeignet)* unsuitable

üppig ['ʏpɪç] *adj* sumptuous

Urabstimmung *f* ballot [vote]

uralt ['uːɐ̯ʔalt] *adj Mensch, Tier* very old; *Tradition* ancient

Uran <-s> [u'aːn] *nt kein pl* uranium

Uraufführung *f* first night; *Film* première **Ureinwohner(in)** *m(f)* native inhabitant **Urenkel(in)** ['uːɐ̯ʔɛŋkl̩] *m(f)* great-grandchild, great-grandson *masc,* great-granddaughter *fem* **Urgeschichte** ['uːɐ̯gəʃɪçtə] *f kein pl* prehistory **Urgroßeltern** ['uːɐ̯groːsʔɛltɐn] *pl* great-grandparents *pl* **Urgroßmutter** ['uːɐ̯groːsmʊtə] *f* great-grandmother **Urgroßvater** *m* great-grandfather

Urheberrecht *nt* ① *(Recht des Autors)* copyright (**an** *+dat* on) ② *(urheberrechtliche Bestimmungen)* copyright law

urheberrechtlich **I.** *adj* copyright *attr* **II.** *adv* **~ geschützt** copyright[ed]

Urin <-s, -e> [u'riːn] *m* urine

urinieren [uri'niːrən] *vi (geh)* to urinate

Urinprobe *f* urine sample **Urintest** *m* urine test

Urkunde <-, -n> ['uːɐ̯kʊndə] *f* document

Urkundenfälschung *f* forgery of a document

URL <-, -s> [uːʔɛr'ʔɛl] *m o f kein pl* INET *Abk von* **Uniform Resource Locator** URL

Urlaub <-[e]s, -e> ['uːɐ̯laup] *m* holiday BRIT, vacation AM; **~ haben** to be on holiday [*or* AM vacation]; **~ machen** to go on holiday [*or* AM vacation]

Urlauber(in) <-s, -> *m(f)* holiday-maker BRIT, vacationer AM

Urlaubsanspruch *m* holiday [*or* AM vacation] entitlement

Urlaubsgeld *nt* holiday pay **Urlaubsort** *m* [holiday] resort, [holiday] destination

Urne <-, -n> ['ʊrnə] *f* ① urn ② POL ballot-box

Ursache *f* *(Verursachung)* cause; *(Grund)* reason; **~ und Wirkung** cause and effect ▶ **keine ~!** you're welcome

Ursprung <-s, Ursprünge> ['uːɐ̯ʃprʊŋ] *m* origin

ursprünglich ['uːɐ̯ʃprʏŋlɪç] **I.** *adj attr* original **II.** *adv* originally

Urteil <-s, -e> ['ʊrtail] *nt* ① JUR judgement; **ein ~ fällen** to pass a judgement ② *(Meinung)* opinion; **sich** *dat* **ein ~ bilden** to form an opinion (**über** about); **ein ~ fällen** to pass judgement (**über** on)

urteilen ['ʊrtailən] *vi* [**über jdn/etw**] **~** to judge [sb/sth]

Urteilsvermögen *nt kein pl* power [*or* faculty] of judgement

Urwald ['uːɐ̯valt] *m* primeval forest

Urzeit *f kein pl* **die ~** primeval times *npl;* **seit ~en** *(fam)* for donkey's years; **vor ~en** *(fam)* donkey's years ago

Urzustand *m kein pl* original state

USB-Schnittstelle [uːʔɛs'beː-, juʔɛs'biː-] *f* INFORM USB port [*or* interface] **USB-Stick** <-s, -s> [-stɪk] *m* INFORM USB flash drive

Utensil <-s, -ien> [utɛn'ziːl] *nt meist pl* utensil

Utopie <-, -n> [uto'piː] *f* Utopia

utopisch [u'toːpɪʃ] *adj* utopian

UV-Strahlen *pl* UV-rays

Vv

V, v <-, -> *nt* V, v
Vagabund(in) <-en, -en> [vaga'bʊnt] *m(f)* vagabond
vage ['va:gə] **I.** *adj* vague **II.** *adv* vaguely
Vagina <-, Vaginen> ['va:gina] *f* vagina
Vakuum <-s, Vakuen *o* Vakua> ['va:kuʊm, *pl:* 'va:kuən, 'va:kua] *nt* vacuum
vakuumverpackt *adj* vacuum-packed
Vampir <-s, -e> [vam'pi:ɐ̯] *m* vampire
Vandale, Vandalin <-n, -n> [van'da:lə, van'da:lɪn] *m, f* vandal
Vandalismus <-> [vanda'lɪsmʊs] *m kein pl* vandalism
Vanille <-, -> [va'nɪljə, va'nɪlə] *f* vanilla
Vanilleeis [va'nɪlə-] *nt* vanilla ice-cream
Vanillesauce *f* vanilla sauce
variabel [va'ri̯a:bl̩] *adj* variable
Variante <-, -n> [va'ri̯antə] *f* variant
variieren [vari'i:rən] *vi* to vary
Vase <-, -n> ['va:zə] *f* vase
Vater <-s, Väter> ['fa:tɐ] *m* father
Vaterland *nt* fatherland, motherland BRIT
väterlich ['fɛtɐlɪç] *adj* paternal
väterlicherseits *adv* on sb's father's side
vaterlos *adj* fatherless
Vaterschaft *f* paternity
Vaterschaftsklage *f* paternity suit
Vaterschaftstest *m* paternity test
Vaterunser <-s, -> [fa:tɐ'ʔʊnzɐ] *nt* **das ~** the Lord's Prayer
Vati <-s, -s> ['fa:ti] *m (fam)* daddy
Vatikan <-s> [vati'ka:n] *m* Vatican
V-Ausschnitt ['faʊ-] *m* V-neck; **ein Pullover mit ~** a V-neck jumper
vegan [ve'ga:n] *adj, adv* vegan
Veganer(in) *m(f)* vegan
Vegetarier(in) <-s, -> [vege'ta:ri̯ɐ] *m(f)* vegetarian
vegetarisch [vege'tarɪʃ] **I.** *adj* vegetarian **II.** *adv* **sich ~ ernähren** to be a vegetarian
Vegetation <-, -en> [vegeta'tsi̯o:n] *f* vegetation
vegetieren [vege'ti:rən] *vi* to vegetate
Veilchen <-s, -> ['failçən] *nt* violet
Velo <-s, -s> ['ve:lo] *nt* SCHWEIZ *(Fahrrad)* bicycle, bike *fam*
Velours <-, -> [və'lu:ɐ̯] *nt*, **Veloursleder** *nt* suede
Vene <-, -n> ['ve:nə] *f* vein
Ventil <-s, -e> [vɛn'ti:l] *nt* valve
Ventilator <-s, -toren> [vɛnti'la:to:ɐ̯] *m* ventilator
verabreden I. *vr* **sich [mit jdm] ~** to arrange to meet [sb]; **[mit jdm] verabredet sein** to have arranged to meet [sb] **II.** *vt* **etw [mit jdm] ~** to arrange sth [with sb]; **verabredet** agreed
Verabredung <-, -en> *f* ❶ *(Treffen)* date ❷ *(Vereinbarung)* arrangement; **eine ~ treffen** to come to an arrangement
verabscheuen *vt* to detest
verabschieden I. *vr* **sich [von jdm] ~** to say goodbye [to sb] **II.** *vt Gesetz* to pass
Verabschiedung <-, -en> *f* ❶ POL *(Beschließung)* passing; *Haushalt* adoption ❷ *(feierliche Entlassung)* honourable [*or* AM honorable] discharge
verachten *vt* to despise
verächtlich [fɛɐ'ʔɛçtlɪç] **I.** *adj* ❶ *(verachtend)* contemptuous ❷ *(zu verachten)* despicable **II.** *adv* contemptuously
Verachtung *f* contempt; **jdn mit ~ strafen** to treat sb with contempt
verallgemeinern *vi, vt* **[etw] ~** to generalize [about sth]
veraltet *adj* obsolete
Veranda <-, Veranden> [ve'randa] *f* veranda
veränderlich *adj* changeable
verändern *vt, vr* **[sich] ~** to change
Veränderung *f* change

veranlagt [fɛɐ̯'ʔanla:kt] *adj* **ein künstlerisch ~er Mensch** a person with an artistic disposition; **er ist praktisch ~** he is practically minded

Veranlagung <-, -en> *f* disposition; **eine bestimmte ~ haben** to have a certain bent

veranlassen **I.** *vt* ① to arrange ② *(dazu bringen)* **jdn zu etw ~** to induce sb to do sth **II.** *vi* **~, dass etw geschieht** to see to it that sth happens

Veranlassung <-, -en> *f* ① *(Einleitung)* **auf jds ~** at sb's instigation ② *(Anlass)* cause, reason

veranstalten [fɛɐ̯'ʔanʃtaltn̩] *vt* to organize

Veranstalter(in) <-s, -> *m(f)* organizer

Veranstaltung <-, -en> *f* event

Veranstaltungskalender *m* calendar of events **Veranstaltungsort** *m* venue

verantworten **I.** *vt* **etw ~** to take responsibility for sth **II.** *vr* **sich für etw** *akk* **~** to answer for sth

verantwortlich *adj* responsible

Verantwortlichkeit <-, -en> *f* responsibility; *(Haftbarkeit)* liability; *(Rechenschaftspflicht)* accountability

Verantwortung <-, -en> *f* responsibility; **jdn zur ~ ziehen** to call sb to account (**für** for); **die ~ tragen** to be responsible (**für** for); **die ~ übernehmen** to take responsibility (**für** for); **auf eigene ~** on one's own responsibility ▸ **sich aus der ~ stehlen** to dodge responsibility

verantwortungsbewusst **I.** *adj* responsible **II.** *adv* **~ handeln** to act responsibly **Verantwortungsbewusstsein** *nt* sense of responsibility

verantwortungslos **I.** *adj* irresponsible **II.** *adv* **~ handeln** to act irresponsibly

verarbeiten *vt* to use; *Rohstoff* to process; **etw zu etw** *akk* **~** to make sth into sth

verarbeitet *adj* ÖKON finished; **gut/schlecht ~** well/badly crafted

verärgern *vt* to annoy

verärgert **I.** *adj* angry, annoyed; [**über jdn/etw**] **~ sein** to be annoyed [at sb/sth] **II.** *adv* in an annoyed manner

Verarmung <-> *f kein pl* impoverishment

verarschen [fɛɐ̯'ʔarʃn̩] *vt (sl)* **jdn ~** to take the piss out of sb BRIT

verausgaben [fɛɐ̯'ʔausga:bn̩] *vr* **sich ~** to overexert

Verb <-s, -en> [vɛrp] *nt* verb

verbal [vɛr'ba:l] **I.** *adj* verbal **II.** *adv* verbally

Verband <-[e]s, Verbände> [fɛɐ̯'bant] *m* ① *(Bund)* association ② MED bandage

Verband(s)kasten *m* first-aid box

Verbannung <-, -en> *f* banishment

verbergen *vt irreg* to hide

verbessern **I.** *vt* ① to improve ② *(korrigieren)* to correct **II.** *vr* **sich ~** to improve

Verbesserung <-, -en> *f* ① improvement ② *(Korrektur)* correction

verbeugen *vr* **sich ~** to bow (**vor** to)

Verbeugung *f* bow; **eine ~ machen** to bow

verbiegen *irreg* **I.** *vt* to bend; **verbogen** bent **II.** *vr* **sich ~** to bend

verbieten <verbot, verboten> *vt* to forbid; **jdm ~, etw zu tun** to forbid sb to do sth; **es ist verboten, etw zu tun** it is forbidden to do sth

verbinden[1] *vt irreg* MED **jdn ~** to dress sb's wound[s]; **etw ~** to dress sth

verbinden[2] *irreg* **I.** *vt* ① to join (**mit** to) ② TELEK **jdn [mit jdm] ~** to put sb through [*or* AM *usu* connect sb] [to sb]; **falsch verbunden!** wrong number! ③ *(kombinieren)* to combine (**mit** with) ④ *(assoziieren)* **etw mit etw** *dat* **~** to associate sth with sth **II.** *vr* CHEM **sich ~** to combine (**mit** with)

verbindlich [fɛɐ̯'bɪntlɪç] *adj* ① *Zusage* binding ② *(freundlich)* friendly

Verbindung *f* ① CHEM compound ② *(Kontakt)* contact; **in ~ bleiben** to keep in touch; **sich mit jdm in ~ setzen** to contact sb; **~en haben** to have good connections (**zu** with) ③ TELEK,

TRANSP connection ④ *(Verknüpfung)* combining; **in ~ mit etw** *dat* in conjunction with sth ⑤ *(Zusammenhang)* **jdn mit etw** *dat* **in ~ bringen** to connect sb with sth; **in ~ mit** in connection with

verbissen I. *adj* ① *(hartnäckig)* dogged ② *(verkrampft)* grim II. *adv* doggedly

verbittert I. *adj* embittered, bitter II. *adv* bitterly

Verbitterung <-, *selten* -en> *f* bitterness

verblassen *vi sein* to pale

verbleichen *vi irreg sein* to fade

verbleit *adj* leaded

verblichen [fɛɐ̯'blɪçn̩] *adj Farbe* faded

verblöden [fɛɐ̯'bløːdn̩] *vi sein (fam)* to turn into a zombie

verblüffen [fɛɐ̯'blʏfn̩] *vt* to astonish

verblüfft I. *adj* astonished, amazed II. *adv* in astonishment [*or* amazement]; **warum reagierst du denn auf diese Nachricht so ~?** why are you so astonished by this news?

Verblüffung <-, -en> *f* astonishment, amazement; **zu jds ~** to sb's astonishment

verblühen *vi sein* to wilt

verbohrt *adj* obstinate

verborgen *adj* hidden; **jdm ~ bleiben** to remain a secret to sb

Verbot <-[e]s, -e> [fɛɐ̯'boːt] *nt* ban

verboten [fɛɐ̯'boːtn̩] *adj* prohibited; **~ sein, etw zu tun** to be prohibited to do sth; **jdm ist es ~, etw zu tun** sb is prohibited from doing sth

Verbotsschild *nt* sign [prohibiting something]

verbrannt I. *vt, vi, vr pp von* **verbrennen** II. *adj Pizza, Kuchen* burnt; *Erde* scorched

Verbrauch *m kein pl* consumption; **sparsam im ~ sein** to be economical

verbrauchen *vt* to consume

Verbraucher(in) <-s, -> *m(f)* consumer

verbraucherfreundlich *adj* consumer-friendly

verbraucht *adj* exhausted

Verbrechen <-s, -> *nt* crime

Verbrecher(in) <-s, -> *m(f)* criminal

verbrecherisch *adj* criminal

verbreiten I. *vt* to spread; **eine gute Stimmung ~** to radiate a good atmosphere II. *vr* **sich ~** to spread (**in** through)

verbreitern [fɛɐ̯'braitɐn] *vt* to widen

verbreitet *adj* popular; [**weit**] **~ sein** to be [very] widespread

Verbreitung <-, -en> *f* ① *kein pl (das Verbreiten)* spreading ② MED spread

verbrennen *irreg* I. *vt haben* to burn II. *vr haben* **sich** *dat* **etw ~** to burn one's sth; **sich die Zunge ~** to scald one's tongue III. *vi sein* to burn; **verbrannt** burnt

Verbrennung <-, -en> *f* ① MED burn ② TECH combustion

verbrühen *vt* to scald

verbuchen *vt* ① FIN to credit (**auf** to) ② *(verzeichnen)* to mark up *sep* (**als** as)

verbünden [fɛɐ̯'bʏndn̩] *vr* **sich ~** to form an alliance

Verbundenheit <-> *f kein pl* closeness

Verbündete(r) *f(m) dekl wie adj* ally

Verbundglas *nt kein pl* laminated glass

verbürgen I. *vt* to guarantee II. *vr* **sich für jdn/etw ~** to vouch for sb/sth

verbüßen *vt* to serve

verchromt *adj* chrome-plated

Verdacht <-[e]s> [fɛɐ̯'daxt] *m kein pl* suspicion; **~ erregen** to arouse suspicion; **jdn im ~ haben** to suspect sb; **~ schöpfen** to become suspicious (**gegen** of)

verdächtig [fɛɐ̯'dɛçtɪç] *adj* suspicious; **jdm ~ vorkommen** to seem suspicious to sb; **sich ~ machen** to arouse suspicion

Verdächtige(r) *f(m) dekl wie adj* suspect

verdächtigen [fɛɐ̯'dɛçtɪgn̩] *vt* to suspect (+*gen* of)

Verdächtigung <-, -en> *f* suspicion

verdammen [fɛɐ̯'damən] *vt* to condemn; **zu etw** *dat* **~ verdammt sein**

to be doomed to sth

Verdammnis <-> [fɛɐ̯ˈdamnɪs] *f kein pl* **die ewige ~** REL eternal damnation *no art*

verdammt *adj (sl)* damned; **~!** damn!; **du ~er Idiot!** you bloody idiot!

verdampfen *vi sein* to evaporate

verdanken *vt* **jdm etw ~** to have sb to thank for sth; **es ist jdm zu ~, dass/wenn …** it is thanks to sb that/if …

verdauen [fɛɐ̯ˈdauən] *vt* to digest

verdaulich *adj* digestible; **gut/schwer ~** easy/difficult to digest

Verdauung <-> *f kein pl* digestion

verdecken *vt* to cover [up *sep*]

verderben <verdarb, verdorben> [fɛɐ̯ˈdɛrbn̩] **I.** *vt haben* ❶ *(moralisch)* to corrupt ❷ *(zunichtemachen)* to spoil ❸ *(verscherzen)* **es sich** *dat* **mit jdm ~** to fall out with sb **II.** *vi sein* to spoil

Verderben <-s> [fɛɐ̯ˈdɛrbn̩] *nt kein pl* doom; **jdn ins ~ stürzen** to bring ruin upon sb

verderblich [fɛɐ̯ˈdɛrplɪç] *adj* ❶ *(nicht lange haltbar)* perishable ❷ *(unheilvoll)* corrupting

verdienen *vt* ❶ *(als Verdienst)* to earn; **seinen Lebensunterhalt ~** to earn one's living ❷ *(Gewinn machen)* **etw [an etw** *dat*] **~** to make sth [on sth] ❸ *(zustehen)* to deserve; **es nicht besser ~** to not deserve anything better

Verdienst[1] <-[e]s, -e> [fɛɐ̯ˈdiːnst] *m* FIN income

Verdienst[2] <-[e]s, -e> [fɛɐ̯ˈdiːnst] *nt* **jds ~e [um etw** *akk*] sb's credit [for sth]; **es ist sein ~, dass …** it's thanks to him that …

Verdienstausfall *m* loss of earnings *pl*

verdient [fɛɐ̯ˈdiːnt] **I.** *adj* ❶ *(zustehend)* well-deserved; *Strafe* rightful ❷ *(Verdienste aufweisend)* of outstanding merit **II.** *adv (leistungsgemäß)* deservedly

verdientermaßen, verdienterweise *adv* deservedly

verdoppeln *vt, vr* **[sich] ~** to double

verdorben [fɛɐ̯ˈdɔrbn̩] *adj* ❶ *Essen* bad ❷ *(moralisch)* corrupt

verdorren [fɛɐ̯ˈdɔrən] *vi sein* to wither

verdrängen *vt* ❶ **jdn [aus etw** *dat*] **~** to drive sb out [of sth] ❷ *(unterdrücken)* to suppress

verdrehen *vt* ❶ to twist; *Augen* to roll ❷ *Tatsachen* to distort ▶ **jdm den Kopf ~** to turn sb's head

verdrossen [fɛɐ̯ˈdrɔsn̩] *adj* sullen

Verdruss <-es, -e> [fɛɐ̯ˈdrʊs] *m meist sing* annoyance; **jdm ~ bereiten** to annoy sb

verdunkeln *vt, vr* **[sich] ~** to darken; **der Himmel verdunkelt sich** the sky is growing darker

verdünnen [fɛɐ̯ˈdʏnən] *vt* to dilute; **verdünnt** diluted

verdunsten *vi sein* to evaporate

verdursten *vi sein* to die of thirst

verdutzt [fɛɐ̯ˈdʊtst] **I.** *adj (fam)* ❶ *(verwirrt)* baffled, confused; **ein ~es Gesicht machen** to appear baffled ❷ *(überrascht)* taken aback *pred* **II.** *adv* in a baffled manner

verehren *vt* to admire

Verehrer(in) <-s, -> *m(f)* admirer

Verehrung *f kein pl* admiration

vereidigt [fɛɐ̯ˈʔaidɪçt] *adj* sworn; **gerichtlich ~** certified before the court

Verein <-[e]s, -e> [fɛɐ̯ˈʔain] *m* club; **aus einem ~ austreten** to resign from a club; **in einen ~ eintreten** to join a club; **gemeinnütziger ~** charitable organization

vereinbar *adj* compatible (**mit** *+dat* with)

vereinbaren [fɛɐ̯ˈʔainbaːrən] **I.** *vt* to agree (**mit** with) **II.** *vr* **sich ~ lassen** to be compatible (**mit** with)

Vereinbarung <-, -en> *f* agreement; **laut ~** as agreed; **nach ~** by arrangement

vereinen *vt* to unite

vereinfachen [fɛɐ̯ˈʔainfaxn̩] *vt* to simplify

vereinheitlichen [fɛɐ̯ˈʔainhaitlɪçn̩] *vt* to

V

standardize

vereinigen I. *vt* to unite **II.** *vr* **sich ~** to merge

vereinigt *adj* united

Vereinigtes Königreich *nt* United Kingdom

Das Vereinigte Königreich – The United Kingdom

die britischen Inseln	British Isles
das britische Weltreich	the British Empire
das Commonwealth	the Commonwealth
England	England
die Grafschaft	county
Großbritannien	Great Britain
die Insel	island
die Kolonie	colony
der König, die Königin	king, queen
die Monarchie	monarchy
Nordirland	Northern Ireland
das Oberhaus	the House of Lords
der/die Parlamentsabgeordnete	member of parliament, MP
der Premierminister, die Premierministerin	prime minister
die Regierung	government
Schottland	Scotland
das Unterhaus	the House of Commons
Wales	Wales

V

Vereinigte Staaten (von Amerika) *pl* United States (of America)

Die Vereinigten Staaten – The United States

der amerikanische Bürgerkrieg	American Civil War
der Bundesstaat	state
der Einwanderer, die Einwanderin	immigrant
das Einwanderungsland	immigrant country
die Pilgerväter	Pilgrim Fathers
der Präsident, die Präsidentin	president
die Regierung	administration
das Repräsentantenhaus (≈ *Unterhaus*)	the House of Representatives
die Republik	republic
der Senat (≈ *Oberhaus*)	the Senate
der Siedler, die Siedlerin	settler
die Sklaverei	slavery
die Supermacht	superpower
die Unabhängigkeit	independence
die Unabhängigkeitserklärung	Declaration of Independence
die Ureinwohner	Native Americans
die Verfassung	constitution
das Weiße Haus	the White House
der Wilde Westen	the Wild West

Vereinigung <-, -en> *f* ❶ *(Organisation)* organization ❷ *kein pl (Zusammenschluss)* amalgamation

vereinsamen [fɛɐ̯'ʔainzaːmən] *vi sein* to become lonely

vereinsamt *adj* ❶ *(einsam)* lonely ❷ *(abgeschieden)* isolated

Vereinsamung <-> *f kein pl* loneliness

vereinzelt [fɛɐ̯'ʔaintsl̩t] *adj* occasional

vereisen *vi sein* to ice up; **die Straße ist vereist** there's ice on the road

vereiteln [fɛɐ̯'ʔaitl̩n] *vt* to thwart

vererben *vt* **[jdm] etw ~** ❶ to leave [sb] sth ❷ BIOL to pass on sth *sep* [to sb]

vererblich *adj* hereditary

verfahren¹ [fɛɐ̯'ʔfaːrən] *vi irreg sein (vorgehen)* to proceed

verfahren² [fɛɐ̯'ʔfaːrən] *irreg vr* **sich ~** to lose one's way

verfahren[3] [fɛɐ̯ˈʔfaːrən] *adj Situation* muddled
Verfahren <-s, -> [fɛɐ̯ˈʔfaːrən] *nt* ① process ② JUR proceedings *npl;* **gegen jdn läuft ein ~** proceedings are being brought against sb
Verfahrensweise *f* procedure
Verfall [fɛɐ̯ˈfal] *m kein pl* ① *(das Verfallen)* dilapidation ② *(geh)* decline; **der ~ der Moral** the decline in morals *npl*
verfallen[1] *vi irreg sein* ① *(zerfallen)* to decay ② *Ticket* to expire
verfallen[2] *adj* ① *Haus* dilapidated ② *Ticket* expired
Verfallsdatum *nt* use-by date
verfälschen *vt* to distort
Verfasser(in) <-s, -> [fɛɐ̯ˈfasɐ] *m(f)* author
Verfassung *f* ① *kein pl* condition; **in einer bestimmten ~ sein** to be in a certain state; **in guter ~** in good form ② POL constitution
Verfassungsänderung *f* JUR constitutional amendment **Verfassungsschutz** *m* ① *(Schutz)* protection of the constitution ② *(fam: Amt)* Office for the Protection of the Constitution **verfassungswidrig** *adj* unconstitutional
verfaulen *vi sein* to rot; **verfault** rotten
Verfechter(in) *m(f)* advocate, champion
verfehlen *vt* to miss; **nicht zu ~ sein** to be impossible to miss; **das Thema ~** to go completely off the subject
verfeinden [fɛɐ̯ˈfaindn̩] *vr* **sich mit jdm ~** to fall out with sb; **verfeindet sein** to be enemies; **verfeindete Staaten** enemy states
verfeinern [fɛɐ̯ˈfainɐn] *vt* to improve
Verfilmung <-, -en> *f* ① *kein pl (das Verfilmen)* filming *no pl, no indef art* ② *(Film)* film
verfilzt *adj (fam)* interconnected; **[miteinander] ~ sein** to be inextricably linked
verfliegen *irreg vi sein: Gefühl* to pass; *Geruch* to evaporate
verfließen *vi irreg sein* ① *(verschwimmen)* to merge ② *(geh: vergehen)* to go by, to pass
verfluchen *vt* to curse
verflüssigen [fɛɐ̯ˈflʏsɪgn̩] *vt, vr* **[sich] ~** to liquefy
verfolgen *vt* ① to follow; *(politisch)* to persecute ② *(zu erreichen suchen)* to pursue; **eine Absicht ~** to have sth in mind
Verfolger(in) <-s, -> *m(f)* pursuer
Verfolgte(r) [fɛɐ̯ˈfɔlktə, -tɐ] *f(m) dekl wie adj* victim of persecution
Verfolgung <-, -en> *f* pursuit; *(politisch)* persecution
Verfolgungsjagd *f* pursuit **Verfolgungswahn** *m* persecution mania
verformen I. *vt* to distort **II.** *vr* **sich ~** to become distorted
Verfremdung <-, -en> *f* alienation
verfrüht *adj* premature; **etw für ~ halten** to consider sth to be premature
verfügbar *adj* available
verfügen *vi* **über etw** *akk* **~** to have sth at one's disposal; **~ Sie über mich!** I am at your disposal!
Verfügung <-, -en> *f* ① *(Anordnung)* order; **einstweilige ~** temporary injunction ② *(Disposition)* **etw zur ~ haben** to have sth at one's disposal; **jdm zur ~ stehen** to be available to sb; **[jdm] etw zur ~ stellen** to make sth available [to sb]
verführen *vt* **jdn [zu etw** *dat*] **~** to entice sb [into doing sth]; *(sexuell)* to seduce sb
verführerisch [fɛɐ̯ˈfyːrərɪʃ] *adj* seductive
Verführung *f* seduction
Vergabe [fɛɐ̯ˈgaːbə] *f von Arbeit, Studienplätzen* allocation; *eines Auftrags, Preises* award
vergammelt <-er, -este> *adj (fam)* scruffy, tatty
vergangen *adj* past
Vergangenheit <-> [fɛɐ̯ˈgaŋənhait] *f kein pl* past; **die jüngste ~** the recent past; **eine bewegte ~ haben** to have an eventful past
vergänglich [fɛɐ̯ˈgɛŋlɪç] *adj* transient

Vergaser <-s, -> *m* carburettor
vergeben *irreg vt* [**jdm**] **etw** ~ to forgive [sb] sth
vergebens [fɛɐ̯ge:bn̩s] **I.** *adj präd* in vain *pred* **II.** *adv s.* **vergeblich**
vergeblich [fɛɐ̯'ge:plɪç] **I.** *adj* futile **II.** *adv* in vain
Vergeblichkeit <-> *f kein pl* futility *no pl, no indef art*
Vergebung <-, -en> *f* forgiveness; [**jdn**] **um ~ bitten** to ask for [sb's] forgiveness
vergehen [fɛɐ̯'ge:ən] *irreg vi sein* ① *Zeit* to go by ② *(schwinden)* to wear off ③ *(sich zermürben)* [**vor etw** *dat*] ~ to die [of sth]
Vergehen <-s, -> [fɛɐ̯'ge:ən] *nt* offence
vergelten *vt irreg* [**jdm**] **etw** ~ to repay sb for sth
Vergeltung <-, -en> *f* revenge; **~ üben** to take revenge
Vergeltungsschlag *m* retaliatory strike
vergessen <vergisst, vergaß, vergessen> [fɛɐ̯'gɛsn̩] *vt* to forget
vergesslich [fɛɐ̯'gɛslɪç] *adj* forgetful
vergeuden [fɛɐ̯'gɔydn̩] *vt* to waste
Vergeudung <-, -en> *f* waste *no pl*
vergewaltigen [fɛɐ̯gə'valtɪgn̩] *vt* to rape
Vergewaltigung <-, -en> *f* rape
vergewissern [fɛɐ̯gə'vɪsɐn] *vr* **sich ~, dass ...** to make sure that ...
vergießen *vt irreg* ① *(verschütten)* to spill ② *Tränen, Blut* to shed
vergiften **I.** *vt* to poison **II.** *vr* **sich** ~ to be poisoned (**an** by)
Vergiftung <-, -en> *f* MED intoxication *no pl, no indef art*
vergilbt *adj* yellowed
Vergissmeinnicht <-[e]s, -[e]> [fɛɐ̯'gɪsmainnɪçt] *nt* BOT forget-me-not
Vergleich <-[e]s, -e> [fɛɐ̯'glaiç] *m* comparison; **im ~** in comparison (**zu** with) ▶ **der ~ hinkt** that's a poor comparison
vergleichbar *adj* comparable (**mit** to); **etwas V~es** something comparable
vergleichen *irreg vt* to compare (**mit** with/to)
vergleichend *adj* comparative; **die ~e Sprachwissenschaft** comparative linguistics + *sing vb*
vergleichsweise *adv* comparatively; **das ist ~ wenig/viel** that is a little/a lot in comparison
vergnügen [fɛɐ̯'gny:gn̩] *vr* **sich ~** to amuse oneself
Vergnügen <-s, -> [fɛɐ̯'gny:gn̩] *nt* *(Freude)* enjoyment *no pl; (Genuss)* pleasure *no pl;* ~ [**an etw** *dat*] **finden** to find pleasure in sth; **es ist mir ein ~** it is a pleasure; **kein ~ sein, etw zu tun** to not be exactly a pleasure doing sth; [**jdm**] **~ bereiten** to give sb pleasure; **mit größtem ~** with the greatest of pleasure ▶ **viel ~!** have a good time!
vergnügt [fɛɐ̯'gny:kt] **I.** *adj* happy **II.** *adv* happily
Vergnügungspark *m* amusement park
vergraben *irreg vt* to bury
vergriffen *adj Buch* out of print *pred,* OP *pred*
vergrößern [fɛɐ̯'grø:sɐn] **I.** *vt* ① *Fläche* to enlarge ② *Firma* to expand ③ *(optisch)* to magnify **II.** *vr* **sich ~** to become enlarged
Vergrößerung <-, -en> *f* enlargement, expansion, magnification
Vergrößerungsglas *m* magnifying glass
Vergünstigung <-, -en> *f* ① *(finanzieller Vorteil)* perk ② *(Ermäßigung)* reduction, concession
Vergütung <-, -en> *f* ① *(das Ersetzen)* refunding *no pl,* reimbursement *no pl* ② *(Geldsumme)* payment, remuneration; *(Honorar)* fee
verhaften *vt* to arrest; **Sie sind verhaftet!** you are under arrest!
Verhaftung <-, -en> *f* arrest
verhalten[1] [fɛɐ̯'haltn̩] *vr irreg* **sich irgendwie ~** ① *(sich benehmen)* to behave [in a certain manner] ② *(beschaffen sein)* to be [a certain way]
verhalten[2] [fɛɐ̯'haltn̩] *adj* restrained
Verhalten <-s> [fɛɐ̯'haltn̩] *nt kein pl* behaviour
Verhaltensforschung *f kein pl* behav-

ioural research *no pl* **verhaltensgestört** *adj* disturbed **Verhaltensweise** *f* behaviour

Verhältnis <-ses, -se> [fɛɐ̯ˈhɛltnɪs] *nt* ① *(Relation)* ratio; **im ~** in a ratio (**von** of/**zu** to) ② *(Beziehung)* relationship (**zu** with); *(Liebesverhältnis)* affair ③ *pl (Bedingungen)* conditions *pl* ④ *pl (Lebensumstände)* circumstances *pl;* **über seine ~se leben** to live beyond one's means; **unter anderen ~sen** under different circumstances

verhältnismäßig *adv* relatively **Verhältnismäßigkeit** <-, -en> *f meist sing* JUR *(Angemessenheit)* appropriateness *no pl,* commensurability *no pl;* **~ der Mittel/der Gerichtsentscheidung** reasonableness of means/of the decision

verhandeln **I.** *vi* to negotiate (**über** about) **II.** *vt* **etw ~** ① to negotiate sth ② JUR to hear sth

Verhandlung *f* ① *meist pl* negotiation; **~en aufnehmen** to enter into negotiations ② JUR trial

Verhängnis <-, -se> [fɛɐ̯ˈhɛŋnɪs] *nt* disaster; **[jdm] zum ~ werden** to be sb's undoing

verhängnisvoll *adj* fatal

verharmlosen [fɛɐ̯ˈharmloːzn̩] *vt* to play down *sep*

verhärmt [fɛɐ̯ˈhɛrmt] *adj* careworn

verhasst [fɛɐ̯ˈhast] *adj* hated (**wegen** for); **[jdm] ~ sein** to be hated [by sb]

verhätscheln *vt* to pamper

verhauen <verhaute, verhauen> **I.** *vt* to beat up *sep* **II.** *vr (fam: Fehler machen)* **sich ~** to slip up

verheddern [fɛɐ̯ˈhɛdɐn] *vr* **sich ~** to get tangled up

verheerend *adj* devastating

verheilen *vi sein* to heal [up]

verheimlichen [fɛɐ̯ˈhaimlɪçn̩] *vt* **[jdm] etw ~** to conceal sth [from sb]; **jdm ~, dass ...** to conceal the fact from sb that ...; **etwas/nichts zu ~ haben** to have something/nothing to hide

verheiraten *vr* **sich [mit jdm] ~** to marry [sb]; **verheiratet** married

Verheißung <-, -en> *f* promise

verheißungsvoll *adj* promising

verherrlichen [fɛɐ̯ˈhɛrlɪçn̩] *vt* to glorify

verhexen *vt* to bewitch; **wie verhext sein** to be jinxed

verhindern *vt* to prevent; **~, dass jd etw tut** to prevent sb from doing sth

Verhinderung <-, -en> *f* ① *(das Verhindern)* prevention *no pl, no indef art* ② *(zwangsläufiges Nichterscheinen)* inability to come [*or* attend]

verhöhnen *vt* to mock

Verhör <-[e]s, -e> [fɛɐ̯ˈhøːɐ̯] *nt* interrogation

verhüllen *vt* to cover

verhungern *vi sein* to starve [to death]; **am V~ sein** to be starving

verhüten *vt* to prevent

Verhütung <-, -en> *f* ① prevention *no pl* ② *(Empfängnisverhütung)* contraception *no pl*

Verhütungsmittel *nt* contraceptive

verinnerlichen [fɛɐ̯ˈʔɪnɐlɪçn̩] *vt* to internalize

verirren *vr* **sich ~** to get lost

verjagen *vt* to chase away *sep*

verjährt *adj* JUR statute-barred; *Ansprüche* in lapse

verkabeln *vt* to connect to the cable network

verkalken *vi sein* ① to fur [*or* AM clog] up; **verkalkt** furred up ② *Arterien* to become hardened ③ *(senil)* **verkalkt** senile

Verkalkung <-, -en> *f* ① *(von Arterien)* hardening of the arteries ② *(fam: Senilität)* senility *no pl*

verkatert [fɛɐ̯ˈkaːtɐt] *adj (fam)* hungover *pred*

Verkauf <-s, Verkäufe> [fɛɐ̯ˈkauf] *m* sale; **etw zum ~ anbieten** to offer sth for sale; **zum ~ stehen** to be up for sale

verkaufen *vt* to sell (**an** to); **zu ~ sein** to be for sale; **das Buch verkauft sich gut** the book is selling well

Verkäufer(in) [fɛɐ̯ˈkɔyfɐ] *m(f)* sales assis-

tant
verkäuflich *adj* for sale *pred*
Verkaufspreis *m* retail price
Verkehr <-[e]s> [fɛɐ̯'keːɐ̯] *m kein pl* ❶ traffic ❷ *(Umgang)* contact ❸ *(Umlauf)* **etw in den ~ bringen** to put sth into circulation; **etw aus dem ~ ziehen** to withdraw sth from circulation
verkehren *vi* ❶ *haben o sein (fahren)* to run ❷ *haben* **bei jdm ~** to visit sb regularly
Verkehrsampel *f* traffic lights *pl* **verkehrsberuhigt** *adj* traffic-calmed **Verkehrschaos** *nt* road chaos **Verkehrsdelikt** *nt* traffic offence [*or* AM -se] **Verkehrsdurchsage** *f* traffic announcement **Verkehrsfunk** *m* radio traffic service **Verkehrsinsel** *f* traffic island **Verkehrsknotenpunkt** *m* traffic junction **Verkehrskontrolle** *f* spot check on the traffic **Verkehrsmittel** *nt* means of transport

Verkehrsmittel – Transport

der Anhänger	trailer
das Auto	car
das Boot	boat
der Bus	bus
das Cabrio	convertible
das Fahrrad	bike
das Feuerwehrauto	fire engine
das Flugzeug	plane
der Hubschrauber	helicopter
der Kombi	estate [car]
der Lieferwagen	van
der LKW	lorry, truck
das Motorrad	motorbike
das Polizeiauto	police car
der Rettungswagen	ambulance
der Roller	scooter
das Schiff	ship
die Straßenbahn	tram
das Taxi	taxi
die U-Bahn	the underground
das Wohnmobil	camper van
der Wohnwagen	caravan
der Zug	train

Verkehrspolizist(in) *m(f)* traffic policeman *masc*, policewoman *fem* **Verkehrsregel** *f* traffic regulation **Verkehrsschild** *nt* road sign **Verkehrssünder(in)** *m(f) (fam)* traffic offender **Verkehrsteilnehmer(in)** *m(f)* road-user **Verkehrsunfall** *m* road accident
verkehrt I. *adj* wrong; **etwas V~es** the wrong thing II. *adv* wrongly; **~ herum** the wrong way round
Verkettung <-, -en> *f* chain
verklagen *vt* **jdn** [**wegen einer S.** *gen*] **~** to take proceedings against sb [for sth]; **jdn** [**auf etw** *akk*] **~** to sue sb [for sth]
verkleiden I. *vt* ❶ to dress up *sep* (**als** as) ❷ BAU to cover II. *vr* **sich ~** to dress up
Verkleidung *f* ❶ disguise ❷ BAU lining
verkleinern [fɛɐ̯'klainɐn] I. *vt* to reduce II. *vr* **sich ~** to be reduced in size (**um** by)
Verkleinerungsform *f* diminutive
verklemmt *adj* uptight [about sex *pred*]
verklingen *vi irreg sein* to fade away
verkneifen *vt irreg (fam)* **sich** *dat* **etw ~** to repress sth; **ich konnte mir ein Grinsen nicht ~** I couldn't help grinning
verknüpfen *vt* ❶ *(verknoten)* to tie [together *sep*] ❷ *(verbinden)* to combine (**mit** with) ❸ *(in Zusammenhang bringen)* to link (**mit** to)
verkommen[1] *vi irreg sein* to decay; **zu etw** *dat* **~** to degenerate into sth
verkommen[2] *adj* ❶ *(verwahrlost)* degenerate ❷ *(verfallen)* decayed
verkörpern [fɛɐ̯'kœrpɐn] *vt* to personify
verkraften [fɛɐ̯'kraftn̩] *vt* **etw ~** to cope with sth
verkrampft I. *adj* tense II. *adv* tensely; **~ wirken** to seem unnatural
verkriechen *vr irreg* **sich ~** to creep

V

away
verkrüppelt <-er, -este> *adj* crippled
verkümmern *vi sein* MED to degenerate
verkürzen I. *vt* ❶ to shorten ❷ *zeitlich* to reduce II. *vr* **sich ~** to become shorter
Verkürzung *f* ❶ shortening ❷ *zeitlich* reduction
Verlag <-[e]s, -e> [fɛɐ̯'la:k] *m* publishing house
verlagern *vt* to move
verlangen I. *vt* ❶ *(fordern)* to demand; *Preis* to ask ❷ *(erfordern)* to require II. *vi* **nach jdm/etw ~** to ask for sb/sth
Verlangen <-s, -> *nt* ❶ *(Wunsch)* desire (**nach** for) ❷ *(Forderung)* demand; **auf ~** on demand; **auf jds ~ [hin]** at sb's request
verlängern [fɛɐ̯'lɛŋɐn] I. *vt* to extend II. *vr* **sich ~** to be prolonged (**um** by)
Verlängerung <-, -en> *f* ❶ *kein pl* extension ❷ SPORT extra time *no art, no pl*
Verlängerungskabel *nt,* **Verlängerungsschnur** *f* extension [cable]
verlangsamen [fɛɐ̯'laŋza:mən] I. *vt* ❶ *Tempo* to reduce ❷ *(aufhalten)* to slow down *sep* II. *vr* **sich ~** to slow [down]
verlassen[1] *irreg* I. *vt* ❶ *(im Stich lassen)* to abandon ❷ *(fortgehen)* to leave ❸ *(verschwinden)* **der Mut verließ ihn** he lost courage II. *vr* **sich auf jdn ~** to rely [up]on sb
verlassen[2] *adj* deserted
verlässlich [fɛɐ̯'lɛslɪç] *adj* reliable
Verlauf [fɛɐ̯'lauf] *m* course; **im ~ einer S.** *gen* in the course of sth; **einen bestimmten ~ nehmen** to take a particular course
verlaufen *irreg* I. *vi sein (sich erstrecken)* to run II. *vr (sich verirren)* **sich ~** to get lost
verlegen[1] [fɛɐ̯'le:gn̩] *vt* ❶ *Schlüssel etc.* to mislay ❷ *Termin* to postpone (**auf** until) ❸ TECH to lay ❹ *Buch* to publish
verlegen[2] I. *adj* embarrassed II. *adv* in embarrassment
Verlegenheit <-, -en> *f kein pl* embarrassment; **jdn in ~ bringen** to put sb in an embarrassing situation
Verleger(in) <-s, -> *m(f)* publisher
Verlegung <-, -en> *f* ❶ *(Verschiebung)* rescheduling *no art, no pl; (auf einen späteren Zeitpunkt)* postponement ❷ TECH installation, laying *no art, no pl* ❸ *(Ortswechsel)* transfer
Verleih <-[e]s, -e> [fɛɐ̯'lai] *m (Firma)* rental company
verleihen *vt irreg* ❶ *(leihen)* **etw [an jdn] ~** to lend sth [to sb]; *(gegen Geld)* to rent out sth *sep* ❷ *Auszeichnung* **[jdm] etw ~** to award sth [to sb] ❸ *(geben)* to give
verleiten *vt* **jdn [zu etw] ~** to persuade sb [to do sth]
verlernen *vt* to forget; **das Tanzen ~** to forget how to dance
verletzbar *adj s.* **verletzlich**
verletzen [fɛɐ̯'lɛtsn̩] *vt* ❶ to hurt; **sich ~** to hurt oneself ❷ *Gesetz* to violate
verletzend *adj* hurtful
verletzlich *adj* vulnerable
verletzt *adj* injured, wounded
Verletzte(r) *f(m) dekl wie adj* injured person
Verletzung <-, -en> *f* MED injury
verleugnen *vt* to deny
verleumden [fɛɐ̯'lɔymdn̩] *vt* **jdn ~** to slander sb
verleumderisch [fɛɐ̯'lɔymdərɪʃ] *adj* slanderous, libellous [*or* AM libelous]
Verleumdung <-, -en> *f* slander
verlieben *vr* **sich ~** to fall in love (**in** with)
verliebt *adj* loving; **~ sein** to be in love (**in** with)
verlieren <verlor, verloren> [fɛɐ̯'li:rən] *vt* to lose; *Flüssigkeit, Gas* to leak
Verlierer(in) <-s, -> *m(f)* loser
Verlies <-es, -e> [fɛɐ̯'li:s, *pl:* 'li:zə] *nt* dungeon
verloben *vr* **sich ~** to get engaged (**mit** to)
verlobt *adj* engaged (**mit** +*dat* to); **sie**

V

sind miteinander ~ they are engaged [to each other]
Verlobte(r) *f(m) dekl wie adj* fiancé *masc*, fiancée *fem*
Verlobung <-, -en> *f* engagement
verlockend *adj* tempting
verlogen [fɛɐ̯'lo:gn̩] *adj* insincere
Verlogenheit <-> *f kein pl* ① *(lügnerisches Wesen)* untruthfulness *no art, no pl; (mit falschem Spiel)* duplicity *no art, no pl form* ② *(Heuchelei)* insincerity *no art, no pl*
verloren [fɛɐ̯'lo:rən] **I.** *pp von* **verlieren II.** *adj* **~ sein** to be finished; **sich ~ fühlen** to feel lost; **~ gehen** to get lost
verlosen *vt* to raffle
Verlosung *f* raffle
Verlust <-[e]s, -e> [fɛɐ̯'lʊst] *m* loss; **~ bringend** loss-making; **~e machen** to make losses
Vermächtnis <-ses, -se> [fɛɐ̯'mɛçtnɪs] *nt* legacy
vermarkten *vt* to market
vermasseln [fɛɐ̯'masl̩n] *vt* [**jdm**] **etw ~** to mess up sth *sep* [for sb]
vermehren *vr* **sich ~** ① BIOL to reproduce ② *(zunehmen)* to increase
Vermehrung <-, -en> *f* ① BIOL reproduction ② *(Zunahme)* increase
vermeiden *vt irreg* to avoid; **sich nicht ~ lassen** to be inevitable
Vermerk <-[e]s, -e> [fɛɐ̯'mɛrk] *m* note
vermessen[1] [fɛɐ̯'mɛsn̩] *irreg vt* to measure; *Land* to survey
vermessen[2] [fɛɐ̯'mɛsn̩] *adj* presumptuous
vermieten *vt* to rent [out]
Vermieter(in) *m(f)* landlord *masc*, landlady *fem*
Vermietung <-, -en> *f* letting *no art, no pl*, renting out *no art, no pl; Auto, Boot* renting [*or* BRIT hiring] [out] *no art, no pl*
vermindern I. *vt* to reduce **II.** *vr* **sich ~** to decrease
vermischen *vt, vr* [**sich**] **~** to mix
vermissen *vt* to miss; **etw ~ lassen** to lack sth
Vermisste(r) *f(m) dekl wie adj* missing person
vermitteln I. *vt* ① **jdm eine Stellung ~** to find sb a job ② *(weitergeben)* [**jdm**] **etw ~** to pass on *sep* sth [to sb] **II.** *vi* [**in etw** *dat*] **~** to mediate [in sth]
vermittelnd I. *adj* conciliatory; **~e Bemühungen** attempts to mediate **II.** *adv* **sich ~ einschalten** to intervene as a mediator
Vermittlung <-, -en> *f* ① *(Vermitteln) einer Stelle, Wohnung* finding *no art, no pl* ② *(Schlichtung)* mediation ③ *(Telefonzentrale)* operator ④ *(das Weitergeben)* imparting *no art, no pl*
Vermögen <-s, -> [fɛɐ̯'mø:gn̩] *nt* FIN assets *pl*
vermögend [fɛɐ̯'mø:gn̩t] *adj* wealthy
Vermögenssteuer *f* net worth tax
vermuten *vt* to suspect
vermutlich I. *adj attr* probable **II.** *adv* probably
Vermutung <-, -en> *f* assumption
vernachlässigen [fɛɐ̯'naxlɛsɪgn̩] *vt* ① to neglect; **sich ~** to be neglectful of oneself ② *(ignorieren)* to ignore
vernehmen *vt irreg* JUR to question
Vernehmen *nt* **dem ~ nach** from what one hears
Vernehmung <-, -en> *f* questioning
verneigen *vr* **sich ~** to bow (**vor** to)
verneinen [fɛɐ̯'nainən] *vt* to say no to; **eine Frage ~** to answer a question in the negative
Verneinung <-, -en> *f* ① **die ~ einer Frage** a negative answer to a question ② LING negative
vernetzen *vt* to link up *sep*; **vernetzt sein** to be linked [up] (**mit** to)
Vernetzung <-, -en> *f* ① INFORM networking *no art, no pl* ② *(Verflechtung)* network
vernichten [fɛɐ̯'nɪçtn̩] *vt* ① to destroy ② *(ausrotten)* to exterminate
vernichtend I. *adj* devastating; *Niederlage* crushing **II.** *adv* **jdn ~ schlagen** to inflict a crushing defeat on sb

Vernichtung <-, -en> *f* ❶ destruction ❷ *(Ausrottung)* extermination
Vernunft <-> [fɛɐ̯'nʊnft] *f kein pl* ❶ reason *no art* ❷ *(gesunder Menschenverstand)* common sense *no art;* ~ **beweisen** to show sense; **jdn zur ~ bringen** to make sb see sense; **zur ~ kommen** to see sense
vernünftig [fɛɐ̯'nʏnftɪç] *adj* ❶ sensible ❷ *(fam: ordentlich)* proper
veröffentlichen [fɛɐ̯'ʔœfn̩tlɪçn̩] *vt* to publish
Veröffentlichung <-, -en> *f* publication
verordnen *vt* MED to prescribe
verpachten *vt* to lease (**an** to)
verpacken *vt* to pack [up *sep*]; *(als Geschenk)* to wrap [up *sep*]
Verpackung <-, -en> *f* packing *no art, no pl*
Verpackungsmaterial *nt* packaging *no art, no pl* [material]
verpassen *vt* to miss
verpesten [fɛɐ̯'pɛstn̩] *vt* to pollute
verpfänden *vt* to pawn; *Haus* to mortgage
verpflanzen *vt* **jdm ein Organ ~** to give sb an organ transplant
verpflegen *vt* **jdn ~** to cater for sb
Verpflegung <-, *selten* -en> *f* ❶ *kein pl* catering; **mit voller ~** with full board ❷ *(Nahrung)* food
verpflichten [fɛɐ̯'pflɪçtn̩] **I.** *vt* **jdn** [**zu etw** *dat*] **~** to oblige sb to do sth **II.** *vr* **sich zu etw ~** to commit oneself to doing sth
Verpflichtung <-, -en> *f meist pl* duty *usu pl;* **seinen ~en nachkommen** to do one's duties; **finanzielle ~en** financial commitments
verpfuschen *vt* **etw ~** to make a mess of sth
verpönt [fɛɐ̯'pø:nt] *adj* deprecated
verprügeln *vt* **jdn ~** to beat up sb *sep*
Verputz <-es> *m kein pl* plaster
verputzen *vt* ❶ to plaster ❷ *(fam: essen)* to polish off *sep*
verqualmt <-er, -este> *adj* smoke-filled *attr,* full of smoke *pred*
verquollen *adj* swollen
Verrat <-[e]s> [fɛɐ̯'ra:t] *m kein pl* betrayal *no art;* **~ an jdm üben** to betray sb
verraten <verriet, verraten> **I.** *vt* ❶ *(ausplaudern)* to give away *sep* ❷ *(preisgeben)* to betray ❸ *(erkennen lassen)* to show **II.** *vr* **sich ~** to give oneself away (**durch** with)
Verräter(in) <-s, -> [fɛɐ̯'rɛ:tɐ] *m(f)* traitor
verrechnen *vr* **sich ~** to miscalculate
Verrechnungsscheck *m* crossed cheque BRIT, voucher check AM
verregnet <-er, -este> *adj* spoiled by rain; *Tag* rainy
verreisen *vi sein* to go away
verrenken *vt* to twist; **sich** *dat* **den Fuß ~** to dislocate one's foot
Verrenkung <-, -en> *f* distortion; *Gelenk* dislocation
verriegeln *vt* to bolt
verringern [fɛɐ̯'rɪŋɐn] **I.** *vt* to reduce (**um** by) **II.** *vr* **sich ~** to decrease
Verringerung <-> *f kein pl* reduction
verrosten *vi sein* to rust; **verrostet** rusty
verrostet <-er, -este> *adj* rusty
verrotten [fɛɐ̯'rɔtn̩] *vi sein* to rot
verrottet <-er, -este> *adj* ❶ *(faul)* rotted ❷ *(verwahrlost)* decayed
verrücken *vt* to move
verrückt [fɛɐ̯'rʏkt] *adj* ❶ *(geisteskrank)* mad; **~ sein/werden** to be/go nuts; **bist du ~?** are you out of your mind?; **jdn ~ machen** to drive sb crazy ❷ *(ausgefallen)* crazy ❸ *(versessen)* **~ nach etw/jdm sein** to be crazy about sth/sb ▶ **ich werd ~!** *(fam)* well, I'll be damned
Verrückte(r) *f(m) dekl wie adj* lunatic
Verrücktheit <-, -en> *f* madness *no art, no pl*
Verruf *m kein pl* **in ~ kommen** to fall into disrepute
verrufen *adj* disreputable
verrühren *vt* to stir

V

verrutschen *vi sein* to slip
Vers <-es, -e> [fɛrs] *m* verse
versagen **I.** *vi* to fail **II.** *vt* **jdm etw ~** to refuse sb sth
Versagen <-s> *nt kein pl* failure *no art;* **menschliches ~** human error
Versager(in) <-s, -> *m(f)* failure
versammeln **I.** *vr* **sich ~** to gather **II.** *vt* to call together
Versammlung *f* meeting
Versand <-[e]s> [fɛɐ̯'zant] *m kein pl* despatch
Versandhandel *m* mail-order *no art*
Versandhaus *nt* mail-order company
Versandhauskatalog *m* mail-order catalogue
Versandkosten *pl* shipping charges *pl*
versäumen *vt* to miss
verschämt [fɛɐ̯'ʃɛːmt] *adj* shy
verschanzen *vr* **sich ~** to take refuge
verschärfen **I.** *vr* **sich ~** to get worse **II.** *vt (zuspitzen)* to aggravate
verschenken *vt* to give (**an** to)
verscheuchen *vt* to chase away *sep*
verschicken *vt* to send (**an** to)
verschiebbar *adj* ❶ *(räumlich)* movable ❷ *(zeitlich) Termin* postponable; **ist unser Termin ~?** can we postpone our appointment?
verschieben *irreg vt* ❶ *Gegenstand* to move ❷ *Termin* to postpone (**auf** until)
Verschiebung *f* postponement
verschieden [fɛɐ̯'ʃiːdn̩] **I.** *adj* ❶ *(unterschiedlich)* different ❷ *attr (einige)* **~e** several *attr;* **V~es** various things *pl* **II.** *adv* differently; **~ lang** of different lengths
verschiedenartig *adj* diverse
Verschiedenheit <-, -en> *f (Unterschiedlichkeit)* difference; *(Unähnlichkeit)* dissimilarity
verschimmeln *vi sein* to go mouldy
verschlafen[1] *irreg* **I.** *vi* to oversleep **II.** *vt* **etw ~** to miss sth
verschlafen[2] *adj* sleepy
verschlechtern [fɛɐ̯'ʃlɛçtɐn] **I.** *vt* to make worse **II.** *vr* **sich ~** to get worse
Verschlechterung <-, -en> *f* worsening
verschleiern [fɛɐ̯'ʃlaiɐn] *vt* ❶ to cover with a veil ❷ *(verdecken)* to cover up *sep;* **die Tatsachen ~** to disguise the facts
verschleiert *adj Gesicht* veiled
Verschleiß <-es, -e> [fɛɐ̯'ʃlais] *m* wear [and tear] *no art, no pl*
verschleißen <verschliss, verschlissen> *vi, vt sein* to wear out
Verschleppungstaktik *f* delaying tactics *pl*
verschließen *irreg* **I.** *vt* to lock [up *sep*] **II.** *vr* **sich etw** *dat* **~** to ignore sth
verschlimmern **I.** *vt* to make worse **II.** *vr* **sich ~** to get worse
Verschlimmerung <-, -en> *f* worsening
verschlingen **I.** *vt irreg* to devour **II.** *vr irreg* **sich** [**ineinander**] **~** to intertwine
verschlissen **I.** *pp von* **verschleißen** **II.** *adj* worn-out
verschlossen [fɛɐ̯'ʃlɔsn̩] *adj* ❶ closed ❷ *(zurückhaltend)* reserved ▸ **jdm ~ bleiben** to be a mystery to sb
Verschlossenheit <-> *f kein pl* reservedness *no art, no pl*
verschlucken **I.** *vt* to swallow **II.** *vr* **sich ~** to choke
verschlungen **I.** *vt pp von* **verschlingen** **II.** *adj* entwined
Verschluss *m* ❶ *(Schließvorrichtung)* clasp; *Tür* catch; **etw unter ~ halten** to keep sth under lock and key ❷ *(Deckel)* lid; *Flasche* top
verschlüsseln [fɛɐ̯'ʃlʏsl̩n] *vt* to [en]code
Verschlüsselung <-, -en> *f* ❶ *(Verschlüsseln)* [en]coding *no art, no pl* ❷ *(Kode)* cipher, encryption
verschmähen *vt* to reject
verschmitzt [fɛɐ̯'ʃmɪtst] **I.** *adj* mischievous, roguish **II.** *adv* mischievously, roguishly
verschmutzen *vt* ❶ to make dirty ❷ ÖKOL to pollute
verschneit *adj* snow-covered *attr;* **~ sein** to be covered in snow

verschnörkelt *adj* adorned with flourishes; *Schrift* ornate
verschnupft [fɛɐ̯'ʃnʊpft] *adj (fam)* **~ sein** ① *(erkältet)* to have a cold ② *(indigniert)* to be in a huff
verschollen [fɛɐ̯'ʃɔlən] *adj* missing; **~ sein** to have gone missing
verschonen *vt* to spare; **von etw verschont bleiben** to escape sth
verschönern [fɛɐ̯'ʃø:nɐn] *vt* to brighten up *sep*
verschränken *vt* **die Arme ~** to fold one's arms
verschreiben *irreg* **I.** *vt* **jdm etw ~** to prescribe sb sth (**gegen** for) **II.** *vr* **sich ~** to make a mistake
verschreibungspflichtig *adj* available only on prescription *pred*
verschrotten *vt* to scrap
verschüchtert *adj* intimidated
verschulden I. *vt* **etw ~** to be to blame for sth **II.** *vi sein* **verschuldet sein** to be in debt **III.** *vr* **sich ~** to get into debt (**bei** to)
verschuldet *adj* indebted
verschütten [fɛɐ̯'ʃʏtən] *vt* ① *Milch* to spill ② *(unter etw begraben)* to bury
verschwägert [fɛɐ̯'ʃvɛ:gɐt] *adj* related by marriage *pred*
verschweigen *vt irreg* to hide (**vor** from); *Informationen* to withhold; **jdm ~, dass …** to keep from sb the fact that …
verschwenden *vt* to waste
Verschwender(in) <-s, -> *m(f)* wasteful person; *Geld a.* spendthrift
verschwenderisch *adj* wasteful
Verschwendung <-, -en> *f* wasting *no art, no pl;* **so eine ~!** what a waste!
Verschwendungssucht *f kein pl* prodigality *no art, no pl form*
verschwiegen [fɛɐ̯'ʃvi:gn̩] *adj* discreet
Verschwiegenheit <-> *f kein pl* discretion *no art, no pl,* secrecy
verschwimmen *vi irreg sein* to become blurred
verschwinden *vi irreg sein* to disappear; **verschwunden** [**sein**] [to be] missing; **verschwinde!** clear off!
Verschwinden <-s> *nt kein pl* disappearance
verschwollen *adj* swollen
verschwommen *adj* blurred
verschwören *vr irreg* **sich gegen jdn ~** to conspire against sb; **sich zu etw** *dat* **~** to conspire to do sth
Verschwörung <-, -en> *f* conspiracy
Verschwörungstheorie *f* conspiracy theory
Versehen <-s, -> [fɛɐ̯'ze:ən] *nt* mistake; **aus ~** by mistake
versehentlich [fɛɐ̯'ze:əntlɪç] *adv* inadvertently; *(aufgrund einer Verwechslung a.)* by mistake
versenden *vt irreg o reg* to send (**an** to)
versenken *vt* to sink
versessen [fɛɐ̯'zɛsn̩] *adj* **auf etw** *akk* **~ sein** to be crazy about sth; **auf**[**s**] **Geld ~ sein** to be obsessed with money; **~ darauf sein, etw zu tun** to be dying to do sth
Versessenheit <-> *f kein pl* keenness *no art, no pl* (**auf** on)
versetzen I. *vt* ① *Beamten* to move ② *Schüler* to move up *sep* [to the next class] ③ *(bringen)* **jdn in Begeisterung ~** to fill sb with enthusiasm; **eine Maschine in Bewegung ~** to set a machine in motion; **jdn in Panik ~** to send sb into a panic ④ *(warten lassen)* **jdn ~** to stand up sb *sep* **II.** *vr* **sich in jdn ~** to put oneself in sb's place
Versetzung <-, -en> *f* ① ADMIN transfer ② SCH moving up *no art, no pl*
verseuchen [fɛɐ̯'zɔyçn̩] *vt* to contaminate
Verseuchung <-, -en> *f* contamination
Versfuß *m* LIT [metrical] foot *spec*
versichern I. *vt* ① *(durch Versicherungsgesellschaft)* to insure (**gegen** against) ② *(glaubhaft machen)* **jdm ~,** [**dass**] **…** to assure sb [that] … **II.** *vr* **sich einer S.** *gen* **~** to make sure of sth
Versicherte(r) *f(m) dekl wie adj* insured
Versicherung *f* ① FIN insurance *no pl;*

(Firma) insurance company ② *(Besteuerung)* assurance
Versicherungspolice *f* insurance policy; *(Lebensversicherung a.)* assurance policy BRIT **Versicherungsprämie** *f* insurance premium **Versicherungsschutz** *m kein pl* insurance cover **Versicherungsvertreter(in)** *m(f)* insurance agent
versickern *vi sein* to seep away
versiegeln *vt* to seal [up *sep*]
versilbern [fɛɐ̯'zɪlbɐn] *vt* to silver-plate
versinken *vi irreg sein* to sink; **versunken** sunken
versklaven [fɛɐ̯'sklaːvn̩] *vt* **jdn ~** to enslave sb
versoffen [fɛɐ̯'zɔfn̩] *adj (sl)* boozy *fam;* **ein ~er Kerl** a boozer *fam*
versöhnen [fɛɐ̯'zøːnən] **I.** *vr* **sich mit jdm ~** to make it up with sb **II.** *vt* to reconcile
Versöhnung <-, -en> *f* reconciliation *no art, no pl*
versorgen *vt* ① *(betreuen)* to take care of ② *(versehen)* to supply; **sich mit etw** *dat* **~** to provide oneself with sth; **sich selbst ~** to look after oneself ③ MED to treat
Versorgung <-> *f kein pl* ① *(das Versorgen)* care *no art* ② *(das Ausstatten)* supply; **medizinische ~** provision of medical care
verspannen *vr* **sich ~** to tense up
verspäten [fɛɐ̯'ʃpɛːtn̩] *vr* **sich ~** to be late
verspätet *adj* ① *(zu spät eintreffend)* delayed ② *(zu spät erfolgend)* late
Verspätung <-, -en> *f* delay; **entschuldigen Sie bitte meine ~** I'm sorry I'm late; **~ haben** to be late; **mit einer Stunde ~ ankommen** to arrive an hour late
versperren *vt* **jdm den Weg ~** to bar sb's way
verspotten *vt* to mock
versprechen *irreg* **I.** *vt* [**jdm**] **etw ~** to promise [sb] sth **II.** *vr* ① **sich** *dat* **etw von jdm/etw ~** to hope for sth from sb/sth ② *(falsch sprechen)* **sich ~** to make a slip of the tongue
Versprechen <-s, -> *nt* promise
verspritzen *vt* to spray
verstaatlichen [fɛɐ̯'ʃtaːtlɪçn̩] *vt* to nationalize
Verstaatlichung <-, -en> *f* nationalization *no art, no pl*
verstand [fɛɐ̯'ʃtant] *vt, vi, vr imp von* **verstehen**
Verstand <-[e]s> [fɛɐ̯'ʃtant] *m kein pl* reason *no art;* **jdn um den ~ bringen** to drive sb out of his/her mind; **nicht bei ~ sein** to not be in one's right mind; **den ~ verlieren** to lose one's mind
verständigen [fɛɐ̯'ʃtɛndɪgn̩] *vr* **sich ~** ① *(sich verständlich machen)* to communicate (**durch** by) ② *(sich einigen)* to reach an agreement (**über** about)
Verständigung <-> *f kein pl* ① *(Benachrichtigung)* notification *no art* ② *(Einigung)* agreement
verständlich [fɛɐ̯'ʃtɛntlɪç] *adj* understandable; **jdm etw ~ machen** to make sb understand sth
Verständnis <-ses> [fɛɐ̯'ʃtɛntnɪs] *kein pl nt* understanding *no art;* **für etw** *akk* **~ haben** to have sympathy for sth
verständnislos **I.** *adj* uncomprehending; **ein ~er Blick** a blank look **II.** *adv* uncomprehendingly
verständnisvoll *adj* understanding
verstärken **I.** *vt* ① *(stärker machen)* to strengthen ② *(intensivieren)* to intensify ③ *(erhöhen)* to increase **II.** *vr* **sich ~** to increase
Verstärker <-s, -> *m* amplifier
Verstärkung *f* ① *(das Verstärken)* strengthening *no art, no pl* ② *(Vergrößerung)* reinforcement *no art, no pl* ③ *(Intensivierung)* intensification *no art, no pl*
verstaubt *adj* dusty; *(fig)* outmoded
verstauchen *vt* **sich** *dat* **etw ~** to sprain one's sth
Versteck <-[e]s, -e> [fɛɐ̯'ʃtɛk] *nt* hiding place

verstecken *vt, vr* [**sich**] ~ to hide (**vor** from)

versteckt *adj* ① *(verborgen)* hidden; *(vorsätzlich a.)* concealed ② *(abgelegen)* secluded ③ *(unausgesprochen)* veiled

verstehen <verstand verstanden> **I.** *vt* ① *(hören)* to hear ② *(begreifen)* to understand; **jdm etw zu ~ geben** to make sb understand sth ③ *(können)* **ich verstehe kein Französisch** I don't know any French; **es ~, etw zu tun** to know how to do sth; **nichts von etw** *dat* **~** to know nothing about sth **II.** *vr* ① *(auskommen)* **sich mit jdm ~** to get on [*or* AM along] with sb; **wir ~ uns** we understand one another ② *(zu verstehen sein)* **etw versteht sich von selbst** sth goes without saying **III.** *vi* **wenn ich recht verstehe** if I understand correctly; **verstehst du?** you know?

versteigern *vt* to auction [off]

Versteigerung *f* auction

Versteinerung <-, -en> *f* fossil

verstellbar *adj* adjustable

verstellen **I.** *vt* ① *(einstellen)* to adjust; **etw in der Höhe ~** to adjust sth for height ② *(woandershin stellen)* to move ③ *(blockieren)* to block ④ *Stimme* to disguise **II.** *vr* **sich ~** to put on an act

verstimmt *adj* ① MUS out of tune ② *(verärgert)* **~ sein** to be put out

verstohlen [fɛɐ̯ˈʃtoːlən] **I.** *adj* furtive **II.** *adv* furtively; **jdn ~ ansehen** to give sb a furtive look

verstopfen **I.** *vt* to block up *sep* **II.** *vi* *sein* to get blocked [up]

verstopft *adj* blocked, congested

Verstopfung <-, -en> *f* MED constipation *no art, no pl;* **~ haben** to be constipated

verstorben [fɛɐ̯ˈʃtɔrbn̩] *adj* deceased, late *attr*

Verstorbene(r) *f(m) dekl wie adj* deceased

verstört [fɛɐ̯ˈʃtøːɐ̯t] **I.** *adj* distraught **II.** *adv* in distress

Verstoß [fɛɐ̯ˈʃtoːs] *m* violation (**gegen** of)

verstoßen *irreg* **I.** *vi* **gegen etw** *akk* **~** to violate sth **II.** *vt* **jdn ~** to expel sb

verstrahlt <-er, -este> *adj* contaminated [by radiation]

verstreichen *irreg vi sein: Zeit* to pass [by]; **eine Frist ~ lassen** to let a deadline pass

verstreuen *vt* ① *(ausstreuen)* to scatter ② *(versehentlich verschütten)* to spill

Verstümmelung <-, -en> *f* mutilation

Versuch <-[e]s, -e> [fɛɐ̯ˈzuːx] *m* ① attempt ② *(Experiment)* experiment; **einen ~ machen** to carry out an experiment

versuchen **I.** *vi, vt* to try; **es mit jdm/etw ~** to give sb/sth a try; **~, etw zu tun** to try to do sth **II.** *vr* **sich in etw** *dat* **~** to try one's hand at sth

Versuchskaninchen *nt* guinea pig **Versuchsreihe** *f* series of experiments **Versuchstier** *nt* laboratory animal

versuchsweise *adv* on a trial basis

Versuchung <-, -en> *f* temptation *no art, no pl;* **jdn in ~ führen** to lead sb into temptation; **in ~ geraten** to be tempted

versunken [fɛɐ̯ˈzʊŋkn̩] *adj* ① *(untergegangen)* sunken *attr; Kultur* submerged ② *(vertieft)* **in etw** *akk* **~ sein** to be absorbed in sth; **in Gedanken ~ sein** to be lost in thought

vertagen *vt* to adjourn (**auf** until)

Vertagung *f* adjournment

vertauschen *vt* to switch; **etw mit etw** *dat* **~** to exchange sth for sth

verteidigen [fɛɐ̯ˈtaidɪgn̩] *vt* to defend

Verteidiger(in) <-s, -> *m(f)* ① JUR defence counsel ② SPORT defender

Verteidigung <-, -en> *f* defence

Verteidigungsminister(in) *m(f)* defence minister BRIT, secretary of defense AM **Verteidigungsministerium** *nt* Ministry of Defence BRIT, Department of Defense AM

verteilen *vt* to distribute (**an** to)

Verteilung *f* distribution *no pl*
Verteuerung *f* increase in price
verteufelt *(fam)* **I.** *adj* devilish[ly tricky] **II.** *adv* damned *fam,* devilishly
vertiefen [fɛɐ̯'tiːfn̩] **I.** *vt* ❶ to deepen ❷ *(festigen)* to reinforce **II.** *vr* **sich in etw** *akk* **~** to become absorbed in sth; **in Gedanken vertieft sein** to be deep in thought
Vertiefung <-, -en> *f* ❶ depression ❷ *(Festigung)* consolidation *no art, no pl*
vertikal [vɛrti'kaːl] **I.** *adj* vertical **II.** *adv* vertically
vertippen *vr (fam)* **sich ~** to make a typing error
Vertrag <-[e]s, Verträge> [fɛɐ̯'traːk] *m* contract; *(international)* treaty; **jdn unter ~ nehmen** to contract sb
vertragen *irreg* **I.** *vt* *(aushalten)* to stand **II.** *vr* ❶ *(verstehen)* **sich mit jdm ~** to get on with sb ❷ *(zusammenpassen)* **sich mit etw** *dat* **~** to go with sth
vertraglich [fɛɐ̯'traːklɪç] **I.** *adj* contractual **II.** *adv* by contract; **~ festgelegt werden** to be laid down in a contract
verträglich [fɛɐ̯'trɛːklɪç] *adj* ❶ *Mensch* good-natured ❷ *Essen* digestible; **gut/schwer ~** easily digestible/indigestible
Vertragsbedingungen *pl* JUR terms of contract **Vertragsbruch** *m* breach of contract **Vertragsentwurf** *m* draft [of a] contract/treaty **Vertragspartner(in)** *m(f)* party to a/the contract
vertrauen *vi* **jdm ~** to trust sb; **auf jdn ~** to trust in sb; **auf sein Glück ~** to trust to luck; **auf Gott ~** to put one's trust in God; **darauf ~, dass …** to be confident that …
Vertrauen <-s> *nt kein pl* trust, confidence; **~ erweckend** trustworthy; **~ [zu jdm] haben** to have confidence [in sb]; **jdn ins ~ ziehen** to take sb into one's confidence; **im ~ auf etw** *akk* trusting to sth
Vertrauensbruch *m* breach of confidence **vertrauensvoll** **I.** *adj* trusting, trustful, based on trust *pred* **II.** *adv* trustingly
vertrauenswürdig *adj* trustworthy
vertraulich **I.** *adj* ❶ *(geheim)* confidential; **streng ~** strictly confidential ❷ *(freundschaftlich)* familiar, chummy *fam* **II.** *adv* confidentially
verträumt *adj* ❶ *Ort* sleepy ❷ *Mensch* dreamy
vertraut *adj* familiar (**mit** with); **sich mit etw** *dat* **~ machen** to familiarize oneself with sth
Vertraute(r) *f(m) dekl wie adj* confidant *masc,* confidante *fem*
Vertrautheit <-> *f kein pl* familiarity (**mit** with)
vertreiben *vt irreg* ❶ to drive away *sep* ❷ *(verkaufen)* to sell
Vertreibung <-, -en> *f* expulsion
vertretbar *adj* ❶ *(zu vertreten)* tenable; **nicht ~** untenable ❷ *(akzeptabel)* justifiable; **nicht ~** unjustifiable
vertreten *vt irreg* ❶ *(ersetzen)* **jdn ~** to stand in for sb; **durch jdn ~ werden** to be replaced by sb ❷ *(repräsentieren)* to represent ❸ *Meinung* to hold ▶ **sich** *dat* **die Beine ~** to stretch one's legs
Vertreter(in) <-s, -> *m(f)* representative
Vertretung <-, -en> *f* ❶ *(Stellvertreter)* deputy ❷ ÖKON agency
Vertrieb <-[e]s, -e> *m kein pl* sales *pl*
Vertriebene(r) *f(m) dekl wie adj* deportee
vertrocknen *vi sein: Vegetation* to dry out; *Lebensmittel* to dry up
vertrottelt *adj (fam)* senile
vertuschen *vt* to hush up *sep*
verübeln [fɛɐ̯'ʔyːbl̩n] *vt* **jdm etw ~** to hold sth against sb
verunglücken [fɛɐ̯'ʔʊnglʏkn̩] *vi sein* to have an accident; **tödlich ~** to be killed in an accident
verunsichern [fɛɐ̯'ʔʊnzɪçɐn] *vt* **jdn ~** to make sb [feel] unsure
verunsichert <-er, -este> *adj* uncer-

tain
verunstalten [fɛɐ̯ˈʔʊnʃtaltn̩] *vt* to disfigure
veruntreuen [fɛɐ̯ˈʔʊntrɔyən] *vt* to embezzle
verursachen [fɛɐ̯ˈʔuːɐ̯zaxn̩] *vt* to cause
Verursacher(in) <-s, -> *m(f)* causal agent
verurteilen *vt* ① to convict; **jdn zu etw** *dat* **~** to sentence sb to sth ② *(bestimmt sein)* **zu etw** *dat* **verurteilt sein** to be condemned to sth
Verurteilung <-, -en> *f* conviction
vervielfältigen [fɛɐ̯ˈfiːlfɛltɪgn̩] *vt* to duplicate
vervollständigen [fɛɐ̯ˈfɔlʃtɛndɪgn̩] *vt* to complete
verwahrlost <-er, -este> *adj* neglected
Verwahrlosung <-> *f kein pl Grundstück, Gebäude* dilapidation *no art, no pl; Mensch* neglect *no art, no pl;* **bis zur völligen ~ herunterkommen** to sink into a state of total neglect
verwaist *adj* orphaned; *(fig: verlassen)* deserted, abandoned
verwalten *vt* ① ADMIN to administer ② *Besitz, Daten* to manage
Verwalter(in) <-s, -> *m(f)* administrator; *Gut* manager; *Nachlass* trustee
Verwaltung <-, -en> *f* ① *kein pl* ADMIN administration *no art;* **städtische ~** municipal authority ② FIN, INFORM management *no art*
Verwaltungsbezirk *m* administrative district, precinct AM
verwandeln I. *vt* to turn (**in** into); **jd ist wie verwandelt** sb is a changed person II. *vr* **sich in etw** *akk* **~** to turn into sth
Verwandlung *f* transformation
verwandt[1] [fɛɐ̯ˈvant] *adj* related (**mit** to)
verwandt[2] [fɛɐ̯ˈvant] *pp von* **verwenden**
Verwandte(r) *f(m) dekl wie adj* relative
Verwandtschaft <-, -en> *f* ① *(die Verwandten)* relatives *pl;* **die nähere ~** close relatives *pl* ② *(Ähnlichkeit)* affinity (**mit** with)
Verwarnung *f* warning
verwechseln [fɛɐ̯ˈvɛksl̩n] *vt* to mix up *sep;* **jdn/etw mit jdm/etw ~** to confuse sb/sth with sb/sth
Verwechslung <-, -en> [fɛɐ̯ˈvɛkslʊŋ] *f* confusion; **das muss eine ~ sein** there must be some mistake
verwegen [fɛɐ̯ˈveːgn̩] *adj* daring
Verwehung <-, -en> *f* drift
verweigern *vt, vi* to refuse; **einen Befehl ~** to refuse to obey an order; **den Kriegsdienst ~** to refuse to do military service
Verweigerung *f* refusal
Verweis <-es, -e> [fɛɐ̯ˈvai̯s] *m* ① *(Tadel)* reprimand; **jdm einen ~ erteilen** to reprimand sb ② *(Hinweis)* reference (**auf** *+akk* to); *(Querverweis)* cross-reference
verweisen *irreg vt, vi* to refer (**an/auf** to)
verwelken *vi sein* to wilt
verwendbar *adj* usable
verwenden <verwendete *o* verwandte, verwendet> *vt* to use
Verwendung <-, -en> *f* use
Verwendungszweck *m* purpose
verwerflich *adj* reprehensible
Verwertung <-, -en> *f* use
verwesen [fɛɐ̯ˈveːzn̩] *vi sein* to rot, to decompose; **verwest** decomposed
Verwestlichung *f* Westernization
Verwesung <-> *f kein pl* decomposition *no art*
verwickeln I. *vt* **jdn in etw** *akk* **~** to involve sb in sth; **jdn in ein Gespräch ~** to engage sb in conversation II. *vr* **sich ~** to get tangled up
verwickelt *adj* complicated
verwildert *adj* ① *(überwachsen) Garten* overgrown ② *Tier* feral; *Haustier* neglected ③ *(fig: ungepflegt) Aussehen* unkempt
verwirklichen [fɛɐ̯ˈvɪrklɪçn̩] I. *vt* to realize II. *vr* **sich ~** to fulfil oneself; **sich in etw** *dat* **~** to find fulfilment in sth
verwirren *vt* to confuse
verwirrt <-er, -este> *adj* confused

V

Verwirrung <-> *f kein pl* confusion *no art*
verwitwet [fɛɐ̯'vɪtvət] *adj* widowed
verwöhnen [fɛɐ̯'vøːnən] *vt* to spoil
verwöhnt *adj* ❶ *Kind* spoilt ❷ *(anspruchsvoll)* discriminating
verworren [fɛɐ̯'vɔrən] *adj* confused
verwunden [fɛɐ̯'vʊndn̩] *vt* to wound; **schwer verwundet** seriously wounded
verwunderlich *adj* odd, strange; **das ist nicht ~** that's not surprising
Verwunderung <-> *f kein pl* amazement *no art*
verwundet *adj* wounded
Verwundete(r) *f(m) dekl wie adj* wounded person
Verwundung <-, -en> *f* wound
verwurzelt *adj* rooted
verwüsten *vt* to devastate
Verwüstung <-, -en> *f meist pl* devastation *no art, no pl*
verzagt I. *adj* despondent, disheartened II. *adv* despondently
verzählen *vr* **sich ~** to miscount
verzaubern *vt* **jdn ~** ❶ to put a spell on sb; **jdn in etw** *akk* **~** to turn sb into sth ❷ *(betören)* to enchant sb
Verzehr <-[e]s> [fɛɐ̯'tseːɐ̯] *m kein pl* consumption
verzehren *vt* to consume
Verzeichnis <-ses, -se> *nt* list
verzeihen <verzieh, verziehen> *vt* to excuse; **jdm etw ~** to forgive sb sth; **~ Sie!** excuse me!; **~ Sie, dass ich störe** excuse me for interrupting
verzeihlich *adj* excusable
Verzeihung <-> *f kein pl* forgiveness; **[jdn] um ~ bitten** to apologize [to sb] ▶ **~!** sorry!; **~, darf ich mal hier vorbei?** excuse me, may I get past?
verzerren I. *vt* ❶ to distort ❷ MED to strain II. *vr* **sich ~** to become contorted (**zu** in)
Verzerrung *f* distortion
Verzicht <-[e]s, -e> [fɛɐ̯'tsɪçt] *m* renunciation (**auf** of)
verzichten [fɛɐ̯'tsɪçtn̩] *vi* to go without; **zu jds Gunsten ~** to do without in favour of sb; **auf etw** *akk* **~** to do without sth; **auf sein Recht ~** to renounce one's right
verziehen[1] *irreg* I. *vi sein (umziehen)* to move II. *vr haben (verschwinden)* **sich ~** to disappear
verziehen[2] *irreg vt* ❶ *(verzerren)* to twist; **das Gesicht ~** to pull a face ❷ *Kind* to bring up badly
verzieren *vt* to decorate
Verzierung <-, -en> *f* decoration
verzogen [fɛɐ̯'tsoːgn̩] *adj* badly brought up; **die Kinder sind völlig ~** the children are completely spoilt
verzögern I. *vt* ❶ to delay ❷ *(verlangsamen)* to slow down II. *vr* **sich ~** to be delayed (**um** by)
Verzögerung <-, -en> *f* delay; *(Verlangsamung)* slowing down
verzollen *vt* to pay duty on
verzückt I. *adj (geh)* ecstatic, enraptured II. *adv (geh)* ecstatically
Verzückung <-, -en> *f (geh)* ecstacy
Verzug <-[e]s> *m kein pl* delay; **in ~ geraten** to fall behind
verzweifeln *vi sein* to despair (**an** of)
verzweifelt I. *adj* ❶ *(verzagt)* despairing; **ein ~es Gesicht machen** to look despairingly; **ich bin völlig ~** I'm at my wits' end ❷ *(hoffnungslos)* desperate II. *adv* despairingly
Verzweiflung <-> *f kein pl* despair; **jdn zur ~ bringen** to drive sb to despair; **aus ~** out of desperation
verzweigen [fɛɐ̯'tsvaign̩] *vr* **sich ~** to branch out
verzwickt [fɛɐ̯'tsvɪkt] *adj* tricky
Veteran <-en, -en> [vete'raːn] *m* veteran
Veto <-s, -s> ['veːto] *nt* veto; **sein ~ einlegen** to exercise one's veto
Vetorecht *nt* right of veto
Vetter <-s, -n> ['fɛtɐ] *m* cousin
Vetternwirtschaft *f kein pl* nepotism
via ['viːa] *präp +akk* ❶ *(über)* via ❷ *(durch)* by
Viadukt <-[e]s, -e> [via'dʊkt] *m o nt*

V

viaduct
Vibration <-, -en> [vibraˈtsi̯oːn] *f* vibration
vibrieren [viˈbriːrən] *vi* to vibrate
Videogerät *nt* video recorder **Videokamera** *f* video camera **Videorekorder** <-s, -> *f* video [recorder], AM *usu* VCR
Videothek <-, -en> [videoˈteːk] *f* video shop
Vieh <-[e]s> [fiː] *nt kein pl* ① AGR livestock ② *(fam: Tier)* animal
Viehzucht *f* livestock breeding
viel [fiːl] **I.** *adj* <mehr, meiste> ① *sing, adjektivisch* a lot of; **~ Geld** a lot of money; **der/die/das ~e ...** all this/that ... ② *substantivisch* a lot, much; **ich habe zu ~ zu tun** I have too much to do; **er weiß ~** he knows a lot ③ *pl, adjektivisch* **~e** a lot of many; **und ~e andere** and many others ④ *pl, substantivisch (Menschen)* **~e** a lot, many; **diese Ansicht wird von ~en vertreten** this view is held by many people; *(Dinge)* a lot **II.** *adv* <mehr, am meisten> ① *(häufig)* a lot ② *(wesentlich)* **die Mütze ist ~ zu groß** the cap is far too big
vieldeutig *adj* ambiguous
vielerlei *adj* all kinds of
vielfach [ˈfiːlfax] **I.** *adj* multiple **II.** *adv* many times
Vielfalt <-> [ˈfiːlfalt] *f* diversity (**an** of)
vielfältig [ˈfiːlfɛltɪç] *adj* diverse
vielfarbig *adj* multicoloured [*or* AM -ored] **Vielflieger(in)** *m(f)* frequent flier [*or* flyer]
vielleicht [fiˈlaiçt] *adv* ① perhaps, maybe ② *(ungefähr)* **er ist ~ 30 Jahre alt** he is about 30 years old
vielmehr [ˈfiːlmeːɐ̯] *adv* rather
vielschichtig *adj* ① *(aus vielen Schichten bestehend)* multilayered ② *(fig: komplex)* complex
vielseitig [ˈfiːlzaitɪç] *adj* versatile **Vielzahl** *f kein pl* **eine ~ von etw** *dat* a large number of sth
vier [fiːɐ̯] *adj* four; *s.a.* **acht**[1] ▸ **ein Gespräch unter ~ Augen führen** to have a private conversation; **in den eigenen ~ Wänden wohnen** to live within one's own four walls
Vier <-, -en> [fiːɐ̯] *f* ① *(Zahl)* four ② *(Zeugnisnote)* **er hat in Deutsch eine ~** he got a D in German ▸ **auf allen ~en** on all fours
Viereck [ˈfiːɐ̯ʔɛk] *nt* four-sided figure
viereckig [ˈfiːɐ̯ʔɛkɪç] *adj* rectangular
Vierer <-s, -> [ˈfiːrɐ] *m* ① *(Ruderboot mit 4 Ruderern)* four ② *(fam: vier richtige Gewinnzahlen)* four winning numbers ③ SCH *(fam: Zeugnisnote)* D ④ SPORT foursome
vierfach, 4-fach *adj* fourfold; **die ~e Menge** four times the amount **Vierfüßer** <-s, -> [ˈfiːɐ̯fyːsɐ] *m* quadruped
vierhundert [ˈfiːɐ̯ˈhʊndɐt] *adj* four hundred **vierjährig, 4-jährig** [ˈfiːɐ̯jɛːrɪç] *adj* ① *(Alter)* four-year-old *attr*, four years old *pred* ② *(Zeitspanne)* four-year *attr*
viermal, 4-mal [ˈfiːɐ̯maːl] *adv* four times
Vierradantrieb *m* four-wheel drive
vierstellig *adj* four-figure *attr* **Viertaktmotor** *m* four-stroke engine
vierte(r, s) [ˈfiːɐ̯tə, -tɐ, -təs] *adj* fourth, 4th; *s.a.* **achte(r, s)**
viertel [ˈfɪrtl̩] *adj* quarter; **drei ~** three-quarters
Viertel[1] <-s, -> [ˈfɪrtl̩] *nt* district
Viertel[2] <-s, -> [ˈfɪrtl̩] *nt o* SCHWEIZ *m* quarter; **~ vor/nach eins** [a] quarter to/past one
Vierteljahr [fɪrtl̩ˈjaːɐ̯] *nt* three months, quarter *spec* **vierteljährlich** [ˈfɪrtl̩jɛːɐ̯lɪç] *adj, adv* quarterly **Viertelliter** *m o nt* quarter of a litre **Viertelstunde** [fɪrtl̩ˈʃtʊndə] *f* quarter of an hour
vierzehn [ˈfɪrtseːn] *adj* fourteen; **~ Tage** a fortnight *esp* BRIT *s.a.* **acht**[1]
vierzehntägig [ˈfɪrtseːn-] *adj* two-week *attr;* **eine ~e Reise** a two-week journey
vierzig [ˈfɪrtsɪç] *adj* forty; *s.a.* **achtzig**
Vietnam <-s> [vi̯ɛtˈnam] *nt* Vietnam;

s.a. **Deutschland**

Vikar(in) <-s, -e> [vi'ka:ɐ̯] *m(f)* curate

Villa <-, Villen> ['vɪla] *f* villa

violett [vi̯o'lɛt] *adj* violet

Violine <-, -n> [vi̯o'li:nə] *f* violin

Viper <-, -n> ['vi:pɐ] *f* viper

Virenwarnung *f* INET, INFORM virus warning

virtuell [vɪr'tuɛl] *adj* virtual

Virus <-, Viren> ['vi:rʊs] *nt o m* virus

Viruskrankheit *f* viral disease

Visier <-s, -e> [vi'zi:ɐ̯] *nt* ① *(Zielvorrichtung)* sight ② *(Klappe am Helm)* visor ▶ **jdn/etw im ~ haben** to keep tabs on sb/sth

Vision <-, -en> [vi'zi̯o:n] *f* vision

Visite <-, -n> [vi'zi:tə] *f* MED round; **~ machen** to do one's round

Visitenkarte *f* business card

Viskose <-> [vɪs'ko:zə] *f kein pl* viscose *no pl*

visuell [vi'zu̯ɛl] *adj* visual

Visum <-s, Visa> ['vi:zʊm] *nt* visa

vital [vi'ta:l] *adj* vigorous

Vitalität <-> [vitali'tɛt] *f kein pl* vigour

Vitamin <-s, -e> [vita'mi:n] *nt* vitamin ▶ **~ B** *(hum fam)* good contacts *pl*

Vitaminmangel *m* vitamin deficiency

Vitrine <-, -n> [vi'tri:nə] *f* display case

Vizepräsident(in) *m(f)* vice president

Vogel <-s, Vögel> ['fo:gl̩] *m* bird ▶ **einen ~ haben** to have a screw loose

Vogelfutter *nt* bird food **Vogelgrippe** *f* bird [*or form* avian] flu **Vogelnest** *nt* bird's nest **Vogelscheuche** <-, -n> *f* scarecrow

Voicemail <-, -s> ['vɔysme:l] *f* INFORM voicemail

Vokabel <-, -n> [vo'ka:bl̩] *f* word; **~n** vocabulary *sing*

Vokabular <-s, -e> [vokabu'la:ɐ̯] *nt* vocabulary

Vokal <-s, -e> [vo'ka:l] *m* vowel

Volk <-[e]s, Völker> [fɔlk] *nt* ① people; **ein Mann aus dem ~** a man of the people ② *kein pl (Menschenmenge)* masses *pl;* **das ~ aufwiegeln** to incite the masses; **sich** *akk* **unters ~ mischen** to mingle with the people

Völkergemeinschaft *f* international community **Völkerkunde** <-> *f kein pl* ethnology **Völkermord** *m* genocide **Völkerrecht** *nt kein pl* international law **Völkerverständigung** *f kein pl* international understanding

Volksabstimmung *f* referendum **Volksentscheid** *m* referendum **Volksfest** *nt* fair **Volksheld(in)** *m(f)* national hero **Volkshochschule** *f* adult education centre **Volkslied** *nt* folk song **Volksstamm** *m* tribe **Volkstanz** *m* folk dance

volkstümlich ['fɔlksty:mlɪç] *adj* traditional

Volksvertreter(in) *m(f)* representative [*or* delegate] of the people **Volkswirt(in)** *m(f)* economist **Volkswirtschaft** *f* national economy **Volkszählung** *f* census

voll [fɔl] **I.** *adj* ① *(gefüllt)* full; **das Glas ist ~ Wasser** the glass is full of water; **eine Hand ~ Reis** a handful of rice; **~ gepfropft** crammed full; **~ gestopft** stuffed full ② *(vollständig)* full, whole; **den ~en Preis bezahlen** to pay the full price; **ein ~er Erfolg** a total success; **ein ~es Jahr** a whole year; **jede ~e Stunde** every hour on the hour; **in ~er Größe** full-size ③ *(fam: betrunken)* **~ sein** to be plastered ▶ **jdn nicht für ~ nehmen** not to take sb seriously; **aus dem V~en schöpfen** to draw on plentiful resources **II.** *adv* ① *(vollkommen)* completely ② *(uneingeschränkt)* fully; **~ und ganz** totally; **nicht ~ da sein** to not be quite with it ③ *(mit aller Wucht)* smack

vollautomatisch *adj* fully automatic

Vollbart *m* full beard **Vollblut** *nt*, **Vollblüter** <-s, -> *m* thoroughbred

vollenden [fɔl'ʔɛndn̩] *vt* to complete

vollendet *adj* perfect

Vollendung <-, -en> [fɔl'ʔɛndʊŋ] *f* ① *(das Vollenden)* completion ② *kein pl (Perfektion)* perfection

Volleyball ['vɔli-] *m* volleyball

Vollgas *nt kein pl* full speed; **~ geben** to put one's foot down; **mit ~** at full throttle

völlig ['fœlɪç] **I.** *adj* complete **II.** *adv* completely; **Sie haben ~ recht** you're absolutely right

volljährig ['fɔljɛːrɪç] *adj* of age; **~ werden** to come of age

Volljährigkeit <-> *f kein pl* majority

Vollkaskoversicherung *f* fully comprehensive insurance

vollklimatisiert *adj* fully air-conditioned

vollkommen [fɔl'kɔmən] **I.** *adj* (1) *(perfekt)* perfect (2) *(völlig)* complete **II.** *adv* completely

Vollkommenheit <-> *f kein pl* perfection

Vollkornbrot *nt* wholemeal [*or* AM whole-grain] bread

Vollmacht <-, -en> ['fɔlmaxt] *f* authorization; **jdm [die] ~ geben etw zu tun** to authorize sb to do sth

Vollmilch *f* full-cream milk BRIT, whole milk AM

Vollmond *m kein pl* full moon; **bei ~** when the moon is full

Vollpension *f kein pl* full board; **mit ~** for full board

vollständig ['fɔlʃtɛndɪç] **I.** *adj* complete **II.** *adv* completely

Vollständigkeit <-> *f kein pl* completeness

Vollstreckung <-, -en> *f* execution

Volltreffer *m* (1) *(direkter Treffer)* direct hit, bull's eye *fig fam;* **einen ~ landen** to land a good punch (2) *(fam: voller Erfolg)* complete success

Vollversammlung *f* general meeting

vollwertig *adj* (1) **~e Kost** wholefoods (2) *Ersatz* fully adequate

Vollwertkost *f kein pl* wholefoods *pl*

vollzählig ['fɔltsɛːlɪç] *adj* complete; **~ sein** to be all present

vollziehen [fɔl'tsiːən] *irreg vt* to carry out *sep; Urteil* to execute

Vollzugsanstalt *f* penal institution

Volontär(in) <-s, -e> [volɔn'tɛːɐ̯] *m(f)* trainee

Volt <-[e]s, -> [vɔlt] *nt* volt

Volumen <-s, -> [vo'luːmən] *nt* volume

Volumentarif *m* TELEK volume rate

von [fɔn] *präp + dat* (1) *räumlich (ab, herkommend)* from; **~ woher ...?** where ... from? from where ...?; *(herab, heraus)* off; **er fiel ~ der Leiter** he fell off the ladder (2) *räumlich (etw entfernend)* from, off; **die Wäsche ~ der Leine nehmen** to take the washing off the line; **Schweiß ~ der Stirn wischen** to wipe sweat from one's brow (3) *zeitlich* from; **die Zeitung ~ gestern** yesterday's paper; **~ jetzt an** from now on; **~ wann ist der Brief?** when is the letter from? (4) *(Ursache, Urheber)* **~ jdm gelobt werden** to be praised by sb; **müde ~ der Arbeit** tired of work; **~ wem ist dieser Roman?** who is this novel by?; **das war nicht nett ~ dir!** that was not nice of you! (5) *(Zugehörigkeit)* of; **die Königin ~ England** the Queen of England; **keiner ~ uns** none of us (6) *(bei Maßangaben)* of; **einen Abstand ~ zwei Metern** a distance of two metres ▶ **~ wegen!** no way!

voneinander [fɔn?ai'nandɐ] *adv* from each other; **wir könnten viel ~ lernen** we could learn a lot from each other

vor [foːɐ̯] **I.** *präp* (1) *(davor befindlich)* in front of; **sie ließ ihn ~ sich her gehen** she let him go in front of her; **~ sich hin summen** *(fam)* to hum to oneself (2) *(eher)* before; **~ kurzem/hundert Jahren** a short time/hundred years ago; **es ist zehn ~ zwölf** it is ten to twelve; **~ jdm am Ziel sein** to get somewhere before sb else (3) *(bedingt durch)* with; **starr ~ Schreck** rigid with horror **II.** *adv* forward; **~ und zurück** backwards and forwards

Vorabend <-s, -e> ['foːɐ̯?aːbn̩t] *m* **am ~ [einer S.** *gen***]** on the evening before

V

[sth] on the eve [of sth]
Vorahnung *f* premonition
voran [fo'ran] *adv* ❶ *(vorn befindlich)* first; **der Lehrer geht ~** the teacher goes first ❷ *(vorwärts)* forwards
voran|gehen *vi irreg sein* ❶ *(an der Spitze gehen)* to go ahead [of sb] ❷ *(Fortschritte machen)* to make progress ❸ *(einer Sache vorausgehen)* **dem Projekt gingen lange Planungsphasen voran** the project was preceded by long phases of planning **voran|kommen** *vi irreg sein* ❶ to make headway ❷ *(Fortschritte machen)* to make progress
Voranmeldung ['foːɐ̯ʔanmɛldʊŋ] *f* appointment, booking
Vorarbeit *f* groundwork, preliminary [*or* preparatory] work; **[gute] ~ leisten** to prepare the ground [well] *a. fig;* **es ist noch einige ~ zu leisten** there's still some preparatory work to do
Vorarbeiter(in) *m(f)* foreman *masc,* forewoman *fem*
voraus [fo'raus] *adv* ahead; **jdm ~ sein** to be ahead of sb; **im V~** in advance
vorausgesetzt *adj* **~, [dass] ...** provided [that]...
Voraussage <-, -n> *f* prediction
voraus|sagen *vt* to predict **voraus|setzen** *vt* ❶ *(annehmen)* to assume ❷ *(erfordern)* to require
Voraussetzung <-, -en> *f* precondition; **unter der ~, dass ...** on condition that ...; **unter bestimmten ~en** under certain conditions
Voraussicht *f kein pl* foresight; **in weiser ~** *(hum)* with great foresight; **aller ~ nach** in all probability
V **voraussichtlich** [fo'rauszɪçtlɪç] **I.** *adj* expected **II.** *adv* probably
Vorauszahlung *f* advance payment
Vorbehalt <-[e]s, -e> ['foɐ̯bəhalt] *m* reservation; **~e gegen etw** *akk* **haben** to have reservations about sth; **ohne ~** without reservation; **unter ~** with reservations *pl*
vorbei [foːɐ̯'bai] *adv* ❶ *örtlich* **an etw** *dat* **~** past sth; **wir sind schon an München ~** we have already passed Munich ❷ *zeitlich* **~ sein** to be over; **es ist drei Uhr ~** it's gone three o'clock
vorbei|fahren *irreg vi sein* to drive past **vorbei|gehen** [foːɐ̯'baigeːən] *vi irreg sein* ❶ *(vorübergehen)* **[an jdm/etw] ~** to go past [sb/sth]; **im V~** in passing ❷ *(danebengehen)* to miss ❸ *(vergehen)* **etw geht vorbei** sth passes **vorbei|lassen** *vt irreg* **jdn/etw [an jdm] ~** to let sb/sth past [sb]; **lassen Sie uns bitte vorbei!** let us through please! **vorbei|reden** *vi* **am Thema ~** to miss the point; **aneinander ~** to be talking at cross purposes **vorbei|ziehen** *vi irreg sein (vorüberziehen)* to pass by; *Wolken, Rauch* to drift past; **die Ereignisse in der Erinnerung ~ lassen** *(fig fam)* to let events go through one's mind
vorbelastet *adj* at a disadvantage; **erblich ~ sein** to have an inherited defect
vor|bereiten **I.** *vt* to prepare **II.** *vr* **sich ~** to prepare oneself (**für/auf** for)
vorbereitend *adj attr* preparatory
Vorbereitung <-, -en> *f* preparation; **~en treffen** to make preparations (**für** for)
Vorbesitzer(in) <-s, -> *m(f)* previous owner
vor|bestellen *vt* to order in advance; **ich möchte bitte zwei Karten ~** I'd like to book two tickets please
Vorbestellung *f* advance booking
vorbestraft *adj* previously convicted (**wegen** for); **nicht ~ sein** to not have a criminal record
vor|beugen **I.** *vi* **einer Gefahr/Krankheit ~** to prevent a danger/an illness **II.** *vr* **sich ~** to lean forward
vorbeugend *adj* preventive
Vorbeugung <-, -en> *f* prevention; **zur ~** as a prevention
Vorbild <-[e]s, -er> ['foːɐ̯bɪlt] *nt* example; **nach dem ~ von ...** following the example set by ...; **[jdm] als ~ dienen**

to serve as an example [for sb]
vorbildlich I. *adj* exemplary II. *adv* in an exemplary manner
Vorderachse *f* front axle **Vorderasien** <-s> *nt* Near East
vordere(r, s) ['fɔrdərə, -rɐ, -rəs] *adj* front
Vorderfront *f* frontage **Vordergrund** *m* foreground; **im ~ stehen** to be the centre of attention; **in den ~ treten** to come to the fore **Vordermann** *m* **mein ~** the person in front of me **Vorderrad** *nt* front wheel
Vorderradantrieb *m* front-wheel drive
Vorderseite *f* front [side] **Vordersitz** *m* front seat
vorderste(r, s) ['fɔrdɐstə, -stɐ, -stəs] *adj superl von* **vordere(r, s)** foremost
Vordiplom *nt* intermediate diploma
vor|drängeln *vr,* **vor|drängen** *vr* **sich ~** to push to the front
vor|dringen *vi irreg sein* [**bis**] **irgendwohin ~** to reach somewhere
voreilig ['foːɐ̯ʔailɪç] I. *adj* rash II. *adv* rashly
voreingenommen ['foːɐ̯ʔaingənɔmən] *adj* prejudiced (**gegenüber** against)
Vorentscheidung *f* preliminary decision
vorerst ['foːɐ̯ʔeːɐ̯st] *adv* for the time being
Vorfahr(in) <-en, -en> ['foːɐ̯faːɐ̯] *m(f)* ancestor
Vorfahrt ['foːɐ̯faːɐ̯t] *f kein pl* right of way; **jdm die ~ nehmen** to fail to give way to sb
Vorfahrtsstraße *f* main road
Vorfall *m* incident
Vorfreude *f* anticipation (**auf** of)
vor|führen *vt* ① *(darbieten)* to perform ② *(bloßstellen)* **jdn ~** to show sb up
Vorführung *f* FILM showing
Vorgang <-gänge> *m* ① *(Geschehnis)* event ② *(Prozess)* process
Vorgänger(in) <-s, -> *m(f)* predecessor
Vorgarten *m* front garden
vor|geben *irreg vi* **~** [**, dass ...**] to pretend [that ...]
Vorgebirge *nt* foothills *pl*
vor|gehen *vi irreg sein* ① *(vorausgehen)* to go on ahead ② *Uhr* to be fast; **meine Uhr geht fünf Minuten vor** my watch is five minutes fast ③ *(Vorrang haben)* to have priority ④ *(agieren)* to take action (**gegen** against) ⑤ *(sich abspielen)* to go on; **in jdm ~** to go on inside sb ⑥ *(verfahren)* to proceed (**bei** in)
Vorgeschmack *m kein pl* foretaste
Vorgesetzte(r) *f(m) dekl wie adj* superior
vorgestern ['foːɐ̯gɛstɐn] *adv* the day before yesterday
vor|greifen *vi irreg* to anticipate
vor|haben ['foːɐ̯haːbn̩] *vt irreg* **etw ~** to plan sth; **etw** [**mit jdm**] **~** to have sth planned [for sb]
Vorhaben <-s, -> ['foːɐ̯haːbn̩] *nt* plan
Vorhand <-> ['foːɐ̯hant] *f kein pl* forehand
vorhanden [foːɐ̯'handn̩] *adj* ① *(verfügbar)* available ② *(existierend)* existing
Vorhang <-s, Vorhänge> ['foːɐ̯haŋ] *m* curtain
Vorhängeschloss *nt* padlock
Vorhaut *f* foreskin
vorher [foːɐ̯'heːɐ̯] *adv* beforehand
vorherbestimmt *adj* **~ sein** to be predestined
vorherig [foːɐ̯'heːrɪç] *adj attr* prior; *Abmachung, Vereinbarung* previous
Vorherrschaft *f* [pre]dominance
vorherrschend *adj* predominant, prevailing; *(weitverbreitet)* prevalent
Vorhersage [foːɐ̯'heːɐ̯zaːgə] *f* ① METEO forecast ② *(Voraussage)* prediction
vorher|sagen *vt* to predict
vorhersehbar *adj* foreseeable
vorher|sehen *vt irreg* to foresee
vorhin [foːɐ̯'hɪn] *adv* just [now]
vorig ['foːrɪç] *adj attr* last
Vorjahr *nt* last year
Vorkehrung <-, -en> *f* precaution; **~en treffen** to take precautions
vor|kommen *vi irreg sein* ① *(passieren)*

to happen; **das kann** [**schon mal**] ~ these things [can] happen; **das soll nicht wieder** ~ it won't happen again ② *(vorhanden sein)* to be found ③ *(erscheinen)* to seem; **sich** *dat* [**irgendwie**] ~ to feel [somehow]

Vorkommen <-s, -> *nt* ① *kein pl (Auftreten)* incidence ② *meist pl* GEOL deposit

Vorladung *f* JUR summons

Vorlage *f (Muster)* pattern

vor|lassen *vt irreg* to let past

Vorlauf *m* ① SPORT *(Qualifikationslauf)* qualifying heat, preliminary round ② TECH *(schnelles Vorspulen)* fast-forward[ing]; *(Heizungsvorlauf)* flow [pipe]

Vorläufer(in) *m(f)* precursor

vorläufig [ˈfoːɐ̯lɔyfɪç] **I.** *adj* temporary; *(Ergebnis)* provisional **II.** *adv* for the time being

vorlaut [ˈfoːɐ̯laut] *adj* impertinent

vor|lesen *irreg* **I.** *vt* [**jdm**] **etw** ~ to read out *sep* sth [to sb] **II.** *vi* to read aloud (**aus** from)

Vorlesung *f* lecture; **eine ~ halten** to give a lecture (**über** on)

vorletzte(r, s) [ˈfoːɐ̯lɛtstə, -stɐ, -stəs] *adj* last but one

Vorliebe [foːɐ̯ˈliːbə] *f* preference (**für** for); **eine ~ haben** to have a particular liking (**für** of)

vor|machen *vt* ① *(täuschen)* **jdm etw** ~ to fool sb; **sich** *dat* **etw** ~ to fool oneself; **machen wir uns doch nichts vor** let's not kid ourselves ② *(zeigen)* **jdm etw** ~ to show sb [how to do] sth

Vormarsch *m a.* MIL advance; **auf dem ~ sein** to be advancing; *(fig)* to be gaining ground

Vormittag [ˈfoːɐ̯mɪtaːk] *m* morning; **am** [**frühen/späten**] ~ [early/late] in the morning

vormittags [ˈfoːɐ̯mɪtaːks] *adv* in the morning

Vormund <-[e]s, -e> [ˈfoːɐ̯mʊnt] *m* guardian

Vormundschaft <-, -en> [ˈfoːɐ̯mʊntʃaft] *f* guardianship

vorn [fɔrn] *adv* at the front (**in** of); **nach** ~ to the front; **nach ~ fallen** to fall forward; **von** ~ from the front; *(von Anfang an)* from the beginning; **von ~ bis hinten** from beginning to end

Vorname *m* first name

vornehm [ˈfoːɐ̯neːm] *adj* ① *(edel)* noble; ~ **tun** to put on airs ② *(elegant)* distinguished

vor|nehmen *vt irreg* ① *(einplanen)* **sich** *dat* **etw** ~ to plan sth ② *(fam)* **sich** *dat* **jdn** ~ to give sb a good talking-to ③ *(ausführen)* to carry out *sep;* **eine Untersuchung** ~ to do an examination

vornherein [ˈfɔrnhɛrain] *adv* **von** ~ from the start

vornüber [fɔrnˈʔyːbɐ] *adv* forwards

Vorort [ˈfoːɐ̯ʔɔrt] *m* suburb

Vorplatz *m* forecourt

vorprogrammiert *adj* pre-programmed; *(vorbestimmt)* predetermined

Vorrang *m kein pl* priority (**vor** over); **mit** ~ as a matter of priority

vorrangig *adj* priority *attr;* ~ **sein** to have priority

Vorrat <-[e]s, Vorräte> [ˈfoːɐ̯raːt] *m* stocks *pl;* **etw auf ~ haben** to have sth in stock; **etw auf ~ kaufen** to stock up on sth; **Vorräte anlegen** to lay in stock[s *pl*]; **so lange der ~ reicht** while stocks last

vorrätig [ˈfoːɐ̯rɛtɪç] *adj* **etw ~ haben** to have sth in stock

Vorrecht *nt* privilege

Vorrichtung <-, -en> *f* device

Vorruhestand *m* early retirement

Vorrunde *f* preliminary round

vor|sagen *vt* [**jdm**] **etw** ~ to whisper sth [to sb]

Vorsaison *f* low season

Vorsatz <-[e]s, Vorsätze> [ˈfoːɐ̯zats] *m* resolution; **den ~ fassen, etw zu tun** to resolve to do sth

vorsätzlich [ˈfoːɐ̯zɛtslɪç] **I.** *adj* deliberate **II.** *adv* deliberately

vor|schicken *vt* **jdn ~** to send sb [on] ahead
vor|schieben *vt irreg* ❶ *(vorschützen)* to use as an excuse ❷ *(nach vorn schieben)* to push forward
vor|schießen *vt irreg* [**jdm**] **etw ~** to advance [sb] sth
Vorschlag *m* proposal; [**jdm**] **einen ~ machen** to make a suggestion [to sb]; **auf jds ~** [**hin**] on sb's recommendation
vor|schlagen *vt irreg* [**jdm**] **etw ~** to propose sth [to sb]; **jdm ~, etw zu tun** to suggest that sb do sth
vorschnell I. *adj* rash **II.** *adv* rashly
vor|schreiben *vt irreg* **jdm etw ~** to stipulate sth to sb; **jdm ~, was/wie ...** to tell sb what/how ...
Vorschrift *f* regulation; **~ sein** to be the regulation[s]; **jdm ~en machen** to tell sb what to do; **nach ~** to rule
vorschriftsmäßig *adj, adv* according to the regulations
Vorschulalter *nt kein pl* pre-school age; **im ~ sein** to be of pre-school age
Vorschule *f* nursery school
Vorschuss <-es, Vorschüsse> ['fo:ɐ̯ʃʊs] *m* FIN advance
vor|sehen *irreg* **I.** *vr* **sich** [**vor jdm**] **~** to watch out [for sb]; **sieh dich vor!** watch it! **II.** *vt* **jdn ~** to designate sb (**für** for) **III.** *vi* **~, dass/wie ...** to provide for the fact that/for how ...; **es ist vorgesehen,** [**dass ...**] it is planned [that ...]
Vorsehung <-> ['fo:ɐ̯ze:ʊŋ] *f kein pl* providence
Vorsicht <-> ['fo:ɐ̯zɪçt] *f kein pl* care; **mit ~** carefully; **zur ~** as a precaution; **~!** watch out!
vorsichtig I. *adj* careful **II.** *adv* carefully
vorsichtshalber *adv* as a precaution
Vorsichtsmaßnahme *f* precaution; **~n treffen** to take precautions
Vorsilbe *f* prefix
vor|singen *irreg vt* [**jdm**] **etw ~** to sing sth [to sb]
Vorsitz ['fo:ɐ̯zɪts] *m* chairmanship; **den ~ haben** to be chairman/-woman; **den ~ bei etw** *dat* **haben** to chair sth
Vorsitzende(r) *f(m) dekl wie adj* chairman/-woman/-person
Vorsorge *f* provisions *pl;* **~ für etw** *akk* **treffen** to make provisions for sth
vor|sorgen *vi* to provide (**für** for)
Vorsorgeuntersuchung *f* medical check-up
Vorspeise *f* starter
Vorspiel *nt* foreplay
vor|spielen *vt* [**jdm**] **etw ~** ❶ MUS to play sth [for sb] ❷ *(heucheln)* to put on sth for sb
Vorsprung *m* lead
Vorstadt *f* suburb
Vorstand *m (einer Firma)* board; *(Parteivorstand)* executive; *(Vereinsvorstand)* committee
Vorstandssitzung *f* board meeting
Vorsteher(in) <-s, -> ['fo:ɐ̯ʃte:ɐ] *m(f)* head
vor|stellen I. *vt* ❶ **sich** *dat* **etw ~** to imagine sth ❷ *(mit etw verbinden)* **unter dem Namen Schlüter kann ich mir nichts ~** the name Schlüter doesn't mean anything to me ❸ *(bekannt machen)* **jdm jdn ~** to introduce sb to sb ❹ *(präsentieren)* **jdm etw ~** to present sth to sb **II.** *vr* ❶ **sich** [**jdm**] **~** to introduce oneself [to sb] ❷ *(vorstellig werden)* **sich ~** to go for an interview
Vorstellung *f* ❶ idea; **in jds ~** in sb's mind; **jds ~ entsprechen** to meet sb's requirements; **falsche ~en haben** to have false hopes ❷ THEAT performance; FILM showing
Vorstellungsgespräch *nt* interview
Vorstellungskraft *f kein pl*, **Vorstellungsvermögen** *nt kein pl* imagination
Vorstoß *m* MIL *(plötzlicher Vormarsch)* advance, push, thrust
Vorstrafe *f* previous conviction
Vortag *m* **am ~** the day before; **vom ~** from yesterday
vor|täuschen *vt Unfall* to fake; *Interesse* to feign

Vortäuschung *f* pretence; **unter ~ falscher Tatsachen** under false pretences

Vorteil <-s, -e> ['fo:ɐ̯tail] *m* advantage; **im ~ sein** to have an advantage (**gegenüber** over); **von ~ sein** to be advantageous (**für** to)

vorteilhaft *adj* favourable (**für** +*akk* for); *Geschäft* lucrative, profitable

Vortrag <-[e]s, Vorträge> ['fo:ɐ̯tra:k] *m* lecture; **einen ~ halten** to give a lecture (**über** on)

vor|tragen *vt irreg* ❶ *(darlegen)* [**jdm**] **etw ~** to present sth [to sb] ❷ *Gedicht* to recite; *Lied* to sing; *Musikstück* to play

vortrefflich [fo:ɐ̯'trɛflɪç] **I.** *adj* excellent **II.** *adv* excellently

Vortritt *m* precedence; **jdm den ~ lassen** to let sb go first

vorüber [fo'ry:bɐ] *adv* **~ sein** ❶ *räumlich* to have gone past; **wir sind an dem Geschäft sicher schon ~** we must have already passed the shop ❷ *zeitlich* to be over

vorüber|gehen [fo'ry:bɐge:ən] *vi irreg sein* ❶ **an jdm/etw ~** to go past sb/sth; **im V~** in passing ❷ *zeitlich* to pass; *Schmerz* to go

vorübergehend **I.** *adj* temporary **II.** *adv* for a short time

Vorurteil ['fo:ɐ̯ʔʊrtail] *nt* prejudice; **~e haben** to be prejudiced (**gegen** against); **das ist ein ~** that's prejudiced

vorurteilsfrei *adj* unbiased; *(Gutachter)* unprejudiced

Vorverkaufsstelle *f* advance ticket office

vor|verlegen *vt* **etw** [**auf etw** *akk*] **~** to bring sth forward [to sth]

Vorwahl *f* TELEK area code

Vorwand <-[e]s, Vorwände> ['fo:ɐ̯vant] *m* pretext; **unter einem ~** on a pretext

vorwärts ['fo:ɐ̯vɛrts] *adv* forward; **~!** move!

vorwärts|bringen *vt* **jdn ~** to help sb make progress

Vorwärtsgang <-gänge> *m* forward gear

vorwärts|kommen *vi* to get on

vorweg|nehmen [fo:ɐ̯'vɛkne:mən] *vt irreg* to anticipate

vorweihnachtlich *adj* pre-Christmas

vor|werfen *vt irreg* **jdm etw ~** to reproach sb for sth

vorwiegend *adv* predominantly

vorwitzig *adj* cheeky

Vorwort <-worte> *nt* foreword

Vorwurf <-[e]s, Vorwürfe> *m* reproach; **jdm Vorwürfe machen** to reproach sb (**wegen** for)

vorwurfsvoll **I.** *adj* reproachful **II.** *adv* reproachfully

Vorzeichen *nt* omen

vor|zeigen *vt* [**jdm**] **etw ~** to show [sb] sth

Vorzeit ['fo:ɐ̯tsait] *f* prehistoric times

vorzeitig ['fo:ɐ̯tsaitɪç] *adj* early; *Tod* untimely

vor|ziehen *vt irreg (bevorzugen)* to prefer; **etw** [**etw** *dat*] **~** to prefer sth [to sth]; **ich ziehe es vor spazieren zu gehen** I'd rather go for a walk

Vorzimmer *nt* secretariat

Vorzug <-[e]s, Vorzüge> ['fo:ɐ̯tsu:k] *m* ❶ *(gute Eigenschaft)* asset ❷ *(Vorteil)* advantage

vorzüglich [fo:ɐ̯'tsy:glɪç] **I.** *adj* excellent **II.** *adv* excellently

Votum <-s, Voten> ['vo:tʊm] *nt* vote

vulgär [vʊl'gɛ:ɐ̯] **I.** *adj* vulgar **II.** *adv* **sich ~ ausdrücken** to use vulgar language

Vulkan <-[e]s, -e> [vʊl'ka:n] *m* volcano

Vulkanausbruch *m* volcanic eruption

vulkanisch [vʊl'ka:nɪʃ] *adj* volcanic

V

Ww

W, w <-, -> *nt* W, w
Waage <-, -n> ['va:gə] *f* ① scales *npl* ② *kein pl* ASTROL Libra
waagerecht ['va:gərɛçt] **I.** *adj* horizontal **II.** *adv* horizontally
Wabe <-, -n> ['va:bə] *f* honeycomb
wach [vax] *adj* awake; **~ werden** to wake up
Wache <-, -n> ['vaxə] *f* ① *kein pl* **~ stehen** to be on guard duty ② *(Wachposten)* guard
wachen ['vaxn̩] *vi (auf etw achten)* **über etw** *akk* **~** to ensure that sth is done
Wacholder <-s, -> [va'xɔldɐ] *m* juniper
Wachs <-es, -e> [vaks] *nt* wax
wachsam ['vaxza:m] *adj* vigilant
wachsen[1] <wuchs, gewachsen> ['vaksn̩] *vi sein* to grow; **in die Breite/Höhe ~** to grow broader/taller; **sich** *dat* **einen Bart ~ lassen** to grow a beard
wachsen[2] ['vaksn̩] *vt (mit Wachs)* to wax
Wachsfigurenkabinett *nt* waxworks *npl* **Wachstuch** *nt* oilcloth
Wachstum <-[e]s> ['vakstu:m] *nt kein pl* growth
Wachstumsschwäche *f* slow growth
Wächter(in) <-s, -> ['vɛçtɐ] *m(f)* ① guard ② *(Hüter)* guardian
Wach(t)turm *m* watchtower
Wackelkontakt *m* loose connection
wackeln ['vakl̩n] *vi* to wobble
Wade <-, -n> ['va:də] *f* calf
Waffe <-, -n> ['vafə] *f* weapon; **zu den ~n greifen** to take up arms
Waffel <-, -n> ['vafl̩] *f* waffle
Waffengewalt *f kein pl* armed force; **mit ~** by force of arms **Waffenhandel** *m* arms trade **Waffenruhe** *f* ceasefire **Waffenschein** *m* firearms licence **Waffenschmuggel** *m* MIL gunrunning, arms smuggling **Waffenstillstand** *m* ceasefire
Wagemut *m* daring *no indef art*
wagemutig *adj* daring
wagen ['va:gn̩] **I.** *vt* to risk; **es ~, etw zu tun** to dare [to] do sth **II.** *vr* **sich an etw** *akk* **~** to venture to tackle sth
Wagen <-, Wagen> ['va:gn̩] *m* ① cart ② *(Pkw)* car ③ *(Waggon)* carriage
Wagenheber <-s, -> *m* jack
Waggon <-s, -s> [va'gɔŋ] *m* wag[g]on
waghalsig ['va:khalzɪç] *adj* daring
Wagnis <-ses, -se> ['va:knɪs] *nt* risk; *(Vorhaben)* risky venture
Wagon <-s, -s> [va'gõ, va'gɔŋ] *m s.* **Waggon**
Wahl <-, -en> [va:l] *f* ① POL election; **zur ~ gehen** to vote ② *kein pl (Auswahl)* choice; **eine ~ treffen** to make a choice; **jdm keine ~ lassen** to leave sb [with] no alternative ③ *(Klasse)* **erste/zweite ~** top quality/second-class quality
wahlberechtigt *adj* entitled to vote *pred* **Wahlbeteiligung** *f* turnout
wählen ['vɛ:lən] *vt, vi* ① POL **[jdn/etw] ~** to vote [for sb/sth]; **jdn zu etw** *dat* **~** to elect sb as sth ② *(auswählen)* to choose ③ TELEK to dial
Wähler(in) <-s, -> *m(f)* voter
Wahlergebnis *nt* election result
wählerisch ['vɛ:lərɪʃ] *adj* particular
Wahlfach *nt* option **Wahlheimat** *f* **jds ~** sb's adopted place of residence **Wahlhelfer(in)** *m(f)* POL ① *(Helfer eines Kandidaten)* election assistant ② *(amtlich bestellte Aufsicht)* polling officer **Wahlkampf** *m* election campaign **Wahlkreis** *m* constituency **Wahllokal** *nt* polling station
wahllos ['va:llo:s] **I.** *adj* indiscriminate **II.** *adv* indiscriminately
Wahlniederlage *f* electoral defeat **Wahlplakat** *nt* election poster **Wahl-**

W

recht *nt kein pl* [right to] vote **Wahlschein** *m* postal vote form BRIT, absentee ballot AM **Wahlsieg** *m* election victory **Wahlspruch** *m* motto
Wahn <-[e]s> [vaːn] *m kein pl* delusion
Wahnsinn *m kein pl* madness; **~!** wild!; **heller ~ sein** to be sheer madness; **jdn zum ~ treiben** to drive sb mad
wahnsinnig **I.** *adj* ❶ mad; **jdn ~ machen** to drive sb mad ❷ *Plan, Unternehmen* crazy ❸ *attr (gewaltig)* terrible **II.** *adv* terribly; **~ viel** a heck of a lot
Wahnsinnige(r) *f(m) dekl wie adj* madman *masc*, madwoman *fem*
wahr [vaːɐ̯] *adj* ❶ *(zutreffend)* true ❷ *(wirklich)* real; **~ werden** to become a reality
während [ˈvɛːrənt] **I.** *präp +gen* during **II.** *konj* ❶ *zeitlich* while ❷ *(wohingegen)* whereas
wahrhaben *vt* **etw nicht ~ wollen** not to want to admit sth
wahrhaft [ˈvaːɐ̯haft] *adj attr* real
wahrhaftig [vaːɐ̯ˈhaftɪç] *adv* really
Wahrheit <-, -en> [ˈvaːɐ̯hait] *f* truth *no pl;* **die ~ sagen** to tell the truth
wahrheitsgetreu *adj* accurate
wahrnehmbar *adj* perceptible
wahr|nehmen [ˈvaːɐ̯neːmən] *vt irreg* to perceive
Wahrnehmung <-, -en> *f* perception *no pl*
wahr|sagen [ˈvaːɐ̯zaːgn̩] *vi* to tell fortunes
Wahrsager(in) <-s, -> [ˈvaːɐ̯zaːgɐ] *m(f)* fortune teller
Wahrsagung <-, -en> *f (Prophezeiung)* prediction
wahrscheinlich [vaːɐ̯ˈʃainlɪç] **I.** *adj* probable **II.** *adv* probably
Wahrscheinlichkeit <-, -en> *f* probability; **aller ~ nach** in all probability
Wahrscheinlichkeitsrechnung *f kein pl* MATH probability calculus
Währung <-, -en> [ˈvɛːrʊŋ] *f* currency
Währungsfonds *f* monetary fund **Währungsreform** *f* currency reform
Wahrzeichen [ˈvaːɐ̯tsaiçn̩] *nt* landmark
Waise <-, -n> [ˈvaizə] *f* orphan
Waisenhaus *nt* orphanage
Wal <-[e]s, -e> [vaːl] *m* whale
Wald <-[e]s, Wälder> [valt] *m* forest
Waldbrand *m* forest fire **Waldhorn** *nt* MUS French horn **Waldmeister** *m* woodruff **Waldrand** *m* edge of the forest **Waldsterben** *nt* death of the forest[s] as a result of pollution **Waldweg** *m* forest path **Waldwirtschaft** *f kein pl* forestry
Wales <-> [weɪlz] *nt* Wales
Waliser(in) <-s, -> [vaˈliːzɐ] *m(f)* Welshman *masc*, Welsh woman *fem*
walisisch [vaˈliːzɪʃ] *adj* Welsh
Wall <-[e]s, Wälle> [val] *m* embankment
wallend *adj (geh)* flowing; **ein ~er Bart** a flowing beard
Wallfahrer(in) *m(f)* pilgrim
Wallfahrt [ˈvalfaːɐ̯t] *f* pilgrimage
Walnuss [ˈvalnʊs] *f* walnut
Walpurgisnacht [valˈpʊrgɪs-] *f* **die ~** Walpurgis night
Walross [ˈvalrɔs] *nt* walrus
Walze <-, -n> [ˈvaltsə] *f* roller
walzen [ˈvaltsn̩] *vt* to roll
wälzen [ˈvɛltsn̩] *vt, vr* **[sich] ~** to roll
Walzer <-s, -> [ˈvaltsɐ] *m* waltz; **Wiener ~** Viennese waltz
wand *vr, vt imp von* **winden**[1]
Wand <-, Wände> [vant] *f* wall
Wandel <-s> [ˈvandl̩] *m kein pl* change
wandeln [ˈvandl̩n] *vt, vr* **[sich] ~** to change
Wanderer, **Wanderin** <-s, -> [ˈvandərɐ] *m, f* hiker
Wanderkarte *f* map of walks
wandern [ˈvandɐn] *vi sein* to hike
Wanderschaft <-> *f kein pl* **auf ~ sein** to be on one's travels
Wanderung <-, -en> [ˈvandərʊŋ] *f* hike; **eine ~ machen** to go on a hike
Wandschrank *m* built-in cupboard
Wandteppich *m* tapestry
Wange <-, -n> [ˈvaŋə] *f* cheek
Wankelmotor *m* rotary piston engine

wankelmütig ['vaŋkl̩my:tɪç] *adj* inconsistent
wanken ['vaŋkn̩] *vi sein (wankend gehen)* to stagger
wann [van] *adv* when; **bis ~** until when; **~ [auch] immer** whenever; **seit ~** since when
Wanne <-, -n> ['vanə] *f* tub
Wanze <-, -n> ['vantsə] *f* bug
Wappen <-s, -> ['vapn̩] *nt* coat of arms
Wappenkunde *f kein pl* heraldry *no pl*
wappnen ['vapnən] *vr* **sich ~** to prepare oneself (**gegen** for)
Ware <-, -n> ['va:rə] *f (zum Verkauf)* merchandise
Warenangebot *nt* range of goods on offer **Warenhaus** *nt* department store
warm <wärmer, wärmste> [varm] *adj* warm; **mir ist zu ~** I'm too hot; **etw ~ halten** to keep sth warm; **etw ~ machen** to heat sth up
Wärme <-> ['vɛrmə] *f kein pl* warmth
Wärmebrücke *f* BAU thermal bridge
wärmen ['vɛrmən] *vt* to warm up
Wärmepumpe *f* heat pump **Wärmeregler** *m* thermostat
Wärmflasche *f* hot-water bottle
warmherzig *adj* warm-hearted
Warmluft *f* warm air *no pl*
Warnblinkanlage *f* hazard warning lights *npl* **Warndreieck** *nt* hazard warning triangle
warnen ['varnən] *vt* to warn (**vor** about)
Warnhinweis *m* warning label **Warnlicht** *nt* hazard warning light **Warnschild** *nt* warning sign **Warnschuss** *m* warning shot **Warnstreik** *m* token strike
Warnung <-, -en> *f* warning (**vor** about)
Warschau <-s> ['varʃau] *nt* Warsaw
Wartehalle *f* waiting room **Warteliste** *f* waiting list
warten¹ ['vartn̩] *vi (zeitlich)* to wait (**auf** for)
warten² ['vartn̩] *vt Auto, Maschine etc.* to service
Wärter(in) <-s, -> ['vɛrtɐ] *m(f)* warder BRIT, guard AM
Warteraum *m* waiting room **Warteschlange** *f* queue, line AM **Wartezeit** *f* wait *no pl* **Wartezimmer** *nt* waiting room
Wartung <-, -en> *f* service
warum [va'rʊm] *adv* why; **~ nicht?** why not?
Warze <-, -n> ['vartsə] *f* wart
was [vas] *pron* ❶ what; **~ ist?** what's the matter? ❷ *s.* **etwas**
Waschanlage *f* car wash
waschbar *adj* washable
Waschbär *m* racoon
Waschbecken *nt* washbasin
Wäsche <-, -n> *f kein pl* washing; **etw in die ~ tun** to put sth in the wash
waschecht *adj* ❶ *(typisch)* genuine, real ❷ *(nicht verbleichend)* colourfast
Wäscheklammer *f* [clothes] peg **Wäschekorb** *m* laundry basket **Wäscheleine** *f* [clothes]line
waschen <wusch, gewaschen> ['vaʃn̩] *vt* to wash
Wäscherei <-, -en> [vɛʃə'rai] *f* laundry
Wäscheschrank *m* linen cupboard **Wäscheständer** *m* clothes horse **Wäschetrockner** <-s, -> *m* drier
Waschküche *f* wash house **Waschlappen** *m* flannel **Waschmaschine** *f* washing machine **Waschmittel** *nt* detergent **Waschpulver** *nt* washing powder **Waschraum** *m* washroom **Waschsalon** *m* launderette BRIT, laundromat AM **Waschstraße** *f* car wash
Wasser <-s, -> ['vasɐ] *nt* water *no pl*
Wasseraufbereitungsanlage *f* water treatment plant **Wasserball** *m kein pl (Spiel)* water polo **Wasserbett** *nt* waterbed **Wasserdampf** *m* steam **wasserdicht** *adj* watertight **Wasserfall** *m* waterfall **Wasserfarbe** *f* watercolour **Wasserflugzeug** *nt* seaplane **Wasserhahn** *m* [water] tap [*or* AM faucet]
wässerig ['vɛsərɪç] *adj* watery
Wasserkraft *f kein pl* water power **Wasserkraftwerk** *nt* hydroelectric power station **Wasserleitung** *f* wa-

W

ter pipe **Wassermann** ['vasɐman] *m* Aquarius *no def art* **Wassermelone** *f* watermelon **Wasserpflanze** *f* aquatic plant **Wasserpistole** *f* water pistol **Wasserratte** *f* ❶ water rat ❷ *(fam)* keen swimmer **Wasserrohr** *nt* water pipe **Wasserscheide** *f* watershed

wasserscheu *adj* scared of water **Wasserschutzgebiet** *nt* water protection area **Wasserski** *m kein pl* waterskiing **Wassersport** *m* water sports *npl* **Wasserstand** *m* water level **Wasserstoff** *m* hydrogen **Wasserstoffblondine** *f (hum fam)* peroxide blonde **Wasserstrahl** *m* jet of water **Wasserverbrauch** *m* water consumption **Wasserversorgung** *f* water supply **Wasserwaage** *f* spirit level **Wasserwelle** *f* MODE shampoo and set **Wasserwerk** *nt* waterworks + *sing/pl vb* **Wasserzeichen** *nt* watermark

waten ['va:tn̩] *vi sein* to wade

watscheln ['va:tʃl̩n] *vi sein* to waddle

Watt[1] <-s, -> [vat] *nt* PHYS watt

Watt[2] <-[e]s, -en> [vat] *nt* mudflats *npl*

Watte <-, -n> ['vatə] *f* cotton wool *no pl*

Wattebausch *m* wad of cotton wool **Wattestäbchen** *nt* cotton bud

Webcam <-, -s> ['wɛbkɛm] *f* webcam

weben <webte *o geh* wob, gewebt> ['ve:bn̩] *vt, vi* to weave

Weblog <-s, -s> ['wɛblɔg] *m o nt* blog **Webseite** *f* INFORM web page **Website** <-, -s> ['wɛbˌsaɪt] *f* web site

Webstuhl *m* loom

Wechsel <-s, -> ['vɛksl̩] *m* ❶ *kein pl (das Wechseln)* change; **in stündlichem ~** in hourly rotation ❷ SPORT *(Übergabe)* changeover

Wechselgeld *nt* change

wechselhaft *adj* changeable

Wechseljahre *pl* menopause *no pl;* **in die ~ kommen** to reach the menopause **Wechselkurs** *m* exchange rate

wechseln ['vɛksl̩n] *vt, vi* to change

wechselseitig *adj* mutual

Wechselstrom *m* alternating current **Wechselstube** *f* exchange booth

wechselweise *adv* alternately

Wechselwirkung *f* interaction

wecken ['vɛkn̩] *vt* **jdn ~** to wake sb [up]; **von Lärm geweckt werden** to be woken by noise

Wecken ['vɛkn̩] *m* ÖSTERR, SÜDD *(Brötchen)* roll

Wecker <-s, -> ['vɛkɐ] *m* alarm clock

wedeln ['ve:dl̩n] *vi* **mit etw** *dat* **~** to wave sth

weder ['ve:dɐ] *konj* **~ ... noch ...** neither ... nor ...; **~ du noch er** neither you nor him; **~ noch** neither

weg [vɛk] *adv* ❶ **~ mit dir!** away with you!; **~ sein** to have gone ❷ **über etw** *akk* **~ sein** to have got over sth

Weg <-[e]s, -e> [ve:k] *m* way; *(Pfad)* path

Wegbereiter(in) <-s, -> *m(f)* forerunner, precursor

weg|bleiben *vi irreg sein* to stay away

weg|bringen *vt irreg* to take away

wegen ['ve:gn̩] *präp +gen* because of

weg|fahren *irreg* **I.** *vi sein* to leave **II.** *vt haben (wegbringen)* to take away

Wegfahrsperre *f* AUTO **elektronische ~** immobilizer

weg|fliegen *vi irreg sein* to fly away

weg|führen *vt, vi* to lead away

Weggang *m kein pl (geh)* departure

weg|gehen *vi irreg sein* to go away

weg|jagen *vt* to drive away

weg|lassen *vt irreg (auslassen)* to leave out *sep*

weg|laufen *vi irreg sein* to run away (**vor** from)

weg|legen *vt* to put down

weg|mobben [-mɔbn̩] *vt (fam)* **jdn ~** to hound sb out of his/her job

weg|müssen *vi irreg* to have to go

weg|nehmen *vt irreg* **etw [von etw** *dat*] **~** to take sth [off sth]; **jdm etw ~** to take away sth *sep* from sb

weg|räumen *vt* to clear away *sep*

weg|schicken *vt* ❶ *Post* to send off *sep* ❷ *Person* to send away

W

weg|schütten *vt* to pour away *sep*
weg|sehen *vi irreg* to look away
weg|stellen *vt* to move out of the way
weg|stoßen *vt irreg* to push away *sep*
weg|tragen *vt irreg* to carry away *sep*
Wegweiser <-s, -> *m* signpost
weg|werfen *vt irreg* to throw away *sep*
Wegwerfwindel *f* disposable nappy [*or* AM diaper]
weg|wischen *vt* to wipe away *sep*
weg|ziehen *vi irreg sein* to move away
weh [veː] *adj* sore
wehen ['veːən] *vi Wind* to blow; *Fahne* to flutter
wehleidig *adj* oversensitive
wehmütig ['veːmyːtɪç] *adj* melancholy
Wehr [veːɐ̯] *f* **sich zur ~ setzen** to defend oneself
Wehrdienst *m kein pl* military service; **den ~ verweigern** to refuse to do military service
Wehrdienstverweigerer *m* conscientious objector
wehren ['veːrən] *vr* **sich ~** to defend oneself (**gegen** against); **sich dagegen ~, etw zu tun** to resist doing sth
wehrlos *adj* defenceless
Wehrpflicht *f kein pl* compulsory military service
wehrpflichtig *adj* liable for military service
Wehwehchen <-s, -> [veːˈveːçən] *nt (fam)* slight pain; **ein ~ haben** to suffer from a little complaint
Weib <-[e]s, -er> [vaip] *nt (pej veraltet)* woman
Weibchen <-s, -> ['vaipçən] *nt* female
Weiberheld *m (pej)* ladykiller
weiblich ['vaiplɪç] *adj* ❶ female ❷ *(feminin)* feminine
Weiblichkeit <-> *f kein pl* femininity
weich [vaiç] *adj* soft
Weiche <-, -n> ['vaiçə] *f* points *npl*
weichen <wich, gewichen> ['vaiçn̩] *vi sein* ❶ *(nachgeben)* **etw** *dat* **~** to give way to sth ❷ *(verschwinden)* **er wich nicht von der Stelle** he didn't budge from the spot
weichherzig *adj* soft-hearted
Weichkäse *m* soft cheese
weichlich *adj* weak
Weichling <-s, -e> ['vaiçlɪŋ] *m (pej)* weakling
Weichsel <-> ['vaiksl̩] *f* GEOG **die ~** the Vistula
Weichspüler <-s, -> *m* fabric softener
Weide <-, -n> ['vaidə] *f* ❶ BOT willow ❷ AGR meadow
weiden ['vaidn̩] **I.** *vi Kuh* to graze **II.** *vr* **sich an etw** *dat* **~** to revel in sth
weigern ['vaigɐn] *vr* **sich ~** to refuse
Weigerung <-, -en> *f* refusal
Weihe <-, -n> ['vaiə] *f* REL consecration *no pl;* **die ~n empfangen** to take orders
weihen ['vaiən] *vt* to consecrate; **jdm geweiht sein** to be dedicated to sb
Weiher <-s, -> ['vaiɐ] *m* pond
Weihnachten <-, -> ['vainaxtn̩] *nt* Christmas; **fröhliche ~!** merry Christmas!
weihnachtlich *adj* Christmassy
Weihnachtsabend *m* Christmas Eve **Weihnachtsbaum** *m* Christmas tree **Weihnachtsfeiertag** *m* **der erste ~** Christmas Day; **der zweite ~** Boxing Day **Weihnachtsfest** *nt* Christmas **Weihnachtsgeld** *nt* Christmas bonus **Weihnachtsgeschenk** *nt* Christmas present **Weihnachtslied** *nt* carol **Weihnachtsmann** *m* Santa Claus **Weihnachtsmarkt** *m* Christmas fair
Weihrauch ['vairaux] *m* incense **Weihwasser** *nt* holy water
weil [vail] *konj* because
Weile <-> ['vailə] *f kein pl* while; **eine ganze ~** quite a while
Wein <-[e]s, -e> [vain] *m* wine
Weinbeere *f* grape **Weinberg** *m* vineyard
Weinbergschnecke *f* edible snail
Weinbrand *m* brandy
weinen ['vainən] *vi* to cry; **vor Freude ~** to cry with joy
weinerlich *adj* tearful
Weinflasche *f* wine bottle **Weinglas** *nt*

wine glass **Weingut** *nt* wine-growing estate **Weinkeller** *m* wine cellar **Weinlese** *f* grape harvest **Weinprobe** *f* wine-tasting **Weinrebe** *f* grape[vine] **weinrot** *adj* claret **Weinstock** *m* grapevine **Weinstube** *f* wine bar **Weintraube** *f* grape

weise ['vaizə] *adj* wise

Weise <-, -n> ['vaizə] *f* way; **auf diese ~** in this way; **in gewisser ~** in certain respects

weisen <wies, gewiesen> ['vai̯zn̩] **I.** *vt* ① **jdm den Weg ~** to show sb the way ② **jdn aus dem Zimmer ~** to send sb out of the room ③ **etw von sich** *dat* ~ to reject sth **II.** *vi* **irgendwohin ~** to point somewhere

Weisheit <-> ['vaishait] *f kein pl* wisdom

Weisheitszahn *m* wisdom tooth

weis|machen *vt* **jdm ~, dass …** to lead sb to believe, that …

weiß [vais] *adj* white

Weissagung <-, -en> *f* prophecy

Weißbrot *nt* white bread

Weiße(r) *f(m) dekl wie adj* white, white man/woman; **die ~n** white people

Weißglut *f* ► **jdn zur ~ bringen** to make sb livid with rage **Weißkohl** *m*, DIAL **Weißkraut** *nt* white cabbage **Weißwandtafel** *f* whiteboard **Weißwein** *m* white wine

Weisung <-, -en> *f* instruction; **auf ~ [von jdm]** on [sb's] instructions

weit [vait] **I.** *adj* wide; *Kleidung* baggy **II.** *adv* ① *(entfernt)* far; **am ~esten** furthest; **es noch ~ haben** to have a long way to go; **von ~em** from afar; **von ~ her** from far away; **~ weg** far away ② *(ganz)* wide; **etw ~ öffnen** to open sth wide ③ *(erheblich)* far; **bei ~em** by far; **~ besser** far better; **~ gehend** extensive[ly]; **~ hergeholt** far-fetched; **~ reichend** extensive; **~ verbreitet** widespread ④ *zeitlich* **~ zurückliegen** to be a long time ago

weitab ['vaitʔap] *adv* far away; **~ von etw** *dat* far from sth

weitaus ['vaitʔaus] *adv* far

Weitblick *m kein pl* vision

Weite <-, -n> ['vaitə] *f* ① *(weite Ausdehnung)* expanse ② *(Durchmesser, Breite)* width

weiten ['vaitn̩] *vt, vr* **[sich] ~** to widen

weiter ['vai̯tɐ] *adv* ① *(sonst)* **wenn es ~ nichts ist, …** well, if that's all … ② *(weiterhin)* **~ bestehen** to continue to exist

weiter ['vaitɐ] *adv* further; **~ bestehen** to continue to exist; **und so ~** and so on

Weiterbestehen *nt* continued existence, continuation

weiter|bilden *vr* **sich in etw** *dat* **~** to develop one's knowledge of sth

Weiterbildung *f* further education

weiter|bringen *vt irreg* to help along **weiter|führen** *vt* to continue **weiter|geben** *vt irreg* to pass on *sep* **(an** to) **weiter|gehen** *vi irreg sein* to walk on; *Entwicklung* to go on

weiterhin ['vaitɐ'hɪn] *adv* furthermore

weiter|kommen *vi irreg sein* to get further **(mit** with) **weiter|laufen** *vi irreg sein* to continue running; *(nicht unterbrochen werden) Produktion* to continue; *Gehalt* to continue to be paid **weiter|machen** *vi* to continue

Weiterverarbeitung *f* [re]processing

weitgehend **I.** *adj (umfassend)* extensive **II.** *adv* extensively, to a large extent

weither ['vait'heːɐ̯] *adv (geh)* from afar *form*

weithin ['vait'hɪn] *adv* **~ bekannt/beliebt/unbekannt** widely known/popular/largely unknown

weitläufig ['vai̯tlɔyfɪç] **I.** *adj* ① *(ausgedehnt)* extensive ② *(entfernt)* distant **II.** *adv* extensively, distantly

weitreichend *adj* extensive **weitsichtig** ['vaitzɪçtɪç] *adj* ① MED long-sighted BRIT, farsighted AM ② *(fig)* visionary **Weitsprung** *m kein pl* long-jump **Weitwinkelobjektiv** *nt* wide-angle lens

Weizen <-s, -> ['vaitsn̩] *m* wheat

welch [vɛlç] *pron* ~ [**ein**] what [a]

welche(r, s) I. *pron interrog* which II. *pron rel (Mensch)* who; *(Sache)* which

welk [vɛlk] *adj* wilted

welken ['vɛlkn̩] *vi sein* to wilt

Wellblech *nt* corrugated iron

Welle <-, -n> ['vɛlə] *f* wave

wellen ['vɛlən] *vr* **sich** ~ to be/become wavy

Wellenbrecher <-s, -> *m* breakwater **Wellenlänge** *f* PHYS wavelength ▸ **die gleiche ~ haben** to be on the same wavelength **Wellenlinie** *f* wavy line **Wellenreiten** *nt* surfing **Wellensittich** *m* budgerigar

wellig ['vɛlɪç] *adj* ❶ *(gewellt)* wavy ❷ *(wellenförmig)* uneven

Wellness <-> ['vɛlnɛs] *f kein pl (Wohlbefinden)* well-being; *(wohltuende Behandlung)* spa treatment

Wellnesshotel *nt* spa hotel

Wellnessurlaub *m* spa holiday

Welpe <-n, -n> ['vɛlpə] *m* pup

Wels <-es, -e> [vɛls] *m* catfish

Welt <-, -en> [vɛlt] *f* world; **auf der ~** in the world; **in aller ~** all over the world

Weltall *nt kein pl* universe **Weltanschauung** *f* philosophy of life **Weltausstellung** *f* world exhibition **weltberühmt** *adj* world-famous **Weltbevölkerung** *f kein pl* world population **Weltbild** *nt* world view

Weltenbummler(in) *m(f)* globetrotter

weltfremd *adj* unworldly

Weltgeschichte *f kein pl* world history **Weltherrschaft** *f kein pl* world domination **Weltkarte** *f* world map **Weltkrieg** *m* world war; **der Erste/Zweite ~** World War One/Two

weltlich ['vɛltlɪç] *adj* worldly

Weltmacht *f* world power

weltmännisch *adj* sophisticated

Weltmeer *nt* ocean **Weltmeister(in)** *m(f)* world champion (**in** at) **Weltmeisterschaft** *f* world championship **Weltrangliste** *f* world rankings *pl*

Weltraum *m kein pl* space

Weltraumfähre *f* space shuttle **Weltraumfahrt** *f kein pl* space journey

Weltreise *f* world trip; **eine ~ machen** to go on a journey around the world **Weltrekord** *m* world record **Weltsicherheitsrat** *m* Security Council **Weltsprache** *f* world language **Weltstadt** *f* metropolis, international city **Weltuntergang** *m* end of the world

weltweit I. *adj* global II. *adv* globally

Weltwirtschaft *f* world economy

Weltwunder *nt* **die sieben ~** the Seven Wonders of the World

Weltzeit *f kein pl* universal time

wem [veːm] I. *pron interrog dat von* **wer** who ... to, to whom; **~ gehört dieser Schlüssel?** who does this key belong to?; **mit/von ~** with/from whom II. *pron rel dat von* **wer**: **~ ...,** [**der**] the person who ... to

wen [veːn] I. *pron interrog akk von* **wer** who, whom; **an ~** who ... to; **für ~** who ... for II. *pron rel akk von* **wer**: **~ ...,** [**der**] the person who

Wende <-, -n> ['vɛndə] *f* change

Wendekreis *m* AUTO turning circle

Wendeltreppe *f* spiral staircase

wenden ['vɛndn̩] I. *vr* <wendete *o geh* wandte, gewendet *o geh* gewandt> **sich an jdn ~** to turn to sb; **sich gegen etw** *akk* **~** to oppose sth; **sich irgendwohin ~** to turn to somewhere II. *vt* <wendete, gewendet> *(umdrehen)* to turn over *sep* III. *vi* <wendete, gewendet> AUTO to turn

Wendepunkt *m* turning point

wendig ['vɛndɪç] *adj* manoeuvrable

Wendung <-, -en> *f* ❶ turn ❷ *(Redewendung)* expression

wenig ['veːnɪç] I. *pron indef* **~ sein** to be not [very] much; **~e** a few II. *adv* little; **ein ~** a little; **nicht ~** more than a little; **zu ~** too little

weniger ['veːnɪgɐ] *pron indef comp von* **wenig** less

wenigste(r, s) I. *pron* **die ~n** very few; **das ~, was …** the least that … II. *adv* **am ~n** least of all

wenigstens ['ve:nɪçstṇs] *adv* at least

wenn [vɛn] *konj* ① *(falls)* if; **~ das so ist** if that's the way it is ② *(sobald)* as soon as

wenngleich [vɛn'glaiç] *konj* although

wer [ve:ɐ̯] I. *pron interrog* who; **~ von …** which of … II. *pron rel* **~ …, [der] …** the person who … whoever … III. *pron indef (fam)* somebody

Werbeagentur *f* advertising agency **Werbegeschenk** *nt* promotional gift **Werbekampagne** *f* advertising campaign

werben <wirbt, warb, geworben> ['vɛrbṇ] *vi* **für etw** *akk* **~** to advertise sth; **um eine Frau ~** to woo a woman; **um neue Wähler ~** to try to attract new voters

Werbeprospekt *m* promotional brochure **Werbeslogan** *m* advertising slogan **Werbespot** *m* commercial **Werbetext** *m* advertising [*or* publicity] copy *no pl, no indef art* **Werbetexter(in)** *m(f)* advertising copywriter

Werbung <-> *f kein pl* ① *(Branche)* advertising ② *(Reklame)* advertisement; **~ für etw** *akk* **machen** to advertise sth

Werdegang <*selten* -gänge> *m* career

werden ['ve:ɐ̯dṇ] I. *vi* <wurde, geworden> ① *(sich zu etw ändern)* to become; **es wird dunkel** it is getting dark; **sie ist gerade 98 geworden** she has just turned 98; **alt ~** to get old; **kalt ~** to go cold; **jdm wird heiß/übel** sb feels hot/sick ② *(Entwicklung)* **aus jdm wird etw** sb will turn out to be sth; **aus etw** *dat* **wird etw** sth turns into sth; **zu etw** *dat* **~** to turn into sth II. *vb aux* <wurde, worden> ① *Futur* **etw tun ~** to be going to do sth ② *Konjunktiv* **jd würde etw tun** sb would do sth ③ *in Bitten* **würden Sie sich bitte setzen?** would you please sit down? III. *vb aux* <wurde, worden> *Passiv* **sie wurde entlassen** she was dismissed

werfen <wirft, warf, geworfen> ['vɛrfṇ] *vt* to throw

Werfer(in) <-s, -> *m(f)* thrower

Werft <-, -en> [vɛrft] *f* shipyard

Werk <-[e]s, -e> [vɛrk] *nt* ① work; **ans ~ gehen** to go to work ② *(Tat)* **ein gutes ~ tun** to do a good deed ③ *(Fabrik)* factory

Werkbank <-bänke> *f* workbench

werkeln ['vɛrkḷn] *vi (fam)* **~** to potter [*or* AM putter] about

Werk(s)angehörige(r) *f(m) dekl wie adj* factory employee **Werksgelände** *nt* works premises *npl* **Werkstatt** *f* workshop **Werktag** *m* workday

werktags *adv* on workdays

Werkzeug <-[e]s, -e> *nt* tool *usu pl*

Werkzeugkasten *m* toolbox **Werkzeugschrank** *m* tool cabinet

Wermut <-[e]s> ['ve:ɐ̯mu:t] *m kein pl* vermouth

wert [ve:ɐ̯t] *adj* **[jdm] etw ~ sein** to be worth sth [to sb]

Wert <-[e]s, -e> [ve:ɐ̯t] *m* ① value; **im ~e von etw** *dat* worth sth; **im ~ steigen** to increase in value; **an ~ verlieren** to decrease in value ② *(Wichtigkeit)* **~ auf etw** *akk* **legen** to attach value to sth

Wertegemeinschaft *f* POL community of [shared] values

werten *vt* to rate

wertfrei *adj* impartial

Wertkartenhandy [-hɛndi] *nt* TELEK *mobile phone using a payment card*

wertlos *adj* worthless

Wertminderung *f* depreciation **Wertpapier** *nt* FIN bond **Wertschätzung** *f* esteem **Wertsteigerung** *f* increase in value

Wertung <-, -en> *f* SPORT rating

wertvoll *adj* valuable

Wertvorstellung *f* moral concept

Wesen <-s, -> ['ve:zṇ] *nt* ① being ② *kein pl (Natur)* nature

Wesenszug *m* characteristic

wesentlich ['ve:zṇtlɪç] I. *adj* essential; **das W~e** the essential part; **im W~en**

essentially **II.** *adv* considerably
weshalb [vɛs'halp] *adv* why
Wespe <-, -n> ['vɛspə] *f* wasp
wessen ['vɛsn̩] *pron gen von* **wer** whose
Wessi[1] <-s, -s> ['vɛsi] *m (fam)* male West German
Wessi[2] <-, -s> ['vɛsi] *f (fam)* female West German
Weste <-, -n> ['vɛstə] *f* waistcoat
Westen <-s> ['vɛstn̩] *m kein pl* west; **im/nach ~** in/to the west
Westentasche *f* waistcoat pocket ▶ **etw wie seine ~ kennen** to know sth like the back of one's hand
Western <-[s], -> ['vɛstɐn] *m* western
Westfalen <-s> [vɛst'fa:lən] *nt* Westphalia
Westküste *f* west coast
westlich ['vɛstlɪç] **I.** *adj* western **II.** *adv* **~ von etw** *dat* to the west of sth **III.** *präp +gen;* **~ einer S.** *gen* [to the] west of sth
westwärts ['vɛstvɛrts] *adv* westwards
weswegen [vɛs've:gn̩] *adv* why
Wettannahme *f* betting office
Wettbewerb <-[e]s, -e> ['vɛtbəvɛrp] *m* competition **Wettbewerber(in)** *m(f)* competitor **Wettbewerbsfähigkeit** *f kein pl* ÖKON competitiveness *no pl;* **internationale ~** international competitive ability; **die ~ stärken** to whet one's competitive edge
Wette <-, -n> ['vɛtə] *f* bet; **um die ~ laufen** to race each other
wetteifern *vi* **miteinander ~** to contend with each other
wetten ['vɛtn̩] *vi* to bet (**auf** on); **~?** want to bet?; **um was wollen wir ~?** what shall we bet?
Wetter <-s, -> ['vɛtɐ] *nt kein pl* weather; **bei jedem ~** in all kinds of weather

Das Wetter – The weather

bewölkt	cloudy
der Blitz	[flash of] lightning
der Donner	thunder
das Gewitter	thunderstorm
das Glatteis	ice
der Hagel	hail
heiß	hot
heiter	fair
die Hitzewelle	heatwave
kalt	cold
der Nebel	fog
der Orkan	hurricane
der Regen	rain
der Regenbogen	rainbow
regnerisch	rainy
der Schnee	snow
die Sonne	sun
sonnig	sunny
der Sturm	storm
die Temperatur	temperature
der Wind	wind
windig	windy
die Wolke	cloud

Wetteraussichten *pl* weather outlook **Wetterbericht** *m* weather report **Wetterdienst** *m* weather service **wetterfühlig** *adj* sensitive to weather changes *pred*
wettern ['vɛtɐn] *vi* [**gegen jdn/etw**] **~** to curse [sb/sth]
Wetterumschwung *m* sudden change in the weather **Wettervoraussage** *f*, **Wettervorhersage** *f* weather forecast
Wettkampf *m* competition **Wettlauf** *m* race
wett|machen ['vɛtmaxn̩] *vt* **etw ~** to make up for sth
Wettrennen *nt s.* **Wettlauf** **Wettrüsten** <-s> *nt kein pl* arms race **Wettstreit** ['vɛtstrait] *m* contest
wetzen ['vɛtsn̩] *vt (schleifen)* to whet
WG <-, -s> [ve:'ge:] *f Abk von* **Wohngemeinschaft**
Whiteboard <-s, -s> ['waɪtbo:ɐ̯t] *nt* whiteboard
wichsen ['viksn̩] *vt Schuhe* to polish
Wicht <-[e]s, -e> [vɪçt] *m (fam)* wimp
wichtig ['vɪçtɪç] *adj* important; **das**

W~ste the most important thing
Wichtigtuer(in) [-tuːɐ] *m(f)*, ÖSTERR **Wichtigmacher(in)** *m(f)* stuffed shirt
wichtigtuerisch ['vɪçtɪçtuːərɪʃ] *adj (pej)* pompous *pej;* ~ **sein** to be full of oneself
Wickel <-s, -> ['vɪkl̩] *m (Umschlag)* compress ▶ **jdn beim ~ packen** *(fam)* to grab sb by the scruff of the neck
Wickelkommode *f* [baby] changing table
wickeln ['vɪkl̩n] *vt* ① to wrap (**um** round) ② *Baby* to change
Wickelraum *m* babies' changing room
Widder <-s, -> ['vɪdɐ] *m* ① ram ② *kein pl* ASTROL Aries
wider ['viːdɐ] *präp +akk (geh)* against
Widerhall <-s, -e> ['viːdɐhal] *m* echo
wider|hallen ['viːdɐhalən] *vi* **von etw** *dat* ~ to reverberate with sth
widerlegen [viːdɐ'leːgn̩] *vt* to refute
widerlich ['viːdɐlɪç] *adj* disgusting
widerrechtlich I. *adj* unlawful II. *adv* unlawfully
Widerrede ['viːdɐreːdə] *f* **keine ~!** don't argue!; **ohne** ~ without protest
Widersacher(in) <-s, -> ['viːdɐzaxɐ] *m(f)* antagonist
widersetzen [viːdɐ'zɛtsn̩] *vr* **sich jdm/etw** ~ to resist sb/sth
widersinnig *adj* absurd
widerspenstig ['viːdɐʃpɛnstɪç] *adj* stubborn
wider|spiegeln ['viːdɐʃpiːgl̩n] I. *vt* to mirror II. *vr* **sich** ~ to be reflected
widersprechen [viːdɐ'ʃprɛçn̩] *irreg* I. *vi* **jdm** ~ to contradict sb II. *vr* **sich** *dat* ~ to be contradictory
Widerspruch ['viːdɐʃprʊx] *m* ① contradiction; **in ~ zu etw** *dat* **stehen** to conflict with sth ② JUR **~ einlegen** to file an objection
widersprüchlich ['viːdɐʃprʏçlɪç] *adj* contradictory
Widerstand <-[e]s> ['viːdɐʃtant] *m kein pl* resistance; ~ **leisten** to put up resistance
widerstandsfähig *adj* resistant (**gegen** to)
Widerstandskraft *f* robustness
widerstehen [viːdɐ'ʃteːən] *vi irreg* to resist
widerstreben [viːdɐ'ʃtreːbn̩] *vi* **jdm widerstrebt es, etw zu tun** sb is reluctant to do sth
Widerstreben <-s> [viːdɐ'ʃtreːbn̩] *nt kein pl* reluctance
widerwärtig ['viːdɐvɛrtɪç] *adj* disgusting
Widerwille ['viːdɐvɪlə] *m* distaste (**gegen** for)
widerwillig I. *adj* reluctant II. *adv* reluctantly
widmen ['vɪtmən] I. *vt* **jdm etw** ~ to dedicate sth to sb II. *vr* **sich etw** *dat* ~ to devote oneself to sth
Widmung <-, -en> ['vɪtmʊŋ] *f* dedication
widrig ['viːdrɪç] *adj* adverse
wie [viː] I. *adv* how?; **wie heißt er?** what's his name?; ~ **geht's?** how are you?; ~ **geht es Ihnen?** how do you do?; ~ **... auch [immer]** however; ~ **bitte?** pardon?; ~ **sehr** how much; ~ **viel/viele** how much/many; ~ **wär's mit ...?** how about ...? II. *konj* ① *(vergleichend)* **so alt ~ sie** as old as her; **er ist genau ~ du** he's just like you ② *(z.B.)* like ③ *(fam)* ~ **wenn** as if

what oder how?

Achtung! In den folgenden Sätzen musst du *wie* mit **what** und nicht mit **how** übersetzen:
I don't know what it's called in English. – Ich weiß nicht, wie es auf Englisch heißt.
What does your sister look like? – Wie sieht deine Schwester aus?
What do you think about that? – Wie denkst du darüber?
What do you think of him? – Wie findest du ihn?

wieder ['vi:dɐ] *adv* again
Wiederaufbau <-bauten> [vi:dɐ'ʔauf-bau] *m* reconstruction
wieder|auf|bauen *vt* to reconstruct **Wiederaufrüstung** *f* MIL rearmament **wieder|bekommen** *vt irreg* to get back **wieder|beleben** *vt* to revive **wieder|bringen** ['vi:dɐbrɪŋən] *vt irreg* to bring back **wieder|einführen** *vt irreg* to reintroduce **wieder|eingliedern** *vt irreg* to reintegrate **wieder|erhalten** ['vi:dɐ'ɛɐ̯haltn̩] *vt irreg (geh) s.* **wiederbekommen** **wieder|erkennen** *vt irreg* to recognize; **nicht wiederzuerkennen sein** to be unrecognizable **wieder|erlangen** ['vi:dɐʔɛɐ̯laŋən] *vt (geh)* to regain **Wiedereröffnung** *f* reopening **wieder|finden** *irreg vr* **sich ~** to turn up again
Wiedergabe ['vi:dɐga:bə] *f (Schilderung)* account
wieder|geben ['vi:dɐge:bn̩] *vt irreg* **jdm etw ~** to give sth back to sb **wieder|gutmachen** *vt* to make good
Wiedergutmachung <-, -en> *f* compensation
wiederher|stellen [vi:dɐ'he:ɐ̯ʃtɛlən] *vt* to restore
wiederholen [vi:dɐ'ho:lən] **I.** *vt* to repeat **II.** *vr* **sich ~** to repeat oneself
wiederholt **I.** *adj* repeated **II.** *adv* repeatedly
Wiederholung <-, -en> [vi:dɐ'ho:lʊŋ] *f* repetition
wieder|käuen ['vi:dɐkɔyən] *vt, vi* ZOOL to ruminate
Wiederkehr <-> ['vi:dɐke:ɐ̯] *f kein pl (geh)* return
wieder|kehren ['vi:dɐke:rən] *vi sein* to return
wieder|kommen ['vi:dɐkɔmən] *vi irreg sein* to come back
wieder|sehen ['vi:dɐze:ən] *vt irreg* **jdn ~** to see sb again; **sich ~** to meet again
Wiedersehen <-s, -> ['vi:dɐze:ən] *nt* **[auf] ~!** goodbye!; **[auf] ~ sagen** to say goodbye
wiederum ['vi:dərʊm] *adv* ❶ *(abermals)* again ❷ *(andererseits)* on the other hand, though ❸ *(für jds Teil)* in turn
Wiedervereinigung ['vi:dɐfɛɐ̯ʔai-nɪgʊŋ] *f* reunification
wieder|verwerten *vt* recycle **Wiederverwertung** *f* recycling **Wiederwahl** ['vi:dɐva:l] *f* POL re-election
Wiege <-, -n> ['vi:gə] *f* cradle
wiegen[1] <wog, gewogen> ['vi:gn̩] *vt, vi* to weigh
wiegen[2] *vt Hüften* to sway
Wiegenlied *nt* lullaby
wiehern [vi:ɐn] *vi* to neigh
Wien <-s> [vi:n] *nt* Vienna
Wiener ['vi:nɐ] *adj attr* Viennese
Wiese <-, -n> [vi:zə] *f* meadow
Wiesel <-s, -> ['vi:zl̩] *nt* weasel
wieso [vi'zo:] *adv* why
wild [vɪlt] **I.** *adj* wild; **~ auf jdn/etw sein** to be crazy about sb/sth **II.** *adv* ❶ wildly ❷ BIOL **~ wachsen** to grow wild
Wild <-[e]s> [vɪlt] *nt kein pl* ❶ wild animals ❷ KOCHK game
Wildbret <-s> ['vɪltbrɛt] *nt kein pl* venison
Wilderei <-, -en> [vɪldə'rai̯] *f* poaching
Wilderer, Wilderin <-s, -> ['vɪl-dərɐ] *m, f* poacher
wildern ['vɪldɐn] *vi* to poach
wildfremd ['vɪlt'frɛmt] *adj* completely strange
Wildhüter(in) <-s, -> *m(f)* gamekeeper
Wildleder *nt* suede
Wildnis <-, -se> ['vɪltnɪs] *f* wilderness
Wildschwein *nt* wild boar
Wildwestfilm [vɪlt'vɛst-] *m* western
Wille <-ns> ['vɪlə] *m kein pl* will; **seinen eigenen ~n haben** to have a mind of one's own; **der gute ~** good will
willenlos *adj* spineless
Willenskraft *f kein pl* willpower **willensschwach** *adj* weak-willed **wil-**

lensstark *adj* strong-willed
willentlich ['vɪləntlɪç] *adj* deliberate
willig ['vɪlɪç] *adj* willing
willkommen [vɪl'kɔmən] *adj* welcome; **seid/seien Sie ~!** welcome!; **jdn ~ heißen** to welcome sb
Willkommen <-s, -> [vɪl'kɔmən] *nt* welcome
Willkür <-> ['vɪlkyːɐ̯] *f kein pl* arbitrariness
willkürlich ['vɪlkyːɐ̯lɪç] **I.** *adj* arbitrary **II.** *adv* arbitrarily
wimmeln ['vɪml̩n] *vi* **es wimmelt von etw** *dat* it is teeming with sth
wimmern ['vɪmɐn] *vi* to whimper
Wimper <-, -n> ['vɪmpɐ] *f* [eye]lash
Wimperntusche *f* mascara
Wind <-[e]s, -e> [vɪnt] *m* wind
Windchill [-tʃɪl] *m* wind chill
Winde <-, -n> ['vɪndə] *f* winch
Windel <-, -n> ['vɪndl̩] *f* napkin BRIT, diaper AM
Windelhöschen *nt* nappy [*or* AM diaper] pants
winden <wand, gewunden> ['vɪndn̩] *vr* **sich ~** ① to wind ② *(vor Schmerz)* to writhe (**vor** in)
Windenergie *f* wind energy **Windhose** *f* vortex **Windhund** *m* greyhound
windig ['vɪndɪç] *adj* windy
Windjacke *f* windcheater **Windmühle** *f* windmill
Windpocken *pl* chickenpox
Windrad *nt* wind turbine **Windrichtung** *f* wind direction **Windschatten** *m* slipstream **Windschutzscheibe** *f* windscreen BRIT, windshield AM **Windstärke** *f* wind force **windstill** *adj* windless; **~ sein** to be calm **Windstille** *f* calm **Windstoß** *m* gust of wind
W
Wink <-[e]s, -e> [vɪŋk] *m* hint; **einen ~ bekommen** to receive a tip-off
Winkel <-s, -> ['vɪŋkl̩] *m* ① angle; **rechter/spitzer/stumpfer ~** a right/an acute/obtuse angle ② *(Ecke)* corner
wink(e)lig ['vɪŋk(ə)lɪç] *adj* full of nooks and crannies; *Gasse* twisty
winken <gewinkt> ['vɪŋkn̩] **I.** *vi* to wave; **mit etw** *dat* **~** to wave sth; **einem Taxi ~** to hail a taxi **II.** *vt* **jdn zu sich** *dat* **~** to beckon sb over to one

Übersetzungstipp
Nicht verwechseln mit *to wink* – *zwinkern!*

winseln ['vɪnzl̩n] *vi* to whimper; **um etw** *akk* **~** to plead for sth
Winter <-s, -> ['vɪntɐ] *m* winter **Wintergarten** *m* conservatory **Winterkleidung** *f* winter clothing
winterlich ['vɪntɐlɪç] *adj* wintry; **~e Temperaturen** winter temperatures
Wintermantel *m* winter coat **Winterreifen** *m* winter tyre **Winterschlaf** *m* hibernation; **~ halten** to hibernate **Wintersport** *m* winter sport
Winzer(in) <-s, -> ['vɪntsɐ] *m(f)* wine-grower
winzig ['vɪntsɪç] *adj* tiny; **~ klein** minute
Winzling <-s, -e> ['vɪntslɪŋ] *m* tiny thing
Wipfel <-s, -> ['vɪpfl̩] *m* treetop
Wippe <-, -n> ['vɪpə] *f* seesaw
wippen ['vɪpn̩] *vi* to bob up and down (**auf** *+dat* on); *(auf einer Wippe)* to seesaw
wir <*gen* unser, *dat* uns, *akk* uns> [viːɐ̯] *pron pers* we; **~ nicht** not us
Wirbel <-s, -> ['vɪrbl̩] *m* ① ANAT vertebra ② *(Trubel)* turmoil
wirbellos *adj* BIOL invertebrate
wirbeln ['vɪrbl̩n] *vi, vt sein* to whirl
Wirbelsäule *f* spinal column
Wirbelsturm *m* whirlwind
Wirbeltier *nt* vertebrate
wirken ['vɪrkn̩] *vi* ① *(Wirkung haben)* to have an effect; **etw auf sich ~ lassen** to take sth in ② *(scheinen)* to seem
wirklich ['vɪrklɪç] **I.** *adj* real **II.** *adv* really

Wirklichkeit <-, -en> *f* reality; ~ **werden** to come true
wirksam ['vɪrkza:m] *adj* effective
Wirkstoff *m* active substance
Wirkung <-, -en> ['vɪrkʊŋ] *f* effect
wirkungslos *adj* ineffective
wirkungsvoll *adj* effective **Wirkungsweise** *f* [mode of] action
wirr [vɪr] *adj* ❶ confused ❷ *(unordentlich)* tangled
Wirren ['vɪrən] *pl* confusion *sing*
Wirrkopf *m* scatterbrain
Wirrwarr <-s> ['vɪrvar] *m kein pl* tangle
Wirt(in) <-[e]s, -e> [vɪrt] *m(f)* landlord *masc*, landlady *fem*
Wirtschaft <-, -en> ['vɪrtʃaft] *f* ❶ ÖKON economy ❷ *(Gastwirtschaft)* pub BRIT, bar AM
wirtschaften ['vɪrtʃaftn̩] *vi* to keep house; **sparsam** ~ to economize
Wirtschafterin <-, -nen> *f* housekeeper
wirtschaftlich ['vɪrtʃaftlɪç] *adj* ❶ economic ❷ *(sparsam)* economical
Wirtschaftlichkeit <-> *f kein pl* economy
Wirtschaftsabkommen *nt* economic agreement **Wirtschaftsflüchtling** *m* economic refugee **Wirtschaftshilfe** *f* economic aid *no pl, no indef art* **Wirtschaftskriminalität** *f* white-collar crime **Wirtschaftslage** *f* economic situation **Wirtschaftsminister(in)** *m(f)* Minister for Economic Affairs BRIT, Secretary of Commerce AM **Wirtschaftsministerium** *nt* Ministry of Economic Affairs [*or* BRIT of Trade and Commerce] Department of Trade and Industry [*or* AM of Commerce] **Wirtschaftsordnung** *f* economic system **Wirtschaftspolitik** *f* economic policy **Wirtschaftswachstum** *nt kein pl* economic growth **Wirtschaftswissenschaft** *f meist pl* economics *sing* **Wirtschaftswunder** *nt* economic miracle **Wirtschaftszweig** *m* branch of industry
Wirtshaus *nt* pub BRIT, bar AM
wischen ['vɪʃn̩] *vt* to wipe; INFORM, INET *(rasche Handbewegung machen)* to flick, to swipe

Übersetzungstipp

Nicht verwechseln mit *to wish* – *wünschen!*

Wischlappen *m* cloth
wissbegierig *adj* eager to learn
Wissen <-s> ['vɪsn̩] *nt kein pl* knowledge
wissen <wusste, gewusst> ['vɪsn̩] *vt* ❶ to know; **wenn ich nur wüsste, …** if only I knew …; **weißt du noch?** do you remember?; **von nichts** ~ to have no idea ❷ **sich zu helfen** ~ to be resourceful; **etw zu schätzen** ~ to appreciate sth ▶ **von jdm/etw nichts [mehr]** ~ **wollen** to not want to have anything more to do with sb/sth
wissend **I.** *adj (geh)* knowing; **~e Blicke [aus]tauschen** to exchange knowing looks **II.** *adv (geh)* knowingly
Wissenschaft <-, -en> ['vɪsn̩ʃaft] *f* science
Wissenschaftler(in) <-s, -> *m(f)* scientist
wissenschaftlich ['vɪsn̩ʃaftlɪç] **I.** *adj* scientific **II.** *adv* scientifically
Wissenschaftsminister(in) *m(f)* POL Minister [*or* AM Secretary] of Science
Wissensdrang *m*, **Wissensdurst** *m* thirst for knowledge **wissenswert** *adj* worth knowing
wissentlich ['vɪsn̩tlɪç] **I.** *adj* deliberate **II.** *adv* deliberately
wittern ['vɪtɐn] *vt* to smell
Witterung <-, -en> *f* METEO weather
Witterungsverhältnisse *pl* weather conditions *pl*
Witwe <-, -n> ['vɪtvə] *f* widow
Witwenrente *f* widow's pension
Witwer <-s, -> ['vɪtvɐ] *m* widower
Witz <-es, -e> [vɪts] *m* joke
Witzbold <-[e]s, -e> *m* joker

witzeln [ˈvɪtsl̩n] *vi* to joke (**über** +*akk* about)
witzig [ˈvɪtsɪç] *adj* funny
WLAN <-[s], -s> [veːˈlaːn] *nt Abk von* **wireless local area network** wireless LAN
WM <-, -s> *f Abk von* **Weltmeisterschaft** world championship; *(im Fußball)* World Cup
wo [voː] *adv* where
woanders [voˈʔandɐs] *adv* somewhere else
wobei [voˈbai] *adv* how; ~ **ist das passiert?** how did that happen?
Woche <-, -n> [ˈvɔxə] *f* week
Wochenblatt *nt* weekly **Wochenende** [ˈvɔxn̩ʔɛndə] *nt* weekend; **schönes ~!** have a nice weekend!; **am ~** at the weekend **Wochenkarte** *f* weekly season ticket **wochenlang** [ˈvɔxn̩laŋ] *adj, adv* for weeks **Wochentag** *m* weekday; **was ist heute für ein ~?** what day of the week is it today?
wöchentlich [ˈvœçn̩tlɪç] *adj, adv* weekly
Wöchnerin <-, -nen> [ˈvœçnərɪn] *f* *woman who has recently given birth*
wodurch [voˈdʊrç] *adv* ❶ *interrog* how? ❷ *rel* which
wofür [voˈfyːɐ̯] *adv* ❶ *interrog* what ... for ❷ *rel* for which
Woge <-, -n> [ˈvoːgə] *f* wave
wogegen [voˈgeːgn̩] *adv* against what; ~ **hilft dieses Mittel?** what is this medicine for?
woher [voˈheːɐ̯] *adv* where ... from
wohin [voˈhɪn] *adv* ❶ *interrog* where [to]? ❷ *rel* where
Wohl <-[e]s> [voːl] *nt kein pl* welfare; **zum ~!** cheers!; **auf jds ~ trinken** to drink to sb's health
wohl[1] [voːl] *adv* ❶ *(wahrscheinlich)* probably; ~ **kaum** hardly ❷ *(durchaus)* well; **das ist ~ wahr** that is perfectly true
wohl[2] [voːl] *adv* *(gut)* well; ~ **bekomm's!** your good health!; **sich ~ fühlen** to feel well; **sich irgendwo ~ fühlen** to feel at home somewhere; ~ **geformt/genährt** well-formed/-fed
wohlauf [voːlˈʔaʊf] *adj präd* ~ **sein** to be well
Wohlbefinden <-s> *nt kein pl* well-being **Wohlbehagen** <-s> *nt kein pl* feeling of well-being **wohlbehalten** *adv* safe and sound
Wohlfahrtsstaat *m* welfare state
Wohlgefallen [ˈvoːlgəfalən] *nt* ▶ **sich in ~ auflösen** *(fam)* to vanish into thin air **wohlgemerkt** [ˈvoːlgəmɛrkt] *adv* mind you **wohlgesinnt** *adj* **jdm ~ sein** to be well-disposed towards sb **wohlhabend** *adj* well-to-do **wohlmeinend** *adj* well-meaning **wohlriechend** <wohlriechender, wohlriechendste> *adj* fragrant **wohlschmeckend** <wohlschmeckender, wohlschmeckendste> *adj* palatable
Wohlstand *m kein pl* affluence
Wohlstandsgesellschaft *f* affluent society
Wohltat *f* ❶ *kein pl (Erleichterung)* relief; **eine ~ sein** to be a relief ❷ *(Unterstützung)* good deed
Wohltäter(in) *m(f)* benefactor
wohltätig *adj* charitable
Wohltätigkeitsveranstaltung *f* charity event
wohltuend *adj* agreeable
wohlverdient *adj* well-earned; **seine ~e Strafe erhalten** to get one's just deserts
Wohlwollen <-s> [ˈvoːlvɔlən] *nt kein pl* goodwill
wohlwollend I. *adj* benevolent **II.** *adv* benevolently
Wohnanlage *f* housing development
Wohnblock *m* block of flats BRIT, apartment building AM **Wohncontainer** *m* Portakabin® BRIT
wohnen [ˈvoːnən] *vi* to live
Wohnfläche *f* living space **Wohngebiet** *nt* residential area **Wohngeld** *nt* housing benefit **Wohngemeinschaft** *f* communal residence, house- [*or* flat-] [*or* AM apartment-] share; **in einer ~ leben** to share a house/flat with sb

Wohnhaus *nt* residential building **Wohnheim** *nt (Studentenwohnheim)* student hostel; *(Arbeiterwohnheim)* hostel **Wohnküche** *f* kitchen-cum-living room

wohnlich ['voːnlɪç] *adj* cosy BRIT, cozy AM

Wohnmobil <-s, -e> *nt* camper, RV AM **Wohnort** *m* place of residence **Wohnsitz** *m* domicile; **erster ~** main place of residence

Wohnung <-, -en> *f* flat BRIT, apartment AM

Wohnungsbau *m kein pl* house building; **sozialer ~** council houses **Wohnungsmarkt** *m* housing market **Wohnungsnot** *f kein pl* serious housing shortage **Wohnungssuche** *f* flat- [*or* apartment-] hunting; **auf ~ sein** to be flat-hunting

Wohnviertel *nt* residential area **Wohnwagen** *m* caravan BRIT, trailer AM **Wohnzimmer** *nt* living room

wölben ['vœlbn̩] *vr* **sich ~** to bend; **sich über etw** *akk* **~** to arch over sth

Wolf <-[e]s, Wölfe> [vɔlf] *m* wolf

Wolke <-, -n> ['vɔlkə] *f* cloud

Wolkenbruch *m* cloudburst **Wolkendecke** *f* cloud cover **Wolkenkratzer** *m* skyscraper

wolkenlos *adj* cloudless

wolkig ['vɔlkɪç] *adj* cloudy

Wolldecke *f* [woollen] blanket

Wolle <-, -n> ['vɔlə] *f* wool

wollen[1] ['vɔlən] **I.** *vb aux* <will, wollte, wollen> *modal* **etw haben ~** to want [to have] sth; **etw tun ~** to want to do sth; **etw gerade tun ~** to be [just] about to do sth **II.** *vi* <will, wollte, gewollt> to want; **wenn du willst** if you like; **ob du willst oder nicht** whether you like it or not; **[ganz] wie du willst** just as you like; **ich wollte, es wäre schon Weihnachten** I wish it were Christmas already; **irgendwohin ~** to want to go somewhere ▶ **wenn man so will** as it were **III.** *vt* <will, wollte, gewollt> **etw [von jdm] ~** to want sth [from sb]; **etw lieber ~** to prefer sth

wollen[2] ['vɔlən] *adj attr* woollen

wollig ['vɔlɪç] *adj* woolly

Wolljacke *f* woollen cardigan

wollüstig ['vɔlʏstɪç] *adj* lascivious

womit [vo'mɪt] *adv* ① *interrog* what ... with ② *rel* with which

womöglich [vo'møːklɪç] *adv* possibly

wonach [vo'naːx] *adv* what ... for; **~ suchst du?** what are you looking for?

Wonne <-, -n> ['vɔnə] *f* delight

woran [vo'ran] *adv* ① *interrog (Gegenstand)* what ... on; **~ soll ich das befestigen?** what should I fasten this to?; *(Umstand)* what ... of; **~ denkst du?** what are you thinking of? ② *rel (Gegenstand)* on which; *(Umstand)* by which

worauf [vo'rauf] *adv* ① *interrog* what ... on; **~ wartest du noch?** what are you waiting for? ② *rel* on which; *(woraufhin)* whereupon

woraus [vo'raus] *adv* ① *interrog* what ... out of ② *rel* from which

worin [vo'rɪn] *adv* ① *interrog* what ... in ② *rel* in which

Wort[1] <-[e]s, Wörter> [vɔrt] *nt* LING word; **im wahrsten Sinne des ~es** in the true sense of the word

Wort[2] <-[e]s, -e> *nt* ① *meist pl (Äußerung)* word *usu pl;* **mit anderen ~en** in other words; **ein ernstes ~ mit jdm reden** to have a serious talk with sb; **etw mit keinem ~ erwähnen** to not say a [single] word about sth; **jdm fehlen die ~e** sb is speechless; **ein gutes ~ für jdn einlegen** to put in a good word for sb ② *kein pl (Ehrenwort)* **sein ~ brechen/halten** to break/keep one's word; **jdn beim ~ nehmen** to take sb's word for it ③ *kein pl (Rede[erlaubnis])* **das ~ ergreifen** to begin to speak; **jdm das ~ erteilen** to allow sb to speak; **jdm ins ~ fallen** to interrupt sb; **zu ~ kommen** to get a chance to speak; **sich zu ~ melden** to ask to speak

Wortart *f* part of speech
Wörterbuch *nt* dictionary
wortkarg *adj* taciturn
wörtlich ['vœrtlɪç] **I.** *adj* literal **II.** *adv* word for word; **etw ~ nehmen** to take sth literally
wortlos I. *adj* silent **II.** *adv* without saying a word
Wortschatz *m* vocabulary **Wortschwall** <-[e]s> *m kein pl* torrent of words **Wortspiel** *nt* pun **Wortwechsel** *m* verbal exchange
wortwörtlich ['vɔrt'vœrtlɪç] *adj, adv* word-for-word
worüber [vo'ry:bɐ] *adv* ① *interrog (Thema)* what ... about; *räumlich* above which ② *rel (Thema)* what ... about; *räumlich* over which
worum [vo'rʊm] *adv* ① *interrog (Thema)* what ... about; **~ handelt es sich?** what is this about?; *(Gegenstand)* what ... around ② *rel (Thema)* what ... about; *(Gegenstand)* around; **das Bein, ~ der Verband gewickelt ist, ...** the leg the bandage is around ...
worunter [vo'rʊntɐ] *adv* ① *interrog (fig)* **~ leidet Ihre Frau?** what is your wife suffering from? *räumlich* **~ hattest du dich versteckt?** what did you hide under? ② *rel* under which; *(inmitten deren)* amongst which
wovon [vo'fɔn] *adv* ① *interrog (Thema)* what ... about; *(Gegenstand)* what ... from ② *rel (Thema)* about which; *(Gegenstand)* from which
wovor [vo'fo:ɐ̯] *adv* ① *interrog (fig)* what ... of; **~ fürchtest du dich denn?** what are you afraid of? *räumlich* in front of what ② *rel (fig)* what ... of; *räumlich* in front of which

wozu [vo'tsu:] *adv* ① *interrog* **~ soll das gut sein?** what's the purpose of that?; **~ hast du das gemacht?** what did you do that for? ② *rel (Zweck)* for which reason
Wrack <-[e]s, -s> [vrak] *nt* wreck
wringen <wrang, gewrungen> ['vrɪŋən] *vt* to wring
Wucher <-s> ['vu:xɐ] *m kein pl* extortion
wucherisch ['vu:xərɪʃ] *adj* extortionate
wuchern ['vu:xɐn] *vi* ① *sein o haben* HORT to grow rampant ② *sein* MED to proliferate
Wucherpreis *m (pej)* extortionate price
wuchs [vu:ks] *vi imp von* **wachsen**[1]
Wuchs <-es> [vu:ks] *m kein pl* ① growth ② *(Gestalt)* stature
Wucht <-> [vʊxt] *f kein pl* force; **mit voller ~** with full force
wuchtig ['vʊxtɪç] *adj* forceful
wühlen ['vy:lən] **I.** *vi* **in etw** *dat* **~** to rummage through sth (**nach** for) **II.** *vr (fam)* **sich durch etw** *akk* **~** to burrow one's way through sth
Wühlmaus *f* vole
Wühltisch *m* bargain counter
Wulst <-[e]s, Wülste> [vʊlst] *m o f* bulge
wulstig ['vʊlstɪç] *adj Lippen* thick
wund [vʊnt] *adj* sore
Wunde <-, -n> ['vʊndə] *f* wound
Wunder <-s, -> ['vʊndɐ] *nt* miracle; **wie durch ein ~** miraculously
wunderbar ['vʊndɐba:ɐ̯] **I.** *adj* wonderful **II.** *adv* wonderfully
Wunderkind *nt* child prodigy
wunderlich ['vʊndɐlɪç] *adj* odd, strange
wundern [vʊndɐn] **I.** *vt* **jdn ~** to surprise sb; **das wundert mich [nicht]** I'm [not] surprised at that; **es wundert mich, dass ...** I am surprised that ... **II.** *vr* **sich ~** to be surprised (**über** at)
wunderschön ['vʊndɐ'ʃø:n] *adj* wonderful
wundervoll *adj s.* **wunderbar**
Wundsalbe *f* ointment
Wundstarrkrampf *m kein pl* tetanus
Wunsch <-[e]s, Wünsche> [vʊnʃ] *m* wish; *(stärker)* desire; **haben Sie sonst noch einen ~?** would you like anything else?; **auf jds ~ [hin]** at/on sb's request; **mit besten Wünschen** best wishes
Wunschdenken <-s> *nt kein pl* wishful

thinking *no pl*

wünschen ['vʏnʃn̩] I. *vt* ① *(als Geschenk)* **sich** *dat* **etw ~** to ask for sth; **was wünschst du dir?** what would you like? ② *(erhoffen)* to wish; **jdm etw ~** to wish sb sth; **~, dass ...** to hope for ...; **jdm zum Geburtstag alles Gute ~** to wish sb a happy birthday; **jdm eine gute Nacht ~** to wish sb good night ③ *(haben wollen)* **sich** *dat* **etw ~** to want sth; **jemand wünscht Sie zu sprechen** somebody would like to speak with you; **was ~ Sie?** how may I help you? II. *vi (geh: wollen)* to want; **wie Sie ~** just as you wish; **nichts/viel zu ~ übrig lassen** to leave nothing/much to be desired

wünschenswert *adj* desirable

Wunschkind *nt* planned child **Wunschzettel** *m* wish list

Würde <-, -n> ['vʏrdə] *f kein pl* dignity

würdelos *adj* undignified

Würdenträger(in) *m(f)* dignitary

würdevoll *adj* dignified

würdig ['vʏrdɪç] I. *adj (wert)* **einer S.** *gen* **[nicht] ~ sein** to be [not] worthy of sb/sth II. *adv* with dignity

würdigen ['vʏrdɪgn̩] *vt* to acknowledge; **etw zu ~ wissen** to appreciate sth

Wurf <-[e]s, Würfe> [vʊrf] *m* throw

Würfel <-s, -> ['vʏrfl̩] *m* ① *(Spielwürfel)* dice ② *(Kubus)* cube; **etw in ~ schneiden** to dice sth

Würfelbecher *m* shaker **würfelförmig** *adj* cube-shaped **Würfelspiel** *nt* game of dice **Würfelzucker** *m kein pl* sugar cube[s]

Wurfpfeil *m* dart

würgen ['vʏrgn̩] I. *vi* to choke II. *vt* **jdn ~** to throttle sb

Wurm <-[e]s, Würmer> [vʊrm] *m* worm

Würmchen <-s, -> ['vʏrmçən] *nt dim von* **Wurm** little worm; *(Kind)* [poor] little mite

wurmen ['vʊrmən] *vt (fam)* to bug; **das wurmt mich sehr** that really bugs me

wurmstichig ['vʊrmʃtɪçɪç] *adj Apfel* maggoty; *Holz* full of woodworm

Wurst <-, Würste> [vʊrst] *f* sausage

Würstchen <-s, -> ['vʏrstçən] *nt dim von* **Wurst** little sausage; **Frankfurter/Wiener ~** frankfurter/wiener sausages BRIT, hot dog AM

Würstchenbude *f*, **Würstchenstand** *m* hot dog stand

Würze <-, -n> ['vʏrtsə] *f* seasoning

Wurzel <-, -n> ['vʊrtsl̩] *f* root; **die ~ allen Übels** the root of all evil

würzen ['vʏrtsn̩] *vt* to season

würzig ['vʏrtsɪç] *adj* tasty

wüst [vy:st] *adj* ① *(öde)* waste ② *(unordentlich)* chaotic

Wüste <-, -n> ['vy:stə] *f* desert

Wüstling <-s, -e> ['vy:stlɪŋ] *m* debauchee

Wut <-> [vu:t] *f kein pl* rage; **seine ~ an jdm/etw auslassen** to take one's anger out on sb/sth; **eine ~ bekommen** to get into a rage; **~ haben** to be furious (**auf** with); **vor ~ kochen** to seethe with rage

Wutausbruch *m* outburst of rage

wüten ['vy:tn̩] *vi* to rage

wütend I. *adj* furious; **~ auf jdn sein** to be furious with sb II. *adv* furiously

wutentbrannt *adv* in a fury

WWW <-[s]> [ve:ve:'ve:] *nt Abk von* **World Wide Web** WWW

Xx

X, x <-, -> [ɪks] *nt* ❶ *(Buchstabe)* X, x ❷ *(unbekannter Namen)* x; **Herr/ Frau ~** Mr/Mrs X; **der Tag X** the day X ❸ *(eine unbestimmte Zahl)* x amount of; **~ Bücher** x number of books ❹ MATH *(unbekannter Wert)* x
x-Achse *f* x-axis
X-Beine ['ɪksbainə] *pl* knock-knees; **~ haben** to be knock-kneed
x-beinig *adj* knock-kneed
x-beliebig [ɪksbə'liːbɪç] *adj (fam)* any old
x-mal ['ɪksmaːl] *adv (fam)* umpteen times
Xylophon <-s, -e> [ksylo'foːn] *nt* Xylophone

Yy

Y, y <-, -> *nt* Y, y
y-Achse ['ʏpsilɔnʔaksə] *f* y-axis
Yacht <-, -en> [jaxt] *f* yacht
Yachthafen *m* marina
Yoga <-[s]> ['joːga] *m o nt* yoga
Ypsilon <-[s], -s> ['ʏpsilɔn] *nt* ❶ *(Buchstabe)* upsilon *s.* **Y**
Yuppie <-s, -s> ['jʊpi] *m* yuppie

Zz

Z, z <-, -> *nt* Z, z
zack [tsak] *interj (fam)* zap; **~, ~!** chop-chop!
zackig ['tsakɪç] *adj* ❶ *(gezackt)* jagged; *Stern* pointed ❷ *(schnell) Bewegungen* brisk; *Musik* upbeat
zaghaft ['tsa:khaft] *adj* timid
zäh [tsɛ:] *adj* tough
zähflüssig *adj* thick
Zahl <-, -en> [tsa:l] *f* number
zahlen ['tsa:lən] *vt, vi* to pay; **[bitte] ~!** the bill please!
zählen ['tsɛ:lən] **I.** *vt* to count; *(dazurechnen)* **jdn zu etw** *dat* **~** to regard sb as belonging to sth **II.** *vi* ❶ count ❷ *(gehören)* to belong (**zu** to) ❸ *(sich verlassen)* **auf jdn ~** to count on sb
zahlenmäßig I. *adj* numerical **II.** *adv* in number **Zahlenschloss** *nt* combination lock
Zähler <-s, -> *m* TECH meter
zahllos *adj* countless
zahlreich *adj* numerous
Zahltag *m* payday
Zahlung <-, -en> *f* payment
Zählung <-, -en> *f* count; *(Volkszählung)* census
Zahlungsanweisung *f* giro transfer order **Zahlungsbilanz** *f* ÖKON balance of payments **Zahlungsempfänger(in)** *m(f)* HANDEL payee **zahlungsfähig** *adj* solvent **Zahlungsfrist** *f* deadline *(period allowed for payment)* **zahlungskräftig** *adj* wealthy **Zahlungsmittel** *nt* means of payment + *sing vb*
Zählwerk *nt* counter
Zahlwort <-wörter> *nt* numeral
zahm [tsa:m] *adj* tame
zähmen ['tsɛ:mən] *vt* to tame
Zähmung <-, -en> *f* taming
Zahn <-[e]s, Zähne> [tsa:n] *m* tooth; **fauler ~** rotten tooth; **mit den Zähnen knirschen** to grind one's teeth; **die zweiten Zähne** one's second set of teeth; **sich** *dat* **die Zähne putzen** to brush one's teeth; **sich** *dat* **einen ~ ziehen lassen** to have a tooth pulled
Zahnarzt, -ärztin *m, f* dentist **Zahnbehandlung** *f* dental treatment **Zahnbelag** *m kein pl* plaque **Zahnbürste** *f* toothbrush
zahnen ['tsa:nən] *vi* to teethe
Zahnersatz *m* dentures *npl*
Zahnfäule *f kein pl* tooth decay *no pl* **Zahnfleisch** *nt* gum[s *npl*] **Zahnfüllung** *f* filling **Zahnklinik** *f* dental clinic
zahnlos *adj* toothless
Zahnlücke *f* gap between the teeth **Zahnmedizin** *f kein pl* dentistry *no pl* **Zahnpasta** *f* toothpaste **Zahnpflege** *f kein pl* dental hygiene **Zahnprothese** *f* dentures *pl* **Zahnrad** *nt* cogwheel **Zahnradbahn** *f* rack railway **Zahnschmelz** *m* [tooth] enamel **Zahnschmerzen** *pl* toothache *no pl* **Zahnseide** *f* dental floss **Zahnspange** *f* braces *npl* **Zahnstein** *m kein pl* tartar **Zahnstocher** <-s, -> *m* toothpick **Zahnwurzel** *f* root [of a tooth]
Zange <-, -n> ['tsaŋə] *f* pliers *npl*
Zank <-[e]s> [tsaŋk] *m kein pl* quarrel
zanken ['tsaŋkn̩] *vi, vr* to quarrel
zänkisch ['tsɛŋkɪʃ] *adj* quarrelsome
Zäpfchen <-s, -> ['tsɛpfçən] *nt* ❶ ANAT uvula ❷ MED suppository
zapfen ['tsapfn̩] *vt* to draw; **gezapftes Bier** draught beer
Zapfen <-s, -> ['tsapfn̩] *m* ❶ BOT cone ❷ *(Eiszapfen)* icicle
Zapfhahn *m* tap **Zapfsäule** *f* petrol [*or* AM gas] pump
zappelig ['tsapəlɪç] *adj* fidgety
zappeln ['tsapl̩n] *vi* to wriggle; [**mit etw**

dat] ~ to fidget [with sth] ▸ **jdn ~ <u>lassen</u>** *(fam)* to keep sb in suspense

zappen [ˈtsapn̩] *vi* TV *(sl)* to channel-hop, AM *a.* to zap

Zar(in) <-en, -en> [tsaːɐ̯] *m(f)* tsar *masc,* tsarina *fem*

zart [tsaːɐ̯t] *adj* delicate; *Fleisch* tender

Zartbitterschokolade *f* dark chocolate; *(zum Kochen)* plain chocolate

Zartheit <-> *f kein pl* tenderness *no pl; Gebäck* delicateness *no pl,* softness *no pl*

zärtlich [ˈtsɛːɐ̯tlɪç] **I.** *adj* tender **II.** *adv* tenderly

Zärtlichkeit <-, -en> *f* ❶ *kein pl* tenderness ❷ *pl (Liebkosung)* caresses *npl*

Zauber <-s, -> [ˈtsaubɐ] *m* ❶ *(Magie)* magic; **fauler ~** humbug ❷ *kein pl (Reiz)* charm

Zauberei <-, -en> [tsaubəˈrai] *f kein pl* magic

Zauberer, Zauberin <-s, -> [ˈtsaubərɐ, ˈtsaubərɪn] *m, f* ❶ sorcerer *masc,* sorceress *fem* ❷ *(Zauberkünstler)* magician

zauberhaft *adj* enchanting

Zauberkünstler(in) *m(f)* magician

Zauberkunststück *nt* magic trick

zaubern [ˈtsaubɐn] **I.** *vt* to conjure [up] **II.** *vi Magier* to perform magic; *Zauberkünstler* to do magic tricks

Zauberspruch *m* magic spell

Zauberstab *m* wand

Zauderer, Zauderin <-s, -> [ˈtsaudərɐ, ˈtsaudərɪn] *m, f* ditherer

zaudern [ˈtsaudɐn] *vi* to hesitate

Zaum <-[e]s, Zäume> [tsaum] *m* **etw/jdn in ~ halten** to keep sth/sb in check

zäumen [ˈtsɔymən] *vt* **ein Tier ~** to bridle an animal

Zaun <-[e]s, Zäune> [tsaun] *m* fence

Zaunkönig *m* wren **Zaunpfahl** *m* fence post

z. B. *Abk von* **zum Beispiel** e.g.

Zebra <-s, -s> [ˈtseːbra] *nt* zebra

Zebrastreifen *m* zebra [*or* AM pedestrian] crossing

Zeche[1] <-, -n> [ˈtsɛçə] *f* BERGB coal mine

Zeche[2] <-, -n> [ˈtsɛçə] *f (Rechnung für Verzehr)* bill

zechen [ˈtsɛçn̩] *vi (fam)* to booze

Zechgelage *nt (fam)* carouse

Zecke <-, -n> [ˈtsɛkə] *f* tick

Zeder <-, -n> [ˈtseːdɐ] *f* BOT cedar

Zeh <-s, -en> [tseː] *m,* **Zehe** <-, -n> [ˈtseːə] *f* toe

Zehennagel *m* toenail **Zehenspitze** *f* tip of the toe; **auf [den] ~n gehen** to tiptoe

zehn [tseːn] *adj* ten; *s.a.* **acht**[1]

Zehn <-, -en> [tseːn] *f* ❶ *(Zahl)* ten ❷ KARTEN ten; *s.a.* **Acht**[1] ❸ *(Verkehrslinie)* **die ~** the [number] ten

Zehner <-s, -> [ˈtseːnɐ] *m* MATH ten

Zehnerkarte *f* TRANSP ten-journey ticket; TOURIST ten-visit ticket

zehnjährig, 10-jährig [ˈtseːnjɛːrɪç] *adj* ❶ *(Alter)* ten years old *pred,* ten year old *attr* ❷ *(Zeitspanne)* ten-year *attr*

Zehnkampf [ˈtseːnkampf] *m* decathlon

zehnmal, 10-mal [ˈtseːnmaːl] *adv* ten times

zehntausend [ˈtseːnˈtauznt] *adj* ten thousand; **Z~e von ...** tens of thousands of ...

zehnte(r, s) [ˈtseːntə, ˈtseːntɐ, ˈtseːntəs] *adj* tenth, 10th; *s.a.* **achte(r, s)**

zehntel [ˈtseːntl̩] *adj* tenth

Zehntel <-s, -> [ˈtseːntl̩] *nt o* SCHWEIZ *m* **ein ~** a tenth

zehren [ˈtseːrən] *vi* ❶ **an jdm/etw ~** to wear sb/sth out; **an jds Nerven ~** to ruin sb's nerves ❷ **von Erinnerungen ~** to live in the past

Zeichen <-s, -> [ˈtsaiçn̩] *nt* ❶ *(Symbol)* symbol ❷ *(Markierung)* sign ❸ *(Hinweis)* sign ❹ *(Signal)* signal; **jdm ein ~ geben** to give sb a signal

Zeichenblock *m* sketch pad **Zeichenbrett** *nt* drawing board **Zeichenerklärung** *f* key; *(Landkarte)* legend **Zeichenpapier** *nt* drawing paper **Zeichensetzung** <-> *f kein pl* punctuation **Zeichensprache** *f* sign language

Zeichentrickfilm *m* cartoon
zeichnen ['tsaiçnən] *vt* to draw
Zeichner(in) <-s, -> *m(f)* draughtsman *masc,* draughtswoman *fem*
Zeichnung <-, -en> *f* drawing
Zeigefinger *m* index finger
zeigen ['tsaign̩] **I.** *vt* to show **II.** *vi* **auf jdn/etw ~** to point at sb/sth **III.** *vr* **sich [jdm] ~** to show oneself [to sb]; **sich von seiner besten Seite ~** to show oneself at one's best
Zeiger <-s, -> ['tsaigɐ] *m (Uhrzeiger)* hand; *(Messnadel)* needle
Zeile <-, -n> ['tsailə] *f* line; **jdm ein paar ~n schrieben** to drop sb a line
zeit [tsait] *präp* **~ meines/seines Lebens** all my/his life
Zeit <-, -en> [tsait] *f* ① *(zeitlicher Ablauf)* time; **mit der ~** in time; **~ raubend/sparend** time-consuming/-saving ② *(Zeitraum)* time; **haben Sie einen Augenblick ~?** have you got a moment to spare?; **einige/längere ~ dauern** to take some/a long time; **die ganze ~ [über]** the whole time; **eine ~ lang** for a while; **sich [mit etw** *dat***] ~ lassen** to take one's time [with sth]; **in letzter ~** lately; **in nächster ~** in the near future; **sich** *dat* **~ für jdn/etw nehmen** to devote time to sb/sth; **auf unbestimmte ~** for an indefinite period ③ *(Zeitpunkt)* time; **es ist höchste Zeit, dass ...** it's high time ...; **von ~ zu ~** from time to time; **zur ~** at the moment; **zu jeder ~** at any time ④ *(Epoche)* age; **mit der ~ gehen** to move with the times ⑤ LING tense

Zeit – Time

der Abend	evening
der Augenblick	moment
das Datum	date
der Frühling	spring
die Gegenwart	present
gestern	yesterday
der Herbst	autumn
heute	today
das Jahr	year
die Jahreszeit	season
das Jahrhundert	century
das Jahrtausend	millennium
das Jahrzehnt	decade
die Minute	minute
die Nacht	night
der Monat	month
morgen	tomorrow
der Nachmittag	afternoon
das Schaltjahr	leap year
die Sekunde	second
der Sommer	summer
die Stunde	hour
der Tag	day
die Vergangenheit	past
der Vormittag	morning
der Winter	winter
die Woche	week
das Wochenende	weekend
das Zeitalter	age
die Zukunft	future

Zeitalter *nt* age; **in unserem ~** nowadays **Zeitarbeit** *f kein pl* temporary work **Zeitbombe** *f* time bomb **Zeitdruck** *m kein pl* time pressure **Zeiteinteilung** *f* time management
Zeitenwende *f (geh)* turning point [in history]
Zeitgeist *m kein pl* Zeitgeist **zeitgemäß** *adj* up-to-date **Zeitgenosse, -genossin** ['tsaitgənɔsə, -gənɔsɪn] *m, f* contemporary **zeitgenössisch** ['tsaitgənœsɪʃ] *adj* contemporary **Zeitgeschichte** *f kein pl* contemporary history *no art, no pl*
zeitig ['tsaitɪç] *adj, adv* early
Zeitkarte *f* TRANSP monthly/weekly/weekend etc. ticket
Zeitlang *f s.* **Zeit 2**
zeitlebens [tsait'le:bn̩s] *adv* all one's life
zeitlich **I.** *adj* chronological **II.** *adv* **etw ~ abstimmen** to synchronize sth; **~ begrenzt** for a limited time
zeitlos *adj* timeless; **~er Stil** style that doesn't date

Zeitlupe *f kein pl* slow motion *no art* **Zeitlupenwiederholung** *f* slow-motion replay
Zeitmangel *m kein pl* lack of time **Zeitplan** *m* schedule **Zeitpunkt** *m* time **Zeitraffer** <-s> *m kein pl* time-lapse photography **Zeitraum** *m* period of time **Zeitrechnung** *f* calendar
Zeitschrift ['tsaitʃrɪft] *f* magazine
Zeitsoldat *m* regular soldier *(serving for a fixed term)* **Zeitspanne** *f* period of time **Zeittakt** *m* unit length
Zeitung <-, -en> ['tsaitʊŋ] *f* newspaper
Zeitungsanzeige *f* newspaper advertisement **Zeitungsartikel** *m* newspaper article **Zeitungsbeilage** *f* newspaper supplement **Zeitungsmeldung** *f* newspaper report **Zeitungspapier** *nt* newspaper **Zeitungsverkäufer(in)** *m(f)* person selling newspapers **Zeitverschiebung** *f* time difference **Zeitverschwendung** *f kein pl* waste of time **Zeitvertreib** <-[e]s, -e> *m* pastime; **zum** ~ to pass the time
zeitweilig ['tsaitvailɪç] **I.** *adj* ❶ *(gelegentlich)* occasional ❷ *(vorübergehend)* temporary **II.** *adv s.* **zeitweise**
zeitweise *adv* ❶ *(gelegentlich)* occasionally ❷ *(vorübergehend)* temporarily
Zeitwort *nt* verb **Zeitzünder** *m* time fuse
zelebrieren [tsele'bri:rən] *vt* to celebrate
Zelle <-, -n> ['tsɛlə] *f* cell
Zellgewebe *nt* cell tissue **Zellkern** *m* nucleus **Zellstoff** ['tsɛlʃtɔf] *m* cellulose **Zellteilung** *f* cell division
Zellulitis <-, Zellulitiden> [tsɛlu'li:tɪs] *f* MED cellulitis
Zellulose <-, -n> [tsɛlu'lo:zə] *f* cellulose
Zelt <-[e]s, -e> [tsɛlt] *nt* tent; **ein ~ aufschlagen** to pitch a tent
zelten ['tsɛltn̩] *vi* to camp
Zeltlager *nt* camp **Zeltstange** *f* tent pole
Zement <-[e]s, -e> [tse'mɛnt] *m* cement
zementieren [tsemɛn'ti:rən] *vt* to cement
Zenit <-[e]s> [tse'ni:t] *m kein pl* zenith
zensieren [tsɛn'zi:rən] *vt* ❶ to censor ❷ SCH to mark
Zensor(in) <-s, -en> ['tsɛnzo:ɐ̯, tsɛn'zo:rɪn] *m(f)* censor
Zensur <-, -en> [tsɛn'zu:ɐ̯] *f* ❶ *kein pl* censorship ❷ SCH grade
Zentimeter [tsɛnti'me:tɐ] *m o nt* centimetre
Zentner <-s, -> ['tsɛntnɐ] *m* [metric] hundredweight, 50 kg; ÖSTERR, SCHWEIZ 100 kg
zentral [tsɛn'tra:l] **I.** *adj* central **II.** *adv* centrally
Zentralbank *f* FIN central bank
Zentrale <-, -n> [tsɛn'tra:lə] *f* ÖKON head office; *(Militär, Polizei)* headquarters + *sing/pl vb*
Zentralheizung *f* central heating
zentralisieren [tsɛntrali'zi:rən] *vt* to centralize
Zentralverriegelung <-, -en> *f* central [door] locking
zentrieren [tsɛn'tri:rən] *vt* to centre
zentrifugal [tsɛntrifu'ga:l] *adj* centrifugal
Zentrifugalkraft *f* centrifugal force
Zentrifuge <-, -n> [tsɛntri'fu:gə] *f* centrifuge
Zentrum <-s, Zentren> ['tsɛntrʊm] *nt* centre
Zepter <-s, -> ['tsɛptɐ] *nt* sceptre
zerbeißen [tsɛɐ̯'baisn̩] *vt irreg* to chew [through *sep*]
zerbrechen *irreg* **I.** *vt haben* **etw** ~ to break sth into pieces **II.** *vi sein* ❶ to break into pieces ❷ *(seelisch)* **an etw** *dat* ~ to be destroyed by sth
zerbrechlich *adj* fragile; *(zart)* frail
zerbröckeln *vi, vt* to crumble
zerdrücken *vt* to crush; *Kartoffeln* to mash
Zeremonie <-, -n> [tseremo'ni:] *f* ceremony
zeremoniell [tseremo'ni̯ɛl] **I.** *adj (geh)*

Z

ceremonial **II.** *adv (geh)* ceremonially
Zeremoniell <-s, -e> [tseremo'ni̯ɛl] *nt* ceremonial
Zerfall *m kein pl* decay
zerfallen *vi irreg sein* to decay
Zerfallsprodukt *nt* NUKL daughter product
zerfetzen *vt* **jdn/etw ~** to tear sb/sth to pieces
zerfetzt *adj Kleidung* ragged
zerfleischen [tsɛɐ̯'flaiʃn̩] **I.** *vt* **jdn/ein Tier ~** to tear sb/an animal to pieces **II.** *vr* **sich ~** to torture oneself
zerfließen *vi irreg sein* **vor Mitleid ~** to be overcome with compassion
zergehen *vi irreg sein* to melt (**in** in)
zerhacken *vt* to chop up
zerkleinern [tsɛɐ̯'klainɐn] *vt* to cut up *sep*
zerknirscht [tsɛɐ̯'knɪrʃt] *adj* remorseful
zerknittern *vt* to crease
zerknüllen *vt* to crumple up *sep*
zerkratzen *vt* to scratch
zerlegen *vt* to take apart *sep*
zerlumpt *adj* tattered; **~ sein** to be in tatters
zermürben [tsɛɐ̯'mʏrbn̩] *vt* to wear down *sep*
zerquetschen *vt* ① *Bein* to squash ② *Kartoffeln* to mash
zerreiben *vt irreg* to crush
zerreißen *irreg* **I.** *vt haben* ① *(in Stücke)* **etw ~** to tear sth to pieces ② *(durchreißen)* to tear **II.** *vi sein* to tear; *Seil* to break
Zerreißprobe *f* real test
zerren ['tsɛrən] **I.** *vt* to drag **II.** *vi* to tug (**an** at); **an den Nerven ~** to be nerve-racking **III.** *vr* MED **sich** *dat* **etw ~** to pull sth
zerrinnen *vi irreg sein* to melt away
Zerrung <-, -en> *f* MED pulled muscle
zerschellen *vi sein* to be smashed to pieces
zerschlagen[1] *irreg* **I.** *vt* ① **etw ~** to smash sth to pieces ② *(fig)* to break up *sep; Angriff* to crush **II.** *vr* **sich ~** to fall through
zerschlagen[2] *adj pred* shattered
zerschmettern *vt* to shatter
zerschneiden *vt irreg* to cut up *sep*
zersetzen **I.** *vt* to corrode **II.** *vr* **sich ~** to decompose
Zersetzung <-> *f kein pl (Auflösung)* decomposition; *(durch Säure)* corrosion
zersplittern **I.** *vt haben* to shatter **II.** *vi sein* to splinter
zerspringen *vi irreg sein* ① *(in Stücke gehen)* to shatter ② *(einen Sprung bekommen)* to crack
Zerstäuber <-s, -> *m* atomizer
zerstörbar *adj* destructible; **nicht ~** indestructible
zerstören *vt* to destroy
Zerstörer <-s, -> *m* NAUT destroyer
zerstörerisch *adj* destructive
Zerstörung <-, -en> *f kein pl* destruction
Zerstörungswut *f kein pl* destructive frenzy
zerstreuen **I.** *vt Sorgen, Zweifel* to dispel **II.** *vr* **sich ~** *Menge* to disperse
zerstreut *adj* ① *(gedankenlos)* absent-minded ② *(weit verteilt)* scattered
Zerstreuung <-, -en> *f* diversion
zertrampeln *vt* to trample
zertreten *vt irreg* to crush
zertrümmern [tsɛɐ̯'trʏmɐn] *vt* to smash
zerzaust *adj Haar* tousled
zetern ['tseːtɐn] *vi* to nag
Zettel <-s, -> ['tsɛtl̩] *m* piece of paper
Zeug <-[e]s> [tsɔyk] *nt kein pl* ① *(fam)* stuff; **altes ~** junk ② *(fam: Quatsch)* crap; **dummes ~ reden** to talk a load of nonsense
Zeuge, Zeugin <-n, -n> ['tsɔygə, 'tsɔygɪn] *m, f* witness
zeugen[1] ['tsɔygn̩] *vt* **jdn ~** to father sb
zeugen[2] ['tsɔygn̩] *vi* **von etw** *dat* **~** to show sth
Zeugenaussage *f* testimony **Zeugenstand** *m* witness box [*or* AM stand]
Zeugnis <-ses, -se> ['tsɔyknɪs] *nt* ① SCH report ② *(Arbeitszeugnis)* reference

zeugungsfähig *adj* fertile
zeugungsunfähig *adj* sterile
z.H(d). *Abk von* **zu Händen** attn.
Zichorie <-, -n> [tsɪ'ço:ri̯ə] *f* chicory
zicken ['tsɪkən] *vi (sl)* to kick up a fuss
Zicklein <-s, -> *nt (junge Ziege)* kid
Zickzack ['tsɪktsak] *m* zigzag; **im ~ gehen/fahren** to zigzag
Ziege <-, -n> ['tsi:gə] *f* goat
Ziegel <-s, -> ['tsi:gl̩] *m* ① *(Ziegelstein)* brick ② *(Dachziegel)* tile **Ziegelstein** *m* brick
Ziegenbock *m* billy goat **Ziegenkäse** *m* goat's cheese **Ziegenleder** *nt* kidskin **Ziegenpeter** <-s, -> ['tsi:gn̩pe:tɐ] *m (fam: Mumps)* mumps + *sing/pl vb*
Ziehen <-s> ['tsi:ən] *nt kein pl* ache
ziehen <zog, gezogen> ['tsi:ən] **I.** *vt haben* ① to pull; **zieh bitte die Vorhänge vor die Fenster** please draw the curtains; **die Rollläden nach oben ~** to pull up the blinds; **jdn an den Haaren ~** to pull sb's hair ② *(herausziehen) Fäden, Zahn* to take out; *Los, Revolver* to draw ③ *(züchten) Pflanzen* to grow; *Tiere* to breed ④ *Linie* to draw ⑤ *(anziehen)* **etw auf sich ~** to attract sth; **jdn ins Gespräch ~** to draw sb into the conversation ⑥ *(zur Folge haben)* **etw nach sich ~** to have consequences **II.** *vi* ① *haben (zerren)* to pull (**an** on) ② *sein (umziehen)* **nach München ~** to move to Munich; **sie ist zu ihrem Freund gezogen** she moved in with her boyfriend ③ *sein (irgendwohin gehen) Menschenmenge* to march; **in den Krieg ~** to go to war; **durch die Stadt ~** to wander through the city ④ *haben* **an der Zigarette ~** to pull on one's cigarette ⑤ *haben: Tee* to brew ⑥ SCHACH to move **III.** *vi impers haben* **es zieht** there is a draught **IV.** *vt impers haben* **mich zieht es stark zu ihm** I feel very attracted to him **V.** *vr haben* **sich ~** *Gespräch* to drag on
Ziehharmonika *f* concertina
Ziehung <-, -en> *f* draw
Ziel <-[e]s, -e> [tsi:l] *nt* ① goal; **am ~ sein** to be at one's destination; **sich** *dat* **ein ~ setzen** to set oneself a goal ② SPORT, MIL target; **ins ~ treffen** to hit the target ③ *(Rennen)* finish; **durchs ~ gehen** to cross the finishing line ④ *(Reiseziel)* destination
zielen ['tsi:lən] *vi* to aim (**auf** at)
Zielfernrohr *nt* scope **Zielgerade** *f* finishing straight
Zielgruppe *f* target group
ziellos I. *adj* aimless **II.** *adv* aimlessly
Zielort *m* destination **Zielscheibe** *f* target
Zielsetzung <-, -en> *f* target
zielsicher *adj* unerring
zielstrebig ['tsi:lʃtre:bɪç] **I.** *adj* single-minded **II.** *adv* single-mindedly
ziemlich ['tsi:mlɪç] **I.** *adj attr* considerable **II.** *adv* ① *(weitgehend)* quite ② *(beinahe)* almost; **so ~** more or less; **so ~ alles** just about everything; **so ~ dasselbe** pretty much the same
zieren ['tsi:rən] **I.** *vr* **sich ~** to make a fuss; *Mädchen* to act coyly **II.** *vt* to adorn
zierlich ['tsi:ɐ̯lɪç] *adj* dainty
Zierpflanze *f* ornamental plant
Ziffer <-, -n> ['tsɪfɐ] *f (Zahlzeichen)* digit; *(Zahl)* figure
Zifferblatt *nt* face
zig [tsɪç] *adj (fam)* umpteen; **~mal** umpteen times
Zigarette <-, -n> [tsiga'rɛtə] *f* cigarette
Zigarettenautomat *m* cigarette machine **Zigarettenpackung** *f* cigarette packet [*or* AM pack]
Zigarillo <-s, -s> [tsiga'rɪlo] *m o nt* cigarillo
Zigarre <-, -n> [tsi'garə] *f* cigar
Zigarrenkiste *f* cigar-box
Zigeuner(in) <-s, -> [tsi'gɔynɐ] *m(f) (pej)* gypsy *pej*
Zikade <-, -n> [tsi'ka:də] *f* cicada
Zimmer <-s, -> ['tsɪmɐ] *nt* room
Zimmerhandwerk *nt kein pl* carpentry *no pl, no indef art* **Zimmerkell-**

ner(in) *m(f)* room service waiter/waitress **Zimmermädchen** *nt* chambermaid **Zimmermann** <-leute> *m* carpenter

zimmern [ˈtsɪmɐn] *vt* **etw ~** to make sth from wood

Zimmerpflanze *f* house plant **Zimmertemperatur** *f* room temperature **Zimmervermittlung** *f* accommodation [*or* AM accomodations] service

zimperlich [ˈtsɪmpɐlɪç] *adj* **sei nicht so ~** don't be such a sissy

Zimt <-[e]s, -e> [tsɪmt] *m* cinnamon

Zink <-[e]s> [tsɪŋk] *nt kein pl* zinc

Zinke <-, -n> [ˈtsɪŋkə] *f eines Rechens* tooth; *einer Gabel* prong

zinken [ˈtsɪŋkn̩] *vt* KARTEN to mark

Zinn <-[e]s> [tsɪn] *nt kein pl* tin

zinnoberrot *adj* vermilion

Zinnsoldat *m* tin soldier

Zinserhöhung *f* rise in interest rates **Zinsertrag** *m* interest yield

zinslos *adj* interest free

Zinssatz *m* rate of interest

Zipfel <-s, -> [ˈtsɪpfl̩] *m* corner; *Hemd, Jacke* tail

Zipfelmütze *f* pointed cap

zirka [ˈtsɪrka] *adv* about

Zirkel <-s, -> [ˈtsɪrkl̩] *m* ❶ pair of compasses ❷ *(Gruppe)* group

Übersetzungstipp

Nicht verwechseln mit *circle* – *Kreis!*

Zirkulation <-, -en> [tsɪrkulaˈtsi̯oːn] *f* circulation

Zirkus <-, -se> [ˈtsɪrkʊs] *m* circus

Zirkuszelt *nt* big top

zischen [ˈtsɪʃn̩] *vi* to hiss

Zischen <-s> [ˈtsɪʃn̩] *nt kein pl* hiss

Zitadelle <-, -n> [tsitaˈdɛlə] *f* citadel

Zitat <-[e]s, -e> [tsiˈtaːt] *nt* quotation

Zither <-, -n> [ˈtsɪtɐ] *f* zither

zitieren [tsiˈtiːrən] *vt* to quote

Zitrone <-, -n> [tsiˈtroːnə] *f* lemon

Zitronenschale *f* lemon peel

Zitrusfrucht [ˈtsiːtrʊs-] *f* citrus fruit

zitt(e)rig [ˈtsɪt(ə)rɪç] *adj* shaky

zittern [ˈtsɪtɐn] *vi* to tremble; **vor Angst ~** to quake with fear

Zitze <-, -n> [ˈtsɪtsə] *f* teat

zivil [tsiˈviːl] *adj* civilian

Zivil <-s> [tsiˈviːl] *nt kein pl* civilian clothes *npl*

Zivilbevölkerung *f* civilian population **Zivilcourage** *f* courage [of one's convictions] **Zivildienst** *m kein pl community service as alternative to military service*

Zivilisation <-, -en> [tsivilizaˈtsi̯oːn] *f* civilization

Zivilisationskrankheit *f illness caused by civilization*

zivilisiert **I.** *adj* civilized **II.** *adv* civilly

Zivilist(in) <-en, -en> [tsiviˈlɪst] *m(f)* civilian

Zivilrecht *nt* civil law

Zobel <-s, -> [ˈtsoːbl̩] *m* sable

zocken [ˈtsɔkn̩] *vi (sl)* to gamble

Zoff <-s> [tsɔf] *m kein pl (sl)* trouble

zögern [ˈtsøːgɐn] *vi* to hesitate; **ohne zu ~** without hesitation

zögernd **I.** *adj* hesitant, hesitating; **dieser Frage hat sich die Regierung nur sehr ~ angenommen** the government accepted this question but only with [strong] reservations **II.** *adv* hesitantly

Zölibat <-[e]s, -e> [tsøliˈbaːt] *nt o m* celibacy *no pl*

Zoll[1] <-[e]s, -> [tsɔl] *m (Maß)* inch

Zoll[2] <-[e]s, Zölle> [tsɔl] *m* ❶ customs duty; **für etw** *akk* **~ bezahlen** to pay duty on sth ❷ *kein pl (Zollverwaltung)* customs *npl*

Zollabfertigung *f* customs clearance **Zollamt** *nt* customs office **Zollbeamte(r)**, **-beamtin** *m, f* customs officer **Zollerklärung** *f* ÖKON customs declaration **Zollfahndung** *f* customs investigation department **zollfrei** *adj* duty-free **Zollkontrolle** *f* customs check **zollpflichtig** *adj* dutiable **Zollstock** *m*

Z

ruler

Zombie <-[s], -s> ['tsɔmbi] *m* zombie

Zone <-, -n> ['tsoːnə] *f* zone

Zoo <-s, -s> [tsoː] *m* zoo

Zoologie <-> [tsoolo'giː] *f kein pl* zoology

Zoom <-s, -s> [zuːm, tsoːm] *nt* zoom lens

zoomen ['zuːmən, 'tsoːmən] *vt* **jdn/etw ~** to zoom in on sb/sth

Zopf <-[e]s, Zöpfe> [tsɔpf] *m* plait, AM *usu* braid

Zorn <-[e]s> [tsɔrn] *m kein pl* anger; **im ~** in anger; **in ~ geraten** to fly into a rage

Zornesausbruch *m* fit of anger [*or* rage]

zornig ['tsɔrnɪç] *adj* angry (**auf** with)

Zote <-, -n> ['tsoːtə] *f* dirty joke

zottelig ['tsɔtəlɪç] *adj (fam)* shaggy

zu [tsuː] **I.** *präp +dat* to ❶ *(örtlich: Richtung)* to; **ich muss ~m Arzt** I must go to the doctor's; **setz dich ~ uns** [come and] sit with us; **~m Meer/zur Stadtmitte hin** towards the sea/city centre; **~r Tür herein/hinaus** in/out the door ❷ *(örtlich: Lage)* at; **~ Hause** at home; **~ Fuß/Pferd** on foot/horseback; **~ seiner Rechten/Linken** on his right/left [hand side] ❸ *zeitlich* at; **bis ~m Montag** until Monday; **~m Monatsende kündigen** to give in one's notice for the end of the month; **~ Ostern/Weihnachten** at Easter/Christmas ❹ *(anlässlich)* **jdn ~m Essen einladen** to invite sb for a meal; **etw ~m Geburtstag/~ Weihnachten bekommen** to get sth for one's birthday/for Christmas ❺ *(für etw bestimmt)* **Wasser ~m Trinken** drinking water; **das Zeichen ~m Aufbruch** the signal to leave ❻ *(Veränderung)* **jdn/etw ~ etw machen** to make sb/sth into sth; **~ etw werden** to turn into sth ❼ *(Beziehung)* **aus Freundschaft ~ jdm** because of one's friendship with sb; **Liebe ~ jdm** love for sb ❽ *(Verhältnis)* **im Verhältnis 1 ~ 4** in the ratio of one to four; SPORT **sie gewannen mit 5 ~ 1** they won five-one; **sechs [Stück] ~ fünfzig Cent** six for fifty cents; **wir sind ~ fünft in den Urlaub gefahren** five of us went on holiday together; **~m halben Preis** at half price ❾ *(als)* **~m Beispiel** for example; **~r Belohnung** as a reward; **~m Glück** luckily; **~r Strafe/Warnung** as a punishment/warning **II.** *adv* ❶ *(allzu)* too; **~ sehr** too much; **ich wäre ~ gern mitgefahren** I would have loved to have gone along ❷ *(geschlossen)* closed; **Tür ~!** shut the door!; **die Geschäfte haben sonntags ~** stores are closed on Sundays **III.** *konj* ❶ *mit infin* to; **etw ~ essen** sth to eat; **sie hat ~ gehorchen** she has to obey; **ohne es ~ wissen** without knowing it ❷ *mit Partizip* **der ~ Prüfende** the candidate to be examined; **nicht ~ unterschätzende Probleme** problems [that are] not to be underestimated

zuallererst [tsu'ʔalɐʔeːɐ̯st] *adv* first of all **zuallerletzt** [tsu'ʔalɐlɛtst] *adv* last of all

Zubehör <-[e]s, -e> ['tsuːbəhøːɐ̯] *nt o m* equipment *no pl*

zu|bereiten *vt* **[jdm] etw ~** to prepare sth [for sb]

Zubereitung <-, -en> *f* preparation

zu|billigen *vt* **jdm etw ~** to grant sb sth

zu|binden *vt irreg* to tie; **die Schuhe ~** to lace up shoes

zu|bringen *vt irreg Zeit* to spend

Zucchini <-, -> [tsʊ'kiːni] *f meist pl* courgette BRIT, zucchini AM

Zucht <-> [tsʊxt] *f kein pl (Pflanzenzucht)* cultivation; *(Tierzucht)* breeding

Zuchtbulle *m* breeding bull

züchten ['tsʏçtn̩] *vt Pflanzen* to grow; *Tiere* to breed

Züchter(in) <-s, -> *m(f) (Tierzüchter)* breeder; *(Pflanzenzüchter)* grower

Zuchthaus *nt* HIST prison

Zuchthengst *m* stud horse

zucken ['tsʊkn̩] *vi* ❶ to twitch; **mit den**

Achseln ~ to shrug one's shoulders; **ohne mit der Wimper zu** ~ without batting an eyelid ② *Blitz* to flash
zücken ['tsʏkn̩] *vt Messer* to draw
Zucker <-s> ['tsʊkɐ] *m kein pl* ① sugar ② MED diabetes
Zuckerdose *f* sugar bowl **Zuckerguss** *m* icing *no art*
zuckerig ['tsʊkərɪç] *adj* sugary
zuckerkrank *adj* diabetic **Zuckerkranke(r)** *f(m) dekl wie adj* diabetic **Zuckerrohr** *nt* sugar cane *no art, no pl* **Zuckerrübe** *f* sugar beet *no art, no pl* **Zuckerstreuer** *m* sugar sprinkler **zuckersüß** ['tsʊkɐ'zyːs] *adj* as sweet as sugar *pred*
Zuckung <-, -en> *f meist pl* twitch
zu|decken *vt* to cover [up *sep*]
zudem [tsu'deːm] *adv* furthermore
zu|drehen I. *vt* ① *Wasserhahn* to turn off *sep* ② *(zuwenden)* **jdm den Rücken** ~ to turn one's back on sb II. *vr* **sich jdm** ~ to turn to[wards] sb
zudringlich ['tsuːdrɪŋlɪç] *adj* pushy
zueinander [tsuʔai'nandɐ] *adv* to each other; ~ **passen** *Menschen* to suit each other; *Farben, Kleider* to go well together
zuerst [tsu'ʔeːɐ̯st] *adv* ① *(als erster)* the first; *(als erstes)* first ② *(anfangs)* at first ③ *(erstmals)* for the first time
Zufahrt ['tsuːfaːɐ̯t] *f* entrance
Zufahrtsstraße *f* access road; *(zur Autobahn)* approach road
Zufall *m* coincidence; *(Schicksal)* chance; **das ist** ~ that's a coincidence
zufällig I. *adj* chance II. *adv* by chance; **rein** ~ by pure chance; **jdn** ~ **treffen** to happen to meet sb
Zufallstreffer *m* fluke *fam*
Zuflucht <-, -en> ['tsuːflʊxt] *f* refuge
zufolge [tsu'fɔlgə] *präp* +*dat* according to
zufrieden [tsu'friːdn̩] I. *adj (befriedigt)* satisfied; *(glücklich)* contented II. *adv* with satisfaction; *(glücklich)* contentedly
zufrieden|geben *vi* **sich** [**mit etw** *dat*] ~ to be satisfied/content[ed] [with sth]
Zufriedenheit <-> *f kein pl* satisfaction *no art; (Glücklichsein)* contentedness *no art*
zu|frieren *vi irreg sein* to freeze [over]
zu|fügen *vt* to cause; **jdm eine Verletzung** ~ to harm sb; **jdm Unrecht** ~ to do sb an injustice
Zufuhr <-, -en> ['tsuːfuːɐ̯] *f* supply
Zug <-[e]s, Züge> [tsuːk] *m* ① *(Bahn)* train ② *(inhalierte Menge)* puff (**an** on/at); **einen** ~ **machen** to have a puff ③ *kein pl (Luftzug)* draught ④ *(Spielzug)* move; **am** ~ **sein** to be sb's move ⑤ *(Kolonne)* procession ⑥ *(Gesichtszug)* feature ⑦ *(Charakterzug)* characteristic ⑧ *(Schritt)* ~ **um** ~ step by step; **im ~e einer S.** *gen* in the course of sth
Zugabe ['tsuːgaːbə] *f* MUS encore
Zugabteil *nt* train compartment
Zugang <-[e]s, -gänge> ['tsuːgaŋ] *m* ① *(Eingang)* entrance ② *kein pl (Zutritt, Zugriff)* access (**zu** to)
zugänglich ['tsuːgɛŋlɪç] *adj* ① accessible; **nicht** ~ inaccessible ② *Mensch* approachable; **für etw** *akk* ~ **sein** to be receptive to sth
Zugbrücke *f* drawbridge
zu|geben *vt irreg* to admit
zugegebenermaßen *adv* admittedly
zugegen [tsu'geːgn̩] *adj (geh)* **bei etw** *dat* ~ **sein** to be present at sth
zu|gehen *irreg vi sein* ① *Tür* to shut ② *(zubewegen)* **auf jdn/etw** ~ to approach sb/sth ③ *(sich versöhnen)* **aufeinander** ~ to become reconciled
zugehörig ['tsuːgəhøːrɪç] *adj attr* accompanying
Zugehörigkeit <-> *f kein pl (Verbundenheit)* affiliation *no art, no pl* (**zu** +*dat* to); **ein Gefühl der** ~ a sense of belonging
zugeknöpft *adj* ① *Hemd* buttoned-up ② *Mensch* reserved
Zügel <-s, -> ['tsyːgl̩] *m* reins *npl*
zugelassen *adj* authorized; *Kfz* li-

censed; *Arzt* licensed, registered

zügellos *adj* unrestrained

Zügellosigkeit *f* unrestraint

zügeln ['tsy:gl̩n] *vt* ❶ *Pferd* to rein in *sep* ❷ *(zurückhalten)* **jdn/sich ~** to restrain sb/oneself

Zugeständnis ['tsu:gəʃtɛntnɪs] *nt* concession

zu|gestehen *vt irreg* to grant

zugetan ['tsu:gəta:n] *adj (geh)* **jdm/etw ~ sein** to be taken with sb/sth

Zugführer(in) *m(f)* guard BRIT, conductor AM

zugig ['tsu:gɪç] *adj* draughty

zugkräftig *adj* appealing

zugleich [tsu'glaiç] *adv* ❶ *(ebenso)* both ❷ *(gleichzeitig)* at the same time

Zugluft *f kein pl* draught

Zugpferd *nt* ❶ *(Tier)* draught horse ❷ *(besondere Attraktion)* crowd-puller

zu|greifen *vi irreg* ❶ *(sich bedienen)* to help oneself ❷ INFORM **auf etw** *akk* **~** to access sth

Zugrestaurant *nt* dining car

Zugriffsberechtigung *f* INFORM access authorization

zugrunde, zu Grunde [tsu'grʊndə] *adv* **~ gehen** to be destroyed (**an** by); **jdn/etw ~ richten** to destroy sb/sth; **etw** *dat* **~ liegen** to form the basis of sth

Zugschaffner(in) *m(f)* train conductor

zugunsten, zu Gunsten [tsu'gʊnstn̩] *präp +gen* in favour of

zugute|kommen [tsu'gu:tə-] *vi* **jdm/etw ~** to be for the benefit of sb/sth

Zugverbindung *f* train connection

Zugvogel *m* migratory bird

zu|halten *irreg vt* **etw ~** to hold sth closed

Zuhälter(in) <-s, -> ['tsu:hɛltɐ] *m(f)* pimp

Zuhause <-s> [tsu'hauzə] *nt kein pl* home *no art*

zu|hören *vi* to listen (+*dat* to)

Zuhörer(in) *m(f)* listener

zu|jubeln *vi* to cheer

zu|knöpfen *vt* to button up *sep;* **sich** *dat* **etw ~** to button up *sep* one's sth

zu|kommen *vi irreg sein* ❶ *(sich nähern)* **auf jdn/etw ~** to come towards sb/sth ❷ *(bevorstehen)* **auf jdn ~** to be in store for sb; **die Dinge auf sich ~ lassen** to take things as they come

Zukunft <-> ['tsu:kʊnft] *f kein pl* future

zukünftig ['tsu:kʏnftɪç] **I.** *adj* future **II.** *adv* in future

Zukunftsmodell *nt* model for the future **Zukunftsmusik** *f* ► **~ sein** *(fam)* to be a long way off **Zukunftsperspektive** *f meist pl* future prospects *npl*

zu|lächeln *vi* **jdm ~** to smile at sb

Zulage <-, -n> ['tsu:la:gə] *f* bonus [payment]

zu|lassen *vt irreg* ❶ *(dulden)* to allow ❷ *(fam) Tür* to keep shut *sep* ❸ *(anmelden)* to register

zulässig ['tsu:lɛsɪç] *adj* permissible

Zulassung <-, -en> *f* ❶ *(Lizenz)* licence; **die ~ entziehen** to revoke sb's licence ❷ *(Anmeldung)* registration

zuleide, zu Leide [tsu'laidə] *adv* **jdm etwas ~ tun** to harm sb

zuletzt [tsu'lɛtst] *adv* ❶ *(als Letzter)* **~ eintreffen** to be the last to arrive; **~ durchs Ziel gehen** to finish last ❷ *(endlich)* in the end; **bis ~** until the end ❸ *(letztmalig)* last; **nicht ~** not least [of all]

zuliebe [tsu'li:bə] *adv* **jdm/etw ~** for sb['s sake]

Zulieferer <-s, -> *m* supplier

zum [tsʊm] = **zu dem** *s.* **zu**

Zumba® <-s> ['tsʊmba] *nt kein pl* Zumba®

zumindest [tsu'mɪndəst] *adv* at least

zumute, zu Mute [tsu'mu:tə] *adv* **mir ist so merkwürdig ~** I feel so strange

zu|muten ['tsu:mu:tn̩] *vt* **jdm etw ~** to expect sth of sb; **sich** *dat* **etw ~** to undertake sth; **jdm zu viel ~** to expect too much of sb

Zumutung *f* unreasonable demand; **das ist eine ~!** it's just too much!

zunächst [tsu'nɛçst] *adv* ❶ *(anfangs)*

initially ② *(vorerst)* for the moment
Zunahme <-, -n> ['tsu:na:mə] *f* increase
Zuname ['tsu:na:mə] *m* surname
zünden ['tsʏndn̩] *vi, vt* TECH to fire
zündend *adj Rede* stirring; *Idee* great
Zünder <-s, -> ['tsʏndɐ] *m* detonator
Zündholz <-es, -hölzer> *nt* match
Zündholzschachtel *f* matchbox
Zündkabel *nt* plug lead **Zündkerze** *f* spark plug **Zündschlüssel** *m* ignition key **Zündschnur** *f* fuse **Zündspule** *f* AUTO [ignition *form*] coil **Zündstoff** *m kein pl* inflammatory stuff *no art*
Zündung <-, -en> *f* AUTO ignition *no pl*
zu|nehmen *irreg vi* ① *(Gewicht)* to gain weight ② *(anwachsen)* to increase (**an** in)
Zuneigung *f* affection
Zunft <-, Zünfte> [tsʊnft] *f* HIST guild
zünftig ['tsʏnftɪç] *adj (fam)* proper
Zunge <-, -n> ['tsʊŋə] *f* tongue; **die ~ herausstrecken** to stick out one's tongue
Zungenbrecher <-s, -> *m* tongue twister **Zungenfertigkeit** *f kein pl* eloquency *no pl* **Zungenkuss** *m* French kiss **Zungenspitze** *f* tip of the tongue
zunichte|machen [tsu'nɪçtə-] *vt* to wreck; *Hoffnungen* to dash
zunutze, zu Nutze [tsu'nʊtsə] *adv* **sich** *dat* **etw ~ machen** to make use of sth
zu|ordnen ['tsu:ʔɔrdnən] *vt* **etw** *dat* **etw ~** to assign sth to sth
zu|packen *vi (bei einer Arbeit)* [**mit**] **~** to lend a [helping] hand
zupfen ['tsʊpfn̩] *vt* to pull (**aus** out of); **sich** *dat* **die Augenbrauen ~** to pluck one's eyebrows
zur [tsu:ɐ̯, tsʊr] = **zu der** *s.* **zu**
zurechnungsfähig *adj* JUR responsible for one's actions *pred*
zurecht|finden [tsu'rɛçtfɪndn̩] *vr irreg* **sich in einer Großstadt ~** to find one's way around a city
zurecht|kommen *vi irreg sein (mit Person)* to get on (**mit** with); *(mit Sache)* to cope (**mit** with)
zurecht|weisen *vt irreg* to reprimand
zu|reden ['tsu:re:dn̩] *vi* **jdm** [**gut**] **~** to encourage sb
Zurschaustellung *f (meist pej)* flaunting
zurück [tsu'rʏk] *adv* back; [**von etw** *dat*] **~ sein** to be back [from sth]; **hin und ~ oder einfach?** single or return?
zurück|bekommen *vt irreg* to get back *sep*
zurück|bleiben *vi irreg sein* to stay behind; *(leistungsmäßig)* to fall behind
zurück|blicken *vi* to look back (**auf** on)
zurück|bringen *vt irreg* to bring back *sep*
zurück|drängen *vt* to force back *sep*
zurück|erstatten *vt* [**jdm**] **etw ~** to refund [sb's] sth
zurück|fahren *irreg* **I.** *vi sein* to go/come back **II.** *vt* ① to drive back *sep* ② *(reduzieren)* to cut back *sep*
zurück|fallen *vi irreg sein* ① **in etw** *akk* **~** to lapse back into sth ② *(darunter bleiben)* **hinter etw** *akk* **~** to fall short of sth
zurück|finden *vi irreg* to find one's way back
zurück|fordern *vt* **etw** [**von jdm**] **~** to demand sth back [from sb]
zurück|führen *vt* **etw auf etw** *akk* **~** to attribute sth to sth
zurück|geben *vt irreg* [**jdm**] **etw ~** to return sth [to sb]
zurückgeblieben *adj* slow
zurück|gehen *vi irreg sein* ① to return ② *(abnehmen)* to go down
zurückgezogen *adj, adv* secluded
Zurückgezogenheit <-> *f kein pl* seclusion; **in** [**völliger**] **~ leben** to live in [complete] seclusion
zurück|halten *irreg* **I.** *vr* **sich ~** ① *(sich beherrschen)* to restrain oneself ② *(reserviert sein)* to be reserved **II.** *vt* ① *(aufhalten)* to hold up *sep* ② *(abhalten)* **jdn** [**von etw** *dat*] **~** to keep sb from doing sth
zurückhaltend *adj* reserved

Zurückhaltung *f kein pl* reserve *no art*

zurück|holen *vt* ① to fetch back *sep* ② *(in seinen Besitz zurückbringen)* [**sich** *dat*] **etw** ~ to get back *sep* sth

zurück|kommen *vi irreg sein* ① to return; **aus dem Ausland** ~ to return from abroad ② *(erneut aufgreifen)* **auf etw** *akk* ~ to come back to sth; **auf jdn** ~ to get back to sb

zurück|lassen *vt irreg* to leave behind *sep*

zurück|legen *vt* ① to put back *sep* ② *(reservieren)* **jdm etw** ~ to put sth aside for sb ③ *(hinter sich bringen)* **35 Kilometer kann man pro Tag leicht zu Fuß** ~ you can easily do 35 kilometres a day on foot ④ *(sparen)* to put away *sep*

zurück|nehmen *vt irreg* to take back *sep*

zurück|rudern *vi* ① to row back ② *(fig)* to backpedal

zurück|schauen *vi* to look back (**auf** on)

zurück|schicken *vt* to send back *sep*

zurück|schlagen *irreg vt* ① to beat back ② *(umschlagen)* to turn back *sep*

zurück|schrecken *vi irreg sein* ① *(Bedenken haben)* to shrink (**vor** from); **vor nichts** ~ *(skrupellos sein)* to stop at nothing; *(keine Angst haben)* to not flinch from anything ② *(erschrecken)* to start back

zurück|sehnen *vr* **sich nach Hause** ~ to long to return home

zurück|stellen *vt* ① to put back *sep* ② *Heizung* to turn down *sep; Uhr* to turn back *sep; Wünsche* to put aside

zurück|treten *vi irreg sein* ① to step back ② *(vom Amt)* to resign

zurück|verlangen *vt (zurückfordern)* to demand back

zurück|versetzen *vr* **sich** ~ to be transported back

zurück|weichen *vi irreg sein* [**vor etw** *dat*] ~ to fall back [before sth]

zurück|weisen *vt irreg* **jdn** ~ to turn away sb *sep;* **etw** ~ to reject sth

Z **zurück|zahlen** *vt* [**jdm**] **etw** ~ to repay [sb] sth

zurück|ziehen *irreg* **I.** *vt* ① to pull back *sep* ② *(widerrufen)* to withdraw **II.** *vr* **sich** ~ to withdraw

zu|rufen *vt irreg* **jdm etw** ~ to shout sth to sb

zurzeit [tsʊr'tsait] *adv* at present

Zusage ['tsu:za:gə] *f* assurance

zu|sagen I. *vt* to promise (+*dat* to) **II.** *vi* ① to accept ② *(gefallen)* **jdm** ~ to appeal to sb

zusammen [tsu'zamən] *adv* ① *(gemeinsam)* together (**mit** with); **mit jdm** ~ **sein** to be with sb ② *(ein Paar sein)* ~ **sein** to be going out [with each other] ③ *(insgesamt)* altogether

Zusammenarbeit *f kein pl* cooperation *no art*

zusammen|arbeiten *vi* **mit jdm** ~ to work [together] with sb

zusammen|bauen *vt* to assemble

zusammen|bleiben *vi irreg sein* to stay together; **mit jdm** ~ to stay with sb

zusammen|brechen *vi irreg sein* to collapse

Zusammenbruch *m* collapse

zusammen|drücken *vt* ① *(zerdrücken)* to crush ② *(aneinanderdrücken)* to press together

zusammen|falten *vt* to fold [up *sep*]

zusammen|fassen *vt* ① to summarize; **etw in wenigen Worten** ~ to put sth in a nutshell ② *(vereinigen)* **jdn/etw in etw** *dat* ~ to unite sb/sth into sth; **etw unter etw** *dat* ~ to class[ify] sth under sth

Zusammenfassung *f* summary **Zusammenfluss** *m* confluence *spec;* **am** ~ **der beiden Flüsse** where the two rivers meet

zusammen|fügen *vt* to assemble

zusammen|führen *vt* to bring together; *eine Familie* to reunite

zusammen|gehören *vi* ① *(zueinander gehören)* to belong together ② *(ein Ganzes bilden)* to go together

Zusammengehörigkeit <-> *f kein pl* unity

Zusammengehörigkeitsgefühl *nt kein pl* sense of togetherness

zusammengesetzt *adj* compound

zusammengestöpselt [tsuˈzamən-gəʃtœpsl̩t] *adj (pej fam)* [hastily] thrown together

zusammengewürfelt *adj* mismatched

Zusammenhalt *m kein pl* solidarity

zusammen|halten *irreg* I. *vi (Freunde)* to stick together II. *vt* to hold together

Zusammenhang <-[e]s, -hänge> *m* connection; *(Verbindung)* link (**zwischen** between); **im ~ mit etw** *dat* in connection with sth; **jdn/etw mit etw** *dat* **in ~ bringen** to connect sb/sth with sth

zusammen|hängen *vi irreg (in Zusammenhang stehen)* **mit etw** *dat* **~** to be connected with sth

zusammenhängend I. *adj* coherent II. *adv* coherently

zusammenhang(s)los I. *adj* incoherent II. *adv* incoherently

zusammenklappbar *adj* folding *attr; Stuhl, Tisch* collapsible

zusammen|klappen I. *vt haben* to fold up *sep* II. *vi sein (a. fig fam)* to collapse

zusammen|kommen *vi irreg sein* ① *(sich treffen)* to come together; **mit jdm ~** to meet sb; **zu einer Besprechung ~** to get together for a discussion ② *Umstände* to combine ③ *Schulden* to mount up

Zusammenleben *nt kein pl* living together *no art*

zusammen|nehmen *irreg* I. *vt* to summon [up *sep*]; **alles zusammengenommen** all in all; **seinen ganzen Mut ~** to summon up all one's courage II. *vr* **sich ~** to control oneself

zusammen|packen *vt* **etw ~** ① *(packen)* to pack sth; *(abräumen)* to pack away sth *sep;* **pack deine Sachen zusammen!** get packed! ② *(zusammen in etwas packen)* to pack sth up together; **packen Sie mir die einzelnen Käsesorten ruhig zusammen!** just pack the different cheeses together, that'll be fine!

zusammen|passen *vi* ① *Menschen* to suit each other; **gut/schlecht ~** to be well-suited/ill-suited ② *Kleidungsstücke* to match

Zusammenprall *m* collision

zusammen|prallen *vi sein* to collide

zusammen|rechnen *vt* to add up *sep;* **alles zusammengerechnet** all in all

zusammen|reißen *irreg vr (fam)* **sich ~** to pull oneself together

zusammen|rücken I. *vi sein* to move up closer II. *vt haben* **etw ~** to move sth closer together

zusammen|schließen *irreg vr* **sich** [**zu etw** *dat*] **~** to join together [to form sth]

Zusammenschluss *m* union; *(von Firmen)* merger

Zusammensein <-s> *nt kein pl* get-together; **ein geselliges ~** a social [gathering]

zusammen|setzen I. *vt* to assemble II. *vr* ① **sich ~** to sit together; *(um etw zu besprechen)* to get together ② *(bestehen)* **sich aus etw** *dat* **~** to be composed of sth

Zusammensetzung <-, -en> *f* composition

Zusammenspiel *nt kein pl* ① SPORT teamwork ② MUS ensemble playing ③ THEAT ensemble acting ④ *(fig: Wechselwirkung)* interplay

zusammen|stellen *vt* ① *(aufstellen)* to compile; *Delegation* to assemble ② *(auf einen Fleck)* **die Betten ~** to place the beds side by side

Zusammenstoß *m* ① collision ② *(Auseinandersetzung)* clash

zusammen|stoßen *vi irreg sein* to collide; **mit jdm ~** to bump into sb

zusammen|treffen *vi irreg sein* ① *(sich treffen)* to meet; **mit jdm ~** to meet sb; *(unverhofft)* to encounter ② *Umstände* to coincide

Zusammentreffen *nt* ① *(Treffen)* meeting ② *Umstände* coincidence

zusammen|tun *irreg* **I.** *vt* to put together **II.** *vr* **sich [zu etw** *dat***] ~** to get together [in sth]
zusammen|wirken *vi (vereint wirken)* to combine
zusammen|zählen *vt* to add up *sep;* **alles zusammengezählt** all in all
zusammen|ziehen *irreg* **I.** *vi sein* to move in together **II.** *vr* **sich ~** ① *(sich verengen)* to contract ② *Sturm, Unheil* to be brewing; *Wolken* to gather **III.** *vt* **die Augenbrauen ~** to knit one's brows
Zusatz ['tsu:zats] *m* ① *(zugefügter Teil)* appendix ② *(Nahrungszusatz)* additive; **ohne ~ von Farbstoffen** without the addition of artificial colouring
Zusatzgerät *nt* attachment; INFORM peripheral [device] **Zusatzleistung** *f* ÖKON fringe benefit
zusätzlich ['tsu:zɛtslɪç] **I.** *adj* additional **II.** *adv* in addition
zu|schauen *vi s.* **zusehen**
Zuschauer(in) <-s, -> *m(f)* ① SPORT spectator; TV viewer ② FILM, THEAT **die ~** the audience
Zuschauerraum *m* auditorium **Zuschauertribüne** *f* stands *pl* **Zuschauerzahl** *f* THEAT, SPORT attendance figures *pl;* TV viewing figures *pl*
Zuschlag <-[e]s, Zuschläge> *m* ① *(zum Preis)* supplementary charge ② *(zum Fahrpreis)* extra fare ③ *(zusätzliches Entgelt)* bonus
zu|schließen *irreg vt* to lock
zu|schreiben *vt irreg* **jdm etw ~** to ascribe sth to sb
Zuschrift *f (geh)* reply
zuschulden, zu Schulden [tsu'ʃʊldn̩] *adv* **sich** *dat* **etwas/nichts ~ kommen lassen** to do something/nothing wrong
Zuschuss <-es, -schüsse> ['tsu:ʃʊs] *m* subsidy
zu|sehen *vi irreg* ① to watch; **tatenlos musste er ~, wie ...** he could only stand and watch, while ... ② *(dafür sorgen)* **~, dass ...** to see [to it] that ...
zusehends ['tsu:ze:ənts] *adv* noticeably
zu|sichern *vt* **jdm etw ~** to assure sb of sth; **jdm seine Hilfe ~** to promise sb one's help
zu|sperren *vt* to lock
zu|spielen *vt* ① **jdm den Ball ~** to pass the ball to sb ② *(zukommen lassen)* **etw der Presse ~** to leak sth [to the press]
Zuspruch *m kein pl* ① **sich großen ~s erfreuen** to be very popular ② *(Worte)* **ermutigender/tröstender ~** words of encouragement/comfort
Zustand <-[e]s, -stände> ['tsu:ʃtant] *m* ① *(Verfassung)* state, condition; **das ist doch kein ~!** it's a disgrace! ② *pl (Verhältnisse)* conditions
zustande, zu Stande [tsu'ʃtandə] *adv* **etw ~ bringen** to achieve sth; **eine Einigung ~ bringen** to reach an agreement; **es ~ bringen, dass jd etw tut** to [manage to] get sb to do sth; **nicht ~ kommen** to fail
zuständig ['tsu:ʃtɛndɪç] *adj* responsible; **der ~e Beamte** the official in charge; **dafür ist er ~** that's his responsibility
Zuständigkeitsbereich *m* area of responsibility
Zustellung <-, -en> *f* delivery
zu|stimmen *vi* **jdm/etw ~** to agree with sb/to sth
Zustimmung *f* agreement
Zustrom *m kein pl* ① METEO inflow ② *(Zuwanderung)* influx
zutage, zu Tage [tsu'ta:gə] *adj* **etw ~ bringen** to bring sth to light; **~ treten** to come to light
zu|teilen *vt* **jdm etw ~** to assign sth to sb
zutiefst [tsu'ti:fst] *adv* deeply; **~ verärgert** furious
zu|trauen *vt* **das hätte ich dir nie zugetraut!** I would never have expected that from you!; **dem traue ich alles zu!** I wouldn't put anything past him!; **sich** *dat* **nichts ~** to have no self-confidence; **sich** *dat* **zu viel ~** to

take on too much

Zutrauen <-s> *nt kein pl* confidence (**zu** in)

zutraulich ['tsu:traulɪç] *adj* trusting; *Hund* friendly

zu|treffen *vi irreg* ❶ *(richtig sein)* to be correct; *(wahr sein)* to be true; **es trifft zu, dass ...** it is true that ... ❷ *(anwendbar sein)* **auf jdn/etw [nicht] ~** to [not] apply to sb/sth

zutreffend **I.** *adj* ❶ *(richtig)* correct; **Z~es bitte ankreuzen** tick [*or* AM mark] where applicable ❷ *(anwendbar)* **eine auf jdn ~e Beschreibung** a description fitting that of sb **II.** *adv* correctly

Zutritt *m kein pl* admission (**zu** to); **~ verboten!** [*o* **kein ~!**] no admittance!; **[keinen] ~ zu etw haben** to [not] be admitted to sth

zuverlässig ['tsu:fɛɐ̯lɛsɪç] *adj* reliable

Zuverlässigkeit <-> *f kein pl* reliability

Zuversicht <-> ['tsu:fɛɐ̯zɪçt] *f kein pl* confidence; **voller ~** full of confidence

zuversichtlich *adj* confident

zuvor [tsu'fo:ɐ̯] *adv* before; *(zunächst)* beforehand; **im Jahr ~** the year before; **noch nie ~** never before

zuvor|kommen *vi irreg sein* **jdm ~** to beat sb to it; **etw** *dat* **~** to forestall sth

zuvorkommend **I.** *adj (gefällig)* accommodating; *(höflich)* courteous **II.** *adv* courteously

Zuvorkommenheit <-> *f kein pl* courtesy

Zuwachs <-es, Zuwächse> ['tsu:vaks] *m* increase

Zuwanderer, **Zuwanderin** *m, f* immigrant

zuwege, **zu Wege** [tsu've:gə] *adv* **etw ~ bringen** to achieve sth; **es ~ bringen, dass jd etw tut** to [manage to] get sb to do sth

zuweilen [tsu'vailən] *adv* occasionally

zu|weisen *vt irreg* **jdm etw ~** to assign sb sth

zu|wenden *irreg* **I.** *vt* **jdm das Gesicht/den Rücken ~** to turn one's face towards/one's back on sb **II.** *vr* **sich jdm/etw ~** to devote oneself to sb/sth

Zuwendung *f* ❶ *kein pl (Hinwendung)* love and care ❷ *(Geld)* contribution

zu|werfen *vt irreg* ❶ *(hinwerfen)* **jdm/einem Tier etw ~** to throw sth to sb/an animal; **jdm einen Blick ~** to cast a glance at sb ❷ *(zuschlagen)* **etw ~** *eine Tür* to slam sth [shut]

zuwider [tsu'vi:dɐ] **I.** *adv* **jdm ist jd/etw ~** sb loathes sb/sth **II.** *präp* **etw** *dat* **~** contrary to sth

zuzüglich ['tsu:tsy:glɪç] *präp* **~ einer S.** *gen* plus sth

zwang [tsvaŋ] *vt, vi, vr imp von* **zwingen**

Zwang <-[e]s, Zwänge> [tsvaŋ] *m* ❶ *(Gewalt)* force; *(Druck)* pressure; **unter ~** under duress; **gesellschaftliche Zwänge** social constraints ❷ *(Notwendigkeit)* compulsion; **aus ~** out of necessity

zwängen ['tsvɛŋən] *vt* **etw in etw** *akk* **~** to force sth into sth; **sich durch/in etw** *akk* **~** to squeeze through/into sth; **sich durch die Menge ~** to force one's way through the crowd

zwanglos **I.** *adj (ungezwungen)* casual; *(ohne Förmlichkeit)* informal **II.** *adv (ungezwungen)* casually; *(ohne Förmlichkeit)* informally

Zwangsarbeit *f kein pl* hard labour **Zwangsarbeiter(in)** *m(f)* sb sentenced to hard labour **Zwangsehe** *f* forced marriage **zwangseinweisen** *vt* **jdn in eine [psychiatrische] Klinik ~** to commit sb to [a mental] hospital against their wishes **Zwangseinweisung** *f* involuntary commitment **Zwangsjacke** *f* strait jacket **Zwangslage** *f* predicament; **in eine ~ geraten** to get into a predicament

zwangsläufig **I.** *adj* inevitable **II.** *adv* inevitably

Zwangsräumung *f* eviction **Zwangsversteigerung** *f* compulsory sale

zwangsweise I. *adj* compulsory **II.** *adv* compulsorily

zwanzig ['tsvantsɪç] *adj* twenty; *s.a.* **achtzig**

zwanzigjährig, 20-jährig ['tsvantsɪçjɛːrɪç] *adj* ① *(Alter)* twenty-year-old *attr*, twenty years old *pred* ② *(Zeitspanne)* twenty-year *attr*

zwanzigste(r, s) ['tsvantsɪçstə, -stɐ, -stəs] *adj attr* twentieth; *s.a.* **achte(r, s)**

zwar [tsvaːɐ̯] *adv* **sie ist ~ 47, sieht aber wie 30 aus** although she's 47, she looks like 30; **das mag ~ stimmen, aber ...** that may be true, but ...; **und ~** namely

Zweck <-[e]s, -e> [tsvɛk] *m* ① *(Verwendungszweck)* purpose; **einem bestimmten ~ dienen** to serve a particular aim; **seinen ~ erfüllen** to serve its/one's purpose; **ein guter ~** a good cause; **zu welchem ~?** for what purpose? ② *(Sinn)* point; **das hat doch alles keinen ~!** there's no point in any of that

Zwecke <-, -n> ['tsvɛkə] *f* DIAL *(Nagel)* nail; *(Reißzwecke)* drawing pin BRIT, thumbtack AM

zweckentfremden *vt* **etw als etw** *akk* **~** to use sth as sth

zwecklos *adj* futile

zweckmäßig *adj* ① *(geeignet)* suitable ② *(sinnvoll)* appropriate

zwecks [tsvɛks] *präp (geh)* **~ einer S.** *gen* for the purpose of sth

zwei [tsvai] *adj* two; *s.a.* **acht**[1]

Zweibettzimmer *nt* double room

zweideutig ['tsvaidɔytɪç] *adj* ambiguous; *(anrüchig)* suggestive

zweidimensional *adj* two-dimensional

Zweidrittelmehrheit *f* two-thirds majority; **mit ~** with a two-thirds majority

zweierlei ['tsvaiɐ'lai] *adj attr* two [different]; **mit ~ Maß messen** to apply double standards

zweifach, 2-fach ['tsvaifax] *adj* **die ~e Menge** twice as much; **in ~er Ausfertigung** in duplicate

Zweifamilienhaus [tsvai̯fa'miːli̯ənhaʊs] *nt* two-family house

Zweifel <-s, -> ['tsvaifl̩] *m* doubt; **darüber besteht kein ~** there can be no doubt about that; **sich** *dat* **[noch] im ~ sein** to be [still] in two minds; **jdm kommen ~** sb begins to doubt; **außer ~ stehen, dass ...** to be beyond [all] doubt that ...

zweifelhaft *adj* ① doubtful ② *(dubios)* dubious

zweifellos ['tsvaifl̩loːs] *adv* undoubtedly

zweifeln ['tsvaifl̩n] *vi* **an jdm/etw ~** to doubt sb/sth; **[daran] ~, ob ...** to doubt whether ...

Zweifelsfall *m* **im ~** if in doubt

Zweig <-[e]s, -e> [tsvaik] *m* ① *(Ast)* branch; *(kleiner)* twig ② *(Sparte)* branch

zweigleisig ['tsvai̯glai̯zɪç] **I.** *adj* double-track *attr* **II.** *adv* ① on two tracks ② *(fig)* **~ fahren** to follow a dual-track policy

Zweigniederlassung *f* subsidiary

Zweigstelle *f* branch office

zweihundert ['tsvai'hʊndɐt] *adj* two hundred

zweijährig, 2-jährig ['tsvaijɛːrɪç] *adj* ① *(Alter)* two-year-old *attr*, two years old *pred* ② *(Zeitspanne)* two-year *attr*

Zweikampf *m* duel **Zweiklassengesellschaft** *f* POL divided society

zweimal, 2-mal ['tsvaimaːl] *adv* twice, two times

zweimalig ['tsvaimaːlɪç] *adj* two times over

Zweiparteiensystem *nt* two-party system

zweipolig *adj* bipolar; *Schalter* double-pole; *Stecker* two-pin

Zweirad *nt (Fahrrad)* [bi]cycle; *(Motorfahrrad)* motorcycle

zweischneidig ['tsvaiʃnaidɪç] *adj* two-edged ▸ **ein ~es Schwert** a double-edged sword

zweisprachig ['tsvaiʃpraːxɪç] **I.** *adj* bilingual **II.** *adv* **~ erzogen sein** to be brought up speaking two languages

zweit [tsvait] *adv* **wir sind zu ~** there are two of us

zweitbeste(r, s) ['tsvait'bɛstə, -'bɛstɐ, -'bɛstəs] *adj* second best; **Z~[r] werden** to come second best

zweite(r, s) ['tsvaitə, 'tsvaitɐ, 'tsvaitəs] *adj* second, 2nd; **die ~ Klasse** second form BRIT, second grade AM *s.a.* **achte(r, s)**

zweitens ['tsvaitn̩s] *adv* secondly

zweitklassig *adj* second-rate

zweitrangig *adj s.* **zweitklassig**

Zweitstimme *f* second vote

Zweitürer *m* two-door car

Zweitwagen *m* second car **Zweitwohnung** *f* second home

Zwerchfell ['tsvɛrçfɛl] *nt* diaphragm

Zwerg(in) <-[e]s, -e> [tsvɛrk] *m(f)* dwarf

Zwetschge <-, -n> ['tsvɛtʃgə] *f* damson

zwicken ['tsvɪkn̩] **I.** *vi* to pinch **II.** *vt* **jdn [in etw** *akk*] **~** to pinch sb['s sth]

Zwickmühle *f* ▶ **in der ~ sein** *(fam)* to be in a dilemma

Zwieback <-[e]s, -e> ['tsviːbak] *m* rusk

Zwiebel <-, -n> ['tsviːbl̩] *f* onion; *(Blumenzwiebel)* bulb

Zwiebelturm *m* cupola

Zwiegespräch *nt* tête-à-tête

Zwielicht ['tsviːlɪçt] *nt kein pl* twilight; *(morgens a.)* half-light

zwielichtig *adj (pej)* dubious

Zwiespalt ['tsviːʃpalt] *m kein pl (geh)* conflict

zwiespältig ['tsviːʃpɛltɪç] *adj (geh) Charakter* ambivalent; *Gefühle* mixed

Zwietracht <-> ['tsviːtraxt] *f kein pl* discord

Zwilling <-s, -e> ['tsvɪlɪŋ] *m* ❶ *meist pl* twin; **eineiige ~e** identical twins; **siamesische ~e** Siamese twins; **zweieiige ~e** fraternal twins ❷ *pl* ASTROL Gemini

Zwillingsbruder *m* twin brother **Zwillingsschwester** *f* twin sister

Zwinge <-, -n> ['tsvɪŋə] *f* [screw] clamp

zwingen <zwang, gezwungen> ['tsvɪŋən] **I.** *vt* **jdn [zu etw** *dat*] **~** to force sb [do sth]; **gezwungen sein, etw zu tun** to be forced into [doing] sth **II.** *vr* **sich zu etw** *dat* **~** to force oneself to do sth

zwingend I. *adj* compelling **II.** *adv* **sich ~ ergeben** to follow conclusively

Zwinger <-s, -> ['tsvɪŋɐ] *m* cage

zwinkern ['tsvɪŋkɐn] *vi* to blink

Zwirn <-s, -e> [tsvɪrn] *m* thread

zwischen ['tsvɪʃn̩] *präp* ❶ *+dat (Position: zwischen 2 Personen, Dingen)* between; *(zwischen mehreren: unter)* among[st] ❷ *+akk (Richtung: zwischen zwei)* between; *(zwischen mehrere: unter)* among[st] ❸ *+dat (zeitlich)* between

Zwischenaufenthalt *m* stopover **Zwischenbemerkung** *f* interruption **Zwischenbilanz** *f* FIN interim balance **Zwischendeck** *nt* 'tween decks *npl*

zwischendurch [tsvɪʃn̩'dʊrç] *adv* in between times

Zwischenergebnis *nt* interim result; *Untersuchung a.* interim findings *npl* **Zwischenfall** *m* incident **Zwischengröße** *f* in-between size **Zwischenhändler(in)** *m(f)* middleman *masc*, middlewoman *fem* **zwischenlanden** *vi* to stop over (**in** in) **Zwischenlandung** *f* stopover **Zwischenmahlzeit** *f* snack [between meals] **zwischenmenschlich** *adj* interpersonal **Zwischenprüfung** *f* intermediate exam **Zwischenraum** *m* ❶ *(Lücke)* gap ❷ TYPO **ein ~ von anderthalb Zeilen** a space of one-and-a-half lines **Zwischenruf** *m* interruption; **~e** heckling **Zwischenstation** *f* stop; **in einer Stadt ~ machen** to stop off in a town **Zwischenstopp** *m* LUFT stopover **Zwischenzeit** *f* **in der ~** [in the] meantime **zwischenzeitlich** *adv* meanwhile **Zwischenzeugnis** *nt* SCH end of term report

Zwist <-es, -e> [tsvɪst] *m* strife *no indef art*

zwitschern ['tsvɪtʃɐn] *vi* to twitter

Zwitter <-s, -> ['tsvɪtɐ] *m* hermaphro-

dite
zwo [tsvo:] *adj (fam)* two
zwölf [tsvœlf] *adj* twelve; *s.a.* **acht**[1]
Zwölffingerdarm [tsvœlf'fɪŋɐdarm] *m* duodenum
Zwölfkampf *m* SPORT twelve-exercise event
zwölfte(r, s) ['tsvœlftə, 'tsvœlftɐ, 'tsvœlftəs] *adj attr* twelfth, 12th; **die ~ Klasse** sixth form BRIT, twelfth grade AM *s.a.* **achte(r, s)**
Zyankali <-s> [tsy̆a:nka:li] *nt kein pl* potassium cyanide
zyklisch ['tsy:klɪʃ] *adj* cyclic
Zyklon <-s, -e> [tsy'klo:n] *m* cyclone
Zyklus <-, Zyklen> ['tsy:klʊs] *m* cycle; **ein ~ von Vorträgen** a series of lectures
Zylinder <-s, -> [tsi'lɪndɐ] *m* cylinder; *(Hut)* top hat
Zylinderkopf *m* cylinder head
Zyniker(in) <-s, -> ['tsy:nikɐ] *m(f)* cynic
zynisch ['tsy:nɪʃ] **I.** *adj* cynical **II.** *adv* cynically; **~ grinsen** to give a cynical grin
Zypern ['tsy:pɐn] *nt* Cyprus
Zypresse <-, -n> [tsy'prɛsə] *f* cypress
Zypriot(in) <-en, -en> [tsypri̯'o:t] *m(f)* Cyprian
zypriotisch ['tsy:pri̯'o:tɪʃ], **zyprisch** ['tsy:prɪʃ] *adj* Cypriot
zyprisch ['tsy:prɪʃ] *adj* Cypriot
Zyste <-, -n> ['tsʏstə] *f* cyst

Anhang
Appendix

Dieser Teil deines Wörterbuches bietet dir viele nützliche Extras. So hast du die Möglichkeit, mehr über die englische Sprache zu erfahren. Das findest du auf den folgenden Seiten:

Unregelmäßige englische Verben

Irregular English verbs

Die unregelmäßigen Verben sind sehr wichtig. Diese Übersicht kannst du sowohl zum Nachschlagen als auch zum Lernen benutzen.

Infinitiv	Präteritum	Partizip Perfekt
arise	arose	arisen
awake	awoke	awaked, awoken
be	was *sing*, were *pl*	been
bear	bore	borne
beat	beat	beaten
become	became	become
begin	began	begun
bend	bent	bent
bet	bet, betted	bet, betted
bid	bade, bid	bid, bidden
bind	bound	bound
bite	bit	bitten
bleed	bled	bled
blow	blew	blown
break	broke	broken
breed	bred	bred
bring	brought	brought
build	built	built
burn	burned, burnt	burned, burnt
burst	burst	burst
buy	bought	bought
can	could	–
cast	cast	cast
catch	caught	caught
choose	chose	chosen

Infinitiv	Präteritum	Partizip Perfekt
cling	clung	clung
come	came	come
cost	cost, costed	cost, costed
creep	crept	crept
cut	cut	cut
deal	dealt	dealt
dig	dug	dug
do	did	done
draw	drew	drawn
dream	dreamed, dreamt	dreamed, dreamt
drink	drank	drunk
drive	drove	driven
eat	ate	eaten
fall	fell	fallen
feed	fed	fed
feel	felt	felt
fight	fought	fought
find	found	found
flee	fled	fled
fling	flung	flung
fly	flew	flown
forbid	forbad(e)	forbidden
forget	forgot	forgotten
freeze	froze	frozen
get	got	got, *Am* gotten
give	gave	given
go	went	gone
grind	ground	ground
grow	grew	grown
hang	hung, *jur* hanged	hung, *jur* hanged
have	had	had
hear	heard	heard
hide	hid	hidden

Infinitiv	Präteritum	Partizip Perfekt
hit	hit	hit
hold	held	held
hurt	hurt	hurt
keep	kept	kept
kneel	knelt	knelt
know	knew	known
lay	laid	laid
lead	led	led
lean	leaned, leant	leaned, leant
leap	leaped, leapt	leaped, leapt
learn	learned, learnt	learned, learnt
leave	left	left
lend	lent	lent
let	let	let
lie	lay	lain
light	lit, lighted	lit, lighted
lose	lost	lost
make	made	made
may	might	–
mean	meant	meant
meet	met	met
mistake	mistook	mistaken
mow	mowed	mown, mowed
pay	paid	paid
put	put	put
quit	quit, quitted	quit, quitted
read	read	read
rid	rid	rid
ride	rode	ridden
ring	rang	rung
rise	rose	risen
run	ran	run
saw	sawed	sawed, sawn

Infinitiv	Präteritum	Partizip Perfekt
say	said	said
see	saw	seen
sell	sold	sold
send	sent	sent
set	set	set
sew	sewed	sewed, sewn
shake	shook	shaken
shave	shaved	shaved, shaven
shed	shed	shed
shine	shone	shone
shoe	shod	shod
shoot	shot	shot
show	showed	shown, showed
shrink	shrank	shrunk
shut	shut	shut
sing	sang	sung
sink	sank	sunk
sit	sat	sat
sleep	slept	slept
slide	slid	slid
sling	slung	slung
slit	slit	slit
smell	smelled, smelt	smelled, smelt
sow	sowed	sowed, sown
speak	spoke	spoken
speed	speeded, sped	speeded, sped
spell	spelled, spelt	spelled, spelt
spend	spent	spent
spill	spilled, spilt	spilled, spilt
spin	spun	spun
spit	spat	spat
split	split	split
spoil	spoiled, spoilt	spoiled, spoilt

Infinitiv	Präteritum	Partizip Perfekt
spread	spread	spread
spring	sprang	sprung
stand	stood	stood
steal	stole	stolen
stick	stuck	stuck
sting	stung	stung
stink	stank	stunk
strew	strewed	strewed, strewn
stride	strode	stridden
strike	struck	struck
string	strung	strung
swear	swore	sworn
sweep	swept	swept
swell	swelled	swollen
swim	swam	swum
swing	swung	swung
take	took	taken
teach	taught	taught
tear	tore	torn
tell	told	told
think	thought	thought
throw	threw	thrown
thrust	thrust	thrust
tread	trod	trodden
wake	woke, waked	woken, waked
wear	wore	worn
weave	wove	woven
weep	wept	wept
win	won	won
wind	wound	wound
wring	wrung	wrung
write	wrote	written

Unregelmäßige deutsche Verben
Irregular German verbs

Die unregelmäßigen Verben sind sehr wichtig. Diese Übersicht kannst du sowohl zum Nachschlagen als auch zum Lernen benutzen.

Infinitiv **infinitive**	**Präteritum** **Simple past**	**Partizip Perfekt** **past participle**
backen	backte *o alt* buk	gebacken
befehlen	befahl	befohlen
beginnen	begann	begonnen
beißen	biss	gebissen
bergen	barg	geborgen
bersten	barst	geborsten
bewegen	bewog	bewogen
biegen	bog	gebogen
bieten	bot	geboten
binden	band	gebunden
bitten	bat	gebeten
blasen	blies	geblasen
bleiben	blieb	geblieben
braten	briet	gebraten
brechen	brach	gebrochen
brennen	brannte	gebrannt
bringen	brachte	gebracht
denken	dachte	gedacht
dreschen	drosch	gedroschen
dringen	drang	gedrungen
dürfen	durfte	dürfen, gedurft
empfangen	empfing	empfangen
empfehlen	empfahl	empfohlen
empfinden	empfand	empfunden

Infinitiv infinitive	**Präteritum** Simple past	**Partizip Perfekt** past participle
essen	aß	gegessen
fahren	fuhr	gefahren
fallen	fiel	gefallen
fangen	fing	gefangen
fechten	focht	gefochten
finden	fand	gefunden
flechten	flocht	geflochten
fliegen	flog	geflogen
fliehen	floh	geflohen
fließen	floss	geflossen
fressen	fraß	gefressen
frieren	fror	gefroren
gären	gärte *o* gor	gegärt *o* gegoren
gebären	gebar	geboren
geben	gab	gegeben
gedeihen	gedieh	gediehen
gefallen	gefiel	gefallen
gehen	ging	gegangen
gelingen	gelang	gelungen
gelten	galt	gegolten
genesen	genas	genesen
genießen	genoss	genossen
geraten	geriet	geraten
geschehen	geschah	geschehen
gestehen	gestand	gestanden
gewinnen	gewann	gewonnen
gießen	goss	gegossen
gleichen	glich	geglichen
gleiten	glitt	geglitten
glimmen	glimmte *o selten* glomm	geglimmt *o selten* geglommen
graben	grub	gegraben

Infinitiv infinitive	**Präteritum** Simple past	**Partizip Perfekt** past participle
greifen	griff	gegriffen
haben	hatte	gehabt
halten	hielt	gehalten
hangen	hing	gehangen
hängen	hing (hängte)	gehangen, (gehängt)
heben	hob	gehoben
heißen	hieß	geheißen
helfen	half	geholfen
kennen	kannte	gekannt
klingen	klang	geklungen
kneifen	kniff	gekniffen
kommen	kam	gekommen
können	konnte	können, gekonnt
kriechen	kroch	gekrochen
laden	lud	geladen
lassen	ließ	gelassen, *nach Infinitiv* lassen
laufen	lief	gelaufen
leiden	litt	gelitten
leihen	lieh	geliehen
lesen	las	gelesen
liegen	lag	gelegen
lügen	log	gelogen
mahlen	mahlte	gemahlen
meiden	mied	gemieden
melken	melkte *o veraltend* molk	gemolken
messen	maß	gemessen
misslingen	misslang	misslungen
mögen	mochte	mögen, gemocht
nehmen	nahm	genommen
nennen	nannte	genannt

Infinitiv **infinitive**	**Präteritum** **Simple past**	**Partizip Perfekt** **past participle**
pfeifen	pfiff	gepfiffen
preisen	pries	gepriesen
quellen	quoll	gequollen
raten	riet	geraten
reiben	rieb	gerieben
reißen	riss	gerissen
reiten	ritt	geritten
rennen	rannte	gerannt
riechen	roch	gerochen
ringen	rang	gerungen
rinnen	rann	geronnen
rufen	rief	gerufen
salzen	salzte	gesalzen *o selten* gesalzt
saufen	soff	gesoffen
saugen	sog *o* saugte	gesogen *o* gesaugt
schaffen	schuf	geschaffen
schallen	schallte *o* scholl	geschallt
scheiden	schied	geschieden
scheinen	schien	geschienen
scheißen	schiss	geschissen
schelten	schalt	gescholten
scheren	schor	geschoren
schieben	schob	geschoben
schießen	schoss	geschossen
schinden	schindete	geschunden
schlafen	schlief	geschlafen
schlagen	schlug	geschlagen
schleichen	schlich	geschlichen
schleifen	schliff	geschliffen
schließen	schloss	geschlossen
schlingen	schlang	geschlungen

Infinitiv **infinitive**	**Präteritum** **Simple past**	**Partizip Perfekt** **past participle**
schmeißen	schmiss	geschmissen
schmelzen	schmolz	geschmolzen
schneiden	schnitt	geschnitten
schrecken*vt* *vi*	schreckte schrak	geschreckt geschrocken
schreiben	schrieb	geschrieben
schreien	schrie	geschrie[e]n
schreiten	schritt	geschritten
schweigen	schwieg	geschwiegen
schwellen	schwoll	geschwollen
schwimmen	schwamm	geschwommen
schwinden	schwand	geschwunden
schwingen	schwang	geschwungen
schwören	schwor	geschworen
sehen	sah	gesehen
senden	sandte *o* sendete	gesandt *o* gesendet
sieden	siedete *o* sott	gesiedet *o* gesotten
singen	sang	gesungen
sinken	sank	gesunken
sinnen	sann	gesonnen
sitzen	saß	gesessen
sollen	sollte	sollen, gesollt
spalten	spaltete	gespalten *o* gespaltet
spinnen	spann	gesponnen
sprechen	sprach	gesprochen
sprießen	spross *o* sprießte	gesprossen
springen	sprang	gesprungen
stechen	stach	gestochen
stecken	steckte *o geh* stak	gesteckt
stehen	stand	gestanden
stehlen	stahl	gestohlen
steigen	stieg	gestiegen

Infinitiv infinitive	Präteritum Simple past	Partizip Perfekt past participle
sterben	starb	gestorben
stieben	stob *o* stiebte	gestoben *o* gestiebt
stinken	stank	gestunken
stoßen	stieß	gestoßen
streichen	strich	gestrichen
streiten	stritt	gestritten
tragen	trug	getragen
treffen	traf	getroffen
treiben	trieb	getrieben
treten	trat	getreten
triefen	triefte *o geh* troff	getrieft *o geh* getroffen
trinken	trank	getrunken
trügen	trog	getrogen
tun	tat	getan
verbieten	verbot	verboten
verbrechen	verbrach	verbrochen
verderben	verdarb	verdorben
vergessen	vergaß	vergessen
verlieren	verlor	verloren
verraten	verriet	verraten
verstehen	verstand	verstanden
verwenden	verwendete *o* verwandte	verwendet *o* verwandt
verzeihen	verzieh	verziehen
wachsen	wuchs	gewachsen
waschen	wusch	gewaschen
weben	webte *o geh* wob	gewebt *o geh* gewoben
weichen	wich	gewichen
weisen	wies	gewiesen
wenden	wendete *o geh* gewandt	gewendet *o geh* gewandt

Infinitiv **infinitive**	**Präteritum** **Simple past**	**Partizip Perfekt** **past participle**
werben	warb	geworben
werden	wurde	worden, geworden
werfen	warf	geworfen
wiegen	wog	gewogen
winden	wand	gewunden
winken	winkte	gewinkt *o dial* gewunken
wissen	wusste	gewusst
wollen	wollte	wollen, gewollt
wringen	wrang	gewrungen
ziehen	zog	gezogen
zwingen	zwang	gezwungen

Die englische Zeichensetzung

English punctuation

Dieses Kapitel gibt dir einen Überblick über die wichtigsten englischen Satzzeichen. Die Satzzeichen werden anhand von anschaulichen Beispielen erklärt. So gewinnst du schnell einen guten Überblick und hast die Möglichkeit, dir die wichtigsten Regeln, die du im Unterricht gelernt hast, bequem wieder ins Gedächtnis zu rufen.

. Der Punkt – Full stop or period

- Trennt zwei Sätze voneinander und wird von einem Leerzeichen gefolgt. Der erste Buchstabe nach dem Leerzeichen wird großgeschrieben.

  He walked to the train station to buy some tickets. When he got there, the vending machines were broken.

- Zeigt eine Abkürzung an, z. B. bei Namen.

  Jonathan F. Giles wrote a letter to the editor.

- Der Punkt trennt den Bruchteil von einer Dezimalzahl ab.

  The average CD is 55.3 minutes long.

- Der Punkt steht nach indirekten Fragesätzen.

  She asked him what time it was.

? Das Fragezeichen – Question mark

- Das Fragezeichen beendet einen Satz, der die grammatische Funktion der Frage übernimmt. Nach dem Fragezeichen wird der nächste Buchstabe großgeschrieben.

  Would you like to come to my garden party on Saturday? The Johnsons will be there.

! Das Ausrufezeichen – Exclamation mark

- Dient der Emphase bei Sätzen, welche einen starken emotionalen Inhalt haben und wird eher in weniger formalen Texten benutzt.

  Oh, he's so cute!

- Auch Imperative werden mit Ausrufezeichen beendet.

  Watch out!

, Das Komma – Comma

- Das Komma trennt Teile in einer Auflistung. Wenn der letzte Teil in der Liste von einem ***and*** oder einem ***or*** gefolgt wird, ist das Komma im britischen Englisch optional, wird jedoch im amerikanischen Englisch grundsätzlich gebraucht.

  He brought coffee, sandwiches, cheese(,) and soda.

  He is a tall, handsome(,) and witty man.

  apples, peaches(,) or pears

- Das Komma trennt zwei beigeordnete Sätze, wenn diese nicht zu kurz sind. Englische Koordinatoren sind: ***and, but, or, nor, so***.

  She invited him to her party and he accepted. [*kein Komma notwendig*]

  He had always wanted to become a professional racing driver, but he never actually put all his energy into it.

  Mr Jones wanted to be a writer, so he wrote to writers, but not a single one of them wrote back.

- Das Komma leitet eine direkte Rede ein.

  He said, 'You are just in time.'

• Falls der ankündigende Satz der direkten Rede folgt, dann steht ein Komma statt einem Punkt vor dem schließenden Anführungszeichen.	'I have a better idea,' he replied. 'She won't be much trouble,' Clara protested, 'and we have plenty of room.'
• Adverbiale in der Anfangs- oder Mittenposition eines Satzes werden von einem Komma getrennt.	Suddenly, she bent forward and kissed him. Jennifer Tannen is, in my opinion, the most talented actress of all times.
• Satzmodifikatoren werden durch ein Komma abgetrennt.	My friends, however, are extremely interested in classical music.
• Nicht einschränkende Relativsätze werden durch Kommata abgetrennt. Die englischen Relativpronomen sind: ***that, which, who, whom*** und ***whose***. Man beachte, dass einschränkende Relativsätze nicht durch ein Komma markiert werden.	George Madison, who was a manager, had been ill for some time. (*nicht einschränkender Relativsatz*) People who live in glass houses shouldn't throw stones. (*einschränkender Relativsatz*)
• Kommata setzen Einschübe voneinander ab, die eine gegenteilige Meinung ausdrücken.	We went to New Hampshire, not New Jersey, for our vacation. On the contrary, all our hopes were crushed.
• Bei der Aufführung von Beispielen (durch ***namely, for example***) wird ein Komma gesetzt.	There were occasions, for example, when he just burst out into laughter.
• Direkte Anreden werden durch ein Komma vom restlichen Satz abgetrennt.	Hey, Debby, what's going on?

• „Tag questions" werden durch ein Komma vom restlichen Satz abgetrennt.	You baked a cake, didn't you?
• Appositionen werden üblicherweise durch Kommata getrennt, diese können aber auch entfallen oder durch Gedankenstriche ersetzt werden.	My brother, the research associate, works at a large internet company.
	My brother(–) the research associate(–) works at a large internet company.
• Bei informellen Briefen steht das Komma nach der Anrede.	Dear John,
• Bei Zahlen wird an jeder dritten Stelle ein Komma gesetzt. Bei Dezimalzahlen wird der Bruchteil durch einen Punkt abgesetzt.	Germany has an area of 349,223 square kilometres.
	Germany has an area of 349,223.72 square kilometres.

- **Kommata werden in den folgenden Fällen nicht gesetzt:**

• bei ***that***-Sätzen:	I know that you are tired.
• bei indirekten Fragesätzen:	He asked if he could leave early.
• in notwendigen Relativsätzen. Bei diesen kann oftmals das Relativpronomen wegfallen:	The man whose glasses I broke was quite angry.
	The hotel (that) we stayed in wasn't bad.
• bei Adverbialen in der Endposition:	He wanted to go home quite badly.

; Das Semikolon – Semicolon

- Das Semikolon verbindet unabhängige Satzteile im zusammengesetzten Satz. Es ist insbesondere in der formalen Schriftsprache zu finden. Das Semikolon entspricht am ehesten der Konjunktion ***and***.

Opinions are divided on the matter; more discussion is still needed.

’ Der Apostroph – Apostrophe

- Bei Kontraktionen werden die ausgefallenen Buchstaben durch den Apostroph ersetzt.

can’t (cannot)
it’s (it is/has)
I’d (I would/had)
who’s (who is/has)

- Bei Substantiven wird im Singular vor dem Genitiv *-s*, im Plural nach dem Genitiv *-s* ein Apostroph gesetzt.

the boy’s mother
Charles’s wife
three hours’ walk

- Bei Wörtern, die normalerweise keinen Plural bilden (z. B. auch Buchstaben, Zahlen und Abkürzungen), wird der Plural durch einen Apostroph angedeutet.

She writes t’s instead of d’s.
He was born in the early 1960’s.
Meetings with local MP’s

: Der Doppelpunkt – Colon

- Der Doppelpunkt trennt zwei Sätze oder Satzteile, bei denen der zweite eine nähere Bestimmung des ersten darstellt.

Every society needs its great thinkers: those who are not afraid to hold a mirror to its shortcomings.

• Er führt eine oder mehrere eng miteinander verbundene Ideen ein.	Pam shocked the entire group yesterday: she announced she was pregnant.
• Der Doppelpunkt kann auch kleinere Satzeinheiten, wie z. B. Phrasen, trennen.	But in managing a large company, the workers need a role model: a partner and an idol.
• In technischer oder spezialisierter Literatur geht der Doppelpunkt einer formalen Liste voraus.	In order to liquefy metal, you need to control a number of variables: (i) temperature; (ii) pressure; and (iii) time.
• Der Doppelpunkt kann auch am Anfang einer direkten Rede stehen, hier findet sich jedoch häufiger das Komma.	Mr Lawson said: 'This is the price of Mr Smith's mismanagement and complacency.' Jill said, 'Why can't you ever be on time?'
• Im britischen Englisch wird nach dem Doppelpunkt das erste Wort üblicherweise kleingeschrieben, außer es folgt ein Zitat. Folgen vollständige Sätze, so schreibt man mit großem Anfangsbuchstaben weiter. Im amerikanischen Englisch wird das erste Wort nach dem Doppelpunkt häufiger großgeschrieben.	I have one good piece of advice to give you: Avoid wasting your time and energy thinking about things you can't change.
• Im amerikanischen Englisch steht in formalen Briefen nach der Anrede ein Doppelpunkt. Im britischen Englisch wird in solchen Fällen kein Satzzeichen verwendet.	Dear Sir: I am writing to...

() [] Die Klammer – Brackets or Parentheses

- Runde Klammern zeigen zusätzliches, nicht zwingend benötigtes Satzmaterial an.

Foreign Music Distribution Group (Chester, New York) will distribute it for us in the Middle East.

- Eckige Klammern werden benutzt, um bibliographische Informationen oder Kommentare des Autors anzuzeigen.

Frank Holmes [page 97] describes the world as mysterious and dangerous.

- In Aufzählungen stehen die Aufzählungszeichen in runden Klammern.

In order to liquefy metal, you need to control a number of variables:
(i) temperature; (ii) pressure; and (iii) time.

— Der Gedankenstrich – Dash

- Der Gedankenstrich wird häufig in informellen Schreiben für einen dramatischen Effekt benutzt, indem Nebenbemerkungen eingefügt werden. Es wird aber vor allem als Ersatz für Komma, Semikolon und Klammern benutzt.

To some of them, my proposals seemed radical - even revolutionary.

The girls - Anne, Virginia and Susan - left the party early.

‘ ’ / “ ” Anführungszeichen – Quotation marks or quotes or inverted commas

- Im britischen Englisch werden einfache Anführungszeichen (‘...’) benutzt. Im amerikanischen Englisch herrschen doppelte Anführungszeichen (“...”) vor. Zwischen zwei Anführungszeichen steht entweder der Inhalt einer direkten Rede oder der Titel eines Buches oder Artikels.

‘You are just in time,’ he said. (BRIT)

“You are just in time,” he said (AM)

She enjoyed the article “Romantic Hotels.” (*im amerikanischen Englisch schließen die Anführungszeichen nach dem Punkt*)

She enjoyed the article ‘Romantic Hotels’. (*im britischen Englisch markieren die Anführungszeichen nur den Titel und schließen vor dem Punkt*)

- Anführungszeichen werden auch benutzt, um die Bedeutung eines Ausdrucks zu verdeutlichen oder um metalinguistische Information zu übertragen.

The word angst, which means ‘anxiety’, is quite fashionable in English.

He doesn’t know how to spell ‘antidisestablishmentarianism’.

- Des Weiteren wird die Benutzung des Anführungszeichens immer populärer bei der Auszeichnung von Ironie.

Their ‘yacht’ was in fact a very ordinary little boat.

/ Der Schrägstrich – Slash

- Der Schrägstrich wird benutzt, um Alternativen anzuzeigen.

  Please hit the Refresh/Reload button.

- Er wird außerdem benutzt, um bei Jahreszahlen Abkürzungen anzuzeigen.

  The academic year 2014/15 will be extremely taxing.

••• Die Ellipse – Ellipsis

- Bei Zitaten werden Auslassungen durch drei Punkte (...) gekennzeichnet.

  The ceremony honoured twelve athletes ... visiting Russia.

- In wissenschaftlicher Literatur wird die Ellipse durch eckige Klammern eingerahmt.

  The regulation states, 'All agencies must document overtime [...]'.

- Wenn die Auslassung am Ende eines Satzes erfolgt, so kann auf einen zusätzlichen Punkt als Satzabschluss verzichtet werden.

  The regulation states, 'All agencies must document overtime ...' (.)

- Auch unbeendete Sätze oder solche, bei denen sie als Mittel der Emphase dient, schließen mit einer Ellipse.

  I had hoped that you would have helped me ...

– Der Bindestrich – Hyphen

- Der Bindestrich dient der Silbentrennung. Falls ein Wort über die Zeilengrenze hinaus geschrieben wird, kann es getrennt werden, auch wenn in der Praxis dieses Mittel eher vermieden wird. Die Trennung erfolgt in aller Regel nach phonologischem, morphologischem oder etymologischem Gesichtspunkt.

structure:	struc- ture
basement:	base- ment

- Sollten diese phonologischen oder morphologischen Grenzen sehr kleine Resultate, z. B. nur einen Buchstaben hervorbringen, so wird auf eine Trennung verzichtet:

irresist-ible:	ir- resistible

- In seltenen Fällen stehen zwei Kriterien, z. B. das phonologische und das etymologische miteinander im Konflikt. Auch in diesen Fällen sollte man auf die Trennung verzichten oder die phonologische Trennung bevorzugen.

helicopter:	heli- copter (*phonologisch*)
	helico- pter (*etymologisch*)

- Der Bindestrich dient auch dazu, zusammengesetzte Nomen oder einen Präfix von seiner Basis zu trennen. Nominalkomposita, bei denen der zweite Teil ein Adverb ist, werden häufig durch einen Bindestrich getrennt.

runner-up, break-in

- Adjektivkomposita mit -**ed**, aus Nominalphrasen oder solche, die mit Partizipien geformt werden, werden auch durch einen Bindestrich getrennt.

cold-blooded, brown-eyed

far-fetched, habit-forming

• Modifizierende Phrasen oder Satzteile können durch einen Bindestrich abgetrennt werden.	Your take-it-or-leave-it attitude helps no one.
	That's a do-it-yourself job.
• Koordinierte Komposita werden durch einen Bindestrich verbunden.	He bought a Russian-English dictionary.
• Komposita, die Zahlen oder Brüche ausdrücken, werden durch einen Bindestrich verbunden.	He bought twenty-five apples.
	Three-fifths of the population like apples.
• Komposita, bei denen der erste Teil ein einzelner Buchstabe ist, enthalten einen Bindestrich.	He made a U-turn.
	The H-bomb is a powerful weapon.
• Verwandtschaftsbezeichnungen enthalten einen Bindestrich.	great-uncle, mother-in-law

E-Mails schreiben
Writing E-Mails

Wenn du eine E-Mail auf Englisch schreiben willst, helfen dir diese Muster-E-Mails, deine Sätze richtig zu formulieren.

Verabredung mit Freunden
Arranging to meet friends

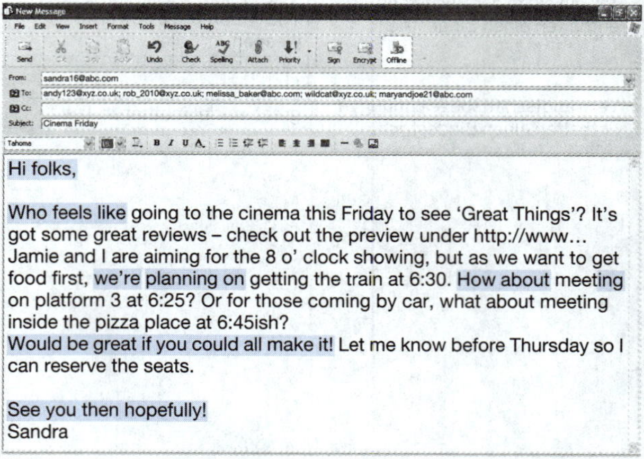
New Message

File Edit View Insert Format Tools Message Help

Send Cut Copy Paste Undo Check Spelling Attach Priority Sign Encrypt Offline

From: sandra16@abc.com

To: andy123@xyz.co.uk; rob_2010@xyz.co.uk; melissa_baker@abc.com; wildcat@xyz.co.uk; maryandjoe21@abc.com

Cc:

Subject: Cinema Friday

Tahoma

Hi folks,

Who feels like going to the cinema this Friday to see 'Great Things'? It's got some great reviews – check out the preview under http://www...
Jamie and I are aiming for the 8 o' clock showing, but as we want to get food first, we're planning on getting the train at 6:30. How about meeting on platform 3 at 6:25? Or for those coming by car, what about meeting inside the pizza place at 6:45ish?
Would be great if you could all make it! Let me know before Thursday so I can reserve the seats.

See you then hopefully!
Sandra

Hallo Leute,

wer hat Lust, am Freitag mit ins Kino zu gehen, um ‚Great Things' zu sehen? Der Film hat einige tolle Kritiken bekommen – schaut euch die Vorschau unter http://www... an.

Jamie und ich wollen zu der Vorstellung um 20 Uhr, aber da wir vorher essen gehen möchten, haben wir vor, den Zug um 18.30 Uhr zu nehmen. Wie wär's, wenn wir uns um 18.25 Uhr auf Bahnsteig 3 treffen? Wer mit dem Auto kommt, kann uns dann um etwa 18.45 Uhr in der Pizzeria antreffen.

Wäre toll, wenn ihr alle kommen könntet! Gebt mir bis Donnerstag Bescheid, damit ich die Karten reservieren kann.

Bis – hoffentlich – dann

Sandra

Useful Phrases

Hi folks,	Hallo Leute,
Who feels like ...	Wer hat Lust, ...
We're planning on ...	Wir haben vor, ...
How about ...-ing ...?	Wie wär's, wenn ...?
Would be great if you could all make it!	Wäre toll, wenn ihr alle kommen könntet!
See you then hopefully!	Bis – hoffentlich – dann

Einer Schüleraustauschpartnerin zum ersten Mal mailen

Contacting your school exchange partner for the first time

New Message

File Edit View Insert Format Tools Message Help

From: sara.schmidt@abc.de

To: jemma_14@xyz.co.uk

Cc:

Subject: Hi!!

Dear Jemma,

My name is Sara Schmidt and I'm 14 years old. Yesterday in English I found out that you're my exchange partner!

So what can I tell you about myself? I live with my parents and my little brother Markus in Hamburg. Do you have any brothers or sisters?

I'm in Year 8 of the Mörike School and I've been learning English since Year 5. My favourite subjects are English (of course), PE and maths. What Year are you in and which subjects do you like best? Like you, my hobbies are reading, cinema and cycling. I've also been learning the piano for four years. Do you play any musical instruments?

I really hope you'll mail me soon because there's soooo much I'd like to know about you and Britain, like what kind of music you listen to and what you and your friends do at the weekends…

Love, Sara

Hallo Jemma,

ich heiße Sara Schmidt und bin 14 Jahre alt. Gestern habe ich im Englischunterricht erfahren, dass du meine Austauschpartnerin bist!

Tja, was soll ich dir von mir erzählen ... Ich lebe mit meinen Eltern und meinem kleinen Bruder Markus in Hamburg. Hast du auch Geschwister?

Ich bin in der 8. Klasse des Mörike-Gymnasiums und lerne seit der 5. Klasse Englisch. Meine Lieblingsfächer sind Englisch (klar doch!), Sport und Mathe. In welche Klasse gehst du und welche Fächer magst du am liebsten?

Meine Hobbys sind die gleichen wie deine: Lesen, Kino und Radfahren. Außerdem lerne ich seit vier Jahren Klavier spielen. Spielst du auch ein Instrument?

Ich hoffe, du mailst mir bald. Es gibt sooooo viel, das ich über dich und Großbritannien wissen möchte, zum Beispiel welche Musik du hörst und was du und deine Freunde am Wochenende so unternehmen ...

Liebe Grüße

Sara

Useful phrases

So what can I tell you about myself?	Tja, was soll ich dir von mir erzählen ...
Do you have any brothers or sisters?	Hast du auch Geschwister?
My favourite subjects are ...	Meine Lieblingsfächer sind ...
What Year are you in?	In welche Klasse gehst du?
Which subjects do you like best?	Welche Fächer magst du am liebsten?
My hobbies are ...	Meine Hobbys sind ...
Do you play any musical instruments?	Spielst du auch ein Instrument?

Auskünfte über eine Jugendherberge einholen

Finding out about a youth hostel

New Message

From: mat17@xyz.co.uk
To: info@youth_hostel.com
Cc:
Subject: Information request

Dear Sir or Madam,
I am hoping to visit Dublin as part of a group of seven and would like to know whether you would be able to provide dormitory accommodation and breakfast for the group from 14th to 18th March. We expect to arrive between 11:00 p.m. and midnight on the 14th. Will the reception be open that late in the evening and if not, could you let me know how we might check in? Thank you!

I look forward to hearing from you.

Kind regards,

Mathew Alcock
Tel.: 0456 789 101112

Sehr geehrte Damen und Herren,

ich habe vor, mit einer Gruppe von sieben Personen Dublin zu besuchen, und möchte mich erkundigen, ob Sie vom 14. bis 18. März für unsere Gruppe noch freie Betten (inkl. Frühstück) hätten. Wir werden dann voraussichtlich am 14. zwischen 23 und 24 Uhr ankommen. Ist der Empfang so spät abends noch besetzt? Falls nicht, könnten Sie mir dann bitte mitteilen, wie wir sonst einchecken können? Danke!

Ich freue mich auf Ihre Antwort.

Mit freundlichen Grüßen,

Mathew Alcock

Tel.: 0456 789 101112

Useful phrases

I am hoping to ...	Ich habe vor ...
I would like to know whether ...	Ich möchte mich erkundigen, ob ...
We expect to ...	Wir werden voraussichtlich ...
I look forward to hearing from you.	Ich freue mich auf Ihre Antwort.

Eine Dankesmail schreiben

Writing an email to say thank you

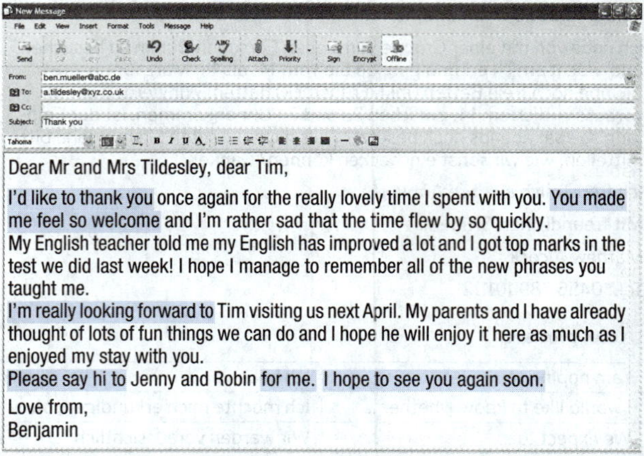

From: ben.mueller@abc.de
To: a.tildesley@xyz.co.uk
Cc:
Subject: Thank you

Dear Mr and Mrs Tildesley, dear Tim,

I'd like to thank you once again for the really lovely time I spent with you. You made me feel so welcome and I'm rather sad that the time flew by so quickly.
My English teacher told me my English has improved a lot and I got top marks in the test we did last week! I hope I manage to remember all of the new phrases you taught me.
I'm really looking forward to Tim visiting us next April. My parents and I have already thought of lots of fun things we can do and I hope he will enjoy it here as much as I enjoyed my stay with you.
Please say hi to Jenny and Robin for me. I hope to see you again soon.

Love from,
Benjamin

Liebe Frau Tildesley, lieber Herr Tildesley, lieber Tim,

ich möchte mich nochmals für die wunderschöne Zeit bedanken, die ich mit Ihnen verbracht habe. Sie haben mich so warm aufgenommen und ich bin etwas traurig, dass die Zeit so schnell vorübergegangen ist.

Mein Englischlehrer hat gesagt, dass mein Englisch viel besser geworden sei, und ich habe in der Klassenarbeit, die wir letzte Woche geschrieben haben, eine Eins bekommen! Ich hoffe, ich kann all die neuen Ausdrücke, die Sie mir beigebracht haben, gut im Gedächtnis behalten.

Ich freue mich sehr auf Tims Besuch bei uns im nächsten April. Meine Eltern und ich haben schon viele Ideen für tolle Unternehmungen, und ich hoffe, es wird ihm hier genauso gut gefallen wie es mir bei Ihnen gefallen hat.

Bitte grüßen Sie Jenny und Robin von mir. Ich hoffe, Sie bald wiederzusehen.

Viele Grüße von

Benjamin

Useful phrases

I'd like to thank you ...	Ich möchte mich ... bedanken
You made me feel so welcome.	Sie haben mich so warm aufgenommen.
I'm really looking forward to ...	Ich freue mich sehr auf ...
Please say hi to ... for me.	Bitte grüßen Sie ... von mir.
I hope to see you again soon.	Ich hoffe, Sie bald wiederzusehen.

Grüße aus dem Urlaub

Holiday greetings

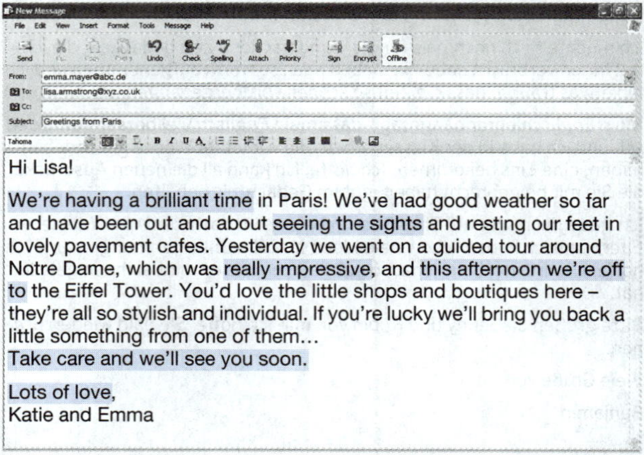
New Message

File Edit View Insert Format Tools Message Help

Send Undo Check Spelling Attach Priority Sign Encrypt Offline

From: emma.mayer@abc.de

To: lisa.armstrong@xyz.co.uk

Cc:

Subject: Greetings from Paris

Hi Lisa!

We're having a brilliant time in Paris! We've had good weather so far and have been out and about seeing the sights and resting our feet in lovely pavement cafes. Yesterday we went on a guided tour around Notre Dame, which was really impressive, and this afternoon we're off to the Eiffel Tower. You'd love the little shops and boutiques here – they're all so stylish and individual. If you're lucky we'll bring you back a little something from one of them…

Take care and we'll see you soon.

Lots of love,

Katie and Emma

Hallo Lisa!

Wir amüsieren uns prächtig in Paris! Bis jetzt hatten wir gutes Wetter und waren viel auf den Beinen, um uns all die Sehenswürdigkeiten anzusehen, und haben uns in netten Straßencafés die Füße ausgeruht. Gestern haben wir eine Führung in Notre Dame mitgemacht – das war wirklich beeindruckend – und heute Nachmittag geht's zum Eiffelturm. Die kleinen Geschäfte und Boutiquen hier würden dir sehr gefallen – sie sind alle so elegant und originell. Wenn du Glück hast, bringen wir dir eine Kleinigkeit von dort mit ...

Mach's gut und bis bald.

Ganz liebe Grüße

Katie und Emma

Useful phrases

We're having a brilliant time.	Wir amüsieren uns prächtig.
seeing the sights	die Sehenswürdigkeiten angesehen
really impressive	wirklich beeindruckend
This afternoon we're off to ...	Heute Nachmittag geht's zum ...
Take care and we'll see you soon.	Mach's gut und bis bald.
Lots of love,	Ganz liebe Grüße

Die Uhrzeit

Telling the time

Anhand dieser Beispiele erfährst du, wie du die Frage „What time is it?“ richtig beantwortest.

	Four o’clock. 4 a.m. (nachts) 4 p.m. (nachmittags)
	Ten past four. BRIT Ten after four. AM Four ten./Sixteen ten. (p.m.)
	Quarter past four. BRIT Quarter after four. AM Four fifteen./Sixteen fifteen. (p.m.)
	Twenty-five [minutes] past four. BRIT Twenty-five after four. AM Four twenty-five./Sixteen twenty-five. (p.m.)
	Half past four. Half four. *(fam)* Four thirty./Sixteen thirty. (p.m.)
	Twenty-five [minutes] to five. BRIT Twenty-five before/of/till five. AM Four thirty-five./Sixteen thirty-five. (p.m.)

	Quarter to five. BRIT Quarter before/of/till five. AM Four forty-five./Sixteen forty-five. (p.m.)
	Ten [minutes] to five. BRIT Ten before/of/till five. AM Four fifty./Sixteen fifty. (p.m.)
	Midnight. 12 a.m.
	Noon. Midday. 12 p.m.

Zahlwörter

Numerals

Ganz egal, worüber man spricht oder wovon ein Text handelt, immer wieder kommen Zahlwörter vor. Wenn du also die folgenden Tabellen gründlich lernst, dann wirst du mit Zahlwörtern im Englischen nie Probleme haben.

Grundzahlen

Cardinal numbers

null	0	nought, zero
eins	1	one
zwei	2	two
drei	3	three
vier	4	four
fünf	5	five
sechs	6	six
sieben	7	seven
acht	8	eight
neun	9	nine
zehn	10	ten
elf	11	eleven
zwölf	12	twelve
dreizehn	13	thirteen
vierzehn	14	fourteen
fünfzehn	15	fifteen
sechzehn	16	sixteen
siebzehn	17	seventeen
achtzehn	18	eighteen
neunzehn	19	nineteen
zwanzig	20	twenty
einundzwanzig	21	twenty-one

zweiundzwanzig	22	twenty-two
dreiundzwanzig	23	twenty-three
dreißig	30	thirty
einunddreißig	31	thirty-one
zweiunddreißig	32	thirty-two
dreiunddreißig	33	thirty-three
vierzig	40	forty
einundvierzig	41	forty-one
fünfzig	50	fifty
einundfünfzig	51	fifty-one
sechzig	60	sixty
einundsechzig	61	sixty-one
siebzig	70	seventy
einundsiebzig	71	seventy-one
achtzig	80	eighty
einundachtzig	81	eighty-one
neunzig	90	ninety
einundneunzig	91	ninety-one
(ein)hundert	100	a (*or* one) hundred
hundert(und)eins	101	hundred and one
hundert(und)zwei	102	hundred and two
hundert(und)zehn	110	hundred and ten
zweihundert	200	two hundred
dreihundert	300	three hundred
vierhundert(und)einund-fünfzig	451	four hundred and fif-ty-one
(ein)tausend	1000	a (*or* one) thousand
zweitausend	2000	two thousand
zehntausend	10 000	ten thousand
eine Million	1000 000	a (*or* one) million
zwei Millionen	2 000 000	two million
eine Milliarde	1000 000 000	a (*or* one) billion
eine Billion	1000 000 000 000	a (*or* one) trillion

Ordnungszahlen
Ordinal numbers

erste	1.	first
zweite	2.	second
dritte	3.	third
vierte	4.	fourth
fünfte	5.	fifth
sechste	6.	sixth
sieb(en)te	7.	seventh
achte	8.	eighth
neunte	9.	ninth
zehnte	10.	tenth
elfte	11.	eleventh
zwölfte	12.	twelfth
dreizehnte	13.	thirteenth
vierzehnte	14.	fourteenth
fünfzehnte	15.	fifteenth
sechzehnte	16.	sixteenth
siebzehnte	17.	seventeenth
achtzehnte	18.	eighteenth
neunzehnte	19.	nineteenth
zwanzigste	20.	twentieth
einundzwanzigste	21.	twenty-first
zweiundzwanzigste	22.	twenty-second
dreiundzwanzigste	23.	twenty-third
dreißigste	30.	thirtieth
einunddreißigste	31.	thirty-first
vierzigste	40.	fortieth
einundvierzigste	41.	forty-first
fünfzigste	50.	fiftieth
einundfünfzigste	51.	fifty-first
sechzigste	60.	sixtieth
einundsechzigste	61.	sixty-first

siebzigste	70.	seventieth
einundsiebzigste	71.	seventy-first
achtzigste	80.	eightieth
einundachtzigste	81.	eighty-first
neunzigste	90.	ninetieth
hundertste	100.	(one) hundredth
hundertunderste	101.	hundred and first
zweihundertste	200.	two hundredth
dreihundertste	300.	three hundredth
vierhundert(und)ein-und- fünfzigste	451.	four hundred and fifty-first
tausendste	1000.	(one) thousandth
tausend(und)einhun-dertste	1100.	thousand and (one) hundredth
zweitausendste	2000.	two thousandth
einhunderttausendste	100 000.	(one) hundred thou-sandth
millionste	1 000 000.	millionth
zehnmillionste	10 000 000.	ten millionth

Bruchzahlen

Fractional numbers

ein halb	$^1/_2$	one (*or* a) half
ein Drittel	$^1/_3$	one (*or* a) third
ein Viertel	$^1/_4$	one (*or* a) fourth (*or* a quarter)
ein Fünftel	$^1/_5$	one (*or* a) fifth
ein Zehntel	$^1/_{10}$	one (*or* a) tenth
ein Hundertstel	$^1/_{100}$	one hundredth
ein Tausendstel	$^1/_{1000}$	one thousandth
ein Millionstel	$^1/_{1000000}$	one millionth
zwei Drittel	$^2/_3$	two thirds

drei Viertel	$^3/_4$	three quarters, three fourths
zwei Fünftel	$^2/_5$	two fifths
drei Zehntel	$^3/_{10}$	three tenths
anderthalb	$1^1/_2$	one and a half
zwei(und)einhalb	$2^1/_2$	two and a half
fünf drei achtel	$5^3/_8$	five and three eighths
eins Komma eins	1,1	one point one (1.1)

Vervielfältigungszahlen

Multiples

einfach	single
zweifach	double
dreifach	threefold, treble, triple
vierfach	fourfold, quadruple
fünffach	fivefold
hundertfach	(one) hundredfold

Britische und amerikanische Maße und Gewichte

British and American measures and weights

In Großbritannien und Amerika wird in anderen Einheiten gemessen und gewogen, als du es gewohnt bist. Damit du weißt, was gemeint ist, wenn von *yards*, *inches*, *acres* oder *gallons* die Rede ist, bietet dir dein Wörterbuch die folgenden Übersichtstabellen.

Längenmaße

Linear measures

1 inch (in) 1"		= 2,54 cm
1 foot (ft) 1'	= 12 inches	= 30,48 cm
1 yard (yd)	= 3 feet	= 91,44 cm
1 furlong (fur)	= 220 yards	= 201,17 m
1 mile (m)	= 1760 yards	= 1,609 km
1 league	= 3 miles	= 4,828 km

Flächenmaße

Square measures

1 square inch		= 6,452 cm^2
1 square foot	= 144 sq inches	= 929,029 cm^2
1 square yard	= 9 sq feet	= 0,836 m^2
1 square rod	= 30,25 sq yards	= 25,29 m^2
1 acre	= 4840 sq yards	= 40,47 Ar
1 square mile	= 640 acres	= 2,59 km^2

Raummaße
Cubic measures

1 cubic inch		$= 16{,}387\ cm^3$
1 cubic foot	= 1728 cu inches	$= 0{,}028\ m^3$
1 cubic yard	= 27 cu feet	$= 0{,}765\ m^3$
1 register ton	= 100 cu feet	$= 2{,}832\ m^3$

Britische Hohlmaße
British measures of capacity

Flüssigkeitsmaße
Liquid measures of capacity

1 pint (pt)	= 4 gills	= 0,568 l
1 quart (qt)	= 2 pints	= 1,136 l
1 gallon (gal)	= 4 quarts	= 4,546 l
1 barrel	= *(für Öl)* 35 gallons	= 159,106 l
	(Bierbrauerei) 36 gallons	= 163,656 l

Amerikanische Hohlmaße
American measures of capacity

Flüssigkeitsmaße
Liquid measures of capacity

1 pint	= 4 gills	= 0,473 l
1 quart	= 2 pints	= 0,946 l
1 gallon	= 4 quarts	= 3,785 l
1 barrel	= *(für Öl)* 42 gallons	= 159,106 l

Handelsgewichte
Avoirdupois weights

1 grain (gr)		= 0,0648 g
1 dram (dr)	= 27,3438 grains	= 1,772 g
1 ounce (oz)	= 16 drams	= 28,35 g
1 pound (lb)	= 16 ounces	= 453,59 g
1 stone	= 14 pounds	= 6,348 kg
1 quarter	= 28 pounds	= 12,701 kg
1 hundredweight (cwt)	= (BRIT *long cwt*) 112 pounds	= 50,8 kg
	= (AM *short cwt*) 100 pounds	= 45,36 kg
1 ton	= (BRIT *long ton*) 20 cwt	= 1016 kg
	= (AM *short ton*) 2000 pounds	= 907,185 kg

Amtliche deutsche Maße und Gewichte

Official German measures and weights

Längenmaße

Linear measures

	Zeichen Symbol		
Seemeile	sm	1852 m	*nautical mile*
Kilometer	km	1000 m	*kilometre*
Meter	m	Grundeinheit	*metre*
Dezimeter	dm	0,1 m	*decimetre*
Zentimeter	cm	0,01 m	*centimetre*
Millimeter	mm	0,001 m	*millimetre*

Flächenmaße

Square measures

	Zeichen Symbol		
Quadratkilometer	km^2	1000000 m^2	*square kilometre*
Hektar	ha	10000 m^2	*hectare*
Ar	a	100 m^2	*are*
Quadratmeter	m^2	1 m^2	*square metre*
Quadratdezimeter	dm^2	0,01 m^2	*square decimetre*
Quadratzentimeter	cm^2	0,0001 m^2	*square centimetre*
Quadratmillimeter	mm^2	0,000 001 m^2	*square millimetre*

Kubik- und Hohlmaße

Cubic measures and measures of capacity

	Zeichen Symbol		
Kubikmeter	m^3	1 m^3	*cubic metre*
Hektoliter	hl	0,1 m^3	*hectolitre*
Kubikdezimeter	dm^3	0,001 m^3	*cubic decimetre*
Liter	l		*litre*
Kubikzentimeter	cm^3	0,000 001 m^3	*cubic centimetre*

Gewichte

Weights

	Zeichen Symbol		
Tonne	t	1000 kg	*ton*
Doppelzentner	dz	100 kg	–
Kilogramm	kg	1000 g	*kilogram(me)*
Gramm	g	1 g	*gram(me)*
Milligramm	mg	0,001 g	*milligram(me)*

Temperaturumrechnung
Temperature conversion

Fahrenheit - Celsius		Celsius - Fahrenheit	
°F	°C	°C	°F
0	-17,8	-10	14
32	0	0	32
50	10	10	50
70	21,1	20	68
90	32,2	30	86
98,4	37	37	98,4
212	100	100	212
zur Umrechnung 32 abziehen und mit $^5/_9$ multiplizieren To convert subtract 32 and multiply by $^5/_9$		zur Umrechnung mit $^9/_5$ multiplizieren und 32 addieren To convert multiply by $^9/_5$ and add 32	